WALHALLA

Studium

D1700707

Wir freuen uns über Ihr Interesse an diesem Buch. Gerne stellen wir Ihnen zusätzliche Informationen zu diesem Programmsegment zur Verfügung.

Bitte sprechen Sie uns an:

E-Mail: WALHALLA@WALHALLA.de
http://www.WALHALLA.de

Walhalla Fachverlag · Haus an der Eisernen Brücke · 93042 Regensburg
Telefon (09 41) 56 84-0 · Telefax (09 41) 56 84-111

Die Titel unseres Verlages sind auch als eBook oder in iTunes erhältlich.

Rechtsgrundlagen

Wirtschaftsrecht

Textausgabe für Studium und Ausbildung

Herausgegeben und mit einer Einführung
zur schnellen Orientierung
von Prof. Dr. Lutz-Michael Büchner

WALHALLA
FACHVERLAG

Bibliografische Information der Deutschen Nationalbibliothek
Die Deutsche Nationalbibliothek verzeichnet diese Publikation in der Deutschen National-
bibliografie; detaillierte bibliografische Daten sind im Internet über http://dnb.d-nb.de
abrufbar.

Zitiervorschlag:
Büchner, Rechtsgrundlagen Wirtschaftsrecht,
in der Reihe WALHALLA-Studium
Walhalla Fachverlag, Regensburg 2012

Rechtsstand: 1. April 2012
Alle bis dahin im Bundesgesetzblatt veröffentlichten Änderungen sind berücksichtigt.

PMC-WDZ-0412-11590-O

Gut gerüstet für die Prüfung

Die vorliegende Gesetzessammlung richtet sich vorrangig an Studierende der Wirtschafts- und Ingenieurwissenschaften sowie anderer Studiengänge und Aus- bzw. Fortbildungen, in denen Privat- und/oder Wirtschaftsrecht Gegenstand der Lehre sind.

Um den Lernenden die Arbeit mit den zahlreichen Normen des Wirtschaftsrechts zu erleichtern, sind in diesem Band alle relevanten Vorschriften für das Verfolgen des Unterrichts sowie das Bestehen der anschließenden Klausuren in Bachelor- und Masterstudiengängen zusammengefasst. Der Inhalt der Sammlung basiert auf zahlreichen Anregungen von Lehrenden und Studierenden.

Dem Abdruck der Gesetzestexte ist eine Einführung vorangestellt, die dem Benutzer den schnellen Einstieg in die Rechtsmaterien ermöglicht. Vervollständigt wird die Gesetzessammlung durch ein Stichwortverzeichnis, dass das Auffinden der einschlägigen Normen erleichtert.

Wirtschaftsrecht basiert überwiegend auf europäischem Recht. Deshalb stehen in dieser Gesetzessammlung die wesentlichen Inhalte des seit Dezember 2009 in Kraft getretenen Vertrags von Lissabon am Beginn der Sammlung.

Die nachfolgenden Bücher 1 bis 3 des Bürgerlichen Gesetzbuches (BGB) sind die Grundlage für das Verständnis des allgemeinen Vertragsrechts. Ohne dessen Kenntnis erschließen sich die weiteren Rechtsgebiete nur schwer. Das Produkthaftungsgesetz, das auf europäisches Recht zurückzuführen ist, erweitert die Sachmängelhaftung des BGB auf die Haftung des Produzenten für die Schäden, die der Verbraucher durch fehlerhafte Produkte erleidet.

Aufgenommen wurde auch das UN-Kaufrecht, das in der unternehmerischen Praxis von erheblicher Bedeutung ist.

Das Handelsgesetzbuch (HGB), das Partnerschaftsgesellschaftsgesetz (PartGG), das Gesetz betreffend die Gesellschaften mit beschränkter Haftung (GmbHG) sowie das Aktiengesetz (AktG) mit Nebengesetzen bilden den Kern des Handels- und Gesellschaftsrechts.

Das Gesetz gegen Wettbewerbsbeschränkungen (GWB) beschäftigt sich insbesondere mit Kartellen, der Marktbeherrschung und dem Zusammenschluss von Unternehmen. Die EG-Fusionskontrollverordnung dient als Beispiel für die Bedeutung des europäischen Rechts im Wettbewerbsrecht. Das Gesetz gegen den unlauteren Wettbewerb (UWG) enthält die Regeln über unzulässige, irreführende, vergleichende und belästigende Werbung. Es wird ergänzt durch die Preisangabenverordnung.

Das Markengesetz, das Urheberrechtsgesetz, das Patentgesetz sowie die Gebrauchs- und Geschmacksmustergesetze gehören schließlich zu den so genannten gewerblichen Rechtsgütern, deren Schutz von größtem wirtschaftlichem Interesse ist. Schließlich wurde das Arbeitnehmererfindungsgesetz aufgenommen, das eine Schnittstelle zwischen Patent- und Arbeitsrecht darstellt.

Die Qualität dieser Arbeitshilfe wird durch die Kommunikation mit den Benutzern und Benutzerinnen erhöht. Für Anregungen und Hinweise, wie wir diese Gesetzessammlung noch attraktiver gestalten können, sind wir dankbar.

Herausgeber und Verlag

Alphabetische Schnellübersicht

AEUV	Vertrag über die Arbeitsweise der Europäischen Union	I.3
AktG	Aktiengesetz	III.4
ArbEG	Arbeitnehmererfindungsgesetz	IV.10
BGB	Bürgerliches Gesetzbuch	II.1
CISG	UN-Kaufrecht (Übereinkommen der Vereinten Nationen über Verträge über den internationalen Warenkauf)	II.3
EG-FKV	EG-Fusionskontrollverordnung	IV.2
EU-Charta	Charta der Grundrechte der Europäischen Union	I.4
EUV	Vertrag über die Europäische Union	I.2
GebrMG	Gebrauchsmustergesetz	IV.8
GeschmMG	Geschmacksmustergesetz	IV.9
GG	Grundgesetz	I.1
GmbHG	Gesetz betreffend die Gesellschaft mit beschränkter Haftung	III.3
GWB	Gesetz gegen Wettbewerbsbeschränkungen	IV.1
HGB	Handelsgesetzbuch	III.1
MarkenG	Markengesetz	IV.5
MitbestG	Mitbestimmungsgesetz	III.5
PAngV	Preisangabenverordnung	IV.4
PublG	Gesetz über die Rechnungslegung von bestimmten Unternehmen und Konzernen	III.8
PartGG	Partnerschaftsgesellschaftsgesetz	III.2
PatG	Patentgesetz	IV.7
ProdHaftG	Produkthaftungsgesetz	II.2
SEAG	Gesetz über das Statut der Europäischen Gesellschaft	III.6
SEBG	Gesetz über die Beteiligung der Arbeitnehmer in einer Europäischen Gemeinschaft	III.7
UN-Kaufrecht	Übereinkommen der Vereinten Nationen über den Internationalen Warenkauf	II.3
UrhG	Urheberrechtsgesetz	IV.6
UWG	Gesetz gegen den unlauteren Wettbewerb	IV.3

Gesamtinhaltsübersicht

Einführung von Prof. Dr. Lutz Michael Büchner   10

I	**Wirtschaftsverfassungsrecht, Recht der Europäischen Union**	
I.1	Grundgesetz (GG) – Auszug –	68
I.2	Vertrag über die Europäische Union (EUV)	81
I.3	Vertrag über die Arbeitsweise der Europäischen Union (AEUV) – Auszug –	106
I.4	Charta der Grundrechte der Europäischen Union	162

II	**Bürgerliches Recht/Zivilrecht (Vertragsrecht)**	
II.1	Bürgerliches Gesetzbuch (BGB) – Auszug –	174
II.2	Gesetz über die Haftung für fehlerhafte Produkte (Produkthaftungsgesetz – ProdHaftG)	394
II.3	Übereinkommen der Vereinten Nationen über Verträge über den internationalen Warenkauf (UN-Kaufrecht)	398

III	**Handels- und Gesellschaftsrecht**	
III.1	Handelsgesetzbuch	422
III.2	Gesetz über Partnerschaftsgesellschaften Angehöriger Freier Berufe (Partnerschaftsgesellschaftsgesetz – PartGG)	582
III.3	Gesetz betreffend die Gesellschaft mit beschränkter Haftung (GmbHG)	586
III.4	Aktiengesetz (AktG) – Auszug –	618
III.5	Gesetz über die Mitbestimmung der Arbeitnehmer (Mitbestimmungsgesetz – MitbestG) – Auszug –	677
III.6	Gesetz zur Ausführung der Verordnung (EG) Nr. 2157/2001 des Rates vom 8. Oktober 2001 über das Statut der Europäischen Gesellschaft (SE) (SE-Ausführungsgesetz – SEAG)	680
III.7	Gesetz über die Beteiligung der Arbeitnehmer in einer Europäischen Gesellschaft (SE-Beteiligungsgesetz – SEBG) – Auszug –	697
III.8	Gesetz über die Rechnungslegung von bestimmten Unternehmen und Konzernen (Publizitätsgesetz – PublG)	701

IV	**Wettbewerbsrecht**	
IV.1	Gesetz gegen Wettbewerbsbeschränkungen (GWB)	714
IV.2	Verordnung (EG) Nr. 139/2004 des Rates über die Kontrolle von Unternehmenszusammenschlüssen (EG-Fusionskontrollverordnung)	772
IV.3	Gesetz gegen den unlauteren Wettbewerb (UWG)	801
IV.4	Preisangabenverordnung (PAngV)	815
IV.5	Gesetz über den Schutz von Marken und sonstigen Kennzeichen (Markengesetz – MarkenG) – Auszug –	825
IV.6	Gesetz über Urheberrecht und verwandte Schutzrechte (Urheberrechtsgesetz) – Auszug –	833
IV.7	Patentgesetz (PatG) – Auszug –	840
IV.8	Gebrauchsmustergesetz (GebrMG) – Auszug –	851
IV.9	Gesetz über den rechtlichen Schutz von Mustern und Modellen (Geschmacksmustergesetz – GeschmMG) – Auszug –	853
IV.10	Gesetz über Arbeitnehmererfindungen	855

Stichwortverzeichnis   867

Grundbegriffe des Wirtschaftsrechts

Nutzer und Nutzerinnen dieser Gesetzessammlung werden überwiegend Studierende aus nichtjuristischen Studiengängen sein. Um ihnen einen ersten Zugang zu den im Unterricht zu erarbeitenden Rechtsmaterien zu ermöglichen, werden – nach einer Darstellung der Grundbegriffe des Wirtschaftsrechts – in dieser Einführung die Grundlagen zu den einzelnen Rechtsgebieten erklärt:

- Einführung in das Europarecht (I)
- Grundbegriffe des Vertragsrechts (II)
- Grundlagen des Handels- und Gesellschaftsrechts (III)
- Grundlagen des Wettbewerbsrechts (IV)

Diese Darstellung ersetzt keinesfalls die Hinzuziehung einschlägiger Fachliteratur. Am Ende dieser Einführung stehen daher aktuelle Literaturhinweise zu den in diesem Band berücksichtigten Rechtsgebieten zur Verfügung.

> **Definition Wirtschaftsrecht**
> Unter Wirtschaftsrecht versteht man die Summe der Rechtsnormen, die die Lenkung, die Förderung oder Begrenzung selbstständiger Erwerbstätigkeit regeln und die sich am Maximum gesamtwirtschaftlicher Richtigkeit und sozialer Gerechtigkeit orientieren.

Hauptaufgabe des Wirtschaftsrechts ist die Aufrechterhaltung der Wettbewerbsordnung. Die Globalsteuerung der Wirtschaft wird in § 1 des Stabilitätsgesetzes umschrieben:

„Bund und Länder haben bei ihren wirtschafts- und finanzpolitischen Maßnahmen die Erfordernisse des gesamtwirtschaftlichen Gleichgewichts zu beachten. Die Maßnahmen sind so zu treffen, dass sie im Rahmen der marktwirtschaftlichen Ordnung gleichzeitig zur Stabilität des Preisniveaus, zu einem hohen Beschäftigungsstand und außenwirtschaftlichem Gleichgewicht bei stetigem und angemessenem Wirtschaftswachstum beitragen".

Der Erreichung dieser Ziele dienen die Instrumente der Wirtschaftspolitik (Subventionen, Steuererhöhungen oder Steuersenkungen), die sich in den einzelnen Rechtsnormen niederschlagen.

Von Wirtschaftsrecht spricht man auf nationaler, regionaler (Europa) und internationaler Ebene.

Nationales Recht:

Auf nationaler Ebene unterscheidet man Regelungen, die dem öffentlichen Recht zuzuordnen sind, etwa Normen des Wirtschaftsverfassungs- und Wirtschaftverwaltungsrechts und Normen, die zum privaten Recht gehören (Handels-, Gesellschafts- und Wettbewerbsrecht).

Wirtschaftverfassungsrecht umschreibt die Normen des Grundgesetzes (I.1), auf denen die Bundesrepublik Deutschland ihre Wirtschaftordnung stützt. Das Grundgesetz legt keine bestimmte Wirtschaftsordnung fest. Der Schutz der Wirtschaft macht es jedoch erforderlich, in den Grundrechten (Abwehrrechte des Bürgers gegenüber dem Staat) gewisse Garantien festzuschreiben.

Die wichtigsten Grundrechte

Zu nennen sind dabei die Eigentumsgarantie (Art. 14 GG), die Berufsfreiheit (Art. 12 GG), die Koalitionsfreiheit (Art. 9 Abs. GG), das Gleichheitsgebot (Art. 3 Abs. 1 GG) und die allgemeine Handlungsfreiheit (Art. 2 Abs. 1 GG). Aber auch die allgemeinen Verfassungsprinzipien wie das Rechts- und Sozialstaatsprinzip (Art. 20 Abs. 1, Art. 28 Abs. 1 GG) und das Haushaltsrecht (Art. 104a ff. GG) sind diesem Rechtsbereich zuzuordnen.

Das Wirtschaftverwaltungsrecht regelt das Verhältnis zwischen der Wirtschaft und der staatlichen Verwaltung. Der Staat greift in vielfältiger Art und Weise regelnd in das Wirtschaftleben ein. Das Rechtsgebiet übt eine regulierende Funktion aus, es spricht Ge- und Verbote aus, genehmigt und verbietet, spricht Auflagen, Bedingungen und Befristungen aus.

Beispiel:

Wichtige Regelungsbereiche sind das Gewerberecht, das Umweltrecht, die Banken- und Versicherungsaufsicht, das Arzneimittel-, das Lebensmittelrecht und das Subventionsrecht.

Regionales Recht:

In den verschiedenen Regionen der Welt gelten auf regionaler Ebene (Nordamerika, Südamerika, Asien, Afrika) spezielle Rechtssysteme im Wirtschaftsbereich. Das betrifft insbesondere Europa. Das Europäische Wirtschaftsrecht gewinnt zunehmend an Bedeutung. Der politische Wille zur Schaffung eines europäischen Binnenmarktes macht es erforderlich, auf europäischer Ebene ein eigenes regionales Wirtschaftsrecht zu schaffen, das entweder unmittelbar auf nationaler Ebene anwendbar ist oder Vorgaben formuliert, die zwingend in nationales Recht umzusetzen sind (siehe auch bei Abschnitt I die Unterscheidung zwischen Primärrecht und Sekundärrecht).

Internationales Recht:
Unter internationalem Wirtschaftsrecht im weiteren Sinne schließlich versteht man die Regelungen internationaler Wirtschaftbeziehungen, die sich aus dem Völkerrecht herleiten lassen, die aber größtenteils auf internationalen (bi- oder multinationalen) Abkommen beruhen. Das Recht der World Trade Organisation (WTO), das UN-Kaufrecht (CISG) und die von der International Chamber of Commerce erstellten International Rules for the Interpretation of Trade Terms (INCOTERMS) gehören beispielsweise dazu.

I. Einführung in das Recht der Europäischen Union

1. Entstehung, Geschichte und aktueller Stand

Ab etwa 1950 nahm Europa mehr und mehr Gestalt an. Der Vertrag über die Gründung der Europäischen Gemeinschaft für Kohle und Stahl (EGKS = Montanunion) wurde im Jahre 1951 zwischen Frankreich, Deutschland, Italien und den Beneluxstaaten unterzeichnet. Er trat am 1.1.1952 in Kraft. Die sogenannten Römischen Verträge über die Europäische Wirtschaftsgemeinschaft (EWG) und die Europäische Atomgemeinschaft (Euratom) wurden 1957 unterzeichnet.

Den sechs Gründungsländern Belgien, Deutschland, Frankreich, Italien, den Niederlanden und Luxemburg folgten 1973 Großbritannien, Irland und Dänemark, 1981 Griechenland, 1986 Spanien und Portugal, 1995 Österreich, Finnland und Schweden, 2004 Estland, Lettland, Litauen, Malta, Polen, Slowakei, Slowenien, Tschechien, Ungarn und Zypern und schließlich 2007 Bulgarien und Rumänien.

Die Zeit nach der Unterzeichnung der Römischen Verträge war geprägt von den Anstrengungen zur Überwindung nationaler Gegebenheiten und der Suche nach einem möglichst baldigen Zusammenschluss. 1979 fanden die ersten Direktwahlen zum Europäischen Parlament statt. Die Integration sollte nicht allein auf den ökonomischen Bereich beschränkt bleiben. Die Fortentwicklung der EWG wurde durch verschiede Verträge erreicht.

Am 13.12.2007 schließlich haben die Staats- und Regierungschefs der 27 Mitgliedsstaaten den "Vertrag von Lissabon" unterzeichnet, der im Laufe des Jahres 2009 von allen Mitgliedsstaaten ratifiziert worden ist; er trat am 1.12.2009 in Kraft.

Vertrag von Lissabon

Wesentliche Inhalte dieses Vertrages, der „Europa transparenter und demokratischer machen soll und Europa effizienter arbeiten lassen soll" sind:

- Europa ist ein einziges Rechtssubjekt (Art. 47 EUV)
- Wahl der Präsidentschaft auf zweieinhalb Jahre (Art. 15 Abs. 5 EUV)
- Schaffung eines „Außenministers" (Hoher Vertreter der Union für Außen- und Sicherheitspolitik)
- Verkleinerung der Europäischen Kommission ab 2014 (Art. 17 Abs. 5 EUV)
- Verkleinerung des Europäischen Parlaments von gegenwärtig 785 auf 750 Sitze zur nächsten Europawahlen 2014 (Art. 14 Abs. 2 EUV)
- Abrücken vom Einstimmigkeitsprinzip (mit Veto-Recht) und Einführung des Mehrheitsprinzips für die meisten Politikfelder (Art. 16 Abs. 4 EUV, Art. 238 AEUV)
- Ein neues Abstimmungssystem im Ministerrat ab 2014 (Art. 237 ff. AEUV)
- Aufnahme der bereits 2000 unterzeichneten Charta der Grundrechte in den neuen Vertrag
- Erweiterung des Einflusses nationaler Parlamente gegenüber der Tätigkeiten der Europäischen Kommission
- Einführung eines Bürgerbegehrens (Europäische Bürgerinitiative, Art. 11 Abs. 4 EUV, Art. 24 Abs. 1 AEUV)

2. Begriffe und Bedeutung des Europäischen Gemeinschaftsrechts

Man unterscheidet, die Begriffe „Europäisches Recht" und „Recht der Europäischen Union (EU-Recht)".

Definitionen

Unter Europäischem Recht, der der weiteste Begriff ist, versteht man neben dem EU-Recht auch das Recht des Europarates und das Recht anderer europäischer Organisationen.

EU-Recht hingegen umfasst nach der Verschmelzung von EU und EG die im Vertrag von Lissabon zusammengefassten Bestimmungen (EUV und AEUV) sowie den Euratom-Vertrag.

Die Mitgliedsstaaten haben mit dem Abschluss des EU-Vertrages keinen endgültigen Verzicht ihrer Souveränitätsrechte abgegeben. Sie haben sich vielmehr für eine langfristige Mitgliedschaft entschieden und sich zur Einhaltung der gemeinsam aufgestellten Regeln verpflichtet. Es bleibt ihnen überlassen, diese Verträge, unter Einhaltung der „Spielregeln", zu ändern.

Das Subsidiaritäts- und Verhältnismäßigkeitsprinzip behandelt die Frage, ob und wie eine der EU eingeräumten Kompetenz durch diese ausgeübt werden soll. So darf die EU nach dem Subsidiaritätsprinzip nur tätig werden, „sofern und soweit die Ziele der in Betracht kommenden Maßnahmen auf Ebene der Mitgliedsstaaten nicht erreicht werden können und daher wegen ihres Umfangs oder wegen ihrer Wirkung besser auf Gemeinschaftsebene erreicht werden können" (Art 5 EUV). Die Rolle der nationalen Parlamente wird durch die verstärkte Kontrolle der Einhaltung des Subsidiaritätsprinzips aufgewertet, die bis zum Abbruch einer Gesetzesinitiative führen kann („Gelbe Karte").

3. Die Organe der Europäischen Gemeinschaft und wie sie funktionieren

Der Europäische Rat (Art. 235–236 AEUV)

Der Europäische Rat ist die oberste politische Instanz der EU und jetzt auch Organ der EU. Er ist der Impulsgeber für die europäische Integration und dient als Instrument zur Feststellung allgemeiner politischer Zielvorstellungen. Weiterhin bestimmt er die Grundsätze der gemeinsamen Außen- und Sicherheitspolitik.

Entscheidungen werden einstimmig oder mit qualifizierter Mehrheit (Mehrheit der 27 Staats- und Regierungschefs) getroffen.

Die Präsidentschaft wechselt halbjährig (2010: Spanien und Belgien). Seit dem 1.1.2010 sieht der Vertrag von Lissabon einen ständigen Präsidenten des Europäischen Rates und einen Hohen Vertreter der Union für Außen- und Sicherheitspolitik vor. Das die Präsidentschaft jeweils innehabend Land führt nun nur noch den Vorsitz bei den Ministerräten Landwirtschaft, Umwelt und Verkehr.

Das Europäische Parlament (Art. 223–234 AEUV)

Die Zahl der Sitze im Europäischen Parlament (EP) richtet sich in etwa nach der Größe der Bevölkerung der jeweiligen Mitgliedsländer. Seit der letzten Wahl im Jahr 2009 hat das EP bis zum Ende der laufenden Legislaturperiode (fünf Jahre) 736 Parlamentarier. Im EP gibt es zurzeit sieben politische Fraktionen.

Das Europäische Parlament ist gleichermaßen Legislativorgan, Wahlorgan, Haushaltsorgan und Kontrollorgan. Als Legislativorgan nimmt das EP gemeinsam mit dem Rat der EU die Gesetzgebungsbefugnis der EU wahr. Mit dem Vertrag von Lissabon (Art. 14 EUV) wird das EP neben dem Rat zum gleichberechtigten Mit-Gesetzgeber, jetzt auch in den Bereichen Agrarpolitik, Handelspolitik, Justiz und Inneres.

Als Wahlorgan fungiert es bei der Wahl des Präsidenten der Kommission und des Kollegiums der Kommissare; die Zustimmung des EP ist erforderlich. Das Haushaltsorgan der EU setzt sich aus dem Rat und dem EP zusammen. Das EP kann ablehnen und die Kommission auffordern, einen erneuten Entwurf vorzulegen. Als Kontrollorgan schließlich kann das EP die Kommission und den Rat der EU durch Untersuchungsausschüsse und Anfragen kontrollieren. Die Kommission muss dem EP ein Jahresarbeitsprogramm vorlegen und dessen Umsetzung rechtfertigen. Ein Haushaltskontrollausschuss des EP überprüft die Umsetzung des Haushalts der Kommission.

Der Rat (Art. 237–243 AEUV)

Der Rat der EU wurde durch den Fusionsvertrag von 1995 geschaffen. Er hat seinen Sitz in Brüssel. Er setzt sich aus Ministern der Mitgliedsstaaten zusammen. Die Ressortminister treten in „Ministerräten" zusammen (z.B. Wirtschaft und Finanzen). Den Vorsitz in den neun Ministerräten hat grundsätzlich jeweils der Fachminister des Landes inne, das die Ratspräsidentschaft inne hat.

Als eines der zentralen Organe der Gemeinschaft fungiert der Rat der EU als Schnittstelle der Interessen der Mitgliedsstaaten und der Gemeinschaften der EU. Er ist sowohl mit legislativen wie exekutiven Befugnissen ausgestattet und auch zuständig für die Aufstellung des Haushaltsentwurfs der EU. Zudem benennt und ernennt er, nach Zustimmung des Europäischen Parlaments, den Präsidenten der Europäischen Kommission sowie ihre Kommissare. Im Bereich Währung und Wirtschaft hat der Rat der EU Koordinierungsbefugnis.

Die Beschlussfassung im Rat der EU folgt überwiegend dem Prinzip des qualifizierten Mehrheitsverfahrens. Die Gesamtzahl der Stimmen liegt dabei seit 1.1.2007 bei 345 Stimmen. Die Anzahl der Stimmen pro Land richtet sich nach der Bevölkerungsgröße der Mitgliedsstaaten. Nach dem Vertrag von Nizza beträgt die qualifizierte Mehrheit 73,9 %, d.h. 255 der 345 Stimmen. Allerdings reichen die 255 Stimmen allein nicht aus. Vielmehr muss auch die Mehrheit der Mitgliedsstaaten (also 14) zustimmen, die darüber hinaus noch 62% der Gesamtbevölkerung der EU repräsentieren müssen.

Die Europäische Kommission (Art. 244–250 AEUV)

Die Europäische Kommission ist die Vertreterin des Gemeinschaftsinteresses. Sie soll das ordnungsgemäße Funktionieren und die Entwicklung des Gemeinsamen Marktes gewährleisten. Sie ist zugleich Initiativ-, Exekutiv- und Kontrollorgan der EG. Die Kommission besitzt im Rahmen der EG das alleinige Initiativrecht für das Zustandekommen von Rechtsnormen. Die Kommission hat aber keine Regierungskompetenz. Rat und Parlament sind die alleinigen Rechtsetzungsorgane.

Als „Hüterin der Verfassung" tritt die Kommission als Exekutiv- und Kontrollorgan auf, indem sie Einhaltung und Anwendung der europäischen Verträge überwacht. Dabei achtet sie insbesondere darauf, die Konformität des Handelns der Mitgliedsstaaten mit den Interessen sicherzustellen. Schließlich fungiert die Kommission als Kontrollorgan. Im Haushaltsverfahren erstellt sie den Vorentwurf des Haushaltsplans der EU, über den dann der Rat und das Parlament zu entscheiden haben. Die Kommission verwaltet den Haushalt, kontrolliert die Höhe der Ausgleichsabgaben im Agrarbereich und bei Beihilfen (Subventionen) und verhindert Steuerdiskriminierungen.

Der Gerichtshof der Europäischen Union (Art. 251–281 AEUV)

Der Europäische Gerichtshof (EuGH) ist die Gerichtsbarkeit der EU. Er besteht aus 27 Richtern, 8 Generalanwälten und tagt in verschiedenen Kammern. Der EuGH bewahrt die Auslegung, Anwendung und das Zustandekommen von EU-Recht. Er entscheidet mit einfacher Mehrheit. Eine Berufung gegen seine Entscheidungen ist nicht möglich.

Der EuGH übernimmt die Funktionen verschiedener Gerichtszweige (Verfassungsrecht, Verwaltungsrecht, Zivilrecht). Urteile des EuGH müssen von den Mitgliedsstaaten ausgeführt werden.

Der Europäische Rechnungshof (Art. 285–287 AEUV)

Der Europäische Rechnungshof (EuRH) ist das Kontrollorgan des europäischen Steuerzahlers. Er führt die Rechnungsprüfung aller Einnahmen und Ausgaben der Gemeinschaften durch. Stellt er Unregelmäßigkeiten im Budget oder einen Betrug fest, kann er dies an OLAF (Europäisches Amt für Betrugsbekämpfung) weitergeben. Sanktionen kann der Rechnungshof selbst nicht verhängen.

Die Europäische Zentralbank (Art. 282–284 AEUV)

Das Europäische System der Zentralbanken (ESZB) ist für die Währungspolitik und die Preisstabilität des Euro durch Festlegung der Geldpolitik zuständig. Es besteht aus der Europäischen Zentralbank (EZB), den Zentralbanken der Eurozone und den Zentralbanken, die nicht an der Eurozone teilnehmen (diese nehmen allerdings an währungspolitischen Entscheidungen der Eurozone nicht teil). Das „Eurosystem" besteht dagegen nur aus der EZB und den Zentralbanken der Eurozone. Die EZB schließlich ist zentraler Bestandteil des ESZB. Sie hat umfassende Befugnisse in der Geldpolitik. Sie bestimmt die Leitzinsen, handelt Devisengeschäfte, sichert die Währungsreserven und genehmigt die Ausgabe von Euro-Banknoten. Die EZB ist ein Organ der EU und hat eine eigene Rechtspersönlichkeit und agiert weisungsfrei. Sie wurde 1998 gegründet und hat ihren Sitz in Frankfurt am Main.

Der Wirtschafts- und Sozialausschuss und der Ausschuss der Regionen (Art. 301–307 AEUV)

Beide Ausschüsse haben ihren Sitz in Brüssel und sind beratende Gremien. Sie bestehen jeweils aus 344, höchstens aber 350 Mitgliedern.

Der Wirtschafts- und Sozialausschuss (WSA) soll die Fachkompetenz der Vertreter des wirtschaftlichen und sozialen Lebens in die EU-Rechtssetzung einbringen. Er wird in den Bereichen Binnenmarkt, Bildung, Verbraucherschutz, Umweltpolitik, regionale Entwicklung und Soziales, aber auch bei der Beschäftigungspolitik, im Gesundheitswesen und bei Fragen der Chancengleichheit angehört. In den übrigen Politikfeldern hat er ein Recht auf Stellungnahme.

Der Ausschuss der Regionen (AdR) soll ein „Europa der Regionen" stärken. Er vertritt als repräsentative Versammlung die Interessen der verschiedenen europäischen Regionen und Kommunen und berät diese in europäischen Angelegenheiten.

4. Das Recht der Europäischen Union

Die Europäische Union ist eine auf Recht begründete Staatsgemeinschaft. Das ihr zugrunde liegende Recht wird in zwei Kategorien eingeteilt, das Primär- und das Sekundärrecht.

Primärrecht

Unter Primärrecht verstand man bisher die im Laufe der Jahre entstandenen verschiedenen Gemeinschaftsverträge zu den Europäischen Gemeinschaften. Seit dem 1.12.2009 beinhaltet der Vertrag von Lissabon das europäische Primärrecht:

- Vertrag über die Europäische Union (EUV, I.2)
- Vertrag über die Arbeitsweise der Europäische Union (hier: AEUV, früher EGV, I.3)
- Charta der Grundrechte der Europäischen Union (I.4)

Neben dem geschriebenen Recht werden auch das Gewohnheitsrecht sowie allgemeine Rechtsgrundsätze dem europäischen Primärrecht zugerechnet.

Sekundärrecht

Der Begriff Sekundärrecht ist als Oberbegriff für verschiedene Arten von Rechtsakten zu verstehen. Es besteht aus den von den Organen der Europäischen Gemeinschaften auf der Grundlage der Gründungsverträge erlassenen Rechtsakten.

Mit der Schaffung europäischer Rechtsakte und ihrer Geltung in den Mitgliedsstaaten greifen diese in nationale Rechtsetzungskompetenz ein.

Art. 288 AEUV unterscheidet dabei Verordnungen, Richtlinien, Entscheidungen sowie Empfehlungen und Stellungnahmen, die jeweils unterschiedlich auf nationales Recht einwirken:

- Die Verordnung, auch „Europäische Gesetz" genannt, hat allgemeine Geltung. Es entspricht damit auf nationaler Ebene einem Gesetz. Sie gilt abstrakt-generell, d.h. sie regelt mehr als einen Sachverhalt, hat damit Rechtssatzqualität, und weist mehrere Adressaten auf. Sie regelt Rechte und Pflichten wie ein nationales Gesetz. Sie bedarf zu ihrer Wirksamkeit nicht der Ratifizierung durch die jeweiligen nationalen Parlamente, sondern gilt unmittelbar in den einzelnen Ländern der EU.
- Die Richtlinie dient als Instrument, einheitliches Recht in den Mitgliedsstaaten umzusetzen. Eine Richtlinie wird immer dann erlassen, wenn nur die groben Züge des nationalen Rechts harmonisiert, d.h. vereinheitlicht werden sollen, um die Funktionsfähigkeit des Binnenmarktes zu verbessern und einheitliche Lebensbedingungen in Europa zu erreichen. Im Gegensatz zur Verordnung lässt die Richtlinie den nationalen Gesetzgebern einen gewissen eigenen Regelungsspielraum.
  Richtlinien sind in einer festgelegten Frist (meist 1 – 3 Jahre) in nationales Recht umzusetzen. Wird eine Richtlinie von einem Mitgliedsstaat nicht rechtzeitig umgesetzt, ist die Europäische Kommission berechtigt, Maßnahmen zu ergreifen. Anders als die Verordnung entfaltet die Richtlinie selbst nicht unmittelbare Rechte und Pflichten.
- Die Entscheidung ist eine verbindliche individuelle Regelung der EG. Sie bezieht sich auf einen bestimmten Adressaten und kann sich so-

wohl an natürliche wie juristische Personen richten. Sie wirkt unmittelbar und bedarf keiner nationalen Umsetzung. Sie ist nach nationalem Recht unmittelbar vollstreckbar.

■ Empfehlungen und Stellungnahmen sind unverbindlich. Zweck dieser Handlungsformen ist, den Adressaten ein bestimmtes Verhalten nahe zu legen. Obwohl unverbindlich, können beide Instrumente dann rechtserheblich sein, wenn sie beispielsweise zum Entstehen einer Rechtsauffassung beitragen.

Das Gemeinschaftsrecht berechtigt und verpflichtet nicht nur die Mitgliedsstaaten und Gemeinschaftsorgane, sondern kann auch Rechte und Pflichten für den Einzelnen begründen. In diesen Fällen spricht man von der unmittelbaren Wirkung des Gemeinschaftsrechts, und zwar im Verhältnis Bürger – Staat wie Bürger – Bürger.

Kollidieren europäisches Gemeinschaftsrecht und nationales Recht, besteht grundsätzlich ein „Vorrang des Gemeinschaftsrechts".

5. Die Grundfreiheiten

Im Mittelpunkt der Europäischen Gemeinschaft steht nach wie vor die Errichtung eines Gemeinsamen Marktes. Dazu sind die Freiheit des Waren-, des Dienstleistungs- und des Kapitalverkehrs wie auch die Freiheit der Person unverzichtbares Erfordernis. Diese vier Grundfreiheiten stellen europäisches Primärrecht dar und entfalten eine sogenannte Drittwirkung: Die Normen richten sich nicht nur an die Mitgliedsländer der EU, sondern der Einzelne kann sich auf sie berufen.

Der freie Warenverkehr

„Herzstück" des gemeinsamen Marktes ist der freie Warenverkehr (Art. 59 ff. AEUV), der die „mengenmäßige Einfuhrbeschränkungen sowie alle Maßnahmen gleicher Wirkung" verbietet. Die praktische Bedeutung dieser Norm ist überragend. Die Warenfreiheit dient – wie die anderen Grundfreiheiten auch – der Lösung eines Konflikts, der bei einer Integration von Staaten typischerweise auftritt: Trotz des Zusammenschlusses auf einer höheren Ebene (hier der EG) bleiben die Mitglieder des Verbundes (hier die Mitgliedsstaaten) als Instanzen legitimer Rechtsetzung weiter erhalten. Die Regelungen der Mitgliedssaaten können – offen, versteckt, beabsichtigt oder unbeabsichtigt – den grenzüberschreitenden Warenverkehr beeinträchtigen. Daher müssen die mitgliedsstaatlichen Regelungskompetenzen im übergeordneten Interesse begrenzt werden.

Einfuhr- und Ausfuhrzölle, die wichtigsten Schranken des internationalen Warenverkehrs, sind zwischen den Mitgliedsstaaten durch die Einführung der Zollunion abgeschafft. Die Bedeutung des Art. 259 AEUV konzentriert sich auf das Verbot von „Maßnahmen gleicher Wirkung", das ein Diskriminierungsverbot darstellt.

Beispiel:

Für importierte Waren werden Kontrollen durchgeführt, die bei inländischen Waren nicht üblich sind. Somit werden importierte Waren anders behandelt als inländische Waren.

Die Arbeitnehmerfreizügigkeit

Der Arbeitnehmerfreizügigkeit (Art. 45 ff. AEUV) erhielt im Laufe der Zeit, zuletzt im Zusammenhang mit der Osterweiterung der EU, eine ausgeprägte politische und soziale Dimension.

Die Freizügigkeit des Arbeitnehmers ist begrifflich von der Dienstleistungsfreiheit, die Selbstständige betrifft, (siehe unten) abzugrenzen.

Abgrenzungsmerkmale

- Arbeitnehmer stehen in einem weisungsgebundenen Abhängigkeitsverhältnis.
- Sie verrichten eine Tätigkeit für einen anderen.
- Sie erhalten dafür ein Arbeitsentgelt.

Um den Kreis der unter diese Freiheit fallenden Personen möglichst groß zu halten, versteht der Europäische Gerichtshof den Begriff des Arbeitnehmers eher weit. So fallen Teilzeitbeschäftigte ebenso darunter wie Profisportler (z.B. Fußballspieler), nicht hingegen geringfügig Beschäftigte und Praktikanten.

Die Arbeitnehmerfreizügigkeit ist als Recht gestaltet, das unmittelbare Wirkung entfaltet und bezieht sich auf künftige, bestehende und ehemalige Beschäftigungsverhältnisse. Basierend auf der Bewegungsfreiheit innerhalb der EU sowie dem Zugangsrecht zu einer Beschäftigung, werden folgende Rechte garantiert und durch ein Diskriminierungsverbot ergänzt:

Garantierte Rechte

- Recht auf Bewerbung um eine Stelle in einem andern Mitgliedsland
- Recht auf Einreise zum Zwecke der Bewerbung
- Recht auf Aufenthalt während der Beschäftigung
- Recht auf Verbleiben nach Beendigung der Beschäftigung.

Die Niederlassungsfreiheit

Die Niederlassungsfreiheit ist neben der Arbeitnehmerfreizügigkeit eine weitere Säule des freien Personenverkehrs und betrifft die selbstständige Tätigkeit. Sie befasst sich mit den Fällen, in denen ein Unionsbürger den dauernden Mittelpunkt seines Berufs oder Gewerbes in ein anderes Mitgliedsland verlegt (Art. 49 ff. AEUV).

Art. 49 Abs. 1 AEUV hebt die Beschränkungen der freien Niederlassung auf bzw. verbietet diese. Die Gründung einer Hauptniederlassung in einem anderen Mitgliedsland ist uneingeschränkt möglich. Die Gründung von Agenturen, Zweigniederlassungen und Tochtergesellschaften ist ebenso ohne Beschränkung möglich, wenn der Betroffene Staatsangehöriger eines Mitgliedslandes ist und im Hoheitsgebiet eines Mitgliedslandes ansässig ist. Erfasst von der Niederlassungsfreiheit werden sowohl natürliche Personen, Gesellschaften mit eigener Rechtsfähigkeit (z.B. die GmbH) wie auch ohne originäre Rechtsfähigkeit (z.B. die OHG). Sie stehen, den oben genannten Grundsätzen folgend, natürlichen Personen gleich.

Auch die Niederlassungsfreiheit entfaltet unmittelbare Wirkung, d.h. natürliche und juristische Personen können sich unmittelbar gegen Bestimmungen, die diskriminierende Inhalte wehren.

Auch für Inländer hat die Niederlassungsfreiheit große Bedeutung. Im Mittelpunkt steht auch hier das Diskriminierungsverbot: Ein Staat darf die eigenen Staatsangehörigen oder die im eigenen Land hergestellten Güter nicht schlechter stellen als ausländische. Der Einzelne ist auch hier berechtigt, sein Recht auf Niederlassung vor den nationalen Gerichten geltend zu machen.

Der freie Dienstleistungsverkehr

Ebenso wie die Niederlassungsfreiheit befasst sich die Dienstleistungsfreiheit mit selbstständig tätigen Personen (Art. 56 ff. AEUV). Sie verlangt, anders als bei der Niederlassungsfreiheit, keine dauernde Niederlassung im Aufnahmestaat. Sie umfasst vielmehr den vorübergehenden Aufenthalt in einem anderen Mitgliedsland zur Erbringung oder zum Empfang von Leistungen.

Adressaten der Dienstleistungsfreiheit sind, neben den Staatsbürgern der Mitgliedsländer, auch Gesellschaften sowie auch in der EU ansässige Bürger aus Drittstaaten. Sie entfaltet ebenfalls unmittelbare Drittwirkung.

Die Dienstleistung muss entgeltlich erbracht werden. Darunter fallen gem. Art. 57 Abs. 1 AEUV insbesondere gewerbliche, kaufmännische, handwerkliche und freiberufliche Tätigkeiten. Die Grundfreiheit schützt einmal die aktive Dienstleistungsfreiheit, also den Vorgang, bei dem sich ein Selbstständiger in einen anderen Mitgliedsstaat begibt, um dort eine Leistung anzubieten (Monteur, Versicherer, Rechtsanwalt). Auch die passive Dienstleistungsfreiheit ist geschützt. Darunter versteht man den Fall, in dem ein Bürger der EU in ein anderes Mitgliedsland reist, um dort eine Dienstleistung in Anspruch zu nehmen, beispielsweise wenn ein Patient einen Arzt in einem anderen Land aufsucht. Aber auch wenn der Leistende und der Leistungsempfänger sich nicht bewegen, sondern die Leistungen ausgetauscht werden (sog. Korrespondenzdienstleistungen), ist dies ein Unterfall der Dienstleistungsfreiheit (z.B. Rundfunk- und Fernsehsendungen, elektronischer Handel).

Auch bei der Dienstleistungsfreiheit steht das Diskriminierungsverbot im Vordergrund. Wie jede der Grundfreiheiten auch, können die Dienstleistungen gewissen Einschränkungen von nationaler Seite unterworfen werden, wenn die öffentliche Ordnung, die Sicherheit oder eine Grundfreiheit durch die Dienstleistungsfreiheit gefährdet werden.

Um die verbliebenen Hindernisse in der Umsetzung der Dienstleistungsfreiheit zu beseitigen, wurde die sog. Dienstleistungsrichtlinie (RL 2006/123/EG, ABl. Nr. L 376/2006,36) erlassen. Sie verfolgt das Ziel, ab dem Jahre 2010 einen echten Binnenmarkt für Dienstleistungen zu schaffen. Dazu soll die Niederlassungsfreiheit zum Zwecke der Erbringung von Dienstleistungen erleichtert und der freien Dienstleistungsverkehr einfacher gemacht werden. Die Umsetzung der EU-DLR ist mittlerweile in Deutschland erfolgt.

Die Freiheit des Kapital- und Zahlungsverkehrs

Die Grundfreiheit des Kapitalverkehrs ergibt sich aus den Art. 63 ff. AEUV.

Auf diese Grundfreiheit können sich sowohl Bürger wie Unternehmen in der Gemeinschaft gleichermaßen berufen. Sowohl die Kapital- wie die Zahlungsverkehrsfreiheit stellen unmittelbar geltendes, einklagbares Recht dar.

Es wird unterschieden zwischen

- der Freiheit des Kapitalverkehrs, der grenzüberschreitende Transaktionen von Geld- und Sachkapital ohne Genehmigung erfasst und
- der Freiheit des Zahlungsverkehrs, der grenzüberschreitende Transaktionen im Rahmen von Austauschverträgen (z.B. Zahlung des Kaufpreises oder des Gehalts) erfasst.

Die Kapitalverkehrsfreiheit korrespondiert zwingend mit den anderen Grundfreiheiten, insbesondere der Warenverkehrsfreiheit und der Arbeitnehmerfreizügigkeit, da ohne sie die Zahlung der Gegenleistungen für den Bezug von Waren oder erbrachter Arbeit grenzüberschreitend nicht reibungslos funktionieren würde. Auch würden Investitionstätigkeiten ohne diese Grundfreiheit behindert.

6. Die Politikfelder im Überblick

Im Vertrag über die Arbeitsweise der EU werden auch die einzelnen Politikfelder der Gemeinschaft umschrieben. Dabei handelt es sich um Politikbereiche, in denen die EU aufgrund entsprechender Kompetenzen, die ihr in den betreffenden Ermächtigungsnormen der Verträge eingeräumt werden, Recht setzend, koordinierend oder ergänzend zu den Tätigkeiten der Mitgliedsstaaten tätig wird. Von den zwanzig verschiedenen Politiken seien hier genannt:

Wichtige Politikfelder

- Wettbewerb inkl. Kontrolle (Art. 101 bis 118 AEUV)
- Wirtschaft und Währung (Art. 119 bis 144 AEUV)
- Steuern und Beschäftigung (Art. 145 bis 150 AEUV)
- Soziales (Art. 151 bis 161 AEUV)
- Bildung (Art. 165 bis 166 AEUV)
- Verbraucherschutz (Art. 169 AEUV)
- Industrie (Art. 173 AEUV)
- Struktur- und Regionalpolitik (Art. 174 bis 178 AEUV)
- Umwelt (Art. 191 bis 193 AEUV)
- Energie (Art. 194 AEUV)

II. Grundbegriffe des Vertragsrechts

Allem wirtschaftlichen Handeln liegen Verträge – welcher Art auch immer – zugrunde. Diese Einführung soll nur einige wenige Grundbegriffe des Vertragsrechts erläutern, um den Zugang zu dieser Rechtmaterie zu erleichtern.

1. Privatrecht und Bürgerliches Gesetzbuch

Das Zivilrecht oder auch „Bürgerliches Recht" genannt bildet den Kernbereich und die Grundlage des Privatrechts. Das Bürgerliche Recht umfasst das Bürgerliche Gesetzbuch (BGB, II.1) und seine Nebengesetze.

Das Privatrecht regelt das „Privatleben" der Bürger als Einzelne, wie auch untereinander und geht von der Gleichsetzung der Bürger aus. Sie treten überwiegend durch Verträge miteinander in rechtliche Beziehungen. Allerdings beteiligt sich auch der Staat am Privatrechtsverkehr, indem er z.B. Waren kauft und Arbeitnehmer anstellt.

Als Sonderprivatrecht wird bezeichnet:

- das Handels- und Gesellschaftsrecht (Sonderprivatrecht der Kaufleute),
- das Kartell- und Lauterkeitsrecht (Sonderprivatrecht der Wirtschaft),
- das Immaterialgüterrecht (Sonderprivatrecht für Urheberrecht und den gewerblichen Rechtsschutz).

Diese Themenfelder sind überwiegend spezialgesetzlich geregelt.

2. Aufbau des BGB

Das BGB besteht aus fünf Bücher, von denen in dieser Textsammlung das Sachenrecht (Buch drei) nicht gänzlich und das Familien- und Erbrecht (Bücher vier und fünf) komplett nicht abgedruckt wurden.

Zum Verständnis und zur Bearbeitung des Wirtschaftsrechts relevant sind folgende Normen:

- **Buch 1: Allgemeiner Teil (§§ 1 – 240 BGB)**
  Der Allgemeine Teil enthält die allgemein gültigen Vorschriften des Bürgerlichen Rechts. Sie gelten nicht nur grundsätzlich für die übrigen vier Bücher des BGB, sondern auch größtenteils für das gesamte Bürgerliche Recht sowie das übrige Privatrecht.

Der Allgemeine Teil regelt die Rechtssubjekte und Rechtsobjekte, macht Aussagen, wie man Fristen berechnet, wann Ansprüche verjähren, wie Rechte auszuüben und wie Sicherheiten zu leisten sind.

Im Mittelpunkt steht die Rechtsgeschäftslehre. Sie regelt, unter welchen Voraussetzungen durch zielgerichtetes, selbst bestimmtes Handeln Rechtswirkungen, z.B. eine kaufvertragliche Bindung, erzeugt werden können, also insbesondere die Geschäftsfähigkeit, die Willenserklärung, den Vertrag und die Stellvertretung.

■ **Buch 2: Recht der Schuldverhältnisse (§§ 241–853 BGB)**

Das Recht der Schuldverhältnisse regelt Sonderverbindungen zwischen bestimmten Personen. Diese bestehen darin, dass die eine Person (der Schuldner) eine Verhaltenspflicht (eine Schuld) gegenüber einer anderen Person (dem Gläubiger) hat, z.B. eine Sache zu liefern, den Kaufpreis zu bezahlen, ein Auto zu reparieren, eine Mietsache zur Verfügung zu stellen oder Schadensersatz zu leisten. Dabei entspricht die Pflicht des Schuldners auf der einen Seite dem Recht des Gläubigers, nämlich dem Anspruch auf das vom Schuldner zu Leistende.

Das zweite Buch zerfällt selbst wieder in einen allgemeinen Teil (§§ 241–432 BGB), der Regelungen für sämtliche Schuldverhältnisse enthält, und einen besonderen Teil (§§ 433–853 BGB), mit einer speziellen Regelung ausgewählter einzelner Typen von Schuldverhältnissen aus Verträgen wie:

– Kauf (§ 433 BGB)

– Miete (§ 535 BGB)

– Dienstvertrag (§ 611 BGB)

– Werkvertrag (§ 631 BGB)

Schuldverhältnisse können auch aus gesetzlichen Ansprüchen entstehen wie bei Geschäftsführung ohne Auftrag (§ 677 BGB), ungerechtfertigter Bereicherung (§ 812 BGB) oder unerlaubter Handlung (§ 823 BGB).

■ **Buch 3: Sachenrecht (§§ 854–1296 BGB)**

Für Schuldverhältnisse, die dem Güterumsatz dienen, insbesondere den Kaufvertrag beinhaltet das Schuldrecht nur die vertraglichen Verpflichtung, es sagt nichts über den Eigentumsübergang aus; dieser wird im Sachenrecht geregelt. Für das Vertragsrecht sind die ersten Abschnitte des dritten Buches von Bedeutung, nämlich die Bestimmungen über Besitz und Eigentum.

3. Wichtige Begriffe des BGB

Um mit dem Bürgerlichen Recht umgehen zu können, bedarf es der Kenntnis einiger Grundbegriffe.

So spricht man von einem Anspruch, wenn jemand das Recht geltend macht, von einem anderen ein Tun oder Unterlassen zu verlangen (§ 194 Abs. 1 BGB). Daraus ergibt sich der Begriff der Anspruchsgrundlage, der eine Norm beschreibt, die einen bestimmten Anspruch zuspricht. Man spricht vom Schuldner und meint denjenigen, der einen Anspruch erfüllen muss und vom Gläubiger, demjenigen, der einen Anspruch geltend macht.

Rechtssubjekte (§§ 1 ff. BGB) sind Personen, die Träger von Rechten und Pflichten sind. Sie können am Rechtsverkehr teilnehmen, das heißt rechtswirksame Erklärungen abgeben, Verpflichtungen eingehen, Verträge abschließen oder auch Vermögen erben. Diese Rechtsfähigkeit beinhaltet auch die Geschäftsfähigkeit (§§ 104 ff. BGB), also die Fähigkeit, durch Abgabe von Willenserklärungen Rechte und Pflichten begründen zu können und die Deliktsfähigkeit (§§ 827 ff.), das heißt die Fähigkeit, für unerlaubte Handlungen und für die Schadensverursachung verantwortlich gemacht werden zu können.

Bei den Rechtssubjekten unterscheidet man die natürlichen Personen (alle Menschen) und die juristischen Personen, und dort wiederum zwischen juristischen Personen des Privatrechts (Vereine, Stiftungen, Aktiengesellschaften, GmbH) und des öffentlichen Rechts (Gebietskörperschaften = Bund, Länder, Gemeinden).

Unter Rechtsobjekten (§§ 90 ff. BGB) versteht man Sachen und Rechte, die von den Rechtssubjekten beherrscht werden. Sachen lassen sich in bewegliche und unbewegliche (Immobilien) aufteilen, bei den Rechten wird zwischen absoluten und relativen Rechten unterschieden. Zu den absoluten Rechten gehört hierbei das Eigentum, was die rechtliche Verfügungsgewalt über eine Sache umschreibt (§ 903 BGB), während der Besitz als relatives Recht nur die tatsächliche Sachherrschaft über eine Sache (§ 854 BGB) umschreibt.

Häufig finden sich im BGB die Begriffe Verschulden, Vorsatz, Fahrlässigkeit und Vertretung. Unter Verschulden versteht man das pflichtwidrige und vorsätzliche oder fahrlässige Verhalten einer Person (§ 276 BGB). Unter Vorsatz wird die Herbeiführung eines Erfolges mit Wissen und Wollen verstanden, unter Fahrlässigkeit die Außerachtlassung der im Verkehr erforderlichen Sorgfalt (§ 276 Abs. 2 BGB). Hat jemand etwas zu vertreten, so muss er für die Rechtsverletzung eines andern einstehen. So hat der Schuldner das Verschulden seines Erfüllungsgehilfen (der Person, derer sich der Schuldner zur Erfüllung seiner Verbindlichkeit bedient) wie eigenes Verschulden zu vertreten (§ 278 BGB). Demgegenüber ist eine Person Verrichtungsgehilfe, wenn sie für den Geschäftsherrn tätig ist und in einem sozialen Abhängigkeitsverhältnis

(Arbeitnehmer) steht. Der Geschäftsherr haftet grundsätzlich für den vom Verrichtungsgehilfen verursachten Schaden (§ 831 BGB).

4. Rechtsgeschäft, Willenserklärung, Vertrag, Allgemeine Geschäftsbedingungen (AGB)

Die Rechtsordnung (die Privatrechtsautonomie) erlaubt es, gezielt rechtliche Wirkungen und die Entstehung und Veränderung von Rechtsverhältnissen durch selbst bestimmtes Handeln hervorzurufen.

Beispiele: _____

Verträge abschließen und damit Rechte und Pflichten eines Rechtssubjektes gegenüber einem anderen zu begründen, diese wieder aufzuheben (Kündigung), ein Testament zu errichten usw.

Ein solches Verhalten, das eine von der Rechtsordnung anerkannte Rechtswirkung (sog. Rechtserfolg) deshalb hat, weil die Wirkung mit dem Verhalten angestrebt wird, ist ein Rechtsgeschäft. Da der Erfolg an den Willen geknüpft ist, muss ein darauf gerichteter Wille vorhanden sein, der durch eine Erklärung (nach außen) in Erscheinung tritt. Inhalt eines jeden Rechtsgeschäfts ist somit mindestens eine Willenserklärung (§§ 106 ff. BGB).

Die Äußerung eines auf die Herbeiführung eines Erfolges zielenden Willens kann schon ein ganzes Rechtsgeschäft ausmachen, wenn der Rechtserfolg aufgrund der einen Willenserklärung einsetzt (z.B. bei der Kündigung = einseitiges Rechtsgeschäft).

Häufig, insbesondere wenn rechtliche Beziehungen geschaffen werden sollen, tritt der Rechtserfolg erst mit gleichgerichteten, übereinstimmenden Willenserklärungen ein. Verträge sind regelmäßig zweiseitige Rechtsgeschäfte.

Grundsätzlich hat jeder für sein eigenes Handeln einzustehen. Im Wirtschaftleben ist aber die Einschaltung von dritten Personen die Regel. Soweit nun ein Unternehmer einen anderen für sich rechtsgeschäftlich handeln lässt (z.B. Abgabe von Willenserklärungen), spricht man von Stellvertretung (auch Vertretung). Unter Vertretung versteht man das Handeln im Namen und für Rechnung eines anderen. Die gesetzlichen Regelungen finden sich in den §§ 164 ff. BGB und den Sonderregelungen des Handelsrechts (s.u. III).

Bei Rechtsgeschäften wird zwischen dem Verpflichtungs- und dem Verfügungsgeschäft unterschieden. Diese Begriffe beziehen sich auf die Wirkung des Rechtsgeschäfts. Verpflichtungsgeschäfte begründen nur

Ansprüche (z.B. auf Lieferung oder Reparatur einer Sache); sie ändern nicht die rechtliche Zuordnung einer Sache (z.B. den Eigentumserwerb bei der Veräußerung einer Sache). Verpflichtungsgeschäfte wirken nur zwischen den Parteien des Schuldverhältnisses.

Verfügungsgeschäfte wirken demgegenüber unmittelbar auf ein Recht ein, indem sie es übertragen (z.B. den Eigentumsübergang von Sachen). Sie dienen regelmäßig der Erfüllung von Verpflichtungsgeschäften. Verfügungsgeschäfte wirken absolut, d.h. die neue Rechtsposition (z.B. das Eigentum des Käufers an der Kaufsache) ist von jedermann zu achten.

Der entstehende Vertrag

Ein Vertrag kommt durch Angebot und Annahme zustande. Häufig liegen den Verträgen Allgemeine Geschäftsbedingungen (AGB) zugrunde.

Definition

Allgemeine Geschäftsbedingungen sind alle für eine Vielzahl von Verträgen vorformulierten Vertragsbedingungen, die eine Vertragspartei (Verwender) der anderen Vertragspartei bei Abschluss eines Vertrags stellt (§ 305 Abs. 1 BGB).

Grund für die Erstellung und Verwendung solcher AGB, aber auch vorformulierter Verträge (z.B. Mietverträge) ist neben einem Rationalisierungseffekt vor allem die Durchsetzung eigener Interessen, soweit diese nicht durch das Gesetz genügend gewahrt werden. Ist eine Klausel in den AGB unwirksam, gilt insoweit das BGB.

Ist ein Vertrag geschlossen, so kann er nichtig sein (z.B. wegen fehlender Geschäftsfähigkeit einer Vertragspartei). Rechtsfolge ist, dass der Vertrag von Anfang an unwirksam ist.

Verträge können aber auch schwebend unwirksam sein.

Beispiel:

Ein beschränkt geschäftsfähiger Minderjähriger schließt einen Vertrag ab, ohne dass der Erziehungsberechtigte dem Geschäft zugestimmt oder darin eingewilligt hat (§ 108 BGB). Bis zur Zustimmung bzw. Einwilligung ist der Vertrag schwebend unwirksam; erst danach wird das Rechtsgeschäft wirksam.

Verträge können auch zunächst wirksam, später aber durch Anfechtung unwirksam werden.

Anfechtungsgründe

Anfechtungsgründe (§§ 119, 120, 123 BGB) können sein:

- der Inhaltsirrtum
  („der Erklärende sagt, was er will, aber er will nicht, was er damit sagt")
- der Erklärungsirrtum
  („der Erklärende sagt, was er nicht sagen will, und was er sagen will, das sagt er nicht")
- der Übermittlungsirrtum
  (eine Zahl ist falsch weitergeleitet worden)
- die arglistige Täuschung
  (vorsätzliche Täuschung des Vertragspartners).

Die Anfechtung erfolgt durch einseitige Willenserklärung. Sie führt zur Nichtigkeit des Rechtsgeschäfts. Sie hat unverzüglich (= ohne schuldhaftes Zögern, § 121 BGB) zu erfolgen. Der Anfechtende hat für den Schaden aufzukommen, den der Anfechtungsgegner im Vertrauen auf die Gültigkeit des Rechtsgeschäfts entstanden ist (Vertrauensschaden, § 122 BGB).

Der bestehende Vertrag

Beim bestehenden Rechtsgeschäft und seiner Abwicklung spricht man von einem Schuldverhältnis, wobei der eine Teil (der Gläubiger) einen Anspruch oder eine Forderung hat, der andere Teil (der Schuldner) eine Leistung (eine Schuld) zu erbringen hat.

Wird das vertragliche Schuldverhältnis planmäßig abgewickelt, so sind die gegenseitig geschuldeten Leistungen zu bewirken, die Vertragsbindungen erlöschen. Der Vertrag ist erfüllt, wenn durch die geschuldete Leistungshandlung der rechtsgeschäftliche Erfolg herbeigeführt wird. Das Erbringen der geschuldeten Leistung am rechten Ort (Leistungs- und Erfüllungsort), zur rechten Zeit (Leistungszeit), vollständig und in rechter Weise führt zum Erlöschen des Schuldverhältnisses durch Erfüllung (§ 362 BGB).

Häufig kommt es bei der Abwicklung des vertraglichen Schuldverhältnisses zu Störungen. Dabei unterscheidet man folgende Leistungsstörungen:

Leistungsstörungen

- Unmöglichkeit: die Leistung wird überhaupt nicht erbracht
- Leistungsverzug:
  die Leistung wird nicht rechtzeitig erbracht, (wenn er auf der Schuldnerseite auftritt als Schuldnerverzug, wenn er auf der Gläubigerseite auftritt als Gläubigerverzug oder Annahmeverzug bezeichnet)
- Verletzung vertraglicher Nebenpflichten
  (Informations-, Aufklärungs- und Mitwirkungspflichten sowie allgemeine Schutz- und Sorgfaltspflichten)
- Verletzung von Pflichten bei der Vertragsanbahnung
  (bei der Aufnahme von Vertragsverhandlungen)
- Verletzung nachvertraglicher Pflichten(Wahrung von Betriebsgeheimnissen nach Beendigung des Arbeitsverhältnisses).

Im Mittelpunkt des Systems der Leistungsstörungen steht der Grundtatbestand der Pflichtverletzung. Nach § 280 BGB hat derjenige Schadensersatz zu leisten, dem eine Pflichtverletzung zur Last gelegt wird. Dies gilt allerdings nur dann, wenn der Schuldner dies zu vertreten hat, d.h. wenn er oder sie selbst verschuldet hat oder er das Verschulden eines anderen zu vertreten hat.

Das Tatbestandsmerkmal der Pflichtverletzung bezieht sich auf alle Arten von Pflichten, insbesondere der vertraglichen Haupt- und Nebenpflichten, aber auch Schutzpflichten.

Rechte, die nicht mehr durchgesetzt werden können, bestehen grundsätzlich fort, aber es fehlt ihnen der Erfüllungszwang, sobald der Schuldner sich auf das Durchsetzungshemmnis der Verjährung beruft. Der Gesetzgeber hat dem Schuldner durch die Geltendmachung der Einrede der Verjährung die Möglichkeit der Blockierung von Ansprüchen nach einem bestimmten Zeitablauf zugebilligt (§§ 194 ff. BGB). Die regelmäßige Verjährungsfrist beträgt drei Jahre (§ 195 BGB). Die Verjährungsfrist beginnt am Ende des Jahres, in dem der Anspruch entstanden ist (§ 199 Abs. 1 Nr. 1 BGB). Unter bestimmten Voraussetzungen kann eine Hemmung der Verjährung eintreten (§§ 203 ff. BGB) bzw. die Verjährung neu beginnen (§ 212 BGB).

5. Vertragsrecht, insbesondere der Kaufvertrag

Die in Kurzform dargestellten Voraussetzungen für das Entstehen eines Rechtsgeschäftes und die dargestellten Grundsätze der Vertragsabwicklung von Schuldverhältnissen haben Allgemeingültigkeit für alle Vertragstypen, es sei denn, der spezifische Vertrag weist Besonderheiten auf.

Als wichtige Verträge zum Grundverständnis des Vertragsrechts werden hier der Kaufvertrag, der Werkvertrag und der Dienstvertrag skizziert, wobei der Schwerpunkt auf dem Kaufvertrag liegt.

Der Kauf dient dem Umsatz wirtschaftlicher Güter gegen Geld. Beim Kaufvertrag handelt es sich um einen Vertrag, bei dem sich der Verkäufer zur Übergabe und Übereignung der verkauften Sache, der Käufer zur Zahlung des Kaufpreises und zur Abnahme der Kaufsache verpflichtet (§ 433 BGB).

Gegenstand des Kaufvertrages können insbesondere bewegliche Sachen, Grundstücke, Rechte sein. Bei beweglichen Sachen wird zwischen der Gattungsschuld (§ 243 BGB) und der individuellen Stück-(Spezies)schuld unterschieden.

Der Verkäufer ist verpflichtet, dem Käufer die Sache zu übergeben, also ihm den unmittelbaren Besitz (§ 854 BGB) und das Eigentum (§ 929 BGB) zu verschaffen.

Der Käufer ist verpflichtet, Zug um Zug (Zahlung gegen Verpflichtung des Verkäufers) den Kaufpreis zu entrichten und die Sache abzunehmen.

Von Bedeutung ist beim Kaufvertrag der Übergang der sog. Preisgefahr, d.h. ab welchem Zeitpunkt und an welchem Ort „die Gefahr des zufälligen Untergangs der Sache" auf den Käufer übergeht (§§ 446, 447 BGB).

Die Kaufsache muss im Zeitpunkt des Gefahrenübergangs frei von Sachmängeln sein. Dafür trägt grundsätzlich der Käufer die Beweislast. Beim Verbrauchsgüterkauf (§ 474 BGB ein Kaufvertrag zwischen Unternehmer und Verbraucher) kommt es nach § 476 BGB zu einer „Beweislastumkehr", d.h. in den ersten sechs Monaten nach Kauf wird vermutet, dass die Kaufsache bereits bei Gefahrenübergang mit einem Mangel behaftet war. Der Verkäufer hat grundsätzlich das Gegenteil zu beweisen.

Was unter einem Sachmangel zu verstehen ist, erläutert § 434 BGB. Grundsätzlich treten die Rechtsfolgen, die der Käufer bei Vorliegen eines Sachmangels geltend machen kann auch ein, wenn dem Verkäufer ein Verschulden (§ 280, 276 BGB) nicht zur Last gelegt werden kann.

Rechtsfolgen bei Sachmangel

Als Rechtsfolgen kommen in Betracht:

■ die Nacherfüllung (§§ 437 Nr. 1, 439 BGB)

■ der Rücktritt vom Vertrag (§§ 437 Nr. 2, 440, 323 BGB)

■ die Minderung (§ 441 BGB).

Ist dem Verkäufer allerdings eine Pflichtverletzung vorzuwerfen, die er zu vertreten hat (§ 280 BGB), kann der Käufer Schadensersatz fordern (§ 437 Nr. 3 BGB).

Beim Dienstvertrag wird eine Leistung von Diensten gegen Vergütung geschuldet (§ 611 BGB). Der Dienstvertrag nach BGB bei sozialabhängiger Arbeit (Arbeitsrecht) kommt nur noch bei einer kleinen Anzahl von Tätigkeiten vor. So beruht beispielsweise eine Massage auf einem Dienstvertrag (geschuldet werden 20 Minuten Massage).

Wir leben in einer Dienstleistungsgesellschaft. Dienstleistungsverträge kennt das BGB allerdings nicht. Vielmehr handelt es sich bei Verträgen, die auf eine Dienstleistung gerichtet sind, überwiegend um Werkverträge. Durch den Werkvertrag verpflichtet sich der Unternehmer dem Besteller gegenüber gegen Leistung einer Vergütung zur Herstellung eines Werkes (§ 631 BGB).

Während es beim Dienstvertrag auf die Tätigkeit als solche, also auf die Arbeitsleistung ankommt, wird beim Werkvertrag ein Ergebnis, ein Erfolg geschuldet (z.B. schuldet der Taxifahrer beim Transport von A nach B das Erreichen des Ziels).

Grundsätzlich ersetzt die Abnahme (§ 640 BGB) die Übergabe der Kaufsache beim Kaufvertrag. Wird ein Werk mangelhaft erbracht, richten sich die Ansprüche des Bestellers nach den §§ 633 ff. BGB.

6. Verträge an der Haustür und im Internet

Bei beiden Vertragsarten handelt es sich um Verbraucherverträge, d.h., es handelt sich bei den Verträgen um solche zwischen Unternehmern (§ 14 BGB) und Verbrauchern (§ 13 BGB). Hingewiesen sei dabei erneut auf die Vorschriften über den Verbrauchsgüterkauf in §§ 474 ff. BGB.

Es gelten die Vorschriften über Haustürgeschäfte (§ 312 BGB), Fernabsatzverträge (§ 312b BGB) und die Regelungen über den Vertragsschluss im elektronischen Geschäftsverkehr (§ 312e BGB).

Bei Haustür- und Fernabsatzverträgen wird dem Verbraucher ein Widerrufs- und Rückgaberecht eingeräumt. Dem Unternehmer obliegen beim Vertragsschluss des elektronischen Geschäftsverkehrs eine Reihe besonderer Pflichten, die sich aus § 312e BGB ergeben. Der Hinweis auf die AGB (§ 305 Abs. 2 BGB, Einbeziehung der AGB in den Vertrag) spielt bei Internetgeschäften eine wichtige Rolle.

7. Gesetzliche Schuldverhältnisse

Zum Verständnis des Vertragsrechts ist die Kenntnis der gesetzlichen Schuldverhältnisse der ungerechtfertigten Bereicherung (§§ 812 ff. BGB) und der unerlaubten Handlung (§§ 823 ff. BGB) hilfreich.

Gesetzliche Schuldverhältnisse kommen in aller Regel ungewollt zustande. Sie entstehen, weil das Gesetz an bestimmte Sachverhalte anknüpft, die zwei oder mehrere Personen zu Partnern eines gesetzlichen Schuldverhältnisses machen. Gesetzliche Schuldverhältnisse können wie folgt entstehen:

- neben rechtsgeschäftlichen Schuldverhältnissen (veruntreut ein Arbeitnehmer Geld, so hat dies Folgen aus dem Arbeitsvertrag und aus § 823 ff. BGB)
- als Folge von rechtsgeschäftlichen Schuldverhältnissen (ein Kaufvertrag ist nichtig; der Käufer verlangt seine geleistet Anzahlung zurück, §§ 812 ff. BGB)
- völlig selbstständig (Autofahrer A beschädigt das Fahrrad des F, §§ 823 ff. BGB)

Bei der ungerechtfertigten Bereicherung wird zwischen der Leistungskondiktion (Leistung ohne rechtlichen Grund, Wegfall des rechtlichen Grundes, u.a.) und der Eingriffskondiktion (Eingriff durch Wegnahme, entgeltliche oder unentgeltliche Verfügung eines Nichtberechtigten, u.a.) unterschieden.

Grundsätzlich hat der Bereicherte die Leistung oder das Erlangte herauszugeben. Hat er zwischenzeitlich Nutzen gezogen, z.B. Zinseinnahmen gehabt, so sind diese ebenfalls herauszugeben. Kann der Bereicherte das Erlangte nicht mehr herausgeben, so ist Wertersatz zu leisten (z.B. der gestohlene Zement ist verbaut; der Dieb hat Wertersatz zu leisten).

Ist der Bereicherte zur Herausgabe nicht in der Lage, so ist er zum Ersatz des Wertes insoweit nicht verpflichtet, als die Bereicherung weggefallen ist (z.B. der Bereicherte gibt das irrtümlich überwiesene Geld für seinen Lebensunterhalt aus). Dies gilt allerdings nicht, wenn der Bereicherte wusste oder wissen musste, dass ihm das Geld nicht zustand (verschärfte Haftung).

Die unerlaubte Handlung (§ 823 BGB) begründet zwischen dem Schädiger und dem Geschädigten ein gesetzliches Schuldverhältnis, gleichgültig, ob daneben bereits ein geschäftliches bzw. vertragliches Schuldverhältnis bestand oder nicht. Die unerlaubte Handlung ist auf den Ersatz des dem Geschädigten entstandenen Schadens gerichtet, sei es durch Wiederherstellung des alten Zustandes (§ 249 BGB, sog. Naturalrestitution) oder durch Schadensersatz in Geld (§ 251 BGB).

Der Tatbestand des § 823 Abs. 1 BGB geht davon aus, dass eines der dort genannten absoluten Rechtsgüter schuldhaft (§ 276) und rechtswidrig (ohne Rechtfertigungsgrund, z.B. Einwilligung bei der Operation) verletzt wurde.

Ein Anspruch auf Schadensersatz kann sich auch aus § 823 Abs. 2 BGB in Verbindung mit einem Schutzgesetz (z.B. Betrug) ergeben sowie aus § 826 BGB (z.B. bei der Erhebung von Wucherzinsen).

Der Umfang des Schadensersatzes richtet sich nach den §§ 249 ff. BGB. Umfasst ist sowohl der materielle Schaden, also der geldwerte Schaden als auch der immaterielle Schaden (Nichtvermögensschaden, Schmerzensgeld, § 253 BGB).

8. UN-Kaufrecht

Das sogenannte UN-Kaufrecht (= Übereinkommen der Vereinten Nationen über Verträge über den Warenkauf von 1980, II.3) ist ein völkerrechtlicher Vertrag und auf Kaufverträge über Waren anwendbar, wenn die Geschäftspartner ihre Niederlassung in verschiedenen Staaten haben. Es ist kein Gesetz, muss also in jedem Fall, in welcher Form auch immer, vereinbart werden; zwischen den zur Zeit 74 Mitgliedsstaaten gilt das UN-Kaufrecht grundsätzlich als stillschweigend vereinbart; die Parteien können die Geltung des UN-Kaufrechts jedoch ausschließen. Das seit 2002 in Deutschland gültige Schuldrecht ist in Teilen an das UN-Kaufrecht angelehnt.

9. Exkurs Produkthaftung

Für Schäden, die aus Sicherheitsdefiziten eines Produktes resultieren, sieht das Produkthaftungsgesetz (II.2) eine verschuldensunabhängige Haftung vor. Voraussetzung der Haftung ist, dass ein Personenschaden oder ein bestimmter Sachschaden (anderer Schaden als das Produkt, Sache zum privaten Gebrauch bestimmt) eingetreten ist und die Verletzung eines Schutzgutes ihre Ursache in der Fehlerhaftigkeit eines vom Anspruchsgegner hergestellten Produkts hat (§ 1 ProdHaftG). Es gibt einige Haftungsausschlussgründe (§ 1 Abs. 2 ProdHaftG). Rechtsfolge ist die

Schadensersatzpflicht: Sie beschränkt sich auf materielle Schäden, Schmerzensgeldansprüche können nicht geltend gemacht werden.

Auch nach § 823 Abs. 1 BGB kommt ein Produkthaftungsanspruch in Betracht. Beruht die Schutzgutverletzung auf einem objektiv fehlerhaften Produkt und ist dieser Fehler auf einen Umstand im Bereich des Herstellers zurückzuführen (Konstruktions-, Fabrikations-, Instruktionsfehler, Mängel in der Produktbeobachtung), so hat nicht der Anspruchsteller das Verschulden des Herstellers zu beweisen. Vielmehr muss der Hersteller beweisen, dass ihn kein Verschulden trifft. Diese Konstellation nennt man Beweislastumkehr zugunsten des Verbrauchers. Insbesondere für die Geltendmachung von Schmerzensgeld ist die Berufung auf § 823 BGB von Bedeutung.

III. Grundlagen des Handels- und Gesellschaftsrechts

1. Das Handelsgesetzbuch (HGB)

Das Handelsgesetzbuch (HGB, III.1) ist ein besonderes Privatrecht für Kaufleute und trägt den speziellen Anforderungen des Wirtschaftsverkehrs Rechnung, für die das BGB nicht immer ausreichende Regelungen enthält. Das HGB steht allerdings nicht isoliert neben dem BGB, sondern ist mit diesem eng verknüpft. So werden manche Regelungen des BGB durch das Handelsrecht ergänzt. In einigen Fällen tritt das BGB hinter das HGB zurück, es kommt also nur dort zum Zuge, wo das HGB keine spezielleren Vorschriften enthält. Zum Handelsrecht zählen das HGB mit Nebengesetzen, die Handelsbräuche und das Gewohnheitsrecht.

Der Kaufmannsbegriff

„Kaufmann ist, wer ein Handelsgewerbe betreibt" (§ 1 Abs. 1 HGB)

Der Begriff des Kaufmanns spielt im Wirtschaftsrecht eine wichtige Rolle. Wer nämlich Kaufmann nach dem Handelsgesetzbuch ist, hat bestimmte Rechte und Pflichten, denen er nachkommen muss.

Man unterscheidet

- den Istkaufmann
- den Kannkaufmann
- den Formkaufmann
- den Fiktivkaufmann und den Scheinkaufmann.

Istkaufmann

Ein Unternehmer, der einen in kaufmännischer Weise eingerichteten Geschäftsbetrieb führt, betreibt ein Handelsgewerbe und ist demzufolge Kaufmann. Wann ein in kaufmännischer Weise eingerichteter Geschäftsbetrieb vorliegt, kann nicht so ohne weiteres beantwortet werden. Es bedarf vielmehr der Gesamtwürdigung der betrieblichen Verhältnisse im Einzelfall um zu entscheiden, ob ein in kaufmännischer Weise eingerichteten Geschäftsbetrieb vorliegt.

> **Beispiele:**
>
> Umfang der Geschäftsbeziehungen, Beschäftigtenzahl, Umsatzhöhe, Anzahl der Betriebsstätten usw.

Neben dem Warenhandel fallen auch das Dienstleistungs- und Handwerksgewerbe, sowie Unternehmen der Urproduktion unter den Begriff des Handelsgewerbes.

Vorliegen eines Gewerbes

Nach der ständigen Rechtssprechung liegt ein Gewerbe vor, wenn eine Tätigkeit

■ nach außen erkennbar,

■ selbstständig,

■ auf Dauer ausgelegt,

■ mit Gewinnerzielungsabsicht

betrieben wird.

Ein Gewerbe liegt aber nicht vor, wenn es sich um eine freiberufliche Tätigkeit handelt (z.B. Ärzte, Rechtsanwälte, Steuerberater etc.).

Konsequenzen der Kaufmannseigenschaft

Für die Anwendung der Vorschriften im Ersten und Vierten Buch des HGB ist die Kaufmannseigenschaft von entscheidender Bedeutung (Zugang zum Handelsregister, Führen einer Firma, Erteilung von Prokura usw.).

Des Weiteren finden sich Sondervorschriften für Kaufleute in zahlreichen anderen Gesetzen. Bei den Vorschriften aus anderen Gesetzen als dem HGB handelt es sich in der Regel um besondere Schutzvorschriften, von deren Geltungsbereich Kaufleute wegen ihrer geringeren Schutzbedürftigkeit ausgenommen sind.

Die Firma

Die Firma eines Kaufmanns ist der Name, unter dem er seine Geschäfte betreibt und die Unterschrift abgibt. Unter seiner Firma kann der Kaufmann klagen und verklagt werden (§ 17 HGB).

Unter Firma versteht man den Namen des Unternehmens und nicht das Unternehmen selbst. Deshalb ist auch die umgangssprachliche Verwendung des Wortes „Firma" als Synonym für „Unternehmen" oder „Betrieb" juristisch nicht korrekt. Eine Firma dürfen nach Handelsrecht nur Kaufleute führen. Bei Kleingewerbetreibenden und Nichtkaufleuten handelt es sich um eine Geschäftsbezeichnung (z.B. Ring Apotheke, Gasthof zum Lamm) und nicht um eine Firma.

Prinzipien der Firmierung

- Firmenwahrheit (Täuschungsverbot) und Firmenklarheit
- Firmenbeständigkeit
- Firmenunterscheidbarkeit (Firmenausschließlichkeit)
- Firmeneinheit
- Firmenöffentlichkeit

Auf Geschäftsbriefen müssen angegeben werden:

- Name der Firma
- Rechtsform und Sitz der Gesellschaft
- Zuständiges Registergericht
- Sitz der Gesellschaft
- Registernummer, unter der die Gesellschaft im Handelsregister eingetragen ist.

Das Handelsregister

Die Abteilungen des Handelsregisters

Das Handelsregister wird bei den Amtsgerichten seit dem 1. Januar 2007 elektronisch geführt und dient der Rechtssicherheit im Handelsverkehr. Es wird in zwei Abteilungen geführt:

- Abteilung A (Einzelunternehmungen (e.K. und e.Kfr.) und Personengesellschaften (OHG, KG)
- Abteilung B für Kapitalgesellschaften (GmbH, AG).

Eintragung ins Handelsregister

Grundsätzlich muss sich jeder, der ein Gewerbe betreibt, ins Handelsregister des zuständigen Amtsgerichts eintragen lassen. In das Handelsregister sind alle rechtserheblichen Tatsachen, die für einen Geschäftspartner wichtig sein können, einzutragen.

Rechtserhebliche Tatsachen können unter anderem sein:

- Name der Firma
- Sitz der Firma
- Gegenstand des Unternehmens
- Rechtsverhältnisse
- Namen der persönlich haftenden Gesellschafter

- Geschäftsinhaber
- Namen der Prokuristen
- bei Kapitalgesellschaften die Kapitalhöhe
- Erteilung und Löschung der Prokura.

Alle Eintragungen und Änderungen im Handelsregister, werden im Bundesanzeiger sowie in der örtlichen Tageszeitung veröffentlicht. Löschungen aus dem Handelsregister erfolgen durch Unterstreichung der zu löschenden Daten.

Einsicht in dieses Register hat laut § 9 HGB jeder, der ein Interesse daran hat.

Die Vertretung des Kaufmanns

Eine wichtige Rolle im handelsrechtlichen Geschäftsverkehr spielen die Regeln über die Vertretung, denen eine durch Rechtsgeschäft erteilte Vertretungsmacht (Vollmacht) zugrunde liegt. Die Regeln der §§ 48 ff. HGB ergänzen bzw. ersetzen die allgemeinen Vertretungsregeln der §§ 164 ff. BGB. Sie werden den besonderen Bedürfnissen des kaufmännischen Rechtsverkehrs gerecht, insbesondere nach Rechtsklarheit und einer rascher Abwicklung. Deshalb wurden typisierte Vertretungsformen geschaffen, die den Handelsverkehr erleichtern. Das HGB kennt neben der sog. Ladenangestellten die

- Prokura (§§ 49 ff. HGB) und
- Handlungsvollmacht (§ 54 f. HGB).

Die Prokura ist eine handelsrechtlich ausgestaltete Vollmacht. Sie muss ausdrücklich vom Inhaber oder vom Leitungsorgan eines Handelsgewerbes erteilt werden und muss im Handelsregister eingetragen werden. Der Prokurist ist ermächtigt, im Außenverhältnis alle Arten von gerichtlichen und außergerichtlichen Geschäften abzuschließen und darf Rechtshandlungen vorzunehmen, die der Betrieb eines Handelsgewerbes mit sich bringt. Die Prokura kann im Außenverhältnis nur durch Gesetz beschränkt werden. Der Prokurist zeichnet gewöhnlich mit p.p.a.

Als Handlungsvollmacht gilt jede von einem Kaufmann im Rahmen seines Handelsgewerbes erteilte Vollmacht, die nicht Prokura ist. Sie kann auch durch den Prokuristen erteilt werden und wird nicht im Handelsregister eingetragen. Der Handlungsbevollmächtigte ist zur Vornahme von Geschäften berechtigt, die der Betrieb eines „derartigen" Handelsgewerbes gewöhnlich mit sich bringt und handelsüblich ist. Er zeichnet gewöhnlich mit i.V.

Das Handelsgeschäft

Handelsgeschäfte nach § 343 HGB sind Geschäfte eines Kaufmanns, die unter Beteiligung eines Kaufmanns abgeschlossen worden sind und zum Betrieb seines Handelsgewerbes gehören. Sind zwei Kaufleute beteiligt, spricht man von zweiseitigen Handelsgeschäften.

Handelsgeschäfte sind Rechtsgeschäfte im Sinne des BGB und folgen deshalb hinsichtlich ihres Zustandekommens, ihrer Abwicklung, Beendigung und Gestaltung den Regeln des BGB. Zusätzlich sind insbesondere folgende Besonderheiten des Handelsrechts zu beachten:

- Sorgfalt des Kaufmanns (§ 347 HGB)
- Gewohnheiten und Gebräuche (§ 348 HGB)
- Entgeltlichkeit (§ 354 HGB)
- Handelsgut mittlerer Art und Güte (§ 360 HGB)
- Leistungszeit (§ 358 f., 376 HGB)
- Vertragsstrafe (§ 348 HGB)
- Zurückbehaltungsrecht (§ 369 HGB)
- Rügepflicht (§ 377 HGB).

Das kaufmännische Bestätigungsschreiben

Das kaufmännische Bestätigungsschreiben dient dazu, bereits mündlich abgeschlossene Verträge nochmals zu bestätigen. Die Grundsätze des kaufmännischen Bestätigungsschreibens haben sich aus einem Handelsbrauch entwickelt und sind als Gewohnheitsrecht anerkannt (vgl. § 346 HGB).

2. Gesellschaftsrecht

Unter Gesellschaftsrecht versteht man das Recht von Personenvereinigungen des Privatrechts, die durch Rechtsgeschäft begründet werden, um einen bestimmten gemeinsamen Zweck zu erreichen. Das heißt, allen vertraglichen Zusammenschlüssen ist gemeinsam, dass sie einen bestimmten Zweck verfolgen.

Das Gesellschaftsrecht ist in verschiedenen Rechtsquellen geregelt, hauptsächlich

- im BGB (II.1)
- im HGB (III.1)
- im GmbH-Gesetz (III.3)
- im Aktiengesetz (III.4).

Einen einheitlichen Begriff des „Unternehmens" kennt unsere Rechtsordnung nicht. Das HGB verwendet die Begriffe „Handelsgewerbe", „Gewerbebetrieb" und „Handelsgeschäft", das Betriebsverfassungsgesetz „Betrieb", das Kartell- und Konzernrechtrecht „Unternehmen". Auch in der Betriebswirtschaftlehre werden die Begriffe unterschiedlich verwandt.

Jede durch Vertrag begründete Personenvereinigung wird zur Verfolgung eines gemeinsamen Zwecks als „Gesellschaft" bezeichnet. Dabei kann die Zielsetzung einer Gesellschaft sowohl wirtschaftlicher als auch ideeller Natur sein. Bei Wirtschaftsunternehmen ist der Gesellschaftszweck regelmäßig auf den Betrieb eines Handelsgewerbes gerichtet, doch es gibt auch Zusammenschlüsse für andere Zwecke, beispielsweise Kartelle, Werbegemeinschaften oder Unternehmensverbindungen zur Erreichung überregionaler Ziele. Für den Abschluss eines Gesellschaftsvertrages gilt der Grundsatz der Vertragsfreiheit.

Bei der Wahl der betrieblichen Rechtsform sind die Haftungsverhältnisse, sowie die Steuer- und Kostenbelastung von entscheidender Bedeutung. In Gesellschaftsverträgen werden im Wesentlichen folgende Punkte geregelt:

- die Gesellschaftsform
- Zweck, Sitz und Firma der Gesellschaft
- Gesellschafter und Haftung
- Einlagen, Beteiligung und Nachschusspflicht
- Geschäftsführung und Vertretung
- Gewinn- und Verlustrechnung
- Eintritt- und Ausscheiden von Gesellschaftern.

Folgende wesentlichen Gesellschaftsformen unterscheidet man:

Personengesellschaften

Einzelunternehmung

Der Einzelunternehmer – als Kaufmann – ist Eigner und Manager zugleich. Die Entscheidungsgewalt liegt ganz alleine bei ihm. Natürlich trägt er auch die Verantwortung und das Risiko alleine.

Die Einzelunternehmung ist die dominierende Unternehmensform kleinerer Unternehmen. Der Kaufmann haftet gesamtschuldnerisch mit seinem Privat- und Geschäftsvermögen. Er ist zudem mit seinen Einnahmen einkommensteuerpflichtig und – sollte er einen Gewerbebetrieb führen – eventuell auch gewerbesteuerpflichtig. Seine Geldmittel schöpft er entweder aus seinem Privatvermögen oder aus Darlehen, die durch sein Privatvermögen begrenzt sind.

Firmiert wird diese Unternehmung durch den Namen des Kaufmannes und den Anhang e.Kfm oder e.K. (e.Kfr).

Seit 1998 können neben Personen- auch Sach- und Phantasienamen in die Bezeichnung der Einzelunternehmung einfließen.

Gesellschaft des bürgerlichen Rechts (GbR)

Die Grundform der Personengesellschaft ist die GbR. Sie wird häufig auch BGB-Gesellschaft genannt, weil diese Rechtsform im Bürgerlichen Gesetzbuch (§§ 705 bis 740 BGB) geregelt ist. Sie kommt zustande durch die vertragliche Vereinigung von mindestens zwei Gesellschaftern zur Förderung eines von ihnen gemeinsam verfolgten Zweckes.

Die Gesellschaft des bürgerlichen Rechts ist der Archetyp der Personengesellschaft. Sie ist immer gefragt, wenn kein in kaufmännischer Weise eingerichteter Geschäftsbetrieb erforderlich ist. Die BGB-Gesellschaft findet man in vielen Bereichen des Wirtschaftslebens, z.B.:

- ärztliche Gemeinschaftspraxis
- Anwaltssozietät
- Arbeitsgemeinschaften (ARGE).

Mindestens zwei Gesellschafter schließen den zur Gründung notwendigen Gesellschaftsvertrag. Der Gesellschaftsvertrag kann formlos geschlossen werden. Der Inhalt des Gesellschaftsvertrags ist gesetzlich nicht geregelt, es sollten jedoch zumindest die Geschäftsführung und die Gewinnverteilung vertraglich festgelegt werden. Treten Regelungslücken auf, so gelten die gesetzlichen Bestimmungen.

Solange der verfolgte Gesellschaftszweck nicht darin besteht, ein Handelsgewerbe im Sinne des § 1 Abs. 2 HGB zu betreiben – dann läge nämlich eine OHG und keine GbR vor (vgl. § 105 HGB) – kann jeder beliebige Zweck vereinbart werden.

Die Gesellschaft des bürgerlichen Rechts ist nach höchstrichterlicher Rechtssprechung als rechtsfähig anzusehen. Daraus folgt, dass die GbR im eigenen Namen klagen und verklagt werden kann (Parteifähigkeit); zudem ist sie insolvenzfähig.

Die GbR haftet ihren Gläubigern gegenüber mit ihrem Gesellschaftsvermögen. Zudem haften alle Gesellschafter für die Verbindlichkeiten der GbR gesamtschuldnerisch und unbeschränkt gegenüber den Gläubigern.

Offene Handelsgesellschaft (OHG)

Eine Gesellschaft, deren Zweck auf den Betrieb eines Handelsgewerbes unter gemeinschaftlicher Firma gerichtet ist, ist eine offene Handelsgesellschaft, wenn bei keinem der Gesellschafter die Haftung gegenüber den Gesellschaftsgläubigern beschränkt ist.

Die Firma, also der Name, unter dem das Handelsgewerbe betrieben wird, muss mindestens den Familiennamen eines der Gesellschafter enthalten (z.B. Müller, Mayer & Co., Lange OHG). Jeder Gesellschafter haftet gegenüber ihren Gläubigern unbeschränkt.

Kommanditgesellschaft (KG)

Die KG unterscheidet sich von der offenen Handelsgesellschaft dadurch, dass bei einem Teil der Gesellschafter die Haftung gegenüber den Gesellschaftsgläubigern auf einer bestimmten Kapitaleinlage beschränkt ist.

Die unbeschränkt haftenden Gesellschafter nennt man Komplementäre, die beschränkt haftenden Gesellschafter Kommanditisten. Jede KG muss mindestens einen Komplementär und einen Kommanditisten haben. Der Name des Komplementärs muss in der Firma erscheinen: Kommanditisten sind von der Geschäftsführung grundsätzlich ausgeschlossen, sie sind an Gewinn und Verlust der Gesellschaft nur in Höhe Ihrer Kapitaleinlage beteiligt.

Partnerschaftsgesellschaft

Für Angehörigen der freien Berufe ist durch das Partnerschaftsgesellschaftsgesetz (III.2) eine Möglichkeit geschaffen worden, sich zu der Rechtsform „Partnerschaft" (PartG) zusammenzuschließen. Damit muss dieser Personenkreis seine Dienstleistungen nicht mehr als GbR anbieten. Dem Charakter nach ist die PartG zwischen der GbR und der OHG angesiedelt. Folgende Hauptmerkmale zeichnet die PartG aus:

- Personengesellschaft für Freiberufler
- keine Handelsgesellschaft
- Namens-, Grundbuch- und Parteifähigkeit sowie teilrechtsfähig.

Kapitalgesellschaften

Von den Personengesellschaften sind die Kapitalgesellschaften zu unterscheiden:

Eingetragener Verein

Der eingetragene Verein ist eine Gesellschaft mit eigener Rechtspersönlichkeit.

Einen Verein kennzeichnet, dass sich

- mehrere Personen (mindestens 7)
- auf eine gewisse Dauer
- zu einem gemeinsamen Zweck
- unter einem gemeinsamen Namen zusammenfinden,
- der Verein durch einen Vorstand vertreten wird
- und sein Fortbestehen vom Wechsel der Mitglieder unabhängig ist.

Das Bürgerliche Gesetzbuch behandelt den „nicht wirtschaftlichen Verein", auch „Idealverein" genannt, und den „wirtschaftlichen Verein".

Beide unterscheiden sich nach ihrem Vereinszweck. Der wirtschaftliche Verein ist auf den Betrieb eines Geschäftsbetriebes gerichtet, der Idealverein nicht. Im Idealverein ist ein wirtschaftlicher Zweck dem ideellen stets eindeutig untergeordnet, auch wenn z. B. ein Sportverein als Nebenzweck ein Vereinslokal betreibt. Steuerliche Vergünstigungen gibt es nur für Idealvereine.

Im Rahmen des Idealvereins unterscheidet das Bürgerliche Gesetzbuch wiederum den rechtsfähigen Verein (§§ 21–53 BGB) und den nichtrechtsfähigen Verein (§ 54 BGB). Die Rechtsfähigkeit erlangt ein Verein durch die Eintragung in das Vereinsregister des Amtsgerichtes, in dessen Bezirk er seinen Sitz hat. Mit der Eintragung wird sein Name durch das Kürzel e.V. (= eingetragener Verein) ergänzt.

Gesellschaft mit beschränkter Haftung (GmbH)

Die Gesellschaft mit beschränkter Haftung (GmbH, siehe GmbHG III.3), ist eine Kapitalgesellschaft, bei der die Haftung der Gesellschafter auf deren Einlage begrenzt wird. Zur Gründung wird eine Stammeinlage in Höhe von 25.000 Euro benötigt.

Die GmbH ist eine Kapitalgesellschaft, bei der die Gesellschafter für die Verbindlichkeiten der GmbH nicht persönlich haften. Unabhängig von ihrem Geschäftszweck ist die GmbH stets eine Handelsgesellschaft und als juristische Person im Handelsregister eingetragen. Eine GmbH kann von einer oder mehreren Personen gegründet werden.

Der Gegenstand der Unternehmung oder der Name eines der Gesellschafter sowie der Zusatz „mit beschränkter Haftung" müssen im Namen der Gesellschaft (Firma) enthalten sein.

Die Organe der GmbH sind der oder die Geschäftsführer und die Gesellschafterversammlung; sie entsprechen Vorstand und Hauptversammlung bei der AG. Bei mehr als 500 Arbeitnehmern ist auch ein Aufsichtsrat vorgeschrieben.

Aktiengesellschaft (AG)

Die Aktiengesellschaft (siehe AktG, III.4) ist eine Kapitalgesellschaft mit persönlicher Rechtsfähigkeit, deren Grundkapital in Aktien zerlegt ist.

Die Aktiengesellschaft entsteht als juristische Person durch Eintrag ins Handelsregister und haftet gegenüber Gläubigern nur mit ihrem Gesellschaftsvermögen, nicht aber mit dem Privatvermögen der Aktionäre. Zur Gründung einer AG muss von mindestens einer Person ein Grundkapital von mindestens 50.000 Euro aufgebracht werden, dass zu einem bestimmten Teil durch Bar- oder Sacheinlagen gedeckt sein muss. Das Grundkapital wird in Aktien zerlegt, die frei zu erwerben sind. Die Aktionäre leisten eine Einlage, die dem Nennwert der Aktien entspricht.

Dafür erhalten sie das Recht auf Gewinnanteil (Dividende), auf Teilnahme am Liquidationserlös und auf das Aktienstimmrecht. Dieses kommt im Allgemeinen in der Hauptversammlung zum Tragen, in der die Aktionäre u.a. über die Verwendung des Gewinns entscheiden und den Aufsichtsrat wählen. Der Aufsichtsrat ernennt den Vorstand, welcher die Geschäftsführung übernimmt und die AG nach außen vertritt.

Die Aufgaben der Organe einer Aktiengesellschaft im Einzelnen:

■ Vorstand als ausführendes Organ
  – Leitung des Unternehmens
  – Geschäftsbericht und Erstattung an den Aufsichtsrat
  – Erstellung des Jahresabschlusses und des Geschäftsberichtes
  – Einberufung der Hauptversammlung
■ Aufsichtsrat als überwachendes Organ
  – Wahl und Überwachung des Vorstandes
  – Prüfung des Jahresabschlusses
  – Berichterstattung an die Hauptversammlung
■ Hauptversammlung als beschließendes Organ
  – Wahl der Aktionärsvertreter

– Wahl des Aufsichtsrates

– Abstimmung über die Verwendung des Jahresergebnisses

– Entlastung des Vorstandes

Den Aufsichtsräten großer Kapitalgesellschaften gehören neben den Anteilseigner auch Vertreter der Arbeitnehmer an. Dies ist im Gesetz über die Mitbestimmung der Arbeitnehmer (III.5) geregelt.

Europäische Gesellschaftsformen

Seit längerem existiert bereits die Europäische Wirtschaftliche Interessenvereinigung (EWIV), die allerdings keine Gesellschaftsform im eigentlichen Sinne ist. Sie verrichtet nur Hilfstätigkeiten für ihre Mitglieder (z.B. für Freiberufler wie Rechtsanwälte in verschiedenen Mitgliedsstaaten). Sie darf keinen eigenen Gewinn anstreben.

Seit 2004 ist das Gesetz zur Einführung der Europäischen Gesellschaft (SEEG) in Kraft. Die Einführung der Europäischen (Aktien-) Gesellschaft (SE = Societas Europaea) erleichtert europaweit tätigen Unternehmen die grenzüberschreitende Betätigung und stärkt deren internationale Wettbewerbsfähigkeit. In Deutschland sind bereits einige SE-Gründungen zu verzeichnen, darunter namhafte Unternehmen wie Allianz, BASF, Fresenius oder die Porsche Automobil Holding.

Mit der Europäischen Gesellschaft steht erstmals eine in wesentlichen Fragen einheitliche europäische Rechtsform für Kapitalgesellschaften zur Verfügung. Mit dem SE-Ausführungsgesetz (III.6) wurde 2004 die EG-Verordnung über das Statut der Europäischen Gesellschaft (SE) in deutsches Recht umgesetzt. Flankierend setzte Deutschland die Richtlinie über die Mitbestimmung der Arbeitnehmer bei grenzüberschreitenden Verschmelzungen im SE-Beteiligungsgesetz (III.7) um. Die Unternehmensform ermöglicht Unternehmen eine Expansion und Neuordnung über Ländergrenzen hinweg, ohne die kostspieligen und zeitaufwändigen Förmlichkeiten beachten zu müssen, die bislang mit der Gründung von Tochtergesellschaften verbunden sind. Die europäische Gesellschaft eröffnet besonders für kleine und mittlere Unternehmen neue und unbürokratische Chancen, ihr Engagement im Ausland zu verstärken.

Unternehmen (Handelsgesellschaften) einer bestimmten Größenordnung verpflichtet das Publizitätsgesetz (III.8) unabhängig von ihrer Rechtsform zur Offenlegung ihres Jahresabschlusses. Dies gilt auch für große Konzerne. Die Jahresabschlüsse dieser Unternehmen unterliegen außerdem einer Pflichtprüfung durch Wirtschaftsprüfer.

IV. Wettbewerbsrecht

1. Nationales Wettbewerbsrecht

Definition Wettbewerbsrecht

Unter Wettbewerb versteht man, vereinfacht ausgedrückt, das Konkurrenzverhältnis zwischen den Anbietern oder den Nachfragern auf den Märkten.

Der Wettbewerb ist ein Grundelement des Marketings. Die ihn betreffenden rechtlichen Regelungen sind von zentraler Bedeutung für die Entscheidungsprozesse des Marketings. Aufgabe des Wettbewerbs ist es letztlich, die Leistungsbereitschaft des Einzelnen und der Unternehmen zu fördern. Die Funktion des Wettbewerbs in der Marktwirtschaft ist sowohl von ökonomischen als auch von gesellschaftlichen Zielvorstellungen geprägt.

In der Bundesrepublik Deutschland ergibt sich die Wettbewerbsfreiheit aus den grundgesetzlichen Garantien der Unternehmens- und Vertragsfreiheit als Freiheitsrecht, hier insbesondere aus der allgemeinen Handlungsfreiheit (Art. 2 Abs. 1 GG). Innerhalb dieser Rahmenbedingungen entfaltet sich der freie Wettbewerb, sofern gewährleistet ist, dass keine Seite einer anderen die Bedingungen diktieren kann.

Wie jeder Wettbewerb, muss auch der wirtschaftliche Wettbewerb bestimmten Regeln unterworfen sein, um einen Missbrauch zu verhindern. Aus diesem Grund greift das Wettbewerbsrecht durch vielfältige gesetzliche Vorschriften in den Wirtschaftskreislauf ein. Das Wettbewerbsrecht schützt nicht nur die Interessen der Wettbewerber, sondern ist auch zunehmend für das Verbraucherschutzrecht von Bedeutung.

Gemeinhin unterscheidet man das Wettbewerbsrecht im weiteren und im engeren Sinne. Unter dem Wettbewerbsrecht im weiteren Sinne fasst man gewöhnlich das Gesetz gegen Wettbewerbsbeschränkungen (GWB, IV.1) und das Gesetz gegen den unlauteren Wettbewerb (UWG, IV.3) zusammen. Das Wettbewerbsrecht im engeren Sinne sichert den Leistungswettbewerb der einzelnen Unternehmen. Es umfasst insbesondere

- das UWG zum Schutze des freien Leistungswettbewerbs und

- die Verordnung zur Regelung der Preisangaben von 1985 (PAngV, IV.4); diese dient der Preisklarheit und Preiswahrheit.

Weitere Regelungen, die für die Sicherung des freien Wettbewerbs von großer Bedeutung sind, sind die Sondergesetze des gewerblichen Rechtsschutzes. Dies sind besondere Gesetze, die vor den genannten allgemeinen Wettbewerbsregeln Vorrang haben. Unter die gewerblichen Schutzrechte fallen:

- das Markengesetz (IV.5) zum Schutz von Marken, geschäftlichen Beziehungen und geographischen Herkunftsangaben
- das Urheberrechtsgesetz (IV.6) zum Schutz persönlicher, geistiger Leistungen
- das Patentgesetz (IV.7) zum Schutz neuer gewerblicher Erfindungen
- das Gebrauchsmustergesetz (IV.8) zum Schutz neuer technischer Gegenstände (GebrMG)
- das Geschmacksmustergesetz (IV.9) zum Schutz neuer, eigentümlicher, gewerblicher Muster und Modelle (GeschMG)
- das Arbeitnehmererfindungsgesetz (IV.10) zum Schutz von Erfindungen, die der Arbeitnehmer während seiner Arbeitszeit macht.

2. Europäisches Wettbewerbsrecht

Im Recht der Europäischen Union (EU) findet sich eine Vielzahl von Vorschriften, die sowohl auf europäischer als auch auf nationaler Ebene anwendbar sind. Gemäß § 22 GWB sind grundsätzlich beide Regelungswerke nebeneinander anzuwenden. Im Konfliktfall geht das Gemeinschaftsrecht der EU dem nationalen Recht vor. Beide Rechte dienen dem Schutz des Wettbewerbs auf dem Markt vor einer Beeinträchtigung durch Marktabsprachen, Machtmissbrauch und Marktkonzentration. Im deutschen Recht wird die Wettbewerbsfreiheit als Grundvoraussetzung für den Wettbewerb als Schutzgut gesehen.

Das europäische Kartellrecht ist nur dann anwendbar, soweit die betreffenden Maßnahmen geeignet sind, den zwischenstaatlichen Handel zu beeinträchtigen. Das deutsche Kartellrecht kommt als eigenständiger Rechtsbereich nur noch im Bereich einseitiger wettbewerbsbeschränkender Handlungen zu Anwendung.

Zum europäischen Kartellrecht zählen neben den Wettbewerbsregeln der Artikel 101 – 109 AEUV eine Vielzahl von Verordnungen wie etwa die Verordnung über die Kontrolle der Unternehmenszusammenschlüsse („EG-Fusionskontrollverordnung", IV.2).

Das europäische Wettbewerbsrecht, als unmittelbar in den Mitgliedsstaaten geltendes Recht, ist in erster Linie europäisches Kartellrecht. Im Zusammenhang mit dem Schutz des sogenannten lauteren Wettbewerbs sind die Befugnisse der EU nicht ganz so einschneidend. Allerdings haben die Befugnisse der EU im Rahmen des Verbraucherschutzes in den letzten Jahren erheblich zugenommen.

Grundlage des EU-Kartellrechts und letztlich auch des nationalen Kartellrechts bilden die Artikel 101 und 102 AEUV. Artikel 101 und 102 AEUV kommen zur Anwendung, sobald Verträge und abgestimmte Verhaltensweisen über den nationalen Rahmen hinausgehen. Das ist dann beachtlich, wenn die aus den Artikeln abgeleiteten Grundsätze nicht mit dem nationalen Kartellrecht übereinstimmen.

Sobald ein Unternehmen eine marktbeherrschende Stellung im EU-Markt erreicht, findet Artikel 101 AEUV für die dort genannten Missbrauchstatbestände Anwendung.

Seit geraumer Zeit verfügt das EU-Recht auch über ein Instrumentarium zur Kontrolle von Fusionen. Ein Anliegen ist es, Zusammenschlüsse von Unternehmen zu unterbinden, wenn sie eine beherrschende Stellung begründen oder verstärken, durch die ein wirksamer Wettbewerb im Gemeinsamen Markt oder in einem wesentlichen Teil desselben erheblich behindert würde.

Zur Durchsetzung der Artikel 101 und 102 AEUV wurde ein spezielles Verfahrensrecht für EU-Kartellsachen entwickelt. Die Durchsetzung der Rechtsnormen obliegt sowohl nationalen als auch EU-Kartellbehörden.

3. Grundlagen des Kartellrechts

Zweck des Kartellgesetzes

Die Marktwirtschaft wird in der Bundesrepublik Deutschland durch eine Reihe von Gesetzen bestimmt und geordnet, die dazu dienen, den Wettbewerb herzustellen und/oder zu erhalten. Das Gesetz gegen Wettbewerbsbeschränkungen (GWB, IV.1) ist ein bedeutender Teil dieser Ordnung. Es hat die Aufgabe, den freien Wettbewerb zu schützen und Wettbewerbsbeschränkungen möglichst zu vermeiden, also die Freiheit des Wettbewerbs sicherzustellen. Dies ist Voraussetzung für die Aufrechterhaltung eines dynamischen Wettbewerbsprozesses und somit eine entscheidende Aufgabe staatlicher Wettbewerbspolitik. Das Gesetz lässt dabei die Vertragsfreiheit unberührt und grenzt die zu verbietenden Wettbewerbsbeschränkungen von den als notwendig oder tragbar erachteten ab. Im Vordergrund des Kartellrechts steht zwar der sogenannte Institutionenschutz des Wettbewerbs, aber auch der Individualschutz der Wettbewerber wird als Hauptaufgabe angesehen.

Systematik des GWB

In § 1 ff. GWB werden zunächst das Kartellverbot definiert sowie die Einschränkungen dieses Verbots (Verbot mit Erlaubnisvorbehalt) umschrieben. Weiterhin wird festgelegt, ab wann ein Unternehmen eine marktbeherrschende Stellung erreicht (§ 19 Abs. 2 GWB), was zur Folge hat, dass es einer besonderen Missbrauchsaufsicht unterstellt werden muss. Das GWB bestimmt ebenfalls, unter welchen Voraussetzungen Unternehmenszusammenschlüsse zu kontrollieren sind. Schließlich werden Wettbewerbsregeln aufgestellt und das Verfahren im Kartellrecht geregelt.

Das in § 1 GWB verankerte Kartellverbot gilt absolut für alle Vereinbarungen zwischen Wettbewerbern, die Preis-, Quoten-, Kunden- oder Gebietsabsprachen betreffen. Ebenfalls betroffen sind die Vereinbarungen mit Abnehmern, die eine Preisbindung der Zweiten Hand zum Gegenstand haben. Dazu zählen auch Beschränkungen des Nachfragerwettbewerbs (z.B. Drücken der Verkaufspreise für ein Unternehmen durch Absprachen mehrerer Interessenten). Schließlich sind auch sogenannte Angebotsmeldeverfahren verboten, bei denen sich Unternehmen darüber unterrichten, an welchen Ausschreibungen sie teilnehmen möchten. Ein verbotenes Kartell gemäß § 1 GWB ist nach § 134 BGB nichtig. Kartellverstöße werden mit Sanktionen belegt. Andere den Wettbewerb beschränkende Vereinbarungen können im Einzelfall von dem Kartellverbot ausgenommen sein, wenn es an der Spürbarkeit fehlt. Das Kartellverbot soll nicht jede unbedeutende „Bagatellbeschränkung" erfassen.

Im Kartellrecht unterscheidet man zwischen horizontalen und vertikalen Kartellen.

Unter horizontalen Kartellen versteht man Absprachen oder Vereinigungen zur Beschränkung des Wettbewerbs von Unternehmen, die direkt miteinander im Wettbewerb, d.h. auf einer Wirtschaftsstufe stehen.

Beispiele:

Gemeinschaftswerbung mehrerer Händler am Ort, in der ein Produkt zu einem einheitlichen Preis angeboten wird; Preisabsprachen.

Demgegenüber sind vertikale Vereinbarungen Absprachen oder Vereinigungen zur Beschränkung des Wettbewerbs von Unternehmen, die unterschiedlichen Wirtschaftsstufen angehören, die somit also Nicht-Wettbewerber sind.

Beispiele:

Preisbindungen der Zweiten Hand, Höchstpreisbindungen, Vereinbarungen über Preisgestaltungen oder Geschäftsbedingungen zwischen Warenherstellern und Verkäufern.

Sonderregelungen – insbesondere in Form von gesetzlicher Preisbindung – gelten insbesondere für Bücher und verschreibungspflichtige Arzneimittel.

Freistellung vom Kartellverbot

Nach § 2 Abs. 1 GWB sind – angelehnt an Artikel 101 Abs. 3 AEUV – generalklauselartig Freistellungstatbestände normiert.

Sogenannte „Hardcore-Kartelle" (Kernkartelle) sind allerdings immer von der Freistellung ausgenommen. Ein Hardcore Kartell ist eine geheime Absprache zwischen Unternehmen auf derselben Stufe der Produktions- oder Vertriebskette, um Wettbewerb unter ihnen auszuschalten oder zu beschränken.

Beispiele: ─────────────────────────────

Preisbindungen der Zweiten Hand (z.B. Lieferant schreibt seinem Händler die den weiteren Abnehmern zu berechnenden Preise vor), Absprachen zur Festsetzung der Ankaufspreise, Beschränkung der Produktion, Aufteilung und Zuteilung der Märkte (Gebiete, Kunden, Quoten), Angebotsabsprachen usw. sind nicht freistellungsfähig.

Mittelstandskartelle

Mit der Ausnahmebestimmung des § 3 GWB will der Gesetzgeber kleineren und mittleren Unternehmen die Möglichkeit geben, mit anderen Unternehmen ihrer Größe wirtschaftliche Vorgänge auf andere Art als durch Spezialisierung zu konkurrieren. Voraussetzung für die Freistellung ist, dass der Wettbewerb dadurch nicht wesentlich beeinträchtigt wird und die Vereinbarungen und Beschlüsse der Verbesserung der Wettbewerbsfähigkeit dienen. Mengen- und Quotenvereinbarungen, Werbeabkommen und Gebietskartelle sind Beispiele für Mittelstandskartelle, wobei die Einstufung als mittelständiges Unternehmen in der Regel im Einzelfall vorgenommen wird. Zu beachten ist, dass sich die Freistellung nur auf horizontale Kartelle und auf nationale wettbewerbsbeschränkende Vereinbarungen beschränkt.

Marktbeherrschung

Der zweite Abschnitt des Teil 1 des GWB enthält Regelungen zur Marktbeherrschung und zum wettbewerbsbeschränkenden Verhalten (§ 19 bis § 21 GWB). Marktbeherrschung ist ein zentraler Begriff des Kartellrechts. Er spielt insbesondere bei der Missbrauchsaufsicht und der Fusionskontrolle eine Rolle.

> **Definition**
> Marktbeherrschend ist ein Unternehmen, das auf seinem Markt keinem wesentlichen Wettbewerb ausgesetzt ist oder das eine überragende Marktstellung hat.

Eine Marktbeherrschung liegt nur dann vor, wenn der Verhaltensspielraum des Unternehmens durch den von seinen Wettbewerbern ausgehenden Wettbewerbsdruck nicht ausreichend kontrolliert werden kann. Auf Anbietermärkten entscheidet die Sicht der Abnehmer, auf Nachfragemärkten die Sicht der Anbieter. Eine mögliche Marktbeherrschung richtet sich nach dem Marktanteil des Unternehmens, nach seiner Finanzkraft oder nach seinem Zugang zu den Beschaffungs- und Absatzmärkten. Der deutsche Gesetzgeber sieht ein Unternehmen dann als marktbeherrschend an, wenn es einen Marktanteil von mindestens einem Drittel hat. Bei der Anwendung europäischen Kartellrechts beginnt die marktbeherrschende Stellung in der Regel bei einem höheren Marktanteil. Der deutsche Gesetzgeber bezieht darüber hinaus auch marktstarke Unternehmen in die Regeln des Missbrauchsverbots mit ein. Als marktstark gelten Unternehmen, die den Markt zwar nicht beherrschen, von denen aber andere Unternehmen abhängig sind. Abhängig sind dabei Unternehmen, wenn keine ausreichenden oder unzumutbaren Ausweichmöglichkeiten auf andere Unternehmen vorhanden sind (vgl. hierzu § 19 Abs. 2 GWB).

Unter bestimmten Voraussetzungen wird vermutet, dass ein Unternehmen auf einem bestimmten Markt eine marktbeherrschende Stellung besitzt (§ 19 Abs. 3 GWB).

Missbrauchsverbot

Die missbräuchliche Ausnutzung einer marktbeherrschenden Stellung ist gemäß § 19 Abs. 1 GWB verboten. Vier beispielhafte Tatbestände nennt § 19 Abs. 4 GWB.

Diskriminierungs- und Behinderungsverbot

Ein marktbeherrschendes Unternehmen verhält sich kartellrechtswidrig, wenn es ein anderes Unternehmen diskriminiert, behindert oder seine Marktmacht missbraucht. Die Missbrauchskontrolle wurde mit der Kartellrechtsnovelle verschärft (§ 20 Abs. 3 GWB).

Zusammenschlusskontrolle (Fusionskontrolle)

Der Zusammenschlusskontrolle durch das Bundeskartellamt unterliegen Unternehmen, die im Jahr vor dem Zusammenschluss entweder weltweit gemeinsam mehr als 500 Millionen Euro und mindestens ein beteiligtes Unternehmen im Inland mehr als 25 Millionen Euro Umsatzerlöse erzielt haben (§ 35 Abs. 1 GWB). Die Aufgabe jeder Fusionskontrolle ist es, unerwünschte Unternehmenszusammenschlüsse zu unterbieten, um eine übermäßige Unternehmenskonzentration zu verhindern und wettbewerbsfähige Marktstrukturen so weit wie möglich zu erhalten. Ähnlich wie beim Kartellverbot soll damit eine Beschränkung des Wettbewerbs verhindert werden. Unternehmenszusammenschlüsse sind daher gemäß § 36 Abs. 1 GWB verboten und zu untersagen, wenn zu erwarten ist, dass sie zur Entstehung oder Verstärkung einer marktbeherrschenden Stellung führen. Derartige Zusammenschlüsse sind vor ihrem Vollzug beim Bundeskartellamt anzumelden. Der Vollzug eines Zusammenschlusses ist der Kartellbehörde unverzüglich anzuzeigen.

Bei der Fusionskontrolle wird erneut die Bedeutung des europäischen Kartellrechts klar: Neben dem nationalen Kartellrecht ist hier gerade auch das europäische Kartellrecht zu beachten. Das macht der Inhalt des § 35 Abs. 3 GWB deutlich, der auf die Anwendbarkeit der Verordnung über die Kontrolle von Unternehmenszusammenschlüssen in der derzeit geltenden Fassung hinweist. Die europäische Fusionskontrolle geht der nationalen vor. Zusammenschlüsse von gemeinschaftsweiter Bedeutung unterliegen grundsätzlich ausschließlich der europäischen Fusionskontrolle und werden von der EU-Kommission genehmigt oder untersagt. Im letzteren Falle steht der Rechtsweg zum Europäischen Gerichtshof offen.

Kartellbehörden

Für das Kartellrecht sind verschiedene Behörden zuständig (§ 48 GWB). Zwischen den Behörden bestehen Amtshilfe- und Benachrichtigungspflichten.

Für das europäische Kartellrecht ist in Deutschland das Bundeskartellamt zuständig (§ 50 GWB), für die Überwachung des Kartellrechts auf europäischer Ebene zeichnet unmittelbar die Europäische Kommission in Brüssel verantwortlich. Seit 2005 ist die Zusammenarbeit im Netz europäischer Wettbewerbsbehörden gesetzlich verankert (§ 50a GWB). Im Rahmen dieser Kooperation ist ein Datenaustausch vereinbart. Auch die Kooperation mit nicht EU-Staaten ist mittlerweile geregelt (§ 50b GWB).

Sanktionen

Bei Verstößen gegen das Kartellrecht verfügt das Kartellamt über eine Reihe von Zwangs- und Strafmaßnahmen (§§ 32 bis 34a GWB).

Vergabe öffentlicher Aufträge

Die Vergabe öffentlicher Aufträge, insbesondere die Beschaffung von Waren, Dienst- und Bauleistungen spielt im Wirtschaftsleben eine herausragende Rolle. Der vierte Teil des GWB (§§ 97 bis 127) widmet sich diesem Bereich, der auch auf europäischer Ebene eine sehr wichtige Rolle spielt, um ein transparentes Vergabeverfahren zu gewährleisten.

4. Grundlagen des Rechts des unlauteren Wettbewerbs

Das Recht gegen den unlauteren Wettbewerb (auch Wettbewerbsrecht oder Lauterkeitsrecht genannt) hat die Aufgabe – im Interesse der Wettbewerber, der Verbraucher und sonstiger Marktteilnehmer – den Markt vor Verfälschungen freizuhalten. Dazu stellt es Marktverhaltensregelungen, also „Spielregeln des Wettbewerbs" auf.

Etwa seit 1995 entwickelten sich Grundstrukturen eines europäischen Lauterkeitsrechts, die letztlich Grundlage für das am 4.7.2004 in Kraft getretene Gesetz gegen den unlauteren Wettbewerb (UWG, IV.3) waren.

Europarechtliche Grundlagen

Das Gemeinschaftsrecht gilt in den Mitgliedsstaaten unmittelbar und vorrangig. Der Ansatz beim Lauterkeitsrecht ist allerdings ein anderer als im Kartellrecht. Zwar ist die Gemeinschaft im Bereich des Rechts des unlauteren Wettbewerbs zur Rechtssetzung befugt. Sie hat diese Befugnis allerdings nur in Teilbereichen genutzt. Eine umfassende Regelung des Lauterkeitsrechts im Gemeinschaftsrecht gibt es gegenwärtig nicht. Der Grund liegt auch darin, dass es auf europäischer Ebene sehr schwierig ist, für alle 27 Mitgliedsstaaten verbindliche Regeln aufzustellen.

Allerdings gibt es zahlreiche primär- und sekundärrechtliche europarechtliche Grundlagen, die das nationale Lauterkeitsrecht prägen.

Durch die Verordnung (EG) Nr. 2006/2004 über die Zusammenarbeit im Verbraucherschutz werden nunmehr die Mitgliedsstaaten verpflichtet, Behörden einzurichten, um Verstöße gegen Verbraucher schützende Vorschriften im grenzübergreifenden Verkehr besser ahnden zu können.

Der Schutzgegenstand des UWG

Das Recht des unlauteren Wettbewerbs dient dazu, Verhaltensregeln aufzustellen, die Wettbewerbsteilnehmer zu beachten haben, wenn diese im geschäftlichen Verkehr tätig werden. Das Wettbewerbsrecht dient dem Schutz

- der Mitbewerber und sonstiger Marktteilnehmer,
- der Verbraucher und
- der Allgemeinheit

vor unlauterem Wettbewerb (§ 1 UWG).

Das Wettbewerbsrecht stellt ein Instrument dar, den wirtschaftlichen Verkehr für alle Beteiligten in fairer und sachlicher Art und Weise zu regulieren. Der Schutz der Wettbewerber untereinander liegt darin, dass sich niemand durch unsachliche Methoden einen Wettbewerbsvorsprung gegenüber Mitbewerbern (Konkurrenten) verschaffen soll. Der Verbraucher soll insbesondere gegen unsachliche Beeinflussung (Entscheidungsfreiheit hinsichtlich des Kaufverhaltens und Vertragsabschlüssen, Irreführung in der Werbung usw.) geschützt werden. Die Allgemeinheit soll vor Ausuferung von bestimmten belästigenden Verhaltensweisen und verfälschtem Wettbewerb geschützt werden.

Es geht also um Verhaltensnormen- und regeln, die Wettbewerbsteilnehmer zu beachten haben, was die Bemühungen um Angebot und Absatz von Waren und Dienstleistungen betrifft. Dem Schutzgedanken liegt zugrunde, dass der wirtschaftliche Wettbewerb in einer sachgerechten Balance gehalten werden soll, auf dem einerseits Fortschritt und Innovation möglich bleiben soll (ableitbar aus Art. 2 I GG) und anderseits eine Ausuferung der Phantasie der Wettbewerber was Werbung, Kundengewinnung und Gewinnstreben anbelangt, eingedämmt werden.

Im Mittelpunkt des UWG steht der Wettbewerb.

Definition:

Wettbewerb im Sinne des UWG setzt ein Handeln

- im geschäftlichen Verkehr und
- zum Zwecke des Wettbewerbs voraus.

Wie in modernen nationalen Gesetzen zunehmend üblich (auf europäischer Ebene bereits die Regel), werden Schlüsselbegriffe in den allgemeinen Bestimmungen eines Gesetzes definiert. In § 2 des UWG werden wichtige Definitionen, die im weiteren Verlauf des Gesetzes von Bedeutung sind, vorgegeben.

Die Generalklausel (§ 3 UWG)

§ 3 UWG erklärt – unter bestimmten Voraussetzungen – unlautere Wettbewerbshandlungen für unzulässig. Diese Vorschrift ist die Grundlage für alle privatrechtlichen Verstöße gegen das UWG. Die §§ 4 bis 7 UWG verweisen allesamt auf § 3 UWG. Er ist die alleinige Anspruchsgrundlage für die in den §§ 8 bis 10 UWG genannten Rechtsfolgen für Verstöße gegen das Wettbewerbsrecht.

§ 3 UWG hat folgende Tatbestandsvoraussetzungen:

- Vorliegen einer geschäftlichen Handlung
- Unlauterkeit
- Eignung zur nicht nur unerheblichen Wettbewerbsbeeinträchtigung.

Liegen diese Voraussetzungen vor, sind diese Handlungen unzulässig mit der Folge der Konsequenzen der §§ 8 ff. UWG.

Die in der sogenannten „schwarzen Liste" im Anhang des UWG aufgeführten geschäftlichen Handlungen gegenüber Verbrauchern sind stets unzulässig.

Unlauterer Werbung (§ 4 UWG)

Der die Generalklausel des § 3 UWG prägende Begriff der Unlauterkeit wird durch die Bildung von Fallgruppen in § 4 UWG konkretisiert. Diese basieren auf den vom Bundesgerichtshofe entwickelten Kategorien:

- Kundenfang
- Behinderung
- Ausbeutung
- Rechtsbruch
- Marktstörung.

Die drei Fallgruppen in § 4 UWG sind:

- Beeinflussung der Verbraucherentscheidung durch Zwänge und Unwissenheit (§ 4 Nr. 1–6)
- Wettbewerbsschädigung durch die Diskriminierung und Behinderung von Mitbewerbern (§ 4 Nr. 7, 8, 10 und 11)
- Nachahmen von Waren und Dienstleistungen (§ 4 Nr. 9).

Schutzberechtigt sind im Falle der nach § 4 UWG unzulässigen Werbung neben dem Verbraucher (insbes. § 4 Nr. 1–6) in besonderem Maße auch die Konkurrenten (s. § 4 Nr. 7–11).

Irreführende Werbung (§ 5 UWG)

Verboten sind in der Werbung alle Angaben geschäftlicher Art, die über das Angebot irreführen und Fehlvorstellungen von maßgeblicher Bedeutung für den Kaufentschluss hervorrufen.

Die Reichweite dieses Verbots ist eng verbunden mit dem Leitbild, das die Rechtsordnung vom Verbraucher hat. Das deutsche Verbraucherverständnis weicht von dem in den europäischen Mitgliedsstaaten ab. Es geht von einem eher oberflächlichen, flüchtig hinsehenden und eher unmündigen Verbraucher aus, während im Rest Europas das Leitbild eines „verständigen Verbrauchers" vorherrscht. Ein „gesamteuropäisches" Verbraucherverständnis existiert aber nicht.

Auch bei der irreführenden Werbung sieht das Gesetz in § 5 Abs. 1 UWG eine Reihe verschiedener Tatbestände vor, die ihre Basis in Werbepraxis und Rechtsprechung haben.

Vergleichende Werbung (§ 6 UWG)

Die vergleichende Werbung ermöglicht eine Gegenüberstellung von Leistungen und Konditionen der unterschiedlichen Marktteilnehmer. Sie entspricht dem Leistungswettbewerb. Sie gibt dem Verbraucher ein „Mehr an Informationen" und fördert seine Entscheidung. Betrachtet man allerdings das amerikanische Marktgeschehen, so kommen Zweifel am Informationswert vergleichender Werbung auf.

§ 6 Abs. 2 UWG nennt die Ausnahmetatbestände, unter denen vergleichende Werbung nicht erlaubt ist.

Die Tatbestände der vergleichenden Werbung können sich auch mit anderen Tatbeständen des UWG überschneiden.

Unzumutbare Belästigungen (§ 7 UWG)

Die Vorschrift regelt das Verbot der unzumutbaren Belästigung. Hierunter fallen solche Handlungen, die bereits wegen der Art und Weise unabhängig von ihrem Inhalt als Belästigung empfunden werden. Die Belästigung besteht darin, dass die Wettbewerbshandlung dem Empfänger aufgedrängt wird.

Das Verbot der unzumutbaren Belästigung kommt nur dann zum Tragen, wenn die Voraussetzungen der Generalklausel des § 3 UWG erfüllt sind. Insbesondere muss eine Wettbewerbshandlung vorliegen. Der Tatbestand ist nicht nur auf die Werbung beschränkt, auch die Aufforderung zur Abgabe einer Meinungsäußerung fällt darunter, wenn dazu eine Mehrwertdienstnummer gewählt werden muss. Das Tatbestandsmerkmal der Unzumutbarkeit trägt der Tatsache Rechnung, dass nicht jede geringfügige Belästigung ausreichen kann. Erfasst werden allein die Fälle, in denen sich die Belästigung zu einer solchen Intensität verdichtet hat, dass sie von einem größeren Teil der Verbraucher als unerträglich empfunden wird.

Die generalklauselähnliche Umschreibung der unzumutbaren Belästigung in Absatz 1 wird durch die in Absatz 2 genannten Fallgruppen für den Bereich konkretisiert; diese Aufzählung ist nicht abschließend, Es bleibt der Rechtssprechung überlassen, inwieweit andere Werbeformen darunter fallen. Mit Absatz 2 Nr. 2 bis 4 wird die Datenschutzrichtlinie der EU umgesetzt.

Rechtsfolgen

Die Durchsetzung des Lauterkeitsrechts obliegt keiner Behörde, sondern wird nach den Regeln des BGB abgewickelt. Dem Verbraucher wird allerdings kein eigenes Klagerecht eingeräumt.

Der Inhalt der Beseitigung (bei Wiederholungsgefahr) und der Unterlassung (bei drohender Zuwiderhandlung) erschließt sich aus den Begriffen. Beim Schadenseratzanspruch (§ 9 UWG) ist zu beachten, dass er vom Verschulden (Fahrlässigkeit oder Vorsatz = § 276 BGB) abhängig ist und ein Schaden beim Kläger vorliegen muss.

Der sogenannte Gewinnabschöpfungsanspruch greift sowohl für die vorsätzlich irreführende Werbung gem. § 5 UWG als auch für andere vorsätzlich begangene unlautere Werbemaßnahmen gem. §§ 4, 6 und 7 UWG. Er dient nicht dem individuellen Ausgleich von Schäden oder Vermögensnachteilen. Er stellt vielmehr eine Sanktion gegen den Werbetreibenden dar, um ihn von unlauteren Werbestrategien abzuhalten. Der Gewinn steht weder dem geschädigten Verbraucher noch dem Konkurrenten zu, sondern dem Bundeshaushalt. Die Geltendmachung obliegt ausschließlich den Verbraucherorganisationen bzw. den Industrie- und Handelskammern.

Bei Verstößen gegen die Vorschriften des UWG ist dem gerichtlichen Verfahren ein Abmahnungsverfahren (§ 12 UWG) vorgeschaltet. Das UWG kennt auch eine Einigungsstelle (§ 15 UWG), deren Zweck es ist, einen gütlichen Ausgleich zwischen den Parteien zu erzielen.

5. Preisangabenverordnung

Die Preisangabenverordnung (PAngV, IV.4) regelt, wie Preise von Waren und Dienstleistungen beim Angebot an Letztverbraucher anzugeben sind. Die Verordnung betrifft jeden, der Leistungen in einem Gewerbe geschäftsmäßig oder sonst regelmäßig anbietet oder für sie öffentlich wirbt. Einen Ausnahmetatbestand bildet § 9 PAngV. Verstöße werden mit Bußgeld bedroht (§ 8 PAngV) und gelten als unlauterer Wettbewerb.

6. Grundzüge des Marken-, Urheber- und Patentrechts

Markenrecht

Ein Unternehmen kann seinen Geschäftsbetrieb oder seine Waren zur Unterscheidung von Waren anderer Geschäftsbetriebe kennzeichnen und schützen lassen. Dies bietet sich an, denn damit verfügt das Unternehmen über ein wichtiges Marketinginstrument. Dies zeigt sich beispielsweise sowohl am „T" wie bei der markanten Erkennungstonfolge von T-Mobile.

Mit dem Markengesetz (MarkenG, IV.5) werden neben den Marken auch geschäftliche Bezeichnungen (Unternehmenskennzeichen und Werktitel) und geographische Herkunftsangaben (Namen von Orten, Gegenden, Gebieten oder Ländern sowie sonstige Angaben oder Zeichen, die im geschäftlichen Verkehr zur Kennzeichnung der geographischen Herkunft von Waren oder Dienstleistungen dienen) geschützt. Was als Marke gilt, sagt § 3 Abs. 1 MarkenG.

Das entscheidende Kriterium für die Schutzwürdigkeit einer Marke ist die Unterscheidbarkeit vom Wettbewerb.

Zeichen, die ausschließlich aus einer Form bestehen,

- die durch die Art der Ware selbstbedingt ist,
- die zur Erreichung einer technischen Wirkung erforderlich ist oder
- die der Ware einen wesentlichen Wert verleiht,

fallen nicht unter das Markengesetz.

Der Markenschutz entsteht entweder durch Eintragung eines als Marke entwickelten Zeichens in das vom Patentamt geführte Register oder durch Benutzung im geschäftlichen Verkehr, aber auch durch sogenannte notorische Bekanntheit einer Marke im Sinne der Pariser Verbandsübereinkunft zum Schutze des gewerblichen Eigentums.

Die Anmeldung einer Marke bestimmt ihren Zeitrang, d. h. dass in der Regel die Marke als geschützt im Sinne des MarkenG gilt, die zuerst in das Markenregister eingetragen worden ist (Prioritätsgrundsatz). Der Rechtsschutz einer Marke setzt bei der Eintragung die Anmeldung, Prüfung und Eintragung in die sogenannte Markenrolle sowie die Bekanntmachung voraus. Der Erwerb des Markenschutzes gewährt dem Inhaber der Marke zunächst ein ausschließliches Recht. Das markenrechtliche Ausschließlichkeitsrecht des Zeicheninhabers bezieht sich insbesondere auf die in § 14 MarkenG genannten Fälle.

Das ausschließliche Kennzeichnungsrecht betrifft die Verbindung von Ware und Zeichen. Der Zeicheninhaber muss seine Zustimmung geben, wenn jemand im geschäftlichen Verkehr ein mit der Marke identisches Zeichen oder eine Aufmachung auf der Verpackung, Etiketten, Anhängern oder dergleichen anbringt. Die Dauer des Markenschutzes beträgt zunächst zehn Jahre, kann aber unbeschränkt jeweils um weitere zehn Jahre verlängert werden (§ 47 MarkenG).

Urheberrecht

Das Urheberrecht gewährt gemäß § 1 Urheberrechtsgesetz (UrhG, IV.6) dem Urheber Schutz für Werke der Wissenschaft, der Literatur und der Kunst. Eine eindeutige Zuordnung eines Werkes zu einem dieser drei Bereiche ist oft sehr schwierig. Deshalb nimmt der Gesetzgeber in § 2 Abs. 1 UrhG eine Aufzählung urheberrechtlich geschützter Werke vor, die allerdings nicht abschließend ist.

Entscheidend für die Erlangung des Urheberschutzes ist nicht allein die Zugehörigkeit zu einem dieser Bereiche, sondern eine bestimmte Qualifikation, die das Werk vorweisen muss: Es muss sich gemäß § 2 Abs. 2 UrhG um eine persönliche geistige Schöpfung handeln.

Von einer Schöpfung spricht man, wenn etwas völlig Neues geschaffen wird. Weiterhin muss das erschaffene Werk aus der Masse des Alltäglichen herausragen und darf auch nicht nur handwerkliche oder routinemäßige Leistungen darstellen. Es muss sich also bei dem Werk um etwas Besonderes handeln und es muss eine gewisse Originalität, Individualität, Eigentümlichkeit oder Gestaltungshöhe aufweisen. Dem Inhaber eines Urheberrechts stehen Vermögens- und Urheberpersönlichkeitsrechte zu.

Der urheberrechtliche Schutz von Computerprogrammen ist Teil des Urheberrechts.

Patentrecht

Das Patent ist ein gewerbliches Schutzrecht, das technische Erfindungen, Verfahrenserfindungen und die Entwicklung neuer chemischer Stoffe schützt. Im Zeitalter der Globalisierung der Märkte und eines immer stärker werdenden Wettbewerbs sind Unternehmen auf der ständigen Suche nach Wettbewerbsvorteilen. Einer dieser Wettbewerbsvorteile liegt in der laufenden Entwicklung völlig neuer oder innovativer Produkte. Diese Innovationstätigkeit zu fördern und zu schützen, dient das deutsche Patentrecht, das im Patentgesetz (PatG, IV.7) geregelt ist.

Um ein Patent anzumelden, muss es sich

- um eine Erfindung handeln,
- die neu ist,
- gewerblich anwendbar ist, und
- auf einer erfinderischen Tätigkeit beruht.

Die maximale Laufzeit eines Patents beträgt 20 Jahre. Seine Schutzwirkung erstreckt sich über einen begrenzten Raum und besteht für eine bestimmte Zeit.

Nach dem sogenannten Territorialprinzip besteht ein Patentschutz für die Länder, für die es eingetragen wurde. Ein beim Deutschen Patent- und Markenamt in München eingetragenes Patent gilt somit nur für die Bundesrepublik Deutschland. Ein beim europäischen Patentamt, ebenfalls mit Sitz in München, eingetragenes Patent, kann den Wirkungskreis des Patents auf die zurzeit 20 Länder ausdehnen, die dem europäischen Patentschutz angehören. Aus einem europäischen Patent entstehen wiederum unabhängige nationale Patente. Auch die Erteilung eines internationalen Patentes nach dem Patentzusammenarbeitsvertrag, dem derzeit 84 Nationen angehören, ist beim deutschen Patentamt möglich. Daneben gibt es die Pariser Verbandsübereinkunft von 1883, der heute 155 Verbandsstaaten angehören.

Die Eintragung eines Patents berechtigt den Patentinhaber zur alleinigen gewerblichen Nutzung einschließlich des Handels zur Lizenzvergabe, das heißt der uneingeschränkten Nutzung der Rechte, der Erteilung einer einfachen Lizenz oder der Erteilung einer Generallizenz. Bei einer Verletzung des Patentrechtes hat der Patentinhaber Unterlassungsansprüche (§ 139 PatG) und einen Schadensersatzanspruch (§ 823 BGB).

Gebrauchsmuster

Das Gebrauchsmuster (siehe Gebrauchsmustergesetz, IV.8) kann man als eine „geschmälerte" Form eines Patents (auch „kleines Patent") bezeichnen. Durch ein Gebrauchsmuster können technische Erfindungen oder chemische Stoffe geschützt werden. Im Gegensatz zum Patent, das in aller Regel erst nach einem sehr zeitaufwändigen und mit Kosten verbundenen Verfahren erteilt wird, wird das Gebrauchsmuster ohne Prüfung in einem Registerverfahren in die sogenannte Gebrauchsmusterrolle eingetragen. Die Rechtsbeständigkeit ist jedoch wegen der fehlenden Prüfung oft ungewiss. Jedermann kann es unter Umständen in einem Löschungsverfahren wieder beseitigen. Die maximale Schutzdauer eines Gebrauchsmusters beträgt zehn Jahre.

Geschmacksmuster

Der Geschmacksmusterschutz (GeschmMG, IV.9) bezieht sich auf die Gestaltung neuer, eigentümlicher Formen und Farbgebungen gewerblicher Erzeugnisse (z. B. Tapetenmuster). Auch beim Geschmacksmuster kann der Inhaber des Schutzrechtes das Kopieren des geschützten Musters für 20 Jahre verbieten. Das Recht, ein gewerbliches Muster oder Modell ganz oder teilweise nachzubilden, steht ausschließlich dem Urheber desselben zu.

Arbeitnehmererfindung

Die rechtssystematische Einordnung des Arbeitnehmererfindungsrechts und damit des Arbeitnehmererfindungsgesetzes (ArbEG, IV.10) ist umstritten, denn es liegt im Grenzbereich zwischen Arbeitsrecht und gewerblichem Rechtsschutz. Die Nähe zum Patentrecht legt die Verbindung zum gewerblichen Rechtsschutz nahe, die Regelung des Rechtsverhältnisses zwischen Arbeitgeber und Arbeitnehmer bei der Behandlung von Erfindungen des Arbeitnehmers spricht jedoch eher für die Zugehörigkeit des Rechtsgebietes zum Arbeitsrecht. Das ArbEG stellt eine Art Schnittstelle zwischen den sich zum Teil widersprechenden Grundsätzen beider Rechtsgebiete dar und versucht, die sich widerstreitenden Interessen in Einklang zu bringen.

In Anbetracht der wirtschaftlichen und sozialen Abhängigkeit des Arbeitnehmers vom Arbeitgeber soll durch das ArbEG ein sozialer Ausgleich für den Arbeitnehmer geschaffen werden, wenn diesem eine Erfindung im Zusammenhang mit seiner beruflichen Tätigkeit gelingt. Weiterhin verfolgt das Gesetz den wirtschaftlichen Zweck, die Erfindungen wirtschaftlich abhängiger Personen zu fördern, denn sie sind ein wesentlicher Motor der Innovationskraft der Wirtschaft. Deshalb ist es erforderlich, alle schöpferischen Leistungen, insbesondere technischer Art, zu fördern und Anreize zu schaffen. Es bezieht sich auf schutzfähige, d. h. patent- und gebrauchsmusterfähige Erfindungen und nicht schutzfähige, technische Verbesserungsvorschläge.

Obwohl der Arbeitnehmer das Recht an seiner Erfindung hat, kann der Arbeitgeber die Erfindung uneingeschränkt in Anspruch nehmen. Er kann dabei zwischen der unbeschränkten und der beschränkten Inanspruchnahme wählen. Im ersten Fall erwirbt der Arbeitgeber alle vermögenswerten Rechte an der Erfindung, im zweiten Fall erhält er nur ein betriebsbezogenes Nutzungsrecht. In jedem Fall steht dem Arbeitnehmer zum Ausgleich des für ihn entstehenden Rechtsverlusts ein Vergütungsanspruch zu. Im Einzelnen ist die Ermittlung des dem Arbeitnehmer zustehenden Vergütungsanspruchs schwierig, Rechtsstreitigkeiten sind daher nicht selten.

Lehrbücher

Abschließend sei als Hilfestellung auf grundlegende Studienliteratur zu den verschiedenen Themenbereichen hingewiesen. Die Zusammenstellung erhebt nicht den Anspruch auf Vollständigkeit, sie orientiert sich vielmehr an den Bedürfnissen der Zielgruppe dieser Gesetzessammlung.

Bevor Sie sich aber entscheiden, dem einen oder anderen Literaturvorschlag zu folgen, insbesondere um sich auf Ihre Klausuren vorzubereiten, prüfen Sie nicht nur den Inhalt der Bücher, sondern insbesondere auch die Methode der Wissensvermittlung sorgfältig.

Literaturauswahl in der jeweilig aktuellen Fassung:

Boehme-Neßler, Volker/Schmidt-Rögnitz, Andreas, Wirtschaftsrecht, Oldenbourg Verlag

Danne, Harald/Keil, Thilo, Wirtschaftsprivatrecht, Cornelsen Verlag Scriptor

Gildeggen, Rainer/Willburger, Andreas, Internationale Handelsgeschäfte, Verlag Vahlen

Gramlich, Ludwig, Internationales Wirtschaftsrecht schnell erfasst, Springer Verlag

Gruber, Joachim, Handelsrecht schnell erfasst, Springer Verlag

Ekey, Friedrich, L., Grundriss des Wettbewerbs- und Kartellrechts, C.F.Müller Verlag

Fritzsche, Jörg, Wettbewerbs- und Kartellrecht, Nomos Verlag

Führich, Ernst, Wirtschaftsprivatrecht, Franz Vahlen Verlag

Herz, Dietmar/Jetzlsperger, Christian, Die Europäische Union, C.H.Beck Verlag

Hesse, Manfred, Wettbewerbsrecht schnell erfasst, Springer Verlag

Ho, Jean-Claude, Europarecht, Richter Verlag

Jaensch, Michael, Grundzüge des Bürgerlichen Rechts, C.F.Müller Verlag

Katko, Peter, Bürgerliches Recht schnell erfasst, Springer Verlag

Lange, Knut Werner, Basiswissen Ziviles Wirtschaftsrecht, Verlag Franz Vahlen

Lehr, Dirk, Wettbewerbsrecht, C.F.Müller Verlag

Lorenzmeier, Stefan / Rohde, Christian, Europarecht schnell erfasst, Springer Verlag

Mehrings, Jos, Grundlagen des Wirtschaftsprivatrechts, Pearson Studium

Meyer, Justus, Wirtschaftsprivatrecht, Springer Verlag

Miksch, Marcus, Grundlagen des Vertragsrechts, Elektronik Praktiker Verlag EPV

Miksch, Marcus, Online Vertragsrecht, Elektronik Praktiker Verlag EPV

Müssig, Peter, Wirtschaftsprivatrecht, C.F.Müller Verlag

Peter, Frank K./Kramer, Ralph, Handels- und Gesellschaftsrecht, nwb Verlag

Ring, Gerhard/Siebeck, Jana/Woitz, Steffen, Privatrecht für Wirtschaftswissenschaftler

Ranacher, Christian/Staudigl, Fritz, Einführung in das EU-Recht, facultas wuv. Universitätsverlag

Schäfer, Peter, Studienbuch Europarecht, Boorberg Verlag

Schnauder, Franz, Grundzüge des Privatrechts für den Bachelor, C.F.Müller Verlag

Schwabe, Winfried/Pelzer, Melanie, Lernen mit Fällen. Handels- und Gesellschaftsrecht, Bund Verlag

Steckler, Brunhilde, Kompendium Wirtschaftsrecht, Kiel Verlag

Stratenschulte, Eckart D., Europa. Ein Überblick, Bundeszentrale für Politische Bildung

Ullrich, Norbert, Wirtschaftsrecht für Betriebswirte, nwb Verlag

Weidenfeld, Werner/Wessels, Wolfgang, Europa von A bis Z, Nomos Verlag

Weyand, Joachim, Handels- und Gesellschaftsrecht, C.H.Stollberg Verlag

Wörlen, Rainer, Handelsrecht mit Gesellschaftsrecht, Carl Heymanns Verlag

I   Wirtschaftsverfassungsrecht, Recht der Europäischen Union

I

I.1   GG: Grundgesetz – Auszug –   68

I.2   EUV: Vertrag über die Europäische Union   81

I.3   AEUV: Vertrag über die Arbeitsweise der Europäischen Union – Auszug –   106

I.4   Charta der Grundrechte der Europäischen Union   162

Grundgesetz für die Bundesrepublik Deutschland

Vom 23. Mai 1949 (BGBl. S. 1)

Zuletzt geändert durch
Gesetz zur Änderung des Grundgesetzes (Artikel 91c, 91d, 104b, 109, 109a, 115, 143d)
vom 29. Juli 2009 (BGBl. I S. 2248)
– Auszug –

Inhaltsübersicht

I. Die Grundrechte

Artikel 1   (Schutz der Menschenwürde)
Artikel 2   (Persönliche Freiheit)
Artikel 3   (Gleichheit vor dem Gesetz)
Artikel 4   (Glaubens- und Bekenntnisfreiheit)
Artikel 5   (Freie Meinungsäußerung)
Artikel 6   (Ehe, Familie, uneheliche Kinder)
Artikel 7   (Schulwesen)
Artikel 8   (Versammlungsfreiheit)
Artikel 9   (Vereinigungsfreiheit)
Artikel 10   (Brief- und Postgeheimnis)
Artikel 11   (Freizügigkeit)
Artikel 12   (Freiheit des Berufes)
Artikel 12a (Wehrpflicht, Ersatzdienst)
Artikel 13   (Unverletzlichkeit der Wohnung)
Artikel 14   (Eigentum, Erbrecht und Enteignung)
Artikel 15   (Sozialisierung)

II. Der Bund und die Länder

Artikel 20   (Demokratische, rechtsstaatliche Verfassung)

VII. Die Gesetzgebung des Bundes

Artikel 73   (Sachgebiete der ausschließlichen Gesetzgebung)

X. Das Finanzwesen

Artikel 104a (Tragung der Ausgaben)
Artikel 104b (Finanzhilfen für besonders bedeutsame Investitionen)
Artikel 105   (Gesetzgebungszuständigkeit)
Artikel 106   (Steuerverteilung)
Artikel 106a (Personennahverkehr)
Artikel 106b (Ausgleich infolge der Übertragung der Kfz-Steuer)
Artikel 107   (Örtliches Aufkommen)
Artikel 108   (Finanzverwaltung)
Artikel 109   (Haushaltswirtschaft)
Artikel 109a (Haushaltsnotlage, Stabilitätsrat)
Artikel 110   (Haushaltsplan)
Artikel 111   (Haushaltsvorgriff)
Artikel 112   (Über- und außerplanmäßige Ausgaben)
Artikel 113   (Ausgabenerhöhung, Einnahmeminderung)
Artikel 114   (Rechnungslegung, Bundesrechnungshof)
Artikel 115   (Kreditaufnahme)

I. Die Grundrechte

Artikel 1 (Schutz der Menschenwürde)

(1) Die Würde des Menschen ist unantastbar. Sie zu achten und zu schützen ist Verpflichtung aller staatlichen Gewalt.

(2) Das Deutsche Volk bekennt sich darum zu unverletzlichen und unveräußerlichen Menschenrechten als Grundlage jeder menschlichen Gemeinschaft, des Friedens und der Gerechtigkeit in der Welt.

(3) Die nachfolgenden Grundrechte binden Gesetzgebung, vollziehende Gewalt und Rechtsprechung als unmittelbar geltendes Recht.

Artikel 2 (Persönliche Freiheit)

(1) Jeder hat das Recht auf die freie Entfaltung seiner Persönlichkeit, soweit er nicht die Rechte anderer verletzt und nicht gegen die verfassungsmäßige Ordnung oder das Sittengesetz verstößt.

(2) Jeder hat das Recht auf Leben und körperliche Unversehrtheit. Die Freiheit der Person ist unverletzlich. In diese Rechte darf nur auf Grund eines Gesetzes eingegriffen werden.

Artikel 3 (Gleichheit vor dem Gesetz)

(1) Alle Menschen sind vor dem Gesetz gleich.

(2) Männer und Frauen sind gleichberechtigt. Der Staat fördert die tatsächliche Durchsetzung der Gleichberechtigung von Frauen und Männern und wirkt auf die Beseitigung bestehender Nachteile hin.

(3) Niemand darf wegen seines Geschlechtes, seiner Abstammung, seiner Rasse, seiner Sprache, seiner Heimat und Herkunft, seines Glaubens, seiner religiösen oder politischen Anschauungen benachteiligt oder bevorzugt werden. Niemand darf wegen seiner Behinderung benachteiligt werden.

Artikel 4 (Glaubens- und Bekenntnisfreiheit)

(1) Die Freiheit des Glaubens, des Gewissens und die Freiheit des religiösen und weltanschaulichen Bekenntnisses sind unverletzlich.

(2) Die ungestörte Religionsausübung wird gewährleistet.

(3) Niemand darf gegen sein Gewissen zum Kriegsdienst mit der Waffe gezwungen werden. Das Nähere regelt ein Bundesgesetz.

Artikel 5 (Freie Meinungsäußerung)

(1) Jeder hat das Recht, seine Meinung in Wort, Schrift und Bild frei zu äußern und zu verbreiten und sich aus allgemein zugänglichen Quellen ungehindert zu unterrichten. Die Pressefreiheit und die Freiheit der Berichterstattung durch Rundfunk und Film werden gewährleistet. Eine Zensur findet nicht statt.

(2) Diese Rechte finden ihre Schranken in den Vorschriften der allgemeinen Gesetze, den gesetzlichen Bestimmungen zum Schutze der Jugend und in dem Recht der persönlichen Ehre.

(3) Kunst und Wissenschaft, Forschung und Lehre sind frei. Die Freiheit der Lehre entbindet nicht von der Treue zur Verfassung.

Artikel 6 (Ehe, Familie, uneheliche Kinder)

(1) Ehe und Familie stehen unter dem besonderen Schutze der staatlichen Ordnung.

(2) Pflege und Erziehung der Kinder sind das natürliche Recht der Eltern und die zuvörderst ihnen obliegende Pflicht. Über ihre Betätigung wacht die staatliche Gemeinschaft.

(3) Gegen den Willen der Erziehungsberechtigten dürfen Kinder nur auf Grund eines Gesetzes von der Familie getrennt werden, wenn die Erziehungsberechtigten versagen oder wenn die Kinder aus anderen Gründen zu verwahrlosen drohen.

(4) Jede Mutter hat Anspruch auf den Schutz und die Fürsorge der Gemeinschaft.

(5) Den unehelichen Kindern sind durch die Gesetzgebung die gleichen Bedingungen für ihre leibliche und seelische Entwicklung und ihre Stellung in der Gesellschaft zu schaffen wie den ehelichen Kindern.

Artikel 7 (Schulwesen)

(1) Das gesamte Schulwesen steht unter der Aufsicht des Staates.

(2) Die Erziehungsberechtigten haben das Recht, über die Teilnahme des Kindes am Religionsunterricht zu bestimmen.

(3) Der Religionsunterricht ist in den öffentlichen Schulen mit Ausnahme der bekenntnisfreien Schulen ordentliches Lehrfach. Unbeschadet des staatlichen Aufsichtsrechtes wird der Religionsunterricht in Übereinstimmung mit den Grundsätzen der Religionsgemeinschaften erteilt. Kein Lehrer darf gegen seinen Willen verpflichtet werden, Religionsunterricht zu erteilen.

(4) Das Recht zur Errichtung von privaten Schulen wird gewährleistet. Private Schulen als Ersatz für öffentliche Schulen bedürfen der Genehmigung des Staates und unterstehen den Landesgesetzen. Die Genehmigung ist zu erteilen, wenn die privaten Schulen in ihren Lehrzielen und Einrichtungen sowie in der wissenschaftlichen Ausbildung ihrer Lehrkräfte nicht hinter den öffentlichen Schulen zurückstehen und eine Sonderung der Schüler nach den Besitzverhältnissen der Eltern nicht gefördert wird. Die Genehmigung ist zu versagen, wenn die wirtschaftliche und rechtliche Stellung der Lehrkräfte nicht genügend gesichert ist.

(5) Eine private Volksschule ist nur zuzulassen, wenn die Unterrichtsverwaltung ein besonderes pädagogisches Interesse anerkennt oder, auf Antrag von Erziehungsberechtigten, wenn sie als Gemeinschaftsschule, als Bekenntnis- oder Weltanschauungsschule errichtet werden soll und eine öffentliche Volksschule dieser Art in der Gemeinde nicht besteht.

(6) Vorschulen bleiben aufgehoben.

Artikel 8 (Versammlungsfreiheit)

(1) Alle Deutschen haben das Recht, sich ohne Anmeldung oder Erlaubnis friedlich und ohne Waffen zu versammeln.

(2) Für Versammlungen unter freiem Himmel kann dieses Recht durch Gesetz oder auf Grund eines Gesetzes beschränkt werden.

Artikel 9 (Vereinigungsfreiheit)

(1) Alle Deutschen haben das Recht, Vereine und Gesellschaften zu bilden.

(2) Vereinigungen, deren Zwecke oder deren Tätigkeit den Strafgesetzen zuwiderlaufen oder die sich gegen die verfassungsmäßige Ordnung oder gegen den Gedanken der Völkerverständigung richten, sind verboten.

(3) Das Recht, zur Wahrung und Förderung der Arbeits- und Wirtschaftsbedingungen Vereinigungen zu bilden, ist für jedermann und für alle Berufe gewährleistet. Abreden, die dieses Recht einschränken oder zu behindern suchen, sind nichtig, hierauf gerichtete Maßnahmen sind rechtswidrig. Maßnahmen nach den Artikeln 12a, 35 Abs. 2 und 3, Artikel 87a Abs. 4 und Artikel 91 dürfen sich nicht gegen Arbeitskämpfe richten, die zur Wahrung und Förderung der Arbeits- und Wirtschaftsbedingungen von Vereinigungen im Sinne des Satzes 1 geführt werden.

Artikel 10 (Brief- und Postgeheimnis)

(1) Das Briefgeheimnis sowie das Post- und Fernmeldegeheimnis sind unverletzlich.

(2) Beschränkungen dürfen nur auf Grund eines Gesetzes angeordnet werden. Dient die Beschränkung dem Schutze der freiheitlichen demokratischen Grundordnung oder des Bestandes oder der Sicherung des Bundes oder eines Landes, so kann das Gesetz bestimmen, daß sie dem Betroffenen nicht mitgeteilt wird und daß an die Stelle des Rechtsweges die Nachprüfung durch von der Volksvertretung bestellte Organe und Hilfsorgane tritt.

Artikel 11 (Freizügigkeit)

(1) Alle Deutschen genießen Freizügigkeit im ganzen Bundesgebiet.

(2) Dieses Recht darf nur durch Gesetz oder auf Grund eines Gesetzes und nur für die Fälle eingeschränkt werden, in denen eine ausreichende Lebensgrundlage nicht vorhanden ist und der Allgemeinheit daraus besondere Lasten entstehen würden oder in denen es zur Abwehr einer drohenden Gefahr für den Bestand oder die freiheitliche demokratische Grundordnung des Bundes oder eines Landes, zur Bekämpfung von Seuchengefahr, Naturkatastrophen oder besonders schweren Unglücksfällen, zum Schutze der Jugend vor

Verwahrlosung oder um strafbaren Handlungen vorzubeugen, erforderlich ist.

Artikel 12 (Freiheit des Berufes)

(1) Alle Deutschen haben das Recht, Beruf, Arbeitsplatz und Ausbildungsstätte frei zu wählen. Die Berufsausübung kann durch Gesetz oder auf Grund eines Gesetzes geregelt werden.

(2) Niemand darf zu einer bestimmten Arbeit gezwungen werden, außer im Rahmen einer herkömmlichen allgemeinen, für alle gleichen öffentlichen Dienstleistungspflicht.

(3) Zwangsarbeit ist nur bei einer gerichtlich angeordneten Freiheitsentziehung zulässig.

Artikel 12a (Wehrpflicht, Ersatzdienst)

(1) Männer können vom vollendeten achtzehnten Lebensjahr an zum Dienst in den Streitkräften, im Bundesgrenzschutz oder in einem Zivilschutzverband verpflichtet werden.

(2) Wer aus Gewissensgründen den Kriegsdienst mit der Waffe verweigert, kann zu einem Ersatzdienst verpflichtet werden. Die Dauer des Ersatzdienstes darf die Dauer des Wehrdienstes nicht übersteigen. Das Nähere regelt ein Gesetz, das die Freiheit der Gewissensentscheidung nicht beeinträchtigen darf und auch eine Möglichkeit des Ersatzdienstes vorsehen muß, die in keinem Zusammenhang mit den Verbänden der Streitkräfte und des Bundesgrenzschutzes steht.

(3) Wehrpflichtige, die nicht zu einem Dienst nach Absatz 1 oder 2 herangezogen sind, können im Verteidigungsfalle durch Gesetz oder auf Grund eines Gesetzes zu zivilen Dienstleistungen für Zwecke der Verteidigung einschließlich des Schutzes der Zivilbevölkerung in Arbeitsverhältnisse verpflichtet werden; Verpflichtungen in öffentlich-rechtliche Dienstverhältnisse sind nur zur Wahrnehmung polizeilicher Aufgaben oder solcher hoheitlichen Aufgaben der öffentlichen Verwaltung, die nur in einem öffentlich-rechtlichen Dienstverhältnis erfüllt werden können, zulässig. Arbeitsverhältnisse nach Satz 1 können bei den Streitkräften, im Bereich ihrer Versorgung sowie bei der öffentlichen Verwaltung begründet werden; Verpflichtungen in Arbeitsverhältnisse im Bereiche der Versorgung der Zivilbevölkerung sind nur zulässig, um ihren lebensnotwendigen Bedarf zu decken oder ihren Schutz sicherzustellen.

(4) Kann im Verteidigungsfalle der Bedarf an zivilen Dienstleistungen im zivilen Sanitäts- und Heilwesen sowie in der ortsfesten militärischen Lazarettorganisation nicht auf freiwilliger Grundlage gedeckt werden, so können Frauen vom vollendeten achtzehnten bis zum vollendeten fünfundfünfzigsten Lebensjahr durch Gesetz oder auf Grund eines Gesetzes zu derartigen Dienstleistungen herangezogen werden. Sie dürfen auf keinen Fall zum Dienst mit der Waffe verpflichtet werden.

(5) Für die Zeit vor dem Verteidigungsfalle können Verpflichtungen nach Absatz 3 nur nach Maßgabe des Artikels 80a Abs. 1 begründet werden. Zur Vorbereitung auf Dienstleistungen nach Absatz 3, für die besondere Kenntnisse oder Fertigkeiten erforderlich sind, kann durch Gesetz oder auf Grund eines Gesetzes die Teilnahme an Ausbildungsveranstaltungen zur Pflicht gemacht werden. Satz 1 findet insoweit keine Anwendung.

(6) Kann im Verteidigungsfalle der Bedarf an Arbeitskräften für die in Absatz 3 Satz 2 genannten Bereiche auf freiwilliger Grundlage nicht gedeckt werden, so kann zur Sicherung dieses Bedarfs die Freiheit der Deutschen, die Ausübung eines Berufs oder den Arbeitsplatz aufzugeben, durch Gesetz oder auf Grund eines Gesetzes eingeschränkt werden. Vor Eintritt des Verteidigungsfalles gilt Absatz 5 Satz 1 entsprechend.

Artikel 13 (Unverletzlichkeit der Wohnung)

(1) Die Wohnung ist unverletzlich.

(2) Durchsuchungen dürfen nur durch den Richter, bei Gefahr im Verzuge auch durch die in den Gesetzen vorgesehenen anderen Organe angeordnet und nur in der dort vorgeschriebenen Form durchgeführt werden.

(3) Begründen bestimmte Tatsachen den Verdacht, daß jemand eine durch Gesetz einzeln

bestimmte besonders schwere Straftat begangen hat, so dürfen zur Verfolgung der Tat auf Grund richterlicher Anordnung technische Mittel zur akustischen Überwachung von Wohnungen, in denen der Beschuldigte sich vermutlich aufhält, eingesetzt werden, wenn die Erforschung des Sachverhalts auf andere Weise unverhältnismäßig erschwert oder aussichtslos wäre. Die Maßnahme ist zu befristen. Die Anordnung erfolgt durch einen mit drei Richtern besetzten Spruchkörper. Bei Gefahr im Verzuge kann sie auch durch einen einzelnen Richter getroffen werden.

(4) Zur Abwehr dringender Gefahren für die öffentliche Sicherheit, insbesondere einer gemeinen Gefahr oder einer Lebensgefahr, dürfen technische Mittel zur Überwachung von Wohnungen nur auf Grund richterlicher Anordnung eingesetzt werden. Bei Gefahr im Verzuge kann die Maßnahme auch durch eine andere gesetzlich bestimmte Stelle angeordnet werden; eine richterliche Entscheidung ist unverzüglich nachzuholen.

(5) Sind technische Mittel ausschließlich zum Schutze der bei einem Einsatz in Wohnungen tätigen Personen vorgesehen, kann die Maßnahme durch eine gesetzlich bestimmte Stelle angeordnet werden. Eine anderweitige Verwertung der hierbei erlangten Erkenntnisse ist nur zum Zwecke der Strafverfolgung oder der Gefahrenabwehr und nur zulässig, wenn zuvor die Rechtmäßigkeit der Maßnahme richterlich festgestellt ist; bei Gefahr im Verzuge ist die richterliche Entscheidung unverzüglich nachzuholen.

(6) Die Bundesregierung unterrichtet den Bundestag jährlich über den nach Absatz 3 sowie den im Zuständigkeitsbereich des Bundes nach Absatz 4 und, soweit richterlich überprüfungsbedürftig, nach Absatz 5 erfolgten Einsatz technischer Mittel. Ein vom Bundestag gewähltes Gremium übt auf der Grundlage dieses Berichts die parlamentarische Kontrolle aus. Die Länder gewährleisten eine gleichwertige parlamentarische Kontrolle.

(7) Eingriffe und Beschränkungen dürfen im übrigen nur zur Abwehr einer gemeinen Gefahr oder einer Lebensgefahr für einzelne Personen, auf Grund eines Gesetzes auch zur Verhütung dringender Gefahren für die öffentliche Sicherheit und Ordnung, insbesondere zur Behebung der Raumnot, zur Bekämpfung von Seuchengefahr oder zum Schutze gefährdeter Jugendlicher vorgenommen werden.

Artikel 14 (Eigentum, Erbrecht und Enteignung)

(1) Das Eigentum und das Erbrecht werden gewährleistet. Inhalt und Schranken werden durch die Gesetze bestimmt.

(2) Eigentum verpflichtet. Sein Gebrauch soll zugleich dem Wohle der Allgemeinheit dienen.

(3) Eine Enteignung ist nur zum Wohle der Allgemeinheit zulässig. Sie darf nur durch Gesetz oder auf Grund eines Gesetzes erfolgen, das Art und Ausmaß der Entschädigung regelt. Die Entschädigung ist unter gerechter Abwägung der Interessen der Allgemeinheit und der Beteiligten zu bestimmen. Wegen der Höhe der Entschädigung steht im Streitfalle der Rechtsweg vor den ordentlichen Gerichten offen.

Artikel 15 (Sozialisierung)

Grund und Boden, Naturschätze und Produktionsmittel können zum Zwecke der Vergesellschaftung durch ein Gesetz, das Art und Ausmaß der Entschädigung regelt, in Gemeineigentum oder in andere Formen der Gemeinwirtschaft überführt werden. Für die Entschädigung gilt Art. 14 Abs. 3 Satz 3 und 4 entsprechend.

II. Der Bund und die Länder

Artikel 20 (Demokratische, rechtsstaatliche Verfassung)

(1) Die Bundesrepublik Deutschland ist ein demokratischer und sozialer Bundesstaat.

(2) Alle Staatsgewalt geht vom Volke aus. Sie wird vom Volke in Wahlen und Abstimmungen und durch besondere Organe der Gesetzgebung, der vollziehenden Gewalt und der Rechtsprechung ausgeübt.

(3) Die Gesetzgebung ist an die verfassungsmäßige Ordnung, die vollziehende Gewalt und die Rechtsprechung sind an Gesetz und Recht gebunden.

(4) Gegen jeden, der es unternimmt, diese Ordnung zu beseitigen, haben alle Deutschen das Recht zum Widerstand, wenn andere Abhilfe nicht möglich ist.

VII. Die Gesetzgebung des Bundes

Artikel 73 (Sachgebiete der ausschließlichen Gesetzgebung)

(1) Der Bund hat die ausschließliche Gesetzgebung über:

1. die auswärtigen Angelegenheiten sowie die Verteidigung einschließlich des Schutzes der Zivilbevölkerung;

2. die Staatsangehörigkeit im Bunde;

3. die Freizügigkeit, das Passwesen, das Melde- und Ausweiswesen, die Ein- und Auswanderung und die Auslieferung;

4. das Währungs-, Geld- und Münzwesen, Maße und Gewichte sowie die Zeitbestimmung;

5. die Einheit des Zoll- und Handelsgebietes, die Handels- und Schifffahrtsverträge, die Freizügigkeit des Warenverkehrs und den Waren- und Zahlungsverkehr mit dem Auslande einschließlich des Zoll- und Grenzschutzes;

5a. den Schutz deutschen Kulturgutes gegen Abwanderung ins Ausland;

6. den Luftverkehr;

6a. den Verkehr von Eisenbahnen, die ganz oder mehrheitlich im Eigentum des Bundes stehen (Eisenbahnen des Bundes), den Bau, die Unterhaltung und das Betreiben von Schienenwegen der Eisenbahnen des Bundes sowie die Erhebung von Entgelten für die Benutzung dieser Schienenwege;

7. das Postwesen und die Telekommunikation;

8. die Rechtsverhältnisse der im Dienste des Bundes und der bundesunmittelbaren Körperschaften des öffentlichen Rechtes stehenden Personen;

9. den gewerblichen Rechtsschutz, das Urheberrecht und das Verlagsrecht;

9a. die Abwehr von Gefahren des internationalen Terrorismus durch das Bundeskriminalpolizeiamt in Fällen, in denen eine länderübergreifende Gefahr vorliegt, die Zuständigkeit einer Landespolizeibehörde nicht erkennbar ist oder die oberste Landesbehörde um eine Übernahme ersucht;

10. die Zusammenarbeit des Bundes und der Länder
    a) in der Kriminalpolizei,
    b) zum Schutze der freiheitlichen demokratischen Grundordnung, des Bestandes und der Sicherheit des Bundes oder eines Landes (Verfassungsschutz) und
    c) zum Schutze gegen Bestrebungen im Bundesgebiet, die durch Anwendung von Gewalt oder darauf gerichtete Vorbereitungshandlungen auswärtige Belange der Bundesrepublik Deutschland gefährden,
    sowie die Einrichtung eines Bundeskriminalpolizeiamtes und die internationale Verbrechensbekämpfung;

11. die Statistik für Bundeszwecke;

12. das Waffen- und das Sprengstoffrecht;

13. die Versorgung der Kriegsbeschädigten und Kriegshinterbliebenen und die Fürsorge für die ehemaligen Kriegsgefangenen;

14. die Erzeugung und Nutzung der Kernenergie zu friedlichen Zwecken, die Errichtung und den Betrieb von Anlagen, die diesen Zwecken dienen, den Schutz gegen Gefahren, die bei Freiwerden von Kernenergie oder durch ionisierende Strahlen entstehen, und die Beseitigung radioaktiver Stoffe.

(2) Gesetze nach Absatz 1 Nr. 9a bedürfen der Zustimmung des Bundesrates.

X. Das Finanzwesen

Artikel 104a (Tragung der Ausgaben)

(1) Der Bund und die Länder tragen gesondert die Ausgaben, die sich aus der Wahrnehmung ihrer Aufgaben ergeben, soweit dieses Grundgesetz nichts anderes bestimmt.

(2) Handeln die Länder im Auftrage des Bundes, trägt der Bund die sich daraus ergebenden Ausgaben.

(3) Bundesgesetze, die Geldleistungen gewähren und von den Ländern ausgeführt werden, können bestimmen, daß die Geldleistungen ganz oder zum Teil vom Bund getragen werden. Bestimmt das Gesetz, daß der Bund die Hälfte der Ausgaben oder mehr trägt, wird es im Auftrage des Bundes durchgeführt.

(4) Bundesgesetze, die Pflichten der Länder zur Erbringung von Geldleistungen, geldwerten Sachleistungen oder vergleichbaren Dienstleistungen gegenüber Dritten begründen und von den Ländern als eigene Angelegenheit oder nach Absatz 3 Satz 2 im Auftrag des Bundes ausgeführt werden, bedürfen der Zustimmung des Bundesrates, wenn daraus entstehende Ausgaben von den Ländern zu tragen sind.

(5) Der Bund und die Länder tragen die bei ihren Behörden entstehenden Verwaltungsausgaben und haften im Verhältnis zueinander für eine ordnungsmäßige Verwaltung. Das Nähere bestimmt ein Bundesgesetz, das der Zustimmung des Bundesrates bedarf.

(6) Bund und Länder tragen nach der innerstaatlichen Zuständigkeits- und Aufgabenverteilung die Lasten einer Verletzung von supranationalen oder völkerrechtlichen Verpflichtungen Deutschlands. In Fällen länderübergreifender Finanzkorrekturen der Europäischen Union tragen Bund und Länder diese Lasten im Verhältnis 15 zu 85. Die Ländergesamtheit trägt in diesen Fällen solidarisch 35 vom Hundert der Gesamtlasten entsprechend einem allgemeinen Schlüssel; 50 vom Hundert der Gesamtlasten tragen die Länder, die die Lasten verursacht haben, anteilig entsprechend der Höhe der erhaltenen Mittel. Das Nähere regelt ein Bundesgesetz, das der Zustimmung des Bundesrates bedarf.

Artikel 104b (Finanzhilfen für besonders bedeutsame Investitionen)

(1) Der Bund kann, soweit dieses Grundgesetz ihm Gesetzgebungsbefugnisse verleiht, den Ländern Finanzhilfen für besonders bedeutsame Investitionen der Länder und der Gemeinden (Gemeindeverbände) gewähren, die

1. zur Abwehr einer Störung des gesamtwirtschaftlichen Gleichgewichts oder

2. zum Ausgleich unterschiedlicher Wirtschaftskraft im Bundesgebiet oder

3. zur Förderung des wirtschaftlichen Wachstums

erforderlich sind. Abweichend von Satz 1 kann der Bund im Falle von Naturkatastrophen oder außergewöhnlichen Notsituationen, die sich der Kontrolle des Staates entziehen und die staatliche Finanzlage erheblich beeinträchtigen, auch ohne Gesetzgebungsbefugnisse Finanzhilfen gewähren.

(2) Das Nähere, insbesondere die Arten der zu fördernden Investitionen, wird durch Bundesgesetz, das der Zustimmung des Bundesrates bedarf, oder auf Grund des Bundeshaushaltsgesetzes durch Verwaltungsvereinbarung geregelt. Die Mittel sind befristet zu gewähren und hinsichtlich ihrer Verwendung in regelmäßigen Zeitabständen zu überprüfen. Die Finanzhilfen sind im Zeitablauf mit fallenden Jahresbeträgen zu gestalten.

(3) Bundestag, Bundesregierung und Bundesrat sind auf Verlangen über die Durchführung der Maßnahmen und die erzielten Verbesserungen zu unterrichten.

Artikel 105 (Gesetzgebungszuständigkeit)

(1) Der Bund hat die ausschließliche Gesetzgebung über die Zölle und Finanzmonopole.

(2) Der Bund hat die konkurrierende Gesetzgebung über die übrigen Steuern, wenn das Aufkommen dieser Steuern ganz oder zum Teil zusteht oder die Voraussetzungen des Artikels 72 Abs. 2 vorliegen.

(2a) Die Länder haben die Befugnis zur Gesetzgebung über die örtlichen Verbrauch- und Aufwandsteuern, solange und soweit sie nicht bundesgesetzlich geregelten Steuern gleichartig sind. Sie haben die Befugnis zur Bestimmung des Steuersatzes bei der Grunderwerbsteuer.

(3) Bundesgesetze über Steuern, deren Aufkommen den Ländern oder den Gemeinden (Gemeindeverbänden) ganz oder zum Teil zufließt, bedürfen der Zustimmung des Bundesrates.

Artikel 106 (Steuerverteilung)

(1) Der Ertrag der Finanzmonopole und das Aufkommen der folgenden Steuern stehen dem Bund zu:

1. die Zölle,

2. die Verbrauchsteuern, soweit sie nicht nach Absatz 2 den Ländern, nach Absatz 3 Bund und Ländern gemeinsam oder nach Absatz 6 den Gemeinden zustehen,

3. die Straßengüterverkehrsteuer, die Kraftfahrzeugsteuer und sonstige auf motorisierte Verkehrsmittel bezogene Verkehrsteuern,

4. die Kapitalverkehrsteuern, die Versicherungsteuer und die Wechselsteuer,

5. die einmaligen Vermögensabgaben und die zur Durchführung des Lastenausgleichs erhobenen Ausgleichsabgaben,

6. die Ergänzungsabgabe zur Einkommensteuer und zur Körperschaftsteuer,

7. Abgaben im Rahmen der Europäischen Gemeinschaften.

(2) Das Aufkommen der folgenden Steuern steht den Ländern zu:

1. die Vermögensteuer,

2. die Erbschaftsteuer,

3. die Verkehrsteuern, soweit sie nicht nach Absatz 1 dem Bund oder nach Absatz 3 Bund und Ländern gemeinsam zustehen,

4. die Biersteuer,

5. die Abgabe von Spielbanken.

(3) Das Aufkommen der Einkommensteuer, der Körperschaftsteuer und der Umsatzsteuer steht dem Bund und den Ländern gemeinsam zu (Gemeinschaftsteuern), soweit das Aufkommen der Einkommensteuer nicht nach Absatz 5 und das Aufkommen der Umsatzsteuer nicht nach Absatz 5a den Gemeinden zugewiesen wird. Am Aufkommen der Einkommensteuer und der Körperschaftsteuer sind der Bund und die Länder je zur Hälfte beteiligt. Die Anteile von Bund und Ländern an der Umsatzsteuer werden durch Bundesgesetz, das der Zustimmung des Bundesrates bedarf, festgesetzt. Bei der Festsetzung ist von folgenden Grundsätzen auszugehen:

1. Im Rahmen der laufenden Einnahmen haben der Bund und die Länder gleichmäßig Anspruch auf Deckung ihrer notwendigen Ausgaben. Dabei ist der Umfang der Ausgaben unter Berücksichtigung einer mehrjährigen Finanzplanung zu ermitteln.

2. Die Deckungsbedürfnisse des Bundes und der Länder sind so aufeinander abzustimmen, daß ein billiger Ausgleich erzielt, eine Überbelastung der Steuerpflichtigen vermieden und die Einheitlichkeit der Lebensverhältnisse im Bundesgebiet gewahrt wird.

Zusätzlich werden in die Festsetzung der Anteile von Bund und Ländern an der Umsatzsteuer Steuermindereinnahmen einbezogen, die den Ländern ab 1. Januar 1996 aus der Berücksichtigung von Kindern im Einkommensteuerrecht entstehen. Das Nähere bestimmt das Bundesgesetz nach Satz 3.

(4) Die Anteile von Bund und Ländern an der Umsatzsteuer sind neu festzusetzen, wenn sich das Verhältnis zwischen den Einnahmen und Ausgaben des Bundes und der Länder wesentlich anders entwickelt; Steuermindereinnahmen, die nach Absatz 3 Satz 5 in die Festsetzung der Umsatzsteueranteile zusätzlich einbezogen werden, bleiben hierbei unberücksichtigt. Werden den Ländern durch Bundesgesetz zusätzliche Ausgaben auferlegt oder Einnahmen entzogen, so kann die Mehrbelastung durch Bundesgesetz, das der Zustimmung des Bundesrates bedarf, auch mit Finanzzuweisungen des Bundes ausgeglichen werden, wenn sie auf einen kurzen Zeitraum begrenzt ist. In dem Gesetz sind die Grundsätze für die Bemessung dieser Finanz-

zuweisungen und für ihre Verteilung auf die Länder zu bestimmen.

(5) Die Gemeinden erhalten einen Anteil an dem Aufkommen der Einkommensteuer, der von den Ländern an ihre Gemeinden auf der Grundlage der Einkommensteuerleistungen ihrer Einwohner weiterzuleiten ist. Das Nähere bestimmt ein Bundesgesetz, das der Zustimmung des Bundesrates bedarf. Es kann bestimmen, daß die Gemeinden Hebesätze für den Gemeindeanteil festsetzen.

(5a) Die Gemeinden erhalten ab dem 1. Januar 1998 einen Anteil an dem Aufkommen der Umsatzsteuer. Er wird von den Ländern auf der Grundlage eines orts- und wirtschaftsbezogenen Schlüssels an ihre Gemeinden weitergeleitet. Das Nähere wird durch Bundesgesetz, das der Zustimmung des Bundesrates bedarf, bestimmt.

(6) Das Aufkommen der Grundsteuer und Gewerbesteuer steht den Gemeinden, das Aufkommen der örtlichen Verbrauch- und Aufwandsteuern steht den Gemeinden oder nach Maßgabe der Landesgesetzgebung den Gemeindeverbänden zu. Den Gemeinden ist das Recht einzuräumen, die Hebesätze der Grundsteuer und Gewerbesteuer im Rahmen der Gesetze festzusetzen. Bestehen in einem Land keine Gemeinden, so steht das Aufkommen der Grundsteuer und Gewerbesteuer sowie der örtlichen Verbrauch- und Aufwandsteuern dem Land zu. Bund und Länder können durch eine Umlage an dem Aufkommen der Gewerbesteuer beteiligt werden. Das Nähere über die Umlage bestimmt ein Bundesgesetz, das der Zustimmung des Bundesrates bedarf. Nach Maßgabe der Landesgesetzgebung können die Grundsteuer und Gewerbesteuer sowie der Gemeindeanteil vom Aufkommen der Einkommensteuer und der Umsatzsteuer als Bemessungsgrundlagen für Umlagen zugrunde gelegt werden.

(7) Von dem Länderanteil am Gesamtaufkommen der Gemeinschaftsteuern fließt den Gemeinden und Gemeindeverbänden insgesamt ein von der Landesgesetzgebung zu bestimmender Hundertsatz zu. Im übrigen bestimmt die Landesgesetzgebung, ob und inwieweit das Aufkommen der Landessteuern den Gemeinden (Gemeindeverbänden) zufließt.

(8) Veranlaßt der Bund in einzelnen Ländern oder Gemeinden (Gemeindeverbänden) besondere Einrichtungen, die diesen Ländern oder Gemeinden (Gemeindeverbänden) unmittelbar Mehrausgaben oder Mindereinnahmen (Sonderbelastungen) verursachen, gewährt der Bund den erforderlichen Ausgleich, wenn und soweit den Ländern oder Gemeinden (Gemeindeverbänden) nicht zugemutet werden kann, die Sonderbelastungen zu tragen. Entschädigungsleistungen Dritter und finanzielle Vorteile, die diesen Ländern oder Gemeinden (Gemeindeverbänden) als Folge der Einrichtungen erwachsen, werden bei dem Ausgleich berücksichtigt.

(9) Als Einnahmen und Ausgaben der Länder im Sinne dieses Artikels gelten auch die Einnahmen und Ausgaben der Gemeinden (Gemeindeverbände).

Artikel 106a (Personennahverkehr)

Den Ländern steht ab 1. Januar 1996 für den öffentlichen Personennahverkehr ein Betrag aus dem Steueraufkommen des Bundes zu. Das Nähere regelt ein Bundesgesetz, das der Zustimmung des Bundesrates bedarf. Der Betrag nach Satz 1 bleibt bei der Bemessung der Finanzkraft nach Artikel 107 Abs. 2 unberücksichtigt.

Artikel 106b (Ausgleich infolge der Übertragung der Kfz-Steuer)

Den Ländern steht ab dem 1. Juli 2009 infolge der Übertragung der Kraftfahrzeugsteuer auf den Bund ein Betrag aus dem Steueraufkommen des Bundes zu. Das Nähere regelt ein Bundesgesetz, das der Zustimmung des Bundesrates bedarf.

Artikel 107 (Örtliches Aufkommen)

(1) Das Aufkommen der Landessteuern und der Länderanteil am Aufkommen der Einkommensteuer und der Körperschaftsteuer stehen den einzelnen Ländern insoweit zu, als die Steuern von den Finanzbehörden in ihrem Gebiet vereinnahmt werden (örtliches

Aufkommen). Durch Bundesgesetz, das der Zustimmung des Bundesrates bedarf, sind für die Körperschaftsteuer und die Lohnsteuer nähere Bestimmungen über die Abgrenzung sowie über Art und Umfang der Zerlegung des örtlichen Aufkommens zu treffen. Das Gesetz kann auch Bestimmungen über die Abgrenzung und Zerlegung des örtlichen Aufkommens anderer Steuern treffen. Der Länderanteil am Aufkommen der Umsatzsteuer steht den einzelnen Ländern nach Maßgabe ihrer Einwohnerzahl zu; für einen Teil, höchstens jedoch für ein Viertel dieses Länderanteils, können durch Bundesgesetz, das der Zustimmung des Bundesrates bedarf, Ergänzungsanteile für die Länder vorgesehen werden, deren Einnahmen aus den Landessteuern, aus der Einkommensteuer und der Körperschaftsteuer und nach Artikel 106b je Einwohner unter dem Durchschnitt der Länder liegen; bei der Grunderwerbsteuer ist die Steuerkraft einzubeziehen.

(2) Durch das Gesetz ist sicherzustellen, daß die unterschiedliche Finanzkraft der Länder angemessen ausgeglichen wird; hierbei sind die Finanzkraft und der Finanzbedarf der Gemeinden (Gemeindeverbände) zu berücksichtigen. Die Voraussetzungen für die Ausgleichsansprüche der ausgleichsberechtigten Länder und die Ausgleichsverbindlichkeiten der ausgleichspflichtigen Länder sowie die Maßstäbe für die Höhe der Ausgleichsleistungen sind in dem Gesetz zu bestimmen. Es kann auch bestimmen, daß der Bund aus seinen Mitteln leistungsschwachen Ländern Zuweisungen zur ergänzenden Deckung ihres allgemeinen Finanzbedarfs (Ergänzungszuweisungen) gewährt.

Artikel 108 (Finanzverwaltung)

(1) Zölle, Finanzmonopole, die bundesgesetzlich geregelten Verbrauchsteuern einschließlich der Einfuhrumsatzsteuer, die Kraftfahrzeugsteuer und sonstige auf motorisierte Verkehrsmittel bezogene Verkehrsteuern ab dem 1. Juli 2009 sowie die Abgaben im Rahmen der Europäischen Gemeinschaften werden durch Bundesfinanzbehörden verwaltet. Der Aufbau dieser Behörden wird durch Bundesgesetz geregelt. Soweit Mittelbehörden eingerichtet sind, werden deren Leiter im Benehmen mit den Landesregierungen bestellt.

(2) Die übrigen Steuern werden durch Landesfinanzbehörden verwaltet. Der Aufbau dieser Behörden und die einheitliche Ausbildung der Beamten können durch Bundesgesetz mit Zustimmung des Bundesrates geregelt werden. Soweit Mittelbehörden eingerichtet sind, werden deren Leiter im Einvernehmen mit der Bundesregierung bestellt.

(3) Verwalten die Landesfinanzbehörden Steuern, die ganz oder zum Teil dem Bund zufließen, so werden sie im Auftrage des Bundes tätig. Artikel 85 Abs. 3 und 4 gilt mit der Maßgabe, daß an die Stelle der Bundesregierung der Bundesminister der Finanzen tritt.

(4) Durch Bundesgesetz, das der Zustimmung des Bundesrates bedarf, kann bei der Verwaltung von Steuern im Zusammenwirken von Bundes- und Landesfinanzbehörden sowie für Steuern, die unter Absatz 1 fallen, die Verwaltung durch Landesfinanzbehörden und für andere Steuern die Verwaltung durch Bundesfinanzbehörden vorgesehen werden, wenn und soweit dadurch der Vollzug der Steuergesetze erheblich verbessert oder erleichtert wird. Für die den Gemeinden (Gemeindeverbänden) allein zufließenden Steuern kann die den Landesfinanzbehörden zustehende Verwaltung durch die Länder ganz oder zum Teil den Gemeinden (Gemeindeverbänden) übertragen werden.

(5) Das von den Bundesfinanzbehörden anzuwendende Verfahren wird durch Bundesgesetz geregelt. Das von den Landesfinanzbehörden und in den Fällen des Absatzes 4 Satz 2 von den Gemeinden (Gemeindeverbänden) anzuwendende Verfahren kann durch Bundesgesetz mit Zustimmung des Bundesrates geregelt werden.

(6) Die Finanzgerichtsbarkeit wird durch Bundesgesetz einheitlich geregelt.

(7) Die Bundesregierung kann allgemeine Verwaltungsvorschriften erlassen, und zwar mit Zustimmung des Bundesrates, soweit die

Verwaltung den Landesfinanzbehörden oder Gemeinden (Gemeindeverbänden) obliegt.

Artikel 109 (Haushaltswirtschaft)

(1) Bund und Länder sind in ihrer Haushaltswirtschaft selbständig und voneinander unabhängig.

(2) Bund und Länder erfüllen gemeinsam die Verpflichtungen der Bundesrepublik Deutschland aus Rechtsakten der Europäischen Gemeinschaft auf Grund des Artikels 104 des Vertrags zur Gründung der Europäischen Gemeinschaft zur Einhaltung der Haushaltsdisziplin und tragen in diesem Rahmen den Erfordernissen des gesamtwirtschaftlichen Gleichgewichts Rechnung.

(3) Die Haushalte von Bund und Ländern sind grundsätzlich ohne Einnahmen aus Krediten auszugleichen. Bund und Länder können Regelungen zur im Auf- und Abschwung symmetrischen Berücksichtigung der Auswirkungen einer von der Normallage abweichenden konjunkturellen Entwicklung sowie eine Ausnahmeregelung für Naturkatastrophen oder außergewöhnliche Notsituationen, die sich der Kontrolle des Staates entziehen und die staatliche Finanzlage erheblich beeinträchtigen, vorsehen. Für die Ausnahmeregelung ist eine entsprechende Tilgungsregelung vorzusehen. Die nähere Ausgestaltung regelt für den Haushalt des Bundes Artikel 115 mit der Maßgabe, dass Satz 1 entsprochen ist, wenn die Einnahmen aus Krediten 0,35 vom Hundert im Verhältnis zum nominalen Bruttoinlandsprodukt nicht überschreiten. Die nähere Ausgestaltung für die Haushalte der Länder regeln diese im Rahmen ihrer verfassungsrechtlichen Kompetenzen mit der Maßgabe, dass Satz 1 nur dann entsprochen ist, wenn keine Einnahmen aus Krediten zugelassen werden.

(4) Durch Bundesgesetz, das der Zustimmung des Bundesrates bedarf, können für Bund und Länder gemeinsam geltende Grundsätze für das Haushaltsrecht, für eine konjunkturgerechte Haushaltswirtschaft und für eine mehrjährige Finanzplanung aufgestellt werden.

(5) Sanktionsmaßnahmen der Europäischen Gemeinschaft im Zusammenhang mit den Bestimmungen in Artikel 104 des Vertrags zur Gründung der Europäischen Gemeinschaft zur Einhaltung der Haushaltsdisziplin tragen Bund und Länder im Verhältnis 65 zu 35. Die Ländergesamtheit trägt solidarisch 35 vom Hundert der auf die Länder entfallenden Lasten entsprechend ihrer Einwohnerzahl; 65 vom Hundert der auf die Länder entfallenden Lasten tragen die Länder entsprechend ihrem Verursachungsbeitrag. Das Nähere regelt ein Bundesgesetz, das der Zustimmung des Bundesrates bedarf.

Artikel 109a (Haushaltsnotlage, Stabilitätsrat)

Zur Vermeidung von Haushaltsnotlagen regelt ein Bundesgesetz, das der Zustimmung des Bundesrates bedarf,

1. die fortlaufende Überwachung der Haushaltswirtschaft von Bund und Ländern durch ein gemeinsames Gremium (Stabilitätsrat),

2. die Voraussetzungen und das Verfahren zur Feststellung einer drohenden Haushaltsnotlage,

3. die Grundsätze zur Aufstellung und Durchführung von Sanierungsprogrammen zur Vermeidung von Haushaltsnotlagen.

Die Beschlüsse des Stabilitätsrats und die zugrunde liegenden Beratungsunterlagen sind zu veröffentlichen.

Artikel 110 (Haushaltsplan)

(1) Alle Einnahmen und Ausgaben des Bundes sind in den Haushaltsplan einzustellen; bei Bundesbetrieben und bei Sondervermögen brauchen nur die Zuführungen oder die Ablieferungen eingestellt zu werden. Der Haushaltsplan ist in Einnahme und Ausgabe auszugleichen.

(2) Der Haushaltsplan wird für ein oder mehrere Rechnungsjahre, nach Jahren getrennt, vor Beginn des ersten Rechnungsjahres durch das Haushaltsgesetz festgestellt. Für Teile des Haushaltsplanes kann vorgesehen werden,

daß sie für unterschiedliche Zeiträume, nach Rechnungsjahren getrennt, gelten.

(3) Die Gesetzesvorlage nach Absatz 2 Satz 1 sowie Vorlagen zur Änderung des Haushaltsgesetzes und des Haushaltsplanes werden gleichzeitig mit der Zuleitung an den Bundesrat beim Bundestage eingebracht; der Bundesrat ist berechtigt, innerhalb von sechs Wochen, bei Änderungsvorlagen innerhalb von drei Wochen, zu den Vorlagen Stellung zu nehmen.

(4) In das Haushaltsgesetz dürfen nur Vorschriften aufgenommen werden, die sich auf die Einnahmen und Ausgaben des Bundes und auf den Zeitraum beziehen, für den das Haushaltsgesetz beschlossen wird. Das Haushaltsgesetz kann vorschreiben, daß die Vorschriften erst mit der Verkündung des nächsten Haushaltsgesetzes oder bei Ermächtigung nach Artikel 115 zu einem späteren Zeitpunkt außer Kraft treten.

Artikel 111 (Haushaltsvorgriff)

(1) Ist bis zum Schluß eines Rechnungsjahres der Haushaltsplan für das folgende Jahr nicht durch Gesetz festgestellt, so ist bis zu seinem Inkrafttreten die Bundesregierung ermächtigt, alle Ausgaben zu leisten, die nötig sind,

a) um gesetzlich bestehende Einrichtungen zu erhalten und gesetzlich beschlossene Maßnahmen durchzuführen,

b) um die rechtlich begründeten Verpflichtungen des Bundes zu erfüllen,

c) um Bauten, Beschaffungen und sonstige Leistungen fortzusetzen oder Beihilfen für diese Zwecke weiter zu gewähren, sofern durch den Haushaltsplan eines Vorjahres bereits Beträge bewilligt worden sind.

(2) Soweit nicht auf besonderem Gesetze beruhende Einnahmen aus Steuern, Abgaben und sonstigen Quellen oder die Betriebsmittelrücklage die Ausgaben unter Absatz 1 decken, darf die Bundesregierung die zur Aufrechterhaltung der Wirtschaftsführung erforderlichen Mittel bis zur Höhe eines Viertels der Endsumme des abgelaufenen Haushaltsplanes im Wege des Kredits flüssig machen.

Artikel 112 (Über- und außerplanmäßige Ausgaben)

Überplanmäßige und außerplanmäßige Ausgaben bedürfen der Zustimmung des Bundesministers der Finanzen. Sie darf nur im Falle eines unvorhergesehenen und unabweisbaren Bedürfnisses erteilt werden. Näheres kann durch Bundesgesetz bestimmt werden.

Artikel 113 (Ausgabenerhöhung, Einnahmeminderung)

(1) Gesetze, welche die von der Bundesregierung vorgeschlagenen Ausgaben des Haushaltsplanes erhöhen oder neue Ausgaben in sich schließen oder für die Zukunft mit sich bringen, bedürfen der Zustimmung der Bundesregierung. Das gleiche gilt für Gesetze, die Einnahmeminderungen in sich schließen oder für die Zukunft mit sich bringen. Die Bundesregierung kann verlangen, daß der Bundestag die Beschlußfassung über solche Gesetze aussetzt. In diesem Fall hat die Bundesregierung innerhalb von sechs Wochen dem Bundestage eine Stellungnahme zuzuleiten.

(2) Die Bundesregierung kann innerhalb von vier Wochen, nachdem der Bundestag das Gesetz beschlossen hat, verlangen, daß der Bundestag erneut Beschluß faßt.

(3) Ist das Gesetz nach Artikel 78 zustande gekommen, kann die Bundesregierung ihre Zustimmung nur innerhalb von sechs Wochen und nur dann versagen, wenn sie vorher das Verfahren nach Absatz 3 Satz 1 und 4 oder nach Absatz 2 eingeleitet hat. Nach Ablauf dieser Frist gilt die Zustimmung als erteilt.

Artikel 114 (Rechnungslegung, Bundesrechnungshof)

(1) Der Bundesminister der Finanzen hat dem Bundestage und dem Bundesrate über alle Einnahmen und Ausgaben sowie über das Vermögen und die Schulden im Laufe des nächsten Rechnungsjahres zur Entlastung der Bundesregierung Rechnung zu legen.

(2) Der Bundesrechnungshof, dessen Mitglieder richterliche Unabhängigkeit besitzen, prüft die Rechnung sowie die Wirtschaftlich-

keit und Ordnungsmäßigkeit der Haushalts- und Wirtschaftsführung. Er hat außer der Bundesregierung unmittelbar dem Bundestage und dem Bundesrate jährlich zu berichten. Im übrigen werden die Befugnisse des Bundesrechnungshofes durch Bundesgesetz geregelt.

Artikel 115 (Kreditaufnahme)

(1) Die Aufnahme von Krediten sowie die Übernahme von Bürgschaften, Garantien oder sonstigen Gewährleistungen, die zu Ausgaben in künftigen Rechnungsjahren führen können, bedürfen einer der Höhe nach bestimmten oder bestimmbaren Ermächtigung durch Bundesgesetz.

(2) Einnahmen und Ausgaben sind grundsätzlich ohne Einnahmen aus Krediten auszugleichen. Diesem Grundsatz ist entsprochen, wenn die Einnahmen aus Krediten 0,35 vom Hundert im Verhältnis zum nominalen Bruttoinlandsprodukt nicht überschreiten. Zusätzlich sind bei einer von der Normallage abweichenden konjunkturellen Entwicklung die Auswirkungen auf den Haushalt im Auf- und Abschwung symmetrisch zu berücksichtigen. Abweichungen der tatsächlichen Kreditaufnahme von der nach den Sätzen 1 bis 3 zulässigen Kreditobergrenze werden auf einem Kontrollkonto erfasst; Belastungen, die den Schwellenwert von 1,5 vom Hundert im Verhältnis zum nominalen Bruttoinlandsprodukt überschreiten, sind konjunkturgerecht zurückzuführen. Näheres, insbesondere die Bereinigung der Einnahmen und Ausgaben um finanzielle Transaktionen und das Verfahren zur Berechnung der Obergrenze der jährlichen Nettokreditaufnahme unter Berücksichtigung der konjunkturellen Entwicklung auf der Grundlage eines Konjunkturbereinigungsverfahrens sowie die Kontrolle und den Ausgleich von Abweichungen der tatsächlichen Kreditaufnahme von der Regelgrenze, regelt ein Bundesgesetz. Im Falle von Naturkatastrophen oder außergewöhnlichen Notsituationen, die sich der Kontrolle des Staates entziehen und die staatliche Finanzlage erheblich beeinträchtigen, können diese Kreditobergrenzen auf Grund eines Beschlusses der Mehrheit der Mitglieder des Bundestages überschritten werden. Der Beschluss ist mit einem Tilgungsplan zu verbinden. Die Rückführung der nach Satz 6 aufgenommenen Kredite hat binnen eines angemessenen Zeitraumes zu erfolgen.

Vertrag über die Europäische Union
(EU-Vertrag – EUV)
in der Fassung der Bekanntmachung
vom 9. Mai 2008 (ABl. 2010 S. 13)

I

Inhaltsübersicht

Präambel

Titel I
Gemeinsame Bestimmungen
Artikel 1 (ex-Artikel 1 EUV)
Artikel 2
Artikel 3 (ex-Artikel 2 EUV)
Artikel 4
Artikel 5 (ex-Artikel 5 EGV)
Artikel 6 (ex-Artikel 6 EUV)
Artikel 7 (ex-Artikel 7 EUV)
Artikel 8

Titel II
Bestimmungen über die
demokratischen Grundsätze
Artikel 9
Artikel 10
Artikel 11
Artikel 12

Titel III
Bestimmungen über die Organe
Artikel 13
Artikel 14
Artikel 15
Artikel 16
Artikel 17
Artikel 18
Artikel 19

Titel IV
Bestimmungen über eine verstärkte
Zusammenarbeit
Artikel 20 (ex-Artikel 27a bis 27e, 40 bis 40b
und 43 bis 45 EUV und ex-
Artikel 11 und 11a EGV)

Titel V
Allgemeine Bestimmungen über das
auswärtige Handeln der Union und
besondere Bestimmungen über die
Gemeinsame Außen- und
Sicherheitspolitik

Kapitel 1
Allgemeine Bestimmungen über das
auswärtige Handeln der Union
Artikel 21
Artikel 22

Kapitel 2
Besondere Bestimmungen über die
Gemeinsame Außen- und
Sicherheitspolitik

Abschnitt 1
Gemeinsame Bestimmungen
Artikel 23
Artikel 24 (ex-Artikel 11 EUV)
Artikel 25 (ex-Artikel 12 EUV)
Artikel 26 (ex-Artikel 13 EUV)
Artikel 27
Artikel 28 (ex-Artikel 14 EUV)
Artikel 29 (ex-Artikel 15 EUV)
Artikel 30 (ex-Artikel 22 EUV)
Artikel 31 (ex-Artikel 23 EUV)
Artikel 32 (ex-Artikel 16 EUV)
Artikel 33 (ex-Artikel 18 EUV)

I

Artikel 34 (ex-Artikel 19 EUV)
Artikel 35 (ex-Artikel 20 EUV)
Artikel 36 (ex-Artikel 21 EUV)
Artikel 37 (ex-Artikel 24 EUV)
Artikel 38 (ex-Artikel 25 EUV)
Artikel 39
Artikel 40 (ex-Artikel 47 EUV)
Artikel 41 (ex-Artikel 28 EUV)

Abschnitt 2
Bestimmungen über die Gemeinsame
Sicherheits- und Verteidigungspolitik
Artikel 42 (ex-Artikel 17 EUV)
Artikel 43
Artikel 44

Artikel 45
Artikel 46

Titel VI
Schlussbestimmungen
Artikel 47
Artikel 48 (ex-Artikel 48 EUV)
Artikel 49 (ex-Artikel 49 EUV)
Artikel 50
Artikel 51
Artikel 52
Artikel 53 (ex-Artikel 51 EUV)
Artikel 54 (ex-Artikel 52 EUV)
Artikel 55 (ex-Artikel 53 EUV)

Präambel

Seine Majestät der König der Belgier, Ihre Majestät die Königin von Dänemark, der Präsident der Bundesrepublik Deutschland, der Präsident der Griechischen Republik, Seine Majestät der König von Spanien, der Präsident der Französischen Republik, der Präsident Irlands, der Präsident der Italienischen Republik, Seine Königliche Hoheit der Großherzog von Luxemburg, Ihre Majestät die Königin der Niederlande, der Präsident der Portugiesischen Republik, Ihre Majestät die Königin des Vereinigten Königreichs Großbritannien und Nordirland[1]),

entschlossen, den mit der Gründung der Europäischen Gemeinschaften eingeleiteten Prozess der europäischen Integration auf eine neue Stufe zu heben,

schöpfend aus dem kulturellen, religiösen und humanistischen Erbe Europas, aus dem sich die unverletzlichen und unveräußerlichen Rechte des Menschen sowie Freiheit, Demokratie, Gleichheit und Rechtsstaatlichkeit als universelle Werte entwickelt haben,

eingedenk der historischen Bedeutung der Überwindung der Teilung des europäischen Kontinents und der Notwendigkeit, feste Grundlagen für die Gestalt des zukünftigen Europas zu schaffen,

in Bestätigung ihres Bekenntnisses zu den Grundsätzen der Freiheit, der Demokratie und der Achtung der Menschenrechte und Grundfreiheiten und der Rechtsstaatlichkeit,

in Bestätigung der Bedeutung, die sie den sozialen Grundrechten beimessen, wie sie in der am 18. Oktober 1961 in Turin unterzeichneten Europäischen Sozialcharta und in der Unionscharta der sozialen Grundrechte der Arbeitnehmer von 1989 festgelegt sind,

in dem Wunsch, die Solidarität zwischen ihren Völkern unter Achtung ihrer Geschichte, ihrer Kultur und ihrer Traditionen zu stärken,

in dem Wunsch, Demokratie und Effizienz in der Arbeit der Organe weiter zu stärken, damit diese in die Lage versetzt werden, die ihnen übertragenen Aufgaben in einem einheitlichen institutionellen Rahmen besser wahrzunehmen,

entschlossen, die Stärkung und die Konvergenz ihrer Volkswirtschaften herbeizuführen und eine Wirtschafts- und Währungsunion zu errichten, die im Einklang mit diesem Vertrag und dem Vertrag über die Arbeitsweise der Europäischen Union eine einheitliche, stabile Währung einschließt,

in dem festen Willen, im Rahmen der Verwirklichung des Binnenmarkts sowie der Stärkung des Zusammenhalts und des Umweltschutzes den wirtschaftlichen und sozialen Fortschritt ihrer Völker unter Berücksichtigung des Grundsatzes der nachhaltigen Entwicklung zu fördern und Politiken zu verfolgen, die gewährleisten, dass Fortschritte bei der wirtschaftlichen Integration mit parallelen Fortschritten auf anderen Gebieten einhergehen,

entschlossen, eine gemeinsame Unionsbürgerschaft für die Staatsangehörigen ihrer Länder einzuführen,

entschlossen, eine Gemeinsame Außen- und Sicherheitspolitik zu verfolgen, wozu nach Maßgabe des Artikels 42 auch die schrittweise Festlegung einer gemeinsamen Verteidigungspolitik gehört, die zu einer gemeinsamen Verteidigung führen könnte, und so die Identität und Unabhängigkeit Europas zu stärken, um Frieden, Sicherheit und Fortschritt in Europa und in der Welt zu fördern,

entschlossen, die Freizügigkeit unter gleichzeitiger Gewährleistung der Sicherheit ihrer Bürger durch den Aufbau eines Raums der Freiheit, der Sicherheit und des Rechts nach Maßgabe der Bestimmungen dieses Vertrags

---

[1]) Seit dem ursprünglichen Vertragsschluss sind Mitgliedstaaten der Europäischen Union geworden: die Republik Bulgarien, die Tschechische Republik, die Republik Estland, die Republik Zypern, die Republik Lettland, die Republik Litauen, die Republik Ungarn, die Republik Malta, die Republik Österreich, die Republik, Polen, Rumänien, die Republik Slowenien, die Slowakische Republik, die Republik Finnland und das Königreich Schweden.

und des Vertrags über die Arbeitsweise der Europäischen Union zu fördern,

entschlossen, den Prozess der Schaffung einer immer engeren Union der Völker Europas, in der die Entscheidungen entsprechend dem Subsidiaritätsprinzip möglichst bürgernah getroffen werden, weiterzuführen,

im Hinblick auf weitere Schritte, die getan werden müssen, um die europäische Integration voranzutreiben,

haben beschlossen, eine Europäische Union zu gründen; sie haben zu diesem Zweck zu ihren Bevollmächtigten ernannt:

(Aufzählung der Bevollmächtigten nicht wiedergegeben)

Diese sind nach Austausch ihrer als gut und gehörig befundenen Vollmachten wie folgt übereingekommen:

Titel I
Gemeinsame Bestimmungen

Artikel 1 (ex-Artikel 1 EUV)[1])

Durch diesen Vertrag gründen die Hohen Vertragsparteien untereinander eine Europäische Union (im Folgenden „Union"), der die Mitgliedstaaten Zuständigkeiten zur Verwirklichung ihrer gemeinsamen Ziele übertragen.

Dieser Vertrag stellt eine neue Stufe bei der Verwirklichung einer immer engeren Union der Völker Europas dar, in der die Entscheidungen möglichst offen und möglichst bürgernah getroffen werden.

Grundlage der Union sind dieser Vertrag und der Vertrag über die Arbeitsweise der Europäischen Union (im Folgenden „Verträge"). Beide Verträge sind rechtlich gleichrangig. Die Union tritt an die Stelle der Europäischen Gemeinschaft, deren Rechtsnachfolgerin sie ist.

Artikel 2

Die Werte, auf die sich die Union gründet, sind die Achtung der Menschenwürde, Freiheit, Demokratie, Gleichheit, Rechtsstaatlichkeit und die Wahrung der Menschenrechte einschließlich der Rechte der Personen, die Minderheiten angehören. Diese Werte sind allen Mitgliedstaaten in einer Gesellschaft gemeinsam, die sich durch Pluralismus, Nichtdiskriminierung, Toleranz, Gerechtigkeit, Solidarität und die Gleichheit von Frauen und Männern auszeichnet.

Artikel 3 (ex-Artikel 2 EUV)

(1) Ziel der Union ist es, den Frieden, ihre Werte und das Wohlergehen ihrer Völker zu fördern.

(2) Die Union bietet ihren Bürgerinnen und Bürgern einen Raum der Freiheit, der Sicherheit und des Rechts ohne Binnengrenzen, in dem – in Verbindung mit geeigneten Maßnahmen in Bezug auf die Kontrollen an den Außengrenzen, das Asyl, die Einwanderung sowie die Verhütung und Bekämpfung der Kriminalität – der freie Personenverkehr gewährleistet ist.

(3) Die Union errichtet einen Binnenmarkt. Sie wirkt auf die nachhaltige Entwicklung Europas auf der Grundlage eines ausgewogenen Wirtschaftswachstums und der Preisstabilität, eine in hohem Maße wettbewerbsfähige soziale Marktwirtschaft, die auf Vollbeschäftigung und sozialen Fortschritt abzielt, sowie ein hohes Maß an Umweltschutz und Verbesserung der Umweltqualität hin. Sie fördert den wissenschaftlichen und technischen Fortschritt.

Sie bekämpft soziale Ausgrenzung und Diskriminierungen und fördert soziale Gerechtigkeit und sozialen Schutz, die Gleichstellung von Frauen und Männern, die Solidarität zwischen den Generationen und den Schutz der Rechte des Kindes.

Sie fördert den wirtschaftlichen, sozialen und territorialen Zusammenhalt und die Solidarität zwischen den Mitgliedstaaten.

Sie wahrt den Reichtum ihrer kulturellen und sprachlichen Vielfalt und sorgt für den Schutz

---

[1]) Dieser Verweis hat lediglich hinweisenden Charakter. Zur Vertiefung vgl. die Übereinstimmungstabellen für die Entsprechung zwischen bisheriger und neuer Nummerierung der Verträge.

und die Entwicklung des kulturellen Erbes Europas.

(4) Die Union errichtet eine Wirtschafts- und Währungsunion, deren Währung der Euro ist.

(5) In ihren Beziehungen zur übrigen Welt schützt und fördert die Union ihre Werte und Interessen und trägt zum Schutz ihrer Bürgerinnen und Bürger bei. Sie leistet einen Beitrag zu Frieden, Sicherheit, globaler nachhaltiger Entwicklung, Solidarität und gegenseitiger Achtung unter den Völkern, zu freiem und gerechtem Handel, zur Beseitigung der Armut und zum Schutz der Menschenrechte, insbesondere der Rechte des Kindes, sowie zur strikten Einhaltung und Weiterentwicklung des Völkerrechts, insbesondere zur Wahrung der Grundsätze der Charta der Vereinten Nationen.

(6) Die Union verfolgt ihre Ziele mit geeigneten Mitteln entsprechend den Zuständigkeiten, die ihr in den Verträgen übertragen sind.

Artikel 4

(1) Alle der Union nicht in den Verträgen übertragenen Zuständigkeiten verbleiben gemäß Artikel 5 bei den Mitgliedstaaten.

(2) Die Union achtet die Gleichheit der Mitgliedstaaten vor den Verträgen und ihre jeweilige nationale Identität, die in ihren grundlegenden politischen und verfassungsmäßigen Strukturen einschließlich der regionalen und lokalen Selbstverwaltung zum Ausdruck kommt. Sie achtet die grundlegenden Funktionen des Staates, insbesondere die Wahrung der territorialen Unversehrtheit, die Aufrechterhaltung der öffentlichen Ordnung und den Schutz der nationalen Sicherheit. Insbesondere die nationale Sicherheit fällt weiterhin in die alleinige Verantwortung der einzelnen Mitgliedstaaten.

(3) Nach dem Grundsatz der loyalen Zusammenarbeit achten und unterstützen sich die Union und die Mitgliedstaaten gegenseitig bei der Erfüllung der Aufgaben, die sich aus den Verträgen ergeben.

Die Mitgliedstaaten ergreifen alle geeigneten Maßnahmen allgemeiner oder besonderer Art zur Erfüllung der Verpflichtungen, die sich aus den Verträgen oder den Handlungen der Organe der Union ergeben.

Die Mitgliedstaaten unterstützen die Union bei der Erfüllung ihrer Aufgabe und unterlassen alle Maßnahmen, die die Verwirklichung der Ziele der Union gefährden könnten.

Artikel 5 (ex-Artikel 5 EGV)

(1) Für die Abgrenzung der Zuständigkeiten der Union gilt der Grundsatz der begrenzten Einzelermächtigung. Für die Ausübung der Zuständigkeiten der Union gelten die Grundsätze der Subsidiarität und der Verhältnismäßigkeit.

(2) Nach dem Grundsatz der begrenzten Einzelermächtigung wird die Union nur innerhalb der Grenzen der Zuständigkeiten tätig, die die Mitgliedstaaten ihr in den Verträgen zur Verwirklichung der darin niedergelegten Ziele übertragen haben. Alle der Union nicht in den Verträgen übertragenen Zuständigkeiten verbleiben bei den Mitgliedstaaten.

(3) Nach dem Subsidiaritätsprinzip wird die Union in den Bereichen, die nicht in ihre ausschließliche Zuständigkeit fallen, nur tätig, sofern und soweit die Ziele der in Betracht gezogenen Maßnahmen von den Mitgliedstaaten weder auf zentraler noch auf regionaler oder lokaler Ebene ausreichend verwirklicht werden können, sondern vielmehr wegen ihres Umfangs oder ihrer Wirkungen auf Unionsebene besser zu verwirklichen sind.

Die Organe der Union wenden das Subsidiaritätsprinzip nach dem Protokoll über die Anwendung der Grundsätze der Subsidiarität und der Verhältnismäßigkeit an. Die nationalen Parlamente achten auf die Einhaltung des Subsidiaritätsprinzips nach dem in jenem Protokoll vorgesehenen Verfahren.

(4) Nach dem Grundsatz der Verhältnismäßigkeit gehen die Maßnahmen der Union inhaltlich wie formal nicht über das zur Erreichung der Ziele der Verträge erforderliche Maß hinaus.

Die Organe der Union wenden den Grundsatz der Verhältnismäßigkeit nach dem Protokoll über die Anwendung der Grundsätze der Subsidiarität und der Verhältnismäßigkeit an.

Artikel 6 (ex-Artikel 6 EUV)

(1) Die Union erkennt die Rechte, Freiheiten und Grundsätze an, die in der Charta der Grundrechte der Europäischen Union vom 7. Dezember 2000 in der am 12. Dezember 2007 in Straßburg angepassten Fassung niedergelegt sind; die Charta der Grundrechte und die Verträge sind rechtlich gleichrangig.

Durch die Bestimmungen der Charta werden die in den Verträgen festgelegten Zuständigkeiten der Union in keiner Weise erweitert.

Die in der Charta niedergelegten Rechte, Freiheiten und Grundsätze werden gemäß den allgemeinen Bestimmungen des Titels VII der Charta, der ihre Auslegung und Anwendung regelt, und unter gebührender Berücksichtigung der in der Charta angeführten Erläuterungen, in denen die Quellen dieser Bestimmungen angegeben sind, ausgelegt.

(2) Die Union tritt der Europäischen Konvention zum Schutz der Menschenrechte und Grundfreiheiten bei. Dieser Beitritt ändert nicht die in den Verträgen festgelegten Zuständigkeiten der Union.

(3) Die Grundrechte, wie sie in der Europäischen Konvention zum Schutz der Menschenrechte und Grundfreiheiten gewährleistet sind und wie sie sich aus den gemeinsamen Verfassungsüberlieferungen der Mitgliedstaaten ergeben, sind als allgemeine Grundsätze Teil des Unionsrechts.

Artikel 7 (ex-Artikel 7 EUV)

(1) Auf begründeten Vorschlag eines Drittels der Mitgliedstaaten, des Europäischen Parlaments oder der Europäischen Kommission kann der Rat mit der Mehrheit von vier Fünfteln seiner Mitglieder nach Zustimmung des Europäischen Parlaments feststellen, dass die eindeutige Gefahr einer schwerwiegenden Verletzung der in Artikel 2 genannten Werte durch einen Mitgliedstaat besteht. Der Rat hört, bevor er eine solche Feststellung trifft, den betroffenen Mitgliedstaat und kann Empfehlungen an ihn richten, die er nach demselben Verfahren beschließt.

Der Rat überprüft regelmäßig, ob die Gründe, die zu dieser Feststellung geführt haben, noch zutreffen.

(2) Auf Vorschlag eines Drittels der Mitgliedstaaten oder der Europäischen Kommission und nach Zustimmung des Europäischen Parlaments kann der Europäische Rat einstimmig feststellen, dass eine schwerwiegende und anhaltende Verletzung der in Artikel 2 genannten Werte durch einen Mitgliedstaat vorliegt, nachdem er den betroffenen Mitgliedstaat zu einer Stellungnahme aufgefordert hat.

(3) Wurde die Feststellung nach Absatz 2 getroffen, so kann der Rat mit qualifizierter Mehrheit beschließen, bestimmte Rechte auszusetzen, die sich aus der Anwendung der Verträge auf den betroffenen Mitgliedstaat herleiten, einschließlich der Stimmrechte des Vertreters der Regierung dieses Mitgliedstaats im Rat. Dabei berücksichtigt er die möglichen Auswirkungen einer solchen Aussetzung auf die Rechte und Pflichten natürlicher und juristischer Personen.

Die sich aus den Verträgen ergebenden Verpflichtungen des betroffenen Mitgliedstaats sind für diesen auf jeden Fall weiterhin verbindlich.

(4) Der Rat kann zu einem späteren Zeitpunkt mit qualifizierter Mehrheit beschließen, nach Absatz 3 getroffene Maßnahmen abzuändern oder aufzuheben, wenn in der Lage, die zur Verhängung dieser Maßnahmen geführt hat, Änderungen eingetreten sind.

(5) Die Abstimmungsmodalitäten, die für die Zwecke dieses Artikels für das Europäische Parlament, den Europäischen Rat und den Rat gelten, sind in Artikel 354 des Vertrags über die Arbeitsweise der Europäischen Union festgelegt.

Artikel 8

(1) Die Union entwickelt besondere Beziehungen zu den Ländern in ihrer Nachbarschaft, um einen Raum des Wohlstands und der guten Nachbarschaft zu schaffen, der auf den Werten der Union aufbaut und sich durch enge, friedliche Beziehungen auf der Grundlage der Zusammenarbeit auszeichnet.

(2) Für die Zwecke des Absatzes 1 kann die Union spezielle Übereinkünfte mit den betreffenden Ländern schließen. Diese Überein-

künfte können gegenseitige Rechte und Pflichten umfassen und die Möglichkeit zu gemeinsamem Vorgehen eröffnen. Zur Durchführung der Übereinkünfte finden regelmäßige Konsultationen statt.

Titel II
Bestimmungen über die demokratischen Grundsätze

Artikel 9

Die Union achtet in ihrem gesamten Handeln den Grundsatz der Gleichheit ihrer Bürgerinnen und Bürger, denen ein gleiches Maß an Aufmerksamkeit seitens der Organe, Einrichtungen und sonstigen Stellen der Union zuteil wird. Unionsbürger ist, wer die Staatsangehörigkeit eines Mitgliedstaats besitzt. Die Unionsbürgerschaft tritt zur nationalen Staatsangehörigkeit hinzu, ohne diese zu ersetzen.

Artikel 10

(1) Die Arbeitsweise der Union beruht auf der repräsentativen Demokratie.

(2) Die Bürgerinnen und Bürger sind auf Unionsebene unmittelbar im Europäischen Parlament vertreten.

Die Mitgliedstaaten werden im Europäischen Rat von ihrem jeweiligen Staats- oder Regierungschef und im Rat von ihrer jeweiligen Regierung vertreten, die ihrerseits in demokratischer Weise gegenüber ihrem nationalen Parlament oder gegenüber ihren Bürgerinnen und Bürgern Rechenschaft ablegen müssen.

(3) Alle Bürgerinnen und Bürger haben das Recht, am demokratischen Leben der Union teilzunehmen. Die Entscheidungen werden so offen und bürgernah wie möglich getroffen.

(4) Politische Parteien auf europäischer Ebene tragen zur Herausbildung eines europäischen politischen Bewusstseins und zum Ausdruck des Willens der Bürgerinnen und Bürger der Union bei.

Artikel 11

(1) Die Organe geben den Bürgerinnen und Bürgern und den repräsentativen Verbänden in geeigneter Weise die Möglichkeit, ihre Ansichten in allen Bereichen des Handelns der Union öffentlich bekannt zu geben und auszutauschen.

(2) Die Organe pflegen einen offenen, transparenten und regelmäßigen Dialog mit den repräsentativen Verbänden und der Zivilgesellschaft.

(3) Um die Kohärenz und die Transparenz des Handelns der Union zu gewährleisten, führt die Europäische Kommission umfangreiche Anhörungen der Betroffenen durch.

(4) Unionsbürgerinnen und Unionsbürger, deren Anzahl mindestens eine Million beträgen und bei denen es sich um Staatsangehörige einer erheblichen Anzahl von Mitgliedstaaten handeln muss, können die Initiative ergreifen und die Europäische Kommission auffordern, im Rahmen ihrer Befugnisse geeignete Vorschläge zu Themen zu unterbreiten, zu denen es nach Ansicht jener Bürgerinnen und Bürger eines Rechtsakts der Union bedarf, um die Verträge umzusetzen.

Die Verfahren und Bedingungen, die für eine solche Bürgerinitiative gelten, werden nach Artikel 24 Absatz 1 des Vertrags über die Arbeitsweise der Europäischen Union festgelegt.

Artikel 12

Die nationalen Parlamente tragen aktiv zur guten Arbeitsweise der Union bei, indem sie

a) von den Organen der Union unterrichtet werden und ihnen die Entwürfe von Gesetzgebungsakten der Union gemäß dem Protokoll über die Rolle der nationalen Parlamente in der Europäischen Union zugeleitet werden;

b) dafür sorgen, dass der Grundsatz der Subsidiarität gemäß den in dem Protokoll über die Anwendung der Grundsätze der Subsidiarität und der Verhältnismäßigkeit vorgesehenen Verfahren beachtet wird;

c) sich im Rahmen des Raums der Freiheit, der Sicherheit und des Rechts an den Mechanismen zur Bewertung der Durchführung der Unionspolitiken in diesem Bereich nach Artikel 70 des Vertrags über die Arbeitsweise der Europäischen Union beteiligen und in die politische Kontrolle von Europol und die Bewertung der Tätigkeit von Eurojust nach den Artikeln 88 und 85 des genannten Vertrags einbezogen werden;

d) sich an den Verfahren zur Änderung der Verträge nach Artikel 48 dieses Vertrags beteiligen;

e) über Anträge auf Beitritt zur Union nach Artikel 49 dieses Vertrags unterrichtet werden;

f) sich an der interparlamentarischen Zusammenarbeit zwischen den nationalen Parlamenten und mit dem Europäischen Parlament gemäß dem Protokoll über die Rolle der nationalen Parlamente in der Europäischen Union beteiligen.

Titel III
Bestimmungen über die Organe

Artikel 13

(1) Die Union verfügt über einen institutionellen Rahmen, der zum Zweck hat, ihren Werten Geltung zu verschaffen, ihre Ziele zu verfolgen, ihren Interessen, denen ihrer Bürgerinnen und Bürger und denen der Mitgliedstaaten zu dienen sowie die Kohärenz, Effizienz und Kontinuität ihrer Politik und ihrer Maßnahmen sicherzustellen.

Die Organe der Union sind

– das Europäische Parlament,
– der Europäische Rat,
– der Rat,
– die Europäische Kommission (im Folgenden „Kommission"),
– der Gerichtshof der Europäischen Union,
– die Europäische Zentralbank,
– der Rechnungshof.

(2) Jedes Organ handelt nach Maßgabe der ihm in den Verträgen zugewiesenen Befugnisse nach den Verfahren, Bedingungen und Zielen, die in den Verträgen festgelegt sind. Die Organe arbeiten loyal zusammen.

(3) Die Bestimmungen über die Europäische Zentralbank und den Rechnungshof sowie die detaillierten Bestimmungen über die übrigen Organe sind im Vertrag über die Arbeitsweise der Europäischen Union enthalten.

(4) Das Europäische Parlament, der Rat und die Kommission werden von einem Wirtschafts- und Sozialausschuss sowie einem Ausschuss der Regionen unterstützt, die beratende Aufgaben wahrnehmen.

Artikel 14

(1) Das Europäische Parlament wird gemeinsam mit dem Rat als Gesetzgeber tätig und übt gemeinsam mit ihm die Haushaltsbefugnisse aus. Es erfüllt Aufgaben der politischen Kontrolle und Beratungsfunktionen nach Maßgabe der Verträge. Es wählt den Präsidenten der Kommission.

(2) Das Europäische Parlament setzt sich aus Vertretern der Unionsbürgerinnen und Unionsbürger zusammen. Ihre Anzahl darf 750 nicht überschreiten, zuzüglich des Präsidenten. Die Bürgerinnen und Bürger sind im Europäischen Parlament degressiv proportional, mindestens jedoch mit sechs Mitgliedern je Mitgliedstaat vertreten. Kein Mitgliedstaat erhält mehr als 96 Sitze.

Der Europäische Rat erlässt einstimmig auf Initiative des Europäischen Parlaments und mit dessen Zustimmung einen Beschluss über die Zusammensetzung des Europäischen Parlaments, in dem die in Unterabsatz 1 genannten Grundsätze gewahrt sind.

(3) Die Mitglieder des Europäischen Parlaments werden in allgemeiner, unmittelbarer, freier und geheimer Wahl für eine Amtszeit von fünf Jahren gewählt.

(4) Das Europäische Parlament wählt aus seiner Mitte seinen Präsidenten und sein Präsidium.

Artikel 15

(1) Der Europäische Rat gibt der Union die für ihre Entwicklung erforderlichen Impulse und legt die allgemeinen politischen Zielvorstellungen und Prioritäten hierfür fest. Er wird nicht gesetzgeberisch tätig.

(2) Der Europäische Rat setzt sich zusammen aus den Staats- und Regierungschefs der Mitgliedstaaten sowie dem Präsidenten des Europäischen Rates und dem Präsidenten der Kommission. Der Hohe Vertreter der Union für Außen- und Sicherheitspolitik nimmt an seinen Arbeiten teil.

(3) Der Europäische Rat tritt zweimal pro Halbjahr zusammen er wird von seinem Präsidenten einberufen. Wenn es die Tagesordnung erfordert, können die Mitglieder des Europäischen Rates beschließen, sich jeweils von einem Minister oder – im Fall des Präsidenten der Kommission – von einem Mitglied der Kommission unterstützen zu lassen. Wenn es die Lage erfordert, beruft der Präsident eine außerordentliche Tagung des Europäischen Rates ein.

(4) Soweit in den Verträgen nichts anderes festgelegt ist, entscheidet der Europäische Rat im Konsens.

(5) Der Europäische Rat wählt seinen Präsidenten mit qualifizierter Mehrheit für eine Amtszeit von zweieinhalb Jahren; der Präsident kann einmal wiedergewählt werden. Im Falle einer Verhinderung oder einer schweren Verfehlung kann der Europäische Rat ihn im Wege des gleichen Verfahrens von seinem Amt entbinden.

(6) Der Präsident des Europäischen Rates

a) führt den Vorsitz bei den Arbeiten des Europäischen Rates und gibt ihnen Impulse,

b) sorgt in Zusammenarbeit mit dem Präsidenten der Kommission auf der Grundlage der Arbeiten des Rates „Allgemeine Angelegenheiten" für die Vorbereitung und Kontinuität der Arbeiten des Europäischen Rates,

c) wirkt darauf hin, dass Zusammenhalt und Konsens im Europäischen Rat gefördert werden,

d) legt dem Europäischen Parlament im Anschluss an jede Tagung des Europäischen Rates einen Bericht vor.

Der Präsident des Europäischen Rates nimmt auf seiner Ebene und in seiner Eigenschaft, unbeschadet der Befugnisse des Hohen Vertreters der Union für Außen- und Sicherheits-

politik, die Außenvertretung der Union in Angelegenheiten der Gemeinsamen Außen- und Sicherheitspolitik wahr.

Der Präsident des Europäischen Rates darf kein einzelstaatliches Amt ausüben.

Artikel 16

(1) Der Rat wird gemeinsam mit dem Europäischen Parlament als Gesetzgeber tätig und übt gemeinsam mit ihm die Haushaltsbefugnisse aus. Zu seinen Aufgaben gehört die Festlegung der Politik und die Koordinierung nach Maßgabe der Verträge.

(2) Der Rat besteht aus je einem Vertreter jedes Mitgliedstaats auf Ministerebene, der befugt ist, für die Regierung des von ihm vertretenen Mitgliedstaats verbindlich zu handeln und das Stimmrecht auszuüben.

(3) Soweit in den Verträgen nichts anderes festgelegt ist, beschließt der Rat mit qualifizierter Mehrheit.

(4) Ab dem 1. November 2014 gilt als qualifizierte Mehrheit eine Mehrheit von mindestens 55 % der Mitglieder des Rates, gebildet aus mindestens 15 Mitgliedern, sofern die von diesen vertretenen Mitgliedstaaten zusammen mindestens 65 % der Bevölkerung der Union ausmachen.

Für eine Sperrminorität sind mindestens vier Mitglieder des Rates erforderlich, andernfalls gilt die qualifizierte Mehrheit als erreicht.

Die übrigen Modalitäten für die Abstimmung mit qualifizierter Mehrheit sind in Artikel 238 Absatz 2 des Vertrags über die Arbeitsweise der Europäischen Union festgelegt.

(5) Die Übergangsbestimmungen für die Definition der qualifizierten Mehrheit, die bis zum 31. Oktober 2014 gelten, sowie die Übergangsbestimmungen, die zwischen dem 1. November 2014 und dem 31. März 2017 gelten, sind im Protokoll über die Übergangsbestimmungen festgelegt.

(6) Der Rat tagt in verschiedenen Zusammensetzungen; die Liste dieser Zusammensetzungen wird nach Artikel 236 des Vertrags über die Arbeitsweise der Europäischen Union angenommen.

Als Rat „Allgemeine Angelegenheiten" sorgt er für die Kohärenz der Arbeiten des Rates in seinen verschiedenen Zusammensetzungen. In Verbindung mit dem Präsidenten des Europäischen Rates und mit der Kommission bereitet er die Tagungen des Europäischen Rates vor und sorgt für das weitere Vorgehen.

Als Rat „Auswärtige Angelegenheiten" gestaltet er das auswärtige Handeln der Union entsprechend den strategischen Vorgaben des Europäischen Rates und sorgt für die Kohärenz des Handelns der Union.

(7) Ein Ausschuss der Ständigen Vertreter der Regierungen der Mitgliedstaaten ist für die Vorbereitung der Arbeiten des Rates verantwortlich.

(8) Der Rat tagt öffentlich, wenn er über Entwürfe zu Gesetzgebungsakten berät und abstimmt. Zu diesem Zweck wird jede Ratstagung in zwei Teile unterteilt, von denen der eine den Beratungen über die Gesetzgebungsakte der Union und der andere den nicht die Gesetzgebung betreffenden Tätigkeiten gewidmet ist.

(9) Der Vorsitz im Rat in allen seinen Zusammensetzungen mit Ausnahme des Rates „Auswärtige Angelegenheiten" wird von den Vertretern der Mitgliedstaaten im Rat unter Bedingungen, die gemäß Artikel 236 des Vertrags über die Arbeitsweise der Europäischen Union festgelegt werden, nach einem System der gleichberechtigten Rotation wahrgenommen.

Artikel 17

(1) Die Kommission fördert die allgemeinen Interessen der Union und ergreift geeignete Initiativen zu diesem Zweck. Sie sorgt für die Anwendung der Verträge sowie der von den Organen kraft der Verträge erlassenen Maßnahmen. Sie überwacht die Anwendung des Unionsrechts unter der Kontrolle des Gerichtshofs der Europäischen Union. Sie führt den Haushaltsplan aus und verwaltet die Programme. Sie übt nach Maßgabe der Verträge Koordinierungs-, Exekutiv- und Verwaltungsfunktionen aus. Außer in der Gemeinsamen Außen- und Sicherheitspolitik und den übrigen in den Verträgen vorgese-

henen Fällen nimmt sie die Vertretung der Union nach außen wahr. Sie leitet die jährliche und die mehrjährige Programmplanung der Union mit dem Ziel ein, interinstitutionelle Vereinbarungen zu erreichen.

(2) Soweit in den Verträgen nichts anderes festgelegt ist, darf ein Gesetzgebungsakt der Union nur auf Vorschlag der Kommission erlassen werden. Andere Rechtsakte werden auf der Grundlage eines Kommissionsvorschlags erlassen, wenn dies in den Verträgen vorgesehen ist.

(3) Die Amtszeit der Kommission beträgt fünf Jahre.

Die Mitglieder der Kommission werden aufgrund ihrer allgemeinen Befähigung und ihres Einsatzes für Europa unter Persönlichkeiten ausgewählt, die volle Gewähr für ihre Unabhängigkeit bieten.

Die Kommission übt ihre Tätigkeit in voller Unabhängigkeit aus. Die Mitglieder der Kommission dürfen unbeschadet des Artikels 18 Absatz 2 Weisungen von einer Regierung, einem Organ, einer Einrichtung oder jeder anderen Stelle weder einholen noch entgegennehmen. Sie enthalten sich jeder Handlung, die mit ihrem Amt oder der Erfüllung ihrer Aufgaben unvereinbar ist.

(4) Die Kommission, die zwischen dem Zeitpunkt des Inkrafttretens des Vertrags von Lissabon und dem 31. Oktober 2014 ernannt wird, besteht einschließlich ihres Präsidenten und des Hohen Vertreters der Union für Außen- und Sicherheitspolitik, der einer der Vizepräsidenten der Kommission ist, aus je einem Staatsangehörigen jedes Mitgliedstaats.

(5) Ab dem 1. November 2014 besteht die Kommission, einschließlich ihres Präsidenten und des Hohen Vertreters der Union für Außen- und Sicherheitspolitik, aus einer Anzahl von Mitgliedern, die zwei Dritteln der Zahl der Mitgliedstaaten entspricht, sofern der Europäische Rat nicht einstimmig eine Änderung dieser Anzahl beschließt.

Die Mitglieder der Kommission werden unter den Staatsangehörigen der Mitgliedstaaten in einem System der strikt gleichberechtigten Rotation zwischen den Mitgliedstaaten so ausgewählt, dass das demografische und geografische Spektrum der Gesamtheit der Mitgliedstaaten zum Ausdruck kommt. Dieses System wird vom Europäischen Rat nach Artikel 244 des Vertrags über die Arbeitsweise der Europäischen Union einstimmig festgelegt.

(6) Der Präsident der Kommission

a) legt die Leitlinien fest, nach denen die Kommission ihre Aufgaben ausübt,

b) beschließt über die interne Organisation der Kommission, um die Kohärenz, die Effizienz und das Kollegialitätsprinzip im Rahmen ihrer Tätigkeit sicherzustellen,

c) ernennt, mit Ausnahme des Hohen Vertreters der Union für Außen- und Sicherheitspolitik, die Vizepräsidenten aus dem Kreis der Mitglieder der Kommission.

Ein Mitglied der Kommission legt sein Amt nieder, wenn es vom Präsidenten dazu aufgefordert wird. Der Hohe Vertreter der Union für Außen- und Sicherheitspolitik legt sein Amt nach dem Verfahren des Artikels 18 Absatz 1 nieder, wenn er vom Präsidenten dazu aufgefordert wird.

(7) Der Europäische Rat schlägt dem Europäischen Parlament nach entsprechenden Konsultationen mit qualifizierter Mehrheit einen Kandidaten für das Amt des Präsidenten der Kommission vor; dabei berücksichtigt er das Ergebnis der Wahlen zum Europäischen Parlament. Das Europäische Parlament wählt diesen Kandidaten mit der Mehrheit seiner Mitglieder. Erhält dieser Kandidat nicht die Mehrheit, so schlägt der Europäische Rat dem Europäischen Parlament innerhalb eines Monats mit qualifizierter Mehrheit einen neuen Kandidaten vor, für dessen Wahl das Europäische Parlament dasselbe Verfahren anwendet.

Der Rat nimmt, im Einvernehmen mit dem gewählten Präsidenten, die Liste der anderen Persönlichkeiten an, die er als Mitglieder der Kommission vorschlägt. Diese werden auf der Grundlage der Vorschläge der Mitgliedstaaten entsprechend den Kriterien nach Absatz 3 Unterabsatz 2 und Absatz 5 Unterabsatz 2 ausgewählt.

Der Präsident, der Hohe Vertreter der Union für Außen- und Sicherheitspolitik und die übrigen Mitglieder der Kommission stellen sich als Kollegium einem Zustimmungsvotum des Europäischen Parlaments. Auf der Grundlage dieser Zustimmung wird die Kommission vom Europäischen Rat mit qualifizierter Mehrheit ernannt.

(8) Die Kommission ist als Kollegium dem Europäischen Parlament verantwortlich. Das Europäische Parlament kann nach Artikel 234 des Vertrags über die Arbeitsweise der Europäischen Union einen Misstrauensantrag gegen die Kommission annehmen. Wird ein solcher Antrag angenommen, so müssen die Mitglieder der Kommission geschlossen ihr Amt niederlegen, und der Hohe Vertreter der Union für Außen- und Sicherheitspolitik muss sein im Rahmen der Kommission ausgeübtes Amt niederlegen.

Artikel 18

(1) Der Europäische Rat ernennt mit qualifizierter Mehrheit und mit Zustimmung des Präsidenten der Kommission den Hohen Vertreter der Union für Außen- und Sicherheitspolitik. Der Europäische Rat kann die Amtszeit des Hohen Vertreters nach dem gleichen Verfahren beenden.

(2) Der Hohe Vertreter leitet die Gemeinsame Außen- und Sicherheitspolitik der Union. Er trägt durch seine Vorschläge zur Festlegung dieser Politik bei und führt sie im Auftrag des Rates durch. Er handelt ebenso im Bereich der Gemeinsamen Sicherheits- und Verteidigungspolitik.

(3) Der Hohe Vertreter führt den Vorsitz im Rat „Auswärtige Angelegenheiten".

(4) Der Hohe Vertreter ist einer der Vizepräsidenten der Kommission. Er sorgt für die Kohärenz des auswärtigen Handelns der Union. Er ist innerhalb der Kommission mit deren Zuständigkeiten im Bereich der Außenbeziehungen und mit der Koordinierung der übrigen Aspekte des auswärtigen Handelns der Union betraut. Bei der Wahrnehmung dieser Zuständigkeiten in der Kommission und ausschließlich im Hinblick auf diese Zuständigkeiten unterliegt der Hohe Vertreter

den Verfahren, die für die Arbeitsweise der Kommission gelten, soweit dies mit den Absätzen 2 und 3 vereinbar ist.

Artikel 19

(1) Der Gerichtshof der Europäischen Union umfasst den Gerichtshof, das Gericht und Fachgerichte. Er sichert die Wahrung des Rechts bei der Auslegung und Anwendung der Verträge.

Die Mitgliedstaaten schaffen die erforderlichen Rechtsbehelfe, damit ein wirksamer Rechtsschutz in den vom Unionsrecht erfassten Bereichen gewährleistet ist.

(2) Der Gerichtshof besteht aus einem Richter je Mitgliedstaat. Er wird von Generalanwälten unterstützt.

Das Gericht besteht aus mindestens einem Richter je Mitgliedstaat.

Als Richter und Generalanwälte des Gerichtshofs und als Richter des Gerichts sind Persönlichkeiten auszuwählen, die jede Gewähr für Unabhängigkeit bieten und die Voraussetzungen der Artikel 253 und 254 des Vertrags über die Arbeitsweise der Europäischen Union erfüllen. Sie werden von den Regierungen der Mitgliedstaaten im gegenseitigen Einvernehmen für eine Amtszeit von sechs Jahren ernannt. Die Wiederernennung ausscheidender Richter und Generalanwälte ist zulässig.

(3) Der Gerichtshof der Europäischen Union entscheidet nach Maßgabe der Verträge

a) über Klagen eines Mitgliedstaats, eines Organs oder natürlicher oder juristischer Personen;

b) im Wege der Vorabentscheidung auf Antrag der einzelstaatlichen Gerichte über die Auslegung des Unionsrechts oder über die Gültigkeit der Handlungen der Organe;

c) in allen anderen in den Verträgen vorgesehenen Fällen.

Titel IV
Bestimmungen über eine verstärkte Zusammenarbeit

Artikel 20 (ex-Artikel 27a bis 27e, 40 bis 40b und 43 bis 45 EUV und ex-Artikel 11 und 11a EGV)

(1) Die Mitgliedstaaten, die untereinander eine verstärkte Zusammenarbeit im Rahmen der nicht ausschließlichen Zuständigkeiten der Union begründen wollen, können, in den Grenzen und nach Maßgabe dieses Artikels und der Artikel 326 bis 334 des Vertrags über die Arbeitsweise der Europäischen Union, die Organe der Union in Anspruch nehmen und diese Zuständigkeiten unter Anwendung der einschlägigen Bestimmungen der Verträge ausüben.

Eine Verstärkte Zusammenarbeit ist darauf ausgerichtet, die Verwirklichung der Ziele der Union zu fördern, ihre Interessen zu schützen und ihren Integrationsprozess zu stärken. Sie steht allen Mitgliedstaaten nach Artikel 328 des Vertrags über die Arbeitsweise der Europäischen Union jederzeit offen.

(2) Der Beschluss über die Ermächtigung zu einer Verstärkten Zusammenarbeit wird vom Rat als letztes Mittel erlassen, wenn dieser feststellt, dass die mit dieser Zusammenarbeit angestrebten Ziele von der Union in ihrer Gesamtheit nicht innerhalb eines vertretbaren Zeitraums verwirklicht werden können, und sofern an der Zusammenarbeit mindestens neun Mitgliedstaaten beteiligt sind. Der Rat beschließt nach dem in Artikel 329 des Vertrags über die Arbeitsweise der Europäischen Union vorgesehenen Verfahren.

(3) Alle Mitglieder des Rates können an dessen Beratungen teilnehmen, aber nur die Mitglieder des Rates, die die an der Verstärkten Zusammenarbeit beteiligten Mitgliedstaaten vertreten, nehmen an der Abstimmung teil. Die Abstimmungsmodalitäten sind in Artikel 330 des Vertrags über die Arbeitsweise der Europäischen Union vorgesehen.

(4) An die im Rahmen einer Verstärkten Zusammenarbeit erlassenen Rechtsakte sind nur die an dieser Zusammenarbeit beteiligten Mitgliedstaaten gebunden. Sie gelten nicht

als Besitzstand, der von beitrittswilligen Staaten angenommen werden muss.

Titel V
Allgemeine Bestimmungen über das auswärtige Handeln der Union und besondere Bestimmungen über die Gemeinsame Außen- und Sicherheitspolitik

Kapitel 1
Allgemeine Bestimmungen über das auswärtige Handeln der Union

Artikel 21

(1) Die Union lässt sich bei ihrem Handeln auf internationaler Ebene von den Grundsätzen leiten, die für ihre eigene Entstehung, Entwicklung und Erweiterung maßgebend waren und denen sie auch weltweit zu stärkerer Geltung verhelfen will: Demokratie, Rechtsstaatlichkeit, die universelle Gültigkeit und Unteilbarkeit der Menschenrechte und Grundfreiheiten, die Achtung der Menschenwürde, der Grundsatz der Gleichheit und der Grundsatz der Solidarität sowie die Achtung der Grundsätze der Charta der Vereinten Nationen und des Völkerrechts.

Die Union strebt an, die Beziehungen zu Drittländern und zu regionalen oder weltweiten internationalen Organisationen, die die in Unterabsatz 1 aufgeführten Grundsätze teilen, auszubauen und Partnerschaften mit ihnen aufzubauen. Sie setzt sich insbesondere im Rahmen der Vereinten Nationen für multilaterale Lösungen bei gemeinsamen Problemen ein.

(2) Die Union legt die gemeinsame Politik sowie Maßnahmen fest, führt diese durch und setzt sich für ein hohes Maß an Zusammenarbeit auf allen Gebieten der internationalen Beziehungen ein, um

a) ihre Werte, ihre grundlegenden Interessen, ihre Sicherheit, ihre Unabhängigkeit und ihre Unversehrtheit zu wahren;

b) Demokratie, Rechtsstaatlichkeit, die Menschenrechte und die Grundsätze des Völkerrechts zu festigen und zu fördern;

c) nach Maßgabe der Ziele und Grundsätze der Charta der Vereinten Nationen sowie der Prinzipien der Schlussakte von Helsinki und der Ziele der Charta von Paris, einschließlich derjenigen, die die Außengrenzen betreffen, den Frieden zu erhalten, Konflikte zu verhüten und die internationale Sicherheit zu stärken;

d) die nachhaltige Entwicklung in Bezug auf Wirtschaft, Gesellschaft und Umwelt in den Entwicklungsländern zu fördern mit dem vorrangigen Ziel, die Armut zu beseitigen;

e) die Integration aller Länder in die Weltwirtschaft zu fördern, unter anderem auch durch den schrittweisen Abbau internationaler Handelshemmnisse;

f) zur Entwicklung von internationalen Maßnahmen zur Erhaltung und Verbesserung der Qualität der Umwelt und der nachhaltigen Bewirtschaftung der weltweiten natürlichen Ressourcen beizutragen, um eine nachhaltige Entwicklung sicherzustellen;

g) den Völkern, Ländern und Regionen, die von Naturkatastrophen oder von vom Menschen verursachten Katastrophen betroffen sind, zu helfen; und

h) eine Weltordnung zu fördern, die auf einer verstärkten multilateralen Zusammenarbeit und einer verantwortungsvollen Weltordnungspolitik beruht.

(3) Die Union wahrt bei der Ausarbeitung und Umsetzung ihres auswärtigen Handelns in den verschiedenen unter diesen Titel und den Fünften Teil des Vertrags über die Arbeitsweise der Europäischen Union fallenden Bereichen sowie der externen Aspekte der übrigen Politikbereiche die in den Absätzen 1 und 2 genannten Grundsätze und Ziele.

Die Union achtet auf die Kohärenz zwischen den einzelnen Bereichen ihres auswärtigen Handelns sowie zwischen diesen und ihren übrigen Politikbereichen. Der Rat und die Kommission, die vom Hohen Vertreter der Union für Außen- und Sicherheitspolitik unterstützt werden, stellen diese Kohärenz sicher und arbeiten zu diesem Zweck zusammen.

Artikel 22

(1) Auf der Grundlage der in Artikel 21 aufgeführten Grundsätze und Ziele legt der Europäische Rat die strategischen Interessen und Ziele der Union fest.

Die Beschlüsse des Europäischen Rates über die strategischen Interessen und Ziele der Union erstrecken sich auf die Gemeinsame Außen- und Sicherheitspolitik sowie auf andere Bereiche des auswärtigen Handelns der Union. Sie können die Beziehungen der Union zu einem Land oder einer Region betreffen oder aber ein bestimmtes Thema zum Gegenstand haben. Sie enthalten Bestimmungen zu ihrer Geltungsdauer und zu den von der Union und den Mitgliedstaaten bereitzustellenden Mitteln.

Der Europäische Rat beschließt einstimmig auf Empfehlung des Rates, die dieser nach den für den jeweiligen Bereich vorgesehenen Regelungen abgibt. Die Beschlüsse des Europäischen Rates werden nach Maßgabe der in den Verträgen vorgesehenen Verfahren durchgeführt.

(2) Der Hohe Vertreter der Union für Außen- und Sicherheitspolitik und die Kommission können dem Rat gemeinsame Vorschläge vorlegen, wobei der Hohe Vertreter für den Bereich der Gemeinsamen Außen- und Sicherheitspolitik und die Kommission für die anderen Bereiche des auswärtigen Handelns zuständig ist.

Kapitel 2
Besondere Bestimmungen über die Gemeinsame Außen- und Sicherheitspolitik

Abschnitt 1
Gemeinsame Bestimmungen

Artikel 23

Das Handeln der Union auf internationaler Ebene im Rahmen dieses Kapitels beruht auf den Grundsätzen des Kapitels 1, verfolgt die darin genannten Ziele und steht mit den allgemeinen Bestimmungen jenes Kapitels im Einklang.

Artikel 24 (ex-Artikel 11 EUV)

(1) Die Zuständigkeit der Union in der Gemeinsamen Außen- und Sicherheitspolitik erstreckt sich auf alle Bereiche der Außenpolitik sowie auf sämtliche Fragen im Zusammenhang mit der Sicherheit der Union, einschließlich der schrittweisen Festlegung einer gemeinsamen Verteidigungspolitik, die zu einer gemeinsamen Verteidigung führen kann.

Für die Gemeinsame Außen- und Sicherheitspolitik gelten besondere Bestimmungen und Verfahren. Sie wird vom Europäischen Rat und vom Rat einstimmig festgelegt und durchgeführt, soweit in den Verträgen nichts anderes vorgesehen ist. Der Erlass von Gesetzgebungsakten ist ausgeschlossen. Die Gemeinsame Außen- und Sicherheitspolitik wird vom Hohen Vertreter der Union für Außen- und Sicherheitspolitik und von den Mitgliedstaaten gemäß den Verträgen durchgeführt. Die spezifische Rolle des Europäischen Parlaments und der Kommission in diesem Bereich ist in den Verträgen festgelegt. Der Gerichtshof der Europäischen Union ist in Bezug auf diese Bestimmungen nicht zuständig; hiervon ausgenommen ist die Kontrolle der Einhaltung des Artikels 40 dieses Vertrags und die Überwachung der Rechtmäßigkeit bestimmter Beschlüsse nach Artikel 275 Absatz 2 des Vertrags über die Arbeitsweise der Europäischen Union.

(2) Die Union verfolgt, bestimmt und verwirklicht im Rahmen der Grundsätze und Ziele ihres auswärtigen Handelns eine Gemeinsame Außen- und Sicherheitspolitik, die auf einer Entwicklung der gegenseitigen politischen Solidarität der Mitgliedstaaten, der Ermittlung der Fragen von allgemeiner Bedeutung und der Erreichung einer immer stärkeren Konvergenz des Handelns der Mitgliedstaaten beruht.

(3) Die Mitgliedstaaten unterstützen die Außen- und Sicherheitspolitik der Union aktiv und vorbehaltlos im Geiste der Loyalität und der gegenseitigen Solidarität und achten das Handeln der Union in diesem Bereich.

Die Mitgliedstaaten arbeiten zusammen, um ihre gegenseitige politische Solidarität zu stärken und weiterzuentwickeln. Sie enthalten sich jeder Handlung, die den Interessen der Union zuwiderläuft oder ihrer Wirksamkeit als kohärente Kraft in den internationalen Beziehungen schaden könnte.

Der Rat und der Hohe Vertreter tragen für die Einhaltung dieser Grundsätze Sorge.

Artikel 25 (ex-Artikel 12 EUV)

Die Union verfolgt ihre Gemeinsame Außen- und Sicherheitspolitik, indem sie

a) die allgemeinen Leitlinien bestimmt,

b) Beschlüsse erlässt zur Festlegung

   i) der von der Union durchzuführenden Aktionen,

   ii) der von der Union einzunehmenden Standpunkte,

   iii) der Einzelheiten der Durchführung der unter den Ziffern i und ii genannten Beschlüsse,

   und

c) die systematische Zusammenarbeit der Mitgliedstaaten bei der Führung ihrer Politik ausbaut.

Artikel 26 (ex-Artikel 13 EUV)

(1) Der Europäische Rat bestimmt die strategischen Interessen der Union und legt die Ziele und die allgemeinen Leitlinien der Gemeinsamen Außen- und Sicherheitspolitik fest, und zwar auch bei Fragen mit verteidigungspolitischen Bezügen. Er erlässt die erforderlichen Beschlüsse.

Wenn eine internationale Entwicklung es erfordert, beruft der Präsident des Europäischen Rates eine außerordentliche Tagung des Europäischen Rates ein, um die strategischen Vorgaben für die Politik der Union angesichts dieser Entwicklung festzulegen.

(2) Der Rat gestaltet die Gemeinsame Außen- und Sicherheitspolitik und fasst die für die Festlegung und Durchführung dieser Politik erforderlichen Beschlüsse auf der Grundlage der vom Europäischen Rat festgelegten allgemeinen Leitlinien und strategischen Vorgaben.

Der Rat und der Hohe Vertreter der Union für Außen- und Sicherheitspolitik tragen für ein einheitliches, kohärentes und wirksames Vorgehen der Union Sorge.

(3) Die Gemeinsame Außen- und Sicherheitspolitik wird vom Hohen Vertreter und von den Mitgliedstaaten mit einzelstaatlichen Mitteln und den Mitteln der Union durchgeführt.

Artikel 27

(1) Der Hohe Vertreter der Union für Außen- und Sicherheitspolitik, der im Rat „Auswärtige Angelegenheiten" den Vorsitz führt, trägt durch seine Vorschläge zur Festlegung der Gemeinsamen Außen- und Sicherheitspolitik bei und stellt sicher, dass die vom Europäischen Rat und vom Rat erlassenen Beschlüsse durchgeführt werden.

(2) Der Hohe Vertreter vertritt die Union in den Bereichen der Gemeinsamen Außen- und Sicherheitspolitik. Er führt im Namen der Union den politischen Dialog mit Dritten und vertritt den Standpunkt der Union in internationalen Organisationen und auf internationalen Konferenzen.

(3) Bei der Erfüllung seines Auftrags stützt sich der Hohe Vertreter auf einen Europäischen Auswärtigen Dienst. Dieser Dienst arbeitet mit den diplomatischen Diensten der Mitgliedstaaten zusammen und umfasst Beamte aus den einschlägigen Abteilungen des Generalsekretariats des Rates und der Kommission sowie abgeordnetes Personal der nationalen diplomatischen Dienste. Die Organisation und die Arbeitsweise des Europäischen Auswärtigen Dienstes werden durch einen Beschluss des Rates festgelegt. Der Rat beschließt auf Vorschlag des Hohen Vertreters nach Anhörung des Europäischen Parlaments und nach Zustimmung der Europäischen Kommission.

Artikel 28 (ex-Artikel 14 EUV)

(1) Verlangt eine internationale Situation ein operatives Vorgehen der Union, so erlässt der Rat die erforderlichen Beschlüsse. In den Beschlüssen sind ihre Ziele, ihr Umfang, die der Union zur Verfügung zu stellenden Mittel sowie die Bedingungen und erforderlichenfalls

der Zeitraum für ihre Durchführung festgelegt.

Tritt eine Änderung der Umstände mit erheblichen Auswirkungen auf eine Angelegenheit ein, die Gegenstand eines solchen Beschlusses ist, so überprüft der Rat die Grundsätze und Ziele dieses Beschlusses und erlässt die erforderlichen Beschlüsse. *

(2) Die Beschlüsse nach Absatz 1 sind für die Mitgliedstaaten bei ihren Stellungnahmen und ihrem Vorgehen bindend.

(3) Jede einzelstaatliche Stellungnahme oder Maßnahme, die im Rahmen eines Beschlusses nach Absatz 1 geplant ist, wird von dem betreffenden Mitgliedstaat so rechtzeitig mitgeteilt, dass erforderlichenfalls eine vorherige Abstimmung im Rat stattfinden kann. Die Pflicht zur vorherigen Unterrichtung gilt nicht für Maßnahmen, die eine bloße praktische Umsetzung der Beschlüsse des Rates auf einzelstaatlicher Ebene darstellen.

(4) Bei zwingender Notwendigkeit aufgrund der Entwicklung der Lage und falls eine Überprüfung des Beschlusses des Rates nach Absatz 1 nicht stattfindet, können die Mitgliedstaaten unter Berücksichtigung der allgemeinen Ziele des genannten Beschlusses die erforderlichen Sofortmaßnahmen ergreifen. Der betreffende Mitgliedstaat unterrichtet den Rat sofort über derartige Maßnahmen.

(5) Ein Mitgliedstaat befasst den Rat, wenn sich bei der Durchführung eines Beschlusses nach diesem Artikel größere Schwierigkeiten ergeben; der Rat berät darüber und sucht nach angemessenen Lösungen. Diese dürfen nicht im Widerspruch zu den Zielen des Beschlusses nach Absatz 1 stehen oder seiner Wirksamkeit schaden.

Artikel 29 (ex-Artikel 15 EUV)

Der Rat erlässt Beschlüsse, in denen der Standpunkt der Union zu einer bestimmten Frage geografischer oder thematischer Art bestimmt wird. Die Mitgliedstaaten tragen dafür Sorge, dass ihre einzelstaatliche Politik mit den Standpunkten der Union in Einklang steht.

Artikel 30 (ex-Artikel 22 EUV)

(1) Jeder Mitgliedstaat, der Hohe Vertreter der Union für Außen- und Sicherheitspolitik oder der Hohe Vertreter mit Unterstützung der Kommission kann den Rat mit einer Frage der Gemeinsamen Außen- und Sicherheitspolitik befassen und ihm Initiativen beziehungsweise Vorschläge unterbreiten.

(2) In den Fällen, in denen eine rasche Entscheidung notwendig ist, beruft der Hohe Vertreter von sich aus oder auf Antrag eines Mitgliedstaats innerhalb von 48 Stunden, bei absoluter Notwendigkeit in kürzerer Zeit, eine außerordentliche Tagung des Rates ein.

Artikel 31 (ex-Artikel 23 EUV)

(1) Beschlüsse nach diesem Kapitel werden vom Europäischen Rat und vom Rat einstimmig gefasst, soweit in diesem Kapitel nichts anderes festgelegt ist. Der Erlass von Gesetzgebungsakten ist ausgeschlossen.

Bei einer Stimmenthaltung kann jedes Ratsmitglied zu seiner Enthaltung eine förmliche Erklärung im Sinne dieses Unterabsatzes abgeben. In diesem Fall ist es nicht verpflichtet, den Beschluss durchzuführen, akzeptiert jedoch, dass der Beschluss für die Union bindend ist. Im Geiste gegenseitiger Solidarität unterlässt der betreffende Mitgliedstaat alles, was dem auf diesem Beschluss beruhenden Vorgehen der Union zuwiderlaufen oder es behindern könnte, und die anderen Mitgliedstaaten respektieren seinen Standpunkt. Vertreten die Mitglieder des Rates, die bei ihrer Stimmenthaltung eine solche Erklärung abgeben, mindestens ein Drittel der Mitgliedstaaten, die mindestens ein Drittel der Unionsbevölkerung ausmachen, so wird der Beschluss nicht erlassen.

(2) Abweichend von Absatz 1 beschließt der Rat mit qualifizierter Mehrheit, wenn er

– auf der Grundlage eines Beschlusses des Europäischen Rates über die strategischen

---

* Dieser Unterabsatz ist Gegenstand eines laufenden Berichtigungsverfahrens.

Interessen und Ziele der Union nach Artikel 22 Absatz 1 einen Beschluss erlässt, mit dem eine Aktion oder ein Standpunkt der Union festgelegt wird;

– auf einen Vorschlag hin, den ihm der Hohe Vertreter der Union für Außen- und Sicherheitspolitik auf spezielles Ersuchen des Europäischen Rates unterbreitet hat, das auf dessen eigene Initiative oder auf eine Initiative des Hohen Vertreters zurückgeht, einen Beschluss erlässt, mit dem eine Aktion oder ein Standpunkt der Union festgelegt wird;

– einen Beschluss zur Durchführung eines Beschlusses, mit dem eine Aktion oder ein Standpunkt der Union festgelegt wird, erlässt,

– nach Artikel 33 einen Sonderbeauftragten ernennt.

Erklärt ein Mitglied des Rates, dass es aus wesentlichen Gründen der nationalen Politik, die es auch nennen muss, die Absicht hat, einen mit qualifizierter Mehrheit zu fassenden Beschluss abzulehnen, so erfolgt keine Abstimmung. Der Hohe Vertreter bemüht sich in engem Benehmen mit dem betroffenen Mitgliedstaat um eine für diesen Mitgliedstaat annehmbare Lösung. Gelingt dies nicht, so kann der Rat mit qualifizierter Mehrheit veranlassen, dass die Frage im Hinblick auf einen einstimmigen Beschluss an den Europäischen Rat verwiesen wird.

(3) Der Europäische Rat kann einstimmig einen Beschluss erlassen, in dem vorgesehen ist, dass der Rat in anderen als den in Absatz 2 genannten Fällen mit qualifizierter Mehrheit beschließt.

(4) Die Absätze 2 und 3 gelten nicht für Beschlüsse mit militärischen oder verteidigungspolitischen Bezügen.

(5) In Verfahrensfragen beschließt der Rat mit der Mehrheit seiner Mitglieder.

Artikel 32 (ex-Artikel 16 EUV)

Die Mitgliedstaaten stimmen sich im Europäischen Rat und im Rat zu jeder außen- und sicherheitspolitischen Frage von allgemeiner Bedeutung ab, um ein gemeinsames Vorgehen festzulegen. Bevor ein Mitgliedstaat in einer Weise, die die Interessen der Union berühren könnte, auf internationaler Ebene tätig wird oder eine Verpflichtung eingeht, konsultiert er die anderen Mitgliedstaaten im Europäischen Rat oder im Rat. Die Mitgliedstaaten gewährleisten durch konvergentes Handeln, dass die Union ihre Interessen und ihre Werte auf internationaler Ebene geltend machen kann. Die Mitgliedstaaten sind untereinander solidarisch.

Hat der Europäische Rat oder der Rat ein gemeinsames Vorgehen der Union im Sinne des Absatzes 1 festgelegt, so koordinieren der Hohe Vertreter der Union für Außen- und Sicherheitspolitik und die Minister für auswärtige Angelegenheiten der Mitgliedstaaten ihre Tätigkeiten im Rat.

Die diplomatischen Vertretungen der Mitgliedstaaten und die Delegationen der Union in Drittländern und bei internationalen Organisationen arbeiten zusammen und tragen zur Festlegung und Durchführung des gemeinsamen Vorgehens bei.

Artikel 33 (ex-Artikel 18 EUV)

Der Rat kann auf Vorschlag des Hohen Vertreters der Union für Außen- und Sicherheitspolitik einen Sonderbeauftragten für besondere politische Fragen ernennen. Der Sonderbeauftragte übt sein Mandat unter der Verantwortung des Hohen Vertreters aus.

Artikel 34 (ex-Artikel 19 EUV)

(1) Die Mitgliedstaaten koordinieren ihr Handeln in internationalen Organisationen und auf internationalen Konferenzen. Sie treten dort für die Standpunkte der Union ein. Der Hohe Vertreter der Union für Außen- und Sicherheitspolitik trägt für die Organisation dieser Koordinierung Sorge.

In den internationalen Organisationen und auf internationalen Konferenzen, bei denen nicht alle Mitgliedstaaten vertreten sind, setzen sich die dort vertretenen Mitgliedstaaten für die Standpunkte der Union ein.

(2) Nach Artikel 24 Absatz 3 unterrichten die Mitgliedstaaten, die in internationalen Organisationen oder auf internationalen Konferenzen vertreten sind, die dort nicht vertrete-

nen Mitgliedstaaten und den Hohen Vertreter laufend über alle Fragen von gemeinsamem Interesse.

Die Mitgliedstaaten, die auch Mitglieder des Sicherheitsrats der Vereinten Nationen sind, stimmen sich ab und unterrichten die übrigen Mitgliedstaaten sowie den Hohen Vertreter in vollem Umfang. Die Mitgliedstaaten, die Mitglieder des Sicherheitsrats sind, setzen sich bei der Wahrnehmung ihrer Aufgaben unbeschadet ihrer Verantwortlichkeiten aufgrund der Charta der Vereinten Nationen für die Standpunkte und Interessen der Union ein.

Wenn die Union einen Standpunkt zu einem Thema festgelegt hat, das auf der Tagesordnung des Sicherheitsrats der Vereinten Nationen steht, beantragen die dort vertretenen Mitgliedstaaten, dass der Hohe Vertreter gebeten wird, den Standpunkt der Union vorzutragen.

Artikel 35 (ex-Artikel 20 EUV)

Die diplomatischen und konsularischen Vertretungen der Mitgliedstaaten und die Delegationen der Union in dritten Ländern und auf internationalen Konferenzen sowie ihre Vertretungen bei internationalen Organisationen stimmen sich ab, um die Einhaltung und Durchführung der nach diesem Kapitel erlassenen Beschlüsse, mit denen Standpunkte und Aktionen der Union festgelegt werden, zu gewährleisten.

Sie intensivieren ihre Zusammenarbeit durch Informationsaustausch und gemeinsame Bewertungen.

Sie tragen zur Verwirklichung des in Artikel 20 Absatz 2 Buchstabe c des Vertrags über die Arbeitsweise der Europäischen Union genannten Rechts der Unionsbürgerinnen und Unionsbürger auf Schutz im Hoheitsgebiet von Drittländern und zur Durchführung der nach Artikel 23 des genannten Vertrags erlassenen Maßnahmen bei.

Artikel 36 (ex-Artikel 21 EUV)

Der Hohe Vertreter der Union für Außen- und Sicherheitspolitik hört das Europäische Parlament regelmäßig zu den wichtigsten Aspek-

ten und den grundlegenden Weichenstellungen der Gemeinsamen Außen- und Sicherheitspolitik und der Gemeinsamen Sicherheits- und Verteidigungspolitik und unterrichtet es über die Entwicklung der Politik in diesen Bereichen. Er achtet darauf, dass die Auffassungen des Europäischen Parlaments gebührend berücksichtigt werden. Die Sonderbeauftragten können zur Unterrichtung des Europäischen Parlaments mit herangezogen werden.

Das Europäische Parlament kann Anfragen oder Empfehlungen an den Rat und den Hohen Vertreter richten. Zweimal jährlich führt es eine Aussprache über die Fortschritte bei der Durchführung der Gemeinsamen Außen- und Sicherheitspolitik, einschließlich der Gemeinsamen Sicherheits- und Verteidigungspolitik.

Artikel 37 (ex-Artikel 24 EUV)

Die Union kann in den unter dieses Kapitel fallenden Bereichen Übereinkünfte mit einem oder mehreren Staaten oder internationalen Organisationen schließen.

Artikel 38 (ex-Artikel 25 EUV)

Unbeschadet des Artikels 240 des Vertrags über die Arbeitsweise der Europäischen Union verfolgt ein Politisches und Sicherheitspolitisches Komitee die internationale Lage in den Bereichen der Gemeinsamen Außen- und Sicherheitspolitik und trägt auf Ersuchen des Rates, des Hohen Vertreters der Union für Außen- und Sicherheitspolitik oder von sich aus durch an den Rat gerichtete Stellungnahmen zur Festlegung der Politiken bei. Ferner überwacht es die Durchführung vereinbarter Politiken; dies gilt unbeschadet der Zuständigkeiten des Hohen Vertreters.

Im Rahmen dieses Kapitels nimmt das Politische und Sicherheitspolitische Komitee unter der Verantwortung des Rates und des Hohen Vertreters die politische Kontrolle und strategische Leitung von Krisenbewältigungsoperationen im Sinne des Artikels 43 wahr.

Der Rat kann das Komitee für den Zweck und die Dauer einer Operation zur Krisenbewältigung, die vom Rat festgelegt werden, ermächtigen, geeignete Beschlüsse hinsichtlich der politischen Kontrolle und strategischen Leitung der Operation zu fassen.

Artikel 39

Gemäß Artikel 16 des Vertrags über die Arbeitsweise der Europäischen Union und abweichend von Absatz 2 des genannten Artikels erlässt der Rat einen Beschluss zur Festlegung von Vorschriften über den Schutz natürlicher Personen bei der Verarbeitung personenbezogener Daten durch die Mitgliedstaaten im Rahmen der Ausübung von Tätigkeiten, die in den Anwendungsbereich dieses Kapitels fallen, und über den freien Datenverkehr. Die Einhaltung dieser Vorschriften wird von unabhängigen Behörden überwacht.

Artikel 40　(ex-Artikel 47 EUV)

Die Durchführung der Gemeinsamen Außen- und Sicherheitspolitik lässt die Anwendung der Verfahren und den jeweiligen Umfang der Befugnisse der Organe, die in den Verträgen für die Ausübung der in den Artikeln 3 bis 6 des Vertrags über die Arbeitsweise der Europäischen Union aufgeführten Zuständigkeiten der Union vorgesehen sind, unberührt.

Ebenso lässt die Durchführung der Politik nach den genannten Artikeln die Anwendung der Verfahren und den jeweiligen Umfang der Befugnisse der Organe, die in den Verträgen für die Ausübung der Zuständigkeiten der Union nach diesem Kapitel vorgesehen sind, unberührt.

Artikel 41　(ex-Artikel 28 EUV)

(1) Die Verwaltungsausgaben, die den Organen aus der Durchführung dieses Kapitels entstehen, gehen zulasten des Haushalts der Union.

(2) Die operativen Ausgaben im Zusammenhang mit der Durchführung dieses Kapitels gehen ebenfalls zulasten des Haushalts der Union, mit Ausnahme der Ausgaben aufgrund von Maßnahmen mit militärischen oder verteidigungspolitischen Bezügen und von Fällen, in denen der Rat einstimmig etwas anderes beschließt.

In Fällen, in denen die Ausgaben nicht zulasten des Haushalts der Union gehen, gehen sie nach dem Bruttosozialprodukt-Schlüssel zulasten der Mitgliedstaaten, sofern der Rat nicht einstimmig etwas anderes beschließt. Die Mitgliedstaaten, deren Vertreter im Rat eine förmliche Erklärung nach Artikel 31 Absatz 1 Unterabsatz 2 abgegeben haben, sind nicht verpflichtet, zur Finanzierung von Ausgaben für Maßnahmen mit militärischen oder verteidigungspolitischen Bezügen beizutragen.

(3) Der Rat erlässt einen Beschluss zur Festlegung besonderer Verfahren, um den schnellen Zugriff auf die Haushaltsmittel der Union zu gewährleisten, die für die Sofortfinanzierung von Initiativen im Rahmen der Gemeinsamen Außen- und Sicherheitspolitik, insbesondere von Tätigkeiten zur Vorbereitung einer Mission nach Artikel 42 Absatz 1 und Artikel 43 bestimmt sind. Er beschließt nach Anhörung des Europäischen Parlaments.

Die Tätigkeiten zur Vorbereitung der in Artikel 42 Absatz 1 und in Artikel 43 genannten Missionen, die nicht zulasten des Haushalts der Union gehen, werden aus einem aus Beiträgen der Mitgliedstaaten gebildeten Anschubfonds finanziert.

Der Rat erlässt mit qualifizierter Mehrheit auf Vorschlag des Hohen Vertreters der Union für Außen- und Sicherheitspolitik die Beschlüsse über

a) die Einzelheiten für die Bildung und die Finanzierung des Anschubfonds, insbesondere die Höhe der Mittelzuweisungen für den Fonds;

b) die Einzelheiten für die Verwaltung des Anschubfonds;

c) die Einzelheiten für die Finanzkontrolle.

Kann die geplante Mission nach Artikel 42 Absatz 1 und Artikel 43 nicht aus dem Haushalt der Union finanziert werden, so ermächtigt der Rat den Hohen Vertreter zur Inanspruchnahme dieses Fonds. Der Hohe Vertreter erstattet dem Rat Bericht über die Erfüllung dieses Mandats.

Abschnitt 2
Bestimmungen über die Gemeinsame Sicherheits- und Verteidigungspolitik

Artikel 42 (ex-Artikel 17 EUV)

(1) Die Gemeinsame Sicherheits- und Verteidigungspolitik ist integraler Bestandteil der Gemeinsamen Außen- und Sicherheitspolitik. Sie sichert der Union eine auf zivile und militärische Mittel gestützte Operationsfähigkeit. Auf diese kann die Union bei Missionen außerhalb der Union zur Friedenssicherung, Konfliktverhütung und Stärkung der internationalen Sicherheit in Übereinstimmung mit den Grundsätzen der Charta der Vereinten Nationen zurückgreifen. Sie erfüllt diese Aufgaben mit Hilfe der Fähigkeiten, die von den Mitgliedstaaten bereitgestellt werden.

(2) Die Gemeinsame Sicherheits- und Verteidigungspolitik umfasst die schrittweise Festlegung einer gemeinsamen Verteidigungspolitik der Union. Diese führt zu einer gemeinsamen Verteidigung, sobald der Europäische Rat dies einstimmig beschlossen hat. Er empfiehlt in diesem Fall den Mitgliedstaaten, einen Beschluss in diesem Sinne im Einklang mit ihren verfassungsrechtlichen Vorschriften zu erlassen.

Die Politik der Union nach diesem Abschnitt berührt nicht den besonderen Charakter der Sicherheits- und Verteidigungspolitik bestimmter Mitgliedstaaten; sie achtet die Verpflichtungen einiger Mitgliedstaaten, die ihre gemeinsame Verteidigung in der Nordatlantikvertrags-Organisation (NATO) verwirklicht sehen, aus dem Nordatlantikvertrag und ist vereinbar mit der in jenem Rahmen festgelegten gemeinsamen Sicherheits- und Verteidigungspolitik.

(3) Die Mitgliedstaaten stellen der Union für die Umsetzung der Gemeinsamen Sicherheits- und Verteidigungspolitik zivile und militärische Fähigkeiten als Beitrag zur Verwirklichung der vom Rat festgelegten Ziele zur Verfügung. Die Mitgliedstaaten, die zusammen multinationale Streitkräfte aufstellen, können diese auch für die Gemeinsame Sicherheits- und Verteidigungspolitik zur Verfügung stellen.

Die Mitgliedstaaten verpflichten sich, ihre militärischen Fähigkeiten schrittweise zu verbessern. Die Agentur für die Bereiche Entwicklung der Verteidigungsfähigkeiten, Forschung, Beschaffung und Rüstung (im Folgenden „Europäische Verteidigungsagentur") ermittelt den operativen Bedarf und fördert Maßnahmen zur Bedarfsdeckung, trägt zur Ermittlung von Maßnahmen zur Stärkung der industriellen und technologischen Basis des Verteidigungssektors bei und führt diese Maßnahmen gegebenenfalls durch, beteiligt sich an der Festlegung einer europäischen Politik im Bereich der Fähigkeiten und der Rüstung und unterstützt den Rat bei der Beurteilung der Verbesserung der militärischen Fähigkeiten.

(4) Beschlüsse zur Gemeinsamen Sicherheits- und Verteidigungspolitik, einschließlich der Beschlüsse über die Einleitung einer Mission nach diesem Artikel, werden vom Rat einstimmig auf Vorschlag des Hohen Vertreters der Union für Außen- und Sicherheitspolitik oder auf Initiative eines Mitgliedstaats erlassen. Der Hohe Vertreter kann gegebenenfalls gemeinsam mit der Kommission den Rückgriff auf einzelstaatliche Mittel sowie auf Instrumente der Union vorschlagen.

(5) Der Rat kann zur Wahrung der Werte der Union und im Dienste ihrer Interessen eine Gruppe von Mitgliedstaaten mit der Durchführung einer Mission im Rahmen der Union beauftragen. Die Durchführung einer solchen Mission fällt unter Artikel 44.

(6) Die Mitgliedstaaten, die anspruchsvollere Kriterien in Bezug auf die militärischen Fähigkeiten erfüllen und die im Hinblick auf Missionen mit höchsten Anforderungen untereinander weiter gehende Verpflichtungen eingegangen sind, begründen eine Ständige Strukturierte Zusammenarbeit im Rahmen der Union. Diese Zusammenarbeit erfolgt nach Maßgabe von Artikel 46. Sie berührt nicht die Bestimmungen des Artikels 43.

(7) Im Falle eines bewaffneten Angriffs auf das Hoheitsgebiet eines Mitgliedstaats schulden die anderen Mitgliedstaaten ihm alle in ihrer Macht stehende Hilfe und Unterstützung, im Einklang mit Artikel 51 der

Charta der Vereinten Nationen. Dies lässt den besonderen Charakter der Sicherheits- und Verteidigungspolitik bestimmter Mitgliedstaaten unberührt.

Die Verpflichtungen und die Zusammenarbeit in diesem Bereich bleiben im Einklang mit den im Rahmen der Nordatlantikvertrags-Organisation eingegangenen Verpflichtungen, die für die ihr angehörenden Staaten weiterhin das Fundament ihrer kollektiven Verteidigung und das Instrument für deren Verwirklichung ist.

Artikel 43

(1) Die in Artikel 42 Absatz 1 vorgesehenen Missionen, bei deren Durchführung die Union auf zivile und militärische Mittel zurückgreifen kann, umfassen gemeinsame Abrüstungsmaßnahmen, humanitäre Aufgaben und Rettungseinsätze, Aufgaben der militärischen Beratung und Unterstützung, Aufgaben der Konfliktverhütung und der Erhaltung des Friedens sowie Kampfeinsätze im Rahmen der Krisenbewältigung einschließlich Frieden schaffender Maßnahmen und Operationen zur Stabilisierung der Lage nach Konflikten. Mit allen diesen Missionen kann zur Bekämpfung des Terrorismus beigetragen werden, unter anderem auch durch die Unterstützung für Drittländer bei der Bekämpfung des Terrorismus in ihrem Hoheitsgebiet.

(2) Der Rat erlässt die Beschlüsse über Missionen nach Absatz 1; in den Beschlüssen sind Ziel und Umfang der Missionen sowie die für sie geltenden allgemeinen Durchführungsbestimmungen festgelegt. Der Hohe Vertreter der Union für Außen- und Sicherheitspolitik sorgt unter Aufsicht des Rates und in engem und ständigem Benehmen mit dem Politischen und Sicherheitspolitischen Komitee für die Koordinierung der zivilen und militärischen Aspekte dieser Missionen.

Artikel 44

(1) Im Rahmen der nach Artikel 43 erlassenen Beschlüsse kann der Rat die Durchführung einer Mission einer Gruppe von Mitgliedstaaten übertragen, die dies wünschen und über die für eine derartige Mission erforder-

lichen Fähigkeiten verfügen. Die betreffenden Mitgliedstaaten vereinbaren in Absprache mit dem Hohen Vertreter der Union für Außen- und Sicherheitspolitik untereinander die Ausführung der Mission.

(2) Die an der Durchführung der Mission teilnehmenden Mitgliedstaaten unterrichten den Rat von sich aus oder auf Antrag eines anderen Mitgliedstaats regelmäßig über den Stand der Mission. Die teilnehmenden Mitgliedstaaten befassen den Rat sofort, wenn sich aus der Durchführung der Mission schwerwiegende Konsequenzen ergeben oder das Ziel der Mission, ihr Umfang oder die für sie geltenden Regelungen, wie sie in den in Absatz 1 genannten Beschlüssen festgelegt sind, geändert werden müssen. Der Rat erlässt in diesen Fällen die erforderlichen Beschlüsse.

Artikel 45

(1) Aufgabe der in Artikel 42 Absatz 3 genannten, dem Rat unterstellten Europäischen Verteidigungsagentur ist es,

a) bei der Ermittlung der Ziele im Bereich der militärischen Fähigkeiten der Mitgliedstaaten und der Beurteilung, ob die von den Mitgliedstaaten in Bezug auf diese Fähigkeiten eingegangenen Verpflichtungen erfüllt wurden, mitzuwirken;

b) auf eine Harmonisierung des operativen Bedarfs sowie die Festlegung effizienter und kompatibler Beschaffungsverfahren hinzuwirken;

c) multilaterale Projekte zur Erfüllung der Ziele im Bereich der militärischen Fähigkeiten vorzuschlagen und für die Koordinierung der von den Mitgliedstaaten durchgeführten Programme sowie die Verwaltung spezifischer Kooperationsprogramme zu sorgen;

d) die Forschung auf dem Gebiet der Verteidigungstechnologie zu unterstützen, gemeinsam Forschungsaktivitäten sowie Studien zu technischen Lösungen, die dem künftigen operativen Bedarf gerecht werden, zu koordinieren und zu planen;

e) dazu beizutragen, dass zweckdienliche Maßnahmen zur Stärkung der industriellen und technologischen Basis des Verteidigungssektors und für einen wirkungsvolleren Einsatz der Verteidigungsausgaben ermittelt werden, und diese Maßnahmen gegebenenfalls durchzuführen.

(2) Alle Mitgliedstaaten können auf Wunsch an der Arbeit der Europäischen Verteidigungsagentur teilnehmen. Der Rat erlässt mit qualifizierter Mehrheit einen Beschluss, in dem die Rechtsstellung, der Sitz und die Funktionsweise der Agentur festgelegt werden. Dieser Beschluss trägt dem Umfang der effektiven Beteiligung an den Tätigkeiten der Agentur Rechnung. Innerhalb der Agentur werden spezielle Gruppen gebildet, in denen Mitgliedstaaten zusammenkommen, die gemeinsame Projekte durchführen. Die Agentur versieht ihre Aufgaben erforderlichenfalls in Verbindung mit der Kommission.

Artikel 46

(1) Die Mitgliedstaaten, die sich an der Ständigen Strukturierten Zusammenarbeit im Sinne des Artikels 42 Absatz 6 beteiligen möchten und hinsichtlich der militärischen Fähigkeiten die Kriterien erfüllen und die Verpflichtungen eingehen, die in dem Protokoll über die Ständige Strukturierte Zusammenarbeit enthalten sind, teilen dem Rat und dem Hohen Vertreter der Union für Außen- und Sicherheitspolitik ihre Absicht mit.

(2) Der Rat erlässt binnen drei Monaten nach der in Absatz 1 genannten Mitteilung einen Beschluss über die Begründung der Ständigen Strukturierten Zusammenarbeit und über die Liste der daran teilnehmenden Mitgliedstaaten. Der Rat beschließt nach Anhörung des Hohen Vertreters mit qualifizierter Mehrheit.

(3) Jeder Mitgliedstaat, der sich zu einem späteren Zeitpunkt an der Ständigen Strukturierten Zusammenarbeit beteiligen möchte, teilt dem Rat und dem Hohen Vertreter seine Absicht mit.

Der Rat erlässt einen Beschluss, in dem die Teilnahme des betreffenden Mitgliedstaats, der die Kriterien und Verpflichtungen nach den Artikeln 1 und 2 des Protokolls über die Ständige Strukturierte Zusammenarbeit er-

füllt beziehungsweise eingeht, bestätigt wird. Der Rat beschließt mit qualifizierter Mehrheit nach Anhörung des Hohen Vertreters. Nur die Mitglieder des Rates, die die teilnehmenden Mitgliedstaaten vertreten, sind stimmberechtigt.

Die qualifizierte Mehrheit bestimmt sich nach Artikel 238 Absatz 3 Buchstabe a des Vertrags über die Arbeitsweise der Europäischen Union.

(4) Erfüllt ein teilnehmender Mitgliedstaat die Kriterien nach den Artikeln 1 und 2 des Protokolls über die Ständige Strukturierte Zusammenarbeit nicht mehr oder kann er den darin genannten Verpflichtungen nicht mehr nachkommen, so kann der Rat einen Beschluss erlassen, durch den die Teilnahme dieses Staates ausgesetzt wird.

Der Rat beschließt mit qualifizierter Mehrheit. Nur die Mitglieder des Rates, die die teilnehmenden Mitgliedstaaten mit Ausnahme des betroffenen Mitgliedstaats vertreten, sind stimmberechtigt.

Die qualifizierte Mehrheit bestimmt sich nach Artikel 238 Absatz 3 Buchstabe a des Vertrags über die Arbeitsweise der Europäischen Union.

(5) Wünscht ein teilnehmender Mitgliedstaat, von der Ständigen Strukturierten Zusammenarbeit Abstand zu nehmen, so teilt er seine Entscheidung dem Rat mit, der zur Kenntnis nimmt, dass die Teilnahme des betreffenden Mitgliedstaats beendet ist.

(6) Mit Ausnahme der Beschlüsse nach den Absätzen 2 bis 5 erlässt der Rat die Beschlüsse und Empfehlungen im Rahmen der Ständigen Strukturierten Zusammenarbeit einstimmig. Für die Zwecke dieses Absatzes bezieht sich die Einstimmigkeit allein auf die Stimmen der Vertreter der an der Zusammenarbeit teilnehmenden Mitgliedstaaten.

Titel VI
Schlussbestimmungen

Artikel 47

Die Union besitzt Rechtspersönlichkeit.

Artikel 48 (ex-Artikel 48 EUV)

(1) Die Verträge können gemäß dem ordentlichen Änderungsverfahren geändert werden. Sie können ebenfalls nach vereinfachten Änderungsverfahren geändert werden.

Ordentliches Änderungsverfahren

(2) Die Regierung jedes Mitgliedstaats, das Europäische Parlament oder die Kommission kann dem Rat Entwürfe zur Änderung der Verträge vorlegen. Diese Entwürfe können unter anderem eine Ausdehnung oder Verringerung der der Union in den Verträgen übertragenen Zuständigkeiten zum Ziel haben. Diese Entwürfe werden vom Rat dem Europäischen Rat übermittelt und den nationalen Parlamenten zur Kenntnis gebracht.

(3) Beschließt der Europäische Rat nach Anhörung des Europäischen Parlaments und der Kommission mit einfacher Mehrheit die Prüfung der vorgeschlagenen Änderungen, so beruft der Präsident des Europäischen Rates einen Konvent von Vertretern der nationalen Parlamente, der Staats- und Regierungschefs der Mitgliedstaaten, des Europäischen Parlaments und der Kommission ein. Bei institutionellen Änderungen im Währungsbereich wird auch die Europäische Zentralbank gehört. Der Konvent prüft die Änderungsentwürfe und nimmt im Konsensverfahren eine Empfehlung an, die an eine Konferenz der Vertreter der Regierungen der Mitgliedstaaten nach Absatz 4 gerichtet ist.

Der Europäische Rat kann mit einfacher Mehrheit nach Zustimmung des Europäischen Parlaments beschließen, keinen Konvent einzuberufen, wenn seine Einberufung aufgrund des Umfangs der geplanten Änderungen nicht gerechtfertigt ist. In diesem Fall legt der Europäische Rat das Mandat für eine Konferenz der Vertreter der Regierungen der Mitgliedstaaten fest.

(4) Eine Konferenz der Vertreter der Regierungen der Mitgliedstaaten wird vom Präsidenten des Rates einberufen, um die an den Verträgen vorzunehmenden Änderungen zu vereinbaren.

Die Änderungen treten in Kraft, nachdem sie von allen Mitgliedstaaten nach Maßgabe ihrer verfassungsrechtlichen Vorschriften ratifiziert worden sind.

(5) Haben nach Ablauf von zwei Jahren nach der Unterzeichnung eines Vertrags zur Änderung der Verträge vier Fünftel der Mitgliedstaaten den genannten Vertrag ratifiziert und sind in einem Mitgliedstaat oder mehreren Mitgliedstaaten Schwierigkeiten bei der Ratifikation aufgetreten, so befasst sich der Europäische Rat mit der Frage.

Vereinfachtes Änderungsverfahren

(6) Die Regierung jedes Mitgliedstaats, das Europäische Parlament oder die Kommission kann dem Europäischen Rat Entwürfe zur Änderung aller oder eines Teils der Bestimmungen des Dritten Teils des Vertrags über die Arbeitsweise der Europäischen Union über die internen Politikbereiche der Union vorlegen.

Der Europäische Rat kann einen Beschluss zur Änderung aller oder eines Teils der Bestimmungen des Dritten Teils des Vertrags über die Arbeitsweise der Europäischen Union erlassen. Der Europäische Rat beschließt einstimmig nach Anhörung des Europäischen Parlaments und der Kommission sowie, bei institutionellen Änderungen im Währungsbereich, der Europäischen Zentralbank. Dieser Beschluss tritt erst nach Zustimmung der Mitgliedstaaten im Einklang mit ihren jeweiligen verfassungsrechtlichen Vorschriften in Kraft.

Der Beschluss nach Unterabsatz 2 darf nicht zu einer Ausdehnung der der Union im Rahmen der Verträge übertragenen Zuständigkeiten führen.

(7) In Fällen, in denen der Rat nach Maßgabe des Vertrags über die Arbeitsweise der Europäischen Union oder des Titels V dieses Vertrags in einem Bereich oder in einem bestimmten Fall einstimmig beschließt, kann der Europäische Rat einen Beschluss erlassen, wonach der Rat in diesem Bereich oder in diesem Fall mit qualifizierter Mehrheit beschließen kann. Dieser Unterabsatz gilt nicht für Beschlüsse mit militärischen oder verteidigungspolitischen Bezügen.

In Fällen, in denen nach Maßgabe des Vertrags über die Arbeitsweise der Europäischen Union Gesetzgebungsakte vom Rat gemäß einem besonderen Gesetzgebungsverfahren erlassen werden müssen, kann der Europäische Rat einen Beschluss erlassen, wonach die Gesetzgebungsakte gemäß dem ordentlichen Gesetzgebungsverfahren erlassen werden können.

Jede vom Europäischen Rat auf der Grundlage von Unterabsatz 1 oder Unterabsatz 2 ergriffene Initiative wird den nationalen Parlamenten übermittelt. Wird dieser Vorschlag innerhalb von sechs Monaten nach der Übermittlung von einem nationalen Parlament abgelehnt, so wird der Beschluss nach Unterabsatz 1 oder Unterabsatz 2 nicht erlassen. Wird die Initiative nicht abgelehnt, so kann der Europäische Rat den Beschluss erlassen.

Der Europäische Rat erlässt die Beschlüsse nach den Unterabsätzen 1 oder 2 einstimmig nach Zustimmung des Europäischen Parlaments, das mit der Mehrheit seiner Mitglieder beschließt.

Artikel 49 (ex-Artikel 49 EUV)

Jeder europäische Staat, der die in Artikel 2 genannten Werte achtet und sich für ihre Förderung einsetzt, kann beantragen, Mitglied der Union zu werden. Das Europäische Parlament und die nationalen Parlamente werden über diesen Antrag unterrichtet. Der antragstellende Staat richtet seinen Antrag an den Rat; dieser beschließt einstimmig nach Anhörung der Kommission und nach Zustimmung des Europäischen Parlaments, das mit der Mehrheit seiner Mitglieder beschließt. Die vom Europäischen Rat vereinbarten Kriterien werden berücksichtigt.

Die Aufnahmebedingungen und die durch eine Aufnahme erforderlich werdenden Anpassungen der Verträge, auf denen die Union beruht, werden durch ein Abkommen zwischen den Mitgliedstaaten und dem antragstellenden Staat geregelt. Das Abkommen bedarf der Ratifikation durch alle Vertragsstaaten gemäß ihren verfassungsrechtlichen Vorschriften.

Artikel 50

(1) Jeder Mitgliedstaat kann im Einklang mit seinen verfassungsrechtlichen Vorschriften beschließen, aus der Union auszutreten.

(2) Ein Mitgliedstaat, der auszutreten beschließt, teilt dem Europäischen Rat seine Absicht mit. Auf der Grundlage der Leitlinien des Europäischen Rates handelt die Union mit diesem Staat ein Abkommen über die Einzelheiten des Austritts aus und schließt das Abkommen, wobei der Rahmen für die künftigen Beziehungen dieses Staates zur Union berücksichtigt wird. Das Abkommen wird nach Artikel 218 Absatz 3 des Vertrags über die Arbeitsweise der Europäischen Union ausgehandelt. Es wird vom Rat im Namen der Union geschlossen, der Rat beschließt mit qualifizierter Mehrheit nach Zustimmung des Europäischen Parlaments.

(3) Die Verträge finden auf den betroffenen Staat ab dem Tag des Inkrafttretens des Austrittsabkommens oder andernfalls zwei Jahre nach der in Absatz 2 genannten Mitteilung keine Anwendung mehr, es sei denn, der Europäische Rat beschließt im Einvernehmen mit dem betroffenen Mitgliedstaat einstimmig, diese Frist zu verlängern.

(4) Für die Zwecke der Absätze 2 und 3 nimmt das Mitglied des Europäischen Rates und des Rates, das den austretenden Mitgliedstaat vertritt, weder an den diesen Mitgliedstaat betreffenden Beratungen noch an der entsprechenden Beschlussfassung des Europäischen Rates oder des Rates teil.

Die qualifizierte Mehrheit bestimmt sich nach Artikel 238 Absatz 3 Buchstabe b des Vertrags über die Arbeitsweise der Europäischen Union.

(5) Ein Staat, der aus der Union ausgetreten ist und erneut Mitglied werden möchte, muss dies nach dem Verfahren des Artikels 49 beantragen.

Artikel 51

Die Protokolle und Anhänge der Verträge sind Bestandteil der Verträge.

Artikel 52

(1) Die Verträge gelten für das Königreich Belgien, die Republik Bulgarien, die Tschechische Republik, das Königreich Dänemark, die Bundesrepublik Deutschland, die Republik Estland, Irland, die Hellenische Republik, das Königreich Spanien, die Französische Republik, die Italienische Republik, die Republik Zypern, die Republik Lettland, die Republik Litauen, das Großherzogtum Luxemburg, die Republik Ungarn, die Republik Malta, das Königreich der Niederlande, die Republik Österreich, die Republik Polen, die Portugiesische Republik, Rumänien, die Republik Slowenien, die Slowakische Republik, die Republik Finnland, das Königreich Schweden und das Vereinigte Königreich Großbritannien und Nordirland.

(2) Der räumliche Geltungsbereich der Verträge wird in Artikel 355 des Vertrags über die Arbeitsweise der Europäischen Union im Einzelnen angegeben.

Artikel 53 (ex-Artikel 51 EUV)

Dieser Vertrag gilt auf unbegrenzte Zeit.

Artikel 54 (ex-Artikel 52 EUV)

(1) Dieser Vertrag bedarf der Ratifikation durch die Hohen Vertragsparteien gemäß ihren verfassungsrechtlichen Vorschriften. Die Ratifikationsurkunden werden bei der Regierung der Italienischen Republik hinterlegt.

(2) Dieser Vertrag tritt am 1. Januar 1993 in Kraft, sofern alle Ratifikationsurkunden hinterlegt worden sind, oder andernfalls am ersten Tag des auf die Hinterlegung der letzten Ratifikationsurkunde folgenden Monats.

Artikel 55 (ex-Artikel 53 EUV)

(1) Dieser Vertrag ist in einer Urschrift in bulgarischer, dänischer, deutscher, englischer, estnischer, finnischer, französischer, griechischer, irischer, italienischer, lettischer, litauischer, maltesischer, niederländischer, polnischer, portugiesischer, rumänischer, schwedischer, slowakischer, slowenischer, spanischer, tschechischer und ungarischer Sprache abgefasst, wobei jeder Wortlaut gleichermaßen verbindlich ist; er wird im Archiv der Regierung der Italienischen Republik hinterlegt; diese übermittelt der Regierung jedes anderen Unterzeichnerstaats eine beglaubigte Abschrift.

(2) Dieser Vertrag kann ferner in jede andere von den Mitgliedstaaten bestimmte Sprache übersetzt werden, sofern diese Sprache nach der Verfassungsordnung des jeweiligen Mitgliedstaats in dessen gesamtem Hoheitsgebiet oder in Teilen davon Amtssprache ist. Die betreffenden Mitgliedstaaten stellen eine beglaubigte Abschrift dieser Übersetzungen zur Verfügung, die in den Archiven des Rates hinterlegt wird.

I

Vertrag über die Arbeitsweise der Europäischen Union (AEU-Vertrag – AEUV)

in der Fassung der Bekanntmachung
vom 9. Mai 2008 (ABl. 2010 C 83 S. 47)[1]
– Auszug –

Inhaltsübersicht

Präambel

Erster Teil
Grundsätze

Artikel 1

Titel I
Arten und Bereiche der Zuständigkeit der Union
Artikel 2
Artikel 3
Artikel 4
Artikel 5
Artikel 6

Titel II
Allgemein geltende Bestimmungen
Artikel 7
Artikel 8 (ex-Artikel 3 Absatz 2 EGV)
Artikel 9
Artikel 10
Artikel 11 (ex-Artikel 6 EGV)
Artikel 12 (ex-Artikel 153 Absatz 2 EGV)
Artikel 13
Artikel 14 (ex-Artikel 16 EGV)
Artikel 15 (ex-Artikel 255 EGV)
Artikel 16 (ex-Artikel 286 EGV)
Artikel 17

Zweiter Teil
Nichtdiskriminierung und Unionsbürgerschaft
Artikel 18 (ex-Artikel 12 EGV)
Artikel 19 (ex-Artikel 13 EGV)
Artikel 20 (ex-Artikel 17 EGV)
Artikel 21 (ex-Artikel 18 EGV)
Artikel 22 (ex-Artikel 19 EGV)
Artikel 23 (ex-Artikel 20 EGV)
Artikel 24 (ex-Artikel 21 EGV)
Artikel 25 (ex-Artikel 22 EGV)

Dritter Teil
Die internen Politiken und Maßnahmen der Union

Titel I
Der Binnenmarkt
Artikel 26 (ex-Artikel 14 EGV)
Artikel 27 (ex-Artikel 15 EGV)

Titel II
Der freie Warenverkehr
Artikel 28 (ex-Artikel 23 EGV)
Artikel 29 (ex-Artikel 24 EGV)

Kapitel 1
Die Zollunion
Artikel 30 (ex-Artikel 25 EGV)
Artikel 31 (ex-Artikel 26 EGV)
Artikel 32 (ex-Artikel 27 EGV)

Kapitel 2
Die Zusammenarbeit im Zollwesen
Artikel 33 (ex-Artikel 135 EGV)

[1] Konsolidierte Fassung des Vertrags zur Gründung der Europäischen Gemeinschaft v. 25. 3. 1957 (BGBl. II S. 766). Die Bundesrepublik Deutschland hat dem Vertrag von Lissabon mit Gesetz vom 8. 10. 2008 (BGBl. II S. 1038) zugestimmt. Diese Fassung tritt daher am 1. 12. 2009 in Kraft (siehe auch Bekanntmachung vom 13. 11. 2009, BGBl. II S. 1223).

Kapitel 3
Verbot von mengenmäßigen Beschränkungen zwischen den Mitgliedstaaten
Artikel 34 (ex-Artikel 28 EGV)
Artikel 35 (ex-Artikel 29 EGV)
Artikel 36 (ex-Artikel 30 EGV)
Artikel 37 (ex-Artikel 31 EGV)

Titel III
Die Landwirtschaft und die Fischerei
Artikel 38 (ex-Artikel 32 EGV)
Artikel 39 (ex-Artikel 33 EGV)
Artikel 40 (ex-Artikel 34 EGV)
Artikel 41 (ex-Artikel 35 EGV)
Artikel 42 (ex-Artikel 36 EGV)
Artikel 43 (ex-Artikel 37 EGV)
Artikel 44 (ex-Artikel 38 EGV)

Titel IV
Die Freizügigkeit, der freie Dienstleistungs- und Kapitalverkehr
Kapitel 1
Die Arbeitskräfte
Artikel 45 (ex-Artikel 39 EGV)
Artikel 46 (ex-Artikel 40 EGV)
Artikel 47 (ex-Artikel 41 EGV)
Artikel 48 (ex-Artikel 42 EGV)

Kapitel 2
Das Niederlassungsrecht
Artikel 49 (ex-Artikel 43 EGV)
Artikel 50 (ex-Artikel 44 EGV)
Artikel 51 (ex-Artikel 45 EGV)
Artikel 52 (ex-Artikel 46 EGV)
Artikel 53 (ex-Artikel 47 EGV)
Artikel 54 (ex-Artikel 48 EGV)
Artikel 55 (ex-Artikel 294 EGV)

Kapitel 3
Dienstleistungen
Artikel 56 (ex-Artikel 49 EGV)
Artikel 57 (ex-Artikel 50 EGV)
Artikel 58 (ex-Artikel 51 EGV)
Artikel 59 (ex-Artikel 52 EGV)
Artikel 60 (ex-Artikel 53 EGV)
Artikel 61 (ex-Artikel 54 EGV)

Artikel 62 (ex-Artikel 55 EGV)

Kapitel 4
Der Kapital- und Zahlungsverkehr
Artikel 63 (ex-Artikel 56 EGV)
Artikel 64 (ex-Artikel 57 EGV)
Artikel 65 (ex-Artikel 58 EGV)
Artikel 66 (ex-Artikel 59 EGV)

Titel VII
Gemeinsame Regeln betreffend Wettbewerb, Steuerfragen und Angleichung der Rechtsvorschriften
Kapitel 1
Wettbewerbsregeln
Abschnitt 1
Vorschriften für Unternehmen
Artikel 101 (ex-Artikel 81 EGV)
Artikel 102 (ex-Artikel 82 EGV)
Artikel 103 (ex-Artikel 83 EGV)
Artikel 104 (ex-Artikel 84 EGV)
Artikel 105 (ex-Artikel 85 EGV)
Artikel 106

Abschnitt 2
Staatliche Beihilfen
Artikel 107 (ex-Artikel 87 EGV)
Artikel 108 (ex-Artikel 88 EGV)
Artikel 109 (ex-Artikel 89 EGV)

Kapitel 2
Steuerliche Vorschriften
Artikel 110 (ex-Artikel 90 EGV)
Artikel 111 (ex-Artikel 91 EGV)
Artikel 112 (ex-Artikel 92 EGV)
Artikel 113 (ex-Artikel 93 EGV)

Kapitel 3
Angleichung der Rechtsvorschriften
Artikel 114 (ex-Artikel 95 EGV)
Artikel 115 (ex-Artikel 94 EGV)
Artikel 116 (ex-Artikel 96 EGV)
Artikel 117 (ex-Artikel 97 EGV)
Artikel 118

I

Titel VIII
Die Wirtschafts- und Währungspolitik

Artikel 119 (ex-Artikel 4 EGV)

Kapitel 1
Die Wirtschaftspolitik
Artikel 120 (ex-Artikel 98 EGV)
Artikel 121 (ex-Artikel 99 EGV)
Artikel 122 (ex-Artikel 100 EGV)
Artikel 123 (ex-Artikel 101 EGV)
Artikel 124 (ex-Artikel 102 EGV)
Artikel 125 (ex-Artikel 103 EGV)
Artikel 126 (ex-Artikel 104 EGV)

Kapitel 2
Die Währungspolitik
Artikel 127 (ex-Artikel 105 EGV)
Artikel 128 (ex-Artikel 106 EGV)
Artikel 129 (ex-Artikel 107 EGV)
Artikel 130 (ex-Artikel 108 EGV)
Artikel 131 (ex-Artikel 109 EGV)
Artikel 132 (ex-Artikel 110 EGV)
Artikel 133

Kapitel 3
Institutionelle Bestimmungen
Artikel 134 (ex-Artikel 114 EGV)
Artikel 135 (ex-Artikel 115 EGV)

Kapitel 4
Besondere Bestimmungen für die Mitgliedstaaten, deren Währung der Euro ist
Artikel 136
Artikel 137
Artikel 138 (ex-Artikel 111 Absatz 4 EGV)

Kapitel 5
Übergangsbestimmungen
Artikel 139
Artikel 140 (ex-Artikel 121 Absatz 1, ex-Artikel 122 Absatz 2 Satz 2 und ex-Artikel 123 Absatz 5 EGV)
Artikel 141 (ex-Artikel 123 Absatz 3 und ex-Artikel 117 Absatz 2 erster bis fünfter Gedankenstrich EGV)
Artikel 142 (ex-Artikel 124 Absatz 1 EGV)

Artikel 143 (ex-Artikel 119 EGV)
Artikel 144 (ex-Artikel 120 EGV)

Titel IX
Beschäftigung
Artikel 145 (ex-Artikel 125 EGV)
Artikel 146 (ex-Artikel 126 EGV)
Artikel 147 (ex-Artikel 127 EGV)
Artikel 148 (ex-Artikel 128 EGV)
Artikel 149 (ex-Artikel 129 EGV)
Artikel 150 (ex-Artikel 130 EGV)

Titel X
Sozialpolitik
Artikel 151 (ex-Artikel 136 EGV)
Artikel 152
Artikel 153 (ex-Artikel 137 EGV)
Artikel 154 (ex-Artikel 138 EGV)
Artikel 155 (ex-Artikel 139 EGV)
Artikel 156 (ex-Artikel 140 EGV)
Artikel 157 (ex-Artikel 141 EGV)
Artikel 158 (ex-Artikel 142 EGV)
Artikel 159 (ex-Artikel 143 EGV)
Artikel 160 (ex-Artikel 144 EGV)
Artikel 161 (ex-Artikel 145 EGV)

Titel XI
Der Europäische Sozialfonds
Artikel 162 (ex-Artikel 146 EGV)
Artikel 163 (ex-Artikel 147 EGV)
Artikel 164 (ex-Artikel 148 EGV)

Titel XII
Allgemeine und berufliche Bildung, Jugend und Sport
Artikel 165 (ex-Artikel 149 EGV)
Artikel 166 (ex-Artikel 150 EGV)

Titel XIII
Kultur
Artikel 167 (ex-Artikel 151 EGV)

Titel XIV
Gesundheitswesen
Artikel 168 (ex-Artikel 152 EGV

Titel XV
Verbraucherschutz
Artikel 169 (ex-Artikel 153 EGV)

Titel XVI
Transeuropäische Netze
Artikel 170 (ex-Artikel 154 EGV)
Artikel 171 (ex-Artikel 155 EGV)
Artikel 172 (ex-Artikel 156 EGV)

Titel XVII
Industrie
Artikel 173 (ex-Artikel 157 EGV)

Titel XVIII
Wirtschaftlicher, sozialer und territorialer Zusammenhalt
Artikel 174 (ex-Artikel 158 EGV)
Artikel 175 (ex-Artikel 159 EGV)
Artikel 176 (ex-Artikel 160 EGV)
Artikel 177 (ex-Artikel 161 EGV)
Artikel 178 (ex-Artikel 162 EGV)

Titel XIX
Forschung, technologische Entwicklung und Raumfahrt
Artikel 179 (ex-Artikel 163 EGV)
Artikel 180 (ex-Artikel 164 EGV)
Artikel 181 (ex-Artikel 165 EGV)
Artikel 182 (ex-Artikel 166 EGV)
Artikel 183 (ex-Artikel 167 EGV)
Artikel 184 (ex-Artikel 168 EGV)
Artikel 185 (ex-Artikel 169 EGV)
Artikel 186 (ex-Artikel 170 EGV)
Artikel 187 (ex-Artikel 171 EGV)
Artikel 188 (ex-Artikel 172)
Artikel 189
Artikel 190 (ex-Artikel 173 EGV)

Titel XX
Umwelt
Artikel 191 (ex-Artikel 174 EGV)
Artikel 192 (ex-Artikel 175 EGV)
Artikel 193 (ex-Artikel 176 EGV)

Titel XXI
Energie
Artikel 194

Titel XXII
Tourismus
Artikel 195

Titel XXIII
Katastrophenschutz
Artikel 196

Titel XXIV
Verwaltungszusammenarbeit
Artikel 197

Sechster Teil
Institutionelle Bestimmungen und Finanzvorschriften

Titel I
Vorschriften über die Organe

Kapitel 2
Rechtsakte der Union, Annahmeverfahren und sonstige Vorschriften

Abschnitt 1
Die Rechtsakte der Union
Artikel 288 (ex-Artikel 249 EGV)
Artikel 289
Artikel 290
Artikel 291
Artikel 292

Abschnitt 2
Annahmeverfahren und sonstige Vorschriften
Artikel 293 (ex-Artikel 250 EGV)
Artikel 294 (ex-Artikel 251 EGV)
Artikel 295
Artikel 296 (ex-Artikel 253 EGV)
Artikel 297 (ex-Artikel 254 EGV)
Artikel 298
Artikel 299 (ex-Artikel 256 EGV)

Präambel

Seine Majestät der König der Belgier, der Präsident der Bundesrepublik Deutschland, der Präsident der Französischen Republik, der Präsident der Italienischen Republik, Ihre Königliche Hoheit die Großherzogin von Luxemburg, Ihre Majestät die Königin der Niederlande,[1])

in dem festen Willen, die Grundlagen für einen immer engeren Zusammenschluss der europäischen Völker zu schaffen,

entschlossen, durch gemeinsames Handeln den wirtschaftlichen und sozialen Fortschritt ihrer Staaten zu sichern, indem sie die Europa trennenden Schranken beseitigen,

in dem Vorsatz, die stetige Besserung der Lebens- und Beschäftigungsbedingungen ihrer Völker als wesentliches Ziel anzustreben,

in der Erkenntnis, dass zur Beseitigung der bestehenden Hindernisse ein einverständliches Vorgehen erforderlich ist, um eine beständige Wirtschaftsausweitung, einen ausgewogenen Handelsverkehr und einen redlichen Wettbewerb zu gewährleisten,

in dem Bestreben, ihre Volkswirtschaften zu einigen und deren harmonische Entwicklung zu fördern, indem sie den Abstand zwischen einzelnen Gebieten und den Rückstand weniger begünstigter Gebiete verringern,

in dem Wunsch, durch eine gemeinsame Handelspolitik zur fortschreitenden Beseitigung der Beschränkungen im zwischenstaatlichen Wirtschaftsverkehr beizutragen,

in der Absicht, die Verbundenheit Europas mit den überseeischen Ländern zu bekräftigen, und in dem Wunsch, entsprechend den Grundsätzen der Satzung der Vereinten Nationen den Wohlstand der überseeischen Länder zu fördern,

entschlossen, durch diesen Zusammenschluss ihrer Wirtschaftskräfte Frieden und Freiheit zu wahren und zu festigen, und mit der Aufforderung an die anderen Völker Europas, die sich zu dem gleichen hohen Ziel bekennen, sich diesen Bestrebungen anzuschließen,

entschlossen, durch umfassenden Zugang zur Bildung und durch ständige Weiterbildung auf einen möglichst hohen Wissensstand ihrer Völker hinzuwirken,

haben zu diesem Zweck zu ihren Bevollmächtigten ernannt

(Aufzählung der Bevollmächtigten nicht wiedergegeben)

Diese sind nach Austausch ihrer als gut und gehörig befundenen Vollmachten wie folgt übereingekommen:

Erster Teil
Grundsätze

Artikel 1

(1) Dieser Vertrag regelt die Arbeitsweise der Union und legt die Bereiche, die Abgrenzung und die Einzelheiten der Ausübung ihrer Zuständigkeiten fest.

(2) Dieser Vertrag und der Vertrag über die Europäische Union bilden die Verträge, auf die sich die Union gründet. Diese beiden Verträge, die rechtlich gleichrangig sind, werden als „die Verträge" bezeichnet.

Titel I
Arten und Bereiche der Zuständigkeit der Union

Artikel 2

(1) Übertragen die Verträge der Union für einen bestimmten Bereich eine ausschließliche Zuständigkeit, so kann nur die Union gesetzgeberisch tätig werden und verbindliche Rechtsakte erlassen; die Mitgliedstaaten dürfen in einem solchen Fall nur tätig werden,

---

[1]) Seit dem ursprünglichen Vertragsschluss sind Mitgliedstaaten der Europäischen Union geworden: die Republik Bulgarien, die Tschechische Republik, das Königreich Dänemark, die Republik Estland, die Hellenische Republik, das Königreich Spanien, Irland, die Republik Zypern, die Republik Lettland, die Republik Litauen, die Republik Ungarn, die Republik Malta, die Republik Österreich, die Republik Polen, die Portugiesische Republik, Rumänien, die Republik Slowenien, die Slowakische Republik, die Republik Finnland, das Königreich Schweden und das Vereinigte Königreich Großbritannien und Nordirland.

wenn sie von der Union hierzu ermächtigt werden oder um Rechtsakte der Union durchzuführen.

(2) Übertragen die Verträge der Union für einen bestimmten Bereich eine mit den Mitgliedstaaten geteilte Zuständigkeit, so können die Union und die Mitgliedstaaten in diesem Bereich gesetzgeberisch tätig werden und verbindliche Rechtsakte erlassen. Die Mitgliedstaaten nehmen ihre Zuständigkeit wahr, sofern und soweit die Union ihre Zuständigkeit nicht ausgeübt hat. Die Mitgliedstaaten nehmen ihre Zuständigkeit erneut wahr, sofern und soweit die Union entschieden hat, ihre Zuständigkeit nicht mehr auszuüben.

(3) Die Mitgliedstaaten koordinieren ihre Wirtschafts- und Beschäftigungspolitik im Rahmen von Regelungen nach Maßgabe dieses Vertrags, für deren Festlegung die Union zuständig ist.

(4) Die Union ist nach Maßgabe des Vertrags über die Europäische Union dafür zuständig, eine gemeinsame Außen- und Sicherheitspolitik einschließlich der schrittweisen Festlegung einer gemeinsamen Verteidigungspolitik zu erarbeiten und zu verwirklichen.

(5) In bestimmten Bereichen ist die Union nach Maßgabe der Verträge dafür zuständig, Maßnahmen zur Unterstützung, Koordinierung oder Ergänzung der Maßnahmen der Mitgliedstaaten durchzuführen, ohne dass dadurch die Zuständigkeit der Union für diese Bereiche an die Stelle der Zuständigkeit der Mitgliedstaaten tritt.

Die verbindlichen Rechtsakte der Union, die aufgrund der diese Bereiche betreffenden Bestimmungen der Verträge erlassen werden, dürfen keine Harmonisierung der Rechtsvorschriften der Mitgliedstaaten beinhalten.

(6) Der Umfang der Zuständigkeiten der Union und die Einzelheiten ihrer Ausübung ergeben sich aus den Bestimmungen der Verträge zu den einzelnen Bereichen.

Artikel 3

(1) Die Union hat ausschließliche Zuständigkeit in folgenden Bereichen:

a) Zollunion,

b) Festlegung der für das Funktionieren des Binnenmarkts erforderlichen Wettbewerbsregeln,

c) Währungspolitik für die Mitgliedstaaten, deren Währung der Euro ist,

d) Erhaltung der biologischen Meeresschätze im Rahmen der gemeinsamen Fischereipolitik,

e) gemeinsame Handelspolitik.

(2) Die Union hat ferner die ausschließliche Zuständigkeit für den Abschluss internationaler Übereinkünfte, wenn der Abschluss einer solchen Übereinkunft in einem Gesetzgebungsakt der Union vorgesehen ist, wenn er notwendig ist, damit sie ihre interne Zuständigkeit ausüben kann, oder soweit er gemeinsame Regeln beeinträchtigen oder deren Tragweite verändern könnte.

Artikel 4

(1) Die Union teilt ihre Zuständigkeit mit den Mitgliedstaaten, wenn ihr die Verträge außerhalb der in den Artikeln 3 und 6 genannten Bereiche eine Zuständigkeit übertragen.

(2) Die von der Union mit den Mitgliedstaaten geteilte Zuständigkeit erstreckt sich auf die folgenden Hauptbereiche:

a) Binnenmarkt,

b) Sozialpolitik hinsichtlich der in diesem Vertrag genannten Aspekte,

c) wirtschaftlicher, sozialer und territorialer Zusammenhalt,

d) Landwirtschaft und Fischerei, ausgenommen die Erhaltung der biologischen Meeresschätze,

e) Umwelt,

f) Verbraucherschutz,

g) Verkehr,

h) transeuropäische Netze,

i) Energie,

j) Raum der Freiheit, der Sicherheit und des Rechts,

k) gemeinsame Sicherheitsanliegen im Bereich der öffentlichen Gesundheit hinsichtlich der in diesem Vertrag genannten Aspekte.

(3) In den Bereichen Forschung, technologische Entwicklung und Raumfahrt erstreckt sich die Zuständigkeit der Union darauf, Maßnahmen zu treffen, insbesondere Programme zu erstellen und durchzuführen, ohne dass die Ausübung dieser Zuständigkeit die Mitgliedstaaten hindert, ihre Zuständigkeit auszuüben.

(4) In den Bereichen Entwicklungszusammenarbeit und humanitäre Hilfe erstreckt sich die Zuständigkeit der Union darauf, Maßnahmen zu treffen und eine gemeinsame Politik zu verfolgen, ohne dass die Ausübung dieser Zuständigkeit die Mitgliedstaaten hindert, ihre Zuständigkeit auszuüben.

Artikel 5

(1) Die Mitgliedstaaten koordinieren ihre Wirtschaftspolitik innerhalb der Union. Zu diesem Zweck erlässt der Rat Maßnahmen; insbesondere beschließt er die Grundzüge dieser Politik.

Für die Mitgliedstaaten, deren Währung der Euro ist, gelten besondere Regelungen.

(2) Die Union trifft Maßnahmen zur Koordinierung der Beschäftigungspolitik der Mitgliedstaaten, insbesondere durch die Festlegung von Leitlinien für diese Politik.

(3) Die Union kann Initiativen zur Koordinierung der Sozialpolitik der Mitgliedstaaten ergreifen.

Artikel 6

Die Union ist für die Durchführung von Maßnahmen zur Unterstützung, Koordinierung oder Ergänzung der Maßnahmen der Mitgliedstaaten zuständig. Diese Maßnahmen mit europäischer Zielsetzung können in folgenden Bereichen getroffen werden:

a) Schutz und Verbesserung der menschlichen Gesundheit,

b) Industrie,

c) Kultur,

d) Tourismus,

e) allgemeine und berufliche Bildung, Jugend und Sport,

f) Katastrophenschutz,

g) Verwaltungszusammenarbeit.

Titel II
Allgemein geltende Bestimmungen

Artikel 7

Die Union achtet auf die Kohärenz zwischen ihrer Politik und ihren Maßnahmen in den verschiedenen Bereichen und trägt dabei unter Einhaltung des Grundsatzes der begrenzten Einzelermächtigung ihren Zielen in ihrer Gesamtheit Rechnung.

Artikel 8 (ex-Artikel 3 Absatz 2 EGV)[2]

Bei allen ihren Tätigkeiten wirkt die Union darauf hin, Ungleichheiten zu beseitigen und die Gleichstellung von Männern und Frauen zu fördern.

Artikel 9

Bei der Festlegung und Durchführung ihrer Politik und ihrer Maßnahmen trägt die Union den Erfordernissen im Zusammenhang mit der Förderung eines hohen Beschäftigungsniveaus, mit der Gewährleistung eines angemessenen sozialen Schutzes, mit der Bekämpfung der sozialen Ausgrenzung sowie mit einem hohen Niveau der allgemeinen und beruflichen Bildung und des Gesundheitsschutzes Rechnung.

Artikel 10

Bei der Festlegung und Durchführung ihrer Politik und ihrer Maßnahmen zielt die Union darauf ab, Diskriminierungen aus Gründen des Geschlechts, der Rasse, der ethnischen Herkunft, der Religion oder der Weltanschauung, einer Behinderung, des Alters oder der sexuellen Ausrichtung zu bekämpfen.

---

[2] Dieser Verweis hat lediglich hinweisenden Charakter. Zur Vertiefung vgl. die Übereinstimmungstabellen für die Entsprechung zwischen bisheriger und neuer Nummerierung der Verträge.

Artikel 11 (ex-Artikel 6 EGV)

Die Erfordernisse des Umweltschutzes müssen bei der Festlegung und Durchführung der Unionspolitiken und -maßnahmen insbesondere zur Förderung einer nachhaltigen Entwicklung einbezogen werden.

Artikel 12 (ex-Artikel 153 Absatz 2 EGV)

Den Erfordernissen des Verbraucherschutzes wird bei der Festlegung und Durchführung der anderen Unionspolitiken und -maßnahmen Rechnung getragen.

Artikel 13

Bei der Festlegung und Durchführung der Politik der Union in den Bereichen Landwirtschaft, Fischerei, Verkehr, Binnenmarkt, Forschung, technologische Entwicklung und Raumfahrt tragen die Union und die Mitgliedstaaten den Erfordernissen des Wohlergehens der Tiere als fühlende Wesen in vollem Umfang Rechnung; sie berücksichtigen hierbei die Rechts- und Verwaltungsvorschriften und die Gepflogenheiten der Mitgliedstaaten insbesondere in Bezug auf religiöse Riten, kulturelle Traditionen und das regionale Erbe.

Artikel 14 (ex-Artikel 16 EGV)

Unbeschadet des Artikels 4 des Vertrags über die Europäische Union und der Artikel 93, 106 und 107 dieses Vertrags und in Anbetracht des Stellenwerts, den Dienste von allgemeinem wirtschaftlichem Interesse innerhalb der gemeinsamen Werte der Union einnehmen, sowie ihrer Bedeutung bei der Förderung des sozialen und territorialen Zusammenhalts tragen die Union und die Mitgliedstaaten im Rahmen ihrer jeweiligen Befugnisse im Anwendungsbereich der Verträge dafür Sorge, dass die Grundsätze und Bedingungen, insbesondere jene wirtschaftlicher und finanzieller Art, für das Funktionieren dieser Dienste so gestaltet sind, dass diese ihren Aufgaben nachkommen können. Diese Grundsätze und Bedingungen werden vom Europäischen Parlament und vom Rat durch Verordnungen gemäß dem ordentlichen Gesetzgebungsverfahren festgelegt, unbeschadet der Zuständigkeit der Mitgliedstaaten, diese Dienste im Einklang mit den Verträgen zur Verfügung zu stellen, in Auftrag zu geben und zu finanzieren.

Artikel 15 (ex-Artikel 255 EGV)

(1) Um eine verantwortungsvolle Verwaltung zu fördern und die Beteiligung der Zivilgesellschaft sicherzustellen, handeln die Organe, Einrichtungen und sonstigen Stellen der Union unter weitestgehender Beachtung des Grundsatzes der Offenheit.

(2) Das Europäische Parlament tagt öffentlich; dies gilt auch für den Rat, wenn er über Entwürfe zu Gesetzgebungsakten berät oder abstimmt.

(3) Jeder Unionsbürger sowie jede natürliche oder juristische Person mit Wohnsitz oder satzungsgemäßem Sitz in einem Mitgliedstaat hat das Recht auf Zugang zu Dokumenten der Organe, Einrichtungen und sonstigen Stellen der Union, unabhängig von der Form der für diese Dokumente verwendeten Träger, vorbehaltlich der Grundsätze und Bedingungen, die nach diesem Absatz festzulegen sind.

Die allgemeinen Grundsätze und die aufgrund öffentlicher oder privater Interessen geltenden Einschränkungen für die Ausübung dieses Rechts auf Zugang zu Dokumenten werden vom Europäischen Parlament und vom Rat durch Verordnungen gemäß dem ordentlichen Gesetzgebungsverfahren festgelegt.

Die Organe, Einrichtungen oder sonstigen Stellen gewährleisten die Transparenz ihrer Tätigkeit und legen gemäß den in Unterabsatz 2 genannten Verordnungen in ihrer Geschäftsordnung Sonderbestimmungen hinsichtlich des Zugangs zu ihren Dokumenten fest.*

Dieser Absatz gilt für den Gerichtshof der Europäischen Union, die Europäische Zentralbank und die Europäische Investitionsbank

---

* Dieser Unterabsatz ist Gegenstand eines laufenden Berichtigungsverfahrens.

nur dann, wenn sie Verwaltungsaufgaben wahrnehmen.

Das Europäische Parlament und der Rat sorgen dafür, dass die Dokumente, die die Gesetzgebungsverfahren betreffen, nach Maßgabe der in Unterabsatz 2 genannten Verordnungen öffentlich zugänglich gemacht werden.

Artikel 16 (ex-Artikel 286 EGV)

(1) Jede Person hat das Recht auf Schutz der sie betreffenden personenbezogenen Daten.

(2) Das Europäische Parlament und der Rat erlassen gemäß dem ordentlichen Gesetzgebungsverfahren Vorschriften über den Schutz natürlicher Personen bei der Verarbeitung personenbezogener Daten durch die Organe, Einrichtungen und sonstigen Stellen der Union sowie durch die Mitgliedstaaten im Rahmen der Ausübung von Tätigkeiten, die in den Anwendungsbereich des Unionsrechts fallen, und über den freien Datenverkehr. Die Einhaltung dieser Vorschriften wird von unabhängigen Behörden überwacht.

Die auf der Grundlage dieses Artikels erlassenen Vorschriften lassen die spezifischen Bestimmungen des Artikels 39 des Vertrags über die Europäische Union unberührt.

Artikel 17

(1) Die Union achtet den Status, den Kirchen und religiöse Vereinigungen oder Gemeinschaften in den Mitgliedstaaten nach deren Rechtsvorschriften genießen, und beeinträchtigt ihn nicht.

(2) Die Union achtet in gleicher Weise den Status, den weltanschauliche Gemeinschaften nach den einzelstaatlichen Rechtsvorschriften genießen.

(3) Die Union pflegt mit diesen Kirchen und Gemeinschaften in Anerkennung ihrer Identität und ihres besonderen Beitrags einen offenen, transparenten und regelmäßigen Dialog.

Zweiter Teil
Nichtdiskriminierung und Unionsbürgerschaft

Artikel 18 (ex-Artikel 12 EGV)

Unbeschadet besonderer Bestimmungen der Verträge ist in ihrem Anwendungsbereich jede Diskriminierung aus Gründen der Staatsangehörigkeit verboten.

Das Europäische Parlament und der Rat können gemäß dem ordentlichen Gesetzgebungsverfahren Regelungen für das Verbot solcher Diskriminierungen treffen.

Artikel 19 (ex-Artikel 13 EGV)

(1) Unbeschadet der sonstigen Bestimmungen der Verträge kann der Rat im Rahmen der durch die Verträge auf die Union übertragenen Zuständigkeiten gemäß einem besonderen Gesetzgebungsverfahren und nach Zustimmung des Europäischen Parlaments einstimmig geeignete Vorkehrungen treffen, um Diskriminierungen aus Gründen des Geschlechts, der Rasse, der ethnischen Herkunft, der Religion oder der Weltanschauung, einer Behinderung, des Alters oder der sexuellen Ausrichtung zu bekämpfen.

(2) Abweichend von Absatz 1 können das Europäische Parlament und der Rat gemäß dem ordentlichen Gesetzgebungsverfahren die Grundprinzipien für Fördermaßnahmen der Union unter Ausschluss jeglicher Harmonisierung der Rechts- und Verwaltungsvorschriften der Mitgliedstaaten zur Unterstützung der Maßnahmen festlegen, die die Mitgliedstaaten treffen, um zur Verwirklichung der in Absatz 1 genannten Ziele beizutragen.

Artikel 20 (ex-Artikel 17 EGV)

(1) Es wird eine Unionsbürgerschaft eingeführt. Unionsbürger ist, wer die Staatsangehörigkeit eines Mitgliedstaats besitzt. Die Unionsbürgerschaft tritt zur nationalen Staatsbürgerschaft hinzu, ersetzt sie aber nicht.

(2) Die Unionsbürgerinnen und Unionsbürger haben die in den Verträgen vorgesehenen Rechte und Pflichten. Sie haben unter anderem

a) das Recht, sich im Hoheitsgebiet der Mitgliedstaaten frei zu bewegen und aufzuhalten;

b) in dem Mitgliedstaat, in dem sie ihren Wohnsitz haben, das aktive und passive Wahlrecht bei den Wahlen zum Europäischen Parlament und bei den Kommunalwahlen, wobei für sie dieselben Bedingungen gelten wie für die Angehörigen des betreffenden Mitgliedstaats;

c) im Hoheitsgebiet eines Drittlandes, in dem der Mitgliedstaat, dessen Staatsangehörigkeit sie besitzen, nicht vertreten ist, Recht auf Schutz durch die diplomatischen und konsularischen Behörden eines jeden Mitgliedstaats unter denselben Bedingungen wie Staatsangehörige dieses Staates;

d) das Recht, Petitionen an das Europäische Parlament zu richten und sich an den Europäischen Bürgerbeauftragten zu wenden, sowie das Recht, sich in einer der Sprachen der Verträge an die Organe und die beratenden Einrichtungen der Union zu wenden und eine Antwort in derselben Sprache zu erhalten.

Diese Rechte werden unter den Bedingungen und innerhalb der Grenzen ausgeübt, die in den Verträgen und durch die in Anwendung der Verträge erlassenen Maßnahmen festgelegt sind.

Artikel 21 (ex-Artikel 18 EGV)

(1) Jeder Unionsbürger hat das Recht, sich im Hoheitsgebiet der Mitgliedstaaten vorbehaltlich der in den Verträgen und in den Durchführungsvorschriften vorgesehenen Beschränkungen und Bedingungen frei zu bewegen und aufzuhalten.

(2) Erscheint zur Erreichung dieses Ziels ein Tätigwerden der Union erforderlich und sehen die Verträge hierfür keine Befugnisse vor, so können das Europäische Parlament und der Rat gemäß dem ordentlichen Gesetzgebungsverfahren Vorschriften erlassen, mit denen die Ausübung der Rechte nach Absatz 1 erleichtert wird.

(3) Zu den gleichen wie den in Absatz 1 genannten Zwecken kann der Rat, sofern die Verträge hierfür keine Befugnisse vorsehen, gemäß einem besonderen Gesetzgebungsverfahren Maßnahmen erlassen, die die soziale Sicherheit oder den sozialen Schutz betreffen. Der Rat beschließt einstimmig nach Anhörung des Europäischen Parlaments.

Artikel 22 (ex-Artikel 19 EGV)

(1) Jeder Unionsbürger mit Wohnsitz in einem Mitgliedstaat, dessen Staatsangehörigkeit er nicht besitzt, hat in dem Mitgliedstaat, in dem er seinen Wohnsitz hat, das aktive und passive Wahlrecht bei Kommunalwahlen, wobei für ihn dieselben Bedingungen gelten wie für die Angehörigen des betreffenden Mitgliedstaats. Dieses Recht wird vorbehaltlich der Einzelheiten ausgeübt, die vom Rat einstimmig gemäß einem besonderen Gesetzgebungsverfahren und nach Anhörung des Europäischen Parlaments festgelegt werden; in diesen können Ausnahmeregelungen vorgesehen werden, wenn dies aufgrund besonderer Probleme eines Mitgliedstaats gerechtfertigt ist.

(2) Unbeschadet des Artikels 223 Absatz 1 und der Bestimmungen zu dessen Durchführung besitzt jeder Unionsbürger mit Wohnsitz in einem Mitgliedstaat, dessen Staatsangehörigkeit er nicht besitzt, in dem Mitgliedstaat, in dem er seinen Wohnsitz hat, das aktive und passive Wahlrecht bei den Wahlen zum Europäischen Parlament, wobei für ihn dieselben Bedingungen gelten wie für die Angehörigen des betreffenden Mitgliedstaats. Dieses Recht wird vorbehaltlich der Einzelheiten ausgeübt, die vom Rat einstimmig gemäß einem besonderen Gesetzgebungsverfahren und nach Anhörung des Europäischen Parlaments festgelegt werden; in diesen können Ausnahmeregelungen vorgesehen werden, wenn dies aufgrund besonderer Probleme eines Mitgliedstaats gerechtfertigt ist.

Artikel 23 (ex-Artikel 20 EGV)

Jeder Unionsbürger genießt im Hoheitsgebiet eines dritten Landes, in dem der Mitgliedstaat, dessen Staatsangehörigkeit er besitzt, nicht vertreten ist, den diplomatischen und konsularischen Schutz eines jeden Mitgliedstaats unter denselben Bedingungen wie

Staatsangehörige dieses Staates. Die Mitgliedstaaten treffen die notwendigen Vorkehrungen und leiten die für diesen Schutz erforderlichen internationalen Verhandlungen ein.

Der Rat kann gemäß einem besonderen Gesetzgebungsverfahren und nach Anhörung des Europäischen Parlaments Richtlinien zur Festlegung der notwendigen Koordinierungs- und Kooperationsmaßnahmen zur Erleichterung dieses Schutzes erlassen.

Artikel 24 (ex-Artikel 21 EGV)

Die Bestimmungen über die Verfahren und Bedingungen, die für eine Bürgerinitiative im Sinne des Artikels 11 des Vertrags über die Europäische Union gelten, einschließlich der Mindestzahl der Mitgliedstaaten, aus denen die Bürgerinnen und Bürger, die diese Initiative ergreifen, kommen müssen, werden vom Europäischen Parlament und vom Rat gemäß dem ordentlichen Gesetzgebungsverfahren durch Verordnungen festgelegt.

Jeder Unionsbürger besitzt das Petitionsrecht beim Europäischen Parlament nach Artikel 227.

Jeder Unionsbürger kann sich an den nach Artikel 228 eingesetzten Bürgerbeauftragten wenden.

Jeder Unionsbürger kann sich schriftlich in einer der in Artikel 55 Absatz 1 des Vertrags über die Europäische Union genannten Sprachen an jedes Organ oder an jede Einrichtung wenden, die in dem vorliegenden Artikel oder in Artikel 13 des genannten Vertrags genannt sind, und eine Antwort in derselben Sprache erhalten.

Artikel 25 (ex-Artikel 22 EGV)

Die Kommission erstattet dem Europäischen Parlament, dem Rat und dem Wirtschafts- und Sozialausschuss alle drei Jahre über die Anwendung dieses Teils Bericht. In dem Bericht wird der Fortentwicklung der Union Rechnung getragen.

Auf dieser Grundlage kann der Rat unbeschadet der anderen Bestimmungen der Verträge zur Ergänzung der in Artikel 20 Absatz 2 aufgeführten Rechte einstimmig gemäß einem besonderen Gesetzgebungsverfahren nach Zustimmung des Europäischen Parlaments Bestimmungen erlassen. Diese Bestimmungen treten nach Zustimmung der Mitgliedstaaten im Einklang mit ihren jeweiligen verfassungsrechtlichen Vorschriften in Kraft.

Dritter Teil
Die internen Politiken und Maßnahmen der Union

Titel I
Der Binnenmarkt

Artikel 26 (ex-Artikel 14 EGV)

(1) Die Union erlässt die erforderlichen Maßnahmen, um nach Maßgabe der einschlägigen Bestimmungen der Verträge den Binnenmarkt zu verwirklichen beziehungsweise dessen Funktionieren zu gewährleisten.

(2) Der Binnenmarkt umfasst einen Raum ohne Binnengrenzen, in dem der freie Verkehr von Waren, Personen, Dienstleistungen und Kapital gemäß den Bestimmungen der Verträge gewährleistet ist.

(3) Der Rat legt auf Vorschlag der Kommission die Leitlinien und Bedingungen fest, die erforderlich sind, um in allen betroffenen Sektoren einen ausgewogenen Fortschritt zu gewährleisten.

Artikel 27 (ex-Artikel 15 EGV)

Bei der Formulierung ihrer Vorschläge zur Verwirklichung der Ziele des Artikels 26 berücksichtigt die Kommission den Umfang der Anstrengungen, die einigen Volkswirtschaften mit unterschiedlichem Entwicklungsstand für die Errichtung des Binnenmarkts abverlangt werden, und kann geeignete Bestimmungen vorschlagen.

Erhalten diese Bestimmungen die Form von Ausnahmeregelungen, so müssen sie vorübergehender Art sein und dürfen das Funktionieren des Binnenmarkts so wenig wie möglich stören.

Titel II
Der freie Warenverkehr

Artikel 28 (ex-Artikel 23 EGV)

(1) Die Union umfasst eine Zollunion, die sich auf den gesamten Warenaustausch erstreckt; sie umfasst das Verbot, zwischen den Mitgliedstaaten Ein- und Ausfuhrzölle und Abgaben gleicher Wirkung zu erheben sowie die Einführung eines Gemeinsamen Zolltarifs gegenüber dritten Ländern.

(2) Artikel 30 und Kapitel 3 dieses Titels gelten für die aus den Mitgliedstaaten stammenden Waren sowie für diejenigen Waren aus dritten Ländern, die sich in den Mitgliedstaaten im freien Verkehr befinden.

Artikel 29 (ex-Artikel 24 EGV)

Als im freien Verkehr eines Mitgliedstaats befindlich gelten diejenigen Waren aus dritten Ländern, für die in dem betreffenden Mitgliedstaat die Einfuhrförmlichkeiten erfüllt sowie die vorgeschriebenen Zölle und Abgaben gleicher Wirkung erhoben und nicht ganz oder teilweise rückvergütet worden sind.

Kapitel 1
Die Zollunion

Artikel 30 (ex-Artikel 25 EGV)

Ein- und Ausfuhrzölle oder Abgaben gleicher Wirkung sind zwischen den Mitgliedstaaten verboten. Dieses Verbot gilt auch für Finanzzölle.

Artikel 31 (ex-Artikel 26 EGV)

Der Rat legt die Sätze des Gemeinsamen Zolltarifs auf Vorschlag der Kommission fest.

Artikel 32 (ex-Artikel 27 EGV)

Bei der Ausübung der ihr aufgrund dieses Kapitels übertragenen Aufgaben geht die Kommission von folgenden Gesichtspunkten aus:

a) der Notwendigkeit, den Handelsverkehr zwischen den Mitgliedstaaten und dritten Ländern zu fördern;

b) der Entwicklung der Wettbewerbsbedingungen innerhalb der Union, soweit diese Entwicklung zu einer Zunahme der Wettbewerbsfähigkeit der Unternehmen führt;

c) dem Versorgungsbedarf der Union an Rohstoffen und Halbfertigwaren; hierbei achtet die Kommission darauf, zwischen den Mitgliedstaaten die Wettbewerbsbedingungen für Fertigwaren nicht zu verfälschen;

d) der Notwendigkeit, ernsthafte Störungen im Wirtschaftsleben der Mitgliedstaaten zu vermeiden und eine rationale Entwicklung der Erzeugung sowie eine Ausweitung des Verbrauchs innerhalb der Union zu gewährleisten.

Kapitel 2
Die Zusammenarbeit im Zollwesen

Artikel 33 (ex-Artikel 135 EGV)

Das Europäische Parlament und der Rat treffen im Rahmen des Geltungsbereichs der Verträge gemäß dem ordentlichen Gesetzgebungsverfahren Maßnahmen zum Ausbau der Zusammenarbeit im Zollwesen zwischen den Mitgliedstaaten sowie zwischen den Mitgliedstaaten und der Kommission.

Kapitel 3
Verbot von mengenmäßigen Beschränkungen zwischen den Mitgliedstaaten

Artikel 34 (ex-Artikel 28 EGV)

Mengenmäßige Einfuhrbeschränkungen sowie alle Maßnahmen gleicher Wirkung sind zwischen den Mitgliedstaaten verboten.

Artikel 35 (ex-Artikel 29 EGV)

Mengenmäßige Ausfuhrbeschränkungen sowie alle Maßnahmen gleicher Wirkung sind zwischen den Mitgliedstaaten verboten.

Artikel 36 (ex-Artikel 30 EGV)

Die Bestimmungen der Artikel 34 und 35 stehen Einfuhr-, Ausfuhr- und Durchfuhrverboten oder -beschränkungen nicht entgegen, die aus Gründen der öffentlichen Sittlichkeit, Ordnung und Sicherheit, zum Schutze der Gesundheit und des Lebens von Menschen,

Tieren oder Pflanzen, des nationalen Kulturguts von künstlerischem, geschichtlichem oder archäologischem Wert oder des gewerblichen und kommerziellen Eigentums gerechtfertigt sind. Diese Verbote oder Beschränkungen dürfen jedoch weder ein Mittel zur willkürlichen Diskriminierung noch eine verschleierte Beschränkung des Handels zwischen den Mitgliedstaaten darstellen.

Artikel 37 (ex-Artikel 31 EGV)

(1) Die Mitgliedstaaten formen ihre staatlichen Handelsmonopole derart um, dass jede Diskriminierung in den Versorgungs- und Absatzbedingungen zwischen den Angehörigen der Mitgliedstaaten ausgeschlossen ist.

Dieser Artikel gilt für alle Einrichtungen, durch die ein Mitgliedstaat unmittelbar oder mittelbar die Einfuhr oder die Ausfuhr zwischen den Mitgliedstaaten rechtlich oder tatsächlich kontrolliert, lenkt oder merklich beeinflusst. Er gilt auch für die von einem Staat auf andere Rechtsträger übertragenen Monopole.

(2) Die Mitgliedstaaten unterlassen jede neue Maßnahme, die den in Absatz 1 genannten Grundsätzen widerspricht oder die Tragweite der Artikel über das Verbot von Zöllen und mengenmäßigen Beschränkungen zwischen den Mitgliedstaaten einengt.

(3) Ist mit einem staatlichen Handelsmonopol eine Regelung zur Erleichterung des Absatzes oder der Verwertung landwirtschaftlicher Erzeugnisse verbunden, so sollen bei der Anwendung dieses Artikels gleichwertige Sicherheiten für die Beschäftigung und Lebenshaltung der betreffenden Erzeuger gewährleistet werden.

Titel III
Die Landwirtschaft und die Fischerei

Artikel 38 (ex-Artikel 32 EGV)

(1) Die Union legt eine gemeinsame Agrar- und Fischereipolitik fest und führt sie durch.

Der Binnenmarkt umfasst auch die Landwirtschaft, die Fischerei und den Handel mit landwirtschaftlichen Erzeugnissen. Unter landwirtschaftlichen Erzeugnissen sind die Erzeugnisse des Bodens, der Viehzucht und der Fischerei sowie die mit diesen in unmittelbarem Zusammenhang stehenden Erzeugnisse der ersten Verarbeitungsstufe zu verstehen. Die Bezugnahmen auf die gemeinsame Agrarpolitik oder auf die Landwirtschaft und die Verwendung des Wortes „landwirtschaftlich" sind in dem Sinne zu verstehen, dass damit unter Berücksichtigung der besonderen Merkmale des Fischereisektors auch die Fischerei gemeint ist.

(2) Die Vorschriften für die Errichtung oder das Funktionieren des Binnenmarkts finden auf die landwirtschaftlichen Erzeugnisse Anwendung, soweit in den Artikeln 39 bis 44 nicht etwas anderes bestimmt ist.

(3) Die Erzeugnisse, für welche die Artikel 39 bis 44 gelten, sind in Anhang I aufgeführt.

(4) Mit dem Funktionieren und der Entwicklung des Binnenmarkts für landwirtschaftliche Erzeugnisse muss die Gestaltung einer gemeinsamen Agrarpolitik Hand in Hand gehen.

Artikel 39 (ex-Artikel 33 EGV)

(1) Ziel der gemeinsamen Agrarpolitik ist es,

a) die Produktivität der Landwirtschaft durch Förderung des technischen Fortschritts, Rationalisierung der landwirtschaftlichen Erzeugung und den bestmöglichen Einsatz der Produktionsfaktoren, insbesondere der Arbeitskräfte, zu steigern;

b) auf diese Weise der landwirtschaftlichen Bevölkerung, insbesondere durch Erhöhung des Pro-Kopf-Einkommens der in der Landwirtschaft tätigen Personen, eine angemessene Lebenshaltung zu gewährleisten;

c) die Märkte zu stabilisieren;

d) die Versorgung sicherzustellen;

e) für die Belieferung der Verbraucher zu angemessenen Preisen Sorge zu tragen.

(2) Bei der Gestaltung der gemeinsamen Agrarpolitik und der hierfür anzuwendenden besonderen Methoden ist Folgendes zu berücksichtigen:

a) die besondere Eigenart der landwirtschaftlichen Tätigkeit, die sich aus dem sozialen Aufbau der Landwirtschaft und den strukturellen und naturbedingten Unterschieden der verschiedenen landwirtschaftlichen Gebiete ergibt;

b) die Notwendigkeit, die geeigneten Anpassungen stufenweise durchzuführen;

c) die Tatsache, dass die Landwirtschaft in den Mitgliedstaaten einen mit der gesamten Volkswirtschaft eng verflochtenen Wirtschaftsbereich darstellt.

Artikel 40 (ex-Artikel 34 EGV)

(1) Um die Ziele des Artikels 39 zu erreichen, wird eine gemeinsame Organisation der Agrarmärkte geschaffen.

Diese besteht je nach Erzeugnis aus einer der folgenden Organisationsformen:

a) gemeinsame Wettbewerbsregeln,

b) bindende Koordinierung der verschiedenen einzelstaatlichen Marktordnungen,

c) eine europäische Marktordnung.

(2) Die nach Absatz 1 gestaltete gemeinsame Organisation kann alle zur Durchführung des Artikels 39 erforderlichen Maßnahmen einschließen, insbesondere Preisregelungen, Beihilfen für die Erzeugung und die Verteilung der verschiedenen Erzeugnisse, Einlagerungs- und Ausgleichsmaßnahmen, gemeinsame Einrichtungen zur Stabilisierung der Ein- oder Ausfuhr.

Die gemeinsame Organisation hat sich auf die Verfolgung der Ziele des Artikels 39 zu beschränken und jede Diskriminierung zwischen Erzeugern oder Verbrauchern innerhalb der Union auszuschließen.

Eine etwaige gemeinsame Preispolitik muss auf gemeinsamen Grundsätzen und einheitlichen Berechnungsmethoden beruhen.

(3) Um in der Absatz 1 genannten gemeinsamen Organisation die Erreichung ihrer Ziele zu ermöglichen, können ein oder mehrere Ausrichtungs- oder Garantiefonds für die Landwirtschaft geschaffen werden.

Artikel 41 (ex-Artikel 35 EGV)

Um die Ziele des Artikels 39 zu erreichen, können im Rahmen der gemeinsamen Agrarpolitik folgende Maßnahmen vorgesehen werden:

a) eine wirksame Koordinierung der Bestrebungen auf dem Gebiet der Berufsausbildung, der Forschung und der Verbreitung landwirtschaftlicher Fachkenntnisse; hierbei können Vorhaben oder Einrichtungen gemeinsam finanziert werden;

b) gemeinsame Maßnahmen zur Förderung des Verbrauchs bestimmter Erzeugnisse.

Artikel 42 (ex-Artikel 36 EGV)

Das Kapitel über die Wettbewerbsregeln findet auf die Produktion landwirtschaftlicher Erzeugnisse und den Handel mit diesen nur insoweit Anwendung, als das Europäische Parlament und der Rat dies unter Berücksichtigung der Ziele des Artikels 39 im Rahmen des Artikels 43 Absatz 2 und gemäß dem dort vorgesehenen Verfahren bestimmt.

Der Rat kann auf Vorschlag der Kommission genehmigen, dass Beihilfen gewährt werden

a) zum Schutz von Betrieben, die durch strukturelle oder naturgegebene Bedingungen benachteiligt sind, oder

b) im Rahmen wirtschaftlicher Entwicklungsprogramme.

Artikel 43 (ex-Artikel 37 EGV)

(1) Die Kommission legt zur Gestaltung und Durchführung der gemeinsamen Agrarpolitik Vorschläge vor, welche unter anderem die Ablösung der einzelstaatlichen Marktordnungen durch eine der in Artikel 40 Absatz 2 vorgesehenen gemeinsamen Organisationsformen sowie die Durchführung der in diesem Titel bezeichneten Maßnahmen vorsehen.

Diese Vorschläge müssen dem inneren Zusammenhang der in diesem Titel aufgeführten landwirtschaftlichen Fragen Rechnung tragen.

(2) Das Europäische Parlament und der Rat legen gemäß dem ordentlichen Gesetzgebungsverfahren und nach Anhörung des Wirtschafts- und Sozialausschusses die gemeinsame Organisation der Agrarmärkte nach Artikel 40 Absatz 1 sowie die anderen Bestimmungen fest, die für die Verwirkli-

chung der Ziele der gemeinsamen Agrar- und Fischereipolitik notwendig sind.

(3) Der Rat erlässt auf Vorschlag der Kommission die Maßnahmen zur Festsetzung der Preise, der Abschöpfungen, der Beihilfen und der mengenmäßigen Beschränkungen sowie zur Festsetzung und Aufteilung der Fangmöglichkeiten in der Fischerei.

(4) Die einzelstaatlichen Marktordnungen können nach Maßgabe des Absatzes 1 durch die in Artikel 40 Absatz 1 vorgesehene gemeinsame Organisation ersetzt werden,*

a) wenn sie den Mitgliedstaaten, die sich gegen diese Maßnahme ausgesprochen haben und eine eigene Marktordnung für die in Betracht kommende Erzeugung besitzen, gleichwertige Sicherheiten für die Beschäftigung und Lebenshaltung der betreffenden Erzeuger bietet; hierbei sind die im Zeitablauf möglichen Anpassungen und erforderlichen Spezialisierungen zu berücksichtigen, und

b) wenn die gemeinsame Organisation für den Handelsverkehr innerhalb der Union Bedingungen sicherstellt, die denen eines Binnenmarkts entsprechen.

(5) Wird eine gemeinsame Organisation für bestimmte Rohstoffe geschaffen, bevor eine gemeinsame Organisation für die entsprechenden weiterverarbeiteten Erzeugnisse besteht, so können die betreffenden Rohstoffe aus Ländern außerhalb der Union eingeführt werden, wenn sie für weiterverarbeitete Erzeugnisse verwendet werden, die zur Ausfuhr nach dritten Ländern bestimmt sind.

Artikel 44 (ex-Artikel 38 EGV)

Besteht in einem Mitgliedstaat für ein Erzeugnis eine innerstaatliche Marktordnung oder Regelung gleicher Wirkung und wird dadurch eine gleichartige Erzeugung in einem anderen Mitgliedstaat in ihrer Wettbewerbslage beeinträchtigt, so erheben die Mitgliedstaaten bei der Einfuhr des betreffenden Erzeugnisses aus dem Mitgliedstaat, in dem die genannte Marktordnung oder Re-

gelung besteht, eine Ausgleichsabgabe, es sei denn, dass dieser Mitgliedstaat eine Ausgleichsabgabe bei der Ausfuhr erhebt.

Die Kommission setzt diese Abgaben in der zur Wiederherstellung des Gleichgewichts erforderlichen Höhe fest; sie kann auch andere Maßnahmen genehmigen, deren Bedingungen und Einzelheiten sie festlegt.

Titel IV
Die Freizügigkeit, der freie Dienstleistungs- und Kapitalverkehr

Kapitel 1
Die Arbeitskräfte

Artikel 45 (ex-Artikel 39 EGV)

(1) Innerhalb der Union ist die Freizügigkeit der Arbeitnehmer gewährleistet.

(2) Sie umfasst die Abschaffung jeder auf der Staatsangehörigkeit beruhenden unterschiedlichen Behandlung der Arbeitnehmer der Mitgliedstaaten in Bezug auf Beschäftigung, Entlohnung und sonstige Arbeitsbedingungen.

(3) Sie gibt – vorbehaltlich der aus Gründen der öffentlichen Ordnung, Sicherheit und Gesundheit gerechtfertigten Beschränkungen – den Arbeitnehmern das Recht,

a) sich um tatsächlich angebotene Stellen zu bewerben;

b) sich zu diesem Zweck im Hoheitsgebiet der Mitgliedstaaten frei zu bewegen;

c) sich in einem Mitgliedstaat aufzuhalten, um dort nach den für die Arbeitnehmer dieses Staates geltenden Rechts- und Verwaltungsvorschriften eine Beschäftigung auszuüben;

d) nach Beendigung einer Beschäftigung im Hoheitsgebiet eines Mitgliedstaats unter Bedingungen zu verbleiben, welche die Kommission durch Verordnungen festlegt.

(4) Dieser Artikel findet keine Anwendung auf die Beschäftigung in der öffentlichen Verwaltung.

---

* Der Verweis auf Absatz 1 ist Gegenstand eines laufenden Berichtigungsverfahrens.

Artikel 46 (ex-Artikel 40 EGV)

Das Europäische Parlament und der Rat treffen gemäß dem ordentlichen Gesetzgebungsverfahren und nach Anhörung des Wirtschafts- und Sozialausschusses durch Richtlinien oder Verordnungen alle erforderlichen Maßnahmen, um die Freizügigkeit der Arbeitnehmer im Sinne des Artikels 45 herzustellen, insbesondere

a) durch Sicherstellung einer engen Zusammenarbeit zwischen den einzelstaatlichen Arbeitsverwaltungen;

b) durch die Beseitigung der Verwaltungsverfahren und -praktiken sowie der für den Zugang zu verfügbaren Arbeitsplätzen vorgeschriebenen Fristen, die sich aus innerstaatlichen Rechtsvorschriften oder vorher zwischen den Mitgliedstaaten geschlossenen Übereinkünften ergeben und deren Beibehaltung die Herstellung der Freizügigkeit der Arbeitnehmer hindert;

c) durch die Beseitigung aller Fristen und sonstigen Beschränkungen, die in innerstaatlichen Rechtsvorschriften oder vorher zwischen den Mitgliedstaaten geschlossenen Übereinkünften vorgesehen sind und die den Arbeitnehmern der anderen Mitgliedstaaten für die freie Wahl des Arbeitsplatzes andere Bedingungen als den inländischen Arbeitnehmern auferlegen;

d) durch die Schaffung geeigneter Verfahren für die Zusammenführung und den Ausgleich von Angebot und Nachfrage auf dem Arbeitsmarkt zu Bedingungen, die eine ernstliche Gefährdung der Lebenshaltung und des Beschäftigungsstands in einzelnen Gebieten und Industrien ausschließen.

Artikel 47 (ex-Artikel 41 EGV)

Die Mitgliedstaaten fördern den Austausch junger Arbeitskräfte im Rahmen eines gemeinsamen Programms.

Artikel 48 (ex-Artikel 42 EGV)

Das Europäische Parlament und der Rat beschließen gemäß dem ordentlichen Gesetzgebungsverfahren die auf dem Gebiet der sozialen Sicherheit für die Herstellung der Freizügigkeit der Arbeitnehmer notwendigen Maßnahmen; zu diesem Zweck führen sie insbesondere ein System ein, das zu- und abwandernden Arbeitnehmern und Selbstständigen sowie deren anspruchsberechtigten Angehörigen Folgendes sichert:

a) die Zusammenrechnung aller nach den verschiedenen innerstaatlichen Rechtsvorschriften berücksichtigten Zeiten für den Erwerb und die Aufrechterhaltung des Leistungsanspruchs sowie für die Berechnung der Leistungen;

b) die Zahlung der Leistungen an Personen, die in den Hoheitsgebieten der Mitgliedstaaten wohnen.

Erklärt ein Mitglied des Rates, dass ein Entwurf eines Gesetzgebungsakts nach Absatz 1 wichtige Aspekte seines Systems der sozialen Sicherheit, insbesondere dessen Geltungsbereich, Kosten oder Finanzstruktur verletzen oder dessen finanzielles Gleichgewicht beeinträchtigen würde, so kann es beantragen, dass der Europäische Rat befasst wird. In diesem Fall wird das ordentliche Gesetzgebungsverfahren ausgesetzt. Nach einer Aussprache geht der Europäische Rat binnen vier Monaten nach Aussetzung des Verfahrens wie folgt vor:

a) er verweist den Entwurf an den Rat zurück, wodurch die Aussetzung des ordentlichen Gesetzgebungsverfahrens beendet wird, oder

b) er sieht von einem Tätigwerden ab, oder aber er ersucht die Kommission um Vorlage eines neuen Vorschlags; in diesem Fall gilt der ursprünglich vorgeschlagene Rechtsakt als nicht erlassen.

Kapitel 2
Das Niederlassungsrecht

Artikel 49 (ex-Artikel 43 EGV)

Die Beschränkungen der freien Niederlassung von Staatsangehörigen eines Mitgliedstaats im Hoheitsgebiet eines anderen Mitgliedstaats sind nach Maßgabe der folgenden Bestimmungen verboten. Das Gleiche gilt für Beschränkungen der Gründung von Agenturen, Zweigniederlassungen oder Tochtergesellschaften durch Angehörige eines Mitgliedstaats, die im Hoheitsgebiet eines Mitgliedstaats ansässig sind.

Vorbehaltlich des Kapitels über den Kapitalverkehr umfasst die Niederlassungsfreiheit die Aufnahme und Ausübung selbstständiger Erwerbstätigkeiten sowie die Gründung und Leitung von Unternehmen, insbesondere von Gesellschaften im Sinne des Artikels 54 Absatz 2, nach den Bestimmungen des Aufnahmestaats für seine eigenen Angehörigen.

Artikel 50 (ex-Artikel 44 EGV)

(1) Das Europäische Parlament und der Rat erlassen gemäß dem ordentlichen Gesetzgebungsverfahren und nach Anhörung des Wirtschafts- und Sozialausschusses Richtlinien zur Verwirklichung der Niederlassungsfreiheit für eine bestimmte Tätigkeit.

(2) Das Europäische Parlament, der Rat und die Kommission erfüllen die Aufgaben, die ihnen aufgrund der obigen Bestimmungen übertragen sind, indem sie insbesondere

a) im Allgemeinen diejenigen Tätigkeiten mit Vorrang behandeln, bei denen die Niederlassungsfreiheit die Entwicklung der Produktion und des Handels in besonderer Weise fördert;

b) eine enge Zusammenarbeit zwischen den zuständigen Verwaltungen der Mitgliedstaaten sicherstellen, um sich über die besondere Lage auf den verschiedenen Tätigkeitsgebieten innerhalb der Union zu unterrichten;

c) die aus innerstaatlichen Rechtsvorschriften oder vorher zwischen den Mitgliedstaaten geschlossenen Übereinkünften abgeleiteten Verwaltungsverfahren und -praktiken ausschalten, deren Beibehaltung der Niederlassungsfreiheit entgegensteht;

d) dafür Sorge tragen, dass Arbeitnehmer eines Mitgliedstaats, die im Hoheitsgebiet eines anderen Mitgliedstaats beschäftigt sind, dort verbleiben und eine selbstständige Tätigkeit unter denselben Voraussetzungen ausüben können, die sie erfüllen müssten, wenn sie in diesen Staat erst zu

dem Zeitpunkt einreisen würden, in dem sie diese Tätigkeit aufzunehmen beabsichtigen;

e) den Erwerb und die Nutzung von Grundbesitz im Hoheitsgebiet eines Mitgliedstaats durch Angehörige eines anderen Mitgliedstaats ermöglichen, soweit hierdurch die Grundsätze des Artikels 39 Absatz 2 nicht beeinträchtigt werden;

f) veranlassen, dass bei jedem in Betracht kommenden Wirtschaftszweig die Beschränkungen der Niederlassungsfreiheit in Bezug auf die Voraussetzungen für die Errichtung von Agenturen, Zweigniederlassungen und Tochtergesellschaften im Hoheitsgebiet eines Mitgliedstaats sowie für den Eintritt des Personals der Hauptniederlassung in ihre Leitungs- oder Überwachungsorgane schrittweise aufgehoben werden;

g) soweit erforderlich, die Schutzbestimmungen koordinieren, die in den Mitgliedstaaten den Gesellschaften im Sinne des Artikels 54 Absatz 2 im Interesse der Gesellschafter sowie Dritter vorgeschrieben sind, um diese Bestimmungen gleichwertig zu gestalten;

h) sicherstellen, dass die Bedingungen für die Niederlassung nicht durch Beihilfen der Mitgliedstaaten verfälscht werden.

Artikel 51 (ex-Artikel 45 EGV)

Auf Tätigkeiten, die in einem Mitgliedstaat dauernd oder zeitweise mit der Ausübung öffentlicher Gewalt verbunden sind, findet dieses Kapitel in dem betreffenden Mitgliedstaat keine Anwendung.

Das Europäische Parlament und der Rat können gemäß dem ordentlichen Gesetzgebungsverfahren beschließen, dass dieses Kapitel auf bestimmte Tätigkeiten keine Anwendung findet.

Artikel 52 (ex-Artikel 46 EGV)

(1) Dieses Kapitel und die aufgrund desselben getroffenen Maßnahmen beeinträchtigen nicht die Anwendbarkeit der Rechts- und Verwaltungsvorschriften, die eine Sonderregelung für Ausländer vorsehen und aus

Gründen der öffentlichen Ordnung, Sicherheit oder Gesundheit gerechtfertigt sind.

(2) Das Europäische Parlament und der Rat erlassen gemäß dem ordentlichen Gesetzgebungsverfahren Richtlinien für die Koordinierung der genannten Vorschriften.

Artikel 53 (ex-Artikel 47 EGV)

(1) Um die Aufnahme und Ausübung selbstständiger Tätigkeiten zu erleichtern, erlassen das Europäische Parlament und der Rat gemäß dem ordentlichen Gesetzgebungsverfahren Richtlinien für die gegenseitige Anerkennung der Diplome, Prüfungszeugnisse und sonstigen Befähigungsnachweise sowie für die Koordinierung der Rechts- und Verwaltungsvorschriften der Mitgliedstaaten über die Aufnahme und Ausübung selbstständiger Tätigkeiten.

(2) Die schrittweise Aufhebung der Beschränkungen für die ärztlichen, arztähnlichen und pharmazeutischen Berufe setzt die Koordinierung der Bedingungen für die Ausübung dieser Berufe in den einzelnen Mitgliedstaaten voraus.

Artikel 54 (ex-Artikel 48 EGV)

Für die Anwendung dieses Kapitels stehen die nach den Rechtsvorschriften eines Mitgliedstaats gegründeten Gesellschaften, die ihren satzungsmäßigen Sitz, ihre Hauptverwaltung oder ihre Hauptniederlassung innerhalb der Union haben, den natürlichen Personen gleich, die Angehörige der Mitgliedstaaten sind.

Als Gesellschaften gelten die Gesellschaften des bürgerlichen Rechts und des Handelsrechts einschließlich der Genossenschaften und die sonstigen juristischen Personen des öffentlichen und privaten Rechts mit Ausnahme derjenigen, die keinen Erwerbszweck verfolgen.

Artikel 55 (ex-Artikel 294 EGV)

Unbeschadet der sonstigen Bestimmungen der Verträge stellen die Mitgliedstaaten die Staatsangehörigen der anderen Mitgliedstaaten hinsichtlich ihrer Beteiligung am Kapital von Gesellschaften im Sinne des Artikels 54 den eigenen Staatsangehörigen gleich.

Kapitel 3
Dienstleistungen

Artikel 56 (ex-Artikel 49 EGV)

Die Beschränkungen des freien Dienstleistungsverkehrs innerhalb der Union für Angehörige der Mitgliedstaaten, die in einem anderen Mitgliedstaat als demjenigen des Leistungsempfängers ansässig sind, sind nach Maßgabe der folgenden Bestimmungen verboten.

Das Europäische Parlament und der Rat können gemäß dem ordentlichen Gesetzgebungsverfahren beschließen, dass dieses Kapitel auch auf Erbringer von Dienstleistungen Anwendung findet, welche die Staatsangehörigkeit eines dritten Landes besitzen und innerhalb der Union ansässig sind.

Artikel 57 (ex-Artikel 50 EGV)

Dienstleistungen im Sinne der Verträge sind Leistungen, die in der Regel gegen Entgelt erbracht werden, soweit sie nicht den Vorschriften über den freien Waren- und Kapitalverkehr und über die Freizügigkeit der Personen unterliegen.

Als Dienstleistungen gelten insbesondere:

a) gewerbliche Tätigkeiten,

b) kaufmännische Tätigkeiten,

c) handwerkliche Tätigkeiten,

d) freiberufliche Tätigkeiten.

Unbeschadet des Kapitels über die Niederlassungsfreiheit kann der Leistende zwecks Erbringung seiner Leistungen seine Tätigkeit vorübergehend in dem Mitgliedstaat ausüben, in dem die Leistung erbracht wird, und zwar unter den Voraussetzungen, welche dieser Mitgliedstaat für seine eigenen Angehörigen vorschreibt.

Artikel 58 (ex-Artikel 51 EGV)

(1) Für den freien Dienstleistungsverkehr auf dem Gebiet des Verkehrs gelten die Bestimmungen des Titels über den Verkehr.

(2) Die Liberalisierung der mit dem Kapitalverkehr verbundenen Dienstleistungen der Banken und Versicherungen wird im Einklang mit der Liberalisierung des Kapitalverkehrs durchgeführt.

Artikel 59 (ex-Artikel 52 EGV)

(1) Das Europäische Parlament und der Rat erlassen gemäß dem ordentlichen Gesetzgebungsverfahren und nach Anhörung des Wirtschafts- und Sozialausschusses Richtlinien zur Liberalisierung einer bestimmten Dienstleistung.

(2) Bei den in Absatz 1 genannten Richtlinien sind im Allgemeinen mit Vorrang diejenigen Dienstleistungen zu berücksichtigen, welche die Produktionskosten unmittelbar beeinflussen oder deren Liberalisierung zur Förderung des Warenverkehrs beiträgt.

Artikel 60 (ex-Artikel 53 EGV)

Die Mitgliedstaaten bemühen sich, über das Ausmaß der Liberalisierung der Dienstleistungen, zu dem sie aufgrund der Richtlinien gemäß Artikel 59 Absatz 1 verpflichtet sind, hinauszugehen, falls ihre wirtschaftliche Gesamtlage und die Lage des betreffenden Wirtschaftszweigs dies zulassen.

Die Kommission richtet entsprechende Empfehlungen an die betreffenden Staaten.

Artikel 61 (ex-Artikel 54 EGV)

Solange die Beschränkungen des freien Dienstleistungsverkehrs nicht aufgehoben sind, wendet sie jeder Mitgliedstaat ohne Unterscheidung nach Staatsangehörigkeit oder Aufenthaltsort auf alle in Artikel 56 Absatz 1 bezeichneten Erbringer von Dienstleistungen an.

Artikel 62 (ex-Artikel 55 EGV)

Die Bestimmungen der Artikel 51 bis 54 finden auf das in diesem Kapitel geregelte Sachgebiet Anwendung.

Kapitel 4
Der Kapital- und Zahlungsverkehr

Artikel 63 (ex-Artikel 56 EGV)

(1) Im Rahmen der Bestimmungen dieses Kapitels sind alle Beschränkungen des Kapitalverkehrs zwischen den Mitgliedstaaten sowie zwischen den Mitgliedstaaten und dritten Ländern verboten.

(2) Im Rahmen der Bestimmungen dieses Kapitels sind alle Beschränkungen des Zahlungsverkehrs zwischen den Mitgliedstaaten sowie zwischen den Mitgliedstaaten und dritten Ländern verboten.

Artikel 64 (ex-Artikel 57 EGV)

(1) Artikel 63 berührt nicht die Anwendung derjenigen Beschränkungen auf dritte Länder, die am 31. Dezember 1993 aufgrund einzelstaatlicher Rechtsvorschriften oder aufgrund von Rechtsvorschriften der Union für den Kapitalverkehr mit dritten Ländern im Zusammenhang mit Direktinvestitionen einschließlich Anlagen in Immobilien, mit der Niederlassung, der Erbringung von Finanzdienstleistungen oder der Zulassung von Wertpapieren zu den Kapitalmärkten bestehen. Für in Bulgarien, Estland und Ungarn bestehende Beschränkungen nach innerstaatlichem Recht ist der maßgebliche Zeitpunkt der 31. Dezember 1999.

(2) Unbeschadet der anderen Kapitel der Verträge sowie ihrer Bemühungen um eine möglichst weit gehende Verwirklichung des Zieles eines freien Kapitalverkehrs zwischen den Mitgliedstaaten und dritten Ländern beschließen das Europäische Parlament und der Rat gemäß dem ordentlichen Gesetzgebungsverfahren Maßnahmen für den Kapitalverkehr mit dritten Ländern im Zusammenhang mit Direktinvestitionen einschließlich Anlagen in Immobilien, mit der Niederlassung, der Erbringung von Finanzdienstleistungen oder der Zulassung von Wertpapieren zu den Kapitalmärkten.

(3) Abweichend von Absatz 2 kann nur der Rat gemäß einem besonderen Gesetzgebungsverfahren und nach Anhörung des Europäischen Parlaments Maßnahmen einstim-

mig beschließen, die im Rahmen des Unionsrechts für die Liberalisierung des Kapitalverkehrs mit Drittländern einen Rückschritt darstellen.

Artikel 65 (ex-Artikel 58 EGV)

(1) Artikel 63 berührt nicht das Recht der Mitgliedstaaten,

a) die einschlägigen Vorschriften ihres Steuerrechts anzuwenden, die Steuerpflichtige mit unterschiedlichem Wohnort oder Kapitalanlageort unterschiedlich behandeln,

b) die unerlässlichen Maßnahmen zu treffen, um Zuwiderhandlungen gegen innerstaatliche Rechts- und Verwaltungsvorschriften, insbesondere auf dem Gebiet des Steuerrechts und der Aufsicht über Finanzinstitute, zu verhindern, sowie Meldeverfahren für den Kapitalverkehr zwecks administrativer oder statistischer Information vorzusehen oder Maßnahmen zu ergreifen, die aus Gründen der öffentlichen Ordnung oder Sicherheit gerechtfertigt sind.

(2) Dieses Kapitel berührt nicht die Anwendbarkeit von Beschränkungen des Niederlassungsrechts, die mit den Verträgen vereinbar sind.

(3) Die in den Absätzen 1 und 2 genannten Maßnahmen und Verfahren dürfen weder ein Mittel zur willkürlichen Diskriminierung noch eine verschleierte Beschränkung des freien Kapital- und Zahlungsverkehrs im Sinne des Artikels 63 darstellen.

(4) Sind keine Maßnahmen nach Artikel 64 Absatz 3 erlassen worden, so kann die Kommission oder, wenn diese binnen drei Monaten nach der Vorlage eines entsprechenden Antrags des betreffenden Mitgliedstaats keinen Beschluss erlassen hat, der Rat einen Beschluss erlassen, mit dem festgelegt wird, dass die von einem Mitgliedstaat in Bezug auf ein oder mehrere Drittländer getroffenen restriktiven steuerlichen Maßnahmen insofern als mit den Verträgen vereinbar anzusehen sind, als sie durch eines der Ziele der Union gerechtfertigt und mit dem ordnungsgemäßen Funktionieren des Binnenmarkts

vereinbar sind. Der Rat beschließt einstimmig auf Antrag eines Mitgliedstaats.

Artikel 66 (ex-Artikel 59 EGV)

Falls Kapitalbewegungen nach oder aus dritten Ländern unter außergewöhnlichen Umständen das Funktionieren der Wirtschafts- und Währungsunion schwerwiegend stören oder zu stören drohen, kann der Rat auf Vorschlag der Kommission und nach Anhörung der Europäischen Zentralbank gegenüber dritten Ländern Schutzmaßnahmen mit einer Geltungsdauer von höchstens sechs Monaten treffen, wenn diese unbedingt erforderlich sind.

Titel VII
Gemeinsame Regeln betreffend Wettbewerb, Steuerfragen und Angleichung der Rechtsvorschriften

Kapitel 1
Wettbewerbsregeln

Abschnitt 1
Vorschriften für Unternehmen

Artikel 101 (ex-Artikel 81 EGV)

(1) Mit dem Binnenmarkt unvereinbar und verboten sind alle Vereinbarungen zwischen Unternehmen, Beschlüsse von Unternehmensvereinigungen und aufeinander abgestimmte Verhaltensweisen, welche den Handel zwischen Mitgliedstaaten zu beeinträchtigen geeignet sind und eine Verhinderung, Einschränkung oder Verfälschung des Wettbewerbs innerhalb des Binnenmarkts bezwecken oder bewirken, insbesondere

a) die unmittelbare oder mittelbare Festsetzung der An- oder Verkaufspreise oder sonstiger Geschäftsbedingungen;

b) die Einschränkung oder Kontrolle der Erzeugung, des Absatzes, der technischen Entwicklung oder der Investitionen;

c) die Aufteilung der Märkte oder Versorgungsquellen;

d) die Anwendung unterschiedlicher Bedingungen bei gleichwertigen Leistungen gegenüber Handelspartnern, wodurch diese im Wettbewerb benachteiligt werden;

e) die an den Abschluss von Verträgen geknüpfte Bedingung, dass die Vertragspartner zusätzliche Leistungen annehmen, die weder sachlich noch nach Handelsbrauch in Beziehung zum Vertragsgegenstand stehen.

(2) Die nach diesem Artikel verbotenen Vereinbarungen oder Beschlüsse sind nichtig.

(3) Die Bestimmungen des Absatzes 1 können für nicht anwendbar erklärt werden auf

– Vereinbarungen oder Gruppen von Vereinbarungen zwischen Unternehmen,

– Beschlüsse oder Gruppen von Beschlüssen von Unternehmensvereinigungen,

– aufeinander abgestimmte Verhaltensweisen oder Gruppen von solchen,

die unter angemessener Beteiligung der Verbraucher an dem entstehenden Gewinn zur Verbesserung der Warenerzeugung oder -verteilung oder zur Förderung des technischen oder wirtschaftlichen Fortschritts beitragen, ohne dass den beteiligten Unternehmen

a) Beschränkungen auferlegt werden, die für die Verwirklichung dieser Ziele nicht unerlässlich sind, oder

b) Möglichkeiten eröffnet werden, für einen wesentlichen Teil der betreffenden Waren den Wettbewerb auszuschalten.

Artikel 102 (ex-Artikel 82 EGV)

Mit dem Binnenmarkt unvereinbar und verboten ist die missbräuchliche Ausnutzung einer beherrschenden Stellung auf dem Binnenmarkt oder auf einem wesentlichen Teil desselben durch ein oder mehrere Unternehmen, soweit dies dazu führen kann, den Handel zwischen Mitgliedstaaten zu beeinträchtigen.

Dieser Missbrauch kann insbesondere in Folgendem bestehen:

a) der unmittelbaren oder mittelbaren Erzwingung von unangemessenen Einkaufs- oder Verkaufspreisen oder sonstigen Geschäftsbedingungen;

b) der Einschränkung der Erzeugung, des Absatzes oder der technischen Entwicklung zum Schaden der Verbraucher;

c) der Anwendung unterschiedlicher Bedingungen bei gleichwertigen Leistungen gegenüber Handelspartnern, wodurch diese im Wettbewerb benachteiligt werden;

d) der an den Abschluss von Verträgen geknüpften Bedingung, dass die Vertragspartner zusätzliche Leistungen annehmen, die weder sachlich noch nach Handelsbrauch in Beziehung zum Vertragsgegenstand stehen.

Artikel 103 (ex-Artikel 83 EGV)

(1) Die zweckdienlichen Verordnungen oder Richtlinien zur Verwirklichung der in den Artikeln 101 und 102 niedergelegten Grundsätze werden vom Rat auf Vorschlag der Kommission und nach Anhörung des Europäischen Parlaments beschlossen.

(2) Die in Absatz 1 vorgesehenen Vorschriften bezwecken insbesondere,

a) die Beachtung der in Artikel 101 Absatz 1 und Artikel 102 genannten Verbote durch die Einführung von Geldbußen und Zwangsgeldern zu gewährleisten;

b) die Einzelheiten der Anwendung des Artikels 101 Absatz 3 festzulegen; dabei ist dem Erfordernis einer wirksamen Überwachung bei möglichst einfacher Verwaltungskontrolle Rechnung zu tragen;

c) gegebenenfalls den Anwendungsbereich der Artikel 101 und 102 für die einzelnen Wirtschaftszweige näher zu bestimmen;

d) die Aufgaben der Kommission und des Gerichtshofs der Europäischen Union bei der Anwendung der in diesem Absatz vorgesehenen Vorschriften gegeneinander abzugrenzen;

e) das Verhältnis zwischen den innerstaatlichen Rechtsvorschriften einerseits und den in diesem Abschnitt enthaltenen oder aufgrund dieses Artikels getroffenen Bestimmungen andererseits festzulegen.

Artikel 104 (ex-Artikel 84 EGV)

Bis zum Inkrafttreten der gemäß Artikel 103 erlassenen Vorschriften entscheiden die Behörden der Mitgliedstaaten im Einklang mit ihren eigenen Rechtsvorschriften und den Bestimmungen der Artikel 101, insbesondere Absatz 3, und 102 über die Zulässigkeit von Vereinbarungen, Beschlüssen und aufeinander abgestimmten Verhaltensweisen sowie über die missbräuchliche Ausnutzung einer beherrschenden Stellung auf dem Binnenmarkt.

Artikel 105 (ex-Artikel 85 EGV)

(1) Unbeschadet des Artikels 104 achtet die Kommission auf die Verwirklichung der in den Artikeln 101 und 102 niedergelegten Grundsätze. Sie untersucht auf Antrag eines Mitgliedstaats oder von Amts wegen in Verbindung mit den zuständigen Behörden der Mitgliedstaaten, die ihr Amtshilfe zu leisten haben, die Fälle, in denen Zuwiderhandlungen gegen diese Grundsätze vermutet werden. Stellt sie eine Zuwiderhandlung fest, so schlägt sie geeignete Mittel vor, um diese abzustellen.

(2) Wird die Zuwiderhandlung nicht abgestellt, so trifft die Kommission in einem mit Gründen versehenen Beschluss die Feststellung, dass eine derartige Zuwiderhandlung vorliegt. Sie kann den Beschluss veröffentlichen und die Mitgliedstaaten ermächtigen, die erforderlichen Abhilfemaßnahmen zu treffen, deren Bedingungen und Einzelheiten sie festlegt.

(3) Die Kommission kann Verordnungen zu den Gruppen von Vereinbarungen erlassen, zu denen der Rat nach Artikel 103 Absatz 2 Buchstabe b eine Verordnung oder Richtlinie erlassen hat.

Artikel 106

(1) Die Mitgliedstaaten werden in Bezug auf öffentliche Unternehmen und auf Unternehmen, denen sie besondere oder ausschließliche Rechte gewähren, keine den Verträgen und insbesondere den Artikeln 18 und 101 bis 109 widersprechende Maßnahmen treffen oder beibehalten.

(2) Für Unternehmen, die mit Dienstleistungen von allgemeinem wirtschaftlichem Interesse betraut sind oder den Charakter eines Finanzmonopols haben, gelten die Vorschriften der Verträge, insbesondere die Wettbewerbsregeln, soweit die Anwendung dieser Vorschriften nicht die Erfüllung der ihnen übertragenen besonderen Aufgabe rechtlich oder tatsächlich verhindert. Die Entwicklung des Handelsverkehrs darf nicht in einem Ausmaß beeinträchtigt werden, das dem Interesse der Union zuwiderläuft.

(3) Die Kommission achtet auf die Anwendung dieses Artikels und richtet erforderlichenfalls geeignete Richtlinien oder Beschlüsse an die Mitgliedstaaten.

Abschnitt 2
Staatliche Beihilfen

Artikel 107 (ex-Artikel 87 EGV)

(1) Soweit in den Verträgen nicht etwas anderes bestimmt ist, sind staatliche oder aus staatlichen Mitteln gewährte Beihilfen gleich welcher Art, die durch die Begünstigung bestimmter Unternehmen oder Produktionszweige den Wettbewerb verfälschen oder zu verfälschen drohen, mit dem Binnenmarkt unvereinbar, soweit sie den Handel zwischen Mitgliedstaaten beeinträchtigen.

(2) Mit dem Binnenmarkt vereinbar sind:

a) Beihilfen sozialer Art an einzelne Verbraucher, wenn sie ohne Diskriminierung nach der Herkunft der Waren gewährt werden;

b) Beihilfen zur Beseitigung von Schäden, die durch Naturkatastrophen oder sonstige außergewöhnliche Ereignisse entstanden sind;

c) Beihilfen für die Wirtschaft bestimmter, durch die Teilung Deutschlands betroffener Gebiete der Bundesrepublik Deutschland, soweit sie zum Ausgleich der durch die Teilung verursachten wirtschaftlichen Nachteile erforderlich sind. Der Rat kann fünf Jahre nach dem Inkrafttreten des Vertrags von Lissabon auf Vorschlag der Kommission einen Beschluss erlassen, mit dem dieser Buchstabe aufgehoben wird.

(3) Als mit dem Binnenmarkt vereinbar können angesehen werden:

a) Beihilfen zur Förderung der wirtschaftlichen Entwicklung von Gebieten, in denen die Lebenshaltung außergewöhnlich niedrig ist oder eine erhebliche Unterbeschäftigung herrscht, sowie der in Artikel 349 genannten Gebiete unter Berücksichtigung ihrer strukturellen, wirtschaftlichen und sozialen Lage;

b) Beihilfen zur Förderung wichtiger Vorhaben von gemeinsamem europäischem Interesse oder zur Behebung einer beträchtlichen Störung im Wirtschaftsleben eines Mitgliedstaats;

c) Beihilfen zur Förderung der Entwicklung gewisser Wirtschaftszweige oder Wirtschaftsgebiete, soweit sie die Handelsbedingungen nicht in einer Weise verändern, die dem gemeinsamen Interesse zuwiderläuft;

d) Beihilfen zur Förderung der Kultur und der Erhaltung des kulturellen Erbes, soweit sie die Handels- und Wettbewerbsbedingungen in der Union nicht in einem Maß beeinträchtigen, das dem gemeinsamen Interesse zuwiderläuft;

e) sonstige Arten von Beihilfen, die der Rat durch einen Beschluss auf Vorschlag der Kommission bestimmt.

Artikel 108 (ex-Artikel 88 EGV)

(1) Die Kommission überprüft fortlaufend in Zusammenarbeit mit den Mitgliedstaaten die in diesen bestehenden Beihilferegelungen. Sie schlägt ihnen die zweckdienlichen Maßnahmen vor, welche die fortschreitende Entwicklung und das Funktionieren des Binnenmarkts erfordern.

(2) Stellt die Kommission fest, nachdem sie den Beteiligten eine Frist zur Äußerung gesetzt hat, dass eine von einem Staat oder aus staatlichen Mitteln gewährte Beihilfe mit dem Binnenmarkt nach Artikel 107 unvereinbar ist oder dass sie missbräuchlich angewandt wird, so beschließt sie, dass der betreffende Staat sie binnen einer von ihr bestimmten Frist aufzuheben oder umzugestalten hat.

Kommt der betreffende Staat diesem Beschluss innerhalb der festgesetzten Frist nicht nach, so kann die Kommission oder jeder betroffene Staat in Abweichung von den Artikeln 258 und 259 den Gerichtshof der Europäischen Union unmittelbar anrufen.

Der Rat kann einstimmig auf Antrag eines Mitgliedstaats beschließen, dass eine von diesem Staat gewährte oder geplante Beihilfe in Abweichung von Artikel 107 oder von den nach Artikel 109 erlassenen Verordnungen als mit dem Binnenmarkt vereinbar gilt, wenn außergewöhnliche Umstände einen solchen Beschluss rechtfertigen. Hat die Kommission bezüglich dieser Beihilfe das in Unterabsatz 1 dieses Absatzes vorgesehene Verfahren bereits eingeleitet, so bewirkt der Antrag des betreffenden Staates an den Rat die Aussetzung dieses Verfahrens, bis der Rat sich geäußert hat.

Äußert sich der Rat nicht binnen drei Monaten nach Antragstellung, so beschließt die Kommission.

(3) Die Kommission wird von jeder beabsichtigten Einführung oder Umgestaltung von Beihilfen so rechtzeitig unterrichtet, dass sie sich dazu äußern kann. Ist sie der Auffassung, dass ein derartiges Vorhaben nach Artikel 107 mit dem Binnenmarkt unvereinbar ist, so leitet sie unverzüglich das in Absatz 2 vorgesehene Verfahren ein. Der betreffende Mitgliedstaat darf die beabsichtigte Maßnahme nicht durchführen, bevor die Kommission einen abschließenden Beschluss erlassen hat.

(4) Die Kommission kann Verordnungen zu den Arten von staatlichen Beihilfen erlassen, für die der Rat nach Artikel 109 festgelegt hat, dass sie von dem Verfahren nach Absatz 3 ausgenommen werden können.

Artikel 109 (ex-Artikel 89 EGV)

Der Rat kann auf Vorschlag der Kommission und nach Anhörung des Europäischen Parlaments alle zweckdienlichen Durchführungsverordnungen zu den Artikeln 107 und 108 erlassen und insbesondere die Bedingungen für die Anwendung des Artikels 108 Absatz 3 sowie diejenigen Arten von Beihilfen festlegen, die von diesem Verfahren ausgenommen sind.

Kapitel 2
Steuerliche Vorschriften

Artikel 110 (ex-Artikel 90 EGV)

Die Mitgliedstaaten erheben auf Waren aus anderen Mitgliedstaaten weder unmittelbar noch mittelbar höhere inländische Abgaben gleich welcher Art, als gleichartige inländische Waren unmittelbar oder mittelbar zu tragen haben.

Die Mitgliedstaaten erheben auf Waren aus anderen Mitgliedstaaten keine inländischen Abgaben, die geeignet sind, andere Produktionen mittelbar zu schützen.

Artikel 111 (ex-Artikel 91 EGV)

Werden Waren in das Hoheitsgebiet eines Mitgliedstaats ausgeführt, so darf die Rückvergütung für inländische Abgaben nicht höher sein als die auf die ausgeführten Waren mittelbar oder unmittelbar erhobenen inländischen Abgaben.

Artikel 112 (ex-Artikel 92 EGV)

Für Abgaben außer Umsatzsteuern, Verbrauchsabgaben und sonstigen indirekten Steuern sind Entlastungen und Rückvergütungen bei der Ausfuhr nach anderen Mitgliedstaaten sowie Ausgleichsabgaben bei der Einfuhr aus den Mitgliedstaaten nur zulässig, soweit der Rat sie vorher auf Vorschlag der Kommission für eine begrenzte Frist genehmigt hat.

Artikel 113 (ex-Artikel 93 EGV)

Der Rat erlässt gemäß einem besonderen Gesetzgebungsverfahren und nach Anhörung des Europäischen Parlaments und des Wirtschafts- und Sozialausschusses einstimmig die Bestimmungen zur Harmonisierung der Rechtsvorschriften über die Umsatzsteuern, die Verbrauchsabgaben und sonstige indirekte Steuern, soweit diese Harmonisierung für die Errichtung und das Funktionieren des Binnenmarkts und die Vermeidung von Wettbewerbsverzerrungen notwendig ist.

Kapitel 3
Angleichung der Rechtsvorschriften

Artikel 114 (ex-Artikel 95 EGV)

(1) Soweit in den Verträgen nichts anderes bestimmt ist, gilt für die Verwirklichung der Ziele des Artikels 26 die nachstehende Regelung. Das Europäische Parlament und der Rat erlassen gemäß dem ordentlichen Gesetzgebungsverfahren und nach Anhörung des Wirtschafts- und Sozialausschusses die Maßnahmen zur Angleichung der Rechts- und Verwaltungsvorschriften der Mitgliedstaaten, welche die Errichtung und das Funktionieren des Binnenmarkts zum Gegenstand haben.

(2) Absatz 1 gilt nicht für die Bestimmungen über die Steuern, die Bestimmungen über die Freizügigkeit und die Bestimmungen über die Rechte und Interessen der Arbeitnehmer.

(3) Die Kommission geht in ihren Vorschlägen nach Absatz 1 in den Bereichen Gesundheit, Sicherheit, Umweltschutz und Verbraucherschutz von einem hohen Schutzniveau aus und berücksichtigt dabei insbesondere alle auf wissenschaftliche Ergebnisse gestützten neuen Entwicklungen. Im Rahmen ihrer jeweiligen Befugnisse streben das Europäische Parlament und der Rat dieses Ziel ebenfalls an.

(4) Hält es ein Mitgliedstaat nach dem Erlass einer Harmonisierungsmaßnahme durch das Europäische Parlament und den Rat beziehungsweise durch den Rat oder die Kommission für erforderlich, einzelstaatliche Bestimmungen beizubehalten, die durch wichtige Erfordernisse im Sinne des Artikels 36 oder in Bezug auf den Schutz der Arbeitsumwelt oder den Umweltschutz gerechtfertigt sind, so teilt er diese Bestimmungen sowie die Gründe für ihre Beibehaltung der Kommission mit.

(5) Unbeschadet des Absatzes 4 teilt ferner ein Mitgliedstaat, der es nach dem Erlass einer Harmonisierungsmaßnahme durch das Europäische Parlament und den Rat bezie-

hungsweise durch den Rat oder die Kommission für erforderlich hält, auf neue wissenschaftliche Erkenntnisse gestützte einzelstaatliche Bestimmungen zum Schutz der Umwelt oder der Arbeitsumwelt aufgrund eines spezifischen Problems für diesen Mitgliedstaat, das sich nach dem Erlass der Harmonisierungsmaßnahme ergibt, einzuführen, die in Aussicht genommenen Bestimmungen sowie die Gründe für ihre Einführung der Kommission mit.

(6) Die Kommission beschließt binnen sechs Monaten nach den Mitteilungen nach den Absätzen 4 und 5, die betreffenden einzelstaatlichen Bestimmungen zu billigen oder abzulehnen, nachdem sie geprüft hat, ob sie ein Mittel zur willkürlichen Diskriminierung und eine verschleierte Beschränkung des Handels zwischen den Mitgliedstaaten darstellen und ob sie das Funktionieren des Binnenmarkts behindern.

Erlässt die Kommission innerhalb dieses Zeitraums keinen Beschluss, so gelten die in den Absätzen 4 und 5 genannten einzelstaatlichen Bestimmungen als gebilligt.

Die Kommission kann, sofern dies aufgrund des schwierigen Sachverhalts gerechtfertigt ist und keine Gefahr für die menschliche Gesundheit besteht, dem betreffenden Mitgliedstaat mitteilen, dass der in diesem Absatz genannte Zeitraum gegebenenfalls um einen weiteren Zeitraum von bis zu sechs Monaten verlängert wird.

(7) Wird es einem Mitgliedstaat nach Absatz 6 gestattet, von der Harmonisierungsmaßnahme abweichende einzelstaatliche Bestimmungen beizubehalten oder einzuführen, so prüft die Kommission unverzüglich, ob sie eine Anpassung dieser Maßnahme vorschlägt.

(8) Wirft ein Mitgliedstaat in einem Bereich, der zuvor bereits Gegenstand von Harmonisierungsmaßnahmen war, ein spezielles Gesundheitsproblem auf, so teilt er dies der Kommission mit, die dann umgehend prüft, ob sie dem Rat entsprechende Maßnahmen vorschlägt.

(9) In Abweichung von dem Verfahren der Artikel 258 und 259 kann die Kommission oder ein Mitgliedstaat den Gerichtshof der Europäischen Union unmittelbar anrufen, wenn die Kommission oder der Staat der Auffassung ist, dass ein anderer Mitgliedstaat die in diesem Artikel vorgesehenen Befugnisse missbraucht.

(10) Die vorgenannten Harmonisierungsmaßnahmen sind in geeigneten Fällen mit einer Schutzklausel verbunden, welche die Mitgliedstaaten ermächtigt, aus einem oder mehreren der in Artikel 36 genannten nicht wirtschaftlichen Gründe vorläufige Maßnahmen zu treffen, die einem Kontrollverfahren der Union unterliegen.

Artikel 115 (ex-Artikel 94 EGV)

Unbeschadet des Artikels 114 erlässt der Rat gemäß einem besonderen Gesetzgebungsverfahren einstimmig und nach Anhörung des Europäischen Parlaments und des Wirtschafts- und Sozialausschusses Richtlinien für die Angleichung derjenigen Rechts- und Verwaltungsvorschriften der Mitgliedstaaten, die sich unmittelbar auf die Errichtung oder das Funktionieren des Binnenmarkts auswirken.

Artikel 116 (ex-Artikel 96 EGV)

Stellt die Kommission fest, dass vorhandene Unterschiede in den Rechts- und Verwaltungsvorschriften der Mitgliedstaaten die Wettbewerbsbedingungen auf dem Binnenmarkt verfälschen und dadurch eine Verzerrung hervorrufen, die zu beseitigen ist, so tritt sie mit den betreffenden Mitgliedstaaten in Beratungen ein.

Führen diese Beratungen nicht zur Beseitigung dieser Verzerrung, so erlassen das Europäische Parlament und der Rat gemäß dem ordentlichen Gesetzgebungsverfahren die erforderlichen Richtlinien. Es können alle sonstigen in den Verträgen vorgesehenen zweckdienlichen Maßnahmen erlassen werden.

Artikel 117 (ex-Artikel 97 EGV)

(1) Ist zu befürchten, dass der Erlass oder die Änderung einer Rechts- oder Verwaltungsvorschrift eine Verzerrung im Sinne des Arti-

kels 116 verursacht, so setzt sich der Mitgliedstaat, der diese Maßnahme beabsichtigt, mit der Kommission ins Benehmen. Diese empfiehlt nach Beratung mit den Mitgliedstaaten den beteiligten Staaten die zur Vermeidung dieser Verzerrung geeigneten Maßnahmen.

(2) Kommt der Staat, der innerstaatliche Vorschriften erlassen oder ändern will, der an ihn gerichteten Empfehlung der Kommission nicht nach, so kann nicht gemäß Artikel 116 verlangt werden, dass die anderen Mitgliedstaaten ihre innerstaatlichen Vorschriften ändern, um die Verzerrung zu beseitigen. Verursacht ein Mitgliedstaat, der die Empfehlung der Kommission außer Acht lässt, eine Verzerrung lediglich zu seinem eigenen Nachteil, so findet Artikel 116 keine Anwendung.

Artikel 118

Im Rahmen der Verwirklichung oder des Funktionierens des Binnenmarkts erlassen das Europäische Parlament und der Rat gemäß dem ordentlichen Gesetzgebungsverfahren Maßnahmen zur Schaffung europäischer Rechtstitel über einen einheitlichen Schutz der Rechte des geistigen Eigentums in der Union sowie zur Einführung von zentralisierten Zulassungs-, Koordinierungs- und Kontrollregelungen auf Unionsebene.

Der Rat legt gemäß einem besonderen Gesetzgebungsverfahren durch Verordnungen die Sprachenregelungen für die europäischen Rechtstitel fest. Der Rat beschließt einstimmig nach Anhörung des Europäischen Parlaments.

Titel VIII
Die Wirtschafts- und Währungspolitik

Artikel 119 (ex-Artikel 4 EGV)

(1) Die Tätigkeit der Mitgliedstaaten und der Union im Sinne des Artikels 3 des Vertrags über die Europäische Union umfasst nach Maßgabe der Verträge die Einführung einer Wirtschaftspolitik, die auf einer engen Koordinierung der Wirtschaftspolitik der Mitgliedstaaten, dem Binnenmarkt und der Festlegung gemeinsamer Ziele beruht und dem Grundsatz einer offenen Marktwirtschaft mit freiem Wettbewerb verpflichtet ist.

(2) Parallel dazu umfasst diese Tätigkeit nach Maßgabe der Verträge und der darin vorgesehenen Verfahren eine einheitliche Währung, den Euro, sowie die Festlegung und Durchführung einer einheitlichen Geld- sowie Wechselkurspolitik, die beide vorrangig das Ziel der Preisstabilität verfolgen und unbeschadet dieses Zieles die allgemeine Wirtschaftspolitik in der Union unter Beachtung des Grundsatzes einer offenen Marktwirtschaft mit freiem Wettbewerb unterstützen sollen.

(3) Diese Tätigkeit der Mitgliedstaaten und der Union setzt die Einhaltung der folgenden richtungweisenden Grundsätze voraus: stabile Preise, gesunde öffentliche Finanzen und monetäre Rahmenbedingungen sowie eine dauerhaft finanzierbare Zahlungsbilanz.

Kapitel 1
Die Wirtschaftspolitik

Artikel 120 (ex-Artikel 98 EGV)

Die Mitgliedstaaten richten ihre Wirtschaftspolitik so aus, dass sie im Rahmen der in Artikel 121 Absatz 2 genannten Grundzüge zur Verwirklichung der Ziele der Union im Sinne des Artikels 3 des Vertrags über die Europäische Union* beitragen. Die Mitgliedstaaten und die Union handeln im Einklang mit dem Grundsatz einer offenen Marktwirtschaft mit freiem Wettbewerb, wodurch ein effizienter Einsatz der Ressourcen gefördert wird, und halten sich dabei an die in Artikel 119 genannten Grundsätze.

Artikel 121 (ex-Artikel 99 EGV)

(1) Die Mitgliedstaaten betrachten ihre Wirtschaftspolitik als eine Angelegenheit von gemeinsamem Interesse und koordinieren sie im Rat nach Maßgabe des Artikels 120.

---

* Die Bezugnahme auf den EU-Vertrag ist Gegenstand eines laufenden Berichtigungsverfahrens.

(2) Der Rat erstellt auf Empfehlung der Kommission einen Entwurf für die Grundzüge der Wirtschaftspolitik der Mitgliedstaaten und der Union und erstattet dem Europäischen Rat hierüber Bericht.

Der Europäische Rat erörtert auf der Grundlage dieses Berichtes des Rates eine Schlussfolgerung zu den Grundzügen der Wirtschaftspolitik der Mitgliedstaaten und der Union.

Auf der Grundlage dieser Schlussfolgerung verabschiedet der Rat eine Empfehlung, in der diese Grundzüge dargelegt werden. Der Rat unterrichtet das Europäische Parlament über seine Empfehlung.

(3) Um eine engere Koordinierung der Wirtschaftspolitik und eine dauerhafte Konvergenz der Wirtschaftsleistungen der Mitgliedstaaten zu gewährleisten, überwacht der Rat anhand von Berichten der Kommission die wirtschaftliche Entwicklung in jedem Mitgliedstaat und in der Union sowie die Vereinbarkeit der Wirtschaftspolitik mit den in Absatz 2 genannten Grundzügen und nimmt in regelmäßigen Abständen eine Gesamtbewertung vor.

Zum Zwecke dieser multilateralen Überwachung übermitteln die Mitgliedstaaten der Kommission Angaben zu wichtigen einzelstaatlichen Maßnahmen auf dem Gebiet ihrer Wirtschaftspolitik sowie weitere von ihnen für erforderlich erachtete Angaben.

(4) Wird im Rahmen des Verfahrens nach Absatz 3 festgestellt, dass die Wirtschaftspolitik eines Mitgliedstaats nicht mit den in Absatz 2 genannten Grundzügen vereinbar ist oder das ordnungsgemäße Funktionieren der Wirtschafts- und Währungsunion zu gefährden droht, so kann die Kommission eine Verwarnung an den betreffenden Mitgliedstaat richten. Der Rat kann auf Empfehlung der Kommission die erforderlichen Empfehlungen an den betreffenden Mitgliedstaat richten. Der Rat kann auf Vorschlag der Kommission beschließen, seine Empfehlungen zu veröffentlichen.

Der Rat beschließt im Rahmen dieses Absatzes ohne Berücksichtigung der Stimme des den betreffenden Mitgliedstaat vertretenden Mitglieds des Rates.

Die qualifizierte Mehrheit der übrigen Mitglieder des Rates bestimmt sich nach Artikel 238 Absatz 3 Buchstabe a.

(5) Der Präsident des Rates und die Kommission erstatten dem Europäischen Parlament über die Ergebnisse der multilateralen Überwachung Bericht. Der Präsident des Rates kann ersucht werden, vor dem zuständigen Ausschuss des Europäischen Parlaments zu erscheinen, wenn der Rat seine Empfehlungen veröffentlicht hat.

(6) Das Europäische Parlament und der Rat können gemäß dem ordentlichen Gesetzgebungsverfahren durch Verordnungen die Einzelheiten des Verfahrens der multilateralen Überwachung im Sinne der Absätze 3 und 4 festlegen.

Artikel 122 (ex-Artikel 100 EGV)

(1) Der Rat kann auf Vorschlag der Kommission unbeschadet der sonstigen in den Verträgen vorgesehenen Verfahren im Geiste der Solidarität zwischen den Mitgliedstaaten über die der Wirtschaftslage angemessenen Maßnahmen beschließen, insbesondere falls gravierende Schwierigkeiten in der Versorgung mit bestimmten Waren, vor allem im Energiebereich, auftreten.

(2) Ist ein Mitgliedstaat aufgrund von Naturkatastrophen oder außergewöhnlichen Ereignissen, die sich seiner Kontrolle entziehen, von Schwierigkeiten betroffen oder von gravierenden Schwierigkeiten ernstlich bedroht, so kann der Rat auf Vorschlag der Kommission beschließen, dem betreffenden Mitgliedstaat unter bestimmten Bedingungen einen finanziellen Beistand der Union zu gewähren. Der Präsident des Rates unterrichtet das Europäische Parlament über den Beschluss.

Artikel 123 (ex-Artikel 101 EGV)

(1) Überziehungs- oder andere Kreditfazilitäten bei der Europäischen Zentralbank oder den Zentralbanken der Mitgliedstaaten (im Folgenden als „nationale Zentralbanken" bezeichnet) für Organe, Einrichtungen oder sonstige Stellen der Union, Zentralregierun-

gen, regionale oder lokale Gebietskörperschaften oder andere öffentlich-rechtliche Körperschaften, sonstige Einrichtungen des öffentlichen Rechts oder öffentliche Unternehmen der Mitgliedstaaten sind ebenso verboten wie der unmittelbare Erwerb von Schuldtiteln von diesen durch die Europäische Zentralbank oder die nationalen Zentralbanken.

(2) Die Bestimmungen des Absatzes 1 gelten nicht für Kreditinstitute in öffentlichem Eigentum; diese werden von der jeweiligen nationalen Zentralbank und der Europäischen Zentralbank, was die Bereitstellung von Zentralbankgeld betrifft, wie private Kreditinstitute behandelt.

Artikel 124 (ex-Artikel 102 EGV)

Maßnahmen, die nicht aus aufsichtsrechtlichen Gründen getroffen werden und einen bevorrechtigten Zugang der Organe, Einrichtungen oder sonstigen Stellen der Union, der Zentralregierungen, der regionalen oder lokalen Gebietskörperschaften oder anderen öffentlich-rechtlichen Körperschaften, sonstiger Einrichtungen des öffentlichen Rechts oder öffentlicher Unternehmen der Mitgliedstaaten zu den Finanzinstituten schaffen, sind verboten.

Artikel 125 (ex-Artikel 103 EGV)

(1) Die Union haftet nicht für die Verbindlichkeiten der Zentralregierungen, der regionalen oder lokalen Gebietskörperschaften oder anderen öffentlich-rechtlichen Körperschaften, sonstiger Einrichtungen des öffentlichen Rechts oder öffentlicher Unternehmen von Mitgliedstaaten und tritt nicht für derartige Verbindlichkeiten ein; dies gilt unbeschadet der gegenseitigen finanziellen Garantien für die gemeinsame Durchführung eines bestimmten Vorhabens. Ein Mitgliedstaat haftet nicht für die Verbindlichkeiten der Zentralregierungen, der regionalen oder lokalen Gebietskörperschaften oder anderen öffentlich-rechtlichen Körperschaften, sonstiger Einrichtungen des öffentlichen Rechts oder öffentlicher Unternehmen eines anderen Mitgliedstaats und tritt nicht für derartige Verbindlichkeiten ein; dies gilt unbeschadet der gegenseitigen finanziellen Garantien für die gemeinsame Durchführung eines bestimmten Vorhabens.

(2) Der Rat kann erforderlichenfalls auf Vorschlag der Kommission und nach Anhörung des Europäischen Parlaments die Definitionen für die Anwendung der in den Artikeln 123 und 124 sowie in diesem Artikel vorgesehenen Verbote näher bestimmen.

Artikel 126 (ex-Artikel 104 EGV)

(1) Die Mitgliedstaaten vermeiden übermäßige öffentliche Defizite.

(2) Die Kommission überwacht die Entwicklung der Haushaltslage und die Höhe des öffentlichen Schuldenstands in den Mitgliedstaaten im Hinblick auf die Feststellung schwerwiegender Fehler. Insbesondere prüft sie die Einhaltung der Haushaltsdisziplin anhand von zwei Kriterien, nämlich daran,

a) ob das Verhältnis des geplanten oder tatsächlichen öffentlichen Defizits zum Bruttoinlandsprodukt einen bestimmten Referenzwert überschreitet, es sei denn, dass

  – entweder das Verhältnis erheblich und laufend zurückgegangen ist und einen Wert in der Nähe des Referenzwerts erreicht hat

  – oder der Referenzwert nur ausnahmsweise und vorübergehend überschritten wird und das Verhältnis in der Nähe des Referenzwerts bleibt,

b) ob das Verhältnis des öffentlichen Schuldenstands zum Bruttoinlandsprodukt einen bestimmten Referenzwert überschreitet, es sei denn, dass das Verhältnis hinreichend rückläufig ist und sich rasch genug dem Referenzwert nähert.

Die Referenzwerte werden in einem den Verträgen beigefügten Protokoll über das Verfahren bei einem übermäßigen Defizit im Einzelnen festgelegt.

(3) Erfüllt ein Mitgliedstaat keines oder nur eines dieser Kriterien, so erstellt die Kommission einen Bericht. In diesem Bericht wird berücksichtigt, ob das öffentliche Defizit die öffentlichen Ausgaben für Investitionen übertrifft; berücksichtigt werden ferner alle

sonstigen einschlägigen Faktoren, einschließlich der mittelfristigen Wirtschafts- und Haushaltslage des Mitgliedstaats.

Die Kommission kann ferner einen Bericht erstellen, wenn sie ungeachtet der Erfüllung der Kriterien der Auffassung ist, dass in einem Mitgliedstaat die Gefahr eines übermäßigen Defizits besteht.

(4) Der Wirtschafts- und Finanzausschuss gibt eine Stellungnahme zu dem Bericht der Kommission ab.

(5) Ist die Kommission der Auffassung, dass in einem Mitgliedstaat ein übermäßiges Defizit besteht oder sich ergeben könnte, so legt sie dem betreffenden Mitgliedstaat eine Stellungnahme vor und unterrichtet den Rat.

(6) Der Rat beschließt auf Vorschlag der Kommission und unter Berücksichtigung der Bemerkungen, die der betreffende Mitgliedstaat gegebenenfalls abzugeben wünscht, nach Prüfung der Gesamtlage, ob ein übermäßiges Defizit besteht.

(7) Stellt der Rat nach Absatz 6 ein übermäßiges Defizit fest, so richtet er auf Empfehlung der Kommission unverzüglich Empfehlungen an den betreffenden Mitgliedstaat mit dem Ziel, dieser Lage innerhalb einer bestimmten Frist abzuhelfen. Vorbehaltlich des Absatzes 8 werden diese Empfehlungen nicht veröffentlicht.

(8) Stellt der Rat fest, dass seine Empfehlungen innerhalb der gesetzten Frist keine wirksamen Maßnahmen ausgelöst haben, so kann er seine Empfehlungen veröffentlichen.

(9) Falls ein Mitgliedstaat den Empfehlungen des Rates weiterhin nicht Folge leistet, kann der Rat beschließen, den Mitgliedstaat mit der Maßgabe in Verzug zu setzen, innerhalb einer bestimmten Frist Maßnahmen für den nach Auffassung des Rates zur Sanierung erforderlichen Defizitabbau zu treffen.

Der Rat kann in diesem Fall den betreffenden Mitgliedstaat ersuchen, nach einem konkreten Zeitplan Berichte vorzulegen, um die Anpassungsbemühungen des Mitgliedstaats überprüfen zu können.

(10) Das Recht auf Klageerhebung nach den Artikeln 258 und 259 kann im Rahmen der Absätze 1 bis 9 dieses Artikels nicht ausgeübt werden.

(11) Solange ein Mitgliedstaat einen Beschluss nach Absatz 9 nicht befolgt, kann der Rat beschließen, eine oder mehrere der nachstehenden Maßnahmen anzuwenden oder gegebenenfalls zu verschärfen, nämlich

– von dem betreffenden Mitgliedstaat verlangen, vor der Emission von Schuldverschreibungen und sonstigen Wertpapieren vom Rat näher zu bezeichnende zusätzliche Angaben zu veröffentlichen,

– die Europäische Investitionsbank ersuchen, ihre Darlehenspolitik gegenüber dem Mitgliedstaat zu überprüfen,

– von dem Mitgliedstaat verlangen, eine unverzinsliche Einlage in angemessener Höhe bei der Union zu hinterlegen, bis das übermäßige Defizit nach Ansicht des Rates korrigiert worden ist,

– Geldbußen in angemessener Höhe verhängen.

Der Präsident des Rates unterrichtet das Europäische Parlament von den Beschlüssen.

(12) Der Rat hebt einige oder sämtliche Beschlüsse oder Empfehlungen nach den Absätzen 6 bis 9 und 11 so weit auf, wie das übermäßige Defizit in dem betreffenden Mitgliedstaat nach Ansicht des Rates korrigiert worden ist. Hat der Rat zuvor Empfehlungen veröffentlicht, so stellt er, sobald der Beschluss nach Absatz 8 aufgehoben worden ist, in einer öffentlichen Erklärung fest, dass in dem betreffenden Mitgliedstaat kein übermäßiges Defizit mehr besteht.

(13) Die Beschlussfassung und die Empfehlungen des Rates nach den Absätzen 8, 9, 11 und 12 erfolgen auf Empfehlung der Kommission.

Erlässt der Rat Maßnahmen nach den Absätzen 6 bis 9 sowie den Absätzen 11 und 12, so beschließt er ohne Berücksichtigung der Stimme des den betreffenden Mitgliedstaat vertretenden Mitglieds des Rates.

Die qualifizierte Mehrheit der übrigen Mitglieder des Rates bestimmt sich nach Artikel 238 Absatz 3 Buchstabe a.

(14) Weitere Bestimmungen über die Durchführung des in diesem Artikel beschriebenen Verfahrens sind in dem den Verträgen beigefügten Protokoll über das Verfahren bei einem übermäßigen Defizit enthalten.

Der Rat verabschiedet gemäß einem besonderen Gesetzgebungsverfahren einstimmig und nach Anhörung des Europäischen Parlaments sowie der Europäischen Zentralbank die geeigneten Bestimmungen, die sodann das genannte Protokoll ablösen.

Der Rat beschließt vorbehaltlich der sonstigen Bestimmungen dieses Absatzes auf Vorschlag der Kommission und nach Anhörung des Europäischen Parlaments nähere Einzelheiten und Begriffsbestimmungen für die Durchführung des genannten Protokolls.

Kapitel 2
Die Währungspolitik

Artikel 127 (ex-Artikel 105 EGV)

(1) Das vorrangige Ziel des Europäischen Systems der Zentralbanken (im Folgenden „ESZB") ist es, die Preisstabilität zu gewährleisten. Soweit dies ohne Beeinträchtigung des Zieles der Preisstabilität möglich ist, unterstützt das ESZB die allgemeine Wirtschaftspolitik in der Union, um zur Verwirklichung der in Artikel 3 des Vertrags über die Europäische Union festgelegten Ziele der Union beizutragen. Das ESZB handelt im Einklang mit dem Grundsatz einer offenen Marktwirtschaft mit freiem Wettbewerb, wodurch ein effizienter Einsatz der Ressourcen gefördert wird, und hält sich dabei an die in Artikel 119 genannten Grundsätze.

(2) Die grundlegenden Aufgaben des ESZB bestehen darin,

– die Geldpolitik der Union festzulegen und auszuführen,

– Devisengeschäfte im Einklang mit Artikel 219 durchzuführen,

– die offiziellen Währungsreserven der Mitgliedstaaten zu halten und zu verwalten,

– das reibungslose Funktionieren der Zahlungssysteme zu fördern.

(3) Absatz 2 dritter Gedankenstrich berührt nicht die Haltung und Verwaltung von Arbeitsguthaben in Fremdwährungen durch die Regierungen der Mitgliedstaaten.

(4) Die Europäische Zentralbank wird gehört

– zu allen Vorschlägen für Rechtsakte der Union im Zuständigkeitsbereich der Europäischen Zentralbank,

– von den nationalen Behörden zu allen Entwürfen für Rechtsvorschriften im Zuständigkeitsbereich der Europäischen Zentralbank, und zwar innerhalb der Grenzen und unter den Bedingungen, die der Rat nach dem Verfahren des Artikels 129 Absatz 4 festlegt.

Die Europäische Zentralbank kann gegenüber den zuständigen Organen, Einrichtungen oder sonstigen Stellen der Union und gegenüber den nationalen Behörden Stellungnahmen zu in ihren Zuständigkeitsbereich fallenden Fragen abgeben.

(5) Das ESZB trägt zur reibungslosen Durchführung der von den zuständigen Behörden auf dem Gebiet der Aufsicht über die Kreditinstitute und der Stabilität des Finanzsystems ergriffenen Maßnahmen bei.

(6) Der Rat kann einstimmig durch Verordnungen gemäß einem besonderen Gesetzgebungsverfahren und nach Anhörung des Europäischen Parlaments und der Europäischen Zentralbank besondere Aufgaben im Zusammenhang mit der Aufsicht über Kreditinstitute und sonstige Finanzinstitute mit Ausnahme von Versicherungsunternehmen der Europäischen Zentralbank übertragen.

Artikel 128 (ex-Artikel 106 EGV)

(1) Die Europäische Zentralbank hat das ausschließliche Recht, die Ausgabe von Euro-Banknoten innerhalb der Union zu genehmigen. Die Europäische Zentralbank und die nationalen Zentralbanken sind zur Ausgabe dieser Banknoten berechtigt. Die von der Europäischen Zentralbank und den nationalen Zentralbanken ausgegebenen Banknoten sind die einzigen Banknoten, die in der Union als gesetzliches Zahlungsmittel gelten.

(2) Die Mitgliedstaaten haben das Recht zur Ausgabe von Euro-Münzen, wobei der Um-

fang dieser Ausgabe der Genehmigung durch die Europäische Zentralbank bedarf. Der Rat kann auf Vorschlag der Kommission und nach Anhörung des Europäischen Parlaments und der Europäischen Zentralbank Maßnahmen erlassen, um die Stückelung und die technischen Merkmale aller für den Umlauf bestimmten Münzen so weit zu harmonisieren, wie dies für deren reibungslosen Umlauf innerhalb der Union erforderlich ist.

Artikel 129 (ex-Artikel 107 EGV)

(1) Das ESZB wird von den Beschlussorganen der Europäischen Zentralbank, nämlich dem Rat der Europäischen Zentralbank und dem Direktorium, geleitet.

(2) Die Satzung des Europäischen Systems der Zentralbanken und der Europäischen Zentralbank (im Folgenden „Satzung des ESZB und der EZB") ist in einem den Verträgen beigefügten Protokoll festgelegt.

(3) Das Europäische Parlament und der Rat können die Artikel 5.1, 5.2, 5.3, 17, 18, 19.1, 22, 23, 24, 26, 32.2, 32.3, 32.4, 32.6, 33.1 Buchstabe a und 36 der Satzung des ESZB und der EZB gemäß dem ordentlichen Gesetzgebungsverfahren ändern. Sie beschließen entweder auf Empfehlung der Europäischen Zentralbank nach Anhörung der Kommission oder auf Empfehlung der Kommission nach Anhörung der Europäischen Zentralbank.

(4) Der Rat erlässt entweder auf Vorschlag der Kommission und nach Anhörung des Europäischen Parlaments und der Europäischen Zentralbank oder auf Empfehlung der Europäischen Zentralbank und nach Anhörung des Europäischen Parlaments und der Kommission die in den Artikeln 4, 5.4, 19.2, 20, 28.1, 29.2, 30.4 und 34.3 der Satzung des ESZB und der EZB genannten Bestimmungen.

Artikel 130 (ex-Artikel 108 EGV)

Bei der Wahrnehmung der ihnen durch die Verträge und die Satzung des ESZB und der EZB übertragenen Befugnisse, Aufgaben und Pflichten darf weder die Europäische Zentralbank noch eine nationale Zentralbank noch ein Mitglied ihrer Beschlussorgane Weisungen von Organen, Einrichtungen oder sonstigen Stellen der Union, Regierungen der Mitgliedstaaten oder anderen Stellen einholen oder entgegennehmen. Die Organe, Einrichtungen oder sonstigen Stellen der Union sowie die Regierungen der Mitgliedstaaten verpflichten sich, diesen Grundsatz zu beachten und nicht zu versuchen, die Mitglieder der Beschlussorgane der Europäischen Zentralbank oder der nationalen Zentralbanken bei der Wahrnehmung ihrer Aufgaben zu beeinflussen.

Artikel 131 (ex-Artikel 109 EGV)

Jeder Mitgliedstaat stellt sicher, dass seine innerstaatlichen Rechtsvorschriften einschließlich der Satzung seiner nationalen Zentralbank mit den Verträgen sowie mit der Satzung des ESZB und der EZB im Einklang stehen.

Artikel 132 (ex-Artikel 110 EGV)

(1) Zur Erfüllung der dem ESZB übertragenen Aufgaben werden von der Europäischen Zentralbank gemäß den Verträgen und unter den in der Satzung des ESZB und der EZB vorgesehenen Bedingungen

– Verordnungen erlassen, insoweit dies für die Erfüllung der in Artikel 3.1 erster Gedankenstrich, Artikel 19.1, Artikel 22 oder Artikel 25.2 der Satzung des ESZB und der EZB festgelegten Aufgaben erforderlich ist; sie erlässt Verordnungen ferner in den Fällen, die in den Rechtsakten des Rates nach Artikel 129 Absatz 4 vorgesehen werden,

– Beschlüsse erlassen, die zur Erfüllung der dem ESZB nach den Verträgen und der Satzung des ESZB und der EZB übertragenen Aufgaben erforderlich sind,

– Empfehlungen und Stellungnahmen abgegeben.

(2) Die Europäische Zentralbank kann die Veröffentlichung ihrer Beschlüsse, Empfehlungen und Stellungnahmen beschließen.

(3) Innerhalb der Grenzen und unter den Bedingungen, die der Rat nach dem Verfahren des Artikels 129 Absatz 4 festlegt, ist die Europäische Zentralbank befugt, Unternehmen bei Nichteinhaltung der Verpflichtungen, die

sich aus ihren Verordnungen und Beschlüssen ergeben, mit Geldbußen oder in regelmäßigen Abständen zu zahlenden Zwangsgeldern zu belegen.

Artikel 133

Unbeschadet der Befugnisse der Europäischen Zentralbank erlassen das Europäische Parlament und der Rat gemäß dem ordentlichen Gesetzgebungsverfahren die Maßnahmen, die für die Verwendung des Euro als einheitliche Währung erforderlich sind. Diese Maßnahmen werden nach Anhörung der Europäischen Zentralbank erlassen.

Kapitel 3
Institutionelle Bestimmungen

Artikel 134 (ex-Artikel 114 EGV)

(1) Um die Koordinierung der Politiken der Mitgliedstaaten in dem für das Funktionieren des Binnenmarkts erforderlichen Umfang zu fördern, wird ein Wirtschafts- und Finanzausschuss eingesetzt.

(2) Der Wirtschafts- und Finanzausschuss hat die Aufgabe,

– auf Ersuchen des Rates oder der Kommission oder von sich aus Stellungnahmen an diese Organe abzugeben;

– die Wirtschafts- und Finanzlage der Mitgliedstaaten und der Union zu beobachten und dem Rat und der Kommission regelmäßig darüber Bericht zu erstatten, insbesondere über die finanziellen Beziehungen zu dritten Ländern und internationalen Einrichtungen;

– unbeschadet des Artikels 240 an der Vorbereitung der in Artikel 66, Artikel 75, Artikel 121 Absätze 2, 3, 4 und 6, Artikel 122, Artikel 124, Artikel 125, Artikel 126, Artikel 127 Absatz 6, Artikel 128 Absatz 2, Artikel 129 Absätze 3 und 4, Artikel 138, Artikel 140 Absätze 2 und 3, Artikel 143, Artikel 144 Absätze 2 und 3 und Artikel 219 genannten Arbeiten des Rates mitzuwirken und die sonstigen ihm vom Rat übertragenen Beratungsaufgaben und vorbereitenden Arbeiten auszuführen;

– mindestens einmal jährlich die Lage hinsichtlich des Kapitalverkehrs und der Freiheit des Zahlungsverkehrs, wie sie sich aus der Anwendung der Verträge und der Maßnahmen des Rates ergeben, zu prüfen; die Prüfung erstreckt sich auf alle Maßnahmen im Zusammenhang mit dem Kapital- und Zahlungsverkehr; der Ausschuss erstattet der Kommission und dem Rat Bericht über das Ergebnis dieser Prüfung.

Jeder Mitgliedstaat sowie die Kommission und die Europäische Zentralbank ernennen jeweils höchstens zwei Mitglieder des Ausschusses.

(3) Der Rat legt auf Vorschlag der Kommission und nach Anhörung der Europäischen Zentralbank und des in diesem Artikel genannten Ausschusses im Einzelnen fest, wie sich der Wirtschafts- und Finanzausschuss zusammensetzt. Der Präsident des Rates unterrichtet das Europäische Parlament über diesen Beschluss.

(4) Sofern und solange es Mitgliedstaaten gibt, für die eine Ausnahmeregelung nach Artikel 139 gilt, hat der Ausschuss zusätzlich zu den in Absatz 2 beschriebenen Aufgaben die Währungs- und Finanzlage sowie den allgemeinen Zahlungsverkehr der betreffenden Mitgliedstaaten zu beobachten und dem Rat und der Kommission regelmäßig darüber Bericht zu erstatten.

Artikel 135 (ex-Artikel 115 EGV)

Bei Fragen, die in den Geltungsbereich von Artikel 121 Absatz 4, Artikel 126 mit Ausnahme von Absatz 14, Artikel 138, Artikel 140 Absatz 1, Artikel 140 Absatz 2 Unterabsatz 1, Artikel 140 Absatz 3 und Artikel 219 fallen, kann der Rat oder ein Mitgliedstaat die Kommission ersuchen, je nach Zweckmäßigkeit eine Empfehlung oder einen Vorschlag zu unterbreiten. Die Kommission prüft dieses Ersuchen und unterbreitet dem Rat umgehend ihre Schlussfolgerungen.

Kapitel 4
Besondere Bestimmungen für die Mitgliedstaaten, deren Währung der Euro ist

Artikel 136

(1) Im Hinblick auf das reibungslose Funktionieren der Wirtschafts- und Währungsunion erlässt der Rat für die Mitgliedstaaten, deren Währung der Euro ist, Maßnahmen nach den einschlägigen Bestimmungen der Verträge und dem entsprechenden Verfahren unter den in den Artikeln 121 und 126 genannten Verfahren, mit Ausnahme des in Artikel 126 Absatz 14 genannten Verfahrens, um

a) die Koordinierung und Überwachung ihrer Haushaltsdisziplin zu verstärken,

b) für diese Staaten Grundzüge der Wirtschaftspolitik auszuarbeiten, wobei darauf zu achten ist, dass diese mit den für die gesamte Union angenommenen Grundzügen der Wirtschaftspolitik vereinbar sind, und ihre Einhaltung zu überwachen.

(2) Bei den in Absatz 1 genannten Maßnahmen sind nur die Mitglieder des Rates stimmberechtigt, die die Mitgliedstaaten vertreten, deren Währung der Euro ist.

Die qualifizierte Mehrheit dieser Mitglieder bestimmt sich nach Artikel 238 Absatz 3 Buchstabe a.

Artikel 137

Die Einzelheiten für die Tagungen der Minister der Mitgliedstaaten, deren Währung der Euro ist, sind in dem Protokoll betreffend die Euro-Gruppe festgelegt.

Artikel 138 (ex-Artikel 111 Absatz 4 EGV)

(1) Zur Gewährleistung der Stellung des Euro im internationalen Währungssystem erlässt der Rat auf Vorschlag der Kommission einen Beschluss zur Festlegung der innerhalb der zuständigen internationalen Einrichtungen und Konferenzen im Finanzbereich einzunehmenden gemeinsamen Standpunkte zu den Fragen, die von besonderer Bedeutung für die Wirtschafts- und Währungsunion sind. Der Rat beschließt nach Anhörung der Europäischen Zentralbank.

(2) Der Rat kann auf Vorschlag der Kommission geeignete Maßnahmen mit dem Ziel erlassen, eine einheitliche Vertretung bei den internationalen Einrichtungen und Konferenzen im Finanzbereich sicherzustellen. Der Rat beschließt nach Anhörung der Europäischen Zentralbank.

(3) Bei den in den Absätzen 1 und 2 genannten Maßnahmen sind nur die Mitglieder des Rates stimmberechtigt, die die Mitgliedstaaten vertreten, deren Währung der Euro ist.

Die qualifizierte Mehrheit dieser Mitglieder bestimmt sich nach Artikel 238 Absatz 3 Buchstabe a.

Kapitel 5
Übergangsbestimmungen

Artikel 139

(1) Die Mitgliedstaaten, für die der Rat nicht beschlossen hat, dass sie die erforderlichen Voraussetzungen für die Einführung des Euro erfüllen, werden im Folgenden als „Mitgliedstaaten, für die eine Ausnahmeregelung gilt" oder „Mitgliedstaaten mit Ausnahmeregelung" bezeichnet.

(2) Auf die Mitgliedstaaten, für die eine Ausnahmeregelung gilt, finden die im Folgenden aufgeführten Bestimmungen der Verträge keine Anwendung:

a) Annahme der das Euro-Währungsgebiet generell betreffenden Teile der Grundzüge der Wirtschaftspolitik (Artikel 121 Absatz 2);

b) Zwangsmittel zum Abbau eines übermäßigen Defizits (Artikel 126 Absätze 9 und 11);

c) Ziele und Aufgaben des ESZB (Artikel 127 Absätze 1, 2, 3 und 5);

d) Ausgabe des Euro (Artikel 128);

e) Rechtsakte der Europäischen Zentralbank (Artikel 132);

f) Maßnahmen bezüglich der Verwendung des Euro (Artikel 133);

g) Währungsvereinbarungen und andere Maßnahmen bezüglich der Wechselkurspolitik (Artikel 219);

h) Ernennung der Mitglieder des Direktoriums der Europäischen Zentralbank (Artikel 283 Absatz 2);

i) Beschlüsse zur Festlegung der innerhalb der zuständigen internationalen Einrichtungen und Konferenzen im Finanzbereich einzunehmenden gemeinsamen Standpunkte zu den Fragen, die von besonderer Bedeutung für die Wirtschafts- und Währungsunion sind (Artikel 138 Absatz 1);

j) Maßnahmen zur Sicherstellung einer einheitlichen Vertretung bei den internationalen Einrichtungen und Konferenzen im Finanzbereich (Artikel 138 Absatz 2).

Somit sind „Mitgliedstaaten" im Sinne der in den Buchstaben a bis j genannten Artikel die Mitgliedstaaten, deren Währung der Euro ist.

(3) Die Mitgliedstaaten, für die eine Ausnahmeregelung gilt, und deren nationale Zentralbanken sind nach Kapitel IX der Satzung des ESZB und der EZB von den Rechten und Pflichten im Rahmen des ESZB ausgeschlossen.

(4) Das Stimmrecht der Mitglieder des Rates, die Mitgliedstaaten mit Ausnahmeregelung vertreten, ruht beim Erlass von Maßnahmen nach den in Absatz 2 genannten Artikeln durch den Rat sowie bei

a) Empfehlungen an die Mitgliedstaaten, deren Währung der Euro ist, im Rahmen der multilateralen Überwachung, einschließlich Empfehlungen zu den Stabilitätsprogrammen und Verwarnungen (Artikel 121 Absatz 4);

b) Maßnahmen bei übermäßigem Defizit von Mitgliedstaaten, deren Währung der Euro ist (Artikel 126 Absätze 6, 7, 8, 12 und 13).

Die qualifizierte Mehrheit der übrigen Mitglieder des Rates bestimmt sich nach Artikel 238 Absatz 3 Buchstabe a.

Artikel 140 (ex-Artikel 121 Absatz 1, ex-Artikel 122 Absatz 2 Satz 2 und ex-Artikel 123 Absatz 5 EGV)

(1) Mindestens einmal alle zwei Jahre oder auf Antrag eines Mitgliedstaats, für den eine Ausnahmeregelung gilt, berichten die Kommission und die Europäische Zentralbank dem Rat, inwieweit die Mitgliedstaaten, für die eine Ausnahmeregelung gilt, bei der Verwirklichung der Wirtschafts- und Währungsunion ihren Verpflichtungen bereits nachgekommen sind. In ihren Berichten wird auch die Frage geprüft, inwieweit die innerstaatlichen Rechtsvorschriften jedes einzelnen dieser Mitgliedstaaten einschließlich der Satzung der jeweiligen nationalen Zentralbank mit Artikel 130 und Artikel 131 sowie der Satzung des ESZB und der EZB vereinbar sind. Ferner wird darin geprüft, ob ein hoher Grad an dauerhafter Konvergenz erreicht ist; Maßstab hierfür ist, ob die einzelnen Mitgliedstaaten folgende Kriterien erfüllen:

– Erreichung eines hohen Grades an Preisstabilität, ersichtlich aus einer Inflationsrate, die der Inflationsrate jener – höchstens drei – Mitgliedstaaten nahe kommt, die auf dem Gebiet der Preisstabilität das beste Ergebnis erzielt haben;

– eine auf Dauer tragbare Finanzlage der öffentlichen Hand, ersichtlich aus einer öffentlichen Haushaltslage ohne übermäßiges Defizit im Sinne des Artikels 126 Absatz 6;

– Einhaltung der normalen Bandbreiten des Wechselkursmechanismus des Europäischen Währungssystems seit mindestens zwei Jahren ohne Abwertung gegenüber dem Euro;

– Dauerhaftigkeit der von dem Mitgliedstaat mit Ausnahmeregelung erreichten Konvergenz und seiner Teilnahme am Wechselkursmechanismus, die im Niveau der langfristigen Zinssätze zum Ausdruck kommt.

Die vier Kriterien in diesem Absatz sowie die jeweils erforderliche Dauer ihrer Einhaltung sind in einem den Verträgen beigefügten Protokoll näher festgelegt. Die Berichte der Kommission und der Europäischen Zentralbank berücksichtigen auch die Ergebnisse bei der Integration der Märkte, den Stand und die Entwicklung der Leistungsbilanzen, die Entwicklung bei den Lohnstückkosten und andere Preisindizes.

(2) Der Rat beschließt nach Anhörung des Europäischen Parlaments und nach Aussprache im Europäischen Rat auf Vorschlag der Kommission, welche der Mitgliedstaaten, für die eine Ausnahmeregelung gilt, die auf den Kriterien des Absatzes 1 beruhenden Voraussetzungen erfüllen, und hebt die Ausnahmeregelungen der betreffenden Mitgliedstaaten auf.

Der Rat beschließt auf Empfehlung einer qualifizierten Mehrheit derjenigen seiner Mitglieder, die Mitgliedstaaten vertreten, deren Währung der Euro ist. Diese Mitglieder beschließen innerhalb von sechs Monaten nach Eingang des Vorschlags der Kommission beim Rat.

Die in Unterabsatz 2 genannte qualifizierte Mehrheit dieser Mitglieder bestimmt sich nach Artikel 238 Absatz 3 Buchstabe a.

(3) Wird nach dem Verfahren des Absatzes 2 beschlossen, eine Ausnahmeregelung aufzuheben, so legt der Rat aufgrund eines einstimmigen Beschlusses der Mitgliedstaaten, deren Währung der Euro ist, und des betreffenden Mitgliedstaats auf Vorschlag der Kommission und nach Anhörung der Europäischen Zentralbank den Kurs, zu dem dessen Währung durch den Euro ersetzt wird, unwiderruflich fest und ergreift die sonstigen erforderlichen Maßnahmen zur Einführung des Euro als einheitliche Währung in dem betreffenden Mitgliedstaat.

Artikel 141   (ex-Artikel 123 Absatz 3 und ex-Artikel 117 Absatz 2 erster bis fünfter Gedankenstrich EGV)

(1) Sofern und solange es Mitgliedstaaten gibt, für die eine Ausnahmeregelung gilt, wird unbeschadet des Artikels 129 Absatz 1 der in Artikel 44 der Satzung des ESZB und der EZB bezeichnete Erweiterte Rat der Europäischen Zentralbank als drittes Beschlussorgan der Europäischen Zentralbank errichtet.

(2) Sofern und solange es Mitgliedstaaten gibt, für die eine Ausnahmeregelung gilt, ist es die Aufgabe der Europäischen Zentralbank, in Bezug auf diese Mitgliedstaaten

– die Zusammenarbeit zwischen den nationalen Zentralbanken zu verstärken;

– die Koordinierung der Geldpolitiken der Mitgliedstaaten mit dem Ziel zu verstärken, die Preisstabilität aufrechtzuerhalten;

– das Funktionieren des Wechselkursmechanismus zu überwachen;

– Konsultationen zu Fragen durchzuführen, die in die Zuständigkeit der nationalen Zentralbanken fallen und die Stabilität der Finanzinstitute und -märkte berühren;

– die seinerzeitigen Aufgaben des Europäischen Fonds für währungspolitische Zusammenarbeit, die zuvor vom Europäischen Währungsinstitut übernommen worden waren, wahrzunehmen.

Artikel 142   (ex-Artikel 124 Absatz 1 EGV)

Jeder Mitgliedstaat, für den eine Ausnahmeregelung gilt, behandelt seine Wechselkurspolitik als eine Angelegenheit von gemeinsamem Interesse. Er berücksichtigt dabei die Erfahrungen, die bei der Zusammenarbeit im Rahmen des Wechselkursmechanismus gesammelt worden sind.

Artikel 143   (ex-Artikel 119 EGV)

(1) Ist ein Mitgliedstaat, für den eine Ausnahmeregelung gilt, hinsichtlich seiner Zahlungsbilanz von Schwierigkeiten betroffen oder ernstlich bedroht, die sich entweder aus einem Ungleichgewicht seiner Gesamtzahlungsbilanz oder aus der Art der ihm zur Verfügung stehenden Devisen ergeben, und sind diese Schwierigkeiten geeignet, insbesondere das Funktionieren des Binnenmarkts oder die Verwirklichung der gemeinsamen Handelspolitik zu gefährden, so prüft die Kommission unverzüglich die Lage dieses Staates sowie die Maßnahmen, die er getroffen hat oder unter Einsatz aller ihm zur Verfügung stehenden Mittel nach den Verträgen treffen kann. Die Kommission gibt die Maßnahmen an, die sie dem betreffenden Mitgliedstaat empfiehlt.

Erweisen sich die von einem Mitgliedstaat mit Ausnahmeregelung ergriffenen und die von der Kommission angeregten Maßnahmen als unzureichend, die aufgetretenen oder drohenden Schwierigkeiten zu beheben, so empfiehlt die Kommission dem Rat nach Anhörung des Wirtschafts- und Finanzausschusses einen gegenseitigen Beistand und die dafür geeigneten Methoden.

Die Kommission unterrichtet den Rat regelmäßig über die Lage und ihre Entwicklung.

(2) Der Rat gewährt den gegenseitigen Beistand; er erlässt Richtlinien oder Beschlüsse, welche die Bedingungen und Einzelheiten hierfür festlegen. Der gegenseitige Beistand kann insbesondere erfolgen

a) durch ein abgestimmtes Vorgehen bei anderen internationalen Organisationen, an die sich die Mitgliedstaaten, für die eine Ausnahmeregelung gilt, wenden können;

b) durch Maßnahmen, die notwendig sind, um Verlagerungen von Handelsströmen zu vermeiden, falls der in Schwierigkeiten befindliche Mitgliedstaat mit Ausnahmeregelung mengenmäßige Beschränkungen gegenüber dritten Ländern beibehält oder wieder einführt;

c) durch Bereitstellung von Krediten in begrenzter Höhe seitens anderer Mitgliedstaaten; hierzu ist ihr Einverständnis erforderlich.

(3) Stimmt der Rat dem von der Kommission empfohlenen gegenseitigen Beistand nicht zu oder sind der gewährte Beistand und die getroffenen Maßnahmen unzureichend, so ermächtigt die Kommission den in Schwierigkeiten befindlichen Mitgliedstaat mit Ausnahmeregelung, Schutzmaßnahmen zu treffen, deren Bedingungen und Einzelheiten sie festlegt.

Der Rat kann diese Ermächtigung aufheben und die Bedingungen und Einzelheiten ändern.

Artikel 144 (ex-Artikel 120 EGV)

(1) Gerät ein Mitgliedstaat, für den eine Ausnahmeregelung gilt, in eine plötzliche Zahlungsbilanzkrise und wird ein Beschluss im Sinne des Artikels 143 Absatz 2 nicht unverzüglich getroffen, so kann der betreffende Staat vorsorglich die erforderlichen Schutzmaßnahmen ergreifen. Sie dürfen nur ein Mindestmaß an Störungen im Funktionieren des Binnenmarkts hervorrufen und nicht über das zur Behebung der plötzlich aufgetretenen Schwierigkeiten unbedingt erforderliche Ausmaß hinausgehen.

(2) Die Kommission und die anderen Mitgliedstaaten werden über die Schutzmaßnahmen spätestens bei deren Inkrafttreten unterrichtet. Die Kommission kann dem Rat den gegenseitigen Beistand nach Artikel 143 empfehlen.

(3) Auf Empfehlung der Kommission und nach Anhörung des Wirtschafts- und Finanzausschusses kann der Rat beschließen, dass der betreffende Mitgliedstaat diese Schutzmaßnahmen zu ändern, auszusetzen oder aufzuheben hat.

Titel IX
Beschäftigung

Artikel 145 (ex-Artikel 125 EGV)

Die Mitgliedstaaten und die Union arbeiten nach diesem Titel auf die Entwicklung einer koordinierten Beschäftigungsstrategie und insbesondere auf die Förderung der Qualifizierung, Ausbildung und Anpassungsfähigkeit der Arbeitnehmer sowie der Fähigkeit der Arbeitsmärkte hin, auf die Erfordernisse des wirtschaftlichen Wandels zu reagieren, um die Ziele des Artikels 3 des Vertrags über die Europäische Union zu erreichen.

Artikel 146 (ex-Artikel 126 EGV)

(1) Die Mitgliedstaaten tragen durch ihre Beschäftigungspolitik im Einklang mit den nach Artikel 121 Absatz 2 verabschiedeten Grundzügen der Wirtschaftspolitik der Mitgliedstaaten und der Union zur Erreichung der in Artikel 145 genannten Ziele bei.

(2) Die Mitgliedstaaten betrachten die Förderung der Beschäftigung als Angelegenheit von gemeinsamem Interesse und stimmen ihre diesbezüglichen Tätigkeiten nach Maßgabe des Artikels 148 im Rat aufeinander ab,

wobei die einzelstaatlichen Gepflogenheiten in Bezug auf die Verantwortung der Sozialpartner berücksichtigt werden.

Artikel 147 (ex-Artikel 127 EGV)

(1) Die Union trägt zu einem hohen Beschäftigungsniveau bei, indem sie die Zusammenarbeit zwischen den Mitgliedstaaten fördert und deren Maßnahmen in diesem Bereich unterstützt und erforderlichenfalls ergänzt. Hierbei wird die Zuständigkeit der Mitgliedstaaten beachtet.

(2) Das Ziel eines hohen Beschäftigungsniveaus wird bei der Festlegung und Durchführung der Unionspolitiken und -maßnahmen berücksichtigt.

Artikel 148 (ex-Artikel 128 EGV)

(1) Anhand eines gemeinsamen Jahresberichts des Rates und der Kommission prüft der Europäische Rat jährlich die Beschäftigungslage in der Union und nimmt hierzu Schlussfolgerungen an.

(2) Anhand der Schlussfolgerungen des Europäischen Rates legt der Rat auf Vorschlag der Kommission und nach Anhörung des Europäischen Parlaments, des Wirtschafts- und Sozialausschusses, des Ausschusses der Regionen und des in Artikel 150 genannten Beschäftigungsausschusses jährlich Leitlinien fest, welche die Mitgliedstaaten in ihrer Beschäftigungspolitik berücksichtigen. Diese Leitlinien müssen mit den nach Artikel 121 Absatz 2 verabschiedeten Grundzügen in Einklang stehen.

(3) Jeder Mitgliedstaat übermittelt dem Rat und der Kommission jährlich einen Bericht über die wichtigsten Maßnahmen, die er zur Durchführung seiner Beschäftigungspolitik im Lichte der beschäftigungspolitischen Leitlinien nach Absatz 2 getroffen hat.

(4) Anhand der in Absatz 3 genannten Berichte und nach Stellungnahme des Beschäftigungsausschusses unterzieht der Rat die Durchführung der Beschäftigungspolitik der Mitgliedstaaten im Lichte der beschäftigungspolitischen Leitlinien jährlich einer Prüfung. Der Rat kann dabei auf Empfehlung der Kommission Empfehlungen an die Mitglied-

staaten richten, wenn er dies aufgrund der Ergebnisse dieser Prüfung für angebracht hält.

(5) Auf der Grundlage der Ergebnisse der genannten Prüfung erstellen der Rat und die Kommission einen gemeinsamen Jahresbericht für den Europäischen Rat über die Beschäftigungslage in der Union und über die Umsetzung der beschäftigungspolitischen Leitlinien.

Artikel 149 (ex-Artikel 129 EGV)

Das Europäische Parlament und der Rat können gemäß dem ordentlichen Gesetzgebungsverfahren und nach Anhörung des Wirtschafts- und Sozialausschusses sowie des Ausschusses der Regionen Anreizmaßnahmen zur Förderung der Zusammenarbeit zwischen den Mitgliedstaaten und zur Unterstützung ihrer Beschäftigungsmaßnahmen durch Initiativen beschließen, die darauf abzielen, den Austausch von Informationen und bewährten Verfahren zu entwickeln, vergleichende Analysen und Gutachten bereitzustellen sowie innovative Ansätze zu fördern und Erfahrungen zu bewerten, und zwar insbesondere durch den Rückgriff auf Pilotvorhaben.

Diese Maßnahmen schließen keinerlei Harmonisierung der Rechts- und Verwaltungsvorschriften der Mitgliedstaaten ein.

Artikel 150 (ex-Artikel 130 EGV)

Der Rat, der mit einfacher Mehrheit beschließt, setzt nach Anhörung des Europäischen Parlaments einen Beschäftigungsausschuss mit beratender Funktion zur Förderung der Koordinierung der Beschäftigungs- und Arbeitsmarktpolitik der Mitgliedstaaten ein. Der Ausschuss hat folgende Aufgaben:

– Er verfolgt die Beschäftigungslage und die Beschäftigungspolitik in den Mitgliedstaaten und der Union;

– er gibt unbeschadet des Artikels 240 auf Ersuchen des Rates oder der Kommission oder von sich aus Stellungnahmen ab und trägt zur Vorbereitung der in Artikel 148 genannten Beratungen des Rates bei.

Bei der Erfüllung seines Auftrags hört der Ausschuss die Sozialpartner.

Jeder Mitgliedstaat und die Kommission entsenden zwei Mitglieder in den Ausschuss.

Titel X
Sozialpolitik

Artikel 151 (ex-Artikel 136 EGV)

Die Union und die Mitgliedstaaten verfolgen eingedenk der sozialen Grundrechte, wie sie in der am 18. Oktober 1961 in Turin unterzeichneten Europäischen Sozialcharta und in der Gemeinschaftscharta der sozialen Grundrechte der Arbeitnehmer von 1989 festgelegt sind, folgende Ziele: die Förderung der Beschäftigung, die Verbesserung der Lebens- und Arbeitsbedingungen, um dadurch auf dem Wege des Fortschritts ihre Angleichung zu ermöglichen, einen angemessenen sozialen Schutz, den sozialen Dialog, die Entwicklung des Arbeitskräftepotenzials im Hinblick auf ein dauerhaft hohes Beschäftigungsniveau und die Bekämpfung von Ausgrenzungen.

Zu diesem Zweck führen die Union und die Mitgliedstaaten Maßnahmen durch, die der Vielfalt der einzelstaatlichen Gepflogenheiten, insbesondere in den vertraglichen Beziehungen, sowie der Notwendigkeit, die Wettbewerbsfähigkeit der Wirtschaft der Union zu erhalten, Rechnung tragen.

Sie sind der Auffassung, dass sich eine solche Entwicklung sowohl aus dem eine Abstimmung der Sozialordnungen begünstigenden Wirken des Binnenmarkts als auch aus den in den Verträgen vorgesehenen Verfahren sowie aus der Angleichung ihrer Rechts- und Verwaltungsvorschriften ergeben wird.

Artikel 152

Die Union anerkennt und fördert die Rolle der Sozialpartner auf Ebene der Union unter Berücksichtigung der Unterschiedlichkeit der nationalen Systeme. Sie fördert den sozialen Dialog und achtet dabei die Autonomie der Sozialpartner.

Der Dreigliedrige Sozialgipfel für Wachstum und Beschäftigung trägt zum sozialen Dialog bei.

Artikel 153 (ex-Artikel 137 EGV)

(1) Zur Verwirklichung der Ziele des Artikels 151 unterstützt und ergänzt die Union die Tätigkeit der Mitgliedstaaten auf folgenden Gebieten:

a) Verbesserung insbesondere der Arbeitsumwelt zum Schutz der Gesundheit und der Sicherheit der Arbeitnehmer,

b) Arbeitsbedingungen,

c) soziale Sicherheit und sozialer Schutz der Arbeitnehmer,

d) Schutz der Arbeitnehmer bei Beendigung des Arbeitsvertrags,

e) Unterrichtung und Anhörung der Arbeitnehmer,

f) Vertretung und kollektive Wahrnehmung der Arbeitnehmer- und Arbeitgeberinteressen, einschließlich der Mitbestimmung, vorbehaltlich des Absatzes 5,

g) Beschäftigungsbedingungen der Staatsangehörigen dritter Länder, die sich rechtmäßig im Gebiet der Union aufhalten,

h) berufliche Eingliederung der aus dem Arbeitsmarkt ausgegrenzten Personen, unbeschadet des Artikels 166,

i) Chancengleichheit von Männern und Frauen auf dem Arbeitsmarkt und Gleichbehandlung am Arbeitsplatz,

j) Bekämpfung der sozialen Ausgrenzung,

k) Modernisierung der Systeme des sozialen Schutzes, unbeschadet des Buchstabens c.

(2) Zu diesem Zweck können das Europäische Parlament und der Rat

a) unter Ausschluss jeglicher Harmonisierung der Rechts- und Verwaltungsvorschriften der Mitgliedstaaten Maßnahmen annehmen, die dazu bestimmt sind, die Zusammenarbeit zwischen den Mitgliedstaaten durch Initiativen zu fördern, die die Verbesserung des Wissensstandes, die Entwicklung des Austausches von Informationen und bewährten Verfahren, die Förderung innovativer Ansätze und die

Bewertung von Erfahrungen zum Ziel haben;

b) in den in Absatz 1 Buchstaben a bis i genannten Bereichen unter Berücksichtigung der in den einzelnen Mitgliedstaaten bestehenden Bedingungen und technischen Regelungen durch Richtlinien Mindestvorschriften erlassen, die schrittweise anzuwenden sind. Diese Richtlinien sollen keine verwaltungsmäßigen, finanziellen oder rechtlichen Auflagen vorschreiben, die der Gründung und Entwicklung von kleinen und mittleren Unternehmen entgegenstehen.

Das Europäische Parlament und der Rat beschließen gemäß dem ordentlichen Gesetzgebungsverfahren nach Anhörung des Wirtschafts- und Sozialausschusses und des Ausschusses der Regionen.

In den in Absatz 1 Buchstaben c, d, f und g genannten Bereichen beschließt der Rat einstimmig gemäß einem besonderen Gesetzgebungsverfahren nach Anhörung des Europäischen Parlaments und der genannten Ausschüsse.

Der Rat kann einstimmig auf Vorschlag der Kommission nach Anhörung des Europäischen Parlaments beschließen, dass das ordentliche Gesetzgebungsverfahren auf Absatz 1 Buchstabe d, f und g angewandt wird.

(3) Ein Mitgliedstaat kann den Sozialpartnern auf deren gemeinsamen Antrag die Durchführung von aufgrund des Absatzes 2 angenommenen Richtlinien oder gegebenenfalls die Durchführung eines nach Artikel 155 erlassenen Beschlusses des Rates übertragen.

In diesem Fall vergewissert sich der Mitgliedstaat, dass die Sozialpartner spätestens zu dem Zeitpunkt, zu dem eine Richtlinie umgesetzt oder ein Beschluss durchgeführt sein muss, im Wege einer Vereinbarung die erforderlichen Vorkehrungen getroffen haben; dabei hat der Mitgliedstaat alle erforderlichen Maßnahmen zu treffen, um jederzeit gewährleisten zu können, dass die durch diese Richtlinie oder diesen Beschluss vorgeschriebenen Ergebnisse erzielt werden.

(4) Die aufgrund dieses Artikels erlassenen Bestimmungen

– berühren nicht die anerkannte Befugnis der Mitgliedstaaten, die Grundprinzipien ihres Systems der sozialen Sicherheit festzulegen, und dürfen das finanzielle Gleichgewicht dieser Systeme nicht erheblich beeinträchtigen;

– hindern die Mitgliedstaaten nicht daran, strengere Schutzmaßnahmen beizubehalten oder zu treffen, die mit den Verträgen vereinbar sind.

(5) Dieser Artikel gilt nicht für das Arbeitsentgelt, das Koalitionsrecht, das Streikrecht sowie das Aussperrungsrecht.

Artikel 154 (ex-Artikel 138 EGV)

(1) Die Kommission hat die Aufgabe, die Anhörung der Sozialpartner auf Unionsebene zu fördern, und erlässt alle zweckdienlichen Maßnahmen, um den Dialog zwischen den Sozialpartnern zu erleichtern, wobei sie für Ausgewogenheit bei der Unterstützung der Parteien sorgt.

(2) Zu diesem Zweck hört die Kommission vor Unterbreitung von Vorschlägen im Bereich der Sozialpolitik die Sozialpartner zu der Frage, wie eine Unionsaktion gegebenenfalls ausgerichtet werden sollte.

(3) Hält die Kommission nach dieser Anhörung eine Unionsmaßnahme für zweckmäßig, so hört sie die Sozialpartner zum Inhalt des in Aussicht genommenen Vorschlags. Die Sozialpartner übermitteln der Kommission eine Stellungnahme oder gegebenenfalls eine Empfehlung.

(4) Bei den Anhörungen nach den Absätzen 2 und 3 können die Sozialpartner der Kommission mitteilen, dass sie den Prozess nach Artikel 155 in Gang setzen wollen. Die Dauer dieses Prozesses darf höchstens neun Monate betragen, sofern die betroffenen Sozialpartner und die Kommission nicht gemeinsam eine Verlängerung beschließen.

Artikel 155 (ex-Artikel 139 EGV)

(1) Der Dialog zwischen den Sozialpartnern auf Unionsebene kann, falls sie es wünschen, zur Herstellung vertraglicher Beziehungen

einschließlich des Abschlusses von Vereinbarungen führen.

(2) Die Durchführung der auf Unionsebene geschlossenen Vereinbarungen erfolgt entweder nach den jeweiligen Verfahren und Gepflogenheiten der Sozialpartner und der Mitgliedstaaten oder – in den durch Artikel 153 erfassten Bereichen – auf gemeinsamen Antrag der Unterzeichnerparteien durch einen Beschluss des Rates auf Vorschlag der Kommission. Das Europäische Parlament wird unterrichtet.

Der Rat beschließt einstimmig, sofern die betreffende Vereinbarung eine oder mehrere Bestimmungen betreffend einen der Bereiche enthält, für die nach Artikel 153 Absatz 2 Einstimmigkeit erforderlich ist.

Artikel 156 (ex-Artikel 140 EGV)

Unbeschadet der sonstigen Bestimmungen der Verträge fördert die Kommission im Hinblick auf die Erreichung der Ziele des Artikels 151 die Zusammenarbeit zwischen den Mitgliedstaaten und erleichtert die Abstimmung ihres Vorgehens in allen unter dieses Kapitel fallenden Bereichen der Sozialpolitik, insbesondere auf dem Gebiet

– der Beschäftigung,

– des Arbeitsrechts und der Arbeitsbedingungen,

– der beruflichen Ausbildung und Fortbildung,

– der sozialen Sicherheit,

– der Verhütung von Berufsunfällen und Berufskrankheiten,

– des Gesundheitsschutzes bei der Arbeit,

– des Koalitionsrechts und der Kollektivverhandlungen zwischen Arbeitgebern und Arbeitnehmern.

Zu diesem Zweck wird die Kommission in enger Verbindung mit den Mitgliedstaaten durch Untersuchungen, Stellungnahmen und die Durchführung von Konsultationen in Bezug auf innerstaatlich oder in den internationalen Organisationen zu behandelnde Fragen tätig, und zwar insbesondere im Wege von Initiativen, die darauf abzielen, Leitlinien und Indikatoren festzulegen, den Austausch bewährter Verfahren durchzuführen und die erforderlichen Elemente für eine regelmäßige Überwachung und Bewertung auszuarbeiten. Das Europäische Parlament wird in vollem Umfang unterrichtet.

Vor Abgabe der in diesem Artikel vorgesehenen Stellungnahmen hört die Kommission den Wirtschafts- und Sozialausschuss.

Artikel 157 (ex-Artikel 141 EGV)

(1) Jeder Mitgliedstaat stellt die Anwendung des Grundsatzes des gleichen Entgelts für Männer und Frauen bei gleicher oder gleichwertiger Arbeit sicher.

(2) Unter „Entgelt" im Sinne dieses Artikels sind die üblichen Grund- oder Mindestlöhne und -gehälter sowie alle sonstigen Vergütungen zu verstehen, die der Arbeitgeber aufgrund des Dienstverhältnisses dem Arbeitnehmer unmittelbar oder mittelbar in bar oder in Sachleistungen zahlt.

Gleichheit des Arbeitsentgelts ohne Diskriminierung aufgrund des Geschlechts bedeutet,

a) dass das Entgelt für eine gleiche nach Akkord bezahlte Arbeit aufgrund der gleichen Maßeinheit festgesetzt wird,

b) dass für eine nach Zeit bezahlte Arbeit das Entgelt bei gleichem Arbeitsplatz gleich ist.

(3) Das Europäische Parlament und der Rat beschließen gemäß dem ordentlichen Gesetzgebungsverfahren und nach Anhörung des Wirtschafts- und Sozialausschusses Maßnahmen zur Gewährleistung der Anwendung des Grundsatzes der Chancengleichheit und der Gleichbehandlung von Männern und Frauen in Arbeits- und Beschäftigungsfragen, einschließlich des Grundsatzes des gleichen Entgelts bei gleicher oder gleichwertiger Arbeit.

(4) Im Hinblick auf die effektive Gewährleistung der vollen Gleichstellung von Männern und Frauen im Arbeitsleben hindert der Grundsatz der Gleichbehandlung die Mitgliedstaaten nicht daran, zur Erleichterung der Berufstätigkeit des unterrepräsentierten Geschlechts oder zur Verhinderung bzw. zum Ausgleich von Benachteiligungen in der be-

ruflichen Laufbahn spezifische Vergünstigungen beizubehalten oder zu beschließen.

Artikel 158 (ex-Artikel 142 EGV)

Die Mitgliedstaaten sind bestrebt, die bestehende Gleichwertigkeit der Ordnungen über die bezahlte Freizeit beizubehalten.

Artikel 159 (ex-Artikel 143 EGV)

Die Kommission erstellt jährlich einen Bericht über den Stand der Verwirklichung der in Artikel 151 genannten Ziele sowie über die demografische Lage in der Union. Sie übermittelt diesen Bericht dem Europäischen Parlament, dem Rat und dem Wirtschafts- und Sozialausschuss.

Artikel 160 (ex-Artikel 144 EGV)

Der Rat, der mit einfacher Mehrheit beschließt, setzt nach Anhörung des Europäischen Parlaments einen Ausschuss für Sozialschutz mit beratender Aufgabe ein, um die Zusammenarbeit im Bereich des sozialen Schutzes zwischen den Mitgliedstaaten und mit der Kommission zu fördern. Der Ausschuss hat folgende Aufgaben:

– Er verfolgt die soziale Lage und die Entwicklung der Politiken im Bereich des sozialen Schutzes in den Mitgliedstaaten und der Union;

– er fördert den Austausch von Informationen, Erfahrungen und bewährten Verfahren zwischen den Mitgliedstaaten und mit der Kommission;

– unbeschadet des Artikels 240 arbeitet er auf Ersuchen des Rates oder der Kommission oder von sich aus in seinem Zuständigkeitsbereich Berichte aus, gibt Stellungnahmen ab oder wird auf andere Weise tätig.

Bei der Erfüllung seines Auftrags stellt der Ausschuss geeignete Kontakte zu den Sozialpartnern her.

Jeder Mitgliedstaat und die Kommission ernennen zwei Mitglieder des Ausschusses.

Artikel 161 (ex-Artikel 145 EGV)

Der Jahresbericht der Kommission an das Europäische Parlament hat stets ein besonderes Kapitel über die Entwicklung der sozialen Lage in der Union zu enthalten.

Das Europäische Parlament kann die Kommission auffordern, Berichte über besondere, die soziale Lage betreffende Fragen auszuarbeiten.

Titel XI
Der Europäische Sozialfonds

Artikel 162 (ex-Artikel 146 EGV)

Um die Beschäftigungsmöglichkeiten der Arbeitskräfte im Binnenmarkt zu verbessern und damit zur Hebung der Lebenshaltung beizutragen, wird nach Maßgabe der folgenden Bestimmungen ein Europäischer Sozialfonds errichtet, dessen Ziel es ist, innerhalb der Union die berufliche Verwendbarkeit und die örtliche und berufliche Mobilität der Arbeitskräfte zu fördern sowie die Anpassung an die industriellen Wandlungsprozesse und an Veränderungen der Produktionssysteme insbesondere durch berufliche Bildung und Umschulung zu erleichtern.

Artikel 163 (ex-Artikel 147 EGV)

Die Verwaltung des Fonds obliegt der Kommission.

Die Kommission wird hierbei von einem Ausschuss unterstützt, der aus Vertretern der Regierungen sowie der Arbeitgeber- und der Arbeitnehmerverbände besteht; den Vorsitz führt ein Mitglied der Kommission.

Artikel 164 (ex-Artikel 148 EGV)

Das Europäische Parlament und der Rat erlassen gemäß dem ordentlichen Gesetzgebungsverfahren und nach Anhörung des Wirtschafts- und Sozialausschusses sowie des Ausschusses der Regionen die den Europäischen Sozialfonds betreffenden Durchführungsverordnungen.

Titel XII
Allgemeine und berufliche Bildung,
Jugend und Sport

Artikel 165 (ex-Artikel 149 EGV)

(1) Die Union trägt zur Entwicklung einer qualitativ hoch stehenden Bildung dadurch bei, dass sie die Zusammenarbeit zwischen den Mitgliedstaaten fördert und die Tätigkeit der Mitgliedstaaten unter strikter Beachtung der Verantwortung der Mitgliedstaaten für die Lehrinhalte und die Gestaltung des Bildungssystems sowie die Vielfalt ihrer Kulturen und Sprachen erforderlichenfalls unterstützt und ergänzt.

Die Union trägt zur Förderung der europäischen Dimension des Sports bei und berücksichtigt dabei dessen besondere Merkmale, dessen auf freiwilligem Engagement basierende Strukturen sowie dessen soziale und pädagogische Funktion.

(2) Die Tätigkeit der Union hat folgende Ziele:

– Entwicklung der europäischen Dimension im Bildungswesen, insbesondere durch Erlernen und Verbreitung der Sprachen der Mitgliedstaaten;

– Förderung der Mobilität von Lernenden und Lehrenden, auch durch die Förderung der akademischen Anerkennung der Diplome und Studienzeiten;

– Förderung der Zusammenarbeit zwischen den Bildungseinrichtungen;

– Ausbau des Informations- und Erfahrungsaustauschs über gemeinsame Probleme im Rahmen der Bildungssysteme der Mitgliedstaaten;

– Förderung des Ausbaus des Jugendaustauschs und des Austauschs sozialpädagogischer Betreuer und verstärkte Beteiligung der Jugendlichen am demokratischen Leben in Europa;

– Förderung der Entwicklung der Fernlehre;

– Entwicklung der europäischen Dimension des Sports durch Förderung der Fairness und der Offenheit von Sportwettkämpfen und der Zusammenarbeit zwischen den für den Sport verantwortlichen Organisationen sowie durch den Schutz der körperlichen und seelischen Unversehrtheit der Sportler, insbesondere der jüngeren Sportler.

(3) Die Union und die Mitgliedstaaten fördern die Zusammenarbeit mit dritten Ländern und den für den Bildungsbereich und den Sport zuständigen internationalen Organisationen, insbesondere dem Europarat.

(4) Als Beitrag zur Verwirklichung der Ziele dieses Artikels

– erlassen das Europäische Parlament und der Rat gemäß dem ordentlichen Gesetzgebungsverfahren und nach Anhörung des Wirtschafts- und Sozialausschusses und des Ausschusses der Regionen Fördermaßnahmen unter Ausschluss jeglicher Harmonisierung der Rechts- und Verwaltungsvorschriften der Mitgliedstaaten;

– erlässt der Rat auf Vorschlag der Kommission Empfehlungen.

Artikel 166 (ex-Artikel 150 EGV)

(1) Die Union führt eine Politik der beruflichen Bildung, welche die Maßnahmen der Mitgliedstaaten unter strikter Beachtung der Verantwortung der Mitgliedstaaten für Inhalt und Gestaltung der beruflichen Bildung unterstützt und ergänzt.

(2) Die Tätigkeit der Union hat folgende Ziele:

– Erleichterung der Anpassung an die industriellen Wandlungsprozesse, insbesondere durch berufliche Bildung und Umschulung;

– Verbesserung der beruflichen Erstausbildung und Weiterbildung zur Erleichterung der beruflichen Eingliederung und Wiedereingliederung in den Arbeitsmarkt;

– Erleichterung der Aufnahme einer beruflichen Bildung sowie Förderung der Mobilität der Ausbilder und der in beruflicher Bildung befindlichen Personen, insbesondere der Jugendlichen;

– Förderung der Zusammenarbeit in Fragen der beruflichen Bildung zwischen Unterrichtsanstalten und Unternehmen;

– Ausbau des Informations- und Erfahrungsaustauschs über gemeinsame Probleme im Rahmen der Berufsbildungssysteme der Mitgliedstaaten.

(3) Die Union und die Mitgliedstaaten fördern die Zusammenarbeit mit dritten Ländern und den für die berufliche Bildung zuständigen internationalen Organisationen.

(4) Das Europäische Parlament und der Rat erlassen gemäß dem ordentlichen Gesetzgebungsverfahren und nach Anhörung des Wirtschafts- und Sozialausschusses sowie des Ausschusses der Regionen Maßnahmen, die zur Verwirklichung der Ziele dieses Artikels beitragen, unter Ausschluss jeglicher Harmonisierung der Rechts- und Verwaltungsvorschriften der Mitgliedstaaten, und der Rat erlässt auf Vorschlag der Kommission Empfehlungen.

Titel XIII
Kultur

Artikel 167 (ex-Artikel 151 EGV)

(1) Die Union leistet einen Beitrag zur Entfaltung der Kulturen der Mitgliedstaaten unter Wahrung ihrer nationalen und regionalen Vielfalt sowie gleichzeitiger Hervorhebung des gemeinsamen kulturellen Erbes.

(2) Die Union fördert durch ihre Tätigkeit die Zusammenarbeit zwischen den Mitgliedstaaten und unterstützt und ergänzt erforderlichenfalls deren Tätigkeit in folgenden Bereichen:

– Verbesserung der Kenntnis und Verbreitung der Kultur und Geschichte der europäischen Völker,

– Erhaltung und Schutz des kulturellen Erbes von europäischer Bedeutung,

– nichtkommerzieller Kulturaustausch,

– künstlerisches und literarisches Schaffen, einschließlich im audiovisuellen Bereich.

(3) Die Union und die Mitgliedstaaten fördern die Zusammenarbeit mit dritten Ländern und den für den Kulturbereich zuständigen internationalen Organisationen, insbesondere mit dem Europarat.

(4) Die Union trägt bei ihrer Tätigkeit aufgrund anderer Bestimmungen der Verträge den kulturellen Aspekten Rechnung, insbesondere zur Wahrung und Förderung der Vielfalt ihrer Kulturen.

(5) Als Beitrag zur Verwirklichung der Ziele dieses Artikels

– erlassen das Europäische Parlament und der Rat gemäß dem ordentlichen Gesetzgebungsverfahren und nach Anhörung des Ausschusses der Regionen Fördermaßnahmen unter Ausschluss jeglicher Harmonisierung der Rechts- und Verwaltungsvorschriften der Mitgliedstaaten.

– erlässt der Rat auf Vorschlag der Kommission Empfehlungen.

Titel XIV
Gesundheitswesen

Artikel 168 (ex-Artikel 152 EGV)

(1) Bei der Festlegung und Durchführung aller Unionspolitiken und -maßnahmen wird ein hohes Gesundheitsschutzniveau sichergestellt.

Die Tätigkeit der Union ergänzt die Politik der Mitgliedstaaten und ist auf die Verbesserung der Gesundheit der Bevölkerung, die Verhütung von Humankrankheiten und die Beseitigung von Ursachen für die Gefährdung der körperlichen und geistigen Gesundheit gerichtet. Sie umfasst die Bekämpfung der weit verbreiteten schweren Krankheiten, wobei die Erforschung der Ursachen, der Übertragung und der Verhütung dieser Krankheiten sowie Gesundheitsinformation und -erziehung gefördert werden; außerdem umfasst sie die Beobachtung, frühzeitige Meldung und Bekämpfung schwerwiegender grenzüberschreitender Gesundheitsgefahren.

Die Union ergänzt die Maßnahmen der Mitgliedstaaten zur Verringerung drogenkonsumbedingter Gesundheitsschäden einschließlich der Informations- und Vorbeugungsmaßnahmen.

(2) Die Union fördert die Zusammenarbeit zwischen den Mitgliedstaaten in den in diesem Artikel genannten Bereichen und unterstützt erforderlichenfalls deren Tätigkeit. Sie fördert insbesondere die Zusammenarbeit zwischen den Mitgliedstaaten, die darauf abzielt, die Komplementarität ihrer Gesund-

heitsdienste in den Grenzgebieten zu verbessern.

Die Mitgliedstaaten koordinieren untereinander im Benehmen mit der Kommission ihre Politiken und Programme in den in Absatz 1 genannten Bereichen. Die Kommission kann in enger Verbindung mit den Mitgliedstaaten alle Initiativen ergreifen, die dieser Koordinierung förderlich sind, insbesondere Initiativen, die darauf abzielen, Leitlinien und Indikatoren festzulegen, den Austausch bewährter Verfahren durchzuführen und die erforderlichen Elemente für eine regelmäßige Überwachung und Bewertung auszuarbeiten. Das Europäische Parlament wird in vollem Umfang unterrichtet.

(3) Die Union und die Mitgliedstaaten fördern die Zusammenarbeit mit dritten Ländern und den für das Gesundheitswesen zuständigen internationalen Organisationen.

(4) Abweichend von Artikel 2 Absatz 5 und Artikel 6 Buchstabe a tragen das Europäische Parlament und der Rat nach Artikel 4 Absatz 2 Buchstabe k gemäß dem ordentlichen Gesetzgebungsverfahren und nach Anhörung des Wirtschafts- und Sozialausschusses sowie des Ausschusses der Regionen mit folgenden Maßnahmen zur Verwirklichung der Ziele dieses Artikels bei, um den gemeinsamen Sicherheitsanliegen Rechnung zu tragen:

a) Maßnahmen zur Festlegung hoher Qualitäts- und Sicherheitsstandards für Organe und Substanzen menschlichen Ursprungs sowie für Blut und Blutderivate; diese Maßnahmen hindern die Mitgliedstaaten nicht daran, strengere Schutzmaßnahmen beizubehalten oder einzuführen;

b) Maßnahmen in den Bereichen Veterinärwesen und Pflanzenschutz, die unmittelbar den Schutz der Gesundheit der Bevölkerung zum Ziel haben;

c) Maßnahmen zur Festlegung hoher Qualitäts- und Sicherheitsstandards für Arzneimittel und Medizinprodukte.

(5) Das Europäische Parlament und der Rat können unter Ausschluss jeglicher Harmonisierung der Rechtsvorschriften der Mitgliedstaaten gemäß dem ordentlichen Gesetzgebungsverfahren und nach Anhörung des Wirtschafts- und Sozialausschusses und des Ausschusses der Regionen auch Fördermaßnahmen zum Schutz und zur Verbesserung der menschlichen Gesundheit sowie insbesondere zur Bekämpfung der weit verbreiteten schweren grenzüberschreitenden Krankheiten, Maßnahmen zur Beobachtung, frühzeitigen Meldung und Bekämpfung schwerwiegender grenzüberschreitender Gesundheitsgefahren sowie Maßnahmen, die unmittelbar den Schutz der Gesundheit der Bevölkerung vor Tabakkonsum und Alkoholmissbrauch zum Ziel haben, erlassen.

(6) Der Rat kann ferner auf Vorschlag der Kommission für die in diesem Artikel genannten Zwecke Empfehlungen erlassen.

(7) Bei der Tätigkeit der Union wird die Verantwortung der Mitgliedstaaten für die Festlegung ihrer Gesundheitspolitik sowie für die Organisation des Gesundheitswesens und die medizinische Versorgung gewahrt. Die Verantwortung der Mitgliedstaaten umfasst die Verwaltung des Gesundheitswesens und der medizinischen Versorgung sowie die Zuweisung der dafür bereitgestellten Mittel. Die Maßnahmen nach Absatz 4 Buchstabe a lassen die einzelstaatlichen Regelungen über die Spende oder die medizinische Verwendung von Organen und Blut unberührt.

Titel XV
Verbraucherschutz

Artikel 169 (ex-Artikel 153 EGV)

(1) Zur Förderung der Interessen der Verbraucher und zur Gewährleistung eines hohen Verbraucherschutzniveaus leistet die Union einen Beitrag zum Schutz der Gesundheit, der Sicherheit und der wirtschaftlichen Interessen der Verbraucher sowie zur Förderung ihres Rechtes auf Information, Erziehung und Bildung von Vereinigungen zur Wahrung ihrer Interessen.

(2) Die Union leistet einen Beitrag zur Erreichung der in Absatz 1 genannten Ziele durch

a) Maßnahmen, die sie im Rahmen der Verwirklichung des Binnenmarkts nach Artikel 114 erlässt;

b) Maßnahmen zur Unterstützung, Ergänzung und Überwachung der Politik der Mitgliedstaaten.

(3) Das Europäische Parlament und der Rat beschließen gemäß dem ordentlichen Gesetzgebungsverfahren und nach Anhörung des Wirtschafts- und Sozialausschusses die Maßnahmen nach Absatz 2 Buchstabe b.

(4) Die nach Absatz 3 beschlossenen Maßnahmen hindern die einzelnen Mitgliedstaaten nicht daran, strengere Schutzmaßnahmen beizubehalten oder zu ergreifen. Diese Maßnahmen müssen mit den Verträgen vereinbar sein. Sie werden der Kommission mitgeteilt.

Titel XVI
Transeuropäische Netze

Artikel 170 (ex-Artikel 154 EGV)

(1) Um einen Beitrag zur Verwirklichung der Ziele der Artikel 26 und 174 zu leisten und den Bürgern der Union, den Wirtschaftsbeteiligten sowie den regionalen und lokalen Gebietskörperschaften in vollem Umfang die Vorteile zugute kommen zu lassen, die sich aus der Schaffung eines Raumes ohne Binnengrenzen ergeben, trägt die Union zum Auf- und Ausbau transeuropäischer Netze in den Bereichen der Verkehrs-, Telekommunikations- und Energieinfrastruktur bei.

(2) Die Tätigkeit der Union zielt im Rahmen eines Systems offener und wettbewerbsorientierter Märkte auf die Förderung des Verbunds und der Interoperabilität der einzelstaatlichen Netze sowie des Zugangs zu diesen Netzen ab. Sie trägt insbesondere der Notwendigkeit Rechnung, insulare, eingeschlossene und am Rande gelegene Gebiete mit den zentralen Gebieten der Union zu verbinden.

Artikel 171 (ex-Artikel 155 EGV)

(1) Zur Erreichung der Ziele des Artikels 170 geht die Union wie folgt vor:

– Sie stellt eine Reihe von Leitlinien auf, in denen die Ziele, die Prioritäten und die Grundzüge der im Bereich der transeuropäischen Netze in Betracht gezogenen Aktionen erfasst werden; in diesen Leitlinien werden Vorhaben von gemeinsamem Interesse ausgewiesen;

– sie führt jede Aktion durch, die sich gegebenenfalls als notwendig erweist, um die Interoperabilität der Netze zu gewährleisten, insbesondere im Bereich der Harmonisierung der technischen Normen;

– sie kann von den Mitgliedstaaten unterstützte Vorhaben von gemeinsamem Interesse, die im Rahmen der Leitlinien gemäß dem ersten Gedankenstrich ausgewiesen sind, insbesondere in Form von Durchführbarkeitsstudien, Anleihebürgschaften oder Zinszuschüssen unterstützen; die Union kann auch über den nach Artikel 177 errichteten Kohäsionsfonds zu spezifischen Verkehrsinfrastrukturvorhaben in den Mitgliedstaaten finanziell beitragen.

Die Union berücksichtigt bei ihren Maßnahmen die potenzielle wirtschaftliche Lebensfähigkeit der Vorhaben.

(2) Die Mitgliedstaaten koordinieren untereinander in Verbindung mit der Kommission die einzelstaatlichen Politiken, die sich erheblich auf die Verwirklichung der Ziele des Artikels 170 auswirken können. Die Kommission kann in enger Zusammenarbeit mit den Mitgliedstaaten alle Initiativen ergreifen, die dieser Koordinierung förderlich sind.

(3) Die Union kann beschließen, mit dritten Ländern zur Förderung von Vorhaben von gemeinsamem Interesse sowie zur Sicherstellung der Interoperabilität der Netze zusammenzuarbeiten.

Artikel 172 (ex-Artikel 156 EGV)

Die Leitlinien und die übrigen Maßnahmen nach Artikel 171 Absatz 1 werden vom Europäischen Parlament und vom Rat gemäß dem ordentlichen Gesetzgebungsverfahren und nach Anhörung des Wirtschafts- und Sozialausschusses und des Ausschusses der Regionen festgelegt.

Leitlinien und Vorhaben von gemeinsamem Interesse, die das Hoheitsgebiet eines Mitgliedstaats betreffen, bedürfen der Billigung des betroffenen Mitgliedstaats.

Titel XVII
Industrie

Artikel 173 (ex-Artikel 157 EGV)

(1) Die Union und die Mitgliedstaaten sorgen dafür, dass die notwendigen Voraussetzungen für die Wettbewerbsfähigkeit der Industrie der Union gewährleistet sind.

Zu diesem Zweck zielt ihre Tätigkeit entsprechend einem System offener und wettbewerbsorientierter Märkte auf Folgendes ab:

– Erleichterung der Anpassung der Industrie an die strukturellen Veränderungen;
– Förderung eines für die Initiative und Weiterentwicklung der Unternehmen in der gesamten Union, insbesondere der kleinen und mittleren Unternehmen, günstigen Umfelds;
– Förderung eines für die Zusammenarbeit zwischen Unternehmen günstigen Umfelds;
– Förderung einer besseren Nutzung des industriellen Potenzials der Politik in den Bereichen Innovation, Forschung und technologische Entwicklung.

(2) Die Mitgliedstaaten konsultieren einander in Verbindung mit der Kommission und koordinieren, soweit erforderlich, ihre Maßnahmen. Die Kommission kann alle Initiativen ergreifen, die dieser Koordinierung förderlich sind, insbesondere Initiativen, die darauf abzielen, Leitlinien und Indikatoren festzulegen, den Austausch bewährter Verfahren durchzuführen und die erforderlichen Elemente für eine regelmäßige Überwachung und Bewertung auszuarbeiten. Das Europäische Parlament wird in vollem Umfang unterrichtet.

(3) Die Union trägt durch die Politik und die Maßnahmen, die sie aufgrund anderer Bestimmungen der Verträge durchführt, zur Erreichung der Ziele des Absatzes 1 bei. Das Europäische Parlament und der Rat können unter Ausschluss jeglicher Harmonisierung der Rechtsvorschriften der Mitgliedstaaten gemäß dem ordentlichen Gesetzgebungsverfahren und nach Anhörung des Wirtschafts- und Sozialausschusses spezifische Maßnahmen zur Unterstützung der in den Mitgliedstaaten durchgeführten Maßnahmen im Hinblick auf die Verwirklichung der Ziele des Absatzes 1 beschließen.

Dieser Titel bietet keine Grundlage dafür, dass die Union irgendeine Maßnahme einführt, die zu Wettbewerbsverzerrungen führen könnte oder steuerliche Vorschriften oder Bestimmungen betreffend die Rechte und Interessen der Arbeitnehmer enthält.

Titel XVIII
Wirtschaftlicher, sozialer und territorialer Zusammenhalt

Artikel 174 (ex-Artikel 158 EGV)

Die Union entwickelt und verfolgt weiterhin ihre Politik zur Stärkung ihres wirtschaftlichen, sozialen und territorialen Zusammenhalts, um eine harmonische Entwicklung der Union als Ganzes zu fördern.

Die Union setzt sich insbesondere zum Ziel, die Unterschiede im Entwicklungsstand der verschiedenen Regionen und den Rückstand der am stärksten benachteiligten Gebiete zu verringern.

Unter den betreffenden Gebieten gilt besondere Aufmerksamkeit den ländlichen Gebieten, den vom industriellen Wandel betroffenen Gebieten und den Gebieten mit schweren und dauerhaften natürlichen oder demografischen Nachteilen, wie den nördlichen Regionen mit sehr geringer Bevölkerungsdichte sowie den Insel-, Grenz- und Bergregionen.

Artikel 175 (ex-Artikel 159 EGV)

Die Mitgliedstaaten führen und koordinieren ihre Wirtschaftspolitik in der Weise, dass auch die in Artikel 174 genannten Ziele erreicht werden. Die Festlegung und Durchführung der Politiken und Aktionen der Union sowie die Errichtung des Binnenmarkts berücksichtigen die Ziele des Artikels 174 und tragen zu deren Verwirklichung bei. Die Union unterstützt auch diese Bemühungen durch die Politik, die sie mit Hilfe der Strukturfonds (Europäischer Ausrichtungs- und Garantiefonds für die Landwirtschaft – Abteilung Ausrichtung, Europäischer Sozialfonds, Europäischer Fonds für regionale Entwicklung), der Europäischen Investitionsbank und der sonstigen vorhandenen Finanzierungsinstrumente führt.

Die Kommission erstattet dem Europäischen Parlament, dem Rat, dem Wirtschafts- und Sozialausschuss und dem Ausschuss der Regionen alle drei Jahre Bericht über die Fortschritte bei der Verwirklichung des wirtschaftlichen, sozialen und territorialen Zusammenhalts und über die Art und Weise, in der die in diesem Artikel vorgesehenen Mittel hierzu beigetragen haben. Diesem Bericht werden erforderlichenfalls entsprechende Vorschläge beigefügt.

Falls sich spezifische Aktionen außerhalb der Fonds und unbeschadet der im Rahmen der anderen Politiken der Union beschlossenen Maßnahmen als erforderlich erweisen, so können sie vom Europäischen Parlament und vom Rat gemäß dem ordentlichen Gesetzgebungsverfahren nach Anhörung des Wirtschafts- und Sozialausschusses und des Ausschusses der Regionen beschlossen werden.

Artikel 176 (ex-Artikel 160 EGV)

Aufgabe des Europäischen Fonds für regionale Entwicklung ist es, durch Beteiligung an der Entwicklung und an der strukturellen Anpassung der rückständigen Gebiete und an der Umstellung der Industriegebiete mit rückläufiger Entwicklung zum Ausgleich der wichtigsten regionalen Ungleichgewichte in der Union beizutragen.

Artikel 177 (ex-Artikel 161 EGV)

Unbeschadet des Artikels 178 legen das Europäische Parlament und der Rat durch Verordnungen gemäß dem ordentlichen Gesetzgebungsverfahren und nach Anhörung des Wirtschafts- und Sozialausschusses und des Ausschusses der Regionen die Aufgaben, die vorrangigen Ziele und die Organisation der Strukturfonds fest, was ihre Neuordnung

einschließen kann. Nach demselben Verfahren werden ferner die für die Fonds geltenden allgemeinen Regeln sowie die Bestimmungen festgelegt, die zur Gewährleistung einer wirksamen Arbeitsweise und zur Koordinierung der Fonds sowohl untereinander als auch mit den anderen vorhandenen Finanzierungsinstrumenten erforderlich sind.

Ein nach demselben Verfahren errichteter Kohäsionsfonds trägt zu Vorhaben in den Bereichen Umwelt und transeuropäische Netze auf dem Gebiet der Verkehrsinfrastruktur finanziell bei.

Artikel 178 (ex-Artikel 162 EGV)

Die den Europäischen Fonds für regionale Entwicklung betreffenden Durchführungsverordnungen werden vom Europäischen Parlament und vom Rat gemäß dem ordentlichen Gesetzgebungsverfahren und nach Anhörung des Wirtschafts- und Sozialausschusses sowie des Ausschusses der Regionen gefasst.

Für den Europäischen Ausrichtungs- und Garantiefonds für die Landwirtschaft, Abteilung Ausrichtung, und den Europäischen Sozialfonds sind die Artikel 43 bzw. 164 weiterhin anwendbar.

Titel XIX
Forschung, technologische Entwicklung und Raumfahrt

Artikel 179 (ex-Artikel 163 EGV)

(1) Die Union hat zum Ziel, ihre wissenschaftlichen und technologischen Grundlagen dadurch zu stärken, dass ein europäischer Raum der Forschung geschaffen wird, in dem Freizügigkeit für Forscher herrscht und wissenschaftliche Erkenntnisse und Technologien frei ausgetauscht werden, die Entwicklung ihrer Wettbewerbsfähigkeit einschließlich der ihrer Industrie zu fördern sowie alle Forschungsmaßnahmen zu unterstützen, die aufgrund anderer Kapitel der Verträge für erforderlich gehalten werden.

(2) In diesem Sinne unterstützt sie in der gesamten Union die Unternehmen – einschließlich der kleinen und mittleren Unternehmen –, die Forschungszentren und die Hoch-

schulen bei ihren Bemühungen auf dem Gebiet der Forschung und technologischen Entwicklung von hoher Qualität; sie fördert ihre Zusammenarbeitsbestrebungen, damit vor allem die Forscher ungehindert über die Grenzen hinweg zusammenarbeiten und die Unternehmen die Möglichkeiten des Binnenmarkts in vollem Umfang nutzen können, und zwar insbesondere durch Öffnen des einzelstaatlichen öffentlichen Auftragswesens, Festlegung gemeinsamer Normen und Beseitigung der dieser Zusammenarbeit entgegenstehenden rechtlichen und steuerlichen Hindernisse.

(3) Alle Maßnahmen der Union aufgrund der Verträge auf dem Gebiet der Forschung und der technologischen Entwicklung einschließlich der Demonstrationsvorhaben werden nach Maßgabe dieses Titels beschlossen und durchgeführt.

Artikel 180 (ex-Artikel 164 EGV)

Zur Erreichung dieser Ziele trifft die Union folgende Maßnahmen, welche die in den Mitgliedstaaten durchgeführten Aktionen ergänzen:

a) Durchführung von Programmen für Forschung, technologische Entwicklung und Demonstration unter Förderung der Zusammenarbeit mit und zwischen Unternehmen, Forschungszentren und Hochschulen;

b) Förderung der Zusammenarbeit mit dritten Ländern und internationalen Organisationen auf dem Gebiet der Forschung der Union, technologischen Entwicklung und Demonstration;

c) Verbreitung und Auswertung der Ergebnisse der Tätigkeiten auf dem Gebiet der Forschung der Union, technologischen Entwicklung und Demonstration;

d) Förderung der Ausbildung und der Mobilität der Forscher aus der Union.

Artikel 181 (ex-Artikel 165 EGV)

(1) Die Union und die Mitgliedstaaten koordinieren ihre Tätigkeiten auf dem Gebiet der Forschung und der technologischen Entwicklung, um die Kohärenz der einzelstaatlichen Politiken und der Politik der Union sicherzustellen.

(2) Die Kommission kann in enger Zusammenarbeit mit den Mitgliedstaaten alle Initiativen ergreifen, die der Koordinierung nach Absatz 1 förderlich sind, insbesondere Initiativen, die darauf abzielen, Leitlinien und Indikatoren festzulegen, den Austausch bewährter Verfahren durchzuführen und die erforderlichen Elemente für eine regelmäßige Überwachung und Bewertung auszuarbeiten. Das Europäische Parlament wird in vollem Umfang unterrichtet.

Artikel 182 (ex-Artikel 166 EGV)

(1) Das Europäische Parlament und der Rat stellen gemäß dem ordentlichen Gesetzgebungsverfahren und nach Anhörung des Wirtschafts- und Sozialausschusses ein mehrjähriges Rahmenprogramm auf, in dem alle Aktionen der Union zusammengefasst werden.

In dem Rahmenprogramm werden

– die wissenschaftlichen und technologischen Ziele, die mit den Maßnahmen nach Artikel 180 erreicht werden sollen, sowie die jeweiligen Prioritäten festgelegt;

– die Grundzüge dieser Maßnahmen angegeben;

– der Gesamthöchstbetrag und die Einzelheiten der finanziellen Beteiligung der Union am Rahmenprogramm sowie die jeweiligen Anteile der vorgesehenen Maßnahmen festgelegt.

(2) Das Rahmenprogramm wird je nach Entwicklung der Lage angepasst oder ergänzt.

(3) Die Durchführung des Rahmenprogramms erfolgt durch spezifische Programme, die innerhalb jeder Aktion entwickelt werden. In jedem spezifischen Programm werden die Einzelheiten seiner Durchführung, seine Laufzeit und die für notwendig erachteten Mittel festgelegt. Die Summe der in den spezifischen Programmen für notwendig erachteten Beträge darf den für das Rahmenprogramm und für jede Aktion festgesetzten Gesamthöchstbetrag nicht überschreiten.

(4) Die spezifischen Programme werden vom Rat gemäß einem besonderen Gesetzge-

bungsverfahren nach Anhörung des Europäischen Parlaments und des Wirtschafts- und Sozialausschusses beschlossen.

(5) Ergänzend zu den in dem mehrjährigen Rahmenprogramm vorgesehenen Aktionen erlassen das Europäische Parlament und der Rat gemäß dem ordentlichen Gesetzgebungsverfahren und nach Anhörung des Wirtschafts- und Sozialausschusses die Maßnahmen, die für die Verwirklichung des Europäischen Raums der Forschung notwendig sind.

Artikel 183 (ex-Artikel 167 EGV)

Zur Durchführung des mehrjährigen Rahmenprogramms legt die Union Folgendes fest:

– die Regeln für die Beteiligung der Unternehmen, der Forschungszentren und der Hochschulen;

– die Regeln für die Verbreitung der Forschungsergebnisse.

Artikel 184 (ex-Artikel 168 EGV)

Bei der Durchführung des mehrjährigen Rahmenprogramms können Zusatzprogramme beschlossen werden, an denen nur bestimmte Mitgliedstaaten teilnehmen, die sie vorbehaltlich einer etwaigen Beteiligung der Union auch finanzieren.

Die Union legt die Regeln für die Zusatzprogramme fest, insbesondere hinsichtlich der Verbreitung der Kenntnisse und des Zugangs anderer Mitgliedstaaten.

Artikel 185 (ex-Artikel 169 EGV)

Die Union kann im Einvernehmen mit den betreffenden Mitgliedstaaten bei der Durchführung des mehrjährigen Rahmenprogramms eine Beteiligung an Forschungs- und Entwicklungsprogrammen mehrerer Mitgliedstaaten, einschließlich der Beteiligung an den zu ihrer Durchführung geschaffenen Strukturen, vorsehen.

Artikel 186 (ex-Artikel 170 EGV)

Die Union kann bei der Durchführung des mehrjährigen Rahmenprogramms eine Zusammenarbeit auf dem Gebiet der Forschung, technologischen Entwicklung und Demonstration der Union mit dritten Ländern oder internationalen Organisationen vorsehen.

Die Einzelheiten dieser Zusammenarbeit können Gegenstand von Abkommen zwischen der Union und den betreffenden dritten Parteien sein.

Artikel 187 (ex-Artikel 171 EGV)

Die Union kann gemeinsame Unternehmen gründen oder andere Strukturen schaffen, die für die ordnungsgemäße Durchführung der Programme für Forschung, technologische Entwicklung und Demonstration der Union erforderlich sind.

Artikel 188 (ex-Artikel 172)

Der Rat legt auf Vorschlag der Kommission und nach Anhörung des Europäischen Parlaments und des Wirtschafts- und Sozialausschusses die in Artikel 187 vorgesehenen Bestimmungen fest.

Das Europäische Parlament und der Rat legen gemäß dem ordentlichen Gesetzgebungsverfahren und nach Anhörung des Wirtschafts- und Sozialausschusses die in den Artikeln 183, 184 und 185 vorgesehenen Bestimmungen fest. Für die Verabschiedung der Zusatzprogramme ist die Zustimmung der daran beteiligten Mitgliedstaaten erforderlich.

Artikel 189

(1) Zur Förderung des wissenschaftlichen und technischen Fortschritts, der Wettbewerbsfähigkeit der Industrie und der Durchführung ihrer Politik arbeitet die Union eine europäische Raumfahrtpolitik aus. Sie kann zu diesem Zweck gemeinsame Initiativen fördern, die Forschung und technologische Entwicklung unterstützen und die Anstrengungen zur Erforschung und Nutzung des Weltraums koordinieren.

(2) Als Beitrag zur Erreichung der Ziele des Absatzes 1 werden vom Europäischen Parlament und vom Rat unter Ausschluss jeglicher Harmonisierung der Rechtsvorschriften der Mitgliedstaaten gemäß dem ordentlichen Gesetzgebungsverfahren die notwendigen

Maßnahmen erlassen, was in Form eines europäischen Raumfahrtprogramms geschehen kann.

(3) Die Union stellt die zweckdienlichen Verbindungen zur Europäischen Weltraumorganisation her.

(4) Dieser Artikel gilt unbeschadet der sonstigen Bestimmungen dieses Titels.

Artikel 190 (ex-Artikel 173 EGV)

Zu Beginn jedes Jahres unterbreitet die Kommission dem Europäischen Parlament und dem Rat einen Bericht. Dieser Bericht erstreckt sich insbesondere auf die Tätigkeiten auf dem Gebiet der Forschung und technologischen Entwicklung und der Verbreitung der Ergebnisse dieser Tätigkeiten während des Vorjahres sowie auf das Arbeitsprogramm des laufenden Jahres.

Titel XX
Umwelt

Artikel 191 (ex-Artikel 174 EGV)

(1) Die Umweltpolitik der Union trägt zur Verfolgung der nachstehenden Ziele bei:

- Erhaltung und Schutz der Umwelt sowie Verbesserung ihrer Qualität;
- Schutz der menschlichen Gesundheit;
- umsichtige und rationale Verwendung der natürlichen Ressourcen;
- Förderung von Maßnahmen auf internationaler Ebene zur Bewältigung regionaler oder globaler Umweltprobleme und insbesondere zur Bekämpfung des Klimawandels.

(2) Die Umweltpolitik der Union zielt unter Berücksichtigung der unterschiedlichen Gegebenheiten in den einzelnen Regionen der Union auf ein hohes Schutzniveau ab. Sie beruht auf den Grundsätzen der Vorsorge und Vorbeugung, auf dem Grundsatz, Umweltbeeinträchtigungen mit Vorrang an ihrem Ursprung zu bekämpfen, sowie auf dem Verursacherprinzip.

Im Hinblick hierauf umfassen die den Erfordernissen des Umweltschutzes entsprechenden Harmonisierungsmaßnahmen gegebe-

nenfalls eine Schutzklausel, mit der die Mitgliedstaaten ermächtigt werden, aus nicht wirtschaftlich bedingten umweltpolitischen Gründen vorläufige Maßnahmen zu treffen, die einem Kontrollverfahren der Union unterliegen.

(3) Bei der Erarbeitung ihrer Umweltpolitik berücksichtigt die Union

- die verfügbaren wissenschaftlichen und technischen Daten;
- die Umweltbedingungen in den einzelnen Regionen der Union;
- die Vorteile und die Belastung aufgrund des Tätigwerdens bzw. eines Nichttätigwerdens;
- die wirtschaftliche und soziale Entwicklung der Union insgesamt sowie die ausgewogene Entwicklung ihrer Regionen.

(4) Die Union und die Mitgliedstaaten arbeiten im Rahmen ihrer jeweiligen Befugnisse mit dritten Ländern und den zuständigen internationalen Organisationen zusammen. Die Einzelheiten der Zusammenarbeit der Union können Gegenstand von Abkommen zwischen dieser und den betreffenden dritten Parteien sein.

Unterabsatz 1 berührt nicht die Zuständigkeit der Mitgliedstaaten, in internationalen Gremien zu verhandeln und internationale Abkommen zu schließen.

Artikel 192 (ex-Artikel 175 EGV)

(1) Das Europäische Parlament und der Rat beschließen gemäß dem ordentlichen Gesetzgebungsverfahren und nach Anhörung des Wirtschafts- und Sozialausschusses sowie des Ausschusses der Regionen über das Tätigwerden der Union zur Erreichung der in Artikel 191 genannten Ziele.

(2) Abweichend von dem Beschlussverfahren des Absatzes I und unbeschadet des Artikels 114 erlässt der Rat gemäß einem besonderen Gesetzgebungsverfahren nach Anhörung des Europäischen Parlaments, des Wirtschafts- und Sozialausschusses sowie des Ausschusses der Regionen einstimmig

a) Vorschriften überwiegend steuerlicher Art;

b) Maßnahmen, die
- die Raumordnung berühren,
- die mengenmäßige Bewirtschaftung der Wasserressourcen berühren oder die Verfügbarkeit dieser Ressourcen mittelbar oder unmittelbar betreffen,
- die Bodennutzung mit Ausnahme der Abfallbewirtschaftung berühren;

c) Maßnahmen, welche die Wahl eines Mitgliedstaats zwischen verschiedenen Energiequellen und die allgemeine Struktur seiner Energieversorgung erheblich berühren.

Der Rat kann auf Vorschlag der Kommission und nach Anhörung des Europäischen Parlaments, des Wirtschafts- und Sozialausschusses und des Ausschusses der Regionen einstimmig festlegen, dass für die in Unterabsatz 1 genannten Bereiche das ordentliche Gesetzgebungsverfahren gilt.

(3) Das Europäische Parlament und der Rat beschließen gemäß dem ordentlichen Gesetzgebungsverfahren und nach Anhörung des Wirtschafts- und Sozialausschusses sowie des Ausschusses der Regionen allgemeine Aktionsprogramme, in denen die vorrangigen Ziele festgelegt werden.

Die zur Durchführung dieser Programme erforderlichen Maßnahmen werden, je nach Fall, nach dem in Absatz 1 beziehungsweise Absatz 2 vorgesehenen Verfahren erlassen.

(4) Unbeschadet bestimmter Maßnahmen der Union tragen die Mitgliedstaaten für die Finanzierung und Durchführung der Umweltpolitik Sorge.

(5) Sofern eine Maßnahme nach Absatz 1 mit unverhältnismäßig hohen Kosten für die Behörden eines Mitgliedstaats verbunden ist, werden darin unbeschadet des Verursacherprinzips geeignete Bestimmungen in folgender Form vorgesehen:

- vorübergehende Ausnahmeregelungen und/oder

- eine finanzielle Unterstützung aus dem nach Artikel 177 errichteten Kohäsionsfonds.

Artikel 193 (ex-Artikel 176 EGV)

Die Schutzmaßnahmen, die aufgrund des Artikels 192 getroffen werden, hindern die einzelnen Mitgliedstaaten nicht daran, verstärkte Schutzmaßnahmen beizubehalten oder zu ergreifen. Die betreffenden Maßnahmen müssen mit den Verträgen vereinbar sein. Sie werden der Kommission notifiziert.

Titel XXI
Energie

Artikel 194

(1) Die Energiepolitik der Union verfolgt im Geiste der Solidarität zwischen den Mitgliedstaaten im Rahmen der Verwirklichung oder des Funktionierens des Binnenmarkts und unter Berücksichtigung der Notwendigkeit der Erhaltung und Verbesserung der Umwelt folgende Ziele:

a) Sicherstellung des Funktionierens des Energiemarkts;

b) Gewährleistung der Energieversorgungssicherheit in der Union;

c) Förderung der Energieeffizienz und von Energieeinsparungen sowie Entwicklung neuer und erneuerbarer Energiequellen und

d) Förderung der Interkonnektion der Energienetze.

(2) Unbeschadet der Anwendung anderer Bestimmungen der Verträge erlassen das Europäische Parlament und der Rat gemäß dem ordentlichen Gesetzgebungsverfahren die Maßnahmen, die erforderlich sind, um die Ziele nach Absatz 1 zu verwirklichen. Der Erlass dieser Maßnahmen erfolgt nach Anhörung des Wirtschafts- und Sozialausschusses und des Ausschusses der Regionen.

Diese Maßnahmen berühren unbeschadet des Artikels 192 Absatz 2 Buchstabe c nicht das Recht eines Mitgliedstaats, die Bedingungen für die Nutzung seiner Energieressourcen, seine Wahl zwischen verschiedenen Energiequellen und die allgemeine Struktur seiner Energieversorgung zu bestimmen.

(3) Abweichend von Absatz 2 erlässt der Rat die darin genannten Maßnahmen gemäß ei-

nem besonderen Gesetzgebungsverfahren einstimmig nach Anhörung des Europäischen Parlaments, wenn sie überwiegend steuerlicher Art sind.

Titel XXII
Tourismus

Artikel 195

(1) Die Union ergänzt die Maßnahmen der Mitgliedstaaten im Tourismussektor, insbesondere durch die Förderung der Wettbewerbsfähigkeit der Unternehmen der Union in diesem Sektor.

Die Union verfolgt zu diesem Zweck mit ihrer Tätigkeit das Ziel,

a) die Schaffung eines günstigen Umfelds für die Entwicklung der Unternehmen in diesem Sektor anzuregen;

b) die Zusammenarbeit zwischen den Mitgliedstaaten insbesondere durch den Austausch bewährter Praktiken zu unterstützen.

(2) Das Europäische Parlament und der Rat erlassen unter Ausschluss jeglicher Harmonisierung der Rechtsvorschriften der Mitgliedstaaten gemäß dem ordentlichen Gesetzgebungsverfahren die spezifischen Maßnahmen zur Ergänzung der Maßnahmen, die die Mitgliedstaaten zur Verwirklichung der in diesem Artikel genannten Ziele durchführen.

Titel XXIII
Katastrophenschutz

Artikel 196

(1) Die Union fördert die Zusammenarbeit zwischen den Mitgliedstaaten, um die Systeme zur Verhütung von Naturkatastrophen oder von vom Menschen verursachten Katastrophen und zum Schutz vor solchen Katastrophen wirksamer zu gestalten.

Die Tätigkeit der Union hat folgende Ziele:

a) Unterstützung und Ergänzung der Tätigkeit der Mitgliedstaaten auf nationaler, regionaler und kommunaler Ebene im Hinblick auf die Risikoprävention, auf die Ausbildung der in den Mitgliedstaaten am

Katastrophenschutz Beteiligten und auf Einsätze im Falle von Naturkatastrophen oder von vom Menschen verursachten Katastrophen in der Union;

b) Förderung einer schnellen und effizienten Zusammenarbeit in der Union zwischen den einzelstaatlichen Katastrophenschutzstellen;

c) Verbesserung der Kohärenz der Katastrophenschutzmaßnahmen auf internationaler Ebene.

(2) Das Europäische Parlament und der Rat erlassen unter Ausschluss jeglicher Harmonisierung der Rechtsvorschriften der Mitgliedstaaten gemäß dem ordentlichen Gesetzgebungsverfahren die erforderlichen Maßnahmen zur Verfolgung der Ziele des Absatzes 1.

Titel XXIV
Verwaltungszusammenarbeit

Artikel 197

(1) Die für das ordnungsgemäße Funktionieren der Union entscheidende effektive Durchführung des Unionsrechts durch die Mitgliedstaaten ist als Frage von gemeinsamem Interesse anzusehen.

(2) Die Union kann die Mitgliedstaaten in ihren Bemühungen um eine Verbesserung der Fähigkeit ihrer Verwaltung zur Durchführung des Unionsrechts unterstützen. Dies kann insbesondere die Erleichterung des Austauschs von Informationen und von Beamten sowie die Unterstützung von Aus- und Weiterbildungsprogrammen beinhalten. Die Mitgliedstaaten müssen diese Unterstützung nicht in Anspruch nehmen. Das Europäische Parlament und der Rat erlassen die erforderlichen Maßnahmen unter Ausschluss jeglicher Harmonisierung der Rechtsvorschriften der Mitgliedstaaten durch Verordnungen gemäß dem ordentlichen Gesetzgebungsverfahren.

(3) Dieser Artikel berührt weder die Verpflichtung der Mitgliedstaaten, das Unionsrecht durchzuführen, noch die Befugnisse und Pflichten der Kommission. Er berührt auch nicht die übrigen Bestimmungen der

Verträge, in denen eine Verwaltungszusammenarbeit unter den Mitgliedstaaten sowie zwischen diesen und der Union vorgesehen ist.

Sechster Teil
Institutionelle Bestimmungen und Finanzvorschriften

Titel I
Vorschriften über die Organe

Kapitel 2
Rechtsakte der Union, Annahmeverfahren und sonstige Vorschriften

Abschnitt 1
Die Rechtsakte der Union

Artikel 288 (ex-Artikel 249 EGV)

Für die Ausübung der Zuständigkeiten der Union nehmen die Organe Verordnungen, Richtlinien, Beschlüsse, Empfehlungen und Stellungnahmen an.

Die Verordnung hat allgemeine Geltung. Sie ist in allen ihren Teilen verbindlich und gilt unmittelbar in jedem Mitgliedstaat.

Die Richtlinie ist für jeden Mitgliedstaat, an den sie gerichtet wird, hinsichtlich des zu erreichenden Ziels verbindlich, überlässt jedoch den innerstaatlichen Stellen die Wahl der Form und der Mittel.

Beschlüsse sind in allen ihren Teilen verbindlich. Sind sie an bestimmte Adressaten gerichtet, so sind sie nur für diese verbindlich.

Die Empfehlungen und Stellungnahmen sind nicht verbindlich.

Artikel 289

(1) Das ordentliche Gesetzgebungsverfahren besteht in der gemeinsamen Annahme einer Verordnung, einer Richtlinie oder eines Beschlusses durch das Europäische Parlament und den Rat auf Vorschlag der Kommission. Dieses Verfahren ist in Artikel 294 festgelegt.

(2) In bestimmten, in den Verträgen vorgesehenen Fällen erfolgt als besonderes Gesetzgebungsverfahren die Annahme einer Verordnung, einer Richtlinie oder eines Beschlusses durch das Europäische Parlament mit Beteiligung des Rates oder durch den Rat mit Beteiligung des Europäischen Parlaments.

(3) Rechtsakte, die gemäß einem Gesetzgebungsverfahren angenommen werden, sind Gesetzgebungsakte.

(4) In bestimmten, in den Verträgen vorgesehenen Fällen können Gesetzgebungsakte auf Initiative einer Gruppe von Mitgliedstaaten oder des Europäischen Parlaments, auf Empfehlung der Europäischen Zentralbank oder auf Antrag des Gerichtshofs oder der Europäischen Investitionsbank erlassen werden.

Artikel 290

(1) In Gesetzgebungsakten kann der Kommission die Befugnis übertragen werden, Rechtsakte ohne Gesetzescharakter mit allgemeiner Geltung zur Ergänzung oder Änderung bestimmter nicht wesentlicher Vorschriften des betreffenden Gesetzgebungsaktes zu erlassen.

In den betreffenden Gesetzgebungsakten werden Ziele, Inhalt, Geltungsbereich und Dauer der Befugnisübertragung ausdrücklich festgelegt. Die wesentlichen Aspekte eines Bereichs sind dem Gesetzgebungsakt vorbehalten und eine Befugnisübertragung ist für sie deshalb ausgeschlossen.

(2) Die Bedingungen, unter denen die Übertragung erfolgt, werden in Gesetzgebungsakten ausdrücklich festgelegt, wobei folgende Möglichkeiten bestehen:

a) Das Europäische Parlament oder der Rat kann beschließen, die Übertragung zu widerrufen.

b) Der delegierte Rechtsakt kann nur in Kraft treten, wenn das Europäische Parlament oder der Rat innerhalb der im Gesetzgebungsakt festgelegten Frist keine Einwände erhebt.

Für die Zwecke der Buchstaben a und b beschließt das Europäische Parlament mit der Mehrheit seiner Mitglieder und der Rat mit qualifizierter Mehrheit.

(3) In den Titel der delegierten Rechtsakte wird das Wort „delegiert" eingefügt.

Artikel 291

(1) Die Mitgliedstaaten ergreifen alle zur Durchführung der verbindlichen Rechtsakte der Union erforderlichen Maßnahmen nach innerstaatlichem Recht.

(2) Bedarf es einheitlicher Bedingungen für die Durchführung der verbindlichen Rechtsakte der Union, so werden mit diesen Rechtsakten der Kommission oder, in entsprechend begründeten Sonderfällen und in den in den Artikeln 24 und 26 des Vertrags über die Europäische Union vorgesehenen Fällen, dem Rat Durchführungsbefugnisse übertragen.

(3) Für die Zwecke des Absatzes 2 legen das Europäische Parlament und der Rat gemäß dem ordentlichen Gesetzgebungsverfahren durch Verordnungen im Voraus allgemeine Regeln und Grundsätze fest, nach denen die Mitgliedstaaten die Wahrnehmung der Durchführungsbefugnisse durch die Kommission kontrollieren.

(4) In den Titel der Durchführungsrechtsakte wird der Wortteil „Durchführungs-" eingefügt.

Artikel 292

Der Rat gibt Empfehlungen ab. Er beschließt auf Vorschlag der Kommission in allen Fällen, in denen er nach Maßgabe der Verträge Rechtsakte auf Vorschlag der Kommission erlässt. In den Bereichen, in denen für den Erlass eines Rechtsakts der Union Einstimmigkeit vorgesehen ist, beschließt er einstimmig. Die Kommission und, in bestimmten in den Verträgen vorgesehenen Fällen, die Europäische Zentralbank geben Empfehlungen ab.

Abschnitt 2
Annahmeverfahren und sonstige Vorschriften

Artikel 293 (ex-Artikel 250 EGV)

(1) Wird der Rat aufgrund der Verträge auf Vorschlag der Kommission tätig, so kann er diesen Vorschlag nur einstimmig abändern; dies gilt nicht in den Fällen nach Artikel 294 Absätze 10 und 13, nach Artikel 310, Artikel 312, Artikel 314 und nach Artikel 315 Absatz 2.

(2) Solange ein Beschluss des Rates nicht ergangen ist, kann die Kommission ihren Vorschlag jederzeit im Verlauf der Verfahren zur Annahme eines Rechtsakts der Union ändern.

Artikel 294 (ex-Artikel 251 EGV)

(1) Wird in den Verträgen hinsichtlich der Annahme eines Rechtsakts auf das ordentliche Gesetzgebungsverfahren Bezug genommen, so gilt das nachstehende Verfahren.

(2) Die Kommission unterbreitet dem Europäischen Parlament und dem Rat einen Vorschlag.

Erste Lesung

(3) Das Europäische Parlament legt seinen Standpunkt in erster Lesung fest und übermittelt ihn dem Rat.

(4) Billigt der Rat den Standpunkt des Europäischen Parlaments, so ist der betreffende Rechtsakt in der Fassung des Standpunkts des Europäischen Parlaments erlassen.

(5) Billigt der Rat den Standpunkt des Europäischen Parlaments nicht, so legt er seinen Standpunkt in erster Lesung fest und übermittelt ihn dem Europäischen Parlament.

(6) Der Rat unterrichtet das Europäische Parlament in allen Einzelheiten über die Gründe, aus denen er seinen Standpunkt in erster Lesung festgelegt hat. Die Kommission unterrichtet das Europäische Parlament in vollem Umfang über ihren Standpunkt.

Zweite Lesung

(7) Hat das Europäische Parlament binnen drei Monaten nach der Übermittlung

a) den Standpunkt des Rates in erster Lesung gebilligt oder sich nicht geäußert, so gilt der betreffende Rechtsakt als in der Fassung des Standpunkts des Rates erlassen;

b) den Standpunkt des Rates in erster Lesung mit der Mehrheit seiner Mitglieder abgelehnt, so gilt der vorgeschlagene Rechtsakt als nicht erlassen;

c) mit der Mehrheit seiner Mitglieder Abänderungen an dem Standpunkt des Rates in erster Lesung vorgeschlagen, so wird die abgeänderte Fassung dem Rat und der

Kommission zugeleitet; die Kommission gibt eine Stellungnahme zu diesen Abänderungen ab.

(8) Hat der Rat binnen drei Monaten nach Eingang der Abänderungen des Europäischen Parlaments mit qualifizierter Mehrheit

a) alle diese Abänderungen gebilligt, so gilt der betreffende Rechtsakt als erlassen;

b) nicht alle Abänderungen gebilligt, so beruft der Präsident des Rates im Einvernehmen mit dem Präsidenten des Europäischen Parlaments binnen sechs Wochen den Vermittlungsausschuss ein.

(9) Über Abänderungen, zu denen die Kommission eine ablehnende Stellungnahme abgegeben hat, beschließt der Rat einstimmig.

Vermittlung

(10) Der Vermittlungsausschuss, der aus den Mitgliedern des Rates oder deren Vertretern und ebenso vielen das Europäische Parlament vertretenden Mitgliedern besteht, hat die Aufgabe, mit der qualifizierten Mehrheit der Mitglieder des Rates oder deren Vertretern und der Mehrheit der das Europäische Parlament vertretenden Mitglieder binnen sechs Wochen nach seiner Einberufung eine Einigung auf der Grundlage der Standpunkte des Europäischen Parlaments und des Rates in zweiter Lesung zu erzielen.

(11) Die Kommission nimmt an den Arbeiten des Vermittlungsausschusses teil und ergreift alle erforderlichen Initiativen, um auf eine Annäherung der Standpunkte des Europäischen Parlaments und des Rates hinzuwirken.

(12) Billigt der Vermittlungsausschuss binnen sechs Wochen nach seiner Einberufung keinen gemeinsamen Entwurf, so gilt der vorgeschlagene Rechtsakt als nicht erlassen.

Dritte Lesung

(13) Billigt der Vermittlungsausschuss innerhalb dieser Frist einen gemeinsamen Entwurf, so verfügen das Europäische Parlament und der Rat ab dieser Billigung über eine Frist von sechs Wochen, um den betreffenden Rechtsakt entsprechend diesem Entwurf zu erlassen, wobei im Europäischen Parlament die Mehrheit der abgegebenen Stimmen und im

Rat die qualifizierte Mehrheit erforderlich ist. Andernfalls gilt der vorgeschlagene Rechtsakt als nicht erlassen.

(14) Die in diesem Artikel genannten Fristen von drei Monaten beziehungsweise sechs Wochen werden auf Initiative des Europäischen Parlaments oder des Rates um höchstens einen Monat beziehungsweise zwei Wochen verlängert.

Besondere Bestimmungen

(15) Wird in den in den Verträgen vorgesehenen Fällen ein Gesetzgebungsakt auf Initiative einer Gruppe von Mitgliedstaaten, auf Empfehlung der Europäischen Zentralbank oder auf Antrag des Gerichtshofs im ordentlichen Gesetzgebungsverfahren erlassen, so finden Absatz 2, Absatz 6 Satz 2 und Absatz 9 keine Anwendung.

In diesen Fällen übermitteln das Europäische Parlament und der Rat der Kommission den Entwurf des Rechtsakts sowie ihre jeweiligen Standpunkte in erster und zweiter Lesung. Das Europäische Parlament oder der Rat kann die Kommission während des gesamten Verfahrens um eine Stellungnahme bitten, die die Kommission auch von sich aus abgeben kann. Sie kann auch nach Maßgabe des Absatzes 11 an dem Vermittlungsausschuss teilnehmen, sofern sie dies für erforderlich hält.

Artikel 295

Das Europäische Parlament, der Rat und die Kommission beraten sich und regeln einvernehmlich die Einzelheiten ihrer Zusammenarbeit. Dazu können sie unter Wahrung der Verträge interinstitutionelle Vereinbarungen schließen, die auch bindenden Charakter haben können.

Artikel 296 (ex-Artikel 253 EGV)

Wird die Art des zu erlassenden Rechtsakts von den Verträgen nicht vorgegeben, so entscheiden die Organe darüber von Fall zu Fall unter Einhaltung der geltenden Verfahren und des Grundsatzes der Verhältnismäßigkeit.

Die Rechtsakte sind mit einer Begründung zu versehen und nehmen auf die in den Verträgen vorgesehenen Vorschläge, Initiativen, Empfehlungen, Anträge oder Stellungnahmen Bezug.

Werden das Europäische Parlament und der Rat mit dem Entwurf eines Gesetzgebungsakts befasst, so nehmen sie keine Rechtsakte an, die gemäß dem für den betreffenden Bereich geltenden Gesetzgebungsverfahren nicht vorgesehen sind.

Artikel 297 (ex-Artikel 254 EGV)

(1) Gesetzgebungsakte, die gemäß dem ordentlichen Gesetzgebungsverfahren erlassen wurden, werden vom Präsidenten des Europäischen Parlaments und vom Präsidenten des Rates unterzeichnet.

Gesetzgebungsakte, die gemäß einem besonderen Gesetzgebungsverfahren erlassen wurden, werden vom Präsidenten des Organs unterzeichnet, das sie erlassen hat.

Die Gesetzgebungsakte werden im Amtsblatt der Europäischen Union veröffentlicht. Sie treten zu dem durch sie festgelegten Zeitpunkt oder anderenfalls am zwanzigsten Tag nach ihrer Veröffentlichung in Kraft.

(2) Rechtsakte ohne Gesetzescharakter, die als Verordnung, Richtlinie oder Beschluss, der an keinen bestimmten Adressaten gerichtet ist, erlassen wurden, werden vom Präsidenten des Organs unterzeichnet, das sie erlassen hat.

Verordnungen, Richtlinien, die an alle Mitgliedstaaten gerichtet sind, sowie Beschlüsse, die an keinen bestimmten Adressaten gerichtet sind, werden im Amtsblatt der Europäischen Union veröffentlicht. Sie treten zu dem durch sie festgelegten Zeitpunkt oder anderenfalls am zwanzigsten Tag nach ihrer Veröffentlichung in Kraft.

Die anderen Richtlinien sowie die Beschlüsse, die an einen bestimmten Adressaten gerichtet sind, werden denjenigen, für die sie be-

stimmt sind, bekannt gegeben und durch diese Bekanntgabe wirksam.

Artikel 298

(1) Zur Ausübung ihrer Aufgaben stützen sich die Organe, Einrichtungen und sonstigen Stellen der Union auf eine offene, effiziente und unabhängige europäische Verwaltung.

(2) Die Bestimmungen zu diesem Zweck werden unter Beachtung des Statuts und der Beschäftigungsbedingungen nach Artikel 336 vom Europäischen Parlament und vom Rat gemäß dem ordentlichen Gesetzgebungsverfahren durch Verordnungen erlassen.

Artikel 299 (ex-Artikel 256 EGV)

Die Rechtsakte des Rates, der Kommission oder der Europäischen Zentralbank, die eine Zahlung auferlegen, sind vollstreckbare Titel; dies gilt nicht gegenüber Staaten.

Die Zwangsvollstreckung erfolgt nach den Vorschriften des Zivilprozessrechts des Staates, in dessen Hoheitsgebiet sie stattfindet. Die Vollstreckungsklausel wird nach einer Prüfung, die sich lediglich auf die Echtheit des Titels erstrecken darf, von der staatlichen Behörde erteilt, welche die Regierung jedes Mitgliedstaats zu diesem Zweck bestimmt und der Kommission und dem Gerichtshof der Europäischen Union benennt.

Sind diese Formvorschriften auf Antrag der die Vollstreckung betreibenden Partei erfüllt, so kann diese die Zwangsvollstreckung nach innerstaatlichem Recht betreiben, indem sie die zuständige Stelle unmittelbar anruft.

Die Zwangsvollstreckung kann nur durch eine Entscheidung des Gerichtshofs der Europäischen Union ausgesetzt werden. Für die Prüfung der Ordnungsmäßigkeit der Vollstreckungsmaßnahmen sind jedoch die einzelstaatlichen Rechtsprechungsorgane zuständig.

I

Charta der Grundrechte der Europäischen Union

Vom 12. Dezember 2007 (ABl. 2007 C 303)[1)]

Inhaltsübersicht

Präambel

Titel I
Würde des Menschen

Artikel 1   Würde des Menschen

Artikel 2   Recht auf Leben

Artikel 3   Recht auf Unversehrtheit

Artikel 4   Verbot der Folter und unmenschlicher oder erniedrigender Strafe oder Behandlung

Artikel 5   Verbot der Sklaverei und der Zwangsarbeit

Titel II
Freiheiten

Artikel 6   Recht auf Freiheit und Sicherheit

Artikel 7   Achtung des Privat- und Familienlebens

Artikel 8   Schutz personenbezogener Daten

Artikel 9   Recht, eine Ehe einzugehen und eine Familie zu gründen

Artikel 10 Gedanken-, Gewissens- und Religionsfreiheit

Artikel 11 Freiheit der Meinungsäußerung und Informationsfreiheit

Artikel 12 Versammlungs- und Vereinigungsfreiheit

Artikel 13 Freiheit der Kunst und der Wissenschaft

Artikel 14 Recht auf Bildung

Artikel 15 Berufsfreiheit und Recht zu arbeiten

Artikel 16 Unternehmerische Freiheit

Artikel 17 Eigentumsrecht

Artikel 18 Asylrecht

Artikel 19 Schutz bei Abschiebung, Ausweisung und Auslieferung

Titel III
Gleichheit

Artikel 20 Gleichheit vor dem Gesetz

Artikel 21 Nichtdiskriminierung

Artikel 22 Vielfalt der Kulturen, Religionen und Sprachen

Artikel 23 Gleichheit von Frauen und Männern

Artikel 24 Rechte des Kindes

Artikel 25 Rechte älterer Menschen

Artikel 26 Integration von Menschen mit Behinderung

Titel IV
Solidarität

Artikel 27 Recht auf Unterrichtung und Anhörung der Arbeitnehmerinnen und Arbeitnehmer im Unternehmen

Artikel 28 Recht auf Kollektivverhandlungen und Kollektivmaßnahmen

Artikel 29 Recht auf Zugang zu einem Arbeitsvermittlungsdienst

Artikel 30 Schutz bei ungerechtfertigter Entlassung

Artikel 31 Gerechte und angemessene Arbeitsbedingungen

Artikel 32 Verbot der Kinderarbeit und Schutz der Jugendlichen am Arbeitsplatz

Artikel 33 Familien- und Berufsleben

Artikel 34 Soziale Sicherheit und soziale Unterstützung

Artikel 35 Gesundheitsschutz

Artikel 36 Zugang zu Dienstleistungen von allgemeinem wirtschaftlichen Interesse

Artikel 37 Umweltschutz

[1)] Die Bundesrepublik Deutschland hat dem Vertrag von Lissabon mit Gesetz vom 8. 10. 2008 (BGBl. II S. 1038) zugestimmt. Diese Fassung tritt daher am 1. 12. 2009 in Kraft (siehe auch Bekanntmachung vom 13. 11. 2009, BGBl. II S. 1223).

Artikel 38 Verbraucherschutz

Titel V
Bürgerrechte

Artikel 39 Aktives und passives Wahlrecht bei den Wahlen zum Europäischen Parlament

Artikel 40 Aktives und passives Wahlrecht bei den Kommunalwahlen

Artikel 41 Recht auf eine gute Verwaltung

Artikel 42 Recht auf Zugang zu Dokumenten

Artikel 43 Der Europäische Bürgerbeauftragte

Artikel 44 Petitionsrecht

Artikel 45 Freizügigkeit und Aufenthaltsfreiheit

Artikel 46 Diplomatischer und konsularischer Schutz

Titel VI
Justizielle Rechte

Artikel 47 Recht auf einen wirksamen Rechtsbehelf und ein unparteiisches Gericht

Artikel 48 Unschuldsvermutung und Verteidigungsrechte

Artikel 49 Grundsätze der Gesetzmäßigkeit und der Verhältnismäßigkeit im Zusammenhang mit Straftaten und Strafen

Artikel 50 Recht, wegen derselben Straftat nicht zweimal strafrechtlich verfolgt oder bestraft zu werden

Titel VII
Allgemeine Bestimmungen über die Auslegung und Anwendung der Charta

Artikel 51 Anwendungsbereich

Artikel 52 Tragweite und Auslegung der Rechte und Grundsätze

Artikel 53 Schutzniveau

Artikel 54 Verbot des Missbrauchs der Rechte

I

Das Europäische Parlament, der Rat und die Kommission proklamieren feierlich den nachstehenden Text als Charta der Grundrechte der Europäischen Union:

Präambel

Die Völker Europas sind entschlossen, auf der Grundlage gemeinsamer Werte eine friedliche Zukunft zu teilen, indem sie sich zu einer immer engeren Union verbinden.

In dem Bewusstsein ihres geistig-religiösen und sittlichen Erbes gründet sich die Union auf die unteilbaren und universellen Werte der Würde des Menschen, der Freiheit, der Gleichheit und der Solidarität. Sie beruht auf den Grundsätzen der Demokratie und der Rechtsstaatlichkeit. Sie stellt den Menschen in den Mittelpunkt ihres Handelns, indem sie die Unionsbürgerschaft und einen Raum der Freiheit, der Sicherheit und des Rechts begründet.

Die Union trägt zur Erhaltung und zur Entwicklung dieser gemeinsamen Werte unter Achtung der Vielfalt der Kulturen und Traditionen der Völker Europas sowie der nationalen Identität der Mitgliedstaaten und der Organisation ihrer staatlichen Gewalt auf nationaler, regionaler und lokaler Ebene bei. Sie ist bestrebt, eine ausgewogene und nachhaltige Entwicklung zu fördern und stellt den freien Personen-, Dienstleistungs-, Waren- und Kapitalverkehr sowie die Niederlassungsfreiheit sicher.

Zu diesem Zweck ist es notwendig, angesichts der Weiterentwicklung der Gesellschaft, des sozialen Fortschritts und der wissenschaftlichen und technologischen Entwicklungen den Schutz der Grundrechte zu stärken, indem sie in einer Charta sichtbarer gemacht werden.

Diese Charta bekräftigt unter Achtung der Zuständigkeiten und Aufgaben der Union und des Subsidiaritätsprinzips die Rechte, die sich vor allem aus den gemeinsamen Verfassungstraditionen und den gemeinsamen internationalen Verpflichtungen der Mitgliedstaaten, aus der Europäischen Konvention zum Schutz der Menschenrechte und Grundfreiheiten, aus den von der Union und dem Europarat beschlossenen Sozialchartas sowie aus der Rechtsprechung des Gerichtshofs der Europäischen Union und des Europäischen Gerichtshofs für Menschenrechte ergeben. In diesem Zusammenhang erfolgt die Auslegung der Charta durch die Gerichte der Union und der Mitgliedstaaten unter gebührender Berücksichtigung der Erläuterungen, die unter der Leitung des Präsidiums des Konvents zur Ausarbeitung der Charta formuliert und unter der Verantwortung des Präsidiums des Europäischen Konvents aktualisiert wurden.

Die Ausübung dieser Rechte ist mit Verantwortung und mit Pflichten sowohl gegenüber den Mitmenschen als auch gegenüber der menschlichen Gemeinschaft und den künftigen Generationen verbunden.

Daher erkennt die Union die nachstehend aufgeführten Rechte, Freiheiten und Grundsätze an.

Titel I
Würde des Menschen

Artikel 1 Würde des Menschen

Die Würde des Menschen ist unantastbar. Sie ist zu achten und zu schützen.

Artikel 2 Recht auf Leben

(1) Jeder Mensch hat das Recht auf Leben.

(2) Niemand darf zur Todesstrafe verurteilt oder hingerichtet werden.

Artikel 3 Recht auf Unversehrtheit

(1) Jeder Mensch hat das Recht auf körperliche und geistige Unversehrtheit.

(2) Im Rahmen der Medizin und der Biologie muss insbesondere Folgendes beachtet werden:

a) die freie Einwilligung des Betroffenen nach vorheriger Aufklärung entsprechend den gesetzlich festgelegten Einzelheiten,

b) das Verbot eugenischer Praktiken, insbesondere derjenigen, welche die Selektion von Menschen zum Ziel haben,

c) das Verbot, den menschlichen Körper und Teile davon als solche zur Erzielung von Gewinnen zu nutzen,

d) das Verbot des reproduktiven Klonens von Menschen.

Artikel 4 Verbot der Folter und unmenschlicher oder erniedrigender Strafe oder Behandlung

Niemand darf der Folter oder unmenschlicher oder erniedrigender Strafe oder Behandlung unterworfen werden.

Artikel 5 Verbot der Sklaverei und der Zwangsarbeit

(1) Niemand darf in Sklaverei oder Leibeigenschaft gehalten werden.

(2) Niemand darf gezwungen werden, Zwangs- oder Pflichtarbeit zu verrichten.

(3) Menschenhandel ist verboten.

Titel II
Freiheiten

Artikel 6 Recht auf Freiheit und Sicherheit

Jeder Mensch hat das Recht auf Freiheit und Sicherheit.

Artikel 7 Achtung des Privat- und Familienlebens

Jede Person hat das Recht auf Achtung ihres Privat- und Familienlebens, ihrer Wohnung sowie ihrer Kommunikation.

Artikel 8 Schutz personenbezogener Daten

(1) Jede Person hat das Recht auf Schutz der sie betreffenden personenbezogenen Daten.

(2) Diese Daten dürfen nur nach Treu und Glauben für festgelegte Zwecke und mit Einwilligung der betroffenen Person oder auf einer sonstigen gesetzlich geregelten legitimen Grundlage verarbeitet werden. Jede Person hat das Recht, Auskunft über die sie betreffenden erhobenen Daten zu erhalten und die Berichtigung der Daten zu erwirken.

(3) Die Einhaltung dieser Vorschriften wird von einer unabhängigen Stelle überwacht.

Artikel 9 Recht, eine Ehe einzugehen und eine Familie zu gründen

Das Recht, eine Ehe einzugehen, und das Recht, eine Familie zu gründen, werden nach den einzelstaatlichen Gesetzen gewährleistet, welche die Ausübung dieser Rechte regeln.

Artikel 10 Gedanken-, Gewissens- und Religionsfreiheit

(1) Jede Person hat das Recht auf Gedanken-, Gewissens- und Religionsfreiheit. Dieses Recht umfasst die Freiheit, die Religion oder Weltanschauung zu wechseln, und die Freiheit, seine Religion oder Weltanschauung einzeln oder gemeinsam mit anderen öffentlich oder privat durch Gottesdienst, Unterricht, Bräuche und Riten zu bekennen.

(2) Das Recht auf Wehrdienstverweigerung aus Gewissensgründen wird nach den einzelstaatlichen Gesetzen anerkannt, welche die Ausübung dieses Rechts regeln.

Artikel 11 Freiheit der Meinungsäußerung und Informationsfreiheit

(1) Jede Person hat das Recht auf freie Meinungsäußerung. Dieses Recht schließt die Meinungsfreiheit und die Freiheit ein, Informationen und Ideen ohne behördliche Eingriffe und ohne Rücksicht auf Staatsgrenzen zu empfangen und weiterzugeben.

(2) Die Freiheit der Medien und ihre Pluralität werden geachtet.

Artikel 12 Versammlungs- und Vereinigungsfreiheit

(1) Jede Person hat das Recht, sich insbesondere im politischen, gewerkschaftlichen und zivilgesellschaftlichen Bereich auf allen Ebenen frei und friedlich mit anderen zu versammeln und frei mit anderen zusammenzuschließen, was das Recht jeder Person umfasst, zum Schutz ihrer Interessen Gewerkschaften zu gründen und Gewerkschaften beizutreten.

(2) Politische Parteien auf der Ebene der Union tragen dazu bei, den politischen Willen der Unionsbürgerinnen und Unionsbürger zum Ausdruck zu bringen.

Artikel 13 Freiheit der Kunst und der Wissenschaft

Kunst und Forschung sind frei. Die akademische Freiheit wird geachtet.

Artikel 14 Recht auf Bildung

(1) Jede Person hat das Recht auf Bildung sowie auf Zugang zur beruflichen Ausbildung und Weiterbildung.

(2) Dieses Recht umfasst die Möglichkeit, unentgeltlich am Pflichtschulunterricht teilzunehmen.

(3) Die Freiheit zur Gründung von Lehranstalten unter Achtung der demokratischen Grundsätze sowie das Recht der Eltern, die Erziehung und den Unterricht ihrer Kinder entsprechend ihren eigenen religiösen, weltanschaulichen und erzieherischen Überzeugungen sicherzustellen, werden nach den einzelstaatlichen Gesetzen geachtet, welche ihre Ausübung regeln.

Artikel 15 Berufsfreiheit und Recht zu arbeiten

(1) Jede Person hat das Recht, zu arbeiten und einen frei gewählten oder angenommenen Beruf auszuüben.

(2) Alle Unionsbürgerinnen und Unionsbürger haben die Freiheit, in jedem Mitgliedstaat Arbeit zu suchen, zu arbeiten, sich niederzulassen oder Dienstleistungen zu erbringen.

(3) Die Staatsangehörigen dritter Länder, die im Hoheitsgebiet der Mitgliedstaaten arbeiten dürfen, haben Anspruch auf Arbeitsbedingungen, die denen der Unionsbürgerinnen und Unionsbürger entsprechen.

Artikel 16 Unternehmerische Freiheit

Die unternehmerische Freiheit wird nach dem Unionsrecht und den einzelstaatlichen Rechtsvorschriften und Gepflogenheiten anerkannt.

Artikel 17 Eigentumsrecht

(1) Jede Person hat das Recht, ihr rechtmäßig erworbenes Eigentum zu besitzen, zu nutzen, darüber zu verfügen und es zu vererben. Niemandem darf sein Eigentum entzogen werden, es sei denn aus Gründen des öffentlichen Interesses in den Fällen und unter den Bedingungen, die in einem Gesetz vorgesehen sind, sowie gegen eine rechtzeitige angemessene Entschädigung für den Verlust des Eigentums. Die Nutzung des Eigentums kann gesetzlich geregelt werden, soweit dies für das Wohl der Allgemeinheit erforderlich ist.

(2) Geistiges Eigentum wird geschützt.

Artikel 18 Asylrecht

Das Recht auf Asyl wird nach Maßgabe des Genfer Abkommens vom 28. Juli 1951 und des Protokolls vom 31. Januar 1967 über die Rechtsstellung der Flüchtlinge sowie nach Maßgabe des Vertrags über die Europäische Union und des Vertrags über die Arbeitsweise der Europäischen Union (im Folgenden „die Verträge") gewährleistet.

Artikel 19 Schutz bei Abschiebung, Ausweisung und Auslieferung

(1) Kollektivausweisungen sind nicht zulässig.

(2) Niemand darf in einen Staat abgeschoben oder ausgewiesen oder an einen Staat ausgeliefert werden, in dem für sie oder ihn das ernsthafte Risiko der Todesstrafe, der Folter oder einer anderen unmenschlichen oder erniedrigenden Strafe oder Behandlung besteht.

Titel III
Gleichheit

Artikel 20 Gleichheit vor dem Gesetz

Alle Personen sind vor dem Gesetz gleich.

Artikel 21 Nichtdiskriminierung

(1) Diskriminierungen insbesondere wegen des Geschlechts, der Rasse, der Hautfarbe, der ethnischen oder sozialen Herkunft, der

genetischen Merkmale, der Sprache, der Religion oder der Weltanschauung, der politischen oder sonstigen Anschauung, der Zugehörigkeit zu einer nationalen Minderheit, des Vermögens, der Geburt, einer Behinderung, des Alters oder der sexuellen Ausrichtung sind verboten.

(2) Unbeschadet besonderer Bestimmungen der Verträge ist in ihrem Anwendungsbereich jede Diskriminierung aus Gründen der Staatsangehörigkeit verboten.

Artikel 22 Vielfalt der Kulturen, Religionen und Sprachen

Die Union achtet die Vielfalt der Kulturen, Religionen und Sprachen.

Artikel 23 Gleichheit von Frauen und Männern

Die Gleichheit von Frauen und Männern ist in allen Bereichen, einschließlich der Beschäftigung, der Arbeit und des Arbeitsentgelts, sicherzustellen.

Der Grundsatz der Gleichheit steht der Beibehaltung oder der Einführung spezifischer Vergünstigungen für das unterrepräsentierte Geschlecht nicht entgegen.

Artikel 24 Rechte des Kindes

(1) Kinder haben Anspruch auf den Schutz und die Fürsorge, die für ihr Wohlergehen notwendig sind. Sie können ihre Meinung frei äußern. Ihre Meinung wird in den Angelegenheiten, die sie betreffen, in einer ihrem Alter und ihrem Reifegrad entsprechenden Weise berücksichtigt.

(2) Bei allen Kinder betreffenden Maßnahmen öffentlicher Stellen oder privater Einrichtungen muss das Wohl des Kindes eine vorrangige Erwägung sein.

(3) Jedes Kind hat Anspruch auf regelmäßige persönliche Beziehungen und direkte Kontakte zu beiden Elternteilen, es sei denn, dies steht seinem Wohl entgegen.

Artikel 25 Rechte älterer Menschen

Die Union anerkennt und achtet das Recht älterer Menschen auf ein würdiges und un-

abhängiges Leben und auf Teilnahme am sozialen und kulturellen Leben.

Artikel 26 Integration von Menschen mit Behinderung

Die Union anerkennt und achtet den Anspruch von Menschen mit Behinderung auf Maßnahmen zur Gewährleistung ihrer Eigenständigkeit, ihrer sozialen und beruflichen Eingliederung und ihrer Teilnahme am Leben der Gemeinschaft.

Titel IV
Solidarität

Artikel 27 Recht auf Unterrichtung und Anhörung der Arbeitnehmerinnen und Arbeitnehmer im Unternehmen

Für die Arbeitnehmerinnen und Arbeitnehmer oder ihre Vertreter muss auf den geeigneten Ebenen eine rechtzeitige Unterrichtung und Anhörung in den Fällen und unter den Voraussetzungen gewährleistet sein, die nach dem Unionsrecht und den einzelstaatlichen Rechtsvorschriften und Gepflogenheiten vorgesehen sind.

Artikel 28 Recht auf Kollektivverhandlungen und Kollektivmaßnahmen

Die Arbeitnehmerinnen und Arbeitnehmer sowie die Arbeitgeberinnen und Arbeitgeber oder ihre jeweiligen Organisationen haben nach dem Unionsrecht und den einzelstaatlichen Rechtsvorschriften und Gepflogenheiten das Recht, Tarifverträge auf den geeigneten Ebenen auszuhandeln und zu schließen sowie bei Interessenkonflikten kollektive Maßnahmen zur Verteidigung ihrer Interessen, einschließlich Streiks, zu ergreifen.

Artikel 29 Recht auf Zugang zu einem Arbeitsvermittlungsdienst

Jeder Mensch hat das Recht auf Zugang zu einem unentgeltlichen Arbeitsvermittlungsdienst.

Artikel 30 Schutz bei ungerechtfertigter Entlassung

Jede Arbeitnehmerin und jeder Arbeitnehmer hat nach dem Unionsrecht und den einzelstaatlichen Rechtsvorschriften und Gepflogenheiten Anspruch auf Schutz vor ungerechtfertigter Entlassung.

Artikel 31 Gerechte und angemessene Arbeitsbedingungen

(1) Jede Arbeitnehmerin und jeder Arbeitnehmer hat das Recht auf gesunde, sichere und würdige Arbeitsbedingungen.

(2) Jede Arbeitnehmerin und jeder Arbeitnehmer hat das Recht auf eine Begrenzung der Höchstarbeitszeit, auf tägliche und wöchentliche Ruhezeiten sowie auf bezahlten Jahresurlaub.

Artikel 32 Verbot der Kinderarbeit und Schutz der Jugendlichen am Arbeitsplatz

Kinderarbeit ist verboten. Unbeschadet günstigerer Vorschriften für Jugendliche und abgesehen von begrenzten Ausnahmen darf das Mindestalter für den Eintritt in das Arbeitsleben das Alter, in dem die Schulpflicht endet, nicht unterschreiten.

Zur Arbeit zugelassene Jugendliche müssen ihrem Alter angepasste Arbeitsbedingungen erhalten und vor wirtschaftlicher Ausbeutung und vor jeder Arbeit geschützt werden, die ihre Sicherheit, ihre Gesundheit, ihre körperliche, geistige, sittliche oder soziale Entwicklung beeinträchtigen oder ihre Erziehung gefährden könnte.

Artikel 33 Familien- und Berufsleben

(1) Der rechtliche, wirtschaftliche und soziale Schutz der Familie wird gewährleistet.

(2) Um Familien- und Berufsleben miteinander in Einklang bringen zu können, hat jeder Mensch das Recht auf Schutz vor Entlassung aus einem mit der Mutterschaft zusammenhängenden Grund sowie den Anspruch auf einen bezahlten Mutterschaftsurlaub und auf einen Elternurlaub nach der Geburt oder Adoption eines Kindes.

Artikel 34 Soziale Sicherheit und soziale Unterstützung

(1) Die Union anerkennt und achtet das Recht auf Zugang zu den Leistungen der sozialen Sicherheit und zu den sozialen Diensten, die in Fällen wie Mutterschaft, Krankheit, Arbeitsunfall, Pflegebedürftigkeit oder im Alter sowie bei Verlust des Arbeitsplatzes Schutz gewährleisten, nach Maßgabe des Unionsrechts und der einzelstaatlichen Rechtsvorschriften und Gepflogenheiten.

(2) Jeder Mensch, der in der Union seinen rechtmäßigen Wohnsitz hat und seinen Aufenthalt rechtmäßig wechselt, hat Anspruch auf die Leistungen der sozialen Sicherheit und die sozialen Vergünstigungen nach dem Unionsrecht und den einzelstaatlichen Rechtsvorschriften und Gepflogenheiten.

(3) Um die soziale Ausgrenzung und die Armut zu bekämpfen, anerkennt und achtet die Union das Recht auf eine soziale Unterstützung und eine Unterstützung für die Wohnung, die allen, die nicht über ausreichende Mittel verfügen, ein menschenwürdiges Dasein sicherstellen sollen, nach Maßgabe des Unionsrechts und der einzelstaatlichen Rechtsvorschriften und Gepflogenheiten.

Artikel 35 Gesundheitsschutz

Jeder Mensch hat das Recht auf Zugang zur Gesundheitsvorsorge und auf ärztliche Versorgung nach Maßgabe der einzelstaatlichen Rechtsvorschriften und Gepflogenheiten. Bei der Festlegung und Durchführung der Politik und Maßnahmen der Union in allen Bereichen wird ein hohes Gesundheitsschutzniveau sichergestellt.

Artikel 36 Zugang zu Dienstleistungen von allgemeinem wirtschaftlichen Interesse

Die Union anerkennt und achtet den Zugang zu Dienstleistungen von allgemeinem wirtschaftlichen Interesse, wie er durch die einzelstaatlichen Rechtsvorschriften und Gepflogenheiten im Einklang mit den Verträgen geregelt ist, um den sozialen und territorialen Zusammenhalt der Union zu fördern.

Artikel 37 Umweltschutz

Ein hohes Umweltschutzniveau und die Verbesserung der Umweltqualität müssen in die Politik der Union einbezogen und nach dem Grundsatz der nachhaltigen Entwicklung sichergestellt werden.

Artikel 38 Verbraucherschutz

Die Politik der Union stellt ein hohes Verbraucherschutzniveau sicher.

Titel V
Bürgerrechte

Artikel 39 Aktives und passives Wahlrecht bei den Wahlen zum Europäischen Parlament

(1) Die Unionsbürgerinnen und Unionsbürger besitzen in dem Mitgliedstaat, in dem sie ihren Wohnsitz haben, das aktive und passive Wahlrecht bei den Wahlen zum Europäischen Parlament unter denselben Bedingungen wie die Angehörigen des betreffenden Mitgliedstaats.

(2) Die Mitglieder des Europäischen Parlaments werden in allgemeiner, unmittelbarer, freier und geheimer Wahl gewählt.

Artikel 40 Aktives und passives Wahlrecht bei den Kommunalwahlen

Die Unionsbürgerinnen und Unionsbürger besitzen in dem Mitgliedstaat, in dem sie ihren Wohnsitz haben, das aktive und passive Wahlrecht bei Kommunalwahlen unter denselben Bedingungen wie die Angehörigen des betreffenden Mitgliedstaats.

Artikel 41 Recht auf eine gute Verwaltung

(1) Jede Person hat ein Recht darauf, dass ihre Angelegenheiten von den Organen, Einrichtungen und sonstigen Stellen der Union unparteiisch, gerecht und innerhalb einer angemessenen Frist behandelt werden.

(2) Dieses Recht umfasst insbesondere

a) das Recht jeder Person, gehört zu werden, bevor ihr gegenüber eine für sie nachteilige individuelle Maßnahme getroffen wird,

b) das Recht jeder Person auf Zugang zu den sie betreffenden Akten unter Wahrung des berechtigten Interesses der Vertraulichkeit sowie des Berufs- und Geschäftsgeheimnisses,

c) die Verpflichtung der Verwaltung, ihre Entscheidungen zu begründen.

(3) Jede Person hat Anspruch darauf, dass die Union den durch ihre Organe oder Bediensteten in Ausübung ihrer Amtstätigkeit verursachten Schaden nach den allgemeinen Rechtsgrundsätzen ersetzt, die den Rechtsordnungen der Mitgliedstaaten gemeinsam sind.

(4) Jede Person kann sich in einer der Sprachen der Verträge an die Organe der Union wenden und muss eine Antwort in derselben Sprache erhalten.

Artikel 42 Recht auf Zugang zu Dokumenten

Die Unionsbürgerinnen und Unionsbürger sowie jede natürliche oder juristische Person mit Wohnsitz oder satzungsmäßigem Sitz in einem Mitgliedstaat haben das Recht auf Zugang zu den Dokumenten der Organe, Einrichtungen und sonstigen Stellen der Union, unabhängig von der Form der für diese Dokumente verwendeten Träger.

Artikel 43 Der Europäische Bürgerbeauftragte

Die Unionsbürgerinnen und Unionsbürger sowie jede natürliche oder juristische Person mit Wohnsitz oder satzungsmäßigem Sitz in einem Mitgliedstaat haben das Recht, den Europäischen Bürgerbeauftragten im Falle von Missständen bei der Tätigkeit der Organe, Einrichtungen und sonstigen Stellen der Union, mit Ausnahme des Gerichtshofs der Europäischen Union in Ausübung seiner Rechtsprechungsbefugnisse, zu befassen.

Artikel 44 Petitionsrecht

Die Unionsbürgerinnen und Unionsbürger sowie jede natürliche oder juristische Person mit Wohnsitz oder satzungsmäßigem Sitz in einem Mitgliedstaat haben das Recht, eine

Petition an das Europäische Parlament zu richten.

Artikel 45 Freizügigkeit und Aufenthaltsfreiheit

(1) Die Unionsbürgerinnen und Unionsbürger haben das Recht, sich im Hoheitsgebiet der Mitgliedstaaten frei zu bewegen und aufzuhalten.

(2) Staatsangehörigen von Drittländern, die sich rechtmäßig im Hoheitsgebiet eines Mitgliedstaats aufhalten, kann nach Maßgabe der Verträge Freizügigkeit und Aufenthaltsfreiheit gewährt werden.

Artikel 46 Diplomatischer und konsularischer Schutz

Die Unionsbürgerinnen und Unionsbürger genießen im Hoheitsgebiet eines Drittlands, in dem der Mitgliedstaat, dessen Staatsangehörigkeit sie besitzen, nicht vertreten ist, den Schutz durch die diplomatischen und konsularischen Behörden eines jeden Mitgliedstaats unter denselben Bedingungen wie Staatsangehörige dieses Staates.

Titel VI
Justizielle Rechte

Artikel 47 Recht auf einen wirksamen Rechtsbehelf und ein unparteiisches Gericht

Jede Person, deren durch das Recht der Union garantierte Rechte oder Freiheiten verletzt worden sind, hat das Recht, nach Maßgabe der in diesem Artikel vorgesehenen Bedingungen bei einem Gericht einen wirksamen Rechtsbehelf einzulegen.

Jede Person hat ein Recht darauf, dass ihre Sache von einem unabhängigen, unparteiischen und zuvor durch Gesetz errichteten Gericht in einem fairen Verfahren, öffentlich und innerhalb angemessener Frist verhandelt wird. Jede Person kann sich beraten, verteidigen und vertreten lassen.

Personen, die nicht über ausreichende Mittel verfügen, wird Prozesskostenhilfe bewilligt, soweit diese Hilfe erforderlich ist, um den Zugang zu den Gerichten wirksam zu gewährleisten.

Artikel 48 Unschuldsvermutung und Verteidigungsrechte

(1) Jeder Angeklagte gilt bis zum rechtsförmlich erbrachten Beweis seiner Schuld als unschuldig.

(2) Jedem Angeklagten wird die Achtung der Verteidigungsrechte gewährleistet.

Artikel 49 Grundsätze der Gesetzmäßigkeit und der Verhältnismäßigkeit im Zusammenhang mit Straftaten und Strafen

(1) Niemand darf wegen einer Handlung oder Unterlassung verurteilt werden, die zur Zeit ihrer Begehung nach innerstaatlichem oder internationalem Recht nicht strafbar war. Es darf auch keine schwerere Strafe als die zur Zeit der Begehung angedrohte Strafe verhängt werden. Wird nach Begehung einer Straftat durch Gesetz eine mildere Strafe eingeführt, so ist diese zu verhängen.

(2) Dieser Artikel schließt nicht aus, dass eine Person wegen einer Handlung oder Unterlassung verurteilt oder bestraft wird, die zur Zeit ihrer Begehung nach den allgemeinen, von der Gesamtheit der Nationen anerkannten Grundsätzen strafbar war.

(3) Das Strafmaß darf zur Straftat nicht unverhältnismäßig sein.

Artikel 50 Recht, wegen derselben Straftat nicht zweimal strafrechtlich verfolgt oder bestraft zu werden

Niemand darf wegen einer Straftat, derentwegen er bereits in der Union nach dem Gesetz rechtskräftig verurteilt oder freigesprochen worden ist, in einem Strafverfahren erneut verfolgt oder bestraft werden.

Titel VII
Allgemeine Bestimmungen über die Auslegung und Anwendung der Charta

Artikel 51 Anwendungsbereich

(1) Diese Charta gilt für die Organe, Einrichtungen und sonstigen Stellen der Union unter Wahrung des Subsidiaritätsprinzips und für die Mitgliedstaaten ausschließlich bei der Durchführung des Rechts der Union. Dementsprechend achten sie die Rechte, halten sie sich an die Grundsätze und fördern sie deren Anwendung entsprechend ihren jeweiligen Zuständigkeiten und unter Achtung der Grenzen der Zuständigkeiten, die der Union in den Verträgen übertragen werden.

(2) Diese Charta dehnt den Geltungsbereich des Unionsrechts nicht über die Zuständigkeiten der Union hinaus aus und begründet weder neue Zuständigkeiten noch neue Aufgaben für die Union, noch ändert sie die in den Verträgen festgelegten Zuständigkeiten und Aufgaben.

Artikel 52 Tragweite und Auslegung der Rechte und Grundsätze

(1) Jede Einschränkung der Ausübung der in dieser Charta anerkannten Rechte und Freiheiten muss gesetzlich vorgesehen sein und den Wesensgehalt dieser Rechte und Freiheiten achten. Unter Wahrung des Grundsatzes der Verhältnismäßigkeit dürfen Einschränkungen nur vorgenommen werden, wenn sie erforderlich sind und den von der Union anerkannten dem Gemeinwohl dienenden Zielsetzungen oder den Erfordernissen des Schutzes der Rechte und Freiheiten anderer tatsächlich entsprechen.

(2) Die Ausübung der durch diese Charta anerkannten Rechte, die in den Verträgen geregelt sind, erfolgt im Rahmen der in den Verträgen festgelegten Bedingungen und Grenzen.

(3) Soweit diese Charta Rechte enthält, die den durch die Europäische Konvention zum Schutz der Menschenrechte und Grundfreiheiten garantierten Rechten entsprechen, haben sie die gleiche Bedeutung und Tragweite, wie sie ihnen in der genannten Konvention verliehen wird. Diese Bestimmung steht dem nicht entgegen, dass das Recht der Union einen weiter gehenden Schutz gewährt.

(4) Soweit in dieser Charta Grundrechte anerkannt werden, wie sie sich aus den gemeinsamen Verfassungsüberlieferungen der Mitgliedstaaten ergeben, werden sie im Einklang mit diesen Überlieferungen ausgelegt.

(5) Die Bestimmungen dieser Charta, in denen Grundsätze festgelegt sind, können durch Akte der Gesetzgebung und der Ausführung der Organe, Einrichtungen und sonstigen Stellen der Union sowie durch Akte der Mitgliedstaaten zur Durchführung des Rechts der Union in Ausübung ihrer jeweiligen Zuständigkeiten umgesetzt werden. Sie können vor Gericht nur bei der Auslegung dieser Akte und bei Entscheidungen über deren Rechtmäßigkeit herangezogen werden.

(6) Den einzelstaatlichen Rechtsvorschriften und Gepflogenheiten ist, wie es in dieser Charta bestimmt ist, in vollem Umfang Rechnung zu tragen.

(7) Die Erläuterungen, die als Anleitung für die Auslegung dieser Charta verfasst wurden, sind von den Gerichten der Union und der Mitgliedstaaten gebührend zu berücksichtigen.

Artikel 53 Schutzniveau

Keine Bestimmung dieser Charta ist als eine Einschränkung oder Verletzung der Menschenrechte und Grundfreiheiten auszulegen, die in dem jeweiligen Anwendungsbereich durch das Recht der Union und das Völkerrecht sowie durch die internationalen Übereinkünfte, bei denen die Union oder alle Mitgliedstaaten Vertragsparteien sind, darunter insbesondere die Europäische Konvention zum Schutz der Menschenrechte und Grundfreiheiten, sowie durch die Verfassungen der Mitgliedstaaten anerkannt werden.

Artikel 54 Verbot des Missbrauchs der Rechte

Keine Bestimmung dieser Charta ist so auszulegen, als begründe sie das Recht, eine Tätigkeit auszuüben oder eine Handlung vorzunehmen, die darauf abzielt, die in der Charta anerkannten Rechte und Freiheiten abzuschaffen oder sie stärker einzuschränken, als dies in der Charta vorgesehen ist.

Der vorstehende Wortlaut übernimmt mit Anpassungen die am 7. Dezember 2000 proklamierte Charta und ersetzt sie ab dem Zeitpunkt des Inkrafttretens des Vertrags von Lissabon.

II Bürgerliches Recht/Zivilrecht (Vertragsrecht)

II.1 BGB: Bürgerliches Gesetzbuch – Auszug – 174

II.2 ProdHaftG: Produkthaftungsgesetz 394

II.3 CISG: UN-Kaufrecht 398

II

II

Bürgerliches Gesetzbuch (BGB)*)

in der Fassung der Bekanntmachung
vom 2. Januar 2002 (BGBl. I S. 42, 2909; 2003 BGBl. I S. 738)

Zuletzt geändert durch
Gesetz zur Anpassung der Vorschriften über den Wertersatz bei Widerruf von
Fernabsatzverträgen und über verbundene Verträge
vom 27. Juli 2011 (BGBl. I S. 1600)

– Auszug –

---

*) **Amtlicher Hinweis:** Dieses Gesetz dient der Umsetzung folgender Richtlinien:

1. Richtlinie 76/207/EWG des Rates vom 9. Februar 1976 zur Verwirklichung des Grundsatzes der Gleichbehandlung von Männern und Frauen hinsichtlich des Zugangs zur Beschäftigung, zur Berufsbildung und zum beruflichen Aufstieg sowie in Bezug auf die Arbeitsbedingungen (ABl. EG Nr. L 39 S. 40),
2. Richtlinie 77/187/EWG des Rates vom 14. Februar 1977 zur Angleichung der Rechtsvorschriften der Mitgliedstaaten über die Wahrung von Ansprüchen der Arbeitnehmer beim Übergang von Unternehmen, Betrieben oder Betriebsteilen (ABl. EG Nr. L 61 S. 26),
3. Richtlinie 85/577/EWG des Rates vom 20. Dezember 1985 betreffend den Verbraucherschutz im Falle von außerhalb von Geschäftsräumen geschlossenen Verträgen (ABl. EG Nr. L 372 S. 31),
4. Richtlinie 87/102/EWG des Rates zur Angleichung der Rechts- und Verwaltungsvorschriften der Mitgliedstaaten über den Verbraucherkredit (ABl. EG Nr. L 42 S. 48), zuletzt geändert durch die Richtlinie 98/7/EG des Europäischen Parlaments und des Rates vom 16. Februar 1998 zur Änderung der Richtlinie 87/102/EWG zur Angleichung der Rechts- und Verwaltungsvorschriften der Mitgliedstaaten über den Verbraucherschutz (ABl. EG Nr. L 101 S. 17),
5. Richtlinie 90/314/EWG des Europäischen Parlaments und des Rates vom 13. Juni 1990 über Pauschalreisen (ABl. EG Nr. L 158 S. 59),
6. Richtlinie 93/13/EWG des Rates vom 5. April 1993 über missbräuchliche Klauseln in Verbraucherverträgen (ABl. EG Nr. L 95 S. 29),
7. Richtlinie 94/47/EG des Europäischen Parlaments und des Rates vom 26. Oktober 1994 zum Schutz der Erwerber im Hinblick auf bestimmte Aspekte von Verträgen über den Erwerb von Teilzeitnutzungsrechten an Immobilien (ABl. EG Nr. L 280 S. 82),
8. der Richtlinie 97/5/EG des Europäischen Parlaments und des Rates vom 27. Januar 1997 über grenzüberschreitende Überweisungen (ABl. EG Nr. L 43 S. 25),
9. Richtlinie 97/7/EG des Europäischen Parlaments und des Rates vom 20. Mai 1997 über den Verbraucherschutz bei Vertragsabschlüssen im Fernabsatz (ABl. EG Nr. L 144 S. 19),
10. Artikel 3 bis 5 der Richtlinie 98/26/EG des Europäischen Parlaments und des Rates über die Wirksamkeit von Abrechnungen in Zahlungs- und Wertpapierliefer- und -abrechnungssystemen vom 19. Mai 1998 (ABl. EG Nr. L 166 S. 45),
11. Richtlinie 1999/44/EG des Europäischen Parlaments und des Rates vom 25. Mai 1999 zu bestimmten Aspekten des Verbrauchsgüterkaufs und der Garantien für Verbrauchsgüter (ABl. EG Nr. L 171 S. 12),
12. Artikel 10, 11 und 18 der Richtlinie 2000/31/EG des Europäischen Parlaments und des Rates vom 8. Juni 2000 über bestimmte rechtliche Aspekte der Dienste der Informationsgesellschaft, insbesondere des elektronischen Geschäftsverkehrs, im Binnenmarkt („Richtlinie über den elektronischen Geschäftsverkehr", ABl. EG Nr. L 178 S. 1),
13. Richtlinie 2000/35/EG des Europäischen Parlaments und des Rates vom 29. Juni 2000 zur Bekämpfung von Zahlungsverzug im Geschäftsverkehr (ABl. EG Nr. L 200 S. 35).

Inhaltsübersicht

**Buch 1
Allgemeiner Teil**

**Abschnitt 1
Personen**

**Titel 1
Natürliche Personen,
Verbraucher, Unternehmer**

§ 1   Beginn der Rechtsfähigkeit
§ 2   Eintritt der Volljährigkeit
§§ 3 bis 6 (weggefallen)
§ 7   Wohnsitz; Begründung und Aufhebung
§ 8   Wohnsitz nicht voll Geschäftsfähiger
§ 9   Wohnsitz eines Soldaten
§ 10   (weggefallen)
§ 11   Wohnsitz des Kindes
§ 12   Namensrecht
§ 13   Verbraucher
§ 14   Unternehmer
§§ 15 bis 20 (weggefallen)

**Titel 2
Juristische Personen**

**Untertitel 1
Vereine**

**Kapitel 1
Allgemeine Vorschriften**

§ 21   Nicht wirtschaftlicher Verein
§ 22   Wirtschaftlicher Verein
§ 23   (weggefallen)
§ 24   Sitz
§ 25   Verfassung
§ 26   Vorstand und Vertretung
§ 27   Bestellung und Geschäftsführung des Vorstands
§ 28   Beschlussfassung des Vorstands
§ 29   Notbestellung durch Amtsgericht
§ 30   Besondere Vertreter
§ 31   Haftung des Vereins für Organe
§ 31a   Haftung von Vorstandsmitgliedern
§ 32   Mitgliederversammlung; Beschlussfassung

§ 33   Satzungsänderung
§ 34   Ausschluss vom Stimmrecht
§ 35   Sonderrechte
§ 36   Berufung der Mitgliederversammlung
§ 37   Berufung auf Verlangen einer Minderheit
§ 38   Mitgliedschaft
§ 39   Austritt aus dem Verein
§ 40   Nachgiebige Vorschriften
§ 41   Auflösung des Vereins
§ 42   Insolvenz
§ 43   Entziehung der Rechtsfähigkeit
§ 44   Zuständigkeit und Verfahren
§ 45   Anfall des Vereinsvermögens
§ 46   Anfall an den Fiskus
§ 47   Liquidation
§ 48   Liquidatoren
§ 49   Aufgaben der Liquidatoren
§ 50   Bekanntmachung des Vereins in Liquidation
§ 50a   Bekanntmachungsblatt
§ 51   Sperrjahr
§ 52   Sicherung für Gläubiger
§ 53   Schadensersatzpflicht der Liquidatoren
§ 54   Nicht rechtsfähige Vereine

**Kapitel 2
Eingetragene Vereine**

§ 55   Zuständigkeit für die Registereintragung
§ 55a   Elektronisches Vereinsregister
§ 56   Mindestmitgliederzahl des Vereins
§ 57   Mindesterfordernisse an die Vereinssatzung
§ 58   Sollinhalt der Vereinssatzung
§ 59   Anmeldung zur Eintragung
§ 60   Zurückweisung der Anmeldung
§§ 61 bis 63 (weggefallen)
§ 64   Inhalt der Vereinsregistereintragung
§ 65   Namenszusatz

II

§ 66 Bekanntmachung der Eintragung und Aufbewahrung von Dokumenten

§ 67 Änderung des Vorstands

§ 68 Vertrauensschutz durch Vereinsregister

§ 69 Nachweis des Vereinsvorstands

§ 70 Vertrauensschutz bei Eintragungen zur Vertretungsmacht

§ 71 Änderungen der Satzung

§ 72 Bescheinigung der Mitgliederzahl

§ 73 Unterschreiten der Mindestmitgliederzahl

§ 74 Auflösung

§ 75 Eintragungen bei Insolvenz

§ 76 Eintragungen bei Liquidation

§ 77 Anmeldepflichtige und Form der Anmeldungen

§ 78 Festsetzung von Zwangsgeld

§ 79 Einsicht in das Vereinsregister

Untertitel 2
Stiftungen

§ 80 Entstehung einer rechtsfähigen Stiftung

§ 81 Stiftungsgeschäft

§ 82 Übertragungspflicht des Stifters

§ 83 Stiftung von Todes wegen

§ 84 Anerkennung nach Tod des Stifters

§ 85 Stiftungsverfassung

§ 86 Anwendung des Vereinsrechts

§ 87 Zweckänderung; Aufhebung

§ 88 Vermögensanfall

Untertitel 3
Juristische Personen des öffentlichen Rechts

§ 89 Haftung für Organe; Insolvenz

Abschnitt 2
Sachen und Tiere

§ 90 Begriff der Sache

§ 90a Tiere

§ 91 Vertretbare Sachen

§ 92 Verbrauchbare Sachen

§ 93 Wesentliche Bestandteile einer Sache

§ 94 Wesentliche Bestandteile eines Grundstücks oder Gebäudes

§ 95 Nur vorübergehender Zweck

§ 96 Rechte als Bestandteile eines Grundstücks

§ 97 Zubehör

§ 98 Gewerbliches und landwirtschaftliches Inventar

§ 99 Früchte

§ 100 Nutzungen

§ 101 Verteilung der Früchte

§ 102 Ersatz der Gewinnungskosten

§ 103 Verteilung der Lasten

Abschnitt 3
Rechtsgeschäfte

Titel 1
Geschäftsfähigkeit

§ 104 Geschäftsunfähigkeit

§ 105 Nichtigkeit der Willenserklärung

§ 105a Geschäfte des täglichen Lebens

§ 106 Beschränkte Geschäftsfähigkeit Minderjähriger

§ 107 Einwilligung des gesetzlichen Vertreters

§ 108 Vertragsschluss ohne Einwilligung

§ 109 Widerrufsrecht des anderen Teils

§ 110 Bewirken der Leistung mit eigenen Mitteln

§ 111 Einseitige Rechtsgeschäfte

§ 112 Selbständiger Betrieb eines Erwerbsgeschäfts

§ 113 Dienst- oder Arbeitsverhältnis

§§ 114 und 115 (weggefallen)

Titel 2
Willenserklärung

§ 116 Geheimer Vorbehalt

§ 117 Scheingeschäft

§ 118 Mangel der Ernstlichkeit

§ 119 Anfechtbarkeit wegen Irrtums

§ 120 Anfechtbarkeit wegen falscher Übermittlung

§ 121 Anfechtungsfrist
§ 122 Schadensersatzpflicht des Anfechtenden
§ 123 Anfechtbarkeit wegen Täuschung oder Drohung
§ 124 Anfechtungsfrist
§ 125 Nichtigkeit wegen Formmangels
§ 126 Schriftform
§ 126a Elektronische Form
§ 126b Textform
§ 127 Vereinbarte Form
§ 127a Gerichtlicher Vergleich
§ 128 Notarielle Beurkundung
§ 129 Öffentliche Beglaubigung
§ 130 Wirksamwerden der Willenserklärung gegenüber Abwesenden
§ 131 Wirksamwerden gegenüber nicht voll Geschäftsfähigen
§ 132 Ersatz des Zugehens durch Zustellung
§ 133 Auslegung einer Willenserklärung
§ 134 Gesetzliches Verbot
§ 135 Gesetzliches Veräußerungsverbot
§ 136 Behördliches Veräußerungsverbot
§ 137 Rechtsgeschäftliches Verfügungsverbot
§ 138 Sittenwidriges Rechtsgeschäft; Wucher
§ 139 Teilnichtigkeit
§ 140 Umdeutung
§ 141 Bestätigung des nichtigen Rechtsgeschäfts
§ 142 Wirkung der Anfechtung
§ 143 Anfechtungserklärung
§ 144 Bestätigung des anfechtbaren Rechtsgeschäfts

**Titel 3
Vertrag**
§ 145 Bindung an den Antrag
§ 146 Erlöschen des Antrags
§ 147 Annahmefrist
§ 148 Bestimmung einer Annahmefrist
§ 149 Verspätet zugegangene Annahmeerklärung

§ 150 Verspätete und abändernde Annahme
§ 151 Annahme ohne Erklärung gegenüber dem Antragenden
§ 152 Annahme bei notarieller Beurkundung
§ 153 Tod oder Geschäftsunfähigkeit des Antragenden
§ 154 Offener Einigungsmangel; fehlende Beurkundung
§ 155 Versteckter Einigungsmangel
§ 156 Vertragsschluss bei Versteigerung
§ 157 Auslegung von Verträgen

**Titel 4
Bedingung und Zeitbestimmung**
§ 158 Aufschiebende und auflösende Bedingung
§ 159 Rückbeziehung
§ 160 Haftung während der Schwebezeit
§ 161 Unwirksamkeit von Verfügungen während der Schwebezeit
§ 162 Verhinderung oder Herbeiführung des Bedingungseintritts
§ 163 Zeitbestimmung

**Titel 5
Vertretung und Vollmacht**
§ 164 Wirkung der Erklärung des Vertreters
§ 165 Beschränkt geschäftsfähiger Vertreter
§ 166 Willensmängel; Wissenszurechnung
§ 167 Erteilung der Vollmacht
§ 168 Erlöschen der Vollmacht
§ 169 Vollmacht des Beauftragten und des geschäftsführenden Gesellschafters
§ 170 Wirkungsdauer der Vollmacht
§ 171 Wirkungsdauer bei Kundgebung
§ 172 Vollmachtsurkunde
§ 173 Wirkungsdauer bei Kenntnis und fahrlässiger Unkenntnis
§ 174 Einseitiges Rechtsgeschäft eines Bevollmächtigten
§ 175 Rückgabe der Vollmachtsurkunde
§ 176 Kraftloserklärung der Vollmachtsurkunde

II

§ 177 Vertragsschluss durch Vertreter ohne Vertretungsmacht

§ 178 Widerrufsrecht des anderen Teils

§ 179 Haftung des Vertreters ohne Vertretungsmacht

§ 180 Einseitiges Rechtsgeschäft

§ 181 Insichgeschäft

Titel 6
Einwilligung und Genehmigung

§ 182 Zustimmung

§ 183 Widerruflichkeit der Einwilligung

§ 184 Rückwirkung der Genehmigung

§ 185 Verfügung eines Nichtberechtigten

Abschnitt 4
Fristen, Termine

§ 186 Geltungsbereich

§ 187 Fristbeginn

§ 188 Fristende

§ 189 Berechnung einzelner Fristen

§ 190 Fristverlängerung

§ 191 Berechnung von Zeiträumen

§ 192 Anfang, Mitte, Ende des Monats

§ 193 Sonn- und Feiertag; Sonnabend

Abschnitt 5
Verjährung

Titel 1
Gegenstand und Dauer der Verjährung

§ 194 Gegenstand der Verjährung

§ 195 Regelmäßige Verjährungsfrist

§ 196 Verjährungsfrist bei Rechten an einem Grundstück

§ 197 Dreißigjährige Verjährungsfrist

§ 198 Verjährung bei Rechtsnachfolge

§ 199 Beginn der regelmäßigen Verjährungsfrist und Verjährungshöchstfristen

§ 200 Beginn anderer Verjährungsfristen

§ 201 Beginn der Verjährungsfrist von festgestellten Ansprüchen

§ 202 Unzulässigkeit von Vereinbarungen über die Verjährung

Titel 2
Hemmung, Ablaufhemmung und Neubeginn der Verjährung

§ 203 Hemmung der Verjährung bei Verhandlungen

§ 204 Hemmung der Verjährung durch Rechtsverfolgung

§ 205 Hemmung der Verjährung bei Leistungsverweigerungsrecht

§ 206 Hemmung der Verjährung bei höherer Gewalt

§ 207 Hemmung der Verjährung aus familiären und ähnlichen Gründen

§ 208 Hemmung der Verjährung bei Ansprüchen wegen Verletzung der sexuellen Selbstbestimmung

§ 209 Wirkung der Hemmung

§ 210 Ablaufhemmung bei nicht voll Geschäftsfähigen

§ 211 Ablaufhemmung in Nachlassfällen

§ 212 Neubeginn der Verjährung

§ 213 Hemmung, Ablaufhemmung und erneuter Beginn der Verjährung bei anderen Ansprüchen

Titel 3
Rechtsfolgen der Verjährung

§ 214 Wirkung der Verjährung

§ 215 Aufrechnung und Zurückbehaltungsrecht nach Eintritt der Verjährung

§ 216 Wirkung der Verjährung bei gesicherten Ansprüchen

§ 217 Verjährung von Nebenleistungen

§ 218 Unwirksamkeit des Rücktritts

§§ 219 bis 225 (weggefallen)

Abschnitt 6
Ausübung der Rechte, Selbstverteidigung, Selbsthilfe

§ 226 Schikaneverbot

§ 227 Notwehr

§ 228 Notstand

§ 229 Selbsthilfe

§ 230 Grenzen der Selbsthilfe

§ 231 Irrtümliche Selbsthilfe

Abschnitt 7
Sicherheitsleistung

§ 232 Arten

§ 233 Wirkung der Hinterlegung

§ 234 Geeignete Wertpapiere

§ 235 Umtauschrecht

§ 236 Buchforderungen

§ 237 Bewegliche Sachen

§ 238 Hypotheken, Grund- und Rentenschulden

§ 239 Bürge

§ 240 Ergänzungspflicht

Buch 2
Recht der Schuldverhältnisse

Abschnitt 1
Inhalt der Schuldverhältnisse

Titel 1
Verpflichtung zur Leistung

§ 241 Pflichten aus dem Schuldverhältnis

§ 241a Unbestellte Leistungen

§ 242 Leistung nach Treu und Glauben

§ 243 Gattungsschuld

§ 244 Fremdwährungsschuld

§ 245 Geldsortenschuld

§ 246 Gesetzlicher Zinssatz

§ 247 Basiszinssatz

§ 248 Zinseszinsen

§ 249 Art und Umfang des Schadensersatzes

§ 250 Schadensersatz in Geld nach Fristsetzung

§ 251 Schadensersatz in Geld ohne Fristsetzung

§ 252 Entgangener Gewinn

§ 253 Immaterieller Schaden

§ 254 Mitverschulden

§ 255 Abtretung der Ersatzansprüche

§ 256 Verzinsung von Aufwendungen

§ 257 Befreiungsanspruch

§ 258 Wegnahmerecht

§ 259 Umfang der Rechenschaftspflicht

§ 260 Pflichten bei Herausgabe oder Auskunft über Inbegriff von Gegenständen

§ 261 Änderung der eidesstattlichen Versicherung; Kosten

§ 262 Wahlschuld; Wahlrecht

§ 263 Ausübung des Wahlrechts; Wirkung

§ 264 Verzug des Wahlberechtigten

§ 265 Unmöglichkeit bei Wahlschuld

§ 266 Teilleistungen

§ 267 Leistung durch Dritte

§ 268 Ablösungsrecht des Dritten

§ 269 Leistungsort

§ 270 Zahlungsort

§ 271 Leistungszeit

§ 272 Zwischenzinsen

§ 273 Zurückbehaltungsrecht

§ 274 Wirkungen des Zurückbehaltungsrechts

§ 275 Ausschluss der Leistungspflicht

§ 276 Verantwortlichkeit des Schuldners

§ 277 Sorgfalt in eigenen Angelegenheiten

§ 278 Verantwortlichkeit des Schuldners für Dritte

§ 279 (weggefallen)

§ 280 Schadensersatz wegen Pflichtverletzung

§ 281 Schadensersatz statt der Leistung wegen nicht oder nicht wie geschuldet erbrachter Leistung

§ 282 Schadensersatz statt der Leistung wegen Verletzung einer Pflicht nach § 241 Abs. 2

§ 283 Schadensersatz statt der Leistung bei Ausschluss der Leistungspflicht

§ 284 Ersatz vergeblicher Aufwendungen

§ 285 Herausgabe des Ersatzes

§ 286 Verzug des Schuldners

§ 287 Verantwortlichkeit während des Verzugs

§ 288 Verzugszinsen

§ 289 Zinseszinsverbot

§ 290 Verzinsung des Wertersatzes

II

§ 291 Prozesszinsen

§ 292 Haftung bei Herausgabepflicht

Titel 2
Verzug des Gläubigers

§ 293 Annahmeverzug

§ 294 Tatsächliches Angebot

§ 295 Wörtliches Angebot

§ 296 Entbehrlichkeit des Angebots

§ 297 Unvermögen des Schuldners

§ 298 Zug-um-Zug-Leistungen

§ 299 Vorübergehende Annahmeverhinderung

§ 300 Wirkungen des Gläubigerverzugs

§ 301 Wegfall der Verzinsung

§ 302 Nutzungen

§ 303 Recht zur Besitzaufgabe

§ 304 Ersatz von Mehraufwendungen

Abschnitt 2
Gestaltung rechtsgeschäftlicher Schuldverhältnisse durch Allgemeine Geschäftsbedingungen

§ 305 Einbeziehung Allgemeiner Geschäftsbedingungen in den Vertrag

§ 305a Einbeziehung in besonderen Fällen

§ 305b Vorrang der Individualabrede

§ 305c Überraschende und mehrdeutige Klauseln

§ 306 Rechtsfolgen bei Nichteinbeziehung und Unwirksamkeit

§ 306a Umgehungsverbot

§ 307 Inhaltskontrolle

§ 308 Klauselverbote mit Wertungsmöglichkeit

§ 309 Klauselverbote ohne Wertungsmöglichkeit

§ 310 Anwendungsbereich

Abschnitt 3
Schuldverhältnisse aus Verträgen

Titel 1
Begründung, Inhalt und Beendigung

Untertitel 1
Begründung

§ 311 Rechtsgeschäftliche und rechtsgeschäftsähnliche Schuldverhältnisse

§ 311a Leistungshindernis bei Vertragsschluss

§ 311b Verträge über Grundstücke, das Vermögen und den Nachlass

§ 311c Erstreckung auf Zubehör

Untertitel 2
Besondere Vertriebsformen

§ 312 Widerrufsrecht bei Haustürgeschäften

§ 312a Verhältnis zu anderen Vorschriften

§ 312b Fernabsatzverträge

§ 312c Unterrichtung des Verbrauchers bei Fernabsatzverträgen

§ 312d Widerrufs- und Rückgaberecht bei Fernabsatzverträgen

§ 312e Wertersatz bei Fernabsatzverträgen

§ 312f Zu Fernabsatzverträgen über Finanzdienstleistungen hinzugefügte Verträge

§ 312g Pflichten im elektronischen Geschäftsverkehr

§ 312h Kündigung und Vollmacht zur Kündigung

§ 312i Abweichende Vereinbarungen

Untertitel 3
Anpassung und Beendigung von Verträgen

§ 313 Störung der Geschäftsgrundlage

§ 314 Kündigung von Dauerschuldverhältnissen aus wichtigem Grund

Untertitel 4
Einseitige Leistungsbestimmungsrechte

§ 315 Bestimmung der Leistung durch eine Partei

§ 316 Bestimmung der Gegenleistung

§ 317 Bestimmung der Leistung durch einen Dritten

§ 318 Anfechtung der Bestimmung

§ 319 Unwirksamkeit der Bestimmung; Ersetzung

Titel 2
Gegenseitiger Vertrag

§ 320 Einrede des nicht erfüllten Vertrags

§ 321 Unsicherheitseinrede

§ 322 Verurteilung zur Leistung Zug-um-Zug

§ 323 Rücktritt wegen nicht oder nicht vertragsgemäß erbrachter Leistung

§ 324 Rücktritt wegen Verletzung einer Pflicht nach § 241 Abs. 2

§ 325 Schadensersatz und Rücktritt

§ 326 Befreiung von der Gegenleistung und Rücktritt beim Ausschluss der Leistungspflicht

§ 327 (weggefallen)

Titel 3
Versprechen der Leistung an einen Dritten

§ 328 Vertrag zugunsten Dritter

§ 329 Auslegungsregel bei Erfüllungsübernahme

§ 330 Auslegungsregel bei Leibrentenvertrag

§ 331 Leistung nach Todesfall

§ 332 Änderung durch Verfügung von Todes wegen bei Vorbehalt

§ 333 Zurückweisung des Rechts durch den Dritten

§ 334 Einwendungen des Schuldners gegenüber dem Dritten

§ 335 Forderungsrecht des Versprechensempfängers

Titel 4
Draufgabe, Vertragsstrafe

§ 336 Auslegung der Draufgabe

§ 337 Anrechnung oder Rückgabe der Draufgabe

§ 338 Draufgabe bei zu vertretender Unmöglichkeit der Leistung

§ 339 Verwirkung der Vertragsstrafe

§ 340 Strafversprechen für Nichterfüllung

§ 341 Strafversprechen für nicht gehörige Erfüllung

§ 342 Andere als Geldstrafe

§ 343 Herabsetzung der Strafe

§ 344 Unwirksames Strafversprechen

§ 345 Beweislast

Titel 5
Rücktritt; Widerrufs- und Rückgaberecht bei Verbraucherverträgen
Untertitel 1
Rücktritt

§ 346 Wirkungen des Rücktritts

§ 347 Nutzungen und Verwendungen nach Rücktritt

§ 348 Erfüllung Zug-um-Zug

§ 349 Erklärung des Rücktritts

§ 350 Erlöschen des Rücktrittsrechts nach Fristsetzung

§ 351 Unteilbarkeit des Rücktrittsrechts

§ 352 Aufrechnung nach Nichterfüllung

§ 353 Rücktritt gegen Reugeld

§ 354 Verwirkungsklausel

Untertitel 2
Widerrufs- und Rückgaberecht bei Verbraucherverträgen

§ 355 Widerrufsrecht bei Verbraucherverträgen

§ 356 Rückgaberecht bei Verbraucherverträgen

§ 357 Rechtsfolgen des Widerrufs und der Rückgabe

§ 358 Verbundene Verträge

§ 359 Einwendungen bei verbundenen Verträgen

II

§ 359a Anwendungsbereich
§ 360   Widerrufs- und Rückgabebelehrung
§ 361   (weggefallen)

**Abschnitt 4
Erlöschen der
Schuldverhältnisse**

**Titel 1
Erfüllung**

§ 362   Erlöschen durch Leistung
§ 363   Beweislast bei Annahme als Erfüllung
§ 364   Annahme an Erfüllungs statt
§ 365   Gewährleistung bei Hingabe an Erfüllungs statt
§ 366   Anrechnung der Leistung auf mehrere Forderungen
§ 367   Anrechnung auf Zinsen und Kosten
§ 368   Quittung
§ 369   Kosten der Quittung
§ 370   Leistung an den Überbringer der Quittung
§ 371   Rückgabe des Schuldscheins

**Titel 2
Hinterlegung**

§ 372   Voraussetzungen
§ 373   Zug-um-Zug-Leistung
§ 374   Hinterlegungsort; Anzeigepflicht
§ 375   Rückwirkung bei Postübersendung
§ 376   Rücknahmerecht
§ 377   Unpfändbarkeit des Rücknahmerechts
§ 378   Wirkung der Hinterlegung bei ausgeschlossener Rücknahme
§ 379   Wirkung der Hinterlegung bei nicht ausgeschlossener Rücknahme
§ 380   Nachweis der Empfangsberechtigung
§ 381   Kosten der Hinterlegung
§ 382   Erlöschen des Gläubigerrechts
§ 383   Versteigerung hinterlegungsunfähiger Sachen
§ 384   Androhung der Versteigerung
§ 385   Freihändiger Verkauf

§ 386   Kosten der Versteigerung

**Titel 3
Aufrechnung**

§ 387   Voraussetzungen
§ 388   Erklärung der Aufrechnung
§ 389   Wirkung der Aufrechnung
§ 390   Keine Aufrechnung mit einredebehafteter Forderung
§ 391   Aufrechnung bei Verschiedenheit der Leistungsorte
§ 392   Aufrechnung gegen beschlagnahmte Forderung
§ 393   Keine Aufrechnung gegen Forderung aus unerlaubter Handlung
§ 394   Keine Aufrechnung gegen unpfändbare Forderung
§ 395   Aufrechnung gegen Forderungen öffentlich-rechtlicher Körperschaften
§ 396   Mehrheit von Forderungen

**Titel 4
Erlass**

§ 397   Erlassvertrag, negatives Schuldanerkenntnis

**Abschnitt 5
Übertragung einer Forderung**

§ 398   Abtretung
§ 399   Ausschluss der Abtretung bei Inhaltsänderung oder Vereinbarung
§ 400   Ausschluss bei unpfändbaren Forderungen
§ 401   Übergang der Neben- und Vorzugsrechte
§ 402   Auskunftspflicht; Urkundenauslieferung
§ 403   Pflicht zur Beurkundung
§ 404   Einwendungen des Schuldners
§ 405   Abtretung unter Urkundenvorlegung
§ 406   Aufrechnung gegenüber dem neuen Gläubiger
§ 407   Rechtshandlungen gegenüber dem bisherigen Gläubiger
§ 408   Mehrfache Abtretung
§ 409   Abtretungsanzeige

§ 410 Aushändigung der Abtretungs-
urkunde

§ 411 Gehaltsabtretung

§ 412 Gesetzlicher Forderungsübergang

§ 413 Übertragung anderer Rechte

**Abschnitt 6
Schuldübernahme**

§ 414 Vertrag zwischen Gläubiger und
Übernehmer

§ 415 Vertrag zwischen Schuldner und
Übernehmer

§ 416 Übernahme einer Hypothekenschuld

§ 417 Einwendungen des Übernehmers

§ 418 Erlöschen von Sicherungs- und Vor-
zugsrechten

§ 419 (weggefallen)

**Abschnitt 7
Mehrheit von Schuldnern und
Gläubigern**

§ 420 Teilbare Leistung

§ 421 Gesamtschuldner

§ 422 Wirkung der Erfüllung

§ 423 Wirkung des Erlasses

§ 424 Wirkung des Gläubigerverzugs

§ 425 Wirkung anderer Tatsachen

§ 426 Ausgleichungspflicht, Forderungsübergang

§ 427 Gemeinschaftliche vertragliche Verpflichtung

§ 428 Gesamtgläubiger

§ 429 Wirkung von Veränderungen

§ 430 Ausgleichungspflicht der Gesamtgläubiger

§ 431 Mehrere Schuldner einer unteilbaren
Leistung

§ 432 Mehrere Gläubiger einer unteilbaren
Leistung

**Abschnitt 8
Einzelne Schuldverhältnisse**

**Titel 1
Kauf, Tausch**

**Untertitel 1
Allgemeine Vorschriften**

§ 433 Vertragstypische Pflichten beim
Kaufvertrag

§ 434 Sachmangel

§ 435 Rechtsmangel

§ 436 Öffentliche Lasten von Grundstücken

§ 437 Rechte des Käufers bei Mängeln

§ 438 Verjährung der Mängelansprüche

§ 439 Nacherfüllung

§ 440 Besondere Bestimmungen für Rücktritt und Schadensersatz

§ 441 Minderung

§ 442 Kenntnis des Käufers

§ 443 Beschaffenheits- und Haltbarkeitsgarantie

§ 444 Haftungsausschluss

§ 445 Haftungsbegrenzung bei öffentlichen Versteigerungen

§ 446 Gefahr- und Lastenübergang

§ 447 Gefahrübergang beim Versendungskauf

§ 448 Kosten der Übergabe und vergleichbare Kosten

§ 449 Eigentumsvorbehalt

§ 450 Ausgeschlossene Käufer bei bestimmten Verkäufen

§ 451 Kauf durch ausgeschlossenen Käufer

§ 452 Schiffskauf

§ 453 Rechtskauf

**Untertitel 2
Besondere Arten des Kaufs**

**Kapitel 1
Kauf auf Probe**

§ 454 Zustandekommen des Kaufvertrags

§ 455 Billigungsfrist

**Kapitel 2
Wiederkauf**

§ 456 Zustandekommen des Wiederkaufs

II

§ 457 Haftung des Wiederverkäufers

§ 458 Beseitigung von Rechten Dritter

§ 459 Ersatz von Verwendungen

§ 460 Wiederkauf zum Schätzungswert

§ 461 Mehrere Wiederkaufsberechtigte

§ 462 Ausschlussfrist

Kapitel 3
Vorkauf

§ 463 Voraussetzungen der Ausübung

§ 464 Ausübung des Vorkaufsrechts

§ 465 Unwirksame Vereinbarungen

§ 466 Nebenleistungen

§ 467 Gesamtpreis

§ 468 Stundung des Kaufpreises

§ 469 Mitteilungspflicht, Ausübungsfrist

§ 470 Verkauf an gesetzlichen Erben

§ 471 Verkauf bei Zwangsvollstreckung oder Insolvenz

§ 472 Mehrere Vorkaufsberechtigte

§ 473 Unübertragbarkeit

Untertitel 3
Verbrauchsgüterkauf

§ 474 Begriff des Verbrauchsgüterkaufs

§ 475 Abweichende Vereinbarungen

§ 476 Beweislastumkehr

§ 477 Sonderbestimmungen für Garantien

§ 478 Rückgriff des Unternehmers

§ 479 Verjährung von Rückgriffsansprüchen

Untertitel 4
Tausch

§ 480 Tausch

Titel 2
Teilzeit-Wohnrechteverträge, Verträge über langfristige Urlaubsprodukte, Vermittlungsverträge und Tauschsystemverträge

§ 481 Teilzeit-Wohnrechtevertrag

§ 481a Vertrag über ein langfristiges Urlaubsprodukt

§ 481b Vermittlungsvertrag, Tauschsystemvertrag

§ 482 Vorvertragliche Informationen, Werbung und Verbot des Verkaufs als Geldanlage

§ 482a Widerrufsbelehrung

§ 483 Sprache des Vertrags und der vorvertraglichen Informationen

§ 484 Form und Inhalt des Vertrags

§ 485 Widerrufsrecht

§ 485a Widerrufsfrist

§ 486 Anzahlungsverbot

§ 486a Besondere Vorschriften für Verträge über langfristige Urlaubsprodukte

§ 487 Abweichende Vereinbarungen

Titel 3
Darlehensvertrag; Finanzierungshilfen und Ratenlieferungsverträge zwischen einem Unternehmer und einem Verbraucher

Untertitel 1
Darlehensvertrag

Kapitel 1
Allgemeine Vorschriften

§ 488 Vertragstypische Pflichten beim Darlehensvertrag

§ 489 Ordentliches Kündigungsrecht des Darlehensnehmers

§ 490 Außerordentliches Kündigungsrecht

Kapitel 2
Besondere Vorschriften für Verbraucherdarlehensverträge

§ 491 Verbraucherdarlehensvertrag

§ 491a Vorvertragliche Informationspflichten bei Verbraucherdarlehensverträgen

§ 492 Schriftform, Vertragsinhalt

§ 493 Informationen während des Vertragsverhältnisses

§ 494 Rechtsfolgen von Formmängeln

§ 495 Widerrufsrecht

§ 496 Einwendungsverzicht, Wechsel- und Scheckverbot

§ 497 Verzug des Darlehensnehmers

§ 498 Gesamtfälligstellung bei Teilzahlungsdarlehen

§ 499 Kündigungsrecht des Darlehensgebers; Leistungsverweigerung

§ 500 Kündigungsrecht des Darlehensnehmers; vorzeitige Rückzahlung

§ 501 Kostenermäßigung

§ 502 Vorfälligkeitsentschädigung

§ 503 Immobiliardarlehensverträge

§ 504 Eingeräumte Überziehungsmöglichkeit

§ 505 Geduldete Überziehung

Untertitel 2
Finanzierungshilfen zwischen einem Unternehmer und einem Verbraucher

§ 506 Zahlungsaufschub, sonstige Finanzierungshilfe

§ 507 Teilzahlungsgeschäfte

§ 508 Rückgaberecht, Rücktritt bei Teilzahlungsgeschäften

§ 509 Prüfung der Kreditwürdigkeit

Untertitel 3
Ratenlieferungsverträge zwischen einem Unternehmer und einem Verbraucher

§ 510 Ratenlieferungsverträge

Untertitel 4
Unabdingbarkeit, Anwendung auf Existenzgründer

§ 511 Abweichende Vereinbarungen

§ 512 Anwendung auf Existenzgründer

§§ 513 bis 515 (weggefallen)

Titel 4
Schenkung

§ 516 Begriff der Schenkung

§ 517 Unterlassen eines Vermögenserwerbs

§ 518 Form des Schenkungsversprechens

§ 519 Einrede des Notbedarfs

§ 520 Erlöschen eines Rentenversprechens

§ 521 Haftung des Schenkers

§ 522 Keine Verzugszinsen

§ 523 Haftung für Rechtsmängel

§ 524 Haftung für Sachmängel

§ 525 Schenkung unter Auflage

§ 526 Verweigerung der Vollziehung der Auflage

§ 527 Nichtvollziehung der Auflage

§ 528 Rückforderung wegen Verarmung des Schenkers

§ 529 Ausschluss des Rückforderungsanspruchs

§ 530 Widerruf der Schenkung

§ 531 Widerrufserklärung

§ 532 Ausschluss des Widerrufs

§ 533 Verzicht auf Widerrufsrecht

§ 534 Pflicht- und Anstandsschenkungen

Titel 5
Mietvertrag, Pachtvertrag

Untertitel 1
Allgemeine Vorschriften für Mietverhältnisse

§ 535 Inhalt und Hauptpflichten des Mietvertrags

§ 536 Mietminderung bei Sach- und Rechtsmängeln

§ 536a Schadens- und Aufwendungsersatzanspruch des Mieters wegen eines Mangels

§ 536b Kenntnis des Mieters vom Mangel bei Vertragsschluss oder Annahme

§ 536c Während der Mietzeit auftretende Mängel; Mängelanzeige durch den Mieter

§ 536d Vertraglicher Ausschluss von Rechten des Mieters wegen eines Mangels

§ 537 Entrichtung der Miete bei persönlicher Verhinderung des Mieters

§ 538 Abnutzung der Mietsache durch vertragsgemäßen Gebrauch

§ 539 Ersatz sonstiger Aufwendungen und Wegnahmerecht des Mieters

§ 540 Gebrauchsüberlassung an Dritte

§ 541 Unterlassungsklage bei vertragswidrigem Gebrauch

II

§ 542 Ende des Mietverhältnisses

§ 543 Außerordentliche fristlose Kündigung aus wichtigem Grund

§ 544 Vertrag über mehr als 30 Jahre

§ 545 Stillschweigende Verlängerung des Mietverhältnisses

§ 546 Rückgabepflicht des Mieters

§ 546a Entschädigung des Vermieters bei verspäteter Rückgabe

§ 547 Erstattung von im Voraus entrichteter Miete

§ 548 Verjährung der Ersatzansprüche und des Wegnahmerechts

Untertitel 2
Mietverhältnisse über
Wohnraum

Kapitel 1
Allgemeine Vorschriften

§ 549 Auf Wohnraummietverhältnisse anwendbare Vorschriften

§ 550 Form des Mietvertrags

§ 551 Begrenzung und Anlage von Mietsicherheiten

§ 552 Abwendung des Wegnahmerechts des Mieters

§ 553 Gestattung der Gebrauchsüberlassung an Dritte

§ 554 Duldung von Erhaltungs- und Modernisierungsmaßnahmen

§ 554a Barrierefreiheit

§ 555 Unwirksamkeit einer Vertragsstrafe

Kapitel 2
Die Miete

Unterkapitel 1
Vereinbarungen über die Miete

§ 556 Vereinbarungen über Betriebskosten

§ 556a Abrechnungsmaßstab für Betriebskosten

§ 556b Fälligkeit der Miete, Aufrechnungs- und Zurückbehaltungsrecht

Unterkapitel 2
Regelungen über die Miethöhe

§ 557 Mieterhöhungen nach Vereinbarung oder Gesetz

§ 557a Staffelmiete

§ 557b Indexmiete

§ 558 Mieterhöhung bis zur ortsüblichen Vergleichsmiete

§ 558a Form und Begründung der Mieterhöhung

§ 558b Zustimmung zur Mieterhöhung

§ 558c Mietspiegel

§ 558d Qualifizierter Mietspiegel

§ 558e Mietdatenbank

§ 559 Mieterhöhung bei Modernisierung

§ 559a Anrechnung von Drittmitteln

§ 559b Geltendmachung der Erhöhung, Wirkung der Erhöhungserklärung

§ 560 Veränderungen von Betriebskosten

§ 561 Sonderkündigungsrecht des Mieters nach Mieterhöhung

Kapitel 3
Pfandrecht des Vermieters

§ 562 Umfang des Vermieterpfandrechts

§ 562a Erlöschen des Vermieterpfandrechts

§ 562b Selbsthilferecht, Herausgabeanspruch

§ 562c Abwendung des Pfandrechts durch Sicherheitsleistung

§ 562d Pfändung durch Dritte

Kapitel 4
Wechsel der Vertragsparteien

§ 563 Eintrittsrecht bei Tod des Mieters

§ 563a Fortsetzung mit überlebenden Mietern

§ 563b Haftung bei Eintritt oder Fortsetzung

§ 564 Fortsetzung des Mietverhältnisses mit dem Erben, außerordentliche Kündigung

§ 565 Gewerbliche Weitervermietung

§ 566 Kauf bricht nicht Miete

§ 566a Mietsicherheit

§ 566b Vorausverfügung über die Miete

§ 566c Vereinbarung zwischen Mieter und Vermieter über die Miete

§ 566d Aufrechnung durch den Mieter

§ 566e Mitteilung des Eigentumsübergangs durch den Vermieter

§ 567 Belastung des Wohnraums durch den Vermieter

§ 567a Veräußerung oder Belastung vor der Überlassung des Wohnraums

§ 567b Weiterveräußerung oder Belastung durch Erwerber

**Kapitel 5
Beendigung des
Mietverhältnisses**

**Unterkapitel 1
Allgemeine Vorschriften**

§ 568 Form und Inhalt der Kündigung

§ 569 Außerordentliche fristlose Kündigung aus wichtigem Grund

§ 570 Ausschluss des Zurückbehaltungsrechts

§ 571 Weiterer Schadensersatz bei verspäteter Rückgabe von Wohnraum

§ 572 Vereinbartes Rücktrittsrecht; Mietverhältnis unter auflösender Bedingung

**Unterkapitel 2
Mietverhältnisse auf
unbestimmte Zeit**

§ 573 Ordentliche Kündigung des Vermieters

§ 573a Erleichterte Kündigung des Vermieters

§ 573b Teilkündigung des Vermieters

§ 573c Fristen der ordentlichen Kündigung

§ 573d Außerordentliche Kündigung mit gesetzlicher Frist

§ 574 Widerspruch des Mieters gegen die Kündigung

§ 574a Fortsetzung des Mietverhältnisses nach Widerspruch

§ 574b Form und Frist des Widerspruchs

§ 574c Weitere Fortsetzung des Mietverhältnisses bei unvorhergesehenen Umständen

**Unterkapitel 3
Mietverhältnisse auf bestimmte
Zeit**

§ 575 Zeitmietvertrag

§ 575a Außerordentliche Kündigung mit gesetzlicher Frist

**Unterkapitel 4
Werkwohnungen**

§ 576 Fristen der ordentlichen Kündigung bei Werkmietwohnungen

§ 576a Besonderheiten des Widerspruchsrechts bei Werkmietwohnungen

§ 576b Entsprechende Geltung des Mietrechts bei Werkdienstwohnungen

**Kapitel 6
Besonderheiten bei der Bildung
von Wohnungseigentum an
vermieteten Wohnungen**

§ 577 Vorkaufsrecht des Mieters

§ 577a Kündigungsbeschränkung bei Wohnungsumwandlung

**Untertitel 3
Mietverhältnisse über andere
Sachen**

§ 578 Mietverhältnisse über Grundstücke und Räume

§ 578a Mietverhältnisse über eingetragene Schiffe

§ 579 Fälligkeit der Miete

§ 580 Außerordentliche Kündigung bei Tod des Mieters

§ 580a Kündigungsfristen

**Untertitel 4
Pachtvertrag**

§ 581 Vertragstypische Pflichten beim Pachtvertrag

§ 582 Erhaltung des Inventars

§ 582a Inventarübernahme zum Schätzwert

§ 583 Pächterpfandrecht am Inventar

§ 583a Verfügungsbeschränkungen bei Inventar

§ 584 Kündigungsfrist

§ 584a Ausschluss bestimmter mietrechtlicher Kündigungsrechte

§ 584b Verspätete Rückgabe

Untertitel 5
Landpachtvertrag

§ 585 Begriff des Landpachtvertrags

§ 585a Form des Landpachtvertrags

§ 585b Beschreibung der Pachtsache

§ 586 Vertragstypische Pflichten beim Landpachtvertrag

§ 586a Lasten der Pachtsache

§ 587 Fälligkeit der Pacht; Entrichtung der Pacht bei persönlicher Verhinderung des Pächters

§ 588 Maßnahmen zur Erhaltung oder Verbesserung

§ 589 Nutzungsüberlassung an Dritte

§ 590 Änderung der landwirtschaftlichen Bestimmung oder der bisherigen Nutzung

§ 590a Vertragswidriger Gebrauch

§ 590b Notwendige Verwendungen

§ 591 Wertverbessernde Verwendungen

§ 591a Wegnahme von Einrichtungen

§ 591b Verjährung von Ersatzansprüchen

§ 592 Verpächterpfandrecht

§ 593 Änderung von Landpachtverträgen

§ 593a Betriebsübergabe

§ 593b Veräußerung oder Belastung des verpachteten Grundstücks

§ 594 Ende und Verlängerung des Pachtverhältnisses

§ 594a Kündigungsfristen

§ 594b Vertrag über mehr als 30 Jahre

§ 594c Kündigung bei Berufsunfähigkeit des Pächters

§ 594d Tod des Pächters

§ 594e Außerordentliche fristlose Kündigung aus wichtigem Grund

§ 594f Schriftform der Kündigung

§ 595 Fortsetzung des Pachtverhältnisses

§ 595a Vorzeitige Kündigung von Landpachtverträgen

§ 596 Rückgabe der Pachtsache

§ 596a Ersatzpflicht bei vorzeitigem Pachtende

§ 596b Rücklassungspflicht

§ 597 Verspätete Rückgabe

Titel 6
Leihe

§ 598 Vertragstypische Pflichten bei der Leihe

§ 599 Haftung des Verleihers

§ 600 Mängelhaftung

§ 601 Verwendungsersatz

§ 602 Abnutzung der Sache

§ 603 Vertragsmäßiger Gebrauch

§ 604 Rückgabepflicht

§ 605 Kündigungsrecht

§ 606 Kurze Verjährung

Titel 7
Sachdarlehensvertrag

§ 607 Vertragstypische Pflichten beim Sachdarlehensvertrag

§ 608 Kündigung

§ 609 Entgelt

§ 610 (weggefallen)

Titel 8
Dienstvertrag

§ 611 Vertragstypische Pflichten beim Dienstvertrag

§ 612 Vergütung

§ 612a Maßregelungsverbot

§ 613 Unübertragbarkeit

§ 613a Rechte und Pflichten bei Betriebsübergang

§ 614 Fälligkeit der Vergütung

§ 615 Vergütung bei Annahmeverzug und bei Betriebsrisiko

§ 616 Vorübergehende Verhinderung

§ 617 Pflicht zur Krankenfürsorge

§ 618 Pflicht zu Schutzmaßnahmen

§ 619 Unabdingbarkeit der Fürsorgepflichten

§ 619a Beweislast bei Haftung des Arbeitnehmers

§ 620 Beendigung des Dienstverhältnisses

§ 621   Kündigungsfristen bei Dienstverhält-
         nissen

§ 622   Kündigungsfristen bei Arbeitsver-
         hältnissen

§ 623   Schriftform der Kündigung

§ 624   Kündigungsfrist bei Verträgen über
         mehr als fünf Jahre

§ 625   Stillschweigende Verlängerung

§ 626   Fristlose Kündigung aus wichtigem
         Grund

§ 627   Fristlose Kündigung bei Vertrauens-
         stellung

§ 628   Teilvergütung und Schadensersatz
         bei fristloser Kündigung

§ 629   Freizeit zur Stellungssuche

§ 630   Pflicht zur Zeugniserteilung

Titel 9
Werkvertrag und ähnliche
Verträge

Untertitel 1
Werkvertrag

§ 631   Vertragstypische Pflichten beim
         Werkvertrag

§ 632   Vergütung

§ 632a   Abschlagszahlungen

§ 633   Sach- und Rechtsmangel

§ 634   Rechte des Bestellers bei Mängeln

§ 634a   Verjährung der Mängelansprüche

§ 635   Nacherfüllung

§ 636   Besondere Bestimmungen für Rück-
         tritt und Schadensersatz

§ 637   Selbstvornahme

§ 638   Minderung

§ 639   Haftungsausschluss

§ 640   Abnahme

§ 641   Fälligkeit der Vergütung

§ 642   Mitwirkung des Bestellers

§ 643   Kündigung bei unterlassener Mitwir-
         kung

§ 644   Gefahrtragung

§ 645   Verantwortlichkeit des Bestellers

§ 646   Vollendung statt Abnahme

§ 647   Unternehmerpfandrecht

§ 648   Sicherungshypothek des Bauunter-
         nehmers

§ 648a   Bauhandwerkersicherung

§ 649   Kündigungsrecht des Bestellers

§ 650   Kostenanschlag

§ 651   Anwendung des Kaufrechts

Untertitel 2
Reisevertrag

§ 651a   Vertragstypische Pflichten beim Rei-
         severtrag

§ 651b   Vertragsübertragung

§ 651c   Abhilfe

§ 651d   Minderung

§ 651e   Kündigung wegen Mangels

§ 651f   Schadensersatz

§ 651g   Ausschlussfrist, Verjährung

§ 651h   Zulässige Haftungsbeschränkung

§ 651i   Rücktritt vor Reisebeginn

§ 651j   Kündigung wegen höherer Gewalt

§ 651k   Sicherstellung, Zahlung

§ 651l   Gastschulaufenthalte

§ 651m   Abweichende Vereinbarungen

Titel 10
Mäklervertrag

Untertitel 1
Allgemeine Vorschriften

§ 652   Entstehung des Lohnanspruchs

§ 653   Mäklerlohn

§ 654   Verwirkung des Lohnanspruchs

§ 655   Herabsetzung des Mäklerlohns

Untertitel 2
Vermittlung von
Verbraucherdarlehensverträgen

§ 655a   Darlehensvermittlungsvertrag

§ 655b   Schriftform bei einem Vertrag mit ei-
         nem Verbraucher

§ 655c   Vergütung

§ 655d   Nebenentgelte

§ 655e   Abweichende Vereinbarungen, An-
         wendung auf Existenzgründer

Untertitel 3
Ehevermittlung

§ 656 Heiratsvermittlung

Titel 11
Auslobung

§ 657 Bindendes Versprechen

§ 658 Widerruf

§ 659 Mehrfache Vornahme

§ 660 Mitwirkung mehrerer

§ 661 Preisausschreiben

§ 661a Gewinnzusagen

Titel 12
Auftrag,
Geschäftsbesorgungsvertrag
und Zahlungsdienste

Untertitel 1
Auftrag

§ 662 Vertragstypische Pflichten beim Auftrag

§ 663 Anzeigepflicht bei Ablehnung

§ 664 Unübertragbarkeit; Haftung für Gehilfen

§ 665 Abweichung von Weisungen

§ 666 Auskunfts- und Rechenschaftspflicht

§ 667 Herausgabepflicht

§ 668 Verzinsung des verwendeten Geldes

§ 669 Vorschusspflicht

§ 670 Ersatz von Aufwendungen

§ 671 Widerruf; Kündigung

§ 672 Tod oder Geschäftsunfähigkeit des Auftraggebers

§ 673 Tod des Beauftragten

§ 674 Fiktion des Fortbestehens

Untertitel 2
Geschäftsbesorgungsvertrag

§ 675 Entgeltliche Geschäftsbesorgung

§ 675a Informationspflichten

§ 675b Aufträge zur Übertragung von Wertpapieren in Systemen

Untertitel 3
Zahlungsdienste

Kapitel 1
Allgemeine Vorschriften

§ 675c Zahlungsdienste und elektronisches Geld

§ 675d Unterrichtung bei Zahlungsdiensten

§ 675e Abweichende Vereinbarungen

Kapitel 2
Zahlungsdienstevertrag

§ 675f Zahlungsdienstevertrag

§ 675g Änderung des Zahlungsdiensterahmenvertrags

§ 675h Ordentliche Kündigung eines Zahlungsdiensterahmenvertrags

§ 675i Ausnahmen für Kleinbetragsinstrumente und elektronisches Geld

Kapitel 3
Erbringung und Nutzung von
Zahlungsdiensten

Unterkapitel 1
Autorisierung von
Zahlungsvorgängen;
Zahlungsauthentifizierungsinstrumente

§ 675j Zustimmung und Widerruf der Zustimmung

§ 675k Nutzungsbegrenzung

§ 675l Pflichten des Zahlers in Bezug auf Zahlungsauthentifizierungsinstrumente

§ 675m Pflichten des Zahlungsdienstleisters in Bezug auf Zahlungsauthentifizierungsinstrumente; Risiko der Versendung

Unterkapitel 2
Ausführung von
Zahlungsvorgängen

§ 675n Zugang von Zahlungsaufträgen

§ 675o Ablehnung von Zahlungsaufträgen

§ 675p Unwiderruflichkeit eines Zahlungsauftrags

§ 675q Entgelte bei Zahlungsvorgängen

§ 675r Ausführung eines Zahlungsvorgangs anhand von Kundenkennungen

§ 675s Ausführungsfrist für Zahlungsvorgänge

§ 675t Wertstellungsdatum und Verfügbarkeit von Geldbeträgen

Unterkapitel 3
Haftung

§ 675u Haftung des Zahlungsdienstleisters für nicht autorisierte Zahlungsvorgänge

§ 675v Haftung des Zahlers bei missbräuchlicher Nutzung eines Zahlungsauthentifizierungsinstruments

§ 675w Nachweis der Authentifizierung

§ 675x Erstattungsanspruch bei einem vom oder über den Zahlungsempfänger ausgelösten autorisierten Zahlungsvorgang

§ 675y Haftung der Zahlungsdienstleister bei nicht erfolgter oder fehlerhafter Ausführung eines Zahlungsauftrags; Nachforschungspflicht

§ 675z Sonstige Ansprüche bei nicht erfolgter oder fehlerhafter Ausführung eines Zahlungsauftrags oder bei einem nicht autorisierten Zahlungsvorgang

§ 676 Nachweis der Ausführung von Zahlungsvorgängen

§ 676a Ausgleichsanspruch

§ 676b Anzeige nicht autorisierter oder fehlerhaft ausgeführter Zahlungsvorgänge

§ 676c Haftungsausschluss

Titel 13
Geschäftsführung ohne Auftrag

§ 677 Pflichten des Geschäftsführers

§ 678 Geschäftsführung gegen den Willen des Geschäftsherrn

§ 679 Unbeachtlichkeit des entgegenstehenden Willens des Geschäftsherrn

§ 680 Geschäftsführung zur Gefahrenabwehr

§ 681 Nebenpflichten des Geschäftsführers

§ 682 Fehlende Geschäftsfähigkeit des Geschäftsführers

§ 683 Ersatz von Aufwendungen

§ 684 Herausgabe der Bereicherung

§ 685 Schenkungsabsicht

§ 686 Irrtum über Person des Geschäftsherrn

§ 687 Unechte Geschäftsführung

Titel 14
Verwahrung

§ 688 Vertragstypische Pflichten bei der Verwahrung

§ 689 Vergütung

§ 690 Haftung bei unentgeltlicher Verwahrung

§ 691 Hinterlegung bei Dritten

§ 692 Änderung der Aufbewahrung

§ 693 Ersatz von Aufwendungen

§ 694 Schadensersatzpflicht des Hinterlegers

§ 695 Rückforderungsrecht des Hinterlegers

§ 696 Rücknahmeanspruch des Verwahrers

§ 697 Rückgabeort

§ 698 Verzinsung des verwendeten Geldes

§ 699 Fälligkeit der Vergütung

§ 700 Unregelmäßiger Verwahrungsvertrag

Titel 15
Einbringung von Sachen bei Gastwirten

§ 701 Haftung des Gastwirts

§ 702 Beschränkung der Haftung; Wertsachen

§ 702a Erlass der Haftung

§ 703 Erlöschen des Schadensersatzanspruchs

§ 704 Pfandrecht des Gastwirts

Titel 16
Gesellschaft

§ 705 Inhalt des Gesellschaftsvertrags

§ 706 Beiträge der Gesellschafter

II

§ 707 Erhöhung des vereinbarten Beitrags

§ 708 Haftung der Gesellschafter

§ 709 Gemeinschaftliche Geschäftsführung

§ 710 Übertragung der Geschäftsführung

§ 711 Widerspruchsrecht

§ 712 Entziehung und Kündigung der Geschäftsführung

§ 713 Rechte und Pflichten der geschäftsführenden Gesellschafter

§ 714 Vertretungsmacht

§ 715 Entziehung der Vertretungsmacht

§ 716 Kontrollrecht der Gesellschafter

§ 717 Nichtübertragbarkeit der Gesellschafterrechte

§ 718 Gesellschaftsvermögen

§ 719 Gesamthänderische Bindung

§ 720 Schutz des gutgläubigen Schuldners

§ 721 Gewinn- und Verlustverteilung

§ 722 Anteile am Gewinn und Verlust

§ 723 Kündigung durch Gesellschafter

§ 724 Kündigung bei Gesellschaft auf Lebenszeit oder fortgesetzter Gesellschaft

§ 725 Kündigung durch Pfändungspfandgläubiger

§ 726 Auflösung wegen Erreichens oder Unmöglichwerdens des Zweckes

§ 727 Auflösung durch Tod eines Gesellschafters

§ 728 Auflösung durch Insolvenz der Gesellschaft oder eines Gesellschafters

§ 729 Fortdauer der Geschäftsführungsbefugnis

§ 730 Auseinandersetzung; Geschäftsführung

§ 731 Verfahren bei Auseinandersetzung

§ 732 Rückgabe von Gegenständen

§ 733 Berichtigung der Gesellschaftsschulden; Erstattung der Einlagen

§ 734 Verteilung des Überschusses

§ 735 Nachschusspflicht bei Verlust

§ 736 Ausscheiden eines Gesellschafters, Nachhaftung

§ 737 Ausschluss eines Gesellschafters

§ 738 Auseinandersetzung beim Ausscheiden

§ 739 Haftung für Fehlbetrag

§ 740 Beteiligung am Ergebnis schwebender Geschäfte

**Titel 17
Gemeinschaft**

§ 741 Gemeinschaft nach Bruchteilen

§ 742 Gleiche Anteile

§ 743 Früchteanteil; Gebrauchsbefugnis

§ 744 Gemeinschaftliche Verwaltung

§ 745 Verwaltung und Benutzung durch Beschluss

§ 746 Wirkung gegen Sondernachfolger

§ 747 Verfügung über Anteil und gemeinschaftliche Gegenstände

§ 748 Lasten- und Kostentragung

§ 749 Aufhebungsanspruch

§ 750 Ausschluss der Aufhebung im Todesfall

§ 751 Ausschluss der Aufhebung und Sondernachfolger

§ 752 Teilung in Natur

§ 753 Teilung durch Verkauf

§ 754 Verkauf gemeinschaftlicher Forderungen

§ 755 Berichtigung einer Gesamtschuld

§ 756 Berichtigung einer Teilhaberschuld

§ 757 Gewährleistung bei Zuteilung an einen Teilhaber

§ 758 Unverjährbarkeit des Aufhebungsanspruchs

**Titel 18
Leibrente**

§ 759 Dauer und Betrag der Rente

§ 760 Vorauszahlung

§ 761 Form des Leibrentenversprechens

**Titel 19
Unvollkommene
Verbindlichkeiten**

§ 762 Spiel, Wette

§ 763 Lotterie- und Ausspielvertrag
§ 764 (weggefallen)

Titel 20
Bürgschaft

§ 765 Vertragstypische Pflichten bei der Bürgschaft
§ 766 Schriftform der Bürgschaftserklärung
§ 767 Umfang der Bürgschaftsschuld
§ 768 Einreden des Bürgen
§ 769 Mitbürgschaft
§ 770 Einreden der Anfechtbarkeit und der Aufrechenbarkeit
§ 771 Einrede der Vorausklage
§ 772 Vollstreckungs- und Verwertungspflicht des Gläubigers
§ 773 Ausschluss der Einrede der Vorausklage
§ 774 Gesetzlicher Forderungsübergang
§ 775 Anspruch des Bürgen auf Befreiung
§ 776 Aufgabe einer Sicherheit
§ 777 Bürgschaft auf Zeit
§ 778 Kreditauftrag

Titel 21
Vergleich

§ 779 Begriff des Vergleichs, Irrtum über die Vergleichsgrundlage

Titel 22
Schuldversprechen,
Schuldanerkenntnis

§ 780 Schuldversprechen
§ 781 Schuldanerkenntnis
§ 782 Formfreiheit bei Vergleich

Titel 23
Anweisung

§ 783 Rechte aus der Anweisung
§ 784 Annahme der Anweisung
§ 785 Aushändigung der Anweisung
§ 786 (weggefallen)
§ 787 Anweisung auf Schuld
§ 788 Valutaverhältnis
§ 789 Anzeigepflicht des Anweisungsempfängers

§ 790 Widerruf der Anweisung
§ 791 Tod oder Geschäftsunfähigkeit eines Beteiligten
§ 792 Übertragung der Anweisung

Titel 24
Schuldverschreibung auf den
Inhaber

§ 793 Rechte aus der Schuldverschreibung auf den Inhaber
§ 794 Haftung des Ausstellers
§ 795 (weggefallen)
§ 796 Einwendungen des Ausstellers
§ 797 Leistungspflicht nur gegen Aushändigung
§ 798 Ersatzurkunde
§ 799 Kraftloserklärung
§ 800 Wirkung der Kraftloserklärung
§ 801 Erlöschen; Verjährung
§ 802 Zahlungssperre
§ 803 Zinsscheine
§ 804 Verlust von Zins- oder ähnlichen Scheinen
§ 805 Neue Zins- und Rentenscheine
§ 806 Umschreibung auf den Namen
§ 807 Inhaberkarten und -marken
§ 808 Namenspapiere mit Inhaberklausel

Titel 25
Vorlegung von Sachen

§ 809 Besichtigung einer Sache
§ 810 Einsicht in Urkunden
§ 811 Vorlegungsort, Gefahr und Kosten

Titel 26
Ungerechtfertigte Bereicherung

§ 812 Herausgabeanspruch
§ 813 Erfüllung trotz Einrede
§ 814 Kenntnis der Nichtschuld
§ 815 Nichteintritt des Erfolgs
§ 816 Verfügung eines Nichtberechtigten
§ 817 Verstoß gegen Gesetz oder gute Sitten
§ 818 Umfang des Bereicherungsanspruchs

II

§ 819 Verschärfte Haftung bei Kenntnis und bei Gesetzes- oder Sittenverstoß
§ 820 Verschärfte Haftung bei ungewissem Erfolgseintritt
§ 821 Einrede der Bereicherung
§ 822 Herausgabepflicht Dritter

Titel 27
Unerlaubte Handlungen

§ 823 Schadensersatzpflicht
§ 824 Kreditgefährdung
§ 825 Bestimmung zu sexuellen Handlungen
§ 826 Sittenwidrige vorsätzliche Schädigung
§ 827 Ausschluss und Minderung der Verantwortlichkeit
§ 828 Minderjährige
§ 829 Ersatzpflicht aus Billigkeitsgründen
§ 830 Mittäter und Beteiligte
§ 831 Haftung für den Verrichtungsgehilfen
§ 832 Haftung des Aufsichtspflichtigen
§ 833 Haftung des Tierhalters
§ 834 Haftung des Tieraufsehers
§ 835 (weggefallen)
§ 836 Haftung des Grundstücksbesitzers
§ 837 Haftung des Gebäudebesitzers
§ 838 Haftung des Gebäudeunterhaltungspflichtigen
§ 839 Haftung bei Amtspflichtverletzung
§ 839a Haftung des gerichtlichen Sachverständigen
§ 840 Haftung mehrerer
§ 841 Ausgleichung bei Beamtenhaftung
§ 842 Umfang der Ersatzpflicht bei Verletzung einer Person
§ 843 Geldrente oder Kapitalabfindung
§ 844 Ersatzansprüche Dritter bei Tötung
§ 845 Ersatzansprüche wegen entgangener Dienste
§ 846 Mitverschulden des Verletzten
§ 847 (weggefallen)
§ 848 Haftung für Zufall bei Entziehung einer Sache

§ 849 Verzinsung der Ersatzsumme
§ 850 Ersatz von Verwendungen
§ 851 Ersatzleistung an Nichtberechtigten
§ 852 Herausgabeanspruch nach Eintritt der Verjährung
§ 853 Arglisteinrede

Buch 3
Sachenrecht

Abschnitt 1
Besitz

§ 854 Erwerb des Besitzes
§ 855 Besitzdiener
§ 856 Beendigung des Besitzes
§ 857 Vererblichkeit
§ 858 Verbotene Eigenmacht
§ 859 Selbsthilfe des Besitzers
§ 860 Selbsthilfe des Besitzdieners
§ 861 Anspruch wegen Besitzentziehung
§ 862 Anspruch wegen Besitzstörung
§ 863 Einwendungen des Entziehers oder Störers
§ 864 Erlöschen der Besitzansprüche
§ 865 Teilbesitz
§ 866 Mitbesitz
§ 867 Verfolgungsrecht des Besitzers
§ 868 Mittelbarer Besitz
§ 869 Ansprüche des mittelbaren Besitzers
§ 870 Übertragung des mittelbaren Besitzes
§ 871 Mehrstufiger mittelbarer Besitz
§ 872 Eigenbesitz

Abschnitt 2
Allgemeine Vorschriften über Rechte an Grundstücken

§ 873 Erwerb durch Einigung und Eintragung
§ 874 Bezugnahme auf die Eintragungsbewilligung
§ 875 Aufhebung eines Rechts
§ 876 Aufhebung eines belasteten Rechts
§ 877 Rechtsänderungen
§ 878 Nachträgliche Verfügungsbeschränkungen

§ 879   Rangverhältnis mehrerer Rechte

§ 880   Rangänderung

§ 881   Rangvorbehalt

§ 882   Höchstbetrag des Wertersatzes

§ 883   Voraussetzungen und Wirkung der Vormerkung

§ 884   Wirkung gegenüber Erben

§ 885   Voraussetzung für die Eintragung der Vormerkung

§ 886   Beseitigungsanspruch

§ 887   Aufgebot des Vormerkungsgläubigers

§ 888   Anspruch des Vormerkungsberechtigten auf Zustimmung

§ 889   Ausschluss der Konsolidation bei dinglichen Rechten

§ 890   Vereinigung von Grundstücken; Zuschreibung

§ 891   Gesetzliche Vermutung

§ 892   Öffentlicher Glaube des Grundbuchs

§ 893   Rechtsgeschäft mit dem Eingetragenen

§ 894   Berichtigung des Grundbuchs

§ 895   Voreintragung des Verpflichteten

§ 896   Vorlegung des Briefes

§ 897   Kosten der Berichtigung

§ 898   Unverjährbarkeit der Berichtigungsansprüche

§ 899   Eintragung eines Widerspruchs

§ 899a   Maßgaben für die Gesellschaft bürgerlichen Rechts

§ 900   Buchersitzung

§ 901   Erlöschen nicht eingetragener Rechte

§ 902   Unverjährbarkeit eingetragener Rechte

Abschnitt 3
Eigentum
Titel 1
Inhalt des Eigentums

§ 903   Befugnisse des Eigentümers

§ 904   Notstand

§ 905   Begrenzung des Eigentums

§ 906   Zuführung unwägbarer Stoffe

§ 907   Gefahr drohende Anlagen

§ 908   Drohender Gebäudeeinsturz

§ 909   Vertiefung

§ 910   Überhang

§ 911   Überfall

§ 912   Überbau; Duldungspflicht

§ 913   Zahlung der Überbaurente

§ 914   Rang, Eintragung und Erlöschen der Rente

§ 915   Abkauf

§ 916   Beeinträchtigung von Erbbaurecht oder Dienstbarkeit

§ 917   Notweg

§ 918   Ausschluss des Notwegrechts

§ 919   Grenzabmarkung

§ 920   Grenzverwirrung

§ 921   Gemeinschaftliche Benutzung von Grenzanlagen

§ 922   Art der Benutzung und Unterhaltung

§ 923   Grenzbaum

§ 924   Unverjährbarkeit nachbarrechtlicher Ansprüche

Titel 2
Erwerb und Verlust des Eigentums an Grundstücken

§ 925   Auflassung

§ 925a   Urkunde über Grundgeschäft

§ 926   Zubehör des Grundstücks

§ 927   Aufgebotsverfahren

§ 928   Aufgabe des Eigentums, Aneignung des Fiskus

Titel 3
Erwerb und Verlust des Eigentums an beweglichen Sachen

Untertitel 1
Übertragung

§ 929   Einigung und Übergabe

§ 929a   Einigung bei nicht eingetragenem Seeschiff

§ 930   Besitzkonstitut

§ 931   Abtretung des Herausgabeanspruchs

§ 932 Gutgläubiger Erwerb vom Nichtberechtigten

§ 932a Gutgläubiger Erwerb nicht eingetragener Seeschiffe

§ 933 Gutgläubiger Erwerb bei Besitzkonstitut

§ 934 Gutgläubiger Erwerb bei Abtretung des Herausgabeanspruchs

§ 935 Kein gutgläubiger Erwerb von abhanden gekommenen Sachen

§ 936 Erlöschen von Rechten Dritter

Untertitel 2
Ersitzung

§ 937 Voraussetzungen, Ausschluss bei Kenntnis

§ 938 Vermutung des Eigenbesitzes

§ 939 Hemmung der Ersitzung

§ 940 Unterbrechung durch Besitzverlust

§ 941 Unterbrechung durch Vollstreckungshandlung

§ 942 Wirkung der Unterbrechung

§ 943 Ersitzung bei Rechtsnachfolge

§ 944 Erbschaftsbesitzer

§ 945 Erlöschen von Rechten Dritter

Untertitel 3
Verbindung, Vermischung, Verarbeitung

§ 946 Verbindung mit einem Grundstück

§ 947 Verbindung mit beweglichen Sachen

§ 948 Vermischung

§ 949 Erlöschen von Rechten Dritter

§ 950 Verarbeitung

§ 951 Entschädigung für Rechtsverlust

§ 952 Eigentum an Schuldurkunden

Untertitel 4
Erwerb von Erzeugnissen und sonstigen Bestandteilen einer Sache

§ 953 Eigentum an getrennten Erzeugnissen und Bestandteilen

§ 954 Erwerb durch dinglich Berechtigten

§ 955 Erwerb durch gutgläubigen Eigenbesitzer

§ 956 Erwerb durch persönlich Berechtigten

§ 957 Gestattung durch den Nichtberechtigten

Untertitel 5
Aneignung

§ 958 Eigentumserwerb an beweglichen herrenlosen Sachen

§ 959 Aufgabe des Eigentums

§ 960 Wilde Tiere

§ 961 Eigentumsverlust bei Bienenschwärmen

§ 962 Verfolgungsrecht des Eigentümers

§ 963 Vereinigung von Bienenschwärmen

§ 964 Vermischung von Bienenschwärmen

Untertitel 6
Fund

§ 965 Anzeigepflicht des Finders

§ 966 Verwahrungspflicht

§ 967 Ablieferungspflicht

§ 968 Umfang der Haftung

§ 969 Herausgabe an den Verlierer

§ 970 Ersatz von Aufwendungen

§ 971 Finderlohn

§ 972 Zurückbehaltungsrecht des Finders

§ 973 Eigentumserwerb des Finders

§ 974 Eigentumserwerb nach Verschweigung

§ 975 Rechte des Finders nach Ablieferung

§ 976 Eigentumserwerb der Gemeinde

§ 977 Bereicherungsanspruch

§ 978 Fund in öffentlicher Behörde oder Verkehrsanstalt

§ 979 Verwertung; Verordnungsermächtigung

§ 980 Öffentliche Bekanntmachung des Fundes

§ 981 Empfang des Versteigerungserlöses

§ 982 Ausführungsvorschriften

§ 983 Unanbringbare Sachen bei Behörden

§ 984 Schatzfund

Titel 4
Ansprüche aus dem Eigentum

§ 985 Herausgabeanspruch

§ 986 Einwendungen des Besitzers

§ 987 Nutzungen nach Rechtshängigkeit

§ 988 Nutzungen des unentgeltlichen Besitzers

§ 989 Schadensersatz nach Rechtshängigkeit

§ 990 Haftung des Besitzers bei Kenntnis

§ 991 Haftung des Besitzmittlers

§ 992 Haftung des deliktischen Besitzers

§ 993 Haftung des redlichen Besitzers

§ 994 Notwendige Verwendungen

§ 995 Lasten

§ 996 Nützliche Verwendungen

§ 997 Wegnahmerecht

§ 998 Bestellungskosten bei landwirtschaftlichem Grundstück

§ 999 Ersatz von Verwendungen des Rechtsvorgängers

§ 1000 Zurückbehaltungsrecht des Besitzers

§ 1001 Klage auf Verwendungsersatz

§ 1002 Erlöschen des Verwendungsanspruchs

§ 1003 Befriedigungsrecht des Besitzers

§ 1004 Beseitigungs- und Unterlassungsanspruch

§ 1005 Verfolgungsrecht

§ 1006 Eigentumsvermutung für Besitzer

§ 1007 Ansprüche des früheren Besitzers, Ausschluss bei Kenntnis

Titel 5
Miteigentum

§ 1008 Miteigentum nach Bruchteilen

§ 1009 Belastung zugunsten eines Miteigentümers

§ 1010 Sondernachfolger eines Miteigentümers

§ 1011 Ansprüche aus dem Miteigentum

Buch 1
Allgemeiner Teil

Abschnitt 1
Personen

Titel 1
Natürliche Personen, Verbraucher, Unternehmer

§ 1 Beginn der Rechtsfähigkeit

Die Rechtsfähigkeit des Menschen beginnt mit der Vollendung der Geburt.

§ 2 Eintritt der Volljährigkeit

Die Volljährigkeit tritt mit der Vollendung des 18. Lebensjahres ein.

§§ 3 bis 6 (weggefallen)

§ 7 Wohnsitz; Begründung und Aufhebung

(1) Wer sich an einem Orte ständig niederlässt, begründet an diesem Orte seinen Wohnsitz.

(2) Der Wohnsitz kann gleichzeitig an mehreren Orten bestehen.

(3) Der Wohnsitz wird aufgehoben, wenn die Niederlassung mit dem Willen aufgehoben wird, sie aufzugeben.

§ 8 Wohnsitz nicht voll Geschäftsfähiger

(1) Wer geschäftsunfähig oder in der Geschäftsfähigkeit beschränkt ist, kann ohne den Willen seines gesetzlichen Vertreters einen Wohnsitz weder begründen noch aufheben.

(2) Ein Minderjähriger, der verheiratet ist oder war, kann selbständig einen Wohnsitz begründen und aufheben.

§ 9 Wohnsitz eines Soldaten

(1) Ein Soldat hat seinen Wohnsitz am Standort. Als Wohnsitz eines Soldaten, der im Inland keinen Standort hat, gilt der letzte inländische Standort.

(2) Diese Vorschriften finden keine Anwendung auf Soldaten, die nur auf Grund der Wehrpflicht Wehrdienst leisten oder die nicht selbständig einen Wohnsitz begründen können.

§ 10 (weggefallen)

§ 11 Wohnsitz des Kindes

Ein minderjähriges Kind teilt den Wohnsitz der Eltern; es teilt nicht den Wohnsitz eines Elternteils, dem das Recht fehlt, für die Person des Kindes zu sorgen. Steht keinem Elternteil das Recht zu, für die Person des Kindes zu sorgen, so teilt das Kind den Wohnsitz desjenigen, dem dieses Recht zusteht. Das Kind behält den Wohnsitz, bis es ihn rechtsgültig aufhebt.

§ 12 Namensrecht

Wird das Recht zum Gebrauch eines Namens dem Berechtigten von einem anderen bestritten oder wird das Interesse des Berechtigten dadurch verletzt, dass ein anderer unbefugt den gleichen Namen gebraucht, so kann der Berechtigte von dem anderen Beseitigung der Beeinträchtigung verlangen. Sind weitere Beeinträchtigungen zu besorgen, so kann er auf Unterlassung klagen.

§ 13*) Verbraucher

Verbraucher ist jede natürliche Person, die ein Rechtsgeschäft zu einem Zwecke abschließt, der weder ihrer gewerblichen noch ihrer selbständigen beruflichen Tätigkeit zugerechnet werden kann.

---

*) **Amtlicher Hinweis zu § 13:**
  Diese Vorschriften dienen der Umsetzung der eingangs zu den Nummern 3, 4, 6, 7, 9 und 11 genannten Richtlinien.

§ 14*) Unternehmer

(1) Unternehmer ist eine natürliche oder juristische Person oder eine rechtsfähige Personengesellschaft, die bei Abschluss eines Rechtsgeschäfts in Ausübung ihrer gewerblichen oder selbständigen beruflichen Tätigkeit handelt.

(2) Eine rechtsfähige Personengesellschaft ist eine Personengesellschaft, die mit der Fähigkeit ausgestattet ist, Rechte zu erwerben und Verbindlichkeiten einzugehen.

§§ 15 bis 20 (weggefallen)

Titel 2
Juristische Personen

Untertitel 1
Vereine

Kapitel 1
Allgemeine Vorschriften

§ 21 Nicht wirtschaftlicher Verein

Ein Verein, dessen Zweck nicht auf einen wirtschaftlichen Geschäftsbetrieb gerichtet ist, erlangt Rechtsfähigkeit durch Eintragung in das Vereinsregister des zuständigen Amtsgerichts.

§ 22 Wirtschaftlicher Verein

Ein Verein, dessen Zweck auf einen wirtschaftlichen Geschäftsbetrieb gerichtet ist, erlangt in Ermangelung besonderer bundesgesetzlicher Vorschriften Rechtsfähigkeit durch staatliche Verleihung. Die Verleihung steht dem Land zu, in dessen Gebiete der Verein seinen Sitz hat.

§ 23 (weggefallen)

§ 24 Sitz

Als Sitz eines Vereins gilt, wenn nicht ein anderes bestimmt ist, der Ort, an welchem die Verwaltung geführt wird.

§ 25 Verfassung

Die Verfassung eines rechtsfähigen Vereins wird, soweit sie nicht auf den nachfolgenden Vorschriften beruht, durch die Vereinssatzung bestimmt.

§ 26 Vorstand und Vertretung

(1) Der Verein muss einen Vorstand haben. Der Vorstand vertritt den Verein gerichtlich und außergerichtlich; er hat die Stellung eines gesetzlichen Vertreters. Der Umfang der Vertretungsmacht kann durch die Satzung mit Wirkung gegen Dritte beschränkt werden.

(2) Besteht der Vorstand aus mehreren Personen, so wird der Verein durch die Mehrheit der Vorstandsmitglieder vertreten. Ist eine Willenserklärung gegenüber einem Verein abzugeben, so genügt die Abgabe gegenüber einem Mitglied des Vorstands.

§ 27 Bestellung und Geschäftsführung des Vorstands

(1) Die Bestellung des Vorstands erfolgt durch Beschluss der Mitgliederversammlung.

(2) Die Bestellung ist jederzeit widerruflich, unbeschadet des Anspruchs auf die vertragsmäßige Vergütung. Die Widerruflichkeit kann durch die Satzung auf den Fall beschränkt werden, dass ein wichtiger Grund für den Widerruf vorliegt; ein solcher Grund ist insbesondere grobe Pflichtverletzung oder Unfähigkeit zur ordnungsmäßigen Geschäftsführung.

(3) Auf die Geschäftsführung des Vorstands finden die für den Auftrag geltenden Vorschriften der §§ 664 bis 670 entsprechende Anwendung.

§ 28 Beschlussfassung des Vorstands

Bei einem Vorstand, der aus mehreren Personen besteht, erfolgt die Beschlussfassung nach den für die Beschlüsse der Mitglieder

---

*) **Amtlicher Hinweis zu § 14:**
Diese Vorschriften dienen der Umsetzung der eingangs zu den Nummern 3, 4, 6, 7, 9 und 11 genannten Richtlinien.

des Vereins geltenden Vorschriften der §§ 32 und 34.

§ 29 Notbestellung durch Amtsgericht

Soweit die erforderlichen Mitglieder des Vorstands fehlen, sind sie in dringenden Fällen für die Zeit bis zur Behebung des Mangels auf Antrag eines Beteiligten von dem Amtsgericht zu bestellen, das für den Bezirk, in dem der Verein seinen Sitz hat, das Vereinsregister führt.

§ 30 Besondere Vertreter

Durch die Satzung kann bestimmt werden, dass neben dem Vorstand für gewisse Geschäfte besondere Vertreter zu bestellen sind. Die Vertretungsmacht eines solchen Vertreters erstreckt sich im Zweifel auf alle Rechtsgeschäfte, die der ihm zugewiesene Geschäftskreis gewöhnlich mit sich bringt.

§ 31 Haftung des Vereins für Organe

Der Verein ist für den Schaden verantwortlich, den der Vorstand, ein Mitglied des Vorstands oder ein anderer verfassungsmäßig berufener Vertreter durch eine in Ausführung der ihm zustehenden Verrichtungen begangene, zum Schadensersatz verpflichtende Handlung einem Dritten zufügt.

§ 31a Haftung von Vorstandsmitgliedern

(1) Ein Vorstand, der unentgeltlich tätig ist oder für seine Tätigkeit eine Vergütung erhält, die 500 Euro jährlich nicht übersteigt, haftet dem Verein für einen in Wahrnehmung seiner Vorstandspflichten verursachten Schaden nur bei Vorliegen von Vorsatz oder grober Fahrlässigkeit. Satz 1 gilt auch für die Haftung gegenüber den Mitgliedern des Vereins.

(2) Ist ein Vorstand nach Absatz 1 Satz 1 einem anderen zum Ersatz eines in Wahrnehmung seiner Vorstandspflichten verursachten Schadens verpflichtet, so kann er von dem Verein die Befreiung von der Verbindlichkeit verlangen. Satz 1 gilt nicht, wenn der Schaden vorsätzlich oder grob fahrlässig verursacht wurde.

§ 32 Mitgliederversammlung; Beschlussfassung

(1) Die Angelegenheiten des Vereins werden, soweit sie nicht von dem Vorstand oder einem anderen Vereinsorgan zu besorgen sind, durch Beschlussfassung in einer Versammlung der Mitglieder geordnet. Zur Gültigkeit des Beschlusses ist erforderlich, dass der Gegenstand bei der Berufung bezeichnet wird. Bei der Beschlussfassung entscheidet die Mehrheit der abgegebenen Stimmen.

(2) Auch ohne Versammlung der Mitglieder ist ein Beschluss gültig, wenn alle Mitglieder ihre Zustimmung zu dem Beschluss schriftlich erklären.

§ 33 Satzungsänderung

(1) Zu einem Beschluss, der eine Änderung der Satzung enthält, ist eine Mehrheit von drei Vierteln der abgegebenen Stimmen erforderlich. Zur Änderung des Zweckes des Vereins ist die Zustimmung aller Mitglieder erforderlich; die Zustimmung der nicht erschienenen Mitglieder muss schriftlich erfolgen.

(2) Beruht die Rechtsfähigkeit des Vereins auf Verleihung, so ist zu jeder Änderung der Satzung die Genehmigung der zuständigen Behörde erforderlich.

§ 34 Ausschluss vom Stimmrecht

Ein Mitglied ist nicht stimmberechtigt, wenn die Beschlussfassung die Vornahme eines Rechtsgeschäfts mit ihm oder die Einleitung oder Erledigung eines Rechtsstreits zwischen ihm und dem Verein betrifft.

§ 35 Sonderrechte

Sonderrechte eines Mitglieds können nicht ohne dessen Zustimmung durch Beschluss der Mitgliederversammlung beeinträchtigt werden.

§ 36 Berufung der Mitgliederversammlung

Die Mitgliederversammlung ist in den durch die Satzung bestimmten Fällen sowie dann zu berufen, wenn das Interesse des Vereins es erfordert.

§ 37 Berufung auf Verlangen einer Minderheit

(1) Die Mitgliederversammlung ist zu berufen, wenn der durch die Satzung bestimmte Teil oder in Ermangelung einer Bestimmung der zehnte Teil der Mitglieder die Berufung schriftlich unter Angabe des Zweckes und der Gründe verlangt.

(2) Wird dem Verlangen nicht entsprochen, so kann das Amtsgericht die Mitglieder, die das Verlangen gestellt haben, zur Berufung der Versammlung ermächtigen; es kann Anordnungen über die Führung des Vorsitzes in der Versammlung treffen. Zuständig ist das Amtsgericht, das für den Bezirk, in dem der Verein seinen Sitz hat, das Vereinsregister führt. Auf die Ermächtigung muss bei der Berufung der Versammlung Bezug genommen werden.

§ 38 Mitgliedschaft

Die Mitgliedschaft ist nicht übertragbar und nicht vererblich. Die Ausübung der Mitgliedschaftsrechte kann nicht einem anderen überlassen werden.

§ 39 Austritt aus dem Verein

(1) Die Mitglieder sind zum Austritt aus dem Verein berechtigt.

(2) Durch die Satzung kann bestimmt werden, dass der Austritt nur am Schluss eines Geschäftsjahrs oder erst nach dem Ablauf einer Kündigungsfrist zulässig ist; die Kündigungsfrist kann höchstens zwei Jahre betragen.

§ 40 Nachgiebige Vorschriften

Die Vorschriften des § 26 Absatz 2 Satz 1, des § 27 Absatz 1 und 3, der §§ 28, 31a Abs. 1 Satz 2 sowie der §§ 32, 33 und 38 finden insoweit keine Anwendung als die Satzung ein anderes bestimmt. Von § 34 kann auch für die Beschlussfassung des Vorstands durch die Satzung nicht abgewichen werden.

§ 41 Auflösung des Vereins

Der Verein kann durch Beschluss der Mitgliederversammlung aufgelöst werden. Zu dem Beschluss ist eine Mehrheit von drei Vierteln der abgegebenen Stimmen erforderlich, wenn nicht die Satzung ein anderes bestimmt.

§ 42 Insolvenz

(1) Der Verein wird durch die Eröffnung des Insolvenzverfahrens und mit Rechtskraft des Beschlusses, durch den die Eröffnung des Insolvenzverfahrens mangels Masse abgewiesen worden ist, aufgelöst. Wird das Verfahren auf Antrag des Schuldners eingestellt oder nach der Bestätigung eines Insolvenzplans, der den Fortbestand des Vereins vorsieht, aufgehoben, so kann die Mitgliederversammlung die Fortsetzung des Vereins beschließen. Durch die Satzung kann bestimmt werden, dass der Verein im Falle der Eröffnung des Insolvenzverfahrens als nicht rechtsfähiger Verein fortbesteht; auch in diesem Falle kann unter den Voraussetzungen des Satzes 2 die Fortsetzung als rechtsfähiger Verein beschlossen werden.

(2) Der Vorstand hat im Falle der Zahlungsunfähigkeit oder der Überschuldung die Eröffnung des Insolvenzverfahrens zu beantragen. Wird die Stellung des Antrags verzögert, so sind die Vorstandsmitglieder, denen ein Verschulden zur Last fällt, den Gläubigern für den daraus entstehenden Schaden verantwortlich; sie haften als Gesamtschuldner.

§ 43 Entziehung der Rechtsfähigkeit

Einem Verein, dessen Rechtsfähigkeit auf Verleihung beruht, kann die Rechtsfähigkeit entzogen werden, wenn er einen anderen als den in der Satzung bestimmten Zweck verfolgt.

§ 44 Zuständigkeit und Verfahren

Die Zuständigkeit und das Verfahren für die Entziehung der Rechtsfähigkeit nach § 43 bestimmen sich nach dem Recht des Landes, in dem der Verein seinen Sitz hat.

§ 45 Anfall des Vereinsvermögens

(1) Mit der Auflösung des Vereins oder der Entziehung der Rechtsfähigkeit fällt das Vermögen an die in der Satzung bestimmten Personen.

(2) Durch die Satzung kann vorgeschrieben werden, dass die Anfallberechtigten durch

Beschluss der Mitgliederversammlung oder eines anderen Vereinsorgans bestimmt werden. Ist der Zweck des Vereins nicht auf einen wirtschaftlichen Geschäftsbetrieb gerichtet, so kann die Mitgliederversammlung auch ohne eine solche Vorschrift das Vermögen einer öffentlichen Stiftung oder Anstalt zuweisen.

(3) Fehlt es an einer Bestimmung der Anfallberechtigten, so fällt das Vermögen, wenn der Verein nach der Satzung ausschließlich den Interessen seiner Mitglieder diente, an die zur Zeit der Auflösung oder der Entziehung der Rechtsfähigkeit vorhandenen Mitglieder zu gleichen Teilen, anderenfalls an den Fiskus des Landes, in dessen Gebiet der Verein seinen Sitz hatte.

§ 46 Anfall an den Fiskus

Fällt das Vereinsvermögen an den Fiskus, so finden die Vorschriften über eine dem Fiskus als gesetzlichem Erben anfallende Erbschaft entsprechende Anwendung. Der Fiskus hat das Vermögen tunlichst in einer den Zwecken des Vereins entsprechenden Weise zu verwenden.

§ 47 Liquidation

Fällt das Vereinsvermögen nicht an den Fiskus, so muss eine Liquidation stattfinden, sofern nicht über das Vermögen des Vereins das Insolvenzverfahren eröffnet ist.

§ 48 Liquidatoren

(1) Die Liquidation erfolgt durch den Vorstand. Zu Liquidatoren können auch andere Personen bestellt werden; für die Bestellung sind die für die Bestellung des Vorstands geltenden Vorschriften maßgebend.

(2) Die Liquidatoren haben die rechtliche Stellung des Vorstands, soweit sich nicht aus dem Zwecke der Liquidation ein anderes ergibt.

(3) Sind mehrere Liquidatoren vorhanden, so sind sie nur gemeinschaftlich zur Vertretung befugt und können Beschlüsse nur einstimmig fassen, sofern nicht ein anderes bestimmt ist.

§ 49 Aufgaben der Liquidatoren

(1) Die Liquidatoren haben die laufenden Geschäfte zu beendigen, die Forderungen einzuziehen, das übrige Vermögen in Geld umzusetzen, die Gläubiger zu befriedigen und den Überschuss den Anfallberechtigten auszuantworten. Zur Beendigung schwebender Geschäfte können die Liquidatoren auch neue Geschäfte eingehen. Die Einziehung der Forderungen sowie die Umsetzung des übrigen Vermögens in Geld darf unterbleiben, soweit diese Maßregeln nicht zur Befriedigung der Gläubiger oder zur Verteilung des Überschusses unter die Anfallberechtigten erforderlich sind.

(2) Der Verein gilt bis zur Beendigung der Liquidation als fortbestehend, soweit der Zweck der Liquidation es erfordert.

§ 50 Bekanntmachung des Vereins in Liquidation

(1) Die Auflösung des Vereins oder die Entziehung der Rechtsfähigkeit ist durch die Liquidatoren öffentlich bekannt zu machen. In der Bekanntmachung sind die Gläubiger zur Anmeldung ihrer Ansprüche aufzufordern. Die Bekanntmachung erfolgt durch das in der Satzung für Veröffentlichungen bestimmte Blatt. Die Bekanntmachung gilt mit dem Ablauf des zweiten Tages nach der Einrückung oder der ersten Einrückung als bewirkt.

(2) Bekannte Gläubiger sind durch besondere Mitteilung zur Anmeldung aufzufordern.

§ 50a Bekanntmachungsblatt

Hat ein Verein in der Satzung kein Blatt für Bekanntmachungen bestimmt oder hat das bestimmte Bekanntmachungsblatt sein Erscheinen eingestellt, sind Bekanntmachungen des Vereins in dem Blatt zu veröffentlichen, welches für Bekanntmachungen des Amtsgerichts bestimmt ist, in dessen Bezirk der Verein seinen Sitz hat.

§ 51 Sperrjahr

Das Vermögen darf den Anfallberechtigten nicht vor dem Ablauf eines Jahres nach der Bekanntmachung der Auflösung des Vereins oder der Entziehung der Rechtsfähigkeit ausgeantwortet werden.

§ 52 Sicherung für Gläubiger

(1) Meldet sich ein bekannter Gläubiger nicht, so ist der geschuldete Betrag, wenn die Berechtigung zur Hinterlegung vorhanden ist, für den Gläubiger zu hinterlegen.

(2) Ist die Berichtigung einer Verbindlichkeit zur Zeit nicht ausführbar oder ist eine Verbindlichkeit streitig, so darf das Vermögen den Anfallberechtigten nur ausgeantwortet werden, wenn dem Gläubiger Sicherheit geleistet ist.

§ 53 Schadensersatzpflicht der Liquidatoren

Liquidatoren, welche die ihnen nach dem § 42 Abs. 2 und den §§ 50, 51 und 52 obliegenden Verpflichtungen verletzen oder vor der Befriedigung der Gläubiger Vermögen den Anfallberechtigten ausantworten, sind, wenn ihnen ein Verschulden zur Last fällt, den Gläubigern für den daraus entstehenden Schaden verantwortlich; sie haften als Gesamtschuldner.

§ 54 Nicht rechtsfähige Vereine

Auf Vereine, die nicht rechtsfähig sind, finden die Vorschriften über die Gesellschaft Anwendung. Aus einem Rechtsgeschäft, das im Namen eines solchen Vereins einem Dritten gegenüber vorgenommen wird, haftet der Handelnde persönlich; handeln mehrere, so haften sie als Gesamtschuldner.

Kapitel 2
Eingetragene Vereine

§ 55 Zuständigkeit für die Registereintragung

Die Eintragung eines Vereins der in § 21 bezeichneten Art in das Vereinsregister hat bei dem Amtsgericht zu geschehen, in dessen Bezirk der Verein seinen Sitz hat.

§ 55a Elektronisches Vereinsregister

(1) Die Landesregierungen können durch Rechtsverordnung bestimmen, dass und in welchem Umfang das Vereinsregister in maschineller Form als automatisierte Datei geführt wird. Hierbei muss gewährleistet sein, dass

1. die Grundsätze einer ordnungsgemäßen Datenverarbeitung eingehalten, insbesondere Vorkehrungen gegen einen Datenverlust getroffen sowie die erforderlichen Kopien der Datenbestände mindestens tagesaktuell gehalten und die originären Datenbestände sowie deren Kopien sicher aufbewahrt werden,

2. die vorzunehmenden Eintragungen alsbald in einen Datenspeicher aufgenommen und auf Dauer inhaltlich unverändert in lesbarer Form wiedergegeben werden können,

3. die nach der Anlage zu § 126 Abs. 1 Satz 2 Nr. 3 der Grundbuchordnung gebotenen Maßnahmen getroffen werden.

Die Landesregierungen können durch Rechtsverordnung die Ermächtigung nach Satz 1 auf die Landesjustizverwaltungen übertragen.

(2) Das maschinell geführte Vereinsregister tritt für eine Seite des Registers an die Stelle des bisherigen Registers, sobald die Eintragungen dieser Seite in den für die Vereinsregistereintragungen bestimmten Datenspeicher aufgenommen und als Vereinsregister freigegeben worden sind. Die entsprechenden Seiten des bisherigen Vereinsregisters sind mit einem Schließungsvermerk zu versehen.

(3) Eine Eintragung wird wirksam, sobald sie in den für die Registereintragungen bestimmten Datenspeicher aufgenommen ist und auf Dauer inhaltlich unverändert in lesbarer Form wiedergegeben werden kann. Durch eine Bestätigungsanzeige oder in anderer geeigneter Weise ist zu überprüfen, ob diese Voraussetzungen eingetreten sind. Jede Eintragung soll den Tag angeben, an dem sie wirksam geworden ist.

§ 56 Mindestmitgliederzahl des Vereins

Die Eintragung soll nur erfolgen, wenn die Zahl der Mitglieder mindestens sieben beträgt.

§ 57 Mindesterfordernisse an die Vereinssatzung

(1) Die Satzung muss den Zweck, den Namen und den Sitz des Vereins enthalten und ergeben, dass der Verein eingetragen werden soll.

(2) Der Name soll sich von den Namen der an demselben Orte oder in derselben Gemeinde bestehenden eingetragenen Vereine deutlich unterscheiden.

§ 58 Sollinhalt der Vereinssatzung

Die Satzung soll Bestimmungen enthalten:

1. über den Eintritt und Austritt der Mitglieder,
2. darüber, ob und welche Beiträge von den Mitgliedern zu leisten sind,
3. über die Bildung des Vorstands,
4. über die Voraussetzungen unter denen die Mitgliederversammlung zu berufen ist, über die Form der Berufung und über die Beurkundung der Beschlüsse.

§ 59 Anmeldung zur Eintragung

(1) Der Vorstand hat den Verein zur Eintragung anzumelden.

(2) Der Anmeldung sind Abschriften der Satzung und der Urkunden über die Bestellung des Vorstands beizufügen.

(3) Die Satzung soll von mindestens sieben Mitgliedern unterzeichnet sein und die Angabe des Tages der Errichtung enthalten.

§ 60 Zurückweisung der Anmeldung

Die Anmeldung ist, wenn den Erfordernissen der §§ 56 bis 59 nicht genügt ist, von dem Amtsgericht unter Angabe der Gründe zurückzuweisen.

§§ 61 bis 63 (weggefallen)

§ 64 Inhalt der Vereinsregistereintragung

Bei der Eintragung sind der Name und der Sitz des Vereins, der Tag der Errichtung der Satzung, die Mitglieder des Vorstands und ihre Vertretungsmacht anzugeben.

§ 65 Namenszusatz

Mit der Eintragung erhält der Name des Vereins den Zusatz „eingetragener Verein".

§ 66 Bekanntmachung der Eintragung und Aufbewahrung von Dokumenten

(1) Das Amtsgericht hat die Eintragung des Vereins in das Vereinsregister durch Veröffentlichung in dem von der Landesjustizverwaltung bestimmten elektronischen Informations- und Kommunikationssystem bekannt zu machen.

(2) Die mit der Anmeldung eingereichten Dokumente werden vom Amtsgericht aufbewahrt.

§ 67 Änderung des Vorstands

(1) Jede Änderung des Vorstands ist von dem Vorstand zur Eintragung anzumelden. Der Anmeldung ist eine Abschrift der Urkunde über die Änderung beizufügen.

(2) Die Eintragung gerichtlich bestellter Vorstandsmitglieder erfolgt von Amts wegen.

§ 68 Vertrauensschutz durch Vereinsregister

Wird zwischen den bisherigen Mitgliedern des Vorstands und einem Dritten ein Rechtsgeschäft vorgenommen, so kann die Änderung des Vorstands dem Dritten nur entgegengesetzt werden, wenn sie zur Zeit der Vornahme des Rechtsgeschäfts im Vereinsregister eingetragen oder dem Dritten bekannt ist. Ist die Änderung eingetragen, so braucht der Dritte sie nicht gegen sich gelten zu lassen, wenn er sie nicht kennt, seine Unkenntnis auch nicht auf Fahrlässigkeit beruht.

§ 69 Nachweis des Vereinsvorstands

Der Nachweis, dass der Vorstand aus den im Register eingetragenen Personen besteht, wird Behörden gegenüber durch ein Zeugnis des Amtsgerichts über die Eintragung geführt.

§ 70 Vertrauensschutz bei Eintragungen zur Vertretungsmacht

Die Vorschriften des § 68 gelten auch für Bestimmungen, die den Umfang der Vertretungsmacht des Vorstands beschränken oder die Vertretungsmacht des Vorstands abweichend von der Vorschrift des § 26 Absatz 2 Satz 1 regeln.

§ 71 Änderungen der Satzung

(1) Änderungen der Satzung bedürfen zu ihrer Wirksamkeit der Eintragung in das Vereinsregister. Die Änderung ist von dem Vorstand zur Eintragung anzumelden. Der Anmeldung sind eine Abschrift des die Änderung enthaltenden Beschlusses und der Wortlaut der Satzung beizufügen. In dem Wortlaut der Satzung müssen die geänderten Bestimmungen mit dem Beschluss über die Satzungsänderung, die unveränderten Bestimmungen mit dem zuletzt eingereichten vollständigen Wortlaut der Satzung und, wenn die Satzung geändert worden ist, ohne dass ein vollständiger Wortlaut der Satzung eingereicht wurde, auch mit den zuvor eingetragenen Änderungen übereinstimmen.

(2) Die Vorschriften der §§ 60, 64 und des § 66 Abs. 2 finden entsprechende Anwendung.

§ 72 Bescheinigung der Mitgliederzahl

Der Vorstand hat dem Amtsgericht auf dessen Verlangen jederzeit eine schriftliche Bescheinigung über die Zahl der Vereinsmitglieder einzureichen.

§ 73 Unterschreiten der Mindestmitgliederzahl

Sinkt die Zahl der Vereinsmitglieder unter drei herab, so hat das Amtsgericht auf Antrag des Vorstands und, wenn der Antrag nicht binnen drei Monaten gestellt wird, von Amts wegen nach Anhörung des Vorstands dem Verein die Rechtsfähigkeit zu entziehen.

§ 74 Auflösung

(1) Die Auflösung des Vereins sowie die Entziehung der Rechtsfähigkeit ist in das Vereinsregister einzutragen.

(2) Wird der Verein durch Beschluss der Mitgliederversammlung oder durch den Ablauf der für die Dauer des Vereins bestimmten Zeit aufgelöst, so hat der Vorstand die Auflösung zur Eintragung anzumelden. Der Anmeldung ist im ersteren Falle eine Abschrift des Auflösungsbeschlusses beizufügen.

§ 75 Eintragungen bei Insolvenz

(1) Die Eröffnung des Insolvenzverfahrens und der Beschluss, durch den die Eröffnung des Insolvenzverfahrens mangels Masse rechtskräftig abgewiesen worden ist, sowie die Auflösung des Vereins nach § 42 Absatz 2 Satz 1 sind von Amts wegen einzutragen. Von Amts wegen sind auch einzutragen

1. die Aufhebung des Eröffnungsbeschlusses,

2. die Bestellung eines vorläufigen Insolvenzverwalters, wenn zusätzlich dem Schuldner ein allgemeines Verfügungsverbot auferlegt oder angeordnet wird, dass Verfügungen des Schuldners nur mit Zustimmung des vorläufigen Insolvenzverwalters wirksam sind, und die Aufhebung einer derartigen Sicherungsmaßnahme,

3. die Anordnung der Eigenverwaltung durch den Schuldner und deren Aufhebung sowie die Anordnung der Zustimmungsbedürftigkeit bestimmter Rechtsgeschäfte des Schuldners,

4. die Einstellung und die Aufhebung des Verfahrens und

5. die Überwachung der Erfüllung eines Insolvenzplans und die Aufhebung der Überwachung.

(2) Wird der Verein durch Beschluss der Mitgliederversammlung nach § 42 Absatz 1 Satz 2 fortgesetzt, so hat der Vorstand die Fortsetzung zur Eintragung anzumelden. Der Anmeldung ist eine Abschrift des Beschlusses beizufügen.

§ 76 Eintragungen bei Liquidation

(1) Bei der Liquidation des Vereins sind die Liquidatoren und ihre Vertretungsmacht in das Vereinsregister einzutragen. Das Gleiche gilt für die Beendigung des Vereins nach der Liquidation.

(2) Die Anmeldung der Liquidatoren hat durch den Vorstand zu erfolgen. Bei der Anmeldung ist der Umfang der Vertretungsmacht der Liquidatoren anzugeben. Änderungen der Liquidatoren oder ihrer Vertre-

II

tungsmacht sowie die Beendigung des Vereins sind von den Liquidatoren anzumelden. Der Anmeldung der durch Beschluss der Mitgliederversammlung bestellten Liquidatoren ist eine Abschrift des Bestellungsbeschlusses, der Anmeldung der Vertretungsmacht, die abweichend von § 48 Absatz 3 bestimmt wurde, ist eine Abschrift der diese Bestimmung enthaltenden Urkunde beizufügen.

(3) Die Eintragung gerichtlich bestellter Liquidatoren geschieht von Amts wegen.

§ 77 Anmeldepflichtige und Form der Anmeldungen

Die Anmeldungen zum Vereinsregister sind von Mitgliedern des Vorstands sowie von den Liquidatoren, die insoweit zur Vertretung des Vereins berechtigt sind, mittels öffentlich beglaubigter Erklärung abzugeben. Die Erklärung kann in Urschrift oder in öffentlich beglaubigter Abschrift beim Gericht eingereicht werden.

§ 78 Festsetzung von Zwangsgeld

(1) Das Amtsgericht kann die Mitglieder des Vorstands zur Befolgung der Vorschriften des § 67 Abs. 1, des § 71 Abs. 1, des § 72, des § 74 Abs. 2, des § 75 Absatz 2 und des § 76 durch Festsetzung von Zwangsgeld anhalten.

(2) In gleicher Weise können die Liquidatoren zur Befolgung der Vorschriften des § 76 angehalten werden.

§ 79 Einsicht in das Vereinsregister

(1) Die Einsicht des Vereinsregisters sowie der von dem Verein bei dem Amtsgericht eingereichten Dokumente ist jedem gestattet. Von den Eintragungen kann eine Abschrift verlangt werden; die Abschrift ist auf Verlangen zu beglaubigen. Wird das Vereinsregister maschinell geführt, tritt an die Stelle der Abschrift ein Ausdruck, an die der beglaubigten Abschrift ein amtlicher Ausdruck.

(2) Die Einrichtung eines automatisierten Verfahrens, das die Übermittlung von Daten aus maschinell geführten Vereinsregistern durch Abruf ermöglicht, ist zulässig, wenn sichergestellt ist, dass

1. der Abruf von Daten die zulässige Einsicht nach Absatz 1 nicht überschreitet und

2. die Zulässigkeit der Abrufe auf der Grundlage einer Protokollierung kontrolliert werden kann.

Die Länder können für das Verfahren ein länderübergreifendes elektronisches Informations- und Kommunikationssystem bestimmen.

(3) Der Nutzer ist darauf hinzuweisen, dass er die übermittelten Daten nur zu Informationszwecken verwenden darf. Die zuständige Stelle hat (z. B. durch Stichproben) zu prüfen, ob sich Anhaltspunkte dafür ergeben, dass die nach Satz 1 zulässige Einsicht überschritten oder übermittelte Daten missbraucht werden.

(4) Die zuständige Stelle kann einen Nutzer, der die Funktionsfähigkeit der Abrufeinrichtung gefährdet, die nach Absatz 3 Satz 1 zulässige Einsicht überschreitet oder übermittelte Daten missbraucht, von der Teilnahme am automatisierten Abrufverfahren ausschließen; dasselbe gilt bei drohender Überschreitung oder drohendem Missbrauch.

(5) Zuständige Stelle ist die Landesjustizverwaltung. Örtlich zuständig ist die Landesjustizverwaltung, in deren Zuständigkeitsbereich das betreffende Amtsgericht liegt. Die Zuständigkeit kann durch Rechtsverordnung der Landesregierung abweichend geregelt werden. Sie kann diese Ermächtigung durch Rechtsverordnung auf die Landesjustizverwaltung übertragen. Die Länder können auch die Übertragung der Zuständigkeit auf die zuständige Stelle eines anderen Landes vereinbaren.

Untertitel 2
Stiftungen

§ 80 Entstehung einer rechtsfähigen Stiftung

(1) Zur Entstehung einer rechtsfähigen Stiftung sind das Stiftungsgeschäft und die Anerkennung durch die zuständige Behörde des Landes erforderlich, in dem die Stiftung ihren Sitz haben soll.

(2) Die Stiftung ist als rechtsfähig anzuerkennen, wenn das Stiftungsgeschäft den Anforderungen des § 81 Abs. 1 genügt, die dauernde und nachhaltige Erfüllung des Stiftungszwecks gesichert erscheint und der Stiftungszweck das Gemeinwohl nicht gefährdet.

(3) Vorschriften der Landesgesetze über kirchliche Stiftungen bleiben unberührt. Das gilt entsprechend für Stiftungen, die nach den Landesgesetzen kirchlichen Stiftungen gleichgestellt sind.

§ 81 Stiftungsgeschäft

(1) Das Stiftungsgeschäft unter Lebenden bedarf der schriftlichen Form. Es muss die verbindliche Erklärung des Stifters enthalten, ein Vermögen zur Erfüllung eines von ihm vorgegebenen Zweckes zu widmen. Durch das Stiftungsgeschäft muss die Stiftung eine Satzung erhalten mit Regelungen über

1. den Namen der Stiftung,

2. den Sitz der Stiftung,

3. den Zweck der Stiftung,

4. das Vermögen der Stiftung,

5. die Bildung des Vorstands der Stiftung.

Genügt das Stiftungsgeschäft den Erfordernissen des Satzes 3 nicht und ist der Stifter verstorben, findet § 83 Satz 2 bis 4 entsprechende Anwendung.

(2) Bis zur Anerkennung der Stiftung als rechtsfähig ist der Stifter zum Widerruf des Stiftungsgeschäfts berechtigt. Ist die Anerkennung bei der zuständigen Behörde beantragt, so kann der Widerruf nur dieser gegenüber erklärt werden. Der Erbe des Stifters ist zum Widerruf nicht berechtigt, wenn der Stifter den Antrag bei der zuständigen Behörde gestellt oder im Falle der notariellen Beurkundung des Stiftungsgeschäfts den Notar bei oder nach der Beurkundung mit der Antragstellung betraut hat.

§ 82 Übertragungspflicht des Stifters

Wird die Stiftung als rechtsfähig anerkannt, so ist der Stifter verpflichtet, das in dem Stiftungsgeschäft zugesicherte Vermögen auf die Stiftung zu übertragen. Rechte, zu deren

Übertragung der Abtretungsvertrag genügt, gehen mit der Anerkennung auf die Stiftung über, sofern nicht aus dem Stiftungsgeschäft sich ein anderer Wille des Stifters ergibt.

§ 83 Stiftung von Todes wegen

Besteht das Stiftungsgeschäft in einer Verfügung von Todes wegen, so hat das Nachlassgericht dies der zuständigen Behörde zur Anerkennung mitzuteilen, sofern sie nicht von dem Erben oder dem Testamentsvollstrecker beantragt wird. Genügt das Stiftungsgeschäft nicht den Erfordernissen des § 81 Abs. 1 Satz 3, wird der Stiftung durch die zuständige Behörde vor der Anerkennung eine Satzung gegeben oder eine unvollständige Satzung ergänzt; dabei soll der Wille des Stifters berücksichtigt werden. Als Sitz der Stiftung gilt, wenn nicht ein anderes bestimmt ist, der Ort, an welchem die Verwaltung geführt wird. Im Zweifel gilt der letzte Wohnsitz des Stifters im Inland als Sitz.

§ 84 Anerkennung nach Tod des Stifters

Wird die Stiftung erst nach dem Tode des Stifters als rechtsfähig anerkannt, so gilt sie für die Zuwendungen des Stifters als schon vor dessen Tode entstanden.

§ 85 Stiftungsverfassung

Die Verfassung einer Stiftung wird, soweit sie nicht auf Bundes- oder Landesgesetz beruht, durch das Stiftungsgeschäft bestimmt.

§ 86 Anwendung des Vereinsrechts

Die Vorschriften der §§ 26 und 27 Absatz 3 und der §§ 28 bis 31a und 42 finden auf Stiftungen entsprechende Anwendung, die Vorschriften des § 26 Absatz 2 Satz 1, des § 27 Absatz 3 und des § 28 jedoch nur insoweit, als sich nicht aus der Verfassung, insbesondere daraus, dass die Verwaltung der Stiftung von einer öffentlichen Behörde geführt wird, ein anderes ergibt. Die Vorschriften des § 26 Abs. 2 Satz 2 und des § 29 finden auf Stiftungen, deren Verwaltung von einer öffentlichen Behörde geführt wird, keine Anwendung.

II

§ 87 Zweckänderung; Aufhebung

(1) Ist die Erfüllung des Stiftungszwecks unmöglich geworden oder gefährdet sie das Gemeinwohl, so kann die zuständige Behörde der Stiftung eine andere Zweckbestimmung geben oder sie aufheben.

(2) Bei der Umwandlung des Zweckes soll der Wille des Stifters berücksichtigt werden, insbesondere soll dafür gesorgt werden, dass die Erträge des Stiftungsvermögens dem Personenkreis, dem sie zustatten kommen sollten, im Sinne des Stifters erhalten bleiben.

(3) Vor der Umwandlung des Zweckes und der Änderung der Verfassung soll der Vorstand der Stiftung gehört werden.

§ 88 Vermögensanfall

Mit dem Erlöschen der Stiftung fällt das Vermögen an die in der Verfassung bestimmten Personen. Fehlt es an einer Bestimmung der Anfallberechtigten, so fällt das Vermögen an den Fiskus des Landes, in dem die Stiftung ihren Sitz hatte, oder an einen anderen nach dem Recht dieses Landes bestimmten Anfallberechtigten. Die Vorschriften der §§ 46 bis 53 finden entsprechende Anwendung.

Untertitel 3
Juristische Personen des öffentlichen Rechts

§ 89 Haftung für Organe; Insolvenz

(1) Die Vorschrift des § 31 findet auf den Fiskus sowie auf die Körperschaften, Stiftungen und Anstalten des öffentlichen Rechts entsprechende Anwendung.

(2) Das Gleiche gilt, soweit bei Körperschaften, Stiftungen und Anstalten des öffentlichen Rechts das Insolvenzverfahren zulässig ist, von der Vorschrift des § 42 Abs. 2.

Abschnitt 2
Sachen und Tiere

§ 90 Begriff der Sache

Sachen im Sinne des Gesetzes sind nur körperliche Gegenstände.

§ 90a Tiere

Tiere sind keine Sachen. Sie werden durch besondere Gesetze geschützt. Auf sie sind die für Sachen geltenden Vorschriften entsprechend anzuwenden, soweit nicht etwas anderes bestimmt ist.

§ 91 Vertretbare Sachen

Vertretbare Sachen im Sinne des Gesetzes sind bewegliche Sachen, die im Verkehr nach Zahl, Maß oder Gewicht bestimmt zu werden pflegen.

§ 92 Verbrauchbare Sachen

(1) Verbrauchbare Sachen im Sinne des Gesetzes sind bewegliche Sachen, deren bestimmungsmäßiger Gebrauch in dem Verbrauch oder in der Veräußerung besteht.

(2) Als verbrauchbar gelten auch bewegliche Sachen, die zu einem Warenlager oder zu einem sonstigen Sachinbegriff gehören, dessen bestimmungsmäßiger Gebrauch in der Veräußerung der einzelnen Sachen besteht.

§ 93 Wesentliche Bestandteile einer Sache

Bestandteile einer Sache, die voneinander nicht getrennt werden können, ohne dass der eine oder der andere zerstört oder in seinem Wesen verändert wird (wesentliche Bestandteile), können nicht Gegenstand besonderer Rechte sein.

§ 94 Wesentliche Bestandteile eines Grundstücks oder Gebäudes

(1) Zu den wesentlichen Bestandteilen eines Grundstücks gehören die mit dem Grund und Boden fest verbundenen Sachen, insbesondere Gebäude, sowie die Erzeugnisse des Grundstücks, solange sie mit dem Boden zusammenhängen. Samen wird mit dem Aussäen, eine Pflanze wird mit dem Einpflanzen wesentlicher Bestandteil des Grundstücks.

(2) Zu den wesentlichen Bestandteilen eines Gebäudes gehören die zur Herstellung des Gebäudes eingefügten Sachen.

§ 95 Nur vorübergehender Zweck

(1) Zu den Bestandteilen eines Grundstücks gehören solche Sachen nicht, die nur zu ei-

nem vorübergehenden Zweck mit dem Grund und Boden verbunden sind. Das Gleiche gilt von einem Gebäude oder anderen Werk, das in Ausübung eines Rechts an einem fremden Grundstück von dem Berechtigten mit dem Grundstück verbunden worden ist.

(2) Sachen, die nur zu einem vorübergehenden Zweck in ein Gebäude eingefügt sind, gehören nicht zu den Bestandteilen des Gebäudes.

§ 96 Rechte als Bestandteile eines Grundstücks

Rechte, die mit dem Eigentum an einem Grundstück verbunden sind, gelten als Bestandteile des Grundstücks.

§ 97 Zubehör

(1) Zubehör sind bewegliche Sachen, die, ohne Bestandteile der Hauptsache zu sein, dem wirtschaftlichen Zwecke der Hauptsache zu dienen bestimmt sind und zu ihr in einem dieser Bestimmung entsprechenden räumlichen Verhältnis stehen. Eine Sache ist nicht Zubehör, wenn sie im Verkehr nicht als Zubehör angesehen wird.

(2) Die vorübergehende Benutzung einer Sache für den wirtschaftlichen Zweck einer anderen begründet nicht die Zubehöreigenschaft. Die vorübergehende Trennung eines Zubehörstücks von der Hauptsache hebt die Zubehöreigenschaft nicht auf.

§ 98 Gewerbliches und landwirtschaftliches Inventar

Dem wirtschaftlichen Zwecke der Hauptsache sind zu dienen bestimmt:

1. bei einem Gebäude, das für einen gewerblichen Betrieb dauernd eingerichtet ist, insbesondere bei einer Mühle, einer Schmiede, einem Brauhaus, einer Fabrik, die zu dem Betrieb bestimmten Maschinen und sonstigen Gerätschaften,

2. bei einem Landgut, das zum Wirtschaftsbetrieb bestimmte Gerät und Vieh, die landwirtschaftlichen Erzeugnisse, soweit sie zur Fortführung der Wirtschaft bis zu der Zeit erforderlich sind, zu welcher gleiche oder ähnliche Erzeugnisse voraus-

sichtlich gewonnen werden, sowie der vorhandene, auf dem Gut gewonnene Dünger.

§ 99 Früchte

(1) Früchte einer Sache sind die Erzeugnisse der Sache und die sonstige Ausbeute, welche aus der Sache ihrer Bestimmung gemäß gewonnen wird.

(2) Früchte eines Rechts sind die Erträge, welche das Recht seiner Bestimmung gemäß gewährt, insbesondere bei einem Recht auf Gewinnung von Bodenbestandteilen die gewonnenen Bestandteile.

(3) Früchte sind auch die Erträge, welche eine Sache oder ein Recht vermöge eines Rechtsverhältnisses gewährt.

§ 100 Nutzungen

Nutzungen sind die Früchte einer Sache oder eines Rechts sowie die Vorteile, welche der Gebrauch der Sache oder des Rechts gewährt.

§ 101 Verteilung der Früchte

Ist jemand berechtigt, die Früchte einer Sache oder eines Rechts bis zu einer bestimmten Zeit oder von einer bestimmten Zeit an zu beziehen, so gebühren ihm, sofern nicht ein anderes bestimmt ist:

1. die in § 99 Abs. 1 bezeichneten Erzeugnisse und Bestandteile, auch wenn er sie als Früchte eines Rechts zu beziehen hat, insoweit, als sie während der Dauer der Berechtigung von der Sache getrennt werden,

2. andere Früchte insoweit, als sie während der Dauer der Berechtigung fällig werden; bestehen jedoch die Früchte in der Vergütung für die Überlassung des Gebrauchs oder des Fruchtgenusses, in Zinsen, Gewinnanteilen oder anderen regelmäßig wiederkehrenden Erträgen, so gebührt dem Berechtigten ein der Dauer seiner Berechtigung entsprechender Teil.

§ 102 Ersatz der Gewinnungskosten

Wer zur Herausgabe von Früchten verpflichtet ist, kann Ersatz der auf die Gewinnung der

II

Früchte verwendeten Kosten insoweit verlangen, als sie einer ordnungsmäßigen Wirtschaft entsprechen und den Wert der Früchte nicht übersteigen.

§ 103 Verteilung der Lasten

Wer verpflichtet ist, die Lasten einer Sache oder eines Rechts bis zu einer bestimmten Zeit oder von einer bestimmten Zeit an zu tragen, hat, sofern nicht ein anderes bestimmt ist, die regelmäßig wiederkehrenden Lasten nach dem Verhältnis der Dauer seiner Verpflichtung, andere Lasten insoweit zu tragen, als sie während der Dauer seiner Verpflichtung zu entrichten sind.

Abschnitt 3
Rechtsgeschäfte

Titel 1
Geschäftsfähigkeit

§ 104 Geschäftsunfähigkeit

Geschäftsunfähig ist:

1. wer nicht das siebente Lebensjahr vollendet hat,

2. wer sich in einem die freie Willensbestimmung ausschließenden Zustand krankhafter Störung der Geistestätigkeit befindet, sofern nicht der Zustand seiner Natur nach ein vorübergehender ist.

§ 105 Nichtigkeit der Willenserklärung

(1) Die Willenserklärung eines Geschäftsunfähigen ist nichtig.

(2) Nichtig ist auch eine Willenserklärung, die im Zustand der Bewusstlosigkeit oder vorübergehender Störung der Geistestätigkeit abgegeben wird.

§ 105a Geschäfte des täglichen Lebens

Tätigt ein volljähriger Geschäftsunfähiger ein Geschäft des täglichen Lebens, das mit geringwertigen Mitteln bewirkt werden kann, so gilt der von ihm geschlossene Vertrag in Ansehung von Leistung und, soweit vereinbart, Gegenleistung als wirksam, sobald Leistung und Gegenleistung bewirkt sind. Satz 1 gilt nicht bei einer erheblichen Gefahr für die Person oder das Vermögen des Geschäftsunfähigen.

§ 106 Beschränkte Geschäftsfähigkeit Minderjähriger

Ein Minderjähriger, der das siebente Lebensjahr vollendet hat, ist nach Maßgabe der §§ 107 bis 113 in der Geschäftsfähigkeit beschränkt.

§ 107 Einwilligung des gesetzlichen Vertreters

Der Minderjährige bedarf zu einer Willenserklärung, durch die er nicht lediglich einen rechtlichen Vorteil erlangt, der Einwilligung seines gesetzlichen Vertreters.

§ 108 Vertragsschluss ohne Einwilligung

(1) Schließt der Minderjährige einen Vertrag ohne die erforderliche Einwilligung des gesetzlichen Vertreters, so hängt die Wirksamkeit des Vertrags von der Genehmigung des Vertreters ab.

(2) Fordert der andere Teil den Vertreter zur Erklärung über die Genehmigung auf, so kann die Erklärung nur ihm gegenüber erfolgen; eine vor der Aufforderung dem Minderjährigen gegenüber erklärte Genehmigung oder Verweigerung der Genehmigung wird unwirksam. Die Genehmigung kann nur bis zum Ablauf von zwei Wochen nach dem Empfang der Aufforderung erklärt werden; wird sie nicht erklärt, so gilt sie als verweigert.

(3) Ist der Minderjährige unbeschränkt geschäftsfähig geworden, so tritt seine Genehmigung an die Stelle der Genehmigung des Vertreters.

§ 109 Widerrufsrecht des anderen Teils

(1) Bis zur Genehmigung des Vertrags ist der andere Teil zum Widerruf berechtigt. Der Widerruf kann auch dem Minderjährigen gegenüber erklärt werden.

(2) Hat der andere Teil die Minderjährigkeit gekannt, so kann er nur widerrufen, wenn der Minderjährige der Wahrheit zuwider die Einwilligung des Vertreters behauptet hat; er kann auch in diesem Falle nicht widerrufen, wenn ihm das Fehlen der Einwilligung bei dem Abschluss des Vertrags bekannt war.

§ 110 Bewirken der Leistung mit eigenen Mitteln

Ein von dem Minderjährigen ohne Zustimmung des gesetzlichen Vertreters geschlossener Vertrag gilt als von Anfang an wirksam, wenn der Minderjährige die vertragsmäßige Leistung mit Mitteln bewirkt, die ihm zu diesem Zweck oder zu freier Verfügung von dem Vertreter oder mit dessen Zustimmung von einem Dritten überlassen worden sind.

§ 111 Einseitige Rechtsgeschäfte

Ein einseitiges Rechtsgeschäft, das der Minderjährige ohne die erforderliche Einwilligung des gesetzlichen Vertreters vornimmt, ist unwirksam. Nimmt der Minderjährige mit dieser Einwilligung ein solches Rechtsgeschäft einem anderen gegenüber vor, so ist das Rechtsgeschäft unwirksam, wenn der Minderjährige die Einwilligung nicht in schriftlicher Form vorlegt und der andere das Rechtsgeschäft aus diesem Grunde unverzüglich zurückweist. Die Zurückweisung ist ausgeschlossen, wenn der Vertreter den anderen von der Einwilligung in Kenntnis gesetzt hatte.

§ 112 Selbständiger Betrieb eines Erwerbsgeschäfts

(1) Ermächtigt der gesetzliche Vertreter mit Genehmigung des Familiengerichts den Minderjährigen zum selbständigen Betrieb eines Erwerbsgeschäfts, so ist der Minderjährige für solche Rechtsgeschäfte unbeschränkt geschäftsfähig, welche der Geschäftsbetrieb mit sich bringt. Ausgenommen sind Rechtsgeschäfte, zu denen der Vertreter der Genehmigung des Familiengerichts bedarf.

(2) Die Ermächtigung kann von dem Vertreter nur mit Genehmigung des Familiengerichts zurückgenommen werden.

§ 113 Dienst- oder Arbeitsverhältnis

(1) Ermächtigt der gesetzliche Vertreter den Minderjährigen, in Dienst oder in Arbeit zu treten, so ist der Minderjährige für solche Rechtsgeschäfte unbeschränkt geschäftsfähig, welche die Eingehung oder Aufhebung eines Dienst- oder Arbeitsverhältnisses der gestatteten Art oder die Erfüllung der sich aus einem solchen Verhältnis ergebenden Verpflichtungen betreffen. Ausgenommen sind Verträge, zu denen der Vertreter der Genehmigung des Familiengerichts bedarf.

(2) Die Ermächtigung kann von dem Vertreter zurückgenommen oder eingeschränkt werden.

(3) Ist der gesetzliche Vertreter ein Vormund, so kann die Ermächtigung, wenn sie von ihm verweigert wird, auf Antrag des Minderjährigen durch das Familiengericht ersetzt werden. Das Familiengericht hat die Ermächtigung zu ersetzen, wenn sie im Interesse des Mündels liegt.

(4) Die für einen einzelnen Fall erteilte Ermächtigung gilt im Zweifel als allgemeine Ermächtigung zur Eingehung von Verhältnissen derselben Art.

§§ 114 und 115 (weggefallen)

Titel 2
Willenserklärung

§ 116 Geheimer Vorbehalt

Eine Willenserklärung ist nicht deshalb nichtig, weil sich der Erklärende insgeheim vorbehält, das Erklärte nicht zu wollen. Die Erklärung ist nichtig, wenn sie einem anderen gegenüber abzugeben ist und dieser den Vorbehalt kennt.

§ 117 Scheingeschäft

(1) Wird eine Willenserklärung, die einem anderen gegenüber abzugeben ist, mit dessen Einverständnis nur zum Schein abgegeben, so ist sie nichtig.

(2) Wird durch ein Scheingeschäft ein anderes Rechtsgeschäft verdeckt, so finden die für das verdeckte Rechtsgeschäft geltenden Vorschriften Anwendung.

§ 118 Mangel der Ernstlichkeit

Eine nicht ernstlich gemeinte Willenserklärung, die in der Erwartung abgegeben wird, der Mangel der Ernstlichkeit werde nicht verkannt werden, ist nichtig.

§ 119 Anfechtbarkeit wegen Irrtums

(1) Wer bei der Abgabe einer Willenserklärung über deren Inhalt im Irrtum war oder eine Erklärung dieses Inhalts überhaupt nicht abgeben wollte, kann die Erklärung anfechten, wenn anzunehmen ist, dass er sie bei Kenntnis der Sachlage und bei verständiger Würdigung des Falles nicht abgegeben haben würde.

(2) Als Irrtum über den Inhalt der Erklärung gilt auch der Irrtum über solche Eigenschaften der Person oder der Sache, die im Verkehr als wesentlich angesehen werden.

§ 120 Anfechtbarkeit wegen falscher Übermittlung

Eine Willenserklärung, welche durch die zur Übermittlung verwendete Person oder Einrichtung unrichtig übermittelt worden ist, kann unter der gleichen Voraussetzung angefochten werden wie nach § 119 eine irrtümlich abgegebene Willenserklärung.

§ 121 Anfechtungsfrist

(1) Die Anfechtung muss in den Fällen der §§ 119, 120 ohne schuldhaftes Zögern (unverzüglich) erfolgen, nachdem der Anfechtungsberechtigte von dem Anfechtungsgrund Kenntnis erlangt hat. Die einem Abwesenden gegenüber erfolgte Anfechtung gilt als rechtzeitig erfolgt, wenn die Anfechtungserklärung unverzüglich abgesendet worden ist.

(2) Die Anfechtung ist ausgeschlossen, wenn seit der Abgabe der Willenserklärung zehn Jahre verstrichen sind.

§ 122 Schadensersatzpflicht des Anfechtenden

(1) Ist eine Willenserklärung nach § 118 nichtig oder auf Grund der §§ 119, 120 angefochten, so hat der Erklärende, wenn die Erklärung einem anderen gegenüber abzugeben war, diesem, andernfalls jedem Dritten den Schaden zu ersetzen, den der andere oder der Dritte dadurch erleidet, dass er auf die Gültigkeit der Erklärung vertraut, jedoch nicht über den Betrag des Interesses hinaus, welches der andere oder der Dritte an der Gültigkeit der Erklärung hat.

(2) Die Schadensersatzpflicht tritt nicht ein, wenn der Beschädigte den Grund der Nichtigkeit oder der Anfechtbarkeit kannte oder infolge von Fahrlässigkeit nicht kannte (kennen musste).

§ 123 Anfechtbarkeit wegen Täuschung oder Drohung

(1) Wer zur Abgabe einer Willenserklärung durch arglistige Täuschung oder widerrechtlich durch Drohung bestimmt worden ist, kann die Erklärung anfechten.

(2) Hat ein Dritter die Täuschung verübt, so ist eine Erklärung, die einem anderen gegenüber abzugeben war, nur dann anfechtbar, wenn dieser die Täuschung kannte oder kennen musste. Soweit ein anderer als derjenige, welchem gegenüber die Erklärung abzugeben war, aus der Erklärung unmittelbar ein Recht erworben hat, ist die Erklärung ihm gegenüber anfechtbar, wenn er die Täuschung kannte oder kennen musste.

§ 124 Anfechtungsfrist

(1) Die Anfechtung einer nach § 123 anfechtbaren Willenserklärung kann nur binnen Jahresfrist erfolgen.

(2) Die Frist beginnt im Falle der arglistigen Täuschung mit dem Zeitpunkt, in welchem der Anfechtungsberechtigte die Täuschung entdeckt, im Falle der Drohung mit dem Zeitpunkt, in welchem die Zwangslage aufhört. Auf den Lauf der Frist finden die für die Verjährung geltenden Vorschriften der §§ 206, 210 und 211 entsprechende Anwendung.

(3) Die Anfechtung ist ausgeschlossen, wenn seit der Abgabe der Willenserklärung zehn Jahre verstrichen sind.

§ 125 Nichtigkeit wegen Formmangels

Ein Rechtsgeschäft, welches der durch Gesetz vorgeschriebenen Form ermangelt, ist nichtig. Der Mangel der durch Rechtsgeschäft bestimmten Form hat im Zweifel gleichfalls Nichtigkeit zur Folge.

§ 126 Schriftform

(1) Ist durch Gesetz schriftliche Form vorgeschrieben, so muss die Urkunde von dem Aussteller eigenhändig durch Namensunterschrift oder mittels notariell beglaubigten Handzeichens unterzeichnet werden.

(2) Bei einem Vertrag muss die Unterzeichnung der Parteien auf derselben Urkunde erfolgen. Werden über den Vertrag mehrere gleichlautende Urkunden aufgenommen, so genügt es, wenn jede Partei die für die andere Partei bestimmte Urkunde unterzeichnet.

(3) Die schriftliche Form kann durch die elektronische Form ersetzt werden, wenn sich nicht aus dem Gesetz ein anderes ergibt.

(4) Die schriftliche Form wird durch die notarielle Beurkundung ersetzt.

§ 126a Elektronische Form

(1) Soll die gesetzlich vorgeschriebene schriftliche Form durch die elektronische Form ersetzt werden, so muss der Aussteller der Erklärung dieser seinen Namen hinzufügen und das elektronische Dokument mit einer qualifizierten elektronischen Signatur nach dem Signaturgesetz versehen.

(2) Bei einem Vertrag müssen die Parteien jeweils ein gleichlautendes Dokument in der in Absatz 1 bezeichneten Weise elektronisch signieren.

§ 126b Textform

Ist durch Gesetz Textform vorgeschrieben, so muss die Erklärung in einer Urkunde oder auf andere zur dauerhaften Wiedergabe in Schriftzeichen geeignete Weise abgegeben, die Person des Erklärenden genannt und der Abschluss der Erklärung durch Nachbildung der Namensunterschrift oder anders erkennbar gemacht werden.

§ 127 Vereinbarte Form

(1) Die Vorschriften des § 126, des § 126a oder des § 126b gelten im Zweifel auch für die durch Rechtsgeschäft bestimmte Form.

(2) Zur Wahrung der durch Rechtsgeschäft bestimmten schriftlichen Form genügt, soweit nicht ein anderer Wille anzunehmen ist, die telekommunikative Übermittlung und bei einem Vertrag der Briefwechsel. Wird eine solche Form gewählt, so kann nachträglich eine dem § 126 entsprechende Beurkundung verlangt werden.

(3) Zur Wahrung der durch Rechtsgeschäft bestimmten elektronischen Form genügt, soweit nicht ein anderer Wille anzunehmen ist, auch eine andere als die in § 126a bestimmte elektronische Signatur und bei einem Vertrag der Austausch von Angebots- und Annahmeerklärung, die jeweils mit einer elektronischen Signatur versehen sind. Wird eine solche Form gewählt, so kann nachträglich eine dem § 126a entsprechende elektronische Signierung oder, wenn diese einer der Parteien nicht möglich ist, eine dem § 126 entsprechende Beurkundung verlangt werden.

§ 127a Gerichtlicher Vergleich

Die notarielle Beurkundung wird bei einem gerichtlichen Vergleich durch die Aufnahme der Erklärungen in ein nach den Vorschriften der Zivilprozessordnung errichtetes Protokoll ersetzt.

§ 128 Notarielle Beurkundung

Ist durch Gesetz notarielle Beurkundung eines Vertrags vorgeschrieben, so genügt es, wenn zunächst der Antrag und sodann die Annahme des Antrags von einem Notar beurkundet wird.

§ 129 Öffentliche Beglaubigung

(1) Ist durch Gesetz für eine Erklärung öffentliche Beglaubigung vorgeschrieben, so muss die Erklärung schriftlich abgefasst und die Unterschrift des Erklärenden von einem Notar beglaubigt werden. Wird die Erklärung von dem Aussteller mittels Handzeichens unterzeichnet, so ist die im § 126 Abs. 1 vorgeschriebene Beglaubigung des Handzeichens erforderlich und genügend.

(2) Die öffentliche Beglaubigung wird durch die notarielle Beurkundung der Erklärung ersetzt.

§ 130 Wirksamwerden der Willenserklärung gegenüber Abwesenden

(1) Eine Willenserklärung, die einem anderen gegenüber abzugeben ist, wird, wenn sie in

dessen Abwesenheit abgegeben wird, in dem Zeitpunkt wirksam, in welchem sie ihm zugeht. Sie wird nicht wirksam, wenn dem anderen vorher oder gleichzeitig ein Widerruf zugeht.

(2) Auf die Wirksamkeit der Willenserklärung ist es ohne Einfluss, wenn der Erklärende nach der Abgabe stirbt oder geschäftsunfähig wird.

(3) Diese Vorschriften finden auch dann Anwendung, wenn die Willenserklärung einer Behörde gegenüber abzugeben ist.

§ 131 Wirksamwerden gegenüber nicht voll Geschäftsfähigen

(1) Wird die Willenserklärung einem Geschäftsunfähigen gegenüber abgegeben, so wird sie nicht wirksam, bevor sie dem gesetzlichen Vertreter zugeht.

(2) Das Gleiche gilt, wenn die Willenserklärung einer in der Geschäftsfähigkeit beschränkten Person gegenüber abgegeben wird. Bringt die Erklärung jedoch der in der Geschäftsfähigkeit beschränkten Person lediglich einen rechtlichen Vorteil oder hat der gesetzliche Vertreter seine Einwilligung erteilt, so wird die Erklärung in dem Zeitpunkt wirksam, in welchem sie ihr zugeht.

§ 132 Ersatz des Zugehens durch Zustellung

(1) Eine Willenserklärung gilt auch dann als zugegangen, wenn sie durch Vermittlung eines Gerichtsvollziehers zugestellt worden ist. Die Zustellung erfolgt nach den Vorschriften der Zivilprozessordnung.

(2) Befindet sich der Erklärende über die Person desjenigen, welchem gegenüber die Erklärung abzugeben ist, in einer nicht auf Fahrlässigkeit beruhenden Unkenntnis oder ist der Aufenthalt dieser Person unbekannt, so kann die Zustellung nach den für die öffentliche Zustellung geltenden Vorschriften der Zivilprozessordnung erfolgen. Zuständig für die Bewilligung ist im ersteren Falle das Amtsgericht, in dessen Bezirk der Erklärende seinen Wohnsitz oder in Ermangelung eines inländischen Wohnsitzes seinen Aufenthalt hat, im letzteren Falle das Amtsgericht, in dessen Bezirk die Person, welcher zuzustellen ist, den letzten Wohnsitz oder in Ermangelung eines inländischen Wohnsitzes den letzten Aufenthalt hatte.

§ 133 Auslegung einer Willenserklärung

Bei der Auslegung einer Willenserklärung ist der wirkliche Wille zu erforschen und nicht an dem buchstäblichen Sinne des Ausdrucks zu haften.

§ 134 Gesetzliches Verbot

Ein Rechtsgeschäft, das gegen ein gesetzliches Verbot verstößt, ist nichtig, wenn sich nicht aus dem Gesetz ein anderes ergibt.

§ 135 Gesetzliches Veräußerungsverbot

(1) Verstößt die Verfügung über einen Gegenstand gegen ein gesetzliches Veräußerungsverbot, das nur den Schutz bestimmter Personen bezweckt, so ist sie nur diesen Personen gegenüber unwirksam. Der rechtsgeschäftlichen Verfügung steht eine Verfügung gleich, die im Wege der Zwangsvollstreckung oder der Arrestvollziehung erfolgt.

(2) Die Vorschriften zugunsten derjenigen, welche Rechte von einem Nichtberechtigten herleiten, finden entsprechende Anwendung.

§ 136 Behördliches Veräußerungsverbot

Ein Veräußerungsverbot, das von einem Gericht oder von einer anderen Behörde innerhalb ihrer Zuständigkeit erlassen wird, steht einem gesetzlichen Veräußerungsverbot der im § 135 bezeichneten Art gleich.

§ 137 Rechtsgeschäftliches Verfügungsverbot

Die Befugnis zur Verfügung über ein veräußerliches Recht kann nicht durch Rechtsgeschäft ausgeschlossen oder beschränkt werden. Die Wirksamkeit einer Verpflichtung, über ein solches Recht nicht zu verfügen, wird durch diese Vorschrift nicht berührt.

§ 138 Sittenwidriges Rechtsgeschäft; Wucher

(1) Ein Rechtsgeschäft, das gegen die guten Sitten verstößt, ist nichtig.

(2) Nichtig ist insbesondere ein Rechtsgeschäft, durch das jemand unter Ausbeutung der Zwangslage, der Unerfahrenheit, des Mangels an Urteilsvermögen oder der erheblichen Willensschwäche eines anderen sich oder einem Dritten für eine Leistung Vermögensvorteile versprechen oder gewähren lässt, die in einem auffälligen Missverhältnis zu der Leistung stehen.

§ 139 Teilnichtigkeit

Ist ein Teil eines Rechtsgeschäfts nichtig, so ist das ganze Rechtsgeschäft nichtig, wenn nicht anzunehmen ist, dass es auch ohne den nichtigen Teil vorgenommen sein würde.

§ 140 Umdeutung

Entspricht ein nichtiges Rechtsgeschäft den Erfordernissen eines anderen Rechtsgeschäfts, so gilt das letztere, wenn anzunehmen ist, dass dessen Geltung bei Kenntnis der Nichtigkeit gewollt sein würde.

§ 141 Bestätigung des nichtigen Rechtsgeschäfts

(1) Wird ein nichtiges Rechtsgeschäft von demjenigen, welcher es vorgenommen hat, bestätigt, so ist die Bestätigung als erneute Vornahme zu beurteilen.

(2) Wird ein nichtiger Vertrag von den Parteien bestätigt, so sind diese im Zweifel verpflichtet, einander zu gewähren, was sie haben würden, wenn der Vertrag von Anfang an gültig gewesen wäre.

§ 142 Wirkung der Anfechtung

(1) Wird ein anfechtbares Rechtsgeschäft angefochten, so ist es als von Anfang an nichtig anzusehen.

(2) Wer die Anfechtbarkeit kannte oder kennen musste, wird, wenn die Anfechtung erfolgt, so behandelt, wie wenn er die Nichtigkeit des Rechtsgeschäfts gekannt hätte oder hätte kennen müssen.

§ 143 Anfechtungserklärung

(1) Die Anfechtung erfolgt durch Erklärung gegenüber dem Anfechtungsgegner.

(2) Anfechtungsgegner ist bei einem Vertrag der andere Teil, im Falle des § 123 Abs. 2

Satz 2 derjenige, welcher aus dem Vertrag unmittelbar ein Recht erworben hat.

(3) Bei einem einseitigen Rechtsgeschäft, das einem anderen gegenüber vorzunehmen war, ist der andere der Anfechtungsgegner. Das Gleiche gilt bei einem Rechtsgeschäft, das einem anderen oder einer Behörde gegenüber vorzunehmen war, auch dann, wenn das Rechtsgeschäft der Behörde gegenüber vorgenommen worden ist.

(4) Bei einem einseitigen Rechtsgeschäft anderer Art ist Anfechtungsgegner jeder, der auf Grund des Rechtsgeschäfts unmittelbar einen rechtlichen Vorteil erlangt hat. Die Anfechtung kann jedoch, wenn die Willenserklärung einer Behörde gegenüber abzugeben war, durch Erklärung gegenüber der Behörde erfolgen; die Behörde soll die Anfechtung demjenigen mitteilen, welcher durch das Rechtsgeschäft unmittelbar betroffen worden ist.

§ 144 Bestätigung des anfechtbaren Rechtsgeschäfts

(1) Die Anfechtung ist ausgeschlossen, wenn das anfechtbare Rechtsgeschäft von dem Anfechtungsberechtigten bestätigt wird.

(2) Die Bestätigung bedarf nicht der für das Rechtsgeschäft bestimmten Form.

Titel 3
Vertrag

§ 145 Bindung an den Antrag

Wer einem anderen die Schließung eines Vertrags anträgt, ist an den Antrag gebunden, es sei denn, dass er die Gebundenheit ausgeschlossen hat.

§ 146 Erlöschen des Antrags

Der Antrag erlischt, wenn er dem Antragenden gegenüber abgelehnt oder wenn er nicht diesem gegenüber nach den §§ 147 bis 149 rechtzeitig angenommen wird.

§ 147 Annahmefrist

(1) Der einem Anwesenden gemachte Antrag kann nur sofort angenommen werden. Dies gilt auch von einem mittels Fernsprechers

oder einer sonstigen technischen Einrichtung von Person zu Person gemachten Antrag.

(2) Der einem Abwesenden gemachte Antrag kann nur bis zu dem Zeitpunkt angenommen werden, in welchem der Antragende den Eingang der Antwort unter regelmäßigen Umständen erwarten darf.

§ 148 Bestimmung einer Annahmefrist

Hat der Antragende für die Annahme des Antrags eine Frist bestimmt, so kann die Annahme nur innerhalb der Frist erfolgen.

§ 149 Verspätet zugegangene Annahme-erklärung

Ist eine dem Antragenden verspätet zugegangene Annahmeerklärung dergestalt abgesendet worden, dass sie bei regelmäßiger Beförderung ihm rechtzeitig zugegangen sein würde, und musste der Antragende dies erkennen, so hat er die Verspätung dem Annehmenden unverzüglich nach dem Empfang der Erklärung anzuzeigen, sofern es nicht schon vorher geschehen ist. Verzögert er die Absendung der Anzeige, so gilt die Annahme als nicht verspätet.

§ 150 Verspätete und abändernde Annahme

(1) Die verspätete Annahme eines Antrags gilt als neuer Antrag.

(2) Eine Annahme unter Erweiterungen, Einschränkungen oder sonstigen Änderungen gilt als Ablehnung verbunden mit einem neuen Antrag.

§ 151 Annahme ohne Erklärung gegenüber dem Antragenden

Der Vertrag kommt durch die Annahme des Antrags zustande, ohne dass die Annahme dem Antragenden gegenüber erklärt zu werden braucht, wenn eine solche Erklärung nach der Verkehrssitte nicht zu erwarten ist oder der Antragende auf sie verzichtet hat. Der Zeitpunkt, in welchem der Antrag erlischt, bestimmt sich nach dem aus dem Antrag oder den Umständen zu entnehmenden Willen des Antragenden.

§ 152 Annahme bei notarieller Beurkundung

Wird ein Vertrag notariell beurkundet, ohne dass beide Teile gleichzeitig anwesend sind, so kommt der Vertrag mit der nach § 128 erfolgten Beurkundung der Annahme zustande, wenn nicht ein anderes bestimmt ist. Die Vorschrift des § 151 Satz 2 findet Anwendung.

§ 153 Tod oder Geschäftsunfähigkeit des Antragenden

Das Zustandekommen des Vertrags wird nicht dadurch gehindert, dass der Antragende vor der Annahme stirbt oder geschäftsunfähig wird, es sei denn, dass ein anderer Wille des Antragenden anzunehmen ist.

§ 154 Offener Einigungsmangel; fehlende Beurkundung

(1) Solange nicht die Parteien sich über alle Punkte eines Vertrags geeinigt haben, über die nach der Erklärung auch nur einer Partei eine Vereinbarung getroffen werden soll, ist im Zweifel der Vertrag nicht geschlossen. Die Verständigung über einzelne Punkte ist auch dann nicht bindend, wenn eine Aufzeichnung stattgefunden hat.

(2) Ist eine Beurkundung des beabsichtigten Vertrags verabredet worden, so ist im Zweifel der Vertrag nicht geschlossen, bis die Beurkundung erfolgt ist.

§ 155 Versteckter Einigungsmangel

Haben sich die Parteien bei einem Vertrag, den sie als geschlossen ansehen, über einen Punkt, über den eine Vereinbarung getroffen werden sollte, in Wirklichkeit nicht geeinigt, so gilt das Vereinbarte, sofern anzunehmen ist, dass der Vertrag auch ohne eine Bestimmung über diesen Punkt geschlossen sein würde.

§ 156 Vertragsschluss bei Versteigerung

Bei einer Versteigerung kommt der Vertrag erst durch den Zuschlag zustande. Ein Gebot erlischt, wenn ein Übergebot abgegeben oder die Versteigerung ohne Erteilung des Zuschlags geschlossen wird.

§ 157 Auslegung von Verträgen

Verträge sind so auszulegen, wie Treu und Glauben mit Rücksicht auf die Verkehrssitte es erfordern.

Titel 4
Bedingung und Zeitbestimmung

§ 158 Aufschiebende und auflösende Bedingung

(1) Wird ein Rechtsgeschäft unter einer aufschiebenden Bedingung vorgenommen, so tritt die von der Bedingung abhängig gemachte Wirkung mit dem Eintritt der Bedingung ein.

(2) Wird ein Rechtsgeschäft unter einer auflösenden Bedingung vorgenommen, so endigt mit dem Eintritt der Bedingung die Wirkung des Rechtsgeschäfts; mit diesem Zeitpunkt tritt der frühere Rechtszustand wieder ein.

§ 159 Rückbeziehung

Sollen nach dem Inhalt des Rechtsgeschäfts die an den Eintritt der Bedingung geknüpften Folgen auf einen früheren Zeitpunkt zurückbezogen werden, so sind im Falle des Eintritts der Bedingung die Beteiligten verpflichtet, einander zu gewähren, was sie haben würden, wenn die Folgen in dem früheren Zeitpunkt eingetreten wären.

§ 160 Haftung während der Schwebezeit

(1) Wer unter einer aufschiebenden Bedingung berechtigt ist, kann im Falle des Eintritts der Bedingung Schadensersatz von dem anderen Teil verlangen, wenn dieser während der Schwebezeit das von der Bedingung abhängige Recht durch sein Verschulden vereitelt oder beeinträchtigt.

(2) Den gleichen Anspruch hat unter denselben Voraussetzungen bei einem unter einer auflösenden Bedingung vorgenommenen Rechtsgeschäft derjenige, zu dessen Gunsten der frühere Rechtszustand wieder eintritt.

§ 161 Unwirksamkeit von Verfügungen während der Schwebezeit

(1) Hat jemand unter einer aufschiebenden Bedingung über einen Gegenstand verfügt, so ist jede weitere Verfügung, die er während der Schwebezeit über den Gegenstand trifft, im Falle des Eintritts der Bedingung insoweit unwirksam, als sie die von der Bedingung abhängige Wirkung vereiteln oder beeinträchtigen würde. Einer solchen Verfügung steht eine Verfügung gleich, die während der Schwebezeit im Wege der Zwangsvollstreckung oder der Arrestvollziehung oder durch den Insolvenzverwalter erfolgt.

(2) Dasselbe gilt bei einer auflösenden Bedingung von den Verfügungen desjenigen, dessen Recht mit dem Eintritt der Bedingung endigt.

(3) Die Vorschriften zugunsten derjenigen, welche Rechte von einem Nichtberechtigten herleiten, finden entsprechende Anwendung.

§ 162 Verhinderung oder Herbeiführung des Bedingungseintritts

(1) Wird der Eintritt der Bedingung von der Partei, zu deren Nachteil er gereichen würde, wider Treu und Glauben verhindert, so gilt die Bedingung als eingetreten.

(2) Wird der Eintritt der Bedingung von der Partei, zu deren Vorteil er gereicht, wider Treu und Glauben herbeigeführt, so gilt der Eintritt als nicht erfolgt.

§ 163 Zeitbestimmung

Ist für die Wirkung eines Rechtsgeschäfts bei dessen Vornahme ein Anfangs- oder ein Endtermin bestimmt worden, so finden im ersteren Falle die für die aufschiebende, im letzteren Falle die für die auflösende Bedingung geltenden Vorschriften der §§ 158, 160, 161 entsprechende Anwendung.

Titel 5
Vertretung und Vollmacht

§ 164 Wirkung der Erklärung des Vertreters

(1) Eine Willenserklärung, die jemand innerhalb der ihm zustehenden Vertretungsmacht

im Namen des Vertretenen abgibt, wirkt unmittelbar für und gegen den Vertretenen. Es macht keinen Unterschied, ob die Erklärung ausdrücklich im Namen des Vertretenen erfolgt oder ob die Umstände ergeben, dass sie in dessen Namen erfolgen soll.

(2) Tritt der Wille, in fremdem Namen zu handeln, nicht erkennbar hervor, so kommt der Mangel des Willens, im eigenen Namen zu handeln, nicht in Betracht.

(3) Die Vorschriften des Absatzes 1 finden entsprechende Anwendung, wenn eine gegenüber einem anderen abzugebende Willenserklärung dessen Vertreter gegenüber erfolgt.

§ 165 Beschränkt geschäftsfähiger Vertreter

Die Wirksamkeit einer von oder gegenüber einem Vertreter abgegebenen Willenserklärung wird nicht dadurch beeinträchtigt, dass der Vertreter in der Geschäftsfähigkeit beschränkt ist.

§ 166 Willensmängel; Wissenszurechnung

(1) Soweit die rechtlichen Folgen einer Willenserklärung durch Willensmängel oder durch die Kenntnis oder das Kennenmüssen gewisser Umstände beeinflusst werden, kommt nicht die Person des Vertretenen, sondern die des Vertreters in Betracht.

(2) Hat im Falle einer durch Rechtsgeschäft erteilten Vertretungsmacht (Vollmacht) der Vertreter nach bestimmten Weisungen des Vollmachtgebers gehandelt, so kann sich dieser in Ansehung solcher Umstände, die er selbst kannte, nicht auf die Unkenntnis des Vertreters berufen. Dasselbe gilt von Umständen, die der Vollmachtgeber kennen musste, sofern das Kennenmüssen der Kenntnis gleichsteht.

§ 167 Erteilung der Vollmacht

(1) Die Erteilung der Vollmacht erfolgt durch Erklärung gegenüber dem zu Bevollmächtigenden oder dem Dritten, dem gegenüber die Vertretung stattfinden soll.

(2) Die Erklärung bedarf nicht der Form, welche für das Rechtsgeschäft bestimmt ist, auf das sich die Vollmacht bezieht.

§ 168 Erlöschen der Vollmacht

Das Erlöschen der Vollmacht bestimmt sich nach dem ihrer Erteilung zugrunde liegenden Rechtsverhältnis. Die Vollmacht ist auch bei dem Fortbestehen des Rechtsverhältnisses widerruflich, sofern sich nicht aus diesem ein anderes ergibt. Auf die Erklärung des Widerrufs findet die Vorschrift des § 167 Abs. 1 entsprechende Anwendung.

§ 169 Vollmacht des Beauftragten und des geschäftsführenden Gesellschafters

Soweit nach den §§ 674, 729 die erloschene Vollmacht eines Beauftragten oder eines geschäftsführenden Gesellschafters als fortstehend gilt, wirkt sie nicht zugunsten eines Dritten, der bei der Vornahme eines Rechtsgeschäfts das Erlöschen kennt oder kennen muss.

§ 170 Wirkungsdauer der Vollmacht

Wird die Vollmacht durch Erklärung gegenüber einem Dritten erteilt, so bleibt sie diesem gegenüber in Kraft, bis ihm das Erlöschen von dem Vollmachtgeber angezeigt wird.

§ 171 Wirkungsdauer bei Kundgebung

(1) Hat jemand durch besondere Mitteilung an einen Dritten oder durch öffentliche Bekanntmachung kundgegeben, dass er einen anderen bevollmächtigt habe, so ist dieser auf Grund der Kundgebung im ersteren Falle dem Dritten gegenüber, im letzteren Falle jedem Dritten gegenüber zur Vertretung befugt.

(2) Die Vertretungsmacht bleibt bestehen, bis die Kundgebung in derselben Weise, wie sie erfolgt ist, widerrufen wird.

§ 172 Vollmachtsurkunde

(1) Der besonderen Mitteilung einer Bevollmächtigung durch den Vollmachtgeber steht es gleich, wenn dieser dem Vertreter eine

Vollmachtsurkunde ausgehändigt hat und der Vertreter sie dem Dritten vorlegt.

(2) Die Vertretungsmacht bleibt bestehen, bis die Vollmachtsurkunde dem Vollmachtgeber zurückgegeben oder für kraftlos erklärt wird.

§ 173 Wirkungsdauer bei Kenntnis und fahrlässiger Unkenntnis

Die Vorschriften des § 170, des § 171 Abs. 2 und des § 172 Abs. 2 finden keine Anwendung, wenn der Dritte das Erlöschen der Vertretungsmacht bei der Vornahme des Rechtsgeschäfts kennt oder kennen muss.

§ 174 Einseitiges Rechtsgeschäft eines Bevollmächtigten

Ein einseitiges Rechtsgeschäft, das ein Bevollmächtigter einem anderen gegenüber vornimmt, ist unwirksam, wenn der Bevollmächtigte eine Vollmachtsurkunde nicht vorlegt und der andere das Rechtsgeschäft aus diesem Grunde unverzüglich zurückweist. Die Zurückweisung ist ausgeschlossen, wenn der Vollmachtgeber den anderen von der Bevollmächtigung in Kenntnis gesetzt hatte.

§ 175 Rückgabe der Vollmachtsurkunde

Nach dem Erlöschen der Vollmacht hat der Bevollmächtigte die Vollmachtsurkunde dem Vollmachtgeber zurückzugeben; ein Zurückbehaltungsrecht steht ihm nicht zu.

§ 176 Kraftloserklärung der Vollmachtsurkunde

(1) Der Vollmachtgeber kann die Vollmachtsurkunde durch eine öffentliche Bekanntmachung für kraftlos erklären; die Kraftloserklärung muss nach den für die öffentliche Zustellung einer Ladung geltenden Vorschriften der Zivilprozessordnung veröffentlicht werden. Mit dem Ablauf eines Monats nach der letzten Einrückung in die öffentlichen Blätter wird die Kraftloserklärung wirksam.

(2) Zuständig für die Bewilligung der Veröffentlichung ist sowohl das Amtsgericht, in dessen Bezirk der Vollmachtgeber seinen allgemeinen Gerichtsstand hat, als das Amtsgericht, welches für die Klage auf Rückgabe der Urkunde, abgesehen von dem Wert des Streitgegenstands, zuständig sein würde.

(3) Die Kraftloserklärung ist unwirksam, wenn der Vollmachtgeber die Vollmacht nicht widerrufen kann.

§ 177 Vertragsschluss durch Vertreter ohne Vertretungsmacht

(1) Schließt jemand ohne Vertretungsmacht im Namen eines anderen einen Vertrag, so hängt die Wirksamkeit des Vertrags für und gegen den Vertretenen von dessen Genehmigung ab.

(2) Fordert der andere Teil den Vertretenen zur Erklärung über die Genehmigung auf, so kann die Erklärung nur ihm gegenüber erfolgen; eine vor der Aufforderung dem Vertreter gegenüber erklärte Genehmigung oder Verweigerung der Genehmigung wird unwirksam. Die Genehmigung kann nur bis zum Ablauf von zwei Wochen nach dem Empfang der Aufforderung erklärt werden; wird sie nicht erklärt, so gilt sie als verweigert.

§ 178 Widerrufsrecht des anderen Teils

Bis zur Genehmigung des Vertrags ist der andere Teil zum Widerruf berechtigt, es sei denn, dass er den Mangel der Vertretungsmacht bei dem Abschluss des Vertrags gekannt hat. Der Widerruf kann auch dem Vertreter gegenüber erklärt werden.

§ 179 Haftung des Vertreters ohne Vertretungsmacht

(1) Wer als Vertreter einen Vertrag geschlossen hat, ist, sofern er nicht seine Vertretungsmacht nachweist, dem anderen Teil nach dessen Wahl zur Erfüllung oder zum Schadensersatz verpflichtet, wenn der Vertretene die Genehmigung des Vertrags verweigert.

(2) Hat der Vertreter den Mangel der Vertretungsmacht nicht gekannt, so ist er nur zum Ersatz desjenigen Schadens verpflichtet, welchen der andere Teil dadurch erleidet, dass er auf die Vertretungsmacht vertraut, jedoch nicht über den Betrag des Interesses hinaus, welches der andere Teil an der Wirksamkeit des Vertrags hat.

(3) Der Vertreter haftet nicht, wenn der andere Teil den Mangel der Vertretungsmacht

kannte oder kennen musste. Der Vertreter haftet auch dann nicht, wenn er in der Geschäftsfähigkeit beschränkt war, es sei denn, dass er mit Zustimmung seines gesetzlichen Vertreters gehandelt hat.

§ 180 Einseitiges Rechtsgeschäft

Bei einem einseitigen Rechtsgeschäft ist Vertretung ohne Vertretungsmacht unzulässig. Hat jedoch derjenige, welchem gegenüber ein solches Rechtsgeschäft vorzunehmen war, die von dem Vertreter behauptete Vertretungsmacht bei der Vornahme des Rechtsgeschäfts nicht beanstandet oder ist er damit einverstanden gewesen, dass der Vertreter ohne Vertretungsmacht handele, so finden die Vorschriften über Verträge entsprechende Anwendung. Das Gleiche gilt, wenn ein einseitiges Rechtsgeschäft gegenüber einem Vertreter ohne Vertretungsmacht mit dessen Einverständnis vorgenommen wird.

§ 181 Insichgeschäft

Ein Vertreter kann, soweit nicht ein anderes ihm gestattet ist, im Namen des Vertretenen mit sich im eigenen Namen oder als Vertreter eines Dritten ein Rechtsgeschäft nicht vornehmen, es sei denn, dass das Rechtsgeschäft ausschließlich in der Erfüllung einer Verbindlichkeit besteht.

Titel 6
Einwilligung und Genehmigung

§ 182 Zustimmung

(1) Hängt die Wirksamkeit eines Vertrags oder eines einseitigen Rechtsgeschäfts, das einem anderen gegenüber vorzunehmen ist, von der Zustimmung eines Dritten ab, so kann die Erteilung sowie die Verweigerung der Zustimmung sowohl dem einen als dem anderen Teil gegenüber erklärt werden.

(2) Die Zustimmung bedarf nicht der für das Rechtsgeschäft bestimmten Form.

(3) Wird ein einseitiges Rechtsgeschäft, dessen Wirksamkeit von der Zustimmung eines Dritten abhängt, mit Einwilligung des Dritten vorgenommen, so finden die Vorschriften des § 111 Satz 2, 3 entsprechende Anwendung.

§ 183 Widerruflichkeit der Einwilligung

Die vorherige Zustimmung (Einwilligung) ist bis zur Vornahme des Rechtsgeschäfts widerruflich, soweit nicht aus dem ihrer Erteilung zugrunde liegenden Rechtsverhältnis sich ein anderes ergibt. Der Widerruf kann sowohl dem einen als dem anderen Teil gegenüber erklärt werden.

§ 184 Rückwirkung der Genehmigung

(1) Die nachträgliche Zustimmung (Genehmigung) wirkt auf den Zeitpunkt der Vornahme des Rechtsgeschäfts zurück, soweit nicht ein anderes bestimmt ist.

(2) Durch die Rückwirkung werden Verfügungen nicht unwirksam, die vor der Genehmigung über den Gegenstand des Rechtsgeschäfts von dem Genehmigenden getroffen worden oder im Wege der Zwangsvollstreckung oder der Arrestvollziehung oder durch den Insolvenzverwalter erfolgt sind.

§ 185 Verfügung eines Nichtberechtigten

(1) Eine Verfügung, die ein Nichtberechtigter über einen Gegenstand trifft, ist wirksam, wenn sie mit Einwilligung des Berechtigten erfolgt.

(2) Die Verfügung wird wirksam, wenn der Berechtigte sie genehmigt oder wenn der Verfügende den Gegenstand erwirbt oder wenn er von dem Berechtigten beerbt wird und dieser für die Nachlassverbindlichkeiten unbeschränkt haftet. In den beiden letzteren Fällen wird, wenn über den Gegenstand mehrere miteinander nicht in Einklang stehende Verfügungen getroffen worden sind, nur die frühere Verfügung wirksam.

Abschnitt 4
Fristen, Termine

§ 186 Geltungsbereich

Für die in Gesetzen, gerichtlichen Verfügungen und Rechtsgeschäften enthaltenen Frist- und Terminbestimmungen gelten die Auslegungsvorschriften der §§ 187 bis 193.

§ 187 Fristbeginn

(1) Ist für den Anfang einer Frist ein Ereignis oder ein in den Lauf eines Tages fallender Zeitpunkt maßgebend, so wird bei der Berechnung der Frist der Tag nicht mitgerechnet, in welchen das Ereignis oder der Zeitpunkt fällt.

(2) Ist der Beginn eines Tages der für den Anfang einer Frist maßgebende Zeitpunkt, so wird dieser Tag bei der Berechnung der Frist mitgerechnet. Das Gleiche gilt von dem Tage der Geburt bei der Berechnung des Lebensalters.

§ 188 Fristende

(1) Eine nach Tagen bestimmte Frist endigt mit dem Ablauf des letzten Tages der Frist.

(2) Eine Frist, die nach Wochen, nach Monaten oder nach einem mehrere Monate umfassenden Zeitraum – Jahr, halbes Jahr, Vierteljahr – bestimmt ist, endigt im Falle des § 187 Abs. 1 mit dem Ablauf desjenigen Tages der letzten Woche oder des letzten Monats, welcher durch seine Benennung oder seine Zahl dem Tage entspricht, in den das Ereignis oder der Zeitpunkt fällt, im Falle des § 187 Abs. 2 mit dem Ablauf desjenigen Tages der letzten Woche oder des letzten Monats, welcher dem Tage vorhergeht, der durch seine Benennung oder seine Zahl dem Anfangstag der Frist entspricht.

(3) Fehlt bei einer nach Monaten bestimmten Frist in dem letzten Monat der für ihren Ablauf maßgebende Tag, so endigt die Frist mit dem Ablauf des letzten Tages dieses Monats.

§ 189 Berechnung einzelner Fristen

(1) Unter einem halben Jahr wird eine Frist von sechs Monaten, unter einem Vierteljahre eine Frist von drei Monaten, unter einem halben Monat eine Frist von 15 Tagen verstanden.

(2) Ist eine Frist auf einen oder mehrere ganze Monate und einen halben Monat gestellt, so sind die 15 Tage zuletzt zu zählen.

§ 190 Fristverlängerung

Im Falle der Verlängerung einer Frist wird die neue Frist von dem Ablauf der vorigen Frist an berechnet.

§ 191 Berechnung von Zeiträumen

Ist ein Zeitraum nach Monaten oder nach Jahren in dem Sinne bestimmt, dass er nicht zusammenhängend zu verlaufen braucht, so wird der Monat zu 30, das Jahr zu 365 Tagen gerechnet.

§ 192 Anfang, Mitte, Ende des Monats

Unter Anfang des Monats wird der erste, unter Mitte des Monats der 15., unter Ende des Monats der letzte Tag des Monats verstanden.

§ 193 Sonn- und Feiertag; Sonnabend

Ist an einem bestimmten Tage oder innerhalb einer Frist eine Willenserklärung abzugeben oder eine Leistung zu bewirken und fällt der bestimmte Tag oder der letzte Tag der Frist auf einen Sonntag, einen am Erklärungs- oder Leistungsort staatlich anerkannten allgemeinen Feiertag oder einen Sonnabend, so tritt an die Stelle eines solchen Tages der nächste Werktag.

Abschnitt 5
Verjährung

Titel 1
Gegenstand und Dauer der Verjährung

§ 194 Gegenstand der Verjährung

(1) Das Recht, von einem anderen ein Tun oder Unterlassen zu verlangen (Anspruch), unterliegt der Verjährung.

(2) Ansprüche aus einem familienrechtlichen Verhältnis unterliegen der Verjährung nicht, soweit sie auf die Herstellung des dem Verhältnis entsprechenden Zustands für die Zukunft oder auf die Einwilligung in eine genetische Untersuchung zur Klärung der leiblichen Abstammung gerichtet sind.

II

§ 195 Regelmäßige Verjährungsfrist

Die regelmäßige Verjährungsfrist beträgt drei Jahre.

§ 196 Verjährungsfrist bei Rechten an einem Grundstück

Ansprüche auf Übertragung des Eigentums an einem Grundstück sowie auf Begründung, Übertragung oder Aufhebung eines Rechts an einem Grundstück oder auf Änderung des Inhalts eines solchen Rechts sowie die Ansprüche auf die Gegenleistung verjähren in zehn Jahren.

§ 197 Dreißigjährige Verjährungsfrist

(1) In 30 Jahren verjähren, soweit nicht ein anderes bestimmt ist,

1. Herausgabeansprüche aus Eigentum, anderen dinglichen Rechten, den §§ 2018, 2130 und 2362 sowie die Ansprüche, die der Geltendmachung der Herausgabeansprüche dienen,

2. (weggefallen)

3. rechtskräftig festgestellte Ansprüche,

4. Ansprüche aus vollstreckbaren Vergleichen oder vollstreckbaren Urkunden,

5. Ansprüche, die durch die im Insolvenzverfahren erfolgte Feststellung vollstreckbar geworden sind, und

6. Ansprüche auf Erstattung der Kosten der Zwangsvollstreckung.

(2) Soweit Ansprüche nach Absatz 1 Nr. 3 bis 5 künftig fällig werdende regelmäßig wiederkehrende Leistungen zum Inhalt haben, tritt an die Stelle der Verjährungsfrist von 30 Jahren die regelmäßige Verjährungsfrist.

§ 198 Verjährung bei Rechtsnachfolge

Gelangt eine Sache, hinsichtlich derer ein dinglicher Anspruch besteht, durch Rechtsnachfolge in den Besitz eines Dritten, so kommt die während des Besitzes des Rechtsvorgängers verstrichene Verjährungszeit dem Rechtsnachfolger zugute.

§ 199 Beginn der regelmäßigen Verjährungsfrist und Verjährungshöchstfristen

(1) Die regelmäßige Verjährungsfrist beginnt, soweit nicht ein anderer Verjährungsbeginn bestimmt ist, mit dem Schluss des Jahres, in dem

1. der Anspruch entstanden ist und

2. der Gläubiger von den den Anspruch begründenden Umständen und der Person des Schuldners Kenntnis erlangt oder ohne grobe Fahrlässigkeit erlangen müsste.

(2) Schadensersatzansprüche, die auf der Verletzung des Lebens, des Körpers, der Gesundheit oder der Freiheit beruhen, verjähren ohne Rücksicht auf ihre Entstehung und die Kenntnis oder grob fahrlässige Unkenntnis in 30 Jahren von der Begehung der Handlung, der Pflichtverletzung oder dem sonstigen, den Schaden auslösenden Ereignis an.

(3) Sonstige Schadensersatzansprüche verjähren

1. ohne Rücksicht auf die Kenntnis oder grob fahrlässige Unkenntnis in zehn Jahren von ihrer Entstehung an und

2. ohne Rücksicht auf ihre Entstehung und die Kenntnis oder grob fahrlässige Unkenntnis in 30 Jahren von der Begehung der Handlung, der Pflichtverletzung oder dem sonstigen, den Schaden auslösenden Ereignis an.

Maßgeblich ist die früher endende Frist.

(3a) Ansprüche, die auf einem Erbfall beruhen oder deren Geltendmachung die Kenntnis einer Verfügung von Todes wegen voraussetzt, verjähren ohne Rücksicht auf die Kenntnis oder grob fahrlässige Unkenntnis in 30 Jahren von der Entstehung des Anspruchs an.

(4) Andere Ansprüche als die nach den Absätzen 2 bis 3a verjähren ohne Rücksicht auf die Kenntnis oder grob fahrlässige Unkenntnis in zehn Jahren von ihrer Entstehung an.

(5) Geht der Anspruch auf ein Unterlassen, so tritt an die Stelle der Entstehung die Zuwiderhandlung.

§ 200 Beginn anderer Verjährungsfristen

Die Verjährungsfrist von Ansprüchen, die nicht der regelmäßigen Verjährungsfrist unterliegen, beginnt mit der Entstehung des Anspruchs, soweit nicht ein anderer Verjährungsbeginn bestimmt ist. § 199 Abs. 5 findet entsprechende Anwendung.

§ 201 Beginn der Verjährungsfrist von festgestellten Ansprüchen

Die Verjährung von Ansprüchen der in § 197 Abs. 1 Nr. 3 bis 6 bezeichneten Art beginnt mit der Rechtskraft der Entscheidung, der Errichtung des vollstreckbaren Titels oder der Feststellung im Insolvenzverfahren, nicht jedoch vor der Entstehung des Anspruchs. § 199 Abs. 5 findet entsprechende Anwendung.

§ 202 Unzulässigkeit von Vereinbarungen über die Verjährung

(1) Die Verjährung kann bei Haftung wegen Vorsatzes nicht im Voraus durch Rechtsgeschäft erleichtert werden.

(2) Die Verjährung kann durch Rechtsgeschäft nicht über eine Verjährungsfrist von 30 Jahren ab dem gesetzlichen Verjährungsbeginn hinaus erschwert werden.

Titel 2
Hemmung, Ablaufhemmung und Neubeginn der Verjährung

§ 203 Hemmung der Verjährung bei Verhandlungen

Schweben zwischen dem Schuldner und dem Gläubiger Verhandlungen über den Anspruch oder die den Anspruch begründenden Umstände, so ist die Verjährung gehemmt, bis der eine oder der andere Teil die Fortsetzung der Verhandlungen verweigert. Die Verjährung tritt frühestens drei Monate nach dem Ende der Hemmung ein.

§ 204 Hemmung der Verjährung durch Rechtsverfolgung

(1) Die Verjährung wird gehemmt durch

1. die Erhebung der Klage auf Leistung oder auf Feststellung des Anspruchs, auf Erteilung der Vollstreckungsklausel oder auf Erlass des Vollstreckungsurteils,

2. die Zustellung des Antrags im vereinfachten Verfahren über den Unterhalt Minderjähriger,

3. die Zustellung des Mahnbescheids im Mahnverfahren oder des Europäischen Zahlungsbefehls im Europäischen Mahnverfahren nach der Verordnung (EG) Nr. 1896/2006 des Europäischen Parlaments und des Rates vom 12. Dezember 2006 zur Einführung eines Europäischen Mahnverfahrens (ABl. EU Nr. L 399 S. 1),

4. die Veranlassung der Bekanntgabe des Güteantrags, der bei einer durch die Landesjustizverwaltung eingerichteten oder anerkannten Gütestelle oder, wenn die Parteien den Einigungsversuch einvernehmlich unternehmen, bei einer sonstigen Gütestelle, die Streitbeilegungen betreibt, eingereicht ist; wird die Bekanntgabe demnächst nach der Einreichung des Antrags veranlasst, so tritt die Hemmung der Verjährung bereits mit der Einreichung ein,

5. die Geltendmachung der Aufrechnung des Anspruchs im Prozess,

6. die Zustellung der Streitverkündung,

7. die Zustellung des Antrags auf Durchführung eines selbständigen Beweisverfahrens,

8. den Beginn eines vereinbarten Begutachtungsverfahrens,

9. die Zustellung des Antrags auf Erlass eines Arrests, einer einstweiligen Verfügung oder einer einstweiligen Anordnung, oder, wenn der Antrag nicht zugestellt wird, dessen Einreichung, wenn der Arrestbefehl, die einstweilige Verfügung oder die einstweilige Anordnung innerhalb eines Monats seit Verkündung oder Zustellung an den Gläubiger dem Schuldner zugestellt wird,

10. die Anmeldung des Anspruchs im Insolvenzverfahren oder im Schifffahrtsrechtlichen Verteilungsverfahren,

11. den Beginn des schiedsrichterlichen Verfahrens,

12. die Einreichung des Antrags bei einer Behörde, wenn die Zulässigkeit der Klage von der Vorentscheidung dieser Behörde abhängt und innerhalb von drei Monaten nach Erledigung des Gesuchs die Klage erhoben wird; dies gilt entsprechend für bei einem Gericht oder bei einer in Nummer 4 bezeichneten Gütestelle zu stellende Anträge, deren Zulässigkeit von der Vorentscheidung einer Behörde abhängt,

13. die Einreichung des Antrags bei dem höheren Gericht, wenn dieses das zuständige Gericht zu bestimmen hat und innerhalb von drei Monaten nach Erledigung des Gesuchs die Klage erhoben oder der Antrag, für den die Gerichtsstandsbestimmung zu erfolgen hat, gestellt wird, und

14. die Veranlassung der Bekanntgabe des erstmaligen Antrags auf Gewährung von Prozesskostenhilfe oder Verfahrenskostenhilfe; wird die Bekanntgabe demnächst nach der Einreichung des Antrags veranlasst, so tritt die Hemmung der Verjährung bereits mit der Einreichung ein.

(2) Die Hemmung nach Absatz 1 endet sechs Monate nach der rechtskräftigen Entscheidung oder anderweitigen Beendigung des eingeleiteten Verfahrens. Gerät das Verfahren dadurch in Stillstand, dass die Parteien es nicht betreiben, so tritt an die Stelle der Beendigung des Verfahrens die letzte Verfahrenshandlung der Parteien, des Gerichts oder der sonst mit dem Verfahren befassten Stelle. Die Hemmung beginnt erneut, wenn eine der Parteien das Verfahren weiter betreibt.

(3) Auf die Frist nach Absatz 1 Nr. 9, 12 und 13 finden die §§ 206, 210 und 211 entsprechende Anwendung.

§ 205 Hemmung der Verjährung bei Leistungsverweigerungsrecht

Die Verjährung ist gehemmt, solange der Schuldner auf Grund einer Vereinbarung mit dem Gläubiger vorübergehend zur Verweigerung der Leistung berechtigt ist.

§ 206 Hemmung der Verjährung bei höherer Gewalt

Die Verjährung ist gehemmt, solange der Gläubiger innerhalb der letzten sechs Monate der Verjährungsfrist durch höhere Gewalt an der Rechtsverfolgung gehindert ist.

§ 207 Hemmung der Verjährung aus familiären und ähnlichen Gründen

(1) Die Verjährung von Ansprüchen zwischen Ehegatten ist gehemmt, solange die Ehe besteht. Das Gleiche gilt für Ansprüche zwischen

1. Lebenspartnern, solange die Lebenspartnerschaft besteht,

2. dem Kind und
   a) seinen Eltern oder
   b) dem Ehegatten oder Lebenspartner eines Elternteils

   bis zur Vollendung des 21. Lebensjahres des Kindes,

3. dem Vormund und dem Mündel während der Dauer des Vormundschaftsverhältnisses,

4. dem Betreuten und dem Betreuer während der Dauer des Betreuungsverhältnisses und

5. dem Pflegling und dem Pfleger während der Dauer der Pflegschaft.

Die Verjährung von Ansprüchen des Kindes gegen den Beistand ist während der Dauer der Beistandschaft gehemmt.

(2) § 208 bleibt unberührt.

§ 208 Hemmung der Verjährung bei Ansprüchen wegen Verletzung der sexuellen Selbstbestimmung

Die Verjährung von Ansprüchen wegen Verletzung der sexuellen Selbstbestimmung ist bis zur Vollendung des 21. Lebensjahrs des Gläubigers gehemmt. Lebt der Gläubiger von Ansprüchen wegen Verletzung der sexuellen Selbstbestimmung bei Beginn der Verjährung mit dem Schuldner in häuslicher Gemeinschaft, so ist die Verjährung auch bis zur Beendigung der häuslichen Gemeinschaft gehemmt.

§ 209 Wirkung der Hemmung

Der Zeitraum, während dessen die Verjährung gehemmt ist, wird in die Verjährungsfrist nicht eingerechnet.

§ 210 Ablaufhemmung bei nicht voll Geschäftsfähigen

(1) Ist eine geschäftsunfähige oder in der Geschäftsfähigkeit beschränkte Person ohne gesetzlichen Vertreter, so tritt eine für oder gegen sie laufende Verjährung nicht vor dem Ablauf von sechs Monaten nach dem Zeitpunkt ein, in dem die Person unbeschränkt geschäftsfähig oder der Mangel der Vertretung behoben wird. Ist die Verjährungsfrist kürzer als sechs Monate, so tritt der für die Verjährung bestimmte Zeitraum an die Stelle der sechs Monate.

(2) Absatz 1 findet keine Anwendung, soweit eine in der Geschäftsfähigkeit beschränkte Person prozessfähig ist.

§ 211 Ablaufhemmung in Nachlassfällen

Die Verjährung eines Anspruchs, der zu einem Nachlass gehört oder sich gegen einen Nachlass richtet, tritt nicht vor dem Ablauf von sechs Monaten nach dem Zeitpunkt ein, in dem die Erbschaft von dem Erben angenommen oder das Insolvenzverfahren über den Nachlass eröffnet wird oder von dem an der Anspruch von einem oder gegen einen Vertreter geltend gemacht werden kann. Ist die Verjährungsfrist kürzer als sechs Monate, so tritt der für die Verjährung bestimmte Zeitraum an die Stelle der sechs Monate.

§ 212 Neubeginn der Verjährung

(1) Die Verjährung beginnt erneut, wenn

1. der Schuldner dem Gläubiger gegenüber den Anspruch durch Abschlagszahlung, Zinszahlung, Sicherheitsleistung oder in anderer Weise anerkennt oder

2. eine gerichtliche oder behördliche Vollstreckungshandlung vorgenommen oder beantragt wird.

(2) Der erneute Beginn der Verjährung infolge einer Vollstreckungshandlung gilt als nicht eingetreten, wenn die Vollstreckungshandlung auf Antrag des Gläubigers oder wegen Mangels der gesetzlichen Voraussetzungen aufgehoben wird.

(3) Der erneute Beginn der Verjährung durch den Antrag auf Vornahme einer Vollstreckungshandlung gilt als nicht eingetreten, wenn dem Antrag nicht stattgegeben oder der Antrag vor der Vollstreckungshandlung zurückgenommen oder die erwirkte Vollstreckungshandlung nach Absatz 2 aufgehoben wird.

§ 213 Hemmung, Ablaufhemmung und erneuter Beginn der Verjährung bei anderen Ansprüchen

Die Hemmung, die Ablaufhemmung und der erneute Beginn der Verjährung gelten auch für Ansprüche, die aus demselben Grunde wahlweise neben dem Anspruch oder an seiner Stelle gegeben sind.

Titel 3
Rechtsfolgen der Verjährung

§ 214 Wirkung der Verjährung

(1) Nach Eintritt der Verjährung ist der Schuldner berechtigt, die Leistung zu verweigern.

(2) Das zur Befriedigung eines verjährten Anspruchs Geleistete kann nicht zurückgefordert werden, auch wenn in Unkenntnis der Verjährung geleistet worden ist. Das Gleiche gilt von einem vertragsmäßigen Anerkenntnis sowie einer Sicherheitsleistung des Schuldners.

§ 215 Aufrechnung und Zurückbehaltungsrecht nach Eintritt der Verjährung

Die Verjährung schließt die Aufrechnung und die Geltendmachung eines Zurückbehaltungsrechts nicht aus, wenn der Anspruch in dem Zeitpunkt noch nicht verjährt war, in dem erstmals aufgerechnet oder die Leistung verweigert werden konnte.

§ 216 Wirkung der Verjährung bei gesicherten Ansprüchen

(1) Die Verjährung eines Anspruchs, für den eine Hypothek, eine Schiffshypothek oder ein

Pfandrecht besteht, hindert den Gläubiger nicht, seine Befriedigung aus dem belasteten Gegenstand zu suchen.

(2) Ist zur Sicherung eines Anspruchs ein Recht verschafft worden, so kann die Rückübertragung nicht auf Grund der Verjährung des Anspruchs gefordert werden. Ist das Eigentum vorbehalten, so kann der Rücktritt vom Vertrag nur erfolgen, wenn der gesicherte Anspruch verjährt ist.

(3) Die Absätze 1 und 2 finden keine Anwendung auf die Verjährung von Ansprüchen auf Zinsen und andere wiederkehrende Leistungen.

§ 217 Verjährung von Nebenleistungen

Mit dem Hauptanspruch verjährt der Anspruch auf die von ihm abhängenden Nebenleistungen, auch wenn die für diesen Anspruch geltende besondere Verjährung noch nicht eingetreten ist.

§ 218 Unwirksamkeit des Rücktritts

(1) Der Rücktritt wegen nicht oder nicht vertragsgemäß erbrachter Leistung ist unwirksam, wenn der Anspruch auf die Leistung oder der Nacherfüllungsanspruch verjährt ist und der Schuldner sich hierauf beruft. Dies gilt auch, wenn der Schuldner nach § 275 Abs. 1 bis 3, § 439 Abs. 3 oder § 635 Abs. 3 nicht zu leisten braucht und der Anspruch auf die Leistung oder der Nacherfüllungsanspruch verjährt wäre. § 216 Abs. 2 Satz 2 bleibt unberührt.

(2) § 214 Abs. 2 findet entsprechende Anwendung.

§§ 219 bis 225 (weggefallen)

Abschnitt 6
Ausübung der Rechte, Selbstverteidigung, Selbsthilfe

§ 226 Schikaneverbot

Die Ausübung eines Rechts ist unzulässig, wenn sie nur den Zweck haben kann, einem anderen Schaden zuzufügen.

§ 227 Notwehr

(1) Eine durch Notwehr gebotene Handlung ist nicht widerrechtlich.

(2) Notwehr ist diejenige Verteidigung, welche erforderlich ist, um einen gegenwärtigen rechtswidrigen Angriff von sich oder einem anderen abzuwenden.

§ 228 Notstand

Wer eine fremde Sache beschädigt oder zerstört, um eine durch sie drohende Gefahr von sich oder einem anderen abzuwenden, handelt nicht widerrechtlich, wenn die Beschädigung oder die Zerstörung zur Abwendung der Gefahr erforderlich ist und der Schaden nicht außer Verhältnis zu der Gefahr steht. Hat der Handelnde die Gefahr verschuldet, so ist er zum Schadensersatz verpflichtet.

§ 229 Selbsthilfe

Wer zum Zwecke der Selbsthilfe eine Sache wegnimmt, zerstört oder beschädigt oder wer zum Zwecke der Selbsthilfe einen Verpflichteten, welcher der Flucht verdächtig ist, festnimmt oder den Widerstand des Verpflichteten gegen eine Handlung, die dieser zu dulden verpflichtet ist, beseitigt, handelt nicht widerrechtlich, wenn obrigkeitliche Hilfe nicht rechtzeitig zu erlangen ist und ohne sofortiges Eingreifen die Gefahr besteht, dass die Verwirklichung des Anspruchs vereitelt oder wesentlich erschwert werde.

§ 230 Grenzen der Selbsthilfe

(1) Die Selbsthilfe darf nicht weitergehen, als zur Abwendung der Gefahr erforderlich ist.

(2) Im Falle der Wegnahme von Sachen ist, sofern nicht Zwangsvollstreckung erwirkt wird, der dingliche Arrest zu beantragen.

(3) Im Falle der Festnahme des Verpflichteten ist, sofern er nicht wieder in Freiheit gesetzt wird, der persönliche Sicherheitsarrest bei dem Amtsgericht zu beantragen, in dessen Bezirk die Festnahme erfolgt ist; der Verpflichtete ist unverzüglich dem Gericht vorzuführen.

(4) Wird der Arrestantrag verzögert oder abgelehnt, so hat die Rückgabe der wegge-

nommenen Sachen und die Freilassung des Festgenommenen unverzüglich zu erfolgen.

§ 231 Irrtümliche Selbsthilfe

Wer eine der in § 229 bezeichneten Handlungen in der irrigen Annahme vornimmt, dass die für den Ausschluss der Widerrechtlichkeit erforderlichen Voraussetzungen vorhanden seien, ist dem anderen Teil zum Schadensersatz verpflichtet, auch wenn der Irrtum nicht auf Fahrlässigkeit beruht.

Abschnitt 7
Sicherheitsleistung

§ 232 Arten

(1) Wer Sicherheit zu leisten hat, kann dies bewirken

durch Hinterlegung von Geld oder Wertpapieren,

durch Verpfändung von Forderungen, die in das Bundesschuldbuch oder in das Landesschuldbuch eines Landes eingetragen sind,

durch Verpfändung beweglicher Sachen,

durch Bestellung von Schiffshypotheken an Schiffen oder Schiffsbauwerken, die in einem deutschen Schiffsregister oder Schiffsbauregister eingetragen sind,

durch Bestellung von Hypotheken an inländischen Grundstücken,

durch Verpfändung von Forderungen, für die eine Hypothek an einem inländischen Grundstück besteht, oder durch Verpfändung von Grundschulden oder Rentenschulden an inländischen Grundstücken.

(2) Kann die Sicherheit nicht in dieser Weise geleistet werden, so ist die Stellung eines tauglichen Bürgen zulässig.

§ 233 Wirkung der Hinterlegung

Mit der Hinterlegung erwirbt der Berechtigte ein Pfandrecht an dem hinterlegten Geld oder an den hinterlegten Wertpapieren und, wenn das Geld oder die Wertpapiere in das Eigentum des Fiskus oder der als Hinterlegungsstelle bestimmten Anstalt übergehen, ein Pfandrecht an der Forderung auf Rückerstattung.

§ 234 Geeignete Wertpapiere

(1) Wertpapiere sind zur Sicherheitsleistung nur geeignet, wenn sie auf den Inhaber lauten, einen Kurswert haben und einer Gattung angehören, in der Mündelgeld angelegt werden darf. Den Inhaberpapieren stehen Orderpapiere gleich, die mit Blankoindossament versehen sind.

(2) Mit den Wertpapieren sind die Zins-, Renten-, Gewinnanteil- und Erneuerungsscheine zu hinterlegen.

(3) Mit Wertpapieren kann Sicherheit nur in Höhe von drei Vierteln des Kurswerts geleistet werden.

§ 235 Umtauschrecht

Wer durch Hinterlegung von Geld oder von Wertpapieren Sicherheit geleistet hat, ist berechtigt, das hinterlegte Geld gegen geeignete Wertpapiere, die hinterlegten Wertpapiere gegen andere geeignete Wertpapiere oder gegen Geld umzutauschen.

§ 236 Buchforderungen

Mit einer Schuldbuchforderung gegen den Bund oder ein Land kann Sicherheit nur in Höhe von drei Vierteln des Kurswerts der Wertpapiere geleistet werden, deren Aushändigung der Gläubiger gegen Löschung seiner Forderung verlangen kann.

§ 237 Bewegliche Sachen

Mit einer beweglichen Sache kann Sicherheit nur in Höhe von zwei Dritteln des Schätzungswerts geleistet werden. Sachen, deren Verderb zu besorgen oder deren Aufbewahrung mit besonderen Schwierigkeiten verbunden ist, können zurückgewiesen werden.

§ 238 Hypotheken, Grund- und Rentenschulden

(1) Eine Hypothekenforderung, eine Grundschuld oder eine Rentenschuld ist zur Sicherheitsleistung nur geeignet, wenn sie den Voraussetzungen entspricht, unter denen am Orte der Sicherheitsleistung Mündelgeld in Hypothekenforderungen, Grundschulden oder Rentenschulden angelegt werden darf.

(2) Eine Forderung, für die eine Sicherungshypothek besteht, ist zur Sicherheitsleistung nicht geeignet.

§ 239 Bürge

(1) Ein Bürge ist tauglich, wenn er ein der Höhe der zu leistenden Sicherheit angemessenes Vermögen besitzt und seinen allgemeinen Gerichtsstand im Inland hat.

(2) Die Bürgschaftserklärung muss den Verzicht auf die Einrede der Vorausklage enthalten.

§ 240 Ergänzungspflicht

Wird die geleistete Sicherheit ohne Verschulden des Berechtigten unzureichend, so ist sie zu ergänzen oder anderweitige Sicherheit zu leisten.

Buch 2
Recht der Schuldverhältnisse

Abschnitt 1
Inhalt der Schuldverhältnisse

Titel 1
Verpflichtung zur Leistung

§ 241 Pflichten aus dem Schuldverhältnis

(1) Kraft des Schuldverhältnisses ist der Gläubiger berechtigt, von dem Schuldner eine Leistung zu fordern. Die Leistung kann auch in einem Unterlassen bestehen.

(2) Das Schuldverhältnis kann nach seinem Inhalt jeden Teil zur Rücksicht auf die Rechte, Rechtsgüter und Interessen des anderen Teils verpflichten.

§ 241a*) Unbestellte Leistungen

(1) Durch die Lieferung unbestellter Sachen oder durch die Erbringung unbestellter sonstiger Leistungen durch einen Unternehmer an einen Verbraucher wird ein Anspruch gegen diesen nicht begründet.

(2) Gesetzliche Ansprüche sind nicht ausgeschlossen, wenn die Leistung nicht für den Empfänger bestimmt war oder in der irrigen Vorstellung einer Bestellung erfolgte und der Empfänger dies erkannt hat oder bei Anwendung der im Verkehr erforderlichen Sorgfalt hätte erkennen können.

(3) Eine unbestellte Leistung liegt nicht vor, wenn dem Verbraucher statt der bestellten eine nach Qualität und Preis gleichwertige Leistung angeboten und er darauf hingewiesen wird, dass er zur Annahme nicht verpflichtet ist und die Kosten der Rücksendung nicht zu tragen hat.

§ 242 Leistung nach Treu und Glauben

Der Schuldner ist verpflichtet, die Leistung so zu bewirken, wie Treu und Glauben mit Rücksicht auf die Verkehrssitte es erfordern.

§ 243 Gattungsschuld

(1) Wer eine nur der Gattung nach bestimmte Sache schuldet, hat eine Sache von mittlerer Art und Güte zu leisten.

(2) Hat der Schuldner das zur Leistung einer solchen Sache seinerseits Erforderliche getan, so beschränkt sich das Schuldverhältnis auf diese Sache.

§ 244 Fremdwährungsschuld

(1) Ist eine in einer anderen Währung als Euro ausgedrückte Geldschuld im Inland zu zahlen, so kann die Zahlung in Euro erfolgen, es sei denn, dass Zahlung in der anderen Währung ausdrücklich vereinbart ist.

(2) Die Umrechnung erfolgt nach dem Kurswert, der zur Zeit der Zahlung für den Zahlungsort maßgebend ist.

§ 245 Geldsortenschuld

Ist eine Geldschuld in einer bestimmten Münzsorte zu zahlen, die sich zur Zeit der

---

*) **Amtlicher Hinweis zu § 241a:**
Diese Vorschrift dient der Umsetzung von Artikel 9 der Richtlinie 97/7/EG des Europäischen Parlaments und des Rates vom 20. Mai 1997 über den Verbraucherschutz bei Vertragsabschlüssen im Fernabsatz (ABl. EG Nr. L 144 S. 19).

Zahlung nicht mehr im Umlauf befindet, so ist die Zahlung so zu leisten, wie wenn die Münzsorte nicht bestimmt wäre.

§ 246 Gesetzlicher Zinssatz

Ist eine Schuld nach Gesetz oder Rechtsgeschäft zu verzinsen, so sind vier vom Hundert für das Jahr zu entrichten, sofern nicht ein anderes bestimmt ist.

§ 247*) Basiszinssatz

(1) Der Basiszinssatz beträgt 3,62 Prozent. Er verändert sich zum 1. Januar und 1. Juli eines jeden Jahres um die Prozentpunkte, um welche die Bezugsgröße seit der letzten Veränderung des Basiszinssatzes gestiegen oder gefallen ist. Bezugsgröße ist der Zinssatz für die jüngste Hauptrefinanzierungsoperation der Europäischen Zentralbank vor dem ersten Kalendertag des betreffenden Halbjahrs.

(2) Die Deutsche Bundesbank gibt den geltenden Basiszinssatz unverzüglich nach den in Absatz 1 Satz 2 genannten Zeitpunkten im Bundesanzeiger bekannt.

§ 248 Zinseszinsen

(1) Eine im Voraus getroffene Vereinbarung, dass fällige Zinsen wieder Zinsen tragen sollen, ist nichtig.

(2) Sparkassen, Kreditanstalten und Inhaber von Bankgeschäften können im Voraus vereinbaren, dass nicht erhobene Zinsen von Einlagen als neue verzinsliche Einlagen gelten sollen. Kreditanstalten, die berechtigt sind, für den Betrag der von ihnen gewährten Darlehen verzinsliche Schuldverschreibungen auf den Inhaber auszugeben, können sich bei solchen Darlehen die Verzinsung rückständiger Zinsen im Voraus versprechen lassen.

§ 249 Art und Umfang des Schadensersatzes

(1) Wer zum Schadensersatz verpflichtet ist, hat den Zustand herzustellen, der bestehen würde, wenn der zum Ersatz verpflichtende Umstand nicht eingetreten wäre.

(2) Ist wegen Verletzung einer Person oder wegen Beschädigung einer Sache Schadensersatz zu leisten, so kann der Gläubiger statt der Herstellung den dazu erforderlichen Geldbetrag verlangen. Bei der Beschädigung einer Sache schließt der nach Satz 1 erforderliche Geldbetrag die Umsatzsteuer nur mit ein, wenn und soweit sie tatsächlich angefallen ist.

§ 250 Schadensersatz in Geld nach Fristsetzung

Der Gläubiger kann dem Ersatzpflichtigen zur Herstellung eine angemessene Frist mit der Erklärung bestimmen, dass er die Herstellung nach dem Ablauf der Frist ablehne. Nach dem Ablauf der Frist kann der Gläubiger den Ersatz in Geld verlangen, wenn nicht die Herstellung rechtzeitig erfolgt; der Anspruch auf die Herstellung ist ausgeschlossen.

§ 251 Schadensersatz in Geld ohne Fristsetzung

(1) Soweit die Herstellung nicht möglich oder zur Entschädigung des Gläubigers nicht genügend ist, hat der Ersatzpflichtige den Gläubiger in Geld zu entschädigen.

(2) Der Ersatzpflichtige kann den Gläubiger in Geld entschädigen, wenn die Herstellung nur mit unverhältnismäßigen Aufwendungen möglich ist. Die aus der Heilbehandlung eines verletzten Tieres entstandenen Aufwendungen sind nicht bereits dann unverhältnismäßig, wenn sie dessen Wert erheblich übersteigen.

§ 252 Entgangener Gewinn

Der zu ersetzende Schaden umfasst auch den entgangenen Gewinn. Als entgangen gilt der Gewinn, welcher nach dem gewöhnlichen Lauf der Dinge oder nach den besonderen Umständen, insbesondere nach den getroffe-

---

*) **Amtlicher Hinweis zu § 247:**
   Diese Vorschrift dient der Umsetzung von Artikel 3 der Richtlinie 2000/35/EG des Europäischen Parlaments und des Rates vom 29. Juni 2000 zur Bekämpfung von Zahlungsverzug im Geschäftsverkehr (ABl. EG Nr. L 200 S. 35).

nen Anstalten und Vorkehrungen, mit Wahrscheinlichkeit erwartet werden konnte.

§ 253 Immaterieller Schaden

(1) Wegen eines Schadens, der nicht Vermögensschaden ist, kann Entschädigung in Geld nur in den durch das Gesetz bestimmten Fällen gefordert werden.

(2) Ist wegen einer Verletzung des Körpers, der Gesundheit, der Freiheit oder der sexuellen Selbstbestimmung Schadensersatz zu leisten, kann auch wegen des Schadens, der nicht Vermögensschaden ist, eine billige Entschädigung in Geld gefordert werden.

§ 254 Mitverschulden

(1) Hat bei der Entstehung des Schadens ein Verschulden des Beschädigten mitgewirkt, so hängt die Verpflichtung zum Ersatz sowie der Umfang des zu leistenden Ersatzes von den Umständen, insbesondere davon ab, inwieweit der Schaden vorwiegend von dem einen oder dem anderen Teil verursacht worden ist.

(2) Dies gilt auch dann, wenn sich das Verschulden des Beschädigten darauf beschränkt, dass er unterlassen hat, den Schuldner auf die Gefahr eines ungewöhnlich hohen Schadens aufmerksam zu machen, die der Schuldner weder kannte noch kennen musste, oder dass er unterlassen hat, den Schaden abzuwenden oder zu mindern. Die Vorschrift des § 278 findet entsprechende Anwendung.

§ 255 Abtretung der Ersatzansprüche

Wer für den Verlust einer Sache oder eines Rechts Schadensersatz zu leisten hat, ist zum Ersatz nur gegen Abtretung der Ansprüche verpflichtet, die dem Ersatzberechtigten auf Grund des Eigentums an der Sache oder auf Grund des Rechts gegen Dritte zustehen.

§ 256 Verzinsung von Aufwendungen

Wer zum Ersatz von Aufwendungen verpflichtet ist, hat den aufgewendeten Betrag oder, wenn andere Gegenstände als Geld aufgewendet worden sind, den als Ersatz ihres Wertes zu zahlenden Betrag von der Zeit der Aufwendung an zu verzinsen. Sind Aufwendungen auf einen Gegenstand gemacht

worden, der dem Ersatzpflichtigen herauszugeben ist, so sind Zinsen für die Zeit, für welche dem Ersatzberechtigten die Nutzungen oder die Früchte des Gegenstands ohne Vergütung verbleiben, nicht zu entrichten.

§ 257 Befreiungsanspruch

Wer berechtigt ist, Ersatz für Aufwendungen zu verlangen, die er für einen bestimmten Zweck macht, kann, wenn er für diesen Zweck eine Verbindlichkeit eingeht, Befreiung von der Verbindlichkeit verlangen. Ist die Verbindlichkeit noch nicht fällig, so kann ihm der Ersatzpflichtige, statt ihn zu befreien, Sicherheit leisten.

§ 258 Wegnahmerecht

Wer berechtigt ist, von einer Sache, die er einem anderen herauszugeben hat, eine Einrichtung wegzunehmen, hat im Falle der Wegnahme die Sache auf seine Kosten in den vorigen Stand zu setzen. Erlangt der andere den Besitz der Sache, so ist er verpflichtet, die Wegnahme der Einrichtung zu gestatten; er kann die Gestattung verweigern, bis ihm für den mit der Wegnahme verbundenen Schaden Sicherheit geleistet wird.

§ 259 Umfang der Rechenschaftspflicht

(1) Wer verpflichtet ist, über eine mit Einnahmen oder Ausgaben verbundene Verwaltung Rechenschaft abzulegen, hat dem Berechtigten eine die geordnete Zusammenstellung der Einnahmen oder der Ausgaben enthaltende Rechnung mitzuteilen, und, soweit Belege erteilt zu werden pflegen, Belege vorzulegen.

(2) Besteht Grund zu der Annahme, dass die in der Rechnung enthaltenen Angaben über die Einnahmen nicht mit der erforderlichen Sorgfalt gemacht worden sind, so hat der Verpflichtete auf Verlangen zu Protokoll an Eides statt zu versichern, dass er nach bestem Wissen die Einnahmen so vollständig angegeben habe, als er dazu imstande sei.

(3) In Angelegenheiten von geringer Bedeutung besteht eine Verpflichtung zur Abgabe der eidesstattlichen Versicherung nicht.

§ 260 Pflichten bei Herausgabe oder Auskunft über Inbegriff von Gegenständen

(1) Wer verpflichtet ist, einen Inbegriff von Gegenständen herauszugeben oder über den Bestand eines solchen Inbegriffs Auskunft zu erteilen, hat dem Berechtigten ein Verzeichnis des Bestandes vorzulegen.

(2) Besteht Grund zu der Annahme, dass das Verzeichnis nicht mit der erforderlichen Sorgfalt aufgestellt worden ist, so hat der Verpflichtete auf Verlangen zu Protokoll an Eides statt zu versichern, dass er nach bestem Wissen den Bestand so vollständig angegeben habe, als er dazu imstande sei.

(3) Die Vorschrift des § 259 Abs. 3 findet Anwendung.

§ 261 Änderung der eidesstattlichen Versicherung; Kosten

(1) Das Gericht kann eine den Umständen entsprechende Änderung der eidesstattlichen Versicherung beschließen.

(2) Die Kosten der Abnahme der eidesstattlichen Versicherung hat derjenige zu tragen, welcher die Abgabe der Versicherung verlangt.

§ 262 Wahlschuld; Wahlrecht

Werden mehrere Leistungen in der Weise geschuldet, dass nur die eine oder die andere zu bewirken ist, so steht das Wahlrecht im Zweifel dem Schuldner zu.

§ 263 Ausübung des Wahlrechts; Wirkung

(1) Die Wahl erfolgt durch Erklärung gegenüber dem anderen Teil.

(2) Die gewählte Leistung gilt als die von Anfang an allein geschuldete.

§ 264 Verzug des Wahlberechtigten

(1) Nimmt der wahlberechtigte Schuldner die Wahl nicht vor dem Beginn der Zwangsvollstreckung vor, so kann der Gläubiger die Zwangsvollstreckung nach seiner Wahl auf die eine oder auf die andere Leistung richten; der Schuldner kann sich jedoch, solange nicht der Gläubiger die gewählte Leistung ganz oder zum Teil empfangen hat, durch eine der übrigen Leistungen von seiner Verbindlichkeit befreien.

(2) Ist der wahlberechtigte Gläubiger im Verzug, so kann der Schuldner ihn unter Bestimmung einer angemessenen Frist zur Vornahme der Wahl auffordern. Mit dem Ablauf der Frist geht das Wahlrecht auf den Schuldner über, wenn nicht der Gläubiger rechtzeitig die Wahl vornimmt.

§ 265 Unmöglichkeit bei Wahlschuld

Ist eine der Leistungen von Anfang an unmöglich oder wird sie später unmöglich, so beschränkt sich das Schuldverhältnis auf die übrigen Leistungen. Die Beschränkung tritt nicht ein, wenn die Leistung infolge eines Umstands unmöglich wird, den der nicht wahlberechtigte Teil zu vertreten hat.

§ 266 Teilleistungen

Der Schuldner ist zu Teilleistungen nicht berechtigt.

§ 267 Leistung durch Dritte

(1) Hat der Schuldner nicht in Person zu leisten, so kann auch ein Dritter die Leistung bewirken. Die Einwilligung des Schuldners ist nicht erforderlich.

(2) Der Gläubiger kann die Leistung ablehnen, wenn der Schuldner widerspricht.

§ 268 Ablösungsrecht des Dritten

(1) Betreibt der Gläubiger die Zwangsvollstreckung in einen dem Schuldner gehörenden Gegenstand, so ist jeder, der Gefahr läuft, durch die Zwangsvollstreckung ein Recht an dem Gegenstand zu verlieren, berechtigt, den Gläubiger zu befriedigen. Das gleiche Recht steht dem Besitzer einer Sache zu, wenn er Gefahr läuft, durch die Zwangsvollstreckung den Besitz zu verlieren.

(2) Die Befriedigung kann auch durch Hinterlegung oder durch Aufrechnung erfolgen.

(3) Soweit der Dritte den Gläubiger befriedigt, geht die Forderung auf ihn über. Der Übergang kann nicht zum Nachteil des Gläubigers geltend gemacht werden.

§ 269 Leistungsort

(1) Ist ein Ort für die Leistung weder bestimmt noch aus den Umständen, insbesondere aus der Natur des Schuldverhältnisses, zu entnehmen, so hat die Leistung an dem Ort zu erfolgen, an welchem der Schuldner zur Zeit der Entstehung des Schuldverhältnisses seinen Wohnsitz hatte.

(2) Ist die Verbindlichkeit im Gewerbebetrieb des Schuldners entstanden, so tritt, wenn der Schuldner seine gewerbliche Niederlassung an einem anderen Ort hatte, der Ort der Niederlassung an die Stelle des Wohnsitzes.

(3) Aus dem Umstand allein, dass der Schuldner die Kosten der Versendung übernommen hat, ist nicht zu entnehmen, dass der Ort, nach welchem die Versendung zu erfolgen hat, der Leistungsort sein soll.

§ 270 Zahlungsort

(1) Geld hat der Schuldner im Zweifel auf seine Gefahr und seine Kosten dem Gläubiger an dessen Wohnsitz zu übermitteln.

(2) Ist die Forderung im Gewerbebetrieb des Gläubigers entstanden, so tritt, wenn der Gläubiger seine gewerbliche Niederlassung an einem anderen Ort hat, der Ort der Niederlassung an die Stelle des Wohnsitzes.

(3) Erhöhen sich infolge einer nach der Entstehung des Schuldverhältnisses eintretenden Änderung des Wohnsitzes oder der gewerblichen Niederlassung des Gläubigers die Kosten oder die Gefahr der Übermittlung, so hat der Gläubiger im ersteren Falle die Mehrkosten, im letzteren Falle die Gefahr zu tragen.

(4) Die Vorschriften über den Leistungsort bleiben unberührt.

§ 271 Leistungszeit

(1) Ist eine Zeit für die Leistung weder bestimmt noch aus den Umständen zu entnehmen, so kann der Gläubiger die Leistung sofort verlangen, der Schuldner sie sofort bewirken.

(2) Ist eine Zeit bestimmt, so ist im Zweifel anzunehmen, dass der Gläubiger die Leistung nicht vor dieser Zeit verlangen, der Schuldner aber sie vorher bewirken kann.

§ 272 Zwischenzinsen

Bezahlt der Schuldner eine unverzinsliche Schuld vor der Fälligkeit, so ist er zu einem Abzug wegen der Zwischenzinsen nicht berechtigt.

§ 273 Zurückbehaltungsrecht

(1) Hat der Schuldner aus demselben rechtlichen Verhältnis, auf dem seine Verpflichtung beruht, einen fälligen Anspruch gegen den Gläubiger, so kann er, sofern nicht aus dem Schuldverhältnis sich ein anderes ergibt, die geschuldete Leistung verweigern, bis die ihm gebührende Leistung bewirkt wird (Zurückbehaltungsrecht).

(2) Wer zur Herausgabe eines Gegenstands verpflichtet ist, hat das gleiche Recht, wenn ihm ein fälliger Anspruch wegen Verwendungen auf den Gegenstand oder wegen eines ihm durch diesen verursachten Schadens zusteht, es sei denn, dass er den Gegenstand durch eine vorsätzlich begangene unerlaubte Handlung erlangt hat.

(3) Der Gläubiger kann die Ausübung des Zurückbehaltungsrechts durch Sicherheitsleistung abwenden. Die Sicherheitsleistung durch Bürgen ist ausgeschlossen.

§ 274 Wirkungen des Zurückbehaltungsrechts

(1) Gegenüber der Klage des Gläubigers hat die Geltendmachung des Zurückhaltungsrechts nur die Wirkung, dass der Schuldner zur Leistung gegen Empfang der ihm gebührenden Leistung (Erfüllung Zug um Zug) zu verurteilen ist.

(2) Auf Grund einer solchen Verurteilung kann der Gläubiger seinen Anspruch ohne Bewirkung der ihm obliegenden Leistung im Wege der Zwangsvollstreckung verfolgen, wenn der Schuldner im Verzug der Annahme ist.

§ 275*) Ausschluss der Leistungspflicht

(1) Der Anspruch auf Leistung ist ausgeschlossen, soweit diese für den Schuldner oder für jedermann unmöglich ist.

(2) Der Schuldner kann die Leistung verweigern, soweit diese einen Aufwand erfordert, der unter Beachtung des Inhalts des Schuldverhältnisses und der Gebote von Treu und Glauben in einem groben Missverhältnis zu dem Leistungsinteresse des Gläubigers steht. Bei der Bestimmung der dem Schuldner zuzumutenden Anstrengungen ist auch zu berücksichtigen, ob der Schuldner das Leistungshindernis zu vertreten hat.

(3) Der Schuldner kann die Leistung ferner verweigern, wenn er die Leistung persönlich zu erbringen hat und sie ihm unter Abwägung des seiner Leistung entgegenstehenden Hindernisses mit dem Leistungsinteresse des Gläubigers nicht zugemutet werden kann.

(4) Die Rechte des Gläubigers bestimmen sich nach den §§ 280, 283 bis 285, 311a und 326.

§ 276 Verantwortlichkeit des Schuldners

(1) Der Schuldner hat Vorsatz und Fahrlässigkeit zu vertreten, wenn eine strengere oder mildere Haftung weder bestimmt noch aus dem sonstigen Inhalt des Schuldverhältnisses, insbesondere aus der Übernahme einer Garantie oder eines Beschaffungsrisiko zu entnehmen ist. Die Vorschriften der §§ 827 und 828 finden entsprechende Anwendung.

(2) Fahrlässig handelt, wer die im Verkehr erforderliche Sorgfalt außer Acht lässt.

(3) Die Haftung wegen Vorsatzes kann dem Schuldner nicht im Voraus erlassen werden.

§ 277 Sorgfalt in eigenen Angelegenheiten

Wer nur für diejenige Sorgfalt einzustehen hat, welche er in eigenen Angelegenheiten anzuwenden pflegt, ist von der Haftung wegen grober Fahrlässigkeit nicht befreit.

§ 278 Verantwortlichkeit des Schuldners für Dritte

Der Schuldner hat ein Verschulden seines gesetzlichen Vertreters und der Personen, deren er sich zur Erfüllung seiner Verbindlichkeit bedient, in gleichem Umfang zu vertreten wie eigenes Verschulden. Die Vorschrift des § 276 Abs. 3 findet keine Anwendung.

§ 279 (weggefallen)

§ 280 Schadensersatz wegen Pflichtverletzung

(1) Verletzt der Schuldner eine Pflicht aus dem Schuldverhältnis, so kann der Gläubiger Ersatz des hierdurch entstehenden Schadens verlangen. Dies gilt nicht, wenn der Schuldner die Pflichtverletzung nicht zu vertreten hat.

(2) Schadensersatz wegen Verzögerung der Leistung kann der Gläubiger nur unter der zusätzlichen Voraussetzung des § 286 verlangen.

(3) Schadensersatz statt der Leistung kann der Gläubiger nur unter den zusätzlichen Voraussetzungen des § 281, des § 282 oder des § 283 verlangen.

§ 281 Schadensersatz statt der Leistung wegen nicht oder nicht wie geschuldet erbrachter Leistung

(1) Soweit der Schuldner die fällige Leistung nicht oder nicht wie geschuldet erbringt, kann der Gläubiger unter den Voraussetzungen des § 280 Abs. 1 Schadensersatz statt der Leistung verlangen, wenn er dem Schuldner erfolglos eine angemessene Frist zur Leistung oder Nacherfüllung bestimmt hat. Hat der Schuldner eine Teilleistung bewirkt, so kann der Gläubiger Schadensersatz statt der ganzen Leistung nur verlangen, wenn er an der Teilleistung kein Interesse hat. Hat der

---

*) **Amtlicher Hinweis zu § 275:**
Diese Vorschrift dient auch der Umsetzung der Richtlinie 1999/44/EG des Europäischen Parlaments und des Rates vom 25. Mai 1999 zu bestimmten Aspekten des Verbrauchsgüterkaufs und der Garantien für Verbrauchsgüter (ABl. EG Nr. L 171 S. 12).

Schuldner die Leistung nicht wie geschuldet bewirkt, so kann der Gläubiger Schadensersatz statt der ganzen Leistung nicht verlangen, wenn die Pflichtverletzung unerheblich ist.

(2) Die Fristsetzung ist entbehrlich, wenn der Schuldner die Leistung ernsthaft und endgültig verweigert oder wenn besondere Umstände vorliegen, die unter Abwägung der beiderseitigen Interessen die sofortige Geltendmachung des Schadensersatzanspruchs rechtfertigen.

(3) Kommt nach der Art der Pflichtverletzung eine Fristsetzung nicht in Betracht, so tritt an deren Stelle eine Abmahnung.

(4) Der Anspruch auf die Leistung ist ausgeschlossen, sobald der Gläubiger statt der Leistung Schadensersatz verlangt hat.

(5) Verlangt der Gläubiger Schadensersatz statt der ganzen Leistung, so ist der Schuldner zur Rückforderung des Geleisteten nach den §§ 346 bis 348 berechtigt.

§ 282 Schadensersatz statt der Leistung wegen Verletzung einer Pflicht nach § 241 Abs. 2

Verletzt der Schuldner eine Pflicht nach § 241 Abs. 2, kann der Gläubiger unter den Voraussetzungen des § 280 Abs. 1 Schadensersatz statt der Leistung verlangen, wenn ihm die Leistung durch den Schuldner nicht mehr zuzumuten ist.

§ 283 Schadensersatz statt der Leistung bei Ausschluss der Leistungspflicht

Braucht der Schuldner nach § 275 Abs. 1 bis 3 nicht zu leisten, kann der Gläubiger unter den Voraussetzungen des § 280 Abs. 1 Schadensersatz statt der Leistung verlangen. § 281 Abs. 1 Satz 2 und 3 und Abs. 5 findet entsprechende Anwendung.

§ 284 Ersatz vergeblicher Aufwendungen

Anstelle des Schadensersatzes statt der Leistung kann der Gläubiger Ersatz der Aufwendungen verlangen, die er im Vertrauen auf den Erhalt der Leistung gemacht hat und billigerweise machen durfte, es sei denn, deren Zweck wäre auch ohne die Pflichtverletzung des Schuldners nicht erreicht worden.

§ 285 Herausgabe des Ersatzes

(1) Erlangt der Schuldner infolge des Umstands, auf Grund dessen er die Leistung nach § 275 Abs. 1 bis 3 nicht zu erbringen braucht, für den geschuldeten Gegenstand einen Ersatz oder einen Ersatzanspruch, so kann der Gläubiger Herausgabe des als Ersatz Empfangenen oder Abtretung des Ersatzanspruchs verlangen.

(2) Kann der Gläubiger statt der Leistung Schadensersatz verlangen, so mindert sich dieser, wenn er von dem in Absatz 1 bestimmten Recht Gebrauch macht, um den Wert des erlangten Ersatzes oder Ersatzanspruchs.

§ 286*) Verzug des Schuldners

(1) Leistet der Schuldner auf eine Mahnung des Gläubigers nicht, die nach dem Eintritt der Fälligkeit erfolgt, so kommt er durch die Mahnung in Verzug. Der Mahnung stehen die Erhebung der Klage auf die Leistung sowie die Zustellung eines Mahnbescheids im Mahnverfahren gleich.

(2) Der Mahnung bedarf es nicht, wenn

1. für die Leistung eine Zeit nach dem Kalender bestimmt ist,

2. der Leistung ein Ereignis vorauszugehen hat und eine angemessene Zeit für die Leistung in der Weise bestimmt ist, dass sie sich von dem Ereignis an nach dem Kalender berechnen lässt,

3. der Schuldner die Leistung ernsthaft und endgültig verweigert,

---

*) **Amtlicher Hinweis zu § 286:**
Diese Vorschrift dient zum Teil auch der Umsetzung der Richtlinie 2000/35/EG des Europäischen Parlaments und des Rates vom 29. Juni 2000 zur Bekämpfung von Zahlungsverzug im Geschäftsverkehr (ABl. EG Nr. L 200 S. 35).

4. aus besonderen Gründen unter Abwägung der beiderseitigen Interessen der sofortige Eintritt des Verzugs gerechtfertigt ist.

(3) Der Schuldner einer Entgeltforderung kommt spätestens in Verzug, wenn er nicht innerhalb von 30 Tagen nach Fälligkeit und Zugang einer Rechnung oder gleichwertigen Zahlungsaufstellung leistet; dies gilt gegenüber einem Schuldner, der Verbraucher ist, nur, wenn auf diese Folgen in der Rechnung oder Zahlungsaufstellung besonders hingewiesen worden ist. Wenn der Zeitpunkt des Zugangs der Rechnung oder Zahlungsaufstellung unsicher ist, kommt der Schuldner, der nicht Verbraucher ist, spätestens 30 Tage nach Fälligkeit und Empfang der Gegenleistung in Verzug.

(4) Der Schuldner kommt nicht in Verzug, solange die Leistung infolge eines Umstands unterbleibt, den er nicht zu vertreten hat.

§ 287 Verantwortlichkeit während des Verzugs

Der Schuldner hat während des Verzugs jede Fahrlässigkeit zu vertreten. Er haftet wegen der Leistung auch für Zufall, es sei denn, dass der Schaden auch bei rechtzeitiger Leistung eingetreten sein würde.

§ 288*) Verzugszinsen

(1) Eine Geldschuld ist während des Verzugs zu verzinsen. Der Verzugszins beträgt für das Jahr fünf Prozentpunkte über dem Basiszinssatz.

(2) Bei Rechtsgeschäften, an denen ein Verbraucher nicht beteiligt ist, beträgt der Zinssatz für Entgeltforderungen acht Prozentpunkte über dem Basiszinssatz.

(3) Der Gläubiger kann aus einem anderen Rechtsgrund höhere Zinsen verlangen.

(4) Die Geltendmachung eines weiteren Schadens ist nicht ausgeschlossen.

§ 289 Zinseszinsverbot

Von Zinsen sind Verzugszinsen nicht zu entrichten. Das Recht des Gläubigers auf Ersatz des durch den Verzug entstehenden Schadens bleibt unberührt.

§ 290 Verzinsung des Wertersatzes

Ist der Schuldner zum Ersatz des Wertes eines Gegenstands verpflichtet, der während des Verzugs untergegangen ist oder aus einem während des Verzugs eingetretenen Grund nicht herausgegeben werden kann, so kann der Gläubiger Zinsen des zu erstattenden Betrags von dem Zeitpunkt an verlangen, welcher der Bestimmung des Wertes zugrunde gelegt wird. Das Gleiche gilt, wenn der Schuldner zum Ersatz der Minderung des Wertes eines während des Verzugs verschlechterten Gegenstands verpflichtet ist.

§ 291 Prozesszinsen

Eine Geldschuld hat der Schuldner von dem Eintritt der Rechtshängigkeit an zu verzinsen, auch wenn er nicht im Verzug ist; wird die Schuld erst später fällig, so ist sie von der Fälligkeit an zu verzinsen. Die Vorschriften des § 288 Abs. 1 Satz 2, Abs. 2, Abs. 3 und des § 289 Satz 1 finden entsprechende Anwendung.

§ 292 Haftung bei Herausgabepflicht

(1) Hat der Schuldner einen bestimmten Gegenstand herauszugeben, so bestimmt sich von dem Eintritt der Rechtshängigkeit an der Anspruch des Gläubigers auf Schadensersatz wegen Verschlechterung, Untergangs oder einer aus einem anderen Grunde eingetretenen Unmöglichkeit der Herausgabe nach den Vorschriften, welche für das Verhältnis zwischen dem Eigentümer und dem Besitzer von dem Eintritt der Rechtshängigkeit des Eigentumsanspruchs an gelten, soweit nicht aus dem Schuldverhältnis oder dem Verzug des Schuldners sich zugunsten des Gläubigers ein anderes ergibt.

---

*) **Amtlicher Hinweis zu § 288:**
Diese Vorschrift dient zum Teil auch der Umsetzung der Richtlinie 2000/35/EG des Europäischen Parlaments und des Rates vom 29. Juni 2000 zur Bekämpfung von Zahlungsverzug im Geschäftsverkehr (ABl. EG Nr. L 200 S. 35).

(2) Das Gleiche gilt von dem Anspruch des Gläubigers auf Herausgabe oder Vergütung von Nutzungen und von dem Anspruch des Schuldners auf Ersatz von Verwendungen.

Titel 2
Verzug des Gläubigers

§ 293 Annahmeverzug

Der Gläubiger kommt in Verzug, wenn er die ihm angebotene Leistung nicht annimmt.

§ 294 Tatsächliches Angebot

Die Leistung muss dem Gläubiger so, wie sie zu bewirken ist, tatsächlich angeboten werden.

§ 295 Wörtliches Angebot

Ein wörtliches Angebot des Schuldners genügt, wenn der Gläubiger ihm erklärt hat, dass er die Leistung nicht annehmen werde, oder wenn zur Bewirkung der Leistung eine Handlung des Gläubigers erforderlich ist, insbesondere wenn der Gläubiger die geschuldete Sache abzuholen hat. Dem Angebot der Leistung steht die Aufforderung an den Gläubiger gleich, die erforderliche Handlung vorzunehmen.

§ 296 Entbehrlichkeit des Angebots

Ist für die von dem Gläubiger vorzunehmende Handlung eine Zeit nach dem Kalender bestimmt, so bedarf es des Angebots nur, wenn der Gläubiger die Handlung rechtzeitig vornimmt. Das Gleiche gilt, wenn der Handlung ein Ereignis vorauszugehen hat und eine angemessene Zeit für die Handlung in der Weise bestimmt ist, dass sie sich von dem Ereignis an nach dem Kalender berechnen lässt.

§ 297 Unvermögen des Schuldners

Der Gläubiger kommt nicht in Verzug, wenn der Schuldner zur Zeit des Angebots oder im Falle des § 296 zu der für die Handlung des Gläubigers bestimmten Zeit außerstande ist, die Leistung zu bewirken.

§ 298 Zug-um-Zug-Leistungen

Ist der Schuldner nur gegen eine Leistung des Gläubigers zu leisten verpflichtet, so kommt der Gläubiger in Verzug, wenn er zwar die angebotene Leistung anzunehmen bereit ist, die verlangte Gegenleistung aber nicht anbietet.

§ 299 Vorübergehende Annahmeverhinderung

Ist die Leistungszeit nicht bestimmt oder ist der Schuldner berechtigt, vor der bestimmten Zeit zu leisten, so kommt der Gläubiger nicht dadurch in Verzug, dass er vorübergehend an der Annahme der angebotenen Leistung verhindert ist, es sei denn, dass der Schuldner ihm die Leistung eine angemessene Zeit vorher angekündigt hat.

§ 300 Wirkungen des Gläubigerverzugs

(1) Der Schuldner hat während des Verzugs des Gläubigers nur Vorsatz und grobe Fahrlässigkeit zu vertreten.

(2) Wird eine nur der Gattung nach bestimmte Sache geschuldet, so geht die Gefahr mit dem Zeitpunkt auf den Gläubiger über, in welchem er dadurch in Verzug kommt, dass er die angebotene Sache nicht annimmt.

§ 301 Wegfall der Verzinsung

Von einer verzinslichen Geldschuld hat der Schuldner während des Verzugs des Gläubigers Zinsen nicht zu entrichten.

§ 302 Nutzungen

Hat der Schuldner die Nutzungen eines Gegenstands herauszugeben oder zu ersetzen, so beschränkt sich seine Verpflichtung während des Verzugs des Gläubigers auf die Nutzungen, welche er zieht.

§ 303 Recht zur Besitzaufgabe

Ist der Schuldner zur Herausgabe eines Grundstücks oder eines eingetragenen Schiffs oder Schiffsbauwerks verpflichtet, so kann er nach dem Eintritt des Verzugs des Gläubigers den Besitz aufgeben. Das Aufgeben muss dem Gläubiger vorher angedroht werden, es sei denn, dass die Androhung untunlich ist.

§ 304 Ersatz von Mehraufwendungen

Der Schuldner kann im Falle des Verzugs des Gläubigers Ersatz der Mehraufwendungen verlangen, die er für das erfolglose Angebot sowie für die Aufbewahrung und Erhaltung des geschuldeten Gegenstands machen musste.

Abschnitt 2*)
Gestaltung rechtsgeschäftlicher Schuldverhältnisse durch Allgemeine Geschäftsbedingungen

§ 305 Einbeziehung Allgemeiner Geschäftsbedingungen in den Vertrag

(1) Allgemeine Geschäftsbedingungen sind alle für eine Vielzahl von Verträgen vorformulierten Vertragsbedingungen, die eine Vertragspartei (Verwender) der anderen Vertragspartei bei Abschluss eines Vertrags stellt. Gleichgültig ist, ob die Bestimmungen einen äußerlich gesonderten Bestandteil des Vertrags bilden oder in die Vertragsurkunde selbst aufgenommen werden, welchen Umfang sie haben, in welcher Schriftart sie verfasst sind und welche Form der Vertrag hat. Allgemeine Geschäftsbedingungen liegen nicht vor, soweit die Vertragsbedingungen zwischen den Vertragsparteien im Einzelnen ausgehandelt sind.

(2) Allgemeine Geschäftsbedingungen werden nur dann Bestandteil eines Vertrags, wenn der Verwender bei Vertragsschluss

1. die andere Vertragspartei ausdrücklich oder, wenn ein ausdrücklicher Hinweis wegen der Art des Vertragsschlusses nur unter unverhältnismäßigen Schwierigkeiten möglich ist, durch deutlich sichtbaren Aushang am Ort des Vertragsschlusses auf sie hinweist und

2. der anderen Vertragspartei die Möglichkeit verschafft, in zumutbarer Weise, die auch eine für den Verwender erkennbare

körperliche Behinderung der anderen Vertragspartei angemessen berücksichtigt, von ihrem Inhalt Kenntnis zu nehmen,

und wenn die andere Vertragspartei mit ihrer Geltung einverstanden ist.

(3) Die Vertragsparteien können für eine bestimmte Art von Rechtsgeschäften die Geltung bestimmter Allgemeiner Geschäftsbedingungen unter Beachtung der in Absatz 2 bezeichneten Erfordernisse im Voraus vereinbaren.

§ 305a Einbeziehung in besonderen Fällen

Auch ohne Einhaltung der in § 305 Abs. 2 Nr. 1 und 2 bezeichneten Erfordernisse werden einbezogen, wenn die andere Vertragspartei mit ihrer Geltung einverstanden ist,

1. die mit Genehmigung der zuständigen Verkehrsbehörde oder auf Grund von internationalen Übereinkommen erlassenen Tarife und Ausführungsbestimmungen der Eisenbahnen und die nach Maßgabe des Personenbeförderungsgesetzes genehmigten Beförderungsbedingungen der Straßenbahnen, Obusse und Kraftfahrzeuge im Linienverkehr in den Beförderungsvertrag,

2. die im Amtsblatt der Bundesnetzagentur für Elektrizität, Gas, Telekommunikation, Post und Eisenbahnen veröffentlichten und in den Geschäftsstellen des Verwenders bereitgehaltenen Allgemeinen Geschäftsbedingungen

   a) in Beförderungsverträge, die außerhalb von Geschäftsräumen durch den Einwurf von Postsendungen in Briefkästen abgeschlossen werden,

   b) in Verträge über Telekommunikations-, Informations- und andere Dienstleistungen, die unmittelbar durch Einsatz von Fernkommunikationsmitteln und während der Erbringung einer Telekommunikationsdienstleistung in ei-

---

*) **Amtlicher Hinweis zu Abschnitt 2:**
    Dieser Abschnitt dient auch der Umsetzung der Richtlinie 93/13/EWG des Rates vom 5. April 1993 über missbräuchliche Klauseln in Verbraucherverträgen (ABl. EG Nr. L 95 S. 29).

nem Mal erbracht werden, wenn die Allgemeinen Geschäftsbedingungen der anderen Vertragspartei nur unter unverhältnismäßigen Schwierigkeiten vor dem Vertragsschluss zugänglich gemacht werden können.

§ 305b Vorrang der Individualabrede

Individuelle Vertragsabreden haben Vorrang vor Allgemeinen Geschäftsbedingungen.

§ 305c Überraschende und mehrdeutige Klauseln

(1) Bestimmungen in Allgemeinen Geschäftsbedingungen, die nach den Umständen, insbesondere nach dem äußeren Erscheinungsbild des Vertrags, so ungewöhnlich sind, dass der Vertragspartner des Verwenders mit ihnen nicht zu rechnen braucht, werden nicht Vertragsbestandteil.

(2) Zweifel bei der Auslegung Allgemeiner Geschäftsbedingungen gehen zu Lasten des Verwenders.

§ 306 Rechtsfolgen bei Nichteinbeziehung und Unwirksamkeit

(1) Sind Allgemeine Geschäftsbedingungen ganz oder teilweise nicht Vertragsbestandteil geworden oder unwirksam, so bleibt der Vertrag im Übrigen wirksam.

(2) Soweit die Bestimmungen nicht Vertragsbestandteil geworden oder unwirksam sind, richtet sich der Inhalt des Vertrags nach den gesetzlichen Vorschriften.

(3) Der Vertrag ist unwirksam, wenn das Festhalten an ihm auch unter Berücksichtigung der nach Absatz 2 vorgesehenen Änderung eine unzumutbare Härte für eine Vertragspartei darstellen würde.

§ 306a Umgehungsverbot

Die Vorschriften dieses Abschnitts finden auch Anwendung, wenn sie durch anderweitige Gestaltungen umgangen werden.

§ 307 Inhaltskontrolle

(1) Bestimmungen in Allgemeinen Geschäftsbedingungen sind unwirksam, wenn sie den Vertragspartner des Verwenders entgegen den Geboten von Treu und Glauben unangemessen benachteiligen. Eine unangemessene Benachteiligung kann sich auch daraus ergeben, dass die Bestimmung nicht klar und verständlich ist.

(2) Eine unangemessene Benachteiligung ist im Zweifel anzunehmen, wenn eine Bestimmung

1. mit wesentlichen Grundgedanken der gesetzlichen Regelung, von der abgewichen wird, nicht zu vereinbaren ist oder

2. wesentliche Rechte oder Pflichten, die sich aus der Natur des Vertrags ergeben, so einschränkt, dass die Erreichung des Vertragszwecks gefährdet ist.

(3) Die Absätze 1 und 2 sowie die §§ 308 und 309 gelten nur für Bestimmungen in Allgemeinen Geschäftsbedingungen, durch die von Rechtsvorschriften abweichende oder diese ergänzende Regelungen vereinbart werden. Andere Bestimmungen können nach Absatz 1 Satz 2 in Verbindung mit Absatz 1 Satz 1 unwirksam sein.

§ 308 Klauselverbote mit Wertungsmöglichkeit

In Allgemeinen Geschäftsbedingungen ist insbesondere unwirksam

1. (Annahme- und Leistungsfrist)

   eine Bestimmung, durch die sich der Verwender unangemessen lange oder nicht hinreichend bestimmte Fristen für die Annahme oder Ablehnung eines Angebots oder die Erbringung einer Leistung vorbehält; ausgenommen hiervon ist der Vorbehalt, erst nach Ablauf der Widerrufs- oder Rückgabefrist nach § 355 Abs. 1 bis 3 und § 356 zu leisten;

2. (Nachfrist)

   eine Bestimmung, durch die sich der Verwender für die von ihm zu bewirkende Leistung abweichend von Rechtsvorschriften eine unangemessen lange oder nicht hinreichend bestimmte Nachfrist vorbehält;

3. (Rücktrittsvorbehalt)

   die Vereinbarung eines Rechts des Verwenders, sich ohne sachlich gerechtfertigten und im Vertrag angegebenen Grund von seiner Leistungspflicht zu lösen; dies gilt nicht für Dauerschuldverhältnisse;

4. (Änderungsvorbehalt)

die Vereinbarung eines Rechts des Verwenders, die versprochene Leistung zu ändern oder von ihr abzuweichen, wenn nicht die Vereinbarung der Änderung oder Abweichung unter Berücksichtigung der Interessen des Verwenders für den anderen Vertragsteil zumutbar ist;

5. (Fingierte Erklärungen)

eine Bestimmung, wonach eine Erklärung des Vertragspartners des Verwenders bei Vornahme oder Unterlassung einer bestimmten Handlung als von ihm abgegeben oder nicht abgegeben gilt, es sei denn, dass

a) dem Vertragspartner eine angemessene Frist zur Abgabe einer ausdrücklichen Erklärung eingeräumt ist und

b) der Verwender sich verpflichtet, den Vertragspartner bei Beginn der Frist auf die vorgesehene Bedeutung seines Verhaltens besonders hinzuweisen;

6. (Fiktion des Zugangs)

eine Bestimmung, die vorsieht, dass eine Erklärung des Verwenders von besonderer Bedeutung dem anderen Vertragsteil als zugegangen gilt;

7. (Abwicklung von Verträgen)

eine Bestimmung, nach der der Verwender für den Fall, dass eine Vertragspartei vom Vertrag zurücktritt oder den Vertrag kündigt,

a) eine unangemessen hohe Vergütung für die Nutzung oder den Gebrauch einer Sache oder eines Rechts oder für erbrachte Leistungen oder

b) einen unangemessen hohen Ersatz von Aufwendungen verlangen kann;

8. (Nichtverfügbarkeit der Leistung)

die nach Nummer 3 zulässige Vereinbarung eines Vorbehalts des Verwenders, sich von der Verpflichtung zur Erfüllung des Vertrags bei Nichtverfügbarkeit der Leistung zu lösen, wenn sich der Verwender nicht verpflichtet,

a) den Vertragspartner unverzüglich über die Nichtverfügbarkeit zu informieren und

b) Gegenleistungen des Vertragspartners unverzüglich zu erstatten.

§ 309 Klauselverbote ohne Wertungsmöglichkeit

Auch soweit eine Abweichung von den gesetzlichen Vorschriften zulässig ist, ist in Allgemeinen Geschäftsbedingungen unwirksam

1. (Kurzfristige Preiserhöhungen)

eine Bestimmung, welche die Erhöhung des Entgelts für Waren oder Leistungen vorsieht, die innerhalb von vier Monaten nach Vertragsschluss geliefert oder erbracht werden sollen; dies gilt nicht bei Waren oder Leistungen, die im Rahmen von Dauerschuldverhältnissen geliefert oder erbracht werden;

2. (Leistungsverweigerungsrechte)

eine Bestimmung, durch die

a) das Leistungsverweigerungsrecht, das dem Vertragspartner des Verwenders nach § 320 zusteht, ausgeschlossen oder eingeschränkt wird oder

b) ein dem Vertragspartner des Verwenders zustehendes Zurückbehaltungsrecht, soweit es auf demselben Vertragsverhältnis beruht, ausgeschlossen oder eingeschränkt, insbesondere von der Anerkennung von Mängeln durch den Verwender abhängig gemacht wird;

3. (Aufrechnungsverbot)

eine Bestimmung, durch die dem Vertragspartner des Verwenders die Befugnis genommen wird, mit einer unbestrittenen oder rechtskräftig festgestellten Forderung aufzurechnen;

4. (Mahnung, Fristsetzung)

eine Bestimmung, durch die der Verwender von der gesetzlichen Obliegenheit freigestellt wird, den anderen Vertragsteil zu mahnen oder ihm eine Frist für die Leistung oder Nacherfüllung zu setzen;

5. (Pauschalierung von Schadensersatzansprüchen)

die Vereinbarung eines pauschalierten Anspruchs des Verwenders auf Schadensersatz oder Ersatz einer Wertminderung, wenn

a) die Pauschale den in den geregelten Fällen nach dem gewöhnlichen Lauf der Dinge zu erwartenden Schaden oder die gewöhnlich eintretende Wertminderung übersteigt oder

b) dem anderen Vertragsteil nicht ausdrücklich der Nachweis gestattet wird, ein Schaden oder eine Wertminderung sei überhaupt nicht entstanden oder wesentlich niedriger als die Pauschale;

6. (Vertragsstrafe)

eine Bestimmung, durch die dem Verwender für den Fall der Nichtabnahme oder verspäteten Abnahme der Leistung, des Zahlungsverzugs oder für den Fall, dass der andere Vertragsteil sich vom Vertrag löst, Zahlung einer Vertragsstrafe versprochen wird;

7. (Haftungsausschluss bei Verletzung von Leben, Körper, Gesundheit und bei grobem Verschulden)

a) (Verletzung von Leben, Körper, Gesundheit)

ein Ausschluss oder eine Begrenzung der Haftung für Schäden aus der Verletzung des Lebens, des Körpers oder der Gesundheit, die auf einer fahrlässigen Pflichtverletzung des Verwenders oder einer vorsätzlichen oder fahrlässigen Pflichtverletzung eines gesetzlichen Vertreters oder Erfüllungsgehilfen des Verwenders beruhen;

b) (Grobes Verschulden)

ein Ausschluss oder eine Begrenzung der Haftung für sonstige Schäden, die auf einer grob fahrlässigen Pflichtverletzung des Verwenders oder auf einer vorsätzlichen oder grob fahrlässigen Pflichtverletzung eines gesetzlichen

Vertreters oder Erfüllungsgehilfen des Verwenders beruhen;

die Buchstaben a und b gelten nicht für Haftungsbeschränkungen in den nach Maßgabe des Personenbeförderungsgesetzes genehmigten Beförderungsbedingungen und Tarifvorschriften der Straßenbahnen, Obusse und Kraftfahrzeuge im Linienverkehr, soweit sie nicht zum Nachteil des Fahrgasts von der Verordnung über die Allgemeinen Beförderungsbedingungen für den Straßenbahn- und Obusverkehr sowie den Linienverkehr mit Kraftfahrzeugen vom 27. Februar 1970 abweichen; Buchstabe b gilt nicht für Haftungsbeschränkungen für staatlich genehmigte Lotterie- oder Ausspielverträge;

8. (Sonstige Haftungsausschlüsse bei Pflichtverletzung)

a) (Ausschluss des Rechts, sich vom Vertrag zu lösen)

eine Bestimmung, die bei einer vom Verwender zu vertretenden, nicht in einem Mangel der Kaufsache oder des Werkes bestehenden Pflichtverletzung das Recht des anderen Vertragsteils, sich vom Vertrag zu lösen, ausschließt oder einschränkt; dies gilt nicht für die in der Nummer 7 bezeichneten Beförderungsbedingungen und Tarifvorschriften unter den dort genannten Voraussetzungen;

b) (Mängel)

eine Bestimmung, durch die bei Verträgen über Lieferungen neu hergestellter Sachen und über Werkleistungen

aa) (Ausschluss und Verweisung auf Dritte)

die Ansprüche gegen den Verwender wegen eines Mangels insgesamt oder bezüglich einzelner Teile ausgeschlossen, auf die Einräumung von Ansprüchen gegen Dritte beschränkt oder von der vorherigen gerichtlichen Inanspruchnahme Dritter abhängig gemacht werden;

bb) (Beschränkung auf Nacherfüllung)

die Ansprüche gegen den Verwender insgesamt oder bezüglich einzelner Teile auf ein Recht auf Nacherfüllung beschränkt werden, sofern dem anderen Vertragsteil nicht ausdrücklich das Recht vorbehalten wird, bei Fehlschlagen der Nacherfüllung zu mindern oder, wenn nicht eine Bauleistung Gegenstand der Mängelhaftung ist, nach seiner Wahl vom Vertrag zurückzutreten;

cc) (Aufwendungen bei Nacherfüllung)

die Verpflichtung des Verwenders ausgeschlossen oder beschränkt wird, die zum Zwecke der Nacherfüllung erforderlichen Aufwendungen, insbesondere Transport-, Wege-, Arbeits- und Materialkosten, zu tragen;

dd) (Vorenthalten der Nacherfüllung)

der Verwender die Nacherfüllung von der vorherigen Zahlung des vollständigen Entgelts oder eines unter Berücksichtigung des Mangels unverhältnismäßig hohen Teils des Entgelts abhängig macht;

ee) (Ausschlussfrist für Mängelanzeige)

der Verwender dem anderen Vertragsteil für die Anzeige nicht offensichtlicher Mängel eine Ausschlussfrist setzt, die kürzer ist als die nach dem Doppelbuchstaben ff zulässige Frist;

ff) (Erleichterung der Verjährung)

die Verjährung von Ansprüchen gegen den Verwender wegen eines Mangels in den Fällen des § 438 Abs. 1 Nr. 2 und des § 634a Abs. 1 Nr. 2 erleichtert oder in den

sonstigen Fällen eine weniger als ein Jahr betragende Verjährungsfrist ab dem gesetzlichen Verjährungsbeginn erreicht wird;

9. (Laufzeit bei Dauerschuldverhältnissen)

bei einem Vertragsverhältnis, das die regelmäßige Lieferung von Waren oder die regelmäßige Erbringung von Dienst- oder Werkleistungen durch den Verwender zum Gegenstand hat,

a) eine den anderen Vertragsteil länger als zwei Jahre bindende Laufzeit des Vertrags,

b) eine den anderen Vertragsteil bindende stillschweigende Verlängerung des Vertragsverhältnisses um jeweils mehr als ein Jahr oder

c) zu Lasten des anderen Vertragsteils eine längere Kündigungsfrist als drei Monate vor Ablauf der zunächst vorgesehenen oder stillschweigend verlängerten Vertragsdauer;

dies gilt nicht für Verträge über die Lieferung als zusammengehörig verkaufter Sachen, für Versicherungsverträge sowie für Verträge zwischen den Inhabern urheberrechtlicher Rechte und Ansprüche und Verwertungsgesellschaften im Sinne des Gesetzes über die Wahrnehmung von Urheberrechten und verwandten Schutzrechten;

10. (Wechsel des Vertragspartners)

eine Bestimmung, wonach bei Kauf-, Darlehens-, Dienst- oder Werkverträgen ein Dritter anstelle des Verwenders in die sich aus dem Vertrag ergebenden Rechte und Pflichten eintritt oder eintreten kann, es sei denn, in der Bestimmung wird

a) der Dritte namentlich bezeichnet oder

b) dem anderen Vertragsteil das Recht eingeräumt, sich vom Vertrag zu lösen;

11. (Haftung des Abschlussvertreters)

eine Bestimmung, durch die der Verwender einem Vertreter, der den Vertrag für den anderen Vertragsteil abschließt,

a) ohne hierauf gerichtete ausdrückliche und gesonderte Erklärung eine eigene Haftung oder Einstandspflicht oder

b) im Falle vollmachtloser Vertretung eine über § 179 hinausgehende Haftung

auferlegt;

12. (Beweislast)

eine Bestimmung, durch die der Verwender die Beweislast zum Nachteil des anderen Vertragsteils ändert, insbesondere indem er

a) diesem die Beweislast für Umstände auferlegt, die im Verantwortungsbereich des Verwenders liegen, oder

b) den anderen Vertragsteil bestimmte Tatsachen bestätigen lässt;

Buchstabe b gilt nicht für Empfangsbekenntnisse, die gesondert unterschrieben oder mit einer gesonderten qualifizierten elektronischen Signatur versehen sind;

13. (Form von Anzeigen und Erklärungen)

eine Bestimmung, durch die Anzeigen oder Erklärungen, die dem Verwender oder einem Dritten gegenüber abzugeben sind, an eine strengere Form als die Schriftform oder an besondere Zugangserfordernisse gebunden werden.

§ 310 Anwendungsbereich

(1) § 305 Abs. 2 und 3 und die §§ 308 und 309 finden keine Anwendung auf Allgemeine Geschäftsbedingungen, die gegenüber einem Unternehmer, einer juristischen Person des öffentlichen Rechts oder einem öffentlich-rechtlichen Sondervermögen verwendet werden. § 307 Abs. 1 und 2 findet in den Fällen des Satzes 1 auch insoweit Anwendung, als dies zur Unwirksamkeit der in den §§ 308 und 309 genannten Vertragsbestimmungen führt; auf die im Handelsverkehr geltenden Gewohnheiten und Gebräuche ist angemessen Rücksicht zu nehmen. In den Fällen des Satzes 1 findet § 307 Abs. 1 und 2 auf Verträge, in die die Vergabe- und Vertragsordnung für Bauleistungen Teil B (VOB/B) in der jeweils zum Zeitpunkt des Vertragsschlusses geltenden Fassung ohne inhaltliche Abweichungen insgesamt einbezogen ist, in Bezug auf eine Inhaltskontrolle einzelner Bestimmungen keine Anwendung.

(2) Die §§ 308 und 309 finden keine Anwendung auf Verträge der Elektrizitäts-, Gas-, Fernwärme- und Wasserversorgungsunternehmen über die Versorgung von Sonderabnehmern mit elektrischer Energie, Gas, Fernwärme und Wasser aus dem Versorgungsnetz, soweit die Versorgungsbedingungen nicht zum Nachteil der Abnehmer von Verordnungen über Allgemeine Bedingungen für die Versorgung von Tarifkunden mit elektrischer Energie, Gas, Fernwärme und Wasser abweichen. Satz 1 gilt entsprechend für Verträge über die Entsorgung von Abwasser.

(3) Bei Verträgen zwischen einem Unternehmer und einem Verbraucher (Verbraucherverträge) finden die Vorschriften dieses Abschnitts mit folgenden Maßgaben Anwendung:

1. Allgemeine Geschäftsbedingungen gelten als vom Unternehmer gestellt, es sei denn, dass sie durch den Verbraucher in den Vertrag eingeführt wurden;

2. § 305c Abs. 2 und die §§ 306 und 307 bis 309 dieses Gesetzes sowie Artikel 46b des Einführungsgesetzes zum Bürgerlichen Gesetzbuche finden auf vorformulierte Vertragsbedingungen auch dann Anwendung, wenn diese nur zur einmaligen Verwendung bestimmt sind und soweit der Verbraucher auf Grund der Vorformulierung auf ihren Inhalt keinen Einfluss nehmen konnte;

3. bei der Beurteilung der unangemessenen Benachteiligung nach § 307 Abs. 1 und 2 sind auch die den Vertragsschluss begleitenden Umstände zu berücksichtigen.

(4) Dieser Abschnitt findet keine Anwendung bei Verträgen auf dem Gebiet des Erb-, Familien- und Gesellschaftsrechts sowie auf Tarifverträge, Betriebs- und Dienstvereinbarungen. Bei der Anwendung auf Arbeitsverträge sind die im Arbeitsrecht geltenden Besonderheiten angemessen zu berücksichtigen; § 305 Abs. 2 und 3 ist nicht anzuwenden. Tarifverträge, Betriebs- und Dienstvereinbarungen

stehen Rechtsvorschriften im Sinne von § 307 Abs. 3 gleich.

Abschnitt 3
Schuldverhältnisse aus Verträgen

Titel 1
Begründung, Inhalt und Beendigung

Untertitel 1
Begründung

§ 311 Rechtsgeschäftliche und rechtsgeschäftsähnliche Schuldverhältnisse

(1) Zur Begründung eines Schuldverhältnisses durch Rechtsgeschäft sowie zur Änderung des Inhalts eines Schuldverhältnisses ist ein Vertrag zwischen den Beteiligten erforderlich, soweit nicht das Gesetz ein anderes vorschreibt.

(2) Ein Schuldverhältnis mit Pflichten nach § 241 Abs. 2 entsteht auch durch

1. die Aufnahme von Vertragsverhandlungen,

2. die Anbahnung eines Vertrags, bei welcher der eine Teil im Hinblick auf eine etwaige rechtsgeschäftliche Beziehung dem anderen Teil die Möglichkeit zur Einwirkung auf seine Rechte, Rechtsgüter und Interessen gewährt oder ihm diese anvertraut, oder

3. ähnliche geschäftliche Kontakte.

(3) Ein Schuldverhältnis mit Pflichten nach § 241 Abs. 2 kann auch zu Personen entstehen, die nicht selbst Vertragspartei werden sollen. Ein solches Schuldverhältnis entsteht insbesondere, wenn der Dritte in besonderem Maße Vertrauen für sich in Anspruch nimmt und dadurch die Vertragsverhandlungen oder den Vertragsschluss erheblich beeinflusst.

§ 311a Leistungshindernis bei Vertragsschluss

(1) Der Wirksamkeit eines Vertrags steht es nicht entgegen, dass der Schuldner nach § 275 Abs. 1 bis 3 nicht zu leisten braucht und das Leistungshindernis schon bei Vertragsschluss vorliegt.

(2) Der Gläubiger kann nach seiner Wahl Schadensersatz statt der Leistung oder Ersatz seiner Aufwendungen in dem in § 284 bestimmten Umfang verlangen. Dies gilt nicht, wenn der Schuldner das Leistungshindernis bei Vertragsschluss nicht kannte und seine Unkenntnis nicht zu vertreten hat. § 281 Abs. 1 Satz 2 und 3 und Abs. 5 findet entsprechende Anwendung.

§ 311b Verträge über Grundstücke, das Vermögen und den Nachlass

(1) Ein Vertrag, durch den sich der eine Teil verpflichtet, das Eigentum an einem Grundstück zu übertragen oder zu erwerben, bedarf der notariellen Beurkundung. Ein ohne Beachtung dieser Form geschlossener Vertrag wird seinem ganzen Inhalt nach gültig, wenn die Auflassung und die Eintragung in das Grundbuch erfolgen.

(2) Ein Vertrag, durch den sich der eine Teil verpflichtet, sein künftiges Vermögen oder einen Bruchteil seines künftigen Vermögens zu übertragen oder mit einem Nießbrauch zu belasten, ist nichtig.

(3) Ein Vertrag, durch den sich der eine Teil verpflichtet, sein gegenwärtiges Vermögen oder einen Bruchteil seines gegenwärtigen Vermögens zu übertragen oder mit einem Nießbrauch zu belasten, bedarf der notariellen Beurkundung.

(4) Ein Vertrag über den Nachlass eines noch lebenden Dritten ist nichtig. Das Gleiche gilt von einem Vertrag über den Pflichtteil oder ein Vermächtnis aus dem Nachlass eines noch lebenden Dritten.

(5) Absatz 4 gilt nicht für einen Vertrag, der unter künftigen gesetzlichen Erben über den gesetzlichen Erbteil oder den Pflichtteil eines von ihnen geschlossen wird. Ein solcher Vertrag bedarf der notariellen Beurkundung.

§ 311c Erstreckung auf Zubehör

Verpflichtet sich jemand zur Veräußerung oder Belastung einer Sache, so erstreckt sich diese Verpflichtung im Zweifel auch auf das Zubehör der Sache.

II

Untertitel 2
Besondere Vertriebsformen*)

§ 312 Widerrufsrecht bei Haustürgeschäften

(1) Bei einem Vertrag zwischen einem Unternehmer und einem Verbraucher, der eine entgeltliche Leistung zum Gegenstand hat und zu dessen Abschluss der Verbraucher

1. durch mündliche Verhandlungen an seinem Arbeitsplatz oder im Bereich einer Privatwohnung,

2. anlässlich einer vom Unternehmer oder von einem Dritten zumindest auch im Interesse des Unternehmers durchgeführten Freizeitveranstaltung oder

3. im Anschluss an ein überraschendes Ansprechen in Verkehrsmitteln oder im Bereich öffentlich zugänglicher Verkehrsflächen

bestimmt worden ist (Haustürgeschäft), steht dem Verbraucher ein Widerrufsrecht gemäß § 355 zu. Dem Verbraucher kann anstelle des Widerrufsrechts ein Rückgaberecht nach § 356 eingeräumt werden, wenn zwischen dem Verbraucher und dem Unternehmer im Zusammenhang mit diesem oder einem späteren Geschäft auch eine ständige Verbindung aufrechterhalten werden soll.

(2) Der Unternehmer ist verpflichtet, den Verbraucher gemäß § 360 über sein Widerrufs- oder Rückgaberecht zu belehren. Die Belehrung muss auf die Rechtsfolgen des § 357 Abs. 1 und 3 hinweisen. Der Hinweis ist nicht erforderlich, soweit diese Rechtsfolgen tatsächlich nicht eintreten können.

(3) Das Widerrufs- oder Rückgaberecht besteht unbeschadet anderer Vorschriften nicht bei Versicherungsverträgen oder wenn

1. im Falle von Absatz 1 Nr. 1 die mündlichen Verhandlungen, auf denen der Abschluss des Vertrags beruht, auf vorübergehende Bestellung des Verbrauchers geführt worden sind oder

2. die Leistung bei Abschluss der Verhandlungen sofort erbracht und bezahlt wird und das Entgelt 40 Euro nicht übersteigt oder

3. die Willenserklärung des Verbrauchers von einem Notar beurkundet worden ist.

§ 312a Verhältnis zu anderen Vorschriften

Steht dem Verbraucher zugleich nach Maßgabe anderer Vorschriften ein Widerrufs- oder Rückgaberecht nach § 355 oder § 356 dieses Gesetzes, nach § 126 des Investmentgesetzes zu, ist das Widerrufs- oder Rückgaberecht nach § 312 ausgeschlossen.

§ 312b Fernabsatzverträge

(1) Fernabsatzverträge sind Verträge über die Lieferung von Waren oder über die Erbringung von Dienstleistungen, einschließlich Finanzdienstleistungen, die zwischen einem Unternehmer und einem Verbraucher unter ausschließlicher Verwendung von Fernkommunikationsmitteln abgeschlossen werden, es sei denn, dass der Vertragsschluss nicht im Rahmen eines für den Fernabsatz organisierten Vertriebs- oder Dienstleistungssystems erfolgt. Finanzdienstleistungen im Sinne des Satzes 1 sind Bankdienstleistungen sowie Dienstleistungen im Zusammenhang mit ei-

---

*) Amtlicher Hinweis zu Untertitel 2:
Dieser Untertitel dient der Umsetzung

1. der Richtlinie 85/577/EWG des Rates vom 20. Dezember 1985 betreffend den Verbraucherschutz im Falle von außerhalb von Geschäftsräumen geschlossenen Verträgen (ABl. EG Nr. L 372 S. 31),
2. der Richtlinie 97/7/EG des Europäischen Parlaments und des Rates vom 20. Mai 1977 über den Verbraucherschutz bei Vertragsabschlüssen im Fernabsatz (ABl. EG Nr. L 144 S. 19) und
3. der Artikel 10, 11 und 18 der Richtlinie 2000/31/EG des Europäischen Parlaments und des Rates vom 8. Juni 2000 über bestimmte rechtliche Aspekte der Dienste der Informationsgesellschaft, insbesondere des elektronischen Geschäftsverkehrs, im Binnenmarkt („Richtlinie über den elektronischen Geschäftsverkehr", ABl. EG Nr. L 178 S. 1).

ner Kreditgewährung, Versicherung, Altersversorgung von Einzelpersonen, Geldanlage oder Zahlung.

(2) Fernkommunikationsmittel sind Kommunikationsmittel, die zur Anbahnung oder zum Abschluss eines Vertrags zwischen einem Verbraucher und einem Unternehmer ohne gleichzeitige körperliche Anwesenheit der Vertragsparteien eingesetzt werden können, insbesondere Briefe, Kataloge, Telefonanrufe, Telekopien, E-Mails sowie Rundfunk, Tele- und Mediendienste.

(3) Die Vorschriften über Fernabsatzverträge finden keine Anwendung auf Verträge

1. über Fernunterricht (§ 1 des Fernunterrichtsschutzgesetzes),

2. über die Teilzeitnutzung von Wohngebäuden, langfristige Urlaubsprodukte sowie auf Vermittlungsverträge oder Tauschsystemverträge (§§ 481 bis 481b),

3. über Versicherungen sowie deren Vermittlung,

4. über die Veräußerung von Grundstücken und grundstücksgleichen Rechten, die Begründung, Veräußerung und Aufhebung von dinglichen Rechten an Grundstücken und grundstücksgleichen Rechten sowie über die Errichtung von Bauwerken,

5. über die Lieferung von Lebensmitteln, Getränken oder sonstigen Haushaltsgegenständen des täglichen Bedarfs, die am Wohnsitz, am Aufenthaltsort oder am Arbeitsplatz eines Verbrauchers von Unternehmern im Rahmen häufiger und regelmäßiger Fahrten geliefert werden,

6. über die Erbringung von Dienstleistungen in den Bereichen Unterbringung, Beförderung, Lieferung von Speisen und Getränken sowie Freizeitgestaltung, wenn sich der Unternehmer bei Vertragsschluss verpflichtet, die Dienstleistungen zu einem bestimmten Zeitpunkt oder innerhalb eines genau angegebenen Zeitraums zu erbringen,

7. die geschlossen werden

   a) unter Verwendung von Warenautomaten oder automatisierten Geschäftsräumen oder

   b) mit Betreibern von Telekommunikationsmitteln auf Grund der Benutzung von öffentlichen Fernsprechern, soweit sie deren Benutzung zum Gegenstand haben.

(4) Bei Vertragsverhältnissen, die eine erstmalige Vereinbarung mit daran anschließenden aufeinander folgenden Vorgängen oder eine daran anschließende Reihe getrennter, in einem zeitlichen Zusammenhang stehender Vorgänge der gleichen Art umfassen, finden die Vorschriften über Fernabsatzverträge nur Anwendung auf die erste Vereinbarung. Wenn derartige Vorgänge ohne eine solche Vereinbarung aufeinander folgen, gelten die Vorschriften über Informationspflichten des Unternehmers nur für den ersten Vorgang. Findet jedoch länger als ein Jahr kein Vorgang der gleichen Art mehr statt, so gilt der nächste Vorgang als der erste Vorgang einer neuen Reihe im Sinne von Satz 2.

(5) Weitergehende Vorschriften zum Schutz des Verbrauchers bleiben unberührt.

§ 312c Unterrichtung des Verbrauchers bei Fernabsatzverträgen

(1) Der Unternehmer hat den Verbraucher bei Fernabsatzverträgen nach Maßgabe des Artikels 246 §§ 1 und 2 des Einführungsgesetzes zum Bürgerlichen Gesetzbuche zu unterrichten.

(2) Der Unternehmer hat bei von ihm veranlassten Telefongesprächen seine Identität und den geschäftlichen Zweck des Kontakts bereits zu Beginn eines jeden Gesprächs ausdrücklich offenzulegen.

(3) Bei Finanzdienstleistungen kann der Verbraucher während der Laufzeit des Vertrags jederzeit vom Unternehmer verlangen, dass ihm dieser die Vertragsbestimmungen einschließlich der Allgemeinen Geschäftsbedingungen in einer Urkunde zur Verfügung stellt.

(4) Weitergehende Einschränkungen bei der Verwendung von Fernkommunikationsmitteln und weitergehende Informationspflichten auf Grund anderer Vorschriften bleiben unberührt.

II

§ 312d Widerrufs- und Rückgaberecht bei Fernabsatzverträgen

(1) Dem Verbraucher steht bei einem Fernabsatzvertrag ein Widerrufsrecht nach § 355 zu. Anstelle des Widerrufsrechts kann dem Verbraucher bei Verträgen über die Lieferung von Waren ein Rückgaberecht nach § 356 eingeräumt werden.

(2) Die Widerrufsfrist beginnt abweichend von § 355 Abs. 3 Satz 1 nicht vor Erfüllung der Informationspflichten gemäß Artikel 246 § 2 in Verbindung mit § 1 Abs. 1 und 2 des Einführungsgesetzes zum Bürgerlichen Gesetzbuche, bei der Lieferung von Waren nicht vor deren Eingang beim Empfänger, bei der wiederkehrenden Lieferung gleichartiger Waren nicht vor Eingang der ersten Teillieferung und bei Dienstleistungen nicht vor Vertragsschluss.

(3) Das Widerrufsrecht erlischt bei einer Dienstleistung auch dann, wenn der Vertrag von beiden Seiten auf ausdrücklichen Wunsch des Verbrauchers vollständig erfüllt ist, bevor der Verbraucher sein Widerrufsrecht ausgeübt hat.

(4) Das Widerrufsrecht besteht, soweit nicht ein anderes bestimmt ist, nicht bei Fernabsatzverträgen

1. zur Lieferung von Waren, die nach Kundenspezifikation angefertigt werden oder eindeutig auf die persönlichen Bedürfnisse zugeschnitten sind oder die auf Grund ihrer Beschaffenheit nicht für eine Rücksendung geeignet sind oder schnell verderben können oder deren Verfalldatum überschritten würde,

2. zur Lieferung von Audio- oder Videoaufzeichnungen oder von Software, sofern die gelieferten Datenträger vom Verbraucher entsiegelt worden sind,

3. zur Lieferung von Zeitungen, Zeitschriften und Illustrierten, es sei denn, dass der Verbraucher seine Vertragserklärung telefonisch abgegeben hat,

4. zur Erbringung von Wett- und Lotterie-Dienstleistungen, es sei denn, dass der Verbraucher seine Vertragserklärung telefonisch abgegeben hat,

5. die in der Form von Versteigerungen (§ 156) geschlossen werden,

6. die die Lieferung von Waren oder die Erbringung von Finanzdienstleistungen zum Gegenstand haben, deren Preis auf dem Finanzmarkt Schwankungen unterliegt, auf die der Unternehmer keinen Einfluss hat und die innerhalb der Widerrufsfrist auftreten können, insbesondere Dienstleistungen im Zusammenhang mit Aktien, Anteilsscheinen, die von einer Kapitalanlagegesellschaft oder einer ausländischen Investmentgesellschaft ausgegeben werden, und anderen handelbaren Wertpapieren, Devisen, Derivaten oder Geldmarktinstrumenten, oder

7. zur Erbringung telekommunikationsgestützter Dienste, die auf Veranlassung des Verbrauchers unmittelbar per Telefon oder Telefax in einem Mal erbracht werden, sofern es sich nicht um Finanzdienstleistungen handelt.

(5) Das Widerrufsrecht besteht ferner nicht bei Fernabsatzverträgen, bei denen dem Verbraucher bereits auf Grund der §§ 495, 506 bis 512 ein Widerrufs- oder Rückgaberecht nach § 355 oder 356 zusteht. Bei Ratenlieferungsverträgen gelten Absatz 2 und § 312e Absatz 1 entsprechend.

§ 312e Wertersatz bei Fernabsatzverträgen

(1) Bei Fernabsatzverträgen über die Lieferung von Waren hat der Verbraucher abweichend von § 357 Absatz 1 Wertersatz für Nutzungen nach den Vorschriften über den gesetzlichen Rücktritt nur zu leisten,

1. soweit er die Ware in einer Art und Weise genutzt hat, die über die Prüfung der Eigenschaften und der Funktionsweise hinausgeht, und

2. wenn er zuvor vom Unternehmer auf diese Rechtsfolge hingewiesen und nach § 360 Absatz 1 oder 2 über sein Widerrufs- oder Rückgaberecht belehrt worden ist oder von beidem anderweitig Kenntnis erlangt hat.

§ 347 Absatz 1 Satz 1 ist nicht anzuwenden.

(2) Bei Fernabsatzverträgen über Dienstleistungen hat der Verbraucher abweichend von § 357 Absatz 1 Wertersatz für die erbrachte Dienstleistung nach den Vorschriften über den gesetzlichen Rücktritt nur zu leisten,

1. wenn er vor Abgabe seiner Vertragserklärung auf diese Rechtsfolge hingewiesen worden ist und

2. wenn er ausdrücklich zugestimmt hat, dass der Unternehmer vor Ende der Widerrufsfrist mit der Ausführung der Dienstleistung beginnt.

§ 312f Zu Fernabsatzverträgen über Finanzdienstleistungen hinzugefügte Verträge

Hat der Verbraucher seine Willenserklärung, die auf den Abschluss eines Fernabsatzvertrags über eine Finanzdienstleistung gerichtet ist, wirksam widerrufen, so ist er auch nicht mehr an seine Willenserklärung hinsichtlich eines hinzugefügten Fernabsatzvertrags gebunden, der eine weitere Dienstleistung des Unternehmers oder eines Dritten auf der Grundlage einer Vereinbarung zwischen dem Unternehmer und dem Dritten zum Gegenstand hat. § 357 gilt für den hinzugefügten Vertrag entsprechend; § 312e gilt entsprechend, wenn für den hinzugefügten Vertrag ein Widerrufsrecht gemäß § 312d besteht oder bestand.

§ 312g Pflichten im elektronischen Geschäftsverkehr

(1) Bedient sich ein Unternehmer zum Zwecke des Abschlusses eines Vertrags über die Lieferung von Waren oder die Erbringung von Dienstleistungen eines Tele- oder Mediendienstes (Vertrag im elektronischen Geschäftsverkehr), hat er dem Kunden

1. angemessene, wirksame und zugängliche technische Mittel zur Verfügung zu stellen, mit deren Hilfe der Kunde Eingabefehler vor Abgabe seiner Bestellung erkennen und berichtigen kann,

2. die in Artikel 246 § 3 des Einführungsgesetzes zum Bürgerlichen Gesetzbuche bestimmten Informationen rechtzeitig vor Abgabe von dessen Bestellung klar und verständlich mitzuteilen,

3. den Zugang von dessen Bestellung unverzüglich auf elektronischem Wege zu bestätigen und

4. die Möglichkeit zu verschaffen, die Vertragsbestimmungen einschließlich der Allgemeinen Geschäftsbedingungen bei Vertragsschluss abzurufen und in wiedergabefähiger Form zu speichern.

Bestellung und Empfangsbestätigung im Sinne von Satz 1 Nr. 3 gelten als zugegangen, wenn die Parteien, für die sie bestimmt sind, sie unter gewöhnlichen Umständen abrufen können.

(2) Absatz 1 Satz 1 Nr. 1 bis 3 findet keine Anwendung, wenn der Vertrag ausschließlich durch individuelle Kommunikation geschlossen wird. Absatz 1 Satz 1 Nr. 1 bis 3 und Satz 2 findet keine Anwendung, wenn zwischen Vertragsparteien, die nicht Verbraucher sind, etwas anderes vereinbart wird.

(3) Weitergehende Informationspflichten auf Grund anderer Vorschriften bleiben unberührt. Steht dem Kunden ein Widerrufsrecht gemäß § 355 zu, beginnt die Widerrufsfrist abweichend von § 355 Abs. 3 Satz 1 nicht vor Erfüllung der in Absatz 1 Satz 1 geregelten Pflichten.

§ 312h Kündigung und Vollmacht zur Kündigung

Wird zwischen einem Unternehmer und einem Verbraucher nach diesem Untertitel ein Dauerschuldverhältnis begründet, das ein zwischen dem Verbraucher und einem anderen Unternehmer bestehendes Dauerschuldverhältnis ersetzen soll, und wird anlässlich der Begründung des Dauerschuldverhältnisses von dem Verbraucher

1. die Kündigung des bestehenden Dauerschuldverhältnisses erklärt und der Unternehmer oder ein von ihm beauftragter Dritter zur Übermittlung der Kündigung an den bisherigen Vertragspartner des Verbrauchers beauftragt oder

2. der Unternehmer oder ein von ihm beauftragter Dritter zur Erklärung der Kündi-

gung gegenüber dem bisherigen Vertragspartner des Verbrauchers bevollmächtigt,
bedarf die Kündigung des Verbrauchers oder
die Vollmacht zur Kündigung der Textform.

§ 312i Abweichende Vereinbarungen

Von den Vorschriften dieses Untertitels darf,
soweit nicht ein anderes bestimmt ist, nicht
zum Nachteil des Verbrauchers oder Kunden
abgewichen werden. Die Vorschriften dieses
Untertitels finden, soweit nicht ein anderes
bestimmt ist, auch Anwendung, wenn sie
durch anderweitige Gestaltungen umgangen
werden.

Untertitel 3
Anpassung und Beendigung von Verträgen

§ 313 Störung der Geschäftsgrundlage

(1) Haben sich Umstände, die zur Grundlage
des Vertrags geworden sind, nach Vertragsschluss schwerwiegend verändert und hätten
die Parteien den Vertrag nicht oder mit anderem Inhalt geschlossen, wenn sie diese
Veränderung vorausgesehen hätten, so kann
Anpassung des Vertrags verlangt werden,
soweit einem Teil unter Berücksichtigung aller Umstände des Einzelfalls, insbesondere
der vertraglichen oder gesetzlichen Risiko-
verteilung, das Festhalten am unveränderten
Vertrag nicht zugemutet werden kann.

(2) Einer Veränderung der Umstände steht es
gleich, wenn wesentliche Vorstellungen, die
zur Grundlage des Vertrags geworden sind,
sich als falsch herausstellen.

(3) Ist eine Anpassung des Vertrags nicht
möglich oder einem Teil nicht zumutbar, so
kann der benachteiligte Teil vom Vertrag zurücktreten. An die Stelle des Rücktrittsrechts
tritt für Dauerschuldverhältnisse das Recht
zur Kündigung.

§ 314 Kündigung von Dauerschuldver-hältnissen aus wichtigem Grund

(1) Dauerschuldverhältnisse kann jeder Vertragsteil aus wichtigem Grund ohne Einhaltung einer Kündigungsfrist kündigen. Ein
wichtiger Grund liegt vor, wenn dem kündi-

genden Teil unter Berücksichtigung aller Umstände des Einzelfalls und unter Abwägung
der beiderseitigen Interessen die Fortsetzung
des Vertragsverhältnisses bis zur vereinbarten Beendigung oder bis zum Ablauf einer
Kündigungsfrist nicht zugemutet werden
kann.

(2) Besteht der wichtige Grund in der Verletzung einer Pflicht aus dem Vertrag, ist die
Kündigung erst nach erfolglosem Ablauf einer zur Abhilfe bestimmten Frist oder nach
erfolgloser Abmahnung zulässig. § 323 Abs. 2
findet entsprechende Anwendung.

(3) Der Berechtigte kann nur innerhalb einer
angemessenen Frist kündigen, nachdem er
vom Kündigungsgrund Kenntnis erlangt hat.

(4) Die Berechtigung, Schadensersatz zu verlangen, wird durch die Kündigung nicht ausgeschlossen.

Untertitel 4
Einseitige Leistungsbestimmungsrechte

§ 315 Bestimmung der Leistung durch eine Partei

(1) Soll die Leistung durch einen der Vertragschließenden bestimmt werden, so ist im
Zweifel anzunehmen, dass die Bestimmung
nach billigem Ermessen zu treffen ist.

(2) Die Bestimmung erfolgt durch Erklärung
gegenüber dem anderen Teil.

(3) Soll die Bestimmung nach billigem Ermessen erfolgen, so ist die getroffene Bestimmung für den anderen Teil nur verbindlich, wenn sie der Billigkeit entspricht. Entspricht sie nicht der Billigkeit, so wird die Bestimmung durch Urteil getroffen; das Gleiche
gilt, wenn die Bestimmung verzögert wird.

§ 316 Bestimmung der Gegenleistung

Ist der Umfang der für eine Leistung versprochenen Gegenleistung nicht bestimmt, so
steht die Bestimmung im Zweifel demjenigen
Teil zu, welcher die Gegenleistung zu fordern
hat.

§ 317 Bestimmung der Leistung durch einen Dritten

(1) Ist die Bestimmung der Leistung einem Dritten überlassen, so ist im Zweifel anzunehmen, dass sie nach billigem Ermessen zu treffen ist.

(2) Soll die Bestimmung durch mehrere Dritte erfolgen, so ist im Zweifel Übereinstimmung aller erforderlich; soll eine Summe bestimmt werden, so ist, wenn verschiedene Summen bestimmt werden, im Zweifel die Durchschnittssumme maßgebend.

§ 318 Anfechtung der Bestimmung

(1) Die einem Dritten überlassene Bestimmung der Leistung erfolgt durch Erklärung gegenüber einem der Vertragschließenden.

(2) Die Anfechtung der getroffenen Bestimmung wegen Irrtums, Drohung oder arglistiger Täuschung steht nur den Vertragschließenden zu; Anfechtungsgegner ist der andere Teil. Die Anfechtung muss unverzüglich erfolgen, nachdem der Anfechtungsberechtigte von dem Anfechtungsgrund Kenntnis erlangt hat. Sie ist ausgeschlossen, wenn 30 Jahre verstrichen sind, nachdem die Bestimmung getroffen worden ist.

§ 319 Unwirksamkeit der Bestimmung; Ersetzung

(1) Soll der Dritte die Leistung nach billigem Ermessen bestimmen, so ist die getroffene Bestimmung für die Vertragschließenden nicht verbindlich, wenn sie offenbar unbillig ist. Die Bestimmung erfolgt in diesem Falle durch Urteil; das Gleiche gilt, wenn der Dritte die Bestimmung nicht treffen kann oder will oder wenn er sie verzögert.

(2) Soll der Dritte die Bestimmung nach freiem Belieben treffen, so ist der Vertrag unwirksam, wenn der Dritte die Bestimmung nicht treffen kann oder will oder wenn er sie verzögert.

Titel 2
Gegenseitiger Vertrag

§ 320 Einrede des nicht erfüllten Vertrags

(1) Wer aus einem gegenseitigen Vertrag verpflichtet ist, kann die ihm obliegende Leistung bis zur Bewirkung der Gegenleistung verweigern, es sei denn, dass er vorzuleisten verpflichtet ist. Hat die Leistung an mehrere zu erfolgen, so kann dem Einzelnen der ihm gebührende Teil bis zur Bewirkung der ganzen Gegenleistung verweigert werden. Die Vorschrift des § 273 Abs. 3 findet keine Anwendung.

(2) Ist von der einen Seite teilweise geleistet worden, so kann die Gegenleistung insoweit nicht verweigert werden, als die Verweigerung nach den Umständen, insbesondere wegen verhältnismäßiger Geringfügigkeit des rückständigen Teils, gegen Treu und Glauben verstoßen würde.

§ 321 Unsicherheitseinrede

(1) Wer aus einem gegenseitigen Vertrag vorzuleisten verpflichtet ist, kann die ihm obliegende Leistung verweigern, wenn nach Abschluss des Vertrags erkennbar wird, dass sein Anspruch auf die Gegenleistung durch mangelnde Leistungsfähigkeit des anderen Teils gefährdet wird. Das Leistungsverweigerungsrecht entfällt, wenn die Gegenleistung bewirkt oder Sicherheit für sie geleistet wird.

(2) Der Vorleistungspflichtige kann eine angemessene Frist bestimmen, in welcher der andere Teil Zug um Zug gegen die Leistung nach seiner Wahl die Gegenleistung zu bewirken oder Sicherheit zu leisten hat. Nach erfolglosem Ablauf der Frist kann der Vorleistungspflichtige vom Vertrag zurücktreten. § 323 findet entsprechende Anwendung.

§ 322 Verurteilung zur Leistung Zug-um-Zug

(1) Erhebt aus einem gegenseitigen Vertrag der eine Teil Klage auf die ihm geschuldete Leistung, so hat die Geltendmachung des dem anderen Teil zustehenden Rechts, die Leistung bis zur Bewirkung der Gegenleistung zu verweigern, nur die Wirkung, dass

der andere Teil zur Erfüllung Zug um Zug zu verurteilen ist.

(2) Hat der klagende Teil vorzuleisten, so kann er, wenn der andere Teil im Verzug der Annahme ist, auf Leistung nach Empfang der Gegenleistung klagen.

(3) Auf die Zwangsvollstreckung findet die Vorschrift des § 274 Abs. 2 Anwendung.

§ 323 *) Rücktritt wegen nicht oder nicht vertragsgemäß erbrachter Leistung

(1) Erbringt bei einem gegenseitigen Vertrag der Schuldner eine fällige Leistung nicht oder nicht vertragsgemäß, so kann der Gläubiger, wenn er dem Schuldner erfolglos eine angemessene Frist zur Leistung oder Nacherfüllung bestimmt hat, vom Vertrag zurücktreten.

(2) Die Fristsetzung ist entbehrlich, wenn

1. der Schuldner die Leistung ernsthaft und endgültig verweigert,

2. der Schuldner die Leistung zu einem im Vertrag bestimmten Termin oder innerhalb einer bestimmten Frist nicht bewirkt und der Gläubiger im Vertrag den Fortbestand seines Leistungsinteresses an die Rechtzeitigkeit der Leistung gebunden hat oder

3. besondere Umstände vorliegen, die unter Abwägung der beiderseitigen Interessen den sofortigen Rücktritt rechtfertigen.

(3) Kommt nach der Art der Pflichtverletzung eine Fristsetzung nicht in Betracht, so tritt an deren Stelle eine Abmahnung.

(4) Der Gläubiger kann bereits vor dem Eintritt der Fälligkeit der Leistung zurücktreten, wenn offensichtlich ist, dass die Voraussetzungen des Rücktritts eintreten werden.

(5) Hat der Schuldner eine Teilleistung bewirkt, so kann der Gläubiger vom ganzen Vertrag nur zurücktreten, wenn er an der Teilleistung kein Interesse hat. Hat der Schuldner die Leistung nicht vertragsgemäß bewirkt, so kann der Gläubiger vom Vertrag nicht zurücktreten, wenn die Pflichtverletzung unerheblich ist.

(6) Der Rücktritt ist ausgeschlossen, wenn der Gläubiger für den Umstand, der ihn zum Rücktritt berechtigen würde, allein oder weit überwiegend verantwortlich ist oder wenn der vom Schuldner nicht zu vertretende Umstand zu einer Zeit eintritt, zu welcher der Gläubiger im Verzug der Annahme ist.

§ 324 Rücktritt wegen Verletzung einer Pflicht nach § 241 Abs. 2

Verletzt der Schuldner bei einem gegenseitigen Vertrag eine Pflicht nach § 241 Abs. 2, so kann der Gläubiger zurücktreten, wenn ihm ein Festhalten am Vertrag nicht mehr zuzumuten ist.

§ 325 Schadensersatz und Rücktritt

Das Recht, bei einem gegenseitigen Vertrag Schadensersatz zu verlangen, wird durch den Rücktritt nicht ausgeschlossen.

§ 326 *) Befreiung von der Gegenleistung und Rücktritt beim Ausschluss der Leistungspflicht

(1) Braucht der Schuldner nach § 275 Abs. 1 bis 3 nicht zu leisten, entfällt der Anspruch auf die Gegenleistung; bei einer Teilleistung findet § 441 Abs. 3 entsprechende Anwendung. Satz 1 gilt nicht, wenn der Schuldner im Falle der nicht vertragsgemäßen Leistung die Nacherfüllung nach § 275 Abs. 1 bis 3 nicht zu erbringen braucht.

---

*) **Amtlicher Hinweis zu § 323:**
Diese Vorschrift dient auch der Umsetzung der Richtlinie 1999/44/EG des Europäischen Parlaments und des Rates vom 25. Mai 1999 zu bestimmten Aspekten des Verbrauchsgüterkaufs und der Garantien für Verbrauchsgüter (ABl. EG Nr. L 171 S. 12).

*) **Amtlicher Hinweis zu § 326:**
Diese Vorschrift dient auch der Umsetzung der Richtlinie 1999/44/EG des Europäischen Parlaments und des Rates vom 25. Mai 1999 zu bestimmten Aspekten des Verbrauchsgüterkaufs und der Garantien für Verbrauchsgüter (ABl. EG Nr. L 171 S. 12).

(2) Ist der Gläubiger für den Umstand, auf Grund dessen der Schuldner nach § 275 Abs. 1 bis 3 nicht zu leisten braucht, allein oder weit überwiegend verantwortlich oder tritt dieser vom Schuldner nicht zu vertretende Umstand zu einer Zeit ein, zu welcher der Gläubiger im Verzug der Annahme ist, so behält der Schuldner den Anspruch auf die Gegenleistung. Er muss sich jedoch dasjenige anrechnen lassen, was er infolge der Befreiung von der Leistung erspart oder durch anderweitige Verwendung seiner Arbeitskraft erwirbt oder zu erwerben böswillig unterlässt.

(3) Verlangt der Gläubiger nach § 285 Herausgabe des für den geschuldeten Gegenstand erlangten Ersatzes oder Abtretung des Ersatzanspruchs, so bleibt er zur Gegenleistung verpflichtet. Diese mindert sich jedoch nach Maßgabe des § 441 Abs. 3 insoweit, als der Wert des Ersatzes oder des Ersatzanspruchs hinter dem Wert der geschuldeten Leistung zurückbleibt.

(4) Soweit die nach dieser Vorschrift nicht geschuldete Gegenleistung bewirkt ist, kann das Geleistete nach den §§ 346 bis 348 zurückgefordert werden.

(5) Braucht der Schuldner nach § 275 Abs. 1 bis 3 nicht zu leisten, kann der Gläubiger zurücktreten; auf den Rücktritt findet § 323 mit der Maßgabe entsprechende Anwendung, dass die Fristsetzung entbehrlich ist.

§ 327 (weggefallen)

Titel 3
Versprechen der Leistung an einen Dritten

§ 328 Vertrag zugunsten Dritter

(1) Durch Vertrag kann eine Leistung an einen Dritten mit der Wirkung bedungen werden, dass der Dritte unmittelbar das Recht erwirbt, die Leistung zu fordern.

(2) In Ermangelung einer besonderen Bestimmung ist aus den Umständen, insbesondere aus dem Zwecke des Vertrags, zu entnehmen, ob der Dritte das Recht erwerben, ob das Recht des Dritten sofort oder nur unter gewissen Voraussetzungen entstehen und ob den Vertragschließenden die Befugnis vorbehalten sein soll, das Recht des Dritten ohne dessen Zustimmung aufzuheben oder zu ändern.

§ 329 Auslegungsregel bei Erfüllungsübernahme

Verpflichtet sich in einem Vertrag der eine Teil zur Befriedigung eines Gläubigers des anderen Teils, ohne die Schuld zu übernehmen, so ist im Zweifel nicht anzunehmen, dass der Gläubiger unmittelbar das Recht erwerben soll, die Befriedigung von ihm zu fordern.

§ 330 Auslegungsregel bei Leibrentenvertrag

Wird in einem Leibrentenvertrag die Zahlung der Leibrente an einen Dritten vereinbart, ist im Zweifel anzunehmen, dass der Dritte unmittelbar das Recht erwerben soll, die Leistung zu fordern. Das Gleiche gilt, wenn bei einer unentgeltlichen Zuwendung dem Bedachten eine Leistung an einen Dritten auferlegt oder bei einer Vermögens- oder Gutsübernahme von dem Übernehmer eine Leistung an einen Dritten zum Zwecke der Abfindung versprochen wird.

§ 331 Leistung nach Todesfall

(1) Soll die Leistung an den Dritten nach dem Tode desjenigen erfolgen, welchem sie versprochen wird, so erwirbt der Dritte das Recht auf die Leistung im Zweifel mit dem Tode des Versprechensempfängers.

(2) Stirbt der Versprechensempfänger vor der Geburt des Dritten, so kann das Versprechen, an den Dritten zu leisten, nur dann noch aufgehoben oder geändert werden, wenn die Befugnis dazu vorbehalten worden ist.

§ 332 Änderung durch Verfügung von Todes wegen bei Vorbehalt

Hat sich der Versprechensempfänger die Befugnis vorbehalten, ohne Zustimmung des Versprechenden an die Stelle des in dem Vertrag bezeichneten Dritten einen anderen zu setzen, so kann dies im Zweifel auch in einer Verfügung von Todes wegen geschehen.

§ 333 Zurückweisung des Rechts durch den Dritten

Weist der Dritte das aus dem Vertrag erworbene Recht dem Versprechenden gegenüber zurück, so gilt das Recht als nicht erworben.

§ 334 Einwendungen des Schuldners gegenüber dem Dritten

Einwendungen aus dem Vertrag stehen dem Versprechenden auch gegenüber dem Dritten zu.

§ 335 Forderungsrecht des Versprechensempfängers

Der Versprechensempfänger kann, sofern nicht ein anderer Wille der Vertragschließenden anzunehmen ist, die Leistung an den Dritten auch dann fordern, wenn diesem das Recht auf die Leistung zusteht.

Titel 4
Draufgabe, Vertragsstrafe

§ 336 Auslegung der Draufgabe

(1) Wird bei der Eingehung eines Vertrags etwas als Draufgabe gegeben, so gilt dies als Zeichen des Abschlusses des Vertrags.

(2) Die Draufgabe gilt im Zweifel nicht als Reugeld.

§ 337 Anrechnung oder Rückgabe der Draufgabe

(1) Die Draufgabe ist im Zweifel auf die von dem Geber geschuldete Leistung anzurechnen oder, wenn dies nicht geschehen kann, bei der Erfüllung des Vertrags zurückzugeben.

(2) Wird der Vertrag wieder aufgehoben, so ist die Draufgabe zurückzugeben.

§ 338 Draufgabe bei zu vertretender Unmöglichkeit der Leistung

Wird die von dem Geber geschuldete Leistung infolge eines Umstands, den er zu vertreten hat, unmöglich oder verschuldet der Geber die Wiederaufhebung des Vertrags, so ist der Empfänger berechtigt, die Draufgabe zu behalten. Verlangt der Empfänger Schadensersatz wegen Nichterfüllung, so ist die

Draufgabe im Zweifel anzurechnen oder, wenn dies nicht geschehen kann, bei der Leistung des Schadensersatzes zurückzugeben.

§ 339 Verwirkung der Vertragsstrafe

Verspricht der Schuldner dem Gläubiger für den Fall, dass er seine Verbindlichkeit nicht oder nicht in gehöriger Weise erfüllt, die Zahlung einer Geldsumme als Strafe, so ist die Strafe verwirkt, wenn er in Verzug kommt. Besteht die geschuldete Leistung in einem Unterlassen, so tritt die Verwirkung mit der Zuwiderhandlung ein.

§ 340 Strafversprechen für Nichterfüllung

(1) Hat der Schuldner die Strafe für den Fall versprochen, dass er seine Verbindlichkeit nicht erfüllt, so kann der Gläubiger die verwirkte Strafe statt der Erfüllung verlangen. Erklärt der Gläubiger dem Schuldner, dass er die Strafe verlange, so ist der Anspruch auf Erfüllung ausgeschlossen.

(2) Steht dem Gläubiger ein Anspruch auf Schadensersatz wegen Nichterfüllung zu, so kann er die verwirkte Strafe als Mindestbetrag des Schadens verlangen. Die Geltendmachung eines weiteren Schadens ist nicht ausgeschlossen.

§ 341 Strafversprechen für nicht gehörige Erfüllung

(1) Hat der Schuldner die Strafe für den Fall versprochen, dass er seine Verbindlichkeit nicht in gehöriger Weise, insbesondere nicht zu der bestimmten Zeit, erfüllt, so kann der Gläubiger die verwirkte Strafe neben der Erfüllung verlangen.

(2) Steht dem Gläubiger ein Anspruch auf Schadensersatz wegen der nicht gehörigen Erfüllung zu, so findet die Vorschrift des § 340 Abs. 2 Anwendung.

(3) Nimmt der Gläubiger die Erfüllung an, so kann er die Strafe nur verlangen, wenn er sich das Recht dazu bei der Annahme vorbehält.

§ 342 Andere als Geldstrafe

Wird als Strafe eine andere Leistung als die Zahlung einer Geldsumme versprochen, so finden die Vorschriften der §§ 339 bis 341 Anwendung; der Anspruch auf Schadensersatz ist ausgeschlossen, wenn der Gläubiger die Strafe verlangt.

§ 343 Herabsetzung der Strafe

(1) Ist eine verwirkte Strafe unverhältnismäßig hoch, so kann sie auf Antrag des Schuldners durch Urteil auf den angemessenen Betrag herabgesetzt werden. Bei der Beurteilung der Angemessenheit ist jedes berechtigte Interesse des Gläubigers, nicht bloß das Vermögensinteresse, in Betracht zu ziehen. Nach der Entrichtung der Strafe ist die Herabsetzung ausgeschlossen.

(2) Das Gleiche gilt auch außer in den Fällen der §§ 339, 342, wenn jemand eine Strafe für den Fall verspricht, dass er eine Handlung vornimmt oder unterlässt.

§ 344 Unwirksames Strafversprechen

Erklärt das Gesetz das Versprechen einer Leistung für unwirksam, so ist auch die für den Fall der Nichterfüllung des Versprechens getroffene Vereinbarung einer Strafe unwirksam, selbst wenn die Parteien die Unwirksamkeit des Versprechens gekannt haben.

§ 345 Beweislast

Bestreitet der Schuldner die Verwirkung der Strafe, weil er seine Verbindlichkeit erfüllt habe, so hat er die Erfüllung zu beweisen, sofern nicht die geschuldete Leistung in einem Unterlassen besteht.

Titel 5
Rücktritt; Widerrufs- und Rückgaberecht bei Verbraucherverträgen

Untertitel 1
Rücktritt*)

§ 346 Wirkungen des Rücktritts

(1) Hat sich eine Vertragspartei vertraglich den Rücktritt vorbehalten oder steht ihr ein gesetzliches Rücktrittsrecht zu, so sind im Falle des Rücktritts die empfangenen Leistungen zurückzugewähren und die gezogenen Nutzungen herauszugeben.

(2) Statt der Rückgewähr oder Herausgabe hat der Schuldner Wertersatz zu leisten, soweit

1. die Rückgewähr oder die Herausgabe nach der Natur des Erlangten ausgeschlossen ist,

2. er den empfangenen Gegenstand verbraucht, veräußert, belastet, verarbeitet oder umgestaltet hat,

3. der empfangene Gegenstand sich verschlechtert hat oder untergegangen ist; jedoch bleibt die durch die bestimmungsgemäße Ingebrauchnahme entstandene Verschlechterung außer Betracht.

Ist im Vertrag eine Gegenleistung bestimmt, ist sie bei der Berechnung des Wertersatzes zugrunde zu legen; ist Wertersatz für den Gebrauchsvorteil eines Darlehens zu leisten, kann nachgewiesen werden, dass der Wert des Gebrauchsvorteils niedriger war.

(3) Die Pflicht zum Wertersatz entfällt,

1. wenn sich der zum Rücktritt berechtigende Mangel erst während der Verarbeitung oder Umgestaltung des Gegenstandes gezeigt hat,

2. soweit der Gläubiger die Verschlechterung oder den Untergang zu vertreten hat oder der Schaden bei ihm gleichfalls eingetreten wäre,

---

*) **Amtlicher Hinweis zu Untertitel 1:**
Dieser Untertitel dient auch der Umsetzung der Richtlinie 1999/44/EG des Europäischen Parlaments und des Rates vom 25. Mai 1999 zu bestimmten Aspekten des Verbrauchsgüterkaufs und der Garantie für Verbrauchsgüter (ABl. EG Nr. L 171 S. 12).

3. wenn im Falle eines gesetzlichen Rücktrittsrechts die Verschlechterung oder der Untergang beim Berechtigten eingetreten ist, obwohl dieser diejenige Sorgfalt beobachtet hat, die er in eigenen Angelegenheiten anzuwenden pflegt.

Eine verbleibende Bereicherung ist herauszugeben.

(4) Der Gläubiger kann wegen Verletzung einer Pflicht aus Absatz 1 nach Maßgabe der §§ 280 bis 283 Schadensersatz verlangen.

§ 347 Nutzungen und Verwendungen nach Rücktritt

(1) Zieht der Schuldner Nutzungen entgegen den Regeln einer ordnungsmäßigen Wirtschaft nicht, obwohl ihm das möglich gewesen wäre, so ist er dem Gläubiger zum Wertersatz verpflichtet. Im Falle eines gesetzlichen Rücktrittsrechts hat der Berechtigte hinsichtlich der Nutzungen nur für diejenige Sorgfalt einzustehen, die er in eigenen Angelegenheiten anzuwenden pflegt.

(2) Gibt der Schuldner den Gegenstand zurück, leistet er Wertersatz oder ist seine Wertersatzpflicht gemäß § 346 Abs. 3 Nr. 1 oder 2 ausgeschlossen, so sind ihm notwendige Verwendungen zu ersetzen. Andere Aufwendungen sind zu ersetzen, soweit der Gläubiger durch diese bereichert wird.

§ 348 Erfüllung Zug-um-Zug

Die sich aus dem Rücktritt ergebenden Verpflichtungen der Parteien sind Zug um Zug zu erfüllen. Die Vorschriften der §§ 320, 322 finden entsprechende Anwendung.

§ 349 Erklärung des Rücktritts

Der Rücktritt erfolgt durch Erklärung gegenüber dem anderen Teil.

§ 350 Erlöschen des Rücktrittsrechts nach Fristsetzung

Ist für die Ausübung des vertraglichen Rücktrittsrechts eine Frist nicht vereinbart, so kann dem Berechtigten von dem anderen Teil für die Ausübung eine angemessene Frist bestimmt werden. Das Rücktrittsrecht erlischt, wenn nicht der Rücktritt vor dem Ablauf der Frist erklärt wird.

§ 351 Unteilbarkeit des Rücktrittsrechts

Sind bei einem Vertrag auf der einen oder der anderen Seite mehrere beteiligt, so kann das Rücktrittsrecht nur von allen und gegen alle ausgeübt werden. Erlischt das Rücktrittsrecht für einen der Berechtigten, so erlischt es auch für die übrigen.

§ 352 Aufrechnung nach Nichterfüllung

Der Rücktritt wegen Nichterfüllung einer Verbindlichkeit wird unwirksam, wenn der Schuldner sich von der Verbindlichkeit durch Aufrechnung befreien konnte und unverzüglich nach dem Rücktritt die Aufrechnung erklärt.

§ 353 Rücktritt gegen Reugeld

Ist der Rücktritt gegen Zahlung eines Reugelds vorbehalten, so ist der Rücktritt unwirksam, wenn das Reugeld nicht vor oder bei der Erklärung entrichtet wird und der andere Teil aus diesem Grunde die Erklärung unverzüglich zurückweist. Die Erklärung ist jedoch wirksam, wenn das Reugeld unverzüglich nach der Zurückweisung entrichtet wird.

§ 354 Verwirkungsklausel

Ist ein Vertrag mit dem Vorbehalt geschlossen, dass der Schuldner seiner Rechte aus dem Vertrag verlustig sein soll, wenn er seine Verbindlichkeit nicht erfüllt, so ist der Gläubiger bei dem Eintritt dieses Falles zum Rücktritt von dem Vertrag berechtigt.

Untertitel 2*)
Widerrufs- und Rückgaberecht bei Verbraucherverträgen

§ 355 Widerrufsrecht bei Verbraucherverträgen

(1) Wird einem Verbraucher durch Gesetz ein Widerrufsrecht nach dieser Vorschrift eingeräumt, so ist er an seine auf den Abschluss des Vertrags gerichtete Willenserklärung nicht mehr gebunden, wenn er sie fristgerecht widerrufen hat. Der Widerruf muss keine Begründung enthalten und ist in Textform oder durch Rücksendung der Sache innerhalb der Widerrufsfrist gegenüber dem Unternehmer zu erklären; zur Fristwahrung genügt die rechtzeitige Absendung.

(2) Die Widerrufsfrist beträgt 14 Tage, wenn dem Verbraucher spätestens bei Vertragsschluss eine den Anforderungen des § 360 Abs. 1 entsprechende Widerrufsbelehrung in Textform mitgeteilt wird. Bei Fernabsatzverträgen steht eine unverzüglich nach Vertragsschluss in Textform mitgeteilte Widerrufsbelehrung einer solchen bei Vertragsschluss gleich, wenn der Unternehmer den Verbraucher gemäß Artikel 246 § 1 Abs. 1 Nr. 10 des Einführungsgesetzes zum Bürgerlichen Gesetzbuche unterrichtet hat. Wird die Widerrufsbelehrung dem Verbraucher nach dem gemäß Satz 1 oder Satz 2 maßgeblichen Zeitpunkt mitgeteilt, beträgt die Widerrufsfrist einen Monat. Dies gilt auch dann, wenn der Unternehmer den Verbraucher über das Widerrufsrecht gemäß Artikel 246 § 2 Abs. 1 Satz 1 Nr. 2 des Einführungsgesetzes zum Bürgerlichen Gesetzbuche zu einem späteren als dem in Satz 1 oder Satz 2 genannten Zeitpunkt unterrichten darf.

(3) Die Widerrufsfrist beginnt, wenn dem Verbraucher eine den Anforderungen des § 360 Abs. 1 entsprechende Belehrung über sein Widerrufsrecht in Textform mitgeteilt worden ist. Ist der Vertrag schriftlich abzuschließen, so beginnt die Frist nicht, bevor dem Verbraucher auch eine Vertragsurkunde, der schriftliche Antrag des Verbrauchers oder eine Abschrift der Vertragsurkunde oder des Antrags zur Verfügung gestellt wird. Ist der Fristbeginn streitig, so trifft die Beweislast den Unternehmer.

(4) Das Widerrufsrecht erlischt spätestens sechs Monate nach Vertragsschluss. Diese Frist beginnt bei der Lieferung von Waren nicht vor deren Eingang beim Empfänger. Abweichend von Satz 1 erlischt das Widerrufsrecht nicht, wenn der Verbraucher nicht entsprechend den Anforderungen des § 360 Abs. 1 über sein Widerrufsrecht in Textform belehrt worden ist, bei Fernabsatzverträgen über Finanzdienstleistungen ferner nicht, wenn der Unternehmer seine Mitteilungspflichten gemäß Artikel 246 § 2 Abs. 1 Satz 1 Nr. 1 und Satz 2 Nr. 1 bis 3 des Einführungsgesetzes zum Bürgerlichen Gesetzbuche nicht ordnungsgemäß erfüllt hat.

§ 356 Rückgaberecht bei Verbraucherverträgen

(1) Das Widerrufsrecht nach § 355 kann, soweit dies ausdrücklich durch Gesetz zugelassen ist, beim Vertragsschluss auf Grund eines Verkaufsprospekts im Vertrag durch ein uneingeschränktes Rückgaberecht ersetzt werden. Voraussetzung ist, dass

1. im Verkaufsprospekt eine den Anforderungen des § 360 Abs. 2 entsprechende

---

*) **Amtlicher Hinweis zu Untertitel 2:**
Dieser Untertitel dient der Umsetzung

1. der Richtlinie 85/577/EWG des Rates vom 20. Dezember 1985 betreffend den Verbraucherschutz im Falle von außerhalb von Geschäftsräumen geschlossenen Verträgen (ABl. EG Nr. L 372 S. 31),
2. der Richtlinie 94/47/EG des Europäischen Parlaments und des Rates vom 26. Oktober 1994 zum Schutz der Erwerber im Hinblick auf bestimmte Aspekte von Verträgen über den Erwerb von Teilzeitnutzungsrechten an Immobilien (ABl. EG Nr. L 280 S. 82) und
3. Richtlinie 97/7/EG des Europäischen Parlaments und des Rates vom 20. Mai 1997 über den Verbraucherschutz bei Vertragsabschlüssen im Fernabsatz (ABl. EG Nr. L 144 S. 19).

Belehrung über das Rückgaberecht enthalten ist und

2. der Verbraucher den Verkaufsprospekt in Abwesenheit des Unternehmers eingehend zur Kenntnis nehmen konnte.

(2) Das Rückgaberecht kann innerhalb der Widerrufsfrist, die jedoch nicht vor Erhalt der Sache beginnt, und nur durch Rücksendung der Sache oder, wenn die Sache nicht als Paket versandt werden kann, durch Rücknahmeverlangen ausgeübt werden. Im Übrigen sind die Vorschriften über das Widerrufsrecht entsprechend anzuwenden. An die Stelle von § 360 Abs. 1 tritt § 360 Abs. 2.

§ 357 Rechtsfolgen des Widerrufs und der Rückgabe

(1) Auf das Widerrufs- und das Rückgaberecht finden, soweit nicht ein anderes bestimmt ist, die Vorschriften über den gesetzlichen Rücktritt entsprechende Anwendung. § 286 Abs. 3 gilt für die Verpflichtung zur Erstattung von Zahlungen nach dieser Vorschrift entsprechend; die dort bestimmte Frist beginnt mit der Widerrufs- oder Rückgabeerklärung des Verbrauchers. Dabei beginnt die Frist im Hinblick auf eine Erstattungsverpflichtung des Verbrauchers mit Abgabe dieser Erklärung, im Hinblick auf eine Erstattungsverpflichtung des Unternehmers mit deren Zugang.

(2) Der Verbraucher ist bei Ausübung des Widerrufsrechts zur Rücksendung verpflichtet, wenn die Sache durch Paket versandt werden kann. Kosten und Gefahr der Rücksendung trägt bei Widerruf und Rückgabe der Unternehmer. Wenn ein Widerrufsrecht nach § 312d Abs. 1 Satz 1 besteht, dürfen dem Verbraucher die regelmäßigen Kosten der Rücksendung vertraglich auferlegt werden, wenn der Preis der zurückzusendenden Sache einen Betrag von 40 Euro nicht übersteigt oder wenn bei einem höheren Preis der Sache der Verbraucher die Gegenleistung oder eine Teilzahlung zum Zeitpunkt des Widerrufs noch nicht erbracht hat, es sei denn, dass die gelieferte Ware nicht der bestellten entspricht.

(3) Der Verbraucher hat abweichend von § 346 Absatz 2 Satz 1 Nummer 3 Wertersatz für eine Verschlechterung der Sache zu leisten,

1. soweit die Verschlechterung auf einen Umgang mit der Sache zurückzuführen ist, der über die Prüfung der Eigenschaften und der Funktionsweise hinausgeht, und

2. wenn er spätestens bei Vertragsschluss in Textform auf diese Rechtsfolge hingewiesen worden ist.

Bei Fernabsatzverträgen steht ein unverzüglich nach Vertragsschluss in Textform mitgeteilter Hinweis einem solchen bei Vertragsschluss gleich, wenn der Unternehmer den Verbraucher rechtzeitig vor Abgabe von dessen Vertragserklärung in einer dem eingesetzten Fernkommunikationsmittel entsprechenden Weise über die Wertersatzpflicht unterrichtet hat. § 346 Absatz 3 Satz 1 Nummer 3 ist nicht anzuwenden, wenn der Verbraucher über sein Widerrufsrecht ordnungsgemäß belehrt worden ist oder hiervon anderweitig Kenntnis erlangt hat.

(4) Weitergehende Ansprüche bestehen nicht.

§ 358 Verbundene Verträge

(1) Hat der Verbraucher seine auf den Abschluss eines Vertrags über die Lieferung einer Ware oder die Erbringung einer anderen Leistung durch einen Unternehmer gerichtete Willenserklärung wirksam widerrufen, so ist er auch an seine auf den Abschluss eines mit diesem Vertrag verbundenen Darlehensvertrags gerichtete Willenserklärung nicht mehr gebunden.

(2) Hat der Verbraucher seine auf den Abschluss eines Verbraucherdarlehensvertrags gerichtete Willenserklärung auf Grund des § 495 Absatz 1 wirksam widerrufen, so ist er auch an seine auf den Abschluss eines mit diesem Verbraucherdarlehensvertrag verbundenen Vertrags über die Lieferung einer Ware oder die Erbringung einer anderen Leistung gerichtete Willenserklärung nicht mehr gebunden.

(3) Ein Vertrag über die Lieferung einer Ware oder die Erbringung einer anderen Leistung

und ein Darlehensvertrag gemäß Absatz 1 oder 2 sind verbunden, wenn das Darlehen ganz oder teilweise der Finanzierung des anderen Vertrags dient und beide Verträge eine wirtschaftliche Einheit bilden. Eine wirtschaftliche Einheit ist insbesondere anzunehmen, wenn der Unternehmer selbst die Gegenleistung des Verbrauchers finanziert, oder im Falle der Finanzierung durch einen Dritten, wenn sich der Darlehensgeber bei der Vorbereitung oder dem Abschluss des Darlehensvertrags der Mitwirkung des Unternehmers bedient. Bei einem finanzierten Erwerb eines Grundstücks oder eines grundstücksgleichen Rechts ist eine wirtschaftliche Einheit nur anzunehmen, wenn der Darlehensgeber selbst das Grundstück oder das grundstücksgleiche Recht verschafft oder wenn er über die Zurverfügungstellung von Darlehen hinaus den Erwerb des Grundstücks oder grundstücksgleichen Rechts durch Zusammenwirken mit dem Unternehmer fördert, indem er sich dessen Veräußerungsinteressen ganz oder teilweise zu Eigen macht, bei der Planung, Werbung oder Durchführung des Projekts Funktionen des Veräußerers übernimmt oder den Veräußerer einseitig begünstigt.

(4) § 357 gilt für den verbundenen Vertrag entsprechend; § 312e gilt entsprechend, wenn für den verbundenen Vertrag ein Widerrufsrecht gemäß § 312d besteht oder bestand. Im Falle des Absatzes 1 sind jedoch Ansprüche auf Zahlung von Zinsen und Kosten aus der Rückabwicklung des Darlehensvertrags gegen den Verbraucher ausgeschlossen. Der Darlehensgeber tritt im Verhältnis zum Verbraucher hinsichtlich der Rechtsfolgen des Widerrufs oder der Rückgabe in die Rechte und Pflichten des Unternehmers aus dem verbundenen Vertrag ein, wenn das Darlehen dem Unternehmer bei Wirksamwerden des Widerrufs oder der Rückgabe bereits zugeflossen ist.

(5) Die erforderliche Belehrung über das Widerrufs- oder Rückgaberecht muss auf die Rechtsfolgen nach den Absätzen 1 und 2 hinweisen.

§ 359 Einwendungen bei verbundenen Verträgen

Der Verbraucher kann die Rückzahlung des Darlehens verweigern, soweit Einwendungen aus dem verbundenen Vertrag ihn gegenüber dem Unternehmer, mit dem er den verbundenen Vertrag geschlossen hat, zur Verweigerung seiner Leistung berechtigen würden. Dies gilt nicht bei Einwendungen, die auf einer zwischen diesem Unternehmer und dem Verbraucher nach Abschluss des Verbraucherdarlehensvertrags vereinbarten Vertragsänderung beruhen. Kann der Verbraucher Nacherfüllung verlangen, so kann er die Rückzahlung des Darlehens erst verweigern, wenn die Nacherfüllung fehlgeschlagen ist.

§ 359a Anwendungsbereich

(1) Liegen die Voraussetzungen für ein verbundenes Geschäft nicht vor, ist § 358 Abs. 1 und 4 entsprechend anzuwenden, wenn die Ware oder die Leistung des Unternehmers aus dem widerrufenen Vertrag in einem Verbraucherdarlehensvertrag genau angegeben ist.

(2) Liegen die Voraussetzungen für ein verbundenes Geschäft nicht vor, ist § 358 Absatz 2 und 4 entsprechend auf Verträge über Zusatzleistungen anzuwenden, die der Verbraucher in unmittelbarem Zusammenhang mit dem Verbraucherdarlehensvertrag geschlossen hat.

(3) § 358 Abs. 2, 4 und 5 sowie § 359 sind nicht anzuwenden auf Darlehensverträge, die der Finanzierung des Erwerbs von Finanzinstrumenten dienen.

(4) § 359 ist nicht anzuwenden, wenn das finanzierte Entgelt weniger als 200 Euro beträgt.

§ 360 Widerrufs- und Rückgabebelehrung

(1) Die Widerrufsbelehrung muss deutlich gestaltet sein und dem Verbraucher entsprechend den Erfordernissen des eingesetzten Kommunikationsmittels seine wesentlichen Rechte deutlich machen. Sie muss Folgendes enthalten:

1. einen Hinweis auf das Recht zum Widerruf,

2. einen Hinweis darauf, dass der Widerruf keiner Begründung bedarf und in Textform oder durch Rücksendung der Sache innerhalb der Widerrufsfrist erklärt werden kann,

3. den Namen und die ladungsfähige Anschrift desjenigen, gegenüber dem der Widerruf zu erklären ist, und

4. einen Hinweis auf Dauer und Beginn der Widerrufsfrist sowie darauf, dass zur Fristwahrung die rechtzeitige Absendung der Widerrufserklärung oder der Sache genügt.

(2) Auf die Rückgabebelehrung ist Absatz 1 Satz 1 entsprechend anzuwenden. Sie muss Folgendes enthalten:

1. einen Hinweis auf das Recht zur Rückgabe,

2. einen Hinweis darauf, dass die Ausübung des Rückgaberechts keiner Begründung bedarf,

3. einen Hinweis darauf, dass das Rückgaberecht nur durch Rücksendung der Sache oder, wenn die Sache nicht als Paket versandt werden kann, durch Rücknahmeverlangen in Textform innerhalb der Rückgabefrist ausgeübt werden kann,

4. den Namen und die ladungsfähige Anschrift desjenigen, an den die Rückgabe zu erfolgen hat oder gegenüber dem das Rücknahmeverlangen zu erklären ist, und

5. einen Hinweis auf Dauer und Beginn der Rückgabefrist sowie darauf, dass zur Fristwahrung die rechtzeitige Absendung der Sache oder des Rücknahmeverlangens genügt.

(3) Die dem Verbraucher gemäß § 355 Abs. 3 Satz 1 mitzuteilende Widerrufsbelehrung genügt den Anforderungen des Absatzes 1 und den diesen ergänzenden Vorschriften dieses Gesetzes, wenn das Muster der Anlage 1 zum Einführungsgesetz zum Bürgerlichen Gesetzbuche in Textform verwendet wird. Die dem Verbraucher gemäß § 356 Abs. 2 Satz 2 in Verbindung mit § 355 Abs. 3 Satz 1 mitzuteilende Rückgabebelehrung genügt den Anforderungen des Absatzes 2 und den diesen ergänzenden Vorschriften dieses Gesetzes, wenn das Muster der Anlage 2 zum Einführungsgesetz zum Bürgerlichen Gesetzbuche in Textform verwendet wird. Der Unternehmer darf unter Beachtung von Absatz 1 Satz 1 in Format und Schriftgröße von den Mustern abweichen und Zusätze wie die Firma oder ein Kennzeichen des Unternehmers anbringen.

§ 361 (weggefallen)

Abschnitt 4
Erlöschen der Schuldverhältnisse

Titel 1
Erfüllung

§ 362 Erlöschen durch Leistung

(1) Das Schuldverhältnis erlischt, wenn die geschuldete Leistung an den Gläubiger bewirkt wird.

(2) Wird an einen Dritten zum Zwecke der Erfüllung geleistet, so finden die Vorschriften des § 185 Anwendung.

§ 363 Beweislast bei Annahme als Erfüllung

Hat der Gläubiger eine ihm als Erfüllung angebotene Leistung als Erfüllung angenommen, so trifft ihn die Beweislast, wenn er die Leistung deshalb nicht als Erfüllung gelten lassen will, weil sie eine andere als die geschuldete Leistung oder weil sie unvollständig gewesen sei.

§ 364 Annahme an Erfüllungs statt

(1) Das Schuldverhältnis erlischt, wenn der Gläubiger eine andere als die geschuldete Leistung an Erfüllungs statt annimmt.

(2) Übernimmt der Schuldner zum Zwecke der Befriedigung des Gläubigers diesem gegenüber eine neue Verbindlichkeit, so ist im Zweifel nicht anzunehmen, dass er die Verbindlichkeit an Erfüllungs statt übernimmt.

§ 365 Gewährleistung bei Hingabe an Erfüllungs statt

Wird eine Sache, eine Forderung gegen einen Dritten oder ein anderes Recht an Erfüllungs statt gegeben, so hat der Schuldner wegen eines Mangels im Recht oder wegen eines Mangels der Sache in gleicher Weise wie ein Verkäufer Gewähr zu leisten.

§ 366 Anrechnung der Leistung auf mehrere Forderungen

(1) Ist der Schuldner dem Gläubiger aus mehreren Schuldverhältnissen zu gleichartigen Leistungen verpflichtet und reicht das von ihm Geleistete nicht zur Tilgung sämtlicher Schulden aus, so wird diejenige Schuld getilgt, welche er bei der Leistung bestimmt.

(2) Trifft der Schuldner keine Bestimmung, so wird zunächst die fällige Schuld, unter mehreren fälligen Schulden diejenige, welche dem Gläubiger geringere Sicherheit bietet, unter mehreren gleich sicheren die dem Schuldner lästigere, unter mehreren gleich lästigen die ältere Schuld und bei gleichem Alter jede Schuld verhältnismäßig getilgt.

§ 367 Anrechnung auf Zinsen und Kosten

(1) Hat der Schuldner außer der Hauptleistung Zinsen und Kosten zu entrichten, so wird eine zur Tilgung der ganzen Schuld nicht ausreichende Leistung zunächst auf die Kosten, dann auf die Zinsen und zuletzt auf die Hauptleistung angerechnet.

(2) Bestimmt der Schuldner eine andere Anrechnung, so kann der Gläubiger die Annahme der Leistung ablehnen.

§ 368 Quittung

Der Gläubiger hat gegen Empfang der Leistung auf Verlangen ein schriftliches Empfangsbekenntnis (Quittung) zu erteilen. Hat der Schuldner ein rechtliches Interesse, dass die Quittung in anderer Form erteilt wird, so kann er die Erteilung in dieser Form verlangen.

§ 369 Kosten der Quittung

(1) Die Kosten der Quittung hat der Schuldner zu tragen und vorzuschießen, sofern nicht aus dem zwischen ihm und dem Gläubiger bestehenden Rechtsverhältnis sich ein anderes ergibt.

(2) Treten infolge einer Übertragung der Forderung oder im Wege der Erbfolge an die Stelle des ursprünglichen Gläubigers mehrere Gläubiger, so fallen die Mehrkosten den Gläubigern zur Last.

§ 370 Leistung an den Überbringer der Quittung

Der Überbringer einer Quittung gilt als ermächtigt, die Leistung zu empfangen, sofern nicht die dem Leistenden bekannten Umstände der Annahme einer solchen Ermächtigung entgegenstehen.

§ 371 Rückgabe des Schuldscheins

Ist über die Forderung ein Schuldschein ausgestellt worden, so kann der Schuldner neben der Quittung Rückgabe des Schuldscheins verlangen. Behauptet der Gläubiger, zur Rückgabe außerstande zu sein, so kann der Schuldner das öffentlich beglaubigte Anerkenntnis verlangen, dass die Schuld erloschen sei.

Titel 2
Hinterlegung

§ 372 Voraussetzungen

Geld, Wertpapiere und sonstige Urkunden sowie Kostbarkeiten kann der Schuldner bei einer dazu bestimmten öffentlichen Stelle für den Gläubiger hinterlegen, wenn der Gläubiger im Verzug der Annahme ist. Das Gleiche gilt, wenn der Schuldner aus einem anderen in der Person des Gläubigers liegenden Grunde oder infolge einer nicht auf Fahrlässigkeit beruhenden Ungewissheit über die Person des Gläubigers seine Verbindlichkeit nicht oder nicht mit Sicherheit erfüllen kann.

§ 373 Zug-um-Zug-Leistung

Ist der Schuldner nur gegen eine Leistung des Gläubigers zu leisten verpflichtet, so kann er das Recht des Gläubigers zum Empfang der hinterlegten Sache von der Bewirkung der Gegenleistung abhängig machen.

§ 374 Hinterlegungsort; Anzeigepflicht

(1) Die Hinterlegung hat bei der Hinterlegungsstelle des Leistungsorts zu erfolgen; hinterlegt der Schuldner bei einer anderen

II.1 BGB: Bürgerliches Gesetzbuch

Stelle, so hat er dem Gläubiger den daraus entstehenden Schaden zu ersetzen.

(2) Der Schuldner hat dem Gläubiger die Hinterlegung unverzüglich anzuzeigen; im Falle der Unterlassung ist er zum Schadensersatz verpflichtet. Die Anzeige darf unterbleiben, wenn sie untunlich ist.

§ 375 Rückwirkung bei Postübersendung

Ist die hinterlegte Sache der Hinterlegungsstelle durch die Post übersendet worden, so wirkt die Hinterlegung auf die Zeit der Aufgabe der Sache zur Post zurück.

§ 376 Rücknahmerecht

(1) Der Schuldner hat das Recht, die hinterlegte Sache zurückzunehmen.

(2) Die Rücknahme ist ausgeschlossen:

1. wenn der Schuldner der Hinterlegungsstelle erklärt, dass er auf das Recht zur Rücknahme verzichte,

2. wenn der Gläubiger der Hinterlegungsstelle die Annahme erklärt,

3. wenn der Hinterlegungsstelle ein zwischen dem Gläubiger und dem Schuldner ergangenes rechtskräftiges Urteil vorgelegt wird, das die Hinterlegung für rechtmäßig erklärt.

§ 377 Unpfändbarkeit des Rücknahmerechts

(1) Das Recht zur Rücknahme ist der Pfändung nicht unterworfen.

(2) Wird über das Vermögen des Schuldners das Insolvenzverfahren eröffnet, so kann während des Insolvenzverfahrens das Recht zur Rücknahme auch nicht von dem Schuldner ausgeübt werden.

§ 378 Wirkung der Hinterlegung bei ausgeschlossener Rücknahme

Ist die Rücknahme der hinterlegten Sache ausgeschlossen, so wird der Schuldner durch die Hinterlegung von seiner Verbindlichkeit in gleicher Weise befreit, wie wenn er zur Zeit der Hinterlegung an den Gläubiger geleistet hätte.

§ 379 Wirkung der Hinterlegung bei nicht ausgeschlossener Rücknahme

(1) Ist die Rücknahme der hinterlegten Sache nicht ausgeschlossen, so kann der Schuldner den Gläubiger auf die hinterlegte Sache verweisen.

(2) Solange die Sache hinterlegt ist, trägt der Gläubiger die Gefahr und ist der Schuldner nicht verpflichtet, Zinsen zu zahlen oder Ersatz für nicht gezogene Nutzungen zu leisten.

(3) Nimmt der Schuldner die hinterlegte Sache zurück, so gilt die Hinterlegung als nicht erfolgt.

§ 380 Nachweis der Empfangsberechtigung

Soweit nach den für die Hinterlegungsstelle geltenden Bestimmungen zum Nachweis der Empfangsberechtigung des Gläubigers eine diese Berechtigung anerkennende Erklärung des Schuldners erforderlich oder genügend ist, kann der Gläubiger von dem Schuldner die Abgabe der Erklärung unter denselben Voraussetzungen verlangen, unter denen er die Leistung zu fordern berechtigt sein würde, wenn die Hinterlegung nicht erfolgt wäre.

§ 381 Kosten der Hinterlegung

Die Kosten der Hinterlegung fallen dem Gläubiger zur Last, sofern nicht der Schuldner die hinterlegte Sache zurücknimmt.

§ 382 Erlöschen des Gläubigerrechts

Das Recht des Gläubigers auf den hinterlegten Betrag erlischt mit dem Ablauf von 30 Jahren nach dem Empfang der Anzeige von der Hinterlegung, wenn nicht der Gläubiger sich vorher bei der Hinterlegungsstelle meldet; der Schuldner ist zur Rücknahme berechtigt, auch wenn er auf das Recht zur Rücknahme verzichtet hat.

§ 383 Versteigerung hinterlegungsunfähiger Sachen

(1) Ist die geschuldete bewegliche Sache zur Hinterlegung nicht geeignet, so kann der Schuldner sie im Falle des Verzugs des Gläubigers am Leistungsort versteigern lassen und den Erlös hinterlegen. Das Gleiche gilt in

den Fällen des § 372 Satz 2, wenn der Verderb der Sache zu besorgen oder die Aufbewahrung mit unverhältnismäßigen Kosten verbunden ist.

(2) Ist von der Versteigerung am Leistungsort ein angemessener Erfolg nicht zu erwarten, so ist die Sache an einem geeigneten anderen Orte zu versteigern.

(3) Die Versteigerung hat durch einen für den Versteigerungsort bestellten Gerichtsvollzieher oder zu Versteigerungen befugten anderen Beamten oder öffentlich angestellten Versteigerer öffentlich zu erfolgen (öffentliche Versteigerung). Zeit und Ort der Versteigerung sind unter allgemeiner Bezeichnung der Sache öffentlich bekannt zu machen.

(4) Die Vorschriften der Absätze 1 bis 3 gelten nicht für eingetragene Schiffe und Schiffsbauwerke.

§ 384 Androhung der Versteigerung

(1) Die Versteigerung ist erst zulässig, nachdem sie dem Gläubiger angedroht worden ist; die Androhung darf unterbleiben, wenn die Sache dem Verderb ausgesetzt und mit dem Aufschub der Versteigerung Gefahr verbunden ist.

(2) Der Schuldner hat den Gläubiger von der Versteigerung unverzüglich zu benachrichtigen; im Falle der Unterlassung ist er zum Schadensersatz verpflichtet.

(3) Die Androhung und die Benachrichtigung dürfen unterbleiben, wenn sie untunlich sind.

§ 385 Freihändiger Verkauf

Hat die Sache einen Börsen- oder Marktpreis, so kann der Schuldner den Verkauf aus freier Hand durch einen zu solchen Verkäufen öffentlich ermächtigten Handelsmäkler oder durch eine zur öffentlichen Versteigerung befugte Person zum laufenden Preis bewirken.

§ 386 Kosten der Versteigerung

Die Kosten der Versteigerung oder des nach § 385 erfolgten Verkaufs fallen dem Gläubiger zur Last, sofern nicht der Schuldner den hinterlegten Erlös zurücknimmt.

Titel 3
Aufrechnung

§ 387 Voraussetzungen

Schulden zwei Personen einander Leistungen, die ihrem Gegenstand nach gleichartig sind, so kann jeder Teil seine Forderung gegen die Forderung des anderen Teils aufrechnen, sobald er die ihm gebührende Leistung fordern und die ihm obliegende Leistung bewirken kann.

§ 388 Erklärung der Aufrechnung

Die Aufrechnung erfolgt durch Erklärung gegenüber dem anderen Teile. Die Erklärung ist unwirksam, wenn sie unter einer Bedingung oder einer Zeitbestimmung abgegeben wird.

§ 389 Wirkung der Aufrechnung

Die Aufrechnung bewirkt, dass die Forderungen, soweit sie sich decken, als in dem Zeitpunkt erloschen gelten, in welchem sie zur Aufrechnung geeignet einander gegenübergetreten sind.

§ 390 Keine Aufrechnung mit einredebehafteter Forderung

Eine Forderung, der eine Einrede entgegensteht, kann nicht aufgerechnet werden.

§ 391 Aufrechnung bei Verschiedenheit der Leistungsorte

(1) Die Aufrechnung wird nicht dadurch ausgeschlossen, dass für die Forderungen verschiedene Leistungs- oder Ablieferungsorte bestehen. Der aufrechnende Teil hat jedoch den Schaden zu ersetzen, den der andere Teil dadurch erleidet, dass er infolge der Aufrechnung die Leistung nicht an dem bestimmten Orte erhält oder bewirken kann.

(2) Ist vereinbart, dass die Leistung zu einer bestimmten Zeit an einem bestimmten Orte erfolgen soll, so ist im Zweifel anzunehmen, dass die Aufrechnung einer Forderung, für die ein anderer Leistungsort besteht, ausgeschlossen sein soll.

§ 392 Aufrechnung gegen beschlagnahmte Forderung

Durch die Beschlagnahme einer Forderung wird die Aufrechnung einer dem Schuldner gegen den Gläubiger zustehenden Forderung nur dann ausgeschlossen, wenn der Schuldner seine Forderung nach der Beschlagnahme erworben hat oder wenn seine Forderung erst nach der Beschlagnahme und später als die in Beschlag genommene Forderung fällig geworden ist.

§ 393 Keine Aufrechnung gegen Forderung aus unerlaubter Handlung

Gegen eine Forderung aus einer vorsätzlich begangenen unerlaubten Handlung ist die Aufrechnung nicht zulässig.

§ 394 Keine Aufrechnung gegen unpfändbare Forderung

Soweit eine Forderung der Pfändung nicht unterworfen ist, findet die Aufrechnung gegen die Forderung nicht statt. Gegen die aus Kranken-, Hilfs- oder Sterbekassen, insbesondere aus Knappschaftskassen und Kassen der Knappschaftsvereine, zu beziehenden Hebungen können jedoch geschuldete Beiträge aufgerechnet werden.

§ 395 Aufrechnung gegen Forderungen öffentlich-rechtlicher Körperschaften

Gegen eine Forderung des Bundes oder eines Landes sowie gegen eine Forderung einer Gemeinde oder eines anderen Kommunalverbands ist die Aufrechnung nur zulässig, wenn die Leistung an dieselbe Kasse zu erfolgen hat, aus der die Forderung des Aufrechnenden zu berichtigen ist.

§ 396 Mehrheit von Forderungen

(1) Hat der eine oder der andere Teil mehrere zur Aufrechnung geeignete Forderungen, so kann der aufrechnende Teil die Forderungen bestimmen, die gegeneinander aufgerechnet werden sollen. Wird die Aufrechnung ohne eine solche Bestimmung erklärt oder widerspricht der andere Teil unverzüglich, so findet die Vorschrift des § 366 Abs. 2 entsprechende Anwendung.

(2) Schuldet der aufrechnende Teil dem anderen Teil außer der Hauptleistung Zinsen und Kosten, so findet die Vorschrift des § 367 entsprechende Anwendung.

**Titel 4
Erlass**

§ 397 Erlassvertrag, negatives Schuldanerkenntnis

(1) Das Schuldverhältnis erlischt, wenn der Gläubiger dem Schuldner durch Vertrag die Schuld erlässt.

(2) Das Gleiche gilt, wenn der Gläubiger durch Vertrag mit dem Schuldner anerkennt, dass das Schuldverhältnis nicht bestehe.

**Abschnitt 5
Übertragung einer Forderung**

§ 398 Abtretung

Eine Forderung kann von dem Gläubiger durch Vertrag mit einem anderen auf diesen übertragen werden (Abtretung). Mit dem Abschluss des Vertrags tritt der neue Gläubiger an die Stelle des bisherigen Gläubigers.

§ 399 Ausschluss der Abtretung bei Inhaltsänderung oder Vereinbarung

Eine Forderung kann nicht abgetreten werden, wenn die Leistung an einen anderen als den ursprünglichen Gläubiger nicht ohne Veränderung ihres Inhalts erfolgen kann oder wenn die Abtretung durch Vereinbarung mit dem Schuldner ausgeschlossen ist.

§ 400 Ausschluss bei unpfändbaren Forderungen

Eine Forderung kann nicht abgetreten werden, soweit sie der Pfändung nicht unterworfen ist.

§ 401 Übergang der Neben- und Vorzugsrechte

(1) Mit der abgetretenen Forderung gehen die Hypotheken, Schiffshypotheken oder Pfandrechte, die für sie bestehen, sowie die Rechte

aus einer für sie bestellten Bürgschaft auf den neuen Gläubiger über.

(2) Ein mit der Forderung für den Fall der Zwangsvollstreckung oder des Insolvenzverfahrens verbundenes Vorzugsrecht kann auch der neue Gläubiger geltend machen.

§ 402 Auskunftspflicht; Urkundenauslieferung

Der bisherige Gläubiger ist verpflichtet, dem neuen Gläubiger die zur Geltendmachung der Forderung nötige Auskunft zu erteilen und ihm die zum Beweis der Forderung dienenden Urkunden, soweit sie sich in seinem Besitz befinden, auszuliefern.

§ 403 Pflicht zur Beurkundung

Der bisherige Gläubiger hat dem neuen Gläubiger auf Verlangen eine öffentlich beglaubigte Urkunde über die Abtretung auszustellen. Die Kosten hat der neue Gläubiger zu tragen und vorzuschießen.

§ 404 Einwendungen des Schuldners

Der Schuldner kann dem neuen Gläubiger die Einwendungen entgegensetzen, die zur Zeit der Abtretung der Forderung gegen den bisherigen Gläubiger begründet waren.

§ 405 Abtretung unter Urkundenvorlegung

Hat der Schuldner eine Urkunde über die Schuld ausgestellt, so kann er sich, wenn die Forderung unter Vorlegung der Urkunde abgetreten wird, dem neuen Gläubiger gegenüber nicht darauf berufen, dass die Eingehung oder Anerkennung des Schuldverhältnisses nur zum Schein erfolgt oder dass die Abtretung durch Vereinbarung mit dem ursprünglichen Gläubiger ausgeschlossen sei, es sei denn, dass der neue Gläubiger bei der Abtretung den Sachverhalt kannte oder kennen musste.

§ 406 Aufrechnung gegenüber dem neuen Gläubiger

Der Schuldner kann eine ihm gegen den bisherigen Gläubiger zustehende Forderung auch dem neuen Gläubiger gegenüber aufrechnen, es sei denn, dass er bei dem Erwerb der Forderung von der Abtretung Kenntnis hatte oder dass die Forderung erst nach der Erlangung der Kenntnis und später als die abgetretene Forderung fällig geworden ist.

§ 407 Rechtshandlungen gegenüber dem bisherigen Gläubiger

(1) Der neue Gläubiger muss eine Leistung, die der Schuldner nach der Abtretung an den bisherigen Gläubiger bewirkt, sowie jedes Rechtsgeschäft, das nach der Abtretung zwischen dem Schuldner und dem bisherigen Gläubiger in Ansehung der Forderung vorgenommen wird, gegen sich gelten lassen, es sei denn, dass der Schuldner die Abtretung bei der Leistung oder der Vornahme des Rechtsgeschäfts kennt.

(2) Ist in einem nach der Abtretung zwischen dem Schuldner und dem bisherigen Gläubiger anhängig gewordenen Rechtsstreit ein rechtskräftiges Urteil über die Forderung ergangen, so muss der neue Gläubiger das Urteil gegen sich gelten lassen, es sei denn, dass der Schuldner die Abtretung bei dem Eintritt der Rechtshängigkeit gekannt hat.

§ 408 Mehrfache Abtretung

(1) Wird eine abgetretene Forderung von dem bisherigen Gläubiger nochmals an einen Dritten abgetreten, so finden, wenn der Schuldner an den Dritten leistet oder wenn zwischen dem Schuldner und dem Dritten ein Rechtsgeschäft vorgenommen oder ein Rechtsstreit anhängig wird, zugunsten des Schuldners die Vorschriften des § 407 dem früheren Erwerber gegenüber entsprechende Anwendung.

(2) Das Gleiche gilt, wenn die bereits abgetretene Forderung durch gerichtlichen Beschluss einem Dritten überwiesen wird oder wenn der bisherige Gläubiger dem Dritten gegenüber anerkennt, dass die bereits abgetretene Forderung kraft Gesetzes auf den Dritten übergegangen sei.

§ 409 Abtretungsanzeige

(1) Zeigt der Gläubiger dem Schuldner an, dass er die Forderung abgetreten habe, so muss er dem Schuldner gegenüber die angezeigte Abtretung gegen sich gelten lassen, auch wenn sie nicht erfolgt oder nicht wirk-

sam ist. Der Anzeige steht es gleich, wenn der Gläubiger eine Urkunde über die Abtretung dem in der Urkunde bezeichneten neuen Gläubiger ausgestellt hat und dieser sie dem Schuldner vorlegt.

(2) Die Anzeige kann nur mit Zustimmung desjenigen zurückgenommen werden, welcher als der neue Gläubiger bezeichnet worden ist.

§ 410 Aushändigung der Abtretungs- urkunde

(1) Der Schuldner ist dem neuen Gläubiger gegenüber zur Leistung nur gegen Aushändigung einer von dem bisherigen Gläubiger über die Abtretung ausgestellten Urkunde verpflichtet. Eine Kündigung oder eine Mahnung des neuen Gläubigers ist unwirksam, wenn sie ohne Vorlegung einer solchen Urkunde erfolgt und der Schuldner sie aus diesem Grunde unverzüglich zurückweist.

(2) Diese Vorschriften finden keine Anwendung, wenn der bisherige Gläubiger dem Schuldner die Abtretung schriftlich angezeigt hat.

§ 411 Gehaltsabtretung

Tritt eine Militärperson, ein Beamter, ein Geistlicher oder ein Lehrer an einer öffentlichen Unterrichtsanstalt den übertragbaren Teil des Diensteinkommens, des Wartegelds oder des Ruhegehalts ab, so ist die auszahlende Kasse durch Aushändigung einer von dem bisherigen Gläubiger ausgestellten, öffentlich oder amtlich beglaubigten Urkunde von der Abtretung zu benachrichtigen. Bis zur Benachrichtigung gilt die Abtretung als der Kasse nicht bekannt.

§ 412 Gesetzlicher Forderungsübergang

Auf die Übertragung einer Forderung kraft Gesetzes finden die Vorschriften der §§ 399 bis 404, 406 bis 410 entsprechende Anwendung.

§ 413 Übertragung anderer Rechte

Die Vorschriften über die Übertragung von Forderungen finden auf die Übertragung anderer Rechte entsprechende Anwendung, soweit nicht das Gesetz ein anderes vorschreibt.

Abschnitt 6
Schuldübernahme

§ 414 Vertrag zwischen Gläubiger und Übernehmer

Eine Schuld kann von einem Dritten durch Vertrag mit dem Gläubiger in der Weise übernommen werden, dass der Dritte an die Stelle des bisherigen Schuldners tritt.

§ 415 Vertrag zwischen Schuldner und Übernehmer

(1) Wird die Schuldübernahme von dem Dritten mit dem Schuldner vereinbart, so hängt ihre Wirksamkeit von der Genehmigung des Gläubigers ab. Die Genehmigung kann erst erfolgen, wenn der Schuldner oder der Dritte dem Gläubiger die Schuldübernahme mitgeteilt hat. Bis zur Genehmigung können die Parteien den Vertrag ändern oder aufheben.

(2) Wird die Genehmigung verweigert, so gilt die Schuldübernahme als nicht erfolgt. Fordert der Schuldner oder der Dritte den Gläubiger unter Bestimmung einer Frist zur Erklärung über die Genehmigung auf, so kann die Genehmigung nur bis zum Ablauf der Frist erklärt werden; wird sie nicht erklärt, so gilt sie als verweigert.

(3) Solange nicht der Gläubiger die Genehmigung erteilt hat, ist im Zweifel der Übernehmer dem Schuldner gegenüber verpflichtet, den Gläubiger rechtzeitig zu befriedigen. Das Gleiche gilt, wenn der Gläubiger die Genehmigung verweigert.

§ 416 Übernahme einer Hypotheken- schuld

(1) Übernimmt der Erwerber eines Grundstücks durch Vertrag mit dem Veräußerer eine Schuld des Veräußerers, für die eine Hypothek an dem Grundstück besteht, so kann der Gläubiger die Schuldübernahme nur genehmigen, wenn der Veräußerer sie ihm mitteilt. Sind seit dem Empfang der Mitteilung sechs Monate verstrichen, so gilt die Genehmigung als erteilt, wenn nicht der Gläubiger sie dem Veräußerer gegenüber vorher verweigert hat; die Vorschrift des § 415 Abs. 2 Satz 2 findet keine Anwendung.

(2) Die Mitteilung des Veräußerers kann erst erfolgen, wenn der Erwerber als Eigentümer im Grundbuch eingetragen ist. Sie muss schriftlich geschehen und den Hinweis enthalten, dass der Übernehmer an die Stelle des bisherigen Schuldners tritt, wenn nicht der Gläubiger die Verweigerung innerhalb der sechs Monate erklärt.

(3) Der Veräußerer hat auf Verlangen des Erwerbers dem Gläubiger die Schuldübernahme mitzuteilen. Sobald die Erteilung oder Verweigerung der Genehmigung feststeht, hat der Veräußerer den Erwerber zu benachrichtigen.

§ 417 Einwendungen des Übernehmers

(1) Der Übernehmer kann dem Gläubiger die Einwendungen entgegensetzen, welche sich aus dem Rechtsverhältnis zwischen dem Gläubiger und dem bisherigen Schuldner ergeben. Eine dem bisherigen Schuldner zustehende Forderung kann er nicht aufrechnen.

(2) Aus dem der Schuldübernahme zugrunde liegenden Rechtsverhältnis zwischen dem Übernehmer und dem bisherigen Schuldner kann der Übernehmer dem Gläubiger gegenüber Einwendungen nicht herleiten.

§ 418 Erlöschen von Sicherungs- und Vorzugsrechten

(1) Infolge der Schuldübernahme erlöschen die für die Forderung bestellten Bürgschaften und Pfandrechte. Besteht für die Forderung eine Hypothek oder eine Schiffshypothek, so tritt das Gleiche ein, wie wenn der Gläubiger auf die Hypothek oder die Schiffshypothek verzichtet. Diese Vorschriften finden keine Anwendung, wenn der Bürge oder derjenige, welchem der verhaftete Gegenstand zur Zeit der Schuldübernahme gehört, in diese einwilligt.

(2) Ein mit der Forderung für den Fall des Insolvenzverfahrens verbundenes Vorzugsrecht kann nicht im Insolvenzverfahren über das Vermögen des Übernehmers geltend gemacht werden.

§ 419 (weggefallen)

Abschnitt 7
Mehrheit von Schuldnern und Gläubigern

§ 420 Teilbare Leistung

Schulden mehrere eine teilbare Leistung oder haben mehrere eine teilbare Leistung zu fordern, so ist im Zweifel jeder Schuldner nur zu einem gleichen Anteil verpflichtet, jeder Gläubiger nur zu einem gleichen Anteil berechtigt.

§ 421 Gesamtschuldner

Schulden mehrere eine Leistung in der Weise, dass jeder die ganze Leistung zu bewirken verpflichtet, der Gläubiger aber die Leistung nur einmal zu fordern berechtigt ist (Gesamtschuldner), so kann der Gläubiger die Leistung nach seinem Belieben von jedem der Schuldner ganz oder zu einem Teil fordern. Bis zur Bewirkung der ganzen Leistung bleiben sämtliche Schuldner verpflichtet.

§ 422 Wirkung der Erfüllung

(1) Die Erfüllung durch einen Gesamtschuldner wirkt auch für die übrigen Schuldner. Das Gleiche gilt von der Leistung an Erfüllungs statt, der Hinterlegung und der Aufrechnung.

(2) Eine Forderung, die einem Gesamtschuldner zusteht, kann nicht von den übrigen Schuldnern aufgerechnet werden.

§ 423 Wirkung des Erlasses

Ein zwischen dem Gläubiger und einem Gesamtschuldner vereinbarter Erlass wirkt auch für die übrigen Schuldner, wenn die Vertragschließenden das ganze Schuldverhältnis aufheben wollten.

§ 424 Wirkung des Gläubigerverzugs

Der Verzug des Gläubigers gegenüber einem Gesamtschuldner wirkt auch für die übrigen Schuldner.

§ 425 Wirkung anderer Tatsachen

(1) Andere als die in den §§ 422 bis 424 bezeichneten Tatsachen wirken, soweit sich nicht aus dem Schuldverhältnis ein anderes ergibt, nur für und gegen den Gesamtschuldner, in dessen Person sie eintreten.

(2) Dies gilt insbesondere von der Kündigung, dem Verzug, dem Verschulden, von der Unmöglichkeit der Leistung in der Person eines Gesamtschuldners, von der Verjährung, deren Neubeginn, Hemmung und Ablaufhemmung, von der Vereinigung der Forderung mit der Schuld und von dem rechtskräftigen Urteil.

§ 426 Ausgleichungspflicht, Forderungsübergang

(1) Die Gesamtschuldner sind im Verhältnis zueinander zu gleichen Anteilen verpflichtet, soweit nicht ein anderes bestimmt ist. Kann von einem Gesamtschuldner der auf ihn entfallende Beitrag nicht erlangt werden, so ist der Ausfall von den übrigen zur Ausgleichung verpflichteten Schuldnern zu tragen.

(2) Soweit ein Gesamtschuldner den Gläubiger befriedigt und von den übrigen Schuldnern Ausgleichung verlangen kann, geht die Forderung des Gläubigers gegen die übrigen Schuldner auf ihn über. Der Übergang kann nicht zum Nachteil des Gläubigers geltend gemacht werden.

§ 427 Gemeinschaftliche vertragliche Verpflichtung

Verpflichten sich mehrere durch Vertrag gemeinschaftlich zu einer teilbaren Leistung, so haften sie im Zweifel als Gesamtschuldner.

§ 428 Gesamtgläubiger

Sind mehrere eine Leistung in der Weise zu fordern berechtigt, dass jeder die ganze Leistung fordern kann, der Schuldner aber die Leistung nur einmal zu bewirken verpflichtet ist (Gesamtgläubiger), so kann der Schuldner nach seinem Belieben an jeden der Gläubiger leisten. Dies gilt auch dann, wenn einer der Gläubiger bereits Klage auf die Leistung erhoben hat.

§ 429 Wirkung von Veränderungen

(1) Der Verzug eines Gesamtgläubigers wirkt auch gegen die übrigen Gläubiger.

(2) Vereinigen sich Forderung und Schuld in der Person eines Gesamtgläubigers, so erlö-

schen die Rechte der übrigen Gläubiger gegen den Schuldner.

(3) Im Übrigen finden die Vorschriften der §§ 422, 423, 425 entsprechende Anwendung. Insbesondere bleiben, wenn ein Gesamtgläubiger seine Forderung auf einen anderen überträgt, die Rechte der übrigen Gläubiger unberührt.

§ 430 Ausgleichungspflicht der Gesamtgläubiger

Die Gesamtgläubiger sind im Verhältnis zueinander zu gleichen Anteilen berechtigt, soweit nicht ein anderes bestimmt ist.

§ 431 Mehrere Schuldner einer unteilbaren Leistung

Schulden mehrere eine unteilbare Leistung, so haften sie als Gesamtschuldner.

§ 432 Mehrere Gläubiger einer unteilbaren Leistung

(1) Haben mehrere eine unteilbare Leistung zu fordern, so kann, sofern sie nicht Gesamtgläubiger sind, der Schuldner nur an alle gemeinschaftlich leisten und jeder Gläubiger nur die Leistung an alle fordern. Jeder Gläubiger kann verlangen, dass der Schuldner die geschuldete Sache für alle Gläubiger hinterlegt oder, wenn sie sich nicht zur Hinterlegung eignet, an einen gerichtlich zu bestellenden Verwahrer abliefert.

(2) Im Übrigen wirkt eine Tatsache, die nur in der Person eines der Gläubiger eintritt, nicht für und gegen die übrigen Gläubiger.

Abschnitt 8
Einzelne Schuldverhältnisse

Titel 1
Kauf, Tausch*)

Untertitel 1
Allgemeine Vorschriften

§ 433 Vertragstypische Pflichten beim Kaufvertrag

(1) Durch den Kaufvertrag wird der Verkäufer einer Sache verpflichtet, dem Käufer die Sache zu übergeben und das Eigentum an der Sache zu verschaffen. Der Verkäufer hat dem Käufer die Sache frei von Sach- und Rechtsmängeln zu verschaffen.

(2) Der Käufer ist verpflichtet, dem Verkäufer den vereinbarten Kaufpreis zu zahlen und die gekaufte Sache abzunehmen.

§ 434 Sachmangel

(1) Die Sache ist frei von Sachmängeln, wenn sie bei Gefahrübergang die vereinbarte Beschaffenheit hat. Soweit die Beschaffenheit nicht vereinbart ist, ist die Sache frei von Sachmängeln,

1. wenn sie sich für die nach dem Vertrag vorausgesetzte Verwendung eignet, sonst

2. wenn sie sich für die gewöhnliche Verwendung eignet und eine Beschaffenheit aufweist, die bei Sachen der gleichen Art üblich ist und die der Käufer nach der Art der Sache erwarten kann.

Zu der Beschaffenheit nach Satz 2 Nr. 2 gehören auch Eigenschaften, die der Käufer nach den öffentlichen Äußerungen des Verkäufers, des Herstellers (§ 4 Abs. 1 und 2 des Produkthaftungsgesetzes) oder seines Gehilfen insbesondere in der Werbung oder bei der Kennzeichnung über bestimmte Eigenschaften der Sache erwarten kann, es sei denn, dass der Verkäufer die Äußerung nicht kann-

te und auch nicht kennen musste, dass sie im Zeitpunkt des Vertragsschlusses in gleichwertiger Weise berichtigt war oder dass sie die Kaufentscheidung nicht beeinflussen konnte.

(2) Ein Sachmangel ist auch dann gegeben, wenn die vereinbarte Montage durch den Verkäufer oder dessen Erfüllungsgehilfen unsachgemäß durchgeführt worden ist. Ein Sachmangel liegt bei einer zur Montage bestimmten Sache ferner vor, wenn die Montageanleitung mangelhaft ist, es sei denn, die Sache ist fehlerfrei montiert worden.

(3) Einem Sachmangel steht es gleich, wenn der Verkäufer eine andere Sache oder eine zu geringe Menge liefert.

§ 435 Rechtsmangel

Die Sache ist frei von Rechtsmängeln, wenn Dritte in Bezug auf die Sache keine oder nur die im Kaufvertrag übernommenen Rechte gegen den Käufer geltend machen können. Einem Rechtsmangel steht es gleich, wenn im Grundbuch ein Recht eingetragen ist, das nicht besteht.

§ 436 Öffentliche Lasten von Grundstücken

(1) Soweit nicht anders vereinbart, ist der Verkäufer eines Grundstücks verpflichtet, Erschließungsbeiträge und sonstige Anliegerbeiträge für die Maßnahmen zu tragen, die bis zum Tage des Vertragsschlusses bautechnisch begonnen sind, unabhängig vom Zeitpunkt des Entstehens der Beitragsschuld.

(2) Der Verkäufer eines Grundstücks haftet nicht für die Freiheit des Grundstücks von anderen öffentlichen Abgaben und von anderen öffentlichen Lasten, die zur Eintragung in das Grundbuch nicht geeignet sind.

§ 437 Rechte des Käufers bei Mängeln

Ist die Sache mangelhaft, kann der Käufer, wenn die Voraussetzungen der folgenden

---

*) Amtlicher Hinweis zu Titel 1:
    Dieser Titel dient der Umsetzung der Richtlinie 1999/44/EG des Europäischen Parlaments und des Rates vom 25. Mai 1999 zu bestimmten Aspekten des Verbrauchsgüterkaufs und der Garantien für Verbrauchsgüter (ABl. EG Nr. L 171 S. 12).

Vorschriften vorliegen und soweit nicht ein anderes bestimmt ist,

1. nach § 439 Nacherfüllung verlangen,

2. nach den §§ 440, 323 und 326 Abs. 5 von dem Vertrag zurücktreten oder nach § 441 den Kaufpreis mindern und

3. nach den §§ 440, 280, 281, 283 und 311a Schadensersatz oder nach § 284 Ersatz vergeblicher Aufwendungen verlangen.

§ 438 Verjährung der Mängelansprüche

(1) Die in § 437 Nr. 1 und 3 bezeichneten Ansprüche verjähren

1. in 30 Jahren, wenn der Mangel

   a) in einem dinglichen Recht eines Dritten, auf Grund dessen Herausgabe der Kaufsache verlangt werden kann, oder

   b) in einem sonstigen Recht, das im Grundbuch eingetragen ist,

   besteht,

2. in fünf Jahren

   a) bei einem Bauwerk und

   b) bei einer Sache, die entsprechend ihrer üblichen Verwendungsweise für ein Bauwerk verwendet worden ist und dessen Mangelhaftigkeit verursacht hat, und

3. im Übrigen in zwei Jahren.

(2) Die Verjährung beginnt bei Grundstücken mit der Übergabe, im Übrigen mit der Ablieferung der Sache.

(3) Abweichend von Absatz 1 Nr. 2 und 3 und Absatz 2 verjähren die Ansprüche in der regelmäßigen Verjährungsfrist, wenn der Verkäufer den Mangel arglistig verschwiegen hat. Im Falle des Absatzes 1 Nr. 2 tritt die Verjährung jedoch nicht vor Ablauf der dort bestimmten Frist ein.

(4) Für das in § 437 bezeichnete Rücktrittsrecht gilt § 218. Der Käufer kann trotz einer Unwirksamkeit des Rücktritts nach § 218 Abs. 1 die Zahlung des Kaufpreises insoweit verweigern, als er auf Grund des Rücktritts dazu berechtigt sein würde. Macht er von diesem Recht Gebrauch, kann der Verkäufer vom Vertrag zurücktreten.

(5) Auf das in § 437 bezeichnete Minderungsrecht finden § 218 und Absatz 4 Satz 2 entsprechende Anwendung.

§ 439 Nacherfüllung

(1) Der Käufer kann als Nacherfüllung nach seiner Wahl die Beseitigung des Mangels oder die Lieferung einer mangelfreien Sache verlangen.

(2) Der Verkäufer hat die zum Zwecke der Nacherfüllung erforderlichen Aufwendungen, insbesondere Transport-, Wege-, Arbeits- und Materialkosten zu tragen.

(3) Der Verkäufer kann die vom Käufer gewählte Art der Nacherfüllung unbeschadet des § 275 Abs. 2 und 3 verweigern, wenn sie nur mit unverhältnismäßigen Kosten möglich ist. Dabei sind insbesondere der Wert der Sache in mangelfreiem Zustand, die Bedeutung des Mangels und die Frage zu berücksichtigen, ob auf die andere Art der Nacherfüllung ohne erhebliche Nachteile für den Käufer zurückgegriffen werden könnte. Der Anspruch des Käufers beschränkt sich in diesem Fall auf die andere Art der Nacherfüllung; das Recht des Verkäufers, auch diese unter den Voraussetzungen des Satzes 1 zu verweigern, bleibt unberührt.

(4) Liefert der Verkäufer zum Zwecke der Nacherfüllung eine mangelfreie Sache, so kann er vom Käufer Rückgewähr der mangelhaften Sache nach Maßgabe der §§ 346 bis 348 verlangen.

§ 440 Besondere Bestimmungen für Rücktritt und Schadensersatz

Außer in den Fällen des § 281 Abs. 2 und des § 323 Abs. 2 bedarf es der Fristsetzung auch dann nicht, wenn der Verkäufer beide Arten der Nacherfüllung gemäß § 439 Abs. 3 verweigert oder wenn die dem Käufer zustehende Art der Nacherfüllung fehlgeschlagen oder ihm unzumutbar ist. Eine Nachbesserung gilt nach dem erfolglosen zweiten Versuch als fehlgeschlagen, wenn sich nicht insbesondere aus der Art der Sache oder des Mangels oder den sonstigen Umständen etwas anderes ergibt.

§ 441 Minderung

(1) Statt zurückzutreten, kann der Käufer den Kaufpreis durch Erklärung gegenüber dem Verkäufer mindern. Der Ausschlussgrund des § 323 Abs. 5 Satz 2 findet keine Anwendung.

(2) Sind auf der Seite des Käufers oder auf der Seite des Verkäufers mehrere beteiligt, so kann die Minderung nur von allen oder gegen alle erklärt werden.

(3) Bei der Minderung ist der Kaufpreis in dem Verhältnis herabzusetzen, in welchem zur Zeit des Vertragsschlusses der Wert der Sache in mangelfreiem Zustand zu dem wirklichen Wert gestanden haben würde. Die Minderung ist, soweit erforderlich, durch Schätzung zu ermitteln.

(4) Hat der Käufer mehr als den geminderten Kaufpreis gezahlt, so ist der Mehrbetrag vom Verkäufer zu erstatten. § 346 Abs. 1 und § 347 Abs. 1 finden entsprechende Anwendung.

§ 442 Kenntnis des Käufers

(1) Die Rechte des Käufers wegen eines Mangels sind ausgeschlossen, wenn er bei Vertragsschluss den Mangel kennt. Ist dem Käufer ein Mangel infolge grober Fahrlässigkeit unbekannt geblieben, kann der Käufer Rechte wegen dieses Mangels nur geltend machen, wenn der Verkäufer den Mangel arglistig verschwiegen oder eine Garantie für die Beschaffenheit der Sache übernommen hat.

(2) Ein im Grundbuch eingetragenes Recht hat der Verkäufer zu beseitigen, auch wenn es der Käufer kennt.

§ 443 Beschaffenheits- und Haltbarkeitsgarantie

(1) Übernimmt der Verkäufer oder ein Dritter eine Garantie für die Beschaffenheit der Sache oder dafür, dass die Sache für eine bestimmte Dauer eine bestimmte Beschaffenheit behält (Haltbarkeitsgarantie), so stehen dem Käufer im Garantiefall unbeschadet der gesetzlichen Ansprüche die Rechte aus der Garantie zu den in der Garantieerklärung und der einschlägigen Werbung angegebenen Bedingungen gegenüber demjenigen zu, der die Garantie eingeräumt hat.

(2) Soweit eine Haltbarkeitsgarantie übernommen worden ist, wird vermutet, dass ein während ihrer Geltungsdauer auftretender Sachmangel die Rechte aus der Garantie begründet.

§ 444 Haftungsausschluss

Auf eine Vereinbarung, durch welche die Rechte des Käufers wegen eines Mangels ausgeschlossen oder beschränkt werden, kann sich der Verkäufer nicht berufen, soweit er den Mangel arglistig verschwiegen oder eine Garantie für die Beschaffenheit der Sache übernommen hat.

§ 445 Haftungsbegrenzung bei öffentlichen Versteigerungen

Wird eine Sache auf Grund eines Pfandrechts in einer öffentlichen Versteigerung unter der Bezeichnung als Pfand verkauft, so stehen dem Käufer Rechte wegen eines Mangels nur zu, wenn der Verkäufer den Mangel arglistig verschwiegen oder eine Garantie für die Beschaffenheit der Sache übernommen hat.

§ 446 Gefahr- und Lastenübergang

Mit der Übergabe der verkauften Sache geht die Gefahr des zufälligen Untergangs und der zufälligen Verschlechterung auf den Käufer über. Von der Übergabe an gebühren dem Käufer die Nutzungen und trägt er die Lasten der Sache. Der Übergabe steht es gleich, wenn der Käufer im Verzug der Annahme ist.

§ 447 Gefahrübergang beim Versendungskauf

(1) Versendet der Verkäufer auf Verlangen des Käufers die verkaufte Sache nach einem anderen Ort als dem Erfüllungsort, so geht die Gefahr auf den Käufer über, sobald der Verkäufer die Sache dem Spediteur, dem Frachtführer oder der sonst zur Ausführung der Versendung bestimmten Person oder Anstalt ausgeliefert hat.

(2) Hat der Käufer eine besondere Anweisung über die Art der Versendung erteilt und weicht der Verkäufer ohne dringenden Grund von der Anweisung ab, so ist der Verkäufer

dem Käufer für den daraus entstehenden Schaden verantwortlich.

§ 448 Kosten der Übergabe und vergleichbare Kosten

(1) Der Verkäufer trägt die Kosten der Übergabe der Sache, der Käufer die Kosten der Abnahme und der Versendung der Sache nach einem anderen Ort als dem Erfüllungsort.

(2) Der Käufer eines Grundstücks trägt die Kosten der Beurkundung des Kaufvertrags und der Auflassung, der Eintragung ins Grundbuch und der zu der Eintragung erforderlichen Erklärungen.

§ 449 Eigentumsvorbehalt

(1) Hat sich der Verkäufer einer beweglichen Sache das Eigentum bis zur Zahlung des Kaufpreises vorbehalten, so ist im Zweifel anzunehmen, dass das Eigentum unter der aufschiebenden Bedingung vollständiger Zahlung des Kaufpreises übertragen wird (Eigentumsvorbehalt).

(2) Auf Grund des Eigentumsvorbehalts kann der Verkäufer die Sache nur herausverlangen, wenn er vom Vertrag zurückgetreten ist.

(3) Die Vereinbarung eines Eigentumsvorbehalts ist nichtig, soweit der Eigentumsübergang davon abhängig gemacht wird, dass der Käufer Forderungen eines Dritten, insbesondere eines mit dem Verkäufer verbundenen Unternehmens, erfüllt.

§ 450 Ausgeschlossene Käufer bei bestimmten Verkäufen

(1) Bei einem Verkauf im Wege der Zwangsvollstreckung dürfen der mit der Vornahme oder Leitung des Verkaufs Beauftragte und die von ihm zugezogenen Gehilfen einschließlich des Protokollführers den zu verkaufenden Gegenstand weder für sich persönlich oder durch einen anderen noch als Vertreter eines anderen kaufen.

(2) Absatz 1 gilt auch bei einem Verkauf außerhalb der Zwangsvollstreckung, wenn der Auftrag zu dem Verkauf auf Grund einer gesetzlichen Vorschrift erteilt worden ist, die den Auftraggeber ermächtigt, den Gegen-

stand für Rechnung eines anderen verkaufen zu lassen, insbesondere in den Fällen des Pfandverkaufs und des in den §§ 383 und 385 zugelassenen Verkaufs, sowie bei einem Verkauf aus einer Insolvenzmasse.

§ 451 Kauf durch ausgeschlossenen Käufer

(1) Die Wirksamkeit eines dem § 450 zuwider erfolgten Kaufs und der Übertragung des gekauften Gegenstandes hängt von der Zustimmung der bei dem Verkauf als Schuldner, Eigentümer oder Gläubiger Beteiligten ab. Fordert der Käufer einen Beteiligten zur Erklärung über die Genehmigung auf, so findet § 177 Abs. 2 entsprechende Anwendung.

(2) Wird infolge der Verweigerung der Genehmigung ein neuer Verkauf vorgenommen, so hat der frühere Käufer für die Kosten des neuen Verkaufs sowie für einen Mindererlös aufzukommen.

§ 452 Schiffskauf

Die Vorschriften dieses Untertitels über den Kauf von Grundstücken finden auf den Kauf von eingetragenen Schiffen und Schiffsbauwerken entsprechende Anwendung.

§ 453 Rechtskauf

(1) Die Vorschriften über den Kauf von Sachen finden auf den Kauf von Rechten und sonstigen Gegenständen entsprechende Anwendung.

(2) Der Verkäufer trägt die Kosten der Begründung und Übertragung des Rechts.

(3) Ist ein Recht verkauft, das zum Besitz einer Sache berechtigt, so ist der Verkäufer verpflichtet, dem Käufer die Sache frei von Sach- und Rechtsmängeln zu übergeben.

Untertitel 2
Besondere Arten des Kaufs

Kapitel 1
Kauf auf Probe

§ 454 Zustandekommen des Kaufvertrags

(1) Bei einem Kauf auf Probe oder auf Besichtigung steht die Billigung des gekauften Gegenstandes im Belieben des Käufers. Der Kauf ist im Zweifel unter der aufschiebenden Bedingung der Billigung geschlossen.

(2) Der Verkäufer ist verpflichtet, dem Käufer die Untersuchung des Gegenstandes zu gestatten.

§ 455 Billigungsfrist

Die Billigung eines auf Probe oder auf Besichtigung gekauften Gegenstandes kann nur innerhalb der vereinbarten Frist und in Ermangelung einer solchen nur bis zum Ablauf einer dem Käufer von dem Verkäufer bestimmten angemessenen Frist erklärt werden. War die Sache dem Käufer zum Zwecke der Probe oder der Besichtigung übergeben, so gilt sein Schweigen als Billigung.

Kapitel 2
Wiederkauf

§ 456 Zustandekommen des Wiederkaufs

(1) Hat sich der Verkäufer in dem Kaufvertrag das Recht des Wiederkaufs vorbehalten, so kommt der Wiederkauf mit der Erklärung des Verkäufers gegenüber dem Käufer, dass er das Wiederkaufsrecht ausübe, zustande. Die Erklärung bedarf nicht der für den Kaufvertrag bestimmten Form.

(2) Der Preis, zu welchem verkauft worden ist, gilt im Zweifel auch für den Wiederkauf.

§ 457 Haftung des Wiederverkäufers

(1) Der Wiederverkäufer ist verpflichtet, dem Wiederkäufer den gekauften Gegenstand nebst Zubehör herauszugeben.

(2) Hat der Wiederverkäufer vor der Ausübung des Wiederkaufsrechts eine Verschlechterung, den Untergang oder eine aus einem anderen Grund eingetretene Unmöglichkeit der Herausgabe des gekauften Gegenstandes verschuldet oder den Gegenstand wesentlich verändert, so ist er für den daraus entstehenden Schaden verantwortlich. Ist der Gegenstand ohne Verschulden des Wiederverkäufers verschlechtert oder ist er nur unwesentlich verändert, so kann der Wiederkäufer Minderung des Kaufpreises nicht verlangen.

§ 458 Beseitigung von Rechten Dritter

Hat der Wiederverkäufer vor der Ausübung des Wiederkaufsrechts über den gekauften Gegenstand verfügt, so ist er verpflichtet, die dadurch begründeten Rechte Dritter zu beseitigen. Einer Verfügung des Wiederverkäufers steht eine Verfügung gleich, die im Wege der Zwangsvollstreckung oder der Arrestvollziehung oder durch den Insolvenzverwalter erfolgt.

§ 459 Ersatz von Verwendungen

Der Wiederverkäufer kann für Verwendungen, die er auf den gekauften Gegenstand vor dem Wiederkauf gemacht hat, insoweit Ersatz verlangen, als der Wert des Gegenstandes durch die Verwendungen erhöht ist. Eine Einrichtung, mit der er die herauszugebende Sache versehen hat, kann er wegnehmen.

§ 460 Wiederkauf zum Schätzungswert

Ist als Wiederkaufpreis der Schätzungswert vereinbart, den der gekaufte Gegenstand zur Zeit des Wiederkaufs hat, so ist der Wiederverkäufer für eine Verschlechterung, den Untergang oder die aus einem anderen Grund eingetretene Unmöglichkeit der Herausgabe des Gegenstandes nicht verantwortlich, der Wiederkäufer zum Ersatz von Verwendungen nicht verpflichtet.

§ 461 Mehrere Wiederkaufsberechtigte

Steht das Wiederkaufsrecht mehreren gemeinschaftlich zu, so kann es nur im Ganzen ausgeübt werden. Ist es für einen der Berechtigten erloschen oder übt einer von ihnen sein Recht nicht aus, so sind die übrigen berechtigt, das Wiederkaufsrecht im Ganzen auszuüben.

§ 462 Ausschlussfrist

Das Wiederkaufsrecht kann bei Grundstücken nur bis zum Ablauf von 30, bei anderen Gegenständen nur bis zum Ablauf von drei Jahren nach der Vereinbarung des Vorbehalts ausgeübt werden. Ist für die Ausübung eine Frist bestimmt, so tritt diese an die Stelle der gesetzlichen Frist.

Kapitel 3
Vorkauf

§ 463 Voraussetzungen der Ausübung

Wer in Ansehung eines Gegenstandes zum Vorkauf berechtigt ist, kann das Vorkaufsrecht ausüben, sobald der Verpflichtete mit einem Dritten einen Kaufvertrag über den Gegenstand geschlossen hat.

§ 464 Ausübung des Vorkaufsrechts

(1) Die Ausübung des Vorkaufsrechts erfolgt durch Erklärung gegenüber dem Verpflichteten. Die Erklärung bedarf nicht der für den Kaufvertrag bestimmten Form.

(2) Mit der Ausübung des Vorkaufsrechts kommt der Kauf zwischen dem Berechtigten und dem Verpflichteten unter den Bestimmungen zustande, welche der Verpflichtete mit dem Dritten vereinbart hat.

§ 465 Unwirksame Vereinbarungen

Eine Vereinbarung des Verpflichteten mit dem Dritten, durch welche der Kauf von der Nichtausübung des Vorkaufsrechts abhängig gemacht oder dem Verpflichteten für den Fall der Ausübung des Vorkaufsrechts der Rücktritt vorbehalten wird, ist dem Vorkaufsberechtigten gegenüber unwirksam.

§ 466 Nebenleistungen

Hat sich der Dritte in dem Vertrag zu einer Nebenleistung verpflichtet, die der Vorkaufsberechtigte zu bewirken außerstande ist, so hat der Vorkaufsberechtigte statt der Nebenleistung ihren Wert zu entrichten. Lässt sich die Nebenleistung nicht in Geld schätzen, so ist die Ausübung des Vorkaufsrechts ausge-

schlossen; die Vereinbarung der Nebenleistung kommt jedoch nicht in Betracht, wenn der Vertrag mit dem Dritten auch ohne sie geschlossen sein würde.

§ 467 Gesamtpreis

Hat der Dritte den Gegenstand, auf den sich das Vorkaufsrecht bezieht, mit anderen Gegenständen zu einem Gesamtpreis gekauft, so hat der Vorkaufsberechtigte einen verhältnismäßigen Teil des Gesamtpreises zu entrichten. Der Verpflichtete kann verlangen, dass der Vorkauf auf alle Sachen erstreckt wird, die nicht ohne Nachteil für ihn getrennt werden können.

§ 468 Stundung des Kaufpreises

(1) Ist dem Dritten in dem Vertrag der Kaufpreis gestundet worden, so kann der Vorkaufsberechtigte die Stundung nur in Anspruch nehmen, wenn er für den gestundeten Betrag Sicherheit leistet.

(2) Ist ein Grundstück Gegenstand des Vorkaufs, so bedarf es der Sicherheitsleistung insoweit nicht, als für den gestundeten Kaufpreis die Bestellung einer Hypothek an dem Grundstück vereinbart oder in Anrechnung auf den Kaufpreis eine Schuld, für die eine Hypothek an dem Grundstück besteht, übernommen worden ist. Entsprechendes gilt, wenn ein eingetragenes Schiff oder Schiffsbauwerk Gegenstand des Vorkaufs ist.

§ 469 Mitteilungspflicht, Ausübungsfrist

(1) Der Verpflichtete hat dem Vorkaufsberechtigten den Inhalt des mit dem Dritten geschlossenen Vertrags unverzüglich mitzuteilen. Die Mitteilung des Verpflichteten wird durch die Mitteilung des Dritten ersetzt.

(2) Das Vorkaufsrecht kann bei Grundstücken nur bis zum Ablauf von zwei Monaten, bei anderen Gegenständen nur bis zum Ablauf einer Woche nach dem Empfang der Mitteilung ausgeübt werden. Ist für die Ausübung eine Frist bestimmt, so tritt diese an die Stelle der gesetzlichen Frist.

§ 470 Verkauf an gesetzlichen Erben

Das Vorkaufsrecht erstreckt sich im Zweifel nicht auf einen Verkauf, der mit Rücksicht auf ein künftiges Erbrecht an einen gesetzlichen Erben erfolgt.

§ 471 Verkauf bei Zwangsvollstreckung oder Insolvenz

Das Vorkaufsrecht ist ausgeschlossen, wenn der Verkauf im Wege der Zwangsvollstreckung oder aus einer Insolvenzmasse erfolgt.

§ 472 Mehrere Vorkaufsberechtigte

Steht das Vorkaufsrecht mehreren gemeinschaftlich zu, so kann es nur im Ganzen ausgeübt werden. Ist es für einen der Berechtigten erloschen oder übt einer von ihnen sein Recht nicht aus, so sind die übrigen berechtigt, das Vorkaufsrecht im Ganzen auszuüben.

§ 473 Unübertragbarkeit

Das Vorkaufsrecht ist nicht übertragbar und geht nicht auf die Erben des Berechtigten über, sofern nicht ein anderes bestimmt ist. Ist das Recht auf eine bestimmte Zeit beschränkt, so ist es im Zweifel vererblich.

Untertitel 3
Verbrauchsgüterkauf

§ 474 Begriff des Verbrauchsgüterkaufs

(1) Kauft ein Verbraucher von einem Unternehmer eine bewegliche Sache (Verbrauchsgüterkauf), gelten ergänzend die folgenden Vorschriften. Dies gilt nicht für gebrauchte Sachen, die in einer öffentlichen Versteigerung verkauft werden, an der der Verbraucher persönlich teilnehmen kann.

(2) Auf die in diesem Untertitel geregelten Kaufverträge ist § 439 Abs. 4 mit der Maßgabe anzuwenden, dass Nutzungen nicht herauszugeben oder durch ihren Wert zu ersetzen sind. Die §§ 445 und 447 sind nicht anzuwenden.

§ 475 Abweichende Vereinbarungen

(1) Auf eine vor Mitteilung eines Mangels an den Unternehmer getroffene Vereinbarung, die zum Nachteil des Verbrauchers von den §§ 433 bis 435, 437, 439 bis 443, sowie von den Vorschriften dieses Untertitels abweicht, kann der Unternehmer sich nicht berufen. Die in Satz 1 bezeichneten Vorschriften finden auch Anwendung, wenn sie durch anderweitige Gestaltungen umgangen werden.

(2) Die Verjährung der in § 437 bezeichneten Ansprüche kann vor Mitteilung eines Mangels an den Unternehmer nicht durch Rechtsgeschäft erleichtert werden, wenn die Vereinbarung zu einer Verjährungsfrist ab dem gesetzlichen Verjährungsbeginn von weniger als zwei Jahren, bei gebrauchten Sachen von weniger als einem Jahr führt.

(3) Die Absätze 1 und 2 gelten unbeschadet der §§ 307 bis 309 nicht für den Ausschluss oder die Beschränkung des Anspruchs auf Schadensersatz.

§ 476 Beweislastumkehr

Zeigt sich innerhalb von sechs Monaten seit Gefahrübergang ein Sachmangel, so wird vermutet, dass die Sache bereits bei Gefahrübergang mangelhaft war, es sei denn, diese Vermutung ist mit der Art der Sache oder des Mangels unvereinbar.

§ 477 Sonderbestimmungen für Garantien

(1) Eine Garantieerklärung (§ 443) muss einfach und verständlich abgefasst sein. Sie muss enthalten

1. den Hinweis auf die gesetzlichen Rechte des Verbrauchers sowie darauf, dass sie durch die Garantie nicht eingeschränkt werden und

2. den Inhalt der Garantie und alle wesentlichen Angaben, die für die Geltendmachung der Garantie erforderlich sind, insbesondere die Dauer und den räumlichen Geltungsbereich des Garantieschutzes sowie Namen und Anschrift des Garantiegebers.

(2) Der Verbraucher kann verlangen, dass ihm die Garantieerklärung in Textform mitgeteilt wird.

(3) Die Wirksamkeit der Garantieverpflichtung wird nicht dadurch berührt, dass eine

BGB: Bürgerliches Gesetzbuch

§§ 478 – 481

der vorstehenden Anforderungen nicht erfüllt wird.

§ 478 Rückgriff des Unternehmers

(1) Wenn der Unternehmer die verkaufte neu hergestellte Sache als Folge ihrer Mangelhaftigkeit zurücknehmen musste oder der Verbraucher den Kaufpreis gemindert hat, bedarf es für die in § 437 bezeichneten Rechte des Unternehmers gegen den Unternehmer, der ihm die Sache verkauft hatte (Lieferant), wegen des vom Verbraucher geltend gemachten Mangels einer sonst erforderlichen Fristsetzung nicht.

(2) Der Unternehmer kann beim Verkauf einer neu hergestellten Sache von seinem Lieferanten Ersatz der Aufwendungen verlangen, die der Unternehmer im Verhältnis zum Verbraucher nach § 439 Abs. 2 zu tragen hatte, wenn der vom Verbraucher geltend gemachte Mangel bereits beim Übergang der Gefahr auf den Unternehmer vorhanden war.

(3) In den Fällen der Absätze 1 und 2 findet § 476 mit der Maßgabe Anwendung, dass die Frist mit dem Übergang der Gefahr auf den Verbraucher beginnt.

(4) Auf eine vor Mitteilung eines Mangels an den Lieferanten getroffene Vereinbarung, die zum Nachteil des Unternehmers von den §§ 433 bis 435, 437, 439 bis 443 sowie von den Absätzen 1 bis 3 und von § 479 abweicht, kann sich der Lieferant nicht berufen, wenn dem Rückgriffsgläubiger kein gleichwertiger Ausgleich eingeräumt wird. Satz 1 gilt unbeschadet des § 307 nicht für den Ausschluss oder die Beschränkung des Anspruchs auf Schadensersatz. Die in Satz 1 bezeichneten Vorschriften finden auch Anwendung, wenn sie durch anderweitige Gestaltungen umgangen werden.

(5) Die Absätze 1 bis 4 finden auf die Ansprüche des Lieferanten und der übrigen Käufer in der Lieferkette gegen die jeweiligen Verkäufer entsprechende Anwendung, wenn die Schuldner Unternehmer sind.

(6) § 377 des Handelsgesetzbuchs bleibt unberührt.

§ 479 Verjährung von Rückgriffsansprüchen

(1) Die in § 478 Abs. 2 bestimmten Aufwendungsersatzansprüche verjähren in zwei Jahren ab Ablieferung der Sache.

(2) Die Verjährung der in den §§ 437 und 478 Abs. 2 bestimmten Ansprüche des Unternehmers gegen seinen Lieferanten wegen des Mangels einer an einen Verbraucher verkauften neu hergestellten Sache tritt frühestens zwei Monate nach dem Zeitpunkt ein, in dem der Unternehmer die Ansprüche des Verbrauchers erfüllt hat. Diese Ablaufhemmung endet spätestens fünf Jahre nach dem Zeitpunkt, in dem der Lieferant die Sache dem Unternehmer abgeliefert hat.

(3) Die vorstehenden Absätze finden auf die Ansprüche des Lieferanten und der übrigen Käufer in der Lieferkette gegen die jeweiligen Verkäufer entsprechende Anwendung, wenn die Schuldner Unternehmer sind.

Untertitel 4
Tausch

§ 480 Tausch

Auf den Tausch finden die Vorschriften über den Kauf entsprechende Anwendung.

Titel 2
Teilzeit-Wohnrechteverträge, Verträge über langfristige Urlaubsprodukte, Vermittlungsverträge und Tauschsystemverträge

§ 481 Teilzeit-Wohnrechtevertrag

(1) Ein Teilzeit-Wohnrechtevertrag ist ein Vertrag, durch den ein Unternehmer einem Verbraucher gegen Zahlung eines Gesamtpreises das Recht verschafft oder zu verschaffen verspricht, für die Dauer von mehr als einem Jahr ein Wohngebäude mehrfach für einen bestimmten oder zu bestimmenden Zeitraum zu Übernachtungszwecken zu nutzen. Bei der Berechnung der Vertragsdauer sind sämtliche im Vertrag vorgesehenen Verlängerungsmöglichkeiten zu berücksichtigen.

(2) Das Recht kann ein dingliches oder anderes Recht sein und insbesondere auch durch eine Mitgliedschaft in einem Verein oder einen Anteil an einer Gesellschaft eingeräumt werden. Das Recht kann auch darin bestehen, aus einem Bestand von Wohngebäuden ein Wohngebäude zur Nutzung zu wählen.

(3) Einem Wohngebäude steht ein Teil eines Wohngebäudes gleich, ebenso eine bewegliche, als Übernachtungsunterkunft gedachte Sache oder ein Teil derselben.

§ 481a Vertrag über ein langfristiges Urlaubsprodukt

Ein Vertrag über ein langfristiges Urlaubsprodukt ist ein Vertrag für die Dauer von mehr als einem Jahr, durch den ein Unternehmer einem Verbraucher gegen Zahlung eines Gesamtpreises das Recht verschafft oder zu verschaffen verspricht, Preisnachlässe oder sonstige Vergünstigungen in Bezug auf eine Unterkunft zu erwerben. § 481 Absatz 1 Satz 2 gilt entsprechend.

§ 481b Vermittlungsvertrag, Tauschsystemvertrag

(1) Ein Vermittlungsvertrag ist ein Vertrag, durch den sich ein Unternehmer von einem Verbraucher ein Entgelt versprechen lässt für den Nachweis der Gelegenheit zum Abschluss eines Vertrags oder für die Vermittlung eines Vertrags, durch den die Rechte des Verbrauchers aus einem Teilzeit-Wohnrechtevertrag oder einem Vertrag über ein langfristiges Urlaubsprodukt erworben oder veräußert werden sollen.

(2) Ein Tauschsystemvertrag ist ein Vertrag, durch den sich ein Unternehmer von einem Verbraucher ein Entgelt versprechen lässt für den Nachweis der Gelegenheit zum Abschluss eines Vertrags oder für die Vermittlung eines Vertrags, durch den einzelne Rechte des Verbrauchers aus einem Teilzeit-Wohnrechtevertrag oder einem Vertrag über ein langfristiges Urlaubsprodukt getauscht oder auf andere Weise erworben oder veräußert werden sollen.

§ 482 Vorvertragliche Informationen, Werbung und Verbot des Verkaufs als Geldanlage

(1) Der Unternehmer hat dem Verbraucher rechtzeitig vor Abgabe von dessen Vertragserklärung zum Abschluss eines Teilzeit-Wohnrechtevertrags, eines Vertrags über ein langfristiges Urlaubsprodukt, eines Vermittlungsvertrags oder eines Tauschsystemvertrags vorvertragliche Informationen nach Artikel 242 § 1 des Einführungsgesetzes zum Bürgerlichen Gesetzbuche in Textform zur Verfügung zu stellen. Diese müssen klar und verständlich sein.

(2) In jeder Werbung für solche Verträge ist anzugeben, dass vorvertragliche Informationen erhältlich sind und wo diese angefordert werden können. Der Unternehmer hat bei der Einladung zu Werbe- oder Verkaufsveranstaltungen deutlich auf den gewerblichen Charakter der Veranstaltung hinzuweisen. Dem Verbraucher sind auf solchen Veranstaltungen die vorvertraglichen Informationen jederzeit zugänglich zu machen.

(3) Ein Teilzeit-Wohnrecht oder ein Recht aus einem Vertrag über ein langfristiges Urlaubsprodukt darf nicht als Geldanlage beworben oder verkauft werden.

§ 482a Widerrufsbelehrung

Der Unternehmer muss den Verbraucher vor Vertragsschluss in Textform auf das Widerrufsrecht einschließlich der Widerrufsfrist sowie auf das Anzahlungsverbot nach § 486 hinweisen. Der Erhalt der entsprechenden Vertragsbestimmungen ist vom Verbraucher schriftlich zu bestätigen. Die Einzelheiten sind in Artikel 242 § 2 des Einführungsgesetzes zum Bürgerlichen Gesetzbuche geregelt.

§ 483 Sprache des Vertrags und der vorvertraglichen Informationen

(1) Der Teilzeit-Wohnrechtevertrag, der Vertrag über ein langfristiges Urlaubsprodukt, der Vermittlungsvertrag oder der Tauschsystemvertrag ist in der Amtssprache oder, wenn es dort mehrere Amtssprachen gibt, in der vom Verbraucher gewählten Amtssprache des Mitgliedstaats der Europäischen Union

oder des Vertragsstaats des Abkommens über den Europäischen Wirtschaftsraum abzufassen, in dem der Verbraucher seinen Wohnsitz hat. Ist der Verbraucher Angehöriger eines anderen Mitgliedstaats, so kann er statt der Sprache seines Wohnsitzstaats auch die oder eine der Amtssprachen des Staats, dem er angehört, wählen. Die Sätze 1 und 2 gelten auch für die vorvertraglichen Informationen und für die Widerrufsbelehrung.

(2) Ist der Vertrag von einem deutschen Notar zu beurkunden, so gelten die §§ 5 und 16 des Beurkundungsgesetzes mit der Maßgabe, dass dem Verbraucher eine beglaubigte Übersetzung des Vertrags in der von ihm nach Absatz 1 gewählten Sprache auszuhändigen ist.

(3) Verträge, die Absatz 1 Satz 1 und 2 oder Absatz 2 nicht entsprechen, sind nichtig.

§ 484 Form und Inhalt des Vertrags

(1) Der Teilzeit-Wohnrechtevertrag, der Vertrag über ein langfristiges Urlaubsprodukt, der Vermittlungsvertrag oder der Tauschsystemvertrag bedarf der schriftlichen Form, soweit nicht in anderen Vorschriften eine strengere Form vorgeschrieben ist.

(2) Die dem Verbraucher nach § 482 Absatz 1 zur Verfügung gestellten vorvertraglichen Informationen werden Inhalt des Vertrags, soweit sie nicht einvernehmlich oder einseitig durch den Unternehmer geändert wurden. Der Unternehmer darf die vorvertraglichen Informationen nur einseitig ändern, um sie an Veränderungen anzupassen, die durch höhere Gewalt verursacht wurden. Die Änderungen nach Satz 1 müssen dem Verbraucher vor Abschluss des Vertrags in Textform mitgeteilt werden. Sie werden nur wirksam, wenn sie in die Vertragsdokumente mit dem Hinweis aufgenommen werden, dass sie von den nach § 482 Absatz 1 zur Verfügung gestellten vorvertraglichen Informationen abweichen. In die Vertragsdokumente sind aufzunehmen:

1. die vorvertraglichen Informationen nach § 482 Absatz 1 unbeschadet ihrer Geltung nach Satz 1,

2. die Namen und ladungsfähigen Anschriften beider Parteien sowie

3. Datum und Ort der Abgabe der darin enthaltenen Vertragserklärungen.

(3) Der Unternehmer hat dem Verbraucher die Vertragsurkunde oder eine Abschrift des Vertrags zu überlassen. Bei einem Teilzeit-Wohnrechtevertrag hat er, wenn die Vertragssprache und die Amtssprache des Mitgliedstaats der Europäischen Union oder des Vertragsstaats des Abkommens über den Europäischen Wirtschaftsraum, in dem sich das Wohngebäude befindet, verschieden sind, eine beglaubigte Übersetzung des Vertrags in einer Amtssprache des Staats beizufügen, in dem sich das Wohngebäude befindet. Die Pflicht zur Beifügung einer beglaubigten Übersetzung entfällt, wenn sich der Teilzeit-Wohnrechtevertrag auf einen Bestand von Wohngebäuden bezieht, die sich in verschiedenen Staaten befinden.

§ 485 Widerrufsrecht

(1) Dem Verbraucher steht bei einem Teilzeit-Wohnrechtevertrag, einem Vertrag über ein langfristiges Urlaubsprodukt, einem Vermittlungsvertrag oder einem Tauschsystemvertrag ein Widerrufsrecht nach § 355 zu.

(2) Der Verbraucher hat im Falle des Widerrufs keine Kosten zu tragen. Die Kosten des Vertrags, seiner Durchführung und seiner Rückabwicklung hat der Unternehmer dem Verbraucher zu erstatten. Eine Vergütung für geleistete Dienste sowie für die Überlassung von Wohngebäuden zur Nutzung ist abweichend von § 357 Absatz 1 und 3 ausgeschlossen.

(3) Hat der Verbraucher einen Teilzeit-Wohnrechtevertrag oder einen Vertrag über ein langfristiges Urlaubsprodukt wirksam widerrufen, ist er an seine Willenserklärung zum Abschluss eines Tauschsystemvertrags, der sich auf diesen Vertrag bezieht, nicht mehr gebunden. Satz 1 gilt entsprechend für Willenserklärungen des Verbrauchers zum Abschluss von Verträgen, welche Leistungen an den Verbraucher im Zusammenhang mit einem Teilzeit-Wohnrechtevertrag oder einem Vertrag über ein langfristiges Urlaubsprodukt zum Gegenstand haben, die von dem Unternehmer oder auf Grund eines Vertrags des

Unternehmers mit einem Dritten erbracht werden. § 357 gilt entsprechend. Der Verbraucher hat jedoch keine Kosten auf Grund der fehlenden Bindung an seine Willenserklärung zu tragen.

§ 485a Widerrufsfrist

(1) Abweichend von § 355 Absatz 3 beginnt die Widerrufsfrist mit dem Zeitpunkt des Vertragsschlusses oder des Abschlusses eines Vorvertrags. Erhält der Verbraucher die Vertragsurkunde oder die Abschrift des Vertrags erst nach Vertragsschluss, beginnt die Widerrufsfrist mit dem Zeitpunkt des Erhalts.

(2) Sind dem Verbraucher die in § 482 Absatz 1 bezeichneten vorvertraglichen Informationen oder das in Artikel 242 § 1 Absatz 2 des Einführungsgesetzes zum Bürgerlichen Gesetzbuche bezeichnete Formblatt vor Vertragsschluss nicht, nicht vollständig oder nicht in der in § 483 Absatz 1 vorgeschriebenen Sprache überlassen worden, so beginnt die Widerrufsfrist abweichend von Absatz 1 erst mit dem vollständigen Erhalt der vorvertraglichen Informationen und des Formblatts in der vorgeschriebenen Sprache. Das Widerrufsrecht erlischt abweichend von § 355 Absatz 4 spätestens drei Monate und zwei Wochen nach dem in Absatz 1 genannten Zeitpunkt.

(3) Ist dem Verbraucher die in § 482a bezeichnete Widerrufsbelehrung vor Vertragsschluss nicht, nicht vollständig oder nicht in der in § 483 Absatz 1 vorgeschriebenen Sprache überlassen worden, so beginnt die Widerrufsfrist abweichend von Absatz 1 erst mit dem vollständigen Erhalt der Widerrufsbelehrung in der vorgeschriebenen Sprache. Das Widerrufsrecht erlischt abweichend von § 355 Absatz 4 sowie gegebenenfalls abweichend von Absatz 2 Satz 2 spätestens ein Jahr und zwei Wochen nach dem in Absatz 1 genannten Zeitpunkt.

(4) Hat der Verbraucher einen Teilzeit-Wohnrechtevertrag und einen Tauschsystemvertrag abgeschlossen und sind ihm diese zum gleichen Zeitpunkt angeboten worden, so beginnt die Widerrufsfrist für beide Verträge mit dem nach Absatz 1 für den Teilzeit-Wohnrechtevertrag geltenden Zeitpunkt. Die Absätze 2 und 3 gelten entsprechend.

§ 486 Anzahlungsverbot

(1) Der Unternehmer darf Zahlungen des Verbrauchers vor Ablauf der Widerrufsfrist nicht fordern oder annehmen.

(2) Es dürfen keine Zahlungen des Verbrauchers im Zusammenhang mit einem Vermittlungsvertrag gefordert oder angenommen werden, bis der Unternehmer seine Pflichten aus dem Vermittlungsvertrag erfüllt hat oder diese Vertragsbeziehung beendet ist.

§ 486a Besondere Vorschriften für Verträge über langfristige Urlaubsprodukte

(1) Bei einem Vertrag über ein langfristiges Urlaubsprodukt enthält das in Artikel 242 § 1 Absatz 2 des Einführungsgesetzes zum Bürgerlichen Gesetzbuche bezeichnete Formblatt einen Ratenzahlungsplan. Der Unternehmer darf von den dort genannten Zahlungsmodalitäten nicht abweichen. Er darf den laut Formblatt fälligen jährlichen Teilbetrag vom Verbraucher nur fordern oder annehmen, wenn er den Verbraucher zuvor in Textform zur Zahlung dieses Teilbetrags aufgefordert hat. Die Zahlungsaufforderung muss dem Verbraucher mindestens zwei Wochen vor Fälligkeit des jährlichen Teilbetrags zugehen.

(2) Ab dem Zeitpunkt, der nach Absatz 1 für die Zahlung des zweiten Teilbetrags vorgesehen ist, kann der Verbraucher den Vertrag innerhalb von zwei Wochen ab Zugang der Zahlungsaufforderung zum Fälligkeitstermin gemäß Absatz 1 kündigen.

§ 487 Abweichende Vereinbarungen

Von den Vorschriften dieses Titels darf nicht zum Nachteil des Verbrauchers abgewichen werden. Die Vorschriften dieses Titels finden, soweit nicht ein anderes bestimmt ist, auch Anwendung, wenn sie durch anderweitige Gestaltungen umgangen werden.

II

Titel 3
Darlehensvertrag; Finanzierungshilfen und Ratenlieferungsverträge zwischen einem Unternehmer und einem Verbraucher*)

Untertitel 1
Darlehensvertrag

Kapitel 1
Allgemeine Vorschriften

§ 488 Vertragstypische Pflichten beim Darlehensvertrag

(1) Durch den Darlehensvertrag wird der Darlehensgeber verpflichtet, dem Darlehensnehmer einen Geldbetrag in der vereinbarten Höhe zur Verfügung zu stellen. Der Darlehensnehmer ist verpflichtet, einen geschuldeten Zins zu zahlen und bei Fälligkeit das zur Verfügung gestellte Darlehen zurückzuzahlen.

(2) Die vereinbarten Zinsen sind, soweit nicht ein anderes bestimmt ist, nach dem Ablauf je eines Jahres und, wenn das Darlehen vor dem Ablauf eines Jahres zurückzuzahlen ist, bei der Rückzahlung zu entrichten.

(3) Ist für die Rückzahlung des Darlehens eine Zeit nicht bestimmt, so hängt die Fälligkeit davon ab, dass der Darlehensgeber oder der Darlehensnehmer kündigt. Die Kündigungsfrist beträgt drei Monate. Sind Zinsen nicht geschuldet, so ist der Darlehensnehmer auch ohne Kündigung zur Rückzahlung berechtigt.

§ 489 Ordentliches Kündigungsrecht des Darlehensnehmers

(1) Der Darlehensnehmer kann einen Darlehensvertrag mit gebundenem Sollzinssatz ganz oder teilweise kündigen,

1. wenn die Sollzinsbindung vor der für die Rückzahlung bestimmten Zeit endet und

keine neue Vereinbarung über den Sollzinssatz getroffen ist, unter Einhaltung einer Kündigungsfrist von einem Monat frühestens für den Ablauf des Tages, an dem die Sollzinsbindung endet; ist eine Anpassung des Sollzinssatzes in bestimmten Zeiträumen bis zu einem Jahr vereinbart, so kann der Darlehensnehmer jeweils nur für den Ablauf des Tages, an dem die Sollzinsbindung endet, kündigen;

2. in jedem Fall nach Ablauf von zehn Jahren nach dem vollständigen Empfang unter Einhaltung einer Kündigungsfrist von sechs Monaten; wird nach dem Empfang des Darlehens eine neue Vereinbarung über die Zeit der Rückzahlung oder den Sollzinssatz getroffen, so tritt der Zeitpunkt dieser Vereinbarung an die Stelle des Zeitpunkts des Empfangs.

(2) Der Darlehensnehmer kann einen Darlehensvertrag mit veränderlichem Zinssatz jederzeit unter Einhaltung einer Kündigungsfrist von drei Monaten kündigen.

(3) Eine Kündigung des Darlehensnehmers gilt als nicht erfolgt, wenn er den geschuldeten Betrag nicht binnen zwei Wochen nach Wirksamwerden der Kündigung zurückzahlt.

(4) Das Kündigungsrecht des Darlehensnehmers nach den Absätzen 1 und 2 kann nicht durch Vertrag ausgeschlossen oder erschwert werden. Dies gilt nicht bei Darlehen an den Bund, ein Sondervermögen des Bundes, ein Land, eine Gemeinde, einen Gemeindeverband, die Europäischen Gemeinschaften oder ausländische Gebietskörperschaften.

(5) Sollzinssatz ist der gebundene oder veränderliche periodische Prozentsatz, der pro Jahr auf das in Anspruch genommene Darlehen angewendet wird. Der Sollzinssatz ist gebunden, wenn für die gesamte Vertragslaufzeit ein Sollzinssatz oder mehrere Soll-

---

*) Amtlicher Hinweis zu Titel 3:
  Dieser Titel dient der Umsetzung der Richtlinie 87/102/EWG des Rates zur Angleichung der Rechts- und Verwaltungsvorschriften der Mitgliedstaaten über den Verbraucherkredit (ABl. EG Nr. L 42 S. 48), zuletzt geändert durch die Richtlinie 98/7/EG des Europäischen Parlaments und des Rates vom 16. Februar 1998 zur Änderung der Richtlinie 87/102/EWG zur Angleichung der Rechts- und Verwaltungsvorschriften der Mitgliedstaaten über den Verbraucherkredit (ABl. EG Nr. L 101 S. 17).

zinssätze vereinbart sind, die als feststehende Prozentzahl ausgedrückt werden. Ist für die gesamte Vertragslaufzeit keine Sollzinsbindung vereinbart, gilt der Sollzinssatz nur für diejenigen Zeiträume als gebunden, für die er durch eine feste Prozentzahl bestimmt ist.

§ 490 Außerordentliches Kündigungsrecht

(1) Wenn in den Vermögensverhältnissen des Darlehensnehmers oder in der Werthaltigkeit einer für das Darlehen gestellten Sicherheit eine wesentliche Verschlechterung eintritt oder einzutreten droht, durch die die Rückzahlung des Darlehens, auch unter Verwertung der Sicherheit, gefährdet wird, kann der Darlehensgeber den Darlehensvertrag vor Auszahlung des Darlehens im Zweifel stets, nach Auszahlung nur in der Regel fristlos kündigen.

(2) Der Darlehensnehmer kann einen Darlehensvertrag, bei dem der Sollzinssatz gebunden und das Darlehen durch ein Grund- oder Schiffspfandrecht gesichert ist, unter Einhaltung der Fristen des § 488 Abs. 3 Satz 2 vorzeitig kündigen, wenn seine berechtigten Interessen dies gebieten und seit dem vollständigen Empfang des Darlehens sechs Monate abgelaufen sind. Ein solches Interesse liegt insbesondere vor, wenn der Darlehensnehmer ein Bedürfnis nach einer anderweitigen Verwertung der zur Sicherung des Darlehens beliehenen Sache hat. Der Darlehensnehmer hat dem Darlehensgeber denjenigen Schaden zu ersetzen, der diesem aus der vorzeitigen Kündigung entsteht (Vorfälligkeitsentschädigung).

(3) Die Vorschriften der §§ 313 und 314 bleiben unberührt.

Kapitel 2
Besondere Vorschriften für Verbraucherdarlehensverträge

§ 491 Verbraucherdarlehensvertrag

(1) Die Vorschriften dieses Kapitels gelten für entgeltliche Darlehensverträge zwischen einem Unternehmer als Darlehensgeber und einem Verbraucher als Darlehensnehmer (Verbraucherdarlehensvertrag), soweit in den Absätzen 2 oder 3 oder in den §§ 503 bis 505 nichts anderes bestimmt ist.

(2) Keine Verbraucherdarlehensverträge sind Verträge,

1. bei denen der Nettodarlehensbetrag (Artikel 247 § 3 Abs. 2 des Einführungsgesetzes zum Bürgerlichen Gesetzbuche) weniger als 200 Euro beträgt,

2. bei denen sich die Haftung des Darlehensnehmers auf eine dem Darlehensgeber zum Pfand übergebene Sache beschränkt,

3. bei denen der Darlehensnehmer das Darlehen binnen drei Monaten zurückzuzahlen hat und nur geringe Kosten vereinbart sind,

4. die von Arbeitgebern mit ihren Arbeitnehmern als Nebenleistung zum Arbeitsvertrag zu einem niedrigeren als dem marktüblichen effektiven Jahreszins (§ 6 der Preisangabenverordnung) abgeschlossen werden und anderen Personen nicht angeboten werden,

5. die nur mit einem begrenzten Personenkreis auf Grund von Rechtsvorschriften in öffentlichem Interesse abgeschlossen werden, wenn im Vertrag für den Darlehensnehmer günstigere als marktübliche Bedingungen und höchstens der marktübliche Sollzinssatz vereinbart sind.

(3) § 358 Abs. 2, 4 und 5 sowie die §§ 491a bis 495 sind nicht auf Darlehensverträge anzuwenden, die in ein nach den Vorschriften der Zivilprozessordnung errichtetes gerichtliches Protokoll aufgenommen oder durch einen gerichtlichen Beschluss über das Zustandekommen und den Inhalt eines zwischen den Parteien geschlossenen Vergleichs festgestellt sind, wenn in das Protokoll oder den Beschluss der Sollzinssatz, die bei Abschluss des Vertrags in Rechnung gestellten Kosten des Darlehens sowie die Voraussetzungen aufgenommen worden sind, unter denen der Sollzinssatz oder die Kosten angepasst werden können.

§ 491a Vorvertragliche Informations-
pflichten bei Verbraucherdarlehensverträgen

(1) Der Darlehensgeber hat den Darlehensnehmer bei einem Verbraucherdarlehensvertrag über die sich aus Artikel 247 des Einführungsgesetzes zum Bürgerlichen Gesetzbuche ergebenden Einzelheiten in der dort vorgesehenen Form zu unterrichten.

(2) Der Darlehensnehmer kann vom Darlehensgeber einen Entwurf des Verbraucherdarlehensvertrags verlangen. Dies gilt nicht,
solange der Darlehensgeber zum Vertragsabschluss nicht bereit ist.

(3) Der Darlehensgeber ist verpflichtet, dem
Darlehensnehmer vor Abschluss eines Verbraucherdarlehensvertrags angemessene Erläuterungen zu geben, damit der Darlehensnehmer in die Lage versetzt wird, zu beurteilen, ob der Vertrag dem von ihm verfolgten
Zweck und seinen Vermögensverhältnissen
gerecht wird. Hierzu sind gegebenenfalls die
vorvertraglichen Informationen gemäß Absatz 1, die Hauptmerkmale der vom Darlehensgeber angebotenen Verträge sowie ihre
vertragstypischen Auswirkungen auf den
Darlehensnehmer, einschließlich der Folgen
bei Zahlungsverzug, zu erläutern.

§ 492 Schriftform, Vertragsinhalt

(1) Verbraucherdarlehensverträge sind, soweit nicht eine strengere Form vorgeschrieben ist, schriftlich abzuschließen. Der Schriftform ist genügt, wenn Antrag und Annahme
durch die Vertragsparteien jeweils getrennt
schriftlich erklärt werden. Die Erklärung des
Darlehensgebers bedarf keiner Unterzeichnung, wenn sie mit Hilfe einer automatischen
Einrichtung erstellt wird.

(2) Der Vertrag muss die für den Verbraucherdarlehensvertrag vorgeschriebenen Angaben nach Artikel 247 §§ 6 bis 13 des Einführungsgesetzes zum Bürgerlichen Gesetzbuche enthalten.

(3) Nach Vertragsschluss stellt der Darlehensgeber dem Darlehensnehmer eine Abschrift des Vertrags zur Verfügung. Ist ein
Zeitpunkt für die Rückzahlung des Darlehens
bestimmt, kann der Darlehensnehmer vom

Darlehensgeber jederzeit einen Tilgungsplan
nach Artikel 247 § 14 des Einführungsgesetzes zum Bürgerlichen Gesetzbuche verlangen.

(4) Die Absätze 1 und 2 gelten auch für die
Vollmacht, die ein Darlehensnehmer zum Abschluss eines Verbraucherdarlehensvertrags
erteilt. Satz 1 gilt nicht für die Prozessvoll-
macht und eine Vollmacht, die notariell beurkundet ist.

(5) Erklärungen des Darlehensgebers, die
dem Darlehensnehmer gegenüber nach Vertragsabschluss abzugeben sind, bedürfen der
Textform.

(6) Enthält der Vertrag die Angaben nach
Absatz 2 nicht oder nicht vollständig, können
sie nach wirksamem Vertragsschluss oder in
den Fällen des § 494 Absatz 2 Satz 1 nach
Gültigwerden des Vertrags in Textform nachgeholt werden. Hat das Fehlen von Angaben
nach Absatz 2 zu Änderungen der Vertragsbedingungen gemäß § 494 Absatz 2 Satz 2
bis Absatz 6 geführt, kann die Nachholung
der Angaben nur dadurch erfolgen, dass der
Darlehensnehmer die nach § 494 Absatz 7
erforderliche Abschrift des Vertrags erhält. In
den sonstigen Fällen muss der Darlehensnehmer spätestens im Zeitpunkt der Nachholung der Angaben eine der in § 355 Absatz 3
Satz 2 genannten Unterlagen erhalten. Werden Angaben nach diesem Absatz nachgeholt, beträgt die Widerrufsfrist abweichend
von § 495 einen Monat. Mit der Nachholung
der Angaben nach Absatz 2 ist der Darlehensnehmer in Textform darauf hinzuweisen,
dass die Widerrufsfrist von einem Monat
nach Erhalt der nachgeholten Angaben beginnt.

§ 493 Informationen während des Ver-
tragsverhältnisses

(1) Ist in einem Verbraucherdarlehensvertrag
der Sollzinssatz gebunden und endet die
Sollzinsbindung vor der für die Rückzahlung
bestimmten Zeit, unterrichtet der Darlehensgeber den Darlehensnehmer spätestens drei
Monate vor Ende der Sollzinsbindung darüber, ob er zu einer neuen Sollzinsbindungs-
abrede bereit ist. Erklärt sich der Darlehens-

geber hierzu bereit, muss die Unterrichtung den zum Zeitpunkt der Unterrichtung vom Darlehensgeber angebotenen Sollzinssatz enthalten.

(2) Der Darlehensgeber unterrichtet den Darlehensnehmer spätestens drei Monate vor Beendigung eines Verbraucherdarlehensvertrags darüber, ob er zur Fortführung des Darlehensverhältnisses bereit ist. Erklärt sich der Darlehensgeber zur Fortführung bereit, muss die Unterrichtung die zum Zeitpunkt der Unterrichtung gültigen Pflichtangaben gemäß § 491a Abs. 1 enthalten.

(3) Die Anpassung des Sollzinssatzes eines Verbraucherdarlehensvertrags mit veränderlichem Sollzinssatz wird erst wirksam, nachdem der Darlehensgeber den Darlehensnehmer über die Einzelheiten unterrichtet hat, die sich aus Artikel 247 § 15 des Einführungsgesetzes zum Bürgerlichen Gesetzbuche ergeben. Abweichende Vereinbarungen über die Wirksamkeit sind im Rahmen des Artikels 247 § 15 Abs. 2 des Einführungsgesetzes zum Bürgerlichen Gesetzbuche zulässig.

(4) Wurden Forderungen aus dem Darlehensvertrag abgetreten, treffen die Pflichten aus den Absätzen 1 bis 3 auch den neuen Gläubiger, wenn nicht der bisherige Darlehensgeber mit dem neuen Gläubiger vereinbart hat, dass im Verhältnis zum Darlehensnehmer weiterhin allein der bisherige Darlehensgeber auftritt.

§ 494 Rechtsfolgen von Formmängeln

(1) Der Verbraucherdarlehensvertrag und die auf Abschluss eines solchen Vertrags vom Verbraucher erteilte Vollmacht sind nichtig, wenn die Schriftform insgesamt nicht eingehalten ist oder wenn eine der in Artikel 247 §§ 6 und 9 bis 13 des Einführungsgesetzes zum Bürgerlichen Gesetzbuch für den Verbraucherdarlehensvertrag vorgeschriebenen Angaben fehlt.

(2) Ungeachtet eines Mangels nach Absatz 1 wird der Verbraucherdarlehensvertrag gültig, soweit der Darlehensnehmer das Darlehen empfängt oder in Anspruch nimmt. Jedoch ermäßigt sich der dem Verbraucherdarle-

hensvertrag zugrunde gelegte Sollzinssatz auf den gesetzlichen Zinssatz, wenn die Angabe des Sollzinssatzes, des effektiven Jahreszinses oder des Gesamtbetrags fehlt.

(3) Ist der effektive Jahreszins zu niedrig angegeben, so vermindert sich der dem Verbraucherdarlehensvertrag zugrunde gelegte Sollzinssatz um den Prozentsatz, um den der effektive Jahreszins zu niedrig angegeben ist.

(4) Nicht angegebene Kosten werden vom Darlehensnehmer nicht geschuldet. Ist im Vertrag nicht angegeben, unter welchen Voraussetzungen Kosten oder Zinsen angepasst werden können, so entfällt die Möglichkeit, diese zum Nachteil des Darlehensnehmers anzupassen.

(5) Wurden Teilzahlungen vereinbart, ist deren Höhe vom Darlehensgeber unter Berücksichtigung der verminderten Zinsen oder Kosten neu zu berechnen.

(6) Fehlen im Vertrag Angaben zur Laufzeit oder zum Kündigungsrecht, ist der Darlehensnehmer jederzeit zur Kündigung berechtigt. Fehlen Angaben zu Sicherheiten, können sie nicht gefordert werden. Satz 2 gilt nicht, wenn der Nettodarlehensbetrag 75 000 Euro übersteigt.

(7) Der Darlehensgeber stellt dem Darlehensnehmer eine Abschrift des Vertrags zur Verfügung, in der die Vertragsänderungen berücksichtigt sind, die sich aus den Absätzen 2 bis 6 ergeben. Abweichend von § 495 beginnt die Widerrufsfrist in diesem Fall, wenn der Darlehensnehmer diese Abschrift des Vertrags erhalten hat.

§ 495 Widerrufsrecht

(1) Dem Darlehensnehmer steht bei einem Verbraucherdarlehensvertrag ein Widerrufsrecht nach § 355 zu.

(2) Die §§ 355 bis 359a gelten mit der Maßgabe, dass

1. an die Stelle der Widerrufsbelehrung die Pflichtangaben nach Artikel 247 § 6 Absatz 2 des Einführungsgesetzes zum Bürgerlichen Gesetzbuche treten,

2. die Widerrufsfrist auch nicht beginnt
   a) vor Vertragsschluss und

b) bevor der Darlehensnehmer die Pflichtangaben nach § 492 Absatz 2 erhält, und

3. der Darlehensnehmer abweichend von § 346 Absatz 1 dem Darlehensgeber auch die Aufwendungen zu ersetzen hat, die der Darlehensgeber an öffentliche Stellen erbracht hat und nicht zurückverlangen kann; § 346 Absatz 2 Satz 2 zweiter Halbsatz ist nur anzuwenden, wenn das Darlehen durch ein Grundpfandrecht gesichert ist.

§ 355 Absatz 2 Satz 3 und Absatz 4 ist nicht anzuwenden.

(3) Ein Widerrufsrecht besteht nicht bei Darlehensverträgen,

1. die einen Darlehensvertrag, zu dessen Kündigung der Darlehensgeber wegen Zahlungsverzugs des Darlehensnehmers berechtigt ist, durch Rückzahlungsvereinbarungen ergänzen oder ersetzen, wenn dadurch ein gerichtliches Verfahren vermieden wird und wenn der Gesamtbetrag (Artikel 247 § 3 des Einführungsgesetzes zum Bürgerlichen Gesetzbuche) geringer ist als die Restschuld des ursprünglichen Vertrags,

2. die notariell zu beurkunden sind, wenn der Notar bestätigt, dass die Rechte des Darlehensnehmers aus den §§ 491a und 492 gewahrt sind, oder

3. die § 504 Abs. 2 oder § 505 entsprechen.

§ 496 Einwendungsverzicht, Wechsel- und Scheckverbot

(1) Eine Vereinbarung, durch die der Darlehensnehmer auf das Recht verzichtet, Einwendungen, die ihm gegenüber dem Darlehensgeber zustehen, gemäß § 404 einem Abtretungsgläubiger entgegenzusetzen oder eine ihm gegen den Darlehensgeber zustehende Forderung gemäß § 406 auch dem Abtretungsgläubiger gegenüber aufzurechnen, ist unwirksam.

(2) Wird eine Forderung des Darlehensgebers aus einem Darlehensvertrag an einen Dritten abgetreten oder findet in der Person des Darlehensgebers ein Wechsel statt, ist der Darlehensnehmer unverzüglich darüber sowie über die Kontaktdaten des neuen Gläubigers nach Artikel 246 § 1 Abs. 1 Nr. 1 bis 3 des Einführungsgesetzes zum Bürgerlichen Gesetzbuche zu unterrichten. Die Unterrichtung ist bei Abtretungen entbehrlich, wenn der bisherige Darlehensgeber mit dem neuen Gläubiger vereinbart hat, dass im Verhältnis zum Darlehensnehmer weiterhin allein der bisherige Darlehensgeber auftritt. Fallen die Voraussetzungen des Satzes 2 fort, ist die Unterrichtung unverzüglich nachzuholen.

(3) Der Darlehensnehmer darf nicht verpflichtet werden, für die Ansprüche des Darlehensgebers aus dem Verbraucherdarlehensvertrag eine Wechselverbindlichkeit einzugehen. Der Darlehensgeber darf vom Darlehensnehmer zur Sicherung seiner Ansprüche aus dem Verbraucherdarlehensvertrag einen Scheck nicht entgegennehmen. Der Darlehensnehmer kann vom Darlehensgeber jederzeit die Herausgabe eines Wechsels oder Schecks, der entgegen Satz 1 oder 2 begeben worden ist, verlangen. Der Darlehensgeber haftet für jeden Schaden, der dem Darlehensnehmer aus einer solchen Wechsel- oder Scheckbegebung entsteht.

§ 497 Verzug des Darlehensnehmers

(1) Soweit der Darlehensnehmer mit Zahlungen, die er auf Grund des Verbraucherdarlehensvertrags schuldet, in Verzug kommt, hat er den geschuldeten Betrag nach § 288 Abs. 1 zu verzinsen. Im Einzelfall kann der Darlehensgeber einen höheren oder der Darlehensnehmer einen niedrigeren Schaden nachweisen.

(2) Die nach Eintritt des Verzugs anfallenden Zinsen sind auf einem gesonderten Konto zu verbuchen und dürfen nicht in ein Kontokorrent mit dem geschuldeten Betrag oder anderen Forderungen des Darlehensgebers eingestellt werden. Hinsichtlich dieser Zinsen gilt § 289 Satz 2 mit der Maßgabe, dass der Darlehensgeber Schadensersatz nur bis zur Höhe des gesetzlichen Zinssatzes (§ 246) verlangen kann.

(3) Zahlungen des Darlehensnehmers, die zur Tilgung der gesamten fälligen Schuld nicht

ausreichen, werden abweichend von § 367 Abs. 1 zunächst auf die Kosten der Rechtsverfolgung, dann auf den übrigen geschuldeten Betrag (Absatz 1) und zuletzt auf die Zinsen (Absatz 2) angerechnet. Der Darlehensgeber darf Teilzahlungen nicht zurückweisen. Die Verjährung der Ansprüche auf Darlehensrückzahlung und Zinsen ist vom Eintritt des Verzugs nach Absatz 1 an bis zu ihrer Feststellung in einer in § 197 Abs. 1 Nr. 3 bis 5 bezeichneten Art gehemmt, jedoch nicht länger als zehn Jahre von ihrer Entstehung an. Auf die Ansprüche auf Zinsen findet § 197 Abs. 2 keine Anwendung. Die Sätze 1 bis 4 finden keine Anwendung, soweit Zahlungen auf Vollstreckungstitel geleistet werden, deren Hauptforderung auf Zinsen lautet.

§ 498 Gesamtfälligstellung bei Teilzahlungsdarlehen

Wegen Zahlungsverzugs des Darlehensnehmers kann der Darlehensgeber den Verbraucherdarlehensvertrag bei einem Darlehen, das in Teilzahlungen zu tilgen ist, nur kündigen, wenn

1. der Darlehensnehmer mit mindestens zwei aufeinander folgenden Teilzahlungen ganz oder teilweise und mit mindestens 10 Prozent, bei einer Laufzeit des Verbraucherdarlehensvertrags von mehr als drei Jahren mit mindestens 5 Prozent des Nennbetrags des Darlehens in Verzug ist und

2. der Darlehensgeber dem Darlehensnehmer erfolglos eine zweiwöchige Frist zur Zahlung des rückständigen Betrags mit der Erklärung gesetzt hat, dass er bei Nichtzahlung innerhalb der Frist die gesamte Restschuld verlange.

Der Darlehensgeber soll dem Darlehensnehmer spätestens mit der Fristsetzung ein Gespräch über die Möglichkeiten einer einverständlichen Regelung anbieten.

§ 499 Kündigungsrecht des Darlehensgebers; Leistungsverweigerung

(1) In einem Verbraucherdarlehensvertrag ist eine Vereinbarung über ein Kündigungsrecht des Darlehensgebers unwirksam, wenn eine bestimmte Vertragslaufzeit vereinbart wurde oder die Kündigungsfrist zwei Monate unterschreitet.

(2) Der Darlehensgeber ist bei entsprechender Vereinbarung berechtigt, die Auszahlung eines Darlehens, bei dem eine Zeit für die Rückzahlung nicht bestimmt ist, aus einem sachlichen Grund zu verweigern. Beabsichtigt der Darlehensgeber dieses Recht auszuüben, hat er dies dem Darlehensnehmer unverzüglich mitzuteilen und ihn über die Gründe möglichst vor, spätestens jedoch unverzüglich nach der Rechtsausübung zu unterrichten. Die Unterrichtung über die Gründe unterbleibt, soweit hierdurch die öffentliche Sicherheit oder Ordnung gefährdet würde.

§ 500 Kündigungsrecht des Darlehensnehmers; vorzeitige Rückzahlung

(1) Der Darlehensnehmer kann einen Verbraucherdarlehensvertrag, bei dem eine Zeit für die Rückzahlung nicht bestimmt ist, ganz oder teilweise kündigen, ohne eine Frist einzuhalten. Eine Vereinbarung über eine Kündigungsfrist von mehr als einem Monat ist unwirksam.

(2) Der Darlehensnehmer kann seine Verbindlichkeiten aus einem Verbraucherdarlehensvertrag jederzeit ganz oder teilweise vorzeitig erfüllen.

§ 501 Kostenermäßigung

Soweit der Darlehensnehmer seine Verbindlichkeiten vorzeitig erfüllt oder die Restschuld vor der vereinbarten Zeit durch Kündigung fällig wird, vermindern sich die Gesamtkosten (§ 6 Abs. 3 der Preisangabenverordnung) um die Zinsen und sonstigen laufzeitabhängigen Kosten, die bei gestaffelter Berechnung auf die Zeit nach der Fälligkeit oder Erfüllung entfallen.

§ 502 Vorfälligkeitsentschädigung

(1) Der Darlehensgeber kann im Fall der vorzeitigen Rückzahlung eine angemessene Vorfälligkeitsentschädigung für den unmittelbar mit der vorzeitigen Rückzahlung zusammenhängenden Schaden verlangen, wenn der Darlehensnehmer zum Zeitpunkt der Rückzahlung Zinsen zu einem bei Vertragsab-

schluss vereinbaren, gebundenen Sollzinssatz schuldet. Die Vorfälligkeitsentschädigung darf folgende Beträge jeweils nicht überschreiten:

1. 1 Prozent beziehungsweise, wenn der Zeitraum zwischen der vorzeitigen und der vereinbarten Rückzahlung ein Jahr nicht übersteigt, 0,5 Prozent des vorzeitig zurückgezahlten Betrags,

2. den Betrag der Sollzinsen, den der Darlehensnehmer in dem Zeitraum zwischen der vorzeitigen und der vereinbarten Rückzahlung entrichtet hätte.

(2) Der Anspruch auf Vorfälligkeitsentschädigung ist ausgeschlossen, wenn

1. die Rückzahlung aus den Mitteln einer Versicherung bewirkt wird, die auf Grund einer entsprechenden Verpflichtung im Darlehensvertrag abgeschlossen wurde, um die Rückzahlung zu sichern, oder

2. im Vertrag die Angaben über die Laufzeit des Vertrags, das Kündigungsrecht des Darlehensnehmers oder die Berechnung der Vorfälligkeitsentschädigung unzureichend sind.

§ 503 Immobiliardarlehensverträge

(1) § 497 Abs. 2 und 3 Satz 1, 2, 4 und 5 sowie die §§ 499, 500 und 502 sind nicht anzuwenden auf Verträge, bei denen die Zurverfügungstellung des Darlehens von der Sicherung durch ein Grundpfandrecht abhängig gemacht wird und zu Bedingungen erfolgt, die für grundpfandrechtlich abgesicherte Verträge und deren Zwischenfinanzierung üblich sind; der Sicherung durch ein Grundpfandrecht steht es gleich, wenn von einer solchen Sicherung nach § 7 Abs. 3 bis 5 des Gesetzes über Bausparkassen abgesehen wird.

(2) Der Verzugszinssatz beträgt abweichend von § 497 Abs. 1 für das Jahr 2,5 Prozentpunkte über dem Basiszinssatz.

(3) § 498 Satz 1 Nr. 1 gilt mit der Maßgabe, dass der Darlehensnehmer mit mindestens zwei aufeinander folgenden Teilzahlungen ganz oder teilweise und mit mindestens 2,5 Prozent des Nennbetrags des Darlehens in Verzug sein muss.

§ 504 Eingeräumte Überziehungsmöglichkeit

(1) Ist ein Verbraucherdarlehen in der Weise gewährt, dass der Darlehensgeber in einem Vertragsverhältnis über ein laufendes Konto dem Darlehensnehmer das Recht einräumt, sein Konto in bestimmter Höhe zu überziehen (Überziehungsmöglichkeit), hat der Darlehensgeber den Darlehensnehmer in regelmäßigen Zeitabständen über die Angaben zu unterrichten, die sich aus Artikel 247 § 16 des Einführungsgesetzes zum Bürgerlichen Gesetzbuche ergeben. Ein Anspruch auf Vorfälligkeitsentschädigung aus § 502 ist ausgeschlossen. § 493 Abs. 3 ist nur bei einer Erhöhung des Sollzinssatzes anzuwenden und gilt entsprechend bei einer Erhöhung der vereinbarten sonstigen Kosten. § 499 Abs. 1 ist nicht anzuwenden.

(2) Ist in einer Überziehungsmöglichkeit vereinbart, dass nach der Auszahlung die Laufzeit höchstens drei Monate beträgt oder der Darlehensgeber kündigen kann, ohne eine Frist einzuhalten, sind § 491a Abs. 3, die §§ 495, 499 Abs. 2 und § 500 Abs. 1 Satz 2 nicht anzuwenden. § 492 Abs. 1 ist nicht anzuwenden, wenn außer den Sollzinsen keine weiteren laufenden Kosten vereinbart sind, die Sollzinsen nicht in kürzeren Zeiträumen als drei Monaten fällig werden und der Darlehensgeber dem Darlehensnehmer den Vertragsinhalt spätestens unverzüglich nach Vertragsabschluss in Textform mitteilt.

§ 505 Geduldete Überziehung

(1) Vereinbart ein Unternehmer in einem Vertrag mit einem Verbraucher über ein laufendes Konto ohne eingeräumte Überziehungsmöglichkeit ein Entgelt für den Fall, dass er eine Überziehung des Kontos duldet, müssen in diesem Vertrag die Angaben nach Artikel 247 § 17 Abs. 1 des Einführungsgesetzes zum Bürgerlichen Gesetzbuche in Textform enthalten sein und dem Verbraucher in regelmäßigen Zeitabständen in Textform mitgeteilt werden. Satz 1 gilt entsprechend, wenn ein Darlehensgeber mit einem

Darlehensnehmer in einem Vertrag über ein laufendes Konto mit eingeräumter Überziehungsmöglichkeit ein Entgelt für den Fall vereinbart, dass er eine Überziehung des Kontos über die vertraglich bestimmte Höhe hinaus duldet.

(2) Kommt es im Fall des Absatzes 1 zu einer erheblichen Überziehung von mehr als einem Monat, unterrichtet der Darlehensgeber den Darlehensnehmer unverzüglich in Textform über die sich aus Artikel 247 § 17 Abs. 2 des Einführungsgesetzes zum Bürgerlichen Gesetzbuche ergebenden Einzelheiten.

(3) Verstößt der Unternehmer gegen Absatz 1 oder Absatz 2, kann der Darlehensgeber über die Rückzahlung des Darlehens hinaus Kosten und Zinsen nicht verlangen.

(4) Die §§ 491a bis 496 und 499 bis 502 sind auf Verbraucherdarlehensverträge, die unter den in Absatz 1 genannten Voraussetzungen zustande kommen, nicht anzuwenden.

Untertitel 2
Finanzierungshilfen zwischen einem Unternehmer und einem Verbraucher

§ 506 Zahlungsaufschub, sonstige Finanzierungshilfe

(1) Die Vorschriften der §§ 358 bis 359a und 491a bis 502 sind mit Ausnahme des § 492 Abs. 4 und vorbehaltlich der Absätze 3 und 4 auf Verträge entsprechend anzuwenden, durch die ein Unternehmer einem Verbraucher einen entgeltlichen Zahlungsaufschub oder eine sonstige entgeltliche Finanzierungshilfe gewährt.

(2) Verträge zwischen einem Unternehmer und einem Verbraucher über die entgeltliche Nutzung eines Gegenstandes gelten als entgeltliche Finanzierungshilfe, wenn vereinbart ist, dass

1. der Verbraucher zum Erwerb des Gegenstandes verpflichtet ist,

2. der Unternehmer vom Verbraucher den Erwerb des Gegenstandes verlangen kann oder

3. der Verbraucher bei Beendigung des Vertrags für einen bestimmten Wert des Gegenstandes einzustehen hat.

Auf Verträge gemäß Satz 1 Nr. 3 sind § 500 Abs. 2 und § 502 nicht anzuwenden.

(3) Für Verträge, die die Lieferung einer bestimmten Sache oder die Erbringung einer bestimmten anderen Leistung gegen Teilzahlungen zum Gegenstand haben (Teilzahlungsgeschäfte), gelten vorbehaltlich des Absatzes 4 zusätzlich die in den §§ 507 und 508 geregelten Besonderheiten.

(4) Die Vorschriften dieses Untertitels sind in dem in § 491 Abs. 2 und 3 bestimmten Umfang nicht anzuwenden. Soweit nach der Vertragsart ein Nettodarlehensbetrag (§ 491 Abs. 2 Nr. 1) nicht vorhanden ist, tritt an seine Stelle der Barzahlungspreis oder, wenn der Unternehmer den Gegenstand für den Verbraucher erworben hat, der Anschaffungspreis.

§ 507 Teilzahlungsgeschäfte

(1) § 494 Abs. 1 bis 3 und 6 Satz 3 ist auf Teilzahlungsgeschäfte nicht anzuwenden. Gibt der Verbraucher sein Angebot zum Vertragsabschluss im Fernabsatz auf Grund eines Verkaufsprospekts oder eines vergleichbaren elektronischen Mediums ab, aus dem der Barzahlungspreis, der Sollzinssatz, der effektive Jahreszins, ein Tilgungsplan anhand beispielhafter Gesamtbeträge sowie die zu stellenden Sicherheiten und Versicherungen ersichtlich ist, ist auch § 492 Abs. 1 nicht anzuwenden, wenn der Unternehmer dem Verbraucher den Vertragsinhalt spätestens unverzüglich nach Vertragsabschluss in Textform mitteilt.

(2) Das Teilzahlungsgeschäft ist nichtig, wenn die vorgeschriebene Schriftform des § 492 Abs. 1 nicht eingehalten ist oder im Vertrag eine der in Artikel 247 §§ 6, 12 und 13 des Einführungsgesetzes zum Bürgerlichen Gesetzbuche vorgeschriebenen Angaben fehlt. Ungeachtet eines Mangels nach Satz 1 wird das Teilzahlungsgeschäft gültig, wenn dem Verbraucher die Sache übergeben oder die Leistung erbracht wird. Jedoch ist der Barzahlungspreis höchstens mit dem gesetzli-

chen Zinssatz zu verzinsen, wenn die Angabe des Gesamtbetrags oder des effektiven Jahreszinses fehlt. Ist ein Barzahlungspreis nicht genannt, so gilt im Zweifel der Marktpreis als Barzahlungspreis. Ist der effektive Jahreszins zu niedrig angegeben, so vermindert sich der Gesamtbetrag um den Prozentsatz, um den der effektive Jahreszins zu niedrig angegeben ist.

(3) Abweichend von den §§ 491a und 492 Abs. 2 dieses Gesetzes und von Artikel 247 §§ 3, 6 und 12 des Einführungsgesetzes zum Bürgerlichen Gesetzbuche müssen in der vorvertraglichen Information und im Vertrag der Barzahlungspreis und der effektive Jahreszins nicht angegeben werden, wenn der Unternehmer nur gegen Teilzahlungen Sachen liefert oder Leistungen erbringt. Im Fall des § 501 ist der Berechnung der Kostenermäßigung der gesetzliche Zinssatz (§ 246) zugrunde zu legen. Ein Anspruch auf Vorfälligkeitsentschädigung ist ausgeschlossen.

§ 508 Rückgaberecht, Rücktritt bei Teilzahlungsgeschäften

(1) Anstelle des dem Verbraucher gemäß § 495 Abs. 1 zustehenden Widerrufsrechts kann dem Verbraucher bei Verträgen über die Lieferung einer bestimmten Sache ein Rückgaberecht nach § 356 eingeräumt werden. § 495 Abs. 2 gilt für das Rückgaberecht entsprechend.

(2) Der Unternehmer kann von einem Teilzahlungsgeschäft wegen Zahlungsverzugs des Verbrauchers nur unter den in § 498 Satz 1 bezeichneten Voraussetzungen zurücktreten. Dem Nennbetrag entspricht der Gesamtbetrag. Der Verbraucher hat dem Unternehmer auch die infolge des Vertrags gemachten Aufwendungen zu ersetzen. Bei der Bemessung der Vergütung von Nutzungen einer zurückzugewährenden Sache ist auf die inzwischen eingetretene Wertminderung Rücksicht zu nehmen. Nimmt der Unternehmer die auf Grund des Teilzahlungsgeschäfts gelieferte Sache wieder an sich, gilt dies als Ausübung des Rücktrittsrechts, es sei denn, der Unternehmer einigt sich mit dem Verbraucher, diesem den gewöhnlichen Ver-

kaufswert der Sache im Zeitpunkt der Wegnahme zu vergüten. Satz 5 gilt entsprechend, wenn ein Vertrag über die Lieferung einer Sache mit einem Verbraucherdarlehensvertrag verbunden ist (§ 358 Abs. 3) und wenn der Darlehensgeber die Sache an sich nimmt; im Fall des Rücktritts bestimmt sich das Rechtsverhältnis zwischen dem Darlehensgeber und dem Verbraucher nach den Sätzen 3 und 4.

§ 509 Prüfung der Kreditwürdigkeit

Vor dem Abschluss eines Vertrags über eine entgeltliche Finanzierungshilfe hat der Unternehmer die Kreditwürdigkeit des Verbrauchers zu bewerten. Grundlage für die Bewertung können Auskünfte des Verbrauchers und erforderlichenfalls Auskünfte von Stellen sein, die geschäftsmäßig personenbezogene Daten, die zur Bewertung der Kreditwürdigkeit von Verbrauchern genutzt werden dürfen, zum Zweck der Übermittlung erheben, speichern oder verändern. Die Bestimmungen zum Schutz personenbezogener Daten bleiben unberührt.

Untertitel 3
Ratenlieferungsverträge zwischen einem Unternehmer und einem Verbraucher

§ 510 Ratenlieferungsverträge

(1) Dem Verbraucher steht vorbehaltlich des Satzes 2 bei Verträgen mit einem Unternehmer, in denen die Willenserklärung des Verbrauchers auf den Abschluss eines Vertrags gerichtet ist, der

1. die Lieferung mehrerer als zusammengehörend verkaufter Sachen in Teilleistungen zum Gegenstand hat und bei dem das Entgelt für die Gesamtheit der Sachen in Teilzahlungen zu entrichten ist oder

2. die regelmäßige Lieferung von Sachen gleicher Art zum Gegenstand hat oder

3. die Verpflichtung zum wiederkehrenden Erwerb oder Bezug von Sachen zum Gegenstand hat,

ein Widerrufsrecht gemäß § 355 zu. Dies gilt nicht in dem in § 491 Abs. 2 und 3 bestimmten Umfang. Dem in § 491 Abs. 2 Nr. 1 genannten Nettodarlehensbetrag entspricht die Summe aller vom Verbraucher bis zum frühestmöglichen Kündigungszeitpunkt zu entrichtenden Teilzahlungen.

(2) Der Ratenlieferungsvertrag nach Absatz 1 bedarf der schriftlichen Form. Satz 1 gilt nicht, wenn dem Verbraucher die Möglichkeit verschafft wird, die Vertragsbestimmungen einschließlich der Allgemeinen Geschäftsbedingungen bei Vertragsschluss abzurufen und in wiedergabefähiger Form zu speichern. Der Unternehmer hat dem Verbraucher den Vertragsinhalt in Textform mitzuteilen.

Untertitel 4
Unabdingbarkeit, Anwendung auf Existenzgründer

§ 511 Abweichende Vereinbarungen

Von den Vorschriften der §§ 491 bis 510 darf, soweit nicht ein anderes bestimmt ist, nicht zum Nachteil des Verbrauchers abgewichen werden. Diese Vorschriften finden auch Anwendung, wenn sie durch anderweitige Gestaltungen umgangen werden.

§ 512 Anwendung auf Existenzgründer

Die §§ 491 bis 511 gelten auch für natürliche Personen, die sich ein Darlehen, einen Zahlungsaufschub oder eine sonstige Finanzierungshilfe für die Aufnahme einer gewerblichen oder selbständigen beruflichen Tätigkeit gewähren lassen oder zu diesem Zweck einen Ratenlieferungsvertrag schließen, es sei denn, der Nettodarlehensbetrag oder Barzahlungspreis übersteigt 75 000 Euro.

§§ 513 bis 515 (weggefallen)

Titel 4
Schenkung

§ 516 Begriff der Schenkung

(1) Eine Zuwendung, durch die jemand aus seinem Vermögen einen anderen bereichert, ist Schenkung, wenn beide Teile darüber einig sind, dass die Zuwendung unentgeltlich erfolgt.

(2) Ist die Zuwendung ohne den Willen des anderen erfolgt, so kann ihn der Zuwendende unter Bestimmung einer angemessenen Frist zur Erklärung über die Annahme auffordern. Nach dem Ablaufe der Frist gilt die Schenkung als angenommen, wenn nicht der andere sie vorher abgelehnt hat. Im Falle der Ablehnung kann die Herausgabe des Zugewendeten nach den Vorschriften über die Herausgabe einer ungerechtfertigten Bereicherung gefordert werden.

§ 517 Unterlassen eines Vermögenserwerbs

Eine Schenkung liegt nicht vor, wenn jemand zum Vorteil eines anderen einen Vermögenserwerb unterlässt oder auf ein angefallenes, noch nicht endgültig erworbenes Recht verzichtet oder eine Erbschaft oder ein Vermächtnis ausschlägt.

§ 518 Form des Schenkungsversprechens

(1) Zur Gültigkeit eines Vertrags, durch den eine Leistung schenkweise versprochen wird, ist die notarielle Beurkundung des Versprechens erforderlich. Das Gleiche gilt, wenn ein Schuldversprechen oder ein Schuldanerkenntnis der in den §§ 780, 781 bezeichneten Art schenkweise erteilt wird, von dem Versprechen oder der Anerkennungserklärung.

(2) Der Mangel der Form wird durch die Bewirkung der versprochenen Leistung geheilt.

§ 519 Einrede des Notbedarfs

(1) Der Schenker ist berechtigt, die Erfüllung eines schenkweise erteilten Versprechens zu verweigern, soweit er bei Berücksichtigung seiner sonstigen Verpflichtungen außerstande ist, das Versprechen zu erfüllen, ohne dass sein angemessener Unterhalt oder die Erfüllung der ihm kraft Gesetzes obliegenden Unterhaltspflichten gefährdet wird.

(2) Treffen die Ansprüche mehrerer Beschenkten zusammen, so geht der früher entstandene Anspruch vor.

§ 520 Erlöschen eines Rentenverspre- chens

Verspricht der Schenker eine in wiederkehrenden Leistungen bestehende Unterstützung, so erlischt die Verbindlichkeit mit seinem Tode, sofern nicht aus dem Versprechen sich ein anderes ergibt.

§ 521 Haftung des Schenkers

Der Schenker hat nur Vorsatz und grobe Fahrlässigkeit zu vertreten.

§ 522 Keine Verzugszinsen

Zur Entrichtung von Verzugszinsen ist der Schenker nicht verpflichtet.

§ 523 Haftung für Rechtsmängel

(1) Verschweigt der Schenker arglistig einen Mangel im Rechte, so ist er verpflichtet, dem Beschenkten den daraus entstehenden Schaden zu ersetzen.

(2) Hatte der Schenker die Leistung eines Gegenstandes versprochen, den er erst erwerben sollte, so kann der Beschenkte wegen eines Mangels im Recht Schadensersatz wegen Nichterfüllung verlangen, wenn der Mangel dem Schenker bei dem Erwerb der Sache bekannt gewesen oder infolge grober Fahrlässigkeit unbekannt geblieben ist. Die für die Haftung des Verkäufers für Rechtsmängel geltenden Vorschriften des § 433 Abs. 1 und der §§ 435, 436, 444, 452, 453 finden entsprechende Anwendung.

§ 524 Haftung für Sachmängel

(1) Verschweigt der Schenker arglistig einen Fehler der verschenkten Sache, so ist er verpflichtet, dem Beschenkten den daraus entstehenden Schaden zu ersetzen.

(2) Hatte der Schenker die Leistung einer nur der Gattung nach bestimmten Sache versprochen, die er erst erwerben sollte, so kann der Beschenkte, wenn die geleistete Sache fehlerhaft und der Mangel dem Schenker bei dem Erwerb der Sache bekannt gewesen oder infolge grober Fahrlässigkeit unbekannt geblieben ist, verlangen, dass ihm anstelle der fehlerhaften Sache eine fehlerfreie geliefert wird. Hat der Schenker den Fehler arglistig verschwiegen, so kann der Beschenkte statt der Lieferung einer fehlerfreien Sache Schadensersatz wegen Nichterfüllung verlangen. Auf diese Ansprüche finden die für die Gewährleistung wegen Fehler einer verkauften Sache geltenden Vorschriften entsprechende Anwendung.

§ 525 Schenkung unter Auflage

(1) Wer eine Schenkung unter einer Auflage macht, kann die Vollziehung der Auflage verlangen, wenn er seinerseits geleistet hat.

(2) Liegt die Vollziehung der Auflage im öffentlichen Interesse, so kann nach dem Tod des Schenkers auch die zuständige Behörde die Vollziehung verlangen.

§ 526 Verweigerung der Vollziehung der Auflage

Soweit infolge eines Mangels im Recht oder eines Mangels der verschenkten Sache der Wert der Zuwendung die Höhe der zur Vollziehung der Auflage erforderlichen Aufwendungen nicht erreicht, ist der Beschenkte berechtigt, die Vollziehung der Auflage zu verweigern, bis der durch den Mangel entstandene Fehlbetrag ausgeglichen wird. Vollzieht der Beschenkte die Auflage ohne Kenntnis des Mangels, so kann er von dem Schenker Ersatz der durch die Vollziehung verursachten Aufwendungen insoweit verlangen, als sie infolge des Mangels den Wert der Zuwendung übersteigen.

§ 527 Nichtvollziehung der Auflage

(1) Unterbleibt die Vollziehung der Auflage, so kann der Schenker die Herausgabe des Geschenkes unter den für das Rücktrittsrecht bei gegenseitigen Verträgen bestimmten Voraussetzungen nach den Vorschriften über die Herausgabe einer ungerechtfertigten Bereicherung insoweit fordern, als das Geschenk zur Vollziehung der Auflage hätte verwendet werden müssen.

(2) Der Anspruch ist ausgeschlossen, wenn ein Dritter berechtigt ist, die Vollziehung der Auflage zu verlangen.

§ 528 Rückforderung wegen Verarmung des Schenkers

(1) Soweit der Schenker nach der Vollziehung der Schenkung außerstande ist, seinen angemessenen Unterhalt zu bestreiten und die ihm seinen Verwandten, seinem Ehegatten, seinem Lebenspartner oder seinem früheren Ehegatten oder Lebenspartner gegenüber gesetzlich obliegende Unterhaltspflicht zu erfüllen, kann er von dem Beschenkten die Herausgabe des Geschenkes nach den Vorschriften über die Herausgabe einer ungerechtfertigten Bereicherung fordern. Der Beschenkte kann die Herausgabe durch Zahlung des für den Unterhalt erforderlichen Betrags abwenden. Auf die Verpflichtung des Beschenkten findet die Vorschrift des § 760 sowie die für die Unterhaltspflicht der Verwandten geltende Vorschrift des § 1613 und im Falle des Todes des Schenkers auch die Vorschrift des § 1615 entsprechende Anwendung.

(2) Unter mehreren Beschenkten haftet der früher Beschenkte nur insoweit, als der später Beschenkte nicht verpflichtet ist.

§ 529 Ausschluss des Rückforderungsanspruchs

(1) Der Anspruch auf Herausgabe des Geschenkes ist ausgeschlossen, wenn der Schenker seine Bedürftigkeit vorsätzlich oder durch grobe Fahrlässigkeit herbeigeführt hat oder wenn zurzeit des Eintritts seiner Bedürftigkeit seit der Leistung des geschenkten Gegenstandes zehn Jahre verstrichen sind.

(2) Das Gleiche gilt, soweit der Beschenkte bei Berücksichtigung seiner sonstigen Verpflichtungen außerstande ist, das Geschenk herauszugeben, ohne dass sein standesmäßiger Unterhalt oder die Erfüllung der ihm kraft Gesetzes obliegenden Unterhaltspflichten gefährdet wird.

§ 530 Widerruf der Schenkung

(1) Eine Schenkung kann widerrufen werden, wenn sich der Beschenkte durch eine schwere Verfehlung gegen den Schenker oder einen nahen Angehörigen des Schenkers groben Undanks schuldig macht.

(2) Dem Erben des Schenkers steht das Recht des Widerrufs nur zu, wenn der Beschenkte vorsätzlich und widerrechtlich den Schenker getötet oder am Widerruf gehindert hat.

§ 531 Widerrufserklärung

(1) Der Widerruf erfolgt durch Erklärung gegenüber dem Beschenkten.

(2) Ist die Schenkung widerrufen, so kann die Herausgabe des Geschenks nach den Vorschriften über die Herausgabe einer ungerechtfertigten Bereicherung gefordert werden.

§ 532 Ausschluss des Widerrufs

Der Widerruf ist ausgeschlossen, wenn der Schenker dem Beschenkten verziehen hat oder wenn seit dem Zeitpunkt, in welchem der Widerrufsberechtigte von dem Eintritt der Voraussetzungen seines Rechts Kenntnis erlangt hat, ein Jahr verstrichen ist. Nach dem Tode des Beschenkten ist der Widerruf nicht mehr zulässig.

§ 533 Verzicht auf Widerrufsrecht

Auf das Widerrufsrecht kann erst verzichtet werden, wenn der Undank dem Widerrufsberechtigten bekannt geworden ist.

§ 534 Pflicht- und Anstandsschenkungen

Schenkungen, durch die einer sittlichen Pflicht oder einer auf den Anstand zu nehmenden Rücksicht entsprochen wird, unterliegen nicht der Rückforderung und dem Widerruf.

Titel 5
Mietvertrag, Pachtvertrag

Untertitel 1
Allgemeine Vorschriften für Mietverhältnisse

§ 535 Inhalt und Hauptpflichten des Mietvertrags

(1) Durch den Mietvertrag wird der Vermieter verpflichtet, dem Mieter den Gebrauch der Mietsache während der Mietzeit zu gewähren. Der Vermieter hat die Mietsache dem

Mieter in einem zum vertragsgemäßen Gebrauch geeigneten Zustand zu überlassen und sie während der Mietzeit in diesem Zustand zu erhalten. Er hat die auf der Mietsache ruhenden Lasten zu tragen.

(2) Der Mieter ist verpflichtet, dem Vermieter die vereinbarte Miete zu entrichten.

§ 536 Mietminderung bei Sach- und Rechtsmängeln

(1) Hat die Mietsache zur Zeit der Überlassung an den Mieter einen Mangel, der ihre Tauglichkeit zum vertragsgemäßen Gebrauch aufhebt, oder entsteht während der Mietzeit ein solcher Mangel, so ist der Mieter für die Zeit, in der die Tauglichkeit aufgehoben ist, von der Entrichtung der Miete befreit. Für die Zeit, während der die Tauglichkeit gemindert ist, hat er nur eine angemessen herabgesetzte Miete zu entrichten. Eine unerhebliche Minderung der Tauglichkeit bleibt außer Betracht.

(2) Absatz 1 Satz 1 und 2 gilt auch, wenn eine zugesicherte Eigenschaft fehlt oder später wegfällt.

(3) Wird dem Mieter der vertragsgemäße Gebrauch der Mietsache durch das Recht eines Dritten ganz oder zum Teil entzogen, so gelten die Absätze 1 und 2 entsprechend.

(4) Bei einem Mietverhältnis über Wohnraum ist eine zum Nachteil des Mieters abweichende Vereinbarung unwirksam.

§ 536a Schadens- und Aufwendungsersatzanspruch des Mieters wegen eines Mangels

(1) Ist ein Mangel im Sinne des § 536 bei Vertragsschluss vorhanden oder entsteht ein solcher Mangel später wegen eines Umstands, den der Vermieter zu vertreten hat, oder kommt der Vermieter mit der Beseitigung eines Mangels in Verzug, so kann der Mieter unbeschadet der Rechte aus § 536 Schadensersatz verlangen.

(2) Der Mieter kann den Mangel selbst beseitigen und Ersatz der erforderlichen Aufwendungen verlangen, wenn

1. der Vermieter mit der Beseitigung des Mangels in Verzug ist oder

2. die umgehende Beseitigung des Mangels zur Erhaltung oder Wiederherstellung des Bestands der Mietsache notwendig ist.

§ 536b Kenntnis des Mieters vom Mangel bei Vertragsschluss oder Annahme

Kennt der Mieter bei Vertragsschluss den Mangel der Mietsache, so stehen ihm die Rechte aus den §§ 536 und 536a nicht zu. Ist ihm der Mangel infolge grober Fahrlässigkeit unbekannt geblieben, so stehen ihm diese Rechte nur zu, wenn der Vermieter den Mangel arglistig verschwiegen hat. Nimmt der Mieter eine mangelhafte Sache an, obwohl er den Mangel kennt, so kann er die Rechte aus den §§ 536 und 536a nur geltend machen, wenn er sich seine Rechte bei der Annahme vorbehält.

§ 536c Während der Mietzeit auftretende Mängel; Mängelanzeige durch den Mieter

(1) Zeigt sich im Laufe der Mietzeit ein Mangel der Mietsache oder wird eine Maßnahme zum Schutz der Mietsache gegen eine nicht vorhergesehene Gefahr erforderlich, so hat der Mieter dies dem Vermieter unverzüglich anzuzeigen. Das Gleiche gilt, wenn ein Dritter sich ein Recht an der Sache anmaßt.

(2) Unterlässt der Mieter die Anzeige, so ist er dem Vermieter zum Ersatz des daraus entstehenden Schadens verpflichtet. Soweit der Vermieter infolge der Unterlassung der Anzeige nicht Abhilfe schaffen konnte, ist der Mieter nicht berechtigt,

1. die in § 536 bestimmten Rechte geltend zu machen,

2. nach § 536a Abs. 1 Schadensersatz zu verlangen oder

3. ohne Bestimmung einer angemessenen Frist zur Abhilfe nach § 543 Abs. 3 Satz 1 zu kündigen.

§ 536d Vertraglicher Ausschluss von Rechten des Mieters wegen eines Mangels

Auf eine Vereinbarung, durch die die Rechte des Mieters wegen eines Mangels der Mietsache ausgeschlossen oder beschränkt werden, kann sich der Vermieter nicht berufen, wenn er den Mangel arglistig verschwiegen hat.

§ 537 Entrichtung der Miete bei persönlicher Verhinderung des Mieters

(1) Der Mieter wird von der Entrichtung der Miete nicht dadurch befreit, dass er durch einen in seiner Person liegenden Grund an der Ausübung seines Gebrauchsrechts gehindert wird. Der Vermieter muss sich jedoch den Wert der ersparten Aufwendungen sowie derjenigen Vorteile anrechnen lassen, die er aus einer anderweitigen Verwertung des Gebrauchs erlangt.

(2) Solange der Vermieter infolge der Überlassung des Gebrauchs an einen Dritten außerstande ist, dem Mieter den Gebrauch zu gewähren, ist der Mieter zur Entrichtung der Miete nicht verpflichtet.

§ 538 Abnutzung der Mietsache durch vertragsgemäßen Gebrauch

Veränderungen oder Verschlechterungen der Mietsache, die durch den vertragsgemäßen Gebrauch herbeigeführt werden, hat der Mieter nicht zu vertreten.

§ 539 Ersatz sonstiger Aufwendungen und Wegnahmerecht des Mieters

(1) Der Mieter kann vom Vermieter Aufwendungen auf die Mietsache, die der Vermieter ihm nicht nach § 536a Abs. 2 zu ersetzen hat, nach den Vorschriften über die Geschäftsführung ohne Auftrag ersetzt verlangen.

(2) Der Mieter ist berechtigt, eine Einrichtung wegzunehmen, mit der er die Mietsache versehen hat.

§ 540 Gebrauchsüberlassung an Dritte

(1) Der Mieter ist ohne die Erlaubnis des Vermieters nicht berechtigt, den Gebrauch der Mietsache einem Dritten zu überlassen, insbesondere sie weiter zu vermieten. Verweigert der Vermieter die Erlaubnis, so kann der Mieter das Mietverhältnis außerordentlich mit der gesetzlichen Frist kündigen, so-

fern nicht in der Person des Dritten ein wichtiger Grund vorliegt.

(2) Überlässt der Mieter den Gebrauch einem Dritten, so hat er ein dem Dritten bei dem Gebrauch zur Last fallendes Verschulden zu vertreten, auch wenn der Vermieter die Erlaubnis zur Überlassung erteilt hat.

§ 541 Unterlassungsklage bei vertragswidrigem Gebrauch

Setzt der Mieter einen vertragswidrigen Gebrauch der Mietsache trotz einer Abmahnung des Vermieters fort, so kann dieser auf Unterlassung klagen.

§ 542 Ende des Mietverhältnisses

(1) Ist die Mietzeit nicht bestimmt, so kann jede Vertragspartei das Mietverhältnis nach den gesetzlichen Vorschriften kündigen.

(2) Ein Mietverhältnis, das auf bestimmte Zeit eingegangen ist, endet mit dem Ablauf dieser Zeit, sofern es nicht

1. in den gesetzlich zugelassenen Fällen außerordentlich gekündigt oder

2. verlängert wird.

§ 543 Außerordentliche fristlose Kündigung aus wichtigem Grund

(1) Jede Vertragspartei kann das Mietverhältnis aus wichtigem Grund außerordentlich fristlos kündigen. Ein wichtiger Grund liegt vor, wenn dem Kündigenden unter Berücksichtigung aller Umstände des Einzelfalls, insbesondere eines Verschuldens der Vertragsparteien, und unter Abwägung der beiderseitigen Interessen die Fortsetzung des Mietverhältnisses bis zum Ablauf der Kündigungsfrist oder bis zur sonstigen Beendigung des Mietverhältnisses nicht zugemutet werden kann.

(2) Ein wichtiger Grund liegt insbesondere vor, wenn

1. dem Mieter der vertragsgemäße Gebrauch der Mietsache ganz oder zum Teil nicht rechtzeitig gewährt oder wieder entzogen wird,

2. der Mieter die Rechte des Vermieters dadurch in erheblichem Maße verletzt, dass er die Mietsache durch Vernachlässigung

II

der ihm obliegenden Sorgfalt erheblich gefährdet oder sie unbefugt einem Dritten überlässt oder

3. der Mieter

   a) für zwei aufeinander folgende Termine mit der Entrichtung der Miete oder eines nicht unerheblichen Teils der Miete in Verzug ist oder

   b) in einem Zeitraum, der sich über mehr als zwei Termine erstreckt, mit der Entrichtung der Miete in Höhe eines Betrages in Verzug ist, der die Miete für zwei Monate erreicht.

Im Falle des Satzes 1 Nr. 3 ist die Kündigung ausgeschlossen, wenn der Vermieter vorher befriedigt wird. Sie wird unwirksam, wenn sich der Mieter von seiner Schuld durch Aufrechnung befreien konnte und unverzüglich nach der Kündigung die Aufrechnung erklärt.

(3) Besteht der wichtige Grund in der Verletzung einer Pflicht aus dem Mietvertrag, so ist die Kündigung erst nach erfolglosem Ablauf einer zur Abhilfe bestimmten angemessenen Frist oder nach erfolgloser Abmahnung zulässig. Dies gilt nicht, wenn

1. eine Frist oder Abmahnung offensichtlich keinen Erfolg verspricht,

2. die sofortige Kündigung aus besonderen Gründen unter Abwägung der beiderseitigen Interessen gerechtfertigt ist oder

3. der Mieter mit der Entrichtung der Miete im Sinne des Absatzes 2 Nr. 3 in Verzug ist.

(4) Auf das dem Mieter nach Absatz 2 Nr. 1 zustehende Kündigungsrecht sind die §§ 536b und 536d entsprechend anzuwenden. Ist streitig, ob der Vermieter den Gebrauch der Mietsache rechtzeitig gewährt oder die Abhilfe vor Ablauf der hierzu bestimmten Frist bewirkt hat, so trifft ihn die Beweislast.

§ 544 Vertrag über mehr als 30 Jahre

Wird ein Mietvertrag für eine längere Zeit als 30 Jahre geschlossen, so kann jede Vertragspartei nach Ablauf von 30 Jahren nach Überlassung der Mietsache das Mietverhältnis außerordentlich mit der gesetzlichen Frist kündigen. Die Kündigung ist unzulässig, wenn der Vertrag für die Lebenszeit des Vermieters oder des Mieters geschlossen worden ist.

§ 545 Stillschweigende Verlängerung des Mietverhältnisses

Setzt der Mieter nach Ablauf der Mietzeit den Gebrauch der Mietsache fort, so verlängert sich das Mietverhältnis auf unbestimmte Zeit, sofern nicht eine Vertragspartei ihren entgegenstehenden Willen innerhalb von zwei Wochen dem anderen Teil erklärt. Die Frist beginnt

1. für den Mieter mit der Fortsetzung des Gebrauchs,

2. für den Vermieter mit dem Zeitpunkt, in dem er von der Fortsetzung Kenntnis erhält.

§ 546 Rückgabepflicht des Mieters

(1) Der Mieter ist verpflichtet, die Mietsache nach Beendigung des Mietverhältnisses zurückzugeben.

(2) Hat der Mieter den Gebrauch der Mietsache einem Dritten überlassen, so kann der Vermieter die Sache nach Beendigung des Mietverhältnisses auch von dem Dritten zurückfordern.

§ 546a Entschädigung des Vermieters bei verspäteter Rückgabe

(1) Gibt der Mieter die Mietsache nach Beendigung des Mietverhältnisses nicht zurück, so kann der Vermieter für die Dauer der Vorenthaltung als Entschädigung die vereinbarte Miete oder die Miete verlangen, die für vergleichbare Sachen ortsüblich ist.

(2) Die Geltendmachung eines weiteren Schadens ist nicht ausgeschlossen.

§ 547 Erstattung von im Voraus entrichteter Miete

(1) Ist die Miete für die Zeit nach Beendigung des Mietverhältnisses im Voraus entrichtet worden, so hat der Vermieter sie zurückzuerstatten und ab Empfang zu verzinsen. Hat der Vermieter die Beendigung des Mietverhältnisses nicht zu vertreten, so hat er das Erlangte nach den Vorschriften über die He-

rausgabe einer ungerechtfertigten Bereicherung zurückzuerstatten.

(2) Bei einem Mietverhältnis über Wohnraum ist eine zum Nachteil des Mieters abweichende Vereinbarung unwirksam.

§ 548 Verjährung der Ersatzansprüche und des Wegnahmerechts

(1) Die Ersatzansprüche des Vermieters wegen Veränderungen oder Verschlechterungen der Mietsache verjähren in sechs Monaten. Die Verjährung beginnt mit dem Zeitpunkt, in dem er die Mietsache zurückerhält. Mit der Verjährung des Anspruchs des Vermieters auf Rückgabe der Mietsache verjähren auch seine Ersatzansprüche.

(2) Ansprüche des Mieters auf Ersatz von Aufwendungen oder auf Gestattung der Wegnahme einer Einrichtung verjähren in sechs Monaten nach der Beendigung des Mietverhältnisses.

Untertitel 2
Mietverhältnisse über Wohnraum

Kapitel 1
Allgemeine Vorschriften

§ 549 Auf Wohnraummietverhältnisse anwendbare Vorschriften

(1) Für Mietverhältnisse über Wohnraum gelten die §§ 535 bis 548, soweit sich nicht aus den §§ 549 bis 577a etwas anderes ergibt.

(2) Die Vorschriften über die Mieterhöhung (§§ 557 bis 561) und über den Mieterschutz bei Beendigung des Mietverhältnisses sowie bei der Begründung von Wohnungseigentum (§ 568 Abs. 2, §§ 573, 573a, 573d Abs. 1, §§ 574 bis 575, 575a Abs. 1 und §§ 577, 577a) gelten nicht für Mietverhältnisse über

1. Wohnraum, der nur zum vorübergehenden Gebrauch vermietet wird,

2. Wohnraum, der Teil der vom Vermieter selbst bewohnten Wohnung ist und den der Vermieter überwiegend mit Einrichtungsgegenständen auszustatten hat, sofern der Wohnraum dem Mieter nicht zum

dauernden Gebrauch mit seiner Familie oder mit Personen überlassen ist, mit denen er einen auf Dauer angelegten gemeinsamen Haushalt führt,

3. Wohnraum, den eine juristische Person des öffentlichen Rechts oder ein anerkannter privater Träger der Wohlfahrtspflege angemietet hat, um ihn Personen mit dringendem Wohnungsbedarf zu überlassen, wenn sie den Mieter bei Vertragsschluss auf die Zweckbestimmung des Wohnraums und die Ausnahme von den genannten Vorschriften hingewiesen hat.

(3) Für Wohnraum in einem Studenten- oder Jugendwohnheim gelten die §§ 557 bis 561 sowie die §§ 573, 573a, 573d Abs. 1 und §§ 575, 575a Abs. 1, §§ 577, 577a nicht.

§ 550 Form des Mietvertrags

Wird der Mietvertrag für längere Zeit als ein Jahr nicht in schriftlicher Form geschlossen, so gilt er für unbestimmte Zeit. Die Kündigung ist jedoch frühestens zum Ablauf eines Jahres nach Überlassung des Wohnraums zulässig.

§ 551 Begrenzung und Anlage von Mietsicherheiten

(1) Hat der Mieter dem Vermieter für die Erfüllung seiner Pflichten Sicherheit zu leisten, so darf diese vorbehaltlich des Absatzes 3 Satz 4 höchstens das Dreifache der auf einen Monat entfallenden Miete ohne die als Pauschale oder als Vorauszahlung ausgewiesenen Betriebskosten betragen.

(2) Ist als Sicherheit eine Geldsumme bereitzustellen, so ist der Mieter zu drei gleichen monatlichen Teilzahlungen berechtigt. Die erste Teilzahlung ist zu Beginn des Mietverhältnisses fällig.

(3) Der Vermieter hat eine ihm als Sicherheit überlassene Geldsumme bei einem Kreditinstitut zu dem für Spareinlagen mit dreimonatiger Kündigungsfrist üblichen Zinssatz anzulegen. Die Vertragsparteien können eine andere Anlageform vereinbaren. In beiden Fällen muss die Anlage vom Vermögen des Vermieters getrennt erfolgen und stehen die Er-

träge dem Mieter zu. Sie erhöhen die Sicherheit. Bei Wohnraum in einem Studenten- oder Jugendwohnheim besteht für den Vermieter keine Pflicht, die Sicherheitsleistung zu verzinsen.

(4) Eine zum Nachteil des Mieters abweichende Vereinbarung ist unwirksam.

§ 552 Abwendung des Wegnahmerechts des Mieters

(1) Der Vermieter kann die Ausübung des Wegnahmerechts (§ 539 Abs. 2) durch Zahlung einer angemessenen Entschädigung abwenden, wenn nicht der Mieter ein berechtigtes Interesse an der Wegnahme hat.

(2) Eine Vereinbarung, durch die das Wegnahmerecht ausgeschlossen wird, ist nur wirksam, wenn ein angemessener Ausgleich vorgesehen ist.

§ 553 Gestattung der Gebrauchsüberlassung an Dritte

(1) Entsteht für den Mieter nach Abschluss des Mietvertrags ein berechtigtes Interesse, einen Teil des Wohnraums einem Dritten zum Gebrauch zu überlassen, so kann er von dem Vermieter die Erlaubnis hierzu verlangen. Dies gilt nicht, wenn in der Person des Dritten ein wichtiger Grund vorliegt, der Wohnraum übermäßig belegt würde oder dem Vermieter die Überlassung aus sonstigen Gründen nicht zugemutet werden kann.

(2) Ist dem Vermieter die Überlassung nur bei einer angemessenen Erhöhung der Miete zuzumuten, so kann er die Erlaubnis davon abhängig machen, dass der Mieter sich mit einer solchen Erhöhung einverstanden erklärt.

(3) Eine zum Nachteil des Mieters abweichende Vereinbarung ist unwirksam.

§ 554 Duldung von Erhaltungs- und Modernisierungsmaßnahmen

(1) Der Mieter hat Maßnahmen zu dulden, die zur Erhaltung der Mietsache erforderlich sind.

(2) Maßnahmen zur Verbesserung der Mietsache, zur Einsparung von Energie oder Wasser oder zur Schaffung neuen Wohnraums hat der Mieter zu dulden. Dies gilt nicht, wenn die Maßnahme für ihn, seine Familie oder einen anderen Angehörigen seines Haushalts eine Härte bedeuten würde, die auch unter Würdigung der berechtigten Interessen des Vermieters und anderer Mieter in dem Gebäude nicht zu rechtfertigen ist. Dabei sind insbesondere die vorzunehmenden Arbeiten, die baulichen Folgen, vorausgegangene Aufwendungen des Mieters und die zu erwartende Mieterhöhung zu berücksichtigen. Die zu erwartende Mieterhöhung ist nicht als Härte anzusehen, wenn die Mietsache lediglich in einen Zustand versetzt wird, wie er allgemein üblich ist.

(3) Bei Maßnahmen nach Absatz 2 Satz 1 hat der Vermieter dem Mieter spätestens drei Monate vor Beginn der Maßnahme deren Art sowie voraussichtlichen Umfang und Beginn, voraussichtliche Dauer und die zu erwartende Mieterhöhung in Textform mitzuteilen. Der Mieter ist berechtigt, bis zum Ablauf des Monats, der auf den Zugang der Mitteilung folgt, außerordentlich zum Ablauf des nächsten Monats zu kündigen. Diese Vorschriften gelten nicht bei Maßnahmen, die nur mit einer unerheblichen Einwirkung auf die vermieteten Räume verbunden sind und nur zu einer unerheblichen Mieterhöhung führen.

(4) Aufwendungen, die der Mieter infolge einer Maßnahme nach Absatz 1 oder 2 Satz 1 machen musste, hat der Vermieter in angemessenem Umfang zu ersetzen. Auf Verlangen hat er Vorschuss zu leisten.

(5) Eine zum Nachteil des Mieters von den Absätzen 2 bis 4 abweichende Vereinbarung ist unwirksam.

§ 554a Barrierefreiheit

(1) Der Mieter kann vom Vermieter die Zustimmung zu baulichen Veränderungen oder sonstigen Einrichtungen verlangen, die für eine behindertengerechte Nutzung der Mietsache oder den Zugang zu ihr erforderlich sind, wenn er ein berechtigtes Interesse daran hat. Der Vermieter kann seine Zustimmung verweigern, wenn sein Interesse an der unveränderten Erhaltung der Mietsache oder des Gebäudes das Interesse des Mieters an einer behindertengerechten Nutzung der Mietsache überwiegt. Dabei sind auch die

berechtigten Interessen anderer Mieter in dem Gebäude zu berücksichtigen.

(2) Der Vermieter kann seine Zustimmung von der Leistung einer angemessenen zusätzlichen Sicherheit für die Wiederherstellung des ursprünglichen Zustandes abhängig machen. § 551 Abs. 3 und 4 gilt entsprechend.

(3) Eine zum Nachteil des Mieters von Absatz 1 abweichende Vereinbarung ist unwirksam.

§ 555 Unwirksamkeit einer Vertragsstrafe

Eine Vereinbarung, durch die sich der Vermieter eine Vertragsstrafe vom Mieter versprechen lässt, ist unwirksam.

Kapitel 2
Die Miete

Unterkapitel 1
Vereinbarungen über die Miete

§ 556 Vereinbarungen über Betriebskosten

(1) Die Vertragsparteien können vereinbaren, dass der Mieter Betriebskosten trägt. Betriebskosten sind die Kosten, die dem Eigentümer oder Erbbauberechtigten durch das Eigentum oder das Erbbaurecht am Grundstück oder durch den bestimmungsmäßigen Gebrauch des Gebäudes, der Nebengebäude, Anlagen, Einrichtungen und des Grundstücks laufend entstehen. Für die Aufstellung der Betriebskosten gilt die Betriebskostenverordnung vom 25. November 2003 (BGBl. I S. 2346, 2347) fort. Die Bundesregierung wird ermächtigt, durch Rechtsverordnung ohne Zustimmung des Bundesrates Vorschriften über die Aufstellung der Betriebskosten zu erlassen.

(2) Die Vertragsparteien können vorbehaltlich anderweitiger Vorschriften vereinbaren, dass Betriebskosten als Pauschale oder als Vorauszahlung ausgewiesen werden. Vorauszahlungen für Betriebskosten dürfen nur in angemessener Höhe vereinbart werden.

(3) Über die Vorauszahlungen für Betriebskosten ist jährlich abzurechnen; dabei ist der Grundsatz der Wirtschaftlichkeit zu beachten. Die Abrechnung ist dem Mieter spätestens bis zum Ablauf des zwölften Monats nach Ende des Abrechnungszeitraums mitzuteilen. Nach Ablauf dieser Frist ist die Geltendmachung einer Nachforderung durch den Vermieter ausgeschlossen, es sei denn, der Vermieter hat die verspätete Geltendmachung nicht zu vertreten. Der Vermieter ist zu Teilabrechnungen nicht verpflichtet. Einwendungen gegen die Abrechnung hat der Mieter dem Vermieter spätestens bis zum Ablauf des zwölften Monats nach Zugang der Abrechnung mitzuteilen. Nach Ablauf dieser Frist kann der Mieter Einwendungen nicht mehr geltend machen, es sei denn, der Mieter hat die verspätete Geltendmachung nicht zu vertreten.

(4) Eine zum Nachteil des Mieters von Absatz 1, Absatz 2 Satz 2 oder Absatz 3 abweichende Vereinbarung ist unwirksam.

§ 556a Abrechnungsmaßstab für Betriebskosten

(1) Haben die Vertragsparteien nichts anderes vereinbart, sind die Betriebskosten vorbehaltlich anderweitiger Vorschriften nach dem Anteil der Wohnfläche umzulegen. Betriebskosten, die von einem erfassten Verbrauch oder einer erfassten Verursachung durch die Mieter abhängen, sind nach einem Maßstab umzulegen, der dem unterschiedlichen Verbrauch oder der unterschiedlichen Verursachung Rechnung trägt.

(2) Haben die Vertragsparteien etwas anderes vereinbart, kann der Vermieter durch Erklärung in Textform bestimmen, dass die Betriebskosten zukünftig abweichend von der getroffenen Vereinbarung ganz oder teilweise nach einem Maßstab umgelegt werden dürfen, der dem erfassten unterschiedlichen Verbrauch oder der erfassten unterschiedlichen Verursachung Rechnung trägt. Die Erklärung ist nur vor Beginn eines Abrechnungszeitraums zulässig. Sind die Kosten bislang in der Miete enthalten, so ist diese entsprechend herabzusetzen.

(3) Eine zum Nachteil des Mieters von Absatz 2 abweichende Vereinbarung ist unwirksam.

§ 556b Fälligkeit der Miete, Aufrechnungs- und Zurückbehaltungsrecht

(1) Die Miete ist zu Beginn, spätestens bis zum dritten Werktag der einzelnen Zeitabschnitte zu entrichten, nach denen sie bemessen ist.

(2) Der Mieter kann entgegen einer vertraglichen Bestimmung gegen eine Mietforderung mit einer Forderung auf Grund der §§ 536a, 539 oder aus ungerechtfertigter Bereicherung wegen zu viel gezahlter Miete aufrechnen oder wegen einer solchen Forderung ein Zurückbehaltungsrecht ausüben, wenn er seine Absicht dem Vermieter mindestens einen Monat vor der Fälligkeit der Miete in Textform angezeigt hat. Eine zum Nachteil des Mieters abweichende Vereinbarung ist unwirksam.

Unterkapitel 2
Regelungen über die Miethöhe

§ 557 Mieterhöhungen nach Vereinbarung oder Gesetz

(1) Während des Mietverhältnisses können die Parteien eine Erhöhung der Miete vereinbaren.

(2) Künftige Änderungen der Miethöhe können die Vertragsparteien als Staffelmiete nach § 557a oder als Indexmiete nach § 557b vereinbaren.

(3) Im Übrigen kann der Vermieter Mieterhöhungen nur nach Maßgabe der §§ 558 bis 560 verlangen, soweit nicht eine Erhöhung durch Vereinbarung ausgeschlossen ist oder sich der Ausschluss aus den Umständen ergibt.

(4) Eine zum Nachteil des Mieters abweichende Vereinbarung ist unwirksam.

§ 557a Staffelmiete

(1) Die Miete kann für bestimmte Zeiträume in unterschiedlicher Höhe schriftlich vereinbart werden; in der Vereinbarung ist die jeweilige Miete oder die jeweilige Erhöhung in einem Geldbetrag auszuweisen (Staffelmiete).

(2) Die Miete muss jeweils mindestens ein Jahr unverändert bleiben. Während der Laufzeit einer Staffelmiete ist eine Erhöhung nach den §§ 558 bis 559b ausgeschlossen.

(3) Das Kündigungsrecht des Mieters kann für höchstens vier Jahre seit Abschluss der Staffelmietvereinbarung ausgeschlossen werden. Die Kündigung ist frühestens zum Ablauf dieses Zeitraums zulässig.

(4) Eine zum Nachteil des Mieters abweichende Vereinbarung ist unwirksam.

§ 557b Indexmiete

(1) Die Vertragsparteien können schriftlich vereinbaren, dass die Miete durch den vom Statistischen Bundesamt ermittelten Preisindex für die Lebenshaltung aller privaten Haushalte in Deutschland bestimmt wird (Indexmiete).

(2) Während der Geltung einer Indexmiete muss die Miete, von Erhöhungen nach den §§ 559 bis 560 abgesehen, jeweils mindestens ein Jahr unverändert bleiben. Eine Erhöhung nach § 559 kann nur verlangt werden, soweit der Vermieter bauliche Maßnahmen auf Grund von Umständen durchgeführt hat, die er nicht zu vertreten hat. Eine Erhöhung nach § 558 ist ausgeschlossen.

(3) Eine Änderung der Miete nach Absatz 1 muss durch Erklärung in Textform geltend gemacht werden. Dabei sind die eingetretene Änderung des Preisindexes sowie die jeweilige Miete oder die Erhöhung in einem Geldbetrag anzugeben. Die geänderte Miete ist mit Beginn des übernächsten Monats nach dem Zugang der Erklärung zu entrichten.

(4) Eine zum Nachteil des Mieters abweichende Vereinbarung ist unwirksam.

§ 558 Mieterhöhung bis zur ortsüblichen Vergleichsmiete

(1) Der Vermieter kann die Zustimmung zu einer Erhöhung der Miete bis zur ortsüblichen Vergleichsmiete verlangen, wenn die Miete in dem Zeitpunkt, zu dem die Erhöhung eintreten soll, seit 15 Monaten unverändert ist.

Das Mieterhöhungsverlangen kann frühestens ein Jahr nach der letzten Mieterhöhung geltend gemacht werden. Erhöhungen nach den §§ 559 bis 560 werden nicht berücksichtigt.

(2) Die ortsübliche Vergleichsmiete wird gebildet aus den üblichen Entgelten, die in der Gemeinde oder einer vergleichbaren Gemeinde für Wohnraum vergleichbarer Art, Größe, Ausstattung, Beschaffenheit und Lage in den letzten vier Jahren vereinbart oder, von Erhöhungen nach § 560 abgesehen, geändert worden sind. Ausgenommen ist Wohnraum, bei dem die Miethöhe durch Gesetz oder im Zusammenhang mit einer Förderzusage festgelegt worden ist.

(3) Bei Erhöhungen nach Absatz 1 darf sich die Miete innerhalb von drei Jahren, von Erhöhungen nach den §§ 559 bis 560 abgesehen, nicht um mehr als 20 vom Hundert erhöhen (Kappungsgrenze).

(4) Die Kappungsgrenze gilt nicht,

1. wenn eine Verpflichtung des Mieters zur Ausgleichszahlung aus den Vorschriften über den Abbau der Fehlsubventionierung im Wohnungswesen wegen des Wegfalls der öffentlichen Bindung erloschen ist und

2. soweit die Erhöhung den Betrag der zuletzt zu entrichtenden Ausgleichszahlung nicht übersteigt.

Der Vermieter kann vom Mieter frühestens vier Monate vor dem Wegfall der öffentlichen Bindung verlangen, ihm innerhalb eines Monats über die Verpflichtung zur Ausgleichszahlung und über deren Höhe Auskunft zu erteilen. Satz 1 gilt entsprechend, wenn die Verpflichtung des Mieters zur Leistung einer Ausgleichszahlung nach den §§ 34 bis 37 des Wohnraumförderungsgesetzes und den hierzu ergangenen landesrechtlichen Vorschriften wegen Wegfalls der Mietbindung erloschen ist.

(5) Von dem Jahresbetrag, der sich bei einer Erhöhung auf die ortsübliche Vergleichsmiete ergäbe, sind Drittmittel im Sinne des § 559a abzuziehen, im Falle des § 559a Abs. 1 mit 11 vom Hundert des Zuschusses.

(6) Eine zum Nachteil des Mieters abweichende Vereinbarung ist unwirksam.

§ 558a　Form und Begründung der Mieterhöhung

(1) Das Mieterhöhungsverlangen nach § 558 ist dem Mieter in Textform zu erklären und zu begründen.

(2) Zur Begründung kann insbesondere Bezug genommen werden auf

1. einen Mietspiegel (§§ 558c, 558d),

2. eine Auskunft aus einer Mietdatenbank (§ 558e),

3. ein mit Gründen versehenes Gutachten eines öffentlich bestellten und vereidigten Sachverständigen,

4. entsprechende Entgelte für einzelne vergleichbare Wohnungen; hierbei genügt die Benennung von drei Wohnungen.

(3) Enthält ein qualifizierter Mietspiegel (§ 558d Abs. 1), bei dem die Vorschrift des § 558d Abs. 2 eingehalten ist, Angaben für die Wohnung, so hat der Vermieter in seinem Mieterhöhungsverlangen diese Angaben auch dann mitzuteilen, wenn er die Mieterhöhung auf ein anderes Begründungsmittel nach Absatz 2 stützt.

(4) Bei der Bezugnahme auf einen Mietspiegel, der Spannen enthält, reicht es aus, wenn die verlangte Miete innerhalb der Spanne liegt. Ist in dem Zeitpunkt, in dem der Vermieter seine Erklärung abgibt, kein Mietspiegel vorhanden, bei dem § 558c Abs. 3 oder § 558d Abs. 2 eingehalten ist, so kann auch ein anderer, insbesondere ein veralteter Mietspiegel oder ein Mietspiegel einer vergleichbaren Gemeinde verwendet werden.

(5) Eine zum Nachteil des Mieters abweichende Vereinbarung ist unwirksam.

§ 558b　Zustimmung zur Mieterhöhung

(1) Soweit der Mieter der Mieterhöhung zustimmt, schuldet er die erhöhte Miete mit Beginn des dritten Kalendermonats nach dem Zugang des Erhöhungsverlangens.

(2) Soweit der Mieter der Mieterhöhung nicht bis zum Ablauf des zweiten Kalendermonats nach dem Zugang des Verlangens zustimmt,

kann der Vermieter auf Erteilung der Zustimmung klagen. Die Klage muss innerhalb von drei weiteren Monaten erhoben werden.

(3) Ist der Klage ein Erhöhungsverlangen vorausgegangen, das den Anforderungen des § 558a nicht entspricht, so kann es der Vermieter im Rechtsstreit nachholen oder die Mängel des Erhöhungsverlangens beheben. Dem Mieter steht auch in diesem Fall die Zustimmungsfrist nach Absatz 2 Satz 1 zu.

(4) Eine zum Nachteil des Mieters abweichende Vereinbarung ist unwirksam.

§ 558c Mietspiegel

(1) Ein Mietspiegel ist eine Übersicht über die ortsübliche Vergleichsmiete, soweit die Übersicht von der Gemeinde oder von Interessenvertretern der Vermieter und der Mieter gemeinsam erstellt oder anerkannt worden ist.

(2) Mietspiegel können für das Gebiet einer Gemeinde oder mehrerer Gemeinden oder für Teile von Gemeinden erstellt werden.

(3) Mietspiegel sollen im Abstand von zwei Jahren der Marktentwicklung angepasst werden.

(4) Gemeinden sollen Mietspiegel erstellen, wenn hierfür ein Bedürfnis besteht und dies mit einem vertretbaren Aufwand möglich ist. Die Mietspiegel und ihre Änderungen sollen veröffentlicht werden.

(5) Die Bundesregierung wird ermächtigt, durch Rechtsverordnung mit Zustimmung des Bundesrates Vorschriften über den näheren Inhalt und das Verfahren zur Aufstellung und Anpassung von Mietspiegeln zu erlassen.

§ 558d Qualifizierter Mietspiegel

(1) Ein qualifizierter Mietspiegel ist ein Mietspiegel, der nach anerkannten wissenschaftlichen Grundsätzen erstellt und von der Gemeinde oder von Interessenvertretern der Vermieter und der Mieter anerkannt worden ist.

(2) Der qualifizierte Mietspiegel ist im Abstand von zwei Jahren der Marktentwicklung anzupassen. Dabei kann eine Stichprobe oder die Entwicklung des vom Statistischen Bundesamt ermittelten Preisindexes für die Lebenshaltung aller privaten Haushalte in Deutschland zugrunde gelegt werden. Nach vier Jahren ist der qualifizierte Mietspiegel neu zu erstellen.

(3) Ist die Vorschrift des Absatzes 2 eingehalten, so wird vermutet, dass die im qualifizierten Mietspiegel bezeichneten Entgelte die ortsübliche Vergleichsmiete wiedergeben.

§ 558e Mietdatenbank

Eine Mietdatenbank ist eine zur Ermittlung der ortsüblichen Vergleichsmiete fortlaufend geführte Sammlung von Mieten, die von der Gemeinde oder von Interessenvertretern der Vermieter und der Mieter gemeinsam geführt oder anerkannt wird und aus der Auskünfte gegeben werden, die für einzelne Wohnungen einen Schluss auf die ortsübliche Vergleichsmiete zulassen.

§ 559 Mieterhöhung bei Modernisierung

(1) Hat der Vermieter bauliche Maßnahmen durchgeführt, die den Gebrauchswert der Mietsache nachhaltig erhöhen, die allgemeinen Wohnverhältnisse auf Dauer verbessern oder nachhaltig Einsparungen von Energie oder Wasser bewirken (Modernisierung), oder hat er andere bauliche Maßnahmen aufgrund von Umständen durchgeführt, die er nicht zu vertreten hat, so kann er die jährliche Miete um 11 vom Hundert der für die Wohnung aufgewendeten Kosten erhöhen.

(2) Sind die baulichen Maßnahmen für mehrere Wohnungen durchgeführt worden, so sind die Kosten angemessen auf die einzelnen Wohnungen aufzuteilen.

(3) Eine zum Nachteil des Mieters abweichende Vereinbarung ist unwirksam.

§ 559a Anrechnung von Drittmitteln

(1) Kosten, die vom Mieter oder für diesen von einem Dritten übernommen oder die mit Zuschüssen aus öffentlichen Haushalten gedeckt werden, gehören nicht zu den aufgewendeten Kosten im Sinne des § 559.

(2) Werden die Kosten für die baulichen Maßnahmen ganz oder teilweise durch zinsverbilligte oder zinslose Darlehen aus öffent-

lichen Haushalten gedeckt, so verringert sich der Erhöhungsbetrag nach § 559 um den Jahresbetrag der Zinsermäßigung. Dieser wird errechnet aus dem Unterschied zwischen dem ermäßigten Zinssatz und dem marktüblichen Zinssatz für den Ursprungsbetrag des Darlehens. Maßgebend ist der marktübliche Zinssatz für erstrangige Hypotheken zum Zeitpunkt der Beendigung der Maßnahmen. Werden Zuschüsse oder Darlehen zur Deckung von laufenden Aufwendungen gewährt, so verringert sich der Erhöhungsbetrag um den Jahresbetrag des Zuschusses oder Darlehens.

(3) Ein Mieterdarlehen, eine Mietvorauszahlung oder eine von einem Dritten für den Mieter erbrachte Leistung für die baulichen Maßnahmen stehen einem Darlehen aus öffentlichen Haushalten gleich. Mittel der Finanzierungsinstitute des Bundes oder eines Landes gelten als Mittel aus öffentlichen Haushalten.

(4) Kann nicht festgestellt werden, in welcher Höhe Zuschüsse oder Darlehen für die einzelnen Wohnungen gewährt worden sind, so sind sie nach dem Verhältnis der für die einzelnen Wohnungen aufgewendeten Kosten aufzuteilen.

(5) Eine zum Nachteil des Mieters abweichende Vereinbarung ist unwirksam.

§ 559b Geltendmachung der Erhöhung, Wirkung der Erhöhungserklärung

(1) Die Mieterhöhung nach § 559 ist dem Mieter in Textform zu erklären. Die Erklärung ist nur wirksam, wenn in ihr die Erhöhung auf Grund der entstandenen Kosten berechnet und entsprechend den Voraussetzungen der §§ 559 und 559a erläutert wird.

(2) Der Mieter schuldet die erhöhte Miete mit Beginn des dritten Monats nach dem Zugang der Erklärung. Die Frist verlängert sich um sechs Monate, wenn der Vermieter dem Mieter die zu erwartende Erhöhung der Miete nicht nach § 554 Abs. 3 Satz 1 mitgeteilt hat oder wenn die tatsächliche Mieterhöhung mehr als 10 vom Hundert höher ist als die mitgeteilte.

(3) Eine zum Nachteil des Mieters abweichende Vereinbarung ist unwirksam.

§ 560 Veränderungen von Betriebskosten

(1) Bei einer Betriebskostenpauschale ist der Vermieter berechtigt, Erhöhungen der Betriebskosten durch Erklärung in Textform anteilig auf den Mieter umzulegen, soweit dies im Mietvertrag vereinbart ist. Die Erklärung ist nur wirksam, wenn in ihr der Grund für die Umlage bezeichnet und erläutert wird.

(2) Der Mieter schuldet den auf ihn entfallenden Teil der Umlage mit Beginn des auf die Erklärung folgenden übernächsten Monats. Soweit die Erklärung darauf beruht, dass sich die Betriebskosten rückwirkend erhöht haben, wirkt sie auf den Zeitpunkt der Erhöhung der Betriebskosten, höchstens jedoch auf den Beginn des der Erklärung vorausgehenden Kalenderjahres zurück, sofern der Vermieter die Erklärung innerhalb von drei Monaten nach Kenntnis von der Erhöhung abgibt.

(3) Ermäßigen sich die Betriebskosten, so ist eine Betriebskostenpauschale vom Zeitpunkt der Ermäßigung an entsprechend herabzusetzen. Die Ermäßigung ist dem Mieter unverzüglich mitzuteilen.

(4) Sind Betriebskostenvorauszahlungen vereinbart worden, so kann jede Vertragspartei nach einer Abrechnung durch Erklärung in Textform eine Anpassung auf eine angemessene Höhe vornehmen.

(5) Bei Veränderungen von Betriebskosten ist der Grundsatz der Wirtschaftlichkeit zu beachten.

(6) Eine zum Nachteil des Mieters abweichende Vereinbarung ist unwirksam.

§ 561 Sonderkündigungsrecht des Mieters nach Mieterhöhung

(1) Macht der Vermieter eine Mieterhöhung nach § 558 oder § 559 geltend, so kann der Mieter bis zum Ablauf des zweiten Monats nach dem Zugang der Erklärung des Vermieters das Mietverhältnis außerordentlich zum Ablauf des übernächsten Monats kündigen. Kündigt der Mieter, so tritt die Mieterhöhung nicht ein.

(2) Eine zum Nachteil des Mieters abweichende Vereinbarung ist unwirksam.

Kapitel 3
Pfandrecht des Vermieters

§ 562 Umfang des Vermieterpfandrechts

(1) Der Vermieter hat für seine Forderungen aus dem Mietverhältnis ein Pfandrecht an den eingebrachten Sachen des Mieters. Es erstreckt sich nicht auf die Sachen, die der Pfändung nicht unterliegen.

(2) Für künftige Entschädigungsforderungen und für die Miete für eine spätere Zeit als das laufende und das folgende Mietjahr kann das Pfandrecht nicht geltend gemacht werden.

§ 562a Erlöschen des Vermieterpfandrechts

Das Pfandrecht des Vermieters erlischt mit der Entfernung der Sachen von dem Grundstück, außer wenn diese ohne Wissen oder unter Widerspruch des Vermieters erfolgt. Der Vermieter kann nicht widersprechen, wenn sie den gewöhnlichen Lebensverhältnissen entspricht oder wenn die zurückbleibenden Sachen zur Sicherung des Vermieters offenbar ausreichen.

§ 562b Selbsthilferecht, Herausgabeanspruch

(1) Der Vermieter darf die Entfernung der Sachen, die seinem Pfandrecht unterliegen, auch ohne Anrufen des Gerichts verhindern, soweit er berechtigt ist, der Entfernung zu widersprechen. Wenn der Mieter auszieht, darf der Vermieter diese Sachen in seinen Besitz nehmen.

(2) Sind die Sachen ohne Wissen oder unter Widerspruch des Vermieters entfernt worden, so kann er die Herausgabe zum Zwecke der Zurückschaffung auf das Grundstück und, wenn der Mieter ausgezogen ist, die Überlassung des Besitzes verlangen. Das Pfandrecht erlischt mit dem Ablauf eines Monats, nachdem der Vermieter von der Entfernung der Sachen Kenntnis erlangt hat, wenn er

diesen Anspruch nicht vorher gerichtlich geltend gemacht hat.

§ 562c Abwendung des Pfandrechts durch Sicherheitsleistung

Der Mieter kann die Geltendmachung des Pfandrechts des Vermieters durch Sicherheitsleistung abwenden. Er kann jede einzelne Sache dadurch von dem Pfandrecht befreien, dass er in Höhe ihres Wertes Sicherheit leistet.

§ 562d Pfändung durch Dritte

Wird eine Sache, die dem Pfandrecht des Vermieters unterliegt, für einen anderen Gläubiger gepfändet, so kann diesem gegenüber das Pfandrecht nicht wegen der Miete für eine frühere Zeit als das letzte Jahr vor der Pfändung geltend gemacht werden.

Kapitel 4
Wechsel der Vertragsparteien

§ 563 Eintrittsrecht bei Tod des Mieters

(1) Der Ehegatte, der mit dem Mieter einen gemeinsamen Haushalt führt, tritt mit dem Tod des Mieters in das Mietverhältnis ein. Dasselbe gilt für den Lebenspartner.

(2) Leben in dem gemeinsamen Haushalt Kinder des Mieters, treten diese mit dem Tod des Mieters in das Mietverhältnis ein, wenn nicht der Ehegatte eintritt. Der Eintritt des Lebenspartners bleibt vom Eintritt der Kinder des Mieters unberührt. Andere Familienangehörige, die mit dem Mieter einen gemeinsamen Haushalt führen, treten mit dem Tod des Mieters in das Mietverhältnis ein, wenn nicht der Ehegatte oder der Lebenspartner eintritt. Dasselbe gilt für Personen, die mit dem Mieter einen auf Dauer angelegten gemeinsamen Haushalt führen.

(3) Erklären eingetretene Personen im Sinne des Absatzes 1 oder 2 innerhalb eines Monats, nachdem sie vom Tod des Mieters Kenntnis erlangt haben, dem Vermieter, dass sie das Mietverhältnis nicht fortsetzen wollen, gilt der Eintritt als nicht erfolgt. Für geschäftsunfähige oder in der Geschäftsfähigkeit beschränkte Personen gilt § 210 ent-

sprechend. Sind mehrere Personen in das Mietverhältnis eingetreten, so kann jeder die Erklärung für sich abgeben.

(4) Der Vermieter kann das Mietverhältnis innerhalb eines Monats, nachdem er von dem endgültigen Eintritt in das Mietverhältnis Kenntnis erlangt hat, außerordentlich mit der gesetzlichen Frist kündigen, wenn in der Person des Eingetretenen ein wichtiger Grund vorliegt.

(5) Eine abweichende Vereinbarung zum Nachteil des Mieters oder solcher Personen, die nach Absatz 1 oder 2 eintrittsberechtigt sind, ist unwirksam.

§ 563a Fortsetzung mit überlebenden Mietern

(1) Sind mehrere Personen im Sinne des § 563 gemeinsam Mieter, so wird das Mietverhältnis beim Tod eines Mieters mit den überlebenden Mietern fortgesetzt.

(2) Die überlebenden Mieter können das Mietverhältnis innerhalb eines Monats, nachdem sie vom Tod des Mieters Kenntnis erlangt haben, außerordentlich mit der gesetzlichen Frist kündigen.

(3) Eine abweichende Vereinbarung zum Nachteil der Mieter ist unwirksam.

§ 563b Haftung bei Eintritt oder Fortsetzung

(1) Die Personen, die nach § 563 in das Mietverhältnis eingetreten sind oder mit denen es nach § 563a fortgesetzt wird, haften neben dem Erben für die bis zum Tod des Mieters entstandenen Verbindlichkeiten als Gesamtschuldner. Im Verhältnis zu diesen Personen haftet der Erbe allein, soweit nichts anderes bestimmt ist.

(2) Hat der Mieter die Miete für einen nach seinem Tod liegenden Zeitraum im Voraus entrichtet, sind die Personen, die nach § 563 in das Mietverhältnis eingetreten sind oder mit denen es nach § 563a fortgesetzt wird, verpflichtet, dem Erben dasjenige herauszugeben, was sie infolge der Vorausentrichtung der Miete ersparen oder erlangen.

(3) Der Vermieter kann, falls der verstorbene Mieter keine Sicherheit geleistet hat, von den Personen, die nach § 563 in das Mietverhältnis eingetreten sind oder mit denen es nach § 563a fortgesetzt wird, nach Maßgabe des § 551 eine Sicherheitsleistung verlangen.

§ 564 Fortsetzung des Mietverhältnisses mit dem Erben, außerordentliche Kündigung

Treten beim Tod des Mieters keine Personen im Sinne des § 563 in das Mietverhältnis ein oder wird es nicht mit ihnen nach § 563a fortgesetzt, so wird es mit dem Erben fortgesetzt. In diesem Fall ist sowohl der Erbe als auch der Vermieter berechtigt, das Mietverhältnis innerhalb eines Monats außerordentlich mit der gesetzlichen Frist zu kündigen, nachdem sie vom Tod des Mieters und davon Kenntnis erlangt haben, dass ein Eintritt in das Mietverhältnis oder dessen Fortsetzung nicht erfolgt ist.

§ 565 Gewerbliche Weitervermietung

(1) Soll der Mieter nach dem Mietvertrag den gemieteten Wohnraum gewerblich einem Dritten zu Wohnzwecken weitervermieten, so tritt der Vermieter bei der Beendigung des Mietverhältnisses in die Rechte und Pflichten aus dem Mietverhältnis zwischen dem Mieter und dem Dritten ein. Schließt der Vermieter erneut einen Mietvertrag zur gewerblichen Weitervermietung ab, so tritt der Mieter anstelle der bisherigen Vertragspartei in die Rechte und Pflichten aus dem Mietverhältnis mit dem Dritten ein.

(2) Die §§ 566a bis 566e gelten entsprechend.

(3) Eine zum Nachteil des Dritten abweichende Vereinbarung ist unwirksam.

§ 566 Kauf bricht nicht Miete

(1) Wird der vermietete Wohnraum nach der Überlassung an den Mieter von dem Vermieter an einen Dritten veräußert, so tritt der Erwerber anstelle des Vermieters in die sich während der Dauer seines Eigentums aus dem Mietverhältnis ergebenden Rechte und Pflichten ein.

(2) Erfüllt der Erwerber die Pflichten nicht, so haftet der Vermieter für den von dem Erwer-

ber zu ersetzenden Schaden wie ein Bürge, der auf die Einrede der Vorausklage verzichtet hat. Erlangt der Mieter von dem Übergang des Eigentums durch Mitteilung des Vermieters Kenntnis, so wird der Vermieter von der Haftung befreit, wenn nicht der Mieter das Mietverhältnis zum ersten Termin kündigt, zu dem die Kündigung zulässig ist.

§ 566a Mietsicherheit

Hat der Mieter des veräußerten Wohnraums dem Vermieter für die Erfüllung seiner Pflichten Sicherheit geleistet, so tritt der Erwerber in die dadurch begründeten Rechte und Pflichten ein. Kann bei Beendigung des Mietverhältnisses der Mieter die Sicherheit von dem Erwerber nicht erlangen, so ist der Vermieter weiterhin zur Rückgewähr verpflichtet.

§ 566b Vorausverfügung über die Miete

(1) Hat der Vermieter vor dem Übergang des Eigentums über die Miete verfügt, die auf die Zeit der Berechtigung des Erwerbers entfällt, so ist die Verfügung wirksam, soweit sie sich auf die Miete für den zur Zeit des Eigentumsübergangs laufenden Kalendermonat bezieht. Geht das Eigentum nach dem 15. Tag des Monats über, so ist die Verfügung auch wirksam, soweit sie sich auf die Miete für den folgenden Kalendermonat bezieht.

(2) Eine Verfügung über die Miete für eine spätere Zeit muss der Erwerber gegen sich gelten lassen, wenn er sie zur Zeit des Übergangs des Eigentums kennt.

§ 566c Vereinbarung zwischen Mieter und Vermieter über die Miete

Ein Rechtsgeschäft, das zwischen dem Mieter und dem Vermieter über die Mietforderung vorgenommen wird, insbesondere die Entrichtung der Miete, ist dem Erwerber gegenüber wirksam, soweit es sich nicht auf die Miete für eine spätere Zeit als den Kalendermonat, in welchem der Mieter von dem Übergang des Eigentums Kenntnis erlangt. Erlangt der Mieter die Kenntnis nach dem 15. Tag des Monats, so ist das Rechtsgeschäft auch wirksam, soweit es sich auf die Miete für den folgenden Kalendermonat be-

zieht. Ein Rechtsgeschäft, das nach dem Übergang des Eigentums vorgenommen wird, ist jedoch unwirksam, wenn der Mieter bei der Vornahme des Rechtsgeschäfts von dem Übergang des Eigentums Kenntnis hat.

§ 566d Aufrechnung durch den Mieter

Soweit die Entrichtung der Miete an den Vermieter nach § 566c dem Erwerber gegenüber wirksam ist, kann der Mieter gegen die Mietforderung des Erwerbers eine ihm gegen den Vermieter zustehende Forderung aufrechnen. Die Aufrechnung ist ausgeschlossen, wenn der Mieter die Gegenforderung erworben hat, nachdem er von dem Übergang des Eigentums Kenntnis erlangt hat, oder wenn die Gegenforderung erst nach der Erlangung der Kenntnis und später als die Miete fällig geworden ist.

§ 566e Mitteilung des Eigentumsübergangs durch den Vermieter

(1) Teilt der Vermieter dem Mieter mit, dass er das Eigentum an dem vermieteten Wohnraum auf einen Dritten übertragen hat, so muss er in Ansehung der Mietforderung dem Mieter gegenüber die mitgeteilte Übertragung gegen sich gelten lassen, auch wenn sie nicht erfolgt oder nicht wirksam ist.

(2) Die Mitteilung kann nur mit Zustimmung desjenigen zurückgenommen werden, der als der neue Eigentümer bezeichnet worden ist.

§ 567 Belastung des Wohnraums durch den Vermieter

Wird der vermietete Wohnraum nach der Überlassung an den Mieter von dem Vermieter mit dem Recht eines Dritten belastet, so sind die §§ 566 bis 566e entsprechend anzuwenden, wenn durch die Ausübung des Rechts dem Mieter der vertragsgemäße Gebrauch entzogen wird. Wird der Mieter durch die Ausübung des Rechts in dem vertragsgemäßen Gebrauch beschränkt, so ist der Dritte dem Mieter gegenüber verpflichtet, die Ausübung zu unterlassen, soweit sie den vertragsgemäßen Gebrauch beeinträchtigen würde.

§ 567a Veräußerung oder Belastung vor der Überlassung des Wohnraums

Hat vor der Überlassung des vermieteten Wohnraums an den Mieter der Vermieter den Wohnraum an einen Dritten veräußert oder mit einem Recht belastet, durch dessen Ausübung der vertragsgemäße Gebrauch dem Mieter entzogen oder beschränkt wird, so gilt das Gleiche wie in den Fällen des § 566 Abs. 1 und des § 567, wenn der Erwerber dem Vermieter gegenüber die Erfüllung der sich aus dem Mietverhältnis ergebenden Pflichten übernommen hat.

§ 567b Weiterveräußerung oder Belastung durch Erwerber

Wird der vermietete Wohnraum von dem Erwerber weiterveräußert oder belastet, so sind § 566 Abs. 1 und die §§ 566a bis 567a entsprechend anzuwenden. Erfüllt der neue Erwerber die sich aus dem Mietverhältnis ergebenden Pflichten nicht, so haftet der Vermieter dem Mieter nach § 566 Abs. 2.

Kapitel 5
Beendigung des Mietverhältnisses

Unterkapitel 1
Allgemeine Vorschriften

§ 568 Form und Inhalt der Kündigung

(1) Die Kündigung des Mietverhältnisses bedarf der schriftlichen Form.

(2) Der Vermieter soll den Mieter auf die Möglichkeit, die Form und die Frist des Widerspruchs nach den §§ 574 bis 574b rechtzeitig hinweisen.

§ 569 Außerordentliche fristlose Kündigung aus wichtigem Grund

(1) Ein wichtiger Grund im Sinne des § 543 Abs. 1 liegt für den Mieter auch vor, wenn der gemietete Wohnraum so beschaffen ist, dass seine Benutzung mit einer erheblichen Gefährdung der Gesundheit verbunden ist. Dies gilt auch, wenn der Mieter die Gefahr bringende Beschaffenheit bei Vertragsschluss gekannt oder darauf verzichtet hat, die ihm wegen dieser Beschaffenheit zustehenden Rechte geltend zu machen.

(2) Ein wichtiger Grund im Sinne des § 543 Abs. 1 liegt ferner vor, wenn eine Vertragspartei den Hausfrieden nachhaltig stört, so dass dem Kündigenden unter Berücksichtigung aller Umstände des Einzelfalls, insbesondere eines Verschuldens der Vertragsparteien, und unter Abwägung der beiderseitigen Interessen die Fortsetzung des Mietverhältnisses bis zum Ablauf der Kündigungsfrist oder bis zur sonstigen Beendigung des Mietverhältnisses nicht zugemutet werden kann.

(3) Ergänzend zu § 543 Abs. 2 Satz 1 Nr. 3 gilt:

1. Im Falle des § 543 Abs. 2 Satz 1 Nr. 3 Buchstabe a ist der rückständige Teil der Miete nur dann als nicht unerheblich anzusehen, wenn er die Miete für einen Monat übersteigt. Dies gilt nicht, wenn der Wohnraum nur zum vorübergehenden Gebrauch vermietet ist.

2. Die Kündigung wird auch dann unwirksam, wenn der Vermieter spätestens bis zum Ablauf von zwei Monaten nach Eintritt der Rechtshängigkeit des Räumungsanspruchs hinsichtlich der fälligen Miete und der fälligen Entschädigung nach § 546a Abs. 1 befriedigt wird oder sich eine öffentliche Stelle zur Befriedigung verpflichtet. Dies gilt nicht, wenn der Kündigung vor nicht länger als zwei Jahren bereits eine nach Satz 1 unwirksam gewordene Kündigung vorausgegangen ist.

3. Ist der Mieter rechtskräftig zur Zahlung einer erhöhten Miete nach den §§ 558 bis 560 verurteilt worden, so kann der Vermieter das Mietverhältnis wegen Zahlungsverzugs des Mieters nicht vor Ablauf von zwei Monaten nach rechtskräftiger Verurteilung kündigen, wenn nicht die Voraussetzungen der außerordentlichen fristlosen Kündigung schon wegen der bisher geschuldeten Miete erfüllt sind.

(4) Der zur Kündigung führende wichtige Grund ist in dem Kündigungsschreiben anzugeben.

(5) Eine Vereinbarung, die zum Nachteil des Mieters von den Absätzen 1 bis 3 dieser Vor-

II

schrift oder von § 543 abweicht, ist unwirksam. Ferner ist eine Vereinbarung unwirksam, nach der der Vermieter berechtigt sein soll, aus anderen als den im Gesetz zugelassenen Gründen außerordentlich fristlos zu kündigen.

§ 570 Ausschluss des Zurückbehaltungsrechts

Dem Mieter steht kein Zurückbehaltungsrecht gegen den Rückgabeanspruch des Vermieters zu.

§ 571 Weiterer Schadensersatz bei verspäteter Rückgabe von Wohnraum

(1) Gibt der Mieter den gemieteten Wohnraum nach Beendigung des Mietverhältnisses nicht zurück, so kann der Vermieter einen weiteren Schaden im Sinne des § 546a Abs. 2 nur geltend machen, wenn die Rückgabe infolge von Umständen unterblieben ist, die der Mieter zu vertreten hat. Der Schaden ist nur insoweit zu ersetzen, als die Billigkeit eine Schadloshaltung erfordert. Dies gilt nicht, wenn der Mieter gekündigt hat.

(2) Wird dem Mieter nach § 721 oder § 794a der Zivilprozessordnung eine Räumungsfrist gewährt, so ist er für die Zeit von der Beendigung des Mietverhältnisses bis zum Ablauf der Räumungsfrist zum Ersatz eines weiteren Schadens nicht verpflichtet.

(3) Eine zum Nachteil des Mieters abweichende Vereinbarung ist unwirksam.

§ 572 Vereinbartes Rücktrittsrecht; Mietverhältnis unter auflösender Bedingung

(1) Auf eine Vereinbarung, nach der der Vermieter berechtigt sein soll, nach Überlassung des Wohnraums an den Mieter vom Vertrag zurückzutreten, kann der Vermieter sich nicht berufen.

(2) Ferner kann der Vermieter sich nicht auf eine Vereinbarung berufen, nach der das Mietverhältnis zum Nachteil des Mieters auflösend bedingt ist.

Unterkapitel 2
Mietverhältnisse auf unbestimmte Zeit

§ 573 Ordentliche Kündigung des Vermieters

(1) Der Vermieter kann nur kündigen, wenn er ein berechtigtes Interesse an der Beendigung des Mietverhältnisses hat. Die Kündigung zum Zwecke der Mieterhöhung ist ausgeschlossen.

(2) Ein berechtigtes Interesse des Vermieters an der Beendigung des Mietverhältnisses liegt insbesondere vor, wenn

1. der Mieter seine vertraglichen Pflichten schuldhaft nicht unerheblich verletzt hat,

2. der Vermieter die Räume als Wohnung für sich, seine Familienangehörigen oder Angehörige seines Haushalts benötigt oder

3. der Vermieter durch die Fortsetzung des Mietverhältnisses an einer angemessenen wirtschaftlichen Verwertung des Grundstücks gehindert und dadurch erhebliche Nachteile erleiden würde; die Möglichkeit, durch eine anderweitige Vermietung als Wohnraum eine höhere Miete zu erzielen, bleibt außer Betracht; der Vermieter kann sich auch nicht darauf berufen, dass er die Mieträume im Zusammenhang mit einer beabsichtigten oder nach Überlassung an den Mieter erfolgten Begründung von Wohnungseigentum veräußern will.

(3) Die Gründe für ein berechtigtes Interesse des Vermieters sind in dem Kündigungsschreiben anzugeben. Andere Gründe werden nur berücksichtigt, soweit sie nachträglich entstanden sind.

(4) Eine zum Nachteil des Mieters abweichende Vereinbarung ist unwirksam.

§ 573a Erleichterte Kündigung des Vermieters

(1) Ein Mietverhältnis über eine Wohnung in einem vom Vermieter selbst bewohnten Gebäude mit nicht mehr als zwei Wohnungen kann der Vermieter auch kündigen, ohne dass es eines berechtigten Interesses im Sinne des § 573 bedarf. Die Kündigungsfrist verlängert sich in diesem Fall um drei Monate.

(2) Absatz 1 gilt entsprechend für Wohnraum innerhalb der vom Vermieter selbst bewohnten Wohnung, sofern der Wohnraum nicht nach § 549 Abs. 2 Nr. 2 vom Mieterschutz ausgenommen ist.

(3) In dem Kündigungsschreiben ist anzugeben, dass die Kündigung auf die Voraussetzungen des Absatzes 1 oder 2 gestützt wird.

(4) Eine zum Nachteil des Mieters abweichende Vereinbarung ist unwirksam.

§ 573b Teilkündigung des Vermieters

(1) Der Vermieter kann nicht zum Wohnen bestimmte Nebenräume oder Teile eines Grundstücks ohne ein berechtigtes Interesse im Sinne des § 573 kündigen, wenn er die Kündigung auf diese Räume oder Grundstücksteile beschränkt und sie dazu verwenden will,

1. Wohnraum zum Zwecke der Vermietung zu schaffen oder

2. den neu zu schaffenden und den vorhandenen Wohnraum mit Nebenräumen oder Grundstücksteilen auszustatten.

(2) Die Kündigung ist spätestens am dritten Werktag eines Kalendermonats zum Ablauf des übernächsten Monats zulässig.

(3) Verzögert sich der Beginn der Bauarbeiten, so kann der Mieter eine Verlängerung des Mietverhältnisses um einen entsprechenden Zeitraum verlangen.

(4) Der Mieter kann eine angemessene Senkung der Miete verlangen.

(5) Eine zum Nachteil des Mieters abweichende Vereinbarung ist unwirksam.

§ 573c Fristen der ordentlichen Kündigung

(1) Die Kündigung ist spätestens am dritten Werktag eines Kalendermonats zum Ablauf des übernächsten Monats zulässig. Die Kündigungsfrist für den Vermieter verlängert sich nach fünf und acht Jahren seit der Überlassung des Wohnraums um jeweils drei Monate.

(2) Bei Wohnraum, der nur zum vorübergehenden Gebrauch vermietet worden ist, kann eine kürzere Kündigungsfrist vereinbart werden.

(3) Bei Wohnraum nach § 549 Abs. 2 Nr. 2 ist die Kündigung spätestens am 15. eines Monats zum Ablauf dieses Monats zulässig.

(4) Eine zum Nachteil des Mieters von Absatz 1 oder 3 abweichende Vereinbarung ist unwirksam.

§ 573d Außerordentliche Kündigung mit gesetzlicher Frist

(1) Kann ein Mietverhältnis außerordentlich mit der gesetzlichen Frist gekündigt werden, so gelten mit Ausnahme der Kündigung gegenüber Erben des Mieters nach § 564 die §§ 573 und 573a entsprechend.

(2) Die Kündigung ist spätestens am dritten Werktag eines Kalendermonats zum Ablauf des übernächsten Monats zulässig, bei Wohnraum nach § 549 Abs. 2 Nr. 2 spätestens am 15. eines Monats zum Ablauf dieses Monats (gesetzliche Frist). § 573a Abs. 1 Satz 2 findet keine Anwendung.

(3) Eine zum Nachteil des Mieters abweichende Vereinbarung ist unwirksam.

§ 574 Widerspruch des Mieters gegen die Kündigung

(1) Der Mieter kann der Kündigung des Vermieters widersprechen und von ihm die Fortsetzung des Mietverhältnisses verlangen, wenn die Beendigung des Mietverhältnisses für den Mieter, seine Familie oder einen anderen Angehörigen seines Haushalts eine Härte bedeuten würde, die auch unter Würdigung der berechtigten Interessen des Vermieters nicht zu rechtfertigen ist. Dies gilt nicht, wenn ein Grund vorliegt, der den Vermieter zur außerordentlichen fristlosen Kündigung berechtigt.

(2) Eine Härte liegt auch vor, wenn angemessener Ersatzwohnraum zu zumutbaren Bedingungen nicht beschafft werden kann.

(3) Bei der Würdigung der berechtigten Interessen des Vermieters werden nur die in dem Kündigungsschreiben nach § 573 Abs. 3 angegebenen Gründe berücksichtigt, außer wenn die Gründe nachträglich entstanden sind.

(4) Eine zum Nachteil des Mieters abweichende Vereinbarung ist unwirksam.

§ 574a Fortsetzung des Mietverhältnisses nach Widerspruch

(1) Im Falle des § 574 kann der Mieter verlangen, dass das Mietverhältnis so lange fortgesetzt wird, wie dies unter Berücksichtigung aller Umstände angemessen ist. Ist dem Vermieter nicht zuzumuten, das Mietverhältnis zu den bisherigen Vertragsbedingungen fortzusetzen, so kann der Mieter nur verlangen, dass es unter einer angemessenen Änderung der Bedingungen fortgesetzt wird.

(2) Kommt keine Einigung zustande, so werden die Fortsetzung des Mietverhältnisses, dessen Dauer sowie die Bedingungen, zu denen es fortgesetzt wird, durch Urteil bestimmt. Ist ungewiss, wann voraussichtlich die Umstände wegfallen, auf Grund derer die Beendigung des Mietverhältnisses eine Härte bedeutet, so kann bestimmt werden, dass das Mietverhältnis auf unbestimmte Zeit fortgesetzt wird.

(3) Eine zum Nachteil des Mieters abweichende Vereinbarung ist unwirksam.

§ 574b Form und Frist des Widerspruchs

(1) Der Widerspruch des Mieters gegen die Kündigung ist schriftlich zu erklären. Auf Verlangen des Vermieters soll der Mieter über die Gründe des Widerspruchs unverzüglich Auskunft erteilen.

(2) Der Vermieter kann die Fortsetzung des Mietverhältnisses ablehnen, wenn der Mieter ihm den Widerspruch nicht spätestens zwei Monate vor der Beendigung des Mietverhältnisses erklärt hat. Hat der Vermieter nicht rechtzeitig vor Ablauf der Widerspruchsfrist auf die Möglichkeit des Widerspruchs sowie auf dessen Form und Frist hingewiesen, so kann der Mieter den Widerspruch noch im ersten Termin des Räumungsrechtsstreits erklären.

(3) Eine zum Nachteil des Mieters abweichende Vereinbarung ist unwirksam.

§ 574c Weitere Fortsetzung des Mietverhältnisses bei unvorhergesehenen Umständen

(1) Ist auf Grund der §§ 574 bis 574b durch Einigung oder Urteil bestimmt worden, dass das Mietverhältnis auf bestimmte Zeit fortgesetzt wird, so kann der Mieter dessen weitere Fortsetzung nur verlangen, wenn dies durch eine wesentliche Änderung der Umstände gerechtfertigt ist oder wenn Umstände nicht eingetreten sind, deren vorgesehener Eintritt für die Zeitdauer der Fortsetzung bestimmend gewesen war.

(2) Kündigt der Vermieter ein Mietverhältnis, dessen Fortsetzung auf unbestimmte Zeit durch Urteil bestimmt worden ist, so kann der Mieter der Kündigung widersprechen und vom Vermieter verlangen, das Mietverhältnis auf unbestimmte Zeit fortzusetzen. Haben sich die Umstände verändert, die für die Fortsetzung bestimmend gewesen waren, so kann der Mieter eine Fortsetzung des Mietverhältnisses nur nach § 574 verlangen; unerhebliche Veränderungen bleiben außer Betracht.

(3) Eine zum Nachteil des Mieters abweichende Vereinbarung ist unwirksam.

Unterkapitel 3
Mietverhältnisse auf bestimmte Zeit

§ 575 Zeitmietvertrag

(1) Ein Mietverhältnis kann auf bestimmte Zeit eingegangen werden, wenn der Vermieter nach Ablauf der Mietzeit

1. die Räume als Wohnung für sich, seine Familienangehörigen oder Angehörige seines Haushalts nutzen will,

2. in zulässiger Weise die Räume beseitigen oder so wesentlich verändern oder instand setzen will, dass die Maßnahmen durch eine Fortsetzung des Mietverhältnisses erheblich erschwert würden, oder

3. die Räume an einen zur Dienstleistung Verpflichteten vermieten will

und er dem Mieter den Grund der Befristung bei Vertragsschluss schriftlich mitteilt. Anderenfalls gilt das Mietverhältnis als auf unbestimmte Zeit abgeschlossen.

(2) Der Mieter kann vom Vermieter frühestens vier Monate vor Ablauf der Befristung verlangen, dass dieser ihm binnen eines Monats mitteilt, ob der Befristungsgrund noch besteht. Erfolgt die Mitteilung später, so kann der Mieter eine Verlängerung des Mietverhältnisses um den Zeitraum der Verspätung verlangen.

(3) Tritt der Grund der Befristung erst später ein, so kann der Mieter eine Verlängerung des Mietverhältnisses um einen entsprechenden Zeitraum verlangen. Entfällt der Grund, so kann der Mieter eine Verlängerung auf unbestimmte Zeit verlangen. Die Beweislast für den Eintritt des Befristungsgrundes und die Dauer der Verzögerung trifft den Vermieter.

(4) Eine zum Nachteil des Mieters abweichende Vereinbarung ist unwirksam.

§ 575a Außerordentliche Kündigung mit gesetzlicher Frist

(1) Kann ein Mietverhältnis, das auf bestimmte Zeit eingegangen ist, außerordentlich mit der gesetzlichen Frist gekündigt werden, so gelten mit Ausnahme der Kündigung gegenüber Erben des Mieters nach § 564 die §§ 573 und 573a entsprechend.

(2) Die §§ 574 bis 574c gelten entsprechend mit der Maßgabe, dass die Fortsetzung des Mietverhältnisses höchstens bis zum vertraglich bestimmten Zeitpunkt der Beendigung verlangt werden kann.

(3) Die Kündigung ist spätestens am dritten Werktag eines Kalendermonats zum Ablauf des übernächsten Monats zulässig, bei Wohnraum nach § 549 Abs. 2 Nr. 2 spätestens am 15. eines Monats zum Ablauf dieses Monats (gesetzliche Frist). § 573a Abs. 1 Satz 2 findet keine Anwendung.

(4) Eine zum Nachteil des Mieters abweichende Vereinbarung ist unwirksam.

Unterkapitel 4
Werkwohnungen

§ 576 Fristen der ordentlichen Kündigung bei Werkmietwohnungen

(1) Ist Wohnraum mit Rücksicht auf das Bestehen eines Dienstverhältnisses vermietet, so kann der Vermieter nach Beendigung des Dienstverhältnisses abweichend von § 573c Abs. 1 Satz 2 mit folgenden Fristen kündigen:

1. bei Wohnraum, der dem Mieter weniger als zehn Jahre überlassen war, spätestens am dritten Werktag eines Kalendermonats zum Ablauf des übernächsten Monats, wenn der Wohnraum für einen anderen zur Dienstleistung Verpflichteten benötigt wird;

2. spätestens am dritten Werktag eines Kalendermonats zum Ablauf dieses Monats, wenn das Dienstverhältnis seiner Art nach die Überlassung von Wohnraum erfordert hat, der in unmittelbarer Beziehung oder Nähe zur Arbeitsstätte steht, und der Wohnraum aus dem gleichen Grund für einen anderen zur Dienstleistung Verpflichteten benötigt wird.

(2) Eine zum Nachteil des Mieters abweichende Vereinbarung ist unwirksam.

§ 576a Besonderheiten des Widerspruchsrechts bei Werkmietwohnungen

(1) Bei der Anwendung der §§ 574 bis 574c auf Werkmietwohnungen sind auch die Belange des Dienstberechtigten zu berücksichtigen.

(2) Die §§ 574 bis 574c gelten nicht, wenn

1. der Vermieter nach § 576 Abs. 1 Nr. 2 gekündigt hat;

2. der Mieter das Dienstverhältnis gelöst hat, ohne dass ihm von dem Dienstberechtigten gesetzlich begründeter Anlass dazu gegeben war, oder der Mieter durch sein Verhalten dem Dienstberechtigten gesetzlich begründeten Anlass zur Auflösung des Dienstverhältnisses gegeben hat.

(3) Eine zum Nachteil des Mieters abweichende Vereinbarung ist unwirksam.

§ 576b Entsprechende Geltung des Mietrechts bei Werkdienstwohnungen

(1) Ist Wohnraum im Rahmen eines Dienstverhältnisses überlassen, so gelten für die Beendigung des Rechtsverhältnisses hinsichtlich des Wohnraums die Vorschriften über Mietverhältnisse entsprechend, wenn der zur Dienstleistung Verpflichtete den Wohnraum überwiegend mit Einrichtungsgegenständen ausgestattet hat oder in dem Wohnraum mit seiner Familie oder Personen lebt, mit denen er einen auf Dauer angelegten gemeinsamen Haushalt führt.

(2) Eine zum Nachteil des Mieters abweichende Vereinbarung ist unwirksam.

Kapitel 6
Besonderheiten bei der Bildung von Wohnungseigentum an vermieteten Wohnungen

§ 577 Vorkaufsrecht des Mieters

(1) Werden vermietete Wohnräume, an denen nach der Überlassung an den Mieter Wohnungseigentum begründet worden ist oder begründet werden soll, an einen Dritten verkauft, so ist der Mieter zum Vorkauf berechtigt. Dies gilt nicht, wenn der Vermieter die Wohnräume an einen Familienangehörigen oder an einen Angehörigen seines Haushalts verkauft. Soweit sich nicht aus den nachfolgenden Absätzen etwas anderes ergibt, finden auf das Vorkaufsrecht die Vorschriften über den Vorkauf Anwendung.

(2) Die Mitteilung des Verkäufers oder des Dritten über den Inhalt des Kaufvertrags ist mit einer Unterrichtung des Mieters über sein Vorkaufsrecht zu verbinden.

(3) Die Ausübung des Vorkaufsrechts erfolgt durch schriftliche Erklärung des Mieters gegenüber dem Verkäufer.

(4) Stirbt der Mieter, so geht das Vorkaufsrecht auf diejenigen über, die in das Mietverhältnis nach § 563 Abs. 1 oder 2 eintreten.

(5) Eine zum Nachteil des Mieters abweichende Vereinbarung ist unwirksam.

§ 577a Kündigungsbeschränkung bei Wohnungsumwandlung

(1) Ist an vermieteten Wohnräumen nach der Überlassung an den Mieter Wohnungseigentum begründet und das Wohnungseigentum veräußert worden, so kann sich ein Erwerber auf berechtigte Interessen im Sinne des § 573 Abs. 2 Nr. 2 oder 3 erst nach Ablauf von drei Jahren seit der Veräußerung berufen.

(2) Die Frist nach Absatz 1 beträgt bis zu zehn Jahre, wenn die ausreichende Versorgung der Bevölkerung mit Mietwohnungen zu angemessenen Bedingungen in einer Gemeinde oder einem Teil einer Gemeinde besonders gefährdet ist und diese Gebiete nach Satz 2 bestimmt sind. Die Landesregierungen werden ermächtigt, diese Gebiete und die Frist nach Satz 1 durch Rechtsverordnung für die Dauer von jeweils höchstens zehn Jahren zu bestimmen.

(3) Eine zum Nachteil des Mieters abweichende Vereinbarung ist unwirksam.

Untertitel 3
Mietverhältnisse über andere Sachen

§ 578 Mietverhältnisse über Grundstücke und Räume

(1) Auf Mietverhältnisse über Grundstücke sind die Vorschriften der §§ 550, 562 bis 562d, 566 bis 567b sowie 570 entsprechend anzuwenden.

(2) Auf Mietverhältnisse über Räume, die keine Wohnräume sind, sind die in Absatz 1 genannten Vorschriften sowie § 552 Abs. 1, § 554 Abs. 1 bis 4 und § 569 Abs. 2 entsprechend anzuwenden. Sind die Räume zum Aufenthalt von Menschen bestimmt, so gilt außerdem § 569 Abs. 1 entsprechend.

§ 578a Mietverhältnisse über eingetragene Schiffe

(1) Die Vorschriften der §§ 566, 566a, 566e bis 567b gelten im Falle der Veräußerung oder Belastung eines im Schiffsregister eingetragenen Schiffs entsprechend.

(2) Eine Verfügung, die der Vermieter vor dem Übergang des Eigentums über die Miete ge-

troffen hat, die auf die Zeit der Berechtigung des Erwerbers entfällt, ist dem Erwerber gegenüber wirksam. Das Gleiche gilt für ein Rechtsgeschäft, das zwischen dem Mieter und dem Vermieter über die Mietforderung vorgenommen wird, insbesondere die Entrichtung der Miete; ein Rechtsgeschäft, das nach dem Übergang des Eigentums vorgenommen wird, ist jedoch unwirksam, wenn der Mieter bei der Vornahme des Rechtsgeschäfts von dem Übergang des Eigentums Kenntnis hat. § 566d gilt entsprechend.

§ 579 Fälligkeit der Miete

(1) Die Miete für ein Grundstück, ein im Schiffsregister eingetragenes Schiff und für bewegliche Sachen ist am Ende der Mietzeit zu entrichten. Ist die Miete nach Zeitabschnitten bemessen, so ist sie nach Ablauf der einzelnen Zeitabschnitte zu entrichten. Die Miete für ein Grundstück ist, sofern sie nicht nach kürzeren Zeitabschnitten bemessen ist, jeweils nach Ablauf eines Kalendervierteljahrs am ersten Werktag des folgenden Monats zu entrichten.

(2) Für Mietverhältnisse über Räume gilt § 556b Abs. 1 entsprechend.

§ 580 Außerordentliche Kündigung bei Tod des Mieters

Stirbt der Mieter, so ist sowohl der Erbe als auch der Vermieter berechtigt, das Mietverhältnis innerhalb eines Monats, nachdem sie vom Tod des Mieters Kenntnis erlangt haben, außerordentlich mit der gesetzlichen Frist zu kündigen.

§ 580a Kündigungsfristen

(1) Bei einem Mietverhältnis über Grundstücke, über Räume, die keine Geschäftsräume sind, oder über im Schiffsregister eingetragene Schiffe ist die ordentliche Kündigung zulässig,

1. wenn die Miete nach Tagen bemessen ist, an jedem Tag zum Ablauf des folgenden Tages;

2. wenn die Miete nach Wochen bemessen ist, spätestens am ersten Werktag einer Woche zum Ablauf des folgenden Sonnabends;

3. wenn die Miete nach Monaten oder längeren Zeitabschnitten bemessen ist, spätestens am dritten Werktag eines Kalendermonats zum Ablauf des übernächsten Monats, bei einem Mietverhältnis über gewerblich genutzte unbebaute Grundstücke oder im Schiffsregister eingetragene Schiffe jedoch nur zum Ablauf eines Kalendervierteljahrs.

(2) Bei einem Mietverhältnis über Geschäftsräume ist die ordentliche Kündigung spätestens am dritten Werktag eines Kalendervierteljahres zum Ablauf des nächsten Kalendervierteljahrs zulässig.

(3) Bei einem Mietverhältnis über bewegliche Sachen ist die ordentliche Kündigung zulässig,

1. wenn die Miete nach Tagen bemessen ist, an jedem Tag zum Ablauf des folgenden Tages;

2. wenn die Miete nach längeren Zeitabschnitten bemessen ist, spätestens am dritten Tag vor dem Tag, mit dessen Ablauf das Mietverhältnis enden soll.

(4) Absatz 1 Nr. 3, Absatz 2 und 3 Nr. 2 sind auch anzuwenden, wenn ein Mietverhältnis außerordentlich mit der gesetzlichen Frist gekündigt werden kann.

Untertitel 4
Pachtvertrag

§ 581 Vertragstypische Pflichten beim Pachtvertrag

(1) Durch den Pachtvertrag wird der Verpächter verpflichtet, dem Pächter den Gebrauch des verpachteten Gegenstandes und den Genuss der Früchte, soweit sie nach den Regeln einer ordnungsmäßigen Wirtschaft als Ertrag anzusehen sind, während der Pachtzeit zu gewähren. Der Pächter ist verpflichtet, dem Verpächter die vereinbarte Pacht zu entrichten.

(2) Auf den Pachtvertrag mit Ausnahme des Landpachtvertrags sind, soweit sich nicht aus den §§ 582 bis 584b etwas anderes ergibt,

die Vorschriften über den Mietvertrag entsprechend anzuwenden.

§ 582 Erhaltung des Inventars

(1) Wird ein Grundstück mit Inventar verpachtet, so obliegt dem Pächter die Erhaltung der einzelnen Inventarstücke.

(2) Der Verpächter ist verpflichtet, Inventarstücke zu ersetzen, die infolge eines vom Pächter nicht zu vertretenden Umstands in Abgang kommen. Der Pächter hat jedoch den gewöhnlichen Abgang der zum Inventar gehörenden Tiere insoweit zu ersetzen, als dies einer ordnungsmäßigen Wirtschaft entspricht.

§ 582a Inventarübernahme zum Schätzwert

(1) Übernimmt der Pächter eines Grundstücks das Inventar zum Schätzwert mit der Verpflichtung, es bei Beendigung des Pachtverhältnisses zum Schätzwert zurückzugewähren, so trägt er die Gefahr des zufälligen Untergangs und der zufälligen Verschlechterung des Inventars. Innerhalb der Grenzen einer ordnungsgemäßen Wirtschaft kann er über die einzelnen Inventarstücke verfügen.

(2) Der Pächter hat das Inventar in dem Zustand zu erhalten und in dem Umfang laufend zu ersetzen, der den Regeln einer ordnungsmäßigen Wirtschaft entspricht. Die von ihm angeschafften Stücke werden mit der Einverleibung in das Inventar Eigentum des Verpächters.

(3) Bei Beendigung des Pachtverhältnisses hat der Pächter das vorhandene Inventar dem Verpächter zurückzugewähren. Der Verpächter kann die Übernahme derjenigen von dem Pächter angeschafften Inventarstücke ablehnen, welche nach den Regeln einer ordnungsmäßigen Wirtschaft für das Grundstück überflüssig oder zu wertvoll sind; mit der Ablehnung geht das Eigentum an den abgelehnten Stücken auf den Pächter über. Besteht zwischen dem Gesamtschätzwert des übernommenen und dem des zurückzugewährenden Inventars ein Unterschied, so ist dieser in Geld auszugleichen. Den Schätzwerten sind die Preise im Zeitpunkt der Beendigung des Pachtverhältnisses zugrunde zu legen.

§ 583 Pächterpfandrecht am Inventar

(1) Dem Pächter eines Grundstücks steht für die Forderungen gegen den Verpächter, die sich auf das mitgepachtete Inventar beziehen, ein Pfandrecht an den in seinen Besitz gelangten Inventarstücken zu.

(2) Der Verpächter kann die Geltendmachung des Pfandrechts des Pächters durch Sicherheitsleistung abwenden. Er kann jedes einzelne Inventarstück dadurch von dem Pfandrecht befreien, dass er in Höhe des Wertes Sicherheit leistet.

§ 583a Verfügungsbeschränkungen bei Inventar

Vertragsbestimmungen, die den Pächter eines Betriebs verpflichten, nicht oder nicht ohne Einwilligung des Verpächters über Inventarstücke zu verfügen oder Inventar an den Verpächter zu veräußern, sind nur wirksam, wenn sich der Verpächter verpflichtet, das Inventar bei der Beendigung des Pachtverhältnisses zum Schätzwert zu erwerben.

§ 584 Kündigungsfrist

(1) Ist bei dem Pachtverhältnis über ein Grundstück oder ein Recht die Pachtzeit nicht bestimmt, so ist die Kündigung nur für den Schluss eines Pachtjahrs zulässig; sie hat spätestens am dritten Werktag des halben Jahres zu erfolgen, mit dessen Ablauf die Pacht enden soll.

(2) Dies gilt auch, wenn das Pachtverhältnis außerordentlich mit der gesetzlichen Frist gekündigt werden kann.

§ 584a Ausschluss bestimmter mietrechtlicher Kündigungsrechte

(1) Dem Pächter steht das in § 540 Abs. 1 bestimmte Kündigungsrecht nicht zu.

(2) Der Verpächter ist nicht berechtigt, das Pachtverhältnis nach § 580 zu kündigen.

§ 584b Verspätete Rückgabe

Gibt der Pächter den gepachteten Gegenstand nach der Beendigung des Pachtverhältnisses nicht zurück, so kann der Verpächter für die Dauer der Vorenthaltung als Entschädigung die vereinbarte Pacht nach dem Verhältnis verlangen, in dem die Nutzungen, die der Pächter während dieser Zeit gezogen hat oder hätte ziehen können, zu den Nutzungen des ganzen Pachtjahrs stehen. Die Geltendmachung eines weiteren Schadens ist nicht ausgeschlossen.

Untertitel 5
Landpachtvertrag

§ 585 Begriff des Landpachtvertrags

(1) Durch den Landpachtvertrag wird ein Grundstück mit den seiner Bewirtschaftung dienenden Wohn- oder Wirtschaftsgebäuden (Betrieb) oder ein Grundstück ohne solche Gebäude überwiegend zur Landwirtschaft verpachtet. Landwirtschaft sind die Bodenbewirtschaftung und die mit der Bodennutzung verbundene Tierhaltung, um pflanzliche oder tierische Erzeugnisse zu gewinnen, sowie die gartenbauliche Erzeugung.

(2) Für Landpachtverträge gelten § 581 Abs. 1 und die §§ 582 bis 583a sowie die nachfolgenden besonderen Vorschriften.

(3) Die Vorschriften über Landpachtverträge gelten auch für Pachtverhältnisse über forstwirtschaftliche Grundstücke, wenn die Grundstücke zur Nutzung in einem überwiegend landwirtschaftlichen Betrieb verpachtet werden.

§ 585a Form des Landpachtvertrags

Wird der Landpachtvertrag für längere Zeit als zwei Jahre nicht in schriftlicher Form geschlossen, so gilt er für unbestimmte Zeit.

§ 585b Beschreibung der Pachtsache

(1) Der Verpächter und der Pächter sollen bei Beginn des Pachtverhältnisses gemeinsam eine Beschreibung der Pachtsache anfertigen, in der ihr Umfang sowie der Zustand, in dem sie sich bei der Überlassung befindet, festgestellt werden. Dies gilt für die Beendigung des Pachtverhältnisses entsprechend. Die Beschreibung soll mit der Angabe des Tages der Anfertigung versehen werden und ist von beiden Teilen zu unterschreiben.

(2) Weigert sich ein Vertragsteil bei der Anfertigung einer Beschreibung mitzuwirken, oder ergeben sich bei der Anfertigung Meinungsverschiedenheiten tatsächlicher Art, so kann jeder Vertragsteil verlangen, dass eine Beschreibung durch einen Sachverständigen angefertigt wird, es sei denn, dass seit der Überlassung der Pachtsache mehr als neun Monate oder seit der Beendigung des Pachtverhältnisses mehr als drei Monate verstrichen sind; der Sachverständige wird auf Antrag durch das Landwirtschaftsgericht ernannt. Die insoweit entstehenden Kosten trägt jeder Vertragsteil zur Hälfte.

(3) Ist eine Beschreibung der genannten Art angefertigt, so wird im Verhältnis der Vertragsteile zueinander vermutet, dass sie richtig ist.

§ 586 Vertragstypische Pflichten beim Landpachtvertrag

(1) Der Verpächter hat die Pachtsache dem Pächter in einem zu der vertragsmäßigen Nutzung geeigneten Zustand zu überlassen und sie während der Pachtzeit in diesem Zustand zu erhalten. Der Pächter hat jedoch die gewöhnlichen Ausbesserungen der Pachtsache, insbesondere die der Wohn- und Wirtschaftsgebäude, der Wege, Gräben, Dränungen und Einfriedigungen, auf seine Kosten durchzuführen. Er ist zur ordnungsmäßigen Bewirtschaftung der Pachtsache verpflichtet.

(2) Für die Haftung des Verpächters für Sach- und Rechtsmängel der Pachtsache sowie für die Rechte und Pflichten des Pächters wegen solcher Mängel gelten die Vorschriften des § 536 Abs. 1 bis 3 und der §§ 536a bis 536d entsprechend.

§ 586a Lasten der Pachtsache

Der Verpächter hat die auf der Pachtsache ruhenden Lasten zu tragen.

§ 587 Fälligkeit der Pacht; Entrichtung der Pacht bei persönlicher Verhinderung des Pächters

(1) Die Pacht ist am Ende der Pachtzeit zu entrichten. Ist die Pacht nach Zeitabschnitten bemessen, so ist sie am ersten Werktag nach dem Ablauf der einzelnen Zeitabschnitte zu entrichten.

(2) Der Pächter wird von der Entrichtung der Pacht nicht dadurch befreit, dass er durch einen in seiner Person liegenden Grund an der Ausübung des ihm zustehenden Nutzungsrechts verhindert ist. § 537 Abs. 1 Satz 2 und Abs. 2 gilt entsprechend.

§ 588 Maßnahmen zur Erhaltung oder Verbesserung

(1) Der Pächter hat Einwirkungen auf die Pachtsache zu dulden, die zu ihrer Erhaltung erforderlich sind.

(2) Maßnahmen zur Verbesserung der Pachtsache hat der Pächter zu dulden, es sei denn, dass die Maßnahme für ihn eine Härte bedeuten würde, die auch unter Würdigung der berechtigten Interessen des Verpächters nicht zu rechtfertigen ist. Der Verpächter hat die dem Pächter durch die Maßnahme entstandenen Aufwendungen und entgangenen Erträge in einem den Umständen nach angemessenen Umfang zu ersetzen. Auf Verlangen hat der Verpächter Vorschuss zu leisten.

(3) Soweit der Pächter infolge von Maßnahmen nach Absatz 2 Satz 1 höhere Erträge erzielt oder bei ordnungsmäßiger Bewirtschaftung erzielen könnte, kann der Verpächter verlangen, dass der Pächter in eine angemessene Erhöhung der Pacht einwilligt, es sei denn, dass dem Pächter eine Erhöhung der Pacht nach den Verhältnissen des Betriebs nicht zugemutet werden kann.

(4) Über Streitigkeiten nach den Absätzen 1 und 2 entscheidet auf Antrag das Landwirtschaftsgericht. Verweigert der Pächter in den Fällen des Absatzes 3 seine Einwilligung, so kann sie das Landwirtschaftsgericht auf Antrag des Verpächters ersetzen.

§ 589 Nutzungsüberlassung an Dritte

(1) Der Pächter ist ohne Erlaubnis des Verpächters nicht berechtigt,

1. die Nutzung der Pachtsache einem Dritten zu überlassen, insbesondere die Sache weiter zu verpachten,
2. die Pachtsache ganz oder teilweise einem landwirtschaftlichen Zusammenschluss zum Zwecke der gemeinsamen Nutzung zu überlassen.

(2) Überlässt der Pächter die Nutzung der Pachtsache einem Dritten, so hat er ein Verschulden, das dem Dritten bei der Nutzung zur Last fällt, zu vertreten, auch wenn der Verpächter die Erlaubnis zur Überlassung erteilt hat.

§ 590 Änderung der landwirtschaftlichen Bestimmung oder der bisherigen Nutzung

(1) Der Pächter darf die landwirtschaftliche Bestimmung der Pachtsache nur mit vorheriger Erlaubnis des Verpächters ändern.

(2) Zur Änderung der bisherigen Nutzung der Pachtsache ist die vorherige Erlaubnis des Verpächters nur dann erforderlich, wenn durch die Änderung die Art der Nutzung über die Pachtzeit hinaus beeinflusst wird. Der Pächter darf Gebäude nur mit vorheriger Erlaubnis des Verpächters errichten. Verweigert der Verpächter die Erlaubnis, so kann sie auf Antrag des Pächters durch das Landwirtschaftsgericht ersetzt werden, soweit die Änderung zur Erhaltung oder nachhaltigen Verbesserung der Rentabilität des Betriebs geeignet erscheint und dem Verpächter bei Berücksichtigung seiner berechtigten Interessen zugemutet werden kann. Dies gilt nicht, wenn der Pachtvertrag gekündigt ist oder das Pachtverhältnis in weniger als drei Jahren endet. Das Landwirtschaftsgericht kann die Erlaubnis unter Bedingungen und Auflagen ersetzen, insbesondere eine Sicherheitsleistung anordnen sowie Art und Umfang der Sicherheit bestimmen. Ist die Veranlassung für die Sicherheitsleistung weggefallen, so entscheidet auf Antrag das Landwirtschaftsgericht über die Rückgabe der Sicherheit; § 109 der Zivilprozessordnung gilt entsprechend.

(3) Hat der Pächter das nach § 582a zum Schätzwert übernommene Inventar im Zusammenhang mit einer Änderung der Nutzung der Pachtsache wesentlich vermindert, so kann der Verpächter schon während der Pachtzeit einen Geldausgleich in entsprechender Anwendung des § 582a Abs. 3 verlangen, es sei denn, dass der Erlös der veräußerten Inventarstücke zu einer zur Höhe des Erlöses in angemessenem Verhältnis stehenden Verbesserung der Pachtsache nach § 591 verwendet worden ist.

§ 590a Vertragswidriger Gebrauch

Macht der Pächter von der Pachtsache einen vertragswidrigen Gebrauch und setzt er den Gebrauch ungeachtet einer Abmahnung des Verpächters fort, so kann der Verpächter auf Unterlassung klagen.

§ 590b Notwendige Verwendungen

Der Verpächter ist verpflichtet, dem Pächter die notwendigen Verwendungen auf die Pachtsache zu ersetzen.

§ 591 Wertverbessernde Verwendungen

(1) Andere als notwendige Verwendungen, denen der Verpächter zugestimmt hat, hat er dem Pächter bei Beendigung des Pachtverhältnisses zu ersetzen, soweit die Verwendungen den Wert der Pachtsache über die Pachtzeit hinaus erhöhen (Mehrwert).

(2) Weigert sich der Verpächter, den Verwendungen zuzustimmen, so kann die Zustimmung auf Antrag des Pächters durch das Landwirtschaftsgericht ersetzt werden, soweit die Verwendungen zur Erhaltung oder nachhaltigen Verbesserung der Rentabilität des Betriebs geeignet sind und dem Verpächter bei Berücksichtigung seiner berechtigten Interessen zugemutet werden können. Dies gilt nicht, wenn der Pachtvertrag gekündigt ist oder das Pachtverhältnis in weniger als drei Jahren endet. Das Landwirtschaftsgericht kann die Zustimmung unter Bedingungen und Auflagen ersetzen.

(3) Das Landwirtschaftsgericht kann auf Antrag auch über den Mehrwert Bestimmungen treffen und ihn festsetzen. Es kann bestimmen, dass der Verpächter den Mehrwert nur

in Teilbeträgen zu ersetzen hat, und kann Bedingungen für die Bewilligung solcher Teilzahlungen festsetzen. Ist dem Verpächter ein Einsatz des Mehrwerts bei Beendigung des Pachtverhältnisses auch in Teilbeträgen nicht zuzumuten, so kann der Pächter nur verlangen, dass das Pachtverhältnis zu den bisherigen Bedingungen so lange fortgesetzt wird, bis der Mehrwert der Pachtsache abgegolten ist. Kommt keine Einigung zustande, so entscheidet auf Antrag das Landwirtschaftsgericht über eine Fortsetzung des Pachtverhältnisses.

§ 591a Wegnahme von Einrichtungen

Der Pächter ist berechtigt, eine Einrichtung, mit der er die Sache versehen hat, wegzunehmen. Der Verpächter kann die Ausübung des Wegnahmerechts durch Zahlung einer angemessenen Entschädigung abwenden, es sei denn, dass der Pächter ein berechtigtes Interesse an der Wegnahme hat. Eine Vereinbarung, durch die das Wegnahmerecht des Pächters ausgeschlossen wird, ist nur wirksam, wenn ein angemessener Ausgleich vorgesehen ist.

§ 591b Verjährung von Ersatzansprüchen

(1) Die Ersatzansprüche des Verpächters wegen Veränderung oder Verschlechterung der verpachteten Sache sowie die Ansprüche des Pächters auf Ersatz von Verwendungen oder auf Gestattung der Wegnahme einer Einrichtung verjähren in sechs Monaten.

(2) Die Verjährung der Ersatzansprüche des Verpächters beginnt mit dem Zeitpunkt, in welchem er die Sache zurückerhält. Die Verjährung der Ansprüche des Pächters beginnt mit der Beendigung des Pachtverhältnisses.

(3) Mit der Verjährung des Anspruchs des Verpächters auf Rückgabe der Sache verjähren auch die Ersatzansprüche des Verpächters.

§ 592 Verpächterpfandrecht

Der Verpächter hat für seine Forderungen aus dem Pachtverhältnis ein Pfandrecht an den eingebrachten Sachen des Pächters sowie an den Früchten der Pachtsache. Für künftige

Entschädigungsforderungen kann das Pfandrecht nicht geltend gemacht werden. Mit Ausnahme der in § 811 Abs. 1 Nr. 4 der Zivilprozessordnung genannten Sachen erstreckt sich das Pfandrecht nicht auf Sachen, die der Pfändung nicht unterworfen sind. Die Vorschriften der §§ 562a bis 562c gelten entsprechend.

§ 593 Änderung von Landpachtverträgen

(1) Haben sich nach Abschluss des Pachtvertrags die Verhältnisse, die für die Festsetzung der Vertragsleistungen maßgebend waren, nachhaltig so geändert, dass die gegenseitigen Verpflichtungen in ein grobes Missverhältnis zueinander geraten sind, so kann jeder Vertragsteil eine Änderung des Vertrags mit Ausnahme der Pachtdauer verlangen. Verbessert oder verschlechtert sich infolge der Bewirtschaftung der Pachtsache durch den Pächter deren Ertrag, so kann, soweit nichts anderes vereinbart ist, eine Änderung der Pacht nicht verlangt werden.

(2) Eine Änderung kann frühestens zwei Jahre nach Beginn des Pachtverhältnisses oder nach dem Wirksamwerden der letzten Änderung der Vertragsleistungen verlangt werden. Dies gilt nicht, wenn verwüstende Naturereignisse, gegen die ein Versicherungsschutz nicht üblich ist, das Verhältnis der Vertragsleistungen grundlegend und nachhaltig verändert haben.

(3) Die Änderung kann nicht für eine frühere Zeit als für das Pachtjahr verlangt werden, in dem das Änderungsverlangen erklärt wird.

(4) Weigert sich ein Vertragsteil, in eine Änderung des Vertrags einzuwilligen, so kann der andere Teil die Entscheidung des Landwirtschaftsgerichts beantragen.

(5) Auf das Recht, eine Änderung des Vertrags nach den Absätzen 1 bis 4 zu verlangen, kann nicht verzichtet werden. Eine Vereinbarung, dass einem Vertragsteil besondere Nachteile oder Vorteile erwachsen sollen, wenn er die Rechte nach den Absätzen 1 bis 4 ausübt oder nicht ausübt, ist unwirksam.

§ 593a Betriebsübergabe

Wird bei der Übergabe eines Betriebs im Wege der vorweggenommenen Erbfolge ein zugepachtetes Grundstück, das der Landwirtschaft dient, mit übergeben, so tritt der Übernehmer anstelle des Pächters in den Pachtvertrag ein. Der Verpächter ist von der Betriebsübergabe jedoch unverzüglich zu benachrichtigen. Ist die ordnungsmäßige Bewirtschaftung der Pachtsache durch den Übernehmer nicht gewährleistet, so ist der Verpächter berechtigt, das Pachtverhältnis außerordentlich mit der gesetzlichen Frist zu kündigen.

§ 593b Veräußerung oder Belastung des verpachteten Grundstücks

Wird das verpachtete Grundstück veräußert oder mit dem Recht eines Dritten belastet, so gelten die §§ 566 bis 567b entsprechend.

§ 594 Ende und Verlängerung des Pachtverhältnisses

Das Pachtverhältnis endet mit dem Ablauf der Zeit, für die es eingegangen ist. Es verlängert sich bei Pachtverträgen, die auf mindestens drei Jahre geschlossen worden sind, auf unbestimmte Zeit, wenn auf die Anfrage eines Vertragsteils, ob der andere Teil zur Fortsetzung des Pachtverhältnisses bereit ist, dieser nicht binnen einer Frist von drei Monaten die Fortsetzung ablehnt. Die Anfrage und die Ablehnung bedürfen der schriftlichen Form. Die Anfrage ist ohne Wirkung, wenn in ihr nicht auf die Folge der Nichtbeachtung ausdrücklich hingewiesen wird und wenn sie nicht innerhalb des drittletzten Pachtjahrs gestellt wird.

§ 594a Kündigungsfristen

(1) Ist die Pachtzeit nicht bestimmt, so kann jeder Vertragsteil das Pachtverhältnis spätestens am dritten Werktag eines Pachtjahrs für den Schluss des nächsten Pachtjahrs kündigen. Im Zweifel gilt das Kalenderjahr als Pachtjahr. Die Vereinbarung einer kürzeren Frist bedarf der Schriftform.

(2) Für die Fälle, in denen das Pachtverhältnis außerordentlich mit der gesetzlichen Frist vorzeitig gekündigt werden kann, ist die

Kündigung nur für den Schluss eines Pachtjahrs zulässig; sie hat spätestens am dritten Werktag des halben Jahres zu erfolgen, mit dessen Ablauf die Pacht enden soll.

§ 594b Vertrag über mehr als 30 Jahre

Wird ein Pachtvertrag für eine längere Zeit als 30 Jahre geschlossen, so kann nach 30 Jahren jeder Vertragsteil das Pachtverhältnis spätestens am dritten Werktag eines Pachtjahrs für den Schluss des nächsten Pachtjahrs kündigen. Die Kündigung ist nicht zulässig, wenn der Vertrag für die Lebenszeit des Verpächters oder des Pächters geschlossen ist.

§ 594c Kündigung bei Berufsunfähigkeit des Pächters

Ist der Pächter berufsunfähig im Sinne der Vorschriften der gesetzlichen Rentenversicherung geworden, so kann er das Pachtverhältnis außerordentlich mit der gesetzlichen Frist kündigen, wenn der Verpächter der Überlassung der Pachtsache zur Nutzung an einen Dritten, der eine ordnungsmäßige Bewirtschaftung gewährleistet, widerspricht. Eine abweichende Vereinbarung ist unwirksam.

§ 594d Tod des Pächters

(1) Stirbt der Pächter, so sind sowohl seine Erben als auch der Verpächter innerhalb eines Monats, nachdem sie vom Tod des Pächters Kenntnis erlangt haben, berechtigt, das Pachtverhältnis mit einer Frist von sechs Monaten zum Ende eines Kalendervierteljahrs zu kündigen.

(2) Die Erben können der Kündigung des Verpächters widersprechen und die Fortsetzung des Pachtverhältnisses verlangen, wenn die ordnungsmäßige Bewirtschaftung der Pachtsache durch sie oder durch einen von ihnen beauftragten Miterben oder Dritten gewährleistet erscheint. Der Verpächter kann die Fortsetzung des Pachtverhältnisses ablehnen, wenn die Erben den Widerspruch nicht spätestens drei Monate vor Ablauf des Pachtverhältnisses erklärt und die Umstände mitgeteilt haben, nach denen die weitere ordnungsmäßige Bewirtschaftung der Pachtsache gewährleistet erscheint. Die Wider

spruchserklärung und die Mitteilung bedürfen der schriftlichen Form. Kommt keine Einigung zustande, so entscheidet auf Antrag das Landwirtschaftsgericht.

(3) Gegenüber einer Kündigung des Verpächters nach Absatz 1 ist ein Fortsetzungsverlangen des Erben nach § 595 ausgeschlossen.

§ 594e Außerordentliche fristlose Kündigung aus wichtigem Grund

(1) Die außerordentliche fristlose Kündigung des Pachtverhältnisses ist in entsprechender Anwendung der §§ 543, 569 Abs. 1 und 2 zulässig.

(2) Abweichend von § 543 Abs. 2 Nr. 3 Buchstabe a und b liegt ein wichtiger Grund insbesondere vor, wenn der Pächter mit der Entrichtung der Pacht oder eines nicht unerheblichen Teils der Pacht länger als drei Monate in Verzug ist. Ist die Pacht nach Zeitabschnitten von weniger als einem Jahr bemessen, so ist die Kündigung erst zulässig, wenn der Pächter für zwei aufeinander folgende Termine mit der Entrichtung der Pacht oder eines nicht unerheblichen Teils der Pacht in Verzug ist.

§ 594f Schriftform der Kündigung

Die Kündigung bedarf der schriftlichen Form.

§ 595 Fortsetzung des Pachtverhältnisses

(1) Der Pächter kann vom Verpächter die Fortsetzung des Pachtverhältnisses verlangen, wenn

1. bei einem Betriebspachtverhältnis der Betrieb seine wirtschaftliche Lebensgrundlage bildet,

2. bei dem Pachtverhältnis über ein Grundstück der Pächter auf dieses Grundstück zur Aufrechterhaltung seines Betriebs, der seine wirtschaftliche Lebensgrundlage bildet, angewiesen ist

und die vertragsmäßige Beendigung des Pachtverhältnisses für den Pächter oder seine Familie eine Härte bedeuten würde, die auch unter Würdigung der berechtigten Interessen des Verpächters nicht zu rechtfertigen ist. Die

Fortsetzung kann unter diesen Voraussetzungen wiederholt verlangt werden.

(2) Im Falle des Absatzes 1 kann der Pächter verlangen, daß das Pachtverhältnis so lange fortgesetzt wird, wie dies unter Berücksichtigung aller Umstände angemessen ist. Ist dem Verpächter nicht zuzumuten, das Pachtverhältnis nach den bisher geltenden Vertragsbedingungen fortzusetzen, so kann der Pächter nur verlangen, dass es unter einer angemessenen Änderung der Bedingungen fortgesetzt wird.

(3) Der Pächter kann die Fortsetzung des Pachtverhältnisses nicht verlangen, wenn

1. er das Pachtverhältnis gekündigt hat,

2. der Verpächter zur außerordentlichen fristlosen Kündigung oder im Falle des § 593a zur außerordentlichen Kündigung mit der gesetzlichen Frist berechtigt ist,

3. die Laufzeit des Vertrags bei einem Pachtverhältnis über einen Betrieb, der Zupachtung von Grundstücken, durch die ein Betrieb entsteht, oder bei einem Pachtverhältnis über Moor- und Ödland, das vom Pächter kultiviert worden ist, auf mindestens 18 Jahre, bei der Pacht anderer Grundstücke auf mindestens zwölf Jahre vereinbart ist,

4. der Verpächter die nur vorübergehend verpachtete Sache in eigene Nutzung nehmen oder zur Erfüllung gesetzlicher oder sonstiger öffentlicher Aufgaben verwenden will.

(4) Die Erklärung des Pächters, mit der er die Fortsetzung des Pachtverhältnisses verlangt, bedarf der schriftlichen Form. Auf Verlangen des Verpächters soll der Pächter über die Gründe des Fortsetzungsverlangens unverzüglich Auskunft erteilen.

(5) Der Verpächter kann die Fortsetzung des Pachtverhältnisses ablehnen, wenn der Pächter die Fortsetzung nicht mindestens ein Jahr vor Beendigung des Pachtverhältnisses vom Verpächter verlangt oder auf eine Anfrage des Verpächters nach § 594 die Fortsetzung abgelehnt hat. Ist eine zwölfmonatige oder kürzere Kündigungsfrist vereinbart, so genügt es, wenn das Verlangen innerhalb eines Monats nach Zugang der Kündigung erklärt wird.

(6) Kommt keine Einigung zustande, so entscheidet auf Antrag das Landwirtschaftsgericht über eine Fortsetzung und über die Dauer des Pachtverhältnisses sowie über die Bedingungen, zu denen es fortgesetzt wird. Das Gericht kann die Fortsetzung des Pachtverhältnisses jedoch nur bis zu einem Zeitpunkt anordnen, der die in Absatz 3 Nr. 3 genannten Fristen, ausgehend vom Beginn des laufenden Pachtverhältnisses, nicht übersteigt. Die Fortsetzung kann auch auf einen Teil der Pachtsache beschränkt werden.

(7) Der Pächter hat den Antrag auf gerichtliche Entscheidung spätestens neun Monate vor Beendigung des Pachtverhältnisses und im Falle einer zwölfmonatigen oder kürzeren Kündigungsfrist zwei Monate nach Zugang der Kündigung bei dem Landwirtschaftsgericht zu stellen. Das Gericht kann den Antrag nachträglich zulassen, wenn es zur Vermeidung einer unbilligen Härte geboten erscheint und der Pachtvertrag noch nicht abgelaufen ist.

(8) Auf das Recht, die Verlängerung eines Pachtverhältnisses nach den Absätzen 1 bis 7 zu verlangen, kann nur verzichtet werden, wenn der Verzicht zur Beilegung eines Pachtstreits vor Gericht oder vor einer berufsständischen Pachtschlichtungsstelle erklärt wird. Eine Vereinbarung, dass einem Vertragsteil besondere Nachteile oder besondere Vorteile erwachsen sollen, wenn er die Rechte nach den Absätzen 1 bis 7 ausübt oder nicht ausübt, ist unwirksam.

§ 595a Vorzeitige Kündigung von Landpachtverträgen

(1) Soweit die Vertragsteile zur außerordentlichen Kündigung eines Landpachtverhältnisses mit der gesetzlichen Frist berechtigt sind, steht ihnen dieses Recht auch nach Verlängerung des Landpachtverhältnisses oder Änderung des Landpachtvertrags zu.

(2) Auf Antrag eines Vertragsteils kann das Landwirtschaftsgericht Anordnungen über die Abwicklung eines vorzeitig beendeten oder eines teilweise beendeten Landpacht-

vertrags treffen. Wird die Verlängerung eines Landpachtvertrags auf einen Teil der Pachtsache beschränkt, kann das Landwirtschaftsgericht die Pacht für diesen Teil festsetzen.

(3) Der Inhalt von Anordnungen des Landwirtschaftsgerichts gilt unter den Vertragsteilen als Vertragsinhalt. Über Streitigkeiten, die diesen Vertragsinhalt betreffen, entscheidet auf Antrag das Landwirtschaftsgericht.

§ 596 Rückgabe der Pachtsache

(1) Der Pächter ist verpflichtet, die Pachtsache nach Beendigung des Pachtverhältnisses in dem Zustand zurückzugeben, der einer bis zur Rückgabe fortgesetzten ordnungsmäßigen Bewirtschaftung entspricht.

(2) Dem Pächter steht wegen seiner Ansprüche gegen den Verpächter ein Zurückbehaltungsrecht am Grundstück nicht zu.

(3) Hat der Pächter die Nutzung der Pachtsache einem Dritten überlassen, so kann der Verpächter die Sache nach Beendigung des Pachtverhältnisses auch von dem Dritten zurückfordern.

§ 596a Ersatzpflicht bei vorzeitigem Pachtende

(1) Endet das Pachtverhältnis im Laufe eines Pachtjahrs, so hat der Verpächter dem Pächter den Wert der noch nicht getrennten, jedoch nach den Regeln einer ordnungsmäßigen Bewirtschaftung vor dem Ende des Pachtjahrs zu trennenden Früchte zu ersetzen. Dabei ist das Ernterisiko angemessen zu berücksichtigen.

(2) Lässt sich der in Absatz 1 bezeichnete Wert aus jahreszeitlich bedingten Gründen nicht feststellen, so hat der Verpächter dem Pächter die Aufwendungen auf diese Früchte insoweit zu ersetzen, als sie einer ordnungsmäßigen Bewirtschaftung entsprechen.

(3) Absatz 1 gilt auch für das zum Einschlag vorgesehene, aber noch nicht eingeschlagene Holz. Hat der Pächter mehr Holz eingeschlagen, als bei ordnungsmäßiger Nutzung zulässig war, so hat er dem Verpächter den Wert der die normale Nutzung übersteigenden Holzmenge zu ersetzen. Die Geltendma-

chung eines weiteren Schadens ist nicht ausgeschlossen.

§ 596b Rücklassungspflicht

(1) Der Pächter eines Betriebs hat von den bei Beendigung des Pachtverhältnisses vorhandenen landwirtschaftlichen Erzeugnissen so viel zurückzulassen, wie zur Fortführung der Wirtschaft bis zur nächsten Ernte nötig ist, auch wenn er bei Beginn des Pachtverhältnisses solche Erzeugnisse nicht übernommen hat.

(2) Soweit der Pächter nach Absatz 1 Erzeugnisse in größerer Menge oder besserer Beschaffenheit zurückzulassen verpflichtet ist, als er bei Beginn des Pachtverhältnisses übernommen hat, kann er vom Verpächter Ersatz des Wertes verlangen.

§ 597 Verspätete Rückgabe

Gibt der Pächter die Pachtsache nach Beendigung des Pachtverhältnisses nicht zurück, so kann der Verpächter für die Dauer der Vorenthaltung als Entschädigung die vereinbarte Pacht verlangen. Die Geltendmachung eines weiteren Schadens ist nicht ausgeschlossen.

Titel 6
Leihe

§ 598 Vertragstypische Pflichten bei der Leihe

Durch den Leihvertrag wird der Verleiher einer Sache verpflichtet, dem Entleiher den Gebrauch der Sache unentgeltlich zu gestatten.

§ 599 Haftung des Verleihers

Der Verleiher hat nur Vorsatz und grobe Fahrlässigkeit zu vertreten.

§ 600 Mängelhaftung

Verschweigt der Verleiher arglistig einen Mangel im Rechte oder einen Fehler der verliehenen Sache, so ist er verpflichtet, dem Entleiher den daraus entstehenden Schaden zu ersetzen.

§ 601 Verwendungsersatz

(1) Der Entleiher hat die gewöhnlichen Kosten der Erhaltung der geliehenen Sache, bei der Leihe eines Tieres insbesondere die Fütterungskosten, zu tragen.

(2) Die Verpflichtung des Verleihers zum Ersatz anderer Verwendungen bestimmt sich nach den Vorschriften über die Geschäftsführung ohne Auftrag. Der Entleiher ist berechtigt, eine Einrichtung, mit der er die Sache versehen hat, wegzunehmen.

§ 602 Abnutzung der Sache

Veränderungen oder Verschlechterungen der geliehenen Sache, die durch den vertragsmäßigen Gebrauch herbeigeführt werden, hat der Entleiher nicht zu vertreten.

§ 603 Vertragsmäßiger Gebrauch

Der Entleiher darf von der geliehenen Sache keinen anderen als den vertragsmäßigen Gebrauch machen. Er ist ohne die Erlaubnis des Verleihers nicht berechtigt, den Gebrauch der Sache einem Dritten zu überlassen.

§ 604 Rückgabepflicht

(1) Der Entleiher ist verpflichtet, die geliehene Sache nach dem Ablauf der für die Leihe bestimmten Zeit zurückzugeben.

(2) Ist eine Zeit nicht bestimmt, so ist die Sache zurückzugeben, nachdem der Entleiher den sich aus dem Zweck der Leihe ergebenden Gebrauch gemacht hat. Der Verleiher kann die Sache schon vorher zurückfordern, wenn so viel Zeit verstrichen ist, dass der Entleiher den Gebrauch hätte machen können.

(3) Ist die Dauer der Leihe weder bestimmt noch aus dem Zwecke zu entnehmen, so kann der Verleiher die Sache jederzeit zurückfordern.

(4) Überlässt der Entleiher den Gebrauch der Sache einem Dritten, so kann der Verleiher sie nach der Beendigung der Leihe auch von dem Dritten zurückfordern.

(5) Die Verjährung des Anspruchs auf Rückgabe der Sache beginnt mit der Beendigung der Leihe.

§ 605 Kündigungsrecht

Der Verleiher kann die Leihe kündigen:

1. wenn er infolge eines nicht vorhergesehenen Umstandes der verliehenen Sache bedarf,

2. wenn der Entleiher einen vertragswidrigen Gebrauch von der Sache macht, insbesondere unbefugt den Gebrauch einem Dritten überlässt, oder die Sache durch Vernachlässigung der ihm obliegenden Sorgfalt erheblich gefährdet,

3. wenn der Entleiher stirbt.

§ 606 Kurze Verjährung

Die Ersatzansprüche des Verleihers wegen Veränderungen oder Verschlechterungen der verliehenen Sache sowie die Ansprüche des Entleihers auf Ersatz von Verwendungen oder auf Gestattung der Wegnahme einer Einrichtung verjähren in sechs Monaten. Die Vorschriften des § 548 Abs. 1 Satz 2 und 3, Abs. 2 finden entsprechende Anwendung.

Titel 7
Sachdarlehensvertrag

§ 607 Vertragstypische Pflichten beim Sachdarlehensvertrag

(1) Durch den Sachdarlehensvertrag wird der Darlehensgeber verpflichtet, dem Darlehensnehmer eine vereinbarte vertretbare Sache zu überlassen. Der Darlehensnehmer ist zur Zahlung eines Darlehensentgelts und bei Fälligkeit zur Rückerstattung von Sachen gleicher Art, Güte und Menge verpflichtet.

(2) Die Vorschriften dieses Titels finden keine Anwendung auf die Überlassung von Geld.

§ 608 Kündigung

(1) Ist für die Rückerstattung der überlassenen Sache eine Zeit nicht bestimmt, hängt die Fälligkeit davon ab, dass der Darlehensgeber oder der Darlehensnehmer kündigt.

(2) Ein auf unbestimmte Zeit abgeschlossener Sachdarlehensvertrag kann, soweit nicht ein anderes vereinbart ist, jederzeit vom Darlehensgeber oder Darlehensnehmer ganz oder teilweise gekündigt werden.

§ 609 Entgelt

Ein Entgelt hat der Darlehensnehmer spätestens bei Rückerstattung der überlassenen Sache zu bezahlen.

§ 610 (weggefallen)

Titel 8
Dienstvertrag *)

§ 611 Vertragstypische Pflichten beim Dienstvertrag

(1) Durch den Dienstvertrag wird derjenige, welcher Dienste zusagt, zur Leistung der versprochenen Dienste, der andere Teil zur Gewährung der vereinbarten Vergütung verpflichtet.

(2) Gegenstand des Dienstvertrags können Dienste jeder Art sein.

§ 612 Vergütung

(1) Eine Vergütung gilt als stillschweigend vereinbart, wenn die Dienstleistung den Umständen nach nur gegen eine Vergütung zu erwarten ist.

(2) Ist die Höhe der Vergütung nicht bestimmt, so ist bei dem Bestehen einer Taxe die taxmäßige Vergütung, in Ermangelung einer Taxe die übliche Vergütung als vereinbart anzusehen.

§ 612a Maßregelungsverbot

Der Arbeitgeber darf einen Arbeitnehmer bei einer Vereinbarung oder einer Maßnahme nicht benachteiligen, weil der Arbeitnehmer in zulässiger Weise seine Rechte ausübt.

§ 613 Unübertragbarkeit

Der zur Dienstleistung Verpflichtete hat die Dienste im Zweifel in Person zu leisten. Der Anspruch auf die Dienste ist im Zweifel nicht übertragbar.

§ 613a Rechte und Pflichten bei Betriebsübergang

(1) Geht ein Betrieb oder ein Betriebsteil durch Rechtsgeschäft auf einen anderen Inhaber über, so tritt dieser in die Rechte und Pflichten aus den im Zeitpunkt des Übergangs bestehenden Arbeitsverhältnissen ein. Sind diese Rechte und Pflichten durch Rechtsnormen eines Tarifvertrags oder durch eine Betriebsvereinbarung geregelt, so werden sie Inhalt des Arbeitsverhältnisses zwischen dem neuen Inhaber und dem Arbeitnehmer und dürfen nicht vor Ablauf eines Jahres nach dem Zeitpunkt des Übergangs zum Nachteil des Arbeitnehmers geändert werden. Satz 2 gilt nicht, wenn die Rechte und Pflichten bei dem neuen Inhaber durch Rechtsnormen eines anderen Tarifvertrags oder durch eine andere Betriebsvereinbarung geregelt werden. Vor Ablauf der Frist nach Satz 2 können die Rechte und Pflichten geändert werden, wenn der Tarifvertrag oder die Betriebsvereinbarung nicht mehr gilt oder bei fehlender beiderseitiger Tarifgebundenheit im Geltungsbereich eines anderen Tarifvertrags dessen Anwendung zwischen dem neuen Inhaber und dem Arbeitnehmer vereinbart wird.

(2) Der bisherige Arbeitgeber haftet neben dem neuen Inhaber für Verpflichtungen nach Absatz 1, soweit sie vor dem Zeitpunkt des Übergangs entstanden sind und vor Ablauf von einem Jahr nach diesem Zeitpunkt fällig werden, als Gesamtschuldner. Werden solche Verpflichtungen nach dem Zeitpunkt des Übergangs fällig, so haftet der bisherige Arbeitgeber für sie jedoch nur in dem Umfang

---

*) **Amtlicher Hinweis zu Titel 8:**
   Dieser Titel dient der Umsetzung

   1. der Richtlinie 76/207/EWG des Rates vom 9. Februar 1976 zur Verwirklichung des Grundsatzes der Gleichberechtigung von Männern und Frauen hinsichtlich des Zugangs zur Beschäftigung, zur Berufsbildung und zum beruflichen Aufstieg sowie in Bezug auf die Arbeitsbedingungen (ABl. EG Nr. L 39 S. 40) und
   2. der Richtlinie 77/187/EWG des Rates vom 14. Februar 1977 zur Angleichung der Rechtsvorschriften der Mitgliedstaaten über die Wahrung von Ansprüchen der Arbeitnehmer beim Übergang von Unternehmen, Betrieben oder Betriebsteilen (ABl. EG Nr. L 61 S. 26).

der dem im Zeitpunkt des Übergangs abgelaufenen Teil ihres Bemessungszeitraums
entspricht.

(3) Absatz 2 gilt nicht, wenn eine juristische
Person oder eine Personenhandelsgesellschaft durch Umwandlung erlischt.

(4) Die Kündigung des Arbeitsverhältnisses
eines Arbeitnehmers durch den bisherigen
Arbeitgeber oder durch den neuen Inhaber
wegen des Übergangs eines Betriebs oder
eines Betriebsteils ist unwirksam. Das Recht
zur Kündigung des Arbeitsverhältnisses aus
anderen Gründen bleibt unberührt.

(5) Der bisherige Arbeitgeber oder der neue
Inhaber hat die von einem Übergang betrof-
fenen Arbeitnehmer vor dem Übergang in
Textform zu unterrichten über:

1. den Zeitpunkt oder den geplanten Zeitpunkt des Übergangs,

2. den Grund für den Übergang,

3. die rechtlichen, wirtschaftlichen und sozialen Folgen des Übergangs für die Arbeitnehmer und

4. die hinsichtlich der Arbeitnehmer in Aussicht genommenen Maßnahmen.

(6) Der Arbeitnehmer kann dem Übergang
des Arbeitsverhältnisses innerhalb eines Monats nach Zugang der Unterrichtung nach
Absatz 5 schriftlich widersprechen. Der Widerspruch kann gegenüber dem bisherigen
Arbeitgeber oder dem neuen Inhaber erklärt
werden.

§614 Fälligkeit der Vergütung

Die Vergütung ist nach der Leistung der
Dienste zu entrichten. Ist die Vergütung nach
Zeitabschnitten bemessen, so ist sie nach
dem Ablaufe der einzelnen Zeitabschnitte zu
entrichten.

§615 Vergütung bei Annahmeverzug und bei Betriebsrisiko

Kommt der Dienstberechtigte mit der Annahme der Dienste in Verzug, so kann der Verpflichtete für die infolge des Verzugs nicht
geleisteten Dienste die vereinbarte Vergütung verlangen, ohne zur Nachleistung verpflichtet zu sein. Er muss sich jedoch den

Wert desjenigen anrechnen lassen, was er
infolge des Unterbleibens der Dienstleistung
erspart oder durch anderweitige Verwendung
seiner Dienste erwirbt oder zu erwerben böswillig unterlässt. Die Sätze 1 und 2 gelten
entsprechend in den Fällen, in denen der Arbeitgeber das Risiko des Arbeitsausfalls trägt.

§616 Vorübergehende Verhinderung

Der zur Dienstleistung Verpflichtete wird des
Anspruchs auf die Vergütung nicht dadurch
verlustig, dass er für eine verhältnismäßig
nicht erhebliche Zeit durch einen in seiner
Person liegenden Grund ohne sein Verschulden an der Dienstleistung verhindert wird. Er
muss sich jedoch den Betrag anrechnen lassen, welcher ihm für die Zeit der Verhinderung aus einer auf Grund gesetzlicher Verpflichtung bestehenden Kranken- oder Un-
fallversicherung zukommt.

§617 Pflicht zur Krankenfürsorge

(1) Ist bei einem dauernden Dienstverhältnis,
welches die Erwerbstätigkeit des Verpflichteten vollständig oder hauptsächlich in Anspruch nimmt, der Verpflichtete in die häusliche Gemeinschaft aufgenommen, so hat der
Dienstberechtigte ihm im Falle der Erkrankung die erforderliche Verpflegung und ärztliche Behandlung bis zur Dauer von sechs
Wochen, jedoch nicht über die Beendigung
des Dienstverhältnisses hinaus, zu gewähren,
sofern nicht die Erkrankung von dem Verpflichteten vorsätzlich oder durch grobe
Fahrlässigkeit herbeigeführt worden ist. Die
Verpflegung und ärztliche Behandlung kann
durch Aufnahme des Verpflichteten in eine
Krankenanstalt gewährt werden. Die Kosten
können auf die für die Zeit der Erkrankung
geschuldete Vergütung angerechnet werden.
Wird das Dienstverhältnis wegen der Erkrankung von dem Dienstberechtigten nach § 626
gekündigt, so bleibt die dadurch herbeige-
führte Beendigung des Dienstverhältnisses
außer Betracht.

(2) Die Verpflichtung des Dienstberechtigten
tritt nicht ein, wenn für die Verpflegung und
ärztliche Behandlung durch eine Versicherung oder durch eine Einrichtung der öffentlichen Krankenpflege Vorsorge getroffen ist.

§ 618 Pflicht zu Schutzmaßnahmen

(1) Der Dienstberechtigte hat Räume, Vorrichtungen oder Gerätschaften, die er zur Verrichtung der Dienste zu beschaffen hat, so einzurichten und zu unterhalten und Dienstleistungen, die unter seiner Anordnung oder seiner Leitung vorzunehmen sind, so zu regeln, dass der Verpflichtete gegen Gefahr für Leben und Gesundheit soweit geschützt ist, als die Natur der Dienstleistung es gestattet.

(2) Ist der Verpflichtete in die häusliche Gemeinschaft aufgenommen, so hat der Dienstberechtigte in Ansehung des Wohn- und Schlafraums, der Verpflegung sowie der Arbeits- und Erholungszeit diejenigen Einrichtungen und Anordnungen zu treffen, welche mit Rücksicht auf die Gesundheit, die Sittlichkeit und die Religion des Verpflichteten erforderlich sind.

(3) Erfüllt der Dienstberechtigte die ihm in Ansehung des Lebens und der Gesundheit des Verpflichteten obliegenden Verpflichtungen nicht, so finden auf seine Verpflichtung zum Schadensersatz die für unerlaubte Handlungen geltenden Vorschriften der §§ 842 bis 846 entsprechende Anwendung.

§ 619 Unabdingbarkeit der Fürsorgepflichten

Die dem Dienstberechtigten nach den §§ 617, 618 obliegenden Verpflichtungen können nicht im Voraus durch Vertrag aufgehoben oder beschränkt werden.

§ 619a Beweislast bei Haftung des Arbeitnehmers

Abweichend von § 280 Abs. 1 hat der Arbeitnehmer dem Arbeitgeber Ersatz für den aus der Verletzung einer Pflicht aus dem Arbeitsverhältnis entstehenden Schaden nur zu leisten, wenn er die Pflichtverletzung zu vertreten hat.

§ 620 Beendigung des Dienstverhältnisses

(1) Das Dienstverhältnis endigt mit dem Ablauf der Zeit, für die es eingegangen ist.

(2) Ist die Dauer des Dienstverhältnisses weder bestimmt noch aus der Beschaffenheit oder dem Zwecke der Dienste zu entnehmen, so kann jeder Teil das Dienstverhältnis nach Maßgabe der §§ 621 bis 623 kündigen.

(3) Für Arbeitsverträge, die auf bestimmte Zeit abgeschlossen werden, gilt das Teilzeit- und Befristungsgesetz.

§ 621 Kündigungsfristen bei Dienstverhältnissen

Bei einem Dienstverhältnis, das kein Arbeitsverhältnis im Sinne des § 622 ist, ist die Kündigung zulässig,

1. wenn die Vergütung nach Tagen bemessen ist, an jedem Tag für den Ablauf des folgenden Tages;

2. wenn die Vergütung nach Wochen bemessen ist, spätestens am ersten Werktag einer Woche für den Ablauf des folgenden Sonnabends;

3. wenn die Vergütung nach Monaten bemessen ist, spätestens am 15. eines Monats für den Schluss des Kalendermonats;

4. wenn die Vergütung nach Vierteljahren oder längeren Zeitabschnitten bemessen ist, unter Einhaltung einer Kündigungsfrist von sechs Wochen für den Schluss eines Kalendervierteljahrs;

5. wenn die Vergütung nicht nach Zeitabschnitten bemessen ist, jederzeit; bei einem die Erwerbstätigkeit des Verpflichteten vollständig oder hauptsächlich in Anspruch nehmenden Dienstverhältnis ist jedoch eine Kündigungsfrist von zwei Wochen einzuhalten.

§ 622 Kündigungsfristen bei Arbeitsverhältnissen

(1) Das Arbeitsverhältnis eines Arbeiters oder eines Angestellten (Arbeitnehmers) kann mit einer Frist von vier Wochen zum Fünfzehnten oder zum Ende eines Kalendermonats gekündigt werden.

(2) Für eine Kündigung durch den Arbeitgeber beträgt die Kündigungsfrist, wenn das Arbeitsverhältnis in dem Betrieb oder Unternehmen

1. zwei Jahre bestanden hat, einen Monat zum Ende eines Kalendermonats,

2. fünf Jahre bestanden hat, zwei Monate zum Ende eines Kalendermonats,

3. acht Jahre bestanden hat, drei Monate zum Ende eines Kalendermonats,

4. zehn Jahre bestanden hat, vier Monate zum Ende eines Kalendermonats,

5. zwölf Jahre bestanden hat, fünf Monate zum Ende eines Kalendermonats,

6. 15 Jahre bestanden hat, sechs Monate zum Ende eines Kalendermonats,

7. 20 Jahre bestanden hat, sieben Monate zum Ende eines Kalendermonats.

Bei der Berechnung der Beschäftigungsdauer werden Zeiten, die vor der Vollendung des 25. Lebensjahrs des Arbeitnehmers liegen, nicht berücksichtigt.

(3) Während einer vereinbarten Probezeit, längstens für die Dauer von sechs Monaten, kann das Arbeitsverhältnis mit einer Frist von zwei Wochen gekündigt werden.

(4) Von den Absätzen 1 bis 3 abweichende Regelungen können durch Tarifvertrag vereinbart werden. Im Geltungsbereich eines solchen Tarifvertrags gelten die abweichenden tarifvertraglichen Bestimmungen zwischen nicht tarifgebundenen Arbeitgebern und Arbeitnehmern, wenn ihre Anwendung zwischen ihnen vereinbart ist.

(5) Einzelvertraglich kann eine kürzere als die in Absatz 1 genannte Kündigungsfrist nur vereinbart werden,

1. wenn ein Arbeitnehmer zur vorübergehenden Aushilfe eingestellt ist; dies gilt nicht, wenn das Arbeitsverhältnis über die Zeit von drei Monaten hinaus fortgesetzt wird;

2. wenn der Arbeitgeber in der Regel nicht mehr als 20 Arbeitnehmer ausschließlich der zu ihrer Berufsbildung Beschäftigten beschäftigt und die Kündigungsfrist vier Wochen nicht unterschreitet. Bei der Feststellung der Zahl der beschäftigten Arbeitnehmer sind teilzeitbeschäftigte Arbeitnehmer mit einer regelmäßigen wöchentlichen Arbeitszeit von nicht mehr als 20 Stunden mit 0,5 und nicht mehr als 30 Stunden mit 0,75 zu berücksichtigen.

Die einzelvertragliche Vereinbarung längerer als der in den Absätzen 1 bis 3 genannten Kündigungsfristen bleibt hiervon unberührt.

(6) Für die Kündigung des Arbeitsverhältnisses durch den Arbeitnehmer darf keine längere Frist vereinbart werden als für die Kündigung durch den Arbeitgeber.

§ 623 Schriftform der Kündigung

Die Beendigung von Arbeitsverhältnissen durch Kündigung oder Auflösungsvertrag bedürfen zu ihrer Wirksamkeit der Schriftform; die elektronische Form ist ausgeschlossen.

§ 624 Kündigungsfrist bei Verträgen über mehr als fünf Jahre

Ist das Dienstverhältnis für die Lebenszeit einer Person oder für längere Zeit als fünf Jahre eingegangen, so kann es von dem Verpflichteten nach dem Ablauf von fünf Jahren gekündigt werden. Die Kündigungsfrist beträgt sechs Monate.

§ 625 Stillschweigende Verlängerung

Wird das Dienstverhältnis nach dem Ablauf der Dienstzeit von dem Verpflichteten mit Wissen des anderen Teiles fortgesetzt, so gilt es als auf unbestimmte Zeit verlängert, sofern nicht der andere Teil unverzüglich widerspricht.

§ 626 Fristlose Kündigung aus wichtigem Grund

(1) Das Dienstverhältnis kann von jedem Vertragsteil aus wichtigem Grund ohne Einhaltung einer Kündigungsfrist gekündigt werden, wenn Tatsachen vorliegen, auf Grund derer dem Kündigenden unter Berücksichtigung aller Umstände des Einzelfalles und unter Abwägung der Interessen beider Vertragsteile die Fortsetzung des Dienstverhältnisses bis zum Ablauf der Kündigungsfrist oder bis zu der vereinbarten Beendigung des Dienstverhältnisses nicht zugemutet werden kann.

(2) Die Kündigung kann nur innerhalb von zwei Wochen erfolgen. Die Frist beginnt mit dem Zeitpunkt, in dem der Kündigungsberechtigte von den für die Kündigung maßgebenden Tatsachen Kenntnis erlangt. Der Kün-

digende muss dem anderen Teil auf Verlangen den Kündigungsgrund unverzüglich schriftlich mitteilen.

§ 627 Fristlose Kündigung bei Vertrauensstellung

(1) Bei einem Dienstverhältnis, das kein Arbeitsverhältnis im Sinne des § 622 ist, ist die Kündigung auch ohne die im § 626 bezeichnete Voraussetzung zulässig, wenn der zur Dienstleistung Verpflichtete, ohne in einem dauernden Dienstverhältnis mit festen Bezügen zu stehen, Dienste höherer Art zu leisten hat, die auf Grund besonderen Vertrauens übertragen zu werden pflegen.

(2) Der Verpflichtete darf nur in der Art kündigen, dass sich der Dienstberechtigte die Dienste anderweit beschaffen kann, es sei denn, dass ein wichtiger Grund für die unzeitige Kündigung vorliegt. Kündigt er ohne solchen Grund zur Unzeit, so hat er dem Dienstberechtigten den daraus entstehenden Schaden zu ersetzen.

§ 628 Teilvergütung und Schadensersatz bei fristloser Kündigung

(1) Wird nach dem Beginn der Dienstleistung das Dienstverhältnis auf Grund des § 626 oder des § 627 gekündigt, so kann der Verpflichtete einen seinen bisherigen Leistungen entsprechenden Teil der Vergütung verlangen. Kündigt er, ohne durch vertragswidriges Verhalten des anderen Teiles dazu veranlasst zu sein, oder veranlasst er durch sein vertragswidriges Verhalten die Kündigung des anderen Teils, so steht ihm ein Anspruch auf die Vergütung insoweit nicht zu, als seine bisherigen Leistungen infolge der Kündigung für den anderen Teil kein Interesse haben. Ist die Vergütung für eine spätere Zeit im Voraus entrichtet, so hat der Verpflichtete sie nach Maßgabe des § 346 oder, wenn die Kündigung wegen eines Umstands erfolgt, den er nicht zu vertreten hat, nach den Vorschriften über die Herausgabe einer ungerechtfertigten Bereicherung zurückzuerstatten.

(2) Wird die Kündigung durch vertragswidriges Verhalten des anderen Teiles veranlasst, so ist dieser zum Ersatz des durch die Aufhebung des Dienstverhältnisses entstehenden Schadens verpflichtet.

§ 629 Freizeit zur Stellungssuche

Nach der Kündigung eines dauernden Dienstverhältnisses hat der Dienstberechtigte dem Verpflichteten auf Verlangen angemessene Zeit zum Aufsuchen eines anderen Dienstverhältnisses zu gewähren.

§ 630 Pflicht zur Zeugniserteilung

Bei der Beendigung eines dauernden Dienstverhältnisses kann der Verpflichtete von dem anderen Teil ein schriftliches Zeugnis über das Dienstverhältnis und dessen Dauer fordern. Das Zeugnis ist auf Verlangen auf die Leistungen und die Führung im Dienst zu erstrecken. Die Erteilung des Zeugnisses in elektronischer Form ist ausgeschlossen. Wenn der Verpflichtete ein Arbeitnehmer ist, findet § 109 der Gewerbeordnung Anwendung.

Titel 9
Werkvertrag und ähnliche Verträge

Untertitel 1
Werkvertrag

§ 631 Vertragstypische Pflichten beim Werkvertrag

(1) Durch den Werkvertrag wird der Unternehmer zur Herstellung des versprochenen Werkes, der Besteller zur Entrichtung der vereinbarten Vergütung verpflichtet.

(2) Gegenstand des Werkvertrags kann sowohl die Herstellung oder Veränderung einer Sache als auch ein anderer durch Arbeit oder Dienstleistung herbeizuführender Erfolg sein.

§ 632 Vergütung

(1) Eine Vergütung gilt als stillschweigend vereinbart, wenn die Herstellung des Werkes den Umständen nach nur gegen eine Vergütung zu erwarten ist.

(2) Ist die Höhe der Vergütung nicht bestimmt, so ist bei dem Bestehen einer Taxe die taxmäßige Vergütung, in Ermangelung einer Taxe die übliche Vergütung als vereinbart anzusehen.

(3) Ein Kostenanschlag ist im Zweifel nicht zu vergüten.

§ 632a Abschlagszahlungen

(1) Der Unternehmer kann von dem Besteller für eine vertragsgemäß erbrachte Leistung eine Abschlagszahlung in der Höhe verlangen, in der der Besteller durch die Leistung einen Wertzuwachs erlangt hat. Wegen unwesentlicher Mängel kann die Abschlagszahlung nicht verweigert werden. § 641 Abs. 3 gilt entsprechend. Die Leistungen sind durch eine Aufstellung nachzuweisen, die eine rasche und sichere Beurteilung der Leistungen ermöglichen muss. Die Sätze 1 bis 4 gelten auch für erforderliche Stoffe oder Bauteile, die angeliefert oder eigens angefertigt und bereitgestellt sind, wenn dem Besteller nach seiner Wahl Eigentum an den Stoffen oder Bauteilen übertragen oder entsprechende Sicherheit hierfür geleistet wird.

(2) Wenn der Vertrag die Errichtung oder den Umbau eines Hauses oder eines vergleichbaren Bauwerks zum Gegenstand hat und zugleich die Verpflichtung des Unternehmers enthält, dem Besteller das Eigentum an dem Grundstück zu übertragen oder ein Erbbaurecht zu bestellen oder zu übertragen, können Abschlagszahlungen nur verlangt werden, soweit sie gemäß einer Verordnung auf Grund von Artikel 244 des Einführungsgesetzes zum Bürgerlichen Gesetzbuche vereinbart sind.

(3) Ist der Besteller ein Verbraucher und hat der Vertrag die Errichtung oder den Umbau eines Hauses oder eines vergleichbaren Bauwerks zum Gegenstand, ist dem Besteller bei der ersten Abschlagszahlung eine Sicherheit für die rechtzeitige Herstellung des Werkes ohne wesentliche Mängel in Höhe von 5 vom Hundert des Vergütungsanspruchs zu leisten. Erhöht sich der Vergütungsanspruch infolge von Änderungen oder Ergänzungen des Vertrages um mehr als 10 vom Hundert, ist dem Besteller bei der nächsten Abschlagszahlung eine weitere Sicherheit in Höhe von 5 vom Hundert des zusätzlichen Vergütungsanspruchs zu leisten. Auf Verlangen des Unternehmers ist die Sicherheitsleistung durch Einbehalt dergestalt zu erbringen, dass der Besteller die Abschlagszahlungen bis zu dem Gesamtbetrag der geschuldeten Sicherheit zurückhält.

(4) Sicherheiten nach dieser Vorschrift können auch durch eine Garantie oder ein sonstiges Zahlungsversprechen eines im Geltungsbereich dieses Gesetzes zum Geschäftsbetrieb befugten Kreditinstituts oder Kreditversicherers geleistet werden.

§ 633 Sach- und Rechtsmangel

(1) Der Unternehmer hat dem Besteller das Werk frei von Sach- und Rechtsmängeln zu verschaffen.

(2) Das Werk ist frei von Sachmängeln, wenn es die vereinbarte Beschaffenheit hat. Soweit die Beschaffenheit nicht vereinbart ist, ist das Werk frei von Sachmängeln,

1. wenn es sich für die nach dem Vertrag vorausgesetzte, sonst

2. für die gewöhnliche Verwendung eignet und eine Beschaffenheit aufweist, die bei Werken der gleichen Art üblich ist und die der Besteller nach der Art des Werkes erwarten kann.

Einem Sachmangel steht es gleich, wenn der Unternehmer ein anderes als das bestellte Werk oder das Werk in zu geringer Menge herstellt.

(3) Das Werk ist frei von Rechtsmängeln, wenn Dritte in Bezug auf das Werk keine oder nur die im Vertrag übernommenen Rechte gegen den Besteller geltend machen können.

§ 634 Rechte des Bestellers bei Mängeln

Ist das Werk mangelhaft, kann der Besteller, wenn die Voraussetzungen der folgenden Vorschriften vorliegen und soweit nicht ein anderes bestimmt ist,

1. nach § 635 Nacherfüllung verlangen,

2. nach § 637 den Mangel selbst beseitigen und Ersatz der erforderlichen Aufwendungen verlangen,

3. nach den §§ 636, 323 und 326 Abs. 5 von dem Vertrag zurücktreten oder nach § 638 die Vergütung mindern und

4. nach den §§ 636, 280, 281, 283 und 311a Schadensersatz oder nach § 284 Ersatz vergeblicher Aufwendungen verlangen.

§ 634a Verjährung der Mängelansprüche

(1) Die in § 634 Nr. 1, 2 und 4 bezeichneten Ansprüche verjähren

1. vorbehaltlich der Nummer 2 in zwei Jahren bei einem Werk, dessen Erfolg in der Herstellung, Wartung oder Veränderung einer Sache oder in der Erbringung von Planungs- oder Überwachungsleistungen hierfür besteht,

2. in fünf Jahren bei einem Bauwerk und einem Werk, dessen Erfolg in der Erbringung von Planungs- oder Überwachungsleistungen hierfür besteht, und

3. im Übrigen in der regelmäßigen Verjährungsfrist.

(2) Die Verjährung beginnt in den Fällen des Absatzes 1 Nr. 1 und 2 mit der Abnahme.

(3) Abweichend von Absatz 1 Nr. 1 und 2 und Absatz 2 verjähren die Ansprüche in der regelmäßigen Verjährungsfrist, wenn der Unternehmer den Mangel arglistig verschwiegen hat. Im Fall des Absatzes 1 Nr. 2 tritt die Verjährung jedoch nicht vor Ablauf der dort bestimmten Frist ein.

(4) Für das in § 634 bezeichnete Rücktrittsrecht gilt § 218. Der Besteller kann trotz einer Unwirksamkeit des Rücktritts nach § 218 Abs. 1 die Zahlung der Vergütung insoweit verweigern, als er auf Grund des Rücktritts dazu berechtigt sein würde. Macht er von diesem Recht Gebrauch, kann der Unternehmer vom Vertrag zurücktreten.

(5) Auf das in § 634 bezeichnete Minderungsrecht finden § 218 und Absatz 4 Satz 2 entsprechende Anwendung.

§ 635 Nacherfüllung

(1) Verlangt der Besteller Nacherfüllung, so kann der Unternehmer nach seiner Wahl den Mangel beseitigen oder ein neues Werk herstellen.

(2) Der Unternehmer hat die zum Zwecke der Nacherfüllung erforderlichen Aufwendun-

gen, insbesondere Transport-, Wege-, Arbeits- und Materialkosten zu tragen.

(3) Der Unternehmer kann die Nacherfüllung unbeschadet des § 275 Abs. 2 und 3 verweigern, wenn sie nur mit unverhältnismäßigen Kosten möglich ist.

(4) Stellt der Unternehmer ein neues Werk her, so kann er vom Besteller Rückgewähr des mangelhaften Werkes nach Maßgabe der §§ 346 bis 348 verlangen.

§ 636 Besondere Bestimmungen für Rücktritt und Schadensersatz

Außer in den Fällen der §§ 281 Abs. 2 und 323 Abs. 2 bedarf es der Fristsetzung auch dann nicht, wenn der Unternehmer die Nacherfüllung gemäß § 635 Abs. 3 verweigert oder wenn die Nacherfüllung fehlgeschlagen oder dem Besteller unzumutbar ist.

§ 637 Selbstvornahme

(1) Der Besteller kann wegen eines Mangels des Werkes nach erfolglosem Ablauf einer von ihm zur Nacherfüllung bestimmten angemessenen Frist den Mangel selbst beseitigen und Ersatz der erforderlichen Aufwendungen verlangen, wenn nicht der Unternehmer die Nacherfüllung zu Recht verweigert.

(2) § 323 Abs. 2 findet entsprechende Anwendung. Der Bestimmung einer Frist bedarf es auch dann nicht, wenn die Nacherfüllung fehlgeschlagen oder dem Besteller unzumutbar ist.

(3) Der Besteller kann von dem Unternehmer für die zur Beseitigung des Mangels erforderlichen Aufwendungen Vorschuss verlangen.

§ 638 Minderung

(1) Statt zurückzutreten, kann der Besteller die Vergütung durch Erklärung gegenüber dem Unternehmer mindern. Der Ausschlussgrund des § 323 Abs. 5 Satz 2 findet keine Anwendung.

(2) Sind auf der Seite des Bestellers oder auf der Seite des Unternehmers mehrere beteiligt, so kann die Minderung nur von allen oder gegen alle erklärt werden.

(3) Bei der Minderung ist die Vergütung in dem Verhältnis herabzusetzen, in welchem zur Zeit des Vertragsschlusses der Wert des Werkes in mangelfreiem Zustand zu dem wirklichen Wert gestanden haben würde. Die Minderung ist, soweit erforderlich, durch Schätzung zu ermitteln.

(4) Hat der Besteller mehr als die geminderte Vergütung gezahlt, so ist der Mehrbetrag vom Unternehmer zu erstatten. § 346 Abs. 1 und § 347 Abs. 1 finden entsprechende Anwendung.

§ 639 Haftungsausschluss

Auf eine Vereinbarung, durch welche die Rechte des Bestellers wegen eines Mangels ausgeschlossen oder beschränkt werden, kann sich der Unternehmer nicht berufen, soweit er den Mangel arglistig verschwiegen oder eine Garantie für die Beschaffenheit des Werkes übernommen hat.

§ 640 Abnahme

(1) Der Besteller ist verpflichtet, das vertragsmäßig hergestellte Werk abzunehmen, sofern nicht nach der Beschaffenheit des Werkes die Abnahme ausgeschlossen ist. Wegen unwesentlicher Mängel kann die Abnahme nicht verweigert werden. Der Abnahme steht es gleich, wenn der Besteller das Werk nicht innerhalb einer ihm vom Unternehmer bestimmten angemessenen Frist abnimmt, obwohl er dazu verpflichtet ist.

(2) Nimmt der Besteller ein mangelhaftes Werk gemäß Absatz 1 Satz 1 ab, obschon er den Mangel kennt, so stehen ihm die in § 634 Nr. 1 bis 3 bezeichneten Rechte nur zu, wenn er sich seine Rechte wegen des Mangels bei der Abnahme vorbehält.

§ 641 Fälligkeit der Vergütung

(1) Die Vergütung ist bei der Abnahme des Werkes zu entrichten. Ist das Werk in Teilen abzunehmen und die Vergütung für die einzelnen Teile bestimmt, so ist die Vergütung für jeden Teil bei dessen Abnahme zu entrichten.

(2) Die Vergütung des Unternehmers für ein Werk, dessen Herstellung der Besteller einem Dritten versprochen hat, wird spätestens fällig,

1. soweit der Besteller von dem Dritten für das versprochene Werk wegen dessen Herstellung seine Vergütung oder Teile davon erhalten hat,

2. soweit das Werk des Bestellers von dem Dritten abgenommen worden ist oder als abgenommen gilt oder

3. wenn der Unternehmer dem Besteller erfolglos eine angemessene Frist zur Auskunft über die in den Nummern 1 und 2 bezeichneten Umstände bestimmt hat.

Hat der Besteller dem Dritten wegen möglicher Mängel des Werks Sicherheit geleistet, gilt Satz 1 nur, wenn der Unternehmer dem Besteller entsprechende Sicherheit leistet.

(3) Kann der Besteller die Beseitigung eines Mangels verlangen, so kann er nach der Fälligkeit die Zahlung eines angemessenen Teils der Vergütung verweigern; angemessen ist in der Regel das Doppelte der für die Beseitigung des Mangels erforderlichen Kosten.

(4) Eine in Geld festgesetzte Vergütung hat der Besteller von der Abnahme des Werkes an zu verzinsen, sofern nicht die Vergütung gestundet ist.

§ 642 Mitwirkung des Bestellers

(1) Ist bei der Herstellung des Werkes eine Handlung des Bestellers erforderlich, so kann der Unternehmer, wenn der Besteller durch das Unterlassen der Handlung in Verzug der Annahme kommt, eine angemessene Entschädigung verlangen.

(2) Die Höhe der Entschädigung bestimmt sich einerseits nach der Dauer des Verzugs und der Höhe der vereinbarten Vergütung, andererseits nach demjenigen, was der Unternehmer infolge des Verzugs an Aufwendungen erspart oder durch anderweitige Verwendung seiner Arbeitskraft erwerben kann.

§ 643 Kündigung bei unterlassener Mitwirkung

Der Unternehmer ist im Falle des § 642 berechtigt, dem Besteller zur Nachholung der Handlung eine angemessene Frist mit der Erklärung zu bestimmen, dass er den Vertrag kündige, wenn die Handlung nicht bis zum Ablauf der Frist vorgenommen werde. Der Vertrag gilt als aufgehoben, wenn nicht die Nachholung bis zum Ablauf der Frist erfolgt.

§ 644 Gefahrtragung

(1) Der Unternehmer trägt die Gefahr bis zur Abnahme des Werkes. Kommt der Besteller in Verzug der Annahme, so geht die Gefahr auf ihn über. Für den zufälligen Untergang und eine zufällige Verschlechterung des von dem Besteller gelieferten Stoffes ist der Unternehmer nicht verantwortlich.

(2) Versendet der Unternehmer das Werk auf Verlangen des Bestellers nach einem anderen Ort als dem Erfüllungsort, so finden die für den Kauf geltenden Vorschriften des § 447 entsprechende Anwendung.

§ 645 Verantwortlichkeit des Bestellers

(1) Ist das Werk vor der Abnahme infolge eines Mangels des von dem Besteller gelieferten Stoffes oder infolge einer von dem Besteller für die Ausführung erteilten Anweisung untergegangen, verschlechtert oder unausführbar geworden, ohne dass ein Umstand mitgewirkt hat, den der Unternehmer zu vertreten hat, so kann der Unternehmer einen der geleisteten Arbeit entsprechenden Teil der Vergütung und Ersatz der in der Vergütung nicht inbegriffenen Auslagen verlangen. Das Gleiche gilt, wenn der Vertrag in Gemäßheit des § 643 aufgehoben wird.

(2) Eine weitergehende Haftung des Bestellers wegen Verschuldens bleibt unberührt.

§ 646 Vollendung statt Abnahme

Ist nach der Beschaffenheit des Werkes die Abnahme ausgeschlossen, so tritt in den Fällen des § 634a Abs. 2 und der §§ 641, 644 und 645 an die Stelle der Abnahme die Vollendung des Werkes.

§ 647 Unternehmerpfandrecht

Der Unternehmer hat für seine Forderungen aus dem Vertrag ein Pfandrecht an den von ihm hergestellten oder ausgebesserten beweglichen Sachen des Bestellers, wenn sie bei der Herstellung oder zum Zwecke der Ausbesserung in seinen Besitz gelangt sind.

§ 648 Sicherungshypothek des Bauunternehmers

(1) Der Unternehmer eines Bauwerks oder eines einzelnen Teiles eines Bauwerks kann für seine Forderungen aus dem Vertrag die Einräumung einer Sicherungshypothek an dem Baugrundstücke des Bestellers verlangen. Ist das Werk noch nicht vollendet, so kann er die Einräumung der Sicherungshypothek für einen der geleisteten Arbeit entsprechenden Teil der Vergütung und für die in der Vergütung nicht inbegriffenen Auslagen verlangen.

(2) Der Inhaber einer Schiffswerft kann für seine Forderungen aus dem Bau oder der Ausbesserung eines Schiffes die Einräumung einer Schiffshypothek an dem Schiffsbauwerk oder dem Schiff des Bestellers verlangen; Absatz 1 Satz 2 gilt sinngemäß. § 647 findet keine Anwendung.

§ 648a Bauhandwerkersicherung

(1) Der Unternehmer eines Bauwerks, einer Außenanlage oder eines Teils davon kann vom Besteller Sicherheit für die auch in Zusatzaufträgen vereinbarte und noch nicht gezahlte Vergütung einschließlich dazugehöriger Nebenforderungen, die mit 10 vom Hundert des zu sichernden Vergütungsanspruchs anzusetzen sind, verlangen. Satz 1 gilt in demselben Umfang auch für Ansprüche, die an die Stelle der Vergütung treten. Der Anspruch des Unternehmers auf Sicherheit wird nicht dadurch ausgeschlossen, dass der Besteller Erfüllung verlangen kann oder das Werk abgenommen hat. Ansprüche, mit denen der Besteller gegen den Anspruch des Unternehmers auf Vergütung aufrechnen kann, bleiben bei der Berechnung der Vergütung unberücksichtigt, es sei denn, sie sind unstreitig oder rechtskräftig festgestellt. Die Sicherheit ist auch dann als ausreichend anzusehen, wenn sich der Sicherungsgeber das Recht vorbehält, sein Versprechen im Falle einer wesentlichen Verschlechterung der Vermögensverhältnisse des Bestellers mit Wirkung für Vergütungsansprüche aus Bauleistungen zu widerrufen, die der Unternehmer

bei Zugang der Widerrufserklärung noch nicht erbracht hat.

(2) Die Sicherheit kann auch durch eine Garantie oder ein sonstiges Zahlungsversprechen eines im Geltungsbereich dieses Gesetzes zum Geschäftsbetrieb befugten Kreditinstituts oder Kreditversicherers geleistet werden. Das Kreditinstitut oder der Kreditversicherer darf Zahlungen an den Unternehmer nur leisten, soweit der Besteller den Vergütungsanspruch des Unternehmers anerkennt oder durch vorläufig vollstreckbares Urteil zur Zahlung der Vergütung verurteilt worden ist und die Voraussetzungen vorliegen, unter denen die Zwangsvollstreckung begonnen werden darf.

(3) Der Unternehmer hat dem Besteller die üblichen Kosten der Sicherheitsleistung bis zu einem Höchstsatz von 2 vom Hundert für das Jahr zu erstatten. Dies gilt nicht, soweit eine Sicherheit wegen Einwendungen des Bestellers gegen den Vergütungsanspruch des Unternehmers aufrechterhalten werden muss und die Einwendungen sich als unbegründet erweisen.

(4) Soweit der Unternehmer für seinen Vergütungsanspruch eine Sicherheit nach den Absätzen 1 oder 2 erlangt hat, ist der Anspruch auf Einräumung einer Sicherungshypothek nach § 648 Abs. 1 ausgeschlossen.

(5) Hat der Unternehmer dem Besteller erfolglos eine angemessene Frist zur Leistung der Sicherheit nach Absatz 1 bestimmt, so kann der Unternehmer die Leistung verweigern oder den Vertrag kündigen. Kündigt er den Vertrag, ist der Unternehmer berechtigt, die vereinbarte Vergütung zu verlangen; er muss sich jedoch dasjenige anrechnen lassen, was er infolge der Aufhebung des Vertrages an Aufwendungen erspart oder durch anderweitige Verwendung seiner Arbeitskraft oder böswillig zu erwerben unterlässt. Es wird vermutet, dass danach dem Unternehmer 5 vom Hundert der auf den noch nicht erbrachten Teil der Werkleistung entfallenden vereinbarten Vergütung zustehen.

(6) Die Vorschriften der Absätze 1 bis 5 finden keine Anwendung, wenn der Besteller

1. eine juristische Person des öffentlichen Rechts oder ein öffentlich-rechtliches Sondervermögen ist, über deren Vermögen ein Insolvenzverfahren unzulässig ist, oder

2. eine natürliche Person ist und die Bauarbeiten zur Herstellung oder Instandsetzung eines Einfamilienhauses mit oder ohne Einliegerwohnung ausführen lässt.

Satz 1 Nr. 2 gilt nicht bei Betreuung des Bauvorhabens durch einen zur Verfügung über die Finanzierungsmittel des Bestellers ermächtigten Baubetreuer.

(7) Eine von den Vorschriften der Absätze 1 bis 5 abweichende Vereinbarung ist unwirksam.

§ 649 Kündigungsrecht des Bestellers

Der Besteller kann bis zur Vollendung des Werkes jederzeit den Vertrag kündigen. Kündigt der Besteller, so ist der Unternehmer berechtigt, die vereinbarte Vergütung zu verlangen; er muss sich jedoch dasjenige anrechnen lassen, was er infolge der Aufhebung des Vertrags an Aufwendungen erspart oder durch anderweitige Verwendung seiner Arbeitskraft erwirbt oder zu erwerben böswillig unterlässt. Es wird vermutet, dass danach dem Unternehmer 5 vom Hundert der auf den noch nicht erbrachten Teil der Werkleistung entfallenden vereinbarten Vergütung zustehen.

§ 650 Kostenanschlag

(1) Ist dem Vertrag ein Kostenanschlag zugrunde gelegt worden, ohne dass der Unternehmer die Gewähr für die Richtigkeit des Anschlags übernommen hat, und ergibt sich, dass das Werk nicht ohne eine wesentliche Überschreitung des Anschlags ausführbar ist, so steht dem Unternehmer, wenn der Besteller den Vertrag aus diesem Grund kündigt, nur der im § 645 Abs. 1 bestimmte Anspruch zu.

(2) Ist eine solche Überschreitung des Anschlags zu erwarten, so hat der Unternehmer

dem Besteller unverzüglich Anzeige zu machen.

§ 651 Anwendung des Kaufrechts *)

Auf einen Vertrag, der die Lieferung herzustellender oder zu erzeugender beweglicher Sachen zum Gegenstand hat, finden die Vorschriften über den Kauf Anwendung. § 442 Abs. 1 Satz 1 findet bei diesen Verträgen auch Anwendung, wenn der Mangel auf den vom Besteller gelieferten Stoff zurückzuführen ist. Soweit es sich bei den herzustellenden oder zu erzeugenden beweglichen Sachen um nicht vertretbare Sachen handelt, sind auch die §§ 642, 643, 645, 649 und 650 mit der Maßgabe anzuwenden, dass an die Stelle der Abnahme der nach den §§ 446 und 447 maßgebliche Zeitpunkt tritt.

Untertitel 2
Reisevertrag *)

§ 651a Vertragstypische Pflichten beim Reisevertrag

(1) Durch den Reisevertrag wird der Reiseveranstalter verpflichtet, dem Reisenden eine Gesamtheit von Reiseleistungen (Reise) zu erbringen. Der Reisende ist verpflichtet, dem Reiseveranstalter den vereinbarten Reisepreis zu zahlen.

(2) Die Erklärung, nur Verträge mit den Personen zu vermitteln, welche die einzelnen Reiseleistungen ausführen sollen (Leistungsträger), bleibt unberücksichtigt, wenn nach den sonstigen Umständen der Anschein begründet wird, dass der Erklärende vertraglich vorgesehene Reiseleistungen in eigener Verantwortung erbringt.

(3) Der Reiseveranstalter hat dem Reisenden bei oder unverzüglich nach Vertragsschluss eine Urkunde über den Reisevertrag (Reisebestätigung) zur Verfügung zu stellen. Die Reisebestätigung und ein Prospekt, den der Reiseveranstalter zur Verfügung stellt, müssen die in der Rechtsverordnung nach Artikel 238 des Einführungsgesetzes zum Bürgerlichen Gesetzbuche bestimmten Angaben enthalten.

(4) Der Reiseveranstalter kann den Reisepreis nur erhöhen, wenn dies mit genauen Angaben zur Berechnung des neuen Preises im Vertrag vorgesehen ist und damit einer Erhöhung der Beförderungskosten, der Abgaben für bestimmte Leistungen, wie Hafen- oder Flughafengebühren, oder einer Änderung der für die betreffende Reise geltenden Wechselkurse Rechnung getragen wird. Eine Preiserhöhung, die ab dem 20. Tag vor dem vereinbarten Abreisetermin verlangt wird, ist unwirksam. § 309 Nr. 1 bleibt unberührt.

(5) Der Reiseveranstalter hat eine Änderung des Reisepreises nach Absatz 4, eine zulässige Änderung einer wesentlichen Reiseleistung oder eine zulässige Absage der Reise dem Reisenden unverzüglich nach Kenntnis von dem Änderungs- oder Absagegrund zu erklären. Im Falle einer Erhöhung des Reisepreises um mehr als fünf vom Hundert oder einer erheblichen Änderung einer wesentlichen Reiseleistung kann der Reisende vom Vertrag zurücktreten. Er kann stattdessen, ebenso wie bei einer Absage der Reise durch den Reiseveranstalter, die Teilnahme an einer mindestens gleichwertigen anderen Reise verlangen, wenn der Reiseveranstalter in der Lage ist, eine solche Reise ohne Mehrpreis für den Reisenden aus seinem Angebot anzubieten. Der Reisende hat diese Rechte unverzüglich nach der Erklärung durch den Reiseveranstalter diesem gegenüber geltend zu machen.

---

*) **Amtlicher Hinweis zu § 651:**
Diese Vorschrift dient der Umsetzung der Richtlinie 1999/44/EG des Europäischen Parlaments und des Rates vom 25. Mai 1999 zu bestimmten Aspekten des Verbrauchsgüterkaufs und der Garantien für Verbrauchsgüter (ABl. EG Nr. L 171 S. 12).

*) **Amtlicher Hinweis zu Untertitel 2:**
Dieser Untertitel dient der Umsetzung der Richtlinie 90/314/EWG des Europäischen Parlaments und des Rates vom 13. Juni 1990 über Pauschalreisen (ABl. EG Nr. L 158 S. 59).

II

§ 651b Vertragsübertragung

(1) Bis zum Reisebeginn kann der Reisende verlangen, dass statt seiner ein Dritter in die Rechte und Pflichten aus dem Reisevertrag eintritt. Der Reiseveranstalter kann dem Eintritt des Dritten widersprechen, wenn dieser den besonderen Reiseerfordernissen nicht genügt oder seiner Teilnahme gesetzliche Vorschriften oder behördliche Anordnungen entgegenstehen.

(2) Tritt ein Dritter in den Vertrag ein, so haften er und der Reisende dem Reiseveranstalter als Gesamtschuldner für den Reisepreis und die durch den Eintritt des Dritten entstehenden Mehrkosten.

§ 651c Abhilfe

(1) Der Reiseveranstalter ist verpflichtet, die Reise so zu erbringen, dass sie die zugesicherten Eigenschaften hat und nicht mit Fehlern behaftet ist, die den Wert oder die Tauglichkeit zu dem gewöhnlichen oder nach dem Vertrag vorausgesetzten Nutzen aufheben oder mindern.

(2) Ist die Reise nicht von dieser Beschaffenheit, so kann der Reisende Abhilfe verlangen. Der Reiseveranstalter kann die Abhilfe verweigern, wenn sie einen unverhältnismäßigen Aufwand erfordert.

(3) Leistet der Reiseveranstalter nicht innerhalb einer vom Reisenden bestimmten angemessenen Frist Abhilfe, so kann der Reisende selbst Abhilfe schaffen und Ersatz der erforderlichen Aufwendungen verlangen. Der Bestimmung einer Frist bedarf es nicht, wenn die Abhilfe von dem Reiseveranstalter verweigert wird oder wenn die sofortige Abhilfe durch ein besonderes Interesse des Reisenden geboten wird.

§ 651d Minderung

(1) Ist die Reise im Sinne des § 651c Abs. 1 mangelhaft, so mindert sich für die Dauer des Mangels der Reisepreis nach Maßgabe des § 638 Abs. 3. § 638 Abs. 4 findet entsprechende Anwendung.

(2) Die Minderung tritt nicht ein, soweit es der Reisende schuldhaft unterlässt, den Mangel anzuzeigen.

§ 651e Kündigung wegen Mangels

(1) Wird die Reise infolge eines Mangels der in § 651c bezeichneten Art erheblich beeinträchtigt, so kann der Reisende den Vertrag kündigen. Dasselbe gilt, wenn ihm die Reise infolge eines solchen Mangels aus wichtigem, dem Reiseveranstalter erkennbaren Grund nicht zuzumuten ist.

(2) Die Kündigung ist erst zulässig, wenn der Reiseveranstalter eine ihm vom Reisenden bestimmte angemessene Frist hat verstreichen lassen, ohne Abhilfe zu leisten. Der Bestimmung einer Frist bedarf es nicht, wenn die Abhilfe unmöglich ist oder vom Reiseveranstalter verweigert wird oder wenn die sofortige Kündigung des Vertrags durch ein besonderes Interesse des Reisenden gerechtfertigt wird.

(3) Wird der Vertrag gekündigt, so verliert der Reiseveranstalter den Anspruch auf den vereinbarten Reisepreis. Er kann jedoch für die bereits erbrachten oder zur Beendigung der Reise noch zu erbringenden Reiseleistungen eine nach § 638 Abs. 3 zu bemessende Entschädigung verlangen. Dies gilt nicht, soweit diese Leistungen infolge der Aufhebung des Vertrags für den Reisenden kein Interesse haben.

(4) Der Reiseveranstalter ist verpflichtet, die infolge der Aufhebung des Vertrags notwendigen Maßnahmen zu treffen, insbesondere, falls der Vertrag die Rückbeförderung umfasste, den Reisenden zurückzubefördern. Die Mehrkosten fallen dem Reiseveranstalter zur Last.

§ 651f Schadensersatz

(1) Der Reisende kann unbeschadet der Minderung oder der Kündigung Schadensersatz wegen Nichterfüllung verlangen, es sei denn, der Mangel der Reise beruht auf einem Umstand, den der Reiseveranstalter nicht zu vertreten hat.

(2) Wird die Reise vereitelt oder erheblich beeinträchtigt, so kann der Reisende auch wegen nutzlos aufgewendeter Urlaubszeit eine angemessene Entschädigung in Geld verlangen.

§ 651g Ausschlussfrist, Verjährung

(1) Ansprüche nach den §§ 651c bis 651f hat der Reisende innerhalb eines Monats nach der vertraglich vorgesehenen Beendigung der Reise gegenüber dem Reiseveranstalter geltend zu machen. § 174 ist nicht anzuwenden. Nach Ablauf der Frist kann der Reisende Ansprüche nur geltend machen, wenn er ohne Verschulden an der Einhaltung der Frist verhindert worden ist.

(2) Ansprüche des Reisenden nach den §§ 651c bis 651f verjähren in zwei Jahren. Die Verjährung beginnt mit dem Tage, an dem die Reise dem Vertrage nach enden sollte.

§ 651h Zulässige Haftungsbeschränkung

(1) Der Reiseveranstalter kann durch Vereinbarung mit dem Reisenden seine Haftung für Schäden, die nicht Körperschäden sind, auf den dreifachen Reisepreis beschränken,

1. soweit ein Schaden des Reisenden weder vorsätzlich noch grob fahrlässig herbeigeführt wird, oder

2. soweit der Reiseveranstalter für einen dem Reisenden entstehenden Schaden allein wegen eines Verschuldens eines Leistungsträgers verantwortlich ist.

(2) Gelten für eine von einem Leistungsträger zu erbringende Reiseleistung internationale Übereinkommen oder auf solchen beruhende gesetzliche Vorschriften, nach denen ein Anspruch auf Schadenersatz nur unter bestimmten Voraussetzungen oder Beschränkungen entsteht oder geltend gemacht werden kann unter bestimmten Voraussetzungen ausgeschlossen ist, so kann sich auch der Reiseveranstalter gegenüber dem Reisenden hierauf berufen.

§ 651i Rücktritt vor Reisebeginn

(1) Vor Reisebeginn kann der Reisende jederzeit vom Vertrag zurücktreten.

(2) Tritt der Reisende vom Vertrag zurück, so verliert der Reiseveranstalter den Anspruch auf den vereinbarten Reisepreis. Er kann jedoch eine angemessene Entschädigung verlangen. Die Höhe der Entschädigung bestimmt sich nach dem Reisepreis unter Abzug des Wertes der vom Reiseveranstalter ersparten Aufwendungen sowie dessen, was er durch anderweitige Verwendung der Reiseleistungen erwerben kann.

(3) Im Vertrag kann für jede Reiseart unter Berücksichtigung der gewöhnlich ersparten Aufwendungen und des durch anderweitige Verwendung der Reiseleistungen gewöhnlich möglichen Erwerbs ein Vomhundertsatz des Reisepreises als Entschädigung festgesetzt werden.

§ 651j Kündigung wegen höherer Gewalt

(1) Wird die Reise infolge bei Vertragsabschluss nicht voraussehbarer höherer Gewalt erheblich erschwert, gefährdet oder beeinträchtigt, so können sowohl der Reiseveranstalter als auch der Reisende den Vertrag allein nach Maßgabe dieser Vorschrift kündigen.

(2) Wird der Vertrag nach Absatz 1 gekündigt, so findet die Vorschrift des § 651e Abs. 3 Satz 1 und 2, Abs. 4 Satz 1 Anwendung. Die Mehrkosten für die Rückbeförderung sind von den Parteien je zur Hälfte zu tragen. Im Übrigen fallen die Mehrkosten dem Reisenden zur Last.

§ 651k Sicherstellung, Zahlung

(1) Der Reiseveranstalter hat sicherzustellen, dass dem Reisenden erstattet werden

1. der gezahlte Reisepreis, soweit Reiseleistungen infolge Zahlungsunfähigkeit oder Eröffnung des Insolvenzverfahrens über das Vermögen des Reiseveranstalters ausfallen, und

2. notwendige Aufwendungen, die dem Reisenden infolge Zahlungsunfähigkeit oder Eröffnung des Insolvenzverfahrens über das Vermögen des Reiseveranstalters für die Rückreise entstehen.

Die Verpflichtungen nach Satz 1 kann der Reiseveranstalter nur erfüllen

1. durch eine Versicherung bei einem im Geltungsbereich dieses Gesetzes zum Geschäftsbetrieb befugten Versicherungsunternehmen oder

2. durch ein Zahlungsversprechen eines im Geltungsbereich dieses Gesetzes zum Geschäftsbetrieb befugten Kreditinstituts.

(2) Der Versicherer oder das Kreditinstitut (Kundengeldabsicherer) kann seine Haftung für die von ihm in einem Jahre insgesamt nach diesem Gesetz zu erstattenden Beträge auf 110 Millionen Euro begrenzen. Übersteigen die in einem Jahr von einem Kundengeldabsicherer insgesamt nach diesem Gesetz zu erstattenden Beträge die in Satz 1 genannten Höchstbeträge, so verringern sich die einzelnen Erstattungsansprüche in dem Verhältnis, in dem ihr Gesamtbetrag zum Höchstbetrag steht.

(3) Zur Erfüllung seiner Verpflichtung nach Absatz 1 hat der Reiseveranstalter dem Reisenden einen unmittelbaren Anspruch gegen den Kundengeldabsicherer zu verschaffen und durch Übergabe einer von diesem oder auf dessen Veranlassung ausgestellten Bestätigung (Sicherungsschein) nachzuweisen. Der Kundengeldabsicherer kann sich gegenüber einem Reisenden, dem ein Sicherungsschein ausgehändigt worden ist, weder auf Einwendungen aus dem Kundengeldabsicherungsvertrag noch darauf berufen, dass der Sicherungsschein erst nach Beendigung des Kundengeldabsicherungsvertrags ausgestellt worden ist. In den Fällen des Satzes 2 geht der Anspruch des Reisenden gegen den Reiseveranstalter auf den Kundengeldabsicherer über, soweit dieser den Reisenden befriedigt. Ein Reisevermittler ist dem Reisenden gegenüber verpflichtet, den Sicherungsschein auf seine Gültigkeit hin zu überprüfen, wenn er ihn dem Reisenden aushändigt.

(4) Reiseveranstalter und Reisevermittler dürfen Zahlungen des Reisenden auf den Reisepreis vor Beendigung der Reise nur fordern oder annehmen, wenn dem Reisenden ein Sicherungsschein übergeben wurde. Ein Reisevermittler gilt als vom Reiseveranstalter zur Annahme von Zahlungen auf den Reisepreis ermächtigt, wenn er einen Sicherungsschein übergibt oder sonstige dem Reiseveranstalter zuzurechnende Umstände ergeben, dass er von diesem damit betraut ist, Reiseverträge für ihn zu vermitteln. Dies gilt nicht, wenn die Annahme von Zahlungen durch den Reisevermittler in hervorgehobener Form gegenüber dem Reisenden ausgeschlossen ist.

(5) Hat im Zeitpunkt des Vertragsschlusses der Reiseveranstalter seine Hauptniederlassung in einem anderen Mitgliedstaat der Europäischen Gemeinschaften oder in einem anderen Vertragsstaat des Abkommens über den Europäischen Wirtschaftsraum, so genügt der Reiseveranstalter seiner Verpflichtung nach Absatz 1 auch dann, wenn er dem Reisenden Sicherheit in Übereinstimmung mit den Vorschriften des anderen Staates leistet und diese den Anforderungen nach Absatz 1 Satz 1 entspricht. Absatz 4 gilt mit der Maßgabe, dass dem Reisenden die Sicherheitsleistung nachgewiesen werden muss.

(6) Die Absätze 1 bis 5 gelten nicht, wenn

1. der Reiseveranstalter nur gelegentlich und außerhalb seiner gewerblichen Tätigkeit Reisen veranstaltet,

2. die Reise nicht länger als 24 Stunden dauert, keine Übernachtung einschließt und der Reisepreis 75 Euro nicht übersteigt,

3. der Reiseveranstalter eine juristische Person des öffentlichen Rechts ist, über deren Vermögen ein Insolvenzverfahren unzulässig ist.

§ 651l Gastschulaufenthalte

(1) Für einen Reisevertrag, der einen mindestens drei Monate andauernden und mit dem geregelten Besuch einer Schule verbundenen Aufenthalt des Gastschülers bei einer Gastfamilie in einem anderen Staat (Aufnahmeland) zum Gegenstand hat, gelten die nachfolgenden Vorschriften. Für einen Reisevertrag, der einen kürzeren Gastschulaufenthalt (Satz 1) oder einen mit der geregelten Durchführung eines Praktikums verbundenen Aufenthalt bei einer Gastfamilie im Aufnahmeland zum Gegenstand hat, gelten sie nur, wenn dies vereinbart ist.

(2) Der Reiseveranstalter ist verpflichtet,

1. für eine bei Mitwirkung des Gastschülers und nach den Verhältnissen des Aufnahmelandes angemessene Unterbringung,

Beaufsichtigung und Betreuung des Gastschülers in einer Gastfamilie zu sorgen und

2. die Voraussetzungen für einen geregelten Schulbesuch des Gastschülers im Aufnahmeland zu schaffen.

(3) Tritt der Reisende vor Reisebeginn zurück, findet § 651i Abs. 2 Satz 2 und 3 und Abs. 3 keine Anwendung, wenn der Reiseveranstalter ihn nicht spätestens zwei Wochen vor Antritt der Reise jedenfalls über

1. Namen und Anschrift der für den Gastschüler nach Ankunft bestimmten Gastfamilie und

2. Namen und Erreichbarkeit eines Ansprechpartners im Aufnahmeland, bei dem auch Abhilfe verlangt werden kann, informiert und auf den Aufenthalt angemessen vorbereitet hat.

(4) Der Reisende kann den Vertrag bis zur Beendigung der Reise jederzeit kündigen. Kündigt der Reisende, so ist der Reiseveranstalter berechtigt, den vereinbarten Reisepreis abzüglich der ersparten Aufwendungen zu verlangen. Er ist verpflichtet, die infolge der Kündigung notwendigen Maßnahmen zu treffen, insbesondere, falls der Vertrag die Rückbeförderung umfasste, den Gastschüler zurückzubefördern. Die Mehrkosten fallen dem Reisenden zur Last. Die vorstehenden Sätze gelten nicht, wenn der Reisende nach § 651e oder § 651j kündigen kann.

§ 651m Abweichende Vereinbarungen

Von den Vorschriften der §§ 651a bis 651l kann vorbehaltlich des Satzes 2 nicht zum Nachteil des Reisenden abgewichen werden. Die in § 651g Abs. 2 bestimmte Verjährung kann erleichtert werden, vor Mitteilung eines Mangels an den Reiseveranstalter jedoch nicht, wenn die Vereinbarung zu einer Verjährungsfrist ab dem in § 651g Abs. 2 Satz 2 bestimmten Verjährungsbeginn von weniger als einem Jahr führt.

Titel 10
Mäklervertrag

Untertitel 1
Allgemeine Vorschriften

§ 652 Entstehung des Lohnanspruchs

(1) Wer für den Nachweis der Gelegenheit zum Abschluss eines Vertrags oder für die Vermittlung eines Vertrags einen Mäklerlohn verspricht, ist zur Entrichtung des Lohnes nur verpflichtet, wenn der Vertrag infolge des Nachweises oder infolge der Vermittlung des Mäklers zustande kommt. Wird der Vertrag unter einer aufschiebenden Bedingung geschlossen, so kann der Mäklerlohn erst verlangt werden, wenn die Bedingung eintritt.

(2) Aufwendungen sind dem Mäkler nur zu ersetzen, wenn es vereinbart ist. Dies gilt auch dann, wenn ein Vertrag nicht zustande kommt.

§ 653 Mäklerlohn

(1) Ein Mäklerlohn gilt als stillschweigend vereinbart, wenn die dem Mäkler übertragene Leistung den Umständen nach nur gegen eine Vergütung zu erwarten ist.

(2) Ist die Höhe der Vergütung nicht bestimmt, so ist bei dem Bestehen einer Taxe der taxmäßige Lohn, in Ermangelung einer Taxe der übliche Lohn als vereinbart anzusehen.

§ 654 Verwirkung des Lohnanspruchs

Der Anspruch auf den Mäklerlohn und den Ersatz von Aufwendungen ist ausgeschlossen, wenn der Mäkler dem Inhalt des Vertrags zuwider auch für den anderen Teil tätig gewesen ist.

§ 655 Herabsetzung des Mäklerlohns

Ist für den Nachweis der Gelegenheit zum Abschluss eines Dienstvertrags oder für die Vermittlung eines solchen Vertrags ein unverhältnismäßig hoher Mäklerlohn vereinbart worden, so kann er auf Antrag des Schuldners durch Urteil auf den angemessenen Betrag herabgesetzt werden. Nach der Entrichtung des Lohnes ist die Herabsetzung ausgeschlossen.

Untertitel 2
Vermittlung von
Verbraucherdarlehensverträgen

§ 655a Darlehensvermittlungsvertrag

(1) Für einen Vertrag, nach dem es ein Unternehmer unternimmt, einem Verbraucher gegen ein vom Verbraucher oder einem Dritten zu leistendes Entgelt einen Verbraucherdarlehensvertrag oder eine entgeltliche Finanzierungshilfe zu vermitteln oder ihm die Gelegenheit zum Abschluss eines solchen Vertrags nachzuweisen, gelten vorbehaltlich des Satzes 2 die folgenden Vorschriften. Dies gilt nicht in dem in § 491 Abs. 2 bestimmten Umfang.

(2) Der Darlehensvermittler hat den Verbraucher über die sich aus Artikel 247 § 13 Absatz 2 des Einführungsgesetzes zum Bürgerlichen Gesetzbuche ergebenden Einzelheiten in der dort vorgesehenen Form zu unterrichten. Der Darlehensvermittler ist gegenüber dem Verbraucher zusätzlich wie ein Darlehensgeber gemäß § 491a verpflichtet. Satz 2 gilt nicht für Warenlieferanten oder Dienstleistungserbringer, die in lediglich untergeordneter Funktion als Darlehensvermittler tätig werden, etwa indem sie als Nebenleistung den Abschluss eines verbundenen Verbraucherdarlehensvertrags vermitteln.

§ 655b Schriftform bei einem Vertrag mit einem Verbraucher

(1) Der Darlehensvermittlungsvertrag mit einem Verbraucher bedarf der schriftlichen Form. Der Vertrag darf nicht mit dem Antrag auf Hingabe des Darlehens verbunden werden. Der Darlehensvermittler hat dem Verbraucher den Vertragsinhalt in Textform mitzuteilen.

(2) Ein Darlehensvermittlungsvertrag mit einem Verbraucher, der den Anforderungen des Absatzes 1 Satz 1 und 2 nicht genügt oder vor dessen Abschluss die Pflichten aus Artikel 247 § 13 Abs. 2 des Einführungsgesetzes zum Bürgerlichen Gesetzbuche nicht erfüllt worden sind, ist nichtig.

§ 655c Vergütung

Der Verbraucher ist zur Zahlung der Vergütung nur verpflichtet, wenn infolge der Vermittlung oder des Nachweises des Darlehensvermittlers das Darlehen an den Verbraucher geleistet wird und ein Widerruf des Verbrauchers nach § 355 nicht mehr möglich ist. Soweit der Verbraucherdarlehensvertrag mit Wissen des Darlehensvermittlers der vorzeitigen Ablösung eines anderen Darlehens (Umschuldung) dient, entsteht ein Anspruch auf die Vergütung nur, wenn sich der effektive Jahreszins nicht erhöht; bei der Berechnung des effektiven Jahreszinses für das abzulösende Darlehen bleiben etwaige Vermittlungskosten außer Betracht.

§ 655d Nebenentgelte

Der Darlehensvermittler darf für Leistungen, die mit der Vermittlung des Verbraucherdarlehensvertrags oder dem Nachweis der Gelegenheit zum Abschluss eines Verbraucherdarlehensvertrags zusammenhängen, außer der Vergütung nach § 655c Satz 1 ein Entgelt nicht vereinbaren. Jedoch kann vereinbart werden, dass dem Darlehensvermittler entstandene, erforderliche Auslagen zu erstatten sind. Dieser Anspruch darf die Höhe oder die Höchstbeträge, die der Darlehensvermittler dem Verbraucher gemäß Artikel 247 § 13 Absatz 2 Satz 1 Nummer 4 des Einführungsgesetzes zum Bürgerlichen Gesetzbuche mitgeteilt hat, nicht übersteigen.

§ 655e Abweichende Vereinbarungen, Anwendung auf Existenzgründer

(1) Von den Vorschriften dieses Untertitels darf nicht zum Nachteil des Verbrauchers abgewichen werden. Die Vorschriften dieses Untertitels finden auch Anwendung, wenn sie durch anderweitige Gestaltungen umgangen werden.

(2) Existenzgründer im Sinne des § 512 stehen Verbrauchern in diesem Untertitel gleich.

Untertitel 3
Ehevermittlung

§ 656 Heiratsvermittlung

(1) Durch das Versprechen eines Lohnes für den Nachweis der Gelegenheit zur Eingehung einer Ehe oder für die Vermittlung des Zustandekommens einer Ehe wird eine Verbindlichkeit nicht begründet. Das auf Grund des Versprechens Geleistete kann nicht deshalb zurückgefordert werden, weil eine Verbindlichkeit nicht bestanden hat.

(2) Diese Vorschriften gelten auch für eine Vereinbarung, durch die der andere Teil zum Zwecke der Erfüllung des Versprechens dem Mäkler gegenüber eine Verbindlichkeit eingeht, insbesondere für ein Schuldanerkenntnis.

Titel 11
Auslobung

§ 657 Bindendes Versprechen

Wer durch öffentliche Bekanntmachung eine Belohnung für die Vornahme einer Handlung, insbesondere für die Herbeiführung eines Erfolges, aussetzt, ist verpflichtet, die Belohnung demjenigen zu entrichten, welcher die Handlung vorgenommen hat, auch wenn dieser nicht mit Rücksicht auf die Auslobung gehandelt hat.

§ 658 Widerruf

(1) Die Auslobung kann bis zur Vornahme der Handlung widerrufen werden. Der Widerruf ist nur wirksam, wenn er in derselben Weise wie die Auslobung bekannt gemacht wird oder wenn er durch besondere Mitteilung erfolgt.

(2) Auf die Widerruflichkeit kann in der Auslobung verzichtet werden; ein Verzicht liegt im Zweifel in der Bestimmung einer Frist für die Vornahme der Handlung.

§ 659 Mehrfache Vornahme

(1) Ist die Handlung, für welche die Belohnung ausgesetzt ist, mehrmals vorgenommen worden, so gebührt die Belohnung demjenigen, welcher die Handlung zuerst vorgenommen hat.

(2) Ist die Handlung von mehreren gleichzeitig vorgenommen worden, so gebührt jedem ein gleicher Teil der Belohnung. Lässt sich die Belohnung wegen ihrer Beschaffenheit nicht teilen oder soll nach dem Inhalt der Auslobung nur einer die Belohnung erhalten, so entscheidet das Los.

§ 660 Mitwirkung mehrerer

(1) Haben mehrere zu dem Erfolg mitgewirkt, für den die Belohnung ausgesetzt ist, so hat der Auslobende die Belohnung unter Berücksichtigung des Anteils eines jeden an dem Erfolg nach billigem Ermessen unter sie zu verteilen. Die Verteilung ist nicht verbindlich, wenn sie offenbar unbillig ist; sie erfolgt in einem solchen Fall durch Urteil.

(2) Wird die Verteilung des Auslobenden von einem der Beteiligten nicht als verbindlich anerkannt, so ist der Auslobende berechtigt, die Erfüllung zu verweigern, bis die Beteiligten den Streit über ihre Berechtigung unter sich ausgetragen haben; jeder von ihnen kann verlangen, dass die Belohnung für alle hinterlegt wird.

(3) Die Vorschrift des § 659 Abs. 2 Satz findet Anwendung.

§ 661 Preisausschreiben

(1) Eine Auslobung, die eine Preisbewerbung zum Gegenstand hat, ist nur gültig, wenn in der Bekanntmachung eine Frist für die Bewerbung bestimmt wird.

(2) Die Entscheidung darüber, ob eine innerhalb der Frist erfolgte Bewerbung der Auslobung entspricht oder welche von mehreren Bewerbungen den Vorzug verdient, ist durch die in der Auslobung bezeichnete Person, in Ermangelung einer solchen durch den Auslobenden zu treffen. Die Entscheidung ist für die Beteiligten verbindlich.

(3) Bei Bewerbungen von gleicher Würdigkeit findet auf die Zuerteilung des Preises die Vorschrift des § 659 Abs. 2 Anwendung.

(4) Die Übertragung des Eigentums an dem Werk kann der Auslobende nur verlangen,

wenn er in der Auslobung bestimmt hat, dass die Übertragung erfolgen soll.

§ 661a Gewinnzusagen

Ein Unternehmer, der Gewinnzusagen oder vergleichbare Mitteilungen an Verbraucher sendet und durch die Gestaltung dieser Zusendungen den Eindruck erweckt, dass der Verbraucher einen Preis gewonnen hat, hat dem Verbraucher diesen Preis zu leisten.

Titel 12
Auftrag, Geschäftsbesorgungsvertrag und Zahlungsdienste

Untertitel 1
Auftrag

§ 662 Vertragstypische Pflichten beim Auftrag

Durch die Annahme eines Auftrags verpflichtet sich der Beauftragte, ein ihm von dem Auftraggeber übertragenes Geschäft für diesen unentgeltlich zu besorgen.

§ 663 Anzeigepflicht bei Ablehnung

Wer zur Besorgung gewisser Geschäfte öffentlich bestellt ist oder sich öffentlich erboten hat, ist, wenn er einen auf solche Geschäfte gerichteten Auftrag nicht annimmt, verpflichtet, die Ablehnung dem Auftraggeber unverzüglich anzuzeigen. Das Gleiche gilt, wenn sich jemand dem Auftraggeber gegenüber zur Besorgung gewisser Geschäfte erboten hat.

§ 664 Unübertragbarkeit; Haftung für Gehilfen

(1) Der Beauftragte darf im Zweifel die Ausführung des Auftrags nicht einem Dritten übertragen. Ist die Übertragung gestattet, so hat er nur ein ihm bei der Übertragung zur Last fallendes Verschulden zu vertreten. Für das Verschulden eines Gehilfen ist er nach § 278 verantwortlich.

(2) Der Anspruch auf Ausführung des Auftrags ist im Zweifel nicht übertragbar.

§ 665 Abweichung von Weisungen

Der Beauftragte ist berechtigt, von den Weisungen des Auftraggebers abzuweichen, wenn er den Umständen nach annehmen darf, dass der Auftraggeber bei Kenntnis der Sachlage die Abweichung billigen würde. Der Beauftragte hat vor der Abweichung dem Auftraggeber Anzeige zu machen und dessen Entschließung abzuwarten, wenn nicht mit dem Aufschub Gefahr verbunden ist.

§ 666 Auskunfts- und Rechenschafts-pflicht

Der Beauftragte ist verpflichtet, dem Auftraggeber die erforderlichen Nachrichten zu geben, auf Verlangen über den Stand des Geschäfts Auskunft zu erteilen und nach der Ausführung des Auftrags Rechenschaft abzulegen.

§ 667 Herausgabepflicht

Der Beauftragte ist verpflichtet, dem Auftraggeber alles, was er zur Ausführung des Auftrags erhält und was er aus der Geschäftsbesorgung erlangt, herauszugeben.

§ 668 Verzinsung des verwendeten Geldes

Verwendet der Beauftragte Geld für sich, das er dem Auftraggeber herauszugeben oder für ihn zu verwenden hat, so ist er verpflichtet, es von der Zeit der Verwendung an zu verzinsen.

§ 669 Vorschusspflicht

Für die zur Ausführung des Auftrags erforderlichen Aufwendungen hat der Auftraggeber dem Beauftragten auf Verlangen Vorschuss zu leisten.

§ 670 Ersatz von Aufwendungen

Macht der Beauftragte zum Zwecke der Ausführung des Auftrags Aufwendungen, die er den Umständen nach für erforderlich halten darf, so ist der Auftraggeber zum Ersatz verpflichtet.

§ 671 Widerruf; Kündigung

(1) Der Auftrag kann von dem Auftraggeber jederzeit widerrufen, von dem Beauftragten jederzeit gekündigt werden.

(2) Der Beauftragte darf nur in der Art kündigen, dass der Auftraggeber für die Besorgung des Geschäfts anderweit Fürsorge treffen kann, es sei denn, dass ein wichtiger Grund für die unzeitige Kündigung vorliegt. Kündigt er ohne solchen Grund zur Unzeit, so hat er dem Auftraggeber den daraus entstehenden Schaden zu ersetzen.

(3) Liegt ein wichtiger Grund vor, so ist der Beauftragte zur Kündigung auch dann berechtigt, wenn er auf das Kündigungsrecht verzichtet hat.

§ 672 Tod oder Geschäftsunfähigkeit des Auftraggebers

Der Auftrag erlischt im Zweifel nicht durch den Tod oder den Eintritt der Geschäftsunfähigkeit des Auftraggebers. Erlischt der Auftrag, so hat der Beauftragte, wenn mit dem Aufschub Gefahr verbunden ist, die Besorgung des übertragenen Geschäfts fortzusetzen, bis der Erbe oder der gesetzliche Vertreter des Auftraggebers anderweit Fürsorge treffen kann; der Auftrag gilt insoweit als fortbestehend.

§ 673 Tod des Beauftragten

Der Auftrag erlischt im Zweifel durch den Tod des Beauftragten. Erlischt der Auftrag, so hat der Erbe des Beauftragten den Tod dem Auftraggeber unverzüglich anzuzeigen und, wenn mit dem Aufschube Gefahr verbunden ist, die Besorgung des übertragenden Geschäfts fortzusetzen, bis der Auftraggeber anderweit Fürsorge treffen kann; der Auftrag gilt insoweit als fortbestehend.

§ 674 Fiktion des Fortbestehens

Erlischt der Auftrag in anderer Weise als durch Widerruf, so gilt er zugunsten des Beauftragten gleichwohl als fortbestehend, bis der Beauftragte von dem Erlöschen Kenntnis erlangt oder das Erlöschen kennen muss.

Untertitel 2
Geschäftsbesorgungsvertrag*)

§ 675 Entgeltliche Geschäftsbesorgung

(1) Auf einen Dienstvertrag oder einen Werkvertrag, der eine Geschäftsbesorgung zum Gegenstand hat, finden, soweit in diesem Untertitel nichts Abweichendes bestimmt wird, die Vorschriften der §§ 663, 665 bis 670, 672 bis 674 und, wenn dem Verpflichteten das Recht zusteht, ohne Einhaltung einer Kündigungsfrist zu kündigen, auch die Vorschrift des § 671 Abs. 2 entsprechende Anwendung.

(2) Wer einem anderen einen Rat oder eine Empfehlung erteilt, ist, unbeschadet der sich aus einem Vertragsverhältnis, einer unerlaubten Handlung oder einer sonstigen gesetzlichen Bestimmung ergebenden Verantwortlichkeit, zum Ersatz des aus der Befolgung des Rates oder der Empfehlung entstehenden Schadens nicht verpflichtet.

§ 675a Informationspflichten

Wer zur Besorgung von Geschäften öffentlich bestellt ist oder sich dazu öffentlich erboten hat, stellt für regelmäßig anfallende standardisierte Geschäftsvorgänge (Standardgeschäfte) schriftlich, in geeigneten Fällen auch elektronisch, unentgeltlich Informationen über Entgelte und Auslagen der Geschäftsbesorgung zur Verfügung, soweit nicht eine Preisfestsetzung nach § 315 erfolgt oder die Entgelte und Auslagen gesetzlich verbindlich geregelt sind.

---

*) Amtlicher Hinweis zu Untertitel 2:
Dieser Untertitel dient der Umsetzung

1. der Richtlinie 97/5/EG des Europäischen Parlaments und des Rates vom 27. Januar 1997 über grenzüberschreitende Überweisungen (ABl. EG Nr. L 43 S. 25) und

2. Artikel 3 bis 5 der Richtlinie 98/26/EG des Europäischen Parlaments und des Rates über die Wirksamkeit von Abrechnungen in Zahlungs- und Wertpapierlieferer- und Abrechnungssystemen vom 19. Mai 1998 (ABl. EG Nr. L 166 S. 45).

II

§ 675b Aufträge zur Übertragung von Wertpapieren in Systemen

Der Teilnehmer an Wertpapierlieferungs- und Abrechnungssystemen kann einen Auftrag, der die Übertragung von Wertpapieren oder Ansprüchen auf Herausgabe von Wertpapieren im Wege der Verbuchung oder auf sonstige Weise zum Gegenstand hat, von dem in den Regeln des Systems bestimmten Zeitpunkt an nicht mehr widerrufen.

Untertitel 3
Zahlungsdienste

Kapitel 1
Allgemeine Vorschriften

§ 675c Zahlungsdienste und elektronisches Geld

(1) Auf einen Geschäftsbesorgungsvertrag, der die Erbringung von Zahlungsdiensten zum Gegenstand hat, sind die §§ 663, 665 bis 670 und 672 bis 674 entsprechend anzuwenden, soweit in diesem Untertitel nichts Abweichendes bestimmt ist.

(2) Die Vorschriften dieses Untertitels sind auch auf einen Vertrag über die Ausgabe und Nutzung von elektronischem Geld anzuwenden.

(3) Die Begriffsbestimmungen des Kreditwesengesetzes und des Zahlungsdiensteaufsichtsgesetzes sind anzuwenden.

§ 675d Unterrichtung bei Zahlungsdiensten

(1) Zahlungsdienstleister haben Zahlungsdienstnutzer bei der Erbringung von Zahlungsdiensten über die in Artikel 248 §§ 1 bis 16 des Einführungsgesetzes zum Bürgerlichen Gesetzbuche bestimmten Umstände in der dort vorgesehenen Form zu unterrichten. Dies gilt nicht für die Erbringung von Zahlungsdiensten in der Währung eines Staates außerhalb des Europäischen Wirtschaftsraums oder die Erbringung von Zahlungsdiensten, bei denen der Zahlungsdienstleister des Zahlers oder des Zahlungsempfängers außerhalb des Europäischen Wirtschaftsraums belegen ist.

(2) Ist die ordnungsgemäße Unterrichtung streitig, so trifft die Beweislast den Zahlungsdienstleister.

(3) Für die Unterrichtung darf der Zahlungsdienstleister mit dem Zahlungsdienstnutzer nur dann ein Entgelt vereinbaren, wenn die Information auf Verlangen des Zahlungsdienstnutzers erbracht wird und der Zahlungsdienstleister

1. diese Information häufiger erbringt, als in Artikel 248 §§ 1 bis 16 des Einführungsgesetzes zum Bürgerlichen Gesetzbuche vorgesehen,

2. eine Information erbringt, die über die in Artikel 248 §§ 1 bis 16 des Einführungsgesetzes zum Bürgerlichen Gesetzbuche vorgeschriebenen hinausgeht, oder

3. diese Information mithilfe anderer als der im Zahlungsdiensterahmenvertrag vereinbarten Kommunikationsmittel erbringt.

Das Entgelt muss angemessen und an den tatsächlichen Kosten des Zahlungsdienstleisters ausgerichtet sein.

(4) Zahlungsempfänger und Dritte unterrichten über die in Artikel 248 §§ 17 und 18 des Einführungsgesetzes zum Bürgerlichen Gesetzbuche bestimmten Umstände.

§ 675e Abweichende Vereinbarungen

(1) Soweit nichts anderes bestimmt ist, darf von den Vorschriften dieses Untertitels nicht zum Nachteil des Zahlungsdienstnutzers abgewichen werden.

(2) Für Zahlungsdienste im Sinne des § 675d Abs. 1 Satz 2 sind § 675q Abs. 1 und 3, § 675s Abs. 1, § 675t Abs. 2, § 675x Abs. 1 und § 675y Abs. 1 und 2 sowie § 675z Satz 3 nicht anzuwenden; soweit solche Zahlungsdienste in der Währung eines Staates außerhalb des Europäischen Wirtschaftsraums erbracht werden, ist auch § 675t Abs. 1 nicht anzuwenden. Im Übrigen darf für Zahlungsdienste im Sinne des § 675d Abs. 1 Satz 2 zum Nachteil des Zahlungsdienstnutzers von den Vorschriften dieses Untertitels abgewichen werden; soweit solche Zahlungsdienste jedoch in Euro oder in der Währung eines Mitgliedstaats der Europäischen Union oder ei-

nes anderen Vertragsstaats des Abkommens über den Europäischen Wirtschaftsraum erbracht werden, gilt dies nicht für § 675t Abs. 1 Satz 1 und 2 sowie Abs. 3.

(3) Für Zahlungsvorgänge, die nicht in Euro erfolgen, können der Zahlungsdienstnutzer und sein Zahlungsdienstleister vereinbaren, dass § 675t Abs. 1 Satz 3 und Abs. 2 ganz oder teilweise nicht anzuwenden ist.

(4) Handelt es sich bei dem Zahlungsdienstnutzer nicht um einen Verbraucher, so können die Parteien vereinbaren, dass § 675d Abs. 1 Satz 1, Abs. 2 bis 4, § 675f Abs. 4 Satz 2, die §§ 675g, 675h, 675j Abs. 2 und § 675p sowie die §§ 675v bis 676 ganz oder teilweise nicht anzuwenden sind; sie können auch eine andere als die in § 676b vorgesehene Frist vereinbaren.

§ 675 f Zahlungsdienstevertrag

(1) Durch einen Einzelzahlungsvertrag wird der Zahlungsdienstleister verpflichtet, für die Person, die einen Zahlungsdienst als Zahler, Zahlungsempfänger oder in beiden Eigenschaften in Anspruch nimmt (Zahlungsdienstnutzer), einen Zahlungsvorgang auszuführen.

(2) Durch einen Zahlungsdiensterahmenvertrag wird der Zahlungsdienstleister verpflichtet, für den Zahlungsdienstnutzer einzelne und aufeinander folgende Zahlungsvorgänge auszuführen sowie gegebenenfalls für den Zahlungsdienstnutzer ein auf dessen Namen oder die Namen mehrerer Zahlungsdienstnutzer lautendes Zahlungskonto zu führen. Ein Zahlungsdiensterahmenvertrag kann auch Bestandteil eines sonstigen Vertrags sein oder mit einem anderen Vertrag zusammenhängen.

(3) Zahlungsvorgang ist jede Bereitstellung, Übermittlung oder Abhebung eines Geldbetrags, unabhängig von der zugrunde liegenden Rechtsbeziehung zwischen Zahler und Zahlungsempfänger. Zahlungsauftrag ist jeder Auftrag, den ein Zahler seinem Zah-

lungsdienstleister zur Ausführung eines Zahlungsvorgangs entweder unmittelbar oder mittelbar über den Zahlungsempfänger erteilt.

(4) Der Zahlungsdienstnutzer ist verpflichtet, dem Zahlungsdienstleister das für die Erbringung eines Zahlungsdienstes vereinbarte Entgelt zu entrichten. Für die Erfüllung von Nebenpflichten nach diesem Untertitel hat der Zahlungsdienstleister nur dann einen Anspruch auf ein Entgelt, sofern dies zugelassen und zwischen dem Zahlungsdienstnutzer und dem Zahlungsdienstleister vereinbart worden ist; dieses Entgelt muss angemessen und an den tatsächlichen Kosten des Zahlungsdienstleisters ausgerichtet sein.

(5) In einem Zahlungsdiensterahmenvertrag zwischen dem Zahlungsempfänger und seinem Zahlungsdienstleister darf das Recht des Zahlungsempfängers, dem Zahler für die Nutzung eines bestimmten Zahlungsauthentifizierungsinstruments eine Ermäßigung anzubieten, nicht ausgeschlossen werden.

§ 675 g Änderung des Zahlungsdiensterahmenvertrags

(1) Eine Änderung des Zahlungsdiensterahmenvertrags auf Veranlassung des Zahlungsdienstleisters setzt voraus, dass dieser die beabsichtigte Änderung spätestens zwei Monate vor dem vorgeschlagenen Zeitpunkt ihres Wirksamwerdens dem Zahlungsdienstnutzer in der in Artikel 248 §§ 2 und 3 des Einführungsgesetzes zum Bürgerlichen Gesetzbuche vorgesehenen Form anbietet.

(2) Der Zahlungsdienstleister und der Zahlungsdienstnutzer können vereinbaren, dass die Zustimmung des Zahlungsdienstnutzers zu einer Änderung nach Absatz 1 als erteilt gilt, wenn dieser dem Zahlungsdienstleister seine Ablehnung nicht vor dem vorgeschlagenen Zeitpunkt des Wirksamwerdens der Änderung angezeigt hat. Im Fall einer solchen Vereinbarung ist der Zahlungsdienstnutzer auch berechtigt, den Zahlungsdiensterahmenvertrag vor dem vorgeschlagenen Zeitpunkt des Wirksamwerdens der Änderung fristlos zu kündigen. Der Zahlungsdienstleister ist verpflichtet, den Zahlungsdienstnutzer

mit dem Angebot zur Vertragsänderung auf die Folgen seines Schweigens sowie auf das Recht zur kostenfreien und fristlosen Kündigung hinzuweisen.

(3) Änderungen von Zinssätzen oder Wechselkursen werden unmittelbar und ohne vorherige Benachrichtigung wirksam, soweit dies im Zahlungsdiensterahmenvertrag vereinbart wurde und die Änderungen auf den dort vereinbarten Referenzzinssätzen oder Referenzwechselkursen beruhen. Referenzzinssatz ist der Zinssatz, der bei der Zinsberechnung zugrunde gelegt wird und aus einer öffentlich zugänglichen oder für beide Parteien eines Zahlungsdienstevertrags überprüfbaren Quelle stammt. Referenzwechselkurs ist der Wechselkurs, der bei jedem Währungsumtausch zugrunde gelegt und vom Zahlungsdienstleister zugänglich gemacht wird oder aus einer öffentlich zugänglichen Quelle stammt.

(4) Der Zahlungsdienstnutzer darf durch Vereinbarungen zur Berechnung nach Absatz 3 nicht benachteiligt werden.

§ 675h Ordentliche Kündigung eines Zahlungsdiensterahmenvertrags

(1) Der Zahlungsdienstnutzer kann den Zahlungsdiensterahmenvertrag, auch wenn dieser für einen bestimmten Zeitraum geschlossen ist, jederzeit ohne Einhaltung einer Kündigungsfrist kündigen, sofern nicht eine Kündigungsfrist vereinbart wurde. Die Vereinbarung einer Kündigungsfrist von mehr als einem Monat ist unwirksam.

(2) Der Zahlungsdienstleister kann den Zahlungsdiensterahmenvertrag nur kündigen, wenn der Vertrag auf unbestimmte Zeit geschlossen wurde und das Kündigungsrecht vereinbart wurde. Die Kündigungsfrist darf zwei Monate nicht unterschreiten. Die Kündigung ist in der in Artikel 248 §§ 2 und 3 des Einführungsgesetzes zum Bürgerlichen Gesetzbuche vorgesehenen Form zu erklären.

(3) Im Fall der Kündigung sind regelmäßig erhobene Entgelte nur anteilig bis zum Zeitpunkt der Beendigung des Vertrags zu entrichten. Im Voraus gezahlte Entgelte, die auf die Zeit nach Beendigung des Vertrags fallen, sind anteilig zu erstatten.

§ 675i Ausnahmen für Kleinbetragsinstrumente und elektronisches Geld

(1) Ein Zahlungsdienstevertrag kann die Überlassung eines Kleinbetragsinstruments an den Zahlungsdienstnutzer vorsehen. Ein Kleinbetragsinstrument ist ein Mittel,

1. mit dem nur einzelne Zahlungsvorgänge bis höchstens 30 Euro ausgelöst werden können,
2. das eine Ausgabenobergrenze von 150 Euro hat oder
3. das Geldbeträge speichert, die zu keiner Zeit 150 Euro übersteigen.

In den Fällen der Nummern 2 und 3 erhöht sich die Betragsgrenze auf 200 Euro, wenn das Kleinbetragsinstrument nur für inländische Zahlungsvorgänge genutzt werden kann.

(2) Im Fall des Absatzes 1 können die Parteien vereinbaren, dass

1. der Zahlungsdienstleister Änderungen der Vertragsbedingungen nicht in der in § 675g Abs. 1 vorgesehenen Form anbieten muss,
2. § 675l Satz 2, § 675m Abs. 1 Satz 1 Nr. 3, 4, Satz 2 und § 675v Abs. 3 nicht anzuwenden sind, wenn das Kleinbetragsinstrument nicht gesperrt oder eine weitere Nutzung nicht verhindert werden kann,
3. die §§ 675u, 675v Abs. 1 und 2, die §§ 675w und 676 nicht anzuwenden sind, wenn die Nutzung des Kleinbetragsinstruments keinem Zahlungsdienstnutzer zugeordnet werden kann oder der Zahlungsdienstleister aus anderen Gründen, die in dem Kleinbetragsinstrument selbst angelegt sind, nicht nachweisen kann, dass ein Zahlungsvorgang autorisiert war,
4. der Zahlungsdienstleister abweichend von § 675o Abs. 1 nicht verpflichtet ist, den Zahlungsdienstnutzer von einer Ablehnung des Zahlungsauftrags zu unterrichten, wenn die Nichtausführung aus dem Zusammenhang hervorgeht,

5. der Zahler abweichend von § 675p den Zahlungsauftrag nach dessen Übermittlung oder nachdem er dem Zahlungsempfänger seine Zustimmung zum Zahlungsauftrag erteilt hat, nicht widerrufen kann, oder

6. andere als die in § 675s bestimmten Ausführungsfristen gelten.

(3) Die §§ 675u und 675v sind für elektronisches Geld nicht anzuwenden, wenn der Zahlungsdienstleister des Zahlers nicht die Möglichkeit hat, das Zahlungskonto oder das Kleinbetragsinstrument zu sperren. Satz 1 gilt nur für Zahlungskonten oder Kleinbetragsinstrumente mit einem Wert von höchstens 200 Euro.

Kapitel 3
Erbringung und Nutzung von Zahlungsdiensten

Unterkapitel 1
Autorisierung von Zahlungsvorgängen; Zahlungsauthentifizierungsinstrumente

§ 675j Zustimmung und Widerruf der Zustimmung

(1) Ein Zahlungsvorgang ist gegenüber dem Zahler nur wirksam, wenn er diesem zugestimmt hat (Autorisierung). Die Zustimmung kann entweder als Einwilligung oder, sofern zwischen dem Zahler und seinem Zahlungsdienstleister zuvor vereinbart, als Genehmigung erteilt werden. Art und Weise der Zustimmung sind zwischen dem Zahler und seinem Zahlungsdienstleister zu vereinbaren. Insbesondere kann vereinbart werden, dass die Zustimmung mittels eines bestimmten Zahlungsauthentifizierungsinstruments erteilt werden kann.

(2) Die Zustimmung kann vom Zahler durch Erklärung gegenüber dem Zahlungsdienstleister so lange widerrufen werden, wie der Zahlungsauftrag widerruflich ist (§ 675p). Auch die Zustimmung zur Ausführung mehrerer Zahlungsvorgänge kann mit der Folge widerrufen werden, dass jeder nachfolgende Zahlungsvorgang nicht mehr autorisiert ist.

§ 675k Nutzungsbegrenzung

(1) In Fällen, in denen die Zustimmung mittels eines Zahlungsauthentifizierungsinstruments erteilt wird, können der Zahler und der Zahlungsdienstleister Betragsobergrenzen für die Nutzung dieses Zahlungsauthentifizierungsinstruments vereinbaren.

(2) Zahler und Zahlungsdienstleister können vereinbaren, dass der Zahlungsdienstleister das Recht hat, ein Zahlungsauthentifizierungsinstrument zu sperren, wenn

1. sachliche Gründe im Zusammenhang mit der Sicherheit des Zahlungsauthentifizierungsinstruments dies rechtfertigen,

2. der Verdacht einer nicht autorisierten oder einer betrügerischen Verwendung des Zahlungsauthentifizierungsinstruments besteht oder

3. bei einem Zahlungsauthentifizierungsinstrument mit Kreditgewährung ein wesentlich erhöhtes Risiko besteht, dass der Zahler seiner Zahlungspflicht nicht nachkommen kann.

In diesem Fall ist der Zahlungsdienstleister verpflichtet, den Zahler über die Sperrung des Zahlungsauthentifizierungsinstruments möglichst vor, spätestens jedoch unverzüglich nach der Sperrung zu unterrichten. In der Unterrichtung sind die Gründe für die Sperrung anzugeben. Die Angabe von Gründen darf unterbleiben, soweit der Zahlungsdienstleister hierdurch gegen gesetzliche Verpflichtungen verstoßen würde. Der Zahlungsdienstleister ist verpflichtet, das Zahlungsauthentifizierungsinstrument zu entsperren oder dieses durch ein neues Zahlungsauthentifizierungsinstrument zu ersetzen, wenn die Gründe für die Sperrung nicht mehr gegeben sind. Der Zahlungsdienstnutzer ist über eine Entsperrung unverzüglich zu unterrichten.

§ 675l Pflichten des Zahlers in Bezug auf Zahlungsauthentifizierungsinstrumente

Der Zahler ist verpflichtet, unmittelbar nach Erhalt eines Zahlungsauthentifizierungsinstruments alle zumutbaren Vorkehrungen zu treffen, um die personalisierten Sicherheitsmerkmale vor unbefugtem Zugriff zu schützen. Er hat dem Zahlungsdienstleister oder einer von diesem benannten Stelle den Verlust, den Diebstahl, die missbräuchliche Verwendung oder die sonstige nicht autorisierte Nutzung eines Zahlungsauthentifizierungsinstruments unverzüglich anzuzeigen, nachdem er hiervon Kenntnis erlangt hat.

§ 675m Pflichten des Zahlungsdienstleisters in Bezug auf Zahlungsauthentifizierungsinstrumente; Risiko der Versendung

(1) Der Zahlungsdienstleister, der ein Zahlungsauthentifizierungsinstrument ausgibt, ist verpflichtet,

1. unbeschadet der Pflichten des Zahlungsdienstnutzers gemäß § 675l sicherzustellen, dass die personalisierten Sicherheitsmerkmale des Zahlungsauthentifizierungsinstruments nur der zur Nutzung berechtigten Person zugänglich sind,

2. die unaufgeforderte Zusendung von Zahlungsauthentifizierungsinstrumenten an den Zahlungsdienstnutzer zu unterlassen, es sei denn, ein bereits an den Zahlungsdienstnutzer ausgegebenes Zahlungsauthentifizierungsinstrument muss ersetzt werden,

3. sicherzustellen, dass der Zahlungsdienstnutzer durch geeignete Mittel jederzeit die Möglichkeit hat, eine Anzeige gemäß § 675l Satz 2 vorzunehmen oder die Aufhebung der Sperrung gemäß § 675k Abs. 2 Satz 5 zu verlangen, und

4. jede Nutzung des Zahlungsauthentifizierungsinstruments zu verhindern, sobald eine Anzeige gemäß § 675l Satz 2 erfolgt ist.

Hat der Zahlungsdienstnutzer den Verlust, den Diebstahl, die missbräuchliche Verwendung oder die sonstige nicht autorisierte Nutzung eines Zahlungsauthentifizierungsinstruments angezeigt, stellt sein Zahlungsdienstleister ihm auf Anfrage bis mindestens 18 Monate nach dieser Anzeige die Mittel zur Verfügung, mit denen der Zahlungsdienstnutzer beweisen kann, dass eine Anzeige erfolgt ist.

(2) Die Gefahr der Versendung eines Zahlungsauthentifizierungsinstruments und der Versendung personalisierter Sicherheitsmerkmale des Zahlungsauthentifizierungsinstruments an den Zahler trägt der Zahlungsdienstleister.

Unterkapitel 2
Ausführung von Zahlungsvorgängen

§ 675n Zugang von Zahlungsaufträgen

(1) Ein Zahlungsauftrag wird wirksam, wenn er dem Zahlungsdienstleister des Zahlers zugeht. Fällt der Zeitpunkt des Zugangs nicht auf einen Geschäftstag des Zahlungsdienstleisters des Zahlers, gilt der Zahlungsauftrag als am darauf folgenden Geschäftstag zugegangen. Der Zahlungsdienstleister kann festlegen, dass Zahlungsaufträge, die nach einem bestimmten Zeitpunkt nahe am Ende eines Geschäftstags zugehen, für die Zwecke des § 675s Abs. 1 als am darauf folgenden Geschäftstag zugegangen gelten. Geschäftstag ist jeder Tag, an dem der an der Ausführung eines Zahlungsvorgangs beteiligte Zahlungsdienstleister den für die Ausführung von Zahlungsvorgängen erforderlichen Geschäftsbetrieb unterhält.

(2) Vereinbaren der Zahlungsdienstnutzer, der einen Zahlungsvorgang auslöst oder über den ein Zahlungsvorgang ausgelöst wird, und sein Zahlungsdienstleister, dass die Ausführung des Zahlungsauftrags an einem bestimmten Tag oder am Ende eines bestimmten Zeitraums oder an dem Tag, an dem der Zahler dem Zahlungsdienstleister den zur Ausführung erforderlichen Geldbetrag zur Verfügung gestellt hat, beginnen soll, so gilt der vereinbarte Termin für die Zwecke des § 675s Abs. 1 als Zeitpunkt des Zugangs. Fällt der vereinbarte Termin nicht auf einen Geschäftstag des Zahlungsdienstleisters des Zahlers, so gilt für die Zwecke des § 675s Abs. 1 der darauf folgende Geschäftstag als Zeitpunkt des Zugangs.

§ 675o Ablehnung von Zahlungsaufträgen

(1) Lehnt der Zahlungsdienstleister die Ausführung eines Zahlungsauftrags ab, ist er verpflichtet, den Zahlungsdienstnutzer hierüber unverzüglich, auf jeden Fall aber innerhalb der Fristen gemäß § 675s Abs. 1 zu unterrichten. In der Unterrichtung sind, soweit möglich, die Gründe für die Ablehnung sowie die Möglichkeiten anzugeben, wie Fehler, die zur Ablehnung geführt haben, berichtigt werden können. Die Angabe von Gründen darf unterbleiben, soweit sie gegen sonstige Rechtsvorschriften verstoßen würde. Der Zahlungsdienstleister darf mit dem Zahlungsdienstnutzer im Zahlungsdiensterahmenvertrag für die Unterrichtung über eine berechtigte Ablehnung ein Entgelt vereinbaren.

(2) Der Zahlungsdienstleister des Zahlers ist nicht berechtigt, die Ausführung eines autorisierten Zahlungsauftrags abzulehnen, wenn die im Zahlungsdiensterahmenvertrag festgelegten Ausführungsbedingungen erfüllt sind und die Ausführung nicht gegen sonstige Rechtsvorschriften verstößt.

(3) Für die Zwecke der §§ 675s, 675y und 675z gilt ein Zahlungsauftrag, dessen Ausführung berechtigterweise abgelehnt wurde, als nicht zugegangen.

§ 675p Unwiderruflichkeit eines Zahlungsauftrags

(1) Der Zahlungsdienstnutzer kann einen Zahlungsauftrag vorbehaltlich der Absätze 2 bis 4 nach dessen Zugang beim Zahlungsdienstleister des Zahlers nicht mehr widerrufen.

(2) Wurde der Zahlungsvorgang vom Zahlungsempfänger oder über diesen ausgelöst, so kann der Zahler den Zahlungsauftrag nicht mehr widerrufen, nachdem er den Zahlungsauftrag oder seine Zustimmung zur Ausführung des Zahlungsvorgangs an den Zahlungsempfänger übermittelt hat. Im Fall einer Lastschrift kann der Zahler den Zahlungsauftrag jedoch unbeschadet seiner Rechte gemäß § 675x bis zum Ende des Geschäftstags

vor dem vereinbarten Fälligkeitstag widerrufen.

(3) Ist zwischen dem Zahlungsdienstnutzer und seinem Zahlungsdienstleister ein bestimmter Termin für die Ausführung eines Zahlungsauftrags (§ 675n Abs. 2) vereinbart worden, kann der Zahlungsdienstnutzer den Zahlungsauftrag bis zum Ende des Geschäftstags vor dem vereinbarten Tag widerrufen.

(4) Nach den in den Absätzen 1 bis 3 genannten Zeitpunkten kann der Zahlungsauftrag nur widerrufen werden, wenn der Zahlungsdienstnutzer und sein Zahlungsdienstleister dies vereinbart haben. In den Fällen des Absatzes 2 ist zudem die Zustimmung des Zahlungsempfängers zum Widerruf erforderlich. Der Zahlungsdienstleister darf mit dem Zahlungsdienstnutzer im Zahlungsdiensterahmenvertrag für die Bearbeitung eines solchen Widerrufs ein Entgelt vereinbaren.

(5) Der Teilnehmer an Zahlungsverkehrssystemen kann einen Auftrag zugunsten eines anderen Teilnehmers von dem in den Regeln des Systems bestimmten Zeitpunkt an nicht mehr widerrufen.

§ 675q Entgelte bei Zahlungsvorgängen

(1) Der Zahlungsdienstleister des Zahlers sowie sämtliche an dem Zahlungsvorgang beteiligte zwischengeschaltete Stellen sind verpflichtet, den Betrag, der Gegenstand des Zahlungsvorgangs ist (Zahlungsbetrag), ungekürzt an den Zahlungsdienstleister des Zahlungsempfängers zu übermitteln.

(2) Der Zahlungsdienstleister des Zahlungsempfängers darf ihm zustehende Entgelte vor Erteilung der Gutschrift nur dann von dem übermittelten Betrag abziehen, wenn dies mit dem Zahlungsempfänger vereinbart wurde. In diesem Fall sind der vollständige Betrag des Zahlungsvorgangs und die Entgelte in den Informationen gemäß Artikel 248 §§ 8 und 15 des Einführungsgesetzes zum Bürgerlichen Gesetzbuche für den Zahlungsempfänger getrennt auszuweisen.

(3) Bei einem Zahlungsvorgang, der mit keiner Währungsumrechnung verbunden ist, tragen Zahlungsempfänger und Zahler je-

weils die von ihrem Zahlungsdienstleister erhobenen Entgelte.

§ 675r Ausführung eines Zahlungsvorgangs anhand von Kundenkennungen

(1) Die beteiligten Zahlungsdienstleister sind berechtigt, einen Zahlungsvorgang ausschließlich anhand der von dem Zahlungsdienstnutzer angegebenen Kundenkennung auszuführen. Wird ein Zahlungsauftrag in Übereinstimmung mit dieser Kundenkennung ausgeführt, so gilt er im Hinblick auf den durch die Kundenkennung bezeichneten Zahlungsempfänger als ordnungsgemäß ausgeführt.

(2) Eine Kundenkennung ist eine Abfolge aus Buchstaben, Zahlen oder Symbolen, die dem Zahlungsdienstnutzer vom Zahlungsdienstleister mitgeteilt wird und die der Zahlungsdienstnutzer angeben muss, damit der andere am Zahlungsvorgang beteiligte Zahlungsdienstnutzer oder dessen Zahlungskonto zweifelsfrei ermittelt werden kann.

(3) Ist eine vom Zahler angegebene Kundenkennung für den Zahlungsdienstleister des Zahlers erkennbar keinem Zahlungsempfänger oder keinem Zahlungskonto zuzuordnen, ist dieser verpflichtet, den Zahler unverzüglich hierüber zu unterrichten und ihm gegebenenfalls den Zahlungsbetrag wieder herauszugeben.

§ 675s Ausführungsfrist für Zahlungsvorgänge

(1) Der Zahlungsdienstleister des Zahlers ist verpflichtet sicherzustellen, dass der Zahlungsbetrag spätestens am Ende des auf den Zugangszeitpunkt des Zahlungsauftrags folgenden Geschäftstags beim Zahlungsdienstleister des Zahlungsempfängers eingeht; bis zum 1. Januar 2012 können ein Zahler und sein Zahlungsdienstleister eine Frist von bis zu drei Geschäftstagen vereinbaren. Für Zahlungsvorgänge innerhalb des Europäischen Wirtschaftsraums, die nicht in Euro erfolgen, können ein Zahler und sein Zahlungsdienstleister eine Frist von maximal vier Geschäftstagen vereinbaren. Für in Papierform ausgelöste Zahlungsvorgänge können die Fristen nach Satz 1 um einen weiteren Geschäftstag verlängert werden.

(2) Bei einem vom oder über den Zahlungsempfänger ausgelösten Zahlungsvorgang ist der Zahlungsdienstleister des Zahlungsempfängers verpflichtet, den Zahlungsauftrag dem Zahlungsdienstleister des Zahlers innerhalb der zwischen dem Zahlungsempfänger und seinem Zahlungsdienstleister vereinbarten Fristen zu übermitteln. Im Fall einer Lastschrift ist der Zahlungsauftrag so rechtzeitig zu übermitteln, dass die Verrechnung an dem vom Zahlungsempfänger mitgeteilten Fälligkeitstag ermöglicht wird.

§ 675t Wertstellungsdatum und Verfügbarkeit von Geldbeträgen

(1) Der Zahlungsdienstleister des Zahlungsempfängers ist verpflichtet, dem Zahlungsempfänger den Zahlungsbetrag unverzüglich verfügbar zu machen, nachdem er auf dem Konto des Zahlungsdienstleisters eingegangen ist. Sofern der Zahlungsbetrag auf einem Zahlungskonto des Zahlungsempfängers gutgeschrieben werden soll, ist die Gutschrift, auch wenn sie nachträglich erfolgt, so vorzunehmen, dass der Zeitpunkt, den der Zahlungsdienstleister für die Berechnung der Zinsen bei Gutschrift oder Belastung eines Betrags auf einem Zahlungskonto zugrunde legt (Wertstellungsdatum), spätestens der Geschäftstag ist, an dem der Zahlungsbetrag auf dem Konto des Zahlungsdienstleisters des Zahlungsempfängers eingegangen ist. Satz 1 gilt auch dann, wenn der Zahlungsempfänger kein Zahlungskonto unterhält.

(2) Zahlt ein Verbraucher Bargeld auf ein Zahlungskonto bei einem Zahlungsdienstleister in der Währung des betreffenden Zahlungskontos ein, so stellt dieser Zahlungsdienstleister sicher, dass der Betrag dem Zahlungsempfänger unverzüglich nach dem Zeitpunkt der Entgegennahme verfügbar gemacht und wertgestellt wird. Ist der Zahlungsdienstnutzer kein Verbraucher, so muss dem Zahlungsempfänger der Geldbetrag spätestens an dem auf die Entgegennahme

folgenden Geschäftstag verfügbar gemacht und wertgestellt werden.

(3) Eine Belastung auf dem Zahlungskonto des Zahlers ist so vorzunehmen, dass das Wertstellungsdatum frühestens der Zeitpunkt ist, an dem dieses Zahlungskonto mit dem Zahlungsbetrag belastet wird.

Unterkapitel 3
Haftung

§ 675u Haftung des Zahlungsdienstleisters für nicht autorisierte Zahlungsvorgänge

Im Fall eines nicht autorisierten Zahlungsvorgangs hat der Zahlungsdienstleister des Zahlers gegen diesen keinen Anspruch auf Erstattung seiner Aufwendungen. Er ist verpflichtet, dem Zahler den Zahlungsbetrag unverzüglich zu erstatten und, sofern der Betrag einem Zahlungskonto belastet worden ist, dieses Zahlungskonto wieder auf den Stand zu bringen, auf dem es sich ohne die Belastung durch den nicht autorisierten Zahlungsvorgang befunden hätte.

§ 675v Haftung des Zahlers bei missbräuchlicher Nutzung eines Zahlungsauthentifizierungsinstruments

(1) Beruhen nicht autorisierte Zahlungsvorgänge auf der Nutzung eines verlorengegangenen, gestohlenen oder sonst abhanden gekommenen Zahlungsauthentifizierungsinstruments, so kann der Zahlungsdienstleister des Zahlers von diesem den Ersatz des hierdurch entstandenen Schadens bis zu einem Betrag von 150 Euro verlangen. Dies gilt auch, wenn der Schaden infolge einer sonstigen missbräuchlichen Verwendung eines Zahlungsauthentifizierungsinstruments entstanden ist und der Zahler die personalisierten Sicherheitsmerkmale nicht sicher aufbewahrt hat.

(2) Der Zahler ist seinem Zahlungsdienstleister zum Ersatz des gesamten Schadens verpflichtet, der infolge eines nicht autorisierten Zahlungsvorgangs entstanden ist, wenn er ihn in betrügerischer Absicht ermöglicht hat

oder durch vorsätzliche oder grob fahrlässige Verletzung

1. einer oder mehrerer Pflichten gemäß § 675l oder

2. einer oder mehrerer vereinbarter Bedingungen für die Ausgabe und Nutzung des Zahlungsauthentifizierungsinstruments

herbeigeführt hat.

(3) Abweichend von den Absätzen 1 und 2 ist der Zahler nicht zum Ersatz von Schäden verpflichtet, die aus der Nutzung eines nach der Anzeige gemäß § 675l Satz 2 verwendeten Zahlungsauthentifizierungsinstruments entstanden sind. Der Zahler ist auch nicht zum Ersatz von Schäden im Sinne des Absatzes 1 verpflichtet, wenn der Zahlungsdienstleister seiner Pflicht gemäß § 675m Abs. 1 Nr. 3 nicht nachgekommen ist. Die Sätze 1 und 2 sind nicht anzuwenden, wenn der Zahler in betrügerischer Absicht gehandelt hat.

§ 675w Nachweis der Authentifizierung

Ist die Autorisierung eines ausgeführten Zahlungsvorgangs streitig, hat der Zahlungsdienstleister nachzuweisen, dass eine Authentifizierung erfolgt ist und der Zahlungsvorgang ordnungsgemäß aufgezeichnet, verbucht sowie nicht durch eine Störung beeinträchtigt wurde. Eine Authentifizierung ist erfolgt, wenn der Zahlungsdienstleister die Nutzung eines bestimmten Zahlungsauthentifizierungsinstruments, einschließlich seiner personalisierten Sicherheitsmerkmale, mit Hilfe eines Verfahrens überprüft hat. Wurde der Zahlungsvorgang mittels eines Zahlungsauthentifizierungsinstruments ausgelöst, reicht die Aufzeichnung der Nutzung des Zahlungsauthentifizierungsinstruments einschließlich der Authentifizierung durch den Zahlungsdienstleister allein nicht notwendigerweise aus, um nachzuweisen, dass der Zahler

1. den Zahlungsvorgang autorisiert,

2. in betrügerischer Absicht gehandelt,

3. eine oder mehrere Pflichten gemäß § 675l verletzt oder

4. vorsätzlich oder grob fahrlässig gegen eine oder mehrere Bedingungen für die

Ausgabe und Nutzung des Zahlungsauthentifizierungsinstruments verstoßen hat.

§ 675x Erstattungsanspruch bei einem vom oder über den Zahlungsempfänger ausgelösten autorisierten Zahlungsvorgang

(1) Der Zahler hat gegen seinen Zahlungsdienstleister einen Anspruch auf Erstattung eines belasteten Zahlungsbetrags, der auf einem autorisierten, vom oder über den Zahlungsempfänger ausgelösten Zahlungsvorgang beruht, wenn

1. bei der Autorisierung der genaue Betrag nicht angegeben wurde und

2. der Zahlungsbetrag den Betrag übersteigt, den der Zahler entsprechend seinem bisherigen Ausgabeverhalten, den Bedingungen des Zahlungsdiensterahmenvertrags und den jeweiligen Umständen des Einzelfalls hätte erwarten können; mit einem etwaigen Währungsumtausch zusammenhängende Gründe bleiben außer Betracht, wenn der zwischen den Parteien vereinbarte Referenzwechselkurs zugrunde gelegt wurde.

Der Zahler ist auf Verlangen seines Zahlungsdienstleisters verpflichtet, die Sachumstände darzulegen, aus denen er sein Erstattungsverlangen herleitet.

(2) Im Fall von Lastschriften können der Zahler und sein Zahlungsdienstleister vereinbaren, dass der Zahler auch dann einen Anspruch auf Erstattung gegen seinen Zahlungsdienstleister hat, wenn die Voraussetzungen für eine Erstattung nach Absatz 1 nicht erfüllt sind.

(3) Der Zahler kann mit seinem Zahlungsdienstleister vereinbaren, dass er einen Anspruch auf Erstattung hat, wenn er seine Zustimmung zur Durchführung des Zahlungsvorgangs unmittelbar seinem Zahlungsdienstleister erteilt hat und er, sofern vereinbart, über den anstehenden Zahlungsvorgang mindestens vier Wochen vor dem Fälligkeitstermin vom Zahlungsdienstleister oder vom Zahlungsempfänger unterrichtet wurde.

(4) Ein Anspruch des Zahlers auf Erstattung ist ausgeschlossen, wenn er ihn nicht innerhalb von acht Wochen ab dem Zeitpunkt der Belastung des betreffenden Zahlungsbetrags gegenüber seinem Zahlungsdienstleister geltend macht.

(5) Der Zahlungsdienstleister ist verpflichtet, innerhalb von zehn Geschäftstagen nach Zugang eines Erstattungsverlangens entweder den vollständigen Betrag des Zahlungsvorgangs zu erstatten oder dem Zahler die Gründe für die Ablehnung der Erstattung mitzuteilen. Im Fall der Ablehnung hat der Zahlungsdienstleister auf die Beschwerdemöglichkeit gemäß § 28 des Zahlungsdiensteaufsichtsgesetzes und auf die Möglichkeit, eine Schlichtungsstelle gemäß § 14 des Unterlassungsklagengesetzes anzurufen, hinzuweisen. Das Recht des Zahlungsdienstleisters, eine innerhalb der Frist nach Absatz 4 geltend gemachte Erstattung abzulehnen, erstreckt sich nicht auf den Fall nach Absatz 2.

(6) Absatz 1 ist nicht anzuwenden auf Lastschriften, sobald diese durch eine Genehmigung des Zahlers unmittelbar gegenüber seinem Zahlungsdienstleister autorisiert worden sind.

§ 675y Haftung der Zahlungsdienstleister bei nicht erfolgter oder fehlerhafter Ausführung eines Zahlungsauftrags; Nachforschungspflicht

(1) Wird ein Zahlungsvorgang vom Zahler ausgelöst, kann dieser von seinem Zahlungsdienstleister im Fall einer nicht erfolgten oder fehlerhaften Ausführung des Zahlungsauftrags die unverzügliche und ungekürzte Erstattung des Zahlungsbetrags verlangen. Wurde der Betrag einem Zahlungskonto des Zahlers belastet, ist dieses Zahlungskonto wieder auf den Stand zu bringen, auf dem es sich ohne den fehlerhaft ausgeführten Zahlungsvorgang befunden hätte. Soweit vom Zahlungsbetrag entgegen § 675q Abs. 1 Entgelte abgezogen wurden, hat der Zahlungsdienstleister des Zahlers den abgezogenen Betrag dem Zahlungsempfänger unverzüglich zu übermitteln. Weist der Zahlungs-

dienstleister des Zahlers nach, dass der Zahlungsbetrag rechtzeitig und ungekürzt beim Zahlungsdienstleister des Zahlungsempfängers eingegangen ist, entfällt die Haftung nach diesem Absatz.

(2) Wird ein Zahlungsvorgang vom oder über den Zahlungsempfänger ausgelöst, kann dieser im Fall einer nicht erfolgten oder fehlerhaften Ausführung des Zahlungsauftrags verlangen, dass sein Zahlungsdienstleister diesen Zahlungsauftrag unverzüglich, gegebenenfalls erneut, an den Zahlungsdienstleister des Zahlers übermittelt. Weist der Zahlungsdienstleister des Zahlungsempfängers nach, dass er die ihm bei der Ausführung des Zahlungsvorgangs obliegenden Pflichten erfüllt hat, hat der Zahlungsdienstleister des Zahlers dem Zahler gegebenenfalls unverzüglich den ungekürzten Zahlungsbetrag entsprechend Absatz 1 Satz 1 und 2 zu erstatten. Soweit vom Zahlungsbetrag entgegen § 675q Abs. 1 und 2 Entgelte abgezogen wurden, hat der Zahlungsdienstleister des Zahlungsempfängers den abgezogenen Betrag dem Zahlungsempfänger unverzüglich verfügbar zu machen.

(3) Ansprüche des Zahlungsdienstnutzers gegen seinen Zahlungsdienstleister nach Absatz 1 Satz 1 und 2 sowie Absatz 2 Satz 2 bestehen nicht, soweit der Zahlungsauftrag in Übereinstimmung mit der vom Zahlungsdienstnutzer angegebenen fehlerhaften Kundenkennung ausgeführt wurde. In diesem Fall kann der Zahler von seinem Zahlungsdienstleister jedoch verlangen, dass dieser sich im Rahmen seiner Möglichkeiten darum bemüht, den Zahlungsbetrag wiederzuerlangen. Der Zahlungsdienstleister darf mit dem Zahlungsdienstnutzer im Zahlungsdiensterahmenvertrag für diese Wiederbeschaffung ein Entgelt vereinbaren.

(4) Ein Zahlungsdienstnutzer kann von seinem Zahlungsdienstleister über die Ansprüche nach den Absätzen 1 und 2 hinaus die Erstattung der Entgelte und Zinsen verlangen, die der Zahlungsdienstleister ihm im Zusammenhang mit der nicht erfolgten oder fehlerhaften Ausführung des Zahlungsvor-

gangs in Rechnung gestellt oder mit denen er dessen Zahlungskonto belastet hat.

(5) Wurde ein Zahlungsauftrag nicht oder fehlerhaft ausgeführt, hat der Zahlungsdienstleister desjenigen Zahlungsdienstnutzers, der einen Zahlungsvorgang ausgelöst hat oder über den ein Zahlungsvorgang ausgelöst wurde, auf Verlangen seines Zahlungsdienstnutzers den Zahlungsvorgang nachzuvollziehen und seinen Zahlungsdienstnutzer über das Ergebnis zu unterrichten.

§ 675z Sonstige Ansprüche bei nicht erfolgter oder fehlerhafter Ausführung eines Zahlungsauftrags oder bei einem nicht autorisierten Zahlungsvorgang

Die §§ 675u und 675y sind hinsichtlich der dort geregelten Ansprüche eines Zahlungsdienstnutzers abschließend. Die Haftung eines Zahlungsdienstleisters gegenüber seinem Zahlungsdienstnutzer für einen wegen nicht erfolgter oder fehlerhafter Ausführung eines Zahlungsauftrags entstandenen Schaden, der nicht bereits von § 675y erfasst ist, kann auf 12 500 Euro begrenzt werden; dies gilt nicht für Vorsatz und grobe Fahrlässigkeit, den Zinsschaden und für Gefahren, die der Zahlungsdienstleister besonders übernommen hat. Zahlungsdienstleister haben hierbei ein Verschulden, das einer zwischengeschalteten Stelle zur Last fällt, wie eigenes Verschulden zu vertreten, es sei denn, dass die wesentliche Ursache bei einer zwischengeschalteten Stelle liegt, die der Zahlungsdienstnutzer vorgegeben hat. In den Fällen von Satz 3 zweiter Halbsatz haftet die von dem Zahlungsdienstnutzer vorgegebene zwischengeschaltete Stelle anstelle des Zahlungsdienstleisters des Zahlungsdienstnutzers. § 675y Abs. 3 Satz 1 ist auf die Haftung eines Zahlungsdienstleisters nach den Sätzen 2 bis 4 entsprechend anzuwenden.

§ 676 Nachweis der Ausführung von Zahlungsvorgängen

Ist zwischen dem Zahlungsdienstnutzer und seinem Zahlungsdienstleister streitig, ob der Zahlungsvorgang ordnungsgemäß ausgeführt wurde, muss der Zahlungsdienstleister nachweisen, dass der Zahlungsvorgang ordnungsgemäß aufgezeichnet und verbucht sowie nicht durch eine Störung beeinträchtigt wurde.

§ 676a Ausgleichsanspruch

Liegt die Ursache für die Haftung eines Zahlungsdienstleisters gemäß den §§ 675y und 675z im Verantwortungsbereich eines anderen Zahlungsdienstleisters oder einer zwischengeschaltete Stelle, so kann er vom anderen Zahlungsdienstleister oder der zwischengeschalteten Stelle den Ersatz des Schadens verlangen, der ihm aus der Erfüllung der Ansprüche eines Zahlungsdienstnutzers gemäß den §§ 675y und 675z entsteht.

§ 676b Anzeige nicht autorisierter oder fehlerhaft ausgeführter Zahlungsvorgänge

(1) Der Zahlungsdienstnutzer hat seinen Zahlungsdienstleister unverzüglich nach Feststellung eines nicht autorisierten oder fehlerhaft ausgeführten Zahlungsvorgangs zu unterrichten.

(2) Ansprüche und Einwendungen des Zahlungsdienstnutzers gegen den Zahlungsdienstleister nach diesem Unterkapitel sind ausgeschlossen, wenn dieser seinen Zahlungsdienstleister nicht spätestens 13 Monate nach dem Tag der Belastung mit einem nicht autorisierten oder fehlerhaft ausgeführten Zahlungsvorgang hiervon unterrichtet hat. Der Lauf der Frist beginnt nur, wenn der Zahlungsdienstleister den Zahlungsdienstnutzer über die den Zahlungsvorgang betreffenden Angaben gemäß Artikel 248 §§ 7, 10 oder § 14 des Einführungsgesetzes zum Bürgerlichen Gesetzbuche unterrichtet hat; anderenfalls ist für den Fristbeginn der Tag der Unterrichtung maßgeblich.

(3) Für andere als die in § 675z Satz 1 genannten Ansprüche des Zahlungsdienstnutzers gegen seinen Zahlungsdienstleister wegen eines nicht autorisierten oder fehlerhaft ausgeführten Zahlungsvorgangs gilt Absatz 2 mit der Maßgabe, dass der Zahlungsdienstnutzer diese Ansprüche auch nach Ablauf der Frist geltend machen kann, wenn er ohne Verschulden an der Einhaltung der Frist verhindert war.

§ 676c Haftungsausschluss

Ansprüche nach diesem Kapitel sind ausgeschlossen, wenn die einen Anspruch begründenden Umstände

1. auf einem ungewöhnlichen und unvorhersehbaren Ereignis beruhen, auf das diejenige Partei, die sich auf dieses Ereignis beruft, keinen Einfluss hat, und dessen Folgen trotz Anwendung der gebotenen Sorgfalt nicht hätten vermieden werden können, oder

2. vom Zahlungsdienstleister auf Grund einer gesetzlichen Verpflichtung herbeigeführt wurden.

Titel 13
Geschäftsführung ohne Auftrag

§ 677 Pflichten des Geschäftsführers

Wer ein Geschäft für einen anderen besorgt, ohne von ihm beauftragt oder ihm gegenüber sonst dazu berechtigt zu sein, hat das Geschäft so zu führen, wie das Interesse des Geschäftsherrn mit Rücksicht auf dessen wirklichen oder mutmaßlichen Willen es erfordert.

§ 678 Geschäftsführung gegen den Willen des Geschäftsherrn

Steht die Übernahme der Geschäftsführung mit dem wirklichen oder dem mutmaßlichen Willen des Geschäftsherrn in Widerspruch und musste der Geschäftsführer dies erkennen, so ist er dem Geschäftsherrn zum Ersatz des aus der Geschäftsführung entstehenden Schadens auch dann verpflichtet, wenn ihm ein sonstiges Verschulden nicht zur Last fällt.

§ 679 Unbeachtlichkeit des entgegenstehenden Willens des Geschäftsherrn

Ein der Geschäftsführung entgegenstehender Wille des Geschäftsherrn kommt nicht in Betracht, wenn ohne die Geschäftsführung eine Pflicht des Geschäftsherrn, deren Erfüllung im öffentlichen Interesse liegt, oder eine gesetzliche Unterhaltspflicht des Geschäftsherrn nicht rechtzeitig erfüllt werden würde.

§ 680 Geschäftsführung zur Gefahrenabwehr

Bezweckt die Geschäftsführung die Abwendung einer dem Geschäftsherrn drohenden dringenden Gefahr, so hat der Geschäftsführer nur Vorsatz und grobe Fahrlässigkeit zu vertreten.

§ 681 Nebenpflichten des Geschäftsführers

Der Geschäftsführer hat die Übernahme der Geschäftsführung, sobald es tunlich ist, dem Geschäftsherrn anzuzeigen und, wenn nicht mit dem Aufschub Gefahr verbunden ist, dessen Entschließung abzuwarten. Im Übrigen finden auf die Verpflichtungen des Geschäftsführers die für einen Beauftragten geltenden Vorschriften der §§ 666 bis 668 entsprechende Anwendung.

§ 682 Fehlende Geschäftsfähigkeit des Geschäftsführers

Ist der Geschäftsführer geschäftsunfähig oder in der Geschäftsfähigkeit beschränkt, so ist er nur nach den Vorschriften über den Schadensersatz wegen unerlaubter Handlungen und über die Herausgabe einer ungerechtfertigten Bereicherung verantwortlich.

§ 683 Ersatz von Aufwendungen

Entspricht die Übernahme der Geschäftsführung dem Interesse und dem wirklichen oder dem mutmaßlichen Willen des Geschäftsherrn, so kann der Geschäftsführer wie ein Beauftragter Ersatz seiner Aufwendungen verlangen. In den Fällen des § 679 steht dieser Anspruch dem Geschäftsführer zu, auch wenn die Übernahme der Geschäftsführung mit dem Willen des Geschäftsherrn in Widerspruch steht.

§ 684 Herausgabe der Bereicherung

Liegen die Voraussetzungen des § 683 nicht vor, so ist der Geschäftsherr verpflichtet, dem Geschäftsführer alles, was er durch die Geschäftsführung erlangt, nach den Vorschriften über die Herausgabe einer ungerechtfertigten Bereicherung herauszugeben. Genehmigt der Geschäftsherr die Geschäftsführung, so steht dem Geschäftsführer der in § 683 bestimmte Anspruch zu.

§ 685 Schenkungsabsicht

(1) Dem Geschäftsführer steht ein Anspruch nicht zu, wenn er nicht die Absicht hatte, von dem Geschäftsherrn Ersatz zu verlangen.

(2) Gewähren Eltern oder Voreltern ihren Abkömmlingen oder diese jenen Unterhalt, so ist im Zweifel anzunehmen, dass die Absicht fehlt, von dem Empfänger Ersatz zu verlangen.

§ 686 Irrtum über Person des Geschäftsherrn

Ist der Geschäftsführer über die Person des Geschäftsherrn im Irrtum, so wird der wirkliche Geschäftsherr aus der Geschäftsführung berechtigt und verpflichtet.

§ 687 Unechte Geschäftsführung

(1) Die Vorschriften der §§ 677 bis 686 finden keine Anwendung, wenn jemand ein fremdes Geschäft in der Meinung besorgt, dass es sein eigenes sei.

(2) Behandelt jemand ein fremdes Geschäft als sein eigenes, obwohl er weiß, dass er nicht dazu berechtigt ist, so kann der Geschäftsherr die sich aus den §§ 677, 678, 681, 682 ergebenden Ansprüche geltend machen. Macht er sie geltend, so ist er dem Geschäftsführer nach § 684 Satz 1 verpflichtet.

Titel 14
Verwahrung

§ 688 Vertragstypische Pflichten bei der Verwahrung

Durch den Verwahrungsvertrag wird der Verwahrer verpflichtet, eine ihm von dem Hinterleger übergebene bewegliche Sache aufzubewahren.

§ 689 Vergütung

Eine Vergütung für die Aufbewahrung gilt als stillschweigend vereinbart, wenn die Aufbewahrung den Umständen nach nur gegen eine Vergütung zu erwarten ist.

§ 690 Haftung bei unentgeltlicher Verwahrung

Wird die Aufbewahrung unentgeltlich übernommen, so hat der Verwahrer nur für diejenige Sorgfalt einzustehen, welche er in eigenen Angelegenheiten anzuwenden pflegt.

§ 691 Hinterlegung bei Dritten

Der Verwahrer ist im Zweifel nicht berechtigt, die hinterlegte Sache bei einem Dritten zu hinterlegen. Ist die Hinterlegung bei einem Dritten gestattet, so hat der Verwahrer nur ein ihm bei dieser Hinterlegung zur Last fallendes Verschulden zu vertreten. Für das Verschulden eines Gehilfen ist er nach § 278 verantwortlich.

§ 692 Änderung der Aufbewahrung

Der Verwahrer ist berechtigt, die vereinbarte Art der Aufbewahrung zu ändern, wenn er den Umständen nach annehmen darf, dass der Hinterleger bei Kenntnis der Sachlage die Änderung billigen würde. Der Verwahrer hat vor der Änderung dem Hinterleger Anzeige zu machen und dessen Entschließung abzuwarten, wenn nicht mit dem Aufschub Gefahr verbunden ist.

§ 693 Ersatz von Aufwendungen

Macht der Verwahrer zum Zwecke der Aufbewahrung Aufwendungen, die er den Umständen nach für erforderlich halten darf, so ist der Hinterleger zum Ersatz verpflichtet.

§ 694 Schadensersatzpflicht des Hinterlegers

Der Hinterleger hat den durch die Beschaffenheit der hinterlegten Sache dem Verwahrer entstehenden Schaden zu ersetzen, es sei denn, dass er die Gefahr drohende Beschaffenheit der Sache bei der Hinterlegung weder kennt noch kennen muss oder dass er sie dem Verwahrer angezeigt oder dieser sie ohne Anzeige gekannt hat.

§ 695 Rückforderungsrecht des Hinterlegers

Der Hinterleger kann die hinterlegte Sache jederzeit zurückfordern, auch wenn für die Aufbewahrung eine Zeit bestimmt ist. Die Verjährung des Anspruchs auf Rückgabe der Sache beginnt mit der Rückforderung.

§ 696 Rücknahmeanspruch des Verwahrers

Der Verwahrer kann, wenn eine Zeit für die Aufbewahrung nicht bestimmt ist, jederzeit die Rücknahme der hinterlegten Sache verlangen. Ist eine Zeit bestimmt, so kann er die vorzeitige Rücknahme nur verlangen, wenn ein wichtiger Grund vorliegt. Die Verjährung des Anspruchs beginnt mit dem Verlangen auf Rücknahme.

§ 697 Rückgabeort

Die Rückgabe der hinterlegten Sache hat an dem Orte zu erfolgen, an welchem die Sache aufzubewahren war; der Verwahrer ist nicht verpflichtet, die Sache dem Hinterleger zu bringen.

§ 698 Verzinsung des verwendeten Geldes

Verwendet der Verwahrer hinterlegtes Geld für sich, so ist er verpflichtet, es von der Zeit der Verwendung an zu verzinsen.

§ 699 Fälligkeit der Vergütung

(1) Der Hinterleger hat die vereinbarte Vergütung bei der Beendigung der Aufbewahrung zu entrichten. Ist die Vergütung nach Zeitabschnitten bemessen, so ist sie nach dem Ablauf der einzelnen Zeitabschnitte zu entrichten.

(2) Endigt die Aufbewahrung vor dem Ablauf der für sie bestimmten Zeit, so kann der Verwahrer einen seinen bisherigen Leistungen entsprechenden Teil der Vergütung verlangen, sofern nicht aus der Vereinbarung über die Vergütung sich ein anderes ergibt.

§ 700 Unregelmäßiger Verwahrungsvertrag

(1) Werden vertretbare Sachen in der Art hinterlegt, dass das Eigentum auf den Ver-

wahrer übergehen und dieser verpflichtet sein soll, Sachen von gleicher Art, Güte und Menge zurückzugewähren, so finden bei Geld die Vorschriften über den Darlehensvertrag, bei anderen Sachen die Vorschriften über den Sachdarlehensvertrag Anwendung. Gestattet der Hinterleger dem Verwahrer, hinterlegte vertretbare Sachen zu verbrauchen, so finden bei Geld die Vorschriften über den Darlehensvertrag, bei anderen Sachen die Vorschriften über den Sachdarlehensvertrag von dem Zeitpunkt an Anwendung, in welchem der Verwahrer sich die Sachen aneignet. In beiden Fällen bestimmen sich jedoch Zeit und Ort der Rückgabe im Zweifel nach den Vorschriften über den Verwahrungsvertrag.

(2) Bei der Hinterlegung von Wertpapieren ist eine Vereinbarung der im Absatz 1 bezeichneten Art nur gültig, wenn sie ausdrücklich getroffen wird.

Titel 15
Einbringung von Sachen bei Gastwirten

§ 701 Haftung des Gastwirts

(1) Ein Gastwirt, der gewerbsmäßig Fremde zur Beherbergung aufnimmt, hat den Schaden zu ersetzen, der durch den Verlust, die Zerstörung oder die Beschädigung von Sachen entsteht, die ein im Betrieb dieses Gewerbes aufgenommener Gast eingebracht hat.

(2) Als eingebracht gelten

1. Sachen, welche in der Zeit, in der der Gast zur Beherbergung aufgenommen ist, in die Gastwirtschaft oder an einen von dem Gastwirt oder dessen Leuten angewiesenen oder von dem Gastwirt allgemein hierzu bestimmten Ort der Gastwirtschaft gebracht oder sonst außerhalb der Gastwirtschaft von dem Gastwirt oder dessen Leuten in Obhut genommen sind,

2. Sachen, welche innerhalb einer angemessenen Frist vor oder nach der Zeit, in der der Gast zur Beherbergung aufgenommen war, von dem Gastwirt oder seinen Leuten in Obhut genommen sind.

Im Falle einer Anweisung oder einer Übernahme der Obhut durch Leute des Gastwirts gilt dies jedoch nur, wenn sie dazu bestellt oder nach den Umständen als dazu bestellt anzusehen waren.

(3) Die Ersatzpflicht tritt nicht ein, wenn der Verlust, die Zerstörung oder die Beschädigung von dem Gast, einem Begleiter des Gastes oder einer Person, die der Gast bei sich aufgenommen hat, oder durch die Beschaffenheit der Sachen oder durch höhere Gewalt verursacht wird.

(4) Die Ersatzpflicht erstreckt sich nicht auf Fahrzeuge, auf Sachen, die in einem Fahrzeug belassen worden sind, und auf lebende Tiere.

§ 702 Beschränkung der Haftung; Wertsachen

(1) Der Gastwirt haftet auf Grund des § 701 nur bis zu einem Betrag, der dem Hundertfachen des Beherbergungspreises für einen Tag entspricht, jedoch mindestens bis zu dem Betrag von 600 Euro und höchstens bis zu dem Betrag von 3500 Euro; für Geld, Wertpapiere und Kostbarkeiten tritt an die Stelle von 3500 Euro der Betrag von 800 Euro.

(2) Die Haftung des Gastwirts ist unbeschränkt,

1. wenn der Verlust, die Zerstörung oder die Beschädigung von ihm oder seinen Leuten verschuldet ist,

2. wenn es sich um eingebrachte Sachen handelt, die er zur Aufbewahrung übernommen oder deren Übernahme zur Aufbewahrung er entgegen der Vorschrift des Absatzes 3 abgelehnt hat.

(3) Der Gastwirt ist verpflichtet, Geld, Wertpapiere, Kostbarkeiten und andere Wertsachen zur Aufbewahrung zu übernehmen, es sei denn, dass sie im Hinblick auf die Größe oder den Rang der Gastwirtschaft von übermäßigem Wert oder Umfang oder dass sie gefährlich sind. Er kann verlangen, dass sie in einem verschlossenen oder versiegelten Behältnis übergeben werden.

II

§ 702a Erlass der Haftung

(1) Die Haftung des Gastwirts kann im Voraus nur erlassen werden, soweit sie den nach § 702 Abs. 1 maßgeblichen Höchstbetrag übersteigt. Auch insoweit kann sie nicht erlassen werden für den Fall, dass der Verlust, die Zerstörung oder die Beschädigung von dem Gastwirt oder von Leuten des Gastwirts vorsätzlich oder grob fahrlässig verursacht wird oder dass es sich um Sachen handelt, deren Übernahme zur Aufbewahrung der Gastwirt entgegen der Vorschrift des § 702 Abs. 3 abgelehnt hat.

(2) Der Erlass ist nur wirksam, wenn die Erklärung des Gastes schriftlich erteilt ist und wenn sie keine anderen Bestimmungen enthält.

§ 703 Erlöschen des Schadensersatzanspruchs

Der dem Gast auf Grund der §§ 701, 702 zustehende Anspruch erlischt, wenn nicht der Gast unverzüglich, nachdem er von dem Verlust, der Zerstörung oder der Beschädigung Kenntnis erlangt hat, dem Gastwirt Anzeige macht. Dies gilt nicht, wenn die Sachen von dem Gastwirt zur Aufbewahrung übernommen waren oder wenn der Verlust, die Zerstörung oder die Beschädigung von ihm oder seinen Leuten verschuldet ist.

§ 704 Pfandrecht des Gastwirts

Der Gastwirt hat für seine Forderungen für Wohnung und andere dem Gast zur Befriedigung seiner Bedürfnisse gewährte Leistungen, mit Einschluss der Auslagen, ein Pfandrecht an den eingebrachten Sachen des Gastes. Die für das Pfandrecht des Vermieters geltenden Vorschriften des § 562 Abs. 1 Satz 2 und der §§ 562a bis 562d finden entsprechende Anwendung.

Titel 16
Gesellschaft

§ 705 Inhalt des Gesellschaftsvertrags

Durch den Gesellschaftsvertrag verpflichten sich die Gesellschafter gegenseitig, die Erreichung eines gemeinsamen Zweckes in der durch den Vertrag bestimmten Weise zu fördern, insbesondere die vereinbarten Beiträge zu leisten.

§ 706 Beiträge der Gesellschafter

(1) Die Gesellschafter haben in Ermangelung einer anderen Vereinbarung gleiche Beiträge zu leisten.

(2) Sind vertretbare oder verbrauchbare Sachen beizutragen, so ist im Zweifel anzunehmen, dass sie gemeinschaftliches Eigentum der Gesellschafter werden sollen. Das Gleiche gilt von nicht vertretbaren und nicht verbrauchbaren Sachen, wenn sie nach einer Schätzung beizutragen sind, die nicht bloß für die Gewinnverteilung bestimmt ist.

(3) Der Beitrag eines Gesellschafters kann auch in der Leistung von Diensten bestehen.

§ 707 Erhöhung des vereinbarten Beitrags

Zur Erhöhung des vereinbarten Beitrags oder zur Ergänzung der durch Verlust verminderten Einlage ist ein Gesellschafter nicht verpflichtet.

§ 708 Haftung der Gesellschafter

Ein Gesellschafter hat bei der Erfüllung der ihm obliegenden Verpflichtungen nur für diejenige Sorgfalt einzustehen, welche er in eigenen Angelegenheiten anzuwenden pflegt.

§ 709 Gemeinschaftliche Geschäftsführung

(1) Die Führung der Geschäfte der Gesellschaft steht den Gesellschaftern gemeinschaftlich zu; für jedes Geschäft ist die Zustimmung aller Gesellschafter erforderlich.

(2) Hat nach dem Gesellschaftsvertrag die Mehrheit der Stimmen zu entscheiden, so ist die Mehrheit im Zweifel nach der Zahl der Gesellschafter zu berechnen.

§ 710 Übertragung der Geschäftsführung

Ist in dem Gesellschaftsvertrage die Führung der Geschäfte einem Gesellschafter oder mehreren Gesellschaftern übertragen, so sind die übrigen Gesellschafter von der Geschäftsführung ausgeschlossen. Ist die Geschäftsführung mehreren Gesellschaftern übertragen, so findet die Vorschrift des § 709 entsprechende Anwendung.

§ 711 Widerspruchsrecht

Steht nach dem Gesellschaftsvertrag die Führung der Geschäfte allen oder mehreren Gesellschaftern in der Art zu, dass jeder allein zu handeln berechtigt ist, so kann jeder der Vornahme eines Geschäfts durch den anderen widersprechen. Im Falle des Widerspruchs muss das Geschäft unterbleiben.

§ 712 Entziehung und Kündigung der Geschäftsführung

(1) Die einem Gesellschafter durch den Gesellschaftsvertrag übertragene Befugnis zur Geschäftsführung kann ihm durch einstimmigen Beschluss oder, falls nach dem Gesellschaftsvertrag die Mehrheit der Stimmen entscheidet, durch Mehrheitsbeschluss der übrigen Gesellschafter entzogen werden, wenn ein wichtiger Grund vorliegt; ein solcher Grund ist insbesondere grobe Pflichtverletzung oder Unfähigkeit zur ordnungsmäßigen Geschäftsführung.

(2) Der Gesellschafter kann auch seinerseits die Geschäftsführung kündigen, wenn ein wichtiger Grund vorliegt; die für den Auftrag geltende Vorschrift des § 671 Abs. 2, 3 findet entsprechende Anwendung.

§ 713 Rechte und Pflichten der geschäftsführenden Gesellschafter

Die Rechte und Verpflichtungen der geschäftsführenden Gesellschafter bestimmen sich nach den für den Auftrag geltenden Vorschriften der §§ 664 bis 670, soweit sich nicht aus dem Gesellschaftsverhältnis ein anderes ergibt.

§ 714 Vertretungsmacht

Soweit einem Gesellschafter nach dem Gesellschaftsvertrag die Befugnis zur Geschäftsführung zusteht, ist er im Zweifel auch ermächtigt, die anderen Gesellschafter Dritten gegenüber zu vertreten.

§ 715 Entziehung der Vertretungsmacht

Ist im Gesellschaftsvertrag ein Gesellschafter ermächtigt, die anderen Gesellschafter Dritten gegenüber zu vertreten, so kann die Vertretungsmacht nur nach Maßgabe des § 712 Abs. 1 und, wenn sie in Verbindung mit der Befugnis zur Geschäftsführung erteilt worden ist, nur mit dieser entzogen werden.

§ 716 Kontrollrecht der Gesellschafter

(1) Ein Gesellschafter kann, auch wenn er von der Geschäftsführung ausgeschlossen ist, sich von den Angelegenheiten der Gesellschaft persönlich unterrichten, die Geschäftsbücher und die Papiere der Gesellschaft einsehen und sich aus ihnen eine Übersicht über den Stand des Gesellschaftsvermögens anfertigen.

(2) Eine dieses Recht ausschließende oder beschränkende Vereinbarung steht der Geltendmachung des Rechts nicht entgegen, wenn Grund zu der Annahme unredlicher Geschäftsführung besteht.

§ 717 Nichtübertragbarkeit der Gesellschafterrechte

Die Ansprüche, die den Gesellschaftern aus dem Gesellschaftsverhältnis gegeneinander zustehen, sind nicht übertragbar. Ausgenommen sind die einem Gesellschafter aus seiner Geschäftsführung zustehenden Ansprüche, soweit deren Befriedigung vor der Auseinandersetzung verlangt werden kann, sowie die Ansprüche auf einen Gewinnanteil oder auf dasjenige, was dem Gesellschafter bei der Auseinandersetzung zukommt.

§ 718 Gesellschaftsvermögen

(1) Die Beiträge der Gesellschafter und die durch die Geschäftsführung für die Gesellschaft erworbenen Gegenstände werden gemeinschaftliches Vermögen der Gesellschafter (Gesellschaftsvermögen).

(2) Zu dem Gesellschaftsvermögen gehört auch, was auf Grund eines zu dem Gesellschaftsvermögen gehörenden Rechts oder als Ersatz für die Zerstörung, Beschädigung oder Entziehung eines zu dem Gesellschaftsver-

mögen gehörenden Gegenstands erworben wird.

§ 719 Gesamthänderische Bindung

(1) Ein Gesellschafter kann nicht über seinen Anteil an dem Gesellschaftsvermögen und an den einzelnen dazu gehörenden Gegenständen verfügen; er ist nicht berechtigt, Teilung zu verlangen.

(2) Gegen eine Forderung, die zum Gesellschaftsvermögen gehört, kann der Schuldner nicht eine ihm gegen einen einzelnen Gesellschafter zustehende Forderung aufrechnen.

§ 720 Schutz des gutgläubigen Schuldners

Die Zugehörigkeit einer nach § 718 Abs. 1 erworbenen Forderung zum Gesellschaftsvermögen hat der Schuldner erst dann gegen sich gelten zu lassen, wenn er von der Zugehörigkeit Kenntnis erlangt; die Vorschriften der §§ 406 bis 408 finden entsprechende Anwendung.

§ 721 Gewinn- und Verlustverteilung

(1) Ein Gesellschafter kann den Rechnungsabschluss und die Verteilung des Gewinns und Verlustes erst nach der Auflösung der Gesellschaft verlangen.

(2) Ist die Gesellschaft von längerer Dauer, so hat der Rechnungsabschluss und die Gewinnverteilung im Zweifel am Schlusse jedes Geschäftsjahrs zu erfolgen.

§ 722 Anteile am Gewinn und Verlust

(1) Sind die Anteile der Gesellschafter am Gewinn oder Verlust nicht bestimmt, so hat jeder Gesellschafter ohne Rücksicht auf die Art und die Größe seines Beitrags einen gleichen Anteil am Gewinn und Verlust.

(2) Ist nur der Anteil am Gewinn oder am Verlust bestimmt, so gilt die Bestimmung im Zweifel für Gewinn und Verlust.

§ 723 Kündigung durch Gesellschafter

(1) Ist die Gesellschaft nicht für eine bestimmte Zeit eingegangen, so kann jeder Gesellschafter sie jederzeit kündigen. Ist eine Zeitdauer bestimmt, so ist die Kündigung vor dem Ablauf der Zeit zulässig, wenn ein wichtiger Grund vorliegt. Ein wichtiger Grund liegt insbesondere vor,

1. wenn ein anderer Gesellschafter eine ihm nach dem Gesellschaftsvertrag obliegende wesentliche Verpflichtung vorsätzlich oder aus grober Fahrlässigkeit verletzt hat oder wenn die Erfüllung einer solchen Verpflichtung unmöglich wird,

2. wenn der Gesellschafter das 18. Lebensjahr vollendet hat.

Der volljährig Gewordene kann die Kündigung nach Nummer 2 nur binnen drei Monaten von dem Zeitpunkt an erklären, in welchem er von seiner Gesellschafterstellung Kenntnis hatte oder haben musste. Das Kündigungsrecht besteht nicht, wenn der Gesellschafter bezüglich des Gegenstands der Gesellschaft zum selbständigen Betrieb eines Erwerbsgeschäfts gemäß § 112 ermächtigt war oder der Zweck der Gesellschaft allein der Befriedigung seiner persönlichen Bedürfnisse diente. Unter den gleichen Voraussetzungen ist, wenn eine Kündigungsfrist bestimmt ist, die Kündigung ohne Einhaltung der Frist zulässig.

(2) Die Kündigung darf nicht zur Unzeit geschehen, es sei denn, dass ein wichtiger Grund für die unzeitige Kündigung vorliegt. Kündigt ein Gesellschafter ohne solchen Grund zur Unzeit, so hat er den übrigen Gesellschaftern den daraus entstehenden Schaden zu ersetzen.

(3) Eine Vereinbarung, durch welche das Kündigungsrecht ausgeschlossen oder diesen Vorschriften zuwider beschränkt wird, ist nichtig.

§ 724 Kündigung bei Gesellschaft auf Lebenszeit oder fortgesetzter Gesellschaft

Ist eine Gesellschaft für die Lebenszeit eines Gesellschafters eingegangen, so kann sie in gleicher Weise gekündigt werden wie eine für unbestimmte Zeit eingegangene Gesellschaft. Dasselbe gilt, wenn eine Gesellschaft nach dem Ablauf der bestimmten Zeit stillschweigend fortgesetzt wird.

§ 725 Kündigung durch Pfändungspfandgläubiger

(1) Hat ein Gläubiger eines Gesellschafters die Pfändung des Anteils des Gesellschafters an dem Gesellschaftsvermögen erwirkt, so kann er die Gesellschaft ohne Einhaltung einer Kündigungsfrist kündigen, sofern der Schuldtitel nicht bloß vorläufig vollstreckbar ist.

(2) Solange die Gesellschaft besteht, kann der Gläubiger die sich aus dem Gesellschaftsverhältnis ergebenden Rechte des Gesellschafters, mit Ausnahme des Anspruchs auf einen Gewinnanteil, nicht geltend machen.

§ 726 Auflösung wegen Erreichens oder Unmöglichwerdens des Zweckes

Die Gesellschaft endigt, wenn der vereinbarte Zweck erreicht oder dessen Erreichung unmöglich geworden ist.

§ 727 Auflösung durch Tod eines Gesellschafters

(1) Die Gesellschaft wird durch den Tod eines der Gesellschafter aufgelöst, sofern nicht aus dem Gesellschaftsvertrag sich ein anderes ergibt.

(2) Im Falle der Auflösung hat der Erbe des verstorbenen Gesellschafters den übrigen Gesellschaftern den Tod unverzüglich anzuzeigen und, wenn mit dem Aufschub Gefahr verbunden ist, die seinem Erblasser durch den Gesellschaftsvertrag übertragenen Geschäfte fortzuführen, bis die übrigen Gesellschafter in Gemeinschaft mit ihm anderweit Fürsorge treffen können. Die übrigen Gesellschafter sind in gleicher Weise zur einstweiligen Fortführung der ihnen übertragenen Geschäfte verpflichtet. Die Gesellschaft gilt insoweit als fortbestehend.

§ 728 Auflösung durch Insolvenz der Gesellschaft oder eines Gesellschafters

(1) Die Gesellschaft wird durch die Eröffnung des Insolvenzverfahrens über das Vermögen der Gesellschaft aufgelöst. Wird das Verfahren auf Antrag des Schuldners eingestellt oder nach der Bestätigung eines Insolvenzplans, der den Fortbestand der Gesellschaft vorsieht, aufgehoben, so können die Gesellschafter die Fortsetzung der Gesellschaft beschließen.

(2) Die Gesellschaft wird durch die Eröffnung des Insolvenzverfahrens über das Vermögen eines Gesellschafters aufgelöst. Die Vorschrift des § 727 Abs. 2 Satz 2, 3 findet Anwendung.

§ 729 Fortdauer der Geschäftsführungsbefugnis

Wird die Gesellschaft aufgelöst, so gilt die Befugnis eines Gesellschafters zur Geschäftsführung zu seinen Gunsten gleichwohl als fortbestehend, bis er von der Auflösung Kenntnis erlangt oder die Auflösung kennen muss. Das Gleiche gilt bei Fortbestand der Gesellschaft für die Befugnis zur Geschäftsführung eines aus der Gesellschaft ausscheidenden Gesellschafters oder für ihren Verlust in sonstiger Weise.

§ 730 Auseinandersetzung; Geschäftsführung

(1) Nach der Auflösung der Gesellschaft findet in Ansehung des Gesellschaftsvermögens die Auseinandersetzung unter den Gesellschaftern statt, sofern nicht über das Vermögen der Gesellschaft das Insolvenzverfahren eröffnet ist.

(2) Für die Beendigung der schwebenden Geschäfte, für die dazu erforderliche Eingehung neuer Geschäfte sowie für die Erhaltung und Verwaltung des Gesellschaftsvermögens gilt die Gesellschaft als fortbestehend, soweit der Zweck der Auseinandersetzung es erfordert. Die einem Gesellschafter nach dem Gesellschaftsvertrag zustehende Befugnis zur Geschäftsführung erlischt jedoch, wenn nicht aus dem Vertrag sich ein anderes ergibt, mit der Auflösung der Gesellschaft; die Geschäftsführung steht von der Auflösung an allen Gesellschaftern gemeinschaftlich zu.

§ 731 Verfahren bei Auseinandersetzung

Die Auseinandersetzung erfolgt in Ermangelung einer anderen Vereinbarung in Gemäß-

II

heit der §§ 732 bis 735. Im Übrigen gelten für die Teilung die Vorschriften über die Gemeinschaft.

§ 732 Rückgabe von Gegenständen

Gegenstände, die ein Gesellschafter der Gesellschaft zur Benutzung überlassen hat, sind ihm zurückzugeben. Für einen durch Zufall in Abgang gekommenen oder verschlechterten Gegenstand kann er nicht Ersatz verlangen.

§ 733 Berichtigung der Gesellschaftsschulden; Erstattung der Einlagen

(1) Aus dem Gesellschaftsvermögen sind zunächst die gemeinschaftlichen Schulden mit Einschluss derjenigen zu berichtigen, welche den Gläubigern gegenüber unter den Gesellschaftern geteilt sind oder für welche einem Gesellschafter die übrigen Gesellschafter als Schuldner haften. Ist eine Schuld noch nicht fällig oder ist sie streitig, so ist das zur Berichtigung Erforderliche zurückzubehalten.

(2) Aus dem nach der Berichtigung der Schulden übrig bleibenden Gesellschaftsvermögen sind die Einlagen zurückzuerstatten. Für Einlagen, die nicht in Geld bestanden haben, ist der Wert zu ersetzen, den sie zur Zeit der Einbringung gehabt haben. Für Einlagen, die in der Leistung von Diensten oder in der Überlassung der Benutzung eines Gegenstands bestanden haben, kann nicht Ersatz verlangt werden.

(3) Zur Berichtigung der Schulden und zur Rückerstattung der Einlagen ist das Gesellschaftsvermögen, soweit erforderlich, in Geld umzusetzen.

§ 734 Verteilung des Überschusses

Verbleibt nach der Berichtigung der gemeinschaftlichen Schulden und der Rückerstattung der Einlagen ein Überschuss, so gebührt er den Gesellschaftern nach dem Verhältnis ihrer Anteile am Gewinn.

§ 735 Nachschusspflicht bei Verlust

Reicht das Gesellschaftsvermögen zur Berichtigung der gemeinschaftlichen Schulden und zur Rückerstattung der Einlagen nicht aus, so haben die Gesellschafter für den Fehlbetrag nach dem Verhältnis aufzukom-

men, nach welchem sie den Verlust zu tragen haben. Kann von einem Gesellschafter der auf ihn entfallende Beitrag nicht erlangt werden, so haben die übrigen Gesellschafter den Ausfall nach dem gleichen Verhältnis zu tragen.

§ 736 Ausscheiden eines Gesellschafters, Nachhaftung

(1) Ist im Gesellschaftsvertrag bestimmt, dass, wenn ein Gesellschafter kündigt oder stirbt oder wenn das Insolvenzverfahren über sein Vermögen eröffnet wird, die Gesellschaft unter den übrigen Gesellschaftern fortbestehen soll, so scheidet bei dem Eintritt eines solchen Ereignisses der Gesellschafter, in dessen Person es eintritt, aus der Gesellschaft aus.

(2) Die für Personenhandelsgesellschaften geltenden Regelungen über die Begrenzung der Nachhaftung gelten sinngemäß.

§ 737 Ausschluss eines Gesellschafters

Ist im Gesellschaftsvertrag bestimmt, dass, wenn ein Gesellschafter kündigt, die Gesellschaft unter den übrigen Gesellschaftern fortbestehen soll, so kann ein Gesellschafter, in dessen Person ein die übrigen Gesellschafter nach § 723 Abs. 1 Satz 2 zur Kündigung berechtigender Umstand eintritt, aus der Gesellschaft ausgeschlossen werden. Das Ausschließungsrecht steht den übrigen Gesellschaftern gemeinschaftlich zu. Die Ausschließung erfolgt durch Erklärung gegenüber dem auszuschließenden Gesellschafter.

§ 738 Auseinandersetzung beim Ausscheiden

(1) Scheidet ein Gesellschafter aus der Gesellschaft aus, so wächst sein Anteil am Gesellschaftsvermögen den übrigen Gesellschaftern zu. Diese sind verpflichtet, dem Ausscheidenden die Gegenstände, die er der Gesellschaft zur Benutzung überlassen hat, nach Maßgabe des § 732 zurückzugeben, ihn von den gemeinschaftlichen Schulden zu befreien und ihm dasjenige zu zahlen, was er bei der Auseinandersetzung erhalten würde, wenn die Gesellschaft zur Zeit seines Ausscheidens aufgelöst worden wäre. Sind ge-

meinschaftliche Schulden noch nicht fällig, so können die übrigen Gesellschafter dem Ausscheidenden, statt ihn zu befreien, Sicherheit leisten.

(2) Der Wert des Gesellschaftsvermögens ist, soweit erforderlich, im Wege der Schätzung zu ermitteln.

§ 739 Haftung für Fehlbetrag

Reicht der Wert des Gesellschaftsvermögens zur Deckung der gemeinschaftlichen Schulden und der Einlagen nicht aus, so hat der Ausscheidende den übrigen Gesellschaftern für den Fehlbetrag nach dem Verhältnis seines Anteils am Verlust aufzukommen.

§ 740 Beteiligung am Ergebnis schwebender Geschäfte

(1) Der Ausgeschiedene nimmt an dem Gewinn und dem Verlust teil, welcher sich aus den zur Zeit seines Ausscheidens schwebenden Geschäften ergibt. Die übrigen Gesellschafter sind berechtigt, diese Geschäfte so zu beendigen, wie es ihnen am vorteilhaftesten erscheint.

(2) Der Ausgeschiedene kann am Schluss jedes Geschäftsjahrs Rechenschaft über die inzwischen beendigten Geschäfte, Auszahlung des ihm gebührenden Betrags und Auskunft über den Stand der noch schwebenden Geschäfte verlangen.

Titel 17
Gemeinschaft

§ 741 Gemeinschaft nach Bruchteilen

Steht ein Recht mehreren gemeinschaftlich zu, so finden, sofern sich nicht aus dem Gesetz ein anderes ergibt, die Vorschriften der §§ 742 bis 758 Anwendung (Gemeinschaft nach Bruchteilen).

§ 742 Gleiche Anteile

Im Zweifel ist anzunehmen, dass den Teilhabern gleiche Anteile zustehen.

§ 743 Früchteanteil; Gebrauchsbefugnis

(1) Jedem Teilhaber gebührt ein seinem Anteil entsprechender Bruchteil der Früchte.

(2) Jeder Teilhaber ist zum Gebrauch des gemeinschaftlichen Gegenstands insoweit befugt, als nicht der Mitgebrauch der übrigen Teilhaber beeinträchtigt wird.

§ 744 Gemeinschaftliche Verwaltung

(1) Die Verwaltung des gemeinschaftlichen Gegenstands steht den Teilhabern gemeinschaftlich zu.

(2) Jeder Teilhaber ist berechtigt, die zur Erhaltung des Gegenstands notwendigen Maßregeln ohne Zustimmung der anderen Teilhaber zu treffen; er kann verlangen, dass diese ihre Einwilligung zu einer solchen Maßregel im Voraus erteilen.

§ 745 Verwaltung und Benutzung durch Beschluss

(1) Durch Stimmenmehrheit kann eine der Beschaffenheit des gemeinschaftlichen Gegenstands entsprechende ordnungsmäßige Verwaltung und Benutzung beschlossen werden. Die Stimmenmehrheit ist nach der Größe der Anteile zu berechnen.

(2) Jeder Teilhaber kann, sofern nicht die Verwaltung und Benutzung durch Vereinbarung oder durch Mehrheitsbeschluss geregelt ist, eine dem Interesse aller Teilhaber nach billigem Ermessen entsprechende Verwaltung und Benutzung verlangen.

(3) Eine wesentliche Veränderung des Gegenstands kann nicht beschlossen oder verlangt werden. Das Recht des einzelnen Teilhabers auf einen seinem Anteil entsprechenden Bruchteil der Nutzungen kann nicht ohne seine Zustimmung beeinträchtigt werden.

§ 746 Wirkung gegen Sondernachfolger

Haben die Teilhaber die Verwaltung und Benutzung des gemeinschaftlichen Gegenstands geregelt, so wirkt die getroffene Bestimmung auch für und gegen die Sondernachfolger.

§ 747 Verfügung über Anteil und gemeinschaftliche Gegenstände

Jeder Teilhaber kann über seinen Anteil verfügen. Über den gemeinschaftlichen Gegenstand im Ganzen können die Teilhaber nur gemeinschaftlich verfügen.

§ 748 Lasten- und Kostentragung

Jeder Teilhaber ist den anderen Teilhabern gegenüber verpflichtet, die Lasten des gemeinschaftlichen Gegenstands sowie die Kosten der Erhaltung, der Verwaltung und einer gemeinschaftlichen Benutzung nach dem Verhältnis seines Anteils zu tragen.

§ 749 Aufhebungsanspruch

(1) Jeder Teilhaber kann jederzeit die Aufhebung der Gemeinschaft verlangen.

(2) Wird das Recht, die Aufhebung zu verlangen, durch Vereinbarung für immer oder auf Zeit ausgeschlossen, so kann die Aufhebung gleichwohl verlangt werden, wenn ein wichtiger Grund vorliegt. Unter der gleichen Voraussetzung kann, wenn eine Kündigungsfrist bestimmt wird, die Aufhebung ohne Einhaltung der Frist verlangt werden.

(3) Eine Vereinbarung, durch welche das Recht, die Aufhebung zu verlangen, diesen Vorschriften zuwider ausgeschlossen oder beschränkt wird, ist nichtig.

§ 750 Ausschluss der Aufhebung im Todesfall

Haben die Teilhaber das Recht, die Aufhebung der Gemeinschaft zu verlangen, auf Zeit ausgeschlossen, so tritt die Vereinbarung im Zweifel mit dem Tode eines Teilhabers außer Kraft.

§ 751 Ausschluss der Aufhebung und Sondernachfolger

Haben die Teilhaber das Recht, die Aufhebung der Gemeinschaft zu verlangen, für immer oder auf Zeit ausgeschlossen oder eine Kündigungsfrist bestimmt, so wirkt die Vereinbarung auch für und gegen die Sondernachfolger. Hat ein Gläubiger die Pfändung des Anteils eines Teilhabers erwirkt, so kann er ohne Rücksicht auf die Vereinbarung die Aufhebung der Gemeinschaft verlangen, sofern der Schuldtitel nicht bloß vorläufig vollstreckbar ist.

§ 752 Teilung in Natur

Die Aufhebung der Gemeinschaft erfolgt durch Teilung in Natur, wenn der gemeinschaftliche Gegenstand oder, falls mehrere Gegenstände gemeinschaftlich sind, diese sich ohne Verminderung des Wertes in gleichartige, den Anteilen der Teilhaber entsprechende Teile zerlegen lassen. Die Verteilung gleicher Teile unter die Teilhaber geschieht durch das Los.

§ 753 Teilung durch Verkauf

(1) Ist die Teilung in Natur ausgeschlossen, so erfolgt die Aufhebung der Gemeinschaft durch Verkauf des gemeinschaftlichen Gegenstands nach den Vorschriften über den Pfandverkauf, bei Grundstücken durch Zwangsversteigerung und durch Teilung des Erlöses. Ist die Veräußerung an einen Dritten unstatthaft, so ist der Gegenstand unter den Teilhabern zu versteigern.

(2) Hat der Versuch, den Gegenstand zu verkaufen, keinen Erfolg, so kann jeder Teilhaber die Wiederholung verlangen; er hat jedoch die Kosten zu tragen, wenn der wiederholte Versuch misslingt.

§ 754 Verkauf gemeinschaftlicher Forderungen

Der Verkauf einer gemeinschaftlichen Forderung ist nur zulässig, wenn sie noch nicht eingezogen werden kann. Ist die Einziehung möglich, so kann jeder Teilhaber gemeinschaftliche Einziehung verlangen.

§ 755 Berichtigung einer Gesamtschuld

(1) Haften die Teilhaber als Gesamtschuldner für eine Verbindlichkeit, die sie in Gemäßheit des § 748 nach dem Verhältnis ihrer Anteile zu erfüllen haben oder die sie zum Zwecke der Erfüllung einer solchen Verbindlichkeit eingegangen sind, so kann jeder Teilhaber bei der Aufhebung der Gemeinschaft verlangen, dass die Schuld aus dem gemeinschaftlichen Gegenstand berichtigt wird.

(2) Der Anspruch kann auch gegen die Sondernachfolger geltend gemacht werden.

(3) Soweit zur Berichtigung der Schuld der Verkauf des gemeinschaftlichen Gegenstands erforderlich ist, hat der Verkauf nach § 753 zu erfolgen.

§ 756 Berichtigung einer Teilhaberschuld

Hat ein Teilhaber gegen einen anderen Teilhaber eine Forderung, die sich auf die Gemeinschaft gründet, so kann er bei der Aufhebung der Gemeinschaft die Berichtigung seiner Forderung aus dem auf den Schuldner entfallenden Teil des gemeinschaftlichen Gegenstands verlangen. Die Vorschrift des § 755 Abs. 2, 3 findet Anwendung.

§ 757 Gewährleistung bei Zuteilung an einen Teilhaber

Wird bei der Aufhebung der Gemeinschaft ein gemeinschaftlicher Gegenstand einem der Teilhaber zugeteilt, so hat wegen eines Mangels im Recht oder wegen eines Mangels der Sache jeder der übrigen Teilhaber zu seinem Anteil in gleicher Weise wie ein Verkäufer Gewähr zu leisten.

§ 758 Unverjährbarkeit des Aufhebungsanspruchs

Der Anspruch auf Aufhebung der Gemeinschaft unterliegt nicht der Verjährung.

Titel 18
Leibrente

§ 759 Dauer und Betrag der Rente

(1) Wer zur Gewährung einer Leibrente verpflichtet ist, hat die Rente im Zweifel für die Lebensdauer des Gläubigers zu entrichten.

(2) Der für die Rente bestimmte Betrag ist im Zweifel der Jahresbetrag der Rente.

§ 760 Vorauszahlung

(1) Die Leibrente ist im Voraus zu entrichten.

(2) Eine Geldrente ist für drei Monate vorauszuzahlen; bei einer anderen Rente bestimmt sich der Zeitabschnitt, für den sie im Voraus zu entrichten ist, nach der Beschaffenheit und dem Zwecke der Rente.

(3) Hat der Gläubiger den Beginn des Zeitabschnitts erlebt, für den die Rente im Voraus zu entrichten ist, so gebührt ihm der volle auf den Zeitabschnitt entfallende Betrag.

§ 761 Form des Leibrentenversprechens

Zur Gültigkeit eines Vertrags, durch den eine Leibrente versprochen wird, ist, soweit nicht eine andere Form vorgeschrieben ist, schriftliche Erteilung des Versprechens erforderlich. Die Erteilung des Leibrentenversprechens in elektronischer Form ist ausgeschlossen, soweit das Versprechen der Gewährung familienrechtlichen Unterhalts dient.

Titel 19
Unvollkommene Verbindlichkeiten

§ 762 Spiel, Wette

(1) Durch Spiel oder durch Wette wird eine Verbindlichkeit nicht begründet. Das auf Grund des Spieles oder der Wette Geleistete kann nicht deshalb zurückgefordert werden, weil eine Verbindlichkeit nicht bestanden hat.

(2) Diese Vorschriften gelten auch für eine Vereinbarung, durch die der verlierende Teil zum Zwecke der Erfüllung einer Spiel- oder einer Wettschuld dem gewinnenden Teil gegenüber eine Verbindlichkeit eingeht, insbesondere für ein Schuldanerkenntnis.

§ 763 Lotterie- und Ausspielvertrag

Ein Lotterievertrag oder ein Ausspielvertrag ist verbindlich, wenn die Lotterie oder die Ausspielung staatlich genehmigt ist. Anderenfalls findet die Vorschrift des § 762 Anwendung.

§ 764 (weggefallen)

Titel 20
Bürgschaft

§ 765 Vertragstypische Pflichten bei der Bürgschaft

(1) Durch den Bürgschaftsvertrag verpflichtet sich der Bürge gegenüber dem Gläubiger eines Dritten, für die Erfüllung der Verbindlichkeit des Dritten einzustehen.

(2) Die Bürgschaft kann auch für eine künftige oder eine bedingte Verbindlichkeit übernommen werden.

§ 766 Schriftform der Bürgschaftserklärung

Zur Gültigkeit des Bürgschaftsvertrags ist schriftliche Erteilung der Bürgschaftserklärung erforderlich. Die Erteilung der Bürgschaftserklärung in elektronischer Form ist ausgeschlossen. Soweit der Bürge die Hauptverbindlichkeit erfüllt, wird der Mangel der Form geheilt.

§ 767 Umfang der Bürgschaftsschuld

(1) Für die Verpflichtung des Bürgen ist der jeweilige Bestand der Hauptverbindlichkeit maßgebend. Dies gilt insbesondere auch, wenn die Hauptverbindlichkeit durch Verschulden oder Verzug des Hauptschuldners geändert wird. Durch ein Rechtsgeschäft, das der Hauptschuldner nach der Übernahme der Bürgschaft vornimmt, wird die Verpflichtung des Bürgen nicht erweitert.

(2) Der Bürge haftet für die dem Gläubiger von dem Hauptschuldner zu ersetzenden Kosten der Kündigung und der Rechtsverfolgung.

§ 768 Einreden des Bürgen

(1) Der Bürge kann die dem Hauptschuldner zustehenden Einreden geltend machen. Stirbt der Hauptschuldner, so kann sich der Bürge nicht darauf berufen, dass der Erbe für die Verbindlichkeit nur beschränkt haftet.

(2) Der Bürge verliert eine Einrede nicht dadurch, dass der Hauptschuldner auf sie verzichtet.

§ 769 Mitbürgschaft

Verbürgen sich mehrere für dieselbe Verbindlichkeit, so haften sie als Gesamtschuldner, auch wenn sie die Bürgschaft nicht gemeinschaftlich übernehmen.

§ 770 Einreden der Anfechtbarkeit und der Aufrechenbarkeit

(1) Der Bürge kann die Befriedigung des Gläubigers verweigern, solange dem Hauptschuldner das Recht zusteht, das seiner Verbindlichkeit zugrunde liegende Rechtsgeschäft anzufechten.

(2) Die gleiche Befugnis hat der Bürge, solange sich der Gläubiger durch Aufrechnung gegen eine fällige Forderung des Hauptschuldners befriedigen kann.

§ 771 Einrede der Vorausklage

Der Bürge kann die Befriedigung des Gläubigers verweigern, solange nicht der Gläubiger eine Zwangsvollstreckung gegen den Hauptschuldner ohne Erfolg versucht hat (Einrede der Vorausklage). Erhebt der Bürge die Einrede der Vorausklage, ist die Verjährung des Anspruchs des Gläubigers gegen den Bürgen gehemmt, bis der Gläubiger eine Zwangsvollstreckung gegen den Hauptschuldner ohne Erfolg versucht hat.

§ 772 Vollstreckungs- und Verwertungspflicht des Gläubigers

(1) Besteht die Bürgschaft für eine Geldforderung, so muss die Zwangsvollstreckung in die beweglichen Sachen des Hauptschuldners an seinem Wohnsitz und, wenn der Hauptschuldner an einem anderen Orte eine gewerbliche Niederlassung hat, auch an diesem Orte, in Ermangelung eines Wohnsitzes und einer gewerblichen Niederlassung an seinem Aufenthaltsort versucht werden.

(2) Steht dem Gläubiger ein Pfandrecht oder ein Zurückbehaltungsrecht an einer beweglichen Sache des Hauptschuldners zu, so muss er auch aus dieser Sache Befriedigung suchen. Steht dem Gläubiger ein solches Recht an der Sache auch für eine andere Forderung zu, so gilt dies nur, wenn beide Forderungen durch den Wert der Sache gedeckt werden.

§ 773 Ausschluss der Einrede der Vorausklage

(1) Die Einrede der Vorausklage ist ausgeschlossen:

1. wenn der Bürge auf die Einrede verzichtet, insbesondere wenn er sich als Selbstschuldner verbürgt hat,

2. wenn die Rechtsverfolgung gegen den Hauptschuldner infolge einer nach der Übernahme der Bürgschaft eingetretenen Änderung des Wohnsitzes, der gewerblichen Niederlassung oder des Aufenthalts-

orts des Hauptschuldners wesentlich erschwert ist,

3. wenn über das Vermögen des Hauptschuldners das Insolvenzverfahren eröffnet ist,

4. wenn anzunehmen ist, dass die Zwangsvollstreckung in das Vermögen des Hauptschuldners nicht zur Befriedigung des Gläubigers führen wird.

(2) In den Fällen der Nummern 3, 4 ist die Einrede insoweit zulässig, als sich der Gläubiger aus einer beweglichen Sache des Hauptschuldners befriedigen kann, an der er ein Pfandrecht oder ein Zurückbehaltungsrecht hat; die Vorschrift des § 772 Abs. 2 Satz 2 findet Anwendung.

§ 774 Gesetzlicher Forderungsübergang

(1) Soweit der Bürge den Gläubiger befriedigt, geht die Forderung des Gläubigers gegen den Hauptschuldner auf ihn über. Der Übergang kann nicht zum Nachteil des Gläubigers geltend gemacht werden. Einwendungen des Hauptschuldners aus einem zwischen ihm und dem Bürgen bestehenden Rechtsverhältnis bleiben unberührt.

(2) Mitbürgen haften einander nur nach § 426.

§ 775 Anspruch des Bürgen auf Befreiung

(1) Hat sich der Bürge im Auftrag des Hauptschuldners verbürgt oder stehen ihm nach den Vorschriften über die Geschäftsführung ohne Auftrag wegen der Übernahme der Bürgschaft die Rechte eines Beauftragten gegen den Hauptschuldner zu, so kann er von diesem Befreiung von der Bürgschaft verlangen:

1. wenn sich die Vermögensverhältnisse des Hauptschuldners wesentlich verschlechtert haben,

2. wenn die Rechtsverfolgung gegen den Hauptschuldner infolge einer nach der Übernahme der Bürgschaft eingetretenen Änderung des Wohnsitzes, der gewerblichen Niederlassung oder des Aufenthaltsorts des Hauptschuldners wesentlich erschwert ist,

3. wenn der Hauptschuldner mit der Erfüllung seiner Verbindlichkeit im Verzug ist,

4. wenn der Gläubiger gegen den Bürgen ein vollstreckbares Urteil auf Erfüllung erwirkt hat.

(2) Ist die Hauptverbindlichkeit noch nicht fällig, so kann der Hauptschuldner dem Bürgen, statt ihn zu befreien, Sicherheit leisten.

§ 776 Aufgabe einer Sicherheit

Gibt der Gläubiger ein mit der Forderung verbundenes Vorzugsrecht, eine für sie bestehende Hypothek oder Schiffshypothek, ein für sie bestehendes Pfandrecht oder das Recht gegen einen Mitbürgen auf, so wird der Bürge insoweit frei, als er aus dem aufgegebenen Recht nach § 774 hätte Ersatz erlangen können. Dies gilt auch dann, wenn das aufgegebene Recht erst nach der Übernahme der Bürgschaft entstanden ist.

§ 777 Bürgschaft auf Zeit

(1) Hat sich der Bürge für eine bestehende Verbindlichkeit auf bestimmte Zeit verbürgt, so wird er nach dem Ablauf der bestimmten Zeit frei, wenn nicht der Gläubiger die Einziehung der Forderung unverzüglich nach Maßgabe des § 772 betreibt, das Verfahren ohne wesentliche Verzögerung fortsetzt und unverzüglich nach der Beendigung des Verfahrens dem Bürgen anzeigt, dass er ihn in Anspruch nehme. Steht dem Bürgen die Einrede der Vorausklage nicht zu, so wird er nach dem Ablaufe der bestimmten Zeit frei, wenn nicht der Gläubiger ihm unverzüglich diese Anzeige macht.

(2) Erfolgt die Anzeige rechtzeitig, so beschränkt sich die Haftung des Bürgen im Falle des Absatzes 1 Satz 1 auf den Umfang, den die Hauptverbindlichkeit zur Zeit der Beendigung des Verfahrens hat, im Falle des Absatzes 1 Satz 2 auf den Umfang, den die Hauptverbindlichkeit bei dem Ablauf der bestimmten Zeit hat.

§ 778 Kreditauftrag

Wer einen anderen beauftragt, im eigenen Namen und auf eigene Rechnung einem Dritten ein Darlehen oder eine Finanzierungshilfe zu gewähren, haftet dem Beauftragten für die aus dem Darlehen oder der Finanzierungshilfe entstehende Verbindlichkeit des Dritten als Bürge.

Titel 21
Vergleich

§ 779 Begriff des Vergleichs, Irrtum über die Vergleichsgrundlage

(1) Ein Vertrag, durch den der Streit oder die Ungewissheit der Parteien über ein Rechtsverhältnis im Wege gegenseitigen Nachgebens beseitigt wird (Vergleich), ist unwirksam, wenn der nach dem Inhalt des Vertrags als feststehend zugrunde gelegte Sachverhalt der Wirklichkeit nicht entspricht und der Streit oder die Ungewissheit bei Kenntnis der Sachlage nicht entstanden sein würde.

(2) Der Ungewissheit über ein Rechtsverhältnis steht es gleich, wenn die Verwirklichung eines Anspruchs unsicher ist.

Titel 22
Schuldversprechen, Schuldanerkenntnis

§ 780 Schuldversprechen

Zur Gültigkeit eines Vertrags, durch den eine Leistung in der Weise versprochen wird, dass das Versprechen die Verpflichtung selbständig begründen soll (Schuldversprechen), ist, soweit nicht eine andere Form vorgeschrieben ist, schriftliche Erteilung des Versprechens erforderlich. Die Erteilung des Versprechens in elektronischer Form ist ausgeschlossen.

§ 781 Schuldanerkenntnis

Zur Gültigkeit eines Vertrags, durch den das Bestehen eines Schuldverhältnisses anerkannt wird (Schuldanerkenntnis), ist schriftliche Erteilung der Anerkennungserklärung erforderlich. Die Erteilung der Anerkennungserklärung in elektronischer Form ist ausgeschlossen. Ist für die Begründung des Schuldverhältnisses, dessen Bestehen anerkannt wird, eine andere Form vorgeschrieben, so bedarf der Anerkennungsvertrag dieser Form.

§ 782 Formfreiheit bei Vergleich

Wird ein Schuldversprechen oder ein Schuldanerkenntnis auf Grund einer Abrechnung oder im Wege des Vergleichs erteilt, so ist die Beobachtung der in den §§ 780, 781 vorgeschriebenen schriftlichen Form nicht erforderlich.

Titel 23
Anweisung

§ 783 Rechte aus der Anweisung

Händigt jemand eine Urkunde, in der er einen anderen anweist, Geld, Wertpapiere oder andere vertretbare Sachen an einen Dritten zu leisten, dem Dritten aus, so ist dieser ermächtigt, die Leistung bei dem Angewiesenen im eigenen Namen zu erheben; der Angewiesene ist ermächtigt, für Rechnung des Anweisenden an den Anweisungsempfänger zu leisten.

§ 784 Annahme der Anweisung

(1) Nimmt der Angewiesene die Anweisung an, so ist er dem Anweisungsempfänger gegenüber zur Leistung verpflichtet; er kann ihm nur solche Einwendungen entgegensetzen, welche die Gültigkeit der Annahme betreffen oder sich aus dem Inhalt der Anweisung oder dem Inhalt der Annahme ergeben oder dem Angewiesenen unmittelbar gegen den Anweisungsempfänger zustehen.

(2) Die Annahme erfolgt durch einen schriftlichen Vermerk auf der Anweisung. Ist der Vermerk auf die Anweisung vor der Aushändigung an den Anweisungsempfänger gesetzt worden, so wird die Annahme diesem gegenüber erst mit der Aushändigung wirksam.

§ 785 Aushändigung der Anweisung

Der Angewiesene ist nur gegen Aushändigung der Anweisung zur Leistung verpflichtet.

§ 786 (weggefallen)

§ 787 Anweisung auf Schuld

(1) Im Falle einer Anweisung auf Schuld wird der Angewiesene durch die Leistung in deren Höhe von der Schuld befreit.

(2) Zur Annahme der Anweisung oder zur Leistung an den Anweisungsempfänger ist der Angewiesene dem Anweisenden gegenüber nicht schon deshalb verpflichtet, weil er Schuldner des Anweisenden ist.

§ 788 Valutaverhältnis

Erteilt der Anweisende die Anweisung zu dem Zwecke, um seinerseits eine Leistung an den Anweisungsempfänger zu bewirken, so wird die Leistung, auch wenn der Angewiesene die Anweisung annimmt, erst mit der Leistung des Angewiesenen an den Anweisungsempfänger bewirkt.

§ 789 Anzeigepflicht des Anweisungsempfängers

Verweigert der Angewiesene vor dem Eintritt der Leistungszeit die Annahme der Anweisung oder verweigert er die Leistung, so hat der Anweisungsempfänger dem Anweisenden unverzüglich Anzeige zu machen. Das Gleiche gilt, wenn der Anweisungsempfänger die Anweisung nicht geltend machen kann oder will.

§ 790 Widerruf der Anweisung

Der Anweisende kann die Anweisung dem Angewiesenen gegenüber widerrufen, solange nicht der Angewiesene sie dem Anweisungsempfänger gegenüber angenommen oder die Leistung bewirkt hat. Dies gilt auch dann, wenn der Anweisende durch den Widerruf einer ihm gegen den Anweisungsempfänger obliegenden Verpflichtung zuwiderhandelt.

§ 791 Tod oder Geschäftsunfähigkeit eines Beteiligten

Die Anweisung erlischt nicht durch den Tod oder den Eintritt der Geschäftsunfähigkeit eines der Beteiligten.

§ 792 Übertragung der Anweisung

(1) Der Anweisungsempfänger kann die Anweisung durch Vertrag mit einem Dritten auf diesen übertragen, auch wenn sie noch nicht angenommen worden ist. Die Übertragungserklärung bedarf der schriftlichen Form. Zur Übertragung ist die Aushändigung der Anweisung an den Dritten erforderlich.

(2) Der Anweisende kann die Übertragung ausschließen. Die Ausschließung ist dem Angewiesenen gegenüber nur wirksam, wenn sie aus der Anweisung zu entnehmen ist oder wenn sie von dem Anweisenden dem Angewiesenen mitgeteilt wird, bevor dieser die Anweisung annimmt oder die Leistung bewirkt.

(3) Nimmt der Angewiesene die Anweisung dem Erwerber gegenüber an, so kann er aus einem zwischen ihm und dem Anweisungsempfänger bestehenden Rechtsverhältnis Einwendungen nicht herleiten. Im Übrigen finden auf die Übertragung der Anweisung die für die Abtretung einer Forderung geltenden Vorschriften entsprechende Anwendung.

Titel 24
Schuldverschreibung auf den Inhaber

§ 793 Rechte aus der Schuldverschreibung auf den Inhaber

(1) Hat jemand eine Urkunde ausgestellt, in der er dem Inhaber der Urkunde eine Leistung verspricht (Schuldverschreibung auf den Inhaber), so kann der Inhaber von ihm die Leistung nach Maßgabe des Versprechens verlangen, es sei denn, dass er zur Verfügung über die Urkunde nicht berechtigt ist. Der Aussteller wird jedoch auch durch die Leistung an einen nicht zur Verfügung berechtigten Inhaber befreit.

(2) Die Gültigkeit der Unterzeichnung kann durch eine in die Urkunde aufgenommene Bestimmung von der Beobachtung einer besonderen Form abhängig gemacht werden. Zur Unterzeichnung genügt eine im Wege der mechanischen Vervielfältigung hergestellte Namensunterschrift.

§ 794 Haftung des Ausstellers

(1) Der Aussteller wird aus einer Schuldverschreibung auf den Inhaber auch dann verpflichtet, wenn sie ihm gestohlen worden

oder verloren gegangen oder wenn sie sonst ohne seinen Willen in den Verkehr gelangt ist.

(2) Auf die Wirksamkeit einer Schuldverschreibung auf den Inhaber ist es ohne Einfluss, wenn die Urkunde ausgegeben wird, nachdem der Aussteller gestorben oder geschäftsunfähig geworden ist.

§ 795 (weggefallen)

§ 796 Einwendungen des Ausstellers

Der Aussteller kann dem Inhaber der Schuldverschreibung nur solche Einwendungen entgegensetzen, welche die Gültigkeit der Ausstellung betreffen oder sich aus der Urkunde ergeben oder dem Aussteller unmittelbar gegen den Inhaber zustehen.

§ 797 Leistungspflicht nur gegen Aushändigung

Der Aussteller ist nur gegen Aushändigung der Schuldverschreibung zur Leistung verpflichtet. Mit der Aushändigung erwirbt er das Eigentum an der Urkunde, auch wenn der Inhaber zur Verfügung über sie nicht berechtigt ist.

§ 798 Ersatzurkunde

Ist eine Schuldverschreibung auf den Inhaber infolge einer Beschädigung oder einer Verunstaltung zum Umlauf nicht mehr geeignet, so kann der Inhaber, sofern ihr wesentlicher Inhalt und ihre Unterscheidungsmerkmale noch mit Sicherheit erkennbar sind, von dem Aussteller die Erteilung einer neuen Schuldverschreibung auf den Inhaber gegen Aushändigung der beschädigten oder verunstalteten verlangen. Die Kosten hat er zu tragen und vorzuschießen.

§ 799 Kraftloserklärung

(1) Eine abhanden gekommene oder vernichtete Schuldverschreibung auf den Inhaber kann, wenn nicht in der Urkunde das Gegenteil bestimmt ist, im Wege des Aufgebotsverfahrens für kraftlos erklärt werden. Ausgenommen sind Zins-, Renten- und Gewinnanteilscheine sowie die auf Sicht zahlbaren unverzinslichen Schuldverschreibungen.

(2) Der Aussteller ist verpflichtet, dem bisherigen Inhaber auf Verlangen die zur Erwirkung des Aufgebots oder der Zahlungssperre erforderliche Auskunft zu erteilen und die erforderlichen Zeugnisse auszustellen. Die Kosten der Zeugnisse hat der bisherige Inhaber zu tragen und vorzuschießen.

§ 800 Wirkung der Kraftloserklärung

Ist eine Schuldverschreibung auf den Inhaber für kraftlos erklärt, so kann derjenige, welcher den Ausschließungsbeschluss erwirkt hat, von dem Aussteller, unbeschadet der Befugnis, den Anspruch aus der Urkunde geltend zu machen, die Erteilung einer neuen Schuldverschreibung auf den Inhaber anstelle der für kraftlos erklärten verlangen. Die Kosten hat er zu tragen und vorzuschießen.

§ 801 Erlöschen; Verjährung

(1) Der Anspruch aus einer Schuldverschreibung auf den Inhaber erlischt mit dem Ablauf von 30 Jahren nach dem Eintritt der für die Leistung bestimmten Zeit, wenn nicht die Urkunde vor dem Ablaufe der 30 Jahre dem Aussteller zur Einlösung vorgelegt wird. Erfolgt die Vorlegung, so verjährt der Anspruch in zwei Jahren von dem Ende der Vorlegungsfrist an. Der Vorlegung steht die gerichtliche Geltendmachung des Anspruchs aus der Urkunde gleich.

(2) Bei Zins-, Renten- und Gewinnanteilscheinen beträgt die Vorlegungsfrist vier Jahre. Die Frist beginnt mit dem Schluss des Jahres, in welchem die für die Leistung bestimmte Zeit eintritt.

(3) Die Dauer und der Beginn der Vorlegungsfrist können von dem Aussteller in der Urkunde anders bestimmt werden.

§ 802 Zahlungssperre

Der Beginn und der Lauf der Vorlegungsfrist sowie der Verjährung werden durch die Zahlungssperre zugunsten des Antragstellers gehemmt. Die Hemmung beginnt mit der Stellung des Antrags auf Zahlungssperre; sie endigt mit der Erledigung des Aufgebotsverfahrens und, falls die Zahlungssperre vor der Einleitung des Verfahrens verfügt worden ist, auch dann, wenn seit der Beseitigung des der

Einleitung entgegenstehenden Hindernisses sechs Monate verstrichen sind und nicht vorher die Einleitung beantragt worden ist. Auf diese Frist finden die Vorschriften der §§ 206, 210, 211 entsprechende Anwendung.

§ 803 Zinsscheine

(1) Werden für eine Schuldverschreibung auf den Inhaber Zinsscheine ausgegeben, so bleiben die Scheine, sofern sie nicht eine gegenteilige Bestimmung enthalten, in Kraft, auch wenn die Hauptforderung erlischt oder die Verpflichtung zur Verzinsung aufgehoben oder geändert wird.

(2) Werden solche Zinsscheine bei der Einlösung der Hauptschuldverschreibung nicht zurückgegeben, so ist der Aussteller berechtigt, den Betrag zurückzubehalten, den er nach Absatz 1 für die Scheine zu zahlen verpflichtet ist.

§ 804 Verlust von Zins- oder ähnlichen Scheinen

(1) Ist ein Zins-, Renten- oder Gewinnanteilschein abhanden gekommen oder vernichtet und hat der bisherige Inhaber den Verlust dem Aussteller vor dem Ablauf der Vorlegungsfrist angezeigt, so kann der bisherige Inhaber nach dem Ablauf der Frist die Leistung von dem Aussteller verlangen. Der Anspruch ist ausgeschlossen, wenn der abhanden gekommene Schein dem Aussteller zur Einlösung vorgelegt oder der Anspruch aus dem Schein gerichtlich geltend gemacht worden ist, es sei denn, dass die Vorlegung oder die gerichtliche Geltendmachung nach dem Ablaufe der Frist erfolgt ist. Der Anspruch verjährt in vier Jahren.

(2) In dem Zins-, Renten- oder Gewinnanteilschein kann der im Absatz 1 bestimmte Anspruch ausgeschlossen werden.

§ 805 Neue Zins- und Rentenscheine

Neue Zins- oder Rentenscheine für eine Schuldverschreibung auf den Inhaber dürfen an den Inhaber der zum Empfang der Scheine ermächtigenden Urkunde (Erneuerungsschein) nicht ausgegeben werden, wenn der Inhaber der Schuldverschreibung der Ausgabe widersprochen hat. Die Scheine sind in diesem Falle dem Inhaber der Schuldverschreibung auszuhändigen, wenn er die Schuldverschreibung vorlegt.

§ 806 Umschreibung auf den Namen

Die Umschreibung einer auf den Inhaber lautenden Schuldverschreibung auf den Namen eines bestimmten Berechtigten kann nur durch den Aussteller erfolgen. Der Aussteller ist zur Umschreibung nicht verpflichtet.

§ 807 Inhaberkarten und -marken

Werden Karten, Marken oder ähnliche Urkunden, in denen ein Gläubiger nicht bezeichnet ist, von dem Aussteller unter Umständen ausgegeben, aus welchen sich ergibt, dass er dem Inhaber zu einer Leistung verpflichtet sein will, so finden die Vorschriften des § 793 Abs. 1 und der §§ 794, 796, 797 entsprechende Anwendung.

§ 808 Namenspapiere mit Inhaberklausel

(1) Wird eine Urkunde, in welcher der Gläubiger benannt ist, mit der Bestimmung ausgegeben, dass die in der Urkunde versprochene Leistung an jeden Inhaber bewirkt werden kann, so wird der Schuldner durch die Leistung an den Inhaber der Urkunde befreit. Der Inhaber ist nicht berechtigt, die Leistung zu verlangen.

(2) Der Schuldner ist nur gegen Aushändigung der Urkunde zur Leistung verpflichtet. Ist die Urkunde abhanden gekommen oder vernichtet, so kann sie, wenn nicht ein anderes bestimmt ist, im Wege des Aufgebotsverfahrens für kraftlos erklärt werden. Die in § 802 für die Verjährung gegebenen Vorschriften finden Anwendung.

Titel 25
Vorlegung von Sachen

§ 809 Besichtigung einer Sache

Wer gegen den Besitzer einer Sache einen Anspruch in Ansehung der Sache hat oder sich Gewissheit verschaffen will, ob ihm ein solcher Anspruch zusteht, kann, wenn die Besichtigung der Sache aus diesem Grunde für ihn von Interesse ist, verlangen, dass der Besitzer ihm die Sache zur Besichtigung vorlegt oder die Besichtigung gestattet.

§ 810 Einsicht in Urkunden

Wer ein rechtliches Interesse daran hat, eine in fremdem Besitz befindliche Urkunde einzusehen, kann von dem Besitzer die Gestattung der Einsicht verlangen, wenn die Urkunde in seinem Interesse errichtet oder in der Urkunde ein zwischen ihm und einem anderen bestehendes Rechtsverhältnis beurkundet ist oder wenn die Urkunde Verhandlungen über ein Rechtsgeschäft enthält, die zwischen ihm und einem anderen oder zwischen einem von beiden und einem gemeinschaftlichen Vermittler gepflogen worden sind.

§ 811 Vorlegungsort, Gefahr und Kosten

(1) Die Vorlegung hat in den Fällen der §§ 809, 810 an dem Orte zu erfolgen, an welchem sich die vorzulegende Sache befindet. Jeder Teil kann die Vorlegung an einem anderen Orte verlangen, wenn ein wichtiger Grund vorliegt.

(2) Die Gefahr und die Kosten hat derjenige zu tragen, welcher die Vorlegung verlangt. Der Besitzer kann die Vorlegung verweigern, bis ihm der andere Teil die Kosten vorschießt und wegen der Gefahr Sicherheit leistet.

Titel 26
Ungerechtfertigte Bereicherung

§ 812 Herausgabeanspruch

(1) Wer durch die Leistung eines anderen oder in sonstiger Weise auf dessen Kosten etwas ohne rechtlichen Grund erlangt, ist ihm zur Herausgabe verpflichtet. Diese Verpflichtung besteht auch dann, wenn der rechtliche Grund später wegfällt oder der mit einer Leistung nach dem Inhalt des Rechtsgeschäfts bezweckte Erfolg nicht eintritt.

(2) Als Leistung gilt auch die durch Vertrag erfolgte Anerkennung des Bestehens oder des Nichtbestehens eines Schuldverhältnisses.

§ 813 Erfüllung trotz Einrede

(1) Das zum Zwecke der Erfüllung einer Verbindlichkeit Geleistete kann auch dann zurückgefordert werden, wenn dem Anspruch eine Einrede entgegenstand, durch welche die Geltendmachung des Anspruchs dauernd ausgeschlossen wurde. Die Vorschrift des § 214 Abs. 2 bleibt unberührt.

(2) Wird eine betagte Verbindlichkeit vorzeitig erfüllt, so ist die Rückforderung ausgeschlossen; die Erstattung von Zwischenzinsen kann nicht verlangt werden.

§ 814 Kenntnis der Nichtschuld

Das zum Zwecke der Erfüllung einer Verbindlichkeit Geleistete kann nicht zurückgefordert werden, wenn der Leistende gewusst hat, dass er zur Leistung nicht verpflichtet war, oder wenn die Leistung einer sittlichen Pflicht oder einer auf den Anstand zu nehmenden Rücksicht entsprach.

§ 815 Nichteintritt des Erfolgs

Die Rückforderung wegen Nichteintritts des mit einer Leistung bezweckten Erfolgs ist ausgeschlossen, wenn der Eintritt des Erfolgs von Anfang an unmöglich war und der Leistende dies gewusst hat oder wenn der Leistende den Eintritt des Erfolgs wider Treu und Glauben verhindert hat.

§ 816 Verfügung eines Nichtberechtigten

(1) Trifft ein Nichtberechtigter über einen Gegenstand eine Verfügung, die dem Berechtigten gegenüber wirksam ist, so ist er dem Berechtigten zur Herausgabe des durch die Verfügung Erlangten verpflichtet. Erfolgt die Verfügung unentgeltlich, so trifft die gleiche Verpflichtung denjenigen, welcher auf Grund der Verfügung unmittelbar einen rechtlichen Vorteil erlangt.

(2) Wird an einen Nichtberechtigten eine Leistung bewirkt, die dem Berechtigten gegenüber wirksam ist, so ist der Nichtberechtigte dem Berechtigten zur Herausgabe des Geleisteten verpflichtet.

§ 817 Verstoß gegen Gesetz oder gute Sitten

War der Zweck einer Leistung in der Art bestimmt, dass der Empfänger durch die Annahme gegen ein gesetzliches Verbot oder gegen die guten Sitten verstoßen hat, so ist der Empfänger zur Herausgabe verpflichtet. Die Rückforderung ist ausgeschlossen, wenn dem Leistenden gleichfalls ein solcher Verstoß zur Last fällt, es sei denn, dass die Leistung in der Eingehung einer Verbindlichkeit bestand; das zur Erfüllung einer solchen Verbindlichkeit Geleistete kann nicht zurückgefordert werden.

§ 818 Umfang des Bereicherungsanspruchs

(1) Die Verpflichtung zur Herausgabe erstreckt sich auf die gezogenen Nutzungen sowie auf dasjenige, was der Empfänger auf Grund eines erlangten Rechts oder als Ersatz für die Zerstörung, Beschädigung oder Entziehung des erlangten Gegenstands erwirbt.

(2) Ist die Herausgabe wegen der Beschaffenheit des Erlangten nicht möglich oder ist der Empfänger aus einem anderen Grunde zur Herausgabe außerstande, so hat er den Wert zu ersetzen.

(3) Die Verpflichtung zur Herausgabe oder zum Ersatze des Wertes ist ausgeschlossen, soweit der Empfänger nicht mehr bereichert ist.

(4) Von dem Eintritt der Rechtshängigkeit an haftet der Empfänger nach den allgemeinen Vorschriften.

§ 819 Verschärfte Haftung bei Kenntnis und bei Gesetzes- oder Sittenverstoß

(1) Kennt der Empfänger den Mangel des rechtlichen Grundes bei dem Empfang oder erfährt er ihn später, so ist er von dem Empfang oder der Erlangung der Kenntnis an zur Herausgabe verpflichtet, wie wenn der Anspruch auf Herausgabe zu dieser Zeit rechtshängig geworden wäre.

(2) Verstößt der Empfänger durch die Annahme der Leistung gegen ein gesetzliches Verbot oder gegen die guten Sitten, so ist er von dem Empfang der Leistung an in der gleichen Weise verpflichtet.

§ 820 Verschärfte Haftung bei ungewissem Erfolgseintritt

(1) War mit der Leistung ein Erfolg bezweckt, dessen Eintritt nach dem Inhalt des Rechtsgeschäfts als ungewiss angesehen wurde, so ist der Empfänger, falls der Erfolg nicht eintritt, zur Herausgabe so verpflichtet, wie wenn der Anspruch auf Herausgabe zur Zeit des Empfangs rechtshängig geworden wäre. Das Gleiche gilt, wenn die Leistung aus einem Rechtsgrund, dessen Wegfall nach dem Inhalte des Rechtsgeschäfts als möglich angesehen wurde, erfolgt ist und der Rechtsgrund wegfällt.

(2) Zinsen hat der Empfänger erst von dem Zeitpunkt an zu entrichten, in welchem er erfährt, dass der Erfolg nicht eingetreten oder dass der Rechtsgrund weggefallen ist; zur Herausgabe von Nutzungen ist er insoweit nicht verpflichtet, als er zu dieser Zeit nicht mehr bereichert ist.

§ 821 Einrede der Bereicherung

Wer ohne rechtlichen Grund eine Verbindlichkeit eingeht, kann die Erfüllung auch dann verweigern, wenn der Anspruch auf Befreiung von der Verbindlichkeit verjährt ist.

§ 822 Herausgabepflicht Dritter

Wendet der Empfänger das Erlangte unentgeltlich einem Dritten zu, so ist, soweit infolgedessen die Verpflichtung des Empfängers zur Herausgabe der Bereicherung ausgeschlossen ist, der Dritte zur Herausgabe verpflichtet, wie wenn er die Zuwendung von dem Gläubiger ohne rechtlichen Grund erhalten hätte.

Titel 27
Unerlaubte Handlungen

§ 823 Schadensersatzpflicht

(1) Wer vorsätzlich oder fahrlässig das Leben, den Körper, die Gesundheit, die Freiheit, das Eigentum oder ein sonstiges Recht eines anderen widerrechtlich verletzt, ist dem ande-

ren zum Ersatz des daraus entstehenden Schadens verpflichtet.

(2) Die gleiche Verpflichtung trifft denjenigen, welcher gegen ein den Schutz eines anderen bezweckendes Gesetz verstößt. Ist nach dem Inhalt des Gesetzes ein Verstoß gegen dieses auch ohne Verschulden möglich, so tritt die Ersatzpflicht nur im Falle des Verschuldens ein.

§ 824 Kreditgefährdung

(1) Wer der Wahrheit zuwider eine Tatsache behauptet oder verbreitet, die geeignet ist, den Kredit eines anderen zu gefährden oder sonstige Nachteile für dessen Erwerb oder Fortkommen herbeizuführen, hat dem anderen den daraus entstehenden Schaden auch dann zu ersetzen, wenn er die Unwahrheit zwar nicht kennt, aber kennen muss.

(2) Durch eine Mitteilung, deren Unwahrheit dem Mitteilenden unbekannt ist, wird dieser nicht zum Schadensersatz verpflichtet, wenn er oder der Empfänger der Mitteilung an ihr ein berechtigtes Interesse hat.

§ 825 Bestimmung zu sexuellen Handlungen

Wer einen anderen durch Hinterlist, Drohung oder Missbrauch eines Abhängigkeitsverhältnisses zur Vornahme oder Duldung sexueller Handlungen bestimmt, ist ihm zum Ersatz des daraus entstehenden Schadens verpflichtet.

§ 826 Sittenwidrige vorsätzliche Schädigung

Wer in einer gegen die guten Sitten verstoßenden Weise einem anderen vorsätzlich Schaden zufügt, ist dem anderen zum Ersatz des Schadens verpflichtet.

§ 827 Ausschluss und Minderung der Verantwortlichkeit

Wer im Zustande der Bewusstlosigkeit oder in einem die freie Willensbestimmung ausschließenden Zustande krankhafter Störung der Geistestätigkeit einem anderen Schaden zufügt, ist für den Schaden nicht verantwortlich. Hat er sich durch geistige Getränke oder ähnliche Mittel in einen vorübergehenden Zustand dieser Art versetzt, so ist er für einen Schaden, den er in diesem Zustand widerrechtlich verursacht, in gleicher Weise verantwortlich, wie wenn ihm Fahrlässigkeit zur Last fiele; die Verantwortlichkeit tritt nicht ein, wenn er ohne Verschulden in den Zustand geraten ist.

§ 828 Minderjährige

(1) Wer nicht das siebente Lebensjahr vollendet hat, ist für einen Schaden, den er einem anderen zufügt, nicht verantwortlich.

(2) Wer das siebente, aber nicht das zehnte Lebensjahr vollendet hat, ist für den Schaden, den er bei einem Unfall mit einem Kraftfahrzeug, einer Schienenbahn oder einer Schwebebahn einem anderen zufügt, nicht verantwortlich. Dies gilt nicht, wenn er die Verletzung vorsätzlich herbeigeführt hat.

(3) Wer das 18. Lebensjahr noch nicht vollendet hat, ist, sofern seine Verantwortlichkeit nicht nach Absatz 1 oder 2 ausgeschlossen ist, für den Schaden, den er einem anderen zufügt, nicht verantwortlich, wenn er bei der Begehung der schädigenden Handlung nicht die zur Erkenntnis der Verantwortlichkeit erforderliche Einsicht hat.

§ 829 Ersatzpflicht aus Billigkeitsgründen

Wer in einem der in den §§ 823 bis 826 bezeichneten Fälle für einen von ihm verursachten Schaden auf Grund der §§ 827, 828 nicht verantwortlich ist, hat gleichwohl, sofern der Ersatz des Schadens nicht von einem aufsichtspflichtigen Dritten erlangt werden kann, den Schaden insoweit zu ersetzen, als die Billigkeit nach den Umständen, insbesondere nach den Verhältnissen der Beteiligten, eine Schadloshaltung erfordert und ihm nicht die Mittel entzogen werden, deren er zum angemessenen Unterhalte sowie zur Erfüllung seiner gesetzlichen Unterhaltspflichten bedarf.

§ 830 Mittäter und Beteiligte

(1) Haben mehrere durch eine gemeinschaftlich begangene unerlaubte Handlung einen Schaden verursacht, so ist jeder für den Schaden verantwortlich. Das Gleiche gilt, wenn sich nicht ermitteln lässt, wer von

mehreren Beteiligten den Schaden durch seine Handlung verursacht hat.

(2) Anstifter und Gehilfen stehen Mittätern gleich.

§ 831 Haftung für den Verrichtungsgehilfen

(1) Wer einen anderen zu einer Verrichtung bestellt, ist zum Ersatz des Schadens verpflichtet, den der andere in Ausführung der Verrichtung einem Dritten widerrechtlich zufügt. Die Ersatzpflicht tritt nicht ein, wenn der Geschäftsherr bei der Auswahl der bestellten Person und, sofern er Vorrichtungen oder Gerätschaften zu beschaffen oder die Ausführung der Verrichtung zu leiten hat, bei der Beschaffung oder der Leitung die im Verkehr erforderliche Sorgfalt beobachtet oder wenn der Schaden auch bei Anwendung dieser Sorgfalt entstanden sein würde.

(2) Die gleiche Verantwortlichkeit trifft denjenigen, welcher für den Geschäftsherrn die Besorgung eines der im Absatz 1 Satz 2 bezeichneten Geschäfte durch Vertrag übernimmt.

§ 832 Haftung des Aufsichtspflichtigen

(1) Wer kraft Gesetzes zur Führung der Aufsicht über eine Person verpflichtet ist, die wegen Minderjährigkeit oder wegen ihres geistigen oder körperlichen Zustands der Beaufsichtigung bedarf, ist zum Ersatz des Schadens verpflichtet, den diese Person einem Dritten widerrechtlich zufügt. Die Ersatzpflicht tritt nicht ein, wenn er seiner Aufsichtspflicht genügt oder wenn der Schaden auch bei gehöriger Aufsichtsführung entstanden sein würde.

(2) Die gleiche Verantwortlichkeit trifft denjenigen, welcher die Führung der Aufsicht durch Vertrag übernimmt.

§ 833 Haftung des Tierhalters

Wird durch ein Tier ein Mensch getötet oder der Körper oder die Gesundheit eines Menschen verletzt oder eine Sache beschädigt, so ist derjenige, welcher das Tier hält, verpflichtet, dem Verletzten den daraus entstehenden Schaden zu ersetzen. Die Ersatzpflicht tritt nicht ein, wenn der Schaden durch ein Haustier verursacht wird, das dem Beruf, der Erwerbstätigkeit oder dem Unterhalte des Tierhalters zu dienen bestimmt ist, und entweder der Tierhalter bei der Beaufsichtigung des Tieres die im Verkehr erforderliche Sorgfalt beobachtet oder der Schaden auch bei Anwendung dieser Sorgfalt entstanden sein würde.

§ 834 Haftung des Tieraufsehers

Wer für denjenigen, welcher ein Tier hält, die Führung der Aufsicht über das Tier durch Vertrag übernimmt, ist für den Schaden verantwortlich, den das Tier einem Dritten in der im § 833 bezeichneten Weise zufügt. Die Verantwortlichkeit tritt nicht ein, wenn er bei der Führung der Aufsicht die im Verkehr erforderliche Sorgfalt beobachtet oder wenn der Schaden auch bei Anwendung dieser Sorgfalt entstanden sein würde.

§ 835 (weggefallen)

§ 836 Haftung des Grundstücksbesitzers

(1) Wird durch den Einsturz eines Gebäudes oder eines anderen mit einem Grundstück verbundenen Werkes oder durch die Ablösung von Teilen des Gebäudes oder des Werkes ein Mensch getötet, der Körper oder die Gesundheit eines Menschen verletzt oder eine Sache beschädigt, so ist der Besitzer des Grundstücks, sofern der Einsturz oder die Ablösung die Folge fehlerhafter Errichtung oder mangelhafter Unterhaltung ist, verpflichtet, dem Verletzten den daraus entstehenden Schaden zu ersetzen. Die Ersatzpflicht tritt nicht ein, wenn der Besitzer zum Zwecke der Abwendung der Gefahr die im Verkehr erforderliche Sorgfalt beobachtet hat.

(2) Ein früherer Besitzer des Grundstücks ist für den Schaden verantwortlich, wenn der Einsturz oder die Ablösung innerhalb eines Jahres nach der Beendigung seines Besitzes eintritt, es sei denn, dass er während seines Besitzes die im Verkehr erforderliche Sorgfalt beobachtet hat oder ein späterer Besitzer durch Beobachtung dieser Sorgfalt die Gefahr hätte abwenden können.

II

(3) Besitzer im Sinne dieser Vorschriften ist der Eigenbesitzer.

§ 837 Haftung des Gebäudebesitzers

Besitzt jemand auf einem fremden Grundstück in Ausübung eines Rechts ein Gebäude oder ein anderes Werk, so trifft ihn anstelle des Besitzers des Grundstücks die im § 836 bestimmte Verantwortlichkeit.

§ 838 Haftung des Gebäudeunterhaltungspflichtigen

Wer die Unterhaltung eines Gebäudes oder eines mit einem Grundstück verbundenen Werkes für den Besitzer übernimmt oder das Gebäude oder das Werk vermöge eines ihm zustehenden Nutzungsrechts zu unterhalten hat, ist für den durch den Einsturz oder die Ablösung von Teilen verursachten Schaden in gleicher Weise verantwortlich wie der Besitzer.

§ 839 Haftung bei Amtspflichtverletzung

(1) Verletzt ein Beamter vorsätzlich oder fahrlässig die ihm einem Dritten gegenüber obliegende Amtspflicht, so hat er dem Dritten den daraus entstehenden Schaden zu ersetzen. Fällt dem Beamten nur Fahrlässigkeit zur Last, so kann er nur dann in Anspruch genommen werden, wenn der Verletzte nicht auf andere Weise Ersatz zu erlangen vermag.

(2) Verletzt ein Beamter bei dem Urteil in einer Rechtssache seine Amtspflicht, so ist er für den daraus entstehenden Schaden nur dann verantwortlich, wenn die Pflichtverletzung in einer Straftat besteht. Auf eine pflichtwidrige Verweigerung oder Verzögerung der Ausübung des Amtes findet diese Vorschrift keine Anwendung.

(3) Die Ersatzpflicht tritt nicht ein, wenn der Verletzte vorsätzlich oder fahrlässig unterlassen hat, den Schaden durch Gebrauch eines Rechtsmittels abzuwenden.

§ 839a Haftung des gerichtlichen Sachverständigen

(1) Erstattet ein vom Gericht ernannter Sachverständiger vorsätzlich oder grob fahrlässig ein unrichtiges Gutachten, so ist er zum Ersatz des Schadens verpflichtet, der einem Verfahrensbeteiligten durch eine gerichtliche Entscheidung entsteht, die auf diesem Gutachten beruht.

(2) § 839 Abs. 3 ist entsprechend anzuwenden.

§ 840 Haftung mehrerer

(1) Sind für den aus einer unerlaubten Handlung entstehenden Schaden mehrere nebeneinander verantwortlich, so haften sie als Gesamtschuldner.

(2) Ist neben demjenigen, welcher nach den §§ 831, 832 zum Ersatz des von einem anderen verursachten Schadens verpflichtet ist, auch der andere für den Schaden verantwortlich, so ist in ihrem Verhältnis zueinander der andere allein, im Falle des § 829 der Aufsichtspflichtige allein verpflichtet.

(3) Ist neben demjenigen, welcher nach den §§ 833 bis 838 zum Ersatz des Schadens verpflichtet ist, ein Dritter für den Schaden verantwortlich, so ist in ihrem Verhältnis zueinander der Dritte allein verpflichtet.

§ 841 Ausgleichung bei Beamtenhaftung

Ist ein Beamter, der vermöge seiner Amtspflicht einen anderen zur Geschäftsführung für einen Dritten zu bestellen oder eine solche Geschäftsführung zu beaufsichtigen oder durch Genehmigung von Rechtsgeschäften bei ihr mitzuwirken hat, wegen Verletzung dieser Pflichten neben dem anderen für den von diesem verursachten Schaden verantwortlich, so ist in ihrem Verhältnis zueinander der andere allein verpflichtet.

§ 842 Umfang der Ersatzpflicht bei Verletzung einer Person

Die Verpflichtung zum Schadensersatz wegen einer gegen die Person gerichteten unerlaubten Handlung erstreckt sich auf die Nachteile, welche die Handlung für den Erwerb oder das Fortkommen des Verletzten herbeiführt.

§ 843 Geldrente oder Kapitalabfindung

(1) Wird infolge einer Verletzung des Körpers oder der Gesundheit die Erwerbsfähigkeit des Verletzten aufgehoben oder gemindert oder

tritt eine Vermehrung seiner Bedürfnisse ein, so ist dem Verletzten durch Entrichtung einer Geldrente Schadensersatz zu leisten.

(2) Auf die Rente finden die Vorschriften des § 760 Anwendung. Ob, in welcher Art und für welchen Betrag der Ersatzpflichtige Sicherheit zu leisten hat, bestimmt sich nach den Umständen.

(3) Statt der Rente kann der Verletzte eine Abfindung in Kapital verlangen, wenn ein wichtiger Grund vorliegt.

(4) Der Anspruch wird nicht dadurch ausgeschlossen, dass ein anderer dem Verletzten Unterhalt zu gewähren hat.

§ 844 Ersatzansprüche Dritter bei Tötung

(1) Im Falle der Tötung hat der Ersatzpflichtige die Kosten der Beerdigung demjenigen zu ersetzen, welchem die Verpflichtung obliegt, diese Kosten zu tragen.

(2) Stand der Getötete zur Zeit der Verletzung zu einem Dritten in einem Verhältnis, vermöge dessen er diesem gegenüber kraft Gesetzes unterhaltspflichtig war oder unterhaltspflichtig werden konnte, und ist dem Dritten infolge der Tötung das Recht auf den Unterhalt entzogen, so hat der Ersatzpflichtige dem Dritten durch Entrichtung einer Geldrente insoweit Schadensersatz zu leisten, als der Getötete während der mutmaßlichen Dauer seines Lebens zur Gewährung des Unterhalts verpflichtet gewesen sein würde; die Vorschrift des § 843 Abs. 2 bis 4 findet entsprechende Anwendung. Die Ersatzpflicht tritt auch dann ein, wenn der Dritte zur Zeit der Verletzung gezeugt, aber noch nicht geboren war.

§ 845 Ersatzansprüche wegen entgangener Dienste

Im Falle der Tötung, der Verletzung des Körpers oder der Gesundheit sowie im Falle der Freiheitsentziehung hat der Ersatzpflichtige, wenn der Verletzte kraft Gesetzes einem Dritten zur Leistung von Diensten in dessen Hauswesen oder Gewerbe verpflichtet war, dem Dritten für die entgehenden Dienste durch Entrichtung einer Geldrente Ersatz zu leisten. Die Vorschrift des § 843 Abs. 2 bis 4 findet entsprechende Anwendung.

§ 846 Mitverschulden des Verletzten

Hat in den Fällen der §§ 844, 845 bei der Entstehung des Schadens, den der Dritte erleidet, ein Verschulden des Verletzten mitgewirkt, so findet auf den Anspruch des Dritten die Vorschrift des § 254 Anwendung.

§ 847 (weggefallen)

§ 848 Haftung für Zufall bei Entziehung einer Sache

Wer zur Rückgabe einer Sache verpflichtet ist, die er einem anderen durch eine unerlaubte Handlung entzogen hat, ist auch für den zufälligen Untergang, eine aus einem anderen Grunde eintretende zufällige Unmöglichkeit der Herausgabe oder eine zufällige Verschlechterung der Sache verantwortlich, es sei denn, dass der Untergang, die anderweitige Unmöglichkeit der Herausgabe oder die Verschlechterung auch ohne die Entziehung eingetreten sein würde.

§ 849 Verzinsung der Ersatzsumme

Ist wegen der Entziehung einer Sache der Wert oder wegen der Beschädigung einer Sache die Wertminderung zu ersetzen, so kann der Verletzte Zinsen des zu ersetzenden Betrags von dem Zeitpunkt an verlangen, welcher der Bestimmung des Wertes zugrunde gelegt wird.

§ 850 Ersatz von Verwendungen

Macht der zur Herausgabe einer entzogenen Sache Verpflichtete Verwendungen auf die Sache, so stehen ihm dem Verletzten gegenüber die Rechte zu, die der Besitzer dem Eigentümer gegenüber wegen Verwendungen hat.

§ 851 Ersatzleistung an Nichtberechtigten

Leistet der wegen der Entziehung oder Beschädigung einer beweglichen Sache zum Schadensersatz Verpflichtete den Ersatz an denjenigen, in dessen Besitz sich die Sache zur Zeit der Entziehung oder der Beschädigung befunden hat, so wird er durch die

II

Leistung auch dann befreit, wenn ein Dritter Eigentümer der Sache war oder ein sonstiges Recht an der Sache hatte, es sei denn, dass ihm das Recht des Dritten bekannt oder infolge grober Fahrlässigkeit unbekannt ist.

§ 852 Herausgabeanspruch nach Eintritt der Verjährung

Hat der Ersatzpflichtige durch eine unerlaubte Handlung auf Kosten des Verletzten etwas erlangt, so ist er auch nach Eintritt der Verjährung des Anspruchs auf Ersatz des aus einer unerlaubten Handlung entstandenen Schadens zur Herausgabe nach den Vorschriften über die Herausgabe einer ungerechtfertigten Bereicherung verpflichtet. Dieser Anspruch verjährt in zehn Jahren von seiner Entstehung an, ohne Rücksicht auf die Entstehung in 30 Jahren von der Begehung der Verletzungshandlung oder dem sonstigen, den Schaden auslösenden Ereignis an.

§ 853 Arglisteinrede

Erlangt jemand durch eine von ihm begangene unerlaubte Handlung eine Forderung gegen den Verletzten, so kann der Verletzte die Erfüllung auch dann verweigern, wenn der Anspruch auf Aufhebung der Forderung verjährt ist.

Buch 3
Sachenrecht

Abschnitt 1
Besitz

§ 854 Erwerb des Besitzes

(1) Der Besitz einer Sache wird durch die Erlangung der tatsächlichen Gewalt über die Sache erworben.

(2) Die Einigung des bisherigen Besitzers und des Erwerbers genügt zum Erwerb, wenn der Erwerber in der Lage ist, die Gewalt über die Sache auszuüben.

§ 855 Besitzdiener

Übt jemand die tatsächliche Gewalt über eine Sache für einen anderen in dessen Haushalt oder Erwerbsgeschäft oder in einem ähnlichen Verhältnis aus, vermöge dessen er den sich auf die Sache beziehenden Weisungen des anderen Folge zu leisten hat, so ist nur der andere Besitzer.

§ 856 Beendigung des Besitzes

(1) Der Besitz wird dadurch beendigt, dass der Besitzer die tatsächliche Gewalt über die Sache aufgibt oder in anderer Weise verliert.

(2) Durch eine ihrer Natur nach vorübergehende Verhinderung in der Ausübung der Gewalt wird der Besitz nicht beendigt.

§ 857 Vererblichkeit

Der Besitz geht auf den Erben über.

§ 858 Verbotene Eigenmacht

(1) Wer dem Besitzer ohne dessen Willen den Besitz entzieht oder ihn im Besitz stört, handelt, sofern nicht das Gesetz die Entziehung oder die Störung gestattet, widerrechtlich (verbotene Eigenmacht).

(2) Der durch verbotene Eigenmacht erlangte Besitz ist fehlerhaft. Die Fehlerhaftigkeit muss der Nachfolger im Besitz gegen sich gelten lassen, wenn er Erbe des Besitzers ist oder die Fehlerhaftigkeit des Besitzes seines Vorgängers bei dem Erwerb kennt.

§ 859 Selbsthilfe des Besitzers

(1) Der Besitzer darf sich verbotener Eigenmacht mit Gewalt erwehren.

(2) Wird eine bewegliche Sache dem Besitzer mittels verbotener Eigenmacht weggenommen, so darf er sie dem auf frischer Tat betroffenen oder verfolgten Täter mit Gewalt wieder abnehmen.

(3) Wird dem Besitzer eines Grundstücks der Besitz durch verbotene Eigenmacht entzogen, so darf er sofort nach der Entziehung sich des Besitzes durch Entsetzung des Täters wieder bemächtigen.

(4) Die gleichen Rechte stehen dem Besitzer gegen denjenigen zu, welcher nach § 858 Abs. 2 die Fehlerhaftigkeit des Besitzes gegen sich gelten lassen muss.

§ 860 Selbsthilfe des Besitzdieners

Zur Ausübung der dem Besitzer nach § 859 zustehenden Rechte ist auch derjenige befugt, welcher die tatsächliche Gewalt nach § 855 für den Besitzer ausübt.

§ 861 Anspruch wegen Besitzentziehung

(1) Wird der Besitz durch verbotene Eigenmacht dem Besitzer entzogen, so kann dieser die Wiedereinräumung des Besitzes von demjenigen verlangen, welcher ihm gegenüber fehlerhaft besitzt.

(2) Der Anspruch ist ausgeschlossen, wenn der entzogene Besitz dem gegenwärtigen Besitzer oder dessen Rechtsvorgänger gegenüber fehlerhaft war und in dem letzten Jahre vor der Entziehung erlangt worden ist.

§ 862 Anspruch wegen Besitzstörung

(1) Wird der Besitzer durch verbotene Eigenmacht im Besitz gestört, so kann er von dem Störer die Beseitigung der Störung verlangen. Sind weitere Störungen zu besorgen, so kann der Besitzer auf Unterlassung klagen.

(2) Der Anspruch ist ausgeschlossen, wenn der Besitzer dem Störer oder dessen Rechtsvorgänger gegenüber fehlerhaft besitzt und der Besitz in dem letzten Jahre vor der Störung erlangt worden ist.

§ 863 Einwendungen des Entziehers oder Störers

Gegenüber den in den §§ 861, 862 bestimmten Ansprüchen kann ein Recht zum Besitz oder zur Vornahme der störenden Handlung nur zur Begründung der Behauptung geltend gemacht werden, dass die Entziehung oder die Störung des Besitzes nicht verbotene Eigenmacht sei.

§ 864 Erlöschen der Besitzansprüche

(1) Ein nach den §§ 861, 862 begründeter Anspruch erlischt mit dem Ablauf eines Jahres nach der Verübung der verbotenen Eigenmacht, wenn nicht vorher der Anspruch im Wege der Klage geltend gemacht wird.

(2) Das Erlöschen tritt auch dann ein, wenn nach der Verübung der verbotenen Eigen-

macht durch rechtskräftiges Urteil festgestellt wird, dass dem Täter ein Recht an der Sache zusteht, vermöge dessen er die Herstellung eines seiner Handlungsweise entsprechenden Besitzstands verlangen kann.

§ 865 Teilbesitz

Die Vorschriften der §§ 858 bis 864 gelten auch zugunsten desjenigen, welcher nur einen Teil einer Sache, insbesondere abgesonderte Wohnräume oder andere Räume, besitzt.

§ 866 Mitbesitz

Besitzen mehrere eine Sache gemeinschaftlich, so findet in ihrem Verhältnisse zueinander ein Besitzschutz insoweit nicht statt, als es sich um die Grenzen des den Einzelnen zustehenden Gebrauchs handelt.

§ 867 Verfolgungsrecht des Besitzers

Ist eine Sache aus der Gewalt des Besitzers auf ein im Besitz eines anderen befindliches Grundstück gelangt, so hat ihm der Besitzer des Grundstücks die Aufsuchung und die Wegschaffung zu gestatten, sofern nicht die Sache inzwischen in Besitz genommen worden ist. Der Besitzer des Grundstücks kann Ersatz des durch die Aufsuchung und die Wegschaffung entstehenden Schadens verlangen. Er kann, wenn die Entstehung eines Schadens zu besorgen ist, die Gestattung verweigern, bis ihm Sicherheit geleistet wird; die Verweigerung ist unzulässig, wenn mit dem Aufschub Gefahr verbunden ist.

§ 868 Mittelbarer Besitz

Besitzt jemand eine Sache als Nießbraucher, Pfandgläubiger, Pächter, Mieter, Verwahrer oder in einem ähnlichen Verhältnis, vermöge dessen er einem anderen gegenüber auf Zeit zum Besitze berechtigt oder verpflichtet ist, so ist auch der andere Besitzer (mittelbarer Besitz).

§ 869 Ansprüche des mittelbaren Besitzers

Wird gegen den Besitzer verbotene Eigenmacht verübt, so stehen die in den §§ 861, 862 bestimmten Ansprüche auch dem mittelbaren Besitzer zu. Im Falle der Entziehung des Besitzes ist der mittelbare Besitzer berechtigt, die Wiedereinräumung des Besitzes an den bisherigen Besitzer zu verlangen; kann oder will dieser den Besitz nicht wieder übernehmen, so kann der mittelbare Besitzer verlangen, dass ihm selbst der Besitz eingeräumt wird. Unter der gleichen Voraussetzung kann er im Falle des § 867 verlangen, dass ihm die Aufsuchung und Wegschaffung der Sache gestattet wird.

§ 870 Übertragung des mittelbaren Besitzes

Der mittelbare Besitz kann dadurch auf einen anderen übertragen werden, dass diesem der Anspruch auf Herausgabe der Sache abgetreten wird.

§ 871 Mehrstufiger mittelbarer Besitz

Steht der mittelbare Besitzer zu einem Dritten in einem Verhältnis der in § 868 bezeichneten Art, so ist auch der Dritte mittelbarer Besitzer.

§ 872 Eigenbesitz

Wer eine Sache als ihm gehörend besitzt, ist Eigenbesitzer.

Abschnitt 2
Allgemeine Vorschriften über Rechte an Grundstücken

§ 873 Erwerb durch Einigung und Eintragung

(1) Zur Übertragung des Eigentums an einem Grundstück, zur Belastung eines Grundstücks mit einem Recht sowie zur Übertragung oder Belastung eines solchen Rechts ist die Einigung des Berechtigten und des anderen Teils über den Eintritt der Rechtsänderung und die Eintragung der Rechtsänderung in das Grundbuch erforderlich, soweit nicht das Gesetz ein anderes vorschreibt.

(2) Vor der Eintragung sind die Beteiligten an die Einigung nur gebunden, wenn die Erklärungen notariell beurkundet oder vor dem Grundbuchamt abgegeben oder bei diesem eingereicht sind oder wenn der Berechtigte dem anderen Teil eine den Vorschriften der

Grundbuchordnung entsprechende Eintragungsbewilligung ausgehändigt hat.

§ 874 Bezugnahme auf die Eintragungsbewilligung

Bei der Eintragung eines Rechts, mit dem ein Grundstück belastet wird, kann zur näheren Bezeichnung des Inhalts des Rechts auf die Eintragungsbewilligung Bezug genommen werden, soweit nicht das Gesetz ein anderes vorschreibt.

§ 875 Aufhebung eines Rechts

(1) Zur Aufhebung eines Rechts an einem Grundstück ist, soweit nicht das Gesetz ein anderes vorschreibt, die Erklärung des Berechtigten, dass er das Recht aufgebe, und die Löschung des Rechts im Grundbuch erforderlich. Die Erklärung ist dem Grundbuchamt oder demjenigen gegenüber abzugeben, zu dessen Gunsten sie erfolgt.

(2) Vor der Löschung ist der Berechtigte an seine Erklärung nur gebunden, wenn er sie dem Grundbuchamt gegenüber abgegeben oder demjenigen, zu dessen Gunsten sie erfolgt, eine den Vorschriften der Grundbuchordnung entsprechende Löschungsbewilligung ausgehändigt hat.

§ 876 Aufhebung eines belasteten Rechts

Ist ein Recht an einem Grundstück mit dem Recht eines Dritten belastet, so ist zur Aufhebung des belasteten Rechts die Zustimmung des Dritten erforderlich. Steht das aufzuhebende Recht dem jeweiligen Eigentümer eines anderen Grundstücks zu, so ist, wenn dieses Grundstück mit dem Recht eines Dritten belastet ist, die Zustimmung des Dritten erforderlich, es sei denn, dass dessen Recht durch die Aufhebung nicht berührt wird. Die Zustimmung ist dem Grundbuchamt oder demjenigen gegenüber zu erklären, zu dessen Gunsten sie erfolgt; sie ist unwiderruflich.

§ 877 Rechtsänderungen

Die Vorschriften der §§ 873, 874, 876 finden auch auf Änderungen des Inhalts eines Rechts an einem Grundstück Anwendung.

§ 878 Nachträgliche Verfügungsbeschränkungen

Eine von dem Berechtigten in Gemäßheit der §§ 873, 875, 877 abgegebene Erklärung wird nicht dadurch unwirksam, dass der Berechtigte in der Verfügung beschränkt wird, nachdem die Erklärung für ihn bindend geworden und der Antrag auf Eintragung bei dem Grundbuchamt gestellt worden ist.

§ 879 Rangverhältnis mehrerer Rechte

(1) Das Rangverhältnis unter mehreren Rechten, mit denen ein Grundstück belastet ist, bestimmt sich, wenn die Rechte in derselben Abteilung des Grundbuchs eingetragen sind, nach der Reihenfolge der Eintragungen. Sind die Rechte in verschiedenen Abteilungen eingetragen, so hat das unter Angabe eines früheren Tages eingetragene Recht den Vorrang; Rechte, die unter Angabe desselben Tages eingetragen sind, haben gleichen Rang.

(2) Die Eintragung ist für das Rangverhältnis auch dann maßgebend, wenn die nach § 873 zum Erwerb des Rechts erforderliche Einigung erst nach der Eintragung zustande gekommen ist.

(3) Eine abweichende Bestimmung des Rangverhältnisses bedarf der Eintragung in das Grundbuch.

§ 880 Rangänderung

(1) Das Rangverhältnis kann nachträglich geändert werden.

(2) Zu der Rangänderung ist die Einigung des zurücktretenden und des vortretenden Berechtigten und die Eintragung der Änderung in das Grundbuch erforderlich; die Vorschriften des § 873 Abs. 2 und des § 878 finden Anwendung. Soll eine Hypothek, eine Grundschuld oder eine Rentenschuld zurücktreten, so ist außerdem die Zustimmung des Eigentümers erforderlich. Die Zustimmung ist dem Grundbuchamt oder einem der Beteiligten gegenüber zu erklären; sie ist unwiderruflich.

(3) Ist das zurücktretende Recht mit dem Recht eines Dritten belastet, so finden die Vorschriften des § 876 entsprechende Anwendung.

(4) Der dem vortretenden Recht eingeräumte Rang geht nicht dadurch verloren, dass das zurücktretende Recht durch Rechtsgeschäft aufgehoben wird.

(5) Rechte, die den Rang zwischen dem zurücktretenden und dem vortretenden Recht haben, werden durch die Rangänderung nicht berührt.

§ 881 Rangvorbehalt

(1) Der Eigentümer kann sich bei der Belastung des Grundstücks mit einem Recht die Befugnis vorbehalten, ein anderes, dem Umfang nach bestimmtes Recht mit dem Rang vor jenem Recht eintragen zu lassen.

(2) Der Vorbehalt bedarf der Eintragung in das Grundbuch; die Eintragung muss bei dem Recht erfolgen, das zurücktreten soll.

(3) Wird das Grundstück veräußert, so geht die vorbehaltene Befugnis auf den Erwerber über.

(4) Ist das Grundstück vor der Eintragung des Rechts, dem der Vorrang beigelegt ist, mit einem Recht ohne einen entsprechenden Vorbehalt belastet worden, so hat der Vorrang insoweit keine Wirkung, als das mit dem Vorbehalt eingetragene Recht infolge der inzwischen eingetretenen Belastung eine über den Vorbehalt hinausgehende Beeinträchtigung erleiden würde.

§ 882 Höchstbetrag des Wertersatzes

Wird ein Grundstück mit einem Recht belastet, für welches nach den für die Zwangsversteigerung geltenden Vorschriften dem Berechtigten im Falle des Erlöschens durch den Zuschlag der Wert aus dem Erlös zu ersetzen ist, so kann der Höchstbetrag des Ersatzes bestimmt werden. Die Bestimmung bedarf der Eintragung in das Grundbuch.

§ 883 Voraussetzungen und Wirkung der Vormerkung

(1) Zur Sicherung des Anspruchs auf Einräumung oder Aufhebung eines Rechts an einem Grundstück oder an einem das Grundstück belastenden Recht oder auf Änderung des

Inhalts oder des Ranges eines solchen Rechts kann eine Vormerkung in das Grundbuch eingetragen werden. Die Eintragung einer Vormerkung ist auch zur Sicherung eines künftigen oder eines bedingten Anspruchs zulässig.

(2) Eine Verfügung, die nach der Eintragung der Vormerkung über das Grundstück oder das Recht getroffen wird, ist insoweit unwirksam, als sie den Anspruch vereiteln oder beeinträchtigen würde. Dies gilt auch, wenn die Verfügung im Wege der Zwangsvollstreckung oder der Arrestvollziehung oder durch den Insolvenzverwalter erfolgt.

(3) Der Rang des Rechts, auf dessen Einräumung der Anspruch gerichtet ist, bestimmt sich nach der Eintragung der Vormerkung.

§ 884 Wirkung gegenüber Erben

Soweit der Anspruch durch die Vormerkung gesichert ist, kann sich der Erbe des Verpflichteten nicht auf die Beschränkung seiner Haftung berufen.

§ 885 Voraussetzung für die Eintragung der Vormerkung

(1) Die Eintragung einer Vormerkung erfolgt auf Grund einer einstweiligen Verfügung oder auf Grund der Bewilligung desjenigen, dessen Grundstück oder dessen Recht von der Vormerkung betroffen wird. Zur Erlassung der einstweiligen Verfügung ist nicht erforderlich, dass eine Gefährdung des zu sichernden Anspruchs glaubhaft gemacht wird.

(2) Bei der Eintragung kann zur näheren Bezeichnung des zu sichernden Anspruchs auf die einstweilige Verfügung oder die Eintragungsbewilligung Bezug genommen werden.

§ 886 Beseitigungsanspruch

Steht demjenigen, dessen Grundstück oder dessen Recht von der Vormerkung betroffen wird, eine Einrede zu, durch welche die Geltendmachung des durch die Vormerkung gesicherten Anspruchs dauernd ausgeschlossen wird, so kann er von dem Gläubiger die Beseitigung der Vormerkung verlangen.

§ 887 Aufgebot des Vormerkungsgläubigers

Ist der Gläubiger, dessen Anspruch durch die Vormerkung gesichert ist, unbekannt, so kann er im Wege des Aufgebotsverfahrens mit seinem Recht ausgeschlossen werden, wenn die im § 1170 für die Ausschließung eines Hypothekengläubigers bestimmten Voraussetzungen vorliegen. Mit der Rechtskraft des Ausschließungsbeschlusses erlischt die Wirkung der Vormerkung.

§ 888 Anspruch des Vormerkungsberechtigten auf Zustimmung

(1) Soweit der Erwerb eines eingetragenen Rechts oder eines Rechts an einem solchen Recht gegenüber demjenigen, zu dessen Gunsten die Vormerkung besteht, unwirksam ist, kann dieser von dem Erwerber die Zustimmung zu der Eintragung oder der Löschung verlangen, die zur Verwirklichung des durch die Vormerkung gesicherten Anspruchs erforderlich ist.

(2) Das Gleiche gilt, wenn der Anspruch durch ein Veräußerungsverbot gesichert ist.

§ 889 Ausschluss der Konsolidation bei dinglichen Rechten

Ein Recht an einem fremden Grundstück erlischt nicht dadurch, dass der Eigentümer des Grundstücks das Recht oder der Berechtigte das Eigentum an dem Grundstück erwirbt.

§ 890 Vereinigung von Grundstücken; Zuschreibung

(1) Mehrere Grundstücke können dadurch zu einem Grundstück vereinigt werden, dass der Eigentümer sie als ein Grundstück in das Grundbuch eintragen lässt.

(2) Ein Grundstück kann dadurch zum Bestandteil eines anderen Grundstücks gemacht werden, dass der Eigentümer es diesem im Grundbuch zuschreiben lässt.

§ 891 Gesetzliche Vermutung

(1) Ist im Grundbuch für jemand ein Recht eingetragen, so wird vermutet, dass ihm das Recht zustehe.

(2) Ist im Grundbuch ein eingetragenes Recht gelöscht, so wird vermutet, dass das Recht nicht bestehe.

§ 892 Öffentlicher Glaube des Grundbuchs

(1) Zugunsten desjenigen, welcher ein Recht an einem Grundstück oder ein Recht an einem solchen Recht durch Rechtsgeschäft erwirbt, gilt der Inhalt des Grundbuchs als richtig, es sei denn, dass ein Widerspruch gegen die Richtigkeit eingetragen oder die Unrichtigkeit dem Erwerber bekannt ist. Ist der Berechtigte in der Verfügung über ein im Grundbuch eingetragenes Recht zugunsten einer bestimmten Person beschränkt, so ist die Beschränkung dem Erwerber gegenüber nur wirksam, wenn sie aus dem Grundbuch ersichtlich oder dem Erwerber bekannt ist.

(2) Ist zu dem Erwerb des Rechts die Eintragung erforderlich, so ist für die Kenntnis des Erwerbers die Zeit der Stellung des Antrags auf Eintragung oder, wenn die nach § 873 erforderliche Einigung erst später zustande kommt, die Zeit der Einigung maßgebend.

§ 893 Rechtsgeschäft mit dem Eingetragenen

Die Vorschrift des § 892 findet entsprechende Anwendung, wenn an denjenigen, für welchen ein Recht im Grundbuch eingetragen ist, auf Grund dieses Rechts eine Leistung bewirkt oder wenn zwischen ihm und einem anderen in Ansehung dieses Rechts ein nicht unter die Vorschriften des § 892 fallendes Rechtsgeschäft vorgenommen wird, das eine Verfügung über das Recht enthält.

§ 894 Berichtigung des Grundbuchs

Steht der Inhalt des Grundbuchs in Ansehung eines Rechts an dem Grundstück, eines Rechts an einem solchen Recht oder einer Verfügungsbeschränkung der in § 892 Abs. 1 bezeichneten Art mit der wirklichen Rechtslage nicht im Einklang, so kann derjenige, dessen Recht nicht oder nicht richtig eingetragen oder durch die Eintragung einer nicht bestehenden Belastung oder Beschränkung beeinträchtigt ist, die Zustimmung zu der Berichtigung des Grundbuchs von demjeni-

gen verlangen, dessen Recht durch die Berichtigung betroffen wird.

§ 895 Voreintragung des Verpflichteten

Kann die Berichtigung des Grundbuchs erst erfolgen, nachdem das Recht des nach § 894 Verpflichteten eingetragen worden ist, so hat dieser auf Verlangen sein Recht eintragen zu lassen.

§ 896 Vorlegung des Briefes

Ist zur Berichtigung des Grundbuchs die Vorlegung eines Hypotheken-, Grundschuld- oder Rentenschuldbriefs erforderlich, so kann derjenige, zu dessen Gunsten die Berichtigung erfolgen soll, von dem Besitzer des Briefes verlangen, dass der Brief dem Grundbuchamt vorgelegt wird.

§ 897 Kosten der Berichtigung

Die Kosten der Berichtigung des Grundbuchs und der dazu erforderlichen Erklärungen hat derjenige zu tragen, welcher die Berichtigung verlangt, sofern nicht aus einem zwischen ihm und dem Verpflichteten bestehenden Rechtsverhältnis sich ein anderes ergibt.

§ 898 Unverjährbarkeit der Berichtigungsansprüche

Die in den §§ 894 bis 896 bestimmten Ansprüche unterliegen nicht der Verjährung.

§ 899 Eintragung eines Widerspruchs

(1) In den Fällen des § 894 kann ein Widerspruch gegen die Richtigkeit des Grundbuchs eingetragen werden.

(2) Die Eintragung erfolgt auf Grund einer einstweiligen Verfügung oder auf Grund einer Bewilligung desjenigen, dessen Recht durch die Berichtigung des Grundbuchs betroffen wird. Zur Erlassung der einstweiligen Verfügung ist nicht erforderlich, dass eine Gefährdung des Rechts des Widersprechenden glaubhaft gemacht wird.

§ 899a Maßgaben für die Gesellschaft bürgerlichen Rechts

Ist eine Gesellschaft bürgerlichen Rechts im Grundbuch eingetragen, so wird in Ansehung des eingetragenen Rechts auch vermutet, dass diejenigen Personen Gesellschafter sind, die nach § 47 Absatz 2 Satz 1 der Grundbuchordnung im Grundbuch eingetragen sind, und dass darüber hinaus keine weiteren Gesellschafter vorhanden sind. Die §§ 892 bis 899 gelten bezüglich der Eintragung der Gesellschafter entsprechend.

§ 900 Buchersitzung

(1) Wer als Eigentümer eines Grundstücks im Grundbuch eingetragen ist, ohne dass er das Eigentum erlangt hat, erwirbt das Eigentum, wenn die Eintragung 30 Jahre bestanden und er während dieser Zeit das Grundstück im Eigenbesitz gehabt hat. Die dreißigjährige Frist wird in derselben Weise berechnet wie die Frist für die Ersitzung einer beweglichen Sache. Der Lauf der Frist ist gehemmt, solange ein Widerspruch gegen die Richtigkeit der Eintragung im Grundbuch eingetragen ist.

(2) Diese Vorschriften finden entsprechende Anwendung, wenn für jemand ein ihm nicht zustehendes anderes Recht im Grundbuch eingetragen ist, das zum Besitz des Grundstücks berechtigt oder dessen Ausübung nach den für den Besitz geltenden Vorschriften geschützt ist. Für den Rang des Rechts ist die Eintragung maßgebend.

§ 901 Erlöschen nicht eingetragener Rechte

Ist ein Recht an einem fremden Grundstück im Grundbuch mit Unrecht gelöscht, so erlischt es, wenn der Anspruch des Berechtigten gegen den Eigentümer verjährt ist. Das Gleiche gilt, wenn ein kraft Gesetzes entstandenes Recht an einem fremden Grundstück nicht in das Grundbuch eingetragen worden ist.

§ 902 Unverjährbarkeit eingetragener Rechte

(1) Die Ansprüche aus eingetragenen Rechten unterliegen nicht der Verjährung. Dies gilt nicht für Ansprüche, die auf Rückstände wiederkehrender Leistungen oder auf Schadensersatz gerichtet sind.

(2) Ein Recht, wegen dessen ein Widerspruch gegen die Richtigkeit des Grundbuchs einge-

tragen ist, steht einem eingetragenen Recht gleich.

**Abschnitt 3
Eigentum**

**Titel 1
Inhalt des Eigentums**

§ 903 Befugnisse des Eigentümers

Der Eigentümer einer Sache kann, soweit nicht das Gesetz oder Rechte Dritter entgegenstehen, mit der Sache nach Belieben verfahren und andere von jeder Einwirkung ausschließen. Der Eigentümer eines Tieres hat bei der Ausübung seiner Befugnisse die besonderen Vorschriften zum Schutz der Tiere zu beachten.

§ 904 Notstand

Der Eigentümer einer Sache ist nicht berechtigt, die Einwirkung eines anderen auf die Sache zu verbieten, wenn die Einwirkung zur Abwendung einer gegenwärtigen Gefahr notwendig und der drohende Schaden gegenüber dem aus der Einwirkung dem Eigentümer entstehenden Schaden unverhältnismäßig groß ist. Der Eigentümer kann Ersatz des ihm entstehenden Schadens verlangen.

§ 905 Begrenzung des Eigentums

Das Recht des Eigentümers eines Grundstücks erstreckt sich auf den Raum über der Oberfläche und auf den Erdkörper unter der Oberfläche. Der Eigentümer kann jedoch Einwirkungen nicht verbieten, die in solcher Höhe oder Tiefe vorgenommen werden, dass er an der Ausschließung kein Interesse hat.

§ 906 Zuführung unwägbarer Stoffe

(1) Der Eigentümer eines Grundstücks kann die Zuführung von Gasen, Dämpfen, Gerüchen, Rauch, Ruß, Wärme, Geräusch, Erschütterungen und ähnliche von einem anderen Grundstück ausgehende Einwirkungen insoweit nicht verbieten, als die Einwirkung die Benutzung seines Grundstücks nicht oder nur unwesentlich beeinträchtigt. Eine unwesentliche Beeinträchtigung liegt in der Regel vor, wenn die in Gesetzen oder Rechtsver-

ordnungen festgelegten Grenz- oder Richtwerte von den nach diesen Vorschriften ermittelten und bewerteten Einwirkungen nicht überschritten werden. Gleiches gilt für Werte in allgemeinen Verwaltungsvorschriften, die nach § 48 des Bundes-Immissionsschutzgesetzes erlassen worden sind und den Stand der Technik wiedergeben.

(2) Das Gleiche gilt insoweit, als eine wesentliche Beeinträchtigung durch eine ortsübliche Benutzung des anderen Grundstücks herbeigeführt wird und nicht durch Maßnahmen verhindert werden kann, die Benutzern dieser Art wirtschaftlich zumutbar sind. Hat der Eigentümer hiernach eine Einwirkung zu dulden, so kann er von dem Benutzer des anderen Grundstücks einen angemessenen Ausgleich in Geld verlangen, wenn die Einwirkung eine ortsübliche Benutzung seines Grundstücks oder dessen Ertrag über das zumutbare Maß hinaus beeinträchtigt.

(3) Die Zuführung durch eine besondere Leitung ist unzulässig.

§ 907 Gefahr drohende Anlagen

(1) Der Eigentümer eines Grundstücks kann verlangen, dass auf den Nachbargrundstücken nicht Anlagen hergestellt oder gehalten werden, von denen mit Sicherheit vorauszusehen ist, dass ihr Bestand oder ihre Benutzung eine unzulässige Einwirkung auf sein Grundstück zur Folge hat. Genügt eine Anlage den landesgesetzlichen Vorschriften, die einen bestimmten Abstand von der Grenze oder sonstige Schutzmaßregeln vorschreiben, so kann die Beseitigung der Anlage erst verlangt werden, wenn die unzulässige Einwirkung tatsächlich hervortritt.

(2) Bäume und Sträucher gehören nicht zu den Anlagen im Sinne dieser Vorschrift.

§ 908 Drohender Gebäudeeinsturz

Droht einem Grundstück die Gefahr, dass es durch den Einsturz eines Gebäudes oder eines anderen Werkes, das mit dem Nachbargrundstück verbunden ist, oder durch die Ablösung von Teilen des Gebäudes oder des Werkes beschädigt wird, so kann der Eigentümer von demjenigen, welcher nach dem § 836 Abs. 1 oder den §§ 837, 838 für den eintretenden Schaden verantwortlich sein würde, verlangen, dass er die zur Abwendung der Gefahr erforderliche Vorkehrung trifft.

§ 909 Vertiefung

Ein Grundstück darf nicht in der Weise vertieft werden, dass der Boden des Nachbargrundstücks die erforderliche Stütze verliert, es sei denn, dass für eine genügende anderweitige Befestigung gesorgt ist.

§ 910 Überhang

(1) Der Eigentümer eines Grundstücks kann Wurzeln eines Baumes oder eines Strauches, die von einem Nachbargrundstück eingedrungen sind, abschneiden und behalten. Das Gleiche gilt von herüberragenden Zweigen, wenn der Eigentümer dem Besitzer des Nachbargrundstücks eine angemessene Frist zur Beseitigung bestimmt hat und die Beseitigung nicht innerhalb der Frist erfolgt.

(2) Dem Eigentümer steht dieses Recht nicht zu, wenn die Wurzeln oder die Zweige die Benutzung des Grundstücks nicht beeinträchtigen.

§ 911 Überfall

Früchte, die von einem Baume oder einem Strauche auf ein Nachbargrundstück hinüberfallen, gelten als Früchte dieses Grundstücks. Diese Vorschrift findet keine Anwendung, wenn das Nachbargrundstück dem öffentlichen Gebrauch dient.

§ 912 Überbau; Duldungspflicht

(1) Hat der Eigentümer eines Grundstücks bei der Errichtung eines Gebäudes über die Grenze gebaut, ohne dass ihm Vorsatz oder grobe Fahrlässigkeit zur Last fällt, so hat der Nachbar den Überbau zu dulden, es sei denn, dass er vor oder sofort nach der Grenzüberschreitung Widerspruch erhoben hat.

(2) Der Nachbar ist durch eine Geldrente zu entschädigen. Für die Höhe der Rente ist die Zeit der Grenzüberschreitung maßgebend.

§ 913 Zahlung der Überbaurente

(1) Die Rente für den Überbau ist dem jeweiligen Eigentümer des Nachbargrundstücks

von dem jeweiligen Eigentümer des anderen Grundstücks zu entrichten.

(2) Die Rente ist jährlich im Voraus zu entrichten.

§ 914 Rang, Eintragung und Erlöschen der Rente

(1) Das Recht auf die Rente geht allen Rechten an dem belasteten Grundstück, auch den älteren, vor. Es erlischt mit der Beseitigung des Überbaus.

(2) Das Recht wird nicht in das Grundbuch eingetragen. Zum Verzicht auf das Recht sowie zur Feststellung der Höhe der Rente durch Vertrag ist die Eintragung erforderlich.

(3) Im Übrigen finden die Vorschriften Anwendung, die für eine zugunsten des jeweiligen Eigentümers eines Grundstücks bestehende Reallast gelten.

§ 915 Abkauf

(1) Der Rentenberechtigte kann jederzeit verlangen, dass der Rentenpflichtige ihm gegen Übertragung des Eigentums an dem überbauten Teil des Grundstücks den Wert ersetzt, den dieser Teil zur Zeit der Grenzüberschreitung gehabt hat. Macht er von dieser Befugnis Gebrauch, so bestimmen sich die Rechte und Verpflichtungen beider Teile nach den Vorschriften über den Kauf.

(2) Für die Zeit bis zur Übertragung des Eigentums ist die Rente fortzuentrichten.

§ 916 Beeinträchtigung von Erbbaurecht oder Dienstbarkeit

Wird durch den Überbau ein Erbbaurecht oder eine Dienstbarkeit an dem Nachbargrundstück beeinträchtigt, so finden zugunsten des Berechtigten die Vorschriften der §§ 912 bis 914 entsprechende Anwendung.

§ 917 Notweg

(1) Fehlt einem Grundstück die zur ordnungsmäßigen Benutzung notwendige Verbindung mit einem öffentlichen Wege, so kann der Eigentümer von den Nachbarn verlangen, dass sie bis zur Hebung des Mangels die Benutzung ihrer Grundstücke zur Herstellung der erforderlichen Verbindung dul-

den. Die Richtung des Notwegs und der Umfang des Benutzungsrechts werden erforderlichenfalls durch Urteil bestimmt.

(2) Die Nachbarn, über deren Grundstücke der Notweg führt, sind durch eine Geldrente zu entschädigen. Die Vorschriften des § 912 Abs. 2 Satz 2 und der §§ 913, 914, 916 finden entsprechende Anwendung.

§ 918 Ausschluss des Notwegrechts

(1) Die Verpflichtung zur Duldung des Notwegs tritt nicht ein, wenn die bisherige Verbindung des Grundstücks mit dem öffentlichen Wege durch eine willkürliche Handlung des Eigentümers aufgehoben wird.

(2) Wird infolge der Veräußerung eines Teils des Grundstücks der veräußerte oder der zurückbehaltene Teil von der Verbindung mit dem öffentlichen Wege abgeschnitten, so hat der Eigentümer desjenigen Teils, über welchen die Verbindung bisher stattgefunden hat, den Notweg zu dulden. Der Veräußerung eines Teils steht die Veräußerung eines von mehreren demselben Eigentümer gehörenden Grundstücken gleich.

§ 919 Grenzabmarkung

(1) Der Eigentümer eines Grundstücks kann von dem Eigentümer eines Nachbargrundstücks verlangen, dass dieser zur Errichtung fester Grenzzeichen und, wenn ein Grenzzeichen verrückt oder unkenntlich geworden ist, zur Wiederherstellung mitwirkt.

(2) Die Art der Abmarkung und das Verfahren bestimmen sich nach den Landesgesetzen; enthalten diese keine Vorschriften, so entscheidet die Ortsüblichkeit.

(3) Die Kosten der Abmarkung sind von den Beteiligten zu gleichen Teilen zu tragen, sofern nicht aus einem zwischen ihnen bestehenden Rechtsverhältnis sich ein anderes ergibt.

§ 920 Grenzverwirrung

(1) Lässt sich im Falle einer Grenzverwirrung die richtige Grenze nicht ermitteln, so ist für die Abgrenzung der Besitzstand maßgebend. Kann der Besitzstand nicht festgestellt wer-

den, so ist jedem der Grundstücke ein gleich großes Stück der streitigen Fläche zuzuteilen.

(2) Soweit eine diesen Vorschriften entsprechende Bestimmung der Grenze zu einem Ergebnis führt, das mit den ermittelten Umständen, insbesondere mit der feststehenden Größe der Grundstücke, nicht übereinstimmt, ist die Grenze so zu ziehen, wie es unter Berücksichtigung dieser Umstände der Billigkeit entspricht.

§ 921 Gemeinschaftliche Benutzung von Grenzanlagen

Werden zwei Grundstücke durch einen Zwischenraum, Rain, Winkel, einen Graben, eine Mauer, Hecke, Planke oder eine andere Einrichtung, die zum Vorteil beider Grundstücke dient, voneinander geschieden, so wird vermutet, dass die Eigentümer der Grundstücke zur Benutzung der Einrichtung gemeinschaftlich berechtigt seien, sofern nicht äußere Merkmale darauf hinweisen, dass die Einrichtung einem der Nachbarn allein gehört.

§ 922 Art der Benutzung und Unterhaltung

Sind die Nachbarn zur Benutzung einer der in § 921 bezeichneten Einrichtungen gemeinschaftlich berechtigt, so kann jeder sie zu dem Zwecke, der sich aus ihrer Beschaffenheit ergibt, insoweit benutzen, als nicht die Mitbenutzung des anderen beeinträchtigt wird. Die Unterhaltungskosten sind von den Nachbarn zu gleichen Teilen zu tragen. Solange einer der Nachbarn an dem Fortbestand der Einrichtung ein Interesse hat, darf sie nicht ohne seine Zustimmung beseitigt oder geändert werden. Im Übrigen bestimmt sich das Rechtsverhältnis zwischen den Nachbarn nach den Vorschriften über die Gemeinschaft.

§ 923 Grenzbaum

(1) Steht auf der Grenze ein Baum, so gebühren die Früchte und, wenn der Baum gefällt wird, auch der Baum den Nachbarn zu gleichen Teilen.

(2) Jeder der Nachbarn kann die Beseitigung des Baumes verlangen. Die Kosten der Beseitigung fallen den Nachbarn zu gleichen

Teilen zur Last. Der Nachbar, der die Beseitigung verlangt, hat jedoch die Kosten allein zu tragen, wenn der andere auf sein Recht an dem Baume verzichtet; er erwirbt in diesem Falle mit der Trennung das Alleineigentum. Der Anspruch auf die Beseitigung ist ausgeschlossen, wenn der Baum als Grenzzeichen dient und dem Umständen nach nicht durch ein anderes zweckmäßiges Grenzzeichen ersetzt werden kann.

(3) Diese Vorschriften gelten auch für einen auf der Grenze stehenden Strauch.

§ 924 Unverjährbarkeit nachbarrechtlicher Ansprüche

Die Ansprüche, die sich aus den §§ 907 bis 909, 915, dem § 917 Abs. 1, dem § 918 Abs. 2, den §§ 919, 920 und dem § 923 Abs. 2 ergeben, unterliegen nicht der Verjährung.

Titel 2
Erwerb und Verlust des Eigentums an Grundstücken

§ 925 Auflassung

(1) Die zur Übertragung des Eigentums an einem Grundstück nach § 873 erforderliche Einigung des Veräußerers und des Erwerbers (Auflassung) muss bei gleichzeitiger Anwesenheit beider Teile vor einer zuständigen Stelle erklärt werden. Zur Entgegennahme der Auflassung ist, unbeschadet der Zuständigkeit weiterer Stellen, jeder Notar zuständig. Eine Auflassung kann auch in einem gerichtlichen Vergleich oder in einem rechtskräftig bestätigten Insolvenzplan erklärt werden.

(2) Eine Auflassung, die unter einer Bedingung oder einer Zeitbestimmung erfolgt, ist unwirksam.

§ 925a Urkunde über Grundgeschäft

Die Erklärung einer Auflassung soll nur entgegengenommen werden, wenn die nach § 311b Abs. 1 Satz 1 erforderliche Urkunde über den Vertrag vorgelegt oder gleichzeitig errichtet wird.

§ 926 Zubehör des Grundstücks

(1) Sind die Veräußerer und der Erwerber darüber einig, dass sich die Veräußerung auf das Zubehör des Grundstücks erstrecken soll, so erlangt der Erwerber mit dem Eigentum an dem Grundstück auch das Eigentum an den zur Zeit des Erwerbs vorhandenen Zubehörstücken, soweit sie dem Veräußerer gehören. Im Zweifel ist anzunehmen, dass sich die Veräußerung auf das Zubehör erstrecken soll.

(2) Erlangt der Erwerber auf Grund der Veräußerung den Besitz von Zubehörstücken, die dem Veräußerer nicht gehören oder mit Rechten Dritter belastet sind, so finden die Vorschriften der §§ 932 bis 936 Anwendung; für den guten Glauben des Erwerbers ist die Zeit der Erlangung des Besitzes maßgebend.

§ 927 Aufgebotsverfahren

(1) Der Eigentümer eines Grundstücks kann, wenn das Grundstück seit 30 Jahren im Eigenbesitz eines anderen ist, im Wege des Aufgebotsverfahrens mit seinem Recht ausgeschlossen werden. Die Besitzzeit wird in gleicher Weise berechnet wie die Frist für die Ersitzung einer beweglichen Sache. Ist der Eigentümer im Grundbuch eingetragen, so ist das Aufgebotsverfahren nur zulässig, wenn er gestorben oder verschollen ist und eine Eintragung in das Grundbuch, die der Zustimmung des Eigentümers bedurfte, seit 30 Jahren nicht erfolgt ist.

(2) Derjenige, welcher den Ausschließungsbeschluss erwirkt hat, erlangt das Eigentum dadurch, dass er sich als Eigentümer in das Grundbuch eintragen lässt.

(3) Ist vor dem Erlass des Ausschließungsbeschlusses ein Dritter als Eigentümer oder wegen des Eigentums eines Dritten ein Widerspruch gegen die Richtigkeit des Grundbuchs eingetragen worden, so wirkt der Ausschließungsbeschluss nicht gegen den Dritten.

§ 928 Aufgabe des Eigentums, Aneignung des Fiskus

(1) Das Eigentum an einem Grundstück kann dadurch aufgegeben werden, dass der Eigentümer den Verzicht dem Grundbuchamt gegenüber erklärt und der Verzicht in das Grundbuch eingetragen wird.

(2) Das Recht zur Aneignung des aufgegebenen Grundstücks steht dem Fiskus des Landes zu, in dem das Grundstück liegt. Der Fiskus erwirbt das Eigentum dadurch, dass er sich als Eigentümer in das Grundbuch eintragen lässt.

**Titel 3
Erwerb und Verlust des Eigentums an beweglichen Sachen**

**Untertitel 1
Übertragung**

§ 929 Einigung und Übergabe

Zur Übertragung des Eigentums an einer beweglichen Sache ist erforderlich, dass der Eigentümer die Sache dem Erwerber übergibt und beide darüber einig sind, dass das Eigentum übergehen soll. Ist der Erwerber im Besitze der Sache, so genügt die Einigung über den Übergang des Eigentums.

§ 929a Einigung bei nicht eingetragenem Seeschiff

(1) Zur Übertragung des Eigentums an einem Seeschiff, das nicht im Schiffsregister eingetragen ist, oder an einem Anteil an einem solchen Schiff ist die Übergabe nicht erforderlich, wenn der Eigentümer und der Erwerber darüber einig sind, dass das Eigentum sofort übergehen soll.

(2) Jeder Teil kann verlangen, dass ihm auf seine Kosten eine öffentlich beglaubigte Urkunde für die Veräußerung erteilt wird.

§ 930 Besitzkonstitut

Ist der Eigentümer im Besitz der Sache, so kann die Übergabe dadurch ersetzt werden, dass zwischen ihm und dem Erwerber ein Rechtsverhältnis vereinbart wird, vermöge dessen der Erwerber den mittelbaren Besitz erlangt.

§ 931 Abtretung des Herausgabeanspruchs

Ist ein Dritter im Besitz der Sache, so kann die Übergabe dadurch ersetzt werden, dass der Eigentümer dem Erwerber den Anspruch auf Herausgabe der Sache abtritt.

§ 932 Gutgläubiger Erwerb vom Nichtberechtigten

(1) Durch eine nach § 929 erfolgte Veräußerung wird der Erwerber auch dann Eigentümer, wenn die Sache nicht dem Veräußerer gehört, es sei denn, dass er zu der Zeit, zu der er nach diesen Vorschriften das Eigentum erwerben würde, nicht in gutem Glauben ist. In dem Falle des § 929 Satz 2 gilt dies jedoch nur dann, wenn der Erwerber den Besitz von dem Veräußerer erlangt hatte.

(2) Der Erwerber ist nicht in gutem Glauben, wenn ihm bekannt oder infolge grober Fahrlässigkeit unbekannt ist, dass die Sache nicht dem Veräußerer gehört.

§ 932a Gutgläubiger Erwerb nicht eingetragener Seeschiffe

Gehört ein nach § 929a veräußertes Schiff nicht dem Veräußerer, so wird der Erwerber Eigentümer, wenn ihm das Schiff vom Veräußerer übergeben wird, es sei denn, dass er zu dieser Zeit nicht in gutem Glauben ist; ist ein Anteil an einem Schiff Gegenstand der Veräußerung, so tritt an die Stelle der Übergabe die Einräumung des Mitbesitzes an dem Schiff.

§ 933 Gutgläubiger Erwerb bei Besitzkonstitut

Gehört eine nach § 930 veräußerte Sache nicht dem Veräußerer, so wird der Erwerber Eigentümer, wenn ihm die Sache von dem Veräußerer übergeben wird, es sei denn, dass er zu dieser Zeit nicht in gutem Glauben ist.

§ 934 Gutgläubiger Erwerb bei Abtretung des Herausgabeanspruchs

Gehört eine nach § 931 veräußerte Sache nicht dem Veräußerer, so wird der Erwerber, wenn der Veräußerer mittelbarer Besitzer der Sache ist, mit der Abtretung des Anspruchs, anderenfalls dann Eigentümer, wenn er den Besitz der Sache von dem Dritten erlangt, es sei denn, dass er zur Zeit der Abtretung oder des Besitzerwerbs nicht in gutem Glauben ist.

§ 935 Kein gutgläubiger Erwerb von abhanden gekommenen Sachen

(1) Der Erwerb des Eigentums auf Grund der §§ 932 bis 934 tritt nicht ein, wenn die Sache dem Eigentümer gestohlen worden, verloren gegangen oder sonst abhanden gekommen war. Das Gleiche gilt, falls der Eigentümer nur mittelbarer Besitzer war, dann, wenn die Sache dem Besitzer abhanden gekommen war.

(2) Diese Vorschriften finden keine Anwendung auf Geld oder Inhaberpapiere sowie auf Sachen, die im Wege öffentlicher Versteigerungen oder in einer Versteigerung nach § 979 Absatz 1a veräußert werden.

§ 936 Erlöschen von Rechten Dritter

(1) Ist eine veräußerte Sache mit dem Recht eines Dritten belastet, so erlischt das Recht mit dem Erwerb des Eigentums. In dem Falle des § 929 Satz 2 gilt dies jedoch nur dann, wenn der Erwerber den Besitz von dem Veräußerer erlangt hatte. Erfolgt die Veräußerung nach § 929a oder § 930 oder war die nach § 931 veräußerte Sache nicht im mittelbaren Besitz des Veräußerers, so erlischt das Recht des Dritten erst dann, wenn der Erwerber auf Grund der Veräußerung den Besitz der Sache erlangt.

(2) Das Recht des Dritten erlischt nicht, wenn der Erwerber zu der nach Absatz 1 maßgebenden Zeit in Ansehung des Rechts nicht in gutem Glauben ist.

(3) Steht im Falle des § 931 das Recht dem dritten Besitzer zu, so erlischt es auch dem gutgläubigen Erwerber gegenüber nicht.

**Untertitel 2
Ersitzung**

§ 937 Voraussetzungen, Ausschluss bei Kenntnis

(1) Wer eine bewegliche Sache zehn Jahre im Eigenbesitz hat, erwirbt das Eigentum (Ersitzung).

II

(2) Die Ersitzung ist ausgeschlossen, wenn der Erwerber bei dem Erwerb des Eigenbesitzes nicht in gutem Glauben ist oder wenn er später erfährt, dass ihm das Eigentum nicht zusteht.

§ 938 Vermutung des Eigenbesitzes

Hat jemand eine Sache am Anfang und am Ende eines Zeitraums im Eigenbesitz gehabt, so wird vermutet, dass sein Eigenbesitz auch in der Zwischenzeit bestanden habe.

§ 939 Hemmung der Ersitzung

(1) Die Ersitzung ist gehemmt, wenn der Herausgabeanspruch gegen den Eigenbesitzer oder im Fall eines mittelbaren Eigenbesitzes gegen den Besitzer, der sein Recht zum Besitz von dem Eigenbesitzer ableitet, in einer nach den §§ 203 und 204 zur Hemmung der Verjährung geeigneten Weise geltend gemacht wird. Die Hemmung tritt jedoch nur zugunsten desjenigen ein, welcher sie herbeiführt.

(2) Die Ersitzung ist ferner gehemmt, solange die Verjährung des Herausgabeanspruchs nach den §§ 205 bis 207 oder ihr Ablauf nach den §§ 210 und 211 gehemmt ist.

§ 940 Unterbrechung durch Besitzverlust

(1) Die Ersitzung wird durch den Verlust des Eigenbesitzes unterbrochen.

(2) Die Unterbrechung gilt als nicht erfolgt, wenn der Eigenbesitzer den Eigenbesitz ohne seinen Willen verloren und ihn binnen Jahresfrist oder mittels einer innerhalb dieser Frist erhobenen Klage wiedererlangt hat.

§ 941 Unterbrechung durch Vollstreckungshandlung

Die Ersitzung wird durch Vornahme oder Beantragung einer gerichtlichen oder behördlichen Vollstreckungshandlung unterbrochen. § 212 Abs. 2 und 3 gilt entsprechend.

§ 942 Wirkung der Unterbrechung

Wird die Ersitzung unterbrochen, so kommt die bis zur Unterbrechung verstrichene Zeit nicht in Betracht; eine neue Ersitzung kann erst nach der Beendigung der Unterbrechung beginnen.

§ 943 Ersitzung bei Rechtsnachfolge

Gelangt die Sache durch Rechtsnachfolge in den Eigenbesitz eines Dritten, so kommt die während des Besitzes des Rechtsvorgängers verstrichene Ersitzungszeit dem Dritten zugute.

§ 944 Erbschaftsbesitzer

Die Ersitzungszeit, die zugunsten eines Erbschaftsbesitzers verstrichen ist, kommt dem Erben zustatten.

§ 945 Erlöschen von Rechten Dritter

Mit dem Erwerb des Eigentums durch Ersitzung erlöschen die an der Sache vor dem Erwerb des Eigenbesitzes begründeten Rechte Dritter, es sei denn, dass der Eigenbesitzer bei dem Erwerb des Eigenbesitzes in Ansehung dieser Rechte nicht in gutem Glauben ist oder ihr Bestehen später erfährt. Die Ersitzungsfrist muss auch in Ansehung des Rechts des Dritten verstrichen sein; die Vorschriften der §§ 939 bis 944 finden entsprechende Anwendung.

**Untertitel 3
Verbindung, Vermischung, Verarbeitung**

§ 946 Verbindung mit einem Grundstück

Wird eine bewegliche Sache mit einem Grundstück dergestalt verbunden, dass sie wesentlicher Bestandteil des Grundstücks wird, so erstreckt sich das Eigentum an dem Grundstück auf diese Sache.

§ 947 Verbindung mit beweglichen Sachen

(1) Werden bewegliche Sachen miteinander dergestalt verbunden, dass sie wesentliche Bestandteile einer einheitlichen Sache werden, so werden die bisherigen Eigentümer Miteigentümer dieser Sache; die Anteile bestimmen sich nach dem Verhältnis des Wertes, den die Sachen zur Zeit der Verbindung haben.

(2) Ist eine der Sachen als die Hauptsache anzusehen, so erwirbt ihr Eigentümer das Alleineigentum.

§ 948 Vermischung

(1) Werden bewegliche Sachen miteinander untrennbar vermischt oder vermengt, so findet die Vorschrift des § 947 entsprechende Anwendung.

(2) Der Untrennbarkeit steht es gleich, wenn die Trennung der vermischten oder vermengten Sachen mit unverhältnismäßigen Kosten verbunden sein würde.

§ 949 Erlöschen von Rechten Dritter

Erlischt nach den §§ 946 bis 948 das Eigentum an einer Sache, so erlöschen auch die sonstigen an der Sache bestehenden Rechte. Erwirbt der Eigentümer der belasteten Sache Miteigentum, so bestehen die Rechte an dem Anteil fort, der an die Stelle der Sache tritt. Wird der Eigentümer der belasteten Sache Alleineigentümer, so erstrecken sich die Rechte auf die hinzutretende Sache.

§ 950 Verarbeitung

(1) Wer durch Verarbeitung oder Umbildung eines oder mehrerer Stoffe eine neue bewegliche Sache herstellt, erwirbt das Eigentum an der neuen Sache, sofern nicht der Wert der Verarbeitung oder der Umbildung erheblich geringer ist als der Wert des Stoffes. Als Verarbeitung gilt auch das Schreiben, Zeichnen, Malen, Drucken, Gravieren oder eine ähnliche Bearbeitung der Oberfläche.

(2) Mit dem Erwerbe des Eigentums an der neuen Sache erlöschen die an dem Stoffe bestehenden Rechte.

§ 951 Entschädigung für Rechtsverlust

(1) Wer infolge der Vorschriften der §§ 946 bis 950 einen Rechtsverlust erleidet, kann von demjenigen, zu dessen Gunsten die Rechtsänderung eintritt, Vergütung in Geld nach den Vorschriften über die Herausgabe einer ungerechtfertigten Bereicherung fordern. Die Wiederherstellung des früheren Zustands kann nicht verlangt werden.

(2) Die Vorschriften über die Verpflichtung zum Schadensersatz wegen unerlaubter Handlungen sowie die Vorschriften über den Ersatz von Verwendungen und über das Recht zur Wegnahme einer Einrichtung blei-

ben unberührt. In den Fällen der §§ 946, 947 ist die Wegnahme nach den für das Wegnahmerecht des Besitzers gegenüber dem Eigentümer geltenden Vorschriften auch dann zulässig, wenn die Verbindung nicht von dem Besitzer der Hauptsache bewirkt worden ist.

§ 952 Eigentum an Schuldurkunden

(1) Das Eigentum an dem über eine Forderung ausgestellten Schuldschein steht dem Gläubiger zu. Das Recht eines Dritten an der Forderung erstreckt sich auf den Schuldschein.

(2) Das Gleiche gilt für Urkunden über andere Rechte, kraft deren eine Leistung gefordert werden kann, insbesondere für Hypotheken-, Grundschuld- und Rentenschuldbriefe.

Untertitel 4
Erwerb von Erzeugnissen und sonstigen
Bestandteilen einer Sache

§ 953 Eigentum an getrennten Erzeugnissen und Bestandteilen

Erzeugnisse und sonstige Bestandteile einer Sache gehören auch nach der Trennung dem Eigentümer der Sache, soweit sich nicht aus den §§ 954 bis 957 ein anderes ergibt.

§ 954 Erwerb durch dinglich Berechtigten

Wer vermöge eines Rechts an einer fremden Sache befugt ist, sich Erzeugnisse oder sonstige Bestandteile der Sache anzueignen, erwirbt das Eigentum an ihnen, unbeschadet der Vorschriften der §§ 955 bis 957, mit der Trennung.

§ 955 Erwerb durch gutgläubigen Eigenbesitzer

(1) Wer eine Sache im Eigenbesitz hat, erwirbt das Eigentum an den Erzeugnissen und sonstigen zu den Früchten der Sache gehörenden Bestandteilen, unbeschadet der Vorschriften der §§ 956, 957, mit der Trennung. Der Erwerb ist ausgeschlossen, wenn der Eigenbesitzer nicht zum Eigenbesitz oder ein anderer vermöge eines Rechts an der Sache zum Fruchtbezug berechtigt ist und der Eigenbesitzer bei dem Erwerbe des Eigenbesit-

zes nicht in gutem Glauben ist oder vor der Trennung den Rechtsmangel erfährt.

(2) Dem Eigenbesitzer steht derjenige gleich, welcher die Sache zum Zwecke der Ausübung eines Nutzungsrechts an ihr besitzt.

(3) Auf den Eigenbesitz und den ihm gleichgestellten Besitz findet die Vorschrift des § 940 Abs. 2 entsprechende Anwendung.

§ 956 Erwerb durch persönlich Berechtigten

(1) Gestattet der Eigentümer einem anderen, sich Erzeugnisse oder sonstige Bestandteile der Sache anzueignen, so erwirbt dieser das Eigentum an ihnen, wenn der Besitz der Sache ihm überlassen ist, mit der Trennung, anderenfalls mit der Besitzergreifung. Ist der Eigentümer zu der Gestattung verpflichtet, so kann er sie nicht widerrufen, solange sich der andere in dem ihm überlassenen Besitz der Sache befindet.

(2) Das Gleiche gilt, wenn die Gestattung nicht von dem Eigentümer, sondern von einem anderen ausgeht, dem Erzeugnisse oder sonstige Bestandteile einer Sache nach der Trennung gehören.

§ 957 Gestattung durch den Nichtberechtigten

Die Vorschrift des § 956 findet auch dann Anwendung, wenn derjenige, welcher die Aneignung einem anderen gestattet, hierzu nicht berechtigt ist, es sei denn, dass der andere, falls ihm der Besitz der Sache überlassen wird, bei der Überlassung, anderenfalls bei der Ergreifung des Besitzes der Erzeugnisse oder der sonstigen Bestandteile nicht in gutem Glauben ist oder vor der Trennung den Rechtsmangel erfährt.

Untertitel 5 Aneignung

§ 958 Eigentumserwerb an beweglichen herrenlosen Sachen

(1) Wer eine herrenlose bewegliche Sache in Eigenbesitz nimmt, erwirbt das Eigentum an der Sache.

(2) Das Eigentum wird nicht erworben, wenn die Aneignung gesetzlich verboten ist oder wenn durch die Besitzergreifung das Aneignungsrecht eines anderen verletzt wird.

§ 959 Aufgabe des Eigentums

Eine bewegliche Sache wird herrenlos, wenn der Eigentümer in der Absicht, auf das Eigentum zu verzichten, den Besitz der Sache aufgibt.

§ 960 Wilde Tiere

(1) Wilde Tiere sind herrenlos, solange sie sich in der Freiheit befinden. Wilde Tiere in Tiergärten und Fische in Teichen oder anderen geschlossenen Privatgewässern sind nicht herrenlos.

(2) Erlangt ein gefangenes wildes Tier die Freiheit wieder, so wird es herrenlos, wenn nicht der Eigentümer das Tier unverzüglich verfolgt oder wenn er die Verfolgung aufgibt.

(3) Ein gezähmtes Tier wird herrenlos, wenn es die Gewohnheit ablegt, an den ihm bestimmten Ort zurückzukehren.

§ 961 Eigentumsverlust bei Bienenschwärmen

Zieht ein Bienenschwarm aus, so wird er herrenlos, wenn nicht der Eigentümer ihn unverzüglich verfolgt oder wenn der Eigentümer die Verfolgung aufgibt.

§ 962 Verfolgungsrecht des Eigentümers

Der Eigentümer des Bienenschwarms darf bei der Verfolgung fremde Grundstücke betreten. Ist der Schwarm in eine fremde nicht besetzte Bienenwohnung eingezogen, so darf der Eigentümer des Schwarmes zum Zwecke des Einfangens die Wohnung öffnen und die Waben herausnehmen oder herausbrechen. Er hat den entstehenden Schaden zu ersetzen.

§ 963 Vereinigung von Bienenschwärmen

Vereinigen sich ausgezogene Bienenschwärme mehrerer Eigentümer, so werden die Eigentümer, welche ihre Schwärme verfolgt haben, Miteigentümer des eingefangenen

Gesamtschwarms; die Anteile bestimmen sich nach der Zahl der verfolgten Schwärme.

§ 964 Vermischung von Bienenschwärmen

Ist ein Bienenschwarm in eine fremde besetzte Bienenwohnung eingezogen, so erstrecken sich das Eigentum und die sonstigen Rechte an den Bienen, mit denen die Wohnung besetzt war, auf den eingezogenen Schwarm. Das Eigentum und die sonstigen Rechte an dem eingezogenen Schwarme erlöschen.

Untertitel 6
Fund

§ 965 Anzeigepflicht des Finders

(1) Wer eine verlorene Sache findet und an sich nimmt, hat dem Verlierer oder dem Eigentümer oder einem sonstigen Empfangsberechtigten unverzüglich Anzeige zu machen.

(2) Kennt der Finder die Empfangsberechtigten nicht oder ist ihm ihr Aufenthalt unbekannt, so hat er den Fund und die Umstände, welche für die Ermittelung der Empfangsberechtigten erheblich sein können, unverzüglich der zuständigen Behörde anzuzeigen. Ist die Sache nicht mehr als 10 Euro wert, so bedarf es der Anzeige nicht.

§ 966 Verwahrungspflicht

(1) Der Finder ist zur Verwahrung der Sache verpflichtet.

(2) Ist der Verderb der Sache zu besorgen oder ist die Aufbewahrung mit unverhältnismäßigen Kosten verbunden, so hat der Finder die Sache öffentlich versteigern zu lassen. Vor der Versteigerung ist der zuständigen Behörde Anzeige zu machen. Der Erlös tritt an die Stelle der Sache.

§ 967 Ablieferungspflicht

Der Finder ist berechtigt und auf Anordnung der zuständigen Behörde verpflichtet, die Sache oder den Versteigerungserlös an die zuständige Behörde abzuliefern.

§ 968 Umfang der Haftung

Der Finder hat nur Vorsatz und grobe Fahrlässigkeit zu vertreten.

§ 969 Herausgabe an den Verlierer

Der Finder wird durch die Herausgabe der Sache an den Verlierer auch den sonstigen Empfangsberechtigten gegenüber befreit.

§ 970 Ersatz von Aufwendungen

Macht der Finder zum Zwecke der Verwahrung oder Erhaltung der Sache oder zum Zwecke der Ermittlung eines Empfangsberechtigten Aufwendungen, die er den Umständen nach für erforderlich halten darf, so kann er von dem Empfangsberechtigten Ersatz verlangen.

§ 971 Finderlohn

(1) Der Finder kann von dem Empfangsberechtigten einen Finderlohn verlangen. Der Finderlohn beträgt von dem Werte der Sache bis zu 500 Euro fünf vom Hundert, von dem Mehrwert drei vom Hundert, bei Tieren drei vom Hundert. Hat die Sache nur für den Empfangsberechtigten einen Wert, so ist der Finderlohn nach billigem Ermessen zu bestimmen.

(2) Der Anspruch ist ausgeschlossen, wenn der Finder die Anzeigepflicht verletzt oder den Fund auf Nachfrage verheimlicht.

§ 972 Zurückbehaltungsrecht des Finders

Auf die in den §§ 970, 971 bestimmten Ansprüche finden die für die Ansprüche des Besitzers gegen den Eigentümer wegen Verwendungen geltenden Vorschriften der §§ 1000 bis 1002 entsprechende Anwendung.

§ 973 Eigentumserwerb des Finders

(1) Mit dem Ablauf von sechs Monaten nach der Anzeige des Fundes bei der zuständigen Behörde erwirbt der Finder das Eigentum an der Sache, es sei denn, dass vorher ein Empfangsberechtigter dem Finder bekannt geworden ist oder sein Recht bei der zuständigen Behörde angemeldet hat. Mit dem Er-

werb des Eigentums erlöschen die sonstigen Rechte an der Sache.

(2) Ist die Sache nicht mehr als zehn Euro wert, so beginnt die sechsmonatige Frist mit dem Fund. Der Finder erwirbt das Eigentum nicht, wenn er den Fund auf Nachfrage verheimlicht. Die Anmeldung eines Rechts bei der zuständigen Behörde steht dem Erwerb des Eigentums nicht entgegen.

§ 974 Eigentumserwerb nach Verschweigung

Sind vor dem Ablauf der sechsmonatigen Frist Empfangsberechtigte dem Finder bekannt geworden oder haben sie bei einer Sache, die mehr als zehn Euro wert ist, ihre Rechte bei der zuständigen Behörde rechtzeitig angemeldet, so kann der Finder die Empfangsberechtigten nach der Vorschrift des § 1003 zur Erklärung über die ihm nach den §§ 970 bis 972 zustehenden Ansprüche auffordern. Mit dem Ablauf der für die Erklärung bestimmten Frist erwirbt der Finder das Eigentum und erlöschen die sonstigen Rechte an der Sache, wenn nicht die Empfangsberechtigten sich rechtzeitig zu der Befriedigung der Ansprüche bereit erklären.

§ 975 Rechte des Finders nach Ablieferung

Durch die Ablieferung der Sache oder des Versteigerungserlöses an die zuständige Behörde werden die Rechte des Finders nicht berührt. Lässt die zuständige Behörde die Sache versteigern, so tritt der Erlös an die Stelle der Sache. Die zuständige Behörde darf die Sache oder den Erlös nur mit Zustimmung des Finders einem Empfangsberechtigten herausgeben.

§ 976 Eigentumserwerb der Gemeinde

(1) Verzichtet der Finder der zuständigen Behörde gegenüber auf das Recht zum Erwerb des Eigentums an der Sache, so geht sein Recht auf die Gemeinde des Fundorts über.

(2) Hat der Finder nach der Ablieferung der Sache oder des Versteigerungserlöses an die zuständige Behörde auf Grund der Vorschriften der §§ 973, 974 das Eigentum erworben, so geht es auf die Gemeinde des Fundorts

über, wenn nicht der Finder vor dem Ablauf einer ihm von der zuständigen Behörde bestimmten Frist die Herausgabe verlangt.

§ 977 Bereicherungsanspruch

Wer infolge der Vorschriften der §§ 973, 974, 976 einen Rechtsverlust erleidet, kann in den Fällen der §§ 973, 974 von dem Finder, in den Fällen des § 976 von der Gemeinde des Fundorts die Herausgabe des durch die Rechtsänderung Erlangten nach den Vorschriften über die Herausgabe einer ungerechtfertigten Bereicherung fordern. Der Anspruch erlischt mit dem Ablauf von drei Jahren nach dem Übergang des Eigentums auf den Finder oder die Gemeinde, wenn nicht die gerichtliche Geltendmachung vorher erfolgt.

§ 978 Fund in öffentlicher Behörde oder Verkehrsanstalt

(1) Wer eine Sache in den Geschäftsräumen oder den Beförderungsmitteln einer öffentlichen Behörde oder einer dem öffentlichen Verkehr dienenden Verkehrsanstalt findet und an sich nimmt, hat die Sache unverzüglich an die Behörde oder die Verkehrsanstalt oder an einen ihrer Angestellten abzuliefern. Die Vorschriften der §§ 965 bis 967 und 969 bis 977 finden keine Anwendung.

(2) Ist die Sache nicht weniger als 50 Euro wert, so kann der Finder von dem Empfangsberechtigten einen Finderlohn verlangen. Der Finderlohn besteht in der Hälfte des Betrages, der sich bei Anwendung des § 971 Abs. 1 Satz 2, 3 ergeben würde. Der Anspruch ist ausgeschlossen, wenn der Finder Bediensteter der Behörde oder der Verkehrsanstalt ist oder der Finder die Ablieferungspflicht verletzt. Die für die Ansprüche des Besitzers gegen den Eigentümer wegen Verwendungen geltende Vorschrift des § 1001 findet auf den Finderlohnanspruch entsprechende Anwendung. Besteht ein Anspruch auf Finderlohn, so hat die Behörde oder die Verkehrsanstalt dem Finder die Herausgabe der Sache an einen Empfangsberechtigten anzuzeigen.

(3) Fällt der Versteigerungserlös oder gefundenes Geld an den nach § 981 Abs. 1 Berechtigten, so besteht ein Anspruch auf Fin-

derlohn nach Absatz 2 Satz 1 bis 3 gegen diesen. Der Anspruch erlischt mit dem Ablauf von drei Jahren nach seiner Entstehung gegen den in Satz 1 bezeichneten Berechtigten.

§ 979 Verwertung; Verordnungsermächtigung

(1) Die Behörde oder die Verkehrsanstalt kann die an sie abgelieferte Sache öffentlich versteigern lassen. Die öffentlichen Behörden und die Verkehrsanstalten des Reichs, der Bundesstaaten und der Gemeinden können die Versteigerung durch einen ihrer Beamten vornehmen lassen.

(1a) Die Versteigerung kann nach Maßgabe der nachfolgenden Vorschriften auch als allgemein zugängliche Versteigerung im Internet erfolgen.

(1b) Die Bundesregierung wird ermächtigt, durch Rechtsverordnung ohne Zustimmung des Bundesrates für ihren Bereich Versteigerungsplattformen zur Versteigerung von Fundsachen zu bestimmen; sie kann diese Ermächtigung durch Rechtsverordnung auf die fachlich zuständigen obersten Bundesbehörden übertragen. Die Landesregierungen werden ermächtigt, durch Rechtsverordnung für ihren Bereich entsprechende Regelungen zu treffen; sie können die Ermächtigung auf die fachlich zuständigen obersten Landesbehörden übertragen. Die Länder können Versteigerungsplattformen bestimmen, die sie länderübergreifend nutzen. Sie können eine Übertragung von Abwicklungsaufgaben auf die zuständige Stelle eines anderen Landes vereinbaren.

(2) Der Erlös tritt an die Stelle der Sache.

§ 980 Öffentliche Bekanntmachung des Fundes

(1) Die Versteigerung ist erst zulässig, nachdem die Empfangsberechtigten in einer öffentlichen Bekanntmachung des Fundes zur Anmeldung ihrer Rechte unter Bestimmung einer Frist aufgefordert worden sind und die Frist verstrichen ist; sie ist unzulässig, wenn eine Anmeldung rechtzeitig erfolgt ist.

(2) Die Bekanntmachung ist nicht erforderlich, wenn der Verderb der Sache zu besorgen ist oder die Aufbewahrung mit unverhältnismäßigen Kosten verbunden ist.

§ 981 Empfang des Versteigerungserlöses

(1) Sind seit dem Ablauf der in der öffentlichen Bekanntmachung bestimmten Frist drei Jahre verstrichen, so fällt der Versteigerungserlös, wenn nicht ein Empfangsberechtigter sein Recht angemeldet hat, bei Reichsbehörden und Reichsanstalten an den Reichsfiskus, bei Landesbehörden und Landesanstalten an den Fiskus des Bundesstaats, bei Gemeindebehörden und Gemeindeanstalten an die Gemeinde, bei Verkehrsanstalten, die von einer Privatperson betrieben werden, an diese.

(2) Ist die Versteigerung ohne die öffentliche Bekanntmachung erfolgt, so beginnt die dreijährige Frist erst, nachdem die Empfangsberechtigten in einer öffentlichen Bekanntmachung des Fundes zur Anmeldung ihrer Rechte aufgefordert worden sind. Das Gleiche gilt, wenn gefundenes Geld abgeliefert worden ist.

(3) Die Kosten werden von dem herauszugebenden Betrag abgezogen.

§ 982 Ausführungsvorschriften

Die in den §§ 980, 981 vorgeschriebene Bekanntmachung erfolgt bei Reichsbehörden und Reichsanstalten nach den von dem Bundesrat, in den übrigen Fällen nach den von der Zentralbehörde des Bundesstaats erlassenen Vorschriften.

§ 983 Unanbringbare Sachen bei Behörden

Ist eine öffentliche Behörde im Besitz einer Sache, zu deren Herausgabe sie verpflichtet ist, ohne dass die Verpflichtung auf Vertrag beruht, so finden, wenn der Behörde der Empfangsberechtigte oder dessen Aufenthalt unbekannt ist, die Vorschriften der §§ 979 bis 982 entsprechende Anwendung.

§ 984 Schatzfund

Wird eine Sache, die so lange verborgen gelegen hat, dass der Eigentümer nicht mehr zu ermitteln ist (Schatz), entdeckt und infolge der Entdeckung in Besitz genommen, so wird das Eigentum zur Hälfte von dem Entdecker, zur Hälfte von dem Eigentümer der Sache erworben, in welcher der Schatz verborgen war.

Titel 4
Ansprüche aus dem Eigentum

§ 985 Herausgabeanspruch

Der Eigentümer kann von dem Besitzer die Herausgabe der Sache verlangen.

§ 986 Einwendungen des Besitzers

(1) Der Besitzer kann die Herausgabe der Sache verweigern, wenn er oder der mittelbare Besitzer, von dem er sein Recht zum Besitz ableitet, dem Eigentümer gegenüber zum Besitz berechtigt ist. Ist der mittelbare Besitzer dem Eigentümer gegenüber zur Überlassung des Besitzes an den Besitzer nicht befugt, so kann der Eigentümer von dem Besitzer die Herausgabe der Sache an den mittelbaren Besitzer oder, wenn dieser den Besitz nicht wieder übernehmen kann oder will, an sich selbst verlangen.

(2) Der Besitzer einer Sache, die nach § 931 durch Abtretung des Anspruchs auf Herausgabe veräußert worden ist, kann dem neuen Eigentümer die Einwendungen entgegensetzen, welche ihm gegen den abgetretenen Anspruch zustehen.

§ 987 Nutzungen nach Rechtshängigkeit

(1) Der Besitzer hat dem Eigentümer die Nutzungen herauszugeben, die er nach dem Eintritt der Rechtshängigkeit zieht.

(2) Zieht der Besitzer nach dem Eintritt der Rechtshängigkeit Nutzungen nicht, die er nach den Regeln einer ordnungsmäßigen Wirtschaft ziehen könnte, so ist er dem Eigentümer zum Ersatz verpflichtet, soweit ihm ein Verschulden zur Last fällt.

§ 988 Nutzungen des unentgeltlichen Besitzers

Hat ein Besitzer, der die Sache als ihm gehörig oder zum Zwecke der Ausübung eines ihm in Wirklichkeit nicht zustehenden Nutzungsrechts an der Sache besitzt, den Besitz unentgeltlich erlangt, so ist er dem Eigentümer gegenüber zur Herausgabe der Nutzungen, die er vor dem Eintritt der Rechtshängigkeit zieht, nach den Vorschriften über die Herausgabe einer ungerechtfertigten Bereicherung verpflichtet.

§ 989 Schadensersatz nach Rechtshängigkeit

Der Besitzer ist von dem Eintritte der Rechtshängigkeit an dem Eigentümer für den Schaden verantwortlich, der dadurch entsteht, dass infolge seines Verschuldens die Sache verschlechtert wird, untergeht oder aus einem anderen Grunde von ihm nicht herausgegeben werden kann.

§ 990 Haftung des Besitzers bei Kenntnis

(1) War der Besitzer bei dem Erwerb des Besitzes nicht in gutem Glauben, so haftet er dem Eigentümer von der Zeit des Erwerbs an nach den §§ 987, 989. Erfährt der Besitzer später, dass er zum Besitz nicht berechtigt ist, so haftet er in gleicher Weise von der Erlangung der Kenntnis an.

(2) Eine weitergehende Haftung des Besitzers wegen Verzugs bleibt unberührt.

§ 991 Haftung des Besitzmittlers

(1) Leitet der Besitzer das Recht zum Besitz von einem mittelbaren Besitzer ab, so findet die Vorschrift des § 990 in Ansehung der Nutzungen nur Anwendung, wenn die Voraussetzungen des § 990 auch bei dem mittelbaren Besitzer vorliegen oder diesem gegenüber die Rechtshängigkeit eingetreten ist.

(2) War der Besitzer bei dem Erwerb des Besitzes in gutem Glauben, so hat er gleichwohl von dem Erwerb an den im § 989 bezeichneten Schaden dem Eigentümer gegenüber insoweit zu vertreten, als er dem mittelbaren Besitzer verantwortlich ist.

§ 992 Haftung des deliktischen Besitzers

Hat sich der Besitzer durch verbotene Eigenmacht oder durch eine Straftat den Besitz verschafft, so haftet er dem Eigentümer nach den Vorschriften über den Schadensersatz wegen unerlaubter Handlungen.

BGB: Bürgerliches Gesetzbuch **II.1**

§ 993 Haftung des redlichen Besitzers

(1) Liegen die in den §§ 987 bis 992 bezeichneten Voraussetzungen nicht vor, so hat der Besitzer die gezogenen Früchte, soweit sie nach den Regeln einer ordnungsmäßigen Wirtschaft nicht als Ertrag der Sache anzusehen sind, nach den Vorschriften über die Herausgabe einer ungerechtfertigten Bereicherung herauszugeben; im Übrigen ist er weder zur Herausgabe von Nutzungen noch zum Schadensersatz verpflichtet.

(2) Für die Zeit, für welche dem Besitzer die Nutzungen verbleiben, findet auf ihn die Vorschrift des § 101 Anwendung.

§ 994 Notwendige Verwendungen

(1) Der Besitzer kann für die auf die Sache gemachten notwendigen Verwendungen von dem Eigentümer Ersatz verlangen. Die gewöhnlichen Erhaltungskosten sind ihm jedoch für die Zeit, für welche ihm die Nutzungen verbleiben, nicht zu ersetzen.

(2) Macht der Besitzer nach dem Eintritt der Rechtshängigkeit oder nach dem Beginn der in § 990 bestimmten Haftung notwendige Verwendungen, so bestimmt sich die Ersatzpflicht des Eigentümers nach den Vorschriften über die Geschäftsführung ohne Auftrag.

§ 995 Lasten

Zu den notwendigen Verwendungen im Sinne des § 994 gehören auch die Aufwendungen, die der Besitzer zur Bestreitung von Lasten der Sache macht. Für die Zeit, für welche dem Besitzer die Nutzungen verbleiben, sind ihm nur die Aufwendungen für solche außerordentliche Lasten zu ersetzen, die als auf den Stammwert der Sache gelegt anzusehen sind.

§ 996 Nützliche Verwendungen

Für andere als notwendige Verwendungen kann der Besitzer Ersatz nur insoweit verlangen, als sie vor dem Eintritt der Rechtshängigkeit und vor dem Beginn der in § 990 bestimmten Haftung gemacht werden und der Wert der Sache durch sie noch zu der Zeit erhöht ist, zu welcher der Eigentümer die Sache wiedererlangt.

§ 997 Wegnahmerecht

(1) Hat der Besitzer mit der Sache eine andere Sache als wesentlichen Bestandteil verbunden, so kann er sie abtrennen und sich aneignen. Die Vorschrift des § 258 findet Anwendung.

(2) Das Recht zur Abtrennung ist ausgeschlossen, wenn der Besitzer nach § 994 Abs. 1 Satz 2 für die Verwendung Ersatz nicht verlangen kann oder die Abtrennung für ihn keinen Nutzen hat oder ihm mindestens der Wert ersetzt wird, den der Bestandteil nach der Abtrennung für ihn haben würde.

§ 998 Bestellungskosten bei landwirtschaftlichem Grundstück

Ist ein landwirtschaftliches Grundstück herauszugeben, so hat der Eigentümer die Kosten, die der Besitzer auf die noch nicht getrennten, jedoch nach den Regeln einer ordnungsmäßigen Wirtschaft vor dem Ende des Wirtschaftsjahrs zu trennenden Früchte verwendet hat, insoweit zu ersetzen, als sie einer ordnungsmäßigen Wirtschaft entsprechen und den Wert dieser Früchte nicht übersteigen.

§ 999 Ersatz von Verwendungen des Rechtsvorgängers

(1) Der Besitzer kann für die Verwendungen eines Vorbesitzers, dessen Rechtsnachfolger er geworden ist, in demselben Umfang Ersatz verlangen, in welchem ihn der Vorbesitzer fordern könnte, wenn er die Sache herauszugeben hätte.

(2) Die Verpflichtung des Eigentümers zum Ersatz von Verwendungen erstreckt sich auch auf die Verwendungen, die gemacht worden sind, bevor er das Eigentum erworben hat.

§ 1000 Zurückbehaltungsrecht des Besitzers

Der Besitzer kann die Herausgabe der Sache verweigern, bis er wegen der ihm zu ersetzenden Verwendungen befriedigt wird. Das Zurückbehaltungsrecht steht ihm nicht zu, wenn er die Sache durch eine vorsätzlich begangene unerlaubte Handlung erlangt hat.

§ 1001 Klage auf Verwendungsersatz

Der Besitzer kann den Anspruch auf den Ersatz der Verwendungen nur geltend machen, wenn der Eigentümer die Sache wiedererlangt oder die Verwendungen genehmigt. Bis zur Genehmigung der Verwendungen kann sich der Eigentümer von dem Anspruch dadurch befreien, dass er die wiedererlangte Sache zurückgibt. Die Genehmigung gilt als erteilt, wenn der Eigentümer die ihm von dem Besitzer unter Vorbehalt des Anspruchs angebotene Sache annimmt.

§ 1002 Erlöschen des Verwendungsanspruchs

(1) Gibt der Besitzer die Sache dem Eigentümer heraus, so erlischt der Anspruch auf den Ersatz der Verwendungen mit dem Ablauf eines Monats, bei einem Grundstück mit dem Ablauf von sechs Monaten nach der Herausgabe, wenn nicht vorher die gerichtliche Geltendmachung erfolgt oder der Eigentümer die Verwendungen genehmigt.

(2) Auf diese Fristen finden die für die Verjährung geltenden Vorschriften der §§ 206, 210, 211 entsprechende Anwendung.

§ 1003 Befriedigungsrecht des Besitzers

(1) Der Besitzer kann den Eigentümer unter Angabe des als Ersatz verlangten Betrags auffordern, sich innerhalb einer von ihm bestimmten angemessenen Frist darüber zu erklären, ob er die Verwendungen genehmige. Nach dem Ablauf der Frist ist der Besitzer berechtigt, Befriedigung aus der Sache nach den Vorschriften über den Pfandverkauf, bei einem Grundstück nach den Vorschriften über die Zwangsvollstreckung in das unbewegliche Vermögen zu suchen, wenn nicht die Genehmigung rechtzeitig erfolgt.

(2) Bestreitet der Eigentümer den Anspruch vor dem Ablauf der Frist, so kann sich der Besitzer aus der Sache erst dann befriedigen, wenn er nach rechtskräftiger Feststellung des Betrags der Verwendungen den Eigentümer unter Bestimmung einer angemessenen Frist zur Erklärung aufgefordert hat und die Frist verstrichen ist; das Recht auf Befriedigung aus der Sache ist ausgeschlossen, wenn die Genehmigung rechtzeitig erfolgt.

§ 1004 Beseitigungs- und Unterlassungsanspruch

(1) Wird das Eigentum in anderer Weise als durch Entziehung oder Vorenthaltung des Besitzes beeinträchtigt, so kann der Eigentümer von dem Störer die Beseitigung der Beeinträchtigung verlangen. Sind weitere Beeinträchtigungen zu besorgen, so kann der Eigentümer auf Unterlassung klagen.

(2) Der Anspruch ist ausgeschlossen, wenn der Eigentümer zur Duldung verpflichtet ist.

§ 1005 Verfolgungsrecht

Befindet sich eine Sache auf einem Grundstück, das ein anderer als der Eigentümer der Sache besitzt, so steht diesem gegen den Besitzer des Grundstücks der im § 867 bestimmte Anspruch zu.

§ 1006 Eigentumsvermutung für Besitzer

(1) Zugunsten des Besitzers einer beweglichen Sache wird vermutet, dass er Eigentümer der Sache sei. Dies gilt jedoch nicht einem früheren Besitzer gegenüber, dem die Sache gestohlen worden, verloren gegangen oder sonst abhanden gekommen ist, es sei denn, dass es sich um Geld oder Inhaberpapiere handelt.

(2) Zugunsten eines früheren Besitzers wird vermutet, dass er während der Dauer seines Besitzes Eigentümer der Sache gewesen sei.

(3) Im Falle eines mittelbaren Besitzes gilt die Vermutung für den mittelbaren Besitzer.

§ 1007 Ansprüche des früheren Besitzers, Ausschluss bei Kenntnis

(1) Wer eine bewegliche Sache im Besitz gehabt hat, kann von dem Besitzer die Herausgabe der Sache verlangen, wenn dieser bei dem Erwerb des Besitzes nicht in gutem Glauben war.

(2) Ist die Sache dem früheren Besitzer gestohlen worden, verloren gegangen oder sonst abhanden gekommen, so kann er die

Herausgabe auch von einem gutgläubigen Besitzer verlangen, es sei denn, dass dieser Eigentümer der Sache ist oder die Sache ihm vor der Besitzzeit des früheren Besitzers abhanden gekommen war. Auf Geld und Inhaberpapiere findet diese Vorschrift keine Anwendung.

(3) Der Anspruch ist ausgeschlossen, wenn der frühere Besitzer bei dem Erwerb des Besitzes nicht in gutem Glauben war oder wenn er den Besitz aufgegeben hat. Im Übrigen finden die Vorschriften der §§ 986 bis 1003 entsprechende Anwendung.

Titel 5
Miteigentum

§ 1008 Miteigentum nach Bruchteilen

Steht das Eigentum an einer Sache mehreren nach Bruchteilen zu, so gelten die Vorschriften der §§ 1009 bis 1011.

§ 1009 Belastung zugunsten eines Miteigentümers

(1) Die gemeinschaftliche Sache kann auch zugunsten eines Miteigentümers belastet werden.

(2) Die Belastung eines gemeinschaftlichen Grundstücks zugunsten des jeweiligen Eigentümers eines anderen Grundstücks sowie die Belastung eines anderen Grundstücks zugunsten der jeweiligen Eigentümer des gemeinschaftlichen Grundstücks wird nicht dadurch ausgeschlossen, dass das andere Grundstück einem Miteigentümer des gemeinschaftlichen Grundstücks gehört.

§ 1010 Sondernachfolger eines Miteigentümers

(1) Haben die Miteigentümer eines Grundstücks die Verwaltung und Benutzung geregelt oder das Recht, die Aufhebung der Gemeinschaft zu verlangen, für immer oder auf Zeit ausgeschlossen oder eine Kündigungsfrist bestimmt, so wirkt die getroffene Bestimmung gegen den Sondernachfolger eines Miteigentümers nur, wenn sie als Belastung des Anteils im Grundbuch eingetragen ist.

(2) Die in den §§ 755, 756 bestimmten Ansprüche können gegen den Sondernachfolger eines Miteigentümers nur geltend gemacht werden, wenn sie im Grundbuch eingetragen sind.

§ 1011 Ansprüche aus dem Miteigentum

Jeder Miteigentümer kann die Ansprüche aus dem Eigentum Dritten gegenüber in Ansehung der ganzen Sache geltend machen, den Anspruch auf Herausgabe jedoch nur in Gemäßheit des § 432.

Gesetz über die Haftung für fehlerhafte Produkte (Produkthaftungsgesetz – ProdHaftG)

Vom 15. Dezember 1989 (BGBl. I S. 2198)

Zuletzt geändert durch
Zweites Gesetz zur Änderung schadensersatzrechtlicher Vorschriften
vom 19. Juli 2002 (BGBl. I S. 2674)

II

Inhaltsübersicht

§ 1 Haftung
§ 2 Produkt
§ 3 Fehler
§ 4 Hersteller
§ 5 Mehrere Ersatzpflichtige
§ 6 Haftungsminderung
§ 7 Umfang der Ersatzpflicht bei Tötung
§ 8 Umfang der Ersatzpflicht bei Körperverletzung
§ 9 Schadensersatz durch Geldrente
§ 10 Haftungshöchstbetrag
§ 11 Selbstbeteiligung bei Sachbeschädigung
§ 12 Verjährung
§ 13 Erlöschen von Ansprüchen
§ 14 Unabdingbarkeit
§ 15 Arzneimittelhaftung; Haftung nach anderen Rechtsvorschriften
§ 16 Übergangsvorschrift
§ 17 Erlaß von Rechtsverordnungen
§ 18 (gegenstandslos)
§ 19 Inkrafttreten

§ 1 Haftung

(1) Wird durch den Fehler eines Produkts jemand getötet, sein Körper oder seine Gesundheit verletzt oder eine Sache beschädigt, so ist der Hersteller des Produkts verpflichtet, dem Geschädigten den daraus entstehenden Schaden zu ersetzen. Im Falle der Sachbeschädigung gilt dies nur, wenn eine andere Sache als das fehlerhafte Produkt beschädigt wird und diese andere Sache ihrer Art nach gewöhnlich für den privaten Ge- oder Verbrauch bestimmt und hierzu von dem Geschädigten hauptsächlich verwendet worden ist.

(2) Die Ersatzpflicht des Herstellers ist ausgeschlossen, wenn

1. er das Produkt nicht in den Verkehr gebracht hat,

2. nach den Umständen davon auszugehen ist, daß das Produkt den Fehler, der den Schaden verursacht hat, noch nicht hatte, als der Hersteller es in den Verkehr brachte,

3. er das Produkt weder für den Verkauf oder eine andere Form des Vertriebs mit wirtschaftlichem Zweck hergestellt noch im Rahmen seiner beruflichen Tätigkeit hergestellt oder vertrieben hat,

4. der Fehler darauf beruht, daß das Produkt in dem Zeitpunkt, in dem der Hersteller es in den Verkehr brachte, dazu zwingenden Rechtsvorschriften entsprochen hat, oder

5. der Fehler nach dem Stand der Wissenschaft und Technik in dem Zeitpunkt, in dem der Hersteller das Produkt in den Verkehr brachte, nicht erkannt werden konnte.

(3) Die Ersatzpflicht des Herstellers eines Teilprodukts ist ferner ausgeschlossen, wenn der Fehler durch die Konstruktion des Produkts, in welches das Teilprodukt eingearbeitet wurde, oder durch die Anleitungen des Herstellers des Produkts verursacht worden ist. Satz 1 ist auf den Hersteller eines Grundstoffs entsprechend anzuwenden.

(4) Für den Fehler, den Schaden und den ursächlichen Zusammenhang zwischen Fehler und Schaden trägt der Geschädigte die Beweislast. Ist streitig, ob die Ersatzpflicht gemäß Absatz 2 oder 3 ausgeschlossen ist, so trägt der Hersteller die Beweislast.

§ 2 Produkt

Produkt im Sinne dieses Gesetzes ist jede bewegliche Sache, auch wenn sie einen Teil einer anderen beweglichen Sache oder einer unbeweglichen Sache bildet, sowie Elektrizität.

§ 3 Fehler

(1) Ein Produkt hat einen Fehler, wenn es nicht die Sicherheit bietet, die unter Berücksichtigung aller Umstände, insbesondere

a) seiner Darbietung,

b) des Gebrauchs, mit dem billigerweise gerechnet werden kann,

c) des Zeitpunkts, in dem es in den Verkehr gebracht wurde,

berechtigterweise erwartet werden kann.

(2) Ein Produkt hat nicht allein deshalb einen Fehler, weil später ein verbessertes Produkt in den Verkehr gebracht wurde.

§ 4 Hersteller

(1) Hersteller im Sinne dieses Gesetzes ist, wer das Endprodukt, einen Grundstoff oder ein Teilprodukt hergestellt hat. Als Hersteller gilt auch jeder, der sich durch das Anbringen seines Namens, seiner Marke oder eines anderen unterscheidungskräftigen Kennzeichens als Hersteller ausgibt.

(2) Als Hersteller gilt ferner, wer ein Produkt zum Zweck des Verkaufs, der Vermietung, des Mietkaufs oder einer anderen Form des Vertriebs mit wirtschaftlichem Zweck im Rahmen seiner geschäftlichen Tätigkeit in den Geltungsbereich des Abkommens über den Europäischen Wirtschaftsraum einführt oder verbringt.

(3) Kann der Hersteller des Produkts nicht festgestellt werden, so gilt jeder Lieferant als dessen Hersteller, es sei denn, daß er dem Geschädigten innerhalb eines Monats, nachdem ihm dessen diesbezügliche Aufforderung zugegangen ist, den Hersteller oder diejenige Person benennt, die ihm das Produkt geliefert hat. Dies gilt auch für ein ein-

geführtes Produkt, wenn sich bei diesem die in Absatz 2 genannte Person nicht feststellen läßt, selbst wenn der Name des Herstellers bekannt ist.

§ 5 Mehrere Ersatzpflichtige

Sind für denselben Schaden mehrere Hersteller nebeneinander zum Schadensersatz verpflichtet, so haften sie als Gesamtschuldner. Im Verhältnis der Ersatzpflichtigen zueinander hängt, soweit nichts anderes bestimmt ist, die Verpflichtung zum Ersatz sowie der Umfang des zu leistenden Ersatzes von den Umständen, insbesondere davon ab, inwieweit der Schaden vorwiegend von dem einen oder dem anderen Teil verursacht worden ist; im übrigen gelten die §§ 421 bis 425 sowie § 426 Abs. 1 Satz 2 und Abs. 2 des Bürgerlichen Gesetzbuchs.

§ 6 Haftungsminderung

(1) Hat bei der Entstehung des Schadens ein Verschulden des Geschädigten mitgewirkt, so gilt § 254 des Bürgerlichen Gesetzbuchs; im Falle der Sachbeschädigung steht das Verschulden desjenigen, der die tatsächliche Gewalt über die Sache ausübt, dem Verschulden des Geschädigten gleich.

(2) Die Haftung des Herstellers wird nicht gemindert, wenn der Schaden durch einen Fehler des Produkts und zugleich durch die Handlung eines Dritten verursacht worden ist. § 5 Satz 2 gilt entsprechend.

§ 7 Umfang der Ersatzpflicht bei Tötung

(1) Im Falle der Tötung ist Ersatz der Kosten einer versuchten Heilung sowie des Vermögensnachteils zu leisten, den der Getötete dadurch erlitten hat, daß während der Krankheit seine Erwerbsfähigkeit aufgehoben oder gemindert war oder seine Bedürfnisse vermehrt waren. Der Ersatzpflichtige hat außerdem die Kosten der Beerdigung demjenigen zu ersetzen, der diese Kosten zu tragen hat.

(2) Stand der Getötete zur Zeit der Verletzung zu einem Dritten in einem Verhältnis, aus dem er diesem gegenüber kraft Gesetzes unterhaltspflichtig war oder unterhaltspflichtig werden konnte, und ist dem Dritten infolge der Tötung das Recht auf Unterhalt entzogen, so hat der Ersatzpflichtige dem Dritten insoweit Schadensersatz zu leisten, als der Getötete während der mutmaßlichen Dauer seines Lebens zur Gewährung des Unterhalts verpflichtet gewesen wäre. Die Ersatzpflicht tritt auch ein, wenn der Dritte zur Zeit der Verletzung gezeugt, aber noch nicht geboren war.

§ 8 Umfang der Ersatzpflicht bei Körperverletzung

Im Falle der Verletzung des Körpers oder der Gesundheit ist Ersatz der Kosten der Heilung sowie des Vermögensnachteils zu leisten, den der Verletzte dadurch erleidet, daß infolge der Verletzung zeitweise oder dauernd seine Erwerbsfähigkeit aufgehoben oder gemindert ist oder seine Bedürfnisse vermehrt sind. Wegen des Schadens, der nicht Vermögensschaden ist, kann auch eine billige Entschädigung in Geld gefordert werden.

§ 9 Schadensersatz durch Geldrente

(1) Der Schadensersatz wegen Aufhebung oder Minderung der Erwerbsfähigkeit und wegen vermehrter Bedürfnisse des Verletzten sowie der nach § 7 Abs. 2 einem Dritten zu gewährende Schadensersatz ist für die Zukunft durch eine Geldrente zu leisten.

(2) § 843 Abs. 2 bis 4 des Bürgerlichen Gesetzbuchs ist entsprechend anzuwenden.

§ 10 Haftungshöchstbetrag

(1) Sind Personenschäden durch ein Produkt oder gleiche Produkte mit demselben Fehler verursacht worden, so haftet der Ersatzpflichtige nur bis zu einem Höchstbetrag von 85 Millionen Euro.

(2) Übersteigen die den mehreren Geschädigten zu leistenden Entschädigungen den in Absatz 1 vorgesehenen Höchstbetrag, so verringern sich die einzelnen Entschädigungen in dem Verhältnis, in dem ihr Gesamtbetrag zu dem Höchstbetrag steht.

§ 11 Selbstbeteiligung bei Sachbeschädigung

Im Falle der Sachbeschädigung hat der Geschädigte einen Schaden bis zu einer Höhe von 500 Euro selbst zu tragen.

§ 12 Verjährung

(1) Der Anspruch nach § 1 verjährt in drei Jahren von dem Zeitpunkt an, in dem der Ersatzberechtigte von dem Schaden, dem Fehler und von der Person des Ersatzpflichtigen Kenntnis erlangt hat oder hätte erlangen müssen.

(2) Schweben zwischen dem Ersatzpflichtigen und dem Ersatzberechtigten Verhandlungen über den zu leistenden Schadensersatz, so ist die Verjährung gehemmt, bis die Fortsetzung der Verhandlungen verweigert wird.

(3) Im übrigen sind die Vorschriften des Bürgerlichen Gesetzbuchs über die Verjährung anzuwenden.

§ 13 Erlöschen von Ansprüchen

(1) Der Anspruch nach § 1 erlischt zehn Jahre nach dem Zeitpunkt, in dem der Hersteller das Produkt, das den Schaden verursacht hat, in den Verkehr gebracht hat. Dies gilt nicht, wenn über den Anspruch ein Rechtsstreit oder ein Mahnverfahren anhängig ist.

(2) Auf den rechtskräftig festgestellten Anspruch oder auf den Anspruch aus einem anderen Vollstreckungstitel ist Absatz 1 Satz 1 nicht anzuwenden. Gleiches gilt für den Anspruch, der Gegenstand eines außergerichtlichen Vergleichs ist oder der durch rechtsgeschäftliche Erklärung anerkannt wurde.

§ 14 Unabdingbarkeit

Die Ersatzpflicht des Herstellers nach diesem Gesetz darf im voraus weder ausgeschlossen noch beschränkt werden. Entgegenstehende Vereinbarungen sind nichtig.

§ 15 Arzneimittelhaftung; Haftung nach anderen Rechtsvorschriften

(1) Wird infolge der Anwendung eines zum Gebrauch bei Menschen bestimmten Arzneimittels, das im Geltungsbereich des Arzneimittelgesetzes an den Verbraucher abgegeben wurde und der Pflicht zur Zulassung unterliegt oder durch Rechtsverordnung von der Zulassung befreit worden ist, jemand getötet, sein Körper oder seine Gesundheit verletzt, so sind die Vorschriften des Produkthaftungsgesetzes nicht anzuwenden.

(2) Eine Haftung aufgrund anderer Vorschriften bleibt unberührt.

§ 16 Übergangsvorschrift

Dieses Gesetz ist nicht auf Produkte anwendbar, die vor seinem Inkrafttreten in den Verkehr gebracht worden sind.

§ 17 Erlaß von Rechtsverordnungen

Der Bundesminister der Justiz wird ermächtigt, durch Rechtsverordnung die Beträge zu §§ 10 und 11 zu ändern oder das Außerkrafttreten des § 10 anzuordnen, wenn und soweit dies zur Umsetzung einer Richtlinie des Rates der Europäischen Gemeinschaften auf der Grundlage der Artikel 16 Abs. 2 und 18 Abs. 2 der Richtlinie des Rates vom 25. Juli 1985 zur Angleichung der Rechts- und Verwaltungsvorschriften der Mitgliedstaaten über die Haftung für fehlerhafte Produkte erforderlich ist.

§ 18 (gegenstandslos)

§ 19 Inkrafttreten

Dieses Gesetz tritt am 1. Januar 1990 in Kraft.

Übereinkommen der Vereinten Nationen über Verträge über den internationalen Warenkauf
(UN-Kaufrecht – CISG)

Vom 5. Juli 1989 (BGBl. II S. 586; 1990 BGBl. II S. 1477; 1990 BGBl. II S. 1699)*)

II

Inhaltsübersicht

Teil I
Anwendungsbereich und allgemeine Bestimmungen

Kapitel I
Anwendungsbereich

Artikel 1 (Vertragsstaaten)
Artikel 2 (Ausschluß von der Anwendung)
Artikel 3 (Lieferung herzustellender Ware)
Artikel 4 (Ausschluß von der Anwendung)
Artikel 5 (Tod, Körperverletzung)
Artikel 6 (Abdingbarkeit)

Kapitel II
Allgemeine Bestimmungen

Artikel 7 (Auslegung dieses Übereinkommens)
Artikel 8 (Auslegung von Parteierklärungen)
Artikel 9 (Gebräuche und Gepflogenheiten)
Artikel 10 (Niederlassung)
Artikel 11 (Form des Kaufvertrags)
Artikel 12 (Abweichung von der Schriftform)
Artikel 13 (Telegramm und Fernschreiben)

Teil II
Abschluß des Vertrages

Artikel 14 (Angebot)
Artikel 15 (Wirksamkeit des Angebots)
Artikel 16 (Widerruf des Angebots)
Artikel 17 (Erlöschen des Angebots)
Artikel 18 (Annahme)

Artikel 19 (Antworten)
Artikel 20 (Fristen)
Artikel 21 (Verspätete Annahme)
Artikel 22 (Rücknahme der Annahme)
Artikel 23 (Vertragsschluss)
Artikel 24 (Zugang von Willenserklärungen)

Teil III
Warenkauf

Kapitel I
Allgemeine Bestimmungen

Artikel 25 (Wesentliche Vertragsverletzung)
Artikel 26 (Aufhebung des Vertrages)
Artikel 27 (Berufung auf Mitteilungen)
Artikel 28 (Gerichtsentscheidung auf Erfüllung in Natur)
Artikel 29 (Änderung oder Aufhebung)

Kapitel II
Pflichten des Verkäufers

Artikel 30 (Pflichten des Verkäufers)

Abschnitt I
Lieferung der Ware und Übergabe der Dokumente

Artikel 31 (Lieferungsort)
Artikel 32 (Versendung)
Artikel 33 (Zeitpunkt der Lieferung)
Artikel 34 (Dokumente)

---

*) Anlage des Gesetzes zu dem Übereinkommen der Vereinten Nationen vom 11. April 1980 über Verträge über den Internationalen Warenkauf sowie zur Änderung des Gesetzes zu dem Übereinkommen vom 19. Mai 1956 über den Beförderungsvertrag im internationalen Straßengüterverkehr (CMR) vom 5. Juli 1989 (BGBl. II S. 586). Dieses Übereinkommen ist am 1. Januar 1991 in Kraft getreten.

Abschnitt II
Vertragsmäßigkeit der Ware sowie Rechte oder Ansprüche Dritter

Artikel 35 (Menge, Qualität, Art und Verpackung)

Artikel 36 (Haftung für Vertragswidrigkeit)

Artikel 37 (Vorzeitige Lieferung)

Artikel 38 (Untersuchung der Ware)

Artikel 39 (Frist)

Artikel 40 (Nicht offenbarte Vertragswidrigkeit)

Artikel 41 (Rechte und Ansprüche Dritter)

Artikel 42 (Rechte und Ansprüche aus gewerblichem oder anderem geistigen Eigentum)

Artikel 43 (Ausschluß der Rechte)

Artikel 44 (Preisherabsetzung, Schadenersatz)

Abschnitt III
Rechtsbehelfe des Käufers wegen Vertragsverletzung durch den Verkäufer

Artikel 45 (Rechte des Käufers)

Artikel 46 (Erfüllung der Pflichten)

Artikel 47 (Nachfrist)

Artikel 48 (Mangelbehebung nach Liefertermin)

Artikel 49 (Aufhebung des Vertrages)

Artikel 50 (Preisherabsetzung)

Artikel 51 (Teillieferung)

Artikel 52 (Vorzeitige Lieferung, Mehrlieferung)

Kapitel III
Pflichten des Käufers

Artikel 53 (Pflichten des Käufers)

Abschnitt I
Zahlung des Kaufpreises

Artikel 54 (Zahlungspflicht)

Artikel 55 (Allgemeiner Kaufpreis)

Artikel 56 (Gewicht)

Artikel 57 (Zahlungsort)

Artikel 58 (Zahlungszeitpunkt)

Artikel 59 (Entbehrlichkeit von Aufforderungen)

Abschnitt II
Abnahme

Artikel 60 (Abnahme)

Abschnitt III
Rechtsbehelfe des Verkäufers wegen Vertragsverletzung durch den Käufer

Artikel 61 (Rechte des Verkäufers)

Artikel 62 (Erfüllung der Pflichten)

Artikel 63 (Nachfrist)

Artikel 64 (Aufhebung des Vertrages)

Artikel 65 (Selbstvornahme der Spezifizierung)

Kapitel IV
Übergang der Gefahr

Artikel 66 (Untergang oder Beschädigung)

Artikel 67 (Gefahrübergang bei Beförderung)

Artikel 68 (Ware auf Transport)

Artikel 69 (Sonstige Fälle)

Artikel 70 (Vertragsverletzung)

Kapitel V
Gemeinsame Bestimmungen über die Pflichten des Verkäufers und des Käufers

Abschnitt I
Vorweggenommene Vertragsverletzung und Verträge über aufeinander folgende Lieferungen

Artikel 71 (Aussetzung)

Artikel 72 (Aufhebung des Vertrags)

Artikel 73 (Aufhebung bei Teillieferungen)

Abschnitt II
Schadenersatz

Artikel 74 (Verlust)

Artikel 75 (Deckungsgeschäft)

Artikel 76 (Marktpreis)

Artikel 77 (Verlustverringerung)

II

II

**Abschnitt III
Zinsen**
Artikel 78 (Zinsen)

**Abschnitt IV
Befreiungen**
Artikel 79 (Hinderungsgründe außerhalb des eigenen Einflussbereichs)
Artikel 80 (Verursachung der Nichterfüllung)

**Abschnitt V
Wirkungen der Aufhebung**
Artikel 81 (Befreiung von den Vertragspflichten)
Artikel 82 (Ausschluß der Aufhebung)
Artikel 83 (Erhaltung sonstiger Rechtsbehelfe)
Artikel 84 (Zinsen, Verteilsausgleich)

**Abschnitt VI
Erhaltung der Ware**
Artikel 85 (Erhaltung beim Verkäufer)
Artikel 86 (Erhaltung beim Käufer)
Artikel 87 (Einlagerung)
Artikel 88 (Verkauf der Ware)

**Teil IV
Schlußbestimmungen**
Artikel 89 (Verwahrer)
Artikel 90 (Völkerrechtliche Übereinkünfte)
Artikel 91 (Ratifikation)
Artikel 92 (Erklärung der Nichtverbindlichkeit)
Artikel 93 (Staaten mit verschiedenen Rechtsordnungen)
Artikel 94 (Staaten mit gleichen Rechtsvorschriften)
Artikel 95 (Internationales Privatrecht)
Artikel 96 (Beharren auf Schriftform)
Artikel 97 (Erklärungen der Vertragsstaaten)
Artikel 98 (Vorbehalte)
Artikel 99 (Inkrafttreten, Auswirkungen auf Haager Übereinkommen)
Artikel 100 (Übergangsvorschrift)
Artikel 101 (Kündigung)

Die Vertragsstaaten dieses Übereinkommens –

im Hinblick auf die allgemeinen Ziele der Entschließungen, die von der Sechsten Außerordentlichen Tagung der Generalversammlung der Vereinten Nationen über die Errichtung einer neuen Weltwirtschaftsordnung angenommen worden sind,

in der Erwägung, daß die Entwicklung des internationalen Handels auf der Grundlage der Gleichberechtigung und des gegenseitigen Nutzens ein wichtiges Element zur Förderung freundschaftlicher Beziehungen zwischen den Staaten ist,

in der Meinung, daß die Annahme einheitlicher Bestimmungen, die auf Verträge über den internationalen Warenkauf Anwendung finden und die verschiedenen Gesellschafts-, Wirtschafts- und Rechtsordnungen berücksichtigen, dazu beitragen würde, die rechtlichen Hindernisse im internationalen Handel zu beseitigen und seine Entwicklung zu fördern –

haben folgendes vereinbart:

Teil I
Anwendungsbereich und allgemeine Bestimmungen

Kapitel I
Anwendungsbereich

Artikel 1 (Vertragsstaaten)

(1) Dieses Übereinkommen ist auf Kaufverträge über Waren zwischen Parteien anzuwenden, die ihre Niederlassung in verschiedenen Staaten haben,

a) wenn diese Staaten Vertragsstaaten sind oder

b) wenn die Regeln des internationalen Privatrechts zur Anwendung des Rechts eines Vertragsstaats führen.

(2) Die Tatsache, daß die Parteien ihre Niederlassung in verschiedenen Staaten haben, wird nicht berücksichtigt, wenn sie sich nicht aus dem Vertrag, aus früheren Geschäftsbe-

ziehungen oder aus Verhandlungen oder Auskünften ergibt, die vor oder bei Vertragsabschluß zwischen den Parteien geführt oder von ihnen erteilt worden sind.

(3) Bei Anwendung dieses Übereinkommens wird weder berücksichtigt, welche Staatsangehörigkeit die Parteien haben, noch ob sie Kaufleute oder Nichtkaufleute sind oder ob der Vertrag handelsrechtlicher oder bürgerlich-rechtlicher Art ist.

Artikel 2 (Ausschluß von der Anwendung)

Dieses Übereinkommen findet keine Anwendung auf den Kauf

a) von Ware für den persönlichen Gebrauch oder den Gebrauch in der Familie oder im Haushalt, es sei denn, daß der Verkäufer vor oder bei Vertragsabschluß weder wußte noch wissen mußte, daß die Ware für einen solchen Gebrauch gekauft wurde,

b) bei Versteigerungen,

c) aufgrund von Zwangsvollstreckungs- oder anderen gerichtlichen Maßnahmen,

d) von Wertpapieren oder Zahlungsmitteln,

e) von Seeschiffen, Binnenschiffen, Luftkissenfahrzeugen oder Luftfahrzeugen,

f) von elektrischer Energie.

Artikel 3 (Lieferung herzustellender Ware)

(1) Den Kaufverträgen stehen Verträge über die Lieferung herzustellender oder zu erzeugender Ware gleich, es sei denn, daß der Besteller einen wesentlichen Teil der für die Herstellung oder Erzeugung notwendigen Stoffe selbst zur Verfügung zu stellen hat.

(2) Dieses Übereinkommen ist auf Verträge nicht anzuwenden, bei denen der überwiegende Teil der Pflichten der Partei, welche die Ware liefert, in der Ausführung von Arbeiten oder anderen Dienstleistungen besteht.

Artikel 4 (Ausschluß von der Anwendung)

Dieses Übereinkommen regelt ausschließlich den Abschluß des Kaufvertrages und die aus ihm erwachsenden Rechte und Pflichten des

II

Verkäufers und des Käufers. Soweit in diesem Übereinkommen nicht ausdrücklich etwas anderes bestimmt ist, betrifft es insbesondere nicht

a) die Gültigkeit des Vertrages oder einzelner Vertragsbestimmungen oder die Gültigkeit von Gebräuchen,

b) die Wirkungen, die der Vertrag auf das Eigentum an der verkauften Ware haben kann.

Artikel 5 (Tod, Körperverletzung)

Dieses Übereinkommen findet keine Anwendung auf die Haftung des Verkäufers für den durch die Ware verursachten Tod oder die Körperverletzung einer Person.

Artikel 6 (Abdingbarkeit)

Die Parteien können die Anwendung dieses Übereinkommens ausschließen oder, vorbehaltlich des Artikels 12, von seinen Bestimmungen abweichen oder deren Wirkung ändern.

Kapitel II
Allgemeine Bestimmungen

Artikel 7 (Auslegung dieses Übereinkommens)

(1) Bei der Auslegung dieses Übereinkommens sind sein internationaler Charakter und die Notwendigkeit zu berücksichtigen, seine einheitliche Anwendung und die Wahrung des guten Glaubens im internationalen Handel zu fördern.

(2) Fragen, die in diesem Übereinkommen geregelte Gegenstände betreffen, aber in diesem Übereinkommen nicht ausdrücklich entschieden werden, sind nach den allgemeinen Grundsätzen, die diesem Übereinkommen zugrunde liegen, oder mangels solcher Grundsätze nach dem Recht zu entscheiden, das nach den Regeln des internationalen Privatrechts anzuwenden ist.

Artikel 8 (Auslegung von Parteierklärungen)

(1) Für die Zwecke dieses Übereinkommens sind Erklärungen und das sonstige Verhalten

einer Partei nach deren Willen auszulegen, wenn die andere Partei diesen Willen kannte oder darüber nicht in Unkenntnis sein konnte.

(2) Ist Absatz 1 nicht anwendbar, so sind Erklärungen und das sonstige Verhalten einer Partei so auszulegen, wie eine vernünftige Person der gleichen Art wie die andere Partei sie unter den gleichen Umständen aufgefaßt hätte.

(3) Um den Willen einer Partei oder die Auffassung festzustellen, die eine vernünftige Person gehabt hätte, sind alle erheblichen Umstände zu berücksichtigen, insbesondere die Verhandlungen zwischen den Parteien, die zwischen ihnen entstandenen Gepflogenheiten, die Gebräuche und das spätere Verhalten der Parteien.

Artikel 9 (Gebräuche und Gepflogenheiten)

(1) Die Parteien sind an die Gebräuche, mit denen sie sich einverstanden erklärt haben, und an die Gepflogenheiten gebunden, die zwischen ihnen entstanden sind.

(2) Haben die Parteien nichts anderes vereinbart, so wird angenommen, daß sie sich in ihrem Vertrag oder bei seinem Abschluß stillschweigend auf Gebräuche bezogen haben, die sie kannten oder kennen mußten und die im internationalen Handel den Parteien von Verträgen dieser Art in dem betreffenden Geschäftszweig weithin bekannt sind und von ihnen regelmäßig beachtet werden.

Artikel 10 (Niederlassung)

Für die Zwecke dieses Übereinkommens ist,

a) falls eine Partei mehr als eine Niederlassung hat, die Niederlassung maßgebend, die unter Berücksichtigung der vor oder bei Vertragsabschluß den Parteien bekannten oder von ihnen in Betracht gezogenen Umstände die engste Beziehung zu dem Vertrag und zu seiner Erfüllung hat;

b) falls eine Partei keine Niederlassung hat, ihr gewöhnlicher Aufenthalt maßgebend.

Artikel 11 (Form des Kaufvertrags)

Der Kaufvertrag braucht nicht schriftlich geschlossen oder nachgewiesen zu werden und unterliegt auch sonst keinen Formvorschriften. Er kann auf jede Weise bewiesen werden, auch durch Zeugen.

Artikel 12 (Abweichung von der Schriftform)

Die Bestimmungen der Artikel 11 und 29 oder des Teils II dieses Übereinkommens, die für den Abschluß eines Kaufvertrages, seine Änderung oder Aufhebung durch Vereinbarung oder für ein Angebot, eine Annahme oder eine sonstige Willenserklärung eine andere als die schriftliche Form gestatten, gelten nicht, wenn eine Partei ihre Niederlassung in einem Vertragsstaat hat, der eine Erklärung nach Artikel 96 abgegeben hat. Die Parteien dürfen von dem vorliegenden Artikel weder abweichen noch seine Wirkung ändern.

Artikel 13 (Telegramm und Fernschreiben)

Für die Zwecke dieses Übereinkommens umfaßt der Ausdruck „schriftlich" auch Mitteilungen durch Telegramm oder Fernschreiben.

Teil II
Abschluß des Vertrages

Artikel 14 (Angebot)

(1) Der an eine oder mehrere bestimmte Personen gerichtete Vorschlag zum Abschluß eines Vertrages stellt ein Angebot dar, wenn er bestimmt genug ist und den Willen des Anbietenden zum Ausdruck bringt, im Falle der Annahme gebunden zu sein. Ein Vorschlag ist bestimmt genug, wenn er die Ware bezeichnet und ausdrücklich oder stillschweigend die Menge und den Preis festsetzt oder deren Festsetzung ermöglicht.

(2) Ein Vorschlag, der nicht an eine oder mehrere bestimmte Personen gerichtet ist, gilt nur als Aufforderung, ein Angebot abzugeben, wenn nicht die Person, die den Vorschlag macht, das Gegenteil deutlich zum Ausdruck bringt.

Artikel 15 (Wirksamkeit des Angebots)

(1) Ein Angebot wird wirksam, sobald es dem Empfänger zugeht.

(2) Ein Angebot kann, selbst wenn es unwiderruflich ist, zurückgenommen werden, wenn die Rücknahmeerklärung dem Empfänger vor oder gleichzeitig mit dem Angebot zugeht.

Artikel 16 (Widerruf des Angebots)

(1) Bis zum Abschluß des Vertrages kann ein Angebot widerrufen werden, wenn der Widerruf dem Empfänger zugeht, bevor dieser eine Annahmeerklärung abgesandt hat.

(2) Ein Angebot kann jedoch nicht widerrufen werden,

a) wenn es durch Bestimmung einer festen Frist zur Annahme oder auf andere Weise zum Ausdruck bringt, daß es unwiderruflich ist, oder

b) wenn der Empfänger vernünftigerweise darauf vertrauen konnte, daß das Angebot unwiderruflich ist, und er im Vertrauen auf das Angebot gehandelt hat.

Artikel 17 (Erlöschen des Angebots)

Ein Angebot erlischt, selbst wenn es unwiderruflich ist, sobald dem Anbietenden eine Ablehnung zugeht.

Artikel 18 (Annahme)

(1) Eine Erklärung oder ein sonstiges Verhalten des Empfängers, das eine Zustimmung zum Angebot ausdrückt, stellt eine Annahme dar. Schweigen oder Untätigkeit allein stellen keine Annahme dar.

(2) Die Annahme eines Angebots wird wirksam, sobald die Äußerung der Zustimmung dem Anbietenden zugeht. Sie wird nicht wirksam, wenn die Äußerung der Zustimmung dem Anbietenden nicht innerhalb der von ihm gesetzten Frist oder, bei Fehlen einer solchen Frist, innerhalb einer angemessenen Frist zugeht; dabei sind die Umstände des Geschäfts einschließlich der Schnelligkeit der vom Anbietenden gewählten Übermittlungsart zu berücksichtigen. Ein mündliches Angebot muß sofort angenommen werden, wenn

sich aus den Umständen nichts anderes ergibt.

(3) Äußert jedoch der Empfänger aufgrund des Angebots, der zwischen den Parteien entstandenen Gepflogenheiten oder der Gebräuche seine Zustimmung dadurch, daß er eine Handlung vornimmt, die sich zum Beispiel auf die Absendung der Ware oder die Zahlung des Preises bezieht, ohne den Anbietenden davon zu unterrichten, so ist die Annahme zum Zeitpunkt der Handlung wirksam, sofern diese innerhalb der in Absatz 2 vorgeschriebenen Frist vorgenommen wird.

Artikel 19 (Antworten)

(1) Eine Antwort auf ein Angebot, die eine Annahme darstellen soll, aber Ergänzungen, Einschränkungen oder sonstige Änderungen enthält, ist eine Ablehnung des Angebots und stellt ein Gegenangebot dar.

(2) Eine Antwort auf ein Angebot, die eine Annahme darstellen soll, aber Ergänzungen oder Abweichungen enthält, welche die Bedingungen des Angebots nicht wesentlich ändern, stellt jedoch eine Annahme dar, wenn der Anbietende das Fehlen der Übereinstimmung nicht unverzüglich mündlich beanstandet oder eine entsprechende Mitteilung absendet. Unterläßt er dies, so bilden die Bedingungen des Angebots mit den in der Annahme enthaltenen Änderungen den Vertragsinhalt.

(3) Ergänzungen oder Abweichungen, die sich insbesondere auf Preis, Bezahlung, Qualität und Menge der Ware, auf Ort und Zeit der Lieferung, auf den Umfang der Haftung der einen Partei gegenüber der anderen oder auf die Beilegung von Streitigkeiten beziehen, werden so angesehen, als änderten sie die Bedingungen des Angebots wesentlich.

Artikel 20 (Fristen)

(1) Eine vom Anbietenden in einem Telegramm oder einem Brief gesetzte Frist beginnt mit Aufgabe des Telegramms oder mit dem im Brief angegebenen Datum oder, wenn kein Datum angegeben ist, mit dem auf dem Umschlag angegebenen Datum zu laufen. Eine vom Anbietenden telefonisch, durch

Fernschreiben oder eine andere sofortige Übermittlungsart gesetzte Annahmefrist beginnt zu laufen, sobald das Angebot dem Empfänger zugeht.

(2) Gesetzliche Feiertage oder arbeitsfreie Tage, die in die Laufzeit der Annahmefrist fallen, werden bei der Fristberechnung mitgezählt. Kann jedoch die Mitteilung der Annahme am letzten Tag der Frist nicht an die Anschrift des Anbietenden zugestellt werden, weil dieser Tag am Ort der Niederlassung des Anbietenden auf einen gesetzlichen Feiertag oder arbeitsfreien Tag fällt, so verlängert sich die Frist bis zum ersten darauf folgenden Arbeitstag.

Artikel 21 (Verspätete Annahme)

(1) Eine verspätete Annahme ist dennoch als Annahme wirksam, wenn der Anbietende unverzüglich den Annehmenden in diesem Sinne mündlich unterrichtet oder eine entsprechende schriftliche Mitteilung absendet.

(2) Ergibt sich aus dem eine verspätete Annahme enthaltenden Brief oder anderen Schriftstück, daß die Mitteilung nach den Umständen, unter denen sie abgesandt worden ist, bei normaler Beförderung dem Anbietenden rechtzeitig zugegangen wäre, so ist die verspätete Annahme als Annahme wirksam, wenn der Anbietende nicht unverzüglich den Annehmenden mündlich davon unterrichtet, daß er sein Angebot als erloschen betrachtet, oder eine entsprechende schriftliche Mitteilung absendet.

Artikel 22 (Rücknahme der Annahme)

Eine Annahme kann zurückgenommen werden, wenn die Rücknahmeerklärung dem Anbietenden vor oder in dem Zeitpunkt zugeht, in dem die Annahme wirksam geworden wäre.

Artikel 23 (Vertragsschluss)

Ein Vertrag ist in dem Zeitpunkt geschlossen, in dem die Annahme eines Angebots nach diesem Übereinkommen wirksam wird.

Artikel 24 (Zugang von Willenserklärungen)

Für die Zwecke dieses Teils des Übereinkommens „geht" ein Angebot, eine Annahmeerklärung oder sonstige Willenserklärung dem Empfänger „zu", wenn sie ihm mündlich gemacht wird oder wenn sie auf anderem Weg ihm persönlich, an seiner Niederlassung oder Postanschrift oder, wenn diese fehlen, an seinem gewöhnlichen Aufenthaltsort zugestellt wird.

Teil III
Warenkauf

Kapitel I
Allgemeine Bestimmungen

Artikel 25 (Wesentliche Vertragsverletzung)

Eine von einer Partei begangene Vertragsverletzung ist wesentlich, wenn sie für die andere Partei solchen Nachteil zur Folge hat, daß ihr im wesentlichen entgeht, was sie nach dem Vertrag hätte erwarten dürfen, es sei denn, daß die vertragsbrüchige Partei diese Folge nicht vorausgesehen hat und eine vernünftige Person der gleichen Art diese Folge unter den gleichen Umständen auch nicht vorausgesehen hätte.

Artikel 26 (Aufhebung des Vertrages)

Eine Erklärung, daß der Vertrag aufgehoben wird, ist nur wirksam, wenn sie der anderen Partei mitgeteilt wird.

Artikel 27 (Berufung auf Mitteilungen)

Soweit in diesem Teil des Übereinkommens nicht ausdrücklich etwas anderes bestimmt wird, nimmt bei einer Anzeige, Aufforderung oder sonstigen Mitteilung, die eine Partei gemäß diesem Teil mit den nach den Umständen geeigneten Mitteln absendet, die Verzögerung oder ein Irrtum bei der Übermittlung der Mitteilung oder deren Nichteintreffen dieser Partei nicht das Recht, sich auf die Mitteilung zu berufen.

Artikel 28 (Gerichtsentscheidung auf Erfüllung in Natur)

Ist eine Partei nach diesem Übereinkommen berechtigt, von der anderen Partei die Erfüllung einer Verpflichtung zu verlangen, so braucht ein Gericht eine Entscheidung auf Erfüllung in Natur nur zu fällen, wenn es dies auch nach seinem eigenen Recht bei gleichartigen Kaufverträgen täte, die nicht unter dieses Übereinkommen fallen.

Artikel 29 (Änderung oder Aufhebung)

(1) Ein Vertrag kann durch bloße Vereinbarung der Parteien geändert oder aufgehoben werden.

(2) Enthält ein schriftlicher Vertrag eine Bestimmung, wonach jede Änderung oder Aufhebung durch Vereinbarung schriftlich zu erfolgen hat, so darf er nicht auf andere Weise geändert oder aufgehoben werden. Eine Partei kann jedoch aufgrund ihres Verhaltens davon ausgeschlossen sein, sich auf eine solche Bestimmung zu berufen, soweit die andere Partei sich auf dieses Verhalten verlassen hat.

Kapitel II
Pflichten des Verkäufers

Artikel 30 (Pflichten des Verkäufers)

Der Verkäufer ist nach Maßgabe des Vertrages und dieses Übereinkommens verpflichtet, die Ware zu liefern, die sie betreffenden Dokumente zu übergeben und das Eigentum an der Ware zu übertragen.

Abschnitt I
Lieferung der Ware und Übergabe der Dokumente

Artikel 31 (Lieferungsort)

Hat der Verkäufer die Ware nicht an einem anderen bestimmten Ort zu liefern, so besteht seine Lieferpflicht in folgendem:

a) Erfordert der Kaufvertrag eine Beförderung der Ware, so hat sie der Verkäufer dem ersten Beförderer zur Übermittlung an den Käufer zu übergeben;

b) bezieht sich der Vertrag in Fällen, die nicht unter Buchstabe a fallen, auf bestimmte Ware oder auf gattungsmäßig bezeichnete Ware, die aus einem bestimmten Bestand zu entnehmen ist, oder auf herzustellende oder zu erzeugende Ware und wußten die Parteien bei Vertragsabschluß, daß die Ware sich an einem bestimmten Ort befand oder dort herzustellen oder zu erzeugen war, so hat der Verkäufer die Ware dem Käufer an diesem Ort zur Verfügung zu stellen;

c) in den anderen Fällen hat der Verkäufer die Ware dem Käufer an dem Ort zur Verfügung zu stellen, an dem der Verkäufer bei Vertragsabschluß seine Niederlassung hatte.

Artikel 32 (Versendung)

(1) Übergibt der Verkäufer nach dem Vertrag oder diesem Übereinkommen die Ware einem Beförderer und ist die Ware nicht deutlich durch daran angebrachte Kennzeichen oder durch Beförderungsdokumente oder auf andere Weise dem Vertrag zugeordnet, so hat der Verkäufer dem Käufer die Versendung anzuzeigen und dabei die Ware im einzelnen zu bezeichnen.

(2) Hat der Verkäufer für die Beförderung der Ware zu sorgen, so hat er die Verträge zu schließen, die zur Beförderung an den festgesetzten Ort mit den nach den Umständen angemessenen Beförderungsmitteln und zu den für solche Beförderungen üblichen Bedingungen erforderlich sind.

(3) Ist der Verkäufer nicht zum Abschluß einer Transportversicherung verpflichtet, so hat er dem Käufer auf dessen Verlangen alle ihm verfügbaren, zum Abschluß einer solchen Versicherung erforderlichen Auskünfte zu erteilen.

Artikel 33 (Zeitpunkt der Lieferung)

Der Verkäufer hat die Ware zu liefern,

a) wenn ein Zeitpunkt im Vertrag bestimmt ist oder aufgrund des Vertrages bestimmt werden kann, zu diesem Zeitpunkt,

b) wenn ein Zeitraum im Vertrag bestimmt ist oder aufgrund des Vertrages bestimmt

werden kann, jederzeit innerhalb dieses Zeitraums, sofern sich nicht aus den Umständen ergibt, daß der Käufer den Zeitpunkt zu wählen hat, oder

c) in allen anderen Fällen innerhalb einer angemessenen Frist nach Vertragsabschluß.

Artikel 34 (Dokumente)

Hat der Verkäufer Dokumente zu übergeben, die sich auf die Ware beziehen, so hat er sie zu dem Zeitpunkt, an dem Ort und in der Form zu übergeben, die im Vertrag vorgesehen sind. Hat der Verkäufer die Dokumente bereits vorher übergeben, so kann er bis zu dem für die Übergabe vorgesehenen Zeitpunkt jede Vertragswidrigkeit der Dokumente beheben, wenn die Ausübung dieses Rechts dem Käufer nicht unzumutbare Unannehmlichkeiten oder unverhältnismäßige Kosten verursacht. Der Käufer behält jedoch das Recht, Schadenersatz nach diesem Übereinkommen zu verlangen.

Abschnitt II
Vertragsmäßigkeit der Ware sowie Rechte oder Ansprüche Dritter

Artikel 35 (Menge, Qualität, Art und Verpackung)

(1) Der Verkäufer hat Ware zu liefern, die in Menge, Qualität und Art sowie hinsichtlich Verpackung oder Behältnis den Anforderungen des Vertrages entspricht.

(2) Haben die Parteien nichts anderes vereinbart, so entspricht die Ware dem Vertrag nur,

a) wenn sie sich für die Zwecke eignet, für die Ware der gleichen Art gewöhnlich gebraucht wird;

b) wenn sie sich für einen bestimmten Zweck eignet, der dem Verkäufer bei Vertragsabschluß ausdrücklich oder auf andere Weise zur Kenntnis gebracht wurde, sofern sich nicht aus den Umständen ergibt, daß der Käufer auf die Sachkenntnis und das Urteilsvermögen des Verkäufers nicht vertraute oder vernünftigerweise nicht vertrauen konnte;

c) wenn sie die Eigenschaften einer Ware besitzt, die der Verkäufer dem Käufer als Probe oder Muster vorgelegt hat;

d) wenn sie in der für Ware dieser Art üblichen Weise oder, falls es eine solche Weise nicht gibt, in einer für die Erhaltung und den Schutz der Ware angemessenen Weise verpackt ist.

(3) Der Verkäufer haftet nach Absatz 2 Buchstaben a bis d nicht für eine Vertragswidrigkeit der Ware, wenn der Käufer bei Vertragsabschluß diese Vertragswidrigkeit kannte oder darüber nicht in Unkenntnis sein konnte.

Artikel 36 (Haftung für Vertragswidrigkeit)

(1) Der Verkäufer haftet nach dem Vertrag und diesem Übereinkommen für eine Vertragswidrigkeit, die im Zeitpunkt des Übergangs der Gefahr auf den Käufer besteht, auch wenn die Vertragswidrigkeit erst nach diesem Zeitpunkt offenbar wird.

(2) Der Verkäufer haftet auch für eine Vertragswidrigkeit, die nach dem in Absatz 1 angegebenen Zeitpunkt eintritt und auf die Verletzung einer seiner Pflichten zurückzuführen ist, einschließlich der Verletzung einer Garantie dafür, daß die Ware für eine bestimmte Zeit für den üblichen Zweck oder für einen bestimmten Zweck geeignet bleiben oder besondere Eigenschaften oder Merkmale behalten wird.

Artikel 37 (Vorzeitige Lieferung)

Bei vorzeitiger Lieferung der Ware behält der Verkäufer bis zu dem für die Lieferung festgesetzten Zeitpunkt das Recht, fehlende Teile nachzuliefern, eine fehlende Menge auszugleichen, für nicht vertragsgemäße Ware Ersatz zu liefern oder die Vertragswidrigkeit der gelieferten Ware zu beheben, wenn die Ausübung dieses Rechts dem Käufer nicht zumutbare Unannehmlichkeiten oder unverhältnismäßige Kosten verursacht. Der Käufer behält jedoch das Recht, Schadenersatz nach diesem Übereinkommen zu verlangen.

Artikel 38 (Untersuchung der Ware)

(1) Der Käufer hat die Ware innerhalb einer so kurzen Frist zu untersuchen oder untersuchen zu lassen, wie es die Umstände erlauben.

(2) Erfordert der Vertrag eine Beförderung der Ware, so kann die Untersuchung bis nach dem Eintreffen der Ware am Bestimmungsort aufgeschoben werden.

(3) Wird die Ware vom Käufer umgeleitet oder von ihm weiterversandt, ohne daß er ausreichend Gelegenheit hatte, sie zu untersuchen, und kannte der Verkäufer bei Vertragsabschluß die Möglichkeit einer solchen Umleitung oder Weiterversendung oder mußte er sie kennen, so kann die Untersuchung bis nach dem Eintreffen der Ware an ihrem neuen Bestimmungsort aufgeschoben werden.

Artikel 39 (Frist)

(1) Der Käufer verliert das Recht, sich auf eine Vertragswidrigkeit der Ware zu berufen, wenn er sie dem Verkäufer nicht innerhalb einer angemessenen Frist nach dem Zeitpunkt, in dem er sie festgestellt hat oder hätte feststellen müssen, anzeigt und dabei die Art der Vertragswidrigkeit genau bezeichnet.

(2) Der Käufer verliert in jedem Fall das Recht, sich auf die Vertragswidrigkeit der Ware zu berufen, wenn er sie nicht spätestens innerhalb von zwei Jahren, nachdem ihm die Ware tatsächlich übergeben worden ist, dem Verkäufer anzeigt, es sei denn, daß diese Frist mit einer vertraglichen Garantiefrist unvereinbar ist.

Artikel 40 (Nicht offenbarte Vertragswidrigkeit)

Der Verkäufer kann sich auf die Artikel 38 und 39 nicht berufen, wenn die Vertragswidrigkeit auf Tatsachen beruht, die er kannte oder über die er nicht in Unkenntnis sein konnte und die er dem Käufer nicht offenbart hat.

Artikel 41 (Rechte und Ansprüche Dritter)

Der Verkäufer hat Ware zu liefern, die frei von Rechten oder Ansprüchen Dritter ist, es sei denn, daß der Käufer eingewilligt hat, die mit einem solchen Recht oder Anspruch behaftete Ware zu nehmen. Beruhen jedoch solche Rechte oder Ansprüche auf gewerblichem oder anderem geistigen Eigentum, so regelt Artikel 42 die Verpflichtung des Verkäufers.

Artikel 42 (Rechte und Ansprüche aus gewerblichem oder anderem geistigen Eigentum)

(1) Der Verkäufer hat Ware zu liefern, die frei von Rechten oder Ansprüchen Dritter ist die auf gewerblichem oder anderem geistigen Eigentum beruhen und die der Verkäufer bei Vertragsabschluß kannte oder über die er nicht in Unkenntnis sein konnte, vorausgesetzt, das Recht oder der Anspruch beruht auf gewerblichem oder anderem geistigen Eigentum

a) nach dem Recht des Staates, in dem die Ware weiterverkauft oder in dem sie in anderer Weise verwendet wird, wenn die Parteien bei Vertragsabschluß in Betracht gezogen haben, daß die Ware dort weiterverkauft oder verwendet werden wird, oder

b) in jedem anderen Falle nach dem Recht des Staates, in dem der Käufer seine Niederlassung hat.

(2) Die Verpflichtung des Verkäufers nach Absatz 1 erstreckt sich nicht auf Fälle,

a) in denen der Käufer im Zeitpunkt des Vertragsabschlusses das Recht oder den Anspruch kannte oder darüber nicht in Unkenntnis sein konnte, oder

b) in denen das Recht oder der Anspruch sich daraus ergibt, daß der Verkäufer sich nach technischen Zeichnungen, Entwürfen, Formeln oder sonstigen Angaben gerichtet hat, die der Käufer zur Verfügung gestellt hat.

Artikel 43 (Ausschluß der Rechte)

(1) Der Käufer kann sich auf Artikel 41 oder 42 nicht berufen, wenn er dem Verkäufer das Recht oder den Anspruch des Dritten nicht innerhalb einer angemessenen Frist nach dem Zeitpunkt, in dem er davon Kenntnis erlangt hat oder hätte erlangen müssen, anzeigt und dabei genau bezeichnet, welcher Art das Recht oder der Anspruch des Dritten ist.

(2) Der Verkäufer kann sich nicht auf Absatz 1 berufen, wenn er das Recht oder den Anspruch des Dritten und seine Art kannte.

Artikel 44 (Preisherabsetzung, Schadenersatz)

Ungeachtet des Artikels 39 Absatz 1 und des Artikels 43 Absatz l kann der Käufer den Preis nach Artikel 50 herabsetzen oder Schadenersatz, außer für entgangenen Gewinn, verlangen, wenn er eine vernünftige Entschuldigung dafür hat, daß er die erforderliche Anzeige unterlassen hat.

Abschnitt III
Rechtsbehelfe des Käufers wegen Vertragsverletzung durch den Verkäufer

Artikel 45 (Rechte des Käufers)

(1) Erfüllt der Verkäufer eine seiner Pflichten nach dem Vertrag oder diesem Übereinkommen nicht, so kann der Käufer

a) die in Artikel 46 bis 52 vorgesehenen Rechte ausüben;

b) Schadenersatz nach Artikel 74 bis 77 verlangen.

(2) Der Käufer verliert das Recht, Schadenersatz zu verlangen, nicht dadurch, daß er andere Rechtsbehelfe ausübt.

(3) Übt der Käufer einen Rechtsbehelf wegen Vertragsverletzung aus, so darf ein Gericht oder Schiedsgericht dem Verkäufer keine zusätzliche Frist gewähren.

Artikel 46 (Erfüllung der Pflichten)

(1) Der Käufer kann vom Verkäufer Erfüllung seiner Pflichten verlangen, es sei denn, daß der Käufer einen Rechtsbehelf ausgeübt hat, der mit diesem Verlangen unvereinbar ist.

(2) Ist die Ware nicht vertragsgemäß, so kann der Käufer Ersatzlieferung nur verlangen,

wenn die Vertragswidrigkeit eine wesentliche Vertragsverletzung darstellt und die Ersatzlieferung entweder zusammen mit einer Anzeige nach Artikel 39 oder innerhalb einer angemessenen Frist danach verlangt wird.

(3) Ist die Ware nicht vertragsgemäß, so kann der Käufer den Verkäufer auffordern, die Vertragswidrigkeit durch Nachbesserung zu beheben, es sei denn, daß dies unter Berücksichtigung aller Umstände unzumutbar ist. Nachbesserung muß entweder zusammen mit einer Anzeige nach Artikel 39 oder innerhalb einer angemessenen Frist danach verlangt werden.

Artikel 47 (Nachfrist)

(1) Der Käufer kann dem Verkäufer eine angemessene Nachfrist zur Erfüllung seiner Pflichten setzen.

(2) Der Käufer kann vor Ablauf dieser Frist keinen Rechtsbehelf wegen Vertragsverletzung ausüben, außer wenn er vom Verkäufer die Anzeige erhalten hat, daß dieser seine Pflichten nicht innerhalb der so gesetzten Frist erfüllen wird. Der Käufer behält jedoch das Recht, Schadenersatz wegen verspäteter Erfüllung zu verlangen.

Artikel 48 (Mangelbehebung nach Liefertermin)

(1) Vorbehaltlich des Artikels 49 kann der Verkäufer einen Mangel in der Erfüllung seiner Pflichten auch nach dem Liefertermin auf eigene Kosten beheben, wenn dies keine unzumutbare Verzögerung nach sich zieht und dem Käufer weder unzumutbare Unannehmlichkeiten noch Ungewißheit über die Erstattung seiner Auslagen durch den Verkäufer verursacht. Der Käufer behält jedoch das Recht, Schadenersatz nach diesem Übereinkommen zu verlangen.

(2) Fordert der Verkäufer den Käufer auf, ihm mitzuteilen, ob er die Erfüllung annehmen will, und entspricht der Käufer der Aufforderung nicht innerhalb einer angemessenen Frist, so kann der Verkäufer innerhalb der in seiner Aufforderung angegebenen Frist erfüllen. Der Käufer kann vor Ablauf dieser Frist

keinen Rechtsbehelf ausüben, der mit der Erfüllung durch den Verkäufer unvereinbar ist.

(3) Zeigt der Verkäufer dem Käufer an, daß er innerhalb einer bestimmten Frist erfüllen wird, so wird vermutet, daß die Anzeige eine Aufforderung an den Käufer nach Absatz 2 enthält, seine Entscheidung mitzuteilen.

(4) Eine Aufforderung oder Anzeige des Verkäufers nach Absatz 2 oder 3 ist nur wirksam, wenn der Käufer sie erhalten hat.

Artikel 49 (Aufhebung des Vertrages)

(1) Der Käufer kann die Aufhebung des Vertrages erklären,

a) wenn die Nichterfüllung einer dem Verkäufer nach dem Vertrag oder diesem Übereinkommen obliegenden Pflicht eine wesentliche Vertragsverletzung darstellt oder

b) wenn im Falle der Nichtlieferung der Verkäufer die Ware nicht innerhalb der vom Käufer nach Artikel 47 Absatz 1 gesetzten Nachfrist liefert oder wenn er erklärt, daß er nicht innerhalb der so gesetzten Frist liefern wird.

(2) Hat der Verkäufer die Ware geliefert, so verliert jedoch der Käufer sein Recht, die Aufhebung des Vertrages zu erklären, wenn er

a) im Falle der verspäteten Lieferung die Aufhebung nicht innerhalb einer angemessenen Frist erklärt, nachdem er erfahren hat, daß die Lieferung erfolgt ist, oder

b) im Falle einer anderen Vertragsverletzung als verspäteter Lieferung die Aufhebung nicht innerhalb einer angemessenen Frist erklärt,

   i) nachdem er die Vertragsverletzung kannte oder kennen mußte,

   ii) nachdem eine vom Käufer nach Artikel 47 Absatz 1 gesetzte Nachfrist abgelaufen ist oder nachdem der Verkäufer erklärt hat, daß er seine Pflichten nicht innerhalb der Nachfrist erfüllen wird, oder

   iii) nachdem eine vom Verkäufer nach Artikel 48 Absatz 2 gesetzte Frist abgelaufen ist oder nachdem der Käufer erklärt hat, daß er die Erfüllung nicht annehmen wird.

Artikel 50 (Preisherabsetzung)

Ist die Ware nicht vertragsgemäß, so kann der Käufer unabhängig davon, ob der Kaufpreis bereits gezahlt worden ist oder nicht, den Preis in dem Verhältnis herabsetzen, in dem der Wert, den die tatsächlich gelieferte Ware im Zeitpunkt der Lieferung hatte, zu dem Wert steht, den vertragsgemäße Ware zu diesem Zeitpunkt gehabt hätte. Behebt jedoch der Verkäufer nach Artikel 37 oder 48 einen Mangel in der Erfüllung seiner Pflichten oder weigert sich der Käufer, Erfüllung durch den Verkäufer nach den genannten Artikeln anzunehmen, so kann der Käufer den Preis nicht herabsetzen.

Artikel 51 (Teillieferung)

(1) Liefert der Verkäufer nur einen Teil der Ware oder ist nur ein Teil der gelieferten Ware vertragsgemäß, so gelten für den Teil, der fehlt oder der nicht vertragsgemäß ist, die Artikel 46 bis 50.

(2) Der Käufer kann nur dann die Aufhebung des gesamten Vertrages erklären, wenn die unvollständige oder nicht vertragsgemäße Lieferung eine wesentliche Vertragsverletzung darstellt.

Artikel 52 (Vorzeitige Lieferung, Mehrlieferung)

(1) Liefert der Verkäufer die Ware vor dem festgesetzten Zeitpunkt, so steht es dem Käufer frei, sie abzunehmen oder die Abnahme zu verweigern.

(2) Liefert der Verkäufer eine größere als die vereinbarte Menge, so kann der Käufer die zuviel gelieferte Menge abnehmen oder ihre Abnahme verweigern. Nimmt der Käufer die zuviel gelieferte Menge ganz oder teilweise ab, so hat er sie entsprechend dem vertraglichen Preis zu bezahlen.

Kapitel III
Pflichten des Käufers

Artikel 53 (Pflichten des Käufers)

Der Käufer ist nach Maßgabe des Vertrages und dieses Übereinkommens verpflichtet, den Kaufpreis zu zahlen und die Ware abzunehmen.

Abschnitt I
Zahlung des Kaufpreises

Artikel 54 (Zahlungspflicht)

Zur Pflicht des Käufers, den Kaufpreis zu zahlen, gehört es auch, die Maßnahmen zu treffen und die Förmlichkeiten zu erfüllen, die der Vertrag oder Rechtsvorschriften erfordern, damit Zahlung geleistet werden kann.

Artikel 55 (Allgemeiner Kaufpreis)

Ist ein Vertrag gültig geschlossen worden, ohne daß er den Kaufpreis ausdrücklich oder stillschweigend festsetzt oder dessen Festsetzung ermöglicht, so wird mangels gegenteiliger Anhaltspunkte vermutet, daß die Parteien sich stillschweigend auf den Kaufpreis bezogen haben, der bei Vertragsabschluß allgemein für derartige Ware berechnet wurde, die in dem betreffenden Geschäftszweig unter vergleichbaren Umständen verkauft wurde.

Artikel 56 (Gewicht)

Ist der Kaufpreis nach dem Gewicht der Ware festgesetzt, so bestimmt er sich im Zweifel nach dem Nettogewicht.

Artikel 57 (Zahlungsort)

(1) Ist der Käufer nicht verpflichtet, den Kaufpreis an einem anderen bestimmten Ort zu zahlen, so hat er ihn dem Verkäufer wie folgt zu zahlen:

a) am Ort der Niederlassung des Verkäufers oder,

b) wenn die Zahlung gegen Übergabe der Ware oder von Dokumenten zu leisten ist, an dem Ort, an dem die Übergabe stattfindet.

(2) Der Verkäufer hat alle mit der Zahlung zusammenhängenden Mehrkosten zu tragen,

die durch einen Wechsel seiner Niederlassung nach Vertragsabschluß entstehen.

Artikel 58 (Zahlungszeitpunkt)

(1) Ist der Käufer nicht verpflichtet, den Kaufpreis zu einer bestimmten Zeit zu zahlen, so hat er den Preis zu zahlen, sobald ihm der Verkäufer entweder die Ware oder die Dokumente, die zur Verfügung darüber berechtigen, nach dem Vertrag und diesem Übereinkommen zur Verfügung gestellt hat. Der Verkäufer kann die Übergabe der Ware oder der Dokumente von der Zahlung abhängig machen.

(2) Erfordert der Vertrag eine Beförderung der Ware, so kann der Verkäufer sie mit der Maßgabe versenden, daß die Ware oder die Dokumente, die zur Verfügung darüber berechtigen, dem Käufer nur gegen Zahlung des Kaufpreises zu übergeben sind.

(3) Der Käufer ist nicht verpflichtet, den Kaufpreis zu zahlen, bevor er Gelegenheit gehabt hat, die Ware zu untersuchen, es sei denn, die von den Parteien vereinbarten Lieferungs- oder Zahlungsmodalitäten bieten hierzu keine Gelegenheit.

Artikel 59 (Entbehrlichkeit von Aufforderungen)

Der Käufer hat den Kaufpreis zu dem Zeitpunkt, der in dem Vertrag festgesetzt oder nach dem Vertrag und diesem Übereinkommen bestimmbar ist, zu zahlen, ohne daß es einer Aufforderung oder der Einhaltung von Förmlichkeiten seitens des Verkäufers bedarf.

Abschnitt II
Abnahme

Artikel 60 (Abnahme)

Die Pflicht des Käufers zur Abnahme besteht darin,

a) alle Handlungen vorzunehmen, die vernünftigerweise von ihm erwartet werden können, damit dem Verkäufer die Lieferung ermöglicht wird, und

b) die Ware zu übernehmen.

Abschnitt III
Rechtsbehelfe des Verkäufers wegen Vertragsverletzung durch den Käufer

Artikel 61 (Rechte des Verkäufers)

(1) Erfüllt der Käufer eine seiner Pflichten nach dem Vertrag oder diesem Übereinkommen nicht, so kann der Verkäufer

a) die in Artikel 62 bis 65 vorgesehenen Rechte ausüben;

b) Schadenersatz nach Artikel 74 bis 77 verlangen.

(2) Der Verkäufer verliert das Recht, Schadenersatz zu verlangen, nicht dadurch, daß er andere Rechtsbehelfe ausübt.

(3) Übt der Verkäufer einen Rechtsbehelf wegen Vertragsverletzung aus, so darf ein Gericht oder Schiedsgericht dem Käufer keine zusätzliche Frist gewähren.

Artikel 62 (Erfüllung der Pflichten)

Der Verkäufer kann vom Käufer verlangen, daß er den Kaufpreis zahlt, die Ware abnimmt sowie seine sonstigen Pflichten erfüllt, es sei denn, daß der Verkäufer einen Rechtsbehelf ausgeübt hat, der mit diesem Verlangen unvereinbar ist.

Artikel 63 (Nachfrist)

(1) Der Verkäufer kann dem Käufer eine angemessene Nachfrist zur Erfüllung seiner Pflichten setzen.

(2) Der Verkäufer kann vor Ablauf dieser Frist keinen Rechtsbehelf wegen Vertragsverletzung ausüben, außer wenn er vom Käufer die Anzeige erhalten hat, daß dieser seine Pflichten nicht innerhalb der so gesetzten Frist erfüllen wird. Der Verkäufer verliert dadurch jedoch nicht das Recht, Schadenersatz wegen verspäteter Erfüllung zu verlangen.

Artikel 64 (Aufhebung des Vertrages)

(1) Der Verkäufer kann die Aufhebung des Vertrages erklären,

a) wenn die Nichterfüllung einer dem Käufer nach dem Vertrag oder diesem Übereinkommen obliegenden Pflicht eine wesentliche Vertragsverletzung darstellt oder

b) wenn der Käufer nicht innerhalb der vom Verkäufer nach Artikel 63 Absatz 1 gesetzten Nachfrist seine Pflicht zur Zahlung des Kaufpreises oder zur Abnahme der Ware erfüllt oder wenn er erklärt, daß er dies nicht innerhalb der so gesetzten Frist tun wird.

(2) Hat der Käufer den Kaufpreis gezahlt, so verliert jedoch der Verkäufer sein Recht, die Aufhebung des Vertrages zu erklären, wenn er

a) im Falle verspäteter Erfüllung durch den Käufer die Aufhebung nicht erklärt, bevor er erfahren hat, daß erfüllt worden ist, oder

b) im Falle einer anderen Vertragsverletzung als verspäteter Erfüllung durch den Käufer die Aufhebung nicht innerhalb einer angemessenen Zeit erklärt,

i) nachdem der Verkäufer die Vertragsverletzung kannte oder kennen mußte oder

ii) nachdem eine vom Verkäufer nach Artikel 63 Absatz 1 gesetzte Nachfrist abgelaufen ist oder nachdem der Käufer erklärt hat, daß er seine Pflichten nicht innerhalb der Nachfrist erfüllen wird.

Artikel 65 (Selbstvornahme der Spezifizierung)

(1) Hat der Käufer nach dem Vertrag die Form, die Maße oder andere Merkmale der Ware näher zu bestimmen und nimmt er diese Spezifizierung nicht zu dem vereinbarten Zeitpunkt oder innerhalb einer angemessenen Frist nach Eingang einer Aufforderung durch den Verkäufer vor, so kann der Verkäufer unbeschadet aller ihm zustehenden sonstigen Rechte die Spezifizierung nach den Bedürfnissen des Käufers, soweit ihm diese bekannt sind, selbst vornehmen.

(2) Nimmt der Verkäufer die Spezifizierung selbst vor, so hat er dem Käufer deren Einzelheiten mitzuteilen und ihm eine angemessene Frist zu setzen, innerhalb deren der Käufer eine abweichende Spezifizierung vornehmen kann. Macht der Käufer nach Eingang einer solchen Mitteilung von dieser

Möglichkeit innerhalb der so gesetzten Frist keinen Gebrauch, so ist die vom Verkäufer vorgenommene Spezifizierung verbindlich.

Kapitel IV
Übergang der Gefahr

Artikel 66 (Untergang oder Beschädigung)

Untergang oder Beschädigung der Ware nach Übergang der Gefahr auf den Käufer befreit diesen nicht von der Pflicht, den Kaufpreis zu zahlen, es sei denn, daß der Untergang oder die Beschädigung auf eine Handlung oder Unterlassung des Verkäufers zurückzuführen ist.

Artikel 67 (Gefahrübergang bei Beförderung)

(1) Erfordert der Kaufvertrag eine Beförderung der Ware und ist der Verkäufer nicht verpflichtet, sie an einem bestimmten Ort zu übergeben, so geht die Gefahr auf den Käufer über, sobald die Ware gemäß dem Kaufvertrag dem ersten Beförderer zur Übermittlung an den Käufer übergeben wird. Hat der Verkäufer dem Beförderer die Ware an einem bestimmten Ort zu übergeben, so geht die Gefahr erst auf den Käufer über, wenn die Ware dem Beförderer an diesem Ort übergeben wird. Ist der Verkäufer befugt, die Dokumente, die zur Verfügung über die Ware berechtigen, zurückzubehalten, so hat dies keinen Einfluß auf den Übergang der Gefahr.

(2) Die Gefahr geht jedoch erst auf den Käufer über, wenn die Ware eindeutig dem Vertrag zugeordnet ist, sei es durch an der Ware angebrachte Kennzeichen, durch Beförderungsdokumente, durch eine Anzeige an den Käufer oder auf andere Weise.

Artikel 68 (Ware auf Transport)

Wird Ware, die sich auf dem Transport befindet, verkauft, so geht die Gefahr im Zeitpunkt des Vertragsabschlusses auf den Käufer über. Die Gefahr wird jedoch bereits im Zeitpunkt der Übergabe der Ware an den Beförderer, der die Dokumente über den Beförderungsvertrag ausgestellt hat, von dem Käufer übernommen, falls die Umstände diesen Schluß nahelegen. Wenn dagegen der Verkäufer bei Abschluß des Kaufvertrages wußte oder wissen mußte, daß die Ware untergegangen oder beschädigt war, und er dies dem Käufer nicht offenbart hat, geht der Untergang oder die Beschädigung zu Lasten des Verkäufers.

Artikel 69 (Sonstige Fälle)

(1) In den durch Artikel 67 und 68 nicht geregelten Fällen geht die Gefahr auf den Käufer über, sobald er die Ware übernimmt oder, wenn er sie nicht rechtzeitig übernimmt, in dem Zeitpunkt, in dem ihm die Ware zur Verfügung gestellt wird und er durch Nichtabnahme eine Vertragsverletzung begeht.

(2) Hat jedoch der Käufer die Ware an einem anderen Ort als einer Niederlassung des Verkäufers zu übernehmen, so geht die Gefahr über, sobald die Lieferung fällig ist und der Käufer Kenntnis davon hat, daß ihm die Ware an diesem Ort zur Verfügung steht.

(3) Betrifft der Vertrag Ware, die noch nicht individualisiert ist, so gilt sie erst dann als dem Käufer zur Verfügung gestellt, wenn sie eindeutig dem Vertrag zugeordnet worden ist.

Artikel 70 (Vertragsverletzung)

Hat der Verkäufer eine wesentliche Vertragsverletzung begangen, so berühren die Artikel 67, 68 und 69 nicht die dem Käufer wegen einer solchen Verletzung zustehenden Rechtsbehelfe.

Kapitel V
Gemeinsame Bestimmungen über die Pflichten des Verkäufers und des Käufers

Abschnitt I
Vorweggenommene Vertragsverletzung und Verträge über aufeinander folgende Lieferungen

Artikel 71 (Aussetzung)

(1) Eine Partei kann die Erfüllung ihrer Pflichten aussetzen, wenn sich nach Vertragsabschluß herausstellt, daß die andere Partei einen wesentlichen Teil ihrer Pflichten nicht erfüllen wird

a) wegen eines schwerwiegenden Mangels ihrer Fähigkeit, den Vertrag zu erfüllen, oder ihrer Kreditwürdigkeit oder

b) wegen ihres Verhaltens bei der Vorbereitung der Erfüllung oder bei der Erfüllung des Vertrages.

(2) Hat der Verkäufer die Ware bereits abgesandt, bevor sich die in Absatz 1 bezeichneten Gründe herausstellen, so kann er sich der Übergabe der Ware an den Käufer widersetzen, selbst wenn der Käufer ein Dokument hat, das ihn berechtigt, die Ware zu erlangen. Der vorliegende Absatz betrifft nur die Rechte auf die Ware im Verhältnis zwischen Käufer und Verkäufer.

(3) Setzt eine Partei vor oder nach der Absendung der Ware die Erfüllung aus, so hat sie dies der anderen Partei sofort anzuzeigen; sie hat die Erfüllung fortzusetzen, wenn die andere Partei für die Erfüllung ihrer Pflichten ausreichende Gewähr gibt.

Artikel 72 (Aufhebung des Vertrags)

(1) Ist schon vor dem für die Vertragserfüllung festgesetzten Zeitpunkt offensichtlich, daß eine Partei eine wesentliche Vertragsverletzung begehen wird, so kann die andere Partei die Aufhebung des Vertrages erklären.

(2) Wenn es die Zeit erlaubt und es nach den Umständen vernünftig ist, hat die Partei, welche die Aufhebung des Vertrages erklären will, dies der anderen Partei anzuzeigen, um ihr zu ermöglichen, für die Erfüllung ihrer Pflichten ausreichende Gewähr zu geben.

(3) Absatz 2 ist nicht anzuwenden, wenn die andere Partei erklärt hat, daß sie ihre Pflichten nicht erfüllen wird.

Artikel 73 (Aufhebung bei Teillieferungen)

(1) Sieht ein Vertrag aufeinander folgende Lieferungen von Ware vor und begeht eine Partei durch Nichterfüllung einer eine Teillieferung betreffenden Pflicht eine wesentliche Vertragsverletzung in bezug auf diese Teillieferung, so kann die andere Partei die Aufhe-

bung des Vertrages in bezug auf diese Teillieferung erklären.

(2) Gibt die Nichterfüllung einer eine Teillieferung betreffenden Pflicht durch eine der Parteien der anderen Partei triftigen Grund zu der Annahme, daß eine wesentliche Vertragsverletzung in bezug auf künftige Teillieferungen zu erwarten ist, so kann die andere Partei innerhalb angemessener Frist die Aufhebung des Vertrages für die Zukunft erklären.

(3) Ein Käufer, der den Vertrag in bezug auf eine Lieferung als aufgehoben erklärt, kann gleichzeitig die Aufhebung des Vertrages in bezug auf bereits erhaltene Lieferungen oder in bezug auf künftige Lieferungen erklären, wenn diese Lieferungen wegen des zwischen ihnen bestehenden Zusammenhangs nicht mehr für den Zweck verwendet werden können, den die Parteien im Zeitpunkt des Vertragsabschlusses in Betracht gezogen haben.

Abschnitt II
Schadenersatz

Artikel 74 (Verlust)

Als Schadenersatz für die durch eine Partei begangene Vertragsverletzung ist der der anderen Partei infolge der Vertragsverletzung entstandene Verlust, einschließlich des entgangenen Gewinns, zu ersetzen. Dieser Schadenersatz darf jedoch den Verlust nicht übersteigen, den die vertragsbrüchige Partei bei Vertragsabschluß als mögliche Folge der Vertragsverletzung vorausgesehen hat oder unter Berücksichtigung der Umstände, die sie kannte oder kennen mußte, hätte voraussehen müssen.

Artikel 75 (Deckungsgeschäft)

Ist der Vertrag aufgehoben und hat der Käufer einen Deckungskauf oder der Verkäufer einen Deckungsverkauf in angemessener Weise und innerhalb eines angemessenen Zeitraums nach der Aufhebung vorgenommen, so kann die Partei, die Schadenersatz verlangt, den Unterschied zwischen dem im Vertrag vereinbarten Preis und dem Preis des Deckungskaufs oder des Deckungsverkaufs

sowie jeden weiteren Schadenersatz nach Artikel 74 verlangen.

Artikel 76 (Marktpreis)

(1) Ist der Vertrag aufgehoben und hat die Ware einen Marktpreis, so kann die Schadenersatz verlangende Partei, wenn sie keinen Deckungskauf oder Deckungsverkauf nach Artikel 75 vorgenommen hat, den Unterschied zwischen dem im Vertrag vereinbarten Preis und dem Marktpreis zur Zeit der Aufhebung sowie jeden weiteren Schadenersatz nach Artikel 74 verlangen. Hat jedoch die Partei, die Schadenersatz verlangt, den Vertrag aufgehoben, nachdem sie die Ware übernommen hat, so gilt der Marktpreis zur Zeit der Übernahme und nicht der Marktpreis zur Zeit der Aufhebung.

(2) Als Marktpreis im Sinne von Absatz 1 ist maßgebend der Marktpreis, der an dem Ort gilt, an dem die Lieferung der Ware hätte erfolgen sollen, oder, wenn dort ein Marktpreis nicht besteht, der an einem angemessenen Ersatzort geltende Marktpreis; dabei sind Unterschiede in den Kosten der Beförderung der Ware zu berücksichtigen.

Artikel 77 (Verlustverringerung)

Die Partei, die sich auf eine Vertragsverletzung beruft, hat alle den Umständen nach angemessenen Maßnahmen zur Verringerung des aus der Vertragsverletzung folgenden Verlusts, einschließlich des entgangenen Gewinns, zu treffen. Versäumt sie dies, so kann die vertragsbrüchige Partei Herabsetzung des Schadenersatzes in Höhe des Betrags verlangen, um den der Verlust hätte verringert werden sollen.

Abschnitt III
Zinsen

Artikel 78 (Zinsen)

Versäumt eine Partei, den Kaufpreis oder einen anderen fälligen Betrag zu zahlen, so hat die andere Partei für diese Beträge Anspruch auf Zinsen, unbeschadet eines Schadenersatzanspruchs nach Artikel 74.

Abschnitt IV
Befreiungen

Artikel 79 (Hinderungsgründe außerhalb des eigenen Einflussbereichs)

(1) Eine Partei hat für die Nichterfüllung einer ihrer Pflichten nicht einzustehen, wenn sie beweist, daß die Nichterfüllung auf einem außerhalb ihres Einflußbereichs liegenden Hinderungsgrund beruht und daß von ihr vernünftigerweise nicht erwartet werden konnte, den Hinderungsgrund bei Vertragsabschluß in Betracht zu ziehen oder den Hinderungsgrund oder seine Folgen zu vermeiden oder zu überwinden.

(2) Beruht die Nichterfüllung einer Partei auf der Nichterfüllung durch einen Dritten, dessen sie sich zur völligen oder teilweisen Vertragserfüllung bedient, so ist diese Partei von der Haftung nur befreit,

a) wenn sie nach Absatz 1 befreit ist und

b) wenn der Dritte selbst ebenfalls nach Absatz 1 befreit wäre, sofern Absatz 1 auf ihn Anwendung fände.

(3) Die in diesem Artikel vorgesehene Befreiung gilt für die Zeit, während der der Hinderungsgrund besteht.

(4) Die Partei, die nicht erfüllt, hat den Hinderungsgrund und seine Auswirkung auf ihre Fähigkeit zu erfüllen der anderen Partei mitzuteilen. Erhält die andere Partei die Mitteilung nicht innerhalb einer angemessenen Frist, nachdem die nicht erfüllende Partei den Hinderungsgrund kannte oder kennen mußte, so haftet diese für den aus dem Nichterhalt entstehenden Schaden.

(5) Dieser Artikel hindert die Parteien nicht, ein anderes als das Recht auszuüben, Schadensersatz nach diesem Übereinkommen zu verlangen.

Artikel 80 (Verursachung der Nichterfüllung)

Eine Partei kann sich auf die Nichterfüllung von Pflichten durch die andere Partei nicht berufen, soweit diese Nichterfüllung durch ihre Handlung oder Unterlassung verursacht wurde.

Abschnitt V
Wirkungen der Aufhebung

Artikel 81 (Befreiung von den Vertragspflichten)

(1) Die Aufhebung des Vertrages befreit beide Parteien von ihren Vertragspflichten, mit Ausnahme etwaiger Schadenersatzpflichten. Die Aufhebung berührt nicht Bestimmungen des Vertrages über die Beilegung von Streitigkeiten oder sonstige Bestimmungen des Vertrages, welche die Rechte und Pflichten der Parteien nach Vertragsaufhebung regeln.

(2) Hat eine Partei den Vertrag ganz oder teilweise erfüllt, so kann sie Rückgabe des von ihr Geleisteten von der anderen Partei verlangen. Sind beide Parteien zur Rückgabe verpflichtet, so sind die Leistungen Zug um Zug zurückzugeben.

Artikel 82 (Ausschluß der Aufhebung)

(1) Der Käufer verliert das Recht, die Aufhebung des Vertrages zu erklären oder vom Verkäufer Ersatzlieferung zu verlangen, wenn es ihm unmöglich ist, die Ware im wesentlichen in dem Zustand zurückzugeben, in dem er sie erhalten hat.

(2) Absatz 1 findet keine Anwendung,

a) wenn die Unmöglichkeit, die Ware zurückzugeben oder sie im wesentlichen in dem Zustand zurückzugeben, in dem der Käufer sie erhalten hat, nicht auf einer Handlung oder Unterlassung des Käufers beruht,

b) wenn die Ware ganz oder teilweise infolge der in Artikel 38 vorgesehenen Untersuchung untergegangen oder verschlechtert worden ist oder

c) wenn der Käufer die Ware ganz oder teilweise im normalen Geschäftsverkehr verkauft oder der normalen Verwendung entsprechend verbraucht oder verändert hat, bevor er die Vertragswidrigkeit entdeckt hat oder hätte entdecken müssen.

Artikel 83 (Erhaltung sonstiger Rechtsbehelfe)

Der Käufer, der nach Artikel 82 das Recht verloren hat, die Aufhebung des Vertrages zu erklären oder vom Verkäufer Ersatzlieferung zu verlangen, behält alle anderen Rechtsbehelfe, die ihm nach dem Vertrag und diesem Übereinkommen zustehen.

Artikel 84 (Zinsen, Verteilsausgleich)

(1) Hat der Verkäufer den Kaufpreis zurückzuzahlen, so hat er außerdem vom Tag der Zahlung an auf den Betrag Zinsen zu zahlen.

(2) Der Käufer schuldet dem Verkäufer den Gegenwert aller Vorteile, die er aus der Ware oder einem Teil der Ware gezogen hat,

a) wenn er die Ware ganz oder teilweise zurückgeben muß oder

b) wenn es ihm unmöglich ist, die Ware ganz oder teilweise zurückzugeben oder sie ganz oder teilweise im wesentlichen in dem Zustand zurückzugeben, in dem er sie erhalten hat, er aber dennoch die Aufhebung des Vertrages erklärt oder vom Verkäufer Ersatzlieferung verlangt hat.

Abschnitt VI
Erhaltung der Ware

Artikel 85 (Erhaltung beim Verkäufer)

Nimmt der Käufer die Ware nicht rechtzeitig ab oder versäumt er, falls Zahlung des Kaufpreises und Lieferung der Ware Zug um Zug erfolgen sollen, den Kaufpreis zu zahlen, und hat der Verkäufer die Ware noch in Besitz oder ist er sonst in der Lage, über sie zu verfügen, so hat der Verkäufer die den Umständen angemessenen Maßnahmen zu ihrer Erhaltung zu treffen. Er ist berechtigt, die Ware zurückzuhalten, bis ihm der Käufer seine angemessenen Aufwendungen erstattet hat.

Artikel 86 (Erhaltung beim Käufer)

(1) Hat der Käufer die Ware empfangen und beabsichtigt er, ein nach dem Vertrag oder diesem Übereinkommen bestehendes Zurückweisungsrecht auszuüben, so hat er die den Umständen angemessenen Maßnahmen zu ihrer Erhaltung zu treffen. Er ist berechtigt, die Ware zurückzuhalten, bis ihm der Verkäufer seine angemessenen Aufwendungen erstattet hat.

(2) Ist die dem Käufer zugesandte Ware ihm am Bestimmungsort zur Verfügung gestellt worden und übt er das Recht aus, sie zurückzuweisen, so hat er sie für Rechnung des Verkäufers in Besitz zu nehmen, sofern dies ohne Zahlung des Kaufpreises und ohne unzumutbare Unannehmlichkeiten oder unverhältnismäßige Kosten möglich ist. Dies gilt nicht, wenn der Verkäufer oder eine Person, die befugt ist, die Ware für Rechnung des Verkäufers in Obhut zu nehmen, am Bestimmungsort anwesend ist. Nimmt der Käufer die Ware nach diesem Absatz in Besitz, so werden seine Rechte und Pflichten durch Absatz 1 geregelt.

Artikel 87 (Einlagerung)

Eine Partei, die Maßnahmen zur Erhaltung der Ware zu treffen hat, kann die Ware auf Kosten der anderen Partei in den Lagerräumen eines Dritten einlagern, sofern daraus keine unverhältnismäßigen Kosten entstehen.

Artikel 88 (Verkauf der Ware)

(1) Eine Partei, die nach Artikel 85 oder 86 zur Erhaltung der Ware verpflichtet ist, kann sie auf jede geeignete Weise verkaufen, wenn die andere Partei die Inbesitznahme oder die Rücknahme der Ware oder die Zahlung des Kaufpreises oder der Erhaltungskosten ungebührlich hinauszögert, vorausgesetzt, daß sie der anderen Partei ihre Verkaufsabsicht in vernünftiger Weise angezeigt hat.

(2) Ist die Ware einer raschen Verschlechterung ausgesetzt oder würde ihre Erhaltung unverhältnismäßige Kosten verursachen, so hat die Partei, der nach Artikel 85 oder 86 die Erhaltung der Ware obliegt, sich in angemessener Weise um ihren Verkauf zu bemühen. Soweit möglich hat sie der anderen Partei ihre Verkaufsabsicht anzuzeigen.

(3) Hat eine Partei die Ware verkauft, so kann sie aus dem Erlös des Verkaufs den Betrag behalten, der den angemessenen Kosten der Erhaltung und des Verkaufs der Ware entspricht. Den Überschuß schuldet sie der anderen Partei.

Teil IV
Schlußbestimmungen

Artikel 89 (Verwahrer)

Der Generalsekretär der Vereinten Nationen wird hiermit zum Verwahrer dieses Übereinkommens bestimmt.

Artikel 90 (Völkerrechtliche Übereinkünfte)

Dieses Übereinkommen geht bereits geschlossenen oder in Zukunft zu schließenden völkerrechtlichen Übereinkünften, die Bestimmungen über in diesem Übereinkommen geregelte Gegenstände enthalten, nicht vor, sofern die Parteien ihre Niederlassung in Vertragsstaaten einer solchen Übereinkunft haben.

Artikel 91 (Ratifikation)

(1) Dieses Übereinkommen liegt in der Schlußsitzung der Konferenz der Vereinten Nationen über Verträge über den internationalen Warenkauf zur Unterzeichnung auf und liegt dann bis 30. September 1981 am Sitz der Vereinten Nationen in New York für alle Staaten zur Unterzeichnung auf.

(2) Dieses Übereinkommen bedarf der Ratifikation, Annahme oder Genehmigung durch die Unterzeichnerstaaten.

(3) Dieses Übereinkommen steht allen Staaten, die nicht Unterzeichnerstaaten sind, von dem Tag an zum Beitritt offen, an dem es zur Unterzeichnung aufgelegt wird.

(4) Die Ratifikations-, Annahme-, Genehmigungs- und Beitrittsurkunden werden beim Generalsekretär der Vereinten Nationen hinterlegt.

Artikel 92 (Erklärung der Nichtverbindlichkeit)

(1) Ein Vertragsstaat kann bei der Unterzeichnung, der Ratifikation, der Annahme, der Genehmigung oder dem Beitritt erklären, daß Teil II dieses Übereinkommens für ihn nicht verbindlich ist oder daß Teil III dieses Übereinkommens für ihn nicht verbindlich ist.

(2) Ein Vertragsstaat, der eine Erklärung nach Absatz 1 zu Teil II oder Teil III dieses Über-

einkommens abgegeben hat, ist hinsichtlich solcher Gegenstände, die durch den Teil geregelt werden, auf den sich die Erklärung bezieht, nicht als Vertragsstaat im Sinne des Artikels 1 Absatz 1 zu betrachten.

Artikel 93 (Staaten mit verschiedenen Rechtsordnungen)

(1) Ein Vertragsstaat, der zwei oder mehr Gebietseinheiten umfaßt, in denen nach seiner Verfassung auf die in diesem Übereinkommen geregelten Gegenstände unterschiedliche Rechtsordnungen angewendet werden, kann bei der Unterzeichnung, der Ratifikation, der Annahme, der Genehmigung oder dem Beitritt erklären, daß dieses Übereinkommen sich auf alle seine Gebietseinheiten oder nur auf eine oder mehrere derselben erstreckt; er kann seine Erklärung jederzeit durch eine neue Erklärung ändern.

(2) Die Erklärungen sind dem Verwahrer zu notifizieren und haben ausdrücklich anzugeben, auf welche Gebietseinheiten das Übereinkommen sich erstreckt.

(3) Erstreckt sich das Übereinkommen aufgrund einer Erklärung nach diesem Artikel auf eine oder mehrere, jedoch nicht auf alle Gebietseinheiten eines Vertragsstaats und liegt die Niederlassung einer Partei in diesem Staat, so wird diese Niederlassung im Sinne dieses Übereinkommens nur dann als in einem Vertragsstaat gelegen betrachtet, wenn sie in einer Gebietseinheit liegt, auf die sich das Übereinkommen erstreckt.

(4) Gibt ein Vertragsstaat keine Erklärung nach Absatz 1 ab, so erstreckt sich das Übereinkommen auf alle Gebietseinheiten dieses Staates.

Artikel 94 (Staaten mit gleichen Rechtsvorschriften)

(1) Zwei oder mehr Vertragsstaaten, welche gleiche oder einander sehr nahekommende Rechtsvorschriften für Gegenstände haben, die in diesem Übereinkommen geregelt werden, können jederzeit erklären, daß das Übereinkommen auf Kaufverträge und ihren Abschluß keine Anwendung findet, wenn die Parteien ihre Niederlassung in diesen Staaten

haben. Solche Erklärungen können als gemeinsame oder als aufeinander bezogene einseitige Erklärungen abgegeben werden.

(2) Hat ein Vertragsstaat für Gegenstände, die in diesem Übereinkommen geregelt werden, Rechtsvorschriften, die denen eines oder mehrerer Nichtvertragsstaaten gleich sind oder sehr nahekommen, so kann er jederzeit erklären, daß das Übereinkommen auf Kaufverträge oder ihren Abschluß keine Anwendung findet, wenn die Parteien ihre Niederlassung in diesen Staaten haben.

(3) Wird ein Staat, auf den sich eine Erklärung nach Absatz 2 bezieht, Vertragsstaat, so hat die Erklärung von dem Tag an, an dem das Übereinkommen für den neuen Vertragsstaat in Kraft tritt, die Wirkung einer nach Absatz 1 abgegebenen Erklärung, vorausgesetzt, daß der neue Vertragsstaat sich einer solchen Erklärung anschließt oder eine darauf bezogene einseitige Erklärung abgibt.

Artikel 95 (Internationales Privatrecht)

Jeder Staat kann bei der Hinterlegung seiner Ratifikations-, Annahme-, Genehmigungs- oder Beitrittsurkunde erklären, daß Artikel 1 Absatz 1 Buchstabe b für ihn nicht verbindlich ist.

Artikel 96 (Beharren auf Schriftform)

Ein Vertragsstaat, nach dessen Rechtsvorschriften Kaufverträge schriftlich zu schließen oder nachzuweisen sind, kann jederzeit eine Erklärung nach Artikel 12 abgeben, daß die Bestimmungen der Artikel 11 und 29 oder des Teils II dieses Übereinkommens, die für den Abschluß eines Kaufvertrages, seine Änderung oder Aufhebung durch Vereinbarung oder für ein Angebot, eine Annahme oder eine sonstige Willenserklärung eine andere als die schriftliche Form gestatten, nicht gelten, wenn eine Partei ihre Niederlassung in diesem Staat hat.

Artikel 97 (Erklärungen der Vertragsstaaten)

(1) Erklärungen, die nach diesem Übereinkommen bei der Unterzeichnung abgegeben werden, bedürfen der Bestätigung bei der Ratifikation, Annahme oder Genehmigung.

(2) Erklärungen und Bestätigungen von Erklärungen bedürfen der Schriftform und sind dem Verwahrer zu notifizieren.

(3) Eine Erklärung wird gleichzeitig mit dem Inkrafttreten dieses Übereinkommens für den betreffenden Staat wirksam. Eine Erklärung, die dem Verwahrer nach diesem Inkrafttreten notifiziert wird, tritt jedoch am ersten Tag des Monats in Kraft, der auf einen Zeitabschnitt von sechs Monaten nach ihrem Eingang beim Verwahrer folgt. Aufeinander bezogene einseitige Erklärungen nach Artikel 94 werden am ersten Tag des Monats wirksam, der auf einen Zeitabschnitt von sechs Monaten nach Eingang der letzten Erklärung beim Verwahrer folgt.

(4) Ein Staat, der eine Erklärung nach diesem Übereinkommen abgibt, kann sie jederzeit durch eine an den Verwahrer gerichtete schriftliche Notifikation zurücknehmen. Eine solche Rücknahme wird am ersten Tag des Monats wirksam, der auf einen Zeitabschnitt von sechs Monaten nach Eingang der Notifikation beim Verwahrer folgt.

(5) Die Rücknahme einer nach Artikel 94 abgegebenen Erklärung macht eine von einem anderen Staat nach Artikel 94 abgegebene, darauf bezogene Erklärung von dem Tag an unwirksam, an dem die Rücknahme wirksam wird.

Artikel 98 (Vorbehalte)

Vorbehalte sind nur zulässig, soweit sie in diesem Übereinkommen ausdrücklich für zulässig erklärt werden.

Artikel 99 (Inkrafttreten, Auswirkungen auf Haager Übereinkommen)

(1) Vorbehaltlich des Absatzes 6 tritt dieses Übereinkommen am ersten Tag des Monats in Kraft, der auf einen Zeitabschnitt von zwölf Monaten nach Hinterlegung der zehnten Ratifikations-, Annahme-, Genehmigungs- oder Beitrittsurkunde einschließlich einer Urkunde, die eine nach Artikel 92 abgegebene Erklärung enthält, folgt.

(2) Wenn ein Staat dieses Übereinkommen nach Hinterlegung der zehnten Ratifikations-, Annahme-, Genehmigungs- oder Beitrittsur-

kunde ratifiziert, annimmt, genehmigt oder ihm beitritt, tritt dieses Übereinkommen mit Ausnahme des ausgeschlossenen Teils für diesen Staat vorbehaltlich des Absatzes 6 am ersten Tag des Monats in Kraft, der auf einen Zeitabschnitt von zwölf Monaten nach Hinterlegung seiner Ratifikations-, Annahme-, Genehmigungs- oder Beitrittsurkunde folgt.

(3) Ein Staat, der dieses Übereinkommen ratifiziert, annimmt, genehmigt oder ihm beitritt und Vertragspartei des Haager Übereinkommens vom 1. Juli 1964 zur Einführung eines Einheitlichen Gesetzes über den Abschluß von internationalen Kaufverträgen über bewegliche Sachen (Haager Abschlußübereinkommen von 1964) oder des Haager Übereinkommens vom 1. Juli 1964 zur Einführung eines Einheitlichen Gesetzes über den internationalen Kauf beweglicher Sachen (Haager Kaufrechtsübereinkommen von 1964) ist, kündigt gleichzeitig das Haager Kaufrechtsübereinkommen von 1964 oder das Haager Abschlußübereinkommen von 1964 oder gegebenenfalls beide Übereinkommen, indem er der Regierung der Niederlande die Kündigung notifiziert.

(4) Eine Vertragspartei des Haager Kaufrechtsübereinkommens von 1964, die das vorliegende Übereinkommen ratifiziert, annimmt, genehmigt oder ihm beitritt und nach Artikel 92 erklärt oder erklärt hat, daß Teil II dieses Übereinkommens für sie nicht verbindlich ist, kündigt bei der Ratifikation, der Annahme, der Genehmigung oder dem Beitritt das Haager Kaufrechtsübereinkommen von 1964, indem sie der Regierung der Niederlande die Kündigung notifiziert.

(5) Eine Vertragspartei des Haager Abschlußübereinkommens von 1964, die das vorliegende Übereinkommen ratifiziert, annimmt, genehmigt oder ihm beitritt und nach Artikel 92 erklärt oder erklärt hat, daß Teil III dieses Übereinkommens für sie nicht verbindlich ist, kündigt bei der Ratifikation, der Annahme, der Genehmigung oder dem Beitritt das Haager Abschlußübereinkommen von 1964, indem sie der Regierung der Niederlande die Kündigung notifiziert.

(6) Für die Zwecke dieses Artikels werden Ratifikationen, Annahmen, Genehmigungen und Beitritte bezüglich dieses Übereinkommens, die von Vertragsparteien des Haager Abschlußübereinkommens von 1964 oder des Haager Kaufrechtsübereinkommens von 1964 vorgenommen werden, erst wirksam, nachdem die erforderlichen Kündigungen durch diese Staaten bezüglich der genannten Übereinkommen selbst wirksam geworden sind. Der Verwahrer dieses Übereinkommens setzt sich mit der Regierung der Niederlande als Verwahrer der Übereinkommen von 1964 in Verbindung, um die hierfür notwendige Koordinierung sicherzustellen.

Artikel 100 (Übergangsvorschrift)

(1) Dieses Übereinkommen findet auf den Abschluß eines Vertrages nur Anwendung, wenn das Angebot zum Vertragsabschluß an oder nach dem Tag gemacht wird, an dem das Übereinkommen für die in Artikel 1 Absatz 1 Buchstabe a genannten Vertragsstaaten oder den in Artikel 1 Absatz 1 Buchstabe b genannten Vertragsstaat in Kraft tritt.

(2) Dieses Übereinkommen findet nur auf Verträge Anwendung, die an oder nach dem Tag geschlossen werden, an dem das Übereinkommen für die in Artikel 1 Absatz 1 Buchstabe a genannten Vertragsstaaten oder den in Artikel 1 Absatz 1 Buchstabe b genannten Vertragsstaat in Kraft tritt.

Artikel 101 (Kündigung)

(1) Ein Vertragsstaat kann dieses Übereinkommen oder dessen Teil I oder Teil III durch eine an den Verwahrer gerichtete schriftliche Notifikation kündigen.

(2) Eine Kündigung wird am ersten Tag des Monats wirksam, der auf einen Zeitabschnitt von zwölf Monaten nach Eingang der Notifikation beim Verwahrer folgt. Ist in der Notifikation eine längere Kündigungsfrist angegeben, so wird die Kündigung nach Ablauf dieser längeren Frist nach Eingang der Notifikation beim Verwahrer wirksam.

Geschehen zu Wien am 11. April 1980 in einer Urschrift in arabischer, chinesischer, englischer, französischer, russischer und spanischer Sprache, wobei jeder Wortlaut gleichermaßen verbindlich ist.

Zu Urkund dessen haben die unterzeichneten, hierzu von ihren Regierungen gehörig befugten Bevollmächtigten dieses Übereinkommen unterschrieben.

II

III Handels- und Gesellschaftsrecht

III.1 HGB: Handelsgesetzbuch 422

III.2 PartGG: Partnerschaftsgesellschaftsgesetz 582

III.3 GmbHG: Gesetz betreffend die Gesellschaft mit beschränkter Haftung 586

III.4 AktG: Aktiengesetz – Auszug – 618

III.5 MitbestG: Mitbestimmungsgesetz – Auszug – 677

III.6 SEAG: Europäische Gesellschaft 680

III.7 SEBG: Arbeitnehmerbeteiligung Europäische Gesellschaft – Auszug – 697

III.8 PublG: Publizitätsgesetz 701

III

Handelsgesetzbuch (HGB)
Vom 10. Mai 1897 (RGBl. S. 219)

Zuletzt geändert durch
Gesetz zur Änderung von Vorschriften über Verkündung und Bekanntmachungen sowie der Zivilprozessordnung, des Gesetzes betreffend die Einführung der Zivilprozessordnung und der Abgabenordnung
vom 22. Dezember 2011 (BGBl. I S. 3044)

Inhaltsübersicht

Erstes Buch
Handelsstand

Erster Abschnitt
Kaufleute

§ 1   (Kaufmann; Handelsgewerbe)
§ 2   (Registereintragung)
§ 3   (Land- und Forstwirtschaft)
§ 4   (weggefallen)
§ 5   (Wirkung der Registereintragung)
§ 6   (Handelsgesellschaften; Vereine)
§ 7   (Öffentlich-rechtliche Vorschriften)

Zweiter Abschnitt
Handelsregister;
Unternehmensregister

§ 8   Handelsregister
§ 8a   Eintragungen in das Handelsregister; Verordnungsermächtigung
§ 8b   Unternehmensregister
§ 9   Einsichtnahme in das Handelsregister und das Unternehmensregister
§ 9a   Übertragung der Führung des Unternehmensregisters; Verordnungsermächtigung
§ 10   Bekanntmachung der Eintragungen
§ 11   Offenlegung in der Amtssprache eines Mitgliedstaats der Europäischen Union
§ 12   Anmeldungen zur Eintragung und Einreichungen
§ 13   Zweigniederlassungen von Unternehmen mit Sitz im Inland
§§ 13a bis 13c (weggefallen)
§ 13d   Sitz oder Hauptniederlassung im Ausland
§ 13e   Zweigniederlassungen von Kapitalgesellschaften mit Sitz im Ausland
§ 13f   Zweigniederlassungen von Aktiengesellschaften mit Sitz im Ausland
§ 13g   Zweigniederlassungen von Gesellschaften mit beschränkter Haftung mit Sitz im Ausland
§ 13h   Verlegung des Sitzes einer Hauptniederlassung im Inland
§ 14   (Zwangsgeld)
§ 15   (Wirkung von Eintragung und Bekanntmachung)
§ 15a   Öffentliche Zustellung
§ 16   (Verpflichtung zur Mitwirkung)

Dritter Abschnitt
Handelsfirma

§ 17   (Begriff)
§ 18   (Kennzeichnung)
§ 19   (e. K., OHG, KG)
§ 20   (weggefallen)
§ 21   (Namensänderung)
§ 22   (Fortführung des Geschäfts)
§ 23   (Bindung an Geschäft)
§ 24   (Eintritt, Ausscheiden eines Gesellschafters)
§ 25   (Haftung für Verbindlichkeiten)
§ 26   (Verjährung)
§ 27   (Haftung des Erben)
§ 28   (Eintritt in Geschäft des Einzelkaufmanns)
§ 29   (Anmeldung zum Handelsregister)
§ 30   (Deutliche Unterscheidung)

§ 31   (Änderungen, Erlöschen)

§ 32   (Insolvenzverfahren)

§ 33   (Juristische Person)

§ 34   (Änderungen, Auflösung, Insolvenzverfahren)

§§ 35 und 36 (weggefallen)

§ 37   (Unzulässiger Gebrauch der Firma)

§ 37a   (Geschäftsbriefe)

Vierter Abschnitt

§§ 38 bis 47b (weggefallen)

Fünfter Abschnitt
Prokura und
Handlungsvollmacht

§ 48   (Erklärung der Prokura; Gesamtprokura)

§ 49   (Umfang der Ermächtigung)

§ 50   (Beschränkungen)

§ 51   (Zeichnung)

§ 52   (Widerruf, nicht übertragbar; Tod des Inhabers)

§ 53   (Anmeldung)

§ 54   (Handlungsvollmacht)

§ 55   (Sonstige Bevollmächtigte)

§ 56   (Angestellte)

§ 57   (Zeichnung)

§ 58   (Übertragung)

Sechster Abschnitt
Handlungsgehilfen und
Handlungslehrlinge

§ 59   (Handlungsgehilfen)

§ 60   (Wettbewerbsverbot)

§ 61   (Verletzung des Verbots)

§ 62   (Arbeitsbedingungen)

§ 63   (weggefallen)

§ 64   (Fälligkeit des Gehalts)

§ 65   (Provisionszahlungen)

§§ 66 bis 72 (weggefallen)

§ 73   (weggefallen)

§ 74   (Fortgeltendes Wettbewerbsverbot)

§ 74a   (Unverbindlichkeit; Nichtige Vereinbarung)

§ 74b   (Berechnung der Entschädigung)

§ 74c   (Anrechnung von Bezügen)

§ 75   (Unwirksamkeit des Wettbewerbsverbots)

§ 75a   (Verzicht auf das Wettbewerbsverbot)

§ 75b   (weggefallen)

§ 75c   (Vertragsstrafe)

§ 75d   (Abweichende Vereinbarungen)

§ 75e   (weggefallen)

§ 75f   (Vereinbarung über Anstellung)

§ 75g   (Vermittler von Geschäften)

§ 75h   (Mangel der Vertretungsmacht)

§§ 76 bis 82 (weggefallen)

§ 82a   (Volontäre)

§ 83   (Nichtkaufmännische Dienste)

Siebenter Abschnitt
Handelsvertreter

§ 84   (Begriff)

§ 85   (Urkunde über Vertragsinhalt)

§ 86   (Pflichten des Handelsvertreters)

§ 86a   (Pflichten des Unternehmers)

§ 86b   (Delkredereprovision)

§ 87   (Provisionsanspruch)

§ 87a   (Fälligwerden)

§ 87b   (Berechnungsgrundsätze)

§ 87c   (Abrechnung)

§ 87d   (Aufwendungen)

§ 88   (weggefallen)

§ 88a   (Zurückbehaltungsrecht)

§ 89   (Kündigungsfristen)

§ 89a   (Fristlose Kündigung)

§ 89b   (Ausgleichszahlungen)

§ 90   (Geschäfts-, Betriebsgeheimnisse)

§ 90a   (Wettbewerbsabrede)

§ 91   (Umfang der Vertretungsmacht)

§ 91a   (Mangelnde Vertretungsmacht)

§ 92   (Versicherungsvertreter)

§ 92a   (Mindestleistungen)

§ 92b   (Handelsvertreter im Nebenberuf)

§ 92c   (Ausnahmen)

III

**Achter Abschnitt
Handelsmakler**

§ 93   (Begriff)
§ 94   (Schlussnote)
§ 95   (Bindung)
§ 96   (Vermittlung nach Probe)
§ 97   (Kein Inkasso)
§ 98   (Haftung)
§ 99   (Maklerlohn)
§ 100 (Tagebuch)
§ 101 (Auszüge)
§ 102 (Vorlegung des Tagebuchs)
§ 103 (Ordnungswidrigkeiten)
§ 104 (Vermittlung im Kleinverkehre)

**Neunter Abschnitt
Bußgeldvorschriften**

§ 104a Bußgeldvorschrift

**Zweites Buch
Handelsgesellschaften und stille
Gesellschaft**

**Erster Abschnitt
Offene Handelsgesellschaft**

**Erster Titel
Errichtung der Gesellschaft**

§ 105 (Begriff; anwendbare Vorschriften)
§ 106 (Anmeldung zum Handelsregister)
§ 107 (Veränderungen)
§ 108 (Anmeldung, Zeichnung)

**Zweiter Titel
Rechtsverhältnis der
Gesellschafter untereinander**

§ 109 (Gesellschaftsvertrag)
§ 110 (Aufwendungen)
§ 111 (Verzinsung)
§ 112 (Konkurrenzverbot)
§ 113 (Verletzung des Verbots)
§ 114 (Geschäftsführung)
§ 115 (Mehrere Handlungsberechtigte)
§ 116 (Umfang der Geschäftsführung)
§ 117 (Entziehung der Geschäftsführung)
§ 118 (Persönliche Unterrichtung)
§ 119 (Beschlussfassung)

§ 120 (Gewinn, Verlust)
§ 121 (Gewinnverteilung)
§ 122 (Entnahmen)

**Dritter Titel
Rechtsverhältnis der
Gesellschafter zu Dritten**

§ 123   (Wirksamkeit)
§ 124   (Rechtliche Stellung)
§ 125   (Vertretung, Gesamtvertretung)
§ 125a (Kein Gesellschafter natürliche Person)
§ 126   (Umfang der Vertretungsmacht)
§ 127   (Entziehung der Vertretungsmacht)
§ 128   (Gesamtschuldnerische Haftung)
§ 129   (Inanspruchnahme eines Gesellschafters)
§ 130   (Eintritt eines Gesellschafters)
§ 130a (Zahlungsunfähigkeit. Überschuldung)

**Vierter Titel
Auflösung der Gesellschaft und
Ausscheiden von
Gesellschaftern**

§ 131   (Auflösungsfälle)
§ 132   (Kündigung)
§ 133   (Vorzeitige Auflösung)
§ 134   (Gesellschaft auf Lebenszeit, bestimmte Zeit)
§ 135   (Kündigung durch Gläubiger)
§§ 136 bis 138 (weggefallen)
§ 139   (Fortsetzung mit Erben)
§ 140   (Ausschließung eines Gesellschafters)
§§ 141 und 142 (weggefallen)
§ 143   (Anmeldungen zum Handelsregister)
§ 144   (Fortsetzung nach Insolvenzverfahren)

**Fünfter Titel
Liquidation der Gesellschaft**

§ 145   (Grundsätze)
§ 146   (Liquidatoren)
§ 147   (Abberufung)
§ 148   (Anmeldung zum Handelsregister)

§ 149 (Abwicklung)
§ 150 (Mehrere Liquidatoren)
§ 151 (Keine Beschränkung der Befugnisse)
§ 152 (Anordnungen der Beteiligten)
§ 153 (Zeichnung)
§ 154 (Bilanzen)
§ 155 (Verteilung)
§ 156 (Anwendbare Vorschriften)
§ 157 (Anmeldung des Erlöschens; Bücher, Papiere)
§ 158 (Andere Auseinandersetzung)

Sechster Titel
Verjährung. Zeitliche
Begrenzung der Haftung
§ 159 (Ansprüche gegen Gesellschafter)
§ 160 (Begrenzung der Haftung)

Zweiter Abschnitt
Kommanditgesellschaft
§ 161 (Begriff; anwendbare Vorschriften)
§ 162 (Anmeldung zum Handelsregister)
§ 163 (Innenverhältnis der Gesellschafter)
§ 164 (Geschäftsführung)
§ 165 (Kein Konkurrenzverbot)
§ 166 (Jahresabschluss)
§ 167 (Gewinn, Verlust)
§ 168 (Gewinnverteilung)
§ 169 (Keine Entnahmen)
§ 170 (Keine Vertretungsmacht)
§ 171 (Haftung)
§ 172 (Maßgebliche Höhe der Einlage)
§ 173 (Eintretender Kommanditist)
§ 174 (Herabsetzung der Einlage)
§ 175 (Anmeldung)
§ 176 (Haftung vor der Eintragung)
§ 177 (Tod eines Kommanditisten)
§ 177a (Zahlungsunfähigkeit, Überschuldung)
§§ 178 bis 229 (weggefallen)

Dritter Abschnitt
Stille Gesellschaft
§ 230 (Beteiligung)

§ 231 (Gewinn, Verlust)
§ 232 (Verteilung)
§ 233 (Jahresabschluss, Bücher, Papiere)
§ 234 (Kündigung; Tod)
§ 235 (Auflösung, Abwicklung)
§ 236 (Insolvenzverfahren)
§ 237 (weggefallen)

Drittes Buch
Handelsbücher

Erster Abschnitt
Vorschriften für alle Kaufleute

Erster Unterabschnitt
Buchführung. Inventar
§ 238 Buchführungspflicht
§ 239 Führung der Handelsbücher
§ 240 Inventar
§ 241 Inventurvereinfachungsverfahren
§ 241a Befreiung von der Pflicht zur Buchführung und Erstellung eines Inventars

Zweiter Unterabschnitt
Eröffnungsbilanz.
Jahresabschluß

Erster Titel
Allgemeine Vorschriften
§ 242 Pflicht zur Aufstellung
§ 243 Aufstellungsgrundsatz
§ 244 Sprache. Währungseinheit
§ 245 Unterzeichnung

Zweiter Titel
Ansatzvorschriften
§ 246 Vollständigkeit. Verrechnungsverbot
§ 247 Inhalt der Bilanz
§ 248 Bilanzierungsverbote und -wahlrechte
§ 249 Rückstellungen
§ 250 Rechnungsabgrenzungsposten
§ 251 Haftungsverhältnisse

Dritter Titel
Bewertungsvorschriften
§ 252 Allgemeine Bewertungsgrundsätze
§ 253 Zugangs- und Folgebewertung

III

§ 254 Bildung von Bewertungseinheiten

§ 255 Bewertungsmaßstäbe

§ 256 Bewertungsvereinfachungsverfahren

§ 256a Währungsumrechnung

**Dritter Unterabschnitt
Aufbewahrung und Vorlage**

§ 257 Aufbewahrung von Unterlagen. Aufbewahrungsfristen

§ 258 Vorlegung im Rechtsstreit

§ 259 Auszug bei Vorlegung im Rechtsstreit

§ 260 Vorlegung bei Auseinandersetzungen

§ 261 Vorlegung von Unterlagen auf Bild- oder Datenträgern

**Vierter Unterabschnitt
Landesrecht**

§ 262 (weggefallen)

§ 263 Vorbehalt landesrechtlicher Vorschriften

**Zweiter Abschnitt
Ergänzende Vorschriften für
Kapitalgesellschaften
(Aktiengesellschaften,
Kommanditgesellschaften auf
Aktien und Gesellschaften mit
beschränkter Haftung) sowie
bestimmte
Personenhandelsgesellschaften**

**Erster Unterabschnitt
Jahresabschluß der
Kapitalgesellschaft und
Lagebericht**

**Erster Titel
Allgemeine Vorschriften**

§ 264 Pflicht zur Aufstellung

§ 264a Anwendung auf bestimmte offene Handelsgesellschaften und Kommanditgesellschaften

§ 264b Befreiung von der Pflicht zur Aufstellung eines Jahresabschlusses nach den für Kapitalgesellschaften geltenden Vorschriften

§ 264c Besondere Bestimmungen für offene Handelsgesellschaften und Kommanditgesellschaften im Sinne des § 264a

§ 264d Kapitalmarktorientierte Kapitalgesellschaft

§ 265 Allgemeine Grundsätze für die Gliederung

**Zweiter Titel
Bilanz**

§ 266 Gliederung der Bilanz

§ 267 Umschreibung der Größenklassen

§ 268 Vorschriften zu einzelnen Posten der Bilanz. Bilanzvermerke

§ 269 (weggefallen)

§ 270 Bildung bestimmter Posten

§ 271 Beteiligungen. Verbundene Unternehmen

§ 272 Eigenkapital

§ 273 (weggefallen)

§ 274 Latente Steuern

§ 274a Größenabhängige Erleichterungen

**Dritter Titel
Gewinn- und Verlustrechnung**

§ 275 Gliederung

§ 276 Größenabhängige Erleichterungen

§ 277 Vorschriften zu einzelnen Posten der Gewinn- und Verlustrechnung

§ 278 Steuern

**Vierter Titel
(weggefallen)**

§§ 279 bis 283 (weggefallen)

**Fünfter Titel
Anhang**

§ 284 Erläuterung der Bilanz und der Gewinn- und Verlustrechnung

§ 285 Sonstige Pflichtangaben

§ 286 Unterlassen von Angaben

§ 287 (weggefallen)

§ 288 Größenabhängige Erleichterungen

Sechster Titel
Lagebericht

§ 289

§ 289a Erklärung zur Unternehmensführung

Zweiter Unterabschnitt
Konzernabschluß und
Konzernlagebericht

Erster Titel
Anwendungsbereich

§ 290 Pflicht zur Aufstellung

§ 291 Befreiende Wirkung von EU/EWR-Konzernabschlüssen

§ 292 Rechtsverordnungsermächtigung für befreiende Konzernabschlüsse und Konzernlageberichte

§ 293 Größenabhängige Befreiungen

Zweiter Titel
Konsolidierungskreis

§ 294 Einzubeziehende Unternehmen. Vorlage- und Auskunftspflichten

§ 295 (weggefallen)

§ 296 Verzicht auf die Einbeziehung

Dritter Titel
Inhalt und Form des
Konzernabschlusses

§ 297 Inhalt

§ 298 Anzuwendende Vorschriften. Erleichterungen

§ 299 Stichtag für die Aufstellung

Vierter Titel
Vollkonsolidierung

§ 300 Konsolidierungsgrundsätze. Vollständigkeitsgebot

§ 301 Kapitalkonsolidierung

§ 302 (weggefallen)

§ 303 Schuldenkonsolidierung

§ 304 Behandlung der Zwischenergebnisse

§ 305 Aufwands- und Ertragskonsolidierung

§ 306 Latente Steuern

§ 307 Anteile anderer Gesellschafter

Fünfter Titel
Bewertungsvorschriften

§ 308 Einheitliche Bewertung

§ 308a Umrechnung von auf fremde Währung lautenden Abschlüssen

§ 309 Behandlung des Unterschiedsbetrags

Sechster Titel
Anteilmäßige Konsolidierung

§ 310

Siebenter Titel
Assoziierte Unternehmen

§ 311 Definition. Befreiung

§ 312 Wertansatz der Beteiligung und Behandlung des Unterschiedsbetrags

Achter Titel
Konzernanhang

§ 313 Erläuterungen der Konzernbilanz und der Konzern-Gewinn- und Verlustrechnung. Angaben zum Beteiligungsbesitz

§ 314 Sonstige Pflichtangaben

Neunter Titel
Konzernlagebericht

§ 315

Zehnter Titel
Konzernabschluss nach
internationalen
Rechnungslegungsstandards

§ 315a

Dritter Unterabschnitt
Prüfung

§ 316 Pflicht zur Prüfung

§ 317 Gegenstand und Umfang der Prüfung

§ 318 Bestellung und Abberufung des Abschlußprüfers

§ 319 Auswahl der Abschlussprüfer und Ausschlussgründe

§ 319a Besondere Ausschlussgründe bei Unternehmen von öffentlichem Interesse

§ 319b Netzwerk

III

§ 320 Vorlagepflicht. Auskunftsrecht

§ 321 Prüfungsbericht

§ 321a Offenlegung des Prüfungsberichts in besonderen Fällen

§ 322 Bestätigungsvermerk

§ 323 Verantwortlichkeit des Abschlußprüfers

§ 324 Prüfungsausschuss

§ 324a Anwendung auf den Einzelabschluss nach § 325 Abs. 2a

Vierter Unterabschnitt
Offenlegung. Prüfung durch den
Betreiber des Bundesanzeigers

§ 325 Offenlegung

§ 325a Zweigniederlassungen von Kapitalgesellschaften mit Sitz im Ausland

§ 326 Größenabhängige Erleichterungen für kleine Kapitalgesellschaften bei der Offenlegung

§ 327 Größenabhängige Erleichterungen für mittelgroße Kapitalgesellschaften bei der Offenlegung

§ 327a Erleichterung für bestimmte kapitalmarktorientierte Kapitalgesellschaften

§ 328 Form und Inhalt der Unterlagen bei der Offenlegung, Veröffentlichung und Vervielfältigung

§ 329 Prüfungs- und Unterrichtungspflicht des Betreibers des Bundesanzeigers

Fünfter Unterabschnitt
Verordnungsermächtigung für
Formblätter und andere
Vorschriften

§ 330

Sechster Unterabschnitt
Straf- und Bußgeldvorschriften.
Ordnungsgelder

§ 331 Unrichtige Darstellung

§ 332 Verletzung der Berichtspflicht

§ 333 Verletzung der Geheimhaltungspflicht

§ 334 Bußgeldvorschriften

§ 335 Festsetzung von Ordnungsgeld

§ 335a (weggefallen)

§ 335b Anwendung der Straf- und Bußgeldsowie der Ordnungsgeldvorschriften auf bestimmte offene Handelsgesellschaften und Kommanditgesellschaften

Dritter Abschnitt
Ergänzende Vorschriften für
eingetragene Genossenschaften

§ 336 Pflicht zur Aufstellung von Jahresabschluß und Lagebericht

§ 337 Vorschriften zur Bilanz

§ 338 Vorschriften zum Anhang

§ 339 Offenlegung

Vierter Abschnitt
Ergänzende Vorschriften für
Unternehmen bestimmter
Geschäftszweige

Erster Unterabschnitt
Ergänzende Vorschriften für
Kreditinstitute und
Finanzdienstleistungsinstitute

Erster Titel
Anwendungsbereich

§ 340

Zweiter Titel
Jahresabschluß, Lagebericht,
Zwischenabschluß

§ 340a Anzuwendende Vorschriften

§ 340b Pensionsgeschäfte

§ 340c Vorschriften zur Gewinn- und Verlustrechnung und zum Anhang

§ 340d Fristengliederung

Dritter Titel
Bewertungsvorschriften

§ 340e Bewertung von Vermögensgegenständen

§ 340f Vorsorge für allgemeine Bankrisiken

§ 340g Sonderposten für allgemeine Bankrisiken

Vierter Titel
Währungsumrechnung

§ 340h Währungsumrechnung

**Fünfter Titel
Konzernabschluß,
Konzernlagebericht,
Konzernzwischenabschluß**

§ 340i Pflicht zur Aufstellung

§ 340j Einzubeziehende Unternehmen

**Sechster Titel
Prüfung**

§ 340k

**Siebenter Titel
Offenlegung**

§ 340l

**Achter Titel
Straf- und Bußgeldvorschriften,
Ordnungsgelder**

§ 340m Strafvorschriften

§ 340n Bußgeldvorschriften

§ 340o Festsetzung von Ordnungsgeld

**Zweiter Unterabschnitt
Ergänzende Vorschriften für
Versicherungsunternehmen und
Pensionsfonds**

**Erster Titel
Anwendungsbereich**

§ 341

**Zweiter Titel
Jahresabschluß, Lagebericht**

§ 341a Anzuwendende Vorschriften

**Dritter Titel
Bewertungsvorschriften**

§ 341b Bewertung von Vermögensgegenständen

§ 341c Namensschuldverschreibungen, Hypothekendarlehen und andere Forderungen

§ 341d Anlagestock der fondsgebundenen
Lebensversicherung

**Vierter Titel
Versicherungstechnische
Rückstellungen**

§ 341e Allgemeine Bilanzierungsgrundsätze

§ 341f Deckungsrückstellung

§ 341g Rückstellung für noch nicht abgewickelte Versicherungsfälle

§ 341h Schwankungsrückstellung und ähnliche Rückstellungen

**Fünfter Titel
Konzernabschluß,
Konzernlagebericht**

§ 341i Aufstellung, Fristen

§ 341j Anzuwendende Vorschriften

**Sechster Titel
Prüfung**

§ 341k

**Siebenter Titel
Offenlegung**

§ 341l

**Achter Titel
Straf- und Bußgeldvorschriften,
Ordnungsgelder**

§ 341m Strafvorschriften

§ 341n Bußgeldvorschriften

§ 341o Festsetzung von Ordnungsgeld

§ 341p Anwendung der Straf- und Bußgeldsowie der Ordnungsgeldvorschriften
auf Pensionsfonds

**Fünfter Abschnitt
Privates
Rechnungslegungsgremium;
Rechnungslegungsbeirat**

§ 342 Privates Rechnungslegungsgremium

§ 342a Rechnungslegungsbeirat

**Sechster Abschnitt
Prüfstelle für Rechnungslegung**

§ 342b Prüfstelle für Rechnungslegung

§ 342c Verschwiegenheitspflicht

§ 342d Finanzierung der Prüfstelle

§ 342e Bußgeldvorschriften

**Viertes Buch
Handelsgeschäfte**

**Erster Abschnitt
Allgemeine Vorschriften**

§ 343 (Begriff)

§ 344 (Vermutung)

III

§ 345   (Einseitiges Handelsgeschäft)

§ 346   (Gewohnheiten und Gebräuche)

§ 347   (Sorgfalt)

§ 348   (Vertragsstrafe)

§ 349   (Bürgschaft)

§ 350   (Keine Formvorschriften für Bürgschaft, Schuldversprechen, Schuldanerkenntnis)

§ 351   (weggefallen)

§ 352   (Zinsen, Verzugszinsen)

§ 353   (Zinsen ab Fälligkeit)

§ 354   (Provision, Lagergeld; Zinsen ab Leistung)

§ 354a (Abtretung einer Geldforderung)

§ 355   (Laufende Rechnung)

§ 356   (Gesicherte Forderung)

§ 357   (Pfändung des Überschusses)

§ 358   (Geschäftszeit)

§ 359   (Termine; Frist von acht Tagen)

§ 360   (Mittlere Art und Güte)

§ 361   (Maß, Gewicht usw.)

§ 362   (Schweigen als Annahme; Ablehnung)

§ 363   (Indossament von Orderpapieren)

§ 364   (Übergang aller Rechte)

§ 365   (Anwendbare Vorschriften; Kraftloserklärung)

§ 366   (Schutz des guten Glaubens)

§ 367   (Bekanntmachung des Verlustes)

§ 368   (Pfandverkauf)

§ 369   (Zurückbehaltungsrecht)

§ 370   (weggefallen)

§ 371   (Recht auf Befriedigung)

§ 372   (Verkauf des Gegenstandes)

**Zweiter Abschnitt
Handelskauf**

§ 373   (Hinterlegung, Versteigerung bei Annahmeverzug)

§ 374   (Annahmeverzug)

§ 375   (Nähere Bestimmung)

§ 376   (Fixgeschäft)

§ 377   (Mängel; unverzügliche Anzeige)

§ 378   (weggefallen)

§ 379   (Einstweilige Aufbewahrung; Notverkauf)

§ 380   (Nettogewicht; Refaktie)

§ 381   (Wertpapiere, Werklieferungsvertrag)

§ 382   (weggefallen)

**Dritter Abschnitt
Kommissionsgeschäft**

§ 383   (Begriff)

§ 384   (Pflichten und Haftung des Kommissionärs)

§ 385   (Abweichen von Weisungen)

§ 386   (Abweichung von der Preisbestimmung)

§ 387   (Vorteilhaftere Bedingungen)

§ 388   (Mängel)

§ 389   (Hinterlegung, Versteigerung)

§ 390   (Verwahrung, Verantwortlichkeit)

§ 391   (Einkaufskommission)

§ 392   (Geltendmachung der Forderungen)

§ 393   (Vorschuss; Kredit)

§ 394   (Einstehen des Kommissionärs)

§ 395   (Ankauf eines Wechsels)

§ 396   (Provision, Auslieferungsprovision, Aufwendungsersatz)

§ 397   (Pfandrecht des Kommissionärs)

§ 398   (Befriedigung aus dem Kommissionsgut)

§ 399   (Befriedigung aus den Forderungen)

§ 400   (Selbsteintritt)

§ 401   (Günstigerer Preis)

§ 402   (Unabdingbarkeit)

§ 403   (Provision, sonstige Kosten)

§ 404   (Pfandrecht)

§ 405   (Schutz des Kommittenten)

§ 406   (Geschäfte anderer Art)

**Vierter Abschnitt
Frachtgeschäft**

**Erster Unterabschnitt
Allgemeine Vorschriften**

§ 407   Frachtvertrag

§ 408   Frachtbrief

§ 409   Beweiskraft des Frachtbriefs

§ 410 Gefährliches Gut
§ 411 Verpackung. Kennzeichnung
§ 412 Verladen und Entladen
§ 413 Begleitpapiere
§ 414 Verschuldensunabhängige Haftung des Absenders in besonderen Fällen
§ 415 Kündigung durch den Absender
§ 416 Anspruch auf Teilbeförderung
§ 417 Rechte des Frachtführers bei Nichteinhaltung der Ladezeit
§ 418 Nachträgliche Weisungen
§ 419 Beförderungs- und Ablieferungshindernisse
§ 420 Zahlung. Frachtberechnung
§ 421 Rechte des Empfängers. Zahlungspflicht
§ 422 Nachnahme
§ 423 Lieferfrist
§ 424 Verlustvermutung
§ 425 Haftung für Güter- und Verspätungsschäden. Schadensteilung
§ 426 Haftungsausschluß
§ 427 Besondere Haftungsausschlußgründe
§ 428 Haftung für andere
§ 429 Wertersatz
§ 430 Schadensfeststellungskosten
§ 431 Haftungshöchstbetrag
§ 432 Ersatz sonstiger Kosten
§ 433 Haftungshöchstbetrag bei sonstigen Vermögensschäden
§ 434 Außervertragliche Ansprüche
§ 435 Wegfall der Haftungsbefreiungen und -begrenzungen
§ 436 Haftung der Leute
§ 437 Ausführender Frachtführer
§ 438 Schadensanzeige
§ 439 Verjährung
§ 440 Gerichtsstand
§ 441 Pfandrecht
§ 442 Nachfolgender Frachtführer
§ 443 Rang mehrerer Pfandrechte
§ 444 Ladeschein

§ 445 Ablieferung gegen Rückgabe des Ladescheins
§ 446 Legitimation durch Ladeschein
§ 447 Ablieferung und Weisungsbefolgung ohne Ladeschein
§ 448 Traditionspapier
§ 449 Abweichende Vereinbarungen
§ 450 Anwendung von Seefrachtrecht

Zweiter Unterabschnitt
Beförderung von Umzugsgut
§ 451 Umzugsvertrag
§ 451a Pflichten des Frachtführers
§ 451b Frachtbrief. Gefährliches Gut. Begleitpapiere. Mitteilungs- und Auskunftspflichten
§ 451c Haftung des Absenders in besonderen Fällen
§ 451d Besondere Haftungsausschlußgründe
§ 451e Haftungshöchstbetrag
§ 451f Schadensanzeige
§ 451g Wegfall der Haftungsbefreiungen und -begrenzungen
§ 451h Abweichende Vereinbarungen

Dritter Unterabschnitt
Beförderung mit verschiedenartigen Beförderungsmitteln
§ 452 Frachtvertrag über eine Beförderung mit verschiedenartigen Beförderungsmitteln
§ 452a Bekannter Schadensort
§ 452b Schadensanzeige. Verjährung
§ 452c Umzugsvertrag über eine Beförderung mit verschiedenartigen Beförderungsmitteln
§ 452d Abweichende Vereinbarungen

Fünfter Abschnitt
Speditionsgeschäft
§ 453 Speditionsvertrag
§ 454 Besorgung der Versendung
§ 455 Behandlung des Gutes. Begleitpapiere. Mitteilungs- und Auskunftspflichten

III

§ 456   Fälligkeit der Vergütung
§ 457   Forderungen des Versenders
§ 458   Selbsteintritt
§ 459   Spedition zu festen Kosten
§ 460   Sammelladung
§ 461   Haftung des Spediteurs
§ 462   Haftung für andere
§ 463   Verjährung
§ 464   Pfandrecht
§ 465   Nachfolgender Spediteur
§ 466   Abweichende Vereinbarungen

**Sechster Abschnitt
Lagergeschäft**
§ 467   Lagervertrag
§ 468   Behandlung des Gutes. Begleitpapiere. Mitteilungs- und Auskunftspflichten
§ 469   Sammellagerung
§ 470   Empfang des Gutes
§ 471   Erhaltung des Gutes

§ 472   Versicherung. Einlagerung bei einem Dritten
§ 473   Dauer der Lagerung
§ 474   Aufwendungsersatz
§ 475   Haftung für Verlust oder Beschädigung
§ 475a Verjährung
§ 475b Pfandrecht
§ 475c Lagerschein
§ 475d Wirkung des Lagerscheins
§ 475e Auslieferung gegen Rückgabe des Lagerscheins
§ 475f Legitimation durch Lagerschein
§ 475g Traditionsfunktion des Orderlagerscheins
§ 475h Abweichende Vereinbarungen

**Fünftes Buch
Seehandel**
§§ 476 bis 904 (hier nicht aufgenommen)

Erstes Buch
Handelsstand

Erster Abschnitt
Kaufleute

§ 1 (Kaufmann; Handelsgewerbe)

(1) Kaufmann im Sinne dieses Gesetzbuchs ist, wer ein Handelsgewerbe betreibt.

(2) Handelsgewerbe ist jeder Gewerbebetrieb, es sei denn, daß das Unternehmen nach Art oder Umfang einen in kaufmännischer Weise eingerichteten Geschäftsbetrieb nicht erfordert.

§ 2 (Registereintragung)

Ein gewerbliches Unternehmen, dessen Gewerbebetrieb nicht schon nach § 1 Abs. 2 Handelsgewerbe ist, gilt als Handelsgewerbe im Sinne dieses Gesetzbuchs, wenn die Firma des Unternehmens in das Handelsregister eingetragen ist. Der Unternehmer ist berechtigt, aber nicht verpflichtet, die Eintragung nach den für die Eintragung kaufmännischer Firmen geltenden Vorschriften herbeizuführen. Ist die Eintragung erfolgt, so findet eine Löschung der Firma auch auf Antrag des Unternehmers statt, sofern nicht die Voraussetzung des § 1 Abs. 2 eingetreten ist.

§ 3 (Land- und Forstwirtschaft)

(1) Auf den Betrieb der Land- und Forstwirtschaft finden die Vorschriften des § 1 keine Anwendung.

(2) Für ein land- oder forstwirtschaftliches Unternehmen, das nach Art und Umfang einen in kaufmännischer Weise eingerichteten Geschäftsbetrieb erfordert, gilt § 2 mit der Maßgabe, daß nach Eintragung in das Handelsregister eine Löschung der Firma nur nach den allgemeinen Vorschriften stattfindet, welche für die Löschung kaufmännischer Firmen gelten.

(3) Ist mit dem Betrieb der Land- oder Forstwirtschaft ein Unternehmen verbunden, das nur ein Nebengewerbe des land- oder forstwirtschaftlichen Unternehmens darstellt, so finden auf das im Nebengewerbe betriebene Unternehmen die Vorschriften der Absätze 1 und 2 entsprechende Anwendung.

§ 4 (weggefallen)

§ 5 (Wirkung der Registereintragung)

Ist eine Firma im Handelsregister eingetragen, so kann gegenüber demjenigen, welcher sich auf die Eintragung beruft, nicht geltend gemacht werden, daß das unter der Firma betriebene Gewerbe kein Handelsgewerbe sei.

§ 6 (Handelsgesellschaften; Vereine)

(1) Die in betreff der Kaufleute gegebenen Vorschriften finden auch auf die Handelsgesellschaften Anwendung.

(2) Die Rechte und Pflichten eines Vereins, dem das Gesetz ohne Rücksicht auf den Gegenstand des Unternehmens die Eigenschaft eines Kaufmanns beilegt, bleiben unberührt, auch wenn die Voraussetzungen des § 1 Abs. 2 nicht vorliegen.

§ 7 (Öffentlich-rechtliche Vorschriften)

Durch die Vorschriften des öffentlichen Rechtes, nach welchen die Befugnis zum Gewerbebetrieb ausgeschlossen oder von gewissen Voraussetzungen abhängig gemacht ist, wird die Anwendung der die Kaufleute betreffenden Vorschriften dieses Gesetzbuchs nicht berührt.

Zweiter Abschnitt
Handelsregister; Unternehmensregister

§ 8 Handelsregister

(1) Das Handelsregister wird von den Gerichten elektronisch geführt.

(2) Andere Datensammlungen dürfen nicht unter Verwendung oder Beifügung der Bezeichnung „Handelsregister" in den Verkehr gebracht werden.

§ 8a Eintragungen in das Handelsregister; Verordnungsermächtigung

(1) Eine Eintragung in das Handelsregister wird wirksam, sobald sie in den für die Handelsregistereintragungen bestimmten Datenspeicher aufgenommen ist und auf Dauer in-

haltlich unverändert in lesbarer Form wiedergegeben werden kann.

(2) Die Landesregierungen werden ermächtigt, durch Rechtsverordnung nähere Bestimmungen über die elektronische Führung des
Handelsregisters, die elektronische Anmeldung, die elektronische Einreichung von Dokumenten sowie deren Aufbewahrung zu
treffen, soweit nicht durch das Bundesministerium der Justiz nach § 387 Abs. 2 des Gesetzes über das Verfahren in Familiensachen
und in den Angelegenheiten der freiwilligen
Gerichtsbarkeit entsprechende Vorschriften
erlassen werden. Dabei können sie auch Einzelheiten der Datenübermittlung regeln sowie die Form zu übermittelnder elektronischer Dokumente festlegen, um die Eignung
für die Bearbeitung durch das Gericht sicherzustellen. Die Landesregierungen können die
Ermächtigung durch Rechtsverordnung auf
die Landesjustizverwaltungen übertragen.

§ 8b Unternehmensregister

(1) Das Unternehmensregister wird vorbehaltlich einer Regelung nach § 9a Abs. 1 vom
Bundesministerium der Justiz elektronisch
geführt.

(2) Über die Internetseite des Unternehmensregisters sind zugänglich:

1. Eintragungen im Handelsregister und
   deren Bekanntmachung und zum Handelsregister eingereichte Dokumente;

2. Eintragungen im Genossenschaftsregis-
   ter und deren Bekanntmachung und zum
   Genossenschaftsregister eingereichte
   Dokumente;

3. Eintragungen im Partnerschaftsregister
   und deren Bekanntmachung und zum
   Partnerschaftsregister eingereichte Dokumente;

4. Unterlagen der Rechnungslegung nach
   den §§ 325 und 339 und deren Bekanntmachung;

5. gesellschaftsrechtliche Bekanntmachungen im Bundesanzeiger;

6. im Aktionärsforum veröffentlichte Eintragungen nach § 127a des Aktiengesetzes;

7. Veröffentlichungen von Unternehmen
   nach dem Wertpapierhandelsgesetz oder
   dem Vermögensanlagengesetz im Bundesanzeiger, von Bietern, Gesellschaften,
   Vorständen und Aufsichtsräten nach dem
   Wertpapiererwerbs- und Übernahmege-
   setz im Bundesanzeiger sowie Veröffentlichungen nach der Börsenzulassungs-
   Verordnung im Bundesanzeiger;

8. Bekanntmachungen und Veröffentlichungen inländischer Kapitalanlagegesellschaften und Investmentaktiengesell-
   schaften nach dem Investmentgesetz
   und dem Investmentsteuergesetz im
   Bundesanzeiger;

9. Veröffentlichungen und sonstige der Öffentlichkeit zur Verfügung gestellte Informationen nach den §§ 2b, 15 Abs. 1
   und 2, § 15a Abs. 4, § 26 Abs. 1, §§ 26a,
   29a Abs. 2, §§ 30e, 30f Abs. 2, § 37v
   Abs. 1 bis § 37x Abs. 1, §§ 37y, 37z Abs. 4
   und § 41 Abs. 4a des Wertpapierhandelsgesetzes, sofern die Veröffentlichung
   nicht bereits unter Nummer 4 oder Nummer 7 in das Unternehmensregister eingestellt wird;

10. Mitteilungen über kapitalmarktrechtli-
    che Veröffentlichungen an die Bundes-
    anstalt für Finanzdienstleistungsaufsicht,
    sofern die Veröffentlichung selbst nicht
    bereits über Nummer 7 oder Nummer 9
    in das Unternehmensregister eingestellt
    wird;

11. Bekanntmachungen der Insolvenzgerich-
    te nach § 9 der Insolvenzordnung, aus-
    genommen Verfahren nach dem Neun-
    ten Teil der Insolvenzordnung.

(3) Zur Einstellung in das Unternehmensregister sind dem Unternehmensregister zu
übermitteln:

1. die Daten nach Absatz 2 Nr. 4 bis 8 durch
   den Betreiber des Bundesanzeigers;

2. die Daten nach Absatz 2 Nr. 9 und 10 durch
   den jeweils Veröffentlichungspflichtigen
   oder den von ihm mit der Veranlassung der
   Veröffentlichung beauftragten Dritten.

Die Landesjustizverwaltungen übermitteln
die Daten nach Absatz 2 Nr. 1 bis 3 und 11

zum Unternehmensregister, soweit die Übermittlung für die Eröffnung eines Zugangs zu den Originaldaten über die Internetseite des Unternehmensregisters erforderlich ist. Die Bundesanstalt für Finanzdienstleistungsaufsicht überwacht die Übermittlung der Veröffentlichungen und der sonstigen der Öffentlichkeit zur Verfügung gestellten Informationen nach den §§ 2b, 15 Abs. 1 und 2, § 15a Abs. 4, § 26 Abs. 1, §§ 26a, 29a Abs. 2, §§ 30e, 30f Abs. 2, § 37v Abs. 1 bis § 37x Abs. 1, §§ 37y, 37z Abs. 4 und § 41 Abs. 4a des Wertpapierhandelsgesetzes an das Unternehmensregister zur Speicherung und kann Anordnungen treffen, die zu ihrer Durchsetzung geeignet und erforderlich sind. Die Bundesanstalt kann die gebotene Übermittlung der in Satz 3 genannten Veröffentlichungen, der Öffentlichkeit zur Verfügung gestellten Informationen und Mitteilung auf Kosten des Pflichtigen vornehmen, wenn die Übermittlungspflicht nicht, nicht richtig, nicht vollständig oder nicht in der vorgeschriebenen Weise erfüllt wird. Für die Überwachungstätigkeit der Bundesanstalt gelten § 4 Abs. 3 Satz 1 und 3, Abs. 7, 9 und 10, § 7 und § 8 des Wertpapierhandelsgesetzes entsprechend.

(4) Die Führung des Unternehmensregisters schließt die Erteilung von Ausdrucken sowie die Beglaubigung entsprechend § 9 Abs. 3 und 4 hinsichtlich der im Unternehmensregister gespeicherten Unterlagen der Rechnungslegung im Sinne des Absatzes 2 Nr. 4 ein. Gleiches gilt für die elektronische Übermittlung von zum Handelsregister eingereichten Schriftstücken nach § 9 Abs. 2, soweit sich der Antrag auf Unterlagen der Rechnungslegung im Sinne des Absatzes 2 Nr. 4 bezieht; § 9 Abs. 3 gilt entsprechend.

§ 9 Einsichtnahme in das Handelsregister und das Unternehmensregister

(1) Die Einsichtnahme in das Handelsregister sowie in die zum Handelsregister eingereichten Dokumente ist jedem zu Informationszwecken gestattet. Die Landesjustizverwaltungen bestimmen das elektronische Informations- und Kommunikationssystem, über

das die Daten aus den Handelsregistern abrufbar sind, und sind für die Abwicklung des elektronischen Abrufverfahrens zuständig. Die Landesregierung kann die Zuständigkeit durch Rechtsverordnung abweichend regeln; sie kann diese Ermächtigung durch Rechtsverordnung auf die Landesjustizverwaltung übertragen. Die Länder können ein länderübergreifendes, zentrales elektronisches Informations- und Kommunikationssystem bestimmen. Sie können auch eine Übertragung der Abwicklungsaufgaben auf die zuständige Stelle eines anderen Landes sowie mit dem Betreiber des Unternehmensregisters eine Übertragung der Abwicklungsaufgaben auf das Unternehmensregister vereinbaren.

(2) Sind Dokumente nur in Papierform vorhanden, kann die elektronische Übermittlung nur für solche Schriftstücke verlangt werden, die weniger als zehn Jahre vor dem Zeitpunkt der Antragstellung zum Handelsregister eingereicht wurden.

(3) Die Übereinstimmung der übermittelten Daten mit dem Inhalt des Handelsregisters und den zum Handelsregister eingereichten Dokumenten wird auf Antrag durch das Gericht beglaubigt. Dafür ist eine qualifizierte elektronische Signatur nach dem Signaturgesetz zu verwenden.

(4) Von den Eintragungen und den eingereichten Dokumenten kann ein Ausdruck verlangt werden. Von den zum Handelsregister eingereichten Schriftstücken, die nur in Papierform vorliegen, kann eine Abschrift gefordert werden. Die Abschrift ist von der Geschäftsstelle zu beglaubigen und der Ausdruck als amtlicher Ausdruck zu fertigen, wenn nicht auf die Beglaubigung verzichtet wird.

(5) Das Gericht hat auf Verlangen eine Bescheinigung darüber zu erteilen, dass bezüglich des Gegenstandes einer Eintragung weitere Eintragungen nicht vorhanden sind oder dass eine bestimmte Eintragung nicht erfolgt ist.

(6) Für die Einsichtnahme in das Unternehmensregister gilt Absatz 1 Satz 1 entsprechend. Anträge nach den Absätzen 2 bis 5

können auch über das Unternehmensregister an das Gericht vermittelt werden.

§ 9a Übertragung der Führung des Unternehmensregisters; Verordnungsermächtigung

(1) Das Bundesministerium der Justiz wird ermächtigt, durch Rechtsverordnung mit Zustimmung des Bundesrates einer juristischen Person des Privatrechts die Aufgaben nach § 8b Abs. 1 zu übertragen. Der Beliehene erlangt die Stellung einer Justizbehörde des Bundes. Zur Erstellung von Beglaubigungen führt der Beliehene ein Dienstsiegel; nähere Einzelheiten hierzu können in der Rechtsverordnung nach Satz 1 geregelt werden. Die Dauer der Beleihung ist zu befristen; sie soll fünf Jahre nicht unterschreiten; Kündigungsrechte aus wichtigem Grund sind vorzusehen. Eine juristische Person des Privatrechts darf nur beliehen werden, wenn sie grundlegende Erfahrungen mit der Veröffentlichung von kapitalmarktrechtlichen Informationen und gerichtlichen Mitteilungen, insbesondere Handelsregisterdaten, hat und ihr eine ausreichende technische und finanzielle Ausstattung zur Verfügung steht, die die Gewähr für den langfristigen und sicheren Betrieb des Unternehmensregisters bietet.

(2) Das Bundesministerium der Justiz wird ermächtigt, durch Rechtsverordnung mit Zustimmung des Bundesrates Einzelheiten der Datenübermittlung zwischen den Behörden der Länder und dem Unternehmensregister einschließlich Vorgaben über Datenformate zu regeln. Abweichungen von den Verfahrensregelungen durch Landesrecht sind ausgeschlossen.

(3) Das Bundesministerium der Justiz wird ermächtigt, durch Rechtsverordnung ohne Zustimmung des Bundesrates die technischen Einzelheiten zu Aufbau und Führung des Unternehmensregisters, Einzelheiten der Datenübermittlung einschließlich Vorgaben über Datenformate, die nicht unter Absatz 2 fallen, Löschungsfristen für die im Unternehmensregister gespeicherten Daten, Überwachungsrechte der Bundesanstalt für Finanzdienstleistungsaufsicht gegenüber dem Unternehmensregister hinsichtlich der Übermittlung, Einstellung, Verwaltung, Verarbeitung und des Abrufs kapitalmarktrechtlicher Daten einschließlich der Zusammenarbeit mit amtlich bestellten Speicherungssystemen anderer Mitgliedstaaten der Europäischen Union oder anderer Vertragsstaaten des Abkommens über den Europäischen Wirtschaftsraum im Rahmen des Aufbaus eines europaweiten Netzwerks zwischen den Speicherungssystemen, die Zulässigkeit sowie Art und Umfang von Auskunftsdienstleistungen mit den im Unternehmensregister gespeicherten Daten, die über die mit der Führung des Unternehmensregisters verbundenen Aufgaben nach diesem Gesetz hinausgehen, zu regeln. Soweit Regelungen getroffen werden, die kapitalmarktrechtliche Daten berühren, ist die Rechtsverordnung nach Satz 1 im Einvernehmen mit dem Bundesministerium der Finanzen zu erlassen. Die Rechtsverordnung nach Satz 1 hat dem schutzwürdigen Interesse der Unternehmen am Ausschluss einer zweckändernden Verwendung der im Register gespeicherten Daten angemessen Rechnung zu tragen.

§ 10 Bekanntmachung der Eintragungen

Das Gericht macht die Eintragungen in das Handelsregister in dem von der Landesjustizverwaltung bestimmten elektronischen Informations- und Kommunikationssystem in der zeitlichen Folge ihrer Eintragung nach Tagen geordnet bekannt; § 9 Abs. 1 Satz 4 und 5 gilt entsprechend. Soweit nicht ein Gesetz etwas anderes vorschreibt, werden die Eintragungen ihrem ganzen Inhalt nach veröffentlicht.

§ 11 Offenlegung in der Amtssprache eines Mitgliedstaats der Europäischen Union

(1) Die zum Handelsregister einzureichenden Dokumente sowie der Inhalt einer Eintragung können zusätzlich in jeder Amtssprache eines Mitgliedstaats der Europäischen Union übermittelt werden. Auf die Übersetzungen ist in geeigneter Weise hinzuweisen. § 9 ist entsprechend anwendbar.

(2) Im Fall der Abweichung der Originalfassung von einer eingereichten Übersetzung

kann letztere einem Dritten nicht entgegengehalten werden; dieser kann sich jedoch auf die eingereichte Übersetzung berufen, es sei denn, der Eingetragene weist nach, dass dem Dritten die Originalfassung bekannt war.

§ 12 Anmeldungen zur Eintragung und Einreichungen

(1) Anmeldungen zur Eintragung in das Handelsregister sind elektronisch in öffentlich beglaubigter Form einzureichen. Die gleiche Form ist für eine Vollmacht zur Anmeldung erforderlich. Rechtsnachfolger eines Beteiligten haben die Rechtsnachfolge soweit tunlich durch öffentliche Urkunden nachzuweisen.

(2) Dokumente sind elektronisch einzureichen. Ist eine Urschrift oder eine einfache Abschrift einzureichen oder ist für das Dokument die Schriftform bestimmt, genügt die Übermittlung einer elektronischen Aufzeichnung; ist ein notariell beurkundetes Dokument oder eine öffentlich beglaubigte Abschrift einzureichen, so ist ein mit einem einfachen elektronischen Zeugnis (§ 39a des Beurkundungsgesetzes) versehenes Dokument zu übermitteln.

§ 13 Zweigniederlassungen von Unternehmen mit Sitz im Inland

(1) Die Errichtung einer Zweigniederlassung ist von einem Einzelkaufmann oder einer juristischen Person beim Gericht der Hauptniederlassung, von einer Handelsgesellschaft beim Gericht des Sitzes der Gesellschaft, unter Angabe des Ortes und der inländischen Geschäftsanschrift der Zweigniederlassung und des Zusatzes, falls der Firma der Zweigniederlassung ein solcher beigefügt wird, zur Eintragung anzumelden. In gleicher Weise sind spätere Änderungen der die Zweigniederlassung betreffenden einzutragenden Tatsachen anzumelden.

(2) Das zuständige Gericht trägt die Zweigniederlassung auf dem Registerblatt der Hauptniederlassung oder des Sitzes unter Angabe des Ortes sowie der inländischen Geschäftsanschrift der Zweigniederlassung und des Zusatzes, falls der Firma der Zweigniederlassung ein solcher beigefügt ist, ein,

es sei denn, die Zweigniederlassung ist offensichtlich nicht errichtet worden.

(3) Die Absätze 1 und 2 gelten entsprechend für die Aufhebung der Zweigniederlassung.

§§ 13a bis 13c (weggefallen)

§ 13d Sitz oder Hauptniederlassung im Ausland

(1) Befindet sich die Hauptniederlassung eines Einzelkaufmanns oder einer juristischen Person oder der Sitz einer Handelsgesellschaft im Ausland, so haben alle eine inländische Zweigniederlassung betreffenden Anmeldungen, Einreichungen und Eintragungen bei dem Gericht zu erfolgen, in dessen Bezirk die Zweigniederlassung besteht.

(2) Die Eintragung der Errichtung der Zweigniederlassung hat auch den Ort und die inländische Geschäftsanschrift der Zweigniederlassung zu enthalten; ist der Firma der Zweigniederlassung ein Zusatz beigefügt, so ist auch dieser einzutragen.

(3) Im übrigen gelten für die Anmeldungen, Einreichungen, Eintragungen, Bekanntmachungen und Änderungen einzutragender Tatsachen, die die Zweigniederlassung eines Einzelkaufmanns, einer Handelsgesellschaft oder einer juristischen Person mit Ausnahme von Aktiengesellschaften, Kommanditgesellschaften auf Aktien und Gesellschaften mit beschränkter Haftung betreffen, die Vorschriften für Hauptniederlassungen oder Niederlassungen am Sitz der Gesellschaft sinngemäß, soweit nicht das ausländische Recht Abweichungen nötig macht.

§ 13e Zweigniederlassungen von Kapitalgesellschaften mit Sitz im Ausland

(1) Für Zweigniederlassungen von Aktiengesellschaften und Gesellschaften mit beschränkter Haftung mit Sitz im Ausland gelten ergänzend zu § 13d die folgenden Vorschriften.

(2) Die Errichtung einer Zweigniederlassung einer Aktiengesellschaft ist durch den Vorstand, die Errichtung einer Zweigniederlassung einer Gesellschaft mit beschränkter

III

Haftung ist durch die Geschäftsführer zur Eintragung in das Handelsregister anzumelden. Bei der Anmeldung ist das Bestehen der Gesellschaft als solcher nachzuweisen. Die Anmeldung hat auch eine inländische Geschäftsanschrift und den Gegenstand der Zweigniederlassung zu enthalten. Daneben kann eine Person, die für Willenserklärungen und Zustellungen an die Gesellschaft empfangsberechtigt ist, mit einer inländischen Anschrift zur Eintragung in das Handelsregister angemeldet werden; Dritten gegenüber gilt die Empfangsberechtigung als fortbestehend, bis sie im Handelsregister gelöscht und die Löschung bekannt gemacht worden ist, es sei denn, dass die fehlende Empfangsberechtigung dem Dritten bekannt war. In der Anmeldung sind ferner anzugeben

1. das Register, bei dem die Gesellschaft geführt wird, und die Nummer des Registereintrags, sofern das Recht des Staates, in dem die Gesellschaft ihren Sitz hat, eine Registereintragung vorsieht;

2. die Rechtsform der Gesellschaft;

3. die Personen, die befugt sind, als ständige Vertreter für die Tätigkeit der Zweigniederlassung die Gesellschaft gerichtlich und außergerichtlich zu vertreten, unter Angabe ihrer Befugnisse;

4. wenn die Gesellschaft nicht dem Recht eines Mitgliedstaates der Europäischen Union oder eines anderen Vertragsstaates des Abkommens über den Europäischen Wirtschaftsraum unterliegt, das Recht des Staates, dem die Gesellschaft unterliegt.

(3) Die in Absatz 2 Satz 5 Nr. 3 genannten Personen haben jede Änderung dieser Personen oder der Vertretungsbefugnis einer dieser Personen zur Eintragung in das Handelsregister anzumelden. Für die gesetzlichen Vertreter der Gesellschaft gelten in Bezug auf die Zweigniederlassung § 76 Abs. 3 Satz 2 und 3 des Aktiengesetzes sowie § 6 Abs. 2 Satz 2 und 3 des Gesetzes betreffend die Gesellschaften mit beschränkter Haftung entsprechend.

(3a) An die in Absatz 2 Satz 5 Nr. 3 genannten Personen als Vertreter der Gesellschaft können unter der im Handelsregister eingetragenen inländischen Geschäftsanschrift der Zweigniederlassung Willenserklärungen abgegeben und Schriftstücke zugestellt werden. Unabhängig hiervon können die Abgabe und die Zustellung auch unter der eingetragenen Anschrift der empfangsberechtigten Person nach Absatz 2 Satz 4 erfolgen.

(4) Die in Absatz 2 Satz 5 Nr. 3 genannten Personen oder, wenn solche nicht angemeldet sind, die gesetzlichen Vertreter der Gesellschaft haben die Eröffnung oder die Ablehnung der Eröffnung eines Insolvenzverfahrens oder ähnlichen Verfahrens über das Vermögen der Gesellschaft zur Eintragung in das Handelsregister anzumelden.

(5) Errichtet eine Gesellschaft mehrere Zweigniederlassungen im Inland, so brauchen die Satzung oder der Gesellschaftsvertrag sowie deren Änderungen nach Wahl der Gesellschaft nur zum Handelsregister einer dieser Zweigniederlassungen eingereicht zu werden. In diesem Fall haben die nach Absatz 2 Satz 1 Anmeldepflichtigen zur Eintragung in den Handelsregistern der übrigen Zweigniederlassungen anzumelden, welches Register die Gesellschaft gewählt hat und unter welcher Nummer die Zweigniederlassung eingetragen ist.

§ 13f Zweigniederlassungen von Aktiengesellschaften mit Sitz im Ausland

(1) Für Zweigniederlassungen von Aktiengesellschaften mit Sitz im Ausland gelten ergänzend die folgenden Vorschriften.

(2) Der Anmeldung ist die Satzung in öffentlich beglaubigter Abschrift und, sofern die Satzung nicht in deutscher Sprache erstellt ist, eine beglaubigte Übersetzung in deutscher Sprache beizufügen. Die Vorschriften des § 37 Abs. 2 und 3 des Aktiengesetzes finden Anwendung. Soweit nicht das ausländische Recht eine Abweichung nötig macht, sind in die Anmeldung die in § 23 Abs. 3 und 4 sowie den §§ 24 und 25 Satz 2 des Aktiengesetzes vorgesehenen Bestimmungen und Bestimmungen der Satzung über die Zusammensetzung des Vorstandes aufzunehmen; erfolgt die Anmeldung in den ersten zwei

Jahren nach der Eintragung der Gesellschaft in das Handelsregister ihres Sitzes, sind auch die Angaben über Festsetzungen nach den §§ 26 und 27 des Aktiengesetzes und der Ausgabebetrag der Aktien sowie Name und Wohnort der Gründer aufzunehmen. Der Anmeldung ist die für den Sitz der Gesellschaft ergangene gerichtliche Bekanntmachung beizufügen.

(3) Die Eintragung der Errichtung der Zweigniederlassung hat auch die Angaben nach § 39 des Aktiengesetzes sowie die Angaben nach § 13e Abs. 2 Satz 3 bis 5 zu enthalten.

(4) Änderungen der Satzung der ausländischen Gesellschaft sind durch den Vorstand zur Eintragung in das Handelsregister anzumelden. Für die Anmeldung gelten die Vorschriften des § 181 Abs. 1 und 2 des Aktiengesetzes sinngemäß, soweit nicht das ausländische Recht Abweichungen nötig macht.

(5) Im übrigen gelten die Vorschriften der §§ 81, 263 Satz 1, § 266 Abs. 1 und 2, § 273 Abs. 1 Satz 1 des Aktiengesetzes sinngemäß, soweit nicht das ausländische Recht Abweichungen nötig macht.

(6) Für die Aufhebung einer Zweigniederlassung gelten die Vorschriften über ihre Errichtung sinngemäß.

(7) Die Vorschriften über Zweigniederlassungen von Aktiengesellschaften mit Sitz im Ausland gelten sinngemäß für Zweigniederlassungen von Kommanditgesellschaften auf Aktien mit Sitz im Ausland, soweit sich aus den Vorschriften der §§ 278 bis 290 des Aktiengesetzes oder aus dem Fehlen eines Vorstands nichts anderes ergibt.

§ 13g Zweigniederlassungen von Gesellschaften mit beschränkter Haftung mit Sitz im Ausland

(1) Für Zweigniederlassungen von Gesellschaften mit beschränkter Haftung mit Sitz im Ausland gelten ergänzend die folgenden Vorschriften.

(2) Der Anmeldung ist der Gesellschaftsvertrag in öffentlich beglaubigter Abschrift und, sofern der Gesellschaftsvertrag nicht in deutscher Sprache erstellt ist, eine beglaubigte Übersetzung in deutscher Sprache beizufü-

gen. Die Vorschriften des § 8 Abs. 1 Nr. 2 und Abs. 3 und 4 des Gesetzes betreffend die Gesellschaften mit beschränkter Haftung sind anzuwenden. Wird die Errichtung der Zweigniederlassung in den ersten zwei Jahren nach der Eintragung der Gesellschaft in das Handelsregister ihres Sitzes angemeldet, so sind in die Anmeldung auch die nach § 5 Abs. 4 des Gesetzes betreffend die Gesellschaften mit beschränkter Haftung getroffenen Festsetzungen aufzunehmen, soweit nicht das ausländische Recht Abweichungen nötig macht.

(3) Die Eintragung der Errichtung der Zweigniederlassung hat auch die Angaben nach § 10 des Gesetzes betreffend die Gesellschaften mit beschränkter Haftung sowie die Angaben nach § 13e Abs. 2 Satz 3 bis 5 zu enthalten.

(4) Änderungen des Gesellschaftsvertrages der ausländischen Gesellschaft sind durch die Geschäftsführer zur Eintragung in das Handelsregister anzumelden. Für die Anmeldung gelten die Vorschriften des § 54 Abs. 1 und 2 des Gesetzes betreffend die Gesellschaften mit beschränkter Haftung sinngemäß, soweit nicht das ausländische Recht Abweichungen nötig macht.

(5) Im übrigen gelten die Vorschriften der §§ 39, 65 Abs. 1 Satz 1, § 67 Abs. 1 und 2, § 74 Abs. 1 Satz 1 des Gesetzes betreffend die Gesellschaften mit beschränkter Haftung sinngemäß, soweit nicht das ausländische Recht Abweichungen nötig macht.

(6) Für die Aufhebung einer Zweigniederlassung gelten die Vorschriften über ihre Errichtung sinngemäß.

§ 13h Verlegung des Sitzes einer Hauptniederlassung im Inland

(1) Wird die Hauptniederlassung eines Einzelkaufmanns oder einer juristischen Person oder der Sitz einer Handelsgesellschaft im Inland verlegt, so ist die Verlegung beim Gericht der bisherigen Hauptniederlassung oder des bisherigen Sitzes anzumelden.

(2) Wird die Hauptniederlassung oder der Sitz aus dem Bezirk des Gerichts der bisherigen Hauptniederlassung oder des bisherigen Sit-

zes verlegt, so hat dieses unverzüglich von Amts wegen die Verlegung dem Gericht der neuen Hauptniederlassung oder des neuen Sitzes mitzuteilen. Der Mitteilung sind die Eintragungen für die bisherige Hauptniederlassung oder den bisherigen Sitz sowie die bei dem bisher zuständigen Gericht aufbewahrten Urkunden beizufügen. Das Gericht der neuen Hauptniederlassung oder des neuen Sitzes hat zu prüfen, ob die Hauptniederlassung oder der Sitz ordnungsgemäß verlegt und § 30 beachtet ist. Ist dies der Fall, so hat es die Verlegung einzutragen und dabei die ihm mitgeteilten Eintragungen ohne weitere Nachprüfung in sein Handelsregister zu übernehmen. Die Eintragung ist dem Gericht der bisherigen Hauptniederlassung oder des bisherigen Sitzes mitzuteilen. Dieses hat die erforderlichen Eintragungen von Amts wegen vorzunehmen.

(3) Wird die Hauptniederlassung oder der Sitz an einen anderen Ort innerhalb des Bezirks des Gerichts der bisherigen Hauptniederlassung oder des bisherigen Sitzes verlegt, so hat das Gericht zu prüfen, ob die Hauptniederlassung oder der Sitz ordnungsgemäß verlegt und § 30 beachtet ist. Ist dies der Fall, so hat es die Verlegung einzutragen.

§ 14 (Zwangsgeld)

Wer seiner Pflicht zur Anmeldung oder zur Einreichung von Dokumenten zum Handelsregister nicht nachkommt, ist hierzu von dem Registergericht durch Festsetzung von Zwangsgeld anzuhalten. Das einzelne Zwangsgeld darf den Betrag von fünftausend Euro nicht übersteigen.

§ 15 (Wirkung von Eintragung und Bekanntmachung)

(1) Solange eine in das Handelsregister einzutragende Tatsache nicht eingetragen und bekanntgemacht ist, kann sie von demjenigen, in dessen Angelegenheiten sie einzutragen war, einem Dritten nicht entgegengesetzt werden, es sei denn, daß sie diesem bekannt war.

(2) Ist die Tatsache eingetragen und bekanntgemacht worden, so muß ein Dritter sie gegen sich gelten lassen. Dies gilt nicht bei Rechtshandlungen, die innerhalb von fünfzehn Tagen nach der Bekanntmachung vorgenommen werden, sofern der Dritte beweist, daß er die Tatsache weder kannte noch kennen mußte.

(3) Ist eine einzutragende Tatsache unrichtig bekanntgemacht, so kann sich ein Dritter demjenigen gegenüber, in dessen Angelegenheiten die Tatsache einzutragen war, auf die bekanntgemachte Tatsache berufen, es sei denn, daß er die Unrichtigkeit kannte.

(4) Für den Geschäftsverkehr mit einer in das Handelsregister eingetragenen Zweigniederlassung eines Unternehmens mit Sitz oder Hauptniederlassung im Ausland ist im Sinne dieser Vorschriften die Eintragung und Bekanntmachung durch das Gericht der Zweigniederlassung entscheidend.

§ 15a Öffentliche Zustellung

Ist bei einer juristischen Person, die zur Anmeldung einer inländischen Geschäftsanschrift zum Handelsregister verpflichtet ist, der Zugang einer Willenserklärung nicht unter der eingetragenen Anschrift oder einer im Handelsregister eingetragenen Anschrift einer für Zustellungen empfangsberechtigten Person oder einer ohne Ermittlungen bekannten anderen inländischen Anschrift möglich, kann die Zustellung nach den für die öffentliche Zustellung geltenden Vorschriften der Zivilprozessordnung erfolgen. Zuständig ist das Amtsgericht, in dessen Bezirk sich die eingetragene inländische Geschäftsanschrift der Gesellschaft befindet. § 132 des Bürgerlichen Gesetzbuchs bleibt unberührt.

§ 16 (Verpflichtung zur Mitwirkung)

(1) Ist durch eine rechtskräftige oder vollstreckbare Entscheidung des Prozeßgerichts die Verpflichtung zur Mitwirkung bei einer Anmeldung zum Handelsregister oder ein Rechtsverhältnis, bezüglich dessen eine Eintragung zu erfolgen hat, gegen einen von mehreren bei der Vornahme der Anmeldung Beteiligten festgestellt, so genügt zur Eintragung die Anmeldung der übrigen Beteiligten. Wird die Entscheidung, auf Grund deren die

Eintragung erfolgt ist, aufgehoben, so ist dies auf Antrag eines der Beteiligten in das Handelsregister einzutragen.

(2) Ist durch eine rechtskräftige oder vollstreckbare Entscheidung des Prozeßgerichts die Vornahme einer Eintragung für unzulässig erklärt, so darf die Eintragung nicht gegen den Widerspruch desjenigen erfolgen, welcher die Entscheidung erwirkt hat.

Dritter Abschnitt
Handelsfirma

§ 17 (Begriff)

(1) Die Firma eines Kaufmanns ist der Name, unter dem er seine Geschäfte betreibt und die Unterschrift abgibt.

(2) Ein Kaufmann kann unter seiner Firma klagen und verklagt werden.

§ 18 (Kennzeichnung)

(1) Die Firma muß zur Kennzeichnung des Kaufmanns geeignet sein und Unterscheidungskraft besitzen.

(2) Der Firma darf keine Angaben enthalten, die geeignet sind, über geschäftliche Verhältnisse, die für die angesprochenen Verkehrskreise wesentlich sind, irrezuführen. Im Verfahren vor dem Registergericht wird die Eignung zur Irreführung nur berücksichtigt, wenn sie ersichtlich ist.

§ 19 (e. K., OHG, KG)

(1) Die Firma muß, auch wenn sie nach den §§ 21, 22, 24 oder nach anderen gesetzlichen Vorschriften fortgeführt wird, enthalten.:

1. bei Einzelkaufleuten die Bezeichnung „eingetragener Kaufmann", „eingetragene Kauffrau" oder eine allgemein verständliche Abkürzung dieser Bezeichnung, insbesondere „e.K.", „e.Kfm." oder „e.Kfr";

2. bei einer offenen Handelsgesellschaft die Bezeichnung „offene Handelsgesellschaft" oder eine allgemein verständliche Abkürzung dieser Bezeichnung;

3. bei einer Kommanditgesellschaft die Bezeichnung „Kommanditgesellschaft" oder

eine allgemein verständliche Abkürzung dieser Bezeichnung.

(2) Wenn in einer offenen Handelsgesellschaft oder Kommanditgesellschaft keine natürliche Person persönlich haftet, muß die Firma, auch wenn sie nach den §§ 21, 22, 24 oder nach anderen gesetzlichen Vorschriften fortgeführt wird, eine Bezeichnung enthalten, welche die Haftungsbeschränkung kennzeichnet.

§ 20 (weggefallen)

§ 21 (Namensänderung)

Wird ohne eine Änderung der Person der in der Firma enthaltene Name des Geschäftsinhabers oder eines Gesellschafters geändert, so kann die bisherige Firma fortgeführt werden.

§ 22 (Fortführung des Geschäfts)

(1) Wer ein bestehendes Handelsgeschäft unter Lebenden oder von Todes wegen erwirbt, darf für das Geschäft die bisherige Firma, auch wenn sie den Namen des bisherigen Geschäftsinhabers enthält, mit oder ohne Beifügung eines das Nachfolgeverhältnis andeutenden Zusatzes fortführen, wenn der bisherige Geschäftsinhaber oder dessen Erben in die Fortführung der Firma ausdrücklich willigen.

(2) Wird ein Handelsgeschäft auf Grund eines Nießbrauchs, eines Pachtvertrags oder eines ähnlichen Verhältnisses übernommen, so finden diese Vorschriften entsprechende Anwendung.

§ 23 (Bindung an Geschäft)

Die Firma kann nicht ohne das Handelsgeschäft, für welches sie geführt wird, veräußert werden.

§ 24 (Eintritt, Ausscheiden eines Gesellschafters)

(1) Wird jemand in ein bestehendes Handelsgeschäft als Gesellschafter aufgenommen oder tritt in eine neuer Gesellschafter in eine Handelsgesellschaft ein oder scheidet aus einer solchen ein Gesellschafter aus, so kann ungeachtet dieser Veränderung die bisherige

Firma fortgeführt werden, auch wenn sie den Namen des bisherigen Geschäftsinhabers oder Namen von Gesellschaftern enthält.

(2) Bei dem Ausscheiden eines Gesellschafters, dessen Name in der Firma enthalten ist, bedarf es zur Fortführung der Firma der ausdrücklichen Einwilligung des Gesellschafters oder seiner Erben.

§ 25 (Haftung für Verbindlichkeiten)

(1) Wer ein unter Lebenden erworbenes Handelsgeschäft unter der bisherigen Firma mit oder ohne Beifügung eines das Nachfolgeverhältnis andeutenden Zusatzes fortführt, haftet für alle im Betriebe des Geschäfts begründeten Verbindlichkeiten des früheren Inhabers. Die in dem Betriebe begründeten Forderungen gelten den Schuldnern gegenüber als auf den Erwerber übergegangen, falls der bisherige Inhaber oder seine Erben in die Fortführung der Firma gewilligt haben.

(2) Eine abweichende Vereinbarung ist einem Dritten gegenüber nur wirksam, wenn sie in das Handelsregister eingetragen und bekanntgemacht oder von dem Erwerber oder dem Veräußerer dem Dritten mitgeteilt worden ist.

(3) Wird die Firma nicht fortgeführt, so haftet der Erwerber eines Handelsgeschäfts für die früheren Geschäftsverbindlichkeiten nur, wenn ein besonderer Verpflichtungsgrund vorliegt, insbesondere, wenn die Übernahme der Verbindlichkeiten in handelsüblicher Weise von dem Erwerber bekanntgemacht worden ist.

§ 26 (Verjährung)

(1) Ist der Erwerber des Handelsgeschäfts auf Grund der Fortführung der Firma oder auf Grund der in § 25 Abs. 3 bezeichneten Kundmachung für die früheren Geschäftsverbindlichkeiten haftbar, so haftet der frühere Geschäftsinhaber für diese Verbindlichkeiten nur, wenn sie vor Ablauf von fünf Jahren fällig und daraus Ansprüche gegen ihn in einer in § 197 Abs. 1 Nr. 3 bis 5 des Bürgerlichen Gesetzbuchs bezeichneten Art festgestellt sind oder eine gerichtliche oder behördliche Vollstreckungshandlung vorgenommen oder

beantragt wird; bei öffentlich-rechtlichen Verbindlichkeiten genügt der Erlass eines Verwaltungsakts. Die Frist beginnt im Falle des § 25 Abs. 1 mit dem Ende des Tages, an dem der neue Inhaber der Firma in das Handelsregister des Gerichts der Hauptniederlassung eingetragen wird, im Falle des § 25 Abs. 3 mit dem Ende des Tages, an dem die Übernahme kundgemacht wird. Die für die Verjährung geltenden §§ 204, 206, 210, 211 und 212 Abs. 2 und 3 des Bürgerlichen Gesetzbuches sind entsprechend anzuwenden.

(2) Einer Feststellung in einer in § 197 Abs. 1 Nr. 3 bis 5 des Bürgerlichen Gesetzbuchs bezeichneten Art bedarf es nicht, soweit der frühere Geschäftsinhaber den Anspruch schriftlich anerkannt hat.

§ 27 (Haftung des Erben)

(1) Wird ein zu einem Nachlasse gehörendes Handelsgeschäft von dem Erben fortgeführt, so finden auf die Haftung des Erben für die früheren Geschäftsverbindlichkeiten die Vorschriften des § 25 entsprechende Anwendung.

(2) Die unbeschränkte Haftung nach § 25 Abs. 1 tritt nicht ein, wenn die Fortführung des Geschäfts vor dem Ablaufe von drei Monaten nach dem Zeitpunkt, in welchem der Erbe von dem Anfalle der Erbschaft Kenntnis erlangt hat, eingestellt wird. Auf den Lauf der Frist finden die für die Verjährung geltenden Vorschriften des § 210 des Bürgerlichen Gesetzbuchs entsprechende Anwendung. Ist bei dem Ablaufe der drei Monate das Recht zur Ausschlagung der Erbschaft noch nicht verloren, so endigt die Frist nicht vor dem Ablaufe der Ausschlagungsfrist.

§ 28 (Eintritt in Geschäft des Einzelkaufmanns)

(1) Tritt jemand als persönlich haftender Gesellschafter oder als Kommanditist in das Geschäft eines Einzelkaufmanns ein, so haftet die Gesellschaft, auch wenn sie die frühere Firma nicht fortführt, für alle im Betriebe des Geschäfts entstandenen Verbindlichkeiten des früheren Geschäftsinhabers. Die in dem Betriebe begründeten Forderungen gel-

ten den Schuldnern gegenüber als auf die Gesellschaft übergegangen.

(2) Eine abweichende Vereinbarung ist einem Dritten gegenüber nur wirksam, wenn sie in das Handelsregister eingetragen und bekanntgemacht oder von einem Gesellschafter dem Dritten mitgeteilt worden ist.

(3) Wird der frühere Geschäftsinhaber Kommanditist und haftet die Gesellschaft für die im Betrieb seines Geschäfts entstandenen Verbindlichkeiten, so ist für die Begrenzung seiner Haftung § 26 entsprechend mit der Maßgabe anzuwenden, daß die in § 26 Abs. 1 bestimmte Frist mit dem Ende des Tages beginnt, an dem die Gesellschaft in das Handelsregister eingetragen wird. Dies gilt auch, wenn er in der Gesellschaft oder einem ihr als Gesellschafter angehörenden Unternehmen geschäftsführend tätig wird. Seine Haftung als Kommanditist bleibt unberührt.

§ 29 (Anmeldung zum Handelsregister)

Jeder Kaufmann ist verpflichtet, seine Firma, den Ort und die inländische Geschäftsanschrift seiner Handelsniederlassung bei dem Gericht, in dessen Bezirke sich die Niederlassung befindet, zur Eintragung in das Handelsregister anzumelden.

§ 30 (Deutliche Unterscheidung)

(1) Jede neue Firma muß sich von allen an demselben Ort oder in derselben Gemeinde bereits bestehenden und in das Handelsregister oder in das Genossenschaftsregister eingetragenen Firmen deutlich unterscheiden.

(2) Hat ein Kaufmann mit einem bereits eingetragenen Kaufmanne die gleichen Vornamen und den gleichen Familiennamen und will auch er sich dieser Namen als seiner Firma bedienen, so muß er der Firma einen Zusatz beifügen, durch den sie sich von der bereits eingetragenen Firma deutlich unterscheidet.

(3) Besteht an dem Orte oder in der Gemeinde, wo eine Zweigniederlassung errichtet wird, bereits eine gleiche eingetragene Firma, so muß der Firma für die Zweignieder-

lassung ein der Vorschrift des Absatzes 2 entsprechender Zusatz beigefügt werden.

(4) Durch die Landesregierungen kann bestimmt werden, daß benachbarte Orte oder Gemeinden als ein Ort oder als eine Gemeinde im Sinne dieser Vorschriften anzusehen sind.

§ 31 (Änderungen, Erlöschen)

(1) Eine Änderung der Firma oder ihrer Inhaber, die Verlegung der Niederlassung an einen anderen Ort sowie die Änderung der inländischen Geschäftsanschrift ist nach den Vorschriften des § 29 zur Eintragung in das Handelsregister anzumelden.

(2) Das gleiche gilt, wenn die Firma erlischt. Kann die Anmeldung des Erlöschens einer eingetragenen Firma durch die hierzu Verpflichteten nicht auf dem in § 14 bezeichneten Wege herbeigeführt werden, so hat das Gericht das Erlöschen von Amts wegen einzutragen.

§ 32 (Insolvenzverfahren)

(1) Wird über das Vermögen eines Kaufmanns das Insolvenzverfahren eröffnet, so ist dies von Amts wegen in das Handelsregister einzutragen. Das gleiche gilt für

1. die Aufhebung des Eröffnungsbeschlusses,

2. die Bestellung eines vorläufigen Insolvenzverwalters, wenn zusätzlich dem Schuldner ein allgemeines Verfügungsverbot auferlegt oder angeordnet wird, daß Verfügungen des Schuldners nur mit Zustimmung des vorläufigen Insolvenzverwalters wirksam sind, und die Aufhebung einer derartigen Sicherungsmaßnahme,

3. die Anordnung der Eigenverwaltung durch den Schuldner und deren Aufhebung sowie die Anordnung der Zustimmungsbedürftigkeit bestimmter Rechtsgeschäfte des Schuldners,

4. die Einstellung und die Aufhebung des Verfahrens und

5. die Überwachung der Erfüllung eines Insolvenzplans und die Aufhebung der Überwachung.

(2) Die Eintragungen werden nicht bekanntgemacht. Die Vorschriften des § 15 sind nicht anzuwenden.

§ 33 (Juristische Person)

(1) Eine juristische Person, deren Eintragung in das Handelsregister mit Rücksicht auf den Gegenstand oder auf die Art und den Umfang ihres Gewerbebetriebes zu erfolgen hat, ist von sämtlichen Mitgliedern des Vorstandes zur Eintragung anzumelden.

(2) Der Anmeldung sind die Satzung der juristischen Person und die Urkunden über die Bestellung des Vorstandes in Urschrift oder in öffentlich beglaubigter Abschrift beizufügen; ferner ist anzugeben, welche Vertretungsmacht die Vorstandsmitglieder haben. Bei der Eintragung sind die Firma und der Sitz der juristischen Person, der Gegenstand des Unternehmens, die Mitglieder des Vorstandes und ihre Vertretungsmacht anzugeben. Besondere Bestimmungen der Satzung über die Zeitdauer des Unternehmens sind gleichfalls einzutragen.

(3) Die Errichtung einer Zweigniederlassung ist durch den Vorstand anzumelden.

(4) Für juristische Personen im Sinne von Absatz 1 gilt die Bestimmung des § 37a entsprechend.

§ 34 (Änderungen, Auflösung, Insolvenzverfahren)

(1) Jede Änderung der nach § 33 Abs. 2 Satz 2 und 3 einzutragenden Tatsachen oder der Satzung, die Auflösung der juristischen Person, falls sie nicht die Folge der Eröffnung des Insolvenzverfahrens ist, sowie die Personen der Liquidatoren, ihre Vertretungsmacht, jeder Wechsel der Liquidatoren und jede Änderung ihrer Vertretungsmacht sind zur Eintragung in das Handelsregister anzumelden.

(2) Bei der Eintragung einer Änderung der Satzung genügt, soweit nicht die Änderung die in § 33 Abs. 2 Satz 2 und 3 bezeichneten Angaben betrifft, die Bezugnahme auf die bei dem Gericht eingereichten Urkunden über die Änderung.

(3) Die Anmeldung hat durch den Vorstand oder, sofern die Eintragung erst nach der Anmeldung der ersten Liquidatoren geschehen soll, durch die Liquidatoren zu erfolgen.

(4) Die Eintragung gerichtlich bestellter Vorstandsmitglieder oder Liquidatoren geschieht von Amts wegen.

(5) Im Falle des Insolvenzverfahrens finden die Vorschriften des § 32 Anwendung.

§§ 35 und 36 (weggefallen)

§ 37 (Unzulässiger Gebrauch der Firma)

(1) Wer eine nach den Vorschriften dieses Abschnitts ihm nicht zustehende Firma gebraucht, ist von dem Registergerichte zur Unterlassung des Gebrauchs der Firma durch Festsetzung von Ordnungsgeld anzuhalten.

(2) Wer in seinen Rechten dadurch verletzt wird, daß ein anderer eine Firma unbefugt gebraucht, kann von diesem die Unterlassung des Gebrauchs der Firma verlangen. Ein nach sonstigen Vorschriften begründeter Anspruch auf Schadensersatz bleibt unberührt.

§ 37a (Geschäftsbriefe)

(1) Auf allen Geschäftsbriefen des Kaufmanns gleichviel welcher Form, die an einen bestimmten Empfänger gerichtet werden, müssen seine Firma, die Bezeichnung nach § 19 Abs. 1 Nr. 1, der Ort seiner Handelsniederlassung, das Registergericht und die Nummer, unter der die Firma in das Handelsregister eingetragen ist, angegeben werden.

(2) Der Angaben nach Absatz 1 bedarf es nicht bei Mitteilungen oder Berichten, die im Rahmen einer bestehenden Geschäftsverbindung ergehen und für die üblicherweise Vordrucke verwendet werden, in denen lediglich die im Einzelfall erforderlichen besonderen Angaben eingefügt zu werden brauchen.

(3) Bestellscheine gelten als Geschäftsbriefe im Sinne des Absatzes 1. Absatz 2 ist auf sie nicht anzuwenden.

(4) Wer seiner Pflicht nach Absatz 1 nicht nachkommt, ist hierzu von dem Registergericht durch Festsetzung von Zwangsgeld anzuhalten. § 14 Satz 2 gilt entsprechend.

Vierter Abschnitt

§§ 38 bis 47b (weggefallen)

Fünfter Abschnitt
Prokura und Handlungsvollmacht

§ 48 (Erklärung der Prokura; Gesamtprokura)

(1) Die Prokura kann nur von dem Inhaber des Handelsgeschäfts oder seinem gesetzlichen Vertreter und nur mittels ausdrücklicher Erklärung erteilt werden.

(2) Die Erteilung kann an mehrere Personen gemeinschaftlich erfolgen (Gesamtprokura).

§ 49 (Umfang der Ermächtigung)

(1) Die Prokura ermächtigt zu allen Arten von gerichtlichen und außergerichtlichen Geschäften und Rechtshandlungen, die der Betrieb eines Handelsgewerbes mit sich bringt.

(2) Zur Veräußerung und Belastung von Grundstücken ist der Prokurist nur ermächtigt, wenn ihm diese Befugnis besonders erteilt ist.

§ 50 (Beschränkungen)

(1) Eine Beschränkung des Umfanges der Prokura ist Dritten gegenüber unwirksam.

(2) Dies gilt insbesondere von der Beschränkung, daß die Prokura nur für gewisse Geschäfte oder gewisse Arten von Geschäften oder nur unter gewissen Umständen oder für eine gewisse Zeit oder an einzelnen Orten ausgeübt werden soll.

(3) Eine Beschränkung der Prokura auf den Betrieb einer von mehreren Niederlassungen des Geschäftsinhabers ist Dritten gegenüber nur wirksam, wenn die Niederlassungen unter verschiedenen Firmen betrieben werden. Eine Verschiedenheit der Firmen im Sinne dieser Vorschrift wird auch dadurch begründet, daß für eine Zweigniederlassung der Firma ein Zusatz beigefügt wird, der sie als Firma der Zweigniederlassung bezeichnet.

§ 51 (Zeichnung)

Der Prokurist hat in der Weise zu zeichnen, daß er der Firma seinen Namen mit einem die Prokura andeutenden Zusatze beifügt.

§ 52 (Widerruf, nicht übertragbar; Tod des Inhabers)

(1) Die Prokura ist ohne Rücksicht auf das der Erteilung zugrunde liegende Rechtsverhältnis jederzeit widerruflich, unbeschadet des Anspruchs auf die vertragsmäßige Vergütung.

(2) Die Prokura ist nicht übertragbar.

(3) Die Prokura erlischt nicht durch den Tod des Inhabers des Handelsgeschäfts.

§ 53 (Anmeldung)

(1) Die Erteilung der Prokura ist von dem Inhaber des Handelsgeschäfts zur Eintragung in das Handelsregister anzumelden. Ist die Prokura als Gesamtprokura erteilt, so muß auch dies zur Eintragung angemeldet werden.

(2) Das Erlöschen der Prokura ist in gleicher Weise wie die Erteilung zur Eintragung anzumelden.

§ 54 (Handlungsvollmacht)

(1) Ist jemand ohne Erteilung der Prokura zum Betrieb eines Handelsgewerbes oder zur Vornahme einer bestimmten zu einem Handelsgewerbe gehörigen Art von Geschäften oder zur Vornahme einzelner zu einem Handelsgewerbe gehöriger Geschäfte ermächtigt, so erstreckt sich die Vollmacht (Handlungsvollmacht) auf alle Geschäfte und Rechtshandlungen, die der Betrieb eines derartigen Handelsgewerbes oder die Vornahme derartiger Geschäfte gewöhnlich mit sich bringt.

(2) Zur Veräußerung oder Belastung von Grundstücken, zur Eingehung von Wechselverbindlichkeiten, zur Aufnahme von Darlehen und zur Prozeßführung ist der Handlungsbevollmächtigte nur ermächtigt, wenn ihm eine solche Befugnis besonders erteilt ist.

(3) Sonstige Beschränkungen der Handlungsvollmacht braucht ein Dritter nur dann gegen sich gelten zu lassen, wenn er sie kannte oder kennen mußte.

III

§ 55 (Sonstige Bevollmächtigte)

(1) Die Vorschriften des § 54 finden auch Anwendung auf Handlungsbevollmächtigte, die Handelsvertreter sind oder die als Handlungsgehilfen damit betraut sind, außerhalb des Betriebes des Prinzipals Geschäfte in dessen Namen abzuschließen.

(2) Die ihnen erteilte Vollmacht zum Abschluß von Geschäften bevollmächtigt sie nicht, abgeschlossene Verträge zu ändern, insbesondere Zahlungsfristen zu gewähren.

(3) Zur Annahme von Zahlungen sind sie nur berechtigt, wenn sie dazu bevollmächtigt sind.

(4) Sie gelten als ermächtigt, die Anzeige von Mängeln einer Ware, die Erklärung, daß eine Ware zur Verfügung gestellt werde, sowie ähnliche Erklärungen, durch die ein Dritter seine Rechte aus mangelhafter Leistung geltend macht oder sie vorbehält, entgegenzunehmen; sie können die dem Unternehmer (Prinzipal) zustehenden Rechte auf Sicherung des Beweises geltend machen.

§ 56 (Angestellte)

Wer in einem Laden oder in einem offenen Warenlager angestellt ist, gilt als ermächtigt zu Verkäufen und Empfangnahmen, die in einem derartigen Laden oder Warenlager gewöhnlich geschehen.

§ 57 (Zeichnung)

Der Handlungsbevollmächtigte hat sich bei der Zeichnung jedes einer Prokura andeutenden Zusatzes zu enthalten; er hat mit einem das Vollmachtsverhältnis ausdrückenden Zusatze zu zeichnen.

§ 58 (Übertragung)

Der Handlungsbevollmächtigte kann ohne Zustimmung des Inhabers des Handelsgeschäfts seine Handlungsvollmacht auf einen anderen nicht übertragen.

Sechster Abschnitt
Handlungsgehilfen und Handlungslehrlinge

§ 59 (Handlungsgehilfen)

Wer in einem Handelsgewerbe zur Leistung kaufmännischer Dienste gegen Entgelt angestellt ist (Handlungsgehilfe), hat, soweit nicht besondere Vereinbarungen über die Art und den Umfang seiner Dienstleistungen oder über die ihm zukommende Vergütung getroffen sind, die dem Ortsgebrauch entsprechenden Dienste zu leisten sowie die dem Ortsgebrauch entsprechende Vergütung zu beanspruchen. In Ermangelung eines Ortsgebrauchs gelten die den Umständen nach angemessenen Leistungen als vereinbart.

§ 60 (Wettbewerbsverbot)

(1) Der Handlungsgehilfe darf ohne Einwilligung des Prinzipals weder ein Handelsgewerbe betreiben noch in dem Handelszweige des Prinzipals für eigene oder fremde Rechnung Geschäfte machen.

(2) Die Einwilligung zum Betrieb eines Handelsgewerbes gilt als erteilt, wenn dem Prinzipal bei der Anstellung des Gehilfen bekannt ist, daß er das Gewerbe betreibt, und der Prinzipal die Aufgabe des Betriebs nicht ausdrücklich vereinbart.

§ 61 (Verletzung des Verbots)

(1) Verletzt der Handlungsgehilfe die ihm nach § 60 obliegende Verpflichtung, so kann der Prinzipal Schadensersatz fordern; er kann statt dessen verlangen, daß der Handlungsgehilfe die für eigene Rechnung gemachten Geschäfte als für Rechnung des Prinzipals eingegangen gelten lasse und die aus Geschäften für fremde Rechnung bezogene Vergütung herausgebe oder seinen Anspruch auf die Vergütung abtrete.

(2) Die Ansprüche verjähren in drei Monaten von dem Zeitpunkt an, in welchem der Prinzipal Kenntnis von dem Abschluss des Geschäfts erlangt oder ohne grobe Fahrlässigkeit erlangen müsste; sie verjähren ohne Rücksicht auf diese Kenntnis oder grob fahrlässige Unkenntnis in fünf Jahren von dem Abschluss des Geschäfts an.

§ 62 (Arbeitsbedingungen)

(1) Der Prinzipal ist verpflichtet, die Geschäftsräume und die für den Geschäftsbetrieb bestimmten Vorrichtungen und Gerätschaften so einzurichten und zu unterhalten, auch den Geschäftsbetrieb und die Arbeitszeit so zu regeln, daß der Handlungsgehilfe gegen eine Gefährdung seiner Gesundheit, soweit die Natur des Betriebs es gestattet, geschützt und die Aufrechterhaltung der guten Sitten und des Anstandes gesichert ist.

(2) Ist der Handlungsgehilfe in die häusliche Gemeinschaft aufgenommen, so hat der Prinzipal in Ansehung des Wohn- und Schlafraums, der Verpflegung sowie der Arbeits- und Erholungszeit diejenigen Einrichtungen und Anordnungen zu treffen, welche mit Rücksicht auf die Gesundheit, die Sittlichkeit und die Religion des Handlungsgehilfen erforderlich sind.

(3) Erfüllt der Prinzipal die ihm in Ansehung des Lebens und der Gesundheit des Handlungsgehilfen obliegenden Verpflichtungen nicht, so finden auf seine Verpflichtung zum Schadensersatze die für unerlaubte Handlungen geltenden Vorschriften der §§ 842 bis 846 des Bürgerlichen Gesetzbuchs entsprechende Anwendung.

(4) Die dem Prinzipal hiernach obliegenden Verpflichtungen können nicht im voraus durch Vertrag aufgehoben oder beschränkt werden.

§ 63 (weggefallen)

§ 64 (Fälligkeit des Gehalts)

Die Zahlung des dem Handlungsgehilfen zukommenden Gehalts hat am Schlusse jedes Monats zu erfolgen. Eine Vereinbarung, nach der die Zahlung des Gehalts später erfolgen soll, ist nichtig.

§ 65 (Provisionszahlungen)

Ist bedungen, daß der Handlungsgehilfe für Geschäfte, die von ihm geschlossen oder vermittelt werden, Provision erhalten solle, so sind die für die Handelsvertreter geltenden Vorschriften des § 87 Abs. 1 und 3 sowie der §§ 87a bis 87c anzuwenden.

§§ 66 bis 72 (weggefallen)

§ 73 (weggefallen)

§ 74 (Fortgeltendes Wettbewerbsverbot)

(1) Eine Vereinbarung zwischen dem Prinzipal und dem Handlungsgehilfen, die den Gehilfen für die Zeit nach Beendigung des Dienstverhältnisses in seiner gewerblichen Tätigkeit beschränkt (Wettbewerbsverbot), bedarf der Schriftform und der Aushändigung einer vom Prinzipal unterzeichneten, die vereinbarten Bestimmungen enthaltenen Urkunde an den Gehilfen.

(2) Das Wettbewerbsverbot ist nur verbindlich, wenn sich der Prinzipal verpflichtet, für die Dauer des Verbots eine Entschädigung zu zahlen, die für jedes Jahr des Verbots mindestens die Hälfte der von dem Handlungsgehilfen zuletzt bezogenen vertragsmäßigen Leistungen erreicht.

§ 74a (Unverbindlichkeit; Nichtige Vereinbarung)

(1) Das Wettbewerbsverbot ist insoweit unverbindlich, als es nicht zum Schutze eines berechtigten geschäftlichen Interesses des Prinzipals dient. Es ist ferner unverbindlich, soweit es unter Berücksichtigung der gewährten Entschädigung nach Ort, Zeit oder Gegenstand eine unbillige Erschwerung des Fortkommens des Gehilfen enthält. Das Verbot kann nicht auf einen Zeitraum von mehr als zwei Jahren von der Beendigung des Dienstverhältnisses an erstreckt werden.

(2) Das Verbot ist nichtig, wenn der Gehilfe zur Zeit des Abschlusses minderjährig ist oder wenn sich der Prinzipal die Erfüllung auf Ehrenwort oder unter ähnlichen Versicherungen versprechen läßt. Nichtig ist auch die Vereinbarung, durch die ein Dritter an Stelle des Gehilfen die Verpflichtung übernimmt, daß sich der Gehilfe nach der Beendigung des Dienstverhältnisses in seiner gewerblichen Tätigkeit beschränken werde.

(3) Unberührt bleiben die Vorschriften des § 138 des Bürgerlichen Gesetzbuchs über die Nichtigkeit von Rechtsgeschäften, die gegen die guten Sitten verstoßen.

§ 74b (Berechnung der Entschädigung)

(1) Die nach § 74 Abs. 2 dem Handlungsgehilfen zu gewährende Entschädigung ist am Schlusse jedes Monats zu zahlen.

(2) Soweit die dem Gehilfen zustehenden vertragsmäßigen Leistungen in einer Provision oder in anderen wechselnden Bezügen bestehen, sind sie bei der Berechnung der Entschädigung nach dem Durchschnitt der letzten drei Jahre in Ansatz zu bringen. Hat die für die Bezüge bei der Beendigung des Dienstverhältnisses maßgebende Vertragsbestimmung noch nicht drei Jahre bestanden, so erfolgt der Ansatz nach dem Durchschnitt des Zeitraums, für den die Bestimmung in Kraft war.

(3) Soweit Bezüge zum Ersatze besonderer Auslagen dienen sollen, die infolge der Dienstleistung entstehen, bleiben sie außer Ansatz.

§ 74c (Anrechnung von Bezügen)

(1) Der Handlungsgehilfe muß sich auf die fällige Entschädigung anrechnen lassen, was er während des Zeitraums, für den die Entschädigung gezahlt wird, durch anderweite Verwertung seiner Arbeitskraft erwirbt oder zu erwerben böswillig unterläßt, soweit die Entschädigung unter Hinzurechnung dieses Betrags den Betrag der zuletzt von ihm bezogenen vertragsmäßigen Leistungen um mehr als ein Zehntel übersteigen würde. Ist der Gehilfe durch das Wettbewerbsverbot gezwungen worden, seinen Wohnsitz zu verlegen, so tritt an die Stelle des Betrags von einem Zehntel der Betrag von einem Viertel. Für die Dauer der Verbüßung einer Freiheitsstrafe kann der Gehilfe eine Entschädigung nicht verlangen.

(2) Der Gehilfe ist verpflichtet, dem Prinzipal auf Erfordern über die Höhe seines Erwerbes Auskunft zu erteilen.

§ 75 (Unwirksamkeit des Wettbewerbsverbots)

(1) Löst der Gehilfe das Dienstverhältnis gemäß den Vorschriften der §§ 70 und 71 wegen vertragswidrigen Verhaltens des Prinzipals auf, so wird das Wettbewerbsverbot unwirksam, wenn der Gehilfe vor Ablauf eines Monats nach der Kündigung schriftlich erklärt, daß er sich an die Vereinbarung nicht gebunden erachte.

(2) In gleicher Weise wird das Wettbewerbsverbot unwirksam, wenn der Prinzipal das Dienstverhältnis kündigt, es sei denn, daß für die Kündigung ein erheblicher Anlaß in der Person des Gehilfen vorliegt oder daß sich der Prinzipal bei der Kündigung bereit erklärt, während der Dauer der Beschränkung dem Gehilfen die vollen zuletzt von ihm bezogenen vertragsmäßigen Leistungen zu gewähren. Im letzteren Falle finden die Vorschriften des § 74b entsprechende Anwendung.

(3) Löst der Prinzipal das Dienstverhältnis gemäß den Vorschriften der §§ 70 und 72 wegen vertragswidrigen Verhaltens des Gehilfen auf, so hat der Gehilfe keinen Anspruch auf die Entschädigung.

§ 75a (Verzicht auf das Wettbewerbsverbot)

Der Prinzipal kann vor der Beendigung des Dienstverhältnisses durch schriftliche Erklärung auf das Wettbewerbsverbot mit der Wirkung verzichten, daß er mit dem Ablauf eines Jahres seit der Erklärung von der Verpflichtung zur Zahlung der Entschädigung frei wird.

§ 75b (weggefallen)

§ 75c (Vertragsstrafe)

(1) Hat der Handlungsgehilfe für den Fall, daß er die in der Vereinbarung übernommene Verpflichtung nicht erfüllt, eine Strafe versprochen, so kann der Prinzipal Ansprüche nur nach Maßgabe der Vorschriften des § 340 des Bürgerlichen Gesetzbuchs geltend machen. Die Vorschriften des Bürgerlichen Gesetzbuchs über die Herabsetzung einer unverhältnismäßig hohen Vertragsstrafe bleiben unberührt.

(2) Ist die Verbindlichkeit der Vereinbarung nicht davon abhängig, daß sich der Prinzipal zur Zahlung einer Entschädigung an den Gehilfen verpflichtet, so kann der Prinzipal, wenn sich der Gehilfe einer Vertragsstrafe der in Absatz 1 bezeichneten Art unterworfen

hat, nur die verwirkte Strafe verlangen; der Anspruch auf Erfüllung oder auf Ersatz eines weiteren Schadens ist ausgeschlossen.

§ 75d (Abweichende Vereinbarungen)

Auf eine Vereinbarung, durch die von den Vorschriften der §§ 74 bis 75c zum Nachteil des Handlungsgehilfen abgewichen wird, kann sich der Prinzipal nicht berufen. Das gilt auch von Vereinbarungen, die bezwecken, die gesetzlichen Vorschriften über das Mindestmaß der Entschädigung durch Verrechnungen oder auf sonstige Weise zu umgehen.

§ 75e (weggefallen)

§ 75f (Vereinbarung über Anstellung)

Im Falle einer Vereinbarung, durch die sich ein Prinzipal einem anderen Prinzipal gegenüber verpflichtet, einen Handlungsgehilfen, der bei diesem im Dienst ist oder gewesen ist, nicht oder nur unter bestimmten Voraussetzungen anzustellen, steht beiden Teilen der Rücktritt frei. Aus der Vereinbarung findet weder Klage noch Einrede statt.

§ 75g (Vermittler von Geschäften)

§ 55 Abs. 4 gilt auch für einen Handlungsgehilfen, der damit betraut ist, außerhalb des Betriebes des Prinzipals für diesen Geschäfte zu vermitteln. Eine Beschränkung dieser Rechte braucht ein Dritter gegen sich nur gelten zu lassen, wenn er sie kannte oder kennen mußte.

§ 75h (Mangel der Vertretungsmacht)

(1) Hat ein Handlungsgehilfe, der nur mit der Vermittlung von Geschäften außerhalb des Betriebes des Prinzipals betraut ist, ein Geschäft im Namen des Prinzipals abgeschlossen, und war dem Dritten der Mangel der Vertretungsmacht nicht bekannt, so gilt das Geschäft als von dem Prinzipal genehmigt, wenn dieser dem Dritten gegenüber nicht unverzüglich das Geschäft ablehnt, nachdem er von dem Handlungsgehilfen oder dem Dritten über Abschluß und wesentlichen Inhalt benachrichtigt worden ist.

(2) Das gleiche gilt, wenn ein Handlungsgehilfe, der mit dem Abschluß von Geschäften betraut ist, ein Geschäft im Namen des Prinzipals abgeschlossen hat, zu dessen Abschluß er nicht bevollmächtigt ist.

§§ 76 bis 82 (weggefallen)

§ 82a (Volontäre)

Auf Wettbewerbsverbote gegenüber Personen, die, ohne als Lehrlinge angenommen zu sein, zum Zwecke ihrer Ausbildung unentgeltlich mit kaufmännischen Diensten beschäftigt werden (Volontäre), finden die für Handlungsgehilfen geltenden Vorschriften insoweit Anwendung, als sie nicht auf das dem Gehilfen zustehende Entgelt Bezug nehmen.

§ 83 (Nichtkaufmännische Dienste)

Hinsichtlich der Personen, welche in dem Betrieb eines Handelsgewerbes andere als kaufmännische Dienste leisten, bewendet es bei den für das Arbeitsverhältnis dieser Personen geltenden Vorschriften.

Siebenter Abschnitt
Handelsvertreter

§ 84 (Begriff)

(1) Handelsvertreter ist, wer als selbständiger Gewerbetreibender ständig damit betraut ist, für einen anderen Unternehmer (Unternehmer) Geschäfte zu vermitteln oder in dessen Namen abzuschließen. Selbständig ist, wer im wesentlichen frei seine Tätigkeit gestalten und seine Arbeitszeit bestimmen kann.

(2) Wer, ohne selbständig im Sinne des Absatzes 1 zu sein, ständig damit betraut ist, für einen Unternehmer Geschäfte zu vermitteln oder in dessen Namen abzuschließen, gilt als Angestellter.

(3) Der Unternehmer kann auch ein Handelsvertreter sein.

(4) Die Vorschriften dieses Abschnittes finden auch Anwendung, wenn das Unternehmen des Handelsvertreters nach Art oder Umfang einen in kaufmännischer Weise eingerichteten Geschäftsbetrieb nicht erfordert.

III

§ 85 (Urkunde über Vertragsinhalt)

Jeder Teil kann verlangen, daß der Inhalt des Vertrages sowie spätere Vereinbarungen zu dem Vertrag in eine vom anderen Teil unterzeichnete Urkunde aufgenommen werden. Dieser Anspruch kann nicht ausgeschlossen werden.

§ 86 (Pflichten des Handelsvertreters)

(1) Der Handelsvertreter hat sich um die Vermittlung oder den Abschluß von Geschäften zu bemühen; er hat hierbei das Interesse des Unternehmers wahrzunehmen.

(2) Er hat dem Unternehmer die erforderlichen Nachrichten zu geben, namentlich ihm von jeder Geschäftsvermittlung und von jedem Geschäftsabschluß unverzüglich Mitteilung zu machen.

(3) Er hat seine Pflichten mit der Sorgfalt eines ordentlichen Kaufmanns wahrzunehmen.

(4) Von den Absätzen 1 und 2 abweichende Vereinbarungen sind unwirksam.

§ 86a (Pflichten des Unternehmers)

(1) Der Unternehmer hat dem Handelsvertreter die zur Ausübung seiner Tätigkeit erforderlichen Unterlagen, wie Muster, Zeichnungen, Preislisten, Werbedrucksachen, Geschäftsbedingungen, zur Verfügung zu stellen.

(2) Der Unternehmer hat dem Handelsvertreter die erforderlichen Nachrichten zu geben. Er hat ihm unverzüglich die Annahme oder Ablehnung eines vom Handelsvertreter vermittelten oder ohne Vertretungsmacht abgeschlossenen Geschäfts und die Nichtausführung eines von ihm vermittelten oder abgeschlossenen Geschäfts mitzuteilen. Er hat ihn unverzüglich zu unterrichten, wenn er Geschäfte voraussichtlich nur in erheblich geringerem Umfange abschließen kann oder will, als der Handelsvertreter unter gewöhnlichen Umständen erwarten konnte.

(3) Von den Absätzen 1 und 2 abweichende Vereinbarungen sind unwirksam.

§ 86b (Delkredereprovision)

(1) Verpflichtet sich ein Handelsvertreter, für die Erfüllung der Verbindlichkeit aus einem Geschäft einzustehen, so kann er eine besondere Vergütung (Delkredereprovision) beanspruchen; der Anspruch kann im voraus nicht ausgeschlossen werden. Die Verpflichtung kann nur für ein bestimmtes Geschäft oder für solche Geschäfte mit bestimmten Dritten übernommen werden, die der Handelsvertreter vermittelt oder abschließt. Die Übernahme bedarf der Schriftform.

(2) Der Anspruch auf die Delkredereprovision entsteht mit dem Abschluß des Geschäfts.

(3) Absatz 1 gilt nicht, wenn der Unternehmer oder der Dritte seine Niederlassung oder beim Fehlen einer solchen seinen Wohnsitz im Ausland hat. Er gilt ferner nicht für Geschäfte, zu deren Abschluß und Ausführung der Handelsvertreter unbeschränkt bevollmächtigt ist.

§ 87 (Provisionsanspruch)

(1) Der Handelsvertreter hat Anspruch auf Provision für alle während des Vertragsverhältnisses abgeschlossenen Geschäfte, die auf seine Tätigkeit zurückzuführen sind oder mit Dritten abgeschlossen werden, die er als Kunden für Geschäfte der gleichen Art geworben hat. Ein Anspruch auf Provision besteht für ihn nicht, wenn und soweit die Provision nach Absatz 3 dem ausgeschiedenen Handelsvertreter zusteht.

(2) Ist dem Handelsvertreter ein bestimmter Bezirk oder ein bestimmter Kundenkreis zugewiesen, so hat er Anspruch auf Provision auch für die Geschäfte, die ohne seine Mitwirkung mit Personen seines Bezirkes oder seines Kundenkreises während des Vertragsverhältnisses abgeschlossen sind. Dies gilt nicht, wenn und soweit die Provision nach Absatz 3 dem ausgeschiedenen Handelsvertreter zusteht.

(3) Für ein Geschäft, das erst nach Beendigung des Vertragsverhältnisses abgeschlossen ist, hat der Handelsvertreter Anspruch auf Provision nur, wenn

1. er das Geschäft vermittelt hat oder es eingeleitet und so vorbereitet hat, daß der Abschluß überwiegend auf seine Tätigkeit zurückzuführen ist, und das Geschäft innerhalb einer angemessenen Frist nach

Beendigung des Vertragsverhältnisses abgeschlossen worden ist oder

2. vor Beendigung des Vertragsverhältnisses das Angebot des Dritten zum Abschluß eines Geschäfts, für das der Handelsvertreter nach Absatz 1 Satz 1 oder Absatz 2 Satz 1 Anspruch auf Provision hat, dem Handelsvertreter oder dem Unternehmer zugegangen ist.

Der Anspruch auf Provision nach Satz 1 steht dem nachfolgenden Handelsvertreter anteilig zu, wenn wegen besonderer Umstände eine Teilung der Provision der Billigkeit entspricht.

(4) Neben dem Anspruch auf Provision für abgeschlossene Geschäfte hat der Handelsvertreter Anspruch auf Inkassoprovision für die von ihm auftragsgemäß eingezogenen Beträge.

§ 87a (Fälligwerden)

(1) Der Handelsvertreter hat Anspruch auf Provision, sobald und soweit der Unternehmer das Geschäft ausgeführt hat. Eine abweichende Vereinbarung kann getroffen werden, jedoch hat der Handelsvertreter mit der Ausführung des Geschäfts durch den Unternehmer Anspruch auf einen angemessenen Vorschuß, der spätestens am letzten Tag des folgenden Monats fällig ist. Unabhängig von einer Vereinbarung hat jedoch der Handelsvertreter Anspruch auf Provision, sobald und soweit der Dritte das Geschäft ausgeführt hat.

(2) Steht fest, daß der Dritte nicht leistet, so entfällt der Anspruch auf Provision; bereits empfangene Beträge sind zurückzugewähren.

(3) Der Handelsvertreter hat auch dann einen Anspruch auf Provision, wenn feststeht, daß der Unternehmer das Geschäft ganz oder teilweise nicht oder nicht so ausführt, wie es abgeschlossen worden ist. Der Anspruch entfällt im Falle der Nichtausführung, wenn und soweit diese auf Umständen beruht, die vom Unternehmer nicht zu vertreten sind.

(4) Der Anspruch auf Provision wird am letzten Tag des Monats fällig, in dem nach § 87c Abs. 1 über den Anspruch abzurechnen ist.

(5) Von Absatz 2 erster Halbsatz, Absätzen 3 und 4 abweichende, für den Handelsvertreter nachteilige Vereinbarungen sind unwirksam.

§ 87b (Berechnungsgrundsätze)

(1) Ist die Höhe der Provision nicht bestimmt, so ist der übliche Satz als vereinbart anzusehen.

(2) Die Provision ist von dem Entgelt zu berechnen, das der Dritte oder der Unternehmer zu leisten hat. Nachlässe bei Barzahlung sind nicht abzuziehen; dasselbe gilt für Nebenkosten, namentlich für Fracht, Verpackung, Zoll, Steuern, es sei denn, daß die Nebenkosten dem Dritten besonders in Rechnung gestellt sind. Die Umsatzsteuer, die lediglich aufgrund der steuerrechtlichen Vorschriften in der Rechnung gesondert ausgewiesen ist, gilt nicht als besonders in Rechnung gestellt.

(3) Bei Gebrauchsüberlassungs- und Nutzungsverträgen von bestimmter Dauer ist die Provision vom Entgelt für die Vertragsdauer zu berechnen. Bei unbestimmter Dauer ist die Provision vom Entgelt bis zu dem Zeitpunkt zu berechnen, zu dem erstmals von dem Dritten gekündigt werden kann; der Handelsvertreter hat Anspruch auf weitere entsprechend berechnete Provisionen, wenn der Vertrag fortbesteht.

§ 87c (Abrechnung)

(1) Der Unternehmer hat über die Provision, auf die der Handelsvertreter Anspruch hat, monatlich abzurechnen; der Abrechnungszeitraum kann auf höchstens drei Monate erstreckt werden. Die Abrechnung hat unverzüglich, spätestens bis zum Ende des nächsten Monats, zu erfolgen.

(2) Der Handelsvertreter kann bei der Abrechnung einen Buchauszug über alle Geschäfte verlangen, für die ihm nach § 87 Provision gebührt.

(3) Der Handelsvertreter kann außerdem Mitteilung über alle Umstände verlangen, die für den Provisionsanspruch, seine Fälligkeit und seine Berechnung wesentlich sind.

(4) Wird der Buchauszug verweigert oder bestehen begründete Zweifel an der Richtigkeit oder Vollständigkeit der Abrechnung oder

des Buchauszuges, so kann der Handelsvertreter verlangen, daß nach Wahl des Unternehmers entweder ihm oder einem von ihm zu bestimmenden Wirtschaftsprüfer oder vereidigten Buchsachverständigen Einsicht in die Geschäftsbücher oder die sonstigen Urkunden so weit gewährt wird, wie dies zur Feststellung der Richtigkeit oder Vollständigkeit der Abrechnung oder des Buchauszuges erforderlich ist.

(5) Diese Rechte des Handelsvertreters können nicht ausgeschlossen oder beschränkt werden.

§ 87d (Aufwendungen)

Der Handelsvertreter kann den Ersatz seiner im regelmäßigen Geschäftsbetrieb entstandenen Aufwendungen nur verlangen, wenn dies handelsüblich ist.

§ 88 (weggefallen)

§ 88a (Zurückbehaltungsrecht)

(1) Der Handelsvertreter kann nicht im voraus auf gesetzliche Zurückbehaltungsrechte verzichten.

(2) Nach Beendigung des Vertragsverhältnisses hat der Handelsvertreter ein nach allgemeinen Vorschriften bestehendes Zurückbehaltungsrecht an ihm zur Verfügung gestellten Unterlagen (§ 86a Abs. 1) nur wegen seiner fälligen Ansprüche auf Provision und Ersatz von Aufwendungen.

§ 89 (Kündigungsfristen)

(1) Ist das Vertragsverhältnis auf unbestimmte Zeit eingegangen, so kann es im ersten Jahr der Vertragsdauer mit einer Frist von einem Monat, im zweiten Jahr mit einer Frist von zwei Monaten und im dritten bis fünften Jahr mit einer Frist von drei Monaten gekündigt werden. Nach einer Vertragsdauer von fünf Jahren kann das Vertragsverhältnis mit einer Frist von sechs Monaten gekündigt werden. Die Kündigung ist nur für den Schluß eines Kalendermonats zulässig, sofern keine abweichende Vereinbarung getroffen ist.

(2) Die Kündigungsfristen nach Absatz 1 Satz 1 und 2 können durch Vereinbarung verlängert werden; die Frist darf für den Un-

ternehmer nicht kürzer sein als für den Handelsvertreter. Bei Vereinbarung einer kürzeren Frist für den Unternehmer gilt die für den Handelsvertreter vereinbarte Frist.

(3) Ein für eine bestimmte Zeit eingegangenes Vertragsverhältnis, das nach Ablauf der vereinbarten Laufzeit von beiden Teilen fortgesetzt wird, gilt als auf unbestimmte Zeit verlängert. Für die Bestimmung der Kündigungsfristen nach Absatz 1 Satz 1 und 2 ist die Gesamtdauer des Vertragsverhältnisses maßgeblich.

§ 89a (Fristlose Kündigung)

(1) Das Vertragsverhältnis kann von jedem Teil aus wichtigem Grunde ohne Einhaltung einer Kündigungsfrist gekündigt werden. Dieses Recht kann nicht ausgeschlossen oder beschränkt werden.

(2) Wird die Kündigung durch ein Verhalten veranlaßt, das der andere Teil zu vertreten hat, so ist dieser zum Ersatz des durch die Aufhebung des Vertragsverhältnisses entstehenden Schadens verpflichtet.

§ 89b (Ausgleichszahlungen)

(1) Der Handelsvertreter kann von dem Unternehmer nach Beendigung des Vertragsverhältnisses einen angemessenen Ausgleich verlangen, wenn und soweit

1. der Unternehmer aus der Geschäftsverbindung mit neuen Kunden, die der Handelsvertreter geworben hat, auch nach Beendigung des Vertragsverhältnisses erhebliche Vorteile hat und

2. die Zahlung eines Ausgleichs unter Berücksichtigung aller Umstände, insbesondere der dem Handelsvertreter aus Geschäften mit diesen Kunden entgehenden Provisionen, der Billigkeit entspricht.

Der Werbung eines neuen Kunden steht es gleich, wenn der Handelsvertreter die Geschäftsverbindung mit einem Kunden so wesentlich erweitert hat, daß dies wirtschaftlich der Werbung eines neuen Kunden entspricht.

(2) Der Ausgleich beträgt höchstens eine nach dem Durchschnitt der letzten fünf Jahre der Tätigkeit des Handelsvertreters berechnete Jahresprovision oder sonstige Jahres-

vergütung; bei kürzerer Dauer des Vertragsverhältnisses ist der Durchschnitt während der Dauer der Tätigkeit maßgebend.

(3) Der Anspruch besteht nicht, wenn

1. der Handelsvertreter das Vertragsverhältnis gekündigt hat, es sei denn, daß ein Verhalten des Unternehmers hierzu begründeten Anlaß gegeben hat oder dem Handelsvertreter eine Fortsetzung seiner Tätigkeit wegen seines Alters oder wegen Krankheit nicht zugemutet werden kann, oder

2. der Unternehmer das Vertragsverhältnis gekündigt hat und für die Kündigung ein wichtiger Grund wegen schuldhaften Verhaltens des Handelsvertreters vorlag oder

3. auf Grund einer Vereinbarung zwischen dem Unternehmer und dem Handelsvertreter ein Dritter anstelle des Handelsvertreters in das Vertragsverhältnis eintritt; die Vereinbarung kann nicht vor Beendigung des Vertragsverhältnisses getroffen werden.

(4) Der Anspruch kann im voraus nicht ausgeschlossen werden. Er ist innerhalb eines Jahres nach Beendigung des Vertragsverhältnisses geltend zu machen.

(5) Die Absätze 1, 3 und 4 gelten für Versicherungsvertreter mit der Maßgabe, daß an die Stelle der Geschäftsverbindung mit neuen Kunden, die der Handelsvertreter geworben hat, die Vermittlung neuer Versicherungsverträge durch den Versicherungsvertreter tritt und der Vermittlung eines Versicherungsvertrages es gleichsteht, wenn der Versicherungsvertreter einen bestehenden Versicherungsvertrag so wesentlich erweitert hat, daß dies wirtschaftlich der Vermittlung eines neuen Versicherungsvertrages entspricht. Der Ausgleich des Versicherungsvertreters beträgt abweichend von Absatz 2 höchstens drei Jahresprovisionen oder Jahresvergütungen. Die Vorschriften der Sätze 1 und 2 gelten sinngemäß für Bausparkassenvertreter.

§ 90 (Geschäfts-, Betriebsgeheimnisse)

Der Handelsvertreter darf Geschäfts- und Betriebsgeheimnisse, die ihm anvertraut oder als solche durch seine Tätigkeit für den Unternehmer bekanntgeworden sind, auch nach Beendigung des Vertragsverhältnisses nicht verwerten oder anderen mitteilen, soweit dies nach den gesamten Umständen der Berufsauffassung eines ordentlichen Kaufmannes widersprechen würde.

§ 90a (Wettbewerbsabrede)

(1) Eine Vereinbarung, die den Handelsvertreter nach Beendigung des Vertragsverhältnisses in seiner gewerblichen Tätigkeit beschränkt (Wettbewerbsabrede), bedarf der Schriftform und der Aushändigung einer vom Unternehmer unterzeichneten, die vereinbarten Bestimmungen enthaltenden Urkunde an den Handelsvertreter. Die Abrede kann nur für längstens zwei Jahre von der Beendigung des Vertragsverhältnisses an getroffen werden; sie darf sich nur auf den dem Handelsvertreter zugewiesenen Bezirk oder Kundenkreis und nur auf die Gegenstände erstrecken, hinsichtlich deren sich der Handelsvertreter um die Vermittlung oder den Abschluß von Geschäften für den Unternehmer zu bemühen hat. Der Unternehmer ist verpflichtet, dem Handelsvertreter für die Dauer der Wettbewerbsbeschränkung eine angemessene Entschädigung zu zahlen.

(2) Der Unternehmer kann bis zum Ende des Vertragsverhältnisses schriftlich auf die Wettbewerbsbeschränkung mit der Wirkung verzichten, daß er mit dem Ablauf von sechs Monaten seit der Erklärung von der Verpflichtung zur Zahlung der Entschädigung frei wird.

(3) Kündigt ein Teil das Vertragsverhältnis aus wichtigem Grund wegen schuldhaften Verhaltens des anderen Teils, kann er sich durch schriftliche Erklärung binnen einem Monat nach der Kündigung von der Wettbewerbsabrede lossagen.

(4) Abweichende für den Handelsvertreter nachteilige Vereinbarungen können nicht getroffen werden.

§ 91 (Umfang der Vertretungsmacht)

(1) § 55 gilt auch für einen Handelsvertreter, der zum Abschluß von Geschäften von einem

Unternehmer bevollmächtigt ist, der nicht Kaufmann ist.

(2) Ein Handelsvertreter gilt, auch wenn ihm keine Vollmacht zum Abschluß von Geschäften erteilt ist, als ermächtigt, die Anzeige von Mängeln einer Ware, die Erklärung, daß eine Ware zur Verfügung gestellt werde, sowie ähnliche Erklärungen, durch die ein Dritter seine Rechte aus mangelhafter Leistung geltend macht oder sich vorbehält, entgegenzunehmen; er kann die dem Unternehmer zustehenden Rechte auf Sicherung des Beweises geltend machen. Eine Beschränkung dieser Rechte braucht ein Dritter gegen sich nur gelten zu lassen, wenn er sie kannte oder kennen mußte.

§ 91a (Mangelnde Vertretungsmacht)

(1) Hat ein Handelsvertreter, der nur mit der Vermittlung von Geschäften betraut ist, ein Geschäft im Namen des Unternehmers abgeschlossen, und war dem Dritten der Mangel an Vertretungsmacht nicht bekannt, so gilt das Geschäft als von dem Unternehmer genehmigt, wenn dieser nicht unverzüglich, nachdem er von dem Handelsvertreter oder dem Dritten über Abschluß und wesentlichen Inhalt benachrichtigt worden ist, dem Dritten gegenüber das Geschäft ablehnt.

(2) Das gleiche gilt, wenn ein Handelsvertreter, der mit dem Abschluß von Geschäften betraut ist, ein Geschäft im Namen des Unternehmers abgeschlossen hat, zu dessen Abschluß er nicht bevollmächtigt ist.

§ 92 (Versicherungsvertreter)

(1) Versicherungsvertreter ist, wer als Handelsvertreter damit betraut ist, Versicherungsverträge zu vermitteln oder abzuschließen.

(2) Für das Vertragsverhältnis zwischen dem Versicherungsvertreter und dem Versicherer gelten die Vorschriften für das Vertragsverhältnis zwischen dem Handelsvertreter und dem Unternehmer vorbehaltlich der Absätze 3 und 4.

(3) In Abweichung von § 87 Abs. 1 Satz 1 hat ein Versicherungsvertreter Anspruch auf Provision nur für Geschäfte, die auf seine Tätigkeit zurückzuführen sind. § 87 Abs. 2 gilt nicht für Versicherungsvertreter.

(4) Der Versicherungsvertreter hat Anspruch auf Provision (§ 87a Abs. 1), sobald der Versicherungsnehmer die Prämie gezahlt hat, aus der sich die Provision nach dem Vertragsverhältnis berechnet.

(5) Die Vorschriften der Absätze 1 bis 4 gelten sinngemäß für Bausparkassenvertreter.

§ 92a (Mindestleistungen)

(1) Für das Vertragsverhältnis eines Handelsvertreters, der vertraglich für weitere Unternehmer tätig werden darf oder dem dies nach Art und Umfang der von ihm verlangten Tätigkeit nicht möglich ist, kann das Bundesministerium der Justiz im Einvernehmen mit dem Bundesministerium für Wirtschaft und Technologie nach Anhörung von Verbänden der Handelsvertreter und der Unternehmer durch Rechtsverordnung, die nicht der Zustimmung des Bundesrates bedarf, die untere Grenze der vertraglichen Leistungen des Unternehmers festsetzen, um die notwendigen sozialen und wirtschaftlichen Bedürfnisse dieser Handelsvertreter oder einer bestimmten Gruppe von ihnen sicherzustellen. Die festgesetzten Leistungen können vertraglich nicht ausgeschlossen oder beschränkt werden.

(2) Absatz 1 gilt auch für das Vertragsverhältnis eines Versicherungsvertreters, der aufgrund eines Vertrages oder mehrerer Verträge damit betraut ist, Geschäfte für mehrere Versicherer zu vermitteln oder abzuschließen, die zu einem Versicherungskonzern oder zu einer zwischen ihnen bestehenden Organisationsgemeinschaft gehören, sofern die Beendigung des Vertragsverhältnisses mit einem dieser Versicherer im Zweifel auch die Beendigung des Vertragsverhältnisses mit den anderen Versicherern zur Folge haben würde. In diesem Falle kann durch Rechtsverordnung, die nicht der Zustimmung des Bundesrates bedarf, außerdem bestimmt werden, ob die festgesetzten Leistungen von allen Versicherern als Gesamtschuldner oder anteilig oder nur von einem der Versicherer

geschuldet werden und wie der Ausgleich unter ihnen zu erfolgen hat.

§ 92b (Handelsvertreter im Nebenberuf)

(1) Auf einen Handelsvertreter im Nebenberuf sind §§ 89 und 89b nicht anzuwenden. Ist das Vertragsverhältnis auf unbestimmte Zeit eingegangen, so kann es mit einer Frist von einem Monat für den Schluß eines Kalendermonats gekündigt werden; wird eine andere Kündigungsfrist vereinbart, so muß sie für beide Teile gleich sein. Der Anspruch auf einen angemessenen Vorschuß nach § 87a Abs. 1 Satz 2 kann ausgeschlossen werden.

(2) Auf Absatz 1 kann sich nur der Unternehmer berufen, der den Handelsvertreter ausdrücklich als Handelsvertreter im Nebenberuf mit der Vermittlung oder dem Abschluß von Geschäften betraut hat.

(3) Ob ein Handelsvertreter nur als Handelsvertreter im Nebenberuf tätig ist, bestimmt sich nach der Verkehrsauffassung.

(4) Die Vorschriften der Absätze 1 bis 3 gelten sinngemäß für Versicherungsvertreter und für Bausparkassenvertreter.

§ 92c (Ausnahmen)

(1) Hat der Handelsvertreter seine Tätigkeit für den Unternehmer nach dem Vertrag nicht innerhalb des Gebietes der Europäischen Gemeinschaft oder der anderen Vertragsstaaten des Abkommens über den Europäischen Wirtschaftsraum auszuüben, so kann hinsichtlich aller Vorschriften dieses Abschnittes etwas anderes vereinbart werden.

(2) Das gleiche gilt, wenn der Handelsvertreter mit der Vermittlung oder dem Abschluß von Geschäften betraut wird, die die Befrachtung, Abfertigung oder Ausrüstung von Schiffen oder die Buchung von Passagen auf Schiffen zum Gegenstand haben.

Achter Abschnitt
Handelsmakler

§ 93 (Begriff)

(1) Wer gewerbsmäßig für andere Personen, ohne von ihnen aufgrund eines Vertragsverhältnisses ständig damit betraut zu sein, die Vermittlung von Verträgen über Anschaffung oder Veräußerung von Waren oder Wertpapieren, über Versicherungen, Güterbeförderungen, Schiffsmiete oder sonstige Gegenstände des Handelsverkehrs übernimmt, hat die Rechte und Pflichten eines Handelsmaklers.

(2) Auf die Vermittlung anderer als der bezeichneten Geschäfte, insbesondere auf die Vermittlung von Geschäften über unbewegliche Sachen, finden, auch wenn die Vermittlung durch einen Handelsmakler erfolgt, die Vorschriften dieses Abschnitts keine Anwendung.

(3) Die Vorschriften dieses Abschnittes finden auch Anwendung, wenn das Unternehmen des Handelsmaklers nach Art oder Umfang einen in kaufmännischer Weise eingerichteten Geschäftsbetrieb nicht erfordert.

§ 94 (Schlussnote)

(1) Der Handelsmakler hat, sofern nicht die Parteien ihm dies erlassen oder der Ortsgebrauch mit Rücksicht auf die Gattung der Ware davon entbindet, unverzüglich nach dem Abschlusse des Geschäfts jeder Partei eine von ihm unterzeichnete Schlußnote zuzustellen, welche die Parteien, den Gegenstand und die Bedingungen des Geschäfts, insbesondere bei Verkäufen von Waren oder Wertpapieren deren Gattung und Menge sowie den Preis und die Zeit der Lieferung, enthält.

(2) Bei Geschäften, die nicht sofort erfüllt werden sollen, ist die Schlußnote den Parteien zu ihrer Unterschrift zuzustellen und jeder Partei die von der anderen unterschriebene Schlußnote zu übersenden.

(3) Verweigert eine Partei die Annahme oder Unterschrift der Schlußnote, so hat der Handelsmakler davon der anderen Partei unverzüglich Anzeige zu machen.

§ 95 (Bindung)

(1) Nimmt eine Partei eine Schlußnote an, in der sich der Handelsmakler die Bezeichnung der anderen Partei vorbehalten hat, so ist sie an das Geschäft mit der Partei, welche ihr nachträglich bezeichnet wird, gebunden, es

sei denn, daß gegen diese begründete Einwendungen zu erheben sind.

(2) Die Bezeichnung der anderen Partei hat innerhalb der ortsüblichen Frist, in Ermangelung einer solchen innerhalb einer den Umständen nach angemessenen Frist zu erfolgen.

(3) Unterbleibt die Bezeichnung oder sind gegen die bezeichnete Person oder Firma begründete Einwendungen zu erheben, so ist die Partei befugt, den Handelsmakler auf die Erfüllung des Geschäfts in Anspruch zu nehmen. Der Anspruch ist ausgeschlossen, wenn sich die Partei auf die Aufforderung des Handelsmaklers nicht unverzüglich darüber erklärt, ob sie Erfüllung verlange.

§ 96 (Vermittlung nach Probe)

Der Handelsmakler hat sofern nicht die Parteien ihm dies erlassen oder der Ortsgebrauch mit Rücksicht auf die Gattung der Ware davon entbindet, von jeder durch seine Vermittlung nach Probe verkauften Ware die Probe, falls sie ihm übergeben ist, so lange aufzubewahren, bis die Ware ohne Einwendung gegen ihre Beschaffenheit angenommen oder das Geschäft in anderer Weise erledigt wird. Er hat die Probe durch ein Zeichen kenntlich zu machen.

§ 97 (Kein Inkasso)

Der Handelsmakler gilt nicht als ermächtigt, eine Zahlung oder eine andere im Vertrage bedungene Leistung in Empfang zu nehmen.

§ 98 (Haftung)

Der Handelsmakler haftet jeder der beiden Parteien für den durch sein Verschulden entstehenden Schaden.

§ 99 (Maklerlohn)

Ist unter den Parteien nichts darüber vereinbart, wer den Maklerlohn bezahlen soll, so ist er in Ermangelung eines abweichenden Ortsgebrauchs von jeder Partei zur Hälfte zu entrichten.

§ 100 (Tagebuch)

(1) Der Handelsmakler ist verpflichtet, ein Tagebuch zu führen und in dieses alle abge-

schlossenen Geschäfte täglich einzutragen. Die Eintragungen sind nach der Zeitfolge zu bewirken; sie haben die in § 94 Abs. 1 bezeichneten Angaben zu enthalten. Das Eingetragene ist von dem Handelsmakler täglich zu unterzeichnen oder gemäß § 126a Abs. 1 des Bürgerlichen Gesetzbuchs elektronisch zu signieren.

(2) Die Vorschriften der §§ 239 und 257 über die Einrichtung und Aufbewahrung der Handelsbücher finden auf das Tagebuch des Handelsmaklers Anwendung.

§ 101 (Auszüge)

Der Handelsmakler ist verpflichtet, den Parteien jederzeit auf Verlangen Auszüge aus dem Tagebuche zu geben, die von ihm unterzeichnet sind und alles enthalten, was von ihm in Ansehung des vermittelten Geschäfts eingetragen ist.

§ 102 (Vorlegung des Tagebuchs)

Im Laufe eines Rechtsstreits kann das Gericht auch ohne Antrag einer Partei die Vorlegung des Tagebuchs anordnen, um es mit der Schlußnote, den Auszügen oder anderen Beweismitteln zu vergleichen.

§ 103 (Ordnungswidrigkeiten)

(1) Ordnungswidrig handelt, wer als Handelsmakler

1. vorsätzlich oder fahrlässig ein Tagebuch über die abgeschlossenen Geschäfte zu führen unterläßt oder das Tagebuch in einer Weise führt, die dem § 100 Abs. 1 widerspricht, oder

2. ein solches Tagebuch vor Ablauf der gesetzlichen Aufbewahrungsfrist vernichtet.

(2) Die Ordnungswidrigkeit kann mit einer Geldbuße bis zu fünftausend Euro geahndet werden.

§ 104 (Vermittlung im Kleinverkehre)

Auf Personen, welche die Vermittlung von Warengeschäften im Kleinverkehre besorgen, finden die Vorschriften über Schlußnoten und Tagebücher keine Anwendung. Auf Personen, welche die Vermittlung von Versicherungs- oder Bausparverträgen übernehmen, sind die

Vorschriften über Tagebücher nicht anzuwenden.

Neunter Abschnitt
Bußgeldvorschriften

§ 104a Bußgeldvorschrift

(1) Ordnungswidrig handelt, wer vorsätzlich oder leichtfertig entgegen § 8b Abs. 3 Satz 1 Nr. 2 dort genannte Daten nicht, nicht richtig oder nicht vollständig übermittelt. Die Ordnungswidrigkeit kann mit einer Geldbuße bis zu zweihunderttausend Euro geahndet werden.

(2) Verwaltungsbehörde im Sinne des § 36 Abs. 1 Nr. 1 des Gesetzes über Ordnungswidrigkeiten ist die Bundesanstalt für Finanzdienstleistungsaufsicht.

Zweites Buch
Handelsgesellschaften und stille Gesellschaft

Erster Abschnitt
Offene Handelsgesellschaft

Erster Titel
Errichtung der Gesellschaft

§ 105 (Begriff; anwendbare Vorschriften)

(1) Eine Gesellschaft, deren Zweck auf den Betrieb eines Handelsgewerbes unter gemeinschaftlicher Firma gerichtet ist, ist eine offene Handelsgesellschaft, wenn bei keinem der Gesellschafter die Haftung gegenüber den Gesellschaftsgläubigern beschränkt ist.

(2) Eine Gesellschaft, deren Gewerbebetrieb nicht schon nach § 1 Abs. 2 Handelsgewerbe ist oder die nur eigenes Vermögen verwaltet, ist offene Handelsgesellschaft, wenn die Firma des Unternehmens in das Handelsregister eingetragen ist. § 2 Satz 2 und 3 gilt entsprechend.

(3) Auf die offene Handelsgesellschaft finden, soweit nicht in diesem Abschnitt ein anderes vorgeschrieben ist, die Vorschriften des Bürgerlichen Gesetzbuchs über die Gesellschaft Anwendung.

§ 106 (Anmeldung zum Handelsregister)

(1) Die Gesellschaft ist bei dem Gericht, in dessen Bezirke sie ihren Sitz hat, zur Eintragung in das Handelsregister anzumelden.

(2) Die Anmeldung hat zu enthalten:

1. den Namen, Vornamen, Geburtsdatum und Wohnort jedes Gesellschafters;

2. die Firma der Gesellschaft, den Ort, an dem sie ihren Sitz hat, und die inländische Geschäftsanschrift;

3. (weggefallen)

4. die Vertretungsmacht der Gesellschafter.

§ 107 (Veränderungen)

Wird die Firma einer Gesellschaft geändert, der Sitz der Gesellschaft an einen anderen Ort verlegt, die inländische Geschäftsanschrift geändert, tritt ein neuer Gesellschafter in die Gesellschaft ein oder ändert sich die Vertretungsmacht eines Gesellschafters, so ist dies ebenfalls zur Eintragung in das Handelsregister anzumelden.

§ 108 (Anmeldung, Zeichnung)

Die Anmeldungen sind von sämtlichen Gesellschaftern zu bewirken.

Zweiter Titel
Rechtsverhältnis der Gesellschafter untereinander

§ 109 (Gesellschaftsvertrag)

Das Rechtsverhältnis der Gesellschafter untereinander richtet sich zunächst nach dem Gesellschaftsvertrage; die Vorschriften der §§ 110 bis 122 finden nur insoweit Anwendung, als nicht durch den Gesellschaftsvertrag ein anderes bestimmt ist.

§ 110 (Aufwendungen)

(1) Macht der Gesellschafter in den Gesellschaftsangelegenheiten Aufwendungen, die er den Umständen nach für erforderlich halten darf, oder erleidet er unmittelbar durch seine Geschäftsführung oder aus Gefahren, die mit ihr untrennbar verbunden sind, Ver-

luste, so ist ihm die Gesellschaft zum Ersatze verpflichtet.

(2) Aufgewendetes Geld hat die Gesellschaft von der Zeit der Aufwendung an zu verzinsen.

§ 111 (Verzinsung)

(1) Ein Gesellschafter, der seine Geldeinlage nicht zur rechten Zeit einzahlt oder eingenommenes Gesellschaftsgeld nicht zur rechten Zeit an die Gesellschaftskasse abliefert oder unbefugt Geld aus der Gesellschaftskasse für sich entnimmt, hat Zinsen von dem Tage an zu entrichten, an welchem die Zahlung oder die Ablieferung hätte geschehen sollen oder die Herausnahme des Geldes erfolgt ist.

(2) Die Geltendmachung eines weiteren Schadens ist nicht ausgeschlossen.

§ 112 (Konkurrenzverbot)

(1) Ein Gesellschafter darf ohne Einwilligung der anderen Gesellschafter weder in dem Handelszweig der Gesellschaft Geschäfte machen noch an einer anderen gleichartigen Handelsgesellschaft als persönlich haftender Gesellschafter teilnehmen.

(2) Die Einwilligung zur Teilnahme an einer anderen Gesellschaft gilt als erteilt, wenn den übrigen Gesellschaftern bei Eingehung der Gesellschaft bekannt ist, daß der Gesellschafter an einer anderen Gesellschaft als persönlich haftender Gesellschafter teilnimmt, und gleichwohl die Aufgabe dieser Beteiligung nicht ausdrücklich bedungen wird.

§ 113 (Verletzung des Verbots)

(1) Verletzt ein Gesellschafter die ihm nach § 112 obliegende Verpflichtung, so kann die Gesellschaft Schadensersatz fordern; sie kann statt dessen von dem Gesellschafter verlangen, daß er die für eigene Rechnung gemachten Geschäfte als für Rechnung der Gesellschaft eingegangen gelten lasse und die aus Geschäften für fremde Rechnung bezogene Vergütung herausgebe oder seinen Anspruch auf die Vergütung abtrete.

(2) Über die Geltendmachung dieser Ansprüche beschließen die übrigen Gesellschafter.

(3) Die Ansprüche verjähren in drei Monaten von dem Zeitpunkt an, in welchem die übrigen Gesellschafter von dem Abschluss des Geschäfts oder von der Teilnahme des Gesellschafters an der anderen Gesellschaft Kenntnis erlangen oder ohne grobe Fahrlässigkeit erlangen müssten; sie verjähren ohne Rücksicht auf diese Kenntnis oder grob fahrlässige Unkenntnis in fünf Jahren von ihrer Entstehung an.

(4) Das Recht der Gesellschafter, die Auflösung der Gesellschaft zu verlangen, wird durch diese Vorschriften nicht berührt.

§ 114 (Geschäftsführung)

(1) Zur Führung der Geschäfte der Gesellschaft sind alle Gesellschafter berechtigt und verpflichtet.

(2) Ist im Gesellschaftsvertrage die Geschäftsführung einem Gesellschafter oder mehreren Gesellschaftern übertragen, so sind die übrigen Gesellschafter von der Geschäftsführung ausgeschlossen.

§ 115 (Mehrere Handlungsberechtigte)

(1) Steht die Geschäftsführung allen oder mehreren Gesellschaftern zu, so ist jeder von ihnen allein zu handeln berechtigt; widerspricht jedoch ein anderer geschäftsführender Gesellschafter der Vornahme einer Handlung, so muß diese unterbleiben.

(2) Ist im Gesellschaftsvertrage bestimmt, daß die Gesellschafter, denen die Geschäftsführung zusteht, nur zusammen handeln können, so bedarf es für jedes Geschäft der Zustimmung aller geschäftsführenden Gesellschafter, es sei denn, daß Gefahr im Verzug ist.

§ 116 (Umfang der Geschäftsführung)

(1) Die Befugnis zur Geschäftsführung erstreckt sich auf alle Handlungen, die der gewöhnliche Betrieb des Handelsgewerbes der Gesellschaft mit sich bringt.

(2) Zur Vornahme von Handlungen, die darüber hinausgehen, ist ein Beschluß sämtlicher Gesellschafter erforderlich.

(3) Zur Bestellung eines Prokuristen bedarf es der Zustimmung aller geschäftsführenden

Gesellschafter, es sei denn, daß Gefahr im Verzug ist. Der Widerruf der Prokura kann von jedem der zur Erteilung oder zur Mitwirkung bei der Erteilung befugten Gesellschafter erfolgen.

§ 117 (Entziehung der Geschäftsführung)

Die Befugnis zur Geschäftsführung kann einem Gesellschafter auf Antrag der übrigen Gesellschafter durch gerichtliche Entscheidung entzogen werden, wenn ein wichtiger Grund vorliegt; ein solcher Grund ist insbesondere grobe Pflichtverletzung oder Unfähigkeit zur ordnungsmäßigen Geschäftsführung.

§ 118 (Persönliche Unterrichtung)

(1) Ein Gesellschafter kann, auch wenn er von der Geschäftsführung ausgeschlossen ist, sich von den Angelegenheiten der Gesellschaft persönlich unterrichten, die Handelsbücher und die Papiere der Gesellschaft einsehen und sich aus ihnen eine Bilanz und einen Jahresabschluß anfertigen.

(2) Eine dieses Recht ausschließende oder beschränkende Vereinbarung steht der Geltendmachung des Rechtes nicht entgegen, wenn Grund zu der Annahme unredlicher Geschäftsführung besteht.

§ 119 (Beschlussfassung)

(1) Für die von den Gesellschaftern zu fassenden Beschlüsse bedarf es der Zustimmung aller zur Mitwirkung bei der Beschlußfassung berufenen Gesellschafter.

(2) Hat nach dem Gesellschaftsvertrage die Mehrheit der Stimmen zu entscheiden, so ist die Mehrheit im Zweifel nach der Zahl der Gesellschafter zu berechnen.

§ 120 (Gewinn, Verlust)

(1) Am Schlusse jedes Geschäftsjahrs wird aufgrund der Bilanz der Gewinn oder der Verlust des Jahres ermittelt und für jeden Gesellschafter sein Anteil daran berechnet.

(2) Der einem Gesellschafter zukommende Gewinn wird dem Kapitalanteile des Gesellschafters zugeschrieben; der auf einen Gesellschafter entfallende Verlust sowie das während des Geschäftsjahrs auf den Kapitalanteil entnommene Geld wird davon abgeschrieben.

§ 121 (Gewinnverteilung)

(1) Von dem Jahresgewinne gebührt jedem Gesellschafter zunächst ein Anteil in Höhe von vier vom Hundert seines Kapitalanteils. Reicht der Jahresgewinn hierzu nicht aus, so bestimmen sich die Anteile nach einem entsprechend niedrigeren Satze.

(2) Bei der Berechnung des nach Absatz 1 einem Gesellschafter zukommenden Gewinnanteils werden Leistungen, die der Gesellschafter im Laufe des Geschäftsjahrs als Einlage gemacht hat, nach dem Verhältnis der seit der Leistung abgelaufenen Zeit berücksichtigt. Hat der Gesellschafter im Laufe des Geschäftsjahrs Geld auf seinen Kapitalanteil entnommen, so werden die entnommenen Beträge nach dem Verhältnisse der bis zur Entnahme abgelaufenen Zeit berücksichtigt.

(3) Derjenige Teil des Jahresgewinns, welcher die nach den Absätzen 1 und 2 zu berechnenden Gewinnanteile übersteigt, sowie der Verlust eines Geschäftsjahrs wird unter die Gesellschafter nach Köpfen verteilt.

§ 122 (Entnahmen)

(1) Jeder Gesellschafter ist berechtigt, aus der Gesellschaftskasse Geld bis zum Betrage von vier vom Hundert seines für das letzte Geschäftsjahr festgestellten Kapitalanteils zu seinen Lasten zu erheben und, soweit es nicht zum offenbaren Schaden der Gesellschaft gereicht, auch die Auszahlung seines den bezeichneten Betrag übersteigenden Anteils am Gewinne des letzten Jahres zu verlangen.

(2) Im übrigen ist ein Gesellschafter nicht befugt, ohne Einwilligung der anderen Gesellschafter seinen Kapitalanteil zu vermindern.

Dritter Titel
Rechtsverhältnis der Gesellschafter zu Dritten

§ 123 (Wirksamkeit)

(1) Die Wirksamkeit der offenen Handelsgesellschaft tritt im Verhältnisse zu Dritten mit dem Zeitpunkt ein, in welchem die Gesellschaft in das Handelsregister eingetragen wird.

(2) Beginnt die Gesellschaft ihre Geschäfte schon vor der Eintragung, so tritt die Wirksamkeit mit dem Zeitpunkte des Geschäftsbeginns ein, soweit nicht aus § 2 oder § 105 Abs. 2 sich ein anderes ergibt.

(3) Eine Vereinbarung, daß die Gesellschaft erst mit einem späteren Zeitpunkt ihren Anfang nehmen soll, ist Dritten gegenüber unwirksam.

§ 124 (Rechtliche Stellung)

(1) Die offene Handelsgesellschaft kann unter ihrer Firma Rechte erwerben und Verbindlichkeiten eingehen, Eigentum und andere dingliche Rechte an Grundstücken erwerben, vor Gericht klagen und verklagt werden.

(2) Zur Zwangsvollstreckung in das Gesellschaftsvermögen ist ein gegen die Gesellschaft gerichteter vollstreckbarer Schuldtitel erforderlich.

§ 125 (Vertretung, Gesamtvertretung)

(1) Zur Vertretung der Gesellschaft ist jeder Gesellschafter ermächtigt, wenn er nicht durch den Gesellschaftsvertrag von der Vertretung ausgeschlossen ist.

(2) Im Gesellschaftsvertrage kann bestimmt werden, daß alle oder mehrere Gesellschafter nur in Gemeinschaft zur Vertretung der Gesellschaft ermächtigt sein sollen (Gesamtvertretung). Die zur Gesamtvertretung berechtigten Gesellschafter können einzelne von ihnen zur Vornahme bestimmter Geschäfte oder bestimmter Arten von Geschäften ermächtigen. Ist der Gesellschaft gegenüber eine Willenserklärung abzugeben, so genügt die Abgabe gegenüber einem der zur Mitwirkung bei der Vertretung befugten Gesellschafter.

(3) Im Gesellschaftsvertrage kann bestimmt werden, daß die Gesellschafter, wenn nicht mehrere zusammen handeln, nur in Gemeinschaft mit einem Prokuristen zur Vertretung der Gesellschaft ermächtigt sein sollen. Die Vorschriften des Absatzes 2 Satz 2 und 3 finden in diesem Falle entsprechende Anwendung.

§ 125a (Kein Gesellschafter natürliche Person)

(1) Auf allen Geschäftsbriefen der Gesellschaft gleichviel welcher Form, die an einen bestimmten Empfänger gerichtet werden, müssen die Rechtsform und der Sitz der Gesellschaft, das Registergericht und die Nummer, unter der die Gesellschaft in das Handelsregister eingetragen ist, angegeben werden. Bei einer Gesellschaft, bei der kein Gesellschafter eine natürliche Person ist, sind auf den Geschäftsbriefen der Gesellschaft ferner die Firmen der Gesellschafter anzugeben, sowie für die Gesellschafter die nach § 35a des Gesetzes betreffend die Gesellschaften mit beschränkter Haftung oder § 80 des Aktiengesetzes für Geschäftsbriefe vorgeschriebenen Angaben zu machen. Die Angaben nach Satz 2 sind nicht erforderlich, wenn zu den Gesellschaftern der Gesellschaft eine offene Handelsgesellschaft oder Kommanditgesellschaft gehört, bei der ein persönlich haftender Gesellschafter eine natürliche Person ist.

(2) Für Vordrucke und Bestellscheine ist § 37a Abs. 2 und 3, für Zwangsgelder gegen die zur Vertretung der Gesellschaft ermächtigten Gesellschafter oder deren organschaftliche Vertreter und die Liquidatoren ist § 37a Abs. 4 entsprechend anzuwenden.

§ 126 (Umfang der Vertretungsmacht)

(1) Die Vertretungsmacht der Gesellschafter erstreckt sich auf alle gerichtlichen und außergerichtlichen Geschäfte und Rechtshandlungen einschließlich der Veräußerung und Belastung von Grundstücken sowie der Erteilung und des Widerrufs einer Prokura.

(2) Eine Beschränkung des Umfanges der Vertretungsmacht ist Dritten gegenüber unwirksam; dies gilt insbesondere von der Beschränkung, daß sich die Vertretung nur auf gewisse Geschäfte oder Arten von Geschäften erstrecken oder daß sie nur unter gewissen Umständen oder für eine gewisse Zeit oder an einzelnen Orten stattfinden soll.

(3) In betreff der Beschränkung auf den Betrieb einer von mehreren Niederlassungen der Gesellschaft finden die Vorschriften des § 50 Abs. 3 entsprechende Anwendung.

§ 127 (Entziehung der Vertretungsmacht)

Die Vertretungsmacht kann einem Gesellschafter auf Antrag der übrigen Gesellschafter durch gerichtliche Entscheidung entzogen werden, wenn ein wichtiger Grund vorliegt; ein solcher Grund ist insbesondere grobe Pflichtverletzung oder Unfähigkeit zur ordnungsgemäßen Vertretung der Gesellschaft.

§ 128 (Gesamtschuldnerische Haftung)

Die Gesellschafter haften für die Verbindlichkeiten der Gesellschaft den Gläubigern als Gesamtschuldner persönlich. Eine entgegenstehende Vereinbarung ist Dritten gegenüber unwirksam.

§ 129 (Inanspruchnahme eines Gesellschafters)

(1) Wird ein Gesellschafter wegen einer Verbindlichkeit der Gesellschaft in Anspruch genommen, so kann er Einwendungen, die nicht in seiner Person begründet sind, nur insoweit geltend machen, als sie von der Gesellschaft erhoben werden können.

(2) Der Gesellschafter kann die Befriedigung des Gläubigers verweigern, solange der Gesellschaft das Recht zusteht, das ihrer Verbindlichkeit zugrunde liegende Rechtsgeschäft anzufechten.

(3) Die gleiche Befugnis hat der Gesellschafter, solange sich der Gläubiger durch Aufrechnung gegen eine fällige Forderung der Gesellschaft befriedigen kann.

(4) Aus einem gegen die Gesellschaft gerichteten vollstreckbaren Schuldtitel findet die Zwangsvollstreckung gegen die Gesellschafter nicht statt.

§ 130 (Eintritt eines Gesellschafters)

(1) Wer in eine bestehende Gesellschaft eintritt, haftet gleich den anderen Gesellschaftern nach Maßgabe der §§ 128 und 129 für die vor seinem Eintritte begründeten Verbindlichkeiten der Gesellschaft, ohne Unterschied, ob die Firma eine Änderung erleidet oder nicht.

(2) Eine entgegenstehende Vereinbarung ist Dritten gegenüber unwirksam.

§ 130a (Zahlungsunfähigkeit. Überschuldung)

(1) Nachdem bei einer Gesellschaft, bei der kein Gesellschafter eine natürliche Person ist, die Zahlungsunfähigkeit eingetreten ist oder sich ihre Überschuldung ergeben hat, dürfen die organschaftlichen Vertreter der zur Vertretung der Gesellschaft ermächtigten Gesellschafter und die Liquidatoren für die Gesellschaft keine Zahlungen leisten. Dies gilt nicht von Zahlungen, die auch nach diesem Zeitpunkt mit der Sorgfalt eines ordentlichen und gewissenhaften Geschäftsleiters vereinbar sind. Entsprechendes gilt für Zahlungen an Gesellschafter, soweit diese zur Zahlungsunfähigkeit der Gesellschaft führen mussten, es sei denn, dies war auch bei Beachtung der in Satz 2 bezeichneten Sorgfalt nicht erkennbar. Die Sätze 1 bis 3 gelten nicht, wenn zu den Gesellschaftern der offenen Handelsgesellschaft eine andere offene Handelsgesellschaft oder Kommanditgesellschaft gehört, bei der ein persönlich haftender Gesellschafter eine natürliche Person ist.

(2) Wird entgegen § 15a Abs. 1 der Insolvenzordnung die Eröffnung des Insolvenzverfahrens nicht oder nicht rechtzeitig beantragt oder werden entgegen Absatz 2 Zahlungen geleistet, so sind die organschaftlichen Vertreter der zur Vertretung der Gesellschaft ermächtigten Gesellschafter und die Liquidatoren der Gesellschaft gegenüber zum Ersatz des daraus entstehenden Schadens als Gesamtschuldner verpflichtet. Ist dabei streitig, ob sie die Sorgfalt eines ordentlichen und

gewissenhaften Geschäftsleiters angewandt haben, so trifft sie die Beweislast. Die Ersatzpflicht kann durch Vereinbarung mit den Gesellschaftern weder eingeschränkt noch ausgeschlossen werden. Soweit der Ersatz zur Befriedigung der Gläubiger der Gesellschaft erforderlich ist, wird die Ersatzpflicht weder durch einen Verzicht oder Vergleich der Gesellschaft noch dadurch aufgehoben, daß die Handlung auf einem Beschluß der Gesellschafter beruht. Satz 4 gilt nicht, wenn der Ersatzpflichtige zahlungsunfähig ist und sich zur Abwendung des Insolvenzverfahrens mit seinen Gläubigern vergleicht oder wenn die Ersatzpflicht in einem Insolvenzplan geregelt wird. Die Ansprüche aus diesen Vorschriften verjähren in fünf Jahren.

(3) Diese Vorschriften gelten sinngemäß, wenn die in den Absätzen 1 und 2 genannten organschaftlichen Vertreter ihrerseits Gesellschaften sind, bei denen kein Gesellschafter eine natürliche Person ist, oder sich die Verbindung von Gesellschaften in dieser Art fortsetzt.

Vierter Titel
Auflösung der Gesellschaft und Ausscheiden von Gesellschaftern

§ 131 (Auflösungsfälle)

(1) Die offene Handelsgesellschaft wird aufgelöst:

1. durch den Ablauf der Zeit, für welche sie eingegangen ist;

2. durch Beschluß der Gesellschafter;

3. durch die Eröffnung des Insolvenzverfahrens über das Vermögen der Gesellschaft;

4. durch gerichtliche Entscheidung.

(2) Eine offene Handelsgesellschaft, bei der kein persönlich haftender Gesellschafter eine natürliche Person ist, wird ferner aufgelöst:

1. mit der Rechtskraft des Beschlusses, durch den die Eröffnung des Insolvenzverfahrens mangels Masse abgelehnt worden ist;

2. durch die Löschung wegen Vermögenslosigkeit nach § 394 des Gesetzes über das Verfahren in Familiensachen und in den Angelegenheiten der freiwilligen Gerichtsbarkeit.

Dies gilt nicht, wenn zu den persönlich haftenden Gesellschaftern eine andere offene Handelsgesellschaft oder Kommanditgesellschaft gehört, bei der ein persönlich haftender Gesellschafter eine natürliche Person ist.

(3) Folgende Gründe führen mangels abweichender vertraglicher Bestimmung zum Ausscheiden eines Gesellschafters:

1. Tod des Gesellschafters,

2. Eröffnung des Konkurses über das Vermögen des Gesellschafters,

3. Kündigung des Gesellschafters,

4. Kündigung durch den Privatgläubiger des Gesellschafters,

5. Eintritt von weiteren im Gesellschaftsvertrag vorgesehenen Fällen,

6. Beschluß der Gesellschafter.

Der Gesellschafter scheidet mit dem Eintritt des ihn betreffenden Ereignisses aus, im Falle der Kündigung aber nicht vor Ablauf der Kündigungsfrist.

§ 132 (Kündigung)

Die Kündigung eines Gesellschafters kann, wenn die Gesellschaft für unbestimmte Zeit eingegangen ist, nur für den Schluß eines Geschäftsjahrs erfolgen; sie muß mindestens sechs Monate vor diesem Zeitpunkte stattfinden.

§ 133 (Vorzeitige Auflösung)

(1) Auf Antrag eines Gesellschafters kann die Auflösung der Gesellschaft vor dem Ablaufe der für ihre Dauer bestimmten Zeit oder bei einer für unbestimmte Zeit eingegangenen Gesellschaft ohne Kündigung durch gerichtliche Entscheidung ausgesprochen werden, wenn ein wichtiger Grund vorliegt.

(2) Ein solcher Grund ist insbesondere vorhanden, wenn ein anderer Gesellschafter eine ihm nach dem Gesellschaftsvertrag obliegende wesentliche Verpflichtung vorsätzlich oder aus grober Fahrlässigkeit verletzt oder wenn die Erfüllung einer solchen Verpflichtung unmöglich wird.

(3) Eine Vereinbarung, durch welche das Recht des Gesellschafters, die Auflösung der Gesellschaft zu verlangen, ausgeschlossen oder diesen Vorschriften zuwider beschränkt wird, ist nichtig.

§ 134 (Gesellschaft auf Lebenszeit, bestimmte Zeit)

Eine Gesellschaft, die für die Lebenszeit eines Gesellschafters eingegangen ist oder nach dem Ablaufe der für ihre Dauer bestimmten Zeit stillschweigend fortgesetzt wird, steht im Sinne der Vorschriften der §§ 132 und 133 einer für unbestimmte Zeit eingegangenen Gesellschaft gleich.

§ 135 (Kündigung durch Gläubiger)

Hat ein Privatgläubiger eines Gesellschafters, nachdem innerhalb der letzten sechs Monate eine Zwangsvollstreckung in das bewegliche Vermögen des Gesellschafters ohne Erfolg versucht ist, auf Grund eines nicht bloß vorläufig vollstreckbaren Schuldtitels die Pfändung und Überweisung des Anspruchs auf dasjenige erwirkt, was dem Gesellschafter bei der Auseinandersetzung zukommt, so kann er die Gesellschaft ohne Rücksicht darauf, ob sie für bestimmte oder unbestimmte Zeit eingegangen ist, sechs Monate vor dem Ende des Geschäftsjahrs für diesen Zeitpunkt kündigen.

§§ 136 bis 138 (weggefallen)

§ 139 (Fortsetzung mit Erben)

(1) Ist im Gesellschaftsvertrage bestimmt, daß im Falle des Todes eines Gesellschafters die Gesellschaft mit dessen Erben fortgesetzt werden soll, so kann jeder Erbe sein Verbleiben in der Gesellschaft davon abhängig machen, daß ihm unter Belassung des bisherigen Gewinnanteils die Stellung eines Kommanditisten eingeräumt und der auf ihn fallende Teil der Einlage des Erblassers als seine Kommanditeinlage anerkannt wird.

(2) Nehmen die übrigen Gesellschafter einen dahingehenden Antrag des Erben nicht an, so ist dieser befugt, ohne Einhaltung einer Kündigungsfrist sein Ausscheiden aus der Gesellschaft zu erklären.

(3) Die bezeichneten Rechte können von dem Erben nur innerhalb einer Frist von drei Monaten nach dem Zeitpunkt, in welchem er von dem Anfalle der Erbschaft Kenntnis erlangt hat, geltend gemacht werden. Auf den Lauf der Frist finden die für die Verjährung geltenden Vorschriften des § 210 des Bürgerlichen Gesetzbuchs entsprechende Anwendung. Ist bei dem Ablaufe der drei Monate das Recht zur Ausschlagung der Erbschaft noch nicht verloren, so endigt die Frist nicht vor dem Ablaufe der Ausschlagungsfrist.

(4) Scheidet innerhalb der Frist des Absatzes 3 der Erbe aus der Gesellschaft aus oder wird innerhalb der Frist die Gesellschaft aufgelöst oder dem Erben die Stellung eines Kommanditisten eingeräumt, so haftet er für die bis dahin entstandenen Gesellschaftsschulden nur nach Maßgabe der Haftung des Erben für die Nachlaßverbindlichkeiten betreffenden Vorschriften des bürgerlichen Rechtes.

(5) Der Gesellschaftsvertrag kann die Anwendung der Vorschriften der Absätze 1 bis 4 nicht ausschließen; es kann jedoch für den Fall, daß der Erbe sein Verbleiben in der Gesellschaft von der Einräumung der Stellung eines Kommanditisten abhängig macht, sein Gewinnanteil anders als der des Erblassers bestimmt werden.

§ 140 (Ausschließung eines Gesellschafters)

(1) Tritt in der Person eines Gesellschafters ein Umstand ein, der nach § 133 für die übrigen Gesellschafter das Recht begründet, die Auflösung der Gesellschaft zu verlangen, so kann vom Gericht anstatt der Auflösung die Ausschließung dieses Gesellschafters aus der Gesellschaft ausgesprochen werden, sofern die übrigen Gesellschafter dies beantragen. Der Ausschließungsklage steht nicht entgegen, daß nach der Ausschließung nur ein Gesellschafter verbleibt.

(2) Für die Auseinandersetzung zwischen der Gesellschaft und dem ausgeschlossenen Gesellschafter ist die Vermögenslage der Gesellschaft in dem Zeitpunkte maßgebend, in welchem die Klage auf Ausschließung erhoben ist.

§§ 141 und 142 (weggefallen)

§ 143 (Anmeldungen zum Handelsregister)

(1) Die Auflösung der Gesellschaft ist von sämtlichen Gesellschaftern zur Eintragung in das Handelsregister anzumelden. Dies gilt nicht in den Fällen der Eröffnung oder der Ablehnung der Eröffnung des Insolvenzverfahrens über das Vermögen der Gesellschaft (§ 131 Abs. 1 Nr. 3 und Abs. 2 Nr. 1). In diesen Fällen hat das Gericht die Auflösung und ihren Grund von Amts wegen einzutragen. Im Falle der Löschung der Gesellschaft (§ 131 Abs. 2 Nr. 2) entfällt die Eintragung der Auflösung.

(2) Absatz 1 Satz 1 gilt entsprechend für das Ausscheiden eines Gesellschafters aus der Gesellschaft.

(3) Ist anzunehmen, daß der Tod eines Gesellschafters die Auflösung oder das Ausscheiden zur Folge gehabt hat, so kann, auch ohne daß die Erben bei der Anmeldung mitwirken, die Eintragung erfolgen, soweit einer solchen Mitwirkung besondere Hindernisse entgegenstehen.

§ 144 (Fortsetzung nach Insolvenzverfahren)

(1) Ist die Gesellschaft durch die Eröffnung des Insolvenzverfahrens über ihr Vermögen aufgelöst, das Verfahren aber auf Antrag des Schuldners eingestellt oder nach der Bestätigung eines Insolvenzplans, der den Fortbestand der Gesellschaft vorsieht, aufgehoben, so können die Gesellschafter die Fortsetzung der Gesellschaft beschließen.

(2) Die Fortsetzung ist von sämtlichen Gesellschaftern zur Eintragung in das Handelsregister anzumelden.

Fünfter Titel
Liquidation der Gesellschaft

§ 145 (Grundsätze)

(1) Nach der Auflösung der Gesellschaft findet die Liquidation statt, sofern nicht eine andere Art der Auseinandersetzung von den Gesellschaftern vereinbart oder über das Vermögen der Gesellschaft das Insolvenzverfahren eröffnet ist.

(2) Ist die Gesellschaft durch Kündigung des Gläubigers eines Gesellschafters oder durch die Eröffnung des Insolvenzverfahrens über das Vermögen eines Gesellschafters aufgelöst, so kann die Liquidation nur mit Zustimmung des Gläubigers oder des Insolvenzverwalters unterbleiben; ist im Insolvenzverfahren Eigenverwaltung angeordnet, so tritt an die Stelle der Zustimmung des Insolvenzverwalters die Zustimmung des Schuldners.

(3) Ist die Gesellschaft durch Löschung wegen Vermögenslosigkeit aufgelöst, so findet eine Liquidation nur statt, wenn sich nach der Löschung herausstellt, daß Vermögen vorhanden ist, das der Verteilung unterliegt.

§ 146 (Liquidatoren)

(1) Die Liquidation erfolgt, sofern sie nicht durch Beschluß der Gesellschafter oder durch den Gesellschaftsvertrag einzelnen Gesellschaftern oder anderen Personen übertragen ist, durch sämtliche Gesellschafter als Liquidatoren. Mehrere Erben eines Gesellschafters haben einen gemeinsamen Vertreter zu bestellen.

(2) Auf Antrag eines Beteiligten kann aus wichtigen Gründen die Ernennung von Liquidatoren durch das Gericht erfolgen, in dessen Bezirke die Gesellschaft ihren Sitz hat; das Gericht kann in einem solchen Falle Personen zu Liquidatoren ernennen, die nicht zu den Gesellschaftern gehören. Als Beteiligter gilt außer den Gesellschaftern im Falle des § 135 auch der Gläubiger, durch den die Kündigung erfolgt ist. Im Falle des § 145 Abs. 3 sind die Liquidatoren auf Antrag eines Beteiligten durch das Gericht zu ernennen.

(3) Ist über das Vermögen eines Gesellschafters das Insolvenzverfahren eröffnet und ist ein Insolvenzverwalter bestellt, so tritt dieser an die Stelle des Gesellschafters.

§ 147 (Abberufung)

Die Abberufung von Liquidatoren geschieht durch einstimmigen Beschluß der nach § 146 Abs. 2 und 3 Beteiligten; sie kann auf Antrag eines Beteiligten aus wichtigen Gründen auch durch das Gericht erfolgen.

§ 148 (Anmeldung zum Handelsregister)

(1) Die Liquidatoren und ihre Vertretungsmacht sind von sämtlichen Gesellschaftern zur Eintragung in das Handelsregister anzumelden. Das gleiche gilt von jeder Änderung in den Personen der Liquidatoren oder in ihrer Vertretungsmacht. Im Falle des Todes eines Gesellschafters kann, wenn anzunehmen ist, daß die Anmeldung den Tatsachen entspricht, die Eintragung erfolgen, auch ohne daß die Erben bei der Anmeldung mitwirken, soweit einer solchen Mitwirkung besondere Hindernisse entgegenstehen.

(2) Die Eintragung gerichtlich bestellter Liquidatoren sowie die Eintragung der gerichtlichen Abberufung von Liquidatoren geschieht von Amts wegen.

§ 149 (Abwicklung)

Die Liquidatoren haben die laufenden Geschäfte zu beendigen, die Forderungen einzuziehen, das übrige Vermögen in Geld umzusetzen und die Gläubiger zu befriedigen; zur Beendigung schwebender Geschäfte können sie auch neue Geschäfte eingehen. Die Liquidatoren vertreten innerhalb ihres Geschäftskreises die Gesellschaft gerichtlich und außergerichtlich.

§ 150 (Mehrere Liquidatoren)

(1) Sind mehrere Liquidatoren vorhanden, so können sie die zur Liquidation gehörenden Handlungen nur in Gemeinschaft vornehmen, sofern nicht bestimmt ist, daß sie einzeln handeln können.

(2) Durch die Vorschrift des Absatzes 1 wird nicht ausgeschlossen, daß die Liquidatoren einzelne von ihnen zur Vornahme bestimmter Geschäfte oder bestimmter Arten von Geschäften ermächtigen. Ist der Gesellschaft gegenüber eine Willenserklärung abzugeben, so findet die Vorschrift des § 125 Abs. 2 Satz 3 entsprechende Anwendung.

§ 151 (Keine Beschränkung der Befugnisse)

Eine Beschränkung des Umfanges der Befugnisse der Liquidatoren ist Dritten gegenüber unwirksam.

§ 152 (Anordnungen der Beteiligten)

Gegenüber den nach § 146 Abs. 2 und 3 Beteiligten haben die Liquidatoren, auch wenn sie vom Gerichte bestellt sind, den Anordnungen Folge zu leisten, welche die Beteiligten in betreff der Geschäftsführung einstimmig beschließen.

§ 153 (Zeichnung)

Die Liquidatoren haben ihre Unterschrift in der Weise abzugeben, daß sie der bisherigen, als Liquidationsfirma zu bezeichnenden Firma ihren Namen beifügen.

§ 154 (Bilanzen)

Die Liquidatoren haben bei dem Beginne sowie bei der Beendigung der Liquidation eine Bilanz aufzustellen.

§ 155 (Verteilung)

(1) Das nach Berichtigung der Schulden verbleibende Vermögen der Gesellschaft ist von den Liquidatoren nach dem Verhältnisse der Kapitalanteile, wie sie sich aufgrund der Schlußbilanz ergeben, unter die Gesellschafter zu verteilen.

(2) Das während der Liquidation entbehrliche Geld wird vorläufig verteilt. Zur Deckung noch nicht fälliger oder streitiger Verbindlichkeiten sowie zur Sicherung der den Gesellschaftern bei der Schlußverteilung zukommenden Beträge ist das Erforderliche zurückzuhalten. Die Vorschriften des § 122 Abs. 1 finden während der Liquidation keine Anwendung.

(3) Entsteht über die Verteilung des Gesellschaftsvermögens Streit unter den Gesellschaftern, so haben die Liquidatoren die Verteilung bis zur Entscheidung des Streites auszusetzen.

§ 156 (Anwendbare Vorschriften)

Bis zur Beendigung der Liquidation kommen in bezug auf das Rechtsverhältnis der bisherigen Gesellschafter untereinander sowie der Gesellschaft zu Dritten die Vorschriften des zweiten und dritten Titels zur Anwendung, soweit sich nicht aus dem gegenwärtigen Titel oder aus dem Zwecke der Liquidation ein anderes ergibt.

§ 157 (Anmeldung des Erlöschens; Bücher, Papiere)

(1) Nach der Beendigung der Liquidation ist das Erlöschen der Firma von den Liquidatoren zur Eintragung in das Handelsregister anzumelden.

(2) Die Bücher und Papiere der aufgelösten Gesellschaft werden einem der Gesellschafter oder einem Dritten in Verwahrung gegeben. Der Gesellschafter oder der Dritte wird in Ermangelung einer Verständigung durch das Gericht bestimmt, in dessen Bezirk die Gesellschaft ihren Sitz hat.

(3) Die Gesellschafter und deren Erben behalten das Recht auf Einsicht und Benutzung der Bücher und Papiere.

§ 158 (Andere Auseinandersetzung)

Vereinbaren die Gesellschafter statt der Liquidation eine andere Art der Auseinandersetzung, so finden, solange noch ungeteiltes Gesellschaftsvermögen vorhanden ist, im Verhältnisse zu Dritten die für die Liquidation geltenden Vorschriften entsprechende Anwendung.

Sechster Titel
Verjährung. Zeitliche Begrenzung der Haftung

§ 159 (Ansprüche gegen Gesellschafter)

(1) Die Ansprüche gegen einen Gesellschafter aus Verbindlichkeiten der Gesellschaft verjähren in fünf Jahren nach der Auflösung der Gesellschaft, sofern nicht der Anspruch gegen die Gesellschaft einer kürzeren Verjährung unterliegt.

(2) Die Verjährung beginnt mit dem Ende des Tages, an welchem die Auflösung der Gesellschaft in das Handelsregister des für den Sitz der Gesellschaft zuständigen Gerichts eingetragen wird.

(3) Wird der Anspruch des Gläubigers gegen die Gesellschaft erst nach der Eintragung fällig, so beginnt die Verjährung mit dem Zeitpunkte der Fälligkeit.

(4) Der Neubeginn der Verjährung und ihre Hemmung nach § 204 des Bürgerlichen Gesetzbuchs gegenüber der aufgelösten Gesellschaft wirken auch gegenüber den Gesellschaftern, die der Gesellschaft zur Zeit der Auflösung angehört haben.

§ 160 (Begrenzung der Haftung)

(1) Scheidet ein Gesellschafter aus der Gesellschaft aus, so haftet er für ihre bis dahin begründeten Verbindlichkeiten, wenn sie vor Ablauf von fünf Jahren nach dem Ausscheiden fällig und daraus Ansprüche gegen ihn in einer in § 197 Abs. 1 Nr. 3 bis 5 des Bürgerlichen Gesetzbuchs bezeichneten Art festgestellt sind oder eine gerichtliche oder behördliche Vollstreckungshandlung vorgenommen oder beantragt wird; bei öffentlich-rechtlichen Verbindlichkeiten genügt der Erlass eines Verwaltungsakts. Die Frist beginnt mit dem Ende des Tages, an dem das Ausscheiden in das Handelsregister des für den Sitz der Gesellschaft zuständigen Gerichts eingetragen wird. Die für die Verjährung geltenden §§ 204, 206, 210, 211 und 212 Abs. 2 und 3 des Bürgerlichen Gesetzbuches sind entsprechend anzuwenden.

(2) Einer Feststellung in einer in § 197 Abs. 1 Nr. 3 bis 5 des Bürgerlichen Gesetzbuchs bezeichneten Art bedarf es nicht, soweit der Gesellschafter den Anspruch schriftlich anerkannt hat.

(3) Wird ein Gesellschafter Kommanditist, so sind für die Begrenzung seiner Haftung für die im Zeitpunkt der Eintragung der Änderung in das Handelsregister begründeten Verbindlichkeiten die Absätze 1 und 2 entsprechend anzuwenden. Dies gilt auch, wenn er in der Gesellschaft oder einem ihr als Gesellschafter angehörenden Unternehmen geschäftsführend tätig wird. Seine Haftung als Kommanditist bleibt unberührt.

Zweiter Abschnitt
Kommanditgesellschaft

§ 161 (Begriff; anwendbare Vorschriften)

(1) Eine Gesellschaft, deren Zweck auf den Betrieb eines Handelsgewerbes unter gemeinschaftlicher Firma gerichtet ist, ist eine Kommanditgesellschaft, wenn bei einem oder bei einigen von den Gesellschaftern die Haftung gegenüber den Gesellschaftsgläubigern auf den Betrag einer bestimmten Vermögenseinlage beschränkt ist (Kommanditisten), während bei dem anderen Teile der Gesellschafter eine Beschränkung der Haftung nicht stattfindet (persönlich haftende Gesellschafter).

(2) Soweit nicht in diesem Abschnitt ein anderes vorgeschrieben ist, finden auf die Kommanditgesellschaft die für die offene Handelsgesellschaft geltenden Vorschriften Anwendung.

§ 162 (Anmeldung zum Handelsregister)

(1) Die Anmeldung der Gesellschaft hat außer den in § 106 Abs. 2 vorgesehenen Angaben die Bezeichnung der Kommanditisten und den Betrag der Einlage eines jeden von ihnen zu enthalten. Ist eine Gesellschaft bürgerlichen Rechts Kommanditist, so sind auch deren Gesellschafter entsprechend § 106 Abs. 2 und spätere Änderungen in der Zusammensetzung der Gesellschafter zur Eintragung anzumelden.

(2) Bei der Bekanntmachung der Eintragung der Gesellschaft sind keine Angaben zu den Kommanditisten zu machen; die Vorschriften des § 15 sind insoweit nicht anzuwenden.

(3) Diese Vorschriften finden im Falle des Eintritts eines Kommanditisten in eine bestehende Handelsgesellschaft und im Falle des Ausscheidens eines Kommanditisten aus einer Kommanditgesellschaft entsprechende Anwendung.

§ 163 (Innenverhältnis der Gesellschafter)

Für das Verhältnis der Gesellschafter untereinander gelten in Ermangelung abweichender Bestimmungen des Gesellschaftsvertrags die besonderen Vorschriften der §§ 164 bis 169.

§ 164 (Geschäftsführung)

Die Kommanditisten sind von der Führung der Geschäfte der Gesellschaft ausgeschlossen; sie können einer Handlung der persönlich haftenden Gesellschafter nicht widersprechen, es sei denn, daß die Handlung über den gewöhnlichen Betrieb des Handelsgewerbes der Gesellschaft hinausgeht. Die Vorschriften des § 116 Abs. 3 bleiben unberührt.

§ 165 (Kein Konkurrenzverbot)

Die §§ 112 und 113 finden auf die Kommanditisten keine Anwendung.

§ 166 (Jahresabschluss)

(1) Der Kommanditist ist berechtigt, die abschriftliche Mitteilung des Jahresabschlusses zu verlangen und dessen Richtigkeit unter Einsicht der Bücher und Papiere zu prüfen.

(2) Die in § 118 dem von der Geschäftsführung ausgeschlossenen Gesellschafter eingeräumten weiteren Rechte stehen dem Kommanditisten nicht zu.

(3) Auf Antrag eines Kommanditisten kann das Gericht, wenn wichtige Gründe vorliegen, die Mitteilung einer Bilanz und eines Jahresabschlusses und sonstiger Aufklärungen sowie die Vorlegung der Bücher und Papiere jederzeit anordnen.

§ 167 (Gewinn, Verlust)

(1) Die Vorschriften des § 120 über die Berechnung des Gewinns oder Verlustes gelten auch für den Kommanditisten.

(2) Jedoch wird der einem Kommanditisten zukommende Gewinn seinem Kapitalanteil nur solange zugeschrieben, als dieser den Betrag der bedungenen Einlage nicht erreicht.

(3) An dem Verluste nimmt der Kommanditist nur bis zum Betrage seines Kapitalanteils und seiner noch rückständigen Einlage teil.

§ 168 (Gewinnverteilung)

(1) Die Anteile der Gesellschafter am Gewinne bestimmen sich, soweit der Gewinn den

Betrag von vier vom Hundert der Kapitalanteile nicht übersteigt, nach den Vorschriften des § 121 Abs. 1 und 2.

(2) In Ansehung des Gewinns, welcher diesen Betrag übersteigt, sowie in Ansehung des Verlustes gilt, soweit nicht ein anderes vereinbart ist, ein den Umständen nach angemessenes Verhältnis der Anteile als bedungen.

§ 169 (Keine Entnahmen)

(1) § 122 findet auf den Kommanditisten keine Anwendung. Dieser hat nur Anspruch auf Auszahlung des ihm zukommenden Gewinns; er kann auch die Auszahlung des Gewinns nicht fordern, solange sein Kapitalanteil durch Verlust unter den auf die bedungene Einlage geleisteten Betrag herabgemindert ist oder durch die Auszahlung unter diesen Betrag herabgemindert werden würde.

(2) Der Kommanditist ist nicht verpflichtet, den bezogenen Gewinn wegen späterer Verluste zurückzuzahlen.

§ 170 (Keine Vertretungsmacht)

Der Kommanditist ist zur Vertretung der Gesellschaft nicht ermächtigt.

§ 171 (Haftung)

(1) Der Kommanditist haftet den Gläubigern der Gesellschaft bis zur Höhe seiner Einlage unmittelbar; die Haftung ist ausgeschlossen, soweit die Einlage geleistet ist.

(2) Ist über das Vermögen der Gesellschaft das Insolvenzverfahren eröffnet, so wird während der Dauer des Verfahrens das den Gesellschaftsgläubigern nach Absatz 1 zustehende Recht durch den Insolvenzverwalter oder den Sachwalter ausgeübt.

§ 172 (Maßgebliche Höhe der Einlage)

(1) Im Verhältnis zu den Gläubigern der Gesellschaft wird nach der Eintragung in das Handelsregister die Einlage eines Kommanditisten durch den in der Eintragung angegebenen Betrag bestimmt.

(2) Auf eine nicht eingetragene Erhöhung der aus dem Handelsregister ersichtlichen Einlage können sich die Gläubiger nur berufen,

wenn die Erhöhung in handelsüblicher Weise kundgemacht oder ihnen in anderer Weise von der Gesellschaft mitgeteilt worden ist.

(3) Eine Vereinbarung der Gesellschafter, durch die einem Kommanditisten die Einlage erlassen oder gestundet wird, ist den Gläubigern gegenüber unwirksam.

(4) Soweit die Einlage eines Kommanditisten zurückbezahlt wird, gilt sie den Gläubigern gegenüber als nicht geleistet. Das gleiche gilt, soweit ein Kommanditist Gewinnanteile entnimmt, während sein Kapitalanteil durch Verlust unter den Betrag der geleisteten Einlage herabgemindert ist, oder soweit durch die Entnahme der Kapitalanteil unter den bezeichneten Betrag herabgemindert wird. Bei der Berechnung des Kapitalanteils nach Satz 2 sind Beträge im Sinn des § 268 Abs. 8 nicht zu berücksichtigen.

(5) Was ein Kommanditist aufgrund einer in gutem Glauben errichteten Bilanz in gutem Glauben als Gewinn bezieht, ist er in keinem Falle zurückzuzahlen verpflichtet.

(6) Gegenüber den Gläubigern einer Gesellschaft, bei der kein persönlich haftender Gesellschafter eine natürliche Person ist, gilt die Einlage eines Kommanditisten als nicht geleistet, soweit sie in Anteilen an den persönlich haftenden Gesellschaftern bewirkt ist. Dies gilt nicht, wenn zu den persönlich haftenden Gesellschaftern eine offene Handelsgesellschaft oder Kommanditgesellschaft gehört bei der ein persönlich haftender Gesellschafter eine natürliche Person ist.

§ 173 (Eintretender Kommanditist)

(1) Wer in eine bestehende Handelsgesellschaft als Kommanditist eintritt, haftet nach Maßgabe der §§ 171 und 172 für die vor seinem Eintritte begründeten Verbindlichkeiten der Gesellschaft, ohne Unterschied, ob die Firma eine Änderung erleidet oder nicht.

(2) Eine entgegenstehende Vereinbarung ist Dritten gegenüber unwirksam.

§ 174 (Herabsetzung der Einlage)

Eine Herabsetzung der Einlage eines Kommanditisten ist, solange sie nicht in das Handelsregister des Gerichts, in dessen Bezirke die Gesellschaft ihren Sitz hat, eingetragen ist, den Gläubigern gegenüber unwirksam; Gläubiger, deren Forderungen zur Zeit der Eintragung begründet waren, brauchen die Herabsetzung nicht gegen sich gelten zu lassen.

§ 175 (Anmeldung)

Die Erhöhung sowie die Herabsetzung einer Einlage ist durch die sämtlichen Gesellschafter zur Eintragung in das Handelsregister anzumelden. § 162 Abs. 2 gilt entsprechend. Auf die Eintragung in das Handelsregister des Sitzes der Gesellschaft finden die Vorschriften des § 14 keine Anwendung.

§ 176 (Haftung vor der Eintragung)

(1) Hat die Gesellschaft ihre Geschäfte begonnen, bevor sie in das Handelsregister des Gerichts, in dessen Bezirke sie ihren Sitz hat, eingetragen ist, so haftet jeder Kommanditist, der dem Geschäftsbeginne zugestimmt hat, für die bis zur Eintragung begründeten Verbindlichkeiten der Gesellschaft gleich einem persönlich haftenden Gesellschafter, es sei denn, daß seine Beteiligung als Kommanditist dem Gläubiger bekannt war. Diese Vorschrift kommt nicht zur Anwendung, soweit sich aus § 2 oder § 105 Abs. 2 ein anderes ergibt.

(2) Tritt ein Kommanditist in eine bestehende Handelsgesellschaft ein, so findet die Vorschrift des Absatzes 1 Satz 1 für die in der Zeit zwischen seinem Eintritt und dessen Eintragung in das Handelsregister begründeten Verbindlichkeiten der Gesellschaft entsprechende Anwendung.

§ 177 (Tod eines Kommanditisten)

Beim Tod eines Kommanditisten wird die Gesellschaft mangels abweichender vertraglicher Bestimmungen mit den Erben fortgesetzt.

§ 177a (Zahlungsunfähigkeit, Überschuldung)

Die §§ 125a und 130a gelten auch für die Gesellschaft, bei der ein Kommanditist eine natürliche Person ist, § 130a jedoch mit der Maßgabe, daß anstelle des Absatzes 1 Satz 4

der § 172 Abs. 6 Satz 2 anzuwenden ist. Der in § 125a Abs. 1 Satz 2 für die Gesellschafter vorgeschriebenen Angaben bedarf es nur für die persönlich haftenden Gesellschafter der Gesellschaft.

§§ 178 bis 229 (weggefallen)

Dritter Abschnitt
Stille Gesellschaft

§ 230 (Beteiligung)

(1) Wer sich als stiller Gesellschafter an dem Handelsgewerbe, das ein anderer betreibt, mit einer Vermögenseinlage beteiligt, hat die Einlage so zu leisten, daß sie in das Vermögen des Inhabers des Handelsgeschäfts übergeht.

(2) Der Inhaber wird aus den in dem Betriebe geschlossenen Geschäften allein berechtigt und verpflichtet.

§ 231 (Gewinn, Verlust)

(1) Ist der Anteil des stillen Gesellschafters am Gewinn und Verluste nicht bestimmt, so gilt ein den Umständen nach angemessener Anteil als bedungen.

(2) Im Gesellschaftsvertrage kann bestimmt werden, daß der stille Gesellschafter nicht am Verluste beteiligt sein soll; seine Beteiligung am Gewinne kann nicht ausgeschlossen werden.

§ 232 (Verteilung)

(1) Am Schlusse jedes Geschäftsjahrs wird der Gewinn und Verlust berechnet und der auf den stillen Gesellschafter fallende Gewinn ihm ausbezahlt.

(2) Der stille Gesellschafter nimmt an dem Verluste nur bis zum Betrage seiner eingezahlten oder rückständigen Einlage teil. Er ist nicht verpflichtet, den bezogenen Gewinn wegen späterer Verluste zurückzuzahlen; jedoch wird, solange seine Einlage durch Verlust vermindert ist, der jährliche Gewinn zur Deckung des Verlustes verwendet.

(3) Der Gewinn, welcher von dem stillen Gesellschafter nicht erhoben wird, vermehrt dessen Einlage nicht, sofern nicht ein anderes vereinbart ist.

§ 233 (Jahresabschluss, Bücher, Papiere)

(1) Der stille Gesellschafter ist berechtigt, die abschriftliche Mitteilung des Jahresabschlusses zu verlangen und dessen Richtigkeit unter Einsicht der Bücher und Papiere zu prüfen.

(2) Die in § 716 des Bürgerlichen Gesetzbuchs dem von der Geschäftsführung ausgeschlossenen Gesellschafter eingeräumten weiteren Rechte stehen dem stillen Gesellschafter nicht zu.

(3) Auf Antrag des stillen Gesellschafters kann das Gericht, wenn wichtige Gründe vorliegen, die Mitteilung einer Bilanz und eines Jahresabschlusses oder sonstiger Aufklärungen sowie die Vorlegung der Bücher und Papiere jederzeit anordnen.

§ 234 (Kündigung; Tod)

(1) Auf die Kündigung der Gesellschaft durch einen der Gesellschafter oder durch einen Gläubiger des stillen Gesellschafters finden die Vorschriften der §§ 132, 134 und 135 entsprechende Anwendung. Die Vorschriften des § 723 des Bürgerlichen Gesetzbuchs über das Recht, die Gesellschaft aus wichtigen Gründen ohne Einhaltung einer Frist zu kündigen, bleiben unberührt.

(2) Durch den Tod des stillen Gesellschafters wird die Gesellschaft nicht aufgelöst.

§ 235 (Auflösung, Abwicklung)

(1) Nach der Auflösung der Gesellschaft hat sich der Inhaber des Handelsgeschäfts mit dem stillen Gesellschafter auseinanderzusetzen und dessen Guthaben in Geld zu berichtigen.

(2) Die zur Zeit der Auflösung schwebenden Geschäfte werden von dem Inhaber des Handelsgeschäfts abgewickelt. Der stille Gesellschafter nimmt teil an dem Gewinn und Verluste, der sich aus diesen Geschäften ergibt.

(3) Er kann am Schlusse jedes Geschäftsjahres Rechenschaft über die inzwischen beendigten Geschäfte, Auszahlung des ihm gebührenden Betrags und Auskunft über den Stand der noch schwebenden Geschäfte verlangen.

§ 236 (Insolvenzverfahren)

(1) Wird über das Vermögen des Inhabers des Handelsgeschäfts das Insolvenzverfahren eröffnet, so kann der stille Gesellschafter wegen der Einlage, soweit sie den Betrag des auf ihn fallenden Anteils am Verlust übersteigt, seine Forderung als Insolvenzgläubiger geltend machen.

(2) Ist die Einlage rückständig, so hat sie der stille Gesellschafter bis zu dem Betrage, welcher zur Deckung seines Anteils am Verlust erforderlich ist, zur Insolvenzmasse einzuzahlen.

§ 237 (weggefallen)

Drittes Buch
Handelsbücher

Erster Abschnitt
Vorschriften für alle Kaufleute

Erster Unterabschnitt
Buchführung. Inventar

§ 238 Buchführungspflicht

(1) Jeder Kaufmann ist verpflichtet, Bücher zu führen und in diesen seine Handelsgeschäfte und die Lage seines Vermögens nach den Grundsätzen ordnungsmäßiger Buchführung ersichtlich zu machen. Die Buchführung muß so beschaffen sein, daß sie einem sachverständigen Dritten innerhalb angemessener Zeit einen Überblick über die Geschäftsvorfälle und über die Lage des Unternehmens vermitteln kann. Die Geschäftsvorfälle müssen sich in ihrer Entstehung und Abwicklung verfolgen lassen.

(2) Der Kaufmann ist verpflichtet, eine mit der Urschrift übereinstimmende Wiedergabe der abgesandten Handelsbriefe (Kopie, Abdruck, Abschrift oder sonstige Wiedergabe des Wortlauts auf einem Schrift-, Bild- oder anderen Datenträger) zurückzubehalten.

§ 239 Führung der Handelsbücher

(1) Bei der Führung der Handelsbücher und bei den sonst erforderlichen Aufzeichnungen hat sich der Kaufmann einer lebenden Spra-

che zu bedienen. Werden Abkürzungen, Ziffern, Buchstaben oder Symbole verwendet, muß im Einzelfall deren Bedeutung eindeutig festliegen.

(2) Die Eintragungen in Büchern und die sonst erforderlichen Aufzeichnungen müssen vollständig, richtig, zeitgerecht und geordnet vorgenommen werden.

(3) Eine Eintragung oder eine Aufzeichnung darf nicht in einer Weise verändert werden, daß der ursprüngliche Inhalt nicht mehr feststellbar ist. Auch solche Veränderungen dürfen nicht vorgenommen werden, deren Beschaffenheit es ungewiß läßt, ob sie ursprünglich oder erst später gemacht worden sind.

(4) Die Handelsbücher und die sonst erforderlichen Aufzeichnungen können auch in der geordneten Ablage von Belegen bestehen oder auf Datenträgern geführt werden, soweit diese Formen der Buchführung einschließlich des dabei angewandten Verfahrens den Grundsätzen ordnungsmäßiger Buchführung entsprechen. Bei der Führung der Handelsbücher und der sonst erforderlichen Aufzeichnungen auf Datenträgern muß insbesondere sichergestellt sein, daß die Daten während der Dauer der Aufbewahrungsfrist verfügbar sind und jederzeit innerhalb angemessener Frist lesbar gemacht werden können. Absätze 1 bis 3 gelten sinngemäß.

§ 240 Inventar

(1) Jeder Kaufmann hat zu Beginn seines Handelsgewerbes seine Grundstücke, seine Forderungen und Schulden, den Betrag seines baren Geldes sowie seine sonstigen Vermögensgegenstände genau zu verzeichnen und dabei den Wert der einzelnen Vermögensgegenstände und Schulden anzugeben.

(2) Er hat demnächst für den Schluß eines jeden Geschäftsjahres ein solches Inventar aufzustellen. Die Dauer des Geschäftsjahrs darf zwölf Monate nicht überschreiten. Die Aufstellung des Inventars ist innerhalb der einem ordnungsmäßigen Geschäftsgang entsprechenden Zeit zu bewirken.

(3) Vermögensgegenstände des Sachanlagevermögens sowie Roh-, Hilfs- und Betriebs-

stoffe können, wenn sie regelmäßig ersetzt werden und ihr Gesamtwert für das Unternehmen von nachrangiger Bedeutung ist, mit einer gleichbleibenden Menge und einem gleichbleibenden Wert angesetzt werden, sofern ihr Bestand in seiner Größe, seinem Wert und seiner Zusammensetzung nur geringen Veränderungen unterliegt. Jedoch ist in der Regel alle drei Jahre eine körperliche Bestandsaufnahme durchzuführen.

(4) Gleichartige Vermögensgegenstände des Vorratsvermögens sowie andere gleichartige oder annähernd gleichwertige bewegliche Vermögensgegenstände und Schulden können jeweils zu einer Gruppe zusammengefaßt und mit dem gewogenen Durchschnittswert angesetzt werden.

§ 241 Inventurvereinfachungsverfahren

(1) Bei der Aufstellung des Inventars darf der Bestand der Vermögensgegenstände nach Art, Menge und Wert auch mit Hilfe anerkannter mathematisch-statistischer Methoden auf Grund von Stichproben ermittelt werden. Das Verfahren muß den Grundsätzen ordnungsmäßiger Buchführung entsprechen. Der Aussagewert des auf diese Weise aufgestellten Inventars muß dem Aussagewert eines auf Grund einer körperlichen Bestandsaufnahme aufgestellten Inventars gleichkommen.

(2) Bei der Aufstellung des Inventars für den Schluß eines Geschäftsjahres bedarf es einer körperlichen Bestandsaufnahme der Vermögensgegenstände für diesen Zeitpunkt nicht, soweit durch Anwendung eines den Grundsätzen ordnungsmäßiger Buchführung entsprechenden anderen Verfahrens gesichert ist, daß der Bestand der Vermögensgegenstände nach Art, Menge und Wert auch ohne die körperliche Bestandsaufnahme für diesen Zeitpunkt festgestellt werden kann.

(3) In dem Inventar für den Schluß eines Geschäftsjahrs brauchen Vermögensgegenstände nicht verzeichnet zu werden, wenn

1. der Kaufmann ihren Bestand auf Grund einer körperlichen Bestandsaufnahme oder auf Grund eines nach Absatz 2 zulässigen anderen Verfahrens nach Art,

Menge und Wert in einem besonderen Inventar verzeichnet hat, das für einen Tag innerhalb der letzten drei Monate vor oder der ersten beiden Monate nach dem Schluß des Geschäftsjahrs aufgestellt ist, und

2. auf Grund des besonderen Inventars durch Anwendung eines den Grundsätzen ordnungsmäßiger Buchführung entsprechenden Fortschreibungs- oder Rückrechnungsverfahrens gesichert ist, daß der am Schluß des Geschäftsjahrs vorhandene Bestand der Vermögensgegenstände für diesen Zeitpunkt ordnungsgemäß bewertet werden kann.

§ 241a Befreiung von der Pflicht zur Buchführung und Erstellung eines Inventars

Einzelkaufleute, die an den Abschlussstichtagen von zwei aufeinander folgenden Geschäftsjahren nicht mehr als 500 000 Euro Umsatzerlöse und 50 000 Euro Jahresüberschuss aufweisen, brauchen die §§ 238 bis 241 nicht anzuwenden. Im Fall der Neugründung treten die Rechtsfolgen schon ein, wenn die Werte des Satzes 1 am ersten Abschlussstichtag nach der Neugründung nicht überschritten werden.

Zweiter Unterabschnitt Eröffnungsbilanz. Jahresabschluß

Erster Titel Allgemeine Vorschriften

§ 242 Pflicht zur Aufstellung

(1) Der Kaufmann hat zu Beginn seines Handelsgewerbes und für den Schluß eines jeden Geschäftsjahrs einen das Verhältnis seines Vermögens und seiner Schulden darstellenden Abschluß (Eröffnungsbilanz, Bilanz) aufzustellen. Auf die Eröffnungsbilanz sind die für den Jahresabschluß geltenden Vorschriften entsprechend anzuwenden, soweit sie sich auf die Bilanz beziehen.

(2) Er hat für den Schluß eines jeden Geschäftsjahrs eine Gegenüberstellung der Auf-

wendungen und Erträge des Geschäftsjahrs (Gewinn- und Verlustrechnung) aufzustellen.

(3) Die Bilanz und die Gewinn- und Verlustrechnung bilden den Jahresabschluß.

(4) Die Absätze 1 bis 3 sind auf Einzelkaufleute im Sinn des § 241a nicht anzuwenden. Im Fall der Neugründung treten die Rechtsfolgen nach Satz 1 schon ein, wenn die Werte des § 241a Satz 1 am ersten Abschlussstichtag nach der Neugründung nicht überschritten werden.

§ 243 Aufstellungsgrundsatz

(1) Der Jahresabschluß ist nach den Grundsätzen ordnungsmäßiger Buchführung aufzustellen.

(2) Er muß klar und übersichtlich sein.

(3) Der Jahresabschluß ist innerhalb der einem ordnungsmäßigen Geschäftsgang entsprechenden Zeit aufzustellen.

§ 244 Sprache. Währungseinheit

Der Jahresabschluß ist in deutscher Sprache und in Euro aufzustellen.

§ 245 Unterzeichnung

Der Jahresabschluß ist vom Kaufmann unter Angabe des Datums zu unterzeichnen. Sind mehrere persönlich haftende Gesellschafter vorhanden, so haben sie alle zu unterzeichnen.

Zweiter Titel Ansatzvorschriften

§ 246 Vollständigkeit. Verrechnungsverbot

(1) Der Jahresabschluss hat sämtliche Vermögensgegenstände, Schulden, Rechnungsabgrenzungsposten sowie Aufwendungen und Erträge zu enthalten, soweit gesetzlich nichts anderes bestimmt ist. Vermögensgegenstände sind in der Bilanz des Eigentümers aufzunehmen; ist ein Vermögensgegenstand nicht dem Eigentümer, sondern einem anderen wirtschaftlich zuzurechnen, hat dieser ihn in seiner Bilanz auszuweisen. Schulden sind in die Bilanz des Schuldners aufzunehmen. Der Unterschiedsbetrag, um den die für die

Übernahme eines Unternehmens bewirkte Gegenleistung den Wert der einzelnen Vermögensgegenstände des Unternehmens abzüglich der Schulden im Zeitpunkt der Übernahme übersteigt (entgeltlich erworbener Geschäfts- oder Firmenwert), gilt als zeitlich begrenzt nutzbarer Vermögensgegenstand.

(2) Posten der Aktivseite dürfen nicht mit Posten der Passivseite, Aufwendungen nicht mit Erträgen, Grundstücksrechte nicht mit Grundstückslasten verrechnet werden. Vermögensgegenstände, die dem Zugriff aller übrigen Gläubiger entzogen sind und ausschließlich der Erfüllung von Schulden aus Altersversorgungsverpflichtungen oder vergleichbaren langfristig fälligen Verpflichtungen dienen, sind mit diesen Schulden zu verrechnen; entsprechend ist mit den zugehörigen Aufwendungen und Erträgen aus der Abzinsung und aus dem zu verrechnenden Vermögen zu verfahren. Übersteigt der beizulegende Zeitwert der Vermögensgegenstände den Betrag der Schulden, ist der übersteigende Betrag unter einem gesonderten Posten zu aktivieren.

(3) Die auf den vorhergehenden Jahresabschluss angewandten Ansatzmethoden sind beizubehalten. § 252 Abs. 2 ist entsprechend anzuwenden.

§ 247 Inhalt der Bilanz

(1) In der Bilanz sind das Anlage- und das Umlaufvermögen, das Eigenkapital, die Schulden sowie die Rechnungsabgrenzungsposten gesondert auszuweisen und hinreichend aufzugliedern.

(2) Beim Anlagevermögen sind nur die Gegenstände auszuweisen, die bestimmt sind, dauernd dem Geschäftsbetrieb zu dienen.

§ 248 Bilanzierungsverbote und -wahlrechte

(1) In die Bilanz dürfen nicht als Aktivposten aufgenommen werden:

1. Aufwendungen für die Gründung eines Unternehmens,

2. Aufwendungen für die Beschaffung des Eigenkapitals und

3. Aufwendungen für den Abschluss von Versicherungsverträgen.

(2) Selbst geschaffene immaterielle Vermögensgegenstände des Anlagevermögens können als Aktivposten in die Bilanz aufgenommen werden. Nicht aufgenommen werden dürfen selbst geschaffene Marken, Drucktitel, Verlagsrechte, Kundenlisten oder vergleichbare immaterielle Vermögensgegenstände des Anlagevermögens.

§ 249 Rückstellungen

(1) Rückstellungen sind für ungewisse Verbindlichkeiten und für drohende Verluste aus schwebenden Geschäften zu bilden. Ferner sind Rückstellungen zu bilden für

1. im Geschäftsjahr unterlassene Aufwendungen für Instandhaltung, die im folgenden Geschäftsjahr innerhalb von drei Monaten, oder für Abraumbeseitigung, die im folgenden Geschäftsjahr nachgeholt werden,

2. Gewährleistungen, die ohne rechtliche Verpflichtung erbracht werden.

(2) Für andere als die in Absatz 1 bezeichneten Zwecke dürfen Rückstellungen nicht gebildet werden. Rückstellungen dürfen nur aufgelöst werden, soweit der Grund hierfür entfallen ist.

§ 250 Rechnungsabgrenzungsposten

(1) Als Rechnungsabgrenzungsposten sind auf der Aktivseite Ausgaben vor dem Abschlußstichtag auszuweisen, soweit sie Aufwand für eine bestimmte Zeit nach diesem Tag darstellen.

(2) Auf der Passivseite sind als Rechnungsabgrenzungsposten Einnahmen vor dem Abschlußstichtag auszuweisen, soweit sie Ertrag für eine bestimmte Zeit nach diesem Tag darstellen.

(3) Ist der Erfüllungsbetrag einer Verbindlichkeit höher als der Ausgabebetrag, so darf der Unterschiedsbetrag in den Rechnungsabgrenzungsposten auf der Aktivseite aufgenommen werden. Der Unterschiedsbetrag ist durch planmäßige jährliche Abschreibungen zu tilgen, die auf die gesamte Laufzeit der Verbindlichkeit verteilt werden können.

§ 251 Haftungsverhältnisse

Unter der Bilanz sind, sofern sie nicht auf der Passivseite auszuweisen sind, Verbindlichkeiten aus der Begebung und Übertragung von Wechseln, aus Bürgschaften, Wechsel- und Scheckbürgschaften und aus Gewährleistungsverträgen sowie Haftungsverhältnisse aus der Bestellung von Sicherheiten für fremde Verbindlichkeiten zu vermerken; sie dürfen in einem Betrag angegeben werden. Haftungsverhältnisse sind auch anzugeben, wenn ihnen gleichwertige Rückgriffsforderungen gegenüberstehen.

Dritter Titel
Bewertungsvorschriften

§ 252 Allgemeine Bewertungsgrundsätze

(1) Bei der Bewertung der im Jahresabschluß ausgewiesenen Vermögensgegenstände und Schulden gilt insbesondere folgendes:

1. Die Wertansätze in der Eröffnungsbilanz des Geschäftsjahrs müssen mit denen der Schlußbilanz des vorhergehenden Geschäftsjahrs übereinstimmen.

2. Bei der Bewertung ist von der Fortführung der Unternehmenstätigkeit auszugehen, sofern dem nicht tatsächliche oder rechtliche Gegebenheiten entgegenstehen.

3. Die Vermögensgegenstände und Schulden sind zum Abschlußstichtag einzeln zu bewerten.

4. Es ist vorsichtig zu bewerten, namentlich sind alle vorhersehbaren Risiken und Verluste, die bis zum Abschlußstichtag entstanden sind, zu berücksichtigen, selbst wenn diese erst zwischen dem Abschlußstichtag und dem Tag der Aufstellung des Jahresabschlusses bekanntgeworden sind; Gewinne sind nur zu berücksichtigen, wenn sie am Abschlußstichtag realisiert sind.

5. Aufwendungen und Erträge des Geschäftsjahrs sind unabhängig von den Zeitpunkten der entsprechenden Zahlungen im Jahresabschluß zu berücksichtigen.

6. Die auf den vorhergehenden Jahresabschluss angewandten Bewertungsmethoden sind beizubehalten.

(2) Von den Grundsätzen des Absatzes 1 darf nur in begründeten Ausnahmefällen abgewichen werden.

§ 253 Zugangs- und Folgebewertung

(1) Vermögensgegenstände sind höchstens mit den Anschaffungs- oder Herstellungskosten, vermindert um die Abschreibungen nach den Absätzen 3 bis 5, anzusetzen. Verbindlichkeiten sind zu ihrem Erfüllungsbetrag und Rückstellungen in Höhe des nach vernünftiger kaufmännischer Beurteilung notwendigen Erfüllungsbetrages anzusetzen. Soweit sich die Höhe von Altersversorgungsverpflichtungen ausschließlich nach dem beizulegenden Zeitwert von Wertpapieren im Sinn des § 266 Abs. 2 A. III. 5 bestimmt, sind Rückstellungen hierfür zum beizulegenden Zeitwert dieser Wertpapiere anzusetzen, soweit er einen garantierten Mindestbetrag übersteigt. Nach § 246 Abs. 2 Satz 2 zu verrechnende Vermögensgegenstände sind mit ihrem beizulegenden Zeitwert zu bewerten.

(2) Rückstellungen mit einer Restlaufzeit von mehr als einem Jahr sind mit dem ihrer Restlaufzeit entsprechenden durchschnittlichen Marktzinssatz der vergangenen sieben Geschäftsjahre abzuzinsen. Abweichend von Satz 1 dürfen Rückstellungen für Altersversorgungsverpflichtungen oder vergleichbare langfristig fällige Verpflichtungen pauschal mit dem durchschnittlichen Marktzinssatz abgezinst werden, der sich bei einer angenommenen Restlaufzeit von 15 Jahren ergibt. Die Sätze 1 und 2 gelten entsprechend für auf Rentenverpflichtungen beruhende Verbindlichkeiten, für die eine Gegenleistung nicht mehr zu erwarten ist. Der nach den Sätzen 1 und 2 anzuwendende Abzinsungszinssatz wird von der Deutschen Bundesbank nach Maßgabe einer Rechtsverordnung ermittelt und monatlich bekannt gegeben. In der Rechtsverordnung nach Satz 4, die nicht der Zustimmung des Bundesrates bedarf, bestimmt das Bundesministerium der Justiz im Benehmen mit der Deutschen Bundesbank

das Nähere zur Ermittlung der Abzinsungszinssätze, insbesondere die Ermittlungsmethodik und deren Grundlagen, sowie die Form der Bekanntgabe.

(3) Bei Vermögensgegenständen des Anlagevermögens, deren Nutzung zeitlich begrenzt ist, sind die Anschaffungs- oder die Herstellungskosten um planmäßige Abschreibungen zu vermindern. Der Plan muss die Anschaffungs- oder Herstellungskosten auf die Geschäftsjahre verteilen, in denen der Vermögensgegenstand voraussichtlich genutzt werden kann. Ohne Rücksicht darauf, ob ihre Nutzung zeitlich begrenzt ist, sind bei Vermögensgegenständen des Anlagevermögens bei voraussichtlich dauernder Wertminderung außerplanmäßige Abschreibungen vorzunehmen, um diese mit dem niedrigeren Wert anzusetzen, der ihnen am Abschlussstichtag beizulegen ist. Bei Finanzanlagen können außerplanmäßige Abschreibungen auch bei voraussichtlich nicht dauernder Wertminderung vorgenommen werden.

(4) Bei Vermögensgegenständen des Umlaufvermögens sind Abschreibungen vorzunehmen, um diese mit einem niedrigeren Wert anzusetzen, der sich aus einem Börsen- oder Marktpreis am Abschlussstichtag ergibt. Ist ein Börsen- oder Marktpreis nicht festzustellen und übersteigen die Anschaffungs- oder Herstellungskosten den Wert, der den Vermögensgegenständen am Abschlussstichtag beizulegen ist, so ist auf diesen Wert abzuschreiben.

(5) Ein niedrigerer Wertansatz nach Absatz 3 Satz 3 oder 4 und Absatz 4 darf nicht beibehalten werden, wenn die Gründe dafür nicht mehr bestehen. Ein niedrigerer Wertansatz eines entgeltlich erworbenen Geschäfts- oder Firmenwertes ist beizubehalten.

§ 254 Bildung von Bewertungseinheiten

Werden Vermögensgegenstände, Schulden, schwebende Geschäfte oder mit hoher Wahrscheinlichkeit erwartete Transaktionen zum Ausgleich gegenläufiger Wertänderungen oder Zahlungsströme aus dem Eintritt vergleichbarer Risiken mit Finanzinstrumenten zusammengefasst (Bewertungseinheit), sind § 249 Abs. 1, § 252 Abs. 1 Nr. 3 und 4, § 253 Abs. 1 Satz 1 und § 256a in dem Umfang und für den Zeitraum nicht anzuwenden, in dem die gegenläufigen Wertänderungen oder Zahlungsströme sich ausgleichen. Als Finanzinstrumente im Sinn des Satzes 1 gelten auch Termingeschäfte über den Erwerb oder die Veräußerung von Waren.

§ 255 Bewertungsmaßstäbe

(1) Anschaffungskosten sind die Aufwendungen, die geleistet werden, um einen Vermögensgegenstand zu erwerben und ihn in einen betriebsbereiten Zustand zu versetzen, soweit sie dem Vermögensgegenstand einzeln zugeordnet werden können. Zu den Anschaffungskosten gehören auch die Nebenkosten sowie die nachträglichen Anschaffungskosten. Anschaffungspreisminderungen sind abzusetzen.

(2) Herstellungskosten sind die Aufwendungen, die durch den Verbrauch von Gütern und die Inanspruchnahme von Diensten für die Herstellung eines Vermögensgegenstands, seine Erweiterung oder für eine über seinen ursprünglichen Zustand hinausgehende wesentliche Verbesserung entstehen. Dazu gehören die Materialkosten, die Fertigungskosten und die Sonderkosten der Fertigung sowie angemessene Teile der Materialgemeinkosten, der Fertigungsgemeinkosten und des Werteverzehrs des Anlagevermögens, soweit dieser durch die Fertigung veranlasst ist. Bei der Berechnung der Herstellungskosten dürfen angemessene Teile der Kosten der allgemeinen Verwaltung sowie angemessene Aufwendungen für soziale Einrichtungen des Betriebs, für freiwillige soziale Leistungen und für die betriebliche Altersversorgung einbezogen werden, soweit diese auf den Zeitraum der Herstellung entfallen. Forschungs- und Vertriebskosten dürfen nicht einbezogen werden.

(2a) Herstellungskosten eines selbst geschaffenen immateriellen Vermögensgegenstands des Anlagevermögens sind die bei dessen Entwicklung anfallenden Aufwendungen nach Absatz 2. Entwicklung ist die Anwendung von Forschungsergebnissen oder von anderem Wissen für die Neuentwicklung von Gütern oder Verfahren oder die Weiterentwicklung von Gütern oder Verfahren mittels wesentlicher Änderungen. Forschung ist die eigenständige und planmäßige Suche nach neuen wissenschaftlichen oder technischen Erkenntnissen oder Erfahrungen allgemeiner Art, über deren technische Verwertbarkeit und wirtschaftliche Erfolgsaussichten grundsätzlich keine Aussagen gemacht werden können. Können Forschung und Entwicklung nicht verlässlich voneinander unterschieden werden, ist eine Aktivierung ausgeschlossen.

(3) Zinsen für Fremdkapital gehören nicht zu den Herstellungskosten. Zinsen für Fremdkapital, das zur Finanzierung der Herstellung eines Vermögensgegenstands verwendet wird, dürfen angesetzt werden, soweit sie auf den Zeitraum der Herstellung entfallen; in diesem Falle gelten sie als Herstellungskosten des Vermögensgegenstands.

(4) Der beizulegende Zeitwert entspricht dem Marktpreis. Soweit kein aktiver Markt besteht, anhand dessen sich der Marktpreis ermitteln lässt, ist der beizulegende Zeitwert mit Hilfe allgemein anerkannter Bewertungsmethoden zu bestimmen. Lässt sich der beizulegende Zeitwert weder nach Satz 1 noch nach Satz 2 ermitteln, sind die Anschaffungs- oder Herstellungskosten gemäß § 253 Abs. 4 fortzuführen. Der zuletzt nach Satz 1 oder 2 ermittelte beizulegende Zeitwert gilt als Anschaffungs- oder Herstellungskosten im Sinn des Satzes 3.

§ 256 Bewertungsvereinfachungsverfahren

Soweit es den Grundsätzen ordnungsmäßiger Buchführung entspricht, kann für den Wertansatz gleichartiger Vermögensgegenstände des Vorratsvermögens unterstellt werden, daß die zuerst oder daß die zuletzt angeschafften oder hergestellten Vermögensgegenstände zuerst verbraucht oder veräußert worden sind. § 240 Abs. 3 und 4 ist auch auf den Jahresabschluß anwendbar.

§ 256a Währungsumrechnung

Auf fremde Währung lautende Vermögensgegenstände und Verbindlichkeiten sind zum Devisenkassamittelkurs am Abschlussstichtag umzurechnen. Bei einer Restlaufzeit von einem Jahr oder weniger sind § 253 Abs. 1 Satz 1 und § 252 Abs. 1 Nr. 4 Halbsatz 2 nicht anzuwenden.

Dritter Unterabschnitt
Aufbewahrung und Vorlage

§ 257 Aufbewahrung von Unterlagen. Aufbewahrungsfristen

(1) Jeder Kaufmann ist verpflichtet, die folgenden Unterlagen geordnet aufzubewahren:

1. Handelsbücher, Inventare, Eröffnungsbilanzen, Jahresabschlüsse, Einzelabschlüsse nach § 325 Abs. 2a, Lageberichte, Konzernabschlüsse, Konzernlageberichte sowie die zu ihrem Verständnis erforderlichen Arbeitsanweisungen und sonstigen Organisationsunterlagen,

2. die empfangenen Handelsbriefe,

3. Wiedergaben der abgesandten Handelsbriefe,

4. Belege für Buchungen in den von ihm nach § 238 Abs. 1 zu führenden Büchern (Buchungsbelege).

(2) Handelsbriefe sind nur Schriftstücke, die ein Handelsgeschäft betreffen.

(3) Mit Ausnahme der Eröffnungsbilanzen und Abschlüsse können die in Absatz 1 aufgeführten Unterlagen auch als Wiedergabe auf einem Bildträger oder auf anderen Datenträgern aufbewahrt werden, wenn dies den Grundsätzen ordnungsmäßiger Buchführung entspricht und sichergestellt ist, daß die Wiedergabe oder die Daten

1. mit den empfangenen Handelsbriefen und den Buchungsbelegen bildlich und mit den anderen Unterlagen inhaltlich übereinstimmen, wenn sie lesbar gemacht werden,

2. während der Dauer der Aufbewahrungsfrist verfügbar sind und jederzeit innerhalb

angemessener Frist lesbar gemacht werden können.

Sind Unterlagen auf Grund des § 239 Abs. 4 Satz 1 auf Datenträger hergestellt worden, können statt des Datenträgers die Daten auch ausgedruckt aufbewahrt werden; die ausgedruckten Unterlagen können auch nach Satz 1 aufbewahrt werden.

(4) Die in Absatz 1 Nr. 1 und 4 aufgeführten Unterlagen sind zehn Jahre, die sonstigen in Absatz 1 aufgeführten Unterlagen sechs Jahre aufzubewahren.

(5) Die Aufbewahrungsfrist beginnt mit dem Schluß des Kalenderjahrs, in dem die letzte Eintragung in das Handelsbuch gemacht, das Inventar aufgestellt, die Eröffnungsbilanz oder der Jahresabschluß festgestellt, der Einzelabschluss nach § 325 Abs. 2a oder der Konzernabschluß aufgestellt, der Handelsbrief empfangen oder abgesandt worden oder der Buchungsbeleg entstanden ist.

§ 258 Vorlegung im Rechtsstreit

(1) Im Laufe eines Rechtsstreits kann das Gericht auf Antrag oder von Amts wegen die Vorlegung der Handelsbücher einer Partei anordnen.

(2) Die Vorschriften der Zivilprozeßordnung über die Verpflichtung des Prozeßgegners zur Vorlegung von Urkunden bleiben unberührt.

§ 259 Auszug bei Vorlegung im Rechtsstreit

Werden in einem Rechtsstreit Handelsbücher vorgelegt, so ist von ihrem Inhalt, soweit er den Streitpunkt betrifft, unter Zuziehung der Parteien Einsicht zu nehmen und geeigenenfalls ein Auszug zu fertigen. Der übrige Inhalt der Bücher ist dem Gericht insoweit offenzulegen, als es zur Prüfung ihrer ordnungsmäßigen Führung notwendig ist.

§ 260 Vorlegung bei Auseinandersetzungen

Bei Vermögensauseinandersetzungen, insbesondere in Erbschafts-, Gütergemeinschafts- und Gesellschaftsteilungssachen, kann das Gericht die Vorlegung der Handelsbücher zur

Kenntnisnahme von ihrem ganzen Inhalt anordnen.

§ 261 Vorlegung von Unterlagen auf Bild- oder Datenträgern

Wer aufzubewahrende Unterlagen nur in der Form einer Wiedergabe auf einem Bildträger oder auf anderen Datenträgern vorlegen kann, ist verpflichtet, auf seine Kosten diejenigen Hilfsmittel zur Verfügung zu stellen, die erforderlich sind, um die Unterlagen lesbar zu machen; soweit erforderlich, hat er die Unterlagen auf seine Kosten auszudrucken oder ohne Hilfsmittel lesbare Reproduktionen beizubringen.

**Vierter Unterabschnitt
Landesrecht**

§ 262 (weggefallen)

§ 263 Vorbehalt landesrechtlicher Vorschriften

Unberührt bleiben bei Unternehmen ohne eigene Rechtspersönlichkeit einer Gemeinde, eines Gemeindeverbandes oder eines Zweckverbandes landesrechtliche Vorschriften, die von den Vorschriften dieses Abschnitts abweichen.

**Zweiter Abschnitt
Ergänzende Vorschriften für
Kapitalgesellschaften
(Aktiengesellschaften,
Kommanditgesellschaften auf Aktien
und Gesellschaften mit beschränkter
Haftung) sowie bestimmte
Personenhandelsgesellschaften**

**Erster Unterabschnitt
Jahresabschluß der Kapitalgesellschaft
und Lagebericht**

**Erster Titel
Allgemeine Vorschriften**

§ 264 Pflicht zur Aufstellung

(1) Die gesetzlichen Vertreter einer Kapitalgesellschaft haben den Jahresabschluß

(§ 242) um einen Anhang zu erweitern, der mit der Bilanz und der Gewinn- und Verlustrechnung eine Einheit bildet, sowie einen Lagebericht aufzustellen. Die gesetzlichen Vertreter einer kapitalmarktorientierten Kapitalgesellschaft, die nicht zur Aufstellung eines Konzernabschlusses verpflichtet ist, haben den Jahresabschluss um eine Kapitalflussrechnung und einen Eigenkapitalspiegel zu erweitern, die mit der Bilanz, Gewinn- und Verlustrechnung und dem Anhang eine Einheit bilden; sie können den Jahresabschluss um eine Segmentberichterstattung erweitern. Der Jahresabschluß und der Lagebericht sind von den gesetzlichen Vertretern in den ersten drei Monaten des Geschäftsjahrs für das vergangene Geschäftsjahr aufzustellen. Kleine Kapitalgesellschaften (§ 267 Abs. 1) brauchen den Lagebericht nicht aufzustellen; sie dürfen den Jahresabschluß auch später aufstellen, wenn dies einem ordnungsgemäßen Geschäftsgang entspricht, jedoch innerhalb der ersten sechs Monate des Geschäftsjahres.

(2) Der Jahresabschluß der Kapitalgesellschaft hat unter Beachtung der Grundsätze ordnungsmäßiger Buchführung ein den tatsächlichen Verhältnissen entsprechendes Bild der Vermögens-, Finanz- und Ertragslage der Kapitalgesellschaft zu vermitteln. Führen besondere Umstände dazu, daß der Jahresabschluß ein den tatsächlichen Verhältnissen entsprechendes Bild im Sinne des Satzes 1 nicht vermittelt, so sind im Anhang zusätzliche Angaben zu machen. Die gesetzlichen Vertreter einer Kapitalgesellschaft, die Inlandsemittent im Sinne des § 2 Abs. 7 des Wertpapierhandelsgesetzes und keine Kapitalgesellschaft im Sinne des § 327a ist, haben bei der Unterzeichnung schriftlich zu versichern, dass nach bestem Wissen der Jahresabschluss ein den tatsächlichen Verhältnissen entsprechendes Bild im Sinne des Satzes 1 vermittelt oder der Anhang Angaben nach Satz 2 enthält.

(3) Eine Kapitalgesellschaft, die Tochterunternehmen eines nach § 290 zur Aufstellung eines Konzernabschlusses verpflichteten Mutterunternehmens ist, braucht die Vor-

schriften dieses Unterabschnitts und des Dritten und Vierten Unterabschnitts dieses Abschnitts nicht anzuwenden, wenn

1. alle Gesellschafter des Tochterunternehmens der Befreiung für das jeweilige Geschäftsjahr zugestimmt haben und der Beschluß nach § 325 offengelegt worden ist,

2. das Mutterunternehmen zur Verlustübernahme nach § 302 des Aktiengesetzes verpflichtet ist oder eine solche Verpflichtung freiwillig übernommen hat und diese Erklärung nach § 325 offengelegt worden ist,

3. das Tochterunternehmen in den Konzernabschluss nach den Vorschriften dieses Abschnitts einbezogen worden ist und

4. die Befreiung des Tochterunternehmens
   a) im Anhang des von dem Mutterunternehmen aufgestellten und nach § 325 durch Einreichung beim Betreiber des Bundesanzeigers offen gelegten Konzernabschlusses angegeben und
   b) zusätzlich im Bundesanzeiger für das Tochterunternehmen unter Bezugnahme auf diese Vorschrift und unter Angabe des Mutterunternehmens mitgeteilt worden ist.

(4) Absatz 3 ist auf Kapitalgesellschaften, die Tochterunternehmen eines nach § 11 des Publizitätsgesetzes zur Aufstellung eines Konzernabschlusses verpflichteten Mutterunternehmens sind, entsprechend anzuwenden, soweit in diesem Konzernabschluss von dem Wahlrecht des § 13 Abs. 3 Satz 1 des Publizitätsgesetzes nicht Gebrauch gemacht worden ist.

§ 264a Anwendung auf bestimmte offene Handelsgesellschaften und Kommanditgesellschaften

(1) Die Vorschriften des Ersten bis Fünften Unterabschnitts des Zweiten Abschnitts sind auch anzuwenden auf offene Handelsgesellschaften und Kommanditgesellschaften, bei denen nicht wenigstens ein persönlich haftender Gesellschafter

1. eine natürliche Person oder

2. eine offene Handelsgesellschaft, Kommanditgesellschaft oder andere Personengesellschaft mit einer natürlichen Person als persönlich haftendem Gesellschafter

ist oder sich die Verbindung von Gesellschaften in dieser Art fortsetzt.

(2) In den Vorschriften dieses Abschnitts gelten als gesetzliche Vertreter einer offenen Handelsgesellschaft und Kommanditgesellschaft nach Absatz 1 die Mitglieder des vertretungsberechtigten Organs der vertretungsberechtigten Gesellschaften.

§ 264b Befreiung von der Pflicht zur Aufstellung eines Jahresabschlusses nach den für Kapitalgesellschaften geltenden Vorschriften

Eine Personenhandelsgesellschaft im Sinne des § 264a Abs. 1 ist von der Verpflichtung befreit, einen Jahresabschluss und einen Lagebericht nach den Vorschriften dieses Abschnitts aufzustellen, prüfen zu lassen und offen zu legen, wenn

1. sie in den Konzernabschluss eines Mutterunternehmens mit Sitz in einem Mitgliedstaat der Europäischen Union oder einem anderen Vertragsstaat des Abkommens über den Europäischen Wirtschaftsraum oder in den Konzernabschluss eines anderen Unternehmens, das persönlich haftender Gesellschafter dieser Personenhandelsgesellschaft ist, einbezogen ist;

2. der Konzernabschluss sowie der Konzernlagebericht im Einklang mit der Richtlinie 83/349/EWG des Rates vom 13. Juni 1983 auf Grund von Artikel 54 Abs. 3 Buchstabe g des Vertrages über den konsolidierten Abschluss (ABl. EG Nr. L 193 S. 1) und der Richtlinie 84/253/EWG des Rates vom 10. April 1984 über die Zulassung der mit der Pflichtprüfung der Rechnungslegungsunterlagen beauftragten Personen (ABl. EG Nr. L 126 S. 20) in ihren jeweils geltenden Fassungen nach dem für das den Konzernabschluss aufstellende Unternehmen maßgeblichen Recht aufgestellt, von einem zugelassenen Abschluss-

prüfer geprüft und offen gelegt worden ist, und

3. die Befreiung der Personenhandelsgesellschaft

   a) im Anhang des von dem Mutterunternehmen aufgestellten und nach § 325 durch Einreichung beim Betreiber des Bundesanzeigers offen gelegten Konzernabschlusses angegeben und

   b) zusätzlich im Bundesanzeiger für die Personenhandelsgesellschaft unter Bezugnahme auf diese Vorschrift und unter Angabe des Mutterunternehmens mitgeteilt worden ist.

§ 264c Besondere Bestimmungen für offene Handelsgesellschaften und Kommanditgesellschaften im Sinne des § 264a

(1) Ausleihungen, Forderungen und Verbindlichkeiten gegenüber Gesellschaftern sind in der Regel als solche jeweils gesondert auszuweisen oder im Anhang anzugeben. Werden sie unter anderen Posten ausgewiesen, so muss diese Eigenschaft vermerkt werden.

(2) § 266 Abs. 3 Buchstabe A ist mit der Maßgabe anzuwenden, dass als Eigenkapital die folgenden Posten gesondert auszuweisen sind:

I. Kapitalanteile

II. Rücklagen

III. Gewinnvortrag/Verlustvortrag

IV. Jahresüberschuss/Jahresfehlbetrag.

Anstelle des Postens „Gezeichnetes Kapital" sind die Kapitalanteile der persönlich haftenden Gesellschafter auszuweisen; sie dürfen auch zusammengefasst ausgewiesen werden. Der auf den Kapitalanteil eines persönlich haftenden Gesellschafters für das Geschäftsjahr entfallende Verlust ist von dem Kapitalanteil abzuschreiben. Soweit der Verlust den Kapitalanteil übersteigt, ist er auf der Aktivseite unter der Bezeichnung „Einzahlungsverpflichtungen persönlich haftender Gesellschafter" unter den Forderungen gesondert auszuweisen, soweit eine Zahlungsverpflichtung besteht. Besteht keine Zahlungsverpflichtung, so ist der Betrag als

„Nicht durch Vermögenseinlagen gedeckter Verlustanteil persönlich haftender Gesellschafter" zu bezeichnen und gemäß § 268 Abs. 3 auszuweisen. Die Sätze 2 bis 5 sind auf die Einlagen von Kommanditisten entsprechend anzuwenden, wobei dies insgesamt gesondert gegenüber den Kapitalanteilen der persönlich haftenden Gesellschafter auszuweisen sind. Eine Forderung darf jedoch nur ausgewiesen werden, soweit eine Einzahlungsverpflichtung besteht; dasselbe gilt, wenn ein Kommanditist Gewinnanteile entnimmt, während sein Kapitalanteil durch Verlust unter den Betrag der geleisteten Einlage herabgemindert ist, oder soweit durch die Entnahme der Kapitalanteil unter den bezeichneten Betrag herabgemindert wird. Als Rücklagen sind nur solche Beträge auszuweisen, die auf Grund einer gesellschaftsrechtlichen Vereinbarung gebildet worden sind. Im Anhang ist der Betrag der im Handelsregister gemäß § 172 Abs. 1 eingetragenen Einlagen anzugeben, soweit diese nicht geleistet sind.

(3) Das sonstige Vermögen der Gesellschafter (Privatvermögen) darf nicht in die Bilanz und die auf das Privatvermögen entfallenden Aufwendungen und Erträge dürfen nicht in die Gewinn- und Verlustrechnung aufgenommen werden. In der Gewinn- und Verlustrechnung darf jedoch nach dem Posten „Jahresüberschuss/Jahresfehlbetrag" ein dem Steuersatz der Komplementärgesellschaft entsprechender Steueraufwand der Gesellschafter offen abgesetzt oder hinzugerechnet werden.

(4) Anteile an Komplementärgesellschaften sind in der Bilanz auf der Aktivseite unter den Posten A.III.1 oder A.III.3 auszuweisen. § 272 Abs. 4 ist mit der Maßgabe anzuwenden, dass für diese Anteile in Höhe des aktivierten Betrags nach dem Posten „Eigenkapital" ein Sonderposten unter der Bezeichnung „Ausgleichsposten für aktivierte eigene Anteile" zu bilden ist.

§ 264d Kapitalmarktorientierte Kapitalgesellschaft

Eine Kapitalgesellschaft ist kapitalmarktorientiert, wenn sie einen organisierten Markt im Sinn des § 2 Abs. 5 des Wertpapierhandelsgesetzes durch von ihr ausgegebene Wertpapiere im Sinn des § 2 Abs. 1 Satz 1 des Wertpapierhandelsgesetzes in Anspruch nimmt oder die Zulassung solcher Wertpapiere zum Handel an einem organisierten Markt beantragt hat.

§ 265 Allgemeine Grundsätze für die Gliederung

(1) Die Form der Darstellung, insbesondere die Gliederung der aufeinanderfolgenden Bilanzen und Gewinn- und Verlustrechnungen, ist beizubehalten, soweit nicht in Ausnahmefällen wegen besonderer Umstände Abweichungen erforderlich sind. Die Abweichungen sind im Anhang anzugeben und zu begründen.

(2) In der Bilanz sowie in der Gewinn- und Verlustrechnung ist zu jedem Posten der entsprechende Betrag des vorhergehenden Geschäftsjahres anzugeben. Sind die Beträge nicht vergleichbar, so ist dies im Anhang anzugeben und zu erläutern. Wird der Vorjahresbetrag angepaßt, so ist auch dies im Anhang anzugeben und zu erläutern.

(3) Fällt ein Vermögensgegenstand oder eine Schuld unter mehrere Posten der Bilanz, so ist die Mitzugehörigkeit zu anderen Posten bei dem Posten, unter dem der Ausweis erfolgt ist, zu vermerken oder im Anhang anzugeben, wenn dies zur Aufstellung eines klaren und übersichtlichen Jahresabschlusses erforderlich ist.

(4) Sind mehrere Geschäftszweige vorhanden und bedingt dies die Gliederung des Jahresabschlusses nach verschiedenen Gliederungsvorschriften, so ist der Jahresabschluß nach der für einen Geschäftszweig vorgeschriebenen Gliederung aufzustellen und nach der für die anderen Geschäftszweige vorgeschriebenen Gliederung zu ergänzen. Die Ergänzung ist im Anhang anzugeben und zu begründen.

(5) Eine weitere Untergliederung der Posten ist zulässig; dabei ist jedoch die vorgeschriebene Gliederung zu beachten. Neue Posten dürfen hinzugefügt werden, wenn ihr Inhalt nicht von einem vorgeschriebenen Posten gedeckt wird.

(6) Gliederung und Bezeichnung der mit arabischen Zahlen versehene Posten der Bilanz und der Gewinn- und Verlustrechnung sind zu ändern, wenn dies wegen Besonderheiten der Kapitalgesellschaft zur Aufstellung eines klaren und übersichtlichen Jahresabschlusses erforderlich ist.

(7) Die mit arabischen Zahlen versehenen Posten der Bilanz und der Gewinn- und Verlustrechnung können, wenn nicht besondere Formblätter vorgeschrieben sind, zusammengefaßt ausgewiesen werden, wenn

1. sie einen Betrag enthalten, der für die Vermittlung eines den tatsächlichen Verhältnissen entsprechenden Bildes im Sinne des § 264 Abs. 2 nicht erheblich ist, oder

2. dadurch die Klarheit der Darstellung vergrößert wird; in diesem Falle müssen die zusammengefaßten Posten jedoch im Anhang gesondert ausgewiesen werden.

(8) Ein Posten der Bilanz oder der Gewinn- und Verlustrechnung, der keinen Betrag ausweist, braucht nicht aufgeführt zu werden, es sei denn, daß im vorhergehenden Geschäftsjahr unter diesem Posten ein Betrag ausgewiesen wurde.

Zweiter Titel
Bilanz

§ 266 Gliederung der Bilanz

(1) Die Bilanz ist in Kontoform aufzustellen. Dabei haben große und mittelgroße Kapitalgesellschaften (§ 267 Abs. 3, 2) auf der Aktivseite die in Absatz 2 und auf der Passivseite die in Absatz 3 bezeichneten Posten gesondert und in der vorgeschriebenen Reihenfolge auszuweisen. Kleine Kapitalgesellschaften (§ 267 Abs. 1) brauchen nur eine verkürzte Bilanz aufzustellen, in die nur die in den Absätzen 2 und 3 mit Buchstaben und römischen Zahlen bezeichneten Posten gesondert und in der vorgeschriebenen Reihenfolge aufgenommen werden.

(2) Aktivseite

A. Anlagevermögen:

   I. Immaterielle Vermögensgegenstände:

      1. Selbst geschaffene gewerbliche Schutzrechte und ähnliche Rechte und Werte;

      2. entgeltlich erworbene Konzessionen, gewerbliche Schutzrechte und ähnliche Rechte und Werte sowie Lizenzen an solchen Rechten und Werten;

      3. Geschäfts- oder Firmenwert;

      4. geleistete Anzahlungen;

   II. Sachanlagen:

      1. Grundstücke, grundstücksgleiche Rechte und Bauten einschließlich der Bauten auf fremden Grundstücken;

      2. technische Anlagen und Maschinen;

      3. andere Anlagen, Betriebs- und Geschäftsausstattung;

      4. geleistete Anzahlungen und Anlagen im Bau;

   III. Finanzanlagen:

      1. Anteile an verbundenen Unternehmen;

      2. Ausleihungen an verbundene Unternehmen;

      3. Beteiligungen;

      4. Ausleihungen an Unternehmen, mit denen ein Beteiligungsverhältnis besteht;

      5. Wertpapiere des Anlagevermögens;

      6. sonstige Ausleihungen.

B. Umlaufvermögen:

   I. Vorräte:

      1. Roh-, Hilfs- und Betriebsstoffe;

      2. unfertige Erzeugnisse, unfertige Leistungen;

      3. fertige Erzeugnisse und Waren;

4. geleistete Anzahlungen;

II. Forderungen und sonstige Vermögensgegenstände:

  1. Forderungen aus Lieferungen und Leistungen;

  2. Forderungen gegen verbundene Unternehmen;

  3. Forderungen gegen Unternehmen, mit denen ein Beteiligungsverhältnis besteht;

  4. sonstige Vermögensgegenstände;

III. Wertpapiere:

  1. Anteile an verbundenen Unternehmen;

  2. sonstige Wertpapiere;

IV. Kassenbestand, Bundesbankguthaben, Guthaben bei Kreditinstituten und Schecks.

C. Rechnungsabgrenzungsposten.

D. Aktiv latente Steuern.

E. Aktiver Unterschiedsbetrag aus der Vermögensverrechnung.

(3) Passivseite

A. Eigenkapital:

I. Gezeichnetes Kapital;

II. Kapitalrücklage;

III. Gewinnrücklagen:

  1. gesetzliche Rücklage;

  2. Rücklage für Anteile an einem herrschenden oder mehrheitlich beteiligten Unternehmen;

  3. satzungsmäßige Rücklagen;

  4. andere Gewinnrücklagen;

IV. Gewinnvortrag/Verlustvortrag;

V. Jahresüberschuß/Jahresfehlbetrag.

B. Rückstellungen:

  1. Rückstellungen für Pensionen und ähnliche Verpflichtungen;

  2. Steuerrückstellungen;

  3. sonstige Rückstellungen.

C. Verbindlichkeiten:

  1. Anleihen,

   davon konvertibel;

  2. Verbindlichkeiten gegenüber Kreditinstituten;

  3. erhaltene Anzahlungen auf Bestellungen;

  4. Verbindlichkeiten aus Lieferungen und Leistungen;

  5. Verbindlichkeiten aus der Annahme gezogener Wechsel und der Ausstellung eigener Wechsel;

  6. Verbindlichkeiten gegenüber verbundenen Unternehmen;

  7. Verbindlichkeiten gegenüber Unternehmen, mit denen ein Beteiligungsverhältnis besteht;

  8. sonstige Verbindlichkeiten;

   davon aus Steuern,

   davon im Rahmen der sozialen Sicherheit.

D. Rechnungsabgrenzungsposten.

E. Passive latente Steuern.

§ 267 Umschreibung der Größenklassen

(1) Kleine Kapitalgesellschaften sind solche, die mindestens zwei der drei nachstehenden Merkmale nicht überschreiten.

1. 4 840 000 Euro Bilanzsumme nach Abzug eines auf der Aktivseite ausgewiesenen Fehlbetrags (§ 268 Abs. 3).

2. 9 680 000 Euro Umsatzerlöse in den zwölf Monaten vor dem Abschlußstichtag.

3. Im Jahresdurchschnitt fünfzig Arbeitnehmer.

(2) Mittelgroße Kapitalgesellschaften sind solche, die mindestens zwei der drei in Absatz 1 bezeichneten Merkmale überschreiten und jeweils mindestens zwei der drei nachstehenden Merkmale nicht überschreiten.

1. 19 250 000 Euro Bilanzsumme nach Abzug eines auf der Aktivseite ausgewiesenen Fehlbetrags (§ 268 Abs. 3).

2. 38 500 000 Euro Umsatzerlöse in den zwölf Monaten vor dem Abschlußstichtag.

3. Im Jahresdurchschnitt zweihundertfünfzig Arbeitnehmer.

(3) Große Kapitalgesellschaften sind solche, die mindestens zwei der drei in Absatz 2 bezeichneten Merkmale überschreiten. Eine Ka-

pitalgesellschaft im Sinn des § 264d gilt stets als große.

(4) Die Rechtsfolgen der Merkmale nach den Absätzen 1 bis 3 Satz 1 treten nur ein, wenn sie an den Abschlußstichtagen von zwei aufeinanderfolgenden Geschäftsjahren über- oder unterschritten werden. Im Falle der Umwandlung oder Neugründung treten die Rechtsfolgen schon ein, wenn die Voraussetzungen des Absatzes 1, 2 oder 3 am ersten Abschlußstichtag nach der Umwandlung oder Neugründung vorliegen.

(5) Als durchschnittliche Zahl der Arbeitnehmer gilt der vierte Teil der Summe aus den Zahlen der jeweils am 31. März, 30. Juni, 30. September und 31. Dezember beschäftigten Arbeitnehmer einschließlich der im Ausland beschäftigten Arbeitnehmer, jedoch ohne die zu ihrer Berufsausbildung Beschäftigten.

(6) Informations- und Auskunftsrechte der Arbeitnehmervertretungen nach anderen Gesetzen bleiben unberührt.

§ 268 Vorschriften zu einzelnen Posten der Bilanz. Bilanzvermerke

(1) Die Bilanz darf auch unter Berücksichtigung der vollständigen oder teilweisen Verwendung des Jahresergebnisses aufgestellt werden. Wird die Bilanz unter Berücksichtigung der teilweisen Verwendung des Jahresergebnisses aufgestellt, so tritt an die Stelle der Posten „Jahresüberschuß/Jahresfehlbetrag" und „Gewinnvortrag/Verlustvortrag" der Posten „Bilanzgewinn/Bilanzverlust"; ein vorhandener Gewinn- oder Verlustvortrag ist in den Posten „Bilanzgewinn/Bilanzverlust" einzubeziehen und in der Bilanz oder im Anhang gesondert anzugeben.

(2) In der Bilanz oder im Anhang ist die Entwicklung der einzelnen Posten des Anlagevermögens darzustellen. Dabei sind, ausgehend von den gesamten Anschaffungs- und Herstellungskosten, die Zugänge, Abgänge, Umbuchungen und Zuschreibungen des Geschäftsjahrs sowie die Abschreibungen in ihrer gesamten Höhe gesondert aufzuführen. Die Abschreibungen des Geschäftsjahrs sind entweder in der Bilanz bei dem betreffenden

Posten zu vermerken oder im Anhang in einer der Gliederung des Anlagevermögens entsprechenden Aufgliederung anzugeben.

(3) Ist das Eigenkapital durch Verluste aufgebraucht und ergibt sich ein Überschuß der Passivposten über die Aktivposten, so ist dieser Betrag am Schluß der Bilanz auf der Aktivseite gesondert unter der Bezeichnung „Nicht durch Eigenkapital gedeckter Fehlbetrag" auszuweisen.

(4) Der Betrag der Forderungen mit einer Restlaufzeit von mehr als einem Jahr ist bei jedem gesondert ausgewiesenen Posten zu vermerken. Werden unter dem Posten „sonstige Vermögensgegenstände" Beträge für Vermögensgegenstände ausgewiesen, die erst nach dem Abschlußstichtag rechtlich entstehen, so müssen Beträge, die einen größeren Umfang haben, im Anhang erläutert werden.

(5) Der Betrag der Verbindlichkeiten mit einer Restlaufzeit bis zu einem Jahr ist bei jedem gesondert ausgewiesenen Posten zu vermerken. Erhaltene Anzahlungen auf Bestellungen sind, soweit Anzahlungen auf Vorräte nicht von dem Posten „Vorräte" offen abgesetzt werden, unter den Verbindlichkeiten gesondert auszuweisen. Sind unter dem Posten „Verbindlichkeiten" Beträge für Verbindlichkeiten ausgewiesen, die erst nach dem Abschlußstichtag rechtlich entstehen, so müssen Beträge, die einen größeren Umfang haben, im Anhang erläutert werden.

(6) Ein nach § 250 Abs. 3 in den Rechnungsabgrenzungsposten auf der Aktivseite aufgenommener Unterschiedsbetrag ist in der Bilanz gesondert auszuweisen oder im Anhang anzugeben.

(7) Die in § 251 bezeichneten Haftungsverhältnisse sind jeweils gesondert unter der Bilanz oder im Anhang unter Angabe der gewährten Pfandrechte und sonstigen Sicherheiten anzugeben; bestehen solche Verpflichtungen gegenüber verbundenen Unternehmen, so sind sie gesondert anzugeben.

(8) Werden selbst geschaffene immaterielle Vermögensgegenstände des Anlagevermögens in der Bilanz ausgewiesen, so dürfen

Gewinne nur ausgeschüttet werden, wenn die nach der Ausschüttung verbleibenden frei verfügbaren Rücklagen zuzüglich eines Gewinnvortrags und abzüglich eines Verlustvortrags mindestens den insgesamt angesetzten Beträgen abzüglich der hierfür gebildeten passiven latenten Steuern entsprechen. Werden aktive latente Steuern in der Bilanz ausgewiesen, ist Satz 1 auf den Betrag anzuwenden, um den die aktiven latenten Steuern die passiven latenten Steuern übersteigen. Bei Vermögensgegenständen im Sinn des § 246 Abs. 2 Satz 2 ist Satz 1 auf den Betrag abzüglich der hierfür gebildeten passiven latenten Steuern anzuwenden, der die Anschaffungskosten übersteigt.

§ 269 (weggefallen)

§ 270 Bildung bestimmter Posten

(1) Einstellungen in die Kapitalrücklage und deren Auflösung sind bereits bei der Aufstellung der Bilanz vorzunehmen.

(2) Wird die Bilanz unter Berücksichtigung der vollständigen oder teilweisen Verwendung des Jahresergebnisses aufgestellt, so sind Entnahmen aus Gewinnrücklagen sowie Einstellungen in Gewinnrücklagen, die nach Gesetz, Gesellschaftsvertrag oder Satzung vorzunehmen sind oder auf Grund solcher Vorschriften beschlossen worden sind, bereits bei der Aufstellung der Bilanz zu berücksichtigen.

§ 271 Beteiligungen. Verbundene Unternehmen

(1) Beteiligungen sind Anteile an anderen Unternehmen, die bestimmt sind, dem eigenen Geschäftsbetrieb durch Herstellung einer dauernden Verbindung zu jenen Unternehmen zu dienen. Dabei ist es unerheblich, ob die Anteile in Wertpapieren verbrieft sind oder nicht. Als Beteiligung gelten im Zweifel Anteile an einer Kapitalgesellschaft, die insgesamt den fünften Teil des Nennkapitals dieser Gesellschaft überschreiten. Auf die Berechnung ist § 16 Abs. 2 und 4 des Aktiengesetzes entsprechend anzuwenden. Die Mitgliedschaft in einer eingetragenen Genossenschaft gilt nicht als Beteiligung im Sinne dieses Buches.

(2) Verbundene Unternehmen im Sinne dieses Buches sind solche Unternehmen, die als Mutter- oder Tochterunternehmen (§ 290) in den Konzernabschluß eines Mutterunternehmens nach den Vorschriften über die Vollkonsolidierung einzubeziehen sind, das als oberstes Mutterunternehmen den am weitestgehenden Konzernabschluß nach dem Zweiten Unterabschnitt aufzustellen hat, auch wenn die Aufstellung unterbleibt, oder das einen befreienden Konzernabschluß nach § 291 oder nach einer nach § 292 erlassenen Rechtsverordnung aufstellt oder aufstellen könnte; Tochterunternehmen, die nach § 296 nicht einbezogen werden, sind ebenfalls verbundene Unternehmen.

§ 272 Eigenkapital

(1) Gezeichnetes Kapital ist das Kapital, auf das die Haftung der Gesellschafter für die Verbindlichkeiten der Kapitalgesellschaft gegenüber den Gläubigern beschränkt ist. Es ist mit dem Nennbetrag anzusetzen. Die nicht eingeforderten ausstehenden Einlagen auf das gezeichnete Kapital sind von dem Posten „Gezeichnetes Kapital" offen abzusetzen; der verbleibende Betrag ist als Posten „Eingefordertes Kapital" in der Hauptspalte der Passivseite auszuweisen; der eingeforderte, aber noch nicht eingezahlte Betrag ist unter den Forderungen gesondert auszuweisen und entsprechend zu bezeichnen.

(1a) Der Nennbetrag oder, falls ein solcher nicht vorhanden ist, der rechnerische Wert von erworbenen eigenen Anteilen ist in der Vorspalte offen von dem Posten „Gezeichnetes Kapital" abzusetzen. Der Unterschiedsbetrag zwischen dem Nennbetrag oder dem rechnerischen Wert und den Anschaffungskosten der eigenen Anteile ist mit den frei verfügbaren Rücklagen zu verrechnen. Aufwendungen, die Anschaffungsnebenkosten sind, sind Aufwand des Geschäftsjahrs.

(1b) Nach der Veräußerung der eigenen Anteile entfällt der Ausweis nach Absatz 1a Satz 1. Ein den Nennbetrag oder den rechnerischen Wert übersteigender Differenzbetrag aus dem Veräußerungserlös ist bis zur Höhe des mit den frei verfügbaren Rücklagen verrechneten Betrages in die jeweiligen Rücklagen einzustellen. Ein darüber hinausgehender Differenzbetrag ist in die Kapitalrücklage gemäß Absatz 2 Nr. 1 einzustellen. Die Nebenkosten der Veräußerung sind Aufwand des Geschäftsjahrs.

(2) Als Kapitalrücklage sind auszuweisen

1. der Betrag, der bei der Ausgabe von Anteilen einschließlich von Bezugsanteilen über den Nennbetrag oder, falls ein Nennbetrag nicht vorhanden ist, über den rechnerischen Wert hinaus erzielt wird;

2. der Betrag, der bei der Ausgabe von Schuldverschreibungen für Wandlungsrechte und Optionsrechte zum Erwerb von Anteilen erzielt wird;

3. der Betrag von Zuzahlungen, die Gesellschafter gegen Gewährung eines Vorzugs für ihre Anteile leisten;

4. der Betrag von anderen Zuzahlungen, die Gesellschafter in das Eigenkapital leisten.

(3) Als Gewinnrücklagen dürfen nur Beträge ausgewiesen werden, die im Geschäftsjahr oder in einem früheren Geschäftsjahr aus dem Ergebnis gebildet worden sind. Dazu gehören aus dem Ergebnis zu bildende gesetzliche oder auf Gesellschaftsvertrag oder Satzung beruhende Rücklagen und andere Gewinnrücklagen.

(4) Für Anteile an einem herrschenden oder mit Mehrheit beteiligten Unternehmen ist eine Rücklage zu bilden. In die Rücklage ist ein Betrag einzustellen, der dem auf der Aktivseite der Bilanz für die Anteile an dem herrschenden oder mit Mehrheit beteiligten Unternehmen angesetzten Betrag entspricht. Die Rücklage, die bereits bei der Aufstellung der Bilanz zu bilden ist, darf aus vorhandenen frei verfügbaren Rücklagen gebildet werden. Die Rücklage ist aufzulösen, soweit die Anteile an dem herrschenden oder mit Mehrheit beteiligten Unternehmen veräußert, ausgegeben oder eingezogen werden oder auf der Aktivseite ein niedrigerer Betrag angesetzt wird.

§ 273 (weggefallen)

§ 274 Latente Steuern

(1) Bestehen zwischen den handelsrechtlichen Wertansätzen von Vermögensgegenständen, Schulden und Rechnungsabgrenzungsposten und ihren steuerlichen Wertansätzen Differenzen, die sich in späteren Geschäftsjahren voraussichtlich abbauen, so ist eine sich daraus insgesamt ergebende Steuerbelastung als passive latente Steuern (§ 266 Abs. 3 E.) in der Bilanz anzusetzen. Eine sich daraus insgesamt ergebende Steuerentlastung kann als aktive latente Steuern (§ 266 Abs. 2 D.) in der Bilanz angesetzt werden. Die sich ergebende Steuerbe- und die sich ergebende Steuerentlastung können auch unverrechnet angesetzt werden. Steuerliche Verlustvorträge sind bei der Berechnung aktiver latenter Steuern in Höhe der innerhalb der nächsten fünf Jahre zu erwartenden Verlustverrechnung zu berücksichtigen.

(2) Die Beträge der sich ergebenden Steuerbe- und -entlastung sind mit den unternehmensindividuellen Steuersätzen im Zeitpunkt des Abbaus der Differenzen zu bewerten und nicht abzuzinsen. Die ausgewiesenen Posten sind aufzulösen, sobald die Steuerbe- oder -entlastung eintritt oder mit ihr nicht mehr zu rechnen ist. Der Aufwand oder Ertrag aus der Veränderung bilanzierter latenter Steuern ist in der Gewinn- und Verlustrechnung gesondert unter dem Posten „Steuern vom Einkommen und vom Ertrag" auszuweisen.

§ 274a Größenabhängige Erleichterungen

Kleine Kapitalgesellschaften sind von der Anwendung der folgenden Vorschriften befreit:

1. § 268 Abs. 2 über die Aufstellung eines Anlagengitters,

2. § 268 Abs. 4 Satz 2 über die Pflicht zur Erläuterung bestimmter Forderungen im Anhang,

3. § 268 Abs. 5 Satz 3 über die Erläuterung bestimmter Verbindlichkeiten im Anhang,

4. § 268 Abs. 6 über den Rechnungsabgrenzungsposten nach § 250 Abs. 3,

III

5. § 274 über die Abgrenzung latenter Steuern.

Dritter Titel
Gewinn- und Verlustrechnung

§ 275 Gliederung

(1) Die Gewinn- und Verlustrechnung ist in Staffelform nach dem Gesamtkostenverfahren oder dem Umsatzkostenverfahren aufzustellen. Dabei sind die in Absatz 2 oder 3 bezeichneten Posten in der angegebenen Reihenfolge gesondert auszuweisen.

(2) Bei Anwendung des Gesamtkostenverfahrens sind auszuweisen:

1. Umsatzerlöse

2. Erhöhung oder Verminderung des Bestands zu fertigen und unfertigen Erzeugnissen

3. andere aktivierte Eigenleistungen

4. sonstige betriebliche Erträge

5. Materialaufwand:
   a) Aufwendungen für Roh-, Hilfs- und Betriebsstoffe und für bezogene Waren
   b) Aufwendungen für bezogene Leistungen

6. Personalaufwand:
   a) Löhne und Gehälter
   b) soziale Abgaben und Aufwendungen für Altersversorgung und für Unterstützung,
   davon für Altersversorgung

7. Abschreibungen:
   a) auf immaterielle Vermögensgegenstände des Anlagevermögens und Sachanlagen
   b) auf Vermögensgegenstände des Umlaufvermögens, soweit diese die in der Kapitalgesellschaft üblichen Abschreibungen überschreiten

8. sonstige betriebliche Aufwendungen

9. Erträge aus Beteiligungen,
   davon aus verbundenen Unternehmen

10. Erträge aus anderen Wertpapieren und Ausleihungen des Finanzanlagevermögens,
    davon aus verbundenen Unternehmen

11. sonstige Zinsen und ähnliche Erträge,
    davon aus verbundenen Unternehmen

12. Abschreibungen auf Finanzanlagen und auf Wertpapiere des Umlaufvermögens

13. Zinsen und ähnliche Aufwendungen,
    davon an verbundene Unternehmen

14. Ergebnis der gewöhnlichen Geschäftstätigkeit

15. außerordentliche Erträge

16. außerordentliche Aufwendungen

17. außerordentliches Ergebnis

18. Steuern vom Einkommen und vom Ertrag

19. sonstige Steuern

20. Jahresüberschuß/Jahresfehlbetrag.

(3) Bei Anwendung des Umsatzkostenverfahrens sind auszuweisen:

1. Umsatzerlöse

2. Herstellungskosten der zur Erzielung der Umsatzerlöse erbrachten Leistungen

3. Bruttoergebnis vom Umsatz

4. Vertriebskosten

5. allgemeine Verwaltungskosten

6. sonstige betriebliche Erträge

7. sonstige betriebliche Aufwendungen

8. Erträge aus Beteiligungen,
   davon aus verbundenen Unternehmen

9. Erträge aus anderen Wertpapieren und Ausleihungen des Finanzanlagevermögens,
   davon aus verbundenen Unternehmen

10. sonstige Zinsen und ähnliche Erträge,
    davon aus verbundenen Unternehmen

11. Abschreibungen auf Finanzanlagen und auf Wertpapiere des Umlaufvermögens

12. Zinsen und ähnliche Aufwendungen,
    davon an verbundene Unternehmen

13. Ergebnis der gewöhnlichen Geschäftstätigkeit

14. außerordentliche Erträge

15. außerordentliche Aufwendungen

16. außerordentliches Ergebnis

17. Steuern vom Einkommen und vom Ertrag

18. sonstige Steuern

19. Jahresüberschuß/Jahresfehlbetrag.

(4) Veränderungen der Kapital- und Gewinnrücklagen dürfen in der Gewinn- und Verlustrechnung erst nach dem Posten „Jahresüberschuß/Jahresfehlbetrag" ausgewiesen werden.

§ 276 Größenabhängige Erleichterungen

Kleine und mittelgroße Kapitalgesellschaften (§ 267 Abs. 1, 2) dürfen die Posten § 275 Abs. 2 Nr. 1 bis 5 oder Abs. 3 Nr. 1 bis 3 und 6 zu einem Posten unter der Bezeichnung „Rohergebnis" zusammenfassen. Kleine Kapitalgesellschaften brauchen außerdem die in § 277 Abs. 4 Satz 2 und 3 verlangten Erläuterungen zu den Posten „außerordentliche Erträge" und „außerordentliche Aufwendungen" nicht zu machen.

§ 277 Vorschriften zu einzelnen Posten der Gewinn- und Verlustrechnung

(1) Als Umsatzerlöse sind die Erlöse aus dem Verkauf und der Vermietung oder Verpachtung von für die gewöhnliche Geschäftstätigkeit der Kapitalgesellschaft typischen Erzeugnissen und Waren sowie aus von für die gewöhnliche Geschäftstätigkeit der Kapitalgesellschaft typischen Dienstleistungen nach Abzug von Erlösschmälerungen und der Umsatzsteuer auszuweisen.

(2) Als Bestandsveränderungen sind sowohl Änderungen der Menge als auch solche des Wertes zu berücksichtigen; Abschreibungen jedoch nur, soweit diese die in der Kapitalgesellschaft sonst üblichen Abschreibungen nicht überschreiten.

(3) Außerplanmäßige Abschreibungen nach § 253 Abs. 3 Satz 3 und 4 sind jeweils gesondert auszuweisen oder im Anhang anzugeben. Erträge und Aufwendungen aus Verlustübernahme und auf Grund einer Gewinngemeinschaft, eines Gewinnabführungs- oder eines Teilgewinnabführungsvertrags erhaltene oder abgeführte Gewinne sind jeweils gesondert unter entsprechender Bezeichnung auszuweisen.

(4) Unter den Posten „außerordentliche Erträge" und „außerordentliche Aufwendungen" sind Erträge und Aufwendungen auszuweisen, die außerhalb der gewöhnlichen Geschäftstätigkeit der Kapitalgesellschaft anfallen. Die Posten sind hinsichtlich ihres Betrages und ihrer Art im Anhang zu erläutern, soweit die ausgewiesenen Beträge für die Beurteilung der Ertragslage nicht von untergeordneter Bedeutung sind. Satz 2 gilt entsprechend für alle Aufwendungen und Erträge, die einem anderen Geschäftsjahr zuzurechnen sind.

(5) Erträge aus der Abzinsung sind in der Gewinn- und Verlustrechnung gesondert unter dem Posten „Sonstige Zinsen und ähnliche Erträge" und Aufwendungen gesondert unter dem Posten „Zinsen und ähnliche Aufwendungen" auszuweisen. Erträge aus der Währungsumrechnung sind in der Gewinn- und Verlustrechnung gesondert unter dem Posten „Sonstige betriebliche Erträge" und Aufwendungen aus der Währungsumrechnung gesondert unter dem Posten „Sonstige betriebliche Aufwendungen" auszuweisen.

§ 278 Steuern

Die Steuern vom Einkommen und vom Ertrag sind auf der Grundlage des Beschlusses über die Verwendung des Ergebnisses zu berechnen; liegt ein solcher Beschluß im Zeitpunkt der Feststellung des Jahresabschlusses nicht vor, so ist vom Vorschlag über die Verwendung des Ergebnisses auszugehen. Weicht der Beschluß über die Verwendung des Ergebnisses vom Vorschlag ab, so braucht der Jahresabschluß nicht geändert zu werden.

Vierter Titel
(weggefallen)

§§ 279 bis 283 (weggefallen)

**Fünfter Titel
Anhang**

§ 284 Erläuterung der Bilanz und der Gewinn- und Verlustrechnung

(1) In den Anhang sind diejenigen Angaben aufzunehmen, die zu den einzelnen Posten der Bilanz oder der Gewinn- und Verlustrechnung vorgeschrieben oder die im Anhang zu machen sind, weil sie in Ausübung eines Wahlrechts nicht in die Bilanz oder in die Gewinn- und Verlustrechnung aufgenommen wurden.

(2) Im Anhang müssen

1. die auf die Posten der Bilanz und der Gewinn- und Verlustrechnung angewandten Bilanzierungs- und Bewertungsmethoden angegeben werden;

2. die Grundlagen für die Umrechnung in Euro angegeben werden, soweit der Jahresabschluß Posten enthält, denen Beträge zugrunde liegen, die auf fremde Währung lauten oder ursprünglich auf fremde Währung lauteten;

3. Abweichungen von Bilanzierungs- und Bewertungsmethoden angegeben und begründet werden; deren Einfluß auf die Vermögens-, Finanz- und Ertragslage ist gesondert darzustellen;

4. bei Anwendung einer Bewertungsmethode nach § 240 Abs. 4, § 256 Satz 1 die Unterschiedsbeträge pauschal für die jeweilige Gruppe ausgewiesen werden, wenn die Bewertung im Vergleich zu einer Bewertung auf der Grundlage des letzten vor dem Abschlußstichtag bekannten Börsenkurses oder Marktpreises einen erheblichen Unterschied aufweist;

5. Angaben über die Einbeziehung von Zinsen für Fremdkapital in die Herstellungskosten gemacht werden.

§ 285 Sonstige Pflichtangaben

Ferner sind im Anhang anzugeben:

1. zu den in der Bilanz ausgewiesenen Verbindlichkeiten

   a) der Gesamtbetrag der Verbindlichkeiten mit einer Restlaufzeit von mehr als fünf Jahren,

   b) der Gesamtbetrag der Verbindlichkeiten, die durch Pfandrechte oder ähnliche Rechte gesichert sind, unter Angabe von Art und Form der Sicherheiten;

2. die Aufgliederung der in Nummer 1 verlangten Angaben für jeden Posten der Verbindlichkeiten nach dem vorgeschriebenen Gliederungsschema;

3. Art und Zweck sowie Risiken und Vorteile von nicht in der Bilanz enthaltenen Geschäften, soweit dies für die Beurteilung der Finanzlage notwendig ist;

3a. der Gesamtbetrag der sonstigen finanziellen Verpflichtungen, die nicht in der Bilanz enthalten und nicht nach § 251 oder Nummer 3 anzugeben sind, sofern diese Angabe für die Beurteilung der Finanzlage von Bedeutung ist; davon sind Verpflichtungen gegenüber verbundenen Unternehmen gesondert anzugeben;

4. die Aufgliederung der Umsatzerlöse nach Tätigkeitsbereichen sowie nach geographisch bestimmten Märkten, soweit sich, unter Berücksichtigung der Organisation des Verkaufs von für die gewöhnliche Geschäftstätigkeit der Kapitalgesellschaft typischen Erzeugnissen und der für die gewöhnliche Geschäftstätigkeit der Kapitalgesellschaft typischen Dienstleistungen, die Tätigkeitsbereiche und geographisch bestimmten Märkte untereinander erheblich unterscheiden;

5. (weggefallen)

6. in welchem Umfang die Steuern vom Einkommen und vom Ertrag das Ergebnis der gewöhnlichen Geschäftstätigkeit und das außerordentliche Ergebnis belasten;

7. die durchschnittliche Zahl der während des Geschäftsjahrs beschäftigten Arbeitnehmer getrennt nach Gruppen;

8. bei Anwendung des Umsatzkostenverfahrens (§ 275 Abs. 3)

    a) der Materialaufwand des Geschäftsjahrs, gegliedert nach § 275 Abs. 2 Nr. 5,

    b) der Personalaufwand des Geschäftsjahrs, gegliedert nach § 275 Abs. 2 Nr. 6;

9. für die Mitglieder des Geschäftsführungsorgans, eines Aufsichtsrats, eines Beirats oder einer ähnlichen Einrichtung jeweils für jede Personengruppe

    a) die für die Tätigkeit im Geschäftsjahr gewährten Gesamtbezüge (Gehälter, Gewinnbeteiligungen, Bezugsrechte und sonstige aktienbasierte Vergütungen, Aufwandsentschädigungen, Versicherungsentgelte, Provisionen und Nebenleistungen jeder Art). In die Gesamtbezüge sind auch Bezüge einzurechnen, die nicht ausgezahlt, sondern in Ansprüche anderer Art umgewandelt oder zur Erhöhung anderer Ansprüche verwendet werden. Außer den Bezügen für das Geschäftsjahr sind die weiteren Bezüge anzugeben, die im Geschäftsjahr gewährt, bisher aber in keinem Jahresabschluss angegeben worden sind. Bezugsrechte und sonstige aktienbasierte Vergütungen sind mit ihrer Anzahl und dem beizulegenden Zeitwert zum Zeitpunkt ihrer Gewährung anzugeben; spätere Wertveränderungen, die auf einer Änderung der Ausübungsbedingungen beruhen, sind zu berücksichtigen. Bei einer börsennotierten Aktiengesellschaft sind zusätzlich unter Namensnennung die Bezüge jedes einzelnen Vorstandsmitglieds, aufgeteilt nach erfolgsunabhängigen und erfolgsbezogenen Komponenten sowie Komponenten mit langfristiger Anreizwirkung, gesondert anzugeben. Dies gilt auch für:

        aa) Leistungen, die dem Vorstandsmitglied für den Fall einer vorzeitigen Beendigung seiner Tätigkeit zugesagt worden sind;

        bb) Leistungen, die dem Vorstandsmitglied für den Fall der regulären Beendigung seiner Tätigkeit zugesagt worden sind, mit ihrem Barwert, sowie den von der Gesellschaft während des Geschäftsjahrs hierfür aufgewandten oder zurückgestellten Betrag;

        cc) während des Geschäftsjahrs vereinbarte Änderungen dieser Zusagen;

        dd) Leistungen, die einem früheren Vorstandsmitglied, das seine Tätigkeit im Laufe des Geschäftsjahrs beendet hat, in diesem Zusammenhang zugesagt und im Laufe des Geschäftsjahrs gewährt worden sind.

        Leistungen, die dem einzelnen Vorstandsmitglied von einem Dritten im Hinblick auf seine Tätigkeit als Vorstandsmitglied zugesagt oder im Geschäftsjahr gewährt worden sind, sind ebenfalls anzugeben. Enthält der Jahresabschluss weitergehende Angaben zu bestimmten Bezügen, sind auch diese zusätzlich einzeln anzugeben;

    b) die Gesamtbezüge (Abfindungen, Ruhegehälter, Hinterbliebenenbezüge und Leistungen verwandter Art) der früheren Mitglieder der bezeichneten Organe und ihrer Hinterbliebenen. Buchstabe a Satz 2 und 3 ist entsprechend anzuwenden. Ferner ist der Betrag der für diese Personengruppe gebildeten Rückstellungen für laufende Pensionen und Anwartschaften auf Pensionen und der Betrag der für diese Verpflichtungen nicht gebildeten Rückstellungen anzugeben;

    c) die gewährten Vorschüsse und Kredite unter Angabe der Zinssätze, der wesentlichen Bedingungen und der gegebenenfalls im Geschäftsjahr zurückgezahlten Beträge sowie die zugunsten dieser Personen eingegangenen Haftungsverhältnisse;

10. alle Mitglieder des Geschäftsführungsorgans und eines Aufsichtsrats, auch wenn sie im Geschäftsjahr oder später ausgeschieden sind, mit dem Familiennamen und mindestens einem ausgeschriebenen Vornamen, einschließlich des ausgeübten Berufs und bei börsennotierten Gesellschaften auch der Mitgliedschaft in Aufsichtsräten und anderen Kontrollgremien im Sinne des § 125 Abs. 1 Satz 5 des Aktiengesetzes. Der Vorsitzende eines Aufsichtsrats, seine Stellvertreter und ein etwaiger Vorsitzender des Geschäftsführungsorgans sind als solche zu bezeichnen;

11. Name und Sitz anderer Unternehmen, von denen die Kapitalgesellschaft oder eine für Rechnung der Kapitalgesellschaft handelnde Person mindestens den fünften Teil der Anteile besitzt; außerdem sind die Höhe des Anteils am Kapital, das Eigenkapital und das Ergebnis des letzten Geschäftsjahrs dieser Unternehmen anzugeben, für das ein Jahresabschluß vorliegt; auf die Berechnung der Anteile ist § 16 Abs. 2 und 4 des Aktiengesetzes entsprechend anzuwenden, ferner sind von börsennotierten Kapitalgesellschaften zusätzlich alle Beteiligungen an großen Kapitalgesellschaften anzugeben, die fünf vom Hundert der Stimmrechte überschreiten;

11a. Name, Sitz und Rechtsform der Unternehmen, deren unbeschränkt haftender Gesellschafter die Kapitalgesellschaft ist;

12. Rückstellungen, die in der Bilanz unter dem Posten „sonstige Rückstellungen" nicht gesondert ausgewiesen werden, sind zu erläutern, wenn sie einen nicht unerheblichen Umfang haben;

13. die Gründe, welche die Annahme einer betrieblichen Nutzungsdauer eines entgeltlich erworbenen Geschäfts- oder Firmenwertes von mehr als fünf Jahren rechtfertigen;

14. Name und Sitz des Mutterunternehmens der Kapitalgesellschaft, das den Konzernabschluß für den größten Kreis von Unternehmen aufstellt, und ihres Mutterunternehmens, das den Konzernabschluß für den kleinsten Kreis von Unternehmen aufstellt, sowie im Falle der Offenlegung von diesen Mutterunternehmen aufgestellten Konzernabschlüsse der Ort, wo diese erhältlich sind;

15. soweit es sich um den Anhang des Jahresabschlusses einer Personenhandelsgesellschaft im Sinne des § 264a Abs. 1 handelt, Name und Sitz der Gesellschaften, die persönlich haftende Gesellschafter sind, sowie deren gezeichnetes Kapital;

16. dass die nach § 161 des Aktiengesetzes vorgeschriebene Erklärung abgegeben und wo sie öffentlich zugänglich gemacht worden ist;

17. das von dem Abschlussprüfer für das Geschäftsjahr berechnete Gesamthonorar, aufgeschlüsselt in das Honorar für
   a) die Abschlussprüfungsleistungen,
   b) andere Bestätigungsleistungen,
   c) Steuerberatungsleistungen,
   d) sonstige Leistungen,
   soweit die Angaben nicht in einem das Unternehmen einbeziehenden Konzernabschluss enthalten sind;

18. für zu den Finanzanlagen (§ 266 Abs. 2 A. III.) gehörende Finanzinstrumente, die über ihrem beizulegenden Zeitwert ausgewiesen werden, da eine außerplanmäßige Abschreibung nach § 253 Abs. 3 Satz 4 unterblieben ist,
   a) der Buchwert und der beizulegende Zeitwert der einzelnen Vermögensgegenstände oder angemessener Gruppierungen sowie
   b) die Gründe für das Unterlassen der Abschreibung einschließlich der Anhaltspunkte, die darauf hindeuten,

dass die Wertminderung voraussichtlich nicht von Dauer ist;

19. für jede Kategorie nicht zum beizulegenden Zeitwert bilanzierter derivativer Finanzinstrumente

    a) deren Art und Umfang,

    b) deren beizulegender Zeitwert, soweit er sich nach § 255 Abs. 4 verlässlich ermitteln lässt, unter Angabe der angewandten Bewertungsmethode,

    c) deren Buchwert und der Bilanzposten, in welchem der Buchwert, soweit vorhanden, erfasst ist, sowie

    d) die Gründe dafür, warum der beizulegende Zeitwert nicht bestimmt werden kann;

20. für gemäß § 340e Abs. 3 Satz 1 mit dem beizulegenden Zeitwert bewertete Finanzinstrumente

    a) die grundlegenden Annahmen, die der Bestimmung des beizulegenden Zeitwertes mit Hilfe allgemein anerkannter Bewertungsmethoden zugrunde gelegt wurden, sowie

    b) Umfang und Art jeder Kategorie derivativer Finanzinstrumente einschließlich der wesentlichen Bedingungen, welche die Höhe, den Zeitpunkt und die Sicherheit künftiger Zahlungsströme beeinflussen können;

21. zumindest die nicht zu marktüblichen Bedingungen zustande gekommenen Geschäfte, soweit sie wesentlich sind, mit nahe stehenden Unternehmen und Personen, einschließlich Angaben zur Art der Beziehung, zum Wert der Geschäfte sowie weiterer Angaben, die für die Beurteilung der Finanzlage notwendig sind; ausgenommen sind Geschäfte mit und zwischen mittel- oder unmittelbar in 100-prozentigem Anteilsbesitz stehenden in einen Konzernabschluss einbezogenen Unternehmen; Angaben über Geschäfte können nach Geschäftsarten zusammengefasst werden, sofern die getrennte Angabe für die

Beurteilung der Auswirkungen auf die Finanzlage nicht notwendig ist;

22. im Fall der Aktivierung nach § 248 Abs. 2 der Gesamtbetrag der Forschungs- und Entwicklungskosten des Geschäftsjahrs sowie der davon auf die selbst geschaffenen immateriellen Vermögensgegenstände des Anlagevermögens entfallende Betrag;

23. bei Anwendung des § 254

    a) mit welchem Betrag jeweils Vermögensgegenstände, Schulden, schwebende Geschäfte und mit hoher Wahrscheinlichkeit erwartete Transaktionen zur Absicherung welcher Risiken in welche Arten von Bewertungseinheiten einbezogen sind sowie die Höhe der mit Bewertungseinheiten abgesicherten Risiken,

    b) für die jeweils abgesicherten Risiken, warum, in welchem Umfang und für welchen Zeitraum sich die gegenläufigen Wertänderungen oder Zahlungsströme künftig voraussichtlich ausgleichen einschließlich der Methode der Ermittlung,

    c) eine Erläuterung der mit hoher Wahrscheinlichkeit erwarteten Transaktionen, die in Bewertungseinheiten einbezogen wurden,

    soweit die Angaben nicht im Lagebericht gemacht werden;

24. zu den Rückstellungen für Pensionen und ähnliche Verpflichtungen das angewandte versicherungsmathematische Berechnungsverfahren sowie die grundlegenden Annahmen der Berechnung, wie Zinssatz, erwartete Lohn- und Gehaltssteigerungen und zugrunde gelegte Sterbetafeln;

25. im Fall der Verrechnung von Vermögensgegenständen und Schulden nach § 246 Abs. 2 Satz 2 die Anschaffungskosten und der beizulegende Zeitwert der verrechneten Vermögensgegenstände, der Erfüllungsbetrag der verrechneten Schulden sowie die verrechneten Aufwendungen und Erträge;

III

Nummer 20 Buchstabe a ist entsprechend anzuwenden;

26. zu Anteilen oder Anlageaktien an inländischen Investmentvermögen im Sinn des § 1 Investmentgesetzes oder vergleichbaren ausländischen Investmentanteilen im Sinn des § 2 Abs. 9 des Investmentgesetzes von mehr als dem zehnten Teil, aufgegliedert nach Anlagezielen, deren Wert im Sinn des § 36 des Investmentgesetzes oder vergleichbarer ausländischer Vorschriften über die Ermittlung des Marktwertes, die Differenz zum Buchwert und die für das Geschäftsjahr erfolgte Ausschüttung sowie Beschränkungen in der Möglichkeit der täglichen Rückgabe; darüber hinaus die Gründe dafür, falls eine Abschreibung gemäß § 253 Abs. 3 Satz 4 unterblieben ist, einschließlich der Anhaltspunkte, die darauf hindeuten, dass die Wertminderung voraussichtlich von nicht nur vorübergehender Dauer ist; Nummer 18 ist insoweit nicht anzuwenden;

27. für nach § 251 unter der Bilanz oder nach § 268 Abs. 7 Halbsatz 1 im Anhang ausgewiesene Verbindlichkeiten und Haftungsverhältnisse die Gründe der Einschätzung des Risikos der Inanspruchnahme;

28. der Gesamtbetrag der Beträge im Sinn des § 268 Abs. 8, aufgegliedert in Beträge aus der Aktivierung selbst geschaffener immaterieller Vermögensgegenstände des Anlagevermögens, Beträge aus der Aktivierung latenter Steuern und aus der Aktivierung von Vermögensgegenständen zum beizulegenden Zeitwert;

29. auf welchen Differenzen oder steuerlichen Verlustvorträgen die latenten Steuern beruhen und mit welchen Steuersätzen die Bewertung erfolgt ist.

§ 286 Unterlassen von Angaben

(1) Die Berichterstattung hat insoweit zu unterbleiben, als es für das Wohl der Bundesrepublik Deutschland oder eines ihrer Länder erforderlich ist.

(2) Die Aufgliederung der Umsatzerlöse nach § 285 Nr. 4 kann unterbleiben, soweit die Aufgliederung nach vernünftiger kaufmännischer Beurteilung geeignet ist, der Kapitalgesellschaft oder einem Unternehmen, von dem die Kapitalgesellschaft mindestens den fünften Teil der Anteile besitzt, einen erheblichen Nachteil zuzufügen.

(3) Die Angaben nach § 285 Nr. 11 und 11a können unterbleiben, soweit sie

1. für die Darstellung der Vermögens-, Finanz- und Ertragslage der Kapitalgesellschaft nach § 264 Abs. 2 von untergeordneter Bedeutung sind oder

2. nach vernünftiger kaufmännischer Beurteilung geeignet sind, der Kapitalgesellschaft oder dem anderen Unternehmen einen erheblichen Nachteil zuzufügen.

Die Angabe des Eigenkapitals und des Jahresergebnisses kann unterbleiben, wenn das Unternehmen, über das zu berichten ist, seinen Jahresabschluß nicht offenzulegen hat und die berichtende Kapitalgesellschaft weniger als die Hälfte der Anteile besitzt. Satz 1 Nr. 2 ist nicht anzuwenden, wenn die Kapitalgesellschaft oder eines ihrer Tochterunternehmen (§ 290 Abs. 1 und 2) am Abschlussstichtag kapitalmarktorientiert im Sinn des § 264d ist. Im Übrigen ist die Anwendung der Ausnahmeregelung nach Satz 1 Nr. 2 im Anhang anzugeben.

(4) Bei Gesellschaften, die keine börsennotierten Aktiengesellschaften sind, können die in § 285 Nr. 9 Buchstabe a und b verlangten Angaben über die Gesamtbezüge der dort bezeichneten Personen unterbleiben, wenn sich anhand dieser Angaben die Bezüge eines Mitglieds dieser Organe feststellen lassen.

(5) Die in § 285 Nr. 9 Buchstabe a Satz 5 bis 8 verlangten Angaben unterbleiben, wenn die Hauptversammlung dies beschlossen hat. Ein Beschluss, der höchstens für fünf Jahre gefasst werden kann, bedarf einer Mehrheit, die mindestens drei Viertel des bei der Beschlussfassung vertretenen Grundkapitals umfasst. § 136 Abs. 1 des Aktiengesetzes gilt für einen Aktionär, dessen Bezüge als Vor-

standsmitglied von der Beschlussfassung betroffen sind, entsprechend.

§ 287 (weggefallen)

§ 288 Größenabhängige Erleichterungen

(1) Kleine Kapitalgesellschaften (§ 267 Abs. 1) brauchen die Angaben nach § 284 Abs. 2 Nr. 4, § 285 Nr. 2 bis 8 Buchstabe a, Nr. 9 Buchstabe a und b sowie Nr. 12, 17, 19, 21, 22 und 29 nicht zu machen.

(2) Mittelgroße Kapitalgesellschaften (§ 267 Abs. 2) brauchen bei der Angabe nach § 285 Nr. 3 die Risiken und Vorteile nicht darzustellen. Sie brauchen die Angaben nach § 285 Nr. 4 und 29 nicht zu machen. Soweit sie die Angaben nach § 285 Nr. 17 nicht machen, sind sie verpflichtet, diese der Wirtschaftsprüferkammer auf deren schriftliche Anforderung zu übermitteln. Sie brauchen die Angaben nach § 285 Nr. 21 nur zu machen, soweit sie Aktiengesellschaft sind; die Angabe kann auf Geschäfte beschränkt werden, die direkt oder indirekt mit dem Hauptgesellschafter oder Mitgliedern des Geschäftsführungs-, Aufsichts- oder Verwaltungsorgans abgeschlossen wurden.

Sechster Titel
Lagebericht

§ 289

(1) Im Lagebericht sind der Geschäftsverlauf einschließlich des Geschäftsergebnisses und die Lage der Kapitalgesellschaft so darzustellen, dass ein den tatsächlichen Verhältnissen entsprechendes Bild vermittelt wird. Er hat eine ausgewogene und umfassende, dem Umfang und der Komplexität der Geschäftstätigkeit entsprechende Analyse des Geschäftsverlaufs und der Lage der Gesellschaft zu enthalten. In die Analyse sind die für die Geschäftstätigkeit bedeutsamsten finanziellen Leistungsindikatoren einzubeziehen und unter Bezugnahme auf die im Jahresabschluss ausgewiesenen Beträge und Angaben zu erläutern. Ferner ist im Lagebericht die voraussichtliche Entwicklung mit ihren we-

sentlichen Chancen und Risiken zu beurteilen und zu erläutern; zugrunde liegende Annahmen sind anzugeben. Die gesetzlichen Vertreter einer Kapitalgesellschaft im Sinne des § 264 Abs. 2 Satz 3 haben zu versichern, dass nach bestem Wissen im Lagebericht der Geschäftsverlauf einschließlich des Geschäftsergebnisses und die Lage der Kapitalgesellschaft so dargestellt sind, dass ein den tatsächlichen Verhältnissen entsprechendes Bild vermittelt wird, und dass die wesentlichen Chancen und Risiken im Sinne des Satzes 4 beschrieben sind.

(2) Der Lagebericht soll auch eingehen auf:

1. Vorgänge von besonderer Bedeutung, die nach dem Schluß des Geschäftsjahrs eingetreten sind;

2. a) die Risikomanagementziele und -methoden der Gesellschaft einschließlich ihrer Methoden zur Absicherung aller wichtigen Arten von Transaktionen, die im Rahmen der Bilanzierung von Sicherungsgeschäften erfasst werden, sowie

   b) die Preisänderungs-, Ausfall- und Liquiditätsrisiken sowie die Risiken aus Zahlungsstromschwankungen, denen die Gesellschaft ausgesetzt ist,

   jeweils in Bezug auf die Verwendung von Finanzinstrumenten durch die Gesellschaft und sofern dies für die Beurteilung der Lage oder der voraussichtlichen Entwicklung von Belang ist;

3. den Bereich Forschung und Entwicklung;

4. bestehende Zweigniederlassungen der Gesellschaft;

5. die Grundzüge des Vergütungssystems der Gesellschaft für die in § 285 Nr. 9 genannten Gesamtbezüge, soweit es sich um eine börsennotierte Aktiengesellschaft handelt. Werden dabei auch Angaben entsprechend § 285 Nr. 9 Buchstabe a Satz 5 bis 8 gemacht, können diese im Anhang unterbleiben.

(3) Bei einer großen Kapitalgesellschaft (§ 267 Abs. 3) gilt Absatz 1 Satz 3 entsprechend für nichtfinanzielle Leistungsindikatoren, wie Informationen über Umwelt- und Arbeitnehmerbelange, soweit sie für das Ver-

ständnis des Geschäftsverlaufs oder der Lage von Bedeutung sind.

(4) Aktiengesellschaften und Kommanditgesellschaften auf Aktien, die einen organisierten Markt im Sinne des § 2 Abs. 7 des Wertpapiererwerbs- und Übernahmegesetzes durch von ihnen ausgegebene stimmberechtigte Aktien in Anspruch nehmen, haben im Lagebericht anzugeben:

1. die Zusammensetzung des gezeichneten Kapitals; bei verschiedenen Aktiengattungen sind für jede Gattung die damit verbundenen Rechte und Pflichten und der Anteil am Gesellschaftskapital anzugeben, soweit die Angaben nicht im Anhang zu machen sind;

2. Beschränkungen, die Stimmrechte oder die Übertragung von Aktien betreffen, auch wenn sie sich aus Vereinbarungen zwischen Gesellschaftern ergeben können, soweit sie dem Vorstand der Gesellschaft bekannt sind;

3. direkte oder indirekte Beteiligungen am Kapital, die 10 vom Hundert der Stimmrechte überschreiten, soweit die Angaben nicht im Anhang zu machen sind;

4. die Inhaber von Aktien mit Sonderrechten, die Kontrollbefugnisse verleihen; die Sonderrechte sind zu beschreiben;

5. die Art der Stimmrechtskontrolle, wenn Arbeitnehmer am Kapital beteiligt sind und ihre Kontrollrechte nicht unmittelbar ausüben;

6. die gesetzlichen Vorschriften und Bestimmungen der Satzung über die Ernennung und Abberufung der Mitglieder des Vorstands und über die Änderung der Satzung;

7. die Befugnisse des Vorstands insbesondere hinsichtlich der Möglichkeit, Aktien auszugeben oder zurückzukaufen;

8. wesentliche Vereinbarungen der Gesellschaft, die unter der Bedingung eines Kontrollwechsels infolge eines Übernahmeangebots stehen, und die hieraus folgenden Wirkungen; die Angabe kann unterbleiben, soweit sie geeignet ist, der Gesellschaft einen erheblichen Nachteil

zuzufügen; die Angabepflicht nach anderen gesetzlichen Vorschriften bleibt unberührt;

9. Entschädigungsvereinbarungen der Gesellschaft, die für den Fall eines Übernahmeangebots mit den Mitgliedern des Vorstands oder Arbeitnehmern getroffen sind, soweit die Angaben nicht im Anhang zu machen sind.

Sind Angaben nach Satz 1 im Anhang zu machen, ist im Lagebericht darauf zu verweisen.

(5) Kapitalgesellschaften im Sinn des § 264d haben im Lagebericht die wesentlichen Merkmale des internen Kontroll- und des Risikomanagementsystems im Hinblick auf den Rechnungslegungsprozess zu beschreiben.

§ 289a Erklärung zur Unternehmensführung

(1) Börsennotierte Aktiengesellschaften sowie Aktiengesellschaften, die ausschließlich andere Wertpapiere als Aktien zum Handel an einem organisierten Markt im Sinn des § 2 Abs. 5 des Wertpapierhandelsgesetzes ausgegeben haben und deren ausgegebene Aktien auf eigene Veranlassung über ein multilaterales Handelssystem im Sinn des § 2 Abs. 3 Satz 1 Nr. 8 des Wertpapierhandelsgesetzes gehandelt werden, haben eine Erklärung zur Unternehmensführung in ihren Lagebericht aufzunehmen, die dort einen gesonderten Abschnitt bildet. Sie kann auch auf der Internetseite der Gesellschaft öffentlich zugänglich gemacht werden. In diesem Fall ist in den Lagebericht eine Bezugnahme aufzunehmen, welche die Angabe der Internetseite enthält.

(2) In die Erklärung zur Unternehmensführung sind aufzunehmen

1. die Erklärung gemäß § 161 des Aktiengesetzes;

2. relevante Angaben zu Unternehmensführungspraktiken, die über die gesetzlichen Anforderungen hinaus angewandt werden, nebst Hinweis, wo sie öffentlich zugänglich sind;

3. eine Beschreibung der Arbeitsweise von Vorstand und Aufsichtsrat sowie der Zusammensetzung und Arbeitsweise von deren Ausschüssen; sind die Informationen auf der Internetseite der Gesellschaft öffentlich zugänglich, kann darauf verwiesen werden.

Zweiter Unterabschnitt
Konzernabschluß und
Konzernlagebericht

Erster Titel
Anwendungsbereich

§ 290 Pflicht zur Aufstellung

(1) Die gesetzlichen Vertreter einer Kapitalgesellschaft (Mutterunternehmen) mit Sitz im Inland haben in den ersten fünf Monaten des Konzerngeschäftsjahrs für das vergangene Konzerngeschäftsjahr einen Konzernabschluss und einen Konzernlagebericht aufzustellen, wenn diese auf ein anderes Unternehmen (Tochterunternehmen) unmittel- oder mittelbar einen beherrschenden Einfluss ausüben kann. Ist das Mutterunternehmen eine Kapitalgesellschaft im Sinn des § 325 Abs. 4 Satz 1, sind der Konzernabschluss sowie der Konzernlagebericht in den ersten vier Monaten des Konzerngeschäftsjahrs für das vergangene Konzerngeschäftsjahr aufzustellen.

(2) Beherrschender Einfluss eines Mutterunternehmens besteht stets, wenn

1. ihm bei einem anderen Unternehmen die Mehrheit der Stimmrechte der Gesellschafter zusteht;

2. ihm bei einem anderen Unternehmen das Recht zusteht, die Mehrheit der Mitglieder des die Finanz- und Geschäftspolitik bestimmenden Verwaltungs-, Leitungs- oder Aufsichtsorgans zu bestellen oder abzuberufen, und es gleichzeitig Gesellschafter ist;

3. ihm das Recht zusteht, die Finanz- und Geschäftspolitik auf Grund eines mit einem anderen Unternehmen geschlossenen Beherrschungsvertrages oder auf Grund einer Bestimmung in der Satzung des anderen Unternehmens zu bestimmen, oder

4. es bei wirtschaftlicher Betrachtung die Mehrheit der Risiken und Chancen eines Unternehmens trägt, das zur Erreichung eines eng begrenzten und genau definierten Ziels des Mutterunternehmens dient (Zweckgesellschaft). Neben Unternehmen können Zweckgesellschaften auch sonstige juristische Personen des Privatrechts oder unselbständige Sondervermögen des Privatrechts, ausgenommen Spezial-Sondervermögen im Sinn des § 2 Abs. 3 des Investmentgesetzes, sein.

(3) Als Rechte, die einem Mutterunternehmen nach Absatz 2 zustehen, gelten auch die einem Tochterunternehmen zustehenden Rechte und die den für Rechnung des Mutterunternehmens oder von Tochterunternehmen handelnden Personen zustehenden Rechte. Den einem Mutterunternehmen an einem anderen Unternehmen zustehenden Rechten werden die Rechte hinzugerechnet, über die es oder ein Tochterunternehmen auf Grund einer Vereinbarung mit anderen Gesellschaftern dieses Unternehmens verfügen kann. Abzuziehen sind Rechte, die

1. mit Anteilen verbunden sind, die von dem Mutterunternehmen oder von Tochterunternehmen für Rechnung einer anderen Person gehalten werden, oder

2. mit Anteilen verbunden sind, die als Sicherheit gehalten werden, sofern diese Rechte nach Weisung des Sicherungsgebers oder, wenn ein Kreditinstitut die Anteile als Sicherheit für ein Darlehen hält, im Interesse des Sicherungsgebers ausgeübt werden.

(4) Welcher Teil der Stimmrechte einem Unternehmen zusteht, bestimmt sich für die Berechnung der Mehrheit nach Absatz 2 Nr. 1 nach dem Verhältnis der Zahl der Stimmrechte, die es aus den ihm gehörenden Anteilen ausüben kann, zur Gesamtzahl aller Stimmrechte. Von der Gesamtzahl aller Stimmrechte sind die Stimmrechte aus eigenen Anteilen abzuziehen, die dem Tochterunternehmen selbst, einem seiner Tochterunternehmen

oder einer anderen Person für Rechnung dieser Unternehmen gehören.

(5) Ein Mutterunternehmen ist von der Pflicht, einen Konzernabschluss und einen Konzernlagebericht aufzustellen, befreit, wenn es nur Tochterunternehmen hat, die gemäß § 296 nicht in den Konzernabschluss einbezogen werden brauchen.

§ 291 Befreiende Wirkung von EU/EWR-Konzernabschlüssen

(1) Ein Mutterunternehmen, das zugleich Tochterunternehmen eines Mutterunternehmens mit Sitz in einem Mitgliedstaat der Europäischen Union oder in einem anderen Vertragsstaat des Abkommens über den Europäischen Wirtschaftsraum ist, braucht einen Konzernabschluß und einen Konzernlagebericht nicht aufzustellen, wenn ein nach den Anforderungen des Absatzes 2 entsprechender Konzernabschluß und Konzernlagebericht seines Mutterunternehmens einschließlich des Bestätigungsvermerks oder des Vermerks über dessen Versagung nach den für den entfallenden Konzernabschluß und Konzernlagebericht maßgeblichen Vorschriften in deutscher Sprache offengelegt wird. Ein befreiender Konzernabschluß und ein befreiender Konzernlagebericht können von jedem Unternehmen unabhängig von seiner Rechtsform und Größe aufgestellt werden, wenn das Unternehmen als Kapitalgesellschaft mit Sitz in einem Mitgliedstaat der Europäischen Union oder in einem anderen Vertragsstaat des Abkommens über den Europäischen Wirtschaftsraum zur Aufstellung eines Konzernabschlusses unter Einbeziehung des zu befreienden Mutterunternehmens und seiner Tochterunternehmen verpflichtet wäre.

(2) Der Konzernabschluß und Konzernlagebericht eines Mutterunternehmens mit Sitz in einem Mitgliedstaat der Europäischen Union oder in einem anderen Vertragsstaat des Abkommens über den Europäischen Wirtschaftsraum haben befreiende Wirkung, wenn

1. das zu befreiende Mutterunternehmen und seine Tochterunternehmen in den be-

freienden Konzernabschluß unbeschadet des 296 einbezogen worden sind,

2. der befreiende Konzernabschluß und der befreiende Konzernlagebericht im Einklang mit der Richtlinie 83/349/EWG des Rates vom 13. Juni 1983 über den konsolidierten Abschluß (ABl. EG Nr. L 193 S. 1) und der Richtlinie 84/253/EWG des Rates vom 10. April 1984 über die Zulassung der mit der Pflichtprüfung der Rechnungslegungsunterlagen beauftragten Personen (ABl. EG Nr. L 126 S. 20) in ihren jeweils geltenden Fassungen nach dem für das aufstellende Mutterunternehmen maßgeblichen Recht aufgestellt und von einem zugelassenen Abschlußprüfer geprüft worden sind,

3. der Anhang des Jahresabschlusses des zu befreienden Unternehmens folgende Angaben enthält:

   a) Name und Sitz des Mutterunternehmens, das den befreienden Konzernabschluß und Konzernlagebericht aufstellt,

   b) einen Hinweis auf die Befreiung von der Verpflichtung, einen Konzernabschluß und einen Konzernlagebericht aufzustellen, und

   c) eine Erläuterung der im befreienden Konzernabschluß vom deutschen Recht abweichend angewandten Bilanzierungs-, Bewertungs- und Konsolidierungsmethoden.

Satz 1 gilt für Kreditinstitute und Versicherungsunternehmen entsprechend; unbeschadet der übrigen Voraussetzungen in Satz 1 hat die Aufstellung des befreienden Konzernabschlusses und des befreienden Konzernlageberichts bei Kreditinstituten im Einklang mit der Richtlinie 86/635/EWG des Rates vom 8. Dezember 1986 über den Jahresabschluß und den konsolidierten Abschluß von Banken und anderen Finanzinstituten (ABl. EG Nr. L 372 S. 1) und bei Versicherungsunternehmen im Einklang mit der Richtlinie 91/674/EWG des Rates vom 19. Dezember 1991 über den Jahresabschluß und den konsolidierten Jahresabschluß von Versicherungsunternehmen (ABl. EG Nr. L 374 S. 7) in ihren jeweils geltenden Fassungen zu erfolgen.

(3) Die Befreiung nach Absatz 1 kann trotz Vorliegens der Voraussetzungen nach Absatz 2 von einem Mutterunternehmen nicht in Anspruch genommen werden, wenn

1. das zu befreiende Mutterunternehmen einen organisierten Markt im Sinn des § 2 Abs. 5 des Wertpapierhandelsgesetzes durch von ihm ausgegebene Wertpapiere im Sinn des § 2 Abs. 1 Satz 1 des Wertpapierhandelsgesetzes in Anspruch nimmt,

2. Gesellschafter, denen bei Aktiengesellschaften und Kommanditgesellschaften auf Aktien mindestens 10 vom Hundert und bei Gesellschaften mit beschränkter Haftung mindestens 20 vom Hundert der Anteile an dem zu befreienden Mutterunternehmen gehören, spätestens sechs Monate vor dem Ablauf des Konzerngeschäftsjahrs die Aufstellung eines Konzernabschlusses und eines Konzernlageberichts beantragt haben.

§ 292 Rechtsverordnungsermächtigung für befreiende Konzernabschlüsse und Konzernlageberichte

(1) Das Bundesministerium der Justiz wird ermächtigt, im Einvernehmen mit dem Bundesministerium der Finanzen und dem Bundesministerium für Wirtschaft und Technologie durch Rechtsverordnung, die nicht der Zustimmung des Bundesrates bedarf, zu bestimmen, daß § 291 auf Konzernabschlüsse und Konzernlageberichte von Mutterunternehmen mit Sitz in einem Staat, der nicht Mitglied der Europäischen Union und auch nicht Vertragsstaat des Abkommens über den Europäischen Wirtschaftsraum ist, mit der Maßgabe angewendet werden darf, daß der befreiende Konzernabschluß und der befreiende Konzernlagebericht nach dem mit den Anforderungen der Richtlinie 83/349/EWG übereinstimmenden Recht eines Mitgliedstaates der Europäischen Union oder eines anderen Vertragsstaates des Abkommens über den Europäischen Wirtschaftsraum aufgestellt worden oder einem nach diesem Recht eines Mitgliedstaates der Europäischen

Union oder eines anderen Vertragsstaates des Abkommens über den Europäischen Wirtschaftsraum aufgestellten Konzernabschluß und Konzernlagebericht gleichwertig sein müssen. Das Recht eines anderen Mitgliedstaates der Europäischen Union oder Vertragsstaates des Abkommens über den Europäischen Wirtschaftsraum kann einem befreienden Konzernabschluß und einem befreienden Konzernlagebericht jedoch nur zugrunde gelegt oder für die Herstellung der Gleichwertigkeit herangezogen werden, wenn diese Unterlagen in dem anderen Mitgliedstaat oder Vertragsstaat anstelle eines sonst nach dem Recht dieses Mitgliedstaates oder Vertragsstaates vorgeschriebenen Konzernabschlusses und Konzernlageberichts offengelegt werden. Die Anwendung dieser Vorschrift kann in der Rechtsverordnung nach Satz 1 davon abhängig gemacht werden, daß die nach diesem Unterabschnitt aufgestellten Konzernabschlüsse und Konzernlageberichte in dem Staat, in dem das Mutterunternehmen seinen Sitz hat, als gleichwertig mit den dort für Unternehmen mit entsprechender Rechtsform und entsprechendem Geschäftszweig vorgeschriebenen Konzernabschlüssen und Konzernlageberichten angesehen werden.

(2) Ist ein nach Absatz 1 zugelassener Konzernabschluß nicht von einem in Übereinstimmung mit den Vorschriften der Richtlinie 2006/43/EG zugelassenen Abschlußprüfer geprüft worden, so kommt ihm befreiende Wirkung nur zu, wenn der Abschlußprüfer eine den Anforderungen dieser Richtlinie gleichwertige Befähigung hat und der Konzernabschluß in einer den Anforderungen des Dritten Unterabschnitts entsprechenden Weise geprüft worden ist. Nicht in Übereinstimmung mit den Vorschriften der Richtlinie 2006/43/EG zugelassene Abschlussprüfer von Unternehmen mit Sitz in einem Drittstaat im Sinn des § 3 Abs. 1 Satz 1 der Wirtschaftsprüferordnung, deren Wertpapiere im Sinn des § 2 Abs. 1 Satz 1 des Wertpapierhandelsgesetzes an einer inländischen Börse zum Handel am regulierten Markt zugelassen sind, haben nur dann eine den Anforderungen der Richtlinie gleichwertige Befähigung,

wenn sie bei der Wirtschaftsprüferkammer gemäß § 134 Abs. 1 der Wirtschaftsprüferordnung eingetragen sind oder die Gleichwertigkeit gemäß § 134 Abs. 4 der Wirtschaftsprüferordnung anerkannt ist. Satz 2 ist nicht anzuwenden, soweit ausschließlich Schuldtitel im Sinn des § 2 Abs. 1 Satz 1 Nr. 3 des Wertpapierhandelsgesetzes mit einer Mindeststückelung von 50 000 Euro oder einem entsprechenden Betrag anderer Währung an einer inländischen Börse zum Handel am regulierten Markt zugelassen sind.

(3) In einer Rechtsverordnung nach Absatz 1 kann außerdem bestimmt werden, welche Voraussetzungen Konzernabschlüsse und Konzernlageberichte von Mutterunternehmen mit Sitz in einem Staat, der nicht Mitglied der Europäischen Union und auch nicht Vertragsstaat des Abkommens über den Europäischen Wirtschaftsraum ist, im einzelnen erfüllen müssen, um nach Absatz 1 gleichwertig zu sein, und wie die Befähigung von Abschlußprüfern beschaffen sein muß, um nach Absatz 2 gleichwertig zu sein. In der Rechtsverordnung können zusätzliche Angaben und Erläuterungen zum Konzernabschluß vorgeschrieben werden, soweit diese erforderlich sind, um die Gleichwertigkeit dieser Konzernabschlüsse und Konzernlageberichte mit solchen nach diesem Unterabschnitt oder dem Recht eines anderen Mitgliedstaates der Europäischen Union oder Vertragsstaates des Abkommens über den Europäischen Wirtschaftsraum herzustellen.

(4) Die Rechtsverordnung ist vor Verkündung dem Bundestag zuzuleiten. Sie kann durch Beschluß des Bundestages geändert oder abgelehnt werden. Der Beschluß des Bundestages wird dem Bundesministerium der Justiz zugeleitet. Das Bundesministerium der Justiz ist bei der Verkündung der Rechtsverordnung an den Beschluß gebunden. Hat sich der Bundestag nach Ablauf von drei Sitzungswochen seit Eingang einer Rechtsverordnung nicht mit ihr befaßt, so wird die unveränderte Rechtsverordnung dem Bundesministerium der Justiz zur Verkündung zugeleitet. Der Bundestag befaßt sich mit der Rechtsverordnung auf Antrag von so vielen Mitgliedern des Bundestages, wie zur Bildung einer Fraktion erforderlich sind.

§ 293 Größenabhängige Befreiungen

(1) Ein Mutterunternehmen ist von der Pflicht, einen Konzernabschluß und einen Konzernlagebericht aufzustellen, befreit, wenn

1. am Abschlußstichtag seines Jahresabschlusses und am vorhergehenden Abschlußstichtag mindestens zwei der drei nachstehenden Merkmale zutreffen:

   a) Die Bilanzsummen in den Bilanzen des Mutterunternehmens und der Tochterunternehmen, die in den Konzernabschluß einzubeziehen wären, übersteigen insgesamt nach Abzug von in den Bilanzen auf der Aktivseite ausgewiesenen Fehlbeträgen nicht 23 100 000 Euro.

   b) Die Umsatzerlöse des Mutterunternehmens und der Tochterunternehmen, die in den Konzernabschluß einzubeziehen wären, übersteigen in den zwölf Monaten vor dem Abschlußstichtag insgesamt nicht 46 200 000 Euro.

   c) Das Mutterunternehmen und die Tochterunternehmen, die in den Konzernabschluß einzubeziehen wären, haben in den zwölf Monaten vor dem Abschlußstichtag im Jahresdurchschnitt nicht mehr als 250 Arbeitnehmer beschäftigt;
   oder

2. am Abschlußstichtag eines von ihm aufzustellenden Konzernabschlusses und am vorhergehenden Abschlußstichtag mindestens zwei der drei nachstehenden Merkmale zutreffen:

   a) Die Bilanzsumme übersteigt nach Abzug eines auf der Aktivseite ausgewiesenen Fehlbetrags nicht 19 250 000 Euro.

   b) Die Umsatzerlöse in den zwölf Monaten vor dem Abschlußstichtag übersteigen nicht 38 500 000 Euro.

   c) Das Mutterunternehmen und die in den Konzernabschluß einbezogenen Tochterunternehmen haben in den zwölf

Monaten vor dem Abschlußstichtag im Jahresdurchschnitt nicht mehr als 250 Arbeitnehmer beschäftigt.

Auf die Ermittlung der durchschnittlichen Zahl der Arbeitnehmer ist § 267 Abs. 5 anzuwenden.

(2) (weggefallen)

(3) (weggefallen)

(4) Außer in den Fällen des Absatzes 1 ist ein Mutterunternehmen von der Pflicht zur Aufstellung des Konzernabschlusses und des Konzernlageberichts befreit, wenn die Voraussetzungen des Absatzes 1 nur am Abschlußstichtag oder am vorhergehenden Abschlußstichtag erfüllt sind und das Mutterunternehmen am vorhergehenden Abschlußstichtag von der Pflicht zur Aufstellung des Konzernabschlusses und des Konzernlageberichts befreit war. § 267 Abs. 4 Satz 2 ist entsprechend anzuwenden.

(5) Die Absätze 1 und 4 sind nicht anzuwenden, wenn das Mutterunternehmen oder ein in dessen Konzernabschluss einbezogenes Tochterunternehmen am Abschlussstichtag kapitalmarktorientiert im Sinn des § 264d ist.

Zweiter Titel
Konsolidierungskreis

§ 294 Einzubeziehende Unternehmen. Vorlage- und Auskunftspflichten

(1) In den Konzernabschluß sind das Mutterunternehmen und alle Tochterunternehmen ohne Rücksicht auf den Sitz der Tochterunternehmen einzubeziehen, sofern die Einbeziehung nicht nach § 296 unterbleibt.

(2) Hat sich die Zusammensetzung der in den Konzernabschluß einbezogenen Unternehmen im Laufe des Geschäftsjahrs wesentlich geändert, so sind in den Konzernabschluß Angaben aufzunehmen, die es ermöglichen, die aufeinanderfolgenden Konzernabschlüsse sinnvoll zu vergleichen.

(3) Die Tochterunternehmen haben dem Mutterunternehmen ihre Jahresabschlüsse, Einzelabschlüsse nach § 325 Abs. 2a, Lageberichte, Konzernabschlüsse, Konzernlageberichte und, wenn eine Abschlussprüfung

stattgefunden hat, die Prüfungsberichte sowie, wenn ein Zwischenabschluß aufzustellen ist, einen auf den Stichtag des Konzernabschlusses aufgestellten Abschluß unverzüglich einzureichen. Das Mutterunternehmen kann von jedem Tochterunternehmen alle Aufklärungen und Nachweise verlangen, welche die Aufstellung des Konzernabschlusses und des Konzernlageberichts erfordert.

§ 295 (weggefallen)

§ 296 Verzicht auf die Einbeziehung

(1) Ein Tochterunternehmen braucht in den Konzernabschluß nicht einbezogen zu werden, wenn

1. erhebliche und andauernde Beschränkungen die Ausübung der Rechte des Mutterunternehmens in bezug auf das Vermögen oder die Geschäftsführung dieses Unternehmens nachhaltig beeinträchtigen,

2. die für die Aufstellung des Konzernabschlusses erforderlichen Angaben nicht ohne unverhältnismäßig hohe Kosten oder Verzögerungen zu erhalten sind oder

3. die Anteile des Tochterunternehmens ausschließlich zum Zwecke ihrer Weiterveräußerung gehalten werden.

(2) Ein Tochterunternehmen braucht in den Konzernabschluß nicht einbezogen zu werden, wenn es für die Verpflichtung, ein den tatsächlichen Verhältnissen entsprechendes Bild der Vermögens-, Finanz- und Ertragslage des Konzerns zu vermitteln, von untergeordneter Bedeutung ist. Entsprechen mehrere Tochterunternehmen der Voraussetzung des Satzes 1, so sind diese Unternehmen in den Konzernabschluß einzubeziehen, wenn sie zusammen nicht von untergeordneter Bedeutung sind.

(3) Die Anwendung der Absätze 1 und 2 ist im Konzernanhang zu begründen.

Dritter Titel
Inhalt und Form des Konzernabschlusses

§ 297 Inhalt

(1) Der Konzernabschluss besteht aus der Konzernbilanz, der Konzern-Gewinn- und

Verlustrechnung, dem Konzernanhang, der Kapitalflussrechnung und dem Eigenkapitalspiegel. Er kann um eine Segmentberichterstattung erweitert werden.

(2) Der Konzernabschluß ist klar und übersichtlich aufzustellen. Er hat unter Beachtung der Grundsätze ordnungsmäßiger Buchführung ein den tatsächlichen Verhältnissen entsprechendes Bild der Vermögens-, Finanz- und Ertragslage des Konzerns zu vermitteln. Führen besondere Umstände dazu, daß der Konzernabschluß ein den tatsächlichen Verhältnissen entsprechendes Bild im Sinne des Satzes 2 nicht vermittelt, so sind im Konzernanhang zusätzliche Angaben zu machen. Die gesetzlichen Vertreter eines Mutterunternehmens, das Inlandsemittent im Sinne des § 2 Abs. 7 des Wertpapierhandelsgesetzes und keine Kapitalgesellschaft im Sinne des § 327a ist, haben bei der Unterzeichnung schriftlich zu versichern, dass nach bestem Wissen der Konzernabschluss ein den tatsächlichen Verhältnissen entsprechendes Bild im Sinne des Satzes 2 vermittelt oder der Konzernanhang Angaben nach Satz 3 enthält.

(3) Im Konzernabschluß ist die Vermögens-, Finanz- und Ertragslage der einbezogenen Unternehmen so darzustellen, als ob diese Unternehmen insgesamt ein einziges Unternehmen wären. Die auf den vorhergehenden Konzernabschluß angewandten Konsolidierungsmethoden sind beizubehalten. Abweichungen von Satz 2 sind in Ausnahmefällen zulässig. Sie sind im Konzernanhang anzugeben und zu begründen. Ihr Einfluß auf die Vermögens-, Finanz- und Ertragslage des Konzerns ist anzugeben.

§ 298 Anzuwendende Vorschriften. Erleichterungen

(1) Auf den Konzernabschluß sind, soweit seine Eigenart keine Abweichung bedingt oder in den folgenden Vorschriften nichts anderes bestimmt ist, die §§ 244 bis 256a, 265, 266, 268 bis 275, 277 und 278 über den Jahresabschluß und die für die Rechtsform und den Geschäftszweig der in den Konzernabschluß einbezogenen Unternehmen mit Sitz im Geltungsbereich dieses Gesetzes geltenden Vorschriften, soweit sie für große Kapitalgesellschaften gelten, entsprechend anzuwenden.

(2) In der Gliederung der Konzernbilanz dürfen die Vorräte in einem Posten zusammengefaßt werden, wenn deren Aufgliederung wegen besonderer Umstände mit einem unverhältnismäßigen Aufwand verbunden wäre.

(3) Der Konzernanhang und der Anhang des Jahresabschlusses des Mutterunternehmens dürfen zusammengefaßt werden. In diesem Falle müssen der Konzernabschluß und der Jahresabschluß des Mutterunternehmens gemeinsam offengelegt werden. Aus dem zusammengefassten Anhang muss hervorgehen, welche Angaben sich auf den Konzern und welche Angaben sich nur auf das Mutterunternehmen beziehen.

§ 299 Stichtag für die Aufstellung

(1) Der Konzernabschluss ist auf den Stichtag des Jahresabschlusses des Mutterunternehmens aufzustellen.

(2) Die Jahresabschlüsse der in den Konzernabschluß einbezogenen Unternehmen sollen auf den Stichtag des Konzernabschlusses aufgestellt werden. Liegt der Abschlußstichtag eines Unternehmens um mehr als drei Monate vor dem Stichtag des Konzernabschlusses, so ist dieses Unternehmen auf Grund eines auf den Stichtag und den Zeitraum des Konzernabschlusses aufgestellten Zwischenabschlusses in den Konzernabschluß einzubeziehen.

(3) Wird bei abweichenden Abschlußstichtagen ein Unternehmen nicht auf der Grundlage eines auf den Stichtag und den Zeitraum des Konzernabschlusses aufgestellten Zwischenabschlusses in den Konzernabschluß einbezogen, so sind Vorgänge von besonderer Bedeutung für die Vermögens-, Finanz- und Ertragslage eines in den Konzernabschluß einbezogenen Unternehmens, die zwischen dem Abschlußstichtag dieses Unternehmens und dem Abschlußstichtag des Konzernabschlusses eingetreten sind, in der Konzernbilanz und der Konzern-Gewinn- und

Verlustrechnung zu berücksichtigen oder im Konzernanhang anzugeben.

Vierter Titel
Vollkonsolidierung

§ 300 Konsolidierungsgrundsätze. Vollständigkeitsgebot

(1) In dem Konzernabschluß ist der Jahresabschluß des Mutterunternehmens mit den Jahresabschlüssen der Tochterunternehmen zusammenzufassen. An die Stelle der dem Mutterunternehmen gehörenden Anteile an den einbezogenen Tochterunternehmen treten die Vermögensgegenstände, Schulden, Rechnungsabgrenzungsposten und Sonderposten der Tochterunternehmen, soweit sie nach dem Recht des Mutterunternehmens bilanzierungsfähig sind und die Eigenart des Konzernabschlusses keine Abweichungen bedingt oder in den folgenden Vorschriften nichts anderes bestimmt ist.

(2) Die Vermögensgegenstände, Schulden und Rechnungsabgrenzungsposten sowie die Erträge und Aufwendungen der in den Konzernabschluß einbezogenen Unternehmen sind unabhängig von ihrer Berücksichtigung in den Jahresabschlüssen dieser Unternehmen vollständig aufzunehmen, soweit nach dem Recht des Mutterunternehmens nicht ein Bilanzierungsverbot oder ein Bilanzierungswahlrecht besteht. Nach dem Recht des Mutterunternehmens zulässige Bilanzierungswahlrechte dürfen im Konzernabschluß unabhängig von ihrer Ausübung in den Jahresabschlüssen der in den Konzernabschluß einbezogenen Unternehmen ausgeübt werden. Ansätze, die auf der Anwendung von für Kreditinstitute oder Versicherungsunternehmen wegen der Besonderheiten des Geschäftszweigs geltenden Vorschriften beruhen, dürfen beibehalten werden; auf die Anwendung dieser Ausnahme ist im Konzernanhang hinzuweisen.

§ 301 Kapitalkonsolidierung

(1) Der Wertansatz der dem Mutterunternehmen gehörenden Anteile an einem in den Konzernabschluß einbezogenen Tochterunternehmen wird mit dem auf diese Anteile entfallenden Betrag des Eigenkapitals des Tochterunternehmens verrechnet. Das Eigenkapital ist mit dem Betrag anzusetzen, der dem Zeitwert der in den Konzernabschluss aufzunehmenden Vermögensgegenstände, Schulden, Rechnungsabgrenzungsposten und Sonderposten entspricht, der diesen an dem für die Verrechnung nach Absatz 2 maßgeblichen Zeitpunkt beizulegen ist. Rückstellungen sind nach § 253 Abs. 1 Satz 2 und 3, Abs. 2 und latente Steuern nach § 274 Abs. 2 zu bewerten.

(2) Die Verrechnung nach Absatz 1 ist auf Grundlage der Wertansätze zu dem Zeitpunkt durchzuführen, zu dem das Unternehmen Tochterunternehmen geworden ist. Können die Wertansätze zu diesem Zeitpunkt nicht endgültig ermittelt werden, sind sie innerhalb der darauf folgenden zwölf Monate anzupassen. Ist ein Mutterunternehmen erstmalig zur Aufstellung eines Konzernabschlusses verpflichtet, sind die Wertansätze zum Zeitpunkt der Einbeziehung des Tochterunternehmens in den Konzernabschluss zugrunde zu legen, soweit das Unternehmen nicht in dem Jahr Tochterunternehmen geworden ist, für das der Konzernabschluss aufgestellt wird. Das Gleiche gilt für die erstmalige Einbeziehung eines Tochterunternehmens, auf die bisher gemäß § 296 verzichtet wurde.

(3) Ein nach der Verrechnung verbleibender Unterschiedsbetrag ist in der Konzernbilanz, wenn er auf der Aktivseite entsteht, als Geschäfts- oder Firmenwert und, wenn er auf der Passivseite entsteht, unter dem Posten „Unterschiedsbetrag aus der Kapitalkonsolidierung" nach dem Eigenkapital auszuweisen. Der Posten und wesentliche Änderungen gegenüber dem Vorjahr sind im Anhang zu erläutern.

(4) Anteile an dem Mutterunternehmen, die einem in den Konzernabschluss einbezogenen Tochterunternehmen gehören, sind in der Konzernbilanz als eigene Anteile des Mutterunternehmens mit ihrem Nennwert oder, falls ein solcher nicht vorhanden ist, mit ihrem rechnerischen Wert, in der Vorspalte offen

III

von dem Posten „Gezeichnetes Kapital" abzusetzen.

§ 302 (weggefallen)

§ 303 Schuldenkonsolidierung

(1) Ausleihungen und andere Forderungen, Rückstellungen und Verbindlichkeiten zwischen den in den Konzernabschluß einbezogenen Unternehmen sowie entsprechende Rechnungsabgrenzungsposten sind wegzulassen.

(2) Absatz 1 braucht nicht angewendet zu werden, wenn die wegzulassenden Beträge für die Vermittlung eines den tatsächlichen Verhältnissen entsprechenden Bildes der Vermögens-, Finanz- und Ertragslage des Konzerns nur von untergeordneter Bedeutung sind.

§ 304 Behandlung der Zwischenergebnisse

(1) In den Konzernabschluß zu übernehmende Vermögensgegenstände, die ganz oder teilweise auf Lieferungen oder Leistungen zwischen in den Konzernabschluß einbezogenen Unternehmen beruhen, sind in der Konzernbilanz mit einem Betrag anzusetzen, zu dem sie in der auf den Stichtag des Konzernabschlusses aufgestellten Jahresbilanz dieses Unternehmens angesetzt werden könnten, wenn die in den Konzernabschluß einbezogenen Unternehmen auch rechtlich ein einziges Unternehmen bilden würden.

(2) Absatz 1 braucht nicht angewendet zu werden, wenn die Behandlung der Zwischenergebnisse nach Absatz 1 für die Vermittlung eines den tatsächlichen Verhältnissen entsprechenden Bildes der Vermögens-, Finanz- und Ertragslage des Konzerns nur von untergeordneter Bedeutung ist.

§ 305 Aufwands- und Ertragskonsolidierung

(1) In der Konzern-Gewinn- und Verlustrechnung sind

1. bei den Umsatzerlösen die Erlöse aus Lieferungen und Leistungen zwischen den in den Konzernabschluß einbezogenen Unternehmen mit den auf sie entfallenden Aufwendungen zu verrechnen, soweit sie nicht als Erhöhung des Bestands an fertigen und unfertigen Erzeugnissen oder als andere aktivierte Eigenleistungen auszuweisen sind,

2. andere Erträge aus Lieferungen und Leistungen zwischen den in den Konzernabschluß einbezogenen Unternehmen mit den auf sie entfallenden Aufwendungen zu verrechnen, soweit sie nicht als andere aktivierte Eigenleistungen auszuweisen sind.

(2) Aufwendungen und Erträge brauchen nach Absatz 1 nicht weggelassen zu werden, wenn die wegzulassenden Beträge für die Vermittlung eines den tatsächlichen Verhältnissen entsprechenden Bildes der Vermögens-, Finanz- und Ertragslage des Konzerns nur von untergeordneter Bedeutung sind.

§ 306 Latente Steuern

Führen Maßnahmen, die nach den Vorschriften dieses Titels durchgeführt worden sind, zu Differenzen zwischen den handelsrechtlichen Wertansätzen der Vermögensgegenstände, Schulden oder Rechnungsabgrenzungsposten und deren steuerlichen Wertansätzen und bauen sich diese Differenzen in späteren Geschäftsjahren voraussichtlich wieder ab, so ist eine sich insgesamt ergebende Steuerbelastung als passive latente Steuern und eine sich insgesamt ergebende Steuerentlastung als aktive latente Steuern in der Konzernbilanz anzusetzen. Die sich ergebende Steuerbe- und die sich ergebende Steuerentlastung können auch unverrechnet angesetzt werden. Differenzen aus dem erstmaligen Ansatz eines nach § 301 Abs. 3 verbleibenden Unterschiedsbetrages bleiben unberücksichtigt. Das Gleiche gilt für Differenzen, die sich zwischen dem steuerlichen Wertansatz einer Beteiligung an einem Tochterunternehmen, assoziierten Unternehmen oder einem Gemeinschaftsunternehmen im Sinn des § 310 Abs. 1 und dem handelsrechtlichen Wertansatz des im Konzernabschluss angesetzten Nettovermögens ergeben. § 274 Abs. 2 ist entsprechend anzuwenden. Die Posten dürfen mit den Posten nach § 274 zusammengefaßt werden.

§ 307 Anteile anderer Gesellschafter

(1) In der Konzernbilanz ist für nicht dem Mutterunternehmen gehörende Anteile an in den Konzernabschluß einbezogenen Tochterunternehmen ein Ausgleichsposten für die Anteile der anderen Gesellschafter in Höhe ihres Anteils am Eigenkapital unter entsprechender Bezeichnung innerhalb des Eigenkapitals gesondert auszuweisen.

(2) In der Konzern-Gewinn- und Verlustrechnung ist der im Jahresergebnis enthaltene, anderen Gesellschaftern zustehende Gewinn und der auf sie entfallende Verlust nach dem Posten „Jahresüberschuß/Jahresfehlbetrag" unter entsprechender Bezeichnung gesondert auszuweisen.

Fünfter Titel
Bewertungsvorschriften

§ 308 Einheitliche Bewertung

(1) Die in den Konzernabschluß nach § 300 Abs. 2 übernommenen Vermögensgegenstände und Schulden der in den Konzernabschluß einbezogenen Unternehmen sind nach den auf den Jahresabschluß des Mutterunternehmens anwendbaren Bewertungsmethoden einheitlich zu bewerten. Nach dem Recht des Mutterunternehmens zulässige Bewertungswahlrechte können im Konzernabschluß unabhängig von ihrer Ausübung in den Jahresabschlüssen der in den Konzernabschluß einbezogenen Unternehmen ausgeübt werden. Abweichungen von den auf den Jahresabschluß des Mutterunternehmens angewandten Bewertungsmethoden sind im Konzernanhang anzugeben und zu begründen.

(2) Sind in den Konzernabschluß aufzunehmende Vermögensgegenstände oder Schulden des Mutterunternehmens oder der Tochterunternehmen in den Jahresabschlüssen dieser Unternehmen nach Methoden bewertet worden, die sich von denen unterscheiden, die auf den Konzernabschluß anzuwenden sind oder die von den gesetzlichen Ver-

tretern des Mutterunternehmens in Ausübung von Bewertungswahlrechten auf den Konzernabschluß angewendet werden, so sind die abweichend bewerteten Vermögensgegenstände oder Schulden nach den auf den Konzernabschluß angewandten Bewertungsmethoden neu zu bewerten und mit den neuen Wertansätzen in den Konzernabschluß zu übernehmen. Wertansätze, die auf der Anwendung von für Kreditinstitute oder Versicherungsunternehmen wegen der Besonderheiten des Geschäftszweigs geltenden Vorschriften beruhen, dürfen beibehalten werden; auf die Anwendung dieser Ausnahme ist im Konzernanhang hinzuweisen. Eine einheitliche Bewertung nach Satz 1 braucht nicht vorgenommen zu werden, wenn ihre Auswirkungen für die Vermittlung eines den tatsächlichen Verhältnissen entsprechenden Bildes der Vermögens-, Finanz- und Ertragslage des Konzerns nur von untergeordneter Bedeutung sind. Darüber hinaus sind Abweichungen in Ausnahmefällen zulässig; sie sind im Konzernanhang anzugeben und zu begründen.

§ 308a Umrechnung von auf fremde Währung lautenden Abschlüssen

Die Aktiv- und Passivposten einer auf fremde Währung lautenden Bilanz sind, mit Ausnahme des Eigenkapitals, das zum historischen Kurs in Euro umzurechnen ist, zum Devisenkassamittelkurs am Abschlussstichtag in Euro umzurechnen. Die Posten der Gewinn- und Verlustrechnung sind zum Durchschnittskurs in Euro umzurechnen. Eine sich ergebende Umrechnungsdifferenz ist innerhalb des Konzerneigenkapitals nach den Rücklagen unter dem Posten „Eigenkapitaldifferenz aus Währungsumrechnung" auszuweisen. Bei teilweisem oder vollständigem Ausscheiden des Tochterunternehmens ist der Posten in entsprechender Höhe erfolgswirksam aufzulösen.

§ 309 Behandlung des Unterschiedsbetrags

(1) Die Abschreibung eines nach § 301 Abs. 3 auszuweisenden Geschäfts- oder Firmenwer-

III

tes bestimmt sich nach den Vorschriften des Ersten Abschnitts.

(2) Ein nach § 301 Abs. 3 auf der Passivseite auszuweisender Unterschiedsbetrag darf ergebniswirksam nur aufgelöst werden, soweit

1. eine zum Zeitpunkt des Erwerbs der Anteile oder der erstmaligen Konsolidierung erwartete ungünstige Entwicklung der künftigen Ertragslage des Unternehmens eingetreten ist oder zu diesem Zeitpunkt erwartete Aufwendungen zu berücksichtigen sind oder

2. am Abschlußstichtag feststeht, daß er einem realisierten Gewinn entspricht.

Sechster Titel
Anteilmäßige Konsolidierung

§ 310

(1) Führt ein in einen Konzernabschluß einbezogenes Mutter- oder Tochterunternehmen ein anderes Unternehmen gemeinsam mit einem oder mehreren nicht in den Konzernabschluß einbezogenen Unternehmen, so darf das andere Unternehmen in den Konzernabschluß entsprechend den Anteilen am Kapital einbezogen werden, die dem Mutterunternehmen gehören.

(2) Auf die anteilmäßige Konsolidierung sind die §§ 297 bis 301, §§ 303 bis 306, 308, 308a, 309 entsprechend anzuwenden.

Siebenter Titel
Assoziierte Unternehmen

§ 311 Definition. Befreiung

(1) Wird von einem in den Konzernabschluß einbezogenen Unternehmen ein maßgeblicher Einfluß auf die Geschäfts- und Finanzpolitik eines nicht einbezogenen Unternehmens, an dem das Unternehmen nach § 271 Abs. 1 beteiligt ist, ausgeübt (assoziiertes Unternehmen), so ist diese Beteiligung in der Konzernbilanz unter einem besonderen Posten mit entsprechender Bezeichnung auszuweisen. Ein maßgeblicher Einfluß wird vermutet, wenn ein Unternehmen bei einem anderen Unternehmen mindestens den fünften

Teil der Stimmrechte der Gesellschafter innehat.

(2) Auf eine Beteiligung an einem assoziierten Unternehmen brauchen Absatz 1 und § 312 nicht angewendet zu werden, wenn die Beteiligung für die Vermittlung eines den tatsächlichen Verhältnissen entsprechenden Bildes der Vermögens-, Finanz- und Ertragslage des Konzerns von untergeordneter Bedeutung ist.

§ 312 Wertansatz der Beteiligung und Behandlung des Unterschiedsbetrags

(1) Eine Beteiligung an einem assoziierten Unternehmen ist in der Konzernbilanz mit dem Buchwert anzusetzen. Der Unterschiedsbetrag zwischen dem Buchwert und dem anteiligen Eigenkapital des assoziierten Unternehmens sowie ein darin enthaltener Geschäfts- oder Firmenwert oder passiver Unterschiedsbetrag sind im Konzernanhang anzugeben.

(2) Der Unterschiedsbetrag nach Absatz 1 Satz 2 ist den Wertansätzen der Vermögensgegenstände, Schulden, Rechnungsabgrenzungsposten und Sonderposten des assoziierten Unternehmens insoweit zuzuordnen, als deren beizulegender Zeitwert höher oder niedriger ist als ihr Buchwert. Der nach Satz 1 zugeordnete Unterschiedsbetrag ist entsprechend der Behandlung der Wertansätze dieser Vermögensgegenstände, Schulden, Rechnungsabgrenzungsposten und Sonderposten im Jahresabschluss des assoziierten Unternehmens im Konzernabschluss fortzuführen, abzuschreiben oder aufzulösen. Auf einen nach Zuordnung nach Satz 1 verbleibenden Geschäfts- oder Firmenwert oder passiven Unterschiedsbetrag ist § 309 entsprechend anzuwenden. § 301 Abs. 1 Satz 3 ist entsprechend anzuwenden.

(3) Der Wertansatz der Beteiligung und der Unterschiedsbetrag sind auf der Grundlage der Wertansätze zu dem Zeitpunkt zu ermitteln, zu dem das Unternehmen assoziiertes Unternehmen geworden ist. Können die Wertansätze zu diesem Zeitpunkt nicht end-

gültig ermittelt werden, sind sie innerhalb der darauf folgenden zwölf Monate anzupassen.

(4) Der nach Absatz 1 ermittelte Wertansatz einer Beteiligung ist in den Folgejahren um den Betrag der Eigenkapitalveränderungen, die den dem Mutterunternehmen gehörenden Anteilen am Kapital des assoziierten Unternehmens entsprechen, zu erhöhen oder zu vermindern; auf die Beteiligung entfallende Gewinnausschüttungen sind abzusetzen. In der Konzern-Gewinn- und Verlustrechnung ist das auf assoziierte Beteiligungen entfallende Ergebnis unter einem gesonderten Posten auszuweisen.

(5) Wendet das assoziierte Unternehmen in seinem Jahresabschluß vom Konzernabschluß abweichende Bewertungsmethoden an, so können abweichend bewertete Vermögensgegenstände oder Schulden für die Zwecke der Absätze 1 bis 4 nach den auf den Konzernabschluß angewandten Bewertungsmethoden bewertet werden. Wird die Bewertung nicht angepaßt, so ist dies im Konzernanhang anzugeben. § 304 über die Behandlung der Zwischenergebnisse ist entsprechend anzuwenden, soweit die für die Beurteilung maßgeblichen Sachverhalte bekannt oder zugänglich sind. Die Zwischenergebnisse dürfen auch anteilig entsprechend den dem Mutterunternehmen gehörenden Anteilen am Kapital des assoziierten Unternehmens weggelassen werden.

(6) Es ist jeweils der letzte Jahresabschluß des assoziierten Unternehmens zugrunde zu legen. Stellt das assoziierte Unternehmen einen Konzernabschluß auf, so ist von diesem und nicht vom Jahresabschluß des assoziierten Unternehmens auszugehen.

Achter Titel
Konzernanhang

§ 313 Erläuterungen der Konzernbilanz und der Konzern-Gewinn- und Verlustrechnung. Angaben zum Beteiligungsbesitz

(1) In den Konzernanhang sind diejenigen Angaben aufzunehmen, die zu einzelnen Posten der Konzernbilanz oder der Konzern-Gewinn- und Verlustrechnung vorgeschrieben oder die im Konzernanhang zu machen sind, weil sie in Ausübung eines Wahlrechts nicht in die Konzernbilanz oder in die Konzern-Gewinn- und Verlustrechnung aufgenommen wurden. Im Konzernanhang müssen

1. die auf die Posten der Konzernbilanz und der Konzern-Gewinn- und Verlustrechnung angewandten Bilanzierungs- und Bewertungsmethoden angegeben werden;

2. die Grundlagen für die Umrechnung in Euro angegeben werden, sofern der Konzernabschluß Posten enthält, denen Beträge zugrunde liegen, die auf fremde Währung lauten oder ursprünglich auf fremde Währung lauteten;

3. Abweichungen von Bilanzierungs-, Bewertungs- und Konsolidierungsmethoden angegeben und begründet werden; deren Einfluß auf die Vermögens-, Finanz- und Ertragslage des Konzerns ist gesondert darzustellen.

(2) Im Konzernanhang sind außerdem anzugeben:

1. Name und Sitz der in den Konzernabschluß einbezogenen Unternehmen, der Anteil am Kapital der Tochterunternehmen, der dem Mutterunternehmen und den in den Konzernabschluß einbezogenen Tochterunternehmen gehört oder von einer für Rechnung dieser Unternehmen handelnden Person gehalten wird, sowie der zur Einbeziehung in den Konzernabschluß verpflichtende Sachverhalt, sofern die Einbeziehung nicht auf einer der Kapitalbeteiligung entsprechenden Mehrheit der Stimmrechte beruht. Diese Angaben sind auch für Tochterunternehmen zu machen, die nach § 296 nicht einbezogen worden sind;

2. Name und Sitz der assoziierten Unternehmen, der Anteil am Kapital der assoziierten Unternehmen, der dem Mutterunternehmen und den in den Konzernabschluß einbezogenen Tochterunternehmen gehört oder von einer für Rechnung dieser Unternehmen handelnden Person gehal-

ten wird. Die Anwendung des § 311 Abs. 2 ist jeweils anzugeben und zu begründen;

3. Name und Sitz der Unternehmen, die nach § 310 nur anteilmäßig in den Konzernabschluß einbezogen worden sind, der Tatbestand, aus dem sich die Anwendung dieser Vorschrift ergibt, sowie der Anteil am Kapital dieser Unternehmen, der dem Mutterunternehmen und den in den Konzernabschluß einbezogenen Tochterunternehmen gehört oder von einer für Rechnung dieser Unternehmen handelnden Person gehalten wird;

4. Name und Sitz anderer als der unter den Nummern 1 bis 3 bezeichneten Unternehmen, bei denen das Mutterunternehmen, ein Tochterunternehmen oder eine für Rechnung eines dieser Unternehmen handelnde Person mindestens den fünften Teil der Anteile besitzt, unter Angabe des Anteils am Kapital sowie der Höhe des Eigenkapitals und des Ergebnisses des letzten Geschäftsjahrs, für das ein Abschluß aufgestellt worden ist. Ferner sind anzugeben alle Beteiligungen an großen Kapitalgesellschaften, die andere als die in Nummer 1 bis 3 bezeichneten Unternehmen sind, wenn sie von einem börsennotierten Mutterunternehmen, einem börsennotierten Tochterunternehmen oder einer für Rechnung eines dieser Unternehmen handelnden Person gehalten werden und fünf vom Hundert der Stimmrechte überschreiten. Diese Angaben brauchen nicht gemacht zu werden, wenn sie für die Vermittlung eines den tatsächlichen Verhältnissen entsprechenden Bildes der Vermögens-, Finanz- und Ertragslage des Konzerns von untergeordneter Bedeutung sind. Das Eigenkapital und das Ergebnis brauchen nicht angegeben zu werden, wenn das in Anteilsbesitz stehende Unternehmen seinen Jahresabschluß nicht offenlegen hat und das Mutterunternehmen, das Tochterunternehmen oder die Person weniger als die Hälfte der Anteile an diesem Unternehmen besitzt.

(3) Die in Absatz 2 verlangten Angaben brauchen insoweit nicht gemacht zu werden,

als nach vernünftiger kaufmännischer Beurteilung damit gerechnet werden muß, daß durch die Angaben dem Mutterunternehmen, einem Tochterunternehmen oder einem anderen in Absatz 2 bezeichneten Unternehmen erhebliche Nachteile entstehen können. Die Anwendung der Ausnahmeregelung ist im Konzernanhang anzugeben. Satz 1 gilt nicht, wenn ein Mutterunternehmen oder eines seiner Tochterunternehmen kapitalmarktorientiert im Sinn des § 264d ist.

§ 314   Sonstige Pflichtangaben

(1) Im Konzernanhang sind ferner anzugeben:

1. der Gesamtbetrag der in der Konzernbilanz ausgewiesenen Verbindlichkeiten mit einer Restlaufzeit von mehr als fünf Jahren sowie der Gesamtbetrag der in der Konzernbilanz ausgewiesenen Verbindlichkeiten, die von in den Konzernabschluß einbezogenen Unternehmen durch Pfandrechte oder ähnliche Rechte gesichert sind, unter Angabe von Art und Form der Sicherheiten;

2. Art und Zweck sowie Risiken und Vorteile von nicht in der Konzernbilanz enthaltenen Geschäften des Mutterunternehmens und der in den Konzernabschluss einbezogenen Tochterunternehmen, soweit dies für die Beurteilung der Finanzlage des Konzerns notwendig ist;

2a. der Gesamtbetrag der sonstigen finanziellen Verpflichtungen, die nicht in der Konzernbilanz enthalten und nicht nach § 298 Abs. 1 in Verbindung mit § 251 oder nach Nummer 2 anzugeben sind, sofern diese Angabe für die Beurteilung der Finanzlage des Konzerns von Bedeutung ist; davon und von den Haftungsverhältnissen nach § 251 sind Verpflichtungen gegenüber Tochterunternehmen, die nicht in den Konzernabschluss einbezogen werden, jeweils gesondert anzugeben;

3. die Aufgliederung der Umsatzerlöse nach Tätigkeitsbereichen sowie nach geographisch bestimmten Märkten, soweit sich, unter Berücksichtigung der Organisation

des Verkaufs von für die gewöhnliche Geschäftstätigkeit des Konzerns typischen Erzeugnissen und der für die gewöhnliche Geschäftstätigkeit des Konzerns typischen Dienstleistungen, die Tätigkeitsbereiche und geographisch bestimmten Märkte untereinander erheblich unterscheiden;

4. die durchschnittliche Zahl der Arbeitnehmer der in den Konzernabschluß einbezogenen Unternehmen während des Geschäftsjahrs, getrennt nach Gruppen, sowie in dem Geschäftsjahr verursachte Personalaufwand, sofern er nicht gesondert in der Konzern-Gewinn- und Verlustrechnung ausgewiesen ist; die durchschnittliche Zahl der Arbeitnehmer von nach § 310 nur anteilmäßig einbezogenen Unternehmen ist gesondert anzugeben;

5. (weggefallen)

6. für die Mitglieder des Geschäftsführungsorgans, eines Aufsichtsrats, eines Beirats oder einer ähnlichen Einrichtung des Mutterunternehmens, jeweils für jede Personengruppe:

a) die für die Wahrnehmung ihrer Aufgaben im Mutterunternehmen und den Tochterunternehmen im Geschäftsjahr gewährten Gesamtbezüge (Gehälter, Gewinnbeteiligungen, Bezugsrechte und sonstige aktienbasierte Vergütungen, Aufwandsentschädigungen, Versicherungsentgelte, Provisionen und Nebenleistungen jeder Art). In die Gesamtbezüge sind auch Bezüge einzurechnen, die nicht ausgezahlt, sondern in Ansprüche anderer Art umgewandelt oder zur Erhöhung anderer Ansprüche verwendet werden. Außer den Bezügen für das Geschäftsjahr sind die weiteren Bezüge anzugeben, die im Geschäftsjahr gewährt, bisher aber in keinem Konzernabschluss angegeben worden sind. Bezugsrechte und sonstige aktienbasierte Vergütungen sind mit ihrer Anzahl und dem beizulegenden Zeitwert zum Zeitpunkt ihrer Gewäh-

rung anzugeben; spätere Wertveränderungen, die auf einer Änderung der Ausübungsbedingungen beruhen, sind zu berücksichtigen. Ist das Mutterunternehmen eine börsennotierte Aktiengesellschaft, sind zusätzlich unter Namensnennung die Bezüge jedes einzelnen Vorstandsmitglieds, aufgeteilt nach erfolgsunabhängigen und erfolgsbezogenen Komponenten sowie Komponenten mit langfristiger Anreizwirkung, gesondert anzugeben. Dies gilt auch für:

aa) Leistungen, die dem Vorstandsmitglied für den Fall einer vorzeitigen Beendigung seiner Tätigkeit zugesagt worden sind;

bb) Leistungen, die dem Vorstandsmitglied für den Fall der regulären Beendigung seiner Tätigkeit zugesagt worden sind, mit ihrem Barwert, sowie den von der Gesellschaft während des Geschäftsjahrs hierfür aufgewandten oder zurückgestellten Betrag;

cc) während des Geschäftsjahrs vereinbarte Änderungen dieser Zusagen;

dd) Leistungen, die einem früheren Vorstandsmitglied, das seine Tätigkeit im Laufe des Geschäftsjahrs beendet hat, in diesem Zusammenhang zugesagt und im Laufe des Geschäftsjahrs gewährt worden sind.

Leistungen, die dem einzelnen Vorstandsmitglied von einem Dritten im Hinblick auf seine Tätigkeit als Vorstandsmitglied zugesagt oder im Geschäftsjahr gewährt worden sind, sind ebenfalls anzugeben. Enthält der Konzernabschluss weitergehende Angaben zu bestimmten Bezügen, sind auch diese zusätzlich einzeln anzugeben;

b) die für die Wahrnehmung ihrer Aufgaben im Mutterunternehmen und den Tochterunternehmen gewährten

Gesamtbezüge (Abfindungen, Ruhegehälter, Hinterbliebenenbezüge und Leistungen verwandter Art) der früheren Mitglieder der bezeichneten Organe und ihrer Hinterbliebenen; Buchstabe a Satz 2 und 3 ist entsprechend anzuwenden. Ferner ist der Betrag der für diese Personengruppe gebildeten Rückstellungen für laufende Pensionen und Anwartschaften auf Pensionen und der Betrag der für diese Verpflichtungen nicht gebildeten Rückstellungen anzugeben;

c) die vom Mutterunternehmen und den Tochterunternehmen gewährten Vorschüsse und Kredite unter Angabe der Zinssätze, der wesentlichen Bedingungen und der gegebenenfalls im Geschäftsjahr zurückgezahlten Beträge sowie die zugunsten dieser Personengruppe eingegangenen Haftungsverhältnisse;

7. der Bestand an Anteilen an dem Mutterunternehmen, die das Mutterunternehmen oder ein Tochterunternehmen oder ein anderer für Rechnung eines in den Konzernabschluß einbezogenen Unternehmens erworben oder als Pfand genommen hat; dabei sind die Zahl und der Nennbetrag oder rechnerische Wert dieser Anteile sowie deren Anteil am Kapital anzugeben;

8. für jedes in den Konzernabschluss einbezogene börsennotierte Unternehmen, dass die nach § 161 des Aktiengesetzes vorgeschriebene Erklärung abgegeben und wo sie öffentlich zugänglich gemacht worden ist;

9. das von dem Abschlussprüfer des Konzernabschlusses für das Geschäftsjahr berechnete Gesamthonorar, aufgeschlüsselt in das Honorar für
   a) die Abschlussprüfungsleistungen,
   b) andere Bestätigungsleistungen,
   c) Steuerberatungsleistungen,
   d) sonstige Leistungen;

10. für zu den Finanzanlagen (§ 266 Abs. 2 A. III.) gehörende Finanzinstrumente, die in der Konzernbilanz über ihrem beizulegenden Zeitwert ausgewiesen werden, da eine außerplanmäßige Abschreibung gemäß § 253 Abs. 3 Satz 4 unterblieben ist,
   a) der Buchwert und der beizulegende Zeitwert der einzelnen Vermögensgegenstände oder angemessener Gruppierungen sowie
   b) die Gründe für das Unterlassen der Abschreibung einschließlich der Anhaltspunkte, die darauf hindeuten, dass die Wertminderung voraussichtlich nicht von Dauer ist;

11. für jede Kategorie nicht zum beizulegenden Zeitwert bilanzierter derivativer Finanzinstrumente
   a) deren Art und Umfang,
   b) deren beizulegender Zeitwert, soweit er sich nach § 255 Abs. 4 verlässlich ermitteln lässt, unter Angabe der angewandten Bewertungsmethode,
   c) deren Buchwert und der Bilanzposten, in welchem der Buchwert, soweit vorhanden, erfasst ist, sowie
   d) die Gründe dafür, warum der beizulegende Zeitwert nicht bestimmt werden kann;

12. für gemäß § 340e Abs. 3 Satz 1 mit dem beizulegenden Zeitwert bewertete Finanzinstrumente
   a) die grundlegenden Annahmen, die der Bestimmung des beizulegenden Zeitwertes mit Hilfe allgemein anerkannter Bewertungsmethoden zugrunde gelegt wurden, sowie
   b) Umfang und Art jeder Kategorie derivativer Finanzinstrumente einschließlich der wesentlichen Bedingungen, welche die Höhe, den Zeitpunkt und die Sicherheit künftiger Zahlungsströme beeinflussen können;

13. zumindest die nicht zu marktüblichen Bedingungen zustande gekommenen Geschäfte des Mutterunternehmens und seiner Tochterunternehmen, soweit sie wesentlich sind, mit nahe stehenden Unternehmen und Personen, einschließlich

Angaben zur Art der Beziehung, zum Wert der Geschäfte sowie weiterer Angaben, die für die Beurteilung der Finanzlage des Konzerns notwendig sind; ausgenommen sind Geschäfte mit und zwischen mittel- oder unmittelbar in 100-prozentigem Anteilsbesitz stehenden in einen Konzernabschluss einbezogenen Unternehmen; Angaben über Geschäfte können nach Geschäftsarten zusammengefasst werden, sofern die getrennte Angabe für die Beurteilung der Auswirkungen auf die Finanzlage des Konzerns nicht notwendig ist;

14. im Fall der Aktivierung nach § 248 Abs. 2 der Gesamtbetrag der Forschungs- und Entwicklungskosten des Geschäftsjahres der in den Konzernabschluss einbezogenen Unternehmen sowie der davon auf die selbst geschaffenen immateriellen Vermögensgegenstände des Anlagevermögens entfallende Betrag;

15. bei Anwendung des § 254 im Konzernabschluss,

a) mit welchem Betrag jeweils Vermögensgegenstände, Schulden, schwebende Geschäfte und mit hoher Wahrscheinlichkeit erwartete Transaktionen zur Absicherung welcher Risiken in welche Arten von Bewertungseinheiten einbezogen sind sowie die Höhe der mit Bewertungseinheiten abgesicherten Risiken;

b) für die jeweils abgesicherten Risiken, warum, in welchem Umfang und für welchen Zeitraum sich die gegenläufigen Wertänderungen oder Zahlungsströme künftig voraussichtlich ausgleichen einschließlich der Methode der Ermittlung;

c) eine Erläuterung der mit hoher Wahrscheinlichkeit erwarteten Transaktionen, die in Bewertungseinheiten einbezogen wurden,

soweit die Angaben nicht im Konzernlagebericht gemacht werden;

16. zu den in der Konzernbilanz ausgewiesenen Rückstellungen für Pensionen und ähnliche Verpflichtungen das angewandte versicherungsmathematische Berechnungsverfahren sowie die grundlegenden Annahmen der Berechnung, wie Zinssatz, erwartete Lohn- und Gehaltssteigerungen und zugrunde gelegte Sterbetafeln;

17. im Fall der Verrechnung von in der Konzernbilanz ausgewiesenen Vermögensgegenständen und Schulden nach § 246 Abs. 2 Satz 2 die Anschaffungskosten und der beizulegende Zeitwert der verrechneten Vermögensgegenstände, der Erfüllungsbetrag der verrechneten Schulden sowie die verrechneten Aufwendungen und Erträge; Nummer 12 Buchstabe a ist entsprechend anzuwenden;

18. zu den in der Konzernbilanz ausgewiesenen Anteilen oder Anlageaktien an inländischen Investmentvermögen im Sinn des § 1 des Investmentgesetzes oder vergleichbaren ausländischen Investmentanteilen im Sinn des § 2 Abs. 9 des Investmentgesetzes von mehr als dem zehnten Teil, aufgegliedert nach Anlagezielen, deren Wert im Sinn des § 36 des Investmentgesetzes oder vergleichbarer ausländischer Vorschriften über die Ermittlung des Marktwertes, die Differenz zum Buchwert und die für das Geschäftsjahr erfolgte Ausschüttung sowie Beschränkungen in der Möglichkeit der täglichen Rückgabe; darüber hinaus die Gründe dafür, dass eine Abschreibung gemäß § 253 Abs. 3 Satz 4 unterblieben ist, einschließlich der Anhaltspunkte, die darauf hindeuten, dass die Wertminderung voraussichtlich nicht von Dauer ist; Nummer 10 ist insoweit nicht anzuwenden;

19. für nach § 251 unter der Bilanz oder nach § 268 Abs. 7 Halbsatz 1 im Anhang ausgewiesene Verbindlichkeiten und Haftungsverhältnisse die Gründe der Einschätzung des Risikos der Inanspruchnahme;

20. die Gründe, welche die Annahme einer betrieblichen Nutzungsdauer eines in der Konzernbilanz ausgewiesenen entgelt-

lich erworbenen Geschäfts- oder Firmenwertes aus der Kapitalkonsolidierung von mehr als fünf Jahren rechtfertigen;

21. auf welchen Differenzen oder steuerlichen Verlustvorträgen die latenten Steuern beruhen und mit welchen Steuersätzen die Bewertung erfolgt ist.

(2) Mutterunternehmen, die den Konzernabschluss um eine Segmentberichterstattung erweitern (§ 297 Abs. 1 Satz 2), sind von der Angabepflicht gemäß Absatz 1 Nr. 3 befreit. Für die Angabepflicht gemäß Absatz 1 Nr. 6 Buchstabe a Satz 5 bis 8 gilt § 286 Abs. 5 entsprechend.

Neunter Titel
Konzernlagebericht

§ 315

(1) Im Konzernlagebericht sind der Geschäftsverlauf einschließlich des Geschäftsergebnisses und die Lage des Konzerns so darzustellen, dass ein den tatsächlichen Verhältnissen entsprechendes Bild vermittelt wird. Er hat eine ausgewogene und umfassende, dem Umfang und der Komplexität der Geschäftstätigkeit entsprechende Analyse des Geschäftsverlaufs und der Lage des Konzerns zu enthalten. In die Analyse sind die für die Geschäftstätigkeit bedeutsamsten finanziellen Leistungsindikatoren einzubeziehen und unter Bezugnahme auf die im Konzernabschluss ausgewiesenen Beträge und Angaben zu erläutern. Satz 3 gilt entsprechend für nichtfinanzielle Leistungsindikatoren, wie Informationen über Umwelt- und Arbeitnehmerbelange, soweit sie für das Verständnis des Geschäftsverlaufs oder der Lage von Bedeutung sind. Ferner ist im Konzernlagebericht die voraussichtliche Entwicklung mit ihren wesentlichen Chancen und Risiken zu beurteilen und zu erläutern; zugrunde liegende Annahmen sind anzugeben. Die gesetzlichen Vertreter eines Mutterunternehmens im Sinne des § 297 Abs. 2 Satz 4 haben zu versichern, dass nach bestem Wissen im Konzernlagebericht der Geschäftsverlauf einschließlich des Geschäftsergebnisses und die Lage des Konzerns so dargestellt sind, dass

ein den tatsächlichen Verhältnissen entsprechendes Bild vermittelt wird, und dass die wesentlichen Chancen und Risiken im Sinne des Satzes 5 beschrieben sind.

(2) Der Konzernlagebericht soll auch eingehen auf:

1. Vorgänge von besonderer Bedeutung, die nach dem Schluß des Konzerngeschäftsjahrs eingetreten sind;

2. a) die Risikomanagementziele und -methoden des Konzerns einschließlich seiner Methoden zur Absicherung aller wichtigen Arten von Transaktionen, die im Rahmen der Bilanzierung von Sicherungsgeschäften erfasst werden, sowie

b) die Preisänderungs-, Ausfall- und Liquiditätsrisiken sowie die Risiken aus Zahlungsstromschwankungen, denen der Konzern ausgesetzt ist,

jeweils in Bezug auf die Verwendung von Finanzinstrumenten durch den Konzern und sofern dies für die Beurteilung der Lage oder der voraussichtlichen Entwicklung von Belang ist;

3. den Bereich Forschung und Entwicklung des Konzerns;

4. die Grundzüge des Vergütungssystems für die in § 314 Abs. 1 Nr. 6 genannten Gesamtbezüge, soweit das Mutterunternehmen eine börsennotierte Aktiengesellschaft ist. Werden dabei auch Angaben entsprechend § 314 Abs. 1 Nr. 6 Buchstabe a Satz 5 bis 8 gemacht, können diese im Konzernanhang unterbleiben;

5. die wesentlichen Merkmale des internen Kontroll- und des Risikomanagementsystems im Hinblick auf den Konzernrechnungslegungsprozess, sofern eines der in den Konzernabschluss einbezogenen Tochterunternehmen oder das Mutterunternehmen kapitalmarktorientiert im Sinn des § 264d ist.

(3) § 298 Abs. 3 über die Zusammenfassung von Konzernanhang und Anhang ist entsprechend anzuwenden.

(4) Mutterunternehmen, die einen organisierten Markt im Sinne des § 2 Abs. 7 des Wertpapiererwerbs- und Übernahmeset-

zes durch von ihnen ausgegebene stimmberechtigte Aktien in Anspruch nehmen, haben im Konzernlagebericht anzugeben:

1. die Zusammensetzung des gezeichneten Kapitals; bei verschiedenen Aktiengattungen sind für jede Gattung die damit verbundenen Rechte und Pflichten und der Anteil am Gesellschaftskapital anzugeben, soweit die Angaben nicht im Konzernanhang zu machen sind;

2. Beschränkungen, die Stimmrechte oder die Übertragung von Aktien betreffen, auch wenn sie sich aus Vereinbarungen zwischen Gesellschaftern ergeben können, soweit sie dem Vorstand des Mutterunternehmens bekannt sind;

3. direkte oder indirekte Beteiligungen am Kapital, die 10 vom Hundert der Stimmrechte überschreiten, soweit die Angaben nicht im Konzernanhang zu machen sind;

4. die Inhaber von Aktien mit Sonderrechten, die Kontrollbefugnisse verleihen; die Sonderrechte sind zu beschreiben;

5. die Art der Stimmrechtskontrolle, wenn Arbeitnehmer am Kapital beteiligt sind und ihre Kontrollrechte nicht unmittelbar ausüben;

6. die gesetzlichen Vorschriften und Bestimmungen der Satzung über die Ernennung und Abberufung der Mitglieder des Vorstands und über die Änderung der Satzung;

7. die Befugnisse des Vorstands insbesondere hinsichtlich der Möglichkeit, Aktien auszugeben oder zurückzukaufen;

8. wesentliche Vereinbarungen des Mutterunternehmens, die unter der Bedingung eines Kontrollwechsels infolge eines Übernahmeangebots stehen, und die hieraus folgenden Wirkungen; die Angabe kann unterbleiben, soweit sie geeignet ist, dem Mutterunternehmen einen erheblichen Nachteil zuzufügen; die Angabepflicht nach anderen gesetzlichen Vorschriften bleibt unberührt;

9. Entschädigungsvereinbarungen des Mutterunternehmens, die für den Fall eines Übernahmeangebots mit den Mitgliedern des Vorstands oder Arbeitnehmern getroffen sind, soweit die Angaben nicht im Konzernanhang zu machen sind.

Sind Angaben nach Satz 1 im Konzernanhang zu machen, ist im Konzernlagebericht darauf zu verweisen.

Zehnter Titel
Konzernabschluss nach internationalen Rechnungslegungsstandards

§ 315a

(1) Ist ein Mutterunternehmen, das nach den Vorschriften des Ersten Titels einen Konzernabschluss aufzustellen hat, nach Artikel 4 der Verordnung (EG) Nr. 1606/2002 des Europäischen Parlaments und des Rates vom 19. Juli 2002 in der jeweils geltenden Fassung verpflichtet, die nach den Artikeln 2, 3 und 6 der genannten Verordnung übernommenen internationalen Rechnungslegungsstandards anzuwenden, so sind von den Vorschriften des Zweiten bis Achten Titels nur § 294 Abs. 3, § 297 Abs. 2 Satz 4, § 298 Abs. 1, dieser jedoch nur in Verbindung mit den §§ 244 und 245, ferner § 313 Abs. 2 und 3, § 314 Abs. 1 Nr. 4, 6, 8 und 9, Abs. 2 Satz 2 sowie die Bestimmungen des Neunten Titels und die Vorschriften außerhalb dieses Unterabschnitts, die den Konzernabschluss oder den Konzernlagebericht betreffen, anzuwenden.

(2) Mutterunternehmen, die nicht unter Absatz 1 fallen, haben ihren Konzernabschluss nach den dort genannten internationalen Rechnungslegungsstandards und Vorschriften aufzustellen, wenn für sie bis zum jeweiligen Bilanzstichtag die Zulassung eines Wertpapiers im Sinne des § 2 Abs. 1 Satz 1 des Wertpapierhandelsgesetzes zum Handel an einem organisierten Markt im Sinne des § 2 Abs. 5 des Wertpapierhandelsgesetzes im Inland beantragt worden ist.

(3) Mutterunternehmen, die nicht unter Absatz 1 oder 2 fallen, dürfen ihren Konzernabschluss nach den in Absatz 1 genannten internationalen Rechnungslegungsstandards und Vorschriften aufstellen. Ein Unternehmen, das von diesem Wahlrecht Gebrauch

macht, hat die in Absatz 1 genannten Standards und Vorschriften vollständig zu befolgen.

Dritter Unterabschnitt
Prüfung

§ 316 Pflicht zur Prüfung

(1) Der Jahresabschluß und der Lagebericht von Kapitalgesellschaften, die nicht kleine im Sinne des § 267 Abs. 1 sind, sind durch einen Abschlußprüfer zu prüfen. Hat keine Prüfung stattgefunden, so kann der Jahresabschluß nicht festgestellt werden.

(2) Der Konzernabschluß und der Konzernlagebericht von Kapitalgesellschaften sind durch einen Abschlußprüfer zu prüfen. Hat keine Prüfung stattgefunden, so kann der Konzernabschluss nicht gebilligt werden.

(3) Werden der Jahresabschluß, der Konzernabschluß, der Lagebericht oder der Konzernlagebericht nach Vorlage des Prüfungsberichts geändert, so hat der Abschlußprüfer diese Unterlagen erneut zu prüfen, soweit es die Änderung erfordert. Über das Ergebnis der Prüfung ist zu berichten; der Bestätigungsvermerk ist entsprechend zu ergänzen.

§ 317 Gegenstand und Umfang der Prüfung

(1) In die Prüfung des Jahresabschlusses ist die Buchführung einzubeziehen. Die Prüfung des Jahresabschlusses und des Konzernabschlusses hat sich darauf zu erstrecken, ob die gesetzlichen Vorschriften und sie ergänzende Bestimmungen des Gesellschaftsvertrags oder der Satzung beachtet worden sind. Die Prüfung ist so anzulegen, daß Unrichtigkeiten und Verstöße gegen die in Satz 2 aufgeführten Bestimmungen, die sich auf die Darstellung des sich nach § 264 Abs. 2 ergebenden Bildes der Vermögens-, Finanz- und Ertragslage des Unternehmens wesentlich auswirken, bei gewissenhafter Berufsausübung erkannt werden.

(2) Der Lagebericht und der Konzernlagebericht sind darauf zu prüfen, ob der Lagebericht mit dem Jahresabschluß, gegebenenfalls auch mit dem Einzelabschluss nach § 325 Abs. 2a, und der Konzernlagebericht mit dem Konzernabschluß sowie mit den bei der Prüfung gewonnenen Erkenntnissen des Abschlußprüfers in Einklang stehen und ob der Lagebericht insgesamt eine zutreffende Vorstellung von der Lage des Unternehmens und der Konzernlagebericht insgesamt eine zutreffende Vorstellung von der Lage des Konzerns vermittelt. Dabei ist auch zu prüfen, ob die Chancen und Risiken der künftigen Entwicklung zutreffend dargestellt sind. Die Angaben nach § 289a sind nicht in die Prüfung einzubeziehen.

(3) Der Abschlußprüfer des Konzernabschlusses hat auch die im Konzernabschluß zusammengefaßten Jahresabschlüsse, insbesondere die konsolidierungsbedingten Anpassungen, in entsprechender Anwendung des Absatzes 1 zu prüfen. Sind diese Jahresabschlüsse von einem anderen Abschlussprüfer geprüft worden, hat der Konzernabschlussprüfer dessen Arbeit zu überprüfen und dies zu dokumentieren.

(4) Bei einer börsennotierten Aktiengesellschaft ist außerdem im Rahmen der Prüfung zu beurteilen, ob der Vorstand die ihm nach § 91 Abs. 2 des Aktiengesetzes obliegenden Maßnahmen in einer geeigneten Form getroffen hat und ob das danach einzurichtende Überwachungssystem seine Aufgaben erfüllen kann.

(5) Bei der Durchführung einer Prüfung hat der Abschlussprüfer die internationalen Prüfungsstandards anzuwenden, die von der Europäischen Kommission in dem Verfahren nach Artikel 26 Abs. 1 der Richtlinie 2006/43/EG des Europäischen Parlaments und des Rates vom 17. Mai 2006 über Abschlussprüfungen von Jahresabschlüssen und konsolidierten Abschlüssen, zur Änderung der Richtlinien 78/660/EWG und 83/349/EWG des Rates und zur Aufhebung der Richtlinie 84/253/EWG des Rates (ABl. EU Nr. L 157 S. 87) angenommen worden sind.

(6) Das Bundesministerium der Justiz wird ermächtigt, im Einvernehmen mit dem Bundesministerium für Wirtschaft und Technologie durch Rechtsverordnung, die nicht der Zustimmung des Bundesrates bedarf, zusätz-

lich zu den bei der Durchführung der Abschlussprüfung nach Absatz 5 anzuwendenden internationalen Prüfungsstandards weitere Abschlussprüfungsanforderungen oder die Nichtanwendung von Teilen der internationalen Prüfungsstandards vorzuschreiben, wenn dies durch den Umfang der Abschlussprüfung bedingt ist und den in den Absätzen 1 bis 4 genannten Prüfungszielen dient.

§ 318 Bestellung und Abberufung des Abschlußprüfers

(1) Der Abschlußprüfer des Jahresabschlusses wird von den Gesellschaftern gewählt; den Abschlußprüfer des Konzernabschlusses wählen die Gesellschafter des Mutterunternehmens. Bei Gesellschaften mit beschränkter Haftung und bei offenen Handelsgesellschaften und Kommanditgesellschaften im Sinne des § 264a Abs. 1 kann der Gesellschaftsvertrag etwas anderes bestimmen. Der Abschlußprüfer soll jeweils vor Ablauf des Geschäftsjahrs gewählt werden, auf das sich seine Prüfungstätigkeit erstreckt. Die gesetzlichen Vertreter, bei Zuständigkeit des Aufsichtsrats dieser, haben unverzüglich nach der Wahl den Prüfungsauftrag zu erteilen. Der Prüfungsauftrag kann nur widerrufen werden, wenn nach Absatz 3 ein anderer Prüfer bestellt worden ist.

(2) Als Abschlußprüfer des Konzernabschlusses gilt, wenn kein anderer Prüfer bestellt wird, der Prüfer als bestellt, der für die Prüfung des in den Konzernabschluß einbezogenen Jahresabschlusses des Mutterunternehmens bestellt worden ist. Erfolgt die Einbeziehung auf Grund eines Zwischenabschlusses, so gilt, wenn kein anderer Prüfer bestellt wird, der Prüfer als bestellt, der für die Prüfung des letzten vor dem Konzernabschlußstichtag aufgestellten Jahresabschlusses des Mutterunternehmens bestellt worden ist.

(3) Auf Antrag der gesetzlichen Vertreter, des Aufsichtsrats oder von Gesellschaftern, bei Aktiengesellschaften und Kommanditgesellschaften auf Aktien jedoch nur, wenn die Anteile dieser Gesellschafter bei Antragstellung zusammen den zwanzigsten Teil des Grundkapitals oder einen Börsenwert von 500 000 Euro erreichen, hat das Gericht nach Anhörung der Beteiligten und des gewählten Prüfers einen anderen Abschlussprüfer zu bestellen, wenn dies aus einem in der Person des gewählten Prüfers liegenden Grund geboten erscheint, insbesondere wenn ein Ausschlussgrund nach § 319 Abs. 2 bis 5 oder §§ 319a und 319b besteht. Der Antrag ist binnen zwei Wochen nach dem Tag der Wahl des Abschlussprüfers zu stellen; Aktionäre können den Antrag nur stellen, wenn sie gegen die Wahl des Abschlussprüfers bei der Beschlussfassung Widerspruch erklärt haben. Wird ein Befangenheitsgrund erst nach der Wahl bekannt oder tritt ein Befangenheitsgrund erst nach der Wahl ein, ist der Antrag binnen zwei Wochen nach dem Tag zu stellen, an dem der Antragsberechtigte Kenntnis von den befangenheitsbegründenden Umständen erlangt hat oder ohne grobe Fahrlässigkeit hätte erlangen müssen. Stellen Aktionäre den Antrag, so haben sie glaubhaft zu machen, dass sie seit mindestens drei Monaten vor dem Tag der Wahl des Abschlussprüfers Inhaber der Aktien sind. Zur Glaubhaftmachung genügt eine eidesstattliche Versicherung vor einem Notar. Unterliegt die Gesellschaft einer staatlichen Aufsicht, so kann auch die Aufsichtsbehörde den Antrag stellen. Der Antrag kann nach Erteilung des Bestätigungsvermerks, im Fall einer Nachtragsprüfung nach § 316 Abs. 3 nach Ergänzung des Bestätigungsvermerks nicht mehr gestellt werden. Gegen die Entscheidung ist die Beschwerde zulässig.

(4) Ist der Abschlußprüfer bis zum Ablauf des Geschäftsjahrs nicht gewählt worden, so hat das Gericht auf Antrag der gesetzlichen Vertreter, des Aufsichtsrats oder eines Gesellschafters den Abschlußprüfer zu bestellen. Gleiches gilt, wenn ein gewählter Abschlußprüfer die Annahme des Prüfungsauftrags abgelehnt hat, weggefallen ist oder am rechtzeitigen Abschluß der Prüfung verhindert ist und ein anderer Abschlußprüfer nicht gewählt worden ist. Die gesetzlichen Vertreter sind verpflichtet, den Antrag zu stellen. Gegen die Entscheidung des Gerichts findet

III

die Beschwerde statt; die Bestellung des Abschlußprüfers ist unanfechtbar.

(5) Der vom Gericht bestellte Abschlußprüfer hat Anspruch auf Ersatz angemessener barer Auslagen und auf Vergütung für seine Tätigkeit. Die Auslagen und die Vergütung setzt das Gericht fest. Gegen die Entscheidung findet die Beschwerde statt; die Rechtsbeschwerde ist ausgeschlossen. Aus der rechtskräftigen Entscheidung findet die Zwangsvollstreckung nach der Zivilprozeßordnung statt.

(6) Ein von dem Abschlußprüfer angenommener Prüfungsauftrag kann von dem Abschlußprüfer nur aus wichtigem Grund gekündigt werden. Als wichtiger Grund ist es nicht anzusehen, wenn Meinungsverschiedenheiten über den Inhalt des Bestätigungsvermerks, seine Einschränkung oder Versagung bestehen. Die Kündigung ist schriftlich zu begründen. Der Abschlußprüfer hat über das Ergebnis seiner bisherigen Prüfung zu berichten; § 321 ist entsprechend anzuwenden.

(7) Kündigt der Abschlußprüfer den Prüfungsauftrag nach Absatz 6, so haben die gesetzlichen Vertreter die Kündigung dem Aufsichtsrat, der nächsten Hauptversammlung oder bei Gesellschaften mit beschränkter Haftung den Gesellschaftern mitzuteilen. Den Bericht des bisherigen Abschlußprüfers haben die gesetzlichen Vertreter unverzüglich dem Aufsichtsrat vorzulegen. Jedes Aufsichtsratsmitglied hat das Recht, von dem Bericht Kenntnis zu nehmen. Der Bericht ist auch jedem Aufsichtsratsmitglied oder, soweit der Aufsichtsrat dies beschlossen hat, den Mitgliedern eines Ausschusses auszuhändigen. Ist der Prüfungsauftrag vom Aufsichtsrat erteilt worden, obliegen die Pflichten der gesetzlichen Vertreter dem Aufsichtsrat einschließlich der Unterrichtung der gesetzlichen Vertreter.

(8) Die Wirtschaftsprüferkammer ist unverzüglich und schriftlich begründet durch den Abschlussprüfer und die gesetzlichen Vertreter der geprüften Gesellschaft von der Kündigung oder dem Widerruf des Prüfungsauftrages zu unterrichten.

§ 319 Auswahl der Abschlussprüfer und Ausschlussgründe

(1) Abschlussprüfer können Wirtschaftsprüfer und Wirtschaftsprüfungsgesellschaften sein. Abschlussprüfer von Jahresabschlüssen und Lageberichten mittelgroßer Gesellschaften mit beschränkter Haftung (§ 267 Abs. 2) oder von mittelgroßen Personenhandelsgesellschaften im Sinne des § 264a Abs. 1 können auch vereidigte Buchprüfer und Buchprüfungsgesellschaften sein. Die Abschlussprüfer nach den Sätzen 1 und 2 müssen über eine wirksame Bescheinigung über die Teilnahme an der Qualitätskontrolle nach § 57a der Wirtschaftsprüferordnung verfügen, es sei denn, die Wirtschaftsprüferkammer hat eine Ausnahmegenehmigung erteilt.

(2) Ein Wirtschaftsprüfer oder vereidigter Buchprüfer ist als Abschlussprüfer ausgeschlossen, wenn Gründe, insbesondere Beziehungen geschäftlicher, finanzieller oder persönlicher Art, vorliegen, nach denen die Besorgnis der Befangenheit besteht.

(3) Ein Wirtschaftsprüfer oder vereidigter Buchprüfer ist insbesondere von der Abschlussprüfung ausgeschlossen, wenn er oder eine Person, mit der er seinen Beruf gemeinsam ausübt,

1. Anteile oder andere nicht nur unwesentliche finanzielle Interessen an der zu prüfenden Kapitalgesellschaft oder eine Beteiligung an einem Unternehmen besitzt, das mit der zu prüfenden Kapitalgesellschaft verbunden ist oder von dieser mehr als zwanzig vom Hundert der Anteile besitzt;

2. gesetzlicher Vertreter, Mitglied des Aufsichtsrats oder Arbeitnehmer der zu prüfenden Kapitalgesellschaft oder eines Unternehmens ist, das mit der zu prüfenden Kapitalgesellschaft verbunden ist oder von dieser mehr als zwanzig vom Hundert der Anteile besitzt;

3. über die Prüfungstätigkeit hinaus bei der zu prüfenden oder für die zu prüfende Kapitalgesellschaft in dem zu prüfenden Geschäftsjahr oder bis zur Erteilung des Bestätigungsvermerks

a) bei der Führung der Bücher oder der Aufstellung des zu prüfenden Jahresabschlusses mitgewirkt hat,

b) bei der Durchführung der internen Revision in verantwortlicher Position mitgewirkt hat,

c) Unternehmensleitungs- oder Finanzdienstleistungen erbracht hat oder

d) eigenständige versicherungsmathematische oder Bewertungsleistungen erbracht hat, die sich auf den zu prüfenden Jahresabschluss nicht nur unwesentlich auswirken,

sofern diese Tätigkeiten nicht von untergeordneter Bedeutung sind; dies gilt auch, wenn eine dieser Tätigkeiten von einem Unternehmen für die zu prüfende Kapitalgesellschaft ausgeübt wird, bei dem der Wirtschaftsprüfer oder vereidigte Buchprüfer gesetzlicher Vertreter, Arbeitnehmer, Mitglied des Aufsichtsrats oder Gesellschafter, der mehr als zwanzig vom Hundert der den Gesellschaftern zustehenden Stimmrechte besitzt, ist;

4. bei der Prüfung eine Person beschäftigt, die nach den Nummern 1 bis 3 nicht Abschlussprüfer sein darf;

5. in den letzten fünf Jahren jeweils mehr als dreißig vom Hundert der Gesamteinnahmen aus seiner beruflichen Tätigkeit von der zu prüfenden Kapitalgesellschaft und von Unternehmen, an denen die zu prüfende Kapitalgesellschaft mehr als zwanzig vom Hundert der Anteile besitzt, bezogen hat und dies auch im laufenden Geschäftsjahr zu erwarten ist; zur Vermeidung von Härtefällen kann die Wirtschaftsprüferkammer befristete Ausnahmegenehmigungen erteilen.

Dies gilt auch, wenn der Ehegatte oder der Lebenspartner einen Ausschlussgrund nach Satz 1 Nr. 1, 2 oder 3 erfüllt.

(4) Wirtschaftsprüfungsgesellschaften und Buchprüfungsgesellschaften sind von der Abschlussprüfung ausgeschlossen, wenn sie selbst, einer ihrer gesetzlichen Vertreter, ein Gesellschafter, der mehr als zwanzig vom Hundert der den Gesellschaftern zustehen-den Stimmrechte besitzt, ein verbundenes Unternehmen, ein bei der Prüfung in verantwortlicher Position beschäftigter Gesellschafter oder eine andere von ihr beschäftigte Person, die das Ergebnis der Prüfung beeinflussen kann, nach Absatz 2 oder Absatz 3 ausgeschlossen sind. Satz 1 gilt auch, wenn ein Mitglied des Aufsichtsrats nach Absatz 3 Satz 1 Nr. 2 ausgeschlossen ist oder wenn mehrere Gesellschafter, die zusammen mehr als zwanzig vom Hundert der den Gesellschaftern zustehenden Stimmrechte besitzen, jeweils einzeln oder zusammen nach Absatz 2 oder Absatz 3 ausgeschlossen sind.

(5) Absatz 1 Satz 3 sowie die Absätze 2 bis 4 sind auf den Abschlussprüfer des Konzernabschlusses entsprechend anzuwenden.

§ 319a Besondere Ausschlussgründe bei Unternehmen von öffentlichem Interesse

(1) Ein Wirtschaftsprüfer ist über die in § 319 Abs. 2 und 3 genannten Gründe hinaus auch dann von der Abschlussprüfung eines Unternehmens, das kapitalmarktorientiert im Sinn des § 264d ist, ausgeschlossen, wenn er

1. in den letzten fünf Jahren jeweils mehr als fünfzehn vom Hundert der Gesamteinnahmen aus seiner beruflichen Tätigkeit von der zu prüfenden Kapitalgesellschaft oder von Unternehmen, an denen die zu prüfende Kapitalgesellschaft mehr als zwanzig vom Hundert der Anteile besitzt, bezogen hat und dies auch im laufenden Geschäftsjahr zu erwarten ist,

2. in dem zu prüfenden Geschäftsjahr über die Prüfungstätigkeit hinaus Rechts- oder Steuerberatungsleistungen erbracht hat, die über das Aufzeigen von Gestaltungsalternativen hinausgehen und die sich auf die Darstellung der Vermögens-, Finanz- und Ertragslage in dem zu prüfenden Jahresabschluss unmittelbar und nicht nur unwesentlich auswirken,

3. über die Prüfungstätigkeit hinaus in dem zu prüfenden Geschäftsjahr an der Entwicklung, Einrichtung und Einführung von Rechnungslegungsinformationssystemen mitgewirkt hat, sofern diese Tätigkeit

nicht von untergeordneter Bedeutung ist, oder

4. für die Abschlussprüfung bei dem Unternehmen bereits in sieben oder mehr Fällen verantwortlich war; dies gilt nicht, wenn seit seiner letzten Beteiligung an der Prüfung des Jahresabschlusses zwei oder mehr Jahre vergangen sind.

§ 319 Abs. 3 Satz 1 Nr. 3 letzter Teilsatz, Satz 2 und Abs. 4 gilt für die in Satz 1 genannten Ausschlussgründe entsprechend. Satz 1 Nr. 1 bis 3 gilt auch, wenn Personen, mit denen der Wirtschaftsprüfer seinen Beruf gemeinsam ausübt, die dort genannten Ausschlussgründe erfüllen. Satz 1 Nr. 4 findet auf eine Wirtschaftsprüfungsgesellschaft mit der Maßgabe Anwendung, dass sie nicht Abschlussprüfer sein darf, wenn sie bei der Abschlussprüfung des Unternehmens einen Wirtschaftsprüfer beschäftigt, der als verantwortlicher Prüfungspartner nach Satz 1 Nr. 4 nicht Abschlussprüfer sein darf. Verantwortlicher Prüfungspartner ist, wer den Bestätigungsvermerk nach § 322 unterzeichnet oder als Wirtschaftsprüfer von einer Wirtschaftsprüfungsgesellschaft als für die Durchführung einer Abschlussprüfung vorrangig verantwortlich bestimmt worden ist.

(2) Absatz 1 ist auf den Abschlussprüfer des Konzernabschlusses entsprechend anzuwenden. Als verantwortlicher Prüfungspartner gilt auf Konzernebene auch, wer als Wirtschaftsprüfer auf der Ebene bedeutender Tochterunternehmen als für die Durchführung von deren Abschlussprüfung vorrangig verantwortlich bestimmt worden ist.

§ 319b Netzwerk

(1) Ein Abschlussprüfer ist von der Abschlussprüfung ausgeschlossen, wenn ein Mitglied seines Netzwerks einen Ausschlussgrund nach § 319 Abs. 2, 3 Satz 1 Nr. 1, 2 oder Nr. 4, Abs. 3 Satz 2 oder Abs. 4 erfüllt, es sei denn, dass das Netzwerkmitglied auf das Ergebnis der Abschlussprüfung keinen Einfluss nehmen kann. Er ist ausgeschlossen, wenn ein Mitglied seines Netzwerks einen Ausschlussgrund nach § 319 Abs. 3 Satz 1 Nr. 3 oder § 319a Abs. 1 Satz 1 Nr. 2 oder 3 erfüllt.

Ein Netzwerk liegt vor, wenn Personen bei ihrer Berufsausübung zur Verfolgung gemeinsamer wirtschaftlicher Interessen für eine gewisse Dauer zusammenwirken.

(2) Absatz 1 ist auf den Abschlussprüfer des Konzernabschlusses entsprechend anzuwenden.

§ 320 Vorlagepflicht. Auskunftsrecht

(1) Die gesetzlichen Vertreter der Kapitalgesellschaft haben dem Abschlußprüfer den Jahresabschluß und den Lagebericht unverzüglich nach der Aufstellung vorzulegen. Sie haben ihm zu gestatten, die Bücher und Schriften der Kapitalgesellschaft sowie die Vermögensgegenstände und Schulden, namentlich die Kasse und die Bestände an Wertpapieren und Waren, zu prüfen.

(2) Der Abschlußprüfer kann von den gesetzlichen Vertretern alle Aufklärungen und Nachweise verlangen, die für eine sorgfältige Prüfung notwendig sind. Soweit es die Vorbereitung der Abschlußprüfung erfordert, hat der Abschlußprüfer die Rechte nach Absatz 1 Satz 2 und nach Satz 1 auch schon vor Aufstellung des Jahresabschlusses. Soweit es für eine sorgfältige Prüfung notwendig ist, hat der Abschlußprüfer die Rechte nach den Sätzen 1 und 2 auch gegenüber Mutter- und Tochterunternehmen.

(3) Die gesetzlichen Vertreter einer Kapitalgesellschaft, die einen Konzernabschluß aufzustellen hat, haben dem Abschlußprüfer des Konzernabschlusses den Konzernabschluß, den Konzernlagebericht, die Jahresabschlüsse, Lageberichte und, wenn eine Prüfung stattgefunden hat, die Prüfungsberichte des Mutterunternehmens und der Tochterunternehmen vorzulegen. Der Abschlußprüfer hat die Rechte nach Absatz 1 Satz 2 und nach Absatz 2 bei dem Mutterunternehmen und den Tochterunternehmen, die Rechte nach Absatz 2 auch gegenüber den Abschlußprüfern des Mutterunternehmens und der Tochterunternehmen.

(4) Der bisherige Abschlussprüfer hat dem neuen Abschlussprüfer auf schriftliche Anfrage über das Ergebnis der bisherigen Prüfung

zu berichten; § 321 ist entsprechend anzuwenden.

§ 321 Prüfungsbericht

(1) Der Abschlußprüfer hat über Art und Umfang sowie über das Ergebnis der Prüfung schriftlich und mit der gebotenen Klarheit zu berichten. In dem Bericht ist vorweg zu der Beurteilung der Lage des Unternehmens oder Konzerns durch die gesetzlichen Vertreter Stellung zu nehmen, wobei insbesondere auf die Beurteilung des Fortbestandes und der künftigen Entwicklung des Unternehmens unter Berücksichtigung des Lageberichts und bei der Prüfung des Konzernabschlusses von Mutterunternehmen auch des Konzerns unter Berücksichtigung des Konzernlageberichts einzugehen ist, soweit die geprüften Unterlagen und der Lagebericht oder der Konzernlagebericht eine solche Beurteilung erlauben. Außerdem hat der Abschlussprüfer über bei Durchführung der Prüfung festgestellte Unrichtigkeiten oder Verstöße gegen gesetzliche Vorschriften sowie Tatsachen zu berichten, die den Bestand des geprüften Unternehmens oder des Konzerns gefährden oder seine Entwicklung wesentlich beeinträchtigen können oder die schwerwiegende Verstöße der gesetzlichen Vertreter oder von Arbeitnehmern gegen Gesetz, Gesellschaftsvertrag oder die Satzung erkennen lassen.

(2) Im Hauptteil des Prüfungsberichts ist festzustellen, ob die Buchführung und die weiteren geprüften Unterlagen, der Jahresabschluss, der Lagebericht, der Konzernabschluss und der Konzernlagebericht den gesetzlichen Vorschriften und den ergänzenden Bestimmungen des Gesellschaftsvertrags oder der Satzung entsprechen. In diesem Rahmen ist auch über Beanstandungen zu berichten, die nicht zur Einschränkung oder Versagung des Bestätigungsvermerks geführt haben, soweit dies für die Überwachung der Geschäftsführung und des geprüften Unternehmens von Bedeutung ist. Es ist auch darauf einzugehen, ob der Abschluss insgesamt unter Beachtung der Grundsätze ordnungsmäßiger Buchführung oder sonstiger maßgeblicher Rechnungslegungsgrund-

sätze ein den tatsächlichen Verhältnissen entsprechendes Bild der Vermögens-, Finanz- und Ertragslage der Kapitalgesellschaft oder des Konzerns vermittelt. Dazu ist auch auf wesentliche Bewertungsgrundlagen sowie darauf einzugehen, welchen Einfluss Änderungen in den Bewertungsgrundlagen einschließlich der Ausübung von Bilanzierungs- und Bewertungswahlrechten und der Ausnutzung von Ermessensspielräumen sowie sachverhaltsgestaltende Maßnahmen insgesamt auf die Darstellung der Vermögens-, Finanz- und Ertragslage haben. Hierzu sind die Posten des Jahres- und des Konzernabschlusses aufzugliedern und ausreichend zu erläutern, soweit diese Angaben nicht im Anhang enthalten sind. Es ist darzustellen, ob die gesetzlichen Vertreter die verlangten Aufklärungen und Nachweise erbracht haben.

(3) In einem besonderen Abschnitt des Prüfungsberichts sind Gegenstand, Art und Umfang der Prüfung zu erläutern. Dabei ist auch auf die angewandten Rechnungslegungs- und Prüfungsgrundsätze einzugehen.

(4) Ist im Rahmen der Prüfung eine Beurteilung nach § 317 Abs. 4 abgegeben worden, so ist deren Ergebnis in einem besonderen Teil des Prüfungsberichts darzustellen. Es ist darauf einzugehen, ob Maßnahmen erforderlich sind, um das interne Überwachungssystem zu verbessern.

(4a) Der Abschlussprüfer hat im Prüfungsbericht seine Unabhängigkeit zu bestätigen.

(5) Der Abschlußprüfer hat den Bericht zu unterzeichnen und den gesetzlichen Vertretern vorzulegen. Hat der Aufsichtsrat den Auftrag erteilt, so ist der Bericht ihm vorzulegen; dem Vorstand ist vor Zuleitung Gelegenheit zur Stellungnahme zu geben.

§ 321a Offenlegung des Prüfungsberichts in besonderen Fällen

(1) Wird über das Vermögen der Gesellschaft ein Insolvenzverfahren eröffnet oder wird der Antrag auf Eröffnung des Insolvenzverfahrens mangels Masse abgewiesen, so hat ein Gläubiger oder Gesellschafter die Wahl, selbst oder durch einen von ihm zu bestimmenden Wirtschaftsprüfer oder im Fall des

§ 319 Abs. 1 Satz 2 durch einen vereidigten Buchprüfer Einsicht in die Prüfungsberichte des Abschlussprüfers über die aufgrund gesetzlicher Vorschriften durchzuführende Prüfung des Jahresabschlusses der letzten drei Geschäftsjahre zu nehmen, soweit sich diese auf die nach § 321 geforderte Berichterstattung beziehen. Der Anspruch richtet sich gegen denjenigen, der die Prüfungsberichte in seinem Besitz hat.

(2) Bei einer Aktiengesellschaft oder einer Kommanditgesellschaft auf Aktien stehen den Gesellschaftern die Rechte nach Absatz 1 Satz 1 nur zu, wenn ihre Anteile bei Geltendmachung des Anspruchs zusammen den einhundertsten Teil des Grundkapitals oder einen Börsenwert von 100 000 Euro erreichen. Dem Abschlussprüfer ist die Erläuterung des Prüfungsberichts gegenüber den in Absatz 1 Satz 1 aufgeführten Personen gestattet.

(3) Der Insolvenzverwalter oder ein gesetzlicher Vertreter des Schuldners kann einer Offenlegung von Geheimnissen, namentlich Betriebs- oder Geschäftsgeheimnissen, widersprechen, wenn die Offenlegung geeignet ist, der Gesellschaft einen erheblichen Nachteil zuzufügen. § 323 Abs. 1 und 3 bleibt im Übrigen unberührt. Unbeschadet des Satzes 1 sind die Berechtigten nach Absatz 1 Satz 1 zur Verschwiegenheit über den Inhalt der von ihnen eingesehenen Unterlagen nach Absatz 1 Satz 1 verpflichtet.

(4) Die Absätze 1 bis 3 gelten entsprechend, wenn der Schuldner zur Aufstellung eines Konzernabschlusses und Konzernlageberichts verpflichtet ist.

§ 322 Bestätigungsvermerk

(1) Der Abschlussprüfer hat das Ergebnis der Prüfung in einem Bestätigungsvermerk zum Jahresabschluss oder zum Konzernabschluss zusammenzufassen. Der Bestätigungsvermerk hat Gegenstand, Art und Umfang der Prüfung zu beschreiben und dabei die angewandten Rechnungslegungs- und Prüfungsgrundsätze anzugeben; er hat ferner eine Beurteilung des Prüfungsergebnisses zu enthalten.

(2) Die Beurteilung des Prüfungsergebnisses muss zweifelsfrei ergeben, ob

1. ein uneingeschränkter Bestätigungsvermerk erteilt,

2. ein eingeschränkter Bestätigungsvermerk erteilt,

3. der Bestätigungsvermerk aufgrund von Einwendungen versagt oder

4. der Bestätigungsvermerk deshalb versagt wird, weil der Abschlussprüfer nicht in der Lage ist, ein Prüfungsurteil abzugeben.

Die Beurteilung des Prüfungsergebnisses soll allgemein verständlich und problemorientiert unter Berücksichtigung des Umstandes erfolgen, dass die gesetzlichen Vertreter den Abschluss zu verantworten haben. Auf Risiken, die den Fortbestand des Unternehmens oder eines Konzernunternehmens gefährden, ist gesondert einzugehen. Auf Risiken, die den Fortbestand eines Tochterunternehmens gefährden, braucht im Bestätigungsvermerk zum Konzernabschluss des Mutterunternehmens nicht eingegangen zu werden, wenn das Tochterunternehmen für die Vermittlung eines den tatsächlichen Verhältnissen entsprechenden Bildes der Vermögens-, Finanz- und Ertragslage des Konzerns nur von untergeordneter Bedeutung ist.

(3) In einem uneingeschränkten Bestätigungsvermerk (Absatz 2 Satz 1 Nr. 1) hat der Abschlussprüfer zu erklären, dass die von ihm nach § 317 durchgeführte Prüfung zu keinen Einwendungen geführt hat und dass der von den gesetzlichen Vertretern der Gesellschaft aufgestellte Jahres- oder Konzernabschluss aufgrund der bei der Prüfung gewonnenen Erkenntnisse des Abschlussprüfers nach seiner Beurteilung den gesetzlichen Vorschriften entspricht und unter Beachtung der Grundsätze ordnungsmäßiger Buchführung oder sonstiger maßgeblicher Rechnungslegungsgrundsätze ein den tatsächlichen Verhältnissen entsprechendes Bild der Vermögens-, Finanz- und Ertragslage des Unternehmens oder des Konzerns vermittelt. Der Abschlussprüfer kann zusätzlich einen Hinweis auf Umstände aufnehmen, auf die er in beson-

derer Weise aufmerksam macht, ohne den Bestätigungsvermerk einzuschränken.

(4) Sind Einwendungen zu erheben, so hat der Abschlussprüfer seine Erklärung nach Absatz 3 Satz 1 einzuschränken (Absatz 2 Satz 1 Nr. 2) oder zu versagen (Absatz 2 Satz 1 Nr. 3). Die Versagung ist in den Vermerk, der nicht mehr als Bestätigungsvermerk zu bezeichnen ist, aufzunehmen. Die Einschränkung oder Versagung ist zu begründen. Ein eingeschränkter Bestätigungsvermerk darf nur erteilt werden, wenn der geprüfte Abschluss unter Beachtung der vom Abschlussprüfer vorgenommenen, in ihrer Tragweite erkennbaren Einschränkung ein den tatsächlichen Verhältnissen im Wesentlichen entsprechendes Bild der Vermögens-, Finanz- und Ertragslage vermittelt.

(5) Der Bestätigungsvermerk ist auch dann zu versagen, wenn der Abschlussprüfer nach Ausschöpfung aller angemessenen Möglichkeiten zur Klärung des Sachverhalts nicht in der Lage ist, ein Prüfungsurteil abzugeben (Absatz 2 Satz 1 Nr. 4). Absatz 4 Satz 2 und 3 gilt entsprechend.

(6) Die Beurteilung des Prüfungsergebnisses hat sich auch darauf zu erstrecken, ob der Lagebericht oder der Konzernlagebericht nach dem Urteil des Abschlussprüfers mit dem Jahresabschluss und gegebenenfalls mit dem Einzelabschluss nach § 325 Abs. 2a oder mit dem Konzernabschluss in Einklang steht und insgesamt ein zutreffendes Bild von der Lage des Unternehmens oder des Konzerns vermittelt. Dabei ist auch darauf einzugehen, ob die Chancen und Risiken der zukünftigen Entwicklung zutreffend dargestellt sind.

(7) Der Abschlussprüfer hat den Bestätigungsvermerk oder den Vermerk über seine Versagung unter Angabe von Ort und Tag zu unterzeichnen. Der Bestätigungsvermerk oder der Vermerk über seine Versagung ist auch in den Prüfungsbericht aufzunehmen.

§ 323 Verantwortlichkeit des Abschlußprüfers

(1) Der Abschlußprüfer, seine Gehilfin und die bei der Prüfung mitwirkenden gesetzlichen Vertreter einer Prüfungsgesellschaft sind zur gewissenhaften und unparteiischen Prüfung und zur Verschwiegenheit verpflichtet; § 57b der Wirtschaftsprüferordnung bleibt unberührt. Sie dürfen nicht unbefugt Geschäfts- und Betriebsgeheimnisse verwerten, die sie bei ihrer Tätigkeit erfahren haben. Wer vorsätzlich oder fahrlässig seine Pflichten verletzt, ist der Kapitalgesellschaft und, wenn ein verbundenes Unternehmen geschädigt worden ist, auch diesem zum Ersatz des daraus entstehenden Schadens verpflichtet. Mehrere Personen haften als Gesamtschuldner.

(2) Die Ersatzpflicht von Personen, die fahrlässig gehandelt haben, beschränkt sich auf eine Million Euro für eine Prüfung. Bei Prüfung einer Aktiengesellschaft, deren Aktien zum Handel im regulierten Markt zugelassen sind, beschränkt sich die Ersatzpflicht von Personen, die fahrlässig gehandelt haben, abweichend von Satz 1 auf vier Millionen Euro für eine Prüfung. Dies gilt auch, wenn an der Prüfung mehrere Personen beteiligt gewesen oder mehrere zum Ersatz verpflichtende Handlungen begangen worden sind, und ohne Rücksicht darauf, ob andere Beteiligte vorsätzlich gehandelt haben.

(3) Die Verpflichtung zur Verschwiegenheit besteht, wenn eine Prüfungsgesellschaft Abschlußprüfer ist, auch gegenüber dem Aufsichtsrat und den Mitgliedern des Aufsichtsrats der Prüfungsgesellschaft.

(4) Die Ersatzpflicht nach diesen Vorschriften kann durch Vertrag weder ausgeschlossen noch beschränkt werden.

§ 324 Prüfungsausschuss

(1) Kapitalgesellschaften im Sinn des § 264d, die keinen Aufsichts- oder Verwaltungsrat haben, der die Voraussetzungen des § 100 Abs. 5 des Aktiengesetzes erfüllen muss, sind verpflichtet, einen Prüfungsausschuss im Sinn des Absatzes 2 einzurichten, der sich insbesondere mit den in § 107 Abs. 3 Satz 2 des Aktiengesetzes beschriebenen Aufgaben befasst. Dies gilt nicht für

1. Kapitalgesellschaften im Sinn des Satzes 1, deren ausschließlicher Zweck in der Ausgabe von Wertpapieren im Sinn des § 2

Abs. 1 Satz 1 des Wertpapierhandelsgesetzes besteht, die durch Vermögensgegenstände besichert sind; im Anhang ist darzulegen, weshalb ein Prüfungsausschuss nicht eingerichtet wird;

2. Kreditinstitute im Sinn des § 340 Abs. 1, die einen organisierten Markt im Sinn des § 2 Abs. 5 des Wertpapierhandelsgesetzes nur durch die Ausgabe von Schuldtiteln im Sinn des § 2 Abs. 1 Satz 1 Nr. 3 Buchstabe a des Wertpapierhandelsgesetzes in Anspruch nehmen, soweit deren Nominalwert 100 Millionen Euro nicht übersteigt und keine Verpflichtung zur Veröffentlichung eines Prospekts nach dem Wertpapierprospektgesetz besteht.

(2) Die Mitglieder des Prüfungsausschusses sind von den Gesellschaftern zu wählen. Mindestens ein Mitglied muss die Voraussetzungen des § 100 Abs. 5 des Aktiengesetzes erfüllen. Der Vorsitzende des Prüfungsausschusses darf nicht mit der Geschäftsführung betraut sein. § 124 Abs. 3 Satz 2 und § 171 Abs. 1 Satz 2 und 3 des Aktiengesetzes sind entsprechend anzuwenden.

§ 324a Anwendung auf den Einzelabschluss nach § 325 Abs. 2a

(1) Die Bestimmungen dieses Unterabschnitts, die sich auf den Jahresabschluss beziehen, sind auf einen Einzelabschluss nach § 325 Abs. 2a entsprechend anzuwenden. An Stelle des § 316 Abs. 1 Satz 2 gilt § 316 Abs. 2 Satz 2 entsprechend.

(2) Als Abschlussprüfer des Einzelabschlusses nach § 325 Abs. 2a gilt der für die Prüfung des Jahresabschlusses bestellte Prüfer als bestellt. Der Prüfungsbericht zum Einzelabschluss nach § 325 Abs. 2a kann mit dem Prüfungsbericht zum Jahresabschluss zusammengefasst werden.

Vierter Unterabschnitt
Offenlegung. Prüfung durch den Betreiber des Bundesanzeigers

§ 325 Offenlegung

(1) Die gesetzlichen Vertreter von Kapitalgesellschaften haben für diese den Jahresabschluss beim Betreiber des Bundesanzeigers elektronisch einzureichen. Er ist unverzüglich nach seiner Vorlage an die Gesellschafter, jedoch spätestens vor Ablauf des zwölften Monats des dem Abschlussstichtag nachfolgenden Geschäftsjahrs, mit dem Bestätigungsvermerk oder dem Vermerk über dessen Versagung einzureichen. Gleichzeitig sind der Lagebericht, der Bericht des Aufsichtsrats, die nach § 161 des Aktiengesetzes vorgeschriebene Erklärung und, soweit sich dies aus dem eingereichten Jahresabschluss nicht ergibt, der Vorschlag für die Verwendung des Ergebnisses und der Beschluss über seine Verwendung unter Angabe des Jahresüberschusses oder Jahresfehlbetrags elektronisch einzureichen. Angaben über die Ergebnisverwendung brauchen von Gesellschaften mit beschränkter Haftung nicht gemacht zu werden, wenn sich anhand dieser Angaben die Gewinnanteile von natürlichen Personen feststellen lassen, die Gesellschafter sind. Werden zur Wahrung der Frist nach Satz 2 oder Absatz 4 Satz 1 der Jahresabschluss und der Lagebericht ohne die anderen Unterlagen eingereicht, sind der Bericht und der Vorschlag nach ihrem Vorliegen, die Beschlüsse nach der Beschlussfassung und der Vermerk nach der Erteilung unverzüglich einzureichen. Wird der Jahresabschluss bei nachträglicher Prüfung oder Feststellung geändert, ist auch die Änderung nach Satz 1 einzureichen. Die Rechnungslegungsunterlagen sind in einer Form einzureichen, die ihre Bekanntmachung nach Absatz 2 ermöglicht.

(2) Die gesetzlichen Vertreter der Kapitalgesellschaft haben für diese die in Absatz 1 bezeichneten Unterlagen jeweils unverzüglich nach der Einreichung im Bundesanzeiger bekannt machen zu lassen.

(2a) Bei der Offenlegung nach Absatz 2 kann an die Stelle des Jahresabschlusses ein Einzelabschluss treten, der nach den in § 315a Abs. 1 bezeichneten internationalen Rechnungslegungsstandards aufgestellt worden ist. Ein Unternehmen, das von diesem Wahlrecht Gebrauch macht, hat die dort genannten Standards vollständig zu befolgen. Auf einen solchen Abschluss sind § 243 Abs. 2, die §§ 244, 245, 257, 264 Abs. 2 Satz 3, § 285 Nr. 7, 8 Buchstabe b, Nr. 9 bis 11a, 14 bis 17, § 286 Abs. 1, 3 und 5 sowie § 287 anzuwenden. Der Lagebericht nach § 289 muss in dem erforderlichen Umfang auch auf den Abschluss nach Satz 1 Bezug nehmen. Die übrigen Vorschriften des Zweiten Unterabschnitts des Ersten Abschnitts und des Ersten Unterabschnitts des Zweiten Abschnitts gelten insoweit nicht. Kann wegen der Anwendung des § 286 Abs. 1 auf den Anhang die in Satz 2 genannte Voraussetzung nicht eingehalten werden, entfällt das Wahlrecht nach Satz 1.

(2b) Die befreiende Wirkung der Offenlegung des Einzelabschlusses nach Absatz 2a tritt ein, wenn

1. statt des vom Abschlussprüfer zum Jahresabschluss erteilten Bestätigungsvermerks oder des Vermerks über dessen Versagung der entsprechende Vermerk zum Abschluss nach Absatz 2a in die Offenlegung nach Absatz 2 einbezogen wird,

2. der Vorschlag für die Verwendung des Ergebnisses und gegebenenfalls der Beschluss über seine Verwendung unter Angabe des Jahresüberschusses oder Jahresfehlbetrags in die Offenlegung nach Absatz 2 einbezogen werden und

3. der Jahresabschluss mit dem Bestätigungsvermerk oder dem Vermerk über dessen Versagung nach Absatz 1 Satz 1 bis 4 offen gelegt wird.

(3) Die Absätze 1, 2 und 4 Satz 1 gelten entsprechend für die gesetzlichen Vertreter einer Kapitalgesellschaft, die einen Konzernabschluss und einen Konzernlagebericht aufzustellen haben.

(3a) Wird der Konzernabschluss zusammen mit dem Jahresabschluss des Mutterunternehmens oder mit einem von diesem aufgestellten Einzelabschluss nach Absatz 2a bekannt gemacht, können die Vermerke des Abschlussprüfers nach § 322 zu beiden Abschlüssen zusammengefasst werden; in diesem Fall können auch die jeweiligen Prüfungsberichte zusammengefasst werden.

(4) Bei einer Kapitalgesellschaft im Sinn des § 264d, die keine Kapitalgesellschaft im Sinn des § 327a ist, beträgt die Frist nach Absatz 1 Satz 2 längstens vier Monate. Für die Wahrung der Fristen nach Satz 1 und Absatz 1 Satz 2 ist der Zeitpunkt der Einreichung der Unterlagen maßgebend.

(5) Auf Gesetz, Gesellschaftsvertrag oder Satzung beruhende Pflichten der Gesellschaft, den Jahresabschluss, den Einzelabschluss nach Absatz 2a, den Lagebericht, Konzernabschluss oder Konzernlagebericht in anderer Weise bekannt zu machen, einzureichen oder Personen zugänglich zu machen, bleiben unberührt.

(6) Die §§ 11 und 12 Abs. 2 gelten für die beim Betreiber des Bundesanzeigers einzureichenden Unterlagen entsprechend; § 325a Abs. 1 Satz 3 und § 340l Abs. 2 Satz 4 bleiben unberührt.

§ 325a Zweigniederlassungen von Kapitalgesellschaften mit Sitz im Ausland

(1) Bei inländischen Zweigniederlassungen von Kapitalgesellschaften mit Sitz in einem anderen Mitgliedstaat der Europäischen Wirtschaftsgemeinschaft oder Vertragsstaat des Abkommens über den Europäischen Wirtschaftsraum haben die in § 13e Abs. 2 Satz 4 Nr. 3 genannten Personen oder, wenn solche nicht angemeldet sind, die gesetzlichen Vertreter der Gesellschaft für diese die Unterlagen der Rechnungslegung der Hauptniederlassung, die nach dem für die Hauptniederlassung maßgeblichen Recht erstellt, geprüft und offengelegt worden sind, nach den §§ 325, 328, 329 Abs. 1 und 4 offenzulegen. Die Unterlagen sind in deutscher Sprache einzureichen. Soweit dies nicht die Amtssprache am Sitz der Hauptniederlassung ist, können die Unterlagen der Hauptniederlassung auch

1. in englischer Sprache oder

2. in einer von dem Register der Hauptniederlassung beglaubigten Abschrift oder,

3. wenn eine dem Register vergleichbare Einrichtung nicht vorhanden oder diese nicht zur Beglaubigung befugt ist, in einer von einem Wirtschaftsprüfer bescheinigten Abschrift, verbunden mit der Erklärung, daß entweder eine dem Register vergleichbare Einrichtung nicht vorhanden oder diese nicht zur Beglaubigung befugt ist,

eingereicht werden; von der Beglaubigung des Registers ist eine beglaubigte Übersetzung in deutscher Sprache einzureichen.

(2) Diese Vorschrift gilt nicht für Zweigniederlassungen, die von Kreditinstituten im Sinne des § 340 oder von Versicherungsunternehmen im Sinne des § 341 errichtet werden.

§ 326 Größenabhängige Erleichterungen für kleine Kapitalgesellschaften bei der Offenlegung

Auf kleine Kapitalgesellschaften (§ 267 Abs. 1) ist § 325 Abs. 1 mit der Maßgabe anzuwenden, daß die gesetzlichen Vertreter nur die Bilanz und den Anhang einzureichen haben. Der Anhang braucht die die Gewinn- und Verlustrechnung betreffenden Angaben nicht zu enthalten.

§ 327 Größenabhängige Erleichterungen für mittelgroße Kapitalgesellschaften bei der Offenlegung

Auf mittelgroße Kapitalgesellschaften (§ 267 Abs. 2) ist § 325 Abs. 1 mit der Maßgabe anzuwenden, daß die gesetzlichen Vertreter

1. die Bilanz nur in der für kleine Kapitalgesellschaften nach § 266 Abs. 1 Satz 3 vorgeschriebenen Form beim Betreiber des Bundesanzeigers einreichen müssen. In der Bilanz oder im Anhang sind jedoch die folgenden Posten des § 266 Abs. 2 und 3 zusätzlich gesondert anzugeben:

Auf der Aktivseite

   A I 1   Selbst geschaffene gewerbliche Schutzrechte und ähnliche Rechte und Werte;

   A I 2   Geschäfts- oder Firmenwert;

   A II 1   Grundstücke, grundstücksgleiche Rechte und Bauten einschließlich der Bauten auf fremden Grundstücken;

   A II 2   technische Anlagen und Maschinen;

   A II 3   andere Anlagen, Betriebs- und Geschäftsausstattung;

   A II 4   geleistete Anzahlungen und Anlagen im Bau;

   A III 1   Anteile an verbundenen Unternehmen;

   A III 2   Ausleihungen an verbundene Unternehmen;

   A III 3   Beteiligungen;

   A III 4   Ausleihungen an Unternehmen, mit denen ein Beteiligungsverhältnis besteht;

   B II 2   Forderungen gegen verbundene Unternehmen;

   B II 3   Forderungen gegen Unternehmen, mit denen ein Beteiligungsverhältnis besteht;

   B III 1   Anteile an verbundenen Unternehmen.

Auf der Passivseite

   C 1   Anleihen,
             davon konvertibel;

   C 2   Verbindlichkeiten gegenüber Kreditinstituten;

   C 6   Verbindlichkeiten gegenüber verbundenen Unternehmen;

   C 7   Verbindlichkeiten gegenüber Unternehmen, mit denen ein Beteiligungsverhältnis besteht;

2. den Anhang ohne die Angaben nach § 285 Nr. 2 und 8 Buchstabe a, Nr. 12 beim Betreiber des Bundesanzeigers einreichen dürfen.

§ 327a Erleichterung für bestimmte kapitalmarktorientierte Kapitalgesellschaften

§ 325 Abs. 4 Satz 1 ist auf eine Kapitalgesellschaft nicht anzuwenden, wenn sie ausschließlich zum Handel an einem organisierten Markt zugelassene Schuldtitel im Sinn des § 2 Abs. 1 Satz 1 Nr. 3 des Wertpapierhandelsgesetzes mit einer Mindeststückelung von 50 000 Euro oder dem Ausgabetag entsprechenden Gegenwert einer anderen Währung begibt.

§ 328 Form und Inhalt der Unterlagen bei der Offenlegung, Veröffentlichung und Vervielfältigung

(1) Bei der vollständigen oder teilweisen Offenlegung des Jahresabschlusses, des Einzelabschlusses nach § 325 Abs. 2a oder des Konzernabschlusses und bei der Veröffentlichung oder Vervielfältigung in anderer Form auf Grund des Gesellschaftsvertrags oder der Satzung sind die folgenden Vorschriften einzuhalten:

1. Abschlüsse sind so wiederzugeben, daß sie den für ihre Aufstellung maßgeblichen Vorschriften entsprechen, soweit nicht Erleichterungen nach §§ 326, 327 in Anspruch genommen werden oder eine Rechtsverordnung des Bundesministeriums der Justiz nach Absatz 4 hiervon Abweichungen ermöglicht; sie haben in diesem Rahmen vollständig und richtig zu sein. Ist der Abschluss festgestellt oder gebilligt worden, so ist das Datum der Feststellung oder Billigung anzugeben. Wurde der Abschluss auf Grund gesetzlicher Vorschriften durch einen Abschlußprüfer geprüft, so ist jeweils der vollständige Wortlaut des Bestätigungsvermerks oder des Vermerks über dessen Versagung wiederzugeben; wird der Jahresabschluß wegen der Inanspruchnahme von Erleichterungen nur teilweise offengelegt und bezieht sich der Bestätigungsvermerk auf den vollständigen Jahresabschluß, so ist hierauf hinzuweisen.

2. Werden der Jahresabschluß oder der Konzernabschluß zur Wahrung der gesetzlich vorgeschriebenen Fristen über die Offenlegung vor der Prüfung oder Feststellung, sofern diese gesetzlich vorgeschrieben sind, oder nicht gleichzeitig mit beizufügenden Unterlagen offengelegt, so ist hierauf bei der Offenlegung hinzuweisen.

(2) Werden Abschlüsse in Veröffentlichungen und Vervielfältigungen, die nicht durch Gesetz, Gesellschaftsvertrag oder Satzung vorgeschrieben sind, nicht in der nach Absatz 1 vorgeschriebenen Form wiedergegeben, so ist jeweils in einer Überschrift darauf hinzuweisen, daß es sich nicht um eine der gesetzlichen Form entsprechende Veröffentlichung handelt. Ein Bestätigungsvermerk darf nicht beigefügt werden. Ist jedoch auf Grund gesetzlicher Vorschriften eine Prüfung durch einen Abschlußprüfer erfolgt, so ist anzugeben, zu welcher der in § 322 Abs. 2 Satz 1 genannten zusammenfassenden Beurteilungen des Prüfungsergebnisses der Abschlussprüfer in Bezug auf den in gesetzlicher Form erstellten Abschluss gelangt ist und ob der Bestätigungsvermerk einen Hinweis nach § 322 Abs. 3 Satz 2 enthält. Ferner ist anzugeben, ob die Unterlagen bei dem Betreiber des Bundesanzeigers eingereicht worden sind.

(3) Absatz 1 Nr. 1 ist auf den Lagebericht, den Konzernlagebericht, den Vorschlag für die Verwendung des Ergebnisses und den Beschluß über seine Verwendung sowie auf die Aufstellung des Anteilsbesitzes entsprechend anzuwenden. Werden die in Satz 1 bezeichneten Unterlagen nicht gleichzeitig mit dem Jahresabschluß oder dem Konzernabschluß offengelegt, so ist bei ihrer nachträglichen Offenlegung jeweils anzugeben, auf welchen Abschluß sie sich beziehen und wo dieser offengelegt worden ist; dies gilt auch für die nachträgliche Offenlegung des Bestätigungsvermerks oder des Vermerks über seine Versagung.

(4) Die Rechtsverordnung nach § 330 Abs. 1 Satz 1, 4 und 5 kann dem Betreiber des Bundesanzeigers Abweichungen von der Kontoform nach § 266 Abs. 1 Satz 1 gestatten.

§ 329 Prüfungs- und Unterrichtungspflicht des Betreibers des Bundesanzeigers

(1) Der Betreiber des Bundesanzeigers prüft, ob die einzureichenden Unterlagen fristgemäß und vollzählig eingereicht worden sind. Der Betreiber des Unternehmensregisters

stellt dem Betreiber des Bundesanzeigers die nach § 8b Abs. 3 Satz 2 von den Landesjustizverwaltungen übermittelten Daten zur Verfügung, soweit dies für die Erfüllung der Aufgaben nach Satz 1 erforderlich ist. Die Daten dürfen vom Betreiber des Bundesanzeigers nur für die in Satz 1 genannten Zwecke verwendet werden.

(2) Gibt die Prüfung Anlass zu der Annahme, dass von der Größe der Kapitalgesellschaft abhängige Erleichterungen oder die Erleichterung nach § 327a nicht hätten in Anspruch genommen werden dürfen, kann der Betreiber des Bundesanzeigers von der Kapitalgesellschaft innerhalb einer angemessenen Frist die Mitteilung der Umsatzerlöse (§ 277 Abs. 1) und der durchschnittlichen Zahl der Arbeitnehmer (§ 267 Abs. 5) oder Angaben zur Eigenschaft als Kapitalgesellschaft im Sinne des § 327a verlangen. Unterlässt die Kapitalgesellschaft die fristgemäße Mitteilung, gelten die Erleichterungen als zu Unrecht in Anspruch genommen.

(3) In den Fällen des § 325a Abs. 1 Satz 3 und des § 340l Abs. 2 Satz 4 kann im Einzelfall die Vorlage einer Übersetzung in die deutsche Sprache verlangt werden.

(4) Ergibt die Prüfung nach Absatz 1 Satz 1, dass die offen zu legenden Unterlagen nicht oder unvollständig eingereicht wurden, wird die jeweils für die Durchführung von Ordnungsgeldverfahren nach den §§ 335, 340o und 341o zuständige Verwaltungsbehörde unterrichtet.

**Fünfter Unterabschnitt
Verordnungsermächtigung für
Formblätter und andere Vorschriften**

§ 330

(1) Das Bundesministerium der Justiz wird ermächtigt, im Einvernehmen mit dem Bundesministerium der Finanzen und dem Bundesministerium für Wirtschaft und Technologie durch Rechtsverordnung, die nicht der Zustimmung des Bundesrates bedarf, für Kapitalgesellschaften Formblätter vorzuschreiben oder andere Vorschriften für die Gliederung des Jahresabschlusses oder des Kon-

zernabschlusses oder den Inhalt des Anhangs, des Konzernanhangs, des Lageberichts oder des Konzernlageberichts zu erlassen, wenn der Geschäftszweig eine von den §§ 266, 275 abweichende Gliederung des Jahresabschlusses oder des Konzernabschlusses oder von den Vorschriften des Ersten Abschnitts und des Ersten und Zweiten Unterabschnitts des Zweiten Abschnitts abweichende Regelungen erfordert. Die sich aus den abweichenden Vorschriften ergebenden Anforderungen an die in Satz 1 bezeichneten Unterlagen sollen den Anforderungen gleichwertig sein, die sich für große Kapitalgesellschaften (§ 267 Abs. 3) aus den Vorschriften des Ersten Abschnitts und des Ersten und Zweiten Unterabschnitts des Zweiten Abschnitts sowie den für den Geschäftszweig geltenden Vorschriften ergeben. Über das geltende Recht hinausgehende Anforderungen dürfen nur gestellt werden, soweit sie auf Rechtsakten des Rates der Europäischen Union beruhen. Die Rechtsverordnung nach Satz 1 kann auch Abweichungen von der Kontoform nach § 266 Abs. 1 Satz 1 gestatten. Satz 4 gilt auch in den Fällen, in denen ein Geschäftszweig eine von den §§ 266 und 275 abweichende Gliederung nicht erfordert.

(2) Absatz 1 ist auf Kreditinstitute im Sinne des § 1 Abs. 1 des Gesetzes über das Kreditwesen, soweit sie nach dessen § 2 Abs. 1, 4 oder 5 von der Anwendung nicht ausgenommen sind, und auf Finanzdienstleistungsinstitute im Sinne des § 1 Abs. 1a des Gesetzes über das Kreditwesen, soweit sie nach dessen § 2 Abs. 6 oder 10 von der Anwendung nicht ausgenommen sind, sowie auf Institute im Sinne des § 1 Absatz 2a des Zahlungsdiensteaufsichtsgesetzes, nach Maßgabe der Sätze 3 und 4 ungeachtet ihrer Rechtsform anzuwenden. Satz 1 ist auch auf Zweigstellen von Unternehmen mit Sitz in einem Staat anzuwenden, der nicht Mitglied der Europäischen Gemeinschaft und auch nicht Vertragsstaat des Abkommens über den Europäischen Wirtschaftsraum ist, sofern die Zweigstelle nach § 53 Abs. 1 des Gesetzes über das Kreditwesen als Kreditinstitut oder

als Finanzinstitut gilt. Die Rechtsverordnung bedarf nicht der Zustimmung des Bundesrates; sie ist im Einvernehmen mit dem Bundesministerium der Finanzen und im Benehmen mit der Deutschen Bundesbank zu erlassen. In die Rechtsverordnung nach Satz 1 können auch nähere Bestimmungen über die Aufstellung des Jahresabschlusses und des Konzernabschlusses im Rahmen der vorgeschriebenen Formblätter für die Gliederung des Jahresabschlusses und des Konzernabschlusses sowie des Zwischenabschlusses gemäß § 340a Abs. 3 und des Konzernzwischenabschlusses gemäß § 340i Abs. 4 aufgenommen werden, soweit dies zur Erfüllung der Aufgaben der Bundesanstalt für Finanzdienstleistungsaufsicht oder der Deutschen Bundesbank erforderlich ist, insbesondere um einheitliche Unterlagen zur Beurteilung der von den Kreditinstituten durchgeführten Bankgeschäfte zu erhalten.

(3) Absatz 1 ist auf Versicherungsunternehmen nach Maßgabe der Sätze 3 und 4 ungeachtet ihrer Rechtsform anzuwenden. Satz 1 ist auch auf Niederlassungen im Geltungsbereich dieses Gesetzes von Versicherungsunternehmen mit Sitz in einem anderen Staat anzuwenden, wenn sie zum Betrieb des Direktversicherungsgeschäfts der Erlaubnis durch die deutsche Versicherungsaufsichtsbehörde bedürfen. Die Rechtsverordnung bedarf der Zustimmung des Bundesrates und ist im Einvernehmen mit dem Bundesministerium der Finanzen zu erlassen. In die Rechtsverordnung nach Satz 1 können auch nähere Bestimmungen über die Aufstellung des Jahresabschlusses und des Konzernabschlusses im Rahmen der vorgeschriebenen Formblätter für die Gliederung des Jahresabschlusses und des Konzernabschlusses sowie Vorschriften über den Ansatz und die Bewertung von versicherungstechnischen Rückstellungen, insbesondere die Näherungsverfahren, aufgenommen werden. Die Zustimmung des Bundesrates ist nicht erforderlich, soweit die Verordnung ausschließlich dem Zweck dient, Abweichungen nach Absatz 1 Satz 4 und 5 zu gestatten.

(4) In der Rechtsverordnung nach Absatz 1 in Verbindung mit Absatz 3 kann bestimmt werden, daß Versicherungsunternehmen, auf die die Richtlinie 91/674/EWG nach deren Artikel 2 in Verbindung mit Artikel 3 der Richtlinie 73/239/EWG oder in Verbindung mit Artikel 2 Nr. 2 oder 3 oder Artikel 3 der Richtlinie 79/267/EWG nicht anzuwenden ist, von den Regelungen des Zweiten Unterabschnitts des Vierten Abschnitts ganz oder teilweise befreit werden, soweit dies erforderlich ist, um eine im Verhältnis zur Größe der Versicherungsunternehmen unangemessene Belastung zu vermeiden; Absatz 1 Satz 2 ist insoweit nicht anzuwenden. In der Rechtsverordnung dürfen diesen Versicherungsunternehmen auch für die Gliederung des Jahresabschlusses und des Konzernabschlusses, für die Erstellung von Anhang und Lagebericht und Konzernanhang und Konzernlagebericht sowie für die Offenlegung ihrer Größe angemessene Vereinfachungen gewährt werden.

(5) Die Absätze 3 und 4 sind auf Pensionsfonds (§ 112 Abs. 1 des Versicherungsaufsichtsgesetzes) entsprechend anzuwenden.

Sechster Unterabschnitt
Straf- und Bußgeldvorschriften. Ordnungsgelder

§ 331 Unrichtige Darstellung

Mit Freiheitsstrafe bis zu drei Jahren oder mit Geldstrafe wird bestraft, wer

1. als Mitglied des vertretungsberechtigten Organs oder des Aufsichtsrats einer Kapitalgesellschaft die Verhältnisse der Kapitalgesellschaft in der Eröffnungsbilanz, im Jahresabschluß, im Lagebericht oder im Zwischenabschluß nach § 340a Abs. 3 unrichtig wiedergibt oder verschleiert,

1a. als Mitglied des vertretungsberechtigten Organs einer Kapitalgesellschaft zum Zwecke der Befreiung nach § 325 Abs. 2a Satz 1, Abs. 2b Einzelabschluss nach den in § 315a Abs. 1 genannten internationalen Rechnungslegungsstandards, in dem die Verhältnisse der Kapitalgesellschaft unrichtig wiedergegeben oder verschleiert worden sind, vorsätzlich oder leichtfertig offen legt,

2. als Mitglied des vertretungsberechtigten Organs oder des Aufsichtsrats einer Kapitalgesellschaft die Verhältnisse des Konzerns im Konzernabschluß, im Konzernlagebericht oder im Konzernzwischenabschluß nach § 340i Abs. 4 unrichtig wiedergibt oder verschleiert,

3. als Mitglied des vertretungsberechtigten Organs einer Kapitalgesellschaft zum Zwecke der Befreiung nach § 291 Abs. 1 und 2 oder einer nach § 292 erlassenen Rechtsverordnung einen Konzernabschluß oder Konzernlagebericht, in dem die Verhältnisse des Konzerns unrichtig wiedergegeben oder verschleiert worden sind, vorsätzlich oder leichtfertig offenlegt,

3a. entgegen § 264 Abs. 2 Satz 3, § 289 Abs. 1 Satz 5, § 297 Abs. 2 Satz 4 oder § 315 Abs. 1 Satz 6 eine Versicherung nicht richtig abgibt,

4. als Mitglied des vertretungsberechtigten Organs einer Kapitalgesellschaft oder als Mitglied des vertretungsberechtigten Organs oder als vertretungsberechtigter Gesellschafter eines ihrer Tochterunternehmen (§ 290 Abs. 1, 2) in Aufklärungen oder Nachweisen, die nach § 320 einem Abschlußprüfer einer Kapitalgesellschaft, eines verbundenen Unternehmens oder des Konzerns zu geben sind, unrichtige Angaben macht oder die Verhältnisse der Kapitalgesellschaft, eines Tochterunternehmens oder des Konzerns unrichtig wiedergibt oder verschleiert.

§ 332 Verletzung der Berichtpflicht

(1) Mit Freiheitsstrafe bis zu drei Jahren oder mit Geldstrafe wird bestraft, wer als Abschlußprüfer oder Gehilfe eines Abschlußprüfers über das Ergebnis der Prüfung eines Jahresabschlusses, eines Einzelabschlusses nach § 325 Abs. 2a, eines Lageberichts, eines Konzernabschlusses, eines Konzernlageberichts einer Kapitalgesellschaft oder eines Zwischenabschlusses nach § 340a Abs. 3 oder eines Konzernzwischenabschlusses ge-

mäß § 340i Abs. 4 unrichtig berichtet, im Prüfungsbericht (§ 321) erhebliche Umstände verschweigt oder einen inhaltlich unrichtigen Bestätigungsvermerk (§ 322) erteilt.

(2) Handelt der Täter gegen Entgelt oder in der Absicht, sich oder einen anderen zu bereichern oder einen anderen zu schädigen, so ist die Strafe Freiheitsstrafe bis zu fünf Jahren oder Geldstrafe.

§ 333 Verletzung der Geheimhaltungspflicht

(1) Mit Freiheitsstrafe bis zu einem Jahr oder mit Geldstrafe wird bestraft, wer ein Geheimnis der Kapitalgesellschaft, eines Tochterunternehmens (§ 290 Abs. 1, 2), eines gemeinsam geführten Unternehmens (§ 310) oder eines assoziierten Unternehmens (§ 311), namentlich ein Betriebs- oder Geschäftsgeheimnis, das ihm in seiner Eigenschaft als Abschlußprüfer oder Gehilfe eines Abschlußprüfers bei Prüfung des Jahresabschlusses, eines Einzelabschlusses nach § 325 Abs. 2a oder des Konzernabschlusses bekannt geworden ist, oder wer ein Geschäfts- oder Betriebsgeheimnis oder eine Erkenntnis über das Unternehmen, das ihm als Beschäftiger bei einer Prüfstelle im Sinne von § 342b Abs. 1 bei der Prüftätigkeit bekannt geworden ist, unbefugt offenbart.

(2) Handelt der Täter gegen Entgelt oder in der Absicht, sich oder einen anderen zu bereichern oder einen anderen zu schädigen, so ist die Strafe Freiheitsstrafe bis zu zwei Jahren oder Geldstrafe. Ebenso wird bestraft, wer ein Geheimnis der in Absatz 1 bezeichneten Art, namentlich ein Betriebs- oder Geschäftsgeheimnis, das ihm unter den Voraussetzungen des Absatzes 1 bekannt geworden ist, unbefugt verwertet.

(3) Die Tat wird nur auf Antrag der Kapitalgesellschaft verfolgt.

§ 334 Bußgeldvorschriften

(1) Ordnungswidrig handelt, wer als Mitglied des vertretungsberechtigten Organs oder des Aufsichtsrats einer Kapitalgesellschaft

1. bei der Aufstellung oder Feststellung des Jahresabschlusses einer Vorschrift

a) des § 243 Abs. 1 oder 2, der §§ 244, 245, 246, 247, 248, 249 Abs. 1 Satz 1 oder Abs. 2, des § 250 Abs. 1 oder 2, des § 251 oder des § 264 Abs. 2 über Form oder Inhalt,

b) des § 253 Abs. 1 Satz 1, 2, 3 oder Satz 4, Abs. 2 Satz 1, auch in Verbindung mit Satz 2, Abs. 3 Satz 1, 2 oder 3, Abs. 4 oder 5, des § 254 oder des § 256a über die Bewertung,

c) des § 265 Abs. 2, 3, 4 oder 6, der §§ 266, 268 Abs. 2, 3, 4, 5, 6 oder 7, der §§ 272, 274, 275 oder des § 277 über die Gliederung oder

d) des § 284 oder des § 285 über die in der Bilanz oder im Anhang zu machenden Angaben,

2. bei der Aufstellung des Konzernabschlusses einer Vorschrift

a) des § 294 Abs. 1 über den Konsolidierungskreis,

b) des § 297 Abs. 2 oder 3 oder des § 298 Abs. 1 in Verbindung mit den §§ 244, 245, 246, 247, 248, 249 Abs. 1 Satz 1 oder 2, dem § 250 Abs. 1 oder dem § 251 über Inhalt oder Form,

c) des § 300 über die Konsolidierungsgrundsätze oder das Vollständigkeitsgebot,

d) des § 308 Abs. 1 Satz 1 in Verbindung mit den in Nummer 1 Buchstabe b bezeichneten Vorschriften, des § 308 Abs. 2 oder des § 308a über die Bewertung,

e) des § 311 Abs. 1 Satz 1 in Verbindung mit § 312 über die Behandlung assoziierter Unternehmen oder

f) des § 308 Abs. 1 Satz 3, des § 313 oder des § 314 über die im Anhang zu machenden Angaben,

3. bei der Aufstellung des Lageberichts einer Vorschrift des § 289 Abs. 1, 4 oder Abs. 5 oder des § 289a über den Inhalt des Lageberichts,

4. bei der Aufstellung des Konzernlageberichts einer Vorschrift des § 315 Abs. 1

oder 4 über den Inhalt des Konzernlageberichts,

5. bei der Offenlegung, Veröffentlichung oder Vervielfältigung einer Vorschrift des § 328 über Form oder Inhalt oder

6. einer auf Grund des § 330 Abs. 1 Satz 1 erlassenen Rechtsverordnung, soweit sie für einen bestimmten Tatbestand auf diese Bußgeldvorschrift verweist,

zuwiderhandelt.

(2) Ordnungswidrig handelt, wer zu einem Jahresabschluss, zu einem Einzelabschluss nach § 325 Abs. 2a oder zu einem Konzernabschluss, der aufgrund gesetzlicher Vorschriften zu prüfen ist, einen Vermerk nach § 322 Abs. 1 erteilt, obwohl nach § 319 Abs. 2, 3, 5, § 319a Abs. 1 Satz 1, Abs. 2, § 319b Abs. 1 Satz 1 oder 2 er oder nach § 319 Abs. 4, auch in Verbindung mit § 319a Abs. 1 Satz 2, oder § 319a Abs. 1 Satz 4, 5, § 319b Abs. 1 die Wirtschaftsprüfungsgesellschaft oder die Buchprüfungsgesellschaft, für die er tätig wird, nicht Abschlussprüfer sein darf.

(3) Die Ordnungswidrigkeit kann mit einer Geldbuße bis zu fünfzigtausend Euro geahndet werden.

(4) Verwaltungsbehörde im Sinn des § 36 Abs. 1 Nr. 1 des Gesetzes über Ordnungswidrigkeiten ist in den Fällen der Absätze 1 und 2 das Bundesamt für Justiz.

(5) Die Absätze 1 bis 4 sind auf Kreditinstitute im Sinn des § 340 und auf Versicherungsunternehmen im Sinn des § 341 Abs. 1 nicht anzuwenden.

§ 335 Festsetzung von Ordnungsgeld

(1) Gegen die Mitglieder des vertretungsberechtigten Organs einer Kapitalgesellschaft, die

1. § 325 über die Pflicht zur Offenlegung des Jahresabschlusses, des Lageberichts, des Konzernabschlusses, des Konzernlageberichts und anderer Unterlagen der Rechnungslegung oder

2. § 325a über die Pflicht zur Offenlegung der Rechnungslegungsunterlagen der Hauptniederlassung

nicht befolgen, ist wegen des pflichtwidrigen Unterlassens der rechtzeitigen Offenlegung vom Bundesamt für Justiz (Bundesamt) ein Ordnungsgeldverfahren nach den Absätzen 2 bis 6 durchzuführen; im Fall der Nummer 2 treten die in § 13e Abs. 2 Satz 4 Nr. 3 genannten Personen, sobald sie angemeldet sind, an die Stelle der Mitglieder des vertretungsberechtigten Organs der Kapitalgesellschaft. Das Ordnungsgeldverfahren kann auch gegen die Kapitalgesellschaft durchgeführt werden, für die die Mitglieder des vertretungsberechtigten Organs die in Satz 1 Nr. 1 und 2 genannten Pflichten zu erfüllen haben. Dem Verfahren steht nicht entgegen, dass eine der Offenlegung vorausgehende Pflicht, insbesondere die Aufstellung des Jahres- oder Konzernabschlusses oder die unverzügliche Erteilung des Prüfauftrags, noch nicht erfüllt ist. Das Ordnungsgeld beträgt mindestens zweitausendfünfhundert und höchstens fünfundzwanzigtausend Euro. Eingenommene Ordnungsgelder fließen dem Bundesamt zu.

(2) Auf das Verfahren sind die §§ 15 bis 19, § 40 Abs. 1, § 388 Abs. 1, § 389 Abs. 3, § 390 Abs. 2 bis 6 des Gesetzes über das Verfahren in Familiensachen und in den Angelegenheiten der freiwilligen Gerichtsbarkeit sowie im Übrigen § 11 Nr. 1 und 2, § 12 Abs. 1 Nr. 1 bis 3, Abs. 2 und 3, §§ 14, 15, 20 Abs. 1 und 3, § 21 Abs. 1, §§ 23 und 26 des Verwaltungsverfahrensgesetzes nach Maßgabe der nachfolgenden Absätze entsprechend anzuwenden. Das Ordnungsgeldverfahren ist ein Justizverwaltungsverfahren. Zur Vertretung der Beteiligten sind auch Wirtschaftsprüfer und vereidigte Buchprüfer, Steuerberater, Steuerbevollmächtigte, Personen und Vereinigungen im Sinn des § 3 Nr. 4 des Steuerberatungsgesetzes sowie Gesellschaften im Sinn des § 3 Nr. 2 und 3 des Steuerberatungsgesetzes, die durch Personen im Sinn des § 3 Nr. 1 des Steuerberatungsgesetzes handeln, befugt.

(2a) Für eine elektronische Aktenführung und Kommunikation sind § 110a Abs. 1, § 110b Abs. 1 Satz 1, Abs. 2 bis 4, § 110c Abs. 1 sowie § 110d des Gesetzes über Ordnungs-widrigkeiten entsprechend anzuwenden. § 110a Abs. 2 Satz 1 und 3 sowie § 110b Abs. 1 Satz 2 und 4 des Gesetzes über Ordnungswidrigkeiten sind mit der Maßgabe entsprechend anzuwenden, dass das Bundesministerium der Justiz die Rechtsverordnung ohne Zustimmung des Bundesrates erlassen kann; es kann die Ermächtigung durch Rechtsverordnung auf das Bundesamt für Justiz übertragen.

(3) Den in Absatz 1 Satz 1 und 2 bezeichneten Beteiligten ist unter Androhung eines Ordnungsgeldes in bestimmter Höhe aufzugeben, innerhalb einer Frist von sechs Wochen vom Zugang der Androhung an ihrer gesetzlichen Verpflichtung nachzukommen oder die Unterlassung mittels Einspruchs gegen die Verfügung zu rechtfertigen. Mit der Androhung des Ordnungsgeldes sind den Beteiligten zugleich die Kosten des Verfahrens aufzuerlegen. Der Einspruch kann auf Einwendungen gegen die Entscheidung über die Kosten beschränkt werden. Wenn die Beteiligten nicht spätestens sechs Wochen nach dem Zugang der Androhung der gesetzlichen Pflicht entsprochen oder die Unterlassung mittels Einspruchs gerechtfertigt haben, ist das Ordnungsgeld festzusetzen und zugleich die frühere Verfügung unter Androhung eines erneuten Ordnungsgeldes zu wiederholen. Wenn die Sechswochenfrist nur geringfügig überschritten wird, kann das Bundesamt das Ordnungsgeld herabsetzen. Der Einspruch gegen die Androhung des Ordnungsgeldes und gegen die Entscheidung über die Kosten hat keine aufschiebende Wirkung. Führt der Einspruch zu einer Einstellung des Verfahrens, ist zugleich auch die Kostenentscheidung nach Satz 2 aufzuheben.

(4) Gegen die Entscheidung, durch die das Ordnungsgeld festgesetzt oder der Einspruch oder der Antrag auf Wiedereinsetzung in den vorigen Stand verworfen wird, sowie gegen die Entscheidung nach Absatz 3 Satz 7 findet die Beschwerde nach den Vorschriften des Gesetzes über das Verfahren in Familiensachen und in den Angelegenheiten der freiwilligen Gerichtsbarkeit statt, soweit sich nicht aus Absatz 5 etwas anderes ergibt.

(5) Die Beschwerde ist binnen einer Frist von zwei Wochen einzulegen; über sie entscheidet das für den Sitz des Bundesamts zuständige Landgericht.Die Landesregierung des Landes, in dem das Bundesamt seinen Sitz unterhält, wird ermächtigt, zur Vermeidung von erheblichen Verfahrensrückständen oder zum Ausgleich einer übermäßigen Geschäftsbelastung durch Rechtsverordnung die Entscheidung über die Rechtsmittel nach Satz 1 einem anderen Landgericht oder weiteren Landgerichten zu übertragen. Die Landesregierung kann diese Ermächtigung auf die Landesjustizverwaltung übertragen. Ist bei dem Landgericht eine Kammer für Handelssachen gebildet, so tritt diese Kammer an die Stelle der Zivilkammer. Entscheidet über die Beschwerde die Zivilkammer, so sind die §§ 348 und 348a der Zivilprozessordnung entsprechend anzuwenden; über eine bei der Kammer für Handelssachen anhängige Beschwerde entscheidet der Vorsitzende. Die Rechtsbeschwerde findet nicht statt. Das Landgericht kann nach billigem Ermessen bestimmen, dass die außergerichtlichen Kosten der Beteiligten, die zur zweckentsprechenden Rechtsverfolgung notwendig waren, ganz oder teilweise aus der Staatskasse zu erstatten sind. Satz 7 gilt entsprechend, wenn das Bundesamt der Beschwerde abhilft. § 91 Abs. 1 Satz 2 und die §§ 103 bis 107 der Zivilprozessordnung gelten entsprechend. Absatz 2 Satz 3 ist anzuwenden. Die sofortige Beschwerde ist bei dem Bundesamt einzulegen. Hält das Bundesamt die sofortige Beschwerde für begründet, hat es ihr abzuhelfen; anderenfalls ist die sofortige Beschwerde unverzüglich dem Beschwerdegericht vorzulegen.

(5a) Für die elektronische Aktenführung des Gerichts und die Kommunikation mit dem Gericht nach Absatz 5 sind § 110a Abs. 1, § 110b Abs. 1 Satz 1, Abs. 2 bis 4, § 110c Abs. 1 sowie § 110d des Gesetzes über Ordnungswidrigkeiten entsprechend anzuwenden. § 110a Abs. 2 Satz 1 und 3 sowie § 110b Abs. 1 Satz 2 und 4 des Gesetzes über Ordnungswidrigkeiten sind mit der Maßgabe anzuwenden, dass die Landesregierung des Landes, in dem das Bundesamt seinen Sitz unterhält, die Rechtsverordnung erlassen und die Ermächtigung durch Rechtsverordnung auf die Landesjustizverwaltung übertragen kann.

(6) Liegen dem Bundesamt in einem Verfahren nach den Absätzen 1 bis 3 keine Anhaltspunkte über die Einstufung einer Gesellschaft im Sinn des § 267 Abs. 1, 2 oder Abs. 3 vor, ist den in Absatz 1 Satz 1 und 2 bezeichneten Beteiligten zugleich mit der Androhung des Ordnungsgeldes aufzugeben, im Fall des Einspruchs die Bilanzsumme nach Abzug eines auf der Aktivseite ausgewiesenen Fehlbetrags (§ 268 Abs. 3), die Umsatzerlöse in den ersten zwölf Monaten vor dem Abschlussstichtag (§ 277 Abs. 1) und die durchschnittliche Zahl der Arbeitnehmer (§ 5) für das betreffende Geschäftsjahr und für diejenigen vorausgehenden Geschäftsjahre, die für die Einstufung nach § 267 Abs. 1, 2 oder Abs. 3 erforderlich sind, anzugeben. Unterbleiben die Angaben nach Satz 1, so wird für das weitere Verfahren vermutet, dass die Erleichterungen der §§ 326 und 327 nicht in Anspruch genommen werden können. Die Sätze 1 und 2 gelten für den Konzernabschluss und den Konzernlagebericht entsprechend mit der Maßgabe, dass an die Stelle der §§ 267, 326 und 327 der § 293 tritt.

§ 335a (weggefallen)

§ 335b Anwendung der Straf- und Bußgeld- sowie der Ordnungsgeldvorschriften auf bestimmte offene Handelsgesellschaften und Kommanditgesellschaften

Die Strafvorschriften der §§ 331 bis 333, die Bußgeldvorschrift des § 334 sowie die Ordnungsgeldvorschrift des § 335 gelten auch für offene Handelsgesellschaften und Kommanditgesellschaften im Sinn des § 264a Abs. 1.

Dritter Abschnitt
Ergänzende Vorschriften für eingetragene Genossenschaften

§ 336 Pflicht zur Aufstellung von Jahresabschluß und Lagebericht

(1) Der Vorstand einer Genossenschaft hat den Jahresabschluß (§ 242) um einen Anhang zu erweitern, der mit der Bilanz und der Gewinn- und Verlustrechnung eine Einheit bildet, sowie einen Lagebericht aufzustellen. Der Jahresabschluß und der Lagebericht sind in den ersten fünf Monaten des Geschäftsjahrs für das vergangene Geschäftsjahr aufzustellen.

(2) Auf den Jahresabschluß und den Lagebericht sind, soweit in den folgenden Vorschriften nichts anderes bestimmt ist, § 264 Abs. 1 Satz 4 Halbsatz 1, Abs. 2, §§ 265 bis 289 über den Jahresabschluß und den Lagebericht entsprechend anzuwenden; § 277 Abs. 3 Satz 1, § 285 Nr. 6 und 17 brauchen jedoch nicht angewendet zu werden. Sonstige Vorschriften, die durch den Geschäftszweig bedingt sind, bleiben unberührt.

(3) § 330 Abs. 1 über den Erlaß von Rechtsverordnungen ist entsprechend anzuwenden.

§ 337 Vorschriften zur Bilanz

(1) An Stelle des gezeichneten Kapitals ist der Betrag der Geschäftsguthaben der Mitglieder auszuweisen. Dabei ist der Betrag der Geschäftsguthaben der mit Ablauf des Geschäftsjahrs ausgeschiedenen Mitglieder gesondert anzugeben. Werden rückständige fällige Einzahlungen auf Geschäftsanteile in der Bilanz als Geschäftsguthaben ausgewiesen, so ist der entsprechende Betrag auf der Aktivseite unter der Bezeichnung „Rückständige fällige Einzahlungen auf Geschäftsanteile" einzustellen. Werden rückständige fällige Einzahlungen nicht als Geschäftsguthaben ausgewiesen, so ist der Betrag bei dem Posten „Geschäftsguthaben" zu vermerken. In beiden Fällen ist der Betrag mit dem Nennwert anzusetzen. Ein in der Satzung bestimmtes Mindestkapital ist gesondert anzugeben.

(2) An Stelle der Gewinnrücklagen sind die Ergebnisrücklagen auszuweisen und wie folgt aufzugliedern:

1. Gesetzliche Rücklage;

2. andere Ergebnisrücklagen; die Ergebnisrücklage nach § 73 Abs. 3 des Genossenschaftsgesetzes und die Beträge, die aus dieser Ergebnisrücklage an ausgeschiedene Mitglieder auszuzahlen sind, müssen vermerkt werden.

(3) Bei den Ergebnisrücklagen sind in der Bilanz oder im Anhang gesondert aufzuführen:

1. Die Beträge, welche die Generalversammlung aus dem Bilanzgewinn des Vorjahres eingestellt hat;

2. die Beträge, die aus dem Jahresüberschuß des Geschäftsjahrs eingestellt werden;

3. die Beträge, die für das Geschäftsjahr entnommen werden.

§ 338 Vorschriften zum Anhang

(1) Im Anhang sind auch Angaben zu machen über die Zahl der im Laufe des Geschäftsjahrs eingetretenen oder ausgeschiedenen sowie die Zahl der am Schluß des Geschäftsjahrs der Genossenschaft angehörenden Mitglieder. Ferner sind der Gesamtbetrag, um welchen in diesem Jahr die Geschäftsguthaben, sowie die Haftsummen der Mitglieder sich vermehrt oder vermindert haben, und der Betrag der Haftsummen anzugeben, für welche am Jahresschluß alle Mitglieder zusammen aufzukommen haben.

(2) Im Anhang sind ferner anzugeben:

1. Name und Anschrift des zuständigen Prüfungsverbandes, dem die Genossenschaft angehört;

2. alle Mitglieder des Vorstands und des Aufsichtsrats, auch wenn sie im Geschäftsjahr oder später ausgeschieden sind, mit dem Familiennamen und mindestens einem ausgeschriebenen Vornamen; ein etwaiger Vorsitzender des Aufsichtsrats ist als solcher zu bezeichnen.

(3) An Stelle der in § 285 Nr. 9 vorgeschriebenen Angaben über die an Mitglieder von Organen geleisteten Bezüge, Vorschüsse und Kredite sind lediglich die Forderungen anzu-

geben, die der Genossenschaft gegen Mitglieder des Vorstands oder Aufsichtsrats zustehen. Die Beträge dieser Forderungen können für jedes Organ in einer Summe zusammengefaßt werden.

§ 339 Offenlegung

(1) Der Vorstand hat unverzüglich nach der Generalversammlung über den Jahresabschluß, jedoch spätestens vor Ablauf des zwölften Monats des dem Abschlussstichtag nachfolgenden Geschäftsjahrs, den festgestellten Jahresabschluß, den Lagebericht und den Bericht des Aufsichtsrats beim Betreiber des Bundesanzeigers elektronisch einzureichen. Ist die Erteilung eines Bestätigungsvermerks nach § 58 Abs. 2 des Genossenschaftsgesetzes vorgeschrieben, so ist dieser mit dem Jahresabschluß einzureichen; hat der Prüfungsverband die Bestätigung des Jahresabschlusses versagt, so muß dies auf dem eingereichten Jahresabschluß vermerkt und der Vermerk vom Prüfungsverband unterschrieben sein. Ist die Prüfung des Jahresabschlusses im Zeitpunkt der Einreichung der Unterlagen nach Satz 1 nicht abgeschlossen, so ist der Bestätigungsvermerk oder der Vermerk über seine Versagung unverzüglich nach Abschluß der Prüfung einzureichen. Wird der Jahresabschluß oder der Lagebericht nach der Einreichung geändert, so ist auch die geänderte Fassung einzureichen.

(2) § 325 Abs. 1 Satz 7, Abs. 2, 2a und 6 sowie die §§ 326 bis 329 sind entsprechend anzuwenden.

Vierter Abschnitt
Ergänzende Vorschriften für
Unternehmen bestimmter
Geschäftszweige

Erster Unterabschnitt
Ergänzende Vorschriften für
Kreditinstitute und
Finanzdienstleistungsinstitute

Erster Titel
Anwendungsbereich

§ 340

(1) Dieser Unterabschnitt ist auf Kreditinstitute im Sinne des § 1 Abs. 1 des Gesetzes über das Kreditwesen anzuwenden, soweit sie nach dessen § 2 Abs. 1, 4 oder 5 von der Anwendung nicht ausgenommen sind, sowie auf Zweigniederlassungen von Unternehmen mit Sitz in einem Staat, der nicht Mitglied der Europäischen Gemeinschaft und auch nicht Vertragsstaat des Abkommens über den Europäischen Wirtschaftsraum ist, sofern die Zweigniederlassung nach § 53 Abs. 1 des Gesetzes über das Kreditwesen als Kreditinstitut gilt. § 340l Abs. 2 und 3 ist außerdem auf Zweigniederlassungen im Sinne des § 53b Abs. 1 Satz 1 und Abs. 7 des Gesetzes über das Kreditwesen, auch in Verbindung mit einer Rechtsverordnung nach § 53c Nr. 1 dieses Gesetzes, anzuwenden, sofern diese Zweigniederlassungen Bankgeschäfte im Sinne des § 1 Abs. 1 Satz 2 Nr. 1 bis 5 und 7 bis 12 dieses Gesetzes betreiben. Zusätzliche Anforderungen auf Grund von Vorschriften, die wegen der Rechtsform oder für Zweigniederlassungen bestehen, bleiben unberührt.

(2) Dieser Unterabschnitt ist auf Unternehmen der in § 2 Abs. 1 Nr. 4 und 5 des Gesetzes über das Kreditwesen bezeichneten Art insoweit ergänzend anzuwenden, als sie Bankgeschäfte betreiben, die nicht zu den ihnen eigentümlichen Geschäften gehören.

(3) Dieser Unterabschnitt ist auf Wohnungsunternehmen mit Spareinrichtung nicht anzuwenden.

(4) Dieser Unterabschnitt ist auch auf Finanzdienstleistungsinstitute im Sinne des § 1

Abs. 1a des Gesetzes über das Kreditwesen anzuwenden, soweit sie nicht nach dessen § 2 Abs. 6 oder 10 von der Anwendung ausgenommen sind, sowie auf Zweigniederlassungen von Unternehmen mit Sitz in einem anderen Staat, der nicht Mitglied der Europäischen Gemeinschaft und auch nicht Vertragsstaat des Abkommens über den Europäischen Wirtschaftsraum ist, sofern die Zweigniederlassung nach § 53 Abs. 1 des Gesetzes über das Kreditwesen als Finanzdienstleistungsinstitut gilt. § 340c Abs. 1 ist nicht anzuwenden auf Finanzdienstleistungsinstitute und Kreditinstitute, soweit letztere Skontroführer im Sinne des § 27 Abs. 1 Satz 1 des Börsengesetzes und nicht Einlagenkreditinstitute im Sinne des § 1 Abs. 3d Satz 1 des Gesetzes über das Kreditwesen sind. § 340l ist nur auf Finanzdienstleistungsinstitute anzuwenden, die Kapitalgesellschaften sind. Zusätzliche Anforderungen auf Grund von Vorschriften, die wegen der Rechtsform oder für Zweigniederlassungen bestehen, bleiben unberührt.

(5) Dieser Unterabschnitt ist auch auf Institute im Sinne des § 1 Absatz 2a des Zahlungsdiensteaufsichtsgesetzes anzuwenden. § 340l nur auf Institute im Sinne des § 1 Absatz 2a des Zahlungsdiensteaufsichtsgesetzes anzuwenden, die Kapitalgesellschaften sind. Zusätzliche Anforderungen auf Grund von Vorschriften, die wegen der Rechtsform oder für Zweigniederlassungen bestehen, bleiben unberührt.

Zweiter Titel
Jahresabschluß, Lagebericht, Zwischenabschluß

§ 340a Anzuwendende Vorschriften

(1) Kreditinstitute, auch wenn sie nicht in der Rechtsform einer Kapitalgesellschaft betrieben werden, haben auf ihren Jahresabschluß die für große Kapitalgesellschaften geltenden Vorschriften des Ersten Unterabschnitts des Zweiten Abschnitts anzuwenden, soweit in den Vorschriften dieses Unterabschnitts nichts anderes bestimmt ist; Kreditinstitute haben außerdem einen Lagebericht nach den für große Kapitalgesellschaften geltenden Bestimmungen des § 289 aufzustellen.

(2) § 265 Abs. 6 und 7, §§ 267, 268 Abs. 4 Satz 1, Abs. 5 Satz 1 und 2, §§ 276, 277 Abs. 1, 2, 3 Satz 1, § 284 Abs. 2 Nr. 4, § 285 Nr. 8 und 12, § 288 sind nicht anzuwenden. An Stelle von § 247 Abs. 1, §§ 251, 266, 268 Abs. 2 und 7, §§ 275, 285 Nr. 1, 2, 4 und 9 Buchstabe c sind die durch Rechtsverordnung erlassenen Formblätter und anderen Vorschriften anzuwenden. § 246 Abs. 2 ist nicht anzuwenden, soweit abweichende Vorschriften bestehen. § 264 Abs. 3 und § 264b sind mit der Maßgabe anzuwenden, daß das Kreditinstitut unter den genannten Voraussetzungen die Vorschriften des Vierten Unterabschnitts des Zweiten Abschnitts nicht anzuwenden braucht.

(3) Sofern Kreditinstitute einer prüferischen Durchsicht zu unterziehende Zwischenabschlüsse zur Ermittlung von Zwischenergebnissen im Sinne des § 10 Abs. 3 des Kreditwesengesetzes aufstellen, sind auf diese die für den Jahresabschluss geltenden Rechnungslegungsgrundsätze anzuwenden. Die Vorschriften über die Bestellung des Abschlussprüfers sind auf die prüferische Durchsicht entsprechend anzuwenden. Die prüferische Durchsicht ist so anzulegen, dass bei gewissenhafter Berufsausübung ausgeschlossen werden kann, dass der Zwischenabschluss in wesentlichen Belangen den anzuwendenden Rechnungslegungsgrundsätzen widerspricht. Der Abschlussprüfer hat das Ergebnis der prüferischen Durchsicht in einer Bescheinigung zusammenzufassen. § 320 und § 323 gelten entsprechend.

(4) Zusätzlich haben Kreditinstitute im Anhang zum Jahresabschluß anzugeben:

1. alle Mandate in gesetzlich zu bildenden Aufsichtsgremien von großen Kapitalgesellschaften (§ 267 Abs. 3), die von gesetzlichen Vertretern oder anderen Mitarbeitern wahrgenommen werden;

2. alle Beteiligungen an großen Kapitalgesellschaften, die fünf vom Hundert der Stimmrechte überschreiten.

§ 340b Pensionsgeschäfte

(1) Pensionsgeschäfte sind Verträge, durch die ein Kreditinstitut oder der Kunde eines Kreditinstituts (Pensionsgeber) ihm gehörende Vermögensgegenstände einem anderen Kreditinstitut oder einem seiner Kunden (Pensionsnehmer) gegen Zahlung eines Betrags überträgt und in denen gleichzeitig vereinbart wird, daß die Vermögensgegenstände später gegen Entrichtung des empfangenen oder eines im voraus vereinbarten anderen Betrags an den Pensionsgeber zurückübertragen werden müssen oder können.

(2) Übernimmt der Pensionsnehmer die Verpflichtung, die Vermögensgegenstände zu einem bestimmten oder vom Pensionsgeber zu bestimmenden Zeitpunkt zurückzuübertragen, so handelt es sich um ein echtes Pensionsgeschäft.

(3) Ist der Pensionsnehmer lediglich berechtigt, die Vermögensgegenstände zu einem vorher bestimmten oder von ihm noch zu bestimmenden Zeitpunkt zurückzuübertragen, so handelt es sich um ein unechtes Pensionsgeschäft.

(4) Im Falle von echten Pensionsgeschäften sind die übertragenen Vermögensgegenstände in der Bilanz des Pensionsgebers weiterhin auszuweisen. Der Pensionsgeber hat in Höhe des für die Übertragung erhaltenen Betrags eine Verbindlichkeit gegenüber dem Pensionsnehmer auszuweisen. Ist für die Rückübertragung ein höherer oder ein niedrigerer Betrag vereinbart, so ist der Unterschiedsbetrag über die Laufzeit des Pensionsgeschäfts zu verteilen. Außerdem hat der Pensionsgeber den Buchwert der in Pension gegebenen Vermögensgegenstände im Anhang anzugeben. Der Pensionsnehmer darf die ihm in Pension gegebenen Vermögensgegenstände nicht in seiner Bilanz ausweisen; er hat in Höhe des für die Übertragung gezahlten Betrags eine Forderung an den Pensionsgeber in seiner Bilanz auszuweisen. Ist für die Rückübertragung ein höherer oder ein niedrigerer Betrag vereinbart, so ist der Unterschiedsbetrag über die Laufzeit des Pensionsgeschäfts zu verteilen.

(5) Im Falle von unechten Pensionsgeschäften sind die Vermögensgegenstände nicht in der Bilanz des Pensionsgebers, sondern in der Bilanz des Pensionsnehmers auszuweisen. Der Pensionsgeber hat unter der Bilanz den für den Fall der Rückübertragung vereinbarten Betrag anzugeben.

(6) Devisentermingeschäfte, Finanztermingeschäfte und ähnliche Geschäfte sowie die Ausgabe eigener Schuldverschreibungen auf abgekürzte Zeit gelten nicht als Pensionsgeschäfte im Sinne dieser Vorschrift.

§ 340c Vorschriften zur Gewinn- und Verlustrechnung und zum Anhang

(1) Als Ertrag oder Aufwand des Handelsbestands ist der Unterschiedsbetrag aller Erträge und Aufwendungen aus Geschäften mit Finanzinstrumenten des Handelsbestands und dem Handel mit Edelmetallen sowie der zugehörigen Erträge aus Zuschreibungen und Aufwendungen aus Abschreibungen auszuweisen. In die Verrechnung sind außerdem die Aufwendungen für die Bildung von Rückstellungen für drohende Verluste aus den in Satz 1 bezeichneten Geschäften und die Erträge aus der Auflösung dieser Rückstellungen einzubeziehen.

(2) Die Aufwendungen aus Abschreibungen auf Beteiligungen, Anteile an verbundenen Unternehmen und wie Anlagevermögen behandelte Wertpapiere dürfen mit den Erträgen aus Zuschreibungen zu solchen Vermögensgegenständen verrechnet und in einem Aufwand- oder Ertragsposten ausgewiesen werden. In die Verrechnung nach Satz 1 dürfen auch die Aufwendungen und Erträge aus Geschäften mit solchen Vermögensgegenständen einbezogen werden.

(3) Kreditinstitute, die dem haftenden Eigenkapital nicht realisierte Reserven nach § 10 Abs. 2b Satz 1 Nr. 6 oder 7 des Gesetzes über das Kreditwesen zurechnen, haben den Betrag, mit dem diese Reserven dem haftenden Eigenkapital zugerechnet werden, im Anhang zur Bilanz und zur Gewinn- und Verlustrechnung anzugeben.

§ 340d Fristengliederung

Die Forderungen und Verbindlichkeiten sind im Anhang nach der Fristigkeit zu gliedern. Für die Gliederung nach der Fristigkeit ist die Restlaufzeit am Bilanzstichtag maßgebend.

Dritter Titel
Bewertungsvorschriften

§ 340e Bewertung von Vermögensgegenständen

(1) Kreditinstitute haben Beteiligungen einschließlich der Anteile an verbundenen Unternehmen, Konzessionen, gewerbliche Schutzrechte und ähnliche Rechte und Werte sowie Lizenzen an solchen Rechten und Werten, Grundstücke, grundstücksgleiche Rechte und Bauten einschließlich der Bauten auf fremden Grundstücken, technische Anlagen und Maschinen, andere Anlagen, Betriebs- und Geschäftsausstattung sowie Anlagen im Bau nach den für das Anlagevermögen geltenden Vorschriften zu bewerten, es sei denn, daß sie nicht dazu bestimmt sind, dauernd dem Geschäftsbetrieb zu dienen; in diesem Falle sind sie nach Satz 2 zu bewerten. Andere Vermögensgegenstände, insbesondere Forderungen und Wertpapiere, sind nach den für das Umlaufvermögen geltenden Vorschriften zu bewerten, es sei denn, daß sie dazu bestimmt werden, dauernd dem Geschäftsbetrieb zu dienen; in diesem Falle sind sie nach Satz 1 zu bewerten. § 253 Abs. 3 Satz 4 ist nur auf Beteiligungen und Anteile an verbundenen Unternehmen im Sinn des Satzes 1 sowie Wertpapiere und Forderungen im Sinn des Satzes 2, die dauernd dem Geschäftsbetrieb zu dienen bestimmt sind, anzuwenden.

(2) Abweichend von § 253 Abs. 1 Satz 1 dürfen Hypothekendarlehen und andere Forderungen mit ihrem Nennbetrag angesetzt werden, soweit der Unterschiedsbetrag zwischen dem Nennbetrag und dem Auszahlungsbetrag oder den Anschaffungskosten Zinscharakter hat. Ist der Nennbetrag höher als der Auszahlungsbetrag oder die Anschaffungskosten, so ist der Unterschiedsbetrag in den Rechnungsabgrenzungsposten auf der

Passivseite aufzunehmen; er ist planmäßig aufzulösen und in seiner jeweiligen Höhe in der Bilanz oder im Anhang gesondert anzugeben. Ist der Nennbetrag niedriger als der Auszahlungsbetrag oder die Anschaffungskosten, so darf der Unterschiedsbetrag in den Rechnungsabgrenzungsposten auf der Aktivseite aufgenommen werden; er ist planmäßig aufzulösen und in seiner jeweiligen Höhe in der Bilanz oder im Anhang gesondert anzugeben.

(3) Finanzinstrumente des Handelsbestands sind zum beizulegenden Zeitwert abzüglich eines Risikoabschlags zu bewerten. Eine Umgliederung in den Handelsbestand ist ausgeschlossen. Das Gleiche gilt für eine Umgliederung aus dem Handelsbestand, es sei denn, außergewöhnliche Umstände, insbesondere schwerwiegende Beeinträchtigungen der Handelbarkeit der Finanzinstrumente, führen zu einer Aufgabe der Handelsabsicht durch das Kreditinstitut. Finanzinstrumente des Handelsbestands können nachträglich in eine Bewertungseinheit einbezogen werden; sie sind bei Beendigung der Bewertungseinheit wieder in den Handelsbestand umzugliedern.

(4) In der Bilanz ist dem Sonderposten „Fonds für allgemeine Bankrisiken" nach § 340g in jedem Geschäftsjahr ein Betrag, der mindestens 10 vom Hundert der Nettoerträge des Handelsbestands entspricht, zuzuführen und dort gesondert auszuweisen. Dieser Posten darf nur aufgelöst werden

1. zum Ausgleich von Nettoaufwendungen des Handelsbestands oder

2. soweit er 50 vom Hundert des Durchschnitts der letzten fünf jährlichen Nettoerträge des Handelsbestands übersteigt.

§ 340f Vorsorge für allgemeine Bankrisiken

(1) Kreditinstitute dürfen Forderungen an Kreditinstitute und Kunden, Schuldverschreibungen und andere festverzinsliche Wertpapiere sowie Aktien und andere nicht festverzinsliche Wertpapiere, die weder wie Anlagevermögen behandelt werden noch Teil des Handelsbestands sind, mit einem niedrigeren als dem nach § 253 Abs. 1 Satz 1, Abs. 4

vorgeschriebenen oder zugelassenen Wert ansetzen, soweit dies nach vernünftiger kaufmännischer Beurteilung zur Sicherung gegen die besonderen Risiken des Geschäftszweigs der Kreditinstitute notwendig ist. Der Betrag der auf diese Weise gebildeten Vorsorgereserven darf vier vom Hundert des Gesamtbetrags der in Satz 1 bezeichneten Vermögensgegenstände, der sich bei deren Bewertung nach § 253 Abs. 1 Satz 1, Abs. 4 ergibt, nicht übersteigen. Ein niedrigerer Wertansatz darf beibehalten werden.

(2) (weggefallen)

(3) Aufwendungen und Erträge aus der Anwendung von Absatz 1 und aus Geschäften mit in Absatz 1 bezeichneten Wertpapieren und Aufwendungen aus Abschreibungen sowie Erträge aus Zuschreibungen zu diesen Wertpapieren dürfen mit den Aufwendungen aus Abschreibungen auf Forderungen, Zuführungen zu Rückstellungen für Eventualverbindlichkeiten und für Kreditrisiken sowie mit den Erträgen aus Zuschreibungen zu Forderungen oder aus deren Eingang nach teilweiser oder vollständiger Abschreibung und aus Auflösungen von Rückstellungen für Eventualverbindlichkeiten und für Kreditrisiken verrechnet und in der Gewinn- und Verlustrechnung in einem Aufwand- oder Ertragsposten ausgewiesen werden.

(4) Angaben über die Bildung und Auflösung von Vorsorgereserven nach Absatz 1 sowie über vorgenommene Verrechnungen nach Absatz 3 brauchen im Jahresabschluß, Lagebericht, Konzernabschluß und Konzernlagebericht nicht gemacht zu werden.

§ 340g Sonderposten für allgemeine Bankrisiken

(1) Kreditinstitute dürfen auf der Passivseite ihrer Bilanz zur Sicherung gegen allgemeine Bankrisiken einen Sonderposten „Fonds für allgemeine Bankrisiken" bilden, soweit dies nach vernünftiger kaufmännischer Beurteilung wegen der besonderen Risiken des Geschäftszweigs der Kreditinstitute notwendig ist.

(2) Die Zuführungen zum Sonderposten oder die Erträge aus der Auflösung des Sonder-

postens sind in der Gewinn- und Verlustrechnung gesondert auszuweisen.

Vierter Titel
Währungsumrechnung

§ 340h Währungsumrechnung

§ 256a gilt mit der Maßgabe, dass Erträge, die sich aus der Währungsumrechnung ergeben, in der Gewinn- und Verlustrechnung zu berücksichtigen sind, soweit die Vermögensgegenstände, Schulden oder Termingeschäfte durch Vermögensgegenstände, Schulden oder andere Termingeschäfte in derselben Währung besonders gedeckt sind.

Fünfter Titel
Konzernabschluß, Konzernlagebericht, Konzernzwischenabschluß

§ 340i Pflicht zur Aufstellung

(1) Kreditinstitute, auch wenn sie nicht in der Rechtsform einer Kapitalgesellschaft betrieben werden, haben unabhängig von ihrer Größe einen Konzernabschluß und einen Konzernlagebericht nach den Vorschriften des Zweiten Unterabschnitts des Zweiten Abschnitts über den Konzernabschluß und Konzernlagebericht aufzustellen, soweit in den Vorschriften dieses Unterabschnitts nichts anderes bestimmt ist. Zusätzliche Anforderungen auf Grund von Vorschriften, die wegen der Rechtsform bestehen, bleiben unberührt.

(2) Auf den Konzernabschluß sind, soweit seine Eigenart keine Abweichung bedingt, die §§ 340a bis 340g über den Jahresabschluß und die für die Rechtsform und den Geschäftszweig der in den Konzernabschluß einbezogenen Unternehmen mit Sitz im Geltungsbereich dieses Gesetzes geltenden Vorschriften entsprechend anzuwenden, soweit sie für große Kapitalgesellschaften gelten. Die §§ 293, 298 Abs. 1 und 2, § 314 Abs. 1 Nr. 1, 3, 6 Buchstabe c sind nicht anzuwenden. In den Fällen des § 315a Abs. 1 finden von den in Absatz 1 genannten Vorschriften nur die §§ 290 bis 292, 315a Anwendung; die Sätze 1 und 2 dieses Absatzes sowie § 340j

sind nicht anzuwenden. Soweit § 315a Abs. 1 auf die Bestimmung des § 314 Abs. 1 Nr. 6 Buchstabe c verweist, tritt an deren Stelle die Vorschrift des § 34 Abs. 2 Nr. 2 in Verbindung mit § 37 der Kreditinstituts-Rechnungslegungsverordnung in der Fassung der Bekanntmachung vom 11. Dezember 1998 (BGBl. I S. 3658), die zuletzt durch Artikel 8 Abs. 11 Nr. 1 des Gesetzes vom 4. Dezember 2004 (BGBl. I S. 3166) geändert worden ist. Im Übrigen findet die Kreditinstituts-Rechnungslegungsverordnung in den Fällen des § 315a Abs. 1 keine Anwendung.

(3) Als Kreditinstitute im Sinne dieses Titels gelten auch Mutterunternehmen, deren einziger Zweck darin besteht, Beteiligungen an Tochterunternehmen zu erwerben sowie die Verwaltung und Verwertung dieser Beteiligungen wahrzunehmen, sofern diese Tochterunternehmen ausschließlich oder überwiegend Kreditinstitute sind.

(4) Sofern Kreditinstitute einer prüferischen Durchsicht zu unterziehende Konzernzwischenabschlüsse zur Ermittlung von Konzernzwischenergebnissen im Sinne des § 10a Abs. 10 des Kreditwesengesetzes aufstellen, sind auf diese die für den Konzernabschluss geltenden Rechnungslegungsgrundsätze anzuwenden. Die Vorschriften über die Bestellung des Abschlussprüfers sind auf die prüferische Durchsicht entsprechend anzuwenden. Die prüferische Durchsicht ist so anzulegen, dass bei gewissenhafter Berufsausübung ausgeschlossen werden kann, dass der Zwischenabschluss in wesentlichen Belangen den anzuwendenden Rechnungslegungsgrundsätzen widerspricht. Der Abschlussprüfer hat das Ergebnis der prüferischen Durchsicht in einer Bescheinigung zusammenzufassen. § 320 und § 323 gelten entsprechend.

§ 340j Einzubeziehende Unternehmen

Bezieht ein Kreditinstitut ein Tochterunternehmen, das Kreditinstitut ist, nach § 296 Abs. 1 Nr. 3 in seinen Konzernabschluß nicht ein und ist der vorübergehende Besitz von Aktien oder Anteilen dieses Unternehmens auf eine finanzielle Stützungsaktion zur Sanierung oder Rettung des genannten Unter-

nehmens zurückzuführen, so hat es den Jahresabschluß dieses Unternehmens seinem Konzernabschluß beizufügen und im Konzernanhang zusätzliche Angaben über die Art und die Bedingungen der finanziellen Stützungsaktion zu machen.

Sechster Titel
Prüfung

§ 340k

(1) Kreditinstitute haben unabhängig von ihrer Größe ihren Jahresabschluß und Lagebericht sowie ihren Konzernabschluß und Konzernlagebericht unbeschadet der Vorschriften der §§ 28 und 29 des Gesetzes über das Kreditwesen nach den Vorschriften des Dritten Unterabschnitts des Zweiten Abschnitts über die Prüfung prüfen zu lassen; § 319 Abs. 1 Satz 2 ist nicht anzuwenden. Die Prüfung ist spätestens vor Ablauf des fünften Monats des dem Abschlußstichtag nachfolgenden Geschäftsjahrs vorzunehmen. Der Jahresabschluß ist nach der Prüfung unverzüglich festzustellen.

(2) Ist das Kreditinstitut eine Genossenschaft oder ein rechtsfähiger wirtschaftlicher Verein, so ist die Prüfung abweichend von § 319 Abs. 1 Satz 1 von dem Prüfungsverband durchzuführen, dem das Kreditinstitut als Mitglied angehört, sofern mehr als die Hälfte der geschäftsführenden Mitglieder des Vorstands dieses Prüfungsverbands Wirtschaftsprüfer sind. Hat der Prüfungsverband nur zwei Vorstandsmitglieder, so muß einer von ihnen Wirtschaftsprüfer sein. § 319 Abs. 2 und 3 sowie § 319a Abs. 1 sind auf die gesetzlichen Vertreter des Prüfungsverbandes und auf alle vom Prüfungsverband beschäftigten Personen, die das Ergebnis der Prüfung beeinflussen können, entsprechend anzuwenden; § 319 Abs. 3 Satz 1 Nr. 2 ist auf Mitglieder des Aufsichtsorgans des Prüfungsverbandes nicht anzuwenden, sofern sichergestellt ist, dass der Abschlussprüfer die Prüfung unabhängig von den Weisungen durch das Aufsichtsorgan durchführen kann. Ist das Mutterunternehmen eine Genossenschaft, so ist der Prüfungsverband, dem die

Genossenschaft angehört, unter den Voraussetzungen der Sätze 1 bis 3 auch Abschlußprüfer des Konzernabschlusses und des Konzernlageberichts.

(2a) Bei der Prüfung des Jahresabschlusses der in Absatz 2 bezeichneten Kreditinstitute durch einen Prüfungsverband darf der gesetzlich vorgeschriebene Bestätigungsvermerk nur von Wirtschaftsprüfern unterzeichnet werden. Die im Prüfungsverband tätigen Wirtschaftsprüfer haben ihre Prüfungstätigkeit unabhängig, gewissenhaft, verschwiegen und eigenverantwortlich auszuüben. Sie haben sich insbesondere bei der Erstattung von Prüfungsberichten unparteiisch zu verhalten. Weisungen dürfen ihnen hinsichtlich ihrer Prüfungstätigkeit von Personen, die nicht Wirtschaftsprüfer sind, nicht erteilt werden. Die Zahl der im Verband tätigen Wirtschaftsprüfer muss so bemessen sein, dass die den Bestätigungsvermerk unterschreibenden Wirtschaftsprüfer die Prüfung verantwortlich durchführen können.

(3) Ist das Kreditinstitut eine Sparkasse, so dürfen die nach Absatz 1 vorgeschriebenen Prüfungen abweichend von § 319 Abs. 1 Satz 1 von der Prüfungsstelle eines Sparkassen- und Giroverbands durchgeführt werden. Die Prüfung darf von der Prüfungsstelle jedoch nur durchgeführt werden, wenn der Leiter der Prüfungsstelle die Voraussetzungen des § 319 Abs. 1 Satz 1 und 2 erfüllt; § 319 Abs. 2, 3 und 5 sowie § 319a sind auf alle vom Sparkassen- und Giroverband beschäftigten Personen, die das Ergebnis der Prüfung beeinflussen können, entsprechend anzuwenden. Außerdem muß sichergestellt sein, daß der Abschlußprüfer die Prüfung unabhängig von den Weisungen der Organe des Sparkassen- und Giroverbands durchführen kann. Soweit das Landesrecht nichts anderes vorsieht, findet § 319 Abs. 1 Satz 3 mit der Maßgabe Anwendung, dass die Bescheinigung der Prüfungsstelle erteilt worden sein muss.

(4) Finanzdienstleistungsinstitute und Institute im Sinne des § 1 Absatz 2a des Zahlungsdiensteaufsichtsgesetzes, deren Bilanzsumme am Stichtag 150 Millionen Euro nicht übersteigt, dürfen auch von den in § 319 Abs. 1 Satz 2 genannten Personen geprüft werden.

(5) Kreditinstitute, auch wenn sie nicht in der Rechtsform einer Kapitalgesellschaft betrieben werden, haben § 324 anzuwenden, wenn sie kapitalmarktorientiert im Sinn des § 264d sind und keinen Aufsichts- oder Verwaltungsrat haben, der die Voraussetzungen des § 100 Abs. 5 des Aktiengesetzes erfüllen muss. Dies gilt für Sparkassen im Sinn des Absatzes 3 sowie sonstige landesrechtliche öffentlich-rechtliche Kreditinstitute nur, soweit das Landesrecht nichts anderes vorsieht.

Siebenter Titel
Offenlegung

§ 340l

(1) Kreditinstitute haben den Jahresabschluß und den Lagebericht sowie den Konzernabschluß und den Konzernlagebericht und die anderen in § 325 bezeichneten Unterlagen nach § 325 Abs. 2 bis 5, §§ 328, 329 Abs. 1 und 4 offenzulegen. Kreditinstitute, die nicht Zweigniederlassungen sind, haben die in Satz 1 bezeichneten Unterlagen außerdem in jedem anderen Mitgliedstaat der Europäischen Gemeinschaft und in jedem anderen Vertragsstaat des Abkommens über den Europäischen Wirtschaftsraum offenzulegen, in dem sie eine Zweigniederlassung errichtet haben. Die Offenlegung richtet sich nach dem Recht des jeweiligen Mitgliedstaats oder Vertragsstaats.

(2) Zweigniederlassungen im Geltungsbereich dieses Gesetzes von Unternehmen mit Sitz in einem anderen Staat haben die in Absatz 1 Satz 1 bezeichneten Unterlagen ihrer Hauptniederlassung, die nach deren Recht aufgestellt und geprüft worden sind, nach § 325 Abs. 2 bis 5, §§ 328, 329 Abs. 1, 3 und 4 offenzulegen. Unternehmen mit Sitz in einem Drittstaat im Sinne des § 3 Abs. 1 Satz 1 der Wirtschaftsprüferordnung, deren Wertpapiere im Sinne des § 2 Abs. 1 Satz 1 des Wertpapierhandelsgesetzes an einer inländischen Börse zum Handel am regulierten Markt zugelassen sind, haben zudem eine Bescheini-

gung der Wirtschaftsprüferkammer gemäß § 134 Abs. 2a der Wirtschaftsprüferordnung über die Eintragung des Abschlussprüfers oder eine Bestätigung der Wirtschaftsprüferkammer gemäß § 134 Abs. 4 Satz 8 der Wirtschaftsprüferordnung über die Befreiung von der Eintragungsverpflichtung offenzulegen. Satz 2 ist nicht anzuwenden, soweit ausschließlich Schuldtitel im Sinne des § 2 Abs. 1 Satz 1 Nr. 3 des Wertpapierhandelsgesetzes mit einer Mindeststückelung von 50 000 Euro oder einem entsprechenden Betrag anderer Währung in einer inländischen Börse zum Handel am regulierten Markt zugelassen sind. Zweigniederlassungen im Geltungsbereich dieses Gesetzes von Unternehmen mit Sitz in einem Staat, der nicht Mitglied der Europäischen Gemeinschaft und auch nicht Vertragsstaat des Abkommens über den Europäischen Wirtschaftsraum ist, brauchen auf ihre eigene Geschäftätigkeit bezogene gesonderte Rechnungslegungsunterlagen nach Absatz 1 Satz 1 nicht offenzulegen, sofern die nach den Sätzen 1 und 2 offenzulegenden Unterlagen nach einem an die Richtlinie 86/635/EWG angepaßten Recht aufgestellt und geprüft worden oder den nach einem dieser Rechte aufgestellten Unterlagen gleichwertig sind. Die Unterlagen sind in deutscher Sprache einzureichen. Soweit dies nicht die Amtssprache am Sitz der Hauptniederlassung ist, können die Unterlagen der Hauptniederlassung auch

1. in englischer Sprache oder

2. einer von dem Register der Hauptniederlassung beglaubigten Abschrift oder,

3. wenn eine dem Register vergleichbare Einrichtung nicht vorhanden oder diese nicht zur Beglaubigung befugt ist, in einer von einem Wirtschaftsprüfer bescheinigten Abschrift, verbunden mit der Erklärung, dass entweder eine dem Register vergleichbare Einrichtung nicht vorhanden oder diese nicht zur Beglaubigung befugt oder dass das Register zur Beglaubigung nicht befugt ist, eingereicht werden; von der Beglaubigung des Registers ist eine beglaubigte Übersetzung in deutscher Sprache einzureichen.

(3) § 339 ist auf Kreditinstitute, die Genossenschaften sind, nicht anzuwenden.

(4) Soweit Absatz 1 Satz 1 auf § 325 Abs. 2a Satz 3 und 5 verweist, gelten die folgenden Maßgaben und ergänzenden Bestimmungen:

1. Die in § 325 Abs. 2a Satz 3 genannten Vorschriften des Ersten Unterabschnitts des Zweiten Abschnitts des Dritten Buchs sind auch auf Kreditinstitute anzuwenden, die nicht in der Rechtsform einer Kapitalgesellschaft betrieben werden.

2. § 285 Nr. 8 Buchstabe b findet keine Anwendung. Jedoch ist im Anhang zum Einzelabschluss nach § 325 Abs. 2a der Personalaufwand des Geschäftsjahrs in der Gliederung nach Formblatt 3 Posten 10 Buchstabe a der Kreditinstituts-Rechnungslegungsverordnung in der Fassung der Bekanntmachung vom 11. Dezember 1998 (BGBl. I S. 3658), die zuletzt durch Artikel 8 Abs. 11 Nr. 1 des Gesetzes vom 4. Dezember 2004 (BGBl. I S. 3166) geändert worden ist, anzugeben, sofern diese Angaben nicht gesondert in der Gewinn- und Verlustrechnung erscheinen.

3. An Stelle des § 285 Nr. 9 Buchstabe c gilt § 34 Abs. 2 Nr. 2 der Kreditinstituts-Rechnungslegungsverordnung in der Fassung der Bekanntmachung vom 11. Dezember 1998 (BGBl. I S. 3658), die zuletzt durch Artikel 8 Abs. 11 Nr. 1 des Gesetzes vom 4. Dezember 2004 (BGBl. I S. 3166) geändert worden ist.

4. Für den Anhang gilt zusätzlich die Vorschrift des § 340a Abs. 4.

5. Im Übrigen finden die Bestimmungen des Zweiten bis Vierten Titels dieses Unterabschnitts sowie die Kreditinstituts-Rechnungslegungsverordnung keine Anwendung.

Achter Titel
Straf- und Bußgeldvorschriften, Ordnungsgelder

§ 340m Strafvorschriften

Die Strafvorschriften der §§ 331 bis 333 sind auch auf nicht in der Rechtsform einer Kapitalgesellschaft betriebene Kreditinstitute, auf Finanzdienstleistungsinstitute im Sinne des § 340 Absatz 4 sowie auf Institute im Sinne des § 340 Absatz 5 anzuwenden. § 331 ist darüber hinaus auch anzuwenden auf die Verletzung von Pflichten durch

1. den Geschäftsleiter (§ 1 Absatz 2 Satz 1 des Kreditwesengesetzes) eines nicht in der Rechtsform der Kapitalgesellschaft betriebenen Kreditinstituts oder Finanzdienstleistungsinstituts im Sinne des § 340 Absatz 4 Satz 1,

2. den Geschäftsleiter (§ 1 Absatz 8 Satz 1 und 2 des Zahlungsdiensteaufsichtsgesetzes) eines nicht in der Rechtsform der Kapitalgesellschaft betriebenen Instituts im Sinne des § 340 Absatz 5,

3. den Inhaber eines in der Rechtsform des Einzelkaufmanns betriebenen Kreditinstituts oder Finanzdienstleistungsinstituts im Sinne des § 340 Absatz 4 Satz 1 und

4. den Geschäftsleiter im Sinne des § 53 Absatz 2 Nummer 1 des Kreditwesengesetzes.

§ 340n Bußgeldvorschriften

(1) Ordnungswidrig handelt, wer als Geschäftsleiter im Sinne des § 1 Abs. 2 Satz 1 oder des § 53 Abs. 2 Nr. 1 des Kreditwesengesetzes oder als Inhaber eines in der Rechtsform des Einzelkaufmanns betriebenen Kreditinstituts oder Finanzdienstleistungsinstituts im Sinne des § 340 Abs. 4 Satz 1 oder als Geschäftsleiter im Sinne des § 1 Absatz 8 Satz 1 und 2 des Zahlungsdiensteaufsichtsgesetzes eines Instituts im Sinne des § 340 Absatz 5 oder als Mitglied des Aufsichtsrats eines der vorgenannten Unternehmen

1. bei der Aufstellung oder Feststellung des Jahresabschlusses oder bei der Aufstellung des Zwischenabschlusses gemäß § 340a Abs. 3 einer Vorschrift

   a) des § 243 Abs. 1 oder 2, der §§ 244, 245, 246 Abs. 1 oder 2, dieser in Verbindung mit § 340a Abs. 2 Satz 3, des § 246 Abs. 3 Satz 1, des § 247 Abs. 2 oder 3, der §§ 248, 249 Abs. 1 Satz 1 oder Abs. 2, des § 250 Abs. 1 oder

      Abs. 2 des § 264 Abs. 2, des § 340b Abs. 4 oder 5 oder des § 340c Abs. 1 über Form oder Inhalt,

   b) des § 253 Abs. 1 Satz 1, 2, 3 oder 4, Abs. 2 Satz 1, auch in Verbindung mit Satz 2, Abs. 3 Satz 1, 2 oder 3, Abs. 4 oder 5, der §§ 254, 256a, 340e Abs. 1 Satz 1 oder 2, Abs. 3 Satz 1, 2, 3 oder 4 Halbsatz 2, Abs. 4 Satz 1 oder 2, des § 340f Abs. 1 Satz 2 oder des § 340g Abs. 2 über die Bewertung,

   c) des § 265 Abs. 2, 3 oder 4, des § 268 Abs. 3 oder 6, der §§ 272, 274 oder des § 277 Abs. 3 Satz 2 oder Abs. 4 über die Gliederung,

   d) des § 284 Abs. 1, 2 Nr. 1, 3 oder Nr. 5 oder des § 285 Nr. 3, 6, 7, 9 Buchstabe a oder Buchstabe b, Nr. 10, 11, 13, 14, 17 bis 29 über die im Anhang zu machenden Angaben,

2. bei der Aufstellung des Konzernabschlusses oder des Konzernzwischenabschlusses gemäß § 340i Abs. 4 einer Vorschrift

   a) des § 294 Abs. 1 über den Konsolidierungskreis,

   b) des § 297 Abs. 2 oder 3 oder des § 340i Abs. 2 Satz 1 in Verbindung mit einer der in Nummer 1 Buchstabe a bezeichneten Vorschriften über Form oder Inhalt,

   c) des § 300 über die Konsolidierungsgrundsätze oder das Vollständigkeitsgebot,

   d) des § 308 Abs. 1 Satz 1 in Verbindung mit den in Nummer 1 Buchstabe b bezeichneten Vorschriften, des § 308 Abs. 2 oder des § 308a über die Bewertung,

   e) des § 311 Abs. 1 Satz 1 in Verbindung mit § 312 über die Behandlung assoziierter Unternehmen oder

   f) des § 308 Abs. 1 Satz 3, des § 313 oder des § 314 über die im Anhang zu machenden Angaben,

3. bei der Aufstellung des Lageberichts einer Vorschrift des § 289 Abs. 1, 4 oder Abs. 5 oder des § 289a über den Inhalt des Lageberichts,

4. bei der Aufstellung des Konzernlageberichts einer Vorschrift des § 315 Abs. 1 oder 4 über den Inhalt des Konzernlageberichts,

5. bei der Offenlegung, Veröffentlichung oder Vervielfältigung einer Vorschrift des § 328 über Form oder Inhalt oder

6. einer auf Grund des § 330 Abs. 2 in Verbindung mit Abs. 1 Satz 1 erlassenen Rechtsverordnung, soweit sie für einen bestimmten Tatbestand auf diese Bußgeldvorschrift verweist,

zuwiderhandelt.

(2) Ordnungswidrig handelt, wer zu einem Jahresabschluss, zu einem Einzelabschluss nach § 325 Abs. 2a oder zu einem Konzernabschluss, der aufgrund gesetzlicher Vorschriften zu prüfen ist, einen Vermerk nach § 322 Abs. 1 erteilt, obwohl nach § 319 Abs. 2, 3, 5, § 319a Abs. 1 Satz 1, Abs. 2, § 319b Abs. 1 er, nach § 319 Abs. 4, auch in Verbindung mit § 319a Abs. 1 Satz 2, oder § 319a Abs. 1 Satz 4, 5, § 319b Abs. 1 die Wirtschaftsprüfungsgesellschaft oder nach § 340k Abs. 2 oder Abs. 3 der Prüfungsverband oder die Prüfungsstelle, für die oder für den er tätig wird, nicht Abschlussprüfer sein darf.

(3) Die Ordnungswidrigkeit kann mit einer Geldbuße bis zu fünfzigtausend Euro geahndet werden.

(4) Verwaltungsbehörde im Sinn des § 36 Abs. 1 Nr. 1 des Gesetzes über Ordnungswidrigkeiten ist in den Fällen der Absätze 1 und 2 die Bundesanstalt für Finanzdienstleistungsaufsicht.

§ 340o Festsetzung von Ordnungsgeld

Personen, die

1. als Geschäftsleiter im Sinne des § 1 Absatz 2 Satz 1 des Kreditwesengesetzes eines Kreditinstituts oder Finanzdienstleistungsinstituts im Sinne des § 340 Absatz 4 Satz 1 oder als Geschäftsleiter im Sinne des § 1 Absatz 8 Satz 1 und 2 des Zahlungsdiensteaufsichtsgesetzes eines Instituts im Sinne des § 340 Absatz 5 oder als Inhaber eines in der Rechtsform des Ein-

zelkaufmanns betriebenen Kreditinstituts oder Finanzdienstleistungsinstituts im Sinne des § 340 Absatz 4 Satz 1, in den § 340l Absatz 1 Satz 1 in Verbindung mit § 325 Absatz 2 bis 5, die §§ 328, 329 Absatz 1 über die Pflicht zur Offenlegung des Jahresabschlusses, des Lageberichts, des Konzernabschlusses, des Konzernlageberichts und anderer Unterlagen der Rechnungslegung oder

2. als Geschäftsleiter von Zweigniederlassungen im Sinne des § 53 Abs. 1 des Kreditwesengesetzes § 340l Abs. 1 oder 2 über die Offenlegung der Rechnungslegungsunterlagen

nicht befolgen, sind hierzu vom Bundesamt für Justiz durch Festsetzung von Ordnungsgeld nach § 335 anzuhalten. § 335 Abs. 1 Satz 2 ist entsprechend anzuwenden.

Zweiter Unterabschnitt
Ergänzende Vorschriften für Versicherungsunternehmen und Pensionsfonds

Erster Titel
Anwendungsbereich

§ 341

(1) Dieser Unterabschnitt ist, soweit nichts anderes bestimmt ist, auf Unternehmen, die den Betrieb von Versicherungsgeschäften zum Gegenstand haben und nicht Träger der Sozialversicherung sind (Versicherungsunternehmen), anzuwenden. Dies gilt nicht für solche Versicherungsunternehmen, die auf Grund von Gesetz, Tarifvertrag oder Satzung ausschließlich für ihre Mitglieder oder die durch Gesetz oder Satzung begünstigten Personen Leistungen erbringen oder als nicht rechtsfähige Einrichtungen ihre Aufwendungen im Umlageverfahren decken, es sei denn, sie sind Aktiengesellschaften, Versicherungsvereine auf Gegenseitigkeit oder rechtsfähige kommunale Schadenversicherungsunternehmen.

(2) Versicherungsunternehmen im Sinne des Absatzes 1 sind auch Niederlassungen im Geltungsbereich dieses Gesetzes von Versi-

cherungsunternehmen mit Sitz in einem anderen Staat, wenn sie zum Betrieb des Direktversicherungsgeschäfts der Erlaubnis durch die deutsche Versicherungsaufsichtsbehörde bedürfen. Niederlassungen von Versicherungsunternehmen mit Sitz in einem Mitgliedstaat der Europäischen Union oder einem Vertragsstaat des Abkommens über den Europäischen Wirtschaftsraum, die keiner Erlaubnis zum Betrieb des Direktversicherungsgeschäfts durch die deutsche Versicherungsaufsichtsbehörde bedürfen, haben die Bestimmungen des Ersten bis Vierten Titels dieses Unterabschnittes sowie die ergänzenden Vorschriften der Versicherungsunternehmens-Rechnungslegungsverordnung über den Ansatz und die Bewertung von Vermögensgegenständen und Schulden anzuwenden.

(3) Zusätzliche Anforderungen auf Grund von Vorschriften, die wegen der Rechtsform oder für Niederlassungen bestehen, bleiben unberührt.

(4) Die Vorschriften des Ersten bis Siebenten Titels dieses Unterabschnitts sind mit Ausnahme von Absatz 1 Satz 2 auf Pensionsfonds (§ 112 Abs. 1 des Versicherungsaufsichtsgesetzes) entsprechend anzuwenden. § 341d ist mit der Maßgabe anzuwenden, dass Kapitalanlagen für Rechnung und Risiko von Arbeitnehmern und Arbeitgebern mit dem Zeitwert unter Berücksichtigung des Grundsatzes der Vorsicht zu bewerten sind; §§ 341b, 341c sind insoweit nicht anzuwenden.

Zweiter Titel
Jahresabschluß, Lagebericht

§ 341a Anzuwendende Vorschriften

(1) Versicherungsunternehmen haben einen Jahresabschluß und einen Lagebericht nach den für große Kapitalgesellschaften geltenden Vorschriften des Ersten Unterabschnitts des Zweiten Abschnitts in den ersten vier Monaten des Geschäftsjahres für das vergangene Geschäftsjahr aufzustellen und dem Abschlußprüfer zur Durchführung der Prüfung vorzulegen; die Frist des § 264 Abs. 1

Satz 3 gilt nicht. Ist das Versicherungsunternehmen eine Kapitalgesellschaft im Sinn des § 325 Abs. 4 Satz 1 und nicht zugleich im Sinn des § 327a, beträgt die Frist nach Satz 1 vier Monate.

(2) § 265 Abs. 6, §§ 267, 268 Abs. 4 Satz 1, Abs. 5 Satz 1 und 2, §§ 276, 277 Abs. 1 und 2, § 285 Nr. 8 Buchstabe a und § 288 sind nicht anzuwenden. Anstelle von § 247 Abs. 1, §§ 251, 265 Abs. 7, §§ 266, 268 Abs. 2 und 7, §§ 275, 285 Nr. 4 und 8 Buchstabe b sowie § 286 Abs. 2 sind die durch Rechtsverordnung erlassenen Formblätter und anderen Vorschriften anzuwenden. § 246 Abs. 2 ist nicht anzuwenden, soweit abweichende Vorschriften bestehen. § 264 Abs. 3 und § 264b sind mit der Maßgabe anzuwenden, daß die Versicherungsunternehmen unter den genannten Voraussetzungen die Vorschriften des Vierten Unterabschnitts des Zweiten Abschnitts nicht anzuwenden braucht. § 285 Nr. 3a gilt mit der Maßgabe, daß die Angaben für solche finanzielle Verpflichtungen nicht zu machen sind, die im Rahmen des Versicherungsgeschäfts entstehen.

(3) Auf Krankenversicherungsunternehmen, die das Krankenversicherungsgeschäft ausschließlich oder überwiegend nach Art der Lebensversicherung betreiben, sind die für die Rechnungslegung der Lebensversicherungsunternehmen geltenden Vorschriften entsprechend anzuwenden.

(4) Auf Versicherungsunternehmen, die nicht Aktiengesellschaften, Kommanditgesellschaften auf Aktien oder kleinere Vereine sind, sind § 152 Abs. 2 und 3 sowie die §§ 170 bis 176 des Aktiengesetzes entsprechend anzuwenden; § 160 des Aktiengesetzes ist entsprechend anzuwenden, soweit er sich auf Genußrechte bezieht.

(5) Bei Versicherungsunternehmen, die ausschließlich die Rückversicherung betreiben oder deren Beiträge aus in Rückdeckung übernommenen Versicherungen die übrigen Beiträge übersteigen, verlängert sich die in Absatz 1 Satz 1 erster Halbsatz genannte Frist von vier Monaten auf zehn Monate, sofern das Geschäftsjahr mit dem Kalenderjahr übereinstimmt; die Hauptversammlung oder

die Versammlung der obersten Vertretung, die den Jahresabschluß entgegennimmt oder festzustellen hat, muß abweichend von § 175 Abs. 1 Satz 2 des Aktiengesetzes spätestens 14 Monate nach dem Ende des vergangenen Geschäftsjahres stattfinden. Die Frist von vier Monaten nach Absatz 1 Satz 2 verlängert sich in den Fällen des Satzes 1 nicht.

Dritter Titel
Bewertungsvorschriften

§ 341b Bewertung von Vermögensgegenständen

(1) Versicherungsunternehmen haben immaterielle Vermögensgegenstände, soweit sie entgeltlich erworben wurden, Grundstücke, grundstücksgleiche Rechte und Bauten einschließlich der Bauten auf fremden Grundstücken, technische Anlagen und Maschinen, andere Anlagen, Betriebs- und Geschäftsausstattung, Anlagen im Bau und Vorräte nach den für das Anlagevermögen geltenden Vorschriften zu bewerten. Satz 1 ist vorbehaltlich Absatz 2 und § 341c auch auf Kapitalanlagen anzuwenden, soweit es sich hierbei um Beteiligungen, Anteile an verbundenen Unternehmen, Ausleihungen an verbundene Unternehmen oder an Unternehmen, mit denen ein Beteiligungsverhältnis besteht. § 253 Abs. 3 Satz 4 ist nur auf die in Satz 2 bezeichneten Vermögensgegenstände anzuwenden. § 253 Abs. 2 Satz 3 darf, wenn es sich nicht um eine voraussichtlich dauernde Wertminderung handelt, nur auf die in Satz 2 bezeichneten Vermögensgegenstände angewendet werden.

(2) Auf Kapitalanlagen, soweit es sich hierbei um Aktien einschließlich der eigenen Anteile, Investmentanteile sowie sonstige festverzinsliche und nicht festverzinsliche Wertpapiere handelt, sind die für das Umlaufvermögen geltenden § 253 Abs. 1 Satz 1, Abs. 4 und 5, § 256 anzuwenden, es sei denn, dass sie dazu bestimmt werden, dauernd dem Geschäftsbetrieb zu dienen; in diesem Fall sind sie nach den für das Anlagevermögen geltenden Vorschriften zu bewerten.

(3) § 256 Satz 2 in Verbindung mit § 240 Abs. 3 über die Bewertung zum Festwert ist auf Grundstücke, Bauten und im Bau befindliche Anlagen nicht anzuwenden.

(4) Verträge, die von Pensionsfonds bei Lebensversicherungsunternehmen zur Deckung von Verpflichtungen gegenüber Versorgungsberechtigten eingegangen werden, sind mit dem Zeitwert unter Berücksichtigung des Grundsatzes der Vorsicht zu bewerten; die Absätze 1 bis 3 sind insoweit nicht anzuwenden.

§ 341c Namensschuldverschreibungen, Hypothekendarlehen und andere Forderungen

(1) Abweichend von § 253 Abs. 1 Satz 1 dürfen Namensschuldverschreibungen mit ihrem Nennbetrag angesetzt werden.

(2) Ist der Nennbetrag höher als die Anschaffungskosten, so ist der Unterschiedsbetrag in den Rechnungsabgrenzungsposten auf der Passivseite aufzunehmen, planmäßig aufzulösen und in seiner jeweiligen Höhe in der Bilanz oder im Anhang gesondert anzugeben. Ist der Nennbetrag niedriger als die Anschaffungskosten, darf der Unterschiedsbetrag in den Rechnungsabgrenzungsposten auf der Aktivseite aufgenommen werden; er ist planmäßig aufzulösen und in seiner jeweiligen Höhe in der Bilanz oder im Anhang gesondert anzugeben.

(3) Bei Hypothekendarlehen und anderen Forderungen dürfen die Anschaffungskosten zuzüglich oder abzüglich der kumulierten Amortisation einer Differenz zwischen den Anschaffungskosten und dem Rückzahlungsbetrag unter Anwendung der Effektivzinsmethode angesetzt werden.

§ 341d Anlagestock der fondsgebundenen Lebensversicherung

Kapitalanlagen für Rechnung und Risiko von Inhabern von Lebensversicherungen, für die ein Anlagestock nach § 54b des Versicherungsaufsichtsgesetzes zu bilden ist, sind mit dem Zeitwert unter Berücksichtigung des Grundsatzes der Vorsicht zu bewerten; die §§ 341b, 341c sind nicht anzuwenden.

**Vierter Titel
Versicherungstechnische Rückstellungen**

§ 341e Allgemeine Bilanzierungsgrundsätze

(1) Versicherungsunternehmen haben versicherungstechnische Rückstellungen auch insoweit zu bilden, wie dies nach vernünftiger kaufmännischer Beurteilung notwendig ist, um die dauernde Erfüllbarkeit der Verpflichtungen aus den Versicherungsverträgen sicherzustellen. Dabei sind die im Interesse der Versicherten erlassenen aufsichtsrechtlichen Vorschriften über die bei der Berechnung der Rückstellungen zu verwendenden Rechnungsgrundlagen einschließlich des dafür anzusetzenden Rechnungszinsfußes und über die Zuweisung bestimmter Kapitalerträge zu den Rückstellungen zu berücksichtigen. Die Rückstellungen sind nach den Wertverhältnissen am Abschlussstichtag zu bewerten und nicht nach § 253 Abs. 2 abzuzinsen.

(2) Versicherungstechnische Rückstellungen sind außer in den Fällen der §§ 341f bis 341h insbesondere zu bilden

1. für den Teil der Beiträge, der Ertrag für eine bestimmte Zeit nach dem Abschlußstichtag darstellt (Beitragsüberträge);

2. für erfolgsabhängige und erfolgsunabhängige Beitragsrückerstattungen, soweit die ausschließliche Verwendung der Rückstellung zu diesem Zweck durch Gesetz, Satzung, geschäftsplanmäßige Erklärung oder vertragliche Vereinbarung gesichert ist (Rückstellung für Beitragsrückerstattung);

3. für Verluste, mit denen nach dem Abschlußstichtag aus bis zum Ende des Geschäftsjahres geschlossenen Verträgen zu rechnen ist (Rückstellung für drohende Verluste aus dem Versicherungsgeschäft).

(3) Soweit eine Bewertung nach § 252 Abs. 1 Nr. 3 oder § 240 Abs. 4 nicht möglich ist oder der damit verbundene Aufwand unverhältnismäßig wäre, können die Rückstellungen auf Grund von Näherungsverfahren geschätzt werden, wenn anzunehmen ist, daß diese zu annähernd gleichen Ergebnissen wie Einzelberechnungen führen.

§ 341f Deckungsrückstellung

(1) Deckungsrückstellungen sind für die Verpflichtungen aus dem Lebensversicherungs- und dem nach Art der Lebensversicherung betriebenen Versicherungsgeschäft in Höhe ihres versicherungsmathematisch errechneten Wertes einschließlich bereits zugeteilter Überschußanteile mit Ausnahme der verzinslich angesammelten Überschußanteile und nach Abzug des versicherungsmathematisch ermittelten Barwerts der künftigen Beiträge zu bilden (prospektive Methode). Ist eine Ermittlung des Wertes der künftigen Verpflichtungen und der künftigen Beiträge nicht möglich, hat die Berechnung auf Grund der aufgezinsten Einnahmen und Ausgaben der vorangegangenen Geschäftsjahre zu erfolgen (retrospektive Methode).

(2) Bei der Bildung der Deckungsrückstellung sind auch gegenüber den Versicherten eingegangene Zinssatzverpflichtungen zu berücksichtigen, sofern die derzeitigen oder zu erwartenden Erträge der Vermögenswerte des Unternehmens für die Deckung dieser Verpflichtungen nicht ausreichen.

(3) In der Krankenversicherung, die nach Art der Lebensversicherung betrieben wird, ist als Deckungsrückstellung eine Alterungsrückstellung zu bilden; hierunter fallen auch der Rückstellung bereits zugeführte Beträge aus der Rückstellung für Beitragsrückerstattung sowie Zuschreibungen, die dem Aufbau einer Anwartschaft auf Beitragsermäßigung im Alter dienen. Bei der Berechnung sind die für die Berechnung der Prämien geltenden aufsichtsrechtlichen Bestimmungen zu berücksichtigen.

§ 341g Rückstellung für noch nicht abgewickelte Versicherungsfälle

(1) Rückstellungen für noch nicht abgewickelte Versicherungsfälle sind für die Verpflichtungen aus den bis zum Ende des Geschäftsjahres eingetretenen, aber noch nicht abgewickelten Versicherungsfällen zu bilden. Hierbei sind die gesamten Schadenregulierungsaufwendungen zu berücksichtigen.

(2) Für bis zum Abschlußstichtag eingetretene, aber bis zur inventurmäßigen Erfassung

noch nicht gemeldete Versicherungsfälle ist die Rückstellung pauschal zu bewerten. Dabei sind die bisherigen Erfahrungen in bezug auf die Anzahl der nach dem Abschlußstichtag gemeldeten Versicherungsfälle und die Höhe der damit verbundenen Aufwendungen zu berücksichtigen.

(3) Bei Krankenversicherungsunternehmen ist die Rückstellung anhand eines statistischen Näherungsverfahrens zu ermitteln. Dabei ist von den in den ersten Monaten des nach dem Abschlußstichtag folgenden Geschäftsjahres erfolgten Zahlungen für die bis zum Abschlußstichtag eingetretenen Versicherungsfälle auszugehen.

(4) Bei Mitversicherungen muß die Rückstellung der Höhe nach anteilig zumindest derjenigen entsprechen, die der führende Versicherer nach den Vorschriften oder der Übung in dem Land bilden muß, von dem aus er tätig wird.

(5) Sind die Versicherungsleistungen auf Grund rechtskräftigen Urteils, Vergleichs oder Anerkenntnisses in Form einer Rente zu erbringen, so müssen die Rückstellungsbeträge nach anerkannten versicherungsmathematischen Methoden berechnet werden.

§ 341h Schwankungsrückstellung und ähnliche Rückstellungen

(1) Schwankungsrückstellungen sind zum Ausgleich der Schwankungen im Schadenverlauf künftiger Jahre zu bilden, wenn insbesondere

1. nach den Erfahrungen in dem betreffenden Versicherungszweig mit erheblichen Schwankungen der jährlichen Aufwendungen für Versicherungsfälle zu rechnen ist,

2. die Schwankungen nicht jeweils durch Beiträge ausgeglichen werden und

3. die Schwankungen nicht durch Rückversicherungen gedeckt sind.

(2) Für Risiken gleicher Art, bei denen der Ausgleich von Leistung und Gegenleistung wegen des hohen Schadenrisikos im Einzelfall nach versicherungsmathematischen Grundsätzen nicht im Geschäftsjahr, sondern nur in einem am Abschlußstichtag nicht bestimmbaren Zeitraum gefunden werden kann, ist eine Rückstellung zu bilden und in der Bilanz als „ähnliche Rückstellung" unter den Schwankungsrückstellungen auszuweisen.

Fünfter Titel
Konzernabschluß, Konzernlagebericht

§ 341i Aufstellung, Fristen

(1) Versicherungsunternehmen, auch wenn sie nicht in der Rechtsform einer Kapitalgesellschaft betrieben werden, haben unabhängig von ihrer Größe einen Konzernabschluß und einen Konzernlagebericht aufzustellen. Zusätzliche Anforderungen auf Grund von Vorschriften, die wegen der Rechtsform bestehen, bleiben unberührt.

(2) Als Versicherungsunternehmen im Sinne dieses Titels gelten auch Mutterunternehmen, deren einziger oder hauptsächlicher Zweck darin besteht, Beteiligungen an Tochterunternehmen zu erwerben, diese Beteiligungen zu verwalten und rentabel zu machen, sofern diese Tochterunternehmen ausschließlich oder überwiegend Versicherungsunternehmen sind.

(3) Die gesetzlichen Vertreter eines Mutterunternehmens haben den Konzernabschluß und den Konzernlagebericht abweichend von § 290 Abs. 1 innerhalb von zwei Monaten nach Ablauf der Aufstellungsfrist für den zuletzt aufzustellenden und in den Konzernabschluß einzubeziehenden Abschluß, spätestens jedoch innerhalb von zwölf Monaten nach dem Stichtag des Konzernabschlusses, für das vergangene Konzerngeschäftsjahr aufzustellen und dem Abschlußprüfer des Konzernabschlusses vorzulegen; ist das Mutterunternehmen eine Kapitalgesellschaft im Sinn des § 325 Abs. 4 Satz 1 und nicht zugleich im Sinn des § 327a, tritt an die Stelle der Frist von längstens zwölf eine Frist von längstens vier Monaten. § 299 Abs. 2 Satz 2 ist mit der Maßgabe anzuwenden, daß der Stichtag des Jahresabschlusses eines Unternehmens nicht länger als sechs Monate vor

dem Stichtag des Konzernabschlusses liegen darf.

(4) Der Konzernabschluß und der Konzernlagebericht sind abweichend von § 175 Abs. 1 Satz 1 des Aktiengesetzes spätestens der nächsten nach Ablauf der Aufstellungsfrist für den Konzernabschluß und Konzernlagebericht einzuberufenden Hauptversammlung, die einen Jahresabschluß des Mutterunternehmens entgegennimmt oder festzustellen hat, vorzulegen.

§ 341j Anzuwendende Vorschriften

(1) Auf den Konzernabschluß und den Konzernlagebericht sind die Vorschriften des Zweiten Unterabschnitts des Zweiten Abschnitts über den Konzernabschluß und den Konzernlagebericht und, soweit die Eigenart des Konzernabschlusses keine Abweichungen bedingt, die §§ 341a bis 341h über den Jahresabschluß sowie die für die Rechtsform und den Geschäftszweig der in den Konzernabschluß einbezogenen Unternehmen mit Sitz im Geltungsbereich dieses Gesetzes geltenden Vorschriften entsprechend anzuwenden, soweit sie für große Kapitalgesellschaften gelten. Die §§ 293, 298 Abs. 1 und 2 sowie § 314 Abs. 1 Nr. 3 sind nicht anzuwenden. § 314 Abs. 1 Nr. 2a gilt mit der Maßgabe, daß die Angaben für solche finanzielle Verpflichtungen nicht zu machen sind, die im Rahmen des Versicherungsgeschäfts entstehen. In den Fällen des § 315a Abs. 1 finden abweichend von Satz 1 nur die §§ 290 bis 292, 315a Anwendung; die Sätze 2 und 3 dieses Absatzes und Absatz 2, § 341i Abs. 3 Satz 2 sowie die Bestimmungen der Versicherungsunternehmens-Rechnungslegungsverordnung vom 8. November 1994 (BGBl. I S. 3378) und der Pensionsfonds-Rechnungslegungsverordnung vom 25. Februar 2003 (BGBl. I S. 246) in ihren jeweils geltenden Fassungen sind nicht anzuwenden.

(2) § 304 Abs. 1 braucht nicht angewendet zu werden, wenn die Lieferungen oder Leistungen zu üblichen Marktbedingungen vorgenommen worden sind und Rechtsansprüche der Versicherungsnehmer begründet haben.

(3) Auf Versicherungsunternehmen, die nicht Aktiengesellschaften, Kommanditgesellschaften auf Aktien oder kleinere Vereine sind, ist § 170 Abs. 1 und 3 des Aktiengesetzes entsprechend anzuwenden.

Sechster Titel
Prüfung

§ 341k

(1) Versicherungsunternehmen haben unabhängig von ihrer Größe ihren Jahresabschluß und Lagebericht sowie ihren Konzernabschluß und Konzernlagebericht nach den Vorschriften des Dritten Unterabschnitts des Zweiten Abschnitts prüfen zu lassen. § 319 Abs. 1 Satz 2 ist nicht anzuwenden. Hat keine Prüfung stattgefunden, so kann der Jahresabschluß nicht festgestellt werden.

(2) § 318 Abs. 1 Satz 1 ist mit der Maßgabe anzuwenden, daß der Abschlußprüfer des Jahresabschlusses und des Konzernabschlusses vom Aufsichtsrat bestimmt wird. § 318 Abs. 1 Satz 3 und 4 gilt entsprechend.

(3) In den Fällen des § 321 Abs. 1 Satz 3 hat der Abschlußprüfer die Aufsichtsbehörde unverzüglich zu unterrichten.

(4) Versicherungsunternehmen, auch wenn sie nicht in der Rechtsform einer Kapitalgesellschaft betrieben werden, haben § 324 anzuwenden, wenn sie kapitalmarktorientiert im Sinn des § 264d sind und keinen Aufsichts- oder Verwaltungsrat haben, der die Voraussetzungen des § 100 Abs. 5 des Aktiengesetzes erfüllen muss. Dies gilt für landesrechtliche öffentlich-rechtliche Versicherungsunternehmen nur, soweit das Landesrecht nichts anderes vorsieht.

Siebenter Titel
Offenlegung

§ 341l

(1) Versicherungsunternehmen haben den Jahresabschluß und den Lagebericht sowie den Konzernabschluß und den Konzernlagebericht und die anderen in § 325 bezeichneten Unterlagen nach § 325 Abs. 2 bis 5,

§§ 328, 329 Abs. 1 und 4 offenzulegen. Von den in § 341a Abs. 5 genannten Versicherungsunternehmen ist § 325 Abs. 1 mit der Maßgabe anzuwenden, dass die Frist für die Einreichung der Unterlagen beim Betreiber des Bundesanzeigers 15 Monate, im Fall des § 325 Abs. 4 Satz 1 vier Monate beträgt; § 327a ist anzuwenden.

(2) Die gesetzlichen Vertreter eines Mutterunternehmens haben abweichend von § 325 Abs. 3 unverzüglich nach der Hauptversammlung oder der dieser entsprechenden Versammlung der obersten Vertretung, welcher der Konzernabschluß und der Konzernlagebericht vorzulegen sind, jedoch spätestens vor Ablauf des dieser Versammlung folgenden Monats den Konzernabschluß mit dem Bestätigungsvermerk und dem Vermerk über dessen Versagung und den Konzernlagebericht mit Ausnahme der Aufstellung des Anteilsbesitzes beim Betreiber des Bundesanzeigers elektronisch einzureichen.

(3) Soweit Absatz 1 Satz 1 auf § 325 Abs. 2a Satz 3 und 5 verweist, gelten die folgenden Maßgaben und ergänzenden Bestimmungen:

1. Die in § 325 Abs. 2a Satz 3 genannten Vorschriften des Ersten Unterabschnitts des Zweiten Abschnitts des Dritten Buchs sind auch auf Versicherungsunternehmen anzuwenden, die nicht in der Rechtsform einer Kapitalgesellschaft betrieben werden.

2. An Stelle des § 285 Nr. 8 Buchstabe b gilt die Vorschrift des § 51 Abs. 5 in Verbindung mit Muster 2 der Versicherungsunternehmens-Rechnungslegungsverordnung vom 8. November 1994 (BGBl. I S. 3378), die zuletzt durch Artikel 8 Abs. 11 Nr. 2 des Gesetzes vom 4. Dezember 2004 (BGBl. I S. 3166) geändert worden ist.

3. § 341a Abs. 4 ist anzuwenden, soweit er auf die Bestimmungen der §§ 170, 171 und 175 des Aktiengesetzes über den Einzelabschluss nach § 325 Abs. 2a dieses Gesetzes verweist.

4. Im Übrigen finden die Bestimmungen des Zweiten bis Vierten Titels dieses Unterabschnitts sowie der Versicherungsunter-

nehmens-Rechnungslegungsverordnung keine Anwendung.

Achter Titel
Straf- und Bußgeldvorschriften, Ordnungsgelder

§ 341m Strafvorschriften

Die Strafvorschriften der §§ 331 bis 333 sind auch auf nicht in der Rechtsform einer Kapitalgesellschaft betriebene Versicherungsunternehmen und Pensionsfonds anzuwenden. § 331 ist darüber hinaus auch anzuwenden auf die Verletzung von Pflichten durch den Hauptbevollmächtigten (§ 106 Abs. 3 des Versicherungsaufsichtsgesetzes).

§ 341n Bußgeldvorschriften

(1) Ordnungswidrig handelt, wer als Mitglied des vertretungsberechtigten Organs oder des Aufsichtsrats eines Versicherungsunternehmens oder eines Pensionsfonds oder als Hauptbevollmächtigter (§ 106 Abs. 3 des Versicherungsaufsichtsgesetzes)

1. bei der Aufstellung oder Feststellung des Jahresabschlusses einer Vorschrift

    a) des § 243 Abs. 1 oder 2, der §§ 244, 245, 246 Abs. 1 oder 2, dieser in Verbindung mit § 341a Abs. 2 Satz 3, des § 246 Abs. 3 Satz 1, des § 247 Abs. 3, der §§ 248, 249 Abs. 1 Satz 1 oder Abs. 2, des § 250 Abs. 1 oder Abs. 2, des § 264 Abs. 2, des § 341e Abs. 1 oder 2 oder der §§ 341f, 341g oder 341h über den Inhalt,

    b) des § 253 Abs. 1 Satz 1, 2, 3 oder Satz 4, Abs. 2 Satz 1, auch in Verbindung mit Satz 2, Abs. 3 Satz 1, 2 oder 3, Abs. 4, 5, der §§ 254, 256a, 341b Abs. 1 Satz 1 oder des § 341d über die Bewertung,

    c) des § 265 Abs. 2, 3 oder 4, des § 268 Abs. 3 oder 6, der §§ 272, 274 oder des § 277 Abs. 3 Satz 2 oder Abs. 4 über die Gliederung,

    d) der §§ 284, 285 Nr. 1, 2 oder Nr. 3, auch in Verbindung mit § 341a Abs. 2 Satz 5, oder des § 285 Nr. 6, 7, 9 bis 14, 17 bis 29 über die im Anhang zu machenden Angaben,

2. bei der Aufstellung des Konzernabschlusses einer Vorschrift

   a) des § 294 Abs. 1 über den Konsolidierungskreis,

   b) des § 297 Abs. 2 oder 3 oder des § 341j Abs. 1 Satz 1 in Verbindung mit einer der in Nummer 1 Buchstabe a bezeichneten Vorschriften über Form oder Inhalt,

   c) des § 300 über die Konsolidierungsgrundsätze oder das Vollständigkeitsgebot,

   d) des § 308 Abs. 1 Satz 1 in Verbindung mit den in Nummer 1 Buchstabe b bezeichneten Vorschriften, des § 308 Abs. 2 oder des § 308a über die Bewertung,

   e) des § 311 Abs. 1 Satz 1 in Verbindung mit § 312 über die Behandlung assoziierter Unternehmen oder

   f) des § 308 Abs. 1 Satz 3, des § 313 oder des § 314 in Verbindung mit § 341j Abs. 1 Satz 2 oder 3 über die im Anhang zu machenden Angaben,

3. bei der Aufstellung des Lageberichts einer Vorschrift des § 289 Abs. 1, 4 oder Abs. 5 oder des § 289a über den Inhalt des Lageberichts,

4. bei der Aufstellung des Konzernlageberichts einer Vorschrift des § 315 Abs. 1 oder 4 über den Inhalt des Konzernlageberichts,

5. bei der Offenlegung, Veröffentlichung oder Vervielfältigung einer Vorschrift des § 328 über Form oder Inhalt oder

6. einer auf Grund des § 330 Abs. 3 und 4 in Verbindung mit Abs. 1 Satz 1 erlassenen Rechtsverordnung, soweit sie für einen bestimmten Tatbestand auf diese Bußgeldvorschrift verweist,

zuwiderhandelt.

(2) Ordnungswidrig handelt, wer zu einem Jahresabschluss, zu einem Einzelabschluss nach § 325 Abs. 2a oder zu einem Konzernabschluss, der aufgrund gesetzlicher Vorschriften zu prüfen ist, einen Vermerk nach § 322 Abs. 1 erteilt, obwohl nach § 319 Abs. 2, 3, 5, § 319a Abs. 1 Satz 1, Abs. 2, § 319b Abs. 1 er oder nach § 319 Abs. 4, auch in Verbindung mit § 319a Abs. 1 Satz 2, oder § 319a Abs. 1 Satz 4, 5, § 319b Abs. die Wirtschaftsprüfungsgesellschaft, für die er tätig wird, nicht Abschlussprüfer sein darf.

(3) Die Ordnungswidrigkeit kann mit einer Geldbuße bis zu fünfzigtausend Euro geahndet werden.

(4) Verwaltungsbehörde im Sinne des § 36 Abs. 1 Nr. 1 des Gesetzes über Ordnungswidrigkeiten ist in den Fällen der Absätze 1 und 2 die Bundesanstalt für Finanzdienstleistungsaufsicht für die ihrer Aufsicht unterliegenden Versicherungsunternehmen und Pensionsfonds. Unterliegt ein Versicherungsunternehmen und Pensionsfonds der Aufsicht einer Landesbehörde, so ist diese zuständig.

§ 341o Festsetzung von Ordnungsgeld

Personen, die

1. als Mitglieder des vertretungsberechtigten Organs eines Versicherungsunternehmens oder eines Pensionsfonds § 325 über die Pflicht zur Offenlegung des Jahresabschlusses, des Lageberichts, des Konzernabschlusses, des Konzernlageberichts und anderer Unterlagen der Rechnungslegung oder

2. als Hauptbevollmächtigter (§ 106 Abs. 3 des Versicherungsaufsichtsgesetzes) § 341l Abs. 1 über die Offenlegung der Rechnungslegungsunterlagen

nicht befolgen, sind hierzu vom Bundesamt für Justiz durch Festsetzung von Ordnungsgeld nach § 335 anzuhalten. § 335 Abs. 1 Satz 2 ist entsprechend anzuwenden.

§ 341p Anwendung der Straf- und Bußgeld- sowie der Ordnungsgeldvorschriften auf Pensionsfonds

Die Strafvorschriften des § 341m, die Bußgeldvorschrift des § 341n sowie die Ordnungsgeldvorschrift des § 341o gelten auch für Pensionsfonds im Sinne des § 341 Abs. 4 Satz 1.

**Fünfter Abschnitt
Privates Rechnungslegungsgremium;
Rechnungslegungsbeirat**

§ 342 Privates Rechnungslegungsgremium

(1) Das Bundesministerium der Justiz kann eine privatrechtlich organisierte Einrichtung durch Vertrag anerkennen und ihr folgende Aufgaben übertragen:

1. Entwicklung von Empfehlungen zur Anwendung der Grundsätze über die Konzernrechnungslegung,

2. Beratung des Bundesministeriums der Justiz bei Gesetzgebungsvorhaben zu Rechnungslegungsvorschriften,

3. Vertretung der Bundesrepublik Deutschland in internationalen Standardisierungsgremien und

4. Erarbeitung von Interpretationen der internationalen Rechnungslegungsstandards im Sinn des § 315a Abs. 1.

Es darf jedoch nur eine solche Einrichtung anerkannt werden, die aufgrund ihrer Satzung gewährleistet, daß die Empfehlungen und Interpretationen unabhängig und ausschließlich von Rechnungslegern in einem Verfahren entwickelt und beschlossen werden, das die fachlich interessierte Öffentlichkeit einbezieht. Soweit Unternehmen oder Organisationen von Rechnungslegern Mitglied einer solchen Einrichtung sind, dürfen die Mitgliedschaftsrechte nur von Rechnungslegern ausgeübt werden.

(2) Die Beachtung der die Konzernrechnungslegung betreffenden Grundsätze ordnungsmäßiger Buchführung wird vermutet, soweit vom Bundesministerium der Justiz bekanntgemachte Empfehlungen einer nach Absatz 1 Satz 1 anerkannten Einrichtung beachtet worden sind.

§ 342a Rechnungslegungsbeirat

(1) Beim Bundesministerium der Justiz wird vorbehaltlich Absatz 9 ein Rechnungslegungsbeirat mit den Aufgaben nach § 342 Abs. 1 Satz 1 gebildet.

(2) Der Rechnungslegungsbeirat setzt sich zusammen aus

1. einem Vertreter des Bundesministeriums der Justiz als Vorsitzendem sowie je einem Vertreter des Bundesministeriums der Finanzen und des Bundesministeriums für Wirtschaft und Technologie,

2. vier Vertretern von Unternehmen,

3. vier Vertretern der wirtschaftsprüfenden Berufe,

4. zwei Vertretern der Hochschulen.

(3) Die Mitglieder des Rechnungslegungsbeirats werden durch das Bundesministerium der Justiz berufen. Als Mitglieder sollen nur Rechnungsleger berufen werden.

(4) Die Mitglieder des Rechnungslegungsbeirats sind unabhängig und nicht weisungsgebunden. Ihre Tätigkeit im Beirat ist ehrenamtlich.

(5) Das Bundesministerium der Justiz kann eine Geschäftsordnung für den Beirat erlassen.

(6) Der Beirat kann für bestimmte Sachgebiete Fachausschüsse und Arbeitskreise einsetzen.

(7) Der Beirat, seine Fachausschüsse und Arbeitskreise sind beschlußfähig, wenn mindestens zwei Drittel der Mitglieder anwesend sind. Bei Abstimmungen entscheidet die Stimmenmehrheit, bei Stimmengleichheit die Stimme des Vorsitzenden.

(8) Für die Empfehlungen des Rechnungslegungsbeirats gilt § 342 Abs. 2 entsprechend.

(9) Die Bildung eines Rechnungslegungsbeirats nach Absatz 1 unterbleibt, soweit das Bundesministerium der Justiz eine Einrichtung nach § 342 Abs. 1 anerkennt.

**Sechster Abschnitt
Prüfstelle für Rechnungslegung**

§ 342b Prüfstelle für Rechnungslegung

(1) Das Bundesministerium der Justiz kann im Einvernehmen mit dem Bundesministerium der Finanzen eine privatrechtlich organisierte Einrichtung zur Prüfung von Verstößen gegen Rechnungslegungsvorschriften durch Vertrag anerkennen (Prüfstelle) und ihr die in den folgenden Absätzen festgelegten Aufgaben

übertragen. Es darf nur eine solche Einrichtung anerkannt werden, die aufgrund ihrer Satzung, ihrer personellen Zusammensetzung und der von ihr vorgelegten Verfahrensordnung gewährleistet, dass die Prüfung unabhängig, sachverständig, vertraulich und unter Einhaltung eines festgelegten Verfahrensablaufs erfolgt. Änderungen der Satzung und der Verfahrensordnung sind vom Bundesministerium der Justiz im Einvernehmen mit dem Bundesministerium der Finanzen zu genehmigen. Die Prüfstelle kann sich bei der Durchführung ihrer Aufgaben anderer Personen bedienen. Das Bundesministerium der Justiz macht die Anerkennung einer Prüfstelle sowie eine Beendigung der Anerkennung im amtlichen Teil des Bundesanzeigers bekannt.

(2) Die Prüfstelle prüft, ob der zuletzt festgestellte Jahresabschluss und der zugehörige Lagebericht oder der zuletzt gebilligte Konzernabschluss und der zugehörige Konzernlagebericht sowie der zuletzt veröffentlichte verkürzte Abschluss und der zugehörige Zwischenlagebericht eines Unternehmens im Sinne des Satzes 2 den gesetzlichen Vorschriften einschließlich der Grundsätze ordnungsmäßiger Buchführung oder den sonstigen durch Gesetz zugelassenen Rechnungslegungsstandards entspricht. Geprüft werden die Abschlüsse und Berichte von Unternehmen, deren Wertpapiere im Sinne des § 2 Abs. 1 Satz 1 des Wertpapierhandelsgesetzes an einer inländischen Börse zum Handel im regulierten Markt zugelassen sind. Die Prüfstelle prüft,

1. soweit konkrete Anhaltspunkte für einen Verstoß gegen Rechnungslegungsvorschriften vorliegen,

2. auf Verlangen der Bundesanstalt für Finanzdienstleistungsaufsicht oder

3. ohne besonderen Anlass (stichprobenartige Prüfung).

Im Fall des Satzes 3 Nr. 1 unterbleibt die Prüfung, wenn offensichtlich kein öffentliches Interesse an der Prüfung besteht; Satz 3 Nr. 3 ist auf die Prüfung des verkürzten Abschlusses und des zugehörigen Zwischenlageberichts nicht anzuwenden. Die stichprobenartige Prüfung erfolgt nach den von der Prüf-

stelle im Einvernehmen mit dem Bundesministerium der Justiz und dem Bundesministerium der Finanzen festgelegten Grundsätzen. Das Bundesministerium der Finanzen kann die Ermächtigung zur Erteilung seines Einvernehmens auf die Bundesanstalt für Finanzdienstleistungsaufsicht übertragen.

(3) Eine Prüfung des Jahresabschlusses und des zugehörigen Lageberichts durch die Prüfstelle findet nicht statt, solange eine Klage auf Nichtigkeit gemäß § 256 Abs. 7 des Aktiengesetzes anhängig ist. Wenn nach § 142 Abs. 1 oder Abs. 2 oder § 258 Abs. 1 des Aktiengesetzes ein Sonderprüfer bestellt worden ist, findet eine Prüfung ebenfalls nicht statt, soweit der Gegenstand der Sonderprüfung, der Prüfungsbericht oder eine gerichtliche Entscheidung über die abschließenden Feststellungen der Sonderprüfer nach § 260 des Aktiengesetzes reichen.

(4) Wenn das Unternehmen bei einer Prüfung durch die Prüfstelle mitwirkt, sind die gesetzlichen Vertreter des Unternehmens und die sonstigen Personen, derer sich die gesetzlichen Vertreter bei der Mitwirkung bedienen, verpflichtet, richtige und vollständige Auskünfte zu erteilen und richtige und vollständige Unterlagen vorzulegen. Die Auskunft und die Vorlage von Unterlagen kann verweigert werden, soweit diese den Verpflichteten oder einen seiner in § 52 Abs. 1 der Strafprozessordnung bezeichneten Angehörigen der Gefahr strafgerichtlicher Verfolgung oder eines Verfahrens nach dem Gesetz über Ordnungswidrigkeiten aussetzen würde. Der Verpflichtete ist über sein Recht zur Verweigerung zu belehren.

(5) Die Prüfstelle teilt dem Unternehmen das Ergebnis der Prüfung mit. Ergibt die Prüfung, dass die Rechnungslegung fehlerhaft ist, so hat sie ihre Entscheidung zu begründen und dem Unternehmen unter Bestimmung einer angemessenen Frist Gelegenheit zur Äußerung zu geben, ob es mit dem Ergebnis der Prüfstelle einverstanden ist.

(6) Die Prüfstelle berichtet der Bundesanstalt für Finanzdienstleistungsaufsicht über

1. die Absicht, eine Prüfung einzuleiten,

2. die Weigerung des betroffenen Unternehmens, an einer Prüfung mitzuwirken,

3. das Ergebnis der Prüfung und gegebenenfalls darüber, ob sich das Unternehmen mit dem Prüfungsergebnis einverstanden erklärt hat.

Ein Rechtsbehelf dagegen ist nicht statthaft.

(7) Die Prüfstelle und ihre Beschäftigten sind zur gewissenhaften und unparteiischen Prüfung verpflichtet; sie haften für durch die Prüfungstätigkeit verursachte Schäden nur bei Vorsatz.

(8) Die Prüfstelle zeigt Tatsachen, die den Verdacht einer Straftat im Zusammenhang mit der Rechnungslegung eines Unternehmens begründen, der für die Verfolgung zuständigen Behörde an. Tatsachen, die auf das Vorliegen einer Berufspflichtverletzung durch den Abschlussprüfer schließen lassen, übermittelt sie der Wirtschaftsprüferkammer.

§ 342c Verschwiegenheitspflicht

(1) Die bei der Prüfstelle Beschäftigten sind verpflichtet, über die Geschäfts- und Betriebsgeheimnisse des Unternehmens und die bei ihrer Prüftätigkeit bekannt gewordenen Erkenntnisse über das Unternehmen Verschwiegenheit zu bewahren. Dies gilt nicht im Fall von gesetzlich begründeten Mitteilungspflichten. Die bei der Prüfstelle Beschäftigten dürfen nicht unbefugt Geschäfts- und Betriebsgeheimnisse verwerten, die sie bei ihrer Tätigkeit erfahren haben. Wer vorsätzlich oder fahrlässig diese Pflichten verletzt, ist dem geprüften Unternehmen und, wenn ein verbundenes Unternehmen geschädigt worden ist, auch diesem zum Ersatz des daraus entstehenden Schadens verpflichtet. Mehrere Personen haften als Gesamtschuldner.

(2) Die Ersatzpflicht von Personen, die fahrlässig gehandelt haben, beschränkt sich für eine Prüfung und die damit im Zusammenhang stehenden Pflichtverletzungen auf den in § 323 Abs. 2 Satz 2 genannten Betrag. Dies gilt auch, wenn an der Prüfung mehrere Personen beteiligt gewesen oder mehrere zum Ersatz verpflichtende Handlungen begangen worden sind, und ohne Rücksicht darauf, ob andere Beteiligte vorsätzlich gehandelt haben. Sind im Fall des Satzes 1 durch eine zum Schadensersatz verpflichtende Handlung mehrere Unternehmen geschädigt worden, beschränkt sich die Ersatzpflicht insgesamt auf das Zweifache der Höchstgrenze des Satzes 1. Übersteigen in diesem Fall mehrere nach Absatz 1 Satz 4 zu leistende Entschädigungen das Zweifache der Höchstgrenze des Satzes 1, so verringern sich die einzelnen Entschädigungen in dem Verhältnis, in dem ihr Gesamtbetrag zum Zweifachen der Höchstgrenze des Satzes 1 steht.

(3) Die §§ 93 und 97 der Abgabenordnung gelten nicht für die in Absatz 1 Satz 1 bezeichneten Personen, soweit sie zur Durchführung des § 342b tätig werden. Sie finden Anwendung, soweit die Finanzbehörden die Kenntnisse für die Durchführung eines Verfahrens wegen einer Steuerstraftat sowie eines damit zusammenhängenden Besteuerungsverfahrens benötigen, an deren Verfolgung ein zwingendes öffentliches Interesse besteht, und nicht Tatsachen betroffen sind, die von einer ausländischen Stelle mitgeteilt worden sind, die mit der Prüfung von Rechnungslegungsverstößen betraut ist.

§ 342d Finanzierung der Prüfstelle

Die Prüfstelle hat über die zur Finanzierung der Erfüllung ihrer Aufgaben erforderlichen Mittel einen Wirtschaftsplan für das Folgejahr im Einvernehmen mit der Bundesanstalt für Finanzdienstleistungsaufsicht aufzustellen. Der Wirtschaftsplan ist dem Bundesministerium der Justiz und dem Bundesministerium der Finanzen zur Genehmigung vorzulegen. Die Bundesanstalt für Finanzdienstleistungsaufsicht schießt die Prüfstelle die dieser nach dem Wirtschaftsplan voraussichtlich entstehenden Kosten aus der gemäß § 17d Abs. 1 Satz 3 des Finanzdienstleistungsaufsichtsgesetzes eingezogenen Umlagevorauszahlung vor, wobei etwaige Fehlbeträge und nicht eingegangene Beträge nach dem Verhältnis von Wirtschaftsplan zu dem betreffenden Teil des Haushaltsplanes der Bundesanstalt für Finanzdienstleistungsaufsicht anteilig zu berücksichtigen sind. Nach Ende des Haushaltsjahres hat die Prüfstelle ihren Jahresabschluss aufzustellen. Die Entlastung erteilt das zuständige Organ der Prüfstelle mit Zustimmung des Bundesministeriums der Justiz und des Bundesministeriums der Finanzen.

§ 342e Bußgeldvorschriften

(1) Ordnungswidrig handelt, wer vorsätzlich oder fahrlässig entgegen § 342b Abs. 4 Satz 1 der Prüfstelle eine Auskunft nicht richtig oder nicht vollständig erteilt oder eine Unterlage nicht richtig oder nicht vollständig vorlegt.

(2) Die Ordnungswidrigkeit kann mit einer Geldbuße bis zu fünfzigtausend Euro geahndet werden.

(3) Verwaltungsbehörde im Sinne des § 36 Abs. 1 Nr. 1 des Gesetzes über Ordnungswidrigkeiten ist bei Ordnungswidrigkeiten nach Absatz 1 die Bundesanstalt für Finanzdienstleistungsaufsicht.

Viertes Buch
Handelsgeschäfte

Erster Abschnitt
Allgemeine Vorschriften

§ 343 (Begriff)

(1) Handelsgeschäfte sind alle Geschäfte eines Kaufmanns, die zum Betriebe seines Handelsgewerbes gehören.

(2) (weggefallen)

§ 344 (Vermutung)

(1) Die von einem Kaufmanne vorgenommenen Rechtsgeschäfte gelten im Zweifel als zum Betriebe seines Handelsgewerbes gehörig.

(2) Die von einem Kaufmanne gezeichneten Schuldscheine gelten als im Betriebe seines Handelsgewerbes gezeichnet, sofern nicht aus der Urkunde sich das Gegenteil ergibt.

§ 345 (Einseitiges Handelsgeschäft)

Auf ein Rechtsgeschäft, das für einen der beiden Teile ein Handelsgeschäft ist, kommen die Vorschriften über Handelsgeschäfte für beide Teile gleichmäßig zur Anwendung, soweit nicht aus diesen Vorschriften sich ein anderes ergibt.

§ 346 (Gewohnheiten und Gebräuche)

Unter Kaufleuten ist in Ansehung der Bedeutung und Wirkung von Handlungen und Unterlassungen auf die im Handelsverkehr geltenden Gewohnheiten und Gebräuche Rücksicht zu nehmen.

§ 347 (Sorgfalt)

(1) Wer aus einem Geschäfte, das auf seiner Seite ein Handelsgeschäft ist, einem anderen zur Sorgfalt verpflichtet ist, hat für die Sorgfalt eines ordentlichen Kaufmanns einzustehen.

(2) Unberührt bleiben die Vorschriften des Bürgerlichen Gesetzbuchs, nach welchen der Schuldner in bestimmten Fällen nur grobe Fahrlässigkeit zu vertreten oder nur für diejenige Sorgfalt einzustehen hat, welche er in eigenen Angelegenheiten anzuwenden pflegt.

§ 348 (Vertragsstrafe)

Eine Vertragsstrafe, die von einem Kaufmann im Betriebe seines Handelsgewerbes versprochen ist, kann nicht aufgrund der Vorschriften des § 343 des Bürgerlichen Gesetzbuchs herabgesetzt werden.

§ 349 (Bürgschaft)

Dem Bürgen steht, wenn die Bürgschaft für ihn ein Handelsgeschäft ist, die Einrede der Vorausklage nicht zu. Das gleiche gilt unter der bezeichneten Voraussetzung für denjenigen, welcher aus einem Kreditauftrag als Bürge haftet.

§ 350 (Keine Formvorschriften für Bürgschaft, Schuldversprechen, Schuldanerkenntnis)

Auf eine Bürgschaft, ein Schuldversprechen oder ein Schuldanerkenntnis finden, sofern die Bürgschaft auf der Seite des Bürgen, das Versprechen oder das Anerkenntnis auf der Seite des Schuldners ein Handelsgeschäft ist, die Formvorschriften des § 766 Satz 1 und 2, des § 780 und des § 781 Satz 1 und 2 des Bürgerlichen Gesetzbuchs keine Anwendung.

§ 351 (weggefallen)

§ 352 (Zinsen, Verzugszinsen)

(1) Die Höhe der gesetzlichen Zinsen, mit Ausnahme der Verzugszinsen, ist bei beiderseitigen Handelsgeschäften fünf vom Hundert für das Jahr. Das gleiche gilt, wenn für eine Schuld aus einem solchen Handelsgeschäfte Zinsen ohne Bestimmung des Zinsfußes versprochen sind.

(2) Ist in diesem Gesetzbuche die Verpflichtung zur Zahlung von Zinsen ohne Bestimmung der Höhe ausgesprochen, so sind darunter Zinsen zu fünf vom Hundert für das Jahr zu verstehen.

§ 353 (Zinsen ab Fälligkeit)

Kaufleute untereinander sind berechtigt, für ihre Forderungen aus beiderseitigen Handelsgeschäften vom Tage der Fälligkeit an Zinsen zu fordern. Zinsen von Zinsen können aufgrund dieser Vorschrift nicht gefordert werden.

§ 354 (Provision, Lagergeld; Zinsen ab Leistung)

(1) Wer in Ausübung seines Handelsgewerbes einem anderen Geschäfte besorgt oder Dienste leistet, kann dafür auch ohne Verabredung Provision und, wenn es sich um Aufbewahrung handelt, Lagergeld nach den an dem Orte üblichen Sätzen fordern.

(2) Für Darlehen, Vorschüsse, Auslagen und andere Verwendungen kann er vom Tage der Leistung an Zinsen berechnen.

§ 354a (Abtretung einer Geldforderung)

(1) Ist die Abtretung einer Geldforderung durch Vereinbarung mit dem Schuldner gemäß § 399 des Bürgerlichen Gesetzbuchs ausgeschlossen und ist das Rechtsgeschäft, das diese Forderung begründet hat, für beide Teile ein Handelsgeschäft, oder ist der Schuldner eine juristische Person des öffentlichen Rechts oder ein öffentlich-rechtliches Sondervermögen, so ist die Abtretung gleichwohl wirksam. Der Schuldner kann jedoch mit befreiender Wirkung an den bisherigen Gläubiger leisten. Abweichende Vereinbarungen sind unwirksam.

(2) Absatz 1 ist nicht auf eine Forderung aus einem Darlehensvertrag anzuwenden, deren Gläubiger ein Kreditinstitut im Sinne des Kreditwesengesetzes ist.

§ 355 (Laufende Rechnung)

(1) Steht jemand mit einem Kaufmanne derart in Geschäftsverbindung, daß die aus der Verbindung entspringenden beiderseitigen Ansprüche und Leistungen nebst Zinsen in Rechnung gestellt und in regelmäßigen Zeitabschnitten durch Verrechnung und Feststellung des für den einen oder anderen Teil sich ergebenden Überschusses ausgeglichen werden (laufende Rechnung, Kontokorrent), so kann derjenige, welchem bei dem Rechnungsabschluß ein Überschuß gebührt, von dem Tage des Abschlusses an Zinsen von dem Überschusse verlangen, auch soweit in der Rechnung Zinsen enthalten sind.

(2) Der Rechnungsabschluß geschieht jährlich einmal, sofern nicht ein anderes bestimmt ist.

(3) Die laufende Rechnung kann im Zweifel auch während der Dauer einer Rechnungsperiode jederzeit mit der Wirkung gekündigt werden, daß derjenige, welchem nach der Rechnung ein Überschuß gebührt, dessen Zahlung beanspruchen kann.

§ 356 (Gesicherte Forderung)

(1) Wird eine Forderung, die durch Pfand, Bürgschaft oder in anderer Weise gesichert ist, in die laufende Rechnung aufgenommen, so wird der Gläubiger durch die Anerkennung des Rechnungsabschlusses nicht gehindert, aus der Sicherheit insoweit Befriedigung zu suchen, als sein Guthaben aus der laufenden Rechnung und die Forderung sich decken.

(2) Haftet ein Dritter für eine in die laufende Rechnung aufgenommene Forderung als Gesamtschuldner, so findet auf die Geltendmachung der Forderung gegen ihn die Vorschrift des Absatzes 1 entsprechende Anwendung.

§ 357 (Pfändung des Überschusses)

Hat der Gläubiger eines Beteiligten die Pfändung und Überweisung des Anspruchs auf dasjenige erwirkt, was seinem Schuldner als Überschuß aus der laufenden Rechnung zukommt, so können dem Gläubiger gegenüber Schuldposten, die nach der Pfändung durch neue Geschäfte entstehen, nicht in Rechnung gestellt werden. Geschäfte, die aufgrund eines schon vor der Pfändung bestehenden Rechtes oder einer schon vor diesem Zeitpunkte bestehenden Verpflichtung des Drittschuldners vorgenommen werden, gelten nicht als neue Geschäfte im Sinne dieser Vorschrift.

§ 358 (Geschäftszeit)

Bei Handelsgeschäften kann die Leistung nur während der gewöhnlichen Geschäftszeit bewirkt und gefordert werden.

§ 359 (Termine; Frist von acht Tagen)

(1) Ist als Zeit der Leistung das Frühjahr oder der Herbst oder ein in ähnlicher Weise bestimmter Zeitpunkt vereinbart, so entscheidet im Zweifel der Handelsgebrauch des Ortes der Leistung.

(2) Ist eine Frist von acht Tagen vereinbart, so sind hierunter im Zweifel volle acht Tage zu verstehen.

§ 360 (Mittlere Art und Güte)

Wird eine nur der Gattung nach bestimmte Ware geschuldet, so ist Handelsgut mittlerer Art und Güte zu leisten.

§ 361 (Maß, Gewicht usw.)

Maß, Gewicht, Währung, Zeitrechnung und Entfernungen, die an dem Orte gelten, wo der Vertrag erfüllt werden soll, sind im Zweifel als die vertragsmäßigen zu betrachten.

§ 362 (Schweigen als Annahme; Ablehnung)

(1) Geht einem Kaufmanne, dessen Gewerbebetrieb die Besorgung von Geschäften für andere mit sich bringt, ein Antrag über die Besorgung solcher Geschäfte von jemand zu, mit dem er in Geschäftsverbindung steht, so ist er verpflichtet, unverzüglich zu antworten; sein Schweigen gilt als Annahme des Antrags. Das gleiche gilt, wenn einem Kaufmann ein Antrag über die Besorgung von Geschäften von jemand zugeht, dem gegen-

über er sich zur Besorgung solcher Geschäfte erboten hat.

(2) Auch wenn der Kaufmann den Antrag ablehnt, hat er die mitgesendeten Waren auf Kosten des Antragstellers, soweit er für diese Kosten gedeckt ist und soweit es ohne Nachteil für ihn geschehen kann, einstweilen vor Schaden zu bewahren.

§ 363 (Indossament von Orderpapieren)

(1) Anweisungen, die auf einen Kaufmann über die Leistung von Geld, Wertpapieren oder anderen vertretbaren Sachen ausgestellt sind, ohne daß darin die Leistung von einer Gegenleistung abhängig gemacht ist, können durch Indossament übertragen werden, wenn sie an Order lauten. Dasselbe gilt von Verpflichtungsscheinen, die einem Kaufmann über Gegenstände der bezeichneten Art an Order ausgestellt sind, ohne daß darin die Leistung von einer Gegenleistung abhängig gemacht ist.

(2) Ferner können Konnossemente der Verfrachter, Ladescheine der Frachtführer, Lagerscheine sowie Transportversicherungspolicen durch Indossament übertragen werden, wenn sie an Order lauten.

§ 364 (Übergang aller Rechte)

(1) Durch das Indossament gehen alle Rechte aus dem indossierten Papier auf den Indossatar über.

(2) Dem legitimierten Besitzer der Urkunde kann der Schuldner nur solche Einwendungen entgegensetzen, welche die Gültigkeit seiner Erklärung in der Urkunde betreffen oder sich aus dem Inhalte der Urkunde ergeben oder ihm unmittelbar gegen den Besitzer zustehen.

(3) Der Schuldner ist nur gegen Aushändigung der quittierten Urkunde zur Leistung verpflichtet.

§ 365 (Anwendbare Vorschriften; Kraftloserklärung)

(1) In betreff der Form des Indossaments, in betreff der Legitimation des Besitzers und der Prüfung der Legitimation sowie in betreff der Verpflichtung des Besitzers zur Herausgabe,

finden die Vorschriften der Artikel 11 bis 13, 36, 74 der Wechselordnung entsprechende Anwendung.

(2) Ist die Urkunde vernichtet oder abhanden gekommen, so unterliegt sie der Kraftloserklärung im Wege des Aufgebotsverfahrens. Ist das Aufgebotsverfahren eingeleitet, so kann der Berechtigte, wenn er bis zur Kraftloserklärung Sicherheit bestellt, Leistung nach Maßgabe der Urkunde von dem Schuldner verlangen.

§ 366 (Schutz des guten Glaubens)

(1) Veräußert oder verpfändet ein Kaufmann im Betriebe seines Handelsgewerbes eine ihm nicht gehörige bewegliche Sache, so finden die Vorschriften des Bürgerlichen Gesetzbuchs zugunsten derjenigen, welche Rechte von einem Nichtberechtigten herleiten, auch dann Anwendung, wenn der gute Glaube des Erwerbers die Befugnis des Veräußerers oder Verpfänders, über die Sache für den Eigentümer zu verfügen, betrifft.

(2) Ist die Sache mit dem Rechte eines Dritten belastet, so finden die Vorschriften des Bürgerlichen Gesetzbuchs zugunsten derjenigen, welche Rechte von einem Nichtberechtigten herleiten, auch dann Anwendung, wenn der gute Glaube die Befugnis des Veräußerers oder Verpfänders, ohne Vorbehalt des Rechtes über die Sache zu verfügen, betrifft.

(3) Das gesetzliche Pfandrecht des Kommissionärs, des Frachtführers, des Spediteurs und des Lagerhalters steht hinsichtlich des Schutzes des guten Glaubens einem gemäß Absatz 1 durch Vertrag erworbenen Pfandrecht gleich, das gesetzliche Pfandrecht des Frachtführers, des Spediteurs und des Lagerhalters an Gut, das nicht Gegenstand des Vertrages ist, aus dem die durch das Pfandrecht zu sichernde Forderung herrührt, jedoch nur insoweit, als der gute Glaube des Erwerbers das Eigentum des Vertragspartners betrifft.

§ 367 (Bekanntmachung des Verlustes)

(1) Wird ein Inhaberpapier, das dem Eigentümer gestohlen worden, verlorengegangen oder sonst abhanden gekommen ist, an einen Kaufmann, der Bankier- oder Geldwechslergeschäfte betreibt, veräußert oder verpfändet, so gilt dessen guter Glaube als ausgeschlossen, wenn zur Zeit der Veräußerung oder Verpfändung der Verlust des Papiers im Bundesanzeiger bekanntgemacht und seit dem Ablauf des Jahres, in dem die Veröffentlichung erfolgt ist, nicht mehr als ein Jahr verstrichen war. Für Veröffentlichungen vor dem 1. Januar 2007 tritt an die Stelle des Bundesanzeigers der Bundesanzeiger in Papierform. Inhaberpapieren stehen an Order lautende Anleiheschuldverschreibungen sowie Namensaktien und Zwischenscheine gleich, falls sie mit einem Blankoindossament versehen sind.

(2) Der gute Glaube des Erwerbers wird durch die Veröffentlichung nach Absatz 1 nicht ausgeschlossen, wenn der Erwerber die Veröffentlichung infolge besonderer Umstände nicht kannte und seine Unkenntnis nicht auf grober Fahrlässigkeit beruht.

(3) Auf Zins-, Renten- und Gewinnanteilscheine, die nicht später als in dem nächsten auf die Veräußerung oder Verpfändung folgenden Einlösungstermin fällig werden, auf unverzinsliche Inhaberpapiere, die auf Sicht zahlbar sind, und auf Banknoten sind diese Vorschriften nicht anzuwenden.

§ 368 (Pfandverkauf)

(1) Bei dem Verkauf eines Pfandes tritt, wenn die Verpfändung auf der Seite des Pfandgläubigers und des Verpfänders ein Handelsgeschäft ist, an die Stelle der in § 1234 des Bürgerlichen Gesetzbuchs bestimmten Frist von einem Monat eine solche von einer Woche.

(2) Diese Vorschrift findet auf das gesetzliche Pfandrecht des Kommissionärs, des Spediteurs, des Lagerhalters und des Frachtführers entsprechende Anwendung, auf das Pfandrecht des Spediteurs und des Frachtführers auch dann, wenn nur auf ihrer Seite der Speditions- oder Frachtvertrag ein Handelsgeschäft ist.

§ 369 (Zurückbehaltungsrecht)

(1) Ein Kaufmann hat wegen der fälligen Forderungen, welche ihm gegen einen anderen Kaufmann aus den zwischen ihnen geschlossenen beiderseitigen Handelsgeschäfte zustehen, ein Zurückbehaltungsrecht an den beweglichen Sachen und Wertpapieren des Schuldners, welche mit dessen Willen aufgrund von Handelsgeschäften in seinen Besitz gelangt sind, sofern er sie noch im Besitz hat, insbesondere mittels Konnossements, Ladescheins oder Lagerscheins darüber verfügen kann. Das Zurückbehaltungsrecht ist auch dann begründet, wenn das Eigentum an dem Gegenstande von dem Schuldner auf den Gläubiger übergegangen oder von einem Dritten für den Schuldner auf den Gläubiger übertragen, aber auf den Schuldner zurückzuübertragen ist.

(2) Einem Dritten gegenüber besteht das Zurückbehaltungsrecht insoweit, als dem Dritten die Einwendungen gegen den Anspruch des Schuldners auf Herausgabe des Gegenstandes entgegengesetzt werden können.

(3) Das Zurückbehaltungsrecht ist ausgeschlossen, wenn die Zurückbehaltung des Gegenstandes der von dem Schuldner vor oder bei der Übergabe erteilten Anweisung oder der von dem Gläubiger übernommenen Verpflichtung, in einer bestimmten Weise mit dem Gegenstande zu verfahren, widerstreitet.

(4) Der Schuldner kann die Ausübung des Zurückbehaltungsrechts durch Sicherheitsleistung abwenden. Die Sicherheitsleistung durch Bürgen ist ausgeschlossen.

§ 370 (weggefallen)

§ 371 (Recht auf Befriedigung)

(1) Der Gläubiger ist kraft des Zurückbehaltungsrechts befugt, sich aus dem zurückbehaltenen Gegenstande für seine Forderung zu befriedigen. Steht einem Dritten ein Recht an dem Gegenstande zu, gegen welches das Zurückbehaltungsrecht nach § 369 Abs. 2 geltend gemacht werden kann, so hat der Gläubiger in Ansehung der Befriedigung aus dem Gegenstande den Vorrang.

(2) Die Befriedigung erfolgt nach den für das Pfandrecht geltenden Vorschriften des Bürgerlichen Gesetzbuchs. An die Stelle der in § 1234 des Bürgerlichen Gesetzbuchs bestimmten Frist von einem Monate tritt eine solche von einer Woche.

(3) Sofern die Befriedigung nicht im Wege der Zwangsvollstreckung stattfindet, ist sie erst zulässig, nachdem der Gläubiger einen vollstreckbaren Titel für sein Recht auf Befriedigung gegen den Eigentümer oder, wenn der Gegenstand ihm selbst gehört, gegen den Schuldner erlangt hat; in dem letzteren Falle finden die den Eigentümer betreffenden Vorschriften des Bürgerlichen Gesetzbuchs über die Befriedigung auf den Schuldner entsprechende Anwendung. In Ermangelung des vollstreckbaren Titels ist der Verkauf des Gegenstandes nicht rechtmäßig.

(4) Die Klage auf Gestattung der Befriedigung kann bei dem Gericht, in dessen Bezirke der Gläubiger seinen allgemeinen Gerichtsstand oder den Gerichtsstand der Niederlassung hat, erhoben werden.

§ 372 (Verkauf des Gegenstandes)

(1) In Ansehung der Befriedigung aus dem zurückbehaltenen Gegenstande gilt zugunsten des Gläubigers der Schuldner, sofern er bei dem Besitzerwerbe des Gläubigers der Eigentümer des Gegenstandes war, auch weiter als Eigentümer, sofern nicht der Gläubiger weiß, daß der Schuldner nicht mehr Eigentümer ist.

(2) Erwirbt ein Dritter nach dem Besitzerwerbe des Gläubigers von dem Schuldner das Eigentum, so muß er ein rechtskräftiges Urteil, das in einem zwischen dem Gläubiger und dem Schuldner wegen Gestattung der Befriedigung geführten Rechtsstreit ergangen ist, gegen sich gelten lassen, sofern nicht der Gläubiger bei dem Eintritte der Rechtshängigkeit gewußt hat, daß der Schuldner nicht mehr Eigentümer war.

Zweiter Abschnitt
Handelskauf

§ 373 (Hinterlegung, Versteigerung bei Annahmeverzug)

(1) Ist der Käufer mit der Annahme der Ware im Verzuge, so kann der Verkäufer die Ware auf Gefahr und Kosten des Käufers in einem öffentlichen Lagerhaus oder sonst in sicherer Weise hinterlegen.

(2) Er ist ferner befugt, nach vorgängiger Androhung die Ware öffentlich versteigern zu lassen; er kann, wenn die Ware einen Börsen- oder Marktpreis hat, nach vorgängiger Androhung den Verkauf auch aus freier Hand durch einen zu solchen Verkäufen öffentlich ermächtigten Handelsmakler oder durch eine zur öffentlichen Versteigerung befugte Person zum laufenden Preise bewirken. Ist die Ware dem Verderb ausgesetzt und Gefahr im Verzuge, so bedarf es der vorgängigen Androhung nicht; dasselbe gilt, wenn die Androhung aus anderen Gründen untunlich ist.

(3) Der Selbsthilfeverkauf erfolgt für Rechnung des säumigen Käufers.

(4) Der Verkäufer und der Käufer können bei der öffentlichen Versteigerung mitbieten.

(5) Im Falle der öffentlichen Versteigerung hat der Verkäufer den Käufer von der Zeit und dem Orte der Versteigerung vorher zu benachrichtigen; von dem vollzogenen Verkaufe hat er bei jeder Art des Verkaufs dem Käufer unverzüglich Nachricht zu geben. Im Falle der Unterlassung ist er zum Schadensersatze verpflichtet. Die Benachrichtigungen dürfen unterbleiben, wenn sie untunlich sind.

§ 374 (Annahmeverzug)

Durch die Vorschriften des § 373 werden die Befugnisse nicht berührt, welche dem Verkäufer nach dem Bürgerlichen Gesetzbuche zustehen, wenn der Käufer im Verzuge der Annahme ist.

§ 375 (Nähere Bestimmung)

(1) Ist bei dem Kaufe einer beweglichen Sache dem Käufer die nähere Bestimmung über Form, Maß oder ähnliche Verhältnisse vorbe-

halten, so ist der Käufer verpflichtet, die vorbehaltene Bestimmung zu treffen.

(2) Ist der Käufer mit der Erfüllung dieser Verpflichtung in Verzug, so kann der Verkäufer die Bestimmung statt des Käufers vornehmen oder gemäß den §§ 280, 281 des Bürgerlichen Gesetzbuchs Schadensersatz statt der Leistung verlangen oder gemäß § 323 des Bürgerlichen Gesetzbuchs vom Vertrag zurücktreten. Im ersteren Falle hat der Verkäufer die von ihm getroffene Bestimmung dem Käufer mitzuteilen und ihm zugleich eine angemessene Frist zur Vornahme einer anderweitigen Bestimmung zu setzen. Wird eine solche innerhalb der Frist von dem Käufer nicht vorgenommen, so ist die von dem Verkäufer getroffene Bestimmung maßgebend.

§ 376 (Fixgeschäft)

(1) Ist bedungen, daß die Leistung des einen Teiles genau zu einer festbestimmten Zeit oder innerhalb einer festbestimmten Frist bewirkt werden soll, so kann der andere Teil, wenn die Leistung nicht zu der bestimmten Zeit oder nicht innerhalb der bestimmten Frist erfolgt, von dem Vertrage zurücktreten oder, falls der Schuldner im Verzug ist, statt der Erfüllung Schadensersatz wegen Nichterfüllung verlangen. Erfüllung kann er nur beanspruchen, wenn er sofort nach dem Ablaufe der Zeit oder der Frist dem Gegner anzeigt, daß er auf Erfüllung bestehe.

(2) Wird Schadensersatz wegen Nichterfüllung verlangt und hat die Ware einen Börsen- oder Marktpreis, so kann der Unterschied des Kaufpreises und des Börsen- oder Marktpreises zur Zeit und am Orte der geschuldeten Leistung gefordert werden.

(3) Das Ergebnis eines anderweit vorgenommenen Verkaufs oder Kaufes kann, falls die Ware einen Börsen- oder Marktpreis hat, dem Ersatzanspruche nur zugrunde gelegt werden, wenn der Verkauf oder Kauf sofort nach dem Ablaufe der bedungenen Leistungszeit oder Leistungsfrist bewirkt ist. Der Verkauf oder Kauf muß, wenn er nicht in öffentlicher Versteigerung geschieht, durch einen zu solchen Verkäufen oder Käufen öffentlich er-

mächtigten Handelsmakler oder eine zur öffentlichen Versteigerung befugte Person zum laufenden Preise erfolgen.

(4) Auf den Verkauf mittels öffentlicher Versteigerung findet die Vorschrift des § 373 Abs. 4 Anwendung. Von dem Verkauf oder Kaufe hat der Gläubiger den Schuldner unverzüglich zu benachrichtigen; im Falle der Unterlassung ist er zum Schadensersatze verpflichtet.

§ 377 (Mängel; unverzügliche Anzeige)

(1) Ist der Kauf für beide Teile ein Handelsgeschäft, so hat der Käufer die Ware unverzüglich nach der Ablieferung durch den Verkäufer, soweit dies nach ordnungsmäßigem Geschäftsgange tunlich ist, zu untersuchen und, wenn sich ein Mangel zeigt, dem Verkäufer unverzüglich Anzeige zu machen.

(2) Unterläßt der Käufer die Anzeige, so gilt die Ware als genehmigt, es sei denn, daß es sich um einen Mangel handelt, der bei der Untersuchung nicht erkennbar war.

(3) Zeigt sich später ein solcher Mangel, so muß die Anzeige unverzüglich nach der Entdeckung gemacht werden; anderenfalls gilt die Ware auch in Ansehung dieses Mangels als genehmigt.

(4) Zur Erhaltung der Rechte des Käufers genügt die rechtzeitige Absendung der Anzeige.

(5) Hat der Verkäufer den Mangel arglistig verschwiegen, so kann er sich auf diese Vorschriften nicht berufen.

§ 378 (weggefallen)

§ 379 (Einstweilige Aufbewahrung; Notverkauf)

(1) Ist der Kauf für beide Teile ein Handelsgeschäft, so ist der Käufer, wenn er die ihm von einem anderen Orte übersendete Ware beanstandet, verpflichtet, für ihre einstweilige Aufbewahrung zu sorgen.

(2) Er kann die Ware, wenn sie dem Verderb ausgesetzt und Gefahr im Verzug ist, unter Beobachtung der Vorschriften des § 373 verkaufen lassen.

§ 380 (Nettogewicht; Refaktie)

(1) Ist der Kaufpreis nach dem Gewichte der Ware zu berechnen, so kommt das Gewicht der Verpackung (Taragewicht) in Abzug, wenn nicht aus dem Vertrag oder dem Handelsgebrauche des Ortes, an welchem der Verkäufer zu erfüllen hat, sich ein anderes ergibt.

(2) Ob und in welcher Höhe das Taragewicht nach einem bestimmten Ansatz oder Verhältnisse statt nach genauer Ausmittelung abzuziehen ist, sowie, ob und wieviel als Gutgewicht zugunsten des Käufers zu berechnen ist oder als Vergütung für schadhafte oder unbrauchbare Teile (Refaktie) gefordert werden kann, bestimmt sich nach dem Vertrag oder dem Handelsgebrauche des Ortes, an welchem der Verkäufer zu erfüllen hat.

§ 381 (Wertpapiere, Werklieferungsvertrag)

(1) Die in diesem Abschnitte für den Kauf von Waren getroffenen Vorschriften gelten auch für den Kauf von Wertpapieren.

(2) Sie finden auch auf einen Vertrag Anwendung, der die Lieferung herzustellender oder zu erzeugender beweglicher Sachen zum Gegenstand hat.

§ 382 (weggefallen)

Dritter Abschnitt
Kommissionsgeschäft

§ 383 (Begriff)

(1) Kommissionär ist, wer es gewerbsmäßig übernimmt, Waren oder Wertpapiere für Rechnung eines anderen (des Kommittenten) in eigenem Namen zu kaufen oder zu verkaufen.

(2) Die Vorschriften dieses Abschnittes finden auch Anwendung, wenn das Unternehmen des Kommissionärs nach Art oder Umfang einen in kaufmännischer Weise eingerichteten Geschäftsbetrieb nicht erfordert und die Firma des Unternehmens nicht nach § 2 in das Handelsregister eingetragen ist. In diesem Fall finden in Ansehung des Kommissionsgeschäfts auch die Vorschriften des Ersten Ab-

III

schnittes des Vierten Buches mit Ausnahme der §§ 348 bis 350 Anwendung.

§ 384 (Pflichten und Haftung des Kommissionärs)

(1) Der Kommissionär ist verpflichtet, das übernommene Geschäft mit der Sorgfalt eines ordentlichen Kaufmanns auszuführen; er hat hierbei das Interesse des Kommittenten wahrzunehmen und dessen Weisungen zu befolgen.

(2) Er hat dem Kommittenten die erforderlichen Nachrichten zu geben, insbesondere von der Ausführung der Kommission unverzüglich Anzeige zu machen; er ist verpflichtet, dem Kommittenten über das Geschäft Rechenschaft abzulegen und ihm dasjenige herauszugeben, was er aus der Geschäftsbesorgung erlangt hat.

(3) Der Kommissionär haftet dem Kommittenten für die Erfüllung des Geschäfts, wenn er ihm nicht zugleich mit der Anzeige von der Ausführung der Kommission den Dritten namhaft macht, mit dem er das Geschäft abgeschlossen hat.

§ 385 (Abweichen von Weisungen)

(1) Handelt der Kommissionär nicht gemäß den Weisungen des Kommittenten, so ist er diesem zum Ersatze des Schadens verpflichtet; der Kommittent braucht das Geschäft nicht für seine Rechnung gelten zu lassen.

(2) Die Vorschriften des § 665 des Bürgerlichen Gesetzbuchs bleiben unberührt.

§ 386 (Abweichung von der Preisbestimmung)

(1) Hat der Kommissionär unter dem ihm gesetzten Preise verkauft oder hat er den ihm für den Einkauf gesetzten Preis überschritten, so muß der Kommittent, falls er das Geschäft als nicht für seine Rechnung abgeschlossen zurückweisen will, dies unverzüglich auf die Anzeige von der Ausführung des Geschäfts erklären; anderenfalls gilt die Abweichung von der Preisbestimmung als genehmigt.

(2) Erbietet sich der Kommissionär zugleich mit der Anzeige von der Ausführung des Geschäfts zur Deckung des Preisunterschieds, so

ist der Kommittent zur Zurückweisung nicht berechtigt. Der Anspruch des Kommittenten auf den Ersatz eines den Preisunterschied übersteigenden Schadens bleibt unberührt.

§ 387 (Vorteilhaftere Bedingungen)

(1) Schließt der Kommissionär zu vorteilhafteren Bedingungen ab, als sie ihm von dem Kommittenten gesetzt worden sind, so kommt dies dem Kommittenten zustatten.

(2) Dies gilt insbesondere, wenn der Preis, für welchen der Kommissionär verkauft, den von dem Kommittenten bestimmten niedrigsten Preis übersteigt oder wenn der Preis, für welchen er einkauft, den von dem Kommittenten bestimmten höchsten Preis nicht erreicht.

§ 388 (Mängel)

(1) Befindet sich das Gut, welches dem Kommissionär zugesendet ist, bei der Ablieferung in einem beschädigten oder mangelhaften Zustande, der äußerlich erkennbar ist, so hat der Kommissionär die Rechte gegen den Frachtführer oder Schiffer zu wahren, für den Beweis des Zustandes zu sorgen und dem Kommittenten unverzüglich Nachricht zu geben; im Falle der Unterlassung ist er zum Schadensersatze verpflichtet.

(2) Ist das Gut dem Verderb ausgesetzt oder treten später Veränderungen an dem Gute ein, die dessen Entwertung befürchten lassen, und ist keine Zeit vorhanden, die Verfügung des Kommittenten einzuholen, oder ist der Kommittent in der Erteilung der Verfügung säumig, so kann der Kommissionär den Verkauf des Gutes nach Maßgabe der Vorschriften des § 373 bewirken.

§ 389 (Hinterlegung, Versteigerung)

Unterläßt der Kommittent über das Gut zu verfügen, obwohl er dazu nach Lage der Sache verpflichtet ist, so hat der Kommissionär die nach § 373 dem Verkäufer zustehenden Rechte.

§ 390 (Verwahrung, Verantwortlichkeit)

(1) Der Kommissionär ist für den Verlust und die Beschädigung des in seiner Verwahrung befindlichen Gutes verantwortlich, es sei

denn, daß der Verlust oder die Beschädigung auf Umständen beruht, die durch die Sorgfalt eines ordentlichen Kaufmanns nicht abgewendet werden konnten.

(2) Der Kommissionär ist wegen der Unterlassung der Versicherung des Gutes nur verantwortlich, wenn er von dem Kommittenten angewiesen war, die Versicherung zu bewirken.

§ 391 (Einkaufskommission)

Ist eine Einkaufskommission erteilt, die für beide Teile in Handelsgeschäft ist, so finden in bezug auf die Verpflichtung des Kommittenten, das Gut zu untersuchen und dem Kommissionär von den entdeckten Mängeln Anzeige zu machen, sowie in bezug auf die Sorge für die Aufbewahrung des beanstandeten Gutes und auf den Verkauf bei drohendem Verderbe die für den Käufer geltenden Vorschriften der §§ 377 bis 379 entsprechende Anwendung. Der Anspruch des Kommittenten auf Abtretung der Rechte, die dem Kommissionär gegen den Dritten zustehen, von welchem er das Gut für Rechnung des Kommittenten gekauft hat, wird durch eine verspätete Anzeige des Mangels nicht berührt.

§ 392 (Geltendmachung der Forderungen)

(1) Forderungen aus einem Geschäfte, das der Kommissionär abgeschlossen hat, kann der Kommittent dem Schuldner gegenüber erst nach der Abtretung geltend machen.

(2) Jedoch gelten solche Forderungen, auch wenn sie nicht abgetreten sind, im Verhältnisse zwischen dem Kommittenten und dem Kommissionär oder dessen Gläubigern als Forderungen des Kommittenten.

§ 393 (Vorschuss; Kredit)

(1) Wird von dem Kommissionär ohne Zustimmung des Kommittenten einem Dritten ein Vorschuß geleistet oder Kredit gewährt, so handelt der Kommissionär auf eigene Gefahr.

(2) Insoweit jedoch der Handelsgebrauch am Orte des Geschäfts die Stundung des Kauf-

preises mit sich bringt, ist in Ermangelung einer anderen Bestimmung des Kommittenten auch der Kommissionär dazu berechtigt.

(3) Verkauft der Kommissionär unbefugt auf Kredit, so ist er verpflichtet, dem Kommittenten sofort als Schuldner des Kaufpreises die Zahlung zu leisten. Wäre beim Verkaufe gegen bar der Preis geringer gewesen, so hat der Kommissionär nur den geringeren Preis und, wenn dieser niedriger ist als der ihm gesetzte Preis, auch den Unterschied nach § 386 zu vergüten.

§ 394 (Einstehen des Kommissionärs)

(1) Der Kommissionär hat für die Erfüllung der Verbindlichkeit des Dritten, mit dem er das Geschäft für Rechnung des Kommittenten abschließt, einzustehen, wenn dies von ihm übernommen oder am Orte seiner Niederlassung Handelsgebrauch ist.

(2) Der Kommissionär, der für den Dritten einzustehen hat, ist dem Kommittenten für die Erfüllung im Zeitpunkte des Verfalls unmittelbar insoweit verhaftet, als die Erfüllung aus dem Vertragsverhältnisse gefordert werden kann. Er kann eine besondere Vergütung (Delkredereprovision) beanspruchen.

§ 395 (Ankauf eines Wechsels)

Ein Kommissionär, der den Ankauf eines Wechsels übernimmt, ist verpflichtet, den Wechsel, wenn er ihn indossiert, in üblicher Weise und ohne Vorbehalt zu indossieren.

§ 396 (Provision, Auslieferungsprovision, Aufwendungsersatz)

(1) Der Kommissionär kann die Provision fordern, wenn das Geschäft zur Ausführung gekommen ist. Ist das Geschäft nicht zur Ausführung gekommen, so hat er gleichwohl den Anspruch auf die Auslieferungsprovision, sofern eine solche ortsgebräuchlich ist; auch kann er die Provision verlangen, wenn die Ausführung des von ihm abgeschlossenen Geschäfts nur aus einem in der Person des Kommittenten liegenden Grunde unterblieben ist.

(2) Zu dem von dem Kommittenten für Aufwendungen des Kommissionärs nach den

§§ 670 und 675 des Bürgerlichen Gesetzbuchs zu leistenden Ersatze gehört auch die Vergütung für die Benutzung der Lagerräume und der Beförderungsmittel des Kommissionärs.

§ 397 (Pfandrecht des Kommissionärs)

Der Kommissionär hat an dem Kommissionsgute, sofern er es im Besitze hat, insbesondere mittels Konnossements, Ladescheins oder Lagerscheins darüber verfügen kann, ein Pfandrecht wegen der auf das Gut verwendeten Kosten, der Provision, der für das Gut gegebenen Vorschüsse und Darlehen, der mit Rücksicht auf das Gut gezeichneten Wechsel oder in anderer Weise eingegangenen Verbindlichkeiten sowie wegen aller Forderungen aus laufender Rechnung in Kommissionsgeschäften.

§ 398 (Befriedigung aus dem Kommissionsgut)

Der Kommissionär kann sich, auch wenn er Eigentümer des Kommissionsgutes ist, für die in § 397 bezeichneten Ansprüche nach Maßgabe der für das Pfandrecht geltenden Vorschriften aus dem Gute befriedigen.

§ 399 (Befriedigung aus den Forderungen)

Aus den Forderungen, welche durch das für Rechnung des Kommittenten geschlossene Geschäft begründet sind, kann sich der Kommissionär für die in § 397 bezeichneten Ansprüche vor dem Kommittenten und dessen Gläubigern befriedigen.

§ 400 (Selbsteintritt)

(1) Die Kommission zum Einkauf oder zum Verkaufe von Waren, die einen Börsen- oder Marktpreis haben, sowie von Wertpapieren, bei denen ein Börsen- oder Marktpreis amtlich festgestellt wird, kann, wenn der Kommittent nicht ein anderes bestimmt hat, von dem Kommissionär dadurch ausgeführt werden, daß er das Gut, welches er einkaufen soll, selbst als Verkäufer liefert oder das Gut, welches er verkaufen soll, selbst als Käufer übernimmt.

(2) Im Falle einer solchen Ausführung der Kommission beschränkt sich die Pflicht des Kommissionärs, Rechenschaft über die Abschließung des Kaufes oder Verkaufs abzulegen, auf den Nachweis, daß bei dem berechneten Preise der zur Zeit der Ausführung der Kommission bestehende Börsen- oder Marktpreis eingehalten ist. Als Zeit der Ausführung gilt der Zeitpunkt, in welchem der Kommissionär die Anzeige von der Ausführung zur Absendung an den Kommittenten abgegeben hat.

(3) Ist bei einer Kommission, die während der Börsen- oder Marktzeit auszuführen war, die Ausführungsanzeige erst nach dem Schlusse der Börse oder des Marktes zur Absendung abgegeben, so darf der berechnete Preis für den Kommittenten nicht ungünstiger sein als der Preis, der am Schlusse der Börse oder des Marktes bestand.

(4) Bei einer Kommission, die zu einem bestimmten Kurse (erster Kurs, Mittelkurs, letzter Kurs) ausgeführt werden soll, ist der Kommissionär ohne Rücksicht auf den Zeitpunkt der Absendung der Ausführungsanzeige berechtigt und verpflichtet, diesen Kurs dem Kommittenten in Rechnung zu stellen.

(5) Bei Wertpapieren und Waren, für welche der Börsen- oder Marktpreis amtlich festgestellt wird, kann der Kommissionär im Falle der Ausführung der Kommission durch Selbsteintritt dem Kommittenten keinen ungünstigeren Preis als den amtlich festgestellten in Rechnung stellen.

§ 401 (Günstigerer Preis)

(1) Auch im Falle der Ausführung der Kommission durch Selbsteintritt hat der Kommissionär, wenn er bei Anwendung pflichtmäßiger Sorgfalt die Kommission zu einem günstigeren als dem nach § 400 sich ergebenden Preise ausführen konnte, dem Kommittenten den günstigeren Preis zu berechnen.

(2) Hat der Kommissionär vor der Absendung der Ausführungsanzeige aus Anlaß der erteilten Kommission an der Börse oder am Markte ein Geschäft mit einem Dritten abgeschlossen, so darf er dem Kommittenten kei-

nen ungünstigeren als den hierbei vereinbarten Preis berechnen.

§ 402 (Unabdingbarkeit)

Die Vorschriften des § 400 Abs. 2 bis 5 und des § 401 können nicht durch Vertrag zum Nachteile des Kommittenten abgeändert werden.

§ 403 (Provision, sonstige Kosten)

Der Kommissionär, der das Gut selbst als Verkäufer liefert oder als Käufer übernimmt, ist zu der gewöhnlichen Provision berechtigt und kann die bei Kommissionsgeschäften sonst regelmäßig vorkommenden Kosten berechnen.

§ 404 (Pfandrecht)

Die Vorschriften der §§ 397 und 398 finden auch im Falle der Ausführung der Kommission durch Selbsteintritt Anwendung.

§ 405 (Schutz des Kommittenten)

(1) Zeigt der Kommissionär die Ausführung der Kommission an, ohne ausdrücklich zu bemerken, daß er selbst eintreten wolle, so gilt dies als Erklärung, daß die Ausführung durch Abschluß des Geschäfts mit einem Dritten für Rechnung des Kommittenten erfolgt sei.

(2) Eine Vereinbarung zwischen dem Kommittenten und dem Kommissionär, daß die Erklärung darüber, ob die Kommission durch Selbsteintritt oder durch Abschluß mit einem Dritten ausgeführt sei, später als am Tage der Ausführungsanzeige abgegeben werden dürfe, ist nichtig.

(3) Widerruft der Kommittent die Kommission und geht der Widerruf dem Kommissionär zu, bevor die Ausführungsanzeige zur Absendung abgegeben ist, so steht dem Kommissionär das Recht des Selbsteintritts nicht mehr zu.

§ 406 (Geschäfte anderer Art)

(1) Die Vorschriften dieses Abschnitts kommen auch zur Anwendung, wenn ein Kommissionär im Betriebe seines Handelsgewerbes ein Geschäft anderer als der in § 383 bezeichneten Art für Rechnung eines anderen in

eigenem Namen zu schließen übernimmt. Das gleiche gilt, wenn ein Kaufmann, der nicht Kommissionär ist, im Betriebe seines Handelsgewerbes ein Geschäft in der bezeichneten Weise zu schließen übernimmt.

(2) Als Einkaufs- und Verkaufskommission im Sinne dieses Abschnitts gilt auch eine Kommission, welche die Lieferung einer nicht vertretbaren beweglichen Sache, die aus einem von dem Unternehmer zu beschaffenden Stoffe herzustellen ist, zum Gegenstande hat.

Vierter Abschnitt
Frachtgeschäft

Erster Unterabschnitt
Allgemeine Vorschriften

§ 407 Frachtvertrag

(1) Durch den Frachtvertrag wird der Frachtführer verpflichtet, das Gut zum Bestimmungsort zu befördern und dort an den Empfänger abzuliefern.

(2) Der Absender wird verpflichtet, die vereinbarte Fracht zu zahlen.

(3) Die Vorschriften dieses Unterabschnitts gelten, wenn

1. das Gut zu Lande, auf Binnengewässern oder mit Luftfahrzeugen befördert werden soll und

2. die Beförderung zum Betrieb eines gewerblichen Unternehmens gehört.

Erfordert das Unternehmen nach Art oder Umfang einen in kaufmännischer Weise eingerichteten Geschäftsbetrieb nicht und ist die Firma des Unternehmens auch nicht nach § 2 in das Handelsregister eingetragen, so sind in Ansehung des Frachtgeschäfts auch insoweit die Vorschriften, des Ersten Abschnitts des Vierten Buches ergänzend anzuwenden; dies gilt jedoch nicht für die §§ 348 bis 350.

§ 408 Frachtbrief

(1) Der Frachtführer kann die Ausstellung eines Frachtbriefes mit folgenden Angaben verlangen:

1. Ort und Tag der Ausstellung;

2. Name und Anschrift des Absenders;

3. Name und Anschrift des Frachtführers;
4. Stelle und Tag der Übernahme des Gutes sowie die für die Ablieferung vorgesehene Stelle;
5. Name und Anschrift des Empfängers und eine etwaige Meldeadresse;
6. die übliche Bezeichnung der Art des Gutes und die Art der Verpackung, bei gefährlichen Gütern ihre nach den Gefahrgutvorschriften vorgesehene, sonst ihre allgemein anerkannte Bezeichnung;
7. Anzahl, Zeichen und Nummern der Frachtstücke;
8. das Rohgewicht oder die anders angegebene Menge des Gutes;
9. die vereinbarte Fracht und die bis zur Ablieferung anfallenden Kosten sowie einen Vermerk über die Frachtzahlung;
10. den Betrag einer bei der Ablieferung des Gutes einzuziehenden Nachnahme;
11. Weisungen für die Zoll- und sonstige amtliche Behandlung des Gutes;
12. eine Vereinbarung über die Beförderung in offenem, nicht mit Planen gedecktem Fahrzeug oder auf Deck.

In den Frachtbrief können weitere Angaben eingetragen werden, die die Parteien für zweckmäßig halten.

(2) Der Frachtbrief wird in drei Originalausfertigungen ausgestellt, die vom Absender unterzeichnet werden. Der Absender kann verlangen, daß auch der Frachtführer den Frachtbrief unterzeichnet. Nachbildungen der eigenhändigen Unterschriften durch Druck oder Stempel genügen. Eine Ausfertigung ist für den Absender bestimmt, eine begleitet das Gut, eine behält der Frachtführer.

§ 409 Beweiskraft des Frachtbriefs

(1) Der von beiden Parteien unterzeichnete Frachtbrief dient bis zum Beweis des Gegenteils als Nachweis für Abschluß und Inhalt des Frachtvertrages sowie für die Übernahme des Gutes durch den Frachtführer.

(2) Der von beiden Parteien unterzeichnete Frachtbrief begründet ferner die Vermutung, daß das Gut und seine Verpackung bei der Übernahme durch den Frachtführer in äußer-

lich gutem Zustand waren und daß die Anzahl der Frachtstücke und ihre Zeichen und Nummern mit den Angaben im Frachtbrief übereinstimmen. Der Frachtbrief begründet diese Vermutung jedoch nicht, wenn der Frachtführer einen begründeten Vorbehalt in den Frachtbrief eingetragen hat; der Vorbehalt kann auch damit begründet werden, daß dem Frachtführer keine angemessenen Mittel zur Verfügung standen, die Richtigkeit der Angaben zu überprüfen.

(3) Ist das Rohgewicht oder die anders angegebene Menge des Gutes oder der Inhalt der Frachtstücke vom Frachtführer überprüft und das Ergebnis der Überprüfung in den von beiden Parteien unterzeichneten Frachtbrief eingetragen worden, so begründet dieser auch die Vermutung, daß Gewicht, Menge oder Inhalt mit den Angaben im Frachtbrief übereinstimmt. Der Frachtführer ist verpflichtet, Gewicht, Menge oder Inhalt zu überprüfen, wenn der Absender dies verlangt und dem Frachtführer angemessene Mittel zur Überprüfung zur Verfügung stehen; der Frachtführer hat Anspruch auf Ersatz seiner Aufwendungen für die Überprüfung.

§ 410 Gefährliches Gut

(1) Soll gefährliches Gut befördert werden, so hat der Absender dem Frachtführer rechtzeitig in Textform die genaue Art der Gefahr und, soweit erforderlich, zu ergreifende Vorsichtsmaßnahmen mitzuteilen.

(2) Der Frachtführer kann, sofern ihm nicht bei Übernahme des Gutes die Art der Gefahr bekannt war oder jedenfalls mitgeteilt worden ist,

1. gefährliches Gut ausladen, einlagern, zurückbefördern oder, soweit erforderlich, vernichten oder unschädlich machen, ohne dem Absender deshalb ersatzpflichtig zu werden, und
2. vom Absender wegen dieser Maßnahmen Ersatz der erforderlichen Aufwendungen verlangen.

§ 411 Verpackung. Kennzeichnung

Der Absender hat das Gut, soweit dessen Natur unter Berücksichtigung der vereinbarten Beförderung eine Verpackung erfordert, so zu verpacken, daß es vor Verlust und Beschädigung geschützt ist und daß auch dem Frachtführer keine Schäden entstehen. Der Absender hat das Gut ferner, soweit dessen vertragsgemäße Behandlung dies erfordert, zu kennzeichnen.

§ 412 Verladen und Entladen

(1) Soweit sich aus den Umständen oder der Verkehrssitte nicht etwas anderes ergibt, hat der Absender das Gut beförderungssicher zu laden, zu stauen und zu befestigen (verladen) sowie zu entladen. Der Frachtführer hat für die betriebssichere Verladung zu sorgen.

(2) Für die Lade- und Entladezeit, die sich mangels abweichender Vereinbarung nach einer den Umständen des Falles angemessenen Frist bemißt, kann keine besondere Vergütung verlangt werden.

(3) Wartet der Frachtführer auf Grund vertraglicher Vereinbarung oder aus Gründen, die nicht seinem Risikobereich zuzurechnen sind, über die Lade- oder Entladezeit hinaus, so hat er Anspruch auf eine angemessene Vergütung (Standgeld).

(4) Das Bundesministerium der Justiz wird ermächtigt, im Einvernehmen mit dem Bundesministerium für Verkehr, Bau und Stadtentwicklung durch Rechtsverordnung, die nicht der Zustimmung des Bundesrates bedarf, für die Binnenschifffahrt unter Berücksichtigung der Art der zur Beförderung bestimmten Fahrzeuge, der Art und Menge der umzuschlagenden Güter, der beim Güterumschlag zur Verfügung stehenden technischen Mittel und der Erfordernisse eines beschleunigten Verkehrsablaufs die Voraussetzungen für den Beginn der Lade- und Entladezeit, deren Dauer sowie die Höhe des Standgeldes zu bestimmen.

§ 413 Begleitpapiere

(1) Der Absender hat dem Frachtführer Urkunden zur Verfügung zu stellen und Auskünfte zu erteilen, die für eine amtliche Behandlung, insbesondere eine Zollabfertigung, vor der Ablieferung des Gutes erforderlich sind.

(2) Der Frachtführer ist für den Schaden verantwortlich, der durch Verlust oder Beschädigung der ihm übergebenen Urkunden oder durch deren unrichtige Verwendung verursacht worden ist, es sei denn, daß der Verlust, die Beschädigung oder die unrichtige Verwendung auf Umständen beruht, die der Frachtführer nicht vermeiden und deren Folgen er nicht abwenden konnte. Seine Haftung ist jedoch auf den Betrag begrenzt, der bei Verlust des Gutes zu zahlen wäre.

§ 414 Verschuldensunabhängige Haftung des Absenders in besonderen Fällen

(1) Der Absender hat, auch wenn ihn kein Verschulden trifft, dem Frachtführer Schäden und Aufwendungen zu ersetzen, die verursacht werden durch

1. ungenügende Verpackung oder Kennzeichnung,

2. Unrichtigkeit oder Unvollständigkeit der in den Frachtbrief aufgenommenen Angaben,

3. Unterlassen der Mitteilung über die Gefährlichkeit des Gutes oder

4. Fehlen, Unvollständigkeit oder Unrichtigkeit der in § 413 Abs. 1 genannten Urkunden oder Auskünfte.

Für Schäden hat der Absender jedoch nur bis zu einem Betrag von 8,33 Rechnungseinheiten für jedes Kilogramm des Rohgewichts der Sendung Ersatz zu leisten; § 431 Abs. 4 und die §§ 434 bis 436 sind entsprechend anzuwenden.

(2) Hat bei der Verursachung der Schäden oder Aufwendungen ein Verhalten des Frachtführers mitgewirkt, so hängen die Verpflichtung zum Ersatz sowie der Umfang des zu leistenden Ersatzes davon ab, inwieweit dieses Verhalten zu den Schäden und Aufwendungen beigetragen hat.

(3) Ist der Absender ein Verbraucher, so hat er dem Frachtführer Schäden und Aufwendungen nach den Absätzen 1 und 2 nur zu ersetzen, soweit ihn ein Verschulden trifft.

III

§ 415 Kündigung durch den Absender

(1) Der Absender kann den Frachtvertrag jederzeit kündigen.

(2) Kündigt der Absender, so kann der Frachtführer entweder

1. die vereinbarte Fracht, das etwaige Standgeld sowie zu ersetzende Aufwendungen unter Anrechnung dessen, was er infolge der Aufhebung des Vertrages an Aufwendungen erspart oder anderweitig erwirbt oder zu erwerben böswillig unterläßt, oder

2. ein Drittel der vereinbarten Fracht (Fautfracht)

verlangen. Beruht die Kündigung auf Gründen, die dem Risikobereich des Frachtführers zuzurechnen sind, so entfällt der Anspruch auf Fautfracht nach Satz 1 Nr. 2; in diesem Falle entfällt auch der Anspruch nach Satz 1 Nr. 1, soweit die Beförderung für den Absender nicht von Interesse ist.

(3) Wurde vor der Kündigung bereits Gut verladen, so kann der Frachtführer auf Kosten des Absenders Maßnahmen entsprechend § 419 Abs. 3 Satz 2 bis 4 ergreifen oder vom Absender verlangen, daß dieser das Gut unverzüglich entlädt. Der Frachtführer braucht das Entladen des Gutes nur zu dulden, soweit dies ohne Nachteile für seinen Betrieb und ohne Schäden für die Absender oder Empfänger anderer Sendungen möglich ist. Beruht die Kündigung auf Gründen, die dem Risikobereich des Frachtführers zuzurechnen sind, so ist abweichend von den Sätzen 1 und 2 der Frachtführer verpflichtet, das Gut, das bereits verladen wurde, unverzüglich auf eigene Kosten zu entladen.

§ 416 Anspruch auf Teilbeförderung

Wird nur ein Teil der vereinbarten Ladung verladen, so kann der Absender jederzeit verlangen, daß der Frachtführer mit der Beförderung der unvollständigen Ladung beginnt. In diesem Fall gebührt dem Frachtführer die volle Fracht, das etwaige Standgeld sowie Ersatz der Aufwendungen, die ihm infolge der Unvollständigkeit der Ladung entstehen; von der vollen Fracht kommt jedoch die Fracht für dasjenige Gut in Abzug, welches der Frachtführer mit demselben Beförderungsmittel anstelle des nicht verladenen Gutes befördert. Der Frachtführer ist außerdem berechtigt, soweit ihm durch die Unvollständigkeit der Ladung die Sicherheit für die volle Fracht entgeht, die Bestellung einer anderweitigen Sicherheit zu fordern. Beruht die Unvollständigkeit der Verladung auf Gründen, die dem Risikobereich des Frachtführers zuzurechnen sind, so steht diesem der Anspruch nach den Sätzen 2 und 3 nur insoweit zu, als tatsächlich Ladung befördert wird.

§ 417 Rechte des Frachtführers bei Nichteinhaltung der Ladezeit

(1) Verlädt der Absender das Gut nicht innerhalb der Ladezeit oder stellt er, wenn er zur Verladung nicht verpflichtet ist, das Gut nicht innerhalb der Ladezeit zur Verfügung, so kann ihm der Frachtführer eine angemessene Frist setzen, innerhalb derer das Gut verladen oder zur Verfügung gestellt werden soll.

(2) Wird bis zum Ablauf der nach Absatz 1 gesetzten Frist keine Ladung verladen oder zur Verfügung gestellt, so kann der Frachtführer den Vertrag kündigen und die Ansprüche nach § 415 Abs. 2 geltend machen.

(3) Wird bis zum Ablauf der nach Absatz 1 gesetzten Frist nur ein Teil der vereinbarten Ladung verladen oder zur Verfügung gestellt, so kann der Frachtführer mit der Beförderung der unvollständigen Ladung beginnen und die Ansprüche nach § 416 Satz 2 und 3 geltend machen.

(4) Dem Frachtführer stehen die Rechte nicht zu, wenn die Nichteinhaltung der Ladezeit auf Gründen beruht, die seinem Risikobereich zuzurechnen sind.

§ 418 Nachträgliche Weisungen

(1) Der Absender ist berechtigt, über das Gut zu verfügen. Er kann insbesondere verlangen, daß der Frachtführer das Gut nicht weiterbefördert oder es an einem anderen Bestimmungsort, an einer anderen Ablieferungsstelle oder an einen anderen Empfänger abliefert. Der Frachtführer ist nur insoweit zur Befolgung solcher Weisungen verpflichtet,

als deren Ausführung weder Nachteile für den Betrieb seines Unternehmens noch Schäden für die Absender oder Empfänger anderer Sendungen mit sich zu bringen droht. Er kann vom Absender Ersatz seiner durch die Ausführung der Weisung entstehenden Aufwendungen sowie eine angemessene Vergütung verlangen; der Frachtführer kann die Befolgung der Weisung von einem Vorschuß abhängig machen.

(2) Das Verfügungsrecht des Absenders erlischt nach Ankunft des Gutes an der Ablieferungsstelle. Von diesem Zeitpunkt an steht das Verfügungsrecht nach Absatz 1 dem Empfänger zu. Macht der Empfänger von diesem Recht Gebrauch, so hat er dem Frachtführer die entstehenden Mehraufwendungen zu ersetzen sowie eine angemessene Vergütung zu zahlen; der Frachtführer kann die Befolgung der Weisung von einem Vorschuß abhängig machen.

(3) Hat der Empfänger in Ausübung seines Verfügungsrechts die Ablieferung des Gutes an einen Dritten angeordnet, so ist dieser nicht berechtigt, seinerseits einen anderen Empfänger zu bestimmen.

(4) Ist ein Frachtbrief ausgestellt und von beiden Parteien unterzeichnet worden, so kann der Absender sein Verfügungsrecht nur gegen Vorlage der Absenderausfertigung des Frachtbriefs ausüben, sofern dies im Frachtbrief vorgeschrieben ist.

(5) Beabsichtigt der Frachtführer, eine ihm erteilte Weisung nicht zu befolgen, so hat er denjenigen, der die Weisung gegeben hat, unverzüglich zu benachrichtigen.

(6) Ist die Ausübung des Verfügungsrechts von der Vorlage des Frachtbriefs abhängig gemacht worden und führt der Frachtführer eine Weisung aus, ohne sich die Absenderausfertigung des Frachtbriefs vorlegen zu lassen, so haftet er dem Berechtigten für den daraus entstehenden Schaden. Die Vorschriften über die Beschränkung der Haftung finden keine Anwendung.

§ 419 Beförderungs- und Ablieferungshindernisse

(1) Wird vor Ankunft des Gutes an der für die Ablieferung vorgesehenen Stelle erkennbar, daß die Beförderung nicht vertragsgemäß durchgeführt werden kann, oder bestehen nach Ankunft des Gutes an der Ablieferungsstelle Ablieferungshindernisse, so hat der Frachtführer Weisungen des nach § 418 Verfügungsberechtigten einzuholen. Ist der Empfänger verfügungsberechtigt und ist er nicht zu ermitteln oder verweigert er die Annahme des Gutes, so ist Verfügungsberechtigter nach Satz 1 der Absender; ist die Ausübung des Verfügungsrechts von der Vorlage eines Frachtbriefs abhängig gemacht worden, so bedarf es in diesem Fall der Vorlage des Frachtbriefs nicht. Der Frachtführer ist, wenn ihm Weisungen erteilt wurde sind und das Hindernis nicht seinem Risikobereich zuzurechnen ist, berechtigt, Ansprüche nach § 418 Abs. 1 Satz 4 geltend zu machen.

(2) Tritt das Beförderungs- oder Ablieferungshindernis ein, nachdem der Empfänger auf Grund seiner Verfügungsbefugnis nach § 418 die Weisung erteilt hat, das Gut an einen Dritten abzuliefern, so nimmt bei der Anwendung des Absatzes 1 der Empfänger die Stelle des Absenders und der Dritte die des Empfängers ein.

(3) Kann der Frachtführer Weisungen, die er nach § 418 Abs. 1 Satz 3 befolgen müßte, innerhalb angemessener Zeit nicht erlangen, so hat er die Maßnahmen zu ergreifen, die im Interesse des Verfügungsberechtigten die besten zu sein scheinen. Er kann etwa das Gut entladen und verwahren, für Rechnung des nach § 418 Abs. 1 bis 4 Verfügungsberechtigten einem Dritten zur Verwahrung anvertrauen oder zurückbefördern; vertraut der Frachtführer das Gut einem Dritten an, so haftet er nur für die sorgfältige Auswahl des Dritten. Der Frachtführer kann das Gut auch gemäß § 373 Abs. 2 bis 4 verkaufen lassen, wenn es sich um verderbliche Ware handelt oder der Zustand des Gutes eine solche Maßnahme rechtfertigt oder wenn die andernfalls entstehenden Kosten in keinem angemessenen Verhältnis zum Wert des Gutes

stehen. Unverwertbares Gut darf der Frachtführer vernichten. Nach dem Entladen des Gutes gilt die Beförderung als beendet.

(4) Der Frachtführer hat wegen der nach Absatz 3 ergriffenen Maßnahmen Anspruch auf Ersatz der erforderlichen Aufwendungen und auf angemessene Vergütung, es sei denn, daß das Hindernis seinem Risikobereich zuzurechnen ist.

§ 420 Zahlung. Frachtberechnung

(1) Die Fracht ist bei Ablieferung des Gutes zu zahlen. Der Frachtführer hat über die Fracht hinaus einen Anspruch auf Ersatz von Aufwendungen, soweit diese für das Gut gemacht wurden und er sie den Umständen nach für erforderlich halten durfte.

(2) Wird die Beförderung infolge eines Beförderungs- oder Ablieferungshindernisses vorzeitig beendet, so gebührt dem Frachtführer die anteilige Fracht für den zurückgelegten Teil der Beförderung. Ist das Hindernis dem Risikobereich des Frachtführers zuzurechnen, steht ihm der Anspruch nur insoweit zu, als die Beförderung für den Absender von Interesse ist.

(3) Tritt nach Beginn der Beförderung und vor Ankunft an der Ablieferungsstelle eine Verzögerung ein und beruht die Verzögerung auf Gründen, die dem Risikobereich des Absenders zuzurechnen sind, so gebührt dem Frachtführer neben der Fracht eine angemessene Vergütung.

(4) Ist die Fracht nach Zahl, Gewicht oder anders angegebener Menge des Gutes vereinbart, so wird für die Berechnung der Fracht vermutet, daß Angaben hierzu im Frachtbrief oder Ladeschein zutreffen; dies gilt auch dann, wenn zu diesen Angaben ein Vorbehalt eingetragen ist, der damit begründet ist, daß keine angemessenen Mittel zur Verfügung standen, die Richtigkeit der Angaben zu überprüfen.

§ 421 Rechte des Empfängers. Zahlungspflicht

(1) Nach Ankunft des Gutes an der Ablieferungsstelle ist der Empfänger berechtigt, vom Frachtführer zu verlangen, ihm das Gut gegen Erfüllung der Verpflichtungen aus dem Frachtvertrag abzuliefern. Ist das Gut beschädigt oder verspätet abgeliefert worden oder verlorengegangen, so kann der Empfänger die Ansprüche aus dem Frachtvertrag im eigenen Namen gegen den Frachtführer geltend machen; der Absender bleibt zur Geltendmachung dieser Ansprüche befugt. Dabei macht es keinen Unterschied, ob Empfänger oder Absender im eigenen oder fremden Interesse handeln.

(2) Der Empfänger, der sein Recht nach Absatz 1 Satz 1 geltend macht, hat die noch geschuldete Fracht bis zu dem Betrag zu zahlen, der aus dem Frachtbrief hervorgeht. Ist ein Frachtbrief nicht ausgestellt oder dem Empfänger nicht vorgelegt worden oder ergibt sich aus dem Frachtbrief nicht die Höhe der zu zahlenden Fracht, so hat der Empfänger die mit dem Absender vereinbarte Fracht zu zahlen, soweit diese nicht unangemessen ist.

(3) Der Empfänger, der sein Recht nach Absatz 1 Satz 1 geltend macht, hat ferner ein Standgeld oder eine Vergütung nach § 420 Abs. 3 zu zahlen, ein Standgeld wegen Überschreitung der Ladezeit und eine Vergütung nach § 420 Abs. 3 jedoch nur, wenn ihm der geschuldete Betrag bei Ablieferung des Gutes mitgeteilt worden ist.

(4) Der Absender bleibt zur Zahlung der nach dem Vertrag geschuldeten Beträge verpflichtet.

§ 422 Nachnahme

(1) Haben die Parteien vereinbart, daß das Gut nur gegen Einziehung einer Nachnahme an den Empfänger abgeliefert werden darf, so ist anzunehmen, daß der Betrag in bar oder in Form eines gleichwertigen Zahlungsmittels einzuziehen ist.

(2) Das auf Grund der Einziehung Erlangte gilt im Verhältnis zu den Gläubigern des Frachtführers als auf den Absender übertragen.

(3) Wird das Gut dem Empfänger ohne Einziehung der Nachnahme abgeliefert, so haftet der Frachtführer, auch wenn ihn kein Verschulden trifft, dem Absender für den daraus

entstehenden Schaden, jedoch nur bis zur Höhe des Betrages der Nachnahme.

§ 423 Lieferfrist

Der Frachtführer ist verpflichtet, das Gut innerhalb der vereinbarten Frist oder mangels Vereinbarung innerhalb der Frist abzuliefern, die einem sorgfältigen Frachtführer unter Berücksichtigung der Umstände vernünftigerweise zuzubilligen ist (Lieferfrist).

§ 424 Verlustvermutung

(1) Der Anspruchsberechtigte kann das Gut als verloren betrachten, wenn es weder innerhalb der Lieferfrist noch innerhalb eines weiteren Zeitraums abgeliefert wird, der der Lieferfrist entspricht, mindestens aber zwanzig Tage, bei einer grenzüberschreitenden Beförderung dreißig Tage beträgt.

(2) Erhält der Anspruchsberechtigte eine Entschädigung für den Verlust des Gutes, so kann er bei deren Empfang verlangen, daß er unverzüglich benachrichtigt wird, wenn das Gut wiederaufgefunden wird.

(3) Der Anspruchsberechtigte kann innerhalb eines Monats nach Empfang der Benachrichtigung von dem Wiederauffinden des Gutes verlangen, daß ihm das Gut Zug um Zug gegen Erstattung der Entschädigung, gegebenenfalls abzüglich der in der Entschädigung enthaltenen Kosten, abgeliefert wird. Eine etwaige Pflicht zur Zahlung der Fracht sowie Ansprüche auf Schadenersatz bleiben unberührt.

(4) Wird das Gut nach Zahlung einer Entschädigung wiederaufgefunden und hat der Anspruchsberechtigte eine Benachrichtigung nicht verlangt oder macht er nach Benachrichtigung seinen Anspruch auf Ablieferung nicht geltend, so kann der Frachtführer über das Gut frei verfügen.

§ 425 Haftung für Güter- und Verspätungsschäden. Schadensteilung

(1) Der Frachtführer haftet für den Schaden, der durch Verlust oder Beschädigung des Gutes in der Zeit von der Übernahme zur Beförderung bis zur Ablieferung oder durch Überschreitung der Lieferfrist entsteht.

(2) Hat bei der Entstehung des Schadens ein Verhalten des Absenders oder des Empfängers oder ein besonderer Mangel des Gutes mitgewirkt, so hängen die Verpflichtung zum Ersatz sowie der Umfang des zu leistenden Ersatzes davon ab, inwieweit diese Umstände zu dem Schaden beigetragen haben.

§ 426 Haftungsausschluß

Der Frachtführer ist von der Haftung befreit, soweit der Verlust, die Beschädigung oder die Überschreitung der Lieferfrist auf Umständen beruht, die der Frachtführer auch bei größter Sorgfalt nicht vermeiden und deren Folgen er nicht abwenden konnte.

§ 427 Besondere Haftungsausschlußgründe

(1) Der Frachtführer ist von seiner Haftung befreit, soweit der Verlust, die Beschädigung oder die Überschreitung der Lieferfrist auf eine der folgenden Gefahren zurückzuführen ist:

1. vereinbarte oder der Übung entsprechende Verwendung von offenen, nicht mit Planen gedeckten Fahrzeugen oder Verladung auf Deck;

2. ungenügende Verpackung durch den Absender;

3. Behandeln, Verladen oder Entladen des Gutes durch den Absender oder den Empfänger;

4. natürliche Beschaffenheit des Gutes, die besonders leicht zu Schäden, insbesondere durch Bruch, Rost, inneren Verderb, Austrocknen, Auslaufen, normalen Schwund führt;

5. ungenügende Kennzeichnung der Frachtstücke durch den Absender;

6. Beförderung lebender Tiere.

(2) Ist ein Schaden eingetreten, der nach den Umständen des Falles aus einer der in Absatz 1 bezeichneten Gefahren entstehen konnte, so wird vermutet, daß der Schaden aus dieser Gefahr entstanden ist. Diese Vermutung gilt im Falle des Absatzes 1 Nr. 1 nicht bei außergewöhnlich großem Verlust.

(3) Der Frachtführer kann sich auf Absatz 1 Nr. 1 nur berufen, soweit der Verlust, die Beschädigung oder die Überschreitung der Lieferfrist nicht darauf zurückzuführen ist, daß der Frachtführer besondere Weisungen des Absenders im Hinblick auf die Beförderung des Gutes nicht beachtet hat.

(4) Ist der Frachtführer nach dem Frachtvertrag verpflichtet, das Gut gegen die Einwirkung von Hitze, Kälte, Temperaturschwankungen, Luftfeuchtigkeit, Erschütterungen oder ähnlichen Einflüssen besonders zu schützen, so kann er sich auf Absatz 1 Nr. 4 nur berufen, wenn er alle ihm nach den Umständen obliegenden Maßnahmen, insbesondere hinsichtlich der Auswahl, Instandhaltung und Verwendung besonderer Einrichtungen, getroffen und besondere Weisungen beachtet hat.

(5) Der Frachtführer kann sich auf Absatz 1 Nr. 6 nur berufen, wenn er alle ihm nach den Umständen obliegenden Maßnahmen getroffen und besondere Weisungen beachtet hat.

§ 428 Haftung für andere

Der Frachtführer hat Handlungen und Unterlassungen seiner Leute in gleichem Umfange zu vertreten wie eigene Handlungen und Unterlassungen, wenn die Leute in Ausübung ihrer Verrichtungen handeln. Gleiches gilt für Handlungen und Unterlassungen anderer Personen, deren er sich bei Ausführung der Beförderung bedient.

§ 429 Wertersatz

(1) Hat der Frachtführer für gänzlichen oder teilweisen Verlust des Gutes Schadenersatz zu leisten, so ist der Wert am Ort und zur Zeit der Übernahme zur Beförderung zu ersetzen.

(2) Bei Beschädigung des Gutes ist der Unterschied zwischen dem Wert des unbeschädigten Gutes am Ort und zur Zeit der Übernahme zur Beförderung und dem Wert zu ersetzen, den das beschädigte Gut am Ort und zur Zeit der Übernahme gehabt hätte. Es wird vermutet, daß die zur Schadensminderung und Schadensbehebung aufzuwendenden Kosten dem nach Satz 1 zu ermittelnden Unterschiedsbetrag entsprechen.

(3) Der Wert des Gutes bestimmt sich nach dem Marktpreis, sonst nach dem gemeinen Wert von Gütern gleicher Art und Beschaffenheit. Ist das Gut unmittelbar vor Übernahme zur Beförderung verkauft worden, so wird vermutet, daß der in der Rechnung des Verkäufers ausgewiesene Kaufpreis abzüglich darin enthaltener Beförderungskosten der Marktpreis ist.

§ 430 Schadensfeststellungskosten

Bei Verlust oder Beschädigung des Gutes hat der Frachtführer über den nach § 429 zu leistenden Ersatz hinaus die Kosten der Feststellung des Schadens zu tragen.

§ 431 Haftungshöchstbetrag

(1) Die nach den §§ 429 und 430 zu leistende Entschädigung wegen Verlust oder Beschädigung der gesamten Sendung ist auf einen Betrag von 8,33 Rechnungseinheiten für jedes Kilogramm des Rohgewichts der Sendung begrenzt.

(2) Sind nur einzelne Frachtstücke der Sendung verloren oder beschädigt worden, so ist die Haftung des Frachtführers begrenzt auf einen Betrag von 8,33 Rechnungseinheiten für jedes Kilogramm des Rohgewichts

1. der gesamten Sendung, wenn die gesamte Sendung entwertet ist,

2. des entwerteten Teils der Sendung, wenn nur ein Teil der Sendung entwertet ist.

(3) Die Haftung des Frachtführers wegen Überschreitung der Lieferfrist ist auf den dreifachen Betrag der Fracht begrenzt.

(4) Die in den Absätzen 1 und 2 genannte Rechnungseinheit ist das Sonderziehungsrecht des Internationalen Währungsfonds. Der Betrag wird in Euro entsprechend dem Wert des Euro gegenüber dem Sonderziehungsrecht am Tag der Übernahme des Gutes zur Beförderung oder an dem von den Parteien vereinbarten Tag umgerechnet. Der Wert des Euro gegenüber dem Sonderziehungsrecht wird nach der Berechnungsmethode ermittelt, die der Internationale Währungsfonds an dem betreffenden Tag für seine Operationen und Transaktionen anwendet.

§ 432 Ersatz sonstiger Kosten

Haftet der Frachtführer wegen Verlust oder Beschädigung, so hat er über den nach den §§ 429 bis 431 zu leistenden Ersatz hinaus die Fracht, öffentliche Abgaben und sonstige Kosten aus Anlaß der Beförderung des Gutes zu erstatten, im Fall der Beschädigung jedoch nur in dem nach § 429 Abs. 2 zu ermittelnden Wertverhältnis. Weiteren Schaden hat er nicht zu ersetzen.

§ 433 Haftungshöchstbetrag bei sonstigen Vermögensschäden

Haftet der Frachtführer wegen der Verletzung einer mit der Ausführung der Beförderung des Gutes zusammenhängenden vertraglichen Pflicht für Schäden, die nicht durch Verlust oder Beschädigung des Gutes oder durch Überschreitung der Lieferfrist entstehen, und handelt es sich um andere Schäden als Sach- oder Personenschäden, so ist auch in diesem Falle die Haftung begrenzt, und zwar auf das Dreifache des Betrages, der bei Verlust des Gutes zu zahlen wäre.

§ 434 Außervertragliche Ansprüche

(1) Die in diesem Unterabschnitt und im Frachtvertrag vorgesehenen Haftungsbefreiungen und Haftungsbegrenzungen gelten auch für einen außervertraglichen Anspruch des Absenders oder des Empfängers gegen den Frachtführer wegen Verlust oder Beschädigung des Gutes oder wegen Überschreitung der Lieferfrist.

(2) Der Frachtführer kann auch gegenüber außervertraglichen Ansprüchen Dritter wegen Verlust oder Beschädigung des Gutes die Einwendungen nach Absatz 1 geltend machen. Die Einwendungen können jedoch nicht geltend gemacht werden, wenn

1. der Dritte der Beförderung nicht zugestimmt hat und der Frachtführer die fehlende Befugnis des Absenders, das Gut zu versenden, kannte oder fahrlässig nicht kannte oder

2. das Gut vor Übernahme zur Beförderung dem Dritten oder einer Person, die von diesem ihr Recht zum Besitz ableitet, abhanden gekommen ist.

§ 435 Wegfall der Haftungsbefreiungen und -begrenzungen

Die in diesem Unterabschnitt und im Frachtvertrag vorgesehenen Haftungsbefreiungen und Haftungsbegrenzungen gelten nicht, wenn der Schaden auf eine Handlung oder Unterlassung zurückzuführen ist, die der Frachtführer oder eine in § 428 genannte Person vorsätzlich oder leichtfertig und in dem Bewußtsein, daß ein Schaden mit Wahrscheinlichkeit eintreten werde, begangen hat.

§ 436 Haftung der Leute

Werden Ansprüche aus außervertraglicher Haftung wegen Verlust oder Beschädigung des Gutes oder wegen Überschreitung der Lieferfrist gegen einen der Leute des Frachtführers erhoben, so kann sich auch jener auf die in diesem Unterabschnitt und im Frachtvertrag vorgesehenen Haftungsbefreiungen und -begrenzungen berufen. Dies gilt nicht, wenn er vorsätzlich oder leichtfertig und in dem Bewußtsein, daß ein Schaden mit Wahrscheinlichkeit eintreten werde, gehandelt hat.

§ 437 Ausführender Frachtführer

(1) Wird die Beförderung ganz oder teilweise durch einen Dritten ausgeführt (ausführender Frachtführer), so haftet dieser für den Schaden, der durch Verlust oder Beschädigung des Gutes oder durch Überschreitung der Lieferfrist während der durch ihn ausgeführten Beförderung entsteht, in gleicher Weise wie der Frachtführer. Vertragliche Vereinbarungen mit dem Absender oder Empfänger, durch die der Frachtführer seine Haftung erweitert, wirken gegen den ausführenden Frachtführer nur, soweit er ihnen schriftlich zugestimmt hat.

(2) Der ausführende Frachtführer kann alle Einwendungen geltend machen, die dem Frachtführer aus dem Frachtvertrag zustehen.

(3) Frachtführer und ausführender Frachtführer haften als Gesamtschuldner.

(4) Werden die Leute des ausführenden Frachtführers in Anspruch genommen, so gilt für diese § 436 entsprechend.

§ 438 Schadensanzeige

(1) Ist ein Verlust oder eine Beschädigung des Gutes äußerlich erkennbar und zeigt der Empfänger oder der Absender dem Frachtführer Verlust oder Beschädigung nicht spätestens bei Ablieferung des Gutes an, so wird vermutet, daß das Gut in vertragsgemäßem Zustand abgeliefert worden ist. Die Anzeige muß den Schaden hinreichend deutlich kennzeichnen.

(2) Die Vermutung nach Absatz 1 gilt auch, wenn der Verlust oder die Beschädigung äußerlich nicht erkennbar war und nicht innerhalb von sieben Tagen nach Ablieferung angezeigt worden ist.

(3) Ansprüche wegen Überschreitung der Lieferfrist erlöschen, wenn der Empfänger dem Frachtführer die Überschreitung der Lieferfrist nicht innerhalb von einundzwanzig Tagen nach Ablieferung anzeigt.

(4) Eine Schadensanzeige nach Ablieferung ist in Textform zu erstatten. Zur Wahrung der Frist genügt die rechtzeitige Absendung.

(5) Werden Verlust, Beschädigung oder Überschreitung der Lieferfrist bei Ablieferung angezeigt, so genügt die Anzeige gegenüber demjenigen, der das Gut abliefert.

§ 439 Verjährung

(1) Ansprüche aus einer Beförderung, die den Vorschriften dieses Unterabschnitts unterliegt, verjähren in einem Jahr. Bei Vorsatz oder bei einem dem Vorsatz nach § 435 gleichstehenden Verschulden beträgt die Verjährungsfrist drei Jahre.

(2) Die Verjährung beginnt mit Ablauf des Tages, an dem das Gut abgeliefert wurde. Ist das Gut nicht abgeliefert worden, beginnt die Verjährung mit dem Ablauf des Tages, an dem das Gut hätte abgeliefert werden müssen. Abweichend von den Sätzen 1 und 2 beginnt die Verjährung von Rückgriffsansprüchen mit dem Tag des Eintritts der Rechtskraft des Urteils gegen den Rückgriffsgläubiger oder, wenn kein rechtskräftiges Urteil vorliegt, mit dem Tag, an dem der Rückgriffsgläubiger den Anspruch befriedigt hat, es sei denn, der Rückgriffsschuldner wurde nicht innerhalb von drei Monaten, nachdem der Rückgriffsgläubiger Kenntnis von dem Schaden und der Person des Rückgriffsschuldners erlangt hat, über diesen Schaden unterrichtet.

(3) Die Verjährung eines Anspruchs gegen den Frachtführer wird durch eine schriftliche Erklärung des Absenders oder Empfängers, mit der dieser Ersatzansprüche erhebt, bis zu dem Zeitpunkt gehemmt, in dem der Frachtführer die Erfüllung des Anspruchs schriftlich ablehnt. Eine weitere Erklärung, die denselben Ersatzanspruch zum Gegenstand hat, hemmt die Verjährung nicht erneut.

(4) Die Verjährung kann nur durch Vereinbarung, die im einzelnen ausgehandelt ist, auch wenn sie für eine Mehrzahl von gleichartigen Verträgen zwischen denselben Vertragsparteien getroffen ist, erleichtert oder erschwert werden.

§ 440 Gerichtsstand

(1) Für Rechtsstreitigkeiten aus einer Beförderung, die den Vorschriften dieses Unterabschnitts unterliegt, ist auch das Gericht zuständig, in dessen Bezirk der Ort der Übernahme des Gutes oder der für die Ablieferung des Gutes vorgesehene Ort liegt.

(2) Eine Klage gegen den ausführenden Frachtführer kann auch in dem Gerichtsstand des Frachtführers, eine Klage gegen den Frachtführer auch in dem Gerichtsstand des ausführenden Frachtführers erhoben werden.

§ 441 Pfandrecht

(1) Der Frachtführer hat wegen aller durch den Frachtvertrag begründeten Forderungen sowie wegen unbestrittener Forderungen aus anderen mit dem Absender abgeschlossenen Fracht-, Speditions- oder Lagerverträgen ein Pfandrecht an dem Gut. Das Pfandrecht erstreckt sich auf die Begleitpapiere.

(2) Das Pfandrecht besteht, solange der Frachtführer das Gut in seinem Besitz hat, insbesondere solange er mittels Konnossements, Ladescheins oder Lagerscheins darüber verfügen kann.

(3) Das Pfandrecht besteht auch nach der Ablieferung fort, wenn der Frachtführer es innerhalb von drei Tagen nach der Abliefe-

rung gerichtlich geltend macht und das Gut noch im Besitz des Empfängers ist.

(4) Die in § 1234 Abs. 1 des Bürgerlichen Gesetzbuchs bezeichnete Androhung des Pfandverkaufs sowie die in den §§ 1237 und 1241 des Bürgerlichen Gesetzbuchs vorgesehenen Benachrichtigungen sind an den Empfänger zu richten. Ist dieser nicht zu ermitteln oder verweigert er die Annahme des Gutes, so haben die Androhung und die Benachrichtigung gegenüber dem Absender zu erfolgen.

§ 442 Nachfolgender Frachtführer

(1) Hat im Falle der Beförderung durch mehrere Frachtführer der letzte bei der Ablieferung die Forderungen der vorhergehenden Frachtführer einzuziehen, so hat er die Rechte der vorhergehenden Frachtführer, insbesondere auch das Pfandrecht, auszuüben. Das Pfandrecht jedes vorhergehenden Frachtführers bleibt so lange bestehen wie das Pfandrecht des letzten Frachtführers.

(2) Wird ein vorhergehender Frachtführer von einem nachgehenden befriedigt, so gehen Forderung und Pfandrecht des ersteren auf den letzteren über.

(3) Die Absätze 1 und 2 gelten auch für die Forderungen und Rechte eines Spediteurs, der an der Beförderung mitgewirkt hat.

§ 443 Rang mehrerer Pfandrechte

(1) Bestehen an demselben Gut mehrere nach den §§ 397, 441, 464, 475b und 623 begründete Pfandrechte, so geht unter denjenigen Pfandrechten, die durch die Versendung oder durch die Beförderung des Gutes entstanden sind, das später entstandene dem früher entstandenen vor.

(2) Diese Pfandrechte haben Vorrang vor dem nicht aus der Versendung entstandenen Pfandrecht des Kommissionärs und des Lagerhalters sowie vor dem Pfandrecht des Spediteurs, des Frachtführers und des Verfrachters für Vorschüsse.

§ 444 Ladeschein

(1) Über die Verpflichtung zur Ablieferung des Gutes kann von dem Frachtführer ein La-

deschein ausgestellt werden, der die in § 408 Abs. 1 genannten Angaben enthalten soll. Der Ladeschein ist vom Frachtführer zu unterzeichnen; eine Nachbildung der eigenhändigen Unterschrift durch Druck oder durch Stempel genügt.

(2) Ist der Ladeschein an Order gestellt, so soll er den Namen desjenigen enthalten, an dessen Order das Gut abgeliefert werden soll. Wird der Name nicht angegeben, so ist der Ladeschein als an Order des Absenders gestellt anzusehen.

(3) Der Ladeschein ist für das Rechtsverhältnis zwischen dem Frachtführer und dem Empfänger maßgebend. Er begründet insbesondere die widerlegliche Vermutung, daß die Güter wie im Ladeschein beschrieben übernommen sind; § 409 Abs. 2, 3 Satz 1 gilt entsprechend. Ist der Ladeschein einem gutgläubigen Dritten übertragen worden, so ist die Vermutung nach Satz 2 unwiderleglich

(4) Für das Rechtsverhältnis zwischen dem Frachtführer und dem Absender bleiben die Bestimmungen des Frachtvertrages maßgebend.

§ 445 Ablieferung gegen Rückgabe des Ladescheins

Der Frachtführer ist zur Ablieferung des Gutes nur gegen Rückgabe des Ladescheins, auf dem die Ablieferung bescheinigt ist, verpflichtet

§ 446 Legitimation durch Ladeschein

(1) Zum Empfang des Gutes legitimiert ist derjenige, an den das Gut nach dem Ladeschein abgeliefert werden soll oder auf den der Ladeschein, wenn er an Order lautet, durch Indossament übertragen ist.

(2) Dem zum Empfang Legitimierten steht das Verfügungsrecht nach § 418 zu. Der Frachtführer braucht den Weisungen wegen Rückgabe oder Ablieferung des Gutes an einen anderen als den durch den Ladeschein legitimierten Empfänger nur Folge zu leisten, wenn ihm der Ladeschein zurückgegeben wird.

§ 447 Ablieferung und Weisungsbefolgung ohne Ladeschein

Der Frachtführer haftet dem rechtmäßigen Besitzer des Ladescheins für den Schaden, der daraus entsteht, daß er das Gut abliefert oder einer Weisung wegen Rückgabe oder Ablieferung Folge leistet, ohne sich den Ladeschein zurückgeben zu lassen. Die Haftung ist auf den Betrag begrenzt, der bei Verlust des Gutes zu zahlen wäre.

§ 448 Traditionspapier

Die Übergabe des Ladescheins an denjenigen, den der Ladeschein zum Empfang des Gutes legitimiert, hat, wenn das Gut von dem Frachtführer übernommen ist, für den Erwerb von Rechten an dem Gut dieselben Wirkungen wie die Übergabe des Gutes.

§ 449 Abweichende Vereinbarungen

(1) Ist der Absender ein Verbraucher, so kann nicht zu dessen Nachteil von § 413 Abs. 2, den §§ 414, 418 Abs. 6, § 422 Abs. 3, den §§ 425 bis 438 und 447 abgewichen werden, es sei denn, der Frachtvertrag hat die Beförderung von Briefen oder briefähnlichen Sendungen zum Gegenstand. § 418 Abs. 6 und § 447 können nicht zu Lasten gutgläubiger Dritter abbedungen werden.

(2) In allen anderen als den in Absatz 1 Satz 1 genannten Fällen kann, soweit der Frachtvertrag nicht die Beförderung von Briefen oder briefähnlichen Sendungen zum Gegenstand hat, von den in Absatz 1 Satz 1 genannten Vorschriften nur durch Vereinbarung abgewichen werden, die im einzelnen ausgehandelt ist, auch wenn sie für eine Mehrzahl von gleichartigen Verträgen zwischen denselben Vertragsparteien getroffen ist. Die vom Frachtführer zu leistende Entschädigung wegen Verlust oder Beschädigung des Gutes kann jedoch auch durch vorformulierte Vertragsbedingungen auf einen anderen als den in § 431 Abs. 1 und 2 vorgesehenen Betrag begrenzt werden, wenn dieser Betrag

1. zwischen zwei und vierzig Rechnungseinheiten liegt und in drucktechnisch deutlicher Gestaltung besonders hervorgehoben ist oder

2. für den Verwender der vorformulierten Vertragsbedingungen ungünstiger ist als der in § 431 Abs. 1 und 2 vorgesehene Betrag.

Gleiches gilt für die vom Absender nach § 414 zu leistende Entschädigung.

(3) Unterliegt der Frachtvertrag ausländischem Recht, so sind die Absätze 1 und 2 gleichwohl anzuwenden, wem nach dem Vertrag der Ort der Übernahme und der Ort der Ablieferung des Gutes im Inland liegen.

§ 450 Anwendung von Seefrachtrecht

Hat der Frachtvertrag die Beförderung des Gutes ohne Umladung sowohl auf Binnen- als auch auf Seegewässern zum Gegenstand, so ist auf den Vertrag Seefrachtrecht anzuwenden, wenn

1. ein Konnossement ausgestellt ist oder

2. die auf Seegewässern zurückzulegende Strecke die größere ist.

Zweiter Unterabschnitt
Beförderung von Umzugsgut

§ 451 Umzugsvertrag

Hat der Frachtvertrag die Beförderung von Umzugsgut zum Gegenstand, so sind auf den Vertrag die Vorschriften des Ersten Unterabschnitts anzuwenden, soweit die folgenden besonderen Vorschriften oder anzuwendende internationale Übereinkommen nichts anderes bestimmen.

§ 451a Pflichten des Frachtführers

(1) Die Pflichten des Frachtführers umfassen auch das Ab- und Aufbauen der Möbel sowie das Ver- und Entladen des Umzugsgutes.

(2) Ist der Absender ein Verbraucher, so zählt zu den Pflichten des Frachtführers ferner die Ausführung sonstiger auf den Umzug bezogener Leistungen wie die Verpackung und Kennzeichnung des Umzugsgutes.

§ 451b Frachtbrief. Gefährliches Gut. Begleitpapiere. Mitteilungs- und Auskunftspflichten

(1) Abweichend von § 408 ist der Absender nicht verpflichtet, einen Frachtbrief auszustellen.

(2) Zählt zu dem Umzugsgut gefährliches Gut und ist der Absender ein Verbraucher, so ist er abweichend von § 410 lediglich verpflichtet, den Frachtführer über die von dem Gut ausgehende Gefahr allgemein zu unterrichten; die Unterrichtung bedarf keiner Form. Der Frachtführer hat den Absender über dessen Pflicht nach Satz 1 zu unterrichten.

(3) Der Frachtführer hat den Absender, wenn dieser ein Verbraucher ist, über die zu beachtenden Zoll- und sonstigen Verwaltungsvorschriften zu unterrichten. Er ist jedoch nicht verpflichtet zu prüfen, ob vom Absender zur Verfügung gestellte Urkunden und erteilte Auskünfte richtig und vollständig sind.

§ 451c Haftung des Absenders in besonderen Fällen

Abweichend von § 414 Abs. 1 Satz 2 hat der Absender dem Frachtführer für Schäden nur bis zu einem Betrag von 620 Euro je Kubikmeter Laderaum, der zur Erfüllung des Vertrages benötigt wird, Ersatz zu leisten.

§ 451d Besondere Haftungsausschlußgründe

(1) Abweichend von § 427 ist der Frachtführer von seiner Haftung befreit, soweit der Verlust oder die Beschädigung auf eine der folgenden Gefahren zurückzuführen ist:

1. Beförderung von Edelmetallen, Juwelen, Edelsteinen, Geld, Briefmarken, Münzen, Wertpapieren oder Urkunden;

2. ungenügende Verpackung oder Kennzeichnung durch den Absender;

3. Behandeln, Verladen oder Entladen des Gutes durch den Absender;

4. Beförderung von nicht vom Frachtführer verpacktem Gut in Behältern;

5. Verladen oder Entladen von Gut, dessen Größe oder Gewicht den Raumverhältnissen an der Ladestelle oder Entladestelle nicht entspricht, sofern der Frachtführer den Absender auf die Gefahr einer Beschädigung vorher hingewiesen und der Absender auf der Durchführung der Leistung bestanden hat;

6. Beförderung lebender Tiere oder von Pflanzen;

7. natürliche oder mangelhafte Beschaffenheit des Gutes, der zufolge es besonders leicht Schäden, insbesondere durch Bruch, Funktionsstörungen, Rost, inneren Verderb oder Auslaufen, erleidet.

(2) Ist ein Schaden eingetreten, der nach den Umständen des Falles aus einer der in Absatz 1 bezeichneten Gefahren entstehen konnte, so wird vermutet, daß der Schaden aus dieser Gefahr entstanden ist.

(3) Der Frachtführer kann sich auf Absatz 1 nur berufen, wenn er alle ihm nach den Umständen obliegenden Maßnahmen getroffen und besondere Weisungen beachtet hat.

§ 451e Haftungshöchstbetrag

Abweichend von § 431 Abs. 1 und 2 ist die Haftung des Frachtführers wegen Verlust oder Beschädigung auf einen Betrag von 620 Euro je Kubikmeter Laderaum, der zur Erfüllung des Vertrages benötigt wird, beschränkt.

§ 451f Schadensanzeige

Abweichend von § 438 Abs. 1 und 2 erlöschen Ansprüche wegen Verlust oder Beschädigung des Gutes,

1. wenn der Verlust oder die Beschädigung des Gutes äußerlich erkennbar war und dem Frachtführer nicht spätestens am Tag nach der Ablieferung angezeigt worden ist,

2. wenn der Verlust oder die Beschädigung äußerlich nicht erkennbar war und dem Frachtführer nicht innerhalb von vierzehn Tagen nach Ablieferung angezeigt worden ist.

III

III

§ 451g Wegfall der Haftungsbefreiungen und -begrenzungen

Ist der Absender ein Verbraucher, so kann sich der Frachtführer oder eine in § 428 genannte Person

1. auf die in den §§ 451d und 451e sowie in dem Ersten Unterabschnitt vorgesehenen Haftungsbefreiungen und Haftungsbegrenzungen nicht berufen, soweit der Frachtführer es unterläßt, den Absender bei Abschluß des Vertrages über die Haftungsbestimmungen zu unterrichten und auf die Möglichkeiten hinzuweisen, eine weitergehende Haftung zu vereinbaren oder das Gut zu versichern,

2. auf § 451f in Verbindung mit § 438 nicht berufen, soweit der Frachtführer es unterläßt, den Empfänger spätestens bei der Ablieferung des Gutes über die Form und Frist der Schadensanzeige sowie die Rechtsfolgen bei Unterlassen der Schadensanzeige zu unterrichten.

Die Unterrichtung nach Satz 1 Nr. 1 muß in drucktechnisch deutlicher Gestaltung besonders hervorgehoben sein.

§ 451h Abweichende Vereinbarungen

(1) Ist der Absender ein Verbraucher, so kann von der die Haftung des Frachtführers und des Absenders regelnden Vorschriften dieses Unterabschnitts sowie den danach auf den Umzugsvertrag anzuwendenden Vorschriften des Ersten Unterabschnitts nicht zum Nachteil des Absenders abgewichen werden.

(2) In allen anderen als den in Absatz 1 genannten Fällen kann von den darin genannten Vorschriften nur durch Vereinbarung abgewichen werden, die im einzelnen ausgehandelt ist, auch wenn sie für eine Mehrzahl von gleichartigen Verträgen zwischen denselben Vertragsparteien getroffen ist. Die vom Frachtführer zu leistende Entschädigung wegen Verlust oder Beschädigung des Gutes kann jedoch auch durch vorformulierte Vertragsbedingungen auf einen anderen als den in § 451e vorgesehenen Betrag begrenzt werden. Gleiches gilt für die vom Absender nach § 414 in Verbindung mit § 451c zu leistende Entschädigung. Die in den vorformu-

lierten Vertragsbedingungen enthaltene Bestimmung ist jedoch unwirksam, wenn sie nicht in drucktechnisch deutlicher Gestaltung besonders hervorgehoben ist.

(3) Unterliegt der Umzugsvertrag ausländischem Recht, so sind die Absätze 1 und 2 gleichwohl anzuwenden, wenn nach dem Vertrag der Ort der Übernahme und der Ort der Ablieferung des Gutes im Inland liegen.

Dritter Unterabschnitt
Beförderung mit verschiedenartigen Beförderungsmitteln

§ 452 Frachtvertrag über eine Beförderung mit verschiedenartigen Beförderungsmitteln

Wird die Beförderung des Gutes auf Grund eines einheitlichen Frachtvertrags mit verschiedenartigen Beförderungsmitteln durchgeführt und wären, wenn über jeden Teil der Beförderung mit jeweils einem Beförderungsmittel (Teilstrecke) zwischen den Vertragsparteien ein gesonderter Vertrag abgeschlossen worden wäre, mindestens zwei dieser Verträge verschiedenen Rechtsvorschriften unterworfen, so sind auf den Vertrag die Vorschriften des Ersten Unterabschnitts anzuwenden, soweit die folgenden besonderen Vorschriften oder anzuwendende internationale Übereinkommen nichts anderes bestimmen. Dies gilt auch dann, wenn ein Teil der Beförderung zur See durchgeführt wird.

§ 452a Bekannter Schadensort

Steht fest, daß der Verlust, die Beschädigung oder das Ereignis, das zu einer Überschreitung der Lieferfrist geführt hat, auf einer bestimmten Teilstrecke eingetreten ist, so bestimmt sich die Haftung des Frachtführers abweichend von den Vorschriften des Ersten Unterabschnitts nach den Rechtsvorschriften, die auf einen Vertrag über eine Beförderung auf dieser Teilstrecke anzuwenden wären. Der Beweis dafür, daß der Verlust, die Beschädigung oder das zu einer Überschreitung der Lieferfrist führende Ereignis auf einer bestimmten Teilstrecke eingetreten ist, obliegt demjenigen, der dies behauptet.

§ 452b Schadensanzeige. Verjährung

(1) § 438 ist unabhängig davon anzuwenden, ob der Schadensort unbekannt ist, bekannt ist oder später bekannt wird. Die für die Schadensanzeige vorgeschriebene Form und Frist ist auch gewahrt, wenn die Vorschriften eingehalten werden, die auf einen Vertrag über eine Beförderung auf der letzten Teilstrecke anzuwenden wären.

(2) Für den Beginn der Verjährung des Anspruchs wegen Verlust, Beschädigung oder Überschreitung der Lieferfrist ist, wenn auf den Ablieferungszeitpunkt abzustellen ist, der Zeitpunkt der Ablieferung an den Empfänger maßgebend. Der Anspruch verjährt auch bei bekanntem Schadensort frühestens nach Maßgabe des § 439.

§ 452c Umzugsvertrag über eine Beförderung mit verschiedenartigen Beförderungsmitteln

Hat der Frachtvertrag die Beförderung von Umzugsgut mit verschiedenartigen Beförderungsmitteln zum Gegenstand, so sind auf den Vertrag die Vorschriften des Zweiten Unterabschnitts anzuwenden. § 452a ist nur anzuwenden, soweit für die Teilstrecke, auf der der Schaden eingetreten ist, Bestimmungen eines für die Bundesrepublik Deutschland verbindlichen internationalen Übereinkommens gelten.

§ 452d Abweichende Vereinbarungen

(1) Von der Regelung des § 452b Abs. 2 Satz 1 kann nur durch Vereinbarung abgewichen werden, die im einzelnen ausgehandelt ist, auch wenn diese für eine Mehrzahl von gleichartigen Verträgen zwischen denselben Vertragsparteien getroffen ist. Von den übrigen Regelungen dieses Unterabschnitts kann nur insoweit durch vertragliche Vereinbarung abgewichen werden, als die darin in Bezug genommenen Vorschriften abweichende Vereinbarungen zulassen.

(2) Abweichend von Absatz 1 kann jedoch auch durch vorformulierte Vertragsbedingungen vereinbart werden, daß sich die Haftung bei bekanntem Schadensort (§ 452a)

1. unabhängig davon, auf welcher Teilstrecke der Schaden eintreten wird, oder

2. für den Fall des Schadenseintritts auf einer in der Vereinbarung genannten Teilstrecke

nach den Vorschriften des Ersten Unterabschnitts bestimmt.

(3) Vereinbarungen, die die Anwendung der für eine Teilstrecke zwingend geltenden Bestimmungen eines für die Bundesrepublik Deutschland verbindlichen internationalen Übereinkommens ausschließen, sind unwirksam.

Fünfter Abschnitt
Speditionsgeschäft

§ 453 Speditionsvertrag

(1) Durch den Speditionsvertrag wird der Spediteur verpflichtet, die Versendung des Gutes zu besorgen.

(2) Der Versender wird verpflichtet, die vereinbarte Vergütung zu zahlen.

(3) Die Vorschriften dieses Abschnitts gelten nur, wenn die Besorgung der Versendung zum Betrieb eines gewerblichen Unternehmens gehört. Erfordert das Unternehmen nach Art oder Umfang einen in kaufmännischer Weise eingerichteten Geschäftsbetrieb nicht und ist die Firma des Unternehmens auch nicht nach § 2 in das Handelsregister eingetragen, so sind in Ansehung des Speditionsgeschäfts auch insoweit die Vorschriften des Ersten Abschnitts des Vierten Buches ergänzend anzuwenden; dies gilt jedoch nicht für die §§ 348 bis 350.

§ 454 Besorgung der Versendung

(1) Die Pflicht, die Versendung zu besorgen, umfaßt die Organisation der Beförderung, insbesondere

1. die Bestimmung des Beförderungsmittels und des Beförderungsweges,

2. die Auswahl ausführender Unternehmer, den Abschluß der für die Versendung erforderlichen Fracht-, Lager- und Speditionsverträge sowie die Erteilung von Infor-

mationen und Weisungen an die ausführenden Unternehmer und

3. die Sicherung von Schadenersatzansprüchen des Versenders.

(2) Zu den Pflichten des Spediteurs zählt ferner die Ausführung sonstiger vereinbarter auf die Beförderung bezogener Leistungen wie die Versicherung und Verpackung des Gutes, seine Kennzeichnung und die Zollbehandlung. Der Spediteur schuldet jedoch nur den Abschluß der zur Erbringung dieser Leistungen erforderlichen Verträge, wenn sich dies aus der Vereinbarung ergibt.

(3) Der Spediteur schließt die erforderlichen Verträge im eigenen Namen oder, sofern er hierzu bevollmächtigt ist, im Namen des Versenders ab.

(4) Der Spediteur hat bei Erfüllung seiner Pflichten das Interesse des Versenders wahrzunehmen und dessen Weisungen zu befolgen.

§ 455 Behandlung des Gutes. Begleitpapiere. Mitteilungs- und Auskunftspflichten

(1) Der Versender ist verpflichtet, das Gut, soweit erforderlich, zu verpacken und zu kennzeichnen und Urkunden zur Verfügung zu stellen sowie alle Auskünfte zu erteilen, deren der Spediteur zur Erfüllung seiner Pflichten bedarf. Soll gefährliches Gut versendet werden, so hat der Versender dem Spediteur rechtzeitig in Textform die genaue Art der Gefahr und, soweit erforderlich, zu ergreifende Vorsichtsmaßnahmen mitzuteilen.

(2) Der Versender hat, auch wenn ihn kein Verschulden trifft, dem Spediteur Schäden und Aufwendungen zu ersetzen, die verursacht werden durch

1. ungenügende Verpackung oder Kennzeichnung,

2. Unterlassen der Mitteilung über die Gefährlichkeit des Gutes oder

3. Fehlen, Unvollständigkeit oder Unrichtigkeit der Urkunden oder Auskünfte, die für eine amtliche Behandlung des Gutes erforderlich sind.

§ 414 Abs. 1 Satz 2 und Abs. 2 ist entsprechend anzuwenden.

(3) Ist der Versender ein Verbraucher, so hat er dem Spediteur Schäden und Aufwendungen nach Absatz 2 nur zu ersetzen, soweit ihn ein Verschulden trifft.

§ 456 Fälligkeit der Vergütung

Die Vergütung ist zu zahlen, wenn das Gut dem Frachtführer oder Verfrachter übergeben worden ist.

§ 457 Forderungen des Versenders

Der Versender kann Forderungen aus einem Vertrag, den der Spediteur für Rechnung des Versenders im eigenen Namen abgeschlossen hat, erst nach der Abtretung geltend machen. Solche Forderungen sowie das in Erfüllung solcher Forderungen Erlangte gelten jedoch im Verhältnis zu den Gläubigern des Spediteurs als auf den Versender übertragen.

§ 458 Selbsteintritt

Der Spediteur ist befugt, die Beförderung des Gutes durch Selbsteintritt auszuführen. Macht er von dieser Befugnis Gebrauch, so hat er hinsichtlich der Beförderung die Rechte und Pflichten eines Frachtführers oder Verfrachters. In diesem Fall kann er neben der Vergütung für seine Tätigkeit als Spediteur die gewöhnliche Fracht verlangen.

§ 459 Spedition zu festen Kosten

Soweit als Vergütung ein bestimmter Betrag vereinbart ist, der Kosten für die Beförderung einschließt, hat der Spediteur hinsichtlich der Beförderung die Rechte und Pflichten eines Frachtführers oder Verfrachters. In diesem Fall hat er Anspruch auf Ersatz seiner Aufwendungen nur, soweit dies üblich ist.

§ 460 Sammelladung

(1) Der Spediteur ist befugt, die Versendung des Gutes zusammen mit Gut eines anderen Versenders auf Grund eines für seine Rechnung über eine Sammelladung geschlossenen Frachtvertrages zu bewirken.

(2) Macht der Spediteur von dieser Befugnis Gebrauch, so hat er hinsichtlich der Beförderung in Sammelladung die Rechte und Pflich-

ten eines Frachtführers oder Verfrachters. In diesem Fall kann der Spediteur eine den Umständen nach angemessene Vergütung verlangen, höchstens aber die für die Beförderung des einzelnen Gutes gewöhnliche Fracht.

§ 461 Haftung des Spediteurs

(1) Der Spediteur haftet für den Schaden, der durch Verlust oder Beschädigung des in seiner Obhut befindlichen Gutes entsteht. Die §§ 426, 427, 429, 430, 431 Abs. 1, 2 und 4, die §§ 432, 434 bis 436 sind entsprechend anzuwenden.

(2) Für Schaden, der nicht durch Verlust oder Beschädigung des in der Obhut des Spediteurs befindlichen Gutes entstanden ist, haftet der Spediteur, wenn er eine ihm nach § 454 obliegende Pflicht verletzt. Von dieser Haftung ist er befreit, wenn der Schaden durch die Sorgfalt eines ordentlichen Kaufmanns nicht abgewendet werden konnte.

(3) Hat bei der Entstehung des Schadens ein Verhalten des Versenders oder ein besonderer Mangel des Gutes mitgewirkt, so hängen die Verpflichtung zum Ersatz sowie der Umfang des zu leistenden Ersatzes davon ab, inwieweit diese Umstände zu dem Schaden beigetragen haben.

§ 462 Haftung für andere

Der Spediteur hat Handlungen und Unterlassungen seiner Leute in gleichem Umfang zu vertreten wie eigene Handlungen und Unterlassungen, wenn die Leute in Ausübung ihrer Verrichtungen handeln. Gleiches gilt für Handlungen und Unterlassungen anderer Personen, deren er sich bei Erfüllung seiner Pflicht, die Versendung zu besorgen, bedient.

§ 463 Verjährung

Auf die Verjährung der Ansprüche aus einer Leistung, die den Vorschriften dieses Abschnitts unterliegt, ist § 439 entsprechend anzuwenden.

§ 464 Pfandrecht

Der Spediteur hat wegen aller durch den Speditionsvertrag begründeten Forderungen sowie wegen unbestrittener Forderungen aus anderen mit dem Versender abgeschlossenen Speditions-, Fracht- und Lagerverträgen ein Pfandrecht an dem Gut. § 441 Abs. 1 Satz 2 bis Abs. 4 ist entsprechend anzuwenden.

§ 465 Nachfolgender Spediteur

(1) Wirkt an einer Beförderung neben dem Frachtführer auch ein Spediteur mit und hat dieser die Ablieferung zu bewirken, so ist auf den Spediteur § 442 Abs. 1 entsprechend anzuwenden.

(2) Wird ein vorhergehender Frachtführer oder Spediteur von einem nachfolgenden Spediteur befriedigt, so gehen Forderung und Pfandrecht des ersteren auf den letzteren über.

§ 466 Abweichende Vereinbarungen

(1) Ist der Versender ein Verbraucher, so kann nicht zu dessen Nachteil von § 461 Abs. 1, den §§ 462 und 463 abgewichen werden, es sei denn, der Speditionsvertrag hat die Versendung von Briefen oder briefähnlichen Sendungen zum Gegenstand.

(2) In allen anderen als den in Absatz 1 genannten Fällen kann, soweit der Speditionsvertrag nicht die Versendung von Briefen oder briefähnlichen Sendungen zum Gegenstand hat, von den in Absatz 1 genannten Vorschriften nur durch Vereinbarung abgewichen werden, die im einzelnen ausgehandelt ist, auch wenn sie für eine Mehrzahl von gleichartigen Verträgen zwischen denselben Vertragsparteien getroffen ist. Die vom Spediteur zu leistende Entschädigung wegen Verlust oder Beschädigung des Gutes kann jedoch auch durch vorformulierte Vertragsbedingungen auf einen anderen als den in § 431 Abs. 1 und 2 vorgesehenen Betrag begrenzt werden, wenn dieser Betrag

1. zwischen zwei und vierzig Rechnungseinheiten liegt und in drucktechnisch deutlicher Gestaltung besonders hervorgehoben ist oder

2. für den Verwender der vorformulierten Vertragsbedingungen ungünstiger ist als der in § 431 Abs. 1 und 2 vorgesehene Betrag.

III.1 HGB: Handelsgesetzbuch

(3) Von § 458 Satz 2, § 459 Satz 1, § 460 Abs. 2 Satz 1 kann nur insoweit durch vertragliche Vereinbarung abgewichen werden, als die darin in Bezug genommenen Vorschriften abweichende Vereinbarungen zulassen.

(4) Unterliegt der Speditionsvertrag ausländischem Recht, so sind die Absätze 1 bis 3 gleichwohl anzuwenden, wenn nach dem Vertrag der Ort der Übernahme und der Ort der Ablieferung des Gutes im Inland liegen.

Sechster Abschnitt
Lagergeschäft

§ 467 Lagervertrag

(1) Durch den Lagervertrag wird der Lagerhalter verpflichtet, das Gut zu lagern und aufzubewahren.

(2) Der Einlagerer wird verpflichtet, die vereinbarte Vergütung zu zahlen.

(3) Die Vorschriften dieses Abschnitts gelten nur, wenn die Lagerung und Aufbewahrung zum Betrieb eines gewerblichen Unternehmens gehören. Erfordert das Unternehmen nach Art oder Umfang einen in kaufmännischer Weise eingerichteten Geschäftsbetrieb nicht und ist die Firma des Unternehmens auch nicht nach § 2 in das Handelsregister eingetragen, so sind in Ansehung des Lagergeschäfts auch insoweit die Vorschriften des Ersten Abschnitts des Vierten Buches ergänzend anzuwenden; dies gilt jedoch nicht für die §§ 348 bis 350.

§ 468 Behandlung des Gutes. Begleitpapiere. Mitteilungs- und Auskunftspflichten

(1) Der Einlagerer ist verpflichtet, dem Lagerhalter, wenn gefährliches Gut eingelagert werden soll, rechtzeitig in Textform die genaue Art der Gefahr und, soweit erforderlich, zu ergreifende Vorsichtsmaßnahmen mitzuteilen. Er hat ferner das Gut, soweit erforderlich, zu verpacken und zu kennzeichnen und Urkunden zur Verfügung zu stellen sowie alle Auskünfte zu erteilen, die der Lagerhalter zur Erfüllung seiner Pflichten benötigt.

(2) Ist der Einlagerer ein Verbraucher, so ist abweichend von Absatz 1

1. der Lagerhalter verpflichtet, das Gut, soweit erforderlich, zu verpacken und zu kennzeichnen,

2. der Einlagerer lediglich verpflichtet, den Lagerhalter über die von dem Gut ausgehende Gefahr allgemein zu unterrichten; die Unterrichtung bedarf keiner Form.

Der Lagerhalter hat in diesem Fall den Einlagerer über dessen Pflicht nach Satz 1 Nr. 2 sowie über die von ihm zu beachtenden Verwaltungsvorschriften über eine amtliche Behandlung des Gutes zu unterrichten.

(3) Der Einlagerer hat, auch wenn ihn kein Verschulden trifft, dem Lagerhalter Schäden und Aufwendungen zu ersetzen, die verursacht werden durch

1. ungenügende Verpackung oder Kennzeichnung,

2. Unterlassen der Mitteilung über die Gefährlichkeit des Gutes oder

3. Fehlen, Unvollständigkeit oder Unrichtigkeit der in § 413 Abs. 1 genannten Urkunden oder Auskünfte

§ 414 Abs. 1 Satz 2 und Abs. 2 ist entsprechend anzuwenden.

(4) Ist der Einlagerer ein Verbraucher, so hat er dem Lagerhalter Schäden und Aufwendungen nach Absatz 3 nur zu ersetzen, soweit ihn ein Verschulden trifft.

§ 469 Sammellagerung

(1) Der Lagerhalter ist nur berechtigt, vertretbare Sachen mit anderen Sachen gleicher Art und Güte zu vermischen, wenn die beteiligten Einlagerer ausdrücklich einverstanden sind.

(2) Ist der Lagerhalter berechtigt, Gut zu vermischen, so steht vom Zeitpunkt der Einlagerung ab den Eigentümern der eingelagerten Sachen Miteigentum nach Bruchteilen zu.

(3) Der Lagerhalter kann jedem Einlagerer den ihm gebührenden Anteil ausliefern, ohne daß er hierzu der Genehmigung der übrigen Beteiligten bedarf.

§ 470 Empfang des Gutes

Befindet sich Gut, das dem Lagerhalter zugesandt ist, beim Empfang in einem beschädigten oder mangelhaften Zustand, der äußerlich erkennbar ist, so hat der Lagerhalter Schadensersatzansprüche des Einlagerers zu sichern und dem Einlagerer unverzüglich Nachricht zu geben.

§ 471 Erhaltung des Gutes

(1) Der Lagerhalter hat dem Einlagerer die Besichtigung des Gutes, die Entnahme von Proben und die zur Erhaltung des Gutes notwendigen Handlungen während der Geschäftsstunden zu gestatten. Er ist jedoch berechtigt und im Falle der Sammellagerung auch verpflichtet, die zur Erhaltung des Gutes erforderlichen Arbeiten selbst vorzunehmen.

(2) Sind nach dem Empfang Veränderungen an dem Gut entstanden oder zu befürchten, die den Verlust oder die Beschädigung des Gutes oder Schäden des Lagerhalters erwarten lassen, so hat der Lagerhalter dies dem Einlagerer oder, wenn ein Lagerschein ausgestellt ist, dem letzten ihm bekannt gewordenen legitimierten Besitzer des Scheins unverzüglich anzuzeigen und dessen Weisungen einzuholen. Kann der Lagerhalter innerhalb angemessener Zeit Weisungen nicht erlangen, so hat er die angemessen erscheinenden Maßnahmen zu ergreifen. Er kann insbesondere das Gut gemäß § 373 verkaufen lassen; macht er von dieser Befugnis Gebrauch, so hat der Lagerhalter, wenn ein Lagerschein ausgestellt ist, die in § 373 Abs. 3 vorgesehene Androhung des Verkaufs sowie die in Absatz 5 derselben Vorschrift vorgesehenen Benachrichtigungen an den letzten ihm bekannt gewordenen legitimierten Besitzer des Lagerscheins zu richten.

§ 472 Versicherung. Einlagerung bei einem Dritten

(1) Der Lagerhalter ist verpflichtet, das Gut auf Verlangen des Einlagerers zu versichern. Ist der Einlagerer ein Verbraucher, so hat ihn der Lagerhalter auf die Möglichkeit hinzuweisen, das Gut zu versichern.

(2) Der Lagerhalter ist nur berechtigt, das Gut bei einem Dritten einzulagern, wenn der Einlagerer ihm dies ausdrücklich gestattet hat.

§ 473 Dauer der Lagerung

(1) Der Einlagerer kann das Gut jederzeit herausverlangen. Ist der Lagervertrag auf unbestimmte Zeit geschlossen, so kann er den Vertrag jedoch nur unter Einhaltung einer Kündigungsfrist von einem Monat kündigen, es sei denn, es liegt ein wichtiger Grund vor, der zur Kündigung des Vertrags ohne Einhaltung der Kündigungsfrist berechtigt.

(2) Der Lagerhalter kann die Rücknahme des Gutes nach Ablauf der vereinbarten Lagerzeit oder bei Einlagerung auf unbestimmte Zeit nach Kündigung des Vertrags unter Einhaltung einer Kündigungsfrist von einem Monat verlangen. Liegt ein wichtiger Grund vor, so kann der Lagerhalter auch vor Ablauf der Lagerzeit und ohne Einhaltung einer Kündigungsfrist die Rücknahme des Gutes verlangen.

(3) Ist ein Lagerschein ausgestellt, so sind die Kündigung und das Rücknahmeverlangen an den letzten dem Lagerhalter bekannt gewordenen legitimierten Besitzer des Lagerscheins zu richten.

§ 474 Aufwendungsersatz

Der Lagerhalter hat Anspruch auf Ersatz seiner für das Gut gemachten Aufwendungen, soweit er sie den Umständen nach für erforderlich halten durfte.

§ 475 Haftung für Verlust oder Beschädigung

Der Lagerhalter haftet für den Schaden, der durch Verlust oder Beschädigung des Gutes in der Zeit von der Übernahme zur Lagerung bis zur Auslieferung entsteht, es sei denn, daß der Schaden durch die Sorgfalt eines ordentlichen Kaufmanns nicht abgewendet werden konnte. Dies gilt auch dann, wenn der Lagerhalter gemäß § 472 Abs. 2 das Gut bei einem Dritten einlagert.

§ 475a Verjährung

Auf die Verjährung von Ansprüchen aus einer Lagerung, die den Vorschriften dieses Abschnitts unterliegt, findet § 439 entsprechende Anwendung. Im Falle des gänzlichen Verlusts beginnt die Verjährung mit Ablauf des Tages, an dem der Lagerhalter dem Einlagerer oder, wenn ein Lagerschein ausgestellt ist, dem letzten ihm bekannt gewordenen legitimierten Besitzer des Lagerscheins den Verlust anzeigt.

§ 475b Pfandrecht

(1) Der Lagerhalter hat wegen aller durch den Lagervertrag begründeten Forderungen sowie wegen unbestrittener Forderungen aus anderen mit dem Einlagerer abgeschlossenen Lager-, Fracht- und Speditionsverträgen ein Pfandrecht an dem Gut. Das Pfandrecht erstreckt sich auch auf die Forderung aus einer Versicherung sowie auf die Begleitpapiere.

(2) Ist ein Orderlagerschein durch Indossament übertragen worden, so besteht das Pfandrecht dem legitimierten Besitzer des Lagerscheins gegenüber nur wegen der Vergütungen und Aufwendungen, die aus dem Lagerschein ersichtlich sind oder ihm bei Erwerb des Lagerscheins bekannt oder infolge grober Fahrlässigkeit unbekannt waren.

(3) Das Pfandrecht besteht, solange der Lagerhalter das Gut in seinem Besitz hat, insbesondere solange er mittels Konnossements, Ladescheins oder Lagerscheins darüber verfügen kann.

§ 475c Lagerschein

(1) Über die Verpflichtung zur Auslieferung des Gutes kann von dem Lagerhalter, nachdem er das Gut erhalten hat, ein Lagerschein ausgestellt werden, der die folgenden Angaben enthalten soll:

1. Ort und Tag der Ausstellung des Lagerscheins;
2. Name und Anschrift des Einlagerers;
3. Name und Anschrift des Lagerhalters;
4. Ort und Tag der Einlagerung;
5. die übliche Bezeichnung der Art des Gutes und die Art der Verpackung, bei gefährlichen Gütern ihre nach den Gefahrgutvorschriften vorgesehene, sonst ihre allgemein anerkannte Bezeichnung;
6. Anzahl, Zeichen und Nummern der Packstücke;
7. Rohgewicht oder die anders angegebene Menge des Gutes;
8. im Falle der Sammellagerung einen Vermerk hierüber.

(2) In den Lagerschein können weitere Angaben eingetragen werden, die der Lagerhalter für zweckmäßig hält.

(3) Der Lagerschein ist vom Lagerhalter zu unterzeichnen. Eine Nachbildung der eigenhändigen Unterschrift durch Druck oder Stempel genügt.

§ 475d Wirkung des Lagerscheins

(1) Der Lagerschein ist für das Rechtsverhältnis zwischen dem Lagerhalter und dem legitimierten Besitzer des Lagerscheins maßgebend.

(2) Der Lagerschein begründet insbesondere die widerlegliche Vermutung, daß das Gut und seine Verpackung in bezug auf den äußerlichen Zustand sowie auf Anzahl, Zeichen und Nummern der Packstücke wie im Lagerschein beschrieben übernommen worden sind. Ist das Rohgewicht oder die anders angegebene Menge des Gutes oder der Inhalt vom Lagerhalter überprüft und das Ergebnis der Überprüfung in den Lagerschein eingetragen worden, so begründet dieser auch die widerlegliche Vermutung, daß Gewicht, Menge oder Inhalt mit den Angaben im Lagerschein übereinstimmt. Ist der Lagerschein einem gutgläubigen Dritten übertragen worden, so ist die Vermutung nach den Sätzen 1 und 2 unwiderleglich.

(3) Für das Rechtsverhältnis zwischen dem Lagerhalter und dem Einlagerer bleiben die Bestimmungen des Lagervertrages maßgebend.

§ 475e Auslieferung gegen Rückgabe des Lagerscheins

(1) Ist ein Lagerschein ausgestellt, so ist der Lagerhalter zur Auslieferung des Gutes nur gegen Rückgabe des Lagerscheins, auf dem die Auslieferung bescheinigt ist, verpflichtet.

(2) Die Auslieferung eines Teils des Gutes erfolgt gegen Abschreibung auf dem Lager-

schein. Der Abschreibungsvermerk ist vom Lagerhalter zu unterschreiben.

(3) Der Lagerhalter haftet dem rechtmäßigen Besitzer des Lagerscheins für den Schaden, der daraus entsteht, daß er das Gut ausgeliefert hat, ohne sich den Lagerschein zurückgeben zu lassen oder ohne einen Abschreibungsvermerk einzutragen.

§ 475f Legitimation durch Lagerschein

Zum Empfang des Gutes legitimiert ist derjenige, an den das Gut nach dem Lagerschein ausgeliefert werden soll oder auf den der Lagerschein, wenn er an Order lautet, durch Indossament übertragen ist. Der Lagerhalter ist nicht verpflichtet, die Echtheit der Indossamente zu prüfen.

§ 475g Traditionsfunktion des Orderlagerscheins

Ist von dem Lagerhalter ein Lagerschein ausgestellt, der durch Indossament übertragen werden kann, so hat, wenn das Gut vom Lagerhalter übernommen ist, die Übergabe des Lagerscheins an denjenigen, den der Lagerschein zum Empfang des Gutes legitimiert, für den Erwerb von Rechten an dem Gut dieselben Wirkungen wie die Übergabe des Gutes.

§ 475h Abweichende Vereinbarungen

Ist der Einlagerer ein Verbraucher, so kann nicht zu dessen Nachteil von den §§ 475a und 475e Abs. 3 abgewichen werden.

III

Fünftes Buch
Seehandel

§§ 476 bis 904 (hier nicht aufgenommen)

Gesetz über Partnerschaftsgesellschaften Angehöriger Freier Berufe (Partnerschaftsgesellschaftsgesetz – PartGG)

Vom 25. Juli 1994 (BGBl. I S. 1744)

Zuletzt geändert durch
Gesetz zur Modernisierung des GmbH-Rechts und zur Bekämpfung von Missbräuchen
vom 23. Oktober 2008 (BGBl. I S. 2026)

III

Inhaltsübersicht

§ 1 Voraussetzungen der Partnerschaft

§ 2 Name der Partnerschaft

§ 3 Partnerschaftsvertrag

§ 4 Anmeldung der Partnerschaft

§ 5 Inhalt der Eintragung; anzuwendende Vorschriften

§ 6 Rechtsverhältnis der Partner untereinander

§ 7 Wirksamkeit im Verhältnis zu Dritten; rechtliche Selbständigkeit; Vertretung

§ 8 Haftung für Verbindlichkeiten der Partnerschaft

§ 9 Ausscheiden eines Partners; Auflösung der Partnerschaft

§ 10 Liquidation der Partnerschaft; Nachhaftung

§ 11 Übergangsvorschriften

§ 1 Voraussetzungen der Partnerschaft

(1) Die Partnerschaft ist eine Gesellschaft, in der sich Angehörige Freier Berufe zur Ausübung ihrer Berufe zusammenschließen. Sie übt kein Handelsgewerbe aus. Angehörige einer Partnerschaft können nur natürliche Personen sein.

(2) Die Freien Berufe haben im allgemeinen auf der Grundlage besonderer beruflicher Qualifikation oder schöpferischer Begabung die persönliche, eigenverantwortliche und fachlich unabhängige Erbringung von Dienstleistungen höherer Art im Interesse der Auftraggeber und der Allgemeinheit zum Inhalt. Ausübung eines Freien Berufs im Sinne dieses Gesetzes ist die selbständige Berufstätigkeit der Ärzte, Zahnärzte, Tierärzte, Heilpraktiker, Krankengymnasten, Hebammen, Heilmasseure, Diplom-Psychologen, Mitglieder der Rechtsanwaltskammern, Patentanwälte, Wirtschaftsprüfer, Steuerberater, beratenden Volks- und Betriebswirte, vereidigten Buchprüfer (Vereidigte Buchrevisoren), Steuerbevollmächtigten, Ingenieure, Architekten, Handelschemiker, Lotsen, hauptberuflichen Sachverständigen, Journalisten, Bildberichterstatter, Dolmetscher, Übersetzer und ähnlicher Berufe sowie der Wissenschaftler, Künstler, Schriftsteller, Lehrer und Erzieher.

(3) Die Berufsausübung in der Partnerschaft kann in Vorschriften über einzelne Berufe ausgeschlossen oder von weiteren Voraussetzungen abhängig gemacht werden.

(4) Auf die Partnerschaft finden, soweit in diesem Gesetz nichts anderes bestimmt ist, die Vorschriften des Bürgerlichen Gesetzbuchs über die Gesellschaft Anwendung.

§ 2 Name der Partnerschaft

(1) Der Name der Partnerschaft muß den Namen mindestens eines Partners, den Zusatz „und Partner" oder „Partnerschaft" sowie die Berufsbezeichnungen aller in der Partnerschaft vertretenen Berufe enthalten. Die Beifügung von Vornamen ist nicht erforderlich. Die Namen anderer Personen als der Partner dürfen nicht in den Namen der Partnerschaft aufgenommen werden.

(2) § 18 Abs. 2, §§ 21, 22 Abs. 1, §§ 23, 24, 30, 31 Abs. 2, §§ 32 und 37 des Handelsgesetzbuchs sind entsprechend anzuwenden; § 24 Abs. 2 des Handelsgesetzbuchs gilt auch bei Umwandlung einer Gesellschaft bürgerlichen Rechts in eine Partnerschaft.

§ 3 Partnerschaftsvertrag

(1) Der Partnerschaftsvertrag bedarf der Schriftform.

(2) Der Partnerschaftsvertrag muß enthalten

1. den Namen und den Sitz der Partnerschaft;

2. den Namen und den Vornamen sowie den in der Partnerschaft ausgeübten Beruf und den Wohnort jedes Partners;

3. den Gegenstand der Partnerschaft.

§ 4 Anmeldung der Partnerschaft

(1) Auf die Anmeldung der Partnerschaft in das Partnerschaftsregister ist § 106 Abs. 1 und § 108 des Handelsgesetzbuchs entsprechend anzuwenden. Die Anmeldung hat die in § 3 Abs. 2 vorgeschriebenen Angaben, das Geburtsdatum jedes Partners und die Vertretungsmacht der Partner zu enthalten. Änderungen dieser Angaben sind gleichfalls zur Eintragung in das Partnerschaftsregister anzumelden.

(2) In der Anmeldung ist die Zugehörigkeit jedes Partners zu dem Freien Beruf, den er in der Partnerschaft ausübt, anzugeben. Das Registergericht legt bei der Eintragung die Angaben der Partner zugrunde, es sei denn, ihm ist deren Unrichtigkeit bekannt.

§ 5 Inhalt der Eintragung; anzuwendende Vorschriften

(1) Die Eintragung hat die in § 3 Abs. 2 genannten Angaben, das Geburtsdatum jedes Partners und die Vertretungsmacht der Partner zu enthalten.

(2) Auf das Partnerschaftsregister und die registerrechtliche Behandlung von Zweigniederlassungen sind die §§ 8, 8a, 9, 10 bis 12, 13, 13d, 13h und 14 bis 16 des Handelsgesetzbuchs über das Handelsregister entsprechend anzuwenden; eine Pflicht zur Anmeldung einer inländischen Geschäftsanschrift besteht nicht.

§ 6 Rechtsverhältnis der Partner untereinander

(1) Die Partner erbringen ihre beruflichen Leistungen unter Beachtung des für sie geltenden Berufsrechts.

(2) Einzelne Partner können im Partnerschaftsvertrag nur von der Führung der sonstigen Geschäfte ausgeschlossen werden.

(3) Im übrigen richtet sich das Rechtsverhältnis der Partner untereinander nach dem Partnerschaftsvertrag. Soweit der Partnerschaftsvertrag keine Bestimmungen enthält, sind die §§ 110 bis 116 Abs. 2, §§ 117 bis 119 des Handelsgesetzbuchs entsprechend anzuwenden.

§ 7 Wirksamkeit im Verhältnis zu Dritten; rechtliche Selbständigkeit; Vertretung

(1) Die Partnerschaft wird im Verhältnis zu Dritten mit ihrer Eintragung in das Partnerschaftsregister wirksam.

(2) § 124 des Handelsgesetzbuchs ist entsprechend anzuwenden.

(3) Auf die Vertretung der Partnerschaft sind die Vorschriften des § 125 Abs. 1 und 2 sowie der §§ 126 und 127 des Handelsgesetzbuchs entsprechend anzuwenden.

(4) Die Partnerschaft kann als Prozess- oder Verfahrensbevollmächtigte beauftragt werden. Sie handelt durch ihre Partner und Vertreter, in deren Person die für die Erbringung rechtsbesorgender Leistungen gesetzlich vorgeschriebenen Voraussetzungen im Einzelfalle vorliegen müssen, und ist in gleichem Umfang wie diese postulationsfähig. Verteidiger im Sinne der §§ 137 ff. der Strafprozessordnung ist nur die für die Partnerschaft handelnde Person.

(5) Für die Angaben auf Geschäftsbriefen der Partnerschaft ist § 125a Abs. 1 Satz 1, Abs. 2 des Handelsgesetzbuchs entsprechend anzuwenden.

§ 8 Haftung für Verbindlichkeiten der Partnerschaft

(1) Für Verbindlichkeiten der Partnerschaft haften den Gläubigern neben dem Vermögen der Partnerschaft die Partner als Gesamtschuldner. Die §§ 129 und 130 des Handelsgesetzbuchs sind entsprechend anzuwenden.

(2) Waren nur einzelne Partner mit der Bearbeitung eines Auftrags befaßt, so haften nur sie gemäß Absatz 1 für berufliche Fehler neben der Partnerschaft; ausgenommen sind Bearbeitungsbeiträge von untergeordneter Bedeutung.

(3) Durch Gesetz kann für einzelne Berufe eine Beschränkung der Haftung für Ansprüche aus Schäden wegen fehlerhafter Berufsausübung auf einen bestimmten Höchstbetrag zugelassen werden, wenn zugleich eine Pflicht zum Abschluß einer Berufshaftpflichtversicherung der Partner oder der Partnerschaft begründet wird.

§ 9 Ausscheiden eines Partners; Auflösung der Partnerschaft

(1) Auf das Ausscheiden eines Partners und die Auflösung der Partnerschaft sind, soweit im folgenden nichts anderes bestimmt ist, die §§ 131 bis 144 des Handelsgesetzbuchs entsprechend anzuwenden.

(2) (weggefallen)

(3) Verliert ein Partner eine erforderliche Zulassung zu dem Freien Beruf, den er in der Partnerschaft ausübt, so scheidet er mit deren Verlust aus der Partnerschaft aus.

(4) Die Beteiligung an einer Partnerschaft ist nicht vererblich. Der Partnerschaftsvertrag kann jedoch bestimmen, daß sie an Dritte vererblich ist, die Partner im Sinne des § 1 Abs. 1 und 2 sein können. § 139 des Handelsgesetzbuchs ist nur insoweit anzuwenden, als der Erbe der Beteiligung befugt ist, seinen Austritt aus der Partnerschaft zu erklären.

§ 10 Liquidation der Partnerschaft; Nachhaftung

(1) Für die Liquidation der Partnerschaft sind die Vorschriften über die Liquidation der offenen Handelsgesellschaft entsprechend anwendbar.

(2) Nach der Auflösung der Partnerschaft oder nach dem Ausscheiden des Partners bestimmt sich die Haftung der Partner aus Ver-

bindlichkeiten der Partnerschaft nach den §§ 159, 160 des Handelsgesetzbuchs.

§ 11 Übergangsvorschriften

(1) Den Zusatz „Partnerschaft" oder „und Partner" dürfen nur Partnerschaften nach diesem Gesetz führen. Gesellschaften, die eine solche Bezeichnung bei Inkrafttreten dieses Gesetzes in ihrem Namen führen, ohne Partnerschaft im Sinne dieses Gesetzes zu sein, dürfen diese Bezeichnung noch bis zum Ablauf von zwei Jahren nach Inkrafttreten dieses Gesetzes weiterverwenden. Nach Ablauf dieser Frist dürfen sie eine solche Bezeichnung nur noch weiterführen, wenn sie in ihrem Namen der Bezeichnung „Partnerschaft" oder „und Partner" einen Hinweis auf die andere Rechtsform hinzufügen.

(2) Die Anmeldung und Eintragung einer dem gesetzlichen Regelfall entsprechenden Vertretungsmacht der Partner und der Abwickler muss erst erfolgen, wenn eine vom gesetzlichen Regelfall abweichende Bestimmung des Partnerschaftsvertrages über die Vertretungsmacht angemeldet und eingetragen wird oder wenn erstmals die Abwickler zur Eintragung angemeldet und eingetragen werden. Das Registergericht kann die Eintragung einer dem gesetzlichen Regelfall entsprechenden Vertretungsmacht auch von Amts wegen vornehmen. Die Anmeldung und Eintragung des Geburtsdatums bereits eingetragener Partner muss erst bei einer Anmeldung und Eintragung bezüglich eines der Partner erfolgen.

(3) Die Landesregierungen können durch Rechtsverordnung bestimmen, dass Anmeldungen und alle oder einzelne Dokumente bis zum 31. Dezember 2009 auch in Papierform zum Partnerschaftsregister eingereicht werden können. Soweit eine Rechtsverordnung nach Satz 1 erlassen wird, gelten die Vorschriften über die Anmeldung und die Einreichung von Dokumenten zum Partnerschaftsregister in ihrer bis zum Inkrafttreten des Gesetzes über elektronische Handelsregister und Genossenschaftsregister sowie das Unternehmensregister vom 10. November 2006 (BGBl. I S. 2553) am 1. Januar 2007 geltenden Fassung. Die Landesregierungen können durch Rechtsverordnung die Ermächtigung nach Satz 1 auf die Landesjustizverwaltungen übertragen.

Gesetz betreffend die Gesellschaften mit beschränkter Haftung (GmbHG)

in der Fassung der Bekanntmachung
vom 20. Mai 1898 (RGBl. S. 369)

Zuletzt geändert durch
Gesetz zur Änderung von Vorschriften über Verkündung und Bekanntmachungen sowie der Zivilprozessordnung, des Gesetzes betreffend die Einführung der Zivilprozessordnung und der Abgabenordnung
vom 22. Dezember 2011 (BGBl. I S. 3044)

III

Inhaltsübersicht

Abschnitt 1
Errichtung der Gesellschaft

§ 1   Zweck; Gründerzahl
§ 2   Form des Gesellschaftsvertrags
§ 3   Inhalt des Gesellschaftsvertrags
§ 4   Firma
§ 4a   Sitz der Gesellschaft
§ 5   Stammkapital; Geschäftsanteil
§ 5a   Unternehmergesellschaft
§ 6   Geschäftsführer
§ 7   Anmeldung der Gesellschaft
§ 8   Inhalt der Anmeldung
§ 9   Überbewertung der Sacheinlagen
§ 9a   Ersatzansprüche der Gesellschaft
§ 9b   Verzicht auf Ersatzansprüche
§ 9c   Ablehnung der Eintragung
§ 10   Inhalt der Eintragung
§ 11   Rechtszustand vor der Eintragung
§ 12   Bekanntmachungen der Gesellschaft

Abschnitt 2
Rechtsverhältnisse der Gesellschaft und der Gesellschafter

§ 13   Juristische Person; Handelsgesellschaft
§ 14   Einlagepflicht
§ 15   Übertragung von Geschäftsanteilen
§ 16   Rechtsstellung bei Wechsel der Gesellschafter oder Veränderung des Umfangs ihrer Beteiligung; Erwerb vom Nichtberechtigten
§ 17   (weggefallen)

§ 18   Mitberechtigung am Geschäftsanteil
§ 19   Leistung der Einlagen
§ 20   Verzugszinsen
§ 21   Kaduzierung
§ 22   Haftung der Rechtsvorgänger
§ 23   Versteigerung des Geschäftsanteils
§ 24   Aufbringung von Fehlbeträgen
§ 25   Zwingende Vorschriften
§ 26   Nachschusspflicht
§ 27   Unbeschränkte Nachschusspflicht
§ 28   Beschränkte Nachschusspflicht
§ 29   Ergebnisverwendung
§ 30   Kapitalerhaltung
§ 31   Erstattung verbotener Rückzahlungen
§ 32   Rückzahlung von Gewinn
§ 33   Erwerb eigener Geschäftsanteile
§ 34   Einziehung von Geschäftsanteilen

Abschnitt 3
Vertretung und Geschäftsführung

§ 35   Vertretung der Gesellschaft
§ 35a   Angaben auf Geschäftsbriefen
§ 36   (weggefallen)
§ 37   Beschränkungen der Vertretungsbefugnis
§ 38   Widerruf der Bestellung
§ 39   Anmeldung der Geschäftsführer
§ 40   Liste der Gesellschafter
§ 41   Buchführung
§ 42   Bilanz
§ 42a   Vorlage des Jahresabschlusses und des Lageberichts
§ 43   Haftung der Geschäftsführer

§ 43a Kreditgewährung aus Gesellschaftsvermögen

§ 44 Stellvertreter von Geschäftsführern

§ 45 Rechte der Gesellschafter

§ 46 Aufgabenkreis der Gesellschafter

§ 47 Abstimmung

§ 48 Gesellschafterversammlung

§ 49 Einberufung der Versammlung

§ 50 Minderheitsrechte

§ 51 Form der Einberufung

§ 51a Auskunfts- und Einsichtsrecht

§ 51b Gerichtliche Entscheidung über das Auskunfts- und Einsichtsrecht

§ 52 Aufsichtsrat

**Abschnitt 4
Abänderungen des
Gesellschaftsvertrags**

§ 53 Form der Satzungsänderung

§ 54 Anmeldung und Eintragung der Satzungsänderung

§ 55 Erhöhung des Stammkapitals

§ 55a Genehmigtes Kapital

§ 56 Kapitalerhöhung mit Sacheinlagen

§ 56a Leistungen auf das neue Stammkapital

§ 57 Anmeldung der Erhöhung

§ 57a Ablehnung der Eintragung

§ 57b (weggefallen)

§ 57c Kapitalerhöhung aus Gesellschaftsmitteln

§ 57d Ausweisung von Kapital- und Gewinnrücklagen

§ 57e Zugrundelegung der letzten Jahresbilanz; Prüfung

§ 57f Anforderungen an die Bilanz

§ 57g Vorherige Bekanntgabe des Jahresabschlusses

§ 57h Arten der Kapitalerhöhung

§ 57i Anmeldung und Eintragung des Erhöhungsbeschlusses

§ 57j Verteilung der Geschäftsanteile

§ 57k Teilrechte; Ausübung der Rechte

§ 57l Teilnahme an der Erhöhung des Stammkapitals

§ 57m Verhältnis der Rechte; Beziehungen zu Dritten

§ 57n Gewinnbeteiligung der neuen Geschäftsanteile

§ 57o Anschaffungskosten

§ 58 Herabsetzung des Stammkapitals

§ 58a Vereinfachte Kapitalherabsetzung

§ 58b Beträge aus Rücklagenauflösung und Kapitalherabsetzung

§ 58c Nichteintritt angenommener Verluste

§ 58d Gewinnausschüttung

§ 58e Beschluss über die Kapitalherabsetzung

§ 58f Kapitalherabsetzung bei gleichzeitiger Erhöhung des Stammkapitals

§ 59 (weggefallen)

**Abschnitt 5
Auflösung und Nichtigkeit der
Gesellschaft**

§ 60 Auflösungsgründe

§ 61 Auflösung durch Urteil

§ 62 Auflösung durch eine Verwaltungsbehörde

§ 63 (weggefallen)

§ 64 Haftung für Zahlungen nach Zahlungsunfähigkeit oder Überschuldung

§ 65 Anmeldung und Eintragung der Auflösung

§ 66 Liquidatoren

§ 67 Anmeldung der Liquidatoren

§ 68 Zeichnung der Liquidatoren

§ 69 Rechtsverhältnisse von Gesellschaft und Gesellschaftern

§ 70 Aufgaben der Liquidatoren

§ 71 Eröffnungsbilanz; Rechte und Pflichten

§ 72 Vermögensverteilung

§ 73 Sperrjahr

§ 74 Schluss der Liquidation

§ 75 Nichtigkeitsklage

§ 76 Heilung von Mängeln durch Gesellschafterbeschluss

§ 77 Wirkung der Nichtigkeit

III

Abschnitt 6
Ordnungs-, Straf- und
Bußgeldvorschriften
§ 78   Anmeldepflichtige
§ 79   Zwangsgelder
§§ 80 und 81 (weggefallen)
§ 82   Falsche Angaben

§ 83   (weggefallen)
§ 84   Verletzung der Verlustanzeigepflicht
§ 85   Verletzung der Geheimhaltungspflicht

Anlage
(zu § 2 Abs. 1a)

Abschnitt 1
Errichtung der Gesellschaft

§ 1 Zweck; Gründerzahl

Gesellschaften mit beschränkter Haftung können nach Maßgabe der Bestimmungen dieses Gesetzes zu jedem gesetzlich zulässigen Zweck durch eine oder mehrere Personen errichtet werden.

§ 2 Form des Gesellschaftsvertrags

(1) Der Gesellschaftsvertrag bedarf notarieller Form. Er ist von sämtlichen Gesellschaftern zu unterzeichnen.

(1a) Die Gesellschaft kann in einem vereinfachten Verfahren gegründet werden, wenn sie höchstens drei Gesellschafter und einen Geschäftsführer hat. Für die Gründung im vereinfachten Verfahren ist das in der Anlage bestimmte Musterprotokoll zu verwenden. Darüber hinaus dürfen keine vom Gesetz abweichenden Bestimmungen getroffen werden. Das Musterprotokoll gilt zugleich als Gesellschafterliste. Im Übrigen finden auf das Musterprotokoll die Vorschriften dieses Gesetzes über den Gesellschaftsvertrag entsprechende Anwendung.

(2) Die Unterzeichnung durch Bevollmächtigte ist nur auf Grund einer notariell errichteten oder beglaubigten Vollmacht zulässig.

§ 3 Inhalt des Gesellschaftsvertrags

(1) Der Gesellschaftsvertrag muß enthalten:

1. die Firma und den Sitz der Gesellschaft,

2. den Gegenstand des Unternehmens,

3. den Betrag des Stammkapitals,

4. die Zahl und die Nennbeträge der Geschäftsanteile, die jeder Gesellschafter gegen Einlage auf das Stammkapital (Stammeinlage) übernimmt.

(2) Soll das Unternehmen auf eine gewisse Zeit beschränkt sein oder sollen den Gesellschaftern außer der Leistung von Kapitaleinlagen noch andere Verpflichtungen gegenüber der Gesellschaft auferlegt werden, so bedürfen auch diese Bestimmungen der Aufnahme in den Gesellschaftsvertrag.

§ 4 Firma

Die Firma der Gesellschaft muß, auch wenn sie nach § 22 des Handelsgesetzbuchs oder nach anderen gesetzlichen Vorschriften fortgeführt wird, die Bezeichnung „Gesellschaft mit beschränkter Haftung" oder eine allgemein verständliche Abkürzung dieser Bezeichnung enthalten.

§ 4a Sitz der Gesellschaft

Sitz der Gesellschaft ist der Ort im Inland, den der Gesellschaftsvertrag bestimmt.

§ 5 Stammkapital; Geschäftsanteil

(1) Das Stammkapital der Gesellschaft muß mindestens fünfundzwanzigtausend Euro betragen.

(2) Der Nennbetrag jedes Geschäftsanteils muss auf volle Euro lauten. Ein Gesellschafter kann bei Errichtung der Gesellschaft mehrere Geschäftsanteile übernehmen.

(3) Die Höhe der Nennbeträge der einzelnen Geschäftsanteile kann verschieden bestimmt werden. Die Summe der Nennbeträge aller Geschäftsanteile muss mit dem Stammkapital übereinstimmen.

(4) Sollen Sacheinlagen geleistet werden, so müssen der Gegenstand der Sacheinlage und der Nennbetrag des Geschäftsanteils, auf den sich die Sacheinlage bezieht, im Gesellschaftsvertrag festgesetzt werden. Die Gesellschafter haben in einem Sachgründungsbericht die für die Angemessenheit der Leistungen für Sacheinlagen wesentlichen Umstände darzulegen und beim Übergang eines Unternehmens auf die Gesellschaft die Jahresergebnisse der beiden letzten Geschäftsjahre anzugeben.

§ 5a Unternehmergesellschaft

(1) Eine Gesellschaft, die mit einem Stammkapital gegründet wird, das den Betrag des Mindeststammkapitals nach § 5 Abs. 1 unterschreitet, muss in der Firma abweichend von § 4 die Bezeichnung „Unternehmergesellschaft (haftungsbeschränkt)" oder „UG (haftungsbeschränkt)" führen.

(2) Abweichend von § 7 Abs. 2 darf die Anmeldung erst erfolgen, wenn das Stammka-

III

pital in voller Höhe eingezahlt ist. Sacheinlagen sind ausgeschlossen.

(3) In der Bilanz des nach den §§ 242, 264 des Handelsgesetzbuchs aufzustellenden Jahresabschlusses ist eine gesetzliche Rücklage zu bilden, in die ein Viertel des um einen Verlustvortrag aus dem Vorjahr geminderten Jahresüberschusses einzustellen ist. Die Rücklage darf nur verwandt werden

1. für Zwecke des § 57c;

2. zum Ausgleich eines Jahresfehlbetrags, soweit er nicht durch einen Gewinnvortrag aus dem Vorjahr gedeckt ist;

3. zum Ausgleich eines Verlustvortrags aus dem Vorjahr, soweit er nicht durch einen Jahresüberschuss gedeckt ist.

(4) Abweichend von § 49 Abs. 3 muss die Versammlung der Gesellschafter bei drohender Zahlungsunfähigkeit unverzüglich einberufen werden.

(5) Erhöht die Gesellschaft ihr Stammkapital so, dass es den Betrag des Mindeststammkapitals nach § 5 Abs. 1 erreicht oder übersteigt, finden die Absätze 1 bis 4 keine Anwendung mehr; die Firma nach Absatz 1 darf beibehalten werden.

§ 6 Geschäftsführer

(1) Die Gesellschaft muß einen oder mehrere Geschäftsführer haben.

(2) Geschäftsführer kann nur eine natürliche, unbeschränkt geschäftsfähige Person sein. Geschäftsführer kann nicht sein, wer

1. als Betreuter bei der Besorgung seiner Vermögensangelegenheiten ganz oder teilweise einem Einwilligungsvorbehalt (§ 1903 des Bürgerlichen Gesetzbuchs) unterliegt,

2. aufgrund eines gerichtlichen Urteils oder einer vollziehbaren Entscheidung einer Verwaltungsbehörde einen Beruf, einen Berufszweig, ein Gewerbe oder einen Gewerbezweig nicht ausüben darf, sofern der Unternehmensgegenstand ganz oder teilweise mit dem Gegenstand des Verbots übereinstimmt,

3. wegen einer oder mehrerer vorsätzlich begangener Straftaten

a) des Unterlassens der Stellung des Antrags auf Eröffnung des Insolvenzverfahrens (Insolvenzverschleppung),

b) nach den §§ 283 bis 283d des Strafgesetzbuchs (Insolvenzstraftaten),

c) der falschen Angaben nach § 82 dieses Gesetzes oder § 399 des Aktiengesetzes,

d) der unrichtigen Darstellung nach § 400 des Aktiengesetzes, § 331 des Handelsgesetzbuchs, § 313 des Umwandlungsgesetzes oder § 17 des Publizitätsgesetzes oder

e) nach den §§ 263 bis 264a oder den §§ 265b bis 266a des Strafgesetzbuchs zu einer Freiheitsstrafe von mindestens einem Jahr

verurteilt worden ist; dieser Ausschluss gilt für die Dauer von fünf Jahren seit der Rechtskraft des Urteils, wobei die Zeit nicht eingerechnet wird, in welcher der Täter auf behördliche Anordnung in einer Anstalt verwahrt worden ist.

Satz 2 Nr. 3 gilt entsprechend bei einer Verurteilung im Ausland wegen einer Tat, die mit den in Satz 2 Nr. 3 genannten Taten vergleichbar ist.

(3) Zu Geschäftsführern können Gesellschafter oder andere Personen bestellt werden. Die Bestellung erfolgt entweder im Gesellschaftsvertrag oder nach Maßgabe der Bestimmungen des dritten Abschnitts.

(4) Ist im Gesellschaftsvertrag bestimmt, daß sämtliche Gesellschafter zur Geschäftsführung berechtigt sein sollen, so gelten nur die der Gesellschaft bei Festsetzung dieser Bestimmung angehörenden Personen als die bestellten Geschäftsführer.

(5) Gesellschafter, die vorsätzlich oder grob fahrlässig einer Person, die nicht Geschäftsführer sein kann, die Führung der Geschäfte überlassen, haften der Gesellschaft solidarisch für den Schaden, der dadurch entsteht, dass diese Person die ihr gegenüber der Gesellschaft bestehenden Obliegenheiten verletzt.

§ 7 Anmeldung der Gesellschaft

(1) Die Gesellschaft ist bei dem Gericht, in dessen Bezirk sie ihren Sitz hat, zur Eintragung in das Handelsregister anzumelden.

(2) Die Anmeldung darf erst erfolgen, wenn auf jeden Geschäftsanteil, soweit nicht Sacheinlagen vereinbart sind, ein Viertel des Nennbetrags eingezahlt ist. Insgesamt muß auf das Stammkapital mindestens soviel eingezahlt sein, daß der Gesamtbetrag der eingezahlten Geldeinlagen zuzüglich des Gesamtnennbetrags der Geschäftsanteile, für die Sacheinlagen zu leisten sind, die Hälfte des Mindeststammkapitals gemäß § 5 Abs. 1 erreicht.

(3) Die Sacheinlagen sind vor der Anmeldung der Gesellschaft zur Eintragung in das Handelsregister so an die Gesellschaft zu bewirken, daß sie endgültig zur freien Verfügung der Geschäftsführer stehen.

§ 8 Inhalt der Anmeldung

(1) Der Anmeldung müssen beigefügt sein:

1. der Gesellschaftsvertrag und im Fall des § 2 Abs. 2 die Vollmachten der Vertreter, welche den Gesellschaftsvertrag unterzeichnet haben, oder eine beglaubigte Abschrift dieser Urkunden,

2. die Legitimation der Geschäftsführer, sofern dieselben nicht im Gesellschaftsvertrag bestellt sind,

3. eine von den Anmeldenden unterschriebene Liste der Gesellschafter, aus welcher Name, Vorname, Geburtsdatum und Wohnort der letzteren sowie die Nennbeträge und die laufenden Nummern der von einem jeden derselben übernommenen Geschäftsanteile ersichtlich sind,

4. im Fall des § 5 Abs. 4 die Verträge, die den Festsetzungen zugrunde liegen oder zu ihrer Ausführung geschlossen worden sind, und der Sachgründungsbericht,

5. wenn Sacheinlagen vereinbart sind, Unterlagen darüber, daß der Wert der Sacheinlagen den Nennbetrag der dafür übernommenen Geschäftsanteile erreicht.

(2) In der Anmeldung ist die Versicherung abzugeben, daß die in § 7 Abs. 2 und 3 bezeichneten Leistungen auf die Geschäftsanteile bewirkt sind und daß der Gegenstand der Leistungen sich endgültig in der freien Verfügung der Geschäftsführer befindet. Das Gericht kann bei erheblichen Zweifeln an der Richtigkeit der Versicherung Nachweise (unter anderem Einzahlungsbelege) verlangen.

(3) In der Anmeldung haben die Geschäftsführer zu versichern, daß keine Umstände vorliegen, die ihrer Bestellung nach § 6 Abs. 2 Satz 2 Nr. 2 und 3 sowie Satz 3 entgegenstehen, und daß sie über ihre unbeschränkte Auskunftspflicht gegenüber dem Gericht belehrt worden sind. Die Belehrung nach § 53 Abs. 2 des Bundeszentralregistergesetzes kann schriftlich vorgenommen werden; sie kann auch durch einen Notar oder einen im Ausland bestellten Notar, durch einen Vertreter eines vergleichbaren rechtsberatenden Berufs oder einen Konsularbeamten erfolgen.

(4) In der Anmeldung sind ferner anzugeben:

1. eine inländische Geschäftsanschrift,

2. Art und Umfang der Vertretungsbefugnis der Geschäftsführer.

(5) Für die Einreichung von Unterlagen nach diesem Gesetz gilt § 12 Abs. 2 des Handelsgesetzbuchs entsprechend.

§ 9 Überbewertung der Sacheinlagen

(1) Erreicht der Wert einer Sacheinlage im Zeitpunkt der Anmeldung der Gesellschaft zur Eintragung in das Handelsregister nicht den Nennbetrag des dafür übernommenen Geschäftsanteils, hat der Gesellschafter in Höhe des Fehlbetrags eine Einlage in Geld zu leisten. Sonstige Ansprüche bleiben unberührt.

(2) Der Anspruch der Gesellschaft nach Absatz 1 Satz 1 verjährt in zehn Jahren seit der Eintragung der Gesellschaft in das Handelsregister.

§ 9a Ersatzansprüche der Gesellschaft

(1) Werden zum Zweck der Errichtung der Gesellschaft falsche Angaben gemacht, so haben die Gesellschafter und Geschäftsführer der Gesellschaft als Gesamtschuldner fehlende Einzahlungen zu leisten, eine Vergütung, die nicht unter den Gründungsaufwand aufgenommen ist, zu ersetzen und für

den sonst entstehenden Schaden Ersatz zu leisten.

(2) Wird die Gesellschaft von Gesellschaftern durch Einlagen oder Gründungsaufwand vorsätzlich oder aus grober Fahrlässigkeit geschädigt, so sind ihr alle Gesellschafter als Gesamtschuldner zum Ersatz verpflichtet.

(3) Von diesen Verpflichtungen ist ein Gesellschafter oder ein Geschäftsführer befreit, wenn er die die Ersatzpflicht begründenden Tatsachen weder kannte noch bei Anwendung der Sorgfalt eines ordentlichen Geschäftsmannes kennen mußte.

(4) Neben den Gesellschaftern sind in gleicher Weise Personen verantwortlich, für deren Rechnung die Gesellschafter Geschäftsanteile übernommen haben. Sie können sich auf ihre eigene Unkenntnis nicht wegen solcher Umstände berufen, die ein für ihre Rechnung handelnder Gesellschafter kannte oder bei Anwendung der Sorgfalt eines ordentlichen Geschäftsmannes kennen mußte.

§ 9b Verzicht auf Ersatzansprüche

(1) Ein Verzicht der Gesellschaft auf Ersatzansprüche nach § 9a oder ein Vergleich der Gesellschaft über diese Ansprüche ist unwirksam, soweit der Ersatz zur Befriedigung der Gläubiger der Gesellschaft erforderlich ist. Dies gilt nicht, wenn der Ersatzpflichtige zahlungsunfähig ist und sich zur Abwendung des Insolvenzverfahrens mit seinen Gläubigern vergleicht oder wenn die Ersatzpflicht in einem Insolvenzplan geregelt wird.

(2) Ersatzansprüche der Gesellschaft nach § 9a verjähren in fünf Jahren. Die Verjährung beginnt mit der Eintragung der Gesellschaft in das Handelsregister oder, wenn die zum Ersatz verpflichtende Handlung später begangen worden ist, mit der Vornahme der Handlung.

§ 9c Ablehnung der Eintragung

(1) Ist die Gesellschaft nicht ordnungsgemäß errichtet und angemeldet, so hat das Gericht die Eintragung abzulehnen. Dies gilt auch, wenn Sacheinlagen nicht unwesentlich überbewertet worden sind.

(2) Wegen einer mangelhaften, fehlenden oder nichtigen Bestimmung des Gesellschaftsvertrages darf das Gericht die Eintragung nach Absatz 1 nur ablehnen, soweit diese Bestimmung, ihr Fehlen oder ihre Nichtigkeit

1. Tatsachen oder Rechtsverhältnisse betrifft, die nach § 3 Abs. 1 oder auf Grund anderer zwingender gesetzlicher Vorschriften in dem Gesellschaftsvertrag bestimmt sein müssen oder die in das Handelsregister einzutragen oder von dem Gericht bekanntzumachen sind,

2. Vorschriften verletzt, die ausschließlich oder überwiegend zum Schutze der Gläubiger der Gesellschaft oder sonst im öffentlichen Interesse gegeben sind, oder

3. die Nichtigkeit des Gesellschaftsvertrages zur Folge hat.

§ 10 Inhalt der Eintragung

(1) Bei der Eintragung in das Handelsregister sind die Firma und der Sitz der Gesellschaft, eine inländische Geschäftsanschrift, der Gegenstand des Unternehmens, die Höhe des Stammkapitals, der Tag des Abschlusses des Gesellschaftsvertrages und die Personen der Geschäftsführer anzugeben. Ferner ist einzutragen, welche Vertretungsbefugnis die Geschäftsführer haben.

(2) Enthält der Gesellschaftsvertrag Bestimmungen über die Zeitdauer der Gesellschaft oder über das genehmigte Kapital, so sind auch diese Bestimmungen einzutragen. Wenn eine Person, die für Willenserklärungen und Zustellungen an die Gesellschaft empfangsberechtigt ist, mit einer inländischen Anschrift zur Eintragung in das Handelsregister angemeldet wird, sind auch diese Angaben einzutragen; Dritten gegenüber gilt die Empfangsberechtigung als fortbestehend, bis sie im Handelsregister gelöscht und die Löschung bekannt gemacht worden ist, es sei denn, dass die fehlende Empfangsberechtigung dem Dritten bekannt war.

§ 11 Rechtszustand vor der Eintragung

(1) Vor der Eintragung in das Handelsregister des Sitzes der Gesellschaft besteht die Gesellschaft mit beschränkter Haftung als solche nicht.

(2) Ist vor der Eintragung im Namen der Gesellschaft gehandelt worden, so haften die Handelnden persönlich und solidarisch.

§ 12 Bekanntmachungen der Gesellschaft

Bestimmt das Gesetz oder der Gesellschaftsvertrag, dass von der Gesellschaft etwas bekannt zu machen ist, so erfolgt die Bekanntmachung im Bundesanzeiger (Gesellschaftsblatt). Daneben kann der Gesellschaftsvertrag andere öffentliche Blätter oder elektronische Informationsmedien als Gesellschaftsblätter bezeichnen.

Abschnitt 2
Rechtsverhältnisse der Gesellschaft und der Gesellschafter

§ 13 Juristische Person; Handelsgesellschaft

(1) Die Gesellschaft mit beschränkter Haftung als solche hat selbständig ihre Rechte und Pflichten; sie kann Eigentum und andere dingliche Rechte an Grundstücken erwerben, vor Gericht klagen und verklagt werden.

(2) Für die Verbindlichkeiten der Gesellschaft haftet den Gläubigern derselben nur das Gesellschaftsvermögen.

(3) Die Gesellschaft gilt als Handelsgesellschaft im Sinne des Handelsgesetzbuchs.

§ 14 Einlagepflicht

Auf jeden Geschäftsanteil ist eine Einlage zu leisten. Die Höhe der zu leistenden Einlage richtet sich nach dem bei der Errichtung der Gesellschaft im Gesellschaftsvertrag festgesetzten Nennbetrag des Geschäftsanteils. Im Fall der Kapitalerhöhung bestimmt sich die Höhe der zu leistenden Einlage nach dem in der Übernahmeerklärung festgesetzten Nennbetrag des Geschäftsanteils.

§ 15 Übertragung von Geschäftsanteilen

(1) Die Geschäftsanteile sind veräußerlich und vererblich.

(2) Erwirbt ein Gesellschafter zu seinem ursprünglichen Geschäftsanteil weitere Geschäftsanteile, so behalten dieselben ihre Selbständigkeit.

(3) Zur Abtretung von Geschäftsanteilen durch Gesellschafter bedarf es eines in notarieller Form geschlossenen Vertrages.

(4) Der notariellen Form bedarf auch eine Vereinbarung, durch welche die Verpflichtung eines Gesellschafters zur Abtretung eines Geschäftsanteils begründet wird. Eine ohne diese Form getroffene Vereinbarung wird jedoch durch den nach Maßgabe des vorigen Absatzes geschlossenen Abtretungsvertrag gültig.

(5) Durch den Gesellschaftsvertrag kann die Abtretung der Geschäftsanteile an weitere Voraussetzungen geknüpft, insbesondere von der Genehmigung der Gesellschaft abhängig gemacht werden.

§ 16 Rechtsstellung bei Wechsel der Gesellschafter oder Veränderung des Umfangs ihrer Beteiligung; Erwerb vom Nichtberechtigten

(1) Im Verhältnis zur Gesellschaft gilt im Fall einer Veränderung in den Personen der Gesellschafter oder des Umfangs ihrer Beteiligung als Inhaber eines Geschäftsanteils nur, wer als solcher in der im Handelsregister aufgenommenen Gesellschafterliste (§ 40) eingetragen ist. Eine vom Erwerber in Bezug auf das Gesellschaftsverhältnis vorgenommene Rechtshandlung gilt als von Anfang an wirksam, wenn die Liste unverzüglich nach Vornahme der Rechtshandlung in das Handelsregister aufgenommen wird.

(2) Für Einlageverpflichtungen, die in dem Zeitpunkt rückständig sind, ab dem der Erwerber gemäß Absatz 1 Satz 1 im Verhältnis zur Gesellschaft als Inhaber des Geschäftsanteils gilt, haftet der Erwerber neben dem Veräußerer.

(3) Der Erwerber kann einen Geschäftsanteil oder ein Recht daran durch Rechtsgeschäft wirksam vom Nichtberechtigten erwerben, wenn der Veräußerer als Inhaber des Geschäftsanteils in der im Handelsregister aufgenommenen Gesellschafterliste eingetragen ist. Dies gilt nicht, wenn die Liste zum Zeitpunkt des Erwerbs hinsichtlich des Geschäftsanteils weniger als drei Jahre unrichtig

und die Unrichtigkeit dem Berechtigten nicht zuzurechnen ist. Ein gutgläubiger Erwerb ist ferner nicht möglich, wenn dem Erwerber die mangelnde Berechtigung bekannt oder infolge grober Fahrlässigkeit unbekannt ist oder der Liste ein Widerspruch zugeordnet ist. Die Zuordnung eines Widerspruchs erfolgt aufgrund einer einstweiligen Verfügung oder aufgrund einer Bewilligung desjenigen, gegen dessen Berechtigung sich der Widerspruch richtet. Eine Gefährdung des Rechts des Widersprechenden muss nicht glaubhaft gemacht werden.

§ 17 (weggefallen)

§ 18 Mitberechtigung am Geschäftsanteil

(1) Steht ein Geschäftsanteil mehreren Mitberechtigten ungeteilt zu, so können sie die Rechte aus demselben nur gemeinschaftlich ausüben.

(2) Für die auf den Geschäftsanteil zu bewirkenden Leistungen haften sie der Gesellschaft solidarisch.

(3) Rechtshandlungen, welche die Gesellschaft gegenüber dem Inhaber des Anteils vorzunehmen hat, sind, sofern nicht ein gemeinsamer Vertreter der Mitberechtigten vorhanden ist, wirksam, wenn sie auch nur gegenüber einem Mitberechtigten vorgenommen werden. Gegenüber mehreren Erben eines Gesellschafters findet diese Bestimmung nur in bezug auf Rechtshandlungen Anwendung, welche nach Ablauf eines Monats seit dem Anfall der Erbschaft vorgenommen werden.

§ 19 Leistung der Einlagen

(1) Die Einzahlungen auf die Geschäftsanteile sind nach dem Verhältnis der Geldeinlagen zu leisten.

(2) Von der Verpflichtung zur Leistung der Einlagen können die Gesellschafter nicht befreit werden. Gegen den Anspruch der Gesellschaft ist die Aufrechnung nur zulässig mit einer Forderung aus der Überlassung von Vermögensgegenständen, deren Anrechnung auf die Einlageverpflichtung nach § 5 Abs. 4 Satz 1 vereinbart worden ist. An dem

Gegenstand einer Sacheinlage kann wegen Forderungen, welche sich nicht auf den Gegenstand beziehen, kein Zurückbehaltungsrecht geltend gemacht werden.

(3) Durch eine Kapitalherabsetzung können die Gesellschafter von der Verpflichtung zur Leistung von Einlagen höchstens in Höhe des Betrags befreit werden, um den das Stammkapital herabgesetzt worden ist.

(4) Ist eine Geldeinlage eines Gesellschafters bei wirtschaftlicher Betrachtung und aufgrund einer im Zusammenhang mit der Übernahme der Geldeinlage getroffenen Abrede vollständig oder teilweise als Sacheinlage zu bewerten (verdeckte Sacheinlage), so befreit dies den Gesellschafter nicht von seiner Einlageverpflichtung. Jedoch sind die Verträge über die Sacheinlage und die Rechtshandlungen zu ihrer Ausführung nicht unwirksam. Auf die fortbestehende Geldeinlagepflicht des Gesellschafters wird der Wert des Vermögensgegenstandes im Zeitpunkt der Anmeldung der Gesellschaft zur Eintragung in das Handelsregister oder im Zeitpunkt seiner Überlassung an die Gesellschaft, falls diese später erfolgt, angerechnet. Die Anrechnung erfolgt nicht vor Eintragung der Gesellschaft in das Handelsregister. Die Beweislast für die Werthaltigkeit des Vermögensgegenstandes trägt der Gesellschafter.

(5) Ist vor der Einlage eine Leistung an den Gesellschafter vereinbart worden, die wirtschaftlich einer Rückzahlung der Einlage entspricht und die nicht als verdeckte Sacheinlage im Sinne von Absatz 4 zu beurteilen ist, so befreit dies den Gesellschafter von seiner Einlageverpflichtung nur dann, wenn die Leistung durch einen vollwertigen Rückgewähranspruch gedeckt ist, der jederzeit fällig ist oder durch fristlose Kündigung durch die Gesellschaft fällig werden kann. Eine solche Leistung oder die Vereinbarung einer solchen Leistung ist in der Anmeldung nach § 8 anzugeben.

(6) Der Anspruch der Gesellschaft auf Leistung der Einlagen verjährt in zehn Jahren von seiner Entstehung an. Wird das Insolvenzverfahren über das Vermögen der Gesellschaft eröffnet, so tritt die Verjährung nicht vor Ab-

lauf von sechs Monaten ab dem Zeitpunkt der Eröffnung ein.

§ 20 Verzugszinsen

Ein Gesellschafter, welcher den auf die Stammeinlage eingeforderten Betrag nicht zur rechten Zeit einzahlt, ist zur Entrichtung von Verzugszinsen von Rechts wegen verpflichtet.

§ 21 Kaduzierung

(1) Im Fall verzögerter Einzahlung kann an den säumigen Gesellschafter eine erneute Aufforderung zur Zahlung binnen einer zu bestimmenden Nachfrist unter Androhung seines Ausschlusses mit dem Geschäftsanteil, auf welchen die Zahlung zu erfolgen hat, erlassen werden. Die Aufforderung erfolgt mittels eingeschriebenen Briefes. Die Nachfrist muß mindestens einen Monat betragen.

(2) Nach fruchtlosem Ablauf der Frist ist der säumige Gesellschafter seines Geschäftsanteils und der geleisteten Teilzahlungen zugunsten der Gesellschaft verlustig zu erklären. Die Erklärung erfolgt mittels eingeschriebenen Briefes.

(3) Wegen des Ausfalls, welchen die Gesellschaft an dem rückständigen Betrag oder den später auf den Geschäftsanteil eingeforderten Beträgen der Stammeinlage erleidet, bleibt ihr der ausgeschlossene Gesellschafter verhaftet.

§ 22 Haftung der Rechtsvorgänger

(1) Für eine von dem ausgeschlossenen Gesellschafter nicht erfüllte Einlageverpflichtung haftet der Gesellschaft auch der letzte und jeder frühere Rechtsvorgänger des Ausgeschlossenen, der im Verhältnis zu ihr als Inhaber des Geschäftsanteils gilt.

(2) Ein früherer Rechtsvorgänger haftet nur, soweit die Zahlung von dessen Rechtsnachfolger nicht zu erlangen ist; dies ist bis zum Beweis des Gegenteils anzunehmen, wenn der letztere die Zahlung nicht bis zum Ablauf eines Monats geleistet hat, nachdem an ihn die Zahlungsaufforderung und an den Rechtsvorgänger die Benachrichtigung von derselben erfolgt ist.

(3) Die Haftung des Rechtsvorgängers ist auf die innerhalb der Frist von fünf Jahren auf die Einlageverpflichtung eingeforderten Leistungen beschränkt. Die Frist beginnt mit dem Tag, ab welchem der Rechtsnachfolger im Verhältnis zur Gesellschaft als Inhaber des Geschäftsanteils gilt.

(4) Der Rechtsvorgänger erwirbt gegen Zahlung des rückständigen Betrages den Geschäftsanteil des ausgeschlossenen Gesellschafters.

§ 23 Versteigerung des Geschäftsanteils

Ist die Zahlung des rückständigen Betrages von Rechtsvorgängern nicht zu erlangen, so kann die Gesellschaft den Geschäftsanteil im Wege öffentlicher Versteigerung verkaufen lassen. Eine andere Art des Verkaufs ist nur mit Zustimmung des ausgeschlossenen Gesellschafters zulässig.

§ 24 Aufbringung von Fehlbeträgen

Soweit eine Stammeinlage weder von den Zahlungspflichtigen eingezogen, noch durch Verkauf des Geschäftsanteils gedeckt werden kann, haben die übrigen Gesellschafter den Fehlbetrag nach Verhältnis ihrer Geschäftsanteile aufzubringen. Beiträge, welche von einzelnen Gesellschaftern nicht zu erlangen sind, werden nach dem bezeichneten Verhältnis auf die übrigen verteilt.

§ 25 Zwingende Vorschriften

Von den in den §§ 21 bis 24 bezeichneten Rechtsfolgen können die Gesellschafter nicht befreit werden.

§ 26 Nachschusspflicht

(1) Im Gesellschaftsvertrag kann bestimmt werden, daß die Gesellschafter über die Nennbeträge der Geschäftsanteile hinaus die Einforderung von weiteren Einzahlungen (Nachschüssen) beschließen können.

(2) Die Einzahlung der Nachschüsse hat nach Verhältnis der Geschäftsanteile zu erfolgen.

(3) Die Nachschußpflicht kann im Gesellschaftsvertrag auf einen bestimmten, nach Verhältnis der Geschäftsanteile festzusetzenden Betrag beschränkt werden.

III

§ 27 Unbeschränkte Nachschusspflicht

(1) Ist die Nachschußpflicht nicht auf einen bestimmten Betrag beschränkt, so hat jeder Gesellschafter, falls er die Stammeinlage vollständig eingezahlt hat, das Recht, sich von der Zahlung des auf den Geschäftsanteil eingeforderten Nachschusses dadurch zu befreien, daß er innerhalb eines Monats nach der Aufforderung zur Einzahlung den Geschäftsanteil der Gesellschaft zur Befriedigung aus demselben zur Verfügung stellt. Ebenso kann die Gesellschaft, wenn der Gesellschafter binnen der angegebenen Frist weder von der bezeichneten Befugnis Gebrauch macht, noch die Einzahlung leistet, demselben mittels eingeschriebenen Briefes erklären, daß sie den Geschäftsanteil als zur Verfügung gestellt betrachte.

(2) Die Gesellschaft hat den Geschäftsanteil innerhalb eines Monats nach der Erklärung des Gesellschafters oder der Gesellschaft im Wege öffentlicher Versteigerung verkaufen zu lassen. Eine andere Art des Verkaufs ist nur mit Zustimmung des Gesellschafters zulässig. Ein nach Deckung der Verkaufskosten und des rückständigen Nachschusses verbleibender Überschuß gebührt dem Gesellschafter.

(3) Ist die Befriedigung der Gesellschaft durch den Verkauf nicht zu erlangen, so fällt der Geschäftsanteil der Gesellschaft zu. Dieselbe ist befugt, den Anteil für eigene Rechnung zu veräußern.

(4) Im Gesellschaftsvertrag kann die Anwendung der vorstehenden Bestimmungen auf den Fall beschränkt werden, daß die auf den Geschäftsanteil eingeforderten Nachschüsse einen bestimmten Betrag überschreiten.

§ 28 Beschränkte Nachschusspflicht

(1) Ist die Nachschußpflicht auf einen bestimmten Betrag beschränkt, so finden, wenn im Gesellschaftsvertrag nicht ein anderes festgesetzt ist, im Fall verzögerter Einzahlung von Nachschüssen die auf die Einzahlung der Stammeinlagen bezüglichen Vorschriften der §§ 21 bis 23 entsprechende Anwendung. Das Gleiche gilt im Fall des § 27 Abs. 4 auch bei unbeschränkter Nachschußpflicht, soweit die Nachschüsse den im Gesellschaftsvertrag festgesetzten Betrag nicht überschreiten.

(2) Im Gesellschaftsvertrag kann bestimmt werden, daß die Einforderung von Nachschüssen, auf deren Zahlung die Vorschriften der §§ 21 bis 23 Anwendung finden, schon vor vollständiger Einforderung der Stammeinlagen zulässig ist.

§ 29 Ergebnisverwendung

(1) Die Gesellschafter haben Anspruch auf den Jahresüberschuß zuzüglich eines Gewinnvortrags und abzüglich eines Verlustvortrags, soweit der sich ergebende Betrag nicht nach Gesetz oder Gesellschaftsvertrag, durch Beschluß nach Absatz 2 oder als zusätzlicher Aufwand auf Grund des Beschlusses über die Verwendung des Ergebnisses von der Verteilung unter die Gesellschafter ausgeschlossen ist. Wird die Bilanz unter Berücksichtigung der teilweisen Ergebnisverwendung aufgestellt oder werden Rücklagen aufgelöst, so haben die Gesellschafter abweichend von Satz 1 Anspruch auf den Bilanzgewinn.

(2) Im Beschluß über die Verwendung des Ergebnisses können die Gesellschafter, wenn der Gesellschaftsvertrag nichts anderes bestimmt, Beträge in Gewinnrücklagen einstellen oder als Gewinn vortragen.

(3) Die Verteilung erfolgt nach Verhältnis der Geschäftsanteile. Im Gesellschaftsvertrag kann ein anderer Maßstab der Verteilung festgesetzt werden.

(4) Unbeschadet der Absätze 1 und 2 und abweichender Gewinnverteilungsabreden nach Absatz 3 Satz 2 können die Geschäftsführer mit Zustimmung des Aufsichtsrats oder der Gesellschafter den Eigenkapitalanteil von Wertaufholungen bei Vermögensgegenständen des Anlage- und Umlaufvermögens und von bei der steuerrechtlichen Gewinnermittlung gebildeten Passivposten, die nicht im Sonderposten mit Rücklageanteil ausgewiesen werden dürfen, in andere Gewinnrücklagen einstellen. Der Betrag dieser Rücklagen ist entweder in der Bilanz gesondert auszuweisen oder im Anhang anzugeben.

§ 30 Kapitalerhaltung

(1) Das zur Erhaltung des Stammkapitals erforderliche Vermögen der Gesellschaft darf an die Gesellschafter nicht ausgezahlt werden. Satz 1 gilt nicht bei Leistungen, die bei Bestehen eines Beherrschungs- oder Gewinnabführungsvertrags (§ 291 des Aktiengesetzes) erfolgen oder durch einen vollwertigen Gegenleistungs- oder Rückgewähranspruch gegen den Gesellschafter gedeckt sind. Satz 1 ist zudem nicht anzuwenden auf die Rückgewähr eines Gesellschafterdarlehens und Leistungen auf Forderungen aus Rechtshandlungen, die einem Gesellschafterdarlehen wirtschaftlich entsprechen.

(2) Eingezahlte Nachschüsse können, soweit sie nicht zur Deckung eines Verlustes am Stammkapital erforderlich sind, an die Gesellschafter zurückgezahlt werden. Die Zurückzahlung darf nicht vor Ablauf von drei Monaten erfolgen, nachdem der Rückzahlungsbeschluß nach § 12 bekanntgemacht ist. Im Fall des § 28 Abs. 2 ist die Zurückzahlung von Nachschüssen vor der Volleinzahlung des Stammkapitals unzulässig. Zurückgezahlte Nachschüsse gelten als nicht eingezogen.

§ 31 Erstattung verbotener Rückzahlungen

(1) Zahlungen, welche den Vorschriften des § 30 zuwider geleistet sind, müssen der Gesellschaft erstattet werden.

(2) War der Empfänger in gutem Glauben, so kann die Erstattung nur insoweit verlangt werden, als sie zur Befriedigung der Gesellschaftsgläubiger erforderlich ist.

(3) Ist die Erstattung von dem Empfänger nicht zu erlangen, so haften für den zu erstattenden Betrag, soweit er zur Befriedigung der Gesellschaftsgläubiger erforderlich ist, die übrigen Gesellschafter nach Verhältnis ihrer Geschäftsanteile. Beiträge, welche von einzelnen Gesellschaftern nicht zu erlangen sind, werden nach dem bezeichneten Verhältnis auf die übrigen verteilt.

(4) Zahlungen, welche auf Grund der vorstehenden Bestimmungen zu leisten sind, können den Verpflichteten nicht erlassen werden.

(5) Die Ansprüche der Gesellschaft verjähren in den Fällen des Absatzes 1 in zehn Jahren sowie in den Fällen des Absatzes 3 in fünf Jahren. Die Verjährung beginnt mit dem Ablauf des Tages, an welchem die Zahlung, deren Erstattung beansprucht wird, geleistet ist. In den Fällen des Absatzes 1 findet § 19 Abs. 6 Satz 2 entsprechende Anwendung.

(6) Für die in den Fällen des Absatzes 3 geleistete Erstattung einer Zahlung sind den Gesellschaftern die Geschäftsführer, welchen in betreff der geleisteten Zahlung ein Verschulden zur Last fällt, solidarisch zum Ersatz verpflichtet. Die Bestimmungen in § 43 Abs. 1 und 4 finden entsprechende Anwendung.

§ 32 Rückzahlung von Gewinn

Liegt die in § 31 Abs. 1 bezeichnete Voraussetzung nicht vor, so sind die Gesellschafter in keinem Fall verpflichtet, Beträge, welche sie in gutem Glauben als Gewinnanteile bezogen haben, zurückzuzahlen.

§ 33 Erwerb eigener Geschäftsanteile

(1) Die Gesellschaft kann eigene Geschäftsanteile, auf welche die Einlagen noch nicht vollständig geleistet sind, nicht erwerben oder als Pfand nehmen.

(2) Eigene Geschäftsanteile, auf welche die Einlage vollständig geleistet ist, darf sie nur erwerben, sofern sie im Zeitpunkt des Erwerbs eine Rücklage in Höhe der Aufwendungen für den Erwerb bilden könnte, ohne das Stammkapital oder eine nach dem Gesellschaftsvertrag zu bildende Rücklage zu mindern, die nicht zur Zahlung an die Gesellschafter verwandt werden darf. Als Pfand nehmen darf sie solche Geschäftsanteile nur, soweit der Gesamtbetrag der durch Inpfandnahme eigener Geschäftsanteile gesicherten Forderungen oder, wenn der Wert der als Pfand genommenen Geschäftsanteile niedriger ist, dieser Betrag nicht höher ist als das über das Stammkapital hinaus vorhandene Vermögen. Ein Verstoß gegen die Sätze 1 und 2 macht den Erwerb oder die Inpfandnahme der Geschäftsanteile nicht unwirksam; jedoch ist das schuldrechtliche Geschäft über einen verbotswidrigen Erwerb oder eine verbotswidrige Inpfandnahme nichtig.

(3) Der Erwerb eigener Geschäftsanteile ist ferner zulässig zur Abfindung von Gesellschaftern nach § 29 Abs. 1, § 122i Abs. 1 Satz 2, § 125 Satz 1 in Verbindung mit § 29 Abs. 1 und § 207 Abs. 1 des Umwandlungsgesetzes, sofern der Erwerb binnen sechs Monaten nach dem Wirksamwerden der Umwandlung oder nach der Rechtskraft der gerichtlichen Entscheidung erfolgt und die Gesellschaft im Zeitpunkt des Erwerbs eine Rücklage in Höhe der Aufwendungen für den Erwerb bilden könnte, ohne das Stammkapital oder eine nach dem Gesellschaftsvertrag zu bildende Rücklage zu mindern, die nicht zur Zahlung an die Gesellschafter verwandt werden darf.

§ 34 Einziehung von Geschäftsanteilen

(1) Die Einziehung (Amortisation) von Geschäftsanteilen darf nur erfolgen, soweit sie im Gesellschaftsvertrag zugelassen ist.

(2) Ohne die Zustimmung des Anteilsberechtigten findet die Einziehung nur statt, wenn die Voraussetzungen derselben vor dem Zeitpunkt, in welchem der Berechtigte den Geschäftsanteil erworben hat, im Gesellschaftsvertrag festgesetzt waren.

(3) Die Bestimmung in § 30 Abs. 1 bleibt unberührt.

Abschnitt 3
Vertretung und Geschäftsführung

§ 35 Vertretung der Gesellschaft

(1) Die Gesellschaft wird durch die Geschäftsführer gerichtlich und außergerichtlich vertreten. Hat eine Gesellschaft keinen Geschäftsführer (Führungslosigkeit), wird die Gesellschaft für den Fall, dass ihr gegenüber Willenserklärungen abgegeben oder Schriftstücke zugestellt werden, durch die Gesellschafter vertreten.

(2) Sind mehrere Geschäftsführer bestellt, sind sie alle nur gemeinschaftlich zur Vertretung der Gesellschaft befugt, es sei denn, dass der Gesellschaftsvertrag etwas anderes bestimmt. Ist der Gesellschaft gegenüber eine Willenserklärung abzugeben, genügt die Abgabe gegenüber einem Vertreter der Ge-

sellschaft nach Absatz 1. An die Vertreter der Gesellschaft nach Absatz 1 können unter der im Handelsregister eingetragenen Geschäftsanschrift Willenserklärungen abgegeben und Schriftstücke für die Gesellschaft zugestellt werden. Unabhängig hiervon können die Abgabe und die Zustellung auch unter der eingetragenen Anschrift der empfangsberechtigten Person nach § 10 Abs. 2 Satz 2 erfolgen.

(3) Befinden sich alle Geschäftsanteile der Gesellschaft in der Hand eines Gesellschafters oder daneben in der Hand der Gesellschaft und ist er zugleich deren alleiniger Geschäftsführer, so ist auf seine Rechtsgeschäfte mit der Gesellschaft § 181 des Bürgerlichen Gesetzbuchs anzuwenden. Rechtsgeschäfte zwischen ihm und der von ihm vertretenen Gesellschaft sind, auch wenn er nicht alleiniger Geschäftsführer ist, unverzüglich nach ihrer Vornahme in eine Niederschrift aufzunehmen.

§ 35a Angaben auf Geschäftsbriefen

(1) Auf allen Geschäftsbriefen gleichviel welcher Form, die an einen bestimmten Empfänger gerichtet werden, müssen die Rechtsform und der Sitz der Gesellschaft, das Registergericht des Sitzes der Gesellschaft und die Nummer, unter der die Gesellschaft in das Handelsregister eingetragen ist, sowie alle Geschäftsführer und, sofern die Gesellschaft einen Aufsichtsrat gebildet und dieser einen Vorsitzenden hat, der Vorsitzende des Aufsichtsrats mit dem Familiennamen und mindestens einem ausgeschriebenen Vornamen angegeben werden. Werden Angaben über das Kapital der Gesellschaft gemacht, so müssen in jedem Falle das Stammkapital sowie, wenn nicht alle in Geld zu leistenden Einlagen eingezahlt sind, der Gesamtbetrag der ausstehenden Einlagen angegeben werden.

(2) Der Angaben nach Absatz 1 Satz 1 bedarf es nicht bei Mitteilungen oder Berichten, die im Rahmen einer bestehenden Geschäftsverbindung ergehen und für die üblicherweise Vordrucke verwendet werden, in denen lediglich die im Einzelfall erforderlichen beson-

deren Angaben eingefügt zu werden brauchen.

(3) Bestellscheine gelten als Geschäftsbriefe im Sinne des Absatzes 1. Absatz 2 ist auf sie nicht anzuwenden.

(4) Auf allen Geschäftsbriefen und Bestellscheinen, die von einer Zweigniederlassung einer Gesellschaft mit beschränkter Haftung mit Sitz im Ausland verwendet werden, müssen das Register, bei dem die Zweigniederlassung geführt wird, und die Nummer des Registereintrags angegeben werden; im übrigen gelten die Vorschriften der Absätze 1 bis 3 für die Angaben bezüglich der Haupt- und der Zweigniederlassung, soweit nicht das ausländische Recht Abweichungen nötig macht. Befindet sich die ausländische Gesellschaft in Liquidation, so sind auch diese Tatsache sowie alle Liquidatoren anzugeben.

§ 36 (weggefallen)

§ 37 Beschränkungen der Vertretungsbefugnis

(1) Die Geschäftsführer sind der Gesellschaft gegenüber verpflichtet, die Beschränkungen einzuhalten, welche für den Umfang ihrer Befugnis, die Gesellschaft zu vertreten, durch den Gesellschaftsvertrag oder, soweit dieser nicht ein anderes bestimmt, durch die Beschlüsse der Gesellschafter festgesetzt sind.

(2) Gegen dritte Personen hat eine Beschränkung der Befugnis der Geschäftsführer, die Gesellschaft zu vertreten, keine rechtliche Wirkung. Dies gilt insbesondere für den Fall, daß die Vertretung sich nur auf gewisse Geschäfte oder Arten von Geschäften erstrecken oder nur unter gewissen Umständen oder für eine gewisse Zeit oder an einzelnen Orten stattfinden soll, oder daß die Zustimmung der Gesellschafter oder eines Organs der Gesellschaft für einzelne Geschäfte erfordert ist.

§ 38 Widerruf der Bestellung

(1) Die Bestellung der Geschäftsführer ist zu jeder Zeit widerruflich, unbeschadet der Entschädigungsansprüche aus bestehenden Verträgen.

(2) Im Gesellschaftsvertrag kann die Zulässigkeit des Widerrufs auf den Fall beschränkt werden, daß wichtige Gründe denselben notwendig machen. Als solche Gründe sind insbesondere grobe Pflichtverletzung oder Unfähigkeit zur ordnungsmäßigen Geschäftsführung anzusehen.

§ 39 Anmeldung der Geschäftsführer

(1) Jede Änderung in den Personen der Geschäftsführer sowie die Beendigung der Vertretungsbefugnis eines Geschäftsführers ist zur Eintragung in das Handelsregister anzumelden.

(2) Der Anmeldung sind die Urkunden über die Bestellung der Geschäftsführer oder über die Beendigung der Vertretungsbefugnis in Urschrift oder öffentlich beglaubigter Abschrift beizufügen.

(3) Die neuen Geschäftsführer haben in der Anmeldung zu versichern, daß keine Umstände vorliegen, die ihrer Bestellung nach § 6 Abs. 2 Satz 2 Nr. 2 und 3 sowie Satz 3 entgegenstehen und daß sie über ihre unbeschränkte Auskunftspflicht gegenüber dem Gericht belehrt worden sind. § 8 Abs. 3 Satz 2 ist anzuwenden.

§ 40 Liste der Gesellschafter

(1) Die Geschäftsführer haben unverzüglich nach Wirksamwerden jeder Veränderung in den Personen der Gesellschafter oder des Umfangs ihrer Beteiligung eine von ihnen unterschriebene Liste der Gesellschafter zum Handelsregister einzureichen, aus welcher Name, Vorname, Geburtsdatum und Wohnort der letzteren sowie die Nennbeträge und die laufenden Nummern der von einem jeden derselben übernommenen Geschäftsanteile zu entnehmen sind. Die Änderung der Liste durch die Geschäftsführer erfolgt auf Mitteilung und Nachweis.

(2) Hat ein Notar an Veränderungen nach Absatz 1 Satz 1 mitgewirkt, hat er unverzüglich nach deren Wirksamwerden ohne Rücksicht auf etwaige später eintretende Unwirksamkeitsgründe die Liste anstelle der Geschäftsführer zu unterschreiben, zum Handelsregister einzureichen und eine Abschrift der geänderten Liste an die Gesellschaft zu übermitteln. Die Liste muss mit der Bescheinigung des Notars versehen sein, dass die

III

III

geänderten Eintragungen den Veränderungen entsprechen, an denen er mitgewirkt hat, und die übrigen Eintragungen mit dem Inhalt der zuletzt im Handelsregister aufgenommenen Liste übereinstimmen.

(3) Geschäftsführer, welche die ihnen nach Absatz 1 obliegende Pflicht verletzen, haften denjenigen, deren Beteiligung sich geändert hat, und den Gläubigern der Gesellschaft für den daraus entstandenen Schaden als Gesamtschuldner.

§ 41 Buchführung

Die Geschäftsführer sind verpflichtet, für die ordnungsmäßige Buchführung der Gesellschaft zu sorgen.

§ 42 Bilanz

(1) In der Bilanz des nach den §§ 242, 264 des Handelsgesetzbuchs aufzustellenden Jahresabschlusses ist das Stammkapital als gezeichnetes Kapital auszuweisen.

(2) Das Recht der Gesellschaft zur Einziehung von Nachschüssen der Gesellschafter ist in der Bilanz insoweit zu aktivieren, als die Einziehung bereits beschlossen ist und den Gesellschaftern ein Recht, durch Verweisung auf den Geschäftsanteil sich von der Zahlung der Nachschüsse zu befreien, nicht zusteht. Der nachzuschießende Betrag ist auf der Aktivseite unter den Forderungen gesondert unter der Bezeichnung „Eingeforderte Nachschüsse" auszuweisen, soweit mit der Zahlung gerechnet werden kann. Ein dem Aktivposten entsprechender Betrag ist auf der Passivseite in dem Posten „Kapitalrücklage" gesondert auszuweisen.

(3) Ausleihungen, Forderungen und Verbindlichkeiten gegenüber Gesellschaftern sind in der Regel als solche jeweils gesondert auszuweisen oder im Anhang anzugeben; werden sie unter anderen Posten ausgewiesen, so muß diese Eigenschaft vermerkt werden.

§ 42a Vorlage des Jahresabschlusses und des Lageberichts

(1) Die Geschäftsführer haben den Jahresabschluß und den Lagebericht unverzüglich nach der Aufstellung den Gesellschaftern zum Zwecke der Feststellung des Jahresab-

schlusses vorzulegen. Ist der Jahresabschluß durch einen Abschlußprüfer zu prüfen, so haben die Geschäftsführer ihn zusammen mit dem Lagebericht und dem Prüfungsbericht des Abschlußprüfers unverzüglich nach Eingang des Prüfungsberichts vorzulegen. Hat die Gesellschaft einen Aufsichtsrat, so ist dessen Bericht über das Ergebnis seiner Prüfung ebenfalls unverzüglich vorzulegen.

(2) Die Gesellschafter haben spätestens bis zum Ablauf der ersten acht Monate oder, wenn es sich um eine kleine Gesellschaft handelt (§ 267 Abs. 1 des Handelsgesetzbuchs), bis zum Ablauf der ersten elf Monate des Geschäftsjahrs über die Feststellung des Jahresabschlusses und über die Ergebnisverwendung zu beschließen. Der Gesellschaftsvertrag kann die Frist nicht verlängern. Auf den Jahresabschluß sind bei der Feststellung die für seine Aufstellung geltenden Vorschriften anzuwenden.

(3) Hat ein Abschlußprüfer den Jahresabschluß geprüft, so hat er auf Verlangen eines Gesellschafters an den Verhandlungen über die Feststellung des Jahresabschlusses teilzunehmen.

(4) Ist die Gesellschaft zur Aufstellung eines Konzernabschlusses und eines Konzernlageberichts verpflichtet, so sind die Absätze 1 bis 3 entsprechend anzuwenden. Das Gleiche gilt hinsichtlich eines Einzelabschlusses nach § 325 Abs. 2a des Handelsgesetzbuchs, wenn die Gesellschafter die Offenlegung eines solchen beschlossen haben.

§ 43 Haftung der Geschäftsführer

(1) Die Geschäftsführer haben in den Angelegenheiten der Gesellschaft die Sorgfalt eines ordentlichen Geschäftsmannes anzuwenden.

(2) Geschäftsführer, welche ihre Obliegenheiten verletzen, haften der Gesellschaft solidarisch für den entstandenen Schaden.

(3) Insbesondere sind sie zum Ersatze verpflichtet, wenn den Bestimmungen des § 30 zuwider Zahlungen aus dem zur Erhaltung des Stammkapitals erforderlichen Vermögen der Gesellschaft gemacht oder den Bestimmungen des § 33 zuwider eigene Geschäftsanteile der Gesellschaft erworben worden

sind. Auf den Ersatzanspruch finden die Bestimmungen in § 9b Abs. 1 entsprechende Anwendung. Soweit der Ersatz zur Befriedigung der Gläubiger der Gesellschaft erforderlich ist, wird die Verpflichtung der Geschäftsführer dadurch nicht aufgehoben, daß dieselben in Befolgung eines Beschlusses der Gesellschafter gehandelt haben.

(4) Die Ansprüche auf Grund der vorstehenden Bestimmungen verjähren in fünf Jahren.

§ 43a Kreditgewährung aus Gesellschaftsvermögen

Den Geschäftsführern, anderen gesetzlichen Vertretern, Prokuristen oder zum gesamten Geschäftsbetrieb ermächtigten Handlungsbevollmächtigten darf Kredit nicht aus dem zur Erhaltung des Stammkapitals erforderlichen Vermögen der Gesellschaft gewährt werden. Ein entgegen Satz 1 gewährter Kredit ist ohne Rücksicht auf entgegenstehende Vereinbarungen sofort zurückzugewähren.

§ 44 Stellvertreter von Geschäftsführern

Die für die Geschäftsführer gegebenen Vorschriften gelten auch für Stellvertreter von Geschäftsführern.

§ 45 Rechte der Gesellschafter

(1) Die Rechte, welche den Gesellschaftern in den Angelegenheiten der Gesellschaft, insbesondere in bezug auf die Führung der Geschäfte zustehen, sowie die Ausübung derselben bestimmen sich, soweit nicht gesetzliche Vorschriften entgegenstehen, nach dem Gesellschaftsvertrag.

(2) In Ermangelung besonderer Bestimmungen des Gesellschaftsvertrages finden die Vorschriften der §§ 46 bis 51 Anwendung.

§ 46 Aufgabenkreis der Gesellschafter

Der Bestimmung der Gesellschafter unterliegen:

1. die Feststellung des Jahresabschlusses und die Verwendung des Ergebnisses;

1a. die Entscheidung über die Offenlegung eines Einzelabschlusses nach internationalen Rechnungslegungsstandards (§ 325 Abs. 2a des Handelsgesetzbuchs)

und über die Billigung des von den Geschäftsführern aufgestellten Abschlusses;

1b. die Billigung eines von den Geschäftsführern aufgestellten Konzernabschlusses;

2. die Einforderung der Einlagen;

3. die Rückzahlung von Nachschüssen;

4. die Teilung, die Zusammenlegung sowie die Einziehung von Geschäftsanteilen;

5. die Bestellung und die Abberufung von Geschäftsführern sowie die Entlastung derselben;

6. die Maßregeln zur Prüfung und Überwachung der Geschäftsführung;

7. die Bestellung von Prokuristen und von Handlungsbevollmächtigten zum gesamten Geschäftsbetrieb;

8. die Geltendmachung von Ersatzansprüchen, welche der Gesellschaft aus der Gründung oder Geschäftsführung gegen Geschäftsführer oder Gesellschafter zustehen, sowie die Vertretung der Gesellschaft in Prozessen, welche sie gegen die Geschäftsführer zu führen hat.

§ 47 Abstimmung

(1) Die von den Gesellschaftern in den Angelegenheiten der Gesellschaft zu treffenden Bestimmungen erfolgen durch Beschlußfassung nach der Mehrheit der abgegebenen Stimmen.

(2) Jeder Euro eines Geschäftsanteils gewährt eine Stimme.

(3) Vollmachten bedürfen zu ihrer Gültigkeit der Textform.

(4) Ein Gesellschafter, welcher durch die Beschlußfassung entlastet oder von einer Verbindlichkeit befreit werden soll, hat hierbei kein Stimmrecht und darf ein solches auch nicht für andere ausüben. Dasselbe gilt von einer Beschlußfassung, welche die Vornahme eines Rechtsgeschäfts oder die Einleitung oder Erledigung eines Rechtsstreites gegenüber einem Gesellschafter betrifft.

§ 48 Gesellschafterversammlung

(1) Die Beschlüsse der Gesellschafter werden in Versammlungen gefaßt.

III

(2) Der Abhaltung einer Versammlung bedarf es nicht, wenn sämtliche Gesellschafter in Textform mit der zu treffenden Bestimmung oder mit der schriftlichen Abgabe der Stimmen sich einverstanden erklären.

(3) Befinden sich alle Geschäftsanteile der Gesellschaft in der Hand eines Gesellschafters oder daneben in der Hand der Gesellschaft, so hat er unverzüglich nach der Beschlußfassung eine Niederschrift aufzunehmen und zu unterschreiben.

§ 49 Einberufung der Versammlung

(1) Die Versammlung der Gesellschafter wird durch die Geschäftsführer berufen.

(2) Sie ist außer den ausdrücklich bestimmten Fällen zu berufen, wenn es im Interesse der Gesellschaft erforderlich erscheint.

(3) Insbesondere muß die Versammlung unverzüglich berufen werden, wenn aus der Jahresbilanz oder aus einer im Laufe des Geschäftsjahres aufgestellten Bilanz sich ergibt, daß die Hälfte des Stammkapitals verloren ist.

§ 50 Minderheitsrechte

(1) Gesellschafter, deren Geschäftsanteile zusammen mindestens dem zehnten Teil des Stammkapitals entsprechen, sind berechtigt, unter Angabe des Zwecks und der Gründe die Berufung der Versammlung zu verlangen.

(2) In gleicher Weise haben die Gesellschafter das Recht zu verlangen, daß Gegenstände zur Beschlußfassung der Versammlung angekündigt werden.

(3) Wird dem Verlangen nicht entsprochen oder sind Personen, an welche dasselbe zu richten wäre, nicht vorhanden, so können die in Absatz 1 bezeichneten Gesellschafter unter Mitteilung des Sachverhältnisses die Berufung oder Ankündigung selbst bewirken. Die Versammlung beschließt, ob die entstandenen Kosten von der Gesellschaft zu tragen sind.

§ 51 Form der Einberufung

(1) Die Berufung der Versammlung erfolgt durch Einladung der Gesellschafter mittels eingeschriebener Briefe. Sie ist mit einer Frist von mindestens einer Woche zu bewirken.

(2) Der Zweck der Versammlung soll jederzeit bei der Berufung angekündigt werden.

(3) Ist die Versammlung nicht ordnungsmäßig berufen, so können Beschlüsse nur gefaßt werden, wenn sämtliche Gesellschafter anwesend sind.

(4) Das gleiche gilt in bezug auf Beschlüsse über Gegenstände, welche nicht wenigstens drei Tage vor der Versammlung in der für die Berufung vorgeschriebenen Weise angekündigt worden sind.

§ 51a Auskunfts- und Einsichtsrecht

(1) Die Geschäftsführer haben jedem Gesellschafter auf Verlangen unverzüglich Auskunft über die Angelegenheiten der Gesellschaft zu geben und die Einsicht der Bücher und Schriften zu gestatten.

(2) Die Geschäftsführer dürfen die Auskunft und die Einsicht verweigern, wenn zu besorgen ist, daß der Gesellschafter sie zu gesellschaftsfremden Zwecken verwenden und dadurch der Gesellschaft oder einem verbundenen Unternehmen einen nicht unerheblichen Nachteil zufügen wird. Die Verweigerung bedarf eines Beschlusses der Gesellschafter.

(3) Von diesen Vorschriften kann im Gesellschaftsvertrag nicht abgewichen werden.

§ 51b Gerichtliche Entscheidung über das Auskunfts- und Einsichtsrecht

Für die gerichtliche Entscheidung über das Auskunfts- und Einsichtsrecht findet § 132 Abs. 1, 3 bis 5 des Aktiengesetzes entsprechende Anwendung. Antragsberechtigt ist jeder Gesellschafter, dem die verlangte Auskunft nicht gegeben oder die verlangte Einsicht nicht gestattet worden ist.

§ 52 Aufsichtsrat

(1) Ist nach dem Gesellschaftsvertrag ein Aufsichtsrat zu bestellen, so sind § 90 Abs. 3, 4, 5 Satz 1 und 2, § 95 Satz 1, § 100 Abs. 1 und 2 Nr. 2 und Abs. 5, § 101 Abs. 1 Satz 1, § 103 Abs. 1 Satz 1 und 2, §§ 105, 107 Abs. 4, §§ 110 bis 114, 116 des Aktiengesetzes in Verbindung mit § 93 Abs. 1 und 2 Satz 1 und 2 des Aktiengesetzes, § 124 Abs. 3 Satz 2, §§ 170, 171 des Aktiengesetzes entspre-

chend anzuwenden, soweit nicht im Gesellschaftsvertrag ein anderes bestimmt ist.

(2) Werden die Mitglieder des Aufsichtsrats vor der Eintragung der Gesellschaft in das Handelsregister bestellt, gilt § 37 Abs. 4 Nr. 3 und 3a des Aktiengesetzes entsprechend. Die Geschäftsführer haben bei jeder Änderung in den Personen der Aufsichtsratsmitglieder unverzüglich eine Liste der Mitglieder des Aufsichtsrats, aus welcher Name, Vorname, ausgeübter Beruf und Wohnort der Mitglieder ersichtlich ist, zum Handelsregister einzureichen; das Gericht hat nach § 10 des Handelsgesetzbuchs einen Hinweis darauf bekannt zu machen, dass die Liste zum Handelsregister eingereicht worden ist.

(3) Schadensersatzansprüche gegen die Mitglieder des Aufsichtsrats wegen Verletzung ihrer Obliegenheiten verjähren in fünf Jahren.

Abschnitt 4
Abänderungen des Gesellschaftsvertrags

§ 53 Form der Satzungsänderung

(1) Eine Abänderung des Gesellschaftsvertrages kann nur durch Beschluß der Gesellschafter erfolgen.

(2) Der Beschluß muß notariell beurkundet werden, derselbe bedarf einer Mehrheit von drei Vierteilen der abgegebenen Stimmen. Der Gesellschaftsvertrag kann noch andere Erfordernisse aufstellen.

(3) Eine Vermehrung der den Gesellschaftern nach dem Gesellschaftsvertrag obliegenden Leistungen kann nur mit Zustimmung sämtlicher beteiligter Gesellschafter beschlossen werden.

§ 54 Anmeldung und Eintragung der Satzungsänderung

(1) Die Abänderung des Gesellschaftsvertrages ist zur Eintragung in das Handelsregister anzumelden. Der Anmeldung ist der vollständige Wortlaut des Gesellschaftsvertrags beizufügen; er muß mit der Bescheinigung eines Notars versehen sein, daß die geänderten Bestimmungen des Gesellschaftsvertrags mit dem Beschluß über die Änderung des Gesellschaftsvertrags und die unveränderten Bestimmungen mit dem zuletzt zum Handelsregister eingereichten vollständigen Wortlaut des Gesellschaftsvertrages übereinstimmen.

(2) Bei der Eintragung genügt, sofern nicht die Abänderung die in § 10 bezeichneten Angaben betrifft, die Bezugnahme auf die bei dem Gericht eingereichten Dokumente über die Abänderung.

(3) Die Abänderung hat keine rechtliche Wirkung, bevor sie in das Handelsregister des Sitzes der Gesellschaft eingetragen ist.

§ 55 Erhöhung des Stammkapitals

(1) Wird eine Erhöhung des Stammkapitals beschlossen, so bedarf es zur Übernahme jedes Geschäftsanteil an dem erhöhten Kapital einer notariell aufgenommenen oder beglaubigten Erklärung des Übernehmers.

(2) Zur Übernahme eines Geschäftsanteils können von der Gesellschaft die bisherigen Gesellschafter oder andere Personen, welche durch die Übernahme ihren Beitritt zu der Gesellschaft erklären, zugelassen werden. Im letzteren Falle sind außer dem Nennbetrag des Geschäftsanteils auch sonstige Leistungen, zu welchen der Beitretende nach dem Gesellschaftsvertrage verpflichtet sein soll, in der in Absatz 1 bezeichneten Urkunde ersichtlich zu machen.

(3) Wird von einem der Gesellschaft bereits angehörenden Gesellschafter ein Geschäftsanteil an dem erhöhten Kapital übernommen, so erwirbt derselbe einen weiteren Geschäftsanteil.

(4) Die Bestimmungen in § 5 Abs. 2 und 3 über die Nennbeträge der Geschäftsanteile sowie die Bestimmungen in § 19 Abs. 6 über die Verjährung des Anspruchs der Gesellschaft auf Leistung der Einlagen sind auch hinsichtlich der an dem erhöhten Kapital übernommenen Geschäftsanteile anzuwenden.

§ 55a Genehmigtes Kapital

(1) Der Gesellschaftsvertrag kann die Geschäftsführer für höchstens fünf Jahre nach Eintragung der Gesellschaft ermächtigen, das

Stammkapital bis zu einem bestimmten Nennbetrag (genehmigtes Kapital) durch Ausgabe neuer Geschäftsanteile gegen Einlagen zu erhöhen. Der Nennbetrag des genehmigten Kapitals darf die Hälfte des Stammkapitals, das zur Zeit der Ermächtigung vorhanden ist, nicht übersteigen.

(2) Die Ermächtigung kann auch durch Abänderung des Gesellschaftsvertrags für höchstens fünf Jahre nach deren Eintragung erteilt werden.

(3) Gegen Sacheinlagen (§ 56) dürfen Geschäftsanteile nur ausgegeben werden, wenn die Ermächtigung es vorsieht.

§ 56 Kapitalerhöhung mit Sacheinlagen

(1) Sollen Sacheinlagen geleistet werden, so müssen ihr Gegenstand und der Nennbetrag des Geschäftsanteils, auf den sich die Sacheinlage bezieht, im Beschluß über die Erhöhung des Stammkapitals festgesetzt werden. Die Festsetzung ist in die in § 55 Abs. 1 bezeichnete Erklärung des Übernehmers aufzunehmen.

(2) Die §§ 9 und 19 Abs. 2 Satz 2 und Abs. 4 finden entsprechende Anwendung.

§ 56a Leistungen auf das neue Stammkapital

Für die Leistungen der Einlagen auf das neue Stammkapital finden § 7 Abs. 2 Satz 1 und Abs. 3 sowie § 19 Abs. 5 entsprechende Anwendung.

§ 57 Anmeldung der Erhöhung

(1) Die beschlossene Erhöhung des Stammkapitals ist zur Eintragung in das Handelsregister anzumelden, nachdem das erhöhte Kapital durch Übernahme von Geschäftsanteilen gedeckt ist.

(2) In der Anmeldung ist die Versicherung abzugeben, daß die Einlagen auf das neue Stammkapital nach § 7 Abs. 2 Satz 1 und Abs. 3 bewirkt sind und daß der Gegenstand der Leistungen sich endgültig in der freien Verfügung der Geschäftsführer befindet. § 8 Abs. 2 Satz 2 gilt entsprechend.

(3) Der Anmeldung sind beizufügen:

1. die in § 55 Abs. 1 bezeichneten Erklärungen oder eine beglaubigte Abschrift derselben;

2. eine von den Anmeldenden unterschriebene Liste der Personen, welche die neuen Geschäftsanteile übernommen haben; aus der Liste müssen die Nennbeträge der von jedem übernommenen Geschäftsanteile ersichtlich sein;

3. bei einer Kapitalerhöhung mit Sacheinlagen die Verträge, die den Festsetzungen nach § 56 zugrunde liegen oder zu ihrer Ausführung geschlossen worden sind.

(4) Für die Verantwortlichkeit der Geschäftsführer, welche die Kapitalerhöhung zur Eintragung in das Handelsregister angemeldet haben, finden § 9a Abs. 1 und 3, § 9b entsprechende Anwendung.

§ 57a Ablehnung der Eintragung

Für die Ablehnung der Eintragung durch das Gericht findet § 9c Abs. 1 entsprechende Anwendung.

§ 57b (weggefallen)

§ 57c Kapitalerhöhung aus Gesellschaftsmitteln

(1) Das Stammkapital kann durch Umwandlung von Rücklagen in Stammkapital erhöht werden (Kapitalerhöhung aus Gesellschaftsmitteln).

(2) Die Erhöhung des Stammkapitals kann erst beschlossen werden, nachdem der Jahresabschluß für das letzte vor der Beschlußfassung über die Kapitalerhöhung abgelaufene Geschäftsjahr (letzter Jahresabschluß) festgestellt und über die Ergebnisverwendung Beschluß gefaßt worden ist.

(3) Dem Beschluß über die Erhöhung des Stammkapitals ist eine Bilanz zugrunde zu legen.

(4) Neben den §§ 53 und 54 über die Abänderung des Gesellschaftsvertrags gelten die §§ 57d bis 57o.

§ 57d Ausweisung von Kapital- und Gewinnrücklagen

(1) Die Kapital- und Gewinnrücklagen, die in Stammkapital umgewandelt werden sollen,

müssen in der letzten Jahresbilanz und, wenn dem Beschluß eine andere Bilanz zugrunde gelegt wird, auch in dieser Bilanz unter „Kapitalrücklage" oder „Gewinnrücklagen" oder im letzten Beschluß über die Verwendung des Jahresergebnisses als Zuführung zu diesen Rücklagen ausgewiesen sein.

(2) Die Rücklagen können nicht umgewandelt werden, soweit in der zugrunde gelegten Bilanz ein Verlust, einschließlich eines Verlustvortrags, ausgewiesen ist.

(3) Andere Gewinnrücklagen, die einem bestimmten Zweck zu dienen bestimmt sind, dürfen nur umgewandelt werden, soweit dies mit ihrer Zweckbestimmung vereinbar ist.

§ 57e Zugrundelegung der letzten Jahresbilanz; Prüfung

(1) Dem Beschluß kann die letzte Jahresbilanz zugrunde gelegt werden, wenn die Bilanz geprüft und die festgestellte Jahresbilanz mit dem uneingeschränkten Bestätigungsvermerk der Abschlußprüfer versehen ist und wenn ihr Stichtag höchstens acht Monate vor der Anmeldung des Beschlusses zur Eintragung in das Handelsregister liegt.

(2) Bei Gesellschaften, die nicht große im Sinne des § 267 Abs. 3 des Handelsgesetzbuchs sind, kann die Prüfung auch durch vereidigte Buchprüfer erfolgen; die Abschlußprüfer müssen von der Versammlung der Gesellschafter gewählt sein.

§ 57f Anforderungen an die Bilanz

(1) Wird dem Beschluß nicht die letzte Jahresbilanz zugrunde gelegt, so muß die Bilanz den Vorschriften über die Gliederung der Jahresbilanz und über die Wertansätze in der Jahresbilanz entsprechen. Der Stichtag der Bilanz darf höchstens acht Monate vor der Anmeldung des Beschlusses zur Eintragung in das Handelsregister liegen.

(2) Die Bilanz ist, bevor über die Erhöhung des Stammkapitals Beschluß gefaßt wird, durch einen oder mehrere Prüfer darauf zu prüfen, ob sie dem Absatz 1 entspricht. Sind nach dem abschließenden Ergebnis der Prüfung keine Einwendungen zu erheben, so haben die Prüfer dies durch einen Vermerk zu bestätigen. Die Erhöhung des Stammkapitals

kann nicht ohne diese Bestätigung der Prüfer beschlossen werden.

(3) Die Prüfer werden von den Gesellschaftern gewählt; falls nicht andere Prüfer gewählt werden, gelten die Prüfer als gewählt, die für die Prüfung des letzten Jahresabschlusses von den Gesellschaftern gewählt oder vom Gericht bestellt worden sind. Im übrigen sind, soweit sich aus der Besonderheit des Prüfungsauftrags nichts anderes ergibt, § 318 Abs. 1 Satz 2, § 319 Abs. 1 bis 4, § 319a Abs. 1, § 319b Abs. 1, § 320 Abs. 1 Satz 2, Abs. 2 und die §§ 321 und 323 des Handelsgesetzbuchs anzuwenden. Bei Gesellschaften, die nicht große im Sinne des § 267 Abs. 3 des Handelsgesetzbuchs sind, können auch vereidigte Buchprüfer zu Prüfern bestellt werden.

§ 57g Vorherige Bekanntgabe des Jahresabschlusses

Die Bestimmungen des Gesellschaftsvertrags über die vorherige Bekanntgabe des Jahresabschlusses an die Gesellschafter sind in den Fällen des § 57f entsprechend anzuwenden.

§ 57h Arten der Kapitalerhöhung

(1) Die Kapitalerhöhung kann vorbehaltlich des § 57l Abs. 2 durch Bildung neuer Geschäftsanteile oder durch Erhöhung des Nennbetrags der Geschäftsanteile ausgeführt werden. Die neuen Geschäftsanteile und die Geschäftsanteile, deren Nennbetrag erhöht wird, müssen auf einen Betrag gestellt werden, der auf volle Euro lautet.

(2) Der Beschluß über die Erhöhung des Stammkapitals muß die Art der Erhöhung angeben. Soweit die Kapitalerhöhung durch Erhöhung des Nennbetrags der Geschäftsanteile ausgeführt werden soll, ist sie so zu bemessen, daß durch sie auf keinen Geschäftsanteil, dessen Nennbetrag erhöht wird, Beträge entfallen, die durch die Erhöhung des Nennbetrags des Geschäftsanteils nicht gedeckt werden können.

§ 57i Anmeldung und Eintragung des Erhöhungsbeschlusses

(1) Der Anmeldung des Beschlusses über die Erhöhung des Stammkapitals zur Eintragung

III

in das Handelsregister ist die der Kapitalerhöhung zugrunde gelegte, mit dem Bestätigungsvermerk der Prüfer versehene Bilanz, in den Fällen des § 57f außerdem die letzte Jahresbilanz, sofern sie noch nicht nach § 325 Abs. 1 des Handelsgesetzbuchs eingereicht ist, beizufügen. Die Anmeldenden haben dem Registergericht gegenüber zu erklären, daß nach ihrer Kenntnis seit dem Stichtag der zugrunde gelegten Bilanz bis zum Tag der Anmeldung keine Vermögensminderung eingetreten ist, die der Kapitalerhöhung entgegenstünde, wenn sie am Tag der Anmeldung beschlossen worden wäre.

(2) Das Registergericht darf den Beschluß nur eintragen, wenn die der Kapitalerhöhung zugrunde gelegte Bilanz für einen höchstens acht Monate vor der Anmeldung liegenden Zeitpunkt aufgestellt und eine Erklärung nach Absatz 1 Satz 2 abgegeben worden ist.

(3) Zu der Prüfung, ob die Bilanzen den gesetzlichen Vorschriften entsprechen, ist das Gericht nicht verpflichtet.

(4) Bei der Eintragung des Beschlusses ist anzugeben, daß es sich um eine Kapitalerhöhung aus Gesellschaftsmitteln handelt.

§ 57j Verteilung der Geschäftsanteile

Die neuen Geschäftsanteile stehen den Gesellschaftern im Verhältnis ihrer bisherigen Geschäftsanteile zu. Ein entgegenstehender Beschluß der Gesellschafter ist nichtig.

§ 57k Teilrechte; Ausübung der Rechte

(1) Führt die Kapitalerhöhung dazu, daß auf einen Geschäftsanteil nur ein Teil eines neuen Geschäftsanteils entfällt, so ist dieses Teilrecht selbständig veräußerlich und vererblich.

(2) Die Rechte aus einem neuen Geschäftsanteil, einschließlich des Anspruchs auf Ausstellung einer Urkunde über den neuen Geschäftsanteil, können nur ausgeübt werden, wenn Teilrechte, die zusammen einen vollen Geschäftsanteil ergeben, in einer Hand vereinigt sind oder wenn sich mehrere Berechtigte, deren Teilrechte zusammen einen vollen Geschäftsanteil ergeben, zur Ausübung der Rechte (§ 18) zusammenschließen.

§ 57l Teilnahme an der Erhöhung des Stammkapitals

(1) Eigene Geschäftsanteile nehmen an der Erhöhung des Stammkapitals teil.

(2) Teileingezahlte Geschäftsanteile nehmen entsprechend ihrem Nennbetrag an der Erhöhung des Stammkapitals teil. Bei ihnen kann die Kapitalerhöhung nur durch Erhöhung des Nennbetrags der Geschäftsanteile ausgeführt werden. Sind neben teileingezahlten Geschäftsanteilen vollständig eingezahlte Geschäftsanteile vorhanden, so kann bei diesen die Kapitalerhöhung durch Erhöhung des Nennbetrags der Geschäftsanteile und durch Bildung neuer Geschäftsanteile ausgeführt werden. Die Geschäftsanteile, deren Nennbetrag erhöht wird, können auf jeden Betrag gestellt werden, der auf volle Euro lautet.

§ 57m Verhältnis der Rechte; Beziehungen zu Dritten

(1) Das Verhältnis der mit den Geschäftsanteilen verbundenen Rechte zueinander wird durch die Kapitalerhöhung nicht berührt.

(2) Soweit sich einzelne Rechte teileingezahlter Geschäftsanteile, insbesondere die Beteiligung am Gewinn oder das Stimmrecht, nach der je Geschäftsanteil geleisteten Einlage bestimmen, stehen diese Rechte den Gesellschaftern bis zur Leistung der noch ausstehenden Einlagen nur nach der Höhe der geleisteten Einlage, erhöht um den auf den Nennbetrag des Stammkapitals berechneten Hundertsatz der Erhöhung des Stammkapitals, zu. Werden weitere Einzahlungen geleistet, so erweitern sich diese Rechte entsprechend.

(3) Der wirtschaftliche Inhalt vertraglicher Beziehungen der Gesellschaft zu Dritten, die von der Gewinnausschüttung der Gesellschaft, dem Nennbetrag oder Wert ihrer Geschäftsanteile oder ihres Stammkapitals oder in sonstiger Weise von den bisherigen Kapital- oder Gewinnverhältnissen abhängen, wird durch die Kapitalerhöhung nicht berührt.

§ 57n Gewinnbeteiligung der neuen Geschäftsanteile

(1) Die neuen Geschäftsanteile nehmen, wenn nichts anderes bestimmt ist, am Gewinn des ganzen Geschäftsjahres teil, in dem die Erhöhung des Stammkapitals beschlossen worden ist.

(2) Im Beschluß über die Erhöhung des Stammkapitals kann bestimmt werden, daß die neuen Geschäftsanteile bereits am Gewinn des letzten vor der Beschlußfassung über die Kapitalerhöhung abgelaufenen Geschäftsjahrs teilnehmen. In diesem Fall ist die Erhöhung des Stammkapitals abweichend von § 57c Abs. 2 zu beschließen, bevor über die Ergebnisverwendung für das letzte vor der Beschlußfassung abgelaufene Geschäftsjahr Beschluß gefaßt worden ist. Der Beschluß über die Ergebnisverwendung für das letzte vor der Beschlußfassung über die Kapitalerhöhung abgelaufene Geschäftsjahr wird erst wirksam, wenn das Stammkapital erhöht worden ist. Der Beschluß über die Erhöhung des Stammkapitals und der Beschluß über die Ergebnisverwendung für das letzte vor der Beschlußfassung über die Kapitalerhöhung abgelaufene Geschäftsjahr sind nichtig, wenn der Beschluß über die Kapitalerhöhung nicht binnen drei Monaten nach der Beschlußfassung in das Handelsregister eingetragen worden ist; der Lauf der Frist ist gehemmt, solange eine Anfechtungs- oder Nichtigkeitsklage rechtshängig ist.

§ 57o Anschaffungskosten

Als Anschaffungskosten der vor der Erhöhung des Stammkapitals erworbenen Geschäftsanteile und der auf sie entfallenden neuen Geschäftsanteile gelten die Beträge, die sich für die einzelnen Geschäftsanteile ergeben, wenn die Anschaffungskosten der vor der Erhöhung des Stammkapitals erworbenen Geschäftsanteile auf diese und auf die auf sie entfallenden neuen Geschäftsanteile nach dem Verhältnis der Nennbeträge verteilt werden. Der Zuwachs an Geschäftsanteilen ist nicht als Zugang auszuweisen.

§ 58 Herabsetzung des Stammkapitals

(1) Eine Herabsetzung des Stammkapitals kann nur unter Beobachtung der nachstehenden Bestimmungen erfolgen:

1. der Beschluß auf Herabsetzung des Stammkapitals muß von den Geschäftsführern in den Gesellschaftsblättern bekanntgemacht werden; in dieser Bekanntmachung sind zugleich die Gläubiger der Gesellschaft aufzufordern, sich bei derselben zu melden; die aus den Handelsbüchern der Gesellschaft ersichtlichen oder in anderer Weise bekannten Gläubiger sind durch besondere Mitteilung zur Anmeldung aufzufordern;

2. die Gläubiger, welche sich bei der Gesellschaft melden und der Herabsetzung nicht zustimmen, sind wegen der erhobenen Ansprüche zu befriedigen oder sicherzustellen;

3. die Anmeldung des Herabsetzungsbeschlusses zur Eintragung in das Handelsregister erfolgt nicht vor Ablauf eines Jahres seit dem Tage, an welchem die Aufforderung der Gläubiger in den Gesellschaftsblättern stattgefunden hat;

4. mit der Anmeldung ist die Bekanntmachung des Beschlusses einzureichen; zugleich haben die Geschäftsführer die Versicherung abzugeben, daß die Gläubiger, welche sich bei der Gesellschaft gemeldet und der Herabsetzung nicht zugestimmt haben, befriedigt oder sichergestellt sind.

(2) Die Bestimmung in § 5 Abs. 1 über den Mindestbetrag des Stammkapitals bleibt unberührt. Erfolgt die Herabsetzung zum Zweck der Zurückzahlung von Einlagen oder zum Zweck des Erlasses zu leistender Einlagen, dürfen die verbleibenden Nennbeträge der Geschäftsanteile nicht unter den in § 5 Abs. 2 und 3 bezeichneten Betrag herabgehen.

§ 58a Vereinfachte Kapitalherabsetzung

(1) Eine Herabsetzung des Stammkapitals, die dazu dienen soll, Wertminderungen auszugleichen oder sonstige Verluste zu decken, kann als vereinfachte Kapitalherabsetzung vorgenommen werden.

(2) Die vereinfachte Kapitalherabsetzung ist nur zulässig, nachdem der Teil der Kapital- und Gewinnrücklagen, der zusammen über zehn vom Hundert des nach der Herabsetzung verbleibenden Stammkapitals hinausgeht, vorweg aufgelöst ist. Sie ist nicht zulässig, solange ein Gewinnvortrag vorhanden ist.

(3) Im Beschluß über die vereinfachte Kapitalherabsetzung sind die Nennbeträge der Geschäftsanteile dem herabgesetzten Stammkapital anzupassen. Die Geschäftsanteile müssen auf einen Betrag gestellt werden, der auf volle Euro lautet.

(4) Das Stammkapital kann unter den in § 5 Abs. 1 bestimmten Mindestnennbetrag herabgesetzt werden, wenn dieser durch eine Kapitalerhöhung wieder erreicht wird, die zugleich mit der Kapitalherabsetzung beschlossen ist und bei der Sacheinlagen nicht festgesetzt sind. Die Beschlüsse sind nichtig, wenn sie nicht binnen drei Monaten nach der Beschlußfassung in das Handelsregister eingetragen worden sind. Der Lauf der Frist ist gehemmt, solange eine Anfechtungs- oder Nichtigkeitsklage rechtshängig ist. Die Beschlüsse sollen nur zusammen in das Handelsregister eingetragen werden.

(5) Neben den §§ 53 und 54 über die Abänderung des Gesellschaftsvertrags gelten die §§ 58b bis 58f.

§ 58b Beträge aus Rücklagenauflösung und Kapitalherabsetzung

(1) Die Beträge, die aus der Auflösung der Kapital- oder Gewinnrücklagen und aus der Kapitalherabsetzung gewonnen werden, dürfen nur verwandt werden, um Wertminderungen auszugleichen und sonstige Verluste zu decken.

(2) Daneben dürfen die gewonnenen Beträge in die Kapitalrücklage eingestellt werden, soweit diese zehn vom Hundert des Stammkapitals nicht übersteigt. Als Stammkapital gilt dabei der Nennbetrag, der sich durch die Herabsetzung ergibt, mindestens aber der nach § 5 Abs. 1 zulässige Mindestnennbetrag.

(3) Ein Betrag, der auf Grund des Absatzes 2 in die Kapitalrücklage eingestellt worden ist,

darf vor Ablauf des fünften nach der Beschlußfassung über die Kapitalherabsetzung beginnenden Geschäftsjahrs nur verwandt werden

1. zum Ausgleich eines Jahresfehlbetrags, soweit er nicht durch einen Gewinnvortrag aus dem Vorjahr gedeckt ist und nicht durch Auflösung von Gewinnrücklagen ausgeglichen werden kann;

2. zum Ausgleich eines Verlustvortrags aus dem Vorjahr, soweit er nicht durch einen Jahresüberschuß gedeckt ist und nicht durch Auflösung von Gewinnrücklagen ausgeglichen werden kann;

3. zur Kapitalerhöhung aus Gesellschaftsmitteln.

§ 58c Nichteintritt angenommener Verluste

Ergibt sich bei Aufstellung der Jahresbilanz für das Geschäftsjahr, in dem der Beschluß über die Kapitalherabsetzung gefaßt wurde, oder für eines der beiden folgenden Geschäftsjahre, daß Wertminderungen und sonstige Verluste in der bei der Beschlußfassung angenommenen Höhe tatsächlich nicht eingetreten oder ausgeglichen waren, so ist der Unterschiedsbetrag in die Kapitalrücklage einzustellen. Für einen nach Satz 1 in die Kapitalrücklage eingestellten Betrag gilt § 58b Abs. 3 sinngemäß.

§ 58d Gewinnausschüttung

(1) Gewinn darf vor Ablauf des fünften nach der Beschlußfassung über die Kapitalherabsetzung beginnenden Geschäftsjahrs nur ausgeschüttet werden, wenn die Kapital- und Gewinnrücklagen zusammen zehn vom Hundert des Stammkapitals erreichen. Als Stammkapital gilt dabei der Nennbetrag, der sich durch die Herabsetzung ergibt, mindestens aber der nach § 5 Abs. 1 zulässige Mindestnennbetrag.

(2) Die Zahlung eines Gewinnanteils von mehr als vier vom Hundert ist erst für ein Geschäftsjahr zulässig, das später als zwei Jahre nach der Beschlußfassung über die Kapitalherabsetzung beginnt. Dies gilt nicht, wenn die Gläubiger, deren Forderungen vor der Bekanntmachung der Eintragung des Be-

schlusses begründet worden waren, befriedigt oder sichergestellt sind, soweit sie sich binnen sechs Monaten nach der Bekanntmachung des Jahresabschlusses, auf Grund dessen die Gewinnverteilung beschlossen ist, zu diesem Zweck gemeldet haben. Einer Sicherstellung der Gläubiger bedarf es nicht, die im Fall des Insolvenzverfahrens ein Recht auf vorzugsweise Befriedigung aus einer Deckungsmasse haben, die nach gesetzlicher Vorschrift zu ihrem Schutz errichtet und staatlich überwacht ist. Die Gläubiger sind in der Bekanntmachung nach § 325 Abs. 2 des Handelsgesetzbuchs auf die Befriedigung oder Sicherstellung hinzuweisen.

§ 58e Beschluss über die Kapitalherabsetzung

(1) Im Jahresabschluß für das letzte vor der Beschlußfassung über die Kapitalherabsetzung abgelaufene Geschäftsjahr können das Stammkapital sowie die Kapital- und Gewinnrücklagen in der Höhe ausgewiesen werden, in der sie nach der Kapitalherabsetzung bestehen sollen. Dies gilt nicht, wenn der Jahresabschluß anders als durch Beschluß der Gesellschafter festgestellt wird.

(2) Der Beschluß über die Feststellung des Jahresabschlusses soll zugleich mit dem Beschluß über die Kapitalherabsetzung gefaßt werden.

(3) Die Beschlüsse sind nichtig, wenn der Beschluß über die Kapitalherabsetzung nicht binnen drei Monaten nach der Beschlußfassung in das Handelsregister eingetragen worden ist. Der Lauf der Frist ist gehemmt, solange eine Anfechtungs- oder Nichtigkeitsklage rechtshängig ist.

(4) Der Jahresabschluß darf nach § 325 des Handelsgesetzbuchs erst nach Eintragung des Beschlusses über die Kapitalherabsetzung offengelegt werden.

§ 58f Kapitalherabsetzung bei gleichzeitiger Erhöhung des Stammkapitals

(1) Wird im Fall des § 58e zugleich mit der Kapitalherabsetzung eine Erhöhung des Stammkapitals beschlossen, so kann auch die Kapitalerhöhung in dem Jahresabschluß

als vollzogen berücksichtigt werden. Die Beschlussfassung ist nur zulässig, wenn die neuen Geschäftsanteile übernommen, keine Sacheinlagen festgesetzt sind und wenn auf jeden neuen Geschäftsanteil die Einzahlung geleistet ist, die nach § 56a zur Zeit der Anmeldung der Kapitalerhöhung bewirkt sein muss. Die Übernahme und die Einzahlung sind dem Notar nachzuweisen, der den Beschluß über die Erhöhung des Stammkapitals beurkundet.

(2) Sämtliche Beschlüsse sind nichtig, wenn die Beschlüsse über die Kapitalherabsetzung und die Kapitalerhöhung nicht binnen drei Monaten nach der Beschlußfassung in das Handelsregister eingetragen worden sind. Der Lauf der Frist ist gehemmt, solange eine Anfechtungs- oder Nichtigkeitsklage rechtshängig ist. Die Beschlüsse sollen nur zusammen in das Handelsregister eingetragen werden.

(3) Der Jahresabschluß darf nach § 325 des Handelsgesetzbuchs erst offengelegt werden, nachdem die Beschlüsse über die Kapitalherabsetzung und Kapitalerhöhung eingetragen worden sind.

§ 59 (weggefallen)

Abschnitt 5
Auflösung und Nichtigkeit der Gesellschaft

§ 60 Auflösungsgründe

(1) Die Gesellschaft mit beschränkter Haftung wird aufgelöst:

1. durch Ablauf der im Gesellschaftsvertrag bestimmten Zeit;

2. durch Beschluß der Gesellschafter; derselbe bedarf, sofern im Gesellschaftsvertrag nicht ein anderes bestimmt ist, einer Mehrheit von drei Vierteilen der abgegebenen Stimmen;

3. durch gerichtliches Urteil oder durch Entscheidung des Verwaltungsgerichts oder der Verwaltungsbehörde in den Fällen der §§ 61 und 62;

4. durch die Eröffnung des Insolvenzverfahrens; wird das Verfahren auf Antrag des Schuldners eingestellt oder nach der Bestätigung eines Insolvenzplans, der den Fortbestand der Gesellschaft vorsieht, aufgehoben, so können die Gesellschafter die Fortsetzung der Gesellschaft beschließen;

5. mit der Rechtskraft des Beschlusses, durch den die Eröffnung des Insolvenzverfahrens mangels Masse abgelehnt worden ist;

6. mit der Rechtskraft einer Verfügung des Registergerichts, durch welche nach § 399 des Gesetzes über das Verfahren in Familiensachen und in den Angelegenheiten der freiwilligen Gerichtsbarkeit ein Mangel des Gesellschaftsvertrags festgestellt worden ist;

7. durch die Löschung der Gesellschaft wegen Vermögenslosigkeit nach § 394 des Gesetzes über das Verfahren in Familiensachen und in den Angelegenheiten der freiwilligen Gerichtsbarkeit.

(2) Im Gesellschaftsvertrag können weitere Auflösungsgründe festgesetzt werden.

§ 61 Auflösung durch Urteil

(1) Die Gesellschaft kann durch gerichtliches Urteil aufgelöst werden, wenn die Erreichung des Gesellschaftszweckes unmöglich wird, oder wenn andere, in den Verhältnissen der Gesellschaft liegende, wichtige Gründe für die Auflösung vorhanden sind.

(2) Die Auflösungsklage ist gegen die Gesellschaft zu richten. Sie kann nur von den Gesellschaftern erhoben werden, deren Geschäftsanteile zusammen mindestens dem zehnten Teil des Stammkapitals entsprechen.

(3) Für die Klage ist das Landgericht ausschließlich zuständig, in dessen Bezirk die Gesellschaft ihren Sitz hat.

§ 62 Auflösung durch eine Verwaltungsbehörde

(1) Wenn eine Gesellschaft das Gemeinwohl dadurch gefährdet, daß die Gesellschafter gesetzwidrige Beschlüsse fassen oder gesetzwidrige Handlungen der Geschäftsführer wissentlich geschehen lassen, so kann sie

aufgelöst werden, ohne daß deshalb ein Anspruch auf Entschädigung stattfindet.

(2) Das Verfahren und die Zuständigkeit der Behörden richtet sich nach den für streitige Verwaltungssachen landesgesetzlich geltenden Vorschriften.

§ 63 (weggefallen)

§ 64 Haftung für Zahlungen nach Zahlungsunfähigkeit oder Überschuldung

Die Geschäftsführer sind der Gesellschaft zum Ersatz von Zahlungen verpflichtet, die nach Eintritt der Zahlungsunfähigkeit der Gesellschaft oder nach Feststellung ihrer Überschuldung geleistet werden. Dies gilt nicht von Zahlungen, die auch nach diesem Zeitpunkt mit der Sorgfalt eines ordentlichen Geschäftsmanns vereinbar sind. Die gleiche Verpflichtung trifft die Geschäftsführer für Zahlungen an Gesellschafter, soweit diese zur Zahlungsunfähigkeit der Gesellschaft führen mussten, es sei denn, dies war auch bei Beachtung der in Satz 2 bezeichneten Sorgfalt nicht erkennbar. Auf den Ersatzanspruch finden die Bestimmungen in § 43 Abs. 3 und 4 entsprechende Anwendung.

§ 65 Anmeldung und Eintragung der Auflösung

(1) Die Auflösung der Gesellschaft ist zur Eintragung in das Handelsregister anzumelden. Dies gilt nicht in den Fällen der Eröffnung oder der Ablehnung der Eröffnung des Insolvenzverfahrens und der gerichtlichen Feststellung eines Mangels der Gesellschaftsvertrags. In diesen Fällen hat das Gericht die Auflösung und ihren Grund von Amts wegen einzutragen. Im Falle der Löschung der Gesellschaft (§ 60 Abs. 1 Nr. 7) entfällt die Eintragung der Auflösung.

(2) Die Auflösung ist von den Liquidatoren in den Gesellschaftsblättern bekanntzumachen. Durch die Bekanntmachung sind zugleich die Gläubiger der Gesellschaft aufzufordern, sich bei derselben zu melden.

§ 66 Liquidatoren

(1) In den Fällen der Auflösung außer dem Fall des Insolvenzverfahrens erfolgt die Liquida-

tion durch die Geschäftsführer, wenn nicht dieselbe durch den Gesellschaftsvertrag oder durch Beschluß der Gesellschafter anderen Personen übertragen wird.

(2) Auf Antrag von Gesellschaftern, deren Geschäftsanteile zusammen mindestens dem zehnten Teil des Stammkapitals entsprechen, kann aus wichtigen Gründen die Bestellung von Liquidatoren durch das Gericht erfolgen.

(3) Die Abberufung von Liquidatoren kann durch das Gericht unter derselben Voraussetzung wie die Bestellung stattfinden. Liquidatoren, welche nicht vom Gericht ernannt sind, können auch durch Beschluß der Gesellschafter vor Ablauf des Zeitraums, für welchen sie bestellt sind, abberufen werden.

(4) Für die Auswahl der Liquidatoren findet § 6 Abs. 2 Satz 2 und 3 entsprechende Anwendung.

(5) Ist die Gesellschaft durch Löschung wegen Vermögenslosigkeit aufgelöst, so findet eine Liquidation nur statt, wenn sich nach der Löschung herausstellt, daß Vermögen vorhanden ist, das der Verteilung unterliegt. Die Liquidatoren sind auf Antrag eines Beteiligten durch das Gericht zu ernennen.

§ 67 Anmeldung der Liquidatoren

(1) Die ersten Liquidatoren sowie ihre Vertretungsbefugnis sind durch die Geschäftsführer, jeder Wechsel der Liquidatoren und jede Änderung ihrer Vertretungsbefugnis sind durch die Liquidatoren zur Eintragung in das Handelsregister anzumelden.

(2) Der Anmeldung sind die Urkunden über die Bestellung der Liquidatoren oder über die Änderung in den Personen derselben in Urschrift oder öffentlich beglaubigter Abschrift beizufügen.

(3) In der Anmeldung haben die Liquidatoren zu versichern, daß keine Umstände vorliegen, die ihrer Bestellung nach § 66 Abs. 4 in Verbindung mit § 6 Abs. 2 Satz 2 Nr. 2 und 3 sowie Satz 3 entgegenstehen, und daß sie über ihre unbeschränkte Auskunftspflicht gegenüber dem Gericht belehrt worden sind. § 8 Abs. 3 Satz 2 ist anzuwenden.

(4) Die Eintragung der gerichtlichen Ernennung oder Abberufung der Liquidatoren geschieht von Amts wegen.

§ 68 Zeichnung der Liquidatoren

(1) Die Liquidatoren haben in der bei ihrer Bestellung bestimmten Form ihre Willenserklärungen kundzugeben und für die Gesellschaft zu zeichnen. Ist nichts darüber bestimmt, so muß die Erklärung und Zeichnung durch sämtliche Liquidatoren erfolgen.

(2) Die Zeichnungen geschehen in der Weise, daß die Liquidatoren der bisherigen, nunmehr als Liquitationsfirma zu bezeichnenden Firma ihre Namensunterschrift beifügen.

§ 69 Rechtsverhältnisse von Gesellschaft und Gesellschaftern

(1) Bis zur Beendigung der Liquidation kommen ungeachtet der Auflösung der Gesellschaft in bezug auf die Rechtsverhältnisse derselben und der Gesellschafter die Vorschriften des zweiten und dritten Abschnitts zur Anwendung, soweit sich aus den Bestimmungen des gegenwärtigen Abschnitts und aus dem Wesen der Liquidation nicht ein anderes ergibt.

(2) Der Gerichtsstand, welchen die Gesellschaft zur Zeit ihrer Auflösung hatte, bleibt bis zur vollzogenen Verteilung des Vermögens bestehen.

§ 70 Aufgaben der Liquidatoren

Die Liquidatoren haben die laufenden Geschäfte zu beendigen, die Verpflichtungen der aufgelösten Gesellschaft zu erfüllen, die Forderungen derselben einzuziehen und das Vermögen der Gesellschaft in Geld umzusetzen; sie haben die Gesellschaft gerichtlich und außergerichtlich zu vertreten. Zur Beendigung schwebender Geschäfte können die Liquidatoren auch neue Geschäfte eingehen.

§ 71 Eröffnungsbilanz; Rechte und Pflichten

(1) Die Liquidatoren haben für den Beginn der Liquidation eine Bilanz (Eröffnungsbilanz) und einen die Eröffnungsbilanz erläuternden Bericht sowie für den Schluß eines jeden Jahres einen Jahresabschluß und einen Lagebericht aufzustellen.

(2) Die Gesellschafter beschließen über die Feststellung der Eröffnungsbilanz und des Jahresabschlusses sowie über die Entlastung

der Liquidatoren. Auf die Eröffnungsbilanz und den erläuternden Bericht sind die Vorschriften über den Jahresabschluß entsprechend anzuwenden. Vermögensgegenstände des Anlagevermögens sind jedoch wie Umlaufvermögen zu bewerten, soweit ihre Veräußerung innerhalb eines übersehbaren Zeitraums beabsichtigt ist oder diese Vermögensgegenstände nicht mehr dem Geschäftsbetrieb dienen; dies gilt auch für den Jahresabschluß.

(3) Das Gericht kann von der Prüfung des Jahresabschlusses und des Lageberichts durch einen Abschlußprüfer befreien, wenn die Verhältnisse der Gesellschaft so überschaubar sind, daß eine Prüfung im Interesse der Gläubiger und der Gesellschafter nicht geboten erscheint. Gegen die Entscheidung ist die Beschwerde zulässig.

(4) Im übrigen haben sie die aus §§ 37, 41, 43 Abs. 1, 2 und 4, § 49 Abs. 1 und 2, § 64 sich ergebenden Rechte und Pflichten der Geschäftsführer.

(5) Auf den Geschäftsbriefen ist anzugeben, dass sich die Gesellschaft in Liquidation befindet; im Übrigen gilt § 35a entsprechend.

§ 72 Vermögensverteilung

Das Vermögen der Gesellschaft wird unter die Gesellschafter nach Verhältnis ihrer Geschäftsanteile verteilt. Durch den Gesellschaftsvertrag kann ein anderes Verhältnis für die Verteilung bestimmt werden.

§ 73 Sperrjahr

(1) Die Verteilung darf nicht vor Tilgung oder Sicherstellung der Schulden der Gesellschaft und nicht vor Ablauf eines Jahres seit dem Tage vorgenommen werden, an welchem die Aufforderung an die Gläubiger (§ 65 Abs. 2) in den Gesellschaftsblättern erfolgt ist.

(2) Meldet sich ein bekannter Gläubiger nicht, so ist der geschuldete Betrag, wenn die Berechtigung zur Hinterlegung vorhanden ist, für den Gläubiger zu hinterlegen. Ist die Berichtigung einer Verbindlichkeit zur Zeit nicht ausführbar oder ist eine Verbindlichkeit streitig, so darf die Verteilung des Vermögens nur erfolgen, wenn dem Gläubiger Sicherheit geleistet ist.

(3) Liquidatoren, welche diesen Vorschriften zuwiderhandeln, sind zum Ersatz der verteilten Beträge solidarisch verpflichtet. Auf den Ersatzanspruch finden die Bestimmungen in § 43 Abs. 3 und 4 entsprechende Anwendung.

§ 74 Schluss der Liquidation

(1) Ist die Liquidation beendet und die Schlußrechnung gelegt, so haben die Liquidatoren den Schluß der Liquidation zur Eintragung in das Handelsregister anzumelden. Die Gesellschaft ist zu löschen.

(2) Nach Beendigung der Liquidation sind die Bücher und Schriften der Gesellschaft für die Dauer von zehn Jahren einem der Gesellschafter oder einem Dritten in Verwahrung zu geben. Der Gesellschafter oder der Dritte wird in Ermangelung einer Bestimmung des Gesellschaftsvertrags oder eines Beschlusses der Gesellschafter durch das Gericht bestimmt.

(3) Die Gesellschafter und deren Rechtsnachfolger sind zur Einsicht der Bücher und Schriften berechtigt. Gläubiger der Gesellschaft können von dem Gericht zur Einsicht ermächtigt werden.

§ 75 Nichtigkeitsklage

(1) Enthält der Gesellschaftsvertrag keine Bestimmungen über die Höhe des Stammkapitals oder über den Gegenstand des Unternehmens oder sind die Bestimmungen des Gesellschaftsvertrags über den Gegenstand des Unternehmens nichtig, so kann jeder Gesellschafter, jeder Geschäftsführer und, wenn ein Aufsichtsrat bestellt ist, jedes Mitglied des Aufsichtsrats im Wege der Klage beantragen, daß die Gesellschaft für nichtig erklärt werde.

(2) Die Vorschriften der §§ 246 bis 248 des Aktiengesetzes finden entsprechende Anwendung.

§ 76 Heilung von Mängeln durch Gesellschafterbeschluss

Ein Mangel, der die Bestimmungen über den Gegenstand des Unternehmens betrifft, kann durch einstimmigen Beschluß der Gesellschafter geheilt werden.

§ 77 Wirkung der Nichtigkeit

(1) Ist die Nichtigkeit einer Gesellschaft in das Handelsregister eingetragen, so finden zum Zwecke der Abwicklung ihrer Verhältnisse die für den Fall der Auflösung geltenden Vorschriften entsprechende Anwendung.

(2) Die Wirksamkeit der im Namen der Gesellschaft mit Dritten vorgenommenen Rechtsgeschäfte wird durch die Nichtigkeit nicht berührt.

(3) Die Gesellschafter haben die versprochenen Einzahlungen zu leisten, soweit es zur Erfüllung der eingegangenen Verbindlichkeiten erforderlich ist.

Abschnitt 6
Ordnungs-, Straf- und Bußgeldvorschriften

§ 78 Anmeldepflichtige

Die in diesem Gesetz vorgesehenen Anmeldungen zum Handelsregister sind durch die Geschäftsführer oder die Liquidatoren, die in § 7 Abs. 1, § 57 Abs. 1, § 57i Abs. 1, § 58 Abs. 1 Nr. 3 vorgesehenen Anmeldungen sind durch sämtliche Geschäftsführer zu bewirken.

§ 79 Zwangsgelder

(1) Geschäftsführer oder Liquidatoren, die §§ 35a, 71 Abs. 5 nicht befolgen, sind hierzu vom Registergericht durch Festsetzung von Zwangsgeld anzuhalten; § 14 des Handelsgesetzbuchs bleibt unberührt. Das einzelne Zwangsgeld darf den Betrag von fünftausend Euro nicht übersteigen.

(2) In Ansehung der in §§ 7, 54, 57 Abs. 1, § 58 Abs. 1 Nr. 3 . . . bezeichneten Anmeldungen zum Handelsregister findet, soweit es sich um die Anmeldung zum Handelsregister des Sitzes der Gesellschaft handelt, eine Festsetzung von Zwangsgeld nach § 14 des Handelsgesetzbuchs nicht statt.

§§ 80 und 81 (weggefallen)

§ 82 Falsche Angaben

(1) Mit Freiheitsstrafe bis zu drei Jahren oder mit Geldstrafe wird bestraft, wer

1. als Gesellschafter oder als Geschäftsführer zum Zweck der Eintragung der Gesellschaft über die Übernahme der Geschäftsanteile, die Leistung der Einlagen, die Verwendung eingezahlter Beträge, über Sondervorteile, Gründungsaufwand und Sacheinlagen,

2. als Gesellschafter im Sachgründungsbericht,

3. als Geschäftsführer zum Zweck der Eintragung einer Erhöhung des Stammkapitals über die Zeichnung oder Einbringung des neuen Kapitals oder über Sacheinlagen,

4. als Geschäftsführer in der in § 57i Abs. 1 Satz 2 vorgeschriebenen Erklärung oder

5. als Geschäftsführer einer Gesellschaft mit beschränkter Haftung oder als Geschäftsleiter einer ausländischen juristischen Person in der nach § 8 Abs. 3 Satz 1 oder § 39 Abs. 3 Satz 1 abzugebenden Versicherung oder als Liquidator in der nach § 67 Abs. 3 Satz 1 abzugebenden Versicherung

falsche Angaben macht.

(2) Ebenso wird bestraft, wer

1. als Geschäftsführer zum Zweck der Herabsetzung des Stammkapitals über die Befriedigung oder Sicherstellung der Gläubiger eine unwahre Versicherung abgibt oder

2. als Geschäftsführer, Liquidator, Mitglied eines Aufsichtsrats oder ähnlichen Organs in einer öffentlichen Mitteilung die Vermögenslage der Gesellschaft unwahr darstellt oder verschleiert, wenn die Tat nicht in § 331 Nr. 1 oder Nr. 1a des Handelsgesetzbuchs mit Strafe bedroht ist.

§ 83 (weggefallen)

§ 84 Verletzung der Verlustanzeigepflicht

(1) Mit Freiheitsstrafe bis zu drei Jahren oder mit Geldstrafe wird bestraft, wer es als Geschäftsführer unterläßt, den Gesellschaftern einen Verlust in Höhe der Hälfte des Stammkapitals anzuzeigen.

(2) Handelt der Täter fahrlässig, so ist die Strafe Freiheitsstrafe bis zu einem Jahr oder Geldstrafe.

III

§ 85 Verletzung der Geheimhaltungspflicht

(1) Mit Freiheitsstrafe bis zu einem Jahr oder mit Geldstrafe wird bestraft, wer ein Geheimnis der Gesellschaft, namentlich ein Betriebs- oder Geschäftsgeheimnis, das ihm in seiner Eigenschaft als Geschäftsführer, Mitglied des Aufsichtsrats oder Liquidator bekanntgeworden ist, unbefugt offenbart.

(2) Handelt der Täter gegen Entgelt oder in der Absicht, sich oder einen anderen zu bereichern oder einen anderen zu schädigen, so ist die Strafe Freiheitsstrafe bis zu zwei Jahren oder Geldstrafe. Ebenso wird bestraft, wer ein Geheimnis der in Absatz 1 bezeichneten Art, namentlich ein Betriebs- oder Geschäftsgeheimnis, das ihm unter den Voraussetzungen des Absatzes 1 bekanntgeworden ist, unbefugt verwertet.

(3) Die Tat wird nur auf Antrag der Gesellschaft verfolgt. Hat ein Geschäftsführer oder ein Liquidator die Tat begangen, so sind der Aufsichtsrat und, wenn kein Aufsichtsrat vorhanden ist, von den Gesellschaftern bestellte besondere Vertreter antragsberechtigt. Hat ein Mitglied des Aufsichtsrats die Tat begangen, so sind die Geschäftsführer oder die Liquidatoren antragsberechtigt.

Anlage
(zu § 2 Abs. 1a)

a) Musterprotokoll für die Gründung einer Einpersonengesellschaft
UR. Nr. ....

Heute, den ....

erschien vor mir, ...

Notar/in mit dem Amtssitz in

....

Herr/Frau[1])...

....

....[2]).

1. Der Erschienene errichtet hiermit nach § 2 Abs. 1a GmbHG eine Gesellschaft mit beschränkter Haftung unter der Firma ....

   ....

   mit dem Sitz in ....

2. Gegenstand des Unternehmens ist ....

3. Das Stammkapital der Gesellschaft beträgt .... €
   (i. W. .... Euro) und wird vollständig von Herrn/Frau[1])
   .... (Geschäftsanteil Nr. 1) übernommen. Die
   Einlage ist in Geld zu erbringen, und zwar sofort in voller Höhe/zu 50 Prozent sofort, im
   Übrigen sobald die Gesellschafterversammlung ihre Einforderung beschließt[3]).

4. Zum Geschäftsführer der Gesellschaft wird Herr/Frau[4]) ....

   ....

   geboren am ...., wohnhaft in ....

   ...., bestellt.

   Der Geschäftsführer ist von den Beschränkungen des § 181 des Bürgerlichen Gesetzbuchs befreit.

5. Die Gesellschaft trägt die mit der Gründung verbundenen Kosten bis zu einem Gesamtbetrag von 300 €, höchstens jedoch bis zum Betrag ihres Stammkapitals. Darüber hinausgehende Kosten trägt der Gesellschafter.

6. Von dieser Urkunde erhält eine Ausfertigung der Gesellschafter, beglaubigte Ablichtungen die Gesellschaft und das Registergericht (in elektronischer Form) sowie eine einfache Abschrift das Finanzamt – Körperschaftsteuerstelle –.

7. Der Erschienene wurde vom Notar/von der Notarin insbesondere auf Folgendes hingewiesen: ....

Hinweise:
[1]) Nicht Zutreffendes streichen. Bei juristischen Personen ist die Anrede Herr/Frau wegzulassen.
[2]) Hier sind neben der Bezeichnung des Gesellschafters und den Angaben zur notariellen Identitätsfeststellung ggf. der Güterstand und die Zustimmung des Ehegatten sowie die Angaben zu einer etwaigen Vertretung zu vermerken.
[3]) Nicht Zutreffendes streichen. Bei der Unternehmergesellschaft muss die zweite Alternative gestrichen werden.
[4]) Nicht Zutreffendes streichen.

III

b) Musterprotokoll für die Gründung einer Mehrpersonengesellschaft mit bis zu drei Gesellschaftern

UR. Nr. ....

Heute, den ....
erschienen vor mir, ...
Notar/in mit dem Amtssitz in

....

Herr/Frau[1]) ....

....[2]).

Herr/Frau[1]) ....

....[2]).

Herr/Frau[1]) ....

....[2]).

1. Die Erschienenen errichten hiermit nach §2 Abs. 1a GmbHG eine Gesellschaft mit beschränkter Haftung unter der Firma ....

   ....

   mit dem Sitz in ....

2. Gegenstand des Unternehmens ist ....

3. Das Stammkapital der Gesellschaft beträgt .... €
   (i. W. .... Euro) und wird wie folgt übernommen:
   Herr/Frau[1]) .... übernimmt einen Geschäftsanteil mit
   einem Nennbetrag in Höhe von .... € (i. W. ....
   Euro) (Geschäftsanteil Nr. 1),
   Herr/Frau[1]) .... übernimmt einen Geschäftsanteil mit
   einem Nennbetrag in Höhe von .... € (i. W. ....
   Euro) (Geschäftsanteil Nr. 2),
   Herr/Frau[1]) .... übernimmt einen Geschäftsanteil mit
   einem Nennbetrag in Höhe von .... € (i. W. ....
   Euro) (Geschäftsanteil Nr. 3),
   Die Einlagen sind in Geld zu erbringen, und zwar sofort in voller Höhe/zu 50 Prozent sofort,
   im Übrigen sobald die Gesellschafterversammlung ihre Einforderung beschließt[3]).

4. Zum Geschäftsführer der Gesellschaft wird Herr/Frau[4]) ....

   ....

   geboren am ...., wohnhaft in ....

   ...., bestellt.
   Der Geschäftsführer ist von den Beschränkungen des §181 des Bürgerlichen Gesetzbuchs
   befreit.

5. Die Gesellschaft trägt die mit der Gründung verbundenen Kosten bis zu einem Gesamtbetrag von 300 €, höchstens jedoch bis zum Betrag ihres Stammkapitals. Darüber hinausgehende Kosten tragen die Gesellschafter im Verhältnis der Nennbeträge ihrer Geschäftsanteile.

6. Von dieser Urkunde erhält eine Ausfertigung jeder Gesellschafter, beglaubigte Ablichtungen die Gesellschaft und das Registergericht (in elektronischer Form) sowie eine einfache Abschrift das Finanzamt – Körperschaftsteuerstelle –.

7. Die Erschienenen wurden vom Notar/von der Notarin insbesondere auf Folgendes hingewiesen: ....

Hinweise:

[1]) Nicht Zutreffendes streichen. Bei juristischen Personen ist die Anrede Herr/Frau wegzulassen.

[2]) Hier sind neben der Bezeichnung des Gesellschafters und den Angaben zur notariellen Identitätsfeststellung ggf. der Güterstand und die Zustimmung des Ehegatten sowie die Angaben zu einer etwaigen Vertretung zu vermerken.

[3]) Nicht Zutreffendes streichen. Bei der Unternehmergesellschaft muss die zweite Alternative gestrichen werden.

[4]) Nicht Zutreffendes streichen.

III

Aktiengesetz
(AktG)

Vom 6. September 1965 (BGBl. I S. 1089)

Zuletzt geändert durch
Gesetz zur Änderung von Vorschriften über Verkündung und Bekanntmachungen sowie der
Zivilprozessordnung, des Gesetzes betreffend die Einführung der Zivilprozessordnung und der
Abgabenordnung
vom 22. Dezember 2011 (BGBl. I S. 3044)

– Auszug –

Inhaltsübersicht

Erstes Buch
Aktiengesellschaft

Erster Teil
Allgemeine Vorschriften

§ 1 Wesen der Aktiengesellschaft
§ 2 Gründerzahl
§ 3 Formkaufmann; Börsennotierung
§ 4 Firma
§ 5 Sitz
§ 6 Grundkapital
§ 7 Der Mindestnennbetrag des Grundkapitals
§ 8 Form und Mindestbeträge der Aktien
§ 9 Ausgabebetrag der Aktien
§ 10 Aktien und Zwischenscheine
§ 11 Aktien besonderer Gattung
§ 12 Stimmrecht. Keine Mehrstimmrechte
§ 13 Unterzeichnung der Aktien
§ 14 Zuständigkeit
§ 15 Verbundene Unternehmen
§ 16 In Mehrheitsbesitz stehende Unternehmen und mit Mehrheit beteiligte Unternehmen
§ 17 Abhängige und herrschende Unternehmen
§ 18 Konzern und Konzernunternehmen
§ 19 Wechselseitig beteiligte Unternehmen
§ 20 Mitteilungspflichten
§ 21 Mitteilungspflichten der Gesellschaft
§ 22 Nachweis mitgeteilter Beteiligungen

Zweiter Teil
Gründung der Gesellschaft

§ 23 Feststellung der Satzung
§ 24 Umwandlung von Aktien
§ 25 Bekanntmachungen der Gesellschaft
§ 26 Sondervorteile, Gründungsaufwand
§ 27 Sacheinlagen, Sachübernahmen; Rückzahlung von Einlagen
§ 28 Gründer
§ 29 Errichtung der Gesellschaft
§ 30 Bestellung des Aufsichtsrats, des Vorstands und des Abschlußprüfers
§ 31 Bestellung des Aufsichtsrats bei Sachgründung
§ 32 Gründungsbericht
§ 33 Gründungsprüfung. Allgemeines
§ 33a Sachgründung ohne externe Gründungsprüfung
§ 34 Umfang der Gründungsprüfung
§ 35 Meinungsverschiedenheiten zwischen Gründern und Gründungsprüfern. Vergütung und Auslagen der Gründungsprüfer
§ 36 Anmeldung der Gesellschaft
§ 36a Leistung der Einlagen
§ 37 Inhalt der Anmeldung
§ 37a Anmeldung bei Sachgründung ohne externe Gründungsprüfung
§ 38 Prüfung durch das Gericht
§ 39 Inhalt der Eintragung
§ 40 (weggefallen)
§ 41 Handeln im Namen der Gesellschaft vor der Eintragung. Verbotene Aktienausgabe

§ 42   Einpersonen-Gesellschaft

§§ 43 und 44 (weggefallen)

§ 45   Sitzverlegung

§ 46   Verantwortlichkeit der Gründer

§ 47   Verantwortlichkeit anderer Personen neben den Gründern

§ 48   Verantwortlichkeit des Vorstands und des Aufsichtsrats

§ 49   Verantwortlichkeit der Gründungs-prüfer

§ 50   Verzicht und Vergleich

§ 51   Verjährung der Ersatzansprüche

§ 52   Nachgründung

§ 53   Ersatzansprüche bei der Nachgründung

**Dritter Teil
Rechtsverhältnisse der
Gesellschaft und der
Gesellschafter**

§ 53a   Gleichbehandlung der Aktionäre

§ 54   Hauptverpflichtung der Aktionäre

§ 55   Nebenverpflichtungen der Aktionäre

§ 56   Keine Zeichnung eigener Aktien; Ak-tienübernahme für Rechnung der Ge-sellschaft oder durch ein abhängiges oder im Mehrheitsbesitz stehendes Unternehmen

§ 57   Keine Rückgewähr, keine Verzinsung der Einlagen

§ 58   Verwendung des Jahresüberschusses

§ 59   Abschlagszahlung auf den Bilanzge-winn

§ 60   Gewinnverteilung

§ 61   Vergütung von Nebenleistungen

§ 62   Haftung der Aktionäre beim Empfang verbotener Leistungen

§ 63   Folgen nicht rechtzeitiger Einzahlung

§ 64   Ausschluß säumiger Aktionäre

§ 65   Zahlungspflicht der Vormänner

§ 66   Keine Befreiung der Aktionäre von ihren Leistungspflichten

§ 67   Eintragung im Aktienregister

§ 68   Übertragung von Namensaktien. Vin-kulierung

§ 69   Rechtsgemeinschaft an einer Aktie

§ 70   Berechnung der Aktienbesitzzeit

§ 71   Erwerb eigener Aktien

§ 71a   Umgehungsgeschäfte

§ 71b   Rechte aus eigenen Aktien

§ 71c   Veräußerung und Einziehung eigener Aktien

§ 71d   Erwerb eigener Aktien durch Dritte

§ 71e   Inpfandnahme eigener Aktien

§ 72   Kraftloserklärung von Aktien im Auf-gebotsverfahren

§ 73   Kraftloserklärung von Aktien durch die Gesellschaft

§ 74   Neue Urkunden an Stelle beschädig-ter oder verunstalteter Aktien oder Zwischenscheine

§ 75   Neue Gewinnanteilscheine

**Vierter Teil
Verfassung der
Aktiengesellschaft**

**Erster Abschnitt
Vorstand**

§ 76   Leitung der Aktiengesellschaft

§ 77   Geschäftsführung

§ 78   Vertretung

§ 79   (weggefallen)

§ 80   Angaben auf Geschäftsbriefen

§ 81   Änderung des Vorstands und der Ver-tretungsbefugnis seiner Mitglieder

§ 82   Beschränkungen der Vertretungs- und Geschäftsführungsbefugnis

§ 83   Vorbereitung und Ausführung von Hauptversammlungsbeschlüssen

§ 84   Bestellung und Abberufung des Vor-stands

§ 85   Bestellung durch das Gericht

§ 86   (weggefallen)

§ 87   Grundsätze für die Bezüge der Vor-standsmitglieder

§ 88   Wettbewerbsverbot

§ 89   Kreditgewährung an Vorstandsmit-glieder

§ 90   Berichte an den Aufsichtsrat

§ 91   Organisation; Buchführung

III

§ 92 Vorstandspflichten bei Verlust, Überschuldung oder Zahlungsunfähigkeit

§ 93 Sorgfaltspflicht und Verantwortlichkeit der Vorstandsmitglieder

§ 94 Stellvertreter von Vorstandsmitgliedern

Zweiter Abschnitt
Aufsichtsrat

§ 95 Zahl der Aufsichtsratsmitglieder

§ 96 Zusammensetzung des Aufsichtsrats

§ 97 Bekanntmachung über die Zusammensetzung des Aufsichtsrats

§ 98 Gerichtliche Entscheidung über die Zusammensetzung des Aufsichtsrats

§ 99 Verfahren

§ 100 Persönliche Voraussetzungen für Aufsichtsratsmitglieder

§ 101 Bestellung der Aufsichtsratsmitglieder

§ 102 Amtszeit der Aufsichtsratsmitglieder

§ 103 Abberufung der Aufsichtsratsmitglieder

§ 104 Bestellung durch das Gericht

§ 105 Unvereinbarkeit der Zugehörigkeit zum Vorstand und zum Aufsichtsrat

§ 106 Bekanntmachung der Änderungen im Aufsichtsrat

§ 107 Innere Ordnung des Aufsichtsrats

§ 108 Beschlußfassung des Aufsichtsrats

§ 109 Teilnahme an Sitzungen des Aufsichtsrats und seiner Ausschüsse

§ 110 Einberufung des Aufsichtsrats

§ 111 Aufgaben und Rechte des Aufsichtsrats

§ 112 Vertretung der Gesellschaft gegenüber Vorstandsmitgliedern

§ 113 Vergütung der Aufsichtsratsmitglieder

§ 114 Verträge mit Aufsichtsratsmitgliedern

§ 115 Kreditgewährung an Aufsichtsratsmitglieder

§ 116 Sorgfaltspflicht und Verantwortlichkeit der Aufsichtsratsmitglieder

Dritter Abschnitt
Benutzung des Einflusses auf die Gesellschaft

§ 117 Schadenersatzpflicht

Vierter Abschnitt
Hauptversammlung

Erster Unterabschnitt
Rechte der Hauptversammlung

§ 118 Allgemeines

§ 119 Rechte der Hauptversammlung

§ 120 Entlastung; Votum zum Vergütungssystem

Zweiter Unterabschnitt
Einberufung der Hauptversammlung

§ 121 Allgemeines

§ 122 Einberufung auf Verlangen einer Minderheit

§ 123 Frist, Anmeldung zur Hauptversammlung, Nachweis

§ 124 Bekanntmachung von Ergänzungsverlangen; Vorschläge zur Beschlussfassung

§ 124a Veröffentlichungen auf der Internetseite der Gesellschaft

§ 125 Mitteilungen für die Aktionäre und an Aufsichtsratsmitglieder

§ 126 Anträge von Aktionären

§ 127 Wahlvorschläge von Aktionären

§ 127a Aktionärsforum

§ 128 Übermittlung der Mitteilungen

Dritter Unterabschnitt
Verhandlungsniederschrift. Auskunftsrecht

§ 129 Geschäftsordnung; Verzeichnis der Teilnehmer

§ 130 Niederschrift

§ 131 Auskunftsrecht des Aktionärs

§ 132 Gerichtliche Entscheidung über das Auskunftsrecht

**Vierter Unterabschnitt
Stimmrecht**

§ 133   Grundsatz der einfachen Stimmenmehrheit

§ 134   Stimmrecht

§ 135   Ausübung des Stimmrechts durch Kreditinstitute und geschäftsmäßig Handelnde

§ 136   Ausschluß des Stimmrechts

§ 137   Abstimmung über Wahlvorschläge von Aktionären

**Fünfter Unterabschnitt
Sonderbeschluß**

§ 138   Gesonderte Versammlung. Gesonderte Abstimmung

**Sechster Unterabschnitt
Vorzugsaktien ohne Stimmrecht**

§ 139   Wesen

§ 140   Rechte der Vorzugsaktionäre

§ 141   Aufhebung oder Beschränkung des Vorzugs

**Siebenter Unterabschnitt
Sonderprüfung. Geltendmachung
von Ersatzansprüchen**

§ 142   Bestellung der Sonderprüfer

§ 143   Auswahl der Sonderprüfer

§ 144   Verantwortlichkeit der Sonderprüfer

§ 145   Rechte der Sonderprüfer. Prüfungsbericht

§ 146   Kosten

§ 147   Geltendmachung von Ersatzansprüchen

§ 148   Klagezulassungsverfahren

§ 149   Bekanntmachungen zur Haftungsklage

III

Erstes Buch
Aktiengesellschaft

Erster Teil
Allgemeine Vorschriften

§ 1 Wesen der Aktiengesellschaft

(1) Die Aktiengesellschaft ist eine Gesellschaft mit eigener Rechtspersönlichkeit. Für die Verbindlichkeiten der Gesellschaft haftet den Gläubigern nur das Gesellschaftsvermögen.

(2) Die Aktiengesellschaft hat ein in Aktien zerlegtes Grundkapital.

§ 2 Gründerzahl

An der Feststellung des Gesellschaftsvertrags (der Satzung) müssen sich eine oder mehrere Personen beteiligen, welche die Aktien gegen Einlagen übernehmen.

§ 3 Formkaufmann; Börsennotierung

(1) Die Aktiengesellschaft gilt als Handelsgesellschaft, auch wenn der Gegenstand des Unternehmens nicht im Betrieb eines Handelsgewerbes besteht.

(2) Börsennotiert im Sinne dieses Gesetzes sind Gesellschaften, deren Aktien zu einem Markt zugelassen sind, der von staatlich anerkannten Stellen geregelt und überwacht wird, regelmäßig stattfindet und für das Publikum mittelbar oder unmittelbar zugänglich ist.

§ 4 Firma

Die Firma der Aktiengesellschaft muß, auch wenn sie nach § 22 des Handelsgesetzbuchs oder nach anderen gesetzlichen Vorschriften fortgeführt wird, die Bezeichnung „Aktiengesellschaft" oder eine allgemein verständliche Abkürzung dieser Bezeichnung enthalten.

§ 5 Sitz

Sitz der Gesellschaft ist der Ort im Inland, den die Satzung bestimmt.

§ 6 Grundkapital

Das Grundkapital muß auf einen Nennbetrag in Euro lauten.

§ 7 Der Mindestnennbetrag des Grundkapitals

Der Mindestnennbetrag des Grundkapitals ist fünfzigtausend Euro.

§ 8 Form und Mindestbeträge der Aktien

(1) Die Aktien können entweder als Nennbetragsaktien oder als Stückaktien begründet werden.

(2) Nennbetragsaktien müssen auf mindestens einen Euro lauten. Aktien über einen geringeren Nennbetrag sind nichtig. Für den Schaden aus der Ausgabe sind die Ausgeber den Inhabern als Gesamtschuldner verantwortlich. Höhere Aktiennennbeträge müssen auf volle Euro lauten.

(3) Stückaktien lauten auf keinen Nennbetrag. Die Stückaktien einer Gesellschaft sind am Grundkapital in gleichem Umfang beteiligt. Der auf die einzelne Aktie entfallende anteilige Betrag des Grundkapitals darf einen Euro nicht unterschreiten. Absatz 2 Satz 2 und 3 findet entsprechende Anwendung.

(4) Der Anteil am Grundkapital bestimmt sich bei Nennbetragsaktien nach dem Verhältnis ihres Nennbetrags zum Grundkapital, bei Stückaktien nach der Zahl der Aktien.

(5) Die Aktien sind unteilbar.

(6) Diese Vorschriften gelten auch für Anteilscheine, die den Aktionären vor der Ausgabe der Aktien erteilt werden (Zwischenscheine).

§ 9 Ausgabebetrag der Aktien

(1) Für einen geringeren Betrag als den Nennbetrag oder den auf die einzelne Stückaktie entfallenden anteiligen Betrag des Grundkapitals dürfen Aktien nicht ausgegeben werden (geringster Ausgabebetrag).

(2) Für einen höheren Betrag ist die Ausgabe zulässig.

§ 10 Aktien und Zwischenscheine

(1) Die Aktien können auf den Inhaber oder auf Namen lauten.

(2) Sie müssen auf Namen lauten, wenn sie vor der vollen Leistung des Ausgabebetrages ausgegeben werden. Der Betrag der Teilleistungen ist in der Aktie anzugeben.

(3) Zwischenscheine müssen auf Namen lauten.

(4) Zwischenscheine auf den Inhaber sind nichtig. Für den Schaden aus der Ausgabe sind die Ausgeber den Inhabern als Gesamtschuldner verantwortlich.

(5) In der Satzung kann der Anspruch des Aktionärs auf Verbriefung seines Anteils ausgeschlossen oder eingeschränkt werden.

§ 11 Aktien besonderer Gattung

Die Aktien können verschiedene Rechte gewähren, namentlich bei der Verteilung des Gewinns und des Gesellschaftsvermögens. Aktien mit gleichen Rechten bilden eine Gattung.

§ 12 Stimmrecht. Keine Mehrstimmrechte

(1) Jede Aktie gewährt das Stimmrecht. Vorzugsaktien können nach den Vorschriften dieses Gesetzes als Aktien ohne Stimmrecht ausgegeben werden.

(2) Mehrstimmrechte sind unzulässig.

§ 13 Unterzeichnung der Aktien

Zur Unterzeichnung von Aktien und Zwischenscheinen genügt eine vervielfältigte Unterschrift. Die Gültigkeit der Unterzeichnung kann von der Beachtung einer besonderen Form abhängig gemacht werden. Die Formvorschrift muß in der Urkunde enthalten sein.

§ 14 Zuständigkeit

Gericht im Sinne dieses Gesetzes ist, wenn nichts anderes bestimmt ist, das Gericht des Sitzes der Gesellschaft.

§ 15 Verbundene Unternehmen

Verbundene Unternehmen sind rechtlich selbständige Unternehmen, die im Verhältnis zueinander in Mehrheitsbesitz stehende Unternehmen und mit Mehrheit beteiligte Unternehmen (§ 16), abhängige und herrschende Unternehmen (§ 17), Konzernunternehmen (§ 18), wechselseitig beteiligte Unternehmen (§ 19) oder Vertragsteile eines Unternehmensvertrags (§§ 291, 292) sind.

§ 16 In Mehrheitsbesitz stehende Unternehmen und mit Mehrheit beteiligte Unternehmen

(1) Gehört die Mehrheit der Anteile eines rechtlich selbständigen Unternehmens einem anderen Unternehmen oder steht einem anderen Unternehmen die Mehrheit der Stimmrechte zu (Mehrheitsbeteiligung), so ist das Unternehmen ein in Mehrheitsbesitz stehendes Unternehmen, das andere Unternehmen ein an ihm mit Mehrheit beteiligtes Unternehmen.

(2) Welcher Teil der Anteile einem Unternehmen gehört, bestimmt sich bei Kapitalgesellschaften nach dem Verhältnis des Gesamtnennbetrags der ihm gehörenden Anteile zum Nennkapital, bei Gesellschaften mit Stückaktien nach der Zahl der Aktien. Eigene Anteile sind bei Kapitalgesellschaften vom Nennkapital, bei Gesellschaften mit Stückaktien von der Zahl der Aktien abzusetzen. Eigenen Anteilen des Unternehmens stehen Anteile gleich, die einem anderen für Rechnung des Unternehmens gehören.

(3) Welcher Teil der Stimmrechte einem Unternehmen zusteht, bestimmt sich nach dem Verhältnis der Zahl der Stimmrechte, die es aus den ihm gehörenden Anteilen ausüben kann, zur Gesamtzahl aller Stimmrechte. Von der Gesamtzahl aller Stimmrechte sind die Stimmrechte aus eigenen Anteilen sowie aus Anteilen, die nach Absatz 2 Satz 3 eigenen Anteilen gleichstehen, abzusetzen.

(4) Als Anteile, die einem Unternehmen gehören, gelten auch die Anteile, die einem von ihm abhängigen Unternehmen oder einem anderen für Rechnung des Unternehmens oder eines von diesem abhängigen Unternehmens gehören und, wenn der Inhaber des Unternehmens ein Einzelkaufmann ist, auch die Anteile, die sonstiges Vermögen des Inhabers sind.

§ 17 Abhängige und herrschende Unternehmen

(1) Abhängige Unternehmen sind rechtlich selbständige Unternehmen, auf die ein anderes Unternehmen (herrschendes Unterneh-

III

men) unmittelbar oder mittelbar einen beherrschenden Einfluß ausüben kann.

(2) Von einem in Mehrheitsbesitz stehenden Unternehmen wird vermutet, daß es von dem an ihm mit Mehrheit beteiligten Unternehmen abhängig ist.

§ 18 Konzern und Konzernunternehmen

(1) Sind ein herrschendes und ein oder mehrere abhängige Unternehmen unter der einheitlichen Leitung des herrschenden Unternehmens zusammengefaßt, so bilden sie einen Konzern; die einzelnen Unternehmen sind Konzernunternehmen. Unternehmen, zwischen denen ein Beherrschungsvertrag (§ 291) besteht oder von denen das eine in das andere eingegliedert ist (§ 319), sind als unter einheitlicher Leitung zusammengefaßt anzusehen. Von einem abhängigen Unternehmen wird vermutet, daß es mit dem herrschenden Unternehmen einen Konzern bildet.

(2) Sind rechtlich selbständige Unternehmen, ohne daß das eine Unternehmen von dem anderen abhängig ist, unter einheitlicher Leitung zusammengefaßt, so bilden sie auch einen Konzern; die einzelnen Unternehmen sind Konzernunternehmen.

§ 19 Wechselseitig beteiligte Unternehmen

(1) Wechselseitig beteiligte Unternehmen sind Unternehmen mit Sitz im Inland in der Rechtsform einer Kapitalgesellschaft, die dadurch verbunden sind, daß jedem Unternehmen mehr als der vierte Teil der Anteile des anderen Unternehmens gehört. Für die Feststellung, ob einem Unternehmen mehr als der vierte Teil der Anteile des anderen Unternehmens gehört, gilt § 16 Abs. 2 Satz 1, Abs. 4.

(2) Gehört einem wechselseitig beteiligten Unternehmen an dem anderen Unternehmen eine Mehrheitsbeteiligung oder kann das eine auf das andere Unternehmen unmittelbar oder mittelbar einen beherrschenden Einfluß ausüben, so ist das eine als herrschendes, das andere als abhängiges Unternehmen anzusehen.

(3) Gehört jedem der wechselseitig beteiligten Unternehmen an dem anderen Unternehmen eine Mehrheitsbeteiligung oder kann jedes auf das andere unmittelbar oder mittelbar einen beherrschenden Einfluß ausüben, so gelten beide Unternehmen als herrschend und als abhängig.

(4) § 328 ist auf Unternehmen, die nach Absatz 2 oder 3 herrschende oder abhängige Unternehmen sind, nicht anzuwenden.

§ 20 Mitteilungspflichten

(1) Sobald einem Unternehmen mehr als der vierte Teil der Aktien einer Aktiengesellschaft mit Sitz im Inland gehört, hat es dies der Gesellschaft unverzüglich schriftlich mitzuteilen. Für die Feststellung, ob dem Unternehmen mehr als der vierte Teil der Aktien gehört, gilt § 16 Abs. 2 Satz 1, Abs. 4.

(2) Für die Mitteilungspflicht nach Absatz 1 rechnen zu den Aktien, die dem Unternehmen gehören, auch Aktien,

1. deren Übereignung das Unternehmen, ein von ihm abhängiges Unternehmen oder ein anderer für Rechnung des Unternehmens oder eines von diesem abhängigen Unternehmens verlangen kann;

2. zu deren Abnahme das Unternehmen, ein von ihm abhängiges Unternehmen oder ein anderer für Rechnung des Unternehmens oder eines von diesem abhängigen Unternehmens verpflichtet ist.

(3) Ist das Unternehmen eine Kapitalgesellschaft, so hat es, sobald ihm ohne Hinzurechnung der Aktien nach Absatz 2 mehr als der vierte Teil der Aktien gehört, auch dies der Gesellschaft unverzüglich schriftlich mitzuteilen.

(4) Sobald dem Unternehmen eine Mehrheitsbeteiligung (§ 16 Abs. 1) gehört, hat es auch dies der Gesellschaft unverzüglich schriftlich mitzuteilen.

(5) Besteht die Beteiligung in der nach Absatz 1, 3 oder 4 mitteilungspflichtigen Höhe nicht mehr, so ist dies der Gesellschaft unverzüglich schriftlich mitzuteilen.

(6) Die Gesellschaft hat das Bestehen einer Beteiligung, die ihr nach Absatz 1 oder 4

mitgeteilt worden ist, unverzüglich in den Gesellschaftsblättern bekanntzumachen; dabei ist das Unternehmen anzugeben, dem die Beteiligung gehört. Wird der Gesellschaft mitgeteilt, daß die Beteiligung in der nach Absatz 1 oder 4 mitteilungspflichtigen Höhe nicht mehr besteht, so ist auch dies unverzüglich in den Gesellschaftsblättern bekanntzumachen.

(7) Rechte aus Aktien, die einem nach Absatz 1 oder 4 mitteilungspflichtigen Unternehmen gehören, bestehen für die Zeit, für die das Unternehmen die Mitteilungspflicht nicht erfüllt, weder für das Unternehmen noch für ein von ihm abhängiges Unternehmen oder für einen anderen, der für Rechnung des Unternehmens oder eines von diesem abhängigen Unternehmens handelt. Dies gilt nicht für Ansprüche nach § 58 Abs. 4 und § 271, wenn die Mitteilung nicht vorsätzlich unterlassen wurde und nachgeholt worden ist.

(8) Die Absätze 1 bis 7 gelten nicht für Aktien eines Emittenten im Sinne des § 21 Abs. 2 des Wertpapierhandelsgesetzes.

§ 21 Mitteilungspflichten der Gesellschaft

(1) Sobald der Gesellschaft mehr als der vierte Teil der Anteile einer anderen Kapitalgesellschaft mit Sitz im Inland gehört, hat sie dies dem Unternehmen, an dem die Beteiligung besteht, unverzüglich schriftlich mitzuteilen. Für die Feststellung, ob der Gesellschaft mehr als der vierte Teil der Anteile gehört, gilt § 16 Abs. 2 Satz 1, Abs. 4 sinngemäß.

(2) Sobald der Gesellschaft eine Mehrheitsbeteiligung (§ 16 Abs. 1) an einem anderen Unternehmen gehört, hat sie dies dem Unternehmen, an dem die Mehrheitsbeteiligung besteht, unverzüglich schriftlich mitzuteilen.

(3) Besteht die Beteiligung in der nach Absatz 1 oder 2 mitteilungspflichtigen Höhe nicht mehr, hat die Gesellschaft dies dem anderen Unternehmen unverzüglich schriftlich mitzuteilen.

(4) Rechte aus Anteilen, die einer nach Absatz 1 oder 2 mitteilungspflichtigen Gesell-

schaft gehören, bestehen nicht für die Zeit, für die sie die Mitteilungspflicht nicht erfüllt. § 20 Abs. 7 Satz 2 gilt entsprechend.

(5) Die Absätze 1 bis 4 gelten nicht für Aktien eines Emittenten im Sinne des § 21 Abs. 2 des Wertpapierhandelsgesetzes.

§ 22 Nachweis mitgeteilter Beteiligungen

Ein Unternehmen, dem eine Mitteilung nach § 20 Abs. 1, 3 und 4, § 21 Abs. 1 oder 2 gemacht worden ist, kann jederzeit verlangen, daß ihm das Bestehen der Beteiligung nachgewiesen wird.

Zweiter Teil
Gründung der Gesellschaft

§ 23 Feststellung der Satzung

(1) Die Satzung muß durch notarielle Beurkundung festgestellt werden. Bevollmächtigte bedürfen einer notariell beglaubigten Vollmacht.

(2) In der Urkunde sind anzugeben

1. die Gründer;

2. bei Nennbetragsaktien der Nennbetrag, bei Stückaktien die Zahl der Ausgabebetrag und, wenn mehrere Gattungen bestehen, die Gattung der Aktien, die jeder Gründer übernimmt;

3. der eingezahlte Betrag des Grundkapitals.

(3) Die Satzung muß bestimmen

1. die Firma und den Sitz der Gesellschaft;

2. den Gegenstand des Unternehmens; namentlich ist bei Industrie- und Handelsunternehmen die Art der Erzeugnisse und Waren, die hergestellt und gehandelt werden sollen, näher anzugeben;

3. die Höhe des Grundkapitals;

4. die Zerlegung des Grundkapitals entweder in Nennbetragsaktien oder in Stückaktien, bei Nennbetragsaktien deren Nennbeträge und die Zahl der Aktien jeden Nennbetrags, bei Stückaktien deren Zahl, außerdem, wenn mehrere Gattungen bestehen, die Gattung der Aktien und die Zahl der Aktien jeder Gattung;

III

5. ob die Aktien auf den Inhaber oder auf den Namen ausgestellt werden;

6. die Zahl der Mitglieder des Vorstands oder die Regeln, nach denen diese Zahl festgelegt wird.

(4) Die Satzung muß ferner Bestimmungen über die Form der Bekanntmachungen der Gesellschaft enthalten.

(5) Die Satzung kann von den Vorschriften dieses Gesetzes nur abweichen, wenn es ausdrücklich zugelassen ist. Ergänzende Bestimmungen der Satzung sind zulässig, es sei denn, daß dieses Gesetz eine abschließende Regelung enthält.

§ 24 Umwandlung von Aktien

Die Satzung kann bestimmen, daß auf Verlangen eines Aktionärs seine Inhaberaktie in eine Namensaktie oder seine Namensaktie in eine Inhaberaktie umzuwandeln ist.

§ 25 Bekanntmachungen der Gesellschaft

Bestimmt das Gesetz oder die Satzung, daß eine Bekanntmachung der Gesellschaft durch die Gesellschaftsblätter erfolgen soll, so ist sie in den Bundesanzeiger einzurücken. Daneben kann die Satzung andere Blätter oder elektronische Informationsmedien als Gesellschaftsblätter bezeichnen.

§ 26 Sondervorteile, Gründungsaufwand

(1) Jeder einem einzelnen Aktionär oder einem Dritten eingeräumte besondere Vorteil muß in der Satzung unter Bezeichnung des Berechtigten festgesetzt werden.

(2) Der Gesamtaufwand, der zu Lasten der Gesellschaft an Aktionäre oder an andere Personen als Entschädigung oder als Belohnung für die Gründung oder ihre Vorbereitung gewährt wird, ist in der Satzung gesondert festzusetzen.

(3) Ohne diese Festsetzung sind die Verträge und die Rechtshandlungen zu ihrer Ausführung der Gesellschaft gegenüber unwirksam. Nach der Eintragung der Gesellschaft in das Handelsregister kann die Unwirksamkeit

nicht durch Satzungsänderung geheilt werden.

(4) Die Festsetzungen können erst geändert werden, wenn die Gesellschaft fünf Jahre im Handelsregister eingetragen ist.

(5) Die Satzungsbestimmungen über die Festsetzungen können durch Satzungsänderung erst beseitigt werden, wenn die Gesellschaft dreißig Jahre im Handelsregister eingetragen ist und wenn die Rechtsverhältnisse, die den Festsetzungen zugrunde liegen, seit mindestens fünf Jahren abgewickelt sind.

§ 27 Sacheinlagen, Sachübernahmen; Rückzahlung von Einlagen

(1) Sollen Aktionäre Einlagen machen, die nicht durch Einzahlung des Ausgabebetrags der Aktien zu leisten sind (Sacheinlagen), oder soll die Gesellschaft vorhandene oder herzustellende Anlagen oder andere Vermögensgegenstände übernehmen (Sachübernahmen), so müssen in der Satzung festgesetzt werden der Gegenstand der Sacheinlage oder der Sachübernahme, die Person, von der die Gesellschaft den Gegenstand erwirbt, und der Nennbetrag, bei Stückaktien die Zahl der bei der Sacheinlage zu gewährenden Aktien oder die bei der Sachübernahme zu gewährende Vergütung. Soll die Gesellschaft einen Vermögensgegenstand übernehmen, für den eine Vergütung gewährt wird, die auf die Einlage eines Aktionärs angerechnet werden soll, so gilt dies als Sacheinlage.

(2) Sacheinlagen oder Sachübernahmen können nur Vermögensgegenstände sein, deren wirtschaftlicher Wert feststellbar ist; Verpflichtungen zu Dienstleistungen können nicht Sacheinlagen oder Sachübernahmen sein.

(3) Ist eine Geldeinlage eines Aktionärs bei wirtschaftlicher Betrachtung und auf Grund einer im Zusammenhang mit der Übernahme der Geldeinlage getroffenen Abrede vollständig oder teilweise als Sacheinlage zu bewerten (verdeckte Sacheinlage), so befreit dies den Aktionär nicht von seiner Einlageverpflichtung. Jedoch sind die Verträge über die Sacheinlage und die Rechtshandlungen zu ihrer Ausführung nicht unwirksam. Auf die

fortbestehende Geldeinlagepflicht des Aktionärs wird der Wert des Vermögensgegenstandes im Zeitpunkt der Anmeldung der Gesellschaft zur Eintragung in das Handelsregister oder im Zeitpunkt seiner Überlassung an die Gesellschaft, falls diese später erfolgt, angerechnet. Die Anrechnung erfolgt nicht vor Eintragung der Gesellschaft in das Handelsregister. Die Beweislast für die Werthaltigkeit des Vermögensgegenstandes trägt der Aktionär.

(4) Ist vor der Einlage eine Leistung an den Aktionär vereinbart worden, die wirtschaftlich einer Rückzahlung der Einlage entspricht und die nicht als verdeckte Sacheinlage im Sinne von Absatz 3 zu beurteilen ist, so befreit dies den Aktionär von seiner Einlageverpflichtung nur dann, wenn die Leistung durch einen vollwertigen Rückgewähranspruch gedeckt ist, der jederzeit fällig ist oder durch fristlose Kündigung durch die Gesellschaft fällig werden kann. Eine solche Leistung oder die Vereinbarung einer solchen Leistung ist in der Anmeldung nach § 37 anzugeben.

(5) Für die Änderung rechtswirksam getroffener Festsetzungen gilt § 26 Abs. 4, für die Beseitigung der Satzungsbestimmungen § 26 Abs. 5.

§ 28　Gründer

Die Aktionäre, die die Satzung festgestellt haben, sind die Gründer der Gesellschaft.

§ 29　Errichtung der Gesellschaft

Mit der Übernahme aller Aktien durch die Gründer ist die Gesellschaft errichtet.

§ 30　Bestellung des Aufsichtsrats, des Vorstands und des Abschlußprüfers

(1) Die Gründer haben den ersten Aufsichtsrat der Gesellschaft und den Abschlußprüfer für das erste Voll- oder Rumpfgeschäftsjahr zu bestellen. Die Bestellung bedarf notarieller Beurkundung.

(2) Auf die Zusammensetzung und die Bestellung des ersten Aufsichtsrats sind die Vorschriften über die Bestellung von Aufsichtsratsmitgliedern der Arbeitnehmer nicht anzuwenden.

(3) Die Mitglieder des ersten Aufsichtsrats können nicht für längere Zeit als bis zur Beendigung der Hauptversammlung bestellt werden, die über die Entlastung für das erste Voll- oder Rumpfgeschäftsjahr beschließt. Der Vorstand hat rechtzeitig vor Ablauf der Amtszeit des ersten Aufsichtsrats bekanntzumachen, nach welchen gesetzlichen Vorschriften der nächste Aufsichtsrat nach seiner Ansicht zusammenzusetzen ist; §§ 96 bis 99 sind anzuwenden.

(4) Der Aufsichtsrat bestellt den ersten Vorstand.

§ 31　Bestellung des Aufsichtsrats bei Sachgründung

(1) Ist in der Satzung als Gegenstand einer Sacheinlage oder Sachübernahme die Einbringung oder Übernahme eines Unternehmens oder eines Teils eines Unternehmens festgesetzt worden, so haben die Gründer nur so viele Aufsichtsratsmitglieder zu bestellen, wie nach den gesetzlichen Vorschriften, die nach ihrer Ansicht nach der Einbringung oder Übernahme für die Zusammensetzung des Aufsichtsrats maßgebend sind, von der Hauptversammlung ohne Bindung an Wahlvorschläge zu wählen sind. Sie haben jedoch, wenn dies nur zwei Aufsichtsratsmitglieder sind, drei Aufsichtsratsmitglieder zu bestellen.

(2) Der nach Absatz 1 Satz 1 bestellte Aufsichtsrat ist, soweit die Satzung nichts anderes bestimmt, beschlußfähig, wenn die Hälfte, mindestens jedoch drei seiner Mitglieder an der Beschlußfassung teilnehmen.

(3) Unverzüglich nach der Einbringung oder Übernahme des Unternehmens oder des Unternehmensteils hat der Vorstand bekanntzumachen, nach welchen gesetzlichen Vorschriften nach seiner Ansicht der Aufsichtsrat zusammengesetzt sein muß. §§ 97 bis 99 gelten sinngemäß. Das Amt der bisherigen Aufsichtsratsmitglieder erlischt nur, wenn der Aufsichtsrat nach anderen als den von den Gründern für maßgebend gehaltenen Vorschriften zusammenzusetzen ist oder wenn

die Gründer drei Aufsichtsratsmitglieder bestellt haben, der Aufsichtsrat aber auch aus Aufsichtsratsmitgliedern der Arbeitnehmer zu bestehen hat.

(4) Absatz 3 gilt nicht, wenn das Unternehmen oder der Unternehmensteil erst nach der Bekanntmachung des Vorstands nach § 30 Abs. 3 Satz 2 eingebracht oder übernommen wird.

(5) § 30 Abs. 3 Satz 1 gilt nicht für die nach Absatz 3 bestellten Aufsichtsratsmitglieder der Arbeitnehmer.

§ 32 Gründungsbericht

(1) Die Gründer haben einen schriftlichen Bericht über den Hergang der Gründung zu erstatten (Gründungsbericht).

(2) Im Gründungsbericht sind die wesentlichen Umstände darzulegen, von denen die Angemessenheit der Leistungen für Sacheinlagen oder Sachübernahmen abhängt. Dabei sind anzugeben

1. die vorausgegangenen Rechtsgeschäfte, die auf den Erwerb durch die Gesellschaft hingezielt haben;

2. die Anschaffungs- und Herstellungskosten aus den letzten beiden Jahren;

3. beim Übergang eines Unternehmens auf die Gesellschaft die Betriebserträge aus den letzten beiden Geschäftsjahren.

(3) Im Gründungsbericht ist ferner anzugeben, ob und in welchem Umfang bei der Gründung für Rechnung eines Mitglieds des Vorstands oder des Aufsichtsrats Aktien übernommen worden sind und ob und in welcher Weise ein Mitglied des Vorstands oder des Aufsichtsrats sich einen besonderen Vorteil oder für die Gründung oder ihre Vorbereitung eine Entschädigung oder Belohnung ausbedungen hat.

§ 33 Gründungsprüfung. Allgemeines

(1) Die Mitglieder des Vorstands und des Aufsichtsrats haben den Hergang der Gründung zu prüfen.

(2) Außerdem hat eine Prüfung durch einen oder mehrere Prüfer (Gründungsprüfer) stattzufinden, wenn

1. ein Mitglied des Vorstands oder des Aufsichtsrats zu den Gründern gehört oder

2. bei der Gründung für Rechnung eines Mitglieds des Vorstands oder des Aufsichtsrats Aktien übernommen worden sind oder

3. ein Mitglied des Vorstands oder des Aufsichtsrats sich einen besonderen Vorteil oder für die Gründung oder ihre Vorbereitung eine Entschädigung oder Belohnung ausbedungen oder zugesagt hat oder

4. eine Gründung mit Sacheinlagen oder Sachübernahmen vorliegt.

(3) In den Fällen des Absatzes 2 Nr. 1 und 2 kann der beurkundende Notar (§ 23 Abs. 1 Satz 1) anstelle eines Gründungsprüfers die Prüfung im Auftrag der Gründer vornehmen; die Bestimmungen über die Gründungsprüfung finden sinngemäße Anwendung. Nimmt nicht der Notar die Prüfung vor, so bestellt das Gericht die Gründungsprüfer. Gegen die Entscheidung ist die Beschwerde zulässig.

(4) Als Gründungsprüfer sollen, wenn die Prüfung keine anderen Kenntnisse fordert, nur bestellt werden

1. Personen, die in der Buchführung ausreichend vorgebildet und erfahren sind;

2. Prüfungsgesellschaften, von deren gesetzlichen Vertretern mindestens einer in der Buchführung ausreichend vorgebildet und erfahren ist.

(5) Als Gründungsprüfer darf nicht bestellt werden, wer nach § 143 Abs. 2 nicht Sonderprüfer sein kann. Gleiches gilt für Personen und Prüfungsgesellschaften, auf deren Geschäftsführung die Gründer oder Personen, für deren Rechnung die Gründer Aktien übernommen haben, maßgebenden Einfluß haben.

§ 33a Sachgründung ohne externe Gründungsprüfung

(1) Von einer Prüfung durch Gründungsprüfer kann bei einer Gründung mit Sacheinlagen oder Sachübernahmen (§ 33 Abs. 2 Nr. 4) abgesehen werden, soweit eingebracht werden sollen:

1. übertragbare Wertpapiere oder Geldmarktinstrumente im Sinne des § 2 Abs. 1 Satz 1 und Abs. 1a des Wertpapierhandelsgesetzes, wenn sie mit dem gewichteten Durchschnittspreis bewertet werden, zu dem sie während der letzten drei Monate vor dem Tag ihrer tatsächlichen Einbringung auf einem oder mehreren organisierten Märkten im Sinne von § 2 Abs. 5 des Wertpapierhandelsgesetzes gehandelt worden sind,

2. andere als die in Nummer 1 genannten Vermögensgegenstände, wenn eine Bewertung zu Grunde gelegt wird, die ein unabhängiger, ausreichend vorgebildeter und erfahrener Sachverständiger nach den allgemein anerkannten Bewertungsgrundsätzen mit dem beizulegenden Zeitwert ermittelt hat und wenn der Bewertungsstichtag nicht mehr als sechs Monate vor dem Tag der tatsächlichen Einbringung liegt.

(2) Absatz 1 ist nicht anzuwenden, wenn der gewichtete Durchschnittspreis der Wertpapiere oder Geldmarktinstrumente (Absatz 1 Nr. 1) durch außergewöhnliche Umstände erheblich beeinflusst worden ist oder wenn anzunehmen ist, dass der beizulegende Zeitwert der anderen Vermögensgegenstände (Absatz 1 Nr. 2) am Tag ihrer tatsächlichen Einbringung auf Grund neuer oder neu bekannt gewordener Umstände erheblich niedriger ist als der von dem Sachverständigen angenommene Wert.

§ 34 Umfang der Gründungsprüfung

(1) Die Prüfung durch die Mitglieder des Vorstands und des Aufsichtsrats sowie die Prüfung durch die Gründungsprüfer haben sich namentlich darauf zu erstrecken,

1. ob die Angaben der Gründer über die Übernahme der Aktien, über die Einlagen auf das Grundkapital und über die Festsetzungen nach §§ 26 und 27 richtig und vollständig sind;

2. ob der Wert der Sacheinlagen oder Sachübernahmen den geringsten Ausgabebetrag der dafür zu gewährenden Aktien oder den Wert der dafür zu gewährenden Leistungen erreicht.

(2) Über jede Prüfung ist unter Darlegung dieser Umstände schriftlich zu berichten. In dem Bericht ist der Gegenstand jeder Sacheinlage oder Sachübernahme zu beschreiben sowie anzugeben, welche Bewertungsmethoden bei der Ermittlung des Wertes angewandt worden sind. In dem Prüfungsbericht der Mitglieder des Vorstands und des Aufsichtsrats kann davon sowie von Ausführungen zu Absatz 1 Nr. 2 abgesehen werden, soweit nach § 33a von einer externen Gründungsprüfung abgesehen wird.

(3) Je ein Stück des Berichts der Gründungsprüfer ist dem Gericht und dem Vorstand einzureichen. Jedermann kann den Bericht bei dem Gericht einsehen.

§ 35 Meinungsverschiedenheiten zwischen Gründern und Gründungsprüfern. Vergütung und Auslagen der Gründungsprüfer

(1) Die Gründungsprüfer können von den Gründern alle Aufklärungen und Nachweise verlangen, die für eine sorgfältige Prüfung notwendig sind.

(2) Bei Meinungsverschiedenheiten zwischen den Gründern und den Gründungsprüfern über den Umfang der Aufklärungen und Nachweise, die von den Gründern zu gewähren sind, entscheidet das Gericht. Die Entscheidung ist unanfechtbar. Solange sich die Gründer weigern, der Entscheidung nachzukommen, wird der Prüfungsbericht nicht erstattet.

(3) Die Gründungsprüfer haben Anspruch auf Ersatz angemessener barer Auslagen und auf Vergütung für ihre Tätigkeit. Die Auslagen und die Vergütung setzt das Gericht fest. Gegen die Entscheidung ist die Beschwerde zulässig; die Rechtsbeschwerde ist ausgeschlossen. Aus der rechtskräftigen Entscheidung findet die Zwangsvollstreckung nach der Zivilprozeßordnung statt.

§ 36 Anmeldung der Gesellschaft

(1) Die Gesellschaft ist bei dem Gericht von allen Gründern und Mitgliedern des Vor-

stands und des Aufsichtsrats zur Eintragung in das Handelsregister anzumelden.

(2) Die Anmeldung darf erst erfolgen, wenn auf jede Aktie, soweit nicht Sacheinlagen vereinbart sind, der eingeforderte Betrag ordnungsgemäß eingezahlt worden ist (§ 54 Abs. 3) und, soweit er nicht bereits zur Bezahlung der bei der Gründung angefallenen Steuern und Gebühren verwandt wurde, endgültig zur freien Verfügung des Vorstands steht.

§ 36a Leistung der Einlagen

(1) Bei Bareinlagen muß der eingeforderte Betrag (§ 36 Abs. 2) mindestens ein Viertel des geringsten Ausgabebetrags und bei Ausgabe der Aktien für einen höheren als diesen auch den Mehrbetrag umfassen.

(2) Sacheinlagen sind vollständig zu leisten. Besteht die Sacheinlage in der Verpflichtung, einen Vermögensgegenstand auf die Gesellschaft zu übertragen, so muß diese Leistung innerhalb von fünf Jahren nach der Eintragung der Gesellschaft in das Handelsregister zu bewirken sein. Der Wert muß dem geringsten Ausgabebetrag und bei Ausgabe der Aktien für einen höheren als diesen auch dem Mehrbetrag entsprechen.

§ 37 Inhalt der Anmeldung

(1) In der Anmeldung ist zu erklären, daß die Voraussetzungen des § 36 Abs. 2 und des § 36a erfüllt sind; dabei sind der Betrag, zu dem die Aktien ausgegeben werden, und der darauf eingezahlte Betrag anzugeben. Es ist nachzuweisen, daß der eingezahlte Betrag endgültig zur freien Verfügung des Vorstands steht. Ist der Betrag gemäß § 54 Abs. 3 durch Gutschrift auf ein Konto eingezahlt worden, so ist der Nachweis durch eine Bestätigung des kontoführenden Instituts zu führen. Für die Richtigkeit der Bestätigung ist das Institut der Gesellschaft verantwortlich. Sind von dem eingezahlten Betrag Steuern und Gebühren bezahlt worden, so ist dies nach Art und Höhe der Beträge nachzuweisen.

(2) In der Anmeldung haben die Vorstandsmitglieder zu versichern, daß keine Umstände vorliegen, die ihrer Bestellung nach § 76 Abs. 3 Satz 2 Nr. 2 und 3 sowie Satz 3 entgegenstehen, und daß sie über ihre unbeschränkte Auskunftspflicht gegenüber dem Gericht belehrt worden sind. Die Belehrung nach § 53 Abs. 2 des Bundeszentralregistergesetzes kann schriftlich vorgenommen werden; sie kann auch durch einen Notar oder einen im Ausland bestellten Notar, durch einen Vertreter eines vergleichbaren rechtsberatenden Berufs oder einen Konsularbeamten erfolgen.

(3) In der Anmeldung sind ferner anzugeben:

1. eine inländische Geschäftsanschrift,

2. Art und Umfang der Vertretungsbefugnis der Vorstandsmitglieder.

(4) Der Anmeldung sind beizufügen

1. die Satzung und die Urkunden, in denen die Satzung festgestellt worden ist und die Aktien von den Gründern übernommen worden sind;

2. im Fall der §§ 26 und 27 die Verträge, die den Festsetzungen zugrunde liegen oder zu ihrer Ausführung geschlossen worden sind, und eine Berechnung des der Gesellschaft zur Last fallenden Gründungsaufwands; in der Berechnung sind die Vergütungen nach Art und Höhe und die Empfänger einzeln anzuführen;

3. die Urkunden über die Bestellung des Vorstands und des Aufsichtsrats;

3a. eine Liste der Mitglieder des Aufsichtsrats, aus welcher Name, Vorname, ausgeübter Beruf und Wohnort der Mitglieder ersichtlich ist;

4. der Gründungsbericht und die Prüfungsberichte der Mitglieder des Vorstands und des Aufsichtsrats sowie der Gründungsprüfer nebst ihren urkundlichen Unterlagen.

(5) Für die Einreichung von Unterlagen nach diesem Gesetz gilt § 12 Abs. 2 des Handelsgesetzbuchs entsprechend.

§ 37a Anmeldung bei Sachgründung ohne externe Gründungsprüfung

(1) Wird nach § 33a von einer externen Gründungsprüfung abgesehen, ist dies in der Anmeldung zu erklären. Der Gegenstand je-

der Sacheinlage oder Sachübernahme ist zu beschreiben. Die Anmeldung muss die Erklärung enthalten, dass der Wert der Sacheinlagen oder Sachübernahmen den geringsten Ausgabebetrag der dafür zu gewährenden Aktien oder den Wert der dafür zu gewährenden Leistungen erreicht. Der Wert, die Quelle der Bewertung sowie die angewandte Bewertungsmethode sind anzugeben.

(2) In der Anmeldung haben die Anmeldenden außerdem zu versichern, dass ihnen außergewöhnliche Umstände, die den gewichteten Durchschnittspreis der einzubringenden Wertpapiere oder Geldmarktinstrumente im Sinne von § 33a Abs. 1 Nr. 1 während der letzten drei Monate vor dem Tag ihrer tatsächlichen Einbringung erheblich beeinflusst haben könnten, oder Umstände, die darauf hindeuten, dass der beizulegende Zeitwert der Vermögensgegenstände im Sinne von § 33a Abs. 1 Nr. 2 am Tag ihrer tatsächlichen Einbringung auf Grund neuer oder neu bekannt gewordener Umstände erheblich niedriger ist als der von dem Sachverständigen angenommene Wert, nicht bekannt geworden sind.

(3) Der Anmeldung sind beizufügen:

1. Unterlagen über die Ermittlung des gewichteten Durchschnittspreises, zu dem die einzubringenden Wertpapiere oder Geldmarktinstrumente während der letzten drei Monate vor dem Tag ihrer tatsächlichen Einbringung auf einem organisierten Markt gehandelt worden sind,

2. jedes Sachverständigengutachten, auf das sich die Bewertung in den Fällen des § 33a Abs. 1 Nr. 2 stützt.

§ 38 Prüfung durch das Gericht

(1) Das Gericht hat zu prüfen, ob die Gesellschaft ordnungsgemäß errichtet und angemeldet ist. Ist dies nicht der Fall, so hat es die Eintragung abzulehnen.

(2) Das Gericht kann die Eintragung auch ablehnen, wenn die Gründungsprüfer erklären oder es offensichtlich ist, daß der Gründungsbericht oder der Prüfungsbericht der Mitglieder des Vorstands und des Aufsichtsrats unrichtig oder unvollständig ist oder den gesetzlichen Vorschriften nicht entspricht. Gleiches gilt, wenn die Gründungsprüfer erklären oder das Gericht der Auffassung ist, daß der Wert der Sacheinlagen oder Sachübernahmen nicht unwesentlich hinter dem geringsten Ausgabebetrag der dafür zu gewährenden Aktien oder dem Wert der dafür zu gewährenden Leistungen zurückbleibt.

(3) Enthält die Anmeldung die Erklärung nach § 37a Abs. 1 Satz 1, hat das Gericht hinsichtlich der Werthaltigkeit der Sacheinlagen oder Sachübernahmen ausschließlich zu prüfen, ob die Voraussetzungen des § 37a erfüllt sind. Lediglich bei einer offenkundigen und erheblichen Überbewertung kann das Gericht die Eintragung ablehnen.

(4) Wegen einer mangelhaften, fehlenden oder nichtigen Bestimmung der Satzung darf das Gericht die Eintragung nach Absatz 1 nur ablehnen, soweit diese Bestimmung, ihr Fehlen oder ihre Nichtigkeit

1. Tatsachen oder Rechtsverhältnisse betrifft, die nach § 23 Abs. 3 oder auf Grund anderer zwingender gesetzlicher Vorschriften in der Satzung bestimmt sein müssen oder die in das Handelsregister einzutragen oder von dem Gericht bekanntzumachen sind,

2. Vorschriften verletzt, die ausschließlich oder überwiegend zum Schutze der Gläubiger der Gesellschaft oder sonst im öffentlichen Interesse gegeben sind, oder

3. die Nichtigkeit der Satzung zur Folge hat.

§ 39 Inhalt der Eintragung

(1) Bei der Eintragung der Gesellschaft sind die Firma und der Sitz der Gesellschaft, eine inländische Geschäftsanschrift, der Gegenstand des Unternehmens, die Höhe des Grundkapitals, der Tag der Feststellung der Satzung und die Vorstandsmitglieder anzugeben. Wenn eine Person, die für Willenserklärungen und Zustellungen an die Gesellschaft empfangsberechtigt ist, mit einer inländischen Anschrift zur Eintragung in das Handelsregister angemeldet wird, sind auch diese Angaben einzutragen; Dritten gegenüber gilt die Empfangsberechtigung als fortbestehend, bis sie im Handelsregister ge-

löscht und die Löschung bekannt gemacht worden ist, es sei denn, dass die fehlende Empfangsberechtigung dem Dritten bekannt war. Ferner ist einzutragen, welche Vertretungsbefugnis die Vorstandsmitglieder haben.

(2) Enthält die Satzung Bestimmungen über die Dauer der Gesellschaft oder über das genehmigte Kapital, so sind auch diese Bestimmungen einzutragen.

§ 40 (weggefallen)

§ 41 Handeln im Namen der Gesellschaft vor der Eintragung. Verbotene Aktienausgabe

(1) Vor der Eintragung in das Handelsregister besteht die Aktiengesellschaft als solche nicht. Wer vor der Eintragung der Gesellschaft in ihrem Namen handelt, haftet persönlich; handeln mehrere, so haften sie als Gesamtschuldner.

(2) Übernimmt die Gesellschaft eine vor ihrer Eintragung in ihrem Namen eingegangene Verpflichtung durch Vertrag mit dem Schuldner in der Weise, daß sie an die Stelle des bisherigen Schuldners tritt, so bedarf es zur Wirksamkeit der Schuldübernahme der Zustimmung des Gläubigers nicht, wenn die Schuldübernahme binnen drei Monaten nach der Eintragung der Gesellschaft vereinbart und dem Gläubiger von der Gesellschaft oder dem Schuldner mitgeteilt wird.

(3) Verpflichtungen aus nicht in der Satzung festgesetzten Verträgen über Sondervorteile, Gründungsaufwand, Sacheinlagen oder Sachübernahmen kann die Gesellschaft nicht übernehmen.

(4) Vor der Eintragung der Gesellschaft können Anteilsrechte nicht übertragen, Aktien oder Zwischenscheine nicht ausgegeben werden. Die vorher ausgegebenen Aktien oder Zwischenscheine sind nichtig. Für den Schaden aus der Ausgabe sind die Ausgeber den Inhabern als Gesamtschuldner verantwortlich.

§ 42 Einpersonen-Gesellschaft

Gehören alle Aktien allein oder neben der Gesellschaft einem Aktionär, ist unverzüglich eine entsprechende Mitteilung unter Angabe von Name, Vorname, Geburtsdatum und Wohnort des alleinigen Aktionärs zum Handelsregister einzureichen.

§§ 43 und 44 (weggefallen)

§ 45 Sitzverlegung

(1) Wird der Sitz der Gesellschaft im Inland verlegt, so ist die Verlegung beim Gericht des bisherigen Sitzes anzumelden.

(2) Wird der Sitz aus dem Bezirk des Gerichts des bisherigen Sitzes verlegt, so hat dieses unverzüglich von Amts wegen die Verlegung dem Gericht des neuen Sitzes mitzuteilen. Der Mitteilung sind die Eintragungen für den bisherigen Sitz sowie die bei dem bisher zuständigen Gericht aufbewahrten Urkunden beizufügen; bei elektronischer Registerführung sind die Eintragungen und die Dokumente elektronisch zu übermitteln. Das Gericht des neuen Sitzes hat zu prüfen, ob die Verlegung ordnungsgemäß beschlossen und § 30 des Handelsgesetzbuchs beachtet ist. Ist dies der Fall, so hat es die Sitzverlegung einzutragen und hierbei die ihm mitgeteilten Eintragungen ohne weitere Nachprüfung in sein Handelsregister zu übernehmen. Mit der Eintragung wird die Sitzverlegung wirksam. Die Eintragung ist dem Gericht des bisherigen Sitzes mitzuteilen. Dieses hat die erforderlichen Löschungen von Amts wegen vorzunehmen.

(3) Wird der Sitz an einen anderen Ort innerhalb des Bezirks des Gerichts des bisherigen Sitzes verlegt, so hat das Gericht zu prüfen, ob die Sitzverlegung ordnungsgemäß beschlossen und § 30 des Handelsgesetzbuchs beachtet ist. Ist dies der Fall, so hat es die Sitzverlegung einzutragen. Mit der Eintragung wird die Sitzverlegung wirksam.

§ 46 Verantwortlichkeit der Gründer

(1) Die Gründer sind der Gesellschaft als Gesamtschuldner verantwortlich für die Richtigkeit und Vollständigkeit der Angaben, die zum Zwecke der Gründung der Gesellschaft

über Übernahme der Aktien, Einzahlung auf die Aktien, Verwendung eingezahlter Beträge, Sondervorteile, Gründungsaufwand, Sacheinlagen und Sachübernahmen gemacht worden sind. Sie sind ferner dafür verantwortlich, daß eine zur Annahme von Einzahlungen auf das Grundkapital bestimmte Stelle (§ 54 Abs. 3) hierzu geeignet ist und daß die eingezahlten Beträge zur freien Verfügung des Vorstands stehen. Sie haben, unbeschadet der Verpflichtung zum Ersatz des sonst entstehenden Schadens, fehlende Einzahlungen zu leisten und eine Vergütung, die nicht unter den Gründungsaufwand aufgenommen ist, zu ersetzen.

(2) Wird die Gesellschaft von Gründern durch Einlagen, Sachübernahmen oder Gründungsaufwand vorsätzlich oder aus grober Fahrlässigkeit geschädigt, so sind ihr alle Gründer als Gesamtschuldner zum Ersatz verpflichtet.

(3) Von diesen Verpflichtungen ist ein Gründer befreit, wenn er die die Ersatzpflicht begründenden Tatsachen weder kannte noch bei Anwendung der Sorgfalt eines ordentlichen Geschäftsmannes kennen mußte.

(4) Entsteht der Gesellschaft ein Ausfall, weil ein Aktionär zahlungsunfähig oder unfähig ist, eine Sacheinlage zu leisten, so sind ihr zum Ersatz als Gesamtschuldner die Gründer verpflichtet, welche die Beteiligung des Aktionärs in Kenntnis seiner Zahlungsunfähigkeit oder Leistungsunfähigkeit angenommen haben.

(5) Neben den Gründern sind in gleicher Weise Personen verantwortlich, für deren Rechnung die Gründer Aktien übernommen haben. Sie können sich auf ihre eigene Unkenntnis nicht wegen solcher Umstände berufen, die ein für ihre Rechnung handelnder Gründer kannte oder kennen mußte.

§ 47 Verantwortlichkeit anderer Personen neben den Gründern

Neben den Gründern und den Personen, für deren Rechnung die Gründer Aktien übernommen haben, ist als Gesamtschuldner der Gesellschaft zum Schadenersatz verpflichtet,

1. wer bei Empfang einer Vergütung, die entgegen den Vorschriften nicht in den Gründungsaufwand aufgenommen ist, wußte oder nach den Umständen annehmen mußte, daß die Verheimlichung beabsichtigt oder erfolgt war, oder wer zur Verheimlichung wissentlich mitgewirkt hat;

2. wer im Fall einer vorsätzlichen oder grobfahrlässigen Schädigung der Gesellschaft durch Einlagen oder Sachübernahmen an der Schädigung wissentlich mitgewirkt hat;

3. wer vor Eintragung der Gesellschaft in das Handelsregister oder in den ersten zwei Jahren nach der Eintragung die Aktien öffentlich ankündigt, um sie in den Verkehr einzuführen, wenn er die Unrichtigkeit oder Unvollständigkeit der Angaben, die zum Zwecke der Gründung der Gesellschaft gemacht worden sind (§ 46 Abs. 1), oder die Schädigung der Gesellschaft durch Einlagen oder Sachübernahmen kannte oder bei Anwendung der Sorgfalt eines ordentlichen Geschäftsmannes kennen mußte.

§ 48 Verantwortlichkeit des Vorstands und des Aufsichtsrats

Mitglieder des Vorstands und des Aufsichtsrats, die bei der Gründung ihre Pflichten verletzen, sind der Gesellschaft zum Ersatz des daraus entstehenden Schadens als Gesamtschuldner verpflichtet; sie sind namentlich dafür verantwortlich, daß eine zur Annahme von Einzahlungen auf die Aktien bestimmte Stelle (§ 54 Abs. 3) hierzu geeignet ist, und daß die eingezahlten Beträge zur freien Verfügung des Vorstands stehen. Für die Sorgfaltspflicht und Verantwortlichkeit der Mitglieder des Vorstands und des Aufsichtsrats bei der Gründung gelten im übrigen §§ 93 und 116 mit Ausnahme von § 93 Abs. 4 Satz 3 und 4 und Abs. 6.

§ 49 Verantwortlichkeit der Gründungsprüfer

§ 323 Abs. 1 bis 4 des Handelsgesetzbuchs über die Verantwortlichkeit des Abschlußprüfers gilt sinngemäß.

§ 50 Verzicht und Vergleich

Die Gesellschaft kann auf Ersatzansprüche gegen die Gründer, die neben diesen haftenden Personen und gegen die Mitglieder des Vorstands und des Aufsichtsrats (§§ 46 bis 48) erst drei Jahre nach der Eintragung der Gesellschaft in das Handelsregister und nur dann verzichten oder sich über sie vergleichen, wenn die Hauptversammlung zustimmt und nicht eine Minderheit, deren Anteile zusammen den zehnten Teil des Grundkapitals erreichen, zur Niederschrift Widerspruch erhebt. Die zeitliche Beschränkung gilt nicht, wenn der Ersatzpflichtige zahlungsunfähig ist und sich zur Abwendung des Insolvenzverfahrens mit seinen Gläubigern vergleicht oder wenn die Ersatzpflicht in einem Insolvenzplan geregelt wird.

§ 51 Verjährung der Ersatzansprüche

Ersatzansprüche der Gesellschaft nach den §§ 46 bis 48 verjähren in fünf Jahren. Die Verjährung beginnt mit der Eintragung der Gesellschaft in das Handelsregister oder, wenn die zum Ersatz verpflichtende Handlung später begangen worden ist, mit der Vornahme der Handlung.

§ 52 Nachgründung

(1) Verträge der Gesellschaft mit Gründern oder mit mehr als 10 vom Hundert des Grundkapitals an der Gesellschaft beteiligten Aktionären, nach denen sie vorhandene oder herzustellende Anlagen oder andere Vermögensgegenstände für eine den zehnten Teil des Grundkapitals übersteigende Vergütung erwerben soll, und die in den ersten zwei Jahren seit der Eintragung der Gesellschaft in das Handelsregister geschlossen werden, werden nur mit Zustimmung der Hauptversammlung und durch Eintragung in das Handelsregister wirksam. Ohne die Zustimmung der Hauptversammlung oder die Eintragung im Handelsregister sind auch die Rechtshandlungen zu ihrer Ausführung unwirksam.

(2) Ein Vertrag nach Absatz 1 bedarf der schriftlichen Form, soweit nicht eine andere Form vorgeschrieben ist. Er ist von der Einberufung der Hauptversammlung an, die über die Zustimmung beschließen soll, in dem Geschäftsraum der Gesellschaft zur Einsicht der Aktionäre auszulegen. Auf Verlangen ist jedem Aktionär unverzüglich eine Abschrift zu erteilen. Die Verpflichtungen nach den Sätzen 2 und 3 entfallen, wenn der Vertrag für denselben Zeitraum über die Internetseite der Gesellschaft zugänglich ist. In der Hauptversammlung ist der Vertrag zugänglich zu machen. Der Vorstand hat ihn zu Beginn der Verhandlung zu erläutern. Der Niederschrift ist er als Anlage beizufügen.

(3) Vor der Beschlußfassung der Hauptversammlung hat der Aufsichtsrat den Vertrag zu prüfen und einen schriftlichen Bericht zu erstatten (Nachgründungsbericht). Für den Nachgründungsbericht gilt sinngemäß § 32 Abs. 2 und 3 über den Gründungsbericht.

(4) Außerdem hat vor der Beschlußfassung eine Prüfung durch einen oder mehrere Gründungsprüfer stattzufinden. § 33 Abs. 3 bis 5, §§ 34, 35 über die Gründungsprüfung gelten sinngemäß. Unter den Voraussetzungen des § 33a kann von einer Prüfung durch Gründungsprüfer abgesehen werden.

(5) Der Beschluß der Hauptversammlung bedarf einer Mehrheit, die mindestens drei Viertel des bei der Beschlußfassung vertretenen Grundkapitals umfaßt. Wird der Vertrag im ersten Jahre nach der Eintragung der Gesellschaft in das Handelsregister geschlossen, so müssen außerdem die Anteile der zustimmenden Mehrheit mindestens ein Viertel des gesamten Grundkapitals erreichen. Die Satzung kann an Stelle dieser Mehrheiten größere Kapitalmehrheiten und weitere Erfordernisse bestimmen.

(6) Nach Zustimmung der Hauptversammlung hat der Vorstand den Vertrag zur Eintragung in das Handelsregister anzumelden. Der Anmeldung ist der Vertrag mit dem Nachgründungsbericht und dem Bericht der Gründungsprüfer mit den urkundlichen Unterlagen beizufügen. Wird nach Absatz 4 Satz 3 von einer externen Gründungsprüfung abgesehen, gilt § 37a entsprechend.

(7) Bestehen gegen die Eintragung Bedenken, weil die Gründungsprüfer erklären oder weil es offensichtlich ist, daß der Nachgrün-

dungsbericht unrichtig oder unvollständig ist oder den gesetzlichen Vorschriften nicht entspricht oder daß die für die zu erwerbenden Vermögensgegenstände gewährte Vergütung unangemessen hoch ist, so kann das Gericht die Eintragung ablehnen. Enthält die Anmeldung die Erklärung nach § 37a Abs. 1 Satz 1, gilt § 38 Abs. 3 entsprechend.

(8) Einzutragen sind der Tag des Vertragsschlusses und der Zustimmung der Hauptversammlung sowie der oder die Vertragspartner der Gesellschaft.

(9) Vorstehende Vorschriften gelten nicht, wenn der Erwerb der Vermögensgegenstände im Rahmen der laufenden Geschäfte der Gesellschaft, in der Zwangsvollstreckung oder an der Börse erfolgt.

§ 53 Ersatzansprüche bei der Nachgründung

Für die Nachgründung gelten die §§ 46, 47, 49 bis 51 über die Ersatzansprüche der Gesellschaft sinngemäß. An die Stelle der Gründer treten die Mitglieder des Vorstands und des Aufsichtsrats. Sie haben die Sorgfalt eines ordentlichen und gewissenhaften Geschäftsleiters anzuwenden. Soweit Fristen mit der Eintragung der Gesellschaft in das Handelsregister beginnen, tritt an deren Stelle die Eintragung des Vertrags über die Nachgründung.

Dritter Teil
Rechtsverhältnisse der Gesellschaft und der Gesellschafter

§ 53a Gleichbehandlung der Aktionäre

Aktionäre sind unter gleichen Voraussetzungen gleich zu behandeln.

§ 54 Hauptverpflichtung der Aktionäre

(1) Die Verpflichtung der Aktionäre zur Leistung der Einlagen wird durch den Ausgabebetrag der Aktien begrenzt.

(2) Soweit nicht in der Satzung Sacheinlagen festgesetzt sind, haben die Aktionäre den Ausgabebetrag der Aktien einzuzahlen.

(3) Der vor der Anmeldung der Gesellschaft eingeforderte Betrag kann nur in gesetzli-

chen Zahlungsmitteln oder durch Gutschrift auf ein Konto bei einem Kreditinstitut oder einem nach § 53 Abs. 1 Satz 1 oder § 53b Abs. 1 Satz 1 oder Abs. 7 des Gesetzes über das Kreditwesen tätigen Unternehmen der Gesellschaft oder des Vorstands zu seiner freien Verfügung eingezahlt werden. Forderungen des Vorstands aus diesen Einzahlungen gelten als Forderungen der Gesellschaft.

(4) Der Anspruch der Gesellschaft auf Leistung der Einlagen verjährt in zehn Jahren von seiner Entstehung an. Wird das Insolvenzverfahren über das Vermögen der Gesellschaft eröffnet, so tritt die Verjährung nicht vor Ablauf von sechs Monaten ab dem Zeitpunkt der Eröffnung ein.

§ 55 Nebenverpflichtungen der Aktionäre

(1) Ist die Übertragung der Aktien an die Zustimmung der Gesellschaft gebunden, so kann die Satzung Aktionären die Verpflichtung auferlegen, neben den Einlagen auf das Grundkapital wiederkehrende, nicht in Geld bestehende Leistungen zu erbringen. Dabei hat sie zu bestimmen, ob die Leistungen entgeltlich oder unentgeltlich zu erbringen sind. Die Verpflichtung und der Umfang der Leistungen sind in den Aktien und Zwischenscheinen anzugeben.

(2) Die Satzung kann Vertragsstrafen für den Fall festsetzen, daß die Verpflichtung nicht oder nicht gehörig erfüllt wird.

§ 56 Keine Zeichnung eigener Aktien; Aktienübernahme für Rechnung der Gesellschaft oder durch ein abhängiges oder in Mehrheitsbesitz stehendes Unternehmen

(1) Die Gesellschaft darf keine eigenen Aktien zeichnen.

(2) Ein abhängiges Unternehmen darf keine Aktien der herrschenden Gesellschaft, ein in Mehrheitsbesitz stehendes Unternehmen keine Aktien der an ihm mit Mehrheit beteiligten Gesellschaft als Gründer oder Zeichner oder in Ausübung eines bei einer bedingten Kapitalerhöhung eingeräumten Umtausch-

oder Bezugsrechts übernehmen. Ein Verstoß gegen diese Vorschrift macht die Übernahme nicht unwirksam.

(3) Wer als Gründer oder Zeichner oder in Ausübung eines bei einer bedingten Kapitalerhöhung eingeräumten Umtausch- oder Bezugsrechts eine Aktie für Rechnung der Gesellschaft oder eines abhängigen oder in Mehrheitsbesitz stehenden Unternehmens übernommen hat, kann sich nicht darauf berufen, daß er die Aktie nicht für eigene Rechnung übernommen hat. Er haftet ohne Rücksicht auf Vereinbarungen mit der Gesellschaft oder dem abhängigen oder in Mehrheitsbesitz stehenden Unternehmen auf die volle Einlage. Bevor er die Aktie für eigene Rechnung übernommen hat, stehen ihm keine Rechte aus der Aktie zu.

(4) Werden bei einer Kapitalerhöhung Aktien unter Verletzung der Absätze 1 und 2 gezeichnet, so haftet auch jedes Vorstandsmitglied der Gesellschaft auf die volle Einlage. Dies gilt nicht, wenn das Vorstandsmitglied beweist, daß es kein Verschulden trifft.

§ 57 Keine Rückgewähr, keine Verzinsung der Einlagen

(1) Den Aktionären dürfen die Einlagen nicht zurückgewährt werden. Als Rückgewähr gilt nicht die Zahlung des Erwerbspreises beim zulässigen Erwerb eigener Aktien. Satz 1 gilt nicht bei Leistungen, die bei Bestehen eines Beherrschungs- oder Gewinnabführungsvertrags (§ 291) erfolgen oder durch einen vollwertigen Gegenleistungs- oder Rückgewähranspruch gegen den Aktionär gedeckt sind. Satz 1 ist zudem nicht anzuwenden auf die Rückgewähr eines Aktionärsdarlehens und Leistungen auf Forderungen aus Rechtshandlungen, die einem Aktionärsdarlehen wirtschaftlich entsprechen.

(2) Den Aktionären dürfen Zinsen weder zugesagt noch ausgezahlt werden.

(3) Vor Auflösung der Gesellschaft darf unter die Aktionäre nur der Bilanzgewinn verteilt werden.

§ 58 Verwendung des Jahresüberschusses

(1) Die Satzung kann nur für den Fall, daß die Hauptversammlung den Jahresabschluß feststellt, bestimmen, daß Beträge aus dem Jahresüberschuß in andere Gewinnrücklagen einzustellen sind. Auf Grund einer solchen Satzungsbestimmung kann höchstens die Hälfte des Jahresüberschusses in andere Gewinnrücklagen eingestellt werden. Dabei sind Beträge, die in die gesetzliche Rücklage einzustellen sind, und ein Verlustvortrag vorab vom Jahresüberschuß abzuziehen.

(2) Stellen Vorstand und Aufsichtsrat den Jahresabschluß fest, so können sie einen Teil des Jahresüberschusses, höchstens jedoch die Hälfte, in andere Gewinnrücklagen einstellen. Die Satzung kann Vorstand und Aufsichtsrat zur Einstellung eines größeren oder kleineren Teils des Jahresüberschusses ermächtigen. Aufgrund einer solchen Satzungsbestimmung dürfen Vorstand und Aufsichtsrat keine Beträge in andere Gewinnrücklagen einstellen, wenn die anderen Gewinnrücklagen die Hälfte des Grundkapitals übersteigen oder soweit sie nach der Einstellung die Hälfte übersteigen würden. Absatz 1 Satz 3 gilt sinngemäß.

(2a) Unbeschadet der Absätze 1 und 2 können Vorstand und Aufsichtsrat den Eigenkapitalanteil von Wertaufholungen bei Vermögensgegenständen des Anlage- und Umlaufvermögens und von bei der steuerrechtlichen Gewinnermittlung gebildeten Passivposten, die nicht im Sonderposten mit Rücklageanteil ausgewiesen werden dürfen, in andere Gewinnrücklagen einstellen. Der Betrag dieser Rücklagen ist entweder in der Bilanz gesondert auszuweisen oder im Anhang anzugeben.

(3) Die Hauptversammlung kann im Beschluß über die Verwendung des Bilanzgewinns weitere Beträge in Gewinnrücklagen einstellen oder als Gewinn vortragen. Sie kann ferner, wenn die Satzung sie hierzu ermächtigt, auch eine andere Verwendung als nach Satz 1 oder als die Verteilung unter die Aktionäre beschließen.

(4) Die Aktionäre haben Anspruch auf den Bilanzgewinn, soweit er nicht nach Gesetz oder Satzung, durch Hauptversammlungsbeschluß nach Absatz 3 oder als zusätzlicher Aufwand aufgrund des Gewinnverwendungsbeschlusses von der Verteilung unter die Aktionäre ausgeschlossen ist.

(5) Sofern die Satzung dies vorsieht, kann die Hauptversammlung auch eine Sachausschüttung beschließen.

§ 59 Abschlagszahlung auf den Bilanzgewinn

(1) Die Satzung kann den Vorstand ermächtigen, nach Ablauf des Geschäftsjahrs auf den voraussichtlichen Bilanzgewinn einen Abschlag an die Aktionäre zu zahlen.

(2) Der Vorstand darf einen Abschlag nur zahlen, wenn ein vorläufiger Abschluß für das vergangene Geschäftsjahr einen Jahresüberschuß ergibt. Als Abschlag darf höchstens die Hälfte des Betrags gezahlt werden, der von dem Jahresüberschuß nach Abzug der Beträge verbleibt, die nach Gesetz oder Satzung in Gewinnrücklagen einzustellen sind. Außerdem darf der Abschlag nicht die Hälfte des vorjährigen Bilanzgewinns übersteigen.

(3) Die Zahlung eines Abschlags bedarf der Zustimmung des Aufsichtsrats.

§ 60 Gewinnverteilung

(1) Die Anteile der Aktionäre am Gewinn bestimmen sich nach ihren Anteilen am Grundkapital.

(2) Sind die Einlagen auf das Grundkapital nicht auf alle Aktien in demselben Verhältnis geleistet, so erhalten die Aktionäre aus dem verteilbaren Gewinn vorweg einen Betrag von vier vom Hundert der geleisteten Einlagen. Reicht der Gewinn dazu nicht aus, so bestimmt sich der Betrag nach einem entsprechend niedrigeren Satz. Einlagen, die im Laufe des Geschäftsjahres geleistet wurden, werden nach dem Verhältnis der Zeit berücksichtigt, die seit der Leistung verstrichen ist.

(3) Die Satzung kann eine andere Art der Gewinnverteilung bestimmen.

§ 61 Vergütung von Nebenleistungen

Für wiederkehrende Leistungen, zu denen Aktionäre nach der Satzung neben den Einlagen auf das Grundkapital verpflichtet sind, darf eine den Wert der Leistungen nicht übersteigende Vergütung ohne Rücksicht darauf gezahlt werden, ob ein Bilanzgewinn ausgewiesen wird.

§ 62 Haftung der Aktionäre beim Empfang verbotener Leistungen

(1) Die Aktionäre haben der Gesellschaft Leistungen, die sie entgegen den Vorschriften dieses Gesetzes von ihr empfangen haben, zurückzugewähren. Haben sie Beträge als Gewinnanteile bezogen, so besteht die Verpflichtung nur, wenn sie wußten oder infolge von Fahrlässigkeit nicht wußten, daß sie zum Bezuge nicht berechtigt waren.

(2) Der Anspruch der Gesellschaft kann auch von den Gläubigern der Gesellschaft geltend gemacht werden, soweit sie von dieser keine Befriedigung erlangen können. Ist über das Vermögen der Gesellschaft das Insolvenzverfahren eröffnet, so übt während dessen Dauer der Insolvenzverwalter oder der Sachwalter das Recht der Gesellschaftsgläubiger gegen die Aktionäre aus.

(3) Die Ansprüche nach diesen Vorschriften verjähren in zehn Jahren seit dem Empfang der Leistung. § 54 Abs. 4 Satz 2 findet entsprechende Anwendung.

§ 63 Folgen nicht rechtzeitiger Einzahlung

(1) Die Aktionäre haben die Einlagen nach Aufforderung durch den Vorstand einzuzahlen. Die Aufforderung ist, wenn die Satzung nichts anderes bestimmt, in den Gesellschaftsblättern bekanntzumachen.

(2) Aktionäre, die den eingeforderten Betrag nicht rechtzeitig einzahlen, haben ihn vom Eintritt der Fälligkeit an mit fünf vom Hundert für das Jahr zu verzinsen. Die Geltendmachung eines weiteren Schadens ist nicht ausgeschlossen.

(3) Für den Fall nicht rechtzeitiger Einzahlung kann die Satzung Vertragsstrafen festsetzen.

III

§ 64 Ausschluß säumiger Aktionäre

(1) Aktionären, die den eingeforderten Betrag nicht rechtzeitig einzahlen, kann eine Nachfrist mit der Androhung gesetzt werden, daß sie nach Fristablauf ihrer Aktien und der geleisteten Einzahlungen für verlustig erklärt werden.

(2) Die Nachfrist muß dreimal in den Gesellschaftsblättern bekanntgemacht werden. Die erste Bekanntmachung muß mindestens drei Monate, die letzte mindestens einen Monat vor Fristablauf ergehen. Zwischen den einzelnen Bekanntmachungen ein Zeitraum von mindestens drei Wochen liegen. Ist die Übertragung der Aktien an die Zustimmung der Gesellschaft gebunden, so genügt an Stelle der öffentlichen Bekanntmachungen die einmalige Einzelaufforderung an die säumigen Aktionäre; dabei muß eine Nachfrist gewährt werden, die mindestens einen Monat seit dem Empfang der Aufforderung beträgt.

(3) Aktionäre, die den eingeforderten Betrag trotzdem nicht zahlen, werden durch Bekanntmachung in den Gesellschaftsblättern ihrer Aktien und der geleisteten Einzahlungen zugunsten der Gesellschaft für verlustig erklärt. In der Bekanntmachung sind die für verlustig erklärten Aktien mit ihren Unterscheidungsmerkmalen anzugeben.

(4) An Stelle der alten Urkunden werden neue ausgegeben; diese haben außer den geleisteten Teilzahlungen den rückständigen Betrag anzugeben. Für den Ausfall der Gesellschaft an diesem Betrag oder an den später eingeforderten Beträgen haftet ihr der ausgeschlossene Aktionär.

§ 65 Zahlungspflicht der Vormänner

(1) Jeder im Aktienregister verzeichnete Vormann des ausgeschlossenen Aktionärs ist der Gesellschaft zur Zahlung des rückständigen Betrags verpflichtet, soweit dieser von seinen Nachmännern nicht zu erlangen ist. Von der Zahlungsaufforderung an einen früheren Aktionär hat die Gesellschaft seinen unmittelbaren Vormann zu benachrichtigen. Daß die Zahlung nicht zu erlangen ist, wird vermutet, wenn sie nicht innerhalb eines Monats seit der Zahlungsaufforderung und der Benachrichtigung des Vormanns eingegangen ist. Gegen Zahlung des rückständigen Betrags wird die neue Urkunde ausgehändigt.

(2) Jeder Vormann ist nur zur Zahlung der Beträge verpflichtet, die binnen zwei Jahren eingefordert werden. Die Frist beginnt mit dem Tage, an dem die Übertragung der Aktie zum Aktienregister der Gesellschaft angemeldet wird.

(3) Ist die Zahlung des rückständigen Betrags von Vormännern nicht zu erlangen, so hat die Gesellschaft die Aktie unverzüglich zum Börsenpreis und beim Fehlen eines Börsenpreises durch öffentliche Versteigerung zu verkaufen. Ist von der Versteigerung am Sitz der Gesellschaft kein angemessener Erfolg zu erwarten, so ist die Aktie an einem geeigneten Ort zu verkaufen. Zeit, Ort und Gegenstand der Versteigerung sind öffentlich bekanntzumachen. Der ausgeschlossene Aktionär und seine Vormänner sind besonders zu benachrichtigen; die Benachrichtigung kann unterbleiben, wenn sie untunlich ist. Bekanntmachung und Benachrichtigung müssen mindestens zwei Wochen vor der Versteigerung ergehen.

§ 66 Keine Befreiung der Aktionäre von ihren Leistungspflichten

(1) Die Aktionäre und ihre Vormänner können von ihren Leistungspflichten nach den §§ 54 und 65 nicht befreit werden. Gegen eine Forderung der Gesellschaft nach den §§ 54 und 65 ist die Aufrechnung nicht zulässig.

(2) Absatz 1 gilt entsprechend für die Verpflichtung zur Rückgewähr von Leistungen, die entgegen den Vorschriften dieses Gesetzes empfangen sind, für die Ausfallhaftung des ausgeschlossenen Aktionärs sowie für die Schadenersatzpflicht des Aktionärs wegen nicht gehöriger Leistung einer Sacheinlage.

(3) Durch eine ordentliche Kapitalherabsetzung oder durch eine Kapitalherabsetzung durch Einziehung von Aktien können die Aktionäre von der Verpflichtung zur Leistung von Einlagen befreit werden, durch eine ordentliche Kapitalherabsetzung jedoch höchs-

tens in Höhe des Betrags, um den das Grundkapital herabgesetzt worden ist.

§ 67 Eintragung im Aktienregister

(1) Namensaktien sind unter Angabe des Namens, Geburtsdatums und der Adresse des Inhabers sowie der Stückzahl oder der Aktiennummer und bei Nennbetragsaktien des Betrags in das Aktienregister der Gesellschaft einzutragen. Der Inhaber ist verpflichtet, der Gesellschaft die Angaben nach Satz 1 mitzuteilen. Die Satzung kann Näheres dazu bestimmen, unter welchen Voraussetzungen Eintragungen im eigenen Namen für Aktien, die einem anderen gehören, zulässig sind. Aktien, die zu einem in- oder ausländischen Investmentvermögen nach dem Investmentgesetz gehören, dessen Anteile nicht ausschließlich von Anlegern, die nicht natürliche Personen sind, gehalten werden, gelten als Aktien des in- oder ausländischen Investmentvermögens, auch wenn sie im Miteigentum der Anleger stehen; verfügt das Investmentvermögen über keine eigene Rechtspersönlichkeit, gelten sie als Aktien der Verwaltungsgesellschaft des Investmentvermögens.

(2) Im Verhältnis zur Gesellschaft gilt als Aktionär nur, wer als solcher im Aktienregister eingetragen ist. Jedoch bestehen Stimmrechte aus Eintragungen nicht, die eine nach Absatz 1 Satz 3 bestimmte satzungsmäßige Höchstgrenze überschreiten oder hinsichtlich derer eine satzungsmäßige Pflicht zur Offenlegung, dass die Aktien einem anderen gehören, nicht erfüllt wird. Ferner bestehen Stimmrechte aus Aktien nicht, solange ein Auskunftsverlangen gemäß Absatz 4 Satz 2 oder Satz 3 nach Fristablauf nicht erfüllt ist.

(3) Geht die Namensaktie auf einen anderen über, so erfolgen Löschung und Neueintragung im Aktienregister auf Mitteilung und Nachweis.

(4) Die bei Übertragung oder Verwahrung von Namensaktien mitwirkenden Kreditinstitute sind verpflichtet, der Gesellschaft die für die Führung des Aktienregisters erforderlichen Angaben gegen Erstattung der notwendigen Kosten zu übermitteln. Der Eingetrage-

ne hat der Gesellschaft auf ihr Verlangen innerhalb einer angemessenen Frist mitzuteilen, inwieweit ihm die Aktien, als deren Inhaber er im Aktienregister eingetragen ist, auch gehören; soweit dies nicht der Fall ist, hat er die in Absatz 1 Satz 1 genannten Angaben zu demjenigen zu übermitteln, für den er die Aktien hält. Dies gilt entsprechend für denjenigen, dessen Daten nach Satz 2 oder diesem Satz übermittelt werden. Absatz 1 Satz 4 gilt entsprechend; für die Kostentragung gilt Satz 1. Wird der Inhaber von Namensaktien nicht in das Aktienregister eingetragen, so ist das depotführende Institut auf Verlangen der Gesellschaft verpflichtet, sich gegen Erstattung der notwendigen Kosten durch die Gesellschaft an dessen Stelle gesondert in das Aktienregister eintragen zu lassen. § 125 Abs. 5 gilt entsprechend. Wird ein Kreditinstitut im Rahmen eines Übertragungsvorgangs von Namensaktien nur vorübergehend gesondert in das Aktienregister eingetragen, so löst diese Eintragung keine Pflichten infolge des Absatzes 2 und nach § 128 aus und führt nicht zur Anwendung von satzungsmäßigen Beschränkungen nach Absatz 1 Satz 3.

(5) Ist jemand nach Ansicht der Gesellschaft zu Unrecht als Aktionär in das Aktienregister eingetragen worden, so kann die Gesellschaft die Eintragung nur löschen, wenn sie vorher die Beteiligten von der beabsichtigten Löschung benachrichtigt und ihnen eine angemessene Frist zur Geltendmachung eines Widerspruchs gesetzt hat. Widerspricht ein Beteiligter innerhalb der Frist, so hat die Löschung zu unterbleiben.

(6) Der Aktionär kann von der Gesellschaft Auskunft über die zu seiner Person in das Aktienregister eingetragenen Daten verlangen. Bei nichtbörsennotierten Gesellschaften kann die Satzung Weiteres bestimmen. Die Gesellschaft darf die Registerdaten sowie die nach Absatz 4 Satz 2 und 3 mitgeteilten Daten für ihre Aufgaben im Verhältnis zu den Aktionären verwenden. Zur Werbung für das Unternehmen darf sie die Daten nur verwenden, soweit der Aktionär nicht widerspricht.

Die Aktionäre sind in angemessener Weise über ihr Widerspruchsrecht zu informieren.

(7) Diese Vorschriften gelten sinngemäß für Zwischenscheine.

§ 68 Übertragung von Namensaktien. Vinkulierung

(1) Namensaktien können auch durch Indossament übertragen werden. Für die Form des Indossaments, den Rechtsausweis des Inhabers und seine Verpflichtung zur Herausgabe gelten sinngemäß Artikel 12, 13 und 16 des Wechselgesetzes.

(2) Die Satzung kann die Übertragung an die Zustimmung der Gesellschaft binden. Die Zustimmung erteilt der Vorstand. Die Satzung kann jedoch bestimmen, daß der Aufsichtsrat oder die Hauptversammlung über die Erteilung der Zustimmung beschließt. Die Satzung kann die Gründe bestimmen, aus denen die Zustimmung verweigert werden darf.

(3) Bei Übertragung durch Indossament ist die Gesellschaft verpflichtet, die Ordnungsmäßigkeit der Reihe der Indossamente, nicht aber die Unterschriften zu prüfen.

(4) Diese Vorschriften gelten sinngemäß für Zwischenscheine.

§ 69 Rechtsgemeinschaft an einer Aktie

(1) Steht eine Aktie mehreren Berechtigten zu, so können sie die Rechte aus der Aktie nur durch einen gemeinschaftlichen Vertreter ausüben.

(2) Für die Leistungen auf die Aktie haften sie als Gesamtschuldner.

(3) Hat die Gesellschaft eine Willenserklärung dem Aktionär gegenüber abzugeben, so genügt, wenn die Berechtigten der Gesellschaft keinen gemeinschaftlichen Vertreter benannt haben, die Abgabe der Erklärung gegenüber einem Berechtigten. Bei mehreren Erben eines Aktionärs gilt dies nur für Willenserklärungen, die nach Ablauf eines Monats seit dem Anfall der Erbschaft abgegeben werden.

§ 70 Berechnung der Aktienbesitzzeit

Ist die Ausübung von Rechten aus der Aktie davon abhängig, daß der Aktionär während eines bestimmten Zeitraums Inhaber der Aktie gewesen ist, so steht dem Eigentum ein Anspruch auf Übereignung gegen ein Kreditinstitut, Finanzdienstleistungsinstitut oder ein nach § 53 Abs. 1 Satz 1 oder § 53b Abs. 1 Satz 1 oder Abs. 7 des Gesetzes über das Kreditwesen tätiges Unternehmen gleich. Die Eigentumszeit eines Rechtsvorgängers wird dem Aktionär zugerechnet, wenn er die Aktie unentgeltlich, von seinem Treuhänder, als Gesamtrechtsnachfolger, bei Auseinandersetzung einer Gemeinschaft oder bei einer Bestandsübertragung nach § 14 des Versicherungsaufsichtsgesetzes oder § 14 des Gesetzes über Bausparkassen erworben hat.

§ 71 Erwerb eigener Aktien

(1) Die Gesellschaft darf eigene Aktien nur erwerben,

1. wenn der Erwerb notwendig ist, um einen schweren unmittelbar bevorstehenden Schaden von der Gesellschaft abzuwenden,

2. wenn die Aktien Personen, die im Arbeitsverhältnis zu der Gesellschaft oder einem mit ihr verbundenen Unternehmen stehen oder standen, zum Erwerb angeboten werden sollen,

3. wenn der Erwerb geschieht, um Aktionäre nach § 305 Abs. 2, § 320b oder nach § 29 Abs. 1, § 125 Satz 1 in Verbindung mit § 29 Abs. 1, § 207 Abs. 1 Satz 1 des Umwandlungsgesetzes abzufinden,

4. wenn der Erwerb unentgeltlich geschieht oder ein Kreditinstitut mit dem Erwerb eine Einkaufskommission ausführt,

5. durch Gesamtrechtsnachfolge,

6. auf Grund eines Beschlusses der Hauptversammlung zur Einziehung nach den Vorschriften über die Herabsetzung des Grundkapitals,

7. wenn sie ein Kreditinstitut, Finanzdienstleistungsinstitut oder Finanzunternehmen ist, aufgrund eines Beschlusses der Hauptversammlung zum Zwecke des Wertpapierhandels. Der Beschluß muß bestimmen, daß der Handelsbestand der zu diesem Zweck zu erwerbenden Aktien fünf

vom Hundert des Grundkapitals am Ende jeden Tages nicht übersteigen darf; er muß den niedrigsten und höchsten Gegenwert festlegen. Die Ermächtigung darf höchstens fünf Jahre gelten, oder

8. aufgrund einer höchstens fünf Jahre geltenden Ermächtigung der Hauptversammlung, die den niedrigsten und höchsten Gegenwert sowie den Anteil am Grundkapital, der zehn vom Hundert nicht übersteigen darf, festlegt. Als Zweck ist der Handel in eigenen Aktien ausgeschlossen. § 53a ist auf Erwerb und Veräußerung anzuwenden. Erwerb und Veräußerung über die Börse genügen dem. Eine andere Veräußerung kann die Hauptversammlung beschließen; § 186 Abs. 3, 4 und § 193 Abs. 2 Nr. 4 sind in diesem Fall entsprechend anzuwenden. Die Hauptversammlung kann den Vorstand ermächtigen, die eigenen Aktien ohne weiteren Hauptversammlungsbeschluß einzuziehen.

(2) Auf die zu den Zwecken nach Absatz 1 Nr. 1 bis 3, 7 und 8 erworbenen Aktien dürfen zusammen mit anderen Aktien der Gesellschaft, welche die Gesellschaft bereits erworben hat und noch besitzt, nicht mehr als zehn vom Hundert des Grundkapitals entfallen. Dieser Erwerb ist ferner nur zulässig, wenn die Gesellschaft im Zeitpunkt des Erwerbs eine Rücklage in Höhe der Aufwendungen für den Erwerb bilden könnte, ohne das Grundkapital oder eine nach Gesetz oder Satzung zu bildende Rücklage zu mindern, die nicht zur Zahlung an die Aktionäre verwandt werden darf. In den Fällen des Absatzes 1 Nr. 1, 2, 4, 7 und 8 ist der Erwerb nur zulässig, wenn auf die Aktien der Ausgabebetrag voll geleistet ist.

(3) In den Fällen des Absatzes 1 Nr. 1 und 8 hat der Vorstand die nächste Hauptversammlung über die Gründe und den Zweck des Erwerbs, über die Zahl der erworbenen Aktien und den auf sie entfallenden Betrag des Grundkapitals, über deren Anteil am Grundkapital sowie über den Gegenwert der Aktien zu unterrichten. Im Falle des Absatzes 1 Nr. 2 sind die Aktien innerhalb eines

Jahres nach ihrem Erwerb an die Arbeitnehmer auszugeben.

(4) Ein Verstoß gegen die Absätze 1 oder 2 macht den Erwerb eigener Aktien nicht unwirksam. Ein schuldrechtliches Geschäft über den Erwerb eigener Aktien ist jedoch nichtig, soweit der Erwerb gegen die Absätze 1 oder 2 verstößt.

§ 71a Umgehungsgeschäfte

(1) Ein Rechtsgeschäft, das die Gewährung eines Vorschusses oder eines Darlehens oder die Leistung einer Sicherheit durch die Gesellschaft an einen anderen zum Zweck des Erwerbs von Aktien dieser Gesellschaft zum Gegenstand hat, ist nichtig. Dies gilt nicht für Rechtsgeschäfte im Rahmen der laufenden Geschäfte von Kreditinstituten oder Finanzdienstleistungsinstituten sowie für die Gewährung eines Vorschusses oder eines Darlehens oder für die Leistung einer Sicherheit zum Zweck des Erwerbs von Aktien durch Arbeitnehmer der Gesellschaft oder eines mit ihr verbundenen Unternehmens; auch in diesen Fällen ist das Rechtsgeschäft jedoch nichtig, wenn die Gesellschaft im Zeitpunkt des Erwerbs eine Rücklage in Höhe der Aufwendungen für den Erwerb nicht bilden könnte, ohne das Grundkapital oder eine nach Gesetz oder Satzung zu bildende Rücklage zu mindern, die nicht zur Zahlung an die Aktionäre verwandt werden darf. Satz 1 gilt zudem nicht für Rechtsgeschäfte bei Bestehen eines Beherrschungs- oder Gewinnabführungsvertrags (§ 291).

(2) Nichtig ist ferner ein Rechtsgeschäft zwischen der Gesellschaft und einem anderen, nach dem dieser berechtigt oder verpflichtet sein soll, Aktien der Gesellschaft für Rechnung der Gesellschaft oder eines abhängigen oder eines in ihrem Mehrheitsbesitz stehenden Unternehmens zu erwerben, soweit der Erwerb durch die Gesellschaft gegen § 71 Abs. 1 oder 2 verstoßen würde.

§ 71b Rechte aus eigenen Aktien

Aus eigenen Aktien stehen der Gesellschaft keine Rechte zu.

§ 71c Veräußerung und Einziehung eigener Aktien

(1) Hat die Gesellschaft eigene Aktien unter Verstoß gegen § 71 Abs. 1 oder 2 erworben, so müssen sie innerhalb eines Jahres nach ihrem Erwerb veräußert werden.

(2) Entfallen auf die Aktien, welche die Gesellschaft nach § 71 Abs. 1 in zulässiger Weise erworben hat und noch besitzt, mehr als zehn vom Hundert des Grundkapitals, so muß der Teil der Aktien, der diesen Satz übersteigt, innerhalb von drei Jahren nach dem Erwerb der Aktien veräußert werden.

(3) Sind eigene Aktien innerhalb der in den Absätzen 1 und 2 vorgesehenen Fristen nicht veräußert worden, so sind sie nach § 237 einzuziehen.

§ 71d Erwerb eigener Aktien durch Dritte

Ein im eigenen Namen jedoch für Rechnung der Gesellschaft handelnder Dritter darf Aktien der Gesellschaft nur erwerben oder besitzen, soweit dies der Gesellschaft nach § 71 Abs. 1 Nr. 1 bis 5, 7 und 8 und Abs. 2 gestattet wäre. Gleiches gilt für den Erwerb oder den Besitz von Aktien der Gesellschaft durch ein abhängiges oder ein im Mehrheitsbesitz der Gesellschaft stehendes Unternehmen sowie für den Erwerb oder den Besitz durch einen Dritten, der im eigenen Namen, jedoch für Rechnung eines abhängigen oder eines im Mehrheitsbesitz der Gesellschaft stehenden Unternehmens handelt. Bei der Berechnung des Anteils am Grundkapital nach § 71 Abs. 2 Satz 1 und § 71c Abs. 2 gelten diese Aktien als Aktien der Gesellschaft. Im übrigen gelten § 71 Abs. 3 und 4, §§ 71a bis 71c sinngemäß. Der Dritte oder das Unternehmen hat der Gesellschaft auf ihr Verlangen das Eigentum an den Aktien zu verschaffen. Die Gesellschaft hat den Gegenwert der Aktien zu erstatten.

§ 71e Inpfandnahme eigener Aktien

(1) Dem Erwerb eigener Aktien nach § 71 Abs. 1 und 2, § 71d steht es gleich, wenn eigene Aktien als Pfand genommen werden. Jedoch darf ein Kreditinstitut oder Finanzdienstleistungsinstitut im Rahmen der laufenden Geschäfte eigene Aktien bis zu dem in § 71 Abs. 2 Satz 1 bestimmten Anteil am Grundkapital als Pfand nehmen. § 71a gilt sinngemäß.

(2) Ein Verstoß gegen Absatz 1 macht die Inpfandnahme eigener Aktien unwirksam, wenn auf sie der Ausgabebetrag noch nicht voll geleistet ist. Ein schuldrechtliches Geschäft über die Inpfandnahme eigener Aktien ist nichtig, soweit der Erwerb gegen Absatz 1 verstößt.

§ 72 Kraftloserklärung von Aktien im Aufgebotsverfahren

(1) Ist eine Aktie oder ein Zwischenschein abhanden gekommen oder vernichtet, so kann die Urkunde im Aufgebotsverfahren nach dem Gesetz über das Verfahren in Familiensachen und in den Angelegenheiten der freiwilligen Gerichtsbarkeit für kraftlos erklärt werden. § 799 Abs. 2 und § 800 des Bürgerlichen Gesetzbuchs gelten sinngemäß.

(2) Sind Gewinnanteilscheine auf den Inhaber ausgegeben, so erlischt mit der Kraftloserklärung der Aktie oder des Zwischenscheins auch der Anspruch aus den noch nicht fälligen Gewinnanteilscheinen.

(3) Die Kraftloserklärung einer Aktie nach §§ 73 oder 226 steht der Kraftloserklärung der Urkunde nach Absatz 1 nicht entgegen.

§ 73 Kraftloserklärung von Aktien durch die Gesellschaft

(1) Ist der Inhalt von Aktienurkunden durch eine Veränderung der rechtlichen Verhältnisse unrichtig geworden, so kann die Gesellschaft die Aktien, die trotz Aufforderung nicht zur Berichtigung oder zum Umtausch bei ihr eingereicht sind, mit Genehmigung des Gerichts für kraftlos erklären. Beruht die Unrichtigkeit auf einer Änderung des Nennbetrags der Aktien, so können sie nur dann für kraftlos erklärt werden, wenn der Nennbetrag zur Herabsetzung des Grundkapitals herabgesetzt ist. Namensaktien können nicht deshalb für kraftlos erklärt werden, weil die Bezeichnung des Aktionärs unrichtig geworden ist. Gegen die Entscheidung des Gerichts

ist die Beschwerde zulässig; eine Anfechtung der Entscheidung, durch die die Genehmigung erteilt wird, ist ausgeschlossen.

(2) Die Aufforderung, die Aktien einzureichen, hat die Kraftloserklärung anzudrohen und auf die Genehmigung des Gerichts hinzuweisen. Die Kraftloserklärung kann nur erfolgen, wenn die Aufforderung in der in § 64 Abs. 2 für die Nachfrist vorgeschriebenen Weise bekanntgemacht worden ist. Die Kraftloserklärung geschieht durch Bekanntmachung in den Gesellschaftsblättern. In der Bekanntmachung sind die für kraftlos erklärten Aktien so zu bezeichnen, daß sich aus der Bekanntmachung ohne weiteres ergibt, ob eine Aktie für kraftlos erklärt ist.

(3) An Stelle der für kraftlos erklärten Aktien sind, vorbehaltlich einer Satzungsregelung nach § 10 Abs. 5, neue Aktien auszugeben und dem Berechtigten auszuhändigen oder, wenn ein Recht zur Hinterlegung besteht, zu hinterlegen. Die Aushändigung oder Hinterlegung ist dem Gericht anzuzeigen.

(4) Soweit zur Herabsetzung des Grundkapitals Aktien zusammengelegt werden, gilt § 226.

§ 74 Neue Urkunden an Stelle beschädigter oder verunstalteter Aktien oder Zwischenscheine

Ist eine Aktie oder ein Zwischenschein so beschädigt oder verunstaltet, daß die Urkunde zum Umlauf nicht mehr geeignet ist, so kann der Berechtigte, wenn der wesentliche Inhalt und die Unterscheidungsmerkmale der Urkunde noch sicher zu erkennen sind, von der Gesellschaft die Erteilung einer neuen Urkunde gegen Aushändigung der alten verlangen. Die Kosten hat er zu tragen und vorzuschießen.

§ 75 Neue Gewinnanteilscheine

Neue Gewinnanteilscheine dürfen an den Inhaber des Erneuerungsscheins nicht ausgegeben werden, wenn der Besitzer der Aktie oder des Zwischenscheins der Ausgabe widerspricht; sie sind dem Besitzer der Aktie oder des Zwischenscheins auszuhändigen, wenn er die Haupturkunde vorlegt.

Vierter Teil
Verfassung der Aktiengesellschaft

Erster Abschnitt
Vorstand

§ 76 Leitung der Aktiengesellschaft

(1) Der Vorstand hat unter eigener Verantwortung die Gesellschaft zu leiten.

(2) Der Vorstand kann aus einer oder mehreren Personen bestehen. Bei Gesellschaften mit einem Grundkapital von mehr als drei Millionen Euro hat er aus mindestens zwei Personen zu bestehen, es sei denn, die Satzung bestimmt, daß er aus einer Person besteht. Die Vorschriften über die Bestellung eines Arbeitsdirektors bleiben unberührt.

(3) Mitglied des Vorstands kann nur eine natürliche, unbeschränkt geschäftsfähige Person sein. Mitglied des Vorstands kann nicht sein, wer

1. als Betreuter bei der Besorgung seiner Vermögensangelegenheiten ganz oder teilweise einem Einwilligungsvorbehalt (§ 1903 des Bürgerlichen Gesetzbuchs) unterliegt,

2. aufgrund eines gerichtlichen Urteils oder einer vollziehbaren Entscheidung einer Verwaltungsbehörde einen Beruf, einen Berufszweig, ein Gewerbe oder einen Gewerbezweig nicht ausüben darf, sofern der Unternehmensgegenstand ganz oder teilweise mit dem Gegenstand des Verbots übereinstimmt,

3. wegen einer oder mehrerer vorsätzlich begangener Straftaten

    a) des Unterlassens der Stellung des Antrags auf Eröffnung des Insolvenzverfahrens (Insolvenzverschleppung),

    b) nach den §§ 283 bis 283d des Strafgesetzbuchs (Insolvenzstraftaten),

    c) der falschen Angaben nach § 399 dieses Gesetzes oder § 82 des Gesetzes betreffend die Gesellschaften mit beschränkter Haftung,

    d) der unrichtigen Darstellung nach § 400 dieses Gesetzes, § 331 des Handelsgesetzbuchs, § 313 des Umwandlungsgesetzes oder § 17 des Publizitätsgesetzes,

e) nach den §§ 263 bis 264a oder den §§ 265b bis 266a des Strafgesetzbuchs zu einer Freiheitsstrafe von mindestens einem Jahr

verurteilt worden ist; dieser Ausschluss gilt für die Dauer von fünf Jahren seit der Rechtskraft des Urteils, wobei die Zeit nicht eingerechnet wird, in welcher der Täter auf behördliche Anordnung in einer Anstalt verwahrt worden ist.

Satz 2 Nr. 3 gilt entsprechend bei einer Verurteilung im Ausland wegen einer Tat, die mit den in Satz 2 Nr. 3 genannten Taten vergleichbar ist.

§ 77 Geschäftsführung

(1) Besteht der Vorstand aus mehreren Personen, so sind sämtliche Vorstandsmitglieder nur gemeinschaftlich zur Geschäftsführung befugt. Die Satzung oder die Geschäftsordnung des Vorstands kann Abweichendes bestimmen; es kann jedoch nicht bestimmt werden, daß ein oder mehrere Vorstandsmitglieder Meinungsverschiedenheiten im Vorstand gegen die Mehrheit seiner Mitglieder entscheiden.

(2) Der Vorstand kann sich eine Geschäftsordnung geben, wenn nicht die Satzung den Erlaß der Geschäftsordnung dem Aufsichtsrat übertragen hat oder der Aufsichtsrat eine Geschäftsordnung für den Vorstand erläßt. Die Satzung kann Einzelfragen der Geschäftsordnung bindend regeln. Beschlüsse des Vorstands über die Geschäftsordnung müssen einstimmig gefaßt werden.

§ 78 Vertretung

(1) Der Vorstand vertritt die Gesellschaft gerichtlich und außergerichtlich. Hat eine Gesellschaft keinen Vorstand (Führungslosigkeit), wird die Gesellschaft für den Fall, dass ihr gegenüber Willenserklärungen abgegeben oder Schriftstücke zugestellt werden, durch den Aufsichtsrat vertreten.

(2) Besteht der Vorstand aus mehreren Personen, so sind, wenn die Satzung nichts anderes bestimmt, sämtliche Vorstandsmitglie-

der nur gemeinschaftlich zur Vertretung der Gesellschaft befugt. Ist eine Willenserklärung gegenüber der Gesellschaft abzugeben, so genügt die Abgabe gegenüber einem Vorstandsmitglied oder im Fall des Absatzes 1 Satz 2 gegenüber einem Aufsichtsratsmitglied. An die Vertreter der Gesellschaft nach Absatz 1 können unter der im Handelsregister eingetragenen Geschäftsanschrift Willenserklärungen gegenüber der Gesellschaft abgegeben und Schriftstücke für die Gesellschaft zugestellt werden. Unabhängig hiervon können die Abgabe und die Zustellung auch unter der eingetragenen Anschrift der empfangsberechtigten Person nach § 39 Abs. 1 Satz 2 erfolgen.

(3) Die Satzung kann auch bestimmen, daß einzelne Vorstandsmitglieder allein oder in Gemeinschaft mit einem Prokuristen zur Vertretung der Gesellschaft befugt sind. Dasselbe kann der Aufsichtsrat bestimmen, wenn die Satzung ihn hierzu ermächtigt hat. Absatz 2 Satz 2 gilt in diesen Fällen sinngemäß.

(4) Zur Gesamtvertretung befugte Vorstandsmitglieder können einzelne von ihnen zur Vornahme bestimmter Geschäfte oder bestimmter Arten von Geschäften ermächtigen. Dies gilt sinngemäß, wenn ein einzelnes Vorstandsmitglied in Gemeinschaft mit einem Prokuristen zur Vertretung der Gesellschaft befugt ist.

§ 79 (weggefallen)

§ 80 Angaben auf Geschäftsbriefen

(1) Auf allen Geschäftsbriefen gleichviel welcher Form, die an einen bestimmten Empfänger gerichtet werden, müssen die Rechtsform und der Sitz der Gesellschaft, das Registergericht des Sitzes der Gesellschaft und die Nummer, unter der die Gesellschaft in das Handelsregister eingetragen ist, sowie alle Vorstandsmitglieder und der Vorsitzende des Aufsichtsrats mit dem Familiennamen und mindestens einem ausgeschriebenen Vornamen angegeben werden. Der Vorsitzende des Vorstands ist als solcher zu bezeichnen. Werden Angaben über das Kapital der Gesellschaft gemacht, so müssen in jedem Falle das Grundkapital sowie, wenn auf die Aktien der

Ausgabebetrag nicht vollständig eingezahlt ist, der Gesamtbetrag der ausstehenden Einlagen angegeben werden.

(2) Der Angaben nach Absatz 1 Satz 1 und 2 bedarf es nicht bei Mitteilungen oder Berichten, die im Rahmen einer bestehenden Geschäftsverbindung ergehen und für die üblicherweise Vordrucke verwendet werden, in denen lediglich die im Einzelfall erforderlichen besonderen Angaben eingefügt zu werden brauchen.

(3) Bestellscheine gelten als Geschäftsbriefe im Sinne des Absatzes 1. Absatz 2 ist auf sie nicht anzuwenden.

(4) Auf allen Geschäftsbriefen und Bestellscheinen, die von einer Zweigniederlassung einer Aktiengesellschaft mit Sitz im Ausland verwendet werden, müssen das Register, bei dem die Zweigniederlassung geführt wird, und die Nummer des Registereintrags angegeben werden; im übrigen gelten die Vorschriften der Absätze 1 bis 3 für die Angaben bezüglich der Haupt- und der Zweigniederlassung, soweit nicht das ausländische Recht Abweichungen nötig macht. Befindet sich die ausländische Gesellschaft in Abwicklung, so sind auch diese Tatsache sowie alle Abwickler anzugeben.

§ 81 Änderung des Vorstands und der Vertretungsbefugnis seiner Mitglieder

(1) Jede Änderung des Vorstands oder der Vertretungsbefugnis eines Vorstandsmitglieds hat der Vorstand zur Eintragung in das Handelsregister anzumelden.

(2) Der Anmeldung sind die Urkunden über die Änderung in Urschrift oder öffentlich beglaubigter Abschrift beizufügen.

(3) Die neuen Vorstandsmitglieder haben in der Anmeldung zu versichern, daß keine Umstände vorliegen, die ihrer Bestellung nach § 76 Abs. 3 Satz 2 Nr. 2 und 3 sowie Satz 3 entgegenstehen, und daß sie über ihre unbeschränkte Auskunftspflicht gegenüber dem Gericht belehrt worden sind. § 37 Abs. 2 Satz 2 ist anzuwenden.

§ 82 Beschränkungen der Vertretungs- und Geschäftsführungsbefugnis

(1) Die Vertretungsbefugnis des Vorstands kann nicht beschränkt werden.

(2) Im Verhältnis der Vorstandsmitglieder zur Gesellschaft sind diese verpflichtet, die Beschränkungen einzuhalten, die im Rahmen der Vorschriften über die Aktiengesellschaft die Satzung, der Aufsichtsrat, die Hauptversammlung und die Geschäftsordnungen des Vorstands und des Aufsichtsrats für die Geschäftsführungsbefugnis getroffen haben.

§ 83 Vorbereitung und Ausführung von Hauptversammlungsbeschlüssen

(1) Der Vorstand ist auf Verlangen der Hauptversammlung verpflichtet, Maßnahmen, die in die Zuständigkeit der Hauptversammlung fallen, vorzubereiten. Das gleiche gilt für die Vorbereitung und den Abschluß von Verträgen, die nur mit Zustimmung der Hauptversammlung wirksam werden. Der Beschluß der Hauptversammlung bedarf der Mehrheiten, die für die Maßnahmen oder für die Zustimmung zu dem Vertrag erforderlich sind.

(2) Der Vorstand ist verpflichtet, die von der Hauptversammlung im Rahmen ihrer Zuständigkeit beschlossenen Maßnahmen auszuführen.

§ 84 Bestellung und Abberufung des Vorstands

(1) Vorstandsmitglieder bestellt der Aufsichtsrat auf höchstens fünf Jahre. Eine wiederholte Bestellung oder Verlängerung der Amtszeit, jeweils für höchstens fünf Jahre, ist zulässig. Sie bedarf eines erneuten Aufsichtsratsbeschlusses, der frühestens ein Jahr vor Ablauf der bisherigen Amtszeit gefaßt werden kann. Nur bei einer Bestellung auf weniger als fünf Jahre kann eine Verlängerung der Amtszeit ohne neuen Aufsichtsratsbeschluß vorgesehen werden, sofern dadurch die gesamte Amtszeit nicht mehr als fünf Jahre beträgt. Dies gilt sinngemäß für den Anstellungsvertrag; er kann jedoch vorsehen, daß er für den Fall einer Verlängerung der Amtszeit bis zu deren Ablauf weitergilt.

(2) Werden mehrere Personen zu Vorstandsmitgliedern bestellt, so kann der Aufsichtsrat ein Mitglied zum Vorsitzenden des Vorstands ernennen.

(3) Der Aufsichtsrat kann die Bestellung zum Vorstandsmitglied und die Ernennung zum Vorsitzenden des Vorstands widerrufen, wenn ein wichtiger Grund vorliegt. Ein solcher Grund ist namentlich grobe Pflichtverletzung, Unfähigkeit zur ordnungsmäßigen Geschäftsführung oder Vertrauensentzug durch die Hauptversammlung, es sei denn, daß das Vertrauen aus offenbar unsachlichen Gründen entzogen worden ist. Dies gilt auch für den vom ersten Aufsichtsrat bestellten Vorstand. Der Widerruf ist wirksam, bis seine Unwirksamkeit rechtskräftig festgestellt ist. Für die Ansprüche aus dem Anstellungsvertrag gelten die allgemeinen Vorschriften.

(4) Die Vorschriften des Gesetzes über die Mitbestimmung der Arbeitnehmer in den Aufsichtsräten und Vorständen der Unternehmen des Bergbaus und der Eisen und Stahl erzeugenden Industrie vom 21. Mai 1951 (Bundesgesetzblatt I S. 347) – Montan-Mitbestimmungsgesetz – über die besonderen Mehrheitserfordernisse für einen Aufsichtsratsbeschluß über die Bestellung eines Arbeitsdirektors oder den Widerruf seiner Bestellung bleiben unberührt.

§ 85 Bestellung durch das Gericht

(1) Fehlt ein erforderliches Vorstandsmitglied, so hat in dringenden Fällen das Gericht auf Antrag eines Beteiligten das Mitglied zu bestellen. Gegen die Entscheidung ist die Beschwerde zulässig.

(2) Das Amt des gerichtlich bestellten Vorstandsmitglieds erlischt in jedem Fall, sobald der Mangel behoben ist.

(3) Das gerichtlich bestellte Vorstandsmitglied hat Anspruch auf Ersatz angemessener barer Auslagen und auf Vergütung für seine Tätigkeit. Einigen sich das gerichtlich bestellte Vorstandsmitglied und die Gesellschaft nicht, so setzt das Gericht die Auslagen und die Vergütung fest. Gegen die Entscheidung ist die Beschwerde zulässig; die Rechtsbeschwerde ist ausgeschlossen. Aus der rechts-

kräftigen Entscheidung findet die Zwangsvollstreckung nach der Zivilprozeßordnung statt.

§ 86 (weggefallen)

§ 87 Grundsätze für die Bezüge der Vorstandsmitglieder

(1) Der Aufsichtsrat hat bei der Festsetzung der Gesamtbezüge des einzelnen Vorstandsmitglieds (Gehalt, Gewinnbeteiligungen, Aufwandsentschädigungen, Versicherungsentgelte, Provisionen, anreizorientierte Vergütungszusagen wie zum Beispiel Aktienbezugsrechte und Nebenleistungen jeder Art) dafür zu sorgen, dass diese in einem angemessenen Verhältnis zu den Aufgaben und Leistungen des Vorstandsmitglieds sowie zur Lage der Gesellschaft stehen und die übliche Vergütung nicht ohne besondere Gründe übersteigen. Die Vergütungsstruktur ist bei börsennotierten Gesellschaften auf eine nachhaltige Unternehmensentwicklung auszurichten. Variable Vergütungsbestandteile sollen daher eine mehrjährige Bemessungsgrundlage haben; für außerordentliche Entwicklungen soll der Aufsichtsrat eine Begrenzungsmöglichkeit vereinbaren. Satz 1 gilt sinngemäß für Ruhegehalt, Hinterbliebenenbezüge und Leistungen verwandter Art.

(2) Verschlechtert sich die Lage der Gesellschaft nach der Festsetzung so, dass die Weitergewährung der Bezüge nach Absatz 1 unbillig für die Gesellschaft wäre, so soll der Aufsichtsrat oder im Falle des § 85 Absatz 3 das Gericht auf Antrag des Aufsichtsrats die Bezüge auf die angemessene Höhe herabsetzen. Ruhegehalt, Hinterbliebenenbezüge und Leistungen verwandter Art können nur in den ersten drei Jahren nach Ausscheiden aus der Gesellschaft nach Satz 1 herabgesetzt werden. Durch eine Herabsetzung wird der Anstellungsvertrag im übrigen nicht berührt. Das Vorstandsmitglied kann jedoch seinen Anstellungsvertrag für den Schluß des nächsten Kalendervierteljahrs mit einer Kündigungsfrist von sechs Wochen kündigen.

(3) Wird über das Vermögen der Gesellschaft das Insolvenzverfahren eröffnet und kündigt der Insolvenzverwalter den Anstellungsver-

trag eines Vorstandsmitglieds, so kann es Ersatz für den Schaden, der ihm durch die Aufhebung des Dienstverhältnisses entsteht, nur für zwei Jahre seit dem Ablauf des Dienstverhältnisses verlangen.

§ 88 Wettbewerbsverbot

(1) Die Vorstandsmitglieder dürfen ohne Einwilligung des Aufsichtsrats weder ein Handelsgewerbe betreiben noch im Geschäftszweig der Gesellschaft für eigene oder fremde Rechnung Geschäfte machen. Sie dürfen ohne Einwilligung auch nicht Mitglied des Vorstands oder Geschäftsführer oder persönlich haftender Gesellschafter einer anderen Handelsgesellschaft sein. Die Einwilligung des Aufsichtsrats kann nur für bestimmte Handelsgewerbe oder Handelsgesellschaften oder für bestimmte Arten von Geschäften erteilt werden.

(2) Verstößt ein Vorstandsmitglied gegen dieses Verbot, so kann die Gesellschaft Schadenersatz fordern. Sie kann statt dessen von dem Mitglied verlangen, daß es die für eigene Rechnung gemachten Geschäfte als für Rechnung der Gesellschaft eingegangen gelten läßt und die aus Geschäften für fremde Rechnung bezogene Vergütung herausgibt oder seinen Anspruch auf die Vergütung abtritt.

(3) Die Ansprüche der Gesellschaft verjähren in drei Monaten seit dem Zeitpunkt, in dem die übrigen Vorstandsmitglieder und die Aufsichtsratsmitglieder von der zum Schadensersatz verpflichtenden Handlung Kenntnis erlangen oder ohne grobe Fahrlässigkeit erlangen müssten. Sie verjähren ohne Rücksicht auf diese Kenntnis oder grob fahrlässige Unkenntnis in fünf Jahren von ihrer Entstehung an.

§ 89 Kreditgewährung an Vorstandsmitglieder

(1) Die Gesellschaft darf ihren Vorstandsmitgliedern Kredit nur auf Grund eines Beschlusses des Aufsichtsrats gewähren. Der Beschluß kann nur für bestimmte Kreditgeschäfte oder Arten von Kreditgeschäften und nicht für länger als drei Monate im voraus gefaßt werden. Er hat die Verzinsung und Rückzahlung des Kredits zu regeln. Der Gewährung eines Kredits steht die Gestattung einer Entnahme gleich, die über die dem Vorstandsmitglied zustehenden Bezüge hinausgeht, namentlich auch die Gestattung der Entnahme von Vorschüssen auf Bezüge. Dies gilt nicht für Kredite, die ein Monatsgehalt nicht übersteigen.

(2) Die Gesellschaft darf ihren Prokuristen und zum gesamten Geschäftsbetrieb ermächtigten Handlungsbevollmächtigten Kredit nur mit Einwilligung des Aufsichtsrats gewähren. Eine herrschende Gesellschaft darf Kredite an gesetzliche Vertreter, Prokuristen oder zum gesamten Geschäftsbetrieb ermächtigte Handlungsbevollmächtigte eines abhängigen Unternehmens nur mit Einwilligung ihres Aufsichtsrats, eine abhängige Gesellschaft darf Kredite an gesetzliche Vertreter, Prokuristen oder zum gesamten Geschäftsbetrieb ermächtigte Handlungsbevollmächtigte des herrschenden Unternehmens nur mit Einwilligung des Aufsichtsrats des herrschenden Unternehmens gewähren. Absatz 1 Satz 2 bis 5 gilt sinngemäß.

(3) Absatz 2 gilt auch für Kredite an den Ehegatten, Lebenspartner oder an ein minderjähriges Kind eines Vorstandsmitglieds, eines anderen gesetzlichen Vertreters, eines Prokuristen oder eines zum gesamten Geschäftsbetrieb ermächtigten Handlungsbevollmächtigten. Er gilt ferner für Kredite an einen Dritten, der für Rechnung dieser Personen oder für Rechnung eines Vorstandsmitglieds, eines anderen gesetzlichen Vertreters, eines Prokuristen oder eines zum gesamten Geschäftsbetrieb ermächtigten Handlungsbevollmächtigten handelt.

(4) Ist ein Vorstandsmitglied, ein Prokurist oder ein zum gesamten Geschäftsbetrieb ermächtigter Handlungsbevollmächtigter zugleich gesetzlicher Vertreter oder Mitglied des Aufsichtsrats einer anderen juristischen Person oder Gesellschafter einer Personenhandelsgesellschaft, so darf die Gesellschaft der juristischen Person oder der Personenhandelsgesellschaft Kredit nur mit Einwilligung des Aufsichtsrats gewähren; Absatz 1

Satz 2 und 3 gilt sinngemäß. Dies gilt nicht, wenn die juristische Person oder die Personenhandelsgesellschaft mit der Gesellschaft verbunden ist oder wenn der Kredit für die Bezahlung von Waren gewährt wird, welche die Gesellschaft der juristischen Person oder der Personenhandelsgesellschaft liefert.

(5) Wird entgegen den Absätzen 1 bis 4 Kredit gewährt, so ist der Kredit ohne Rücksicht auf entgegenstehende Vereinbarungen sofort zurückzugewähren, wenn nicht der Aufsichtsrat nachträglich zustimmt.

(6) Ist die Gesellschaft ein Kreditinstitut oder Finanzdienstleistungsinstitut, auf das § 15 des Gesetzes über das Kreditwesen anzuwenden ist, gelten anstelle der Absätze 1 bis 5 die Vorschriften des Gesetzes über das Kreditwesen.

§ 90 Berichte an den Aufsichtsrat

(1) Der Vorstand hat dem Aufsichtsrat zu berichten über

1. die beabsichtigte Geschäftspolitik und andere grundsätzliche Fragen der Unternehmensplanung (insbesondere die Finanz-, Investitions- und Personalplanung), wobei auf Abweichungen der tatsächlichen Entwicklung von früher berichteten Zielen unter Angabe von Gründen einzugehen ist;

2. die Rentabilität der Gesellschaft, insbesondere die Rentabilität des Eigenkapitals;

3. den Gang der Geschäfte, insbesondere den Umsatz, und die Lage der Gesellschaft;

4. Geschäfte, die für die Rentabilität oder Liquidität der Gesellschaft von erheblicher Bedeutung sein können.

Ist die Gesellschaft Mutterunternehmen (§ 290 Abs. 1, 2 des Handelsgesetzbuchs), so hat der Bericht auch auf Tochterunternehmen und auf Gemeinschaftsunternehmen (§ 310 Abs. 1 des Handelsgesetzbuchs) einzugehen. Außerdem ist dem Vorsitzenden des Aufsichtsrats aus sonstigen wichtigen Anlässen zu berichten; als wichtiger Anlaß ist auch ein dem Vorstand bekanntgewordener geschäft-

licher Vorgang bei einem verbundenen Unternehmen anzusehen, der auf die Lage der Gesellschaft von erheblichem Einfluß sein kann.

(2) Die Berichte nach Absatz 1 Satz 1 Nr. 1 bis 4 sind wie folgt zu erstatten:

1. die Berichte nach Nummer 1 mindestens einmal jährlich, wenn nicht Änderungen der Lage oder neue Fragen eine unverzügliche Berichterstattung gebieten;

2. die Berichte nach Nummer 2 in der Sitzung des Aufsichtsrats, in der über den Jahresabschluß verhandelt wird;

3. die Berichte nach Nummer 3 regelmäßig, mindestens vierteljährlich;

4. die Berichte nach Nummer 4 möglichst so rechtzeitig, daß der Aufsichtsrat vor Vornahme der Geschäfte Gelegenheit hat, zu ihnen Stellung zu nehmen.

(3) Der Aufsichtsrat kann vom Vorstand jederzeit einen Bericht verlangen über Angelegenheiten der Gesellschaft, über ihre rechtlichen und geschäftlichen Beziehungen zu verbundenen Unternehmen sowie über geschäftliche Vorgänge bei diesen Unternehmen, die auf die Lage der Gesellschaft von erheblichem Einfluß sein können. Auch ein einzelnes Mitglied kann einen Bericht, jedoch nur an den Aufsichtsrat, verlangen.

(4) Die Berichte haben den Grundsätzen einer gewissenhaften und getreuen Rechenschaft zu entsprechen. Sie sind möglichst rechtzeitig und, mit Ausnahme des Berichts nach Absatz 1 Satz 3, in der Regel in Textform zu erstatten.

(5) Jedes Aufsichtsratsmitglied hat das Recht, von den Berichten Kenntnis zu nehmen. Soweit die Berichte in Textform erstattet worden sind, sind sie auch jedem Aufsichtsratsmitglied auf Verlangen zu übermitteln, soweit der Aufsichtsrat nichts anderes beschlossen hat. Der Vorsitzende des Aufsichtsrats hat die Aufsichtsratsmitglieder über die Berichte nach Absatz 1 Satz 2 spätestens in der nächsten Aufsichtsratssitzung zu unterrichten.

§ 91 Organisation; Buchführung

(1) Der Vorstand hat dafür zu sorgen, daß die erforderlichen Handelsbücher geführt werden.

(2) Der Vorstand hat geeignete Maßnahmen zu treffen, insbesondere ein Überwachungssystem einzurichten, damit den Fortbestand der Gesellschaft gefährdende Entwicklungen früh erkannt werden.

§ 92 Vorstandspflichten bei Verlust, Überschuldung oder Zahlungsunfähigkeit

(1) Ergibt sich bei Aufstellung der Jahresbilanz oder einer Zwischenbilanz oder ist bei pflichtgemäßem Ermessen anzunehmen, daß ein Verlust in Höhe der Hälfte des Grundkapitals besteht, so hat der Vorstand unverzüglich die Hauptversammlung einzuberufen und ihr dies anzuzeigen.

(2) Nachdem die Zahlungsunfähigkeit der Gesellschafter eingetreten ist oder sich ihre Überschuldung ergeben hat, darf der Vorstand keine Zahlungen leisten. Dies gilt nicht von Zahlungen, die auch nach diesem Zeitpunkt mit der Sorgfalt eines ordentlichen und gewissenhaften Geschäftsleiters vereinbar sind. Die gleiche Verpflichtung trifft den Vorstand für Zahlungen an Aktionäre, soweit diese zur Zahlungsunfähigkeit der Gesellschaft führen mussten, es sei denn, dies war auch bei Beachtung der in § 93 Abs. 1 Satz 1 bezeichneten Sorgfalt nicht erkennbar.

§ 93 Sorgfaltspflicht und Verantwortlichkeit der Vorstandsmitglieder

(1) Die Vorstandsmitglieder haben bei ihrer Geschäftsführung die Sorgfalt eines ordentlichen und gewissenhaften Geschäftsleiters anzuwenden. Eine Pflichtverletzung liegt nicht vor, wenn das Vorstandsmitglied bei einer unternehmerischen Entscheidung vernünftigerweise annehmen durfte, auf der Grundlage angemessener Information zum Wohle der Gesellschaft zu handeln. Über vertrauliche Angaben und Geheimnisse der Gesellschaft, namentlich Betriebs- oder Geschäftsgeheimnisse, die den Vorstandsmitgliedern durch ihre Tätigkeit im Vorstand be-

kanntgeworden sind, haben sie Stillschweigen zu bewahren. Die Pflicht des Satzes 3 gilt nicht gegenüber einer nach § 342b des Handelsgesetzbuchs anerkannten Prüfstelle im Rahmen einer von dieser durchgeführten Prüfung.

(2) Vorstandsmitglieder, die ihre Pflichten verletzen, sind der Gesellschaft zum Ersatz des daraus entstehenden Schadens als Gesamtschuldner verpflichtet. Ist streitig, ob sie die Sorgfalt eines ordentlichen und gewissenhaften Geschäftsleiters angewandt haben, so trifft sie die Beweislast. Schließt die Gesellschaft eine Versicherung zur Absicherung eines Vorstandsmitglieds gegen Risiken aus dessen beruflicher Tätigkeit für die Gesellschaft ab, ist ein Selbstbehalt von mindestens 10 Prozent des Schadens bis mindestens zur Höhe des Eineinhalbfachen der festen jährlichen Vergütung des Vorstandsmitglieds vorzusehen.

(3) Die Vorstandsmitglieder sind namentlich zum Ersatz verpflichtet, wenn entgegen diesem Gesetz

1. Einlagen an die Aktionäre zurückgewährt werden,

2. den Aktionären Zinsen oder Gewinnanteile gezahlt werden,

3. eigene Aktien der Gesellschaft oder einer anderen Gesellschaft gezeichnet, erworben, als Pfand genommen oder eingezogen werden,

4. Aktien vor der vollen Leistung des Ausgabebetrags ausgegeben werden,

5. Gesellschaftsvermögen verteilt wird,

6. Zahlungen entgegen § 92 Abs. 2 geleistet werden,

7. Vergütungen an Aufsichtsratsmitglieder gewährt werden,

8. Kredit gewährt wird,

9. bei der bedingten Kapitalerhöhung außerhalb des festgesetzten Zwecks oder vor der vollen Leistung des Gegenwerts Bezugsaktien ausgegeben werden.

(4) Der Gesellschaft gegenüber tritt die Ersatzpflicht nicht ein, wenn die Handlung auf einem gesetzmäßigen Beschluß der Haupt-

versammlung beruht. Dadurch, daß der Aufsichtsrat die Handlung gebilligt hat, wird die Ersatzpflicht nicht ausgeschlossen. Die Gesellschaft kann erst drei Jahre nach der Entstehung des Anspruchs und nur dann auf Ersatzansprüche verzichten oder sich über sie vergleichen, wenn die Hauptversammlung zustimmt und nicht eine Minderheit, deren Anteile zusammen den zehnten Teil des Grundkapitals erreichen, zur Niederschrift Widerspruch erhebt. Die zeitliche Beschränkung gilt nicht, wenn der Ersatzpflichtige zahlungsunfähig ist und sich zur Abwendung des Insolvenzverfahrens mit seinen Gläubigern vergleicht oder wenn die Ersatzpflicht in einem Insolvenzplan geregelt ist.

(5) Der Ersatzanspruch der Gesellschaft kann auch von den Gläubigern der Gesellschaft geltend gemacht werden, soweit sie von dieser keine Befriedigung erlangen können. Dies gilt jedoch in anderen Fällen als denen des Absatzes 3 nur dann, wenn die Vorstandsmitglieder die Sorgfalt eines ordentlichen und gewissenhaften Geschäftsleiters gröblich verletzt haben; Absatz 2 Satz 2 gilt sinngemäß. Den Gläubigern gegenüber wird die Ersatzpflicht weder durch einen Verzicht oder Vergleich der Gesellschaft noch dadurch aufgehoben, daß die Handlung auf einem Beschluß der Hauptversammlung beruht. Ist über das Vermögen der Gesellschaft das Insolvenzverfahren eröffnet, so übt während dessen Dauer der Insolvenzverwalter oder der Sachwalter das Recht der Gläubiger gegen die Vorstandsmitglieder aus.

(6) Die Ansprüche aus diesen Vorschriften verjähren bei Gesellschaften, die zum Zeitpunkt der Pflichtverletzung börsennotiert sind, in zehn Jahren, bei anderen Gesellschaften in fünf Jahren.

§ 94 Stellvertreter von Vorstandsmitgliedern

Die Vorschriften für die Vorstandsmitglieder gelten auch für ihre Stellvertreter.

Zweiter Abschnitt
Aufsichtsrat

§ 95 Zahl der Aufsichtsratsmitglieder

Der Aufsichtsrat besteht aus drei Mitgliedern. Die Satzung kann eine bestimmte höhere Zahl festsetzen. Die Zahl muß durch drei teilbar sein. Die Höchstzahl der Aufsichtsratsmitglieder beträgt bei Gesellschaften mit einem Grundkapital

bis zu 1 500 000 Euro neun,

von mehr als 1 500 000 Euro fünfzehn,

von mehr als 10 000 000 Euro einundzwanzig.

Durch die vorstehenden Vorschriften werden hiervon abweichende Vorschriften des Gesetzes über die Mitbestimmung der Arbeitnehmer vom 4. Mai 1976 (Bundesgesetzbl. I S. 1153), des Montan-Mitbestimmungsgesetzes und des Gesetzes zur Ergänzung des Gesetzes über die Mitbestimmung der Arbeitnehmer in den Aufsichtsräten und Vorständen der Unternehmen des Bergbaus und der Eisen und Stahl erzeugenden Industrie vom 7. August 1956 (Bundesgesetzbl. I S. 707) – Mitbestimmungsergänzungsgesetz – nicht berührt.

§ 96 Zusammensetzung des Aufsichtsrats

(1) Der Aufsichtsrat setzt sich zusammen

bei Gesellschaften, für die das Mitbestimmungsgesetz gilt, aus Aufsichtsratsmitgliedern der Aktionäre und der Arbeitnehmer,

bei Gesellschaften, für die das Montan-Mitbestimmungsgesetz gilt, aus Aufsichtsratsmitgliedern der Aktionäre und der Arbeitnehmer und aus weiteren Mitgliedern,

bei Gesellschaften, für die die §§ 5 bis 13 des Mitbestimmungsergänzungsgesetzes gelten, aus Aufsichtsratsmitgliedern der Aktionäre und der Arbeitnehmer und aus einem weiteren Mitglied,

bei Gesellschaften, für die das Drittelbeteiligungsgesetz gilt, aus Aufsichtsratsmitgliedern der Aktionäre und der Arbeitnehmer,

bei Gesellschaften für die das Gesetz über die Mitbestimmung der Arbeitnehmer bei einer grenzüberschreitenden Verschmelzung gilt, aus Aufsichtsratsmitgliedern der Aktionäre und der Arbeitnehmer,

bei den übrigen Gesellschaften nur aus Aufsichtsratsmitgliedern der Aktionäre.

(2) Nach anderen als den zuletzt angewandten gesetzlichen Vorschriften kann der Aufsichtsrat nur zusammengesetzt werden, wenn nach § 97 oder nach § 98 die in der Bekanntmachung des Vorstands oder in der gerichtlichen Entscheidung angegebenen gesetzlichen Vorschriften anzuwenden sind.

§ 97 Bekanntmachung über die Zusammensetzung des Aufsichtsrats

(1) Ist der Vorstand der Ansicht, daß der Aufsichtsrat nicht nach den für ihn maßgebenden gesetzlichen Vorschriften zusammengesetzt ist, so hat er dies unverzüglich in den Gesellschaftsblättern und gleichzeitig durch Aushang in sämtlichen Betrieben der Gesellschaft und ihrer Konzernunternehmen bekanntzumachen. In der Bekanntmachung sind die nach Ansicht des Vorstands maßgebenden gesetzlichen Vorschriften anzugeben. Es ist darauf hinzuweisen, daß der Aufsichtsrat nach diesen Vorschriften zusammengesetzt wird, wenn nicht Antragsberechtigte nach § 98 Abs. 2 innerhalb eines Monats nach der Bekanntmachung im Bundesanzeiger das nach § 98 Abs. 1 zuständige Gericht anrufen.

(2) Wird das nach § 98 Abs. 1 zuständige Gericht nicht innerhalb eines Monats nach der Bekanntmachung im Bundesanzeiger angerufen, so ist der neue Aufsichtsrat nach den in der Bekanntmachung des Vorstands angegebenen gesetzlichen Vorschriften zusammenzusetzen. Die Bestimmungen der Satzung über die Zusammensetzung des Aufsichtsrats, über die Zahl der Aufsichtsratsmitglieder sowie über die Wahl, Abberufung und Entsendung von Aufsichtsratsmitgliedern treten mit der Beendigung der ersten Hauptversammlung, die nach Ablauf der Anrufungsfrist einberufen wird, spätestens sechs Monate nach Ablauf dieser Frist insoweit außer Kraft, als sie den nunmehr anzuwendenden gesetzlichen Vorschriften wider-

sprechen. Mit demselben Zeitpunkt erlischt das Amt der bisherigen Aufsichtsratsmitglieder. Eine Hauptversammlung, die innerhalb der Frist von sechs Monaten stattfindet, kann an Stelle der außer Kraft tretenden Satzungsbestimmungen mit einfacher Stimmenmehrheit neue Satzungsbestimmungen beschließen.

(3) Solange ein gerichtliches Verfahren nach §§ 98, 99 anhängig ist, kann eine Bekanntmachung über die Zusammensetzung des Aufsichtsrats nicht folgen.

§ 98 Gerichtliche Entscheidung über die Zusammensetzung des Aufsichtsrats

(1) Ist streitig oder ungewiss, nach welchen gesetzlichen Vorschriften der Aufsichtsrat zusammenzusetzen ist, so entscheidet darüber auf Antrag ausschließlich das Landgericht, in dessen Bezirk die Gesellschaft ihren Sitz hat.

(2) Antragsberechtigt sind

1. der Vorstand,

2. jedes Aufsichtsratsmitglied,

3. jeder Aktionär,

4. der Gesamtbetriebsrat der Gesellschaft oder, wenn in der Gesellschaft nur ein Betriebsrat besteht, der Betriebsrat,

5. der Gesamt- oder Unternehmenssprecherausschuss der Gesellschaft oder, wenn in der Gesellschaft nur ein Sprecherausschuss besteht, der Sprecherausschuss,

6. der Gesamtbetriebsrat eines anderen Unternehmens, dessen Arbeitnehmer nach den gesetzlichen Vorschriften, deren Anwendung streitig oder ungewiß ist, selbst oder durch Delegierte an der Wahl von Aufsichtsratsmitgliedern der Gesellschaft teilnehmen, oder, wenn in dem anderen Unternehmen nur ein Betriebsrat besteht, der Betriebsrat,

7. der Gesamt- oder Unternehmenssprecherausschuss eines anderen Unternehmens, dessen Arbeitnehmer nach den gesetzlichen Vorschriften, deren Anwendung streitig oder ungewiss ist, selbst oder durch Delegierte an der Wahl von

III

Aufsichtsratsmitgliedern der Gesellschaft teilnehmen, oder, wenn in dem anderen Unternehmen nur ein Sprecherausschuss besteht, der Sprecherausschuss,

8. mindestens ein Zehntel oder einhundert der Arbeitnehmer, die nach den gesetzlichen Vorschriften, deren Anwendung streitig oder ungewiß ist, selbst oder durch Delegierte an der Wahl von Aufsichtsratsmitgliedern der Gesellschaft teilnehmen,

9. Spitzenorganisationen der Gewerkschaften, die nach den gesetzlichen Vorschriften, deren Anwendung streitig oder ungewiß ist, ein Vorschlagsrecht hätten,

10. Gewerkschaften, die nach den gesetzlichen Vorschriften, deren Anwendung streitig oder ungewiß ist, ein Vorschlagsrecht hätten.

Ist die Anwendung des Mitbestimmungsgesetzes oder die Anwendung von Vorschriften des Mitbestimmungsgesetzes streitig oder ungewiß, so sind außer den nach Satz 1 Antragsberechtigten auch je ein Zehntel der wahlberechtigten in § 3 Abs. 1 Nr. 1 des Mitbestimmungsgesetzes bezeichneten Arbeitnehmer oder der wahlberechtigten leitenden Angestellten im Sinne des Mitbestimmungsgesetzes antragsberechtigt.

(3) Die Absätze 1 und 2 gelten sinngemäß, wenn streitig ist, ob der Abschlußprüfer das nach § 3 oder § 16 des Mitbestimmungsergänzungsgesetzes maßgebliche Umsatzverhältnis richtig ermittelt hat.

(4) Entspricht die Zusammensetzung des Aufsichtsrats nicht der gerichtlichen Entscheidung, so ist der neue Aufsichtsrat nach den in der Entscheidung angegebenen gesetzlichen Vorschriften zusammenzusetzen. § 97 Abs. 2 gilt sinngemäß mit der Maßgabe, daß die Frist von sechs Monaten mit dem Eintritt der Rechtskraft beginnt.

§ 99 Verfahren

(1) Auf das Verfahren ist das Gesetz über das Verfahren in Familiensachen und in den Angelegenheiten der freiwilligen Gerichtsbarkeit anzuwenden, soweit in den Absätzen 2 bis 5 nichts anderes bestimmt ist.

(2) Das Landgericht hat den Antrag in den Gesellschaftsblättern bekanntzumachen. Der Vorstand und jedes Aufsichtsratsmitglied sowie die nach § 98 Abs. 2 antragsberechtigten Betriebsräte, Sprecherausschüsse, Spitzenorganisationen und Gewerkschaften sind zu hören.

(3) Das Landgericht entscheidet durch einen mit Gründen versehenen Beschluss. Gegen die Entscheidung des Landgerichts findet die Beschwerde statt. Sie kann nur auf eine Verletzung des Rechts gestützt werden; § 72 Abs. 1 Satz 2 und § 74 Abs. 2 und 3 des Gesetzes über das Verfahren in Familiensachen und in den Angelegenheiten der freiwilligen Gerichtsbarkeit sowie § 547 der Zivilprozessordnung gelten sinngemäß. Die Beschwerde kann nur durch die Einreichung einer von einem Rechtsanwalt unterzeichneten Beschwerdeschrift eingelegt werden. Die Landesregierung kann durch Rechtsverordnung die Entscheidung über die Beschwerde für die Bezirke mehrerer Oberlandesgerichte einem der Oberlandesgerichte oder dem Obersten Landesgericht übertragen, wenn dies der Sicherung einer einheitlichen Rechtsprechung dient. Die Landesregierung kann die Ermächtigung auf die Landesjustizverwaltung übertragen.

(4) Das Gericht hat seine Entscheidung dem Antragsteller und der Gesellschaft zuzustellen. Es hat sie ferner ohne Gründe in den Gesellschaftsblättern bekanntzumachen. Die Beschwerde steht jedem nach § 98 Abs. 2 Antragsberechtigten zu. Die Beschwerdefrist beginnt mit der Bekanntmachung der Entscheidung im Bundesanzeiger, für den Antragsteller und die Gesellschaft jedoch nicht vor der Zustellung der Entscheidung.

(5) Die Entscheidung wird erst mit der Rechtskraft wirksam. Sie wirkt für und gegen alle. Der Vorstand hat die rechtskräftige Entscheidung unverzüglich zum Handelsregister einzureichen.

(6) Für die Kosten des Verfahrens gilt die Kostenordnung. Für das Verfahren des ersten Rechtszugs wird das vierfache der vollen Ge-

bühr erhoben. Für das Verfahren über ein Rechtsmittel wird die gleiche Gebühr erhoben; dies gilt auch dann, wenn das Rechtsmittel Erfolg hat. Wird der Antrag oder das Rechtsmittel zurückgenommen, bevor es zu einer Entscheidung kommt, so ermäßigt sich die Gebühr auf die Hälfte. Der Geschäftswert ist von Amts wegen festzusetzen. Er bestimmt sich nach § 30 Abs. 2 der Kostenordnung mit der Maßgabe, daß der Wert regelmäßig auf 50 000 Euro anzunehmen ist. Schuldner der Kosten ist die Gesellschaft. Die Kosten können jedoch ganz oder zum Teil dem Antragsteller auferlegt werden, wenn dies der Billigkeit entspricht. Kosten der Beteiligten werden nicht erstattet.

§ 100 Persönliche Voraussetzungen für Aufsichtsratsmitglieder

(1) Mitglied des Aufsichtsrats kann nur eine natürliche, unbeschränkt geschäftsfähige Person sein. Ein Betreuer, der bei der Besorgung seiner Vermögensangelegenheiten ganz oder teilweise einem Einwilligungsvorbehalt (§ 1903 des Bürgerlichen Gesetzbuchs) unterliegt, kann nicht Mitglied des Aufsichtsrats sein.

(2) Mitglied des Aufsichtsrats kann nicht sein, wer

1. bereits in zehn Handelsgesellschaften, die gesetzlich einen Aufsichtsrat zu bilden haben, Aufsichtsratsmitglied ist,

2. gesetzlicher Vertreter eines von der Gesellschaft abhängigen Unternehmens ist,

3. gesetzlicher Vertreter einer anderen Kapitalgesellschaft ist, deren Aufsichtsrat ein Vorstandsmitglied der Gesellschaft angehört, oder

4. in den letzten zwei Jahren Vorstandsmitglied derselben börsennotierten Gesellschaft war, es sei denn, seine Wahl erfolgt auf Vorschlag von Aktionären, die mehr als 25 Prozent der Stimmrechte an der Gesellschaft halten.

Auf die Höchstzahl nach Satz 1 Nr. 1 sind bis zu fünf Aufsichtsratssitze nicht anzurechnen, die ein gesetzlicher Vertreter (beim Einzelkaufmann der Inhaber) des herrschenden Unternehmens eines Konzerns in zum Konzern gehörenden Handelsgesellschaften, die gesetzlich einen Aufsichtsrat zu bilden haben, inne hat. Auf die Höchstzahl nach Satz 1 Nr. 1 sind Aufsichtsratsämter im Sinne der Nummer 1 doppelt anzurechnen, für die das Mitglied zum Vorsitzenden gewählt worden ist.

(3) Die anderen persönlichen Voraussetzungen der Aufsichtsratsmitglieder der Arbeitnehmer sowie der weiteren Mitglieder bestimmen sich nach dem Mitbestimmungsgesetz, dem Montan-Mitbestimmungsgesetz, dem Mitbestimmungsergänzungsgesetz, dem Drittelbeteiligungsgesetz und dem Gesetz über die Mitbestimmung der Arbeitnehmer bei einer grenzüberschreitenden Verschmelzung.

(4) Die Satzung kann persönliche Voraussetzungen nur für Aufsichtsratsmitglieder fordern, die von der Hauptversammlung ohne Bindung an Wahlvorschläge gewählt oder aufgrund der Satzung in den Aufsichtsrat entsandt werden.

(5) Bei Gesellschaften im Sinn des § 264d des Handelsgesetzbuchs muss mindestens ein unabhängiges Mitglied des Aufsichtsrats über Sachverstand auf den Gebieten Rechnungslegung oder Abschlussprüfung verfügen.

§ 101 Bestellung der Aufsichtsratsmitglieder

(1) Die Mitglieder des Aufsichtsrats werden von der Hauptversammlung gewählt, soweit sie nicht in den Aufsichtsrat zu entsenden oder als Aufsichtsratsmitglieder der Arbeitnehmer nach dem Mitbestimmungsgesetz, dem Mitbestimmungsergänzungsgesetz, dem Drittelbeteiligungsgesetz oder dem Gesetz über die Mitbestimmung der Arbeitnehmer bei einer grenzüberschreitenden Verschmelzung zu wählen sind. An Wahlvorschläge ist die Hauptversammlung nur gemäß §§ 6 und 8 des Montan-Mitbestimmungsgesetzes gebunden.

(2) Ein Recht, Mitglieder in den Aufsichtsrat zu entsenden, kann nur durch die Satzung und nur für bestimmte Aktionäre oder für die jeweiligen Inhaber bestimmter Aktien be-

gründet werden. Inhabern bestimmter Aktien kann das Entsendungsrecht nur eingeräumt werden, wenn die Aktien auf Namen lauten und ihre Übertragung an die Zustimmung der Gesellschaft gebunden ist. Die Aktien der Entsendungsberechtigten gelten nicht als eine besondere Gattung. Die Entsendungsrechte können insgesamt höchstens für ein Drittel der sich aus dem Gesetz oder der Satzung ergebenden Zahl der Aufsichtsratsmitglieder der Aktionäre eingeräumt werden.

(3) Stellvertreter von Aufsichtsratsmitgliedern können nicht bestellt werden. Jedoch kann für jedes Aufsichtsratsmitglied mit Ausnahme des weiteren Mitglieds, das nach dem Montan-Mitbestimmungsgesetz oder dem Mitbestimmungsergänzungsgesetz auf Vorschlag der übrigen Aufsichtsratsmitglieder gewählt wird, ein Ersatzmitglied bestellt werden, das Mitglied des Aufsichtsrats wird, wenn das Aufsichtsratsmitglied vor Ablauf seiner Amtszeit wegfällt. Das Ersatzmitglied kann nur gleichzeitig mit dem Aufsichtsratsmitglied bestellt werden. Auf seine Bestellung sowie die Nichtigkeit und Anfechtung seiner Bestellung sind die für das Aufsichtsratsmitglied geltenden Vorschriften anzuwenden.

§ 102 Amtszeit der Aufsichtsratsmitglieder

(1) Aufsichtsratsmitglieder können nicht für längere Zeit als bis zur Beendigung der Hauptversammlung bestellt werden, die über die Entlastung für das vierte Geschäftsjahr nach dem Beginn der Amtszeit beschließt. Das Geschäftsjahr, in dem die Amtszeit beginnt, wird nicht mitgerechnet.

(2) Das Amt des Ersatzmitglieds erlischt spätestens mit Ablauf der Amtszeit des weggefallenen Aufsichtsratsmitglieds.

§ 103 Abberufung der Aufsichtsratsmitglieder

(1) Aufsichtsratsmitglieder, die von der Hauptversammlung ohne Bindung an einen Wahlvorschlag gewählt worden sind, können von ihr vor Ablauf der Amtszeit abberufen werden. Der Beschluß bedarf einer Mehrheit,

die mindestens drei Viertel der abgegebenen Stimmen umfaßt. Die Satzung kann eine andere Mehrheit und weitere Erfordernisse bestimmen.

(2) Ein Aufsichtsratsmitglied, das aufgrund der Satzung in den Aufsichtsrat entsandt ist, kann von dem Entsendungsberechtigten jederzeit abberufen und durch ein anderes ersetzt werden. Sind die in der Satzung bestimmten Voraussetzungen des Entsendungsrechts weggefallen, so kann die Hauptversammlung das entsandte Mitglied mit einfacher Stimmenmehrheit abberufen.

(3) Das Gericht hat auf Antrag des Aufsichtsrats ein Aufsichtsratsmitglied abzuberufen, wenn in dessen Person ein wichtiger Grund vorliegt. Der Aufsichtsrat beschließt über die Antragstellung mit einfacher Mehrheit. Ist das Aufsichtsratsmitglied aufgrund der Satzung in den Aufsichtsrat entsandt worden, so können auch Aktionäre, deren Anteile zusammen den zehnten Teil des Grundkapitals oder den anteiligen Betrag von einer Million Euro erreichen, den Antrag stellen. Gegen die Entscheidung ist die Beschwerde zulässig.

(4) Für die Abberufung der Aufsichtsratsmitglieder, die weder von der Hauptversammlung ohne Bindung an einen Wahlvorschlag gewählt worden sind noch auf Grund der Satzung in den Aufsichtsrat entsandt sind, gelten außer Absatz 3 das Mitbestimmungsgesetz, das Montan-Mitbestimmungsgesetz, das Mitbestimmungsergänzungsgesetz, das Drittelbeteiligungsgesetz, das SE-Beteiligungsgesetz und das Gesetz über die Mitbestimmung der Arbeitnehmer bei einer grenzüberschreitenden Verschmelzung.

(5) Für die Abberufung eines Ersatzmitglieds gelten die Vorschriften über die Abberufung des Aufsichtsratsmitglieds, für das es bestellt ist.

§ 104 Bestellung durch das Gericht

(1) Gehört dem Aufsichtsrat die zur Beschlußfähigkeit nötige Zahl von Mitgliedern nicht an, so hat ihn das Gericht auf Antrag des Vorstands, eines Aufsichtsratsmitglieds oder eines Aktionärs auf diese Zahl zu ergänzen. Der Vorstand ist verpflichtet, den Antrag un-

verzüglich zu stellen, es sei denn, daß die rechtzeitige Ergänzung vor der nächsten Aufsichtsratssitzung zu erwarten ist. Hat der Aufsichtsrat auch aus Aufsichtsratsmitgliedern der Arbeitnehmer zu bestehen, so können auch den Antrag stellen

1. der Gesamtbetriebsrat der Gesellschaft oder, wenn in der Gesellschaft nur ein Betriebsrat besteht, der Betriebsrat, sowie, wenn die Gesellschaft herrschendes Unternehmen eines Konzerns ist, der Konzernbetriebsrat,

2. der Gesamt- oder Unternehmenssprecherausschuss der Gesellschaft oder, wenn in der Gesellschaft nur ein Sprecherausschuss besteht, der Sprecherausschuss sowie, wenn die Gesellschaft herrschendes Unternehmen eines Konzerns ist, der Konzernsprecherausschuss,

3. der Gesamtbetriebsrat eines anderen Unternehmens, dessen Arbeitnehmer selbst oder durch Delegierte an der Wahl teilnehmen, oder, wenn in dem anderen Unternehmen nur ein Betriebsrat besteht, der Betriebsrat,

4. der Gesamt- oder Unternehmenssprecherausschuss eines anderen Unternehmens, dessen Arbeitnehmer selbst oder durch Delegierte an der Wahl teilnehmen, oder, wenn in dem anderen Unternehmen nur ein Sprecherausschuss besteht, der Sprecherausschuss,

5. mindestens ein Zehntel oder einhundert der Arbeitnehmer, die selbst oder durch Delegierte an der Wahl teilnehmen,

6. Spitzenorganisationen der Gewerkschaften, die das Recht haben, Aufsichtsratsmitglieder der Arbeitnehmer vorzuschlagen,

7. Gewerkschaften, die das Recht haben, Aufsichtsratsmitglieder der Arbeitnehmer vorzuschlagen.

Hat der Aufsichtsrat nach dem Mitbestimmungsgesetz auch aus Aufsichtsratsmitgliedern der Arbeitnehmer zu bestehen, so sind außer den nach Satz 3 Antragsberechtigten auch je ein Zehntel der wahlberechtigten in § 3 Abs. 1 Nr. 1 des Mitbestimmungsgesetzes

bezeichneten Arbeitnehmer oder der wahlberechtigten leitenden Angestellten im Sinne des Mitbestimmungsgesetzes antragsberechtigt. Gegen die Entscheidung ist die Beschwerde zulässig.

(2) Gehören dem Aufsichtsrat länger als drei Monate weniger Mitglieder als die durch Gesetz oder Satzung festgesetzte Zahl an, so hat ihn das Gericht auf Antrag auf diese Zahl zu ergänzen. In dringenden Fällen hat das Gericht auf Antrag den Aufsichtsrat auch vor Ablauf der Frist zu ergänzen. Das Antragsrecht bestimmt sich nach Absatz 1. Gegen die Entscheidung ist die Beschwerde zulässig.

(3) Absatz 2 ist auf einen Aufsichtsrat, in dem die Arbeitnehmer ein Mitbestimmungsrecht nach dem Mitbestimmungsgesetz, dem Montan-Mitbestimmungsgesetz oder dem Mitbestimmungsergänzungsgesetz haben, mit der Maßgabe anzuwenden,

1. daß das Gericht den Aufsichtsrat hinsichtlich des weiteren Mitglieds, das nach dem Montan-Mitbestimmungsgesetz oder dem Mitbestimmungsergänzungsgesetz auf Vorschlag der übrigen Aufsichtsratsmitglieder gewählt wird, nicht ergänzen kann,

2. daß es stets ein dringender Fall ist, wenn dem Aufsichtsrat, abgesehen von dem in Nummer 1 genannten weiteren Mitglied, nicht alle Mitglieder angehören, aus denen er nach Gesetz oder Satzung zu bestehen hat.

(4) Hat der Aufsichtsrat auch aus Aufsichtsratsmitgliedern der Arbeitnehmer zu bestehen, so hat das Gericht ihn so zu ergänzen, daß das für seine Zusammensetzung maßgebende zahlenmäßige Verhältnis hergestellt wird. Wenn der Aufsichtsrat zur Herstellung seiner Beschlußfähigkeit ergänzt wird, gilt dies nur, soweit die zur Beschlußfähigkeit nötige Zahl der Aufsichtsratsmitglieder die Wahrung dieses Verhältnisses möglich macht. Ist ein Aufsichtsratsmitglied zu ersetzen, das nach Gesetz oder Satzung in persönlicher Hinsicht besonderen Voraussetzungen entsprechen muß, so muß auch das vom Gericht bestellte Aufsichtsratsmitglied diesen Voraussetzungen entsprechen. Ist ein Auf-

III

sichtsratsmitglied zu ersetzen, bei dessen Wahl eine Spitzenorganisation der Gewerkschaften, eine Gewerkschaft oder die Betriebsräte ein Vorschlagsrecht hätten, so soll das Gericht Vorschläge dieser Stellen berücksichtigen, soweit nicht überwiegende Belange der Gesellschaft oder der Allgemeinheit der Bestellung des Vorgeschlagenen entgegenstehen; das gleiche gilt, wenn das Aufsichtsratsmitglied durch Delegierte zu wählen wäre, für gemeinsame Vorschläge der Betriebsräte der Unternehmen, in denen Delegierte zu wählen sind.

(5) Das Amt des gerichtlich bestellten Aufsichtsratsmitglieds erlischt in jedem Fall, sobald der Mangel behoben ist.

(6) Das gerichtlich bestellte Aufsichtsratsmitglied hat Anspruch auf Ersatz angemessener barer Auslagen und, wenn den Aufsichtsratsmitgliedern der Gesellschaft eine Vergütung gewährt wird, auf Vergütung für seine Tätigkeit. Auf Antrag des Aufsichtsratsmitglieds setzt das Gericht die Auslagen und die Vergütung fest. Gegen die Entscheidung ist die Beschwerde zulässig; die Rechtsbeschwerde ist ausgeschlossen. Aus der rechtskräftigen Entscheidung findet die Zwangsvollstreckung nach der Zivilprozeßordnung statt.

§ 105 Unvereinbarkeit der Zugehörigkeit zum Vorstand und zum Aufsichtsrat

(1) Ein Aufsichtsratsmitglied kann nicht zugleich Vorstandsmitglied, dauernd Stellvertreter von Vorstandsmitgliedern, Prokurist oder zum gesamten Geschäftsbetrieb ermächtigter Handlungsbevollmächtigter der Gesellschaft sein.

(2) Nur für einen im voraus begrenzten Zeitraum, höchstens für ein Jahr, kann der Aufsichtsrat einzelne seiner Mitglieder zu Stellvertretern von fehlenden oder verhinderten Vorstandsmitgliedern bestellen. Eine wiederholte Bestellung oder Verlängerung der Amtszeit ist zulässig, wenn dadurch die Amtszeit insgesamt ein Jahr nicht übersteigt. Während ihrer Amtszeit als Stellvertreter von Vorstandsmitgliedern können die Aufsichts-

ratsmitglieder keine Tätigkeit als Aufsichtsratsmitglied ausüben. Das Wettbewerbsverbot des § 88 gilt für sie nicht.

§ 106 Bekanntmachung der Änderungen im Aufsichtsrat

Der Vorstand hat bei jeder Änderung in den Personen der Aufsichtsratsmitglieder unverzüglich eine Liste der Mitglieder des Aufsichtsrats, aus welcher Name, Vorname, ausgeübter Beruf und Wohnort der Mitglieder ersichtlich ist, zum Handelsregister einzureichen; das Gericht hat nach § 10 des Handelsgesetzbuchs einen Hinweis darauf bekannt zu machen, dass die Liste zum Handelsregister eingereicht worden ist.

§ 107 Innere Ordnung des Aufsichtsrats

(1) Der Aufsichtsrat hat nach näherer Bestimmung der Satzung aus seiner Mitte einen Vorsitzenden und mindestens einen Stellvertreter zu wählen. Der Vorstand hat zum Handelsregister anzumelden, wer gewählt ist. Der Stellvertreter hat nur dann die Rechte und Pflichten des Vorsitzenden, wenn dieser verhindert ist.

(2) Über die Sitzungen des Aufsichtsrats ist eine Niederschrift anzufertigen, die der Vorsitzende zu unterzeichnen hat. In der Niederschrift sind der Ort und der Tag der Sitzung, die Teilnehmer, die Gegenstände der Tagesordnung, der wesentliche Inhalt der Verhandlungen und die Beschlüsse des Aufsichtsrats anzugeben. Ein Verstoß gegen Satz 1 oder Satz 2 macht einen Beschluß nicht unwirksam. Jedem Mitglied des Aufsichtsrats ist auf Verlangen eine Abschrift der Sitzungsniederschrift auszuhändigen.

(3) Der Aufsichtsrat kann aus seiner Mitte einen oder mehrere Ausschüsse bestellen, namentlich, um seine Verhandlungen und Beschlüsse vorzubereiten oder die Ausführung seiner Beschlüsse zu überwachen. Er kann insbesondere einen Prüfungsausschuss bestellen, der sich mit der Überwachung des Rechnungslegungsprozesses, der Wirksamkeit des internen Kontrollsystems, des Risikomanagementsystems und des internen Revisionssystems sowie der Abschlussprüfung,

hier insbesondere die Unabhängigkeit des Abschlussprüfers und der vom Abschlussprüfer zusätzlich erbrachten Leistungen, befasst. Die Aufgaben nach Absatz 1 Satz 1, § 59 Abs. 3, § 77 Abs. 2 Satz 1, § 84 Abs. 1 Satz 1 und 3, Abs. 2 und Abs. 3 Satz 1, § 87 Abs. 1 und Abs. 2 Satz 1 und 2, § 111 Abs. 3, §§ 171, 314 Abs. 2 und 3 sowie Beschlüsse, daß bestimmte Arten von Geschäften nur mit Zustimmung des Aufsichtsrats vorgenommen werden dürfen, können einem Ausschluß nicht an Stelle des Aufsichtsrats zur Beschlußfassung überwiesen werden. Dem Aufsichtsrat ist regelmäßig über die Arbeit der Ausschüsse zu berichten.

(4) Richtet der Aufsichtsrat einer Gesellschaft im Sinn des § 264d des Handelsgesetzbuchs einen Prüfungsausschuss im Sinn des Absatzes 3 Satz 2 ein, so muss mindestens ein Mitglied die Voraussetzungen des § 100 Abs. 5 erfüllen.

§ 108 Beschlußfassung des Aufsichtsrats

(1) Der Aufsichtsrat entscheidet durch Beschluß.

(2) Die Beschlußfähigkeit des Aufsichtsrats kann, soweit sie nicht gesetzlich geregelt ist, durch die Satzung bestimmt werden. Ist sie weder gesetzlich noch durch die Satzung geregelt, so ist der Aufsichtsrat nur beschlußfähig, wenn mindestens die Hälfte der Mitglieder, aus denen er nach Gesetz oder Satzung insgesamt zu bestehen hat, an der Beschlußfassung teilnimmt. In jedem Fall müssen mindestens drei Mitglieder an der Beschlußfassung teilnehmen. Der Beschlußfähigkeit steht nicht entgegen, daß dem Aufsichtsrat weniger Mitglieder als die durch Gesetz oder Satzung festgesetzte Zahl angehören, auch wenn das für seine Zusammensetzung maßgebende zahlenmäßige Verhältnis nicht gewahrt ist.

(3) Abwesende Aufsichtsratsmitglieder können dadurch an der Beschlußfassung des Aufsichtsrats und seiner Ausschüsse teilnehmen, daß sie schriftliche Stimmabgaben überreichen lassen. Die schriftlichen Stimmabgaben können durch andere Aufsichtsrats-

mitglieder überreicht werden. Sie können auch durch Personen, die nicht dem Aufsichtsrat angehören, übergeben werden, wenn diese nach § 109 Abs. 3 zur Teilnahme an der Sitzung berechtigt sind.

(4) Schriftliche, fernmündliche oder andere vergleichbare Formen der Beschlussfassung des Aufsichtsrats und seiner Ausschüsse sind vorbehaltlich einer näheren Regelung durch die Satzung oder eine Geschäftsordnung des Aufsichtsrats nur zulässig, wenn kein Mitglied diesem Verfahren widerspricht.

§ 109 Teilnahme an Sitzungen des Aufsichtsrats und seiner Ausschüsse

(1) An den Sitzungen des Aufsichtsrats und seiner Ausschüsse sollen Personen, die weder dem Aufsichtsrat noch dem Vorstand angehören, nicht teilnehmen. Sachverständige und Auskunftspersonen können zur Beratung über einzelne Gegenstände zugezogen werden.

(2) Aufsichtsratsmitglieder, die dem Ausschuß nicht angehören, können an den Ausschußsitzungen teilnehmen, wenn der Vorsitzende des Aufsichtsrats nichts anderes bestimmt.

(3) Die Satzung kann zulassen, daß an den Sitzungen des Aufsichtsrats und seiner Ausschüsse Personen, die dem Aufsichtsrat nicht angehören, an Stelle von verhinderten Aufsichtsratsmitgliedern teilnehmen können, wenn diese sie hierzu in Textform ermächtigt haben.

(4) Abweichende gesetzliche Vorschriften bleiben unberührt.

§ 110 Einberufung des Aufsichtsrats

(1) Jedes Aufsichtsratsmitglied oder der Vorstand kann unter Angabe des Zwecks und der Gründe verlangen, daß der Vorsitzende des Aufsichtsrats unverzüglich den Aufsichtsrat einberuft. Die Sitzung muß binnen zwei Wochen nach der Einberufung stattfinden.

(2) Wird dem Verlangen nicht entsprochen, so kann das Aufsichtsratsmitglied oder der Vorstand unter Mitteilung des Sachverhalts und

der Angabe einer Tagesordnung selbst den Aufsichtsrat einberufen.

(3) Der Aufsichtsrat muss zwei Sitzungen im Kalenderhalbjahr abhalten. In nichtbörsennotierten Gesellschaften kann der Aufsichtsrat beschließen, dass eine Sitzung im Kalenderhalbjahr abzuhalten ist.

§ 111 Aufgaben und Rechte des Aufsichtsrats

(1) Der Aufsichtsrat hat die Geschäftsführung zu überwachen.

(2) Der Aufsichtsrat kann die Bücher und Schriften der Gesellschaft sowie die Vermögensgegenstände, namentlich die Gesellschaftskasse und die Bestände an Wertpapieren und Waren, einsehen und prüfen. Er kann damit auch einzelne Mitglieder oder für bestimmte Aufgaben besondere Sachverständige beauftragen. Er erteilt dem Abschlußprüfer den Prüfungsauftrag für den Jahres- und den Konzernabschluß gemäß § 290 des Handelsgesetzbuchs.

(3) Der Aufsichtsrat hat eine Hauptversammlung einzuberufen, wenn das Wohl der Gesellschaft es fordert. Für den Beschluß genügt die einfache Mehrheit.

(4) Maßnahmen der Geschäftsführung können dem Aufsichtsrat nicht übertragen werden. Die Satzung oder der Aufsichtsrat hat jedoch zu bestimmen, daß bestimmte Arten von Geschäften nur mit seiner Zustimmung vorgenommen werden dürfen. Verweigert der Aufsichtsrat seine Zustimmung, so kann der Vorstand verlangen, daß die Hauptversammlung über die Zustimmung beschließt. Der Beschluß, durch den die Hauptversammlung zustimmt, bedarf einer Mehrheit, die mindestens drei Viertel der abgegebenen Stimmen umfaßt. Die Satzung kann weder eine andere Mehrheit noch weitere Erfordernisse bestimmen.

(5) Die Aufsichtsratsmitglieder können ihre Aufgaben nicht durch andere wahrnehmen lassen.

§ 112 Vertretung der Gesellschaft gegenüber Vorstandsmitgliedern

Vorstandsmitgliedern gegenüber vertritt der Aufsichtsrat die Gesellschaft gerichtlich und außergerichtlich. § 78 Abs. 2 Satz 2 gilt entsprechend.

§ 113 Vergütung der Aufsichtsratsmitglieder

(1) Den Aufsichtsratsmitgliedern kann für ihre Tätigkeit eine Vergütung gewährt werden. Sie kann in der Satzung festgesetzt oder von der Hauptversammlung bewilligt werden. Sie soll in einem angemessenen Verhältnis zu den Aufgaben der Aufsichtsratsmitglieder und zur Lage der Gesellschaft stehen. Ist die Vergütung in der Satzung festgesetzt, so kann die Hauptversammlung eine Satzungsänderung, durch welche die Vergütung herabgesetzt wird, mit einfacher Stimmenmehrheit beschließen.

(2) Den Mitgliedern des ersten Aufsichtsrats kann nur die Hauptversammlung eine Vergütung für ihre Tätigkeit bewilligen. Der Beschluß kann erst in der Hauptversammlung gefaßt werden, die über die Entlastung der Mitglieder des ersten Aufsichtsrats beschließt.

(3) Wird den Aufsichtsratsmitgliedern ein Anteil am Jahresgewinn der Gesellschaft gewährt, so berechnet sich der Anteil nach dem Bilanzgewinn, vermindert um einen Betrag von mindestens vier vom Hundert der auf den geringsten Ausgabebetrag der Aktien geleisteten Einlagen. Entgegenstehende Festsetzungen sind nichtig.

§ 114 Verträge mit Aufsichtsratsmitgliedern

(1) Verpflichtet sich ein Aufsichtsratsmitglied außerhalb seiner Tätigkeit im Aufsichtsrat durch einen Dienstvertrag, durch den ein Arbeitsverhältnis nicht begründet wird, oder durch einen Werkvertrag gegenüber der Gesellschaft zu einer Tätigkeit höherer Art, so hängt die Wirksamkeit des Vertrags von der Zustimmung des Aufsichtsrats ab.

(2) Gewährt die Gesellschaft aufgrund eines solchen Vertrags dem Aufsichtsratsmitglied

eine Vergütung, ohne daß der Aufsichtsrat dem Vertrag zugestimmt hat, so hat das Aufsichtsratsmitglied die Vergütung zurückzugewähren, es sei denn, daß der Aufsichtsrat den Vertrag genehmigt. Ein Anspruch des Aufsichtsratsmitglieds gegen die Gesellschaft auf Herausgabe der durch die geleistete Tätigkeit erlangten Bereicherung bleibt unberührt; der Anspruch kann jedoch nicht gegen den Rückgewähranspruch aufgerechnet werden.

§ 115 Kreditgewährung an Aufsichtsratsmitglieder

(1) Die Gesellschaft darf ihren Aufsichtsratsmitgliedern Kredit nur mit Einwilligung des Aufsichtsrats gewähren. Eine herrschende Gesellschaft darf Kredite an Aufsichtsratsmitglieder eines abhängigen Unternehmens nur mit Einwilligung ihres Aufsichtsrats, eine abhängige Gesellschaft darf Kredite an Aufsichtsratsmitglieder des herrschenden Unternehmens nur mit Einwilligung des Aufsichtsrats des herrschenden Unternehmens gewähren. Die Einwilligung kann nur für bestimmte Kreditgeschäfte oder Arten von Kreditgeschäften und nicht für länger als drei Monate im voraus erteilt werden. Der Beschluß über die Einwilligung hat die Verzinsung und Rückzahlung des Kredits zu regeln. Betreibt das Aufsichtsratsmitglied ein Handelsgewerbe als Einzelkaufmann, so ist die Einwilligung nicht erforderlich, wenn der Kredit für die Bezahlung von Waren gewährt wird, welche die Gesellschaft seinem Handelsgeschäft liefert.

(2) Absatz 1 gilt auch für Kredite an den Ehegatten, Lebenspartner oder an ein minderjähriges Kind eines Aufsichtsratsmitglieds und für Kredite an einen Dritten, der für Rechnung dieser Person oder für Rechnung eines Aufsichtsratsmitglieds handelt.

(3) Ist ein Aufsichtsratsmitglied zugleich gesetzlicher Vertreter einer anderen juristischen Person oder Gesellschafter einer Personenhandelsgesellschaft, so darf die Gesellschaft der juristischen Person oder der Personenhandelsgesellschaft Kredit nur mit Einwilligung des Aufsichtsrats gewähren; Absatz 1 Satz 3 und 4 gilt sinngemäß. Dies gilt nicht, wenn die juristische Person oder die Personenhandelsgesellschaft mit der Gesellschaft verbunden ist oder wenn der Kredit für die Bezahlung von Waren gewährt wird, welche die Gesellschaft der juristischen Person oder der Personenhandelsgesellschaft liefert.

(4) Wird entgegen den Absätzen 1 bis 3 Kredit gewährt, so ist der Kredit ohne Rücksicht auf entgegenstehende Vereinbarungen sofort zurückzugewähren, wenn nicht der Aufsichtsrat nachträglich zustimmt.

(5) Ist die Gesellschaft ein Kreditinstitut oder Finanzdienstleistungsinstitut, auf das § 15 des Gesetzes über das Kreditwesen anzuwenden ist, gelten anstelle der Absätze 1 bis 4 die Vorschriften des Gesetzes über das Kreditwesen.

§ 116 Sorgfaltspflicht und Verantwortlichkeit der Aufsichtsratsmitglieder

Für die Sorgfaltspflicht und Verantwortlichkeit der Aufsichtsratsmitglieder gilt § 93 mit Ausnahme des Absatzes 2 Satz 3 über die Sorgfaltspflicht und Verantwortlichkeit der Vorstandsmitglieder sinngemäß. Die Aufsichtsratsmitglieder sind insbesondere zur Verschwiegenheit über erhaltene vertrauliche Berichte und vertrauliche Beratungen verpflichtet. Sie sind namentlich zum Ersatz verpflichtet, wenn sie eine unangemessene Vergütung festsetzen (§ 87 Absatz 1).

Dritter Abschnitt
Benutzung des Einflusses auf die Gesellschaft

§ 117 Schadenersatzpflicht

(1) Wer vorsätzlich unter Benutzung seines Einflusses auf die Gesellschaft ein Mitglied des Vorstands oder des Aufsichtsrats, einen Prokuristen oder einen Handlungsbevollmächtigten dazu bestimmt, zum Schaden der Gesellschaft oder ihrer Aktionäre zu handeln, ist der Gesellschaft zum Ersatz des ihr daraus entstehenden Schadens verpflichtet. Er ist auch den Aktionären zum Ersatz des ihnen daraus entstehenden Schadens verpflichtet,

soweit sie, abgesehen von einem Schaden, der ihnen durch Schädigung der Gesellschaft zugefügt worden ist, geschädigt worden sind.

(2) Neben ihm haften als Gesamtschuldner die Mitglieder des Vorstands und des Aufsichtsrats, wenn sie unter Verletzung ihrer Pflichten gehandelt haben. Ist streitig, ob sie die Sorgfalt eines ordentlichen und gewissenhaften Geschäftsleiters angewandt haben, so trifft sie die Beweislast. Der Gesellschaft und auch den Aktionären gegenüber tritt die Ersatzpflicht der Mitglieder des Vorstands und des Aufsichtsrats nicht ein, wenn die Handlung auf einem gesetzmäßigen Beschluß der Hauptversammlung beruht. Dadurch, daß der Aufsichtsrat die Handlung gebilligt hat, wird die Ersatzpflicht nicht ausgeschlossen.

(3) Neben ihm haftet ferner als Gesamtschuldner, wer durch die schädigende Handlung einen Vorteil erlangt hat, sofern er die Beeinflussung vorsätzlich veranlaßt hat.

(4) Für die Aufhebung der Ersatzpflicht gegenüber der Gesellschaft gilt sinngemäß § 93 Abs. 4 Satz 3 und 4.

(5) Der Ersatzanspruch der Gesellschaft kann auch von den Gläubigern der Gesellschaft geltend gemacht werden, soweit sie von dieser keine Befriedigung erlangen können. Den Gläubigern gegenüber wird die Ersatzpflicht weder durch einen Verzicht oder Vergleich der Gesellschaft noch dadurch aufgehoben, daß die Handlung auf einem Beschluß der Hauptversammlung beruht. Ist über das Vermögen der Gesellschaft das Insolvenzverfahren eröffnet, so übt während dessen Dauer der Insolvenzverwalter oder der Sachwalter das Recht der Gläubiger aus.

(6) Die Ansprüche aus diesen Vorschriften verjähren in fünf Jahren.

(7) Diese Vorschriften gelten nicht, wenn das Mitglied des Vorstands oder des Aufsichtsrats, der Prokurist oder der Handlungsbevollmächtigte durch Ausübung

1. der Leitungsmacht aufgrund eines Beherrschungsvertrags oder

2. der Leitungsmacht einer Hauptgesellschaft (§ 319), in die die Gesellschaft eingegliedert ist,

zu der schädigenden Handlung bestimmt worden ist.

Vierter Abschnitt
Hauptversammlung

Erster Unterabschnitt
Rechte der Hauptversammlung

§ 118 Allgemeines

(1) Die Aktionäre üben ihre Rechte in den Angelegenheiten der Gesellschaft in der Hauptversammlung aus, soweit das Gesetz nichts anderes bestimmt. Die Satzung kann vorsehen oder den Vorstand dazu ermächtigen vorzusehen, dass die Aktionäre an der Hauptversammlung auch ohne Anwesenheit an deren Ort und ohne einen Bevollmächtigten teilnehmen und sämtliche oder einzelne ihrer Rechte ganz oder teilweise im Wege elektronischer Kommunikation ausüben können.

(2) Die Satzung kann vorsehen oder den Vorstand dazu ermächtigen vorzusehen, dass Aktionäre ihre Stimmen, auch ohne an der Versammlung teilzunehmen, schriftlich oder im Wege elektronischer Kommunikation abgeben dürfen (Briefwahl).

(3) Die Mitglieder des Vorstands und des Aufsichtsrats sollen an der Hauptversammlung teilnehmen. Die Satzung kann jedoch bestimmte Fälle vorsehen, in denen die Teilnahme von Mitgliedern des Aufsichtsrats im Wege der Bild- und Tonübertragung erfolgen darf.

(4) Die Satzung oder die Geschäftsordnung gemäß § 129 Abs. 1 kann vorsehen oder den Vorstand oder den Versammlungsleiter dazu ermächtigen vorzusehen, die Bild- und Tonübertragung der Versammlung zuzulassen.

§ 119 Rechte der Hauptversammlung

(1) Die Hauptversammlung beschließt in den im Gesetz und in der Satzung ausdrücklich bestimmten Fällen, namentlich über

1. die Bestellung der Mitglieder des Aufsichtsrats, soweit sie nicht in den Aufsichtsrat zu entsenden oder als Aufsichtsratsmitglieder der Arbeitnehmer nach dem Mitbestimmungsgesetz, dem Mitbestimmungsergänzungsgesetz, dem Drittelbeteiligungsgesetz oder dem Gesetz über die Mitbestimmung der Arbeitnehmer bei einer grenzüberschreitenden Verschmelzung zu wählen sind;

2. die Verwendung des Bilanzgewinns;

3. die Entlastung der Mitglieder des Vorstands und des Aufsichtsrats;

4. die Bestellung des Abschlußprüfers;

5. Satzungsänderungen;

6. Maßnahmen der Kapitalbeschaffung und der Kapitalherabsetzung;

7. die Bestellung von Prüfern zur Prüfung von Vorgängen bei der Gründung oder der Geschäftsführung;

8. die Auflösung der Gesellschaft.

(2) Über Fragen der Geschäftsführung kann die Hauptversammlung nur entscheiden, wenn der Vorstand es verlangt.

§ 120 Entlastung; Votum zum Vergütungssystem

(1) Die Hauptversammlung beschließt alljährlich in den ersten acht Monaten des Geschäftsjahrs über die Entlastung der Mitglieder des Vorstands und über die Entlastung der Mitglieder des Aufsichtsrats. Über die Entlastung eines einzelnen Mitglieds ist gesondert abzustimmen, wenn die Hauptversammlung es beschließt oder eine Minderheit es verlangt, deren Anteile zusammen den zehnten Teil des Grundkapitals oder den anteiligen Betrag von einer Million Euro erreichen.

(2) Durch die Entlastung billigt die Hauptversammlung die Verwaltung der Gesellschaft durch die Mitglieder des Vorstands und des Aufsichtsrats. Die Entlastung enthält keinen Verzicht auf Ersatzansprüche.

(3) Die Verhandlung über die Entlastung soll mit der Verhandlung über die Verwendung des Bilanzgewinns verbunden werden.

(4) Die Hauptversammlung der börsennotierten Gesellschaft kann über die Billigung des Systems zur Vergütung der Vorstandsmitglieder beschließen. Der Beschluss begründet weder Rechte noch Pflichten; insbesondere lässt er die Verpflichtungen des Aufsichtsrats nach § 87 unberührt. Der Beschluss ist nicht nach § 243 anfechtbar.

Zweiter Unterabschnitt
Einberufung der Hauptversammlung

§ 121 Allgemeines

(1) Die Hauptversammlung ist in den durch Gesetz oder Satzung bestimmten Fällen sowie dann einzuberufen, wenn das Wohl der Gesellschaft es fordert.

(2) Die Hauptversammlung wird durch den Vorstand einberufen, der darüber mit einfacher Mehrheit beschließt. Personen, die in das Handelsregister als Vorstand eingetragen sind, gelten als befugt. Das auf Gesetz oder Satzung beruhende Recht anderer Personen, die Hauptversammlung einzuberufen, bleibt unberührt.

(3) Die Einberufung muss die Firma, den Sitz der Gesellschaft sowie Zeit und Ort der Hauptversammlung enthalten. Zudem ist die Tagesordnung anzugeben. Bei börsennotierten Gesellschaften hat der Vorstand oder, wenn der Aufsichtsrat die Versammlung einberuft, der Aufsichtsrat in der Einberufung ferner anzugeben:

1. die Voraussetzungen für die Teilnahme an der Versammlung und die Ausübung des Stimmrechts sowie gegebenenfalls den Nachweisstichtag nach § 123 Abs. 3 Satz 3 und dessen Bedeutung;

2. das Verfahren für die Stimmabgabe

   a) durch einen Bevollmächtigten unter Hinweis auf die Formulare, die für die Erteilung einer Stimmrechtsvollmacht zu verwenden sind, und auf die Art und Weise, wie der Gesellschaft ein Nachweis über die Bestellung eines Bevollmächtigten elektronisch übermittelt werden kann sowie

III

b) durch Briefwahl oder im Wege der elektronischen Kommunikation gemäß § 118 Abs. 1 Satz 2, soweit die Satzung eine entsprechende Form der Stimmrechtsausübung vorsieht;

3. die Rechte der Aktionäre nach § 122 Abs. 2, § 126 Abs. 1, den §§ 127, 131 Abs. 1; die Angaben können sich auf die Fristen für die Ausübung der Rechte beschränken, wenn in der Einberufung im Übrigen auf weitergehende Erläuterungen auf der Internetseite der Gesellschaft hingewiesen wird;

4. die Internetseite der Gesellschaft, über die die Informationen nach § 124a zugänglich sind.

(4) Die Einberufung ist in den Gesellschaftsblättern bekannt zu machen. Sind die Aktionäre der Gesellschaft namentlich bekannt, so kann die Hauptversammlung mit eingeschriebenem Brief einberufen werden, wenn die Satzung nichts anderes bestimmt; der Tag der Absendung gilt als Tag der Bekanntmachung. Die §§ 125 bis 127 gelten sinngemäß.

(4a) Bei börsennotierten Gesellschaften, die nicht ausschließlich Namensaktien ausgegeben haben und die Einberufung den Aktionären nicht unmittelbar nach Absatz 4 Satz 2 und 3 übersenden, ist die Einberufung spätestens zum Zeitpunkt der Bekanntmachung solchen Medien zur Veröffentlichung zuzuleiten, bei denen davon ausgegangen werden kann, dass sie die Information in der gesamten Europäischen Union verbreiten.

(5) Wenn die Satzung nichts anderes bestimmt, soll die Hauptversammlung am Sitz der Gesellschaft stattfinden. Sind die Aktien der Gesellschaft an einer deutschen Börse zum Handel im regulierten Markt zugelassen, so kann, wenn die Satzung nichts anderes bestimmt, die Hauptversammlung auch am Sitz der Börse stattfinden.

(6) Sind alle Aktionäre erschienen oder vertreten, kann die Hauptversammlung Beschlüsse ohne Einhaltung der Bestimmungen dieses Unterabschnitts fassen, soweit kein Aktionär der Beschlußfassung widerspricht.

(7) Bei Fristen und Terminen, die von der Versammlung zurückberechnet werden, ist der Tag der Versammlung nicht mitzurechnen. Eine Verlegung von einem Sonntag, einem Sonnabend oder einem Feiertag auf einen zeitlich vorausgehenden oder nachfolgenden Werktag kommt nicht in Betracht. Die §§ 187 bis 193 des Bürgerlichen Gesetzbuchs sind nicht entsprechend anzuwenden. Bei nichtbörsennotierten Gesellschaften kann die Satzung eine andere Berechnung der Frist bestimmen.

§ 122 Einberufung auf Verlangen einer Minderheit

(1) Die Hauptversammlung ist einzuberufen, wenn Aktionäre, deren Anteile zusammen den zwanzigsten Teil des Grundkapitals erreichen, die Einberufung schriftlich unter Angabe des Zwecks und der Gründe verlangen; das Verlangen ist an den Vorstand zu richten. Die Satzung kann das Recht, die Einberufung der Hauptversammlung zu verlangen, an eine andere Form und an den Besitz eines geringeren Anteils am Grundkapital knüpfen. § 142 Abs. 2 Satz 2 gilt entsprechend.

(2) In gleicher Weise können Aktionäre, deren Anteile zusammen den zwanzigsten Teil des Grundkapitals oder den anteiligen Betrag von 500 000 Euro erreichen, verlangen, daß Gegenstände auf die Tagesordnung gesetzt und bekanntgemacht werden. Jedem neuen Gegenstand muss eine Begründung oder eine Beschlussvorlage beiliegen. Das Verlangen im Sinne des Satzes 1 muss der Gesellschaft mindestens 24 Tage, bei börsennotierten Gesellschaften mindestens 30 Tage vor der Versammlung zugehen; der Tag des Zugangs ist nicht mitzurechnen.

(3) Wird dem Verlangen nicht entsprochen, so kann das Gericht die Aktionäre, die das Verlangen gestellt haben, ermächtigen, die Hauptversammlung einzuberufen oder den Gegenstand bekanntzumachen. Zugleich kann das Gericht den Vorsitzenden der Versammlung bestimmen. Auf die Ermächtigung muß bei der Einberufung oder Bekanntmachung hingewiesen werden. Gegen die Entscheidung ist die Beschwerde zulässig.

(4) Die Gesellschaft trägt die Kosten der Hauptversammlung und im Fall des Absatzes 3 auch die Gerichtskosten, wenn das Gericht dem Antrag stattgegeben hat.

§ 123 Frist, Anmeldung zur Hauptversammlung, Nachweis

(1) Die Hauptversammlung ist mindestens dreißig Tage vor dem Tage der Versammlung einzuberufen. Der Tag der Einberufung ist nicht mitzurechnen.

(2) Die Satzung kann die Teilnahme an der Hauptversammlung oder die Ausübung des Stimmrechts davon abhängig machen, dass die Aktionäre sich vor der Versammlung anmelden. Die Anmeldung muss der Gesellschaft unter der in der Einberufung hierfür mitgeteilten Adresse mindestens sechs Tage vor der Versammlung zugehen. In der Satzung oder in der Einberufung auf Grund einer Ermächtigung durch die Satzung kann eine kürzere, in Tagen zu bemessende Frist vorgesehen werden. Der Tag des Zugangs ist nicht mitzurechnen. Die Mindestfrist des Absatzes 1 verlängert sich um die Tage der Anmeldefrist des Satzes 2.

(3) Bei Inhaberaktien kann die Satzung bestimmen, wie die Berechtigung zur Teilnahme an der Versammlung oder zur Ausübung des Stimmrechts nachzuweisen ist; Absatz 2 Satz 5 gilt in diesem Fall entsprechend. Bei börsennotierten Gesellschaften reicht ein in Textform erstellter besonderer Nachweis des Anteilsbesitzes durch das depotführende Institut aus. Der Nachweis hat sich bei börsennotierten Gesellschaften auf den Beginn des 21. Tages vor der Versammlung zu beziehen und muss der Gesellschaft unter der in der Einberufung hierfür mitgeteilten Adresse mindestens sechs Tage vor der Versammlung zugehen. In der Satzung oder in der Einberufung auf Grund einer Ermächtigung durch die Satzung kann eine kürzere, in Tagen zu bemessende Frist vorgesehen werden. Der Tag des Zugangs ist nicht mitzurechnen. Im Verhältnis zur Gesellschaft gilt für die Teilnahme an der Versammlung oder die Ausübung des Stimmrechts als Aktionär nur, wer den Nachweis erbracht hat.

§ 124 Bekanntmachung von Ergänzungsverlangen; Vorschläge zur Beschlussfassung

(1) Hat die Minderheit nach § 122 Abs. 2 verlangt, dass Gegenstände auf die Tagesordnung gesetzt werden, so sind diese entweder bereits mit der Einberufung oder andernfalls unverzüglich nach Zugang des Verlangens bekannt zu machen. § 121 Abs. 4 gilt sinngemäß; zudem gilt bei börsennotierten Gesellschaften § 121 Abs. 4a entsprechend. Bekanntmachung und Zuleitung haben dabei in gleicher Weise wie bei der Einberufung zu erfolgen.

(2) Steht die Wahl von Aufsichtsratsmitgliedern auf der Tagesordnung, so ist in der Bekanntmachung anzugeben, nach welchen gesetzlichen Vorschriften sich der Aufsichtsrat zusammensetzt, und ob die Hauptversammlung an Wahlvorschläge gebunden ist. Soll die Hauptversammlung über eine Satzungsänderung oder über einen Vertrag beschließen, der nur mit Zustimmung der Hauptversammlung wirksam wird, so ist auch der Wortlaut der vorgeschlagenen Satzungsänderung oder der wesentliche Inhalt des Vertrags bekanntzumachen.

(3) Zu jedem Gegenstand der Tagesordnung, über den die Hauptversammlung beschließen soll, haben der Vorstand und der Aufsichtsrat, zur Wahl von Aufsichtsratsmitgliedern und Prüfern nur der Aufsichtsrat, in der Bekanntmachung Vorschläge zur Beschlußfassung zu machen. Bei Gesellschaften im Sinn des § 264d des Handelsgesetzbuchs ist der Vorschlag des Aufsichtsrats zur Wahl des Abschlussprüfers auf die Empfehlung des Prüfungsausschusses zu stützen. Satz 1 findet keine Anwendung, wenn die Hauptversammlung bei der Wahl von Aufsichtsratsmitgliedern nach § 6 des Montan-Mitbestimmungsgesetzes an Wahlvorschläge gebunden ist, oder wenn der Gegenstand der Beschlußfassung auf Verlangen einer Minderheit auf die Tagesordnung gesetzt worden ist. Der Vorschlag zur Wahl von Aufsichtsratsmitgliedern oder Prüfern hat deren Namen, ausgeübten Beruf und Wohnort anzugeben. Hat der Aufsichtsrat auch aus Aufsichtsratsmitgliedern

III

der Arbeitnehmer zu bestehen, so bedürfen Beschlüsse des Aufsichtsrats über Vorschläge zur Wahl von Aufsichtsratsmitgliedern nur der Mehrheit der Stimmen der Aufsichtsratsmitglieder der Aktionäre; § 8 des Montan-Mitbestimmungsgesetzes bleibt unberührt.

(4) Über Gegenstände der Tagesordnung, die nicht ordnungsgemäß bekanntgemacht sind, dürfen keine Beschlüsse gefaßt werden. Zur Beschlußfassung über den in der Versammlung gestellten Antrag auf Einberufung einer Hauptversammlung, zu Anträgen, die zu Gegenständen der Tagesordnung gestellt werden, und zu Verhandlungen ohne Beschlußfassung bedarf es keiner Bekanntmachung.

§ 124a Veröffentlichungen auf der Internetseite der Gesellschaft

Bei börsennotierten Gesellschaften müssen alsbald nach der Einberufung der Hauptversammlung über die Internetseite der Gesellschaft zugänglich sein:

1. der Inhalt der Einberufung;
2. eine Erläuterung, wenn zu einem Gegenstand der Tagesordnung kein Beschluss gefasst werden soll;
3. die der Versammlung zugänglich zu machenden Unterlagen;
4. die Gesamtzahl der Aktien und der Stimmrechte im Zeitpunkt der Einberufung, einschließlich getrennter Angaben zur Gesamtzahl für jede Aktiengattung;
5. gegebenenfalls die Formulare, die bei Stimmabgabe durch Vertretung oder bei Stimmabgabe mittels Briefwahl zu verwenden sind, sofern diese Formulare den Aktionären nicht direkt übermittelt werden.

Ein nach Einberufung der Versammlung bei der Gesellschaft eingegangenes Verlangen von Aktionären im Sinne von § 122 Abs. 2 ist unverzüglich nach seinem Eingang bei der Gesellschaft in gleicher Weise zugänglich zu machen.

§ 125 Mitteilungen für die Aktionäre und an Aufsichtsratsmitglieder

(1) Der Vorstand hat mindestens 21 Tage vor der Versammlung den Kreditinstituten und den Vereinigungen von Aktionären, die in der letzten Hauptversammlung Stimmrechte für Aktionäre ausgeübt oder die die Mitteilung verlangt haben, die Einberufung der Hauptversammlung mitzuteilen. Der Tag der Mitteilung ist nicht mitzurechnen. Ist die Tagesordnung nach § 122 Abs. 2 zu ändern, so ist bei börsennotierten Gesellschaften die geänderte Tagesordnung mitzuteilen. In der Mitteilung ist auf die Möglichkeiten der Ausübung des Stimmrechts durch einen Bevollmächtigten, auch durch eine Vereinigung von Aktionären, hinzuweisen. Bei börsennotierten Gesellschaften sind einem Vorschlag zur Wahl von Aufsichtsratsmitgliedern Angaben zu deren Mitgliedschaft in anderen gesetzlich zu bildenden Aufsichtsräten beizufügen; Angaben zu ihrer Mitgliedschaft in vergleichbaren in- und ausländischen Kontrollgremien von Wirtschaftsunternehmen sollen beigefügt werden.

(2) Die gleiche Mitteilung hat der Vorstand den Aktionären zu machen, die es verlangen oder zu Beginn des 14. Tages vor der Versammlung als Aktionär im Aktienregister der Gesellschaft eingetragen sind. Die Satzung kann die Übermittlung auf den Weg elektronischer Kommunikation beschränken.

(3) Jedes Aufsichtsratsmitglied kann verlangen, daß ihm der Vorstand die gleichen Mitteilungen übersendet.

(4) Jedem Aufsichtsratsmitglied und jedem Aktionär sind auf Verlangen die in der Hauptversammlung gefassten Beschlüsse mitzuteilen.

(5) Finanzdienstleistungsinstitute und die nach § 53 Abs. 1 Satz 1 oder § 53b Abs. 1 Satz 1 oder Abs. 7 des Gesetzes über das Kreditwesen tätigen Unternehmen sind den Kreditinstituten gleichgestellt.

§ 126 Anträge von Aktionären

(1) Anträge von Aktionären einschließlich des Namens des Aktionärs, der Begründung und einer etwaigen Stellungnahme der Verwaltung sind den in § 125 Abs. 1 bis 3 genannten Berechtigten unter den dortigen Voraussetzungen zugänglich zu machen, wenn der Aktionär mindestens 14 Tage vor der Versammlung der Gesellschaft einen Gegenantrag ge-

gen einen Vorschlag von Vorstand und Aufsichtsrat zu einem bestimmten Punkt der Tagesordnung mit Begründung an die in der Einberufung hierfür mitgeteilte Adresse übersandt hat. Der Tag des Zugangs ist nicht mitzurechnen. Bei börsennotierten Gesellschaften hat das Zugänglichmachen über die Internetseite der Gesellschaft zu erfolgen. § 125 Abs. 3 gilt entsprechend.

(2) Ein Gegenantrag und dessen Begründung brauchen nicht zugänglich gemacht zu werden,

1. soweit sich der Vorstand durch das Zugänglichmachen strafbar machen würde,

2. wenn der Gegenantrag zu einem gesetz- oder satzungswidrigen Beschluß der Hauptversammlung führen würde,

3. wenn die Begründung in wesentlichen Punkten offensichtlich falsche oder irreführende Angaben oder wenn sie Beleidigungen enthält,

4. wenn ein auf denselben Sachverhalt gestützter Gegenantrag des Aktionärs bereits zu einer Hauptversammlung der Gesellschaft nach § 125 zugänglich gemacht worden ist,

5. wenn derselbe Gegenantrag des Aktionärs mit wesentlich gleicher Begründung in den letzten fünf Jahren bereits zu mindestens zwei Hauptversammlungen der Gesellschaft nach § 125 zugänglich gemacht worden ist und in der Hauptversammlung weniger als der zwanzigste Teil des vertretenen Grundkapitals für ihn gestimmt hat,

6. wenn der Aktionär zu erkennen gibt, daß er an der Hauptversammlung nicht teilnehmen und sich nicht vertreten lassen wird, oder

7. wenn der Aktionär in den letzten zwei Jahren in zwei Hauptversammlungen einen von ihm zugänglich gemachten Gegenantrag nicht gestellt hat oder nicht hat stellen lassen.

Die Begründung braucht nicht zugänglich gemacht zu werden, wenn sie insgesamt mehr als 5000 Zeichen beträgt.

(3) Stellen mehrere Aktionäre zu demselben Gegenstand der Beschlußfassung Gegenanträge, so kann der Vorstand die Gegenanträge und ihre Begründungen zusammenfassen.

§ 127 Wahlvorschläge von Aktionären

Für den Vorschlag eines Aktionärs zur Wahl von Aufsichtsratsmitgliedern oder von Abschlußprüfern gilt § 126 sinngemäß. Der Wahlvorschlag braucht nicht begründet zu werden. Der Vorstand braucht den Wahlvorschlag auch dann nicht zugänglich zu machen, wenn der Vorschlag nicht die Angaben nach § 124 Abs. 3 Satz 3 und § 125 Abs. 1 Satz 5 enthält.

§ 127a Aktionärsforum

(1) Aktionäre oder Aktionärsvereinigungen können im Aktionärsforum des Bundesanzeigers andere Aktionäre auffordern, gemeinsam oder in Vertretung einen Antrag oder ein Verlangen nach diesem Gesetz zu stellen oder in einer Hauptversammlung das Stimmrecht auszuüben.

(2) Die Aufforderung hat folgende Angaben zu enthalten:

1. den Namen und eine Anschrift des Aktionärs oder der Aktionärsvereinigung,

2. die Firma der Gesellschaft,

3. den Antrag, das Verlangen oder einen Vorschlag für die Ausübung des Stimmrechts zu einem Tagesordnungspunkt,

4. den Tag der betroffenen Hauptversammlung.

(3) Die Aufforderung kann auf eine Begründung auf der Internetseite des Auffordernden und dessen elektronische Adresse hinweisen.

(4) Die Gesellschaft kann im Bundesanzeiger auf eine Stellungnahme zu der Aufforderung auf ihrer Internetseite hinweisen.

(5) Das Bundesministerium der Justiz wird ermächtigt, durch Rechtsverordnung die äußere Gestaltung des Aktionärsforums und weitere Einzelheiten insbesondere zu der Aufforderung, dem Hinweis, den Entgelten, zu Löschungsfristen, Löschungsanspruch, zu Missbrauchsfällen und zur Einsichtnahme zu regeln.

III

§ 128 Übermittlung der Mitteilungen

(1) Hat ein Kreditinstitut zu Beginn des 21. Tages vor der Versammlung für Aktionäre Inhaberaktien der Gesellschaft in Verwahrung oder wird es für Namensaktien, die ihm nicht gehören, im Aktienregister eingetragen, so hat es die Mitteilungen nach § 125 Abs. 1 unverzüglich an die Aktionäre zu übermitteln. Die Satzung der Gesellschaft kann die Übermittlung auf den Weg elektronischer Kommunikation beschränken; in diesem Fall ist das Kreditinstitut auch aus anderen Gründen nicht zu mehr verpflichtet.

(2) Die Verpflichtung des Kreditinstituts zum Ersatz eines aus der Verletzung des Absatzes 1 entstehenden Schadens kann im voraus weder ausgeschlossen noch beschränkt werden.

(3) Das Bundesministerium der Justiz wird ermächtigt, im Einvernehmen mit dem Bundesministerium für Wirtschaft und Technologie und dem Bundesministerium der Finanzen durch Rechtsverordnung vorzuschreiben, dass die Gesellschaft den Kreditinstituten die Aufwendungen für

1. die Übermittlung der Angaben gemäß § 67 Abs. 4 und

2. die Vervielfältigung der Mitteilungen und für ihre Übersendung an die Aktionäre

zu ersetzen hat. Es können Pauschbeträge festgesetzt werden. Die Rechtsverordnung bedarf nicht der Zustimmung des Bundesrates.

(4) § 125 Abs. 5 gilt entsprechend.

Dritter Unterabschnitt
Verhandlungsniederschrift.
Auskunftsrecht

§ 129 Geschäftsordnung; Verzeichnis der Teilnehmer

(1) Die Hauptversammlung kann sich mit einer Mehrheit, die mindestens drei Viertel des bei der Beschlußfassung vertretenen Grundkapitals umfaßt, eine Geschäftsordnung mit Regeln für die Vorbereitung und Durchführung der Hauptversammlung geben. In der Hauptversammlung ist ein Verzeichnis der erschienenen oder vertretenen Aktionäre und der Vertreter von Aktionären mit Angabe ihres Namens und Wohnorts sowie bei Nennbetragsaktien des Betrags, bei Stückaktien der Zahl der von jedem vertretenen Aktien unter Angabe ihrer Gattung aufzustellen.

(2) Sind einem Kreditinstitut oder einer in § 135 Abs. 8 bezeichneten Person Vollmachten zur Ausübung des Stimmrechts erteilt worden und übt der Bevollmächtigte das Stimmrecht im Namen dessen, den es angeht, aus, so sind bei Nennbetragsaktien der Betrag, bei Stückaktien die Zahl und die Gattung der Aktien, für die ihm Vollmachten erteilt worden sind, zur Aufnahme in das Verzeichnis gesondert anzugeben. Die Namen der Aktionäre, welche Vollmachten erteilt haben, brauchen nicht angegeben zu werden.

(3) Wer von einem Aktionär ermächtigt ist, im eigenen Namen das Stimmrecht für Aktien auszuüben, die ihm nicht gehören, hat bei Nennbetragsaktien den Betrag, bei Stückaktien die Zahl und die Gattung dieser Aktien zur Aufnahme in das Verzeichnis gesondert anzugeben. Dies gilt auch für Namensaktien, als deren Aktionär der Ermächtigte im Aktienregister eingetragen ist.

(4) Das Verzeichnis ist vor der ersten Abstimmung allen Teilnehmern zugänglich zu machen. Jedem Aktionär ist auf Verlangen bis zu zwei Jahren nach der Hauptversammlung Einsicht in das Teilnehmerverzeichnis zu gewähren.

(5) § 125 Abs. 5 gilt entsprechend.

§ 130 Niederschrift

(1) Jeder Beschluß der Hauptversammlung ist durch eine über die Verhandlung notariell aufgenommene Niederschrift zu beurkunden. Gleiches gilt für jedes Verlangen einer Minderheit nach § 120 Abs. 1 Satz 2, § 137. Bei nichtbörsennotierten Gesellschaften reicht eine vom Vorsitzenden des Aufsichtsrats zu unterzeichnende Niederschrift aus, soweit keine Beschlüsse gefaßt werden, für die das Gesetz eine Dreiviertel- oder größere Mehrheit bestimmt.

(2) In der Niederschrift sind der Ort und der Tag der Verhandlung, der Name des Notars

sowie die Art und das Ergebnis der Abstimmung und die Feststellung des Vorsitzenden über die Beschlußfassung anzugeben. Bei börsennotierten Gesellschaften umfasst die Feststellung über die Beschlussfassung für jeden Beschluss auch

1. die Zahl der Aktien, für die gültige Stimmen abgegeben wurden,

2. den Anteil des durch die gültigen Stimmen vertretenen Grundkapitals,

3. die Zahl der für einen Beschluss abgegebenen Stimmen, Gegenstimmen und gegebenenfalls die Zahl der Enthaltungen.

Abweichend von Satz 2 kann der Versammlungsleiter die Feststellung über die Beschlussfassung für jeden Beschluss darauf beschränken, dass die erforderliche Mehrheit erreicht wurde, falls kein Aktionär eine umfassende Feststellung gemäß Satz 2 verlangt.

(3) Die Belege über die Einberufung der Versammlung sind der Niederschrift als Anlage beizufügen, wenn sie nicht unter Angabe ihres Inhalts in der Niederschrift aufgeführt sind.

(4) Die Niederschrift ist von dem Notar zu unterschreiben. Die Zuziehung von Zeugen ist nicht nötig.

(5) Unverzüglich nach der Versammlung hat der Vorstand eine öffentlich beglaubigte, im Falle des Absatzes 1 Satz 3 eine vom Vorsitzenden des Aufsichtsrats unterzeichnete Abschrift der Niederschrift und ihrer Anlagen zum Handelsregister einzureichen.

(6) Börsennotierte Gesellschaften müssen innerhalb von sieben Tagen nach der Versammlung die festgestellten Abstimmungsergebnisse einschließlich der Angaben nach Absatz 2 Satz 2 auf ihrer Internetseite veröffentlichen.

§ 131 Auskunftsrecht des Aktionärs

(1) Jedem Aktionär ist auf Verlangen in der Hauptversammlung vom Vorstand Auskunft über Angelegenheiten der Gesellschaft zu geben, soweit sie zur sachgemäßen Beurteilung des Gegenstands der Tagesordnung erforderlich ist. Die Auskunftspflicht erstreckt sich auch auf die rechtlichen und geschäftli-

chen Beziehungen der Gesellschaft zu einem verbundenen Unternehmen. Macht eine Gesellschaft von den Erleichterungen nach § 266 Abs. 1 Satz 2, § 276 oder § 288 des Handelsgesetzbuchs Gebrauch, so kann jeder Aktionär verlangen, daß ihm in der Hauptversammlung über den Jahresabschluß der Jahresabschluß in der Form vorgelegt wird, die er ohne Anwendung dieser Vorschriften hätte. Die Auskunftspflicht des Vorstands eines Mutterunternehmens (§ 290 Abs. 1, 2 des Handelsgesetzbuchs) in der Hauptversammlung, der der Konzernabschluss und der Konzernlagebericht vorgelegt werden, erstreckt sich auch auf die Lage des Konzerns und der in den Konzernabschluss einbezogenen Unternehmen.

(2) Die Auskunft hat den Grundsätzen einer gewissenhaften und getreuen Rechenschaft zu entsprechen. Die Satzung oder die Geschäftsordnung gemäß § 129 kann den Versammlungsleiter ermächtigen, das Frage- und Rederecht des Aktionärs zeitlich angemessen zu beschränken, und Näheres dazu bestimmen.

(3) Der Vorstand darf die Auskunft verweigern,

1. soweit die Erteilung der Auskunft nach vernünftiger kaufmännischer Beurteilung geeignet ist, der Gesellschaft oder einem verbundenen Unternehmen einen nicht unerheblichen Nachteil zuzufügen;

2. soweit sie sich auf steuerliche Wertansätze oder die Höhe einzelner Steuern bezieht;

3. über den Unterschied zwischen dem Wert, mit dem Gegenstände in der Jahresbilanz angesetzt worden sind, und einem höheren Wert dieser Gegenstände, es sei denn, daß die Hauptversammlung den Jahresabschluß feststellt;

4. über die Bilanzierungs- und Bewertungsmethoden, soweit die Angabe dieser Methoden im Anhang ausreicht, um ein den tatsächlichen Verhältnissen entsprechendes Bild der Vermögens-, Finanz- und Ertragslage der Gesellschaft im Sinne des § 264 Abs. 2 des Handelsgesetzbuchs zu

vermitteln; dies gilt nicht, wenn die Hauptversammlung den Jahresabschluß feststellt;

5. soweit sich der Vorstand durch die Erteilung der Auskunft strafbar machen würde;

6. soweit bei einem Kreditinstitut oder Finanzdienstleistungsinstitut Angaben über angewandte Bilanzierungs- und Bewertungsmethoden sowie vorgenommene Verrechnungen im Jahresabschluß, Lagebericht, Konzernabschluß oder Konzernlagebericht nicht gemacht zu werden brauchen;

7. soweit die Auskunft auf der Internetseite der Gesellschaft über mindestens sieben Tage vor Beginn und in der Hauptversammlung durchgängig zugänglich ist.

Aus anderen Gründen darf die Auskunft nicht verweigert werden.

(4) Ist einem Aktionär wegen seiner Eigenschaft als Aktionär eine Auskunft außerhalb der Hauptversammlung gegeben worden, so ist sie jedem anderen Aktionär auf dessen Verlangen in der Hauptversammlung zu geben, auch wenn sie zur sachgemäßen Beurteilung des Gegenstands der Tagesordnung nicht erforderlich ist. Der Vorstand darf die Auskunft nicht nach Absatz 3 Satz 1 Nr. 1 bis 4 verweigern. Sätze 1 und 2 gelten nicht, wenn ein Tochterunternehmen (§ 290 Abs. 1, 2 des Handelsgesetzbuchs), ein Gemeinschaftsunternehmen (§ 310 Abs. 1 des Handelsgesetzbuchs) oder ein assoziiertes Unternehmen (§ 311 Abs. 1 des Handelsgesetzbuchs) die Auskunft einem Mutterunternehmen (§ 290 Abs. 1, 2 des Handelsgesetzbuchs) zum Zwecke der Einbeziehung der Gesellschaft in den Konzernabschluß des Mutterunternehmens erteilt und die Auskunft für diesen Zweck benötigt wird.

(5) Wird einem Aktionär eine Auskunft verweigert, so kann er verlangen, daß seine Frage und der Grund, aus dem die Auskunft verweigert worden ist, in die Niederschrift über die Verhandlung aufgenommen werden.

§ 132 Gerichtliche Entscheidung über das Auskunftsrecht

(1) Ob der Vorstand die Auskunft zu geben hat, entscheidet auf Antrag ausschließlich das Landgericht, in dessen Bezirk die Gesellschaft ihren Sitz hat.

(2) Antragsberechtigt ist jeder Aktionär, dem die verlangte Auskunft nicht gegeben worden ist, und, wenn über den Gegenstand der Tagesordnung, auf den sich die Auskunft bezog, Beschluß gefaßt worden ist, jeder in der Hauptversammlung erschienene Aktionär, der in der Hauptversammlung Widerspruch zur Niederschrift erklärt hat. Der Antrag ist binnen zwei Wochen nach der Hauptversammlung zu stellen, in der die Auskunft abgelehnt worden ist.

(3) § 99 Abs. 1, 3 Satz 1, 2 und 4 bis 6 sowie Abs. 5 Satz 1 und 3 gilt entsprechend. Die Beschwerde findet nur statt, wenn das Landgericht sie in der Entscheidung für zulässig erklärt. § 70 Abs. 2 des Gesetzes über das Verfahren in Familiensachen und in den Angelegenheiten der freiwilligen Gerichtsbarkeit ist entsprechend anzuwenden.

(4) Wird dem Antrag stattgegeben, so ist die Auskunft auch außerhalb der Hauptversammlung zu geben. Aus der Entscheidung findet die Zwangsvollstreckung nach den Vorschriften der Zivilprozeßordnung statt.

(5) Für die Kosten des Verfahrens gilt die Kostenordnung. Für das Verfahren des ersten Rechtszugs wird das Doppelte der vollen Gebühr erhoben. Für das Verfahren über ein Rechtsmittel wird die gleiche Gebühr erhoben; dies gilt auch dann, wenn das Rechtsmittel Erfolg hat. Wird der Antrag oder das Rechtsmittel zurückgenommen, bevor es zu einer Entscheidung oder vorm vom Gericht vermittelten Einigung kommt, so ermäßigt sich die Gebühr auf die Hälfte. Der Geschäftswert ist von Amts wegen festzusetzen. Er bestimmt sich nach § 30 Abs. 2 der Kostenordnung mit der Maßgabe, daß der Wert regelmäßig auf 5000 Euro anzunehmen ist. Das mit dem Verfahren befaßte Gericht bestimmt nach billigem Ermessen, welchem Beteiligten die Kosten des Verfahrens aufzuerlegen sind.

Vierter Unterabschnitt
Stimmrecht

§ 133 Grundsatz der einfachen Stimmenmehrheit

(1) Die Beschlüsse der Hauptversammlung bedürfen der Mehrheit der abgegebenen Stimmen (einfache Stimmenmehrheit), soweit nicht Gesetz oder Satzung eine größere Mehrheit oder weitere Erfordernisse bestimmen.

(2) Für Wahlen kann die Satzung andere Bestimmungen treffen.

§ 134 Stimmrecht

(1) Das Stimmrecht wird nach Aktiennennbeträgen, bei Stückaktien nach deren Zahl ausgeübt. Für den Fall, daß einem Aktionär mehrere Aktien gehören, kann bei einer nichtbörsennotierten Gesellschaft die Satzung das Stimmrecht durch Festsetzung eines Höchstbetrags oder von Abstufungen beschränken. Die Satzung kann außerdem bestimmen, daß zu den Aktien, die dem Aktionär gehören, auch die Aktien rechnen, die einem anderen für seine Rechnung gehören. Für den Fall, daß der Aktionär ein Unternehmen ist, kann sie ferner bestimmen, daß zu den Aktien, die ihm gehören, auch die Aktien rechnen, die einem von ihm abhängigen oder ihn beherrschenden oder einem mit ihm konzernverbundenen Unternehmen oder für Rechnung solcher Unternehmen einem Dritten gehören. Die Beschränkungen können nicht für einzelne Aktionäre angeordnet werden. Bei der Berechnung einer nach Gesetz oder Satzung erforderlichen Kapitalmehrheit bleiben die Beschränkungen außer Betracht.

(2) Das Stimmrecht beginnt mit der vollständigen Leistung der Einlage. Entspricht der Wert einer verdeckten Sacheinlage nicht dem in § 36a Abs. 2 Satz 3 genannten Wert, so steht dies dem Beginn des Stimmrechts nicht entgegen; das gilt nicht, wenn der Wertunterschied offensichtlich ist. Die Satzung kann bestimmen, daß das Stimmrecht beginnt, wenn auf die Aktie die gesetzliche oder höhere satzungsmäßige Mindesteinlage geleistet ist. In diesem Fall gewährt die Leistung der

Mindesteinlage eine Stimme; bei höheren Einlagen richtet sich das Stimmverhältnis nach der Höhe der geleisteten Einlagen. Bestimmt die Satzung nicht, daß das Stimmrecht vor der vollständigen Leistung der Einlage beginnt, und ist noch auf keine Aktie die Einlage vollständig geleistet, so richtet sich das Stimmverhältnis nach der Höhe der geleisteten Einlagen; dabei gewährt die Leistung der Mindesteinlage eine Stimme. Bruchteile von Stimmen werden in diesen Fällen nur berücksichtigt, soweit sie für den stimmberechtigten Aktionär volle Stimmen ergeben. Die Satzung kann Bestimmungen nach diesem Absatz nicht für einzelne Aktionäre oder für einzelne Aktiengattungen treffen.

(3) Das Stimmrecht kann durch einen Bevollmächtigten ausgeübt werden. Bevollmächtigt der Aktionär mehr als eine Person, so kann die Gesellschaft eine oder mehrere von diesen zurückweisen. Die Erteilung der Vollmacht, ihr Widerruf und der Nachweis der Bevollmächtigung gegenüber der Gesellschaft bedürfen der Textform, wenn in der Satzung oder in der Einberufung auf Grund einer Ermächtigung durch die Satzung nichts Abweichendes und die börsennotierte Gesellschaft nicht eine Erleichterung bestimmt wird. Die börsennotierte Gesellschaft hat zumindest einen Weg elektronischer Kommunikation für die Übermittlung des Nachweises anzubieten. Werden von der Gesellschaft benannte Stimmrechtsvertreter bevollmächtigt, so ist die Vollmachtserklärung von der Gesellschaft drei Jahre nachprüfbar festzuhalten; § 135 Abs. 5 gilt entsprechend.

(4) Die Form der Ausübung des Stimmrechts richtet sich nach der Satzung.

§ 135 Ausübung des Stimmrechts durch Kreditinstitute und geschäftsmäßig Handelnde

(1) Ein Kreditinstitut darf das Stimmrecht für Aktien, die ihm nicht gehören und als deren Inhaber es nicht im Aktienregister eingetragen ist, nur ausüben, wenn es bevollmächtigt ist. Die Vollmacht darf nur einem bestimmten Kreditinstitut erteilt werden und ist von diesem nachprüfbar festzuhalten. Die Voll-

machtserklärung muss vollständig sein und darf nur mit der Stimmrechtsausübung verbundene Erklärungen enthalten. Erteilt der Aktionär keine ausdrücklichen Weisungen, so kann eine generelle Vollmacht nur die Berechtigung des Kreditinstituts zur Stimmrechtsausübung

1. entsprechend eigenen Abstimmungsvorschlägen (Absätze 2 und 3) oder

2. entsprechend den Vorschlägen des Vorstands oder des Aufsichtsrats oder für den Fall voneinander abweichender Vorschläge den Vorschlägen des Aufsichtsrats (Absatz 4)

vorsehen. Bietet das Kreditinstitut die Stimmrechtsausübung gemäß Satz 4 Nr. 1 oder Nr. 2 an, so hat es sich zugleich zu erbieten, im Rahmen des Zumutbaren und bis auf Widerruf einer Aktionärsvereinigung oder einem sonstigen Vertreter nach Wahl des Aktionärs die zur Stimmrechtsausübung erforderlichen Unterlagen zuzuleiten. Das Kreditinstitut hat den Aktionär jährlich und deutlich hervorgehoben auf die Möglichkeiten des jederzeitigen Widerrufs der Vollmacht und der Änderung des Bevollmächtigten hinzuweisen. Die Erteilung von Weisungen zu den einzelnen Tagesordnungspunkten, die Erteilung und der Widerruf einer generellen Vollmacht nach Satz 4 und eines Auftrags nach Satz 5 einschließlich seiner Änderung sind dem Aktionär durch ein Formblatt oder Bildschirmformular zu erleichtern.

(2) Ein Kreditinstitut, das das Stimmrecht auf Grund einer Vollmacht nach Absatz 1 Satz 4 Nr. 1 ausüben will, hat dem Aktionär rechtzeitig eigene Vorschläge für die Ausübung des Stimmrechts zu den einzelnen Gegenständen der Tagesordnung zugänglich zu machen. Bei diesen Vorschlägen hat sich das Kreditinstitut vom Interesse des Aktionärs leiten zu lassen und organisatorische Vorkehrungen dafür zu treffen, dass Eigeninteressen aus anderen Geschäftsbereichen nicht einfließen; es hat ein Mitglied der Geschäftsleitung zu benennen, das die Einhaltung dieser Pflichten sowie die ordnungsgemäße Ausübung des Stimmrechts und deren Dokumentation zu überwachen hat. Zusammen

mit seinen Vorschlägen hat das Kreditinstitut darauf hinzuweisen, dass es das Stimmrecht entsprechend den eigenen Vorschlägen ausüben werde, wenn der Aktionär nicht rechtzeitig eine andere Weisung erteilt. Gehört ein Vorstandsmitglied oder ein Mitarbeiter des Kreditinstituts dem Aufsichtsrat der Gesellschaft oder ein Vorstandsmitglied oder ein Mitarbeiter der Gesellschaft dem Aufsichtsrat des Kreditinstituts an, so hat das Kreditinstitut hierauf hinzuweisen. Gleiches gilt, wenn das Kreditinstitut an der Gesellschaft eine Beteiligung hält, die nach § 21 des Wertpapierhandelsgesetzes meldepflichtig ist, oder einem Konsortium angehörte, das die innerhalb von fünf Jahren zeitlich letzte Emission von Wertpapieren der Gesellschaft übernommen hat.

(3) Hat der Aktionär dem Kreditinstitut keine Weisung für die Ausübung des Stimmrechts erteilt, so hat das Kreditinstitut im Falle des Absatzes 1 Satz 4 Nr. 1 das Stimmrecht entsprechend seinen eigenen Vorschlägen auszuüben, es sei denn, dass es den Umständen nach annehmen darf, dass der Aktionär bei Kenntnis der Sachlage die abweichende Ausübung des Stimmrechts billigen würde. Ist das Kreditinstitut bei der Ausübung des Stimmrechts von einer Weisung des Aktionärs oder, wenn der Aktionär keine Weisung erteilt hat, von seinem eigenen Vorschlag abgewichen, so hat es dies dem Aktionär mitzuteilen und die Gründe anzugeben. In der eigenen Hauptversammlung darf das bevollmächtigte Kreditinstitut das Stimmrecht auf Grund der Vollmacht nur ausüben, soweit der Aktionär eine ausdrückliche Weisung zu den einzelnen Gegenständen der Tagesordnung erteilt hat. Gleiches gilt in der Versammlung einer Gesellschaft, an der es mit mehr als 20 Prozent des Grundkapitals unmittelbar oder mittelbar beteiligt ist.

(4) Ein Kreditinstitut, das in der Hauptversammlung das Stimmrecht auf Grund einer Vollmacht nach Absatz 1 Satz 4 Nr. 2 ausüben will, hat den Aktionären die Vorschläge des Vorstands und des Aufsichtsrats zugänglich zu machen, sofern dies nicht anderweitig er-

folgt. Absatz 2 Satz 3 sowie Absatz 3 Satz 1 bis 3 gelten entsprechend.

(5) Wenn die Vollmacht dies gestattet, darf das Kreditinstitut Personen, die nicht seine Angestellten sind, unterbevollmächtigen. Wenn es die Vollmacht nicht anders bestimmt, übt das Kreditinstitut das Stimmrecht im Namen dessen aus, den es angeht. Ist die Briefwahl bei der Gesellschaft zugelassen, so darf das bevollmächtigte Kreditinstitut sich ihrer bedienen. Zum Nachweis seiner Stimmberechtigung gegenüber der Gesellschaft genügt bei börsennotierten Gesellschaften die Vorlegung eines Berechtigungsnachweises gemäß § 123 Abs. 3; im Übrigen sind die in der Satzung für die Ausübung des Stimmrechts vorgesehenen Erfordernisse zu erfüllen.

(6) Ein Kreditinstitut darf das Stimmrecht für Namensaktien, die ihm nicht gehören, als deren Inhaber es aber im Aktienregister eingetragen ist, nur auf Grund einer Ermächtigung ausüben. Auf die Ermächtigung sind die Absätze 1 bis 5 entsprechend anzuwenden.

(7) Die Wirksamkeit der Stimmabgabe wird durch einen Verstoß gegen Absatz 1 Satz 2 bis 7, die Absätze 2 bis 6 nicht beeinträchtigt.

(8) Die Absätze 1 bis 7 gelten sinngemäß für Aktionärsvereinigungen und für Personen, die sich geschäftsmäßig gegenüber Aktionären zur Ausübung des Stimmrechts in der Hauptversammlung erbieten; dies gilt nicht, wenn derjenige, der das Stimmrecht ausüben will, gesetzlicher Vertreter, Ehegatte oder Lebenspartner des Aktionärs oder mit ihm bis zum vierten Grad verwandt oder verschwägert ist.

(9) Die Verpflichtung des Kreditinstituts zum Ersatz eines aus der Verletzung der Absätze 1 bis 6 entstehenden Schadens kann im Voraus weder ausgeschlossen noch beschränkt werden.

(10) § 125 Abs. 5 gilt entsprechend.

§ 136 Ausschluß des Stimmrechts

(1) Niemand kann für sich oder für einen anderen das Stimmrecht ausüben, wenn darüber Beschluß gefaßt wird, ob er zu entlasten oder von einer Verbindlichkeit zu befreien ist oder ob die Gesellschaft gegen ihn einen Anspruch geltend machen soll. Für Aktien, aus denen der Aktionär nach Satz 1 das Stimmrecht nicht ausüben kann, kann das Stimmrecht auch nicht durch einen anderen ausgeübt werden.

(2) Ein Vertrag, durch den sich ein Aktionär verpflichtet, nach Weisung der Gesellschaft, des Vorstands oder des Aufsichtsrats der Gesellschaft oder nach Weisung eines abhängigen Unternehmens das Stimmrecht auszuüben, ist nichtig. Ebenso ist ein Vertrag nichtig, durch den sich ein Aktionär verpflichtet, für die jeweiligen Vorschläge des Vorstands oder des Aufsichtsrats der Gesellschaft zu stimmen.

§ 137 Abstimmung über Wahlvorschläge von Aktionären

Hat ein Aktionär einen Vorschlag zur Wahl von Aufsichtsratsmitgliedern nach § 127 gemacht und beantragt er in der Hauptversammlung die Wahl des von ihm Vorgeschlagenen, so ist über seinen Antrag vor dem Vorschlag des Aufsichtsrats zu beschließen, wenn es eine Minderheit der Aktionäre verlangt, deren Anteile zusammen den zehnten Teil des vertretenen Grundkapitals erreichen.

**Fünfter Unterabschnitt
Sonderbeschluß**

§ 138 Gesonderte Versammlung. Gesonderte Abstimmung

In diesem Gesetz oder in der Satzung vorgeschriebene Sonderbeschlüsse gewisser Aktionäre sind entweder in einer gesonderten Versammlung dieser Aktionäre oder in einer gesonderten Abstimmung zu fassen, soweit das Gesetz nichts anderes bestimmt. Für die Einberufung der gesonderten Versammlung und die Teilnahme an ihr sowie für das Auskunftsrecht gelten die Bestimmungen über die Hauptversammlung, für die Sonderbeschlüsse die Bestimmungen über Hauptversammlungsbeschlüsse sinngemäß. Verlangen Aktionäre, die an der Abstimmung über den Sonderbeschluß teilnehmen können, die Einberufung einer gesonderten Versammlung

III

oder die Bekanntmachung eines Gegenstands zur gesonderten Abstimmung, so genügt es, wenn ihre Anteile, mit denen sie an der Abstimmung über den Sonderbeschluß teilnehmen können, zusammen den zehnten Teil der Anteile erreichen, aus denen bei der Abstimmung über den Sonderbeschluß das Stimmrecht ausgeübt werden kann.

Sechster Unterabschnitt
Vorzugsaktien ohne Stimmrecht

§ 139 Wesen

(1) Für Aktien, die mit einem nachzuzahlenden Verzug bei der Verteilung des Gewinns ausgestattet sind, kann das Stimmrecht ausgeschlossen werden (Vorzugsaktien ohne Stimmrecht).

(2) Vorzugsaktien ohne Stimmrecht dürfen nur bis zur Hälfte des Grundkapitals ausgegeben werden.

§ 140 Rechte der Vorzugsaktionäre

(1) Die Vorzugsaktien ohne Stimmrecht gewähren mit Ausnahme des Stimmrechts die jedem Aktionär aus der Aktie zustehenden Rechte.

(2) Wird der Vorzugsbetrag in einem Jahr nicht oder nicht vollständig gezahlt und der Rückstand im nächsten Jahr nicht neben dem vollen Vorzug dieses Jahres nachgezahlt, so haben die Vorzugsaktionäre das Stimmrecht, bis die Rückstände nachgezahlt sind. In diesem Fall sind die Vorzugsaktien auch bei der Berechnung einer nach Gesetz oder Satzung erforderlichen Kapitalmehrheit zu berücksichtigen.

(3) Soweit die Satzung nichts anderes bestimmt, entsteht dadurch, daß der Vorzugsbetrag in einem Jahr nicht oder nicht vollständig gezahlt wird, noch kein durch spätere Beschlüsse über die Gewinnverteilung bedingter Anspruch auf den rückständigen Vorzugsbetrag.

§ 141 Aufhebung oder Beschränkung des Vorzugs

(1) Ein Beschluß, durch den der Vorzug aufgehoben oder beschränkt wird, bedarf zu seiner Wirksamkeit der Zustimmung der Vorzugsaktionäre.

(2) Ein Beschluß über die Ausgabe von Vorzugsaktien, die bei der Verteilung des Gewinns oder des Gesellschaftsvermögens den Vorzugsaktien ohne Stimmrecht vorgehen oder gleichstehen, bedarf gleichfalls der Zustimmung der Vorzugsaktionäre. Der Zustimmung bedarf es nicht, wenn die Ausgabe bei Einräumung des Vorzugs oder, falls das Stimmrecht später ausgeschlossen wurde, bei der Ausschließung ausdrücklich vorbehalten worden war und das Bezugsrecht der Vorzugsaktionäre nicht ausgeschlossen wird.

(3) Über die Zustimmung haben die Vorzugsaktionäre in einer gesonderten Versammlung einen Sonderbeschluß zu fassen. Er bedarf einer Mehrheit, die mindestens drei Viertel der abgegebenen Stimmen umfaßt. Die Satzung kann weder eine andere Mehrheit noch weitere Erfordernisse bestimmen. Wird in dem Beschluß über die Ausgabe von Vorzugsaktien, die bei der Verteilung des Gewinns oder des Gesellschaftsvermögens den Vorzugsaktien ohne Stimmrecht vorgehen oder gleichstehen, das Bezugsrecht der Vorzugsaktionäre auf den Bezug solcher Aktien ganz oder zum Teil ausgeschlossen, so gilt für den Sonderbeschluß § 186 Abs. 3 bis 5 sinngemäß.

(4) Ist der Vorzug aufgehoben, so gewähren die Aktien das Stimmrecht.

Siebenter Unterabschnitt
Sonderprüfung. Geltendmachung von Ersatzansprüchen

§ 142 Bestellung der Sonderprüfer

(1) Zur Prüfung von Vorgängen bei der Gründung oder der Geschäftsführung, namentlich auch bei Maßnahmen der Kapitalbeschaffung und Kapitalherabsetzung, kann die Hauptversammlung mit einfacher Stimmenmehrheit Prüfer (Sonderprüfer) bestellen. Bei der Beschlußfassung kann ein Mitglied des Vorstands oder des Aufsichtsrats weder für sich noch für einen anderen mitstimmen, wenn die Prüfung sich auf Vorgänge erstrecken soll, die mit der Entlastung eines Mitglieds des

Vorstands oder des Aufsichtsrats oder der Einleitung eines Rechtsstreits zwischen der Gesellschaft und einem Mitglied des Vorstands oder des Aufsichtsrats zusammenhängen. Für ein Mitglied des Vorstands oder des Aufsichtsrats, das nach Satz 2 nicht mitstimmen kann, kann das Stimmrecht auch nicht durch einen anderen ausgeübt werden.

(2) Lehnt die Hauptversammlung einen Antrag auf Bestellung von Sonderprüfern zur Prüfung eines Vorgangs bei der Gründung oder eines nicht über fünf Jahre zurückliegenden Vorgangs bei der Geschäftsführung ab, so hat das Gericht auf Antrag von Aktionären, deren Anteile bei Antragstellung zusammen den hundertsten Teil des Grundkapitals oder einen anteiligen Betrag von 100 000 Euro erreichen, Sonderprüfer zu bestellen, wenn Tatsachen vorliegen, die den Verdacht rechtfertigen, dass bei dem Vorgang Unredlichkeiten oder grobe Verletzungen des Gesetzes oder der Satzung vorgekommen sind; dies gilt auch für nicht über zehn Jahre zurückliegende Vorgänge, sofern die Gesellschaft zur Zeit des Vorgangs börsennotiert war. Die Antragsteller haben nachzuweisen, dass sie seit mindestens drei Monaten vor dem Tag der Hauptversammlung Inhaber der Aktien sind und dass sie die Aktien bis zur Entscheidung über den Antrag halten. Für eine Vereinbarung zur Vermeidung einer solchen Sonderprüfung gilt § 149 entsprechend.

(3) Die Absätze 1 und 2 gelten nicht für Vorgänge, die Gegenstand einer Sonderprüfung nach § 258 sein können.

(4) Hat die Hauptversammlung Sonderprüfer bestellt, so hat das Gericht auf Antrag von Aktionären, deren Anteile bei Antragstellung zusammen den hundertsten Teil des Grundkapitals oder einen anteiligen Betrag von 100 000 Euro erreichen, einen anderen Sonderprüfer zu bestellen, wenn dies aus einem in der Person des bestellten Sonderprüfers liegenden Grund geboten erscheint, insbesondere, wenn der bestellte Sonderprüfer nicht die für den Gegenstand der Sonderprüfung erforderlichen Kenntnisse hat, seine Befangenheit zu besorgen ist oder Bedenken

wegen seiner Zuverlässigkeit bestehen. Der Antrag ist binnen zwei Wochen seit dem Tage der Hauptversammlung zu stellen.

(5) Das Gericht hat außer den Beteiligten auch den Aufsichtsrat und im Fall des Absatzes 4 den von der Hauptversammlung bestellten Sonderprüfer zu hören. Gegen die Entscheidung ist die Beschwerde zulässig. Die Landesregierung kann die Entscheidung durch Rechtsverordnung für die Bezirke mehrerer Landgerichte einem der Landgerichte übertragen, wenn dies der Sicherung einer einheitlichen Rechtsprechung dient.

(6) Die vom Gericht bestellten Sonderprüfer haben Anspruch auf Ersatz angemessener barer Auslagen und auf Vergütung für ihre Tätigkeit. Die Auslagen und die Vergütung setzt das Gericht fest. Gegen die Entscheidung ist die Beschwerde zulässig; die Rechtsbeschwerde ist ausgeschlossen. Aus der rechtskräftigen Entscheidung findet die Zwangsvollstreckung nach der Zivilprozeßordnung statt.

(7) Hat die Gesellschaft Wertpapiere im Sinne des § 2 Abs. 1 Satz 1 des Wertpapierhandelsgesetzes ausgegeben, die an einer inländischen Börse zum Handel im regulierten Markt zugelassen sind, so hat im Falle des Absatzes 1 Satz 1 der Vorstand und im Falle des Absatzes 2 Satz 1 das Gericht der Bundesanstalt für Finanzdienstleistungsaufsicht die Bestellung des Sonderprüfers und dessen Prüfungsbericht mitzuteilen; darüber hinaus hat das Gericht den Eingang eines Antrags auf Bestellung eines Sonderprüfers mitzuteilen.

(8) Auf das gerichtliche Verfahren nach den Absätzen 2 bis 6 sind die Vorschriften des Gesetzes über das Verfahren in Familiensachen und in den Angelegenheiten der freiwilligen Gerichtsbarkeit anzuwenden, soweit in diesem Gesetz nichts anderes bestimmt ist.

§ 143 Auswahl der Sonderprüfer

(1) Als Sonderprüfer sollen, wenn der Gegenstand der Sonderprüfung keine anderen Kenntnisse fordert, nur bestellt werden

1. Personen, die in der Buchführung ausreichend vorgebildet und erfahren sind;

2. Prüfungsgesellschaften, von deren gesetzlichen Vertretern mindestens einer in der Buchführung ausreichend vorgebildet und erfahren ist.

(2) Sonderprüfer darf nicht sein, wer nach § 319 Abs. 2, 3, § 319a Abs. 1, § 319b des Handelsgesetzbuchs nicht Abschlußprüfer sein darf oder während der Zeit, in der sich der zu prüfende Vorgang ereignet hat, hätte sein dürfen. Eine Prüfungsgesellschaft darf nicht Sonderprüfer sein, wenn sie nach § 319 Abs. 2, 4, § 319a Abs. 1, § 319b des Handelsgesetzbuchs nicht Abschlußprüfer sein darf oder während der Zeit, in der sich der zu prüfende Vorgang ereignet hat, hätte sein dürfen.

§ 144 Verantwortlichkeit der Sonderprüfer

§ 323 des Handelsgesetzbuchs über die Verantwortlichkeit des Abschlußprüfers gilt sinngemäß.

§ 145 Rechte der Sonderprüfer. Prüfungsbericht

(1) Der Vorstand hat den Sonderprüfern zu gestatten, die Bücher und Schriften der Gesellschaft sowie die Vermögensgegenstände, namentlich die Gesellschaftskasse und die Bestände an Wertpapieren und Waren, zu prüfen.

(2) Die Sonderprüfer können von den Mitgliedern des Vorstands und des Aufsichtsrats alle Aufklärungen und Nachweise verlangen, welche die sorgfältige Prüfung der Vorgänge notwendig macht.

(3) Die Sonderprüfer haben die Rechte nach Absatz 2 auch gegenüber einem Konzernunternehmen sowie gegenüber einem abhängigen oder herrschenden Unternehmen.

(4) Auf Antrag des Vorstands hat das Gericht zu gestatten, dass bestimmte Tatsachen nicht in den Bericht aufgenommen werden, wenn überwiegende Belange der Gesellschaft dies gebieten und sie zur Darlegung der Unredlichkeiten oder groben Verletzungen gemäß § 142 Abs. 2 nicht unerlässlich sind.

(5) Über den Antrag gemäß Absatz 4 entscheidet das Landgericht, in dessen Bezirk die Gesellschaft ihren Sitz hat. § 142 Abs. 5 Satz 2, Abs. 8 gilt entsprechend.

(6) Die Sonderprüfer haben über das Ergebnis der Prüfung schriftlich zu berichten. Auch Tatsachen, deren Bekanntwerden geeignet ist, der Gesellschaft oder einem verbundenen Unternehmen einen nicht unerheblichen Nachteil zuzufügen, müssen in den Prüfungsbericht aufgenommen werden, wenn ihre Kenntnis zur Beurteilung des zu prüfenden Vorgangs durch die Hauptversammlung erforderlich ist. Die Sonderprüfer haben den Bericht zu unterzeichnen und unverzüglich dem Vorstand und zum Handelsregister des Sitzes der Gesellschaft einzureichen. Auf Verlangen hat der Vorstand jedem Aktionär eine Abschrift des Prüfungsberichts zu erteilen. Der Vorstand hat den Bericht dem Aufsichtsrat vorzulegen und bei der Einberufung der nächsten Hauptversammlung als Gegenstand der Tagesordnung bekanntzumachen.

§ 146 Kosten

Bestellt das Gericht Sonderprüfer, so trägt die Gesellschaft die Gerichtskosten und die Kosten der Prüfung. Hat der Antragsteller die Bestellung durch vorsätzlich oder grob fahrlässig unrichtigen Vortrag erwirkt, so hat der Antragsteller der Gesellschaft die Kosten zu erstatten.

§ 147 Geltendmachung von Ersatzansprüchen

(1) Die Ersatzansprüche der Gesellschaft aus der Gründung gegen die nach den §§ 46 bis 48, 53 verpflichteten Personen oder aus der Geschäftsführung gegen die Mitglieder des Vorstands und des Aufsichtsrats oder aus § 117 müssen geltend gemacht werden, wenn es die Hauptversammlung mit einfacher Stimmenmehrheit beschließt. Der Ersatzanspruch soll binnen sechs Monaten seit dem Tage der Hauptversammlung geltend gemacht werden.

(2) Zur Geltendmachung des Ersatzanspruchs kann die Hauptversammlung besondere Vertreter bestellen. Das Gericht (§ 14) hat auf Antrag von Aktionären, deren Anteile zusammen den zehnten Teil des Grundkapitals

oder den anteiligen Betrag von einer Million Euro erreichen, als Vertreter der Gesellschaft zur Geltendmachung des Ersatzanspruchs andere als die nach den §§ 78, 112 oder nach Satz 1 zur Vertretung der Gesellschaft berufenen Personen zu bestellen, wenn ihm dies für eine gehörige Geltendmachung zweckmäßig erscheint. Gibt das Gericht dem Antrag statt, so trägt die Gesellschaft die Gerichtskosten. Gegen die Entscheidung ist die Beschwerde zulässig. Die gerichtlich bestellten Vertreter können von der Gesellschaft den Ersatz angemessener barer Auslagen und eine Vergütung für ihre Tätigkeit verlangen. Die Auslagen und die Vergütung setzt das Gericht fest. Gegen die Entscheidung ist die Beschwerde zulässig; die Rechtsbeschwerde ist ausgeschlossen. Aus der rechtskräftigen Entscheidung findet die Zwangsvollstreckung nach der Zivilprozeßordnung statt.

§ 148 Klagezulassungsverfahren

(1) Aktionäre, deren Anteile im Zeitpunkt der Antragstellung zusammen den einhundertsten Teil des Grundkapitals oder einen anteiligen Betrag von 100 000 Euro erreichen, können die Zulassung beantragen, im eigenen Namen die in § 147 Abs. 1 Satz 1 bezeichneten Ersatzansprüche der Gesellschaft geltend zu machen. Das Gericht lässt die Klage zu, wenn

1. die Aktionäre nachweisen, dass sie die Aktien vor dem Zeitpunkt erworben haben, in dem sie oder im Falle der Gesamtrechtsnachfolge ihre Rechtsvorgänger von den behaupteten Pflichtverstößen oder dem behaupteten Schaden auf Grund einer Veröffentlichung Kenntnis erlangen mussten,

2. die Aktionäre nachweisen, dass sie die Gesellschaft unter Setzung einer angemessenen Frist vergeblich aufgefordert haben, selbst Klage zu erheben,

3. Tatsachen vorliegen, die den Verdacht rechtfertigen, dass der Gesellschaft durch Unredlichkeit oder grobe Verletzung des Gesetzes oder der Satzung ein Schaden entstanden ist, und

4. der Geltendmachung des Ersatzanspruchs keine überwiegenden Gründe des Gesellschaftswohls entgegenstehen.

(2) Über den Antrag auf Klagezulassung entscheidet das Landgericht, in dessen Bezirk die Gesellschaft ihren Sitz hat, durch Beschluss. Ist bei dem Landgericht eine Kammer für Handelssachen gebildet, so entscheidet diese anstelle der Zivilkammer. Die Landesregierung kann die Entscheidung durch Rechtsverordnung für die Bezirke mehrerer Landgerichte einem der Landgerichte übertragen, wenn dies der Sicherung einer einheitlichen Rechtsprechung dient. Die Landesregierung kann die Ermächtigung auf die Landesjustizverwaltung übertragen. Die Antragstellung hemmt die Verjährung des streitgegenständlichen Anspruchs bis zur rechtskräftigen Antragsabweisung oder bis zum Ablauf der Frist für die Klageerhebung. Vor der Entscheidung hat das Gericht dem Antragsgegner Gelegenheit zur Stellungnahme zu geben. Gegen die Entscheidung findet die sofortige Beschwerde statt. Die Rechtsbeschwerde ist ausgeschlossen. Die Gesellschaft ist im Zulassungsverfahren und im Klageverfahren beizuladen.

(3) Die Gesellschaft ist jederzeit berechtigt, ihren Ersatzanspruch selbst gerichtlich geltend zu machen; mit Klageerhebung durch die Gesellschaft wird ein anhängiges Zulassungs- oder Klageverfahren von Aktionären über diesen Ersatzanspruch unzulässig. Die Gesellschaft ist nach ihrer Wahl berechtigt, ein anhängiges Klageverfahren über ihren Ersatzanspruch in der Lage zu übernehmen, in der sich das Verfahren zur Zeit der Übernahme befindet. Die bisherigen Antragsteller oder Kläger sind in den Fällen der Sätze 1 und 2 beizuladen.

(4) Hat das Gericht dem Antrag stattgegeben, kann die Klage nur binnen drei Monaten nach Eintritt der Rechtskraft der Entscheidung und sofern die Aktionäre die Gesellschaft nochmals unter Setzung einer angemessenen Frist vergeblich aufgefordert haben, selbst Klage zu erheben, vor dem nach Absatz 2 zuständigen Gericht erhoben werden. Sie ist gegen die in § 147 Abs. 1 Satz 1 genannten Personen

und auf Leistung an die Gesellschaft zu richten. Eine Nebenintervention durch Aktionäre ist nach Zulassung der Klage nicht mehr möglich. Mehrere Klagen sind zur gleichzeitigen Verhandlung und Entscheidung zu verbinden.

(5) Das Urteil wirkt, auch wenn es auf Klageabweisung lautet, für und gegen die Gesellschaft und die übrigen Aktionäre. Entsprechendes gilt für einen nach § 149 bekannt zu machenden Vergleich; für und gegen die Gesellschaft wirkt dieser aber nur nach Klagezulassung.

(6) Die Kosten des Zulassungsverfahrens hat der Antragsteller zu tragen, soweit sein Antrag abgewiesen wird. Beruht die Abweisung auf entgegenstehenden Gründen des Gesellschaftswohls, die die Gesellschaft vor Antragstellung hätte mitteilen können, aber nicht mitgeteilt hat, so hat sie dem Antragsteller die Kosten zu erstatten. Im Übrigen ist über die Kostentragung im Endurteil zu entscheiden. Erhebt die Gesellschaft selbst Klage oder übernimmt sie ein anhängiges Klageverfahren von Aktionären, so trägt sie etwaige bis zum Zeitpunkt ihrer Klageerhebung oder Übernahme des Verfahrens entstandene Kosten des Antragstellers und kann die Klage nur unter den Voraussetzungen des § 93 Abs. 4 Satz 3 und 4 mit Ausnahme der Sperrfrist zurücknehmen. Wird die Klage ganz oder teilweise abgewiesen, hat die Gesellschaft den Klägern die von diesen zu tragenden Kosten zu erstatten, sofern nicht die Kläger die Zulassung durch vorsätzlich oder grob fahrlässig unrichtigen Vortrag erwirkt haben. Gemeinsam als Antragsteller oder als Streitgenossen handelnde Aktionäre erhalten insgesamt nur die Kosten eines Bevollmächtigten erstattet, soweit nicht ein weiterer Bevollmächtigter zur Rechtsverfolgung unerlässlich war.

§ 149 Bekanntmachungen zur Haftungsklage

(1) Nach rechtskräftiger Zulassung der Klage gemäß § 148 sind der Antrag auf Zulassung und die Verfahrensbeendigung von der börsennotierten Gesellschaft unverzüglich in den Gesellschaftsblättern bekannt zu machen.

(2) Die Bekanntmachung der Verfahrensbeendigung hat deren Art, alle mit ihr im Zusammenhang stehenden Vereinbarungen einschließlich Nebenabreden im vollständigen Wortlaut sowie die Namen der Beteiligten zu enthalten. Etwaige Leistungen der Gesellschaft und ihr zurechenbare Leistungen Dritter sind gesondert zu beschreiben und hervorzuheben. Die vollständige Bekanntmachung ist Wirksamkeitsvoraussetzung für alle Leistungspflichten. Die Wirksamkeit von verfahrensbeendigenden Prozesshandlungen bleibt hiervon unberührt. Trotz Unwirksamkeit bewirkte Leistungen können zurückgefordert werden.

(3) Die vorstehenden Bestimmungen gelten entsprechend für Vereinbarungen, die zur Vermeidung eines Prozesses geschlossen werden.

Gesetz über die Mitbestimmung der Arbeitnehmer (Mitbestimmungsgesetz – MitbestG)

Vom 4. Mai 1976 (BGBl. I S. 1153)

Zuletzt geändert durch
Gesetz zur Änderung von Vorschriften über Verkündung und Bekanntmachungen sowie der Zivilprozessordnung, des Gesetzes betreffend die Einführung der Zivilprozessordnung und der Abgabenordnung
vom 22. Dezember 2011 (BGBl. I S. 3044)

– Auszug –

III

Erster Teil
Geltungsbereich

§ 1 Erfaßte Unternehmen

(1) In Unternehmen, die

1. in der Rechtsform einer Aktiengesellschaft, einer Kommanditgesellschaft auf Aktien, einer Gesellschaft mit beschränkter Haftung oder einer Genossenschaft betrieben werden und

2. in der Regel mehr als 2000 Arbeitnehmer beschäftigen, haben die Arbeitnehmer ein Mitbestimmungsrecht nach Maßgabe dieses Gesetzes.

(2) Dieses Gesetz ist nicht anzuwenden auf die Mitbestimmung in Organen von Unternehmen, in denen die Arbeitnehmer nach

1. dem Gesetz über die Mitbestimmung der Arbeitnehmer in den Aufsichtsräten und Vorständen der Unternehmen des Bergbaus und der Eisen und Stahl erzeugenden Industrie vom 21. Mai 1951 (Bundesgesetzbl. I S. 347) – Montan-Mitbestimmungsgesetz –, oder

2. dem Gesetz zur Ergänzung des Gesetzes über die Mitbestimmung der Arbeitnehmer in den Aufsichtsräten und Vorständen der Unternehmen des Bergbaus und der Eisen und Stahl erzeugenden Industrie vom 7. August 1956 (Bundesgesetzbl. I S. 707) – Mitbestimmungsergänzungsgesetz –,

ein Mitbestimmungsrecht haben.

(3) Die Vertretung der Arbeitnehmer in den Aufsichtsräten von Unternehmen, in denen die Arbeitnehmer nicht nach Absatz 1 oder nach den in Absatz 2 bezeichneten Gesetzen ein Mitbestimmungsrecht haben, bestimmt sich nach den Vorschriften des Drittelbeteiligungsgesetzes (BGBl. 2004 I S. 974).

(4) Dieses Gesetz ist nicht anzuwenden auf Unternehmen, die unmittelbar und überwiegend

1. politischen, koalitionspolitischen, konfessionellen, karitativen, erzieherischen, wissenschaftlichen oder künstlerischen Bestimmungen oder

2. Zwecken der Berichterstattung oder Meinungsäußerung, auf die Artikel 5 Abs. 1 Satz 2 des Grundgesetzes anzuwenden ist

dienen. Dieses Gesetz ist nicht anzuwenden auf Religionsgemeinschaften und ihre karitativen und erzieherischen Einrichtungen unbeschadet deren Rechtsform.

§ 2 Anteilseigner

Anteilseigner im Sinne dieses Gesetzes sind je nach der Rechtsform der in § 1 Abs. 1 Nr. 1 bezeichneten Unternehmen Aktionäre, Gesellschafter oder Mitglieder einer Genossenschaft.

§ 3 Arbeitnehmer und Betrieb

(1) Arbeitnehmer im Sinne dieses Gesetzes sind

1. die in § 5 Abs. 1 des Betriebsverfassungsgesetzes bezeichneten Personen mit Aus-

nahme der in § 5 Abs. 3 des Betriebsverfassungsgesetzes bezeichneten leitenden Angestellten,

2. die in § 5 Abs. 3 des Betriebsverfassungsgesetzes bezeichneten leitenden Angestellten.

Keine Arbeitnehmer im Sinne dieses Gesetzes sind die in § 5 Abs. 2 des Betriebsverfassungsgesetzes bezeichneten Personen.

(2) Betriebe im Sinne dieses Gesetzes sind solche des Betriebsverfassungsgesetzes. § 4 Abs. 2 des Betriebsverfassungsgesetzes ist anzuwenden.

§ 4 Kommanditgesellschaft

(1) Ist ein in § 1 Abs. 1 Nr. 1 bezeichnetes Unternehmen persönlich haftender Gesellschafter einer Kommanditgesellschaft und hat die Mehrheit der Kommanditisten dieser Kommanditgesellschaft, berechnet nach der Mehrheit der Anteile oder der Stimmen, die Mehrheit der Anteile oder der Stimmen in dem Unternehmen des persönlich haftenden Gesellschafters inne, so gelten für die Anwendung dieses Gesetzes auf den persönlich haftenden Gesellschafter die Arbeitnehmer der Kommanditgesellschaft als Arbeitnehmer des persönlich haftenden Gesellschafters, sofern nicht der persönlich haftende Gesellschafter einen eigenen Geschäftsbetrieb mit in der Regel mehr als 500 Arbeitnehmern hat. Ist die Kommanditgesellschaft persönlich haftender Gesellschafter einer anderen Kommanditgesellschaft, so gelten auch deren Arbeitnehmer als Arbeitnehmer des in § 1 Abs. 1 Nr. 1 bezeichneten Unternehmens. Dies gilt entsprechend, wenn sich die Verbindung von Kommanditgesellschaften in dieser Weise fortsetzt.

(2) Das Unternehmen kann von der Führung der Geschäfte der Kommanditgesellschaft nicht ausgeschlossen werden.

§ 5 Konzern

(1) Ist ein in § 1 Abs. 1 Nr. 1 bezeichnetes Unternehmen herrschendes Unternehmen eines Konzerns (§ 18 Abs. 1 des Aktiengesetzes), so gelten für die Anwendung dieses Gesetzes auf das herrschende Unternehmen die Arbeitnehmer der Konzernunternehmen als Arbeitnehmer des herrschenden Unternehmens. Dies gilt auch für die Arbeitnehmer eines in § 1 Abs. 1 Nr. 1 bezeichneten Unternehmens, das persönlich haftender Gesellschafter eines abhängigen Unternehmens (§ 18 Abs. 1 des Aktiengesetzes) in der Rechtsform einer Kommanditgesellschaft ist.

(2) Ist eine Kommanditgesellschaft, bei der für die Anwendung dieses Gesetzes auf den persönlich haftenden Gesellschafter die Arbeitnehmer der Kommanditgesellschaft nach § 4 Abs. 1 als Arbeitnehmer des persönlich haftenden Gesellschafters gelten, herrschendes Unternehmen eines Konzerns (§ 18 Abs. 1 des Aktiengesetzes), so gelten für die Anwendung dieses Gesetzes auf den persönlich haftenden Gesellschafter der Kommanditgesellschaft die Arbeitnehmer der Konzernunternehmen als Arbeitnehmer des persönlich haftenden Gesellschafters. Absatz 1 Satz 2 sowie § 4 Abs. 2 sind entsprechend anzuwenden.

(3) Stehen in einem Konzern die Konzernunternehmen unter der einheitlichen Leitung eines anderen als eines in Absatz 1 oder 2 bezeichneten Unternehmens, beherrscht aber die Konzernleitung über ein in Absatz 1 oder 2 bezeichnetes Unternehmen oder über mehrere solcher Unternehmen andere Konzernunternehmen, so gelten die in Absatz 1 oder 2 bezeichneten und der Konzernleitung am nächsten stehenden Unternehmen, über die die Konzernleitung andere Konzernunternehmen beherrscht, für die Anwendung dieses Gesetzes als herrschende Unternehmen.

Zweiter Teil
Aufsichtsrat

Erster Abschnitt
Bildung und Zusammensetzung

§ 6 Grundsatz

(1) Bei den in § 1 Abs. 1 bezeichneten Unternehmen ist ein Aufsichtsrat zu bilden, soweit sich dies nicht schon aus anderen gesetzlichen Vorschriften ergibt.

(2) Die Bildung und die Zusammensetzung des Aufsichtsrats sowie die Bestellung und die Abberufung seiner Mitglieder bestimmen sich nach den §§ 7 bis 24 dieses Gesetzes und, soweit sich dies nicht schon aus anderen gesetzlichen Vorschriften ergibt, nach § 96 Abs. 2, den §§ 97 bis 101 Abs. 1 und 3 und den §§ 102 bis 106 des Aktiengesetzes mit der Maßgabe, daß die Wählbarkeit eines Prokuristen als Aufsichtsratsmitglied der Arbeitnehmer nur ausgeschlossen ist, wenn dieser dem zur gesetzlichen Vertretung des Unternehmens befugten Organ unmittelbar unterstellt und zur Ausübung der Prokura für den gesamten Geschäftsbereich des Organs ermächtigt ist. Andere gesetzliche Vorschriften und Bestimmungen der Satzung (des Gesellschaftsvertrags, des Statuts) über die Zusammensetzung des Aufsichtsrats sowie über die Bestellung und die Abberufung seiner Mitglieder bleiben unberührt, soweit Vorschriften dieses Gesetzes dem nicht entgegenstehen.

(3) Auf Genossenschaften sind die §§ 100, 101 Abs. 1 und 3 und die §§ 103 und 106 des Aktiengesetzes nicht anzuwenden. Auf die Aufsichtsratsmitglieder der Arbeitnehmer ist § 9 Abs. 2 des Genossenschaftsgesetzes nicht anzuwenden.

§ 7 Zusammensetzung des Aufsichtsrats

(1) Der Aufsichtsrat eines Unternehmens

1. mit in der Regel nicht mehr als 10 000 Arbeitnehmern setzt sich zusammen aus je sechs Aufsichtsratsmitgliedern der Anteilseigner und der Arbeitnehmer;

2. mit in der Regel mehr als 10 000, jedoch nicht mehr als 20 000 Arbeitnehmern setzt sich zusammen aus je acht Aufsichtsratsmitgliedern der Anteilseigner und der Arbeitnehmer;

3. mit in der Regel mehr als 20 000 Arbeitnehmern setzt sich zusammen aus je zehn Aufsichtsratsmitgliedern der Anteilseigner und der Arbeitnehmer.

Bei den in Satz 1 Nr. 1 bezeichneten Unternehmen kann die Satzung (der Gesell-

schaftsvertrag) bestimmen, daß Satz 1 Nr. 2 oder 3 anzuwenden ist. Bei den in Satz 1 Nr. 2 bezeichneten Unternehmen kann die Satzung (der Gesellschaftsvertrag) bestimmen, daß Satz 1 Nr. 3 anzuwenden ist.

(2) Unter den Aufsichtsratsmitgliedern der Arbeitnehmer müssen sich befinden

1. in einem Aufsichtsrat, dem sechs Aufsichtsratsmitglieder der Arbeitnehmer angehören, vier Arbeitnehmer des Unternehmens und zwei Vertreter von Gewerkschaften;

2. in einem Aufsichtsrat, dem acht Aufsichtsratsmitglieder der Arbeitnehmer angehören, sechs Arbeitnehmer des Unternehmens und zwei Vertreter von Gewerkschaften;

3. in einem Aufsichtsrat, dem zehn Aufsichtsratsmitglieder der Arbeitnehmer angehören, sieben Arbeitnehmer des Unternehmens und drei Vertreter von Gewerkschaften.

(3) Die in Absatz 2 bezeichneten Arbeitnehmer des Unternehmens müssen das 18. Lebensjahr vollendet haben und ein Jahr dem Unternehmen angehören. Auf die einjährige Unternehmensangehörigkeit werden Zeiten der Angehörigkeit zu einem anderen Unternehmen, dessen Arbeitnehmer nach diesem Gesetz an der Wahl von Aufsichtsratsmitgliedern des Unternehmens teilnehmen, angerechnet. Diese Zeiten müssen unmittelbar vor dem Zeitpunkt liegen, ab dem die Arbeitnehmer zur Wahl von Aufsichtsratsmitgliedern des Unternehmens berechtigt sind. Die weiteren Wählbarkeitsvoraussetzungen des § 8 Abs. 1 des Betriebsverfassungsgesetzes müssen erfüllt sein.

(4) Die in Absatz 2 bezeichneten Gewerkschaften müssen in dem Unternehmen selbst oder in einem anderen Unternehmen vertreten sein, dessen Arbeitnehmer nach diesem Gesetz an der Wahl von Aufsichtsratsmitgliedern des Unternehmens teilnehmen.

III

Gesetz zur Ausführung der Verordnung (EG) Nr. 2157/2001 des Rates vom 8. Oktober 2001 über das Statut der Europäischen Gesellschaft (SE)
(SE-Ausführungsgesetz – SEAG)

Vom 22. Dezember 2004 (BGBl. I S. 3675)

Zuletzt geändert durch
Gesetz zur Umsetzung der Aktionärsrechterichtlinie
vom 30. Juli 2009 (BGBl. I S. 2479)

Inhaltsübersicht

Abschnitt 1
Allgemeine Vorschriften

§ 1 Anzuwendende Vorschriften

§ 2 (weggefallen)

§ 3 Eintragung

§ 4 Zuständigkeiten

Abschnitt 2
Gründung einer SE

Unterabschnitt 1
Verschmelzung

§ 5 Bekanntmachung

§ 6 Verbesserung des Umtauschverhältnisses

§ 7 Abfindungsangebot im Verschmelzungsplan

§ 8 Gläubigerschutz

Unterabschnitt 2
Gründung einer Holding-SE

§ 9 Abfindungsangebot im Gründungsplan

§ 10 Zustimmungsbeschluss; Negativerklärung

§ 11 Verbesserung des Umtauschverhältnisses

Abschnitt 3
Sitzverlegung

§ 12 Abfindungsangebot im Verlegungsplan

§ 13 Gläubigerschutz

§ 14 Negativerklärung

Abschnitt 4
Aufbau der SE

Unterabschnitt 1
Dualistisches System

§ 15 Wahrnehmung der Geschäftsleitung durch Mitglieder des Aufsichtsorgans

§ 16 Zahl der Mitglieder des Leitungsorgans

§ 17 Zahl der Mitglieder und Zusammensetzung des Aufsichtsorgans

§ 18 Informationsverlangen einzelner Mitglieder des Aufsichtsorgans

§ 19 Festlegung zustimmungsbedürftiger Geschäfte durch das Aufsichtsorgan

Unterabschnitt 2
Monistisches System

§ 20 Anzuwendende Vorschriften

§ 21 Anmeldung und Eintragung

§ 22 Aufgaben und Rechte des Verwaltungsrats

§ 23 Zahl der Mitglieder des Verwaltungsrats

§ 24 Zusammensetzung des Verwaltungsrats

§ 25 Bekanntmachung über die Zusammensetzung des Verwaltungsrats

§ 26 Gerichtliche Entscheidung über die Zusammensetzung des Verwaltungsrats

§ 27 Persönliche Voraussetzungen der Mitglieder des Verwaltungsrats

§ 28 Bestellung der Mitglieder des Verwaltungsrats

§ 29 Abberufung der Mitglieder des Verwaltungsrats

§ 30 Bestellung durch das Gericht

§ 31 Nichtigkeit der Wahl von Verwaltungsratsmitgliedern

§ 32 Anfechtung der Wahl von Verwaltungsratsmitgliedern

§ 33 Wirkung des Urteils

§ 34 Innere Ordnung des Verwaltungsrats

§ 35 Beschlussfassung

§ 36 Teilnahme an Sitzungen des Verwaltungsrats und seiner Ausschüsse

§ 37 Einberufung des Verwaltungsrats

§ 38 Rechtsverhältnisse der Mitglieder des Verwaltungsrats

§ 39 Sorgfaltspflicht und Verantwortlichkeit der Verwaltungsratsmitglieder

§ 40 Geschäftsführende Direktoren

§ 41 Vertretung

§ 42 (weggefallen)

§ 43 Angaben auf Geschäftsbriefen

§ 44 Beschränkungen der Vertretungs- und Geschäftsführungsbefugnis

§ 45 Bestellung durch das Gericht

§ 46 Anmeldung von Änderungen

§ 47 Prüfung und Feststellung des Jahresabschlusses

§ 48 Ordentliche Hauptversammlung

§ 49 Leitungsmacht und Verantwortlichkeit bei Abhängigkeit von Unternehmen

Unterabschnitt 3
Hauptversammlung

§ 50 Einberufung und Ergänzung der Tagesordnung auf Verlangen einer Minderheit

§ 51 Satzungsänderungen

Abschnitt 5
Auflösung

§ 52 Auflösung der SE bei Auseinanderfallen von Sitz und Hauptverwaltung

Abschnitt 6
Straf- und Bußgeldvorschriften

§ 53 Straf- und Bußgeldvorschriften

Abschnitt 7
Schlussbestimmungen

§ 54 Übergangsvorschrift zum Bilanzrechtsmodernisierungsgesetz

§ 55 Übergangsvorschrift zum Gesetz zur Umsetzung der Aktionärsrechterichtlinie

III

Abschnitt 1
Allgemeine Vorschriften

§ 1 Anzuwendende Vorschriften

Soweit nicht die Verordnung (EG) Nr. 2157/2001 des Rates vom 8. Oktober 2001 über das Statut der Europäischen Gesellschaft (SE) (ABl. EG Nr. L 294 S. 1) (Verordnung) gilt, sind auf eine Europäische Gesellschaft (SE) mit Sitz im Inland und auf die an der Gründung einer Europäischen Gesellschaft beteiligten Gesellschaften mit Sitz im Inland die folgenden Vorschriften anzuwenden.

§ 2 (weggefallen)

§ 3 Eintragung

Die SE wird gemäß den für Aktiengesellschaften geltenden Vorschriften im Handelsregister eingetragen.

§ 4 Zuständigkeiten

Für die Eintragung der SE und für die in Artikel 8 Abs. 8, Artikel 25 Abs. 2 sowie den Artikeln 26 und 64 Abs. 4 der Verordnung bezeichneten Aufgaben ist das nach den §§ 376 und 377 des Gesetzes über das Verfahren in Familiensachen und in den Angelegenheiten der freiwilligen Gerichtsbarkeit bestimmte Gericht zuständig. Das zuständige Gericht im Sinne des Artikels 55 Abs. 3 Satz 1 der Verordnung bestimmt sich nach § 375 Nr. 4, §§ 376 und 377 des Gesetzes über das Verfahren in Familiensachen und in den Angelegenheiten der freiwilligen Gerichtsbarkeit.

Abschnitt 2
Gründung einer SE

Unterabschnitt 1
Verschmelzung

§ 5 Bekanntmachung

Die nach Artikel 21 der Verordnung bekannt zu machenden Angaben sind dem Register bei Einreichung des Verschmelzungsplans mitzuteilen. Das Gericht hat diese Angaben zusammen mit dem nach § 61 Satz 2 des Umwandlungsgesetzes vorgeschriebenen Hinweis bekannt zu machen.

§ 6 Verbesserung des Umtauschverhältnisses

(1) Unter den Voraussetzungen des Artikels 25 Abs. 3 Satz 1 der Verordnung kann eine Klage gegen den Verschmelzungsbeschluss einer übertragenden Gesellschaft nicht darauf gestützt werden, dass das Umtauschverhältnis der Anteile nicht angemessen ist.

(2) Ist bei der Gründung einer SE durch Verschmelzung nach dem Verfahren der Verordnung das Umtauschverhältnis der Anteile nicht angemessen, so kann jeder Aktionär einer übertragenden Gesellschaft, dessen Recht, gegen die Wirksamkeit des Verschmelzungsbeschlusses Klage zu erheben, nach Absatz 1 ausgeschlossen ist, von der SE einen Ausgleich durch bare Zuzahlung verlangen.

(3) Die bare Zuzahlung ist nach Ablauf des Tages, an dem die Verschmelzung im Sitzstaat der SE nach den dort geltenden Vorschriften eingetragen und bekannt gemacht worden ist, mit jährlich 5 Prozentpunkten über dem jeweiligen Basiszinssatz nach § 247 des Bürgerlichen Gesetzbuchs zu verzinsen. Die Geltendmachung eines weiteren Schadens ist nicht ausgeschlossen.

(4) Macht ein Aktionär einer übertragenden Gesellschaft unter den Voraussetzungen des Artikels 25 Abs. 3 Satz 1 der Verordnung geltend, dass das Umtauschverhältnis der Anteile nicht angemessen sei, so hat auf seinen Antrag das Gericht nach dem Spruchverfahrensgesetz vom 12. Juni 2003 (BGBl. I S. 838) eine angemessene bare Zuzahlung zu bestimmen. Satz 1 findet auch auf Aktionäre einer übertragenden Gesellschaft mit Sitz in einem anderen Mitgliedstaat der Europäischen Union oder in einem anderen Vertragsstaat des Abkommens über den Europäischen Wirtschaftsraum Anwendung, sofern nach dem Recht dieses Staates ein Verfahren zur Kontrolle und Änderung des Umtauschverhältnisses der Aktien vorgesehen ist und deutsche Gerichte für die Durchfüh-

rung eines solchen Verfahrens international zuständig sind.

§ 7 Abfindungsangebot im Verschmelzungsplan

(1) Bei der Gründung einer SE, die ihren Sitz im Ausland haben soll, durch Verschmelzung nach dem Verfahren der Verordnung hat eine übertragende Gesellschaft im Verschmelzungsplan oder in seinem Entwurf jedem Aktionär, der gegen den Verschmelzungsbeschluss der Gesellschaft Widerspruch zur Niederschrift erklärt, den Erwerb seiner Aktien gegen eine angemessene Barabfindung anzubieten. Die Vorschriften des Aktiengesetzes über den Erwerb eigener Aktien gelten entsprechend, jedoch ist § 71 Abs. 4 Satz 2 des Aktiengesetzes insoweit nicht anzuwenden. Die Bekanntmachung des Verschmelzungsplans als Gegenstand der Beschlussfassung muss den Wortlaut dieses Angebots enthalten. Die Gesellschaft hat die Kosten für eine Übertragung zu tragen. § 29 Abs. 2 des Umwandlungsgesetzes findet entsprechende Anwendung.

(2) Die Barabfindung muss die Verhältnisse der Gesellschaft im Zeitpunkt der Beschlussfassung über die Verschmelzung berücksichtigen. Die Barabfindung ist nach Ablauf des Tages, an dem die Verschmelzung im Sitzstaat der SE nach den dort geltenden Vorschriften eingetragen und bekannt gemacht worden ist, mit jährlich 5 Prozentpunkten über dem jeweiligen Basiszinssatz nach § 247 des Bürgerlichen Gesetzbuchs zu verzinsen. Die Geltendmachung eines weiteren Schadens ist nicht ausgeschlossen.

(3) Die Angemessenheit einer anzubietenden Barabfindung ist stets durch Verschmelzungsprüfer zu prüfen. Die §§ 10 bis 12 des Umwandlungsgesetzes sind entsprechend anzuwenden. Die Berechtigten können auf die Prüfung oder den Prüfungsbericht verzichten; die Verzichtserklärungen sind notariell zu beurkunden.

(4) Das Angebot nach Absatz 1 kann nur binnen zwei Monaten nach dem Tage angenommen werden, an dem die Verschmelzung im Sitzstaat der SE nach den dort geltenden Vorschriften eingetragen und bekannt gemacht worden ist. Ist nach Absatz 7 dieser Vorschrift ein Antrag auf Bestimmung der Barabfindung durch das Gericht gestellt worden, so kann das Angebot binnen zwei Monaten nach dem Tage angenommen werden, an dem die Entscheidung im Bundesanzeiger bekannt gemacht worden ist.

(5) Unter den Voraussetzungen des Artikels 25 Abs. 3 Satz 1 der Verordnung kann eine Klage gegen die Wirksamkeit des Verschmelzungsbeschlusses einer übertragenden Gesellschaft nicht darauf gestützt werden, dass das Angebot nach Absatz 1 zu niedrig bemessen oder das die Barabfindung im Verschmelzungsplan nicht oder nicht ordnungsgemäß angeboten worden ist.

(6) Einer anderweitigen Veräußerung des Anteils durch den Aktionär stehen nach Fassung des Verschmelzungsbeschlusses bis zum Ablauf der in Absatz 4 bestimmten Frist Verfügungsbeschränkungen bei den beteiligten Rechtsträgern nicht entgegen.

(7) Macht ein Aktionär einer übertragenden Gesellschaft unter den Voraussetzungen des Artikels 25 Abs. 3 Satz 1 der Verordnung geltend, dass eine im Verschmelzungsplan bestimmte Barabfindung, die ihm nach Absatz 1 anzubieten war, zu niedrig bemessen sei, so hat auf seinen Antrag das Gericht nach dem Spruchverfahrensgesetz vom 12. Juni 2003 (BGBl. I S. 838) die angemessene Barabfindung zu bestimmen. Das Gleiche gilt, wenn die Barabfindung nicht oder nicht ordnungsgemäß angeboten worden ist. Die Sätze 1 und 2 finden auch auf Aktionäre einer übertragenden Gesellschaft mit Sitz in einem anderen Mitgliedstaat der Europäischen Union oder in einem anderen Vertragsstaat des Abkommens über den Europäischen Wirtschaftsraum Anwendung, sofern nach dem Recht dieses Staates ein Verfahren zur Abfindung von Minderheitsaktionären vorgesehen ist und deutsche Gerichte für die Durchführung eines solchen Verfahrens international zuständig sind.

III

§ 8 Gläubigerschutz

Liegt der künftige Sitz der SE im Ausland, ist § 13 Abs. 1 und 2 entsprechend anzuwenden. Das zuständige Gericht stellt die Bescheinigung nach Artikel 25 Abs. 2 der Verordnung nur aus, wenn die Vorstandsmitglieder einer übertragenden Gesellschaft die Versicherung abgeben, dass allen Gläubigern, die nach Satz 1 einen Anspruch auf Sicherheitsleistung haben, eine angemessene Sicherheit geleistet wurde.

Unterabschnitt 2
Gründung einer Holding-SE

§ 9 Abfindungsangebot im Gründungsplan

(1) Bei der Gründung einer Holding-SE nach dem Verfahren der Verordnung, deren ihren Sitz im Ausland haben soll oder die ihrerseits abhängig im Sinne des § 17 des Aktiengesetzes ist, hat eine die Gründung anstrebende Aktiengesellschaft im Gründungsplan jedem Anteilsinhaber, der gegen den Zustimmungsbeschluss dieser Gesellschaft zum Gründungsplan Widerspruch zur Niederschrift erklärt, den Erwerb seiner Anteile gegen eine angemessene Barabfindung anzubieten. Die Vorschriften des Aktiengesetzes über den Erwerb eigener Aktien gelten entsprechend, jedoch ist § 71 Abs. 4 Satz 2 des Aktiengesetzes insoweit nicht anzuwenden. Die Bekanntmachung des Gründungsplans als Gegenstand der Beschlussfassung muss den Wortlaut dieses Angebots enthalten. Die Gesellschaft hat die Kosten für eine Übertragung zu tragen. § 29 Abs. 2 des Umwandlungsgesetzes findet entsprechende Anwendung.

(2) § 7 Abs. 2 bis 5 findet entsprechende Anwendung, wobei an die Stelle der Eintragung und Bekanntmachung der Verschmelzung die Eintragung und Bekanntmachung der neu gegründeten Holding-SE tritt.

§ 10 Zustimmungsbeschluss; Negativerklärung

(1) Der Zustimmungsbeschluss gemäß Artikel 32 Abs. 6 der Verordnung bedarf einer Mehrheit, die bei einer Aktiengesellschaft mindestens drei Viertel des bei der Beschlussfassung vertretenen Grundkapitals und bei einer Gesellschaft mit beschränkter Haftung mindestens drei Viertel der abgegebenen Stimmen umfasst.

(2) Bei der Anmeldung der Holding-SE haben ihre Vertretungsorgane zu erklären, dass eine Klage gegen die Wirksamkeit der Zustimmungsbeschlüsse gemäß Artikel 32 Abs. 6 der Verordnung nicht oder nicht fristgemäß erhoben oder eine solche Klage rechtskräftig abgewiesen oder zurückgenommen worden ist.

§ 11 Verbesserung des Umtauschverhältnisses

(1) Ist bei der Gründung einer Holding-SE nach dem Verfahren der Verordnung das Umtauschverhältnis der Anteile nicht angemessen, so kann jeder Anteilsinhaber der die Gründung anstrebenden Gesellschaft von der Holding-SE einen Ausgleich durch bare Zuzahlung verlangen.

(2) § 6 Abs. 1, 3 und 4 findet entsprechende Anwendung, wobei an die Stelle der Eintragung und Bekanntmachung der Verschmelzung die Eintragung und Bekanntmachung der Gründung der Holding-SE tritt.

Abschnitt 3
Sitzverlegung

§ 12 Abfindungsangebot im Verlegungsplan

(1) Verlegt eine SE nach Maßgabe von Artikel 8 der Verordnung ihren Sitz, hat sie jedem Aktionär, der gegen den Verlegungsbeschluss Widerspruch zur Niederschrift erklärt, den Erwerb seiner Aktien gegen eine angemessene Barabfindung anzubieten. Die Vorschriften des Aktiengesetzes über den Erwerb eigener Aktien gelten entsprechend, jedoch ist § 71 Abs. 4 Satz 2 des Aktiengesetzes insoweit nicht anzuwenden. Die Bekanntmachung des Verlegungsplans als Gegenstand der Beschlussfassung muss den Wortlaut dieses Angebots enthalten. Die Gesellschaft hat die Kosten für eine Übertragung zu tragen. § 29

Abs. 2 des Umwandlungsgesetzes findet entsprechende Anwendung.

(2) § 7 Abs. 2 bis 7 findet entsprechende Anwendung, wobei an die Stelle der Eintragung und Bekanntmachung der Verschmelzung die Eintragung und Bekanntmachung der SE im neuen Sitzstaat tritt.

§ 13 Gläubigerschutz

(1) Verlegt eine SE nach Maßgabe von Artikel 8 der Verordnung ihren Sitz, ist den Gläubigern der Gesellschaft, wenn sie binnen zwei Monaten nach dem Tag, an dem der Verlegungsplan offen gelegt worden ist, ihren Anspruch nach Grund und Höhe schriftlich anmelden, Sicherheit zu leisten, soweit sie nicht Befriedigung verlangen können. Dieses Recht steht den Gläubigern jedoch nur zu, wenn sie glaubhaft machen, dass durch die Sitzverlegung die Erfüllung ihrer Forderungen gefährdet wird. Die Gläubiger sind im Verlegungsplan auf dieses Recht hinzuweisen.

(2) Das Recht auf Sicherheitsleistung nach Absatz 1 steht Gläubigern nur im Hinblick auf solche Forderungen zu, die vor oder bis zu 15 Tage nach Offenlegung des Verlegungsplans entstanden sind.

(3) Das zuständige Gericht stellt die Bescheinigung nach Artikel 8 Abs. 8 der Verordnung nur aus, wenn bei einer SE mit dualistischem System die Mitglieder des Leitungsorgans und bei einer SE mit monistischem System die geschäftsführenden Direktoren die Versicherung abgeben, dass allen Gläubigern, die nach den Absätzen 1 und 2 einen Anspruch auf Sicherheitsleistung haben, eine angemessene Sicherheit geleistet wurde.

§ 14 Negativerklärung

Das zuständige Gericht stellt die Bescheinigung nach Artikel 8 Abs. 8 der Verordnung nur aus, wenn die Vertretungsorgane einer SE, die nach Maßgabe des Artikels 8 der Verordnung ihren Sitz verlegt, erklären, dass eine Klage gegen die Wirksamkeit des Verlegungsbeschlusses nicht oder nicht fristgemäß erhoben oder eine solche Klage rechtskräftig

abgewiesen oder zurückgenommen worden ist.

Abschnitt 4
Aufbau der SE

Unterabschnitt 1
Dualistisches System

§ 15 Wahrnehmung der Geschäftsleitung durch Mitglieder des Aufsichtsorgans

Die Abstellung eines Mitglieds des Aufsichtsorgans zur Wahrnehmung der Aufgaben eines Mitglieds des Leitungsorgans nach Artikel 39 Abs. 3 Satz 2 der Verordnung ist nur für einen im Voraus begrenzten Zeitraum, höchstens für ein Jahr, zulässig. Eine wiederholte Bestellung oder Verlängerung der Amtszeit ist zulässig, wenn dadurch die Amtszeit insgesamt ein Jahr nicht übersteigt.

§ 16 Zahl der Mitglieder des Leitungsorgans

Bei Gesellschaften mit einem Grundkapital von mehr als 3 Millionen Euro hat das Leitungsorgan aus mindestens zwei Personen zu bestehen, es sei denn, die Satzung bestimmt, dass es aus einer Person bestehen soll. § 38 Abs. 2 des SE-Beteiligungsgesetzes bleibt unberührt.

§ 17 Zahl der Mitglieder und Zusammensetzung des Aufsichtsorgans

(1) Das Aufsichtsorgan besteht aus drei Mitgliedern. Die Satzung kann eine bestimmte höhere Zahl festsetzen. Die Zahl muss durch drei teilbar sein. Die Höchstzahl beträgt bei Gesellschaften mit einem Grundkapital

bis zu	1 500 000 Euro	neun,
von mehr als	1 500 000 Euro	fünfzehn,
von mehr als	10 000 000 Euro	einundzwanzig.

(2) Die Beteiligung der Arbeitnehmer nach dem SE-Beteiligungsgesetz bleibt unberührt.

(3) Für Verfahren entsprechend den §§ 98, 99 oder 104 des Aktiengesetzes ist auch der SE-Betriebsrat antragsberechtigt. Für Klagen entsprechend § 250 des Aktiengesetzes ist

auch der SE-Betriebsrat parteifähig; § 252 des Aktiengesetzes gilt entsprechend.

(4) § 251 des Aktiengesetzes findet mit der Maßgabe Anwendung, dass das gesetzeswidrige Zustandekommen von Wahlvorschlägen für die Arbeitnehmervertreter im Aufsichtsorgan nur nach den Vorschriften der Mitgliedstaaten über die Besetzung der ihnen zugewiesenen Sitze geltend gemacht werden kann. Für die Arbeitnehmervertreter aus dem Inland gilt § 37 Abs. 2 des SE-Beteiligungsgesetzes.

§ 18 Informationsverlangen einzelner Mitglieder des Aufsichtsorgans

Jedes einzelne Mitglied des Aufsichtsorgans kann vom Leitungsorgan jegliche Information nach Artikel 41 Abs. 3 Satz 1 der Verordnung, jedoch nur an das Aufsichtsorgan, verlangen.

§ 19 Festlegung zustimmungsbedürftiger Geschäfte durch das Aufsichtsorgan

Das Aufsichtsorgan kann selbst bestimmte Arten von Geschäften von seiner Zustimmung abhängig machen.

Unterabschnitt 2 Monistisches System

§ 20 Anzuwendende Vorschriften

Wählt eine SE gemäß Artikel 38 Buchstabe b der Verordnung in ihrer Satzung das monistische System mit einem Verwaltungsorgan (Verwaltungsrat), so gelten anstelle der §§ 76 bis 116 des Aktiengesetzes die nachfolgenden Vorschriften.

§ 21 Anmeldung und Eintragung

(1) Die SE ist bei Gericht von allen Gründern, Mitgliedern des Verwaltungsrats und geschäftsführenden Direktoren zur Eintragung in das Handelsregister anzumelden.

(2) In der Anmeldung haben die geschäftsführenden Direktoren zu versichern, dass keine Umstände vorliegen, die ihrer Bestellung nach § 40 Abs. 1 Satz 4 entgegenstehen und dass sie über ihre unbeschränkte Auskunftspflicht gegenüber dem Gericht belehrt

worden sind. In der Anmeldung sind Art und Umfang der Vertretungsbefugnis der geschäftsführenden Direktoren anzugeben. Der Anmeldung sind die Urkunden über die Bestellung des Verwaltungsrats und der geschäftsführenden Direktoren sowie die Prüfungsberichte der Mitglieder des Verwaltungsrats beizufügen.

(3) Das Gericht kann die Anmeldung ablehnen, wenn für den Prüfungsbericht der Mitglieder des Verwaltungsrats die Voraussetzungen des § 38 Abs. 2 des Aktiengesetzes gegeben sind.

(4) Bei der Eintragung sind die geschäftsführenden Direktoren sowie deren Vertretungsbefugnis anzugeben.

§ 22 Aufgaben und Rechte des Verwaltungsrats

(1) Der Verwaltungsrat leitet die Gesellschaft, bestimmt die Grundlinien ihrer Tätigkeit und überwacht deren Umsetzung.

(2) Der Verwaltungsrat hat eine Hauptversammlung einzuberufen, wenn das Wohl der Gesellschaft es fordert. Für den Beschluss genügt die einfache Mehrheit. Für die Vorbereitung und Ausführung von Hauptversammlungsbeschlüssen gilt § 83 des Aktiengesetzes entsprechend; der Verwaltungsrat kann einzelne damit verbundene Aufgaben auf die geschäftsführenden Direktoren übertragen.

(3) Der Verwaltungsrat hat dafür zu sorgen, dass die erforderlichen Handelsbücher geführt werden. Der Verwaltungsrat hat geeignete Maßnahmen zu treffen, insbesondere ein Überwachungssystem einzurichten, damit den Fortbestand der Gesellschaft gefährdende Entwicklungen früh erkannt werden.

(4) Der Verwaltungsrat kann die Bücher und Schriften der Gesellschaft sowie die Vermögensgegenstände, namentlich die Gesellschaftskasse und die Bestände an Wertpapieren und Waren, einsehen und prüfen. Er kann damit auch einzelne Mitglieder oder für bestimmte Aufgaben besondere Sachverständige beauftragen. Er erteilt dem Abschlussprüfer den Prüfungsauftrag für den Jahres- und Konzernabschluss gemäß § 290 des Handelsgesetzbuchs.

(5) Ergibt sich bei Aufstellung der Jahresbilanz oder einer Zwischenbilanz oder ist bei pflichtmäßigem Ermessen anzunehmen, dass ein Verlust in der Hälfte des Grundkapitals besteht, so hat der Verwaltungsrat unverzüglich die Hauptversammlung einzuberufen und ihr dies anzuzeigen. Bei Zahlungsunfähigkeit oder Überschuldung der Gesellschaft hat der Verwaltungsrat den Insolvenzantrag nach § 15a Abs. 1 der Insolvenzordnung zu stellen; § 92 Abs. 2 des Aktiengesetzes gilt entsprechend.

(6) Rechtsvorschriften, die außerhalb dieses Gesetzes dem Vorstand oder dem Aufsichtsrat einer Aktiengesellschaft Rechte oder Pflichten zuweisen, gelten sinngemäß für den Verwaltungsrat, soweit nicht in diesem Gesetz für den Verwaltungsrat und für geschäftsführende Direktoren besondere Regelungen enthalten sind.

§ 23 Zahl der Mitglieder des Verwaltungsrats

(1) Der Verwaltungsrat besteht aus drei Mitgliedern. Die Satzung kann etwas anderes bestimmen; bei Gesellschaften mit einem Grundkapital von mehr als 3 Millionen Euro hat der Verwaltungsrat jedoch aus mindestens drei Personen zu bestehen. Die Höchstzahl der Mitglieder des Verwaltungsrats beträgt bei Gesellschaften mit einem Grundkapital

bis zu	1 500 000 Euro	neun,
von mehr als	1 500 000 Euro	fünfzehn,
von mehr als	10 000 000 Euro	einundzwanzig.

(2) Die Beteiligung der Arbeitnehmer nach dem SE-Beteiligungsgesetz bleibt unberührt.

§ 24 Zusammensetzung des Verwaltungsrats

(1) Der Verwaltungsrat setzt sich zusammen aus Verwaltungsratsmitgliedern der Aktionäre und, soweit eine Vereinbarung nach § 21 oder die §§ 34 bis 38 des SE-Beteiligungsgesetzes dies vorsehen, auch aus Verwaltungsratsmitgliedern der Arbeitnehmer.

(2) Nach anderen als den zuletzt angewandten vertraglichen oder gesetzlichen Vorschriften kann der Verwaltungsrat nur zu-

sammengesetzt werden, wenn nach § 25 oder nach § 26 die in der Bekanntmachung des Vorsitzenden des Verwaltungsrats oder in der gerichtlichen Entscheidung angegebenen vertraglichen oder gesetzlichen Vorschriften anzuwenden sind.

§ 25 Bekanntmachung über die Zusammensetzung des Verwaltungsrats

(1) Ist der Vorsitzende des Verwaltungsrats der Ansicht, dass der Verwaltungsrat nicht nach den maßgeblichen vertraglichen oder gesetzlichen Vorschriften zusammengesetzt ist, so hat er dies unverzüglich in den Gesellschaftsblättern und gleichzeitig durch Aushang in sämtlichen Betrieben der Gesellschaft und ihrer Konzernunternehmen bekannt zu machen. Der Aushang kann auch in elektronischer Form erfolgen. In der Bekanntmachung sind die nach Ansicht des Vorsitzenden des Verwaltungsrats maßgeblichen vertraglichen oder gesetzlichen Vorschriften anzugeben. Es ist darauf hinzuweisen, dass der Verwaltungsrat nach diesen Vorschriften zusammengesetzt wird, wenn nicht Antragsberechtigte nach § 26 Abs. 2 innerhalb eines Monats nach der Bekanntmachung im Bundesanzeiger das nach § 26 Abs. 1 zuständige Gericht anrufen.

(2) Wird das nach § 26 Abs. 1 zuständige Gericht nicht innerhalb eines Monats nach der Bekanntmachung im Bundesanzeiger angerufen, so ist der neue Verwaltungsrat nach den in der Bekanntmachung angegebenen Vorschriften zusammenzusetzen. Die Bestimmungen der Satzung über die Zusammensetzung des Verwaltungsrats, über die Zahl der Mitglieder des Verwaltungsrats sowie über die Wahl, Abberufung und Entsendung von Mitgliedern des Verwaltungsrats treten mit der Beendigung der ersten Hauptversammlung, die nach Ablauf der Anrufungsfrist einberufen wird, spätestens sechs Monate nach Ablauf dieser Frist insoweit außer Kraft, als sie den nunmehr anzuwendenden Vorschriften widersprechen. Mit demselben Zeitpunkt erlischt das Amt der bisherigen Mitglieder des Verwaltungsrats. Eine Hauptversammlung, die innerhalb der Frist von sechs Mona-

III

ten stattfindet, kann an Stelle der außer Kraft tretenden Satzungsbestimmungen mit einfacher Stimmenmehrheit neue Satzungsbestimmungen beschließen.

(3) Solange ein gerichtliches Verfahren nach § 26 anhängig ist, kann eine Bekanntmachung über die Zusammensetzung des Verwaltungsrats nicht erfolgen.

§ 26 Gerichtliche Entscheidung über die Zusammensetzung des Verwaltungsrats

(1) Ist streitig oder ungewiss, nach welchen Vorschriften der Verwaltungsrat zusammenzusetzen ist, so entscheidet darüber auf Antrag ausschließlich das Landgericht, in dessen Bezirk die Gesellschaft ihren Sitz hat.

(2) Antragsberechtigt sind

1. jedes Mitglied des Verwaltungsrats,

2. jeder Aktionär,

3. die nach § 98 Abs. 2 Satz 1 Nr. 4 bis 10 des Aktiengesetzes Antragsberechtigten,

4. der SE-Betriebsrat.

(3) Entspricht die Zusammensetzung des Verwaltungsrats nicht der gerichtlichen Entscheidung, so ist der neue Verwaltungsrat nach den in der Entscheidung angegebenen Vorschriften zusammenzusetzen. § 25 Abs. 2 gilt entsprechend mit der Maßgabe, dass die Frist von sechs Monaten mit dem Eintritt der Rechtskraft beginnt.

(4) Für das Verfahren gilt § 99 des Aktiengesetzes entsprechend mit der Maßgabe, dass die nach Absatz 5 der Vorschrift vorgesehene Einreichung der rechtskräftigen Entscheidung durch den Vorsitzenden des Verwaltungsrats erfolgt.

§ 27 Persönliche Voraussetzungen der Mitglieder des Verwaltungsrats

(1) Mitglied des Verwaltungsrats kann nicht sein, wer

1. bereits in zehn Handelsgesellschaften, die gesetzlich einen Aufsichtsrat oder einen Verwaltungsrat zu bilden haben, Mitglied des Aufsichtsrats oder des Verwaltungsrats ist,

2. gesetzlicher Vertreter eines von der Gesellschaft abhängigen Unternehmens ist oder

3. gesetzlicher Vertreter einer anderen Kapitalgesellschaft ist, deren Aufsichtsrat oder Verwaltungsrat ein Vorstandsmitglied oder ein geschäftsführender Direktor der Gesellschaft angehört.

Auf die Höchstzahl nach Satz 1 Nr. 1 sind bis zu fünf Sitze in Aufsichts- oder Verwaltungsräten nicht anzurechnen, die ein gesetzlicher Vertreter (beim Einzelkaufmann der Inhaber) des herrschenden Unternehmens eines Konzerns in zum Konzern gehörenden Handelsgesellschaften, die gesetzlich einen Aufsichtsrat oder einen Verwaltungsrat zu bilden haben, innehat. Auf die Höchstzahl nach Satz 1 Nr. 1 sind Aufsichtsrats- oder Verwaltungsratsämter im Sinne der Nummer 1 doppelt anzurechnen, für die das Mitglied zum Vorsitzenden gewählt worden ist. Bei einer SE im Sinn des § 264d des Handelsgesetzbuchs muss mindestens ein Mitglied des Verwaltungsrats die Voraussetzungen des § 100 Abs. 5 des Aktiengesetzes erfüllen.

(2) § 36 Abs. 3 Satz 2 in Verbindung mit § 6 Abs. 2 bis 4 des SE-Beteiligungsgesetzes oder eine Vereinbarung nach § 21 des SE-Beteiligungsgesetzes über weitere persönliche Voraussetzungen der Mitglieder der Arbeitnehmer bleibt unberührt.

(3) Eine juristische Person kann nicht Mitglied des Verwaltungsrats sein.

§ 28 Bestellung der Mitglieder des Verwaltungsrats

(1) Die Bestellung der Mitglieder des Verwaltungsrats richtet sich nach der Verordnung.

(2) § 101 Abs. 2 des Aktiengesetzes gilt entsprechend.

(3) Stellvertreter von Mitgliedern des Verwaltungsrats können nicht bestellt werden. Jedoch kann für jedes Mitglied ein Ersatzmitglied bestellt werden, das Mitglied des Verwaltungsrats wird, wenn das Mitglied vor Ablauf seiner Amtszeit wegfällt. Das Ersatzmitglied kann nur gleichzeitig mit dem Mitglied bestellt werden. Auf seine Bestellung

sowie die Nichtigkeit und Anfechtung seiner Bestellung sind die für das Mitglied geltenden Vorschriften anzuwenden. Das Amt des Ersatzmitglieds erlischt spätestens mit Ablauf der Amtszeit des weggefallenen Mitglieds.

§ 29 Abberufung der Mitglieder des Verwaltungsrats

(1) Mitglieder des Verwaltungsrats, die von der Hauptversammlung ohne Bindung an einen Wahlvorschlag gewählt worden sind, können von ihr vor Ablauf der Amtszeit abberufen werden. Der Beschluss bedarf einer Mehrheit, die mindestens drei Viertel der abgegebenen Stimmen umfasst. Die Satzung kann eine andere Mehrheit und weitere Erfordernisse bestimmen.

(2) Ein Mitglied des Verwaltungsrats, das auf Grund der Satzung in den Verwaltungsrat entsandt ist, kann von dem Entsendungsberechtigten jederzeit abberufen und durch ein anderes ersetzt werden. Sind die in der Satzung bestimmten Voraussetzungen des Entsendungsrechts weggefallen, so kann die Hauptversammlung das entsandte Mitglied mit einfacher Stimmenmehrheit abberufen.

(3) Das Gericht hat auf Antrag des Verwaltungsrats ein Mitglied abzuberufen, wenn in dessen Person ein wichtiger Grund vorliegt. Der Verwaltungsrat beschließt über die Antragstellung mit einfacher Mehrheit. Ist das Mitglied auf Grund der Satzung in den Verwaltungsrat entsandt worden, so können auch Aktionäre, deren Anteile zusammen den zehnten Teil des Grundkapitals oder den anteiligen Betrag von 1 Million Euro erreichen, den Antrag stellen. Gegen die Entscheidung ist die Beschwerde zulässig.

(4) Für die Abberufung eines Ersatzmitglieds gelten die Vorschriften über die Abberufung des Mitglieds, für das es bestellt ist.

§ 30 Bestellung durch das Gericht

(1) Gehört dem Verwaltungsrat die zur Beschlussfähigkeit nötige Zahl von Mitgliedern nicht an, so hat ihn das Gericht auf Antrag eines Mitglieds des Verwaltungsrats oder eines Aktionärs auf diese Zahl zu ergänzen. Mitglieder des Verwaltungsrats sind ver-

pflichtet, den Antrag unverzüglich zu stellen, es sei denn, dass die rechtzeitige Ergänzung vor der nächsten Sitzung des Verwaltungsrats zu erwarten ist. Hat der Verwaltungsrat auch aus Mitgliedern der Arbeitnehmer zu bestehen, so können auch den Antrag stellen

1. die nach § 104 Abs. 1 Satz 3 des Aktiengesetzes Antragsberechtigten,

2. der SE-Betriebsrat.

Gegen die Entscheidung ist die Beschwerde zulässig.

(2) Gehören dem Verwaltungsrat länger als drei Monate weniger Mitglieder als die durch Vereinbarung, Gesetz oder Satzung festgelegte Zahl an, so hat ihn das Gericht auf Antrag auf diese Zahl zu ergänzen. In dringenden Fällen hat das Gericht auf Antrag den Verwaltungsrat auch vor Ablauf der Frist zu ergänzen. Das Antragsrecht bestimmt sich nach Absatz 1. Gegen die Entscheidung ist die Beschwerde zulässig.

(3) Das Amt des gerichtlich bestellten Mitglieds erlischt in jedem Fall, sobald der Mangel behoben ist.

(4) Das gerichtlich bestellte Mitglied hat Anspruch auf Ersatz angemessener barer Auslagen und, wenn den Mitgliedern der Gesellschaft eine Vergütung gewährt wird, auf Vergütung für seine Tätigkeit. Auf Antrag des Mitglieds setzt das Gericht die Vergütung und die Auslagen fest. Gegen die Entscheidung ist die Beschwerde zulässig; die Rechtsbeschwerde ist ausgeschlossen. Aus der rechtskräftigen Entscheidung findet die Zwangsvollstreckung nach der Zivilprozessordnung statt.

§ 31 Nichtigkeit der Wahl von Verwaltungsratsmitgliedern

(1) Die Wahl eines Verwaltungsratsmitglieds durch die Hauptversammlung ist außer im Fall des § 241 Nr. 1, 2 und 5 des Aktiengesetzes nur dann nichtig, wenn

1. der Verwaltungsrat unter Verstoß gegen § 24 Abs. 2, § 25 Abs. 2 Satz 1 oder § 26 Abs. 3 zusammengesetzt wird;

2. durch die Wahl die gesetzliche Höchstzahl der Verwaltungsratsmitglieder überschritten wird (§ 23);

3. die gewählte Person nach Artikel 47 Abs. 2 der Verordnung bei Beginn ihrer Amtszeit nicht Verwaltungsratsmitglied sein kann.

(2) Für die Parteifähigkeit für die Klage auf Feststellung, dass die Wahl eine Verwaltungsratsmitglieds nichtig ist, gilt § 250 Abs. 2 des Aktiengesetzes entsprechend. Parteifähig ist auch der SE-Betriebsrat.

(3) Erhebt ein Aktionär, ein Mitglied des Verwaltungsrats oder ein nach Absatz 2 Parteifähiger gegen die Gesellschaft Klage auf Feststellung, dass die Wahl eines Verwaltungsratsmitglieds nichtig ist, so gelten § 246 Abs. 2, 3 Satz 1 bis 4, Abs. 4, die §§ 247, 248 Abs. 1 Satz 2, die §§ 248a und 249 Abs. 2 des Aktiengesetzes entsprechend. Es ist nicht ausgeschlossen, die Nichtigkeit auf andere Weise als durch Erhebung der Klage geltend zu machen.

§ 32 Anfechtung der Wahl von Verwaltungsratsmitgliedern

Für die Anfechtung der Wahl von Verwaltungsratsmitgliedern findet § 251 des Aktiengesetzes mit der Maßgabe Anwendung, dass die gesetzwidrige Zustandekommen von Wahlvorschlägen für die Arbeitnehmervertreter im Verwaltungsrat nur nach den Vorschriften der Mitgliedstaaten über die Besetzung der ihnen zugewiesenen Sitze geltend gemacht werden kann. Für die Arbeitnehmervertretung aus dem Inland gilt § 37 Abs. 2 des SE-Beteiligungsgesetzes.

§ 33 Wirkung des Urteils

Für die Urteilswirkung gilt § 252 des Aktiengesetzes entsprechend.

§ 34 Innere Ordnung des Verwaltungsrats

(1) Der Verwaltungsrat hat neben dem Vorsitzenden nach näherer Bestimmung der Satzung aus seiner Mitte mindestens einen Stellvertreter zu wählen. Der Stellvertreter hat nur dann die Rechte und Pflichten des Vorsitzenden, wenn dieser verhindert ist. Besteht der Verwaltungsrat nur aus einer Person, nimmt diese die dem Vorsitzenden des Verwaltungsrats gesetzlich zugewiesenen Aufgaben wahr.

(2) Der Verwaltungsrat kann sich eine Geschäftsordnung geben. Die Satzung kann Einzelfragen der Geschäftsordnung bindend regeln.

(3) Über die Sitzungen des Verwaltungsrats ist eine Niederschrift anzufertigen, die der Vorsitzende zu unterzeichnen hat. In der Niederschrift sind der Ort und der Tag der Sitzung, die Teilnehmer, die Gegenstände der Tagesordnung, der wesentliche Inhalt der Verhandlungen und die Beschlüsse des Verwaltungsrats anzugeben. Ein Verstoß gegen Satz 1 oder Satz 2 macht einen Beschluss nicht unwirksam. Jedem Mitglied des Verwaltungsrats ist auf Verlangen eine Abschrift der Sitzungsniederschrift auszuhändigen. Die Sätze 1 bis 4 finden auf einen Verwaltungsrat, der nur aus einer Person besteht, keine Anwendung.

(4) Der Verwaltungsrat kann aus seiner Mitte einen oder mehrere Ausschüsse bestellen, namentlich, um seine Verhandlungen und Beschlüsse vorzubereiten oder die Ausführung seiner Beschlüsse zu überwachen. Die Aufgaben nach Absatz 1 Satz 1 und nach § 22 Abs. 1 und 3, § 40 Abs. 1 Satz 1 und § 47 Abs. 3 dieses Gesetzes sowie nach § 68 Abs. 2 Satz 2, § 203 Abs. 2, § 204 Abs. 1 Satz 1, § 205 Abs. 2 Satz 1 und § 314 Abs. 2 und 3 des Aktiengesetzes können einem Ausschuss nicht an Stelle des Verwaltungsrats zur Beschlussfassung überwiesen werden. Dem Verwaltungsrat ist regelmäßig über die Arbeit der Ausschüsse zu berichten. Der Verwaltungsrat kann einen Prüfungsausschuss einrichten, dem insbesondere die Aufgaben nach § 107 Abs. 3 Satz 2 des Aktiengesetzes übertragen werden können. Er muss mehrheitlich mit nicht geschäftsführenden Mitgliedern besetzt werden. Richtet der Verwaltungsrat einer SE im Sinn des § 264d des Handelsgesetzbuchs einen Prüfungsausschuss ein, muss mindestens ein Mitglied des Prüfungsausschusses die Voraussetzungen des § 100 Abs. 5 des Aktiengesetzes erfüllen

und darf der Vorsitzende des Prüfungsausschusses nicht geschäftsführender Direktor sein.

§ 35 Beschlussfassung

(1) Abwesende Mitglieder können dadurch an der Beschlussfassung des Verwaltungsrats und seiner Ausschüsse teilnehmen, dass sie schriftliche Stimmabgaben überreichen lassen. Die schriftlichen Stimmabgaben können durch andere Mitglieder überreicht werden. Sie können auch durch Personen, die nicht dem Verwaltungsrat angehören, übergeben werden, wenn diese nach § 109 Abs. 3 des Aktiengesetzes zur Teilnahme an der Sitzung berechtigt sind.

(2) Schriftliche, fernmündliche oder andere vergleichbare Formen der Beschlussfassung des Verwaltungsrats und seiner Ausschüsse sind vorbehaltlich einer näheren Regelung durch die Satzung oder eine Geschäftsordnung des Verwaltungsrats nur zulässig, wenn kein Mitglied diesem Verfahren widerspricht.

(3) Ist ein geschäftsführender Direktor, der zugleich Mitglied des Verwaltungsrats ist, aus rechtlichen Gründen gehindert, an der Beschlussfassung im Verwaltungsrat teilzunehmen, hat insoweit der Vorsitzende des Verwaltungsrats eine zusätzliche Stimme.

§ 36 Teilnahme an Sitzungen des Verwaltungsrats und seiner Ausschüsse

(1) An den Sitzungen des Verwaltungsrats und seiner Ausschüsse sollen Personen, die dem Verwaltungsrat nicht angehören, nicht teilnehmen. Sachverständige und Auskunftspersonen können zur Beratung über einzelne Gegenstände zugezogen werden.

(2) Mitglieder des Verwaltungsrats, die dem Ausschuss nicht angehören, können an den Ausschusssitzungen teilnehmen, wenn der Vorsitzende des Verwaltungsrats nichts anderes bestimmt.

(3) Die Satzung kann zulassen, dass an den Sitzungen des Verwaltungsrats und seiner Ausschüsse Personen, die dem Verwaltungsrat nicht angehören, an Stelle von verhinderten Mitgliedern teilnehmen können, wenn diese sie in Textform ermächtigt haben.

(4) Abweichende gesetzliche Bestimmungen bleiben unberührt.

§ 37 Einberufung des Verwaltungsrats

(1) Jedes Verwaltungsratsmitglied kann unter Angabe des Zwecks und der Gründe verlangen, dass der Vorsitzende des Verwaltungsrats unverzüglich den Verwaltungsrat einberuft. Die Sitzung muss binnen zwei Wochen nach der Einberufung stattfinden.

(2) Wird dem Verlangen nicht entsprochen, so kann das Verwaltungsratsmitglied unter Mitteilung des Sachverhalts und der Angabe einer Tagesordnung selbst den Verwaltungsrat einberufen.

§ 38 Rechtsverhältnisse der Mitglieder des Verwaltungsrats

(1) Für die Vergütung der Mitglieder des Verwaltungsrats gilt § 113 des Aktiengesetzes entsprechend.

(2) Für die Gewährung von Krediten an Mitglieder des Verwaltungsrats und für sonstige Verträge mit Mitgliedern des Verwaltungsrats gelten die §§ 114 und 115 des Aktiengesetzes entsprechend.

§ 39 Sorgfaltspflicht und Verantwortlichkeit der Verwaltungsratsmitglieder

Für die Sorgfaltspflicht und Verantwortlichkeit der Verwaltungsratsmitglieder gilt § 93 des Aktiengesetzes entsprechend.

§ 40 Geschäftsführende Direktoren

(1) Der Verwaltungsrat bestellt einen oder mehrere geschäftsführende Direktoren. Mitglieder des Verwaltungsrats können zu geschäftsführenden Direktoren bestellt werden, sofern die Mehrheit des Verwaltungsrats weiterhin aus nicht geschäftsführenden Mitgliedern besteht. Die Bestellung ist zur Eintragung in das Handelsregister anzumelden. Werden Dritte zu geschäftsführenden Direktoren bestellt, gilt für sie § 76 Abs. 3 des Aktiengesetzes entsprechend. Die Satzung kann Regelungen über die Bestellung eines oder mehrerer geschäftsführender Direktoren

III

III

treffen. § 38 Abs. 2 des SE-Beteiligungsgesetzes bleibt unberührt.

(2) Die geschäftsführenden Direktoren führen die Geschäfte der Gesellschaft. Sind mehrere geschäftsführende Direktoren bestellt, so sind sie nur gemeinschaftlich zur Geschäftsführung befugt; die Satzung oder eine vom Verwaltungsrat erlassene Geschäftsordnung kann Abweichendes bestimmen. Gesetzlich dem Verwaltungsrat zugewiesene Aufgaben können nicht auf die geschäftsführenden Direktoren übertragen werden. Soweit nach den für Aktiengesellschaften geltenden Rechtsvorschriften der Vorstand Anmeldungen und die Einreichung von Unterlagen zum Handelsregister vorzunehmen hat, treten an die Stelle des Vorstands die geschäftsführenden Direktoren.

(3) Ergibt sich bei der Aufstellung der Jahresbilanz oder einer Zwischenbilanz oder ist bei pflichtgemäßem Ermessen anzunehmen, dass ein Verlust in der Hälfte des Grundkapitals besteht, so haben die geschäftsführenden Direktoren dem Vorsitzenden des Verwaltungsrats unverzüglich darüber zu berichten. Dasselbe gilt, wenn die Gesellschaft zahlungsunfähig wird oder sich eine Überschuldung der Gesellschaft ergibt.

(4) Sind mehrere geschäftsführende Direktoren bestellt, können sie sich eine Geschäftsordnung geben, wenn nicht die Satzung den Erlass einer Geschäftsordnung dem Verwaltungsrat übertragen hat oder der Verwaltungsrat eine Geschäftsordnung erlässt. Die Satzung kann Einzelfragen der Geschäftsordnung bindend regeln. Beschlüsse der geschäftsführenden Direktoren über die Geschäftsordnung müssen einstimmig gefasst werden.

(5) Geschäftsführende Direktoren können jederzeit durch Beschluss des Verwaltungsrats abberufen werden, sofern die Satzung nichts anderes regelt. Für die Ansprüche aus dem Anstellungsvertrag gelten die allgemeinen Vorschriften.

(6) Geschäftsführende Direktoren berichten dem Verwaltungsrat entsprechend § 90 des Aktiengesetzes, sofern die Satzung oder die Geschäftsordnung nichts anderes vorsieht.

(7) Die §§ 87 bis 89 des Aktiengesetzes gelten entsprechend.

(8) Für Sorgfaltspflicht und Verantwortlichkeit der geschäftsführenden Direktoren gilt § 93 des Aktiengesetzes entsprechend.

(9) Die Vorschriften über die geschäftsführenden Direktoren gelten auch für ihre Stellvertreter.

§ 41 Vertretung

(1) Die geschäftsführenden Direktoren vertreten die Gesellschaft gerichtlich und außergerichtlich. Hat eine Gesellschaft keine geschäftsführenden Direktoren (Führungslosigkeit), wird die Gesellschaft für den Fall, dass ihr gegenüber Willenserklärungen abgegeben oder Schriftstücke zugestellt werden, durch den Verwaltungsrat vertreten.

(2) Mehrere geschäftsführende Direktoren sind, wenn die Satzung nichts anderes bestimmt, nur gemeinschaftlich zur Vertretung der Gesellschaft befugt. Ist eine Willenserklärung gegenüber der Gesellschaft abzugeben, so genügt die Abgabe gegenüber einem geschäftsführenden Direktor oder im Fall des Absatzes 1 Satz 2 gegenüber einem Mitglied des Verwaltungsrats. § 78 Abs. 2 Satz 3 und 4 des Aktiengesetzes gilt entsprechend.

(3) Die Satzung kann auch bestimmen, dass einzelne geschäftsführende Direktoren allein oder in Gemeinschaft mit einem Prokuristen zur Vertretung der Gesellschaft befugt sind. Absatz 2 Satz 2 gilt in diesen Fällen entsprechend.

(4) Zur Gesamtvertretung befugte geschäftsführende Direktoren können einzelne von ihnen zur Vornahme bestimmter Geschäfte oder bestimmter Arten von Geschäften ermächtigen. Dies gilt entsprechend, wenn ein einzelner geschäftsführender Direktor in Gemeinschaft mit einem Prokuristen zur Vertretung der Gesellschaft befugt ist.

(5) Den geschäftsführenden Direktoren gegenüber vertritt der Verwaltungsrat die Gesellschaft gerichtlich und außergerichtlich.

§ 42 (weggefallen)

§ 43 Angaben auf Geschäftsbriefen

(1) Auf allen Geschäftsbriefen gleichviel welcher Form, die an einen bestimmten Empfänger gerichtet werden, müssen die Rechtsform und der Sitz der Gesellschaft, das Registergericht des Sitzes der Gesellschaft und die Nummer, unter der die Gesellschaft in das Handelsregister eingetragen ist, sowie alle geschäftsführenden Direktoren und der Vorsitzende des Verwaltungsrats mit dem Familiennamen und mindestens einem ausgeschriebenen Vornamen angegeben werden. § 80 Abs. 1 Satz 3 des Aktiengesetzes gilt entsprechend.

(2) § 80 Abs. 2 bis 4 des Aktiengesetzes gilt entsprechend.

§ 44 Beschränkungen der Vertretungs- und Geschäftsführungsbefugnis

(1) Die Vertretungsbefugnis der geschäftsführenden Direktoren kann nicht beschränkt werden.

(2) Im Verhältnis zur Gesellschaft sind die geschäftsführenden Direktoren verpflichtet, die Anweisungen und Beschränkungen zu beachten, die im Rahmen der für die SE geltenden Vorschriften die Satzung, der Verwaltungsrat, die Hauptversammlung und die Geschäftsordnungen des Verwaltungsrats und der geschäftsführenden Direktoren für die Geschäftsführungsbefugnis getroffen haben.

§ 45 Bestellung durch das Gericht

Fehlt ein erforderlicher geschäftsführender Direktor, so hat in dringenden Fällen das Gericht auf Antrag eines Beteiligten das Mitglied zu bestellen. § 85 Abs. 1 Satz 2, Abs. 2 und 3 des Aktiengesetzes gilt entsprechend.

§ 46 Anmeldung von Änderungen

(1) Die geschäftsführenden Direktoren haben jeden Wechsel der Verwaltungsratsmitglieder unverzüglich in den Gesellschaftsblättern bekannt zu machen und die Bekanntmachung zum Handelsregister einzureichen. Sie haben jede Änderung der geschäftsführenden Direktoren oder der Vertretungsbefugnis eines geschäftsführenden Direktors zur Ein-

tragung in das Handelsregister anzumelden. Sie haben weiterhin die Wahl des Verwaltungsratsvorsitzenden und seines Stellvertreters sowie jede Änderung in der Person des Verwaltungsratsvorsitzenden oder seines Stellvertreters zum Handelsregister anzumelden.

(2) Die neuen geschäftsführenden Direktoren haben in der Anmeldung zu versichern, dass keine Umstände vorliegen, die ihrer Bestellung nach § 40 Abs. 1 Satz 4 entgegenstehen und dass sie über ihre unbeschränkte Auskunftspflicht gegenüber dem Gericht belehrt worden sind. § 37 Abs. 2 Satz 2 des Aktiengesetzes ist anzuwenden.

(3) § 81 Abs. 2 des Aktiengesetzes gilt für die geschäftsführenden Direktoren entsprechend.

§ 47 Prüfung und Feststellung des Jahresabschlusses

(1) Die geschäftsführenden Direktoren haben den Jahresabschluss und den Lagebericht unverzüglich nach ihrer Aufstellung dem Verwaltungsrat vorzulegen. Zugleich haben die geschäftsführenden Direktoren einen Vorschlag vorzulegen, den der Verwaltungsrat der Hauptversammlung für die Verwendung des Bilanzgewinns machen soll; § 170 Abs. 2 Satz 2 des Aktiengesetzes gilt entsprechend.

(2) Jedes Verwaltungsratsmitglied hat das Recht, von den Vorlagen und Prüfungsberichten Kenntnis zu nehmen. Die Vorlagen und Prüfungsberichte sind auch jedem Verwaltungsratsmitglied oder, soweit der Verwaltungsrat dies beschlossen hat und ein Bilanzausschuss besteht, den Mitgliedern des Ausschusses auszuhändigen.

(3) Für die Prüfung durch den Verwaltungsrat gilt § 171 Abs. 1 und 2 des Aktiengesetzes entsprechend.

(4) Absatz 1 Satz 1 und Absatz 3 gelten entsprechend für einen Einzelabschluss nach § 325 Abs. 2a Satz 1 des Handelsgesetzbuchs sowie bei Mutterunternehmen (§ 290 Abs. 1, 2 des Handelsgesetzbuchs) für den Konzernabschluss und den Konzernlagebericht. Der Einzelabschluss nach § 325 Abs. 2a Satz 1 des Handelsgesetzbuchs darf erst nach Billigung

III

durch den Verwaltungsrat offen gelegt werden.

(5) Billigt der Verwaltungsrat den Jahresabschluss, so ist dieser festgestellt, sofern nicht der Verwaltungsrat beschließt, die Feststellung des Jahresabschlusses der Hauptversammlung zu überlassen. Die Beschlüsse des Verwaltungsrats sind in den Bericht des Verwaltungsrats an die Hauptversammlung aufzunehmen.

(6) Hat der Verwaltungsrat beschlossen, die Feststellung des Jahresabschlusses der Hauptversammlung zu überlassen, oder hat der Verwaltungsrat den Jahresabschluss nicht gebilligt, so stellt die Hauptversammlung den Jahresabschluss fest. Hat der Verwaltungsrat eines Mutterunternehmens (§ 290 Abs. 1, 2 des Handelsgesetzbuchs) den Konzernabschluss nicht gebilligt, so entscheidet die Hauptversammlung über die Billigung. Für die Feststellung des Jahresabschlusses oder die Billigung des Konzernabschlusses durch die Hauptversammlung gilt § 173 Abs. 2 und 3 des Aktiengesetzes entsprechend.

§ 48 Ordentliche Hauptversammlung

(1) Unverzüglich nach der Zuleitung des Berichts an die geschäftsführenden Direktoren hat der Verwaltungsrat die Hauptversammlung zur Entgegennahme des festgestellten Jahresabschlusses und des Lageberichts, eines vom Verwaltungsrat gebilligten Einzelabschlusses nach § 325 Abs. 2a Satz 1 des Handelsgesetzbuchs sowie zur Beschlussfassung über die Verwendung des Bilanzgewinns, bei einem Mutterunternehmen (§ 290 Abs. 1, 2 des Handelsgesetzbuchs) auch zur Entgegennahme des vom Verwaltungsrat gebilligten Konzernabschlusses und des Konzernlageberichts, einzuberufen.

(2) Die Vorschriften des § 175 Abs. 2 bis 4 und des § 176 Abs. 2 des Aktiengesetzes gelten entsprechend. Der Verwaltungsrat hat für die Hauptversammlung die in § 176 Abs. 1 Satz 1 des Aktiengesetzes angegebenen Vorlagen zugänglich zu machen. Zu Beginn der Verhandlung soll der Verwaltungsrat seine Vorlagen erläutern. Er soll dabei auch zu einem

Jahresfehlbetrag oder einem Verlust Stellung nehmen, der das Jahresergebnis wesentlich beeinträchtigt hat. Satz 4 ist auf Kreditinstitute nicht anzuwenden.

§ 49 Leitungsmacht und Verantwortlichkeit bei Abhängigkeit von Unternehmen

(1) Für die Anwendung der Vorschriften der §§ 308 bis 318 des Aktiengesetzes treten an die Stelle des Vorstands der Gesellschaft die geschäftsführenden Direktoren.

(2) Für die Anwendung der Vorschriften der §§ 319 bis 327 des Aktiengesetzes treten an die Stelle des Vorstands der eingegliederten Gesellschaft die geschäftsführenden Direktoren.

Unterabschnitt 3
Hauptversammlung

§ 50 Einberufung und Ergänzung der Tagesordnung auf Verlangen einer Minderheit

(1) Die Einberufung der Hauptversammlung und die Aufstellung ihrer Tagesordnung nach Artikel 55 der Verordnung kann von einem oder mehreren Aktionären beantragt werden, sofern sein oder ihr Anteil am Grundkapital mindestens 5 Prozent beträgt.

(2) Die Ergänzung der Tagesordnung für eine Hauptversammlung durch einen oder mehrere Punkte kann von einem oder mehreren Aktionären beantragt werden, sofern sein oder ihr Anteil 5 Prozent des Grundkapitals oder den anteiligen Betrag von 500 000 Euro erreicht.

§ 51 Satzungsänderungen

Die Satzung kann bestimmen, dass für einen Beschluss der Hauptversammlung über die Änderung der Satzung die einfache Mehrheit der abgegebenen Stimmen ausreicht, sofern mindestens die Hälfte des Grundkapitals vertreten ist. Dies gilt nicht für die Änderung des Gegenstands des Unternehmens, für einen Beschluss gemäß Artikel 8 Abs. 6 der Verordnung sowie für Fälle, für die eine höhere Kapitalmehrheit gesetzlich zwingend vorgeschrieben ist.

Abschnitt 5
Auflösung

§ 52 Auflösung der SE bei Auseinanderfallen von Sitz und Hauptverwaltung

(1) Erfüllt eine SE nicht mehr die Verpflichtung nach Artikel 7 der Verordnung, so gilt dies als Mangel der Satzung im Sinne des § 262 Abs. 1 Nr. 5 des Aktiengesetzes. Das Registergericht fordert die SE auf, innerhalb einer bestimmten Frist den vorschriftswidrigen Zustand zu beenden, indem sie

1. entweder ihre Hauptverwaltung wieder im Sitzstaat errichtet oder

2. ihren Sitz nach dem Verfahren des Artikels 8 der Verordnung verlegt.

(2) Wird innerhalb der nach Absatz 1 bestimmten Frist der Aufforderung nicht genügt, so hat das Gericht den Mangel der Satzung festzustellen.

(3) Gegen Verfügungen, durch welche eine Feststellung nach Absatz 2 getroffen wird, findet die Beschwerde statt.

Abschnitt 6
Straf- und Bußgeldvorschriften

§ 53 Straf- und Bußgeldvorschriften

(1) Die Strafvorschriften des § 399 Abs. 1 Nr. 1 bis 5 und des § 400 und der §§ 402 bis 404 des Aktiengesetzes, der §§ 331 bis 333 des Handelsgesetzbuchs und der §§ 313 bis 315 des Umwandlungsgesetzes sowie die Bußgeldvorschriften des § 405 des Aktiengesetzes und des § 334 des Handelsgesetzbuchs gelten auch für die SE im Sinne des Artikels 9 Abs. 1 Buchstabe c Doppelbuchstabe ii der Verordnung. Soweit sie

1. Mitglieder des Vorstands,

2. Mitglieder des Aufsichtsrats oder

3. Mitglieder des vertretungsberechtigten Organs einer Kapitalgesellschaft

betreffen, gelten sie bei der SE mit dualistischem System in den Fällen der Nummern 1 und 3 für die Mitglieder des Leitungsorgans und in den Fällen der Nummer 2 für die Mitglieder des Aufsichtsorgans. Bei der SE mit monistischem System gelten sie in den Fällen der Nummern 1 und 3 für die geschäftsführenden Direktoren und in den Fällen der Nummer 2 für die Mitglieder des Verwaltungsrats.

(2) Die Strafvorschriften des § 399 Abs. 1 Nr. 6 und des § 401 des Aktiengesetzes gelten im Sinne des Artikels 9 Abs. 1 Buchstabe c Doppelbuchstabe ii der Verordnung auch für die SE mit dualistischem System. Soweit sie Mitglieder des Vorstands betreffen, gelten sie für die Mitglieder des Leitungsorgans.

(3) Mit Freiheitsstrafe bis zu drei Jahren oder mit Geldstrafe wird bestraft, wer

1. als Vorstandsmitglied entgegen § 8 Satz 2,

2. als Mitglied des Leitungsorgans einer SE mit dualistischem System oder als geschäftsführender Direktor einer SE mit monistischem System entgegen § 13 Abs. 3,

3. als geschäftsführender Direktor einer SE mit monistischem System entgegen § 21 Abs. 2 Satz 1 oder § 46 Abs. 2 Satz 1 oder

4. als Abwickler einer SE mit monistischem System entgegen Artikel 9 Abs. 1 Buchstabe c Doppelbuchstabe ii der Verordnung in Verbindung mit § 266 Abs. 3 Satz 1 des Aktiengesetzes

eine Versicherung nicht richtig abgibt.

(4) Ebenso wird bestraft, wer bei einer SE mit monistischem System

1. als Mitglied des Verwaltungsrats entgegen § 22 Abs. 5 Satz 1 die Hauptversammlung nicht oder nicht rechtzeitig einberuft oder ihr den Verlust nicht, nicht richtig, nicht vollständig oder nicht rechtzeitig anzeigt oder

2. als Mitglied des Verwaltungsrats entgegen § 22 Abs. 5 Satz 2 in Verbindung mit § 15a Abs. 1 Satz 1 der Insolvenzordnung

die Eröffnung des Insolvenzverfahrens nicht oder nicht rechtzeitig beantragt.

III

(5) Handelt der Täter in den Fällen des Absatzes 4 fahrlässig, so ist die Strafe Freiheitsstrafe bis zu einem Jahr oder Geldstrafe.

Abschnitt 7
Schlussbestimmungen

§ 54 Übergangsvorschrift zum Bilanzrechtsmodernisierungsgesetz

§ 27 Abs. 1 Satz 4 und § 34 Abs. 4 Satz 2 und 3 in der Fassung des Bilanzrechtsmodernisierungsgesetzes vom 25. Mai 2009 (BGBl. I S. 1102) finden keine Anwendung, solange alle Mitglieder des Verwaltungsrats und des Prüfungsausschusses vor dem 29. Mai 2009 bestellt worden sind.

§ 55 Übergangsvorschrift zum Gesetz zur Umsetzung der Aktionärsrechterichtlinie

In den Fällen des § 6 Abs. 3 Satz 1 und des § 7 Abs. 2 Satz 2 bleibt es für die Zeit vor dem 1. September 2009 bei dem bis dahin geltenden Zinssatz.

Gesetz über die Beteiligung der Arbeitnehmer in einer Europäischen Gesellschaft (SE-Beteiligungsgesetz – SEBG)

Vom 22. Dezember 2004 (BGBl. I S. 3675)

– Auszug –

Teil 1
Allgemeine Vorschriften

§ 1 Zielsetzung des Gesetzes

(1) Das Gesetz regelt die Beteiligung der Arbeitnehmer in einer Europäischen Gesellschaft (SE), die Gegenstand der Verordnung (EG) Nr. 2157/2001 des Rates vom 8. Oktober 2001 über das Statut der Europäischen Gesellschaft (ABl. EG Nr. L 294 S. 1) ist. Ziel des Gesetzes ist, in einer SE die erworbenen Rechte der Arbeitnehmer (Arbeitnehmerinnen und Arbeitnehmer) auf Beteiligung an Unternehmensentscheidungen zu sichern. Maßgeblich für die Ausgestaltung der Beteiligungsrechte der Arbeitnehmer in der SE sind die bestehenden Beteiligungsrechte in den Gesellschaften, die die SE gründen.

(2) Zur Sicherung des Rechts auf grenzüberschreitende Unterrichtung, Anhörung, Mitbestimmung und sonstige Beteiligung der Arbeitnehmer wird eine Vereinbarung über die Beteiligung der Arbeitnehmer in der SE getroffen. Kommt es nicht zu einer Vereinbarung, wird eine Beteiligung der Arbeitnehmer in der SE kraft Gesetzes sichergestellt.

(3) Die Vorschriften dieses Gesetzes sowie die nach Absatz 2 zu treffende Vereinbarung sind so auszulegen, dass die Ziele der Europäischen Gemeinschaft, die Beteiligung der Arbeitnehmer in der SE sicherzustellen, gefördert werden.

(4) Die Grundsätze der Absätze 1 bis 3 gelten auch für strukturelle Änderungen einer gegründeten SE sowie für deren Auswirkungen auf die betroffenen Gesellschaften und ihre Arbeitnehmer.

§ 2 Begriffsbestimmungen

(1) Der Begriff des Arbeitnehmers richtet sich nach den Rechtsvorschriften und Gepflogenheiten der jeweiligen Mitgliedstaaten. Arbeitnehmer eines inländischen Unternehmens oder Betriebs sind Arbeiter und Angestellte einschließlich der zu ihrer Berufsausbildung Beschäftigten und der in § 5 Abs. 3 Satz 2 des Betriebsverfassungsgesetzes genannten leitenden Angestellten, unabhängig davon, ob sie im Betrieb, im Außendienst oder mit Telearbeit beschäftigt werden. Als Arbeitnehmer gelten auch die in Heimarbeit Beschäftigten, die in der Hauptsache für das Unternehmen oder den Betrieb arbeiten.

(2) Beteiligte Gesellschaften sind die Gesellschaften, die unmittelbar an der Gründung einer SE beteiligt sind.

(3) Tochtergesellschaften sind rechtlich selbstständige Unternehmen, auf die eine andere Gesellschaft einen beherrschenden Einfluss im Sinne von Artikel 3 Abs. 2 bis 7 der Richtlinie 94/45/EG des Rates vom 22. September 1994 über die Einsetzung eines Europäischen Betriebsrats oder die Schaffung eines Verfahrens zur Unterrichtung und Anhörung der Arbeitnehmer in gemeinschaftsweit operierenden Unternehmen und Unternehmensgruppen (ABl. EG Nr. L 254 S. 64) ausüben kann. § 6 Abs. 2 bis 4 des Europäische Betriebsräte-Gesetzes vom 28. Oktober 1996 (BGBl. I S. 1548, 2022) ist anzuwenden.

(4) Betroffene Tochtergesellschaften oder betroffene Betriebe sind Tochtergesellschaften oder Betriebe einer beteiligten Gesellschaft, die zu Tochtergesellschaften oder Betrieben der SE werden sollen.

(5) Leitung bezeichnet das Organ der unmittelbar an der Gründung der SE beteiligten Gesellschaften oder der SE selbst, das die Geschäfte der Gesellschaft führt und zu ihrer Vertretung berechtigt ist. Bei den beteiligten Gesellschaften ist dies das Leitungs- oder Verwaltungsorgan, bei der SE das Leitungsorgan oder die geschäftsführenden Direktoren.

(6) Arbeitnehmervertretung bezeichnet jede Vertretung der Arbeitnehmer nach dem Betriebsverfassungsgesetz (Betriebsrat, Gesamtbetriebsrat, Konzernbetriebsrat oder eine nach § 3 Abs. 1 Nr. 1 bis 3 des Betriebsverfassungsgesetzes gebildete Vertretung.

(7) SE-Betriebsrat bezeichnet das Vertretungsorgan der Arbeitnehmer der SE, das durch eine Vereinbarung nach § 21 oder kraft Gesetzes nach den §§ 22 bis 33 eingesetzt wird, um die Rechte auf Unterrichtung und Anhörung der Arbeitnehmer der SE, ihrer Tochtergesellschaften und Betriebe und, wenn vereinbart, Mitbestimmungsrechte und sonstige Beteiligungsrechte in Bezug auf die SE wahrzunehmen.

(8) Beteiligung der Arbeitnehmer bezeichnet jedes Verfahren – einschließlich der Unterrichtung, Anhörung und Mitbestimmung –, durch das die Vertreter der Arbeitnehmer auf die Beschlussfassung in der Gesellschaft Einfluss nehmen können.

(9) Beteiligungsrechte sind Rechte, die den Arbeitnehmern und ihren Vertretern im Bereich der Unterrichtung, Anhörung, Mitbestimmung und der sonstigen Beteiligung zustehen. Hierzu kann auch die Wahrnehmung dieser Rechte in den Konzernunternehmen der SE gehören.

(10) Unterrichtung bezeichnet die Unterrichtung des SE-Betriebsrats oder anderer Arbeitnehmervertreter durch die Leitung der SE über Angelegenheiten, welche die SE selbst oder eine ihrer Tochtergesellschaften oder einen ihrer Betriebe in einem anderen Mitgliedstaat betreffen oder die über die Befugnisse der zuständigen Organe auf der Ebene des einzelnen Mitgliedstaats hinausgehen. Zeitpunkt, Form und Inhalt der Unterrichtung sind so zu wählen, dass es den Arbeitneh-

mervertretern möglich ist, zu erwartende Auswirkungen eingehend zu prüfen und gegebenenfalls eine Anhörung mit der Leitung der SE vorzubereiten.

(11) Anhörung bezeichnet die Einrichtung eines Dialogs und eines Meinungsaustauschs zwischen dem SE-Betriebsrat oder anderer Arbeitnehmervertreter und der Leitung der SE oder einer anderen zuständigen mit eigenen Entscheidungsbefugnissen ausgestatteten Leitungsebene. Zeitpunkt, Form und Inhalt der Anhörung müssen dem SE-Betriebsrat auf der Grundlage der erfolgten Unterrichtung eine Stellungnahme zu den geplanten Maßnahmen der Leitung der SE ermöglichen, die im Rahmen des Entscheidungsprozesses innerhalb der SE berücksichtigt werden kann.

(12) Mitbestimmung bedeutet die Einflussnahme der Arbeitnehmer auf die Angelegenheiten einer Gesellschaft durch

1. die Wahrnehmung des Rechts, einen Teil der Mitglieder des Aufsichts- oder Verwaltungsorgans der Gesellschaft zu wählen oder zu bestellen, oder

2. die Wahrnehmung des Rechts, die Bestellung eines Teils oder aller Mitglieder des Aufsichts- oder Verwaltungsorgans der Gesellschaft zu empfehlen oder abzulehnen.

§ 3 Geltungsbereich

(1) Dieses Gesetz gilt für eine SE mit Sitz im Inland. Es gilt unabhängig vom Sitz der SE auch für Arbeitnehmer der SE, die im Inland beschäftigt sind sowie für beteiligte Gesellschaften, betroffene Tochtergesellschaften und betroffene Betriebe mit Sitz im Inland.

(2) Mitgliedstaaten im Sinne dieses Gesetzes sind die Mitgliedstaaten der Europäischen Union und die anderen Vertragsstaaten des Abkommens über den Europäischen Wirtschaftsraum.

Teil 2
Besonderes Verhandlungsgremium

Kapitel 1
Bildung und Zusammensetzung

§ 4 Information der Leitungen

(1) Das besondere Verhandlungsgremium ist auf Grund einer schriftlichen Aufforderung der Leitungen zu bilden. Es hat die Aufgabe, mit den Leitungen eine schriftliche Vereinbarung über die Beteiligung der Arbeitnehmer in der SE abzuschließen.

(2) Wenn die Leitungen die Gründung einer SE planen, informieren sie die Arbeitnehmervertretungen und Sprecherausschüsse in den beteiligten Gesellschaften, betroffenen Tochtergesellschaften und betroffenen Betrieben über das Gründungsvorhaben. Besteht keine Arbeitnehmervertretung, erfolgt die Information gegenüber den Arbeitnehmern. Die Information erfolgt unaufgefordert und unverzüglich nach Offenlegung des Verschmelzungsplans, des Gründungsplans für eine Holdinggesellschaft, des Umwandlungsplans oder nach Abschluss der Vereinbarung eines Plans zur Gründung einer Tochtergesellschaft.

(3) Die Information erstreckt sich insbesondere auf

1. die Identität und Struktur der beteiligten Gesellschaften, betroffenen Tochtergesellschaften und betroffenen Betriebe und deren Verteilung auf die Mitgliedstaaten;

2. die in diesen Gesellschaften und Betrieben bestehenden Arbeitnehmervertretungen;

3. die Zahl der in diesen Gesellschaften und Betrieben jeweils beschäftigten Arbeitnehmer sowie die daraus zu errechnende Gesamtzahl der in einem Mitgliedstaat beschäftigten Arbeitnehmer;

4. die Zahl der Arbeitnehmer, denen Mitbestimmungsrechte in den Organen dieser Gesellschaften zustehen.

(4) Maßgeblicher Zeitpunkt für die Ermittlung der Zahl der Arbeitnehmer ist der Zeitpunkt der Information nach Absatz 2.

§ 5 Zusammensetzung des besonderen Verhandlungsgremiums

(1) Für die in jedem Mitgliedstaat beschäftigten Arbeitnehmer der beteiligten Gesellschaften, betroffenen Tochtergesellschaften und betroffenen Betriebe werden Mitglieder für das besondere Verhandlungsgremium gewählt oder bestellt. Für jeden Anteil der in einem Mitgliedstaat beschäftigten Arbeitnehmer, der 10 Prozent der Gesamtzahl der in allen Mitgliedstaaten beschäftigten Arbeitnehmer der beteiligten Gesellschaften und der betroffenen Tochtergesellschaften oder betroffenen Betriebe oder einen Bruchteil davon beträgt, ist ein Mitglied aus diesem Mitgliedstaat in das besondere Verhandlungsgremium zu wählen oder zu bestellen.

(2) Wird die SE durch Verschmelzung gegründet, sind so viele zusätzliche Mitglieder in das besondere Verhandlungsgremium zu wählen oder zu bestellen, wie erforderlich sind, um zu gewährleisten, dass jede beteiligte Gesellschaft, die eingetragen ist und Arbeitnehmer in dem betreffenden Mitgliedstaat beschäftigt und die als Folge der geplanten Eintragung der SE als eigene Rechtspersönlichkeit erlöschen wird, in dem besonderen Verhandlungsgremium durch mindestens ein Mitglied vertreten ist. Dies darf nicht zu einer Doppelvertretung der betroffenen Arbeitnehmer führen.

(3) Die Zahl der zusätzlichen Mitglieder darf 20 Prozent der sich aus Absatz 1 ergebenden Mitgliederzahl nicht überschreiten. Kann danach nicht jede nach Absatz 2 besonders zu berücksichtigende Gesellschaft durch ein zusätzliches Mitglied im besonderen Verhandlungsgremium vertreten werden, so werden diese Gesellschaften in absteigender Reihenfolge der Zahl der bei ihnen beschäftigten Arbeitnehmer berücksichtigt. Dabei ist zu gewährleisten, dass ein Mitgliedstaat nicht mehrere zusätzliche Sitze erhält, solange nicht alle anderen Mitgliedstaaten, aus denen die nach Absatz 2 besonders zu berücksichtigenden Gesellschaften stammen, einen Sitz erhalten haben.

(4) Treten während der Tätigkeitsdauer des besonderen Verhandlungsgremiums solche

Änderungen in der Struktur oder Arbeitnehmerzahl der beteiligten Gesellschaften, der betroffenen Tochtergesellschaften oder der betroffenen Betriebe ein, dass sich die konkrete Zusammensetzung des besonderen Verhandlungsgremiums ändern würde, so ist das besondere Verhandlungsgremium entsprechend neu zusammenzusetzen. Über solche Änderungen haben die zuständigen Leitungen unverzüglich das besondere Verhandlungsgremium zu informieren. § 4 Abs. 2 bis 4 gilt entsprechend.

§ 6 Persönliche Voraussetzungen der auf das Inland entfallenden Mitglieder des besonderen Verhandlungsgremiums

(1) Die persönlichen Voraussetzungen der Mitglieder des besonderen Verhandlungsgremiums richten sich nach den jeweiligen Bestimmungen der Mitgliedstaaten, in denen sie gewählt oder bestellt werden.

(2) Zu Mitgliedern des besonderen Verhandlungsgremiums wählbar sind im Inland Arbeitnehmer der Gesellschaften und Betriebe sowie Gewerkschaftsvertreter. Frauen und Männer sollen entsprechend ihrem zahlenmäßigen Verhältnis gewählt werden. Für jedes Mitglied ist ein Ersatzmitglied zu wählen.

(3) Gehören dem besonderen Verhandlungsgremium mehr als zwei Mitglieder aus dem Inland an, ist jedes dritte Mitglied ein Vertreter einer Gewerkschaft, die in einem an der Gründung der SE beteiligten Unternehmen vertreten ist.

(4) Gehören dem besonderen Verhandlungsgremium mehr als sechs Mitglieder aus dem Inland an, ist mindestens jedes siebte Mitglied ein leitender Angestellter.

§ 7 Verteilung der auf das Inland entfallenden Sitze des besonderen Verhandlungsgremiums

(1) Die Wahl oder Bestellung der Mitglieder des besonderen Verhandlungsgremiums nach § 5 erfolgt nach den jeweiligen Bestimmungen der Mitgliedstaaten.

(2) Bei der Wahl der auf das Inland entfallenden Mitglieder des besonderen Verhandlungsgremiums sollen alle an der Gründung der SE beteiligten Gesellschaften mit Sitz im Inland, die Arbeitnehmer im Inland beschäftigen, durch mindestens ein Mitglied im besonderen Verhandlungsgremium vertreten sein.

(3) Ist die Anzahl der auf das Inland entfallenden Mitglieder des besonderen Verhandlungsgremiums geringer als die Anzahl der an der Gründung der SE beteiligten Gesellschaften mit Sitz im Inland, die Arbeitnehmer im Inland beschäftigen, so erhalten die Gesellschaften in absteigender Reihenfolge der Zahl der Arbeitnehmer jeweils einen Sitz.

(4) Ist die Anzahl der auf das Inland entfallenden Mitglieder des besonderen Verhandlungsgremiums höher als die Anzahl der an der Gründung der SE beteiligten Gesellschaften mit Sitz im Inland, die Arbeitnehmer im Inland beschäftigen, so sind die nach erfolgter Verteilung nach Absatz 2 verbleibenden Sitze nach dem d'Hondtschen Höchstzahlenverfahren auf die beteiligten Gesellschaften zu verteilen.

(5) Sind keine Gesellschaften mit Sitz im Inland an der Gründung der SE beteiligt, sondern von ihr nur Betriebe ausländischer Gesellschaften betroffen, gelten die Absätze 2 bis 4 entsprechend.

Gesetz über die Rechnungslegung von bestimmten Unternehmen und Konzernen
(Publizitätsgesetz – PublG)
Vom 15. August 1969 (BGBl. I S. 1189; 1970 BGBl. I S. 1113)

Zuletzt geändert durch
Gesetz zur Änderung von Vorschriften über Verkündung und Bekanntmachungen sowie der Zivilprozessordnung, des Gesetzes betreffend die Einführung der Zivilprozessordnung und der Abgabenordnung
vom 22. Dezember 2011 (BGBl. I S. 3044)

III

Inhaltsübersicht

Erster Abschnitt
Rechnungslegung von Unternehmen

§ 1 Zur Rechnungslegung verpflichtete Unternehmen

§ 2 Beginn und Dauer der Pflicht zur Rechnungslegung

§ 3 Geltungsbereich

§ 4 Gesetzliche Vertreter, Aufsichtsrat, Feststellung, Gericht

§ 5 Aufstellung von Jahresabschluß und Lagebericht

§ 6 Prüfung durch die Abschlußprüfer

§ 7 Prüfung durch den Aufsichtsrat

§ 8 Feststellung des Jahresabschlusses

§ 9 Offenlegung des Jahresabschlusses und des Lageberichts
Prüfung durch den Betreiber des Bundesanzeigers

§ 10 Nichtigkeit des Jahresabschlusses

Zweiter Abschnitt
Rechnungslegung von Konzernen

§ 11 Zur Rechnungslegung verpflichtete Mutterunternehmen

§ 12 Beginn und Dauer der Pflicht zur Konzernrechnungslegung

§ 13 Aufstellung von Konzernabschluß und Konzerngeschäftsbericht

§ 14 Prüfung des Konzernabschlusses

§ 15 Offenlegung des Konzernabschlusses

§ 16 (weggefallen)

Dritter Abschnitt
Straf-, Bußgeld- und Schlußvorschriften

§ 17 Unrichtige Darstellung

§ 18 Verletzung der Berichtspflicht

§ 19 Verletzung der Geheimhaltungspflicht

§ 20 Bußgeldvorschriften

§ 21 Festsetzung von Ordnungsgeld

§ 22 Erstmalige Anwendung geänderter Vorschriften

§ 23 Inkrafttreten

Der Bundestag hat das folgende Gesetz beschlossen:

Erster Abschnitt
Rechnungslegung von Unternehmen

§ 1 Zur Rechnungslegung verpflichtete Unternehmen

(1) Ein Unternehmen hat nach diesem Abschnitt Rechnung zu legen, wenn für den Tag des Ablaufs eines Geschäftsjahrs (Abschlußstichtag) und für die zwei darauf folgenden Abschlußstichtage jeweils mindestens zwei der drei nachstehenden Merkmale zutreffen:

1. Die Bilanzsumme einer auf den Abschlußstichtag aufgestellten Jahresbilanz übersteigt 65 Millionen Euro.
2. Die Umsatzerlöse des Unternehmens in den zwölf Monaten vor dem Abschlußstichtag übersteigen 130 Millionen Euro.
3. Das Unternehmen hat in den zwölf Monaten vor dem Abschlußstichtag durchschnittlich mehr als fünftausend Arbeitnehmer beschäftigt.

(2) Bilanzsumme nach Absatz 1 Nr. 1 ist die Bilanzsumme einer gemäß § 5 Abs. 2 aufgestellten Jahresbilanz; bei Unternehmen, die in ihrer Jahresbilanz Beträge für von ihnen geschuldete Verbrauchsteuern oder Monopolabgaben unter Rückstellungen oder Verbindlichkeiten angesetzt haben, ist die Bilanzsumme um diese Beträge zu kürzen. Trifft für den Abschlußstichtag das Merkmal nach Absatz 1 Nr. 2 oder das Merkmal nach Absatz 1 Nr. 3 zu, hat das Unternehmen zur Feststellung, ob auch das Merkmal nach Absatz 1 Nr. 1 zutrifft, eine Jahresbilanz nach § 5 Abs. 2 aufzustellen. Für die Ermittlung der Umsatzerlöse nach Absatz 1 Nr. 2 gilt § 277 Abs. 1 des Handelsgesetzbuchs mit der Maßgabe, daß auch die in den Umsatzerlösen enthaltenen Verbrauchsteuern oder Monopolabgaben abzusetzen sind. Umsatzerlöse in fremder Währung sind nach dem amtlichen Kurs in Euro umzurechnen. Durchschnittliche Zahl der Arbeitnehmer nach Absatz 1 Nr. 3 ist der zwölfte Teil der Summe aus den Zahlen der am Ende eines jeden Monats beschäftigten Arbeitnehmer einschließlich der zu ihrer Berufsausbildung Beschäftigten sowie der im Ausland beschäftigten Arbeitnehmer.

(3) und (4) (weggefallen)

(5) Mehrere Handelsgeschäfte eines Einzelkaufmanns sind, auch wenn sie nicht unter der gleichen Firma betrieben werden, nur ein Unternehmen im Sinne dieses Gesetzes.

§ 2 Beginn und Dauer der Pflicht zur Rechnungslegung

(1) Das Unternehmen hat erstmals für den dritten der aufeinander folgenden Abschlußstichtage, für die mindestens zwei der drei Merkmale des § 1 Abs. 1 zutreffen, Rechnung zu legen. Es hat jedoch bereits für den ersten Abschlußstichtag Rechnung zu legen, für den mindestens zwei der drei Merkmale des § 1 Abs. 1 zutreffen, wenn auf das Unternehmen während des Geschäftsjahrs das Vermögen eines anderen Unternehmens durch Umwandlung oder in anderer Weise als Ganzes übergegangen ist und auf das andere Unternehmen an den beiden letzten Abschlußstichtagen mindestens zwei der drei Merkmale des § 1 Abs. 1 zutrafen; dies gilt auch, wenn das andere Unternehmen nicht nach diesem Abschnitt Rechnung zu legen brauchte. Ein Unternehmen braucht nicht mehr nach diesem Abschnitt Rechnung zu legen, wenn für drei aufeinander folgende Abschlußstichtage mindestens zwei der drei Merkmale des § 1 Abs. 1 nicht mehr zutreffen.

(2) Die gesetzlichen Vertreter eines Unternehmens, auf das erstmals für einen Abschlussstichtag mindestens zwei der drei Merkmale des § 1 Abs. 1 oder die Merkmale des § 1 Abs. 3 zutreffen, haben unverzüglich beim Betreiber des Bundesanzeigers elektronisch (§ 12 Abs. 2 des Handelsgesetzbuchs) die Erklärung einzureichen, dass für diesen Abschlussstichtag zwei der drei Merkmale des § 1 Abs. 1 oder das Merkmal des § 1 Abs. 4 zutreffen. Eine entsprechende Erklärung haben die gesetzlichen Vertreter auch für jeden der beiden folgenden Abschlussstichtage unverzüglich beim Betreiber des

Bundesanzeigers elektronisch einzureichen, wenn die Merkmale auch für diesen Abschlussstichtag zutreffen. Die gesetzlichen Vertreter haben die Erklärungen nach den Sätzen 1 und 2 unverzüglich nach ihrer Einreichung im Bundesanzeiger bekannt machen zu lassen.

(3) Das Gericht hat zur Prüfung der Frage, ob ein Unternehmen nach diesem Abschnitt Rechnung zu legen hat, Prüfer zu bestellen, wenn Anlaß für die Annahme besteht, daß das Unternehmen zur Rechnungslegung nach diesem Abschnitt verpflichtet ist. Hat das Unternehmen einen Aufsichtsrat, ist vor der Bestellung außer den gesetzlichen Vertretern auch dieser zu hören. Gegen die Entscheidung ist die Beschwerde zulässig. Für die Auswahl der Prüfer, den Ersatz angemessener barer Auslagen und die Vergütung der Prüfer, die Verantwortlichkeit und die Rechte der Prüfer und die Kosten gelten § 142 Abs. 6, §§ 143, 145 Abs. 1 bis 3, § 146 des Aktiengesetzes und § 323 des Handelsgesetzbuchs sinngemäß; die Kosten trägt jedoch die Staatskasse, wenn eine Verpflichtung zur Rechnungslegung nach diesem Abschnitt nicht besteht. Die Prüfer haben über das Ergebnis der Prüfung schriftlich zu berichten und den Bericht zu unterzeichnen. Sie haben ihn unverzüglich dem Gericht und den gesetzlichen Vertretern einzureichen; kommt der Bericht zu dem Ergebnis, dass das Unternehmen zur Rechnungslegung nach diesem Abschnitt verpflichtet ist, ist der Bericht auch beim Betreiber des Bundesanzeigers elektronisch einzureichen; Absatz 2 Satz 3 gilt entsprechend. Auf Verlangen haben die gesetzlichen Vertreter jedem Gesellschafter eine Abschrift des Berichts zu erteilen.

§ 3 Geltungsbereich

(1) Dieser Abschnitt ist nur anzuwenden auf Unternehmen in der Rechtsform

1. einer Personenhandelsgesellschaft, für die kein Abschluss nach § 264a oder § 264b des Handelsgesetzbuchs aufgestellt wird, oder des Einzelkaufmanns,

2. (weggefallen)

3. des Vereins, dessen Zweck auf einen wirtschaftlichen Geschäftsbetrieb gerichtet ist,

4. der rechtsfähigen Stiftung des bürgerlichen Rechts, wenn sie ein Gewerbe betreibt,

5. einer Körperschaft, Stiftung oder Anstalt des öffentlichen Rechts, die Kaufmann nach § 1 des Handelsgesetzbuchs sind oder als Kaufmann im Handelsregister eingetragen sind.

(2) Dieser Abschnitt gilt nicht für

1. Unternehmen in der Rechtsform der Genossenschaft,

1a. Unternehmen ohne eigene Rechtspersönlichkeit einer Gemeinde, eines Gemeindeverbandes oder eines Zweckverbandes,

2. Verwertungsgesellschaften nach dem Gesetz über die Wahrnehmung von Urheberrechten und verwandten Schutzrechten vom 9. September 1965 (BGBl. I S. 1294), zuletzt geändert durch Artikel 2 des Gesetzes vom 24. Juni 1985 (BGBl. I S. 1137).

Dieser Abschnitt ist ferner auf Kreditinstitute im Sinne des § 340 des Handelsgesetzbuchs und auf die in § 2 Abs. 1 Nr. 1, 2 und 4 des Gesetzes über das Kreditwesen genannten Personen sowie auf Versicherungsunternehmen im Sinne des § 341 des Handelsgesetzbuchs nicht anzuwenden.

(3) Dieser Abschnitt gilt nicht für Unternehmen in Abwicklung.

§ 4 Gesetzliche Vertreter, Aufsichtsrat, Feststellung, Gericht

(1) Im Sinne dieses Gesetzes sind gesetzliche Vertreter eines Unternehmens

1. bei einer juristischen Person die Mitglieder des vertretungsberechtigten Organs,

2. bei einer Personenhandelsgesellschaft der oder die vertretungsberechtigten Gesellschafter.

Die Vorschriften für die gesetzlichen Vertreter des Unternehmens gelten, wenn es sich um das Unternehmen eines Einzelkaufmanns

III

handelt, sinngemäß für den Einzelkaufmann oder seinen gesetzlichen Vertreter.

(2) Die Vorschriften dieses Gesetzes für den Aufsichtsrat gelten sinngemäß für ein entsprechendes Überwachungsorgan.

(3) Als Feststellung des Jahresabschlusses ist die Billigung des Jahresabschlusses durch die zuständige Stelle, und wenn es sich um das Unternehmen eines Einzelkaufmanns handelt, die Billigung des Jahresabschlusses durch den Inhaber anzusehen.

(4) Gericht im Sinne dieses Gesetzes ist das Gericht des Sitzes (der Hauptniederlassung) des Unternehmens.

§ 5 Aufstellung von Jahresabschluß und Lagebericht

(1) Die gesetzlichen Vertreter des Unternehmens haben den Jahresabschluß (§ 242 des Handelsgesetzbuchs) in den ersten drei Monaten des Geschäftsjahrs für das vergangene Geschäftsjahr aufzustellen. Für den Inhalt des Jahresabschlusses, seine Gliederung und für die einzelnen Posten des Jahresabschlusses gelten die §§ 265, 266, 268 bis 275, 277 und 278 des Handelsgesetzbuchs sinngemäß. Sonstige Vorschriften, die durch die Rechtsform oder den Geschäftszweig bedingt sind, bleiben unberührt.

(2) Die gesetzlichen Vertreter eines Unternehmens, das nicht in der Rechtsform einer Personenhandelsgesellschaft oder des Einzelkaufmanns geführt wird, haben den Jahresabschluß um einen Anhang zu erweitern, der mit der Bilanz und der Gewinn- und Verlustrechnung eine Einheit bildet, sowie einen Lagebericht aufzustellen. Für den Anhang gelten die §§ 284, 285 Nr. 1 bis 4, 7 bis 13, 17 bis 29, § 286 des Handelsgesetzbuchs und für den Lagebericht § 289 des Handelsgesetzbuchs sinngemäß.

(2a) Unternehmen im Sinn des § 264d des Handelsgesetzbuchs haben unabhängig von ihrer Rechtsform den Jahresabschluss um einen Anhang nach Absatz 2 zu ergänzen. § 264 Abs. 1 Satz 2 des Handelsgesetzbuchs ist sinngemäß anzuwenden.

(3) § 330 des Handelsgesetzbuchs über den Erlaß von Rechtsverordnungen gilt auch für Unternehmen, auf die dieser Abschnitt nach § 3 Abs. 1 anzuwenden ist.

(4) Handelt es sich um das Unternehmen einer Personenhandelsgesellschaft oder eines Einzelkaufmanns, so dürfen das sonstige Vermögen des Einzelkaufmanns oder der Gesellschafter (Privatvermögen) nicht in die Bilanz und die auf das Privatvermögen entfallenden Aufwendungen und Erträge nicht in die Gewinn- und Verlustrechnung aufgenommen werden.

(5) Personenhandelsgesellschaften und Einzelkaufleute können die Gewinn- und Verlustrechnung nach den für ihr Unternehmen geltenden Bestimmungen aufstellen. Bei Anwendung einer Gliederung nach § 275 des Handelsgesetzbuchs dürfen die Steuern, die Personenhandelsgesellschaften und Einzelkaufleute als Steuerschuldner zu entrichten haben, unter den sonstigen Aufwendungen ausgewiesen werden. Soll die Gewinn- und Verlustrechnung nicht nach § 9 offengelegt werden, sind außerdem in einer Anlage zur Bilanz folgende Angaben zu machen:

1. Die Umsatzerlöse im Sinne des § 277 Abs. 1 des Handelsgesetzbuchs,
2. die Erträge aus Beteiligungen,
3. die Löhne, Gehälter, sozialen Abgaben sowie Aufwendungen für Altersversorgung und Unterstützung,
4. die Bewertungs- und Abschreibungsmethoden einschließlich wesentlicher Änderungen,
5. die Zahl der Beschäftigten.

(6) Unternehmen im Sinne des § 3 Abs. 1 sind von den Anforderungen dieses Gesetzes befreit, wenn sie in den Konzernabschluss eines Mutterunternehmens im Sinne des § 11 dieses Gesetzes oder des § 290 des Handelsgesetzbuchs einbezogen sind und sie im Übrigen die entsprechend geltenden Voraussetzungen des § 264 Abs. 3 des Handelsgesetzbuchs erfüllen.

§ 6 Prüfung durch die Abschlußprüfer

(1) Der Jahresabschluß und der Lagebericht sind durch einen Abschlußprüfer zu prüfen. Soweit in den Absätzen 2 bis 4 nichts anderes

bestimmt ist, gelten § 316 Abs. 3, § 317 Abs. 1, 2, 5 und 6, § 318 Abs. 1, 3 bis 8, § 319 Abs. 1 bis 4, § 319a Abs. 1, § 319b Abs. 1, § 320 Abs. 1, 2 und 4 sowie die §§ 321 bis 324 des Handelsgesetzbuchs über die Prüfung des Jahresabschlusses sinngemäß.

(2) Handelt es sich um das Unternehmen einer Personenhandelsgesellschaft oder eines Einzelkaufmanns, so hat sich die Prüfung auch darauf zu erstrecken, ob § 5 Abs. 4 beachtet worden ist.

(3) Der Abschlußprüfer wird bei Personenhandelsgesellschaften, soweit nicht das Gesetz, die Satzung oder der Gesellschaftsvertrag etwas anderes vorsehen, von den Gesellschaftern gewählt. Handelt es sich um das Unternehmen eines Einzelkaufmanns, so bestellt dieser den Abschlußprüfer. Bei anderen Unternehmen wird der Abschlußprüfer, sofern über seine Bestellung nichts anderes bestimmt ist, vom Aufsichtsrat gewählt; hat das Unternehmen keinen Aufsichtsrat, so bestellen die gesetzlichen Vertreter den Abschlußprüfer.

§ 7 Prüfung durch den Aufsichtsrat

Hat das Unternehmen einen Aufsichtsrat, so haben die gesetzlichen Vertreter unverzüglich nach Eingang des Prüfungsberichts der Abschlußprüfer den Jahresabschluß, den Lagebericht und den Prüfungsbericht der Abschlußprüfer dem Aufsichtsrat vorzulegen. Der Aufsichtsrat hat den Jahresabschluß und den Lagebericht zu prüfen; er hat über das Ergebnis seiner Prüfung schriftlich zu berichten. § 170 Abs. 3, § 171 Abs. 1 Satz 2 und 3, Abs. 2 Satz 2 bis 4, Abs. 3 des Aktiengesetzes gelten sinngemäß. Die Sätze 1 bis 3 gelten auch für einen Einzelabschluss nach § 9 Abs. 1 Satz 1 dieses Gesetzes in Verbindung mit § 325 Abs. 2a des Handelsgesetzbuchs; für einen solchen Abschluss gilt ferner § 171 Abs. 4 Satz 1 des Aktiengesetzes sinngemäß.

§ 8 Feststellung des Jahresabschlusses

(1) Bedarf es zur Feststellung des Jahresabschlusses der Entscheidung oder Mitwirkung einer anderen Stelle als der gesetzlichen Vertreter und des Aufsichtsrats, so haben die gesetzlichen Vertreter den Jahresabschluß, wenn das Unternehmen einen Aufsichtsrat hat, unverzüglich nach Eingang seines Prüfungsberichts (§ 7), wenn das Unternehmen keinen Aufsichtsrat hat, unverzüglich nach Eingang des Prüfungsberichts der Abschlußprüfer der zuständigen Stelle vorzulegen. Bedarf es zur Feststellung des Jahresabschlusses einer Versammlung der Gesellschafter, so ist die Versammlung unverzüglich nach dem Eingang des Prüfungsberichts des Aufsichtsrats oder der Abschlußprüfer einzuberufen; berufen die für die Einberufung zuständigen Stellen die Versammlung nicht unverzüglich ein, so haben die gesetzlichen Vertreter sie einzuberufen.

(2) Auf den Jahresabschluß sind bei der Feststellung die für seine Aufstellung geltenden Vorschriften anzuwenden.

(3) Wird der Jahresabschluss nach Vorlage des Prüfungsberichts geändert, so hat der Abschlussprüfer diese Unterlagen erneut zu prüfen, soweit es die Änderung erfordert. Über das Ergebnis der Prüfung ist zu berichten; der Bestätigungsvermerk ist entsprechend zu ergänzen. Eine vor der erneuten Prüfung getroffene Entscheidung über die Feststellung des Jahresabschlusses wird erst wirksam, wenn auf Grund der erneuten Prüfung ein hinsichtlich der Änderung uneingeschränkter Bestätigungsvermerk erteilt worden ist. Sie wird nichtig, wenn nicht binnen zwei Wochen seit der Entscheidung ein hinsichtlich der Änderung uneingeschränkter Bestätigungsvermerk erteilt wird.

(4) Der festgestellte Jahresabschluß ist der Jahresabschluß im Sinne der für die Rechtsform des Unternehmens geltenden Vorschriften.

§ 9 Offenlegung des Jahresabschlusses und des Lageberichts Prüfung durch den Betreiber des Bundesanzeigers

(1) Die gesetzlichen Vertreter des Unternehmens haben für dieses den Jahresabschluß und die sonst in § 325 Abs. 1 des Handelsgesetzbuchs bezeichneten Unterlagen, soweit sie aufzustellen sind, in sinngemäßer

Anwendung des § 325 Abs. 1, 2, 2a, 2b, 4 bis 6, § 328 des Handelsgesetzbuchs offenzulegen. § 329 Abs. 1 und 4 des Handelsgesetzbuchs gilt sinngemäß.

(2) Personenhandelsgesellschaften und Einzelkaufleute brauchen die Gewinn- und Verlustrechnung und den Beschluß über die Verwendung des Ergebnisses nicht offenzulegen, wenn sie in einer Anlage zur Bilanz die nach § 5 Abs. 5 Satz 3 erforderlichen Angaben aufnehmen.

(3) In der Bilanz von Personenhandelsgesellschaften dürfen bei der Offenlegung die Kapitalanteile der Gesellschafter, die Rücklagen, ein Gewinnvortrag und ein Gewinn unter Abzug der nicht durch Vermögenseinlagen gedeckten Verlustanteile von Gesellschaftern, eines Verlustvortrags und eines Verlustes in einem Posten „Eigenkapital" ausgewiesen werden.

§ 10 Nichtigkeit des Jahresabschlusses

Der Jahresabschluß ist nichtig, wenn er

1. nicht nach § 6 Abs. 1 Satz 1 und 2 dieses Gesetzes in Verbindung mit § 316 Abs. 3 des Handelsgesetzbuchs geprüft worden ist oder

2. von Personen geprüft worden ist, die nicht zum Abschlußprüfer bestellt sind oder nach § 6 Abs. 1 Satz 2 dieses Gesetzes in Verbindung mit § 319 Abs. 1 des Handelsgesetzbuchs nicht Abschlußprüfer sind.

Die Nichtigkeit nach Nummer 2 kann nicht mehr geltend gemacht werden, wenn seit der Bekanntmachung des Jahresabschlusses im Bundesanzeiger sechs Monate verstrichen sind. § 256 Abs. 6 Satz 2 des Aktiengesetzes gilt sinngemäß.

Zweiter Abschnitt
Rechnungslegung von Konzernen

§ 11 Zur Rechnungslegung verpflichtete Mutterunternehmen

(1) Kann ein Unternehmen mit Sitz (Hauptniederlassung) im Inland unmittelbar oder mittelbar einen beherrschenden Einfluss auf ein anderes Unternehmen ausüben, so hat dieses Unternehmen (Mutterunternehmen) nach den folgenden Vorschriften Rechnung zu legen, wenn für drei aufeinanderfolgende Konzernabschlußstichtage jeweils mindestens zwei der drei folgenden Merkmale zutreffen:

1. Die Bilanzsumme einer auf den Konzernabschlußstichtag aufgestellten Konzernbilanz übersteigt 65 Millionen Euro.

2. Die Umsatzerlöse einer auf den Konzernabschlußstichtag aufgestellten Konzern-Gewinn- und Verlustrechnung in den zwölf Monaten vor dem Abschlußstichtag übersteigen 130 Millionen Euro.

3. Die Konzernunternehmen mit Sitz im Inland haben in den zwölf Monaten vor dem Konzernabschlußstichtag insgesamt durchschnittlich mehr als fünftausend Arbeitnehmer beschäftigt.

(2) Bilanzsumme nach Absatz 1 Nr. 1 ist die Bilanzsumme einer nach § 13 Abs. 2 aufgestellten Konzernbilanz; § 1 Abs. 2 Satz 2 bis 5 gilt sinngemäß. Braucht das Mutterunternehmen einen Jahresabschluß nicht aufzustellen, so ist der Abschlußstichtag des größten Unternehmens mit Sitz im Inland maßgebend.

(3) Kann ein Unternehmen mit Sitz (Hauptniederlassung) im Ausland unmittelbar oder mittelbar einen beherrschenden Einfluss auf ein anderes Unternehmen ausüben und beherrscht dieses Unternehmen über ein oder mehrere zum Konzern gehörende Unternehmen mit Sitz (Hauptniederlassung) im Inland andere Unternehmen, so haben die Unternehmen mit Sitz im Inland, die der Konzernleitung am nächsten stehen (Mutterunternehmen), für ihren Konzernbereich (Teilkonzern) nach diesem Abschnitt Rechnung zu legen, wenn für drei aufeinanderfolgende Abschlußstichtage des Mutterunternehmens mindestens zwei der drei Merkmale des Absatzes 1 für den Teilkonzern zutreffen. Absatz 2 gilt sinngemäß.

(4) (weggefallen)

(5) Dieser Abschnitt ist nicht anzuwenden, wenn das Mutterunternehmen eine Aktiengesellschaft, eine Kommanditgesellschaft auf

Aktien, eine Gesellschaft mit beschränkter Haftung, ein Kreditinstitut im Sinne des § 340 des Handelsgesetzbuchs oder eine in § 2 Abs. 1 Nr. 1, 2 und 4 des Gesetzes über das Kreditwesen genannte Person oder ein Versicherungsunternehmen im Sinne des § 341 des Handelsgesetzbuchs ist oder als Personenhandelsgesellschaft nach § 3 Abs. 1 Satz 1 Nr. 1 den ersten Abschnitt nicht anzuwenden hat. Weiterhin sind Personenhandelsgesellschaften und Einzelkaufleute zur Aufstellung eines Konzernabschlusses nach diesem Abschnitt nicht verpflichtet, wenn sich ihr Gewerbebetrieb auf die Vermögensverwaltung beschränkt und sie nicht die Aufgaben der Konzernleitung wahrnehmen.

(6) Folgende Bestimmungen des Handelsgesetzbuchs gelten sinngemäß:

1. § 290 Abs. 2 bis 5 über die Pflicht zur Aufstellung sowie § 291 über befreiende Konzernabschlüsse und Konzernlageberichte;

2. § 315a über den Konzernabschluss nach internationalen Rechnungslegungsstandards, Absatz 2 der Vorschrift jedoch nur, wenn das Mutterunternehmen seiner Rechtsform nach in den Anwendungsbereich der Verordnung (EG) Nr. 1606/2002 des Europäischen Parlaments und des Rates vom 19. Juli 2002 betreffend die Anwendung internationaler Rechnungslegungsstandards (ABl. EG Nr. L 243 S. 1) in ihrer jeweils geltenden Fassung fällt.

Sind die Voraussetzungen des § 315a des Handelsgesetzbuchs erfüllt, so gilt § 13 Abs. 2 Satz 1 und 2, Abs. 3 Satz 1 und 2 in Verbindung mit § 5 Abs. 5 dieses Gesetzes nicht.

§ 12 Beginn und Dauer der Pflicht zur Konzernrechnungslegung

(1) Für den Beginn und die Dauer der Pflicht, nach diesem Abschnitt Rechnung zu legen, gilt § 2 Abs. 1 Satz 1 und 3 sinngemäß.

(2) Die gesetzlichen Vertreter eines Mutterunternehmens, für dessen Abschlussstichtag mindestens zwei der drei Merkmale des § 11 Abs. 1 zutreffen, haben unverzüglich beim Betreiber des Bundesanzeigers elektronisch

(§ 12 Abs. 2 des Handelsgesetzbuchs) die Erklärung einzureichen, dass für diesen Abschlussstichtag zwei der drei Merkmale des § 11 Abs. 1 zutreffen; § 11 Abs. 2 Satz 2 gilt entsprechend. Eine entsprechende Erklärung haben die gesetzlichen Vertreter des Mutterunternehmens auch für jeden der beiden folgenden Abschlussstichtage unverzüglich beim Betreiber des Bundesanzeigers elektronisch einzureichen, wenn die Merkmale auch für diesen Abschlussstichtag zutreffen. § 2 Abs. 2 Satz 3 gilt entsprechend.

(3) Das Gericht hat zur Prüfung der Frage, ob ein Mutterunternehmen nach diesem Abschnitt Rechnung zu legen hat, Prüfer zu bestellen, wenn Anlaß für die Annahme besteht, daß das Mutterunternehmen zur Rechnungslegung nach diesem Abschnitt verpflichtet ist. Hat das Mutterunternehmen einen Aufsichtsrat, so ist vor der Bestellung außer den gesetzlichen Vertretern des Mutterunternehmens auch dieser zu hören. § 2 Abs. 3 Satz 3 bis 8 gilt sinngemäß.

§ 13 Aufstellung von Konzernabschluß und Konzerngeschäftsbericht

(1) Die gesetzlichen Vertreter des Mutterunternehmens haben in den ersten fünf Monaten des Konzerngeschäftsjahrs für das vergangene Konzerngeschäftsjahr einen Konzernabschluss sowie einen Konzernlagebericht oder einen Teilkonzernabschluss oder einen Teilkonzernlagebericht aufzustellen. Ist das Mutterunternehmen kapitalmarktorientiert im Sinn des § 264d des Handelsgesetzbuchs, sind der Konzernabschluss sowie der Konzernlagebericht in den ersten vier Monaten des Konzerngeschäftsjahrs für das vergangene Konzerngeschäftsjahr aufzustellen; dies gilt nicht, wenn es ausschließlich zum Handel an einem organisierten Markt zugelassene Schuldtitel im Sinn des § 2 Abs. 1 Satz 1 Nr. 3 des Wertpapierhandelsgesetzes mit einer Mindeststückelung von 50 000 Euro oder dem am Ausgabetag entsprechenden Gegenwert einer anderen Währung begibt.

(2) Für den Konzernabschluß oder Teilkonzernabschluß gelten die §§ 294 bis 314 des Handelsgesetzbuchs sinngemäß; soweit eine

abweichende Gliederung zulässig ist, kann diese auch für den Konzernabschluß oder den Teilkonzernabschluß verwendet werden. Sonstige Vorschriften, die durch die Rechtsform oder den Geschäftszweig bedingt sind, bleiben unberührt. Für den Konzernlagebericht oder den Teilkonzernlagebericht gilt § 315 des Handelsgesetzbuchs sinngemäß.

(3) Auf den Konzernabschluss oder den Teilkonzernabschluss braucht § 314 Abs. 1 Nr. 6 des Handelsgesetzbuchs nicht angewendet zu werden. Ist das Mutterunternehmen eine Personenhandelsgesellschaft oder ein Einzelkaufmann, so gilt § 5 Abs. 4, 5 für den Konzernabschluß sinngemäß; dieser braucht Kapitalflussrechnung und Eigenkapitalspiegel nicht zu umfassen, soweit das Mutterunternehmen nicht kapitalmarktorientiert im Sinn des § 264d des Handelsgesetzbuchs ist. Bei Anwendung des Satzes 1 oder des § 5 Abs. 5 haben der Konzernabschluß oder der Teilkonzernabschluß befreiende Wirkung nach § 291 des Handelsgesetzbuchs oder einer nach Absatz 4 in Verbindung mit § 292 des Handelsgesetzbuchs erlassenen Rechtsverordnung nur, wenn das befreite Tochterunternehmen, das gleichzeitig Mutterunternehmen ist, diese Erleichterungen für seinen Konzernabschluß oder Teilkonzernabschluß hätte in Anspruch nehmen können.

(4) Die §§ 292, 330 des Handelsgesetzbuchs über den Erlaß von Rechtsverordnungen gelten auch für Konzernabschlüsse, Teilkonzernabschlüsse, Konzernlageberichte und Teilkonzernlageberichte nach diesem Abschnitt.

§ 14 Prüfung des Konzernabschlusses

(1) Der Konzernabschluß oder Teilkonzernabschluß ist unter Einbeziehung des Konzernlageberichts oder des Teilkonzernlageberichts durch einen Abschlußprüfer zu prüfen. § 316 Abs. 3, §§ 317 bis 324 des Handelsgesetzbuchs über die Prüfung sowie § 6 Abs. 2, 3 dieses Gesetzes gelten sinngemäß.

(2) Ist das Mutterunternehmen eine Genossenschaft, so ist der Prüfungsverband, dem die Genossenschaft angehört, auch Abschlußprüfer des Konzernabschlusses. Der von einem Prüfungsverband geprüfte Konzernabschluß oder Teilkonzernabschluß hat befreiende Wirkung nach § 291 des Handelsgesetzbuchs oder einer nach § 13 Abs. 4 dieses Gesetzes in Verbindung mit § 292 des Handelsgesetzbuchs erlassenen Rechtsverordnung nur, wenn das befreite Tochterunternehmen, das gleichzeitig Mutterunternehmen ist, seinen Konzernabschluß oder Teilkonzernabschluß von dieser Person hätte prüfen lassen können.

(3) Hat das Mutterunternehmen einen Aufsichtsrat, so haben die gesetzlichen Vertreter den Konzernabschluß oder den Teilkonzernabschluß, den Konzernlagebericht oder den Teilkonzernlagebericht und den Prüfungsbericht des Abschlußprüfers des Konzernabschlusses unverzüglich nach Eingang des Prüfungsberichts dem Aufsichtsrat zur Kenntnisnahme vorzulegen. Jedes Aufsichtsratsmitglied hat das Recht, von den Vorlagen Kenntnis zu nehmen. Die Vorlagen sind auch jedem Aufsichtsratsmitglied auf Verlangen auszuhändigen, soweit der Aufsichtsrat nichts anderes beschlossen hat.

§ 15 Offenlegung des Konzernabschlusses

(1) Die gesetzlichen Vertreter des Mutterunternehmens haben für dieses den Konzernabschluß oder Teilkonzernabschluß mit dem Bestätigungsvermerk oder dem Vermerk über dessen Versagung und den Konzernlagebericht oder Teilkonzernlagebericht in sinngemäßer Anwendung des § 325 Abs. 3 bis 6 des Handelsgesetzbuchs offenzulegen.

(2) Für die Offenlegung, Veröffentlichung und Vervielfältigung des Konzernabschlusses, Teilkonzernabschlusses, Konzernlageberichts und des Teilkonzernlageberichts gilt § 328, für die Prüfungspflicht des Betreibers des Bundesanzeigers § 329 Abs. 1 und 4 des Handelsgesetzbuchs sinngemäß.

§ 16 (weggefallen)

Dritter Abschnitt
Straf-, Bußgeld- und
Schlußvorschriften

§ 17 Unrichtige Darstellung

Mit Freiheitsstrafe bis zu drei Jahren oder mit Geldstrafe wird bestraft, wer als gesetzlicher Vertreter (§ 4 Abs. 1 Satz 1) eines Unternehmens oder eines Mutterunternehmens, beim Einzelkaufmann als Inhaber oder dessen gesetzlicher Vertreter,

1. die Verhältnisse des Unternehmens im Jahresabschluß oder Lagebericht unrichtig wiedergibt oder verschleiert,

1a. zum Zwecke der Befreiung nach § 9 Abs. 1 Satz 1 in Verbindung mit § 325 Abs. 2a Satz 1, Abs. 2b des Handelsgesetzbuchs einen Einzelabschluss nach den in § 315a Abs. 1 des Handelsgesetzbuchs genannten internationalen Rechnungslegungsstandards, in dem die Verhältnisse des Unternehmens unrichtig wiedergegeben oder verschleiert worden sind, vorsätzlich oder leichtfertig offen legt,

2. die Verhältnisse des Konzerns oder Teilkonzerns im Konzernabschluß, Konzernlagebericht, Teilkonzernabschluß oder Teilkonzernlagebericht unrichtig wiedergibt oder verschleiert,

3. zum Zwecke der Befreiung nach § 11 Abs. 6 Satz 1 Nr. 1 in Verbindung mit § 291 des Handelsgesetzbuchs oder auf Grund einer nach § 13 Abs. 4 in Verbindung mit § 292 des Handelsgesetzbuchs erlassenen Rechtsverordnung einen Konzernabschluß, Konzernlagebericht, Teilkonzernabschluß oder Teilkonzernlagebericht, in dem die Verhältnisse des Konzerns oder Teilkonzerns unrichtig wiedergegeben oder verschleiert worden sind, vorsätzlich oder leichtfertig offenlegt oder

4. in Aufklärungen oder Nachweisen, die nach § 2 Abs. 3 Satz 4 in Verbindung mit § 145 Abs. 2 und 3 des Aktiengesetzes, § 6 Abs. 1 Satz 2 in Verbindung mit § 320 Abs. 1, 2 des Handelsgesetzbuchs, § 12

Abs. 3 Satz 3 in Verbindung mit § 2 Abs. 3 Satz 4 und § 145 Abs. 2 und 3 des Aktiengesetzes oder § 14 Abs. 1 Satz 2 in Verbindung mit § 320 Abs. 3 des Handelsgesetzbuchs einem Abschlußprüfer des Unternehmens, eines verbundenen Unternehmens, des Konzerns oder des Teilkonzerns zu geben sind, unrichtige Angaben macht oder die Verhältnisse des Unternehmens, eines Tochterunternehmens, des Konzerns oder des Teilkonzerns unrichtig wiedergibt oder verschleiert.

§ 18 Verletzung der Berichtpflicht

(1) Mit Gefängnis bis zu drei Jahren oder mit Geldstrafe wird bestraft, wer als Prüfer nach diesem Gesetz oder als Gehilfe eines solchen Prüfers über das Ergebnis der Prüfung falsch berichtet oder erhebliche Umstände im Bericht verschweigt.

(2) Handelt der Täter gegen Entgelt oder in der Absicht, sich oder einen anderen zu bereichern oder einen anderen zu schädigen, so ist die Strafe Gefängnis.

§ 19 Verletzung der Geheimhaltungspflicht

(1) Mit Gefängnis bis zu einem Jahr oder mit Geldstrafe wird bestraft, wer ein Geheimnis des Unternehmens (Konzernleitung, Teilkonzernleitung), namentlich ein Betriebs- oder Geschäftsgeheimnis, das ihm in seiner Eigenschaft als Prüfer nach diesem Gesetz oder als Gehilfe eines solchen Prüfers bekanntgeworden ist, unbefugt offenbart.

(2) Handelt der Täter gegen Entgelt oder in der Absicht, sich oder einen anderen zu bereichern oder einen anderen zu schädigen, so ist die Strafe Gefängnis bis zu zwei Jahren oder Geldstrafe. Ebenso wird bestraft, wer ein Geheimnis der in Absatz 1 bezeichneten Art, namentlich ein Betriebs- oder Geschäftsgeheimnis, das ihm unter den Voraussetzungen des Absatzes 1 bekanntgeworden ist, unbefugt verwertet.

III

(3) Die Tat wird nur auf Antrag des Unternehmens (Konzernleitung, Teilkonzernleitung) verfolgt.

§ 20 Bußgeldvorschriften

(1) Ordnungswidrig handelt, wer als gesetzlicher Vertreter (§ 4 Abs. 1 Satz 1) eines Unternehmens oder eines Mutterunternehmens, beim Einzelkaufmann als Inhaber oder dessen gesetzlicher Vertreter,

1. bei der Aufstellung oder Feststellung des Jahresabschlusses einer Vorschrift

   a) des § 243 Abs. 1 oder 2, der §§ 244, 245, 246, 247, 248, 249 Abs. 1 Satz 1 oder Abs. 2, des § 250 Abs. 1 oder Abs. 2 oder des § 251 des Handelsgesetzbuchs über Form oder Inhalt,

   b) des § 253 Abs. 1 Satz 1, 2, 3 oder Satz 4, Abs. 2 Satz 1, auch in Verbindung mit Satz 2, Abs. 3 Satz 1, 2 oder 3, Abs. 4 oder Abs. 5 des Handelsgesetzbuchs über die Bewertung;

   c) (weggefallen)

   d) des § 5 Abs. 1 Satz 2 in Verbindung mit einer Vorschrift des § 265 Abs. 2, 3, 4 oder 6, der §§ 266, 268 Abs. 2, 3, 4, 5, 6 oder 7, der §§ 272, 274 oder des § 275 oder des § 277 des Handelsgesetzbuchs über die Gliederung oder

   e) des § 5 Abs. 2 Satz 2 in Verbindung mit § 284 oder des § 285 Nr. 1 bis 5, 7 bis 13, 17 bis 29 des Handelsgesetzbuchs über die im Anhang zu machenden Angaben,

2. bei der Aufstellung des Konzernabschlusses oder Teilkonzernabschlusses einer Vorschrift des § 13 Abs. 2 Satz 1 in Verbindung mit einer Vorschrift

   a) des § 294 Abs. 1 des Handelsgesetzbuchs über den Konsolidierungskreis,

   b) des § 297 Abs. 2 oder 3 oder des § 298 Abs. 1 in Verbindung mit den §§ 244, 245, 246, 247, 248, 249 Abs. 1 Satz 1 oder Abs. 2, des § 250 Abs. 1 oder Abs. 2 oder dem § 251 des Handelsgesetzbuchs über Inhalt oder Form des Konzernabschlusses,

   c) des § 300 des Handelsgesetzbuchs über die Konsolidierungsgrundsätze oder das Vollständigkeitsgebot,

   d) des § 308 Abs. 1 Satz 1 in Verbindung mit den in Nummer 1 Buchstabe b bezeichneten Vorschriften des Handelsgesetzbuchs, des § 308 Abs. 2 oder des § 308a des Handelsgesetzbuchs über die Bewertung,

   e) des § 311 Abs. 1 Satz 1 in Verbindung mit § 312 des Handelsgesetzbuchs über die Behandlung assoziierter Unternehmen oder

   f) des § 308 Abs. 1 Satz 3, des § 313 oder des § 314 des Handelsgesetzbuchs über die im Anhang zu machenden Angaben,

3. bei der Aufstellung des Lageberichts der Vorschrift des § 5 Abs. 2 Satz 2 in Verbindung mit § 289 Abs. 1 des Handelsgesetzbuchs über den Inhalt des Lageberichts,

4. bei der Aufstellung des Konzernlageberichts oder des Teilkonzernlageberichts der Vorschrift des § 13 Abs. 2 Satz 3 in Verbindung mit § 315 Abs. 1 des Handelsgesetzbuchs über den Inhalt des Konzernlageberichts,

5. bei der Offenlegung, Veröffentlichung oder Vervielfältigung einer Vorschrift des § 9 Abs. 1 oder des § 15 Abs. 2, jeweils in Verbindung mit § 328 des Handelsgesetzbuchs über Form oder Inhalt, oder

6. einer auf Grund des § 5 Abs. 3 oder des § 13 Abs. 4, jeweils in Verbindung mit § 330 Satz 1 des Handelsgesetzbuchs, erlassenen Rechtsverordnung, soweit sie für einen bestimmten Tatbestand auf diese Bußgeldvorschrift verweist,

zuwiderhandelt.

(2) Ordnungswidrig handelt auch, wer entgegen § 2 Abs. 2 oder § 12 Abs. 2 die dort vorgeschriebene Erklärung beim Betreiber des Bundesanzeigers oder der Aufsichtsbehörde nicht oder nicht rechtzeitig einreicht.

(3) Die Ordnungswidrigkeit kann mit einer Geldbuße bis zu fünfzigtausend Euro geahndet werden.

(4) Verwaltungsbehörde im Sinn des § 36 Abs. 1 Nr. 1 des Gesetzes über Ordnungswidrigkeiten ist in den Fällen der Absätze 1 und 2 das Bundesamt für Justiz.

§ 21 Festsetzung von Ordnungsgeld

Gegen die gesetzlichen Vertreter (§ 4 Abs. 1 Satz 1) eines Unternehmens oder eines Mutterunternehmens, beim Einzelkaufmann gegen die Inhaber oder deren gesetzliche Vertreter, die § 9 Abs. 1, § 15 Abs. 1 hinsichtlich der Pflicht zur Offenlegung des Jahresabschlusses, des Lageberichts, des Konzernabschlusses, des Konzernlageberichts, des Teilkonzernabschlusses oder des Teilkonzernlageberichts im Bundesanzeiger nicht befolgen, ist wegen des pflichtwidrigen Unterlassens der Offenlegung vom Bundesamt für Justiz ein Ordnungsgeld nach § 335 des Handelsgesetzbuchs festzusetzen. § 335 Abs. 1 Satz 2 des Handelsgesetzbuchs ist entsprechend anzuwenden.

§ 22 Erstmalige Anwendung geänderter Vorschriften

(1) Die §§ 7, 9, 11, 13 Abs. 3 Satz 2 und § 21 in der Fassung des Bilanzrechtsreformgesetzes vom 4. Dezember 2004 (BGBl. I S. 3166) finden erstmals auf das nach dem 31. Dezember 2004 beginnende Geschäftsjahr Anwendung. § 315a Abs. 2 des Handelsgesetzbuchs in Verbindung mit § 11 Abs. 6 Satz 1 Nr. 2 dieses Gesetzes ist erstmals auf das nach dem 31. Dezember 2006 beginnende Geschäftsjahr anzuwenden. Die bis zum 9. Dezember 2004 geltenden Fassungen des § 11 Abs. 6 Nr. 2 dieses Gesetzes und des § 292a des Handelsgesetzbuchs sind letztmals auf das vor dem 1. Januar 2005 beginnende Geschäftsjahr anzuwenden; Artikel 58 Abs. 5 Satz 2 des Einführungsgesetzes zum Handelsgesetzbuch gilt entsprechend. Soweit § 5 Abs. 1 Satz 2, Abs. 2, § 6 Abs. 1, § 9 Abs. 1 Satz 1, § 10 Satz 1 Nr. 2, § 13 Abs. 2, § 14 Abs. 1 und § 15 dieses Gesetzes auf Bestim-

mungen des Handelsgesetzbuchs verweisen, die in Artikel 58 Abs. 2 bis 4 des Einführungsgesetzes zum Handelsgesetzbuch aufgeführt sind, gelten die in der letztgenannten Vorschrift getroffenen Übergangsregelungen entsprechend. Soweit § 13 Abs. 2 Satz 1 dieses Gesetzes auf § 297 Abs. 1 des Handelsgesetzbuchs verweist, ist Artikel 58 Abs. 5 Satz 1 des Einführungsgesetzes zum Handelsgesetzbuch entsprechend anzuwenden; dies gilt nicht, wenn das Mutterunternehmen eine Personengesellschaft oder ein Einzelkaufmann ist.

(2) Die §§ 2, 9, 12, 15, 20 und 21 in der Fassung des Gesetzes über elektronische Handelsregister und Genossenschaftsregister sowie das Unternehmensregister vom 10. November 2006 (BGBl. I S. 2553) in der vom 1. Januar 2007 an geltenden Fassung finden erstmals auf das nach dem 31. Dezember 2005 beginnende Geschäftsjahr Anwendung. Die §§ 2, 9, 12, 15, 20 und 21 in der bis zum Inkrafttreten des Gesetzes über elektronische Handelsregister und Genossenschaftsregister sowie das Unternehmensregister am 1. Januar 2007 geltenden Fassung sind letztmals auf das vor dem 1. Januar 2006 beginnende Geschäftsjahr anzuwenden. Soweit die §§ 2, 9, 15, 20 und 21 auf Bestimmungen des Handelsgesetzbuchs verweisen, die in Artikel 61 des Einführungsgesetzes zum Handelsgesetzbuch genannt sind, gelten die in der letztgenannten Vorschrift getroffenen Übergangsregelungen im Übrigen entsprechend.

(3) Soweit die §§ 5, 6, 13 und 20 in der Fassung des Bilanzrechtsmodernisierungsgesetzes vom 25. Mai 2009 (BGBl. I S. 1102) sowie in der zuvor geltenden Fassung und soweit durch das Bilanzrechtsmodernisierungsgesetz nicht geänderte Bestimmungen dieses Gesetzes auf Bestimmungen des Handelsgesetzbuchs verweisen, sind die hierauf bezogenen Übergangsregelungen der Artikel 66 und 67 des Einführungsgesetzes zum Handelsgesetzbuch entsprechend anzuwenden. In Bezug auf § 11 dieses Gesetzes sind die auf § 290 des Handelsgesetzbuchs bezogenen Übergangsregelungen des Artikels 66 Abs. 3 und 5 des Einführungsgesetzes zum Han-

delsgesetzbuch entsprechend anzuwenden. Das Gleiche gilt für Artikel 66 Abs. 3 Satz 6 des Einführungsgesetzes zum Handelsgesetzbuch.

§ 23 Inkrafttreten

Dieses Gesetz tritt am Tage nach seiner Verkündung in Kraft.

IV Wettbewerbsrecht

IV.1	GWB: Gesetz gegen Wettbewerbsbeschränkungen	714
IV.2	EG-FKV: EG-Fusionskontrollverordnung	772
IV.3	UWG: Gesetz gegen den unlauteren Wettbewerb	801
IV.4	PAngV: Preisangabenverordnung	815
IV.5	MarkenG: Markengesetz – Auszug –	825
IV.6	UrhG: Urheberrechtsgesetz – Auszug –	833
IV.7	PatG: Patentgesetz – Auszug –	840
IV.8	GebrMG: Gebrauchsmustergesetz – Auszug –	851
IV.9	GeschmMG: Geschmacksmustergesetz – Auszug –	853
IV.10	Gesetz über Arbeitnehmererfindungen	855

IV

Gesetz gegen Wettbewerbsbeschränkungen (GWB)

**in der Fassung der Bekanntmachung
vom 15. Juli 2005 (BGBl. I S. 2114; 2009 BGBl. I S. 3850)**

Zuletzt geändert durch
Gesetz zur Änderung von Vorschriften über Verkündung und Bekanntmachungen sowie der Zivilprozessordnung, des Gesetzes betreffend die Einführung der Zivilprozessordnung und der Abgabenordnung
vom 22. Dezember 2011 (BGBl. I S. 3044)

Inhaltsübersicht

**Erster Teil
Wettbewerbsbeschränkungen**

**Erster Abschnitt
Wettbewerbsbeschränkende Vereinbarungen, Beschlüsse und abgestimmte Verhaltensweisen**

§ 1   Verbot wettbewerbsbeschränkender Vereinbarungen

§ 2   Freigestellte Vereinbarungen

§ 3   Mittelstandskartelle

§§ 4 bis 18 (weggefallen)

**Zweiter Abschnitt
Marktbeherrschung, wettbewerbsbeschränkendes Verhalten**

§ 19   Missbrauch einer marktbeherrschenden Stellung

§ 20   Diskriminierungsverbot, Verbot unbilliger Behinderung

§ 21   Boykottverbot, Verbot sonstigen wettbewerbsbeschränkenden Verhaltens

**Dritter Abschnitt
Anwendung des europäischen Wettbewerbsrechts**

§ 22   Verhältnis dieses Gesetzes zu den Artikeln 81 und 82 des Vertrages zur Gründung der Europäischen Gemeinschaft

§ 23   (weggefallen)

**Vierter Abschnitt
Wettbewerbsregeln**

§ 24   Begriff, Antrag auf Anerkennung

§ 25   Stellungnahme Dritter

§ 26   Anerkennung

§ 27   Veröffentlichung von Wettbewerbsregeln, Bekanntmachungen

**Fünfter Abschnitt
Sonderregeln für bestimmte Wirtschaftsbereiche**

§ 28   Landwirtschaft

§ 29   Energiewirtschaft

§ 30   Preisbindung bei Zeitungen und Zeitschriften

§ 31   (weggefallen)

**Sechster Abschnitt
Befugnisse der Kartellbehörden, Sanktionen**

§ 32   Abstellung und nachträgliche Feststellung von Zuwiderhandlungen

§ 32a   Einstweilige Maßnahmen

§ 32b   Verpflichtungszusagen

§ 32c   Kein Anlass zum Tätigwerden

§ 32d   Entzug der Freistellung

§ 32e   Untersuchungen einzelner Wirtschaftszweige und einzelner Arten von Vereinbarungen

§ 33   Unterlassungsanspruch, Schadensersatzpflicht

§ 34   Vorteilsabschöpfung durch die Kartellbehörde

§ 34a   Vorteilsabschöpfung durch Verbände

Siebenter Abschnitt
Zusammenschlusskontrolle

§ 35 Geltungsbereich der Zusammenschlusskontrolle

§ 36 Grundsätze für die Beurteilung von
Zusammenschlüssen

§ 37 Zusammenschluss

§ 38 Berechnung der Umsatzerlöse und
der Marktanteile

§ 39 Anmelde- und Anzeigepflicht

§ 40 Verfahren der Zusammenschlusskontrolle

§ 41 Vollzugsverbot, Entflechtung

§ 42 Ministererlaubnis

§ 43 Bekanntmachungen

Achter Abschnitt
Monopolkommission

§ 44 Aufgaben

§ 45 Mitglieder

§ 46 Beschlüsse, Organisation, Rechte und
Pflichten der Mitglieder

§ 47 Übermittlung statistischer Daten

Zweiter Teil
Kartellbehörden

Erster Abschnitt
Allgemeine Vorschriften

§ 48 Zuständigkeit

§ 49 Bundeskartellamt und oberste Landesbehörde

§ 50 Vollzug des europäischen Rechts

§ 50a Zusammenarbeit im Netzwerk der
europäischen Wettbewerbsbehörden

§ 50b Sonstige Zusammenarbeit mit ausländischen Wettbewerbsbehörden

§ 50c Behördenzusammenarbeit

Zweiter Abschnitt
Bundeskartellamt

§ 51 Sitz, Organisation

§ 52 Veröffentlichung allgemeiner Weisungen

§ 53 Tätigkeitsbericht

Dritter Teil
Verfahren und Rechtsschutz bei
überlangen Gerichtsverfahren

Erster Abschnitt
Verwaltungssachen

I.
Verfahren vor den
Kartellbehörden

§ 54 Einleitung des Verfahrens, Beteiligte

§ 55 Vorabentscheidung über Zuständigkeit

§ 56 Anhörung, mündliche Verhandlung

§ 57 Ermittlungen, Beweiserhebung

§ 58 Beschlagnahme

§ 59 Auskunftsverlangen

§ 60 Einstweilige Anordnungen

§ 61 Verfahrensabschluss, Begründung
der Verfügung, Zustellung

§ 62 Bekanntmachung von Verfügungen

II.
Beschwerde

§ 63 Zulässigkeit, Zuständigkeit

§ 64 Aufschiebende Wirkung

§ 65 Anordnung der sofortigen Vollziehung

§ 66 Frist und Form

§ 67 Beteiligte am Beschwerdeverfahren

§ 68 Anwaltszwang

§ 69 Mündliche Verhandlung

§ 70 Untersuchungsgrundsatz

§ 71 Beschwerdeentscheidung

§ 71a Abhilfe bei Verletzung des Anspruchs
auf rechtliches Gehör

§ 72 Akteneinsicht

§ 73 Geltung von Vorschriften des GVG
und der ZPO

III.
Rechtsbeschwerde

§ 74 Zulassung, absolute Rechtsbeschwerdegründe

§ 75 Nichtzulassungsbeschwerde

§ 76 Beschwerdeberechtigte, Form und
Frist

IV

IV

IV.
Gemeinsame Bestimmungen
§ 77 Beteiligtenfähigkeit
§ 78 Kostentragung und -festsetzung
§ 78a Elektronische Dokumentenübermittlung
§ 79 Rechtsverordnungen
§ 80 Gebührenpflichtige Handlungen

Zweiter Abschnitt
Bußgeldverfahren
§ 81 Bußgeldvorschriften
§ 82 Zuständigkeit für Verfahren wegen der Festsetzung einer Geldbuße gegen eine juristische Person oder Personenvereinigung
§ 82a Befugnisse und Zuständigkeiten im gerichtlichen Bußgeldverfahren
§ 83 Zuständigkeit des OLG im gerichtlichen Verfahren
§ 84 Rechtsbeschwerde zum BGH
§ 85 Wiederaufnahmeverfahren gegen Bußgeldbescheid
§ 86 Gerichtliche Entscheidungen bei der Vollstreckung

Dritter Abschnitt
Vollstreckung
§ 86a Vollstreckung

Vierter Abschnitt
Bürgerliche Rechtsstreitigkeiten
§ 87 Ausschließliche Zuständigkeit der Landgerichte
§ 88 Klageverbindung
§ 89 Zuständigkeit eines Landgerichts für mehrere Gerichtsbezirke
§ 89a Streitwertanpassung

Fünfter Abschnitt
Gemeinsame Bestimmungen
§ 90 Benachrichtigung und Beteiligung der Kartellbehörden
§ 90a Zusammenarbeit der Gerichte mit der Kommission der Europäischen Gemeinschaft und den Kartellbehörden
§ 91 Kartellsenat beim OLG

§ 92 Zuständigkeit eines OLG oder des ObLG für mehrere Gerichtsbezirke in Verwaltungs- und Bußgeldsachen
§ 93 Zuständigkeit für Berufung und Beschwerde
§ 94 Kartellsenat beim BGH
§ 95 Ausschließliche Zuständigkeit
§ 96 (weggefallen)

Vierter Teil
Vergabe öffentlicher Aufträge

Erster Abschnitt
Vergabeverfahren
§ 97 Allgemeine Grundsätze
§ 98 Auftraggeber
§ 99 Öffentliche Aufträge
§ 100 Anwendungsbereich
§ 100a Besondere Ausnahmen für nicht sektorspezifische und nicht verteidigungs- und sicherheitsrelevante Aufträge
§ 100b Besondere Ausnahmen im Sektorenbereich
§ 100c Besondere Ausnahmen in den Bereichen Verteidigung und Sicherheit
§ 101 Arten der Vergabe
§ 101a Informations- und Wartepflicht
§ 101b Unwirksamkeit

Zweiter Abschnitt
Nachprüfungsverfahren

I.
Nachprüfungsbehörden
§ 102 Grundsatz
§ 103 (weggefallen)
§ 104 Vergabekammern
§ 105 Besetzung, Unabhängigkeit
§ 106 Einrichtung, Organisation
§ 106a Abgrenzung der Zuständigkeit der Vergabekammern

II.
Verfahren vor der
Vergabekammer
§ 107 Einleitung, Antrag
§ 108 Form

§ 109 Verfahrensbeteiligte, Beiladung

§ 110 Untersuchungsgrundsatz

§ 110a Aufbewahrung vertraulicher Unterlagen

§ 111 Akteneinsicht

§ 112 Mündliche Verhandlung

§ 113 Beschleunigung

§ 114 Entscheidung der Vergabekammer

§ 115 Aussetzung des Vergabeverfahrens

§ 115a Ausschluss von abweichendem Landesrecht

**III.
Sofortige Beschwerde**

§ 116 Zulässigkeit, Zuständigkeit

§ 117 Frist, Form

§ 118 Wirkung

§ 119 Beteiligte am Beschwerdeverfahren

§ 120 Verfahrensvorschriften

§ 121 Vorabentscheidung über den Zuschlag

§ 122 Ende des Vergabeverfahrens nach Entscheidung des Beschwerdegerichts

§ 123 Beschwerdeentscheidung

§ 124 Bindungswirkung und Vorlagepflicht

**Dritter Abschnitt
Sonstige Regelungen**

§ 125 Schadensersatz bei Rechtsmissbrauch

§ 126 Anspruch auf Ersatz des Vertrauensschadens

§ 127 Ermächtigungen

§ 127a Kosten für Gutachten und Stellungnahmen nach der Sektorenverordnung; Verordnungsermächtigung

§ 128 Kosten des Verfahrens vor der Vergabekammer

§ 129 Korrekturmechanismus der Kommission

§ 129a Unterrichtungspflichten der Nachprüfungsinstanzen

§ 129b Regelung für Auftraggeber nach dem Bundesberggesetz

**Fünfter Teil
Anwendungsbereich des
Gesetzes**

§ 130 Unternehmen der öffentlichen Hand, Geltungsbereich

**Sechster Teil
Übergangs- und
Schlussbestimmungen**

§ 131 Übergangsbestimmungen

Anlage
(zu § 98 Nr. 4)

IV

IV

Erster Teil
Wettbewerbsbeschränkungen

Erster Abschnitt
Wettbewerbsbeschränkende Vereinbarungen, Beschlüsse und abgestimmte Verhaltensweisen

§ 1 Verbot wettbewerbsbeschränkender Vereinbarungen

Vereinbarungen zwischen Unternehmen, Beschlüsse von Unternehmensvereinigungen und aufeinander abgestimmte Verhaltensweisen, die eine Verhinderung, Einschränkung oder Verfälschung des Wettbewerbs bezwecken oder bewirken, sind verboten.

§ 2 Freigestellte Vereinbarungen

(1) Vom Verbot des § 1 freigestellt sind Vereinbarungen zwischen Unternehmen, Beschlüsse von Unternehmensvereinigungen oder aufeinander abgestimmte Verhaltensweisen, die unter angemessener Beteiligung der Verbraucher an dem entstehenden Gewinn zur Verbesserung der Warenerzeugung oder -verteilung oder zur Förderung des technischen oder wirtschaftlichen Fortschritts beitragen, ohne dass den beteiligten Unternehmen

1. Beschränkungen auferlegt werden, die für die Verwirklichung dieser Ziele nicht unerlässlich sind, oder

2. Möglichkeiten eröffnet werden, für einen wesentlichen Teil der betreffenden Waren den Wettbewerb auszuschalten.

(2) Bei der Anwendung von Absatz 1 gelten die Verordnungen des Rates oder der Kommission der Europäischen Gemeinschaft über die Anwendung von Artikel 81 Abs. 3 des Vertrages zur Gründung der Europäischen Gemeinschaft auf bestimmte Gruppen von Vereinbarungen, Beschlüsse von Unternehmensvereinigungen und aufeinander abgestimmte Verhaltensweisen (Gruppenfreistellungsverordnungen) entsprechend. Dies gilt auch, soweit die dort genannten Vereinbarungen, Beschlüsse und Verhaltensweisen nicht geeignet sind, den Handel zwischen den

Mitgliedstaaten der Europäischen Gemeinschaft zu beeinträchtigen.

§ 3 Mittelstandskartelle

(1) Vereinbarungen zwischen miteinander im Wettbewerb stehenden Unternehmen und Beschlüsse von Unternehmensvereinigungen, die die Rationalisierung wirtschaftlicher Vorgänge durch zwischenbetriebliche Zusammenarbeit zum Gegenstand haben, erfüllen die Voraussetzungen des § 2 Abs. 1, wenn

1. dadurch der Wettbewerb auf dem Markt nicht wesentlich beeinträchtigt wird und

2. die Vereinbarung oder der Beschluss dazu dient, die Wettbewerbsfähigkeit kleiner oder mittlerer Unternehmen zu verbessern.

(2) Unternehmen oder Unternehmensvereinigungen haben, sofern nicht die Voraussetzungen nach Artikel 81 Abs. 1 des Vertrages zur Gründung der Europäischen Gemeinschaft erfüllt sind, auf Antrag einen Anspruch auf eine Entscheidung nach § 32c, wenn sie ein erhebliches rechtliches oder wirtschaftliches Interesse an einer solchen Entscheidung darlegen. Diese Regelung tritt am 30. Juni 2009 außer Kraft.

§§ 4 bis 18 (weggefallen)

Zweiter Abschnitt
Marktbeherrschung, wettbewerbsbeschränkendes Verhalten

§ 19 Missbrauch einer marktbeherrschenden Stellung

(1) Die missbräuchliche Ausnutzung einer marktbeherrschenden Stellung durch ein oder mehrere Unternehmen ist verboten.

(2) Ein Unternehmen ist marktbeherrschend, soweit es als Anbieter oder Nachfrager einer bestimmten Art von Waren oder gewerblichen Leistungen auf dem sachlich und räumlich relevanten Markt

1. ohne Wettbewerber ist oder keinem wesentlichen Wettbewerb ausgesetzt ist oder

2. eine im Verhältnis zu seinen Wettbewerbern überragende Marktstellung hat; hierbei sind insbesondere sein Marktanteil,

seine Finanzkraft, sein Zugang zu den Beschaffungs- oder Absatzmärkten, Verflechtungen mit anderen Unternehmen, rechtliche oder tatsächliche Schranken für den Marktzutritt anderer Unternehmen, der tatsächliche oder potentielle Wettbewerb durch innerhalb oder außerhalb des Geltungsbereichs dieses Gesetzes ansässige Unternehmen, die Fähigkeit, sein Angebot oder seine Nachfrage auf andere Waren oder gewerbliche Leistungen umzustellen, sowie die Möglichkeit der Marktgegenseite, auf andere Unternehmen auszuweichen, zu berücksichtigen.

Zwei oder mehr Unternehmen sind marktbeherrschend, soweit zwischen ihnen für eine bestimmte Art von Waren oder gewerbliche Leistungen ein wesentlicher Wettbewerb nicht besteht und soweit sie in ihrer Gesamtheit die Voraussetzungen des Satzes 1 erfüllen. Der räumlich relevante Markt im Sinne dieses Gesetzes kann weiter sein als der Geltungsbereich dieses Gesetzes.

(3) Es wird vermutet, dass ein Unternehmen marktbeherrschend ist, wenn es einen Marktanteil von mindestens einem Drittel hat. Eine Gesamtheit von Unternehmen gilt als marktbeherrschend, wenn sie

1. aus drei oder weniger Unternehmen besteht, die zusammen einen Marktanteil von 50 vom Hundert erreichen, oder

2. aus fünf oder weniger Unternehmen besteht, die zusammen einen Marktanteil von zwei Dritteln erreichen,

es sei denn, die Unternehmen weisen nach, dass die Wettbewerbsbedingungen zwischen ihnen wesentlichen Wettbewerb erwarten lassen oder die Gesamtheit der Unternehmen im Verhältnis zu den übrigen Wettbewerbern keine überragende Marktstellung hat.

(4) Ein Missbrauch liegt insbesondere vor, wenn ein marktbeherrschendes Unternehmen als Anbieter oder Nachfrager einer bestimmten Art von Waren oder gewerblichen Leistungen

1. die Wettbewerbsmöglichkeiten anderer Unternehmen in einer für den Wettbewerb auf dem Markt erheblichen Weise ohne

sachlich gerechtfertigten Grund beeinträchtigt;

2. Entgelte oder sonstige Geschäftsbedingungen fordert, die von denjenigen abweichen, die sich bei wirksamem Wettbewerb mit hoher Wahrscheinlichkeit ergeben würden; hierbei sind insbesondere die Verhaltensweisen von Unternehmen auf vergleichbaren Märkten mit wirksamem Wettbewerb zu berücksichtigen;

3. ungünstigere Entgelte oder sonstige Geschäftsbedingungen fordert, als sie das marktbeherrschende Unternehmen selbst auf vergleichbaren Märkten von gleichartigen Abnehmern fordert, es sei denn, dass der Unterschied sachlich gerechtfertigt ist;

4. sich weigert, einem anderen Unternehmen gegen angemessenes Entgelt Zugang zu den eigenen Netzen oder anderen Infrastruktureinrichtungen zu gewähren, wenn es dem anderen Unternehmen aus rechtlichen oder tatsächlichen Gründen ohne die Mitbenutzung nicht möglich ist, auf dem vor- oder nachgelagerten Markt als Wettbewerber des marktbeherrschenden Unternehmens tätig zu werden; dies gilt nicht, wenn das marktbeherrschende Unternehmen nachweist, dass die Mitbenutzung aus betriebsbedingten oder sonstigen Gründen nicht möglich oder nicht zumutbar ist.

§ 20 Diskriminierungsverbot, Verbot unbilliger Behinderung

(1) Marktbeherrschende Unternehmen, Vereinigungen von miteinander im Wettbewerb stehenden Unternehmen im Sinne der §§ 2, 3 und 28 Abs. 1 und Unternehmen, die Preise nach § 28 Abs. 2 oder § 30 Abs. 1 Satz 1 binden, dürfen ein anderes Unternehmen in einem Geschäftsverkehr, der gleichartigen Unternehmen üblicherweise zugänglich ist, weder unmittelbar noch mittelbar unbillig behindern oder gegenüber gleichartigen Unternehmen ohne sachlich gerechtfertigten Grund unmittelbar oder mittelbar unterschiedlich behandeln.

IV

IV

(2) Absatz 1 gilt auch für Unternehmen und Vereinigungen von Unternehmen, soweit von ihnen kleine oder mittlere Unternehmen als Anbieter oder Nachfrager einer bestimmten Art von Waren oder gewerblichen Leistungen in der Weise abhängig sind, dass ausreichende und zumutbare Möglichkeiten, auf andere Unternehmen auszuweichen, nicht bestehen. Es wird vermutet, dass ein Anbieter einer bestimmten Art von Waren oder gewerblichen Leistungen von einem Nachfrager abhängig im Sinne des Satzes 1 ist, wenn dieser Nachfrager bei ihm zusätzlich zu den verkehrsüblichen Preisnachlässen oder sonstigen Leistungsentgelten regelmäßig besondere Vergünstigungen erlangt, die gleichartigen Nachfragern nicht gewährt werden.

(3) Marktbeherrschende Unternehmen und Vereinigungen von Unternehmen im Sinne des Absatzes 1 dürfen ihre Marktstellung nicht dazu ausnutzen, andere Unternehmen im Geschäftsverkehr dazu aufzufordern oder zu veranlassen, ihnen ohne sachlich gerechtfertigten Grund Vorteile zu gewähren. Satz 1 gilt auch für Unternehmen und Vereinigungen von Unternehmen im Verhältnis zu den von ihnen abhängigen Unternehmen.

(4) Unternehmen mit gegenüber kleinen und mittleren Wettbewerbern überlegener Marktmacht dürfen ihre Marktmacht nicht dazu ausnutzen, solche Wettbewerber unmittelbar oder mittelbar unbillig zu behindern. Eine unbillige Behinderung im Sinne des Satzes 1 liegt insbesondere vor, wenn ein Unternehmen

1. Lebensmittel im Sinne des § 2 Abs. 2 des Lebensmittel- und Futtermittelgesetzbuches unter Einstandspreis oder

2. andere Waren oder gewerbliche Leistungen nicht nur gelegentlich unter Einstandspreis oder

3. von kleinen oder mittleren Unternehmen, mit denen es auf dem nachgelagerten Markt beim Vertrieb von Waren oder gewerblichen Leistungen im Wettbewerb steht, für deren Lieferung einen höheren Preis fordert, als es selbst auf diesem Markt

anbietet, es sei denn, dies ist jeweils sachlich gerechtfertigt. Das Anbieten von Lebensmit-

teln unter Einstandspreis ist sachlich gerechtfertigt, wenn es geeignet ist, den Verderb oder die drohende Unverkäuflichkeit der Waren beim Händler durch rechtzeitigen Verkauf zu verhindern sowie in vergleichbar schwerwiegenden Fällen. Werden Lebensmittel an gemeinnützige Einrichtungen zur Verwendung im Rahmen ihrer Aufgaben abgegeben, liegt keine unbillige Behinderung vor.

(5) Ergibt sich auf Grund bestimmter Tatsachen nach allgemeiner Erfahrung der Anschein, dass ein Unternehmen seine Marktmacht im Sinne des Absatzes 4 ausgenutzt hat, so obliegt es diesem Unternehmen, den Anschein zu widerlegen und solche anspruchsbegründenden Umstände aus seinem Geschäftsbereich aufzuklären, deren Aufklärung dem betroffenen Wettbewerber oder einem Verband nach § 33 Abs. 2 nicht möglich, dem in Anspruch genommenen Unternehmen aber leicht möglich und zumutbar ist.

(6) Wirtschafts- und Berufsvereinigungen sowie Gütezeichengemeinschaften dürfen die Aufnahme eines Unternehmens nicht ablehnen, wenn die Ablehnung eine sachlich nicht gerechtfertigte ungleiche Behandlung darstellen und zu einer unbilligen Benachteiligung des Unternehmens im Wettbewerb führen würde.

§ 21 Boykottverbot, Verbot sonstigen wettbewerbsbeschränkenden Verhaltens

(1) Unternehmen und Vereinigungen von Unternehmen dürfen nicht ein anderes Unternehmen oder Vereinigungen von Unternehmen in der Absicht, bestimmte Unternehmen unbillig zu beeinträchtigen, zu Liefersperren oder Bezugssperren auffordern.

(2) Unternehmen und Vereinigungen von Unternehmen dürfen anderen Unternehmen keine Nachteile androhen oder zufügen und keine Vorteile versprechen oder gewähren, um sie zu einem Verhalten zu veranlassen, das nach diesem Gesetz oder nach einer auf Grund dieses Gesetzes ergangenen Verfügung der Kartellbehörde nicht zum Gegenstand einer vertraglichen Bindung gemacht werden darf.

(3) Unternehmen und Vereinigungen von Unternehmen dürfen andere Unternehmen nicht zwingen,

1. einer Vereinbarung oder einem Beschluss im Sinne der §§ 2, 3 oder 28 Abs. 1 beizutreten oder

2. sich mit anderen Unternehmen im Sinne des § 37 zusammenzuschließen oder

3. in der Absicht, den Wettbewerb zu beschränken, sich im Markt gleichförmig zu verhalten.

(4) Es ist verboten, einem anderen wirtschaftlichen Nachteil zuzufügen, weil dieser ein Einschreiten der Kartellbehörde beantragt oder angeregt hat.

Dritter Abschnitt
Anwendung des europäischen Wettbewerbsrechts

§ 22 Verhältnis dieses Gesetzes zu den Artikeln 81 und 82 des Vertrages zur Gründung der Europäischen Gemeinschaft

(1) Auf Vereinbarungen zwischen Unternehmen, Beschlüsse von Unternehmensvereinigungen und aufeinander abgestimmte Verhaltensweisen im Sinne des Artikels 81 Abs. 1 des Vertrages zur Gründung der Europäischen Gemeinschaft, die den Handel zwischen den Mitgliedstaaten der Europäischen Gemeinschaft im Sinne dieser Bestimmung beeinträchtigen können, können auch die Vorschriften dieses Gesetzes angewandt werden. Ist dies der Fall, ist daneben gemäß Artikel 3 Abs. 1 Satz 1 der Verordnung (EG) Nr. 1/2003 des Rates vom 16. Dezember 2002 zur Durchführung der in den Artikeln 81 und 82 des Vertrages niedergelegten Wettbewerbsregeln (ABl. EG 2003 Nr. L 1 S. 1) auch Artikel 81 des Vertrages zur Gründung der Europäischen Gemeinschaft anzuwenden.

(2) Die Anwendung der Vorschriften dieses Gesetzes darf gemäß Artikel 3 Abs. 2 Satz 1 der Verordnung (EG) Nr. 1/2003 nicht zum Verbot von Vereinbarungen zwischen Unternehmen, Beschlüssen von Unternehmensvereinigungen und aufeinander abgestimmten

Verhaltensweisen führen, welche den Handel zwischen den Mitgliedstaaten der Europäischen Gemeinschaft zu beeinträchtigen geeignet sind, aber den Wettbewerb im Sinne des Artikels 81 Abs. 1 des Vertrages zur Gründung der Europäischen Gemeinschaft nicht beschränken oder die Bedingungen des Artikels 81 Abs. 3 des Vertrages zur Gründung der Europäischen Gemeinschaft erfüllen oder durch eine Verordnung zur Anwendung des Artikels 81 Abs. 3 des Vertrages zur Gründung der Europäischen Gemeinschaft erfasst sind. Die Vorschriften des Zweiten Abschnitts bleiben unberührt. In anderen Fällen richtet sich der Vorrang von Artikel 81 des Vertrages zur Gründung der Europäischen Gemeinschaft nach dem insoweit maßgeblichen europäischen Gemeinschaftsrecht.

(3) Auf Handlungen, die einen nach Artikel 82 des Vertrages zur Gründung der Europäischen Gemeinschaft verbotenen Missbrauch darstellen, können auch die Vorschriften dieses Gesetzes angewandt werden. Ist dies der Fall, ist daneben gemäß Artikel 3 Abs. 1 Satz 2 der Verordnung (EG) Nr. 1/2003 auch Artikel 82 des Vertrages zur Gründung der Europäischen Gemeinschaft anzuwenden. Die Anwendung weitergehender Vorschriften dieses Gesetzes bleibt unberührt.

(4) Die Absätze 1 bis 3 gelten unbeschadet des europäischen Gemeinschaftsrechts nicht, soweit die Vorschriften über die Zusammenschlusskontrolle angewandt werden. Vorschriften, die überwiegend ein von den Artikeln 81 und 82 des Vertrages zur Gründung der Europäischen Gemeinschaft abweichendes Ziel verfolgen, bleiben von den Vorschriften dieses Abschnitts unberührt.

§ 23 (weggefallen)

Vierter Abschnitt
Wettbewerbsregeln

§ 24 Begriff, Antrag auf Anerkennung

(1) Wirtschafts- und Berufsvereinigungen können für ihren Bereich Wettbewerbsregeln aufstellen.

(2) Wettbewerbsregeln sind Bestimmungen, die das Verhalten von Unternehmen im Wettbewerb regeln zu dem Zweck, einem den Grundsätzen des lauteren oder der Wirksamkeit eines leistungsgerechten Wettbewerbs zuwiderlaufenden Verhalten im Wettbewerb entgegenzuwirken und ein diesen Grundsätzen entsprechendes Verhalten im Wettbewerb anzuregen.

(3) Wirtschafts- und Berufsvereinigungen können bei der Kartellbehörde die Anerkennung von Wettbewerbsregeln beantragen.

(4) Der Antrag auf Anerkennung von Wettbewerbsregeln hat zu enthalten:

1. Name, Rechtsform und Anschrift der Wirtschafts- oder Berufsvereinigung;
2. Name und Anschrift der Person, die sie vertritt;
3. die Angabe des sachlichen und örtlichen Anwendungsbereichs der Wettbewerbsregeln;
4. den Wortlaut der Wettbewerbsregeln.

Dem Antrag sind beizufügen:

1. die Satzung der Wirtschafts- oder Berufsvereinigung;
2. der Nachweis, dass die Wettbewerbsregeln satzungsmäßig aufgestellt sind;
3. eine Aufstellung von außenstehenden Wirtschafts- oder Berufsvereinigungen und Unternehmen der gleichen Wirtschaftsstufe sowie der Lieferanten- und Abnehmervereinigungen und der Bundesorganisationen der beteiligten Wirtschaftsstufen des betreffenden Wirtschaftszweiges.

In dem Antrag dürfen keine unrichtigen oder unvollständigen Angaben gemacht oder benutzt werden, um für den Antragsteller oder einen anderen die Anerkennung einer Wettbewerbsregel zu erschleichen.

(5) Änderungen und Ergänzungen anerkannter Wettbewerbsregeln sind der Kartellbehörde mitzuteilen.

§ 25 Stellungnahme Dritter

Die Kartellbehörde hat nichtbeteiligten Unternehmen der gleichen Wirtschaftsstufe, Wirtschafts- und Berufsvereinigungen der durch die Wettbewerbsregeln betroffenen Lieferanten und Abnehmer sowie den Bundesorganisationen der beteiligten Wirtschaftsstufen Gelegenheit zur Stellungnahme zu geben. Gleiches gilt für Verbraucherzentralen und andere Verbraucherverbände, die mit öffentlichen Mitteln gefördert werden, wenn die Interessen der Verbraucher erheblich berührt sind. Die Kartellbehörde kann eine öffentliche mündliche Verhandlung über den Antrag auf Anerkennung durchführen, in der es jedermann freisteht, Einwendungen gegen die Anerkennung zu erheben.

§ 26 Anerkennung

(1) Die Anerkennung erfolgt durch Verfügung der Kartellbehörde. Sie hat zum Inhalt, dass die Kartellbehörde von den ihr nach dem Sechsten Abschnitt zustehenden Befugnissen keinen Gebrauch machen wird.

(2) Soweit eine Wettbewerbsregel gegen das Verbot des § 1 verstößt und nicht nach den §§ 2 und 3 freigestellt ist oder andere Bestimmungen dieses Gesetzes, des Gesetzes gegen den unlauteren Wettbewerb oder eine andere Rechtsvorschrift verletzt, hat die Kartellbehörde den Antrag auf Anerkennung abzulehnen.

(3) Wirtschafts- und Berufsvereinigungen haben die Außerkraftsetzung von ihnen aufgestellter, anerkannter Wettbewerbsregeln der Kartellbehörde mitzuteilen.

(4) Die Kartellbehörde hat die Anerkennung zurückzunehmen oder zu widerrufen, wenn sie nachträglich feststellt, dass die Voraussetzungen für die Ablehnung der Anerkennung nach Absatz 2 vorliegen.

§ 27 Veröffentlichung von Wettbewerbsregeln, Bekanntmachungen

(1) Anerkannte Wettbewerbsregeln sind im Bundesanzeiger zu veröffentlichen.

(2) Im Bundesanzeiger sind bekannt zu machen

1. die Anträge nach § 24 Abs. 3;
2. die Anberaumung von Terminen zur mündlichen Verhandlung nach § 25 Satz 3;
3. die Anerkennung von Wettbewerbsregeln, ihrer Änderungen und Ergänzungen;

4. die Ablehnung der Anerkennung nach § 26 Abs. 2, die Rücknahme oder der Widerruf der Anerkennung von Wettbewerbsregeln nach § 26 Abs. 4.

(3) Mit der Bekanntmachung der Anträge nach Absatz 2 Nr. 1 ist darauf hinzuweisen, dass die Wettbewerbsregeln, deren Anerkennung beantragt ist, bei der Kartellbehörde zur öffentlichen Einsichtnahme ausgelegt sind.

(4) Soweit die Anträge nach Absatz 2 Nr. 1 zur Anerkennung führen, genügt für die Bekanntmachung der Anerkennung eine Bezugnahme auf die Bekanntmachung der Anträge.

(5) Die Kartellbehörde erteilt zu anerkannten Wettbewerbsregeln, die nicht nach Absatz 1 veröffentlicht worden sind, auf Anfrage Auskunft über die Angaben nach § 24 Abs. 4 Satz 1.

Fünfter Abschnitt
Sonderregeln für bestimmte Wirtschaftsbereiche

§ 28 Landwirtschaft

(1) § 1 gilt nicht für Vereinbarungen von landwirtschaftlichen Erzeugerbetrieben sowie für Vereinbarungen und Beschlüsse von Vereinigungen von landwirtschaftlichen Erzeugerbetrieben und Vereinigungen von solchen Erzeugervereinigungen über

1. die Erzeugung oder den Absatz landwirtschaftlicher Erzeugnisse oder

2. die Benutzung gemeinschaftlicher Einrichtungen für die Lagerung, Be- oder Verarbeitung landwirtschaftlicher Erzeugnisse,

sofern sie keine Preisbindung enthalten und den Wettbewerb nicht ausschließen. Als landwirtschaftliche Erzeugerbetriebe gelten auch Pflanzen- und Tierzuchtbetriebe und die auf der Stufe dieser Betriebe tätigen Unternehmen.

(2) Für vertikale Preisbindungen, die die Sortierung, Kennzeichnung oder Verpackung von landwirtschaftlichen Erzeugnissen betreffen, gilt § 1 nicht.

(3) Landwirtschaftliche Erzeugnisse sind die in Anhang I des Vertrages zur Gründung der Europäischen Gemeinschaft aufgeführten Erzeugnisse sowie die durch Be- oder Verarbeitung dieser Erzeugnisse gewonnenen Waren, deren Be- oder Verarbeitung durch landwirtschaftliche Erzeugerbetriebe oder ihre Vereinigungen durchgeführt zu werden pflegt.

§ 29 Energiewirtschaft

Einem Unternehmen ist es verboten, als Anbieter von Elektrizität oder leitungsgebundenem Gas (Versorgungsunternehmen) auf einem Markt, auf dem es allein oder zusammen mit anderen Versorgungsunternehmen eine marktbeherrschende Stellung hat, diese Stellung missbräuchlich auszunutzen, indem es

1. Entgelte oder sonstige Geschäftsbedingungen fordert, die ungünstiger sind als diejenigen anderer Versorgungsunternehmen oder von Unternehmen auf vergleichbaren Märkten, es sei denn, das Versorgungsunternehmen weist nach, dass die Abweichung sachlich gerechtfertigt ist, wobei die Umkehr der Darlegungs- und Beweislast nur in Verfahren vor den Kartellbehörden gilt, oder

2. Entgelte fordert, die die Kosten in unangemessener Weise überschreiten.

Kosten, die sich ihrem Umfang nach im Wettbewerb nicht einstellen würden, dürfen bei der Feststellung eines Missbrauchs im Sinne des Satzes 1 nicht berücksichtigt werden. Die §§ 19 und 20 bleiben unberührt.

§ 30 Preisbindung bei Zeitungen und Zeitschriften

(1) § 1 gilt nicht für vertikale Preisbindungen, durch die ein Unternehmen, das Zeitungen oder Zeitschriften herstellt, die Abnehmer dieser Erzeugnisse rechtlich oder wirtschaftlich bindet, bei der Weiterveräußerung bestimmte Preise zu vereinbaren oder ihren Abnehmern die gleiche Bindung bis zur Weiterveräußerung an den letzten Verbraucher aufzuerlegen. Zu Zeitungen und Zeitschriften zählen auch Produkte, die Zeitungen oder Zeitschriften reproduzieren oder substituieren und bei Würdigung der Gesamtumstände als überwiegend verlagstypisch anzusehen sind, sowie kombinierte Produkte, bei denen eine Zeitung oder eine Zeitschrift im Vordergrund steht.

IV

(2) Vereinbarungen der in Absatz 1 bezeichneten Art sind, soweit sie Preise und Preisbestandteile betreffen, schriftlich abzufassen. Es genügt, wenn die Beteiligten Urkunden unterzeichnen, die auf eine Preisliste oder auf Preismitteilungen Bezug nehmen. § 126 Abs. 2 des Bürgerlichen Gesetzbuchs findet keine Anwendung.

(3) Das Bundeskartellamt kann von Amts wegen oder auf Antrag eines gebundenen Abnehmers die Preisbindung für unwirksam erklären und die Anwendung einer neuen gleichartigen Preisbindung verbieten, wenn

1. die Preisbindung missbräuchlich gehandhabt wird oder

2. die Preisbindung oder ihre Verbindung mit anderen Wettbewerbsbeschränkungen geeignet ist, die gebundenen Waren zu verteuern oder ein Sinken ihrer Preise zu verhindern oder ihre Erzeugung oder ihren Absatz zu beschränken.

§ 31 (weggefallen)

Sechster Abschnitt
Befugnisse der Kartellbehörden, Sanktionen

§ 32 Abstellung und nachträgliche Feststellung von Zuwiderhandlungen

(1) Die Kartellbehörde kann Unternehmen oder Vereinigungen von Unternehmen verpflichten, eine Zuwiderhandlung gegen eine Vorschrift dieses Gesetzes oder gegen Artikel 81 oder 82 des Vertrages zur Gründung der Europäischen Gemeinschaft abzustellen.

(2) Sie kann hierzu den Unternehmen oder Vereinigungen von Unternehmen alle Maßnahmen aufgeben, die für eine wirksame Abstellung der Zuwiderhandlung erforderlich und gegenüber dem festgestellten Verstoß verhältnismäßig sind.

(3) Soweit ein berechtigtes Interesse besteht, kann die Kartellbehörde auch eine Zuwiderhandlung feststellen, nachdem diese beendet ist.

§ 32a Einstweilige Maßnahmen

(1) Die Kartellbehörde kann in dringenden Fällen, wenn die Gefahr eines ernsten, nicht wieder gutzumachenden Schadens für den Wettbewerb besteht, von Amts wegen einstweilige Maßnahmen anordnen.

(2) Die Anordnung gemäß Absatz 1 ist zu befristen. Die Frist kann verlängert werden. Sie soll insgesamt ein Jahr nicht überschreiten.

§ 32b Verpflichtungszusagen

(1) Bieten Unternehmen im Rahmen eines Verfahrens nach § 32 an, Verpflichtungen einzugehen, die geeignet sind, die ihnen von der Kartellbehörde nach vorläufiger Beurteilung mitgeteilten Bedenken auszuräumen, so kann die Kartellbehörde für diese Unternehmen die Verpflichtungszusagen durch Verfügung für bindend erklären. Die Verfügung hat zum Inhalt, dass die Kartellbehörde vorbehaltlich des Absatzes 2 von ihren Befugnissen nach den §§ 32 und 32a keinen Gebrauch machen wird. Sie kann befristet werden.

(2) Die Kartellbehörde kann die Verfügung nach Absatz 1 aufheben und das Verfahren wieder aufnehmen, wenn

1. sich die tatsächlichen Verhältnisse in einem für die Verfügung wesentlichen Punkt nachträglich geändert haben,

2. die beteiligten Unternehmen ihre Verpflichtungen nicht einhalten oder

3. die Verfügung auf unvollständigen, unrichtigen oder irreführenden Angaben der Parteien beruht.

§ 32c Kein Anlass zum Tätigwerden

Sind die Voraussetzungen für ein Verbot nach den §§ 1, 19 bis 21 und 29, nach Artikel 81 Abs. 1 oder Artikel 82 des Vertrages zur Gründung der Europäischen Gemeinschaft nach den der Kartellbehörde vorliegenden Erkenntnissen nicht gegeben, so kann sie entscheiden, dass für sie kein Anlass besteht, tätig zu werden. Die Entscheidung hat zum Inhalt, dass die Kartellbehörde vorbehaltlich neuer Erkenntnisse von ihren Befugnissen nach den §§ 32 und 32a keinen Gebrauch machen wird. Sie hat keine Freistellung von einem Verbot im Sinne des Satzes 1 zum Inhalt.

§ 32d Entzug der Freistellung

Haben Vereinbarungen, Beschlüsse von Unternehmensvereinigungen oder aufeinander abgestimmte Verhaltensweisen, die unter eine Gruppenfreistellungsverordnung fallen, in einem Einzelfall Wirkungen, die mit § 2 Abs. 1 oder mit Artikel 81 Abs. 3 des Vertrages zur Gründung der Europäischen Gemeinschaft unvereinbar sind und auf einem Gebiet im Inland auftreten, das alle Merkmale eines gesonderten räumlichen Marktes aufweist, so kann die Kartellbehörde den Rechtsvorteil der Gruppenfreistellung in diesem Gebiet entziehen.

§ 32e Untersuchungen einzelner Wirtschaftszweige und einzelner Arten von Vereinbarungen

(1) Lassen starre Preise oder andere Umstände vermuten, dass der Wettbewerb im Inland möglicherweise eingeschränkt oder verfälscht ist, können das Bundeskartellamt und die obersten Landesbehörden die Untersuchung eines bestimmten Wirtschaftszweiges oder – Sektor übergreifend – einer bestimmten Art von Vereinbarungen durchführen.

(2) Im Rahmen dieser Untersuchung können das Bundeskartellamt und die obersten Landesbehörden die zur Anwendung dieses Gesetzes oder des Artikels 81 oder 82 des Vertrages zur Gründung der Europäischen Gemeinschaft erforderlichen Ermittlungen durchführen. Sie können dabei von den betreffenden Unternehmen und Vereinigungen Auskünfte verlangen, insbesondere die Unterrichtung über sämtliche Vereinbarungen, Beschlüsse und aufeinander abgestimmte Verhaltensweisen.

(3) Das Bundeskartellamt und die obersten Landesbehörden können einen Bericht über die Ergebnisse der Untersuchung nach Absatz 1 veröffentlichen und Dritte um Stellungnahme bitten.

(4) Die §§ 57 und 59 bis 62 gelten entsprechend.

§ 33 Unterlassungsanspruch, Schadensersatzpflicht

(1) Wer gegen eine Vorschrift dieses Gesetzes, gegen Artikel 81 oder 82 des Vertrages zur Gründung der Europäischen Gemeinschaft oder eine Verfügung der Kartellbehörde verstößt, ist dem Betroffenen zur Beseitigung und bei Wiederholungsgefahr zur Unterlassung verpflichtet. Der Anspruch auf Unterlassung besteht bereits dann, wenn eine Zuwiderhandlung droht. Betroffen ist, wer als Mitbewerber oder sonstiger Marktbeteiligter durch den Verstoß beeinträchtigt ist.

(2) Die Ansprüche aus Absatz 1 können auch geltend gemacht werden von rechtsfähigen Verbänden zur Förderung gewerblicher oder selbständiger beruflicher Interessen, soweit ihnen eine erhebliche Zahl von Unternehmen angehört, die Waren oder Dienstleistungen gleicher oder verwandter Art auf demselben Markt vertreiben, soweit sie insbesondere nach ihrer personellen, sachlichen und finanziellen Ausstattung imstande sind, ihre satzungsmäßigen Aufgaben der Verfolgung gewerblicher oder selbständiger beruflicher Interessen tatsächlich wahrzunehmen und soweit die Zuwiderhandlung die Interessen ihrer Mitglieder berührt.

(3) Wer einen Verstoß nach Absatz 1 vorsätzlich oder fahrlässig begeht, ist zum Ersatz des daraus entstehenden Schadens verpflichtet. Wird eine Ware oder Dienstleistung zu einem überteuerten Preis bezogen, so ist der Schaden nicht deshalb ausgeschlossen, weil die Ware oder Dienstleistung weiterveräußert wurde. Bei der Entscheidung über den Umfang des Schadens nach § 287 der Zivilprozessordnung kann insbesondere der anteilige Gewinn, den das Unternehmen durch den Verstoß erlangt hat, berücksichtigt werden. Geldschulden nach Satz 1 hat das Unternehmen ab Eintritt des Schadens zu verzinsen. Die §§ 288 und 289 Satz 1 des Bürgerlichen Gesetzbuchs finden entsprechende Anwendung.

(4) Wird wegen eines Verstoßes gegen eine Vorschrift dieses Gesetzes oder Artikel 81 oder 82 des Vertrages zur Gründung der Europäischen Gemeinschaft Schadensersatz begehrt, ist das Gericht insoweit an die Feststellung des Verstoßes gebunden, wie sie in einer bestandskräftigen Entscheidung der Kartellbehörde, der Kommission der Europäischen Gemeinschaft oder der Wettbewerbs-

behörde oder des als solche handelnden Gerichts in einem anderen Mitgliedstaat der Europäischen Gemeinschaft getroffen wurde. Das Gleiche gilt für entsprechende Feststellungen in rechtskräftigen Gerichtsentscheidungen, die infolge der Anfechtung von Entscheidungen nach Satz 1 ergangen sind. Entsprechend Artikel 16 Abs. 1 Satz 4 der Verordnung (EG) Nr. 1/2003 gilt diese Verpflichtung unbeschadet der Rechte und Pflichten nach Artikel 234 des Vertrages zur Gründung der Europäischen Gemeinschaft.

(5) Die Verjährung eines Schadensersatzanspruchs nach Absatz 3 wird gehemmt, wenn die Kartellbehörde wegen eines Verstoßes im Sinne des Absatzes 1 oder die Kommission der Europäischen Gemeinschaft oder die Wettbewerbsbehörde eines anderen Mitgliedstaats der Europäischen Gemeinschaft wegen eines Verstoßes gegen Artikel 81 oder 82 des Vertrages zur Gründung der Europäischen Gemeinschaft ein Verfahren einleitet. § 204 Abs. 2 des Bürgerlichen Gesetzbuchs gilt entsprechend.

§ 34 Vorteilsabschöpfung durch die Kartellbehörde

(1) Hat ein Unternehmen vorsätzlich oder fahrlässig gegen eine Vorschrift dieses Gesetzes, gegen Artikel 81 oder 82 des Vertrages zur Gründung der Europäischen Gemeinschaft oder eine Verfügung der Kartellbehörde verstoßen und dadurch einen wirtschaftlichen Vorteil erlangt, kann die Kartellbehörde die Abschöpfung des wirtschaftlichen Vorteils anordnen und dem Unternehmen die Zahlung eines entsprechenden Geldbetrags auferlegen.

(2) Absatz 1 gilt nicht, sofern der wirtschaftliche Vorteil durch Schadensersatzleistungen oder durch die Verhängung der Geldbuße oder die Anordnung des Verfalls abgeschöpft ist. Soweit das Unternehmen Leistungen nach Satz 1 erst nach der Vorteilsabschöpfung erbringt, ist der abgeführte Geldbetrag in Höhe der nachgewiesenen Zahlungen an das Unternehmen zurückzuerstatten.

(3) Wäre die Durchführung der Vorteilsabschöpfung eine unbillige Härte, soll die An-

ordnung auf einen angemessenen Geldbetrag beschränkt werden oder ganz unterbleiben. Sie soll auch unterbleiben, wenn der wirtschaftliche Vorteil gering ist.

(4) Die Höhe des wirtschaftlichen Vorteils kann geschätzt werden. Der abzuführende Geldbetrag ist zahlenmäßig zu bestimmen.

(5) Die Vorteilsabschöpfung kann nur innerhalb einer Frist von bis zu fünf Jahren seit Beendigung der Zuwiderhandlung und längstens für einen Zeitraum von fünf Jahren angeordnet werden. § 81 Abs. 9 gilt entsprechend.

§ 34a Vorteilsabschöpfung durch Verbände

(1) Wer einen Verstoß im Sinne des § 34 Abs. 1 vorsätzlich begeht und hierdurch zu Lasten einer Vielzahl von Abnehmern oder Anbietern einen wirtschaftlichen Vorteil erlangt, kann von den gemäß § 33 Abs. 2 zur Geltendmachung eines Unterlassungsanspruchs Berechtigten auf Herausgabe dieses wirtschaftlichen Vorteils an den Bundeshaushalt in Anspruch genommen werden, soweit nicht die Kartellbehörde die Abschöpfung des wirtschaftlichen Vorteils durch Verhängung einer Geldbuße, durch Verfall oder nach § 34 Abs. 1 anordnet.

(2) Auf den Anspruch sind Leistungen anzurechnen, die das Unternehmen auf Grund des Verstoßes erbracht hat. § 34 Abs. 2 Satz 2 gilt entsprechend.

(3) Beanspruchen mehrere Gläubiger die Vorteilsabschöpfung, gelten die §§ 428 bis 430 des Bürgerlichen Gesetzbuchs entsprechend.

(4) Die Gläubiger haben dem Bundeskartellamt über die Geltendmachung von Ansprüchen nach Absatz 1 Auskunft zu erteilen. Sie können vom Bundeskartellamt Erstattung der für die Geltendmachung des Anspruchs erforderlichen Aufwendungen verlangen, soweit sie vom Schuldner keinen Ausgleich erlangen können. Der Erstattungsanspruch ist auf die Höhe des an den Bundeshaushalt abgeführten wirtschaftlichen Vorteils beschränkt.

(5) § 33 Abs. 4 und 5 ist entsprechend anzuwenden.

Siebenter Abschnitt
Zusammenschlusskontrolle

§ 35 Geltungsbereich der Zusammenschlusskontrolle

(1) Die Vorschriften über die Zusammenschlusskontrolle finden Anwendung, wenn im letzten Geschäftsjahr vor dem Zusammenschluss

1. die beteiligten Unternehmen insgesamt weltweit Umsatzerlöse von mehr als 500 Millionen Euro und

2. im Inland mindestens ein beteiligtes Unternehmen Umsatzerlöse von mehr als 25 Millionen Euro und ein anderes beteiligtes Unternehmen Umsatzerlöse von mehr als 5 Millionen Euro

erzielt haben.

(2) Absatz 1 gilt nicht,

1. soweit sich ein Unternehmen, das nicht im Sinne des § 36 Abs. 2 abhängig ist und im letzten Geschäftsjahr weltweit Umsatzerlöse von weniger als zehn Millionen Euro erzielt hat, mit einem anderen Unternehmen zusammenschließt oder

2. soweit ein Markt betroffen ist, auf dem seit mindestens fünf Jahren Waren oder gewerbliche Leistungen angeboten werden und auf dem im letzten Kalenderjahr weniger als 15 Millionen Euro umgesetzt wurden.

Soweit durch den Zusammenschluss der Wettbewerb beim Verlag, bei der Herstellung oder beim Vertrieb von Zeitungen oder Zeitschriften oder deren Bestandteilen beschränkt wird, gilt nur Satz 1 Nr. 2.

(3) Die Vorschriften dieses Gesetzes finden keine Anwendung, soweit die Kommission der Europäischen Gemeinschaft nach der Verordnung (EG) Nr. 139/2004 des Rates vom 20. Januar 2004 über die Kontrolle von Unternehmenszusammenschlüssen in ihrer jeweils geltenden Fassung ausschließlich zuständig ist.

§ 36 Grundsätze für die Beurteilung von Zusammenschlüssen

(1) Ein Zusammenschluss, von dem zu erwarten ist, dass er eine marktbeherrschende Stellung begründet oder verstärkt, ist vom Bundeskartellamt zu untersagen, es sei denn, die beteiligten Unternehmen weisen nach, dass durch den Zusammenschluss auch Verbesserungen der Wettbewerbsbedingungen eintreten und dass diese Verbesserungen die Nachteile der Marktbeherrschung überwiegen.

(2) Ist ein beteiligtes Unternehmen ein abhängiges oder herrschendes Unternehmen im Sinne des § 17 des Aktiengesetzes oder ein Konzernunternehmen im Sinne des § 18 des Aktiengesetzes, sind die so verbundenen Unternehmen als einheitliches Unternehmen anzusehen. Wirken mehrere Unternehmen derart zusammen, dass sie gemeinsam einen beherrschenden Einfluss auf ein anderes Unternehmen ausüben können, gilt jedes von ihnen als herrschendes.

(3) Steht einer Person oder Personenvereinigung, die nicht Unternehmen ist, die Mehrheitsbeteiligung an einem Unternehmen zu, gilt sie als Unternehmen.

§ 37 Zusammenschluss

(1) Ein Zusammenschluss liegt in folgenden Fällen vor:

1. Erwerb des Vermögens eines anderen Unternehmens ganz oder zu einem wesentlichen Teil;

2. Erwerb der unmittelbaren oder mittelbaren Kontrolle durch ein oder mehrere Unternehmen über die Gesamtheit oder Teile eines oder mehrerer anderer Unternehmen. Die Kontrolle wird durch Rechte, Verträge oder andere Mittel begründet, die einzeln oder zusammen unter Berücksichtigung aller tatsächlichen und rechtlichen Umstände die Möglichkeit gewähren, einen bestimmenden Einfluss auf die Tätigkeit eines Unternehmens auszuüben, insbesondere durch

   a) Eigentums- oder Nutzungsrechte an einer Gesamtheit oder an Teilen des Vermögens des Unternehmens,

   b) Rechte oder Verträge, die einen bestimmenden Einfluss auf die Zusammensetzung, die Beratungen oder Beschlüsse der Organe des Unternehmens gewähren;

3. Erwerb von Anteilen an einem anderen Unternehmen, wenn die Anteile allein oder zusammen mit sonstigen, dem Unternehmen bereits gehörenden Anteilen

 a) 50 vom Hundert oder

 b) 25 vom Hundert

 des Kapitals oder der Stimmrechte des anderen Unternehmens erreichen. Zu den Anteilen, die dem Unternehmen gehören, rechnen auch die Anteile, die einem anderen für Rechnung dieses Unternehmens gehören und, wenn der Inhaber des Unternehmens ein Einzelkaufmann ist, auch die Anteile, die sonstiges Vermögen des Inhabers sind. Erwerben mehrere Unternehmen gleichzeitig oder nacheinander Anteile im vorbezeichneten Umfang an einem anderen Unternehmen, gilt dies hinsichtlich der Märkte, auf denen das andere Unternehmen tätig ist, auch als Zusammenschluss der sich beteiligenden Unternehmen untereinander;

4. jede sonstige Verbindung von Unternehmen, auf Grund deren ein oder mehrere Unternehmen unmittelbar oder mittelbar einen wettbewerblich erheblichen Einfluss auf ein anderes Unternehmen ausüben können.

(2) Ein Zusammenschluss liegt auch dann vor, wenn die beteiligten Unternehmen bereits vorher zusammengeschlossen waren, es sei denn, der Zusammenschluss führt nicht zu einer wesentlichen Verstärkung der bestehenden Unternehmensverbindung.

(3) Erwerben Kreditinstitute, Finanzinstitute oder Versicherungsunternehmen Anteile an einem anderen Unternehmen zum Zwecke der Veräußerung, gilt dies nicht als Zusammenschluss, solange sie das Stimmrecht aus den Anteilen nicht ausüben und sofern die Veräußerung innerhalb eines Jahres erfolgt. Diese Frist kann vom Bundeskartellamt auf Antrag verlängert werden, wenn glaubhaft gemacht wird, dass die Veräußerung innerhalb der Frist unzumutbar war.

§ 38 Berechnung der Umsatzerlöse und der Marktanteile

(1) Für die Ermittlung der Umsatzerlöse gilt § 277 Abs. 1 des Handelsgesetzbuchs. Umsatzerlöse aus Lieferungen und Leistungen zwischen verbundenen Unternehmen (Innenumsatzerlöse) sowie Verbrauchsteuern bleiben außer Betracht.

(2) Für den Handel mit Waren sind nur drei Viertel der Umsatzerlöse in Ansatz zu bringen.

(3) Für den Verlag, die Herstellung und den Vertrieb von Zeitungen, Zeitschriften und deren Bestandteilen, die Herstellung, den Vertrieb und die Veranstaltung von Rundfunkprogrammen und den Absatz von Rundfunkwerbezeiten ist das Zwanzigfache der Umsatzerlöse in Ansatz zu bringen.

(4) An die Stelle der Umsatzerlöse tritt bei Kreditinstituten, Finanzinstituten, Bausparkassen sowie bei Kapitalanlagegesellschaften im Sinne des § 2 Abs. 6 des Investmentgesetzes der Gesamtbetrag der in § 34 Abs. 2 Satz 1 Nr. 1 Buchstabe a bis e der Kreditinstituts-Rechnungslegungsverordnung in der jeweils geltenden Fassung genannten Erträge abzüglich der Umsatzsteuer und sonstiger direkt auf diese Erträge erhobener Steuern. Bei Versicherungsunternehmen sind die Prämieneinnahmen des letzten abgeschlossenen Geschäftsjahres maßgebend. Prämieneinnahmen sind die Einnahmen aus dem Erst- und Rückversicherungsgeschäft einschließlich der in Rückdeckung gegebenen Anteile.

(5) Beim Erwerb des Vermögens eines anderen Unternehmens ist für die Berechnung der Marktanteile und der Umsatzerlöse des Veräußerers nur auf den veräußerten Vermögensteil abzustellen.

§ 39 Anmelde- und Anzeigepflicht

(1) Zusammenschlüsse sind vor dem Vollzug beim Bundeskartellamt gemäß den Absätzen 2 und 3 anzumelden.

(2) Zur Anmeldung sind verpflichtet:

1. die am Zusammenschluss beteiligten Unternehmen,

2. in den Fällen des § 37 Abs. 1 Nr. 1 und 3 auch der Veräußerer.

(3) In der Anmeldung ist die Form des Zusammenschlusses anzugeben. Die Anmeldung muss ferner über jedes beteiligte Unternehmen folgende Angaben enthalten:

1. die Firma oder sonstige Bezeichnung und den Ort der Niederlassung oder den Sitz;

2. die Art des Geschäftsbetriebes;

3. die Umsatzerlöse im Inland, in der Europäischen Union und weltweit; anstelle der Umsatzerlöse sind bei Kreditinstituten, Finanzinstituten, Bausparkassen sowie bei Kapitalanlagegesellschaften im Sinne des § 2 Abs. 6 des Investmentgesetzes der Gesamtbetrag der Erträge gemäß § 38 Abs. 4, bei Versicherungsunternehmen die Prämieneinnahmen anzugeben;

4. die Marktanteile einschließlich der Grundlagen für ihre Berechnung oder Schätzung, wenn diese im Geltungsbereich dieses Gesetzes oder in einem wesentlichen Teil desselben für die beteiligten Unternehmen zusammen mindestens 20 vom Hundert erreichen;

5. beim Erwerb von Anteilen an einem anderen Unternehmen die Höhe der erworbenen und der insgesamt gehaltenen Beteiligung;

6. eine zustellungsbevollmächtigte Person im Inland, sofern sich der Sitz des Unternehmens nicht im Geltungsbereich dieses Gesetzes befindet.

In den Fällen des § 37 Abs. 1 Nr. 1 oder 3 sind die Angaben nach Satz 2 Nr. 1 und 6 auch für den Veräußerer zu machen. Ist ein beteiligtes Unternehmen ein verbundenes Unternehmen, sind die Angaben nach Satz 2 Nr. 1 und 2 auch über die verbundenen Unternehmen und die Angaben nach Satz 2 Nr. 3 und 4 über jedes am Zusammenschluss beteiligte Unternehmen und die mit ihm verbundenen Unternehmen insgesamt zu machen sowie die Konzernbeziehungen, Abhängigkeits- und Beteiligungsverhältnisse zwischen den verbundenen Unternehmen mitzuteilen. In der Anmeldung dürfen keine unrichtigen oder unvollständigen Angaben gemacht oder benutzt werden, um die Kartellbehörde zu veranlassen, eine Untersagung nach § 36 Abs. 1 oder eine Mitteilung nach § 40 Abs. 1 zu unterlassen.

(4) Eine Anmeldung ist nicht erforderlich, wenn die Kommission der Europäischen Gemeinschaft einen Zusammenschluss an das Bundeskartellamt verwiesen hat und dem Bundeskartellamt die nach Absatz 3 erforderlichen Angaben in deutscher Sprache vorliegen. Das Bundeskartellamt teilt den beteiligten Unternehmen unverzüglich den Zeitpunkt des Eingangs der Verweisungsentscheidung mit und unterrichtet sie zugleich darüber, inwieweit die nach Absatz 3 erforderlichen Angaben in deutscher Sprache vorliegen.

(5) Das Bundeskartellamt kann von jedem beteiligten Unternehmen Auskunft über Marktanteile einschließlich der Grundlagen für die Berechnung oder Schätzung sowie über den Umsatzerlös bei einer bestimmten Art von Waren oder gewerblichen Leistungen verlangen, den das Unternehmen im letzten Geschäftsjahr vor dem Zusammenschluss erzielt hat.

(6) Die am Zusammenschluss beteiligten Unternehmen haben dem Bundeskartellamt den Vollzug des Zusammenschlusses unverzüglich anzuzeigen.

§ 40 Verfahren der Zusammenschlusskontrolle

(1) Das Bundeskartellamt darf einen Zusammenschluss, der ihm angemeldet worden ist, nur untersagen, wenn es den anmeldenden Unternehmen innerhalb einer Frist von einem Monat seit Eingang der vollständigen Anmeldung mitteilt, dass es in die Prüfung des Zusammenschlusses (Hauptprüfverfahren) eingetreten ist. Das Hauptprüfverfahren soll eingeleitet werden, wenn eine weitere Prüfung des Zusammenschlusses erforderlich ist.

(2) Im Hauptprüfverfahren entscheidet das Bundeskartellamt durch Verfügung, ob der Zusammenschluss untersagt oder freigegeben wird. Wird die Verfügung nicht innerhalb von vier Monaten nach Eingang der vollständigen Anmeldung den anmeldenden Unternehmen zugestellt, gilt der Zusammenschluss als freigegeben. Die Verfahrensbeteiligten sind unverzüglich über den Zeitpunkt der Zustellung

der Verfügung zu unterrichten. Dies gilt nicht, wenn

1. die anmeldenden Unternehmen einer Fristverlängerung zugestimmt haben,

2. das Bundeskartellamt wegen unrichtiger Angaben oder wegen einer nicht rechtzeitig erteilten Auskunft nach § 39 Abs. 5 oder § 59 die Mitteilung nach Absatz 1 oder die Untersagung des Zusammenschlusses unterlassen hat,

3. eine zustellungsbevollmächtigte Person im Inland entgegen § 39 Abs. 3 Satz 2 Nr. 6 nicht mehr benannt ist.

(3) Die Freigabe kann mit Bedingungen und Auflagen verbunden werden. Diese dürfen sich nicht darauf richten, die beteiligten Unternehmen einer laufenden Verhaltenskontrolle zu unterstellen.

(3a) Die Freigabe kann widerrufen oder geändert werden, wenn sie auf unrichtigen Angaben beruht, arglistig herbeigeführt worden ist oder die beteiligten Unternehmen einer mit ihr verbundenen Auflage zuwiderhandeln. Im Falle der Nichterfüllung einer Auflage gilt § 41 Abs. 4 entsprechend.

(4) Vor einer Untersagung ist den obersten Landesbehörden, in deren Gebiet die beteiligten Unternehmen ihren Sitz haben, Gelegenheit zur Stellungnahme zu geben.

(5) Die Fristen nach den Absätzen 1 und 2 Satz 2 beginnen in den Fällen des § 39 Abs. 4 Satz 1, wenn die Verweisungsentscheidung beim Bundeskartellamt eingegangen ist und die nach § 39 Abs. 3 erforderlichen Angaben in deutscher Sprache vorliegen.

(6) Wird eine Freigabe des Bundeskartellamts durch gerichtlichen Beschluss rechtskräftig ganz oder teilweise aufgehoben, beginnt die Frist nach Absatz 2 Satz 2 mit Eintritt der Rechtskraft von neuem.

§ 41 Vollzugsverbot, Entflechtung

(1) Die Unternehmen dürfen einen Zusammenschluss, den vom Bundeskartellamt nicht freigegeben ist, nicht vor Ablauf der Fristen nach § 40 Abs. 1 Satz 1 und Abs. 2 Satz 2 vollziehen oder am Vollzug dieses Zusammenschlusses mitwirken. Rechtsgeschäfte, die gegen dieses Verbot verstoßen, sind unwirksam. Dies gilt nicht für Verträge über Grundstücksgeschäfte, sobald sie durch Eintragung in das Grundbuch rechtswirksam geworden sind, sowie für Verträge über die Umwandlung, Eingliederung oder Gründung eines Unternehmens und für Unternehmensverträge im Sinne der §§ 291 und 292 des Aktiengesetzes, sobald sie durch Eintragung in das zuständige Register rechtswirksam geworden sind.

(2) Das Bundeskartellamt kann auf Antrag Befreiungen vom Vollzugsverbot erteilen, wenn die beteiligten Unternehmen hierfür wichtige Gründe geltend machen, insbesondere um schweren Schaden von einem beteiligten Unternehmen oder von Dritten abzuwenden. Die Befreiung kann jederzeit, auch vor der Anmeldung, erteilt und mit Bedingungen und Auflagen verbunden werden. § 40 Abs. 3a gilt entsprechend.

(3) Ein vollzogener Zusammenschluss, der die Untersagungsvoraussetzungen nach § 36 Abs. 1 erfüllt, ist aufzulösen, wenn nicht der Bundesminister für Wirtschaft und Technologie nach § 42 die Erlaubnis zu dem Zusammenschluss erteilt. Das Bundeskartellamt ordnet die zur Auflösung des Zusammenschlusses erforderlichen Maßnahmen an. Die Wettbewerbsbeschränkung kann auch auf andere Weise als durch Wiederherstellung des früheren Zustands beseitigt werden.

(4) Zur Durchsetzung seiner Anordnung kann das Bundeskartellamt insbesondere

1. (weggefallen)

2. die Ausübung des Stimmrechts aus Anteilen an einem beteiligten Unternehmen, die einem anderen beteiligten Unternehmen gehören oder ihm zuzurechnen sind, untersagen oder einschränken,

3. einen Treuhänder bestellen, der die Auflösung des Zusammenschlusses herbeiführt.

§ 42 Ministererlaubnis

(1) Der Bundesminister für Wirtschaft und Technologie erteilt auf Antrag die Erlaubnis zu einem vom Bundeskartellamt untersagten Zusammenschluss, wenn im Einzelfall die Wettbewerbsbeschränkung von gesamtwirtschaft-

lichen Vorteilen des Zusammenschlusses aufgewogen wird oder der Zusammenschluss durch ein überragendes Interesse der Allgemeinheit gerechtfertigt ist. Hierbei ist auch die Wettbewerbsfähigkeit der beteiligten Unternehmen auf Märkten außerhalb des Geltungsbereichs dieses Gesetzes zu berücksichtigen. Die Erlaubnis darf nur erteilt werden, wenn durch das Ausmaß der Wettbewerbsbeschränkung die marktwirtschaftliche Ordnung nicht gefährdet wird.

(2) Die Erlaubnis kann mit Bedingungen und Auflagen verbunden werden. § 40 Abs. 3 und 3a gilt entsprechend.

(3) Der Antrag ist innerhalb einer Frist von einem Monat seit Zustellung der Untersagung beim Bundesministerium für Wirtschaft und Technologie schriftlich zu stellen. Wird die Untersagung angefochten, beginnt die Frist in dem Zeitpunkt, in dem die Untersagung unanfechtbar wird.

(4) Der Bundesminister für Wirtschaft und Technologie soll über den Antrag innerhalb von vier Monaten entscheiden. Vor der Entscheidung ist eine Stellungnahme der Monopolkommission einzuholen und den obersten Landesbehörden, in deren Gebiet die beteiligten Unternehmen ihren Sitz haben, Gelegenheit zur Stellungnahme zu geben.

§ 43 Bekanntmachungen

(1) Die Einleitung des Hauptprüfverfahrens durch das Bundeskartellamt nach § 40 Abs. 1 Satz 1 und der Antrag auf Erteilung einer Ministererlaubnis sind unverzüglich im Bundesanzeiger bekannt zu machen.

(2) Im Bundesanzeiger sind bekannt zu machen

1. die Verfügung des Bundeskartellamts nach § 40 Abs. 2,

2. die Ministererlaubnis, deren Ablehnung und Änderung,

3. die Rücknahme und der Widerruf der Freigabe des Bundeskartellamts oder der Ministererlaubnis,

4. die Auflösung eines Zusammenschlusses und die sonstigen Anordnungen des Bundeskartellamts nach § 41 Abs. 3 und 4.

(3) Bekannt zu machen nach Absatz 1 und 2 sind jeweils die Angaben nach § 39 Abs. 3 Satz 1 sowie Satz 2 Nr. 1 und 2.

Achter Abschnitt
Monopolkommission

§ 44 Aufgaben

(1) Die Monopolkommission erstellt alle zwei Jahre ein Gutachten, in dem sie den Stand und die absehbare Entwicklung der Unternehmenskonzentration in der Bundesrepublik Deutschland beurteilt, die Anwendung der Vorschriften über die Zusammenschlusskontrolle würdigt sowie zu sonstigen aktuellen wettbewerbspolitischen Fragen Stellung nimmt. Das Gutachten soll die Verhältnisse in den letzten beiden abgeschlossenen Kalenderjahren einbeziehen und bis zum 30. Juni des darauf folgenden Jahres abgeschlossen sein. Die Bundesregierung kann die Monopolkommission mit der Erstattung zusätzlicher Gutachten beauftragen. Darüber hinaus kann die Monopolkommission nach ihrem Ermessen Gutachten erstellen.

(2) Die Monopolkommission ist nur an den durch dieses Gesetz begründeten Auftrag gebunden und in ihrer Tätigkeit unabhängig. Vertritt eine Minderheit bei der Abfassung der Gutachten eine abweichende Auffassung, so kann sie diese in dem Gutachten zum Ausdruck bringen.

(3) Die Monopolkommission leitet ihre Gutachten der Bundesregierung zu. Die Bundesregierung legt Gutachten nach Absatz 1 Satz 1 den gesetzgebenden Körperschaften unverzüglich vor und nimmt zu ihnen in angemessener Frist Stellung. Die Gutachten werden von der Monopolkommission veröffentlicht. Bei Gutachten nach Absatz 1 Satz 1 erfolgt dies zu dem Zeitpunkt, zu dem sie von der Bundesregierung der gesetzgebenden Körperschaft vorgelegt werden.

§ 45 Mitglieder

(1) Die Monopolkommission besteht aus fünf Mitgliedern, die über besondere volkswirtschaftliche, betriebswirtschaftliche, sozialpolitische, technologische oder wirtschaftsrechtli-

IV

che Kenntnisse und Erfahrungen verfügen müssen. Die Monopolkommission wählt aus ihrer Mitte einen Vorsitzenden.

(2) Die Mitglieder der Monopolkommission werden auf Vorschlag der Bundesregierung durch den Bundespräsidenten für die Dauer von vier Jahren berufen. Wiederberufungen sind zulässig. Die Bundesregierung hört die Mitglieder der Kommission an, bevor sie neue Mitglieder vorschlägt. Die Mitglieder sind berechtigt, ihr Amt durch Erklärung gegenüber dem Bundespräsidenten niederzulegen. Scheidet ein Mitglied vorzeitig aus, so wird ein neues Mitglied für die Dauer der Amtszeit des ausgeschiedenen Mitglieds berufen.

(3) Die Mitglieder der Monopolkommission dürfen weder der Regierung oder einer gesetzgebenden Körperschaft des Bundes oder eines Landes noch dem öffentlichen Dienst des Bundes, eines Landes oder einer sonstigen juristischen Person des öffentlichen Rechts, es sei denn als Hochschullehrer oder als Mitarbeiter eines wissenschaftlichen Instituts, angehören. Ferner dürfen sie weder einen Wirtschaftsverband noch eine Arbeitgeber- oder Arbeitnehmerorganisation repräsentieren oder zu diesen in einem ständigen Dienst- oder Geschäftsbesorgungsverhältnis stehen. Sie dürfen auch nicht während des letzten Jahres vor der Berufung zum Mitglied der Monopolkommission eine derartige Stellung innegehabt haben.

§ 46 Beschlüsse, Organisation, Rechte und Pflichten der Mitglieder

(1) Die Beschlüsse der Monopolkommission bedürfen der Zustimmung von mindestens drei Mitgliedern.

(2) Die Monopolkommission hat eine Geschäftsordnung und verfügt über eine Geschäftsstelle. Diese hat die Aufgabe, die Monopolkommission wissenschaftlich, administrativ und technisch zu unterstützen.

(2a) Die Monopolkommission kann Einsicht in die von der Kartellbehörde geführten Akten einschließlich Betriebs- und Geschäftsgeheimnisse und personenbezogener Daten nehmen, soweit dies zur ordnungsgemäßen Erfüllung ihrer Aufgaben erforderlich ist.

(3) Die Mitglieder der Monopolkommission und die Angehörigen der Geschäftsstelle sind zur Verschwiegenheit über die Beratungen und die von der Monopolkommission als vertraulich bezeichneten Beratungsunterlagen verpflichtet. Die Pflicht zur Verschwiegenheit bezieht sich auch auf Informationen, die der Monopolkommission gegeben und als vertraulich bezeichnet werden oder die gemäß Absatz 2a erlangt worden sind.

(4) Die Mitglieder der Monopolkommission erhalten eine pauschale Entschädigung sowie Ersatz ihrer Reisekosten. Diese werden vom Bundesministerium für Wirtschaft und Technologie im Einvernehmen mit dem Bundesministerium des Innern festgesetzt. Die Kosten der Monopolkommission trägt der Bund.

§ 47 Übermittlung statistischer Daten

(1) Für die Begutachtung der Entwicklung der Unternehmenskonzentration werden der Monopolkommission vom Statistischen Bundesamt aus Wirtschaftsstatistiken (Statistik im produzierenden Gewerbe, Handwerksstatistik, Außenhandelsstatistik, Steuerstatistik, Verkehrsstatistik, Statistik im Handel und Gastgewerbe, Dienstleistungsstatistik) und dem Statistikregister zusammengefasste Einzelangaben über die Vomhundertanteile der größten Unternehmen, Betriebe oder fachlichen Teile von Unternehmen des jeweiligen Wirtschaftsbereichs

a) am Wert der zum Absatz bestimmten Güterproduktion,

b) am Umsatz,

c) an der Zahl der tätigen Personen,

d) an den Lohn- und Gehaltssummen,

e) an den Investitionen,

f) am Wert der gemieteten und gepachteten Sachanlagen,

g) an der Wertschöpfung oder dem Rohertrag,

h) an der Zahl der jeweiligen Einheiten

übermittelt. Satz 1 gilt entsprechend für die Übermittlung von Angaben über die Vomhundertanteile der größten Unternehmensgruppen. Für die Zuordnung der Angaben zu Unternehmensgruppen übermittelt die Monopolkommission dem Statistischen Bundesamt Namen und Anschriften der Unternehmen, deren Zugehörigkeit zu einer Unternehmensgruppe sowie Kennzeichen zur Identifikation. Die zusammengefassten Einzelangaben dürfen nicht weniger als drei Unternehmensgruppen, Unternehmen, Betriebe oder fachliche Teile von Unternehmen betreffen. Durch Kombination oder zeitliche Nähe mit anderen übermittelten oder allgemein zugänglichen Angaben darf kein Rückschluss auf zusammengefasste Angaben von weniger als drei Unternehmensgruppen, Unternehmen, Betrieben oder fachlichen Teilen von Unternehmen möglich sein. Für die Berechnung von summarischen Konzentrationsmaßen, insbesondere Herfindahl-Indizes und Gini-Koeffizienten, gilt dies entsprechend. Die statistischen Ämter der Länder stellen die hierfür erforderlichen Einzelangaben dem Statistischen Bundesamt zur Verfügung.

(2) Personen, die zusammengefasste Einzelangaben nach Absatz 1 erhalten sollen, sind vor der Übermittlung zur Geheimhaltung besonders zu verpflichten, soweit sie nicht Amtsträger oder für den öffentlichen Dienst besonders Verpflichtete sind. § 1 Abs. 2, 3 und 4 Nr. 2 des Verpflichtungsgesetzes gilt entsprechend. Personen, die nach Satz 1 besonders verpflichtet worden sind, stehen für die Anwendung der Vorschriften des Strafgesetzbuches über die Verletzung von Privatgeheimnissen (§ 203 Abs. 2, 4, 5; §§ 204, 205) und des Dienstgeheimnisses (§ 353b Abs. 1) den für den öffentlichen Dienst besonders Verpflichteten gleich.

(3) Die zusammengefassten Einzelangaben dürfen nur für die Zwecke verwendet werden, für die sie übermittelt wurden. Sie sind zu löschen, sobald der in Absatz 1 genannte Zweck erfüllt ist.

(4) Bei der Monopolkommission muss durch organisatorische und technische Maßnahmen sichergestellt sein, dass nur Amtsträger, für den öffentlichen Dienst besonders Verpflichtete oder Verpflichtete nach Absatz 2 Satz 1 Empfänger von zusammengefassten Einzelangaben sind.

(5) Die Übermittlungen sind nach Maßgabe des § 16 Abs. 9 des Bundesstatistikgesetzes aufzuzeichnen. Die Aufzeichnungen sind mindestens fünf Jahre aufzubewahren.

(6) Bei der Durchführung der Wirtschaftsstatistiken nach Absatz 1 sind die befragten Unternehmen schriftlich zu unterrichten, dass die zusammengefassten Einzelangaben nach Absatz 1 der Monopolkommission übermittelt werden dürfen.

Zweiter Teil
Kartellbehörden

Erster Abschnitt
Allgemeine Vorschriften

§ 48 Zuständigkeit

(1) Kartellbehörden sind das Bundeskartellamt, das Bundesministerium für Wirtschaft und Technologie und die nach Landesrecht zuständigen obersten Landesbehörden.

(2) Weist eine Vorschrift dieses Gesetzes eine Zuständigkeit nicht einer bestimmten Kartellbehörde zu, so nimmt das Bundeskartellamt die in diesem Gesetz der Kartellbehörde übertragenen Aufgaben und Befugnisse wahr, wenn die Wirkung des wettbewerbsbeschränkenden oder diskriminierenden Verhaltens oder einer Wettbewerbsregel über das Gebiet eines Landes hinausreicht. In allen übrigen Fällen nimmt diese Aufgaben und Befugnisse die nach Landesrecht zuständige oberste Landesbehörde wahr.

(3) Das Bundeskartellamt führt ein Monitoring durch über den Grad der Transparenz, auch der Großhandelspreise, sowie den Grad und die Wirksamkeit der Marktöffnung und den Umfang des Wettbewerbs auf Großhandels- und Endkundenebene auf den Strom- und Gasmärkten sowie an Elektrizitäts- und Gasbörsen. Das Bundeskartellamt wird die beim Monitoring gewonnenen Daten der Bundesnetzagentur unverzüglich zur Verfügung stellen.

§ 49 Bundeskartellamt und oberste Landesbehörde

(1) Leitet das Bundeskartellamt ein Verfahren ein oder führt es Ermittlungen durch, so benachrichtigt es gleichzeitig die oberste Lan-

IV

desbehörde, in deren Gebiet die betroffenen Unternehmen ihren Sitz haben. Leitet eine oberste Landesbehörde ein Verfahren ein oder führt sie Ermittlungen durch, so benachrichtigt sie gleichzeitig das Bundeskartellamt.

(2) Die oberste Landesbehörde hat eine Sache an das Bundeskartellamt abzugeben, wenn nach § 48 Abs. 2 Satz 1 die Zuständigkeit des Bundeskartellamts begründet ist. Das Bundeskartellamt hat eine Sache an die oberste Landesbehörde abzugeben, wenn nach § 48 Abs. 2 Satz 2 die Zuständigkeit der obersten Landesbehörde begründet ist.

(3) Auf Antrag des Bundeskartellamts kann die oberste Landesbehörde eine Sache, für die nach § 48 Abs. 2 Satz 2 ihre Zuständigkeit begründet ist, an das Bundeskartellamt abgeben, wenn dies auf Grund der Umstände der Sache angezeigt ist. Mit der Abgabe wird das Bundeskartellamt zuständige Kartellbehörde.

(4) Auf Antrag der obersten Landesbehörde kann das Bundeskartellamt eine Sache, für die nach § 48 Abs. 2 Satz 1 seine Zuständigkeit begründet ist, an die oberste Landesbehörde abgeben, wenn dies auf Grund der Umstände der Sache angezeigt ist. Mit der Abgabe wird die oberste Landesbehörde zuständige Kartellbehörde. Vor der Abgabe benachrichtigt das Bundeskartellamt die übrigen betroffenen obersten Landesbehörden. Die Abgabe erfolgt nicht, sofern ihr eine betroffene oberste Landesbehörde innerhalb einer vom Bundeskartellamt zu setzenden Frist widerspricht.

§ 50 Vollzug des europäischen Rechts

(1) Soweit ihre Zuständigkeit nach den §§ 48 und 49 begründet ist, sind das Bundeskartellamt und die obersten Landesbehörden für die Anwendung der Artikel 81 und 82 des Vertrages zur Gründung der Europäischen Gemeinschaft zuständige Wettbewerbsbehörden im Sinne des Artikels 35 Abs. 1 der Verordnung (EG) Nr. 1/2003.

(2) Wenden die obersten Landesbehörden die Artikel 81 und 82 des Vertrages zur Gründung der Europäischen Gemeinschaft an, erfolgt der Geschäftsverkehr mit der Kommission der Europäischen Gemeinschaft oder den Wettbewerbsbehörden der anderen Mitgliedstaaten der Europäischen Gemeinschaft über das Bundeskartellamt. Das Bundeskartellamt kann den obersten Landesbehörden Hinweise zur Durchführung des Geschäftsverkehrs geben. Das Bundeskartellamt nimmt auch in diesen Fällen die Vertretung im Beratenden Ausschuss für Kartell- und Monopolfragen nach Artikel 14 Abs. 2 Satz 1 und Abs. 7 der Verordnung (EG) Nr. 1/2003 wahr.

(3) Für die Mitwirkung an Verfahren der Kommission der Europäischen Gemeinschaft oder der Wettbewerbsbehörden der anderen Mitgliedstaaten der Europäischen Gemeinschaft zur Anwendung der Artikel 81 und 82 des Vertrages zur Gründung der Europäischen Gemeinschaft ist ausschließlich das Bundeskartellamt zuständige Wettbewerbsbehörde. Es gelten die bei der Anwendung dieses Gesetzes maßgeblichen Verfahrensvorschriften.

(4) Das Bundeskartellamt kann den Bediensteten der Wettbewerbsbehörde eines Mitgliedstaats der Europäischen Gemeinschaft und anderen von dieser ermächtigten Begleitpersonen gestatten, bei Durchsuchungen nach Artikel 22 Abs. 1 der Verordnung (EG) Nr. 1/2003 dessen Bedienstete zu begleiten.

(5) In anderen als in den Absätzen 1 bis 4 bezeichneten Fällen nimmt das Bundeskartellamt die Aufgaben wahr, die den Behörden der Mitgliedstaaten der Europäischen Gemeinschaft in den Artikeln 84 und 85 des Vertrages zur Gründung der Europäischen Gemeinschaft sowie in Verordnungen nach Artikel 83 des Vertrages zur Gründung der Europäischen Gemeinschaft, auch in Verbindung mit anderen Ermächtigungsgrundlagen des Vertrages zur Gründung der Europäischen Gemeinschaft, übertragen sind. Absatz 3 Satz 2 gilt entsprechend.

§ 50a Zusammenarbeit im Netzwerk der europäischen Wettbewerbsbehörden

(1) Die Kartellbehörde ist gemäß Artikel 12 Abs. 1 der Verordnung (EG) Nr. 1/2003 befugt, zum Zweck der Anwendung der Artikel 81 und 82 des Vertrages zur Gründung der Europäischen Gemeinschaft der Kommission der Europäischen Gemeinschaft und den Wettbe-

werbsbehörden der anderen Mitgliedstaaten der Europäischen Gemeinschaft tatsächliche und rechtliche Umstände einschließlich vertraulicher Angaben, insbesondere Betriebs- und Geschäftsgeheimnisse, mitzuteilen, entsprechende Dokumente und Daten zu übermitteln, diese Wettbewerbsbehörden um die Übermittlung solcher Informationen zu ersuchen, diese zu empfangen und als Beweismittel zu verwenden. § 50 Abs. 2 gilt entsprechend.

(2) Die Kartellbehörde darf die empfangenen Informationen nur zum Zweck der Anwendung von Artikel 81 oder 82 des Vertrages zur Gründung der Europäischen Gemeinschaft sowie in Bezug auf den Untersuchungsgegenstand als Beweismittel verwenden, für den sie von der übermittelnden Behörde erhoben wurden. Werden Vorschriften dieses Gesetzes jedoch nach Maßgabe des Artikels 12 Abs. 2 Satz 2 der Verordnung (EG) Nr. 1/2003 angewandt, so können nach Absatz 1 ausgetauschte Informationen auch für die Anwendung dieses Gesetzes verwendet werden.

(3) Informationen, die die Kartellbehörde nach Absatz 1 erhalten hat, können zum Zweck der Verhängung von Sanktionen gegen natürliche Personen nur als Beweismittel verwendet werden, wenn das Recht der übermittelnden Behörde ähnlich geartete Sanktionen in Bezug auf Verstöße gegen Artikel 81 oder 82 des Vertrages zur Gründung der Europäischen Gemeinschaft vorsieht. Falls die Voraussetzungen des Satzes 1 nicht erfüllt sind, ist eine Verwendung als Beweismittel auch dann möglich, wenn die Informationen in einer Weise erhoben worden sind, die hinsichtlich der Wahrung der Verteidigungsrechte natürlicher Personen das gleiche Schutzniveau wie nach dem für die Kartellbehörde geltenden Recht gewährleistet. Das Beweisverwertungsverbot nach Satz 1 steht einer Verwendung der Beweise gegen juristische Personen oder Personenvereinigungen nicht entgegen. Die Beachtung verfassungsrechtlich begründeter Verwertungsverbote bleibt unberührt.

§ 50b Sonstige Zusammenarbeit mit ausländischen Wettbewerbsbehörden

(1) Das Bundeskartellamt hat die in § 50a Abs. 1 genannten Befugnisse auch in anderen Fällen, in denen es zum Zweck der Anwendung kartellrechtlicher Vorschriften mit der Kommission der Europäischen Gemeinschaft oder den Wettbewerbsbehörden anderer Staaten zusammenarbeitet.

(2) Das Bundeskartellamt darf Informationen nach § 50a Abs. 1 nur unter dem Vorbehalt übermitteln, dass die empfangende Wettbewerbsbehörde

1. die Informationen nur zum Zweck der Anwendung kartellrechtlicher Vorschriften sowie in Bezug auf den Untersuchungsgegenstand als Beweismittel verwendet, für den sie das Bundeskartellamt erhoben hat, und

2. den Schutz vertraulicher Informationen wahrt und diese nur an Dritte übermittelt, wenn das Bundeskartellamt der Übermittlung zustimmt; das gilt auch für die Offenlegung von vertraulichen Informationen in Gerichts- oder Verwaltungsverfahren.

Vertrauliche Angaben, einschließlich Betriebs- und Geschäftsgeheimnisse, aus Verfahren der Zusammenschlusskontrolle dürfen durch das Bundeskartellamt nur mit Zustimmung des Unternehmens übermittelt werden, das diese Angaben vorgelegt hat.

(3) Die Regelungen über die Rechtshilfe in Strafsachen sowie Amts- und Rechtshilfeabkommen bleiben unberührt.

§ 50c Behördenzusammenarbeit

(1) Die Kartellbehörden, Regulierungsbehörden sowie die zuständigen Behörden im Sinne des § 2 des EG-Verbraucherschutzdurchsetzungsgesetzes können unabhängig von der jeweils gewählten Verfahrensart untereinander Informationen einschließlich personenbezogener Daten und Betriebs- und Geschäftsgeheimnisse austauschen, soweit dies zur Erfüllung ihrer jeweiligen Aufgaben erforderlich ist, sowie diese in ihren Verfahren verwerten.

GWB: Gesetz gegen Wettbewerbsbeschränkungen §§ 51–53

Beweisverwertungsverbote bleiben unberührt.

(2) Die Kartellbehörden arbeiten im Rahmen der Erfüllung ihrer Aufgaben mit der Bundesanstalt für Finanzdienstleistungsaufsicht, der Deutschen Bundesbank und den Landesmedienanstalten zusammen. Die Kartellbehörden können mit den in Satz 1 genannten Behörden auf Anfrage gegenseitig Erkenntnisse austauschen, soweit dies für die Erfüllung ihrer jeweiligen Aufgaben erforderlich ist. Dies gilt nicht

1. für vertrauliche Informationen, insbesondere Betriebs- und Geschäftsgeheimnisse sowie

2. für Informationen, die nach § 50a oder nach Artikel 12 der Verordnung (EG) Nr. 1/ 2003 erlangt worden sind.

Satz 2 und 3 Nr. 1 lassen die Regelungen des Wertpapiererwerbs- und Übernahmegesetzes sowie des Gesetzes über den Wertpapierhandel über die Zusammenarbeit mit anderen Behörden unberührt.

(3) Das Bundeskartellamt kann Angaben der an einem Zusammenschluss beteiligten Unternehmen, die ihm nach § 39 Abs. 3 gemacht worden sind, an andere Behörden übermitteln, soweit dies zur Verfolgung der in § 7 Abs. 1 Nr. 1 und Abs. 2 Nr. 6 des Außenwirtschaftsgesetzes genannten Zwecke erforderlich ist. Bei Zusammenschlüssen mit gemeinschaftsweiter Bedeutung im Sinne des Artikels 1 Abs. 1 der Verordnung (EG) Nr. 139/ 2004 des Rates vom 20. Januar 2004 über die Kontrolle von Unternehmenszusammenschlüssen in ihrer jeweils geltenden Fassung steht dem Bundeskartellamt die Befugnis nach Satz 1 nur hinsichtlich solcher Angaben zu, welche von der Europäischen Kommission nach Artikel 4 Abs. 3 dieser Verordnung veröffentlicht worden sind.

Zweiter Abschnitt
Bundeskartellamt

§ 51 Sitz, Organisation

(1) Das Bundeskartellamt ist eine selbständige Bundesoberbehörde mit dem Sitz in Bonn. Es gehört zum Geschäftsbereich des Bundesministeriums für Wirtschaft und Technologie.

(2) Die Entscheidungen des Bundeskartellamts werden von den Beschlussabteilungen getroffen, die nach Bestimmung des Bundesministeriums für Wirtschaft und Technologie gebildet werden. Im Übrigen regelt der Präsident die Verteilung und den Gang der Geschäfte des Bundeskartellamts durch eine Geschäftsordnung; sie bedarf der Bestätigung durch das Bundesministerium für Wirtschaft und Technologie.

(3) Die Beschlussabteilungen entscheiden in der Besetzung mit einem oder einer Vorsitzenden und zwei Beisitzenden.

(4) Vorsitzende und Beisitzende der Beschlussabteilungen müssen Beamte auf Lebenszeit sein und die Befähigung zum Richteramt oder zum höheren Verwaltungsdienst haben.

(5) Die Mitglieder des Bundeskartellamts dürfen weder ein Unternehmen innehaben oder leiten noch dürfen sie Mitglied des Vorstandes oder des Aufsichtsrates eines Unternehmens, eines Kartells oder einer Wirtschafts- oder Berufsvereinigung sein.

§ 52 Veröffentlichung allgemeiner Weisungen

Soweit das Bundesministerium für Wirtschaft und Technologie dem Bundeskartellamt allgemeine Weisungen für den Erlass oder die Unterlassung von Verfügungen nach diesem Gesetz erteilt, sind diese Weisungen im Bundesanzeiger zu veröffentlichen.

§ 53 Tätigkeitsbericht

(1) Das Bundeskartellamt veröffentlicht alle zwei Jahre einen Bericht über seine Tätigkeit sowie über die Lage und Entwicklung auf seinem Aufgabengebiet. In den Bericht sind die allgemeinen Weisungen des Bundesministeriums für Wirtschaft und Technologie nach § 52 aufzunehmen. Es veröffentlicht ferner fortlaufend seine Verwaltungsgrundsätze.

(2) Die Bundesregierung leitet den Bericht des Bundeskartellamts dem Bundestag unverzüglich mit ihrer Stellungnahme zu.

(3) Das Bundeskartellamt erstellt einen Bericht über seine Monitoringtätigkeit nach § 48 Absatz 3 im Einvernehmen mit der Bundesnetzagentur, soweit Aspekte der Regulierung der Leitungsnetze betroffen sind, und leitet ihn der Bundesnetzagentur zu.

Dritter Teil
Verfahren und Rechtsschutz bei überlangen Gerichtsverfahren

Erster Abschnitt
Verwaltungssachen

I. Verfahren vor den Kartellbehörden

§ 54 Einleitung des Verfahrens, Beteiligte

(1) Die Kartellbehörde leitet ein Verfahren von Amts wegen oder auf Antrag ein. Die Kartellbehörde kann auf entsprechendes Ersuchen zum Schutz eines Beschwerdeführers ein Verfahren von Amts wegen einleiten.

(2) An dem Verfahren vor der Kartellbehörde sind beteiligt,

1. wer die Einleitung eines Verfahrens beantragt hat;

2. Kartelle, Unternehmen, Wirtschafts- oder Berufsvereinigungen, gegen die sich das Verfahren richtet;

3. Personen und Personenvereinigungen, deren Interessen durch die Entscheidung erheblich berührt werden und die die Kartellbehörde auf ihren Antrag zu dem Verfahren beigeladen hat; Interessen der Verbraucherzentralen und anderer Verbraucherverbände, die mit öffentlichen Mitteln gefördert werden, werden auch dann erheblich berührt, wenn sich die Entscheidung auf eine Vielzahl von Verbrauchern auswirkt und dadurch die Interessen der Verbraucher insgesamt erheblich berührt werden;

4. in den Fällen des § 37 Abs. 1 Nr. 1 oder 3 auch der Veräußerer.

(3) An Verfahren vor obersten Landesbehörden ist auch das Bundeskartellamt beteiligt.

§ 55 Vorabentscheidung über Zuständigkeit

(1) Macht ein Beteiligter die örtliche oder sachliche Unzuständigkeit der Kartellbehörde geltend, so kann die Kartellbehörde über die Zuständigkeit vorab entscheiden. Die Verfügung kann selbständig mit der Beschwerde angefochten werden; die Beschwerde hat aufschiebende Wirkung.

(2) Hat ein Beteiligter die örtliche oder sachliche Unzuständigkeit der Kartellbehörde nicht geltend gemacht, so kann eine Beschwerde nicht darauf gestützt werden, dass die Kartellbehörde ihre Zuständigkeit zu Unrecht angenommen hat.

§ 56 Anhörung, mündliche Verhandlung

(1) Die Kartellbehörde hat den Beteiligten Gelegenheit zur Stellungnahme zu geben.

(2) Vertretern der von dem Verfahren berührten Wirtschaftskreise kann die Kartellbehörde in geeigneten Fällen Gelegenheit zur Stellungnahme geben.

(3) Auf Antrag eines Beteiligten oder von Amts wegen kann die Kartellbehörde eine öffentliche mündliche Verhandlung durchführen. Für die Verhandlung oder für einen Teil davon ist die Öffentlichkeit auszuschließen, wenn sie eine Gefährdung der öffentlichen Ordnung, insbesondere der Staatssicherheit, oder die Gefährdung eines wichtigen Geschäfts- oder Betriebsgeheimnisses besorgen lässt. In den Fällen des § 42 hat das Bundesministerium für Wirtschaft und Technologie eine öffentliche mündliche Verhandlung durchzuführen; mit Einverständnis der Beteiligten kann ohne mündliche Verhandlung entschieden werden.

(4) Die §§ 45 und 46 des Verwaltungsverfahrensgesetzes sind anzuwenden.

§ 57 Ermittlungen, Beweiserhebung

(1) Die Kartellbehörde kann alle Ermittlungen führen und alle Beweise erheben, die erforderlich sind.

(2) Für den Beweis durch Augenschein, Zeugen und Sachverständige sind § 372 Abs. 1, §§ 376, 377, 378, 380 bis 387, 390, 395 bis 397, 398 Abs. 1, §§ 401, 402, 404, 404a, 406 bis 409, 411 bis 414 der Zivilprozessordnung sinngemäß

anzuwenden; Haft darf nicht verhängt werden. Für die Entscheidung über die Beschwerde ist das Oberlandesgericht zuständig.

(3) Über die Zeugenaussage soll eine Niederschrift aufgenommen werden, die von dem ermittelnden Mitglied der Kartellbehörde und, wenn ein Urkundsbeamter zugezogen ist, auch von diesem zu unterschreiben ist. Die Niederschrift soll Ort und Tag der Verhandlung sowie die Namen der Mitwirkenden und Beteiligten ersehen lassen.

(4) Die Niederschrift ist dem Zeugen zur Genehmigung vorzulesen oder zur eigenen Durchsicht vorzulegen. Die erteilte Genehmigung ist zu vermerken und von dem Zeugen zu unterschreiben. Unterbleibt die Unterschrift, so ist der Grund hierfür anzugeben.

(5) Bei der Vernehmung von Sachverständigen sind die Bestimmungen der Absätze 3 und 4 entsprechend anzuwenden.

(6) Die Kartellbehörde kann das Amtsgericht um die Beeidigung von Zeugen ersuchen, wenn sie die Beeidigung zur Herbeiführung einer wahrheitsgemäßen Aussage für notwendig erachtet. Über die Beeidigung entscheidet das Gericht.

§ 58 Beschlagnahme

(1) Die Kartellbehörde kann Gegenstände, die als Beweismittel für die Ermittlung von Bedeutung sein können, beschlagnahmen. Die Beschlagnahme ist dem davon Betroffenen unverzüglich bekannt zu machen.

(2) Die Kartellbehörde hat binnen drei Tagen die richterliche Bestätigung des Amtsgerichts, in dessen Bezirk die Beschlagnahme vorgenommen ist, nachzusuchen, wenn bei der Beschlagnahme weder der davon Betroffene noch ein erwachsener Angehöriger anwesend war oder wenn der Betroffene und im Falle seiner Abwesenheit ein erwachsener Angehöriger des Betroffenen gegen die Beschlagnahme ausdrücklich Widerspruch erhoben hat.

(3) Der Betroffene kann gegen die Beschlagnahme jederzeit die richterliche Entscheidung nachsuchen. Hierüber ist er zu belehren. Über den Antrag entscheidet das nach Absatz 2 zuständige Gericht.

(4) Gegen die richterliche Entscheidung ist die Beschwerde zulässig. Die §§ 306 bis 310 und 311a der Strafprozessordnung gelten entsprechend.

§ 59 Auskunftsverlangen

(1) Soweit es zur Erfüllung der in diesem Gesetz der Kartellbehörde übertragenen Aufgaben erforderlich ist, kann die Kartellbehörde bis zum Eintritt der Bestandskraft ihrer Entscheidung

1. von Unternehmen und Vereinigungen von Unternehmen Auskunft über ihre wirtschaftlichen Verhältnisse sowie die Herausgabe von Unterlagen verlangen; dies umfasst auch allgemeine Marktstudien, die der Einschätzung oder Analyse der Wettbewerbsbedingungen oder der Marktlage dienen und sich im Besitz des Unternehmens oder der Unternehmensvereinigung befinden;

2. von Unternehmen und Vereinigungen von Unternehmen Auskunft über die wirtschaftlichen Verhältnisse von mit ihnen nach § 36 Abs. 2 verbundenen Unternehmen sowie die Herausgabe von Unterlagen dieser Unternehmen verlangen, soweit sie die Informationen zur Verfügung haben oder soweit sie auf Grund bestehender rechtlicher Verbindungen zur Beschaffung der verlangten Informationen über die verbundenen Unternehmen in der Lage sind;

3. bei Unternehmen und Vereinigungen von Unternehmen innerhalb der üblichen Geschäftszeiten die geschäftlichen Unterlagen einsehen und prüfen.

Gegenüber Wirtschafts- und Berufsvereinigungen gilt Satz 1 Nr. 1 und 3 entsprechend hinsichtlich ihrer Tätigkeit, Satzung, Beschlüsse sowie Anzahl und Namen der Mitglieder, für die die Beschlüsse bestimmt sind.

(2) Die Inhaber der Unternehmen und ihre Vertretung, bei juristischen Personen, Gesellschaften und nicht rechtsfähigen Vereinen die nach Gesetz oder Satzung zur Vertretung berufenen Personen sind verpflichtet, die verlangten Unterlagen herauszugeben, die verlangten Auskünfte zu erteilen, die geschäftlichen Unterla-

gen zur Einsichtnahme und Prüfung vorzulegen und die Prüfung dieser geschäftlichen Unterlagen sowie das Betreten von Geschäftsräumen und -grundstücken zu dulden.

(3) Personen, die von der Kartellbehörde mit der Vornahme von Prüfungen beauftragt werden, dürfen die Räume der Unternehmen und Vereinigungen von Unternehmen betreten. Das Grundrecht des Artikels 13 des Grundgesetzes wird insoweit eingeschränkt.

(4) Durchsuchungen können nur auf Anordnung des Amtsrichters, in dessen Bezirk die Durchsuchung erfolgen soll, vorgenommen werden. Durchsuchungen sind zulässig, wenn zu vermuten ist, dass sich in den betreffenden Räumen Unterlagen befinden, die die Kartellbehörde nach Absatz 1 einsehen, prüfen oder herausverlangen darf. Das Grundrecht der Unverletzlichkeit der Wohnung (Artikel 13 Abs. 1 des Grundgesetzes) wird insoweit eingeschränkt. Auf die Anfechtung dieser Anordnung finden die §§ 306 bis 310 und 311a der Strafprozessordnung entsprechende Anwendung. Bei Gefahr im Verzuge können die in Absatz 3 bezeichneten Personen während der Geschäftszeit die erforderlichen Durchsuchungen ohne richterliche Anordnung vornehmen. An Ort und Stelle ist eine Niederschrift über die Durchsuchung und ihr wesentliches Ergebnis aufzunehmen, aus der sich, falls keine richterliche Anordnung ergangen ist, auch die Tatsachen ergeben, die zur Annahme einer Gefahr im Verzuge geführt haben.

(5) Zur Auskunft Verpflichtete können die Auskunft auf solche Fragen verweigern, deren Beantwortung sie selbst oder Angehörige, die in § 383 Abs. 1 Nr. 1 bis 3 der Zivilprozessordnung bezeichnet sind, der Gefahr strafgerichtlicher Verfolgung oder eines Verfahrens nach dem Gesetz über Ordnungswidrigkeiten aussetzen würde.

(6) Das Bundesministerium für Wirtschaft und Technologie oder die oberste Landesbehörde fordern die Auskunft durch schriftliche Einzelverfügung, das Bundeskartellamt fordert sie durch Beschluss an. Darin sind die Rechtsgrundlage, der Gegenstand und der Zweck des Auskunftsverlangens anzugeben und eine

angemessene Frist zur Erteilung der Auskunft zu bestimmen.

(7) Das Bundesministerium für Wirtschaft und Technologie oder die oberste Landesbehörde ordnen die Prüfung durch schriftliche Einzelverfügung, das Bundeskartellamt ordnet sie durch Beschluss mit Zustimmung des Präsidenten an. In der Anordnung sind Zeitpunkt, Rechtsgrundlage, Gegenstand und Zweck der Prüfung anzugeben.

§ 60 Einstweilige Anordnungen

Die Kartellbehörde kann bis zur endgültigen Entscheidung über

1. eine Verfügung nach § 40 Abs. 2, § 41 Abs. 3 oder einen Widerruf oder eine Änderung einer Freigabe nach § 40 Abs. 3a,

2. eine Erlaubnis nach § 42 Abs. 1, ihren Widerruf oder ihre Änderung nach § 42 Abs. 2 Satz 2,

3. eine Verfügung nach § 26 Abs. 4, § 30 Abs. 3 oder § 34 Abs. 1

einstweilige Anordnungen zur Regelung eines einstweiligen Zustandes treffen.

§ 61 Verfahrensabschluss, Begründung der Verfügung, Zustellung

(1) Verfügungen der Kartellbehörde sind zu begründen und mit einer Belehrung über das zulässige Rechtsmittel den Beteiligten nach den Vorschriften des Verwaltungszustellungsgesetzes zuzustellen. § 5 Abs. 4 des Verwaltungszustellungsgesetzes und § 178 Abs. 1 Nr. 2 der Zivilprozessordnung sind auf Unternehmen und Vereinigungen von Unternehmen sowie auf Auftraggeber im Sinne von § 98 entsprechend anzuwenden. Verfügungen, die gegenüber einem Unternehmen mit Sitz außerhalb des Geltungsbereichs dieses Gesetzes ergehen, stellt die Kartellbehörde der Person zu, die das Unternehmen dem Bundeskartellamt als zustellungsbevollmächtigt benannt hat. Hat das Unternehmen keine zustellungsbevollmächtigte Person benannt, so stellt die Kartellbehörde die Verfügungen durch Bekanntmachung im Bundesanzeiger zu.

(2) Soweit ein Verfahren nicht mit einer Verfügung abgeschlossen wird, die den Beteiligten nach Absatz 1 zugestellt wird, ist seine

Beendigung den Beteiligten schriftlich mitzuteilen.

§62 Bekanntmachung von Verfügungen

Verfügungen der Kartellbehörde nach § 30 Abs. 3, §§ 32 bis 32b und 32d sind im Bundesanzeiger bekannt zu machen. Entscheidungen nach § 32c können von der Kartellbehörde bekannt gemacht werden.

II. Beschwerde

§63 Zulässigkeit, Zuständigkeit

(1) Gegen Verfügungen der Kartellbehörde ist die Beschwerde zulässig. Sie kann auch auf neue Tatsachen und Beweismittel gestützt werden.

(2) Die Beschwerde steht den am Verfahren vor der Kartellbehörde Beteiligten (§ 54 Abs. 2 und 3) zu.

(3) Die Beschwerde ist auch gegen die Unterlassung einer beantragten Verfügung der Kartellbehörde zulässig, auf deren Vornahme der Antragsteller ein Recht zu haben behauptet. Als Unterlassung gilt es auch, wenn die Kartellbehörde den Antrag auf Vornahme der Verfügung ohne zureichenden Grund in angemessener Frist nicht beschieden hat. Die Unterlassung ist dann einer Ablehnung gleichzuachten.

(4) Über die Beschwerde entscheidet ausschließlich das für den Sitz der Kartellbehörde zuständige Oberlandesgericht, in den Fällen der §§ 35 bis 42 ausschließlich das für den Sitz des Bundeskartellamts zuständige Oberlandesgericht, und zwar auch dann, wenn sich die Beschwerde gegen eine Verfügung des Bundesministeriums für Wirtschaft und Technologie richtet. § 36 der Zivilprozessordnung gilt entsprechend.

§64 Aufschiebende Wirkung

(1) Die Beschwerde hat aufschiebende Wirkung, soweit durch die angefochtene Verfügung

1. (weggefallen)

2. eine Verfügung nach § 26 Abs. 4, § 30 Abs. 3 oder § 34 Abs. 1 getroffen oder

3. eine Erlaubnis nach § 42 Abs. 2 Satz 2 widerrufen oder geändert wird.

(2) Wird eine Verfügung, durch die eine einstweilige Anordnung nach § 60 getroffen wurde, angefochten, so kann das Beschwerdegericht anordnen, dass die angefochtene Verfügung ganz oder teilweise erst nach Abschluss des Beschwerdeverfahrens oder nach Leistung einer Sicherheit in Kraft tritt. Die Anordnung kann jederzeit aufgehoben oder geändert werden.

(3) § 60 gilt entsprechend für das Verfahren vor dem Beschwerdegericht. Dies gilt nicht für die Fälle des § 65.

§65 Anordnung der sofortigen Vollziehung

(1) Die Kartellbehörde kann in den Fällen des § 64 Abs. 1 die sofortige Vollziehung der Verfügung anordnen, wenn dies im öffentlichen Interesse oder im überwiegenden Interesse eines Beteiligten geboten ist.

(2) Die Anordnung nach Absatz 1 kann bereits vor der Einreichung der Beschwerde getroffen werden.

(3) Auf Antrag kann das Beschwerdegericht die aufschiebende Wirkung ganz oder teilweise wiederherstellen, wenn

1. die Voraussetzungen für die Anordnung nach Absatz 1 nicht vorgelegen haben oder nicht mehr vorliegen oder

2. ernstliche Zweifel an der Rechtmäßigkeit der angefochtenen Verfügung bestehen oder

3. die Vollziehung für den Betroffenen eine unbillige, nicht durch überwiegende öffentliche Interessen gebotene Härte zur Folge hätte.

In den Fällen, in denen die Beschwerde keine aufschiebende Wirkung hat, kann die Kartellbehörde die Vollziehung aussetzen; die Aussetzung soll erfolgen, wenn die Voraussetzungen des Satzes 1 Nr. 3 vorliegen. Das Beschwerdegericht kann auf Antrag die aufschiebende Wirkung ganz oder teilweise anordnen, wenn die Voraussetzungen des Satzes 1 Nr. 2 oder 3 vorliegen. Hat ein Dritter Beschwerde gegen eine Verfügung nach § 40

Abs. 2 eingelegt, ist der Antrag des Dritten auf Erlass einer Anordnung nach Satz 3 nur zulässig, wenn dieser geltend macht, durch die Verfügung in seinen Rechten verletzt zu sein.

(4) Der Antrag nach Absatz 3 Satz 1 oder 3 ist schon vor Einreichung der Beschwerde zulässig. Die Tatsachen, auf die der Antrag gestützt wird, sind vom Antragsteller glaubhaft zu machen. Ist die Verfügung im Zeitpunkt der Entscheidung schon vollzogen, kann das Gericht auch die Aufhebung der Vollziehung anordnen. Die Wiederherstellung und die Anordnung der aufschiebenden Wirkung können von der Leistung einer Sicherheit oder von anderen Auflagen abhängig gemacht werden. Sie können auch befristet werden.

(5) Beschlüsse über Anträge nach Absatz 3 können jederzeit geändert oder aufgehoben werden.

§ 66 Frist und Form

(1) Die Beschwerde ist binnen einer Frist von einem Monat bei der Kartellbehörde, deren Verfügung angefochten wird, schriftlich einzureichen. Die Frist beginnt mit der Zustellung der Verfügung der Kartellbehörde. Wird in den Fällen des § 36 Abs. 1 Antrag auf Erteilung einer Erlaubnis nach § 42 gestellt, so beginnt die Frist für die Beschwerde gegen die Verfügung des Bundeskartellamts mit der Zustellung der Verfügung des Bundesministeriums für Wirtschaft und Technologie. Es genügt, wenn die Beschwerde innerhalb der Frist bei dem Beschwerdegericht eingeht.

(2) Ergeht auf einen Antrag keine Verfügung (§ 63 Abs. 3 Satz 2), so ist die Beschwerde an keine Frist gebunden.

(3) Die Beschwerde ist innerhalb von zwei Monaten nach Zustellung der angefochtenen Verfügung zu begründen. Im Fall des Absatzes 1 Satz 3 beginnt die Frist mit der Zustellung der Verfügung des Bundesministeriums für Wirtschaft und Technologie. Wird diese Verfügung angefochten, beginnt die Frist zu dem Zeitpunkt, zu dem die Untersagung unanfechtbar wird. Im Fall des Absatzes 2 beträgt die Frist einen Monat; sie beginnt mit der Einlegung der Beschwerde. Die Frist kann auf

Antrag von dem oder der Vorsitzenden des Beschwerdegerichts verlängert werden.

(4) Die Beschwerdebegründung muss enthalten

1. die Erklärung, inwieweit die Verfügung angefochten und ihre Abänderung oder Aufhebung beantragt wird,

2. die Angabe der Tatsachen und Beweismittel, auf die sich die Beschwerde stützt.

(5) Die Beschwerdeschrift und die Beschwerdebegründung müssen durch einen Rechtsanwalt unterzeichnet sein; dies gilt nicht für Beschwerden der Kartellbehörden.

§ 67 Beteiligte am Beschwerdeverfahren

(1) An dem Verfahren vor dem Beschwerdegericht sind beteiligt

1. der Beschwerdeführer,

2. die Kartellbehörde, deren Verfügung angefochten wird,

3. Personen und Personenvereinigungen, deren Interessen durch die Entscheidung erheblich berührt werden und die die Kartellbehörde auf ihren Antrag zu dem Verfahren beigeladen hat.

(2) Richtet sich die Beschwerde gegen eine Verfügung einer obersten Landesbehörde, ist auch das Bundeskartellamt an dem Verfahren beteiligt.

§ 68 Anwaltszwang

Vor dem Beschwerdegericht müssen die Beteiligten sich durch einen Rechtsanwalt als Bevollmächtigten vertreten lassen. Die Kartellbehörde kann sich durch ein Mitglied der Behörde vertreten lassen.

§ 69 Mündliche Verhandlung

(1) Das Beschwerdegericht entscheidet über die Beschwerde auf Grund mündlicher Verhandlung; mit Einverständnis der Beteiligten kann ohne mündliche Verhandlung entschieden werden.

(2) Sind die Beteiligten in dem Verhandlungstermin trotz rechtzeitiger Benachrichtigung nicht erschienen oder gehörig vertreten, so kann gleichwohl in der Sache verhandelt und entschieden werden.

IV

§ 70 Untersuchungsgrundsatz

(1) Das Beschwerdegericht erforscht den Sachverhalt von Amts wegen.

(2) Der oder die Vorsitzende hat darauf hinzuwirken, dass Formfehler beseitigt, unklare Anträge erläutert, sachdienliche Anträge gestellt, ungenügende tatsächliche Angaben ergänzt, ferner alle für die Feststellung und Beurteilung des Sachverhalts wesentlichen Erklärungen abgegeben werden.

(3) Das Beschwerdegericht kann den Beteiligten aufgeben, sich innerhalb einer zu bestimmenden Frist über aufklärungsbedürftige Punkte zu äußern, Beweismittel zu bezeichnen und in ihren Händen befindliche Urkunden sowie andere Beweismittel vorzulegen. Bei Versäumung der Frist kann nach Lage der Sache ohne Berücksichtigung der nicht beigebrachten Beweismittel entschieden werden.

(4) Wird die Anforderung nach § 59 Abs. 6 oder die Anordnung nach § 59 Abs. 7 mit der Beschwerde angefochten, hat die Kartellbehörde die tatsächlichen Anhaltspunkte glaubhaft zu machen. § 294 Abs. 1 der Zivilprozessordnung findet Anwendung. Eine Glaubhaftmachung ist nicht erforderlich, soweit § 20 voraussetzt, dass kleine oder mittlere Unternehmen von Unternehmen in der Weise abhängig sind, dass ausreichende und zumutbare Ausweichmöglichkeiten nicht bestehen.

§ 71 Beschwerdeentscheidung

(1) Das Beschwerdegericht entscheidet durch Beschluss nach seiner freien, aus dem Gesamtergebnis des Verfahrens gewonnenen Überzeugung. Der Beschluss darf nur auf Tatsachen und Beweismittel gestützt werden, zu denen die Beteiligten sich äußern konnten. Das Beschwerdegericht kann hiervon abweichen, soweit Beigeladenen aus wichtigen Gründen, insbesondere zur Wahrung von Betriebs- oder Geschäftsgeheimnissen, Akteneinsicht nicht gewährt und der Akteninhalt aus diesen Gründen auch nicht vorgetragen worden ist. Dies gilt nicht für solche Beigeladene, die an dem streitigen Rechtsverhältnis derart beteiligt sind, dass die Entscheidung auch ihnen gegenüber nur einheitlich ergehen kann.

(2) Hält das Beschwerdegericht die Verfügung der Kartellbehörde für unzulässig oder unbegründet, so hebt es sie auf. Hat sich die Verfügung vorher durch Zurücknahme oder auf andere Weise erledigt, so spricht das Beschwerdegericht auf Antrag aus, dass die Verfügung der Kartellbehörde unzulässig oder unbegründet gewesen ist, wenn der Beschwerdeführer ein berechtigtes Interesse an dieser Feststellung hat.

(3) Hat sich eine Verfügung nach den §§ 32 bis 32b oder § 32d wegen nachträglicher Änderung der tatsächlichen Verhältnisse oder auf andere Weise erledigt, so spricht das Beschwerdegericht auf Antrag aus, ob, in welchem Umfang und bis zu welchem Zeitpunkt die Verfügung begründet gewesen ist.

(4) Hält das Beschwerdegericht die Ablehnung oder Unterlassung der Verfügung für unzulässig oder unbegründet, so spricht es die Verpflichtung der Kartellbehörde aus, die beantragte Verfügung vorzunehmen.

(5) Die Verfügung ist auch dann unzulässig oder unbegründet, wenn die Kartellbehörde von ihrem Ermessen fehlsamen Gebrauch gemacht hat, insbesondere wenn sie die gesetzlichen Grenzen des Ermessens überschritten oder durch die Ermessensentscheidung Sinn und Zweck dieses Gesetzes verletzt hat. Die Würdigung der gesamtwirtschaftlichen Lage und Entwicklung ist hierbei der Nachprüfung des Gerichts entzogen.

(6) Der Beschluss ist zu begründen und mit einer Rechtsmittelbelehrung den Beteiligten zuzustellen.

§ 71a Abhilfe bei Verletzung des Anspruchs auf rechtliches Gehör

(1) Auf die Rüge eines durch eine gerichtliche Entscheidung beschwerten Beteiligten ist das Verfahren fortzuführen, wenn

1. ein Rechtsmittel oder ein anderer Rechtsbehelf gegen die Entscheidung nicht gegeben ist und

2. das Gericht den Anspruch dieses Beteiligten auf rechtliches Gehör in entscheidungserheblicher Weise verletzt hat.

Gegen eine der Entscheidung vorausgehende Entscheidung findet die Rüge nicht statt.

(2) Die Rüge ist innerhalb von zwei Wochen nach Kenntnis von der Verletzung des rechtlichen Gehörs zu erheben; der Zeitpunkt der Kenntniserlangung ist glaubhaft zu machen. Nach Ablauf eines Jahres seit Bekanntgabe der angegriffenen Entscheidung kann die Rüge nicht mehr erhoben werden. Formlos mitgeteilte Entscheidungen gelten mit dem dritten Tage nach Aufgabe zur Post als bekannt gegeben. Die Rüge ist schriftlich oder zur Niederschrift des Urkundsbeamten der Geschäftsstelle bei dem Gericht zu erheben, dessen Entscheidung angegriffen wird. Die Rüge muss die angegriffene Entscheidung bezeichnen und das Vorliegen der in Absatz 1 Satz 1 Nr. 2 genannten Voraussetzungen darlegen.

(3) Den übrigen Beteiligten ist, soweit erforderlich, Gelegenheit zur Stellungnahme zu geben.

(4) Ist die Rüge nicht statthaft oder nicht in der gesetzlichen Form oder Frist erhoben, so ist sie als unzulässig zu verwerfen. Ist die Rüge unbegründet, weist das Gericht sie zurück. Die Entscheidung ergeht durch unanfechtbaren Beschluss. Der Beschluss soll kurz begründet werden.

(5) Ist die Rüge begründet, so hilft ihr das Gericht ab, indem es das Verfahren fortführt, soweit dies aufgrund der Rüge geboten ist. Das Verfahren wird in die Lage zurückversetzt, in der es sich vor dem Schluss der mündlichen Verhandlung befand. Im schriftlichen Verfahren tritt an die Stelle des Schlusses der mündlichen Verhandlung der Zeitpunkt, bis zu dem Schriftsätze eingereicht werden können. Für den Ausspruch des Gerichts ist § 343 der Zivilprozessordnung anzuwenden.

(6) § 149 Abs. 1 Satz 2 der Verwaltungsgerichtsordnung ist entsprechend anzuwenden.

§ 72 Akteneinsicht

(1) Die in § 67 Abs. 1 Nr. 1 und 2 und Abs. 2 bezeichneten Beteiligten können die Akten des Gerichts einsehen und sich durch die Geschäftsstelle auf ihre Kosten Ausfertigungen, Auszüge und Abschriften erteilen lassen. § 299 Abs. 3 der Zivilprozessordnung gilt entsprechend.

(2) Einsicht in Vorakten, Beiakten, Gutachten und Auskünfte ist nur mit Zustimmung der Stellen zulässig, denen die Akten gehören oder die die Äußerung eingeholt haben. Die Kartellbehörde hat die Zustimmung zur Einsicht in die ihr gehörigen Unterlagen zu versagen, soweit dies aus wichtigen Gründen, insbesondere zur Wahrung von Betriebs- oder Geschäftsgeheimnissen, geboten ist. Wird die Einsicht abgelehnt oder ist sie unzulässig, dürfen diese Unterlagen der Entscheidung nur insoweit zugrunde gelegt werden, als ihr Inhalt vorgetragen worden ist. Das Beschwerdegericht kann die Offenlegung von Tatsachen oder Beweismitteln, deren Geheimhaltung aus wichtigen Gründen, insbesondere zur Wahrung von Betriebs- oder Geschäftsgeheimnissen, verlangt wird, nach Anhörung des von der Offenlegung Betroffenen durch Beschluss anordnen, soweit es für die Entscheidung auf diese Tatsachen oder Beweismittel ankommt, andere Möglichkeiten der Sachaufklärung nicht bestehen und nach Abwägung aller Umstände des Einzelfalles die Bedeutung der Sache für die Sicherung des Wettbewerbs das Interesse des Betroffenen an der Geheimhaltung überwiegt. Der Beschluss ist zu begründen. In dem Verfahren nach Satz 4 muss sich der Betroffene nicht anwaltlich vertreten lassen.

(3) Den in § 67 Abs. 1 Nr. 3 bezeichneten Beteiligten kann das Beschwerdegericht nach Anhörung des Verfügungsberechtigten Akteneinsicht in gleichem Umfang gewähren.

§ 73 Geltung von Vorschriften des GVG und der ZPO

Für Verfahren vor dem Beschwerdegericht gelten, soweit nichts anderes bestimmt ist, entsprechend

1. die Vorschriften der §§ 169 bis 201 des Gerichtsverfassungsgesetzes über Öffentlichkeit, Sitzungspolizei, Gerichtssprache, Beratung und Abstimmung sowie über den Rechtsschutz bei überlangen Gerichtsverfahren;

2. die Vorschriften der Zivilprozessordnung über Ausschließung und Ablehnung eines Richters, über Prozessbevollmächtigte und Beistände, über die Zustellung von Amts

wegen, über Ladungen, Termine und Fristen, über die Anordnung des persönlichen Erscheinens der Parteien, über die Verbindung mehrerer Prozesse, über die Erledigung des Zeugen- und Sachverständigenbeweises sowie über die sonstigen Arten des Beweisverfahrens, über die Wiedereinsetzung in den vorigen Stand gegen die Versäumung einer Frist.

III. Rechtsbeschwerde

§ 74 Zulassung, absolute Rechtsbeschwerdegründe

(1) Gegen Beschlüsse der Oberlandesgerichte findet die Rechtsbeschwerde an den Bundesgerichtshof statt, wenn das Oberlandesgericht die Rechtsbeschwerde zugelassen hat.

(2) Die Rechtsbeschwerde ist zuzulassen, wenn

1. eine Rechtsfrage von grundsätzlicher Bedeutung zu entscheiden ist oder

2. die Fortbildung des Rechts oder die Sicherung einer einheitlichen Rechtsprechung eine Entscheidung des Bundesgerichtshofs erfordert.

(3) Über die Zulassung oder Nichtzulassung der Rechtsbeschwerde ist in der Entscheidung des Oberlandesgerichts zu befinden. Die Nichtzulassung ist zu begründen.

(4) Einer Zulassung zur Einlegung der Rechtsbeschwerde gegen Entscheidungen des Beschwerdegerichts bedarf es nicht, wenn einer der folgenden Mängel des Verfahrens vorliegt und gerügt wird:

1. wenn das beschließende Gericht nicht vorschriftsmäßig besetzt war,

2. wenn bei der Entscheidung ein Richter mitgewirkt hat, der von der Ausübung des Richteramtes kraft Gesetzes ausgeschlossen oder wegen Besorgnis der Befangenheit mit Erfolg abgelehnt war,

3. wenn einem Beteiligten das rechtliche Gehör versagt war,

4. wenn ein Beteiligter im Verfahren nicht nach Vorschrift des Gesetzes vertreten war, sofern er nicht der Führung des Verfahrens ausdrücklich oder stillschweigend zugestimmt hat,

5. wenn die Entscheidung auf Grund einer mündlichen Verhandlung ergangen ist, bei der die Vorschriften über die Öffentlichkeit des Verfahrens verletzt worden sind, oder

6. wenn die Entscheidung nicht mit Gründen versehen ist.

§ 75 Nichtzulassungsbeschwerde

(1) Die Nichtzulassung der Rechtsbeschwerde kann selbständig durch Nichtzulassungsbeschwerde angefochten werden.

(2) Über die Nichtzulassungsbeschwerde entscheidet der Bundesgerichtshof durch Beschluss, der zu begründen ist. Der Beschluss kann ohne mündliche Verhandlung ergehen.

(3) Die Nichtzulassungsbeschwerde ist binnen einer Frist von einem Monat schriftlich bei dem Oberlandesgericht einzulegen. Die Frist beginnt mit der Zustellung der angefochtenen Entscheidung.

(4) Für die Nichtzulassungsbeschwerde gelten § 64 Abs. 1 und 2, § 66 Abs. 3, 4 Nr. 1 und Abs. 5, §§ 67, 68, 72 und 73 Nr. 2 dieses Gesetzes sowie die §§ 192 bis 201 des Gerichtsverfassungsgesetzes über die Beratung und Abstimmung sowie über den Rechtsschutz bei überlangen Gerichtsverfahren entsprechend. Für den Erlass einstweiliger Anordnungen ist das Beschwerdegericht zuständig.

(5) Wird die Rechtsbeschwerde nicht zugelassen, so wird die Entscheidung des Oberlandesgerichts mit der Zustellung des Beschlusses des Bundesgerichtshofs rechtskräftig. Wird die Rechtsbeschwerde zugelassen, so beginnt mit der Zustellung des Beschlusses des Bundesgerichtshofs der Lauf der Beschwerdefrist.

§ 76 Beschwerdeberechtigte, Form und Frist

(1) Die Rechtsbeschwerde steht der Kartellbehörde sowie den am Beschwerdeverfahren Beteiligten zu.

(2) Die Rechtsbeschwerde kann nur darauf gestützt werden, dass die Entscheidung auf einer Verletzung des Rechts beruht; die §§ 546, 547 der Zivilprozessordnung gelten entsprechend. Die Rechtsbeschwerde kann nicht darauf gestützt werden, dass die Kar-

tellbehörde unter Verletzung des § 48 ihre Zuständigkeit zu Unrecht angenommen hat.

(3) Die Rechtsbeschwerde ist binnen einer Frist von einem Monat schriftlich bei dem Oberlandesgericht einzulegen. Die Frist beginnt mit der Zustellung der angefochtenen Entscheidung.

(4) Der Bundesgerichtshof ist an die in der angefochtenen Entscheidung getroffenen tatsächlichen Feststellungen gebunden, außer wenn in Bezug auf diese Feststellungen zulässige und begründete Rechtsbeschwerdegründe vorgebracht sind.

(5) Für die Rechtsbeschwerde gelten im Übrigen § 64 Abs. 1 und 2, § 66 Abs. 3, 4 Nr. 1 und Abs. 5, §§ 67 bis 69, 71 bis 73 entsprechend. Für den Erlass einstweiliger Anordnungen ist das Beschwerdegericht zuständig.

IV. Gemeinsame Bestimmungen

§ 77 Beteiligtenfähigkeit

Fähig, am Verfahren vor der Kartellbehörde, am Beschwerdeverfahren und am Rechtsbeschwerdeverfahren beteiligt zu sein, sind außer natürlichen und juristischen Personen auch nichtrechtsfähige Personenvereinigungen.

§ 78 Kostentragung und -festsetzung

Im Beschwerdeverfahren und im Rechtsbeschwerdeverfahren kann das Gericht anordnen, dass die Kosten, die zur zweckentsprechenden Erledigung der Angelegenheit notwendig waren, von einem Beteiligten ganz oder teilweise zu erstatten sind, wenn dies der Billigkeit entspricht. Hat ein Beteiligter Kosten durch ein unbegründetes Rechtsmittel oder durch grobes Verschulden veranlasst, so sind ihm die Kosten aufzuerlegen. Im Übrigen gelten die Vorschriften der Zivilprozessordnung über das Kostenfestsetzungsverfahren und die Zwangsvollstreckung aus Kostenfestsetzungsbeschlüssen entsprechend.

§ 78a Elektronische Dokumentenübermittlung

Im Beschwerdeverfahren und im Rechtsbeschwerdeverfahren gelten § 130a Abs. 1 und 3

sowie § 133 Abs. 1 Satz 2 der Zivilprozessordnung mit der Maßgabe entsprechend, dass die Beteiligten nach § 67 am elektronischen Rechtsverkehr teilnehmen können. Die Bundesregierung und die Landesregierungen bestimmen für ihren Bereich durch Rechtsverordnung den Zeitpunkt, von dem an elektronische Dokumente bei den Gerichten eingereicht werden können, sowie die für die Bearbeitung der Dokumente geeignete Form. Die Landesregierungen können die Ermächtigung durch Rechtsverordnung auf die Landesjustizverwaltungen übertragen. Die Zulassung der elektronischen Form kann auf einzelne Gerichte oder Verfahren beschränkt werden.

§ 79 Rechtsverordnungen

Das Nähere über das Verfahren vor der Kartellbehörde bestimmt die Bundesregierung durch Rechtsverordnung, die der Zustimmung des Bundesrates bedarf.

§ 80 Gebührenpflichtige Handlungen

(1) Im Verfahren vor der Kartellbehörde werden Kosten (Gebühren und Auslagen) zur Deckung des Verwaltungsaufwandes erhoben. Gebührenpflichtig sind (gebührenpflichtige Handlungen)

1. Anmeldungen nach § 39 Abs. 1;
2. Amtshandlungen auf Grund der §§ 26, 30 Abs. 3, §§ 32 bis 32d – auch in Verbindung mit den §§ 50 bis 50b –, §§ 36, 39, 40, 41, 42 und 60;
3. Erteilung von beglaubigten Abschriften aus den Akten der Kartellbehörde.

Daneben werden als Auslagen die Kosten der Veröffentlichungen, der öffentlichen Bekanntmachungen und von weiteren Ausfertigungen, Kopien und Auszügen sowie die in entsprechender Anwendung des Justizvergütungs- und -entschädigungsgesetzes zu zahlenden Beträge erhoben. Auf die Gebühr für die Freigabe oder Untersagung eines Zusammenschlusses nach § 36 Abs. 1 sind die Gebühren für die Anmeldung eines Zusammenschlusses nach § 39 Abs. 1 anzurechnen.

(2) Die Höhe der Gebühren bestimmt sich nach dem personellen und sachlichen Aufwand der Kartellbehörde unter Berücksichtigung der

IV

wirtschaftlichen Bedeutung, die der Gegenstand der gebührenpflichtigen Handlung hat. Die Gebührensätze dürfen jedoch nicht übersteigen

1. 50 000 Euro in den Fällen der §§ 36, 39, 40, 41 Abs. 3 und 4 und § 42;

2. 25 000 Euro in den Fällen der §§ 32 und 32b Abs. 1, §§ 32d und 41 Abs. 2 Satz 1 und 2;

3. 7500 Euro in den Fällen des § 32c;

4. 5000 Euro in den Fällen des § 26 Abs. 1 und 2 und § 30 Abs. 3;

5. 17,50 Euro für die Erteilung beglaubigter Abschriften (Absatz 1 Nr. 3);

6. a) in den Fällen des § 40 Abs. 3a auch in Verbindung mit § 41 Abs. 2 Satz 3 und § 42 Abs. 2 Satz 2 den Betrag für die Freigabe, Befreiung oder Erlaubnis,

   b) 250 Euro für Verfügungen in Bezug auf Vereinbarungen oder Beschlüsse der in § 28 Abs. 1 bezeichneten Art,

   c) im Falle des § 26 Abs. 4 den Betrag für die Entscheidung nach § 26 Abs. 1 (Nr. 4),

   d) in den Fällen der §§ 32a und 60 ein Fünftel der Gebühr in der Hauptsache.

Ist der personelle oder sachliche Aufwand der Kartellbehörde unter Berücksichtigung des wirtschaftlichen Werts der gebührenpflichtigen Handlung im Einzelfall außergewöhnlich hoch, kann die Gebühr bis auf das Doppelte erhöht werden. Aus Gründen der Billigkeit kann die unter Berücksichtigung der Sätze 1 bis 3 ermittelte Gebühr bis auf ein Zehntel ermäßigt werden.

(3) Zur Abgeltung mehrfacher gleichartiger Amtshandlungen oder gleichartiger Anmeldungen desselben Gebührenschuldners können Pauschgebührensätze, die den geringen Umfang des Verwaltungsaufwandes berücksichtigen, vorgesehen werden.

(4) Gebühren dürfen nicht erhoben werden

1. für mündliche und schriftliche Auskünfte und Anregungen;

2. wenn sie bei richtiger Behandlung der Sache nicht entstanden wären;

3. in den Fällen des § 42, wenn die vorangegangene Verfügung des Bundeskartellamts nach § 36 Abs. 1 aufgehoben worden ist.

(5) Wird ein Antrag zurückgenommen, bevor darüber entschieden ist, so ist die Hälfte der Gebühr zu entrichten. Das Gleiche gilt, wenn eine Anmeldung innerhalb von drei Monaten nach Eingang bei der Kartellbehörde zurückgenommen wird.

(6) Kostenschuldner ist

1. in den Fällen des Absatzes 1 Satz 2 Nr. 1, wer eine Anmeldung eingereicht hat;

2. in den Fällen des Absatzes 1 Satz 2 Nr. 2, wer durch einen Antrag oder eine Anmeldung die Tätigkeit der Kartellbehörde veranlasst hat, oder derjenige, gegen den eine Verfügung der Kartellbehörde ergangen ist;

3. in den Fällen des Absatzes 1 Satz 2 Nr. 3, wer die Herstellung der Abschriften veranlasst hat.

Kostenschuldner ist auch, wer die Zahlung der Kosten durch eine vor der Kartellbehörde abgegebene oder ihr mitgeteilte Erklärung übernommen hat oder wer für die Kostenschuld eines anderen kraft Gesetzes haftet. Mehrere Kostenschuldner haften als Gesamtschuldner.

(7) Der Anspruch auf Zahlung der Gebühren verjährt in vier Jahren nach der Gebührenfestsetzung. Der Anspruch auf Erstattung der Auslagen verjährt in vier Jahren nach ihrer Entstehung.

(8) Die Bundesregierung wird ermächtigt, durch Rechtsverordnung, die der Zustimmung des Bundesrates bedarf, die Gebührensätze und die Erhebung der Gebühren vom Kostenschuldner in Durchführung der Vorschriften der Absätze 1 bis 6 sowie die Erstattung von Auslagen nach Absatz 2 Satz 2 zu regeln. Sie kann dabei auch Vorschriften über die Kostenbefreiung von juristischen Personen des öffentlichen Rechts, über die Verjährung sowie über die Kostenerhebung treffen.

(9) Durch Rechtsverordnung der Bundesregierung, die der Zustimmung des Bundesrates bedarf, wird das Nähere über die Erstattung der durch das Verfahren vor der Kartellbehörde entstehenden Kosten nach den Grundsätzen des § 78 bestimmt.

Zweiter Abschnitt
Bußgeldverfahren

§ 81 Bußgeldvorschriften

(1) Ordnungswidrig handelt, wer gegen den Vertrag über die Arbeitsweise der Europäischen Union in der Fassung der Bekanntmachung vom 9. Mai 2008 (ABl. C 115 vom 9. 5. 2008, S. 47) verstößt, indem er vorsätzlich oder fahrlässig

1. entgegen Artikel 101 Absatz 1 eine Vereinbarung trifft, einen Beschluss fasst oder Verhaltensweisen aufeinander abstimmt oder

2. entgegen Artikel 102 Satz 1 eine beherrschende Stellung missbräuchlich ausnutzt.

(2) Ordnungswidrig handelt, wer vorsätzlich oder fahrlässig

1. einer Vorschrift der §§ 1, 19 Abs. 1, § 20 Abs. 1, auch in Verbindung mit Abs. 2 Satz 1, § 20 Abs. 3 Satz 1, auch in Verbindung mit Satz 2, § 20 Abs. 4 Satz 1 oder Abs. 6, § 21 Abs. 3 oder 4, § 29 Satz 1 oder § 41 Abs. 1 Satz 1 über das Verbot einer dort genannten Vereinbarung, eines dort genannten Beschlusses, einer aufeinander abgestimmten Verhaltensweise, der missbräuchlichen Ausnutzung einer marktbeherrschenden Stellung, einer Marktstellung oder einer überlegenen Marktmacht, einer unbilligen Behinderung oder unterschiedlichen Behandlung, der Ablehnung der Aufnahme eines Unternehmens, der Ausübung eines Zwangs, der Zufügung eines wirtschaftlichen Nachteils oder des Vollzugs eines Zusammenschlusses zuwiderhandelt,

2. einer vollziehbaren Anordnung nach

   a) § 30 Abs. 3, § 32 Abs. 1, § 32a Abs. 1, § 32b Abs. 1 Satz 1 oder § 41 Abs. 4 Nr. 2, auch in Verbindung mit § 40 Abs. 3a Satz 2, auch in Verbindung mit § 41 Abs. 2 Satz 3 oder § 42 Abs. 2 Satz 2, oder § 60 oder

   b) § 39 Abs. 5

   zuwiderhandelt,

3. entgegen § 39 Abs. 1 einen Zusammenschluss nicht richtig oder nicht vollständig anmeldet,

4. entgegen § 39 Abs. 6 eine Anzeige nicht, nicht richtig, nicht vollständig oder nicht rechtzeitig erstattet,

5. einer vollziehbaren Auflage nach § 40 Abs. 3 Satz 1 oder § 42 Abs. 2 Satz 1 zuwiderhandelt oder

6. entgegen § 59 Abs. 2 eine Auskunft nicht, nicht richtig, nicht vollständig oder nicht rechtzeitig erteilt, Unterlagen nicht, nicht vollständig oder nicht rechtzeitig herausgibt, geschäftliche Unterlagen nicht, nicht vollständig oder nicht rechtzeitig zur Einsichtnahme und Prüfung vorlegt oder die Prüfung dieser geschäftlichen Unterlagen sowie das Betreten von Geschäftsräumen und -grundstücken nicht duldet.

(3) Ordnungswidrig handelt, wer

1. entgegen § 21 Abs. 1 zu einer Liefersperre oder Bezugssperre auffordert,

2. entgegen § 21 Abs. 2 einen Nachteil androht oder zufügt oder einen Vorteil verspricht oder gewährt oder

3. entgegen § 24 Abs. 4 Satz 3 oder § 39 Abs. 3 Satz 5 eine Angabe macht oder benutzt.

(4) Die Ordnungswidrigkeit kann in den Fällen des Absatzes 1, des Absatzes 2 Nr. 1, 2 Buchstabe a und Nr. 5 und des Absatzes 3 mit einer Geldbuße bis zu einer Million Euro geahndet werden. Gegen ein Unternehmen oder eine Unternehmensvereinigung kann über Satz 1 hinaus eine höhere Geldbuße verhängt werden; die Geldbuße darf 10 vom Hundert des im der Behördenentscheidung vorausgegangenen Geschäftsjahr erzielten Gesamtumsatzes des Unternehmens oder der Unternehmensvereinigung nicht übersteigen. Bei der Ermittlung des Gesamtumsatzes ist der weltweite Umsatz aller natürlichen und juristischen Personen zugrunde zu legen, die als wirtschaftliche Einheit operieren. Die Höhe des Gesamtumsatzes kann geschätzt werden. In den übrigen Fällen kann die Ordnungswidrigkeit mit einer Geldbuße bis zu hunderttausend Euro geahndet werden. Bei der Festset-

zung der Höhe der Geldbuße ist sowohl die Schwere der Zuwiderhandlung als auch deren Dauer zu berücksichtigen.

(5) Bei der Zumessung der Geldbuße findet § 17 Abs. 4 des Gesetzes über Ordnungswidrigkeiten mit der Maßgabe Anwendung, dass der wirtschaftliche Vorteil, der aus der Ordnungswidrigkeit gezogen wurde, durch die Geldbuße nach Absatz 4 abgeschöpft werden kann. Dient die Geldbuße allein der Ahndung, ist dies bei der Zumessung entsprechend zu berücksichtigen.

(6) Im Bußgeldbescheid festgesetzte Geldbußen gegen juristische Personen und Personenvereinigungen sind zu verzinsen; die Verzinsung beginnt zwei Wochen nach Zustellung des Bußgeldbescheides. § 288 Abs. 1 Satz 2 und § 289 Satz 1 des Bürgerlichen Gesetzbuchs sind entsprechend anzuwenden.

(7) Das Bundeskartellamt kann allgemeine Verwaltungsgrundsätze über die Ausübung seines Ermessens bei der Bemessung der Geldbuße, insbesondere für die Feststellung der Bußgeldhöhe als auch für die Zusammenarbeit mit ausländischen Wettbewerbsbehörden, festlegen.

(8) Die Verjährung der Verfolgung von Ordnungswidrigkeiten nach den Absätzen 1 bis 3 richtet sich nach den Vorschriften des Gesetzes über Ordnungswidrigkeiten auch dann, wenn die Tat durch Verbreiten von Druckschriften begangen wird. Die Verfolgung der Ordnungswidrigkeiten nach Absatz 1, Absatz 2 Nr. 1 und Absatz 3 verjährt in fünf Jahren.

(9) Ist die Europäische Kommission oder sind die Wettbewerbsbehörden anderer Mitgliedstaaten der Europäischen Union auf Grund einer Beschwerde oder von Amts wegen mit einem Verfahren wegen eines Verstoßes gegen Artikel 101 oder 102 des Vertrages über die Arbeitsweise der Europäischen Union gegen dieselbe Vereinbarung, denselben Beschluss oder dieselbe Verhaltensweise wie die Kartellbehörde befasst, wird für Ordnungswidrigkeiten nach Absatz 1 die Verjährung durch die den § 33 Absatz 1 des Gesetzes über Ordnungswidrigkeiten entsprechenden Handlungen dieser Wettbewerbsbehörden unterbrochen.

(10) Verwaltungsbehörde im Sinne des § 36 Abs. 1 Nr. 1 des Gesetzes über Ordnungswidrigkeiten ist die nach § 48, auch in Verbindung mit § 49 Abs. 3 und 4, oder § 50 zuständige Behörde.

§ 82 Zuständigkeit für Verfahren wegen der Festsetzung einer Geldbuße gegen eine juristische Person oder Personenvereinigung

Die Kartellbehörde ist für Verfahren wegen der Festsetzung einer Geldbuße gegen eine juristische Person oder Personenvereinigung (§ 30 des Gesetzes über Ordnungswidrigkeiten) in Fällen ausschließlich zuständig, denen

1. eine Straftat, die auch den Tatbestand des § 81 Abs. 1, 2 Nr. 1 und Absatz 3 verwirklicht, oder

2. eine vorsätzliche oder fahrlässige Ordnungswidrigkeit nach § 130 des Gesetzes über Ordnungswidrigkeiten, bei der eine mit Strafe bedrohte Pflichtverletzung auch den Tatbestand des § 81 Abs. 1, 2 Nr. 1 und Absatz 3 verwirklicht,

zugrunde liegt. Dies gilt nicht, wenn die Behörde das § 30 des Gesetzes über Ordnungswidrigkeiten betreffende Verfahren an die Staatsanwaltschaft abgibt.

§ 82a Befugnisse und Zuständigkeiten im gerichtlichen Bußgeldverfahren

(1) Im gerichtlichen Bußgeldverfahren kann dem Vertreter der Kartellbehörde gestattet werden, Fragen an Betroffene, Zeugen und Sachverständige zu richten.

(2) Sofern das Bundeskartellamt als Verwaltungsbehörde des Vorverfahrens tätig war, erfolgt die Vollstreckung der Geldbuße und des Geldbetrages, dessen Verfall angeordnet wurde, durch das Bundeskartellamt als Vollstreckungsbehörde auf Grund einer von dem Urkundsbeamten der Geschäftsstelle des Gerichts zu erteilenden, mit der Bescheinigung der Vollstreckbarkeit versehenen beglaubigten Abschrift der Urteilsformel entsprechend den Vorschriften über die Vollstreckung von Bußgeldbescheiden. Die Geldbußen und die

Geldbeträge, deren Verfall angeordnet wurde, fließen der Bundeskasse zu, die auch die der Staatskasse auferlegten Kosten trägt.

§ 83 Zuständigkeit des OLG im gerichtlichen Verfahren

(1) Im gerichtlichen Verfahren wegen einer Ordnungswidrigkeit nach § 81 entscheidet das Oberlandesgericht, in dessen Bezirk die zuständige Kartellbehörde ihren Sitz hat; es entscheidet auch über einen Antrag auf gerichtliche Entscheidung (§ 62 des Gesetzes über Ordnungswidrigkeiten) in den Fällen des § 52 Abs. 2 Satz 3 und des § 69 Abs. 1 Satz 2 des Gesetzes über Ordnungswidrigkeiten. § 140 Abs. 1 Nr. 1 der Strafprozeßordnung in Verbindung mit § 46 Abs. 1 des Gesetzes über Ordnungswidrigkeiten findet keine Anwendung.

(2) Das Oberlandesgericht entscheidet in der Besetzung von drei Mitgliedern mit Einschluss des vorsitzenden Mitglieds.

§ 84 Rechtsbeschwerde zum BGH

Über die Rechtsbeschwerde (§ 79 des Gesetzes über Ordnungswidrigkeiten) entscheidet der Bundesgerichtshof. Hebt er die angefochtene Entscheidung auf, ohne in der Sache selbst zu entscheiden, so verweist er die Sache an das Oberlandesgericht, dessen Entscheidung aufgehoben wird, zurück.

§ 85 Wiederaufnahmeverfahren gegen Bußgeldbescheid

Im Wiederaufnahmeverfahren gegen den Bußgeldbescheid der Kartellbehörde (§ 85 Abs. 4 des Gesetzes über Ordnungswidrigkeiten) entscheidet das nach § 83 zuständige Gericht.

§ 86 Gerichtliche Entscheidungen bei der Vollstreckung

Die bei der Vollstreckung notwendig werdenden gerichtlichen Entscheidungen (§ 104 des Gesetzes über Ordnungswidrigkeiten) werden von dem nach § 83 zuständigen Gericht erlassen.

Dritter Abschnitt
Vollstreckung

§ 86a Vollstreckung

Die Kartellbehörde kann ihre Anordnungen nach den für die Vollstreckung von Verwaltungsmaßnahmen geltenden Vorschriften durchsetzen. Die Höhe des Zwangsgeldes beträgt mindestens 1000 Euro und höchstens 10 Millionen Euro.

Vierter Abschnitt
Bürgerliche Rechtsstreitigkeiten

§ 87 Ausschließliche Zuständigkeit der Landgerichte

Für bürgerliche Rechtsstreitigkeiten, die die Anwendung dieses Gesetzes, des Artikels 81 oder 82 des Vertrages zur Gründung der Europäischen Gemeinschaft oder des Artikels 53 oder 54 des Abkommens über den Europäischen Wirtschaftsraum betreffen, sind ohne Rücksicht auf den Wert des Streitgegenstands die Landgerichte ausschließlich zuständig. Satz 1 gilt auch, wenn die Entscheidung eines Rechtsstreits ganz oder teilweise von einer Entscheidung, die nach diesem Gesetz zu treffen ist, oder von der Anwendbarkeit des Artikels 81 oder 82 des Vertrages zur Gründung der Europäischen Gemeinschaft oder des Artikels 53 oder 54 des Abkommens über den Europäischen Wirtschaftsraum abhängt.

§ 88 Klageverbindung

Mit der Klage nach § 87 Abs. 1 kann die Klage wegen eines anderen Anspruchs verbunden werden, wenn dieser im rechtlichen oder unmittelbaren wirtschaftlichen Zusammenhang mit dem Anspruch steht, der bei dem nach § 87 zuständigen Gericht geltend zu machen ist; dies gilt auch dann, wenn für die Klage wegen des anderen Anspruchs eine ausschließliche Zuständigkeit gegeben ist.

§ 89 Zuständigkeit eines Landgerichts für mehrere Gerichtsbezirke

(1) Die Landesregierungen werden ermächtigt, durch Rechtsverordnung bürgerliche Rechtsstreitigkeiten, für die nach § 87 ausschließlich die Landgerichte zuständig sind,

einem Landgericht für die Bezirke mehrerer Landgerichte zuzuweisen, wenn eine solche Zusammenfassung der Rechtspflege in Kartellsachen, insbesondere der Sicherung einer einheitlichen Rechtsprechung, dienlich ist. Die Landesregierungen können die Ermächtigung auf die Landesjustizverwaltungen übertragen.

(2) Durch Staatsverträge zwischen Ländern kann die Zuständigkeit eines Landgerichts für einzelne Bezirke oder das gesamte Gebiet mehrerer Länder begründet werden.

(3) Die Parteien können sich vor den nach den Absätzen 1 und 2 bestimmten Gerichten auch anwaltlich durch Personen vertreten lassen, die bei dem Gericht zugelassen sind, vor das der Rechtsstreit ohne die Regelung nach den Absätzen 1 und 2 gehören würde.

§ 89a Streitwertanpassung

(1) Macht in einer Rechtsstreitigkeit, in der ein Anspruch nach § 33 oder § 34a geltend gemacht wird, eine Partei glaubhaft, dass die Belastung mit den Prozesskosten nach dem vollen Streitwert ihre wirtschaftliche Lage erheblich gefährden würde, so kann das Gericht auf ihren Antrag anordnen, dass die Verpflichtung dieser Partei zur Zahlung von Gerichtskosten sich nach einem ihrer Wirtschaftslage angepassten Teil des Streitwerts bemisst. Das Gericht kann die Anordnung davon abhängig machen, dass die Partei glaubhaft macht, dass die von ihr zu tragenden Kosten des Rechtsstreits weder unmittelbar noch mittelbar von einem Dritten übernommen werden. Die Anordnung hat zur Folge, dass die begünstigte Partei die Gebühren ihres Rechtsanwalts ebenfalls nur nach diesem Teil des Streitwerts zu entrichten hat. Soweit ihr Kosten des Rechtsstreits auferlegt werden oder soweit sie diese übernimmt, hat sie die von dem Gegner entrichteten Gerichtsgebühren und die Gebühren seines Rechtsanwalts nur nach dem Teil des Streitwerts zu erstatten. Soweit die außergerichtlichen Kosten dem Gegner auferlegt oder von ihm übernommen werden, kann der Rechtsanwalt der begünstigten Partei seine Gebühren von dem Gegner nach dem für diesen geltenden Streitwert beitreiben.

(2) Der Antrag nach Absatz 1 kann vor der Geschäftsstelle des Gerichts zur Niederschrift erklärt werden. Er ist vor der Verhandlung zur Hauptsache anzubringen. Danach ist er nur zulässig, wenn der angenommene oder festgesetzte Streitwert später durch das Gericht heraufgesetzt wird. Vor der Entscheidung über den Antrag ist der Gegner zu hören.

Fünfter Abschnitt
Gemeinsame Bestimmungen

§ 90 Benachrichtigung und Beteiligung der Kartellbehörden

(1) Das Bundeskartellamt ist über alle Rechtsstreitigkeiten nach § 87 Abs. 1 durch das Gericht zu unterrichten. Das Gericht hat dem Bundeskartellamt auf Verlangen Abschriften von allen Schriftsätzen, Protokollen, Verfügungen und Entscheidungen zu übersenden. Die Sätze 1 und 2 gelten entsprechend in sonstigen Rechtsstreitigkeiten, die die Anwendung des Artikels 81 oder 82 des Vertrages zur Gründung der Europäischen Gemeinschaft betreffen.

(2) Der Präsident des Bundeskartellamts kann, wenn er es zur Wahrung des öffentlichen Interesses als angemessen erachtet, aus den Mitgliedern des Bundeskartellamts eine Vertretung bestellen, die befugt ist, dem Gericht schriftliche Erklärungen abzugeben, auf Tatsachen und Beweismittel hinzuweisen, den Terminen beizuwohnen, in ihnen Ausführungen zu machen und Fragen an Parteien, Zeugen und Sachverständige zu richten. Schriftliche Erklärungen der vertretenden Person sind den Parteien von dem Gericht mitzuteilen.

(3) Reicht die Bedeutung des Rechtsstreits nicht über das Gebiet eines Landes hinaus, so tritt im Rahmen des Absatzes 1 Satz 2 und des Absatzes 2 die oberste Landesbehörde an die Stelle des Bundeskartellamts.

(4) Die Absätze 1 und 2 gelten entsprechend für Rechtsstreitigkeiten, die die Durchsetzung eines nach § 30 gebundenen Preises gegenüber einem gebundenen Abnehmer oder einem anderen Unternehmen zum Gegenstand haben.

§ 90a Zusammenarbeit der Gerichte mit der Kommission der Europäischen Gemeinschaft und den Kartellbehörden

(1) In allen gerichtlichen Verfahren, in denen der Artikel 81 oder 82 des Vertrages zur Gründung der Europäischen Gemeinschaft zur Anwendung kommt, übermittelt das Gericht der Kommission der Europäischen Gemeinschaft über das Bundeskartellamt eine Abschrift jeder Entscheidung unverzüglich nach deren Zustellung an die Parteien. Das Bundeskartellamt darf der Kommission der Europäischen Gemeinschaft die Unterlagen übermitteln, die es nach § 90 Abs. 1 Satz 2 erhalten hat.

(2) Die Kommission der Europäischen Gemeinschaft kann in Verfahren nach Absatz 1 aus eigener Initiative dem Gericht schriftliche Stellungnahmen übermitteln. Das Gericht übermittelt der Kommission der Europäischen Gemeinschaft alle zur Beurteilung des Falls notwendigen Schriftstücke einschließlich der Kopien aller Schriftsätze sowie der Abschriften aller Protokolle, Verfügungen und Entscheidungen, wenn diese darum nach Artikel 15 Abs. 3 Satz 5 der Verordnung (EG) Nr. 1/2003 ersucht. § 4b Abs. 5 und 6 des Bundesdatenschutzgesetzes gilt entsprechend. Das Gericht übermittelt dem Bundeskartellamt und den Parteien eine Kopie einer Stellungnahme der Kommission der Europäischen Gemeinschaft nach Artikel 15 Abs. 3 Satz 3 der Verordnung (EG) Nr. 1/2003. Die Kommission der Europäischen Gemeinschaft kann in der mündlichen Verhandlung auch mündlich Stellung nehmen.

(3) Das Gericht kann in Verfahren nach Absatz 1 die Kommission der Europäischen Gemeinschaft um die Übermittlung ihr vorliegender Informationen oder um Stellungnahmen zu Fragen bitten, die die Anwendung des Artikels 81 oder 82 des Vertrages zur Gründung der Europäischen Gemeinschaft betreffen. Das Gericht unterrichtet die Parteien über ein Ersuchen nach Satz 1 und übermittelt diesen und dem Bundeskartellamt eine Kopie der Antwort der Kommission der Europäischen Gemeinschaft.

(4) In den Fällen der Absätze 2 und 3 kann der Geschäftsverkehr zwischen dem Gericht und der Kommission der Europäischen Gemeinschaft auch über das Bundeskartellamt erfolgen.

§ 91 Kartellsenat beim OLG

Bei den Oberlandesgerichten wird ein Kartellsenat gebildet. Er entscheidet über die ihm gemäß § 57 Abs. 2 Satz 2, § 63 Abs. 4, §§ 83, 85 und 86 zugewiesenen Rechtssachen sowie über die Berufung gegen Endurteile und die Beschwerde gegen sonstige Entscheidungen in bürgerlichen Rechtsstreitigkeiten nach § 87 Abs. 1.

§ 92 Zuständigkeit eines OLG oder des ObLG für mehrere Gerichtsbezirke in Verwaltungs- und Bußgeldsachen

(1) Sind in einem Land mehrere Oberlandesgerichte errichtet, so können die Rechtssachen, für die nach § 57 Abs. 2 Satz 2, § 63 Abs. 4, §§ 83, 85 und 86 ausschließlich die Oberlandesgerichte zuständig sind, von den Landesregierungen durch Rechtsverordnung einem oder einigen der Oberlandesgerichte oder dem Obersten Landesgericht zugewiesen werden, wenn eine solche Zusammenfassung der Rechtspflege in Kartellsachen, insbesondere der Sicherung einer einheitlichen Rechtsprechung, dienlich ist. Die Landesregierungen können die Ermächtigung auf die Landesjustizverwaltungen übertragen.

(2) Durch Staatsverträge zwischen Ländern kann die Zuständigkeit eines Oberlandesgerichts oder Obersten Landesgerichts für einzelne Bezirke oder das gesamte Gebiet mehrerer Länder begründet werden.

§ 93 Zuständigkeit für Berufung und Beschwerde

§ 92 Abs. 1 und 2 gilt entsprechend für die Entscheidung über die Berufung gegen Endurteile und die Beschwerde gegen sonstige Entscheidungen in bürgerlichen Rechtsstreitigkeiten nach § 87 Abs. 1.

§ 94 Kartellsenat beim BGH

(1) Beim Bundesgerichtshof wird ein Kartellsenat gebildet; er entscheidet über folgende Rechtsmittel:

1. in Verwaltungssachen über die Rechtsbeschwerde gegen Entscheidungen der

Oberlandesgerichte (§§ 74, 76) und über die Nichtzulassungsbeschwerde (§ 75);

2. in Bußgeldverfahren über die Rechtsbeschwerde gegen Entscheidungen der Oberlandesgerichte (§ 84);

3. in bürgerlichen Rechtsstreitigkeiten nach § 87 Abs. 1

   a) über die Revision einschließlich der Nichtzulassungsbeschwerde gegen Endurteile der Oberlandesgerichte,

   b) über die Sprungrevision gegen Endurteile der Landgerichte,

   c) über die Rechtsbeschwerde gegen Beschlüsse der Oberlandesgerichte in den Fällen des § 574 Abs. 1 der Zivilprozessordnung.

(2) Der Kartellsenat gilt im Sinne des § 132 des Gerichtsverfassungsgesetzes in Bußgeldsachen als Strafsenat, in allen übrigen Sachen als Zivilsenat.

§ 95 Ausschließliche Zuständigkeit

Die Zuständigkeit der nach diesem Gesetz zur Entscheidung berufenen Gerichte ist ausschließlich.

§ 96 (weggefallen)

Vierter Teil
Vergabe öffentlicher Aufträge

Erster Abschnitt
Vergabeverfahren

§ 97 Allgemeine Grundsätze

(1) Öffentliche Auftraggeber beschaffen Waren, Bau- und Dienstleistungen nach Maßgabe der folgenden Vorschriften im Wettbewerb und im Wege transparenter Vergabeverfahren.

(2) Die Teilnehmer an einem Vergabeverfahren sind gleich zu behandeln, es sei denn, eine Benachteiligung ist auf Grund dieses Gesetzes ausdrücklich geboten oder gestattet.

(3) Mittelständische Interessen sind bei der Vergabe öffentlicher Aufträge vornehmlich zu berücksichtigen. Leistungen sind in der Menge aufgeteilt (Teillose) und getrennt nach Art oder Fachgebiet (Fachlose) zu vergeben.

Mehrere Teil- oder Fachlose dürfen zusammen vergeben werden, wenn wirtschaftliche oder technische Gründe dies erfordern. Wird ein Unternehmen, das nicht öffentlicher Auftraggeber ist, mit der Wahrnehmung oder Durchführung einer öffentlichen Aufgabe betraut, verpflichtet der Auftraggeber das Unternehmen, sofern es Unteraufträge an Dritte vergibt, nach den Sätzen 1 bis 3 zu verfahren.

(4) Aufträge werden an fachkundige, leistungsfähige sowie gesetzestreue und zuverlässige Unternehmen vergeben. Für die Auftragsausführung können zusätzliche Anforderungen an Auftragnehmer gestellt werden, die insbesondere soziale, umweltbezogene oder innovative Aspekte betreffen, wenn sie im sachlichen Zusammenhang mit dem Auftragsgegenstand stehen und sich aus der Leistungsbeschreibung ergeben. Andere oder weitergehende Anforderungen dürfen an Auftragnehmer nur gestellt werden, wenn dies durch Bundes- oder Landesgesetz vorgesehen ist.

(4a) Auftraggeber können Präqualifikationssysteme einrichten oder zulassen, mit denen die Eignung von Unternehmen nachgewiesen werden kann.

(5) Der Zuschlag wird auf das wirtschaftlichste Angebot erteilt.

(6) Die Bundesregierung wird ermächtigt, durch Rechtsverordnung mit Zustimmung des Bundesrates nähere Bestimmungen über das bei der Vergabe einzuhaltende Verfahren zu treffen, insbesondere über die Bekanntmachung, den Ablauf und die Arten der Vergabe, über die Auswahl und Prüfung der Unternehmen und Angebote, über den Abschluss des Vertrages und sonstige Fragen des Vergabeverfahrens.

(7) Die Unternehmen haben Anspruch darauf, dass der Auftraggeber die Bestimmungen über das Vergabeverfahren einhält.

§ 98 Auftraggeber

Öffentliche Auftraggeber im Sinne dieses Teils sind:

1. Gebietskörperschaften sowie deren Sondervermögen,

2. andere juristische Personen des öffentlichen und des privaten Rechts, die zu dem beson-

deren Zweck gegründet wurden, im Allgemeininteresse liegende Aufgaben nichtgewerblicher Art zu erfüllen, wenn Stellen, die unter Nummer 1 oder 3 fallen, sie einzeln oder gemeinsam durch Beteiligung oder auf sonstige Weise überwiegend finanzieren oder über ihre Leitung die Aufsicht ausüben oder mehr als die Hälfte der Mitglieder eines ihrer zur Geschäftsführung oder zur Aufsicht berufenen Organe bestimmt haben. Das Gleiche gilt dann, wenn die Stelle, die einzeln oder gemeinsam mit anderen die überwiegende Finanzierung gewährt oder die Mehrheit der Mitglieder eines zur Geschäftsführung oder Aufsicht berufenen Organs bestimmt hat, unter Satz 1 fällt,

3. Verbände, deren Mitglieder unter Nummer 1 oder 2 fallen,

4. natürliche oder juristische Personen des privaten Rechts, die auf dem Gebiet der Trinkwasser- oder Energieversorgung oder des Verkehrs tätig sind, wenn diese Tätigkeiten auf der Grundlage von besonderen oder ausschließlichen Rechten ausgeübt werden, die von einer zuständigen Behörde gewährt wurden, oder wenn Auftraggeber, die unter Nummern 1 bis 3 fallen, auf diese Personen einzeln oder gemeinsam einen beherrschenden Einfluss ausüben können; besondere oder ausschließliche Rechte sind Rechte, die dazu führen, dass die Ausübung dieser Tätigkeiten einem oder mehreren Unternehmen vorbehalten wird und dass die Möglichkeit anderer Unternehmen, diese Tätigkeit auszuüben, erheblich beeinträchtigt wird. Tätigkeiten auf dem Gebiet der Trinkwasser- und Energieversorgung sowie des Verkehrs sind solche, die in der Anlage aufgeführt sind,

5. natürliche oder juristische Personen des privaten Rechts sowie juristische Personen des öffentlichen Rechts, soweit sie nicht unter Nummer 2 fallen, in den Fällen, in denen sie für Tiefbaumaßnahmen, für die Errichtung von Krankenhäusern, Sport-, Erholungs- oder Freizeiteinrichtungen, Schul-, Hochschul- oder Verwaltungsgebäuden oder für damit in Verbindung stehende Dienstleistungen und Auslobungs-

verfahren von Stellen, die unter Nummern 1 bis 3 fallen, Mittel erhalten, mit denen diese Vorhaben zu mehr als 50 vom Hundert finanziert werden,

6. natürliche oder juristische Personen des privaten Rechts, die mit Stellen, die unter die Nummern 1 bis 3 fallen, einen Vertrag über eine Baukonzession abgeschlossen haben, hinsichtlich der Aufträge an Dritte.

§ 99 Öffentliche Aufträge

(1) Öffentliche Aufträge sind entgeltliche Verträge von öffentlichen Auftraggebern mit Unternehmen über die Beschaffung von Leistungen, die Liefer-, Bau- oder Dienstleistungen zum Gegenstand haben, Baukonzessionen und Auslobungsverfahren, die zu Dienstleistungsaufträgen führen sollen.

(2) Lieferaufträge sind Verträge zur Beschaffung von Waren, die insbesondere Kauf oder Ratenkauf oder Leasing, Miet- oder Pachtverhältnisse mit oder ohne Kaufoption betreffen. Die Verträge können auch Nebenleistungen umfassen.

(3) Bauaufträge sind Verträge über die Ausführung oder die gleichzeitige Planung und Ausführung eines Bauvorhabens oder eines Bauwerkes für den öffentlichen Auftraggeber, das Ergebnis von Tief- oder Hochbauarbeiten ist und eine wirtschaftliche oder technische Funktion erfüllen soll, oder einer dem Auftraggeber unmittelbar wirtschaftlich zugutekommenden Bauleistung durch Dritte gemäß den vom Auftraggeber genannten Erfordernissen.

(4) Als Dienstleistungsaufträge gelten die Verträge über die Erbringung von Leistungen, die nicht unter Absatz 2 oder Absatz 3 fallen.

(5) Auslobungsverfahren im Sinne dieses Teils sind nur solche Auslobungsverfahren, die dem Auftraggeber auf Grund vergleichender Beurteilung durch ein Preisgericht mit oder ohne Verteilung von Preisen zu einem Plan verhelfen sollen.

(6) Eine Baukonzession ist ein Vertrag über die Durchführung eines Bauauftrags, bei dem die Gegenleistung für die Bauarbeiten statt in einem Entgelt in dem befristeten Recht auf Nutzung der baulichen Anlage, gegebenenfalls zuzüglich der Zahlung eines Preises besteht.

IV

(7) Verteidigungs- oder sicherheitsrelevante Aufträge sind Aufträge, deren Auftragsgegenstand mindestens eine der in den nachfolgenden Nummern 1 bis 4 genannten Leistungen umfasst:

1. die Lieferung von Militärausrüstung im Sinne des Absatzes 8, einschließlich dazugehöriger Teile, Bauteile oder Bausätze;

2. die Lieferung von Ausrüstung, die im Rahmen eines Verschlusssachenauftrags im Sinne des Absatzes 9 vergeben wird, einschließlich der dazugehörigen Teile, Bauteile oder Bausätze;

3. Bauleistungen, Lieferungen und Dienstleistungen in unmittelbarem Zusammenhang mit der in den Nummern 1 und 2 genannten Ausrüstung in allen Phasen des Lebenszyklus der Ausrüstung;

4. Bau- und Dienstleistungen speziell für militärische Zwecke oder Bau- oder Dienstleistungen, die im Rahmen eines Verschlusssachenauftrags im Sinne des Absatzes 9 vergeben wird.

(8) Militärausrüstung ist jede Ausrüstung, die eigens zu militärischen Zwecken konzipiert oder für militärische Zwecke angepasst wird und zum Einsatz als Waffe, Munition oder Kriegsmaterial bestimmt ist.

(9) Ein Verschlusssachenauftrag ist ein Auftrag für Sicherheitszwecke,

1. bei dessen Erfüllung oder Erbringung Verschlusssachen nach § 4 des Gesetzes über die Voraussetzungen und das Verfahren von Sicherheitsüberprüfungen des Bundes oder nach den entsprechenden Bestimmungen der Länder verwendet werden oder

2. der Verschlusssachen im Sinne der Nummer 1 erfordert oder beinhaltet.

(10) Ein öffentlicher Auftrag, der sowohl den Einkauf von Waren als auch die Beschaffung von Dienstleistungen zum Gegenstand hat, gilt als Dienstleistungsauftrag, wenn der Wert der Dienstleistungen den Wert der Waren übersteigt. Ein öffentlicher Auftrag, der neben Dienstleistungen Bauleistungen umfasst, die im Verhältnis zum Hauptgegenstand Nebenarbeiten sind, gilt als Dienstleistungsauftrag.

(11) Für einen Auftrag zur Durchführung mehrerer Tätigkeiten gelten die Bestimmungen für die Tätigkeit, die den Hauptgegenstand darstellt.

(12) Ist für einen Auftrag zur Durchführung von Tätigkeiten auf dem Gebiet der Trinkwasser- oder Energieversorgung, des Verkehrs oder des Bereichs der Auftraggeber nach dem Bundesberggesetz und von Tätigkeiten nach Auftraggebern nach § 98 Nr. 1 bis 3 nicht feststellbar, welche Tätigkeit den Hauptgegenstand darstellt, ist der Auftrag nach den Bestimmungen zu vergeben, die für Auftraggeber nach § 98 Nr. 1 bis 3 gelten. Betrifft eine der Tätigkeiten, deren Durchführung der Auftrag bezweckt, sowohl eine Tätigkeit auf dem Gebiet der Trinkwasser- oder Energieversorgung, des Verkehrs oder des Bereichs der Auftraggeber nach dem Bundesberggesetz als auch eine Tätigkeit, die nicht in die Bereiche von Auftraggebern nach § 98 Nr. 1 bis 3 fällt, und ist nicht feststellbar, welche Tätigkeit den Hauptgegenstand darstellt, so ist der Auftrag nach denjenigen Bestimmungen zu vergeben, die für Auftraggeber mit einer Tätigkeit auf dem Gebiet der Trinkwasser- und Energieversorgung sowie des Verkehrs oder des Bundesberggesetzes gelten.

(13) Ist bei einem Auftrag über Bauleistungen, Lieferungen oder Dienstleistungen ein Teil der Leistung verteidigungs- oder sicherheitsrelevant, wird dieser Auftrag einheitlich gemäß den Bestimmungen für verteidigungs- und sicherheitsrelevante Aufträge vergeben, sofern die Beschaffung in Form eines einheitlichen Auftrags aus objektiven Gründen gerechtfertigt ist. Ist bei einem Auftrag über Bauleistungen, Lieferungen oder Dienstleistungen ein Teil der Leistung verteidigungs- oder sicherheitsrelevant und fällt der andere Teil weder in diesen Bereich noch unter die Vergaberegeln der Sektorenverordnung oder der Vergabeverordnung, unterliegt die Vergabe dieses Auftrags nicht dem Vierten Teil dieses Gesetzes, sofern die Beschaffung in Form eines einheitlichen Auftrags aus objektiven Gründen gerechtfertigt ist.

§ 100 Anwendungsbereich

(1) Dieser Teil gilt für Aufträge, deren Auftragswert den jeweils festgelegten Schwel-

lenwert erreicht oder überschreitet. Der Schwellenwert ergibt sich für Aufträge, die

1. von Auftraggebern im Sinne des § 98 Nummer 1 bis 3, 5 und 6 vergeben werden und nicht unter Nummer 2 oder 3 fallen, aus § 2 der Vergabeverordnung,

2. von Auftraggebern im Sinne des § 98 Nummer 1 bis 4 vergeben werden und Tätigkeiten auf dem Gebiet des Verkehrs, der Trinkwasser- oder Energieversorgung umfassen, aus § 1 der Sektorenverordnung,

3. von Auftraggebern im Sinne des § 98 vergeben werden und verteidigungs- oder sicherheitsrelevant im Sinne des § 99 Absatz 7 sind, aus der nach § 127 Nummer 3 erlassenen Verordnung.

(2) Dieser Teil gilt nicht für die in den Absätzen 3 bis 6 und 8 sowie die in den §§ 100a bis 100c genannten Fälle.

(3) Dieser Teil gilt nicht für Arbeitsverträge.

(4) Dieser Teil gilt nicht für die Vergabe von Aufträgen, die Folgendes zum Gegenstand haben:

1. Schiedsgerichts- und Schlichtungsleistungen oder

2. Forschungs- und Entwicklungsdienstleistungen, es sei denn, ihre Ergebnisse werden ausschließlich Eigentum des Auftraggebers für seinen Gebrauch bei der Ausübung seiner eigenen Tätigkeit und die Dienstleistung wird vollständig durch den Auftraggeber vergütet.

(5) Dieser Teil gilt ungeachtet ihrer Finanzierung nicht für Verträge über

1. den Erwerb von Grundstücken oder vorhandenen Gebäuden oder anderem unbeweglichen Vermögen,

2. Mietverhältnisse für Grundstücke oder vorhandene Gebäude oder anderes unbewegliches Vermögen oder

3. Rechte an Grundstücken oder vorhandenen Gebäuden oder anderem unbeweglichen Vermögen.

(6) Dieser Teil gilt nicht für die Vergabe von Aufträgen,

1. bei denen die Anwendung dieses Teils den Auftraggeber dazu zwingen würde, im Zusammenhang mit dem Vergabeverfahren oder der Auftragsausführung Auskünfte zu erteilen, deren Preisgabe seiner Ansicht nach wesentlichen Sicherheitsinteressen der Bundesrepublik Deutschland im Sinne des Artikels 346 Absatz 1 Buchstabe a des Vertrages über die Arbeitsweise der Europäischen Union widerspricht,

2. die dem Anwendungsbereich des Artikels 346 Absatz 1 Buchstabe b des Vertrages über die Arbeitsweise der Europäischen Union unterliegen.

(7) Wesentliche Sicherheitsinteressen im Sinne des Absatzes 6, die die Nichtanwendung dieses Teils rechtfertigen, können betroffen sein beim Betrieb oder Einsatz der Streitkräfte, bei der Umsetzung von Maßnahmen der Terrorismusbekämpfung oder bei der Beschaffung von Informationstechnik oder Telekommunikationsanlagen.

(8) Dieser Teil gilt nicht für die Vergabe von Aufträgen, die nicht nach § 99 Absatz 7 verteidigungs- oder sicherheitsrelevant sind und

1. in Übereinstimmung mit den inländischen Rechts- und Verwaltungsvorschriften für geheim erklärt werden,

2. deren Ausführung nach den in Nummer 1 genannten Vorschriften besondere Sicherheitsmaßnahmen erfordert,

3. bei denen die Nichtanwendung des Vergaberechts geboten ist zum Zweck des Einsatzes der Streitkräfte, zur Umsetzung von Maßnahmen der Terrorismusbekämpfung oder bei der Beschaffung von Informationstechnik oder Telekommunikationsanlagen zum Schutz wesentlicher nationaler Sicherheitsinteressen,

4. die vergeben werden auf Grund eines internationalen Abkommens zwischen der Bundesrepublik Deutschland und einem oder mehreren Staaten, die nicht Vertragsparteien des Übereinkommens über den Europäischen Wirtschaftsraum sind, für ein von den Unterzeichnerstaaten gemeinsam zu verwirklichendes und zu tra-

IV

IV

gendes Projekt, für das andere Verfahrensregeln gelten,

5. die auf Grund eines internationalen Abkommens im Zusammenhang mit der Stationierung von Truppen vergeben werden und für die besondere Verfahrensregeln gelten oder

6. die auf Grund des besonderen Verfahrens einer internationalen Organisation vergeben werden.

§ 100a Besondere Ausnahmen für nicht sektorspezifische und nicht verteidigungs- und sicherheitsrelevante Aufträge

(1) Im Fall des § 100 Absatz 1 Satz 2 Nummer 1 gilt dieser Teil über die in § 100 Absatz 3 bis 6 und 8 genannten Fälle hinaus auch nicht für die in den Absätzen 2 bis 4 genannten Aufträge.

(2) Dieser Teil gilt nicht für die Vergabe von Aufträgen, die Folgendes zum Gegenstand haben:

1. den Kauf, die Entwicklung, die Produktion oder Koproduktion von Programmen, die zur Ausstrahlung durch Rundfunk- oder Fernsehanstalten bestimmt sind, sowie die Ausstrahlung von Sendungen oder

2. finanzielle Dienstleistungen im Zusammenhang mit Ausgabe, Verkauf, Ankauf oder Übertragung von Wertpapieren oder anderen Finanzinstrumenten, insbesondere Geschäfte, der der Geld- oder Kapitalbeschaffung der Auftraggeber dienen, sowie Dienstleistungen der Zentralbanken.

(3) Dieser Teil gilt nicht für die Vergabe von Dienstleistungsaufträgen an eine Person, die ihrerseits Auftraggeber nach § 98 Nummer 1, 2 oder 3 ist und ein auf Gesetz oder Verordnung beruhendes ausschließliches Recht hat, die Leistung zu erbringen.

(4) Dieser Teil gilt nicht für Aufträge, die hauptsächlich den Zweck haben, dem Auftraggeber die Bereitstellung oder den Betrieb öffentlicher Telekommunikationsnetze oder die Bereitstellung eines oder mehrerer Telekommunikationsdienste für die Öffentlichkeit zu ermöglichen.

§ 100b Besondere Ausnahmen im Sektorenbereich

(1) Im Fall des § 100 Absatz 1 Satz 2 Nummer 2 gilt dieser Teil über die in § 100 Absatz 3 bis 6 und 8 genannten Fälle hinaus auch nicht für die in den Absätzen 2 bis 9 genannten Aufträge.

(2) Dieser Teil gilt nicht für die Vergabe von Aufträgen, die Folgendes zum Gegenstand haben:

1. finanzielle Dienstleistungen im Zusammenhang mit Ausgabe, Verkauf, Ankauf oder Übertragung von Wertpapieren oder anderen Finanzinstrumenten, insbesondere Geschäfte, die der Geld- oder Kapitalbeschaffung der Auftraggeber dienen, sowie Dienstleistungen der Zentralbanken,

2. bei Tätigkeiten auf dem Gebiet der Trinkwasserversorgung die Beschaffung von Wasser oder

3. bei Tätigkeiten auf dem Gebiet der Energieversorgung die Beschaffung von Energie oder von Brennstoffen zur Energieerzeugung.

(3) Dieser Teil gilt nicht für die Vergabe von Dienstleistungsaufträgen an eine Person, die ihrerseits Auftraggeber nach § 98 Nummer 1, 2 oder 3 ist und ein auf Gesetz oder Verordnung beruhendes ausschließliches Recht hat, die Leistung zu erbringen.

(4) Dieser Teil gilt nicht für die Vergabe von Aufträgen, die

1. von Auftraggebern nach § 98 Nummer 4 vergeben werden, soweit sie anderen Zwecken dienen als der Sektorentätigkeit,

2. zur Durchführung von Tätigkeiten auf dem Gebiet der Trinkwasser- oder Energieversorgung oder des Verkehrs außerhalb des Gebiets der Europäischen Union vergeben werden, wenn sie nicht mit der tatsächlichen Nutzung eines Netzes oder einer Anlage innerhalb dieses Gebietes verbunden sind,

3. zum Zweck der Weiterveräußerung oder Vermietung an Dritte vergeben werden, wenn

a) dem Auftraggeber kein besonderes oder ausschließliches Recht zum Verkauf oder zur Vermietung des Auftragsgegenstandes zusteht und

b) andere Unternehmen die Möglichkeit haben, diese Waren unter gleichen Bedingungen wie der betreffende Auftraggeber zu verkaufen oder zu vermieten, oder

4. der Ausübung einer Tätigkeit auf dem Gebiet der Trinkwasser- oder Energieversorgung oder des Verkehrs dienen, soweit die Europäische Kommission nach Artikel 30 der Richtlinie 2004/17/EG des Europäischen Parlaments und des Rates vom 31. März 2004 zur Koordinierung der Zuschlagserteilung durch Auftraggeber im Bereich der Wasser-, Energie- und Verkehrsversorgung sowie der Postdienste (ABl. L 7 vom 7. 1. 2005, S. 7) festgestellt hat, dass diese Tätigkeit in Deutschland auf Märkten mit freiem Zugang unmittelbar dem Wettbewerb ausgesetzt ist und dies durch das Bundesministerium für Wirtschaft und Technologie im Bundesanzeiger bekannt gemacht worden ist.

(5) Dieser Teil gilt nicht für die Vergabe von Baukonzessionen zum Zweck der Durchführung von Tätigkeiten auf dem Gebiet der Trinkwasser- oder Energieversorgung oder des Verkehrs.

(6) Dieser Teil gilt vorbehaltlich des Absatzes 7 nicht für die Vergabe von Aufträgen,

1. die an ein Unternehmen, das mit dem Auftraggeber verbunden ist, vergeben werden oder

2. die von einem gemeinsamen Unternehmen, das mehrere Auftraggeber, die auf dem Gebiet der Trinkwasser- oder Energieversorgung oder des Verkehrs tätig sind, ausschließlich zur Durchführung dieser Tätigkeiten gebildet haben, an ein Unternehmen vergeben werden, das mit einem dieser Auftraggeber verbunden ist.

(7) Absatz 6 gilt nur, wenn mindestens 80 Prozent des von dem verbundenen Unternehmen während der letzten drei Jahre in der Europäischen Union erzielten durchschnittlichen Umsatzes im entsprechenden Liefer- oder Bau- oder Dienstleistungssektor aus der Erbringung dieser Lieferungen oder Leistungen für die mit ihm verbundenen Auftraggeber stammen. Sofern das Unternehmen noch keine drei Jahre besteht, gilt Absatz 6, wenn zu erwarten ist, dass in den ersten drei Jahren seines Bestehens wahrscheinlich mindestens 80 Prozent erreicht werden. Werden die gleichen oder gleichartigen Lieferungen oder Bau- oder Dienstleistungen von mehr als einem mit dem Auftraggeber verbundenen Unternehmen erbracht, wird die Prozentzahl unter Berücksichtigung des Gesamtumsatzes errechnet, den diese verbundenen Unternehmen mit der Erbringung der Lieferung oder Leistung erzielen. § 36 Absatz 2 und 3 gilt entsprechend.

(8) Dieser Teil gilt vorbehaltlich des Absatzes 9 nicht für die Vergabe von Aufträgen, die

1. ein gemeinsames Unternehmen, das mehrere Auftraggeber, die auf dem Gebiet der Trinkwasser- oder Energieversorgung oder des Verkehrs tätig sind, ausschließlich zur Durchführung von diesen Tätigkeiten gebildet haben, an einen dieser Auftraggeber vergibt, oder

2. ein Auftraggeber an ein gemeinsames Unternehmen im Sinne der Nummer 1, an dem er beteiligt ist, vergibt.

(9) Absatz 8 gilt nur, wenn

1. das gemeinsame Unternehmen errichtet wurde, um die betreffende Tätigkeit während eines Zeitraumes von mindestens drei Jahren durchzuführen, und

2. in dem Gründungsakt festgelegt wird, dass die dieses Unternehmen bildenden Auftraggeber dem Unternehmen zumindest während des gleichen Zeitraumes angehören werden.

§ 100c Besondere Ausnahmen in den Bereichen Verteidigung und Sicherheit

(1) Im Fall des § 100 Absatz 1 Satz 2 Nummer 3 gilt dieser Teil über die in § 100 Absatz 3 bis 6 genannten Fälle hinaus auch nicht für die in den Absätzen 2 bis 4 genannten Aufträge.

(2) Dieser Teil gilt nicht für die Vergabe von Aufträgen, die

1. Finanzdienstleistungen mit Ausnahme von Versicherungsdienstleistungen zum Gegenstand haben,

2. zum Zweck nachrichtendienstlicher Tätigkeiten vergeben werden,

3. im Rahmen eines Kooperationsprogramms vergeben werden, das

   a) auf Forschung und Entwicklung beruht und

   b) mit mindestens einem anderen EU-Mitgliedstaat für die Entwicklung eines neuen Produkts und gegebenenfalls die späteren Phasen des gesamten oder eines Teils des Lebenszyklus dieses Produkts durchgeführt wird,

4. die Bundesregierung, eine Landesregierung oder eine Gebietskörperschaft an eine andere Regierung oder an eine Gebietskörperschaft eines anderen Staates vergibt und die Folgendes zum Gegenstand haben:

   a) die Lieferung von Militärausrüstung oder die Lieferung von Ausrüstung, die im Rahmen eines Verschlusssachenauftrags im Sinne des § 99 Absatz 9 vergeben wird,

   b) Bau- und Dienstleistungen, die in unmittelbarem Zusammenhang mit dieser Ausrüstung stehen,

   c) Bau- und Dienstleistungen speziell für militärische Zwecke oder

   d) Bau- und Dienstleistungen, die im Rahmen eines Verschlusssachenauftrags im Sinne des § 99 Absatz 9 vergeben werden.

(3) Dieser Teil gilt nicht für die Vergabe von Aufträgen, die in einem Land außerhalb der Europäischen Union vergeben werden; zu diesen Aufträgen gehören auch zivile Beschaffungen im Rahmen des Einsatzes von Streitkräften oder von Polizeien des Bundes oder der Länder außerhalb des Gebiets der Europäischen Union, wenn der Einsatz es erfordert, dass sie mit im Einsatzgebiet ansässigen Unternehmen geschlossen werden. Zivile Beschaffungen sind Beschaffungen nicht militärischer Produkte und Bau- oder Dienstleistungen für logistische Zwecke.

(4) Dieser Teil gilt nicht für die Vergabe von Aufträgen, die besonderen Verfahrensregeln unterliegen,

1. die sich aus einem internationalen Abkommen oder einer internationalen Vereinbarung ergeben, das oder die zwischen einem oder mehreren Mitgliedstaaten und einem oder mehreren Drittstaaten, die nicht Vertragsparteien des Übereinkommens über den Europäischen Wirtschaftsraum sind, geschlossen wurde,

2. die sich aus einem internationalen Abkommen oder einer internationalen Vereinbarung im Zusammenhang mit der Stationierung von Truppen ergeben, das oder die Unternehmen eines Mitgliedstaats oder eines Drittstaates betrifft, oder

3. die für eine internationale Organisation gelten, wenn diese für ihre Zwecke Beschaffungen tätigt oder wenn ein Mitgliedstaat Aufträge nach diesen Regeln vergeben muss.

§ 101 Arten der Vergabe

(1) Die Vergabe von öffentlichen Liefer-, Bau- und Dienstleistungsaufträgen erfolgt in offenen Verfahren, in nicht offenen Verfahren, in Verhandlungsverfahren oder im wettbewerblichen Dialog.

(2) Offene Verfahren sind Verfahren, in denen eine unbeschränkte Anzahl von Unternehmen öffentlich zur Abgabe von Angeboten aufgefordert wird.

(3) Bei nicht offenen Verfahren wird öffentlich zur Teilnahme, aus dem Bewerberkreis sodann eine beschränkte Anzahl von Unternehmen zur Angebotsabgabe aufgefordert.

(4) Ein wettbewerblicher Dialog ist ein Verfahren zur Vergabe besonders komplexer Aufträge durch Auftraggeber nach § 98 Nr. 1 bis 3, soweit sie nicht auf dem Gebiet der Trinkwasser- oder Energieversorgung oder des Verkehrs tätig sind, und § 98 Nr. 5. In diesem Verfahren erfolgen eine Aufforderung zur Teilnahme und anschließend Verhandlungen mit ausgewählten Unternehmen über alle Einzelheiten des Auftrags.

(5) Verhandlungsverfahren sind Verfahren, bei denen sich der Auftraggeber mit oder ohne vorherige öffentliche Aufforderung zur Teilnahme an ausgewählten Unternehmen wendet, um mit einem oder mehreren über die Auftragsbedingungen zu verhandeln.

(6) Eine elektronische Auktion dient der elektronischen Ermittlung des wirtschaftlichsten Angebotes. Ein dynamisches elektronisches Verfahren ist ein zeitlich befristetes ausschließlich elektronisches offenes Vergabeverfahren zur Beschaffung marktüblicher Leistungen, bei denen die allgemein am Markt verfügbaren Spezifikationen den Anforderungen des Auftraggebers genügen.

(7) Öffentliche Auftraggeber haben das offene Verfahren anzuwenden, es sei denn, auf Grund dieses Gesetzes ist etwas anderes gestattet. Auftraggebern stehen, soweit sie auf dem Gebiet der Trinkwasser- oder Energieversorgung oder des Verkehrs tätig sind, das offene Verfahren, das nicht offene Verfahren und das Verhandlungsverfahren nach ihrer Wahl zur Verfügung. Bei der Vergabe von verteidigungs- und sicherheitsrelevanten Aufträgen können öffentliche Auftraggeber zwischen dem nicht offenen Verfahren und dem Verhandlungsverfahren wählen.

§ 101a Informations- und Wartepflicht

(1) Der Auftraggeber hat die betroffenen Bieter, deren Angebote nicht berücksichtigt werden sollen, über den Namen des Unternehmens, dessen Angebot angenommen werden soll, über die Gründe der vorgesehenen Nichtberücksichtigung ihres Angebots und über den frühesten Zeitpunkt des Vertragsschlusses unverzüglich in Textform zu informieren. Dies gilt auch für Bewerber, denen keine Information über die Ablehnung ihrer Bewerbung zur Verfügung gestellt wurde, bevor die Mitteilung über die Zuschlagsentscheidung an die betroffenen Bieter ergangen ist. Ein Vertrag darf erst 15 Kalendertage nach Absendung der Information nach den Sätzen 1 und 2 geschlossen werden. Wird die Information per Fax oder auf elektronischem Weg versendet, verkürzt sich die Frist auf zehn Kalendertage. Die Frist beginnt am Tag nach der Absendung der Information durch den Auftraggeber; auf den Tag des Zugangs beim betroffenen Bieter und Bewerber kommt es nicht an.

(2) Die Informationspflicht entfällt in Fällen, in denen das Verhandlungsverfahren ohne vorherige Bekanntmachung wegen besonderer Dringlichkeit gerechtfertigt ist.

§ 101b Unwirksamkeit

(1) Ein Vertrag ist von Anfang an unwirksam, wenn der Auftraggeber

1. gegen § 101a verstoßen hat oder

2. einen öffentlichen Auftrag unmittelbar an ein Unternehmen erteilt, ohne andere Unternehmen am Vergabeverfahren zu beteiligen und ohne dass dies aufgrund Gesetzes gestattet ist

und dieser Verstoß in einem Nachprüfungsverfahren nach Absatz 2 festgestellt worden ist.

(2) Die Unwirksamkeit nach Absatz 1 kann nur festgestellt werden, wenn sie im Nachprüfungsverfahren innerhalb von 30 Kalendertagen ab Kenntnis des Verstoßes, jedoch nicht später als sechs Monate nach Vertragsschluss geltend gemacht worden ist. Hat der Auftraggeber die Auftragsvergabe im Amtsblatt der Europäischen Union bekannt gemacht, endet die Frist zur Geltendmachung der Unwirksamkeit 30 Kalendertage nach Veröffentlichung der Bekanntmachung der Auftragsvergabe im Amtsblatt der Europäischen Union.

Zweiter Abschnitt
Nachprüfungsverfahren

I. Nachprüfungsbehörden

§ 102 Grundsatz

Unbeschadet der Prüfungsmöglichkeiten von Aufsichtsbehörden unterliegt die Vergabe öffentlicher Aufträge der Nachprüfung durch die Vergabekammern.

§ 103 (weggefallen)

§ 104 Vergabekammern

(1) Die Nachprüfung der Vergabe öffentlicher Aufträge nehmen die Vergabekammern des Bundes für die dem Bund zuzurechnenden Aufträge, die Vergabekammern der Länder für die diesen zuzurechnenden Aufträge wahr.

(2) Rechte aus § 97 Abs. 7 sowie sonstige Ansprüche gegen öffentliche Auftraggeber, die auf die Vornahme oder das Unterlassen einer Handlung in einem Vergabeverfahren gerichtet sind, können nur vor den Vergabekammern und dem Beschwerdegericht geltend gemacht werden.

(3) Die Zuständigkeit der ordentlichen Gerichte für die Geltendmachung von Schadensersatzansprüchen und die Befugnisse der Kartellbehörden zur Verfolgung von Verstößen insbesondere gegen §§ 19 und 20 bleiben unberührt.

§ 105 Besetzung, Unabhängigkeit

(1) Die Vergabekammern üben ihre Tätigkeit im Rahmen der Gesetze unabhängig und in eigener Verantwortung aus.

(2) Die Vergabekammern entscheiden in der Besetzung mit einem Vorsitzenden und zwei Beisitzern, von denen einer ein ehrenamtlicher Beisitzer ist. Der Vorsitzende und der hauptamtliche Beisitzer müssen Beamte auf Lebenszeit mit der Befähigung zum höheren Verwaltungsdienst oder vergleichbar fachkundige Angestellte sein. Der Vorsitzende oder der hauptamtliche Beisitzer müssen die Befähigung zum Richteramt haben; in der Regel soll dies der Vorsitzende sein. Die Beisitzer sollen über gründliche Kenntnisse des Vergabewesens, die ehrenamtlichen Beisitzer auch über mehrjährige praktische Erfahrungen auf dem Gebiet des Vergabewesens verfügen. Bei der Überprüfung der Vergabe von verteidigungs- und sicherheitsrelevanten Aufträgen im Sinne des § 99 Absatz 7 können die Vergabekammern abweichend von Satz 1 auch in der Besetzung mit einem Vorsitzenden und zwei hauptamtlichen Beisitzern entscheiden.

(3) Die Kammer kann das Verfahren dem Vorsitzenden oder dem hauptamtlichen Beisitzer ohne mündliche Verhandlung durch unanfechtbaren Beschluss zur alleinigen Entscheidung übertragen. Diese Übertragung ist nur möglich, sofern die Sache keine wesentlichen Schwierigkeiten in tatsächlicher oder rechtlicher Hinsicht aufweist und die Entscheidung nicht von grundsätzlicher Bedeutung sein wird.

(4) Die Mitglieder der Kammer werden für eine Amtszeit von fünf Jahren bestellt. Sie entscheiden unabhängig und sind nur dem Gesetz unterworfen.

§ 106 Einrichtung, Organisation

(1) Der Bund richtet die erforderliche Anzahl von Vergabekammern beim Bundeskartellamt ein. Einrichtung und Besetzung der Vergabekammern sowie die Geschäftsverteilung bestimmt der Präsident des Bundeskartellamts. Ehrenamtliche Beisitzer und deren Stellvertreter ernennt er auf Vorschlag der Spitzenorganisationen der öffentlich-rechtlichen Kammern. Der Präsident des Bundeskartellamts erlässt nach Genehmigung durch das Bundesministerium für Wirtschaft und Technologie eine Geschäftsordnung und veröffentlicht diese im Bundesanzeiger.

(2) Die Einrichtung, Organisation und Besetzung der in diesem Abschnitt genannten Stellen (Nachprüfungsbehörden) der Länder bestimmen die nach Landesrecht zuständigen Stellen, mangels einer solchen Bestimmung die Landesregierung, die die Ermächtigung weiter übertragen kann. Die Länder können gemeinsame Nachprüfungsbehörden einrichten.

§ 106a Abgrenzung der Zuständigkeit der Vergabekammern

(1) Die Vergabekammer des Bundes ist zuständig für die Nachprüfung der Vergabeverfahren

1. des Bundes;

2. von Auftraggebern im Sinne des § 98 Nr. 2, sofern der Bund die Beteiligung überwiegend verwaltet oder die sonstige Finanzierung überwiegend gewährt hat oder über die Leitung überwiegend die Aufsicht ausübt oder die Mitglieder des zur Geschäftsführung oder zur Aufsicht berufenen Organs überwiegend bestimmt hat, es sei denn, die an dem Auftraggeber Betei-

ligten haben sich auf die Zuständigkeit einer anderen Vergabekammer geeinigt;

3. von Auftraggebern im Sinne des § 98 Nr. 4, sofern der Bund auf sie einen beherrschenden Einfluss ausübt; ein beherrschender Einfluss liegt vor, wenn der Bund unmittelbar oder mittelbar die Mehrheit des gezeichneten Kapitals des Auftraggebers besitzt oder über die Mehrheit der mit den Anteilen des Auftraggebers verbundenen Stimmrechte verfügt oder mehr als die Hälfte der Mitglieder des Verwaltungs-, Leitungs- oder Aufsichtsorgans des Auftraggebers bestellen kann;

4. von Auftraggebern im Sinne des § 98 Nr. 5, sofern der Bund die Mittel überwiegend bewilligt hat;

5. von Auftraggebern nach § 98 Nr. 6, sofern die unter § 98 Nr. 1 bis 3 fallende Stelle dem Bund zuzuordnen ist;

6. die im Rahmen der Organleihe für den Bund durchgeführt werden.

(2) Wird das Vergabeverfahren von einem Land im Rahmen der Auftragsverwaltung für den Bund durchgeführt, ist die Vergabekammer dieses Landes zuständig. Ist in entsprechender Anwendung des Absatzes 1 Nr. 2 bis 6 ein Auftraggeber einem Land zuzuordnen, ist die Vergabekammer des jeweiligen Landes zuständig.

(3) In allen anderen Fällen wird die Zuständigkeit der Vergabekammern nach dem Sitz des Auftraggebers bestimmt. Bei länderübergreifenden Beschaffungen benennen die Auftraggeber in der Vergabebekanntmachung nur eine zuständige Vergabekammer.

II. Verfahren vor der Vergabekammer

§ 107 Einleitung, Antrag

(1) Die Vergabekammer leitet ein Nachprüfungsverfahren nur auf Antrag ein.

(2) Antragsbefugt ist jedes Unternehmen, das ein Interesse am Auftrag hat und eine Verletzung in seinen Rechten nach § 97 Abs. 7 durch Nichtbeachtung von Vergabevorschriften geltend macht. Dabei ist darzulegen, dass dem Unternehmen durch die behauptete Verlet-

zung der Vergabevorschriften ein Schaden entstanden ist oder zu entstehen droht.

(3) Der Antrag ist unzulässig, soweit

1. der Antragsteller den gerügten Verstoß gegen Vergabevorschriften im Vergabeverfahren erkannt und gegenüber dem Auftraggeber nicht unverzüglich gerügt hat,

2. Verstöße gegen Vergabevorschriften, die aufgrund der Bekanntmachung erkennbar sind, nicht spätestens bis Ablauf der in der Bekanntmachung benannten Frist zur Angebotsabgabe oder zur Bewerbung gegenüber dem Auftraggeber gerügt werden,

3. Verstöße gegen Vergabevorschriften, die erst in den Vergabeunterlagen erkennbar sind, nicht spätestens bis zum Ablauf der in der Bekanntmachung benannten Frist zur Angebotsabgabe oder zur Bewerbung gegenüber dem Auftraggeber gerügt werden,

4. mehr als 15 Kalendertage nach Eingang der Mitteilung des Auftraggebers, einer Rüge nicht abhelfen zu wollen, vergangen sind.

Satz 1 gilt nicht bei einem Antrag auf Feststellung der Unwirksamkeit des Vertrages nach § 101b Abs. 1 Nr. 2. § 101a Abs. 1 Satz 2 bleibt unberührt.

§ 108 Form

(1) Der Antrag ist schriftlich bei der Vergabekammer einzureichen und unverzüglich zu begründen. Er soll ein bestimmtes Begehren enthalten. Ein Antragsteller ohne Wohnsitz oder gewöhnlichen Aufenthalt, Sitz oder Geschäftsleitung im Geltungsbereich dieses Gesetzes hat einen Empfangsbevollmächtigten im Geltungsbereich dieses Gesetzes zu benennen.

(2) Die Begründung muss die Bezeichnung des Antragsgegners, eine Beschreibung der behaupteten Rechtsverletzung mit Sachverhaltsdarstellung und die Bezeichnung der verfügbaren Beweismittel enthalten sowie darlegen, dass die Rüge gegenüber dem Auftraggeber erfolgt ist; sie soll, soweit bekannt, die sonstigen Beteiligten benennen.

IV

§ 109 Verfahrensbeteiligte, Beiladung

Verfahrensbeteiligte sind der Antragsteller, der Auftraggeber und die Unternehmen, deren Interessen durch die Entscheidung schwerwiegend berührt werden und die deswegen von der Vergabekammer beigeladen worden sind. Die Entscheidung über die Beiladung ist unanfechtbar.

§ 110 Untersuchungsgrundsatz

(1) Die Vergabekammer erforscht den Sachverhalt von Amts wegen. Sie kann sich dabei auf das beschränken, was von den Beteiligten vorgebracht wird oder ihr sonst bekannt sein muss. Zu einer umfassenden Rechtmäßigkeitskontrolle ist die Vergabekammer nicht verpflichtet. Sie achtet bei ihrer gesamten Tätigkeit darauf, dass der Ablauf des Vergabeverfahrens nicht unangemessen beeinträchtigt wird.

(2) Die Vergabekammer prüft den Antrag darauf, ob er offensichtlich unzulässig oder unbegründet ist. Dabei berücksichtigt die Vergabekammer auch einen vorsorglich hinterlegten Schriftsatz (Schutzschrift) des Auftraggebers. Sofern der Antrag nicht offensichtlich unzulässig oder unbegründet ist, übermittelt die Vergabekammer dem Auftraggeber eine Kopie des Antrags und fordert bei ihm die Akten an, die das Vergabeverfahren dokumentieren (Vergabeakten). Der Auftraggeber hat die Vergabeakten der Kammer sofort zur Verfügung zu stellen. Die §§ 57 bis 59 Abs. 1 bis 5 sowie § 61 gelten entsprechend.

§ 110a Aufbewahrung vertraulicher Unterlagen

(1) Die Vergabekammer stellt die Vertraulichkeit von Verschlusssachen und anderen vertraulichen Informationen sicher, die in den von den Parteien übermittelten Unterlagen enthalten sind.

(2) Die Mitglieder der Vergabekammern sind zur Geheimhaltung verpflichtet; die Entscheidungsgründe dürfen Art und Inhalt der geheim gehaltenen Urkunden, Akten, elektronischen Dokumente und Auskünfte nicht erkennen lassen.

§ 111 Akteneinsicht

(1) Die Beteiligten können die Akten bei der Vergabekammer einsehen und sich durch die Geschäftsstelle auf ihre Kosten Ausfertigungen, Auszüge oder Abschriften erteilen lassen.

(2) Die Vergabekammer hat die Einsicht in die Unterlagen zu versagen, soweit dies aus wichtigen Gründen, insbesondere des Geheimschutzes oder zur Wahrung von Betriebs- oder Geschäftsgeheimnissen geboten ist.

(3) Jeder Beteiligte hat mit Übersendung seiner Akten oder Stellungnahmen auf die in Absatz 2 genannten Geheimnisse hinzuweisen und diese in den Unterlagen entsprechend kenntlich zu machen. Erfolgt dies nicht, kann die Vergabekammer von seiner Zustimmung auf Einsicht ausgehen.

(4) Die Versagung der Akteneinsicht kann nur im Zusammenhang mit der sofortigen Beschwerde in der Hauptsache angegriffen werden.

§ 112 Mündliche Verhandlung

(1) Die Vergabekammer entscheidet auf Grund einer mündlichen Verhandlung, die sich auf einen Termin beschränken soll. Alle Beteiligten haben Gelegenheit zur Stellungnahme. Mit Zustimmung der Beteiligten oder bei Unzulässigkeit oder bei offensichtlicher Unbegründetheit des Antrags kann nach Lage der Akten entschieden werden.

(2) Auch wenn die Beteiligten in dem Verhandlungstermin nicht erschienen oder nicht ordnungsgemäß vertreten sind, kann in der Sache verhandelt und entschieden werden.

§ 113 Beschleunigung

(1) Die Vergabekammer trifft und begründet ihre Entscheidung schriftlich innerhalb einer Frist von fünf Wochen ab Eingang des Antrags. Bei besonderen tatsächlichen oder rechtlichen Schwierigkeiten kann der Vorsitzende im Ausnahmefall die Frist durch Mitteilung an die Beteiligten um den erforderlichen Zeitraum verlängern. Dieser Zeitraum soll nicht länger als zwei Wochen dauern. Er begründet diese Verfügung schriftlich.

(2) Die Beteiligten haben an der Aufklärung des Sachverhalts mitzuwirken, wie es einem

auf Förderung und raschen Abschluss des Verfahrens bedachten Vorgehen entspricht. Den Beteiligten können Fristen gesetzt werden, nach deren Ablauf weiterer Vortrag unbeachtet bleiben kann.

§ 114 Entscheidung der Vergabekammer

(1) Die Vergabekammer entscheidet, ob der Antragsteller in seinen Rechten verletzt ist und trifft die geeigneten Maßnahmen, um eine Rechtsverletzung zu beseitigen und eine Schädigung der betroffenen Interessen zu verhindern. Sie ist an die Anträge nicht gebunden und kann auch unabhängig davon auf die Rechtmäßigkeit des Vergabeverfahrens einwirken.

(2) Ein wirksam erteilter Zuschlag kann nicht aufgehoben werden. Hat sich das Nachprüfungsverfahren durch Erteilung des Zuschlags, durch Aufhebung oder durch Einstellung des Vergabeverfahrens oder in sonstiger Weise erledigt, stellt die Vergabekammer auf Antrag eines Beteiligten fest, ob eine Rechtsverletzung vorgelegen hat. § 113 Abs. 1 gilt in diesem Fall nicht.

(3) Die Entscheidung der Vergabekammer ergeht durch Verwaltungsakt. Die Vollstreckung richtet sich, auch gegen einen Hoheitsträger, nach den Verwaltungsvollstreckungsgesetzen des Bundes und der Länder. Die §§ 61 und 86a Satz 2 gelten entsprechend.

§ 115 Aussetzung des Vergabeverfahrens

(1) Informiert die Vergabekammer den öffentlichen Auftraggeber in Textform über den Antrag auf Nachprüfung, darf dieser vor einer Entscheidung der Vergabekammer und dem Ablauf der Beschwerdefrist nach § 117 Abs. 1 den Zuschlag nicht erteilen.

(2) Die Vergabekammer kann dem Auftraggeber auf seinen Antrag oder auf Antrag des Unternehmens, das nach § 101a vom Auftraggeber als das Unternehmen benannt ist, das den Zuschlag erhalten soll, gestatten, den Zuschlag nach Ablauf von zwei Wochen seit Bekanntgabe dieser Entscheidung zu erteilen, wenn unter Berücksichtigung aller möglicherweise geschädigten Interessen sowie des In-

teresses der Allgemeinheit an einem raschen Abschluss des Vergabeverfahrens die nachteiligen Folgen einer Verzögerung der Vergabe bis zum Abschluss der Nachprüfung die damit verbundenen Vorteile überwiegen. Bei der Abwägung ist das Interesse der Allgemeinheit an einer wirtschaftlichen Erfüllung der Aufgaben des Auftraggebers zu berücksichtigen; bei verteidigungs- oder sicherheitsrelevanten Aufträgen im Sinne des § 99 Absatz 7 sind zusätzlich besondere Verteidigungs- und Sicherheitsinteressen zu berücksichtigen. Die Vergabekammer berücksichtigt dabei auch die allgemeinen Aussichten des Antragstellers im Vergabeverfahren, den Auftrag zu erhalten. Die Erfolgsaussichten des Nachprüfungsantrags müssen nicht in jedem Falle Gegenstand der Abwägung sein. Das Beschwerdegericht kann auf Antrag das Verbot des Zuschlags nach Absatz 1 wiederherstellen; § 114 Abs. 2 Satz 1 bleibt unberührt. Wenn die Vergabekammer den Zuschlag nicht gestattet, kann das Beschwerdegericht auf Antrag des Auftraggebers unter den Voraussetzungen der Sätze 1 bis 4 den sofortigen Zuschlag gestatten. Für das Verfahren vor dem Beschwerdegericht gilt § 121 Abs. 2 Satz 1 und 2 und Absatz 3 entsprechend. Eine sofortige Beschwerde nach § 116 Abs. 1 ist gegen Entscheidungen der Vergabekammer nach diesem Absatz nicht zulässig.

(3) Sind Rechte des Antragstellers aus § 97 Abs. 7 im Vergabeverfahren auf andere Weise als durch den drohenden Zuschlag gefährdet, kann die Kammer auf besonderen Antrag mit weiteren vorläufigen Maßnahmen in das Vergabeverfahren eingreifen. Sie legt dabei den Beurteilungsmaßstab des Absatzes 2 Satz 1 zugrunde. Diese Entscheidung ist nicht selbständig anfechtbar. Die Vergabekammer kann die von ihr getroffenen weiteren vorläufigen Maßnahmen nach den Verwaltungsvollstreckungsgesetzen des Bundes und der Länder durchsetzen; die Maßnahmen sind sofort vollziehbar. § 86a Satz 2 gilt entsprechend.

(4) Macht der Auftraggeber das Vorliegen der Voraussetzungen nach § 100 Absatz 8 Nummer 1 bis 3 geltend, entfällt das Verbot des Zuschlages nach Absatz 1 fünf Werktage nach

IV

Zustellung eines entsprechenden Schriftsatzes an den Antragsteller; die Zustellung ist durch die Vergabekammer unverzüglich nach Eingang des Schriftsatzes vorzunehmen. Auf Antrag kann das Beschwerdegericht das Verbot des Zuschlages wiederherstellen. § 121 Abs. 1 Satz 1, Abs. 2 Satz 1 sowie Abs. 3 und 4 finden entsprechende Anwendung.

§ 115a Ausschluss von abweichendem Landesrecht

Soweit dieser Unterabschnitt Regelungen zum Verwaltungsverfahren enthält, darf hiervon durch Landesrecht nicht abgewichen werden.

III. Sofortige Beschwerde

§ 116 Zulässigkeit, Zuständigkeit

(1) Gegen Entscheidungen der Vergabekammer ist die sofortige Beschwerde zulässig. Sie steht den am Verfahren vor der Vergabekammer Beteiligten zu.

(2) Die sofortige Beschwerde ist auch zulässig, wenn die Vergabekammer über einen Antrag auf Nachprüfung nicht innerhalb der Frist des § 113 Abs. 1 entschieden hat; in diesem Fall gilt der Antrag als abgelehnt.

(3) Über die sofortige Beschwerde entscheidet ausschließlich das für den Sitz der Vergabekammer zuständige Oberlandesgericht. Bei den Oberlandesgerichten wird ein Vergabesenat gebildet.

(4) Rechtssachen nach den Absätzen 1 und 2 können von den Landesregierungen durch Rechtsverordnung anderen Oberlandesgerichten oder dem Obersten Landesgericht zugewiesen werden. Die Landesregierungen können die Ermächtigung auf die Landesjustizverwaltungen übertragen.

§ 117 Frist, Form

(1) Die sofortige Beschwerde ist binnen einer Notfrist von zwei Wochen, die mit der Zustellung der Entscheidung, im Fall des § 116 Abs. 2 mit dem Ablauf der Frist beginnt, schriftlich bei dem Beschwerdegericht einzulegen.

(2) Die sofortige Beschwerde ist zugleich mit ihrer Einlegung zu begründen. Die Beschwerdebegründung muss enthalten:

1. die Erklärung, inwieweit die Entscheidung der Vergabekammer angefochten und eine abweichende Entscheidung beantragt wird,

2. die Angabe der Tatsachen und Beweismittel, auf die sich die Beschwerde stützt.

(3) Die Beschwerdeschrift muss durch einen Rechtsanwalt unterzeichnet sein. Dies gilt nicht für Beschwerden von juristischen Personen des öffentlichen Rechts.

(4) Mit der Einlegung der Beschwerde sind die anderen Beteiligten des Verfahrens vor der Vergabekammer vom Beschwerdeführer durch Übermittlung einer Ausfertigung der Beschwerdeschrift zu unterrichten.

§ 118 Wirkung

(1) Die sofortige Beschwerde hat aufschiebende Wirkung gegenüber der Entscheidung der Vergabekammer. Die aufschiebende Wirkung entfällt zwei Wochen nach Ablauf der Beschwerdefrist. Hat die Vergabekammer den Antrag auf Nachprüfung abgelehnt, so kann das Beschwerdegericht auf Antrag des Beschwerdeführers die aufschiebende Wirkung bis zur Entscheidung über die Beschwerde verlängern.

(2) Das Gericht lehnt den Antrag nach Absatz 1 Satz 3 ab, wenn unter Berücksichtigung aller möglicherweise geschädigten Interessen die nachteiligen Folgen einer Verzögerung der Vergabe bis zur Entscheidung über die Beschwerde die damit verbundenen Vorteile überwiegen. Bei der Abwägung ist das Interesse der Allgemeinheit an einer wirtschaftlichen Erfüllung der Aufgaben des Auftraggebers zu berücksichtigen; bei verteidigungs- oder sicherheitsrelevanten Aufträgen im Sinne des § 99 Absatz 7 sind zusätzlich besondere Verteidigungs- und Sicherheitsinteressen zu berücksichtigen. Das Gericht berücksichtigt bei seiner Entscheidung auch die Erfolgsaussichten der Beschwerde, die allgemeinen Aussichten des Antragstellers im Vergabeverfahren, den Auftrag zu erhalten, und das Interesse der Allgemeinheit an einem raschen Abschluss des Vergabeverfahrens.

(3) Hat die Vergabekammer dem Antrag auf Nachprüfung durch Untersagung des Zu-

schlags stattgegeben, so unterbleibt dieser, solange nicht das Beschwerdegericht die Entscheidung der Vergabekammer nach § 121 oder § 123 aufhebt.

§ 119 Beteiligte am Beschwerdeverfahren

An dem Verfahren vor dem Beschwerdegericht beteiligt sind die an dem Verfahren vor der Vergabekammer Beteiligten.

§ 120 Verfahrensvorschriften

(1) Vor dem Beschwerdegericht müssen sich die Beteiligten durch einen Rechtsanwalt als Bevollmächtigten vertreten lassen. Juristische Personen des öffentlichen Rechts können sich durch Beamte oder Angestellte mit Befähigung zum Richteramt vertreten lassen.

(2) Die §§ 69, 70 Abs. 1 bis 3, § 71 Abs. 1 und 6, §§ 71a, 72, 73 mit Ausnahme der Verweisung auf § 227 Abs. 3 der Zivilprozessordnung, die §§ 78, 111 und 113 Abs. 2 Satz 1 finden entsprechende Anwendung.

§ 121 Vorabentscheidung über den Zuschlag

(1) Auf Antrag des Auftraggebers oder auf Antrag des Unternehmens, das nach § 101a vom Auftraggeber als das Unternehmen benannt ist, das den Zuschlag erhalten soll, kann das Gericht den weiteren Fortgang des Vergabeverfahrens und den Zuschlag gestatten, wenn unter Berücksichtigung aller möglicherweise geschädigten Interessen die nachteiligen Folgen einer Verzögerung der Vergabe bis zur Entscheidung über die Beschwerde die damit verbundenen Vorteile überwiegen. Bei der Abwägung ist das Interesse der Allgemeinheit an einer wirtschaftlichen Erfüllung der Aufgaben des Auftraggebers zu berücksichtigen; bei verteidigungs- oder sicherheitsrelevanten Aufträgen im Sinne des § 99 Absatz 7 sind zusätzlich besondere Verteidigungs- und Sicherheitsinteressen zu berücksichtigen. Das Gericht berücksichtigt bei seiner Entscheidung auch die Erfolgsaussichten der sofortigen Beschwerde, die allgemeinen Aussichten des Antragstellers im Vergabeverfahren, den Auftrag zu erhalten, und das In-

teresse der Allgemeinheit an einem raschen Abschluss des Vergabeverfahrens.

(2) Der Antrag ist schriftlich zu stellen und gleichzeitig zu begründen. Die zur Begründung des Antrags vorzutragenden Tatsachen sowie der Grund für die Eilbedürftigkeit sind glaubhaft zu machen. Bis zur Entscheidung über den Antrag kann das Verfahren über die Beschwerde ausgesetzt werden.

(3) Die Entscheidung ist unverzüglich längstens innerhalb von fünf Wochen nach Eingang des Antrags zu treffen und zu begründen; bei besonderen tatsächlichen oder rechtlichen Schwierigkeiten kann der Vorsitzende im Ausnahmefall die Frist durch begründete Mitteilung an die Beteiligten um den erforderlichen Zeitraum verlängern. Die Entscheidung kann ohne mündliche Verhandlung ergehen. Ihre Begründung erläutert Rechtmäßigkeit oder Rechtswidrigkeit des Vergabeverfahrens. § 120 findet Anwendung.

(4) Gegen eine Entscheidung nach dieser Vorschrift ist ein Rechtsmittel nicht zulässig.

§ 122 Ende des Vergabeverfahrens nach Entscheidung des Beschwerdegerichts

Ist der Auftraggeber mit einem Antrag nach § 121 vor dem Beschwerdegericht unterlegen, gilt das Vergabeverfahren nach Ablauf von zehn Tagen nach Zustellung der Entscheidung als beendet, wenn der Auftraggeber nicht die Maßnahmen zur Herstellung der Rechtmäßigkeit des Verfahrens ergreift, die sich aus der Entscheidung ergeben; das Verfahren darf nicht fortgeführt werden.

§ 123 Beschwerdeentscheidung

Hält das Gericht die Beschwerde für begründet, so hebt es die Entscheidung der Vergabekammer auf. In diesem Fall entscheidet das Gericht in der Sache selbst oder spricht die Verpflichtung der Vergabekammer aus, unter Berücksichtigung der Rechtsauffassung des Gerichts über die Sache erneut zu entscheiden. Auf Antrag stellt es fest, ob das Unternehmen, das die Nachprüfung beantragt hat, durch den Auftraggeber in seinen Rechten verletzt ist. § 114 Abs. 2 gilt entsprechend.

IV

§ 124 Bindungswirkung und Vorlagepflicht

(1) Wird wegen eines Verstoßes gegen Vergabevorschriften Schadensersatz begehrt und hat ein Verfahren vor der Vergabekammer stattgefunden, ist das ordentliche Gericht an die bestandskräftige Entscheidung der Vergabekammer und die Entscheidung des Oberlandesgerichts sowie gegebenenfalls des nach Absatz 2 angerufenen Bundesgerichtshofs über die Beschwerde gebunden.

(2) Will ein Oberlandesgericht von einer Entscheidung eines anderen Oberlandesgerichts oder des Bundesgerichtshofs abweichen, so legt es die Sache dem Bundesgerichtshof vor. Der Bundesgerichtshof entscheidet anstelle des Oberlandesgerichts. Der Bundesgerichtshof kann sich auf die Entscheidung der Divergenzfrage beschränken und dem Beschwerdegericht die Entscheidung in der Hauptsache übertragen, wenn dies nach dem Sach- und Streitstand des Beschwerdeverfahrens angezeigt scheint. Die Vorlagepflicht gilt nicht im Verfahren nach § 118 Abs. 1 Satz 3 und nach § 121.

Dritter Abschnitt
Sonstige Regelungen

§ 125 Schadensersatz bei Rechtsmissbrauch

(1) Erweist sich der Antrag nach § 107 oder die sofortige Beschwerde nach § 116 als von Anfang an ungerechtfertigt, ist der Antragsteller oder der Beschwerdeführer verpflichtet, dem Gegner und den Beteiligten den Schaden zu ersetzen, der ihnen durch den Missbrauch des Antrags- oder Beschwerderechts entstanden ist.

(2) Ein Missbrauch ist es insbesondere,

1. die Aussetzung oder die weitere Aussetzung des Vergabeverfahrens durch vorsätzlich oder grob fahrlässig vorgetragene falsche Angaben zu erwirken;

2. die Überprüfung mit dem Ziel zu beantragen, das Vergabeverfahren zu behindern oder Konkurrenten zu schädigen;

3. einen Antrag in der Absicht zu stellen, ihn später gegen Geld oder andere Vorteile zurückzunehmen.

(3) Erweisen sich die von der Vergabekammer entsprechend einem besonderen Antrag nach § 115 Abs. 3 getroffenen vorläufigen Maßnahmen als von Anfang an ungerechtfertigt, hat der Antragsteller dem Auftraggeber den aus der Vollziehung der angeordneten Maßnahme entstandenen Schaden zu ersetzen.

§ 126 Anspruch auf Ersatz des Vertrauensschadens

Hat der Auftraggeber gegen eine den Schutz von Unternehmen bezweckende Vorschrift verstoßen und hätte das Unternehmen ohne diesen Verstoß bei der Wertung der Angebote eine echte Chance gehabt, den Zuschlag zu erhalten, die aber durch den Rechtsverstoß beeinträchtigt wurde, so kann das Unternehmen Schadensersatz für die Kosten der Vorbereitung des Angebots oder der Teilnahme an einem Vergabeverfahren verlangen. Weiterreichende Ansprüche auf Schadensersatz bleiben unberührt.

§ 127 Ermächtigungen

Die Bundesregierung kann durch Rechtsverordnung mit Zustimmung des Bundesrates Regelungen erlassen

1. zur Umsetzung der vergaberechtlichen Schwellenwerte der Richtlinien der Europäischen Union in ihrer jeweils geltenden Fassung;

2. über das bei der Vergabe durch Auftraggeber, die auf dem Gebiet der Trinkwasser- oder Energieversorgung oder des Verkehrs tätig sind, einzuhaltende Verfahren, über die Auswahl und die Prüfung der Unternehmen und der Angebote, über den Abschluss des Vertrags und sonstige Regelungen des Vergabeverfahrens;

3. über das bei der Vergabe von verteidigungs- und sicherheitsrelevanten öffentlichen Aufträgen einzuhaltende Verfahren, über die Auswahl und die Prüfung der Unternehmen und der Angebote, über den Ausschluss vom Vergabeverfahren, über den Abschluss des Vertrags, über die Auf-

hebung von Vergabeverfahren und über sonstige Regelungen des Vergabeverfahrens einschließlich verteidigungs- und sicherheitsrelevanter Anforderungen im Hinblick auf den Geheimschutz, allgemeine Regeln zur Wahrung der Vertraulichkeit, die Versorgungssicherheit sowie besondere Regelungen für die Vergabe von Unteraufträgen;

4. (weggefallen)

5. (weggefallen)

6. über ein Verfahren, nach dem öffentliche Auftraggeber durch unabhängige Prüfer eine Bescheinigung erhalten können, daß ihr Vergabeverhalten mit den Regeln dieses Gesetzes und den auf Grund dieses Gesetzes erlassenen Vorschriften übereinstimmt;

7. über ein freiwilliges Streitschlichtungsverfahren der Europäischen Kommission gemäß Kapitel 4 der Richtlinie 92/13/EWG des Rates der Europäischen Gemeinschaft vom 25. Februar 1992 (ABl. EG Nr. L 76 S. 14);

8. über die Informationen, die von den Auftraggebern dem Bundesministerium für Wirtschaft und Technologie zu übermitteln sind, um Verpflichtungen aus Richtlinien des Rates der Europäischen Gemeinschaft zu erfüllen;

9. über die Voraussetzungen, nach denen Auftraggeber, die auf dem Gebiet der Trinkwasser- oder der Energieversorgung oder des Verkehrs tätig sind, sowie Auftraggeber nach dem Bundesberggesetz von der Verpflichtung zur Anwendung dieses Teils befreit werden können, sowie über das dabei anzuwendende Verfahren einschließlich der erforderlichen Ermittlungsbefugnisse des Bundeskartellamtes.

§ 127a Kosten für Gutachten und Stellungnahmen nach der Sektorenverordnung; Verordnungsermächtigung

(1) Für Gutachten und Stellungnahmen, die auf Grund der nach § 127 Nummer 9 erlassenen Rechtsverordnung vorgenommen werden, erhebt das Bundeskartellamt Kosten

(Gebühren und Auslagen) zur Deckung des Verwaltungsaufwands. § 80 Absatz 1 Satz 3 und Absatz 2 Satz 1, Satz 2 Nummer 1, Satz 3 und 4, Absatz 5 Satz 1 sowie Absatz 6 Satz 1 Nummer 2, Satz 2 und 3 gilt entsprechend. Hinsichtlich der Beschwerdemöglichkeit über die Kostenentscheidung gilt § 63 Absatz 1 und Absatz 4 entsprechend.

(2) Die Bundesregierung kann durch Rechtsverordnung mit Zustimmung des Bundesrates die Einzelheiten der Kostenerhebung bestimmen. Vollstreckungserleichterungen dürfen vorgesehen werden.

§ 128 Kosten des Verfahrens vor der Vergabekammer

IV

(1) Für Amtshandlungen der Vergabekammern werden Kosten (Gebühren und Auslagen) zur Deckung des Verwaltungsaufwandes erhoben. Das Verwaltungskostengesetz findet Anwendung.

(2) Die Gebühr beträgt mindestens 2500 Euro; dieser Betrag kann aus Gründen der Billigkeit bis auf ein Zehntel ermäßigt werden. Die Gebühr soll den Betrag von 50 000 Euro nicht überschreiten; sie kann im Einzelfall, wenn der Aufwand oder die wirtschaftliche Bedeutung außergewöhnlich hoch sind, bis zu einem Betrag von 100 000 Euro erhöht werden.

(3) Soweit ein Beteiligter im Verfahren unterliegt, hat er die Kosten zu tragen. Mehrere Kostenschuldner haften als Gesamtschuldner. Kosten, die durch Verschulden eines Beteiligten entstanden sind, können diesem auferlegt werden. Hat sich der Antrag vor Entscheidung der Vergabekammer durch Rücknahme oder anderweitig erledigt, hat der Antragsteller die Hälfte der Gebühr zu entrichten. Die Entscheidung, wer die Kosten zu tragen hat, erfolgt nach billigem Ermessen. Aus Gründen der Billigkeit kann von der Erhebung von Gebühren ganz oder teilweise abgesehen werden.

(4) Soweit ein Beteiligter im Nachprüfungsverfahren unterliegt, hat er die zur zweckentsprechenden Rechtsverfolgung oder Rechtsverteidigung notwendigen Aufwendungen des Antragsgegners zu tragen. Die Aufwendungen der Beigeladenen sind nur erstat-

tungsfähig, soweit sie die Vergabekammer aus Billigkeit der unterlegenen Partei auferlegt. Nimmt der Antragsteller seinen Antrag zurück, hat er die zur zweckentsprechenden Rechtsverfolgung notwendigen Aufwendungen des Antragsgegners und der Beigeladenen zu erstatten. § 80 Abs. 1, 2 und 3 Satz 2 des Verwaltungsverfahrensgesetzes und die entsprechenden Vorschriften der Verwaltungsverfahrensgesetze der Länder gelten entsprechend. Ein gesondertes Kostenfestsetzungsverfahren findet nicht statt.

§ 129 Korrekturmechanismus der Kommission

(1) Erhält die Bundesregierung im Laufe eines Vergabeverfahrens vor Abschluss des Vertrages eine Mitteilung der Kommission der Europäischen Gemeinschaften, dass diese der Auffassung ist, es liege ein schwerer Verstoß gegen das Gemeinschaftsrecht im Bereich der öffentlichen Aufträge vor, der zu beseitigen sei, teilt das Bundesministerium für Wirtschaft und Technologie dies dem Auftraggeber mit.

(2) Der Auftraggeber ist verpflichtet, innerhalb von 14 Kalendertagen nach Eingang dieser Mitteilung dem Bundesministerium für Wirtschaft und Technologie eine umfassende Darstellung des Sachverhaltes zu geben und darzulegen, ob der behauptete Verstoß beseitigt wurde, oder zu begründen, warum er nicht beseitigt wurde, ob das Vergabeverfahren Gegenstand eines Nachprüfungsverfahrens ist oder aus sonstigen Gründen ausgesetzt wurde.

(3) Ist das Vergabeverfahren Gegenstand eines Nachprüfungsverfahrens oder wurde es ausgesetzt, so ist der Auftraggeber verpflichtet, das Bundesministerium für Wirtschaft und Technologie unverzüglich über den Ausgang des Nachprüfungsverfahrens zu informieren.

§ 129a Unterrichtungspflichten der Nachprüfungsinstanzen

Die Vergabekammern und die Oberlandesgerichte unterrichten das Bundesministerium für Wirtschaft und Technologie bis zum 31. Januar eines jeden Jahres über die Anzahl der Nachprüfungsverfahren des Vorjahres und deren Ergebnisse.

§ 129b Regelung für Auftraggeber nach dem Bundesberggesetz

(1) Auftraggeber, die nach dem Bundesberggesetz berechtigt sind, Erdöl, Gas, Kohle oder andere Festbrennstoffe aufzusuchen oder zu gewinnen, müssen bei der Vergabe von Liefer-, Bau- oder Dienstleistungsaufträgen oberhalb der in Artikel 16 der Richtlinie 2004/17/EG des Europäischen Parlaments und des Rates vom 31. März 2004 zur Koordinierung der Zuschlagserteilung durch Auftraggeber im Bereich der Wasser-, Energie- und Verkehrsversorgung sowie der Postdienste (ABl. EU Nr. L 134 S. 1), die zuletzt durch die Verordnung (EG) Nr. 1422/2007 der Kommission vom 4. Dezember 2007 (ABl. EU Nr. L 317 S. 34) geändert worden ist, festgelegten Schwellenwerte zur Durchführung der Aufsuchung oder Gewinnung von Erdöl, Gas, Kohle oder anderen Festbrennstoffen den Grundsatz der Nichtdiskriminierung und der wettbewerbsorientierten Auftragsvergabe beachten. Insbesondere müssen sie Unternehmen, die ein Interesse an einem solchen Auftrag haben können, ausreichend informieren und bei der Auftragsvergabe objektive Kriterien zugrunde legen. Dies gilt nicht für die Vergabe von Aufträgen, deren Gegenstand die Beschaffung von Energie oder Brennstoffen zur Energieerzeugung ist.

(2) Die Auftraggeber nach Absatz 1 erteilen der Europäischen Kommission über das Bundesministerium für Wirtschaft und Technologie Auskunft über die Vergabe der unter diese Vorschrift fallenden Aufträge nach Maßgabe der Entscheidung 93/327/EWG der Kommission vom 13. Mai 1993 zur Festlegung der Voraussetzungen, unter denen die öffentlichen Auftraggeber, die geographisch abgegrenzte Gebiete zum Zwecke der Aufsuchung oder Förderung von Erdöl, Gas, Kohle oder anderen Festbrennstoffen nutzen, der Kommission Auskunft über die von ihnen vergebenen Aufträge zu erteilen haben (ABl. EG Nr. L 129 S. 25). Sie können über das Verfahren gemäß der Rechtsverordnung nach § 127 Nr. 9 unter den dort geregelten Voraussetzungen eine Befreiung von der Pflicht zur Anwendung dieser Bestimmung erreichen.

Fünfter Teil
Anwendungsbereich des Gesetzes

§ 130 Unternehmen der öffentlichen Hand, Geltungsbereich

(1) Dieses Gesetz findet auch Anwendung auf Unternehmen, die ganz oder teilweise im Eigentum der öffentlichen Hand stehen oder die von ihr verwaltet oder betrieben werden. Die Vorschriften des Ersten bis Dritten Teils dieses Gesetzes finden keine Anwendung auf die Deutsche Bundesbank und die Kreditanstalt für Wiederaufbau.

(2) Dieses Gesetz findet Anwendung auf alle Wettbewerbsbeschränkungen, die sich im Geltungsbereich dieses Gesetzes auswirken, auch wenn sie außerhalb des Geltungsbereichs dieses Gesetzes veranlasst werden.

(3) Die Vorschriften des Energiewirtschaftsgesetzes stehen der Anwendung der §§ 19, 20 und 29 nicht entgegen, soweit in § 111 des Energiewirtschaftsgesetzes keine andere Regelung getroffen ist.

Sechster Teil
Übergangs- und Schlussbestimmungen

§ 131 Übergangsbestimmungen

(1) Freistellungen von Vereinbarungen und Beschlüssen nach § 4 Abs. 2 und § 9 Abs. 3 Satz 1 und 4 und Freistellungen von Mittelstandsempfehlungen nach § 22 Abs. 2 in der am 30. Juni 2005 geltenden Fassung werden am 31. Dezember 2007 unwirksam. Bis dahin sind § 11 Abs. 1, §§ 12 und 22 Abs. 6 in der am 30. Juni 2005 geltenden Fassung weiter anzuwenden.

(2) Verfügungen der Kartellbehörde, durch die Vereinbarungen und Beschlüsse nach § 10 Abs. 1 in der am 30. Juni 2005 geltenden Fassung freigestellt sind, und Freistellungen von Lizenzverträgen nach § 17 Abs. 3 in der am 30. Juni 2005 geltenden Fassung werden am 31. Dezember 2007 unwirksam. Ist die Freistellungsverfügung der Kartellbehörde kürzer befristet, bleibt es dabei. Bis zum in

Satz 1 genannten Zeitpunkt sind § 11 Abs. 1 und § 12 in der am 30. Juni 2005 geltenden Fassung weiter anzuwenden.

(3) Absatz 2 Satz 1 gilt entsprechend für Verfügungen der Kartellbehörde, durch die Wettbewerbsregeln nach § 26 Abs. 1 und 2 Satz 1 in der am 30. Juni 2005 geltenden Fassung freigestellt sind.

(4) Auf einen Verstoß gegen eine wettbewerbsrechtliche Vorschrift oder eine Verfügung der Kartellbehörde, der bis zum 30. Juni 2005 begangen worden ist, ist anstelle der §§ 34 und 34a nur § 34 in der am 30. Juni 2005 geltenden Fassung anzuwenden.

(5) § 82a Abs. 1 findet auf Verfahren Anwendung, in denen das Gericht bis zum Inkrafttreten dieses Gesetzes noch keine mündliche Verhandlung terminiert hat. § 82a Abs. 2 gilt für alle Urteile, die nach dem 30. Juni 2009 ergangen sind.

(6) Soweit sie die öffentliche Versorgung mit Wasser regeln, sind die §§ 103, 103a und 105 sowie die auf sie verweisenden anderen Vorschriften des Gesetzes gegen Wettbewerbsbeschränkungen in der Fassung der Bekanntmachung vom 20. Februar 1990 (BGBl. I S. 235), zuletzt geändert durch Artikel 2 Abs. 3 des Gesetzes vom 26. August 1998 (BGBl. I S. 2512), weiter anzuwenden. Das gilt insoweit auch für die Vorschriften, auf welche die genannten Vorschriften verweisen.

(7) § 29 ist nach dem 31. Dezember 2012 nicht mehr anzuwenden.

(8) Vergabeverfahren, die vor dem 24. April 2009 begonnen haben, einschließlich der sich an diese anschließenden Nachprüfungsverfahren sowie am 24. April 2009 anhängige Nachprüfungsverfahren sind nach den hierfür bisher geltenden Vorschriften zu beenden.

(9) Vergabeverfahren, die vor dem 14. Dezember 2011 begonnen haben, sind nach den für sie bisher geltenden Vorschriften zu beenden; dies gilt auch für Nachprüfungsverfahren, die sich an diese Vergabeverfahren anschließen, und für am 14. Dezember 2011 anhängige Nachprüfungsverfahren.

Anlage
(zu § 98 Nr. 4)

Tätigkeiten auf dem Gebiet der Trinkwasser- oder Energieversorgung oder des Verkehrs sind:

1. **Trinkwasserversorgung:**
   Das Bereitstellen und Betreiben fester Netze zur Versorgung der Allgemeinheit im Zusammenhang mit der Gewinnung, dem Transport oder der Verteilung von Trinkwasser sowie die Versorgung dieser Netze mit Trinkwasser; dies gilt auch, wenn diese Tätigkeit mit der Ableitung und Klärung von Abwässern oder mit Wasserbauvorhaben sowie Vorhaben auf dem Gebiet der Bewässerung und der Entwässerung im Zusammenhang steht, sofern die zur Trinkwasserversorgung bestimmte Wassermenge mehr als 20 Prozent der mit dem Vorhaben oder den Bewässerungs- oder Entwässerungsanlagen zur Verfügung gestellten Gesamtwassermenge ausmacht; bei Auftraggebern nach § 98 Nr. 4 ist es keine Tätigkeit der Trinkwasserversorgung, sofern die Gewinnung von Trinkwasser für die Ausübung einer anderen Tätigkeit als der Trinkwasser- oder Energieversorgung oder des Verkehrs erforderlich ist, die Lieferung an das öffentliche Netz nur vom Eigenverbrauch des Auftraggebers nach § 98 Nr. 4 abhängt und unter Zugrundelegung des Mittels der letzten drei Jahre einschließlich des laufenden Jahres nicht mehr als 30 Prozent der gesamten Trinkwassergewinnung des Auftraggebers nach § 98 Nr. 4 ausmacht;

2. **Elektrizitäts- und Gasversorgung:**
   Das Bereitstellen und Betreiben fester Netze zur Versorgung der Allgemeinheit im Zusammenhang mit der Erzeugung, dem Transport oder der Verteilung von Strom oder der Gewinnung von Gas sowie die Versorgung dieser Netze mit Strom oder Gas; die Tätigkeit von Auftraggebern nach § 98 Nr. 4 gilt nicht als eine Tätigkeit der Elektrizitäts- und Gasversorgung, sofern die Erzeugung von Strom oder Gas für die Ausübung einer anderen Tätigkeit als der Trinkwasser- oder Energieversorgung oder des Verkehrs erforderlich ist, die Lieferung von Strom oder Gas an das öffentliche Netz nur vom Eigenverbrauch abhängt, bei der Lieferung von Gas auch nur darauf abzielt, diese Erzeugung wirtschaftlich zu nutzen, wenn unter Zugrundelegung des Mittels der letzten drei Jahre einschließlich des laufenden Jahres bei der Lieferung von Strom nicht mehr als 30 Prozent der gesamten Energieerzeugung des Auftraggebers nach § 98 Nr. 4 ausmacht, bei der Lieferung von Gas nicht mehr als 20 Prozent des Umsatzes des Auftraggebers nach § 98 Nr. 4;

3. **Wärmeversorgung:**
   Das Bereitstellen und Betreiben fester Netze zur Versorgung der Allgemeinheit im Zusammenhang mit der Erzeugung, dem Transport oder der Verteilung von Wärme sowie die Versorgung dieser Netze mit Wärme; die Tätigkeit gilt nicht als eine Tätigkeit der Wärmeversorgung, sofern die Erzeugung von Wärme durch Auftraggeber nach § 98 Nr. 4 sich zwangsläufig aus der Ausübung einer anderen Tätigkeit als auf dem Gebiet der Trinkwasser- oder Energieversorgung oder des Verkehrs ergibt, die Lieferung an das öffentliche Netz darauf abzielt, diese Erzeugung wirtschaftlich zu nutzen und unter Zugrundelegung des Mittels der letzten drei Jahre einschließlich des laufenden Jahres nicht mehr als 20 Prozent des Umsatzes des Auftraggebers nach § 98 Nr. 4 ausmacht;

4. **Verkehr:**
   Die Bereitstellung und der Betrieb von Flughäfen zum Zwecke der Versorgung von Beförderungsunternehmen im Luftverkehr durch Flughafenunternehmen, die insbesondere eine Genehmigung nach § 38 Abs. 2 Nr. 1 der Luftverkehrs-Zulassungs-Ordnung in der Fassung der Bekanntmachung vom 10. Juli 2008 (BGBl. I S. 1229)

erhalten haben oder einer solchen bedürfen;

die Bereitstellung und der Betrieb von Häfen oder anderen Verkehrsendeinrichtungen zum Zwecke der Versorgung von Beförderungsunternehmen im See- oder Binnenschiffsverkehr;

das Erbringen von Verkehrsleistungen, die Bereitstellung oder das Betreiben von Infrastruktureinrichtungen zur Versorgung der Allgemeinheit im Eisenbahn-, Straßenbahn- oder sonstigen Schienenverkehr, mit Seilbahnen sowie mit automatischen Systemen, im öffentlichen Personenverkehr im Sinne des Personenbeförderungsgesetzes auch mit Kraftomnibussen und Oberleitungsbussen.

IV

Verordnung (EG) Nr. 139/2004 des Rates über die Kontrolle von Unternehmenszusammenschlüssen (EG-Fusionskontrollverordnung)

Vom 20. Januar 2004 (ABl. S. 1)

IV

Inhaltsübersicht

Artikel 1 Anwendungsbereich

Artikel 2 Beurteilung von Zusammenschlüssen

Artikel 3 Definition des Zusammenschlusses

Artikel 4 Vorherige Anmeldung von Zusammenschlüssen und Verweisung vor der Anmeldung auf Antrag der Anmelder

Artikel 5 Berechnung des Umsatzes

Artikel 6 Prüfung der Anmeldung und Einleitung des Verfahrens

Artikel 7 Aufschub des Vollzugs von Zusammenschlüssen

Artikel 8 Entscheidungsbefugnisse der Kommission

Artikel 9 Verweisung an die zuständigen Behörden der Mitgliedstaaten

Artikel 10 Fristen für die Einleitung des Verfahrens und für Entscheidungen

Artikel 11 Auskunftsverlangen

Artikel 12 Nachprüfungen durch Behörden der Mitgliedstaaten

Artikel 13 Nachprüfungsbefugnisse der Kommission

Artikel 14 Geldbußen

Artikel 15 Zwangsgelder

Artikel 16 Kontrolle durch den Gerichtshof

Artikel 17 Berufsgeheimnis

Artikel 18 Anhörung Beteiligter und Dritter

Artikel 19 Verbindung mit den Behörden der Mitgliedstaaten

Artikel 20 Veröffentlichung von Entscheidungen

Artikel 21 Anwendung dieser Verordnung und Zuständigkeit

Artikel 22 Verweisung an die Kommission

Artikel 23 Durchführungsbestimmungen

Artikel 24 Beziehungen zu Drittländern

Artikel 25 Aufhebung

Artikel 26 Inkrafttreten und Übergangsbestimmungen

Der Rat der Europäischen Union –

gestützt auf den Vertrag zur Gründung der Europäischen Gemeinschaft, insbesondere auf die Artikel 83 und 308,

auf Vorschlag der Kommission[1]),

nach Stellungnahme des Europäischen Parlaments[2]),

nach Stellungnahme des Europäischen Wirtschafts- und Sozialausschusses[3]),

in Erwägung nachstehender Gründe:

(1) Die Verordnung (EWG) Nr. 4064/89 des Rates vom 21. Dezember 1989 über die Kontrolle von Unternehmenszusammenschlüssen[4]) ist in wesentlichen Punkten geändert worden. Es empfiehlt sich daher aus Gründen der Klarheit, im Rahmen der jetzt anstehenden Änderungen eine Neufassung dieser Verordnung vorzunehmen.

(2) Zur Verwirklichung der allgemeinen Ziele des Vertrags ist der Gemeinschaft in Artikel 3 Absatz 1 Buchstabe g) die Aufgabe übertragen worden, ein System zu errichten, das den Wettbewerb innerhalb des Binnenmarkts vor Verfälschungen schützt. Nach Artikel 4 Absatz 1 des Vertrags ist die Tätigkeit der Mitgliedstaaten und der Gemeinschaft dem Grundsatz einer offenen Marktwirtschaft mit freiem Wettbewerb verpflichtet. Diese Grundsätze sind für die Fortentwicklung des Binnenmarkts wesentlich.

(3) Die Vollendung des Binnenmarkts und der Wirtschafts- und Währungsunion, die Erweiterung der Europäischen Union und die Reduzierung der internationalen Handels- und Investitionshemmnisse werden auch weiterhin erhebliche Strukturveränderungen bei den Unternehmen, insbesondere durch Zusammenschlüsse, bewirken.

(4) Diese Strukturveränderungen sind zu begrüßen, soweit sie den Erfordernissen eines dynamischen Wettbewerbs entsprechen und geeignet sind, zu einer Steigerung der Wettbewerbsfähigkeit der europäischen Industrie, zu einer Verbesserung der Wachstumsbedingungen sowie zur Anhebung des Lebensstandards in der Gemeinschaft zu führen.

(5) Allerdings ist zu gewährleisten, dass der Umstrukturierungsprozess nicht eine dauerhafte Schädigung des Wettbewerbs verursacht. Das Gemeinschaftsrecht muss deshalb Vorschriften für solche Zusammenschlüsse enthalten, die geeignet sind, wirksamen Wettbewerb im Gemeinsamen Markt oder in einem wesentlichen Teil desselben erheblich zu beeinträchtigen.

(6) Daher ist ein besonderes Rechtsinstrument erforderlich, das eine wirksame Kontrolle sämtlicher Zusammenschlüsse im Hinblick auf ihre Auswirkungen auf die Wettbewerbsstruktur in der Gemeinschaft ermöglicht und das zugleich das einzige auf derartige Zusammenschlüsse anwendbare Instrument ist. Mit der Verordnung (EWG) Nr. 4064/89 konnte eine Gemeinschaftspolitik in diesem Bereich entwickelt werden. Es ist jedoch nunmehr an der Zeit, vor dem Hintergrund der gewonnenen Erfahrung die genannte Verordnung neu zu fassen, um den Herausforderungen eines stärker integrierten Markts und der künftigen Erweiterung der Europäischen Union besser gerecht werden. Im Einklang mit dem Subsidiaritätsprinzip und dem Grundsatz der Verhältnismäßigkeit nach Artikel 5 des Vertrags geht die vorliegende Verordnung nicht über das zur Erreichung ihres Ziels, der Gewährleistung eines unverfälschten Wettbewerbs im Gemeinsamen Markt entsprechend dem Grundsatz einer offenen Marktwirtschaft mit freiem Wettbewerb, erforderliche Maß hinaus.

---

[1]) ABl. C 20 vom 28. 1. 2003, S. 4.

[2]) Stellungnahme vom 9. Oktober 2003 (noch nicht im Amtsblatt veröffentlicht).

[3]) Stellungnahme vom 24. Oktober 2003 (noch nicht im Amtsblatt veröffentlicht).

[4]) ABl. L 395 vom 30. 12. 1989, S. 1. Berichtigte Fassung im ABl. L 257 vom 21. 9. 1990, S. 13. Verordnung zuletzt geändert durch die Verordnung (EG) Nr. 1310/97 (ABl. L 180 vom 9. 7. 1997, S. 1), Berichtigung im ABl. L 40 vom 13. 2. 1998, S. 17.

(7) Die Artikel 81 und 82 des Vertrags sind zwar nach der Rechtsprechung des Gerichtshofs auf bestimmte Zusammenschlüsse anwendbar, reichen jedoch nicht aus, um alle Zusammenschlüsse zu erfassen, die sich als unvereinbar mit dem vom Vertrag geforderten System des unverfälschten Wettbewerbs erweisen könnten. Diese Verordnung ist daher nicht nur auf Artikel 83, sondern vor allem auf Artikel 308 des Vertrags zu stützen, wonach sich die Gemeinschaft für die Verwirklichung ihrer Ziele zusätzliche Befugnisse geben kann; dies gilt auch für Zusammenschlüsse auf den Märkten für landwirtschaftliche Erzeugnisse im Sinne des Anhangs I des Vertrags.

(8) Die Vorschriften dieser Verordnung sollten für bedeutsame Strukturveränderungen gelten, deren Auswirkungen auf den Markt die Grenzen eines Mitgliedstaats überschreiten. Solche Zusammenschlüsse sollten grundsätzlich nach dem Prinzip der einzigen Anlaufstelle und im Einklang mit dem Subsidiaritätsprinzip ausschließlich auf Gemeinschaftsebene geprüft werden. Unternehmenszusammenschlüsse, die nicht im Anwendungsbereich dieser Verordnung liegen, fallen grundsätzlich in die Zuständigkeit der Mitgliedstaaten.

(9) Der Anwendungsbereich dieser Verordnung sollte anhand des geografischen Tätigkeitsbereichs der beteiligten Unternehmen bestimmt und durch Schwellenwerte eingegrenzt werden, damit Zusammenschlüsse von gemeinschaftsweiter Bedeutung erfasst werden können. Die Kommission sollte dem Rat über die Anwendung der Schwellenwerte und Kriterien Bericht erstatten, damit dieser sie ebenso wie die Vorschriften für Verweisungen vor einer Anmeldung gemäß Artikel 202 des Vertrags regelmäßig anhand der gewonnenen Erfahrungen überprüfen kann. Hierzu ist es erforderlich, dass die Mitgliedstaaten der Kommission statistische Angaben übermitteln, auf deren Grundlage die Kommission ihre Berichte erstellen und etwaige Änderungen vorschlagen kann. Die Berichte und Vorschläge der Kommission sollten sich auf die von den Mitgliedstaaten regelmäßig übermittelten Angaben stützen.

(10) Ein Zusammenschluss von gemeinschaftsweiter Bedeutung sollte dann als gegeben gelten, wenn der Gesamtumsatz der beteiligten Unternehmen die festgelegten Schwellenwerte überschreitet und sie in erheblichem Umfang in der Gemeinschaft tätig sind, unabhängig davon, ob der Sitz der beteiligten Unternehmen sich in der Gemeinschaft befindet oder diese dort ihr Hauptgeschäft ausüben.

(11) Die Regeln für die Verweisung von Zusammenschlüssen von der Kommission an die Mitgliedstaaten und von den Mitgliedstaaten an die Kommission sollten angesichts des Subsidiaritätsprinzips als wirksames Korrektiv wirken. Diese Regeln wahren in angemessener Weise die Wettbewerbsinteressen der Mitgliedstaaten und tragen dem Bedürfnis nach Rechtssicherheit sowie dem Grundsatz einer einzigen Anlaufstelle Rechnung.

(12) Zusammenschlüsse können in den Zuständigkeitsbereich mehrerer nationaler Fusionskontrollregelungen fallen, wenn sie die in dieser Verordnung genannten Schwellenwerte nicht erreichen. Die mehrfache Anmeldung desselben Vorhabens erhöht die Rechtsunsicherheit, die Arbeitsbelastung und die Kosten der beteiligten Unternehmen und kann zu widersprüchlichen Beurteilungen führen. Das System, nach dem die betreffenden Mitgliedstaaten Zusammenschlüsse an die Kommission verweisen können, sollte daher weiterentwickelt werden.

(13) Die Kommission sollte in enger und stetiger Verbindung mit den zuständigen Behörden der Mitgliedstaaten handeln und deren Bemerkungen und Mitteilungen entgegennehmen.

(14) Die Kommission sollte gemeinsam mit den zuständigen Behörden der Mitgliedstaaten ein Netz von Behörden bilden, die ihre jeweiligen Zuständigkeiten in enger Zusammenarbeit durch effiziente Regelungen für Informationsaustausch und Konsultation wahrnehmen, um sicherzustellen, dass jeder Fall unter Beachtung des Subsidiaritätsprinzips von der für ihn am besten geeigneten

Behörde behandelt wird und um Mehrfachanmeldungen weitestgehend auszuschließen. Verweisungen von Zusammenschlüssen von der Kommission an die Mitgliedstaaten und von den Mitgliedstaaten an die Kommission sollten in einer effizienten Weise erfolgen, die weitestgehend ausschließt, dass ein Zusammenschluss sowohl vor als auch nach seiner Anmeldung von einer Stelle an eine andere verwiesen wird.

(15) Die Kommission sollte einen angemeldeten Zusammenschluss mit gemeinschaftsweiter Bedeutung an einen Mitgliedstaat verweisen können, wenn er den Wettbewerb in einem Markt innerhalb dieses Mitgliedstaats, der alle Merkmale eines gesonderten Marktes aufweist, erheblich zu beeinträchtigen droht. Beeinträchtigt der Zusammenschluss den Wettbewerb in einem solchen Markt und stellt dieser keinen wesentlichen Teil des gemeinsamen Marktes dar, sollte die Kommission verpflichtet sein, den Fall ganz oder teilweise auf Antrag an den betroffenen Mitgliedstaat zu verweisen. Ein Mitgliedstaat sollte einen Zusammenschluss ohne gemeinschaftsweite Bedeutung an die Kommission verweisen können, wenn er den Handel zwischen den Mitgliedstaaten beeinträchtigt und den Wettbewerb in seinem Hoheitsgebiet erheblich zu beeinträchtigen droht. Weitere Mitgliedstaaten, die für die Prüfung des Zusammenschlusses ebenfalls zuständig sind, sollten die Möglichkeit haben, dem Antrag beizutreten. In diesem Fall sollten nationale Fristen ausgesetzt werden, bis eine Entscheidung über die Verweisung des Falles getroffen wurde, um die Effizienz und Berechenbarkeit des Systems sicherzustellen. Die Kommission sollte befugt sein, einen Zusammenschluss für einen antragstellenden Mitgliedstaat oder mehrere antragstellende Mitgliedstaaten zu prüfen und zu behandeln.

(16) Um das System der Fusionskontrolle innerhalb der Gemeinschaft noch effizienter zu gestalten, sollten die beteiligten Unternehmen die Möglichkeit erhalten, vor Anmeldung eines Zusammenschlusses die Verweisung an die Kommission oder an einen Mitgliedstaat zu beantragen. Um die Effizienz des Systems sicherzustellen, sollten die Kommission und die einzelstaatlichen Wettbewerbsbehörden in einem solchen Fall innerhalb einer kurzen, genau festgelegten Frist entscheiden, ob der Fall an die Kommission oder an den betreffenden Mitgliedstaat verwiesen werden sollte. Auf Antrag der beteiligten Unternehmen sollte die Kommission einen Zusammenschluss mit gemeinschaftsweiter Bedeutung an einen Mitgliedstaat verweisen können, wenn der Zusammenschluss den Wettbewerb auf einem Markt innerhalb dieses Mitgliedstaats, der alle Merkmale eines gesonderten Marktes aufweist, erheblich beeinträchtigen könnte, ohne dass dazu von den beteiligten Unternehmen der Nachweis verlangt werden sollte, dass die Auswirkungen des Zusammenschlusses wettbewerbsschädlich sein würden. Die Kommission sollte verweisen dürfen, wenn dieser eine solche Verweisung abgelehnt hat. Die beteiligten Unternehmen sollten ferner vor der Anmeldung bei einer einzelstaatlichen Behörde beantragen dürfen, dass ein Zusammenschluss ohne gemeinschaftsweite Bedeutung, der nach dem innerstaatlichen Wettbewerbsrecht mindestens dreier Mitgliedstaaten geprüft werden könnte, an die Kommission verwiesen wird. Solche Anträge auf eine Verweisung vor der Anmeldung an die Kommission wären insbesondere dann angebracht, wenn der betreffende Zusammenschluss den Wettbewerb über das Hoheitsgebiet eines Mitgliedstaats hinaus beeinträchtigen würde. Wird ein Zusammenschluss, der nach dem Wettbewerbsrecht mindestens dreier Mitgliedstaaten geprüft werden könnte, vor seiner Anmeldung bei einer einzelstaatlichen Behörde an die Kommission verwiesen, so sollte die ausschließliche Zuständigkeit für die Prüfung dieses Zusammenschlusses auf die Kommission übergehen, wenn keiner der für die Prüfung des betreffenden Falls zuständigen Mitgliedstaaten sich dagegen ausspricht; für diesen Zusammenschluss sollte dann die Vermutung der gemeinschaftsweiten Bedeutung gelten. Ein Zusammenschluss sollte jedoch nicht vor seiner Anmeldung von den Mitgliedstaaten an die Kommission verwiesen werden, wenn

IV

mindestens einer der für die Prüfung des Falles zuständigen Mitgliedstaaten eine solche Verweisung abgelehnt hat.

(17) Der Kommission ist vorbehaltlich der Nachprüfung ihrer Entscheidungen durch den Gerichtshof die ausschließliche Zuständigkeit für die Anwendung dieser Verordnung zu übertragen.

(18) Die Mitgliedstaaten dürfen auf Zusammenschlüsse von gemeinschaftsweiter Bedeutung ihr innerstaatliches Wettbewerbsrecht nur anwenden, soweit es in dieser Verordnung vorgesehen ist. Die entsprechenden Befugnisse der einzelstaatlichen Behörden sind auf die Fälle zu beschränken, in denen ohne ein Tätigwerden der Kommission wirksamer Wettbewerb im Gebiet eines Mitgliedstaats erheblich behindert werden könnte und die Wettbewerbsinteressen dieses Mitgliedstaats sonst durch diese Verordnung nicht hinreichend geschützt würden. Die betroffenen Mitgliedstaaten müssen in derartigen Fällen so schnell wie möglich handeln. Diese Verordnung kann jedoch wegen der Unterschiede zwischen den innerstaatlichen Rechtsvorschriften keine einheitliche Frist für den Erlass endgültiger Entscheidungen nach innerstaatlichem Recht vorschreiben.

(19) Im Übrigen hindert die ausschließliche Anwendung dieser Verordnung auf Zusammenschlüsse von gemeinschaftsweiter Bedeutung die Mitgliedstaaten unbeschadet des Artikels 296 des Vertrags nicht daran, geeignete Maßnahmen zum Schutz anderer berechtigter Interessen als derjenigen zu ergreifen, die in dieser Verordnung berücksichtigt werden, sofern diese Maßnahmen mit den allgemeinen Grundsätzen und den sonstigen Bestimmungen des Gemeinschaftsrechts vereinbar sind.

(20) Der Begriff des Zusammenschlusses ist so zu definieren, dass er Vorgänge erfasst, die zu einer dauerhaften Veränderung der Kontrolle an den beteiligten Unternehmen und damit an der Marktstruktur führen. In den Anwendungsbereich dieser Verordnung sollten daher auch alle Gemeinschaftsunternehmen einbezogen werden, die auf Dauer alle Funktionen einer selbstständigen wirtschaft-

lichen Einheit erfüllen. Ferner sollten Erwerbsvorgänge, die eng miteinander verknüpft sind, weil sie durch eine Bedingung miteinander verbunden sind oder in Form einer Reihe von innerhalb eines gebührend kurzen Zeitraums getätigten Rechtsgeschäften mit Wertpapieren stattfinden, als ein einziger Zusammenschluss behandelt werden.

(21) Diese Verordnung ist auch dann anwendbar, wenn die beteiligten Unternehmen sich Einschränkungen unterwerfen, die mit der Durchführung des Zusammenschlusses unmittelbar verbunden und dafür notwendig sind. Eine Entscheidung der Kommission, mit der ein Zusammenschluss in Anwendung dieser Verordnung für mit dem Gemeinsamen Markt vereinbar erklärt wird, sollte automatisch auch alle derartigen Einschränkungen abdecken, ohne dass die Kommission diese im Einzelfall zu prüfen hätte. Auf Antrag der beteiligten Unternehmen sollte die Kommission allerdings im Fall neuer oder ungelöster Fragen, die zu ernsthafter Rechtsunsicherheit führen können, gesondert prüfen, ob eine Einschränkung mit der Durchführung des Zusammenschlusses unmittelbar verbunden und dafür notwendig ist. Ein Fall wirft dann eine neue oder ungelöste Frage auf, die zu ernsthafter Rechtsunsicherheit führen kann, wenn sie nicht durch die entsprechende Bekanntmachung der Kommission oder eine veröffentlichte Entscheidung der Kommission geregelt ist.

(22) Bei der Regelung der Kontrolle von Unternehmenszusammenschlüssen ist unbeschadet des Artikels 86 Absatz 2 des Vertrags der Grundsatz der Nichtdiskriminierung zwischen dem öffentlichen und dem privaten Sektor zu beachten. Daher sind im öffentlichen Sektor bei der Berechnung des Umsatzes eines am Zusammenschluss beteiligten Unternehmens unabhängig von den Eigentumsverhältnissen oder von den für sie geltenden Regeln der verwaltungsmäßigen Zuordnung die Unternehmen zu berücksichtigen, die eine mit einer autonomen Entscheidungsbefugnis ausgestattete wirtschaftliche Einheit bilden.

(23) Es ist festzustellen, ob die Zusammenschlüsse von gemeinschaftsweiter Bedeutung mit dem Gemeinsamen Markt vereinbar sind; dabei ist von dem Erfordernis auszugehen, im Gemeinsamen Markt wirksamen Wettbewerb aufrechtzuerhalten und zu entwickeln. Die Kommission muss sich bei ihrer Beurteilung an dem allgemeinen Rahmen der Verwirklichung der grundlegenden Ziele der Gemeinschaft gemäß Artikel 2 des Vertrags zur Gründung der Europäischen Gemeinschaft und Artikel 2 des Vertrags über die Europäische Union orientieren.

(24) Zur Gewährleistung eines unverfälschten Wettbewerbs im Gemeinsamen Markt im Rahmen der Fortführung einer Politik, die auf dem Grundsatz einer offenen Marktwirtschaft mit freiem Wettbewerb beruht, muss diese Verordnung eine wirksame Kontrolle sämtlicher Zusammenschlüsse entsprechend ihren Auswirkungen auf den Wettbewerb in der Gemeinschaft ermöglichen. Entsprechend wurde in der Verordnung (EWG) Nr. 4064/89 der Grundsatz aufgestellt, dass Zusammenschlüsse von gemeinschaftsweiter Bedeutung, die eine beherrschende Stellung begründen oder verstärken, durch welche ein wirksamer Wettbewerb im Gemeinsamen Markt oder in einem wesentlichen Teil desselben in erheblichem Ausmaß behindert wird, für mit dem Gemeinsamen Markt unvereinbar zu erklären sind.

(25) In Anbetracht der Auswirkungen, die Zusammenschlüsse in oligopolistischen Marktstrukturen haben können, ist die Aufrechterhaltung wirksamen Wettbewerbs in solchen Märkten umso mehr geboten. Viele oligopolistische Märkte lassen ein gesundes Maß an Wettbewerb erkennen. Unter bestimmten Umständen können Zusammenschlüsse, in deren Folge der beträchtliche Wettbewerbsdruck beseitigt wird, den die fusionierenden Unternehmen aufeinander ausgeübt haben, sowie der Wettbewerbsdruck auf die verbleibenden Wettbewerber gemindert wird, zu einer erheblichen Behinderung wirksamen Wettbewerbs führen, auch wenn eine Koordinierung zwischen Oligopolmitgliedern unwahrscheinlich ist. Die

Gerichte der Gemeinschaft haben jedoch bisher die Verordnung (EWG) Nr. 4064/89 nicht ausdrücklich dahingehend ausgelegt, dass Zusammenschlüsse, die solche nicht koordinierten Auswirkungen haben, für mit dem Gemeinsamen Markt unvereinbar zu erklären sind. Daher sollte im Interesse der Rechtssicherheit klargestellt werden, dass diese Verordnung eine wirksame Kontrolle solcher Zusammenschlüsse dadurch vorsieht, dass grundsätzlich jeder Zusammenschluss, der einen wirksamen Wettbewerb im Gemeinsamen Markt oder einem wesentlichen Teil desselben erheblich behindern würde, für mit dem Gemeinsamen Markt unvereinbar zu erklären ist. Für die Anwendung der Bestimmungen des Artikels 2 Absätze 2 und 3 wird beabsichtigt, den Begriff „erhebliche Behinderung wirksamen Wettbewerbs" dahin gehend auszulegen, dass er sich über das Konzept der Marktbeherrschung hinaus ausschließlich auf diejenigen wettbewerbsschädigenden Auswirkungen eines Zusammenschlusses erstreckt, die sich aus nicht koordiniertem Verhalten von Unternehmen ergeben, die auf dem jeweiligen Markt keine beherrschende Stellung haben würden.

(26) Eine erhebliche Behinderung wirksamen Wettbewerbs resultiert im Allgemeinen aus der Begründung oder Stärkung einer beherrschenden Stellung. Im Hinblick darauf, dass frühere Urteile der europäischen Gerichte und die Entscheidungen der Kommission gemäß der Verordnung (EWG) Nr. 4064/89 weiterhin als Orientierung dienen sollten und gleichzeitig die Übereinstimmung mit den Kriterien für einen Wettbewerbsschaden, die die Kommission und die Gerichte der Gemeinschaft bei der Prüfung der Vereinbarkeit eines Zusammenschlusses mit dem Gemeinsamen Markt angewendet haben, gewahrt werden sollte, sollte diese Verordnung dementsprechend den Grundsatz aufstellen, dass Zusammenschlüsse von gemeinschaftsweiter Bedeutung, die wirksamen Wettbewerb im Gemeinsamen Markt oder in einem wesentlichen Teil desselben erheblich behindern würden, insbesondere infolge der Begründung oder Stärkung einer beherrschenden

IV

Stellung, für mit dem Gemeinsamen Markt unvereinbar zu erklären sind.

(27) Außerdem sollten die Kriterien in Artikel 81 Absätze 1 und 3 des Vertrags auf Gemeinschaftsunternehmen, die auf Dauer alle Funktionen einer selbstständigen wirtschaftlichen Einheit erfüllen, insoweit angewandt werden, als ihre Gründung eine spürbare Einschränkung des Wettbewerbs zwischen unabhängig bleibenden Unternehmen zur Folge hat.

(28) Um deutlich zu machen und zu erläutern, wie die Kommission Zusammenschlüsse nach dieser Verordnung beurteilt, sollte sie Leitlinien veröffentlichen, die einen soliden wirtschaftlichen Rahmen für die Beurteilung der Vereinbarkeit von Zusammenschlüssen mit dem Gemeinsamen Markt bieten sollten.

(29) Um die Auswirkungen eines Zusammenschlusses auf den Wettbewerb im Gemeinsamen Markt bestimmen zu können, sollte begründeten und wahrscheinlichen Effizienzvorteilen Rechnung getragen werden, die von den beteiligten Unternehmen dargelegt werden. Es ist möglich, dass die durch einen Zusammenschluss bewirkten Effizienzvorteile die Auswirkungen des Zusammenschlusses auf den Wettbewerb, insbesondere den möglichen Schaden für die Verbraucher, ausgleichen, so dass durch den Zusammenschluss wirksamer Wettbewerb im Gemeinsamen Markt oder in einem wesentlichen Teil desselben, insbesondere durch Begründung oder Stärkung einer beherrschenden Stellung, nicht erheblich behindert würde. Die Kommission sollte Leitlinien veröffentlichen, in denen sie die Bedingungen darlegt, unter denen sie Effizienzvorteile bei der Prüfung eines Zusammenschlusses berücksichtigen kann.

(30) Ändern die beteiligten Unternehmen einen angemeldeten Zusammenschluss, indem sie insbesondere anbieten, Verpflichtungen einzugehen, die den Zusammenschluss mit dem Gemeinsamen Markt vereinbar machen, sollte die Kommission den Zusammenschluss in seiner geänderten Form für mit dem Gemeinsamen Markt vereinbar erklären können. Diese Verpflichtungen müs-

sen in angemessenem Verhältnis zu dem Wettbewerbsproblem stehen und dieses vollständig beseitigen. Es ist ebenfalls zweckmäßig, Verpflichtungen vor der Einleitung des Verfahrens zu akzeptieren, wenn das Wettbewerbsproblem klar umrissen ist und leicht gelöst werden kann. Es sollte ausdrücklich vorgesehen werden, dass die Kommission ihre Entscheidung an Bedingungen und Auflagen knüpfen kann, um sicherzustellen, dass die beteiligten Unternehmen ihren Verpflichtungen so effektiv und rechtzeitig nachkommen, dass der Zusammenschluss mit dem Gemeinsamen Markt vereinbar wird. Während des gesamten Verfahrens sollte für Transparenz und eine wirksame Konsultation der Mitgliedstaaten und betroffener Dritter gesorgt werden.

(31) Die Kommission sollte über geeignete Instrumente verfügen, damit sie die Durchsetzung der Verpflichtungen sicherstellen und auf Situationen reagieren kann, in denen die Verpflichtungen nicht eingehalten werden. Wird eine Bedingung nicht erfüllt, unter der die Entscheidung über die Vereinbarkeit des Zusammenschlusses mit dem Gemeinsamen Markt ergangen ist, so tritt der Zustand der Vereinbarkeit des Zusammenschlusses mit dem Gemeinsamen Markt nicht ein, so dass der Zusammenschluss damit in der vollzogenen Form von der Kommission nicht genehmigt ist. Wird der Zusammenschluss vollzogen, sollte er folglich ebenso behandelt werden wie ein nicht angemeldeter und ohne Genehmigung vollzogener Zusammenschluss. Außerdem sollte die Kommission die Auflösung eines Zusammenschlusses direkt anordnen dürfen, um den vor dem Vollzug des Zusammenschlusses bestehenden Zustand wieder herzustellen, wenn sie bereits zu dem Ergebnis gekommen ist, dass der Zusammenschluss ohne die Bedingung mit dem Gemeinsamen Markt unvereinbar wäre. Wird eine Auflage nicht erfüllt, mit der die Entscheidung über die Vereinbarkeit eines Zusammenschlusses mit dem Gemeinsamen Markt ergangen ist, sollte die Kommission ihre Entscheidung widerrufen können. Ferner sollte die Kommission angemessene finanzi-

elle Sanktionen verhängen können, wenn Bedingungen oder Auflagen nicht eingehalten werden.

(32) Bei Zusammenschlüssen, die wegen des begrenzten Marktanteils der beteiligten Unternehmen nicht geeignet sind, wirksamen Wettbewerb zu behindern, kann davon ausgegangen werden, dass sie mit dem Gemeinsamen Markt vereinbar sind. Unbeschadet der Artikel 81 und 82 des Vertrags besteht ein solches Indiz insbesondere dann, wenn der Marktanteil der beteiligten Unternehmen im Gemeinsamen Markt oder in einem wesentlichen Teil desselben 25 % nicht überschreitet.

(33) Der Kommission ist die Aufgabe zu übertragen, alle Entscheidungen über die Vereinbarkeit oder Unvereinbarkeit der Zusammenschlüsse von gemeinschaftsweiter Bedeutung mit dem Gemeinsamen Markt sowie Entscheidungen, die der Wiederherstellung des Zustands vor dem Vollzug eines für mit dem Gemeinsamen Markt unvereinbar erklärten Zusammenschlusses dienen, zu treffen.

(34) Um eine wirksame Überwachung zu gewährleisten, sind die Unternehmen zu verpflichten, Zusammenschlüsse von gemeinschaftsweiter Bedeutung nach Vertragsabschluss, Veröffentlichung des Übernahmeangebots oder des Erwerbs einer die Kontrolle begründenden Beteiligung und vor ihrem Vollzug anzumelden. Eine Anmeldung sollte auch dann möglich sein, wenn die beteiligten Unternehmen der Kommission gegenüber ihre Absicht glaubhaft machen, einen Vertrag über einen beabsichtigten Zusammenschluss zu schließen und ihr beispielsweise anhand einer von allen beteiligten Unternehmen unterzeichneten Grundsatzvereinbarung, Übereinkunft oder Absichtserklärung darlegen, dass der Plan für den beabsichtigten Zusammenschluss ausreichend konkret ist, oder im Fall eines Übernahmeangebots öffentlich ihre Absicht zur Abgabe eines solchen Angebots bekundet haben, sofern der beabsichtigte Vertrag oder das beabsichtigte Angebot zu einem Zusammenschluss von gemeinschaftsweiter Bedeutung führen würde. Der Vollzug eines Zusammenschlusses sollte bis zum Erlass der abschließenden Entscheidung der Kommission ausgesetzt werden. Auf Antrag der beteiligten Unternehmen sollte es jedoch gegebenenfalls möglich sein, hiervon abzuweichen. Bei der Entscheidung hierüber sollte die Kommission alle relevanten Faktoren, wie die Art und die Schwere des Schadens für die beteiligten Unternehmen oder Dritte sowie die Bedrohung des Wettbewerbs durch den Zusammenschluss, berücksichtigen. Im Interesse der Rechtssicherheit ist die Wirksamkeit von Rechtsgeschäften zu schützen, soweit dies erforderlich ist.

(35) Es ist eine Frist festzulegen, innerhalb derer die Kommission wegen eines angemeldeten Zusammenschlusses das Verfahren einzuleiten hat; ferner sind Fristen vorzusehen, innerhalb derer die Kommission abschließend zu entscheiden hat, ob ein Zusammenschluss mit dem Gemeinsamen Markt vereinbar oder unvereinbar ist. Wenn die beteiligten Unternehmen anbieten, Verpflichtungen einzugehen, um den Zusammenschluss mit dem Gemeinsamen Markt vereinbar zu machen, sollten diese Fristen verlängert werden, damit ausreichend Zeit für die Prüfung dieser Angebote, den Markttest und für die Konsultation der Mitgliedstaaten und interessierter Dritter bleibt. Darüber hinaus sollte in begrenztem Umfang eine Verlängerung der Frist, innerhalb derer die Kommission abschließend entscheiden muss, möglich sein, damit ausreichend Zeit für die Untersuchung des Falls und für die Überprüfung der gegenüber der Kommission vorgetragenen Tatsachen und Argumente zur Verfügung steht.

(36) Die Gemeinschaft achtet die Grundrechte und Grundsätze, die insbesondere mit der Charta der Grundrechte der Europäischen Union anerkannt wurden. Diese Verordnung sollte daher im Einklang mit diesen Rechten

IV

und Grundsätzen ausgelegt und angewandt[5]) werden.

(37) Die beteiligten Unternehmen müssen das Recht erhalten, von der Kommission gehört zu werden, sobald das Verfahren eingeleitet worden ist. Auch den Mitgliedern der geschäftsführenden und aufsichtsführenden Organe sowie den anerkannten Vertretern der Arbeitnehmer der beteiligten Unternehmen und betroffenen Dritten ist Gelegenheit zur Äußerung zu geben.

(38) Um Zusammenschlüsse ordnungsgemäß beurteilen zu können, sollte die Kommission alle erforderlichen Auskünfte einholen und alle erforderlichen Nachprüfungen in der Gemeinschaft vornehmen können. Zu diesem Zweck und im Interesse eines wirksamen Wettbewerbsschutzes müssen die Untersuchungsbefugnisse der Kommission ausgeweitet werden. Die Kommission sollte insbesondere alle Personen, die eventuell über sachdienliche Informationen verfügen, befragen und deren Aussagen zu Protokoll nehmen können.

(39) Wenn beauftragte Bedienstete der Kommission Nachprüfungen vornehmen, sollten sie alle Auskünfte im Zusammenhang mit Gegenstand und Zweck der Nachprüfung einholen dürfen. Sie sollten ferner bei Nachprüfungen Versiegelungen vornehmen dürfen, insbesondere wenn triftige Gründe für die Annahme vorliegen, dass ein Zusammenschluss ohne vorherige Anmeldung vollzogen wurde, dass der Kommission unrichtige, unvollständige oder irreführende Angaben gemacht wurden oder dass die betreffenden Unternehmen oder Personen Bedingungen oder Auflagen einer Entscheidung der Kommission nicht eingehalten haben. Eine Versiegelung sollte in jedem Fall nur unter außergewöhnlichen Umständen und nur während der für die Nachprüfung unbedingt erforderlichen Dauer, d. h. normalerweise nicht länger als 48 Stunden, vorgenommen werden.

(40) Unbeschadet der Rechtsprechung des Gerichtshofs ist es auch zweckmäßig, den Umfang der Kontrolle zu bestimmen, die ein einzelstaatliches Gericht ausüben kann, wenn es nach Maßgabe des einzelstaatlichen Rechts vorsorglich die Unterstützung durch die Vollzugsorgane für den Fall genehmigt, dass ein Unternehmen sich weigern sollte, eine durch Entscheidung der Kommission angeordnete Nachprüfung oder Versiegelung zu dulden. Nach ständiger Rechtsprechung kann das einzelstaatliche Gericht die Kommission insbesondere um weitere Auskünfte bitten, die für die Ausübung seiner Kontrolle erforderlich sind und in Ermangelung dieser Auskünfte die Genehmigung verweigern. Des Weiteren sind die einzelstaatlichen Gerichte nach ständiger Rechtsprechung für die Kontrolle der Anwendung der einzelstaatlichen Vorschriften für die Vollstreckung von Zwangsmaßnahmen zuständig. Die zuständigen Behörden der Mitgliedstaaten sollten bei der Ausübung der Untersuchungsbefugnisse der Kommission aktiv mitwirken.

(41) Wenn Unternehmen oder natürliche Personen Entscheidungen der Kommission nachkommen, können sie nicht gezwungen werden, Zuwiderhandlungen einzugestehen; sie sind jedoch in jedem Fall verpflichtet, Sachfragen zu beantworten und Unterlagen beizubringen, auch wenn diese Informationen gegen sie oder gegen andere als Beweis für eine begangene Zuwiderhandlung verwendet werden können.

(42) Im Interesse der Transparenz sollten alle Entscheidungen der Kommission, die nicht rein verfahrensrechtlicher Art sind, auf breiter Ebene bekannt gemacht werden. Ebenso unerlässlich wie die Wahrung der Verteidigungsrechte der beteiligten Unternehmen, insbesondere des Rechts auf Akteneinsicht, ist der Schutz von Geschäftsgeheimnissen. Die Vertraulichkeit der innerhalb des Netzes sowie mit den zuständigen Behörden von Drittländern ausgetauschten Informationen sollte gleichfalls gewahrt werden.

---

[5]) ABl. C 364 vom 18. 12. 2000, S. 1.

(43) Die Einhaltung dieser Verordnung sollte, soweit erforderlich, durch Geldbußen und Zwangsgelder sichergestellt werden. Dabei sollte dem Gerichtshof nach Artikel 229 des Vertrags die Befugnis zu unbeschränkter Ermessensnachprüfung übertragen werden.

(44) Die Bedingungen, unter denen Zusammenschlüsse in Drittländern durchgeführt werden, an denen Unternehmen beteiligt sind, die ihren Sitz oder ihr Hauptgeschäft in der Gemeinschaft haben, sollten aufmerksam verfolgt werden; es sollte die Möglichkeit vorgesehen werden, dass die Kommission vom Rat ein Verhandlungsmandat mit dem Ziel erhalten kann, eine nichtdiskriminierende Behandlung für solche Unternehmen zu erreichen.

(45) Diese Verordnung berührt in keiner Weise die in den beteiligten Unternehmen anerkannten kollektiven Rechte der Arbeitnehmer, insbesondere im Hinblick auf die nach Gemeinschaftsrecht oder nach innerstaatlichem Recht bestehende Pflicht, die anerkannten Arbeitnehmervertreter zu unterrichten oder anzuhören.

(46) Die Kommission sollte ausführliche Vorschriften für die Durchführung dieser Verordnung entsprechend den Modalitäten für die Ausübung der der Kommission übertragenen Durchführungsbefugnisse festlegen können. Beim Erlass solcher Durchführungsbestimmungen sollte sie durch einen Beratenden Ausschuss unterstützt werden, der gemäß Artikel 23 aus Vertretern der Mitgliedstaaten besteht –

hat folgende Verordnung erlassen:

Artikel 1 Anwendungsbereich

(1) Unbeschadet des Artikels 4 Absatz 5 und des Artikels 22 gilt diese Verordnung für alle Zusammenschlüsse von gemeinschaftsweiter Bedeutung im Sinne dieses Artikels.

(2) Ein Zusammenschluss hat gemeinschaftsweite Bedeutung, wenn folgende Umsätze erzielt werden:

a) ein weltweiter Gesamtumsatz aller beteiligten Unternehmen zusammen von mehr als 5 Mrd. EUR und

b) ein gemeinschaftsweiter Gesamtumsatz von mindestens zwei beteiligten Unternehmen von jeweils mehr als 250 Mio. EUR;

dies gilt nicht, wenn die beteiligten Unternehmen jeweils mehr als zwei Drittel ihres gemeinschaftsweiten Gesamtumsatzes in ein und demselben Mitgliedstaat erzielen.

(3) Ein Zusammenschluss, der die in Absatz 2 vorgesehenen Schwellen nicht erreicht, hat gemeinschaftsweite Bedeutung, wenn

a) der weltweite Gesamtumsatz aller beteiligten Unternehmen zusammen mehr als 2,5 Mrd. EUR beträgt,

b) der Gesamtumsatz aller beteiligten Unternehmen in mindestens drei Mitgliedstaaten jeweils 100 Mio. EUR übersteigt,

c) in jedem von mindestens drei von Buchstabe b) erfassten Mitgliedstaaten der Gesamtumsatz von mindestens zwei beteiligten Unternehmen jeweils mehr als 25 Mio. EUR beträgt und

d) der gemeinschaftsweite Gesamtumsatz von mindestens zwei beteiligten Unternehmen jeweils 100 Mio. EUR übersteigt;

dies gilt nicht, wenn die beteiligten Unternehmen jeweils mehr als zwei Drittel ihres gemeinschaftsweiten Gesamtumsatzes in ein und demselben Mitgliedstaat erzielen.

(4) Vor dem 1. Juli 2009 erstattet die Kommission dem Rat auf der Grundlage statistischer Angaben, die die Mitgliedstaaten regelmäßig übermitteln können, über die Anwendung der in den Absätzen 2 und 3 vorgesehenen Schwellen und Kriterien Bericht, wobei sie Vorschläge gemäß Absatz 5 unterbreiten kann.

(5) Der Rat kann im Anschluss an den in Absatz 4 genannten Bericht auf Vorschlag der Kommission mit qualifizierter Mehrheit die in Absatz 3 aufgeführten Schwellen und Kriterien ändern.

IV

IV

Artikel 2   Beurteilung von Zusammenschlüssen

(1) Zusammenschlüsse im Sinne dieser Verordnung sind nach Maßgabe der Ziele dieser Verordnung und der folgenden Bestimmungen auf ihre Vereinbarkeit mit dem Gemeinsamen Markt zu prüfen.

Bei dieser Prüfung berücksichtigt die Kommission:

a) die Notwendigkeit, im Gemeinsamen Markt wirksamen Wettbewerb aufrechtzuerhalten und zu entwickeln, insbesondere im Hinblick auf die Struktur aller betroffenen Märkte und den tatsächlichen oder potenziellen Wettbewerb durch innerhalb oder außerhalb der Gemeinschaft ansässige Unternehmen;

b) die Marktstellung sowie die wirtschaftliche Macht und die Finanzkraft der beteiligten Unternehmen, die Wahlmöglichkeiten der Lieferanten und Abnehmer, ihren Zugang zu den Beschaffungs- und Absatzmärkten, rechtliche oder tatsächliche Marktzutrittsschranken, die Entwicklung des Angebots und der Nachfrage bei den jeweiligen Erzeugnissen und Dienstleistungen, die Interessen der Zwischen- und Endverbraucher sowie die Entwicklung des technischen und wirtschaftlichen Fortschritts, sofern diese dem Verbraucher dient und den Wettbewerb nicht behindert.

(2) Zusammenschlüsse, durch die wirksamer Wettbewerb im Gemeinsamen Markt oder in einem wesentlichen Teil desselben nicht erheblich behindert würde, insbesondere durch Begründung oder Verstärkung einer beherrschenden Stellung, sind für mit dem Gemeinsamen Markt vereinbar zu erklären.

(3) Zusammenschlüsse, durch die wirksamer Wettbewerb im Gemeinsamen Markt oder in einem wesentlichen Teil desselben erheblich behindert würde, insbesondere durch Begründung oder Verstärkung einer beherrschenden Stellung, sind für mit dem Gemeinsamen Markt unvereinbar zu erklären.

(4) Soweit die Gründung eines Gemeinschaftsunternehmens, das einen Zusammenschluss gemäß Artikel 3 darstellt, die Koordinierung des Wettbewerbsverhaltens unabhängig bleibender Unternehmen bezweckt oder bewirkt, wird eine solche Koordinierung nach den Kriterien des Artikels 81 Absätze 1 und 3 des Vertrags beurteilt, um festzustellen, ob das Vorhaben mit dem Gemeinsamen Markt vereinbar ist.

(5) Bei dieser Beurteilung berücksichtigt die Kommission insbesondere, ob

– es auf dem Markt des Gemeinschaftsunternehmens oder auf einem diesem vor- oder nachgelagerten Markt oder auf einem benachbarten oder eng mit ihm verknüpften Markt eine nennenswerte und gleichzeitige Präsenz von zwei oder mehr Gründerunternehmen gibt;

– die unmittelbar aus der Gründung des Gemeinschaftsunternehmens erwachsende Koordinierung den beteiligten Unternehmen die Möglichkeit eröffnet, für einen wesentlichen Teil der betreffenden Waren und Dienstleistungen den Wettbewerb auszuschalten.

Artikel 3   Definition des Zusammenschlusses

(1) Ein Zusammenschluss wird dadurch bewirkt, dass eine dauerhafte Veränderung der Kontrolle in der Weise stattfindet, dass

a) zwei oder mehr bisher voneinander unabhängige Unternehmen oder Unternehmensteile fusionieren oder dass

b) eine oder mehrere Personen, die bereits mindestens ein Unternehmen kontrollieren, oder ein oder mehrere Unternehmen durch den Erwerb von Anteilsrechten oder Vermögenswerten, durch Vertrag oder in sonstiger Weise die unmittelbare oder mittelbare Kontrolle über die Gesamtheit oder über Teile eines oder mehrerer anderer Unternehmen erwerben.

(2) Die Kontrolle wird durch Rechte, Verträge oder andere Mittel begründet, die einzeln oder zusammen unter Berücksichtigung aller tatsächlichen oder rechtlichen Umstände die Möglichkeit gewähren, einen bestimmenden Einfluss auf die Tätigkeit eines Unternehmens auszuüben, insbesondere durch:

a) Eigentums – oder Nutzungsrechte an der Gesamtheit oder an Teilen des Vermögens des Unternehmens;

b) Rechte oder Verträge, die einen bestimmenden Einfluss auf die Zusammensetzung, die Beratungen oder Beschlüsse der Organe des Unternehmens gewähren.

(3) Die Kontrolle wird für die Personen oder Unternehmen begründet,

a) die aus diesen Rechten oder Verträgen selbst berechtigt sind, oder

b) die, obwohl sie aus diesen Rechten oder Verträgen nicht selbst berechtigt sind, die Befugnis haben, die sich daraus ergebenden Rechte auszuüben.

(4) Die Gründung eines Gemeinschaftsunternehmens, das auf Dauer alle Funktionen einer selbstständigen wirtschaftlichen Einheit erfüllt, stellt einen Zusammenschluss im Sinne von Absatz 1 Buchstabe b) dar.

(5) Ein Zusammenschluss wird nicht bewirkt,

a) wenn Kreditinstitute, sonstige Finanzinstitute oder Versicherungsgesellschaften, deren normale Tätigkeit Geschäfte und den Handel mit Wertpapieren für eigene oder fremde Rechnung einschließt, vorübergehend Anteile an einem Unternehmen zum Zweck der Veräußerung erwerben, sofern sie die mit den Anteilen verbundenen Stimmrechte nicht ausüben, um das Wettbewerbsverhalten des Unternehmens zu bestimmen, oder sofern sie die Stimmrechte nur ausüben, um die Veräußerung der Gesamtheit oder von Teilen des Unternehmens oder seiner Vermögenswerte oder die Veräußerung der Anteile vorzubereiten, und sofern die Veräußerung innerhalb eines Jahres nach dem Zeitpunkt des Erwerbs erfolgt; diese Frist kann von der Kommission auf Antrag verlängert werden, wenn die genannten Institute oder Gesellschaften nachweisen, dass die Veräußerung innerhalb der vorgeschriebenen Frist unzumutbar war;

b) wenn der Träger eines öffentlichen Mandats aufgrund der Gesetzgebung eines Mitgliedstaats über die Auflösung von Unternehmen, die Insolvenz, die Zahlungseinstellung, den Vergleich oder ähnliche Verfahren die Kontrolle erwirbt;

c) wenn die in Absatz 1 Buchstabe b) bezeichneten Handlungen von Beteiligungsgesellschaften im Sinne von Artikel 5 Absatz 3 der Vierten Richtlinie 78/660/EWG des Rates vom 25. Juli 1978 aufgrund von Artikel 54 Absatz 3 Buchstabe g) des Vertrages über den Jahresabschluss von Gesellschaften bestimmter Rechtsformen[6]) vorgenommen werden, jedoch mit der Einschränkung, dass die mit den erworbenen Anteilen verbundenen Stimmrechte, insbesondere wenn sie zur Ernennung der Mitglieder der geschäftsführenden oder aufsichtsführenden Organe der Unternehmen ausgeübt werden, an denen die Beteiligungsgesellschaften Anteile halten, nur zur Erhaltung des vollen Wertes der Investitionen und nicht dazu benutzt werden, unmittelbar oder mittelbar das Wettbewerbsverhalten dieser Unternehmen zu bestimmen.

Artikel 4   Vorherige Anmeldung von Zusammenschlüssen und Verweisung vor der Anmeldung auf Antrag der Anmelder

(1) Zusammenschlüsse von gemeinschaftsweiter Bedeutung im Sinne dieser Verordnung sind nach Vertragsabschluss, Veröffentlichung des Übernahmeangebots oder Erwerb einer die Kontrolle begründenden Beteiligung und vor ihrem Vollzug bei der Kommission anzumelden.

Eine Anmeldung ist auch dann möglich, wenn die beteiligten Unternehmen der Kommission gegenüber glaubhaft machen, dass sie gewillt sind, einen Vertrag zu schließen, oder im Fall eines Übernahmeangebots öffentlich ihre

---

[6]) ABl. L 122 vom 14. 8. 1978, S. 11. Richtlinie zuletzt geändert durch die Richtlinie 2003/51/EG des Europäischen Parlaments und des Rates (ABl. L 178 vom 17. 7. 2003, S. 16).

Absicht zur Abgabe eines solchen Angebots bekundet haben, sofern der beabsichtigte Vertrag oder das beabsichtigte Angebot zu einem Zusammenschluss von gemeinschaftsweiter Bedeutung führen würde.

Im Sinne dieser Verordnung bezeichnet der Ausdruck „angemeldeter Zusammenschluss" auch beabsichtigte Zusammenschlüsse, die nach Unterabsatz 2 angemeldet werden. Für die Zwecke der Absätze 4 und 5 bezeichnet der Ausdruck „Zusammenschluss" auch beabsichtigte Zusammenschlüsse im Sinne von Unterabsatz 2.

(2) Zusammenschlüsse in Form einer Fusion im Sinne des Artikels 3 Absatz 1 Buchstabe a) oder in Form der Begründung einer gemeinsamen Kontrolle im Sinne des Artikels 3 Absatz 1 Buchstabe b) sind von den an der Fusion oder der Begründung der gemeinsamen Kontrolle Beteiligten gemeinsam anzumelden. In allen anderen Fällen ist die Anmeldung von der Person oder dem Unternehmen vorzunehmen, die oder das die Kontrolle über die Gesamtheit oder über Teile eines oder mehrerer Unternehmen erwirbt.

(3) Stellt die Kommission fest, dass ein Zusammenschluss unter diese Verordnung fällt, so veröffentlicht sie die Tatsache der Anmeldung unter Angabe der Namen der beteiligten Unternehmen, ihres Herkunftslands, der Art des Zusammenschlusses sowie der betroffenen Wirtschaftszweige. Die Kommission trägt den berechtigten Interessen der Unternehmen an der Wahrung ihrer Geschäftsgeheimnisse Rechnung.

(4) Vor der Anmeldung eines Zusammenschlusses gemäß Absatz 1 können die Personen oder Unternehmen im Sinne des Absatzes 2 der Kommission in einem begründeten Antrag mitteilen, dass der Zusammenschluss den Wettbewerb in einem Markt innerhalb eines Mitgliedstaats, der alle Merkmale eines gesonderten Marktes aufweist, erheblich beeinträchtigen könnte und deshalb ganz oder teilweise von diesem Mitgliedstaat geprüft werden sollte.

Die Kommission leitet diesen Antrag unverzüglich an alle Mitgliedstaaten weiter. Der in dem begründeten Antrag genannte Mitglied-

staat teilt innerhalb von 15 Arbeitstagen nach Erhalt dieses Antrags mit, ob er der Verweisung des Falles zustimmt oder nicht. Trifft der betreffende Mitgliedstaat eine Entscheidung nicht innerhalb dieser Frist, so gilt dies als Zustimmung.

Soweit dieser Mitgliedstaat der Verweisung nicht widerspricht, kann die Kommission, wenn sie der Auffassung ist, dass ein gesonderter Markt besteht und der Wettbewerb in diesem Markt durch den Zusammenschluss erheblich beeinträchtigt werden könnte, den gesamten Fall oder einen Teil des Falles an die zuständigen Behörden des betreffenden Mitgliedstaats verweisen, damit das Wettbewerbsrecht dieses Mitgliedstaats angewandt wird.

Die Entscheidung über die Verweisung oder Nichtverweisung des Falls gemäß Unterabsatz 3 ergeht innerhalb von 25 Arbeitstagen nach Eingang des begründeten Antrags bei der Kommission. Die Kommission teilt ihre Entscheidung den übrigen Mitgliedstaaten und den beteiligten Personen oder Unternehmen mit. Trifft die Kommission innerhalb dieser Frist keine Entscheidung, so gilt der Fall entsprechend dem von den beteiligten Personen oder Unternehmen gestellten Antrag als verwiesen.

Beschließt die Kommission die Verweisung des gesamten Falles oder gilt der Fall gemäß den Unterabsätzen 3 und 4 als verwiesen, erfolgt keine Anmeldung gemäß Absatz 1, und das Wettbewerbsrecht des betreffenden Mitgliedstaats findet Anwendung. Artikel 9 Absätze 6 bis 9 finden entsprechend Anwendung.

(5) Im Fall eines Zusammenschlusses im Sinne des Artikels 3, der keine gemeinschaftsweite Bedeutung im Sinne von Artikel 1 hat und nach dem Wettbewerbsrecht mindestens dreier Mitgliedstaaten geprüft werden könnte, können die in Absatz 2 genannten Personen oder Unternehmen vor einer Anmeldung bei den zuständigen Behörden der Kommission in einem begründeten Antrag mitteilen, dass der Zusammenschluss von der Kommission geprüft werden sollte.

Die Kommission leitet diesen Antrag unverzüglich an alle Mitgliedstaaten weiter.

Jeder Mitgliedstaat, der nach seinem Wettbewerbsrecht für die Prüfung des Zusammenschlusses zuständig ist, kann innerhalb von 15 Arbeitstagen nach Erhalt dieses Antrags die beantragte Verweisung ablehnen.

Lehnt mindestens ein Mitgliedstaat gemäß Unterabsatz 3 innerhalb der Frist von 15 Arbeitstagen die beantragte Verweisung ab, so wird der Fall nicht verwiesen. Die Kommission unterrichtet unverzüglich alle Mitgliedstaaten und die beteiligten Personen oder Unternehmen von einer solchen Ablehnung.

Hat kein Mitgliedstaat gemäß Unterabsatz 3 innerhalb von 15 Arbeitstagen die beantragte Verweisung abgelehnt, so wird die gemeinschaftsweite Bedeutung des Zusammenschlusses vermutet und er ist bei der Kommission gemäß den Absätzen 1 und 2 anzumelden. In diesem Fall wendet kein Mitgliedstaat sein innerstaatliches Wettbewerbsrecht auf den Zusammenschluss an.

(6) Die Kommission erstattet dem Rat spätestens bis 1. Juli 2009 Bericht über das Funktionieren der Absätze 4 und 5. Der Rat kann im Anschluss an diesen Bericht auf Vorschlag der Kommission die Absätze 4 und 5 mit qualifizierter Mehrheit ändern.

Artikel 5   Berechnung des Umsatzes

(1) Für die Berechnung des Gesamtumsatzes im Sinne dieser Verordnung sind die Umsätze zusammenzuzählen, welche die beteiligten Unternehmen im letzten Geschäftsjahr mit Waren und Dienstleistungen erzielt haben und die dem normalen geschäftlichen Tätigkeitsbereich der Unternehmen zuzuordnen sind, unter Abzug von Erlösschmälerungen, der Mehrwertsteuer und anderer unmittelbar auf den Umsatz bezogener Steuern. Bei der Berechnung des Gesamtumsatzes eines beteiligten Unternehmens werden Umsätze zwischen den in Absatz 4 genannten Unternehmen nicht berücksichtigt.

Der in der Gemeinschaft oder in einem Mitgliedstaat erzielte Umsatz umfasst den Umsatz, der mit Waren und Dienstleistungen für Unternehmen oder Verbraucher in der Gemeinschaft oder in diesem Mitgliedstaat erzielt wird.

(2) Wird der Zusammenschluss durch den Erwerb von Teilen eines oder mehrerer Unternehmen bewirkt, so ist unabhängig davon, ob diese Teile eigene Rechtspersönlichkeit besitzen, abweichend von Absatz 1 aufseiten des Veräußerers nur der Umsatz zu berücksichtigen, der auf die veräußerten Teile entfällt.

Zwei oder mehr Erwerbsvorgänge im Sinne von Unterabsatz 1, die innerhalb von zwei Jahren zwischen denselben Personen oder Unternehmen getätigt werden, werden hingegen als ein einziger Zusammenschluss behandelt, der zum Zeitpunkt des letzten Erwerbsvorgangs stattfindet.

(3) An die Stelle des Umsatzes tritt

a) bei Kredit- und sonstigen Finanzinstituten die Summe der folgenden in der Richtlinie 86/635/EWG des Rates[7]) definierten Ertragsposten gegebenenfalls nach Abzug der Mehrwertsteuer und sonstiger direkt auf diese Erträge erhobener Steuern:

   i)   Zinserträge und ähnliche Erträge,

   ii)   Erträge aus Wertpapieren:

       –   Erträge aus Aktien, anderen Anteilsrechten und nicht festverzinslichen Wertpapieren,

       –   Erträge aus Beteiligungen,

       –   Erträge aus Anteilen an verbundenen Unternehmen,

   iii)   Provisionserträge,

   iv)   Nettoerträge aus Finanzgeschäften,

   v)   sonstige betriebliche Erträge.

Der Umsatz eines Kredit- oder Finanzinstituts in der Gemeinschaft oder in einem Mitgliedstaat besteht aus den vorerwähnten Ertragsposten, die die in der Gemeinschaft oder dem betreffenden Mitglied-

IV

---

[7]) ABl. L 372 vom 31. 12. 1986, S. 1. Richtlinie zuletzt geändert durch die Richtlinie 2003/51/EG des Europäischen Parlaments und des Rates.

staat errichtete Zweig- oder Geschäftsstelle des Instituts verbucht;

b) bei Versicherungsunternehmen die Summe der Bruttoprämien; diese Summe umfasst alle vereinnahmten sowie alle noch
zu vereinnahmenden Prämien aufgrund
von Versicherungsverträgen, die von diesen Unternehmen oder für ihre Rechnung
abgeschlossen worden sind, einschließlich
etwaiger Rückversicherungsprämien und
abzüglich der aufgrund des Betrags der
Prämie oder des gesamten Prämienvolu-
mens berechneten Steuern und sonstigen
Abgaben. Bei der Anwendung von Artikel 1 Absatz 2 Buchstabe b) und Absatz 3
Buchstaben b), c) und d) sowie den letzten
Satzteilen der genannten beiden Absätze
ist auf die Bruttoprämien abzustellen, die
von in der Gemeinschaft bzw. in einem
Mitgliedstaat ansässigen Personen gezahlt werden.

(4) Der Umsatz eines beteiligten Unternehmens im Sinne dieser Verordnung setzt sich
unbeschadet des Absatzes 2 zusammen aus
den Umsätzen

a) des beteiligten Unternehmens;

b) der Unternehmen, in denen das beteiligte
Unternehmen unmittelbar oder mittelbar
entweder

i) mehr als die Hälfte des Kapitals oder
des Betriebsvermögens besitzt oder

ii) über mehr als die Hälfte der Stimmrechte verfügt oder

iii) mehr als die Hälfte der Mitglieder des
Aufsichtsrats, des Verwaltungsrats
oder der zur gesetzlichen Vertretung
berufenen Organe bestellen kann oder

iv) das Recht hat, die Geschäfte des Unternehmens zu führen;

c) der Unternehmen, die in dem beteiligten
Unternehmen die unter Buchstabe b) bezeichneten Rechte oder Einflussmöglichkeiten haben;

d) der Unternehmen, in denen ein unter
Buchstabe c) genanntes Unternehmen die
unter Buchstabe b) bezeichneten Rechte
oder Einflussmöglichkeiten hat;

e) der Unternehmen, in denen mehrere der
unter den Buchstaben a) bis d) genannten
Unternehmen jeweils gemeinsam die in
Buchstabe b) bezeichneten Rechte oder
Einflussmöglichkeiten haben.

(5) Haben an dem Zusammenschluss beteiligte Unternehmen gemeinsam die in Absatz 4 Buchstabe b) bezeichneten Rechte
oder Einflussmöglichkeiten, so gilt für die
Berechnung des Umsatzes der beteiligten
Unternehmen im Sinne dieser Verordnung
folgende Regelung:

a) Nicht zu berücksichtigen sind die Umsätze
mit Waren und Dienstleistungen zwischen
dem Gemeinschaftsunternehmen und jedem der beteiligten Unternehmen oder
mit einem Unternehmen, das mit diesen
im Sinne von Absatz 4 Buchstaben b) bis e)
verbunden ist.

b) Zu berücksichtigen sind die Umsätze mit
Waren und Dienstleistungen zwischen
dem Gemeinschaftsunternehmen und jedem dritten Unternehmen. Diese Umsätze
sind den beteiligten Unternehmen zu
gleichen Teilen zuzurechnen.

Artikel 6 Prüfung der Anmeldung und Einleitung des Verfahrens

(1) Die Kommission beginnt unmittelbar nach
dem Eingang der Anmeldung mit deren Prüfung.

a) Gelangt sie zu dem Schluss, dass der angemeldete Zusammenschluss nicht unter
diese Verordnung fällt, so stellt sie dies
durch Entscheidung fest.

b) Stellt sie fest, dass der angemeldete Zusammenschluss zwar unter diese Verordnung fällt, jedoch keinen Anlass zu ernsthaften Bedenken hinsichtlich seiner Vereinbarkeit mit dem Gemeinsamen Markt
gibt, so trifft sie die Entscheidung, keine
Einwände zu erheben und erklärt den Zusammenschluss für vereinbar mit dem Gemeinsamen Markt.

Durch eine Entscheidung, mit der ein Zusammenschluss für vereinbar erklärt wird,
gelten auch die mit seiner Durchführung
unmittelbar verbundenen und für sie not-

wendigen Einschränkungen als genehmigt.

c) Stellt die Kommission unbeschadet des Absatzes 2 fest, dass der angemeldete Zusammenschluss unter diese Verordnung fällt und Anlass zu ernsthaften Bedenken hinsichtlich seiner Vereinbarkeit mit dem Gemeinsamen Markt gibt, so trifft sie die Entscheidung, das Verfahren einzuleiten. Diese Verfahren werden unbeschadet des Artikels 9 durch eine Entscheidung nach Artikel 8 Absätze 1 bis 4 abgeschlossen, es sei denn, die beteiligten Unternehmen haben der Kommission gegenüber glaubhaft gemacht, dass sie den Zusammenschluss aufgegeben haben.

(2) Stellt die Kommission fest, dass der angemeldete Zusammenschluss nach Änderungen durch die beteiligten Unternehmen keinen Anlass mehr zu ernsthaften Bedenken im Sinne des Absatzes 1 Buchstabe c) gibt, so erklärt sie gemäß Absatz 1 Buchstabe b) den Zusammenschluss für vereinbar mit dem Gemeinsamen Markt.

Die Kommission kann ihre Entscheidung gemäß Absatz 1 Buchstabe b) mit Bedingungen und Auflagen verbinden, um sicherzustellen, dass die beteiligten Unternehmen den Verpflichtungen nachkommen, die sie gegenüber der Kommission hinsichtlich einer mit dem Gemeinsamen Markt zu vereinbarenden Gestaltung des Zusammenschlusses eingegangen sind.

(3) Die Kommission kann eine Entscheidung gemäß Absatz 1 Buchstabe a) oder b) widerrufen, wenn

a) die Entscheidung auf unrichtigen Angaben, die von einem beteiligten Unternehmen zu vertreten sind, beruht oder arglistig herbeigeführt worden ist

oder

b) die beteiligten Unternehmen einer in der Entscheidung vorgesehenen Auflage zuwiderhandeln.

(4) In den in Absatz 3 genannten Fällen kann die Kommission eine Entscheidung gemäß Absatz 1 treffen, ohne an die in Artikel 10 Absatz 1 genannten Fristen gebunden zu sein.

(5) Die Kommission teilt ihre Entscheidung den beteiligten Unternehmen und den zuständigen Behörden der Mitgliedstaaten unverzüglich mit.

Artikel 7 Aufschub des Vollzugs von Zusammenschlüssen

(1) Ein Zusammenschluss von gemeinschaftsweiter Bedeutung im Sinne des Artikels 1 oder ein Zusammenschluss, der von der Kommission gemäß Artikel 4 Absatz 5 geprüft werden soll, darf weder vor der Anmeldung noch so lange vollzogen werden, bis er aufgrund einer Entscheidung gemäß Artikel 6 Absatz 1 Buchstabe b) oder Artikel 8 Absätze 1 oder 2 oder einer Vermutung gemäß Artikel 10 Absatz 6 für vereinbar mit dem Gemeinsamen Markt erklärt worden ist.

(2) Absatz 1 steht der Verwirklichung von Vorgängen nicht entgegen, bei denen die Kontrolle im Sinne von Artikel 3 von mehreren Veräußerern entweder im Wege eines öffentlichen Übernahmeangebots oder im Wege einer Reihe von Rechtsgeschäften mit Wertpapieren, einschließlich solchen, die in andere zum Handel an einer Börse oder an einem ähnlichen Markt zugelassene Wertpapiere konvertierbar sind, erworben wird, sofern

a) der Zusammenschluss gemäß Artikel 4 unverzüglich bei der Kommission angemeldet wird und

b) der Erwerber die mit den Anteilen verbundenen Stimmrechte nicht ausübt oder nur zur Erhaltung des vollen Wertes seiner Investition aufgrund einer von der Kommission nach Absatz 3 erteilten Freistellung ausübt.

(3) Die Kommission kann auf Antrag eine Freistellung von den in Absatz 1 oder Absatz 2 bezeichneten Pflichten erteilen. Der Antrag auf Freistellung muss mit Gründen versehen sein. Die Kommission beschließt über den Antrag unter besonderer Berücksichtigung der möglichen Auswirkungen des Aufschubs des Vollzugs auf ein oder mehrere an dem Zusammenschluss beteiligte Unternehmen oder auf Dritte sowie der möglichen

IV

IV

Gefährdung des Wettbewerbs durch den Zusammenschluss. Die Freistellung kann mit Bedingungen und Auflagen verbunden werden, um die Voraussetzungen für einen wirksamen Wettbewerb zu sichern. Sie kann jederzeit, auch vor der Anmeldung oder nach Abschluss des Rechtsgeschäfts, beantragt und erteilt werden.

(4) Die Wirksamkeit eines unter Missachtung des Absatzes 1 abgeschlossenen Rechtsgeschäfts ist von einer nach Artikel 6 Absatz 1 Buchstabe b) oder nach Artikel 8 Absätze 1, 2 oder 3 erlassenen Entscheidung oder von dem Eintritt der in Artikel 10 Absatz 6 vorgesehenen Vermutung abhängig.

Dieser Artikel berührt jedoch nicht die Wirksamkeit von Rechtsgeschäften mit Wertpapieren, einschließlich solcher, die in andere Wertpapiere konvertierbar sind, wenn diese Wertpapiere zum Handel an einer Börse oder an einem ähnlichen Markt zugelassen sind, es sei denn, dass die Käufer und die Verkäufer wussten oder hätten wissen müssen, dass das betreffende Rechtsgeschäft unter Missachtung des Absatzes 1 geschlossen wurde.

Artikel 8 Entscheidungsbefugnisse der Kommission

(1) Stellt die Kommission fest, dass ein angemeldeter Zusammenschluss dem in Artikel 2 Absatz 2 festgelegten Kriterium und – in den in Artikel 2 Absatz 4 genannten Fällen – den Kriterien des Artikels 81 Absatz 3 des Vertrags entspricht, so erlässt sie eine Entscheidung, mit der der Zusammenschluss für vereinbar mit dem Gemeinsamen Markt erklärt wird.

Durch eine Entscheidung, mit der ein Zusammenschluss für vereinbar erklärt wird, gelten auch die mit seiner Durchführung unmittelbar verbundenen und für sie notwendigen Einschränkungen als genehmigt.

(2) Stellt die Kommission fest, dass ein angemeldeter Zusammenschluss nach entsprechenden Änderungen durch die beteiligten Unternehmen dem in Artikel 2 Absatz 2 festgelegten Kriterium und – in den in Artikel 2 Absatz 4 genannten Fällen – den Kriterien des Artikels 81 Absatz 3 des Vertrags ent-

spricht, so erlässt sie eine Entscheidung, mit der der Zusammenschluss für vereinbar mit dem Gemeinsamen Markt erklärt wird.

Die Kommission kann ihre Entscheidung mit Bedingungen und Auflagen verbinden, um sicherzustellen, dass die beteiligten Unternehmen den Verpflichtungen nachkommen, die sie gegenüber der Kommission hinsichtlich einer mit dem Gemeinsamen Markt zu vereinbarenden Gestaltung des Zusammenschlusses eingegangen sind.

Durch eine Entscheidung, mit der ein Zusammenschluss für vereinbar erklärt wird, gelten auch die mit seiner Durchführung unmittelbar verbundenen und für sie notwendigen Einschränkungen als genehmigt.

(3) Stellt die Kommission fest, dass ein Zusammenschluss dem in Artikel 2 Absatz 3 festgelegten Kriterium entspricht oder – in den in Artikel 2 Absatz 4 genannten Fällen – den Kriterien des Artikels 81 Absatz 3 des Vertrags nicht entspricht, so erlässt sie eine Entscheidung, mit der der Zusammenschluss für unvereinbar mit dem Gemeinsamen Markt erklärt wird.

(4) Stellt die Kommission fest, dass ein Zusammenschluss

a) bereits vollzogen wurde und dieser Zusammenschluss für unvereinbar mit dem Gemeinsamen Markt erklärt worden ist oder

b) unter Verstoß gegen eine Bedingung vollzogen wurde, unter der eine Entscheidung gemäß Absatz 2 ergangen ist, in der festgestellt wird, dass der Zusammenschluss bei Nichteinhaltung der Bedingung das Kriterium des Artikels 2 Absatz 3 erfüllen würde oder in den in Artikel 2 Absatz 4 genannten Fällen die Kriterien des Artikels 81 Absatz 3 des Vertrags nicht erfüllen würde,

kann sie die folgenden Maßnahmen ergreifen:

– Sie kann den beteiligten Unternehmen aufgeben, den Zusammenschluss rückgängig zu machen, insbesondere durch die Auflösung der Fusion oder die Veräußerung aller erworbenen Anteile oder

Vermögensgegenstände, um den Zustand vor dem Vollzug des Zusammenschlusses wiederherzustellen. Ist es nicht möglich, den Zustand vor dem Vollzug des Zusammenschlusses dadurch wiederherzustellen, dass der Zusammenschluss rückgängig gemacht wird, so kann die Kommission jede andere geeignete Maßnahme treffen, um diesen Zustand soweit wie möglich wiederherzustellen.

– Sie kann jede andere geeignete Maßnahme anordnen, um sicherzustellen, dass die beteiligten Unternehmen den Zusammenschluss rückgängig machen oder andere Maßnahmen zur Wiederherstellung des früheren Zustands nach Maßgabe ihrer Entscheidung ergreifen.

In den in Unterabsatz 1 Buchstabe a) genannten Fällen können die dort genannten Maßnahmen entweder durch eine Entscheidung nach Absatz 3 oder durch eine gesonderte Entscheidung auferlegt werden.

(5) Die Kommission kann geeignete einstweilige Maßnahmen anordnen, um wirksamen Wettbewerb wiederherzustellen oder aufrechtzuerhalten, wenn ein Zusammenschluss

a) unter Verstoß gegen Artikel 7 vollzogen wurde und noch keine Entscheidung über die Vereinbarkeit des Zusammenschlusses mit dem Gemeinsamen Markt ergangen ist;

b) unter Verstoß gegen eine Bedingung vollzogen wurde, unter der eine Entscheidung gemäß Artikel 6 Absatz 1 Buchstabe b) oder Absatz 2 des vorliegenden Artikels ergangen ist;

c) bereits vollzogen wurde und für mit dem Gemeinsamen Markt unvereinbar erklärt wird.

(6) Die Kommission kann eine Entscheidung gemäß Absatz 1 oder Absatz 2 widerrufen, wenn

a) die Vereinbarkeitserklärung auf unrichtigen Angaben beruht, die von einem der beteiligten Unternehmen zu vertreten

sind, oder arglistig herbeigeführt worden ist oder

b) die beteiligten Unternehmen einer in der Entscheidung vorgesehenen Auflage zuwiderhandeln.

(7) Die Kommission kann eine Entscheidung gemäß den Absätzen 1 bis 3 treffen, ohne an die in Artikel 10 Absatz 3 genannten Fristen gebunden zu sein, wenn

a) sie feststellt, dass ein Zusammenschluss vollzogen wurde

   i) unter Verstoß gegen eine Bedingung, unter der eine Entscheidung gemäß Artikel 6 Absatz 1 Buchstabe b) ergangen ist oder

   ii) unter Verstoß gegen eine Bedingung, unter der eine Entscheidung gemäß Absatz 2 ergangen ist, mit der in Einklang mit Artikel 10 Absatz 2 festgestellt wird, dass der Zusammenschluss bei Nichterfüllung der Bedingung Anlass zu ernsthaften Bedenken hinsichtlich seiner Vereinbarkeit mit dem Gemeinsamen Markt geben würde oder

b) eine Entscheidung gemäß Absatz 6 widerrufen wurde.

(8) Die Kommission teilt ihre Entscheidung den beteiligten Unternehmen und den zuständigen Behörden der Mitgliedstaaten unverzüglich mit.

Artikel 9 Verweisung an die zuständigen Behörden der Mitgliedstaaten

(1) Die Kommission kann einen angemeldeten Zusammenschluss durch Entscheidung unter den folgenden Voraussetzungen an die zuständigen Behörden des betreffenden Mitgliedstaats verweisen; sie unterrichtet die beteiligten Unternehmen und die zuständigen Behörden der übrigen Mitgliedstaaten unverzüglich von dieser Entscheidung.

(2) Ein Mitgliedstaat kann der Kommission, die die beteiligten Unternehmen entsprechend unterrichtet, von Amts wegen oder auf Aufforderung durch die Kommission binnen 15 Arbeitstagen nach Erhalt der Kopie der Anmeldung mitteilen, dass

a) ein Zusammenschluss den Wettbewerb auf einem Markt in diesem Mitgliedstaat, der alle Merkmale eines gesonderten Marktes aufweist, erheblich zu beeinträchtigen droht oder

b) ein Zusammenschluss den Wettbewerb auf einem Markt in diesem Mitgliedstaat beeinträchtigen würde, der alle Merkmale eines gesonderten Marktes aufweist und keinen wesentlichen Teil des Gemeinsamen Marktes darstellt.

(3) Ist die Kommission der Auffassung, dass unter Berücksichtigung des Marktes der betreffenden Waren oder Dienstleistungen und des räumlichen Referenzmarktes im Sinne des Absatzes 7 ein solcher gesonderter Markt und eine solche Gefahr bestehen,

a) so behandelt sie entweder den Fall nach Maßgabe dieser Verordnung selbst oder

b) verweist die Gesamtheit oder einen Teil des Falls an die zuständigen Behörden des betreffenden Mitgliedstaats, damit das Wettbewerbsrecht dieses Mitgliedstaats angewandt wird.

Ist die Kommission dagegen der Auffassung, dass ein solcher gesonderter Markt oder eine solche Gefahr nicht besteht, so stellt sie dies durch Entscheidung fest, die sie an den betreffenden Mitgliedstaat richtet, und behandelt den Fall nach Maßgabe dieser Verordnung selbst.

In Fällen, in denen ein Mitgliedstaat der Kommission gemäß Absatz 2 Buchstabe b) mitteilt, dass ein Zusammenschluss in seinem Gebiet einen gesonderten Markt beeinträchtigt, der keinen wesentlichen Teil des Gemeinsamen Marktes darstellt, verweist die Kommission den gesamten Fall oder den Teil des Falls, der den gesonderten Markt betrifft, an die zuständigen Behörden des betreffenden Mitgliedstaats, wenn sie der Auffassung ist, dass ein gesonderter Markt betroffen ist.

(4) Die Entscheidung über die Verweisung oder Nichtverweisung nach Absatz 3 ergeht

a) in der Regel innerhalb der in Artikel 10 Absatz 1 Unterabsatz 2 genannten Frist, falls die Kommission das Verfahren nach

Artikel 6 Absatz 1 Buchstabe b) nicht eingeleitet hat; oder

b) spätestens 65 Arbeitstage nach der Anmeldung des Zusammenschlusses, wenn die Kommission das Verfahren nach Artikel 6 Absatz 1 Buchstabe c) eingeleitet, aber keine vorbereitenden Schritte zum Erlass der nach Artikel 8 Absätze 2, 3 oder 4 erforderlichen Maßnahmen unternommen hat, um wirksamen Wettbewerb auf dem betroffenen Markt aufrechtzuerhalten oder wiederherzustellen.

(5) Hat die Kommission trotz Erinnerung durch den betreffenden Mitgliedstaat innerhalb der in Absatz 4 Buchstabe b) bezeichneten Frist von 65 Arbeitstagen weder eine Entscheidung gemäß Absatz 3 über die Verweisung oder Nichtverweisung erlassen noch die in Absatz 4 Buchstabe b) bezeichneten vorbereitenden Schritte unternommen, so gilt die unwiderlegbare Vermutung, dass sie den Fall nach Absatz 3 Buchstabe b) an den betreffenden Mitgliedstaat verwiesen hat.

(6) Die zuständigen Behörden des betreffenden Mitgliedstaats entscheiden ohne unangemessene Verzögerung über den Fall.

Innerhalb von 45 Arbeitstagen nach der Verweisung von der Kommission teilt die zuständige Behörde des betreffenden Mitgliedstaats den beteiligten Unternehmen das Ergebnis einer vorläufigen wettbewerbsrechtlichen Prüfung sowie die gegebenenfalls von ihr beabsichtigten Maßnahmen mit. Der betreffende Mitgliedstaat kann diese Frist ausnahmsweise hemmen, wenn die beteiligten Unternehmen die nach seinem innerstaatlichen Wettbewerbsrecht zu übermittelnden erforderlichen Angaben nicht gemacht haben.

Schreibt das einzelstaatliche Recht eine Anmeldung vor, so beginnt die Frist von 45 Arbeitstagen an dem Arbeitstag, der auf den Eingang der vollständigen Anmeldung bei der zuständigen Behörde des betreffenden Mitgliedstaats folgt.

(7) Der räumliche Referenzmarkt besteht aus einem Gebiet, auf dem die beteiligten Unternehmen als Anbieter oder Nachfrager von

Waren oder Dienstleistungen auftreten, in dem die Wettbewerbsbedingungen hinreichend homogen sind und das sich von den benachbarten Gebieten unterscheidet; dies trifft insbesondere dann zu, wenn die in ihm herrschenden Wettbewerbsbedingungen sich von denen in den letztgenannten Gebieten deutlich unterscheiden. Bei dieser Beurteilung ist insbesondere auf die Art und die Eigenschaften der betreffenden Waren oder Dienstleistungen abzustellen, ferner auf das Vorhandensein von Zutrittsschranken, auf Verbrauchergewohnheiten sowie auf das Bestehen erheblicher Unterschiede bei den Marktanteilen der Unternehmen oder auf nennenswerte Preisunterschiede zwischen dem betreffenden Gebiet und den benachbarten Gebieten.

(8) In Anwendung dieses Artikels kann der betreffende Mitgliedstaat nur die Maßnahmen ergreifen, die zur Aufrechterhaltung oder Wiederherstellung wirksamen Wettbewerbs auf dem betreffenden Markt unbedingt erforderlich sind.

(9) Zwecks Anwendung seines innerstaatlichen Wettbewerbsrechts kann jeder Mitgliedstaat nach Maßgabe der einschlägigen Vorschriften des Vertrags beim Gerichtshof Klage erheben und insbesondere die Anwendung des Artikels 243 des Vertrags beantragen.

Artikel 10 Fristen für die Einleitung des Verfahrens und für Entscheidungen

(1) Unbeschadet von Artikel 6 Absatz 4 ergehen die Entscheidungen nach Artikel 6 Absatz 1 innerhalb von höchstens 25 Arbeitstagen. Die Frist beginnt mit dem Arbeitstag, der auf den Tag des Eingangs der Anmeldung folgt, oder, wenn die bei der Anmeldung zu erteilenden Auskünfte unvollständig sind, mit dem Arbeitstag, der auf den Tag des Eingangs der vollständigen Auskünfte folgt.

Diese Frist beträgt 35 Arbeitstage, wenn der Kommission ein Antrag eines Mitgliedstaats gemäß Artikel 9 Absatz 2 zugeht oder wenn die beteiligten Unternehmen gemäß Artikel 6 Absatz 2 anbieten, Verpflichtungen einzuge-

hen, um den Zusammenschluss in einer mit dem Gemeinsamen Markt zu vereinbarenden Weise zu gestalten.

(2) Entscheidungen nach Artikel 8 Absatz 1 oder 2 über angemeldete Zusammenschlüsse sind zu erlassen, sobald offenkundig ist, dass die ernsthaften Bedenken im Sinne des Artikels 6 Absatz 1 Buchstabe c) – insbesondere durch von den beteiligten Unternehmen vorgenommene Änderungen – ausgeräumt sind, spätestens jedoch vor Ablauf der nach Absatz 3 festgesetzten Frist.

(3) Unbeschadet des Artikels 8 Absatz 7 müssen die in Artikel 8 Absätze 1 bis 3 bezeichneten Entscheidungen über angemeldete Zusammenschlüsse innerhalb einer Frist von höchstens 90 Arbeitstagen nach der Einleitung des Verfahrens erlassen werden. Diese Frist erhöht sich auf 105 Arbeitstage, wenn die beteiligten Unternehmen gemäß Artikel 8 Absatz 2 Unterabsatz 2 anbieten, Verpflichtungen einzugehen, um den Zusammenschluss in einer mit dem Gemeinsamen Markt zu vereinbarenden Weise zu gestalten, es sei denn, dieses Angebot wurde weniger als 55 Arbeitstage nach Einleitung des Verfahrens unterbreitet.

Die Fristen gemäß Unterabsatz 1 werden ebenfalls verlängert, wenn die Anmelder dies spätestens 15 Arbeitstage nach Einleitung des Verfahrens gemäß Artikel 6 Absatz 1 Buchstabe c) beantragen. Die Anmelder dürfen eine solche Fristverlängerung nur einmal beantragen. Ebenso kann die Kommission die Fristen gemäß Unterabsatz 1 jederzeit nach Einleitung des Verfahrens mit Zustimmung der Anmelder verlängern. Die Gesamtdauer aller etwaigen Fristverlängerungen nach diesem Unterabsatz darf 20 Arbeitstage nicht übersteigen.

(4) Die in den Absätzen 1 und 3 genannten Fristen werden ausnahmsweise gehemmt, wenn die Kommission durch Umstände, die von einem am Zusammenschluss beteiligten Unternehmen zu vertreten sind, eine Auskunft im Wege einer Entscheidung nach Artikel 11 anfordern oder im Wege einer Entscheidung nach Artikel 13 eine Nachprüfung anordnen musste.

Unterabsatz 1 findet auch auf die Frist gemäß Artikel 9 Absatz 4 Buchstabe b) Anwendung.

(5) Wird eine Entscheidung der Kommission, die einer in diesem Artikel festgesetzten Frist unterliegt, durch Urteil des Gerichtshofs ganz oder teilweise für nichtig erklärt, so wird der Zusammenschluss erneut von der Kommission geprüft; die Prüfung wird mit einer Entscheidung nach Artikel 6 Absatz 1 abgeschlossen.

Der Zusammenschluss wird unter Berücksichtigung der aktuellen Marktverhältnisse erneut geprüft.

Ist die ursprüngliche Anmeldung nicht mehr vollständig, weil sich die Marktverhältnisse oder die in der Anmeldung enthaltenen Angaben geändert haben, so legen die Anmelder unverzüglich eine neue Anmeldung vor oder ergänzen ihre ursprüngliche Anmeldung. Sind keine Änderungen eingetreten, so bestätigen die Anmelder dies unverzüglich.

Die in Absatz 1 festgelegten Fristen beginnen mit dem Arbeitstag, der auf den Tag des Eingangs der vollständigen neuen Anmeldung, der Anmeldungsergänzung oder der Bestätigung im Sinne von Unterabsatz 3 folgt.

Die Unterabsätze 2 und 3 finden auch in den in Artikel 6 Absatz 4 und Artikel 8 Absatz 7 bezeichneten Fällen Anwendung.

(6) Hat die Kommission innerhalb der in Absatz 1 beziehungsweise Absatz 3 genannten Fristen keine Entscheidung nach Artikel 6 Absatz 1 Buchstabe b) oder c) oder nach Artikel 8 Absätze 1, 2 oder 3 erlassen, so gilt der Zusammenschluss unbeschadet des Artikels 9 als für mit dem Gemeinsamen Markt vereinbar erklärt.

Artikel 11 Auskunftsverlangen

(1) Die Kommission kann zur Erfüllung der ihr durch diese Verordnung übertragenen Aufgaben von den in Artikel 3 Absatz 1 Buchstabe b) bezeichneten Personen sowie von Unternehmen und Unternehmensvereinigungen durch einfaches Auskunftsverlangen oder durch Entscheidung verlangen, dass sie alle erforderlichen Auskünfte erteilen.

(2) Richtet die Kommission ein einfaches Auskunftsverlangen an eine Person, ein Unternehmen oder eine Unternehmensvereinigung, so gibt sie darin die Rechtsgrundlagen und den Zweck des Auskunftsverlangens, die Art der benötigten Auskünfte und die Frist für die Erteilung der Auskünfte an und weist auf die in Artikel 14 für den Fall der Erteilung einer unrichtigen oder irreführenden Auskunft vorgesehenen Sanktionen hin.

(3) Verpflichtet die Kommission eine Person, ein Unternehmen oder eine Unternehmensvereinigung durch Entscheidung zur Erteilung von Auskünften, so gibt sie darin die Rechtsgrundlage, den Zweck des Auskunftsverlangens, die Art der benötigten Auskünfte und die Frist für die Erteilung der Auskünfte an. In der Entscheidung ist ferner auf die in Artikel 14 beziehungsweise Artikel 15 vorgesehenen Sanktionen hinzuweisen; gegebenenfalls kann auch ein Zwangsgeld gemäß Artikel 15 festgesetzt werden. Außerdem enthält die Entscheidung einen Hinweis auf das Recht, vor dem Gerichtshof gegen die Entscheidung Klage zu erheben.

(4) Zur Erteilung der Auskünfte sind die Inhaber der Unternehmen oder deren Vertreter, bei juristischen Personen, Gesellschaften und nicht rechtsfähigen Vereinen die nach Gesetz oder Satzung zur Vertretung berufenen Personen verpflichtet. Ordnungsgemäß bevollmächtigte Personen können die Auskünfte im Namen ihrer Mandanten erteilen. Letztere bleiben in vollem Umfang dafür verantwortlich, dass die erteilten Auskünfte vollständig, sachlich richtig und nicht irreführend sind.

(5) Die Kommission übermittelt den zuständigen Behörden des Mitgliedstaats, in dessen Hoheitsgebiet sich der Wohnsitz der Person oder der Sitz des Unternehmens oder der Unternehmensvereinigung befindet, sowie der zuständigen Behörde des Mitgliedstaats, dessen Hoheitsgebiet betroffen ist, unverzüglich eine Kopie der nach Absatz 3 erlassenen Entscheidung. Die Kommission übermittelt der zuständigen Behörde eines Mitgliedstaats auch die Kopien einfacher Auskunftsverlangen in Bezug auf einen angemeldeten

Zusammenschluss, wenn die betreffende Behörde diese ausdrücklich anfordert.

(6) Die Regierungen und zuständigen Behörden der Mitgliedstaaten erteilen der Kommission auf Verlangen alle Auskünfte, die sie zur Erfüllung der ihr durch diese Verordnung übertragenen Aufgaben benötigt.

(7) Zur Erfüllung der ihr durch diese Verordnung übertragenen Aufgaben kann die Kommission alle natürlichen und juristischen Personen befragen, die dieser Befragung zum Zweck der Einholung von Informationen über einen Untersuchungsgegenstand zustimmen. Zu Beginn der Befragung, die telefonisch oder mit anderen elektronischen Mitteln erfolgen kann, gibt die Kommission die Rechtsgrundlage und den Zweck der Befragung an.

Findet eine Befragung weder in den Räumen der Kommission noch telefonisch oder mit anderen elektronischen Mitteln statt, so informiert die Kommission zuvor die zuständige Behörde des Mitgliedstaats, in dessen Hoheitsgebiet die Befragung erfolgt. Auf Verlangen der zuständigen Behörde dieses Mitgliedstaats können deren Bedienstete die Bediensteten der Kommission und die anderen von der Kommission zur Durchführung der Befragung ermächtigten Personen unterstützen.

Artikel 12　Nachprüfungen durch Behörden der Mitgliedstaaten

(1) Auf Ersuchen der Kommission nehmen die zuständigen Behörden der Mitgliedstaaten diejenigen Nachprüfungen vor, die die Kommission gemäß Artikel 13 Absatz 1 für angezeigt hält oder die sie in einer Entscheidung gemäß Artikel 13 Absatz 4 angeordnet hat. Die mit der Durchführung der Nachprüfungen beauftragten Bediensteten der zuständigen Behörden der Mitgliedstaaten sowie die von ihnen ermächtigten oder benannten Personen üben ihre Befugnisse nach Maßgabe ihres innerstaatlichen Rechts aus.

(2) Die Bediensteten der Kommission und andere von ihr ermächtigte Begleitpersonen können auf Anweisung der Kommission oder auf Ersuchen der zuständigen Behörde des Mitgliedstaats, in dessen Hoheitsgebiet die Nachprüfung vorgenommen werden soll, die Bediensteten dieser Behörde unterstützen.

Artikel 13　Nachprüfungsbefugnisse der Kommission

(1) Die Kommission kann zur Erfüllung der ihr durch diese Verordnung übertragenen Aufgaben bei Unternehmen und Unternehmensvereinigungen alle erforderlichen Nachprüfungen vornehmen.

(2) Die mit den Nachprüfungen beauftragten Bediensteten der Kommission und die anderen von ihr ermächtigten Begleitpersonen sind befugt,

a) alle Räumlichkeiten, Grundstücke und Transportmittel der Unternehmen und Unternehmensvereinigungen zu betreten,

b) die Bücher und sonstigen Geschäftsunterlagen, unabhängig davon, in welcher Form sie vorliegen, zu prüfen,

c) Kopien oder Auszüge gleich in welcher Form aus diesen Büchern und Geschäftsunterlagen anzufertigen oder zu verlangen,

d) alle Geschäftsräume und Bücher oder Unterlagen für die Dauer der Nachprüfung in dem hierfür erforderlichen Ausmaß zu versiegeln,

e) von allen Vertretern oder Beschäftigten des Unternehmens oder der Unternehmensvereinigung Erläuterungen zu Sachverhalten oder Unterlagen zu verlangen, die mit Gegenstand und Zweck der Nachprüfung in Zusammenhang stehen, und ihre Antworten aufzuzeichnen.

(3) Die mit der Nachprüfung beauftragten Bediensteten der Kommission und die anderen von ihr ermächtigten Begleitpersonen üben ihre Befugnisse unter Vorlage eines schriftlichen Auftrags aus, in dem der Gegenstand und der Zweck der Nachprüfung bezeichnet sind und in dem auf die in Artikel 14 vorgesehenen Sanktionen für den Fall hingewiesen wird, dass die angeforderten Bücher oder sonstigen Geschäftsunterlagen nicht vollständig vorgelegt werden oder die

IV

Antworten auf die nach Absatz 2 gestellten Fragen unrichtig oder irreführend sind. Die Kommission unterrichtet die zuständige Behörde des Mitgliedstaats, in dessen Hoheitsgebiet die Nachprüfung vorgenommen werden soll, rechtzeitig vor deren Beginn über den Prüfungsauftrag.

(4) Unternehmen und Unternehmensvereinigungen sind verpflichtet, die Nachprüfungen zu dulden, die die Kommission durch Entscheidung angeordnet hat. Die Entscheidung bezeichnet den Gegenstand und den Zweck der Nachprüfung, bestimmt den Zeitpunkt des Beginns der Nachprüfung und weist auf die in Artikel 14 und Artikel 15 vorgesehenen Sanktionen sowie auf das Recht hin, vor dem Gerichtshof Klage gegen die Entscheidung zu erheben. Die Kommission erlässt diese Entscheidung nach Anhörung der zuständigen Behörde des Mitgliedstaats, in dessen Hoheitsgebiet die Nachprüfung vorgenommen werden soll.

(5) Die Bediensteten der zuständigen Behörde des Mitgliedstaats, in dessen Hoheitsgebiet die Nachprüfung vorgenommen werden soll, sowie die von dieser Behörde ermächtigten oder benannten Personen unterstützen auf Anweisung dieser Behörde oder auf Ersuchen der Kommission die Bediensteten der Kommission und die anderen von ihr ermächtigten Begleitpersonen aktiv. Sie verfügen hierzu über die in Absatz 2 genannten Befugnisse.

(6) Stellen die Bediensteten der Kommission oder die anderen von ihr ermächtigten Begleitpersonen fest, dass sich ein Unternehmen einer aufgrund dieses Artikels angeordneten Nachprüfung, einschließlich der Versiegelung der Geschäftsräume, Bücher oder Geschäftsunterlagen, widersetzt, so leistet der betreffende Mitgliedstaat die erforderliche Amtshilfe, gegebenenfalls unter Einsatz der Polizei oder anderer gleichwertiger Vollzugsorgane, damit die Bediensteten der Kommission und die anderen von ihr ermächtigten Begleitpersonen ihren Nachprüfungsauftrag erfüllen können.

(7) Setzt die Amtshilfe nach Absatz 6 nach einzelstaatlichem Recht eine gerichtliche Genehmigung voraus, so ist diese zu beantragen. Die Genehmigung kann auch vorsorglich beantragt werden.

(8) Wurde eine gerichtliche Genehmigung gemäß Absatz 7 beantragt, prüft das einzelstaatliche Gericht die Echtheit der Kommissionsentscheidung und vergewissert sich, dass die beabsichtigten Zwangsmaßnahmen weder willkürlich noch – gemessen am Gegenstand der Nachprüfung – unverhältnismäßig sind. Bei der Prüfung der Verhältnismäßigkeit der Zwangsmaßnahmen kann das einzelstaatliche Gericht die Kommission unmittelbar oder über die zuständige Behörde des betreffenden Mitgliedstaats um ausführliche Erläuterungen zum Gegenstand der Nachprüfung ersuchen. Das einzelstaatliche Gericht darf jedoch weder die Notwendigkeit der Nachprüfung in Frage stellen noch Auskünfte aus den Akten der Kommission verlangen. Die Prüfung der Rechtmäßigkeit der Kommissionsentscheidung ist dem Gerichtshof vorbehalten.

Artikel 14 Geldbußen

(1) Die Kommission kann gegen die in Artikel 3 Absatz 1 Buchstabe b) bezeichneten Personen, gegen Unternehmen und Unternehmensvereinigungen durch Entscheidung Geldbußen bis zu einem Höchstbetrag von 1 % des von dem beteiligten Unternehmen oder der beteiligten Unternehmensvereinigung erzielten Gesamtumsatzes im Sinne von Artikel 5 festsetzen, wenn sie vorsätzlich oder fahrlässig

a) in einem Antrag, einer Bestätigung, einer Anmeldung oder Anmeldungsergänzung nach Artikel 4, Artikel 10 Absatz 5 oder Artikel 22 Absatz 3 unrichtige oder irreführende Angaben machen,

b) bei der Erteilung einer nach Artikel 11 Absatz 2 verlangten Auskunft unrichtige oder irreführende Angaben machen,

c) bei der Erteilung einer durch Entscheidung gemäß Artikel 11 Absatz 3 verlangten Auskunft unrichtig, unvollständige oder irreführende Angaben machen oder die Auskunft nicht innerhalb der gesetzten Frist erteilen,

d) bei Nachprüfungen nach Artikel 13 die angeforderten Bücher oder sonstigen Geschäftsunterlagen nicht vollständig vorlegen oder die in einer Entscheidung nach Artikel 13 Absatz 4 angeordneten Nachprüfungen nicht dulden,

e) in Beantwortung einer nach Artikel 13 Absatz 2 Buchstabe e) gestellten Frage

 – eine unrichtige oder irreführende Antwort erteilen,

 – eine von einem Beschäftigten erteilte unrichtige, unvollständige oder irreführende Antwort nicht innerhalb einer von der Kommission gesetzten Frist berichtigen oder

 – in Bezug auf Fakten im Zusammenhang mit dem Gegenstand und dem Zweck einer Entscheidung nach Artikel 13 Absatz 4 angeordneten Nachprüfung keine vollständige Antwort erteilen oder eine vollständige Antwort verweigern,

f) die von den Bediensteten der Kommission oder den anderen von ihr ermächtigten Begleitpersonen nach Artikel 13 Absatz 2 Buchstabe d) angebrachten Siegel gebrochen haben.

(2) Die Kommission kann gegen die in Artikel 3 Absatz 1 Buchstabe b) bezeichneten Personen oder die beteiligten Unternehmen durch Entscheidung Geldbußen in Höhe von bis zu 10 % des von den beteiligten Unternehmen erzielten Gesamtumsatzes im Sinne von Artikel 5 festsetzen, wenn sie vorsätzlich oder fahrlässig

a) einen Zusammenschluss vor seinem Vollzug nicht gemäß Artikel 4 oder gemäß Artikel 22 Absatz 3 anmelden, es sei denn, dies ist ausdrücklich gemäß Artikel 7 Absatz 2 oder aufgrund einer Entscheidung gemäß Artikel 7 Absatz 3 zulässig,

b) einen Zusammenschluss unter Verstoß gegen Artikel 7 vollziehen,

c) einen durch Entscheidung nach Artikel 8 Absatz 3 für unvereinbar mit dem Gemeinsamen Markt erklärten Zusammenschluss vollziehen oder den in einer Entscheidung nach Artikel 8 Absatz 4 oder 5

angeordneten Maßnahmen nicht nachkommen,

d) einer durch Entscheidung nach Artikel 6 Absatz 1 Buchstabe b), Artikel 7 Absatz 3 oder Artikel 8 Absatz 2 Unterabsatz 2 auferlegten Bedingung oder Auflage zuwiderhandeln.

(3) Bei der Festsetzung der Höhe der Geldbuße ist die Art, die Schwere und die Dauer der Zuwiderhandlung zu berücksichtigen.

(4) Die Entscheidungen aufgrund der Absätze 1, 2 und 3 sind nicht strafrechtlicher Art.

Artikel 15 Zwangsgelder

(1) Die Kommission kann gegen die in Artikel 3 Absatz 1 Buchstabe b) bezeichneten Personen, gegen Unternehmen oder Unternehmensvereinigungen durch Entscheidung ein Zwangsgeld bis zu einem Höchstbetrag von 5 % des durchschnittlichen täglichen Gesamtumsatzes des beteiligten Unternehmens oder der beteiligten Unternehmensvereinigung im Sinne von Artikel 5 für jeden Arbeitstag des Verzugs von dem in ihrer Entscheidung bestimmten Zeitpunkt an festsetzen, um sie zu zwingen,

a) eine Auskunft, die sie in einer Entscheidung nach Artikel 11 Absatz 3 angefordert hat, vollständig und sachlich richtig zu erteilen,

b) eine Nachprüfung zu dulden, die sie in einer Entscheidung nach Artikel 13 Absatz 4 angeordnet hat,

c) einer durch Entscheidung nach Artikel 6 Absatz 1 Buchstabe b), Artikel 7 Absatz 3 oder Artikel 8 Absatz 2 Unterabsatz 2 auferlegten Auflage nachzukommen oder

d) den in einer Entscheidung nach Artikel 8 Absatz 4 oder 5 angeordneten Maßnahmen nachzukommen.

(2) Sind die in Artikel 3 Absatz 1 Buchstabe b) bezeichneten Personen, Unternehmen oder Unternehmensvereinigungen der Verpflichtung nachgekommen, zu deren Erfüllung das Zwangsgeld festgesetzt worden war, so kann die Kommission die endgültige Höhe des Zwangsgeldes auf einen Betrag festsetzen,

der unter dem Betrag liegt, der sich aus der ursprünglichen Entscheidung ergeben würde.

Artikel 16 Kontrolle durch den Gerichtshof

Bei Klagen gegen Entscheidungen der Kommission, in denen eine Geldbuße oder ein Zwangsgeld festgesetzt ist, hat der Gerichtshof die Befugnis zu unbeschränkter Ermessensnachprüfung der Entscheidung im Sinne von Artikel 229 des Vertrags; er kann die Geldbuße oder das Zwangsgeld aufheben, herabsetzen oder erhöhen.

Artikel 17 Berufsgeheimnis

(1) Die bei Anwendung dieser Verordnung erlangten Kenntnisse dürfen nur zu dem mit der Auskunft, Ermittlung oder Anhörung verfolgten Zweck verwertet werden.

(2) Unbeschadet des Artikels 4 Absatz 3 sowie der Artikel 18 und 20 sind die Kommission und die zuständigen Behörden der Mitgliedstaaten sowie ihre Beamten und sonstigen Bediensteten, alle sonstigen, unter Aufsicht dieser Behörden handelnden Personen und die Beamten und Bediensteten anderer Behörden der Mitgliedstaaten verpflichtet, Kenntnisse nicht preiszugeben, die sie bei Anwendung dieser Verordnung erlangt haben und die ihrem Wesen nach unter das Berufsgeheimnis fallen.

(3) Die Absätze 1 und 2 stehen der Veröffentlichung von Übersichten oder Zusammenfassungen, die keine Angaben über einzelne Unternehmen oder Unternehmensvereinigungen enthalten, nicht entgegen.

Artikel 18 Anhörung Beteiligter und Dritter

(1) Vor Entscheidungen nach Artikel 6 Absatz 3, Artikel 7 Absatz 3, Artikel 8 Absätze 2 bis 6, Artikel 14 und Artikel 15 gibt die Kommission den betroffenen Personen, Unternehmen und Unternehmensvereinigungen Gelegenheit, sich zu den ihnen gegenüber geltend gemachten Einwänden in allen Abschnitten des Verfahrens bis zur Anhörung des Beratenden Ausschusses zu äußern.

(2) Abweichend von Absatz 1 können Entscheidungen nach Artikel 7 Absatz 3 und Artikel 8 Absatz 5 vorläufig erlassen werden, ohne den betroffenen Personen, Unternehmen oder Unternehmensvereinigungen zuvor Gelegenheit zur Äußerung zu geben, sofern die Kommission dies unverzüglich nach dem Erlass ihrer Entscheidung nachholt.

(3) Die Kommission stützt ihre Entscheidungen nur auf die Einwände, zu denen die Betroffenen Stellung nehmen konnten. Das Recht der Betroffenen auf Verteidigung während des Verfahrens wird in vollem Umfang gewährleistet. Zumindest die unmittelbar Betroffenen haben das Recht der Akteneinsicht, wobei die berechtigten Interessen der Unternehmen an der Wahrung ihrer Geschäftsgeheimnisse zu berücksichtigen sind.

(4) Sofern die Kommission oder die zuständigen Behörden der Mitgliedstaaten es für erforderlich halten, können sie auch andere natürliche oder juristische Personen anhören. Wenn natürliche oder juristische Personen, die ein hinreichendes Interesse darlegen, und insbesondere Mitglieder der Leitungsorgane der beteiligten Unternehmen oder rechtlich anerkannte Vertreter der Arbeitnehmer dieser Unternehmen einen Antrag auf Anhörung stellen, so ist ihrem Antrag stattzugeben.

Artikel 19 Verbindung mit den Behörden der Mitgliedstaaten

(1) Die Kommission übermittelt den zuständigen Behörden der Mitgliedstaaten binnen dreier Arbeitstage eine Kopie der Anmeldungen und sobald wie möglich die wichtigsten Schriftstücke, die in Anwendung dieser Verordnung bei ihr eingereicht oder von ihr erstellt werden. Zu diesen Schriftstücken gehören auch die Verpflichtungszusagen, die die beteiligten Unternehmen der Kommission angeboten haben, um den Zusammenschluss gemäß Artikel 6 Absatz 2 oder Artikel 8 Absatz 2 Unterabsatz 2 in einer mit dem Gemeinsamen Markt zu vereinbarenden Weise zu gestalten.

(2) Die Kommission führt die in dieser Verordnung vorgesehenen Verfahren in enger und stetiger Verbindung mit den zuständigen

Behörden der Mitgliedstaaten durch; diese sind berechtigt, zu diesen Verfahren Stellung zu nehmen. Im Hinblick auf die Anwendung des Artikels 9 nimmt sie die in Artikel 9 Absatz 2 bezeichneten Mitteilungen der zuständigen Behörden der Mitgliedstaaten entgegen; sie gibt ihnen Gelegenheit, sich in allen Abschnitten des Verfahrens bis zum Erlass einer Entscheidung nach Artikel 9 Absatz 3 zu äußern und gewährt ihnen zu diesem Zweck Akteneinsicht.

(3) Ein Beratender Ausschuss für die Kontrolle von Unternehmenszusammenschlüssen ist vor jeder Entscheidung nach Artikel 8 Absätze 1 bis 6 und Artikel 14 oder 15, ausgenommen vorläufige Entscheidungen nach Artikel 18 Absatz 2, zu hören.

(4) Der Beratende Ausschuss setzt sich aus Vertretern der zuständigen Behörden der Mitgliedstaaten zusammen. Jeder Mitgliedstaat bestimmt einen oder zwei Vertreter, die im Fall der Verhinderung durch jeweils einen anderen Vertreter ersetzt werden können. Mindestens einer dieser Vertreter muss für Kartell- und Monopolfragen zuständig sein.

(5) Die Anhörung erfolgt in einer gemeinsamen Sitzung, die die Kommission anberaumt und in der sie den Vorsitz führt. Der Einladung zur Sitzung sind eine Darstellung des Sachverhalts unter Angabe der wichtigsten Schriftstücke sowie ein Entscheidungsentwurf für jeden zu behandelnden Fall beizufügen. Die Sitzung findet frühestens zehn Arbeitstage nach Versendung der Einladung statt. Die Kommission kann diese Frist in Ausnahmefällen entsprechend verkürzen, um schweren Schaden von einem oder mehreren an dem Zusammenschluss beteiligten Unternehmen abzuwenden.

(6) Der Beratende Ausschuss gibt seine Stellungnahme zu dem Entscheidungsentwurf der Kommission – erforderlichenfalls durch Abstimmung – ab. Der Beratende Ausschuss kann seine Stellungnahme abgeben, auch wenn Mitglieder des Ausschusses und ihre Vertreter nicht anwesend sind. Diese Stellungnahme ist schriftlich niederzulegen und dem Entscheidungsentwurf beizufügen. Die Kommission berücksichtigt soweit wie möglich die Stellungnahme des Ausschusses. Sie unterrichtet den Ausschuss darüber, inwieweit sie seine Stellungnahme berücksichtigt hat.

(7) Die Kommission übermittelt den Adressaten der Entscheidung die Stellungnahme des Beratenden Ausschusses zusammen mit der Entscheidung. Sie veröffentlicht die Stellungnahme zusammen mit der Entscheidung unter Berücksichtigung der berechtigten Interessen der Unternehmen an der Wahrung ihrer Geschäftsgeheimnisse.

Artikel 20　Veröffentlichung von Entscheidungen

(1) Die Kommission veröffentlicht die nach Artikel 8 Absätze 1 bis 6 sowie Artikel 14 und 15 erlassenen Entscheidungen, ausgenommen vorläufige Entscheidungen nach Artikel 18 Absatz 2, zusammen mit der Stellungnahme des Beratenden Ausschusses im Amtsblatt der Europäischen Union.

(2) Die Veröffentlichung erfolgt unter Angabe der Beteiligten und des wesentlichen Inhalts der Entscheidung; sie muss den berechtigten Interessen der Unternehmen an der Wahrung ihrer Geschäftsgeheimnisse Rechnung tragen.

Artikel 21　Anwendung dieser Verordnung und Zuständigkeit

(1) Diese Verordnung gilt allein für Zusammenschlüsse im Sinne des Artikels 3; die Verordnungen (EG) Nr. 1/2003[8]), (EWG) Nr. 1017/68[9]), (EWG) Nr. 4056/86[10]) und

---

[8]) ABl. L 1 vom 4. 1. 2003, S. 1.

[9]) ABl. L 175 vom 23. 7. 1968, S. 1. Verordnung zuletzt geändert durch die Verordnung (EG) Nr. 1/2003 (ABl. L 1 vom 4. 1. 2003, S. 1).

[10]) ABl. L 378 vom 31. 12. 1986, S. 4. Verordnung zuletzt geändert durch die Verordnung (EG) Nr. 1/2003.

IV

(EWG) Nr. 3975/87[11]) des Rates gelten nicht, außer für Gemeinschaftsunternehmen, die keine gemeinschaftsweite Bedeutung haben und die Koordinierung des Wettbewerbsverhaltens unabhängig bleibender Unternehmen bezwecken oder bewirken.

(2) Vorbehaltlich der Nachprüfung durch den Gerichtshof ist die Kommission ausschließlich dafür zuständig, die in dieser Verordnung vorgesehenen Entscheidungen zu erlassen.

(3) Die Mitgliedstaaten wenden ihr innerstaatliches Wettbewerbsrecht nicht auf Zusammenschlüsse von gemeinschaftsweiter Bedeutung an.

Unterabsatz 1 berührt nicht die Befugnis der Mitgliedstaaten, die zur Anwendung des Artikels 4 Absatz 4 oder des Artikels 9 Absatz 2 erforderlichen Ermittlungen vorzunehmen und nach einer Verweisung gemäß Artikel 9 Absatz 3 Unterabsatz 1 Buchstabe b) oder Artikel 9 Absatz 5 die in Anwendung des Artikels 9 Absatz 8 unbedingt erforderlichen Maßnahmen zu ergreifen.

(4) Unbeschadet der Absätze 2 und 3 können die Mitgliedstaaten geeignete Maßnahmen zum Schutz anderer berechtigter Interessen als derjenigen treffen, welche in dieser Verordnung berücksichtigt werden, sofern diese Interessen mit den allgemeinen Grundsätzen und den übrigen Bestimmungen des Gemeinschaftsrechts vereinbar sind.

Im Sinne des Unterabsatzes 1 gelten als berechtigte Interessen die öffentliche Sicherheit, die Medienvielfalt und die Aufsichtsregeln.

Jedes andere öffentliche Interesse muss der betreffende Mitgliedstaat der Kommission mitteilen; diese muss es nach Prüfung seiner Vereinbarkeit mit den allgemeinen Grundsätzen und den sonstigen Bestimmungen des Gemeinschaftsrechts vor Anwendung der genannten Maßnahmen anerkennen. Die Kommission gibt dem betreffenden Mitgliedstaat ihre Entscheidung binnen 25 Arbeitstagen

nach der entsprechenden Mitteilung bekannt.

Artikel 22 Verweisung an die Kommission

(1) Auf Antrag eines oder mehrerer Mitgliedstaaten kann die Kommission jeden Zusammenschluss im Sinne von Artikel 3 prüfen, der keine gemeinschaftsweite Bedeutung im Sinne von Artikel 1 hat, aber den Handel zwischen Mitgliedstaaten beeinträchtigt und den Wettbewerb im Hoheitsgebiet des beziehungsweise der antragstellenden Mitgliedstaaten erheblich zu beeinträchtigen droht.

Der Antrag muss innerhalb von 15 Arbeitstagen, nachdem der Zusammenschluss bei dem betreffenden Mitgliedstaat angemeldet oder, falls eine Anmeldung nicht erforderlich ist, ihm anderweitig zur Kenntnis gebracht worden ist, gestellt werden.

(2) Die Kommission unterrichtet die zuständigen Behörden der Mitgliedstaaten und die beteiligten Unternehmen unverzüglich von einem nach Absatz 1 gestellten Antrag.

Jeder andere Mitgliedstaat kann sich dem ersten Antrag innerhalb von 15 Arbeitstagen, nachdem er von der Kommission über diesen informiert wurde, anschließen.

Alle einzelstaatlichen Fristen, die den Zusammenschluss betreffen, werden gehemmt, bis nach dem Verfahren dieses Artikels entschieden worden ist, durch wen der Zusammenschluss geprüft wird. Die Hemmung der einzelstaatlichen Fristen endet, sobald der betreffende Mitgliedstaat der Kommission und den beteiligten Unternehmen mitteilt, dass er sich dem Antrag nicht anschließt.

(3) Die Kommission kann spätestens zehn Arbeitstage nach Ablauf der Frist gemäß Absatz 2 beschließen, den Zusammenschluss zu prüfen, wenn sie dieser ihrer Ansicht nach den Handel zwischen Mitgliedstaaten beeinträchtigt und den Wettbewerb im Hoheitsgebiet des bzw. der Antrag stellenden Mitgliedstaaten erheblich zu beeinträchtigen droht. Trifft die Kommission innerhalb der genannten

---

[11]) ABl. L 374 vom 31. 12. 1987, S. 1. Verordnung zuletzt geändert durch die Verordnung (EG) Nr. 1/2003.

Frist keine Entscheidung, so gilt dies als Entscheidung, den Zusammenschluss gemäß dem Antrag zu prüfen.

Die Kommission unterrichtet alle Mitgliedstaaten und die beteiligten Unternehmen von ihrer Entscheidung. Sie kann eine Anmeldung gemäß Artikel 4 verlangen.

Das innerstaatliche Wettbewerbsrecht des bzw. der Mitgliedstaaten, die den Antrag gestellt haben, findet auf den Zusammenschluss nicht mehr Anwendung.

(4) Wenn die Kommission einen Zusammenschluss gemäß Absatz 3 prüft, finden Artikel 2, Artikel 4 Absätze 2 und 3, die Artikel 5 und 6 sowie die Artikel 8 bis 21 Anwendung. Artikel 7 findet Anwendung, soweit der Zusammenschluss zu dem Zeitpunkt, zu dem die Kommission den beteiligten Unternehmen mitteilt, dass ein Antrag eingegangen ist, noch nicht vollzogen worden ist.

Ist eine Anmeldung nach Artikel 4 nicht erforderlich, beginnt die Frist für die Einleitung des Verfahrens nach Artikel 10 Absatz 1 an dem Arbeitstag, der auf den Arbeitstag folgt, an dem die Kommission den beteiligten Unternehmen ihre Entscheidung mitteilt, den Zusammenschluss gemäß Absatz 3 zu prüfen.

(5) Die Kommission kann einem oder mehreren Mitgliedstaaten mitteilen, dass ein Zusammenschluss nach ihrem Dafürhalten die Kriterien des Absatzes 1 erfüllt. In diesem Fall kann die Kommission diesen Mitgliedstaat beziehungsweise diese Mitgliedstaaten auffordern, einen Antrag nach Absatz 1 zu stellen.

Artikel 23 Durchführungsbestimmungen

(1) Die Kommission ist ermächtigt, nach dem Verfahren des Absatzes 2 Folgendes festzulegen:

a) Durchführungsbestimmungen über Form, Inhalt und andere Einzelheiten der Anmeldungen und Anträge nach Artikel 4,

b) Durchführungsbestimmungen zu den in Artikel 4 Absätze 4 und 5 und den Artikeln 7, 9, 10 und 22 bezeichneten Fristen,

c) das Verfahren und die Fristen für das Angebot und die Umsetzung von Verpflichtungszusagen gemäß Artikel 6 Absatz 2 und Artikel 8 Absatz 2,

d) Durchführungsbestimmungen für Anhörungen nach Artikel 18.

(2) Die Kommission wird von einem Beratenden Ausschuss unterstützt, der sich aus Vertretern der Mitgliedstaaten zusammensetzt.

a) Die Kommission hört den Beratenden Ausschuss, bevor sie einen Entwurf von Durchführungsvorschriften veröffentlicht oder solche Vorschriften erlässt.

b) Die Anhörung erfolgt in einer Sitzung, die die Kommission anberaumt und in der sie den Vorsitz führt. Der Einladung zur Sitzung ist ein Entwurf der Durchführungsbestimmungen beizufügen. Die Sitzung findet frühestens zehn Arbeitstage nach Versendung der Einladung statt.

c) Der Beratende Ausschuss gibt seine Stellungnahme zu dem Entwurf der Durchführungsbestimmungen – erforderlichenfalls durch Abstimmung – ab. Die Kommission berücksichtigt die Stellungnahme des Ausschusses in größtmöglichem Umfang.

Artikel 24 Beziehungen zu Drittländern

(1) Die Mitgliedstaaten unterrichten die Kommission über die allgemeinen Schwierigkeiten, auf die ihre Unternehmen bei Zusammenschlüssen gemäß Artikel 3 in einem Drittland stoßen.

(2) Die Kommission erstellt erstmals spätestens im Jahr nach Inkrafttreten dieser Verordnung und in der Folge regelmäßig einen Bericht, in dem die Behandlung von Unternehmen, die ihren Sitz oder ihr Hauptgeschäft in der Gemeinschaft haben, im Sinne der Absätze 3 und 4 bei Zusammenschlüssen in Drittländern untersucht wird. Die Kommission übermittelt diese Berichte dem Rat und fügt ihnen gegebenenfalls Empfehlungen bei.

(3) Stellt die Kommission anhand der in Absatz 2 genannten Berichte oder aufgrund anderer Informationen fest, dass ein Drittland Unternehmen, die ihren Sitz oder ihr Hauptgeschäft in der Gemeinschaft haben, nicht

eine Behandlung zusteht, die derjenigen vergleichbar ist, die die Gemeinschaft den Unternehmen dieses Drittlands zusteht, so kann sie dem Rat Vorschläge unterbreiten, um ein geeignetes Mandat für Verhandlungen mit dem Ziel zu erhalten, für Unternehmen, die ihren Sitz oder ihr Hauptgeschäft in der Gemeinschaft haben, eine vergleichbare Behandlung zu erreichen.

(4) Die nach diesem Artikel getroffenen Maßnahmen müssen mit den Verpflichtungen der Gemeinschaft oder der Mitgliedstaaten vereinbar sein, die sich – unbeschadet des Artikels 307 des Vertrags – aus internationalen bilateralen oder multilateralen Vereinbarungen ergeben.

Artikel 25 Aufhebung

(1) Die Verordnungen (EWG) Nr. 4064/89 und (EG) Nr. 1310/97 werden unbeschadet des Artikels 26 Absatz 2 mit Wirkung vom 1. Mai 2004 aufgehoben.

(2) Bezugnahmen auf die aufgehobenen Verordnungen gelten als Bezugnahmen auf die vorliegende Verordnung und sind nach Maßgabe der Entsprechungstabelle im Anhang zu lesen.

Artikel 26 Inkrafttreten und Übergangsbestimmungen

(1) Diese Verordnung tritt am zwanzigsten Tag nach ihrer Veröffentlichung im Amtsblatt der Europäischen Union in Kraft.

Sie gilt ab dem 1. Mai 2004.

(2) Die Verordnung (EWG) Nr. 4064/89 findet vorbehaltlich insbesondere der Vorschriften über ihre Anwendbarkeit gemäß ihrem Artikel 25 Absätze 2 und 3 sowie vorbehaltlich des Artikels 2 der Verordnung (EWG) Nr. 1310/97 weiterhin Anwendung auf Zusammenschlüsse, die vor dem Zeitpunkt der Anwendbarkeit der vorliegenden Verordnung Gegenstand eines Vertragsabschlusses oder einer Veröffentlichung im Sinne von Artikel 4 Absatz 1 der Verordnung (EWG) Nr. 4064/89 gewesen oder durch einen Kontrollerwerb im Sinne derselben Vorschrift zustande gekommen sind.

(3) Für Zusammenschlüsse, auf die diese Verordnung infolge des Beitritts eines neuen Mitgliedstaats anwendbar ist, wird das Datum der Geltung dieser Verordnung durch das Beitrittsdatum ersetzt.

Gesetz gegen den unlauteren Wettbewerb
(UWG)*)
Vom 3. Juli 2004 (BGBl. I S. 1414)

Zuletzt geändert durch
Gesetz zur Bekämpfung unerlaubter Telefonwerbung und zur Verbesserung des Verbraucherschutzes bei besonderen Vertriebsformen
vom 29. Juli 2009 (BGBl. I S. 2413)

Inhaltsübersicht

Kapitel 1
Allgemeine Bestimmungen

§ 1 Zweck des Gesetzes
§ 2 Definitionen
§ 3 Verbot unlauterer geschäftlicher Handlungen
§ 4 Beispiele unlauterer geschäftlicher Handlungen
§ 5 Irreführende geschäftliche Handlungen
§ 5a Irreführung durch Unterlassen
§ 6 Vergleichende Werbung
§ 7 Unzumutbare Belästigungen

Kapitel 2
Rechtsfolgen

§ 8 Beseitigung und Unterlassung
§ 9 Schadensersatz
§ 10 Gewinnabschöpfung
§ 11 Verjährung

Kapitel 3
Verfahrensvorschriften

§ 12 Anspruchsdurchsetzung, Veröffentlichungsbefugnis, Streitwertminderung
§ 13 Sachliche Zuständigkeit
§ 14 Örtliche Zuständigkeit
§ 15 Einigungsstellen

Kapitel 4
Straf- und Bußgeldvorschriften

§ 16 Strafbare Werbung
§ 17 Verrat von Geschäfts- und Betriebsgeheimnissen
§ 18 Verwertung von Vorlagen
§ 19 Verleiten und Erbieten zum Verrat
§ 20 Bußgeldvorschriften

Anhang
(zu § 3 Abs. 3)

IV

---

*) Dieses Gesetz dient der Umsetzung der Richtlinie 97/55/EG des Europäischen Parlaments und des Rates vom 6. Oktober 1997 zur Änderung der Richtlinie 84/450/EWG über irreführende Werbung zwecks Einbeziehung der vergleichenden Werbung (ABl. EG Nr. L 290 S. 18) sowie Artikel 13 der Richtlinie 2002/58/EG des Europäischen Parlaments und des Rates vom 12. Juli 2002 über die Verarbeitung personenbezogener Daten und den Schutz der Privatsphäre in der elektronischen Kommunikation (ABl. EG Nr. L 201 S. 37).
Die Verpflichtungen aus der Richtlinie 98/34/EG des Europäischen Parlaments und des Rates vom 22. Juni 1998 über ein Informationsverfahren auf dem Gebiet der Normen und technischen Vorschriften und der Vorschriften für die Dienste der Informationsgesellschaft (ABl. EG Nr. L 204 S. 37), geändert durch die Richtlinie 98/48/EG des Europäischen Parlaments und des Rates vom 20. Juli 1998 (ABl. EG Nr. L 217 S. 18), sind beachtet worden.

Kapitel 1
Allgemeine Bestimmungen

§ 1 Zweck des Gesetzes

Dieses Gesetz dient dem Schutz der Mitbewerber, der Verbraucherinnen und Verbraucher sowie der sonstigen Marktteilnehmer vor unlauteren geschäftlichen Handlungen. Es schützt zugleich das Interesse der Allgemeinheit an einem unverfälschten Wettbewerb.

§ 2 Definitionen

(1) Im Sinne dieses Gesetzes bedeutet

1. „geschäftliche Handlung" jedes Verhalten einer Person zugunsten des eigenen oder eines fremden Unternehmens vor, bei oder nach einem Geschäftsabschluss, das mit der Förderung des Absatzes oder des Bezugs von Waren oder Dienstleistungen oder mit dem Abschluss oder der Durchführung eines Vertrags über Waren oder Dienstleistungen objektiv zusammenhängt; als Waren gelten auch Grundstücke, als Dienstleistungen auch Rechte und Verpflichtungen;

2. „Marktteilnehmer" neben Mitbewerbern und Verbrauchern alle Personen, die als Anbieter oder Nachfrager von Waren oder Dienstleistungen tätig sind;

3. „Mitbewerber" jeder Unternehmer, der mit einem oder mehreren Unternehmern als Anbieter oder Nachfrager von Waren oder Dienstleistungen in einem konkreten Wettbewerbsverhältnis steht;

4. „Nachricht" jede Information, die zwischen einer endlichen Zahl von Beteiligten über einen öffentlich zugänglichen elektronischen Kommunikationsdienst ausgetauscht oder weitergeleitet wird; dies schließt nicht Informationen ein, die als Teil eines Rundfunkdienstes über ein elektronisches Kommunikationsnetz an die Öffentlichkeit weitergeleitet werden, soweit die Informationen nicht mit dem identifizierbaren Teilnehmer oder Nutzer, der sie erhält, in Verbindung gebracht werden können;

5. „Verhaltenskodex" Vereinbarungen oder Vorschriften über das Verhalten von Unternehmern, zu welchem diese sich in Bezug auf Wirtschaftszweige oder einzelne geschäftliche Handlungen verpflichtet haben, ohne dass sich solche Verpflichtungen aus Gesetzes- oder Verwaltungsvorschriften ergeben;

6. „Unternehmer" jede natürliche oder juristische Person, die geschäftliche Handlungen im Rahmen ihrer gewerblichen, handwerklichen oder beruflichen Tätigkeit vornimmt, und jede Person, die im Namen oder Auftrag einer solchen Person handelt;

7. „fachliche Sorgfalt" der Standard an Fachkenntnissen und Sorgfalt, von dem billigerweise angenommen werden kann, dass ein Unternehmer ihn in seinem Tätigkeitsbereich gegenüber Verbrauchern nach Treu und Glauben unter Berücksichtigung der Marktgepflogenheiten einhält.

(2) Für den Verbraucherbegriff gilt § 13 des Bürgerlichen Gesetzbuchs entsprechend.

§ 3 Verbot unlauterer geschäftlicher Handlungen

(1) Unlautere geschäftliche Handlungen sind unzulässig, wenn sie geeignet sind, die Interessen von Mitbewerbern, Verbrauchern oder sonstigen Marktteilnehmern spürbar zu beeinträchtigen.

(2) Geschäftliche Handlungen gegenüber Verbrauchern sind jedenfalls dann unzulässig, wenn sie nicht der für den Unternehmer geltenden fachlichen Sorgfalt entsprechen und dazu geeignet sind, die Fähigkeit des Verbrauchers, sich auf Grund von Informationen zu entscheiden, spürbar zu beeinträchtigen und ihn damit zu einer geschäftlichen Entscheidung zu veranlassen, die er andernfalls nicht getroffen hätte. Dabei ist auf den durchschnittlichen Verbraucher oder, wenn sich die geschäftliche Handlung an eine bestimmte Gruppe von Verbrauchern wendet, auf ein durchschnittliches Mitglied dieser Gruppe abzustellen. Auf die Sicht eines durchschnittlichen Mitglieds einer auf Grund von geistigen oder körperlichen Gebrechen,

Alter oder Leichtgläubigkeit besonders schutzbedürftigen und eindeutig identifizierbaren Gruppe von Verbrauchern ist abzustellen, wenn für den Unternehmer vorhersehbar ist, dass seine geschäftliche Handlung nur diese Gruppe betrifft.

(3) Die im Anhang dieses Gesetzes aufgeführten geschäftlichen Handlungen gegenüber Verbrauchern sind stets unzulässig.

§ 4 Beispiele unlauterer geschäftlicher Handlungen

Unlauter handelt insbesondere, wer

1. geschäftliche Handlungen vornimmt, die geeignet sind, die Entscheidungsfreiheit der Verbraucher oder sonstiger Marktteilnehmer durch Ausübung von Druck, in menschenverachtender Weise oder durch sonstigen unangemessenen unsachlichen Einfluss zu beeinträchtigen;

2. geschäftliche Handlungen vornimmt, die geeignet sind, geistige oder körperliche Gebrechen, das Alter, die geschäftliche Unfahrenheit, die Leichtgläubigkeit, die Angst oder die Zwangslage von Verbrauchern auszunutzen;

3. den Werbecharakter von geschäftlichen Handlungen verschleiert;

4. bei Verkaufsförderungsmaßnahmen wie Preisnachlässen, Zugaben oder Geschenken die Bedingungen für ihre Inanspruchnahme nicht klar und eindeutig angibt;

5. bei Preisausschreiben oder Gewinnspielen mit Werbecharakter die Teilnahmebedingungen nicht klar und eindeutig angibt;

6. die Teilnahme von Verbrauchern an einem Preisausschreiben oder Gewinnspiel von dem Erwerb einer Ware oder der Inanspruchnahme einer Dienstleistung abhängig macht, es sei denn, das Preisausschreiben oder Gewinnspiel ist naturgemäß mit der Ware oder der Dienstleistung verbunden;

7. die Kennzeichen, Waren, Dienstleistungen, Tätigkeiten oder persönlichen oder geschäftlichen Verhältnisse eines Mitbewerbers herabsetzt oder verunglimpft;

8. über die Waren, Dienstleistungen oder das Unternehmen eines Mitbewerbers oder über den Unternehmer oder ein Mitglied der Unternehmensleitung Tatsachen behauptet oder verbreitet, die geeignet sind, den Betrieb des Unternehmens oder den Kredit des Unternehmers zu schädigen, sofern die Tatsachen nicht erweislich wahr sind; handelt es sich um vertrauliche Mitteilungen und hat der Mitteilende oder der Empfänger der Mitteilung an ihr ein berechtigtes Interesse, so ist die Handlung nur dann unlauter, wenn die Tatsachen der Wahrheit zuwider behauptet oder verbreitet wurden;

9. Waren oder Dienstleistungen anbietet, die eine Nachahmung der Waren oder Dienstleistungen eines Mitbewerbers sind, wenn er

   a) eine vermeidbare Täuschung der Abnehmer über die betriebliche Herkunft herbeiführt,

   b) die Wertschätzung der nachgeahmten Ware oder Dienstleistung unangemessen ausnutzt oder beeinträchtigt oder

   c) die für die Nachahmung erforderlichen Kenntnisse oder Unterlagen unredlich erlangt hat;

10. Mitbewerber gezielt behindert;

11. einer gesetzlichen Vorschrift zuwiderhandelt, die auch dazu bestimmt ist, im Interesse der Marktteilnehmer das Marktverhalten zu regeln.

§ 5 Irreführende geschäftliche Handlungen

(1) Unlauter handelt, wer eine irreführende geschäftliche Handlung vornimmt. Eine geschäftliche Handlung ist irreführend, wenn sie unwahre Angaben enthält oder sonstige zur Täuschung geeignete Angaben über folgende Umstände enthält:

1. die wesentlichen Merkmale der Ware oder Dienstleistung wie Verfügbarkeit, Art, Ausführung, Vorteile, Risiken, Zusammen-

IV

setzung, Zubehör, Verfahren oder Zeitpunkt der Herstellung, Lieferung oder Erbringung, Zwecktauglichkeit, Verwendungsmöglichkeit, Menge, Beschaffenheit, Kundendienst und Beschwerdeverfahren, geographische oder betriebliche Herkunft, von der Verwendung zu erwartende Ergebnisse oder die Ergebnisse oder wesentlichen Bestandteile von Tests der Waren oder Dienstleistungen;

2. den Anlass des Verkaufs wie das Vorhandensein eines besonderen Preisvorteils, den Preis oder die Art und Weise, in der er berechnet wird, oder die Bedingungen, unter denen die Ware geliefert oder die Dienstleistung erbracht wird;

3. die Person, Eigenschaften oder Rechte des Unternehmers wie Identität, Vermögen einschließlich der Rechte des geistigen Eigentums, den Umfang von Verpflichtungen, Befähigung, Status, Zulassung, Mitgliedschaften oder Beziehungen, Auszeichnungen oder Ehrungen, Beweggründe für die geschäftliche Handlung oder die Art des Vertriebs;

4. Aussagen oder Symbole, die im Zusammenhang mit direktem oder indirektem Sponsoring stehen oder sich auf eine Zulassung des Unternehmers oder der Waren oder Dienstleistungen beziehen;

5. die Notwendigkeit einer Leistung, eines Ersatzteils, eines Austauschs oder einer Reparatur;

6. die Einhaltung eines Verhaltenskodexes, auf den sich der Unternehmer verbindlich verpflichtet hat, wenn er auf diese Bindung hinweist, oder

7. Rechte des Verbrauchers, insbesondere solche auf Grund von Garantieversprechen oder Gewährleistungsrechte bei Leistungsstörungen.

(2) Eine geschäftliche Handlung ist auch irreführend, wenn sie im Zusammenhang mit der Vermarktung von Waren oder Dienstleistungen einschließlich vergleichender Werbung eine Verwechslungsgefahr mit einer anderen Ware oder Dienstleistung oder mit der Marke oder einem anderen Kennzeichen eines Mitbewerbers hervorruft.

(3) Angaben im Sinne von Absatz 1 Satz 2 sind auch Angaben im Rahmen vergleichender Werbung sowie bildliche Darstellungen und sonstige Veranstaltungen, die darauf zielen und geeignet sind, solche Angaben zu ersetzen.

(4) Es wird vermutet, dass es irreführend ist, mit der Herabsetzung eines Preises zu werben, sofern der Preis nur für eine unangemessen kurze Zeit gefordert worden ist. Ist streitig, ob und in welchem Zeitraum der Preis gefordert worden ist, so trifft die Beweislast denjenigen, der mit der Preisherabsetzung geworben hat.

§ 5a Irreführung durch Unterlassen

(1) Bei der Beurteilung, ob das Verschweigen einer Tatsache irreführend ist, sind insbesondere deren Bedeutung für die geschäftliche Entscheidung nach der Verkehrsauffassung sowie die Eignung des Verschweigens zur Beeinflussung der Entscheidung zu berücksichtigen.

(2) Unlauter handelt, wer die Entscheidungsfähigkeit von Verbrauchern im Sinne des § 3 Absatz 2 dadurch beeinflusst, dass er eine Information vorenthält, die im konkreten Fall unter Berücksichtigung aller Umstände einschließlich der Beschränkungen des Kommunikationsmittels wesentlich ist.

(3) Werden Waren oder Dienstleistungen unter Hinweis auf deren Merkmale und Preis in einer dem verwendeten Kommunikationsmittel angemessenen Weise so angeboten, dass ein durchschnittlicher Verbraucher das Geschäft abschließen kann, gelten folgende Informationen als wesentlich im Sinne des Absatzes 2, sofern sie sich nicht unmittelbar aus den Umständen ergeben:

1. alle wesentlichen Merkmale der Ware oder Dienstleistung in dem dieser und dem verwendeten Kommunikationsmittel angemessenen Umfang;

2. die Identität und Anschrift des Unternehmers, gegebenenfalls die Identität und Anschrift des Unternehmers, für den er handelt;

3. der Endpreis oder in Fällen, in denen ein solcher Preis auf Grund der Beschaffenheit der Ware oder Dienstleistung nicht im Voraus berechnet werden kann, die Art der Preisberechnung sowie gegebenenfalls alle zusätzlichen Fracht-, Liefer- und Zustellkosten oder in Fällen, in denen diese Kosten nicht im Voraus berechnet werden können, die Tatsache, dass solche zusätzlichen Kosten anfallen können;

4. Zahlungs-, Liefer- und Leistungsbedingungen sowie Verfahren zum Umgang mit Beschwerden, soweit sie von Erfordernissen der fachlichen Sorgfalt abweichen, und

5. das Bestehen eines Rechts zum Rücktritt oder Widerruf.

(4) Als wesentlich im Sinne des Absatzes 2 gelten auch Informationen, die dem Verbraucher auf Grund gemeinschaftsrechtlicher Verordnungen oder nach Rechtsvorschriften zur Umsetzung gemeinschaftsrechtlicher Richtlinien für kommerzielle Kommunikation einschließlich Werbung und Marketing nicht vorenthalten werden dürfen.

§ 6 Vergleichende Werbung

(1) Vergleichende Werbung ist jede Werbung, die unmittelbar oder mittelbar einen Mitbewerber oder die von einem Mitbewerber angebotenen Waren oder Dienstleistungen erkennbar macht.

(2) Unlauter handelt, wer vergleichend wirbt, wenn der Vergleich

1. sich nicht auf Waren oder Dienstleistungen für den gleichen Bedarf oder dieselbe Zweckbestimmung bezieht,

2. nicht objektiv auf eine oder mehrere wesentliche, relevante, nachprüfbare und typische Eigenschaften oder den Preis dieser Waren oder Dienstleistungen bezogen ist,

3. im geschäftlichen Verkehr zu einer Gefahr von Verwechslungen zwischen dem Werbenden und einem Mitbewerber oder zwischen den von diesen angebotenen Waren oder Dienstleistungen oder den von ihnen verwendeten Kennzeichen führt,

4. den Ruf des von einem Mitbewerber verwendeten Kennzeichens in unlauterer Weise ausnutzt oder beeinträchtigt,

5. die Waren, Dienstleistungen, Tätigkeiten oder persönlichen oder geschäftlichen Verhältnisse eines Mitbewerbers herabsetzt oder verunglimpft oder

6. eine Ware oder Dienstleistung als Imitation oder Nachahmung einer unter einem geschützten Kennzeichen vertriebenen Ware oder Dienstleistung darstellt.

§ 7 Unzumutbare Belästigungen

(1) Eine geschäftliche Handlung, durch die ein Marktteilnehmer in unzumutbarer Weise belästigt wird, ist unzulässig. Dies gilt insbesondere für Werbung, obwohl erkennbar ist, dass der angesprochene Marktteilnehmer diese Werbung nicht wünscht.

(2) Eine unzumutbare Belästigung ist stets anzunehmen

1. bei Werbung unter Verwendung eines in den Nummern 2 und 3 nicht aufgeführten, für den Fernabsatz geeigneten Mittels der kommerziellen Kommunikation, durch die ein Verbraucher hartnäckig angesprochen wird, obwohl er dies erkennbar nicht wünscht;

2. bei Werbung mit einem Telefonanruf gegenüber einem Verbraucher ohne dessen vorherige ausdrückliche Einwilligung oder gegenüber einem sonstigen Marktteilnehmer ohne dessen zumindest mutmaßliche Einwilligung;

3. bei Werbung unter Verwendung einer automatischen Anrufmaschine, eines Faxgerätes oder elektronischer Post, ohne dass eine vorherige ausdrückliche Einwilligung des Adressaten vorliegt, oder

4. bei Werbung mit einer Nachricht, bei der die Identität des Absenders, in dessen Auftrag die Nachricht übermittelt wird, verschleiert oder verheimlicht wird oder bei der keine gültige Adresse vorhanden ist, an die der Empfänger eine Aufforderung zur Einstellung solcher Nachrichten richten kann, ohne dass hierfür andere als

IV

die Übermittlungskosten nach den Basistarifen entstehen.

(3) Abweichend von Absatz 2 Nummer 3 ist eine unzumutbare Belästigung bei einer Werbung unter Verwendung elektronischer Post nicht anzunehmen, wenn

1. ein Unternehmer im Zusammenhang mit dem Verkauf einer Ware oder Dienstleistung von dem Kunden dessen elektronische Postadresse erhalten hat,

2. der Unternehmer die Adresse zur Direktwerbung für eigene ähnliche Waren oder Dienstleistungen verwendet,

3. der Kunde der Verwendung nicht widersprochen hat und

4. der Kunde bei Erhebung der Adresse und bei jeder Verwendung klar und deutlich darauf hingewiesen wird, dass er der Verwendung jederzeit widersprechen kann, ohne dass hierfür andere als die Übermittlungskosten nach den Basistarifen entstehen.

Kapitel 2
Rechtsfolgen

§ 8 Beseitigung und Unterlassung

(1) Wer eine nach § 3 oder § 7 unzulässige geschäftliche Handlung vornimmt, kann auf Beseitigung und bei Wiederholungsgefahr auf Unterlassung in Anspruch genommen werden. Der Anspruch auf Unterlassung besteht bereits dann, wenn eine derartige Zuwiderhandlung gegen § 3 oder § 7 droht.

(2) Werden die Zuwiderhandlungen in einem Unternehmen von einem Mitarbeiter oder Beauftragten begangen, so sind der Unterlassungsanspruch und der Beseitigungsanspruch auch gegen den Inhaber des Unternehmens begründet.

(3) Die Ansprüche aus Absatz 1 stehen zu:

1. jedem Mitbewerber;

2. rechtsfähigen Verbänden zur Förderung gewerblicher oder selbständiger beruflicher Interessen, soweit ihnen eine erhebliche Zahl von Unternehmern angehört, die Waren oder Dienstleistungen gleicher oder verwandter Art auf demselben Markt vertreiben, soweit sie insbesondere nach ihrer personellen, sachlichen und finanziellen Ausstattung imstande sind, ihre satzungsmäßigen Aufgaben der Verfolgung gewerblicher oder selbständiger beruflicher Interessen tatsächlich wahrzunehmen und soweit die Zuwiderhandlung die Interessen ihrer Mitglieder berührt;

3. qualifizierten Einrichtungen, die nachweisen, dass sie in die Liste qualifizierter Einrichtungen nach § 4 des Unterlassungsklagengesetzes oder in dem Verzeichnis der Kommission der Europäischen Gemeinschaften nach Artikel 4 der Richtlinie 98/27/EG des Europäischen Parlaments und des Rates vom 19. Mai 1998 über Unterlassungsklagen zum Schutz der Verbraucherinteressen (ABl. EG Nr. L 166 S. 51) eingetragen sind;

4. den Industrie- und Handelskammern oder den Handwerkskammern.

(4) Die Geltendmachung der in Absatz 1 bezeichneten Ansprüche ist unzulässig, wenn sie unter Berücksichtigung der gesamten Umstände missbräuchlich ist, insbesondere wenn sie vorwiegend dazu dient, gegen den Zuwiderhandelnden einen Anspruch auf Ersatz von Aufwendungen oder Kosten der Rechtsverfolgung entstehen zu lassen.

(5) § 13 des Unterlassungsklagengesetzes ist entsprechend anzuwenden; in § 13 Absatz 1 und 3 Satz 2 des Unterlassungsklagengesetzes treten an die Stelle des Anspruchs gemäß § 1 oder § 2 des Unterlassungsklagengesetzes die Unterlassungsansprüche nach dieser Vorschrift. Im Übrigen findet das Unterlassungsklagengesetz keine Anwendung, es sei denn, es liegt ein Fall des § 4a des Unterlassungsklagengesetzes vor.

§ 9 Schadensersatz

Wer vorsätzlich oder fahrlässig eine nach § 3 oder § 7 unzulässige geschäftliche Handlung vornimmt, ist den Mitbewerbern zum Ersatz des daraus entstehenden Schadens verpflichtet. Gegen verantwortliche Personen von periodischen Druckschriften kann der Anspruch auf Schadensersatz nur bei einer vorsätzlichen Zuwiderhandlung geltend gemacht werden.

§ 10 Gewinnabschöpfung

(1) Wer vorsätzlich eine nach § 3 oder § 7 unzulässige geschäftliche Handlung vornimmt und hierdurch zu Lasten einer Vielzahl von Abnehmern einen Gewinn erzielt, kann von den gemäß § 8 Absatz 3 Nummer 2 bis 4 zur Geltendmachung eines Unterlassungsanspruchs Berechtigten auf Herausgabe dieses Gewinns an den Bundeshaushalt in Anspruch genommen werden.

(2) Auf den Gewinn sind die Leistungen anzurechnen, die der Schuldner auf Grund der Zuwiderhandlung an Dritte oder an den Staat erbracht hat. Soweit der Schuldner solche Leistungen erst nach Erfüllung des Anspruchs nach Absatz 1 erbracht hat, erstattet die zuständige Stelle des Bundes dem Schuldner den abgeführten Gewinn in Höhe der nachgewiesenen Zahlungen zurück.

(3) Beanspruchen mehrere Gläubiger den Gewinn, so gelten die §§ 428 bis 430 des Bürgerlichen Gesetzbuchs entsprechend.

(4) Die Gläubiger haben der zuständigen Stelle des Bundes über die Geltendmachung von Ansprüchen nach Absatz 1 Auskunft zu erteilen. Sie können von der zuständigen Stelle des Bundes Erstattung der für die Geltendmachung des Anspruchs erforderlichen Aufwendungen verlangen, soweit sie vom Schuldner keinen Ausgleich erlangen können. Der Erstattungsanspruch ist auf die Höhe des an den Bundeshaushalt abgeführten Gewinns beschränkt.

(5) Zuständige Stelle im Sinn der Absätze 2 und 4 ist das Bundesamt für Justiz.

§ 11 Verjährung

(1) Die Ansprüche aus den §§ 8, 9 und 12 Absatz 1 Satz 2 verjähren in sechs Monaten.

(2) Die Verjährungsfrist beginnt, wenn

1. der Anspruch entstanden ist und

2. der Gläubiger von den den Anspruch begründenden Umständen und der Person des Schuldners Kenntnis erlangt oder ohne grobe Fahrlässigkeit erlangen müsste.

(3) Schadensersatzansprüche verjähren ohne Rücksicht auf die Kenntnis oder grob fahrlässige Unkenntnis in zehn Jahren von ihrer Entstehung, spätestens in 30 Jahren von der den Schaden auslösenden Handlung an.

(4) Andere Ansprüche verjähren ohne Rücksicht auf die Kenntnis oder grob fahrlässige Unkenntnis in drei Jahren von der Entstehung an.

Kapitel 3
Verfahrensvorschriften

§ 12 Anspruchsdurchsetzung, Veröffentlichungsbefugnis, Streitwertminderung

(1) Die zur Geltendmachung eines Unterlassungsanspruchs Berechtigten sollen den Schuldner vor der Einleitung eines gerichtlichen Verfahrens abmahnen und ihm Gelegenheit geben, den Streit durch Abgabe einer mit einer angemessenen Vertragsstrafe bewehrten Unterlassungsverpflichtung beizulegen. Soweit die Abmahnung berechtigt ist, kann der Ersatz der erforderlichen Aufwendungen verlangt werden.

(2) Zur Sicherung der in diesem Gesetz bezeichneten Ansprüche auf Unterlassung können einstweilige Verfügungen auch ohne die Darlegung und Glaubhaftmachung der in den §§ 935 und 940 der Zivilprozessordnung bezeichneten Voraussetzungen erlassen werden.

(3) Ist auf Grund dieses Gesetzes Klage auf Unterlassung erhoben worden, so kann das Gericht der obsiegenden Partei die Befugnis zusprechen, das Urteil auf Kosten der unterliegenden Partei öffentlich bekannt zu machen, wenn sie ein berechtigtes Interesse dartut. Art und Umfang der Bekanntmachung werden im Urteil bestimmt. Die Befugnis erlischt, wenn von ihr nicht innerhalb von drei Monaten nach Eintritt der Rechtskraft Gebrauch gemacht worden ist. Der Ausspruch nach Satz 1 ist nicht vorläufig vollstreckbar.

(4) Bei der Bemessung des Streitwerts für Ansprüche nach § 8 Absatz 1 ist es wertmindernd zu berücksichtigen, wenn die Sache

nach Art und Umfang einfach gelagert ist oder wenn die Belastung einer der Parteien mit den Prozesskosten nach dem vollen Streitwert angesichts ihrer Vermögens- und Einkommensverhältnisse nicht tragbar erscheint.

§ 13 Sachliche Zuständigkeit

(1) Für alle bürgerlichen Rechtsstreitigkeiten, mit denen ein Anspruch auf Grund dieses Gesetzes geltend gemacht wird, sind die Landgerichte ausschließlich zuständig. Es gilt § 95 Absatz 1 Nummer 5 des Gerichtsverfassungsgesetzes.

(2) Die Landesregierungen werden ermächtigt, durch Rechtsverordnung für die Bezirke mehrerer Landgerichte eines von ihnen als Gericht für Wettbewerbsstreitsachen zu bestimmen, wenn dies der Rechtspflege in Wettbewerbsstreitsachen, insbesondere der Sicherung einer einheitlichen Rechtsprechung, dienlich ist. Die Landesregierungen können die Ermächtigung auf die Landesjustizverwaltungen übertragen.

§ 14 Örtliche Zuständigkeit

(1) Für Klagen auf Grund dieses Gesetzes ist das Gericht zuständig, in dessen Bezirk der Beklagte seine gewerbliche oder selbständige berufliche Niederlassung oder in Ermangelung einer solchen seinen Wohnsitz hat. Hat der Beklagte auch keinen Wohnsitz, so ist sein inländischer Aufenthaltsort maßgeblich.

(2) Für Klagen auf Grund dieses Gesetzes ist außerdem nur das Gericht zuständig, in dessen Bezirk die Handlung begangen ist. Satz 1 gilt für Klagen, die von den nach § 8 Absatz 3 Nummer 2 bis 4 zur Geltendmachung eines Unterlassungsanspruchs Berechtigten erhoben werden, nur dann, wenn der Beklagte im Inland weder eine gewerbliche oder selbständige berufliche Niederlassung noch einen Wohnsitz hat.

§ 15 Einigungsstellen

(1) Die Landesregierungen errichten bei Industrie- und Handelskammern Einigungsstellen zur Beilegung von bürgerlichen Rechtsstreitigkeiten, in denen ein Anspruch auf Grund dieses Gesetzes geltend gemacht wird (Einigungsstellen).

(2) Die Einigungsstellen sind mit einer vorsitzenden Person, die die Befähigung zum Richteramt nach dem Deutschen Richtergesetz hat, und beisitzenden Personen zu besetzen. Als beisitzende Personen werden im Falle einer Anrufung durch eine nach § 8 Absatz 3 Nummer 3 zur Geltendmachung eines Unterlassungsanspruchs berechtigte qualifizierte Einrichtung Unternehmer und Verbraucher in gleicher Anzahl tätig, sonst mindestens zwei sachverständige Unternehmer. Die vorsitzende Person soll auf dem Gebiet des Wettbewerbsrechts erfahren sein. Die beisitzenden Personen werden von der vorsitzenden Person für den jeweiligen Streitfall aus einer alljährlich für das Kalenderjahr aufzustellenden Liste berufen. Die Berufung soll im Einvernehmen mit den Parteien erfolgen. Für die Ausschließung und Ablehnung von Mitgliedern der Einigungsstelle sind die §§ 41 bis 43 und § 44 Absatz 2 bis 4 der Zivilprozessordnung entsprechend anzuwenden. Über das Ablehnungsgesuch entscheidet das für den Sitz der Einigungsstelle zuständige Landgericht (Kammer für Handelssachen oder, falls es an einer solchen fehlt, Zivilkammer).

(3) Die Einigungsstellen können bei bürgerlichen Rechtsstreitigkeiten, in denen ein Anspruch auf Grund dieses Gesetzes geltend gemacht wird, angerufen werden, wenn der Gegner zustimmt. Soweit die Wettbewerbshandlungen Verbraucher betreffen, können die Einigungsstellen von jeder Partei zu einer Aussprache mit dem Gegner über den Streitfall angerufen werden; einer Zustimmung des Gegners bedarf es nicht.

(4) Für die Zuständigkeit der Einigungsstellen ist § 14 entsprechend anzuwenden.

(5) Die der Einigungsstelle vorsitzende Person kann das persönliche Erscheinen der Parteien anordnen. Gegen eine unentschuldigt ausbleibende Partei kann die Einigungsstelle ein Ordnungsgeld festsetzen. Gegen die Anordnung des persönlichen Erscheinens und gegen die Festsetzung des Ordnungsgeldes findet die sofortige Beschwerde nach den Vorschriften der Zivilprozessordnung an das für

den Sitz der Einigungsstelle zuständige Landgericht (Kammer für Handelssachen oder, falls es an einer solchen fehlt, Zivilkammer) statt.

(6) Die Einigungsstelle hat einen gütlichen Ausgleich anzustreben. Sie kann den Parteien einen schriftlichen, mit Gründen versehenen Einigungsvorschlag machen. Der Einigungsvorschlag und seine Begründung dürfen nur mit Zustimmung der Parteien veröffentlicht werden.

(7) Kommt ein Vergleich zustande, so muss er in einem besonderen Schriftstück niedergelegt und unter Angabe des Tages seines Zustandekommens von den Mitgliedern der Einigungsstelle, welche in der Verhandlung mitgewirkt haben, sowie von den Parteien unterschrieben werden. Aus einem vor der Einigungsstelle geschlossenen Vergleich findet die Zwangsvollstreckung statt; § 797a der Zivilprozessordnung ist entsprechend anzuwenden.

(8) Die Einigungsstelle kann, wenn sie den geltend gemachten Anspruch von vornherein für unbegründet oder sich selbst für unzuständig erachtet, die Einleitung von Einigungsverhandlungen ablehnen.

(9) Durch die Anrufung der Einigungsstelle wird die Verjährung in gleicher Weise wie durch Klageerhebung gehemmt. Kommt ein Vergleich nicht zustande, so ist der Zeitpunkt, zu dem das Verfahren beendet ist, von der Einigungsstelle festzustellen. Die vorsitzende Person hat dies den Parteien mitzuteilen.

(10) Ist ein Rechtsstreit der in Absatz 3 Satz 2 bezeichneten Art ohne vorherige Anrufung der Einigungsstelle anhängig gemacht worden, so kann das Gericht auf Antrag den Parteien unter Anberaumung eines neuen Termins aufgeben, vor diesem Termin die Einigungsstelle zur Herbeiführung eines gütlichen Ausgleichs anzurufen. In dem Verfahren über den Antrag auf Erlass einer einstweiligen Verfügung ist diese Anordnung nur zulässig, wenn der Gegner zustimmt. Absatz 8 ist nicht anzuwenden. Ist ein Verfahren vor der Einigungsstelle anhängig, so ist eine erst nach Anrufung der Einigungsstelle erhobene Klage des Antragsgegners auf Feststellung,

dass der geltend gemachte Anspruch nicht bestehe, nicht zulässig.

(11) Die Landesregierungen werden ermächtigt, durch Rechtsverordnung die zur Durchführung der vorstehenden Bestimmungen und zur Regelung des Verfahrens vor den Einigungsstellen erforderlichen Vorschriften zu erlassen, insbesondere über die Aufsicht über die Einigungsstellen, über ihre Besetzung unter angemessener Beteiligung der nicht den Industrie- und Handelskammern angehörenden Unternehmern (§ 2 Absatz 2 bis 6 des Gesetzes zur vorläufigen Regelung des Rechts der Industrie- und Handelskammern in der im Bundesgesetzblatt Teil III, Gliederungsnummer 701-1, veröffentlichten bereinigten Fassung) und über die Vollstreckung von Ordnungsgeldern sowie Bestimmungen über die Erhebung von Auslagen durch die Einigungsstelle zu treffen. Bei der Besetzung der Einigungsstellen sind die Vorschläge der für ein Bundesland errichteten, mit öffentlichen Mitteln geförderten Verbraucherzentralen zur Bestimmung der in Absatz 2 Satz 2 genannten Verbraucher zu berücksichtigen.

(12) Abweichend von Absatz 2 Satz 1 kann in den Ländern Brandenburg, Mecklenburg-Vorpommern, Sachsen, Sachsen-Anhalt und Thüringen die Einigungsstelle auch mit einem Rechtskundigen als Vorsitzendem besetzt werden, der die Befähigung zum Berufsrichter nach dem Recht der Deutschen Demokratischen Republik erworben hat.

Kapitel 4
Straf- und Bußgeldvorschriften

§ 16 Strafbare Werbung

(1) Wer in der Absicht, den Anschein eines besonders günstigen Angebots hervorzurufen, in öffentlichen Bekanntmachungen oder in Mitteilungen, die für einen größeren Kreis von Personen bestimmt sind, durch unwahre Angaben irreführend wirbt, wird mit Freiheitsstrafe bis zu zwei Jahren oder mit Geldstrafe bestraft.

(2) Wer es im geschäftlichen Verkehr unternimmt, Verbraucher zur Abnahme von Wa-

ren, Dienstleistungen oder Rechten durch das Versprechen zu veranlassen, sie würden entweder vom Veranstalter selbst oder von einem Dritten besondere Vorteile erlangen, wenn sie andere zum Abschluss gleichartiger Geschäfte veranlassen, die ihrerseits nach der Art dieser Werbung derartige Vorteile für eine entsprechende Werbung weiterer Abnehmer erlangen sollen, wird mit Freiheitsstrafe bis zu zwei Jahren oder mit Geldstrafe bestraft.

§ 17 Verrat von Geschäfts- und Betriebsgeheimnissen

(1) Wer als eine bei einem Unternehmen beschäftigte Person ein Geschäfts- oder Betriebsgeheimnis, das ihr im Rahmen des Dienstverhältnisses anvertraut worden oder zugänglich geworden ist, während der Geltungsdauer des Dienstverhältnisses unbefugt an jemand zu Zwecken des Wettbewerbs, aus Eigennutz, zugunsten eines Dritten oder in der Absicht, dem Inhaber des Unternehmens Schaden zuzufügen, mitteilt, wird mit Freiheitsstrafe bis zu drei Jahren oder mit Geldstrafe bestraft.

(2) Ebenso wird bestraft, wer zu Zwecken des Wettbewerbs, aus Eigennutz, zugunsten eines Dritten oder in der Absicht, dem Inhaber des Unternehmens Schaden zuzufügen,

1. sich ein Geschäfts- oder Betriebsgeheimnis durch
   a) Anwendung technischer Mittel,
   b) Herstellung einer verkörperten Wiedergabe des Geheimnisses oder
   c) Wegnahme einer Sache, in der das Geheimnis verkörpert ist,
   unbefugt verschafft oder sichert oder

2. ein Geschäfts- oder Betriebsgeheimnis, das er durch eine der in Absatz 1 bezeichneten Mitteilungen oder durch eine eigene oder fremde Handlung nach Nummer 1 erlangt oder sich sonst unbefugt verschafft oder gesichert hat, unbefugt verwertet oder jemandem mitteilt.

(3) Der Versuch ist strafbar.

(4) In besonders schweren Fällen ist die Strafe Freiheitsstrafe bis zu fünf Jahren oder Geldstrafe. Ein besonders schwerer Fall liegt in der Regel vor, wenn der Täter

1. gewerbsmäßig handelt,

2. bei der Mitteilung weiß, dass das Geheimnis im Ausland verwertet werden soll, oder

3. eine Verwertung nach Absatz 2 Nummer 2 im Ausland selbst vornimmt.

(5) Die Tat wird nur auf Antrag verfolgt, es sei denn, dass die Strafverfolgungsbehörde wegen des besonderen öffentlichen Interesses an der Strafverfolgung ein Einschreiten von Amts wegen für geboten hält.

(6) § 5 Nummer 7 des Strafgesetzbuches gilt entsprechend.

§ 18 Verwertung von Vorlagen

(1) Wer die ihm im geschäftlichen Verkehr anvertrauten Vorlagen oder Vorschriften technischer Art, insbesondere Zeichnungen, Modelle, Schablonen, Schnitte, Rezepte, zu Zwecken des Wettbewerbs oder aus Eigennutz unbefugt verwertet oder jemandem mitteilt, wird mit Freiheitsstrafe bis zu zwei Jahren oder mit Geldstrafe bestraft.

(2) Der Versuch ist strafbar.

(3) Die Tat wird nur auf Antrag verfolgt, es sei denn, dass die Strafverfolgungsbehörde wegen des besonderen öffentlichen Interesses an der Strafverfolgung ein Einschreiten von Amts wegen für geboten hält.

(4) § 5 Nummer 7 des Strafgesetzbuches gilt entsprechend.

§ 19 Verleiten und Erbieten zum Verrat

(1) Wer zu Zwecken des Wettbewerbs oder aus Eigennutz jemanden zu bestimmen versucht, eine Straftat nach § 17 oder § 18 zu begehen oder zu einer solchen Straftat anzustiften, wird mit Freiheitsstrafe bis zu zwei Jahren oder mit Geldstrafe bestraft.

(2) Ebenso wird bestraft, wer zu Zwecken des Wettbewerbs oder aus Eigennutz sich bereit erklärt oder das Erbieten eines anderen annimmt oder mit einem anderen verabredet, eine Straftat nach § 17 oder § 18 zu begehen oder zu ihr anzustiften.

(3) § 31 des Strafgesetzbuches gilt entsprechend.

(4) Die Tat wird nur auf Antrag verfolgt, es sei denn, dass die Strafverfolgungsbehörde wegen des besonderen öffentlichen Interesses an der Strafverfolgung ein Einschreiten von Amts wegen für geboten hält.

(5) § 5 Nummer 7 des Strafgesetzbuches gilt entsprechend.

§ 20 Bußgeldvorschriften

(1) Ordnungswidrig handelt, wer vorsätzlich oder fahrlässig entgegen § 7 Absatz 1 in Verbindung mit Absatz 2 Nummer 2 gegenüber einem Verbraucher ohne dessen vorherige ausdrückliche Einwilligung mit einem Telefonanruf wirbt.

(2) Die Ordnungswidrigkeit kann mit einer Geldbuße bis zu fünfzigtausend Euro geahndet werden.

(3) Verwaltungsbehörde im Sinne des § 36 Absatz 1 Nummer 1 des Gesetzes über Ordnungswidrigkeiten ist die Bundesnetzagentur für Elektrizität, Gas, Telekommunikation, Post und Eisenbahnen.

Anhang
(zu § 3 Absatz 3)

Unzulässige geschäftliche Handlungen im Sinne des § 3 Absatz 3 sind

1. die unwahre Angabe eines Unternehmers, zu den Unterzeichnern eines Verhaltenskodexes zu gehören;

2. die Verwendung von Gütezeichen, Qualitätskennzeichen oder Ähnlichem ohne die erforderliche Genehmigung;

3. die unwahre Angabe, ein Verhaltenskodex sei von einer öffentlichen oder anderen Stelle gebilligt;

4. die unwahre Angabe, ein Unternehmer, eine von ihm vorgenommene geschäftliche Handlung oder eine Ware oder Dienstleistung sei von einer öffentlichen oder privaten Stelle bestätigt, gebilligt oder genehmigt worden, oder die unwahre Angabe, den Bedingungen für die Bestätigung, Billigung oder Genehmigung werde entsprochen;

5. Waren- oder Dienstleistungsangebote im Sinne des § 5a Absatz 3 zu einem bestimmten Preis, wenn der Unternehmer nicht darüber aufklärt, dass er hinreichende Gründe für die Annahme hat, er werde nicht in der Lage sein, diese oder gleichartige Waren oder Dienstleistungen für einen angemessenen Zeitraum in angemessener Menge zum genannten Preis bereitzustellen oder bereitstellen zu lassen (Lockangebote). Ist die Bevorratung kürzer als zwei Tage, obliegt es dem Unternehmer, die Angemessenheit nachzuweisen;

6. Waren- oder Dienstleistungsangebote im Sinne des § 5a Absatz 3 zu einem bestimmten Preis, wenn der Unternehmer sodann in der Absicht, stattdessen eine andere Ware oder Dienstleistung abzusetzen, eine fehlerhafte Ausführung der Ware oder Dienstleistung vorführt oder sich weigert zu zeigen, was er beworben hat, oder sich weigert, Bestellungen dafür anzunehmen oder die beworbene Leistung innerhalb einer vertretbaren Zeit zu erbringen;

7. die unwahre Angabe, bestimmte Waren oder Dienstleistungen seien allgemein oder zu bestimmten Bedingungen nur für einen sehr begrenzten Zeitraum verfügbar, um den Verbraucher zu einer sofortigen geschäftlichen Entscheidung zu veranlassen, ohne dass dieser Zeit und Gelegenheit hat, sich auf Grund von Informationen zu entscheiden;

8. Kundendienstleistungen in einer anderen Sprache als derjenigen, in der die Verhandlungen vor dem Abschluss des Geschäfts geführt worden sind, wenn die ursprünglich verwendete Sprache nicht Amtssprache des Mitgliedstaats ist, in dem der Unternehmer niedergelassen ist; dies gilt nicht, soweit Verbraucher vor dem Abschluss des Geschäfts darüber aufgeklärt werden, dass diese Leistungen in einer anderen als der ursprünglich verwendeten Sprache erbracht werden;

9. die unwahre Angabe oder das Erwecken des unzutreffenden Eindrucks, eine Ware oder Dienstleistung sei verkehrsfähig;

10. die unwahre Angabe oder das Erwecken des unzutreffenden Eindrucks, gesetzlich bestehende Rechte stellten eine Besonderheit des Angebots dar;

11. der vom Unternehmer finanzierte Einsatz redaktioneller Inhalte zu Zwecken der Verkaufsförderung, ohne dass sich dieser Zusammenhang aus dem Inhalt oder aus der Art der optischen oder akustischen Darstellung eindeutig ergibt (als Information getarnte Werbung);

12. unwahre Angaben über Art und Ausmaß einer Gefahr für die persönliche Sicherheit des Verbrauchers oder seiner Familie für den Fall, dass er die angebotene Ware nicht erwirbt oder die angebotene Dienstleistung nicht in Anspruch nimmt;

13. Werbung für eine Ware oder Dienstleistung, die der Ware oder Dienstleistung eines Mitbewerbers ähnlich ist, wenn dies in der Absicht geschieht, über die

betriebliche Herkunft der beworbenen Ware oder Dienstleistung zu täuschen;

14. die Einführung, der Betrieb oder die Förderung eines Systems zur Verkaufsförderung, das den Eindruck vermittelt, allein oder hauptsächlich durch die Einführung weiterer Teilnehmer in das System könne eine Vergütung erlangt werden (Schneeball- oder Pyramidensystem);

15. die unwahre Angabe, der Unternehmer werde demnächst sein Geschäft aufgeben oder seine Geschäftsräume verlegen;

16. die Angabe, durch eine bestimmte Ware oder Dienstleistung ließen sich die Gewinnchancen bei einem Glücksspiel erhöhen;

17. die unwahre Angabe oder das Erwecken des unzutreffenden Eindrucks, der Verbraucher habe bereits einen Preis gewonnen oder werde ihn gewinnen oder werde durch eine bestimmte Handlung einen Preis gewinnen oder einen sonstigen Vorteil erlangen, wenn es einen solchen Preis oder Vorteil tatsächlich nicht gibt, oder wenn jedenfalls die Möglichkeit, einen Preis oder sonstigen Vorteil zu erlangen, von der Zahlung eines Geldbetrags oder der Übernahme von Kosten abhängig gemacht wird;

18. die unwahre Angabe, eine Ware oder Dienstleistung könne Krankheiten, Funktionsstörungen oder Missbildungen heilen;

19. eine unwahre Angabe über die Marktbedingungen oder Bezugsquellen, um den Verbraucher dazu zu bewegen, eine Ware oder Dienstleistung zu weniger günstigen Bedingungen als den allgemeinen Marktbedingungen abzunehmen oder in Anspruch zu nehmen;

20. das Angebot eines Wettbewerbs oder Preisausschreibens, wenn weder die in Aussicht gestellten Preise noch ein angemessenes Äquivalent vergeben werden;

21. das Angebot einer Ware oder Dienstleistung als „gratis", „umsonst", „kosten-

frei" oder dergleichen, wenn hierfür gleichwohl Kosten zu tragen sind; dies gilt nicht für Kosten, die im Zusammenhang mit dem Eingehen auf das Waren- oder Dienstleistungsangebot oder für die Abholung oder Lieferung der Ware oder die Inanspruchnahme der Dienstleistung unvermeidbar sind;

22. die Übermittlung von Werbematerial unter Beifügung einer Zahlungsaufforderung, wenn damit der unzutreffende Eindruck vermittelt wird, die beworbene Ware oder Dienstleistung sei bereits bestellt;

23. die unwahre Angabe oder das Erwecken des unzutreffenden Eindrucks, der Unternehmer sei Verbraucher oder nicht für Zwecke seines Geschäfts, Handels, Gewerbes oder Berufs tätig;

24. die unwahre Angabe oder das Erwecken des unzutreffenden Eindrucks, es sei im Zusammenhang mit Waren oder Dienstleistungen in einem anderen Mitgliedstaat der Europäischen Union als dem des Warenverkaufs oder der Dienstleistung ein Kundendienst verfügbar;

25. das Erwecken des Eindrucks, der Verbraucher könne bestimmte Räumlichkeiten nicht ohne vorherigen Vertragsabschluss verlassen;

26. bei persönlichem Aufsuchen in der Wohnung die Nichtbeachtung einer Aufforderung des Besuchten, diese zu verlassen oder nicht zu ihr zurückzukehren, es sei denn, der Besuch ist zur rechtmäßigen Durchsetzung einer vertraglichen Verpflichtung gerechtfertigt;

27. Maßnahmen, durch die der Verbraucher von der Durchsetzung seiner vertraglichen Rechte aus einem Versicherungsverhältnis dadurch abgehalten werden soll, dass von ihm bei der Geltendmachung seines Anspruchs die Vorlage von Unterlagen verlangt wird, die zum Nachweis dieses Anspruchs nicht erforderlich sind, oder dass Schreiben zur Geltendmachung eines solchen Anspruchs systematisch nicht beantwortet werden;

28. die in eine Werbung einbezogene unmittelbare Aufforderung an Kinder, selbst die beworbene Ware zu erwerben oder die beworbene Dienstleistung in Anspruch zu nehmen oder ihre Eltern oder andere Erwachsene dazu zu veranlassen;

29. die Aufforderung zur Bezahlung nicht bestellter Waren oder Dienstleistungen oder eine Aufforderung zur Rücksendung oder Aufbewahrung nicht bestellter Sachen, sofern es sich nicht um eine nach den Vorschriften über Vertragsabschlüsse im Fernabsatz zulässige Ersatzlieferung handelt, und

30. die ausdrückliche Angabe, dass der Arbeitsplatz oder Lebensunterhalt des Unternehmers gefährdet sei, wenn der Verbraucher die Ware oder Dienstleistung nicht abnehme.

IV

Preisangabenverordnung
(PAngV)

in der Fassung der Bekanntmachung
vom 18. Oktober 2002 (BGBl. I S. 4197)

Zuletzt geändert durch
Gesetz zur Einführung einer Musterwiderrufsinformation für Verbraucherdarlehensverträge,
zur Änderung der Vorschriften über das Widerrufsrecht bei Verbraucherdarlehensverträgen
und zur Änderung des Darlehensvermittlungsrechts
vom 24. Juli 2010 (BGBl. I S. 977)

Inhaltsübersicht

§ 1   Grundvorschriften
§ 2   Grundpreis
§ 3   Elektrizität, Gas, Fernwärme und Wasser
§ 4   Handel
§ 5   Leistungen
§ 6   Kredite
§ 6a   Werbung für Kreditverträge

§ 6b   Überziehungsmöglichkeiten
§ 7   Gaststätten, Beherbergungsbetriebe
§ 8   Tankstellen, Parkplätze
§ 9   Ausnahmen
§ 10   Ordnungswidrigkeiten

Anlage
(zu § 6)

IV

IV

§ 1 Grundvorschriften

(1) Wer Letztverbrauchern gewerbs- oder geschäftsmäßig oder regelmäßig in sonstiger Weise Waren oder Leistungen anbietet oder als Anbieter von Waren oder Leistungen gegenüber Letztverbrauchern unter Angabe von Preisen wirbt, hat die Preise anzugeben, die einschließlich der Umsatzsteuer und sonstiger Preisbestandteile zu zahlen sind (Endpreise). Soweit es der allgemeinen Verkehrsauffassung entspricht, sind auch die Verkaufs- oder Leistungseinheit und die Gütebezeichnung anzugeben, auf die sich die Preise beziehen. Auf die Bereitschaft, über den angegebenen Preis zu verhandeln, kann hingewiesen werden, soweit es der allgemeinen Verkehrsauffassung entspricht und Rechtsvorschriften nicht entgegenstehen.

(2) Wer Letztverbrauchern gewerbs- oder geschäftsmäßig oder regelmäßig in sonstiger Weise Waren oder Leistungen zum Abschluss eines Fernabsatzvertrages anbietet, hat zusätzlich zu Absatz 1 und § 2 Abs. 2 anzugeben,

1. dass die für Waren oder Leistungen geforderten Preise die Umsatzsteuer und sonstige Preisbestandteile enthalten und

2. ob zusätzlich Liefer- und Versandkosten anfallen.

Fallen zusätzlich Liefer- und Versandkosten an, so ist deren Höhe anzugeben. Soweit die vorherige Angabe dieser Kosten in bestimmten Fällen nicht möglich ist, sind die näheren Einzelheiten der Berechnung anzugeben, aufgrund derer der Letztverbraucher die Höhe leicht errechnen kann.

(3) Bei Leistungen können, soweit es üblich ist, abweichend von Absatz 1 Satz 1 Stundensätze, Kilometersätze und andere Verrechnungssätze angegeben werden, die alle Leistungselemente einschließlich der anteiligen Umsatzsteuer enthalten. Die Materialkosten können in die Verrechnungssätze einbezogen werden.

(4) Wird außer dem Entgelt für eine Ware oder Leistung eine rückerstattbare Sicherheit gefordert, so ist deren Höhe neben dem Preis für die Ware oder Leistung anzugeben und kein Gesamtbetrag zu bilden.

(5) Die Angabe von Preisen mit einem Änderungsvorbehalt ist abweichend von Absatz 1 Satz 1 nur zulässig

1. bei Waren oder Leistungen, für die Liefer- oder Leistungsfristen von mehr als vier Monaten bestehen, soweit zugleich die voraussichtlichen Liefer- und Leistungsfristen angegeben werden,

2. bei Waren oder Leistungen, die im Rahmen von Dauerschuldverhältnissen erbracht werden, oder

3. in Prospekten eines Reiseveranstalters über die von ihm veranstalteten Reisen, soweit der Reiseveranstalter gemäß § 4 Absatz 2 der BGB-Informationspflichten-Verordnung in der Fassung der Bekanntmachung vom 5. August 2002 (BGBl. I S. 3002), die zuletzt durch die Verordnung vom 23. Oktober 2008 (BGBl. I S. 2069) geändert worden ist, den Vorbehalt einer Preisanpassung in den Prospekt aufnehmen darf und er sich eine entsprechende Anpassung im Prospekt vorbehalten hat.

(6) Die Angaben nach dieser Verordnung müssen der allgemeinen Verkehrsauffassung und den Grundsätzen von Preisklarheit und Preiswahrheit entsprechen. Wer zu Angaben nach dieser Verordnung verpflichtet ist, hat diese dem Angebot oder der Werbung eindeutig zuzuordnen sowie leicht erkennbar und deutlich lesbar oder sonst gut wahrnehmbar zu machen. Bei der Aufgliederung von Preisen sind die Endpreise hervorzuheben.

§ 2 Grundpreis

(1) Wer Letztverbrauchern gewerbs- oder geschäftsmäßig oder regelmäßig in sonstiger Weise Waren in Fertigpackungen, offenen Packungen oder als Verkaufseinheiten ohne Umhüllung nach Gewicht, Volumen, Länge oder Fläche anbietet, hat neben dem Endpreis auch den Preis je Mengeneinheit einschließlich der Umsatzsteuer und sonstiger Preisbestandteile (Grundpreis) in unmittelbarer Nähe des Endpreises gemäß Absatz 3 Satz 1, 2, 4 oder 5 anzugeben. Dies gilt auch für

denjenigen, der als Anbieter dieser Waren gegenüber Letztverbrauchern unter Angabe von Preisen wirbt. Auf die Angabe des Grundpreises kann verzichtet werden, wenn dieser mit dem Endpreis identisch ist.

(2) Wer Letztverbrauchern gewerbs- oder geschäftsmäßig oder regelmäßig in sonstiger Weise unverpackte Waren, die in deren Anwesenheit oder auf deren Veranlassung abgemessen werden (lose Ware), nach Gewicht, Volumen, Länge oder Fläche anbietet oder als Anbieter dieser Waren gegenüber Letztverbrauchern unter Angabe von Preisen wirbt, hat lediglich den Grundpreis gemäß Absatz 3 anzugeben.

(3) Die Mengeneinheit für den Grundpreis ist jeweils 1 Kilogramm, 1 Liter, 1 Kubikmeter, 1 Meter oder 1 Quadratmeter der Ware. Bei Waren, deren Nenngewicht oder Nennvolumen üblicherweise 250 Gramm oder Milliliter nicht übersteigt, dürfen als Mengeneinheit für den Grundpreis 100 Gramm oder Milliliter verwendet werden. Bei nach Gewicht oder nach Volumen angebotener loser Ware ist als Mengeneinheit für den Grundpreis entsprechend der allgemeinen Verkehrsauffassung entweder 1 Kilogramm oder 100 Gramm oder 1 Liter oder 100 Milliliter zu verwenden. Bei Waren, die üblicherweise in Mengen von 100 Liter und mehr, 50 Kilogramm und mehr oder 100 Meter und mehr abgegeben werden, ist für den Grundpreis die Mengeneinheit zu verwenden, die der allgemeinen Verkehrsauffassung entspricht. Bei Waren, bei denen das Abtropfgewicht anzugeben ist, ist der Grundpreis auf das angegebene Abtropfgewicht zu beziehen.

(4) Bei Haushaltswaschmitteln kann als Mengeneinheit für den Grundpreis eine übliche Anwendung verwendet werden. Dies gilt auch für Wasch- und Reinigungsmittel, sofern sie einzeln portioniert sind und die Zahl der Portionen zusätzlich zur Gesamtfüllmenge angegeben ist.

§ 3 Elektrizität, Gas, Fernwärme und Wasser

Wer Letztverbrauchern gewerbs- oder geschäftsmäßig oder regelmäßig in sonstiger Weise Elektrizität, Gas, Fernwärme oder Wasser leitungsgebunden anbietet oder als Anbieter dieser Waren gegenüber Letztverbrauchern unter Angabe von Preisen wirbt, hat den verbrauchsabhängigen Preis je Mengeneinheit einschließlich der Umsatzsteuer und aller spezifischen Verbrauchssteuern (Arbeits- oder Mengenpreis) gemäß Satz 2 im Angebot oder in der Werbung anzugeben. Als Mengeneinheit für den Arbeitspreis bei Elektrizität, Gas und Fernwärme ist 1 Kilowattstunde und für den Mengenpreis bei Wasser 1 Kubikmeter zu verwenden. Wer neben dem Arbeits- oder Mengenpreis leistungsabhängige Preise fordert, hat diese vollständig in unmittelbarer Nähe des Arbeits- oder Mengenpreises anzugeben. Satz 3 gilt entsprechend für die Forderungen nicht verbrauchsabhängiger Preise.

§ 4 Handel

(1) Waren, die in Schaufenstern, Schaukästen, innerhalb oder außerhalb des Verkaufsraumes auf Verkaufsständen oder in sonstiger Weise sichtbar ausgestellt werden, und Waren, die vom Verbraucher unmittelbar entnommen werden können, sind durch Preisschilder oder Beschriftung der Ware auszuzeichnen.

(2) Waren, die nicht unter den Voraussetzungen des Absatzes 1 im Verkaufsraum zum Verkauf bereitgehalten werden, sind entweder nach Absatz 1 auszuzeichnen oder dadurch, dass die Behältnisse oder Regale, in denen sich die Waren befinden, beschriftet werden oder dass Preisverzeichnisse angebracht oder zur Einsichtnahme aufgelegt werden.

(3) Waren, die nach Musterbüchern angeboten werden, sind dadurch auszuzeichnen, dass die Preise für die Verkaufseinheit auf den Mustern oder damit verbundenen Preisschildern oder Preisverzeichnissen angegeben werden.

(4) Waren, die nach Katalogen oder Warenlisten oder auf Bildschirmen angeboten werden, sind dadurch auszuzeichnen, dass die Preise unmittelbar bei den Abbildungen oder Beschreibungen der Waren oder in mit den

IV

Katalogen oder Warenlisten im Zusammenhang stehenden Preisverzeichnissen angegeben werden.

(5) Auf Angebote von Waren, deren Preise üblicherweise aufgrund von Tarifen oder Gebührenregelungen bemessen werden, ist § 5 Abs. 1 und 2 entsprechend anzuwenden.

§ 5 Leistungen

(1) Wer Leistungen anbietet, hat ein Preisverzeichnis mit den Preisen für seine wesentlichen Leistungen oder in den Fällen des § 1 Abs. 3 mit seinen Verrechnungssätzen aufzustellen. Dieses ist im Geschäftslokal oder am sonstigen Ort des Leistungsangebots und, sofern vorhanden, zusätzlich im Schaufenster oder Schaukasten anzubringen. Ort des Leistungsangebots ist auch die Bildschirmanzeige. Wird eine Leistung über Bildschirmanzeige erbracht und nach Einheiten berechnet, ist eine gesonderte Anzeige über den Preis der fortlaufenden Nutzung unentgeltlich anzubieten.

(2) Werden entsprechend der allgemeinen Verkehrsauffassung die Preise und Verrechnungssätze für sämtliche angebotenen Leistungen in Preisverzeichnisse aufgenommen, so sind diese zur Einsichtnahme am Ort des Leistungsangebots bereitzuhalten, wenn das Anbringen der Preisverzeichnisse wegen ihres Umfangs nicht zumutbar ist.

(3) Werden die Leistungen in Fachabteilungen von Handelsbetrieben angeboten, so genügt das Anbringen der Preisverzeichnisse in den Fachabteilungen.

§ 6 Kredite

(1) Bei Krediten sind als Preis die Gesamtkosten als jährlicher Vomhundertsatz des Kredits anzugeben und als „effektiver Jahreszins" zu bezeichnen.

(2) Der anzugebende Vomhundertsatz gemäß Absatz 1 ist mit der in der Anlage angegebenen mathematischen Formel und nach den in der Anlage zugrunde gelegten Vorgehensweisen zu berechnen. Er beziffert den Zinssatz, mit dem sich der Kredit bei regelmäßigem Kreditverlauf, ausgehend von den tatsächlichen Zahlungen des Kreditgebers und des Kreditnehmers, auf der Grundlage taggenauer Verrechnung aller Leistungen abrechnen lässt. Es gilt die exponentielle Verzinsung auch im unterjährigen Bereich. Ist im Vertrag eine Anpassung des Sollzinssatzes oder anderer preisbestimmender Faktoren vorbehalten (§ 1 Abs. 5), sind die zum Zeitpunkt des Angebots oder der Werbung geltenden preisbestimmenden Faktoren zugrunde zu legen. Der anzugebende Vomhundertsatz ist mit der im Kreditgewerbe üblichen Genauigkeit zu berechnen.

(3) In die Berechnung des anzugebenden Vomhundertsatzes sind als Gesamtkosten die vom Kreditnehmer zu entrichtenden Zinsen und alle sonstigen Kosten einschließlich etwaiger Vermittlungskosten, die der Kreditnehmer im Zusammenhang mit dem Kreditvertrag zu entrichten hat und die dem Kreditgeber bekannt sind, mit Ausnahme folgender Kosten einzubeziehen:

1. Kosten, die vom Kreditnehmer bei Nichterfüllung seiner Verpflichtungen aus dem Kreditvertrag zu tragen sind;

2. Kosten mit Ausnahme des Kaufpreises, die vom Kreditnehmer beim Erwerb von Waren oder Dienstleistungen unabhängig davon zu tragen sind, ob es sich um ein Bar- oder Kreditgeschäft handelt;

3. Kosten für die Führung eines Kontos, auf dem sowohl Zahlungen als auch in Anspruch genommene Kreditbeträge verbucht werden, Kosten für die Verwendung eines Zahlungsauthentifizierungsinstruments, mit dem sowohl Zahlungen getätigt als auch Kreditbeträge in Anspruch genommen werden können, sowie sonstige Kosten für Zahlungsgeschäfte, es sei denn, die Kontoeröffnung ist Voraussetzung für die Kreditvergabe oder die mit dem Konto verbundenen Kosten sind weder im Kreditvertrag noch in einem anderen dem Verbraucher geschlossenen Vertrag klar und getrennt ausgewiesen;

4. Kosten für solche Versicherungen und für solche anderen Zusatzleistungen, die keine Voraussetzung für die Kreditvergabe oder für die Kreditvergabe zu den vorgesehenen Vertragsbedingungen sind;

5. Notarkosten;

6. Kosten für Sicherheiten bei Immobiliardarlehensverträgen im Sinne des § 503 des Bürgerlichen Gesetzbuchs.

(4) Ist eine Änderung des Zinssatzes oder sonstiger in die Berechnung des anzugebenden Vomhundertsatzes einzubeziehender Kosten vorbehalten und ist ihre zahlenmäßige Bestimmung im Zeitpunkt der Berechnung des anzugebenden Vomhundertsatzes nicht möglich, so wird bei der Berechnung von der Annahme ausgegangen, dass der Sollzinssatz und die sonstigen Kosten gemessen an der ursprünglichen Höhe fest bleiben und bis zum Ende des Kreditvertrages gelten.

(5) Erforderlichenfalls ist bei der Berechnung des anzugebenden Vomhundertsatzes von den in der Anlage niedergelegten Annahmen auszugehen.

(6) Wird die Gewährung eines Kredits allgemein von einer Mitgliedschaft oder vom Abschluss einer Versicherung abhängig gemacht, so ist dies anzugeben.

(7) Bei Bausspardarlehen ist bei der Berechnung des anzugebenden Vomhundertsatzes davon auszugehen, dass im Zeitpunkt der Kreditauszahlung das vertragliche Mindestspargutthaben angespart ist. Von der Abschlussgebühr ist im Zweifel lediglich der Teil zu berücksichtigen, der auf den Darlehensanteil der Bausparsumme entfällt. Bei Krediten, die der Vor- oder Zwischenfinanzierung von Leistungen einer Bausparkasse aus Bausparverträgen dienen und deren preisbestimmende Faktoren bis zur Zuteilung unveränderbar sind, ist als Laufzeit von den Zuteilungsfristen auszugehen, die sich aus der Zielbewertungszahl für Bausparverträge gleicher Art ergeben.

§ 6a Werbung für Kreditverträge

(1) Wer gegenüber Letztverbrauchern für den Abschluss eines Kreditvertrags mit Zinssätzen oder sonstigen Zahlen, die die Kosten betreffen, wirbt, muss in klarer, verständlicher und auffallender Weise angeben:

1. den Sollzinssatz,

2. den Nettodarlehensbetrag,

3. den effektiven Jahreszins.

Beim Sollzinssatz ist anzugeben, ob dieser gebunden oder veränderlich oder kombiniert ist und welche sonstigen Kosten der Beworbene im Falle eines Vertragsabschlusses im Einzelnen zusätzlich zu entrichten hätte.

(2) Die Werbung muss zusätzlich die folgenden Angaben enthalten, sofern diese vom Werbenden zur Voraussetzung für den Abschluss des beworbenen Vertrags gemacht werden:

1. die Vertragslaufzeit,

2. bei Teilzahlungsgeschäften die Sache oder Dienstleistung, den Barzahlungspreis sowie den Betrag der Anzahlung,

3. gegebenenfalls den Gesamtbetrag und den Betrag der Teilzahlungen.

(3) Die in den Absätzen 1 und 2 genannten Angaben sind mit einem Beispiel zu versehen. Bei der Auswahl des Beispiels muss der Werbende von einem effektiven Jahreszins ausgehen, von dem er erwarten darf, dass zu mindestens zwei Drittel der auf Grund der Werbung zustande kommenden Verträge zu dem angegebenen oder einem niedrigeren effektiven Jahreszins abschließen wird.

(4) Verlangt der Werbende den Abschluss eines Versicherungsvertrags oder eines Vertrags über andere Zusatzleistungen und können die Kosten für diesen Vertrag nicht im Voraus bestimmt werden, ist auf die Verpflichtung zum Abschluss dieses Vertrags klar und verständlich an gestalterisch hervorgehobener Stelle zusammen mit dem effektiven Jahreszins hinzuweisen.

§ 6b Überziehungsmöglichkeiten

Bei Überziehungsmöglichkeiten im Sinne des § 504 Abs. 2 des Bürgerlichen Gesetzbuchs hat der Kreditgeber statt des effektiven Jahreszinses den Sollzinssatz pro Jahr und die Zinsbelastungsperiode anzugeben, wenn diese nicht kürzer als drei Monate ist und der Kreditgeber außer den Sollzinsen keine weiteren Kosten verlangt.

§ 7 Gaststätten, Beherbergungsbetriebe

(1) In Gaststätten und ähnlichen Betrieben, in denen Speisen oder Getränke angeboten werden, sind die Preise in Preisverzeichnissen anzugeben. Die Preisverzeichnisse sind entweder auf Tischen aufzulegen oder jedem Gast vor Entgegennahme von Bestellungen und auf Verlangen bei Abrechnung vorzulegen oder gut lesbar anzubringen. Werden Speisen und Getränke gemäß § 4 Abs. 1 angeboten, so muss die Preisangabe dieser Vorschrift entsprechen.

(2) Neben dem Eingang der Gaststätte ist ein Preisverzeichnis anzubringen, aus dem die Preise für die wesentlichen angebotenen Speisen und Getränke ersichtlich sind. Ist der Gaststättenbetrieb Teil eines Handelsbetriebes, so genügt das Anbringen des Preisverzeichnisses am Eingang des Gaststättenteils.

(3) In Beherbergungsbetrieben ist beim Eingang oder bei der Anmeldestelle des Betriebes an gut sichtbarer Stelle ein Verzeichnis anzubringen oder auszulegen, aus dem die Preise der im Wesentlichen angebotenen Zimmer und gegebenenfalls der Frühstückspreis ersichtlich sind.

(4) Kann in Gaststätten- und Beherbergungsbetrieben eine Telekommunikationsanlage benutzt werden, so ist der bei Benutzung geforderte Preis je Minute oder je Benutzung in der Nähe der Telekommunikationsanlage anzugeben.

(5) Die in den Preisverzeichnissen aufgeführten Preise müssen das Bedienungsgeld und sonstige Zuschläge einschließen.

§ 8 Tankstellen, Parkplätze

(1) An Tankstellen sind die Kraftstoffpreise so auszuzeichnen, dass sie

1. für den auf der Straße heranfahrenden Kraftfahrer,

2. auf Bundesautobahnen für den in den Tankstellenbereich einfahrenden Kraftfahrer

deutlich lesbar sind. Dies gilt nicht für Kraftstoffmischungen, die erst in der Tankstelle hergestellt werden.

(2) Wer für weniger als einen Monat Garagen, Einstellplätze oder Parkplätze vermietet oder bewacht oder Kraftfahrzeuge verwahrt, hat am Anfang der Zufahrt ein Preisverzeichnis anzubringen, aus dem die von ihm geforderten Preise ersichtlich sind.

§ 9 Ausnahmen

(1) Die Vorschriften dieser Verordnung sind nicht anzuwenden

1. auf Angebote oder Werbung gegenüber Letztverbrauchern, die die Ware oder Leistung in ihrer selbständigen beruflichen oder gewerblichen oder in ihrer behördlichen oder dienstlichen Tätigkeit verwenden; für Handelsbetriebe gilt dies nur, wenn sie sicherstellen, dass als Letztverbraucher ausschließlich die in Halbsatz 1 genannten Personen Zutritt haben, und wenn sie durch geeignete Maßnahmen dafür Sorge tragen, dass diese Personen nur die in ihrer jeweiligen Tätigkeit verwendbaren Waren kaufen;

2. auf Leistungen von Gebietskörperschaften des öffentlichen Rechts, soweit es sich nicht um Leistungen handelt, für die Benutzungsgebühren oder privatrechtliche Entgelte zu entrichten sind;

3. auf Waren und Leistungen, soweit für sie aufgrund von Rechtsvorschriften eine Werbung untersagt ist;

4. auf mündliche Angebote, die ohne Angabe von Preisen abgegeben werden;

5. auf Warenangebote bei Versteigerungen.

(2) § 1 Abs. 1 und § 2 Abs. 1 sind nicht anzuwenden auf individuelle Preisnachlässe sowie auf nach Kalendertagen zeitlich begrenzte und durch Werbung bekannt gemachte generelle Preisnachlässe.

(3) § 1 Abs. 2 ist nicht anzuwenden auf die in § 312b Abs. 3 Nr. 1 bis 4 und 7 des Bürgerlichen Gesetzbuchs genannten Verträge.

(4) § 2 Abs. 1 ist nicht anzuwenden auf Waren, die

1. über ein Nenngewicht oder Nennvolumen von weniger als 10 Gramm oder Milliliter verfügen;

2. verschiedenartige Erzeugnisse enthalten, die nicht miteinander vermischt oder vermengt sind;

3. von kleinen Direktvermarktern sowie kleinen Einzelhandelsgeschäften angeboten werden, bei denen die Warenausgabe überwiegend im Wege der Bedienung erfolgt, es sei denn, dass das Warensortiment im Rahmen eines Vertriebssystems bezogen wird;

4. im Rahmen einer Dienstleistung angeboten werden;

5. in Getränke- und Verpflegungsautomaten angeboten werden.

(5) § 2 Abs. 1 ist ferner nicht anzuwenden bei

1. Kau- und Schnupftabak mit einem Nenngewicht bis 25 Gramm;

2. kosmetischen Mitteln, die ausschließlich der Färbung oder Verschönerung der Haut, des Haares oder der Nägel dienen;

3. Parfüms und parfümierten Duftwässern, die mindestens 3 Volumenprozent Duftöl und mindestens 70 Volumenprozent reinen Äthylalkohol enthalten.

(6) Die Angabe eines neuen Grundpreises nach § 2 Abs. 1 ist nicht erforderlich bei

1. Waren ungleichen Nenngewichts oder -volumens oder ungleicher Nennlänge oder -fläche mit gleichem Grundpreis, wenn der geforderte Endpreis um einen einheitlichen Betrag herabgesetzt wird;

2. leicht verderblichen Lebensmitteln, wenn der geforderte Endpreis wegen einer drohenden Gefahr des Verderbs herabgesetzt wird.

(7) § 4 ist nicht anzuwenden

1. auf Kunstgegenstände, Sammlungsstücke und Antiquitäten im Sinne des Kapitels 97 des Gemeinsamen Zolltarifs;

2. auf Waren, die in Werbevorführungen angeboten werden, sofern der Preis der jeweiligen Ware bei deren Vorführung und unmittelbar vor Abschluss des Kaufvertrages genannt wird;

3. auf Blumen und Pflanzen, die unmittelbar vom Freiland, Treibbeet oder Treibhaus verkauft werden.

(8) § 5 ist nicht anzuwenden

1. auf Leistungen, die üblicherweise aufgrund von schriftlichen Angeboten oder schriftlichen Voranschlägen erbracht werden, die auf den Einzelfall abgestellt sind;

2. auf künstlerische, wissenschaftliche und pädagogische Leistungen; dies gilt nicht, wenn die Leistungen in Konzertsälen, Theatern, Filmtheatern, Schulen, Instituten oder dergleichen erbracht werden;

3. auf Leistungen, bei denen in Gesetzen oder Rechtsverordnungen die Angabe von Preisen besonders geregelt ist.

§ 10 Ordnungswidrigkeiten

(1) Ordnungswidrig im Sinne des § 3 Abs. 1 Nr. 2 des Wirtschaftsstrafgesetzes 1954 handelt, wer vorsätzlich oder fahrlässig

1. entgegen § 1 Abs. 1 Satz 1 Preise nicht, nicht richtig oder nicht vollständig angibt,

2. entgegen § 1 Abs. 1 Satz 2 die Verkaufs- oder Leistungseinheit oder Gütebezeichnung oder nicht richtig angibt, auf die sich die Preise beziehen,

3. entgegen § 1 Abs. 2 Satz 1 Nr. 1, auch in Verbindung mit Satz 3, eine Angabe nicht, nicht richtig oder nicht vollständig macht,

4. entgegen § 1 Abs. 3 Satz 1 Stundensätze, Kilometersätze oder andere Verrechnungssätze nicht richtig angibt,

5. entgegen § 1 Abs. 4 oder 6 Satz 2 Angaben nicht in der dort vorgeschriebenen Form macht,

6. entgegen § 1 Abs. 6 Satz 3 den Endpreis nicht hervorhebt oder

7. entgegen § 2 Abs. 1 Satz 1, auch in Verbindung mit Satz 2, oder § 2 Abs. 2 oder § 3 Satz 1 oder 3, auch in Verbindung mit Satz 4, eine Angabe nicht, nicht richtig oder nicht vollständig macht.

(2) Ordnungswidrig im Sinne des § 3 Abs. 1 Nr. 2 des Wirtschaftsstrafgesetzes 1954 handelt auch, wer vorsätzlich oder fahrlässig einer Vorschrift

1. des § 4 Abs. 1 bis 4 über das Auszeichnen von Waren,

IV

2. des § 5 Abs. 1 Satz 1, 2 oder 4 oder Abs. 2, jeweils auch in Verbindung mit § 4 Abs. 5, über das Aufstellen, das Anbringen oder das Bereithalten von Preisverzeichnissen oder über das Anbieten einer Anzeige des Preises,

3. des § 6 Absatz 1 über die Angabe oder die Bezeichnung des Preises bei Krediten,

4. des § 6 Absatz 2 bis 5 oder 7 über die Berechnung des Vomhundertsatzes,

5. des § 6 Absatz 6 oder § 6b über die Angabe von Voraussetzungen für die Kreditgewährung oder des Zinssatzes oder der Zinsbelastungsperiode,

6. des § 6a über die Pflichtangaben oder -hinweise in der Werbung,

7. des § 7 Abs. 1 Satz 1 oder 2, Abs. 2 Satz 1, Abs. 3 oder 4 über die Angabe von Preisen oder über das Auflegen, das Vorlegen, das Anbringen oder das Auslegen eines dort genannten Verzeichnisses,

8. des § 8 Abs. 1 Satz 1 über das Auszeichnen von Kraftstoffpreisen oder

9. des § 8 Abs. 2 über das Anbringen eines Preisverzeichnisses

zuwiderhandelt.

(3) Ordnungswidrig im Sinne des § 3 Abs. 1 Satz 1 Nr. 3 des Wirtschaftsstrafgesetzes 1954 handelt, wer vorsätzlich oder fahrlässig entgegen § 1 Abs. 2 Satz 1 Nr. 2 oder Satz 2, jeweils auch in Verbindung mit Satz 3, eine Angabe nicht, nicht richtig oder nicht vollständig macht.

Anlage
(zu § 6)

Berechnung des effektiven Jahreszinses

I. Grundgleichung zur Darstellung der Gleichheit zwischen Kredit-Auszahlungs-beträgen einerseits und Rückzahlungen (Tilgung, Zinsen und Kosten) andererseits. Die nachstehende Gleichung zur Ermittlung des effektiven Jahreszinses drückt auf jährlicher Basis die rechnerische Gleichheit zwischen der Summe der Gegenwartswerte der in Anspruch genommenen Kredit-Auszahlungsbeträge einerseits und der Summe der Gegenwartswerte der Rückzahlungen (Tilgung, Zinsen und Kosten) andererseits aus:

$$\sum_{k=1}^{m} C_k \left(1+X\right)^{-t_k} = \sum_{l=1}^{m'} D_l \left(1+X\right)^{-s_l}$$

– X   der effektive Jahreszins;
– m   die laufende Nummer des letzten Kredit-Auszahlungsbetrags;
– k   die laufende Nummer eines Kredit-Auszahlungsbetrags, wobei $1 \leq k \leq m$;
– C_k die Höhe des Kredit-Auszahlungsbetrags mit der Nummer k;
– t_k der in Jahren oder Jahresbruchteilen ausgedrückte Zeitraum zwischen dem Zeitpunkt der ersten Darlehensvergabe und dem Zeitpunkt der einzelnen nachfolgenden in Anspruch genommenen Kredit-Auszahlungsbeträge, wobei $t_1 = 0$;
– m'   die laufende Nummer der letzten Tilgungs-, Zins- oder Kostenzahlung;
– l   die laufende Nummer einer Tilgungs-, Zins- oder Kostenzahlung;
– D_l der Betrag einer Tilgungs-, Zins- oder Kostenzahlung;
– s_l der in Jahren oder Jahresbruchteilen ausgedrückte Zeitraum zwischen dem Zeitpunkt der Inanspruchnahme des ersten Kredit-Auszahlungsbetrags und dem Zeitpunkt jeder einzelnen Tilgungs-, Zins- oder Kostenzahlung.

Anmerkungen:

a) Die von beiden Seiten zu unterschiedlichen Zeitpunkten gezahlten Beträge sind nicht notwendigerweise gleich groß und werden nicht notwendigerweise in gleichen Zeitabständen entrichtet.

b) Anfangszeitpunkt ist der Tag der Auszahlung des ersten Kreditbetrags.

c) Der Zeitraum zwischen diesen Zeitpunkten wird in Jahren oder Jahres-bruchteilen ausgedrückt. Zugrunde gelegt werden für ein Jahr 365 Tage (bzw. für ein Schaltjahr 366 Tage), 52 Wochen oder zwölf Standardmonate. Ein Standardmonat hat 30,41666 Tage (d. h. 365/12), unabhängig davon, ob es sich um ein Schaltjahr handelt oder nicht.

d) Das Rechenergebnis wird auf zwei Dezimalstellen genau angegeben. Ist die Ziffer der darauf folgenden Dezimalstelle größer als oder gleich 5, so erhöht sich die Ziffer der zweiten Dezimalstelle um den Wert 1.

e) Mathematisch darstellen lässt sich diese Gleichung durch eine einzige Summation unter Verwendung des Faktors „Ströme" (A_k), die entweder positiv oder negativ sind, je nachdem, ob sie für Auszahlungen oder für Rückzahlungen innerhalb der Perioden 1 bis k, ausgedrückt in Jahren, stehen:

$$S = \sum_{k=1}^{n} A_k \left(1+X\right)^{-t_k},$$

II. Zusätzliche Annahmen für die Berechnung des effektiven Jahreszinses

a) Kann der Kreditnehmer bestimmen, zu welchem Zeitpunkt er den Kredit in Anspruch nehmen will, gilt der gesamte Kredit als sofort in voller Höhe in Anspruch genommen.

b) Sieht der Kreditvertrag verschiedene Arten der Auszahlung mit unterschiedlichen Kosten oder Sollzinssätzen vor, gilt der gesamte Kredit als zu den höchsten Kosten und zum höchsten Sollzinssatz in Anspruch genommen, wie sie für die Art von Geschäften gelten, die bei dieser Kreditvertragsart am häufigsten vorkommen.

c) Kann der Kreditnehmer bestimmen, zu welchem Zeitpunkt er den Kredit in

IV

Anspruch nehmen will, sind jedoch je nach Art der Inanspruchnahme Beschränkungen in Bezug auf Betrag und Zeitraum vorgesehen, gilt der gesamte Kredit als zu dem frühesten vertraglich möglichen Zeitpunkt mit den entsprechenden Beschränkungen in Anspruch genommen.

d) Ist kein Zeitplan für die Tilgung festgelegt worden, ist anzunehmen, dass die Kreditlaufzeit ein Jahr beträgt und der Kredit in zwölf gleichen monatlich wiederkehrenden Raten zurückzuzahlen ist.

e) Ist ein Zeitplan für die Tilgung festgelegt worden, kann der Kreditnehmer jedoch die Höhe der einzelnen Tilgungsbeträge selbst bestimmen, ist anzunehmen, dass jeder Tilgungsbetrag dem niedrigsten im Kreditvertrag vorgesehenen Betrag entspricht.

f) Sieht der Kreditvertrag mehrere Termine für die Aus- oder Rückzahlung vor, gelten sowohl die Auszahlung als auch die Rückzahlung des Kredits als zu dem jeweils frühesten vertraglich möglichen Zeitpunkt erfolgt.

g) Ist keine Kreditobergrenze vereinbart, ist anzunehmen, dass der Betrag des gewährten Kredits 1500 EUR beträgt.

h) Bei Überziehungsmöglichkeiten gilt der gesamte Kredit als in voller Höhe und für die gesamte Laufzeit des Kreditvertrags in Anspruch genommen; ist die Laufzeit des Kreditvertrags nicht bestimmt, ist sie mit drei Monaten anzunehmen.

i) Werden für einen begrenzten Zeitraum oder Betrag verschiedene Zinssätze und Kosten angeboten, so werden während der gesamten Laufzeit des Kreditvertrags als Zinssatz der höchste Zinssatz und als Kosten die höchsten Kosten angenommen.

j) Bei Verträgen, bei denen die Sollzinsbindung vor der für die Rückzahlung bestimmten Zeit endet und nach deren Ende ein neuer, veränderlicher Sollzinssatz vereinbart wird, der in regelmäßigen Abständen nach einem vereinbarten Index oder Referenzzinssatz angepasst wird, wird angenommen, dass der Sollzinssatz nach Ablauf der Sollzinsbindung dem Sollzinssatz entspricht, der sich aus dem Wert des vereinbarten Indexes oder Referenzzinssatzes zum Zeitpunkt der Berechnung des effektiven Jahreszinses ergibt.

Gesetz über den Schutz von Marken und sonstigen Kennzeichen (Markengesetz – MarkenG)

in der Fassung der Bekanntmachung
vom 25. Oktober 1994 (BGBl. I S. 3082; 1995 BGBl. I S. 156; 1996 BGBl. I S. 682)

Zuletzt geändert durch
Gesetz über den Rechtsschutz bei überlangen Gerichtsverfahren und strafrechtlichen Ermittlungsverfahren
vom 24. November 2011 (BGBl. I S. 2302)

– Auszug –

Inhaltsübersicht

Teil 1
Anwendungsbereich
§ 1 Geschützte Marken und sonstige Kennzeichen
§ 2 Anwendung anderer Vorschriften

Teil 2
Voraussetzungen, Inhalt und Schranken des Schutzes von Marken und geschäftlichen Bezeichnungen; Übertragung und Lizenz

Abschnitt 1
Marken und geschäftliche Bezeichnungen; Vorrang und Zeitrang
§ 3 Als Marke schutzfähige Zeichen
§ 4 Entstehung des Markenschutzes
§ 5 Geschäftliche Bezeichnungen
§ 6 Vorrang und Zeitrang

Abschnitt 2
Voraussetzungen für den Schutz von Marken durch Eintragung
§ 7 Inhaberschaft
§ 8 Absolute Schutzhindernisse

§ 9 Angemeldete oder eingetragene Marken als relative Schutzhindernisse
§ 10 Notorisch bekannte Marken
§ 11 Agentenmarken
§ 12 Durch Benutzung erworbene Marken und geschäftliche Bezeichnungen mit älterem Zeitrang
§ 13 Sonstige ältere Rechte

Abschnitt 3
Schutzinhalt; Rechtsverletzungen
§ 14 Ausschließliches Recht des Inhabers einer Marke; Unterlassungsanspruch; Schadensersatzanspruch
§ 15 Ausschließliches Recht des Inhabers einer geschäftlichen Bezeichnung; Unterlassungsanspruch; Schadensersatzanspruch
§ 16 Wiedergabe einer eingetragenen Marke in Nachschlagewerken
§ 17 Ansprüche gegen Agenten oder Vertreter
§ 18 Vernichtungs- und Rückrufansprüche
§ 19 Auskunftsanspruch

IV

Teil 1
Anwendungsbereich

§ 1 Geschützte Marken und sonstige Kennzeichen

Nach diesem Gesetz werden geschützt:

1. Marken,

2. geschäftliche Bezeichnungen,

3. geographische Herkunftsangaben.

§ 2 Anwendung anderer Vorschriften

Der Schutz von Marken, geschäftlichen Bezeichnungen und geographischen Herkunftsangaben nach diesem Gesetz schließt die Anwendung anderer Vorschriften zum Schutz dieser Kennzeichen nicht aus.

Teil 2
Voraussetzungen, Inhalt und Schranken des Schutzes von Marken und geschäftlichen Bezeichnungen; Übertragung und Lizenz

Abschnitt 1
Marken und geschäftliche Bezeichnungen; Vorrang und Zeitrang

§ 3 Als Marke schutzfähige Zeichen

(1) Als Marke können alle Zeichen, insbesondere Wörter einschließlich Personennamen, Abbildungen, Buchstaben, Zahlen, Hörzeichen, dreidimensionale Gestaltungen einschließlich der Form einer Ware oder ihrer Verpackung sowie sonstige Aufmachungen einschließlich Farben und Farbzusammenstellungen geschützt werden, die geeignet sind, Waren oder Dienstleistungen eines Unternehmens von denjenigen anderer Unternehmen zu unterscheiden.

(2) Dem Schutz als Marke nicht zugänglich sind Zeichen, die ausschließlich aus einer Form bestehen,

1. die durch die Art der Ware selbst bedingt ist,

2. die zur Erreichung einer technischen Wirkung erforderlich ist oder

3. die der Ware einen wesentlichen Wert verleiht.

§ 4 Entstehung des Markenschutzes

Der Markenschutz entsteht

1. durch die Eintragung eines Zeichens als Marke in das vom Patentamt geführte Register,

2. durch die Benutzung eines Zeichens im geschäftlichen Verkehr, soweit das Zeichen innerhalb beteiligter Verkehrskreise als Marke Verkehrsgeltung erworben hat, oder

3. durch die im Sinne des Artikels 6 bis der Pariser Verbandsübereinkunft zum Schutz des gewerblichen Eigentums (Pariser Verbandsübereinkunft) notorische Bekanntheit einer Marke.

§ 5 Geschäftliche Bezeichnungen

(1) Als geschäftliche Bezeichnungen werden Unternehmenskennzeichen und Werktitel geschützt.

(2) Unternehmenskennzeichen sind Zeichen, die im geschäftlichen Verkehr als Name, als Firma oder als besondere Bezeichnung eines Geschäftsbetriebs oder eines Unternehmens benutzt werden. Der besonderen Bezeichnung eines Geschäftsbetriebs stehen solche Geschäftsabzeichen und sonstige zur Unterscheidung des Geschäftsbetriebs von anderen Geschäftsbetrieben bestimmte Zeichen gleich, die innerhalb beteiligter Verkehrskreise als Kennzeichen des Geschäftsbetriebs gelten.

(3) Werktitel sind die Namen oder besonderen Bezeichnungen von Druckschriften, Filmwerken, Tonwerken, Bühnenwerken oder sonstigen vergleichbaren Werken.

§ 6 Vorrang und Zeitrang

(1) Ist im Falle des Zusammentreffens von Rechten im Sinne der §§ 4, 5 und 13 nach diesem Gesetz für die Bestimmung des Vorrangs der Rechte ihr Zeitrang maßgeblich, wird der Zeitrang nach den Absätzen 2 und 3 bestimmt.

(2) Für die Bestimmung des Zeitrangs von angemeldeten oder eingetragenen Marken

ist der Anmeldetag (§ 33 Abs. 1) oder, falls eine Priorität nach § 34 oder nach § 35 in Anspruch genommen wird, der Prioritätstag maßgeblich.

(3) Für die Bestimmung des Zeitrangs von Rechten im Sinne des § 4 Nr. 2 und 3 und der §§ 5 und 13 ist der Zeitpunkt maßgeblich, zu dem das Recht erworben wurde.

(4) Kommt Rechten nach den Absätzen 2 und 3 derselbe Tag als ihr Zeitrang zu, so sind die Rechte gleichrangig und begründen gegeneinander keine Ansprüche.

Abschnitt 2
Voraussetzungen für den Schutz von Marken durch Eintragung

§ 7 Inhaberschaft

Inhaber von eingetragenen und angemeldeten Marken können sein:

1. natürliche Personen,
2. juristische Personen oder
3. Personengesellschaften, sofern sie mit der Fähigkeit ausgestattet sind, Rechte zu erwerben und Verbindlichkeiten einzugehen.

§ 8 Absolute Schutzhindernisse

(1) Von der Eintragung sind als Marke schutzfähige Zeichen im Sinne des § 3 ausgeschlossen, die sich nicht graphisch darstellen lassen.

(2) Von der Eintragung ausgeschlossen sind Marken,

1. denen für die Waren oder Dienstleistungen jegliche Unterscheidungskraft fehlt,
2. die ausschließlich aus Zeichen oder Angaben bestehen, die im Verkehr zur Bezeichnung der Art, der Beschaffenheit, der Menge, der Bestimmung, des Wertes, der geographischen Herkunft, der Zeit der Herstellung der Waren oder der Erbringung der Dienstleistungen oder zur Bezeichnung sonstiger Merkmale der Waren oder Dienstleistungen dienen können,
3. die ausschließlich aus Zeichen oder Angaben bestehen, die im allgemeinen Sprachgebrauch oder in den redlichen und ständigen Verkehrsgepflogenheiten zur Bezeichnung der Waren oder Dienstleistungen üblich geworden sind,
4. die geeignet sind, das Publikum insbesondere über die Art, die Beschaffenheit oder die geographische Herkunft der Waren oder Dienstleistungen zu täuschen,
5. die gegen die öffentliche Ordnung oder die gegen die guten Sitten verstoßen,
6. die Staatswappen, Staatsflaggen oder andere staatliche Hoheitszeichen oder Wappen eines inländischen Ortes oder eines inländischen Gemeinde- oder weiteren Kommunalverbandes enthalten,
7. die amtliche Prüf- oder Gewährzeichen enthalten, die nach einer Bekanntmachung des Bundesministeriums der Justiz im Bundesgesetzblatt von der Eintragung als Marke ausgeschlossen sind,
8. die Wappen, Flaggen oder andere Kennzeichen, Siegel oder Bezeichnungen internationaler zwischenstaatlicher Organisationen enthalten, die nach einer Bekanntmachung des Bundesministeriums der Justiz im Bundesgesetzblatt von der Eintragung als Marke ausgeschlossen sind,
9. deren Benutzung ersichtlich nach sonstigen Vorschriften im öffentlichen Interesse untersagt werden kann, oder
10. die bösgläubig angemeldet worden sind.

(3) Absatz 2 Nr. 1, 2 und 3 findet keine Anwendung, wenn die Marke sich vor dem Zeitpunkt der Entscheidung über die Eintragung infolge ihrer Benutzung für die Waren oder Dienstleistungen, für die sie angemeldet worden ist, in den beteiligten Verkehrskreisen durchgesetzt hat.

(4) Absatz 2 Nr. 6, 7 und 8 ist auch anzuwenden, wenn die Marke die Nachahmung eines dort aufgeführten Zeichens enthält. Absatz 2 Nr. 6, 7 und 8 ist nicht anzuwenden, wenn der Anmelder befugt ist, in der Marke eines der dort aufgeführten Zeichen zu führen, selbst wenn es mit einem anderen der dort aufgeführten Zeichen verwechselt wer-

IV

den kann. Absatz 2 Nr. 7 ist ferner nicht anzuwenden, wenn die Waren oder Dienstleistungen, für die die Marke angemeldet worden ist, mit denen, für die das Prüf- oder Gewährzeichen eingeführt ist, weder identisch noch diesen ähnlich sind. Absatz 2 Nr. 8 ist ferner nicht anzuwenden, wenn die angemeldete Marke nicht geeignet ist, beim Publikum den unzutreffenden Eindruck einer Verbindung mit der internationalen zwischenstaatlichen Organisation hervorzurufen.

§ 9 Angemeldete oder eingetragene Marken als relative Schutzhindernisse

(1) Die Eintragung einer Marke kann gelöscht werden,

1. wenn sie mit einer angemeldeten oder eingetragenen Marke mit älterem Zeitrang identisch ist und die Waren oder Dienstleistungen, für die sie eingetragen worden ist, mit den Waren oder Dienstleistungen identisch sind, für die die Marke mit älterem Zeitrang angemeldet oder eingetragen worden ist,

2. wenn wegen ihrer Identität oder Ähnlichkeit mit einer angemeldeten oder eingetragenen Marke mit älterem Zeitrang und der Identität oder der Ähnlichkeit der durch die beiden Marken erfaßten Waren oder Dienstleistungen für das Publikum die Gefahr von Verwechslungen besteht, einschließlich der Gefahr, daß die Marken gedanklich miteinander in Verbindung gebracht werden, oder

3. wenn sie mit einer angemeldeten oder eingetragenen Marke mit älterem Zeitrang identisch oder dieser ähnlich ist und für Waren oder Dienstleistungen eingetragen worden ist, die nicht denen ähnlich sind, für die die Marke mit älterem Zeitrang angemeldet oder eingetragen worden ist, falls es sich bei der Marke mit älterem Zeitrang um eine im Inland bekannte Marke handelt und die Benutzung der eingetragenen Marke die Unterscheidungskraft oder die Wertschätzung der bekannten Marke ohne rechtfertigenden

Grund in unlauterer Weise ausnutzen oder beeinträchtigen würde.

(2) Anmeldungen von Marken stellen ein Eintragungshindernis im Sinne des Absatzes 1 nur dar, wenn sie eingetragen werden.

§ 10 Notorisch bekannte Marken

(1) Von der Eintragung ausgeschlossen ist eine Marke, wenn sie mit einer im Inland im Sinne des Artikels 6 bis der Pariser Verbandsübereinkunft notorisch bekannten Marke mit älterem Zeitrang identisch oder dieser ähnlich ist und die weiteren Voraussetzungen des § 9 Abs. 1 Nr. 1, 2 oder 3 gegeben sind.

(2) Absatz 1 findet keine Anwendung, wenn der Anmelder von dem Inhaber der notorisch bekannten Marke zur Anmeldung ermächtigt worden ist.

§ 11 Agentenmarken

Die Eintragung einer Marke kann gelöscht werden, wenn die Marke ohne die Zustimmung des Inhabers der Marke für dessen Agenten oder Vertreter eingetragen worden ist.

§ 12 Durch Benutzung erworbene Marken und geschäftliche Bezeichnungen mit älterem Zeitrang

Die Eintragung einer Marke kann gelöscht werden, wenn ein anderer vor dem für den Zeitrang der eingetragenen Marke maßgeblichen Tag Rechte an einer Marke im Sinne des § 4 Nr. 2 oder an einer geschäftlichen Bezeichnung im Sinne des § 5 erworben hat und diese ihn berechtigen, die Benutzung der eingetragenen Marke im gesamten Gebiet der Bundesrepublik Deutschland zu untersagen.

§ 13 Sonstige ältere Rechte

(1) Die Eintragung einer Marke kann gelöscht werden, wenn ein anderer vor dem für den Zeitrang der eingetragenen Marke maßgeblichen Tag ein sonstiges, nicht in den §§ 9 bis 12 aufgeführtes Recht erworben hat und dieses ihn berechtigt, die Benutzung der eingetragenen Marke im gesamten Gebiet der Bundesrepublik Deutschland zu untersagen.

(2) Zu den sonstigen Rechten im Sinne des Absatzes 1 gehören insbesondere:

1. Namensrechte,

2. das Recht an der eigenen Abbildung,

3. Urheberrechte,

4. Sortenbezeichnungen,

5. geographische Herkunftsangaben,

6. sonstige gewerbliche Schutzrechte.

Abschnitt 3
Schutzinhalt; Rechtsverletzungen

§ 14 Ausschließliches Recht des Inhabers einer Marke; Unterlassungsanspruch; Schadensersatzanspruch

(1) Der Erwerb des Markenschutzes nach § 4 gewährt dem Inhaber der Marke ein ausschließliches Recht.

(2) Dritten ist es untersagt, ohne Zustimmung des Inhabers der Marke im geschäftlichen Verkehr

1. ein mit der Marke identisches Zeichen für Waren oder Dienstleistungen zu benutzen, die mit denjenigen identisch sind, für die sie Schutz genießt,

2. ein Zeichen zu benutzen, wenn wegen der Identität oder Ähnlichkeit des Zeichens mit der Marke und der Identität oder Ähnlichkeit der durch die Marke und das Zeichen erfaßten Waren oder Dienstleistungen für das Publikum die Gefahr von Verwechslungen besteht, einschließlich der Gefahr, daß das Zeichen mit der Marke gedanklich in Verbindung gebracht wird, oder

3. ein mit der Marke identisches Zeichen oder ein ähnliches Zeichen für Waren oder Dienstleistungen zu benutzen, die nicht denen ähnlich sind, für die die Marke Schutz genießt, wenn es sich bei der Marke um eine im Inland bekannte Marke handelt und die Benutzung des Zeichens die Unterscheidungskraft oder die Wertschätzung der bekannten Marke ohne rechtfertigenden Grund in unlauterer Weise ausnutzt oder beeinträchtigt.

(3) Sind die Voraussetzungen des Absatzes 2 erfüllt, so ist es insbesondere untersagt,

1. das Zeichen auf Waren oder ihrer Aufmachung oder Verpackung anzubringen,

2. unter dem Zeichen Waren anzubieten, in den Verkehr zu bringen oder zu den genannten Zwecken zu besitzen,

3. unter dem Zeichen Dienstleistungen anzubieten oder zu erbringen,

4. unter dem Zeichen Waren einzuführen oder auszuführen,

5. das Zeichen in Geschäftspapieren oder in der Werbung zu benutzen.

(4) Dritten ist es ferner untersagt, ohne Zustimmung des Inhabers der Marke im geschäftlichen Verkehr

1. ein mit der Marke identisches Zeichen oder ein ähnliches Zeichen auf Aufmachungen oder Verpackungen oder auf Kennzeichnungsmitteln wie Etiketten, Anhängern, Aufnähern oder dergleichen anzubringen,

2. Aufmachungen, Verpackungen oder Kennzeichnungsmittel, die mit einem mit der Marke identischen Zeichen oder einem ähnlichen Zeichen versehen sind, anzubieten, in den Verkehr zu bringen oder zu den genannten Zwecken zu besitzen oder

3. Aufmachungen, Verpackungen oder Kennzeichnungsmittel, die mit einem mit der Marke identischen Zeichen oder einem ähnlichen Zeichen versehen sind, einzuführen oder auszuführen,

wenn die Gefahr besteht, daß die Aufmachungen oder Verpackungen zur Aufmachung oder Verpackung oder die Kennzeichnungsmittel zur Kennzeichnung von Waren oder Dienstleistungen benutzt werden, hinsichtlich deren Dritten die Benutzung des Zeichens nach den Absätzen 2 und 3 untersagt wäre.

(5) Wer ein Zeichen entgegen den Absätzen 2 bis 4 benutzt, kann von dem Inhaber der Marke bei Wiederholungsgefahr auf Unterlassung in Anspruch genommen werden. Der Anspruch besteht auch dann, wenn eine Zuwiderhandlung erstmalig droht.

IV

(6) Wer die Verletzungshandlung vorsätzlich oder fahrlässig begeht, ist dem Inhaber der Marke zum Ersatz des durch die Verletzungshandlung entstandenen Schadens verpflichtet. Bei der Bemessung des Schadensersatzes kann auch der Gewinn, den der Verletzer durch die Verletzung des Rechts erzielt hat, berücksichtigt werden. Der Schadensersatzanspruch kann auch auf der Grundlage des Betrages berechnet werden, den der Verletzer als angemessene Vergütung hätte entrichten müssen, wenn er die Erlaubnis zur Nutzung der Marke eingeholt hätte.

(7) Wird die Verletzungshandlung in einem geschäftlichen Betrieb von einem Angestellten oder Beauftragten begangen, so kann der Unterlassungsanspruch und, soweit der Angestellte oder Beauftragte vorsätzlich oder fahrlässig gehandelt hat, der Schadensersatzanspruch auch gegen den Inhaber des Betriebs geltend gemacht werden.

§ 15 Ausschließliches Recht des Inhabers einer geschäftlichen Bezeichnung; Unterlassungsanspruch; Schadensersatzanspruch

(1) Der Erwerb des Schutzes einer geschäftlichen Bezeichnung gewährt ihrem Inhaber ein ausschließliches Recht.

(2) Dritten ist es untersagt, die geschäftliche Bezeichnung oder ein ähnliches Zeichen im geschäftlichen Verkehr unbefugt in einer Weise zu benutzen, die geeignet ist, Verwechslungen mit der geschützten Bezeichnung hervorzurufen.

(3) Handelt es sich bei der geschäftlichen Bezeichnung um eine im Inland bekannte geschäftliche Bezeichnung, so ist es Dritten ferner untersagt, die geschäftliche Bezeichnung oder ein ähnliches Zeichen im geschäftlichen Verkehr zu benutzen, wenn keine Gefahr von Verwechslungen im Sinne des Absatzes 2 besteht, soweit die Benutzung des Zeichens die Unterscheidungskraft oder die Wertschätzung der geschäftlichen Bezeichnung ohne rechtfertigenden Grund in unlauterer Weise ausnutzt oder beeinträchtigt.

(4) Wer eine geschäftliche Bezeichnung oder ein ähnliches Zeichen entgegen Absatz 2 oder Absatz 3 benutzt, kann von dem Inhaber der geschäftlichen Bezeichnung bei Wiederholungsgefahr auf Unterlassung in Anspruch genommen werden. Der Anspruch besteht auch dann, wenn eine Zuwiderhandlung droht.

(5) Wer die Verletzungshandlung vorsätzlich oder fahrlässig begeht, ist dem Inhaber der geschäftlichen Bezeichnung zum Ersatz des daraus entstandenen Schadens verpflichtet. § 14 Abs. 6 Satz 2 und 3 gilt entsprechend.

(6) § 14 Abs. 7 ist entsprechend anzuwenden.

§ 16 Wiedergabe einer eingetragenen Marke in Nachschlagewerken

(1) Erweckt die Wiedergabe einer eingetragenen Marke in einem Wörterbuch, einem Lexikon oder einem ähnlichen Nachschlagewerk den Eindruck, daß es sich bei der Marke um eine Gattungsbezeichnung für die Waren oder Dienstleistungen handelt, für die die Marke eingetragen ist, kann der Inhaber der Marke vom Verleger des Werkes verlangen, daß der Wiedergabe der Marke ein Hinweis beigefügt wird, daß es sich um eine eingetragene Marke handelt.

(2) Ist das Werk bereits erschienen, so beschränkt sich der Anspruch darauf, daß der Hinweis nach Absatz 1 bei einer neuen Auflage des Werkes aufgenommen wird.

(3) Die Absätze 1 und 2 sind entsprechend anzuwenden, wenn das Nachschlagewerk in der Form einer elektronischen Datenbank vertrieben wird oder wenn zu einer elektronischen Datenbank, die ein Nachschlagewerk enthält, Zugang gewährt wird.

§ 17 Ansprüche gegen Agenten oder Vertreter

(1) Ist eine Marke entgegen § 11 für den Agenten oder Vertreter des Inhabers der Marke ohne dessen Zustimmung angemeldet oder eingetragen worden, so ist der Inhaber der Marke berechtigt, von dem Agenten oder Vertreter die Übertragung des durch die Anmeldung oder Eintragung der Marke begründeten Rechts zu verlangen.

(2) Ist eine Marke entgegen § 11 für einen Agenten oder Vertreter des Inhabers der Marke eingetragen worden, so kann der Inhaber die Benutzung der Marke im Sinne des § 14 durch den Agenten oder Vertreter untersagen, wenn er der Benutzung nicht zugestimmt hat. Handelt der Agent oder Vertreter vorsätzlich oder fahrlässig, so ist er dem Inhaber der Marke zum Ersatz des durch die Verletzungshandlung entstandenen Schadens verpflichtet. § 14 Abs. 7 ist entsprechend anzuwenden.

§ 18 Vernichtungs- und Rückrufansprüche

(1) Der Inhaber einer Marke oder einer geschäftlichen Bezeichnung kann den Verletzer in den Fällen der §§ 14, 15 und 17 auf Vernichtung der im Besitz oder Eigentum des Verletzers befindlichen widerrechtlich gekennzeichneten Waren in Anspruch nehmen. Satz 1 ist entsprechend auf die im Eigentum des Verletzers stehenden Materialien und Geräte anzuwenden, die vorwiegend zur widerrechtlichen Kennzeichnung der Waren gedient haben.

(2) Der Inhaber einer Marke oder einer geschäftlichen Bezeichnung kann den Verletzer in den Fällen der §§ 14, 15 und 17 auf Rückruf von widerrechtlich gekennzeichneten Waren oder auf deren endgültiges Entfernen aus den Vertriebswegen in Anspruch nehmen.

(3) Die Ansprüche nach den Absätzen 1 und 2 sind ausgeschlossen, wenn die Inanspruchnahme im Einzelfall unverhältnismäßig ist. Bei der Prüfung der Verhältnismäßigkeit sind auch die berechtigten Interessen Dritter zu berücksichtigen.

§ 19 Auskunftsanspruch

(1) Der Inhaber einer Marke oder einer geschäftlichen Bezeichnung kann den Verletzer in den Fällen der §§ 14, 15 und 17 auf unverzügliche Auskunft über die Herkunft und den Vertriebsweg von widerrechtlich gekennzeichneten Waren oder Dienstleistungen in Anspruch nehmen.

(2) In Fällen offensichtlicher Rechtsverletzung oder in Fällen, in denen der Inhaber ei-

ner Marke oder einer geschäftlichen Bezeichnung gegen den Verletzer Klage erhoben hat, besteht der Anspruch unbeschadet von Absatz 1 auch gegen eine Person, die in gewerblichem Ausmaß

1. rechtsverletzende Ware in ihrem Besitz hatte,

2. rechtsverletzende Dienstleistungen in Anspruch nahm,

3. für rechtsverletzende Tätigkeiten genutzte Dienstleistungen erbrachte oder

4. nach den Angaben einer in Nummer 1, 2 oder Nummer 3 genannten Person an der Herstellung, Erzeugung oder am Vertrieb solcher Waren oder an der Erbringung solcher Dienstleistungen beteiligt war,

es sei denn, die Person wäre nach den §§ 383 bis 385 der Zivilprozessordnung im Prozess gegen den Verletzer zur Zeugnisverweigerung berechtigt. Im Fall der gerichtlichen Geltendmachung des Anspruchs nach Satz 1 kann das Gericht den gegen den Verletzer anhängigen Rechtsstreit auf Antrag bis zur Erledigung des wegen des Auskunftsanspruchs geführten Rechtsstreits aussetzen. Der zur Auskunft Verpflichtete kann von dem Verletzten den Ersatz der für die Auskunftserteilung erforderlichen Aufwendungen verlangen.

(3) Der zur Auskunft Verpflichtete hat Angaben zu machen über

1. Namen und Anschrift der Hersteller, Lieferanten und anderer Vorbesitzer der Waren oder Dienstleistungen sowie der gewerblichen Abnehmer und Verkaufsstellen, für die sie bestimmt waren, und

2. die Menge der hergestellten, ausgelieferten, erhaltenen oder bestellten Waren sowie über die Preise, die für die betreffenden Waren oder Dienstleistungen bezahlt wurden.

(4) Die Ansprüche nach den Absätzen 1 und 2 sind ausgeschlossen, wenn die Inanspruchnahme im Einzelfall unverhältnismäßig ist.

(5) Erteilt der zur Auskunft Verpflichtete die Auskunft vorsätzlich oder grob fahrlässig falsch oder unvollständig, ist er dem Inhaber einer Marke oder einer geschäftlichen Be-

IV

zeichnung zum Ersatz des daraus entstehenden Schadens verpflichtet.

(6) Wer eine wahre Auskunft erteilt hat, ohne dazu nach Absatz 1 oder Absatz 2 verpflichtet gewesen zu sein, haftet Dritten gegenüber nur, wenn er wusste, dass er zur Auskunftserteilung nicht verpflichtet war.

(7) In Fällen offensichtlicher Rechtsverletzung kann die Verpflichtung zur Erteilung der Auskunft im Wege der einstweiligen Verfügung nach den §§ 935 bis 945 der Zivilprozessordnung angeordnet werden.

(8) Die Erkenntnisse dürfen in einem Strafverfahren oder in einem Verfahren nach dem Gesetz über Ordnungswidrigkeiten wegen einer vor der Erteilung der Auskunft begangenen Tat gegen den Verpflichteten oder gegen einen in § 52 Abs. 1 der Strafprozessordnung bezeichneten Angehörigen nur mit Zustimmung des Verpflichteten verwertet werden.

(9) Kann die Auskunft nur unter Verwendung von Verkehrsdaten (§ 3 Nr. 30 des Telekommunikationsgesetzes) erteilt werden, ist für ihre Erteilung eine vorherige richterliche Anordnung über die Zulässigkeit der Verwendung der Verkehrsdaten erforderlich, die von dem Verletzten zu beantragen ist. Für den Erlass dieser Anordnung ist das Landgericht, in dessen Bezirk der zur Auskunft Verpflichtete seinen Wohnsitz, seinen Sitz oder eine Niederlassung hat, ohne Rücksicht auf den Streitwert ausschließlich zuständig. Die Entscheidung trifft die Zivilkammer. Für das Verfahren gelten die Vorschriften des Gesetzes über das Verfahren in Familiensachen und in den Angelegenheiten der freiwilligen Gerichtsbarkeit entsprechend. Die Kosten der richterlichen Anordnung trägt der Verletzte. Gegen die Entscheidung des Landgerichts ist die Beschwerde statthaft. Die Beschwerde ist binnen einer Frist von zwei Wochen einzulegen. Die Vorschriften zum Schutz personenbezogener Daten bleiben im Übrigen unberührt.

(10) Durch Absatz 2 in Verbindung mit Absatz 9 wird das Grundrecht des Fernmeldegeheimnisses (Artikel 10 des Grundgesetzes) eingeschränkt.

Gesetz über Urheberrecht und verwandte Schutzrechte
(Urheberrechtsgesetz – UrhG)
Vom 9. September 1965 (BGBl. I S. 1273)

Zuletzt geändert durch
Gesetz zur Änderung von Vorschriften über Verkündung und Bekanntmachungen sowie der
Zivilprozessordnung, des Gesetzes betreffend die Einführung der Zivilprozessordnung und der
Abgabenordnung
vom 22. Dezember 2011 (BGBl. I S. 3044)

– Auszug –

Inhaltsübersicht

Teil 1
Urheberrecht

Abschnitt 1
Allgemeines
§ 1   Allgemeines

Abschnitt 2
Das Werk
§ 2   Geschützte Werke
§ 3   Bearbeitungen
§ 4   Sammelwerke und Datenbankwerke
§ 5   Amtliche Werke
§ 6   Veröffentlichte und erschienene Werke

Abschnitt 3
Der Urheber
§ 7   Urheber
§ 8   Miturheber
§ 9   Urheber verbundener Werke
§ 10 Vermutung der Urheber- oder Rechts-
      inhaberschaft

Abschnitt 4
Inhalt des Urheberrechts

Unterabschnitt 1
Allgemeines
§ 11 Allgemeines

Unterabschnitt 2
Urheberpersönlichkeitsrecht
§ 12 Veröffentlichungsrecht

§ 13 Anerkennung der Urheberschaft
§ 14 Entstellung des Werkes

Unterabschnitt 3
Verwertungsrechte
§ 15 Allgemeines
§ 16 Vervielfältigungsrecht
§ 17 Verbreitungsrecht
§ 18 Ausstellungsrecht
§ 19 Vortrags-, Aufführungs- und Vorführ-
      ungsrecht
§ 19a Recht der öffentlichen Zugänglichma-
      chung
§ 20 Senderecht
§ 20a Europäische Satellitensendung
§ 20b Kabelweitersendung
§ 21 Recht der Wiedergabe durch Bild- oder
      Tonträger
§ 22 Recht der Wiedergabe von Funksen-
      dungen und von öffentlicher Zugäng-
      lichmachung
§ 23 Bearbeitungen und Umgestaltungen
§ 24 Freie Benutzung

Unterabschnitt 4
Sonstige Rechte des Urhebers
§ 25 Zugang zu Werkstücken
§ 26 Folgerecht
§ 27 Vergütung für Vermietung und Verlei-
      hen

IV

Teil 1
Urheberrecht

Abschnitt 1
Allgemeines

§ 1 Allgemeines
Die Urheber von Werken der Literatur, Wissenschaft und Kunst genießen für ihre Werke Schutz nach Maßgabe dieses Gesetzes.

Abschnitt 2
Das Werk

§ 2 Geschützte Werke
(1) Zu den geschützten Werken der Literatur, Wissenschaft und Kunst gehören insbesondere:
1. Sprachwerke, wie Schriftwerke, Reden und Computerprogramme;
2. Werke der Musik;
3. pantomimische Werke einschließlich der Werke der Tanzkunst;
4. Werke der bildenden Künste einschließlich der Werke der Baukunst und der angewandten Kunst und Entwürfe solcher Werke;
5. Lichtbildwerke einschließlich der Werke, die ähnlich wie Lichtbildwerke geschaffen werden;
6. Filmwerke einschließlich der Werke, die ähnlich wie Filmwerke geschaffen werden;
7. Darstellungen wissenschaftlicher oder technischer Art, wie Zeichnungen, Pläne, Karten, Skizzen, Tabellen und plastische Darstellungen.

(2) Werke im Sinne dieses Gesetzes sind nur persönliche geistige Schöpfungen.

§ 3 Bearbeitungen
Übersetzungen und andere Bearbeitungen eines Werkes, die persönliche geistige Schöpfungen des Bearbeiters sind, werden unbeschadet des Urheberrechts am bearbeiteten Werk wie selbständige Werke geschützt. Die nur unwesentliche Bearbeitung eines nicht geschützten Werkes der Musik wird nicht als selbständiges Werk geschützt.

§ 4 Sammelwerke und Datenbankwerke
(1) Sammlungen von Werken, Daten oder anderen unabhängigen Elementen, die aufgrund der Auswahl oder Anordnung der Elemente eine persönliche geistige Schöpfung sind (Sammelwerke), werden, unbeschadet eines an den einzelnen Elementen gegebenenfalls bestehenden Urheberrechts oder verwandten Schutzrechts, wie selbständige Werke geschützt.

(2) Datenbankwerk im Sinne dieses Gesetzes ist ein Sammelwerk, dessen Elemente systematisch oder methodisch angeordnet und einzeln mit Hilfe elektronischer Mittel oder auf andere Weise zugänglich sind. Ein zur Schaffung des Datenbankwerkes oder zur Ermöglichung des Zugangs zu dessen Elementen verwendetes Computerprogramm (§ 69a) ist nicht Bestandteil des Datenbankwerkes.

§ 5 Amtliche Werke
(1) Gesetze, Verordnungen, amtliche Erlasse und Bekanntmachungen sowie Entscheidungen und amtlich verfaßte Leitsätze zu Entscheidungen genießen keinen urheberrechtlichen Schutz.

(2) Das gleiche gilt für andere amtliche Werke, die im amtlichen Interesse zur allgemeinen Kenntnisnahme veröffentlicht worden sind, mit der Einschränkung, daß die Bestimmungen über Änderungsverbot und Quellenangabe in § 62 Abs. 1 bis 3 und § 63 Abs. 1 und 2 entsprechend anzuwenden sind.

(3) Das Urheberrecht an privaten Normwerken wird durch die Absätze 1 und 2 nicht berührt, wenn Gesetze, Verordnungen, Erlasse oder amtliche Bekanntmachungen auf sie verweisen, ohne ihren Wortlaut wiederzugeben. In diesem Fall ist der Urheber verpflichtet, jedem Verleger zu angemessenen Bedingungen ein Recht zur Vervielfältigung und Verbreitung einzuräumen. Ist ein Dritter Inhaber des ausschließlichen Rechts zur Vervielfältigung und Verbreitung, so ist dieser zur Einräumung des Nutzungsrechts nach Satz 2 verpflichtet.

§ 6 Veröffentlichte und erschienene Werke
(1) Ein Werk ist veröffentlicht, wenn es mit Zustimmung des Berechtigten der Öffentlichkeit zugänglich gemacht worden ist.

(2) Ein Werk ist erschienen, wenn mit Zustimmung des Berechtigten Vervielfältigungsstücke des Werkes nach ihrer Herstellung in genügender Anzahl der Öffentlichkeit angeboten oder in Verkehr gebracht worden sind. Ein Werk der bildenden Künste gilt auch dann als erschienen, wenn das Original oder ein Vervielfältigungsstück des Werkes mit Zustimmung des Berechtigten bleibend der Öffentlichkeit zugänglich ist.

Abschnitt 3
Der Urheber

§ 7 Urheber
Urheber ist der Schöpfer des Werkes.

§ 8 Miturheber
(1) Haben mehrere ein Werk gemeinsam geschaffen, ohne daß sich ihre Anteile gesondert verwerten lassen, so sind sie Miturheber des Werkes.

(2) Das Recht zur Veröffentlichung und zur Verwertung des Werkes steht den Miturhebern zur gesamten Hand zu; Änderungen des Werkes sind nur mit Einwilligung der Miturheber zulässig. Ein Miturheber darf jedoch seine Einwilligung zur Veröffentlichung, Verwertung oder Änderung nicht wider Treu und Glauben verweigern. Jeder Miturheber ist berechtigt, Ansprüche aus Verletzungen des gemeinsamen Urheberrechts geltend zu machen; er kann jedoch nur Leistung an alle Miturheber verlangen.

(3) Die Erträgnisse aus der Nutzung des Werkes gebühren den Miturhebern nach dem Umfang ihrer Mitwirkung an der Schöpfung des Werkes, wenn nichts anderes zwischen den Miturhebern vereinbart ist.

(4) Ein Miturheber kann auf seinen Anteil an den Verwertungsrechten (§ 15) verzichten. Der Verzicht ist den anderen Miturhebern gegenüber zu erklären. Mit der Erklärung wächst der Anteil den anderen Miturhebern zu.

§ 9 Urheber verbundener Werke
Haben mehrere Urheber ihre Werke zu gemeinsamer Verwertung miteinander verbunden, so kann jeder vom anderen die Einwilligung zur Veröffentlichung, Verwertung und Änderung der verbundenen Werke verlangen, wenn die Einwilligung dem anderen nach Treu und Glauben zuzumuten ist.

§ 10 Vermutung der Urheber- oder Rechtsinhaberschaft
(1) Wer auf den Vervielfältigungsstücken eines erschienenen Werkes oder auf dem Original eines Werkes der bildenden Künste in der üblichen Weise als Urheber bezeichnet ist, wird bis zum Beweis des Gegenteils als Urheber des Werkes angesehen; dies gilt auch für eine Bezeichnung, die als Deckname oder Künstlerzeichen des Urhebers bekannt ist.

(2) Ist der Urheber nicht nach Absatz 1 bezeichnet, so wird vermutet, daß derjenige ermächtigt ist, die Rechte des Urhebers geltend zu machen, der auf den Vervielfältigungsstücken des Werkes als Herausgeber bezeichnet ist. Ist kein Herausgeber angegeben, so wird vermutet, daß der Verleger ermächtigt ist.

(3) Für die Inhaber ausschließlicher Nutzungsrechte gilt die Vermutung des Absatzes 1 entsprechend, soweit es sich um Verfahren des einstweiligen Rechtsschutzes handelt oder Unterlassungsansprüche geltend gemacht werden. Die Vermutung gilt nicht im Verhältnis zum Urheber oder zum ursprünglichen Inhaber des verwandten Schutzrechts.

Abschnitt 4
Inhalt des Urheberrechts

Unterabschnitt 1
Allgemeines

§ 11 Allgemeines
Das Urheberrecht schützt den Urheber in seinen geistigen und persönlichen Beziehungen zum Werk und in der Nutzung des Werkes. Es dient zugleich der Sicherung einer angemessenen Vergütung für die Nutzung des Werkes.

IV

IV

Unterabschnitt 2
Urheberpersönlichkeitsrecht

§ 12 Veröffentlichungsrecht

(1) Der Urheber hat das Recht zu bestimmen, ob und wie sein Werk zu veröffentlichen ist.

(2) Dem Urheber ist es vorbehalten, den Inhalt seines Werkes öffentlich mitzuteilen oder zu beschreiben, solange weder das Werk noch der wesentliche Inhalt oder eine Beschreibung des Werkes mit seiner Zustimmung veröffentlicht ist.

§ 13 Anerkennung der Urheberschaft

Der Urheber hat das Recht auf Anerkennung seiner Urheberschaft am Werk. Er kann bestimmen, ob das Werk mit einer Urheberbezeichnung zu versehen ist und welche Bezeichnung zu verwenden ist.

§ 14 Entstellung des Werkes

Der Urheber hat das Recht, eine Entstellung oder eine andere Beeinträchtigung seines Werkes zu verbieten, die geeignet ist, seine berechtigten geistigen oder persönlichen Interessen am Werk zu gefährden.

Unterabschnitt 3
Verwertungsrechte

§ 15 Allgemeines

(1) Der Urheber hat das ausschließliche Recht, sein Werk in körperlicher Form zu verwerten; das Recht umfaßt insbesondere

1. das Vervielfältigungsrecht (§ 16),

2. das Verbreitungsrecht (§ 17),

3. das Ausstellungsrecht (§ 18).

(2) Der Urheber hat ferner das ausschließliche Recht, sein Werk in unkörperlicher Form öffentlich wiederzugeben (Recht der öffentlichen Wiedergabe). Das Recht der öffentlichen Wiedergabe umfasst insbesondere

1. das Vortrags-, Aufführungs- und Vorführungsrecht (§ 19),

2. das Recht der öffentlichen Zugänglichmachung (§ 19a),

3. das Senderecht (§ 20),

4. das Recht der Wiedergabe durch Bild- oder Tonträger (§ 21),

5. das Recht der Wiedergabe von Funksendungen und von öffentlicher Zugänglichmachung (§ 22).

(3) Die Wiedergabe ist öffentlich, wenn sie für eine Mehrzahl von Mitgliedern der Öffentlichkeit bestimmt ist. Zur Öffentlichkeit gehört jeder, der nicht mit demjenigen, der das Werk verwertet, oder mit den anderen Personen, denen das Werk in unkörperlicher Form wahrnehmbar oder zugänglich gemacht wird, durch persönliche Beziehungen verbunden ist.

§ 16 Vervielfältigungsrecht

(1) Das Vervielfältigungsrecht ist das Recht, Vervielfältigungsstücke des Werkes herzustellen, gleichviel ob vorübergehend oder dauerhaft, in welchem Verfahren und in welcher Zahl.

(2) Eine Vervielfältigung ist auch die Übertragung des Werkes auf Vorrichtungen zur wiederholbaren Wiedergabe von Bild- oder Tonfolgen (Bild- oder Tonträger), gleichviel, ob es sich um die Aufnahme einer Wiedergabe des Werkes auf einen Bild- oder Tonträger oder um die Übertragung des Werkes von einem Bild- oder Tonträger auf einen anderen handelt.

§ 17 Verbreitungsrecht

(1) Das Verbreitungsrecht ist das Recht, das Original oder Vervielfältigungsstücke des Werkes der Öffentlichkeit anzubieten oder in Verkehr zu bringen.

(2) Sind das Original oder Vervielfältigungsstücke des Werkes mit Zustimmung des zur Verbreitung Berechtigten im Gebiet der Europäischen Union oder eines anderen Vertragsstaates des Abkommens über den Europäischen Wirtschaftsraum im Wege der Veräußerung in Verkehr gebracht worden, so ist ihre Weiterverbreitung mit Ausnahme der Vermietung zulässig.

(3) Vermietung im Sinne der Vorschriften dieses Gesetzes ist die zeitlich begrenzte, unmittelbar oder mittelbar Erwerbszwecken dienende Gebrauchsüberlassung. Als Ver-

mietung gilt jedoch nicht die Überlassung von Originalen oder Vervielfältigungsstücken

1. von Bauwerken und Werken der angewandten Kunst oder

2. im Rahmen eines Arbeits- oder Dienstverhältnisses zu dem ausschließlichen Zweck, bei der Erfüllung von Verpflichtungen aus dem Arbeits- oder Dienstverhältnis benutzt zu werden.

§ 18 Ausstellungsrecht

Das Ausstellungsrecht ist das Recht, das Original oder Vervielfältigungsstücke eines unveröffentlichten Werkes der bildenden Künste oder eines unveröffentlichten Lichtbildwerkes öffentlich zur Schau zu stellen.

§ 19 Vortrags-, Aufführungs- und Vorführungsrecht

(1) Das Vortragsrecht ist das Recht, ein Sprachwerk durch persönliche Darbietung öffentlich zu Gehör zu bringen.

(2) Das Aufführungsrecht ist das Recht, ein Werk der Musik durch persönliche Darbietung öffentlich zu Gehör zu bringen oder ein Werk öffentlich bühnenmäßig darzustellen.

(3) Das Vortrags- und das Aufführungsrecht umfassen das Recht, Vorträge und Aufführungen außerhalb des Raumes, in dem die persönliche Darbietung stattfindet, durch Bildschirm, Lautsprecher oder ähnliche technische Einrichtungen öffentlich wahrnehmbar zu machen.

(4) Das Vorführungsrecht ist das Recht, ein Werk der bildenden Künste, ein Lichtbildwerk, ein Filmwerk oder Darstellungen wissenschaftlicher oder technischer Art durch technische Einrichtungen öffentlich wahrnehmbar zu machen. Das Vorführungsrecht umfaßt nicht das Recht, die Funksendung oder öffentliche Zugänglichmachung solcher Werke öffentlich wahrnehmbar zu machen (§ 22).

§ 19a Recht der öffentlichen Zugänglichmachung

Das Recht der öffentlichen Zugänglichmachung ist das Recht, das Werk drahtgebunden oder drahtlos der Öffentlichkeit in einer Weise zugänglich zu machen, dass es Mitgliedern der Öffentlichkeit von Orten und zu Zeiten ihrer Wahl zugänglich ist.

§ 20 Senderecht

Das Senderecht ist das Recht, das Werk durch Funk, wie Ton- und Fernsehrundfunk, Satellitenrundfunk, Kabelfunk oder ähnliche technische Mittel, der Öffentlichkeit zugänglich zu machen.

§ 20a Europäische Satellitensendung

(1) Wird eine Satellitensendung innerhalb des Gebietes eines Mitgliedstaates der Europäischen Union oder Vertragsstaates des Abkommens über den Europäischen Wirtschaftsraum ausgeführt, so gilt sie ausschließlich als in diesem Mitgliedstaat oder Vertragsstaat erfolgt.

(2) Wird eine Satellitensendung im Gebiet eines Staates ausgeführt, der weder Mitgliedstaat der Europäischen Union noch Vertragsstaat des Abkommens über den Europäischen Wirtschaftsraum ist und in dem für das Recht der Satellitensendung das in Kapitel II der Richtlinie 93/83/EWG des Rates vom 27. September 1993 zur Koordinierung bestimmter urheber- und leistungsschutzrechtlicher Vorschriften betreffend Satellitenrundfunk und Kabelweiterverbreitung (ABl. EG Nr. L 248 S. 15) vorgesehene Schutzniveau nicht gewährleistet ist, so gilt sie als in dem Mitgliedstaat oder Vertragsstaat erfolgt,

1. in dem die Erdfunkstation liegt, von der aus die programmtragenden Signale zum Satelliten geleitet werden, oder

2. in dem das Sendeunternehmen seine Niederlassung hat, wenn die Voraussetzung nach Nummer 1 nicht gegeben ist.

Das Senderecht ist im Fall der Nummer 1 gegenüber dem Betreiber der Erdfunkstation, im Fall der Nummer 2 gegenüber dem Sendeunternehmen geltend zu machen.

(3) Satellitensendung im Sinne von Absatz 1 und 2 ist die unter der Kontrolle und Verantwortung des Sendeunternehmens stattfindende Eingabe der für den öffentlichen Empfang bestimmten programmtragenden Signale in eine ununterbrochene Übertragungskette, die zum Satelliten und zurück zur Erde führt.

IV

IV

§ 20b Kabelweitersendung

(1) Das Recht, ein gesendetes Werk im Rahmen eines zeitgleich, unverändert und vollständig weiterübertragenen Programms durch Kabelsysteme oder Mikrowellensysteme weiterzusenden (Kabelweitersendung), kann nur durch eine Verwertungsgesellschaft geltend gemacht werden. Dies gilt nicht für Rechte, die ein Sendeunternehmen in bezug auf seine Sendungen geltend macht.

(2) Hat der Urheber das Recht der Kabelweitersendung einem Sendeunternehmen oder einem Tonträger- oder Filmhersteller eingeräumt, so hat das Kabelunternehmen gleichwohl angemessene Vergütung für die Kabelweitersendung zu zahlen. Auf den Vergütungsanspruch kann nicht verzichtet werden. Er kann im voraus nur an eine Verwertungsgesellschaft abgetreten und nur durch eine solche geltend gemacht werden. Diese Regelung steht Tarifverträgen, Betriebsvereinbarungen und gemeinsamen Vergütungsregeln von Sendeunternehmen nicht entgegen, soweit dadurch dem Urheber eine angemessene Vergütung für jede Kabelweitersendung eingeräumt wird.

§ 21 Recht der Wiedergabe durch Bild- oder Tonträger

Das Recht der Wiedergabe durch Bild- oder Tonträger ist das Recht, Vorträge oder Aufführungen des Werkes mittels Bild- oder Tonträger öffentlich wahrnehmbar zu machen. § 19 Abs. 3 gilt entsprechend.

§ 22 Recht der Wiedergabe von Funksendungen und von öffentlicher Zugänglichmachung

Das Recht der Wiedergabe von Funksendungen und der Wiedergabe von öffentlicher Zugänglichmachung ist das Recht, Funksendungen und auf öffentlicher Zugänglichmachung beruhende Wiedergaben des Werkes durch Bildschirm, Lautsprecher oder ähnliche technische Einrichtungen öffentlich wahrnehmbar zu machen. § 19 Abs. 3 gilt entsprechend.

§ 23 Bearbeitungen und Umgestaltungen

Bearbeitungen oder andere Umgestaltungen des Werkes dürfen nur mit Einwilligung des Urhebers des bearbeiteten oder umgestalteten Werkes veröffentlicht oder verwertet werden. Handelt es sich um eine Verfilmung des Werkes, um die Ausführung von Plänen und Entwürfen eines Werkes der bildenden Künste, um den Nachbau eines Werkes der Baukunst oder um die Bearbeitung oder Umgestaltung eines Datenbankwerkes so bedarf bereits das Herstellen der Bearbeitung oder Umgestaltung der Einwilligung des Urhebers.

§ 24 Freie Benutzung

(1) Ein selbständiges Werk, das in freier Benutzung des Werkes eines anderen geschaffen worden ist, darf ohne Zustimmung des Urhebers des benutzten Werkes veröffentlicht und verwendet werden.

(2) Absatz 1 gilt nicht für die Benutzung eines Werkes der Musik, durch welche eine Melodie erkennbar dem Werk entnommen und einem neuen Werk zugrunde gelegt wird.

Unterabschnitt 4
Sonstige Rechte des Urhebers

§ 25 Zugang zu Werkstücken

(1) Der Urheber kann vom Besitzer des Originals oder eines Vervielfältigungsstückes seines Werkes verlangen, daß er ihm das Original oder das Vervielfältigungsstück zugänglich macht, soweit dies zur Herstellung von Vervielfältigungsstücken oder Bearbeitungen des Werkes erforderlich ist und nicht berechtigte Interessen des Besitzers entgegenstehen.

(2) Der Besitzer ist nicht verpflichtet, das Original oder das Vervielfältigungsstück dem Urheber herauszugeben.

§ 26 Folgerecht

(1) Wird das Original eines Werkes der bildenden Künste oder eines Lichtbildwerkes weiterveräußert und ist hieran ein Kunsthändler oder Versteigerer als Erwerber, Veräußerer oder Vermittler beteiligt, so hat der

Veräußerer dem Urheber einen Anteil des Veräußerungserlöses zu entrichten. Als Veräußerungserlös im Sinne des Satzes 1 gilt der Verkaufspreis ohne Steuern. Ist der Veräußerer eine Privatperson, so haftet der als Erwerber oder Vermittler beteiligte Kunsthändler oder Versteigerer neben ihm als Gesamtschuldner; im Verhältnis zueinander ist der Veräußerer allein verpflichtet. Die Verpflichtung nach Satz 1 entfällt, wenn der Veräußerungserlös weniger als 400 Euro beträgt.

(2) Die Höhe des Anteils des Veräußerungserlöses beträgt:

1. 4 Prozent für den Teil des Veräußerungserlöses bis zu 50 000 Euro,

2. 3 Prozent für den Teil des Veräußerungserlöses von 50 000,01 bis 200 000 Euro,

3. 1 Prozent für den Teil des Veräußerungserlöses von 200 000,01 bis 350 000 Euro,

4. 0,5 Prozent für den Teil des Veräußerungserlöses von 350 000,01 bis 500 000 Euro,

5. 0,25 Prozent für den Teil des Veräußerungserlöses über 500 000 Euro.

Der Gesamtbetrag der Folgerechtsvergütung aus einer Weiterveräußerung beträgt höchstens 12 500 Euro.

(3) Das Folgerecht ist unveräußerlich. Der Urheber kann auf seinen Anteil im Voraus nicht verzichten.

(4) Der Urheber kann von einem Kunsthändler oder Versteigerer Auskunft darüber verlangen, welche Originale von Werken des Urhebers innerhalb der letzten drei Jahre vor dem Auskunftsersuchen unter Beteiligung des Kunsthändlers oder Versteigerers weiterveräußert wurden.

(5) Der Urheber kann, soweit dies zur Durchsetzung seines Anspruchs gegen den Veräußerer erforderlich ist, von dem Kunsthändler oder Versteigerer Auskunft über den Namen und die Anschrift des Veräußerers sowie über die Höhe des Veräußerungserlöses verlangen. Der Kunsthändler oder Versteigerer darf die Auskunft über Namen und Anschrift des Veräußerers verweigern, wenn er dem Urheber den Anteil entrichtet.

(6) Die Ansprüche nach den Absätzen 4 und 5 können nur durch eine Verwertungsgesellschaft geltend gemacht werden.

(7) Bestehen begründete Zweifel an der Richtigkeit oder Vollständigkeit einer Auskunft nach Absatz 4 oder 5, so kann die Verwertungsgesellschaft verlangen, dass nach Wahl des Auskunftspflichtigen ihr oder einem von ihm zu bestimmenden Wirtschaftsprüfer oder vereidigten Buchprüfer Einsicht in die Geschäftsbücher oder sonstige Urkunden so weit gewährt wird, wie dies zur Feststellung der Richtigkeit oder Vollständigkeit der Auskunft erforderlich ist. Erweist sich die Auskunft als unrichtig oder unvollständig, so hat der Auskunftspflichtige die Kosten der Prüfung zu erstatten.

(8) Die vorstehenden Bestimmungen sind auf Werke der Baukunst und der angewandten Kunst nicht anzuwenden.

§ 27 Vergütung für Vermietung und Verleihen

(1) Hat der Urheber das Vermietrecht (§ 17) an einem Bild- oder Tonträger dem Tonträger- oder Filmhersteller eingeräumt, so hat der Vermieter gleichwohl dem Urheber eine angemessene Vergütung für die Vermietung zu zahlen. Auf den Vergütungsanspruch kann nicht verzichtet werden. Er kann im voraus nur an eine Verwertungsgesellschaft abgetreten werden.

(2) Für das Verleihen von Originalen oder Vervielfältigungsstücken eines Werkes, deren Weiterverbreitung nach § 17 Abs. 2 zulässig ist, ist dem Urheber eine angemessene Vergütung zu zahlen, wenn die Originale oder Vervielfältigungsstücke durch eine der Öffentlichkeit zugängliche Einrichtung (Bücherei, Sammlung von Bild- oder Tonträgern oder anderer Originale oder Vervielfältigungsstücke) verliehen werden. Verleihen im Sinne von Satz 1 ist die zeitlich begrenzte, weder unmittelbar noch mittelbar Erwerbszwecken dienende Gebrauchsüberlassung; § 17 Abs. 3 Satz 2 findet entsprechende Anwendung.

(3) Die Vergütungsansprüche nach den Absätzen 1 und 2 können nur durch eine Verwertungsgesellschaft geltend gemacht werden.

IV

Patentgesetz
(PatG)

**in der Fassung der Bekanntmachung
vom 16. Dezember 1980 (BGBl. 1981 I S. 1)**

Zuletzt geändert durch
Gesetz über den Rechtsschutz bei überlangen Gerichtsverfahren und strafrechtlichen
Ermittlungsverfahren
vom 24. November 2011 (BGBl. I S. 2302)

– Auszug –

Inhaltsübersicht

IV

**Erster Abschnitt
Das Patent**

§ 1 (Patentfähigkeit)
§ 1a (Menschlicher Körper)
§ 2 (Ausgeschlossene Erfindungen)
§ 2a (Pflanzen und Tiere)
§ 3 (Neuheit)
§ 4 (Erfinderische Tätigkeit)
§ 5 (Gewerblich anwendbar)
§ 6 (Recht auf das Patent)
§ 7 (Anmelder als Berechtigter)
§ 8 (Abtretung; Übertragung)
§ 9 (Wirkung des Patents)
§ 9a (Biologisches Material)
§ 9b (Biologisches Material in EU)
§ 9c (Landwirtschaft)

§ 10 (Verbot an Dritten)
§ 11 (Einschränkung, Erstreckung)
§ 12 (Benutzung vor Anmeldung)
§ 13 (Interesse der öffentlichen Wohlfahrt, Sicherheit)
§ 14 (Auslegung der Patentansprüche)
§ 15 (Vererbung; Übertragung; Lizenz)
§ 16 (Dauer des Patents)
§ 16a (Ergänzender Schutz)
§ 17 (Jahresgebühren)
§§ 18 und 19 (weggefallen)
§ 20 (Erlöschen des Patents)
§ 21 (Widerruf des Patents)
§ 22 (Nichtigerklärung)
§ 23 (Benutzung für jedermann)
§ 24 (Zwangslizenz)
§ 25 (Bestellung eines Vertreters)

Erster Abschnitt
Das Patent

§ 1 (Patentfähigkeit)

(1) Patente werden für Erfindungen auf allen Gebieten der Technik erteilt, sofern sie neu sind, auf einer erfinderischen Tätigkeit beruhen und gewerblich anwendbar sind.

(2) Patente werden für Erfindungen im Sinne von Absatz 1 auch dann erteilt, wenn sie ein Erzeugnis, das aus biologischem Material besteht oder dieses enthält, oder wenn sie ein Verfahren, mit dem biologisches Material hergestellt oder bearbeitet wird oder bei dem es verwendet wird, zum Gegenstand haben. Biologisches Material, das mit Hilfe eines technischen Verfahrens aus seiner natürlichen Umgebung isoliert oder hergestellt wird, kann auch dann Gegenstand einer Erfindung sein, wenn es in der Natur schon vorhanden war.

(3) Als Erfindungen im Sinne des Absatzes 1 werden insbesondere nicht angesehen:

1. Entdeckungen sowie wissenschaftliche Theorien und mathematische Methoden;

2. ästhetische Formschöpfungen;

3. Pläne, Regeln und Verfahren für gedankliche Tätigkeiten, für Spiele oder für geschäftliche Tätigkeiten sowie Programme für Datenverarbeitungsanlagen;

4. die Wiedergabe von Informationen.

(4) Absatz 3 steht der Patentfähigkeit nur insoweit entgegen, als für die genannten Gegenstände oder Tätigkeiten als solche Schutz begehrt wird.

§ 1a (Menschlicher Körper)

(1) Der menschliche Körper in den einzelnen Phasen seiner Entstehung und Entwicklung, einschließlich der Keimzellen, sowie die bloße Entdeckung eines seiner Bestandteile, einschließlich der Sequenz oder Teilsequenz eines Gens, können keine patentierbaren Erfindungen sein.

(2) Ein isolierter Bestandteil des menschlichen Körpers oder ein auf andere Weise durch ein technisches Verfahren gewonnener Bestandteil, einschließlich der Sequenz oder Teilsequenz eines Gens, kann eine patentierbare Erfindung sein, selbst wenn der Aufbau dieses Bestandteils mit dem Aufbau eines natürlichen Bestandteils identisch ist.

(3) Die gewerbliche Anwendbarkeit einer Sequenz oder Teilsequenz eines Gens muss in der Anmeldung konkret unter Angabe der von der Sequenz oder Teilsequenz erfüllten Funktion beschrieben werden.

(4) Ist Gegenstand der Erfindung eine Sequenz oder Teilsequenz eines Gens, deren Aufbau mit dem Aufbau einer natürlichen Sequenz oder Teilsequenz eines menschlichen Gens übereinstimmt, so ist deren Verwendung, für die die gewerbliche Anwendbarkeit nach Absatz 3 konkret beschrieben ist, in den Patentanspruch aufzunehmen.

§ 2 (Ausgeschlossene Erfindungen)

(1) Für Erfindungen, deren gewerbliche Verwertung gegen die öffentliche Ordnung oder die guten Sitten verstoßen würde, werden keine Patente erteilt; ein solcher Verstoß kann nicht allein aus der Tatsache hergeleitet werden, dass die Verwertung durch Gesetz oder Verwaltungsvorschrift verboten ist.

(2) Insbesondere werden Patente nicht erteilt für

1. Verfahren zum Klonen von menschlichen Lebewesen;

2. Verfahren zur Veränderung der genetischen Identität der Keimbahn des menschlichen Lebewesens;

3. die Verwendung von menschlichen Embryonen zu industriellen oder kommerziellen Zwecken;

4. Verfahren zur Veränderung der genetischen Identität von Tieren, die geeignet sind, Leiden dieser Tiere ohne wesentlichen medizinischen Nutzen für den Menschen oder das Tier zu verursachen, sowie die mit Hilfe solcher Verfahren erzeugten Tiere.

Bei der Anwendung der Nummern 1 bis 3 sind die entsprechenden Vorschriften des Embryonenschutzgesetzes maßgeblich.

IV

§ 2a (Pflanzen und Tiere)

(1) Patente werden nicht erteilt für

1. Pflanzensorten und Tierrassen sowie im Wesentlichen biologische Verfahren zur Züchtung von Pflanzen und Tieren;

2. Verfahren zur chirurgischen oder therapeutischen Behandlung des menschlichen oder tierischen Körpers und Diagnostizierverfahren, die am menschlichen oder tierischen Körper vorgenommen werden. Dies gilt nicht für Erzeugnisse, insbesondere Stoffe oder Stoffgemische, zur Anwendung in einem der vorstehend genannten Verfahren.

(2) Patente können erteilt werden für Erfindungen,

1. deren Gegenstand Pflanzen oder Tiere sind, wenn die Ausführung der Erfindung technisch nicht auf eine bestimmte Pflanzensorte oder Tierrasse beschränkt ist;

2. die ein mikrobiologisches oder sonstiges technisches Verfahren oder ein durch ein solches Verfahren gewonnenes Erzeugnis zum Gegenstand haben, sofern es sich dabei nicht um eine Pflanzensorte oder Tierrasse handelt.

§ 1a Abs. 3 gilt entsprechend.

(3) Im Sinne dieses Gesetzes bedeuten:

1. „biologisches Material" ein Material, das genetische Informationen enthält und sich selbst reproduzieren oder in einem biologischen System reproduziert werden kann;

2. „mikrobiologisches Verfahren" ein Verfahren, bei dem mikrobiologisches Material verwendet, ein Eingriff in mikrobiologisches Material durchgeführt oder mikrobiologisches Material hervorgebracht wird;

3. „im Wesentlichen biologisches Verfahren" ein Verfahren zur Züchtung von Pflanzen oder Tieren, das vollständig auf natürlichen Phänomenen wie Kreuzung oder Selektion beruht;

4. „Pflanzensorte" eine Sorte im Sinne der Definition der Verordnung (EG) Nr. 2100/94 des Rates vom 27. Juli 1994 über den gemeinschaftlichen Sortenschutz (ABl. EG Nr. L 227 S. 1) in der jeweils geltenden Fassung.

§ 3 (Neuheit)

(1) Eine Erfindung gilt als neu, wenn sie nicht zum Stand der Technik gehört. Der Stand der Technik umfaßt alle Kenntnisse, die vor dem für den Zeitrang der Anmeldung maßgeblichen Tag durch schriftliche oder mündliche Beschreibung, durch Benutzung oder in sonstiger Weise der Öffentlichkeit zugänglich gemacht worden sind.

(2) Als Stand der Technik gilt auch der Inhalt folgender Patentanmeldungen mit älterem Zeitrang, die erst an oder nach dem für den Zeitrang der jüngeren Anmeldung maßgeblichen Tag der Öffentlichkeit zugänglich gemacht worden sind:

1. der nationalen Anmeldungen in der beim Deutschen Patentamt ursprünglich eingereichten Fassung;

2. der europäischen Anmeldungen in der bei der zuständigen Behörde ursprünglich eingereichten Fassung, wenn mit der Anmeldung für die Bundesrepublik Deutschland Schutz begehrt wird und die Benennungsgebühr für die Bundesrepublik Deutschland nach Artikel 79 Abs. 2 des Europäischen Patentübereinkommens gezahlt ist und, wenn es sich um eine Euro-PCT-Anmeldung (Artikel 153 Abs. 2 des Europäischen Patentübereinkommens) handelt, die in Artikel 153 Abs. 5 des Europäischen Patentübereinkommens genannten Voraussetzungen erfüllt sind;

3. der internationalen Anmeldungen nach dem Patentzusammenarbeitsvertrag in der beim Anmeldeamt ursprünglich eingereichten Fassung, wenn für die Anmeldung das Deutsche Patentamt Bestimmungsamt ist.

Beruht der ältere Zeitrang einer Anmeldung auf der Inanspruchnahme der Priorität einer Voranmeldung, so ist Satz 1 nur insoweit anzuwenden, als die danach maßgebliche Fassung nicht über die Fassung der Voranmeldung hinausgeht. Patentanmeldungen nach Satz 1 Nr. 1, für die eine Anordnung nach § 50

Abs. 1 oder Abs. 4 des Patentgesetzes erlassen worden ist, gelten vom Ablauf des achtzehnten Monats nach ihrer Einreichung an als der Öffentlichkeit zugänglich gemacht.

(3) Gehören Stoffe oder Stoffgemische zum Stand der Technik, so wird ihre Patentfähigkeit durch die Absätze 1 und 2 nicht ausgeschlossen, sofern sie zur Anwendung in einem der in § 2a Abs. 1 Nr. 2 genannten Verfahren bestimmt sind und ihre Anwendung zu einem dieser Verfahren nicht zum Stand der Technik gehört.

(4) Ebenso wenig wird die Patentfähigkeit der in Absatz 3 genannten Stoffe oder Stoffgemische zur spezifischen Anwendung in einem der in § 2a Abs. 1 Nr. 2 genannten Verfahren durch die Absätze 1 und 2 ausgeschlossen, wenn diese Anwendung nicht zum Stand der Technik gehört.

(5) Für die Anwendung der Absätze 1 und 2 bleibt eine Offenbarung der Erfindung außer Betracht, wenn sie nicht früher als sechs Monate vor Einreichung der Anmeldung erfolgt ist und unmittelbar oder mittelbar zurückgeht

1. auf einen offensichtlichen Mißbrauch zum Nachteil des Anmelders oder seines Rechtsvorgängers oder

2. auf die Tatsache, daß der Anmelder oder sein Rechtsvorgänger die Erfindung auf amtlichen oder amtlich anerkannten Ausstellungen im Sinne des am 22. November 1928 in Paris unterzeichneten Abkommens über internationale Ausstellungen zur Schau gestellt hat.

Satz 1 Nr. 2 ist nur anzuwenden, wenn der Anmelder bei Einreichung der Anmeldung angibt, daß die Erfindung tatsächlich zur Schau gestellt worden ist und er innerhalb von vier Monaten nach der Einreichung hierüber eine Bescheinigung einreicht. Die in Satz 1 Nr. 2 bezeichneten Ausstellungen werden vom Bundesminister der Justiz im Bundesgesetzblatt bekanntgemacht.

§ 4 (Erfinderische Tätigkeit)

Eine Erfindung gilt als auf einer erfinderischen Tätigkeit beruhend, wenn sie sich für den Fachmann nicht in naheliegender Weise aus dem Stand der Technik ergibt. Gehören zum Stand der Technik auch Unterlagen im Sinne des § 3 Abs. 2, so werden diese bei der Beurteilung der erfinderischen Tätigkeit nicht in Betracht gezogen.

§ 5 (Gewerblich anwendbar)

Eine Erfindung gilt als gewerblich anwendbar, wenn ihr Gegenstand auf irgendeinem gewerblichen Gebiet einschließlich der Landwirtschaft hergestellt oder benutzt werden kann.

§ 6 (Recht auf das Patent)

Das Recht auf das Patent hat der Erfinder oder sein Rechtsnachfolger. Haben mehrere gemeinsam eine Erfindung gemacht, so steht ihnen das Recht auf das Patent gemeinschaftlich zu. Haben mehrere die Erfindung unabhängig voneinander gemacht, so steht das Recht dem zu, der die Erfindung zuerst beim Patentamt angemeldet hat.

§ 7 (Anmelder als Berechtigter)

(1) Damit die sachliche Prüfung der Patentanmeldung durch die Feststellung des Erfinders nicht verzögert wird, gilt im Verfahren vor dem Patentamt der Anmelder als berechtigt, die Erteilung des Patents zu verlangen.

(2) Wird ein Patent auf Grund eines widerrechtliche Entnahme (§ 21 Abs. 1 Nr. 3) gestützten Einspruchs widerrufen oder führt der Einspruch zum Verzicht auf das Patent, so kann der Einsprechende innerhalb eines Monats nach der amtlichen Mitteilung hierüber die Erfindung selbst anmelden und die Priorität des früheren Patents in Anspruch nehmen.

§ 8 (Abtretung; Übertragung)

Der Berechtigte, dessen Erfindung von einem Nichtberechtigten angemeldet ist, oder der durch widerrechtliche Entnahme Verletzte kann vom Patentsucher verlangen, daß ihm der Anspruch auf Erteilung des Patents abgetreten wird. Hat die Anmeldung bereits zum Patent geführt, so kann er vom Patentinhaber die Übertragung des Patents verlangen. Der Anspruch kann vorbehaltlich der Sätze 4 und 5 nur innerhalb einer Frist von zwei Jahren nach der Veröffentlichung der Erteilung

IV

IV

des Patents (§ 58 Abs. 1) durch Klage geltend gemacht werden. Hat der Verletzte Einspruch wegen widerrechtlicher Entnahme (§ 21 Abs. 1 Nr. 3) erhoben, so kann er die Klage noch innerhalb eines Jahres nach rechtskräftigem Abschluß des Einspruchsverfahrens erheben. Die Sätze 3 und 4 sind nicht anzuwenden, wenn der Patentinhaber beim Erwerb des Patents nicht in gutem Glauben war.

§ 9 (Wirkung des Patents)

Das Patent hat die Wirkung, dass allein der Patentinhaber befugt ist, die patentierte Erfindung im Rahmen des geltenden Rechts zu benutzen. Jedem Dritten ist es verboten, ohne seine Zustimmung

1. ein Erzeugnis, das Gegenstand des Patents ist, herzustellen, anzubieten, in Verkehr zu bringen oder zu gebrauchen oder zu den genannten Zwecken entweder einzuführen oder zu besitzen;

2. ein Verfahren, das Gegenstand des Patents ist, anzuwenden oder, wenn der Dritte weiß oder es auf Grund der Umstände offensichtlich ist, daß die Anwendung des Verfahrens ohne Zustimmung des Patentinhabers verboten ist, zur Anwendung im Geltungsbereich dieses Gesetzes anzubieten;

3. das durch ein Verfahren, das Gegenstand des Patents ist, unmittelbar hergestellte Erzeugnis anzubieten, in Verkehr zu bringen oder zu gebrauchen oder zu den genannten Zwecken entweder einzuführen oder zu besitzen.

§ 9a (Biologisches Material)

(1) Betrifft das Patent biologisches Material, das auf Grund einer Erfindung mit bestimmten Eigenschaften ausgestattet ist, so erstrecken sich die Wirkungen von § 9 auf jedes biologische Material, das aus diesem biologischen Material durch generative oder vegetative Vermehrung in gleicher oder abweichender Form gewonnen wird und mit denselben Eigenschaften ausgestattet ist.

(2) Betrifft das Patent ein Verfahren, das es ermöglicht, biologisches Material zu gewinnen, das auf Grund einer Erfindung mit be-

stimmten Eigenschaften ausgestattet ist, so erstrecken sich die Wirkungen von § 9 auf das mit diesem Verfahren unmittelbar gewonnene biologische Material und jedes andere mit denselben Eigenschaften ausgestattete biologische Material, das durch generative oder vegetative Vermehrung in gleicher oder abweichender Form aus dem unmittelbar gewonnenen Material gewonnen wird.

(3) Betrifft das Patent ein Erzeugnis, das auf Grund einer Erfindung aus einer genetischen Information besteht oder sie enthält, so erstrecken sich die Wirkungen von § 9 auf jedes Material, in das dieses Erzeugnis Eingang findet und in dem die genetische Information enthalten ist und ihre Funktion erfüllt. § 1a Abs. 1 bleibt unberührt.

§ 9b (Biologisches Material in EU)

Bringt der Patentinhaber oder mit seiner Zustimmung ein Dritter biologisches Material, das auf Grund der Erfindung mit bestimmten Eigenschaften ausgestattet ist, im Hoheitsgebiet eines Mitgliedstaates der Europäischen Union oder in einem Vertragsstaat des Abkommens über den Europäischen Wirtschaftsraum in Verkehr und wird aus diesem biologischen Material durch generative oder vegetative Vermehrung weiteres biologisches Material gewonnen, so treten die Wirkungen von § 9 nicht ein, wenn die Vermehrung des biologischen Materials der Zweck war, zu dem es in den Verkehr gebracht wurde. Dies gilt nicht, wenn das auf diese Weise gewonnene Material anschließend für eine weitere generative oder vegetative Vermehrung verwendet wird.

§ 9c (Landwirtschaft)

(1) Wird pflanzliches Vermehrungsmaterial durch den Patentinhaber oder mit dessen Zustimmung durch einen Dritten an einen Landwirt zum Zweck des landwirtschaftlichen Anbaus in Verkehr gebracht, so darf dieser entgegen den §§ 9, 9a und 9b Satz 2 sein Erntegut für die generative oder vegetative Vermehrung durch ihn selbst im eigenen Betrieb verwenden. Für Bedingungen und Ausmaß dieser Befugnis gelten Artikel 14 der Verordnung (EG) Nr. 2100/94 in seiner jeweils

geltenden Fassung sowie die auf dessen Grundlage erlassenen Durchführungsbestimmungen entsprechend. Soweit sich daraus Ansprüche des Patentinhabers ergeben, sind diese entsprechend den auf Grund Artikel 14 Abs. 3 der Verordnung (EG) Nr. 2100/94 erlassenen Durchführungsbestimmungen geltend zu machen.

(2) Werden landwirtschaftliche Nutztiere oder tierisches Vermehrungsmaterial durch den Patentinhaber oder mit dessen Zustimmung durch einen Dritten an einen Landwirt in Verkehr gebracht, so darf der Landwirt die landwirtschaftlichen Nutztiere oder das tierische Vermehrungsmaterial entgegen den §§ 9, 9a und 9b Satz 2 zu landwirtschaftlichen Zwecken verwenden. Diese Befugnis erstreckt sich auch auf die Überlassung der landwirtschaftlichen Nutztiere oder anderen tierischen Vermehrungsmaterials zur Fortführung seiner landwirtschaftlichen Tätigkeit, jedoch nicht auf den Verkauf mit dem Ziel oder im Rahmen einer Vermehrung zu Erwerbszwecken.

(3) § 9a Abs. 1 bis 3 gilt nicht für biologisches Material, das im Bereich der Landwirtschaft zufällig oder technisch nicht vermeidbar gewonnen wurde. Daher kann ein Landwirt im Regelfall nicht in Anspruch genommen werden, wenn er nicht diesem Patentschutz unterliegendes Saat- oder Pflanzgut angebaut hat.

§ 10 (Verbot an Dritten)

(1) Das Patent hat ferner die Wirkung, daß es jedem Dritten verboten ist, ohne Zustimmung des Patentinhabers im Geltungsbereich dieses Gesetzes anderen als zur Benutzung der patentierten Erfindung berechtigten Personen Mittel, die sich auf ein wesentliches Element der Erfindung beziehen, zur Benutzung der Erfindung im Geltungsbereich dieses Gesetzes anzubieten oder zu liefern, wenn der Dritte weiß oder es auf Grund der Umstände offensichtlich ist, daß diese Mittel dazu geeignet und bestimmt sind, für die Benutzung der Erfindung verwendet zu werden.

(2) Absatz 1 ist nicht anzuwenden, wenn es sich bei den Mitteln um allgemein im Handel

erhältliche Erzeugnisse handelt, es sei denn, daß der Dritte den Belieferten bewußt veranlaßt, in einer nach § 9 Satz 2 verbotenen Weise zu handeln.

(3) Personen, die die in § 11 Nr. 1 bis 3 genannten Handlungen vornehmen, gelten im Sinne des Absatzes 1 nicht als Personen, die zur Benutzung der Erfindung berechtigt sind.

§ 11 (Einschränkung, Erstreckung)

Die Wirkung des Patents erstreckt sich nicht auf

1. Handlungen, die im privaten Bereich zu nichtgewerblichen Zwecken vorgenommen werden;

2. Handlungen zu Versuchszwecken, die sich auf den Gegenstand der patentierten Erfindung beziehen;

2a. die Nutzung biologischen Materials zum Zweck der Züchtung, Entdeckung und Entwicklung einer neuen Pflanzensorte;

2b. Studien und Versuche und die sich daraus ergebenden praktischen Anforderungen, die für die Erlangung einer arzneimittelrechtlichen Genehmigung für das Inverkehrbringen in der Europäischen Union oder einer arzneimittelrechtlichen Zulassung in den Mitgliedstaaten der Europäischen Union oder in Drittstaaten erforderlich sind;

3. die unmittelbare Einzelzubereitung von Arzneimitteln in Apotheken auf Grund ärztlicher Verordnung sowie auf Handlungen, welche die auf diese Weise zubereiteten Arzneimittel betreffen;

4. den an Bord von Schiffen eines anderen Mitgliedstaates der Pariser Verbandsübereinkunft zum Schutz des gewerblichen Eigentums stattfindenden Gebrauch des Gegenstands der patentierten Erfindung im Schiffskörper, in den Maschinen, im Takelwerk, an den Geräten und sonstigem Zubehör, wenn die Schiffe vorübergehend oder zufällig in die Gewässer gelangen, auf die sich der Geltungsbereich dieses Gesetzes erstreckt, vorausgesetzt, daß dieser Gegenstand

IV

IV

dort ausschließlich für die Bedürfnisse des Schiffes verwendet wird;

5. den Gebrauch des Gegenstands der patentierten Erfindung in der Bauausführung oder für den Betrieb der Luft- oder Landfahrzeuge eines anderen Mitgliedstaates der Pariser Verbandsübereinkunft zum Schutz des gewerblichen Eigentums oder des Zubehörs solcher Fahrzeuge, wenn diese vorübergehend oder zufällig in den Geltungsbereich dieses Gesetzes gelangen;

6. die in Artikel 27 des Abkommens vom 7. Dezember 1944 über die internationale Zivilluftfahrt (BGBl. 1956 II S. 411) vorgesehenen Handlungen, wenn diese Handlungen ein Luftfahrzeug eines anderen Staates betreffen, auf den dieser Artikel anzuwenden ist.

§ 12 (Benutzung vor Anmeldung)

(1) Die Wirkung des Patents tritt gegen den nicht ein, der zur Zeit der Anmeldung bereits im Inland die Erfindung in Benutzung genommen oder die dazu erforderlichen Veranstaltungen getroffen hatte. Dieser ist befugt, die Erfindung für die Bedürfnisse seines eigenen Betriebs in eigenen oder fremden Werkstätten auszunutzen. Die Befugnis kann nur zusammen mit dem Betrieb vererbt oder veräußert werden. Hat der Anmelder oder sein Rechtsvorgänger die Erfindung vor der Anmeldung anderen mitgeteilt und sich dabei seine Rechte für den Fall der Patenterteilung vorbehalten, so kann sich der, welcher die Erfindung infolge der Mitteilung erfahren hat, nicht auf Maßnahmen nach Satz 1 berufen, die er innerhalb von sechs Monaten nach der Mitteilung getroffen hat.

(2) Steht dem Patentinhaber ein Prioritätsrecht zu, so ist an Stelle der in Absatz 1 bezeichneten Anmeldung die frühere Anmeldung maßgebend. Dies gilt jedoch nicht für Angehörige eines ausländischen Staates, der hierin keine Gegenseitigkeit verbürgt, soweit sie die Priorität einer ausländischen Anmeldung in Anspruch nehmen.

§ 13 (Interesse der öffentlichen Wohlfahrt, Sicherheit)

(1) Die Wirkung des Patents tritt insoweit nicht ein, als die Bundesregierung anordnet, daß die Erfindung im Interesse der öffentlichen Wohlfahrt benutzt werden soll. Sie erstreckt sich ferner nicht auf eine Benutzung der Erfindung, die im Interesse der Sicherheit des Bundes von der zuständigen obersten Bundesbehörde oder in deren Auftrag von einer nachgeordneten Stelle angeordnet wird.

(2) Für die Anfechtung einer Anordnung nach Absatz 1 ist das Bundesverwaltungsgericht zuständig, wenn sie von der Bundesregierung oder der zuständigen obersten Bundesbehörde getroffen ist.

(3) Der Patentinhaber hat in den Fällen des Absatzes 1 gegen den Bund Anspruch auf angemessene Vergütung. Wegen deren Höhe steht im Streitfall der Rechtsweg vor den ordentlichen Gerichten offen. Eine Anordnung der Bundesregierung nach Absatz 1 Satz 1 ist dem im Register (§ 30 Abs. 1) als Patentinhaber Eingetragenen vor Benutzung der Erfindung mitzuteilen. Erlangt die oberste Bundesbehörde, von der eine Anordnung oder ein Auftrag nach Absatz 1 Satz 2 ausgeht, Kenntnis von der Entstehung eines Vergütungsanspruchs nach Satz 1, so hat sie dem als Patentinhaber Eingetragenen davon Mitteilung zu machen.

§ 14 (Auslegung der Patentansprüche)

Der Schutzbereich des Patents und der Patentanmeldung wird durch die Patentansprüche bestimmt. Die Beschreibung und die Zeichnungen sind jedoch zur Auslegung der Patentansprüche heranzuziehen.

§ 15 (Vererbung; Übertragung; Lizenz)

(1) Das Recht auf das Patent, der Anspruch auf Erteilung des Patents und das Recht aus dem Patent gehen auf die Erben über. Sie können beschränkt oder unbeschränkt auf andere übertragen werden.

(2) Die Rechte nach Absatz 1 können ganz oder teilweise Gegenstand von ausschließlichen oder nicht ausschließlichen Lizenzen für

den Geltungsbereich dieses Gesetzes oder einen Teil desselben sein. Soweit ein Lizenznehmer gegen eine Beschränkung seiner Lizenz nach Satz 1 verstößt, kann das Recht aus dem Patent gegen ihn geltend gemacht werden.

(3) Ein Rechtsübergang oder die Erteilung einer Lizenz berührt nicht Lizenzen, die Dritten vorher erteilt worden sind.

§ 16 (Dauer des Patents)

(1) Das Patent dauert zwanzig Jahre, die mit dem Tag beginnen, der auf die Anmeldung der Erfindung folgt. Bezweckt eine Erfindung die Verbesserung oder weitere Ausbildung einer anderen, dem Anmelder durch ein Patent geschützten Erfindung, so kann er bis zum Ablauf von achtzehn Monaten nach dem Tag der Einreichung der Anmeldung oder, sofern für die Anmeldung ein früherer Zeitpunkt als maßgebend in Anspruch genommen wird, nach diesem Zeitpunkt die Erteilung eines Zusatzpatents beantragen, das mit dem Patent für die ältere Erfindung endet.

(2) Fällt das Hauptpatent durch Widerruf, durch Erklärung der Nichtigkeit oder durch Verzicht fort, so wird das Zusatzpatent zu einem selbständigen Patent; seine Dauer bestimmt sich nach dem Anfangstag des Hauptpatents. Von mehreren Zusatzpatenten wird nur das erste selbständig; die übrigen gelten als dessen Zusatzpatente.

§ 16a (Ergänzender Schutz)

(1) Für das Patent kann nach Maßgabe von Verordnungen der Europäischen Gemeinschaften über die Schaffung von ergänzenden Schutzzertifikaten, auf die im Bundesgesetzblatt hinzuweisen ist, ein ergänzender Schutz beantragt werden, der sich an den Ablauf des Patents nach § 16 Abs. 1 unmittelbar anschließt. Für den ergänzenden Schutz sind Jahresgebühren zu zahlen.

(2) Soweit das Recht der Europäischen Gemeinschaften nichts anderes bestimmt, gelten die Vorschriften dieses Gesetzes über die Berechtigung des Anmelders (§§ 6 bis 8), über die Wirkungen des Patents und die Ausnahmen davon (§§ 9 bis 12), über die

Benutzungsanordnung und die Zwangslizenz (§§ 13, 24), über den Schutzbereich (§ 14), über Lizenzen und deren Eintragung (§§ 15, 30), über das Erlöschen des Patents (§ 20), über die Nichtigkeit (§ 22), über die Lizenzbereitschaft (§ 23), über den Inlandsvertreter (§ 25), über das Patentgericht und das Verfahren vor dem Patentgericht (§§ 65 bis 99), über das Verfahren vor dem Bundesgerichtshof (§§ 100 bis 122a), über die Wiedereinsetzung (§ 123), über die Wahrheitspflicht (§ 124), über die elektronische Dokument (§ 125a), über die Amtssprache, die Zustellungen und die Rechtshilfe (§§ 126 bis 128), über die Rechtsverletzungen (§§ 139 bis 141a, 142a und 142b), über die Klagenkonzentration und über die Patentberühmung (§§ 145 und 146) für den ergänzenden Schutz entsprechend.

(3) Lizenzen und Erklärungen nach § 23, die für ein Patent wirksam sind, gelten auch für den ergänzenden Schutz.

§ 17 (Jahresgebühren)

(1) Für jede Anmeldung und jedes Patent ist für das dritte und jedes folgende Jahr, gerechnet vom Anmeldetag an, eine Jahresgebühr zu entrichten.

(2) Für ein Zusatzpatent (§ 16 Abs. 1 Satz 2) sind Jahresgebühren nicht zu entrichten. Wird das Zusatzpatent zu einem selbständigen Patent, so wird es gebührenpflichtig; Fälligkeitstag und Jahresbetrag richten sich nach dem Anfangstag des bisherigen Hauptpatents. Für die Anmeldung eines Zusatzpatents sind Satz 1 und Satz 2 Halbsatz 1 entsprechend anzuwenden mit der Maßgabe, daß in den Fällen, in denen die Anmeldung eines Zusatzpatents als Anmeldung eines selbständigen Patents gilt, die Jahresgebühren wie für eine von Anfang an selbständige Anmeldung zu entrichten sind.

§§ 18 und 19 (weggefallen)

§ 20 (Erlöschen des Patents)

(1) Das Patent erlischt, wenn

1. der Patentinhaber darauf durch schriftliche Erklärung an das Patentamt verzichtet,

2. die in § 37 Abs. 1 vorgeschriebenen Erklärungen nicht rechtzeitig nach Zustellung der amtlichen Nachricht (§ 37 Abs. 2) abgegeben werden oder

3. die Jahresgebühr oder der Unterschiedsbetrag nicht rechtzeitig (§ 7 Abs. 1, § 13 Abs. 3 oder § 14 Abs. 2 und 5 des Patentkostengesetzes, § 23 Abs. 7 Satz 4 dieses Gesetzes) gezahlt wird.

(2) Über die Rechtzeitigkeit der Abgabe der nach § 37 Abs. 1 vorgeschriebenen Erklärungen sowie über die Rechtzeitigkeit der Zahlung entscheidet nur das Patentamt; die §§ 73 und 100 bleiben unberührt.

§ 21 (Widerruf des Patents)

(1) Das Patent wird widerrufen (§ 61), wenn sich ergibt, daß

1. der Gegenstand des Patents nach den §§ 1 bis 5 patentfähig ist,

2. das Patent die Erfindung nicht so deutlich und vollständig offenbart, daß ein Fachmann sie ausführen kann,

3. der wesentliche Inhalt des Patents den Beschreibungen, Zeichnungen, Modellen, Gerätschaften oder Einrichtungen eines anderen oder einem von diesem angewendeten Verfahren ohne dessen Einwilligung entnommen worden ist (widerrechtliche Entnahme),

4. der Gegenstand des Patents über den Inhalt der Anmeldung in der Fassung hinausgeht, in der sie bei der für die Einreichung der Anmeldung zuständigen Behörde ursprünglich eingereicht worden ist; das gleiche gilt, wenn das Patent auf einer Teilanmeldung oder einer nach § 7 Abs. 2 eingereichten neuen Anmeldung beruht und der Gegenstand des Patents über den Inhalt der früheren Anmeldung in der Fassung hinausgeht, in der sie bei der für die Einreichung der früheren Anmeldung zuständigen Behörde ursprünglich eingereicht worden ist.

(2) Betreffen die Widerrufsgründe nur einen Teil des Patents, so wird es mit einer entsprechenden Beschränkung aufrechterhalten. Die Beschränkung kann in Form einer Änderung der Patentansprüche, der Beschreibung oder der Zeichnungen vorgenommen werden.

(3) Mit dem Widerruf gelten die Wirkungen des Patents und der Anmeldung als von Anfang an nicht eingetreten. Bei beschränkter Aufrechterhaltung ist diese Bestimmung entsprechend anzuwenden.

§ 22 (Nichtigerklärung)

(1) Das Patent wird auf Antrag (§ 81) für nichtig erklärt, wenn sich ergibt, daß einer der in § 21 Abs. 1 aufgezählten Gründe vorliegt oder der Schutzbereich des Patents erweitert worden ist.

(2) § 21 Abs. 2 und 3 ist entsprechend anzuwenden.

§ 23 (Benutzung für jedermann)

(1) Erklärt sich der Patentanmelder oder der im Register (§ 30 Abs. 1) als Patentinhaber Eingetragene dem Patentamt gegenüber schriftlich bereit, jedermann die Benutzung der Erfindung gegen angemessene Vergütung zu gestatten, so ermäßigen sich die für das Patent nach Eingang der Erklärung fällig werdenden Jahresgebühren auf die Hälfte. Die Wirkung der Erklärung, die für ein Hauptpatent abgegeben wird, erstreckt sich auf sämtliche Zusatzpatente. Die Erklärung ist im Register einzutragen und im Patentblatt zu veröffentlichen.

(2) Die Erklärung ist unzulässig, solange im Register ein Vermerk über die Einräumung einer ausschließlichen Lizenz (§ 30 Abs. 4) eingetragen ist oder ein Antrag auf Eintragung eines solchen Vermerks dem Patentamt vorliegt.

(3) Wer nach Eintragung der Erklärung die Erfindung benutzen will, hat seine Absicht dem Patentinhaber anzuzeigen. Die Anzeige gilt als bewirkt, wenn sie durch Aufgabe eines eingeschriebenen Briefes an den im Register als Patentinhaber Eingetragenen oder seinen eingetragenen Vertreter oder Zustellungsbevollmächtigten (§ 25) abgesandt worden ist. In der Anzeige ist anzugeben, wie die Erfindung benutzt werden soll. Nach der Anzeige ist der Anzeigende zur Benutzung in

der von ihm angegebenen Weise berechtigt. Er ist verpflichtet, dem Patentinhaber nach Ablauf jedes Kalendervierteljahres Auskunft über die erfolgte Benutzung zu geben und die Vergütung dafür zu entrichten. Kommt er dieser Verpflichtung nicht in gehöriger Zeit nach, so kann der als Patentinhaber Eingetragene ihm hierzu eine angemessene Nachfrist setzen und nach fruchtlosem Ablauf die Weiterbenutzung der Erfindung untersagen.

(4) Die Vergütung wird auf schriftlichen Antrag eines Beteiligten durch die Patentabteilung festgesetzt. Für das Verfahren sind die §§ 46, 47 und 62 entsprechend anzuwenden. Der Antrag kann gegen mehrere Beteiligte gerichtet werden. Das Patentamt kann bei der Festsetzung der Vergütung anordnen, dass die Kosten des Festsetzungsverfahrens ganz oder teilweise vom Antragsgegner zu erstatten sind.

(5) Nach Ablauf eines Jahres seit der letzten Festsetzung kann jeder davon Betroffene ihre Änderung beantragen, wenn inzwischen Umstände eingetreten oder bekanntgeworden sind, welche die festgesetzte Vergütung offenbar unangemessen erscheinen lassen. Im übrigen gilt Absatz 4 entsprechend.

(6) Wird die Erklärung für eine Anmeldung abgegeben, so sind die Bestimmungen der Absätze 1 bis 5 entsprechend anzuwenden.

(7) Die Erklärung kann jederzeit gegenüber dem Patentamt schriftlich zurückgenommen werden, solange dem Patentinhaber noch nicht die Absicht angezeigt worden ist, die Erfindung zu benutzen. Die Zurücknahme wird mit ihrer Einreichung wirksam. Der Betrag, um den sich die Jahresgebühren ermäßigt haben, ist innerhalb eines Monats nach der Zurücknahme der Erklärung zu entrichten. Wird der Unterschiedsbetrag nicht innerhalb der Frist des Satzes 3 gezahlt, so kann er mit dem Verspätungszuschlag noch bis zum Ablauf einer Frist von weiteren vier Monaten gezahlt werden.

§ 24 (Zwangslizenz)

(1) Die nicht ausschließliche Befugnis zur gewerblichen Benutzung einer Erfindung wird durch das Patentgericht im Einzelfall nach Maßgabe der nachfolgenden Vorschriften erteilt (Zwangslizenz), sofern

1. der Lizenzsucher sich innerhalb eines angemessenen Zeitraums erfolglos bemüht hat, vom Patentinhaber die Zustimmung zu erhalten, die Erfindung zu angemessenen geschäftsüblichen Bedingungen zu benutzen, und

2. das öffentliche Interesse die Erteilung einer Zwangslizenz gebietet.

(2) Kann der Lizenzsucher eine ihm durch Patent mit jüngerem Zeitrang geschützte Erfindung nicht verwerten, ohne das Patent mit älterem Zeitrang zu verletzen, so hat er gegenüber dem Inhaber des Patents mit dem älteren Zeitrang Anspruch auf Einräumung einer Zwangslizenz, sofern

1. die Voraussetzung des Absatzes 1 Nr. 1 erfüllt ist und

2. seine eigene Erfindung im Vergleich mit derjenigen des Patents mit dem älteren Zeitrang einen wichtigen technischen Fortschritt von erheblicher wirtschaftlicher Bedeutung aufweist.

Der Patentinhaber kann verlangen, dass ihm der Lizenzsucher eine Gegenlizenz zu angemessenen Bedingungen für die Benutzung der patentierten Erfindung mit dem jüngeren Zeitrang einräumt.

(3) Absatz 2 gilt entsprechend, wenn ein Pflanzenzüchter ein Sortenschutzrecht nicht erhalten oder verwerten kann, ohne ein früheres Patent zu verletzen.

(4) Für eine patentierte Erfindung auf dem Gebiet der Halbleitertechnologie darf eine Zwangslizenz im Rahmen des Absatzes 1 nur erteilt werden, wenn dies zur Behebung einer in einem Gerichts- oder Verwaltungsverfahren festgestellten wettbewerbswidrigen Praxis des Patentinhabers erforderlich ist.

(5) Übt der Patentinhaber die patentierte Erfindung nicht oder nicht überwiegend im Inland aus, so können Zwangslizenzen im Rahmen des Absatzes 1 erteilt werden, um eine ausreichende Versorgung des Inlandsmarktes mit dem patentierten Erzeugnis sicherzustellen. Die Einfuhr steht insoweit der Ausübung des Patents im Inland gleich.

IV

(6) Die Erteilung einer Zwangslizenz an einem Patent ist erst nach dessen Erteilung zulässig. Sie kann eingeschränkt erteilt und von Bedingungen abhängig gemacht werden. Umfang und Dauer der Benutzung sind auf den Zweck zu begrenzen, für den sie gestattet worden sind. Der Patentinhaber hat gegen den Inhaber der Zwangslizenz Anspruch auf eine Vergütung, die nach den Umständen des Falles angemessen ist und den wirtschaftlichen Wert der Zwangslizenz in Betracht zieht. Tritt bei den künftig fällig werdenden wiederkehrenden Vergütungsleistungen eine wesentliche Veränderung derjenigen Verhältnisse ein, die für die Bestimmung der Höhe der Vergütung maßgebend waren, so ist jeder Beteiligte berechtigt, eine entsprechende Anpassung zu verlangen. Sind die Umstände, die der Erteilung der Zwangslizenz zugrunde lagen, entfallen und ist ihr Wiedereintritt unwahrscheinlich, so kann der Patentinhaber die Rücknahme der Zwangslizenz verlangen.

(7) Die Zwangslizenz an einem Patent kann nur zusammen mit dem Betrieb übertragen werden, der mit der Auswertung der Erfindung befasst ist. Die Zwangslizenz an einer Erfindung, die Gegenstand eines Patents mit älterem Zeitrang ist, kann nur zusammen mit dem Patent mit jüngerem Zeitrang übertragen werden.

§ 25 (Bestellung eines Vertreters)

(1) Wer im Inland weder Wohnsitz, Sitz noch Niederlassung hat, kann an einem in diesem Gesetz geregelten Verfahren vor dem Patentamt oder dem Patentgericht nur teilnehmen und die Rechte aus einem Patent nur geltend machen, wenn er im Inland einen Rechtsanwalt oder Patentanwalt als Vertreter bestellt hat, der zur Vertretung im Verfahren vor dem Patentamt, dem Patentgericht und in bürgerlichen Rechtsstreitigkeiten, die das Patent betreffen, sowie zur Stellung von Strafanträgen bevollmächtigt ist.

(2) Staatsangehörige eines Mitgliedsstaates der Europäischen Union oder eines anderen Vertragsstaates des Abkommens über den Europäischen Wirtschaftsraum können zur Erbringung einer Dienstleistung im Sinne des Vertrages zur Gründung der Europäischen Gemeinschaft als Vertreter im Sinne des Absatzes 1 bestellt werden, sie sind berechtigt sind, ihre berufliche Tätigkeit unter einer der in der Anlage zu § 1 des Gesetzes über die Tätigkeit europäischer Rechtsanwälte in Deutschland vom 9. März 2000 (BGBl. I S. 182) oder zu § 1 des Gesetzes über die Eignungsprüfung für die Zulassung zur Patentanwaltschaft vom 6. Juli 1990 (BGBl. I S. 1349, 1351) in der jeweils geltenden Fassung genannten Berufsbezeichnungen auszuüben.

(3) Der Ort, an dem ein nach Absatz 1 bestellter Vertreter seinen Geschäftsraum hat, gilt im Sinne des § 23 der Zivilprozessordnung als der Ort, an dem sich der Vermögensgegenstand befindet; fehlt ein solcher Geschäftsraum, so ist der Ort maßgebend, an dem der Vertreter im Inland seinen Wohnsitz, und in Ermangelung eines solchen der Ort, an dem das Patentamt seinen Sitz hat.

(4) Die rechtsgeschäftliche Beendigung der Bestellung eines Vertreters nach Absatz 1 wird erst wirksam, wenn sowohl diese Beendigung als auch die Bestellung eines anderen Vertreters gegenüber dem Patentamt oder dem Patentgericht angezeigt wird.

Gebrauchsmustergesetz (GebrMG)

**in der Fassung der Bekanntmachung
vom 28. August 1986 (BGBl. I S. 1455)**

Zuletzt geändert durch
Gesetz über den Rechtsschutz bei überlangen Gerichtsverfahren und strafrechtlichen
Ermittlungsverfahren
vom 24. November 2011 (BGBl. I S. 2302)

– Auszug –

IV

§ 1 (Begriff)

(1) Als Gebrauchsmuster werden Erfindungen geschützt, die neu sind, auf einem erfinderischen Schritt beruhen und gewerblich anwendbar sind.

(2) Als Gegenstand eines Gebrauchsmusters im Sinne des Absatzes 1 werden insbesondere nicht angesehen:

1. Entdeckungen sowie wissenschaftliche Theorien und mathematische Methoden;

2. ästhetische Formschöpfungen;

3. Pläne, Regeln und Verfahren für gedankliche Tätigkeiten, für Spiele oder für geschäftliche Tätigkeiten sowie Programme für Datenverarbeitungsanlagen;

4. die Wiedergabe von Informationen;

5. biotechnologische Erfindungen (§ 1 Abs. 2 des Patentgesetzes).

(3) Absatz 2 steht dem Schutz als Gebrauchsmuster nur insoweit entgegen, als für die genannten Gegenstände oder Tätigkeiten als solche Schutz begehrt wird.

§ 2 (Abgrenzung)

Als Gebrauchsmuster werden nicht geschützt:

1. Erfindungen, deren Verwertung gegen die öffentliche Ordnung oder die guten Sitten verstoßen würde; ein solcher Verstoß kann nicht allein aus der Tatsache hergeleitet werden, daß die Verwertung der Erfindung durch Gesetz oder Verwaltungsvorschrift verboten ist;

2. Pflanzensorten oder Tierarten;

3. Verfahren.

§ 3 (Neuheit; gewerblich anwendbar)

(1) Der Gegenstand eines Gebrauchsmusters gilt als neu, wenn er nicht zum Stand der Technik gehört. Der Stand der Technik umfaßt alle Kenntnisse, die vor dem für den Zeitrang der Anmeldung maßgeblichen Tag durch schriftliche Beschreibung oder durch eine im Geltungsbereich dieses Gesetzes erfolgte Benutzung der Öffentlichkeit zugänglich gemacht worden sind. Eine innerhalb von sechs Monaten vor dem für den Zeitraum der Anmeldung maßgeblichen Tag erfolgte Beschreibung oder Benutzung bleibt außer Betracht, wenn sie auf der Ausarbeitung des Anmelders oder seines Rechtsvorgängers beruht.

(2) Der Gegenstand eines Gebrauchsmusters gilt als gewerblich anwendbar, wenn er auf irgendeinem gewerblichen Gebiet einschließlich der Landwirtschaft hergestellt oder benutzt werden kann.

§ 4 (Anmeldung)

(1) Erfindungen, für die der Schutz als Gebrauchsmuster verlangt wird, sind beim Patentamt anzumelden. Für jede Erfindung ist eine besondere Anmeldung erforderlich.

(2) Die Anmeldung kann auch über ein Patentinformationszentrum eingereicht werden, wenn diese Stelle durch Bekanntmachung des Bundesministeriums der Justiz im Bundesgesetzblatt dazu bestimmt ist, Gebrauchsmusteranmeldungen entgegenzunehmen. Eine Anmeldung, die ein Staatsgeheimnis (§ 93 Strafgesetzbuch) enthalten kann,

darf bei einem Patentinformationszentrum nicht eingereicht werden.

(3) Die Anmeldung muß enthalten:

1. den Namen des Anmelders;

2. einen Antrag auf Eintragung des Gebrauchsmusters, in dem der Gegenstand des Gebrauchsmusters kurz und genau bezeichnet ist;

3. einen oder mehrere Schutzansprüche, in denen angegeben ist, was als schutzfähig unter Schutz gestellt werden soll;

4. eine Beschreibung des Gegenstandes des Gebrauchsmusters;

5. die Zeichnungen, auf die sich die Schutzansprüche oder die Beschreibung beziehen.

(4) Das Bundesministerium der Justiz wird ermächtigt, durch Rechtsverordnung Bestimmungen über die Form und die sonstigen Erfordernisse der Anmeldung zu erlassen. Es kann diese Ermächtigung durch Rechtsverordnung auf das Deutsche Patent- und Markenamt übertragen.

(5) Bis zur Verfügung über die Eintragung des Gebrauchsmusters sind Änderungen der Anmeldung zulässig, soweit sie den Gegenstand der Anmeldung nicht erweitern. Aus Änderungen, die den Gegenstand der Anmeldung erweitern, können Rechte nicht hergeleitet werden.

(6) Der Anmelder kann die Anmeldung jederzeit teilen. Die Teilung ist schriftlich zu erklären. Für jede Teilanmeldung bleiben der Zeitpunkt der ursprünglichen Anmeldung und eine dafür in Anspruch genommene Priorität erhalten. Für die abgetrennte Anmeldung sind für die Zeit bis zur Teilung die gleichen Gebühren zu entrichten, die für die ursprüngliche Anmeldung zu entrichten waren.

(7) Das Bundesministerium der Justiz wird ermächtigt, durch Rechtsverordnung Bestimmungen über die Hinterlegung, den Zugang einschließlich des zum Zugang berechtigten Personenkreises und die erneute Hinterlegung von biologischem Material zu erlassen, sofern die Erfindung die Verwendung biologischen Materials beinhaltet oder sie solches Material betrifft, das der Öffentlichkeit nicht zugänglich ist und das in der Anmeldung nicht so beschrieben werden kann, daß ein Fachmann die Erfindung danach ausführen kann (Absatz 3). Es kann diese Ermächtigung durch Rechtsverordnung auf das Deutsche Patent- und Markenamt übertragen.

Gesetz über den rechtlichen Schutz von Mustern und Modellen (Geschmacksmustergesetz – GeschmMG)

Vom 12. März 2004 (BGBl. I S. 390)

– Auszug –

Zuletzt geändert durch
Gesetz über den Rechtsschutz bei überlangen Gerichtsverfahren und strafrechtlichen
Ermittlungsverfahren
vom 24. November 2011 (BGBl. I S. 2302)

Abschnitt 1
Schutzvoraussetzungen

§ 1 Begriffsbestimmungen

Im Sinne dieses Gesetzes

1. ist ein Muster die zweidimensionale oder dreidimensionale Erscheinungsform eines ganzen Erzeugnisses oder eines Teils davon, die sich insbesondere aus den Merkmalen der Linien, Konturen, Farben, der Gestalt, Oberflächenstruktur oder der Werkstoffe des Erzeugnisses selbst oder seiner Verzierung ergibt;

2. ist ein Erzeugnis jeder industrielle oder handwerkliche Gegenstand, einschließlich Verpackung, Ausstattung, grafischer Symbole und typografischer Schriftzeichen sowie von Einzelteilen, die zu einem komplexen Erzeugnis zusammengebaut werden sollen; ein Computerprogramm gilt nicht als Erzeugnis;

3. ist ein komplexes Erzeugnis ein Erzeugnis aus mehreren Bauelementen, die sich ersetzen lassen, so dass das Erzeugnis auseinander- und wieder zusammengebaut werden kann;

4. ist eine bestimmungsgemäße Verwendung die Verwendung durch den Endbenutzer, ausgenommen Maßnahmen der Instandhaltung, Wartung oder Reparatur;

5. gilt als Rechtsinhaber der in das Register eingetragene Inhaber des Geschmacksmusters.

§ 2 Geschmacksmusterschutz

(1) Als Geschmacksmuster wird ein Muster geschützt, das neu ist und Eigenart hat.

(2) Ein Muster gilt als neu, wenn vor dem Anmeldetag kein identisches Muster offenbart worden ist. Muster gelten als identisch, wenn sich ihre Merkmale nur in unwesentlichen Einzelheiten unterscheiden.

(3) Ein Muster hat Eigenart, wenn sich der Gesamteindruck, den es beim informierten Benutzer hervorruft, von dem Gesamteindruck unterscheidet, den ein anderes Muster bei diesem Benutzer hervorruft, das vor dem Anmeldetag offenbart worden ist. Bei der Beurteilung der Eigenart wird der Grad der Gestaltungsfreiheit des Entwerfers bei der Entwicklung des Musters berücksichtigt.

§ 3 Ausschluss vom Geschmacksmusterschutz

(1) Vom Geschmacksmusterschutz ausgeschlossen sind

1. Erscheinungsmerkmale von Erzeugnissen, die ausschließlich durch deren technische Funktion bedingt sind;

2. Erscheinungsmerkmale von Erzeugnissen, die zwangsläufig in ihrer genauen Form und ihren genauen Abmessungen nachgebildet werden müssen, damit das Erzeugnis, in das das Muster aufgenommen oder bei dem es verwendet wird, mit einem anderen Erzeugnis mechanisch zusammengebaut oder verbunden oder in diesem, an diesem oder um dieses herum angebracht werden kann, so dass beide Erzeugnisse ihre Funktion erfüllen;

3. Muster, die gegen die öffentliche Ordnung oder gegen die guten Sitten verstoßen;

4. Muster, die eine missbräuchliche Benutzung eines der in Artikel 6ter der Pariser Verbandsübereinkunft zum Schutz des gewerblichen Eigentums aufgeführten Zeichen oder von sonstigen Abzeichen, Emblemen und Wappen von öffentlichem Interesse darstellen.

(2) Erscheinungsmerkmale im Sinne von Absatz 1 Nr. 2 sind vom Geschmacksmusterschutz nicht ausgeschlossen, wenn sie dem Zweck dienen, den Zusammenbau oder die Verbindung einer Vielzahl von untereinander austauschbaren Teilen innerhalb eines Bauteilesystems zu ermöglichen.

§ 4 Bauelemente komplexer Erzeugnisse

Ein Muster, das bei einem Erzeugnis, das Bauelement eines komplexen Erzeugnisses ist, benutzt oder in dieses Erzeugnis eingefügt wird, gilt nur dann als neu und hat nur dann Eigenart, wenn das Bauelement, das in ein komplexes Erzeugnis eingefügt ist, bei dessen bestimmungsgemäßer Verwendung sichtbar bleibt und diese sichtbaren Merkmale des Bauelements selbst die Voraussetzungen der Neuheit und Eigenart erfüllen.

§ 5 Offenbarung

Ein Muster ist offenbart, wenn es bekannt gemacht, ausgestellt, im Verkehr verwendet oder auf sonstige Weise der Öffentlichkeit zugänglich gemacht wurde, es sei denn, dass dies den in der Gemeinschaft tätigen Fachkreisen des betreffenden Sektors im normalen Geschäftsverlauf vor dem Anmeldetag des Musters nicht bekannt sein konnte. Ein Muster gilt nicht als offenbart, wenn es einem Dritten lediglich unter der ausdrücklichen oder stillschweigenden Bedingung der Vertraulichkeit bekannt gemacht wurde.

§ 6 Neuheitsschonfrist

Eine Offenbarung bleibt bei der Anwendung des § 2 Abs. 2 und 3 unberücksichtigt, wenn ein Muster während der zwölf Monate vor dem Anmeldetag durch den Entwerfer oder seinem Rechtsnachfolger oder durch einen Dritten als Folge von Informationen oder Handlungen des Entwerfers oder seines Rechtsnachfolgers der Öffentlichkeit zugänglich gemacht wurde. Dasselbe gilt, wenn das Muster als Folge einer missbräuchlichen Handlung gegen den Entwerfer oder seinen Rechtsnachfolger offenbart wurde.

Gesetz über Arbeitnehmererfindungen

Vom 25. Juli 1957 (BGBl. I S. 756)

Zuletzt geändert durch
Gesetz zur Vereinfachung und Modernisierung des Patentrechts
vom 31. Juli 2009 (BGBl. I S. 2521)

Inhaltsübersicht

**Erster Abschnitt
Anwendungsbereich und Begriffsbestimmungen**

§ 1   Anwendungsbereich
§ 2   Erfindungen
§ 3   Technische Verbesserungsvorschläge
§ 4   Diensterfindungen und freie Erfindungen

**Zweiter Abschnitt
Erfindungen und technische Verbesserungsvorschläge von Arbeitnehmern im privaten Dienst**

1. Diensterfindungen

§ 5   Meldepflicht
§ 6   Inanspruchnahme
§ 7   Wirkung der Inanspruchnahme
§ 8   Frei gewordene Diensterfindungen
§ 9   Vergütung bei Inanspruchnahme
§ 10   (weggefallen)
§ 11   Vergütungsrichtlinien
§ 12   Feststellung oder Festsetzung der Vergütung
§ 13   Schutzrechtsanmeldung im Inland
§ 14   Schutzrechtsanmeldung im Ausland
§ 15   Gegenseitige Rechte und Pflichten beim
Erwerb von Schutzrechten
§ 16   Aufgabe der Schutzrechtsanmeldung
oder des Schutzrechts
§ 17   Betriebsgeheimnisse

2. Freie Erfindungen

§ 18   Mitteilungspflicht
§ 19   Anbietungspflicht

**3. Technische Verbesserungs-
vorschläge**

§ 20

4. Gemeinsame Bestimmungen

§ 21   (weggefallen)
§ 22   Unabdingbarkeit
§ 23   Unbilligkeit
§ 24   Geheimhaltungspflicht
§ 25   Verpflichtungen aus dem Arbeitsverhältnis
§ 26   Auflösung des Arbeitsverhältnisses
§ 27   Insolvenzverfahren

5. Schiedsverfahren

§ 28   Gütliche Einigung
§ 29   Errichtung der Schiedsstelle
§ 30   Besetzung der Schiedsstelle
§ 31   Anrufung der Schiedsstelle
§ 32   Antrag auf Erweiterung der Schiedsstelle
§ 33   Verfahren vor der Schiedsstelle
§ 34   Einigungsvorschlag der Schiedsstelle
§ 35   Erfolglose Beendigung des Schiedsverfahrens
§ 36   Kosten des Schiedsverfahrens

6. Gerichtliches Verfahren

§ 37   Voraussetzungen für die Erhebung der
Klage
§ 38   Klage auf angemessene Vergütung
§ 39   Zuständigkeit

**Dritter Abschnitt
Erfindungen und technische Verbesserungsvorschläge von Arbeitnehmern im öffentlichen Dienst, von
Beamten und Soldaten**

§ 40   Arbeitnehmer im öffentlichen Dienst

IV

§ 41 Beamte, Soldaten

§ 42 Besondere Bestimmungen für Erfindungen an Hochschulen

**Vierter Abschnitt
Übergangs- und Schlußbestimmungen**

§ 43 Übergangsvorschrift

§ 44 (weggefallen)

§ 45 Durchführungsbestimmungen

§ 46 Außerkrafttreten von Vorschriften

§ 47 (weggefallen)

§ 48 (weggefallen)

§ 49 Inkrafttreten

IV

Erster Abschnitt
Anwendungsbereich und Begriffsbestimmungen

§ 1 Anwendungsbereich

Diesem Gesetz unterliegen die Erfindungen und technischen Verbesserungsvorschläge von Arbeitnehmern im privaten und im öffentlichen Dienst, von Beamten und Soldaten.

§ 2 Erfindungen

Erfindungen im Sinne dieses Gesetzes sind nur Erfindungen, die patent- oder gebrauchsmusterfähig sind.

§ 3 Technische Verbesserungsvorschläge

Technische Verbesserungsvorschläge im Sinne dieses Gesetzes sind Vorschläge für sonstige technische Neuerungen, die nicht patent- oder gebrauchsmusterfähig sind.

§ 4 Diensterfindungen und freie Erfindungen

(1) Erfindungen von Arbeitnehmern im Sinne dieses Gesetzes können gebundene oder freie Erfindungen sein.

(2) Gebundene Erfindungen (Diensterfindungen) sind während der Dauer des Arbeitsverhältnisses gemachte Erfindungen, die entweder

1. aus der dem Arbeitnehmer im Betrieb oder in der öffentlichen Verwaltung obliegenden Tätigkeit entstanden sind oder

2. maßgeblich auf Erfahrungen oder Arbeiten des Betriebes oder der öffentlichen Verwaltung beruhen.

(3) Sonstige Erfindungen von Arbeitnehmern sind freie Erfindungen. Sie unterliegen jedoch den Beschränkungen der §§ 18 und 19.

(4) Die Absätze 1 bis 3 gelten entsprechend für Erfindungen von Beamten und Soldaten.

Zweiter Abschnitt
Erfindungen und technische Verbesserungsvorschläge von Arbeitnehmern im privaten Dienst

1. Diensterfindungen

§ 5 Meldepflicht

(1) Der Arbeitnehmer, der eine Diensterfindung gemacht hat, ist verpflichtet, sie unverzüglich dem Arbeitgeber gesondert in Textform zu melden und hierbei kenntlich zu machen, daß es sich um die Meldung einer Erfindung handelt. Sind mehrere Arbeitnehmer an dem Zustandekommen der Erfindung beteiligt, so können sie die Meldung gemeinsam abgeben. Der Arbeitgeber hat den Zeitpunkt des Eingangs der Meldung dem Arbeitnehmer unverzüglich in Textform zu bestätigen.

(2) In der Meldung hat der Arbeitnehmer die technische Aufgabe, ihre Lösung und das Zustandekommen der Diensterfindung zu beschreiben. Vorhandene Aufzeichnungen sollen beigefügt werden, soweit sie zum Verständnis der Erfindung erforderlich sind. Die Meldung soll dem Arbeitnehmer dienstlich erteilte Weisungen oder Richtlinien, die benutzten Erfahrungen oder Arbeiten des Betriebes, die Mitarbeiter sowie Art und Umfang ihrer Mitarbeit angeben und soll hervorheben, was der meldende Arbeitnehmer als seinen eigenen Anteil ansieht.

(3) Eine Meldung, die den Anforderungen des Absatzes 2 nicht entspricht, gilt als ordnungsgemäß, wenn der Arbeitgeber nicht innerhalb von zwei Monaten erklärt, daß und in welcher Hinsicht die Meldung einer Ergänzung bedarf. Er hat den Arbeitnehmer, soweit erforderlich, bei der Ergänzung der Meldung zu unterstützen.

§ 6 Inanspruchnahme

(1) Der Arbeitgeber kann eine Diensterfindung durch Erklärung gegenüber dem Arbeitnehmer in Anspruch nehmen.

(2) Die Inanspruchnahme gilt als erklärt, wenn der Arbeitgeber die Diensterfindung nicht bis zum Ablauf von vier Monaten nach

Eingang der ordnungsgemäßen Meldung (§ 5 Abs. 2 Satz 1 und 3) gegenüber dem Arbeitnehmer durch Erklärung in Textform freigibt.

§ 7 Wirkung der Inanspruchnahme

(1) Mit der Inanspruchnahme gehen alle vermögenswerten Rechte an der Diensterfindung auf den Arbeitgeber über.

(2) Verfügungen, die der Arbeitnehmer über eine Diensterfindung vor der Inanspruchnahme getroffen hat, sind dem Arbeitgeber gegenüber unwirksam, soweit seine Rechte beeinträchtigt werden.

§ 8 Frei gewordene Diensterfindungen

Eine Diensterfindung wird frei, wenn der Arbeitgeber sie durch Erklärung in Textform freigibt. Über eine frei gewordene Diensterfindung kann der Arbeitnehmer ohne die Beschränkungen der §§ 18 und 19 verfügen.

§ 9 Vergütung bei Inanspruchnahme

(1) Der Arbeitnehmer hat gegen den Arbeitgeber einen Anspruch auf angemessene Vergütung, sobald der Arbeitgeber die Diensterfindung in Anspruch genommen hat.

(2) Für die Bemessung der Vergütung sind insbesondere die wirtschaftliche Verwertbarkeit der Diensterfindung, die Aufgaben und die Stellung des Arbeitnehmers im Betrieb sowie der Anteil des Betriebes an dem Zustandekommen der Diensterfindung maßgebend.

§ 10 (weggefallen)

§ 11 Vergütungsrichtlinien

Der Bundesminister für Arbeit erläßt nach Anhörung der Spitzenorganisationen der Arbeitgeber und der Arbeitnehmer (§ 12 des Tarifvertragsgesetzes) Richtlinien über die Bemessung der Vergütung.

§ 12 Feststellung oder Festsetzung der Vergütung

(1) Die Art und Höhe der Vergütung soll in angemessener Frist nach Inanspruchnahme der Diensterfindung durch Vereinbarung zwischen dem Arbeitgeber und dem Arbeitnehmer festgestellt werden.

(2) Wenn mehrere Arbeitnehmer an der Diensterfindung beteiligt sind, ist die Vergütung für jeden gesondert festzustellen. Die Gesamthöhe der Vergütung und die Anteile der einzelnen Erfinder an der Diensterfindung hat der Arbeitgeber den Beteiligten bekanntzugeben.

(3) Kommt eine Vereinbarung über die Vergütung in angemessener Frist nach Inanspruchnahme der Diensterfindung nicht zustande, so hat der Arbeitgeber die Vergütung durch eine begründete Erklärung in Textform an den Arbeitnehmer festzusetzen und entsprechend der Festsetzung zu zahlen. Die Vergütung ist spätestens bis zum Ablauf von drei Monaten nach Erteilung des Schutzrechts festzusetzen.

(4) Der Arbeitnehmer kann der Festsetzung innerhalb von zwei Monaten durch Erklärung in Textform widersprechen, wenn er mit der Festsetzung nicht einverstanden ist. Widerspricht er nicht, so wird die Festsetzung für beide Teile verbindlich.

(5) Sind mehrere Arbeitnehmer an der Diensterfindung beteiligt, so wird die Festsetzung für alle Beteiligten nicht verbindlich, wenn einer von ihnen der Festsetzung mit der Begründung widerspricht, daß sein Anteil an der Diensterfindung unrichtig festgesetzt sei. Der Arbeitgeber ist in diesem Falle berechtigt, die Vergütung für alle Beteiligten neu festzusetzen.

(6) Arbeitgeber und Arbeitnehmer können voneinander die Einwilligung in eine andere Regelung der Vergütung verlangen, wenn sich Umstände wesentlich ändern, die für die Feststellung oder Festsetzung der Vergütung maßgebend waren. Rückzahlung einer bereits geleisteten Vergütung kann nicht verlangt werden. Die Absätze 1 bis 5 sind nicht anzuwenden.

§ 13 Schutzrechtsanmeldung im Inland

(1) Der Arbeitgeber ist verpflichtet und allein berechtigt, eine gemeldete Diensterfindung im Inland zur Erteilung eines Schutzrechts anzumelden. Eine patentfähige Diensterfindung hat er zur Erteilung eines Patents anzumelden, sofern nicht bei verständiger Würdi-

gung der Verwertbarkeit der Erfindung der Gebrauchsmusterschutz zweckdienlicher erscheint. Die Anmeldung hat unverzüglich zu geschehen.

(2) Die Verpflichtung des Arbeitgebers zur Anmeldung entfällt,

1. wenn die Diensterfindung frei geworden ist (§ 8);

2. wenn der Arbeitnehmer der Nichtanmeldung zustimmt;

3. wenn die Voraussetzungen des § 17 vorliegen.

(3) Genügt der Arbeitgeber nach Inanspruchnahme der Diensterfindung seiner Anmeldepflicht nicht und bewirkt er die Anmeldung auch nicht innerhalb einer ihm vom Arbeitnehmer gesetzten angemessenen Nachfrist, so kann der Arbeitnehmer die Anmeldung der Diensterfindung für den Arbeitgeber auf dessen Namen und Kosten bewirken.

(4) Ist die Diensterfindung frei geworden, so ist nur der Arbeitnehmer berechtigt, sie zur Erteilung eines Schutzrechts anzumelden. Hatte der Arbeitgeber die Diensterfindung bereits zur Erteilung eines Schutzrechts angemeldet, so gehen die Rechte aus der Anmeldung auf den Arbeitnehmer über.

§ 14 Schutzrechtsanmeldung im Ausland

(1) Nach Inanspruchnahme der Diensterfindung ist der Arbeitgeber berechtigt, diese auch im Ausland zur Erteilung von Schutzrechten anzumelden.

(2) Für ausländische Staaten, in denen der Arbeitgeber Schutzrechte nicht erwerben will, hat er dem Arbeitnehmer die Diensterfindung freizugeben und ihm auf Verlangen den Erwerb von Auslandsschutzrechten zu ermöglichen. Die Freigabe soll so rechtzeitig vorgenommen werden, daß der Arbeitnehmer die Prioritätsfristen der zwischenstaatlichen Verträge auf dem Gebiet des gewerblichen Rechtsschutzes ausnutzen kann.

(3) Der Arbeitgeber kann sich gleichzeitig mit der Freigabe nach Absatz 2 ein nichtausschließliches Recht zur Benutzung der Diensterfindung in den betreffenden ausländischen Staaten gegen angemessene Vergütung vorbehalten und verlangen, daß der Arbeitnehmer bei der Verwertung der freigegebenen Erfindung in den betreffenden ausländischen Staaten die Verpflichtungen des Arbeitgebers aus dem im Zeitpunkt der Freigabe bestehenden Verträgen über die Diensterfindung gegen angemessene Vergütung berücksichtigt.

§ 15 Gegenseitige Rechte und Pflichten beim Erwerb von Schutzrechten

(1) Der Arbeitgeber hat dem Arbeitnehmer zugleich mit der Anmeldung der Diensterfindung zur Erteilung eines Schutzrechts Abschriften der Anmeldeunterlagen zu geben. Er hat ihn von dem Fortgang des Verfahrens zu unterrichten und ihm auf Verlangen Einsicht in den Schriftwechsel zu gewähren.

(2) Der Arbeitnehmer hat den Arbeitgeber auf Verlangen beim Erwerb von Schutzrechten zu unterstützen und die erforderlichen Erklärungen abzugeben.

§ 16 Aufgabe der Schutzrechtsanmeldung oder des Schutzrechts

(1) Wenn der Arbeitgeber vor Erfüllung des Anspruchs des Arbeitnehmers auf angemessene Vergütung die Anmeldung der Diensterfindung zur Erteilung eines Schutzrechts nicht weiterverfolgen oder das auf die Diensterfindung erteilte Schutzrecht nicht aufrechterhalten will, hat er dies dem Arbeitnehmer mitzuteilen und ihm auf dessen Verlangen und Kosten das Recht zu übertragen sowie die zur Wahrung des Rechts erforderlichen Unterlagen auszuhändigen.

(2) Der Arbeitgeber ist berechtigt, das Recht aufzugeben, sofern der Arbeitnehmer nicht innerhalb von drei Monaten nach Zugang der Mitteilung die Übertragung des Rechts verlangt.

(3) Gleichzeitig mit der Mitteilung nach Absatz 1 kann sich der Arbeitgeber ein nichtausschließliches Recht zur Benutzung der Diensterfindung gegen angemessene Vergütung vorbehalten.

IV

IV

§ 17 Betriebsgeheimnisse

(1) Wenn berechtigte Belange des Betriebes es erfordern, eine gemeldete Diensterfindung nicht bekanntwerden zu lassen, kann der Arbeitgeber von der Erwirkung eines Schutzrechts absehen, sofern er die Schutzfähigkeit der Diensterfindung gegenüber dem Arbeitnehmer anerkennt.

(2) Erkennt der Arbeitgeber die Schutzfähigkeit der Diensterfindung nicht an, so kann er von der Einwirkung eines Schutzrechts absehen, wenn er zur Herbeiführung einer Einigung über die Schutzfähigkeit der Diensterfindung die Schiedsstelle (§ 29) anruft.

(3) Bei der Bemessung der Vergütung für eine Erfindung nach Absatz 1 sind auch die wirtschaftlichen Nachteile zu berücksichtigen, die sich für den Arbeitnehmer daraus ergeben, daß auf die Diensterfindung kein Schutzrecht erteilt worden ist.

2. Freie Erfindungen

§ 18 Mitteilungspflicht

(1) Der Arbeitnehmer, der während der Dauer des Arbeitsverhältnisses eine freie Erfindung gemacht hat, hat dies dem Arbeitgeber unverzüglich durch Erklärung in Textform mitzuteilen. Dabei muß über die Erfindung und, wenn dies erforderlich ist, auch über ihre Entstehung soviel mitgeteilt werden, daß der Arbeitgeber beurteilen kann, ob die Erfindung frei ist.

(2) Bestreitet der Arbeitgeber nicht innerhalb von drei Monaten nach Zugang der Mitteilung durch Erklärung in Textform an den Arbeitnehmer, daß die ihm mitgeteilte Erfindung frei sei, so kann die Erfindung nicht mehr als Diensterfindung in Anspruch genommen werden (§ 6).

(3) Eine Verpflichtung zur Mitteilung freier Erfindungen besteht nicht, wenn die Erfindung offensichtlich im Arbeitsbereich des Betriebes des Arbeitgebers nicht verwendbar ist.

§ 19 Anbietungspflicht

(1) Bevor der Arbeitnehmer eine freie Erfindung während der Dauer des Arbeitsverhältnisses anderweitig verwertet, hat er zunächst dem Arbeitgeber mindestens ein nichtausschließliches Recht zur Benutzung der Erfindung zu angemessenen Bedingungen anzubieten, wenn die Erfindung im Zeitpunkt des Angebots in vorhandenen oder vorbereiteten Arbeitsbereich des Betriebes des Arbeitgebers fällt. Das Angebot kann gleichzeitig mit der Mitteilung nach § 18 abgegeben werden.

(2) Nimmt der Arbeitgeber das Angebot innerhalb von drei Monaten nicht an, so erlischt das Vorrecht.

(3) Erklärt sich der Arbeitgeber innerhalb der Frist des Absatzes 2 zum Erwerb des ihm angebotenen Rechts bereit, macht er jedoch geltend, daß die Bedingungen des Angebots nicht angemessen seien, so setzt das Gericht auf Antrag des Arbeitgebers oder des Arbeitnehmers die Bedingungen fest.

(4) Der Arbeitgeber oder der Arbeitnehmer kann eine andere Festsetzung der Bedingungen beantragen, wenn sich Umstände wesentlich ändern, die für die vereinbarten oder festgesetzten Bedingungen maßgebend waren.

3. Technische Verbesserungsvorschläge

§ 20

(1) Für technische Verbesserungsvorschläge, die dem Arbeitgeber eine ähnliche Vorzugsstellung gewähren wie ein gewerbliches Schutzrecht, hat der Arbeitnehmer gegen den Arbeitgeber einen Anspruch auf angemessene Vergütung, sobald dieser sie verwertet. Die Bestimmungen der §§ 9 und 12 sind sinngemäß anzuwenden.

(2) Im übrigen bleibt die Behandlung technischer Verbesserungsvorschläge der Regelung durch Tarifvertrag oder Betriebsvereinbarung überlassen.

4. Gemeinsame Bestimmungen

§ 21 (weggefallen)

§ 22 Unabdingbarkeit

Die Vorschriften dieses Gesetzes können zuungunsten des Arbeitnehmers nicht abgedungen werden. Zulässig sind jedoch Vereinbarungen über Diensterfindungen nach ihrer Meldung, über freie Erfindungen und technische Verbesserungsvorschläge (§ 20 Abs. 1) nach ihrer Mitteilung.

§ 23 Unbilligkeit

(1) Vereinbarungen über Diensterfindungen, freie Erfindungen oder technische Verbesserungsvorschläge (§ 20 Abs. 1, die nach diesem Gesetz zulässig sind, sind unwirksam, soweit sie in erheblichem Maße unbillig sind. Das gleiche gilt für die Festsetzung der Vergütung (§ 12 Abs. 4).

(2) Auf die Unbilligkeit einer Vereinbarung oder einer Festsetzung der Vergütung können sich Arbeitgeber und Arbeitnehmer nur berufen, wenn sie die Unbilligkeit spätestens bis zum Ablauf von sechs Monaten nach Beendigung des Arbeitsverhältnisses durch Erklärung in Textform gegenüber dem anderen Teil geltend machen.

§ 24 Geheimhaltungspflicht

(1) Der Arbeitgeber hat die ihm gemeldete oder mitgeteilte Erfindung eines Arbeitnehmers so lange geheimzuhalten, als dessen berechtigte Belange dies erfordern.

(2) Der Arbeitnehmer hat eine Diensterfindung so lange geheimzuhalten, als sie nicht frei geworden ist (§ 8).

(3) Sonstige Personen, die auf Grund dieses Gesetzes von einer Erfindung Kenntnis erlangt haben, dürfen ihre Kenntnis weder auswerten noch bekanntgeben.

§ 25 Verpflichtungen aus dem Arbeitsverhältnis

Sonstige Verpflichtungen, die sich für den Arbeitgeber und den Arbeitnehmer aus dem Arbeitsverhältnis ergeben, werden durch die Vorschriften dieses Gesetzes nicht berührt, soweit sich nicht daraus, daß die Erfindung frei geworden ist (§ 8, etwas anderes ergibt.

§ 26 Auflösung des Arbeitsverhältnisses

Die Rechte und Pflichten aus diesem Gesetz werden durch die Auflösung des Arbeitsverhältnisses nicht berührt.

§ 27 Insolvenzverfahren

Wird nach Inanspruchnahme der Diensterfindung das Insolvenzverfahren über das Vermögen des Arbeitgebers eröffnet, so gilt folgendes:

1. Veräußert der Insolvenzverwalter die Diensterfindung mit dem Geschäftsbetrieb, so tritt der Erwerber für die Zeit von der Eröffnung des Insolvenzverfahrens an in die Vergütungspflicht des Arbeitgebers ein.

2. Verwertet der Insolvenzverwalter die Diensterfindung im Unternehmen des Schuldners, so hat er dem Arbeitnehmer eine angemessene Vergütung für die Verwertung aus der Insolvenzmasse zu zahlen.

3. In allen anderen Fällen hat der Insolvenzverwalter dem Arbeitnehmer die Diensterfindung sowie darauf bezogene Schutzrechtspositionen spätestens nach Ablauf eines Jahres nach Eröffnung des Insolvenzverfahrens anzubieten; im Übrigen gilt § 16 entsprechend. Nimmt der Arbeitnehmer das Angebot innerhalb von zwei Monaten nach dessen Zugang nicht an, kann der Insolvenzverwalter die Erfindung ohne Geschäftsbetrieb veräußern oder das Recht aufgeben. Im Fall der Veräußerung kann der Insolvenzverwalter mit dem Erwerber vereinbaren, dass sich dieser verpflichtet, dem Arbeitnehmer die Vergütung nach § 9 zu zahlen. Wird eine solche Vereinbarung nicht getroffen, hat der Insolvenzverwalter dem Arbeitnehmer die Vergütung aus dem Veräußerungserlös zu zahlen.

4. Im Übrigen kann der Arbeitnehmer seine Vergütungsansprüche nach den §§ 9 bis 12 nur als Insolvenzgläubiger geltend machen.

5. Schiedsverfahren

§ 28 Gütliche Einigung

In allen Streitfällen zwischen Arbeitgeber und Arbeitnehmer auf Grund dieses Gesetzes kann jederzeit die Schiedsstelle angerufen werden. Die Schiedsstelle hat zu versuchen, eine gütliche Einigung herbeizuführen.

§ 29 Errichtung der Schiedsstelle

(1) Die Schiedsstelle wird beim Patentamt errichtet.

(2) Die Schiedsstelle kann außerhalb ihres Sitzes zusammentreten.

§ 30 Besetzung der Schiedsstelle

(1) Die Schiedsstelle besteht aus einem Vorsitzenden oder seinem Vertreter und zwei Beisitzern.

(2) Der Vorsitzende und sein Vertreter sollen die Befähigung zum Richteramt nach dem Deutschen Richtergesetz besitzen. Sie werden vom Bundesminister der Justiz für die Dauer von vier Jahren berufen. Eine Wiederberufung ist zulässig.

(3) Die Beisitzer sollen auf dem Gebiet der Technik, auf das sich die Erfindung oder der technische Verbesserungsvorschlag bezieht, besondere Erfahrung besitzen. Sie werden vom Präsidenten des Patentamts aus den Mitgliedern und Hilfsmitgliedern des Patentamts für den einzelnen Streitfall berufen.

(4) Auf Antrag eines Beteiligten ist die Besetzung der Schiedsstelle um je einen Beisitzer aus Kreisen der Arbeitgeber und der Arbeitnehmer zu erweitern. Diese Beisitzer werden vom Präsidenten des Patentamts aus Vorschlagslisten ausgewählt und für den einzelnen Streitfall bestellt. Zur Einreichung von Vorschlagslisten sind berechtigt die in § 11 genannten Spitzenorganisationen, ferner die Gewerkschaften und die selbständigen Vereinigungen von Arbeitnehmern mit sozial- oder berufspolitischer Zwecksetzung, die keiner dieser Spitzenorganisationen angeschlossen sind, wenn ihnen eine erhebliche Zahl von Arbeitnehmern angehört, von denen nach der ihnen im Betrieb obliegenden Tätigkeit erfinderische Leistungen erwartet werden.

(5) Der Präsident des Patentamts soll den Beisitzer nach Absatz 4 aus der Vorschlagsliste derjenigen Organisation auswählen, welcher der Beteiligte angehört, wenn der Beteiligte seine Zugehörigkeit zu einer Organisation vor der Auswahl der Schiedsstelle mitgeteilt hat.

(6) Die Dienstaufsicht über die Schiedsstelle führt der Vorsitzende, die Dienstaufsicht über den Vorsitzenden der Präsident des Patentamts. Die Mitglieder der Schiedsstelle sind an Weisungen nicht gebunden.

§ 31 Anrufung der Schiedsstelle

(1) Die Anrufung der Schiedsstelle erfolgt durch schriftlichen Antrag. Der Antrag soll in zwei Stücken eingereicht werden. Er soll eine kurze Darstellung des Sachverhalts sowie Namen und Anschrift des anderen Beteiligten erhalten.

(2) Der Antrag wird vom Vorsitzenden der Schiedsstelle dem anderen Beteiligten mit der Aufforderung zugestellt, sich innerhalb einer bestimmten Frist zu dem Antrag schriftlich zu äußern.

§ 32 Antrag auf Erweiterung der Schiedsstelle

Der Antrag auf Erweiterung der Besetzung der Schiedsstelle ist von demjenigen, der die Schiedsstelle anruft, zugleich mit der Anrufung (§ 31 Abs. 1), von dem anderen Beteiligten innerhalb von zwei Wochen nach Zustellung des die Anrufung enthaltenden Antrags (§ 31 Abs. 2) zu stellen.

§ 33 Verfahren vor der Schiedsstelle

(1) Auf das Verfahren vor der Schiedsstelle sind §§ 41 bis 48, 1042 Abs. 1 und § 1050 der Zivilprozeßordnung sinngemäß anzuwenden. § 1042 Abs. 2 der Zivilprozeßordnung ist mit der Maßgabe sinngemäß anzuwenden, daß auch Patentanwälte und Erlaubnisscheininhaber (Artikel 3 des Zweiten Gesetzes zur Änderung und Überleitung von Vorschriften auf dem Gebiet des gewerblichen Rechtsschutzes vom 2. Juli 1949 – WiGBl. S. 179)

sowie Verbandsvertreter im Sinne des § 11 des Arbeitsgerichtsgesetzes von der Schiedsstelle nicht zurückgewiesen werden dürfen.

(2) Im übrigen bestimmt die Schiedsstelle das Verfahren selbst.

§ 34 Einigungsvorschlag der Schiedsstelle

(1) Die Schiedsstelle faßt ihre Beschlüsse mit Stimmenmehrheit. § 196 Abs. 2 des Gerichtsverfassungsgesetzes ist anzuwenden.

(2) Die Schiedsstelle hat den Beteiligten einen Einigungsvorschlag zu machen. Der Einigungsvorschlag ist zu begründen und von sämtlichen Mitgliedern der Schiedsstelle zu unterschreiben. Auf die Möglichkeit des Widerspruchs und die Folgen bei Versäumung der Widerspruchsfrist ist in dem Einigungsvorschlag hinzuweisen. Der Enigungsvorschlag ist den Beteiligten zuzustellen.

(3) Der Einigungsvorschlag gilt als angenommen und eine dem Inhalt des Vorschlages entsprechende Vereinbarung als zustande gekommen, wenn nicht innerhalb eines Monats nach Zustellung des Vorschlages ein schriftlicher Widerspruch eines der Beteiligten bei der Schiedsstelle eingeht.

(4) Ist einer der Beteiligten durch unabwendbaren Zufall verhindert worden, den Widerspruch rechtzeitig einzulegen, so ist er auf Antrag wieder in den vorigen Stand einzusetzen. Der Antrag muß innerhalb eines Monats nach Wegfall des Hindernisses schriftlich bei der Schiedsstelle eingereicht werden. Innerhalb dieser Frist ist der Widerspruch nachzuholen. Der Antrag muß die Tatsachen, auf die er gestützt wird, und die Mittel angeben, mit denen diese Tatsachen glaubhaft gemacht werden. Ein Jahr nach Zustellung des Einigungsvorschlages kann die Wiedereinsetzung nicht mehr beantragt und der Widerspruch nicht mehr nachgeholt werden.

(5) Über den Wiedereinsetzungsantrag entscheidet die Schiedsstelle. Gegen die Entscheidung der Schiedsstelle findet die sofortige Beschwerde nach den Vorschriften der Zivilprozeßordnung an das für den Sitz des Antragstellers zuständige Landgericht statt.

§ 35 Erfolglose Beendigung des Schiedsverfahrens

(1) Das Verfahren vor der Schiedsstelle ist erfolglos beendet,

1. wenn sich der andere Beteiligte innerhalb der ihm nach § 31 Abs. 2 gesetzten Frist nicht geäußert hat;

2. wenn er es abgelehnt hat, sich auf das Verfahren vor der Schiedsstelle einzulassen;

3. wenn innerhalb der Frist des § 34 Abs. 3 ein schriftlicher Widerspruch eines der Beteiligten bei der Schiedsstelle eingegangen ist.

(2) Der Vorsitzende der Schiedsstelle teilt die erfolglose Beendigung des Schiedsverfahrens den Beteiligten mit.

§ 36 Kosten des Schiedsverfahrens

Im Verfahren vor der Schiedsstelle werden keine Gebühren oder Auslagen erhoben.

6. Gerichtliches Verfahren

§ 37 Voraussetzungen für die Erhebung der Klage

(1) Rechte oder Rechtsverhältnisse, die in diesem Gesetz geregelt sind, können im Wege der Klage erst geltend gemacht werden, nachdem ein Verfahren vor der Schiedsstelle vorausgegangen ist.

(2) Dies gilt nicht,

1. wenn mit der Klage Rechte aus einer Vereinbarung (§§ 12, 19, 22, 34) geltend gemacht werden oder die Klage darauf gestützt wird, daß die Vereinbarung nicht rechtswirksam sei;

2. wenn seit der Anrufung der Schiedsstelle sechs Monate verstrichen sind;

3. wenn der Arbeitnehmer aus dem Betrieb des Arbeitgebers ausgeschieden ist;

4. wenn die Parteien vereinbart haben, von der Anrufung der Schiedsstelle abzusehen. Diese Vereinbarung kann erst getroffen werden, nachdem der Streitfall (§ 28) eingetreten ist. Sie bedarf der Schriftform.

IV

IV

(3) Einer Vereinbarung nach Absatz 2 Nr. 4 steht es gleich, wenn beide Parteien zur Hauptsache mündlich verhandelt haben, ohne geltend zu machen, daß die Schiedsstelle nicht angerufen worden ist.

(4) Der vorherigen Anrufung der Schiedsstelle bedarf es ferner nicht für Anträge auf Anordnung eines Arrestes oder einer einstweiligen Verfügung.

(5) Die Klage ist nach Erlaß eines Arrestes oder einer einstweiligen Verfügung ohne die Beschränkung des Absatzes 1 zulässig, wenn der Partei nach den §§ 926, 936 der Zivilprozeßordnung eine Frist zur Erhebung der Klage bestimmt worden ist.

§ 38 Klage auf angemessene Vergütung

Besteht Streit über die Höhe der Vergütung, so kann die Klage auch auf Zahlung eines vom Gericht zu bestimmenden angemessenen Betrages gerichtet werden.

§ 39 Zuständigkeit

(1) Für alle Rechtsstreitigkeiten über Erfindungen eines Arbeitnehmers sind die für Patentstreitsachen zuständigen Gerichte (§ 143 des Patentgesetzes) ohne Rücksicht auf den Streitwert ausschließlich zuständig. Die Vorschriften über das Verfahren in Patentstreitsachen sind anzuwenden.

(2) Ausgenommen von der Regelung des Absatzes 1 sind Rechtsstreitigkeiten, die ausschließlich Ansprüche auf Leistung einer festgestellten oder festgesetzten Vergütung für eine Erfindung zum Gegenstand haben.

Dritter Abschnitt
Erfindungen und technische Verbesserungsvorschläge von Arbeitnehmern im öffentlichen Dienst, von Beamten und Soldaten

§ 40 Arbeitnehmer im öffentlichen Dienst

Auf Erfindungen und technische Verbesserungsvorschläge von Arbeitnehmern, die in Betrieben und Verwaltungen des Bundes, der Länder, der Gemeinden und sonstigen Körperschaften, Anstalten und Stiftungen des öffentlichen Rechts beschäftigt sind, sind die Vorschriften für Arbeitnehmer im privaten Dienst mit folgender Maßgabe anzuwenden:

1. An Stelle der Inanspruchnahme der Diensterfindung kann der Arbeitgeber eine angemessene Beteiligung an dem Ertrage der Diensterfindung in Anspruch nehmen, wenn dies vorher vereinbart worden ist. Über die Höhe der Beteiligung können im voraus bindende Abmachungen getroffen werden. Kommt eine Vereinbarung über die Höhe der Beteiligung nicht zustande, so hat der Arbeitgeber sie festzusetzen. § 12 Abs. 3 bis 6 ist entsprechend anzuwenden.

2. Die Behandlung von technischen Verbesserungsvorschlägen nach § 20 Abs. 2 kann auch durch Dienstvereinbarung geregelt werden; Vorschriften, nach denen die Einigung über die Dienstvereinbarung durch die Entscheidung einer höheren Dienststelle oder einer dritten Stelle ersetzt werden kann, finden keine Anwendung.

3. Dem Arbeitnehmer können im öffentlichen Interesse durch allgemeine Anordnung der zuständigen obersten Dienstbehörde Beschränkungen hinsichtlich der Art der Verwertung der Diensterfindung auferlegt werden.

4. Zur Einreichung von Vorschlagslisten für Arbeitgeberbeisitzer (§ 30 Abs. 4) sind auch die Bundesregierung und die Landesregierungen berechtigt.

5. Soweit öffentliche Verwaltungen eigene Schiedsstellen zur Beilegung von Streitigkeiten auf Grund dieses Gesetzes errichtet haben, finden die Vorschriften der §§ 29 bis 32 keine Anwendung.

§ 41 Beamte, Soldaten

Auf Erfindungen und technische Verbesserungsvorschläge von Beamten und Soldaten sind die Vorschriften für Arbeitnehmer im öffentlichen Dienst entsprechend anzuwenden.

§ 42 Besondere Bestimmungen für Erfindungen an Hochschulen

Für Erfindungen der an einer Hochschule Beschäftigten gelten folgende besonderen Bestimmungen:

1. Der Erfinder ist berechtigt, die Diensterfindung im Rahmen seiner Lehr- und Forschungstätigkeit zu offenbaren, wenn er dies dem Dienstherrn rechtzeitig, in der Regel zwei Monate zuvor, angezeigt hat. § 24 Abs. 2 findet insoweit keine Anwendung.

2. Lehnt ein Erfinder aufgrund seiner Lehr- und Forschungsfreiheit die Offenbarung seiner Diensterfindung ab, so ist er nicht verpflichtet, die Erfindung dem Dienstherrn zu melden. Will der Erfinder seine Erfindung zu einem späteren Zeitpunkt offenbaren, so hat er dem Dienstherrn die Erfindung unverzüglich zu melden.

3. Dem Erfinder bleibt im Fall der Inanspruchnahme der Diensterfindung ein nichtausschließliches Recht zur Benutzung der Diensterfindung im Rahmen seiner Lehr- und Forschungstätigkeit.

4. Verwertet der Dienstherr die Erfindung, beträgt die Höhe der Vergütung 30 vom Hundert der durch die Verwertung erzielten Einnahmen.

5. § 40 Nr. 1 findet keine Anwendung.

Vierter Abschnitt
Übergangs- und Schlußbestimmungen

§ 43 Übergangsvorschrift

(1) § 42 in der am 7. Februar 2002 (BGBl. I S. 414) geltenden Fassung dieses Gesetzes findet nur Anwendung auf Erfindungen, die nach dem 6. Februar 2002 gemacht worden sind. Abweichend von Satz 1 ist in den Fällen, in denen sich Professoren, Dozenten oder wissenschaftliche Assistenten an einer wissenschaftlichen Hochschule zur Übertragung der Rechte an einer Erfindung gegenüber einem Dritten vor dem 18. Juli 2001 vertraglich verpflichtet haben, § 42 des Gesetzes über Arbeitnehmererfindungen in der bis zum 6. Februar 2002 geltenden Fassung bis zum 7. Februar 2003 weiter anzuwenden.

(2) Für die vor dem 7. Februar 2002 von den an einer Hochschule Beschäftigten gemachten Erfindungen sind die Vorschriften des Gesetzes über Arbeitnehmererfindungen in der bis zum 6. Februar 2002 geltenden Fassung anzuwenden. Das Recht der Professoren, Dozenten und wissenschaftlichen Assistenten an einer wissenschaftlichen Hochschule, dem Dienstherrn ihre vor dem 6. Februar 2002 gemachten Erfindungen anzubieten, bleibt unberührt.

(3) Auf Erfindungen, die vor dem 1. Oktober 2009 gemeldet wurden, sind die Vorschriften dieses Gesetzes in der bis zum 30. September 2009 geltenden Fassung weiter anzuwenden. Für technische Verbesserungsvorschläge gilt Satz 1 entsprechend.

§ 44 (weggefallen)

§ 45 Durchführungsbestimmungen

Der Bundesminister der Justiz wird ermächtigt, im Einvernehmen mit dem Bundesminister für Arbeit die für die Erweiterung der Besetzung der Schiedsstelle (§ 30 Abs. 4 und 5) erforderlichen Durchführungsbestimmungen zu erlassen. Insbesondere kann er bestimmen,

1. welche persönlichen Voraussetzungen Personen erfüllen müssen, die als Beisitzer aus Kreisen der Arbeitgeber oder der Arbeitnehmer vorgeschlagen werden;

2. wie die auf Grund der Vorschlagslisten ausgewählten Beisitzer für ihre Tätigkeit zu entschädigen sind.

§ 46 Außerkrafttreten von Vorschriften

Mit dem Inkrafttreten dieses Gesetzes werden folgende Vorschriften aufgehoben, soweit sie nicht bereits außer Kraft getreten sind:

1. die Verordnung über die Behandlung von Erfindungen von Gefolgschaftsmitgliedern vom 12. Juli 1942 (Reichsgesetzbl. I S. 466);

IV

2. die Durchführungsverordnung zur Verordnung über die Behandlung von Erfindungen von Gefolgschaftsmitgliedern vom 20. März 1943 (Reichsgesetzbl. I S. 257).

§ 47 (weggefallen)

§ 48 (weggefallen)

§ 49 Inkrafttreten

Dieses Gesetz tritt am 1. Oktober 1957 in Kraft.

IV

Stichwortverzeichnis

Sie finden das jeweilige Stichwort über die fettgedruckte Angabe der Leitziffer. Beispiel: **III.4**: im Abschnitt III unter der Ordnungsnummer 4 wurde das Aktiengesetz eingeordnet. Im angegebenen Paragraphen bzw. Artikel finden Sie das gesuchte Stichwort.

Abgaben I.3 Art. 110 ff.
– gleiche Wirkung wie Zölle **I.3** Art. 29, Art. 30

Abgestimmte Verhaltensweisen I.3 Art. 101

Abkommen I.3 § 186

Abnahme II.1 § 640

Abschlussprüfung III.1 § 316 ff. **III.8** § 6

Abstimmungen (Rat) I.2 Art. 16

Abtretung II.1 § 398

Agrarpolitik I.3 Art. 38 ff., Art. 4

Aktien III.4 § 8 ff., § 68 ff., § 139 ff.

Aktiengesellschaft
– Aufsichtsrat **III.4** § 95 ff.
– Definition **III.4** § 1
– Ersatzansprüche **III.4** § 174 ff.
– Firma **III.4** § 4
– Geschäftsführung **III.4** § 77
– Gründerzahl **III.4** § 2
– Grundkapital **III.4** § 7 ff.
– Gründung **III.4** § 23 ff.
– Hauptversammlung **III.4** § 118 ff.
– Jahresabschluss und Jahresbericht **III.1** § 264 ff.
– Leitung **III.4** § 76
– Rechtsverhältnis der Gesellschaft **III.4** § 53a ff.
– Rechtsverhältnis der Gesellschafter **III.4** § 53a ff.
– Satzung **III.4** § 23
– Schadensersatzpflicht Vorstand **III.4** § 117
– Sitz **III.4** § 5
– Sonderprüfung **III.4** § 149, § 143 ff.
– Stimmrechte **III.4** § 10, § 133 ff.
– Verfassung **III.4** § 76 ff.
– Vertretung **III.4** § 78
– Vorstand **III.4** § 76 ff.
– Vorzugsaktien **III.4** § 11 ff., § 139 ff., § 204
– Wesen **III.4** § 1

Aktienregister III.4 § 67

Aktionen, gemeinsame I.2 Art. 25

Aktionäre III.4 § 53a ff., § 126 ff., § 131

Allgemeine Geschäftsbedingungen II.1 § 305 ff.

Amtliche Werke IV.6 § 5

Amtspflichtverletzung II.1 § 839

Änderung der Verträge I.2 Art. 48

Aneignung II.1 § 958 ff.

Anerkennung von Diplomen I.3 Art. 53

Anfechtung II.1 § 119, § 120, § 123
– wegen falscher Übermittlung **II.1** § 120
– wegen Irrtums **II.1** § 119
– wegen Täuschung oder Drohung **II.1** § 123

Anfechtungsfrist II.1 § 121, § 124

Anhörung III.7 § 2
– Arbeitnehmer **I.4** Art. 27
– Betroffene **I.2** Art. 11

Anmeldefiktion IV.7 § 7

Annahme II.1 § 147 ff.

Annahmeverzug II.1 § 293

Anteilseigner III.5 § 2

Antrag II.1 § 145 ff.

Anweisung II.1 § 783 ff.

Findex

Arbeitnehmer I.3 Art. 114, Art. 45 ff., Art. 50 **III.5** §3 **III.7** §2

Arbeitnehmererfindungsgesetz IV.10 §1 ff.

Arbeitnehmervertretung III.7 §2

Arbeitsentgelt I.3 §157

Arbeitsumwelt I.3 Art. 114

Arbeitsverhältnis IV.10 §25 ff.

Arzneimittelhaftung II.2 §15

Assoziierte Unternehmen III.1 §311 ff.

Assoziierung I.3 Art. 3

Ästhetische Formschöpfung IV.8 §1

Asyl I.2 Art. 3

Aufbewahrungsfristen III.1 §257 ff.

Aufführungsrechte IV.6 §19

Auflösende Bedingung II.1 §158 ff.

Auflösung III.3 §60 ff.

Aufrechnung II.1 §387 ff.

Aufsichtspflichtiger, Haftung II.1 §832

Aufsichtsrat III.4 §95 ff. **III.5** §6 ff., §25 ff. **III.8** §4
  – Aufgaben und Rechte **III.4** §111
  – Beschlussfassung **III.4** §108
  – Bestellung **III.4** §30
  – Einberufung **III.4** §110
  – innere Ordnung **III.4** §7
  – Prüfung **III.8** §107
  – Zusammensetzung **III.4** §96

Aufsichtsratsmitglieder
  – Amtszeit **III.4** §102
  – Bestellung **III.4** §101 ff.
  – persönliche Voraussetzungen **III.4** §100
  – Sorgfaltspflichten **III.4** §116
  – Unvereinbarkeit von Mandaten **III.4** §105
  – Vergütung **III.4** §113

Auftrag II.1 §662 ff.

Ausfuhrbeschränkung I.3 Art. 35

Ausgaben I.2 Art. 41

Ausgleichsabgaben I.3 Art. 44

Auskunftsanspruch IV.5 §19

Auskunftsverlangen IV.1 §59

Auslegung von Verträgen II.1 §157

Auslobung II.1 §657 ff.

Ausrichtungs- und Garantiefonds (Landwirtschaft) I.3 Art. 40

Ausschuss der Regionen I.2 Art. 13

Ausstellungsrechte IV.6 §18

Austritt aus der Union I.2 Art. 50

Außen- und Sicherheitspolitik I.2 Art. 23 ff.

Bagatellverstoß IV.3 §2

Bauelemente, komplexer Erzeugnisse IV.9 §4

Bearbeitung IV.6 §23

Bedingung, aufschiebend und auflösend II.1 §158

Beendigung des Mietverhältnisses II.1 §568 ff.

Befreiung von der Gegenleistung II.1 §326

Befugnisse der Union I.2 Art. 5

Beherbungsbetriebe IV.4 §7

Beherrschende Stellung, Missbrauch I.3 Art. 102, Art. 104

Beihilfen I.3 Art. 107, Art. 109, Art. 42, Art. 50

Beitritt zur Union I.2 Art. 49

Findex

Benutzeranordnung, staatliche IV.7 § 13

Bereicherungsanspruch, Umfang II.1 § 818

Berufliche Eingliederung I.3 § 166

Berufsausbildung I.3 Art. 53

Berufsfreiheit I.1 Art. 12

Berufswahl, freie I.1 Art. 12

Beschäftigung, EU I.3 Art. 145 ff.

Beschlagnahme IV.1 § 58

Beschluss I.3 Art. 288

Beschränkte Geschäftsfähigkeit II.1 § 106

Beschwerde IV.1 § 63 ff., § 116 ff.

Beseitigungs- und Unterlassungsanspruch II.1 § 1004

Besitz II.1 § 854 ff.

Betrieb III.5 § 3

Betriebsgeheimnis IV.3 § 17

Betriebskosten II.1 § 556

Betriebsübergang, Rechte und Pflichten II.1 § 613a

Beweiserhebung IV.1 § 57

Bewertungsvorschriften III.1 § 252 ff.

Bewertungsvorschriften, Kapitalgesellschaft III.1 § 279 ff.

BGB-Gesellschaft II.1 § 705 ff.

Bilanz III.3 § 42, § 57e ff.
  – Kapitalgesellschaft III.1 § 266 ff.

Bild- und Tonträger IV.6 § 21

Bildende Kunst IV.6 § 2

Binnenmarkt I.3 Art. 113, Art. 114, Art. 115, Art. 26, Art. 3, Art. 38 I.2 Art. 3

Biologische Patente IV.7 § 9a ff.

Boykottverbot IV.1 § 21, § 32 ff.

Briefgeheimnis I.1 Art. 10

Buchführung III.3 § 41

Bundeskartellamt IV.1 § 51 ff.

Bundesrechnungshof I.1 Art. 114

Bürge II.1 § 239

Bürgerbeauftragter I.3 Art. 24

Bürgerinitiative I.2 Art. 11

Bürgerliches Gesetzbuch II.1 § 1 ff.

Bürgschaft II.1 § 765 ff.

Bußgeldverfahren IV.1 § 81 ff.

Bußgeldvorschriften III.8 § 17 ff.

Charta der Grundrechte I.2 Art. 6 I.4 Art. 1 ff.

Charta der Vereinigten Nationen I.2 Art. 3

Computerprogramme IV.6 § 2

Darlehensvertrag II.1 § 488 ff.

Datenbank IV.6 § 4

Datenschutz I.2 Art. 39 I.4 Art. 8

Deliktsfähigkeit II.1 § 827 ff.

Demokratie I.2 Art. 2, Art. 10, Art. 11 I.1 Art. 20

Deutsches Patentamt IV.7 § 3

Dienst- und Arbeitsverhältnis II.1 § 113

Diensterfindung IV.10 § 4, § 5 ff.

Dienstleistungen von allgemeinem wirtschaftlichen Interesse I.4 Art. 36

Dienstleistungsfreiheit I.3 Art. 26, Art. 56 ff.

Dienstverhältnis, Beendigung II.1 § 620

Dienstvertrag II.1 § 611 ff.
  – Kündigungsfristen II.1 § 621 ff.

Findex

– Pflichten **II.1** § 611
– Vergütung **II.1** § 612

Diplomatischer Schutz I.3 Art. 23
I.4 Art. 46

Diskriminierungsverbot I.3 Art. 10,
Art. 107, Art. 114, Art. 18, Art. 37, Art. 56,
Art. 61, Art. 65 **I.2** Art. 3 **I.4** Art. 21
IV.1 § 20, § 21

Dokumente, Zugang I.4 Art. 42

Doppelbestrafung, Verbot I.4 Art. 50

Drogenbekämpfung I.2 Art. 83

Durchführungsbefugnisse I.3 Art. 290 ff.

EG-Fusionskontrollverordnung IV.2 Art. 1

Ehe, Schutz der I.1 Art. 6

Eheschließung, Recht auf I.4 Art. 9

Ehevermittlung II.1 § 656

Eigenmittel I.2 Art. 54

Eigentum II.1 § 903 ff. **I.3** Art. 36 **I.1** Art. 14
I.4 Art. 17
– an beweglichen Sachen **II.1** § 929 ff.
– an Grundstücken **II.1** § 925 ff.
– Befugnisse des Eigentümers **II.1** § 903
– Begrenzung **II.1** § 905
– Einigung und Übergabe **II.1** § 929
– Einwendungen des Besitzers **II.1** § 986
– Haftung **II.1** § 989 ff.
– Herausgabeanspruch **II.1** § 985

Eigentumsvermutung für Besitzer
II.1 § 1006

Eigentumsvorbehalt II.1 § 449

Einfuhrbeschränkung I.3 Art. 34

Eingetragene Vereine II.1 § 55 ff.

Einigungsmangel II.1 § 154 ff.

Einigungsstellen IV.3 § 15

Einlagepflicht III.3 § 14, § 19 ff.

Einrede
– der Bereicherung **II.1** § 821
– nicht erfüllten Vertrages **II.1** § 320

Einseitige Rechtsgeschäfte II.1 § 111

Einseitiges Leistungsbestimmungsrecht
II.1 § 315 ff.

Einstweilige Anordnung IV.1 § 60

Eintragung III.3 § 10
– Bekanntmachung **III.1** § 10

Einwilligung II.1 § 108 ff., § 182 ff.

Einzelermächtigung, begrenzte I.2 Art. 5

Elektrizität IV.4 § 3

Elektronische Datenübermittlung
IV.1 § 78a

Elektronischer Geschäftsverkehr
II.1 § 312e

Energie I.3 Art. 4

Energiewirtschaft IV.1 § 29

Enteignung I.1 Art. 14

Entflechtung IV.1 § 41

Entgangener Gewinn II.1 § 252

Entlassung I.4 Art. 30

Entnahmepriorität IV.7 § 7

Entscheidung I.3 Art. 288

Entwicklungspolitik I.3 Art. 4

Erfinderische Tätigkeit IV.7 § 4

Erfinderrechtliche Vindikation IV.7 § 8

Erfindung IV.8 § 1 ff. **IV.7** § 1 ff. **IV.10** § 2

Erfindungen, Recht auf IV.7 § 6

Erfindungshöhe IV.7 § 4

Erfüllung II.1 § 362 ff., § 422

Erfüllungsgehilfe, Haftung II.1 § 278

Ergebnisverwendung III.3 §29

Erlass II.1 §397

Erlöschen
– der Schuldverhältnisse II.1 §362 ff.
– durch Leistung II.1 §362

Ermittlungen IV.1 §57

Eröffnungsbilanz III.1 §242 ff.

Ersatz von Mehraufwendungen II.1 §304

Ersatzansprüche III.4 §147 ff.

Ersatzdienst I.1 Art. 12a

Ersatzpflicht
– aus Billigkeitsgründen II.1 §829
– des Herstellers II.2 §1

Erschöpfungsregelungen IV.7 §9b

Ersitzung II.1 §937 ff.

Erzeugnis IV.9 §1
– komplexes IV.9 §1

EU-Kommission IV.1 §2
– Auskunftserteilung IV.2 Art. 11
– Entscheidungsbefugnis IV.2 Art. 8
– Nachprüfungen IV.2 Art. 12 ff.
– Verweisung an IV.2 Art. 22

Euro I.2 Art. 3

Eurojust I.3 Art. 86

Europol I.2 Art. 88

Europäische Gesellschaft III.6 §1 ff.
– Aufbau III.6 §15 ff.
– Auflösung III.6 §52
– Aufsichtsorgan III.6 §17
– dualistisches System III.6 §15 ff.
– Eintragung III.6 §3 ff.
– Gründung III.6 §5 ff.
– Jahresbschluss III.6 §47
– Leitungsorgan III.6 §16
– Mitbestimmung III.7 §1 ff.
– monistisches System III.6 §20 ff.

– ordentliche Hauptversammlung III.6 §48, §50 ff.
– Straf- und Bußgeld III.6 §53
– Verschmelzung III.6 §5 ff.
– Verwaltungsrat III.6 §21 ff.

Europäische Menschenrechtskonvention I.2 Art. 6

Europäische Patentanmeldung IV.8 §3

Europäische Satellitensendung IV.6 §20a

Europäische Union I.2 Art. 1 ff.

Europäische Verteidigungsagentur I.2 Art. 42, Art. 45

Europäische Zentralbank I.2 Art. 13

Europäischer Ausrichtungs- oder Garantiefonds für die Landwirtschaft I.3 Art. 40

Europäischer Auswärtiger Dienst I.2 Art. 27

Europäischer Betriebsrat III.7 §2

Europäischer Rat I.2 Art. 13, Art. 15

Europäischer Sozialfonds I.3 Art. 162 ff.

Europäisches Parlament I.3 Art. 7
I.2 Art. 13, Art. 14

Europäisches Patentübereinkommen IV.8 §4

Europäisches Wettbewerbsrecht IV.1 §22

Existenzgründer II.1 §507

Fahrlässigkeit II.1 §276

Familie, Schutz der I.1 Art. 6

Familienleben, Recht auf Achtung I.4 Art. 33

Fehlerhaftes Produkt
– Begriff II.2 §3
– Haftung II.2 §1

Findex

Findex

Fernabsatzverträge II.1 §312b ff.
- Kündigung **II.1** §312 f
- Unterrichtung **II.1** §312c
- Widerrufs- und Rückgaberecht **II.1** §312d

Fernwärme IV.4 §3

Filme IV.6 §2

Finanzhilfen I.1 Art. 104b

Finanzierungshilfen II.1 §499 ff.

Finanzmonopole I.3 Art. 106

Finanzverwaltung I.1 Art. 108

Finanzwesen I.1 Art. 104a ff.

Finanzzölle I.3 Art. 30

Firma III.1 §17
- Anmeldung **III.1** §29
- Bezeichnung **III.1** §19
- des Kaufmanns **III.1** §18
- Unterscheidbarkeit **III.1** §30

Firmenfortführung III.1 §21 ff.

Firmenkennzeichnung III.1 §18

Fixhandelskauf III.1 §376

Folgerecht IV.6 §26

Folter, Verbot I.4 Art. 4

Forderungsübertragung II.1 §398 ff.

Formfreiheit III.1 §350

Formkaufmann III.1 §6

Forschung I.3 Art. 4, Art. 41

Frachtgeschäft III.1 §407 ff.

Freie Erfindung IV.10 §4, §18 ff.

Freie Meinungsäußerung I.1 Art. 5

Freie Nutzung IV.6 §24

Freiheit, Recht auf I.4 Art. 6

Freiheiten I.4 Art. 6 ff.

Freizügigkeit I.3 Art. 21 I.4 Art. 45

Freizügigkeit, Arbeitnehmer I.3 Art. 114, Art. 45 ff.

Freizügigkeitsrecht I.1 Art. 11

Fremdenverkehr I.3 Art. 6

Frieden I.2 Art. 3

Fristen II.1 §186 ff.

Früchte II.1 §99, §101

Fund II.1 §965 ff.

Fusionskontrolle IV.2 Art. 1

Fälligkeit der Vergütung II.1 §641

Gas IV.4 §3

Gaststätten IV.4 §7

Gastwirt II.1 §701 ff.

Gattungsschuld II.1 §243

Gebrauchsmuster IV.8 §1

Gebrauchsmusterinhaber IV.8 §4

Gedankenfreiheit I.4 Art. 10

Gefahr- und Lastenübergang II.1 §446

Gefahrübergang II.1 §446
- bei Versendungskauf **II.1** §447

Gegenseitiger Vertrag II.1 §320 ff.

Geistiges Eigentum I.3 Art. 118

Geldbußen I.3 Art. 103

Geldpolitik I.3 Art. 3

Geltungsbereich der Verträge I.2 Art. 52

Gemeinsame Aktionen I.2 Art. 25

Gemeinsame Außen- und Sicherheitspolitik I.2 Art. 21 ff.

Gemeinsamer Standpunkt I.3 Art. 294
I.2 Art. 25

Gemeinschaft II.1 § 741 ff.

Gen IV.7 § 1a

Genehmigung II.1 § 182 ff., § 134

Gerichtliches Verfahren IV.10 § 37 ff.

Gerichtshof I.3 Art. 108 I.2 Art. 13, Art. 19

Gerichtsverfahren I.4 Art. 47

Gesamtgläubiger II.1 § 428

Gesamtprokura III.1 § 49

Gesamtschuldner II.1 § 421

Geschmacksmusterschutz IV.9 § 2

Geschäfte des täglichen Lebens
II.1 § 105a

Geschäftsbesorgungsvertrag II.1 § 675 ff.

Geschäftsführer III.3 § 6, § 38
– Anmeldung III.3 § 39
– Haftung III.3 § 43

Geschäftsführung ohne Auftrag
II.1 § 677 ff.

Geschäftsfähigkeit II.1 § 104 ff.
– beschränkte II.1 § 106

Geschäftsgeheimnis IV.3 § 17

Geschäftsgrundlage II.1 § 313

Geschäftsunfähigkeit II.1 § 104

Gesellschaft des bürgerlichen Rechts
II.1 § 705 ff.
– Beiträge der Gesellschafter II.1 § 706
– gesamthänderische Bindung II.1 § 719
– Geschäftsführung II.1 § 709 ff.
– Gesellschaftsvermögen II.1 § 718
– Gesellschaftsvertrag II.1 § 705
– Gewinn und Verlust II.1 § 721
– Haftung der Gesellschafter II.1 § 708
– Vertretung II.1 § 714

Gesellschaft mit beschränkter Haftung
(GmbH) III.3 § 1 ff.
– Anmeldung III.3 § 7
– Auflösung III.3 § 60 ff.
– Bekanntmachung III.3 § 10
– Bußgeldvorschriften III.3 § 78 ff.
– Eintragung III.3 § 10
– Firma III.3 § 4
– Geschäftsführer III.3 § 6
– Gründerzahl III.3 § 1
– Nichtigkeit III.3 § 75 ff.
– Ordnungswidrigkeiten III.3 § 78 ff.
– Stammeinlage III.3 § 5
– Stammkapital III.3 § 5, § 55, § 58
– Strafvorschriften III.3 § 78 ff.
– Vertretung III.3 § 35
– Zweck III.3 § 1

Gesellschafter III.3 § 13
– Aufgabenkreis III.3 § 46
– Rechte III.3 § 45
– Rechtsstellung III.3 § 16

Gesellschafterversammlung III.3 § 48 ff.

Gesellschaftsrecht I.3 Art. 50, Art. 54

Gesellschaftsvertrag II.1 § 705 ff. III.3 § 2,
§ 3, § 53 ff.

Gesetz gegen den unlauteren Wettbewerb IV.3 § 1 ff.

Gesetz gegen Wettbewerbsbeschränkungen IV.1 § 1 ff.

Gesetzgebung, ausschließliche I.1 Art. 73

Gesetzliches Vertretungsorgan
III.5 § 30 ff.

Gesetzlicher Vertreter II.1 § 104, § 108
III.8 § 4

Gesundheitsschutz I.3 Art. 114, Art. 36,
Art. 4 I.4 Art. 35

Gewerbliche Anwendbarkeit IV.7 § 5

Gewinn III.3 § 32

Findex

Gewinn- und Verlustrechnung, Kapitalgesellschaft III.1 § 275 ff.

Gewinnabschöpfung IV.3 § 10

Gewinnverteilung III.4 § 60

Gewissensfreiheit I.4 Art. 10

Girovertrag II.1 § 676 ff.

Glaubens- und Bekenntnisfreiheit
I.1 Art. 4

Gleichheit I.2 Art. 2, Art. 9 I.4 Art. 20 ff.

Gleichheitsgrundsatz I.1 Art. 3

Gläubigerverzug II.1 § 293 ff.

Grundbesitz, Erwerb I.3 Art. 50

Grundfreiheiten I.2 Art. 6

Grundgesetz I.1 Art. 1 ff.

Grundpreis IV.4 § 2

Grundrechte I.1 Art. 1 ff. I.2 Art. 6
I.4 Art. 1 ff.

Grundsätze, allg. des EU-Rechts I.2 Art. 6

Gute Verwaltung I.4 Art. 41

Gutgläubiger Erwerb II.1 § 932 ff.
III.1 § 366 ff.

Haftung
– der Beamten II.1 § 839
– des Besitzers gegenüber Eigentümer
  II.1 § 987 ff.
– des Erwerbers eines Handelsgeschäftes
  III.1 § 25 ff.
– bei der GbR II.1 § 736
– von Gesellschaftern der OHG
  III.1 § 128 ff.
– der GmbH III.3 § 9a
– für GmbH III.3 § 13
– bei Gläubigerverzug II.1 § 300
– aus Handelsgeschäften III.1 § 347 ff.
– des Herstellers II.2 § 1
– der Kommanditisten III.1 § 176
– Mehrerer II.1 § 840
– einer Partnerschaftsgesellschaft
  III.2 § 8, § 10
– bei Produkthaftung II.2 § 2, § 7 ff.
– des Schuldners II.1 § 276 ff.
– des Tierhalters II.1 § 833
– für unerlaubte Handlung II.1 § 823 ff.
– bei ungerechtfertigter Bereicherung
  II.1 § 818 ff.
– für Verbindlichkeiten der AG III.4 § 1
– bei Vereinen II.1 § 31, § 42, § 52 ff.

Haftungsausschluss II.1 § 444

Haftungsklage III.4 § 149

Haftungsminderung II.2 § 6

Handel IV.4 § 4

Handelsbräuche III.1 § 346

Handelsbücher III.1 § 238 ff.

Handelsfirma, Begriff III.1 § 17

Handelsgeschäfte III.1 § 343 ff.

Handelsgesellschaften III.1 § 6

Handelsgesetzbuch III.1 § 1 ff.

Handelsgewerbe, Definition III.1 § 1

Handelskauf III.1 § 373
– Annahmeverzug III.1 § 373
– Untersuchungs- und Rügepflicht
  III.1 § 377

Handelsmakler III.1 § 93 ff.

Handelsmonopole I.3 Art. 27

Handelspolitik I.3 Art. 3

Handelsregister III.1 § 8 ff.
– Einsichtnahme III.1 § 9
– Eintragung III.1 § 8a

Handelsvertreter III.1 § 84 ff.

Handlungsgehilfe III.1 § 59

Handlungsvollmacht III.1 § 54

Findex

Hauptversammlung der AG
- Einberufung **III.4** § 121
- Geschäftsordnung **III.4** § 129
- Rechte **III.4** § 119
- Stimmrechte **III.4** § 133

Haushaltswirtschaft des Staates
I.1 Art. 109

Haustürgeschäfte II.1 § 312
- Widerrufsrecht **II.1** § 312

Hemmung der Verjährung II.1 § 203 ff.

Herausgabe des Ersatzes II.1 § 285

Hersteller
- Begriff **II.2** § 3
- Haftung **II.2** § 1

Hinterlegung II.1 § 372 ff.

Höchsthaftungsbetrag II.2 § 10

Hohe Vertreter für Außen- und Sicherheitspolitik I.2 Art. 18, Art. 27

Holding-SE III.6 § 9 ff.

Illegale Einwanderung I.3 Art. 79

Immaterieller Schaden II.1 § 253

Immobilien I.3 Art. 64

Individualabrede II.1 § 305b

Industrie I.3 Art. 6

Inhaltskontrolle II.1 § 307

Inlandsvertreiber IV.7 § 25

Innere Sicherheit I.3 Art. 72

Insichgeschäft II.1 § 181

Insolvenzverfahren III.1 § 32

Institutioneller Rahmen I.2 Art. 13

Internationale Organisationen
I.2 Art. 34 ff., Art. 37

Internationale Rechnungslegungsstandards III.1 § 315a ff.

Irreführende Werbung IV.3 § 5

Istkaufmann III.1 § 1

Jahresabschluss III.3 § 42a, § 57g
III.1 § 242 ff.
- Aufstellung **III.8** § 5
- eingetragene Genossenschaften **III.1** § 336 ff.
- Feststellung **III.8** § 4, § 8
- Finanzdienstleistungsinstitute **III.1** § 340 ff.
- Kapitalgesellschaft **III.1** § 264 ff.
- Kreditinstitute **III.1** § 340 ff.
- Nichtigkeit **III.8** § 10
- Offenlegung **III.8** § 9

Jahresbericht, Europäischer Rat I.2 Art. 15

Jugendschutz I.4 Art. 32

Juristische Personen II.1 § 21 ff., § 89, § 21 ff. **III.3** § 13 **III.1** § 33
- des öffentlichen Rechts **II.1** § 89

Justizielle Rechte I.4 Art. 47 ff.

Justizielle Zusammenarbeit in Straf- und Zivilsachen I.3 Art. 81 ff.

Kabelweitersendung IV.6 § 20b

Kannkaufmann III.1 § 2 ff.

Kapitalerhaltung III.3 § 30

Kapitalverkehr I.3 Art. 26, Art. 49, Art. 57 ff., Art. 63 ff.

Kartell
- abgestimmte Verhaltensweise **IV.1** § 1
- Freistellung **IV.1** § 2, § 32d
- horizontales **IV.1** § 1 ff.
- Vereinbarung **IV.1** § 1
- vertikales **IV.1** § 1 ff.

Kartellbehörden IV.1 § 32 ff., § 48 ff., § 97 ff.
- Befugnisse **IV.1** § 33
- Verfahren **IV.1** § 54 ff.

Findex

Katastrophenschutz I.3 Art. 6

Kauf auf Probe II.1 § 454 ff.

Kaufmann
- Definition III.1 § 1
- eingetragener III.1 § 19
- kraft Eintragung III.1 § 5
- Schweigen III.1 § 362

Kaufmännisches Zurückbehaltungsrecht
III.1 § 369

Kaufrecht, Anwendung II.1 § 651

Kaufvertrag II.1 § 433 ff.
- Pflichten II.1 § 433
- Rechtsmangel II.1 § 435
- Sachmangel II.1 § 434

Kinder, Rechte I.4 Art. 24

Kinderarbeit I.4 Art. 32

Kirchen I.3 Art. 17

Klageerhebung (EuGH) I.3 Art. 114

Klauselverbote II.1 § 308 ff.

Koalitionsfreiheit I.1 Art. 9

Kohärenz I.2 Art. 13

Kollektivmaßnahmen I.4 Art. 28

Kommanditgesellschaft III.1 § 161 ff.
III.5 § 4
- Anmeldung III.1 § 162
- Begriff III.1 § 161
- Geschäftsführung III.1 § 174
- Gewinn und Verlust III.1 § 167
- Haftung III.1 § 171 ff.
- Vertretung III.1 § 170

Kommission I.2 Art. 17

Kommissionsgeschäft III.1 § 383 ff.

Konsularischer Schutz I.4 Art. 46

Konzern III.4 § 18 III.5 § 5

Konzernabschluss III.1 § 290 ff. III.8 § 13
- Offenlegung III.8 § 15
- Prüfung III.8 § 14

Konzernanhang III.1 § 313 ff.

Konzernlagebericht III.1 § 290 ff. III.8 § 13

Konzernrechnungslegung III.8 § 12

Koordinierung der Wirtschaftspolitik
I.2 Art. 7

Koordinierungsausschuss (Justizielle Zusammenarbeit) I.3 Art. 71

Körperliche Unversehrtheit I.4 Art. 3

Körperverletzung, Ersatzpflicht II.2 § 8

Kredite IV.4 § 6

Kreditinstitute III.1 § 340 ff.

Kreditverträge IV.4 § 6a

Kriminalität I.3 Art. 83

Kultur I.3 Art. 107, Art. 36, Art. 6

Kulturelle Vielfalt I.2 Art. 3

Kulturen I.4 Art. 22

Kulturgüter I.3 Art. 107, Art. 36

Kündigung von Dauerschuldverhältnissen II.1 § 314

Kündigung
- fristlose aus wichtigem Grund II.1 § 626
- Schriftform II.1 § 623

Kunst IV.6 § 1 ff.
- und Wissenschaft, Freiheit der I.4 Art. 13

Ladenangestellte III.1 § 56

Lagebericht III.3 § 42a
- Aufstellung III.8 § 5
- eingetragene Genossenschaften III.1 § 336 ff.
- Prüfung III.8 § 9

Laie II.1 § 589 ff.

Landpachtvertrag II.1 § 585 ff.

Landwirteprivileg IV.7 § 9c

Landwirtschaft IV.1 § 28

Landwirtschaftliche Erzeugnisse
I.3 Art. 37, Art. 38

Landwirtschaftspolitik I.3 Art. 38 ff., Art. 4

Leibrente II.1 § 759 ff.

Leihe II.1 § 598 ff.

Leistung durch Dritte II.1 § 267

Leistungsbestimmungsrechte, einseitige
II.1 § 315 ff.

Leistungshindernis II.1 § 311a

Leistungsort II.1 § 269

Leistungspflicht, Ausschluss II.1 § 275

Leistungsverpflichtung II.1 § 241 ff.

Leistungszeit II.1 § 271

Leitlinien, Außenpolitik I.2 Art. 25

Leitungsorgan III.7 § 2

Lichtbildwerke IV.6 § 2

Liquidation der Partnerschaft III.2 § 10

Literatur IV.6 § 1 ff.

Lizenzbereitschaftserklärung IV.7 § 23

Maklervertrag II.1 § 652 ff.

Markengesetz IV.5 § 1 ff.

Markenschutz, Entstehung IV.5 § 4

Marktanteil IV.1 § 38

Marktbeherrschung IV.1 § 19 ff.

Marktordnungen I.3 Art. 40, Art. 43

Marktteilnehmer IV.3 § 2

Marktwirtschaft I.2 Art. 3

Medizinische Verfahren IV.7 § 5

Meinungsäußerung, freie I.4 Art. 11

Mengenmäßige Beschränkungen, Maßnahmen gleicher Wirkung I.3 Art. 34 ff.

Menschenrechte I.2 Art. 2, Art. 3, Art. 6
I.4 Art. 1 ff., Art. 25

Menschenwürde I.1 Art. 1 I.2 Art. 2
I.4 Art. 1 ff.

Menschlicher Körper IV.7 § 1a

Mietkosten II.1 § 556 ff.

Mietrecht II.1 § 535 ff.

Mietverhältnisse
  – über andere Sachen II.1 § 578 ff.
  – über Wohnraum II.1 § 549 ff.

Mietvertrag II.1 § 535 ff.

Minderjährige, Verantwortlichkeit
II.1 § 828

Minderjähriger, Rechtsgeschäft II.1 § 110

Minderung II.1 § 437, § 441, § 368

Ministererlaubnis IV.1 § 42

Mitbestimmung der Arbeitnehmer
III.5 § 1 ff. III.7 § 1 ff.

Mitbestimmungsgesetz III.5 § 1 ff.

Mitbewerber IV.3 § 2

Miteigentum II.1 § 1008 ff.

Mittelbarer Besitz II.1 § 868

Mittelstandskartell IV.1 § 3

Miturheber IV.6 § 7

Mitverschulden II.1 § 254

Monopolkommission IV.1 § 44 ff., § 51 ff.

Muster IV.9 § 1 ff.

Mängelansprüche II.1 § 438

Findex

Nachbarschaftsbeziehungen I.2 Art. 8

Nacherfüllung II.1 § 437, § 439

Nachricht IV.3 § 2

Nachschusspflicht III.3 § 27

Namensrecht II.1 § 12

NATO I.2 Art. 42

Natürliche Personen II.1 § 1 ff.

Negative Publizität III.1 § 15

Neuheit IV.8 § 3

Neuheitsschonfrist IV.9 § 5

Nichtdiskriminierung I.2 Art. 2

Nichteinbeziehung von AGB II.1 § 306

Nichtigkeit III.3 § 75 ff.

Niederlassungsfreiheit I.3 Art. 49 ff.

Nutzungen II.1 § 100, § 302

Offenbarung IV.9 § 5

Offene Handelsgesellschaft III.1 § 105 ff.
- Anmeldung III.1 § 106
- Auflösung III.1 § 131 ff.
- Begriff III.1 § 105
- Geschäftsführung III.1 § 114 ff.
- Gesellschaftsvertrag III.1 § 109
- Gewinn und Verlust III.1 § 120 ff.
- Liquidation III.1 § 145 ff.
- Vertretung III.1 § 126 ff.

Öffentliche Aufträge IV.1 § 97 ff., § 101
- Kosten IV.1 § 128
- Vergabeverfahren IV.1 § 97 ff., § 107 ff.

Öffentliche Gewalt I.3 Art. 51

Öffentliche Sittlichkeit, Ordnung, Sicherheit I.3 Art. 114, Art. 36, Art. 45, Art. 52, Art. 65, Art. 72

Öffentliche Unternehmen I.3 Art. 106

Öffentliche Verwaltung I.3 Art. 45

Öffentliche Zugänglichmachung IV.6 § 19a, § 22

Ordnungswidrigkeiten IV.4 § 10

Organe der EU I.2 Art. 13 ff.

Organisation der Arbeitsmärkte I.3 Art. 40

Organisierte Kriminalität I.3 Art. 87

Pachtvertrag II.1 § 581 ff.

Pantomime IV.6 § 2

Parkplätze IV.4 § 8

Partnerschaft
- Anmeldung III.2 § 4
- Haftung III.2 § 8
- Rechtsverhältnisse der Partner III.2 § 6

Partnerschaftsgesellschaft
- Haftung III.2 § 8
- Name III.2 § 2
- Voraussetzungen III.2 § 1

Partnerschaftsvertrag III.2 § 3

Patent, Jahresgebühren IV.7 § 17

Patentanmeldung IV.8 § 3

Patentdauer IV.7 § 16

Patente IV.7 § 1
- Anmeldung IV.7 § 3
- Dauer IV.7 § 16
- Erlöschen IV.7 § 20
- europäische Anmeldung IV.7 § 3
- Gebühren IV.7 § 17
- internationale Anmeldung IV.7 § 3
- Nichtigkeit IV.7 § 22
- Schutzbereich IV.7 § 1 ff.
- Widerruf IV.7 § 21
- Wirkung IV.7 § 9, § 10 ff.

Patentinhaber IV.7 § 9

Personenverkehr, freier I.3 Art. 21

Findex

Persönliche Freiheit I.1 Art. 2

Petitionsrecht I.3 Art. 24 I.4 Art. 44

Pflanzenschutz I.3 Art. 36

Pflanzensorte IV.7 §2a

Pflichtverletzung, im Leistungsrecht
 II.1 §280

Polizeiliche Zusammenarbeit I.3 Art. 87 ff.

Positive Publizität III.1 §15

Preisangabenverordnung IV.4 §1 ff.

Preisbindung
 – Zeitschriften IV.1 §30
 – Zeitungen IV.1 §30

Preispolitik I.3 Art. 40

Preisstabilität I.2 Art. 3

Privatleben, Recht auf Achtung I.4 Art. 7

Produkt
 – Definition II.2 §2
 – Fehler II.2 §3

Produkthaftungsgesetz II.2 §1 ff.

Programme für Datenverarbeitungsanlagen IV.8 §1

Prokura III.1 §49
 – Anmeldung III.1 §53
 – Erteilung III.1 §48
 – Umfang III.1 §49

Protokolle I.2 Art. 51

Provision III.1 §354

Präsident
 – Europäischer Rat I.2 Art. 15
 – Europäisches Parlament I.2 Art. 14
 – Kommission I.2 Art. 17

Publizitätsgesetz III.8 §1 ff.
 – Geltungsbereich III.8 §3

Rat I.2 Art. 13, Art. 16

Ratenlieferungsverträge II.1 §505 ff.

Ratifizierung des EU-Vertrages I.2 Art. 54

Raum der Freiheit, der Sicherheit und des
 Rechts I.2 Art. 3

Rechnungshof I.2 Art. 13

Rechnungslegung III.8 §1 ff.
 – Mutterunternehmen III.8 §11

Rechte an Grundstücken II.1 §873 ff.

Rechte des Käufers bei Mängeln II.1 §437

Rechtsakte I.3 Art. 288

Rechtsangleichung I.3 Art. 113,
 Art. 114 ff., Art. 2 ff., Art. 52, Art. 53

Rechtsbeschwerde IV.1 §74 ff.

Rechtsfähigkeit II.1 §1

Rechtsgeschäft II.1 §116 ff.
 – einseitiges II.1 §180
 – elektronische Schriftform II.1 §126a
 – gesetzliches Verbot II.1 §134
 – Nichtigkeit wegen Formmangels
  II.1 §125
 – Schriftform II.1 §126
 – Sittenwidrigkeit II.1 §138
 – Teilnichtigkeit II.1 §139
 – Textform II.1 §126b
 – Umdeutung II.1 §140
 – vereinbarte Form II.1 §127

Rechtsgeschäftliche Schuldverhältnisse
 II.1 §311

Rechtsinhaber IV.9 §1

Rechtsmangel II.1 §435

Rechtsmissbrauch I.4 Art. 54

Rechtsobjekte II.1 §90 ff.

Rechtspersönlichkeit I.2 Art. 47

Rechtsstaatlichkeit I.2 Art. 21

Rechtsübertragung IV.7 §15

Findex

Rechtsverhältnisse der Partner III.2 § 6

Rechtsvorgänger IV.7 § 3

Rechtsweg, unlauterer Wettbewerb IV.3 § 12 ff.

Reden IV.6 § 2

Reisevertrag II.1 § 651a ff.

Religion I.3 Art. 17 I.4 Art. 10, Art. 22

Rohstoffe I.3 Art. 32, Art. 43

Rücktritt II.1 § 437, § 440
– bei nicht vertragsgemäßer Erfüllung II.1 § 323
– bei Nichterfüllung II.1 § 323
– vom Vertrag II.1 § 323
– wegen Pflichtverletzung II.1 § 324
– wegen Verletzung des § 241 Abs. 2 BGB II.1 § 324

Rücktritt und Schadensersatz bei Mängeln II.1 § 440

Rücktrittsrecht bei Verbraucherverträgen II.1 § 346 ff.

Rücktrittsregeln II.1 § 346 ff.

Sachbeschädigung II.2 § 1
– Selbstbeteiligung II.2 § 11

Sachdarlehensvertrag II.1 § 607 ff.

Sacheinlagen III.3 § 9

Sachen II.1 § 90 ff.

Sachenrecht II.1 § 854 ff.

Sachmangel II.1 § 434

Sammelwerke IV.6 § 4

Schadensersatz II.1 § 440, § 281 ff., § 628
– Art und Umfang II.1 § 249
– in Geld II.1 § 250 ff.
– Pflichtverletzung II.1 § 280
– und Rücktritt II.1 § 325
– wegen Pflichtverletzung II.1 § 280

Schadensersatzanspruch IV.1 § 35 ff. IV.5 § 14 II.2 § 9 IV.3 § 9

Schadensersatzpflicht II.1 § 122, § 823 ff.

Schadensersatzpflicht bei der AG III.4 § 117

Schenkung II.1 § 516 ff.

Schiedsverfahren IV.10 § 28 ff.

Schmerzensgeld II.1 § 253, § 823 ff.

Schriftwerke IV.6 § 2

Schuldrecht II.1 § 241 ff.

Schuldübernahme II.1 § 414 ff.

Schuldverhältnis, Pflichten II.1 § 241

Schuldverschreibung auf den Inhaber II.1 § 793 ff.

Schuldversprechen II.1 § 780 ff.

Schulwesen I.1 Art. 7

Schutzfähige Zeichen IV.5 § 3

Schutzmaßnahmen I.3 Art. 114, Art. 37, Art. 66

Schwarze Liste IV.3 § 3, Anlage

SE-Beteiligungsgesetz III.7 § 1 ff.

SE-Betriebsrat III.7 § 2

Selbsthilfe des Besitzers II.1 § 859

Senderechte IV.6 § 20

Sicherheit I.3 Art. 114, Art. 36, Art. 45

Sicherheitsleistung II.1 § 232 ff.

Sicherheitspolitik I.2 Art. 3, Art. 42 ff.

Sicherheitsrat der UN I.2 Art. 34

Sittenwidrige vorsätzliche Schädigung II.1 § 826

Sitzverlegung III.6 § 12

Sklaverei, Verbot I.4 Art. 5

Findex

Solidarität I.2 Art. 2, Art. 3, Art. 32 I.4 Art. 27 ff.

Sonderprüfung III.4 §143 ff.

Sorgfaltspflicht II.1 §277

Soziale Sicherheit I.3 Art. 48 I.4 Art. 34

Sozialisierung I.1 Art. 15

Sozialpolitik I.3 Art. 4, Art. 151 ff.

Speditionsgeschäft III.1 §453 ff.

Spiel II.1 §762 ff.

Sprachen I.4 Art. 22

Sprachwerke IV.6 §2

Staatliche Beihilfen I.3 Art. 107 ff.

Staatsangehörigkeit I.3 Art. 20, Art. 22 ff., Art. 45, Art. 56

Staatsausgaben I.1 Art. 104a

Staatsgewalt I.1 Art. 20

Stammkapital III.3 §5, §55, §58

Stand der Technik IV.8 §3 IV.7 §1

Standpunkte, gemeinsame I.2 Art. 25, Art. 35

Stellungnahmen I.3 Art. 288

Steuern I.3 Art. 110 ff.

Steuerverteilung I.1 Art. 106

Stiftungen II.1 §80 ff.

Stiftungen, Entstehung II.1 §80

Stiftungsgeschäft II.1 §81

Stiftungsverfassung II.1 §85

Stille Gesellschaft III.1 §230 ff.

Stoffe IV.8 §3

Stoffgemisch IV.8 §3

Störungen im Wirtschaftsleben der Mitgliedstaaten I.3 Art. 32, Art. 66

Strafbare Werbung IV.3 §16

Strafrecht, Zusammenarbeit I.3 Art. 67, Art. 82 ff.

Strafvorschriften III.8 §17 ff.

Streikrecht I.4 Art. 28

Subsidiarität I.2 Art. 5

Suspendierung der Mitgliedschaft I.2 Art. 7

Tankstellen IV.4 §8

Tanz IV.6 §2

Tarifverträge I.4 Art. 28

Taschengeldparagraph II.1 §110

Tausch II.1 §480

Technik IV.6 §2

Technischer Verbesserungsvorschlag IV.10 §3, §20 ff.

Technologische Entwicklung I.3 Art. 4

Teilzeit-Wohnrechteverträge II.1 §481 ff.

Termine II.1 §186 ff.

Terrorismus I.3 Art. 75, Art. 83

Tiere II.1 §90a

Tierhalterhaftung II.1 §833

Tierrassen IV.7 §2a

Tierschutz I.3 Art. 36

Tochtergesellschaften III.7 §2

Todesstrafe I.4 Art. 2

Tötung, Ersatzpflicht II.2 §7

Tourismus I.3 Art. 6

Transeuropäische Netze I.3 Art. 4

Treu und Glauben II.1 §242

Findex

Übereinkommen, UN-Kaufrecht
II.3 Art. 1 ff.

Überraschende Klausel II.1 § 305c

Übersetzungen IV.6 § 3

Übertragung einer Forderung II.1 § 398 ff.

Überweisungsvertrag II.1 § 676a ff.

Überziehungskredite IV.4 § 6b

Umgehungsverbot II.1 § 306a

Umgestaltung IV.6 § 23

Umsatzerlöse IV.1 § 38

Umsatzsteuer I.3 Art. 112 ff.

Umweltpolitik I.3 Art. 4

Umweltschutz I.3 Art. 114 I.2 Art. 3
I.4 Art. 37

UN-Kaufrecht II.3 Art. 1 ff.

Unbestellte Leistungen II.1 § 241a

Unbillige Behinderung IV.1 § 20

Unerlaubte Handlungen II.1 § 823 ff.

Ungerechtfertigte Bereicherung
II.1 § 812 ff.
– Herausgabeanspruch II.1 § 812 ff.

Unionsbürger I.3 Art. 20 ff. I.2 Art. 9

Unlauterer Wettbewerb IV.3 § 1, § 3, § 4

Unschuldsvermutung I.4 Art. 48

Unterlassungsanspruch IV.1 § 33, 34
IV.5 § 14 IV.3 § 8

Unternehmen III.5 § 1

Unternehmensregister III.1 § 8b

Unternehmenszusammmenschlüsse
– Anmeldung IV.2 Art. 4 IV.1 § 39
– Berechnung IV.2 Art. 5
– Beurteilung IV.2 Art. 2

– Definition IV.2 Art. 3
– Fristen IV.2 Art. 10
– Kontrolle IV.2 Art. 2 IV.1 § 35
– Umsatz IV.2 Art. 5
– Vollzug IV.2 Art. 10

Unternehmer IV.3 § 2
– Begriff II.1 § 14

Unternehmergeschäft III.3 § 5a

Unternehmerische Freiheit I.4 Art. 16

Unternehmerpfandrecht II.1 § 647

Unterrichtung III.7 § 2

Unvermögen des Schuldners II.1 § 297

Unzumutbare Belästigungen IV.3 § 7

Unzumutbare Werbung IV.3 § 7

Urheber IV.6 § 1 ff.

Urheberpersönlichkeitsrecht IV.6 § 12 ff.

Urheberrecht IV.6 § 11 ff.

Verantwortlichkeit des Schuldners
II.1 § 276 ff.

Verbot unbilliger Behinderung IV.1 § 24 ff.

Verbraucher I.3 Art. 101 ff., Art. 114,
Art. 12, Art. 39 IV.3 § 2
– Begriff II.1 § 13

Verbraucherschutz I.3 Art. 4 I.4 Art. 38

Verbrauchsgüterkauf II.1 § 474 ff.
– Beweislastumkehr II.1 § 476 ff.
– Verjährung II.1 § 479

Verbundene Unternehmen III.4 § 15

Verbundene Verträge II.1 § 358 ff.

Verbände I.2 Art. 11

Verbraucherschutz I.3 Art. 169

Verbreitungsrecht IV.6 § 17

Verein II.1 § 21 ff., § 55 ff.
- Anmeldung zur Eintragung **II.1** § 59
- Geschäftsführung **II.1** § 27
- Insolvenz **II.1** § 42
- Liquidation **II.1** § 48 ff.
- Mitglieder **II.1** § 72 ff.
- Rechtsfähigkeit **II.1** § 43
- Sitz **II.1** § 24
- Vereinssatzung **II.1** § 57 ff.
- Verfassung **II.1** § 25
- Vertretung **II.1** § 27 ff.
- Vorstand **II.1** § 26

Vereinbarungen, wettbewerbswidrige I.3 Art. 101, Art. 103

Vereinigungsfreiheit I.1 Art. 9

Vereinsregister, elektronisches II.1 § 55a, § 79

Vereinte Nationen I.2 Art. 3, Art. 34, Art. 42

Verfügung eines Nichtberechtigten II.1 § 816

Vergabekammer IV.1 § 107

Vergabeverfahren IV.1 § 97 ff.

Vergleich II.1 § 779

Vergleichende Werbung IV.3 § 6

Vergütung IV.6 § 27

Vergütungsrichtlinien IV.10 § 11

Verhältnismäßigkeit I.2 Art. 5

Verjährung II.1 § 194 ff.
- Hemmung **II.1** § 203 ff.
- Mängelansprüche **II.1** § 438, § 634a
- Neubeginn **II.1** § 212
- Rechtsfolgen **II.1** § 214 ff.

Verjährungsfristen II.1 § 195 ff.

Verjährungsregeln II.1 § 194 ff.

Verkaufsbedingungen I.3 Art. 101

Verkehrspolitik I.3 Art. 4, Art. 58

Vermieterpfandrecht II.1 § 562 ff.

Vernichtungsanpruch IV.5 § 18

Veröffentlichung (Rechtsakte) I.3 Art. 297

Verrichtungsgehilfe, Haftung II.1 § 831

Versammlungsfreiheit I.1 Art. 8 **I.4** Art. 12

Verschmelzung III.6 § 5 ff.

Verschulden II.1 § 276

Verschärfte Haftung II.1 § 819 ff.

Versorgung EU I.3 Art. 32, Art. 39

Verstärkte Zusammenarbeit I.2 Art. 20

Verteidigungspolitik I.2 Art. 26, Art. 41, Art. 42 ff.

Vertrag zu Gunsten Dritter II.1 § 328 ff.

Vertragsstrafe II.1 § 336 ff. **III.1** § 348

Vertragsvoraussetzungen II.1 § 145 ff.

Vertrauensschaden II.1 § 122

Vertreter ohne Vertretungsmacht II.1 § 177 ff.

Vertretung II.1 § 164 ff.

Vertretungsregeln II.1 § 164 ff.

Vervielfältigungsrechte IV.6 § 16

Verwahrung II.1 § 688 ff.

Verwaltungsrat III.6 § 21 ff.
- Aufgaben und Rechte **III.6** § 22
- Beschlussfassung **III.6** § 35 ff.
- Einberufung **III.6** § 37
- Mitglieder **III.6** § 23 ff.
- Vertretung **III.6** § 41
- Zusammensetzung **III.6** § 23 ff.

Verwendung IV.9 § 1

Verwertungsrechte IV.6 § 15 ff.

Verwirkungsklausel II.1 § 354

Findex

Verzug
– des Gläubigers **II.1** § 293 ff.
– des Schuldners **II.1** § 286 ff.

Verzugszinsen II.1 § 288

Vollbeschäftigung I.2 Art. 3

Volljährigkeit II.1 § 2

Vollkonsolidierung III.1 § 300 ff.

Vollmacht II.1 § 147 ff., § 184 ff.

Vollstreckung I.3 § 299

Vorbenutzerrecht IV.7 § 12

Vorführungsrechte IV.6 § 19

Vorkauf II.1 § 463 ff.

Vorsatz II.1 § 276

Vorstand der AG III.4 § 76 ff.
– Bestellung **III.4** § 84
– Entlastung **III.4** § 120
– Pflichten **III.4** § 92 ff.

Vorteilsabschöpfung IV.1 § 44 ff., § 34 ff.

Vortragsrechte IV.6 § 19

Vorzugsaktien III.4 § 13, § 139 ff.
– ohne Stimmrecht **III.4** § 10, § 13, § 139 ff.

Wahl des Aufsichtsrats III.5 § 10 ff.

Wahlrecht I.3 Art. 22 **I.4** Art. 39 ff.

Währungspolitik I.3 Art. 119, Art. 127 ff.

Warenkauf, internationaler II.3 Art. 1 ff.

Warenverkehr, freier I.3 Art. 26, Art. 28 ff., Art. 57, Art. 59

Wasser IV.4 § 3

Wehrpflicht I.1 Art. 12a

Werbung IV.3 § 4 ff.

Werk IV.6 § 1 ff., § 6

Werkstücke, Zugang IV.6 § 25

Werkvertrag II.1 § 631 ff.
– Abnahme **II.1** § 640
– Nacherfüllung **II.1** § 635
– Pflichten **II.1** § 631
– Rechte des Bestellers bei Mängeln **II.1** § 634
– Sach- und Rechtsmangel **II.1** § 633
– Selbstvornahme **II.1** § 637
– Vergütung **II.1** § 632

Werte der Union I.2 Art. 2

Wettbewerbsbedingungen I.3 Art. 116 ff., Art. 32

Wettbewerbsbeschränkung IV.1 § 1, § 20
– abgestimmte Verhaltensweise **IV.1** § 1
– Freistellung **IV.1** § 2, § 32d
– horizontales Kartell **IV.1** § 1
– Kartellverbot **IV.1** § 1
– Vereinbarung **IV.1** § 1
– vertikales Kartell **IV.1** § 1

Wettbewerbshandlung, Definition IV.3 § 2

Wettbewerbspolitik I.3 Art. 3

Wettbewerbsregeln I.3 Art. 101, Art. 102, Art. 105, Art. 106, Art. 40, Art. 42 **IV.1** § 33, § 24 ff.

Wettbewerbsverbot III.1 § 60 ff., § 75 ff., § 112 ff.

Wette II.1 § 762 ff.

Widergabe, Funk IV.6 § 22

Widerrufs- und Rückgaberecht bei Verbraucherverträgen II.1 § 355 ff.

Widerrufsrecht II.1 § 109

Wiederkauf II.1 § 456 ff.

Willenserklärung II.1 § 105, § 116 ff.
– Anfechtbarkeit wegen falscher Übermittlung **II.1** § 120
– Anfechtbarkeit wegen Irrtums **II.1** § 119

Findex

– Anfechtbartkeit wegen Täuschung oder Drohung **II.1** § 123
– Auslegung **II.1** § 133
– elektronische Form **II.1** § 126a
– geheimer Vorbehalt **II.1** § 116
– gesetzliches Verbot **II.1** § 134
– Nichtigkeit **II.1** § 105
– Nichtigkeit wegen Formmangels **II.1** § 125
– Scheingeschäft **II.1** § 117
– Schriftform **II.1** § 126
– Sittenwidrigkeit **II.1** § 138
– Teilnichtigkeit **II.1** § 139
– Textform **II.1** § 126b
– Umdeutung **II.1** § 140
– vereinbarte Form **II.1** § 127
– Zugang **II.1** § 130 ff.

Wirtschafts- und Sozialausschuss **I.3** Art. 46, Art. 50 **I.2** Art. 13

Wirtschafts- und Währungspolitik **I.3** Art. 119, Art. 120 ff., Art. 127 ff.

Wirtschafts- und Währungsunion **I.3** Art. 66 **I.2** Art. 3

Wirtschaftspolitik I.3 Art. 5, Art. 120 ff. **I.2** Art. 3

Wissenschaft IV.6 § 1 ff.

Wohnraummietverhältnisse II.1 § 549 ff.

Wohnrechtsverträge II.1 § 481 ff.

Wohnsitz II.1 § 7 ff.

Wohnung, Unverletzlichkeit der I.1 Art. 13

Währung, einheitliche I.2 Art. 3

Währungspolitik I.3 Art. 3

Währungsunion I.2 Art. 3

Zahlungsort II.1 § 270

Zahlungsvertrag II.1 § 676d ff.

Zeichnung des Prokuristen III.1 § 51

Zeitbestimmung II.1 § 163

Ziele der Union I.2 Art. 3

Zinseszins II.1 § 248

Zinssatz II.1 § 246 ff. **III.1** § 352

Zivilgesellschaft I.2 Art. 2 ff., Art. 4 ff., Art. 11

Zölle I.3 Art. 29 ff., Art. 3

Zolltarif, gemeinsamer I.3 Art. 28, Art. 31

Zubehör II.1 § 97

Zug-um-Zug II.1 § 322, § 348

Zurückbehaltungsrecht II.1 § 273 ff.

Zusammenarbeit zwischen Mitgliedsstaaten I.2 Art. 4, Art. 8, Art. 12, Art. 32, Art. 35, Art. 46

Zusammenarbeit, staatlicher Verwaltungen I.3 Art. 29, Art. 50

Zusammenschluss IV.1 § 35 ff., § 40

Zusammenschlüsse von Unternehmen I.3 Art. 101

Zusatzpatent IV.7 § 16

Zustimmung II.1 § 182

Zwangsarbeit, Verbot I.4 Art. 5

Zwangsgelder I.3 Art. 103

Zwangslizenz IV.7 § 24

Zwangsvollstreckung s. Vollstreckung

Zweigniederlassung III.1 § 13 ff.

Findex

Alphabetische Schnellübersicht

AEUV	Vertrag über die Arbeitsweise der Europäischen Union	I.3
AktG	Aktiengesetz	III.4
ArbEG	Arbeitnehmererfindungsgesetz	IV.10
BGB	Bürgerliches Gesetzbuch	II.1
CISG	UN-Kaufrecht (Übereinkommen der Vereinten Nationen über Verträge über den internationalen Warenkauf)	II.3
EG-FKV	EG-Fusionskontrollverordnung	IV.2
EU-Charta	Charta der Grundrechte der Europäischen Union	I.4
EUV	Vertrag über die Europäische Union	I.2
GebrMG	Gebrauchsmustergesetz	IV.8
GeschmMG	Geschmacksmustergesetz	IV.9
GG	Grundgesetz	I.1
GmbHG	Gesetz betreffend die Gesellschaft mit beschränkter Haftung	III.3
GWB	Gesetz gegen Wettbewerbsbeschränkungen	IV.1
HGB	Handelsgesetzbuch	III.1
MarkenG	Markengesetz	IV.5
MitbestG	Mitbestimmungsgesetz	III.5
PAngV	Preisangabenverordnung	IV.4
PublG	Gesetz über die Rechnungslegung von bestimmten Unternehmen und Konzernen	III.8
PartGG	Partnerschaftsgesellschaftsgesetz	III.2
PatG	Patentgesetz	IV.7
ProdHaftG	Produkthaftungsgesetz	II.2
SEAG	Gesetz über das Statut der Europäischen Gesellschaft	III.6
SEBG	Gesetz über die Beteiligung der Arbeitnehmer in einer Europäischen Gemeinschaft	III.7
UN-Kaufrecht	Übereinkommen der Vereinten Nationen über den Internationalen Warenkauf	II.3
UrhG	Urheberrechtsgesetz	IV.6
UWG	Gesetz gegen den unlauteren Wettbewerb	IV.3

Gesamtinhaltsübersicht

Einführung von Prof. Dr. Lutz Michael Büchner 10

I   Wirtschaftsverfassungsrecht, Recht der Europäischen Union
I.1   Grundgesetz (GG) – Auszug –   68
I.2   Vertrag über die Europäische Union (EUV)   81
I.3   Vertrag über die Arbeitsweise der Europäischen Union (AEUV) – Auszug –   106
I.4   Charta der Grundrechte der Europäischen Union   162

II   Bürgerliches Recht/Zivilrecht (Vertragsrecht)
II.1 Bürgerliches Gesetzbuch (BGB) – Auszug –   174
II.2 Gesetz über die Haftung für fehlerhafte Produkte
      (Produkthaftungsgesetz – ProdHaftG)   394
II.3 Übereinkommen der Vereinten Nationen über Verträge über den
      internationalen Warenkauf (UN-Kaufrecht)   398

III Handels- und Gesellschaftsrecht
III.1 Handelsgesetzbuch   422
III.2 Gesetz über Partnerschaftsgesellschaften Angehöriger Freier Berufe
       (Partnerschaftsgesellschaftsgesetz – PartGG)   582
III.3 Gesetz betreffend die Gesellschaft mit beschränkter Haftung (GmbHG)   586
III.4 Aktiengesetz (AktG) – Auszug –   618
III.5 Gesetz über die Mitbestimmung der Arbeitnehmer
       (Mitbestimmungsgesetz – MitbestG) – Auszug –   677
III.6 Gesetz zur Ausführung der Verordnung (EG) Nr. 2157/2001 des Rates vom
       8. Oktober 2001 über das Statut der Europäischen Gesellschaft (SE)
       (SE-Ausführungsgesetz – SEAG)   680
III.7 Gesetz über die Beteiligung der Arbeitnehmer in einer Europäischen
       Gesellschaft (SE-Beteiligungsgesetz – SEBG) – Auszug –   697
III.8 Gesetz über die Rechnungslegung von bestimmten Unternehmen und
       Konzernen (Publizitätsgesetz – PublG)   701

IV Wettbewerbsrecht
IV.1 Gesetz gegen Wettbewerbsbeschränkungen (GWB)   714
IV.2 Verordnung (EG) Nr. 139/2004 des Rates
      über die Kontrolle von Unternehmenszusammenschlüssen
      (EG-Fusionskontrollverordnung)   772
IV.3 Gesetz gegen den unlauteren Wettbewerb (UWG)   801
IV.4 Preisangabenverordnung (PAngV)   815
IV.5 Gesetz über den Schutz von Marken und sonstigen Kennzeichen
      (Markengesetz – MarkenG) – Auszug –   825
IV.6 Gesetz über Urheberrecht und verwandte Schutzrechte
      (Urheberrechtsgesetz) – Auszug –   833
IV.7 Patentgesetz (PatG) – Auszug –   840
IV.8 Gebrauchsmustergesetz (GebrMG) – Auszug –   851
IV.9 Gesetz über den rechtlichen Schutz von Mustern und Modellen
      (Geschmacksmustergesetz – GeschmMG) – Auszug –   853
IV.10 Gesetz über Arbeitnehmererfindungen   855

Stichwortverzeichnis   867